# VIDAL
## de la famille

# Avertissement

Cette nouvelle édition du *Vidal de la Famille* comporte près de 5 000 fiches-médicaments, sous forme détaillée ou abrégée. Cette information est régulièrement actualisée en fonction de l'évolution des connaissances et des textes officiels qui émanent de l'Agence française de sécurité sanitaire des produits de santé (Afssaps). Ceci entraîne la nécessité de rééditions actualisées, notamment pour faire état de nouvelles informations thérapeutiques et tenir compte du retrait de certains médicaments du marché. La mise à jour des informations pour cette édition a été arrêtée au 1er décembre 2006. Le *Vidal de la famille* apporte des informations sur le médicament, mais il ne prône pas l'utilisation de l'un ou l'autre d'entre eux, ni leur usage au détriment d'autres méthodes thérapeutiques.

Compte tenu de la rapidité de l'évolution des progrès scientifiques en la matière, VIDAL ne saurait être tenu pour responsable des conséquences dommageables résultant d'une information erronée, obsolète ou non encore intégrée dans cette édition, ou d'une mauvaise compréhension de l'information par le lecteur. Il vous appartient de vérifier auprès de votre médecin ou de votre pharmacien, ou à la lecture de la notice du médicament, que votre état de santé permet la prise ou l'arrêt d'un médicament ou l'association de plusieurs médicaments. Ces réserves concernent également les différents textes de présentation : aucun livre, aucun média ne sauraient remplacer l'information apportée par le médecin à son patient. Outil de culture, un ouvrage médical n'est pas un outil de soin ni de décision thérapeutique.



ISBN 978-2-85091-155-2

VIDAL

de la famille

12e édition

# Le dictionnaire des **médicaments**

**Direction scientifique :**
Jean-François Forget

**Équipe rédactionnelle :**
Dominique Dupagne, médecin généraliste,
Pauline Groleau, pharmacien,
Yves Puš, médecin généraliste.

**Équipes techniques :**
Maquette, mise en pages : Xavier Étienney, Christiane Foulon,
Fabrication : Barbara Parini, Laurence Germain,
sous la direction de Claire Baldeyrou.

**Équipe informatique :**
Jérémie Foricheur,
sous la direction d'Agnès Fouquet.

**Équipe de publication :**
Édition : Françoise Richez,
Suivi éditorial : Sophie Thievent,
Édition électronique : Stéphane Courbois,
sous la direction de Stéphane Korsia-Meffre.

**Couverture :**
Olivier Beslay

**Ont collaboré au *Vidal de la famille* depuis sa création :**
Françoise Bavoux, médecin pharmacovigilance, praticien hospitalier – Patrice Biechler, médecin – Claire Bricaire, médecin gynécologue – Isabelle Catala, médecin généraliste – Olivier Chosidow, médecin dermatologue, praticien hospitalier – Isabelle Dagousset, médecin gynécologue – Catherine Dumont, pédiatre, praticien hospitalier – Christine Duval, médecin inspecteur à la direction générale de la santé – Elisabeth Elefant, médecin embryologiste, praticien hospitalier – Pierre Flori, médecin généraliste – Guy Frydman, pharmacien d'officine – Michel Gerson, médecin endocrinologue, praticien hospitalier – Jacques Gilquin, médecin interniste, praticien hospitalier – Michel Janier, médecin dermatologue, praticien hospitalier – Olivier Jeanjean, médecin gériatre – Georges Laroche, médecin ophtalmologiste – Annie Lwoff, pharmacien – Jean-Michel Lwoff, pharmacologue – Laurent Mignot, médecin oncologue, chef de service – Jacques Miguérès, médecin généraliste, médecin du sport – Jacques Semler-Collery, expert consommateur – Jean-Michel Laroche, médecin ophtalmologiste – Colette Pecquet †, pharmacologue – Jean-Manuel Tétau, pharmacien, médecin homéopathe – Héléna Beauvallon, pharmacien – Corinne Dublin, pharmacien – Ingrid Gaudry-Bérenger, pharmacien.

# Présentation

Pour sa 12e édition, le *Vidal de la famille* réunit, sur papier et sur Internet, près de 5 000 fiches correspondant aux médicaments les plus utilisés. Ces fiches contiennent des informations entièrement actualisées sur plus de 8 000 présentations de médicaments (formes, dosages, etc.) et sur leur bon usage. D'un format compact, qui facilite sa lecture et sa consultation, le dictionnaire est enrichi d'un lexique médical et d'une présentation synthétique permettant de mieux connaître les médicaments.

## Mieux connaître les médicaments

Compréhension de la prescription, respect de la posologie, connaissance des effets indésirables : cette partie rappelle les principes de base d'une bonne utilisation des médicaments, avant de faire le point sur les risques allergiques et les interactions médicamenteuses. Une présentation de la pharmacie familiale type, des vaccinations obligatoires et recommandées, ainsi que des principes de prescription et de remboursement des médicaments complète ce tour d'horizon.

## Les médicaments de A à Z

Cette partie présente de manière détaillée les 1 800 médicaments les plus vendus en pharmacie pendant l'année 2006 (source : IMS Health) ainsi que les médicaments nouveaux, sous forme de fiches classées par ordre alphabétique.

Certains médicaments, moins utilisés, sont seulement cités dans le livre : leur fiche est consultable sur Internet, à l'adresse www.monvidal.com, en utilisant le numéro de licence imprimé sur le rabat de cet ouvrage.

Plus de 320 nouvelles fiches ont été créées pour cette 12e édition. L'ensemble a été régulièrement mis à jour. Les informations figurant dans ces fiches sont basées sur des documents officiels de l'Agence française de sécurité sanitaire des produits de santé (Afssaps). Elles sont adaptées et enrichies de conseils pratiques, dans un langage accessible à tous, par l'équipe de pharmaciens et de médecins du *Vidal de la famille*.

Le *Vidal de la famille* vous propose également :

- Un **tableau des médicaments génériques** disponibles sur le marché, avec leurs prix ;
- Un **classement des médicaments par substance active**, vous permettant de chercher un médicament en fonction de sa composition ;
- Un **lexique médical** vous permettant de mieux comprendre les termes employés dans les fiches du dictionnaire, sur les notices des boîtes de médicaments et… par votre médecin ;
- Un répertoire de **numéros d'urgence** et d'**adresses utiles**.

# Préface
## du Conseil national de l'Ordre des médecins

Le Code de Déontologie médicale exige du médecin qu'il donne à son patient une information claire et appropriée sur son état, les investigations qu'il va prescrire et la thérapeutique ou l'acte proposés. La loi du 4 mars 2002 relative aux droits des malades et à la qualité des soins est venue renforcer ce devoir d'information. Deux obligations déontologiques sont devenues des obligations légales : l'information et le consentement de la personne.

La prescription est un élément fort de l'acte médical. La relation nouée à travers la prescription présente de multiples aspects dont le principal est la confiance. La consultation est un moment privilégié de la relation médecin/malade et au-delà de cette relation de confiance, il est nécessaire qu'il y ait un partage : ce partage est celui de la connaissance. Le médecin, dans la réponse qu'il apporte au problème posé par son patient doit s'assurer que ce dernier a bien compris toutes les explications fournies. Celles-ci se doivent d'être claires et précises afin que le patient dispose de tous les éléments objectifs pour donner son consentement.

Le malade devient ainsi le partenaire du médecin dans ce que l'on appelle le « colloque singulier ».

Notre société vit à l'ère de la communication et de l'information. Aussi est-il légitime, de la part du patient, de vouloir en savoir plus sur la prescription qui lui a été faite ou de s'assurer, dans le cadre de l'automédication, du bon usage des médicaments délivrés sans ordonnance.

Si les conseils prodigués par le pharmacien, partenaire du médecin, sont importants et incontournables, surtout dans la pratique de l'automédication qui est devenue une réalité culturelle sociale d'actualité, l'aide apportée par le Vidal de la famille, est particulièrement précieuse. Cet ouvrage fournit une information complémentaire de celle apportée par les prescripteurs, dispensateurs et professionnels de la santé. Il informe raisonnablement, pratiquement, des effets indésirables des médicaments, des interactions possibles, sans vouloir prodiguer de conseils thérapeutiques.

Nous ne pouvons que féliciter l'équipe scientifique qui réalise le Vidal de la famille, qui, en développant la connaissance de l'action des médicaments, en améliore de ce fait la sécurité d'utilisation et développe le sens des responsabilités de l'utilisateur.

Professeur Jacques Roland
Président du Conseil national de l'Ordre des médecins

# Préface
## du Conseil national de l'Ordre des pharmaciens

En tant que président du Conseil national de l'Ordre des pharmaciens, il m'est agréable de préfacer cette 12e édition du *Vidal de la famille*.

Le Code de déontologie des pharmaciens stipule que la dispensation des médicaments doit comporter, entre autres, « *la mise à disposition des informations et conseils nécessaires au bon usage du médicament* ». Le même article ajoute, pour les médicaments qui peuvent être délivrés sans ordonnance, que le pharmacien dispensateur a un « *devoir particulier de conseil* » vis-à-vis du patient.

En publiant cet ouvrage précis, rigoureux et de lecture facile, l'éditeur du *Vidal de la famille* prolonge, encourage et favorise ce dialogue avec le pharmacien, en vue notamment d'une meilleure observance du traitement.
La consultation d'un tel document est propre à éveiller l'attention des patients et à les inciter à rechercher, auprès du pharmacien ou du médecin, les compléments d'information dont ils ont besoin.
Les informations documentées contenues dans ce dictionnaire permettent à chacun de mieux connaître son traitement, de mieux comprendre sa pathologie et de se positionner comme acteur de sa guérison. Dans le cadre de ce dialogue singulier, le pharmacien dispensateur de médicament doit se présenter clairement comme un partenaire compétent et compréhensif du malade afin qu'il rentre dans un projet thérapeutique qui assure son adhésion au traitement.

Le *Vidal de la famille* se situe dans le droit fil de la volonté du Conseil national de l'Ordre des pharmaciens de favoriser un meilleur usage du médicament par une éducation à la santé.

Jean Parrot
Président du Conseil national de l'Ordre des pharmaciens

# Avant-propos

Vous tenez entre vos mains la 12$^{e}$ édition du *Vidal de la famille* : merci pour votre confiance.

L'ambition de ce dictionnaire des médicaments, remis à jour par une équipe de médecins, de pharmaciens et d'universitaires, est double : offrir un accès direct et compréhensible à l'information sur le médicament, tout en contribuant à une meilleure prise en charge de votre santé et de celle de vos proches.

Car si les médicaments sont la clé de la prévention et du traitement de très nombreuses maladies, ils ne sont pas pour autant anodins ni dépourvus de dangers. Apprendre à mieux utiliser les médicaments, c'est aussi mieux gérer et mieux préserver son capital santé.

En traduisant en termes simples les caractéristiques de près de 5 000 médicaments, l'équipe du *Vidal de la famille* vous aide à mieux dialoguer avec votre pharmacien et avec votre médecin, ces interlocuteurs privilégiés que vous avez choisis pour leur disponibilité et leur compétence.

L'objectif n'est jamais de se substituer à eux, mais bien au contraire de rendre leurs explications plus accessibles, dans l'optique d'une meilleure communication, et donc d'une plus grande efficacité de votre traitement.

Plébiscité dès sa première édition par la presse et par ses lecteurs, le *Vidal de la famille* a déjà été diffusé à plus de 360 000 exemplaires. Il est devenu une véritable référence auprès du public, comme l'est depuis quatre-vingt-dix ans son « grand frère », le *Dictionnaire VIDAL*, auprès des professionnels de santé.

Devenez vous aussi, avec le *Vidal de la famille*, un acteur éclairé de votre santé et de celle de votre famille.

Docteur Jean-François Forget, directeur scientifique
Docteur Yves Puš, médecin rédacteur

Chez le même éditeur :

**Le Guide de l'automédication - 2e édition**
*Bien utiliser les médicaments sans ordonnance*

**Le Guide de la santé en voyage**
*Pour des vacances en toute sécurité*

**Le Guide des enfants en bonne santé**
*Le complément indispensable du carnet de santé*

**Le Guide nutrition et santé**
*Alimentation équilibrée et compléments alimentaires*

**Le Guide de la santé après 50 ans**
*Agir pour garder la forme*

**Le Guide sport et santé**
*Faire du sport sans se faire mal*

**Le Guide Vidal de la santé psy**
*Le guide pour retrouver la sérénité*

# Sommaire

# Mieux connaître les médicaments

# Le bon usage du médicament

Le respect de la prescription de votre médecin et des conseils de votre pharmacien est indispensable pour qu'un médicament soit efficace, avec le moins d'effets indésirables possible. N'oubliez pas que ce médicament vous a été prescrit à titre personnel, dans une situation bien précise : ne le conseillez jamais à une autre personne et ne le réutilisez pas sans avis médical dans une autre situation.

## Comprendre la prescription

Votre médecin inscrit sur l'ordonnance la quantité de comprimés, gélules, cuillerées ou gouttes à prendre, le rythme et le moment des prises dans la journée, ainsi que la durée du traitement. Lisez l'ordonnance en sa présence et n'hésitez pas à le solliciter si elle est mal écrite ou si quelque chose ne vous semble pas clair.
Signalez-lui d'éventuelles incompatibilités entre la prescription et votre rythme de vie ou de travail. Suivez ensuite de la manière la plus rigoureuse possible les modalités de prises conseillées. Le rythme et le moment des prises sont en particulier très importants. Certains médicaments nécessitent le respect d'un délai précis entre deux prises. D'autres ne doivent être pris que le matin, parce qu'ils ont un effet excitant, ou au contraire uniquement le soir, parce qu'ils peuvent provoquer une somnolence. Il est parfois indispensable de prendre un médicament à jeun, au cours d'un repas ou au contraire à la fin pour améliorer son efficacité ou sa tolérance. Enfin, même en cas de guérison apparente, la durée du traitement doit toujours être respectée.

## Les médicaments sans ordonnance

Lorsque vous achetez un médicament sans ordonnance ou lorsque votre pharmacien vous conseille un médicament, n'hésitez pas à lui faire préciser les risques liés à sa prise. Pour bien vous conseiller, il doit savoir à qui est destiné le médicament et dans quelles circonstances il va être employé.

## La grossesse et l'allaitement

Informez toujours votre médecin d'une grossesse, d'un projet imminent de grossesse ou d'un allaitement en cours. Certains médicaments peuvent avoir des effets indésirables en passant dans le sang du fœtus ou dans le lait.

## Les risques en cas de conduite d'automobile ou d'engin dangereux

L'attention, la qualité de la vision et la vitesse de réaction peuvent être modifiées par certains médicaments. Prévenez votre médecin si vous conduisez un véhicule ou si vous travaillez sur des machines dangereuses.

Depuis 2005, les emballages des médicaments susceptibles de gêner la conduite automobile comportent un pictogramme permettant d'évaluer le risque qu'ils font courir :

**Triangle sur fond jaune** (niveau 1) : le risque est faible, variable d'une personne à l'autre. La prudence est donc de mise.

**Triangle sur fond orange** (niveau 2) : le risque est important. L'avis d'un médecin est nécessaire avant de prendre le volant ou d'utiliser une machine dangereuse.

**Triangle sur fond rouge** (niveau 3) : le risque est majeur. La conduite automobile est contre-indiquée tant que les effets du médicament ne sont pas complètement estompés.

## La notice

Lisez attentivement la notice du médicament. Elle précise ses indications, sa présentation, sa composition, les doses préconisées en fonction de l'âge et/ou du poids, la façon de le prendre, les précautions d'emploi, ses effets indésirables possibles et ses conditions de conservation.

# Les réactions allergiques

Parmi les effets indésirables des médicaments, les réactions allergiques sont les plus redoutées, parce que d'apparition souvent brutale. Les médicaments ne sont pourtant pas les seuls responsables d'allergies : les aliments, les cosmétiques, les produits industriels ou les piqûres d'insectes sont fréquemment en cause. L'allergie, ou hypersensibilité, est une réaction exagérée de l'organisme contre une substance qu'il identifie comme étrangère. Les réactions allergiques peuvent se manifester de façons très variables et toucher tous les organes, notamment la peau.

## Les réactions de la peau

### L'exanthème

C'est une éruption pouvant ressembler à celle de la rougeole, responsable ou non de démangeaisons. Son délai d'apparition est très variable : elle peut survenir en début, en milieu ou en fin de traitement, voire après son arrêt. L'exanthème met une à deux semaines à disparaître, le plus souvent sans séquelles.

### L'urticaire

L'urticaire survient généralement très rapidement, dans les minutes ou les heures qui suivent la prise du médicament. C'est une éruption ressemblant à des piqûres d'orties, de couleur blanche, rose ou rouge. Les démangeaisons sont importantes et l'aspect de l'éruption est souvent impressionnant.

### L'œdème de Quincke

C'est une forme dangereuse d'urticaire, qui se manifeste par un gonflement de certaines régions du corps, notamment du visage. Dans de rares cas, l'œdème de Quincke peut atteindre la gorge et gêner la respiration. Il est alors nécessaire d'appeler de toute urgence le Samu (15).

### L'eczéma

Le plus souvent provoqué par l'application locale d'un médicament sous forme de crème, de gel ou de lotion, l'eczéma se manifeste par des plaques roses ou rouges, surmontées de minuscules bulles remplies de liquide. Les démangeaisons sont importantes.

### Les autres réactions de la peau

On peut citer, parmi les autres réactions de la peau, **l'érythème pigmenté fixe**, plaque initialement rouge qui se recouvre souvent de cloques ou de croûtes. Il apparaît toujours au même endroit chez une même personne pour un médicament donné et évolue vers une coloration définitive, brune ou noire, de la peau lésée.

Autre réaction possible : **la photosensibilisation**, qui est une sensibilité anormale de la peau à la lumière, et donc aux ultraviolets (soleil, lampe à bronzer), due à un médicament. Elle se traduit par l'apparition d'éruptions cutanées ou de coups de soleil, pour une exposition même minime. Certaines réactions de la peau se traduisent enfin par l'apparition de cloques ou des décollements de la peau (nécrolyse). Elles sont le plus souvent limitées, mais peuvent être très graves si elles s'étendent sur une large surface de peau.

## Les autres réactions allergiques

Une réaction allergique à un médicament (ou à toute autre substance étrangère à l'organisme) peut se traduire par un malaise général, éventuellement une perte de connaissance due à une chute brutale de la tension artérielle : il s'agit du **choc anaphylactique**. Face à une telle situation, il faut allonger la personne inanimée, lui relever les jambes pour permettre au sang d'irriguer le cerveau, et appeler d'urgence le Samu (15).

Les réactions allergiques peuvent toucher des organes autres que la peau : le foie, la moelle osseuse, le sang, les poumons, le système nerveux ou les reins peuvent être atteints.

## Que faire en cas d'allergie

En cas de suspicion d'œdème de Quincke ou de choc anaphylactique, appelez de toute urgence le Samu (15). Dans tous les autres cas, appelez votre médecin, qui s'assurera que les phénomènes constatés sont bien en rapport avec une prise médicamenteuse. Dans ce cas, le traitement en cause sera interrompu.

En cas de doute sur l'origine exacte de l'allergie, aucun médicament ne devra être repris sans l'accord de votre médecin, même à distance de l'événement. La substance identifiée comme allergisante devra être soigneusement notée sur un document présent en permanence dans votre portefeuille, avec vos papiers d'identité par exemple. Elle devra être signalée à votre médecin, à votre dentiste ou à votre pharmacien avant toute prise de médicament.

# Les interactions médicamenteuses

## Qu'est-ce qu'une interaction ?

Tous les médicaments ne font pas bon ménage entre eux. On parle d'interaction médicamenteuse lorsque la prise d'une substance modifie l'effet d'une ou de plusieurs autres substances médicamenteuses présentes au même moment dans l'organisme. Cette modification peut prendre diverses formes. Si les effets thérapeutiques des médicaments s'ajoutent ou se multiplient entre eux, on parle de synergie ou de potentialisation : cette situation est parfois voulue par le prescripteur (association de traitements anticancéreux, antituberculeux ou antirétroviraux par exemple). Si les effets des médicaments sont au contraire atténués ou annulés, on parle d'antagonisme ou d'inhibition : cette situation nuit le plus souvent à l'efficacité du traitement. Enfin, la prise simultanée de plusieurs médicaments peut majorer certains effets indésirables (saignements, somnolence, etc.), et faire courir des risques au patient.

Dans tous les cas, les interactions mettent en jeu des phénomènes complexes, qui peuvent intervenir à différents stades de l'assimilation du médicament par l'organisme : absorption par le tube digestif, passage dans la circulation sanguine, élimination par le foie et/ou les reins. La connaissance de ces interactions est encore imparfaite : certaines d'entre elles sont bien identifiées, d'autres plus imprévisibles. Le risque est bien entendu proportionnel au nombre de médicaments pris simultanément : plus une ordonnance est longue, plus la probabilité d'interactions gênantes et difficiles à contrôler devient grande. Pour limiter ce risque, n'oubliez jamais d'indiquer à votre médecin, avant toute nouvelle prescription, les médicaments que vous prenez déjà régulièrement.

## Le rôle de l'alimentation

L'alimentation peut aussi modifier les effets d'un médicament. C'est pourquoi certains traitements doivent être pris impérativement à jeun, d'autres de préférence au milieu des repas. La consommation d'aliments gras, par exemple, peut gêner l'absorption du médicament par le tube digestif. Des aliments, comme le jus de pamplemousse, peuvent modifier l'absorption de certains médicaments (notamment ceux destinés à faire baisser le cholestérol), alors que d'autres, comme l'eau ou le jus d'orange, n'ont aucun effet de ce type. La prise simultanée d'alcool peut entraîner des réactions violentes avec certains antibiotiques ou psychotropes. Citons enfin le chou et les épinards, susceptibles de déséquilibrer des traitements par anticoagulants oraux. Pour prévenir tous ces risques, un réflexe simple : lisez toujours attentivement la notice d'un médicament et consultez sa fiche dans le *Vidal de la famille* avant de l'absorber.

## Huit conseils pratiques pour prévenir les interactions médicamenteuses

1. Informez toujours votre médecin des médicaments prescrits par un autre médecin, ou achetés sans ordonnance.
2. Prévenez toujours votre pharmacien des traitements que vous suivez avant d'acheter un médicament d'automédication.
3. Ne croyez pas qu'un médicament est forcément anodin parce qu'il est en vente libre. Certains d'entre eux peuvent être à l'origine d'interactions graves. Exemple : l'aspirine et les anticoagulants oraux.
4. N'oubliez pas que la prise d'alcool peut entraîner des réactions violentes avec des médicaments d'usage courant. Sachez également que des quantités significatives d'alcool peuvent être présentes dans certains sirops ou solutions buvables.
5. Prenez garde au fait que deux médicaments, même pris à distance l'un de l'autre, peuvent interférer entre eux. Exemple : un diurétique pris le matin peut interférer avec un traitement au lithium pris le soir.
6. Si vous devez prendre le volant, méfiez-vous du risque de somnolence lié à l'association de plusieurs médicaments sédatifs.
7. Sachez que certains aliments peuvent interagir avec certains médicaments. Exemple : le jus de pamplemousse et les médicaments contre le cholestérol.
8. N'oubliez pas que les produits et médicaments à base de plantes peuvent provoquer eux aussi des interactions. Exemple : le millepertuis peut diminuer l'efficacité des contraceptifs oraux.

# La pharmacie familiale

## Votre armoire à pharmacie

Rangez vos médicaments dans une armoire réservée à cet usage, située dans un lieu sec et tempéré, facile d'accès. Pour protéger vos enfants, elle doit être située à plus d'un mètre cinquante du sol et rester de préférence fermée à clef (sans laisser la clef sur la serrure !). Tous les médicaments de la maison doivent y être rangés : les tubes et les plaquettes posés sur une table de nuit, sur un buffet ou au fond d'un sac à main sont à l'origine de nombreuses intoxications accidentelles, touchant le plus souvent des enfants. Seule exception à cette règle : les vaccins et les suppositoires, ainsi que certaines suspensions buvables reconstituées à partir d'une poudre (le plus souvent des antibiotiques), qui doivent être rangés au réfrigérateur.

### Triez vos médicaments

Deux à trois fois par an, rangez et triez vos médicaments. Vérifiez les dates de péremption et éliminez les produits périmés (lire ci-dessous). Ne conservez jamais des antibiotiques en suspension buvable et des collyres déjà utilisés.

### Conservez les emballages

On trouve trop souvent, dans les armoires à pharmacie, des plaquettes de médicaments rangées en vrac, prescrites on ne sait quand, pour on ne sait quel membre de la famille… Veillez au contraire à conserver les médicaments dans leurs emballages d'origine, sans jeter les notices d'utilisation. L'emballage et la notice contiennent l'ensemble des informations à connaître avant la prise du médicament : indications et contre-indications, dosage, modalités de prise, date de péremption.

### Que faire des médicaments non utilisés ?

Ne les jetez pas à la poubelle, vous pourriez causer des intoxications chez les enfants ou les animaux qui les trouveraient.

Évitez aussi de les brûler et de les jeter dans l'évier ou dans les toilettes, en raison de leurs effets néfastes sur l'environnement.

Confiez-les à votre pharmacien, qui saura les traiter conformément à la législation.

## Votre pharmacie de voyage

Il peut être utile de disposer, en plus de l'armoire à pharmacie, d'une trousse d'urgence pour traiter les petites blessures et les affections les plus courantes : fièvre, douleur, rhume, toux, digestion difficile, diarrhée, etc. Cette trousse doit être de préférence transportable pour les sorties, les week-ends et les vacances. À défaut, son contenu doit être clairement séparé des autres médicaments de la pharmacie familiale.

Seuls **quelques médicaments** sont indispensables dans une pharmacie de voyage (en dehors des traitements chroniques). Votre médecin et votre pharmacien peuvent vous donner des conseils pour la personnaliser en fonction de la composition de votre famille (présence d'enfants, de personnes âgées, de malades chroniques, etc.).

- Médicaments contre la douleur et contre la fièvre (aspirine, paracétamol ou ibuprofène), avec des dosages adaptés à chacun des membres de la famille.
- Antidiarrhéique et solution de réhydratation si la famille comprend des enfants en bas âge.
- Sérum physiologique en dosettes (pour déboucher le nez ou pour le lavage des yeux).
- Pommade ou crème pour les contusions.
- Pommade ou crème contre les piqûres d'insectes.

**Les instruments et produits de soins** sont le complément indispensable des médicaments. Nous vous conseillons d'avoir au moins un thermomètre, une pince à épiler de bonne qualité, une paire de ciseaux à bouts ronds, une boîte de compresses stériles, des bandes de tailles différentes, du sparadrap hypoallergénique, des pansements adhésifs.

Pensez également aux crèmes solaires et aux solutions antiseptiques : une solution contenant par exemple de la chlorhexidine ou de l'hexamidine, de préférence en récipients unidoses ou en petits flacons, de l'alcool à 60° ou 70° (indiqué pour les piqûres mais déconseillé pour les plaies, car son application est douloureuse), de l'eau oxygénée à 10 volumes (utile pour les petites plaies qui saignent). Prenez conseil auprès de votre pharmacien.

### Affichez les numéros d'urgence

Pensez à afficher, dans votre armoire à pharmacie, près de votre téléphone et dans votre agenda, les numéros utiles en cas d'urgence : le Samu (15), police-secours (17), les pompiers (18), le centre antipoison le plus proche de votre domicile, et votre médecin traitant.

Affichez également les coordonnées du médecin de garde ou d'astreinte dans votre secteur, éventuellement d'une association de médecins d'urgence. Ajoutez à cette liste les numéros de votre dentiste, de votre pharmacien et d'autres médecins du voisinage pendant les périodes de vacances.

# Les vaccinations et leur calendrier

Le principe de la vaccination repose sur un constat simple : confronté à un agent infectieux, viral ou bactérien, l'organisme fabrique des anticorps dirigés contre cet intrus, qui permettent de l'éliminer et préviennent toute nouvelle infection en cas de nouveau contact avec ce germe. D'où l'idée d'inoculer, à titre préventif, des substances capables de déclencher la fabrication d'anticorps sans provoquer d'infection grave : les vaccins. Pour la majorité des vaccins, l'injection initiale doit être suivie de rappels pour que l'organisme produise et maintienne un taux suffisant d'anticorps.

## Les différents types de vaccins

### Les vaccins vivants atténués

Ils contiennent un germe vivant rendu inoffensif par des traitements physiques ou chimiques.

Ils immunisent contre :
– la rougeole
– les oreillons
– la rubéole
– la fièvre jaune
– la tuberculose
– la varicelle
– les gastro-entérites à rotavirus.

### Les vaccins contenant des anatoxines

Ils protègent des maladies provoquées non pas directement par un germe, mais par une toxine sécrétée par ce germe. Ils contiennent une anatoxine, c'est-à-dire une protéine très proche de la toxine microbienne.

Ils immunisent contre :
– la diphtérie
– le tétanos
– le choléra
– la coqueluche.

**Les autres vaccins**

Ils contiennent des fragments de germes viraux ou bactériens.

Ils immunisent contre :
- la grippe
- la rage
- la coqueluche
- le choléra
- la poliomyélite
- l'hépatite A
- l'hépatite B
- la méningite à pneumocoque
- la méningite à méningocoque
- les infections dues à l'Haemophilus
- la typhoïde.

## Les vaccinations de l'enfant

Quatre vaccinations sont obligatoires en France chez l'enfant : diphtérie, tétanos, poliomyélite et tuberculose. Le BCG, qui ne protège qu'imparfaitement de la forme pulmonaire de la tuberculose, est surtout destiné à protéger les jeunes enfants de la méningite tuberculeuse, qui est une maladie gravissime. Il est également recommandé de protéger les enfants contre la coqueluche, les infections dues à l'Haemophilus, la rougeole, les oreillons, la rubéole et l'hépatite B. Aucune de ces vaccinations n'est toutefois obligatoire. De nouveaux vaccins, notamment contre les méningites (méningocoque, pneumocoque), la varicelle et les gastro-entérites à rotavirus sont apparus récemment. L'intérêt de leur utilisation pour votre enfant doit être discuté avec votre médecin.

## Les vaccinations de l'adulte

Aucune vaccination n'est obligatoire chez l'adulte, sauf pour certaines professions. Il est toutefois fortement conseillé de tenir à jour ses vaccins contre le tétanos, la diphtérie et la poliomyélite (surtout en cas de voyage pour les deux derniers). Même en cas de retard dans le calendrier vaccinal, quelques rappels permettent de restaurer l'immunité. On conseille en outre aux personnes âgées de plus de 65 ans ou souffrant de maladies chroniques graves de se faire vacciner chaque année contre la grippe, qui peut être fatale quand elle touche un organisme affaibli. Le vaccin contre l'hépatite B, maladie transmissible par voie sexuelle ou sanguine, est également recommandé chez les adultes de moins de 50 ans. Des vaccins spécifiques sont enfin nécessaires en cas de voyage vers certaines destinations.

Depuis 2004, la vaccination contre la coqueluche est recommandée pour les adultes susceptibles de devenir parents, lorsqu'ils n'ont pas reçu de vaccination anticoquelucheuse au cours des dix dernières années.

## Calendrier des vaccinations obligatoires et recommandées

**DT*** : diphtérie, tétanos - **Polio*** : poliomyélite - **BCG*** : tuberculose
**Coq** : coqueluche - **Hib** : Haemophilus influenzae B (agent d'un type de méningite)
**ROR** : rougeole, oreillons, rubéole - **HB** : hépatite B - **Gr** : grippe

| Âge | DT* | Coq | Hib | Polio* | ROR | BCG* | HB | Gr | Remarques |
|---|---|---|---|---|---|---|---|---|---|
| Naissance | | | | | | • | • | | HB : uniquement si la mère est infectée par l'hépatite B. Le vaccin est alors associé à des immunoglobulines anti-HBs. BCG : la vaccination est obligatoire pour l'entrée en collectivité (y compris garde chez une assistante maternelle). |
| 2 mois | • | • | • | • | | | • | | |
| 3 mois | • | • | • | • | | | | | |
| 4 mois | • | • | • | • | | | • | | |
| 12 mois | | | | | • | | • | | ROR : La vaccination ROR peut être pratiquée à partir de 9 mois pour les enfants en collectivité. La deuxième dose de vaccin doit alors être injectée entre 12 et 15 mois. |
| 16 à 18 mois | • | • | • | • | | | • | | |
| Entre 13 et 24 mois | | | | | • | | | | ROR : une deuxième dose de vaccin est recommandée pour tous les enfants. Tous les enfants de plus de 2 ans devraient avoir reçu deux doses du vaccin ROR, selon un schéma qui peut être différent de celui désormais recommandé. |
| Avant 6 ans | | | | | | • | | | BCG : la vaccination est obligatoire pour l'entrée en collectivité (école maternelle ou primaire), uniquement si elle n'a pas été encore pratiquée. |
| 6 ans | • | | | • | • | | | | ROR : une dose de vaccin est recommandée pour les enfants n'ayant pas été vaccinés ou n'ayant reçu qu'une dose de vaccin. |
| 11-13 ans | • | • | | • | • | | • | | Coq : un rappel en même temps que le rappel DTP est recommandé. ROR : une dose de vaccin est recommandée pour tous les enfants n'en ayant pas bénéficié. HB : uniquement si la vaccination n'a pas encore été pratiquée, 3 doses en l'espace de 12 mois. |
| 16-18 ans | • | | | • | | | | | Tétanos, polio, diphtérie : les rappels se font tous les 10 ans. Pour la diphtérie, le rappel se fait avec une dose réduite d'anatoxine diphtérique. |
| Adulte | • | • | | • | | | | | Rubéole : la vaccination est recommandée pour les jeunes femmes non encore vaccinées. Coqueluche : pour les adultes susceptibles de devenir parents. Tétanos, polio, diphtérie : 1 rappel tous les 10 ans. |
| A partir de 65 ans | | | | | | | | • | Grippe : vaccination chaque année. |

*Vaccination obligatoire.

*Source : BEH du 18 juillet 2006.*

## Vaccins commercialisés en France

| | Act HIB | Agrippal | Avaxim | Boostrixtetra | DT Polio | Dukoral | Engerix B | Fluarix | Fluvirine | Genhevac B Pasteur | Gripguard | Havrix | HB Vax Pro | Immugrip | Imovax Polio | InfanrixHexa | InfanrixQuinta | InfanrixTetra | Influvac | Meningitec | Meninvact | Menjugate |
|---|---|---|---|---|---|---|---|---|---|---|---|---|---|---|---|---|---|---|---|---|---|---|
| **Tuberculose** | | | | | | | | | | | | | | | | | | | | | | |
| **Diphtérie** | | | | • | • | | | | | | | | | | | • | • | • | | | | |
| **Tétanos** | | | | • | • | | | | | | | | | | | • | • | • | | | | |
| **Poliomyélite** | | | | • | • | | | | | | | | | | • | • | • | • | | | | |
| **Coqueluche** | | | | • | | | | | | | | | | | | • | • | • | | | | |
| **Gastro-entérite à rotavirus** | | | | | | | | | | | | | | | | | | | | | | |
| **Inf. à Haemophilus influenzae B** | • | | | | | | | | | | | | | | | • | • | | | | | |
| **Rougeole** | | | | | | | | | | | | | | | | | | | | | | |
| **Oreillons** | | | | | | | | | | | | | | | | | | | | | | |
| **Rubéole** | | | | | | | | | | | | | | | | | | | | | | |
| **Grippe** | | • | | | | | | • | • | | • | | | • | | | | | • | | | |
| **Hépatite A** | | | • | | | | | | | | | • | | | | | | | | | | |
| **Hépatite B** | | | | | | | • | | | • | | | • | | | • | | | | | | |
| **Fièvre jaune** | | | | | | | | | | | | | | | | | | | | | | |
| **Fièvre typhoïde** | | | | | | | | | | | | | | | | | | | | | | |
| **Inf. à pneumocoque** | | | | | | | | | | | | | | | | | | | | | | |
| **Méningite à méningocoque A ou C** | | | | | | | | | | | | | | | | | | | | | | |
| **Méningite à méningocoque C** | | | | | | | | | | | | | | | | | | | | • | • | • |
| **Rage** | | | | | | | | | | | | | | | | | | | | | | |
| **Leptospirose** | | | | | | | | | | | | | | | | | | | | | | |
| **Varicelle** | | | | | | | | | | | | | | | | | | | | | | |
| **Choléra** | | | | | | • | | | | | | | | | | | | | | | | |

| Mutagrip | Neisvac | Pentavac | Pneumo 23 | Prevenar | Prévigrip | Priorix | Rabipur | Repevax | Revaxis | ROR Vax | Rotarix | Rotateq | Rouvax | Rudivax | Spirolept | Stamaril | Tétagrip | Tétravac acellulaire | Twinrix | Tyavax | Typherix | Typhim Vi | Vaccin BCG SSI | Vaccin méningococcique polyosidique A + C | Vaccin rabique Pasteur | Vaccin tétanique Pasteur | Varilrix | Varivax | Vaxigrip |
|---|---|---|---|---|---|---|---|---|---|---|---|---|---|---|---|---|---|---|---|---|---|---|---|---|---|---|---|---|---|
| | | | | | | | | | | | | | | | | | | | | | | | • | | | | | | |
| | | • | | | | | | • | • | | | | | | | | | • | | | | | | | | | | | |
| | | • | | | | | | • | • | | | | | | | | • | • | | | | | | | | • | | | |
| | | • | | | | | | • | • | | | | | | | | | • | | | | | | | | | | | |
| | | • | | | | | | • | | | | | | | | | | • | | | | | | | | | | | |
| | | | | | | | | | | | • | • | | | | | | | | | | | | | | | | | |
| | | • | | | | | | | | | | | | | | | | | | | | | | | | | | | |
| | | | | | | • | | | | • | | | • | | | | | | | | | | | | | | | | |
| | | | | | | • | | | | • | | | | | | | | | | | | | | | | | | | |
| | | | | | | • | | | | • | | | | • | | | | | | | | | | | | | | | |
| • | | | | | • | | | | | | | | | | | | • | | | | | | | | | | | | • |
| | | | | | | | | | | | | | | | | | | | • | • | | | | | | | | | |
| | | | | | | | | | | | | | | | | | | | • | | | | | | | | | | |
| | | | | | | | | | | | | | | | | • | | | | | | | | | | | | | |
| | | | | | | | | | | | | | | | | | | | | • | • | • | | | | | | | |
| | | | • | • | | | | | | | | | | | | | | | | | | | | | | | | | |
| | | | | | | | | | | | | | | | | | | | | | | | | • | | | | | |
| | • | | | | | | | | | | | | | | | | | | | | | | | | | | | | |
| | | | | | | | • | | | | | | | | | | | | | | | | | | • | | | | |
| | | | | | | | | | | | | | | | • | | | | | | | | | | | | | | |
| | | | | | | | | | | | | | | | | | | | | | | | | | | | • | • | |
| | | | | | | | | | | | | | | | | | | | | | | | | | | | | | |

# La réglementation du médicament

## L'autorisation de mise sur le marché

Pour être commercialisé en France, un médicament doit avoir obtenu une autorisation de mise sur le marché (AMM) délivrée par l'Agence française de sécurité sanitaire des produits de santé (Afssaps) ou par l'Agence européenne d'évaluation du médicament (EMEA) basée à Londres. Cette agence a le pouvoir d'accorder des AMM valables dans tous les pays de l'Union européenne, dont la France.
L'AMM résume les caractéristiques du médicament, sa composition, les maladies qu'il est destiné à soigner ou à prévenir, son mode et ses limites d'utilisation.

### Les règles de prescription et de délivrance

En France, aucun médicament ne peut être vendu au public en dehors des pharmacies (officines et pharmacies hospitalières). Les médicaments sont classés en différentes catégories en fonction de leurs modalités de prescription et de vente.

### Les médicaments pouvant être achetés sans ordonnance

Les médicaments dont la prescription par un médecin n'est pas obligatoire sont également dits hors liste, par opposition aux médicaments appartenant à la liste I ou à la liste II (lire ci-dessous). Souvent utilisés dans le cadre de l'automédication, ces médicaments ne sont pas pour autant anodins et sont soumis aux mêmes règles de surveillance que les médicaments à prescription obligatoire. Le rôle de conseil du pharmacien lors de leur vente est fondamental.

### Les médicaments obligatoirement vendus sur ordonnance

Les médicaments présentant des difficultés d'emploi ou des risques en cas d'utilisation inappropriée ne peuvent être obtenus, selon les cas, que sur prescription d'un médecin, d'un dentiste ou d'une sage-femme. Ils sont inscrits sur deux listes distinctes : la liste I ou la liste II.
Les médicaments inscrits sur la liste I ne peuvent être délivrés qu'une seule fois par le pharmacien avec la même ordonnance, sauf si le médecin mentionne expressément la possibilité d'un renouvellement. La délivrance des médicaments inscrits sur la liste II peut être renouvelée, même si le médecin ne le mentionne pas, pendant six mois. Dans ce cas le pharmacien ne peut délivrer, à chaque renouvellement, que la quantité nécessaire à un mois de traitement.

### Les stupéfiants

Une vingtaine de médicaments, dont la morphine et ses dérivés, sont inscrits sur la liste des stupéfiants. Leur délivrance est soumise à des règles très strictes : le médecin doit rédiger sa prescription sur une ordonnance sécurisée qui comporte un filigrane, un numéro de lot et un carré de microlettres interdisant sa falsification. La quantité délivrée est limitée à 7, 14 ou 28 jours suivant les médicaments.

### Les médicaments d'exception

Ces médicaments de la liste I, particulièrement innovants et coûteux, ne doivent être utilisés que dans des cas bien précis. Le médecin rédige sa prescription sur une ordonnance spéciale, comportant quatre volets : un pour le patient, deux pour la Sécurité sociale, un pour le pharmacien. Le respect de cette procédure conditionne le remboursement par la Sécurité sociale.

### Les médicaments à prescription restreinte

Ce terme regroupe cinq catégories de médicaments, appartenant eux aussi à la liste I :
- Les médicaments réservés à l'usage hospitalier : ils ne peuvent être prescrits, délivrés et utilisés qu'à l'hôpital.
- Les médicaments à prescription hospitalière : ils ne peuvent être prescrits qu'à l'hôpital. Ils sont délivrés dans n'importe quelle pharmacie ou, pour certains, dans les seules pharmacies hospitalières.
- Les médicaments à prescription initiale hospitalière : la première prescription doit obligatoirement être rédigée à l'hôpital, mais les ordonnances de renouvellement peuvent être rédigées par un médecin de ville. La délivrance des médicaments est possible, selon les cas, en pharmacies hospitalières ou en pharmacies de ville. Dans certains cas, le nombre de renouvellements est limité, et une nouvelle prescription hospitalière est nécessaire après un délai variable (un an généralement).
- Les médicaments à prescription réservée à certains spécialistes. Il s'agit de médicaments difficiles à utiliser ou traitant des maladies complexes. Ils sont délivrés selon les cas en pharmacies hospitalières ou en pharmacies de ville.
- Les médicaments à surveillance particulière : les malades traités par ce type de médicaments doivent être régulièrement surveillés (prises de sang, examens complémentaires, consultations plus fréquentes). L'ordonnance ne pourra être renouvelée que si ces règles de surveillance sont respectées.

## Le prix et les règles de remboursement

Le prix des médicaments non remboursables est libre et peut donc varier d'une pharmacie à l'autre.

Le prix de chaque médicament remboursable est fixé par le Comité économique des produits de santé. Il se prononce sur avis d'une commission de l'Agence française de sécurité sanitaire des produits de santé (Afssaps) constituée de médecins hospitaliers, de généralistes et de pharmaciens, que l'on appelle Commission de transparence.

Les taux de remboursement varient en fonction du service médical rendu par le médicament tel qu'il est apprécié par la Commission de transparence :
- Médicaments irremplaçables et coûteux (vignette blanche et barrée) : 100 %.
- Médicaments dont le service médical rendu a été considéré comme majeur ou important (vignette blanche) : 65 %.
- Médicaments destinés au traitement des affections sans caractère habituel de gravité ou dont le service médical rendu n'a pas été considéré comme majeur ou important (vignette bleue) : 35 %.
- Médicaments destinés au traitement de certains troubles circulatoires : 15 % à compter du 2$^{e}$ trimestre 2006.

En cas d'affection grave et de longue durée (inscrite sur une liste de 30 maladies), les médicaments destinés à soigner cette maladie peuvent toutefois être remboursés au taux de 100 %, quelle que soit leur catégorie.

La somme qui reste à la charge de l'assuré social après le remboursement par la Sécurité sociale porte le nom de ticket modérateur. Ce ticket modérateur peut être remboursé par une mutuelle ou une assurance complémentaire.

# Les médicaments de A à Z

# Mode d'emploi des fiches médicaments

Les rédacteurs des fiches du *Vidal de la famille* travaillent à partir de documents officiels de l'Agence française de sécurité sanitaire des produits de santé (Afssaps). Ces documents sont rédigés lors de l'autorisation de mise sur le marché (AMM) d'un produit. Tout médicament doit avoir obtenu une AMM pour être commercialisé en France. L'AMM résulte de l'étude, par un collège d'experts, des données scientifiques disponibles sur le médicament. Les auteurs du *Vidal de la famille* reprennent ces informations officielles et les adaptent dans un langage compréhensible par tous. Ils rédigent également des conseils pratiques sur le bon usage du médicament. Les fiches sont construites selon la même structure, décrite ci-dessous. En l'absence d'informations pertinentes, des rubriques peuvent ne pas figurer dans certaines fiches. Les mots en *italique* sont définis dans le lexique médical.

## NOM DU MÉDICAMENT
Classe pharmacothérapeutique
*(propriétés du médicament)*

### Présentation

La rubrique décrit pour chacune des formes ou des dosages du médicament concerné :
- le nom (en capitales) imprimé sur le conditionnement et, éventuellement, le dosage ;
- la forme (comprimé, gélule, suppositoire, solution buvable ou injectable, etc.) avec mention, chaque fois que possible, de la couleur des comprimés ou gélules, ou du goût des sirops, solutions buvables et pastilles à sucer ;
- le conditionnement (sachet, ampoule, flacon, tube, etc.), la contenance et le nombre d'unités ;
- l'appartenance à une liste de médicaments disponibles uniquement sur ordonnance (Liste I, Liste II ou Stupéfiants) ;
- le taux de remboursement par les caisses d'assurance maladie ;
- la mention « médicament d'exception » ou « médicament à prescription restreinte » pour les médicaments dont la prescription ou la délivrance par le pharmacien obéissent à des règles particulières ;
- le prix (seulement pour les médicaments remboursés, dont le prix est fixe). Les prix indiqués sont ceux en date du 31 janvier 2005 et ils sont susceptibles d'avoir été modifiés.

### Composition

Pour chaque forme (gélule, suppositoire, etc.) et pour chaque dosage (adulte, enfant, etc.), **la quantité de chaque substance active** est précisée, généralement par unité de prise (sachet, comprimé, cuillère-mesure, goutte, etc.).
Certains excipients, imprimés en caractères fins, pouvant poser des problèmes (sucre, sel, substances allergisantes, etc.) sont mentionnés ; lorsque leur quantité n'est pas précisée, leur présence est signalée par le signe +.

### Dans quel cas ce médicament est-il prescrit ?

Ce premier paragraphe indique quand et pourquoi le médicament doit être utilisé. Il décrit ses principales ***propriétés*** ainsi que les ***situations*** (circonstances ou maladies) dans lesquelles il peut être prescrit.

### Contre-indications

Cette partie décrit les circonstances dans lesquelles le médicament ne doit pas être utilisé. Elle regroupe les contre-indications dites absolues, qui empêchent toute utilisation du médicament, et les contre-indications relatives, laissées à l'appréciation du médecin.
Parmi les contre-indications absolues figurent des maladies susceptibles de gêner l'élimination du médicament (défaut de fonctionnement du foie ou des reins), ou de s'aggraver sous l'effet du traitement. La grossesse, l'allaitement ou les interactions médicamenteuses constituent également des contre-indications fréquentes. Une allergie à un médicament est toujours une contre-indication à la reprise de ce médicament ou à celle d'un médicament proche. L'allergie n'est toutefois mentionnée que dans deux cas : lorsque la substance allergisante risque de ne pas être identifiée facilement dans la rubrique Composition (mélange de nombreuses substances), ou lorsque l'allergie concerne la famille de médicaments à laquelle appartient la substance active. Les contre-indications relatives sont également mentionnées. Lorsqu'elles existent, il appartient au médecin de juger si le bénéfice qu'apporte le médicament est supérieur aux risques encourus par son patient.

**Attention :** Cet encadré regroupe les **précautions et mises en garde** nécessaires à la bonne utilisation du médicament.
Il indique les cas où certaines informations sur l'état de santé du malade doivent être signalées au médecin ou au pharmacien.
Il signale aussi la présence d'excipients (sucre, sel, etc.) ou de solvants (alcool) en quantité notable, qui peuvent avoir des conséquences gênantes pour certaines personnes (diabétiques, personnes suivant un régime, etc.).

Ce pictogramme indique que le médicament contient une substance susceptible de rendre positifs les tests antidopage pratiqués lors des compétitions. Dans certains cas, cette substance est contenue dans un collyre, une solution nasale ou une crème ; la possibilité de la retrouver dans le sang ou dans les urines est faible, mais ne peut être exclue.

Dans le doute, nous avons préféré attirer l'attention des sportifs sur ce risque potentiel.

 Ce pictogramme indique que le médicament peut diminuer la vigilance ou provoquer des troubles dangereux pour les conducteurs ou les utilisateurs de machines.

## Interactions avec d'autres substances

On parle d'interaction médicamenteuse lorsque la prise d'une substance modifie l'effet d'une ou de plusieurs autres substances médicamenteuses présentes au même moment dans l'organisme. Selon les cas, l'activité d'un médicament peut être diminuée ou augmentée par la prise d'autres médicaments, même si plusieurs heures, voire plusieurs jours séparent les deux prises. Ses effets indésirables peuvent également être augmentés.

Afin d'apporter une information la plus précise possible sans inquiéter inutilement, nous avons fait varier l'intitulé des interactions en fonction de leur gravité potentielle :

- les **associations médicamenteuses contre-indiquées** sont introduites par « Ce médicament ne doit pas être associé à... », le risque encouru étant alors précisé ;
- les **associations possibles après avis médical** sont introduites par « Ce médicament peut interagir avec... » ;
- les **associations nécessitant des précautions d'emploi** sont introduites par « Informez par ailleurs votre médecin si vous prenez... ».

## Grossesse et allaitement

Les données scientifiques concernant **l'effet du médicament sur l'embryon ou le fœtus** sont limitées, faute d'études spécifiques. C'est pourquoi les textes légaux contiennent souvent des mises en garde que nous avons reproduites. Il convient de toujours recueillir l'avis d'un professionnel avant toute prise de médicament en cours de grossesse.

Néanmoins, peu de médicaments sont vraiment nocifs pendant la grossesse, et le médecin met en balance la nécessité du traitement et le risque, souvent hypothétique, lié à sa prise. Beaucoup de médicaments passent dans le **lait maternel**. La prise de médicaments est donc souvent déconseillée pendant l'allaitement.

## Mode d'emploi et posologie

Ce paragraphe décrit le plus précisément possible le **mode de prise** du médicament. Certaines formes orales doivent être prises à un moment précis de la journée, en fonction des heures de repas. D'autres, plus nombreuses, peuvent être prises indifféremment avant, pendant, ou après l'absorption de nourriture ; c'est généralement le cas lorsqu'aucune information n'est précisée. Les formes injectables sont parfois destinées exclusivement à une voie d'administration particulière : intramusculaire, intraveineuse, sous-cutanée, etc.

La posologie moyenne, c'est-à-dire la **quantité de médicament à prendre** en fonction du patient (âge, poids, autres pathologies, etc.) et de la maladie à traiter, est mentionnée chaque fois que possible. Mais elle n'est donnée qu'à titre indicatif, et le médecin peut s'en écarter sensiblement si la situation l'exige.

**Conseils :** Cet encadré donne des indications complémentaires sur le **bon usage du médicament**, ainsi que des conseils de régime ou d'hygiène de vie adaptés à la maladie ou au traitement.

Lorsqu'elles existent, les **conditions particulières de délivrance** du médicament sont également décrites.

Les médicaments nécessitant des **conditions de conservation particulières** font enfin l'objet de précisions supplémentaires.

## Effets indésirables possibles

Beaucoup de médicaments sont susceptibles de provoquer des **effets indésirables plus ou moins gênants.** Ceux-ci sont généralement peu fréquents et discrets, et disparaissent le plus souvent à l'arrêt du traitement. L'énumération des effets indésirables, parfois impressionnante, ne doit pas vous inquiéter inutilement : il ne s'agit que d'une éventualité et la majorité des médicaments courants sont bien supportés. La tendance actuelle dans les textes officiels est de rapporter la totalité des symptômes gênants observés, même exceptionnellement, chez les personnes ayant utilisé le médicament lors des études scientifiques. Certains de ces troubles sont réellement dus au médicament et constituent ses effets indésirables. D'autres troubles peuvent avoir été constatés sans que le médicament possède de responsabilité réelle dans leur survenue.

**Dans un souci d'exhaustivité, nous avons choisi de reproduire l'intégralité des troubles énumérés dans les textes officiels**, bien que nous ayons conscience de l'inquiétude injustifiée que cela peut créer. Il faut donc garder à l'esprit que certains sont fréquents, d'autres rarissimes et qu'ils ne doivent pas retarder la mise en route du traitement.

## Nom du laboratoire

Fiche médicament accessible sur **www.monvidal.com**



**DIARALIA**
*Informations détaillées sur www.monvidal.com*

## DIARÉTYL
Antidiarrhéique

**Présentation**
DIARÉTYL : gélule (vert foncé et vert clair) ; boîte de 12. Non remb.

**Composition**

| | p gél |
|---|---|
| Lopéramide chlorhydrate | 2 mg |

**Dans quel cas ce médicament est-il prescrit ?**
C'est un antidiarrhéique qui agit en ralentissant le *transit intestinal* et en réduisant les sécrétions intestinales.
Il est utilisé dans le *traitement symptomatique* des diarrhées aiguës de l'adulte, en complément des mesures diététiques.

**Contre-indications**
Ce médicament ne doit pas être utilisé en cas de crise aiguë de *rectocolite hémorragique*.

**Attention :** Ce médicament n'est pas adapté à l'enfant de moins de 15 ans.
Des précautions sont nécessaires en cas d'*insuffisance hépatique* : consultez votre médecin.
Ce médicament ne convient pas au traitement des diarrhées dues à certains *antibiotiques*.
Une diarrhée s'accompagnant de torpeur, de soif, de fièvre, ou de sang dans les selles nécessite rapidement un avis médical.
Le traitement doit être arrêté dès que les selles recommencent à être formées. L'usage trop prolongé du médicament expose à un risque de constipation important.
Si vous devez conduire, ou utiliser une machine dangereuse, assurez-vous préalablement que ce médicament n'altère pas votre vigilance.

**Grossesse et allaitement**
Les études actuellement disponibles n'ont pas mis en évidence de problème particulier lors de l'utilisation ponctuelle de ce médicament chez la femme enceinte. Néanmoins, il est déconseillé pendant la grossesse sans avis médical.
Ce médicament passe faiblement dans le lait maternel ; son utilisation ponctuelle est possible pendant l'allaitement.

**Mode d'emploi et posologie**
Les gélules doivent être avalées avec un verre d'eau.
**Posologie usuelle :**
- Adulte : commencer par 2 gélules, puis 1 gélule supplémentaire après chaque selle liquide, sans dépasser 6 gélules par jour et 2 jours de traitement ; au-delà, si les troubles persistent, consulter votre médecin.

Respectez rigoureusement la *posologie* recommandée par votre pharmacien.

**Conseils :** Une diarrhée peut provoquer une déshydratation, notamment chez la personne âgée. Cette perte d'eau par l'organisme doit être compensée par des boissons abondantes (bouillon salé, boissons sucrées) car elle peut être à l'origine d'une fatigue, de malaise ou de confusion des idées.
Le régime à suivre en cas de *diarrhée* repose sur une alimentation légère, à base de :
- carotte, pomme de terre, en soupe ou en purée ;
- pâtes, riz ou tapioca bien cuits, eau de cuisson du riz ;
- compote de pommes ou de coings, gelée de coings ou de myrtilles ;
- biscuits salés ou sucrés.

Doivent être évités : les jus de fruits et les fruits crus, les légumes riches en fibres, les sources de protéines animales et les boissons glacées.

**Effets indésirables possibles**
Constipation, ballonnement, douleur abdominale, nausées, vomissements, bouche sèche, fatigue, somnolence, *vertige*, *réaction allergique*.
Exceptionnellement : constipation grave, surtout en cas de *posologie* excessive.

Laboratoires Cooper

**DIARSED**
*Informations détaillées sur www.monvidal.com*

**DIASEPTYL**
*Informations détaillées sur www.monvidal.com*

**DIASTABOL**
*Informations détaillées sur www.monvidal.com*

**DIATISAN**
*Informations détaillées sur www.monvidal.com*

## DIAZÉPAM RATIOPHARM
Anxiolytique : benzodiazépine — sur ordonnance

Ce médicament est un générique de VALIUM ROCHE (voir p. 1078 et tableau p. 1171).

**sur ordonnance :** signale les médicaments que l'on ne peut obtenir que sur prescription médicale.

## DICETEL
Antispasmodique à visée digestive — sur ordonnance

**Présentation**
DICETEL 50 mg : comprimé (orange) ; boîte de 20. Liste II - Remb 35 % - **Prix : 4,29 €.**
DICETEL 100 mg : comprimé (orange) ; boîte de 30. Liste II - Remb 35 % - **Prix : 9,12 €.**

**Composition**

| | p cp | p cp |
|---|---|---|
| Pinavérium bromure | 50 mg | 100 mg |

**Dans quel cas ce médicament est-il prescrit ?**
Ce médicament est un *antispasmodique*. Il relâche les muscles du tube digestif et des *voies biliaires*.
Il est utilisé dans le traitement des douleurs dues à des spasmes du tube digestif et des voies biliaires.
Il peut aussi être utilisé pour la préparation à l'examen radiologique de l'intestin (lavement baryté).

**Génériques :** se reporter au médicament modèle à la page indiquée. Une liste complète des génériques et de leur princeps figure page 1151.

Les mots en italique sont expliqués dans le **lexique**, page 1323.

# Abréviations et conventions adoptées par l'éditeur

## *Abréviations*

| | |
|---|---|
| aa | en quantité égale |
| Ad | Adulte |
| Ado | Adolescent |
| alcool | alcoolique |
| amp | ampoule |
| bte | boîte |
| buv | buvable |
| c à c | cuillère à café |
| c à d | cuillère à dessert |
| c à s | cuillère à soupe |
| c dose | cuillère-dose |
| c mes | cuillère-mesure |
| caps | capsule |
| cg | centigramme |
| CH | centésimale hahnemannienne |
| cig | cigarette |
| cig menth | cigarette mentholée |
| cp | comprimé |
| DH | décimale hahnemannienne |
| disp | dispositif |
| efferv | effervescent |
| Elisa | enzyme-linked immunosorbent assay |
| émuls | émulsion |
| Enf | Enfant |
| fl | flacon |
| fl pulv | flacon pulvérisateur |
| g | gramme |
| gél | gélule |
| g/kg | gramme par kilogramme |
| g/l | gramme par litre |
| grad | graduation |
| gte(s) | goutte(s) |
| gyn | gynécologique |
| huil | huileuse |
| ID | intradermique |
| IM | intramusculaire |
| inhal | inhalation |
| inj | injectable |
| IV | intraveineuse |
| kat | katal |
| kcal | kilocalorie |
| kJ | kilojoule |
| LA | longue action |
| LP | libération prolongée |
| lyoph | lyophilisat |
| M | million |
| mEq | milliéquivalent |
| mes | mesure ou mesurette |
| µg | microgramme |
| µkat | microkatal |
| mg | milligramme |
| mcg | microgramme |
| mg/kg | milligramme par kilo |
| mg/ml | milligramme par millilitre |
| ml | millilitre |
| nkat | nanokatal |
| Nour | Nourrisson |
| Non remb | non remboursé |
| p | par ou pour |
| p appl locale | pour application locale |
| past | pastille |
| pdre | poudre |
| pil | pilule |
| p inj | pour injection |
| pom | pommade |
| prép | préparation |
| pulv | pulvérisation |
| qs | quantité suffisante |
| quadriséc | quadrisécable |
| Remb | remboursé |
| sach | sachet |
| SC | sous-cutané |
| séc | sécable |
| shamp | shampooing |
| sol | solution |
| suppos | suppositoire |
| susp | suspension |
| tabl | tablette |
| TM | teinture mère |
| U | unité |
| UAE | unité d'activité enzymatique |
| UAH | unité antihéparine |
| UAT | unité antithrombine |
| UI | unité internationale |
| UIB | unité internationale de biochimie |
| U Ph Eur | unité de la pharmacopée européenne |

## *Signification des pictogrammes*

**sur ordonnance** : médicament vendu uniquement sur ordonnance

médicament contenant une substance interdite en compétition sportive

présence d'un message d'attention pour les conducteurs

## *Catégories de personnes*

Nouveau-né : moins de 1 mois
Nourrisson : de 1 à 30 mois
Enfant : de 30 mois à 15 ans
Adulte : plus de 15 ans

## *Contenance des cuillères*

1 cuillère à café : 5 ml
1 cuillère à dessert : 10 ml
1 cuillère à soupe : 15 ml

# A

## A 313 capsule

*Informations détaillées sur www.monvidal.com*

## A 313 pommade

*Informations détaillées sur www.monvidal.com*

## ABBÉ CHAUPITRE N° 1, 6, 7, 8, 10, 13, 15, 18, 19, 20, 21, 22, 23, 25, 30, 35, 43, 44, 48, 59, 64, 66, 67, 79, 82, 83, 88, 90, 91

*Informations détaillées sur www.monvidal.com*

## ABBOTICINE

*Informations détaillées sur www.monvidal.com*

## ABILIFY

Neuroleptique atypique — sur ordonnance

### Présentation

**ABILIFY 10 mg :** comprimé (rose) ; boîte de 28. Liste I - Remb 65 % - **Prix : 117,07 €**.
**ABILIFY 10 mg :** comprimé *orodispersible* (arôme vanille) ; boîte de 28. Liste I - Remb 65 % - **Prix : 117,07 €**.
**ABILIFY 15 mg :** comprimé (jaune) ; boîte de 28. Liste I - Remb 65 % - **Prix : 117,07 €**.
**ABILIFY 15 mg :** comprimé *orodispersible* (arôme vanille) ; boîte de 28. Liste I - Remb 65 % - **Prix : 117,07 €**.

### Composition

| | p cp | p cp orodisp |
|---|---|---|
| **Aripiprazole** | 10 mg | 10 mg |
| Lactose | + | |
| Aspartam | | + |
| | p cp | p cp orodisp |
| **Aripiprazole** | 20 mg | 20 mg |
| Lactose | + | |
| Aspartam | | + |

### Dans quel cas ce médicament est-il prescrit ?

Ce médicament est un antipsychotique. Il contient un *neuroleptique* dit atypique : certains de ses effets indésirables sont moins marqués que ceux des neuroleptiques classiques.
Il est utilisé dans le traitement de la *schizophrénie*.

### Contre-indications

Les comprimés orodispersibles ne doivent pas être utilisés en cas de *phénylcétonurie* (présence d'aspartam).

**Attention :** Dans le traitement de la schizophrénie, les *neuroleptiques* permettent de contrôler efficacement la maladie, mais un arrêt intempestif du traitement expose à une rechute grave.
En cas de survenue d'une fièvre inexpliquée associée à une raideur musculaire (qui pourraient être dues au médicament), ne poursuivez pas le traitement sans avis médical : risque de *syndrome malin des neuroleptiques*.
Des précautions sont nécessaires en cas d'*antécédent* de *convulsions*, de *diabète* et chez les personnes âgées.
Évitez les boissons alcoolisées : augmentation du risque de somnolence.
Compte-tenu de ses effets indésirables potentiels, ce médicament peut, chez certaines personnes, ne pas être compatible avec la conduite automobile ou le maniement de machines dangereuses. Assurez-vous à l'occasion des premières prises que vous supportez bien ce médicament avant de conduire ou d'utiliser une machine.

### Interactions avec d'autres substances

Les médicaments contenant les substances suivantes sont susceptibles de modifier l'efficacité du traitement : carbamazépine, phénobarbital, phénytoïne, primidone, griséofulvine, rifabutine, rifampicine, millepertuis, kétoconazole, itraconazole, quinidine, fluoxétine, paroxétine, *antiprotéases*.
Informez votre médecin ou votre pharmacien si vous prenez un antihypertenseur ou d'autres *sédatifs* (tranquillisants, somnifères, certains médicaments contre la toux ou contre la douleur contenant des *opiacés*, *antidépresseurs*, *neuroleptiques*...).

### Grossesse et allaitement

L'effet de ce médicament pendant la grossesse est mal connu : seul votre médecin peut évaluer le risque éventuel de son utilisation dans votre cas.
Les données disponibles ne permettent pas de savoir si ce médicament passe dans le lait maternel : l'allaitement est déconseillé pendant le traitement.

### Mode d'emploi et posologie

Ce médicament peut être pris indifféremment pendant ou entre les repas.
Les comprimés orodispersibles peuvent être placés directement sur la langue ou bien dissous dans un peu d'eau.

**Posologie usuelle :**

- Adulte de plus de 18 ans : 10 à 30 mg par jour, en une prise.

### Effets indésirables possibles

Fréquents (plus de 1 % des utilisateurs) : étourdissement, insomnie, somnolence, tremblement, impossibilité de rester assis, maux de tête, fatigue, nausées, vomissements, digestion difficile, troubles de la vision.
Occasionnels : accélération du cœur, *hypotension orthostatique*.

**Laboratoires Bristol-Myers Squibb**

## ABUFÈNE
Traitement de la ménopause

### Présentation
ABUFÈNE 400 : comprimé (blanc) ; boîte de 30. Remb 35 % - **Prix : 4,40 €**.

### Composition

| | p cp |
|---|---|
| **Bêta-alanine** | 400 mg |
| Amidon de blé (gluten) | + |

### Dans quel cas ce médicament est-il prescrit ?
Ce médicament contient une substance non hormonale. Il est utilisé dans le traitement des bouffées de chaleur de la *ménopause*.

### Mode d'emploi et posologie
Ce médicament doit être pris de préférence avant les repas.

**Posologie usuelle :**
1 comprimé, 1 à 3 fois par jour, pendant 5 à 10 jours. Ce traitement peut être renouvelé en cas de réapparition des troubles.

Laboratoires Bouchara-Recordati

## ACADIONE
*Informations détaillées sur www.monvidal.com*

## ACÉBUTOLOL ALTER
Bêtabloquant — sur ordonnance

Ce médicament est un générique de SECTRAL (voir p. 924 et tableau p. 1151).

## ACÉBUTOLOL ARROW
Bêtabloquant — sur ordonnance

Ce médicament est un générique de SECTRAL (voir p. 924 et tableau p. 1151).

## ACÉBUTOLOL BIOGARAN
Bêtabloquant — sur ordonnance

Ce médicament est un générique de SECTRAL (voir p. 924 et tableau p. 1151).

## ACÉBUTOLOL EG
Bêtabloquant — sur ordonnance

Ce médicament est un générique de SECTRAL (voir p. 924 et tableau p. 1151).

## ACÉBUTOLOL G GAM
Bêtabloquant — sur ordonnance

Ce médicament est un générique de SECTRAL (voir p. 924 et tableau p. 1151).

## ACÉBUTOLOL IVAX
Bêtabloquant — sur ordonnance

Ce médicament est un générique de SECTRAL (voir p. 924 et tableau p. 1151).

## ACÉBUTOLOL MERCK
Bêtabloquant — sur ordonnance

Ce médicament est un générique de SECTRAL (voir p. 924 et tableau p. 1151).

## ACÉBUTOLOL QUALIMED
Bêtabloquant — sur ordonnance

Ce médicament est un générique de SECTRAL (voir p. 924 et tableau p. 1151).

## ACÉBUTOLOL RATIOPHARM
Bêtabloquant — sur ordonnance

Ce médicament est un générique de SECTRAL (voir p. 924 et tableau p. 1151).

## ACÉBUTOLOL RPG
Bêtabloquant — sur ordonnance

Ce médicament est un générique de SECTRAL (voir p. 924 et tableau p. 1151).

## ACÉBUTOLOL SANDOZ
Bêtabloquant — sur ordonnance

Ce médicament est un générique de SECTRAL (voir p. 924 et tableau p. 1151).

## ACÉBUTOLOL TEVA
Bêtabloquant — sur ordonnance

Ce médicament est un générique de SECTRAL (voir p. 924 et tableau p. 1151).

## ACÉBUTOLOL WINTHROP
Bêtabloquant — sur ordonnance

Ce médicament est un générique de SECTRAL (voir p. 924 et tableau p. 1151).

## ACÉTATE DE CYPROTÉRONE EG
Antiandrogène — sur ordonnance

Ce médicament est un générique de ANDROCUR (voir p. 92 et tableau p. 1151).

## ACÉTATE DE CYPROTÉRONE G GAM
Antiandrogène
sur ordonnance

Ce médicament est un générique de ANDROCUR (voir p. 92 et tableau p. 1151).

**ACÉTYLCYSTÉINE ARROW**
*Informations détaillées sur www.monvidal.com*

**ACÉTYLCYSTÉINE BIOGARAN**
*Informations détaillées sur www.monvidal.com*

**ACÉTYLCYSTÉINE EG**
*Informations détaillées sur www.monvidal.com*

**ACÉTYLCYSTÉINE G GAM**
*Informations détaillées sur www.monvidal.com*

**ACÉTYLCYSTÉINE HEXAL SANTÉ**
*Informations détaillées sur www.monvidal.com*

**ACÉTYLCYSTÉINE MERCK**
*Informations détaillées sur www.monvidal.com*

**ACÉTYLCYSTÉINE RATIOPHARM**
*Informations détaillées sur www.monvidal.com*

**ACÉTYLCYSTÉINE SANDOZ**
*Informations détaillées sur www.monvidal.com*

**ACÉTYLCYSTÉINE TEVA**
*Informations détaillées sur www.monvidal.com*

## ACICLOVIR ALMUS
Antiviral
sur ordonnance

Ce médicament est un générique de ZOVIRAX 200 (voir p. 1141 et tableau p. 1151).

## ACICLOVIR ARROW
Antiviral
sur ordonnance

Ce médicament est un générique de ZOVIRAX 200 (voir p. 1141 et tableau p. 1151).
Ce médicament est un générique de ZOVIRAX 800 (voir p. 1142 et tableau p. 1151).

**ACICLOVIR ARROW CONSEIL**
*Informations détaillées sur www.monvidal.com*

## ACICLOVIR ARROW crème
Antiherpétique local
sur ordonnance

Ce médicament est un générique de ZOVIRAX 5 % crème en tube de 10 g (voir p. 1143 et tableau p. 1151).

## ACICLOVIR BIOGARAN
Antiviral
sur ordonnance

Ce médicament est un générique de ZOVIRAX 200 (voir p. 1141 et tableau p. 1151).
Ce médicament est un générique de ZOVIRAX 800 (voir p. 1142 et tableau p. 1151).

## ACICLOVIR BIOGARAN crème
Antiherpétique local
sur ordonnance

Ce médicament est un générique de ZOVIRAX 5 % crème en tube de 10 g (voir p. 1143 et tableau p. 1151).

## ACICLOVIR EG comprimé
Antiviral
sur ordonnance

Ce médicament est un générique de ZOVIRAX 200 (voir p. 1141 et tableau p. 1151).
Ce médicament est un générique de ZOVIRAX 800 (voir p. 1142 et tableau p. 1151).

## ACICLOVIR EG crème
Antiherpétique local
sur ordonnance

Ce médicament est un générique de ZOVIRAX 5 % crème en tube de 10 g (voir p. 1143 et tableau p. 1151).

## ACICLOVIR G GAM crème
Antiherpétique local
sur ordonnance

Ce médicament est un générique de ZOVIRAX 5 % crème en tube de 10 g (voir p. 1143 et tableau p. 1151).

## ACICLOVIR G GAM
Antiviral
sur ordonnance

Ce médicament est un générique de ZOVIRAX 200 (voir p. 1141 et tableau p. 1151).

## ACICLOVIR HEXAL SANTÉ crème
Antiherpétique local

### Présentation
ACICLOVIR HEXAL SANTÉ 5 % : crème ; tube de 2 g. Non remb.

### Composition

| | p 100 g |
|---|---|
| **Aciclovir** | 5 g |

### Dans quel cas ce médicament est-il prescrit ?
Ce médicament est un *antiviral* puissant. Il bloque la multiplication du *virus* herpétique au sein des cellules infectées.

Il est utilisé dans le traitement de l'*herpès* labial (également appelé « bouton de fièvre »).

**Attention :** Cette crème disponible sans ordonnance est destinée à être utilisée sur les conseils de votre pharmacien ; signalez-lui tout antécédent de *réaction allergique* à un médicament contenant de l'aciclovir ou du valaciclovir. Ne l'utilisez pas pour des lésions herpétiques situées ailleurs que sur les lèvres.
Ce médicament traite les poussées d'*herpès* mais n'élimine pas le *virus* de l'organisme. Il n'empêche donc pas la survenue d'autres crises.
Les ultraviolets favorisent les poussées d'herpès labial. Évitez l'exposition au soleil fort ou aux UV, ou appliquez un écran total en quantité suffisante et renouvelée.

**Grossesse et allaitement**

Cette crème peut être utilisée pendant la grossesse ou l'allaitement.

**Mode d'emploi et posologie**

Le traitement doit être commencé dès les premiers *symptômes* annonçant une poussée d'*herpès* labial.

**Posologie usuelle :**

5 applications par jour. La durée du traitement varie de 5 à 10 jours.

**Conseils :** L'herpès est une maladie contagieuse. Lavez-vous soigneusement les mains après l'application de la crème ou en cas de contact avec les lésions ; notamment, évitez absolument de toucher vos yeux avec des doigts contaminés. Le maximum de la contagiosité correspond à l'apparition des vésicules.

**Effets indésirables possibles**

Picotements, sensation de brûlure locale, rougeur, sécheresse de la peau, *eczéma* de contact.

Laboratoires G Gam

## ACICLOVIR IREX crème

Antiherpétique local — sur ordonnance

Ce médicament est un générique de ZOVIRAX 5 % crème en tube de 10 g (voir p. 1143 et tableau p. 1151).

## ACICLOVIR IVAX crème

Antiherpétique local — sur ordonnance

Ce médicament est un générique de ZOVIRAX 5 % crème en tube de 10 g (voir p. 1143 et tableau p. 1151).

## ACICLOVIR MERCK

Antiviral — sur ordonnance

Ce médicament est un générique de ZOVIRAX 200 (voir p. 1141 et tableau p. 1151).
Ce médicament est un générique de ZOVIRAX 800 (voir p. 1142 et tableau p. 1151).

## ACICLOVIR MERCK crème

Antiherpétique local — sur ordonnance

Ce médicament est un générique de ZOVIRAX 5 % crème en tube de 10 g (voir p. 1143 et tableau p. 1151).

**ACICLOVIR MERCK GENERIQUES**

*Informations détaillées sur www.monvidal.com*

## ACICLOVIR QUALIMED

Antiviral — sur ordonnance

Ce médicament est un générique de ZOVIRAX 200 (voir p. 1141 et tableau p. 1151).
Ce médicament est un générique de ZOVIRAX 800 (voir p. 1142 et tableau p. 1151).

## ACICLOVIR QUALIMED crème

Antiherpétique local — sur ordonnance

Ce médicament est un générique de ZOVIRAX 5 % crème en tube de 10 g (voir p. 1143 et tableau p. 1151).

## ACICLOVIR RATIOPHARM

Antiviral — sur ordonnance

Ce médicament est un générique de ZOVIRAX 200 (voir p. 1141 et tableau p. 1151).
Ce médicament est un générique de ZOVIRAX 800 (voir p. 1142 et tableau p. 1151).

**ACICLOVIR RATIOPHARM CONSEIL**

*Informations détaillées sur www.monvidal.com*

## ACICLOVIR RATIOPHARM crème

Antiherpétique local — sur ordonnance

Ce médicament est un générique de ZOVIRAX 5 % crème en tube de 10 g (voir p. 1143 et tableau p. 1151).

## ACICLOVIR RPG

Antiviral — sur ordonnance

Ce médicament est un générique de ZOVIRAX 200 (voir p. 1141 et tableau p. 1151).
Ce médicament est un générique de ZOVIRAX 800 (voir p. 1142 et tableau p. 1151).

## ACICLOVIR RPG crème

Antiherpétique local — sur ordonnance

Ce médicament est un générique de ZOVIRAX 5 % crème en tube de 10 g (voir p. 1143 et tableau p. 1151).

## ACICLOVIR SANDOZ
Antiviral — sur ordonnance

Ce médicament est un générique de ZOVIRAX 200 (voir p. 1141 et tableau p. 1151).

## ACICLOVIR SANDOZ crème
Antiherpétique local — sur ordonnance

Ce médicament est un générique de ZOVIRAX 5 % crème en tube de 10 g (voir p. 1143 et tableau p. 1151).

## ACICLOVIR TEVA
Antiviral — sur ordonnance

Ce médicament est un générique de ZOVIRAX 200 (voir p. 1141 et tableau p. 1151).
Ce médicament est un générique de ZOVIRAX 800 (voir p. 1142 et tableau p. 1151).

## ACICLOVIR TEVA crème
Antiherpétique local — sur ordonnance

Ce médicament est un générique de ZOVIRAX 5 % crème en tube de 10 g (voir p. 1143 et tableau p. 1151).

## ACICLOVIR ZYDUS crème
Antiherpétique local — sur ordonnance

Ce médicament est un générique de ZOVIRAX 5 % crème en tube de 10 g (voir p. 1143 et tableau p. 1151).

**ACICLOVIVAX**
*Informations détaillées sur www.monvidal.com*

## ACIDE ALENDRONIQUE ARROW
Biphosphonate — sur ordonnance

Ce médicament est un générique de FOSAMAX (voir p. 428 et tableau p. 1151).

## ACIDE ALENDRONIQUE BIOGARAN
Biphosphonate — sur ordonnance

Ce médicament est un générique de FOSAMAX (voir p. 428 et tableau p. 1151).

## ACIDE ALENDRONIQUE EG
Biphosphonate — sur ordonnance

Ce médicament est un générique de FOSAMAX (voir p. 428 et tableau p. 1151).

## ACIDE ALENDRONIQUE MERCK
Biphosphonate — sur ordonnance

Ce médicament est un générique de FOSAMAX (voir p. 428 et tableau p. 1151).

## ACIDE ALENDRONIQUE QUALIMED
Biphosphonate — sur ordonnance

Ce médicament est un générique de FOSAMAX (voir p. 428 et tableau p. 1151).

## ACIDE ALENDRONIQUE RATIOPHARM
Biphosphonate — sur ordonnance

Ce médicament est un générique de FOSAMAX (voir p. 428 et tableau p. 1151).

## ACIDE ALENDRONIQUE VIAREF
Biphosphonate — sur ordonnance

Ce médicament est un générique de FOSAMAX (voir p. 428 et tableau p. 1151).

## ACIDE FOLIQUE CCD 0,4 mg
Vitamine du groupe B

### Présentation
ACIDE FOLIQUE CCD 0,4 mg : comprimé (jaune) ; boîte de 30. Remb 65 % - **Prix : 3,47 €**.

### Composition

| | p cp |
|---|---|
| **Acide folique (vitamine B9)** | 0,4 mg |

### Dans quel cas ce médicament est-il prescrit ?
Ce médicament contient de l'acide folique (*vitamine* B9), indispensable au *métabolisme*. La carence en acide folique est responsable de certaines formes d'*anémies*. Cette vitamine a également montré un intérêt, lorsqu'elle est prise avant et pendant le début de la grossesse, dans la prévention d'une anomalie grave du développement du système nerveux de l'embryon.
Il est utilisé :
- chez les futures mamans afin de prévenir une malformation rare (spina bifida) de l'enfant à naître ;
- en cas de *carences* en acide folique.

### Interactions avec d'autres substances
Informez votre médecin si vous suivez un traitement contenant du phénobarbital, de la primidone ou de la phénytoïne.

### Grossesse et allaitement
Ce médicament est destiné à être utilisé pendant la grossesse.
L'utilisation de ce médicament est possible pendant l'allaitement.

### Mode d'emploi et posologie

1 comprimé par jour.

Future maman : le traitement doit être débuté au moins 1 mois avant la fécondation et poursuivi 8 semaines après.

**Conseils :** Il est très important de débuter le traitement avant la conception. Dans cet objectif, le traitement peut être commencé dès l'arrêt de la contraception ou dès que la décision d'avoir un enfant est prise. Ce médicament peut être pris de façon prolongée sans inconvénient.
Les aliments riches en acide folique sont les légumes verts, le foie et les rognons.

### Effets indésirables possibles

*Troubles digestifs.*

Exceptionnellement : *réaction allergique* cutanée.

Laboratoires CCD

## ACIDE FOLIQUE CCD 5 mg

Vitamine du groupe B

Ce médicament est un générique de SPÉCIAFOLDINE 5 mg (voir p. 962 et tableau p. 1151).

## ACIDE TIAPROFÉNIQUE EG

Anti-inflammatoire non stéroïdien — sur ordonnance

Ce médicament est un générique de SURGAM (voir p. 986 et tableau p. 1151).

## ACIDE TIAPROFÉNIQUE IREX

Anti-inflammatoire non stéroïdien — sur ordonnance

Ce médicament est un générique de SURGAM (voir p. 986 et tableau p. 1151).

## ACIDE TIAPROFÉNIQUE IVAX

Anti-inflammatoire non stéroïdien — sur ordonnance

Ce médicament est un générique de SURGAM (voir p. 986 et tableau p. 1151).

## ACIDE TIAPROFÉNIQUE TEVA

Anti-inflammatoire non stéroïdien — sur ordonnance

Ce médicament est un générique de SURGAM (voir p. 986 et tableau p. 1151).

## ACIDE TIAPROFÉNIQUE WINTHROP

Anti-inflammatoire non stéroïdien — sur ordonnance

Ce médicament est un générique de SURGAM (voir p. 986 et tableau p. 1151).

## ACIDRINE

*Informations détaillées sur www.monvidal.com*

## ACIDUM PHOSPHORICUM COMPLEXE N° 5

*Informations détaillées sur www.monvidal.com*

## ACIDUM PHOSPHORICUM COMPOSÉ BOIRON

*Informations détaillées sur www.monvidal.com*

## ACONITUM COMPOSÉ BOIRON

*Informations détaillées sur www.monvidal.com*

## ACTAPULGITE

*Informations détaillées sur www.monvidal.com*

## ACT-HIB

*Informations détaillées sur www.monvidal.com*

## ACTI 5

*Informations détaillées sur www.monvidal.com*

## ACTIBIL

*Informations détaillées sur www.monvidal.com*

## ACTICARBINE

*Informations détaillées sur www.monvidal.com*

## ACTIFED JOUR ET NUIT

Décongestionnant ORL

### Présentation

ACTIFED JOUR ET NUIT : comprimé ; boîte de 12 comprimés (blanc) et 4 comprimés (bleu). Non remb.

### Composition

| | p cp blanc | p cp bleu |
|---|---|---|
| **Pseudoéphédrine chlorhydrate** | 60 mg | |
| **Diphénhydramine chlorhydrate** | | 25 mg |
| **Paracétamol** | 500 mg | 500 mg |

### Dans quel cas ce médicament est-il prescrit ?

Ce médicament se présente sous forme de deux comprimés différents : les comprimés blancs contiennent un *vasoconstricteur* décongestionnant et du paracétamol (*antipyrétique* et *antalgique*) ; les comprimés bleus, destinés à être pris le soir, contiennent un *antihistaminique* ayant un effet *sédatif* et *atropinique* et du paracétamol.

Il est utilisé dans le *traitement symptomatique* des rhumes avec congestion nasale (sensation de nez bouché, écoulement nasal), maux de tête ou fièvre.

### Contre-indications

Ce médicament ne doit pas être utilisé dans les cas suivants :

- risque de *glaucome* à angle fermé ;
- risque de blocage des urines (*adénome de la prostate*...) ;
- *insuffisance hépatique* ;
- *hypertension artérielle* ou *insuffisance coronarienne* grave ;

- *antécédent* de *convulsions* ;
- antécédent d'*accident vasculaire cérébral* ;
- en association avec un *antidépresseur* de type *IMAO* non sélectif ou pendant au moins 15 jours après la prise de celui-ci ;
- en association avec un autre *vasoconstricteur* décongestionnant ou un vasoconstricteur contenant l'une des substances suivantes : bromocriptine, pergolide, lisuride, cabergoline, ergotamine ou dihydroergotamine ;
- enfant de moins de 15 ans ;
- **allaitement**.

**Attention :** Ce médicament peut provoquer un *glaucome* aigu chez les personnes prédisposées : œil rouge, dur et douloureux, avec vision floue. Une consultation d'extrême urgence auprès d'un ophtalmologiste est nécessaire.

Les décongestionnants contenant un *vasoconstricteur* peuvent être responsables de complications rares : *convulsions*, hallucinations, agitation anormale. Ce risque est augmenté chez l'enfant fébrile et en cas de *posologie* excessive. Respectez la posologie préconisée.

Les *vasoconstricteurs* peuvent également augmenter la fréquence cardiaque (*tachycardie*) et provoquer des *palpitations* et des nausées. Si ces effets indésirables deviennent trop marqués, le traitement doit être interrompu.

Des précautions particulières s'imposent en cas d'*hyperthyroïdie*, de maladie cardiaque, de *diabète*, de troubles nerveux, chez l'*insuffisant hépatique* ou *rénal* et chez la personne âgée, notamment en cas de constipation chronique, d'*adénome de la prostate*, de tendance aux *vertiges* ou aux baisses de tension. Demandez conseil à votre pharmacien ou à votre médecin.

De nombreux médicaments contiennent du paracétamol : vous devez en tenir compte en cas de prise conjointe, car le *surdosage* en paracétamol peut être toxique pour le foie.

Évitez les boissons alcoolisées : augmentation du risque de somnolence.

Ce médicament peut induire une somnolence, parfois intense chez certaines personnes. Cette somnolence peut être majorée par la prise d'*alcool* ou d'autres médicaments *sédatifs*. La conduite et l'utilisation de machines dangereuses sont déconseillées, surtout dans les heures qui suivent la prise du médicament.

Sportif : ce médicament contient une substance considérée comme stimulante (phényléphrine, pseudoéphédrine ou synéphrine) qui figure dans le programme de surveillance 2004 du ministère de la Jeunesse et des Sports. Elle peut être recherchée dans les urines des sportifs afin de déceler un éventuel mésusage.

### Interactions avec d'autres substances

Ce médicament ne doit pas être associé aux *antidépresseurs* de type *IMAO* non sélectif (MARSILID...), à un autre *vasoconstricteur* décongestionnant ou à un vasoconstricteur contenant l'une des substances suivantes : bromocriptine, pergolide, lisuride, cabergoline, ergotamine ou dihydroergotamine. L'association à ces médicaments risque de provoquer une crise hypertensive.

Informez par ailleurs votre pharmacien ou votre médecin si vous prenez des médicaments *sédatifs* ou *atropiniques*.

### Grossesse et allaitement

L'effet de ce médicament pendant la grossesse est mal connu. Par prudence, son usage est déconseillé chez la femme enceinte.

Ce médicament passe dans le lait maternel. Il est contre-indiqué pendant l'allaitement.

### Mode d'emploi et posologie

Les comprimés doivent être avalés avec un verre d'eau.

**Posologie usuelle :**

- Adulte : 1 comprimé blanc le matin, à midi et au dîner, et 1 comprimé bleu le soir au coucher.

**Conseils :** Ce médicament n'a pas d'effet anti-infectieux. Si les troubles persistent plus de 4 jours, consulter votre médecin.

### Effets indésirables possibles

Somnolence ou insomnie : l'*antihistaminique* est *sédatif* alors que le *vasoconstricteur* peut présenter un effet excitant. Suivant les personnes, l'un ou l'autre de ces effets peut prédominer.

Sécheresse de la bouche, constipation, troubles de l'*accommodation*, rétention urinaire.

*Hypotension orthostatique*, troubles de l'équilibre, *vertiges*, tremblements, agitation, confusion des idées notamment chez la personne âgée.

*Palpitations*, anxiété, maux de tête, sueurs, nausées, vomissements.

Plus rarement : *réaction allergique*, anomalies de la *numération formule sanguine*.

Laboratoires PFIZER Santé Grand Public

## ACTIFED RHUME

Décongestionnant ORL

### Présentation

ACTIFED RHUME : comprimé (blanc) ; boîte de 15. Non remb.

### Composition

| | p cp |
|---|---|
| **Triprolidine chlorhydrate** | 2,5 mg |
| **Pseudoéphédrine chlorhydrate** | 60 mg |
| **Paracétamol** | 500 mg |

### Dans quel cas ce médicament est-il prescrit ?

Ce médicament associe :
- un *antihistaminique* ayant un effet *sédatif* et *atropinique* (triprolidine),
- un *vasoconstricteur* décongestionnant (pseudoéphédrine),
- un *antipyrétique* et *antalgique* (paracétamol).

Il est utilisé dans le *traitement symptomatique* des rhumes avec congestion nasale (sensation de nez bouché, écoulement nasal), maux de tête ou fièvre.

### Contre-indications

Ce médicament ne doit pas être utilisé dans les cas suivants :
- risque de *glaucome* à angle fermé ;
- risque de blocage des urines (*adénome de la prostate*...) ;

- *insuffisance hépatique* ou *coronarienne* ;
- *hypertension artérielle* grave ;
- *antécédent* de *convulsions* ;
- antécédent d'*accident vasculaire cérébral* ;
- en association avec un *antidépresseur* de type *IMAO* non sélectif ou pendant au moins 15 jours après la prise de celui-ci ;
- en association avec un autre *vasoconstricteur* décongestionnant ou un vasoconstricteur contenant l'une des substances suivantes : bromocriptine, pergolide, lisuride, cabergoline, ergotamine ou dihydroergotamine ;
- enfant de moins de 15 ans ;
- **allaitement**.

**Attention :** Ce médicament peut provoquer un *glaucome* aigu chez les personnes prédisposées : œil rouge, dur et douloureux, avec vision floue. Une consultation d'extrême urgence auprès d'un ophtalmologiste est nécessaire.

Les décongestionnants contenant un *vasoconstricteur* peuvent être responsables de complications rares : *convulsions*, hallucinations, agitation anormale. Ce risque est augmenté chez l'enfant fébrile et en cas de *posologie* excessive. Respectez la posologie préconisée.

Les *vasoconstricteurs* peuvent également augmenter la fréquence cardiaque (*tachycardie*) et provoquer des *palpitations* et des nausées. Si ces effets indésirables deviennent trop marqués, le traitement doit être interrompu.

Des précautions particulières s'imposent en cas d'*hyperthyroïdie*, de maladie cardiaque, de *diabète*, de troubles nerveux et chez la personne âgée, notamment en cas de constipation chronique ou d'*adénome de la prostate*, de tendance aux *vertiges* ou aux baisses de tension. Demandez conseil à votre pharmacien ou à votre médecin.

De nombreux médicaments contiennent du paracétamol : vous devez en tenir compte en cas de prise conjointe, car le *surdosage* en paracétamol peut être toxique pour le foie.

Évitez les boissons alcoolisées : augmentation du risque de somnolence.

Ce médicament peut induire une somnolence, parfois intense chez certaines personnes. Cette somnolence peut être majorée par la prise d'*alcool* ou d'autres médicaments *sédatifs*. La conduite et l'utilisation de machines dangereuses sont déconseillées, surtout dans les heures qui suivent la prise du médicament.

Sportif : ce médicament contient une substance considérée comme stimulante (phényléphrine, pseudoéphédrine ou synéphrine) qui figure dans le programme de surveillance 2004 du ministère de la Jeunesse et des Sports. Elle peut être recherchée dans les urines des sportifs afin de déceler un éventuel mésusage.

### Interactions avec d'autres substances

Ce médicament ne doit pas être associé aux *antidépresseurs* de type *IMAO* non sélectif (MARSILID...), à un autre *vasoconstricteur* décongestionnant ou à un vasoconstricteur contenant l'une des substances suivantes : bromocriptine, pergolide, lisuride, cabergoline, ergotamine ou dihydroergotamine. L'association à ces médicaments risque de provoquer une crise hypertensive.

Informez par ailleurs votre pharmacien ou votre médecin si vous prenez des médicaments *sédatifs* ou *atropiniques*.

### Grossesse et allaitement

L'effet de ce médicament pendant la grossesse est mal connu. Par prudence, son usage est déconseillé chez la femme enceinte.

Ce médicament passe dans le lait maternel. Il est contre-indiqué pendant l'allaitement.

### Mode d'emploi et posologie

Les comprimés doivent être avalés sans être croqués avec un verre d'eau.

**Posologie usuelle :**

- Adulte : 1 comprimé par prise, à renouveler au bout de 6 heures si nécessaire, sans dépasser 3 comprimés.

En cas d'*insuffisance rénale* grave, il est nécessaire d'espacer les prises d'au moins 8 heures.

**Conseils :** Ce médicament n'a pas d'effet anti-infectieux. Si les troubles persistent plus de 5 jours, consulter votre médecin.

### Effets indésirables possibles

Somnolence ou insomnie : l'*antihistaminique* est *sédatif* alors que le *vasoconstricteur* peut présenter un effet excitant. Suivant les personnes, l'un ou l'autre de ces effets peut prédominer.

Sécheresse de la bouche, constipation, troubles de l'*accommodation*, rétention des urines.

*Hypotension orthostatique*, troubles de l'équilibre, *vertiges*, tremblements, agitation, confusion des idées notamment chez la personne âgée.

*Palpitations*, anxiété, maux de tête, sueurs, nausées, vomissements.

*Réaction allergique*, anomalie de la *numération formule sanguine*.

Laboratoires PFIZER Santé Grand Public

## ACTIGESS

*Informations détaillées sur www.monvidal.com*

## ACTIQ

Antalgique : analogue de la morphine

sur ordonnance

### Présentation

**ACTIQ 200 µg :** comprimé ; boîte de 3. Stupéfiants - Remb 65 % - **Prix : 35,16 €**.

**ACTIQ 400 µg :** comprimé ; boîte de 3. Stupéfiants - Remb 65 % - **Prix : 35,16 €**.

**ACTIQ 600 µg :** comprimé ; boîte de 3. Stupéfiants - Remb 65 % - **Prix : 35,16 €**.

**ACTIQ 800 µg :** comprimé ; boîte de 3. Stupéfiants - Remb 65 % - **Prix : 35,16 €**.

**ACTIQ 1200 µg :** comprimé ; boîte de 3. Stupéfiants - Remb 65 % - **Prix : 35,16 €**.

**ACTIQ 1600 µg :** comprimé ; boîte de 3. Stupéfiants - Remb 65 % - **Prix : 35,16 €**.

### Composition

| | p cp | p cp | p cp |
|---|---|---|---|
| **Fentanyl** | 200 µg | 400 µg | 600 µg |
| Glucose | 1,89 g | 1,89 g | 1,89 g |

| | p cp | p cp | p cp |
|---|---|---|---|
| **Fentanyl** | 800 µg | 1200 µg | 1600 µg |
| Glucose | 1,89 g | 1,89 g | 1,89 g |

### Dans quel cas ce médicament est-il prescrit ?

Ce médicament est un *antalgique* puissant contenant un dérivé de la *morphine*.

Il est utilisé pour soulager les accès douloureux aigus survenant chez des personnes bénéficiant déjà d'un traitement de fond pour des douleurs chroniques liées à un cancer.

### Contre-indications

Ce médicament ne doit pas être utilisé dans les cas suivants :
- *insuffisance respiratoire* grave,
- en association avec les *IMAO*,
- **allaitement**.

**Attention :** Ce médicament ne peut être utilisé que si un traitement morphinique a déjà été mis en place.

En cas d'utilisation prolongée, un arrêt brutal du traitement expose à des troubles : douleurs diffuses, anxiété, irritabilité, troubles digestifs. Une diminution progressive des doses est recommandée pour éviter ce *syndrome de sevrage*.

Ce médicament doit être conservé hors de portée des enfants.

Des précautions sont nécessaires en cas d'*arythmie* cardiaque lente, d'*insuffisance hépatique* ou *rénale*, d'*hypertension intracrânienne* et chez les personnes âgées.

La prise de boissons alcoolisées ou l'association aux *sédatifs* peuvent augmenter le risque de somnolence.

Ce médicament contient du sucre (glucose).

Ce médicament peut induire une somnolence parfois intense chez certaines personnes. Cette somnolence peut être majorée par la prise d'*alcool* ou d'autres médicaments *sédatifs*. La conduite ou l'utilisation de machines dangereuses sont déconseillées.

### Interactions avec d'autres substances

Ce médicament ne doit pas être associé aux antibiotiques de la famille des macrolides ni aux médicaments contenant du ritonavir (risque accru d'effets indésirables du fentanyl). L'absorption de jus de pamplemousse peut également en majorer les effets.

Il peut interagir avec les *antalgiques* contenant de la buprénorphine, de la pentazocine ou de la nalbuphine : diminution de l'effet du fentanyl.

Informez par ailleurs votre médecin si vous prenez des médicaments *sédatifs*.

### Grossesse et allaitement

L'absence d'effets nocifs de ce médicament n'a pas été établie ; seul votre médecin peut apprécier la nécessité du traitement et son risque pendant la grossesse.

Une surveillance particulière est nécessaire pour l'enfant né d'une mère sous traitement afin de parer à l'éventualité d'un *syndrome de sevrage*.

Ce médicament passe dans le lait maternel ; un choix est donc nécessaire entre l'allaitement et la prise du médicament. Cette décision devra être prise en accord avec votre médecin.

### Mode d'emploi et posologie

Le comprimé doit être placé dans la bouche, contre la joue, où il doit fondre au contact de la muqueuse sans être ni sucé, ni mâché, ni croqué, en une quinzaine de minutes. Si un soulagement de la douleur n'est pas obtenu dans les 15 minutes suivant la dissolution d'un comprimé, un second comprimé peut être pris.

**Posologie usuelle :**
- Adulte : la *posologie*, strictement individuelle, est adaptée par votre médecin en fonction de l'intensité de la douleur.

**Conseils :** La durée de validité de l'ordonnance est limitée à 28 jours. La délivrance du médicament s'effectue en plusieurs fois (tous les 7 jours).

Respectez la *posologie* et la durée de traitement prescrites par votre médecin. Cependant, si le traitement paraît insuffisant, n'hésitez pas à reprendre contact avec lui.

### Effets indésirables possibles

Fréquents : fatigue, maux de tête, nausées, vomissements, constipation, digestion difficile, anxiété, confusion des idées, vertiges sécheresse de la bouche, somnolence ou, au contraire, insomnie, démangeaisons, sueurs, troubles de la vison.

Rares : inflammation de la bouche ou des gencives, anomalies de la coordination des mouvements, cauchemars, hallucinations, excitation, difficultés respiratoires, éruption cutanée, pertubation du goût, difficultés à uriner.

Ce médicament contient un morphinique et expose à un risque de *dépendance*. Ce risque est rare dans les conditions médicales d'utilisation.

Laboratoires Cephalon

## ACTISKENAN

Antalgique : morphine

**sur ordonnance**

### Présentation

ACTISKENAN 5 mg : gélule (bleu clair transparent) ; boîte de 14. Stupéfiants - Remb 65 % - **Prix : 2,45 €**.
ACTISKENAN 10 mg : gélule (rouge transparent) ; boîte de 14. Stupéfiants - Remb 65 % - **Prix : 2,96 €**.
ACTISKENAN 20 mg : gélule (bleu foncé transparent) ; boîte de 14. Stupéfiants - Remb 65 % - **Prix : 4,89 €**.
ACTISKENAN 30 mg : gélule (vert transparent) ; boîte de 14. Stupéfiants - Remb 65 % - **Prix : 7,11 €**.

### Composition

| | p gél | p gél |
|---|---|---|
| **Morphine sulfate** .................. | 5 mg | 10 mg |

| | p gél | p gél |
|---|---|---|
| **Morphine sulfate** .................. | 20 mg | 30 mg |

### Dans quel cas ce médicament est-il prescrit ?

C'est un *antalgique* puissant qui contient de la *morphine*. Il combat la douleur en agissant directement sur le cerveau. Ce médicament agit rapidement mais son effet s'estompe en quelques heures.

Il est utilisé dans le traitement des douleurs rebelles, dans leur forme aiguë. Il peut également être utilisé pour compléter l'action des antalgiques morphiniques à *libération prolongée*.

### Contre-indications

Ce médicament ne doit pas être utilisé dans les cas suivants :
- *insuffisance hépatique* ou *respiratoire* grave ;
- en association avec les *antalgiques* contenant de la buprénorphine, de la nalbuphine ou de la pentazocine ;

- enfant de moins de 6 mois ;
- **allaitement**.

**Attention :** Des précautions sont nécessaires en cas d'*insuffisance rénale*, de constipation, d'*hypertension intracrânienne*, et chez les personnes âgées, notamment en cas d'*adénome de la prostate*.

Ce médicament peut induire une somnolence parfois intense chez certaines personnes. Cette somnolence peut être majorée par la prise d'*alcool* ou d'autres médicaments *sédatifs*. La conduite ou l'utilisation de machines dangereuses sont déconseillées.

Sportif : ce médicament contient une substance susceptible de rendre positifs certains *tests antidopage*.

### Interactions avec d'autres substances

Ce médicament ne doit pas être associé à un *antalgique* contenant de la buprénorphine (TEMGÉSIC...), de la pentazocine (FORTAL...) ou de la nalbuphine : diminution de l'effet de la morphine.

Informez votre médecin si vous prenez des médicaments *sédatifs* ; ils peuvent augmenter le risque de somnolence.

### Grossesse et allaitement

L'utilisation de la *morphine* et de ses dérivés ne doit être envisagée chez la femme enceinte qu'en cas d'absolue nécessité, en effet :
- une *insuffisance respiratoire* peut survenir chez le nouveau-né d'une mère traitée par des doses élevées, même si le traitement est ponctuel mais précède de peu l'accouchement ;
- un *syndrome de sevrage*, à l'inverse, peut concerner des nouveau-nés si leur mère reçoit un traitement régulier, même à faible dose. L'enfant souffre alors d'irritabilité, de vomissements, voire de convulsions.

Il est donc important de signaler à l'obstétricien la prise éventuelle de morphinique, afin que ces risques puissent être prévenus par une surveillance et un éventuel traitement adapté.

La *morphine* passe dans le lait maternel : l'allaitement est contre-indiqué.

### Mode d'emploi et posologie

Les gélules ne doivent pas être croquées mais avalées avec un peu d'eau. Elles peuvent également être ouvertes et leur contenu mélangé à des aliments semi-liquides (purée, yaourt...).

**Posologie usuelle :**

La *posologie*, strictement individuelle, est adaptée progressivement par votre médecin en fonction de l'intensité de la douleur et des médicaments éventuellement associés.

**Conseils :** La *morphine* et les médicaments apparentés ne sont pas réservés aux douleurs des cancéreux ; ils sont aussi utilisés dans le traitement de courte durée des fortes douleurs pouvant faire suite à une fracture, une intervention chirurgicale, un *infarctus du myocarde*...

Depuis le 1er juillet 1999, la prescription de *morphine* et de substances apparentées (*stupéfiants*) est rédigée par le médecin sur une ordonnance « sécurisée ».

La durée de validité de l'ordonnance est limitée à 28 jours.

Respectez la *posologie* et la durée de traitement prescrites par votre médecin. Mais si le traitement paraît insuffisant, n'hésitez pas à reprendre contact avec lui.

### Effets indésirables possibles

Fréquemment : somnolence, nausées, vomissements qui souvent régressent spontanément ; constipation qui nécessite la prise d'un traitement laxatif régulier.

Plus rarement : confusion des idées, excitation, cauchemars (notamment chez la personne âgée), difficulté respiratoire, difficulté à uriner, *hypertension intracrânienne*.

Ce médicament contient de la *morphine* et expose à un risque de *dépendance*. Ce risque est très faible par voie orale, dans les conditions d'utilisation médicale.

Laboratoires Bristol-Myers Squibb

## ACTISOUFRE

Médicament soufré

### Présentation

ACTISOUFRE : solution pour pulvérisation buccale ou nasale ; flacon pressurisé de 100 ml (90 doses) avec embouts buccal et nasal. Non remb.

ACTISOUFRE : suspension buvable ou nasale ; boîte de 18 ampoules de 10 ml et flacon compte-gouttes. Non remb.

ACTISOUFRE : suspension buvable ou nasale ; boîte de 30 ampoules de 10 ml et flacon compte-gouttes. Non remb.

### Composition

| | p 100 ml | p amp |
|---|---|---|
| **Sulfure de sodium (soufre)** ... | 13 mg | 4 mg |
| **Levure Saccharomyces cerevisiae** ... | 500 mg | 50 mg |
| Sodium ... | 378 mg | |

### Dans quel cas ce médicament est-il prescrit ?

Ce médicament associe du soufre et un extrait de levures, source de vitamines et d'oligoéléments.

Il est utilisé dans le *traitement d'appoint* des *rhinites* et des *rhinopharyngites* chroniques.

### Contre-indications

Ce médicament ne doit pas être utilisé en cas d'*intolérance* au soufre.

### Grossesse et allaitement

L'effet de ce médicament pendant la grossesse ou l'allaitement est mal connu. Par prudence, son usage est déconseillé chez la femme enceinte ou chez celle qui allaite.

### Mode d'emploi et posologie

Flacon pressurisé : la solution doit être pulvérisée, après un mouchage soigneux, dans chaque narine, pendant 2 ou 3 secondes. Elle peut aussi être pulvérisée directement dans la bouche, puis avalée.

Ampoule : bien agiter avant l'emploi. La persistance d'un dépôt non soluble dans l'ampoule est normale. Le contenu de l'ampoule peut être dilué dans un verre d'eau et avalé au cours des repas. Il peut aussi être utilisé en *irrigation nasale* après introduction dans le flacon compte-gouttes.

**Posologie usuelle :**
Par *voie* orale :
- Adulte et enfant de plus de 5 ans : 2 ampoules par jour ou 1 pulvérisation 3 fois par jour.
- Enfant de moins de 5 ans : ½ à 1 ampoule par jour ou 1 pulvérisation 3 fois par jour.

Par voie nasale :
- Adulte et enfant : 1 ampoule dans chaque narine 2 fois par jour ou 1 pulvérisation prolongée dans chaque narine 3 fois par jour, la tête penchée en arrière.
- Nourrisson : 1 pulvérisation dans chaque narine 2 fois par jour, en position couchée ou en position assise, la tête inclinée sur le côté.

**Conseils :** Pour plus de confort, il est préférable de faire tiédir la solution avant de l'utiliser en irrigation.
Rincez soigneusement le flacon compte-gouttes à l'eau courante après usage ; laissez-le sécher tête en bas.

### Effets indésirables possibles
Douleurs d'estomac lors de l'administration par voie orale.

Laboratoires Grimberg

## ACTIVAROL
*Informations détaillées sur www.monvidal.com*

## ACTIVELLE
Estroprogestatif
**sur ordonnance**

### Présentation
ACTIVELLE : comprimé ; boîte de 28 avec distributeur.
Liste I - Remb 65 % - **Prix : 7,95 €.**

### Composition

| | p cp |
|---|---|
| **Estradiol** | 1 mg |
| **Noréthistérone acétate** | 0,5 mg |
| Lactose | + |

### Dans quel cas ce médicament est-il prescrit ?
Ce médicament contient de l'estradiol, destiné à corriger un déficit en *estrogènes*, et de la noréthistérone, *progestatif* qui a un effet protecteur sur l'utérus.
Il est utilisé pour traiter certains *symptômes* de la *ménopause* (bouffées de chaleur, sécheresse vaginale...) et pour prévenir l'*ostéoporose* chez la femme ménopausée.

### Contre-indications
Ce médicament ne doit pas être utilisé dans les cas suivants :
- *accident thromboembolique* (*phlébite*, *embolie* pulmonaire...) survenant lors du traitement ;
- *cancer hormonodépendant* ;
- saignement génital intermittent (l'origine de ce saignement doit être déterminée par des examens avant la mise en route du traitement) ;
- maladie grave du foie ;
- **grossesse** ;
- **allaitement.**

**Attention :** De récentes études ont montré une augmentation du risque de survenue d'un cancer du sein chez les femmes ayant reçu un traitement prolongé des *symptômes* de la *ménopause*. Le traitement doit par conséquent être prescrit à la dose minimale efficace et pour une durée la plus courte possible. En l'absence de troubles, sa prescription ne doit pas être systématique.
Un bilan initial suivi d'une surveillance médicale régulière sont nécessaires, surtout dans les cas suivants : *hypertension artérielle*, *diabète*, tumeur bénigne du foie ou de l'utérus, *endométriose*, *lithiase* biliaire, *migraines*, *épilepsie*, *asthme*, *otospongiose*, *insuffisance rénale* ou *cardiaque*, *hypertriglycéridémie*, *lupus érythémateux* disséminé, obésité, *antécédents* familiaux de cancer du sein ou d'*accident thromboembolique*.
Arrêtez la prise de ce médicament et consultez votre médecin en cas d'apparition de l'un des symptômes suivants : maux de tête violents et inhabituels, ictère (jaunisse), élévation importante de la tension artérielle, gonflement douloureux d'une jambe, essoufflement brutal.
Si vous devez subir une intervention chirurgicale, il est préférable d'interrompre le traitement un mois à l'avance. De même, un alitement prolongé doit vous conduire à arrêter le traitement.

### Interactions avec d'autres substances
L'efficacité du traitement peut être diminuée par la prise conjointe d'un médicament *inducteur enzymatique*.

### Grossesse et allaitement
Compte tenu des indications, ce médicament n'est pas utilisé chez la femme enceinte ou qui allaite.

### Mode d'emploi et posologie
Prendre 1 comprimé par jour, de préférence à la même heure, sans interruption entre 2 plaquettes.

**Conseils :** Des saignements génitaux irréguliers peuvent aussi survenir au cours des 2 ou 3 premiers mois de traitement ; si ces saignements persistent plus longtemps, consultez votre médecin.

### Effets indésirables possibles
Maux de tête, tension des seins, *candidose* vaginale, fatigue, insomnie, *dépression*, augmentation de la tension artérielle, douleurs abdominales, ballonnements, nausées, démangeaisons, *œdème*, prise de poids.
Saignement génital intermittent (à signaler à votre médecin).
Des essais cliniques portant sur la prise de traitements prolongés combinant un *estrogène* et un *progestatif* ont mis en évidence des risques accrus de tumeur bénigne ou maligne du sein ou de l'utérus, d'*accident thromboembolique*, de calculs de la vésicule biliaire, de taches sombres sur le visage.

Laboratoires Novo Nordisk

## ACTIVIR
Antiherpétique local

### Présentation
ACTIVIR : crème ; tube de 2 g avec pompe doseuse. Non remb.
ACTIVIR : crème ; tube de 2 g. Non remb.

### Composition

| | p 100 g |
|---|---|
| **Aciclovir** | 5 g |

### Dans quel cas ce médicament est-il prescrit ?

Ce médicament est un *antiviral* puissant. Il bloque la multiplication du *virus* herpétique au sein des cellules infectées.
Il est utilisé dans le traitement de l'*herpès* labial (également appelé « bouton de fièvre »).

### Contre-indications

Cette crème ne doit pas être utilisée dans les cas suivants :
- enfant de moins de 6 ans,
- herpès sur l'œil ou à l'intérieur de la bouche ou du vagin.

**Attention :** Ce médicament disponible sans ordonnance est destiné à être utilisé sur les conseils de votre pharmacien ; signalez-lui tout antécédent de *réaction allergique* à un médicament contenant de l'aciclovir ou du valaciclovir. Ne l'utilisez pas pour des lésions herpétiques situées ailleurs que sur les lèvres.
Ce médicament traite les poussées d'*herpès* mais n'élimine pas le *virus* de l'organisme. Il n'empêche donc pas la survenue d'autres crises.
Les ultraviolets favorisent les poussées d'herpès labial. Évitez l'exposition au soleil fort ou aux UV, ou appliquez un écran total en quantité suffisante et renouvelée.

### Grossesse et allaitement

Cette crème peut être utilisée pendant la grossesse ou l'allaitement.

### Mode d'emploi et posologie

Le traitement doit être commencé dès les premiers *symptômes* annonçant une poussée d'*herpès* labial.

**Posologie usuelle :**

5 applications par jour. La durée du traitement varie de 5 à 10 jours.

**Conseils :** L'herpès est une maladie contagieuse. Lavez-vous soigneusement les mains après l'application de la crème ou en cas de contact avec les lésions ; notamment, évitez absolument de toucher vos yeux avec des doigts contaminés. Le maximum de la contagiosité correspond à l'apparition des vésicules.
La crème ne doit pas être conservée au réfrigérateur.

### Effets indésirables possibles

Picotements, sensation de brûlure locale, rougeur, sécheresse de la peau, *eczéma* de contact.

**Laboratoires GlaxoSmithKline Santé Grand Public**

## ACTIVOX collutoire

*Informations détaillées sur www.monvidal.com*

## ACTIVOX EXPECTORANT

*Informations détaillées sur www.monvidal.com*

## ACTIVOX LIERRE

*Informations détaillées sur www.monvidal.com*

## ACTIVOX pastille

Phytothérapie

### Présentation

**ACTIVOX SANS SUCRE menthe eucalyptus :** pastille (vert) ; boîte de 24. Non remb.
**ACTIVOX SANS SUCRE miel citron :** pastille (orange) ; boîte de 24. Non remb.

### Composition

| | p past | p past |
|---|---|---|
| **Erysimum, extrait de sommité fleurie** | 24 mg | 24 mg |
| **Matricaire, extrait de capitule** | 12 mg | 12 mg |
| Sorbitol | 2,3 g | 2,3 g |
| Eucalyptus, essence | + | |
| Lévomenthol | + | |

### Dans quel cas ce médicament est-il prescrit ?

Ce médicament contient des extraits de plantes à visée adoucissante.
Il est traditionnellement utilisé dans le traitement des maux de gorge et des petites plaies de la bouche (*aphtes* par exemple).

**Attention :** N'utilisez pas ce médicament chez l'enfant de moins de 3 ans (pastille miel-citron) et chez l'enfant de moins de 6 ans (pastille menthe-eucalyptus).
En l'absence d'amélioration au bout de 5 jours, de douleur en avalant ou en cas d'apparition de fièvre, consultez votre médecin. Il pourra faire la différence entre une *pharyngite* et une angine. En cas d'angine bactérienne, un traitement *antibiotique* est nécessaire afin d'éviter des complications ultérieures, cardiaques ou rénales.

### Grossesse et allaitement

Ce médicament contient des plantes présumées sans danger pendant la grossesse ou l'allaitement. Néanmoins, par mesure de prudence, ne l'utilisez pas sans prendre l'avis de votre pharmacien ou de votre médecin.

### Mode d'emploi et posologie

Laisser fondre les pastilles dans la bouche sans les croquer.

**Posologie usuelle :**
- Adulte : 1 pastille menthe-eucalyptus ou miel-citron, 4 à 6 fois par jour.
- Enfant de 6 à 15 ans : 1 pastille menthe-eucalyptus ou miel-citron, 2 ou 3 fois par jour.
- Enfant de 3 à 6 ans : 1 pastille miel-citron, 2 ou 3 fois par jour.

La durée du traitement est limitée à 5 jours sans avis médical.

### Effets indésirables possibles

Liés à la présence de sorbitol : ballonnements, diarrhée.

**Laboratoires Arkopharma**

## ACTIVOX pommade

*Informations détaillées sur www.monvidal.com*

## ACTIVOX TOUX SÈCHE

*Informations détaillées sur www.monvidal.com*

**ACTONEL 30 mg**
*Informations détaillées sur www.monvidal.com*

## ACTONEL 5 mg et 35 mg
Biphosphonate — sur ordonnance

### Présentation
ACTONEL 5 mg : comprimé (ovale ; jaune) ; boîte de 28. Liste I - Remb 65 % - **Prix : 34,16 €.**
ACTONEL 35 mg : comprimé (ovale ; orangé) ; boîte de 4. Liste I - Remb 65 % - **Prix : 34,16 €.**
ACTONEL 35 mg : comprimé (ovale ; orangé) ; boîte de 12. Liste I - Remb 65 % - **Prix : 91,86 €.**

### Composition
| | p cp | p cp |
|---|---|---|
| **Risédronate monosodique** | 5 mg | 35 mg |

### Dans quel cas ce médicament est-il prescrit ?
Ce médicament appartient à la famille des biphosphonates. Il agit en bloquant les cellules qui détruisent l'os et en luttant contre la déminéralisation. Des études ont montré qu'il diminue le risque de fractures des vertèbres et de la hanche dues à l'*ostéoporose*.
Il est utilisé dans le traitement de l'ostéoporose qui survient chez la femme ménopausée. Le remboursement par la Sécurité sociale est subordonné à la présence d'au moins une fracture visible à la radiographie.
Dosé à 5 mg, il est également utilisé dans le *traitement préventif* de la fragilité osseuse, chez les femmes ménopausées présentant un risque élevé d'ostéoporose ou lors de la prise prolongée (supérieure à 3 mois) de cortisone.

### Contre-indications
Ce médicament ne doit pas être utilisé dans les cas suivants :
- *insuffisance rénale* grave,
- *hypocalcémie*,
- **grossesse**,
- **allaitement**.

**Attention :** Comme d'autres biphosphonates, ce médicament pourrait être irritant pour la bouche ou l'œsophage ; il est important :
- de ne pas croquer ou sucer le comprimé ;
- de prendre le comprimé en position assise ou debout, avec un grand verre d'eau ;
- de ne pas s'allonger dans la demi-heure qui suit la prise.

Signalez au médecin l'apparition de *troubles digestifs* comme des brûlures d'estomac, des acidités, ou des brûlures derrière le sternum.
Pendant toute la durée du traitement, des apports de calcium sont nécessaires, soit par l'alimentation, soit par un traitement conjoint spécifique.

### Interactions avec d'autres substances
Les autres médicaments (surtout les *pansements digestifs* ou ceux contenant du calcium, du magnésium ou du fer) doivent être absorbés à distance de ce médicament car ils risquent de diminuer son absorption intestinale.

### Grossesse et allaitement
Ce médicament n'a pas d'indication chez la femme non ménopausée.

### Mode d'emploi et posologie
Ce médicament doit être pris avec un grand verre d'eau (eau du robinet ou eau minérale pauvre en calcium et en magnésium), en position assise ou debout, en dehors de toute prise de boissons ou d'aliments (minimum 30 minutes avant le petit-déjeuner ou au moins à 2 heures de distance des repas).
Les comprimés doivent être avalés entiers, sans être croqués.

**Posologie usuelle :**
- Adulte :
  - Comprimé à 5 mg : 1 comprimé par jour.
  - Comprimé à 35 mg : 1 comprimé par semaine, à prendre toujours le même jour de la semaine.

En cas d'oubli (comprimé à 35 mg uniquement) : prendre 1 comprimé le jour du constat de l'oubli, et prendre le comprimé suivant le jour de la prise initialement choisi. Ne pas prendre 2 comprimés le même jour.

**Conseils :** Une alimentation riche en calcium et en *vitamine* D, ainsi que des exercices physiques réguliers contribuent à limiter l'évolution de l'*ostéoporose.*

### Effets indésirables possibles
Nausées, diarrhée, douleurs abdominales, digestion difficile, constipation.
Douleurs des os et des articulations.
Maux de tête.
*Éruption cutanée.*

Laboratoires Procter & Gamble

## ACTOS
Antidiabétique oral — sur ordonnance

### Présentation
ACTOS 15 mg : comprimé (rond ; blanc) ; boîte de 28. Liste I - Remb 65 % - **Prix : 30,18 €.**
ACTOS 30 mg : comprimé (rond ; blanc) ; boîte de 28. Liste I - Remb 65 % - **Prix : 42,45 €.**

### Composition
| | p cp | p cp |
|---|---|---|
| **Pioglitazone chlorhydrate** | 15 mg | 30 mg |

### Dans quel cas ce médicament est-il prescrit ?
Ce médicament est un *antidiabétique*. Il semble agir en augmentant la sensibilité de l'organisme à l'*insuline* sécrétée par le pancréas.
Il est utilisé dans le traitement du *diabète* non insulinodépendant, seul ou en association avec un autre antidiabétique oral dont il complète l'action.

### Contre-indications
Ce médicament ne doit pas être utilisé dans les cas suivants :
- *insuffisance cardiaque* ou *hépatique*,
- en association avec un traitement par insuline.

**Attention :** Ce médicament ne doit pas être utilisé en association avec plus d'un autre antidiabétique oral, en l'absence de données sur l'effet de cette association.
Ce médicament peut favoriser une rétention d'eau. Il est donc contre-indiqué en cas d'*insuffisance cardiaque*, et des symptômes pouvant faire suspecter une défaillance cardiaque doivent être signalés

au médecin : fatigabilité ou essoufflement anormal à l'effort, gonflement des jambes. Le risque d'insuffisance cardiaque est majoré par l'utilisation concomitante d'insuline ou d'*anti-inflammatoires non stéroïdiens*.
Un dosage initial puis régulier des *transaminases* est nécessaire.
Ce médicament pouvant être responsable d'une prise de poids (environ 5 % du poids initial), celle-ci devra être signalée au médecin et les recommandations diététiques habituelles pour lutter contre le surpoids devront être suivies avec une vigilance particulière.
Chez les femmes souffrant d'un trouble de la fertilité due à la maladie des ovaires polykystiques, l'amélioration de la sensibilité à l'insuline apportée par ce médicament peut augmenter la probabilité d'une grossesse. En tenir compte en cas de non désir de grossesse.

### Grossesse et allaitement
Le diabète de la femme enceinte nécessite un traitement par insuline. L'usage de ce médicament est déconseillé pendant la grossesse.
Ce médicament ne doit pas être utilisé pendant l'allaitement.

### Mode d'emploi et posologie
Les comprimés peuvent être pris indiféremment pendant ou entre les repas.

**Posologie usuelle :**
- Adulte :
  - utilisé seul : 15 à 45 mg par jour en une prise ;
  - en association avec la metformine (uniquement chez les obèses), 15 à 45 mg par jour en une prise ;
  - en association avec les *sulfamides hypoglycémiants* (uniquement chez les diabétiques intolérants à la metformine), 15 à 45 mg par jour en une prise. En cas d'*hypoglycémies*, la dose de *sulfamide* sera diminuée par le médecin.

**Conseils :** Le régime du diabétique ne consiste pas en une simple interdiction des *glucides* (*sucres*, pain, pâtes...) ; demandez conseil à votre médecin.

### Effets indésirables possibles
**Médicament utilisé seul :**
Fréquents (moins de 10 % des patients traités) : troubles de la vue, infections respiratoires, prise de poids.
Rares (moins de 1 % des patients traités) : *sinusites*, insomnie.
**En association avec la metformine :**
Fréquents (moins de 10 % des patients traités) : *œdèmes*, baisse du nombre des globules rouges, prise de poids, maux de tête, troubles de la vue, douleurs articulaires, présence de sang dans les urines, troubles de l'érection.
Rares (moins de 1 % des patients traités) : flatulences.
**En association avec un sulfamide hypoglycémiant :**
Fréquents (moins de 10 % des patients traités) : *œdèmes*, prise de poids, étourdissements, flatulences.
Rares (moins de 1 % des patients traités) : hypoglycémie, présence de sucre ou de protéines dans les urines, augmentation de la LDH dans le sang, augmentation de l'appétit, maux de tête, *vertiges*, troubles de la vue, sudation excessive, fatigue.

Laboratoires Takeda

## ACTRAPID 100 UI/ml cartouche et stylo prérempli
*Informations détaillées sur www.monvidal.com*

## ACTRAPID 100 UI/ml flacon
*Informations détaillées sur www.monvidal.com*

## ACTRON
*Informations détaillées sur www.monvidal.com*

## ACUILIX
Association d'antihypertenseurs — **sur ordonnance**

### Présentation
ACUILIX : comprimé sécable (rose) ; boîte de 28. Liste I - Remb 65 % - **Prix : 18,62 €**.
ACUILIX : comprimé sécable (rose) ; boîte de 90. Liste I - Remb 65 % - **Prix : 54,73 €**.

### Composition

| | p cp |
|---|---|
| **Quinapril** | 20 mg |
| **Hydrochlorothiazide** | 12,5 mg |
| Lactose | + |

### Dans quel cas ce médicament est-il prescrit ?
Ce médicament est un *antihypertenseur* qui associe deux substances :
- le quinapril, un *inhibiteur de l'enzyme de conversion*. Cette *enzyme* est une substance naturellement présente dans l'organisme, responsable d'une contraction des artères qui augmente la tension artérielle et fatigue le cœur ;
- l'hydrochlorothiazide, un *diurétique* dont la structure chimique est proche de celle des *sulfamides* ; son action renforce celle du quinapril.

Il est utilisé dans le traitement de l'*hypertension artérielle*.

### Contre-indications
Ce médicament ne doit pas être utilisé dans les cas suivants :
- *allergie* aux médicaments de la famille des *inhibiteurs de l'enzyme de conversion* ou à celle des *sulfamides*,
- prédisposition à l'œdème de *Quincke*,
- *insuffisance rénale* grave,
- *encéphalopathie hépatique*,
- **grossesse** (à partir du 4e mois).

**Attention :** Des précautions s'imposent chez les personnes souffrant d'*hypertension artérielle* due à un rétrécissement des artères rénales.
En cas de gonflement du visage (lèvres, paupières...) ou d'une autre région du corps, consultez votre médecin avant toute nouvelle prise de ce médicament ; il peut s'agir d'une *réaction allergique* : œdème de *Quincke*.
L'usage des *inhibiteurs de l'enzyme de conversion* est déconseillé en période de désensibilisation aux venins d'*hyménoptères* : augmentation du risque de réaction allergique grave.

Chez les personnes atteintes d'une *insuffisance hépatique* grave, l'apparition de troubles de la conscience peut annoncer une complication. Ne poursuivez pas le traitement sans l'avis de votre médecin.

Si vous suivez un traitement par *diurétique* ou un régime sans *sel*, la baisse de la tension artérielle peut être importante lors des premières prises du médicament : risque de malaise ou d'étourdissement pouvant entraîner une chute.

Faites pratiquer régulièrement les analyses de sang prescrites par votre médecin ; elles sont notamment destinées à vérifier le bon fonctionnement de vos reins (dosage de la *créatinine*) et les taux de *potassium* et de *sodium* sanguins.

Le diurétique contenu dans ce médicament peut faire baisser la *kaliémie* : évitez d'utiliser des *laxatifs stimulants* dont l'usage régulier contribue à la baisse du taux de potassium dans le sang. Il peut par ailleurs augmenter le taux sanguin d'*acide urique* (possibilité de crise de *goutte*).

Conducteur : les *inhibiteurs de l'enzyme de conversion* peuvent être responsables de malaise ou de *vertiges*, lors des premières prises.

Sportif : ce médicament contient une substance susceptible de rendre positifs certains *tests antidopage*.

## Interactions avec d'autres substances

Ce médicament peut interagir avec les médicaments susceptibles de provoquer une *hyperkaliémie* (*diurétique*, sel de *potassium*...), avec les médicaments donnant des *torsades de pointes* et avec les médicaments contenant du lithium.

Informez par ailleurs votre médecin si vous prenez un *digitalique*, un *laxatif stimulant*, un *AINS*, ou un médicament contenant de la metformine, de la carbamazépine, de la ciclosporine ou un sel de calcium.

En outre, l'effet *antihypertenseur* de ce médicament peut être augmenté par certains médicaments tels que les *neuroleptiques*, les *antidépresseurs imipraminiques*, les médicaments contenant du baclofène ; il peut être diminué par les *corticoïdes*. Votre médecin doit être informé si vous êtes traité par l'un ou par l'autre.

Chez le diabétique traité par l'*insuline*, une adaptation de la *posologie* de l'insuline peut être nécessaire.

## Grossesse et allaitement

L'effet de ce médicament pendant les 3 premiers mois de la grossesse est mal connu. Par prudence, son usage est déconseillé.

Au cours des 6 derniers mois de la grossesse, la prise prolongée d'un *inhibiteur de l'enzyme de conversion* peut altérer les reins du fœtus. L'utilisation de ce médicament est contre-indiquée à partir du 4e mois de la grossesse.

En conséquence, un désir de grossesse nécessite le remplacement de ce médicament par un autre antihypertenseur. Si une grossesse survient alors que vous prenez ce médicament, consultez rapidement votre médecin pour qu'il modifie votre traitement. Des *échographies* régulières sont parfois nécessaires pour s'assurer de l'absence d'anomalie.

Ce médicament passe dans le lait maternel ; un choix est donc nécessaire entre l'allaitement et la prise du médicament. Cette décision devra être prise en accord avec votre médecin.

## Mode d'emploi et posologie

Ce médicament est pris indifféremment au cours ou en dehors des repas.

**Posologie usuelle :**

- Adulte : 1 comprimé par jour.

En cas d'*insuffisance rénale*, d'*athérosclérose*, de traitement préalable par des *diurétiques* ou de régime sans *sel*, en particulier chez la personne âgée, la *posologie* initiale est faible ; elle est augmentée progressivement par le médecin en fonction des effets du médicament.

**Conseils :** Votre tension artérielle doit être contrôlée régulièrement. Les appareils permettant une mesure automatique de la tension à domicile utilisent souvent un procédé de mesure différent de celui qu'emploie votre médecin. Si vous avez un tel appareil, apportez-le en consultation pour vous assurer que la mesure obtenue est bien conforme à celle du tensiomètre de votre médecin.

Le traitement médicamenteux ne dispense pas de mesures simples pouvant faire baisser la tension artérielle : activité physique régulière, modération de la consommation de boissons alcoolisées et de *sel*, lutte contre l'excès de poids.

## Effets indésirables possibles

Toux sèche.

Baisse excessive de la tension artérielle (voir Attention) ; *hypotension orthostatique*.

Maux de tête, fatigue, étourdissement, fourmillement des extrémités.

*Troubles digestifs*.

*Éruption cutanée*.

Augmentation du taux de *créatinine*, d'*acide urique* ou de glucose dans le sang et exceptionnellement du calcium.

Baisse du taux de *potassium* dans le sang, associée ou non à des crampes.

Rarement : baisse de taux de sodium dans le sang (natrémie) et risque de troubles du comportement, anomalie de la *numération formule sanguine*.

Exceptionnellement : œdème de *Quincke*, *pancréatite*, troubles de la vue.

Laboratoires Pfizer

# ACUITEL

Inhibiteur de l'enzyme de conversion

**sur ordonnance**

## Présentation

**ACUITEL 5 mg :** comprimé sécable (jaune) ; boîte de 28. Liste I - Remb 65 % - **Prix : 6,24 €.**

**ACUITEL 5 mg :** comprimé sécable (jaune) ; boîte de 90. Liste I - Remb 65 % - **Prix : 18,83 €.**

**ACUITEL 20 mg :** comprimé sécable (jaune) ; boîte de 28. Liste I - Remb 65 % - **Prix : 16,78 €.**

**ACUITEL 20 mg :** comprimé sécable (jaune) ; boîte de 90. Liste I - Remb 65 % - **Prix : 49,69 €.**

## Composition

| | p cp | p cp |
|---|---|---|
| **Quinapril** | 5 mg | 20 mg |
| Lactose | + | + |

## Dans quel cas ce médicament est-il prescrit ?

Ce médicament appartient à la famille des *inhibiteurs de l'enzyme de conversion* (IEC). L'enzyme de conversion est une substance naturellement présente dans l'organisme ; elle est responsable d'une contraction des artères qui augmente la tension artérielle et fatigue le cœur.

Il est utilisé dans le traitement de l'*hypertension artérielle* et de l'*insuffisance cardiaque*.

### Contre-indications

Ce médicament ne doit pas être utilisé dans les cas suivants :

- *allergie* aux médicaments de la famille des *inhibiteurs de l'enzyme de conversion*,
- prédisposition à l'œdème de *Quincke*,
- **grossesse** (à partir du 4e mois).

Dans d'autres situations, le médecin est seul juge pour prescrire ce médicament, notamment en cas d'*hyperkaliémie* ou de rétrécissement des artères rénales.

> **Attention :** En cas de gonflement du visage (lèvres, paupières...) ou d'une autre région du corps, consultez votre médecin avant toute nouvelle prise de ce médicament ; il peut s'agir d'une *réaction allergique* : œdème de *Quincke*.
>
> L'usage des *inhibiteurs de l'enzyme de conversion* est déconseillé en période de désensibilisation aux venins d'*hyménoptères* : augmentation du risque de réaction allergique grave.
>
> Des précautions sont nécessaires chez la personne âgée.
>
> En cas d'*insuffisance rénale*, un contrôle de la *créatinine* et du taux de *potassium* dans le sang est nécessaire.
>
> Si vous suivez un traitement par *diurétique* ou un régime sans *sel*, la baisse de la tension artérielle peut être importante lors des premières prises du médicament : risque de malaise ou d'étourdissement pouvant entraîner une chute.
>
> Les sels de régime contiennent souvent du *potassium* ; ne les utilisez pas sans avis médical pendant le traitement.
>
> Si vous êtes traité par le rein artificiel, prévenez votre centre de *dialyse* de la prise de ce médicament.
>
> Conducteur : les *inhibiteurs de l'enzyme de conversion* peuvent être responsables de malaise ou de *vertiges*, lors des premières prises.

### Interactions avec d'autres substances

Ce médicament peut interagir avec les *diurétiques* et les médicaments qui contiennent du potassium ou du lithium.

Informez par ailleurs votre médecin ou votre pharmacien si vous prenez un *antidiabétique*, un *AINS* ou de l'aspirine à forte dose (plus de 3 g par jour).

En outre, l'effet *antihypertenseur* de ce médicament peut être augmenté par certains médicaments tels que les *neuroleptiques*, les *antidépresseurs imipraminiques*, les *alphabloquants* utilisés dans certains troubles urinaires, les médicaments contenant du baclofène ; il peut être diminué par les *corticoïdes*. Votre médecin doit être informé si vous êtes traité par l'un ou l'autre de ces médicaments.

### Grossesse et allaitement

L'effet de ce médicament pendant les 3 premiers mois de la grossesse est mal connu. Par prudence, son usage est déconseillé.

Au cours des 6 derniers mois de la grossesse, la prise prolongée d'un *inhibiteur de l'enzyme de conversion* peut altérer les reins du fœtus. L'utilisation de ce médicament est contre-indiquée à partir du 4e mois de la grossesse.

En conséquence, un désir de grossesse nécessite le remplacement de ce médicament par un autre antihypertenseur. Si une grossesse survient alors que vous prenez ce médicament, consultez rapidement votre médecin pour qu'il modifie votre traitement. Des *échographies* régulières sont parfois nécessaires pour s'assurer de l'absence d'anomalie.

Les données disponibles ne permettent pas de savoir si ce médicament passe dans le lait maternel ; un choix est donc nécessaire entre l'allaitement et la prise du médicament. Cette décision devra être prise en accord avec votre médecin.

### Mode d'emploi et posologie

Ce médicament peut être pris indifféremment au cours ou en dehors des repas.

**Posologie usuelle :**

- Adulte : la *posologie* est variable en fonction des cas :
  - *hypertension artérielle* : 20 mg par jour, en 1 prise ;
  - *insuffisance cardiaque* : 5 à 40 mg par jour, en 1 ou 2 prises.

En cas d'*insuffisance rénale*, d'*athérosclérose*, de traitement préalable par des *diurétiques* ou de régime sans *sel*, en particulier chez la personne âgée, la posologie initiale est faible ; elle est augmentée progressivement par le médecin en fonction des effets du médicament.

> **Conseils :** Votre tension artérielle doit être contrôlée régulièrement. Les appareils permettant une mesure automatique de la tension à domicile utilisent souvent un procédé de mesure différent de celui qu'emploie votre médecin. Si vous avez un tel appareil, apportez-le en consultation pour vous assurer que la mesure obtenue est bien conforme à celle du tensiomètre de votre médecin.
>
> Le traitement médicamenteux ne dispense pas de mesures simples pouvant faire baisser la tension artérielle : activité physique régulière, modération de la consommation de boissons alcoolisées et de *sel*, lutte contre l'excès de poids.

### Effets indésirables possibles

Toux sèche.

Baisse excessive de la tension artérielle (voir Attention), *hypotension orthostatique*.

Maux de tête, fatigue, étourdissements, malaise.

Douleur d'estomac, nausées, perte d'appétit, *pancréatite* (exceptionnelle).

Pneumopathie.

*Éruption cutanée*, œdème de *Quincke* (exceptionnel).

Baisse des plaquettes sanguines.

Laboratoires Pfizer

## ACULAR

Anti-inflammatoire non stéroïdien — sur ordonnance

### Présentation

ACULAR 0,5 % : collyre ; flacon compte-gouttes de 5 ml.
Liste I - Remb 65 % - **Prix : 3,40 €**.

### Composition

| | p 100 ml |
|---|---|
| **Kétorolac trométhamine** | 500 mg |
| Benzalkonium chlorure | + |

### Dans quel cas ce médicament est-il prescrit ?

Ce collyre contient un *anti-inflammatoire* non stéroïdien (*AINS*). Il lutte contre l'*œdème* qui peut survenir après une chirurgie de l'œil.

Il est utilisé dans la prévention et le traitement des complications d'opérations de la *cataracte*.

### Contre-indications

Ce médicament ne doit pas être utilisé dans les cas suivants :

- *allergie* aux *anti-inflammatoires* non stéroïdiens (*AINS*) ou à l'aspirine,
- **grossesse** (à partir du 6e mois).

**Attention :** Ce collyre contient un conservateur (benzalkonium) qui appartient à la famille des *ammoniums quaternaires*. Signalez à votre médecin tout *antécédent* d'*allergie* à ces substances.

Une irritation oculaire peut être due à une infection : en cas de doute, n'hésitez pas à consulter votre médecin. N'utilisez pas ce collyre de façon prolongée sans prendre un avis médical.

Le port de lentilles de contact est déconseillé pendant le traitement.

Conducteurs : dans les suites immédiates d'une opération de la *cataracte*, la conduite automobile n'est pas recommandée. En effet, la vision avec un seul œil fonctionnel ne permet pas d'apprécier correctement les distances.

### Grossesse et allaitement

Des effets néfastes graves pour la mère et l'enfant à naître ont été mis en évidence lorsque les *AINS* sont utilisés au cours des 4 derniers mois de la grossesse : l'usage de ce collyre est formellement contre-indiqué pendant cette période.

Pendant les 5 premiers mois de la grossesse, l'effet de ce médicament est mal connu : seul votre médecin peut évaluer le risque éventuel de son utilisation dans votre cas.

Ce médicament est susceptible de passer faiblement dans le lait maternel : l'allaitement est déconseillé sans avis médical.

### Mode d'emploi et posologie

Tirer la paupière inférieure vers le bas tout en regardant vers le haut et déposer une goutte de collyre entre la paupière et le globe oculaire (*cul-de-sac conjonctival*).

**Posologie usuelle :**

1 ou 2 gouttes, toutes les 6 ou 8 heures, en commençant le traitement 24 heures avant l'intervention chirurgicale.

La durée du traitement est habituellement de 21 jours.

**Conseils :** L'application correcte du produit peut nécessiter une aide, notamment chez une personne handicapée ou âgée.

Ne conservez pas ce collyre plus de 15 jours après une première utilisation.

### Effets indésirables possibles

Irritation locale.

Laboratoires Allergan France

## ACUPAN

Antalgique — **sur ordonnance**

### Présentation

ACUPAN : solution injectable *IM* et *IV* ; boîte de 5 ampoules de 2 ml. Liste I - Remb 65 % - **Prix : 3,88 €**.

### Composition

| | p amp inj |
|---|---|
| **Néfopam chlorhydrate** | 20 mg |

### Dans quel cas ce médicament est-il prescrit ?

C'est un *antalgique* injectable puissant qui n'est pas dérivé de la *morphine*.

Il est utilisé dans le *traitement symptomatique* des douleurs intenses.

### Contre-indications

Ce médicament ne doit pas être utilisé dans les cas suivants :

- *glaucome* à angle fermé,
- risque de blocage des urines (*adénome de la prostate*),
- *antécédent* de *convulsions*,
- enfant de moins de 15 ans.

**Attention :** Des précautions sont nécessaires en cas d'*insuffisance hépatique* ou d'*insuffisance rénale*.

### Interactions avec d'autres substances

Ce médicament peut interagir avec d'autres médicaments. Signalez tout autre traitement en cours à votre médecin ou à votre pharmacien.

### Grossesse et allaitement

L'effet de ce médicament pendant la grossesse ou l'allaitement est mal connu : seul votre médecin peut évaluer le risque éventuel de son utilisation dans votre cas.

### Mode d'emploi et posologie

Ce médicament peut être injecté par *voie* intramusculaire profonde ou voie intraveineuse lente, en position allongée afin d'éviter la survenue de nausées ou de *vertiges*.

**Posologie usuelle :**

Strictement individuelle, elle est adaptée par votre médecin en fonction de l'intensité de la douleur.

Un intervalle minimal de 4 heures entre 2 injections est habituellement respecté.

### Effets indésirables possibles

Sueur, somnolence, nausées, vomissements.

Moins fréquemment : effets *atropiniques*.

Laboratoires Biocodex

## ADALATE 10 mg

*Informations détaillées sur www.monvidal.com*

## ADALATE LP 20 mg
Inhibiteur calcique — sur ordonnance

### Présentation
ADALATE LP 20 mg : comprimé à *libération prolongée* (orangé) ; boîte de 30. Liste I - Remb 65 % - **Prix : 4,76 €.**
ADALATE LP 20 mg : comprimé à *libération prolongée* (orangé) ; boîte de 60. Liste I - Remb 65 % - **Prix : 8,99 €.**
ADALATE LP 20 mg : comprimé à *libération prolongée* (orangé) ; boîte de 180. Liste I - Remb 65 % - **Prix : 25,86 €.**

### Composition
| | p cp LP |
|---|---|
| **Nifédipine** | 20 mg |
| Lactose | + |

### Dans quel cas ce médicament est-il prescrit ?
Ce médicament est un *vasodilatateur* qui appartient à la famille des *inhibiteurs calciques.*
Il est utilisé dans le traitement de l'*hypertension artérielle.*

### Contre-indications
Ce médicament ne doit pas être utilisé en cas d'*infarctus du myocarde* récent (1 mois) et d'*angine de poitrine* grave.

**Attention :** En cas de douleur thoracique survenant systématiquement dans la demi-heure qui suit la prise du médicament, consultez votre médecin avant de poursuivre le traitement.
Des précautions sont nécessaires en cas d'*insuffisance hépatique.*

### Interactions avec d'autres substances
Ce médicament peut interagir avec les médicaments contenant de la ciclosporine.
Informez par ailleurs votre médecin si vous prenez un *bêtabloquant*, un *anticonvulsivant* (carbamazépine, phénytoïne, phénobarbital, primidone), de la rifampicine ou de la cimétidine.
En outre, l'effet *antihypertenseur* de ce médicament peut être augmenté par certains médicaments tels que les *neuroleptiques*, les *antidépresseurs imipraminiques*, les médicaments contenant du baclofène ; il peut être diminué par les *corticoïdes.* Votre médecin doit être informé si vous êtes traité par l'un ou l'autre de ces médicaments.

### Grossesse et allaitement
Ce médicament est déconseillé chez la femme enceinte ou susceptible de l'être. Si une grossesse survient au cours du traitement, prévenez votre médecin.
Ce médicament passe dans le lait maternel ; un choix est donc nécessaire entre l'allaitement et la prise du médicament. Cette décision devra être prise en accord avec votre médecin.

### Mode d'emploi et posologie
Les comprimés doivent être avalés avec un verre d'eau sans être croqués ni écrasés, indifféremment pendant ou en dehors des repas.
**Posologie usuelle :**
1 comprimé matin et soir.

**Conseils :** Conservez les comprimés à l'abri de la lumière lorsqu'ils sont extraits de l'emballage qui les protège.
Votre tension artérielle doit être contrôlée régulièrement. Les appareils permettant une mesure automatique de la tension à domicile utilisent souvent un procédé de mesure différent de celui qu'emploie votre médecin. Si vous avez un tel appareil, apportez-le en consultation pour vous assurer que la mesure obtenue est bien conforme à celle du tensiomètre de votre médecin.
Le traitement médicamenteux ne dispense pas de mesures simples pouvant faire baisser la tension artérielle : activité physique régulière, modération de la consommation de boissons alcoolisées et de *sel*, lutte contre l'excès de poids.
En cas de constipation sévère préexistante, susceptible d'être aggravée par ce médicament, le médecin pourra éventuellement prescrire un *laxatif lubrifiant.*

### Effets indésirables possibles
Les plus fréquents sont la conséquence de la dilatation des vaisseaux sanguins :
- rougeur du visage, bouffées de chaleur, maux de tête ;
- jambes lourdes ou enflées.

Plus rarement : baisse excessive de la tension artérielle, étourdissements, fatigue, gonflement des gencives, crampes, diarrhée, *réaction allergique.*
Exceptionnellement : augmentation des *transaminases*, jaunisse.

Laboratoires Bayer Pharma

## ADANCOR
Antiangoreux — sur ordonnance

### Présentation
ADANCOR 10 mg : comprimé sécable (blanc cassé) ; boîte de 30. Liste I - Remb 65 % - **Prix : 8,17 €.**
ADANCOR 20 mg : comprimé (blanc cassé) ; boîte de 30. Liste I - Remb 65 % - **Prix : 15,07 €.**

### Composition
| | p cp | p cp |
|---|---|---|
| **Nicorandil** | 10 mg | 20 mg |

### Dans quel cas ce médicament est-il prescrit ?
Ce médicament est un *vasodilatateur.* Il dilate les artères, améliore l'oxygénation du cœur et lutte contre les spasmes des *artères coronaires.*
Il est utilisé dans le *traitement préventif* des crises d'*angine de poitrine.*

### Contre-indications
Ce médicament ne doit pas être utilisé dans les cas suivants :
- *choc* cardiovasculaire,
- baisse de la tension artérielle,
- certains cas d'*insuffisance cardiaque*,
- en association avec le sildénafil (VIAGRA).

**Attention :** Ce médicament peut provoquer une *hypotension orthostatique*, notamment s'il est associé à d'autres médicaments qui font baisser la tension artérielle.
En cas d'apparition d'*aphtes* buccaux, interrompez le traitement et consultez votre médecin.

### Interactions avec d'autres substances

Ce médicament *vasodilatateur* ne doit pas être associé au VIAGRA : risque de baisse de tension grave.

### Grossesse et allaitement

L'effet de ce médicament pendant la grossesse ou l'allaitement est mal connu : seul votre médecin peut évaluer le risque éventuel de son utilisation dans votre cas.

### Mode d'emploi et posologie

Les comprimés doivent être avalés avec un verre d'eau.

**Posologie usuelle :**

- Adulte : la *posologie* initiale est de ½ comprimé à 10 mg, 2 fois par jour pendant 2 à 7 jours ; puis 1 comprimé à 10 mg ou 1 comprimé à 20 mg, 2 fois par jour.

### Effets indésirables possibles

Maux de tête, fréquents en début de traitement, limités par une augmentation progressive de la *posologie*.

Baisse de la tension artérielle ou augmentation du rythme cardiaque, à forte dose.

Exceptionnellement : nausées, vomissements, *vertiges*, rougeur cutanée, *aphtes* buccaux (voir Attention).

Laboratoires Merck Lipha Santé

## ADARTREL

Antiparkinsonien dopaminergique — sur ordonnance

### Présentation

**ADARTREL 0,25 mg :** comprimé (ovale, blanc) ; boîte de 12. Liste I - Remb 65 % - **Prix : 3,24 €**.
**ADARTREL 0,5 mg :** comprimé (ovale, jaune) ; boîte de 28. Liste I - Remb 65 % - **Prix : 10,44 €**.
**ADARTREL 2 mg :** comprimé (ovale, rose) ; boîte de 28. Liste I - Remb 65 % - **Prix : 25,54 €**.

### Composition

| | p cp | p cp | p cp |
|---|---|---|---|
| **Ropinirole** | 0,25 mg | 0,5 mg | 2 mg |
| Lactose | + | + | + |

### Dans quel cas ce médicament est-il prescrit ?

Ce médicament appartient à la famille des *dopaminergiques*. Il pallie le déficit en *dopamine* en stimulant certains récepteurs de la dopamine.

Il est utilisé dans le traitement du syndrome des jambes sans repos, lorsqu'il s'accompagne de troubles gênants (insomnie, retentissement sur la vie quotidienne).

### Contre-indications

Ce médicament ne doit pas être utilisé dans les cas suivants :
- *insuffisance rénale* grave,
- *insuffisance hépatique* grave.

**Attention :** Des précautions sont nécessaires en cas de troubles psychiques graves.

Une *hypotension orthostatique* est possible en début de traitement, notamment en cas d'*insuffisance coronarienne*. Consultez votre médecin pour un contrôle de la tension artérielle si vous ressentez des étourdissements au lever (passage d'une position allongée ou assise à la position debout).

Signalez à votre médecin toute somnolence marquée ou survenant subitement au cours de la journée : une adaptation des doses, voire un arrêt du traitement peut être nécessaire.

Conducteur : ce médicament peut être responsable de *vertiges* ou d'une baisse de la vigilance.

De plus, les médicaments *dopaminergiques* peuvent, dans de rares cas, provoquer un endormissement soudain au cours de la journée sans signe annonciateur. La conduite automobile et l'utilisation de machines dangereuses sont déconseillées pendant le traitement. Elles sont contre-indiquées chez les personnes ayant eu une envie impérieuse de dormir sous traitement.

### Interactions avec d'autres substances

Ce médicament ne doit pas être associé en général avec les *neuroleptiques* : risque d'annulation de leurs effets.

Signalez à votre médecin la prise éventuelle d'*estrogènes* (traitement substitutif de la *ménopause* par exemple) ou de médicament contenant de la ciprofloxacine, de l'énoxacine, de la fluvoxamine pendant le traitement.

### Grossesse et allaitement

L'effet de ce médicament pendant la grossesse est mal connu. Par mesure de prudence, son usage est déconseillé chez la femme enceinte.

Ce médicament inhibe la lactation : il est déconseillé pendant l'allaitement.

### Mode d'emploi et posologie

Ce médicament doit être pris dans les 3 heures précédant le coucher.

**Posologie usuelle :**

- Adulte de plus de 18 ans : le médecin recherche la *posologie* efficace la plus faible possible. Son augmentation est progressive, afin de limiter l'apparition des effets indésirables.

**Conseils :** Ce traitement n'est remboursé par la Sécurité sociale que lorsqu'il est prescrit pour des formes très sévères de la maladie. La prescription initiale doit être rédigée par un médecin neurologue ou un médecin spécialiste du sommeil.

Les comprimés doivent être conservés à l'abri de la lumière.

### Effets indésirables possibles

Très fréquents : nausées, vomissements.

Fréquents : nervosité, vertiges, somnolence, malaises, fatigue, douleurs abdominales.

Peu fréquents : baisse de la tension artérielle, *hypotension orthostatique*, confusion.

Très rares cas d'accès brutaux de sommeil dans la journée.

Laboratoires GlaxoSmithKline

## ADENA C 500 mg

*Informations détaillées sur www.monvidal.com*

## ADÉNOCYNÉSINE

*Informations détaillées sur www.monvidal.com*

## ADÉNYL

*Informations détaillées sur www.monvidal.com*

## ADEPAL

Contraceptif oral

sur ordonnance

### Présentation

ADEPAL : comprimé (blanc : 7, orangé : 14) ; boîte de 1 plaquette de 21. Liste I - Remb 65 % - **Prix : 2,99 €.**
ADEPAL : comprimé (blanc : 7, orangé : 14) ; boîte de 3 plaquettes de 21. Liste I - Remb 65 % - **Prix : 7,24 €.**

### Composition

| | p cp blanc | p cp orangé |
|---|---|---|
| **Éthinylestradiol** | 0,03 mg | 0,04 mg |
| **Lévonorgestrel** | 0,15 mg | 0,20 mg |

### Dans quel cas ce médicament est-il prescrit ?

C'est un *contraceptif* oral (pilule) qui contient un *estrogène* et un *progestatif*. Il est minidosé (moins de 0,04 mg d'estrogène) et biphasique (tous les comprimés ne contiennent pas la même quantité d'*hormones* et sont de deux couleurs différentes).

### Contre-indications

Ce médicament ne doit pas être utilisé dans les cas suivants :

- *accident thromboembolique* artériel (*infarctus du myocarde, accident vasculaire cérébral*...) ou veineux (*phlébite, embolie* pulmonaire...) ancien ou survenant au cours de la contraception ;
- maladie cardiovasculaire (*hypertension artérielle, angine de poitrine*, lésion des valves cardiaques, anomalie de la circulation sanguine cérébrale ou rétinienne) ;
- *cancer hormonodépendant* ;
- *diabète* compliqué de lésions vasculaires ;
- saignement génital intermittent (l'origine de ce saignement doit être déterminée par des examens avant la mise en route du traitement) ;
- maladie du foie, grave ou récente.

**Attention :** Un examen médical est nécessaire avant de débuter la contraception. Il est suivi d'une surveillance annuelle pendant la contraception. Cette surveillance est particulièrement importante si vous souffrez de *diabète*, d'obésité, d'excès de cholestérol, de *triglycérides* ou de *prolactine* dans le sang, d'affection bénigne du sein ou de l'utérus, d'ictère (jaunisse) chronique ou survenu lors d'une grossesse, d'*épilepsie*, de *migraine*, d'*otosclérose*, d'*asthme*, de varices, de dépression, de calcul biliaire, d'herpès gestationis, ou si des membres de votre famille ont des *antécédents* de cancer du sein ou d'*accidents thromboemboliques*.

Si vous avez plus de 35 ans, si vous fumez, le risque d'effets indésirables cardiovasculaires liés à la prise d'hormones augmente fortement. Un autre mode de contraception est souvent préconisé.

Arrêtez la prise de ce contraceptif et consultez votre médecin en cas d'apparition de l'un des *symptômes* suivants : maux de tête violents et inhabituels, troubles de la vision, élévation importante de la tension artérielle, douleur inhabituelle à la jambe.

La survenue d'un léger saignement entre les règles (spotting) est fréquente chez les femmes pendant les premiers mois d'utilisation de la pilule. Vous devez informer votre médecin si les saignements se prolongent ou s'ils apparaissent en cours de contraception.

L'oubli d'un comprimé ou sa mauvaise absorption, du fait de vomissements par exemple, peuvent rendre la contraception inefficace.

En cas d'intervention chirurgicale programmée ou d'alitement prolongé, votre médecin jugera de l'opportunité d'interrompre votre contraception orale.

### Interactions avec d'autres substances

L'efficacité contraceptive de ce médicament peut être diminuée par les *anticonvulsivants*, certains traitements du *sida*, les produits de phytothérapie contenant du millepertuis et les médicaments contenant l'une des substances suivantes : griséofulvine, rifampicine, rifabutine, modafinil.

Informez par ailleurs votre médecin si vous prenez des médicaments contenant de la flunarizine.

### Grossesse et allaitement

Ce médicament n'a pas de raison d'être utilisé pendant la grossesse. Néanmoins, si une grossesse survient malgré le traitement, du fait d'un oubli ou d'un retard de prise, celle-ci pourra être poursuivie normalement si vous le désirez.

Les *hormones* contenues dans ce *contraceptif* passent dans le lait maternel : ne l'utilisez pas pendant l'allaitement sans avis médical.

### Mode d'emploi et posologie

Prendre régulièrement, et sans oubli, 1 comprimé par jour pendant 21 jours consécutifs (1 comprimé blanc pendant les 7 premiers jours, 1 comprimé orangé ensuite). Il est recommandé de ne pas trop faire varier l'heure de prise (choisir le petit déjeuner ou le coucher de préférence).

L'interruption du traitement déclenche les règles au bout de 2 ou 3 jours. La nouvelle plaquette est reprise après les 7 jours d'arrêt, que les règles soient terminées ou non.

Pour éviter un retard dans la reprise de la pilule, préjudiciable à l'efficacité de la contraception, il est utile de noter le jour de la prise du premier comprimé : une nouvelle plaquette est toujours commencée le même jour de la semaine. Le respect de ces délais est important : une reprise trop tardive du premier comprimé peut nuire à l'efficacité de la contraception pour le nouveau cycle. En revanche, une reprise un ou deux jours plus tôt ne pose pas de problème et décale d'autant la survenue des règles. Il est également possible d'enchaîner deux plaquettes. Dans ce cas, les règles surviendront à la fin de la deuxième plaquette.

En cas de première contraception orale ou de reprise d'une contraception interrompue temporairement, prendre le premier comprimé le premier jour des règles. La sécurité contraceptive n'est assurée qu'après un délai d'une semaine. Une méthode contraceptive complémentaire (préservatif, etc.) est nécessaire pendant cette période

En cas de changement de contraceptif, prendre le premier comprimé de la plaquette :

- le jour suivant la prise du dernier comprimé actif, si le précédent contraceptif était une autre pilule estroprogestative ;
- sans interruption et à n'importe quel moment du cycle, si le précédent contraceptif était un contraceptif progestatif microdosé ;

– le jour du retrait, si le précédent mode de contraception était un implant contraceptif ;
– le jour prévu pour l'injection, dans le cas du relais d'une contraception par progestatif injectable.

Après un accouchement ou une interruption de grossesse, suivre les indications du médecin.

**Conseils :** Les dernières recommandations en cas d'oubli d'un comprimé pour ce type de pilule sont les suivantes : prendre immédiatement le comprimé oublié et continuer à l'heure habituelle pour les comprimés suivants (ce qui peut correspondre à la prise de 2 comprimés si l'oubli est découvert lors de la prise suivante). Si le retard est supérieur à 12 heures, la sécurité contraceptive n'est plus assurée et une autre méthode complémentaire (spermicide, préservatif, diaphragme) doit être employée pendant les 7 jours suivants. Si cette période de 7 jours s'étend au-delà du dernier comprimé de la plaquette en cours, la plaquette suivante doit être débutée sans interruption entre les deux plaquettes. Dans ce cas, il n'y aura pas de saignement avant la fin de la seconde plaquette. Des saignements de faible importance (spottings) sont cependant possibles.

En cas de vomissements ou de diarrhée sévère survenant dans les 4 heures suivant la prise d'un comprimé, reprendre dès que possible un autre comprimé. Si le délai est de plus de 12 heures ou si les troubles se répètent, la sécurité contraceptive n'est plus assurée et une méthode complémentaire doit être employée jusqu'à la prise de la plaquette suivante.

Il n'y a pas de danger à débuter une grossesse au cours du cycle qui suit l'arrêt volontaire du contraceptif oral.

### Effets indésirables possibles

Effets, plus ou moins fréquents, n'empêchant pas la poursuite de la contraception : troubles digestifs, tension modérée des seins, jambes lourdes, diminution ou disparition des règles, règles douloureuses, prise de poids, *acné*, pousse excessive des poils, irritation oculaire par les lentilles de contact, inflammation ou *candidose* vaginale, modification de l'humeur ou de la libido, irritabilité, maux de tête banals.

Effets rares, mais nécessitant l'arrêt de cette contraception : *accident thromboembolique* (accident cardiaque, *phlébite*, *embolie* pulmonaire, etc.), taches sombres sur le visage, tension douloureuse des seins, *migraine*, troubles de la vision, augmentation importante des lipides dans le sang, *réaction allergique*, exacerbation d'un *lupus érythémateux* disséminé, d'une *porphyrie* ou d'une chorée, pancréatite, tumeur bénigne du foie, jaunisse, calcul de la vésicule biliaire.

**Laboratoires Wyeth Lederlé**

## ADIAZINE

*Informations détaillées sur www.monvidal.com*

## ADRIBLASTINE

*Informations détaillées sur www.monvidal.com*

## ADVIL 200 mg

Anti-inflammatoire non stéroïdien

### Présentation

**ADVIL 200 mg :** comprimé (brique) ; boîte de 20. Remb 65 % - **Prix : 1,88 €.**
**ADVIL 200 mg :** comprimé (brique) ; boîte de 30. Remb 65 % - **Prix : 2,52 €.**

### Composition

| | p cp |
|---|---|
| **Ibuprofène** | 200 mg |
| Saccharose | + |

### Dans quel cas ce médicament est-il prescrit ?

Ce médicament est un *anti-inflammatoire* non stéroïdien (*AINS*). Il lutte contre la douleur et fait baisser la fièvre. Ses propriétés anti-inflammatoires se manifestent à forte dose.

Il est utilisé dans le traitement de la fièvre et de la douleur (maux de tête, douleurs dentaires, rhumatismales, articulaires, règles douloureuses...).

### Contre-indications

Ce médicament ne doit pas être utilisé dans les cas suivants :
– *antécédent* d'*allergie* ou d'*asthme* provoqué par la prise d'*AINS*, y compris l'aspirine ;
– *ulcère* de l'estomac ou du *duodénum* ;
– *insuffisance hépatique* ou *rénale* graves ;
– *insuffisance cardiaque* grave ;
– *lupus érythémateux* disséminé ;
– **grossesse** (à partir du 6e mois).

**Attention :** Tout traitement prolongé ou *surdosage* d'*AINS* expose à des effets indésirables graves.

Certaines situations doivent conduire à ne poursuivre le traitement qu'après un avis médical :
– brûlures d'estomac importantes ou selles noires et nauséabondes pouvant traduire une irritation ou un saignement du tube digestif ;
– *réaction allergique* cutanée, crise d'*asthme* ;
– fatigue inhabituelle et intense, ou baisse brutale et importante du volume des urines chez une personne souffrant d'*insuffisance cardiaque*, déshydratée ou traitée par *diurétique*.

L'utilisation des AINS est déconseillée dans le traitement de la fièvre chez l'enfant en cas de varicelle : ils augmenteraient le risque rare de complications infectieuses cutanées graves.

Des précautions sont nécessaires en cas d'*antécédent* d'*ulcère* de l'estomac ou du *duodénum* ou de risque hémorragique, notamment digestif (maladie de *Crohn*, *rectocolite hémorragique*).

Certains médecins considèrent que les anti-inflammatoires peuvent diminuer l'efficacité des stérilets et exposer à un risque de grossesse non désirée. Ce risque est actuellement très controversé.

Conducteur : ce médicament peut être responsable, dans de rares cas, de vertiges ou de troubles de la vue.

### Interactions avec d'autres substances

Ce médicament peut interagir avec d'autres médicaments, notamment :
– l'aspirine et les autres *anti-inflammatoires* non stéroïdiens (*AINS*) : risque d'accroissement des effets indésirables ;

- les *anticoagulants* et les *antiagrégants plaquettaires* : augmentation du risque hémorragique ;
- le lithium (TÉRALITHE, NEUROLITHIUM...) : augmentation du taux de lithium dans le sang ;
- le méthotrexate.

Informez par ailleurs votre médecin ou votre pharmacien en cas de traitement par un *diurétique*, un *inhibiteur de l'enzyme de conversion*, un *inhibiteur de l'angiotensine II*, un *bêtabloquant* ou un médicament contenant de la ciclosporine.

### Grossesse et allaitement

Des effets néfastes pour l'enfant à naître ont été mis en évidence lorsque les *AINS* sont utilisés au cours des 4 derniers mois de la grossesse ; le risque existe même avec une seule prise et même si la grossesse est à terme. L'usage de ce médicament est contre-indiqué pendant cette période.

Pendant les 5 premiers mois, l'effet de ce médicament est mal connu : seul votre médecin peut évaluer le risque éventuel de son utilisation dans votre cas.

Ce médicament passe dans le lait maternel : par mesure de prudence, il est déconseillé pendant l'allaitement.

### Mode d'emploi et posologie

Afin de limiter la survenue de *troubles digestifs*, les comprimés peuvent être pris au cours des repas avec un grand verre d'eau. Toutefois, en cas de douleurs aiguës, la prise à jeun assure un effet plus rapide.

**Posologie usuelle :**

- Adulte et enfant de plus de 40 kg (soit environ 12 ans) : 1 ou 2 comprimés, à renouveler si nécessaire toutes les 6 heures. Ne pas dépasser 6 comprimés par jour.

**Conseils :** Ne dépassez pas la *posologie* ni la durée de traitement préconisées par votre médecin ou votre pharmacien, afin de limiter les effets indésirables.

### Effets indésirables possibles

Nausées, vomissements, *gastrite*.

Rarement :

- *ulcère* de l'estomac ou du *duodénum*, *hémorragie* du tube digestif (vomissements sanglants, selles noires, ou le plus souvent pertes de sang imperceptibles, responsables de l'apparition progressive d'une *anémie*) le plus souvent lors d'un traitement de longue durée ou à forte dose ;
- *réaction allergique* : *éruption cutanée*, démangeaisons, *œdème*, crise d'*asthme*, malaise avec chute brutale de la tension artérielle ;
- *vertiges*, maux de tête ;
- troubles de la vision nécessitant un examen ophtalmologique ;
- anomalie de la *numération formule sanguine*, augmentation des *transaminases*.

Laboratoires Wyeth Santé familiale

## ADVIL 400 mg

Anti-inflammatoire non stéroïdien — sur ordonnance

### Présentation

**ADVIL Adulte 400 mg** : comprimé ; boîte de 20. Liste II - Remb 65 % - **Prix : 2,70 €.**

### Composition

| | p cp |
|---|---|
| **Ibuprofène** | 400 mg |
| Saccharose | + |

### Dans quel cas ce médicament est-il prescrit ?

Ce médicament est un *anti-inflammatoire* non stéroïdien (*AINS*). Il lutte contre l'*inflammation* et la douleur, fait baisser la fièvre et fluidifie le sang.

Il est utilisé dans le *traitement symptomatique* de la douleur et de la fièvre.

### Contre-indications

Ce médicament ne doit pas être utilisé dans les cas suivants :

- *antécédent* d'*allergie* ou d'*asthme* provoqué par la prise d'*AINS*, y compris l'aspirine ;
- *ulcère* de l'estomac ou du *duodénum* ;
- *insuffisance hépatique* ou *rénale* graves ;
- *insuffisance cardiaque* grave ;
- *lupus érythémateux* disséminé ;
- enfant de moins de 15 ans ;
- **grossesse** (à partir du 6e mois).

**Attention :** Tout traitement prolongé ou *surdosage* d'*AINS* expose à des effets indésirables graves.

Certaines situations doivent conduire à ne poursuivre le traitement qu'après un avis médical :

- brûlures d'estomac importantes ou selles noires et nauséabondes pouvant traduire une irritation ou un saignement du tube digestif ;
- *réaction allergique* cutanée, crise d'*asthme* ;
- fatigue inhabituelle et intense, ou baisse brutale et importante du volume des urines chez une personne souffrant d'*insuffisance cardiaque*, déshydratée ou traitée par *diurétique*.

Des précautions sont nécessaires chez la personne âgée ou en cas d'*antécédent* d'*ulcère* de l'estomac ou du *duodénum* ou de risque hémorragique, notamment digestif (maladie de *Crohn*, *rectocolite hémorragique*).

Certains médecins considèrent que les anti-inflammatoires peuvent diminuer l'efficacité des stérilets et exposer à un risque de grossesse non désirée. Ce risque est actuellement très controversé.

Conducteur : ce médicament peut provoquer parfois des étourdissements et des troubles de la vue.

### Interactions avec d'autres substances

Ce médicament peut interagir avec d'autres médicaments, notamment :

- l'aspirine et les autres *anti-inflammatoires* non stéroïdiens (*AINS*) : risque d'accroissement des effets indésirables ;
- les *anticoagulants* et les *antiagrégants plaquettaires* : augmentation du risque hémorragique ;
- le lithium (TÉRALITHE, NEUROLITHIUM...) : augmentation du taux de lithium dans le sang ;
- le méthotrexate.

Informez par ailleurs votre médecin ou votre pharmacien en cas de traitement par un *diurétique*, un *inhibiteur de l'enzyme de conversion*, un *inhibiteur de l'angiotensine II*, un *bêtabloquant* ou un médicament contenant de la ciclosporine.

### Grossesse et allaitement

Des effets néfastes pour l'enfant à naître ont été mis en évidence lorsque les *AINS* sont utilisés au cours des 4 derniers mois de la grossesse ; le risque existe même avec une seule prise et même si la grossesse est à terme. L'usage de ce médicament est contre-indiqué pendant cette période.

Pendant les 5 premiers mois, l'effet de ce médicament est mal connu : seul votre médecin peut évaluer le risque éventuel de son utilisation dans votre cas.

Ce médicament passe dans le lait maternel : par mesure de prudence, il est déconseillé pendant l'allaitement.

### Mode d'emploi et posologie

Les comprimés sont pris de préférence au milieu des repas afin de limiter les effets digestifs indésirables. Les prises doivent être espacées d'au moins 6 heures.

**Posologie usuelle :**

- Adulte : 1 comprimé, 1 à 3 fois par jour.

**Conseils :** Ne dépassez pas la *posologie* ni la durée de traitement prescrites par votre médecin.

Ce médicament vous a été prescrit dans une situation précise : ne le conseillez pas à un proche, ne le réutilisez pas sans avis médical.

### Effets indésirables possibles

Nausées, vomissements, *gastrite*.

Rarement :

- *ulcère* de l'estomac ou du *duodénum*, *hémorragie* du tube digestif (vomissements sanglants, selles noires, ou le plus souvent pertes de sang imperceptibles, responsables de l'apparition progressive d'une *anémie*) le plus souvent lors d'un traitement de longue durée ou à forte dose ;
- *réaction allergique* : *éruption cutanée*, démangeaisons, *œdème*, crise d'*asthme*, malaise avec chute brutale de la tension artérielle ;
- *vertiges*, maux de tête ;
- troubles de la vision nécessitant un examen ophtalmologique ;
- anomalie de la *numération formule sanguine*, augmentation des *transaminases*.

Laboratoires Wyeth Santé familiale

## ADVIL Enfant et Nourrisson

Anti-inflammatoire non stéroïdien

### Présentation

**ADVIL 100 mg :** comprimé ; boîte de 30. Remb 65 % - **Prix : 2,21 €.**

**ADVIL 20 mg/ml Enfant et Nourrisson :** suspension buvable (arôme fraise) ; flacon de 200 ml avec mesurette graduée de 1 à 25 kg. Remb 65 % - **Prix : 3,44 €.**

### Composition

| | p cp | p grad |
|---|---|---|
| **Ibuprofène** | 100 mg | 7,5 mg |
| Saccharose | + | 187 mg |
| Sorbitol | | + |

### Dans quel cas ce médicament est-il prescrit ?

Ce médicament est un *anti-inflammatoire* non stéroïdien (*AINS*). Il lutte contre la douleur et fait baisser la fièvre. Ses propriétés anti-inflammatoires se manifestent à forte dose.

Il est utilisé dans le *traitement symptomatique* des affections douloureuses ou fébriles chez l'enfant.

### Contre-indications

Ce médicament ne doit pas être utilisé dans les cas suivants :

- *antécédent* d'*allergie* ou d'*asthme* provoqué par la prise d'*AINS*, y compris l'aspirine ;
- *ulcère* de l'estomac ou du *duodénum* ;
- *insuffisance hépatique* ou *rénale* graves ;
- *insuffisance cardiaque* grave ;
- *lupus érythémateux* disséminé ;
- enfant de moins de 6 ans (comprimés) ;
- **grossesse** (à partir du 6e mois).

**Attention :** Tout traitement prolongé ou *surdosage* d'*AINS* expose à des effets indésirables graves.

L'utilisation des AINS est déconseillée dans le traitement de la fièvre chez l'enfant en cas de varicelle : ils augmenteraient le risque rare de complications infectieuses cutanées graves.

Des précautions sont nécessaires en cas de *gastrite*, d'*antécédent* d'*ulcère* de l'estomac ou du *duodénum*, de risque hémorragique.

La suspension buvable contient du *sucre* (saccharose) et du sorbitol en quantité notable.

### Interactions avec d'autres substances

Ce médicament peut interagir avec d'autres médicaments, notamment :

- l'aspirine et les autres *anti-inflammatoires* non stéroïdiens (*AINS*) : risque d'accroissement des effets indésirables ;
- les *anticoagulants* et les *antiagrégants plaquettaires* : augmentation du risque hémorragique ;
- le lithium (TÉRALITHE, NEUROLITHIUM...) : augmentation du taux de lithium dans le sang ;
- le méthotrexate.

Informez par ailleurs votre médecin ou votre pharmacien en cas de traitement par un *diurétique*, un *inhibiteur de l'enzyme de conversion*, un *inhibiteur de l'angiotensine II*, un *bêtabloquant* ou un médicament contenant de la ciclosporine.

### Grossesse et allaitement

Bien que ce médicament soit destiné à l'enfant, son usage, comme pour tous les AINS, est contre-indiqué pendant les 4 derniers mois de la grossesse (en dehors de situations médicales très particulières) et déconseillé pendant les 5 premiers mois.

### Mode d'emploi et posologie

Les comprimés sont réservés à l'enfant de 6 à 12 ans (soit environ 20 à 40 kg). Ils doivent être avalés tels quels avec un grand verre d'eau.

Suspension buvable : le flacon doit être agité avant utilisation. La mesurette jointe au flacon permet un ajustement précis de la *posologie* : la dose par prise est indiquée, en fonction du poids. 3 ou 4 prises par jour sont nécessaires.

Les prises doivent être espacées d'au moins 6 heures.

**Posologie usuelle :**

20 à 30 mg par kg et par jour, répartis en 3 ou 4 prises, sans dépasser 30 mg par kg et par jour. Soit :

Comprimé :

- Enfant de 20 à 30 kg : 2 comprimés, 3 fois par jour.
- Enfant de 30 à 40 kg : 3 comprimés, 3 fois par jour.

Suspension buvable :

- Enfant de moins de 25 kg : 1 mesurette remplie jusqu'à la graduation indiquant le poids de l'enfant, 3 ou 4 fois par jour.
- Enfant de 25 à 40 kg : 2 mesurettes remplies de façon à obtenir au total le poids de l'enfant, 3 ou 4 fois par jour. Soit pour un enfant de 35 kg : 1 mesurette remplie jusqu'à la graduation 25 kg + 1 mesurette remplie jusqu'à la graduation 10 kg, 3 ou 4 fois par jour.

**Conseils :** Faites boire un peu d'eau à l'enfant après la prise de la suspension buvable pour éviter les picotements dans la bouche et dans la gorge.
Ne dépassez pas la *posologie* ni la durée de traitement prescrites par votre médecin, afin de limiter les effets indésirables.

### Effets indésirables possibles

Nausées, vomissements, *gastrite*.
Rarement :

- *ulcère* de l'estomac ou du *duodénum*, *hémorragie* du tube digestif (vomissements sanglants, selles noires, ou le plus souvent pertes de sang imperceptibles, responsables de l'apparition progressive d'une *anémie*) le plus souvent lors d'un traitement de longue durée ou à forte dose ;
- *réaction allergique* : *éruption cutanée*, démangeaisons, *œdème*, crise d'*asthme*, malaise avec chute brutale de la tension artérielle ;
- *vertiges*, maux de tête ;
- troubles de la vision nécessitant un examen ophtalmologique ;
- anomalie de la *numération formule sanguine*, augmentation des *transaminases*.

Suspension buvable :
Comme tous les médicaments et confiseries contenant des sucres non absorbables (sorbitol, maltitol...), possibilité de *diarrhée* en cas d'apport important.

Laboratoires Wyeth Santé familiale

## ADVIL gel
Anti-inflammatoire d'action locale

### Présentation

**ADVIL 5 % :** gel pour application locale ; tube de 60 g. Remb 35 % - **Prix : 2,84 €.**
**ADVIL 5 % :** gel pour application locale ; tube de 100 g. Remb 35 % - **Prix : 4,18 €.**

### Composition

| | p 100 g |
|---|---|
| **Ibuprofène** | 5 g |

### Dans quel cas ce médicament est-il prescrit ?

Ce gel contient un *anti-inflammatoire* non stéroïdien (*AINS*). Il lutte localement contre l'*inflammation* et la douleur.
Il est utilisé dans le traitement des entorses, contusions et *tendinites*.

### Contre-indications

Ce médicament ne doit pas être utilisé dans les cas suivants :

- *allergie* à l'aspirine ou aux *AINS* ;
- en application sur la peau lésée (*eczéma*, brûlure, plaie...) ou sur les *muqueuses* ;
- **grossesse** (à partir du 6e mois).

### Grossesse et allaitement

Les *AINS* pris par voie orale peuvent être toxiques pour le fœtus ; leur utilisation est contre-indiquée pendant les 4 derniers mois de la grossesse. Les AINS destinés à une application locale peuvent traverser la peau, passer dans le sang et exposer le fœtus au même risque, lorsqu'ils sont appliqués sur une large surface de peau ou sous un pansement occlusif. N'utilisez pas ce médicament pendant la grossesse sans avis médical.
N'utilisez pas ce gel pendant l'allaitement sans avis médical.

### Mode d'emploi et posologie

Le gel est appliqué par un massage doux et prolongé.
**Posologie usuelle :**

- Adulte : 3 applications par jour.

**Conseils :** Pensez à vous laver les mains après application. En cas de contact accidentel avec les yeux, rincez abondamment.

### Effets indésirables possibles

Imposant l'arrêt du traitement : *allergie* cutanée (éruption de boutons, démangeaisons...).

Laboratoires Wyeth Santé familiale

## AERIUS
Antiallergique

sur ordonnance

### Présentation

**AERIUS 5 mg :** comprimé ; boîte de 15. Liste II - Remb 35 % - **Prix : 6,45 €.**
**AERIUS 5 mg :** comprimé ; boîte de 30. Liste II - Remb 35 % - **Prix : 12,35 €.**
**AERIUS 0,5 mg/ml :** sirop (arôme bubble-gum) ; flacon de 150 ml avec cuillère-mesure de 5 ml graduée à 2,5 ml. Liste II - Remb 35 % - **Prix : 9,18 €.**

### Composition

| | p cp | p ml |
|---|---|---|
| **Desloratadine** | 5 mg | 0,5 mg |
| Saccharose | | + |
| Sorbitol | | + |

### Dans quel cas ce médicament est-il prescrit ?

Ce médicament est un *antihistaminique* antiallergique ; il n'a pas d'effets *sédatifs* ni *atropiniques*.
Il est utilisé dans le *traitement symptomatique* de l'*allergie* (*rhinite*, *urticaire*...).

### Contre-indications

Ce médicament ne doit pas être utilisé en cas d'*allergie* aux *antihistaminiques* contenant de la loratadine (CLARINASE REPETABS, CLARITYNE).

**Attention :** Les comprimés n'ont pas été étudiés chez les enfants de moins de 12 ans.
Le sirop n'a pas été étudié chez les enfants de moins de 2 ans.
Des précautions sont nécessaires en cas d'*insuffisance rénale* grave.

### Grossesse et allaitement

L'effet de ce médicament pendant la grossesse ou l'allaitement est mal connu. Par prudence, son usage est déconseillé chez la femme enceinte ou chez celle qui allaite.

### Mode d'emploi et posologie

Ce médicament peut être pris indifféremment au cours ou au dehors du repas.

**Posologie usuelle :**

- Adulte et enfant de plus de 12 ans : 1 comprimé ou 2 cuillères-mesure de sirop, 1 fois par jour.
- Enfant de 6 à 11 ans : 1 cuillère-mesure de sirop, 1 fois par jour.
- Enfant de 2 à 5 ans : ½ cuillère-mesure de sirop, 1 fois par jour.

**Conseils :** Ce médicament agit sur les manifestations de l'*allergie* mais n'en supprime pas la cause. Si les *symptômes* persistent ou s'aggravent, n'hésitez pas à consulter votre médecin.

### Effets indésirables possibles

Fatigue, sécheresse de la bouche, maux de tête.

Laboratoires Schering-Plough

---

## AERODIOL

*Informations détaillées sur www.monvidal.com*

---

## ÆSCULUS BOIRON pommade

*Informations détaillées sur www.monvidal.com*

---

## ÆSCULUS COMPLEXE N° 103

*Informations détaillées sur www.monvidal.com*

---

## ÆSCULUS COMPOSÉ BOIRON

*Informations détaillées sur www.monvidal.com*

---

## ÆSCULUS COMPOSÉ BOIRON pommade et suppositoire

*Informations détaillées sur www.monvidal.com*

---

## AFEBRYL

*Informations détaillées sur www.monvidal.com*

---

## AFFINEX MINCEUR comprimé

*Informations détaillées sur www.monvidal.com*

---

## AFTAGEL

*Informations détaillées sur www.monvidal.com*

---

## AFTOSIUM

*Informations détaillées sur www.monvidal.com*

---

## AGATHOL baume

*Informations détaillées sur www.monvidal.com*

---

## AGÉNÉRASE

*Informations détaillées sur www.monvidal.com*

---

## AGIOLAX

*Informations détaillées sur www.monvidal.com*

---

## A-GRAM oral

Antibiotique : pénicilline — sur ordonnance

Ce médicament est un générique de CLAMOXYL oral (voir p. 235 et tableau p. 1151).

---

## AGRÉAL

Traitement de la ménopause — sur ordonnance

### Présentation

AGRÉAL : gélule (verte) ; boîte de 20. Liste I - Remb 35 % - **Prix : 8,41 €**.

### Composition

| | p gél |
|---|---|
| **Véralipride** | 100 mg |
| Lactose | + |

### Dans quel cas ce médicament est-il prescrit ?

Ce médicament appartient à la famille des *neuroleptiques*.

Il est utilisé, chez la femme, dans le traitement des bouffées de chaleur qui accompagnent la *ménopause*.

### Contre-indications

Ce médicament ne doit pas être utilisé dans les cas suivants :

- *tumeur de l'hypophyse*,
- *phéochromocytome*,
- maladie de *Parkinson*,
- en association avec les médicaments *dopaminergiques* ou avec les *neuroleptiques*.

**Attention :** En cas de survenue d'une fièvre inexpliquée associée à une raideur musculaire (qui pourraient être dues au médicament), ne poursuivez pas le traitement sans avis médical : risque de *syndrome malin des neuroleptiques*.

Ce médicament n'est pas une *hormone* : il n'a pas d'effet sur les autres troubles de la ménopause dus au déficit en *estrogènes* (sécheresse vaginale, *ostéoporose*...).

Un examen médical est nécessaire avant de débuter le traitement ; le médecin recherche notamment les situations favorisant les *torsades de pointes*.

Une surveillance particulière s'impose en cas d'*épilepsie*, d'*insuffisance rénale* et chez les femmes ayant tendance aux vertiges ou aux baisses de tension.

En cas d'écoulement de lait par le mamelon, consultez votre médecin.

Ce médicament peut induire une somnolence, parfois intense chez certaines personnes. Cette somnolence peut être majorée par la prise d'*alcool* ou d'autres médicaments *sédatifs*. La conduite et l'utilisation de machines dangereuses sont déconseillées, surtout dans les heures qui suivent la prise du médicament.

### Interactions avec d'autres substances

Ce médicament ne doit pas être associé :

- aux médicaments *dopaminergiques* : risque d'annulation de leurs effets ;

- aux *neuroleptiques* utilisés dans le traitement des troubles psychiques ou des vomissements : risque d'augmentation des effets indésirables.

Informez par ailleurs votre médecin si vous prenez un antihypertenseur ou un médicament *sédatif*.

### Mode d'emploi et posologie

Ce médicament peut être pris indifféremment au cours ou en dehors des repas.

**Posologie usuelle :**

- Adulte : 1 gélule par jour, pendant 20 jours. Le traitement peut être renouvelé le mois suivant en cas de réapparition des troubles.

La durée totale du traitement est limitée à 3 mois.

### Effets indésirables possibles

Somnolence.

Mouvements involontaires ou inadaptés, tics, pouvant survenir lors de la première prise (notamment en cas de *surdosage*) ou, plus tardivement, lors d'un traitement prolongé.

Raideur musculaire et difficultés à coordonner les mouvements.

Augmentation de la sécrétion de *prolactine* pouvant se traduire par un écoulement de lait par le mamelon.

Prise de poids.

*Hypotension orthostatique.*

Rarement : *syndrome de sevrage* avec ou sans anxiété, état dépressif notamment entre 2 cures ou à l'arrêt du traitement.

Laboratoires Grunenthal

## AGRIPPAL

*Informations détaillées sur www.monvidal.com*

## AGYRAX

Antivertigineux, antiémétique

### Présentation

AGYRAX : comprimé sécable (blanc) ; boîte de 15. Remb 35 % - **Prix : 2,55 €.**

### Composition

| | p cp |
|---|---|
| **Méclozine chlorhydrate** | 25 mg |

### Dans quel cas ce médicament est-il prescrit ?

C'est un antivertigineux qui appartient à la famille des *antihistaminiques*.

Il est utilisé dans le *traitement symptomatique* des *vertiges* et pour prévenir et traiter le mal des transports.

### Contre-indications

Ce médicament ne doit pas être utilisé dans les cas suivants :

- *glaucome* à angle fermé,
- risque de blocage des urines (*adénome de la prostate*).

**Attention :** Ce médicament présente des effets *atropiniques*. Il peut provoquer un *glaucome* aigu chez les personnes prédisposées : œil rouge, dur et douloureux, avec vision floue. Une consultation d'extrême urgence auprès d'un ophtalmologiste est nécessaire.
Évitez les boissons alcoolisées : augmentation du risque de somnolence.

Ce médicament peut induire une somnolence, parfois intense chez certaines personnes. Cette somnolence peut être majorée par la prise d'*alcool* ou d'autres médicaments *sédatifs*. La conduite et l'utilisation de machines dangereuses sont déconseillées, surtout dans les heures qui suivent la prise du médicament.

### Interactions avec d'autres substances

Informez votre médecin ou votre pharmacien si vous prenez d'autres médicaments *sédatifs* ou *atropiniques*.

### Grossesse et allaitement

En l'absence de données suffisantes dans l'espèce humaine, ce médicament est déconseillé pendant les 3 premiers mois de la grossesse.

### Mode d'emploi et posologie

Les comprimés doivent être avalés sans être croqués avec un verre d'eau.

**Posologie usuelle :**

Traitement des vertiges : 1 comprimé, 1 à 3 fois par jour, avant les repas.

Prévention et traitement du mal des transports : 1 à 4 comprimés par jour. La première prise s'effectue une heure avant le départ.

**Conseils :** Ce médicament est destiné au traitement des *vertiges* et non des troubles de l'équilibre : parlez-en à votre médecin ou à votre pharmacien.

### Effets indésirables possibles

Bouche sèche, constipation, troubles visuels, difficultés à uriner et risque de confusion des idées chez la personne âgée.

Laboratoires Vedim Pharma

## AIROMIR

Antiasthmatique — sur ordonnance

### Présentation

AIROMIR Autohaler 100 µg : suspension pour inhalation buccale ; flacon pressurisé avec valve doseuse (200 bouffées) et embout buccal (système Autohaler). Liste I - Remb 65 % - **Prix : 11,77 €.**

### Composition

| | p bouffée |
|---|---|
| **Salbutamol** | 100 µg |

### Dans quel cas ce médicament est-il prescrit ?

Ce médicament est un bronchodilatateur qui lutte contre la contraction anormale des muscles de la paroi des bronches. Il est apparenté à une substance naturelle, l'*adrénaline*, mais, contrairement à cette substance, il a peu d'effet sur le cœur. Son action est rapide et se prolonge pendant 4 à 6 heures.

Il est utilisé :

- en prises ponctuelles dans le *traitement de la crise* d'*asthme* et dans la prévention de l'asthme d'effort,
- en prises répétées dans les périodes d'aggravation de l'asthme ou de la *bronchite chronique* de type obstructif, c'est-à-dire associée à un rétrécissement du diamètre des bronches.

**Attention :** Les bronchodilatateurs d'action rapide ne sont pas destinés au *traitement de fond* de l'asthme qui repose sur d'autres médicaments, inhalés ou non. Leur emploi ne se justifie que dans le *traitement de la crise* d'asthme ou lors des périodes d'aggravation de la gêne respiratoire.

Lorsque les doses habituellement efficaces deviennent insuffisantes et que les difficultés respiratoires s'accentuent, un traitement complémentaire (par *corticoïde* ou *antibiotique*) peut être nécessaire : consultez votre médecin sans tarder.

En cas de crise grave, n'hésitez pas à appeler le 15 pour un conseil ou une aide médicale urgente.

Sportif : ce médicament contient une substance susceptible de rendre positifs certains *tests antidopage*.

### Grossesse et allaitement

Ce médicament peut être utilisé pendant la grossesse.

Ce médicament passe dans le lait maternel : consultez votre médecin en cas d'*inhalations* répétées.

### Mode d'emploi et posologie

Agiter l'appareil avant utilisation et mettre le levier en position « relevée » ; expirer normalement et introduire l'embout buccal entre les lèvres ; inspirer profondément et retenir sa respiration pendant quelques instants. Remettre le levier en position « fermée » après l'inhalation. Il ne faut jamais souffler dans l'appareil.

**Posologie usuelle :**

- *Traitement de la crise* : 1 ou 2 bouffées, que l'on peut renouveler après quelques minutes si l'effet est insuffisant.
- Traitement des poussées d'*asthme* ou de *bronchite chronique* :
  - Adulte : 4 à 12 bouffées par jour, régulièrement réparties dans la journée. Ne pas dépasser 15 bouffées par jour.
  - Enfant : 3 à 6 bouffées par jour, régulièrement réparties dans la journée. Ne pas dépasser 10 bouffées par jour.
- *Traitement préventif* de l'asthme d'effort : 1 ou 2 bouffées, 15 à 30 minutes avant l'exercice.

**Conseils :** Lisez attentivement la notice du médicament avant son emploi.

N'hésitez pas à demander une démonstration du maniement de cet appareil à votre médecin ou à votre pharmacien.

Rincez régulièrement l'embout à l'eau et séchez-le avant de l'adapter à la cartouche.

Le flacon est sous pression : conservez-le à l'abri de la chaleur.

### Effets indésirables possibles

Les effets indésirables sont rares et bénins avec les formes inhalées. Leur survenue est favorisée par une augmentation de la *posologie* : tremblements des extrémités, accélération du cœur, crampes musculaires, maux de tête.

Exceptionnellement, la prise de ce médicament peut provoquer une aggravation paradoxale des difficultés respiratoires : ne le réutilisez pas sans avoir pris l'avis de votre médecin.

**Laboratoires Ivax SAS**

## AKINETON LP

Antiparkinsonien — sur ordonnance

### Présentation

**AKINETON LP :** comprimé à libération prolongée (blanc) ; boîte de 30. Liste I - Remb 65 % - **Prix : 3,83 €.**

### Composition

| | p cp |
|---|---|
| **Bipéridène chlorhydrate** | 4 mg |
| Lactose | + |

### Dans quel cas ce médicament est-il prescrit ?

C'est un *antiparkinsonien* qui appartient à la famille des anticholinergiques (*atropiniques*).

Il est utilisé dans le traitement de la maladie de *Parkinson* et des *syndromes* parkinsoniens induits par les *neuroleptiques*.

### Contre-indications

Ce médicament ne doit pas être utilisé dans les cas suivants :

- risque de *glaucome* à angle fermé,
- risque de rétention des urines (*adénome de la prostate*),
- maladies cardiaques graves,
- enfant de moins de 15 ans.

**Attention :** Ce médicament présente des effets *atropiniques*. Il peut provoquer un *glaucome* aigu chez les personnes prédisposées : œil rouge, dur et douloureux, avec vision floue. Une consultation d'extrême urgence auprès d'un ophtalmologiste est nécessaire.

Des précautions sont nécessaires chez la personne âgée.

Vous ne devez pas interrompre brutalement votre traitement.

Conducteur : ce médicament peut être responsable d'une baisse de la vigilance, particulièrement en début de traitement.

### Interactions avec d'autres substances

Informez votre médecin si vous prenez un autre médicament *atropinique* ou un médicament contenant du lisuride.

### Grossesse et allaitement

L'effet de ce médicament pendant la grossesse est mal connu : seul votre médecin peut évaluer le risque éventuel de son utilisation dans votre cas.

Si le traitement est poursuivi jusqu'à l'accouchement, une surveillance médicale du *nouveau-né* est nécessaire.

L'allaitement est déconseillé pendant le traitement.

### Mode d'emploi et posologie

Les comprimés doivent être avalés en une prise le matin, en dehors du repas.

**Posologie usuelle :**

- Adulte : 1 ou 2 comprimés par jour.

### Effets indésirables possibles

Troubles de l'*accommodation*, sécheresse de la bouche et des yeux, constipation, difficultés à uriner, somnolence, confusion des idées et excitation, notamment chez la personne âgée.

**Laboratoires Abbott-France**

## ALAIRGIX

*Informations détaillées sur www.monvidal.com*

## ALCAPHOR

*Informations détaillées sur www.monvidal.com*

## ALCOOL MODIFIÉ COOPER

*Informations détaillées sur www.monvidal.com*

## ALCOOL MODIFIÉ GIFRER

Antiseptique local

### Présentation

ALCOOL MODIFIÉ GIFRER : solution pour application locale ; flacon de 125 ml. Non remb.
ALCOOL MODIFIÉ GIFRER : solution pour application locale ; flacon de 250 ml. Non remb.
ALCOOL MODIFIÉ GIFRER : solution pour application locale ; flacon de 500 ml. Non remb.

### Composition

| | p 100 ml |
|---|---|
| **Alcool** | 73,7 ml |
| Camphre | 200 mg |
| Tartrazine | + |

### Dans quel cas ce médicament est-il prescrit ?

Ce médicament est un *antiseptique* local.

Il est utilisé pour l'*antisepsie* de la peau et des plaies superficielles.

### Contre-indications

Ce médicament ne doit pas être utilisé dans les cas suivants :
- *allergie* à la tartrazine,
- *nourrisson.*

**Attention :** L'*alcool* à 70° est un antiseptique plus efficace que l'alcool à 90°.
Évitez le contact de la solution avec les *muqueuses.*
Sur une plaie, l'application d'alcool est très douloureuse : l'emploi d'un autre antiseptique est préférable.

### Interactions avec d'autres substances

L'association à d'autres *antiseptiques* est déconseillée car leurs effets risquent de s'annuler.

### Grossesse et allaitement

Cet *antiseptique* peut être utilisé par la femme enceinte ou qui allaite.

### Mode d'emploi et posologie

- Adulte et enfant de plus de 30 mois : badigeonner la surface à traiter à l'aide d'une compresse imprégnée de solution pure.

**Conseils :** Le simple lavage à l'eau et au savon permet d'éliminer la majorité des *germes* : il doit être suivi d'un rinçage soigneux car le savon peut inactiver certains *antiseptiques.*
Tous les *antiseptiques* peuvent être contaminés par des germes : une fois ouvert, ils ne doivent pas être conservés trop longtemps.

### Effets indésirables possibles

*Réaction allergique* cutanée.

**Laboratoires Gifrer Barbezat**

## ALDACTAZINE

Diurétiques associés — sur ordonnance

### Présentation

ALDACTAZINE : comprimé sécable (blanc) ; boîte de 30. Liste II - Remb 65 % - **Prix : 6,00 €.**
ALDACTAZINE : comprimé sécable (blanc) ; boîte de 90. Liste II - Remb 65 % - **Prix : 16,92 €.**

### Composition

| | p cp |
|---|---|
| **Altizide** | 15 mg |
| **Spironolactone** | 25 mg |
| Lactose | + |

### Dans quel cas ce médicament est-il prescrit ?

Ce médicament est une association de deux *diurétiques* : l'altizide, dont la structure est proche de celle des *sulfamides*, et la spironolactone, qui a pour caractéristique d'empêcher la perte du *potassium* dans les urines, habituelle avec l'altizide.

Il est utilisé dans le traitement :
- de l'*hypertension artérielle,*
- des *œdèmes* liés à une *insuffisance hépatique,* à une *insuffisance cardiaque* ou à un *syndrome néphrotique.*

### Contre-indications

Ce médicament ne doit pas être utilisé dans les cas suivants :
- *allergie* aux médicaments de la famille des *sulfamides,*
- *insuffisance rénale* grave,
- *hyperkaliémie* (excès de *potassium* dans le sang),
- *encéphalopathie hépatique,*
- en association avec les médicaments élevant le taux de *potassium* dans le sang.

**Attention :** Ce médicament peut être responsable d'une augmentation ou au contraire d'une baisse de la *kaliémie* (taux du *potassium* dans le sang), qui peut être aggravée par l'usage prolongé de *laxatifs stimulants.* Un contrôle par des analyses de sang est souvent prescrit par le médecin.
Chez les personnes atteintes d'une *insuffisance hépatique* grave, l'apparition de troubles de la conscience peut annoncer une complication. Ne poursuivez pas le traitement sans l'avis de votre médecin.
N'utilisez des *sels* de régime, souvent riches en potassium, qu'avec l'accord de votre médecin.
Les *diurétiques* peuvent augmenter le taux d'*acide urique* ou de *sucre* dans le sang.
Sportif : ce médicament contient une substance susceptible de rendre positifs certains *tests antidopage.*

### Interactions avec d'autres substances

Ce médicament ne doit pas être associé aux *diurétiques* élevant le taux de *potassium* dans le sang ou aux médicaments qui en contiennent : risque d'*hyperkaliémie* entraînant des *troubles du rythme cardiaque* graves.

Il peut interagir avec les *inhibiteurs de l'enzyme de conversion*, les *inhibiteurs de l'angiotensine II*, les médicaments susceptibles de provoquer des *torsades de pointes* et ceux contenant du lithium.

Informez par ailleurs votre médecin si vous prenez l'un des médicaments suivants : *AINS, digitalique,* médicament susceptible de faire baisser la *kaliémie* (*corticoïde, laxatif stimulant*), *neuroleptique*, *antidépresseur imipraminique*, médicament contenant du baclofène, de la metformine ou de la ciclosporine.

### Grossesse et allaitement

Les *diurétiques* ne sont pas indiqués dans les cas de rétention d'eau ou d'*hypertension artérielle* liés à la grossesse. Seul votre médecin peut apprécier la nécessité du traitement et son risque dans votre cas.

Ce médicament passe dans le lait maternel : l'allaitement est déconseillé.

### Mode d'emploi et posologie

Ce médicament peut être pris indifféremment au cours ou en dehors des repas.

**Posologie usuelle :**

*Hypertension artérielle* : ½ à 1 comprimé par jour.

*Œdèmes* :
- traitement d'attaque : 3 à 6 comprimés par jour.
- traitement d'entretien : 1 à 2 comprimés par jour.

**Conseils :** Ce médicament augmente le volume des urines, surtout en début de traitement. Évitez une prise le soir, source de gêne nocturne.

Les *diurétiques* exposent au risque de déshydratation : veillez à proposer des boissons abondantes aux personnes âgées, notamment pendant les fortes chaleurs.

### Effets indésirables possibles

Liés à la spironolactone :

Augmentation du volume des seins chez l'homme (gynécomastie).

Rarement : *intolérance digestive*, troubles des règles chez la femme ou de l'érection chez l'homme, *éruption cutanée*, somnolence, crampes.

Liés à l'altizide :

Baisse de la *kaliémie*, associée éventuellement à des crampes.

Déshydratation possible chez la personne âgée.

Augmentation de la *glycémie* ou de l'*uricémie*.

*Hypotension orthostatique*.

Rarement :
- baisse du taux de sodium dans le sang (natrémie) et risque de troubles du comportement ;
- anomalie de la *numération formule sanguine* ;
- nausées, constipation, *vertiges*, fatigue, maux de tête, fourmillement des extrémités.

Exceptionnellement : *pancréatite*, *réaction allergique*.

**Laboratoires Pfizer**

## ALDACTONE

Diurétique — **sur ordonnance**

### Présentation

**ALDACTONE 50 :** comprimé sécable (blanc) ; boîte de 30.
Liste II - Remb 65 % - **Prix : 8,90 €.**

**ALDACTONE 50 :** comprimé sécable (blanc) ; boîte de 90.
Liste II - Remb 65 % - **Prix : 14,41 €.**

**ALDACTONE 75 :** comprimé sécable (blanc) ; boîte de 30.
Liste II - Remb 65 % - **Prix : 12,84 €.**

**ALDACTONE 75 :** comprimé sécable (blanc) ; boîte de 90.
Liste II - Remb 65 % - **Prix : 19,72 €.**

### Composition

| | p cp | p cp |
|---|---|---|
| **Spironolactone** | 50 mg | 75 mg |
| Lactose | + | + |

### Dans quel cas ce médicament est-il prescrit ?

Ce médicament appartient à la famille des *diurétiques*. Il a pour caractéristique d'empêcher la perte du *potassium* dans les urines, habituelle avec la plupart des autres diurétiques. Il agit en bloquant l'action de l'aldostérone, substance naturelle dont le taux peut être anormalement élevé dans certaines maladies ou du fait d'un autre traitement diurétique.

Il est utilisé dans le traitement :
- des troubles en rapport avec un excès d'aldostérone dans le sang,
- de l'*hypertension artérielle*,
- de l'*ascite* ou des *œdèmes* liés à une *insuffisance hépatique* ou *cardiaque*, ou à un *syndrome néphrotique*.

Il est également utilisé dans le *traitement d'appoint* de la *myasthénie*, pour lutter contre les pertes de potassium.

### Contre-indications

Ce médicament ne doit pas être utilisé dans les cas suivants :
- *insuffisance rénale* grave,
- *hyperkaliémie* (excès de *potassium* dans le sang),
- *encéphalopathie hépatique*,
- en association avec les médicaments élevant le taux de *potassium* dans le sang.

**Attention :** Ce médicament peut être responsable d'une augmentation de la *kaliémie* (taux de *potassium* dans le sang). Un contrôle par des analyses de sang est souvent prescrit par le médecin.

N'utilisez de *sel* de régime, souvent riche en potassium, qu'avec l'accord de votre médecin.

Sportif : ce médicament contient une substance susceptible de rendre positifs certains *tests antidopage*.

### Interactions avec d'autres substances

Ce médicament ne doit pas être associé aux *diurétiques* élevant le taux de *potassium* dans le sang ou aux médicaments qui en contiennent : risque d'*hyperkaliémie* entraînant des *troubles du rythme cardiaque* graves.

Il peut interagir avec les *inhibiteurs de l'enzyme de conversion*, les *inhibiteurs de l'angiotensine II* et les médicaments contenant du lithium.

Informez par ailleurs votre médecin si vous prenez un *AINS*, un *corticoïde*, un *neuroleptique*, un *antidépresseur imipraminique* ou un médicament contenant de la metformine, de la ciclosporine ou du baclofène.

### Grossesse et allaitement

Les *diurétiques* ne sont pas indiqués dans les cas de rétention d'eau ou d'*hypertension artérielle* liés à la grossesse. Seul votre médecin peut apprécier la nécessité du traitement et son risque dans votre cas.

Ce médicament passe dans le lait maternel : l'allaitement est déconseillé.

### Mode d'emploi et posologie

Ce médicament peut être pris au cours ou en dehors des repas.

**Posologie usuelle :**

50 à 300 mg par jour selon la nature et la gravité de la maladie.

**Conseils :** Ce médicament augmente le volume des urines, surtout en début de traitement. Évitez une prise le soir, source de gêne nocturne.

Les *diurétiques* exposent au risque de déshydratation : veillez à proposer des boissons abondantes aux personnes âgées, notamment pendant les fortes chaleurs.

### Effets indésirables possibles

Augmentation du volume des seins chez l'homme (gynécomastie).

Rarement : *intolérance* digestive, troubles des règles chez la femme ou de l'érection chez l'homme, *éruption cutanée*, somnolence, crampes.

**Laboratoires Pfizer**

## ALDALIX

Diurétiques associés — **sur ordonnance**

### Présentation

ALDALIX : gélule (jaune) ; boîte de 30. Liste II - Remb 65 % - **Prix : 8,58 €.**

### Composition

| | p gél |
|---|---|
| **Furosémide** | 20 mg |
| **Spironolactone** | 50 mg |
| Lactose | + |

### Dans quel cas ce médicament est-il prescrit ?

Ce médicament est une association de deux *diurétiques* : le furosémide, dont la structure est proche de celle des *sulfamides*, et la spironolactone, qui a pour caractéristique d'empêcher la perte du *potassium* dans les urines, habituelle avec le furosémide.

Il est utilisé dans le traitement de l'*insuffisance cardiaque*.

### Contre-indications

Ce médicament ne doit pas être utilisé dans les cas suivants :

- *allergie* aux *sulfamides*,
- *insuffisance rénale* grave,
- *encéphalopathie hépatique*,
- déshydratation,
- *hyperkaliémie* (excès de *potassium* dans le sang) ou *hyponatrémie*,
- en association avec les médicaments élevant le taux de *potassium* dans le sang.

**Attention :** Ce médicament peut être responsable d'une augmentation ou au contraire d'une baisse de la *kaliémie* (taux de *potassium* dans le sang), qui peut être aggravée par l'usage prolongé de *laxatifs stimulants*. Un contrôle par des analyses de sang est souvent prescrit par le médecin.

Chez les personnes atteintes d'une *insuffisance hépatique* grave, l'apparition de troubles de la conscience peut annoncer une complication. Ne poursuivez pas le traitement sans l'avis de votre médecin.

N'utilisez des *sels* de régime, souvent riches en potassium, qu'avec l'accord de votre médecin.

Les *diurétiques* peuvent augmenter le taux d'*acide urique* (uricémie) ou de *sucre* dans le sang (*glycémie*) : des précautions sont nécessaires en cas de *diabète* ou d'*antécédent* de crise de *goutte*.

Sportif : ce médicament contient une substance susceptible de rendre positifs certains *tests antidopage*.

### Interactions avec d'autres substances

Ce médicament ne doit pas être associé aux *diurétiques* élevant le taux de *potassium* dans le sang ou aux médicaments qui en contiennent : risque d'*hyperkaliémie* entraînant des *troubles du rythme cardiaque* graves.

Il peut interagir avec les *inhibiteurs de l'enzyme de conversion*, les *inhibiteurs de l'angiotensine II*, les médicaments susceptibles de provoquer des *torsades de pointes* et ceux contenant du lithium.

Informez par ailleurs votre médecin si vous prenez :

- un *AINS*, un *digitalique* ;
- un médicament susceptible de faire baisser la *kaliémie* (*corticoïde*, *laxatif stimulant*) ;
- un médicament contenant de la metformine ou de la phénytoïne ;
- un médicament susceptible de contribuer à la baisse de la tension artérielle (*neuroleptique*, *antidépresseur imipraminique*, baclofène).

### Grossesse et allaitement

Les *diurétiques* ne sont pas indiqués dans les cas de rétention d'eau ou d'*hypertension artérielle* liés à la grossesse. Seul votre médecin peut apprécier la nécessité du traitement et son risque dans votre cas.

Ce médicament passe dans le lait maternel : l'allaitement est déconseillé.

### Mode d'emploi et posologie

Ce médicament doit être pris après le repas du matin.

**Posologie usuelle :**

1 ou 2 gélules par jour.

**Conseils :** Ce médicament augmente le volume des urines, surtout en début de traitement. Évitez une prise le soir, source de gêne nocturne.

Les *diurétiques* exposent au risque de déshydratation : veillez à proposer des boissons abondantes aux personnes âgées, notamment pendant les fortes chaleurs.

### Effets indésirables possibles

Liés à la spironolactone :

Augmentation du volume des seins chez l'homme (gynécomastie).

Rarement : *troubles digestifs*, troubles des règles chez la femme ou de l'érection chez l'homme, *éruption cutanée*, somnolence, crampes.

Liés au furosémide :

Baisse de la *kaliémie*, associée éventuellement à des crampes.

Déshydratation possible chez la personne âgée.

Augmentation de la *glycémie* ou de l'*uricémie*.

*Hypotension orthostatique*.

Rarement :

- baisse du taux de sodium dans le sang (natrémie) et risque de troubles du comportement ;
- anomalie de la *numération formule sanguine* ;
- nausées, constipation, *vertiges*, fatigue, maux de tête, fourmillement des extrémités.

Exceptionnellement : *réaction allergique*.

**Laboratoires Pfizer**

**ALDARA**

*Informations détaillées sur www.monvidal.com*

## ALDOMET

Antihypertenseur — sur ordonnance

### Présentation

ALDOMET 250 mg : comprimé (jaune) ; boîte de 30. Liste I - Remb 65 % - **Prix : 3,13 €.**
ALDOMET 250 mg : comprimé (jaune) ; boîte de 90. Liste I - Remb 65 % - **Prix : 7,24 €.**
ALDOMET 500 mg : comprimé (jaune) ; boîte de 30. Liste I - Remb 65 % - **Prix : 5,16 €.**

### Composition

| | p cp | p cp |
|---|---|---|
| **Méthyldopa** | 250 mg | 500 mg |

### Dans quel cas ce médicament est-il prescrit ?

Ce médicament est un *antihypertenseur* d'action centrale. Il agit directement sur les centres du *système nerveux central* qui interviennent dans la régulation de la tension artérielle.

Il est utilisé dans le traitement de l'*hypertension artérielle.*

### Contre-indications

Ce médicament ne doit pas être utilisé dans les cas suivants :

- *antécédent* d'*hépatite* due à un médicament,
- *état dépressif* grave,
- maladie grave du foie,
- *anémie hémolytique.*

**Attention :** Une *hépatite* peut exceptionnellement survenir pendant le traitement. Certains signes évocateurs doivent vous amener à consulter votre médecin : douleurs abdominales, perte de l'appétit, nausées, douleurs articulaires ou musculaires, fatigue anormale, fièvre inexpliquée, jaunisse.

Des analyses de sang sont souvent prescrites en début de traitement pour vérifier l'absence d'anomalies de la formule sanguine et le bon fonctionnement du foie.

Des précautions sont nécessaires en cas d'*insuffisance rénale*, de *phéochromocytome* et chez la personne âgée.

En cas d'intervention chirurgicale, informez l'anesthésiste de la prise de ce médicament.

Ce médicament peut induire une somnolence, parfois intense chez certaines personnes. Cette somnolence peut être majorée par la prise d'*alcool* ou d'autres médicaments *sédatifs.* La conduite et l'utilisation de machines dangereuses sont déconseillées, surtout dans les heures qui suivent la prise du médicament.

### Interactions avec d'autres substances

Informez votre médecin si vous prenez un *corticoïde*, un *neuroleptique*, un *antidépresseur imipraminique* ou un médicament contenant l'une des substances suivantes : lithium, baclofène.

### Grossesse et allaitement

Les études scientifiques actuellement disponibles n'ont pas mis en évidence de problème particulier lors de l'utilisation chez la femme enceinte. Seul votre médecin peut apprécier la nécessité du traitement et son risque pendant la grossesse.

Ce médicament passe dans le lait maternel ; ne l'utilisez pas ou ne le réutilisez pas sans avis médical.

### Mode d'emploi et posologie

Ce médicament peut être pris indifféremment au cours ou en dehors de repas.

**Posologie usuelle :**

- Adulte : la *posologie* initiale est habituellement de 1 comprimé à 250 mg, 2 ou 3 fois par jour. Elle peut être augmentée par paliers.

**Conseils :** Dans la mesure du possible, il est conseillé de prendre la dose la plus forte le soir, pour limiter la gêne due à l'effet *sédatif* de ce médicament.

Ce médicament peut provoquer une *hypotension orthostatique* : il est préférable d'éviter de se lever brutalement, surtout en début de traitement.

Votre tension artérielle doit être contrôlée régulièrement. Les appareils permettant une mesure automatique de la tension à domicile utilisent souvent un procédé de mesure différent de celui qu'emploie votre médecin. Si vous avez un tel appareil, apportez-le en consultation pour vous assurer que la mesure obtenue est bien conforme à celle du tensiomètre de votre médecin.

Le traitement médicamenteux ne dispense pas de mesures simples pouvant faire baisser la tension artérielle : activité physique régulière, modération de la consommation de boissons alcoolisées et de *sel*, lutte contre l'excès de poids.

### Effets indésirables possibles

Somnolence, maux de tête, fatigue, fourmillements, syndrome *parkinsonien*, mouvements anormaux, cauchemar, sensation de tête vide, étourdissement, *dépression*, troubles psychiques.

*Hypotension orthostatique*, ralentissement du cœur, *œdèmes.*

*Troubles digestifs*, bouche sèche, *inflammation* des glandes salivaires.

*Eczéma.*

Sensation de nez bouché, augmentation du volume des seins, arrêt des règles, douleurs articulaires, troubles de l'érection, baisse de la libido.

Anomalie de la *numération formule sanguine*, modification des résultats de certaines analyses de sang.

Rarement, *réaction allergique* : fièvre, *hépatite.*

**Laboratoires MSD-Chibret**

## ALENDRONATE TEVA

Biphosphonate — sur ordonnance

Ce médicament est un générique de FOSAMAX (voir p. 428 et tableau p. 1151).

## ALEPSAL

Antiépileptique barbiturique

**sur ordonnance**

### Présentation

ALEPSAL 15 mg : comprimé (blanc) ; boîte de 30. Liste II - Remb 65 % - **Prix : 1,82 €**.
ALEPSAL 50 mg : comprimé (blanc) ; boîte de 30. Liste II - Remb 65 % - **Prix : 1,84 €**.
ALEPSAL 100 mg : comprimé (blanc) ; boîte de 30. Liste II - Remb 65 % - **Prix : 2,70 €**.
ALEPSAL 150 mg : comprimé (blanc) ; boîte de 30. Liste II - Remb 65 % - **Prix : 4,43 €**.

### Composition

| | p cp | p cp |
|---|---|---|
| **Phénobarbital** | 15 mg | 50 mg |
| **Caféine** | 3,6 mg | 12,5 mg |

| | p cp | p cp |
|---|---|---|
| **Phénobarbital** | 100 mg | 150 mg |
| **Caféine** | 25 mg | 87,5 mg |

### Dans quel cas ce médicament est-il prescrit ?

Ce médicament est un *anticonvulsivant* qui appartient à la famille des *barbituriques*.

Il est utilisé dans le traitement de certaines formes d'*épilepsies*. Les comprimés à 15 mg sont également utilisés pour prévenir les *convulsions* fébriles de l'enfant et du *nourrisson*.

### Contre-indications

Ce médicament ne doit pas être utilisé dans les cas suivants :
- *porphyrie*,
- *insuffisance respiratoire* grave,
- *allergie* aux *barbituriques*.

**Attention :** Ne modifiez, ni n'interrompez jamais votre traitement sans l'avis de votre médecin : risque de réapparition des *convulsions*, même si aucune crise n'est survenue depuis une longue période.

Des précautions sont nécessaires en cas d'*insuffisance hépatique* ou *rénale*.

Un traitement prolongé chez l'enfant peut nécessiter la prise conjointe de *vitamine* D.

Évitez les boissons alcoolisées : augmentation du risque de somnolence.

Ce médicament peut induire une somnolence, parfois intense chez certaines personnes. Cette somnolence peut être majorée par la prise d'*alcool* ou d'autres médicaments *sédatifs*. La conduite et l'utilisation de machines dangereuses sont déconseillées, surtout dans les heures qui suivent la prise du médicament.

Ce médicament contient de la *caféine* qui peut être recherchée dans les urines des sportifs pour déceler un éventuel mésusage. Néanmoins, à la *posologie* préconisée, la quantité de caféine contenue dans ce médicament est insuffisante à elle seule pour que la réponse au test soit positive.

### Interactions avec d'autres substances

Ce médicament peut interagir avec les *contraceptifs* oraux (pilule) : risque d'inefficacité de la contraception.

Informez par ailleurs votre médecin ou votre pharmacien si vous prenez un *anticoagulant oral*, un *antidépresseur imipraminique*, un *corticoïde*, un *digitalique*, un *antiarythmique*, un *bêtabloquant*, un *sédatif*, un médicament contenant de la doxycycline, de la carbamazépine ou de la théophylline.

### Grossesse et allaitement

Si une grossesse survient sous traitement, consultez votre médecin. L'arrêt brutal de ce médicament pendant la grossesse expose à la réapparition de crises préjudiciables à la mère et à l'enfant à naître. Le médecin appréciera le risque éventuel lié à l'utilisation de ce médicament dans votre cas. Des examens particuliers permettent de vérifier l'absence d'anomalie chez l'enfant à naître.

Si le traitement est poursuivi jusqu'à l'accouchement, une supplémentation en *vitamine* K1 en fin de grossesse peut être nécessaire pour éviter un déficit en cette vitamine chez le nouveau-né.

Ce médicament passe dans le lait maternel : l'allaitement est déconseillé.

### Mode d'emploi et posologie

Une seule prise par jour, au coucher.

Les comprimés peuvent être écrasés et mélangés aux aliments pour les enfants de moins de 6 ans.

**Posologie usuelle :**
- Adulte : 2 à 3 mg par kg et par jour, soit pour un adulte de 70 kg, 1 comprimé à 150 mg ou 2 comprimés à 100 mg par jour.
- Enfant : 2 à 5 mg par kg et par jour, selon le poids de l'enfant.

**Conseils :** Veillez à ne pas manquer de ce médicament ; lors de vos déplacements, munissez-vous d'une réserve ou de votre ordonnance en cours de validité.

Ce médicament contient de la *caféine*. On considère qu'une tasse de café contient de 60 à 100 mg de cette substance. Ainsi, pour limiter les effets indésirables de la caféine (excitation, tremblements, insomnie, *palpitations*), il est préférable de limiter la consommation de boissons qui en renferment (café, thé...).

Les comprimés doivent être conservés à l'abri de la lumière et de l'humidité.

### Effets indésirables possibles

Somnolence, réveil difficile.
Troubles de la coordination, *vertiges*.
*Éruption cutanée*.
*Réaction allergique*.
Douleur articulaire, notamment à l'épaule.
Troubles de l'*humeur*.
*Anémie*.
Rarement, en début de traitement : augmentation paradoxale de la fréquence des crises d'épilepsie ou modification de leurs caractéristiques.

Laboratoires Génévrier

## ALERDUAL

*Informations détaillées sur www.monvidal.com*

## ALÈVE

Anti-inflammatoire non stéroïdien — sur ordonnance

### Présentation

**ALÈVE 220 mg :** comprimé (bleu) ; boîte de 20. Liste II - Remb 65 % - **Prix : 3,08 €**.

### Composition

| | p cp |
|---|---|
| **Naproxène** | 220 mg |
| Sodium | 20 mg |

### Dans quel cas ce médicament est-il prescrit ?

Ce médicament est un *anti-inflammatoire* non stéroïdien (*AINS*). Il lutte contre l'*inflammation* et la douleur, fait baisser la fièvre et fluidifie le sang.

Il est utilisé dans le traitement de la douleur et de la fièvre.

### Contre-indications

Ce médicament ne doit pas être utilisé dans les cas suivants :

- *antécédent* d'*allergie* ou d'*asthme* provoqué par la prise d'*AINS*, y compris l'aspirine ;
- *ulcère* de l'estomac ou du *duodénum* ;
- *insuffisance hépatique* ou *rénale* grave ;
- **grossesse** (à partir du 6e mois).

**Attention :** Tout traitement prolongé ou *surdosage* d'*AINS* expose à des effets indésirables graves.

Certaines situations doivent conduire à ne poursuivre le traitement qu'après un avis médical :

- brûlures d'estomac importantes ou selles noires et nauséabondes pouvant traduire une irritation ou un saignement du tube digestif ;
- *réaction allergique* cutanée, crise d'*asthme* ;
- fatigue inhabituelle et intense, ou baisse brutale et importante du volume des urines chez une personne souffrant d'*insuffisance cardiaque*, déshydratée ou traitée par *diurétique*.

Des précautions sont nécessaires chez la personne âgée ou en cas d'*antécédent* d'*ulcère* de l'estomac ou du *duodénum* ou de risque hémorragique, notamment digestif (maladie de *Crohn*, *rectocolite hémorragique*).

Certains médecins considèrent que les anti-inflammatoires peuvent diminuer l'efficacité des stérilets et exposer à un risque de grossesse non désirée. Ce risque est actuellement très controversé.

Conducteur : ce médicament peut provoquer parfois des étourdissements et des troubles de la vue.

### Interactions avec d'autres substances

Ce médicament peut interagir avec d'autres médicaments, notamment :

- l'aspirine et les autres *anti-inflammatoires* non stéroïdiens (*AINS*) : risque d'accroissement des effets indésirables ;
- les *anticoagulants* et les *antiagrégants plaquettaires* : augmentation du risque hémorragique ;
- le lithium (TÉRALITHE, NEUROLITHIUM...) : augmentation du taux de lithium dans le sang ;
- le méthotrexate.

Informez par ailleurs votre médecin ou votre pharmacien en cas de traitement par un *diurétique*, un *inhibiteur de l'enzyme de conversion*, un *inhibiteur de l'angiotensine II*, un *bêtabloquant* ou un médicament contenant de la ciclosporine.

### Grossesse et allaitement

Des effets néfastes pour l'enfant à naître ont été mis en évidence lorsque les *AINS* sont utilisés au cours des 4 derniers mois de la grossesse ; le risque existe même avec une seule prise et même si la grossesse est à terme. L'usage de ce médicament est contre-indiqué pendant cette période.

Pendant les 5 premiers mois, l'effet de ce médicament est mal connu : seul votre médecin peut évaluer le risque éventuel de son utilisation dans votre cas.

Ce médicament passe dans le lait maternel ; un choix est donc nécessaire entre l'allaitement et la prise du médicament. Cette décision devra être prise en accord avec votre médecin.

### Mode d'emploi et posologie

Afin de limiter les effets digestifs indésirables, les comprimés sont pris de préférence au milieu des repas.

Les comprimés doivent être avalés avec un verre d'eau, sans être croqués.

**Posologie usuelle :**

- Adulte : 1 ou 2 comprimés, à renouveler si nécessaire toutes les 8 à 12 heures, sans dépasser 3 comprimés par jour.

**Conseils :** Les anti-inflammatoires ne sont pas des médicaments anodins. Du fait de la possibilité d'effets indésirables graves, ils ne doivent être utilisés que lorsqu'ils sont nécessaires, ce qui n'est pas le cas pour les affections rhumatismales peu douloureuses et les traumatismes bénins. Ce médicament vous a été prescrit dans une situation précise : ne le conseillez pas à un proche et ne le réutilisez pas sans avis médical.

Ne dépassez pas la *posologie* ni la durée de traitement prescrites par votre médecin.

### Effets indésirables possibles

*Troubles digestifs*, *gastrite*, voire *ulcère* de l'estomac ou du *duodénum*, le plus souvent lors d'un traitement de longue durée ou à forte dose. Exceptionnellement : *hémorragie* du tube digestif (vomissements de sang ou selles noires).

*Réaction allergique* cutanée, *asthme*.

Maux de tête, *vertiges*, difficulté de concentration, troubles de l'audition ou de la vision.

Laboratoires Bayer santé familiale

## ALFA-AMYLASE BIOGARAN

*Informations détaillées sur www.monvidal.com*

## ALFACALCIDOL TEVA

*Informations détaillées sur www.monvidal.com*

## ALFATIL

Antibiotique : céphalosporine — sur ordonnance

### Présentation

**ALFATIL 125 mg/5 ml :** poudre pour suspension buvable (arôme fraise) ; flacon de 60 ml avec cuillère-mesure de 5 ml et mesurette graduée en mg. Liste I - Remb 65 % - **Prix : 3,76 €.**
**ALFATIL 250 mg :** gélule (mauve et blanc) ; boîte de 12. Liste I - Remb 65 % - **Prix : 8,73 €.**
**ALFATIL 250 mg/5 ml :** poudre pour suspension buvable (arôme fraise) ; flacon de 60 ml avec cuillère-mesure de 5 ml et mesurette graduée en mg. Liste I - Remb 65 % - **Prix : 5,65 €.**
**ALFATIL LP 375 mg :** comprimé à *libération prolongée* (bleu) ; boîte de 8. Liste I - Remb 65 % - **Prix : 10,18 €.**
**ALFATIL LP 500 mg :** comprimé à *libération prolongée* (bleu) ; boîte de 8. Liste I - Remb 65 % - **Prix : 11,96 €.**

### Composition

| | p 5 ml | p gél | p 5 ml |
|---|---|---|---|
| **Céfaclor** | 125 mg | 250 mg | 250 mg |
| Saccharose | 3 g | | 2,8 g |

| | p cp LP | p cp LP |
|---|---|---|
| **Céfaclor** | 375 mg | 500 mg |

### Dans quel cas ce médicament est-il prescrit ?

Cet *antibiotique* appartient à la famille des *céphalosporines*, antibiotiques proches des *pénicillines*, qui sont actives sur un plus grand nombre de *germes* que la pénicilline simple.
Ce médicament est utilisé dans le traitement de diverses maladies infectieuses, notamment des poumons, des bronches, des *sinus*, de la gorge ou des oreilles, de l'appareil urinaire.

### Contre-indications

Ce médicament ne doit pas être utilisé en cas d'*allergie* aux *céphalosporines*.
Votre médecin est seul juge pour prescrire ce médicament en cas d'allergie aux *pénicillines*.

**Attention :** Des précautions sont nécessaires en cas d'*insuffisance rénale*.
La survenue de toute *réaction allergique* (boutons, *œdème*, malaise) impose l'arrêt du traitement : consultez rapidement votre médecin. Pensez à toujours signaler vos *antécédents* d'allergie à une *céphalosporine* ou à une *pénicilline*.
De nombreux *antibiotiques* peuvent provoquer des selles liquides ou une *diarrhée*, généralement bénigne. En revanche, une diarrhée importante survenant pendant ou dans les jours qui suivent le traitement antibiotique doit être signalée à votre médecin.
Une diminution de la fièvre ou une disparition des *symptômes* ne sont pas synonymes de guérison : la durée du traitement doit absolument être respectée pour éviter les rechutes ou l'apparition d'une *résistance* du *germe* à l'*antibiotique*.
Les suspensions buvables contiennent du *sucre* (saccharose) en quantité notable.

### Grossesse et allaitement

Aucun effet néfaste pour l'enfant à naître n'a été établi avec ce médicament. Il peut être prescrit pendant la grossesse.
Ce médicament passe dans le lait maternel ; la poursuite de l'allaitement est possible, mais tout *symptôme* survenant chez le nourrisson devra être signalé au médecin : *muguet*, éruption de boutons... pouvant traduire une *intolérance* ou une *allergie*.

### Mode d'emploi et posologie

Les gélules ne sont pas adaptées à l'enfant de moins de 6 ans. En effet, elles risquent d'obstruer les voies respiratoires si l'enfant déglutit mal et que la gélule passe dans la trachée (fausse route).
Les suspensions buvables et les gélules peuvent être prises à n'importe quel moment de la journée.
Les comprimés *LP* sont réservés à l'adulte. Il est recommandé de les prendre juste après les repas ou au maximum 1 heure après.

**Posologie usuelle :**

- Adulte :
  - gélule : 250 à 500 mg, 3 fois par jour ;
  - comprimé LP : 375 mg, 2 fois par jour ou 500 mg, 1 fois par jour.
- Enfant et nourrisson : 20 à 40 mg par kg et par jour, répartis en 3 prises ; soit par exemple pour un enfant de 20 kg : 1 cuillère-mesure de suspension buvable à 125 mg ou 1 pipette remplie jusqu'à la graduation 125 mg, toutes les 8 heures. La dose maximale est de 1 g par jour.

**Conseils :** Le médecin prescrit parfois un prélèvement pour identifier le *germe* responsable de l'infection et tester sa sensibilité aux *antibiotiques*. Le résultat de cet examen peut être faussé en cas d'automédication préalable : ne prenez pas et ne donnez pas d'antibiotiques sans avis médical.
L'éventuelle fatigue n'est pas due à l'*antibiotique*, mais à l'infection elle-même.
La suspension buvable reconstituée doit être conservée au frais (+ 4 °C) 14 jours au maximum.

### Effets indésirables possibles

Nausées, *diarrhée*, vomissements.
*Réactions allergiques* : *éruption cutanée*, œdème de *Quincke*, *choc anaphylactique* (exceptionnel)...
Démangeaisons génitales, *candidose*.
Rarement : anomalie de la *numération formule sanguine*, élévation des *transaminases*.

**Laboratoires Tonipharm**

## ALFUZOSINE BIOGARAN

Alphabloquant — sur ordonnance

Ce médicament est un générique de XATRAL (voir p. 1117 et tableau p. 1151).

## ALFUZOSINE EG

Alphabloquant — sur ordonnance

Ce médicament est un générique de XATRAL (voir p. 1117 et tableau p. 1151).

## ALFUZOSINE MERCK

Alphabloquant — sur ordonnance

Ce médicament est un générique de XATRAL (voir p. 1117 et tableau p. 1151).

## ALFUZOSINE QUALIMED
Alphabloquant — sur ordonnance

Ce médicament est un générique de XATRAL (voir p. 1117 et tableau p. 1151).

## ALFUZOSINE RANBAXY
Alphabloquant — sur ordonnance

Ce médicament est un générique de XATRAL (voir p. 1117 et tableau p. 1151).

## ALFUZOSINE RATIOPHARM
Alphabloquant — sur ordonnance

Ce médicament est un générique de XATRAL (voir p. 1117 et tableau p. 1151).

## ALFUZOSINE SANDOZ
Alphabloquant — sur ordonnance

Ce médicament est un générique de XATRAL (voir p. 1117 et tableau p. 1151).

## ALFUZOSINE TEVA
Alphabloquant — sur ordonnance

Ce médicament est un générique de XATRAL (voir p. 1117 et tableau p. 1151).

## ALFUZOSINE WINTHROP
Alphabloquant — sur ordonnance

Ce médicament est un générique de XATRAL (voir p. 1117 et tableau p. 1151).

### ALGÉSAL BAUME
*Informations détaillées sur www.monvidal.com*

### ALGÉSAL SURACTIVÉ
*Informations détaillées sur www.monvidal.com*

### ALGICALM
*Informations détaillées sur www.monvidal.com*

## ALGINATE DE SODIUM/ BICARBONATE DE SODIUM BIOGARAN
Antireflux, antiacide

Ce médicament est un générique de GAVISCON (voir p. 444 et tableau p. 1151).

## ALGINATE DE SODIUM/ BICARBONATE DE SODIUM EG
Antireflux, antiacide

Ce médicament est un générique de GAVISCON (voir p. 444 et tableau p. 1151).

## ALGINATE DE SODIUM/ BICARBONATE DE SODIUM SANDOZ
Antireflux, antiacide

Ce médicament est un générique de GAVISCON (voir p. 444 et tableau p. 1151).

## ALGINATE DE SODIUM/ BICARBONATE DE SODIUM TEVA
Antireflux, antiacide

Ce médicament est un générique de GAVISCON (voir p. 444 et tableau p. 1151).

### ALGIPAN
*Informations détaillées sur www.monvidal.com*

## ALGISEDAL
Association d'antalgiques contenant un opiacé — sur ordonnance

### Présentation
ALGISEDAL : comprimé (blanc) ; boîte de 16. Liste I - Remb 65 % - **Prix : 2,49 €**.

### Composition

| | p cp |
|---|---|
| **Paracétamol** | 400 mg |
| **Codéine phosphate** | 25 mg |

### Dans quel cas ce médicament est-il prescrit ?
Ce médicament contient deux *antalgiques* : le paracétamol, qui empêche la transmisssion de la douleur, et un *opiacé* (la codéine), qui renforce l'action du paracétamol en agissant sur la perception de la douleur par le cerveau.
Il est utilisé dans le traitement de la douleur.

### Contre-indications
Ce médicament ne doit pas être utilisé dans les cas suivants :
- maladie grave du foie,
- *insuffisance respiratoire*,
- enfant de moins de 15 ans,
- **allaitement.**

**Attention :** De nombreux médicaments contiennent du paracétamol : vous devez en tenir compte en cas de prise conjointe car le *surdosage* en paracétamol peut être toxique pour le foie.

Du fait de la présence de codéine :
- n'utilisez pas ce médicament à forte dose et de façon prolongée (risque de *dépendance*) ;
- évitez son emploi en cas d'*hypertension intracrânienne*, qu'il pourrait aggraver.

Ce médicament peut induire une somnolence, parfois intense chez certaines personnes. Cette somnolence peut être majorée par la prise d'*alcool* ou d'autres médicaments *sédatifs*. La conduite et l'utilisation de machines dangereuses sont déconseillées, surtout dans les heures qui suivent la prise du médicament.

### Interactions avec d'autres substances

Ce médicament ne doit pas être associé à ceux qui contiennent de la nalbuphine, de la buprénorphine ou de la pentazocine : risque de diminution de l'effet *antalgique*.

Informez par ailleurs votre médecin ou votre pharmacien si vous prenez des *sédatifs*.

### Grossesse et allaitement

L'utilisation de la *codéine* et de ses dérivés (codéthyline, pholcodine) ne doit être envisagée chez la femme enceinte qu'en cas de nécessité, en effet :
- une *insuffisance respiratoire* peut survenir chez le nouveau-né d'une mère traitée par des doses élevées, même si le traitement est ponctuel mais précède de peu l'accouchement ;
- un *syndrome de sevrage*, à l'inverse, peut concerner des nouveau-nés si leur mère reçoit un traitement régulier, même à faible dose.

Il est donc important de signaler à l'obstétricien la prise éventuelle de codéine ou d'un de ses dérivés, afin que ces risques puissent être prévenus par une surveillance et un éventuel traitement adapté.

Ce médicament passe dans le lait maternel. Il est contre-indiqué pendant l'allaitement.

### Mode d'emploi et posologie

Ce médicament peut être pris indifféremment avant, pendant ou après les repas. Les comprimés doivent être avalés avec un grand verre d'eau.

Respecter un intervalle minimal de 4 heures entre 2 prises. En cas d'*insuffisance rénale*, l'intervalle entre 2 prises doit être au minimum de 8 heures.

**Posologie usuelle :**
- Adulte : 1 ou 2 comprimés, 1 à 3 fois par jour.

Chez la personne âgée, la *posologie* initiale est généralement réduite de moitié.

**Conseils :** Comme tous les *antalgiques*, ce médicament est généralement plus efficace pour prévenir la douleur que pour la calmer : dans le traitement des douleurs chroniques, il est préférable de prendre ce médicament à intervalles réguliers sans attendre que la douleur s'installe.

Cet *antalgique* contenant de la codéine est destiné à être utilisé en deuxième intention, lorsque l'aspirine, l'ibuprofène ou le paracétamol, utilisés seuls, sont insuffisamment efficaces. Il peut néanmoins être utilisé d'emblée dans le traitement des douleurs fortes.

Ce médicament peut retarder un diagnostic en masquant la douleur ; ne le prenez pas sans l'avis de votre médecin, ne le conseillez pas à un proche.

### Effets indésirables possibles

Liés à la *codéine* :

Constipation, somnolence, nausées, vomissements, sensation de vertige et, plus rarement, *bronchospasme*, *réaction allergique* cutanée, ralentissement de la respiration. Ces effets indésirables sont ceux de la famille des *opiacés* ; ils sont généralement modérés aux doses recommandées.

Liés au paracétamol : *réaction allergique* (rare).

Laboratoires Meda Pharma SAS

## ALGOTROPYL

*Informations détaillées sur www.monvidal.com*

## ALGUES (FUCUS) BOIRON

*Informations détaillées sur www.monvidal.com*

## ALKA-SELTZER

Antalgique et antipyrétique : salicylé

### Présentation

**ALKA-SELTZER :** comprimé effervescent (blanc) ; boîte de 20. Non remb.

**ALKA-SELTZER :** comprimé effervescent (blanc) ; boîte de 40. Non remb.

### Composition

| | p cp |
|---|---|
| **Acide acétylsalicylique (aspirine)** | 324 mg |
| **Bicarbonate de sodium** | 1 625 mg |
| **Acide citrique** | 965 mg |
| soit Sodium | 445 mg |

### Dans quel cas ce médicament est-il prescrit ?

Ce médicament contient de l'aspirine, qui possède de nombreuses propriétés : *antalgique* et *antipyrétique*, mais aussi *anti-inflammatoire* à dose élevée, et fluidifiant du sang.

Il est utilisé dans le *traitement symptomatique* de la fièvre et des douleurs diverses.

### Contre-indications

Ce médicament ne doit pas être utilisé dans les cas suivants :
- *antécédent* d'*allergie* ou d'*asthme* provoqué par la prise d'aspirine ou d'*AINS*,
- *ulcère* de l'estomac ou du *duodénum*,
- *hémorragie* et risque hémorragique,
- *insuffisance hépatique* ou *rénale* grave,
- *insuffisance cardiaque* grave,
- **grossesse** (à partir du 6e mois).

**Attention :** L'aspirine n'est pas un médicament anodin. Tout *surdosage* ou prise prolongée exposent à des complications sérieuses.

Un avis médical est préférable chez les personnes présentant des *antécédents* d'*ulcère* de l'estomac ou du *duodénum*, même ancien, en cas de déficit en *G6PD*, d'*insuffisance rénale*, et chez les femmes qui portent un stérilet.

L'aspirine est déconseillée chez les personnes atteintes de *goutte*.

Évitez de prendre ce médicament pendant la semaine qui précède une extraction dentaire, une opération ou lors de règles abondantes : augmentation du risque d'*hémorragie*.

L'utilisation d'aspirine chez l'enfant doit être prudente en cas de varicelle ou de fièvre due à un virus (grippe...). Des cas de syndrome de Reye, rarissimes, mais parfois mortels, ont été constatés. Ce syndrome se traduit par des troubles de la conscience et des vomissements. En cas de fièvre due à un virus, et en l'absence d'avis médical, d'autres *antipyrétiques* (paracétamol, par exemple) doivent être préférés.
Ce médicament contient du *sel* (sodium) en quantité notable.

### Interactions avec d'autres substances

Ce médicament peut interagir avec d'autres médicaments, notamment :
- les autres *anti-inflammatoires* non stéroïdiens (*AINS*) : risque accru d'effets indésirables ;
- les *anticoagulants* et les *antiagrégants plaquettaires* (PLAVIX...) : augmentation du risque hémorragique ;
- les médicaments contenant de la benzbromarone ou du méthotrexate.

Informez par ailleurs votre médecin ou votre pharmacien si vous prenez un *antidiabétique*, un *antihypertenseur* de la famille des *inhibiteurs de l'enzyme de conversion* ou des *inhibiteurs de l'angiotensine II*, un *diurétique*, ou un *corticoïde*.

### Grossesse et allaitement

Des effets néfastes pour la mère et l'enfant à naître ont été mis en évidence lorsque l'aspirine, comme les autres *AINS*, est utilisée au cours des 4 derniers mois de la grossesse ; le risque existe même avec une seule prise et même si la grossesse est à terme.

En conséquence, en dehors de certaines situations médicales très particulières, l'aspirine ne peut être utilisée que de façon ponctuelle pendant les 5 premiers mois, et son usage est contre-indiqué à partir du 6e mois.

L'aspirine passe dans le lait maternel : son usage prolongé et à fortes doses chez la femme qui allaite nécessite un avis médical préalable.

### Mode d'emploi et posologie

Les comprimés doivent être dissous dans un verre d'eau.

Les prises du médicament doivent être espacées d'au moins 4 heures.

**Posologie usuelle :**
- Adulte : 1 ou 2 comprimés, 1 à 4 fois par jour, sans dépasser 8 comprimés par jour.

Chez la personne âgée, il est préférable de ne pas dépasser la dose de 2 g d'aspirine par jour.
- Enfant de 12 à 15 ans : 1 ou 2 comprimés, 1 à 3 fois par jour, au maximum.

### Effets indésirables possibles

*Gastrite*, douleurs abdominales, saignements du nez ou des gencives.

Rares et parfois graves :
- *hémorragie* du tube digestif : vomissements sanglants, selles noires, ou plus souvent pertes de sang imperceptibles, responsables de l'apparition progressive d'une *anémie* ;
- accidents allergiques : *urticaire*, *œdème*, *asthme*.

Signes devant faire penser à un surdosage : bourdonnements d'oreille, sensation de baisse de l'audition, maux de tête.

**Laboratoires Bayer santé familiale**

## ALKÉRAN

*Informations détaillées sur www.monvidal.com*

## ALLERGEFON

*Informations détaillées sur www.monvidal.com*

## ALLERGOCOMOD

*Informations détaillées sur www.monvidal.com*

## ALLERGODIL collyre

Collyre antiallergique — sur ordonnance

### Présentation

ALLERGODIL 0,05 % : collyre ; flacon de 6 ml. Liste I - Remb 35 % - **Prix : 6,18 €.**

### Composition

| | p 100 ml |
|---|---|
| **Azélastine chlorhydrate** | 50 mg |
| Benzalkonium chlorure | + |

### Dans quel cas ce médicament est-il prescrit ?

Ce collyre contient un *antihistaminique* antiallergique.
Il est utilisé pour traiter les *conjonctivites* allergiques.

### Contre-indications

Ce collyre ne doit pas être utilisé en cas d'*allergie* aux *ammoniums quaternaires* (présence de benzalkonium).

### Interactions avec d'autres substances

Ce collyre peut interagir avec d'autres collyres : respectez un intervalle de 15 minutes entre deux instillations.

La substance médicamenteuse contenue dans le collyre est en partie absorbée et passe dans le sang. Elle pourrait donc, malgré les faibles doses utilisées, donner lieu à des interactions médicamenteuses avec les médicaments sédatifs. Demandez conseil à votre médecin ou à votre pharmacien.

### Grossesse et allaitement

L'effet de ce médicament pendant la grossesse ou l'allaitement est mal connu : seul votre médecin peut évaluer le risque éventuel de son utilisation dans votre cas.

### Mode d'emploi et posologie

Tirer la paupière inférieure vers le bas tout en regardant vers le haut. Déposer les gouttes de collyre entre la paupière et le globe oculaire (*cul-de-sac conjonctival*).

**Posologie usuelle :**
- Adulte et enfant de plus de 4 ans : 1 goutte, 2 à 4 fois par jour.

**Conseils :** Ce collyre ne doit pas être instillé pendant le port de *lentilles de contact* hydrophiles : il risque de s'y fixer.
L'application correcte du produit peut nécessiter une aide, notamment chez une personne handicapée ou âgée.
Ne conservez pas ce collyre plus de 1 mois après une première utilisation.

### Effets indésirables possibles

Irritation oculaire transitoire, sensation d'amertume dans la bouche, modification du goût.

**Laboratoires Meda Pharma SAS**

## ALLERGODIL solution nasale

Traitement local de la rhinite allergique

sur ordonnance

### Présentation

ALLERGODIL 0,127 mg/dose : solution pour pulvérisation nasale ; flacon de 17 ml (120 pulvérisations) avec pompe doseuse. Liste I - Remb 35 % - **Prix : 8,84 €**.

### Composition

| | p pulv |
|---|---|
| **Azélastine** | 0,127 mg |

### Dans quel cas ce médicament est-il prescrit ?

Cette solution nasale contient un *antihistaminique* anti-allergique.

Elle est utilisée dans le *traitement symptomatique* des *rhinites* d'origine allergique.

> **Attention :**
> Si vous devez conduire, ou utiliser une machine dangereuse, assurez-vous préalablement que ce médicament n'altère pas votre vigilance.

### Interactions avec d'autres substances

La substance médicamenteuse contenue dans la solution nasale est en partie absorbée et passe dans le sang. Elle pourrait donc, malgré les faibles doses utilisées, donner lieu à des interactions médicamenteuses avec les médicaments *sédatifs* (augmentation du risque de somnolence).

### Grossesse et allaitement

L'effet de ce médicament pendant la grossesse ou l'allaitement est mal connu : seul votre médecin peut évaluer le risque éventuel de son utilisation dans votre cas.

### Mode d'emploi et posologie

La solution doit être pulvérisée au cours d'une brève inspiration, après un mouchage soigneux, en tenant le flacon verticalement.

**Posologie usuelle :**

- Adulte et enfant de plus de 6 ans : 1 pulvérisation dans chaque narine, 2 fois par jour.

### Effets indésirables possibles

Irritation nasale, sensation d'amertume dans la bouche ou modification du goût, saignement de nez.

Laboratoires Meda Pharma SAS

## ALLIUM CEPA COMPOSÉ BOIRON

Homéopathie

### Présentation

ALLIUM CEPA COMPOSÉ BOIRON : comprimé ; boîte de 50. Remb 35 % - **Prix : 1,46 €**.
ALLIUM CEPA COMPOSÉ BOIRON : granule ; boîte de 80. Remb 35 % - **Prix : 1,81 €**.
ALLIUM CEPA COMPOSÉ BOIRON : solution buvable ; flacon de 30 ml. Remb 35 % - **Prix : 2,28 €**.

### Composition

Allium cepa 3 CH, Belladonna 3 CH, Euphrasia officinalis 3 CH, Mercurius dulcis 3 CH, Hydrastis canadensis 3 CH, Kalium bichromicum 3 CH, Sambucus nigra 3 CH, lactose (comprimé, granules), alcool (solution buvable).

### Dans quel cas ce médicament est-il prescrit ?

Ce médicament est un *complexe* (association) de composants homéopathiques.

Il est utilisé dans le *traitement homéopathique* du rhume.

### Grossesse et allaitement

Aux *dilutions homéopathiques*, les substances contenues dans ce médicament ne sont pas connues pour être toxiques pendant la grossesse ou l'allaitement.

### Mode d'emploi et posologie

Ce médicament doit être pris de préférence à distance des repas.

Les comprimés sont à sucer ; les granules doivent être placés sous la langue ; la solution buvable est diluée dans un peu d'eau.

**Posologie usuelle :**

2 comprimés ou 5 granules, 2 fois par jour, ou 10 gouttes de solution buvable, 3 fois par jour.

Laboratoires Boiron

## ALLOCHRYSINE

*Informations détaillées sur www.monvidal.com*

## ALLOPTREX

*Informations détaillées sur www.monvidal.com*

## ALLOPURINOL ALMUS

Antigoutteux

sur ordonnance

Ce médicament est un générique de ZYLORIC (voir p. 1144 et tableau p. 1151).

## ALLOPURINOL ARROW

Antigoutteux

sur ordonnance

Ce médicament est un générique de ZYLORIC (voir p. 1144 et tableau p. 1151).

## ALLOPURINOL BIOGARAN

Antigoutteux

sur ordonnance

Ce médicament est un générique de ZYLORIC (voir p. 1144 et tableau p. 1151).

## ALLOPURINOL EG

Antigoutteux

sur ordonnance

Ce médicament est un générique de ZYLORIC (voir p. 1144 et tableau p. 1151).

## ALLOPURINOL IVAX

Antigoutteux

sur ordonnance

Ce médicament est un générique de ZYLORIC (voir p. 1144 et tableau p. 1151).

## ALLOPURINOL MERCK
Antigoutteux
**sur ordonnance**

Ce médicament est un générique de ZYLORIC (voir p. 1144 et tableau p. 1151).

## ALLOPURINOL RATIOPHARM
Antigoutteux
**sur ordonnance**

Ce médicament est un générique de ZYLORIC (voir p. 1144 et tableau p. 1151).

## ALLOPURINOL RPG
Antigoutteux
**sur ordonnance**

Ce médicament est un générique de ZYLORIC (voir p. 1144 et tableau p. 1151).

## ALLOPURINOL SANDOZ
Antigoutteux
**sur ordonnance**

Ce médicament est un générique de ZYLORIC (voir p. 1144 et tableau p. 1151).

## ALLOPURINOL TEVA
Antigoutteux
**sur ordonnance**

Ce médicament est un générique de ZYLORIC (voir p. 1144 et tableau p. 1151).

## ALLOPURINOL ZYDUS
Antigoutteux
**sur ordonnance**

Ce médicament est un générique de ZYLORIC (voir p. 1144 et tableau p. 1151).

## ALMA
*Informations détaillées sur www.monvidal.com*

## ALMIDE
Collyre antiallergique

### Présentation
ALMIDE 0,1 % : collyre ; flacon de 5 ml. Remb 35 % - **Prix : 4,32 €.**
ALMIDE 0,1 % : collyre ; boîte de 20 unidoses de 0,4 ml. Remb 35 % - **Prix : 3,51 €.**

### Composition

| | flacon p 100 ml | unidose p 100 ml |
|---|---|---|
| **Lodoxamide trométamol** | 178 mg | 178 mg |
| soit Lodoxamide | 100 mg | 100 mg |
| Benzalkonium chlorure | + | |

### Dans quel cas ce médicament est-il prescrit ?
C'est un collyre antiallergique.
Il est utilisé dans le traitement des *allergies* oculaires.

### Contre-indications
Le collyre en flacon de 5 ml ne doit pas être utilisé en cas d'*allergie* aux *antiseptiques* de la famille des *ammoniums quaternaires* (présence de benzalkonium).

**Attention :** L'utilisation de ce collyre est déconseillée chez l'enfant de moins de 4 ans (en l'absence d'étude).

### Interactions avec d'autres substances
Ce collyre peut interagir avec d'autres collyres : respectez un intervalle de 15 minutes entre deux instillations.

### Grossesse et allaitement
L'effet de ce médicament pendant la grossesse ou l'allaitement est mal connu. L'évaluation du risque éventuel lié à son utilisation est individuelle : demandez conseil à votre pharmacien ou à votre médecin.

### Mode d'emploi et posologie
Tirer la paupière inférieure vers le bas tout en regardant vers le haut. Déposer les gouttes de collyre entre la paupière et le globe oculaire (*cul-de-sac conjonctival*).
**Posologie usuelle :**
1 ou 2 gouttes, 2 à 4 fois par jour.

**Conseils :** Le flacon de 5 ml contient un conservateur : il est généralement recommandé d'ôter les *lentilles de contact* souples avant l'instillation et d'attendre 15 minutes avant de le replacer.
L'application correcte du produit peut nécessiter une aide, notamment chez une personne handicapée ou âgée.
Ne conservez pas le flacon de 5 ml plus de 15 jours après une première utilisation. Les unidoses, sans conservateur, doivent être jetées après l'instillation.

### Effets indésirables possibles
Irritation locale.

Laboratoires Alcon

## ALMOGRAN
Antimigraineux
**sur ordonnance**

### Présentation
ALMOGRAN 12,5 mg : comprimé (rond ; blanc) ; boîte de 6. Liste I - Remb 65 % - **Prix : 27,45 €.**
ALMOGRAN 12,5 mg : comprimé (rond ; blanc) ; boîte de 12. Liste I - Remb 65 % - **Prix : 51,07 €.**

### Composition

| | p cp |
|---|---|
| **Almotriptan** | 12,5 mg |

### Dans quel cas ce médicament est-il prescrit ?
Ce médicament est un *vasoconstricteur* puissant qui agit essentiellement sur les vaisseaux crâniens. Il appartient à la famille des *triptans*.
Il est utilisé dans le *traitement de la crise* de *migraine*.

### Contre-indications
Ce médicament ne doit pas être utilisé dans les cas suivants :
- antécédent d'*infarctus du myocarde* ou d'*accident vasculaire cérébral*, et plus généralement toute maladie liée à un spasme ou à un rétrécissement des artères ;

- *hypertension artérielle* (sauf si elle est stabilisée par un traitement spécifique) ;
- *insuffisance hépatique* grave ;
- en association avec un autre antimigraineux *vasoconstricteur*, ou du lithium.

**Attention :** Ce médicament doit être pris lors de l'apparition du mal de tête, et non, comme d'autres antimigraineux, dès les premiers symptômes annonciateurs (aura migraineuse). Il ne doit pas être utilisé pour traiter des maux de tête non migraineux. Il ne convient pas non plus au traitement de certaines *migraines* associées à des paralysies musculaires ou oculaires.

Dans de très rares cas, une douleur dans la poitrine peut suivre la prise du médicament. Elle peut être intense et ressembler à une crise d'*angine de poitrine*, mais elle n'est que très rarement due à un spasme des artères coronaires. Si elle dure plus de quelques minutes, prévenez votre médecin et ne prenez pas de nouveau comprimé sans son avis.

Des précautions sont nécessaires en cas de tabagisme (y compris chez les anciens fumeurs utilisant des médicaments de substitution contenant de la nicotine) ou en présence d'autres facteurs de risque cardiovasculaire.

En cas d'inefficacité du premier comprimé, il est inutile et dangereux de multiplier les prises.

Compte-tenu de ses effets indésirables potentiels, ce médicament peut, chez certaines personnes, ne pas être compatible avec la conduite automobile ou le maniement de machines dangereuses. Assurez-vous à l'occasion des premières prises que vous supportez bien ce médicament avant de conduire ou d'utiliser une machine.

### Interactions avec d'autres substances

Ce médicament ne doit pas être associé aux *IMAO* et aux dérivés de l'*ergot de seigle* : risque accru d'effets indésirables.

Informez par ailleurs votre médecin ou votre pharmacien si vous prenez un *antidépresseur sérotoninergique*.

En cas de traitement par un antimigraineux contenant de l'ergotamine (GYNERGÈNE...), de la dihydroergotamine ou du méthysergide, attendre 24 heures avant de prendre ce médicament. Après la prise de ce médicament, respecter un intervalle de 6 heures avant de prendre un antimigraineux contenant de l'ergotamine (GYNERGÈNE...), de la dihydroergotamine ou du méthysergide.

### Grossesse et allaitement

L'effet de ce médicament pendant la grossesse est mal connu : seul votre médecin peut évaluer le risque éventuel de son utilisation dans votre cas.

Ce médicament passe dans le lait maternel. Le risque d'une action délétère chez le nourrisson n'est pas connu et peut être minimisé en tirant et en jetant le lait dans les 24 heures qui suivent la prise du médicament.

### Mode d'emploi et posologie

Ce médicament peut être pris pendant ou entre les repas.

**Posologie usuelle :**

- Adulte de plus de 18 ans et de moins de 65 ans : 1 comprimé à 12,5 mg lors de l'apparition du mal de tête ; l'effet apparaît après 1 heure et est maximal après 4 heures.

Il est déconseillé de reprendre un comprimé lors de la crise si le premier n'a pas permis le soulagement. En revanche, un deuxième comprimé peut être pris après un délai minimal de 2 heures si l'effet du premier s'estompe et que la migraine réapparaît. La dose maximale est de 2 comprimés à 12,5 mg par 24 heures et de 1 comprimé à 12,5 mg par 24 heures en cas d'*insuffisance rénale* grave.

La prise du médicament lors des signes annonciateurs de la migraine, avant le mal de tête, est déconseillée. L'almotriptan n'a pas d'effet préventif.

**Conseils :** La prise de ce médicament ne dispense pas des mesures habituelles permettant d'aider à faire céder la crise de migraine : s'allonger au calme dans une pièce sombre.

### Effets indésirables possibles

Les effets indésirables les plus fréquents sont difficiles à dissocier des symptômes de la migraine : nausées, vomissements, *vertiges*, fatigue, somnolence.

Plus rarement : fourmillements, sensation de lourdeur ou d'oppression, *palpitations*, *diarrhée*, sécheresse de la bouche, douleurs musculaires, bourdonnements.

Exceptionnellement : spasme des *artères coronaires* (voir Attention).

Laboratoires Almirall SAS

## ALODONT

Préparation buccale antiseptique et antalgique

### Présentation

ALODONT : solution pour *bain de bouche* ; flacon de 200 ml avec gobelet doseur (15 ml). Remb 35 % - **Prix : 2,35 €**.

### Composition

| | p 100 g |
|---|---|
| **Cétylpyridinium chlorure** | 5 mg |
| **Chlorobutanol** | 50 mg |
| **Eugénol** | 4 mg |
| Menthe, huile essentielle | + |
| Alcool | 21 ml |

### Dans quel cas ce médicament est-il prescrit ?

Cette solution pour *bain de bouche* contient des substances *antiseptiques* et *antalgiques*.

Elle est utilisée dans le *traitement d'appoint* des infections de la bouche ou après une opération des dents ou des gencives.

### Contre-indications

Ce médicament ne doit pas être utilisé chez l'enfant de moins de 7 ans.

**Attention :** Ce médicament contient des *terpènes* : respectez la *posologie* préconisée.

Des précautions sont nécessaires en cas d'*antécédents* d'*épilepsie*.

L'usage prolongé des traitements antiseptiques locaux (*gargarisme*, *collutoire*, pastille) n'est pas souhaitable ; il peut modifier l'équilibre microbien naturel de la gorge.

En l'absence d'amélioration au bout de 5 jours, en cas d'apparition de fièvre, consultez votre médecin.

### Grossesse et allaitement

L'effet de ce médicament pendant la grossesse ou l'allaitement est mal connu. L'évaluation du risque éventuel lié à son utilisation est individuelle : demandez conseil à votre pharmacien ou à votre médecin.

### Mode d'emploi et posologie

Chez l'adulte, la solution est utilisée pure. Chez l'enfant, elle doit être diluée de moitié (1 volume de solution pour 1 volume d'eau).

La solution ne doit pas être avalée.

**Posologie usuelle :**

- Adulte et enfant de plus de 7 ans : 1 *bain de bouche* (avec le contenu du gobelet doseur), 3 fois par jour.

**Conseils :** Il est généralement conseillé de ne pas s'alimenter ou de ne pas boire immédiatement après un *bain de bouche*, afin de permettre aux substances actives d'agir.
Certains dentistes et stomatologistes recommandent de ne pas pratiquer de bain de bouche dans les heures qui suivent une extraction dentaire, afin d'éviter de faire saigner la plaie.

### Effets indésirables possibles

En cas de dépassement de la *posologie* usuelle, les *terpènes* peuvent provoquer :

- des *convulsions* chez l'enfant,
- agitation, confusion des idées (notamment chez la personne âgée).

Laboratoires PFIZER Santé Grand Public

## ALOE COMPOSÉ BOIRON

*Informations détaillées sur www.monvidal.com*

## ALOE COMPOSÉ DOLISOS

*Informations détaillées sur www.monvidal.com*

## ALOPEXY 2 %

*Informations détaillées sur www.monvidal.com*

## ALOPEXY 5 %

Traitement de la chute des cheveux

sur ordonnance

Ce médicament est un générique de ALOSTIL 5 % (voir p. 77 et tableau p. 1151).

## ALOPLASTINE

Protecteur cutané

### Présentation

ALOPLASTINE : pâte pour application locale ; tube de 90 g. Remb 35 % - **Prix : 2,11 €.**
ALOPLASTINE : pâte pour application locale ; tube de 200 g. Non remb.

### Composition

| | p 100 g |
|---|---|
| **Oxyde de zinc** | 25 g |
| **Glycérol** | 20 g |
| **Talc** | 25 g |

### Dans quel cas ce médicament est-il prescrit ?

C'est une pâte non grasse protectrice qui contient de l'oxyde de zinc.

Elle est utilisée pour traiter les irritations de la peau, notamment la rougeur des fesses du *nourrisson*.

### Contre-indications

Cette pâte ne doit pas être appliquée sur des lésions infectées.

### Grossesse et allaitement

Ce médicament ne contient que des substances présumées sans danger pendant la grossesse ou l'allaitement. Néanmoins, ne l'utilisez pas de façon prolongée sans l'avis de votre pharmacien ou de votre médecin.

### Mode d'emploi et posologie

Appliquer une couche épaisse sur la zone à traiter.

**Posologie usuelle :**

1 application, matin et soir, ou plus si nécessaire.

**Conseils :** La rougeur des fesses du *nourrisson* est souvent due à l'imprégnation de la peau par l'urine, sous la couche. Il est donc nécessaire de nettoyer et de rincer abondamment la peau avec de l'eau avant d'appliquer le médicament.

Laboratoires Johnson & Johnson Consumer

## ALOSTIL 2 %

*Informations détaillées sur www.monvidal.com*

## ALOSTIL 5 %

Traitement de la chute des cheveux

sur ordonnance

### Présentation

ALOSTIL 5 % : solution pour application cutanée ; flacon pulvérisateur de 60 ml avec applicateur. Liste II - Non remb.
ALOSTIL 5 % : solution pour application cutanée ; boîte de 3 flacons pulvérisateurs de 60 ml avec applicateur. Liste II - Non remb.

### Composition

| | p 100 ml |
|---|---|
| **Minoxidil** | 5 g |
| Alcool | + |

### Dans quel cas ce médicament est-il prescrit ?

Ce médicament contient une substance qui stimule la pousse des cheveux et ralentit leur chute. Le minoxidil est également un *vasodilatateur* utilisé par *voie* orale dans le traitement de l'*hypertension artérielle*. Appliqué localement sur le cuir chevelu, l'effet antihypertenseur du minoxidil est généralement imperceptible.

Ce dosage à 5 % est utilisé, sur prescription médicale, dans le traitement des chutes de cheveux d'origine hormonale chez l'homme uniquement.

### Contre-indications

Ce médicament ne doit pas être appliqué en cas de lésion du cuir chevelu.

**Attention :** L'effet de ce médicament n'a pas été étudié chez la personne de moins de 18 ans ou de plus de 65 ans.
Compte-tenu de sa teneur élevée en minoxidil, cette solution ne doit pas être utilisée chez la femme en

raison du risque accru de pousse excessive des poils en dehors de la région traitée.

Des précautions sont nécessaires chez les personnes souffrant de troubles cardiaques.

Une affection dermatologique du cuir chevelu doit être traitée avant l'application de ce médicament.

En cas d'application accidentelle sur les yeux, les *muqueuses* ou la peau abîmée, rincez abondamment.

### Grossesse et allaitement

La sécurité d'emploi de ce médicament n'a pas été établie pendant la grossesse ou l'allaitement. Par mesure de prudence, son usage est déconseillé.

### Mode d'emploi et posologie

Sur des cheveux parfaitement secs, appliquer la solution du centre vers la périphérie de la région à traiter. Se laver soigneusement les mains après usage.

Habituellement, le traitement n'est efficace qu'au bout de 4 mois ou plus : pour en garder le bénéfice, il ne devrait jamais être interrompu.

**Posologie usuelle :**

- Adulte : 1 application de 1 ml (quelle que soit la surface à traiter), 2 fois par jour. Ce volume correspond à 7 pulvérisations ou à 1 réservoir du tampon applicateur.

Une augmentation de la dose n'accroît pas l'efficacité du traitement et expose à un risque accru d'effets indésirables.

**Conseils :** Il est recommandé de se couvrir la tête en cas d'exposition au soleil.

Il est conseillé de se laver les cheveux avec un shampooing doux et de limiter les colorations qui peuvent être agressives pour le cuir chevelu.

Ce produit est inflammable : conservez-le à l'abri de la chaleur.

### Effets indésirables possibles

Réaction mineure et peu grave : irritation, sécheresse de la peau, pousse excessive des poils en dehors de la région traitée.

Rarement : *allergie*, *vertiges*, maux de tête, irritation des yeux, altération du goût, troubles visuels, *otite* externe, fatigue, *œdème*, *névrite*.

Exceptionnellement : perte des cheveux (effet paradoxal), douleur thoracique, modification de la tension artérielle et des *transaminases*.

**Laboratoires PFIZER Santé Grand Public**

## ALPAGELLE

*Informations détaillées sur www.monvidal.com*

## ALPHAGAN

Antiglaucomateux

sur ordonnance

### Présentation

**ALPHAGAN :** collyre ; flacon de 5 ml. Liste I - Remb 65 % - **Prix : 13,83 €**.

### Composition

| | p 100 ml |
|---|---|
| **Brimonidine tartrate** | 200 mg |
| Benzalkonium chlorure | + |

### Dans quel cas ce médicament est-il prescrit ?

Ce collyre contient une substance qui diminue la pression des liquides contenus dans l'œil (*tension intraoculaire*). Cette substance est proche de l'adrénaline mais, à la différence de celle-ci, elle n'a quasiment pas d'effet sur le système cardiovasculaire.

Il est utilisé dans le traitement du *glaucome* à angle ouvert et des autres causes d'hypertension intraoculaire chronique.

**Attention :** Des précautions sont nécessaires chez les personnes souffrant de maladies cardiovasculaires, d'*insuffisance rénale* ou *hépatique* ou de *dépression*.

Ce collyre contient un conservateur qui est susceptible d'être absorbé par les lentilles de contact souples hydrophiles. Il est nécessaire de les enlever avant l'instillation du collyre, et de ne les remettre en place qu'après un délai de 15 minutes. Les lentilles d'un autre type peuvent être laissées en place pendant l'instillation.

Compte-tenu de ses effets indésirables potentiels, ce médicament peut, chez certaines personnes, ne pas être compatible avec la conduite automobile ou le maniement de machines dangereuses. Assurez-vous à l'occasion des premières prises que vous supportez bien ce médicament avant de conduire ou d'utiliser une machine.

### Interactions avec d'autres substances

Autres collyres : respectez un intervalle d'au moins 15 minutes entre instillations de collyres différents : ce délai est nécessaire pour que chaque collyre soit correctement absorbé par l'œil.

Médicaments par *voie* orale : les interactions potentielles de collyre avec des médicaments utilisés par voie orale sont encore mal connues. Signalez la prise éventuelle d'autres médicaments à votre médecin.

### Grossesse et allaitement

L'effet de ce médicament pendant la grossesse ou l'allaitement est mal connu : seul votre médecin peut évaluer le risque éventuel de son utilisation dans votre cas.

### Mode d'emploi et posologie

Tirer la paupière inférieure vers le bas tout en regardant vers le haut et déposer une goutte de collyre entre la paupière et le globe oculaire (*cul-de-sac conjonctival*).

**Posologie usuelle :**

- Adulte : 1 goutte dans l'œil malade, matin et soir.

**Conseils :** L'application correcte du collyre peut nécessiter une aide, notamment chez une personne handicapée ou âgée.

Ne conservez pas ce collyre plus d'un mois après une première utilisation. Pour éviter toute contamination, évitez de toucher l'œil avec l'embout du flacon.

Conservez ce médicament à l'abri de la lumière.

### Effets indésirables possibles

Réactions locales :

- irritation ou *allergie* avec rougeur de l'œil, démangeaisons, larmoiement, *œdème* des paupières ;
- baisse de l'acuité visuelle : cessez le traitement et consultez votre médecin.

Autres réactions :
- sécheresse de la bouche, maux de tête, fatigue, somnolence ;
- plus rarement : difficultés respiratoires, *vertiges*, *troubles digestifs*, modification du goût, *dépression*, *réaction allergique* générale, sécheresse du nez, *palpitations*.

Laboratoires Allergan France

**ALPHA RENOL**
*Informations détaillées sur www.monvidal.com*

## ALPRAZOLAM ALTER
Anxiolytique : benzodiazépine — sur ordonnance

Ce médicament est un générique de XANAX (voir p. 1116 et tableau p. 1151).

## ALPRAZOLAM ARROW
Anxiolytique : benzodiazépine — sur ordonnance

Ce médicament est un générique de XANAX (voir p. 1116 et tableau p. 1151).

## ALPRAZOLAM BIOGARAN
Anxiolytique : benzodiazépine — sur ordonnance

Ce médicament est un générique de XANAX (voir p. 1116 et tableau p. 1151).

## ALPRAZOLAM EG
Anxiolytique : benzodiazépine — sur ordonnance

Ce médicament est un générique de XANAX (voir p. 1116 et tableau p. 1151).

## ALPRAZOLAM G GAM
Anxiolytique : benzodiazépine — sur ordonnance

Ce médicament est un générique de XANAX (voir p. 1116 et tableau p. 1151).

## ALPRAZOLAM MERCK
Anxiolytique : benzodiazépine — sur ordonnance

Ce médicament est un générique de XANAX (voir p. 1116 et tableau p. 1151).

## ALPRAZOLAM RATIOPHARM
Anxiolytique : benzodiazépine — sur ordonnance

Ce médicament est un générique de XANAX (voir p. 1116 et tableau p. 1151).

## ALPRAZOLAM RPG
Anxiolytique : benzodiazépine — sur ordonnance

Ce médicament est un générique de XANAX (voir p. 1116 et tableau p. 1151).

## ALPRAZOLAM SANDOZ
Anxiolytique : benzodiazépine — sur ordonnance

Ce médicament est un générique de XANAX (voir p. 1116 et tableau p. 1151).

## ALPRAZOLAM TEVA
Anxiolytique : benzodiazépine — sur ordonnance

Ce médicament est un générique de XANAX (voir p. 1116 et tableau p. 1151).

## ALPRAZOLAM WINTHROP
Anxiolytique : benzodiazépine — sur ordonnance

Ce médicament est un générique de XANAX (voir p. 1116 et tableau p. 1151).

## ALPRAZOLAM ZYDUS
Anxiolytique : benzodiazépine — sur ordonnance

Ce médicament est un générique de XANAX (voir p. 1116 et tableau p. 1151).

## ALPRESS
Antihypertenseur — sur ordonnance

### Présentation
ALPRESS LP 2,5 mg : comprimé à *libération prolongée* (blanc et marron) ; boîte de 30. Liste I - Remb 65 % - **Prix : 11,01 €.**
ALPRESS LP 2,5 mg : comprimé à *libération prolongée* (blanc et marron) ; boîte de 90. Liste I - Remb 65 % - **Prix : 31,96 €.**
ALPRESS LP 5 mg : comprimé à *libération prolongée* (blanc et marron) ; boîte de 30. Liste I - Remb 65 % - **Prix : 18,31 €.**
ALPRESS LP 5 mg : comprimé à *libération prolongée* (blanc et marron) ; boîte de 90. Liste I - Remb 65 % - **Prix : 50,65 €.**

### Composition

| | p cp LP | p cp LP |
|---|---|---|
| **Prazosine chlorhydrate** ........ | 2,5 mg | 5 mg |

### Dans quel cas ce médicament est-il prescrit ?
Ce médicament est un *antihypertenseur* qui appartient à la famille des vasodilatateurs *alphabloquants*.
Il est utilisé dans le traitement de l'*hypertension artérielle*.

### Contre-indications
Ce médicament ne doit pas être utilisé chez l'enfant de moins de 12 ans.

**Attention :** Ce médicament peut être responsable de troubles de l'équilibre et parfois de malaises avec chutes. Faites contrôler votre tension artérielle si vous êtes sujet à des étourdissements en vous levant brusquement.
Des précautions sont nécessaires chez la personne âgée.
Conducteur : ce médicament peut être responsable d'une baisse de la vigilance, particulièrement en début de traitement.

### Interactions avec d'autres substances

Ce médicament peut interagir avec d'autres médicaments, notamment certains *antihypertenseurs* (*inhibiteurs calciques*) : signalez tout autre traitement en cours à votre médecin ou à votre pharmacien.

### Grossesse et allaitement

L'effet de ce médicament pendant la grossesse ou l'allaitement est mal connu : seul votre médecin peut évaluer le risque éventuel de son utilisation dans votre cas.

### Mode d'emploi et posologie

Les comprimés doivent être avalés tels quels sans être écrasés ni fractionnés ni croqués.

**Posologie usuelle :**
De 2,5 mg à 5 mg par jour, en 1 prise.

> **Conseils :** Ce médicament doit être tenu à l'abri de l'humidité : en tenir compte lors de la préparation hebdomadaire des médicaments pour une personne âgée.
> Il est normal de retrouver le comprimé dans les selles : son contenu a été libéré dans l'intestin.

### Effets indésirables possibles

Les plus fréquents sont la conséquence d'une *hypotension orthostatique* : *vertiges*, faiblesse, étourdissement, chute, exceptionnelles pertes de connaissance.
Peuvent également survenir :
- rétention d'eau : *œdème* des jambes ;
- *troubles digestifs* ;
- somnolence, troubles de la vision ;
- incontinence urinaire, envie d'uriner fréquente ;
- accélération du cœur ;
- démangeaisons, *allergie* cutanée ;
- maux de tête, congestion du nez ou des yeux, saignement de nez, douleurs articulaires, sueurs.

Laboratoires Pfizer

## ALTEIS
Antihypertenseur — sur ordonnance

### Présentation

**ALTEIS 10 mg :** comprimé (blanc) ; boîte de 28. Liste I - Remb 65 % - **Prix : 14,48 €.**
**ALTEIS 10 mg :** comprimé (blanc) ; boîte de 30. Liste I - Remb 65 % - **Prix : 15,48 €.**
**ALTEIS 10 mg :** comprimé (blanc) ; boîte de 90. Liste I - Remb 65 % - **Prix : 43,44 €.**
**ALTEIS 20 mg :** comprimé (blanc) ; boîte de 28. Liste I - Remb 65 % - **Prix : 22,75 €.**
**ALTEIS 20 mg :** comprimé (blanc) ; boîte de 30. Liste I - Remb 65 % - **Prix : 24,34 €.**
**ALTEIS 20 mg :** comprimé (blanc) ; boîte de 90. Liste I - Remb 65 % - **Prix : 66,03 €.**
**ALTEIS 40 mg :** comprimé (blanc) ; boîte de 28. Liste I - Remb 65 % - **Prix : 23,12 €.**
**ALTEIS 40 mg :** comprimé (blanc) ; boîte de 30. Liste I - Remb 65 % - **Prix : 24,73 €.**
**ALTEIS 40 mg :** comprimé (blanc) ; boîte de 90. Liste I - Remb 65 % - **Prix : 67,03 €.**

### Composition

| | p cp | p cp | p cp |
|---|---|---|---|
| **Olmésartan médoxomil** ................. | 10 mg | 20 mg | 40 mg |

### Dans quel cas ce médicament est-il prescrit ?

Ce médicament est un *antihypertenseur* qui appartient à la famille des *inhibiteurs de l'angiotensine II*. Il bloque l'action de l'angiotensine II. Cette substance, naturellement présente dans l'organisme, provoque une contraction des artères qui augmente la pression artérielle et fatigue le cœur.
Il est utilisé dans le traitement de l'*hypertension artérielle*.

### Contre-indications

Ce médicament ne doit pas être utilisé dans les cas suivants :
- obstruction des *voies biliaires*,
- **grossesse** (à partir du 4e mois),
- **allaitement**.

> **Attention :** Des précautions sont nécessaires en cas d'*insuffisance hépatique*, d'*insuffisance cardiaque* grave ou chez les personnes souffrant d'*hypertension artérielle* due à un rétrécissement des artères rénales, de rétrécissement des valves cardiaques ou de *cardiomyopathie* obstructive.
> En cas d'*insuffisance rénale*, un contrôle régulier de la *créatinine* et du taux de *potassium* dans le sang est nécessaire.
> Si vous suiviez auparavant un traitement par *diurétique* ou un régime sans *sel*, la baisse de la tension artérielle peut être importante lors des premières prises du médicament : risque de malaise ou d'étourdissement pouvant entraîner une chute. Il est donc préférable de commencer le traitement un jour de repos.
> Les sels de régime contiennent souvent du *potassium* ; ne les utilisez pas sans avis médical pendant le traitement.
> Conducteur : ce médicament peut être responsable de *vertiges*.

### Interactions avec d'autres substances

Ce médicament peut interagir avec les *diurétiques* et les médicaments qui contiennent du potassium ou du lithium.
En outre, l'effet *antihypertenseur* de ce médicament peut être diminué par les *AINS*.

### Grossesse et allaitement

L'effet de ce médicament sur l'enfant à naître pendant les 3 premiers mois de la grossesse est mal connu. Par prudence, son usage est déconseillé. Au cours des 6 derniers mois de la grossesse, une prise prolongée de ce médicament peut altérer les reins du fœtus. Son utilisation est contre-indiquée à partir du 4e mois de la grossesse.
En conséquence, un désir de grossesse nécessite le remplacement de ce médicament par un autre antihypertenseur. Si une grossesse survient alors que vous prenez ce médicament, consultez rapidement votre médecin pour qu'il modifie votre traitement.
Les données actuellement disponibles ne permettent pas de savoir si ce médicament passe dans le lait maternel. Il est contre-indiqué chez la femme qui allaite.

### Mode d'emploi et posologie

Ce médicament peut être pris indifféremment au cours ou en dehors des repas.
Pour un effet constant, la prise doit être régulière, toujours au même moment de la journée.

**Posologie usuelle :**

- Adulte de plus de 18 ans : 10 mg à 40 mg par jour, en 1 prise.

**Conseils :** Votre tension artérielle doit être contrôlée régulièrement. Les appareils permettant une mesure automatique de la tension à domicile utilisent souvent un procédé de mesure différent de celui qu'emploie votre médecin. Si vous avez un tel appareil, apportez-le en consultation pour vous assurer que la mesure obtenue est bien conforme à celle du tensiomètre de votre médecin.

Le traitement médicamenteux ne dispense pas de mesures simples pouvant faire baisser la tension artérielle : activité physique régulière, modération de la consommation de boissons alcoolisées et de *sel*, lutte contre l'excès de poids.

### Effets indésirables possibles

Les études qui ont comparé ce médicament au *placebo* n'ont pas montré plus d'effets indésirables imputables au médicament, à l'exception de rares étourdissements.

Depuis sa commercialisation, les effets suivants ont été rarement observés :

- maux de tête, *réaction allergique* (œdème de *Quincke*) ;
- augmentation du taux de *créatinine* et de *potassium* dans le sang.

Laboratoires Menarini France

## ALTEISDUO

*Informations détaillées sur www.monvidal.com*

## ALTIM

Dérivé de la cortisone — sur ordonnance

### Présentation

ALTIM : suspension injectable ; seringue préremplie de 1,5 ml et 2 aiguilles. Liste I - Remb 65 % - **Prix : 5,48 €**.

### Composition

| | p seringue |
|---|---|
| **Cortivazol** | 3,75 mg |
| Alcool benzylique | + |

### Dans quel cas ce médicament est-il prescrit ?

C'est un *anti-inflammatoire* stéroïdien qui appartient à la famille des *corticoïdes* de synthèse (dérivés chimiques de la *cortisone* naturelle). Les propriétés de la cortisone sont nombreuses, mais ce médicament est surtout utilisé pour son effet anti-inflammatoire puissant et prolongé. Il présente, à efficacité égale, moins d'effets indésirables que la cortisone naturelle.

Il est utilisé en traitement local (*infiltration*) dans les cas suivants :

- *inflammation* des articulations, des tendons et des ligaments, poussées douloureuses d'*arthrose* ;
- maladie de *Dupuytren*, *syndrome du canal carpien* ;
- inflammation des nerfs (*sciatique*, *névralgie cervico-brachiale*...).

### Contre-indications

Ce médicament ne doit pas être utilisé dans les cas suivants :

- infection locale ou générale non contrôlée par un traitement adapté,
- prédisposition aux *hémorragies* (traitement anticoagulant, hémophilie...).

**Attention :** L'injection de ce médicament ne doit être pratiquée que sous contrôle médical : l'asepsie doit être rigoureuse et l'injection ne doit pas être faite dans les tendons.

En cas d'injections répétées ou multiples, l'effet de ce médicament peut se manifester à distance du site d'injection par diffusion du *corticoïde* dans le sang. Certaines précautions peuvent alors être nécessaires en cas de maladies virales, de troubles nerveux graves, de vaccination récente ou à venir par un *vaccin* vivant, de *diabète*, d'*hypertension artérielle* grave.

Sportif : ce médicament contient une substance susceptible de rendre positifs certains *tests antidopage*.

### Interactions avec d'autres substances

En cas d'injection locale unique ou répétée à faible dose, le risque d'interactions médicamenteuses est nul.

### Grossesse et allaitement

Les études scientifiques actuellement disponibles n'ont pas mis en évidence de problème particulier lors de l'utilisation ponctuelle de ce médicament chez la femme enceinte. Seul votre médecin peut évaluer le risque éventuel en cas d'utilisation prolongée.

En cas d'injections multiples ou répétées, il peut être nécessaire d'interrompre l'allaitement : prenez l'avis de votre médecin.

### Mode d'emploi et posologie

L'injection est faite dans ou à proximité de la zone à traiter.

**Posologie usuelle :**

1 injection de 0,5 à 1,5 ml. Elle peut être renouvelée au bout de 1 à 3 semaines, selon l'évolution.

### Effets indésirables possibles

Liés à la *voie* d'administration : infection, calcification, *atrophie* cutanée, maux de tête, bouffées de chaleur, *réaction allergique*, douleur articulaire au site d'injection liée à l'effet irritant initial des microcristaux de médicament contenus dans la suspension injectable.

Laboratoires Aventis

## ALTIZIDE SPIRONOLACTONE RPG

Diurétiques associés — sur ordonnance

Ce médicament est un générique de ALDACTAZINE (voir p. 64 et tableau p. 1151).

## ALTOCEL

Antidiarrhéique — sur ordonnance

Ce médicament est un générique de IMODIUM (voir p. 505 et tableau p. 1151).

## ALTOPOU

*Informations détaillées sur www.monvidal.com*

## AMAREL

Antidiabétique oral

sur ordonnance

### Présentation

**AMAREL 1 mg :** comprimé (rose) ; boîte de 30. Liste I - Remb 65 % - **Prix : 6,61 €.**
**AMAREL 1 mg :** comprimé (rose) ; boîte de 90. Liste I - Remb 65 % - **Prix : 18,76 €.**
**AMAREL 2 mg :** comprimé (vert) ; boîte de 30. Liste I - Remb 65 % - **Prix : 10,53 €.**
**AMAREL 2 mg :** comprimé (vert) ; boîte de 90. Liste I - Remb 65 % - **Prix : 30,50 €.**
**AMAREL 3 mg :** comprimé (jaune) ; boîte de 30. Liste I - Remb 65 % - **Prix : 13,60 €.**
**AMAREL 3 mg :** comprimé (jaune) ; boîte de 90. Liste I - Remb 65 % - **Prix : 38,64 €.**
**AMAREL 4 mg :** comprimé (bleu) ; boîte de 30. Liste I - Remb 65 % - **Prix : 15,62 €.**
**AMAREL 4 mg :** comprimé (bleu) ; boîte de 90. Liste I - Remb 65 % - **Prix : 43,79 €.**

### Composition

| | p cp | p cp |
|---|---|---|
| **Glimépiride** ............................ | 1 mg | 2 mg |

| | p cp | p cp |
|---|---|---|
| **Glimépiride** ............................ | 3 mg | 4 mg |

### Dans quel cas ce médicament est-il prescrit ?

Ce médicament est un *antidiabétique* oral qui appartient à la famille des *sulfamides hypoglycémiants*. Il permet de diminuer l'excès de *sucre* dans le sang en favorisant la sécrétion de l'*insuline*.

Il est utilisé dans le traitement du *diabète* de type 2 lorsque le régime alimentaire seul est insuffisant.

### Contre-indications

Ce médicament ne doit pas être utilisé dans les cas suivants :

- *allergie* aux *sulfamides*,
- *insuffisance rénale* ou *hépatique* grave,
- en association avec les médicaments contenant du miconazole,
- **grossesse,**
- **allaitement.**

**Attention :** Ce médicament n'est pas adapté au traitement du *diabète* de type 1 : celui-ci requiert un traitement par injections d'*insuline*.

Un sentiment de malaise associé à des sueurs froides, une fringale, une accélération du cœur sont les signes habituels d'une *hypoglycémie* due à un effet excessif du médicament. Cette hypoglycémie peut également se traduire par des troubles du comportement qui doivent alerter votre entourage, voire des *convulsions* ou un *coma*. En présence de ces signes ou en cas de simple doute, buvez une boisson sucrée ou mangez du *sucre*. Si le diabétique est inconscient, surtout ne lui donnez rien à boire et appelez votre médecin, ou à défaut le 15 ou un service d'urgence.

Consultez rapidement votre médecin en cas de malaises hypoglycémiques répétés.

Certaines situations peuvent contribuer à augmenter la *glycémie* : infections, prise de médicaments, stress. En cas de soif intense, de grande fatigue, de sensation de malaise général, consultez rapidement votre médecin.

Des analyses de sang régulières permettent à votre médecin d'adapter la *posologie*. Dans certains cas, il peut être nécessaire de pratiquer vous-même des contrôles, à l'aide de bandelettes et d'un appareil lecteur de glycémie.

Évitez les boissons alcoolisées à jeun ou à distance des repas : augmentation du risque d'*hypoglycémie*.

Conducteur : une *hypoglycémie* peut entraîner un malaise pendant la conduite ou l'utilisation de machines.

### Interactions avec d'autres substances

Ce médicament ne doit pas être associé avec les médicaments oraux contenant du miconazole (DAKTARIN gel buccal, DAKTARIN comprimé...) : risque d'*hypoglycémie*.

Il peut interagir avec les médicaments contenant de la phénylbutazone ou du danazol.

Informez par ailleurs votre médecin ou votre pharmacien si vous prenez un *bêtabloquant*, un *inhibiteur de l'enzyme de conversion*, un *corticoïde*, ou un médicament contenant du fluconazole, de la ritodrine, du salbutamol, de la terbutaline ou de la chlorpromazine.

### Grossesse et allaitement

Un *diabète* mal équilibré peut être néfaste pour l'enfant à naître.

Un désir de grossesse nécessite le remplacement de ce médicament par de l'*insuline* et une surveillance médicale renforcée.

Si une grossesse survient alors que vous êtes encore sous traitement antidiabétique oral, consultez rapidement votre médecin pour un passage à l'insuline injectable.

Ce médicament passe dans le lait maternel. Il est contre-indiqué pendant l'allaitement.

### Mode d'emploi et posologie

Les comprimés doivent être avalés entiers, avec un verre d'eau, au début du petit déjeuner (ou du repas de midi si vous ne mangez pas ou très peu le matin).

**Posologie usuelle :**

- Adulte : la dose initiale est de 1 comprimé à 1 mg par jour. L'adaptation de la *posologie* est faite ensuite, en fonction de la *glycémie*, en respectant des paliers d'au moins 1 semaine.

Suivre attentivement la prescription de votre médecin.

Le régime alimentaire reste nécessaire pendant le traitement.

En cas d'oubli d'une prise, ne prenez pas une double dose lors de la prise suivante.

**Conseils :** Le respect de certaines règles simples permet de diminuer le risque d'*hypoglycémie* :

- toute prise de ce médicament doit être suivie d'un repas (ne prenez pas de comprimé si vous devez sauter le repas suivant) ;
- si vous envisagez un effort physique intense et prolongé, il peut être nécessaire de diminuer la dose du médicament (demandez conseil à votre médecin) ;
- informez votre médecin si vous devez travailler la nuit ou si votre religion vous impose un jeûne prolongé ;
- évitez la prise de boissons alcoolisées à jeun ou à distance des repas.

Le *diabète* peut diminuer la sensibilité des pieds à la douleur et favoriser les infections. Des plaies

profondes peuvent se développer : une hygiène rigoureuse et des chaussures confortables limitent ce risque.
Le régime du diabétique ne consiste pas en une simple interdiction des *glucides* (*sucres*, pain, pâtes...) : demandez conseil à votre médecin.
Pesez-vous régulièrement et signalez toute variation rapide de poids à votre médecin.

**Effets indésirables possibles**

*Hypoglycémie* (voir Attention).
*Troubles digestifs*, démangeaisons, *éruption cutanée*.
Exceptionnellement : augmentation des *transaminases*, jaunisse, anomalie de la *numération formule sanguine*, *réaction allergique*.
Les modifications de la glycémie, surtout en début de traitement, peuvent provoquer de légers troubles de la vision.

Laboratoires Sanofi Aventis

## AMBROXOL ARROW
Fluidifiant bronchique

Ce médicament est un générique de SURBRONC (voir p. 985 et tableau p. 1151).

## AMBROXOL BIOGARAN comprimé
Fluidifiant bronchique

Ce médicament est un générique de SURBRONC (voir p. 985 et tableau p. 1151).

## AMBROXOL BIOGARAN solution buvable
Fluidifiant bronchique

La solution buvable à 0,6 % est un générique de SURBRONC.

**Présentation**

**AMBROXOL BIOGARAN sans sucre 0,3 % :** solution buvable (arômes : banane, fraise) ; flacon de 180 ml. Non remb.
**AMBROXOL BIOGARAN sans sucre 0,6 % :** solution buvable (arôme banane) ; flacon de 150 ml avec cuillère-mesure graduée à 5 ml. Non remb.

**Composition**

| | p c à s | p 5 ml |
|---|---|---|
| **Ambroxol chlorhydrate** | 45 mg | 30 mg |
| Sorbitol | 3,6 g | + |

**Dans quel cas ce médicament est-il prescrit ?**

Ce médicament fluidifie les sécrétions (mucosités) présentes dans les bronches. Il facilite leur évacuation par la toux.
Il est utilisé en cas de toux grasse avec difficulté à cracher, notamment au cours des bronchites aiguës.

**Attention :** Ce médicament ne peut être utilisé en cas de *bronchite chronique* que sur avis médical.
N'utilisez pas d'*antitussif* en plus de ce médicament sans l'avis de votre médecin ou de votre pharmacien.
En cas de fièvre, de sécrétions qui persistent au-delà de quelques jours ou qui se colorent, consultez votre médecin.

**Grossesse et allaitement**

L'effet de ce médicament pendant la grossesse ou l'allaitement est mal connu : seul votre médecin peut évaluer le risque éventuel de son utilisation dans votre cas.

**Mode d'emploi et posologie**

Ce médicament peut être pris indifféremment au moment ou en dehors des repas.

**Posologie usuelle :**

- Adulte : 1 cuillère à soupe de solution buvable à 0,3 % ou 1 à 2 cuillères-mesure de solution buvable à 0,6 %, 2 fois par jour.

Le traitement peut être interrompu dès l'amélioration des symptômes. Sa durée ne doit pas dépasser 8 à 10 jours sans avis médical.

**Conseils :** Fumer, ou être exposé à la fumée des autres, est un frein important à l'évacuation des mucosités.
Il est nécessaire de lutter contre la sécheresse de l'air ambiant (humidificateur...) pour éviter le dessèchement des sécrétions. Il est également recommandé de boire beaucoup.
Chez la personne âgée, l'incapacité à évacuer les crachats peut justifier l'aide d'un kinésithérapeute, sur prescription médicale.

**Effets indésirables possibles**

Nausées, vomissements, douleurs d'estomac.
Rarement : maux de tête, *vertiges*, *réaction allergique*.
Comme tous les médicaments et confiseries contenant des sucres non absorbables (sorbitol, maltitol...), possibilité de *diarrhée* en cas d'apport important.

Laboratoires Biogaran

## AMBROXOL EG comprimé
Fluidifiant bronchique

Ce médicament est un générique de SURBRONC (voir p. 985 et tableau p. 1151).

## AMBROXOL EG solution buvable
Fluidifiant bronchique

La solution buvable dosée à 0,6 % est un générique de SURBRONC.

**Présentation**

**AMBROXOL EG sans sucre 0,3 % :** solution buvable (arômes : banane, fraise) ; flacon de 180 ml. Non remb.
**AMBROXOL EG 0,6 % :** solution buvable (arôme banane) ; flacon de 150 ml avec cuillère-mesure de 5 ml. Non remb.

**Composition**

| | p c à s | p 5 ml |
|---|---|---|
| **Ambroxol chlorhydrate** | 45 mg | 30 mg |
| Sorbitol | + | + |

### Dans quel cas ce médicament est-il prescrit ?

Ce médicament fluidifie les sécrétions (mucosités) présentes dans les bronches. Il facilite leur évacuation par la toux.
Il est utilisé en cas de toux grasse avec difficulté à cracher, notamment au cours des bronchites aiguës.

**Attention :** Ce médicament ne peut être utilisé en cas de *bronchite chronique* que sur avis médical.
N'utilisez pas d'*antitussif* en plus de ce médicament sans l'avis de votre médecin ou de votre pharmacien.
En cas de fièvre, de sécrétions qui persistent au-delà de quelques jours ou qui se colorent, consultez votre médecin.

### Grossesse et allaitement

L'effet de ce médicament pendant la grossesse ou l'allaitement est mal connu : seul votre médecin peut évaluer le risque éventuel de son utilisation dans votre cas.

### Mode d'emploi et posologie

Ce médicament peut être pris indifféremment au moment ou en dehors des repas.

**Posologie usuelle :**

- Adulte : 1 cuillère à soupe de solution sans sucre à 0,3 % ou 1 à 2 cuillères-mesure de solution à 0,6 %, 2 fois par jour.

Le traitement peut être interrompu dès l'amélioration des symptômes. Sa durée ne doit pas dépasser 8 à 10 jours sans avis médical.

**Conseils :** Fumer, ou être exposé à la fumée des autres, est un frein important à l'évacuation des mucosités.
Il est nécessaire de lutter contre la sécheresse de l'air ambiant (humidificateur...) pour éviter le dessèchement des sécrétions. Il est également recommandé de boire beaucoup.
Chez la personne âgée, l'incapacité à évacuer les crachats peut justifier l'aide d'un kinésithérapeute, sur prescription médicale.

### Effets indésirables possibles

Nausées, vomissements, douleurs d'estomac.
Rarement : maux de tête, *vertiges*, *réaction allergique*.

Laboratoires EG Labo

## AMBROXOL G GAM

Fluidifiant bronchique

Ce médicament est un générique de SURBRONC (voir p. 985 et tableau p. 1151).

## AMBROXOL IVAX solution buvable

Fluidifiant bronchique

Ce médicament est un générique de SURBRONC (voir p. 985 et tableau p. 1151).

## AMBROXOL MERCK comprimé

Fluidifiant bronchique

Ce médicament est un générique de SURBRONC (voir p. 985 et tableau p. 1151).

## AMBROXOL MERCK solution buvable

Fluidifiant bronchique

Ce médicament est un générique de SURBRONC (voir p. 985 et tableau p. 1151).

## AMBROXOL SANDOZ

Fluidifiant bronchique

Ce médicament est un générique de SURBRONC (voir p. 985 et tableau p. 1151).

## AMBROXOL TEVA comprimé

Fluidifiant bronchique

Ce médicament est un générique de SURBRONC (voir p. 985 et tableau p. 1151).

## AMBROXOL TEVA solution buvable

Fluidifiant bronchique

La solution buvable à 0,6 % est un générique de SURBRONC.

### Présentation

AMBROXOL TEVA 0,3 % : solution buvable (arôme banane) ; flacon de 180 ml. Non remb.
AMBROXOL TEVA 0,6 % : solution buvable (arôme banane) ; flacon de 150 ml avec cuillère-mesure de 5 ml. Non remb.

### Composition

| | p c à s | p c mes |
|---|---|---|
| **Ambroxol chlorhydrate** | 45 mg | 30 mg |
| Sorbitol | 10,5 g | + |
| Glycérol | | + |

### Dans quel cas ce médicament est-il prescrit ?

Ce médicament fluidifie les sécrétions (mucosités) présentes dans les bronches. Il facilite leur évacuation par la toux.
Il est utilisé en cas de toux grasse avec difficulté à cracher, notamment au cours des bronchites aiguës.

**Attention :** Ce médicament ne peut être utilisé en cas de *bronchite chronique* que sur avis médical.
N'utilisez pas d'*antitussif* en plus de ce médicament sans l'avis de votre médecin ou de votre pharmacien.
En cas de fièvre, de sécrétions qui persistent au-delà de quelques jours ou qui se colorent, consultez votre médecin.

**Grossesse et allaitement**

L'effet de ce médicament pendant la grossesse ou l'allaitement est mal connu : seul votre médecin peut évaluer le risque éventuel de son utilisation dans votre cas.

**Mode d'emploi et posologie**

Ce médicament peut être pris indifféremment au moment ou en dehors des repas.

**Posologie usuelle :**

- Adulte : 1 cuillère à soupe de solution buvable à 0,3 % ou 1 à 2 cuillères-mesure de solution buvable à 0,6 %, 2 fois par jour.

Le traitement peut être interrompu dès l'amélioration des symptômes. Sa durée ne doit pas dépasser 8 à 10 jours sans avis médical.

**Conseils :** Fumer, ou être exposé à la fumée des autres, est un frein important à l'évacuation des mucosités.
Il est nécessaire de lutter contre la sécheresse de l'air ambiant (humidificateur...) pour éviter le dessèchement des sécrétions. Il est également recommandé de boire beaucoup.
Chez la personne âgée, l'incapacité à évacuer les crachats peut justifier l'aide d'un kinésithérapeute, sur prescription médicale.

**Effets indésirables possibles**

Nausées, vomissements, douleurs d'estomac.
Rarement : maux de tête, *vertiges*, *réaction allergique*.
Comme tous les médicaments et confiseries contenant des sucres non absorbables (sorbitol, maltitol...), possibilité de *diarrhée* en cas d'apport important.

Laboratoires Téva Classics

## AMBROXOL WINTHROP

Fluidifiant bronchique

Ce médicament est un générique de SURBRONC (voir p. 985 et tableau p. 1151).

## AMBROXOL ZYDUS

Fluidifiant bronchique

Ce médicament est un générique de SURBRONC (voir p. 985 et tableau p. 1151).

**AMÉTYCINE**

*Informations détaillées sur www.monvidal.com*

## AMILORIDE HYDROCHLOROTHIAZIDE RPG

Diurétiques associés — sur ordonnance

Ce médicament est un générique de MODURÉTIC (voir p. 654 et tableau p. 1151).

## AMILORIDE HYDROCHLOROTHIAZIDE TEVA

Diurétiques associés — sur ordonnance

Ce médicament est un générique de MODURÉTIC (voir p. 654 et tableau p. 1151).

## AMIODARONE ALTER

Antiarythmique — sur ordonnance

Ce médicament est un générique de CORDARONE (voir p. 260 et tableau p. 1151).

## AMIODARONE ARROW

Antiarythmique — sur ordonnance

Ce médicament est un générique de CORDARONE (voir p. 260 et tableau p. 1151).

## AMIODARONE BIOGARAN

Antiarythmique — sur ordonnance

Ce médicament est un générique de CORDARONE (voir p. 260 et tableau p. 1151).

## AMIODARONE EG

Antiarythmique — sur ordonnance

Ce médicament est un générique de CORDARONE (voir p. 260 et tableau p. 1151).

## AMIODARONE G GAM

Antiarythmique — sur ordonnance

Ce médicament est un générique de CORDARONE (voir p. 260 et tableau p. 1151).

## AMIODARONE IVAX

Antiarythmique — sur ordonnance

Ce médicament est un générique de CORDARONE (voir p. 260 et tableau p. 1151).

## AMIODARONE MERCK

Antiarythmique — sur ordonnance

Ce médicament est un générique de CORDARONE (voir p. 260 et tableau p. 1151).

## AMIODARONE QUALIMED

Antiarythmique — sur ordonnance

Ce médicament est un générique de CORDARONE (voir p. 260 et tableau p. 1151).

## AMIODARONE RATIOPHARM
Antiarythmique — sur ordonnance

Ce médicament est un générique de CORDARONE (voir p. 260 et tableau p. 1151).

## AMIODARONE RPG
Antiarythmique — sur ordonnance

Ce médicament est un générique de CORDARONE (voir p. 260 et tableau p. 1151).

## AMIODARONE SANDOZ
Antiarythmique — sur ordonnance

Ce médicament est un générique de CORDARONE (voir p. 260 et tableau p. 1151).

## AMIODARONE TEVA
Antiarythmique — sur ordonnance

Ce médicament est un générique de CORDARONE (voir p. 260 et tableau p. 1151).

## AMIODARONE WINTHROP
Antiarythmique — sur ordonnance

Ce médicament est un générique de CORDARONE (voir p. 260 et tableau p. 1151).

## AMISULPRIDE ARROW
Neuroleptique atypique — sur ordonnance

Ce médicament est un générique de SOLIAN (voir p. 949 et tableau p. 1151).

## AMISULPRIDE BIOGARAN
Neuroleptique atypique — sur ordonnance

Ce médicament est un générique de SOLIAN (voir p. 949 et tableau p. 1151).

## AMISULPRIDE EG
Neuroleptique atypique — sur ordonnance

Ce médicament est un générique de SOLIAN (voir p. 949 et tableau p. 1151).

## AMISULPRIDE G GAM
Neuroleptique atypique — sur ordonnance

Ce médicament est un générique de SOLIAN (voir p. 949 et tableau p. 1151).

## AMISULPRIDE IVAX
Neuroleptique atypique — sur ordonnance

Ce médicament est un générique de SOLIAN (voir p. 949 et tableau p. 1151).

## AMISULPRIDE MERCK
Neuroleptique atypique — sur ordonnance

Ce médicament est un générique de SOLIAN (voir p. 949 et tableau p. 1151).

## AMISULPRIDE QUALIMED
Neuroleptique atypique — sur ordonnance

Ce médicament est un générique de SOLIAN (voir p. 949 et tableau p. 1151).

## AMISULPRIDE RATIOPHARM
Neuroleptique atypique — sur ordonnance

Ce médicament est un générique de SOLIAN (voir p. 949 et tableau p. 1151).

## AMISULPRIDE RPG
Neuroleptique atypique — sur ordonnance

Ce médicament est un générique de SOLIAN (voir p. 949 et tableau p. 1151).

## AMISULPRIDE SANDOZ
Neuroleptique atypique — sur ordonnance

Ce médicament est un générique de SOLIAN (voir p. 949 et tableau p. 1151).

## AMISULPRIDE TEVA
Neuroleptique atypique — sur ordonnance

Ce médicament est un générique de SOLIAN (voir p. 949 et tableau p. 1151).

## AMISULPRIDE WINTHROP
Neuroleptique atypique — sur ordonnance

Ce médicament est un générique de SOLIAN (voir p. 949 et tableau p. 1151).

## AMISULPRIDE ZYDUS
Neuroleptique atypique — sur ordonnance

Ce médicament est un générique de SOLIAN (voir p. 949 et tableau p. 1151).

## AMLOR
Inhibiteur calcique — **sur ordonnance**

### Présentation
AMLOR 5 mg : gélule (jaune et blanc) ; boîte de 30. Liste I - Remb 65 % - **Prix : 18,51 €**.
AMLOR 5 mg : gélule (jaune et blanc) ; boîte de 90. Liste I - Remb 65 % - **Prix : 51,15 €**.
AMLOR 10 mg : gélule (gris) ; boîte de 30. Liste I - Remb 65 % - **Prix : 18,51 €**.
AMLOR 10 mg : gélule (gris) ; boîte de 90. Liste I - Remb 65 % - **Prix : 51,15 €**.

### Composition

| | p gél | p gél |
|---|---|---|
| **Amlodipine** | 5 mg | 10 mg |

### Dans quel cas ce médicament est-il prescrit ?
Ce médicament est un *vasodilatateur* qui appartient à la famille des *inhibiteurs calciques*.
Il est utilisé dans :
- le *traitement préventif* des crises d'*angine de poitrine*,
- le traitement de l'*hypertension artérielle*.

**Attention :** En cas de douleur thoracique survenant systématiquement dans la demi-heure qui suit la prise du médicament, consultez votre médecin avant de poursuivre le traitement.
Une *hépatite* peut exceptionnellement survenir pendant le traitement. Certains signes évocateurs doivent vous amener à consulter votre médecin : douleurs abdominales, perte de l'appétit, nausées, douleurs articulaires ou musculaires, fatigue anormale, fièvre inexpliquée, jaunisse.
Des précautions sont nécessaires en cas d'*insuffisance hépatique*.
Conducteur : en début de traitement, ce médicament peut être responsable de *vertiges*.

### Interactions avec d'autres substances
Informez votre médecin si vous prenez un *alphabloquant* (alfuzosine, prazosine), un *bêtabloquant*, un *anticonvulsivant* (carbamazépine, phénobarbital, phénytoïne, primidone) ou un médicament contenant de la rifampicine.
En outre, l'effet *antihypertenseur* de ce médicament peut être augmenté par certains médicaments tels que les *neuroleptiques*, les *antidépresseurs imipraminiques*, les médicaments contenant du baclofène ; il peut être diminué par les *corticoïdes*. Votre médecin doit être informé si vous êtes traité par l'un ou l'autre de ces médicaments.

### Grossesse et allaitement
L'effet de ce médicament pendant la grossesse ou l'allaitement est mal connu : seul votre médecin peut évaluer le risque éventuel de son utilisation dans votre cas.

### Mode d'emploi et posologie
Les gélules doivent être avalées avec un verre d'eau.

**Posologie usuelle :**
5 à 10 mg par jour, en 1 seule prise.

**Conseils :** Votre tension artérielle doit être contrôlée régulièrement. Les appareils permettant une mesure automatique de la tension à domicile utilisent souvent un procédé de mesure différent de celui qu'emploie votre médecin. Si vous avez un tel appareil, apportez-le en consultation pour vous assurer que la mesure obtenue est bien conforme à celle du tensiomètre de votre médecin.
Le traitement médicamenteux ne dispense pas de mesures simples pouvant faire baisser la tension artérielle : activité physique régulière, modération de la consommation de boissons alcoolisées et de *sel*, lutte contre l'excès de poids.

### Effets indésirables possibles
Les plus fréquents sont la conséquence de la dilatation des vaisseaux sanguins :
- rougeur du visage, bouffées de chaleur, maux de tête ;
- jambes lourdes ou enflées.

Plus rarement :
- accélération du cœur, *palpitations* ;
- démangeaisons, gonflement des gencives ;
- douleurs abdominales, altération du goût, bouche sèche, nausées, diarrhée, constipation, perte de l'appétit ;
- crampes musculaires, douleurs musculaires ou articulaires ;
- essoufflement ;
- fatigue anormale, *vertiges*, troubles du sommeil, fourmillements des extrémités, tremblements ;
- augmentation du volume des seins chez l'homme (gynécomastie) ;
- *réaction allergique*.

Laboratoires Pfizer

## AMODEX
Antibiotique : pénicilline — **sur ordonnance**

Ce médicament est un générique de CLAMOXYL oral (voir p. 235 et tableau p. 1151).

## AMOXICILLINE ARROW
Antibiotique : pénicilline — **sur ordonnance**

Ce médicament est un générique de CLAMOXYL oral (voir p. 235 et tableau p. 1151).

## AMOXICILLINE BIOGARAN
Antibiotique : pénicilline — **sur ordonnance**

Ce médicament est un générique de CLAMOXYL oral (voir p. 235 et tableau p. 1151).

## AMOXICILLINE EG
Antibiotique : pénicilline — **sur ordonnance**

Ce médicament est un générique de CLAMOXYL oral (voir p. 235 et tableau p. 1151).

## AMOXICILLINE HEXAL
Antibiotique : pénicilline — **sur ordonnance**

Ce médicament est un générique de CLAMOXYL oral (voir p. 235 et tableau p. 1151).

## AMOXICILLINE IVAX
Antibiotique : pénicilline
sur ordonnance

Ce médicament est un générique de CLAMOXYL oral (voir p. 235 et tableau p. 1151).

## AMOXICILLINE MERCK
Antibiotique : pénicilline
sur ordonnance

Ce médicament est un générique de CLAMOXYL oral (voir p. 235 et tableau p. 1151).

## AMOXICILLINE QUALIMED
Antibiotique : pénicilline
sur ordonnance

Ce médicament est un générique de CLAMOXYL oral (voir p. 235 et tableau p. 1151).

## AMOXICILLINE RATIO
Antibiotique : pénicilline
sur ordonnance

Ce médicament est un générique de CLAMOXYL oral (voir p. 235 et tableau p. 1151).

## AMOXICILLINE RATIOPHARM
Antibiotique : pénicilline
sur ordonnance

Ce médicament est un générique de CLAMOXYL oral (voir p. 235 et tableau p. 1151).

## AMOXICILLINE RPG oral
Antibiotique : pénicilline
sur ordonnance

Ce médicament est un générique de CLAMOXYL oral (voir p. 235 et tableau p. 1151).

## AMOXICILLINE SANDOZ
Antibiotique : pénicilline
sur ordonnance

Ce médicament est un générique de CLAMOXYL oral (voir p. 235 et tableau p. 1151).

## AMOXICILLINE TEVA
Antibiotique : pénicilline
sur ordonnance

Ce médicament est un générique de CLAMOXYL oral (voir p. 235 et tableau p. 1151).

## AMOXICILLINE WINTHROP
Antibiotique : pénicilline
sur ordonnance

Ce médicament est un générique de CLAMOXYL oral (voir p. 235 et tableau p. 1151).

## AMOXICILLINE ZYDUS
Antibiotique : pénicilline
sur ordonnance

Ce médicament est un générique de CLAMOXYL oral (voir p. 235 et tableau p. 1151).

## AMOXICILLINE ACIDE CLAVULANIQUE ARROW
Antibiotiques : pénicilline
+ inhibiteur de bêtalactamase
sur ordonnance

Ce médicament est un générique de AUGMENTIN oral (voir p. 128 et tableau p. 1151).
Il est également générique de CIBLOR (voir p. 224 et tableau p. 1151).

## AMOXICILLINE ACIDE CLAVULANIQUE BIOGARAN
Antibiotiques : pénicilline
+ inhibiteur de bêtalactamase
sur ordonnance

Ce médicament est un générique de AUGMENTIN oral (voir p. 128 et tableau p. 1151).
Il est également générique de CIBLOR (voir p. 224 et tableau p. 1151).

## AMOXICILLINE ACIDE CLAVULANIQUE EG
Antibiotiques : pénicilline
+ inhibiteur de bêtalactamase
sur ordonnance

Ce médicament est un générique de AUGMENTIN oral (voir p. 128 et tableau p. 1151).
Il est également générique de CIBLOR (voir p. 224 et tableau p. 1151).

## AMOXICILLINE ACIDE CLAVULANIQUE G GAM
Antibiotiques : pénicilline
+ inhibiteur de bêtalactamase
sur ordonnance

Ce médicament est un générique de AUGMENTIN oral (voir p. 128 et tableau p. 1151).
Il est également générique de CIBLOR (voir p. 224 et tableau p. 1151).

## AMOXICILLINE ACIDE CLAVULANIQUE IVAX
Antibiotiques : pénicilline
+ inhibiteur de bêtalactamase
sur ordonnance

Ce médicament est un générique de AUGMENTIN oral (voir p. 128 et tableau p. 1151).
Il est également générique de CIBLOR (voir p. 224 et tableau p. 1151).

## AMOXICILLINE ACIDE CLAVULANIQUE MERCK

Antibiotiques : pénicilline
+ inhibiteur de bêtalactamase

**sur ordonnance**

Ce médicament est un générique de AUGMENTIN oral (voir p. 128 et tableau p. 1151).
Il est également générique de CIBLOR (voir p. 224 et tableau p. 1151).

## AMOXICILLINE ACIDE CLAVULANIQUE QUALIMED

Antibiotiques : pénicilline
+ inhibiteur de bêtalactamase

**sur ordonnance**

Ce médicament est un générique de AUGMENTIN oral (voir p. 128 et tableau p. 1151).
Il est également générique de CIBLOR (voir p. 224 et tableau p. 1151).

## AMOXICILLINE ACIDE CLAVULANIQUE RATIOPHARM

Antibiotiques : pénicilline
+ inhibiteur de bêtalactamase

**sur ordonnance**

Ce médicament est un générique de AUGMENTIN oral (voir p. 128 et tableau p. 1151).
Il est également générique de CIBLOR (voir p. 224 et tableau p. 1151).

## AMOXICILLINE ACIDE CLAVULANIQUE RPG

Antibiotiques : pénicilline
+ inhibiteur de bêtalactamase

**sur ordonnance**

Ce médicament est un générique de AUGMENTIN oral (voir p. 128 et tableau p. 1151).
Il est également générique de CIBLOR (voir p. 224 et tableau p. 1151).

## AMOXICILLINE ACIDE CLAVULANIQUE SANDOZ

Antibiotiques : pénicilline
+ inhibiteur de bêtalactamase

**sur ordonnance**

Ce médicament est un générique de AUGMENTIN oral (voir p. 128 et tableau p. 1151).
Il est également générique de CIBLOR (voir p. 224 et tableau p. 1151).

## AMOXICILLINE ACIDE CLAVULANIQUE TEVA

Antibiotiques : pénicilline
+ inhibiteur de bêtalactamase

**sur ordonnance**

Ce médicament est un générique de AUGMENTIN oral (voir p. 128 et tableau p. 1151).
Il est également générique de CIBLOR (voir p. 224 et tableau p. 1151).

## AMOXICILLINE ACIDE CLAVULANIQUE WINTHROP

Antibiotiques : pénicilline
+ inhibiteur de bêtalactamase

**sur ordonnance**

Ce médicament est un générique de AUGMENTIN oral (voir p. 128 et tableau p. 1151).
Il est également générique de CIBLOR (voir p. 224 et tableau p. 1151).

## AMPECYCLAL

Veinotonique

### Présentation

AMPECYCLAL 300 mg : gélule (blanc) ; boîte de 30. Remb 15 % - **Prix : 3,19 €**.

### Composition

| | p gél |
|---|---|
| **Adénosine phosphate d'heptaminol** ............ | 300 mg |

### Dans quel cas ce médicament est-il prescrit ?

C'est un *veinotonique*. Il stimule la circulation du sang dans les veines.
Il est utilisé dans le *traitement symptomatique* :
- des jambes lourdes, *impatiences* et autres troubles en rapport avec une mauvaise circulation veineuse ou *lymphatique* ;
- des crises d'*hémorroïdes* ;
- des saignements entre les règles dus notamment au port d'un stérilet, uniquement après avis médical.

### Contre-indications

Ce médicament ne doit pas être utilisé dans les cas suivants :
- excès d'*hormones thyroïdiennes*,
- en association aux médicaments de la famille des *IMAO* non sélectifs.

> **Attention :** Ce médicament est insuffisant pour prévenir le risque de *phlébite* chez les malades alités ou plâtrés.
> L'*insuffisance veineuse* peut requérir des mesures spécifiques telles que la *contention élastique*.
> Des douleurs, un saignement anal qui persistent malgré le traitement peuvent être dus à une maladie autre que des *hémorroïdes* : consultez votre médecin. De même, tout saignement anal survenant chez une personne de plus de 50 ans doit faire l'objet d'une consultation médicale.
> Sportif : ce médicament contient une substance susceptible de rendre positifs certains *tests antidopage*.

### Interactions avec d'autres substances

Ce médicament ne doit pas être associé aux médicaments de la famille des *IMAO* non sélectifs : risque d'*hypertension artérielle* grave.

### Grossesse et allaitement

L'effet de ce médicament pendant la grossesse ou l'allaitement est mal connu. L'évaluation du risque éventuel lié à son utilisation est individuelle : demandez conseil à votre pharmacien ou à votre médecin.

### Mode d'emploi et posologie

Les gélules doivent être avalées avec un verre d'eau.

**Posologie usuelle :**
2 gélules matin et soir.

> **Conseils :** Une activité physique régulière et la surélévation du pied du lit permettent de faciliter la circulation veineuse et *lymphatique*.
> La constipation, la consommation de mets épicés et de vins riches en tanins favorisent les *hémorroïdes*.

### Effets indésirables possibles

Rarement : nausées et maux d'estomac.

Laboratoires Erempharma

## AMPHOCYCLINE

*Informations détaillées sur www.monvidal.com*

## AMPHOSCA

*Informations détaillées sur www.monvidal.com*

## AMUKINE

*Informations détaillées sur www.monvidal.com*

## AMYCOR

Antifongique

sur ordonnance

### Présentation

**AMYCOR :** crème pour application locale ; tube de 15 g. Liste I - Remb 35 % - **Prix : 4,69 €**.
**AMYCOR :** solution pour application locale ; flacon pulvérisateur de 15 ml. Liste I - Remb 35 % - **Prix : 4,52 €**.
**AMYCOR :** poudre pour application locale ; flacon poudreur de 15 g. Liste I - Remb 35 % - **Prix : 4,69 €**.

### Composition

| | p 100 g | p 100 ml | p 100 g |
|---|---|---|---|
| **Bifonazole** | 1 g | 1 g | 1 g |
| Alcool | | + | |

### Dans quel cas ce médicament est-il prescrit ?

Ce médicament d'action locale contient un *antifongique* de la famille des *imidazolés*.
Il est utilisé dans le traitement de certaines maladies de la peau et des *muqueuses*, dues à des champignons microscopiques (*mycoses*) : *candidose*, *pityriasis versicolor*, *dermatophyties*...

### Contre-indications

Ce médicament ne doit pas être utilisé en cas d'*allergie* aux *antifongiques* de la famille des *imidazolés*.

> **Attention :** Évitez d'utiliser ce médicament, notamment chez l'enfant, de manière prolongée et sur des surfaces étendues ou profondément lésées, sans l'avis de votre pharmacien ou de votre médecin.
> Rincez abondamment en cas de contact accidentel avec les yeux.

### Grossesse et allaitement

L'effet de ce médicament pendant la grossesse ou l'allaitement est mal connu : seul votre médecin peut évaluer le risque éventuel de son utilisation dans votre cas.

### Mode d'emploi et posologie

Dans tous les cas, le médicament doit être appliqué après lavage et séchage soigneux de la zone à traiter.
Crème : appliquer directement sur les lésions et masser pour faire pénétrer. Dans les plis de la peau, la crème doit être appliquée en petite quantité pour limiter le risque de macération.
Solution : après agitation du flacon, pulvériser sur les lésions en respectant une distance d'au moins 10 cm, puis masser pour faire pénétrer.
Poudre : destinée aux lésions des orteils, elle est, dans certains cas, également pulvérisée dans les chaussures (*traitement préventif* des rechutes).

**Posologie usuelle :**
1 application par jour.
La forme utilisée (crème, solution, poudre) et la durée du traitement varient selon les cas.

> **Conseils :** En cas de *candidose*, évitez d'utiliser des savons acides : ils favorisent la multiplication des champignons.
> En cas de lésion importante des ongles des orteils, un meulage préalable par un pédicure facilite l'action du médicament.
> Une transpiration excessive contribue au développement des lésions dues à des champignons. Le port de chaussettes en fibre naturelle (coton, laine) est recommandé. La même paire de chaussures ne doit pas être portée deux jours de suite.

### Effets indésirables possibles

Irritation cutanée.

Laboratoires Merck Lipha Santé

## AMYCOR ONYCHOSET

Antifongique

sur ordonnance

### Présentation

AMYCOR ONYCHOSET : pommade ; tube de 10 g avec grattoir et 15 pansements adhésifs. Liste I - Remb 35 % - **Prix : 25,06 €**.

### Composition

| | p 100 g |
|---|---|
| **Bifonazole** | 1 g |
| **Urée** | 40 g |
| Lanoline | + |

### Dans quel cas ce médicament est-il prescrit ?

Cette pommade contient un *antifongique* de la famille des *imidazolés*. L'urée facilite la pénétration de l'antifongique dans l'ongle infecté.
Elle est utilisée dans le traitement des *mycoses* des ongles.

### Contre-indications

Ce médicament ne doit pas être utilisé en cas d'*allergie* à la lanoline ou aux *antifongiques* de la famille des *imidazolés*.

> **Attention :** Pensez à vous laver les mains après l'application. En cas de contact accidentel avec les yeux, rincez abondamment.

### Grossesse et allaitement

L'effet de ce médicament pendant la grossesse ou l'allaitement est mal connu : seul votre médecin peut évaluer le risque éventuel de son utilisation dans votre cas.

### Mode d'emploi et posologie

Appliquer, après la douche ou le bain, la quantité de pommade nécessaire pour recouvrir entièrement l'ongle malade. Poser le pansement occlusif et le garder en place pendant 24 heures.

Ôter le pansement avant la douche ou le bain suivant pour laisser l'ongle en contact avec l'eau chaude. Après la toilette, éliminer la partie ramollie de l'ongle avec le grattoir avant de renouveler le pansement.

**Posologie usuelle :**

1 application par jour jusqu'à élimination de l'ongle malade (1 à 3 semaines).

Cette première partie du traitement (élimination de l'ongle malade) doit être suivie d'un traitement avec une crème ou une autre pommade ne contenant pas d'urée, prescrite par votre médecin.

**Conseils :** Pour faciliter la guérison des *mycoses* des pieds et éviter les récidives, il est recommandé :
- de changer de chaussures tous les jours, pour leur permettre de sécher au moins 24 heures ;
- de porter des chaussettes en fibres naturelles (coton, laine) ;
- de se sécher soigneusement les pieds après la douche ou le bain ;
- de ne pas porter de chaussures ou de chaussons qui ne vous appartiennent pas ;
- de ne pas utiliser de savon acide pour la toilette.

### Effets indésirables possibles

Irritation ou *réaction allergique* cutanée.

Laboratoires Merck Lipha Santé

## AMYLODIASTASE

*Informations détaillées sur www.monvidal.com*

## ANADVIL

*Informations détaillées sur www.monvidal.com*

## ANADVIL RHUME

*Informations détaillées sur www.monvidal.com*

## ANAFRANIL

Antidépresseur imipraminique — sur ordonnance

### Présentation

**ANAFRANIL 10 mg :** comprimé (triangulaire ; jaune pâle) ; boîte de 60. Liste I - Remb 65 % - **Prix : 4,06 €.**
**ANAFRANIL 25 mg :** comprimé (jaune pâle) ; boîte de 50. Liste I - Remb 65 % - **Prix : 7,53 €.**
**ANAFRANIL 75 mg :** comprimé sécable (oblong ; rose) ; boîte de 20. Liste I - Remb 65 % - **Prix : 8,92 €.**

### Composition

| | p cp | p cp | p cp |
|---|---|---|---|
| **Clomipramine chlorhydrate** | 10 mg | 25 mg | 75 mg |
| Lactose | + | + | + |

### Dans quel cas ce médicament est-il prescrit ?

Ce médicament est un antidépresseur qui appartient à la famille des *antidépresseurs imipraminiques*. Il possède également des effets *atropiniques* et des propriétés *antalgiques* indépendantes de son effet antidépresseur.

Il est utilisé dans le traitement :
- des *états dépressifs*,
- des *attaques de panique* (*traitement préventif*),
- des *troubles obsessionnels compulsifs*,
- des *douleurs neuropathiques*,
- de l'*énurésie* nocturne de l'enfant, en l'absence de lésions des voies urinaires (comprimé à 10 mg).

### Contre-indications

Ce médicament ne doit pas être utilisé dans les cas suivants :
- risque de *glaucome* à angle fermé,
- risque de rétention des urines (*adénome de la prostate*),
- *infarctus du myocarde* récent (moins de 3 mois),
- en association avec les *IMAO* non sélectifs ou avec les médicaments contenant du sultopride.

**Attention :** Ce médicament présente des effets *atropiniques*. Il peut provoquer un *glaucome* aigu chez les personnes prédisposées : œil rouge, dur et douloureux, avec vision floue. Une consultation d'extrême urgence auprès d'un ophtalmologiste est nécessaire.

Des précautions particulières s'imposent en cas d'*épilepsie*, de maladie cardiaque, chez l'*insuffisant hépatique* ou *rénal* et chez la personne âgée, notamment en cas de constipation chronique, de tendance aux *vertiges* ou aux baisses de tension.

En cas d'excitation anormale ou de confusion des idées survenant sous traitement, une consultation médicale est nécessaire.

Avant une anesthésie locale, notamment chez le dentiste, signalez la prise de ce médicament.

Évitez les boissons alcoolisées : augmentation du risque de somnolence.

Si vous devez conduire, ou utiliser une machine dangereuse, assurez-vous préalablement que ce médicament n'altère pas votre vigilance.

### Interactions avec d'autres substances

Ce médicament ne doit pas être associé aux médicaments suivants :
- *IMAO* non sélectifs (MARSILID...) : des délais précis doivent être respectés entre l'arrêt de l'IMAO et le début du traitement par ce médicament, et inversement.
- sultopride (médicament disponible uniquement à l'hôpital) : risque de *troubles du rythme cardiaque* graves.

Il peut également interagir avec les IMAO sélectifs A et avec les médicaments contenant l'une des substances suivantes : adrénaline, noradrénaline, clonidine, guanfacine.

Informez par ailleurs votre médecin ou votre pharmacien si vous prenez un antidépresseur *inhibiteur de la recapture de la sérotonine*, un médicament *anticonvulsivant*, *antihypertenseur*, *atropinique*, *sédatif*, ou contenant de la carbamazépine, du bupropion, de la thioridazine ou du baclofène.

### Grossesse et allaitement

Si une grossesse survient pendant le traitement, consultez votre médecin. Il appréciera le risque éventuel lié à l'utilisation de ce médicament dans votre cas.

Si le traitement est poursuivi jusqu'à l'accouchement, une surveillance médicale du *nouveau-né* est nécessaire.

Ce médicament est susceptible de passer faiblement dans le lait maternel : l'allaitement est déconseillé sans avis médical.

### Mode d'emploi et posologie

La dose quotidienne est généralement absorbée en une prise, le plus souvent le soir, au cours ou en dehors du repas.

Avaler les comprimés, sans les croquer, avec un verre d'eau.

**Posologie usuelle :**

- *État dépressif, troubles obsessionnels compulsifs* : 75 mg à 150 mg par jour.
- Prévention des *attaques de panique* : 20 mg à 150 mg par jour.
- *Douleurs neuropathiques* : 10 à 150 mg par jour, en fonction des traitements associés. La posologie est atteinte progressivement en fonction de l'efficacité du traitement.
- *Énurésie* :
  - Enfant de plus de 6 ans : 1 à 3 comprimés à 10 mg, selon l'âge, le soir au coucher.

**Conseils :** L'efficacité des *antidépresseurs* n'est généralement pas immédiate. Un délai pouvant atteindre plusieurs semaines est parfois nécessaire pour que les effets bénéfiques se fassent sentir. Les effets indésirables éventuels apparaissant en début de traitement ne doivent pas vous conduire à l'arrêter prématurément.

Chez la personne souffrant de dépression, un état anxieux peut apparaître ou être majoré en début de traitement ; un *anxiolytique* est parfois prescrit par le médecin pour prévenir ou traiter ces manifestations.

Lorsque les *symptômes* de la *dépression* ont disparu, le traitement doit absolument être poursuivi pendant la durée prescrite afin de consolider la guérison. Un arrêt prématuré exposerait à une rechute. La durée d'un traitement antidépresseur est rarement inférieure à 6 mois.

Contrairement à d'autres médicaments utilisés pour traiter les maladies psychiques, les antidépresseurs ne créent pas de dépendance. Néanmoins, il est préférable d'arrêter le traitement progressivement en diminuant la posologie ou en espaçant les prises pour éviter les effets indésirables transitoires, rarement observés, en cas d'interruption brutale.

L'utilisation de ce médicament dans les cas d'*énurésie* ne se conçoit que dans le cadre d'un traitement plus global : rééducation, prise en charge psychologique éventuelle.

Une prise de poids peut être observée au cours du traitement. Une alimentation équilibrée, et si nécessaire les conseils d'un nutritionniste, peuvent prévenir et limiter ce phénomène.

### Effets indésirables possibles

Comme tous les *antidépresseurs imipraminiques* :

- sécheresse de la bouche, constipation, troubles de l'*accommodation*, *tachycardie*, sueurs, difficulté à uriner, troubles sexuels, *hypotension orthostatique*, somnolence ;
- plus rarement : tremblements, convulsions chez les personnes prédisposées, confusion des idées, prise de poids, tension anormale des seins, écoulement de lait par le mamelon, bouffées de chaleur, *réaction allergique*, *hépatite*, anomalie de la *numération formule sanguine*, troubles cardiaques, excitation anormale.

Laboratoires Novartis Pharma

## ANAHELP

*Informations détaillées sur www.monvidal.com*

## ANANDRON

*Informations détaillées sur www.monvidal.com*

## ANAPEN

*Informations détaillées sur www.monvidal.com*

## ANAUSIN

*Informations détaillées sur www.monvidal.com*

## ANAXÉRYL

*Informations détaillées sur www.monvidal.com*

## ANCOTIL

*Informations détaillées sur www.monvidal.com*

## ANDRACTIM

*Informations détaillées sur www.monvidal.com*

## ANDROCUR

Antiandrogène

sur ordonnance

### Présentation

**ANDROCUR 50 mg :** comprimé sécable (blanc) ; boîte de 20. Liste I - Remb 65 % - **Prix : 13,73 €.**
**ANDROCUR 100 mg :** comprimé sécable ; boîte de 60. Liste I - Remb 100 % - **Prix : 96,47 €.**

### Composition

| | p cp | p cp |
|---|---|---|
| **Cyprotérone acétate** | 50 mg | 100 mg |

### Dans quel cas ce médicament est-il prescrit ?

Ce médicament contient un dérivé de la *progestérone*, qui s'oppose à l'action des *hormones androgènes* (hormones mâles). Celles-ci sont présentes en petite quantité chez la femme et sont impliquées dans les troubles de la pilosité et certaines maladies de peau.

Il est utilisé dans le traitement du *cancer* de la prostate chez l'homme.

Dosé à 50 mg, il est également utilisé dans le traitement de l'*hirsutisme* chez la femme, en association avec un estrogène.

Dosé à 100 mg, il peut être prescrit, en association avec une prise en charge psychothérapeutique, dans le traitement de certaines formes de *paraphilie*.

### Contre-indications

Ce médicament ne doit pas être utilisé dans les cas suivants :

- *accident thromboembolique* (*phlébite*, *embolie* pulmonaire...) ancien ou survenant pendant le traitement,
- maladie grave du foie,
- *diabète* grave,
- *dépression* grave,
- *tuberculose*,
- *anémie falciforme*,
- **allaitement.**

**Attention :** Des analyses de sang peuvent être nécessaires avant et pendant le traitement, notamment en cas de troubles hépatiques.
Chez la femme, une surveillance gynécologique est nécessaire. Chez la femme non ménopausée, ce médicament, habituellement associé à un *estrogène*, a un effet *contraceptif.*
Tout *symptôme* pouvant faire craindre une complication impose l'arrêt du traitement : maux de tête importants et inhabituels, troubles de la vision, élévation franche de la tension artérielle, jaunisse.
Si vous devez conduire, ou utiliser une machine dangereuse, assurez-vous préalablement que ce médicament n'altère pas votre vigilance.

### Interactions avec d'autres substances

Ce médicament est susceptible de faire varier le taux de sucre dans le sang et de déséquilibrer la *glycémie.* En cas de traitement antidiabétique, un contrôle plus fréquent de la glycémie peut être nécessaire.

### Grossesse et allaitement

Ce médicament n'a pas d'indication chez la femme enceinte et il doit être interrompu en cas de désir de grossesse.

Si une grossesse survient sous traitement, consultez votre médecin et arrêtez la prise de ce médicament.

Aucune malformation imputable à ce médicament n'a été observée à ce jour.

Les données disponibles ne permettent pas de savoir si ce médicament passe dans le lait maternel ; un choix est donc nécessaire entre l'allaitement et la prise du médicament. Cette décision devra être prise en accord avec votre médecin.

### Mode d'emploi et posologie

Ce médicament doit être avalé avec un verre d'eau.

**Posologie usuelle :**
Elle varie selon les cas et est fixée par le médecin.

### Effets indésirables possibles

Chez la femme : troubles des règles pendant et après le traitement, prise de poids.

Chez l'homme : stérilité temporaire, *gynécomastie*, variation de poids, *impuissance*, perte osseuse lors d'un traitement de longue durée.

Chez la femme comme chez l'homme : essoufflement, jambes lourdes, migraine ou maux de tête, maladie du foie, fatigue, agitation et état dépressif.

Laboratoires Schering

## ANDROGEL

*Informations détaillées sur www.monvidal.com*

## ANDROTARDYL

Androgène

sur ordonnance

### Présentation

ANDROTARDYL : solution injectable huileuse ; ampoule de 1 ml. Liste I - Remb 65 % - **Prix : 10,29 €.**

### Composition

| | p amp |
|---|---|
| **Testostérone énanthate** ............................ | 250 mg |

### Dans quel cas ce médicament est-il prescrit ?

Ce médicament contient de la *testostérone, hormone* sexuelle mâle humaine. Elle est indispensable au développement des caractères sexuels secondaires masculins (pilosité, mue de la voix, développement musculaire, libido et érection...) et apparaît chez le garçon au moment de la puberté. Sa sécrétion par les testicules est commandée par une hormone provenant de l'*hypophyse.*

Ce médicament est utilisé comme traitement substitutif pour remplacer la testostérone naturelle lorsque celle-ci n'est plus sécrétée en quantité suffisante par les testicules. Cette insuffisance de sécrétion peut être due aux testicules eux-mêmes ou à l'insuffisance de la glande qui commande la sécrétion testiculaire (maladie ou ablation de l'hypophyse).

### Contre-indications

Ce médicament ne doit pas être utilisé dans les cas suivants :

- chez la femme et le garçon non pubère ;
- cancer ou *adénome de la prostate*, cancer du sein chez l'homme ;
- *insuffisance rénale*, *cardiaque* ou *hépatique* grave ;
- état d'agressivité.

**Attention :** Ce médicament ne doit jamais être employé ou réemployé en dehors d'une prescription médicale.
L'utilisation de cette *hormone* en dehors d'un déficit réel en *testostérone* expose à des effets indésirables graves : augmentation du risque du cancer de la prostate ou du sein chez l'homme, troubles psychiques, agressivité. Chez la femme, une utilisation intempestive, même de courte durée, peut aboutir à l'apparition d'une pilosité de type masculin irréversible.
Sportif : ce médicament contient une substance susceptible de rendre positifs certains *tests antidopage.*

### Mode d'emploi et posologie

La solution doit être injectée impérativement par voie intramusculaire. Si l'usage de seringue en verre est recommandé, comme avec toutes les solutions huileuses, il est possible d'utiliser des seringues jetables en polypropylène à condition de pratiquer l'injection immédiatement après prélèvement du liquide dans l'ampoule.

**Posologie usuelle :**
1 ampoule par mois.

### Effets indésirables possibles

*Acné*, augmentation du volume des seins, rétention d'eau, augmentation du taux de calcium dans le sang (*hypercalcémie*).

Laboratoires Schering

## ANESDERM
Anesthésique local — sur ordonnance

Ce médicament est un générique de EMLA (voir p. 365 et tableau p. 1151).

## ANGELIQ
*Informations détaillées sur www.monvidal.com*

## ANGI-SPRAY
Préparation orobuccale antibactérienne et antalgique

### Présentation
ANGI-SPRAY : *collutoire* ; flacon pressurisé à l'azote de 40 ml avec embout buccal. Non remb.

### Composition

| | p 100 g |
|---|---|
| **Hexétidine** | 182 mg |
| **Acide propionique** | 118 mg |
| **Chlorobutanol** | 500 mg |
| Alcool éthylique à 95° | 30 g |
| Menthe, huile essentielle | + |

### Dans quel cas ce médicament est-il prescrit ?
Ce *collutoire* contient un *antiseptique* et un *anesthésique* local.
Il est utilisé dans le *traitement d'appoint* des infections de la gorge et de la bouche.

### Contre-indications
Ce médicament ne doit pas être utilisé dans les cas suivants :
- *allergie* aux *anesthésiques* locaux,
- enfant de moins de 15 ans.

**Attention :** En l'absence d'amélioration au bout de 5 jours, de douleur en avalant ou en cas d'apparition de fièvre, consultez votre médecin. Il pourra faire la différence entre une *pharyngite* et une angine. En cas d'angine bactérienne, un traitement *antibiotique* est nécessaire afin d'éviter des complications ultérieures, cardiaques ou rénales.
L'usage prolongé des traitements antiseptiques locaux (*gargarisme*, *collutoire*, pastille) n'est pas souhaitable ; il peut modifier l'équilibre microbien naturel de la gorge.
Une surconsommation pourrait provoquer des troubles nerveux et cardiaques : respectez la *posologie*.
En l'absence d'amélioration au bout de 5 jours, en cas d'apparition de fièvre, consultez votre médecin.

### Interactions avec d'autres substances
Il est généralement inutile d'associer des *antiseptiques* différents. Ceux-ci peuvent être contenus dans de nombreux produits disponibles en automédication : pastille, *collutoire* et solution nasale ; demandez conseil à votre pharmacien.

### Grossesse et allaitement
L'effet de ce médicament pendant la grossesse ou l'allaitement est mal connu. L'évaluation du risque éventuel lié à son utilisation est individuelle : demandez conseil à votre pharmacien ou à votre médecin.

### Mode d'emploi et posologie
- Adulte et enfant de plus de 15 ans : 4 à 6 pulvérisations par jour.

**Conseils :** Chez l'enfant et la personne âgée, évitez l'usage de ce médicament avant les repas : l'*anesthésique* local est susceptible de provoquer des troubles de la déglutition ; ceux-ci pourraient être à l'origine du passage d'aliments dans les *voies* respiratoires.

### Effets indésirables possibles
*Réaction allergique.*
Engourdissement passager de la langue.

**Laboratoires Merck Médication Familiale**

## ANSATIPINE
*Informations détaillées sur www.monvidal.com*

## ANTADYS
Anti-inflammatoire non stéroïdien — sur ordonnance

### Présentation
ANTADYS : comprimé (bleu) ; boîte de 15. Liste II - Remb 65 % - **Prix : 3,69 €**.

### Composition

| | p cp |
|---|---|
| **Flurbiprofène** | 100 mg |

### Dans quel cas ce médicament est-il prescrit ?
Ce médicament est un *anti-inflammatoire* non stéroïdien (*AINS*). Il lutte contre l'*inflammation* et la douleur, fait baisser la fièvre et fluidifie le sang.
Il est utilisé chez l'adulte dans le traitement :
- des *rhumatismes inflammatoires* ;
- de certaines *arthroses* ;
- des *tendinites*, des *lombalgies*... ;
- des règles douloureuses.

### Contre-indications
Ce médicament ne doit pas être utilisé dans les cas suivants :
- *antécédent* d'*allergie* ou d'*asthme* provoqué par la prise d'*AINS*, y compris l'aspirine ;
- *ulcère* de l'estomac ou du *duodénum* ;
- *insuffisance hépatique* ou *rénale* grave ;
- enfant de moins de 15 ans ;
- **grossesse** (à partir du 6e mois).

**Attention :** Tout traitement prolongé ou *surdosage* d'*AINS* expose à des effets indésirables graves.
Certaines situations doivent conduire à ne poursuivre le traitement qu'après un avis médical :
- brûlures d'estomac importantes ou selles noires et nauséabondes pouvant traduire une irritation ou un saignement du tube digestif ;
- *réaction allergique* cutanée, crise d'*asthme* ;
- fatigue inhabituelle et intense, ou baisse brutale et importante du volume des urines chez une personne souffrant d'*insuffisance cardiaque*, déshydratée ou traitée par *diurétique*.

Des précautions sont nécessaires en cas d'*antécédent* d'*ulcère* de l'estomac ou du *duodénum* ou de risque hémorragique, notamment digestif (maladie de *Crohn*, *rectocolite hémorragique*).

Certains médecins considèrent que les anti-inflammatoires peuvent diminuer l'efficacité des stérilets et exposer à un risque de grossesse non désirée. Ce risque est actuellement très controversé.

Conducteur : ce médicament peut provoquer parfois des étourdissements et des troubles de la vue.

### Interactions avec d'autres substances

Ce médicament peut interagir avec d'autres médicaments, notamment :

- l'aspirine et les autres *anti-inflammatoires* non stéroïdiens (*AINS*) : risque d'accroissement des effets indésirables ;
- les *anticoagulants* et les *antiagrégants plaquettaires* : augmentation du risque hémorragique ;
- le lithium (TÉRALITHE, NEUROLITHIUM...) : augmentation du taux de lithium dans le sang ;
- le méthotrexate.

Informez par ailleurs votre médecin ou votre pharmacien en cas de traitement par un *diurétique*, un *inhibiteur de l'enzyme de conversion*, un *inhibiteur de l'angiotensine II*, un *bêtabloquant* ou un médicament contenant de la ciclosporine.

### Grossesse et allaitement

Des effets néfastes pour l'enfant à naître ont été mis en évidence lorsque les *AINS* sont utilisés au cours des 4 derniers mois de la grossesse ; le risque existe même avec une seule prise et même si la grossesse est à terme. L'usage de ce médicament est contre-indiqué pendant cette période.

Pendant les 5 premiers mois, l'effet de ce médicament est mal connu : seul votre médecin peut évaluer le risque éventuel de son utilisation dans votre cas.

Ce médicament passe dans le lait maternel ; un choix est donc nécessaire entre l'allaitement et la prise du médicament. Cette décision devra être prise en accord avec votre médecin.

### Mode d'emploi et posologie

Les comprimés sont pris de préférence au milieu des repas afin de limiter les effets digestifs indésirables. Ils doivent être avalés avec un verre d'eau sans être croqués ni écrasés.

**Posologie usuelle :**

- Adulte :
  - *traitement d'attaque* en rhumatologie : 300 mg par jour, soit 1 comprimé, 3 fois par jour ;
  - *traitement d'entretien* en rhumatologie : 100 à 200 mg par jour, soit 1 comprimé, 1 ou 2 fois par jour ;
  - douleurs des règles : 200 à 300 mg par jour, soit 1 comprimé 2 à 3 fois par jour.

**Conseils :** Les anti-inflammatoires ne sont pas des médicaments anodins. Du fait de la possibilité d'effets indésirables graves, ils ne doivent être utilisés que lorsqu'ils sont nécessaires, ce qui n'est pas le cas pour les affections rhumatismales peu douloureuses et les traumatismes bénins. Ce médicament vous a été prescrit dans une situation précise : ne le conseillez pas à un proche et ne le réutilisez pas sans avis médical.

Ne dépassez pas la *posologie* ni la durée de traitement prescrites par votre médecin.

### Effets indésirables possibles

*Troubles digestifs*, *gastrite*, voire *ulcère* de l'estomac ou du *duodénum*, le plus souvent lors d'un traitement de longue durée ou à forte dose. Exceptionnellement : *hémorragie* du tube digestif (vomissements de sang ou selles noires) ou plus souvent pertes de sang imperceptibles, responsables de l'apparition progressive d'une *anémie*.

*Réaction allergique* cutanée, *asthme*.

*Vertiges*, maux de tête exceptionnels.

Laboratoires Théramex

## ANTALYRE

*Informations détaillées sur www.monvidal.com*

## ANTARÈNE Enfant et Nourrisson

Anti-inflammatoire non stéroïdien

### Présentation

ANTARÈNE 100 mg : comprimé ; boîte de 40. Remb 65 % - **Prix : 2,59 €.**

ANTARÈNE Gé 20 mg/ml Enfant et Nourrisson : suspension buvable (arôme fraise des bois) ; flacon de 150 ml avec seringue de 5 ml pour administration orale graduée en kg. Remb 65 % - **Prix : 2,11 €.**

### Composition

| | p cp | p grad |
|---|---|---|
| **Ibuprofène** | 100 mg | 10 mg |
| Lactose | + | |
| Sodium | | 0,75 mg |
| Sorbitol | | + |

### Dans quel cas ce médicament est-il prescrit ?

Ce médicament est un *anti-inflammatoire* non stéroïdien (*AINS*). Il lutte contre la douleur et fait baisser la fièvre. Ses propriétés anti-inflammatoires se manifestent à forte dose.

Il est utilisé dans le *traitement symptomatique* des affections douloureuses ou fébriles et de l'*arthrite* chronique chez l'enfant.

### Contre-indications

Ce médicament ne doit pas être utilisé dans les cas suivants :

- *antécédent* d'*allergie* ou d'*asthme* provoqué par la prise d'*AINS*, y compris l'aspirine ;
- *ulcère* de l'estomac ou du *duodénum* ;
- *insuffisance hépatique* ou *rénale* graves ;
- *insuffisance cardiaque* grave ;
- *lupus érythémateux* disséminé ;
- enfant de moins de 6 ans (comprimés) ;
- **grossesse** (à partir du 6e mois).

**Attention :** Tout traitement prolongé ou *surdosage* d'*AINS* expose à des effets indésirables graves.

L'utilisation des AINS est déconseillée dans le traitement de la fièvre chez l'enfant en cas de varicelle : ils augmenteraient le risque rare de complications infectieuses cutanées graves.

Des précautions sont nécessaires en cas d'*antécédent* d'*ulcère* de l'estomac ou du *duodénum*, de risque hémorragique.

### Interactions avec d'autres substances

Ce médicament peut interagir avec d'autres médicaments, notamment :

- l'aspirine et les autres *anti-inflammatoires* non stéroïdiens (*AINS*) : risque d'accroissement des effets indésirables ;
- les *anticoagulants* et les *antiagrégants plaquettaires* : augmentation du risque hémorragique ;
- le lithium (TÉRALITHE, NEUROLITHIUM...) : augmentation du taux de lithium dans le sang ;
- le méthotrexate.

Informez par ailleurs votre médecin ou votre pharmacien en cas de traitement par un *diurétique*, un *inhibiteur de l'enzyme de conversion*, un *inhibiteur de l'angiotensine II*, un *bêtabloquant* ou un médicament contenant de la ciclosporine.

### Grossesse et allaitement

Bien que ce médicament soit destiné à l'enfant, son usage, comme pour tous les AINS, est contre-indiqué pendant les 4 derniers mois de la grossesse (en dehors de situations médicales très particulières) et déconseillé pendant les 5 premiers mois.

### Mode d'emploi et posologie

Les comprimés sont réservés à l'enfant de 6 à 12 ans (soit environ 20 à 40 kg). Afin de limiter la survenue de *troubles digestifs*, ils doivent être avalés tels quels, de préférence au cours des repas avec un grand verre d'eau. Toutefois, en cas de douleurs aiguës, la prise à jeun assure un effet plus rapide.

La suspension buvable est réservée à l'enfant de 3 mois à 12 ans (soit environ jusqu'à 40 kg). La seringue jointe au flacon permet un ajustement précis de la *posologie* : la dose par prise est indiquée en fonction du poids. Le flacon doit être agité avant utilisation.

Les prises doivent être espacées d'au moins 6 heures.

**Posologie usuelle :**

Douleur et fièvre : 20 à 30 mg par kg et par jour, en 3 ou 4 prises, sans dépasser 30 mg par kg et par jour.

*Arthrite* chronique : 30 à 40 mg par kg et par jour, à répartir en 4 prises.

Soit :

- Enfant de moins de 10 kg : 1 seringue remplie jusqu'à la graduation indiquant le poids de l'enfant, 3 ou 4 fois par jour.
- Enfant de 10 à 20 kg : 2 seringues remplies de façon à obtenir au total le poids de l'enfant, 3 ou 4 fois par jour. Soit, pour un enfant de 15 kg : 1 seringue remplie jusqu'à la graduation 10 kg et 1 seringue remplie jusqu'à la graduation 5 kg, 3 ou 4 fois par jour.
- Enfant de 20 à 30 kg : 2 comprimés, 3 fois par jour ou 3 seringues remplies de façon à obtenir au total le poids de l'enfant, 3 ou 4 fois par jour.
- Enfant de 30 à 40 kg : 3 comprimés, 3 fois par jour ou 4 seringues remplies de façon à obtenir au total le poids de l'enfant, 3 ou 4 fois par jour.

**Conseils :** La seringue pour administration orale doit être démontée, rincée et séchée après chaque administration.

Ne dépassez pas la *posologie* ni la durée de traitement prescrites par votre médecin, afin de limiter les effets indésirables.

Cette suspension buvable ne doit pas être conservée plus de 6 mois après ouverture du flacon. Penser à inscrire la date de première utilisation sur l'emballage.

### Effets indésirables possibles

Nausées, vomissements, *gastrite.*

Rarement :

- *ulcère* de l'estomac ou du *duodénum*, *hémorragie* du tube digestif (vomissements sanglants, selles noires, ou le plus souvent pertes de sang imperceptibles, responsables de l'apparition progressive d'une *anémie*) le plus souvent lors d'un traitement de longue durée ou à forte dose ;
- *réaction allergique* : *éruption cutanée*, démangeaisons, *œdème*, crise d'*asthme*, malaise avec chute brutale de la tension artérielle ;
- *vertiges*, maux de tête ;
- troubles de la vision nécessitant un examen ophtalmologique ;
- anomalie de la *numération formule sanguine*, augmentation des *transaminases.*

Suspension buvable :

Comme tous les médicaments et confiseries contenant des sucres non absorbables (sorbitol, maltitol...), possibilité de *diarrhée* en cas d'apport important.

Laboratoires Elerté

## ANTARÈNE 200 mg

Anti-inflammatoire non stéroïdien

Ce médicament est un générique de NUREFLEX 200 mg (voir p. 742 et tableau p. 1151).

## ANTARÈNE Adulte 400 mg

Anti-inflammatoire non stéroïdien — sur ordonnance

Ce médicament est un générique de BRUFEN (voir p. 169 et tableau p. 1151).

## ANTARÈNE gel

*Informations détaillées sur www.monvidal.com*

## ANTÉBOR

*Informations détaillées sur www.monvidal.com*

## ANTHYLLINE

*Informations détaillées sur www.monvidal.com*

## ANTIBIO SYNALAR

Traitement local des otites — sur ordonnance

### Présentation

ANTIBIO SYNALAR : solution pour instillation auriculaire ; flacon de 10 ml. Liste I - Remb 35 % - **Prix : 2,64 €.**

### Composition

| | p 100 ml |
|---|---|
| **Polymyxine B sulfate** | 1 M UI |
| **Néomycine sulfate** | 350 000 UI |
| **Fluocinolone acétonide** | 25 mg |
| Phénylmercure nitrate | + |

### Dans quel cas ce médicament est-il prescrit ?

Ce médicament d'usage local contient deux *antibiotiques* et un *anti-inflammatoire* de la famille des *corticoïdes.*

Il est utilisé dans le traitement de certaines *otites* externes.

### Contre-indications

Ce médicament ne doit pas être utilisé dans les cas suivants :
- *allergie* à la néomycine ou à la polymyxine ;
- perforation du tympan.

> **Attention :** Ce médicament peut être dangereux en cas de tympan perforé : ne le réutilisez pas sans un contrôle médical de l'intégrité du tympan.
> Sportif : ce médicament contient une substance susceptible de rendre positifs certains *tests antidopage.*

### Grossesse et allaitement

Les substances contenues dans ce médicament ne passent pas dans le sang dans les conditions d'utilisation (le médecin vérifie avant la prescription que le tympan ne présente pas de perforation). Il peut être utilisé pendant la grossesse ou l'allaitement.

### Mode d'emploi et posologie

Réchauffer le flacon entre les mains avant l'emploi pour limiter la sensation désagréable liée à l'introduction d'un liquide froid dans l'oreille.

Pencher la tête sur le côté et introduire la solution dans l'oreille. Garder la tête dans cette position pendant 10 minutes (bain d'oreille).

**Posologie usuelle :**

1 instillation de 3 à 6 gouttes dans l'oreille à traiter, 2 fois par jour.

La durée du traitement ne dépasse généralement pas 10 jours.

> **Conseils :** Si les troubles persistent ou si une fièvre apparaît malgré un traitement bien suivi, consultez votre médecin.
> Ne conservez pas inutilement ce médicament après une première utilisation.

### Effets indésirables possibles

*Mycose* locale.

*Réaction allergique.*

Troubles de l'audition ou de l'équilibre en cas de perforation du tympan (voir Attention).

Laboratoires Jolly-Jatel

## ANTIBIOTREX

*Informations détaillées sur www.monvidal.com*

## ANTIBIOTULLE LUMIÈRE

*Informations détaillées sur www.monvidal.com*

## ANTICOR

*Informations détaillées sur www.monvidal.com*

## ANTIGRIPPINE

*Informations détaillées sur www.monvidal.com*

## ANTINERVEUX LESOURD

*Informations détaillées sur www.monvidal.com*

## ANUSOL

*Informations détaillées sur www.monvidal.com*

## ANXIETUM

*Informations détaillées sur www.monvidal.com*

## ANXYREX

Anxiolytique : benzodiazépine — **sur ordonnance**

Ce médicament est un générique de LEXOMIL (voir p. 573 et tableau p. 1151).

## ANY

*Informations détaillées sur www.monvidal.com*

## ANZEMET

*Informations détaillées sur www.monvidal.com*

## AOTAL

Médicament du sevrage alcoolique — **sur ordonnance**

### Présentation

AOTAL : comprimé *gastrorésistant* (blanc) ; boîte de 60.
Liste II - Remb 65 % - **Prix : 16,15 €.**

### Composition

| | p cp |
|---|---|
| **Acamprosate** | 333 mg |

### Dans quel cas ce médicament est-il prescrit ?

Ce médicament diminue la *dépendance* à l'alcool en réduisant les *symptômes* de manque chez les grands buveurs.

Il est utilisé pour aider à maintenir l'abstinence pendant la cure de désintoxication alcoolique.

### Contre-indications

Ce médicament ne doit pas être utilisé en cas d'*insuffisance rénale.*

> **Attention :** La prise de ce médicament ne se conçoit pas sans l'arrêt préalable de toute boisson alcoolisée.

### Grossesse et allaitement

En l'absence de données suffisantes, ce médicament est déconseillé pendant la grossesse.

Les données actuellement disponibles ne permettent pas de savoir si ce médicament passe dans le lait maternel. Par mesure de prudence, l'allaitement est déconseillé sans avis médical.

### Mode d'emploi et posologie

Les comprimés doivent être avalés avec un peu d'eau, avant les repas.

**Posologie usuelle :**
- Adulte de moins de 60 kg : 2 comprimés le matin, 1 comprimé à midi, 1 comprimé le soir.
- Adulte de plus de 60 kg : 2 comprimés matin, midi et soir.

La durée recommandée du traitement est de 1 an.

**Conseils :** Ce médicament n'est qu'un élément de l'aide que peut recevoir l'alcoolique : le rôle du médecin ou des associations d'anciens buveurs est capital.

### Effets indésirables possibles

Démangeaisons, diarrhée.

Plus rarement : nausées, vomissements, douleurs abdominales.

**Laboratoires Merck Lipha Santé**

## APAISYL comprimé

Antiallergique

### Présentation

**APAISYL Enfant 4 mg :** comprimé ; boîte de 30. Non remb.
**APAISYL Adulte 12 mg :** comprimé (orange) ; boîte de 20. Non remb.

### Composition

| | p cp | p cp |
|---|---|---|
| **Isothipendyl chlorhydrate** | 4 mg | 12 mg |
| Lactose | + | + |

### Dans quel cas ce médicament est-il prescrit ?

Ce médicament est un *antihistaminique* antiallergique. Il a en outre des effets *sédatifs* et *atropiniques*.

Il est utilisé dans le traitement des manifestations allergiques diverses : *rhinite* ou *conjonctivite* allergiques, *urticaire*.

### Contre-indications

Ce médicament ne doit pas être utilisé dans les cas suivants :
- *antécédent* d'*agranulocytose*,
- risque de *glaucome* à angle fermé,
- risque de blocage des urines (*adénome de la prostate*).

**Attention :** Ce médicament présente des effets *atropiniques*. Il peut provoquer un *glaucome* aigu chez les personnes prédisposées : œil rouge, dur et douloureux, avec vision floue. Une consultation d'extrême urgence auprès d'un ophtalmologiste est nécessaire.

Du fait de la présence d'un *antihistaminique* ayant des propriétés sédatives et atropiniques, des précautions sont nécessaires chez l'*insuffisant hépatique* ou *rénal* et chez la personne âgée, notamment en cas de constipation chronique, d'*adénome de la prostate*, de tendance aux *vertiges* ou aux baisses de tension.

Évitez les boissons alcoolisées : augmentation du risque de somnolence.

Ce médicament peut induire une somnolence, parfois intense chez certaines personnes. Cette somnolence peut être majorée par la prise d'*alcool* ou d'autres médicaments *sédatifs*. La conduite et l'utilisation de machines dangereuses sont déconseillées, surtout dans les heures qui suivent la prise du médicament.

### Interactions avec d'autres substances

Informez votre médecin ou votre pharmacien si vous prenez un autre médicament ayant des effets *atropiniques* ou *sédatifs* (tranquillisants, somnifères, certains médicaments contre la toux ou contre la douleur contenant des *opiacés*, *antidépresseurs*, *neuroleptiques*...).

### Grossesse et allaitement

L'effet de ce médicament pendant la grossesse est mal connu : seul votre médecin peut évaluer le risque éventuel de son utilisation dans votre cas.

En cas de traitement en fin de grossesse, une surveillance du *nouveau-né* peut être nécessaire.

Les données actuellement disponibles ne permettent pas de savoir si ce médicament passe dans le lait maternel : par mesure de prudence, il est déconseillé pendant l'allaitement.

### Mode d'emploi et posologie

Les comprimés doivent être avalés avec un verre d'eau.

Les comprimés ne sont pas adaptés à l'enfant de moins de 6 ans. En effet, ils risquent d'obstruer les voies respiratoires si l'enfant déglutit mal et que le comprimé passe dans la trachée (fausse route).

Pour une action régulière du médicament, répartir les prises dans la journée. En cas de somnolence gênante, ne prendre le médicament que le soir.

**Posologie usuelle :**
- Adulte : 1 comprimé à 12 mg, 2 ou 3 fois par jour.
- Enfant : 1 comprimé à 4 mg, 1 à 3 fois par jour.

**Conseils :** Ce médicament agit sur les manifestations de l'*allergie* mais n'en supprime pas la cause. Si les *symptômes* persistent ou s'aggravent, n'hésitez pas à consulter votre médecin.

### Effets indésirables possibles

Somnolence.

Effets *atropiniques* : sécheresse de la bouche, troubles de l'*accommodation*, blocage des urines, constipation, *palpitations*.

*Hypotension orthostatique*, *vertiges*.

Tremblements, mauvaise coordination des mouvements.

Agitation, confusion des idées.

*Réaction allergique*, *photosensibilisation*.

Anomalie de la *numération formule sanguine*.

**Laboratoires Merck Médication Familiale**

## APAISYL gel

Antiprurigineux local

### Présentation

**APAISYL :** gel pour application locale ; tube de 30 g. Non remb.

### Composition

| | p 100 g |
|---|---|
| **Isothipendyl chlorydrate** | 0,75 g |

### Dans quel cas ce médicament est-il prescrit ?

Ce gel contient un *antihistaminique* antiallergique.

Il est utilisé pour calmer les démangeaisons, notamment celles dues aux piqûres d'insectes.

### Contre-indications

Ce gel ne doit pas être utilisé dans les cas suivants :
- *allergie* aux *antihistaminiques*,
- sur des lésions infectées ou suintantes.

**Attention :** Si les démangeaisons persistent ou s'aggravent, elles peuvent être dues à une *allergie* à l'*antihistaminique* (paradoxalement, cette substance antiallergique peut être elle-même allergisante).

### Grossesse et allaitement

L'effet de ce médicament pendant la grossesse ou l'allaitement est mal connu. L'évaluation du risque éventuel lié à son utilisation est individuelle : demandez conseil à votre pharmacien ou à votre médecin.

### Mode d'emploi et posologie

Faire pénétrer le gel en massant légèrement.

**Posologie usuelle :**
2 ou 3 applications par jour.

### Effets indésirables possibles

*Réaction allergique* cutanée.

Laboratoires Merck Médication Familiale

## APAROXAL

*Informations détaillées sur www.monvidal.com*

## APHILAN

Antiallergique

### Présentation

APHILAN : comprimé sécable (blanc) ; boîte de 10. Non remb.

### Composition

| | p cp |
|---|---|
| **Buclizine dichlorhydrate** | 25 mg |
| Lactose | + |

### Dans quel cas ce médicament est-il prescrit ?

Ce médicament est un *antihistaminique* antiallergique. Il a en outre des effets *sédatifs* et *atropiniques*.

Il est utilisé dans le traitement de différentes manifestations allergiques : *rhinite* ou *conjonctivite* allergiques, *urticaire*.

Il est également utilisé pour prévenir et traiter le mal de transports.

### Contre-indications

Ce médicament ne doit pas être utilisé dans les cas suivants :

- risque de *glaucome* à angle fermé,
- risque de blocage des urines (*adénome de la prostate*).

**Attention :** Ce médicament présente des effets *atropiniques*. Il peut provoquer un *glaucome* aigu chez les personnes prédisposées : œil rouge, dur et douloureux, avec vision floue. Une consultation d'extrême urgence auprès d'un ophtalmologiste est nécessaire.

Du fait de la présence d'un *antihistaminique* ayant des propriétés sédatives et atropiniques, des précautions sont nécessaires chez l'*insuffisant hépatique* ou *rénal* et chez la personne âgée, notamment en cas de constipation chronique, d'*adénome de la prostate*, de tendance aux *vertiges* ou aux baisses de tension.

Évitez les boissons alcoolisées : augmentation du risque de somnolence.

Ce médicament peut induire une somnolence, parfois intense chez certaines personnes. Cette somnolence peut être majorée par la prise d'*alcool* ou d'autres médicaments *sédatifs*. La conduite et l'utilisation de machines dangereuses sont déconseillées, surtout dans les heures qui suivent la prise du médicament.

### Interactions avec d'autres substances

Informez votre médecin ou votre pharmacien si vous prenez un autre médicament ayant des effets *atropiniques* ou *sédatifs* (tranquillisants, somnifères, certains médicaments contre la toux ou contre la douleur contenant des *opiacés*, *antidépresseurs*, *neuroleptiques*...).

### Grossesse et allaitement

L'effet de ce médicament pendant la grossesse est mal connu : seul votre médecin peut évaluer le risque éventuel de son utilisation dans votre cas.

En cas de prise en fin de grossesse, une surveillance du nouveau-né peut être nécessaire.

Les données disponibles ne permettent pas de savoir si ce médicament passe dans le lait maternel : ne l'utilisez pas pendant l'allaitement sans avis médical.

### Mode d'emploi et posologie

Les comprimés doivent être avalés avec un verre d'eau.

**Posologie usuelle :**

Manifestations allergiques :

- Adulte et enfant de plus de 12 ans : 1 à 2 comprimés par jour, de préférence le soir au coucher.
- Enfant de 6 à 12 ans : ½ à 1 comprimé par jour, de préférence le soir au coucher.

Mal des transports :

- Adulte et enfant de plus de 12 ans : 1 comprimé par prise, à renouveler en cas de besoin au bout de 4 à 6 heures, sans dépasser 2 comprimés par jour.
- Enfant de 6 à 12 ans : ½ comprimé à renouveler en cas de besoin au bout de 6 heures minimum, sans dépasser 1 comprimé par jour.

La première prise doit avoir lieu 1 heure avant le départ.

**Conseils :** Ce médicament agit sur les manifestations de l'*allergie* mais n'en supprime pas la cause. Si les *symptômes* persistent ou s'aggravent, n'hésitez pas à consulter votre médecin.

### Effets indésirables possibles

Somnolence.

Effets *atropiniques* : sécheresse de la bouche, troubles de l'*accommodation*, blocage des urines, constipation, *palpitations*.

*Hypotension orthostatique*, *vertiges*, tremblements, agitation.

*Réaction allergique*.

Anomalie de la *numération formule sanguine*.

Laboratoires UCB Healthcare

## APHILAN démangeaisons

*Informations détaillées sur www.monvidal.com*

## APHLOÏNE P

*Informations détaillées sur www.monvidal.com*

## APHTORAL

*Informations détaillées sur www.monvidal.com*

## APILAXE
*Informations détaillées sur www.monvidal.com*

## APOKINON
*Informations détaillées sur www.monvidal.com*

## APOMORPHINUM COMPLEXE N° 97
*Informations détaillées sur www.monvidal.com*

## APRANAX
Anti-inflammatoire non stéroïdien — sur ordonnance

### Présentation
**APRANAX 250 mg :** granulé pour suspension buvable (arômes : banane, orange, vanille) ; boîte de 30 sachets. Liste II - Remb 65 % - **Prix : 5,78 €**.
**APRANAX 275 mg :** comprimé (bleu) ; boîte de 10. Liste II - Remb 65 % - **Prix : 1,86 €**.
**APRANAX 275 mg :** comprimé (bleu) ; boîte de 30. Liste II - Remb 65 % - **Prix : 4,36 €**.
**APRANAX 500 mg :** granulé pour suspension buvable (arômes : banane, orange, vanille) ; boîte de 16 sachets. Liste II - Remb 65 % - **Prix : 5,61 €**.
**APRANAX 500 mg :** suppositoire ; boîte de 12. Liste II - Remb 35 % - **Prix : 3,86 €**.
**APRANAX 550 mg :** comprimé sécable (orangé) ; boîte de 16. Liste II - Remb 65 % - **Prix : 3,56 €**.
**APRANAX 750 mg :** comprimé (orangé) ; boîte de 15. Liste II - Remb 65 % - **Prix : 7,31 €**.

### Composition

| | p sachet | p cp | p sachet |
|---|---|---|---|
| **Naproxène** ................ | 250 mg | 275 mg | 500 mg |
| Aspartam .................... | + | | + |
| | **p suppos** | **p cp** | **p cp** |
| **Naproxène** ................ | 500 mg | 550 mg | 750 mg |

### Dans quel cas ce médicament est-il prescrit ?
Ce médicament est un *anti-inflammatoire* non stéroïdien (*AINS*). Il lutte contre l'*inflammation* et la douleur, fait baisser la fièvre et fluidifie le sang.
Il est utilisé dans :
- le *traitement symptomatique* des *rhumatismes inflammatoires*, des crises d'*arthroses*, des *arthrites*, des *tendinites*, des *lombalgies*, des *sciatiques*, des *cruralgies*, des douleurs faisant suite à un traumatisme de l'appareil locomoteur, des règles douloureuses ;
- le traitement de courte durée des manifestations inflammatoires de la bouche (comprimés à 275 et 550 mg) ;
- le traitement des rhumatismes inflammatoires chez l'enfant (de plus de 6 ans et de plus de 25 kg).

### Contre-indications
Ce médicament ne doit pas être utilisé dans les cas suivants :
- *antécédent* d'*allergie* ou d'*asthme* provoqué par la prise d'*AINS*, y compris l'aspirine ;
- *ulcère* de l'estomac ou du *duodénum* ;
- *insuffisance hépatique* ou rénale grave ;
- *insuffisance cardiaque* grave ;
- *inflammation* ou saignement récent du rectum (suppositoire) ;
- enfant de moins de 15 ans (comprimés à 550 mg et 750 mg, suppositoire à 500 mg) ;
- enfant de moins de 25 kg (comprimé à 275 mg et sachet à 250 mg) ;
- *phénylcétonurie* (granulé pour suspension buvable : présence d'aspartam) ;
- **grossesse** (à partir du 6e mois).

**Attention :** Tout traitement prolongé ou *surdosage* d'*AINS* expose à des effets indésirables graves.
Certaines situations doivent conduire à ne poursuivre le traitement qu'après un avis médical :
- brûlures d'estomac importantes ou selles noires et nauséabondes pouvant traduire une irritation ou un saignement du tube digestif ;
- *réaction allergique* cutanée, crise d'*asthme* ;
- fatigue inhabituelle et intense, ou baisse brutale et importante du volume des urines chez une personne souffrant d'*insuffisance cardiaque*, déshydratée ou traitée par *diurétique*.

Des précautions sont nécessaires chez la personne âgée ou en cas d'*antécédent* d'*ulcère* de l'estomac ou du *duodénum* ou de risque hémorragique, notamment digestif (maladie de *Crohn*, *rectocolite hémorragique*).
Certains médecins considèrent que les anti-inflammatoires peuvent diminuer l'efficacité des stérilets et exposer à un risque de grossesse non désirée. Ce risque est actuellement très controversé.
Conducteur : ce médicament peut provoquer parfois des étourdissements et des troubles de la vue.

### Interactions avec d'autres substances
Ce médicament peut interagir avec d'autres médicaments, notamment :
- l'aspirine et les autres *anti-inflammatoires* non stéroïdiens (*AINS*) : risque d'accroissement des effets indésirables ;
- les *anticoagulants* et les *antiagrégants plaquettaires* : augmentation du risque hémorragique ;
- le lithium (TÉRALITHE, NEUROLITHIUM...) : augmentation du taux de lithium dans le sang ;
- le méthotrexate.

Informez par ailleurs votre médecin ou votre pharmacien en cas de traitement par un *diurétique*, un *inhibiteur de l'enzyme de conversion*, un *inhibiteur de l'angiotensine II*, un *bêtabloquant* ou un médicament contenant de la ciclosporine.

### Grossesse et allaitement
Des effets néfastes pour l'enfant à naître ont été mis en évidence lorsque les *AINS* sont utilisés au cours des 4 derniers mois de la grossesse ; le risque existe même avec une seule prise et même si la grossesse est à terme. L'usage de ce médicament est contre-indiqué pendant cette période.
Pendant les 5 premiers mois, l'effet de ce médicament est mal connu : seul votre médecin peut évaluer le risque éventuel de son utilisation dans votre cas.
Ce médicament passe dans le lait maternel ; un choix est donc nécessaire entre l'allaitement et la prise du médicament. Cette décision devra être prise en accord avec votre médecin.

### Mode d'emploi et posologie
Afin de limiter les effets digestifs indésirables, les comprimés et les granulés sont pris de préférence au milieu des repas.
Les comprimés doivent être avalés avec un verre d'eau, sans être croqués ; le contenu des sachets doit être dilué dans un demi-verre d'eau.
Les suppositoires sont habituellement utilisés en remplacement des comprimés ou des sachets, notamment le soir.

**Posologie usuelle :**

- Adulte :
  - *traitement d'attaque* : 1 000 à 1 100 mg par jour (soit 4 sachets à 250 mg ou 2 sachets à 500 mg ou 4 comprimés à 275 mg ou 2 comprimés à 550 mg par jour), répartis en 2 prises ;
  - *traitement d'entretien* : 500 à 750 mg par jour (soit 2 sachets à 250 mg ou 1 sachet à 500 mg ou 2 comprimés à 275 mg ou 1 comprimé à 550 mg ou 1 comprimé à 750 mg par jour) ;
  - traitement des manifestations inflammatoires de la bouche : 1 à 4 comprimés à 275 mg ou ½ à 2 comprimés à 550 mg par jour.
- Enfant de plus de 6 ans et de plus de 25 kg : 10 mg par kg et par jour ; soit, pour un enfant de 30 kg : 1 comprimé à 275 mg ou 1 sachet à 250 mg par jour.

**Conseils :** Les anti-inflammatoires ne sont pas des médicaments anodins. Du fait de la possibilité d'effets indésirables graves, ils ne doivent être utilisés que lorsqu'ils sont nécessaires, ce qui n'est pas le cas pour les affections rhumatismales peu douloureuses et les traumatismes bénins. Ce médicament vous a été prescrit dans une situation précise : ne le conseillez pas à un proche et ne le réutilisez pas sans avis médical.

Ne dépassez pas la *posologie* ni la durée de traitement prescrite par votre médecin.

Les effets indésirables de ce médicament sur l'estomac peuvent survenir aussi bien avec les suppositoires qu'avec les comprimés.

Ce médicament doit être conservé à l'abri de la lumière.

### Effets indésirables possibles

*Troubles digestifs*, *gastrite*, voire *ulcère* de l'estomac ou du *duodénum*, le plus souvent lors d'un traitement de longue durée ou à forte dose. Exceptionnellement : *hémorragie* du tube digestif (vomissements de sang ou selles noires).

*Réaction allergique* cutanée, *asthme*.

Maux de tête, *vertiges*, somnolence, difficulté de concentration, troubles de l'audition ou de la vision, augmentation des *transaminases*.

Pour les suppositoires : brûlures et démangeaisons rectales.

Laboratoires Roche

## APROVEL

Antihypertenseur

sur ordonnance

### Présentation

**APROVEL 75 mg :** comprimé (crème) ; boîte de 28. Liste I - Remb 65 % - **Prix : 14,68 €.**
**APROVEL 75 mg :** comprimé (crème) ; boîte de 84. Liste I - Remb 65 % - **Prix : 41,37 €.**
**APROVEL 150 mg :** comprimé (crème) ; boîte de 28. Liste I - Remb 65 % - **Prix : 22,25 €.**
**APROVEL 150 mg :** comprimé (crème) ; boîte de 84. Liste I - Remb 65 % - **Prix : 60,70 €.**
**APROVEL 300 mg :** comprimé (crème) ; boîte de 28. Liste I - Remb 65 % - **Prix : 29,86 €.**
**APROVEL 300 mg :** comprimé (crème) ; boîte de 848. Liste I - Remb 65 % - **Prix : 80,10 €.**

### Composition

| | p cp | p cp | p cp |
|---|---|---|---|
| **Irbésartan** | 75 mg | 150 mg | 300 mg |
| Lactose | + | + | + |

### Dans quel cas ce médicament est-il prescrit ?

Ce médicament est un *antihypertenseur* qui appartient à la famille des *inhibiteurs de l'angiotensine II*. Il bloque l'action de l'angiotensine II. Cette substance, naturellement présente dans l'organisme, provoque une contraction des artères qui augmente la pression artérielle et fatigue le cœur.

Il est utilisé dans le traitement de l'*hypertension artérielle* et de l'*insuffisance rénale* chez le diabétique hypertendu.

### Contre-indications

Ce médicament ne doit pas être utilisé dans les cas suivants :

- **grossesse** (à partir du 4e mois),
- **allaitement**.

**Attention :** Des précautions sont nécessaires en cas d'*insuffisance cardiaque* grave ou chez les personnes souffrant d'*hypertension artérielle* due à un rétrécissement des artères rénales, de rétrécissement des valves cardiaques ou de *cardiomyopathie* obstructive.

En cas d'*insuffisance rénale*, un contrôle régulier de la *créatinine* et du taux de *potassium* dans le sang est nécessaire.

Si vous suiviez auparavant un traitement par *diurétique* ou un régime sans *sel*, la baisse de la tension artérielle peut être importante lors des premières prises du médicament : risque de malaise ou d'étourdissement pouvant entraîner une chute. Il est donc préférable de commencer le traitement un jour de repos.

Les sels de régime contiennent souvent du *potassium*, ne les utilisez pas sans avis médical pendant le traitement.

### Interactions avec d'autres substances

Ce médicament peut interagir avec les *diurétiques* et les médicaments qui contiennent du *potassium* ou du *lithium*.

En outre, l'effet *antihypertenseur* de ce médicament peut être diminué par les *AINS*.

### Grossesse et allaitement

L'effet de ce médicament sur l'enfant à naître pendant les 3 premiers mois de la grossesse est mal connu. Par prudence, son usage est déconseillé. Au cours des 6 derniers mois de la grossesse, une prise prolongée de ce médicament peut altérer les reins du fœtus. Son utilisation est contre-indiquée à partir du 4e mois de la grossesse.

En conséquence, un désir de grossesse nécessite le remplacement de ce médicament par un autre antihypertenseur. Si une grossesse survient alors que vous prenez ce médicament, consultez rapidement votre médecin pour qu'il modifie votre traitement.

Les données actuellement disponibles ne permettent pas de savoir si ce médicament passe dans le lait maternel. Il est contre-indiqué chez la femme qui allaite.

### Mode d'emploi et posologie

Le comprimé doit être avalé avec un verre d'eau, indifféremment pendant ou entre les repas.

**Posologie usuelle :**

- Adulte : 75 mg à 300 mg par jour, en 1 prise.

**Conseils :** Votre tension artérielle doit être contrôlée régulièrement. Les appareils permettant une mesure automatique de la tension à domicile utilisent souvent un procédé de mesure différent de celui qu'emploie votre médecin. Si vous avez un tel appareil, apportez-le en consultation pour vous assurer que la mesure obtenue est bien conforme à celle du tensiomètre de votre médecin.
Le traitement médicamenteux ne dispense pas de mesures simples pouvant faire baisser la tension artérielle : activité physique régulière, modération de la consommation de boissons alcoolisées et de *sel*, lutte contre l'excès de poids.

### Effets indésirables possibles

Les études qui ont comparé ce médicament au *placebo* n'ont pas montré plus d'effets indésirables imputables au médicament.
Depuis sa commercialisation, les effets suivants ont été rarement observés :
- maux de tête, bourdonnements d'oreilles, modification du goût, douleurs musculaires ou articulaires, *réaction allergique* (œdème de *Quincke*) ;
- augmentation du taux de *créatinine* et de *potassium* dans le sang.

**Laboratoires Bristol-Myers Squibb et Sanofi Pharma**

## APSOR

*Informations détaillées sur www.monvidal.com*

## APURONE

*Informations détaillées sur www.monvidal.com*

## ARACYTINE

*Informations détaillées sur www.monvidal.com*

## ARAVA

*Informations détaillées sur www.monvidal.com*

## ARCALION

Psychostimulant

### Présentation

ARCALION 200 : comprimé (orange) ; boîte de 30. Non remb.
ARCALION 200 : comprimé (orange) ; boîte de 60. Non remb.

### Composition

| | p cp |
|---|---|
| **Sulbutiamine** | 200 mg |
| Lactose | + |

### Dans quel cas ce médicament est-il prescrit ?

C'est un médicament qui appartient à la famille des *psychostimulants*.
Il est utilisé dans les états d'apathie, d'abattement, de manque d'énergie.

**Attention :** L'apathie, l'abattement peuvent être les seuls *symptômes* d'une *dépression* qui nécessite un traitement spécifique : consultez votre médecin.

### Grossesse et allaitement

L'effet de ce médicament pendant la grossesse ou l'allaitement est mal connu. L'évaluation du risque éventuel lié à son utilisation est individuelle : demandez conseil à votre pharmacien ou à votre médecin.

### Mode d'emploi et posologie

Les comprimés doivent être avalés avec un grand verre d'eau au cours des repas du matin et du midi.

**Posologie usuelle :**
- Adulte : 2 ou 3 comprimés par jour.

La durée du traitement ne doit pas dépasser 4 semaines sans avis médical.

**Conseils :** Une fatigue persistante ne doit pas vous conduire à augmenter les prises de ce médicament : consultez votre médecin.

### Effets indésirables possibles

Tremblements, maux de tête, agitation, malaise, *réaction allergique* cutanée, *intolérance* digestive.

**Laboratoires Servier**

## ARÉDIA

*Informations détaillées sur www.monvidal.com*

## ARESTAL

Antidiarrhéique — **sur ordonnance**

### Présentation

ARESTAL : comprimé ; boîte de 20. Liste II - Remb 35 % - **Prix : 4,18 €.**

### Composition

| | p cp |
|---|---|
| **Lopéramide oxyde** | 1 mg |
| Lactose | + |

### Dans quel cas ce médicament est-il prescrit ?

C'est un antidiarrhéique qui agit en ralentissant le *transit intestinal* et en réduisant les sécrétions du tube digestif.
Il est utilisé dans le *traitement symptomatique* des diarrhées aiguës de l'adulte, en complément des mesures diététiques.

### Contre-indications

Ce médicament ne doit pas être utilisé en cas de crise aiguë de *rectocolite hémorragique*.

**Attention :** Des précautions sont nécessaires en cas d'*insuffisance hépatique*.
Ce médicament n'est pas adapté au traitement des diarrhées dues à certains *antibiotiques*.
Une diarrhée s'accompagnant de torpeur, de soif, de fièvre, ou de sang dans les selles nécessite rapidement un avis médical.
Le traitement doit être arrêté dès que les selles recommencent à être formées. L'usage trop prolongé du médicament expose à un risque de constipation important.
Si vous devez conduire, ou utiliser une machine dangereuse, assurez-vous préalablement que ce médicament n'altère pas votre vigilance.

### Grossesse et allaitement

Les études actuellement disponibles n'ont pas mis en évidence de problème particulier lors de l'utilisation ponctuelle de ce médicament chez la femme enceinte. Néanmoins, il est déconseillé pendant la grossesse sans avis médical.

Ce médicament passe faiblement dans le lait maternel ; son utilisation ponctuelle est possible pendant l'allaitement.

### Mode d'emploi et posologie

Les comprimés doivent être avalés avec un verre d'eau

**Posologie usuelle :**

- Adulte : commencer par 2 comprimés, puis 1 comprimé supplémentaire après chaque selle liquide, sans dépasser 8 comprimés par jour.

**Conseils :** Une diarrhée peut provoquer une déshydratation, notamment chez la personne âgée. Cette perte d'eau par l'organisme doit être compensée par des boissons abondantes (bouillon salé, boissons sucrées) car elle peut être à l'origine d'une fatigue, de malaise ou de confusion des idées.

Le régime à suivre en cas de *diarrhée* repose sur une alimentation légère, à base de :

- carotte, pomme de terre, en soupe ou en purée ;
- pâtes, riz ou tapioca bien cuits, eau de cuisson du riz ;
- compote de pommes ou de coings, gelée de coings ou de myrtilles ;
- biscuits salés ou sucrés.

Doivent être évités : les jus de fruits et les fruits crus, les légumes riches en fibres, les sources de protéines animales et les boissons glacées.

### Effets indésirables possibles

Constipation, ballonnement, douleur abdominale, nausées, vomissements, bouche sèche, fatigue, somnolence, *vertige*, *réaction allergique*.

Exceptionnellement : constipation grave, surtout en cas de *posologie* excessive.

Laboratoires Janssen-Cilag

## ARGENTUM COMPLEXE N° 98

*Informations détaillées sur www.monvidal.com*

## ARGININE VEYRON

Traitement des troubles digestifs

### Présentation

ARGININE VEYRON : solution buvable (arôme caramel) ; boîte de 20 ampoules de 5 ml. Remb 65 % - **Prix : 3,58 €.**

ARGININE VEYRON : solution buvable (arôme caramel) ; flacon de 250 ml. Remb 65 % - **Prix : 5,35 €.**

### Composition

| | p amp buv | p c à c |
|---|---|---|
| **L-Arginine chlorhydrate** ....... | 1 g | 0,918 g |
| Saccharose ........................... | 0,8 g | 0,75 g |

### Dans quel cas ce médicament est-il prescrit ?

Ce médicament contient un *acide aminé*. Il agit en facilitant la production de bile par le foie et sa sécrétion dans l'intestin.

Il est utilisé dans le *traitement d'appoint* des digestions difficiles.

**Attention :** Des précautions sont nécessaires en cas d'obstruction des *voies biliaires* ou d'*insuffisance hépatique* grave.

N'utilisez pas ce médicament de façon prolongée sans l'avis de votre médecin : des examens peuvent être nécessaires si les *symptômes* persistent.

Ce médicament contient du *sucre* (saccharose) en quantité notable.

### Grossesse et allaitement

Ce médicament ne contient que des substances présumées sans danger pendant la grossesse ou l'allaitement. Néanmoins, ne l'utilisez pas de façon prolongée sans l'avis de votre pharmacien ou de votre médecin.

### Mode d'emploi et posologie

La solution doit être avalée avec un peu d'eau avant les 3 principaux repas.

**Posologie usuelle :**

- Adulte : 1 ou 2 ampoules ou 1 à 2 cuillères à café de solution, 3 fois par jour (ou 1 cuillère à soupe midi et soir).
- Enfant : 1 ampoule ou 1 cuillère à café de solution, 2 ou 3 fois par jour.

**Conseils :** Une alimentation équilibrée, une mastication lente, la suppression des aliments difficiles à digérer et des boissons alcoolisées permettent souvent d'atténuer les troubles de la digestion.

### Effets indésirables possibles

A forte dose : diarrhée, nécessitant l'arrêt du traitement.

Laboratoires Pierre Fabre Médicament

## ARGINOTRI-B

*Informations détaillées sur www.monvidal.com*

## ARHÉMAPECTINE ANTIHÉMORRAGIQUE

*Informations détaillées sur www.monvidal.com*

## ARICEPT

Traitement de la maladie d'Alzheimer

sur ordonnance

### Présentation

ARICEPT 5 mg : comprimé (blanc) ; boîte de 28. Liste I, *médica ment à prescription restreinte* - Remb 65 % - **Prix : 89,13 €.**

ARICEPT 5 mg : comprimé *orodispersible* (blanc) ; boîte de 28. Liste I, *médica ment à prescription restreinte* - Remb 65 % - **Prix : 89,13 €.**

ARICEPT 10 mg : comprimé (jaune) ; boîte de 28. Liste I, *médica ment à prescription restreinte* - Remb 65 % - **Prix : 89,13 €.**

ARICEPT 10 mg : comprimé *orodispersible* (jaune) ; boîte de 28. Liste I, *médica ment à prescription restreinte* - Remb 65 % - **Prix : 89,13 €.**

### Composition

| | p cp | p cp |
|---|---|---|
| **Donépézil chlorhydrate** ........ | 5 mg | 10 mg |

### Dans quel cas ce médicament est-il prescrit ?

Ce médicament appartient à la famille des *anticholinestérasiques* ; il inhibe le fonctionnement d'une *enzyme*, la cholinestérase, qui elle-même dégrade l'acétylcholine. L'effet positif de ce médicament dans la maladie

d'*Alzheimer* repose sur l'hypothèse d'un déficit cérébral en acétylcholine chez certains malades atteints de cette maladie, et sur des travaux scientifiques qui montrent que le donépézil améliore certaines fonctions cérébrales chez les malades.
Il est utilisé dans le traitement des formes légères ou modérées de la maladie d'*Alzheimer*.

### Contre-indications

Ce médicament ne doit pas être utilisé en cas d'allergie aux dérivés de la pipéridine.

> **Attention :** Ce médicament, réservé aux formes légères ou modérées de la maladie d'*Alzheimer*, n'a pas été étudié dans les traitements des formes graves ni des démences dues à d'autres maladies.
> Des précautions sont nécessaires chez les personnes qui vont être opérées ou qui souffrent d'*épilepsie*, de *troubles du rythme cardiaque*, de *troubles digestifs* chroniques, de difficultés à uriner, d'*asthme* ou de *bronchite chronique*. Ces *antécédents* doivent être signalés au médecin avant la prescription.
> Conduite automobile : la maladie d'*Alzheimer* contre-indique généralement la conduite automobile et le maniement des machines dangereuses.

### Interactions avec d'autres substances

Ce médicament peut interagir avec les autres *anticholinestérasiques*.
Informez votre médecin si vous prenez des bétabloquants ou des médicaments qui contiennent de la rifampicine, de la phénytoïne, de la carbamazépine, de la quinidine ou du kétoconazole.

### Grossesse et allaitement

Dans le cas improbable d'une grossesse ou d'un allaitement, ce médicament ne doit pas être utilisé.

### Mode d'emploi et posologie

Ce médicament doit être pris le soir, juste avant le coucher, avec un verre d'eau.
Le comprimé orodispersible doit être placé sur la langue pour se déliter avant d'être avalé, avec ou sans eau.

**Posologie usuelle :**
La dose initiale est de 5 mg. Après un mois, le médecin peut l'augmenter à 10 mg si nécessaire.

> **Conseils :**
> **Conditions particulières de délivrance :**
> Ce médicament est un *médicament à prescription restreinte* : la prescription initiale ne peut être réalisée que par un médecin neurologue, psychiatre ou gériatre. Cette ordonnance initiale annuelle doit être présentée avec celles destinées aux renouvellements qui peuvent être rédigées par un autre médecin.

### Effets indésirables possibles

Diarrhée, nausée, vomissements, crampes, fatigue ou insomnies.
Plus rarement : maux de tête, douleurs, accidents, rhume.
Exceptionnellement : malaise, ralentissement important du cœur, *hépatite*, manque d'appétit, *ulcère* de l'estomac ou du duodénum, *convulsions*.

Laboratoires EISAI

## ARIMIDEX
Antiestrogène — sur ordonnance

### Présentation

**ARIMIDEX 1 mg :** comprimé ; boîte de 28. Liste I - Remb 100 % - **Prix : 127,79 €**.

### Composition

| | p cp |
|---|---|
| **Anastrozole** | 1 mg |
| Lactose | + |

### Dans quel cas ce médicament est-il prescrit ?

Ce médicament bloque la synthèse des *estrogènes* dans l'organisme.
Il est utilisé dans le traitement des maladies dues à un développement anormal des glandes mammaires (stimulées par les estrogènes) chez la femme *ménopausée*.

> **Attention :** Des précautions sont nécessaires en cas d'*insuffisance rénale* ou *hépatique* graves.
> Si vous devez conduire, ou utiliser une machine dangereuse, assurez-vous préalablement que ce médicament n'altère pas votre vigilance.

### Interactions avec d'autres substances

Ce médicament ne doit pas être associé aux médicaments de la famille des *estrogènes* : risque d'annulation de son effet.

### Mode d'emploi et posologie

Ce médicament peut être pris indifféremment au cours ou en dehors des repas.

**Posologie usuelle :**
- Adulte : 1 comprimé par jour.

### Effets indésirables possibles

Résultant de la privation en *estrogènes* : bouffées de chaleur, sécheresse vaginale, perte de cheveux.
Manque d'appétit, nausées, vomissements, diarrhée.
Fatigue, somnolence, douleurs des muscles et des articulations, maux de tête, *éruption cutanée*.
Rarement : saignement génital, augmentation du taux de *cholestérol* dans le sang.

Laboratoires AstraZeneca

## ARIXTRA
Anticoagulant injectable — sur ordonnance

### Présentation

**ARIXTRA 2,5 mg/0,5 ml :** solution injectable ; boîte de 2 seringues préremplies. Liste I - Remb 65 % - **Prix : 25,61 €**.
**ARIXTRA 2,5 mg/0,5 ml :** solution injectable ; boîte de 7 seringues préremplies. Liste I - Remb 65 % - **Prix : 79,93 €**.
**ARIXTRA 5 mg/0,4 ml :** solution injectable ; boîte de 2 seringues préremplies. Liste I - Remb 65 % - **Prix : 36,53 €**.
**ARIXTRA 5 mg/0,4 ml :** solution injectable ; boîte de 10 seringues préremplies. Liste I - Remb 65 % - **Prix : 161,41 €**.
**ARIXTRA 7,5 mg/0,6 ml :** solution injectable ; boîte de 2 seringues préremplies. Liste I - Remb 65 % - **Prix : 36,53 €**.
**ARIXTRA 7,5 mg/0,6 ml :** solution injectable ; boîte de 10 seringues préremplies. Liste I - Remb 65 % - **Prix : 161,41 €**.

ARIXTRA 10 mg/0,8 ml : solution injectable ; boîte de 2 seringues préremplies. Liste I - Remb 65 % - **Prix : 36,53 €**.
ARIXTRA 10 mg/0,8 ml : solution injectable ; boîte de 10 seringues préremplies. Liste I - Remb 65 % - **Prix : 161,41 €**.

## Composition

| | p seringue | p seringue |
|---|---|---|
| **Fondaparinux sodique** ........ | 2,5 mg | 5 mg |
| | p seringue | p seringue |
| **Fondaparinux sodique** ........ | 7,5 mg | 10 mg |

## Dans quel cas ce médicament est-il prescrit ?

Ce médicament appartient à une nouvelle famille d'*anticoagulants* injectables qui inhibe de façon sélective une enzyme spécifique de la coagulation, le facteur Xa. Il est obtenu par synthèse chimique, alors que les anticoagulants de la famille de l'héparine sont d'origine animale.
À faible dose (solution à 2,5 mg), il est utilisé dans le *traitement préventif* des *accidents thromboemboliques* veineux chez certaines personnes alitées ou dans le cadre d'une chirurgie orthopédique du membre inférieur, telle que fracture de hanche, prothèse de hanche ou chirurgie du genou.
À forte dose, il est utilisé dans le traitement des *thromboses* veineuses (*phlébite*, *embolie* pulmonaire).

## Contre-indications

Ce médicament ne doit pas être utilisé dans les cas suivants :
- *endocardite bactérienne*,
- saignement important,
- *insuffisance rénale*.

**Attention :** Des analyses de sang sont recommandées au début et à la fin du traitement pour contrôler le taux de *plaquettes* dans le sang.
Des précautions sont nécessaires en cas de risque accru d'*hémorragie* (troubles de la coagulation, *ulcère* de l'estomac ou du *duodénum*), chez la personne âgée et chez le patient pesant moins de 50 kg.
L'aspirine augmente le risque hémorragique lié à l'usage de ce médicament. De nombreux produits qui en contiennent sont vendus sans ordonnance. Ne prenez aucun médicament sans l'avis de votre médecin ou de votre pharmacien.

## Interactions avec d'autres substances

Ce médicament peut interagir avec les médicaments qui contiennent de l'aspirine, des *anti-inflammatoires* non stéroïdiens et de la ticlopidine : augmentation du risque de saignement.

## Grossesse et allaitement

L'effet de ce médicament sur la femme enceinte et l'enfant à naître est mal connu : votre médecin est seul juge pour apprécier la nécessité de ce traitement et son risque pendant la grossesse.
La possibilité d'un effet du médicament chez le *nourrisson* est très improbable ; néanmoins, par mesure de prudence, l'allaitement est déconseillé sans avis médical.

## Mode d'emploi et posologie

La solution est injectée par *voie* sous-cutanée dans un pli de la peau pincé entre deux doigts. L'injection se fait habituellement dans la paroi abdominale.

**Posologie usuelle :**
- *Traitement préventif* : 1 injection de 2,5 mg par jour. Le traitement durera au moins jusqu'à la reprise de la marche.
- *Traitement curatif* : 1 injection de 7,5 mg par jour, pour les personnes pesant entre 50 et 100 kg.

**Conseils :** Lorsque ce médicament est remplacé par un *anticoagulant* oral, les deux traitements doivent être pris simultanément pendant quelques jours, le temps que le traitement oral devienne efficace.

## Effets indésirables possibles

Saignement, anomalie de la numération formule sanguine, modification des *transaminases*.
Œdèmes.
Rarement : vertiges, maux de tête, troubles digestifs, éruption cutanée, *réaction allergique*, réaction au point d'injection.

Laboratoires GlaxoSmithKline

## ARKOGÉLULES ANGÉLIQUE

*Informations détaillées sur www.monvidal.com*

## ARKOGÉLULES ARTICHAUT

*Informations détaillées sur www.monvidal.com*

## ARKOGÉLULES AUBÉLINE

*Informations détaillées sur www.monvidal.com*

## ARKOGÉLULES BALLOTE

*Informations détaillées sur www.monvidal.com*

## ARKOGÉLULES BARDANE

*Informations détaillées sur www.monvidal.com*

## ARKOGÉLULES BOLDO

*Informations détaillées sur www.monvidal.com*

## ARKOGÉLULES BOUILLON BLANC

*Informations détaillées sur www.monvidal.com*

## ARKOGÉLULES BOULEAU

*Informations détaillées sur www.monvidal.com*

## ARKOGÉLULES BOURDAINE

*Informations détaillées sur www.monvidal.com*

## ARKOGÉLULES BOURGEONS DE PIN

*Informations détaillées sur www.monvidal.com*

## ARKOGÉLULES BRUYÈRE

*Informations détaillées sur www.monvidal.com*

## ARKOGÉLULES BUSSEROLE

*Informations détaillées sur www.monvidal.com*

## ARKOGÉLULES CAMILINE
*Informations détaillées sur www.monvidal.com*

## ARKOGÉLULES CASSIS
*Informations détaillées sur www.monvidal.com*

## ARKOGÉLULES CHARBON VÉGÉTAL
*Informations détaillées sur www.monvidal.com*

## ARKOGÉLULES CHARDON MARIE
*Informations détaillées sur www.monvidal.com*

## ARKOGÉLULES CHIENDENT
*Informations détaillées sur www.monvidal.com*

## ARKOGÉLULES COQUELICOT
*Informations détaillées sur www.monvidal.com*

## ARKOGÉLULES CUPALINE
*Informations détaillées sur www.monvidal.com*

## ARKOGÉLULES CYPRÈS
*Informations détaillées sur www.monvidal.com*

## ARKOGÉLULES ÉLEUTHÉROCOQUE
*Informations détaillées sur www.monvidal.com*

## ARKOGÉLULES ESCHSCHOLTZIA
*Informations détaillées sur www.monvidal.com*

## ARKOGÉLULES EUCALYPTUS
*Informations détaillées sur www.monvidal.com*

## ARKOGÉLULES FENOUIL
*Informations détaillées sur www.monvidal.com*

## ARKOGÉLULES FRAGON
*Informations détaillées sur www.monvidal.com*

## ARKOGÉLULES FRÊNE
*Informations détaillées sur www.monvidal.com*

## ARKOGÉLULES FUCUS
*Informations détaillées sur www.monvidal.com*

## ARKOGÉLULES FUMETERRE
*Informations détaillées sur www.monvidal.com*

## ARKOGÉLULES GINSENG
*Informations détaillées sur www.monvidal.com*

## ARKOGÉLULES GOMME DE CAROUBE
*Informations détaillées sur www.monvidal.com*

## ARKOGÉLULES HAMAMÉLIS
*Informations détaillées sur www.monvidal.com*

## ARKOGÉLULES HARPADOL
Phytothérapie

### Présentation
ARKOGÉLULES HARPADOL : gélule ; boîte de 45. Non remb.
ARKOGÉLULES HARPADOL : gélule ; boîte de 150. Non remb.

### Composition

| | p gél |
|---|---|
| **Harpagophytum** | 435 mg |

### Dans quel cas ce médicament est-il prescrit ?
Ce médicament contient un extrait de plante.

Il est traditionnellement utilisé dans les douleurs articulaires.

### Grossesse et allaitement
Ce médicament contient une plante présumée sans danger pendant la grossesse ou l'allaitement. Néanmoins, par mesure de prudence, ne l'utilisez pas sans prendre l'avis de votre pharmacien ou de votre médecin.

### Mode d'emploi et posologie
Les gélules doivent être avalées avec un grand verre d'eau, au moment des repas.

**Posologie usuelle :**
- Adulte : 2 gélules, 3 fois par jour en traitement d'attaque, puis 1 gélule, 3 fois par jour en traitement d'entretien.

### Effets indésirables possibles
Rarement et à dose élevée : nausées et douleurs d'estomac.

Laboratoires Arkopharma

## ARKOGÉLULES HOUBLON
*Informations détaillées sur www.monvidal.com*

## ARKOGÉLULES HUILE DE FOIE DE MORUE
*Informations détaillées sur www.monvidal.com*

## ARKOGÉLULES KARAYA
*Informations détaillées sur www.monvidal.com*

## ARKOGÉLULES KOLA
*Informations détaillées sur www.monvidal.com*

## ARKOGÉLULES LAMIER BLANC
*Informations détaillées sur www.monvidal.com*

## ARKOGÉLULES LAVANDE
*Informations détaillées sur www.monvidal.com*

## ARKOGÉLULES MARRONNIER D'INDE
*Informations détaillées sur www.monvidal.com*

## ARKOGÉLULES MARRUBE BLANC
*Informations détaillées sur www.monvidal.com*

## ARKOGÉLULES MATÉ
*Informations détaillées sur www.monvidal.com*

**ARKOGÉLULES MAUVE**
*Informations détaillées sur www.monvidal.com*

**ARKOGÉLULES MÉLILOT**
*Informations détaillées sur www.monvidal.com*

**ARKOGÉLULES MÉLISSE**
*Informations détaillées sur www.monvidal.com*

**ARKOGÉLULES MILLEPERTUIS**
*Informations détaillées sur www.monvidal.com*

**ARKOGÉLULES MYRTILLE**
*Informations détaillées sur www.monvidal.com*

**ARKOGÉLULES MYRTILLE BAIE**
*Informations détaillées sur www.monvidal.com*

**ARKOGÉLULES OLIVIER**
*Informations détaillées sur www.monvidal.com*

**ARKOGÉLULES ORTHOSIPHON**
*Informations détaillées sur www.monvidal.com*

**ARKOGÉLULES ORTIE**
*Informations détaillées sur www.monvidal.com*

**ARKOGÉLULES PAPAYER**
*Informations détaillées sur www.monvidal.com*

**ARKOGÉLULES PARTENELLE**
*Informations détaillées sur www.monvidal.com*

**ARKOGÉLULES PASSIFLORE**
*Informations détaillées sur www.monvidal.com*

**ARKOGÉLULES PENSÉE SAUVAGE**
*Informations détaillées sur www.monvidal.com*

**ARKOGÉLULES PILOSELLE**
*Informations détaillées sur www.monvidal.com*

**ARKOGÉLULES PISSENLIT**
*Informations détaillées sur www.monvidal.com*

**ARKOGÉLULES PRÊLE DES CHAMPS**
*Informations détaillées sur www.monvidal.com*

**ARKOGÉLULES QUEUES DE CERISE**
*Informations détaillées sur www.monvidal.com*

**ARKOGÉLULES RACINE D'ORTIE**
*Informations détaillées sur www.monvidal.com*

**ARKOGÉLULES REINE DES PRÉS**
*Informations détaillées sur www.monvidal.com*

**ARKOGÉLULES ROMARIN**
*Informations détaillées sur www.monvidal.com*

**ARKOGÉLULES SAUGE**
*Informations détaillées sur www.monvidal.com*

**ARKOGÉLULES SAULE**
*Informations détaillées sur www.monvidal.com*

**ARKOGÉLULES SÉNÉ**
*Informations détaillées sur www.monvidal.com*

**ARKOGÉLULES THYM**
*Informations détaillées sur www.monvidal.com*

**ARKOGÉLULES VALÉRIANE**
*Informations détaillées sur www.monvidal.com*

**ARKOGÉLULES VIGNE ROUGE**
*Informations détaillées sur www.monvidal.com*

**ARKOPHYTUM**
*Informations détaillées sur www.monvidal.com*

**ARKOVITAL C**
*Informations détaillées sur www.monvidal.com*

**ARNICA BOIRON**
*Informations détaillées sur www.monvidal.com*

**ARNICA COMPLEXE N° 1**
*Informations détaillées sur www.monvidal.com*

**ARNICAGEL**
*Informations détaillées sur www.monvidal.com*

## ARNICAN
Phytothérapie

### Présentation
ARNICAN : crème ; tube de 50 g. Non remb.

### Composition

| | p 100 g |
|---|---|
| **Arnica, extrait** | 4 g |
| Menthol | + |

### Dans quel cas ce médicament est-il prescrit ?
Cette crème contient un extrait d'arnica à visée anti-œdémateuse.
Elle est utilisée dans le *traitement d'appoint* des bleus et des contusions survenant après un choc.

### Contre-indications
Ce médicament ne doit pas être utilisé dans les cas suivants :
- sur les *muqueuses*, les yeux, les lésions suintantes ou infectées, les plaies ;
- *nourrisson* de moins de 30 mois.

**Attention :** Des précautions sont nécessaires en cas d'*antécédent* de *convulsions* ou d'*épilepsie* (présence de menthol).

### Grossesse et allaitement
Ce médicament peut être utilisé ponctuellement pendant la grossesse ou l'allaitement.

### Mode d'emploi et posologie

La crème est appliquée par un massage doux jusqu'à pénétration complète.

**Posologie usuelle :**

2 ou 3 applications par jour.

> **Conseils :** Pensez à vous laver les mains après emploi afin d'éviter tout contact avec les yeux et les *muqueuses*.

### Effets indésirables possibles

*Réaction allergique* imposant l'arrêt du traitement.

Laboratoires Cooper

## ARNIGEL

Phytothérapie

### Présentation

ARNIGEL : gel ; tube de 45 g. Non remb.

### Composition

| | p 100 g |
|---|---|
| **Arnica, teinture** | 7 g |
| Alcool à 96° | + |

### Dans quel cas ce médicament est-il prescrit ?

Ce médicament d'usage local contient un extrait d'arnica, à visée anti-œdémateuse.

Il est utilisé dans le *traitement d'appoint* des bleus et des contusions survenant après un choc et en cas de fatigue musculaire.

### Contre-indications

En raison de la présence d'alcool, ce gel ne doit pas être utilisé dans les cas suivants :

- sur les *muqueuses*, les yeux, les lésions suintantes ou infectées ou les plaies ;
- enfant de moins de 1 an.

### Grossesse et allaitement

Ce médicament contient une plante présumée sans danger pendant la grossesse ou l'allaitement. Néanmoins, par mesure de prudence, ne l'utilisez pas sans prendre l'avis de votre pharmacien ou de votre médecin.

### Mode d'emploi et posologie

Le gel est appliqué en couche fine et en massage doux jusqu'à pénétration complète.

**Posologie usuelle :**

- Adulte et enfant à partir de 1 an : 1 application dès que possible, à renouveler 1 à 2 fois par jour.

> **Conseils :** Pensez à vous laver les mains après l'application pour éviter tout contact avec les yeux et les *muqueuses*.

### Effets indésirables possibles

*Réaction allergique.*

La présence d'alcool peut favoriser le dessèchement et l'irritation de la peau, surtout en cas d'applications répétées.

Laboratoires Boiron

## AROLAC

*Informations détaillées sur www.monvidal.com*

## AROMASINE

*Informations détaillées sur www.monvidal.com*

## AROMASOL

*Informations détaillées sur www.monvidal.com*

## ARPHOS

*Informations détaillées sur www.monvidal.com*

## ART 50

Antiarthrosique

sur ordonnance

### Présentation

ART 50 : gélule (bleu) ; boîte de 30. Liste I - Remb 35 % - **Prix : 19,65 €.**

### Composition

| | p gél |
|---|---|
| **Diacerhéine** | 50 mg |
| Lactose | + |

### Dans quel cas ce médicament est-il prescrit ?

Ce médicament a un effet *anti-inflammatoire* modéré.

Il est utilisé dans le *traitement symptomatique* de l'*arthrose* : il atténue les douleurs, et améliore la mobilité.

### Contre-indications

Ce médicament ne doit pas être utilisé dans les cas suivants :

- maladie inflammatoire du côlon,
- occlusion intestinale ou risque d'occlusion,
- douleurs abdominales de cause inconnue,
- *insuffisance hépatique* grave.

> **Attention :** L'effet *antalgique* de ce médicament est lent à apparaître : son délai d'action est de 30 à 45 jours. Pendant cette période, d'autres médicaments antalgiques ou *anti-inflammatoires* peuvent être utiles.
> Des précautions sont nécessaires en cas d'*insuffisance rénale* grave.

### Interactions avec d'autres substances

Les *pansements digestifs* peuvent diminuer l'absorption de ce médicament. Un délai d'au moins deux heures doit être respecté entre la prise de ce médicament et celle du pansement digestif.

### Grossesse et allaitement

L'effet de ce médicament pendant la grossesse ou l'allaitement est mal connu. Par prudence, son usage est déconseillé chez la femme enceinte ou chez celle qui allaite.

### Mode d'emploi et posologie

Les gélules sont avalées avec un verre d'eau, sans être ouvertes, de préférence au milieu des repas.

**Posologie usuelle :**

- Adulte : 1 gélule, matin et soir.

La durée du traitement ne doit pas dépasser 6 mois, sauf avis médical.

> **Conseils :** Une coloration des urines en orange, en rouge ou en marron peut apparaître : elle ne prête pas à conséquence.

**Effets indésirables possibles**

*Diarrhée* et douleurs abdominales.
Démangeaisons, *éruption cutanée*.

Laboratoires Negma-Lerads

## ARTANE

Antiparkinsonien — sur ordonnance

**Présentation**

ARTANE 2 mg : comprimé (blanc) ; boîte de 50. Liste I - Remb 65 % - **Prix : 2,38 €**.
ARTANE 5 mg : comprimé (blanc) ; boîte de 20. Liste I - Remb 65 % - **Prix : 2,38 €**.
ARTANE 4 mg/ml : solution buvable ; flacon de 30 ml (1200 gouttes). Liste I - Remb 65 % - **Prix : 3,79 €**.
ARTANE 10 mg/5 ml : solution injectable *IM* ; boîte de 5 ampoules de 5 ml. Liste I - Remb 65 % - **Prix : 5,90 €**.

**Composition**

| | p cp | p cp |
|---|---|---|
| **Trihexyphénidyle chlorhydrate** | 2 mg | 5 mg |
| Amidon de blé (gluten) | + | + |
| Lactose | + | + |

| | p 10 gtes | p amp inj |
|---|---|---|
| **Trihexyphénidyle chlorhydrate** | 1 mg | 10 mg |
| Alcool | + | |
| Saccharose | + | |

**Dans quel cas ce médicament est-il prescrit ?**

Ce médicament est un *antiparkinsonien* qui appartient à la famille des anticholinergiques (*atropiniques*).
Il est utilisé dans le traitement de la maladie de *Parkinson* et des *syndromes* parkinsoniens induits par les *neuroleptiques*.

**Contre-indications**

Ce médicament ne doit pas être utilisé dans les cas suivants :
- risque de *glaucome* à angle fermé,
- risque de rétention des urines (*adénome de la prostate*),
- maladie cardiaque grave.

> **Attention :** Ce médicament présente des effets *atropiniques*. Il peut provoquer un *glaucome* aigu chez les personnes prédisposées : œil rouge, dur et douloureux, avec vision floue. Une consultation d'extrême urgence auprès d'un ophtalmologiste est nécessaire.
> Vous ne devez pas interrompre brutalement ce traitement.
> Des précautions sont nécessaires en cas d'*antécédent* de constipation grave ou de rétention urinaire et chez la personne âgée.
> Conducteur : ce médicament peut être responsable de troubles visuels et d'une sensibilité anormale à la lumière.

**Interactions avec d'autres substances**

Informez votre médecin si vous prenez un autre médicament *atropinique* ou un médicament contenant du lisuride.

**Grossesse et allaitement**

**Grossesse et nouveau-né :**
L'effet de ce médicament pendant la grossesse est mal connu : seul votre médecin peut évaluer le risque éventuel de son utilisation dans votre cas.
Si le traitement est poursuivi jusqu'à l'accouchement, une surveillance médicale du *nouveau-né* est nécessaire.
L'allaitement est déconseillé pendant le traitement.

**Mode d'emploi et posologie**

La dose quotidienne est répartie en 2 ou 3 prises.
La solution injectable doit être administrée par *voie intramusculaire*.

**Posologie usuelle :**
- Adulte : 4 à 15 mg par jour.
- Enfant : 2 à 6 mg par jour.

**Effets indésirables possibles**

Effets *atropiniques* : troubles de l'*accommodation*, sécheresse de la bouche, constipation, difficultés à uriner.
Ces effets sont plus fréquents chez la personne âgée et peuvent s'accompagner d'une confusion des idées.
*Éruption cutanée*, infection des glandes salivaires, dilatation du côlon.

Laboratoires Aventis

## ARTELAC

Suppléance lacrymale

**Présentation**

ARTELAC : collyre ; boîte de 60 flacons unidoses de 0,5 ml. Remb 65 % - **Prix : 7,06 €**.

**Composition**

| | p unidose |
|---|---|
| **hypromellose** | 1,6 mg |

**Dans quel cas ce médicament est-il prescrit ?**

C'est une solution de suppléance lacrymale : elle compense une insuffisance de sécrétion naturelle de larmes.
Elle est utilisée dans le traitement de la sécheresse oculaire due à une insuffisance lacrymale (œil sec).

> **Attention :** Une irritation oculaire peut être due à une infection : en cas de doute, n'hésitez pas à consulter votre médecin.
> N'utilisez pas ce collyre de façon prolongée sans prendre un avis médical.

**Interactions avec d'autres substances**

Ce collyre peut interagir avec d'autres collyres : respectez un intervalle de 15 minutes entre deux instillations.

**Grossesse et allaitement**

Ce collyre peut être utilisé pendant la grossesse ou l'allaitement.

**Mode d'emploi et posologie**

Utiliser un nouveau flacon unidose lors de chaque instillation.

Tirer la paupière inférieure vers le bas tout en regardant vers le haut et déposer les gouttes entre la paupière et le globe oculaire (*cul-de-sac conjonctival*).

**Posologie usuelle :**
1 goutte, 4 à 6 fois par jour.

> **Conseils :** Ce collyre ne doit pas être instillé pendant le port de *lentilles de contact* souples.
> L'application correcte du produit peut nécessiter une aide, notamment chez une personne handicapée ou âgée.
> Les flacons unidoses ne contiennent pas de conservateur ; ne les conservez pas après ouverture.

### Effets indésirables possibles

Légers picotements.

Laboratoires Chauvin Bausch & Lomb

## ARTÉRASE

*Informations détaillées sur www.monvidal.com*

## ARTEX

*Informations détaillées sur www.monvidal.com*

## ARTHRITISANE

*Informations détaillées sur www.monvidal.com*

## ARTHROCINE

*Informations détaillées sur www.monvidal.com*

## ARTHRODONT

Hygiène buccodentaire

### Présentation

ARTHRODONT : pâte gingivale ; tube de 40 g. Non remb.
ARTHRODONT : pâte gingivale ; tube de 80 g. Non remb.

### Composition

| | p 100 g |
|---|---|
| **Énoxolone** | 1 g |
| Formaldéhyde, solution officinale | + |
| Glycérol | + |
| Silicate de sodium | + |
| Carbonate de calcium | + |
| Menthol | + |

### Dans quel cas ce médicament est-il prescrit ?

Cette pâte gingivale contient un *anti-inflammatoire*, extrait de la racine de réglisse.

Elle est utilisée dans le traitement de l'*inflammation* des gencives ou des blessures provoquées par les appareils dentaires.

### Contre-indications

Ce médicament ne doit pas être utilisé chez l'enfant de moins de 3 ans (présence de menthol).

### Grossesse et allaitement

L'effet de ce médicament pendant la grossesse ou l'allaitement est mal connu. L'évaluation du risque éventuel lié à son utilisation est individuelle : demandez conseil à votre pharmacien ou à votre médecin.

### Mode d'emploi et posologie

Mettre un peu de pâte sur un doigt ou sur une brosse à dents souple et masser doucement les gencives. Laisser en contact avec la muqueuse pendant 5 à 10 minutes puis rincer.

**Posologie usuelle :**
1 application, 2 ou 3 fois par jour.

> **Conseils :** L'emploi de ce médicament ne doit pas remplacer le brossage soigneux et régulier des dents après chaque repas ou après consommation de sucreries.
> En cas d'irritation des gencives par une prothèse (dentier), n'hésitez pas à consulter votre dentiste.

Laboratoires Pierre Fabre Oral Care

## ARTHRODRAINOL

*Informations détaillées sur www.monvidal.com*

## ARTHROFLORINE

*Informations détaillées sur www.monvidal.com*

## ARTICHAUT BOIRON

*Informations détaillées sur www.monvidal.com*

## ARTISIAL

Correcteur des insuffisances salivaires

### Présentation

ARTISIAL : solution pour pulvérisation buccale ; flacon pressurisé de 100 ml. Remb 35 % - **Prix : 4,69 €.**

### Composition

| | p 100 ml |
|---|---|
| **Chlorure de potassium** | 62,450 mg |
| **Chlorure de sodium** | 86,550 mg |
| **Chlorure de magnésium** | 5,875 mg |
| **Chlorure de calcium** | 16,625 mg |
| **Phosphate dipotassique** | 80,325 mg |
| **Phosphate monopotassique** | 32,600 mg |

### Dans quel cas ce médicament est-il prescrit ?

Cette solution d'usage local a une composition proche de celle de la salive.

Elle est utilisée en cas de diminution ou d'absence de sécrétions salivaires.

### Grossesse et allaitement

Ce médicament peut être utilisé chez la femme enceinte ou qui allaite.

### Mode d'emploi et posologie

Pulvériser la solution dans la bouche en tenant le flacon verticalement.

**Posologie usuelle :**
6 à 8 pulvérisations par jour.

> **Conseils :** Le flacon est pressurisé : il ne doit pas être exposé à des températures supérieures à 50 °C, ni percé.

### Effets indésirables possibles

Exceptionnellement : picotements, nausées.

Laboratoires Dexo

## ARTOTEC

Anti-inflammatoire non stéroïdien
et protecteur gastrique

sur ordonnance

### Présentation

ARTOTEC 50 : comprimé *gastrorésistant* (blanc) ; boîte de 30. Liste I - Remb 35 % - **Prix : 12,64 €.**
ARTOTEC 75 : comprimé *gastrorésistant* ; boîte de 20. Liste I - Remb 35 % - **Prix : 9,80 €.**

### Composition

| | p cp | p cp |
|---|---|---|
| **Diclofénac, sel de sodium** | 50 mg | 75 mg |
| **Misoprostol** | 0,2 mg | 0,2 mg |
| Lactose | + | + |
| Huile de ricin | + | + |

### Dans quel cas ce médicament est-il prescrit ?

Ce médicament contient :
- un *anti-inflammatoire* non stéroïdien (*AINS*) qui lutte contre l'*inflammation* et la douleur, fait baisser la fièvre et fluidifie le sang ;
- un antiulcéreux de la famille des *prostaglandines*, qui agit en diminuant la sécrétion acide de l'estomac, et en protégeant la *muqueuse* de l'estomac et du *duodénum* vis-à-vis de certains médicaments ou substances qui peuvent l'altérer (aspirine, *AINS*, alcool).

Il est utilisé dans le *traitement symptomatique* des affections rhumatismales chez les adultes qui présentent un risque d'*ulcère* gastrique ou duodénal.

### Contre-indications

Ce médicament ne doit pas être utilisé dans les cas suivants :
- *allergie* aux *prostaglandines* ou aux *AINS*, y compris l'aspirine ;
- *ulcère* de l'estomac ou du *duodénum* en évolution ;
- *insuffisance hépatique* ou *rénale* graves ;
- *insuffisance cardiaque* grave ;
- femme susceptible d'être enceinte n'utilisant pas de contraception efficace ;
- **grossesse**.

**Attention :** Tout traitement prolongé ou *surdosage* d'*AINS* expose à des effets indésirables graves.
Certaines situations doivent conduire à ne poursuivre le traitement qu'après un avis médical :
- brûlures d'estomac importantes ou selles noires et nauséabondes pouvant traduire une irritation ou un saignement du tube digestif ;
- *réaction allergique* cutanée, crise d'*asthme* ;
- fatigue inhabituelle et intense, ou baisse brutale et importante du volume des urines chez une personne souffrant d'*insuffisance cardiaque*, déshydratée ou traitée par *diurétique*.

Des précautions sont nécessaires chez la personne présentant un risque hémorragique (notamment en cas de traitement *anticoagulant*).
Certains médecins considèrent que les anti-inflammatoires peuvent diminuer l'efficacité des stérilets et exposer à un risque de grossesse non désirée. Ce risque est actuellement très controversé.
Conducteur : ce médicament peut provoquer parfois des étourdissements et des troubles de la vue.

### Interactions avec d'autres substances

Ce médicament peut interagir avec d'autres médicaments, notamment :
- l'aspirine et les autres *anti-inflammatoires* non stéroïdiens (*AINS*) : risque d'accroissement des effets indésirables ;
- les *anticoagulants* et les *antiagrégants plaquettaires* : augmentation du risque hémorragique ;
- le lithium (TÉRALITHE, NEUROLITHIUM...) : augmentation du taux de lithium dans le sang ;
- le méthotrexate.

Informez par ailleurs votre médecin ou votre pharmacien en cas de traitement par un *diurétique*, un *inhibiteur de l'enzyme de conversion*, un *inhibiteur de l'angiotensine II*, un *bêtabloquant* ou un médicament contenant de la ciclosporine.

### Grossesse et allaitement

Ce médicament est contre-indiqué pendant la grossesse. Une contraception efficace est nécessaire chez la femme non ménopausée.
Ce médicament passe dans le lait maternel ; un choix est donc nécessaire entre l'allaitement et la prise du médicament. Cette décision devra être prise en accord avec votre médecin.

### Mode d'emploi et posologie

Les comprimés sont pris de préférence au milieu des repas afin de limiter les effets digestifs indésirables. Ils doivent être avalés avec un verre d'eau sans être croqués ni écrasés.

**Posologie usuelle :**
- Adulte : 1 comprimé à 50 mg, 2 à 3 fois par jour ou 1 comprimé à 75 mg, 2 fois par jour.

**Conseils :** Ne dépassez pas la *posologie* ni la durée de traitement prescrites par votre médecin.
Ce médicament vous a été prescrit dans une situation précise : ne le conseillez pas à un proche, ne le réutilisez pas sans avis médical.

### Effets indésirables possibles

*Troubles digestifs*, *gastrite*, voire *ulcère* de l'estomac ou du *duodénum*, le plus souvent lors d'un traitement de longue durée ou à forte dose. Exceptionnellement : *hémorragie* du tube digestif (vomissements sanglants, selles noires, ou plus souvent pertes de sang imperceptibles responsables de l'apparition progressive d'une *anémie*).
*Réaction allergique*, *photosensibilisation*, chute de cheveux, *asthme*.
Fatigue, insomnie, irritabilité, sensation de *vertiges*, bourdonnements d'oreille, troubles de la vision, maux de tête, *convulsions*.
*Œdèmes*, *insuffisance rénale* aiguë.
Augmentation des *transaminases*, *hépatite*, modification de la *numération formule sanguine*.

Laboratoires Pfizer

## AURUM COMPLEXE N° 38

*Informations détaillées sur www.monvidal.com*

## ARUM TRIPHYLLUM COMPOSÉ BOIRON

*Informations détaillées sur www.monvidal.com*

## ASASANTINE LP

Antiagrégant plaquettaire — sur ordonnance

### Présentation

ASASANTINE LP 200 mg/25 mg : gélule à *libération prolongée* (rouge et jaune) ; boîte de 60. Liste II - Remb 65 % - **Prix : 14,94 €**.

### Composition

| | p gél |
|---|---|
| **Dipyridamole sous forme de microgranules contenus dans la gélule** | 200 mg |
| **Acide acétylsalicylique (aspirine) sous forme d'un comprimé contenu dans la gélule** | 25 mg |

### Dans quel cas ce médicament est-il prescrit ?

Ce médicament contient de l'aspirine, qui possède, entre autres propriétés, celle de fluidifier le sang, et du dipyridamole, dont les propriétés fluidifiantes s'ajoutent à celle de l'aspirine. Ce médicament permet de lutter contre la formation de caillots sanguins dans les artères.

Il est utilisé dans le *traitement préventif* des rechutes après un *accident vasculaire cérébral* dû à l'*athérosclérose.*

### Contre-indications

Ce médicament ne doit pas être utilisé dans les cas suivants :
- *allergie* aux *salicylés*,
- *ulcère* de l'estomac ou du *duodénum* en évolution,
- *hémorragie* ou risque hémorragique.

**Attention :** Des précautions sont nécessaires en cas d'*antécédent* d'*ulcère* de l'estomac ou du *duodénum* même ancien, d'*asthme* ou de rhinite allergique, de *goutte*, d'*insuffisance rénale* ou de maladie cardiaque grave.

L'aspirine peut augmenter la durée ou l'abondance des saignements pendant les règles.

Évitez de prendre ce médicament pendant la semaine qui précède une extraction dentaire ou une opération : augmentation du risque d'*hémorragie.*

### Interactions avec d'autres substances

Ce médicament peut interagir avec d'autres médicaments, notamment :
- les *anticoagulants* et les *antiagrégants plaquettaires* (PLAVIX...) : augmentation du risque hémorragique ;
- les médicaments contenant de la benzbromarone ou du méthotrexate.

Informez par ailleurs votre médecin ou votre pharmacien si vous prenez un *corticoïde* ou un médicament contenant de la pentoxifylline ou de l'interféron alfa.

### Grossesse et allaitement

La dose quotidienne d'aspirine contenue dans ce médicament (50 mg) est très faible. Les données disponibles ne permettent pas de penser que le risque constaté avec des dosages plus forts puisse concerner ce médicament, à la posologie préconisée. Néanmoins, par prudence, il est recommandé de n'utiliser ce médicament qu'en cas d'absolue nécessité. Par ailleurs, l'effet fluidifiant de l'aspirine présent à faible dose expose à un risque accru de saignement en début et en fin de grossesse.

Ce médicament passe dans le lait maternel. L'allaitement est déconseillé pendant le traitement.

### Mode d'emploi et posologie

La gélule doit être avalée avec un verre d'eau, de préférence au cours des repas.

**Posologie usuelle :**
- Adulte : 1 gélule matin et soir.

**Conseils :** L'emploi régulier de ce médicament ne contre-indique pas la prise ponctuelle d'aspirine plus fortement dosée, lors d'un mal de tête ou d'une fièvre, par exemple.

### Effets indésirables possibles

Liés au dipyridamole : *troubles digestifs*, *vertiges*, maux de tête, *éruption cutanée*, *hypotension orthostatique*, bouffées de chaleur, accélération du cœur, aggravation d'une *angine de poitrine* préexistante.

Liés à l'aspirine :
- gastrite, douleurs abdominales, saignements du nez ou des gencives.
- rares et parfois graves :
  - *hémorragie* du tube digestif : vomissements sanglants, selles noires ou, plus souvent, pertes de sang imperceptibles, responsables de l'apparition progressive d'une *anémie* ;
  - accidents allergiques : *urticaire*, *œdème*, *asthme.*

En pratique, les effets indésirables les plus fréquemment observés sont : diarrhées, maux de tête, saignements.

Laboratoires Bœhringer Ingelheim

## ASCABIOL

*Informations détaillées sur www.monvidal.com*

## ASCOFER

*Informations détaillées sur www.monvidal.com*

## ASCORBATE DE CALCIUM RICHARD

*Informations détaillées sur www.monvidal.com*

## ASMABEC

*Informations détaillées sur www.monvidal.com*

## ASMASAL

*Informations détaillées sur www.monvidal.com*

## ASPÉGIC

Antalgique et antipyrétique : salicylé

### Présentation

ASPÉGIC Nourrisson 100 mg : poudre pour solution buvable (arôme mandarine) ; boîte de 20 sachets. Remb 65 % - **Prix : 2,00 €**.

ASPÉGIC Enfant 250 : poudre pour solution buvable (arôme mandarine) ; boîte de 20 sachets. Remb 65 % - **Prix : 2,09 €**.

ASPÉGIC 500 : poudre pour solution buvable (arôme mandarine) ; boîte de 20 sachets. Remb 65 % - **Prix : 2,44 €**.

ASPÉGIC 500 : poudre pour solution buvable (arôme mandarine) ; boîte de 30 sachets. Non remb.

ASPÉGIC Adulte 1000 : poudre pour solution buvable (arôme mandarine) ; boîte de 15 sachets. Non remb.

**ASPÉGIC Adulte 1000 :** poudre pour solution buvable (arôme mandarine) ; boîte de 20 sachets. Remb 65 % - **Prix : 4,08 €.**
**ASPÉGIC Adulte 1000 :** poudre pour solution buvable (arôme mandarine) ; boîte de 30 sachets. Non remb.

## Composition

| | p sachet | p sachet |
|---|---|---|
| **Acétylsalicylate de lysine** | 180 mg | 450 mg |
| soit Acide acétylsalicylique (aspirine) | 100 mg | 250 mg |

| | p sachet | p sachet |
|---|---|---|
| **Acétylsalicylate de lysine** | 900 mg | 1,8 g |
| soit Acide acétylsalicylique (aspirine) | 500 mg | 1 000 mg |
| Lactose | + | + |

## Dans quel cas ce médicament est-il prescrit ?

Ce médicament contient de l'aspirine qui possède de nombreuses propriétés : *antalgique* et *antipyrétique*, mais aussi *anti-inflammatoire* à dose élevée, et fluidifiant du sang.

Il est utilisé dans le traitement de la fièvre, des douleurs diverses et des rhumatismes.

## Contre-indications

Ce médicament ne doit pas être utilisé dans les cas suivants :
- *allergie* à l'aspirine et aux *AINS*,
- *antécédent* d'*asthme* provoqué par la prise d'aspirine ou d'AINS,
- *ulcère* de l'estomac ou du *duodénum*,
- *hémorragie* et risque hémorragique,
- *insuffisance hépatique* ou *rénale* grave,
- *insuffisance cardiaque* grave,
- **grossesse** (dernier trimestre).

**Attention :** L'aspirine n'est pas un médicament anodin. Tout *surdosage* ou prise prolongée exposent à des complications sérieuses.

Ne laissez pas ce médicament à la portée des enfants. En cas d'intoxication accidentelle, appelez un service d'urgence ou un centre antipoison (voir Annexes).

Un avis médical est préférable chez les personnes présentant des *antécédents* d'*ulcère* de l'estomac ou du *duodénum*, même ancien, d'*insuffisance rénale*, et chez les femmes qui portent un stérilet.

L'aspirine est déconseillée chez les personnes atteintes de *goutte*.

Évitez de prendre ce médicament pendant la semaine qui précède une extraction dentaire, une opération ou lors de règles abondantes : augmentation du risque d'*hémorragie*.

L'utilisation d'aspirine chez l'enfant doit être prudente en cas de varicelle ou de fièvre due à un *virus* (grippe...). Des cas de syndrome de Reye, rarissimes, mais parfois mortels, ont été constatés. Ce syndrome se traduit par des troubles de la conscience et des vomissements. En cas de fièvre due à un virus, et en l'absence d'avis médical, d'autres *antipyrétiques* (paracétamol, par exemple) doivent être préférés.

## Interactions avec d'autres substances

Ce médicament peut interagir avec d'autres médicaments, notamment :
- les autres *anti-inflammatoires* non stéroïdiens (*AINS*) : risque accru d'effets indésirables ;
- les *anticoagulants* et les *antiagrégants plaquettaires* (PLAVIX...) : augmentation du risque hémorragique ;
- les médicaments contenant de la benzbromarone ou du méthotrexate.

Informez par ailleurs votre médecin ou votre pharmacien si vous prenez un *antidiabétique*, un *antihypertenseur* de la famille des *inhibiteurs de l'enzyme de conversion* ou des *inhibiteurs de l'angiotensine II*, un *diurétique*, ou un *corticoïde*.

## Grossesse et allaitement

Des effets néfastes pour la mère et l'enfant à naître ont été mis en évidence lorsque l'aspirine, comme les autres *AINS*, est utilisée au cours des 4 derniers mois de la grossesse ; le risque existe même avec une seule prise et même si la grossesse est à terme.

En conséquence, en dehors de certaines situations médicales très particulières, l'aspirine ne peut être utilisée que de façon ponctuelle pendant les 5 premiers mois, et son usage est contre-indiqué à partir du 6e mois.

L'aspirine passe dans le lait maternel : son usage prolongé et à fortes doses chez la femme qui allaite nécessite un avis médical préalable.

## Mode d'emploi et posologie

Les sachets à 1000 mg sont réservés à l'adulte.

Verser le contenu du sachet dans un verre. Ajouter de l'eau, du lait ou un jus de fruits. La dissolution est rapide et totale.

Les prises doivent être espacées d'au moins 4 heures.

Ce médicament est pris de préférence au cours des repas. L'effet sera plus rapide s'il est pris à jeun.

**Posologie usuelle :**

Douleur isolée, fièvre :
- Adulte et enfant de plus de 50 kg : 500 mg ou 1 g (soit 1 ou 2 sachets à 500 mg ou 1 sachet à 1000 mg) par prise à renouveler si nécessaire après un délai minimal de 4 heures, sans dépasser la dose de 3 g d'aspirine par jour (soit 6 sachets à 500 mg ou 3 sachets à 1000 mg par jour).

Chez la personne âgée, il est préférable de ne pas dépasser la dose de 2 g d'aspirine par jour (soit 4 sachets à 500 mg ou 2 sachets à 1000 mg par jour).
- Enfant : 60 mg par kg et par jour, répartis en 4 ou 6 prises, soit 15 mg par kg toutes les 6 heures ou 10 mg par kg toutes les 4 heures. Il est nécessaire de suivre les recommandations de votre pharmacien ou de votre médecin ou de suivre les *posologies* suivantes données à titre indicatif :
  - enfant de 20 à 30 kg (environ 6 à 9 ans) : 1 sachet à 250 mg, à renouveler si nécessaire au bout de 4 heures sans dépasser 6 prises par jour ;
  - enfant de 30 à 40 kg (environ 9 à 13 ans) : 1 sachet à 500 mg, à renouveler si nécessaire au bout de 6 heures sans dépasser 4 prises par jour ;
  - enfant de 41 à 50 kg (environ 13 à 15 ans) : 1 sachet à 500 mg, à renouveler si nécessaire au bout de 4 heures sans dépasser 6 prises par jour.

Douleurs rhumatismales :

La *posologie* est de 3 à 6 g d'aspirine par jour chez l'adulte et 50 à 100 mg par kg et par jour chez l'enfant, sous contrôle médical.

## Effets indésirables possibles

*Gastrite*, douleurs abdominales, saignements du nez ou des gencives.

Rares et parfois graves :
- *hémorragie* du tube digestif : vomissements sanglants, selles noires, ou plus souvent pertes de sang imperceptibles responsables de l'apparition progressive d'une *anémie* ;
- accidents allergiques : *urticaire, œdème, asthme.*

Signes devant faire penser à un *surdosage* : bourdonnements d'oreille, sensation de baisse de l'audition, maux de tête.

**Laboratoires Sanofi-Aventis OTC**

## ASPÉGIC CODÉINE

*Informations détaillées sur www.monvidal.com*

## ASPIRINE DU RHÔNE

Antalgique et antipyrétique : salicylé

### Présentation

**ASPIRINE DU RHÔNE 500 mg :** comprimé (blanc) ; boîte de 20. Non remb.
**ASPIRINE DU RHÔNE 500 mg :** comprimé (blanc) ; boîte de 50. Non remb.
**ASPIRINE DU RHÔNE 500 mg :** comprimé à croquer (blanc ; arômes : mandarine, orange) ; boîte de 20. Non remb.

### Composition

| | p cp | p cp à croquer |
|---|---|---|
| **Acide acétylsalicylique (aspirine)** | 500 mg | 500 mg |
| Aspartam | | + |

### Dans quel cas ce médicament est-il prescrit ?

Ce médicament contient de l'aspirine, qui possède de nombreuses propriétés : *antalgique* et *antipyrétique*, mais aussi *anti-inflammatoire* à dose élevée, et fluidifiant du sang.

Il est utilisé dans le *traitement symptomatique* des douleurs et de la fièvre.

### Contre-indications

Ce médicament ne doit pas être utilisé dans les cas suivants :
- *allergie* aux *salicylés* ou aux *AINS*,
- *antécédent* d'*asthme* provoqué par la prise d'aspirine ou d'AINS,
- *ulcère* de l'estomac ou du *duodénum*,
- *hémorragie* et risque hémorragique,
- *insuffisance hépatique* ou *rénale* grave,
- *insuffisance cardiaque* grave,
- *phénylcétonurie* (comprimé à croquer : présence d'aspartam),
- **grossesse** (à partir du 6e mois).

**Attention :** L'aspirine n'est pas un médicament anodin. Tout *surdosage* ou prise prolongée exposent à des complications sérieuses.

Ne laissez pas ce médicament à la portée des enfants. En cas d'intoxication accidentelle, appelez un service d'urgence ou un centre Antipoison (voir Annexes).

Un avis médical est préférable chez les personnes présentant des *antécédents* d'*ulcère* de l'estomac ou du *duodénum*, même ancien, de déficit en *G6PD*, d'*insuffisance rénale*, et chez les femmes qui portent un stérilet.

L'aspirine est déconseillée chez les personnes atteintes de *goutte*.

Évitez de prendre ce médicament pendant la semaine qui précède une extraction dentaire, une opération ou lors de règles abondantes : augmentation du risque d'*hémorragie*.

L'utilisation d'aspirine chez l'enfant doit être prudente en cas de varicelle ou de fièvre due à un *virus* (grippe...). Des cas de syndrome de Reye, rarissimes, mais parfois mortels, ont été constatés. Ce syndrome se traduit par des troubles de la conscience et des vomissements. En cas de fièvre due à un virus, et en l'absence d'avis médical, d'autres *antipyrétiques* (paracétamol, par exemple) doivent être préférés.

### Interactions avec d'autres substances

Ce médicament peut interagir avec d'autres médicaments, notamment :
- les autres *anti-inflammatoires* non stéroïdiens (*AINS*) : risque accru d'effets indésirables ;
- les *anticoagulants* et les *antiagrégants plaquettaires* (PLAVIX...) : augmentation du risque hémorragique ;
- les médicaments contenant de la benzbromarone ou du méthotrexate.

Informez par ailleurs votre médecin ou votre pharmacien si vous prenez un *antidiabétique*, un *antihypertenseur* de la famille des *inhibiteurs de l'enzyme de conversion* ou des *inhibiteurs de l'angiotensine II*, un *diurétique*, ou un *corticoïde*.

### Grossesse et allaitement

Des effets néfastes pour la mère et l'enfant à naître ont été mis en évidence lorsque l'aspirine, comme les autres *AINS*, est utilisée au cours des 4 derniers mois de la grossesse ; le risque existe même avec une seule prise et même si la grossesse est à terme.

En conséquence, en dehors de certaines situations médicales très particulières, l'aspirine ne peut être utilisée que de façon ponctuelle pendant les 5 premiers mois, et son usage est contre-indiqué à partir du 6e mois.

L'aspirine passe dans le lait maternel : son usage prolongé et à fortes doses chez la femme qui allaite nécessite un avis médical préalable.

### Mode d'emploi et posologie

Les comprimés doivent être désagrégés dans un grand verre d'eau ; le comprimé à croquer doit être croqué, puis avalé, de préférence avec de l'eau.

Ce médicament est pris de préférence au moment des repas, mais l'effet sera plus rapide s'il est pris à jeun.

Les prises doivent être espacées d'au moins 4 heures.

**Posologie usuelle :**
- Adulte et enfant de plus de 50 kg : 1 ou 2 comprimés par prise à renouveler si nécessaire après un délai minimal de 4 heures, sans dépasser 6 comprimés par jour (soit 3 g d'aspirine par jour).

Chez la personne âgée, il est préférable de ne pas dépasser la dose de 2 g d'aspirine par jour (soit 4 comprimés par jour).
- Enfant de 30 à 50 kg : 60 mg par kg et par jour, répartis en 4 ou 6 prises, soit 15 mg par kg toutes les 6 heures ou 10 mg par kg toutes les 4 heures. Il est nécessaire de suivre les recommandations de votre pharmacien ou de votre médecin ou de suivre les *posologies* suivantes données à titre indicatif :
  - enfant de 30 à 40 kg (environ 9 à 13 ans) : 1 comprimé, à renouveler si nécessaire au bout de 6 heures sans dépasser 4 prises par jour ;
  - enfant de 41 à 50 kg (environ 13 à 15 ans) : 1 comprimé, à renouveler si nécessaire au bout de 4 heures sans dépasser 6 prises par jour.

### Effets indésirables possibles

*Gastrite*, douleurs abdominales, saignements du nez ou des gencives.

Rares et parfois graves :

- *hémorragie* du tube digestif : vomissements sanglants, selles noires, ou plus souvent pertes de sang imperceptibles, responsables de l'apparition progressive d'une *anémie* ;
- accidents allergiques : *urticaire*, *œdème*, *asthme*.

Signes devant faire penser à un *surdosage* : bourdonnements d'oreille, sensation de baisse de l'audition, maux de tête.

Laboratoires Bayer santé familiale

## ASPIRINE MERCK MÉDICATION FAMILIALE

*Informations détaillées sur www.monvidal.com*

## ASPIRINE pH8

Antalgique et antipyrétique : salicylé

### Présentation

**ASPIRINE pH8 :** comprimé *gastrorésistant* (blanc) ; boîte de 20. Remb 65 % - **Prix : 1,33 €**.
**ASPIRINE pH8 :** comprimé *gastrorésistant* (blanc) ; boîte de 50. Remb 65 % - **Prix : 2,14 €**.

### Composition

| | p cp |
|---|---|
| **Acide acétylsalicylique (aspirine)** | 500 mg |

### Dans quel cas ce médicament est-il prescrit ?

Ce médicament contient de l'aspirine, qui possède de nombreuses propriétés : *antalgique* et *antipyrétique*, mais aussi *anti-inflammatoire* à dose élevée, et fluidifiant du sang.

Il est utilisé dans le *traitement symptomatique* de la fièvre, des douleurs diverses, des rhumatismes.

### Contre-indications

Ce médicament ne doit pas être utilisé dans les cas suivants :

- *allergie* aux *salicylés* ou aux *AINS*,
- *antécédent* d'*asthme* provoqué par la prise d'aspirine ou d'AINS,
- *ulcère* de l'estomac ou du *duodénum*,
- *hémorragie* et risque hémorragique,
- *insuffisance hépatique* ou *rénale* grave,
- *insuffisance cardiaque* grave,
- **grossesse** (dernier trimestre).

**Attention :** L'aspirine n'est pas un médicament anodin. Tout *surdosage* ou prise prolongée exposent à des complications sérieuses.

Un avis médical est préférable chez les personnes présentant des *antécédents* d'*ulcère* de l'estomac ou du *duodénum*, même ancien, d'*insuffisance rénale*, et chez les femmes qui portent un stérilet.

L'aspirine est déconseillée chez les personnes atteintes de *goutte*.

Évitez de prendre ce médicament pendant la semaine qui précède une extraction dentaire, une opération ou lors de règles abondantes : augmentation du risque d'*hémorragie*.

L'utilisation d'aspirine chez l'enfant doit être prudente en cas de varicelle ou de fièvre due à un *virus* (grippe...). Des cas de syndrome de Reye, rarissimes, mais parfois mortels, ont été constatés. Ce syndrome se traduit par des troubles de la conscience et des vomissements. En cas de fièvre due à un virus, et en l'absence d'avis médical, d'autres *antipyrétiques* (paracétamol, par exemple) doivent être préférés.

### Interactions avec d'autres substances

Ce médicament peut interagir avec d'autres médicaments, notamment :

- les autres *anti-inflammatoires* non stéroïdiens (*AINS*) : risque accru d'effets indésirables ;
- les *anticoagulants* et les *antiagrégants plaquettaires* (PLAVIX...) : augmentation du risque hémorragique ;
- les médicaments contenant de la benzbromarone ou du méthotrexate.

Informez par ailleurs votre médecin ou votre pharmacien si vous prenez un *antidiabétique*, un *antihypertenseur* de la famille des *inhibiteurs de l'enzyme de conversion* ou des *inhibiteurs de l'angiotensine II*, un *diurétique*, ou un *corticoïde*.

### Grossesse et allaitement

Des effets néfastes pour la mère et l'enfant à naître ont été mis en évidence lorsque l'aspirine, comme les autres *AINS*, est utilisée au cours des 4 derniers mois de la grossesse ; le risque existe même avec une seule prise et même si la grossesse est à terme.

En conséquence, en dehors de certaines situations médicales très particulières, l'aspirine ne peut être utilisée que de façon ponctuelle pendant les 5 premiers mois, et son usage est contre-indiqué à partir du 6e mois.

L'aspirine passe dans le lait maternel : son usage prolongé et à fortes doses chez la femme qui allaite nécessite un avis médical préalable.

### Mode d'emploi et posologie

Les comprimés doivent être avalés sans être croqués, avec un verre d'eau. L'effet sera plus rapide s'ils sont pris à jeun.

Les prises doivent être espacées d'au moins 4 heures.

**Posologie usuelle :**

Douleur isolée, fièvre :

- Adulte et enfant de plus de 50 kg : 1 ou 2 comprimés par prise à renouveler si nécessaire après un délai minimal de 4 heures, sans dépasser 6 comprimés par jour (soit 3 g d'aspirine par jour).

Chez la personne âgée, il est préférable de ne pas dépasser la dose de 2 g d'aspirine par jour (soit 4 comprimés par jour).

- Enfant de 30 à 50 kg : 60 mg par kg et par jour, répartis en 4 ou 6 prises, soit 15 mg par kg toutes les 6 heures ou 10 mg par kg toutes les 4 heures. Il est nécessaire de suivre les recommandations de votre pharmacien ou de votre médecin ou de suivre les *posologies* suivantes données à titre indicatif :
  - enfant de 30 à 40 kg (environ 9 à 13 ans) : 1 comprimé, à renouveler si nécessaire au bout de 6 heures sans dépasser 4 prises par jour ;
  - enfant de 41 à 50 kg (environ 13 à 15 ans) : 1 comprimé, à renouveler si nécessaire au bout de 4 heures sans dépasser 6 prises par jour.

Douleurs rhumatismales :

La *posologie* est de 3 à 6 g d'aspirine par jour chez l'adulte et 50 à 100 mg par kg et par jour chez l'enfant, sous contrôle médical.

### Effets indésirables possibles

Douleurs abdominales, saignements du nez ou des gencives.

Rares et parfois graves :

- *hémorragie* du tube digestif : selles noires, ou plus souvent pertes de sang imperceptibles, responsables de l'apparition progressive d'une *anémie* ;
- accidents allergiques : *urticaire, œdème, asthme.*

Signes devant faire penser à un *surdosage* : bourdonnements d'oreille, sensation de baisse de l'audition, maux de tête.

Laboratoires 3M Santé

## ASPIRINE PROTECT

*Informations détaillées sur www.monvidal.com*

## ASPIRINE RATIOPHARM

*Informations détaillées sur www.monvidal.com*

## ASPIRINE UPSA 325 mg

Antiagrégant plaquettaire

### Présentation

ASPIRINE UPSA 325 mg : gélule (vert et transparent) ; boîte de 28. Remb 65 % - **Prix : 2,60 €.**

### Composition

| | p gél |
|---|---|
| **Acide acétylsalicylique (aspirine)** | 325 mg |

### Dans quel cas ce médicament est-il prescrit ?

Ce médicament contient de l'aspirine, qui possède, entre autres propriétés, celle de fluidifier le sang. Cet effet persiste 4 à 8 jours après l'arrêt du traitement.

Il est utilisé pour prévenir les récidives de maladies cardiovasculaires provoquées par un caillot de sang dans une artère (*infarctus du myocarde, accident vasculaire cérébral*...).

### Contre-indications

Ce médicament ne doit pas être utilisé dans les cas suivants :

- *allergie* aux *salicylés* ou aux *AINS*,
- *ulcère* de l'estomac ou du *duodénum*,
- *hémorragie* ou risque hémorragique,
- **grossesse** : à partir du 6e mois ou, en prise prolongée, à toute période de la grossesse.

**Attention :** L'aspirine n'est pas un médicament anodin. Seul votre médecin peut décider si la prise prolongée de ce médicament est justifiée par votre état de santé.

Des précautions sont nécessaires en cas d'*antécédent* d'*ulcère* de l'estomac ou du *duodénum*, même ancien, d'*asthme*, de *goutte*, d'*insuffisance rénale* et chez la femme qui porte un stérilet.

L'aspirine peut augmenter la durée ou l'abondance des saignements pendant les règles.

Évitez de prendre ce médicament pendant la semaine qui précède une extraction dentaire ou une opération : augmentation du risque d'*hémorragie.*

### Interactions avec d'autres substances

Ce médicament peut interagir avec d'autres médicaments, notamment :

- les *anticoagulants* et les *antiagrégants plaquettaires* (PLAVIX...) : augmentation du risque hémorragique ;
- les médicaments contenant de la benzbromarone ou du méthotrexate.

Informez par ailleurs votre médecin ou votre pharmacien si vous prenez un *corticoïde* ou un médicament contenant de la pentoxifylline ou de l'interféron alfa.

### Grossesse et allaitement

Des effets néfastes pour la mère et l'enfant à naître ont été mis en évidence lorsque l'aspirine, comme les autres *AINS*, est utilisée au cours des 4 derniers mois de la grossesse ; le risque existe même avec une seule prise et même si la grossesse est à terme.

En conséquence, en dehors de certaines situations médicales très particulières, l'aspirine ne peut être utilisée que de façon ponctuelle pendant les 5 premiers mois, et son usage est contre-indiqué à partir du 6e mois.

Ce médicament passe dans le lait maternel. L'allaitement est déconseillé pendant le traitement.

### Mode d'emploi et posologie

La gélule doit être avalée avec un verre d'eau.

Ce médicament peut être pris avant, pendant ou entre les repas.

**Posologie usuelle :**

- Adulte : 1 gélule par jour ou 1 gélule tous les 2 jours.

**Conseils :** Lorsque la *posologie* recommandée est d'une gélule tous les deux jours, il est plus simple de décider une fois pour toutes que le médicament sera pris les jours pairs (ou impairs), et de ne pas déroger à cette règle, même si deux jours impairs peuvent parfois se suivre.

L'emploi régulier de ce médicament ne contre-indique pas la prise ponctuelle d'aspirine plus fortement dosée, lors d'un mal de tête ou d'une fièvre par exemple.

### Effets indésirables possibles

*Gastrite*, douleurs abdominales, saignement du nez ou des gencives.

Rares et parfois graves :

- *hémorragie* du tube digestif : vomissements sanglants, selles noires ou, plus souvent, pertes de sang imperceptibles, responsables de l'apparition progressive d'une *anémie* ;
- accidents allergiques : *urticaire, œdème, asthme.*

Laboratoires Bristol-Myers Squibb

## ASPIRINE UPSA 500 et 1000 mg

Antalgique et antipyrétique : salicylé

### Présentation

ASPIRINE UPSA 500 mg : comprimé effervescent (blanc ; arôme orange) ; boîte de 20. Remb 65 % - **Prix : 2,11 €.**
ASPIRINE UPSA 1 000 mg : comprimé effervescent sécable (blanc ; arôme orange) ; boîte de 20. Remb 65 % - **Prix : 3,45 €.**

### Composition

| | p cp | p cp |
|---|---|---|
| **Acide acétylsalicylique (aspirine)** | 500 mg | 1 000 mg |
| Sodium | 388 mg | 460 mg |
| Lactose | | + |
| Aspartam | + | + |

### Dans quel cas ce médicament est-il prescrit ?

Ce médicament contient de l'aspirine, qui possède de nombreuses propriétés : *antalgique* et *antipyrétique,* mais aussi *anti-inflammatoire* à dose élevée, et fluidifiant du sang.

Il est utilisé dans le *traitement symptomatique* de la fièvre, des douleurs diverses et des rhumatismes.

### Contre-indications

Ce médicament ne doit pas être utilisé dans les cas suivants :

- *allergie* aux *salicylés* et aux *AINS*,
- *antécédent* d'*asthme* provoqué par la prise d'aspirine ou d'AINS,
- *ulcère* de l'estomac ou du *duodénum*,
- *hémorragie* et risque hémorragique,
- *insuffisance hépatique* ou *rénale* grave,
- *insuffisance cardiaque* grave,
- *phénylcétonurie* (présence d'aspartam),
- **grossesse** (dernier trimestre).

**Attention :** L'aspirine n'est pas un médicament anodin. Tout *surdosage* ou prise prolongée exposent à des complications sérieuses.

Un avis médical est préférable chez les personnes présentant des *antécédents* d'*ulcère* de l'estomac ou du *duodénum*, même ancien, d'*insuffisance rénale*, et chez les femmes qui portent un stérilet.

L'aspirine est déconseillée chez les personnes atteintes de *goutte*.

Évitez de prendre ce médicament pendant la semaine qui précède une extraction dentaire, une opération ou lors de règles abondantes : augmentation du risque d'*hémorragie*.

L'utilisation d'aspirine chez l'enfant doit être prudente en cas de varicelle ou de fièvre due à un *virus* (grippe...). Des cas de syndrome de Reye, rarissimes, mais parfois mortels, ont été constatés. Ce syndrome se traduit par des troubles de la conscience et des vomissements. En cas de fièvre due à un virus, et en l'absence d'avis médical, d'autres *antipyrétiques* (paracétamol, par exemple) doivent être préférés.

Ce médicament contient du *sel* (*sodium*) en quantité notable.

### Interactions avec d'autres substances

Ce médicament peut interagir avec d'autres médicaments, notamment :

- les autres *anti-inflammatoires* non stéroïdiens (*AINS*) : risque accru d'effets indésirables ;
- les *anticoagulants* et les *antiagrégants plaquettaires* (PLAVIX...) : augmentation du risque hémorragique ;
- les médicaments contenant de la benzbromarone ou du méthotrexate.

Informez par ailleurs votre médecin ou votre pharmacien si vous prenez un *antidiabétique*, un *antihypertenseur* de la famille des *inhibiteurs de l'enzyme de conversion* ou des *inhibiteurs de l'angiotensine II*, un *diurétique*, ou un *corticoïde*.

### Grossesse et allaitement

Des effets néfastes pour la mère et l'enfant à naître ont été mis en évidence lorsque l'aspirine, comme les autres *AINS*, est utilisée au cours des 4 derniers mois de la grossesse ; le risque existe même avec une seule prise et même si la grossesse est à terme.

En conséquence, en dehors de certaines situations médicales très particulières, l'aspirine ne peut être utilisée que de façon ponctuelle pendant les 5 premiers mois, et son usage est contre-indiqué à partir du 6e mois.

L'aspirine passe dans le lait maternel : son usage prolongé et à fortes doses chez la femme qui allaite nécessite un avis médical préalable.

### Mode d'emploi et posologie

Les comprimés dosés à 1000 mg sont réservés à l'adulte et à l'enfant de plus de 50 kg.

Les comprimés doivent être dissous dans un verre d'eau. L'effet sera plus rapide si les comprimés sont pris à jeun.

Les prises du médicament doivent être espacées d'au moins 4 heures.

**Posologie usuelle :**

Douleur isolée et fièvre :

- Adulte et enfant de plus de 50 kg : 500 mg ou 1 g (soit 1 ou 2 comprimés à 500 mg ou 1 comprimé à 1000 mg) par prise à renouveler si nécessaire après un délai minimal de 4 heures, sans dépasser la dose de 3 g d'aspirine par jour (soit 6 comprimés à 500 mg ou 3 comprimés à 1000 mg par jour).

Chez la personne âgée, il est préférable de ne pas dépasser la dose de 2 g d'aspirine par jour (soit 4 comprimés à 500 mg ou 2 comprimés à 1000 mg par jour).

- Enfant de 30 à 50 kg : 60 mg par kg et par jour, répartis en 4 ou 6 prises, soit 15 mg par kg toutes les 6 heures ou 10 mg par kg toutes les 4 heures. Il est nécessaire de suivre les recommandations de votre pharmacien ou de votre médecin ou de suivre les *posologies* suivantes données à titre indicatif :
  - enfant de 30 à 40 kg (environ 9 à 13 ans) : 1 comprimé à 500 mg, à renouveler si nécessaire au bout de 6 heures sans dépasser 4 prises par jour ;
  - enfant de 41 à 50 kg (environ 13 à 15 ans) : 1 comprimé à 500 mg, à renouveler si nécessaire au bout de 4 heures sans dépasser 6 prises par jour.

Douleurs rhumatismales :

La *posologie* est de 3 à 6 g d'aspirine par jour chez l'adulte et 50 à 100 mg par kg et par jour chez l'enfant, sous contrôle médical.

### Effets indésirables possibles

*Gastrite*, douleurs abdominales, saignements du nez ou des gencives.

Rares et parfois graves :

- *hémorragie* du tube digestif : vomissements sanglants, selles noires, ou plus souvent pertes de sang imperceptibles, responsables de l'apparition progressive d'une *anémie* ;
- accidents allergiques : *urticaire*, *œdème*, *asthme*.

Signes devant faire penser à un surdosage : bourdonnements d'oreille, sensation de baisse de l'audition, maux de tête.

Laboratoires Bristol-Myers Squibb

## ASPIRINE UPSA vitaminée C

Association antalgique et antipyrétique

### Présentation

**ASPIRINE UPSA vitaminée C :** comprimé effervescent sécable (blanc) ; boîte de 20. Non remb.

### Composition

| | p cp |
|---|---|
| **Acide acétylsalicylique (aspirine)** | 330 mg |
| **Acide ascorbique (vitamine C)** | 200 mg |
| Sodium | 485 mg |

### Dans quel cas ce médicament est-il prescrit ?

Ce médicament associe de l'aspirine, *antalgique* et *antipyrétique*, et de la *vitamine* C.

Il est utilisé dans le *traitement symptomatique* des affections douloureuses ou fébriles.

### Contre-indications

Ce médicament ne doit pas être utilisé dans les cas suivants :

- *allergie* aux *salicylés* ou aux *AINS*,
- *antécédent* d'*asthme* provoqué par la prise d'aspirine ou d'AINS,
- *ulcère* de l'estomac ou du *duodénum*,
- *hémorragie* et risque hémorragique,
- *antécédent* de calculs des *voies* urinaires (pour les doses de *vitamine* C supérieures à 1 g par jour),
- **grossesse** : à partir du 6e mois.

**Attention :** Ce médicament n'est pas adapté à l'enfant de moins de 30 kg.

Un avis médical est préférable en cas d'*insuffisance rénale*, d'*antécédent* d'*ulcère* de l'estomac ou du *duodénum*, même ancien, et chez la femme qui porte un stérilet.

Ce médicament est déconseillé chez les personnes atteintes de *goutte*.

Évitez de prendre ce médicament pendant la semaine qui précède une extraction dentaire, une opération, ou lors de règles abondantes : augmentation du risque d'*hémorragie*.

L'utilisation d'aspirine chez l'enfant doit être prudente en cas de varicelle ou de fièvre due à un *virus* (grippe...). Des cas de syndrome de Reye, rarissimes, mais parfois mortels, ont été constatés. Ce syndrome se traduit par des troubles de la conscience et des vomissements. En cas de fièvre due à un virus, et en l'absence d'avis médical, d'autres *antipyrétiques* (paracétamol, par exemple) doivent être préférés.

Ce médicament contient du *sel* (*sodium*) en quantité notable.

### Interactions avec d'autres substances

Ce médicament peut interagir avec d'autres médicaments, notamment :

- les autres *anti-inflammatoires* non stéroïdiens (*AINS*) : risque accru d'effets indésirables ;
- les *anticoagulants* et les *antiagrégants plaquettaires* (PLAVIX...) : augmentation du risque hémorragique ;
- les médicaments contenant de la benzbromarone ou du méthotrexate.

Informez par ailleurs votre médecin ou votre pharmacien si vous prenez un *antidiabétique*, un *antihypertenseur* de la famille des *inhibiteurs de l'enzyme de conversion* ou des *inhibiteurs de l'angiotensine II*, un *diurétique*, ou un *corticoïde*.

### Grossesse et allaitement

Des effets néfastes pour la mère et l'enfant à naître ont été mis en évidence lorsque l'aspirine, comme les autres *AINS*, est utilisée au cours des 4 derniers mois de la grossesse ; le risque existe même avec une seule prise et même si la grossesse est à terme.

En conséquence, en dehors de certaines situations médicales très particulières, l'aspirine ne peut être utilisée que de façon ponctuelle pendant les 5 premiers mois, et son usage est contre-indiqué à partir du 6e mois.

L'aspirine passe dans le lait maternel : son usage prolongé et à fortes doses chez la femme qui allaite nécessite un avis médical préalable.

### Mode d'emploi et posologie

Les comprimés doivent être dissous dans un verre d'eau, de lait ou de jus de fruits.

Respecter un intervalle d'au moins 4 heures entre 2 prises.

**Posologie usuelle :**

- Adulte : 1 ou 2 comprimés par prise, à renouveler si nécessaire, sans dépasser 9 comprimés par jour.

Chez le sujet âgé, il est conseillé de ne pas dépasser 6 comprimés par jour.

- Enfant de 30 à 50 kg : 1 comprimé par prise, à renouveler si nécessaire, sans dépasser 6 comprimés par jour.

**Conseils :** De nombreux médicaments contiennent de l'aspirine : vous devez en tenir compte en cas de prise conjointe car un *surdosage* expose à une augmentation des effets indésirables.

### Effets indésirables possibles

Liés à l'aspirine :

- *gastrite*, douleurs abdominales, saignement du nez ou des gencives ;
- rares et parfois graves : *hémorragie* du tube digestif (vomissements sanglants, selles noires, ou plus souvent pertes de sang imperceptibles, responsables de l'apparition progressive d'une *anémie*) ; accidents allergiques (*urticaire*, *œdème*, *asthme*) ;
- signes devant faire penser à un *surdosage* : bourdonnements d'oreille, sensation de baisse de l'audition, maux de tête.

Liés à la *vitamine* C à forte dose (supérieure à 1 g par jour) : calculs des *voies* urinaires chez les personnes prédisposées.

Laboratoires Upsa Conseil

## ASPIRINE vitaminée B1 C DEROL

*Informations détaillées sur www.monvidal.com*

## ASPIRINE vitamine C OBERLIN

Association antalgique et antipyrétique

### Présentation

**ASPIRINE 500 vitamine C OBERLIN :** comprimé effervescent sécable (blanc) ; boîte de 30. Non remb.

### Composition

| | p cp |
|---|---|
| **Acide acétylsalicylique (aspirine)** | 500 mg |
| **Acide ascorbique (vitamine C)** | 200 mg |
| soit Sodium | 391 mg |

### Dans quel cas ce médicament est-il prescrit ?

Ce médicament, *antalgique* et *antipyrétique*, associe de l'aspirine et de la *vitamine* C.

Il est utilisé dans le *traitement symptomatique* des affections douloureuses ou fébriles.

### Contre-indications

Ce médicament ne doit pas être utilisé dans les cas suivants :

- *allergie* aux *salicylés* ou aux *AINS*,
- *antécédent* d'*asthme* provoqué par la prise d'aspirine ou d'AINS,

- *ulcère* de l'estomac ou du *duodénum*,
- *hémorragie* et risque hémorragique,
- *insuffisance hépatique* ou *rénale* grave,
- *insuffisance cardiaque* grave,
- *antécédent* de calculs des *voies* urinaires (pour des doses de vitamine C supérieures à 1 g par jour),
- **grossesse** (dernier trimestre).

> **Attention :** Ce médicament n'est pas adapté à l'enfant.
> Un avis médical est préférable en cas d'*insuffisance rénale*, d'*antécédent* d'*ulcère* de l'estomac ou du *duodénum*, même ancien, et chez la femme qui porte un stérilet.
> Ce médicament est déconseillé chez les personnes atteintes de *goutte*.
> Évitez de prendre ce médicament pendant la semaine qui précède une extraction dentaire, une opération, ou lors de règles abondantes : augmentation du risque d'*hémorragie*.
> Ce médicament contient du *sel* (*sodium*) en quantité notable.

### Interactions avec d'autres substances

Ce médicament peut interagir avec d'autres médicaments, notamment :
- les autres *anti-inflammatoires* non stéroïdiens (*AINS*) : risque accru d'effets indésirables ;
- les *anticoagulants* et les *antiagrégants plaquettaires* (PLAVIX...) : augmentation du risque hémorragique ;
- les médicaments contenant de la benzbromarone ou du méthotrexate.

Informez par ailleurs votre médecin ou votre pharmacien si vous prenez un *antidiabétique*, un *antihypertenseur* de la famille des *inhibiteurs de l'enzyme de conversion* ou des *inhibiteurs de l'angiotensine II*, un *diurétique*, ou un *corticoïde*.

### Grossesse et allaitement

Des effets néfastes pour la mère et l'enfant à naître ont été mis en évidence lorsque l'aspirine, comme les autres *AINS*, est utilisée au cours des 4 derniers mois de la grossesse ; le risque existe même avec une seule prise et même si la grossesse est à terme.

En conséquence, en dehors de certaines situations médicales très particulières, l'aspirine ne peut être utilisée que de façon ponctuelle pendant les 5 premiers mois, et son usage est contre-indiqué à partir du 6e mois.

L'aspirine passe dans le lait maternel : son usage prolongé et à fortes doses chez la femme qui allaite nécessite un avis médical préalable.

### Mode d'emploi et posologie

Les comprimés doivent être dissous dans un verre d'eau, de lait ou de jus de fruits.

Respecter un intervalle d'au moins 4 heures entre 2 prises.

**Posologie usuelle :**
- Adulte : 1 ou 2 comprimés par prise, sans dépasser 6 comprimés par jour.

Chez le sujet âgé, il est conseillé de ne pas dépasser 4 comprimés par jour.

> **Conseils :** De nombreux médicaments contiennent de l'aspirine : vous devez en tenir compte en cas de prise conjointe, car un *surdosage* expose à une augmentation des *effets indésirables*.

### Effets indésirables possibles

Liés à l'aspirine :
- *gastrite*, douleurs abdominales, saignement du nez ou des gencives ;
- rares et parfois graves : *hémorragie* du tube digestif (vomissements sanglants, selles noires, ou plus souvent pertes de sang imperceptibles, responsables de l'apparition progressive d'une *anémie*) ; accidents allergiques (*urticaire*, *œdème*, *asthme*) ;
- signes devant faire penser à un *surdosage* : bourdonnements d'oreille, sensation de baisse de l'audition, maux de tête.

Liés à la *vitamine* C : à forte dose (supérieure à 1 g par jour), calculs des *voies* urinaires chez les personnes prédisposées.

Laboratoires Upsa Conseil

## ASPIRISUCRE

*Informations détaillées sur www.monvidal.com*

## ASPRO

Antalgique et antipyrétique : salicylé

### Présentation

**ASPRO 320 :** comprimé (blanc) ; boîte de 60. Non remb.
**ASPRO 500 :** comprimé sécable (blanc) ; boîte de 20. Non remb.
**ASPRO 500 :** comprimé effervescent sécable (blanc ; arôme citron) ; boîte de 20. Non remb.
**ASPRO 500 :** comprimé effervescent sécable (blanc ; arôme citron) ; boîte de 36. Non remb.

### Composition

| | p cp | p cp | p cp efferv |
|---|---|---|---|
| **Acide acétylsalicylique (aspirine)** | 320 mg | 500 mg | 500 mg |
| Sodium | | | 255 mg |

### Dans quel cas ce médicament est-il prescrit ?

Ce médicament contient de l'aspirine, qui possède de nombreuses propriétés : *antalgique* et *antipyrétique*, mais aussi *anti-inflammatoire* à dose élevée, et fluidifiant du sang.

Il est utilisé dans le *traitement symptomatique* des douleurs diverses et de la fièvre.

### Contre-indications

Ce médicament ne doit pas être utilisé dans les cas suivants :
- *allergie* aux *salicylés* ou aux *AINS*,
- *antécédent* d'*asthme* provoqué par la prise d'aspirine ou d'AINS,
- *ulcère* de l'estomac ou du *duodénum*,
- *hémorragie* et risque hémorragique,
- *insuffisance hépatique* ou *rénale* grave,
- *insuffisance cardiaque* grave,
- **grossesse** (dernier trimestre).

> **Attention :** L'aspirine n'est pas un médicament anodin. Tout *surdosage* ou prise prolongée exposent à des complications sérieuses.
> Un avis médical est préférable chez les personnes présentant des *antécédents* d'*ulcère* de l'estomac ou du *duodénum*, même ancien, d'*insuffisance rénale*, et chez les femmes qui portent un stérilet.
> L'aspirine est déconseillée chez les personnes atteintes de *goutte*.
> Évitez de prendre ce médicament pendant la semaine qui précède une extraction dentaire, une

opération ou lors de règles abondantes : augmentation du risque d'*hémorragie*.
L'utilisation d'aspirine chez l'enfant doit être prudente en cas de varicelle ou de fièvre due à un *virus* (grippe...). Des cas de syndrome de Reye, rarissimes, mais parfois mortels, ont été constatés. Ce syndrome se traduit par des troubles de la conscience et des vomissements. En cas de fièvre due à un virus, et en l'absence d'avis médical, d'autres *antipyrétiques* (paracétamol, par exemple) doivent être préférés.
Les comprimés effervescents contiennent du *sel* (sodium) en quantité notable.

### Interactions avec d'autres substances

Ce médicament peut interagir avec d'autres médicaments, notamment :
- les autres *anti-inflammatoires* non stéroïdiens (*AINS*) : risque accru d'effets indésirables ;
- les *anticoagulants* et les *antiagrégants plaquettaires* (PLAVIX...) : augmentation du risque hémorragique ;
- les médicaments contenant de la benzbromarone ou du méthotrexate.

Informez par ailleurs votre médecin ou votre pharmacien si vous prenez un *antidiabétique*, un *antihypertenseur* de la famille des *inhibiteurs de l'enzyme de conversion* ou des *inhibiteurs de l'angiotensine II*, un *diurétique*, ou un *corticoïde*.

### Grossesse et allaitement

Des effets néfastes pour la mère et l'enfant à naître ont été mis en évidence lorsque l'aspirine, comme les autres *AINS*, est utilisée au cours des 4 derniers mois de la grossesse ; le risque existe même avec une seule prise et même si la grossesse est à terme.
En conséquence, en dehors de certaines situations médicales très particulières, l'aspirine ne peut être utilisée que de façon ponctuelle pendant les 5 premiers mois, et son usage est contre-indiqué à partir du 6e mois.
L'aspirine passe dans le lait maternel : son usage prolongé et à fortes doses chez la femme qui allaite nécessite un avis médical préalable.

### Mode d'emploi et posologie

Les comprimés effervescents doivent être dissous dans un verre d'eau.
Ce médicament peut être pris au moment des repas. Toutefois, l'effet sera plus rapide s'il est pris à jeun.
Les prises doivent être espacées d'au moins 4 heures.

**Posologie usuelle :**
- Adulte : 1 ou 2 comprimés à 320 mg, 4 ou 5 fois par jour, ou 1 ou 2 comprimés à 500 mg, 2 ou 3 fois par jour. Ne pas dépasser 3 g par jour.

Chez la personne âgée, il est préférable de ne pas dépasser la dose de 2 g d'aspirine par jour.
- Enfant de 30 à 50 kg : 60 mg par kg et par jour, soit 15 mg par kg toutes les 6 heures ou 10 mg par kg toutes les 4 heures. Il est nécessaire de suivre les recommandations de votre pharmacien ou de votre médecin ou de suivre les *posologies* suivantes données à titre indicatif :
  - enfant de 30 à 40 kg : 1 comprimé à 500 mg par prise, à renouveler si nécessaire après un délai minimum de 6 heures, sans dépasser 4 comprimés par jour ;
  - enfant de 41 à 50 kg : 1 comprimé à 500 mg par prise, à renouveler si nécessaire après un délai minimum de 4 heures, sans dépasser 6 comprimés par jour.

### Effets indésirables possibles

*Gastrite*, douleurs abdominales, saignements du nez ou des gencives.
Rares et parfois graves :
- *hémorragie* du tube digestif : vomissements sanglants, selles noires, ou plus souvent pertes de sang imperceptibles, responsables de l'apparition progressive d'une *anémie* ;
- accidents allergiques : *urticaire*, *œdème*, *asthme*.

Signes devant faire penser à un *surdosage* : bourdonnements d'oreille, sensation de baisse de l'audition, maux de tête.

Laboratoires Bayer santé familiale

## ASPRO 500 vitamine C

*Informations détaillées sur www.monvidal.com*

## ASPROACCEL

*Informations détaillées sur www.monvidal.com*

## ATACAND

Antihypertenseur — sur ordonnance

### Présentation

ATACAND 4 mg : comprimé sécable (blanc) ; boîte de 30. Liste I - Remb 65 % - **Prix : 17,88 €**.
ATACAND 4 mg : comprimé sécable (blanc) ; boîte de 90. Liste I - Remb 65 % - **Prix : 49,55 €**.
ATACAND 8 mg : comprimé sécable (rose pâle) ; boîte de 30. Liste I - Remb 65 % - **Prix : 23,49 €**.
ATACAND 8 mg : comprimé sécable (rose pâle) ; boîte de 90. Liste I - Remb 65 % - **Prix : 63,87 €**.
ATACAND 16 mg : comprimé sécable (rose) ; boîte de 30. Liste I - Remb 65 % - **Prix : 25,27 €**.
ATACAND 16 mg : comprimé sécable (rose) ; boîte de 90. Liste I - Remb 65 % - **Prix : 68,41 €**.
ATACAND 32 mg : comprimé sécable ; boîte de 28. Liste I - Remb 65 % - **Prix : 40,84 €**.

### Composition

| | p cp | p cp |
|---|---|---|
| **Candésartan cilexetil** | 4 mg | 8 mg |
| Lactose | + | + |

| | p cp | p cp |
|---|---|---|
| **Candésartan cilexetil** | 16 mg | 32 mg |
| Lactose | + | + |

### Dans quel cas ce médicament est-il prescrit ?

Ce médicament est un *antihypertenseur* qui appartient à la famille des *inhibiteurs de l'angiotensine II*. Il bloque l'action de l'angiotensine II. Cette substance, naturellement présente dans l'organisme, provoque une contraction des artères qui augmente la pression artérielle et fatigue le cœur.
Il est utilisé dans le traitement de l'*hypertension artérielle* et de l'*insuffisance cardiaque* (en cas d'*intolérance* aux *inhibiteurs de l'enzyme de conversion* ou en association avec ceux-ci).

### Contre-indications

Ce médicament ne doit pas être utilisé en cas de **grossesse** (à partir du 4e mois).

**Attention :** Des précautions sont nécessaires en cas d'*insuffisance cardiaque* grave ou chez les personnes souffrant d'*hypertension artérielle* due à un rétrécissement des artères rénales, de rétrécissement des valves cardiaques ou de *cardiomyopathie* obstructive.

Chez la personne de plus de 70 ans, le diabétique, l'*insuffisant rénal* et les patients traités pour une insuffisance cardiaque, un contrôle régulier de la *créatinine* et du taux de *potassium* dans le sang est nécessaire.
Si vous suiviez auparavant un traitement par *diurétique* ou un régime sans *sel*, la baisse de la tension artérielle peut être importante lors des premières prises du médicament : risque de malaise ou d'étourdissement pouvant entraîner une chute. Il est donc préférable de commencer le traitement un jour de repos.
Les sels de régime contiennent souvent du potassium ; ne les utilisez pas sans avis médical pendant le traitement.

### Interactions avec d'autres substances

Ce médicament peut interagir avec les *diurétiques* et les médicaments qui contiennent du *potassium* ou du *lithium*.
En outre, l'effet *antihypertenseur* de ce médicament peut être diminué par les *AINS*.

### Grossesse et allaitement

L'effet de ce médicament sur l'enfant à naître pendant les 3 premiers mois de la grossesse est mal connu. Par prudence, son usage est déconseillé. Au cours des 6 derniers mois de la grossesse, une prise prolongée de ce médicament peut altérer les reins du fœtus. Son utilisation est contre-indiquée à partir du 4e mois de la grossesse.
En conséquence, un désir de grossesse nécessite le remplacement de ce médicament par un autre antihypertenseur. Si une grossesse survient alors que vous prenez ce médicament, consultez rapidement votre médecin pour qu'il modifie votre traitement.
Les données actuellement disponibles ne permettent pas de savoir si ce médicament passe dans le lait maternel. L'allaitement est déconseillé pendant le traitement.

### Mode d'emploi et posologie

Les comprimés peuvent être pris indifféremment au cours ou en dehors des repas.

**Posologie usuelle :**
- Adulte :
  - *hypertension artérielle* : 4 mg à 16 mg par jour, en 1 prise ;
  - *insuffisance cardiaque* : la dose initiale est de 4 mg par jour. Elle peut être ensuite progressivement augmentée jusqu'à la dose de 32 mg par jour.

**Conseils :** Votre tension artérielle doit être contrôlée régulièrement. Les appareils permettant une mesure automatique de la tension à domicile utilisent souvent un procédé de mesure différent de celui qu'emploie votre médecin. Si vous avez un tel appareil, apportez-le en consultation pour vous assurer que la mesure obtenue est bien conforme à celle du tensiomètre de votre médecin.
Le traitement médicamenteux ne dispense pas de mesures simples pouvant faire baisser la tension artérielle : activité physique régulière, modération de la consommation de boissons alcoolisées et de *sel*, lutte contre l'excès de poids.

### Effets indésirables possibles

Les études qui ont comparé ce médicament au *placebo* n'ont pas montré plus d'effets indésirables imputables au médicament.
Depuis sa commercialisation dans le traitement de l'hypertension artérielle, les effets suivants ont été rarement observés :
- maux de tête, *vertiges*, douleurs dorsales, nausées, *réaction allergique* (œdème de *Quincke*) ;
- augmentation du taux de *créatinine* et de *potassium* dans le sang.

Dans le traitement de l'insuffisance cardiaque, les effets indésirables les plus fréquemment observés sont : augmentation du taux de créatinine et de potassium dans le sang, hypotension artérielle.

Laboratoires AstraZeneca

## ATARAX
Anxiolytique, antiallergique — **sur ordonnance**

### Présentation

**ATARAX 25 mg :** comprimé sécable (blanc) ; boîte de 30. Liste I, prescription limitée à 12 semaines - Remb 65 % - **Prix : 3,37 €**.
**ATARAX 100 mg :** comprimé sécable (blanc) ; boîte de 30. Liste I, prescription limitée à 12 semaines - Remb 65 % - **Prix : 4,58 €**.
**ATARAX :** sirop (arôme noisette) ; flacon de 200 ml. Liste I, prescription limitée à 12 semaines - Remb 65 % - **Prix : 2,55 €**.
**ATARAX :** solution injectable ; boîte de 6 ampoules de 2 ml. Liste I, prescription limitée à 12 semaines - Remb 65 % - **Prix : 4,15 €**.

### Composition

| | p cp | p cp |
|---|---|---|
| **Hydroxyzine dichlorhydrate** | 25 mg | 100 mg |
| Lactose | + | + |

| | p c à c | p amp inj |
|---|---|---|
| **Hydroxyzine dichlorhydrate** | 10 mg | 100 mg |
| Saccharose | 3,5 g | |
| Menthol | + | |
| Alcool | + | |

### Dans quel cas ce médicament est-il prescrit ?

Ce médicament est un *anxiolytique* et un *antihistaminique* antiallergique. Il a également des propriétés *atropiniques*.
Il est utilisé dans le traitement de l'anxiété et comme tranquillisant dans les heures qui précèdent une anesthésie générale.
Les comprimés et le sirop sont également utilisés dans le *traitement symptomatique* de l'*urticaire*.

### Contre-indications

Ce médicament ne doit pas être utilisé dans les cas suivants :
- risque de *glaucome* à angle fermé,
- risque de rétention des urines (*adénome de la prostate*...).

**Attention :** Ce médicament présente des effets *atropiniques*. Il peut provoquer un *glaucome* aigu chez les personnes prédisposées : œil rouge, dur et douloureux, avec vision floue. Une consultation d'extrême urgence auprès d'un ophtalmologiste est nécessaire.

Des précautions sont nécessaires en cas d'*insuffisance hépatique* ou *rénale* et chez les personnes âgées.
Évitez la prise de boissons alcoolisées pendant le traitement.
Ce médicament peut induire une somnolence, parfois intense chez certaines personnes. Cette somnolence peut être majorée par la prise d'*alcool* ou d'autres médicaments *sédatifs*. La conduite et l'utilisation de machines dangereuses sont déconseillées, surtout dans les heures qui suivent la prise du médicament.

### Interactions avec d'autres substances

Informez votre médecin ou votre pharmacien si vous prenez un autre médicament ayant des effets *atropiniques* ou *sédatifs* (tranquillisants, somnifères, certains médicaments contre la toux ou contre la douleur contenant des *opiacés*, *antidépresseurs*, *neuroleptiques*...).

### Grossesse et allaitement

L'effet de ce médicament sur l'enfant à naître est mal connu. Par mesure de prudence, son usage est déconseillé pendant les 3 premiers mois de la grossesse.
Les données actuellement disponibles ne permettent pas de savoir si ce médicament passe dans le lait maternel.

### Mode d'emploi et posologie

Les dosages à 100 mg (comprimé et solution injectable) sont réservés à l'adulte.
Les comprimés peuvent être pris pendant ou entre les repas.
La solution injectable doit être administrée par *voie* intramusculaire.

**Posologie usuelle :**
Elle est strictement individuelle.

**Conseils :** Ce médicament vous a été prescrit dans une situation précise : ne le réutilisez pas ultérieurement sans avis médical et ne le conseillez pas à une autre personne.
La durée de prescription des *anxiolytiques* doit être la plus courte possible. Dans certaines situations, le traitement doit toutefois être prolongé. Il appartient alors au médecin de réévaluer périodiquement la nécessité de le poursuivre ou de l'interrompre.
Les *tranquillisants* ne sont pas la seule réponse à l'anxiété : une meilleure hygiène de vie, une consommation modérée d'excitants (y compris les boissons alcoolisées) permettent aussi de lutter efficacement contre l'excès de stress. Dans certains cas, une psychothérapie peut aider à lutter durablement contre l'anxiété.
Ce médicament agit sur les manifestations de l'urticaire mais n'en supprime pas la cause. Si les symptômes persistent ou s'aggravent, n'hésitez pas à consulter votre médecin.

### Effets indésirables possibles

Somnolence ou au contraire excitation, constipation, troubles de l'*accommodation*, bouche sèche, rétention des urines.
Éruption cutanée, *réaction allergique*.

**Laboratoires UCB Pharma**

## ATÉBÉMYXINE

Antibiotique à usage ophtalmique — **sur ordonnance**

### Présentation

**ATÉBÉMYXINE :** collyre ; flacon de 10 ml. Liste I - Non remb.
**ATÉBÉMYXINE :** pommade ophtalmique ; tube de 5 g. Liste I - Non remb.

### Composition

| | p 10 ml | p 5 g |
|---|---|---|
| **Néomycine sulfate** | 34 000 UI | 17 000 UI |
| **Polymyxine B sulfate** | 100 000 UI | 50 000 UI |
| Chlorure de benzalkonium | + | |

### Dans quel cas ce médicament est-il prescrit ?

Ce médicament à usage local contient deux *antibiotiques* dont un de la famille des *aminosides*.
Il est utilisé pour traiter les infections de l'œil.

### Contre-indications

Ce médicament ne doit pas être utilisé en cas d'*allergie* aux *antibiotiques* de la famille des *aminosides* ou à la polymyxine.

**Attention :** Le collyre contient un conservateur (benzalkonium) qui appartient à la famille des *ammoniums quaternaires*. Signalez à votre médecin ou votre pharmacien tout *antécédent* d'*allergie* à cette famille d'*antiseptiques*.
Une rougeur ou une douleur oculaires ne sont pas obligatoirement les signes d'une infection. Des soins urgents peuvent être nécessaires, notamment en cas de vision floue.
Le collyre ou la pommade peuvent être contaminés par l'œil infecté : évitez de mettre en contact l'extrémité du flacon ou du tube avec l'œil.

### Interactions avec d'autres substances

Ce médicament peut interagir avec d'autres collyres. Respectez un intervalle minimal de 15 minutes entre deux applications.

### Grossesse et allaitement

L'effet de ce médicament pendant la grossesse ou l'allaitement est mal connu. L'évaluation du risque éventuel lié à son utilisation est individuelle : demandez conseil à votre pharmacien ou à votre médecin.

### Mode d'emploi et posologie

Tirer la paupière inférieure vers le bas tout en regardant vers le haut. Déposer les gouttes de collyre ou la pommade entre la paupière et le globe oculaire (*cul-de-sac conjonctival*).

**Posologie usuelle :**
Collyre : 1 goutte, 3 à 8 fois par jour.
Pommade : appliquer un ruban d'un demi-centimètre, 1 à 5 fois par jour. En complément du collyre, la pommade s'emploie le soir au coucher.
La durée habituelle du traitement est de 7 jours.

**Conseils :** La vision est troublée par l'application de la pommade. Ce trouble disparaît en quelques minutes.
Une application correcte du produit peut nécessiter une aide, notamment chez l'enfant ou la personne handicapée ou âgée.

Ne conservez pas le collyre plus de 15 jours après une première utilisation.
Le port de lentilles de contact est déconseillé en cas d'infection oculaire.

**Effets indésirables possibles**
Irritation ou *réaction allergique* locales.

Laboratoires Chauvin Bausch & Lomb

**ATÈDE**
*Informations détaillées sur www.monvidal.com*

## ATÉNOLOL ARROW
Bêtabloquant — sur ordonnance

Ce médicament est un générique de TENORMINE (voir p. 1007 et tableau p. 1151).

## ATÉNOLOL BIOGARAN
Bêtabloquant — sur ordonnance

Ce médicament est un générique de TENORMINE (voir p. 1007 et tableau p. 1151).

## ATÉNOLOL EG
Bêtabloquant — sur ordonnance

Ce médicament est un générique de TENORMINE (voir p. 1007 et tableau p. 1151).

## ATÉNOLOL G GAM
Bêtabloquant — sur ordonnance

Ce médicament est un générique de TENORMINE (voir p. 1007 et tableau p. 1151).

## ATÉNOLOL IREX
Bêtabloquant — sur ordonnance

Ce médicament est un générique de TENORMINE (voir p. 1007 et tableau p. 1151).

## ATÉNOLOL IVAX
Bêtabloquant — sur ordonnance

Ce médicament est un générique de TENORMINE (voir p. 1007 et tableau p. 1151).

## ATÉNOLOL MERCK
Bêtabloquant — sur ordonnance

Ce médicament est un générique de TENORMINE (voir p. 1007 et tableau p. 1151).

## ATÉNOLOL QUALIMED
Bêtabloquant — sur ordonnance

Ce médicament est un générique de TENORMINE (voir p. 1007 et tableau p. 1151).

## ATÉNOLOL RATIOPHARM
Bêtabloquant — sur ordonnance

Ce médicament est un générique de TENORMINE (voir p. 1007 et tableau p. 1151).

## ATÉNOLOL RPG
Bêtabloquant — sur ordonnance

Ce médicament est un générique de TENORMINE (voir p. 1007 et tableau p. 1151).

## ATÉNOLOL SANDOZ
Bêtabloquant — sur ordonnance

Ce médicament est un générique de TENORMINE (voir p. 1007 et tableau p. 1151).

## ATÉNOLOL TEVA
Bêtabloquant — sur ordonnance

Ce médicament est un générique de TENORMINE (voir p. 1007 et tableau p. 1151).

## ATÉNOLOL WINTHROP
Bêtabloquant — sur ordonnance

Ce médicament est un générique de TENORMINE (voir p. 1007 et tableau p. 1151).

## ATÉNOLOL ZYDUS
Bêtabloquant — sur ordonnance

Ce médicament est un générique de TENORMINE (voir p. 1007 et tableau p. 1151).

## ATÉPADÈNE
Traitement des affections rhumatismales

**Présentation**
ATÉPADÈNE : gélule (rouge) ; boîte de 30. Non remb.

**Composition**

| | p gél |
|---|---|
| **Adénosine triphosphate** | 30 mg |

**Dans quel cas ce médicament est-il prescrit ?**
Ce médicament contient une substance indispensable au *métabolisme* du muscle et des nerfs.
Il est utilisé dans le traitement des *dorsalgies*.

**Grossesse et allaitement**
Ce médicament ne contient que des substances présumées sans danger pendant la grossesse ou l'allaitement. Néanmoins, ne l'utilisez pas de façon prolongée sans l'avis de votre pharmacien ou de votre médecin.

### Mode d'emploi et posologie

Les gélules doivent être avalées avec un verre d'eau.

**Posologie usuelle :**

1 gélule, 2 ou 3 fois par jour.

Laboratoires Mayoly-Spindler

## ATHYMIL

Antidépresseur

sur ordonnance

### Présentation

ATHYMIL 10 mg : comprimé (blanc) ; boîte de 30. Liste I - Remb 65 % - **Prix : 3,58 €**.
ATHYMIL 30 mg : comprimé (blanc) ; boîte de 30. Liste I - Remb 65 % - **Prix : 7,14 €**.
ATHYMIL 60 mg : comprimé sécable (blanc) ; boîte de 14. Liste I - Remb 65 % - **Prix : 6,45 €**.

### Composition

| | p cp | p cp | p cp |
|---|---|---|---|
| **Miansérine chlorhydrate** ............. | 10 mg | 30 mg | 60 mg |
| Amidon de blé (gluten) ... | + | + | + |

### Dans quel cas ce médicament est-il prescrit ?

Ce médicament est un *antidépresseur*. Il a par ailleurs un effet tranquillisant et *sédatif*.
Il est utilisé dans le traitement des *états dépressifs*.

### Contre-indications

Ce médicament ne doit pas être utilisé en cas d'*intolérance* au gluten.

**Attention :** L'utilisation de ce médicament est déconseillée avant l'âge de 18 ans. Des études ont en effet montré que l'utilisation d'un antidépresseur augmente le risque de suicide chez les adolescents souffrant de dépression. Chez les adolescents de 15 à 18 ans, ce traitement est par conséquent réservé à certains cas graves et nécessite une surveillance médicale particulière et la vigilance de l'entourage.
Des précautions sont nécessaires chez la personne âgée et en cas d'*épilepsie*, même ancienne, ou de *diabète*.
En cas d'excitation anormale ou de confusion des idées survenant sous traitement, une consultation médicale est nécessaire.
Évitez les boissons alcoolisées : augmentation du risque de somnolence.
Conducteur : ce médicament peut être responsable d'une baisse de la vigilance, particulièrement en début de traitement.

### Interactions avec d'autres substances

Informez votre médecin ou votre pharmacien si vous prenez d'autres *sédatifs* (tranquillisants, somnifères, certains médicaments contre la toux ou contre la douleur contenant des *opiacés*, *antidépresseurs*, *neuroleptiques*...).

### Grossesse et allaitement

L'effet de ce médicament pendant la grossesse est mal connu : seul votre médecin peut évaluer le risque éventuel de son utilisation dans votre cas.
Ce médicament passe faiblement dans le lait maternel. L'allaitement est déconseillé pendant le traitement.

### Mode d'emploi et posologie

La dose quotidienne est soit répartie au cours de la journée, soit absorbée en une prise le soir au coucher. Les comprimés doivent être avalés sans être croqués.

**Posologie usuelle :**

- Adulte de plus de 18 ans : 30 mg à 90 mg par jour.

**Conseils :** L'efficacité des *antidépresseurs* n'est généralement pas immédiate. Un délai pouvant atteindre plusieurs semaines est parfois nécessaire pour que les effets bénéfiques se fassent sentir. Les effets indésirables éventuels apparaissant en début de traitement ne doivent pas vous conduire à l'arrêter prématurément.
Chez la personne souffrant de dépression, un état anxieux peut apparaître ou être majoré en début de traitement ; un *anxiolytique* est parfois prescrit par le médecin pour prévenir ou traiter ces manifestations.
Lorsque les *symptômes* de la *dépression* ont disparu, le traitement doit absolument être poursuivi pendant la durée prescrite afin de consolider la guérison. Un arrêt prématuré exposerait à une rechute. La durée d'un traitement antidépresseur est rarement inférieure à 6 mois.
Contrairement à d'autres médicaments utilisés pour traiter les maladies psychiques, les antidépresseurs ne créent pas de dépendance. Néanmoins, il est préférable d'arrêter le traitement progressivement en diminuant la posologie ou en espaçant les prises pour éviter les effets indésirables transitoires, rarement observés, en cas d'interruption brutale.
Ce médicament doit être conservé à l'abri de la lumière.

### Effets indésirables possibles

Somnolence, sécheresse de la bouche, constipation.
Rarement : *convulsions*, douleurs musculaires ou articulaires, prise de poids, *œdème*, jaunisse.
Exceptionnellement : *agranulocytose*, ralentissement du cœur, baisse de la tension artérielle.

Laboratoires Organon

## ATOUXX

*Informations détaillées sur www.monvidal.com*

## ATRICAN

*Informations détaillées sur www.monvidal.com*

## ATROPINE ALCON

Mydriatique

sur ordonnance

### Présentation

ATROPINE ALCON 0,3 % : collyre ; flacon de 10 ml. Liste I - Remb 65 % - **Prix : 2,28 €**.
ATROPINE ALCON 0,5 % : collyre ; flacon de 10 ml. Liste I - Remb 65 % - **Prix : 2,28 €**.
ATROPINE ALCON 1 % : collyre ; flacon de 10 ml. Liste I - Remb 65 % - **Prix : 2,28 €**.

### Composition

| | p 100 ml | p 100 ml | p 100 ml |
|---|---|---|---|
| **Atropine sulfate** .......... | 300 mg | 500 mg | 1 g |

### Dans quel cas ce médicament est-il prescrit ?

Ce collyre contient de l'*atropine* qui dilate la pupille et bloque l'*accommodation*.

Il est utilisé :
- dans le traitement de certaines affections de l'œil,
- comme préparation à certains examens réalisés par l'ophtalmologiste.

### Contre-indications

Ce médicament ne doit pas être utilisé chez les personnes présentant une prédisposition au *glaucome* à angle fermé.
La solution à 1 % ne doit pas être utilisée chez le jeune enfant (sauf par le médecin).

> **Attention :** Ne laissez pas ce collyre à la portée des enfants : risque d'intoxication grave en cas d'ingestion accidentelle.
> L'utilisation de ce collyre provoque une sensibilité accrue à la lumière : le port de lunettes de soleil est recommandé.
> Des précautions sont nécessaires chez les personnes présentant un risque de rétention des urines par *adénome de la prostate*.
> Lors d'instillations répétées chez les personnes souffrant d'un adénome de la prostate, ou chez l'enfant, il peut être nécessaire de comprimer les *voies* lacrymales (angle interne de l'œil), après l'instillation, pour éviter le passage excessif du produit dans le sang : demandez conseil à votre ophtalmologiste.
> Conducteur : la conduite automobile est déconseillée après l'instillation de ce collyre, car il peut être responsable de troubles visuels et d'une sensibilité anormale à la lumière.

### Interactions avec d'autres substances

En cas de prise conjointe de médicaments *atropiniques*, le risque d'effets indésirables est accru.

### Grossesse et allaitement

L'effet de ce médicament pendant la grossesse ou l'allaitement est mal connu : seul votre médecin peut évaluer le risque éventuel de son utilisation dans votre cas.

### Mode d'emploi et posologie

Tirer la paupière inférieure vers le bas tout en regardant vers le haut et déposer une goutte de collyre entre la paupière et le globe oculaire (*cul-de-sac conjonctival*).

**Posologie usuelle :**
1 ou 2 gouttes, 2 à 4 fois par jour.
Ne dépassez en aucun cas la *posologie* prescrite par votre médecin.

> **Conseils :** Ne conservez pas ce collyre plus de 15 jours après une première utilisation.

### Effets indésirables possibles

La sensibilité à la lumière par dilatation de la pupille et les troubles de la vision de près sont des effets normaux du collyre.
En revanche, les signes suivants peuvent correspondre à un *surdosage* et doivent être signalés au médecin : sécheresse de la bouche, constipation, fièvre, irritabilité, accélération du cœur, rougeur du visage, confusion mentale.

Laboratoires Alcon

## ATROPINE FAURE

*Informations détaillées sur www.monvidal.com*

## ATROVENT inhalation

Antiasthmatique — sur ordonnance

### Présentation

ATROVENT : suspension pour inhalation ; flacon pressurisé de 10 ml avec valve doseuse et embout buccal (200 bouffées). Liste I - Remb 65 % - **Prix : 5,33 €**.

### Composition

| | p bouffée |
|---|---|
| **Ipratropium bromure** | 20 µg |

### Dans quel cas ce médicament est-il prescrit ?

C'est un bronchodilatateur qui appartient à la famille des anticholinergiques (*atropiniques*). Il agit localement contre la contraction anormale des muscles de la paroi des bronches. Son action est rapide (quelques minutes) et se poursuit 4 à 6 heures.
Il est utilisé dans le traitement :
- des crises et des poussées d'*asthme*, en complément d'un bronchodilatateur *adrénergique* ;
- de la *bronchite chronique* de type obstructif, c'est-à-dire associée à un rétrécissement du diamètre des bronches (traitement continu).

### Contre-indications

Bien qu'il ait des effets *atropiniques*, ce médicament ne présente aucune contre-indication, car il agit localement et n'est pas diffusé dans l'organisme.

> **Attention :** En cas de crise d'*asthme*, n'utilisez pas ce médicament seul, mais en complément de votre bronchodilatateur *adrénergique* habituel.
> Si une crise d'asthme ne cède pas malgré des inhalations répétées à la *posologie* usuelle, ne vous obstinez pas et consultez immédiatement votre médecin (à défaut appelez le 15 ou un service médical d'urgence).
> Lorsque les doses habituellement efficaces deviennent insuffisantes et que les difficultés respiratoires s'accentuent, un traitement complémentaire (par *corticoïde* ou *antibiotique*) est nécessaire.
> Ce médicament, s'il est projeté accidentellement dans l'œil, peut provoquer un *glaucome* aigu chez les personnes prédisposées.

### Grossesse et allaitement

L'effet de ce médicament pendant la grossesse ou l'allaitement est mal connu. Par prudence, son usage est déconseillé chez la femme enceinte ou chez celle qui allaite.

### Mode d'emploi et posologie

Pour que l'action du médicament soit optimale, il faut qu'il pénètre profondément dans les poumons. Ceci nécessite de respecter les conseils suivants : après avoir agité le flacon, tenir le fond de la cartouche dirigé vers le haut et expirer à fond pour vider les poumons ; introduire l'embout buccal entre les lèvres puis appuyer sur la cartouche tout en débutant une inspiration profonde par la bouche ; garder l'air en bloquant votre respiration quelques secondes avant de reprendre une respiration normale.
Se rincer la bouche à l'eau après l'emploi.

**Posologie usuelle :**
*Asthme* : 1 ou 2 bouffées, à renouveler quelques minutes plus tard si l'effet est insuffisant.

*Bronchite chronique* : 1 ou 2 bouffées, 2 à 4 fois par jour, régulièrement réparties dans la journée.
Ne pas dépasser, en tout, 16 bouffées par jour.

**Conseils :** Lisez attentivement la notice du médicament avant son emploi.
N'hésitez pas à demander une démonstration du maniement de cet appareil à votre médecin ou votre pharmacien.
L'utilisation du flacon pressurisé chez les personnes maîtrisant mal la technique d'inhalation peut être facilitée par l'emploi d'un réservoir en matière plastique (chambre d'inhalation) qui s'interpose entre le flacon et la bouche. Demandez conseil à votre pharmacien.
Pensez à nettoyer à l'eau régulièrement l'embout buccal avant et après l'emploi.
Le récipient est sous pression : le maintenir à l'abri de la chaleur.

### Effets indésirables possibles

Sécheresse de la bouche, irritation de la gorge, au cours d'administrations prolongées.
Comme pour tout produit inhalé, la prise de ce médicament peut provoquer une aggravation paradoxale des difficultés respiratoires : dans ce cas, ne poursuivez pas le traitement sans avis médical.

Laboratoires Bœhringer Ingelheim

## ATROVENT nasal

Traitement local de la rhinite allergique

sur ordonnance

### Présentation

**ATROVENT nasal :** solution nasale ; flacon pulvérisateur de 15 ml (180 pulvérisations) avec valve doseuse et embout nasal. Liste I - Remb 35 % - **Prix : 5,33 €**.

### Composition

| | p pulv |
|---|---|
| **Ipratropium bromure** | 21 µg |
| Benzalkonium chlorure | + |

### Dans quel cas ce médicament est-il prescrit ?

Cette solution nasale appartient à la famille des anticholinergiques (*atropiniques*). Elle agit localement en asséchant les sécrétions nasales. Son action est rapide (quelques minutes) et persiste pendant 1 à 4 heures.
Ce médicament est utilisé dans le traitement de l'écoulement nasal de liquide clair au cours des *rhinites* non infectées.

### Contre-indications

Ce médicament ne doit pas être utilisé en cas de *rhinite* accompagnée de signes d'infection (fièvre, sécrétions épaisses et colorées).

**Attention :** Ce médicament n'est pas adapté à l'enfant.
Si vous souffrez d'un *glaucome* par fermeture de l'angle, évitez toute projection dans l'œil.

### Grossesse et allaitement

L'effet de ce médicament pendant la grossesse ou l'allaitement est mal connu : seul votre médecin peut évaluer le risque éventuel de son utilisation dans votre cas.

### Mode d'emploi et posologie

La solution est pulvérisée dans chaque narine, au cours d'une brève inspiration, après un mouchage soigneux.

**Posologie usuelle :**

- Adulte : 2 pulvérisations dans chaque narine, 2 ou 3 fois par jour. Il est inutile de dépasser cette *posologie*.

**Conseils :** Pensez à nettoyer régulièrement à l'eau l'embout nasal.

### Effets indésirables possibles

Irritation nasale pouvant entraîner des complications : croûtes, saignement de nez.
Sécheresse de la bouche et du nez.

Laboratoires Bœhringer Ingelheim

## ATROVENT solution pour nébulisation

*Informations détaillées sur www.monvidal.com*

## ATURGYL

Décongestionnant nasal

sur ordonnance

### Présentation

**ATURGYL :** solution pour pulvérisation nasale ; flacon pulvérisateur de 15 ml. Liste II - Remb 35 % - **Prix : 1,95 €**.

### Composition

| | p 100 ml |
|---|---|
| **Oxymétazoline chlorhydrate** | 50 mg |
| Benzalkonium chlorure | + |

### Dans quel cas ce médicament est-il prescrit ?

Cette solution pour pulvérisation nasale contient un *vasoconstricteur* qui dégage le nez.
Elle est utilisée dans le traitement de courte durée des congestions nasales aiguës (nez bouché) au cours des *rhinites* et des *sinusites* de l'adulte.

### Contre-indications

Ce médicament ne doit pas être utilisé dans les cas suivants :

- *allergie* aux *ammoniums quaternaires* (présence de benzalkonium),
- risque de *glaucome* à angle fermé,
- risque de blocage des urines (*adénome de la prostate*),
- *hypertension artérielle* ou *insuffisance coronarienne* grave,
- *antécédent* de *convulsions*,
- antécédent d'*accident vasculaire cérébral*,
- en association avec un autre *vasoconstricteur* décongestionnant,
- enfant de moins de 15 ans.

**Attention :** L'utilisation répétée ou prolongée des *vasoconstricteurs* par voie nasale expose à un risque de *rhinite* grave, parfois irréversible. La brièveté de l'effet décongestionnant ne doit pas vous conduire à dépasser la *posologie* prescrite par votre médecin.
De plus, des pulvérisations répétées peuvent entraîner un passage plus important du vasoconstricteur dans le sang et provoquer des *palpitations*, des nausées ou des maux de tête. Si ces effets deviennent trop marqués, le traitement doit être interrompu.

Des précautions sont nécessaires en cas d'*hypertension artérielle*, de certains troubles cardiaques, d'*hyperthyroïdie*, de *diabète*, de troubles psychiques.

### Interactions avec d'autres substances

Ce médicament ne doit pas être associé à un autre *vasoconstricteur* décongestionnant : risque de crise hypertensive.
Ce médicament peut interagir avec les *antidépresseurs* de type *IMAO* non sélectifs (MARSILID, etc.) et avec un vasoconstricteur contenant l'une des substances suivantes : bromocriptine, pergolide, lisuride, cabergoline, ergotamine ou dihydroergotamine.

### Grossesse et allaitement

L'effet de ce médicament pendant la grossesse ou l'allaitement est mal connu : seul votre médecin peut évaluer le risque éventuel de son utilisation dans votre cas.

### Mode d'emploi et posologie

Les pulvérisations doivent être faites au cours d'une brève inspiration, la tête légèrement penchée en avant, en tenant le flacon verticalement.

**Posologie usuelle :**

- Adulte : 1 pulvérisation dans chaque narine, 2 ou 3 fois par jour.

La durée du traitement ne doit pas dépasser 3 à 5 jours, sauf avis médical.

**Conseils :** Ce médicament contient une substance active puissante : ne le laissez pas à la portée des enfants.
Le flacon peut être contaminé par des germes ; il ne doit pas être conservé à la fin du traitement.

### Effets indésirables possibles

Sécheresse nasale.
Plus rarement, en cas de passage dans le sang :
- Sécheresse de la bouche, insomnie, maux de tête, anxiété, rétention urinaire, sueurs.
- Accélération du cœur, *palpitations*, nausées, vomissements.

Laboratoires Sanofi-Aventis OTC

## ATUXANE

*Informations détaillées sur www.monvidal.com*

## AUBÉPINE BOIRON

*Informations détaillées sur www.monvidal.com*

## AUGMENTIN injectable

Antibiotiques : pénicilline + inhibiteur de bêtalactamase

**sur ordonnance**

### Présentation

**AUGMENTIN Adulte 1 g/200 mg :** poudre et solvant pour solution injectable *IV* ; flacon de poudre et ampoule de solvant de 20 ml. Liste I - Remb 65 % - **Prix : 4,18 €.**

### Composition

| | p flacon |
|---|---|
| **Amoxicilline** | 1 g |
| **Acide clavulanique** | 200 mg |
| **Potassium** | 32,96 mg |

### Dans quel cas ce médicament est-il prescrit ?

C'est un *antibiotique* qui appartient à la famille des *pénicillines* à spectre élargi, c'est-à-dire actives sur un plus grand nombre de *germes* que la pénicilline simple. L'adjonction d'acide clavulanique permet d'empêcher la destruction de l'amoxicilline par certaines *bactéries*.
Il est utilisé dans le traitement de diverses maladies infectieuses, notamment des poumons, des bronches, du nez, de la gorge ou des oreilles, de l'appareil digestif ou urinaire, des *voies* génitales, des gencives et des dents.

### Contre-indications

Ce médicament ne doit pas être utilisé dans les cas suivants :
- *allergie* aux *pénicillines*,
- *mononucléose infectieuse*,
- *antécédent* d'*hépatite* lors de la prise d'AUGMENTIN ou de CIBLOR.

Votre médecin est seul juge pour prescrire ce médicament en cas d'allergie aux *céphalosporines*.

**Attention :** Des précautions sont nécessaires en cas d'*insuffisance rénale*.
La survenue de toute *réaction allergique* (boutons, *œdème*, malaise) impose l'arrêt du traitement. Consultez rapidement votre médecin. Pensez à signaler tout *antécédent* d'allergie aux *antibiotiques* de la famille des *bêtalactamines* (*pénicillines* et *céphalosporines*). Il contre-indique l'usage de ce médicament.
De nombreux *antibiotiques* peuvent provoquer des selles liquides ou une *diarrhée*, généralement bénigne. En revanche, une diarrhée importante survenant pendant ou dans les jours qui suivent le traitement antibiotique doit être signalée à votre médecin.
Une diminution de la fièvre ou une disparition des *symptômes* ne sont pas synonymes de guérison : la durée du traitement doit absolument être respectée pour éviter les rechutes ou l'apparition d'une *résistance* du *germe* à l'*antibiotique*.

### Interactions avec d'autres substances

Ce médicament peut interagir avec les médicaments contenant du méthotrexate.
Informez par ailleurs votre médecin si vous prenez un médicament contenant de l'allopurinol.

### Grossesse et allaitement

Aucun effet néfaste pour l'enfant à naître n'a été établi avec ce médicament. Il peut être prescrit pendant la grossesse.
Ce médicament passe dans le lait maternel ; la poursuite de l'allaitement est possible, mais tout *symptôme* survenant chez le nourrisson devra être signalé au médecin : *muguet*, éruption de boutons... pouvant traduire une *intolérance* ou une *allergie*.

### Mode d'emploi et posologie

La solution injectable est obtenue en mélangeant la poudre avec le solvant fourni. Une légère coloration de la solution est normale.
Ce médicament est réservé à la *voie intraveineuse* et doit être injecté lentement : 3 minutes au minimum.

**Posologie usuelle :**
Elle est strictement individuelle. Déterminée par le médecin, elle varie en fonction des indications.

**Conseils :** L'éventuelle impression de fatigue n'est pas due à l'*antibiotique*, mais à l'infection elle-même. L'odeur particulière des urines est normale et traduit l'élimination de l'antibiotique.

### Effets indésirables possibles

Nausées, vomissements, *diarrhée*, *candidose*.
Rarement :
- *réactions allergiques* : *éruption cutanée*, œdème de *Quincke*, *choc* allergique (exceptionnel) ;
- *hépatite* (jaunisse), *insuffisance rénale*, anomalie de la *numération formule sanguine*, augmentation des *transaminases*.

Laboratoires GlaxoSmithKline

## AUGMENTIN oral

Antibiotiques : pénicilline + inhibiteur de bêtalactamase

sur ordonnance

### Présentation

**AUGMENTIN Nourrisson 100 mg/12,5 mg par ml :** poudre pour suspension buvable (arôme fraise) ; flacon de 30 ml (112 doses-graduation) avec pipette-seringue graduée de 0 à 15 kg. Liste I - Remb 65 % - **Prix : 3,86 €.**
**AUGMENTIN Enfant 100 mg/12,5 mg par ml :** poudre pour suspension buvable (arôme fraise) ; flacon de 60 ml (224 doses-graduation) avec pipette-seringue graduée de 0 à 30 kg. Liste I - Remb 65 % - **Prix : 6,60 €.**
**AUGMENTIN 500 mg/62,5 mg :** comprimé ; boîte de 16. Liste I - Remb 65 % - **Prix : 7,46 €.**
**AUGMENTIN 500 mg/62,5 mg :** comprimé ; boîte de 24. Liste I - Remb 65 % - **Prix : 9,26 €.**
**AUGMENTIN 1 g/125 mg :** poudre pour suspension buvable (arômes : pêche, citron, fraise) ; boîte de 8 sachets. Liste I - Remb 65 % - **Prix : 7,46 €.**
**AUGMENTIN 1 g/125 mg :** poudre pour suspension buvable (arômes : pêche, citron, fraise) ; boîte de 12 sachets. Liste I - Remb 65 % - **Prix : 9,26 €.**

### Composition

| | susp Nour p ml | susp Enf p ml |
|---|---|---|
| **Amoxicilline** | 100 mg | 100 mg |
| **Acide clavulanique** | 12,5 mg | 12,5 mg |
| Potassium | 2,45 mg | 2,45 mg |
| Aspartam | + | + |

| | p cp | p sachet |
|---|---|---|
| **Amoxicilline** | 500 mg | 1 g |
| **Acide clavulanique** | 62,5 mg | 125 mg |
| Potassium | 12,27 mg | 24,54 mg |
| Aspartam | | + |

### Dans quel cas ce médicament est-il prescrit ?

Ce médicament contient un *antibiotique* qui appartient à la famille des *pénicillines* à spectre élargi, c'est-à-dire actives sur un plus grand nombre de *germes* que la pénicilline simple. L'adjonction d'acide clavulanique permet d'empêcher la destruction de l'amoxicilline par certaines *bactéries*.
Il est utilisé dans le traitement de diverses maladies infectieuses, notamment des poumons, des bronches, du nez, de la gorge ou des oreilles, de l'appareil urinaire, des *voies* génitales, des gencives et des dents.

### Contre-indications

Ce médicament ne doit pas être utilisé dans les cas suivants :
- *allergie* aux *pénicillines* ou aux *céphalosporines*,
- *mononucléose infectieuse*,
- *antécédent* d'*hépatite* lors de la prise d'un médicament contenant amoxicilline + acide clavulanique (AUGMENTIN, CIBLOR...),
- *phénylcétonurie* (poudres pour suspension buvable : présence d'aspartam).

**Attention :** La survenue de toute *réaction allergique* (boutons, *œdème*, malaise) impose l'arrêt du traitement. Consultez rapidement votre médecin. Pensez à signaler tout *antécédent* d'allergie aux *antibiotiques* de la famille des *bêtalactamines* (*pénicillines* et *céphalosporines*). Il contre-indique l'usage de ce médicament.
Une diminution de la fièvre ou une disparition des *symptômes* ne sont pas synonymes de guérison : la durée du traitement doit absolument être respectée pour éviter les rechutes ou l'apparition d'une *résistance* du *germe* à l'*antibiotique*.
Des précautions sont nécessaires en cas d'*insuffisance rénale* ou *hépatique*.
De nombreux *antibiotiques* peuvent provoquer des selles liquides ou une *diarrhée*, généralement bénigne. En revanche, une diarrhée importante survenant pendant ou dans les jours qui suivent le traitement antibiotique doit être signalée à votre médecin.

### Interactions avec d'autres substances

Ce médicament peut interagir avec les médicaments contenant du méthotrexate.
Informez par ailleurs votre médecin si vous prenez un médicament contenant de l'allopurinol.

### Grossesse et allaitement

Aucun effet néfaste pour l'enfant à naître n'a été établi avec ce médicament. Il peut être prescrit pendant la grossesse.
Ce médicament passe dans le lait maternel ; la poursuite de l'allaitement est possible, mais tout *symptôme* survenant chez le nourrisson devra être signalé au médecin : *muguet*, éruption de boutons... pouvant traduire une *intolérance* ou une *allergie*.

### Mode d'emploi et posologie

Les repas ne modifient pas l'absorption du médicament, qui peut donc être pris à n'importe quel moment de la journée. Néanmoins, la prise du médicament au début du repas diminue le risque d'*intolérance*.
Suspension buvable Nourrisson et enfant :
- elle est préparée en dissolvant la poudre avec de l'eau en quantité suffisante pour que la solution obtenue atteigne le trait gravé sur le flacon ;
- la dose par prise est indiquée, en fonction du poids de l'enfant, sur le piston de la pipette graduée en kg. 3 prises par jour sont nécessaires. Par exemple, la graduation n° 10 correspond à la dose à administrer pour un enfant de 10 kg, 3 fois par jour.

Le contenu du sachet doit être dissous dans un verre d'eau.

**Posologie usuelle :**
Elle est exprimée en quantité d'amoxicilline.
Elle varie en fonction des indications. A titre indicatif et pour des infections courantes :
- Adulte : 1 g d'amoxicilline (soit 2 comprimés à 500 mg/ 62,5mg ou 1 sachet à 1g/125 mg), 2 ou 3 fois par jour.
- Enfant et nourrisson : 80 mg d'amoxicilline par kg et par jour, répartis en 3 prises. Soit, par exemple, pour un enfant de 20 kg : 1 pipette de suspension buvable enfant jusqu'à la graduation 20 kg, 3 fois par jour. Ne pas dépasser 3 g d'amoxicilline par jour.

**Conseils :** Le médecin prescrit parfois un prélèvement pour identifier le *germe* responsable de l'infection et tester sa sensibilité aux *antibiotiques*. Le résultat de cet examen peut être faussé en cas d'automédication préalable : ne prenez pas et ne donnez pas d'antibiotiques sans avis médical.
L'éventuelle fatigue n'est pas due à l'*antibiotique*, mais à l'infection elle-même.
L'odeur particulière des urines est normale et traduit l'élimination de l'antibiotique.
Les selles rendues liquides par cet antibiotique ne justifient généralement aucune mesure particulière, sauf chez les jeunes enfants portant des couches, qui risquent de présenter une irritation de la peau des fesses ; demandez conseil à votre médecin ou à votre pharmacien.
La suspension buvable reconstituée se conserve une semaine au réfrigérateur ; il est préférable de l'agiter avant chaque prise.

### Effets indésirables possibles
Nausées, vomissements, *diarrhée*, douleurs abdominales, digestion difficile, *candidose*.
Rarement :
- *réactions allergiques* : *éruption cutanée*, œdème de *Quincke*, *choc* allergique (exceptionnel)... ;
- *hépatite* (jaunisse), augmentation des *transaminases*, *insuffisance rénale*, anomalie de la *numération formule sanguine*.

Laboratoires GlaxoSmithKline

## AURÉOMYCINE COOPER
Antibiotique à usage local

### Présentation
AURÉOMYCINE COOPER 3 % : pommade ; tube de 15 g. Non remb.

### Composition

| | p 100 g |
|---|---|
| **Chlortétracycline chlorhydrate** | 3 g |

### Dans quel cas ce médicament est-il prescrit ?
Cette pommade contient un *antibiotique* de la famille des *tétracyclines*.
Elle est utilisée dans le traitement de certaines infections de la peau (furoncle, *impétigo*...).

### Contre-indications
Ce médicament ne doit pas être utilisé dans les cas suivants :
- *allergie* aux *antibiotiques* de la famille des *tétracyclines*,
- infection du mamelon au cours de l'allaitement.

**Attention :** Ce médicament est photosensibilisant : une exposition aux rayons *ultraviolets* (soleil, lampe à bronzer) des régions traitées peut provoquer des réactions cutanées.
Évitez d'utiliser cette pommade, notamment chez l'enfant, de manière prolongée et sur des surfaces étendues ou profondément lésées sans l'avis de votre médecin. Elle ne doit pas non plus être appliquée dans les plis ou sur les lésions suintantes.

### Grossesse et allaitement
L'effet de ce médicament pendant la grossesse ou l'allaitement est mal connu. L'évaluation du risque éventuel lié à son utilisation est individuelle : demandez conseil à votre pharmacien ou à votre médecin.
En raison du risque d'ingestion par le *nouveau-né*, la pommade ne doit pas être appliquée sur le mamelon de la femme qui allaite.

### Mode d'emploi et posologie
Nettoyer au savon la lésion à traiter avant l'application.
**Posologie usuelle :**
2 ou 3 applications par jour.
La durée du traitement est habituellement limitée à 8 jours.

**Conseils :** Les *antibiotiques* de la famille des *tétracyclines* peuvent être toxiques s'ils sont utilisés au-delà de leur date de péremption.

### Effets indésirables possibles
*Réaction allergique* cutanée (*eczéma*).
*Photosensibilisation* (voir Attention).

Laboratoires Cooper

## AURÉOMYCINE EVANS dermique
*Informations détaillées sur www.monvidal.com*

## AURÉOMYCINE EVANS ophtalmique
*Informations détaillées sur www.monvidal.com*

## AURÉOMYCINE MONOT
Antibiotique à usage local

### Présentation
AURÉOMYCINE MONOT : pommade ; tube de 15 g. Non remb.

### Composition

| | p 100 g |
|---|---|
| **Chlortétracycline** | 3 g |
| Lanoline | + |

### Dans quel cas ce médicament est-il prescrit ?
Cette pommade contient un *antibiotique* de la famille des *tétracyclines*.
Elle est utilisée dans le traitement de certaines infections de la peau (furoncle, impétigo...).

### Contre-indications
Ce médicament ne doit pas être utilisé dans les cas suivants :
- *allergie* aux *antibiotiques* de la famille des *tétracyclines* ou à la lanoline,
- infection du mamelon au cours de l'allaitement.

**Attention :** Ce médicament est photosensibilisant : une exposition aux rayons *ultraviolets* (soleil, lampe à bronzer) des régions traitées peut provoquer des réactions cutanées.
Évitez d'utiliser cette pommade, notamment chez l'enfant, de manière prolongée et sur des surfaces étendues ou profondément lésées sans l'avis de votre médecin. Elle ne doit pas non plus être appliquée dans les plis ou sur les lésions suintantes.

### Grossesse et allaitement

L'effet de ce médicament pendant la grossesse ou l'allaitement est mal connu. L'évaluation du risque éventuel lié à son utilisation est individuelle : demandez conseil à votre pharmacien ou à votre médecin.

En raison du risque d'ingestion par le *nouveau-né*, la pommade ne doit pas être appliquée sur le mamelon de la femme qui allaite.

### Mode d'emploi et posologie

Nettoyer au savon la lésion à traiter avant l'application.

**Posologie usuelle :**

2 ou 3 applications par jour.

La durée du traitement est habituellement limitée à 8 jours.

**Conseils :** Les *antibiotiques* de la famille des *tétracyclines* peuvent être toxiques s'ils sont utilisés au-delà de leur date de péremption.

### Effets indésirables possibles

Irritation locale ou *allergie* cutanée (*eczéma*).
*Photosensibilisation* (voir Attention).

Laboratoires Merck Médication Familiale

## AURICULARUM

Préparation auriculaire pour otite — **sur ordonnance**

### Présentation

AURICULARUM : poudre et solution pour instillation auriculaire ; flacon de poudre et ampoule de solvant de 10 ml. Liste I - Remb 35 % - **Prix : 7,43 €**.

### Composition

| | p flacon |
|---|---|
| **Oxytétracycline chlorhydrate** | 90 000 UI |
| **Polymyxine B sulfate** | 100 000 UI |
| **Nystatine** | 1 000 000 UI |
| **Dexaméthasone phosphate sodique** | 10 mg |

### Dans quel cas ce médicament est-il prescrit ?

Ce médicament contient deux *antibiotiques*, un *antifongique* (la nystatine) et un *corticoïde* (la dexaméthasone). Il est utilisé dans le traitement local de l'*otite* externe et de l'otite chronique.

### Contre-indications

Ce médicament ne doit pas être utilisé dans les cas suivants :
- *allergie* aux *antibiotiques* de la famille des *cyclines*, ou à un autre constituant du médicament ;
- perforation du tympan.

**Attention :**
Sportif : ce médicament contient une substance susceptible de rendre positifs certains *tests antidopage*.

### Grossesse et allaitement

L'effet de ce médicament pendant la grossesse ou l'allaitement est mal connu : seul votre médecin peut évaluer le risque éventuel de son utilisation dans votre cas.

### Mode d'emploi et posologie

La poudre peut être utilisée de deux façons :
- en poudrage : le flacon est orienté vers le bas et tapoté pour que la poudre soit bien au contact de l'orifice. Une pression délivre une dose de poudre dans l'oreille ;
- en solution dans le solvant fourni : suivre les indications du médecin. La solution doit être conservée au réfrigérateur, au maximum 8 jours. Il est nécessaire de la tiédir avant l'emploi en la gardant entre les mains quelques minutes.

**Posologie usuelle :**

Elle est variable en fonction des indications.

### Effets indésirables possibles

En début de traitement : sensation locale de cuisson ou démangeaisons.

Exceptionnellement : *réaction allergique* locale, *vertiges*.

Dépot noirâtre dans le conduit auditif, qui peut nécessiter un nettoyage par le médecin ORL.

Laboratoires Grimberg

## AURIGOUTTE

*Informations détaillées sur www.monvidal.com*

## AUTOPLASME VAILLANT

*Informations détaillées sur www.monvidal.com*

## AUXITRANS

*Informations détaillées sur www.monvidal.com*

## AVADÈNE

*Informations détaillées sur www.monvidal.com*

## AVANDAMET

Antidiabétique oral — **sur ordonnance**

### Présentation

AVANDAMET 1 mg/500 mg : comprimé (jaune) ; boîte de 112. Liste I - Remb 65 % - **Prix : 33,62 €**.
AVANDAMET 2 mg/500 mg : comprimé (rose pâle) ; boîte de 112. Liste I - Remb 65 % - **Prix : 45,93 €**.
AVANDAMET 2 mg/1000 mg : comprimé (jaune) ; boîte de 56. Liste I - Remb 65 % - **Prix : 33,62 €**.
AVANDAMET 2 mg/1000 mg : comprimé (jaune) ; boîte de 168. Liste I - Remb 65 % - **Prix : 90,23 €**.
AVANDAMET 4 mg/1000 mg : comprimé (rose) ; boîte de 56. Liste I - Remb 65 % - **Prix : 45,93 €**.
AVANDAMET 4 mg/1000 mg : comprimé (rose) ; boîte de 168. Liste I - Remb 65 % - **Prix : 127,18 €**.

### Composition

| | p cp | p cp |
|---|---|---|
| **Rosiglitazone** | 1 mg | 2 mg |
| **Metformine chlorhydrate** | 500 mg | 500 mg |

| | p cp | p cp |
|---|---|---|
| **Rosiglitazone** | 2 mg | 4 mg |
| **Metformine chlorhydrate** | 1000 mg | 1000 mg |

### Dans quel cas ce médicament est-il prescrit ?

Cet *antidiabétique* oral contient deux substances :
- la metformine qui appartient à la famille des biguanides ; elle permet de diminuer l'excès de sucre dans le sang sans pour autant favoriser la sécrétion d'*insuline*, contrairement aux *sulfamides hypoglycémiants* ;
- la rosiglitazone qui complète l'action de la metformine. Elle semble agir en augmentant la sensibilité de l'organisme à l'*insuline* sécrétée par le pancréas.

Il est utilisé dans le traitement du *diabète* non insulinodépendant.

### Contre-indications

Ce médicament ne doit pas être utilisé dans les cas suivants :
- *insuffisance cardiaque* ou *respiratoire* ;
- *infarctus du myocarde* récent ;
- *insuffisance hépatique* grave, état d'ivresse ;
- *insuffisance rénale*, maladie aiguë pouvant provoquer une insuffisance rénale (voir Attention) ;
- en association avec un traitement par *insuline* ;
- **allaitement**.

**Attention :** La metformine expose à un risque de complication exceptionnelle et grave : l'*acidose lactique*. Celle-ci est favorisée par la présence d'une insuffisance rénale, même modérée, ou d'une *insuffisance hépatique* grave. Toute *insuffisance rénale* préexistante ou apparaissant sous traitement (notamment chez la personne âgée qui se déshydrate) contre-indique l'utilisation ou la poursuite de la prise de ce médicament. Une autre circonstance peut favoriser l'acidose lactique : l'intoxication alcoolique aiguë, surtout si elle survient à jeun.

Un dosage initial des *transaminases* est nécessaire. Des analyses de sang régulières sont ensuite pratiquées pendant le traitement.

La rosiglitazone peut favoriser une rétention d'eau. Il est donc contre-indiqué en cas d'*insuffisance cardiaque*, et des symptômes pouvant faire suspecter une défaillance cardiaque doivent être signalés au médecin : fatigabilité ou essoufflement anormal à l'effort, gonflement des jambes. Le risque d'insuffisance cardiaque est majoré par l'utilisation concomitante d'insuline ou d'*anti-inflammatoires non stéroïdiens*.

Ce médicament pouvant être responsable d'une prise de poids (environ 5 % du poids initial), celle-ci devra être signalée au médecin et les recommandations diététiques habituelles pour lutter contre le surpoids devront être suivies avec une vigilance particulière.

Chez les femmes souffrant d'un trouble de la fertilité due à la maladie des ovaires polykystiques, l'amélioration de la sensibilité à l'insuline apportée par ce médicament peut augmenter la probabilité d'une grossesse. En tenir compte en cas de non désir de grossesse.

Certaines situations peuvent contribuer à augmenter la *glycémie* : infection, prise de médicaments, stress. En cas d'apparition d'une sensation de malaise général, consultez rapidement votre médecin.

En cas d'examen radiologique nécessitant l'administration de produits de contraste par voie intraveineuse ou en cas d'intervention chirurgicale, le traitement doit être interrompu puis repris au minimum 48 heures après.

### Interactions avec d'autres substances

Certains médicaments sont susceptibles de faire varier le taux de sucre dans le sang et de déséquilibrer la *glycémie*. Ainsi, l'association de ce médicament avec les *corticoïdes*, les antiasmathiques bronchodilatateurs, les *diurétiques* ou les *inhibiteurs de l'enzyme de conversion* peut nécessiter un contrôle plus fréquent de la glycémie, voire une modification de la posologie de l'*antidiabétique* oral.

### Grossesse et allaitement

Le diabète de la femme enceinte nécessite un traitement par insuline. L'usage de ce médicament est déconseillé pendant la grossesse.

Ce médicament ne doit pas être utilisé pendant l'allaitement.

### Mode d'emploi et posologie

Les comprimés doivent être pris de préférence au cours ou à la fin des repas pour limiter les troubles digestifs.

**Posologie usuelle :**
- Adulte de plus de 18 ans : la dose initiale est de 4 mg de rosiglitazone associé à 2000 mg de metformine par jour, soit 2 comprimés à 1 mg/500 mg ou 1 comprimé à 2 mg/1000 mg, 2 fois par jour. L'adaptation de la posologie est faite ensuite, en fonction de la *glycémie*.

Suivre attentivement la prescription de votre médecin. Le régime alimentaire reste nécessaire pendant le traitement.

**Conseils :** Le régime du diabétique ne consiste pas en une simple interdiction des *glucides* (*sucres*, pain, pâtes...) ; demandez conseil à votre médecin.

### Effets indésirables possibles

Le diabète à lui seul peut être responsable de certains troubles signalés. Les problèmes suivants ont été constatés chez les malades traités :

Fréquents (moins de 10 % des patients traités) : baisse du nombre des *globules rouges*, *hypoglycémie*, maux de tête, flatulences, nausées, vomissements, douleurs abdominales.

Rares (moins de 1 % des patients traités) : *œdèmes*, *constipation*, prise de poids, perte d'appétit, augmentation des lipides dans le sang, aggravation du *diabète*.

**Laboratoires GlaxoSmithKline**

## AVANDIA

Antidiabétique oral — sur ordonnance

### Présentation

**AVANDIA 2 mg :** comprimé (rose) ; boîte de 56. Liste I - Remb 65 % - **Prix : 28,32 €.**
**AVANDIA 2 mg :** comprimé (rose) ; boîte de 168. Liste I - Remb 65 % - **Prix : 76,19 €.**
**AVANDIA 4 mg :** comprimé (orange) ; boîte de 28. Liste I - Remb 65 % - **Prix : 28,32 €.**
**AVANDIA 4 mg :** comprimé (orange) ; boîte de 84. Liste I - Remb 65 % - **Prix : 76,19 €.**
**AVANDIA 8 mg :** comprimé (rouge) ; boîte de 28. Liste I - Remb 65 % - **Prix : 41,37 €.**
**AVANDIA 8 mg :** comprimé (rouge) ; boîte de 84. Liste I - Remb 65 % - **Prix : 113,50 €.**

### Composition

| | p cp | p cp | p cp |
|---|---|---|---|
| **Rosiglitazone** ............ | 2 mg | 4 mg | 8 mg |

### Dans quel cas ce médicament est-il prescrit ?

Ce médicament est un *antidiabétique*. Il semble agir en augmentant la sensibilité de l'organisme à l'*insuline* sécrétée par le pancréas.

Il est utilisé dans le traitement du *diabète* non insulinodépendant lorsque le régime alimentaire est insuffisant. Il est utilisé seul ou en association avec un ou deux autres antidiabétiques oraux dont il complète l'action.

### Contre-indications

Ce médicament ne doit pas être utilisé dans les cas suivants :
- *insuffisance cardiaque* ou *hépatique*,
- en association avec un traitement par *insuline*.

**Attention :** Ce médicament peut favoriser une rétention d'eau. Il est donc contre-indiqué en cas d'*insuffisance cardiaque*, et des symptômes pouvant faire suspecter une défaillance cardiaque doivent être signalés au médecin : fatigabilité ou essoufflement anormal à l'effort, gonflement des jambes. Le risque d'insuffisance cardiaque est majoré par l'utilisation concomitante d'*insuline* ou d'*anti-inflammatoires non stéroïdiens*.
Un dosage initial puis régulier des *transaminases* est nécessaire.
La rosiglitazone pouvant être responsable d'une prise de poids (environ 5 % du poids initial), celle-ci devra être signalée au médecin et les recommandations diététiques habituelles pour lutter contre le surpoids devront être suivies avec une vigilance particulière.
Chez les femmes souffrant d'un trouble de la fertilité due à la maladie des ovaires polykystiques, l'amélioration de la sensibilité à l'insuline apportée par ce médicament peut augmenter la probabilité d'une grossesse. En tenir compte en cas de non désir de grossesse.

### Grossesse et allaitement

Le diabète de la femme enceinte nécessite un traitement par *insuline*. L'usage de ce médicament est déconseillé pendant la grossesse.

Ce médicament ne doit pas être utilisé pendant l'allaitement.

### Mode d'emploi et posologie

Les comprimés peuvent être pris indifféremment pendant ou entre les repas.

La dose quotidienne est répartie en 1 ou 2 prises.

**Posologie usuelle :**
- Adulte de plus de 18 ans : 4 à 8 mg par jour.

**Conseils :** Le régime du diabétique ne consiste pas en une simple interdiction des *glucides* (*sucres*, pain, pâtes...) ; demandez conseil à votre médecin.

### Effets indésirables possibles

Le diabète à lui seul peut être responsable de certains troubles signalés. Les problèmes suivants ont été constatés chez les malades traités :
- Avec la rosiglitazone seule : *anémie*, augmentation des lipides dans le sang, prise de poids, augmentation de l'appétit, flatulences, fourmillements des extrémités.
- En association avec la metformine :

Fréquents (moins de 10 % des patients traités) : *anémie*, *hypoglycémie*, prise de poids, flatulences, nausées, douleurs abdominales, vomissements.

Rares (moins de 1 % des patients traités) : augmentation des lipides dans le sang, aggravation du *diabète*, prise de poids, perte d'appétit, constipation, *œdèmes*.
- En association avec un *sulfamide hypoglycémiant* :

Fréquents (moins de 10 % des patients traités) : *anémie*, *hypoglycémie*, prise de poids, *vertiges*, *œdèmes*.

Rares (moins de 1 % des patients traités) : augmentation des lipides dans le sang, augmentation de l'appétit, respiration difficile, flatulences, fatigue.

Laboratoires GlaxoSmithKline

## AVAXIM

*Informations détaillées sur www.monvidal.com*

## AVENOC pommade

*Informations détaillées sur www.monvidal.com*

## AVENOC suppositoire

*Informations détaillées sur www.monvidal.com*

## AVIBON capsule

*Informations détaillées sur www.monvidal.com*

## AVIBON pommade

Protecteur cutané

### Présentation

AVIBON : pommade ; tube de 30 g. Non remb.

### Composition

| | p 100 g |
|---|---|
| **Rétinol (vitamine A), forme huileuse** | 1 million UI |
| Lanoline | + |

### Dans quel cas ce médicament est-il prescrit ?

C'est une pommade protectrice qui contient de la *vitamine* A.

Elle est utilisée pour traiter les irritations de la peau.

### Contre-indications

Ce médicament ne doit pas être utilisé dans les cas suivants :
- *allergie* à la lanoline,
- en application sur des lésions suintantes ou infectées.

**Attention :** Évitez d'utiliser cette pommade, notamment chez l'enfant, de manière prolongée et sur des surfaces étendues ou profondément lésées sans l'avis de votre pharmacien ou de votre médecin.

### Interactions avec d'autres substances

Évitez d'utiliser cette pommade avec ou après certains *antiseptiques* oxydants.

### Grossesse et allaitement

Le passage de la vitamine A dans le sang lorsqu'elle est appliquée sur la peau est négligeable. Néanmoins, n'utilisez pas cette pommade de façon prolongée pendant la grossesse sans avis médical.

En raison du risque d'ingestion par le *nouveau-né*, la pommade ne doit pas être appliquée sur le mamelon de la femme qui allaite.

### Mode d'emploi et posologie

Bien nettoyer la peau et désinfecter si nécessaire, puis sécher avant d'appliquer la pommade.

Faire pénétrer la pommade en massant légèrement.

**Posologie usuelle :**

2 ou 3 applications par jour.

### Effets indésirables possibles

*Eczéma* (présence de lanoline).

Laboratoires Théraplix

## AVLOCARDYL

Bêtabloquant

sur ordonnance

### Présentation

**AVLOCARDYL 40 mg :** comprimé sécable (blanc) ; boîte de 50. Liste I - Remb 65 % - **Prix : 3,48 €.**

**AVLOCARDYL LP 160 mg :** gélule à *libération prolongée* (rose opaque et rose translucide) ; boîte de 28. Liste I - Remb 65 % - **Prix : 8,01 €.**

### Composition

| | p cp | p gél LP |
|---|---|---|
| **Propranolol chlorhydrate** ..... | 40 mg | 160 mg |

### Dans quel cas ce médicament est-il prescrit ?

Ce médicament appartient à la famille des *bêtabloquants.* Ceux-ci agissent en bloquant l'action de l'*adrénaline* (et d'autres *hormones* apparentées) sur de nombreux organes, notamment le cœur, les vaisseaux et les bronches.

Il est utilisé dans :

- le traitement de l'*hypertension artérielle,*
- la prévention des crises d'*angine de poitrine* et les suites d'*infarctus du myocarde,*
- certains *troubles du rythme cardiaque,*
- les manifestations cardiovasculaires des excès d'*hormones thyroïdiennes,*
- les *cardiomyopathies* obstructives,
- le *traitement de fond* des *migraines* et des *algies vasculaires de la face,*
- la prévention des récidives des *hémorragies* digestives chez les personnes atteintes de *cirrhose* du foie.

Les comprimés à 40 mg sont également utilisés dans :

- le traitement de certains tremblements,
- pour prévenir les palpitations et l'accélération du cœur lors des situations stressantes (« trac »).

### Contre-indications

Ce médicament ne doit pas être utilisé dans les cas suivants :

- *asthme* et *bronchite chronique* ;
- *insuffisance cardiaque* non contrôlée par un traitement spécifique ;
- *bloc auriculoventriculaire* grave ;
- angor de *Printzmétal* ;
- *artérite,* phénomène de *Raynaud* ;
- rythme cardiaque inférieur à 50 battements par minute ;
- *phéochromocytome* non traité ;
- hypotension ;
- *antécédent* de *choc anaphylactique* ;
- en association avec les médicaments contenant de la floctafénine ou du sultopride.

**Attention :** Ce médicament n'est pas un *traitement de la crise* d'*angine de poitrine.*

Des précautions sont nécessaires en cas d'*insuffisance hépatique* ou *rénale* et chez la personne âgée.

N'interrompez jamais brutalement le traitement prescrit. Espacez progressivement les prises. Un avis médical est toujours préférable.

Chez les diabétiques, les *bêtabloquants* peuvent masquer certains *symptômes* de l'*hypoglycémie* (*palpitations* et accélération du cœur essentiellement).

Les bêtabloquants peuvent aggraver les *réactions allergiques* et empêcher l'action de l'*adrénaline* utilisée dans le traitement d'urgence du *choc anaphylactique.* Lors d'examens radiologiques nécessitant l'injection de produits de contraste iodés (susceptibles de provoquer des *chocs* allergiques), le traitement doit, si possible, être suspendu avec l'accord de votre médecin.

En cas d'intervention chirurgicale, l'anesthésiste doit être prévenu de la prise de ce médicament. C'est lui qui décidera si le traitement doit être poursuivi ou arrêté avant l'intervention.

Sportif : ce médicament contient une substance susceptible de rendre positifs certains *tests antidopage.*

### Interactions avec d'autres substances

Ce médicament ne doit pas être associé :

- à la floctafénine (IDARAC...) : risque d'augmentation de la gravité d'un éventuel *choc* allergique ;
- au sultopride (BARNETIL) : risque de *torsades de pointes.*

Il peut interagir avec les médicaments contenant de l'amiodarone.

Informez votre médecin si vous prenez des *antidiabétiques,* des *AINS,* des *inhibiteurs calciques,* des *antidépresseurs imipraminiques,* des *neuroleptiques,* des *corticoïdes,* ou des médicaments contenant l'une des substances suivantes : quinidine, hydroquinidine, disopyramide, baclofène, cimétidine, clonidine, ergotamine, fluvoxamine, lidocaïne injectable, méfloquine, phénobarbital, rifampicine.

Les *pansements digestifs* peuvent diminuer l'absorption de ce médicament. Un délai d'au moins deux heures doit être respecté entre la prise de ce médicament et celle du pansement digestif.

### Grossesse et allaitement

Les études scientifiques disponibles n'ont pas mis en évidence de problème particulier lors de l'utilisation de *bêtabloquant* chez la femme enceinte.

L'effet bêtabloquant persiste quelques jours chez le nouveau-né et justifie une surveillance médicale renforcée pendant les premiers jours de la vie.

Ce médicament passe dans le lait maternel ; un choix est donc nécessaire entre l'allaitement et la prise du médicament. Cette décision devra être prise en accord avec votre médecin.

### Mode d'emploi et posologie

Ce médicament peut être pris indifféremment au cours ou en dehors des repas.

Les gélules *LP* sont prises de préférence le matin.

**Posologie usuelle :**
Comprimé à 40 mg :
- 1 à 4 comprimés par jour, en fonction des indications.
- Dans la prévention des palpitations au cours des situations stressantes : 1 comprimé, 60 à 90 minutes avant l'évènement générateur de stress.

Gélule LP : 1 gélule à 80 mg ou à 160 mg par jour.

**Conseils :** Veillez à toujours disposer d'une réserve de médicament : une plaquette dans la trousse de toilette, par exemple.
Votre tension artérielle doit être contrôlée régulièrement. Les appareils permettant une mesure automatique de la tension à domicile utilisent souvent un procédé de mesure différent de celui qu'emploie votre médecin. Si vous avez un tel appareil, apportez-le en consultation pour vous assurer que la mesure obtenue est bien conforme à celle du tensiomètre de votre médecin.
Le traitement médicamenteux ne dispense pas de mesures simples pouvant faire baisser la tension artérielle : activité physique régulière, modération de la consommation de boissons alcoolisées et de *sel*, lutte contre l'excès de poids.
Il est normal que le rythme cardiaque ralentisse sous l'effet du traitement ; néanmoins, en cas de fatigue anormale et de pouls inférieur à 50 battements par minute, consultez votre médecin.

### Effets indésirables possibles
Le plus fréquemment : douleur d'estomac, nausées, vomissements, diarrhées, fatigue en début de traitement, sensation de mains et de pieds froids, troubles de l'érection, ralentissement important du cœur, insomnie, cauchemars.
Plus rarement : *bloc auriculoventriculaire*, baisse excessive de la tension artérielle, phénomène de *Raynaud*, *insuffisance cardiaque*, *bronchospasme*, *hypoglycémie*, *éruption cutanée*, aggravation d'un *psoriasis*.

Laboratoires AstraZeneca

## AVODART
Hypertrophie bénigne de la prostate
sur ordonnance

### Présentation
AVODART : capsule molle (jaune) ; boîte de 30. Liste I - Remb 35 % - **Prix : 31,15 €.**

### Composition

| | p caps |
|---|---|
| **Dutastéride** | 0,5 mg |

### Dans quel cas ce médicament est-il prescrit ?
Ce médicament bloque l'action de la *testostérone* sur la prostate. Il ralentit la croissance de cette glande, qui conduit à l'*adénome de la prostate* et à un rétrécissement progressif des *voies* urinaires. Il ne permet pas de faire disparaître un adénome, mais de ralentir sa progression et de faire diminuer les *symptômes* urinaires (après un délai qui peut atteindre plusieurs mois).
Il est utilisé dans le traitement des troubles urinaires liés à un adénome de la prostate.

### Contre-indications
Ce médicament est contre-indiqué en cas d'*insuffisance hépatique* grave.

**Attention :** Ce médicament n'a pas d'indication chez la femme ni chez l'enfant.
En cas d'aggravation rapide des difficultés urinaires ou de blocage (rétention) des urines, consultez d'urgence votre médecin.
Le dosage sanguin de l'*antigène* spécifique de la prostate (PSA), parfois utilisé dans le dépistage du cancer de la prostate, est affecté par ce traitement : le dutastéride divise environ par deux le taux de PSA. Pour comparer avec le taux de PSA avant traitement, il faut donc multiplier par deux le taux de PSA sous traitement. Pour autant, ce médicament n'a pas d'action préventive connue sur le cancer de la prostate.

### Mode d'emploi et posologie
Les capsules doivent être avalées telles quelles avec un verre d'eau, indifféremment pendant ou entre les repas.

**Posologie usuelle :**
- Adulte : 1 capsule par jour.

**Conseils :** Les femmes, les adolescents et les enfants doivent éviter tout contact avec des capsules endommagées ; en cas de contact, nettoyer immédiatement à l'eau et au savon.

### Effets indésirables possibles
Baisse de la libido, troubles de l'érection.
Augmentation du volume des seins chez l'homme (gynécomastie).

Laboratoires GlaxoSmithKline

## AVONEX
*Informations détaillées sur www.monvidal.com*

## AZADOSE
*Informations détaillées sur www.monvidal.com*

## AZANTAC injectable
*Informations détaillées sur www.monvidal.com*

## AZANTAC oral
Antiulcéreux
sur ordonnance

### Présentation
AZANTAC 75 : comprimé ; boîte de 14. Liste II - Remb 65 % - **Prix : 3,66 €.**
AZANTAC 75 : comprimé ; boîte de 28. Liste II - Remb 65 % - **Prix : 6,78 €.**
AZANTAC 75 effervescent : comprimé effervescent (arômes : orange, pamplemousse) ; boîte de 14. Liste II - Remb 65 % - **Prix : 3,66 €.**
AZANTAC 75 effervescent : comprimé effervescent (arômes : orange, pamplemousse) ; boîte de 28. Liste II - Remb 65 % - **Prix : 6,78 €.**
AZANTAC 150 : comprimé (blanc) ; boîte de 30. Liste II - Remb 65 % - **Prix : 14,61 €.**
AZANTAC 150 effervescent : comprimé effervescent (jaune pâle ; arômes : orange, pamplemousse) ; tube de 30. Liste II - Remb 65 % - **Prix : 13,88 €.**
AZANTAC 300 : comprimé (blanc) ; boîte de 14. Liste II - Remb 65 % - **Prix : 13,42 €.**

AZANTAC 300 effervescent : comprimé effervescent (jaune pâle ; arômes : orange, pamplemousse) ; tube de 14. Liste II - Remb 65 % - **Prix : 12,80 €**.

### Composition

| | p cp | p cp efferv | p cp |
|---|---|---|---|
| **Ranitidine** | 75 mg | 75 mg | 150 mg |
| Sodium | | 164 mg | |
| Aspartam | | + | |

| | p cp efferv | p cp | p cp efferv |
|---|---|---|---|
| **Ranitidine** | 150 mg | 300 mg | 300 mg |
| Sodium | 328 mg | | 479 mg |
| Aspartam | 30 mg | | 45 mg |

### Dans quel cas ce médicament est-il prescrit ?

C'est un antiulcéreux qui appartient à la famille des *antihistaminiques* de type H2 : ceux-ci agissent en bloquant l'action de l'*histamine*, qui stimule la sécrétion acide de l'estomac.

Dosé à 75 mg, il est utilisé dans le traitement des *symptômes* du *reflux gastro-œsophagien*, lorsque les règles hygiénodiététiques sont insuffisantes.

Dosé à 150 et 300 mg, il est utilisé dans le traitement :
- des *inflammations* de l'œsophage dues au reflux des acides de l'estomac vers l'œsophage,
- des *ulcères* de l'estomac ou du *duodénum* et pour prévenir les rechutes de l'ulcère du duodénum,
- du syndrome de *Zollinger-Ellison*.

En association avec un traitement *antibiotique* spécifique, ce médicament permet l'éradication d'un *germe* appelé *Helicobacter pylori*, très fréquemment responsable des récidives de l'ulcère.

### Contre-indications

Les comprimés effervescents ne doivent pas être utilisés en cas de *phénylcétonurie* (présence d'aspartam).

**Attention :** La disparition des douleurs ne signifie pas que l'*ulcère* est cicatrisé : la durée du traitement doit être respectée.

Des précautions sont nécessaires en cas d'*insuffisance rénale* ou *hépatique*, ou d'*antécédent* de *porphyrie*.

Les comprimés effervescents contiennent du *sel* (sodium) en quantité notable.

### Interactions avec d'autres substances

Si vous prenez des *pansements digestifs*, respectez un délai d'au moins 2 heures entre leur prise et la prise de ce médicament.

### Grossesse et allaitement

Les données scientifiques actuellement disponibles n'ont pas mis en évidence de problème particulier lors de l'utilisation de ce médicament pendant la grossesse à la dose préconisée. Néanmoins, ne l'utilisez pas sans avis médical.

Ce médicament passe dans le lait maternel : il est déconseillé pendant l'allaitement.

### Mode d'emploi et posologie

Ce médicament peut être pris indifféremment au cours ou en dehors des repas.

Les comprimés doivent être avalés avec un peu d'eau.

Les comprimés effervescents doivent être dissous dans un verre d'eau. La forme effervescente est d'action rapide : 10 minutes environ.

**Posologie usuelle :**

Traitement des symptômes du *reflux gastro-œsophagien* (lorsque les règles hygiénodiététiques sont insuffisantes) : 75 mg au moment des brûlures ou des régurgitations, sans dépasser 3 prises par jour et une durée de 2 semaines.

Traitement de l'*inflammation* de l'œsophage : 300 mg le soir, pendant 4 à 8 semaines.

Traitement des *ulcères* de l'estomac ou du duodénum : 300 mg le soir, pendant 4 à 6 semaines, puis 150 mg le soir.

Traitement de *Zollinger-Ellison* : la posologie est individuelle et beaucoup plus élevée.

Traitement destiné à l'éradication d'*Helicobacter pylori* : 1 comprimé à 300 mg ou 1 sachet à 300 mg, matin et soir, associé à un traitement antibiotique pendant 14 jours ; puis 1 comprimé à 300 mg ou 1 sachet à 300 mg pendant 2 à 4 semaines. Le succès du traitement est étroitement lié au strict respect de la *posologie* de l'antiulcéreux et des *antibiotiques* pendant les 2 premières semaines.

**Conseils :** Si vous êtes fumeur, la poursuite du tabagisme est un frein important au traitement : la nicotine augmente l'acidité gastrique et réduit l'efficacité du muscle qui ferme la jonction entre l'œsophage et l'estomac.

La prise de ce médicament ne dispense pas des mesures diététiques que peut vous conseiller votre médecin.

L'aspirine et les *anti-inflammatoires* peuvent être agressifs pour l'estomac : n'en prenez pas sans l'avis de votre médecin.

### Effets indésirables possibles

Rarement :
- *troubles digestifs* ;
- ralentissement cardiaque ;
- anomalies de la *numération formule sanguine* ;
- maux de tête, *vertiges*, fatigue ou excitation ;
- mouvements involontaires, état dépressif, confusion des idées particulièrement chez la personne âgée et l'*insuffisant rénal* ;
- douleurs musculaires, tension des seins, troubles de l'érection ;
- *réaction allergique*, *éruption cutanée*, chute des cheveux ;
- augmentation des *transaminases*, *hépatite*.

**Laboratoires GlaxoSmithKline**

## AZATHIOPRINE MERCK

Immunosuppresseur — sur ordonnance

Ce médicament est un générique de IMUREL (voir p. 510 et tableau p. 1151).

## AZÉMA TISANE

*Informations détaillées sur www.monvidal.com*

## AZOPT

Antiglaucomateux — sur ordonnance

### Présentation

AZOPT : collyre ; flacon de 5 ml. Liste I - Remb 65 % - **Prix : 14,66 €**.

### Composition

| | p ml |
|---|---|
| **Brinzolamide** | 10 mg |
| Benzalkonium chlorure | + |

### Dans quel cas ce médicament est-il prescrit ?

Ce collyre a la propriété de diminuer la *tension intraoculaire*. Il appartient à la famille des inhibiteurs de l'anhydrase carbonique, qui bloquent une *enzyme* active sur la sécrétion des liquides contenus dans l'œil.

Il est utilisé dans le traitement des maladies dues à un excès de tension intraoculaire, notamment du *glaucome* à angle ouvert.

### Contre-indications

Ce médicament ne doit pas être utilisé dans les cas suivants :

- *allergie* aux médicaments de la famille des *sulfamides* (auxquels ce médicament est apparenté),
- *insuffisance rénale* grave.

**Attention :** Des précautions sont nécessaires en cas d'*insuffisance hépatique* ou d'allergie aux *ammoniums quaternaires* (présence de benzalkonium).

En cas de *réaction allergique*, ne poursuivez pas le traitement avant d'avoir pris l'avis de votre médecin.

Compte-tenu de la possibilité d'effets indésirables visuels, ce collyre peut, chez certaines personnes, constituer un risque pour la conduite automobile ou le maniement de machines dangereuses. Assurez-vous à l'occasion des premières utilisations que vous supportez bien ce collyre avant de reprendre la pratique d'une activité à risque.

### Interactions avec d'autres substances

Certaines substances contenues dans des collyres différents peuvent donner lieu à des interactions médicamenteuses : dans le doute, et sauf indications contraires de votre médecin, respectez un intervalle minimal de 5 minutes entre deux instillations dans le même œil.

Ce médicament peut interagir avec d'autres inhibiteurs de l'anhydrase carbonique pris par voie orale (acétazolamide).

### Grossesse et allaitement

L'effet de ce médicament pendant la grossesse ou l'allaitement est mal connu. Par prudence, son usage est déconseillé chez la femme enceinte ou chez celle qui allaite.

### Mode d'emploi et posologie

Tirer la paupière inférieure vers le bas tout en regardant vers le haut et déposer une goutte de collyre entre la paupière et le globe oculaire (*cul-de-sac conjonctival*) en appuyant sur le fond du flacon.

Veiller à ne pas mettre en contact l'embout du flacon avec l'œil ou les doigts pour éviter de contaminer le collyre avec les *germes* présents sur les paupières ou la peau.

**Posologie usuelle :**

- Adulte : 1 goutte, 2 ou 3 fois par jour.

**Conseils :** Les lentilles de contact souples doivent être ôtées avant l'instillation du collyre. Elles pourront éventuellement être replacées après un délai de 15 minutes : demandez conseil à votre ophtalmologiste.

L'application correcte du produit peut nécessiter une aide, notamment chez une personne handicapée ou âgée.

Ne conservez pas ce collyre plus de 4 semaines après ouverture du flacon.

### Effets indésirables possibles

Fréquents (1 à 10 % des utilisateurs) : goût amer, trouble de la vision, gêne oculaire, sensation de corps étranger, larmoiement, maux de tête.

Occasionnels (moins de 1 %) : yeux secs, fatigue visuelle, *œdème* des paupières, *conjonctivite*, *kératite*, formation de croûtes sur le bord des paupières, sensation d'œil qui colle, bouche sèche, nausées, fourmillements des extrémités, *vertiges*, chute de cheveux, douleur du thorax, *rhinite*, saignement de nez.

Consultez le lexique à *Effets indésirables* pour la bonne compréhension de cette rubrique.

Laboratoires Alcon

## AZULÈNE

*Informations détaillées sur www.monvidal.com*

# B

## BACICOLINE
*Informations détaillées sur www.monvidal.com*

## BACILOR
*Informations détaillées sur www.monvidal.com*

## BACLOFÈNE WINTHROP
Myorelaxant

sur ordonnance

Ce médicament est un générique de LIORESAL (voir p. 576 et tableau p. 1151).

## BACTÉRIX
*Informations détaillées sur www.monvidal.com*

## BACTRIM
Antibiotiques : sulfamides + triméthoprime

sur ordonnance

### Présentation
**BACTRIM Nourrisson-Enfant :** suspension buvable (arôme tutti frutti) ; flacon de 100 ml (20 cuillères-mesure de 5 ml). Liste I - Remb 65 % - **Prix : 2,73 €**.
**BACTRIM Adulte :** comprimé (blanc) ; boîte de 20. Liste I - Remb 65 % - **Prix : 2,94 €**.
**BACTRIM FORTE :** comprimé (oblong ; blanc) ; boîte de 10. Liste I - Remb 65 % - **Prix : 2,62 €**.

### Composition

| | p c mes | p cp Ad | p cp Fort |
|---|---|---|---|
| **Sulfaméthoxazole** | 200 mg | 400 mg | 800 mg |
| **Triméthoprime** | 40 mg | 80 mg | 160 mg |
| Saccharose | 2,5 g | | |

### Dans quel cas ce médicament est-il prescrit ?
Ce médicament est une association de deux *antibiotiques* : le sulfaméthoxazole, de la famille des *sulfamides*, et le triméthoprime, de la famille des diaminopyrimidines.

Il est utilisé dans le traitement de diverses maladies infectieuses, notamment bronchiques, pulmonaires, ORL, digestives, urinaires, génitales. Il est également utilisé dans le traitement de la *pneumocystose* et de la *toxoplasmose*.

### Contre-indications
Ce médicament ne doit pas être utilisé dans les cas suivants :
- *allergie* aux *antibiotiques* de la famille des *sulfamides*,
- déficit en *G6PD*,
- maladie grave du foie,
- prématuré et *nouveau-né*,
- en association avec un médicament contenant du méthotrexate,
- **allaitement**.

**Attention :** En cas d'apparition de boutons, de cloques, arrêtez le traitement et prévenez votre médecin.

Des précautions sont nécessaires en cas d'*insuffisance rénale* ou *hépatique*.

Il est souhaitable de boire abondamment (2 litres par jour) pendant le traitement afin d'éviter la formation de cristaux dans les *voies* urinaires.

La suspension buvable contient du *sucre* (saccharose) en quantité notable.

### Interactions avec d'autres substances
Ce médicament ne doit pas être associé au méthotrexate utilisé notamment dans certaines chimiothérapies antitumorales : risque d'*aplasie médullaire*.

Il peut interagir avec les médicaments contenant de la phénytoïne ou avec les médicaments susceptibles d'augmenter la *kaliémie*.

Informez votre médecin si vous prenez un *anticoagulant* oral ou un médicament contenant l'une des substances suivantes : chlorpropamide, tolbutamide, pyriméthamine, ciclosporine, zidovudine.

### Grossesse et allaitement
L'utilisation ponctuelle de ce médicament pendant la grossesse est possible, à condition de respecter la *posologie* recommandée. Néanmoins, son utilisation dans les jours qui ont précédé l'accouchement doit être signalée au médecin ; en effet, une surveillance particulière du *nouveau-né* peut être nécessaire.

Ce médicament est contre-indiqué pendant l'allaitement quand l'enfant a moins de 1 mois. Si le traitement est débuté après cette période, l'allaitement est déconseillé sans avis médical.

**Cas particulier** :
En cas de suspicion de déficit en *G6PD* chez l'enfant ou chez la mère, ce médicament est contre-indiqué pendant la grossesse ou l'allaitement.

### Mode d'emploi et posologie
Ce médicament est pris de préférence au cours des repas.

**Posologie usuelle :**
- Adulte : 1 comprimé de BACTRIM FORTE ou 2 comprimés de BACTRIM Adulte, matin et soir.

Dans le traitement de la *cystite* aiguë chez la femme de moins de 65 ans : 3 comprimés de BACTRIM FORTE ou 6 comprimés de BACTRIM Adulte, en 1 prise unique.
- Enfant et nourrisson : 30 mg par kg et par jour ; soit à titre indicatif :
  - enfant de 30 kg : 2 cuillères-mesure ou 1 comprimé de BACTRIM Adulte, matin et soir ;
  - enfant de 15 kg : 1 cuillère-mesure, matin et soir ;
  - *nourrisson* de 8 kg : ½ cuillère-mesure, matin et soir.

Ces *posologies* peuvent être augmentées considérablement dans le traitement de la *pneumocystose*.

**Conseils :** Le médecin prescrit parfois un prélèvement pour identifier le *germe* responsable de l'infection et tester sa sensibilité aux *antibiotiques*. Le résultat de cet examen peut être faussé en cas d'automédication préalable : ne prenez pas et ne donnez pas d'antibiotiques sans avis médical.

### Effets indésirables possibles

Le plus fréquemment : *réactions allergiques*, surtout cutanées, qui contre-indiquent formellement la poursuite ou la reprise du traitement.

Peuvent également survenir : *troubles digestifs*, *pancréatite*.

Rarement : *neuropathie*, *convulsions*, *vertiges*, tremblement, douleurs des muscles et des articulations, augmentation du taux de *potassium* dans le sang, diminution de la *glycémie*, anomalies de la *numération formule sanguine*.

Laboratoires Roche

## BACTYL

*Informations détaillées sur www.monvidal.com*

## BADIAGA COMPLEXE N° 47

*Informations détaillées sur www.monvidal.com*

## BAIN DE BOUCHE LIPHA

*Informations détaillées sur www.monvidal.com*

## BALSAMORHINOL

*Informations détaillées sur www.monvidal.com*

## BALSOFUMINE

Décongestionnant ORL

### Présentation

**BALSOFUMINE simple :** solution pour *inhalation* ; flacon de 84 ml. Non remb.

**BALSOFUMINE mentholée 1 % :** solution pour *inhalation* ; flacon de 84 ml. Non remb.

**BALSOFUMINE mentholée 4 % :** solution pour *inhalation* ; flacon de 84 ml. Non remb.

### Composition

| | simple p 100 g | mentholée 1 % p 100 g | mentholée 4 % p 100 g |
|---|---|---|---|
| **Baume du Pérou** | 1 g | 1 g | 1 g |
| **Benjoin, teinture** | 10 g | 10 g | 10 g |
| **Eucalyptus, teinture** | 60 g | 60 g | 60 g |
| **Lavande, huile essentielle** | 1 g | 1 g | 1 g |
| **Thym, huile essentielle** | 1 g | 1 g | 1 g |
| **Lévomenthol** | | 1 g | 4 g |
| Alcool à 80° | + | + | + |

### Dans quel cas ce médicament est-il prescrit ?

Cette solution pour *inhalation* est une association d'essences végétales qui possède une action locale décongestionnante sur les *muqueuses* des *voies* respiratoires.

Elle est utilisée dans le *traitement d'appoint* des affections des voies respiratoires.

### Contre-indications

Ce médicament ne doit pas être utilisé en cas d'*antécédent* de *convulsions* ou d'*épilepsie*.

**Attention :** Ce médicament contient des *terpènes* qui peuvent, en cas de dépassement des *posologies*, avoir des effets indésirables graves ; des précautions sont nécessaires chez l'enfant et la personne âgée.
Ce médicament ne doit pas être avalé ; ne le laissez pas à la portée des enfants.

### Grossesse et allaitement

L'effet de ce médicament pendant la grossesse ou l'allaitement est mal connu. L'évaluation du risque éventuel lié à son utilisation est individuelle : demandez conseil à votre pharmacien ou à votre médecin.

### Mode d'emploi et posologie

- Adulte et enfant de plus de 12 ans : 1 cuillère à café dans un bol d'eau chaude ou dans un inhalateur. Les *inhalations* peuvent être répétées 3 fois par jour.

**Conseils :** Il est important de lutter contre la sécheresse de l'air ambiant (humidificateur...) pour éviter le dessèchement des sécrétions nasales et bronchiques.
Avant l'*inhalation*, il est indispensable d'attendre quelques secondes l'évaporation de l'*alcool* après dilution dans l'eau chaude.

### Effets indésirables possibles

Irritation locale, *réaction allergique*, notamment au baume du Pérou.

En cas de dépassement de la *posologie* usuelle, les *terpènes* peuvent provoquer :
- des *convulsions* chez l'enfant,
- agitation, confusion des idées (notamment chez la personne âgée).

Laboratoires Sanofi-Aventis OTC

## BALSOLÈNE

*Informations détaillées sur www.monvidal.com*

## BASDÈNE

*Informations détaillées sur www.monvidal.com*

## BASILICUM COMPLEXE N° 96

*Informations détaillées sur www.monvidal.com*

## BAUDRY PÂTE PECTORALE

Homéopathie

### Présentation

**BAUDRY PÂTE PECTORALE :** pâte à sucer (arôme framboise) ; boîte de 70 g. Non remb.

### Composition

| | p 100 g |
|---|---|
| **Aconitum napellus 1 DH** | 0,2 ml |
| **Atropa belladonna 1 DH** | 0,2 ml |
| **Drosera 1 DH** | 0,2 ml |
| **Bryonia dioica 1 DH** | 0,2 ml |
| **Coccus cacti 1 DH** | 0,2 ml |
| **Ipeca 1 DH** | 0,2 ml |

### Dans quel cas ce médicament est-il prescrit ?

Ce médicament est un *complexe* (association) de remèdes homéopathiques.

Il est utilisé en cas de toux sèche.

> **Attention :** La toux est un *symptôme* qui peut révéler de nombreuses maladies : consultez votre médecin si elle persiste plus de quelques jours.

### Grossesse et allaitement

Aux *dilutions homéopathiques*, les substances contenues dans ce médicament ne sont pas connues pour être toxiques pendant la grossesse ou l'allaitement.

### Mode d'emploi et posologie

Les pâtes doivent être sucées lentement.

**Posologie usuelle :**

10 à 20 pâtes par jour.

> **Conseils :** Fumer, ou être exposé à la fumée des autres, nuit à l'efficacité du traitement : la cigarette est irritante pour les bronches et entretient la toux.
> Des mesures simples permettent de calmer les toux sèches : boissons chaudes et humidification de l'air ambiant.

Laboratoires Boiron

## BAUME ARÔMA

*Informations détaillées sur www.monvidal.com*

## BAUME BENGUÉ

*Informations détaillées sur www.monvidal.com*

## BAUME DES PYRÉNÉES

*Informations détaillées sur www.monvidal.com*

## BAUME SAINT-BERNARD

Antalgique d'action locale

### Présentation

BAUME SAINT-BERNARD : crème ; tube de 42 g. Non remb.

BAUME SAINT-BERNARD : crème ; tube de 100 g. Non remb.

### Composition

| | p 100g |
|---|---|
| **Salicylate d'amyle** | 5 g |
| **Camphre synthétique** | 2 g |
| **Lévomenthol** | 500 mg |
| **Capsicum oléorésine** | 250 mg |

### Dans quel cas ce médicament est-il prescrit ?

Cette crème *antalgique* contient un *salicylé* et des substances qui ont un effet *révulsif*.

Elle est utilisée dans le traitement local des douleurs des muscles, des tendons et des ligaments.

### Contre-indications

Ce médicament ne doit pas être utilisé dans les cas suivants :

- *allergie* aux *salicylés* ;
- sur les *muqueuses*, les plaies, la peau lésée ou sous un pansement étanche (occlusif) ;
- *antécédent* d'*épilepsie*.

> **Attention :** Ce médicament contient des *terpènes* (camphre, menthol) : respectez la *posologie* préconisée et ne l'utilisez pas chez l'enfant sans avis médical.

### Grossesse et allaitement

L'effet de ce médicament pendant la grossesse ou l'allaitement est mal connu. L'évaluation du risque éventuel lié à son utilisation est individuelle : demandez conseil à votre pharmacien ou à votre médecin.

### Mode d'emploi et posologie

Appliquer par un massage doux et prolongé jusqu'à pénétration complète.

**Posologie usuelle :**

- Adulte : 1 ou 2 applications par jour.

> **Conseils :** Pensez à vous laver soigneusement les mains après l'application. En cas de contact accidentel avec les yeux, rincez abondamment.

### Effets indésirables possibles

*Réaction allergique* cutanée (éruption de boutons, démangeaisons...) imposant l'arrêt du traitement ; à ne pas confondre avec une rougeur normale au point d'application, due au médicament.

Liés à la présence de camphre et de menthol, en cas de dépassement de la *posologie* usuelle : agitation, confusion des idées, notamment chez la personne âgée.

Laboratoires Merck Médication Familiale

## BAUME THOMAS

*Informations détaillées sur www.monvidal.com*

## BAYPRESS

*Informations détaillées sur www.monvidal.com*

## B CHABRE

*Informations détaillées sur www.monvidal.com*

## BÉAGYNE

*Informations détaillées sur www.monvidal.com*

## BÉBÉGEL

*Informations détaillées sur www.monvidal.com*

## BÉCILAN

*Informations détaillées sur www.monvidal.com*

## BÉCLOJET

Antiasthmatique — sur ordonnance

### Présentation

BÉCLOJET 250 : suspension pour *inhalation* ; flacon pressurisé avec valve doseuse (200 doses). Liste I - Remb 65 % - **Prix : 31,87 €.**

### Composition

| | p dose |
|---|---|
| **Béclométasone dipropionate** | 250 µg |

Les mots en *italique* dans les textes sont expliqués dans le lexique p. 1323.

### Dans quel cas ce médicament est-il prescrit ?

Ce médicament d'action locale contient un *corticoïde* qui possède une activité *anti-inflammatoire* marquée sur les *muqueuses*, notamment celles des bronches.

Il est utilisé dans le *traitement de fond* de l'*asthme*.

**Attention :** Ce médicament d'action lente n'est pas adapté au *traitement de la crise* d'*asthme*.
Une aggravation de l'asthme peut traduire une infection : consultez votre médecin.
Sportif : ce médicament contient une substance susceptible de rendre positifs certains *tests antidopage*.

### Grossesse et allaitement

Les données scientifiques actuellement disponibles n'ont pas mis en évidence de problème particulier lors de l'utilisation de ce médicament pendant la grossesse à la dose préconisée. Néanmoins, ne l'utilisez pas sans avis médical.

La possibilité d'un effet du médicament chez le *nourrisson* est très improbable ; néanmoins, par mesure de prudence, l'allaitement est déconseillé sans avis médical.

### Mode d'emploi et posologie

Retirer le capuchon protecteur pour dégager l'embout buccal. Agiter vigoureusement l'appareil. Vider complètement les poumons. Introduire l'embout dans la bouche. Appuyer sur le fond de la cartouche et aspirer à fond. Essayer de garder l'air dans les poumons quelques secondes avant de les vider.

Grâce au réservoir qui stocke le médicament en suspension pendant quelques secondes, un court délai peut séparer la pression sur la cartouche de l'inspiration. En revanche, il ne faut pas inspirer avant d'avoir appuyé sur la cartouche.

**Posologie usuelle :**

Elle est strictement individuelle ; elle varie selon l'âge et le stade de la maladie. La dose efficace la plus faible est toujours recherchée ; elle est répartie régulièrement en 2 à 4 prises au cours de la journée.

**Conseils :** N'hésitez pas à demander une démonstration du maniement de cet appareil à votre médecin ou à votre pharmacien.
Rincez régulièrement l'embout à l'eau, séchez-le et remettez la cartouche.
Lorsque ce médicament est utilisé conjointement avec un bronchodilatateur, le bronchodilatateur devra être inhalé en premier.
Il est conseillé de se rincer la bouche avec un verre d'eau après chaque inhalation pour limiter le risque de *candidose* ou d'enrouement lié à l'utilisation de ce médicament.
Le flacon est sous pression : maintenez-le à l'abri de la chaleur.

### Effets indésirables possibles

Irritation de la bouche et de la gorge, toux, voix rauque.

*Candidose* de la bouche et de la gorge.

Comme pour tout produit inhalé, la prise de ce médicament peut provoquer une aggravation paradoxale des difficultés respiratoires : dans ce cas, ne poursuivez pas le traitement sans avis médical.

**Laboratoires Chiesi**

## BÉCLOMÉTASONE MERCK

Antiasthmatique — sur ordonnance

### Présentation

**BÉCLOMÉTASONE MERCK 50 µg :** solution pour *inhalation* ; flacon pressurisé avec embout buccal (200 doses). Liste I - Remb 65 % - **Prix : 7,21 €**.

**BÉCLOMÉTASONE MERCK 250 µg :** solution pour *inhalation* ; flacon pressurisé avec embout buccal (200 doses). Liste I - Remb 65 % - **Prix : 29,92 €**.

### Composition

| | p dose | p dose |
|---|---|---|
| **Béclométasone dipropionate** | 50 µg | 250 µg |

### Dans quel cas ce médicament est-il prescrit ?

Ce médicament d'action locale contient un *corticoïde* qui possède une activité *anti-inflammatoire* marquée sur les *muqueuses*, notamment celles des bronches.

Il est utilisé dans le *traitement de fond* de l'*asthme*.

**Attention :** Ce médicament d'action lente n'est pas adapté au *traitement de la crise* d'*asthme*. Une aggravation de l'asthme peut traduire une infection : consultez votre médecin.
Sportif : ce médicament contient une substance susceptible de rendre positifs certains *tests antidopage*.

### Grossesse et allaitement

Les données scientifiques actuellement disponibles n'ont pas mis en évidence de problème particulier lors de l'utilisation de ce médicament pendant la grossesse à la dose préconisée. Néanmoins, ne l'utilisez pas sans avis médical.

La possibilité d'un effet du médicament chez le *nourrisson* est très improbable ; néanmoins, par mesure de prudence, l'allaitement est déconseillé sans avis médical.

### Mode d'emploi et posologie

Pour que l'action du médicament soit optimale, il faut qu'il pénètre profondément dans les poumons. Ceci nécessite de respecter les conseils suivants : après avoir agité le flacon, tenir le fond de la cartouche dirigé vers le haut et expirer à fond pour vider les poumons ; introduire l'embout buccal entre les lèvres puis appuyer sur la cartouche tout en débutant une inspiration profonde par la bouche ; garder l'air en bloquant votre respiration quelques secondes avant de reprendre une respiration normale.

**Posologie usuelle :**

Elle est strictement individuelle ; elle varie selon l'âge et le stade de la maladie. La dose efficace la plus faible est toujours recherchée ; elle est répartie régulièrement en 2 à 4 prises au cours de la journée.

**Conseils :** Lisez attentivement la notice jointe au médicament.
N'hésitez pas à demander une démonstration du maniement de cet appareil à votre médecin ou à votre pharmacien.
L'utilisation de l'*aérosol* doseur chez les enfants et les personnes maîtrisant mal la technique d'inhalation peut être facilitée par l'emploi d'un réservoir en matière plastique (chambre d'inhalation) qui s'interpose entre l'aérosol doseur et la bouche. Demandez conseil à votre pharmacien.

Rincez régulièrement l'embout à l'eau, séchez-le et remettez la cartouche.

Lorsque ce médicament est utilisé conjointement avec un bronchodilatateur, le bronchodilatateur devra être inhalé en premier.

Il est conseillé de se rincer la bouche avec un verre d'eau après chaque inhalation pour limiter le risque de *candidose* ou d'enrouement lié à l'utilisation de ce médicament.

Le flacon est sous pression : maintenez-le à l'abri de la chaleur.

### Effets indésirables possibles

Irritation de la bouche et de la gorge, toux, voix rauque.

Par ailleurs, une *candidose* de la bouche et de la gorge peut apparaître.

Comme pour tout produit inhalé, la prise de ce médicament peut provoquer une aggravation paradoxale des difficultés respiratoires : dans ce cas, ne poursuivez pas le traitement sans avis médical.

Laboratoires Merck génériques

## BÉCLOMÉTASONE TEVA

*Informations détaillées sur www.monvidal.com*

## BÉCLONE

Antiasthmatique — sur ordonnance

### Présentation

**BÉCLONE 250 µg :** suspension pour *inhalation* ; flacon pressurisé avec embout buccal (120 doses). Liste I - Remb 65 % - **Prix : 14,34 €**.

**BÉCLONE 250 µg :** suspension pour *inhalation* ; flacon pressurisé avec embout buccal (200 doses). Liste I - Remb 65 % - **Prix : 23,62 €**.

### Composition

| | p dose |
|---|---|
| **Béclométasone dipropionate** | 250 µg |

### Dans quel cas ce médicament est-il prescrit ?

Ce médicament d'action locale contient un *corticoïde* qui possède une activité *anti-inflammatoire* marquée sur les *muqueuses*, notamment celles des bronches.

Il est utilisé dans le *traitement de fond* de l'*asthme*.

**Attention :** Ce médicament d'action lente n'est pas adapté au *traitement de la crise* d'*asthme*. Une aggravation de l'asthme peut traduire une infection : consultez votre médecin.

Sportif : ce médicament contient une substance susceptible de rendre positifs certains *tests antidopage*.

### Grossesse et allaitement

Les données scientifiques actuellement disponibles n'ont pas mis en évidence de problème particulier lors de l'utilisation de ce médicament pendant la grossesse à la dose préconisée. Néanmoins, ne l'utilisez pas sans avis médical.

La possibilité d'un effet du médicament chez le *nourrisson* est très improbable ; néanmoins, par mesure de prudence, l'allaitement est déconseillé sans avis médical.

### Mode d'emploi et posologie

Pour que l'action du médicament soit optimale, il faut qu'il pénètre profondément dans les poumons. Ceci nécessite de respecter les conseils suivants : après avoir agité le flacon, tenir le fond de la cartouche dirigé vers le haut et expirer à fond pour vider les poumons ; introduire l'embout buccal entre les lèvres puis appuyer sur la cartouche tout en débutant une inspiration profonde par la bouche ; garder l'air en bloquant votre respiration quelques secondes avant de reprendre une respiration normale.

Chaque pression sur la cartouche délivre une dose unique.

**Posologie usuelle :**

Elle est strictement individuelle ; elle varie selon l'âge et le stade de la maladie. La dose efficace la plus faible est toujours recherchée ; elle est répartie régulièrement en 2 à 4 prises au cours de la journée.

**Conseils :** Lisez attentivement la notice jointe au médicament.

N'hésitez pas à demander une démonstration du maniement de cet appareil à votre médecin ou à votre pharmacien.

L'utilisation de l'*aérosol* doseur chez les personnes maîtrisant mal la technique d'inhalation peut être facilitée par l'emploi d'un réservoir en matière plastique (chambre d'inhalation) qui s'interpose entre l'aérosol doseur et la bouche. Demandez conseil à votre pharmacien.

Rincez régulièrement l'embout à l'eau, séchez-le et remettez la cartouche.

Lorsque ce médicament est utilisé conjointement avec un bronchodilatateur, le bronchodilatateur devra être inhalé en premier.

Il est conseillé de se rincer la bouche avec un verre d'eau après chaque inhalation pour limiter le risque de *candidose* ou d'enrouement lié à l'utilisation de ce médicament.

Le flacon est sous pression : maintenez-le à l'abri de la chaleur.

### Effets indésirables possibles

Irritation de la bouche et de la gorge, toux, voix rauque.

Par ailleurs, une *candidose* de la bouche et de la gorge peut apparaître.

Comme pour tout produit inhalé, la prise de ce médicament peut provoquer une aggravation paradoxale des difficultés respiratoires : dans ce cas, ne poursuivez pas le traitement sans avis médical.

Laboratoires Leurquin Mediolanum

## BÉCLO-RHINO

*Informations détaillées sur www.monvidal.com*

## BÉCONASE

Traitement local de la rhinite allergique — sur ordonnance

### Présentation

**BÉCONASE 50 :** suspension nasale ; flacon pulvérisateur avec pompe doseuse (200 doses). Liste I - Remb 35 % - **Prix : 7,59 €**.

### Composition

| | p dose |
|---|---|
| **Béclométasone dipropionate** | 50 µg |
| Benzalkonium chlorure | + |

Les mots en *italique* dans les textes sont expliqués dans le lexique p. 1323.

### Dans quel cas ce médicament est-il prescrit ?

Ce médicament d'usage local contient un *corticoïde* qui possède une activité *anti-inflammatoire* marquée sur les *muqueuses*, notamment celles du nez.

Il est utilisé dans le *traitement de fond* des *rhinites* d'origine allergique (rhume des foins) ou inflammatoire.

### Contre-indications

Ce médicament ne doit pas être utilisé dans les cas suivants :
- saignement de nez,
- *tuberculose* pulmonaire ou *ulcère* de l'estomac et de l'intestin en évolution.

**Attention :** Ce médicament contient un *corticoïde* qui peut, en cas de traitement prolongé, conduire à une fragilisation de la *muqueuse* nasale. Il doit donc être employé avec précaution chez les personnes souffrant d'*ulcérations* nasales ou récemment opérées du nez ou des *sinus*.

Lors du renouvellement du traitement, le médecin peut vérifier l'état de la muqueuse nasale, notamment en cas d'irritation ou de sentiment de sécheresse anormale. Dans de rares cas, des perforations de la cloison nasale ont été observées sous traitement.

En cas de signes d'infection nasale (fièvre, coloration des sécrétions nasales), consultez votre médecin.

Des précautions sont nécessaires en cas de *mycose* pulmonaire.

Sportif : ce médicament contient une substance susceptible de rendre positifs certains *tests antidopage*.

### Grossesse et allaitement

Les études scientifiques actuellement disponibles n'ont pas mis en évidence de risque de malformation lors de l'utilisation de ce médicament pendant la grossesse. Seul votre médecin peut apprécier la nécessité du traitement et son risque pendant la grossesse.

Par mesure de prudence, l'usage de ce médicament est déconseillé, sans avis médical, pendant l'allaitement.

### Mode d'emploi et posologie

Ce médicament doit être inhalé après un mouchage soigneux.

**Posologie usuelle :**

Elle est strictement individuelle et adaptée par votre médecin, qui recherche la *posologie* efficace la plus faible :
- Adulte : 1 pulvérisation dans chaque narine, 4 fois par jour.
- Enfant de 3 à 15 ans : 1 pulvérisation dans chaque narine, 2 à 4 fois par jour.

**Conseils :** Ce médicament d'action lente n'est pas adapté au traitement des *rhinites* aiguës. Un délai de quelques jours est nécessaire pour qu'il soit actif.

Seules les prises régulières et prolongées permettent d'obtenir l'amélioration recherchée.

### Effets indésirables possibles

Irritation locale passagère.

Sécrétions striées de sang en cas d'assèchement rapide du nez, surtout en début de traitement.

**Laboratoires GlaxoSmithKline**

## BÉCOTIDE

Antiasthmatique

**sur ordonnance**

### Présentation

**BÉCOTIDE 250 µg :** solution pour *inhalation* ; flacon pressurisé avec embout buccal (200 doses). Liste I - Remb 65 % - **Prix : 30,20 €**.

### Composition

| | p dose |
|---|---|
| **Béclométasone dipropionate** | 250 µg |

### Dans quel cas ce médicament est-il prescrit ?

Ce médicament d'action locale contient un *corticoïde* qui possède une activité *anti-inflammatoire* marquée sur les *muqueuses*, notamment celles des bronches.

Il est utilisé dans le *traitement de fond* de l'*asthme*.

**Attention :** Ce médicament d'action lente n'est pas adapté au *traitement de la crise* d'*asthme*. Une aggravation de l'asthme peut traduire une infection : consultez votre médecin.

Sportif : ce médicament contient une substance susceptible de rendre positifs certains *tests antidopage*.

### Grossesse et allaitement

Les données scientifiques actuellement disponibles n'ont pas mis en évidence de problème particulier lors de l'utilisation de ce médicament pendant la grossesse à la dose préconisée. Néanmoins, ne l'utilisez pas sans avis médical.

La possibilité d'un effet du médicament chez le *nourrisson* est très improbable ; néanmoins, par mesure de prudence, l'allaitement est déconseillé sans avis médical.

### Mode d'emploi et posologie

Pour que l'action du médicament soit optimale, il faut qu'il pénètre profondément dans les poumons. Ceci nécessite de respecter les conseils suivants : après avoir agité le flacon, tenir le fond de la cartouche dirigé vers le haut et expirer à fond pour vider les poumons ; introduire l'embout buccal entre les lèvres puis appuyer sur la cartouche tout en débutant une inspiration profonde par la bouche ; garder l'air en bloquant votre respiration quelques secondes avant de reprendre une respiration normale.

Chaque pression sur la cartouche délivre une dose unique.

**Posologie usuelle :**

Elle est strictement individuelle ; elle varie selon l'âge et le stade de la maladie. La dose efficace la plus faible est toujours recherchée ; elle est répartie régulièrement en 2 à 4 prises au cours de la journée.

**Conseils :** Lisez attentivement la notice jointe au médicament.

N'hésitez pas à demander une démonstration du maniement de cet appareil à votre médecin ou à votre pharmacien.

L'utilisation de l'*aérosol* doseur chez les personnes maîtrisant mal la technique d'inhalation peut être facilitée par l'emploi d'un réservoir en matière plastique (chambre d'inhalation) qui s'interpose entre l'aérosol doseur et la bouche. Demandez conseil à votre pharmacien.

Rincez régulièrement l'embout à l'eau, séchez-le et remettez la cartouche.

Lorsque ce médicament est utilisé conjointement avec un bronchodilatateur, le bronchodilatateur devra être inhalé en premier.

Il est conseillé de se rincer la bouche avec un verre d'eau après chaque inhalation pour limiter le risque de *candidose* ou d'enrouement lié à l'utilisation de ce médicament.

Le flacon est sous pression : maintenez-le à l'abri de la chaleur.

### Effets indésirables possibles

Irritation de la bouche et de la gorge, toux, voix rauque. Par ailleurs, une *candidose* de la bouche et de la gorge peut apparaître.

Comme pour tout produit inhalé, la prise de ce médicament peut provoquer une aggravation paradoxale des difficultés respiratoires : dans ce cas, ne poursuivez pas le traitement sans avis médical.

**Laboratoires GlaxoSmithKline**

## BÉCOZYME

*Informations détaillées sur www.monvidal.com*

## BEDELIX

Pansement digestif

### Présentation

**BEDELIX :** poudre orale et rectale ; boîte de 30 sachets. Non remb.

**BEDELIX :** poudre orale et rectale ; boîte de 60 sachets. Non remb.

### Composition

| | p sachet |
|---|---|
| **Montmorillonite beidellitique (argile)** ........... | 3 g |
| Gel d'hydroxyde d'aluminium et de carbonate de magnésium codesséchés ....... | + |

### Dans quel cas ce médicament est-il prescrit ?

Ce médicament est un *pansement digestif* à l'argile. Il protège le tube digestif.

Il est utilisé dans le *traitement symptomatique* du *reflux gastro-œsophagien*, des *hernies hiatales*, *colites*, *gastrites*, *ulcères* de l'estomac ou du *duodénum*.

### Contre-indications

Ce médicament ne doit pas être utilisé en cas de maladie comportant un risque d'obstruction du tube digestif.

**Attention :** N'utilisez pas ce médicament de façon prolongée sans l'avis de votre médecin : des examens peuvent être nécessaires si les *symptômes* persistent.

Compte tenu de la présence d'aluminium dans ce médicament, des précautions sont nécessaires chez les *insuffisants rénaux* traités par *dialyse*.

Les personnes souffrant de douleurs d'estomac doivent éviter d'utiliser des médicaments contenant de l'aspirine ou des *AINS* qui augmentent l'acidité de l'estomac. Le paracétamol est en revanche sans danger pour traiter les douleurs ou la fièvre.

### Interactions avec d'autres substances

Ce médicament peut diminuer l'absorption de nombreux médicaments. Un délai d'au moins 2 heures (voire 4 heures avec les *antibiotiques* de la famille des quinolones) doit être respecté entre la prise de ce médicament et celle des autres traitements. Demandez conseil à votre médecin ou à votre pharmacien.

### Grossesse et allaitement

Les substances contenues dans ce médicament sont peu absorbées. Néanmoins, ne l'utilisez pas de façon prolongée pendant la grossesse ou l'allaitement sans l'avis de votre médecin ou de votre pharmacien.

### Mode d'emploi et posologie

Ce médicament est pris de préférence entre les repas ou un peu avant. Il peut être mélangé à de l'eau ou à un aliment semi-liquide tel que compote, bouillie, purée...

Ce médicament peut aussi être utilisé en lavement, en diluant 1 à 3 sachets dans 100 ml d'eau tiède.

**Posologie usuelle :**

- Adulte et enfant de plus de 10 ans : 1 sachet, 3 fois par jour.
- Enfant de 5 à 10 ans : 1 sachet, 2 fois par jour.
- Enfant de 2 à 5 ans : ½ sachet, 2 ou 3 fois par jour.
- Enfant de moins de 2 ans : ½ sachet, 1 ou 2 fois par jour.

Par voie rectale : 1 à 3 lavements par jour.

**Conseils :** Une alimentation équilibrée, une mastication lente, la suppression des aliments difficiles à digérer et des boissons alcoolisées permettent souvent d'atténuer les *symptômes* dus à une *inflammation* de l'estomac, du *duodénum* ou de l'œsophage.

Si vous êtes fumeur, la poursuite du tabagisme est un frein important au traitement : la nicotine augmente l'acidité gastrique et réduit l'efficacité du muscle qui ferme la jonction entre l'œsophage et l'estomac.

**Laboratoires Beaufour Ipsen Pharma**

## BÉFIZAL

Hypolipémiant — sur ordonnance

### Présentation

**BÉFIZAL 200 mg :** comprimé (orangé) ; boîte de 84. Liste II - Remb 65 % - **Prix : 6,86 €**.

**BÉFIZAL LP 400 mg :** comprimé à *libération prolongée* (blanc) ; boîte de 30. Liste II - Remb 65 % - **Prix : 8,13 €**.

**BÉFIZAL LP 400 mg :** comprimé à *libération prolongée* (blanc) ; boîte de 90. Liste II - Remb 65 % - **Prix : 23,31 €**.

### Composition

| | p cp | p cp LP |
|---|---|---|
| **Bézafibrate** ........................... | 200 mg | 400 mg |
| Lactose .................................. | | + |

### Dans quel cas ce médicament est-il prescrit ?

C'est un *hypolipidémiant* qui appartient à la famille des fibrates. Il permet d'abaisser le taux des graisses circulant dans le sang, *cholestérol* et *triglycérides* essentiellement.

Il est utilisé dans le traitement des excès de cholestérol ou de triglycérides, lorsqu'un régime adapté et assidu n'est pas suffisant.

### Contre-indications

Ce médicament ne doit pas être utilisé dans les cas suivants :
- *insuffisance hépatique*,
- *insuffisance rénale* (comprimé à 400 mg),
- en association avec un autre médicament de la même famille (fibrates),
- enfant de moins de 15 ans (comprimé à 400 mg).

**Attention :** Ce médicament peut être toxique pour le foie et les muscles. Signalez à votre médecin toute fatigue anormale, perte d'appétit, douleur ou faiblesse musculaire. Des analyses de sang régulières permettent de vérifier que le médicament est bien supporté.

### Interactions avec d'autres substances

Ce médicament ne doit pas être associé à un autre fibrate : risque accru de douleurs musculaires.

Il peut interagir avec les *hypocholestérolémiants* de la famille des statines.

Informez par ailleurs votre médecin ou votre pharmacien si vous prenez un *anticoagulant* oral.

### Grossesse et allaitement

Ce médicament n'a pas lieu d'être utilisé pendant la grossesse en dehors de situations exceptionnelles (*triglycérides* supérieurs à 10 g/l).

En l'absence de données, l'allaitement est déconseillé.

### Mode d'emploi et posologie

Ce médicament est pris de préférence au cours des repas.

**Posologie usuelle :**
- Adulte : la *posologie* est adaptée par le médecin en fonction des résultats de la prise de sang. Elle est habituellement de 1 comprimé à 200 mg, 3 fois par jour, ou de 1 comprimé à 400 mg par jour.

Le régime reste indispensable pendant toute la durée du traitement.

**Conseils :** Un régime pauvre en *cholestérol* et en graisses animales n'est pas simple à suivre : les erreurs sont fréquentes. Demandez conseil à votre médecin, à votre pharmacien ou à un professionnel de la nutrition.

### Effets indésirables possibles

*Troubles digestifs* : digestion difficile.

Rarement : douleurs musculaires (voir Attention), élévation des *transaminases*, *réaction allergique* cutanée, *photosensibilisation*, maux de tête, *vertiges*, chute de cheveux, troubles de l'érection.

Laboratoires Roche

## BÉFLAVINE

*Informations détaillées sur www.monvidal.com*

## BELARA

*Informations détaillées sur www.monvidal.com*

## BEMEDREX EASYHALER

*Informations détaillées sur www.monvidal.com*

## BÉNÉMIDE

*Informations détaillées sur www.monvidal.com*

## BÉNERVA

*Informations détaillées sur www.monvidal.com*

## BENTOS

*Informations détaillées sur www.monvidal.com*

## BENZODODÉCINIUM CHIBRET

*Informations détaillées sur www.monvidal.com*

## BEPANTHEN crème

Protecteur cutané

### Présentation

BEPANTHEN : crème ; tube de 100 g. Non remb.

### Composition

| | p 100 g |
|---|---|
| **Dexpanthénol (vitamine B5)** | 5 g |
| Lanoline | + |

### Dans quel cas ce médicament est-il prescrit ?

C'est une crème protectrice qui contient de la *vitamine* B5.

Elle est utilisée pour traiter les irritations de la peau.

### Contre-indications

Ce médicament ne doit pas être utilisé dans les cas suivants :
- *allergie* à la lanoline,
- sur des lésions infectées.

### Grossesse et allaitement

Cette crème peut être utilisée pendant la grossesse ou l'allaitement.

### Mode d'emploi et posologie

Nettoyer la région à traiter puis appliquer la crème par un léger massage.

**Posologie usuelle :**
- Adulte : 1 ou plusieurs applications par jour.

### Effets indésirables possibles

*Eczéma* de contact (présence de lanoline).

Laboratoires Bayer santé familiale

## BEPANTHEN pommade

Protecteur cutané

### Présentation

BEPANTHEN : pommade ; tube de 30 g. Non remb.
BEPANTHEN : pommade ; tube de 100 g. Non remb.

### Composition

| | p 100 g |
|---|---|
| **Dexpanthénol (vitamine B5)** | 5 g |
| Lanoline | + |

### Dans quel cas ce médicament est-il prescrit ?

C'est une pommade protectrice et adoucissante qui contient de la *vitamine* B5.

Elle est utilisée pour traiter les irritations de la peau.

### Contre-indications

Ce médicament ne doit pas être utilisé dans les cas suivants :
- *allergie* à la lanoline,
- sur des lésions suintantes ou infectées.

### Grossesse et allaitement

Ce médicament peut être utilisé pendant la grossesse ou l'allaitement.

### Mode d'emploi et posologie

Nettoyer la peau et appliquer la pommade en massant légèrement.

**Posologie usuelle :**
1 ou plusieurs applications par jour.

### Effets indésirables possibles

*Eczéma* de contact (présence de lanoline).

Laboratoires Bayer santé familiale

## BÉPANTHÈNE

Traitement pour cheveux et ongles

### Présentation

BÉPANTHÈNE : comprimé (blanc) ; boîte de 20. Non remb.
BÉPANTHÈNE : comprimé (blanc) ; boîte de 60. Non remb.
BÉPANTHÈNE : solution injectable *IM* ; boîte de 6 ampoules de 2 ml. Non remb.

### Composition

| | p cp | p amp inj |
|---|---|---|
| **Dexpanthénol (vitamine B5)** | 100 mg | 500 mg |

### Dans quel cas ce médicament est-il prescrit ?

Ce médicament contient de la *vitamine* B5, substance indispensable au *métabolisme*. Elle intervient notamment dans le renouvellement des ongles, des poils et des cheveux.
Il est utilisé dans le *traitement d'appoint* de la chute des cheveux.

### Grossesse et allaitement

Ce médicament ne contient aucune substance connue pour être toxique pendant la grossesse ou l'allaitement. Néanmoins, ne l'utilisez pas de façon prolongée sans l'avis de votre pharmacien ou de votre médecin.

### Mode d'emploi et posologie

Les comprimés doivent être avalés avec un verre d'eau. La solution injectable est administrée par *voie intramusculaire.*

**Posologie usuelle :**
- Adulte : 3 comprimés par jour ou 1 injection de 1 ou 2 ampoules, 3 fois par semaine, pendant 6 semaines.

### Effets indésirables possibles

Rarement : *éruption cutanée.*
*Réaction allergique* (solution injectable).

Laboratoires Bayer santé familiale

## BERBERIS COMPLEXE N° 83

*Informations détaillées sur www.monvidal.com*

## BEROCCA

Vitamines et éléments minéraux

### Présentation

BEROCCA : comprimé effervescent (arôme orange) ; boîte de 15. Non remb.
BEROCCA : comprimé effervescent (arôme orange) ; boîte de 30. Non remb.
BEROCCA : comprimé ; boîte de 30. Non remb.

### Composition

| | p cp efferv | p cp |
|---|---|---|
| **Thiamine (vitamine B1)** | 15 mg | 14,6 mg |
| **Riboflavine (vitamine B2)** | 15 mg | 15 mg |
| **Acide pantothénique (vitamine B5)** | 23 mg | 23 mg |
| **Pyridoxine (vitamine B6)** | 10 mg | 10 mg |
| **Cyanocobalamine (vitamine B12)** | 10 µg | 10 µg |
| **Acide ascorbique (vitamine C)** | 500 mg | 500 mg |
| **Biotine (vitamine B8)** | 0,15 mg | 0,15 mg |
| **Nicotinamide (vitamine PP)** | 50 mg | 50 mg |
| **Acide folique (vitamine B9)** | 0,4 mg | 0,4 mg |
| **Calcium carbonate** | 97,7 mg | 97,7 mg |
| **Calcium pantothénate** | 2,3 mg | 2,3 mg |
| **Magnésium carbonate lourd** | 49 mg | 30,6 mg |
| **Magnésium oxyde léger** | | 69,4 mg |
| **Magnésium sulfate** | 51 mg | |
| **Zinc citrate** | 10 mg | 10 mg |
| Sodium | 263 mg | |
| Lactose | | + |
| Aspartam | + | |

### Dans quel cas ce médicament est-il prescrit ?

Ce médicament est une association de *vitamines* et de sels minéraux.
Il est utilisé dans la prévention ou la correction des troubles dus à une alimentation carencée ou déséquilibrée chez l'adulte.

### Contre-indications

Ce médicament ne doit pas être utilisé dans les cas suivants :
- *insuffisance rénale* grave,
- excès de calcium dans le sang ou dans les urines, avec ou sans *lithiase,*
- *phénylcétonurie* (comprimés effervescents : présence d'aspartam).

**Attention :** La *vitamine* C est dégradée dans l'organisme en acide oxalique, pouvant favoriser la formation de calculs dans les *voies* urinaires. Ne prenez pas de dose importante de vitamine C pendant une longue durée sans avis médical.
Les comprimés effervescents contiennent du *sel* (*sodium*) en quantité notable.

### Interactions avec d'autres substances

En raison de la présence de calcium, respectez un intervalle d'au moins 2 heures (voire 3 heures) entre la prise de ce médicament et celle des *cyclines*, des diphosphonates ou des médicaments contenant du fer.
Informez par ailleurs votre pharmacien ou votre médecin si vous prenez des *digitaliques* ou des *diurétiques.*

### Grossesse et allaitement

Ce médicament ne contient que des substances présumées sans danger pendant la grossesse ou l'allaitement. Néanmoins, ne l'utilisez pas de façon prolongée sans l'avis de votre pharmacien ou de votre médecin.

**Mode d'emploi et posologie**

Les comprimés effervescents doivent être dissous dans un verre d'eau.

Les comprimés doivent être avalés avec un verre d'eau.

**Posologie usuelle :**

- Adulte : 1 comprimé, 1 ou 2 fois par jour.

**Conseils :** Une alimentation équilibrée et diversifiée apporte habituellement des quantités suffisantes de *vitamines* et de sels minéraux. L'usage prolongé de vitamines ne se justifie pas sans avis médical.

Une prise quotidienne supérieure à 2 g de vitamine C peut modifier certaines analyses de sang.

Sous traitement, la coloration jaune foncé des urines est normale : elle est due à la vitamine B2.

**Effets indésirables possibles**

Intolérance digestive.

Laboratoires Bayer santé familiale

## BÊTA-ADALATE

*Informations détaillées sur www.monvidal.com*

## BÉTADINE bain de bouche

*Informations détaillées sur www.monvidal.com*

## BÉTADINE DERMIQUE solution et compresse imprégnée

Antiseptique local

**Présentation**

BÉTADINE DERMIQUE 10 % : solution pour application locale ; flacon de 125 ml. Remb 35 % - **Prix : 2,44 €.**
BÉTADINE DERMIQUE 10 % : solution pour application locale ; 10 unidoses de 5 ml. Non remb.
BÉTADINE 350 mg : compresse imprégnée ; boîte de 6 sachets (3,5 cm x 5 cm). Non remb.

**Composition**

| | p 100 ml | p compresse |
|---|---|---|
| Polyvidone iodée | 10 g | 350 mg |

**Dans quel cas ce médicament est-il prescrit ?**

Ce médicament est un *antiseptique* local qui contient de l'iode.

Il est utilisé pour l'*antisepsie* de la peau, des plaies et des brûlures superficielles peu étendues, et dans le *traitement d'appoint* des infections de la peau et des *muqueuses*.

**Contre-indications**

Ce médicament ne doit pas être utilisé dans les cas suivants :

- *antécédent* d'*allergie* ou d'*intolérance* à l'iode,
- désinfection du matériel médicochirurgical (voir Attention),
- *nouveau-né* (de moins de 1 mois),
- **grossesse** (à partir du 4e mois en cas d'utilisation prolongée),
- **allaitement** en cas de traitement prolongé.

**Attention :** Évitez l'usage prolongé de ce médicament, notamment chez l'enfant, sur les *muqueuses* et sur des surfaces étendues ou profondément lésées, sans l'avis de votre médecin : risque de passage de l'iode dans le sang, susceptible d'entraîner une perturbation du fonctionnement de la *thyroïde*.

Par mesure de prudence, chez le *nourrisson*, procédez à des applications brèves et peu étendues, suivies d'un lavage à l'eau bouillie. Par ailleurs, ce médicament est contre-indiqué chez le *nouveau-né*.

Cet *antiseptique* ne convient pas pour la désinfection des ciseaux, rasoirs et autres objets potentiellement contaminants.

**Interactions avec d'autres substances**

L'association à d'autres *antiseptiques* est déconseillée : risque d'annulation de leurs effets ou de formation de substances caustiques (notamment avec les antiseptiques mercuriels).

**Grossesse et allaitement**

Ce médicament contient de l'iode, susceptible de passer dans le sang de la femme enceinte ou dans le lait de celle qui allaite et de perturber le fonctionnement de la glande *thyroïde* de son enfant. Ce risque, théorique, n'est à prendre en compte qu'en cas d'utilisation prolongée.

Dans le doute, n'utilisez pas ce médicament plus de quelques jours sans avis médical et ne l'appliquez pas sur le mamelon si vous allaitez.

**Mode d'emploi et posologie**

La solution s'emploie pure ou diluée (1 volume de solution pour 9 volumes d'eau ou de *sérum physiologique* stérile).

La compresse s'utilise en application ou en tamponnement.

En cas de plaie souillée, un nettoyage préalable suivi d'un rinçage soigneux est indispensable.

**Conseils :** Le simple lavage à l'eau et au savon permet d'éliminer la majorité des *germes* : il doit être suivi d'un rinçage soigneux car le savon peut inactiver certains *antiseptiques*.

Tous les antiseptiques peuvent être contaminés par des germes : ne les conservez pas trop longtemps.

La coloration brune de la peau due au médicament s'élimine à l'eau ; de même, les taches sur les vêtements disparaissent après lavage.

**Effets indésirables possibles**

Irritation cutanée, *eczéma* de contact.

En cas d'emploi prolongé : perturbation du fonctionnement de la glande *thyroïde*.

Laboratoires Meda Pharma SAS

## BÉTADINE gel et pansement médicamenteux

Antiseptique local

**Présentation**

BÉTADINE 10 % : gel pour application cutanée ; tube de 30 g. Non remb.
BÉTADINE TULLE 10 % : pansement médicamenteux (compresse de gaze hydrophile imprégnée de gel) ; boîte de 5. Non remb.
BÉTADINE TULLE 10 % : pansement médicamenteux (compresse de gaze hydrophile imprégnée de gel) ; boîte de 10. Non remb.

**Composition**

| | p 100 g | p pansement |
|---|---|---|
| Polyvidone iodée | 10 g | 300 mg |

### Dans quel cas ce médicament est-il prescrit ?

Ce médicament est un *antiseptique* local qui contient de l'iode.

Il est utilisé pour l'*antisepsie* des plaies et des brûlures superficielles peu étendues, et dans le *traitement d'appoint* des infections de la peau et des *muqueuses*.

### Contre-indications

Ce médicament ne doit pas être utilisé dans les cas suivants :
- *antécédent* d'*allergie* ou d'*intolérance* à l'iode,
- *nouveau-né* (de moins de 1 mois),
- **grossesse** (à partir du 4e mois, en cas d'utilisation prolongée),
- **allaitement**, en cas de traitement prolongé.

**Attention :** Évitez l'usage prolongé de ce médicament, notamment chez l'enfant, sur les *muqueuses* et sur des surfaces étendues ou profondément lésées, sans l'avis de votre médecin : risque de passage d'iode dans le sang, susceptible d'entraîner une perturbation du fonctionnement de la *thyroïde*.
Par mesure de prudence, chez le *nourrisson*, procédez à des applications brèves et peu étendues suivies d'un lavage à l'eau bouillie. Par ailleurs, ce médicament est contre-indiqué chez le *nouveau-né*.

### Interactions avec d'autres substances

L'association à d'autres *antiseptiques* est déconseillée : risque d'annulation de leurs effets ou de formation de substances caustiques (notamment avec les antiseptiques mercuriels).

### Grossesse et allaitement

Ce médicament contient de l'iode, susceptible de passer dans le sang de la femme enceinte ou dans le lait de celle qui allaite et de perturber le fonctionnement de la glande *thyroïde* de son enfant. Ce risque, théorique, n'est à prendre en compte qu'en cas d'utilisation prolongée.

Dans le doute, n'utilisez pas ce médicament plus de quelques jours sans avis médical et ne l'appliquez pas sur le mamelon si vous allaitez.

### Mode d'emploi et posologie

En cas de plaie souillée, un nettoyage préalable suivi d'un rinçage soigneux est indispensable.

Le gel est appliqué directement sur la plaie ; il peut être recouvert éventuellement d'un pansement.

Le pansement médicamenteux est appliqué sur la plaie puis recouvert d'une compresse de gaze et maintenu par un bandage. Il est changé tous les jours ou tous les 2 jours.

**Conseils :** Le simple lavage à l'eau et au savon permet d'éliminer la majorité des *germes* : il doit être suivi d'un rinçage soigneux car le savon peut inactiver certains *antiseptiques*.
Tous les antiseptiques peuvent être contaminés par des germes : ne les conservez pas inutilement.
La coloration brune de la peau due au médicament s'élimine à l'eau ; de même, les taches sur les vêtements disparaissent après lavage.

### Effets indésirables possibles

Irritation cutanée, *eczéma* de contact.

En cas d'emploi prolongé : perturbation du fonctionnement de la glande *thyroïde*.

**Laboratoires Meda Pharma SAS**

## BÉTADINE gynécologique

Antiseptique local

### Présentation

**BÉTADINE :** ovule ; boîte de 8. Non remb.
**BÉTADINE :** solution vaginale (brun) ; flacon de 125 ml. Non remb.

### Composition

| | p ovule | p 100 ml |
|---|---|---|
| **Polyvidone iodée** | 250 mg | 10 g |
| soit Iode | 25 mg | 1 g |

### Dans quel cas ce médicament est-il prescrit ?

Ce médicament est un *antiseptique* d'usage local qui contient de l'iode.

Il est utilisé dans le *traitement d'appoint* des infections vaginales.

### Contre-indications

Ce médicament ne doit pas être utilisé dans les cas suivants :
- *antécédent* d'*allergie* ou d'*intolérance* à l'iode,
- **grossesse** (à partir du 4e mois, en cas d'utilisation prolongée),
- **allaitement** en cas de traitement prolongé.

**Attention :** N'utilisez pas ce médicament de façon prolongée sans avis médical : risque de passage de l'iode dans le sang, qui pourrait entraîner une perturbation du fonctionnement de la *thyroïde*.
Le médecin prescrit parfois un prélèvement pour identifier le *germe* responsable de l'infection et tester sa sensibilité aux *antibiotiques* ; le résultat de cet examen peut être faussé en cas d'automédication : prévenez votre médecin si vous avez pris ce médicament.
En cas d'infection génitale, votre partenaire peut être contaminé alors qu'il ne présente aucun *symptôme*. S'il n'est pas traité conjointement, une recontamination est possible.

### Interactions avec d'autres substances

Ce médicament peut interagir avec :
- les spermicides : annulation de l'effet *contraceptif* local ;
- les *antiseptiques* : annulation de leurs effets ou formation de substances caustiques avec les antiseptiques mercuriels.

### Grossesse et allaitement

Ce médicament contient de l'iode, susceptible de passer dans le sang de la femme enceinte ou dans le lait de celle qui allaite et de perturber le fonctionnement de la glande *thyroïde* de son enfant. Ce risque, théorique, n'est à prendre en compte qu'en cas d'utilisation prolongée.

Dans le doute, n'utilisez pas ce médicament plus de quelques jours sans avis médical.

**Mode d'emploi et posologie**

Ovule : il est mis en place au fond du vagin, de préférence le soir au coucher. Il peut être utilisé après une irrigation avec la solution vaginale.

Solution vaginale : en badigeonnage externe ou interne, elle est utilisée pure et appliquée à l'aide d'une compresse ; en *irrigation vaginale*, elle doit être diluée (2 cuillères à soupe par litre d'eau tiède). Ne pas conserver l'excédent de solution diluée.

**Posologie usuelle :**

- Adulte :
  - Ovule : 1 par jour, pendant 8 à 16 jours.
  - Solution vaginale : 1 ou 2 irrigations vaginales ou badigeonnages par jour.

**Conseils :** Introduisez l'ovule en position couchée, puis restez allongée pendant 5 à 10 minutes. En fondant dans le vagin, l'ovule peut être à l'origine d'un écoulement gênant : il est conseillé de mettre une protection.

Les taches dues au médicament disparaissent après lavage.

Pendant les règles, n'interrompez pas le traitement et évitez de porter des tampons.

**Effets indésirables possibles**

*Réaction allergique*, irritation locale.

En cas d'utilisation prolongée : perturbation du fonctionnement de la glande *thyroïde*.

Laboratoires Meda Pharma SAS

## BÉTADINE SCRUB

Antiseptique local

**Présentation**

**BÉTADINE SCRUB :** solution moussante pour application cutanée ; flacon de 125 ml. Remb 35 % - **Prix : 2,23 €.**

**Composition**

| | p 100 ml |
|---|---|
| **Polyvidone iodée** | 4 g |
| Agent moussant | + |

**Dans quel cas ce médicament est-il prescrit ?**

Ce médicament est un *antiseptique* local qui contient de l'iode et un agent moussant détergent.

Il est utilisé pour nettoyer la peau et les *muqueuses* et pour assurer l'*antisepsie* des lésions infectées ou exposées à un risque d'infection.

**Contre-indications**

Ce médicament ne doit pas être utilisé dans les cas suivants :

- *antécédent* d'*allergie* ou d'*intolérance* à l'iode,
- pour désinfecter le matériel médico-chirurgical (voir Attention),
- *nouveau-né* (de moins de 1 mois),
- **grossesse** (à partir du 4e mois, en cas d'utilisation prolongée),
- **allaitement** en cas de traitement prolongé.

**Attention :** Évitez l'usage prolongé de ce médicament, notamment chez l'enfant, sur les *muqueuses* et sur des surfaces étendues ou profondément lésées, sans l'avis de votre médecin : risque de passage de l'iode dans le sang, susceptible d'entraîner une perturbation du fonctionnement de la *thyroïde*.

Par mesure de prudence, chez le *nourrisson*, procédez à des applications brèves et peu étendues, suivies d'un lavage à l'eau bouillie. Par ailleurs, ce médicament est contre-indiqué chez le *nouveau-né*.

Cet *antiseptique* ne convient pas pour la désinfection des ciseaux, rasoirs et autres objets potentiellement contaminants.

**Interactions avec d'autres substances**

L'association à d'autres *antiseptiques* est déconseillée : risque d'annulation de leurs effets ou de formation de substances caustiques (notamment avec les antiseptiques mercuriels).

**Grossesse et allaitement**

Ce médicament contient de l'iode, susceptible de passer dans le sang de la femme enceinte ou dans le lait de celle qui allaite et de perturber le fonctionnement de la glande *thyroïde* de son enfant. Ce risque, théorique, n'est à prendre en compte qu'en cas d'utilisation prolongée.

Dans le doute, n'utilisez pas ce médicament plus de quelques jours sans avis médical et ne l'appliquez pas sur le mamelon si vous allaitez.

**Mode d'emploi et posologie**

La solution s'emploie pure ou diluée (1 volume de solution pour 2 volumes d'eau).

**Posologie usuelle :**

Lavage des mains : frotter avec la solution pure pendant quelques minutes, puis rincer abondamment à l'eau.

Nettoyage des plaies souillées : savonner avec la solution diluée au 1/3, puis rincer.

**Conseils :** Le simple lavage à l'eau et au savon permet d'éliminer la majorité des *germes* : il doit être suivi d'un rinçage soigneux car le savon peut inactiver certains *antiseptiques*.

Tous les antiseptiques peuvent être contaminés par des germes : une fois ouvert, le flacon ne doit pas être conservé trop longtemps.

Les taches sur les vêtements dues au médicament disparaissent après lavage.

**Effets indésirables possibles**

*Eczéma* de contact.

Allergie.

En cas d'emploi prolongé : perturbation du fonctionnement de la glande *thyroïde*.

Laboratoires Meda Pharma SAS

## BETAFERON

*Informations détaillées sur www.monvidal.com*

## BÉTAGAN

*Informations détaillées sur www.monvidal.com*

## BÉTAHISTINE ARROW

Antivertigineux — sur ordonnance

Ce médicament est un générique de SERC (voir p. 932 et tableau p. 1151).

## BÉTAHISTINE BIOGARAN
Antivertigineux — sur ordonnance

Ce médicament est un générique de SERC (voir p. 932 et tableau p. 1151).

## BÉTAHISTINE BIPHAR
Antivertigineux — sur ordonnance

Ce médicament est un générique de SERC (voir p. 932 et tableau p. 1151).

## BÉTAHISTINE EG
Antivertigineux — sur ordonnance

Ce médicament est un générique de SERC (voir p. 932 et tableau p. 1151).

## BÉTAHISTINE G GAM
Antivertigineux — sur ordonnance

Ce médicament est un générique de SERC (voir p. 932 et tableau p. 1151).

## BÉTAHISTINE IVAX
Antivertigineux — sur ordonnance

Ce médicament est un générique de SERC (voir p. 932 et tableau p. 1151).

## BÉTAHISTINE MERCK
Antivertigineux — sur ordonnance

Ce médicament est un générique de SERC (voir p. 932 et tableau p. 1151).

## BÉTAHISTINE QUALIMED
Antivertigineux — sur ordonnance

Ce médicament est un générique de SERC (voir p. 932 et tableau p. 1151).

## BÉTAHISTINE RATIOPHARM
Antivertigineux — sur ordonnance

Ce médicament est un générique de SERC (voir p. 932 et tableau p. 1151).

## BÉTAHISTINE RPG
Antivertigineux — sur ordonnance

Ce médicament est un générique de SERC (voir p. 932 et tableau p. 1151).

## BÉTAHISTINE SANDOZ
Antivertigineux — sur ordonnance

Ce médicament est un générique de SERC (voir p. 932 et tableau p. 1151).

## BÉTAHISTINE TEVA
Antivertigineux — sur ordonnance

Ce médicament est un générique de SERC (voir p. 932 et tableau p. 1151).

## BÉTAHISTINE WINTHROP
Antivertigineux — sur ordonnance

Ce médicament est un générique de SERC (voir p. 932 et tableau p. 1151).

## BÉTAHISTINE ZYDUS
Antivertigineux — sur ordonnance

Ce médicament est un générique de SERC (voir p. 932 et tableau p. 1151).

**BÉTANOL**

*Informations détaillées sur www.monvidal.com*

**BÉTASÉLEN**

*Informations détaillées sur www.monvidal.com*

## BETASEPTIC dermique
Antiseptique local

Ce médicament est un générique de BÉTADINE DERMIQUE (voir p. 146 et tableau p. 1151).

## BETASERC
Antivertigineux — sur ordonnance

### Présentation
BETASERC : comprimé ; boîte de 60. Liste I - Remb 35 % - **Prix : 13,41 €**.

### Composition
| | p cp |
|---|---|
| **Bétahistine dichlorhydrate** | 24 mg |

### Dans quel cas ce médicament est-il prescrit ?
Ce médicament est un antivertigineux chimiquement proche de l'*histamine*.

Il est utilisé dans le *traitement symptomatique* des *vertiges*.

### Contre-indications
Ce médicament ne doit pas être utilisé dans les cas suivants :
- *ulcère* de l'estomac ou du *duodénum*,
- *phéochromocytome*.

**Attention :** Des précautions sont nécessaires en cas d'*asthme*.

### Grossesse et allaitement

L'effet de ce médicament sur l'enfant à naître est mal connu. Par mesure de prudence, son usage est déconseillé pendant la grossesse.

Les données actuellement disponibles ne permettent pas de savoir si ce médicament passe dans le lait maternel : ne l'utilisez pas pendant l'allaitement sans avis médical.

### Mode d'emploi et posologie

Les comprimés doivent être avalés sans être croqués, avec un verre d'eau, de préférence au cours des repas.

**Posologie usuelle :**

1 comprimé, 2 fois par jour.

### Effets indésirables possibles

Le plus fréquemment : douleurs d'estomac, nausées, vomissements, bouche sèche, diarrhée.

Rarement : maux de tête, fatigue, somnolence, *réaction allergique*.

Exceptionnellement : augmentation des *transaminases*, diminution du nombre de *plaquettes*.

**Laboratoires Solvay Pharma**

## BETATOP

Bêtabloquant

sur ordonnance

Ce médicament est un générique de TENORMINE (voir p. 1007 et tableau p. 1151).

## BETNESALIC

*Informations détaillées sur www.monvidal.com*

## BETNESOL comprimé

*Informations détaillées sur www.monvidal.com*

## BETNESOL injectable

*Informations détaillées sur www.monvidal.com*

## BETNESOL solution rectale

Traitement des rectocolites

sur ordonnance

### Présentation

BETNESOL : solution rectale ; poche de 100 ml avec canule. Liste I - Remb 65 % - **Prix : 3,24 €.**

### Composition

| | p poche |
|---|---|
| **Bétaméthasone** | 5 mg |

### Dans quel cas ce médicament est-il prescrit ?

Cette solution rectale contient un *corticoïde* de synthèse qui a une action *anti-inflammatoire* sur la *muqueuse* du rectum et du côlon.

Elle est utilisée pour traiter la *rectocolite hémorragique* et la maladie de *Crohn*.

### Contre-indications

Ce médicament ne doit pas être utilisé dans les cas suivants :

- infection bactérienne ou parasitaire non contrôlée par un traitement adapté ;
- maladies virales en évolution, en particulier *herpès* et *zona* de l'œil ;
- *ulcère* de l'estomac ou du *duodénum* en évolution ;
- maladie grave du foie ;
- *goutte* ;
- *psychose*.

**Attention :** Des précautions sont nécessaires en cas de *diabète*.

La prise prolongée d'un *corticoïde* diminue les défenses immunitaires : la vaccination avec un *vaccin* contenant des *germes* vivants atténués ne peut être pratiquée qu'avec l'accord de votre médecin. Vous devez également éviter le contact avec des personnes atteintes de varicelle ou de rougeole.

Sportif : ce médicament contient une substance susceptible de rendre positifs certains *tests antidopage*.

### Interactions avec d'autres substances

Ce médicament peut interagir avec les médicaments qui donnent des *torsades de pointes*.

Informez par ailleurs votre médecin si vous prenez :

- un médicament susceptible de faire baisser la *kaliémie* (amphotéricine B, certains *diurétiques*, *laxatifs stimulants*) ;
- un *antihypertenseur* ;
- un *antidiabétique* ;
- un *digitalique* ;
- un *anticoagulant* ;
- de l'aspirine ou un *AINS* ;
- un médicament *inducteur enzymatique* ou un médicament contenant de l'isoniazide.

En cas de vaccination, l'utilisation d'un *vaccin* vivant est déconseillée.

### Grossesse et allaitement

Les études actuellement disponibles n'ont pas mis en évidence de problème particulier lors de l'utilisation de ce médicament pendant la grossesse. Seul votre médecin peut évaluer le risque éventuel de son utilisation dans votre cas.

Il peut être nécessaire d'interrompre l'allaitement : prenez l'avis de votre médecin.

### Mode d'emploi et posologie

Faire le lavement de préférence le soir au lit afin de le garder le plus longtemps possible.

Lubrifier la canule avec de la vaseline puis, couché sur le côté, l'introduire jusqu'à la moitié de sa longueur dans le rectum.

Enrouler progressivement la poche, afin que son contenu passe en 1 à 2 minutes dans le rectum. Cette manœuvre terminée, s'allonger sur le ventre pendant 3 à 5 minutes avant de prendre sa position d'endormissement.

**Posologie usuelle :**

1 lavement par jour pendant 15 à 20 jours, puis, en *traitement d'entretien*, 4 à 6 lavements par mois.

**Conseils :** Conservez ce médicament à l'abri de la lumière.

N'hésitez pas à demander des informations précises sur le mode d'emploi de ce lavement à votre pharmacien ou à votre médecin.

### Effets indésirables possibles

Surtout en cas d'usage prolongé ou à forte dose : fatigue persistante, faiblesse musculaire, prise de poids, *hypertrichose*. Ces effets indésirables doivent vous amener à consulter votre médecin.

**Laboratoires Sigma-Tau**

## BETNEVAL
Dermocorticoïde — sur ordonnance

### Présentation
BETNEVAL : crème ; tube de 10 g. Liste I - Remb 65 % - **Prix : 1,81 €**.
BETNEVAL : crème ; tube de 30 g. Liste I - Remb 65 % - **Prix : 2,81 €**.
BETNEVAL : pommade ; tube de 10 g. Liste I - Remb 65 % - **Prix : 1,81 €**.
BETNEVAL : pommade ; tube de 30 g. Liste I - Remb 65 % - **Prix : 2,78 €**.
BETNEVAL lotion : émulsion pour application locale ; flacon compte-gouttes de 15 g. Liste I - Remb 65 % - **Prix : 2,20 €**.

### Composition

| | p 100 g |
|---|---|
| **Bétaméthasone** | 100 mg |

### Dans quel cas ce médicament est-il prescrit ?
C'est un *dermocorticoïde* d'activité forte. Comme les autres dérivés de la *cortisone* à usage local, il freine le renouvellement et la multiplication des cellules de la peau et limite le suintement.
Il est utilisé pour traiter les *eczémas* de contact ou *atopiques*, les *lichénifications*, les *dermites séborrhéiques* (sauf celles du visage), le *psoriasis*, le *prurigo*, la *dyshidrose*, et pour soulager les démangeaisons dues aux piqûres d'insectes ou à la présence de parasites sous la peau.
Il est également utilisé dans le traitement de certaines maladies rares : *granulome annulaire*, *lupus érythémateux* discoïde, *mycosis fongoïde*.

### Contre-indications
Ce médicament ne doit pas être utilisé dans les cas suivants :
- infection et parasitose non traitées de la peau (ce médicament n'a pas d'effet anti-infectieux),
- lésion ulcérée,
- *acné* et *rosacée*,
- en application sur les paupières (risque d'augmentation de la *tension intraoculaire*).

**Attention :** Sauf indication contraire de votre médecin, n'appliquez jamais de *dermocorticoïdes* d'activité forte ou très forte :
- sur le visage : risque majoré d'effets indésirables locaux, notamment de *dermite périorale* (rougeur autour de la bouche) ;
- chez le *nourrisson*.

Comme les autres dermocorticoïdes, ce médicament a souvent une action efficace et rapide sur les lésions de la peau ; il peut être tentant de le réutiliser, mais l'automédication expose à des risques importants : aggravation de certaines lésions, installation d'une *dépendance* (amélioration de moins en moins visible des lésions et recrudescence des *symptômes* à chaque arrêt de traitement) et altération durable de la peau.
Suivez attentivement la prescription de votre médecin et n'hésitez pas à lui demander des explications.

### Grossesse et allaitement
Aucun effet néfaste pour l'enfant à naître n'a été établi avec ce médicament. Il peut être prescrit pendant la grossesse.
En raison du risque d'ingestion par le nouveau-né, ce médicament ne doit pas être appliqué sur le mamelon chez la femme qui allaite.

### Mode d'emploi et posologie
La crème est adaptée au traitement des lésions suintantes, la pommade à celui des lésions sèches, la lotion à celui du cuir chevelu.
Étaler la crème ou la pommade sur les lésions et la faire pénétrer par un léger massage. Pour traiter des surfaces étendues : appliquer en touches espacées, puis étaler jusqu'à complète absorption. Dans le traitement des affections du cuir chevelu, la lotion est appliquée raie par raie.

**Posologie usuelle :**
1 ou 2 applications par jour.
Le médecin prescrit fréquemment un arrêt progressif du traitement : espacement des applications ou diminution de la quantité appliquée.

**Conseils :** Ne conseillez pas, ne donnez pas ce médicament à un proche.
Pensez à vous laver les mains après l'application.
En cas d'utilisation sur une grande surface de peau, le port d'un gant en plastique est recommandé.

### Effets indésirables possibles
Irritation locale (lotion).
Sont à craindre en cas d'usage prolongé : *atrophie* cutanée, *télangiectasies* (dilatation des petits vaisseaux), vergetures, *purpura* (microhémorragies de la peau), fragilisation de la peau.
Appliqué sur le visage, ce médicament peut provoquer une *dermite périorale* ou provoquer ou aggraver une *rosacée*.
Sont possibles également : retard de cicatrisation, *acné*, développement anormal des poils, dépigmentation localisée de la peau.
L'utilisation des *dermocorticoïdes* sous un pansement étanche ou dans les plis peut favoriser la prolifération des bactéries ou une allergie cutanée. Consulter votre médecin en cas de rougeur ou de douleur apparue après le début du traitement.

Laboratoires GlaxoSmithKline

## BETOPTIC
Antiglaucomateux — sur ordonnance

### Présentation
BETOPTIC 0,25 % : collyre ; flacon compte-gouttes de 3 ml. Liste I - Remb 65 % - **Prix : 5,01 €**.
BETOPTIC 0,25 % : collyre ; boîte de 20 flacons unidoses de 0,25 ml. Liste I - Non remb.
BETOPTIC 0,25 % : collyre ; boîte de 60 flacons unidoses de 0,25 ml. Liste I - Remb 65 % - **Prix : 9,77 €**.
BETOPTIC 0,5 % : collyre ; flacon compte-gouttes de 3 ml. Liste I - Remb 65 % - **Prix : 5,01 €**.

### Composition

| | p 100 ml | p 100 ml | p 100 ml |
|---|---|---|---|
| **Bétaxolol** | 250 mg | 250 mg | 500 mg |
| Benzalkonium chlorure | + | | + |

### Dans quel cas ce médicament est-il prescrit ?
Ce collyre contient un *bêtabloquant* qui diminue la pression des liquides contenus dans l'œil (*tension intraoculaire*).

Il est utilisé dans le traitement des maladies dues à un excès de tension intraoculaire, notamment le *glaucome* à angle ouvert.

### Contre-indications

Compte tenu de l'absorption du collyre par l'œil et du passage du *bêtabloquant* dans le sang, ce médicament ne doit pas être utilisé dans les cas suivants :
- *insuffisance cardiaque* grave (sauf si elle est stabilisée par un traitement spécifique),
- *bloc auriculoventriculaire* grave,
- rythme cardiaque inférieur à 50 battements par minute,
- *antécédent* de *choc anaphylactique*,
- en association avec la floctafénine ou le sultopride.

**Attention :** Des précautions sont nécessaires en cas d'*asthme*, de *bronchite chronique* grave, de maladie ou syndrome de *Raynaud*, ou d'*insuffisance cardiaque*.

Les flacons de 3 ml contiennent un conservateur (benzalkonium) qui appartient à la famille des *ammoniums quaternaires*. Signalez à votre médecin tout *antécédent* d'*allergie* à cette famille d'*antiseptiques*.

Le port de *lentilles de contact* est déconseillé pendant le traitement en raison du risque de sécheresse de l'œil.

Chez les diabétiques, les *bêtabloquants* peuvent masquer certains *symptômes* de l'*hypoglycémie* (*palpitations* et accélération du cœur essentiellement).

Les bêtabloquants aggravent les symptômes des *chocs* allergiques et nuisent à l'efficacité de l'*adrénaline* utilisée pour les traiter en urgence. Signalez à votre médecin tout antécédent de choc allergique, même ancien.

Les personnes souffrant d'*angine de poitrine* ou d'*insuffisance coronarienne* ne doivent pas arrêter brutalement le traitement. Un avis médical est nécessaire.

En cas d'intervention chirurgicale, prévenez l'anesthésiste que vous suivez ce traitement.

Compte-tenu de la possibilité d'effets indésirables visuels, ce collyre peut, chez certaines personnes, constituer un risque pour la conduite automobile ou le maniement de machines dangereuses. Assurez-vous à l'occasion des premières utilisations que vous supportez bien ce collyre avant de reprendre la pratique d'une activité à risque.

Sportif : ce médicament contient une substance susceptible de rendre positifs certains *tests antidopage*.

### Interactions avec d'autres substances

Autres collyres :

Ce collyre peut interagir avec d'autres collyres, notamment ceux qui contiennent de l'*adrénaline* : respectez un intervalle de 15 minutes entre deux instillations, sauf indication contraire de votre ophtalmologiste.

Médicaments par *voie* orale (ou injectable) :

Ce médicament ne doit pas être associé :
- à la floctafénine (IDARAC...) : risque de majoration de la gravité d'un éventuel *choc* allergique ;
- au sultopride (BARNÉTIL, médicament uniquement disponible à l'hôpital) : risque de ralentissement cardiaque important.

Il peut également interagir avec l'amiodarone ou avec un *bêtabloquant* pris par voie orale.

Informez votre médecin si vous prenez des *antidiabétiques*, des *AINS*, des *antidépresseurs* tricycliques, des *neuroleptiques*, des *corticoïdes*, des *inhibiteurs calciques*, ou des médicaments contenant l'une des substances suivantes : quinidine, hydroquinidine, disopyramide, propafénone, baclofène, cimétidine, clonidine, lidocaïne injectable, méfloquine.

### Grossesse et allaitement

Les études scientifiques disponibles n'ont pas mis en évidence de problème particulier lors de l'utilisation de *bêtabloquant* chez la femme enceinte.

L'effet bêtabloquant persiste quelques jours chez le nouveau-né et justifie une surveillance médicale renforcée pendant les premiers jours de la vie.

Ce médicament passe dans le lait maternel. L'allaitement est déconseillé pendant le traitement.

### Mode d'emploi et posologie

Tirer la paupière inférieure vers le bas tout en regardant vers le haut et déposer une goutte de collyre entre la paupière et le globe oculaire (*cul-de-sac conjonctival*).

**Posologie usuelle :**
- Adulte : 1 goutte, 2 fois par jour.

La solution est choisie par l'ophtalmologiste en fonction de la *tension intraoculaire*.

**Conseils :** L'application correcte du produit peut nécessiter une aide, notamment chez une personne handicapée ou âgée.

Le flacon de 3 ml de collyre à 0,25 % ne doit pas être conservé plus de 28 jours après une première utilisation. Le flacon de 3 ml de collyre à 0,5 % ne doit pas être conservé plus de 15 jours après une première utilisation. Les unidoses doivent être jetées immédiatement après usage.

### Effets indésirables possibles

Irritation locale, sécheresse de l'œil, troubles visuels à signaler à votre ophtalmologiste.

Exceptionnellement, en cas de passage du *bêtabloquant* dans le sang :
- fatigue, sensation de mains et de pieds froids, insomnie, douleurs d'estomac, nausées, vomissements ;
- *bloc auriculoventriculaire*, ralentissement excessif du cœur, chute de tension, *insuffisance cardiaque*, *bronchospasme*, *hypoglycémie*, phénomène de *Raynaud* ;
- *éruption cutanée*, aggravation d'un *psoriasis*.

Laboratoires Alcon

## BÉVITINE

*Informations détaillées sur www.monvidal.com*

## BIAFINE

Protecteur cutané

### Présentation

**BIAFINE :** émulsion pour application cutanée ; tube de 93 g. Remb 35 % - **Prix : 2,73 €.**

**BIAFINE :** émulsion pour application cutanée ; tube de 186 g. Non remb.

**BIAFINE :** émulsion pour application cutanée ; flacon pressurisé avec pompe de 50 ml. Non remb.

**BIAFINE :** émulsion pour application cutanée ; flacon pressurisé avec pompe de 150 ml. Non remb.

### Composition

| | p 100 g |
|---|---|
| **Trolamine** | 0,67 g |
| Paraffine | + |

### Dans quel cas ce médicament est-il prescrit ?

C'est une émulsion protectrice et calmante.

Elle est utilisée dans le traitement des brûlures, des plaies superficielles non infectées et des rougeurs après *radiothérapie*.

### Contre-indications

Ce médicament ne doit pas être utilisé sur des plaies qui saignent ou sur des lésions infectées.

> **Attention :** Le soulagement apporté par l'application de cette émulsion après un coup de soleil ne doit pas conduire à des expositions solaires intempestives.
>
> Évitez d'utiliser cette émulsion de manière prolongée et sur des surfaces étendues sans l'avis de votre pharmacien ou de votre médecin.

### Grossesse et allaitement

Ce médicament ne contient que des substances présumées sans danger pendant la grossesse ou l'allaitement. Néanmoins, ne l'utilisez pas de façon prolongée sans l'avis de votre pharmacien ou de votre médecin.

### Mode d'emploi et posologie

Brûlures du 1er degré : appliquer une couche épaisse sur la zone à traiter, 2 à 4 fois par jour.

Brûlures du 2e degré : appliquer une couche épaisse ; attendre que l'émulsion soit absorbée par la peau et renouveler les applications tant qu'il ne reste pas un excédent d'émulsion. La dernière application peut être recouverte d'une compresse humide.

Rougeurs après radiothérapie : 2 ou 3 applications par jour.

### Effets indésirables possibles

Picotements passagers.

Rarement : *réaction allergique* cutanée.

Laboratoires Johnson & Johnson Consumer

---

## BICARBONATE DE SODIUM GIFRER

*Informations détaillées sur www.monvidal.com*

---

## BI-CITROL

*Informations détaillées sur www.monvidal.com*

---

## BICLINOCILLINE

*Informations détaillées sur www.monvidal.com*

---

## BIFIX

*Informations détaillées sur www.monvidal.com*

---

## BIGONIST

*Informations détaillées sur www.monvidal.com*

---

## BILINUM COMPLEXE N° 113

*Informations détaillées sur www.monvidal.com*

---

## BILLEROL

*Informations détaillées sur www.monvidal.com*

---

## BI MISSILOR

Antibiotiques :
macrolide + imidazolé

sur ordonnance

Ce médicament est un générique de BIRODOGYL (voir p. 159 et tableau p. 1151).

---

## BIOCALYPTOL

Antitussif opiacé

### Présentation

**BIOCALYPTOL :** sirop ; flacon de 200 ml avec cuillère-mesure de 5 ml. Remb 35 % - **Prix : 3,21 €.**

### Composition

| | p c mes |
|---|---|
| **Pholcodine** | 6,55 mg |
| Alcool | 24,65 mg |
| Saccharose | 4,17 g |
| Cinéole | + |

### Dans quel cas ce médicament est-il prescrit ?

Ce sirop *antitussif* contient de la pholcodine qui a un effet *sédatif* sur le *système nerveux central*, notamment sur les centres de la toux.

Il est utilisé dans le *traitement symptomatique* des toux sèches et des toux d'irritation.

### Contre-indications

Ce médicament ne doit pas être utilisé dans les cas suivants :
- *asthme*,
- *insuffisance respiratoire*,
- enfant de moins de 30 mois,
- **allaitement**.

> **Attention :** Ce médicament n'est pas adapté au traitement de la toux grasse, qui est un mécanisme de défense normal de l'organisme permettant l'évacuation des mucosités présentes dans les bronches.
>
> La toux est un *symptôme* qui peut révéler de nombreuses maladies : consultez votre médecin si elle persiste plus de quelques jours.
>
> En raison de la présence de cinéole, des précautions sont nécessaires en cas d'*antécédents* de *convulsions* ou d'*épilepsie*.
>
> Ce médicament contient du *sucre* (saccharose) en quantité notable.
>
>  Ce médicament peut induire une somnolence, parfois intense chez certaines personnes. Cette somnolence peut être majorée par la prise d'*alcool* ou d'autres médicaments *sédatifs*. La conduite et l'utilisation de machines dangereuses sont déconseillées, surtout dans les heures qui suivent la prise du médicament.

### Interactions avec d'autres substances

Informez votre médecin ou votre pharmacien si vous prenez un autre médicament *sédatif*.

### Grossesse et allaitement

L'utilisation de la *codéine* et de ses dérivés (codéthyline, pholcodine) ne doit être envisagée chez la femme enceinte qu'en cas de nécessité, en effet :
- une *insuffisance respiratoire* peut survenir chez le nouveau-né d'une mère traitée par des doses élevées, même si le traitement est ponctuel mais précède de peu l'accouchement ;

– un *syndrome de sevrage*, à l'inverse, peut concerner des nouveau-nés si leur mère reçoit un traitement régulier, même à faible dose.

Il est donc important de signaler à l'obstétricien la prise éventuelle de codéine ou d'un de ses dérivés, afin que ces risques puissent être prévenus par une surveillance et un éventuel traitement adapté.

Ce médicament passe dans le lait maternel. Il est contre-indiqué pendant l'allaitement.

### Mode d'emploi et posologie

Ce médicament doit être pris de préférence au moment où survient la toux. Les prises doivent être espacées d'au moins 4 heures.

**Posologie usuelle :**

- Adulte : 1 cuillère à soupe (15 ml), 1 à 4 fois par jour.

En cas d'*insuffisance hépatique* et chez la personne âgée, la *posologie* initiale est généralement réduite de moitié.

- Enfant de 35 à 50 kg (environ 12 à 15 ans) : 1 cuillère-mesure, 1 à 6 fois par jour.
- Enfant de 20 à 35 kg (environ 6 à 12 ans) : ½ cuillère-mesure, 1 à 6 fois par jour.
- Enfant de 15 à 20 kg (environ 30 mois à 6 ans) : ½ cuillère-mesure, 1 à 2 fois par jour selon le poids.

**Conseils :** Une toux nocturne aggravée par ce médicament peut être une toux allergique : demandez conseil à votre médecin.

Fumer, ou être exposé à la fumée des autres, nuit à l'efficacité du traitement : la cigarette est irritante pour les bronches et entretient la toux.

Des mesures simples permettent de calmer les toux sèches : boissons chaudes et humidification de l'air ambiant.

### Effets indésirables possibles

Constipation ; et plus rarement, somnolence, sensation de vertige, nausées, vomissements, *bronchospasme*, *réaction allergique* cutanée.

Liés au cinéole, en cas de dépassement de la *posologie* usuelle, les *terpènes* peuvent provoquer :

– des *convulsions* chez l'enfant,

– agitation, confusion des idées (notamment chez la personne âgée).

**Laboratoires Zambon France**

## BIOCARDE

*Informations détaillées sur www.monvidal.com*

## BIOCIDAN collyre

Collyre antiseptique

### Présentation

BIOCIDAN 0,25 pour 1 000 : collyre ; flacon de 10 ml. Remb 35 % - **Prix : 2,28 €**.

BIOCIDAN : collyre ; boîte de 10 flacons unidoses de 0,4 ml. Non remb.

### Composition

| | p 10 ml |
|---|---|
| **Céthexonium bromure** | 2,5 mg |

### Dans quel cas ce médicament est-il prescrit ?

Ce collyre contient un *antiseptique* de la famille des *ammoniums quaternaires*.

Il est utilisé comme *traitement d'appoint* antiseptique dans les affections de l'œil.

### Contre-indications

Ce médicament ne doit pas être utilisé en cas d'*allergie* aux *ammoniums quaternaires*.

**Attention :** Une rougeur ou une douleur oculaires ne correspondent pas toujours à une *conjonctivite*. Des soins urgents peuvent être nécessaires, notamment en cas de vision floue.

Ce traitement peut être insuffisant pour guérir à lui seul une infection de l'œil : ne l'utilisez pas plus de quelques jours sans avis médical.

### Interactions avec d'autres substances

Ce collyre peut interagir avec d'autres collyres. Respectez un intervalle minimal de 15 minutes entre deux instillations.

### Grossesse et allaitement

L'effet de ce médicament pendant la grossesse ou l'allaitement est mal connu. L'évaluation du risque éventuel lié à son utilisation est individuelle : demandez conseil à votre pharmacien ou à votre médecin.

### Mode d'emploi et posologie

Tirer la paupière inférieure vers le bas tout en regardant vers le haut et déposer une goutte de collyre entre la paupière et le globe oculaire (*cul-de-sac conjonctival*).

**Posologie usuelle :**

1 goutte, 3 ou 4 fois par jour.

La durée du traitement est généralement de 7 jours.

**Conseils :** Les *lentilles de contact* ne doivent pas être portées en cas d'infection oculaire ni réutilisées avant l'arrêt complet du traitement.

Une détérioration ou un entretien inadéquat des *lentilles de contact* sont souvent à l'origine d'une irritation oculaire : consultez d'urgence votre ophtalmologiste afin qu'il les examine. Si cette consultation n'est pas possible rapidement, retirez vos lentilles.

Ce collyre ne doit pas être instillé pendant le port de lentilles de contact hydrophiles : il risque de s'y fixer.

L'application correcte du produit peut nécessiter une aide, notamment chez l'enfant ou la personne handicapée ou âgée.

Ne conservez pas le flacon de 10 ml plus de 15 jours après une première utilisation.

Les unidoses doivent être jetées immédiatement après utilisation.

### Effets indésirables possibles

Irritation ou *réaction allergique*.

**Laboratoires Menarini France**

## BIOCIDAN solution nasale
Préparation nasale antiseptique

### Présentation
BIOCIDAN : solution pour pulvérisation nasale ; flacon pulvérisateur de 15 ml. Non remb.

### Composition

| | p 100 ml |
|---|---|
| **Céthexonium bromure** | 50 mg |
| **Phényltoloxamine citrate** | 174,2 mg |

### Dans quel cas ce médicament est-il prescrit ?
Cette solution nasale contient un *antiseptique* et un *antihistaminique* antiallergique.
Elle est utilisée dans le *traitement d'appoint* des *rhinites*.

### Contre-indications
Ce médicament ne doit pas être utilisé dans les cas suivants :
- *allergie* aux *antiseptiques* de la famille des *ammoniums quaternaires*,
- risque de *glaucome* à angle fermé,
- risque de blocage des urines (*adénome de la prostate*).

**Attention :** Si votre état ne s'améliore pas après quelques jours de traitement, consultez votre médecin.
L'usage prolongé de ce médicament n'est pas souhaitable : il peut modifier l'équilibre microbien du nez ou de la gorge.
Évitez les boissons alcoolisées : augmentation du risque de somnolence.
Ce médicament peut induire une somnolence, parfois intense chez certaines personnes. Cette somnolence peut être majorée par la prise d'*alcool* ou d'autres médicaments *sédatifs*. La conduite et l'utilisation de machines dangereuses sont déconseillées, surtout dans les heures qui suivent la prise du médicament.

### Grossesse et allaitement
L'effet de ce médicament pendant la grossesse ou l'allaitement est mal connu. L'évaluation du risque éventuel lié à son utilisation est individuelle : demandez conseil à votre pharmacien ou à votre médecin.

### Mode d'emploi et posologie
Les pulvérisations sont faites au cours d'une brève inspiration, après un mouchage soigneux, en tenant le flacon verticalement.

**Posologie usuelle :**
- Adulte : 1 pulvérisation dans chaque narine, 4 à 6 fois par jour.
- Enfant : 1 pulvérisation dans chaque narine, 2 ou 3 fois par jour.
- Nourrisson : 1 pulvérisation dans chaque narine, 1 ou 2 fois par jour.

**Conseils :** Les solutions nasales *antiseptiques* ou *antibiotiques* peuvent être contaminées par des *germes* : ne les conservez pas au-delà de la durée du traitement.

### Effets indésirables possibles
Éternuements allergiques avec irritation locale et écoulement nasal.
*Réaction allergique* cutanée.
En cas de passage du médicament dans le sang : somnolence, effets *atropiniques*, *hypotension orthostatique*, troubles de l'équilibre.

Laboratoires Menarini France

## BIO-CUIVRE MANGANÈSE
*Informations détaillées sur www.monvidal.com*

## BIODALGIC
Antalgique opiacé — sur ordonnance

Ce médicament est un générique de CONTRAMAL (voir p. 257 et tableau p. 1151).
Ce médicament est un générique de TOPALGIC (voir p. 1032 et tableau p. 1151).

## BIOGAZE
*Informations détaillées sur www.monvidal.com*

## BIOMAG
Homéopathie

### Présentation
BIOMAG : comprimé (blanc) ; boîte de 90. Non remb.

### Composition

| | p cp |
|---|---|
| **Magnesia muriatica D1** | 50 mg |
| **Magnesia bromata D4** | 10 mg |
| **Magnesia phosphorica D1** | 50 mg |
| **Plumbum metallicum D8** | 10 mg |
| **Kalium phosphoricum D5** | 10 mg |
| **Ambra grisea D8** | 10 mg |

### Dans quel cas ce médicament est-il prescrit ?
Ce médicament est un *complexe* (association) de composants homéopathiques.
Il est utilisé dans le *traitement homéopathique* des troubles associés à une *carence* en magnésium : stress, anxiété, nervosité, pertes de mémoire, crampes.

### Grossesse et allaitement
Aux *dilutions homéopathiques*, les substances contenues dans ce médicament ne sont pas connues pour être toxiques pendant la grossesse ou l'allaitement.

### Mode d'emploi et posologie
Laisser fondre les comprimés dans la bouche après les avoir croqués.

**Posologie usuelle :**
1 ou 2 comprimés, matin et soir.

Laboratoires Lehning

## BIOPEG
*Informations détaillées sur www.monvidal.com*

## BIORGASEPT
*Informations détaillées sur www.monvidal.com*

## BIO-SÉLÉNIUM
*Informations détaillées sur www.monvidal.com*

## BIOTINE BAYER
Traitement pour cheveux et ongles

### Présentation
BIOTINE BAYER : comprimé (blanc) ; boîte de 20. Non remb.
BIOTINE BAYER : comprimé (blanc) ; boîte de 60. Non remb.
BIOTINE BAYER : solution injectable *IM* ; boîte de 6 ampoules de 1 ml. Non remb.

### Composition

| | p cp | p amp inj |
|---|---|---|
| **Biotine (vitamine H)** | 5 mg | 5 mg |

### Dans quel cas ce médicament est-il prescrit ?
Ce médicament contient de la *vitamine* H, substance indispensable au *métabolisme*.

Il est utilisé dans le *traitement d'appoint* de la chute des cheveux.

### Grossesse et allaitement
Ce médicament ne contient aucune substance connue pour être toxique pendant la grossesse ou l'allaitement. Néanmoins, ne l'utilisez pas de façon prolongée sans l'avis de votre pharmacien ou de votre médecin.

### Mode d'emploi et posologie
Les comprimés doivent être avalés avec un verre d'eau.

La solution est injectée par *voie intramusculaire*.

**Posologie usuelle :**
- Adulte : 3 comprimés par jour ou 1 injection de 1 ou 2 ampoules, 3 fois par semaine pendant 6 semaines.

Laboratoires Bayer santé familiale

## BIOTONE
*Informations détaillées sur www.monvidal.com*

## BIOXYOL
*Informations détaillées sur www.monvidal.com*

## BIPÉRIDYS
Antiémétique, stimulant de la motricité digestive — sur ordonnance

### Présentation
BIPÉRIDYS : comprimé sécable ; boîte de 20. Liste II - Remb 35 % - **Prix : 3,59 €**.
BIPÉRIDYS : comprimé sécable ; boîte de 40. Liste II - Remb 35 % - **Prix : 5,94 €**.

### Composition

| | p cp |
|---|---|
| **Dompéridone** | 20 mg |
| Lactose | + |

### Dans quel cas ce médicament est-il prescrit ?
Ce médicament est un *antiémétique* et un régulateur de la motricité du tube digestif. Il régularise la contraction des muscles de l'œsophage, de l'estomac et du *duodénum*.

Il est utilisé dans le traitement des nausées et des vomissements ainsi que dans certains troubles de la digestion.

### Contre-indications
Ce médicament ne doit pas être utilisé dans les cas suivants :
- *hémorragie* ou obstruction du tube digestif,
- *tumeur de l'hypophyse* sécrétant de la *prolactine*.

**Attention :** Des précautions sont nécessaires en cas d'*insuffisance hépatique* ou *rénale*.

### Interactions avec d'autres substances
Informez votre médecin si vous prenez un médicament contenant du kétoconazole.

### Grossesse et allaitement
L'effet de ce médicament pendant la grossesse est mal connu : seul votre médecin peut évaluer le risque éventuel de son utilisation dans votre cas.

Le passage de ce médicament dans le lait maternel est faible. Ne l'utilisez pas pendant l'allaitement sans avis médical.

### Mode d'emploi et posologie
Ce médicament doit être pris un quart d'heure avant les repas.

Le dosage des comprimés n'est pas adapté à l'enfant de moins de 35 kilos.

**Posologie usuelle :**
- Adulte et enfant de plus de 12 ans (soit environ plus de 35 kg) : ½ ou 1 comprimé, 3 à 4 fois par jour.

**Conseils :** Lors de vomissements répétés, les pertes en eau et en sels minéraux sont importantes. Elles doivent être compensées par des aliments liquides (bouillons salés, sodas...) pris en petites quantités et régulièrement.
Les nausées de la femme enceinte peuvent être combattues par la prise du petit déjeuner au lit.

### Effets indésirables possibles
Rarement : augmentation du taux de *prolactine*, troubles des règles, augmentation du volume des seins (chez l'homme comme chez la femme), crampes abdominales, urticaire.

Laboratoires Pierre Fabre Médicament

## BIPRETERAX
Association d'antihypertenseurs — sur ordonnance

### Présentation
BIPRETERAX : comprimé ; boîte de 30. Liste I - Remb 65 % - **Prix : 26,47 €**.

### Composition

| | p cp |
|---|---|
| **Périndopril tert-butylamine** | 4 mg |
| **Indapamide** | 1,25 mg |
| Lactose | + |

### Dans quel cas ce médicament est-il prescrit ?
Cet *antihypertenseur* contient deux substances :
- le périndopril, un *inhibiteur de l'enzyme de conversion*. Cette *enzyme*, naturellement présente dans l'organisme et responsable d'une contraction des artères, augmente la tension artérielle et fatigue le cœur ;

– l'indapamide, un *diurétique* dont la structure chimique est proche de celle des *sulfamides*. Son action renforce celle du périndopril.

Ce médicament est utilisé dans le traitement de l'*hypertension artérielle*.

### Contre-indications

Ce médicament ne doit pas être utilisé dans les cas suivants :

- *allergie* connue à l'un des constituants ou à la famille des *inhibiteurs de l'enzyme de conversion* ou à celle des *sulfamides*,
- prédisposition à l'œdème de *Quincke*,
- *insuffisance rénale* ou *hépatique* grave,
- *encéphalopathie hépatique*,
- *hypokaliémie*,
- **grossesse**,
- **allaitement**.

**Attention :** Des précautions s'imposent chez les personnes souffrant d'*hypertension artérielle* due à un rétrécissement des artères rénales.

En cas de gonflement du visage (lèvres, paupières...) ou d'une autre région du corps, consultez votre médecin avant toute nouvelle prise de ce médicament ; il peut s'agir d'une *réaction allergique* : œdème de *Quincke*.

L'usage des *inhibiteurs de l'enzyme de conversion* est déconseillé en période de désensibilisation aux venins d'*hyménoptères* : augmentation du risque de réaction allergique grave.

Si vous suivez un traitement par *diurétique* ou un régime sans *sel*, la baisse de la tension artérielle peut être importante lors des premières prises du médicament : risque de malaise ou d'étourdissement pouvant entraîner une chute.

Chez les personnes atteintes d'une *insuffisance hépatique* grave, l'apparition de troubles de la conscience peut annoncer une complication. Ne poursuivez pas le traitement sans l'avis de votre médecin.

Faites pratiquer régulièrement les analyses de sang prescrites par votre médecin ; elles sont notamment destinées à vérifier le bon fonctionnement de vos reins (dosage de la *créatinine*) et les taux de *potassium* et de *sodium* sanguins.

Le diurétique contenu dans ce médicament peut faire baisser la *kaliémie* : évitez d'utiliser des *laxatifs stimulants* dont l'usage régulier contribue à la baisse du taux de potassium dans le sang. Il peut par ailleurs augmenter le taux sanguin d'*acide urique* (possibilité de crise de *goutte*).

En cas d'intervention chirurgicale, signalez à l'anesthésiste que vous suivez ce traitement.

Conducteur : les *inhibiteurs de l'enzyme de conversion* peuvent être responsables de malaise ou de *vertiges*, lors des premières prises.

Sportif : ce médicament contient une substance susceptible de rendre positifs certains *tests antidopage*.

### Interactions avec d'autres substances

Ce médicament peut interagir ou nécessiter des précautions particulières avec les substances ou les familles médicamenteuses suivantes :

- *antidiabétiques* ;
- *AINS*, aspirine à forte dose ;
- *antidépresseurs imipraminiques*, *neuroleptiques* ;
- *diurétiques* hyperkaliémiants ;
- médicament favorisant l'*hypokaliémie* : *corticoïdes*, *laxatifs stimulants* ;
- *lithium*, *digitaliques*, produits de contraste iodés, calcium, ciclosporine, baclofène ;
- substances susceptibles de favoriser les *torsades de pointe*.

### Grossesse et allaitement

L'effet de ce médicament sur l'enfant à naître est mal connu. Quelques cas de complications ont été rapportés et son usage pendant la grossesse est contre-indiqué.

Ce médicament passe dans le lait maternel. Il est contre-indiqué pendant l'allaitement.

### Mode d'emploi et posologie

Les comprimés doivent être pris de préférence le matin, avant le repas.

**Posologie usuelle :**

- Adulte : 1 comprimé par jour.

En cas d'*insuffisance rénale*, d'*athérosclérose*, de traitement préalable par des *diurétiques* ou de régime sans *sel*, en particulier chez la personne âgée, la *posologie* initiale est faible (utilisation de PRETERAX) ; elle est augmentée progressivement par le médecin en fonction des effets du médicament.

**Conseils :** Votre tension artérielle doit être contrôlée régulièrement. Les appareils permettant une mesure automatique de la tension à domicile utilisent souvent un procédé de mesure différent de celui qu'emploie votre médecin. Si vous avez un tel appareil, apportez-le en consultation pour vous assurer que la mesure obtenue est bien conforme à celle du tensiomètre de votre médecin.

Le traitement médicamenteux ne dispense pas de mesures simples pouvant faire baisser la tension artérielle : activité physique régulière, modération de la consommation de boissons alcoolisées et de *sel*, lutte contre l'excès de poids.

### Effets indésirables possibles

Toux sèche, maux de tête, *vertiges*, étourdissements, fatigue, troubles du sommeil, troubles psychiques, *troubles digestifs*, *hypotension orthostatique*.

Élévation du taux de *sucre* ou d'*acide urique* dans le sang.

Baisse du taux de potassium ou du *sodium* dans le sang associée ou non à des crampes.

Rarement : *éruption cutanée*, œdème de *Quincke*.

Exceptionnellement : *pancréatite*.

Laboratoires Therval Médical

## BI-PROFÉNID

Anti-inflammatoire non stéroïdien — sur ordonnance

### Présentation

BI-PROFÉNID 150 mg : comprimé sécable (blanc et jaune) ; boîte de 20. Liste II - Remb 65 % - **Prix : 7,85 €.**

### Composition

| | p cp |
|---|---|
| **Kétoprofène** | 150 mg |
| Amidon de blé (gluten) | + |
| Lactose | + |

### Dans quel cas ce médicament est-il prescrit ?

Ce médicament est un *anti-inflammatoire* non stéroïdien (*AINS*). Il lutte contre l'*inflammation* et la douleur, fait baisser la fièvre et fluidifie le sang.

Il est utilisé dans le *traitement symptomatique* :
- des *rhumatismes inflammatoires* ;
- de certaines *arthroses* ;
- des *tendinites*, des *arthrites*, des *lombalgies* ;
- des *sciatiques* et des *cruralgies* ;
- des douleurs faisant suite à un traumatisme de l'appareil locomoteur.

Il est également utilisé dans le *traitement de la crise* de *migraine*.

### Contre-indications

Ce médicament ne doit pas être utilisé dans les cas suivants :
- *antécédent* d'*allergie* ou d'*asthme* provoqué par la prise d'*AINS*, y compris l'aspirine ;
- *hémorragie* ;
- *ulcère* de l'estomac ou du *duodénum* ;
- *insuffisance hépatique* ou *rénale* graves ;
- *insuffisance cardiaque* grave ;
- *intolérance* au gluten ;
- **grossesse** (à partir du 6e mois).

**Attention :** Tout traitement prolongé ou *surdosage* d'*AINS* expose à des effets indésirables graves.

Certaines situations doivent conduire à ne poursuivre le traitement qu'après un avis médical :
- brûlures d'estomac importantes ou selles noires et nauséabondes pouvant traduire une irritation ou un saignement du tube digestif ;
- *réaction allergique* cutanée, crise d'*asthme* ;
- fatigue inhabituelle et intense, ou baisse brutale et importante du volume des urines chez une personne souffrant d'*insuffisance cardiaque*, déshydratée ou traitée par *diurétique*.

Des précautions sont nécessaires chez la personne âgée ou en cas d'*antécédent* d'*ulcère* de l'estomac ou du *duodénum* ou de risque hémorragique, notamment digestif (maladie de *Crohn*, *rectocolite hémorragique*).

Certains médecins considèrent que les anti-inflammatoires peuvent diminuer l'efficacité des stérilets et exposer à un risque de grossesse non désirée. Ce risque est actuellement très controversé.

Compte-tenu de ses effets indésirables potentiels, ce médicament peut, chez certaines personnes, ne pas être compatible avec la conduite automobile ou le maniement de machines dangereuses. Assurez-vous à l'occasion des premières prises que vous supportez bien ce médicament avant de conduire ou d'utiliser une machine.

### Interactions avec d'autres substances

Ce médicament peut interagir avec d'autres médicaments, notamment :
- l'aspirine et les autres *anti-inflammatoires* non stéroïdiens (*AINS*) : risque d'accroissement des effets indésirables ;
- les *anticoagulants* et les *antiagrégants plaquettaires* : augmentation du risque hémorragique ;
- le lithium (TÉRALITHE, NEUROLITHIUM...) : augmentation du taux de lithium dans le sang ;
- le méthotrexate.

Informez par ailleurs votre médecin ou votre pharmacien en cas de traitement par un *diurétique*, un *inhibiteur de l'enzyme de conversion*, un *inhibiteur de l'angiotensine II*, un *bêtabloquant* ou un médicament contenant de la ciclosporine.

### Grossesse et allaitement

Des effets néfastes pour l'enfant à naître ont été mis en évidence lorsque les *AINS* sont utilisés au cours des 4 derniers mois de la grossesse ; le risque existe même avec une seule prise et même si la grossesse est à terme. L'usage de ce médicament est contre-indiqué pendant cette période.

Pendant les 5 premiers mois, l'effet de ce médicament est mal connu : seul votre médecin peut évaluer le risque éventuel de son utilisation dans votre cas.

Ce médicament passe dans le lait maternel ; un choix est donc nécessaire entre l'allaitement et la prise du médicament. Cette décision devra être prise en accord avec votre médecin.

### Mode d'emploi et posologie

Les comprimés sont à avaler tels quels, avec un grand verre d'eau, au milieu des repas afin de limiter la survenue de troubles digestifs. Toutefois, en cas de douleurs aiguës, la prise à jeun assure un effet plus rapide.

**Posologie usuelle :**
- Adulte :

Rhumatologie :
- *traitement d'attaque* : 1 comprimé, 2 fois par jour ;
- *traitement d'entretien* : 1 comprimé par jour, ou ½ comprimé, 2 fois par jour.

*Traitement de la crise* de *migraine* :

½ comprimé par crise, à prendre dès le début de la crise.

Il est inutile de reprendre un comprimé si l'effet a été insuffisant. En revanche, si une deuxième crise apparaît dans les 24 heures, il est possible de prendre ½ ou 1 comprimé supplémentaire en respectant un délai minimal de 12 heures entre les 2 prises.

Ne jamais dépasser 2 comprimés par jour.

**Conseils :** Les anti-inflammatoires ne sont pas des médicaments anodins. Du fait de la possibilité d'effets indésirables graves, ils ne doivent être utilisés que lorsqu'ils sont nécessaires, ce qui n'est pas le cas pour les affections rhumatismales peu douloureuses et les traumatismes bénins. Ce médicament vous a été prescrit dans une situation précise : ne le conseillez pas à un proche et ne le réutilisez pas sans avis médical.

Ne dépassez pas la *posologie* ni la durée de traitement prescrites par votre médecin.

La prise de ce médicament ne dispense pas de mesures habituelles permettant d'aider à faire céder la crise de *migraine* : s'allonger au calme dans une pièce sombre.

### Effets indésirables possibles

*Troubles digestifs* : nausées, vomissements, diarrhées, douleurs abdominales, *gastrite*, *stomatite*, *colite*. Rarement : *ulcère* de l'estomac ou du *duodénum* (le plus souvent lors d'un traitement de longue durée ou à forte dose), *hémorragie* digestive (vomissements de sang, selles noires ou, plus souvent, pertes de sang imperceptibles responsables de l'apparition progressive d'une *anémie*).

*Réaction allergique* : *éruption cutanée, asthme*...
Maux de tête, *vertiges*, somnolence.
*Photosensibilisation.*
Vision floue, bourdonnements d'oreille.
Anomalie de la *numération formule sanguine.*
Augmentation des *transaminases.*
Augmentation de la tension artérielle, notamment chez les patients sous traitement antihypertenseur.
*Œdème.*

**Laboratoires Aventis**

## BIQUINOL
Décongestionnant

### Présentation
**BIQUINOL Adulte :** suppositoire ; boîte de 10. Non remb.
**BIQUINOL Enfant :** suppositoire ; boîte de 10. Non remb.

### Composition

| | p suppos Ad | p suppos Enf |
|---|---|---|
| **Bismuth succinate** | 50 mg | 20 mg |
| **Cinéole (eucalyptol)** | 45 mg | 30 mg |
| **Gaïacol** | 38 mg | 10 mg |
| **Camphre** | 30 mg | 15 mg |

### Dans quel cas ce médicament est-il prescrit ?
Ce médicament contient du bismuth et des *antiseptiques* des *voies* respiratoires (*terpènes*).
Il est utilisé dans le *traitement d'appoint* des affections de la gorge.

### Contre-indications
Ce médicament ne doit pas être utilisé dans les cas suivants :
- *insuffisance rénale*,
- lésion récente de l'anus ou du rectum,
- enfant de moins de 6 ans (suppositoire Enfant),
- enfant de moins de 15 ans (suppositoire Adulte).

**Attention :** Le camphre peut être responsable d'effets indésirables graves chez le jeune enfant : *convulsions*, troubles de la conscience, arrêt respiratoire... Ces accidents rares justifient la contre-indication des médicaments contenant du camphre chez le jeune enfant et des précautions d'emploi en cas d'*antécédent* de convulsions ou d'*épilepsie*.
La présence ou l'apparition de signes d'infection (fièvre, coloration des crachats) imposent un avis médical.

### Grossesse et allaitement
L'effet de ce médicament pendant la grossesse est mal connu. L'évaluation du risque éventuel lié à son utilisation est individuelle : demandez conseil à votre pharmacien ou à votre médecin.
Les *terpènes* peuvent donner un goût particulier au lait. Leur absorption par le *nourrisson* n'est pas souhaitable : évitez d'employer ce médicament pendant l'allaitement.

### Mode d'emploi et posologie
- Adulte : 1 suppositoire Adulte, 1 à 3 fois par jour.
- Enfant de plus de 6 ans : 1 suppositoire Enfant, 1 à 3 fois par jour.

**Conseils :** Il est sans intérêt de prolonger le traitement au-delà de 5 jours.

### Effets indésirables possibles
Irritation locale.
En cas de dépassement de la *posologie* usuelle, les *terpènes* peuvent provoquer :
- des *convulsions* chez l'enfant,
- de l'agitation ou une confusion des idées chez la personne âgée.

**Laboratoires Merck Médication Familiale**

## BIRODOGYL
Antibiotiques :
macrolide + imidazolé

**sur ordonnance**

### Présentation
**BIRODOGYL :** comprimé (blanc) ; boîte de 10. Liste I - Remb 65 % - **Prix : 8,97 €.**

### Composition

| | p cp |
|---|---|
| **Spiramycine** | 1 500 000 UI |
| **Métronidazole** | 250 mg |

### Dans quel cas ce médicament est-il prescrit ?
Ce médicament contient deux *antibiotiques* : la spiramycine, de la famille des *macrolides*, et le métronidazole, de la famille des *imidazolés*.
Il est utilisé dans le *traitement curatif* et *préventif* des infections de la bouche et des dents.

### Contre-indications
Ce médicament ne doit pas être utilisé dans les cas suivants :
- *allergie* aux *macrolides* ou aux *imidazolés*,
- enfant de moins de 15 ans.

**Attention :** En cas d'*éruption cutanée* généralisée avec fièvre, de confusion des idées, de *vertiges* ou de raideur musculaire, prévenez votre médecin avant de poursuivre le traitement.
Des précautions sont nécessaires en cas de déficit en *G6PD*, d'anomalie de la *numération formule sanguine*, de traitement à forte dose et/ou de traitement prolongé. Votre médecin pourra éventuellement vous prescrire des analyses de sang pour s'assurer de l'absence d'anomalie.
Évitez l'absorption de boissons alcoolisées pendant le traitement : risque d'*effet antabuse*.
Compte-tenu de ses effets indésirables potentiels, ce médicament peut, chez certaines personnes, ne pas être compatible avec la conduite automobile ou le maniement de machines dangereuses. Assurez-vous à l'occasion des premières prises que vous supportez bien ce médicament avant de conduire ou d'utiliser une machine.

### Interactions avec d'autres substances
Ce médicament peut interagir avec les médicaments contenant du disulfirame (ESPÉRAL...).
Informez par ailleurs votre médecin ou votre pharmacien si vous prenez un *anticoagulant* oral ou un médicament contenant de la lévodopa.

### Grossesse et allaitement
Ce médicament ne contient aucune substance connue pour être toxique pendant la grossesse.
Ce médicament passe dans le lait maternel : l'allaitement est déconseillé.

### Mode d'emploi et posologie

Ce médicament est pris de préférence au cours des repas.

**Posologie usuelle :**

- Adulte : 1 comprimé, 2 ou 3 fois par jour.

Dans certains cas, la posologie peut être augmentée à 4 comprimés par jour.

> **Conseils :** Une diminution de la fièvre ou une disparition des troubles ne sont pas synonymes de guérison : la durée du traitement doit absolument être respectée pour éviter les rechutes.
> La coloration brun-rouge des urines est normale.

### Effets indésirables possibles

Nausées, vomissements, douleurs d'estomac, *diarrhée*, manque d'appétit.

Goût métallique, *inflammation* et sécheresse de la bouche.

*Réaction allergique* : *urticaire*, œdème de *Quincke*...

*Éruption cutanée* généralisée avec fièvre, nécessitant l'arrêt du traitement (voir Attention).

Maux de tête, *vertiges*, fourmillements des extrémités transitoires, raideur musculaire, hallucinations, confusion des idées.

Exceptionnellement : anomalie de la *numération formule sanguine*, *pancréatite*, *hépatite*.

**Laboratoires Aventis**

## BISEPTINE

Antiseptique local

### Présentation

BISEPTINE : solution pour application locale ; flacon pulvérisateur de 100 ml. Remb 35 % - **Prix : 3,99 €.**
BISEPTINE : solution pour application locale ; flacon de 250 ml. Remb 35 % - **Prix : 3,74 €.**

### Composition

| | p 100 ml |
|---|---|
| **Chlorhexidine gluconate** | 250 mg |
| **Benzalkonium chlorure** | 25 mg |
| **Alcool benzylique** | 4 ml |

### Dans quel cas ce médicament est-il prescrit ?

Ce médicament est un *antiseptique* local.

Il est utilisé pour l'*antisepsie* de la peau (avant une opération), des plaies superficielles et des lésions cutanées, infectées ou exposées à un risque d'infection.

### Contre-indications

Ce médicament ne doit pas être utilisé dans les cas suivants :

- en application sur les *muqueuses*, notamment génitales ;
- dans les yeux ou dans le conduit auditif (risque de toxicité en cas de perforation du tympan) ;
- pour la désinfection du matériel médicochirurgical (voir Attention).

> **Attention :** Évitez l'usage prolongé de ce médicament, notamment chez l'enfant, sur des surfaces étendues ou profondément lésées, sans l'avis de votre médecin : risque de passage du médicament dans le sang.
> Cet *antiseptique* ne convient pas pour la désinfection des ciseaux, rasoirs et autres objets potentiellement contaminants.

### Interactions avec d'autres substances

L'association à d'autres *antiseptiques* ou aux savons est déconseillée car leurs effets risquent de s'annuler.

### Grossesse et allaitement

L'utilisation ponctuelle de ce médicament pendant la grossesse ou l'allaitement ne semble pas poser de problème particulier.

Cet *antiseptique* ne doit pas être appliqué sur le mamelon sans avis médical. Un rinçage soigneux avant la tétée est indispensable.

### Mode d'emploi et posologie

Cette solution est appliquée pure et ne doit pas être rincée.

**Posologie usuelle :**

2 applications par jour.

> **Conseils :** Le simple lavage à l'eau et au savon permet d'éliminer la majorité des *germes* : il doit être suivi d'un rinçage soigneux car le savon peut inactiver certains *antiseptiques*.
> Tous les antiseptiques peuvent être contaminés par des germes : une fois ouvert, le flacon ne doit pas être conservé inutilement.

### Effets indésirables possibles

*Eczéma* de contact.

Exceptionnellement : *réaction allergique*.

**Laboratoires Bayer santé familiale**

## BISOLVON

Fluidifiant bronchique

### Présentation

BISOLVON 8 mg : comprimé (blanc) ; boîte de 30. Non remb.

### Composition

| | p cp |
|---|---|
| **Bromhexine chlorhydrate** | 8 mg |

### Dans quel cas ce médicament est-il prescrit ?

Ce médicament fluidifie les sécrétions (mucosités) présentes dans les bronches. Il facilite leur évacuation par la toux.

Il est utilisé en cas de toux grasse avec difficulté à cracher, notamment au cours des bronchites aiguës.

> **Attention :** Ce médicament ne peut être utilisé en cas de *bronchite chronique* que sur avis médical.
> N'utilisez pas d'*antitussif* en plus de ce médicament sans l'avis de votre médecin ou de votre pharmacien.
> En cas de fièvre, de sécrétions qui persistent au-delà de quelques jours ou qui se colorent, consultez votre médecin.

### Grossesse et allaitement

Par mesure de prudence, en l'absence de données suffisantes, ce médicament est déconseillé pendant la grossesse et l'allaitement.

**Mode d'emploi et posologie**

Les prises doivent être régulièrement réparties au cours de la journée.

La durée du traitement ne doit pas dépasser 10 jours sans avis médical.

**Posologie usuelle :**

- Adulte : 1 ou 2 comprimés, 3 fois par jour.

Le traitement peut être interrompu dès l'amélioration des symptômes. Sa durée ne doit pas dépasser 8 à 10 jours sans avis médical.

**Conseils :** Fumer, ou être exposé à la fumée des autres, est un frein important à l'évacuation des mucosités.
Il est nécessaire de lutter contre la sécheresse de l'air ambiant (humidificateur...) pour éviter le dessèchement des sécrétions. Il est également recommandé de boire beaucoup.
Chez la personne âgée, l'incapacité à évacuer les crachats peut justifier l'aide d'un kinésithérapeute, sur prescription médicale.

**Effets indésirables possibles**

Douleurs d'estomac, nausées, vomissements, diarrhées.

Augmentation de l'encombrement bronchique chez les personnes ayant des difficultés à expectorer.

*Réaction allergique.*

Laboratoires Bœhringer Ingelheim

## BISOPROLOL ARROW

Bêtabloquant — sur ordonnance

Ce médicament est un générique de DÉTENSIEL (voir p. 301 et tableau p. 1151).

## BISOPROLOL BIOGARAN

Bêtabloquant — sur ordonnance

Ce médicament est un générique de DÉTENSIEL (voir p. 301 et tableau p. 1151).

## BISOPROLOL EG

Bêtabloquant — sur ordonnance

Ce médicament est un générique de DÉTENSIEL (voir p. 301 et tableau p. 1151).

## BISOPROLOL G GAM

Bêtabloquant — sur ordonnance

Ce médicament est un générique de DÉTENSIEL (voir p. 301 et tableau p. 1151).

## BISOPROLOL GNR

Bêtabloquant — sur ordonnance

Ce médicament est un générique de DÉTENSIEL (voir p. 301 et tableau p. 1151).

## BISOPROLOL MERCK

Bêtabloquant — sur ordonnance

Ce médicament est un générique de DÉTENSIEL (voir p. 301 et tableau p. 1151).

## BISOPROLOL QUALIMED

Bêtabloquant — sur ordonnance

Ce médicament est un générique de DÉTENSIEL (voir p. 301 et tableau p. 1151).

## BISOPROLOL RATIOPHARM

Bêtabloquant — sur ordonnance

Ce médicament est un générique de DÉTENSIEL (voir p. 301 et tableau p. 1151).

## BISOPROLOL RPG

Bêtabloquant — sur ordonnance

Ce médicament est un générique de DÉTENSIEL (voir p. 301 et tableau p. 1151).

## BISOPROLOL SANDOZ

Bêtabloquant — sur ordonnance

Ce médicament est un générique de DÉTENSIEL (voir p. 301 et tableau p. 1151).

## BISOPROLOL TEVA

Bêtabloquant — sur ordonnance

Ce médicament est un générique de DÉTENSIEL (voir p. 301 et tableau p. 1151).

## BISOPROLOL WINTHROP

Bêtabloquant — sur ordonnance

Ce médicament est un générique de DÉTENSIEL (voir p. 301 et tableau p. 1151).

## BISOPROLOL ZYDUS

Bêtabloquant — sur ordonnance

Ce médicament est un générique de DÉTENSIEL (voir p. 301 et tableau p. 1151).

## BI-TILDIEM
Inhibiteur calcique
sur ordonnance

### Présentation
BI-TILDIEM 90 mg : comprimé à *libération prolongée* (blanc) ; boîte de 28. Liste I - Remb 65 % - **Prix : 11,01 €.**
BI-TILDIEM 120 mg : comprimé à *libération prolongée* (blanc) ; boîte de 28. Liste I - Remb 65 % - **Prix : 12,14 €.**

### Composition

| | p cp LP | p cp LP |
|---|---|---|
| **Diltiazem chlorhydrate** ......... | 90 mg | 120 mg |

### Dans quel cas ce médicament est-il prescrit ?
Ce médicament est un *vasodilatateur* qui appartient à la famille des *inhibiteurs calciques*.
Il est utilisé dans le *traitement préventif* des crises d'*angine de poitrine*.

### Contre-indications
Ce médicament ne doit pas être utilisé dans les cas suivants :
- *bloc auriculoventriculaire* grave et certaines maladies de l'automatisme cardiaque,
- rythme cardiaque inférieur à 40 battements par minute,
- *insuffisance cardiaque* grave.

**Attention :** Des précautions sont nécessaires en cas d'*insuffisance rénale* ou *hépatique* et chez la personne âgée.
Signalez la prise de ce médicament à l'anesthésiste en cas d'intervention chirurgicale.

### Interactions avec d'autres substances
Ce médicament peut interagir avec les *antiarythmiques*.
Informez par ailleurs votre médecin si vous prenez un *bêtabloquant* ou un médicament contenant de la ciclosporine, de la carbamazépine, de la rifampicine, de l'amiodarone, un *alphabloquant* ou un autre médicament susceptible de faire baisser la tension artérielle.

### Grossesse et allaitement
Ce médicament est déconseillé chez la femme enceinte ou susceptible de l'être. Si une grossesse survient au cours du traitement, prévenez votre médecin.
Ce médicament passe faiblement dans le lait maternel : l'allaitement est déconseillé sans avis médical.

### Mode d'emploi et posologie
Les comprimés doivent être avalés avec un peu d'eau sans être croqués.
**Posologie usuelle :**
1 comprimé à 90 mg ou à 120 mg, matin et soir.

**Conseils :** Il est normal de retrouver le comprimé dans les selles : son contenu a été libéré dans l'intestin.

### Effets indésirables possibles
Ralentissement important du cœur, *bloc auriculoventriculaire*, *réaction allergique* cutanée, gonflement des gencives. Ces effets nécessitent parfois l'arrêt du traitement.
Rarement :
- bouffées de chaleur, maux de tête, jambes lourdes ou enflées, *palpitations* ;
- fatigue, *troubles digestifs*, bouche sèche.

Exceptionnellement : *gynécomastie, syndrome extrapyramidal*, augmentation des *transaminases*, *hépatite*.

Laboratoires Sanofi-Aventis France

## BLACKOÏDS du Dr MEUR
*Informations détaillées sur www.monvidal.com*

## BLÉOMYCINE BELLON
*Informations détaillées sur www.monvidal.com*

## BOLCITOL
*Informations détaillées sur www.monvidal.com*

## BOLDOFLORINE comprimé
*Informations détaillées sur www.monvidal.com*

## BOLDOFLORINE tisane
*Informations détaillées sur www.monvidal.com*

## BOLINAN
*Informations détaillées sur www.monvidal.com*

## BOOSTRIXTETRA
*Informations détaillées sur www.monvidal.com*

## B.O.P.
Phytothérapie

### Présentation
B.O.P. : comprimé (blanc) ; boîte de 60. Non remb.

### Composition

| | p cp |
|---|---|
| **Olivier, extrait** ............................................. | 65 mg |
| **Bouleau, extrait** ............................................. | 95 mg |

### Dans quel cas ce médicament est-il prescrit ?
Ce médicament contient des extraits de plantes.
Il est traditionnellement utilisé pour favoriser l'élimination d'eau par les reins.

### Grossesse et allaitement
Ce médicament contient des plantes présumées sans danger pendant la grossesse ou l'allaitement. Néanmoins, par mesure de prudence, ne l'utilisez pas sans prendre l'avis de votre pharmacien ou de votre médecin.
Ce médicament n'est pas adapté au traitement d'une éventuelle rétention d'eau survenant pendant la grossesse. L'apparition d'*œdèmes* impose une consultation médicale.

### Mode d'emploi et posologie
Les comprimés doivent être avalés avec un verre d'eau.
**Posologie usuelle :**
- Adulte : 2 comprimés, 3 fois par jour.

Laboratoires PPDH

## BORIBEL N° 1 douleurs articulaires
*Informations détaillées sur www.monvidal.com*

**BORIBEL N° 2 pectorale**
*Informations détaillées sur www.monvidal.com*

**BORIBEL N° 6 digestive**
*Informations détaillées sur www.monvidal.com*

**BORIBEL N° 7 biliaire**
*Informations détaillées sur www.monvidal.com*

**BORIBEL N° 8 sédative**
*Informations détaillées sur www.monvidal.com*

**BORIBEL N° 9 minceur**
*Informations détaillées sur www.monvidal.com*

**BORIBEL N° 12 jambes lourdes**
*Informations détaillées sur www.monvidal.com*

**BORIBEL N° 13 purgative**
*Informations détaillées sur www.monvidal.com*

**BORIBEL N° 17 urinaire**
*Informations détaillées sur www.monvidal.com*

**BOROCLARINE**
*Informations détaillées sur www.monvidal.com*

**BOROSTYROL solution**
*Informations détaillées sur www.monvidal.com*

**BOURDAINE BOIRON**
*Informations détaillées sur www.monvidal.com*

**BREVOXYL**
*Informations détaillées sur www.monvidal.com*

## BREXIN
Anti-inflammatoire non stéroïdien — sur ordonnance

### Présentation
BREXIN : comprimé sécable (jaune pâle) ; boîte de 14. Liste I - Remb 65 % - **Prix : 8,30 €**.
BREXIN : comprimé effervescent (jaune pâle ; arôme citron) ; boîte de 14. Liste I - Remb 65 % - **Prix : 8,30 €**.

### Composition

| | p cp | p cp efferv |
|---|---|---|
| **Piroxicam bêta-cyclodextrine** | 191,2 mg | 191,2 mg |
| soit Piroxicam | 20 mg | 20 mg |
| Aspartam | | + |

### Dans quel cas ce médicament est-il prescrit ?
Ce médicament est un *anti-inflammatoire* non stéroïdien (*AINS*). Il lutte contre l'*inflammation* et la douleur, fait baisser la fièvre et fluidifie le sang.
Il est utilisé dans :
- le *traitement symptomatique* de longue durée des *rhumatismes inflammatoires* et de certaines *arthroses* invalidantes ;
- le traitement de courte durée des poussées inflammatoires d'arthrose, des *arthrites*, des *tendinites*, des *sciatiques*, des *cruralgies* et des douleurs faisant suite à un traumatisme de l'appareil locomoteur.

### Contre-indications
Ce médicament ne doit pas être utilisé dans les cas suivants :
- antécédent d'*allergie* ou d'*asthme* provoqué par la prise d'*AINS*, y compris l'aspirine ;
- *ulcère* de l'estomac ou du *duodénum* ;
- *insuffisance hépatique* ou rénale grave ;
- *phénylcétonurie* (comprimé effervescent : présence d'aspartam) ;
- enfant de moins de 15 ans ;
- **grossesse** (à partir du 6e mois).

**Attention :** Tout traitement prolongé ou *surdosage* d'*AINS* expose à des effets indésirables graves.
Certaines situations doivent conduire à ne poursuivre le traitement qu'après un avis médical :
- brûlures d'estomac importantes ou selles noires et nauséabondes pouvant traduire une irritation ou un saignement du tube digestif ;
- *réaction allergique* cutanée, crise d'*asthme* ;
- fatigue inhabituelle et intense, ou baisse brutale et importante du volume des urines chez une personne souffrant d'*insuffisance cardiaque*, déshydratée ou traitée par *diurétique*.

Des précautions sont nécessaires en cas d'*antécédent* d'*ulcère* de l'estomac ou du *duodénum* ou de risque hémorragique, notamment digestif (maladie de *Crohn*, *rectocolite hémorragique*).
Certains médecins considèrent que les anti-inflammatoires peuvent diminuer l'efficacité des stérilets et exposer à un risque de grossesse non désirée. Ce risque est actuellement très controversé.
Conducteur : ce médicament peut provoquer des étourdissements ou une baisse de la vigilance.

### Interactions avec d'autres substances
Ce médicament peut interagir avec d'autres médicaments, notamment :
- l'aspirine et les autres *anti-inflammatoires* non stéroïdiens (*AINS*) : risque d'accroissement des effets indésirables ;
- les *anticoagulants* et les *antiagrégants plaquettaires* : augmentation du risque hémorragique ;
- le lithium (TÉRALITHE, NEUROLITHIUM...) : augmentation du taux de lithium dans le sang ;
- le méthotrexate.

Informez par ailleurs votre médecin ou votre pharmacien en cas de traitement par un *diurétique*, un *inhibiteur de l'enzyme de conversion*, un *inhibiteur de l'angiotensine II*, un *bêtabloquant* ou un médicament contenant de la ciclosporine.

### Grossesse et allaitement
Des effets néfastes pour l'enfant à naître ont été mis en évidence lorsque les *AINS* sont utilisés au cours des 4 derniers mois de la grossesse ; le risque existe même avec une seule prise et même si la grossesse est à terme. L'usage de ce médicament est contre-indiqué pendant cette période.
Pendant les 5 premiers mois, l'effet de ce médicament est mal connu : seul votre médecin peut évaluer le risque éventuel de son utilisation dans votre cas.
Ce médicament passe dans le lait maternel ; un choix est donc nécessaire entre l'allaitement et la prise du médicament. Cette décision devra être prise en accord avec votre médecin.

Les mots en *italique* dans les textes sont expliqués dans le lexique p. 1323.

### Mode d'emploi et posologie

Ce médicament doit être pris au cours des repas.

Les comprimés doivent être avalés tels quels avec un grand verre d'eau. Les comprimés effervescents doivent être dissous dans un verre d'eau.

**Posologie usuelle :**

- Adulte :
  - traitement de courte durée : 1 comprimé, 2 fois par jour. Ne pas dépasser 40 mg par jour.
  - traitement de longue durée : 1 comprimé par jour.

**Conseils :** Les anti-inflammatoires ne sont pas des médicaments anodins. Du fait de la possibilité d'effets indésirables graves, ils ne doivent être utilisés que lorsqu'ils sont nécessaires, ce qui n'est pas le cas pour les affections rhumatismales peu douloureuses et les traumatismes bénins. Ce médicament vous a été prescrit dans une situation précise : ne le conseillez pas à un proche et ne le réutilisez pas sans avis médical.

Ne dépassez pas la *posologie* ni la durée de traitement prescrites par votre médecin, afin de limiter les effets indésirables.

### Effets indésirables possibles

*Troubles digestifs*, *gastrite*, voire *ulcère* de l'estomac ou du *duodénum*, le plus souvent lors d'un traitement prolongé à des doses supérieures à 30 mg par jour. Exceptionnellement : *hémorragie* du tube digestif (vomissements sanglants, selles noires, ou plus souvent pertes de sang imperceptibles, responsables de l'apparition progressive d'une *anémie*).

*Réaction allergique* nécessitant l'arrêt immédiat du traitement :

- *éruption cutanée*, démangeaisons, aphte, *conjonctivite* (pouvant correspondre à la phase initiale d'une réaction allergique plus grave) ;
- *asthme* ;
- malaise avec baisse de la tension artérielle.

Étourdissement, maux de tête, bourdonnement d'oreille, somnolence.

Exceptionnellement : baisse de l'audition, *photosensibilisation*, *œdème*, augmentation des *transaminases*, *hépatite*.

Laboratoires Pierre Fabre

## BRIAZIDE

*Informations détaillées sur www.monvidal.com*

## BRICANYL comprimé

Antiasthmatique — sur ordonnance

### Présentation

BRICANYL LP 5 mg : comprimé à *libération prolongée* (blanc) ; boîte de 30. Liste I - Remb 35 % - **Prix : 4,08 €.**

### Composition

| | p cp LP |
|---|---|
| Terbutaline sulfate | 5 mg |

### Dans quel cas ce médicament est-il prescrit ?

Ce médicament est un bronchodilatateur qui lutte contre la contraction anormale des muscles de la paroi des bronches. Il est apparenté à une substance naturelle, l'*adrénaline*, mais contrairement à cette substance, il a peu d'effets sur le cœur.

Il est utilisé dans le *traitement de fond* de l'*asthme* et de certaines maladies des bronches (en association avec un traitement anti-inflammatoire, par exemple un corticoïde en aérosol).

### Contre-indications

Ce médicament ne doit pas être utilisé chez l'enfant de moins de 5 ans et de moins de 20 kg.

**Attention :** Ce médicament n'est pas adapté au *traitement de la crise* d'*asthme* : son effet est prolongé mais lent à apparaître. Si une crise survient sous traitement, un médicament d'action rapide et de courte durée doit être utilisé.

Le traitement associé, prescrit par votre médecin, ne doit en aucune façon être arrêté.

Certaines maladies doivent être portées à la connaissance de votre médecin : maladies cardiaques graves (*troubles du rythme cardiaque, angine de poitrine*), *hypertension artérielle*, *hyperthyroïdie*, *diabète*.

Sportif : ce médicament contient une substance susceptible de rendre positifs certains *tests antidopage*.

### Grossesse et allaitement

Ce médicament peut être employé chez la femme enceinte.

Ce médicament passe dans le lait maternel. Prenez l'avis de votre médecin ou de votre pharmacien.

### Mode d'emploi et posologie

Les comprimés à *libération prolongée* à 5 mg doivent être avalés sans être coupés ni croqués ni écrasés, au cours du repas, avec un grand verre d'eau.

**Posologie usuelle :**

- Adulte et enfant de plus de 5 ans (pesant plus de 20 kg) : 1 comprimé, matin et soir.

**Conseils :** Toute interruption du traitement expose à une recrudescence de l'*asthme*.

Les excitants tels que le thé ou le café peuvent majorer certains effets indésirables de la terbutaline et doivent être consommés avec modération.

### Effets indésirables possibles

Tremblements des extrémités, accélération du cœur, crampes musculaires, maux de tête, vertiges, sueur.

Nausées, vomissements.

Laboratoires AstraZeneca

## BRICANYL Turbuhaler

Antiasthmatique — sur ordonnance

### Présentation

BRICANYL Turbuhaler : poudre pour inhalation ; flacon doseur (200 doses). Liste I - Remb 65 % - **Prix : 14,66 €.**

### Composition

| | p dose |
|---|---|
| Terbutaline sulfate | 0,5 mg |

### Dans quel cas ce médicament est-il prescrit ?

Ce médicament est un bronchodilatateur qui lutte contre la contraction anormale des muscles de la paroi des bronches. Il est apparenté à une substance naturelle, l'*adrénaline* ; mais, contrairement à cette substance, il a peu d'effet sur le cœur. Son action est rapide et se prolonge pendant environ 6 heures.

Il est utilisé :

- en prises ponctuelles dans le *traitement de la crise* d'*asthme* et dans la prévention de l'asthme d'effort,
- en prises répétées dans le traitement des périodes d'aggravation de l'asthme ou de la *bronchite chronique* de type obstructif, c'est-à-dire associée à un rétrécissement du diamètre des bronches.

Le Turbuhaler est adapté aux personnes ayant des difficultés à utiliser les aérosols doseurs.

**Attention :** Ce médicament n'est pas adapté aux enfants de moins de 5 ans.

Les bronchodilatateurs d'action rapide ne sont pas destinés au *traitement de fond* de l'asthme qui repose sur d'autres médicaments, inhalés ou non. Leur emploi ne se justifie que dans le *traitement de la crise* d'asthme ou lors des périodes d'aggravation de la gêne respiratoire.

Lorsque les doses habituellement efficaces deviennent insuffisantes et que les difficultés respiratoires s'accentuent, un traitement complémentaire (par *corticoïde* ou *antibiotique*) peut être nécessaire : consultez votre médecin sans tarder.

En cas de crise grave, n'hésitez pas à appeler le 15 pour un conseil ou une aide médicale urgente.

Sportif : ce médicament contient une substance susceptible de rendre positifs certains *tests antidopage*.

### Grossesse et allaitement

Ce médicament peut être utilisé pendant la grossesse.

Ce médicament passe dans le lait maternel : consultez votre médecin en cas d'*inhalations* répétées.

### Mode d'emploi et posologie

Charger le Turbuhaler (clic audible en faisant tourner la base de l'appareil). Vider complètement les poumons puis placer l'embout de l'appareil entre les lèvres. Aspirer à fond. L'inspiration doit être rapide et profonde. Essayer de garder l'air dans les poumons quelques secondes avant de les vider. Le Turbuhaler n'entraîne aucune sensation particulière bien que le produit soit délivré au niveau du poumon. Il ne faut jamais souffler dans l'appareil ni le mouiller. Replacer le capuchon après usage.

**Posologie usuelle :**

*Traitement de la crise* :

- Adulte et enfant de plus de 5 ans : 1 bouffée, que l'on peut renouveler quelques minutes plus tard.

Traitement des poussées d'*asthme* ou de *bronchite chronique* :

- Adulte et enfant de plus de 12 ans : 3 ou 4 bouffées par jour, régulièrement réparties dans la journée.
- Enfant de 5 à 12 ans : 2 ou 3 bouffées par jour, régulièrement réparties dans la journée.

*Traitement préventif* de l'asthme d'effort : 1 bouffée, 15 à 30 minutes avant l'exercice.

Ne pas dépasser, au total, 8 bouffées par jour.

**Conseils :** Lisez attentivement la notice du médicament avant son emploi. N'hésitez pas à demander une démonstration du maniement de cet appareil à votre médecin ou à votre pharmacien.

Démontez le Turbuhaler et nettoyez à l'eau l'embout buccal, 2 ou 3 fois par semaine.

### Effets indésirables possibles

Les effets indésirables sont rares et bénins avec les formes inhalées. Leur survenue est favorisée par une augmentation de la *posologie* : tremblements des extrémités, accélération du cœur, crampes musculaires, maux de tête.

L'irritation de la gorge, provoquant toux et enrouement, peut être évitée en se rinçant la bouche après l'*inhalation*.

Laboratoires AstraZeneca

## BRIEM

*Informations détaillées sur www.monvidal.com*

## BRISTAMOX

Antibiotique : pénicilline — **sur ordonnance**

Ce médicament est un générique de HICONCIL (informations détaillées sur www.monvidal.com).

## BRISTOPEN injectable

*Informations détaillées sur www.monvidal.com*

## BRISTOPEN oral

Antibiotique : pénicilline — **sur ordonnance**

### Présentation

BRISTOPEN 250 mg : poudre pour sirop Enfant Nourrisson (arômes : abricot, cola) ; flacon de 60 ml (12 cuillères-mesure de 5 ml). Liste I - Remb 65 % - **Prix : 3,16 €**.
BRISTOPEN 500 mg : gélule (vert et blanc) ; boîte de 12. Liste I - Remb 65 % - **Prix : 5,62 €**.

### Composition

| | p c mes | p gél |
|---|---|---|
| **Oxacilline** | 250 mg | 500 mg |
| Saccharose | 2,03 g | |

### Dans quel cas ce médicament est-il prescrit ?

C'est un *antibiotique* qui appartient à la famille des *pénicillines* M. Cette famille est particulièrement efficace contre les *staphylocoques*, *germes* capables d'inactiver la pénicilline simple.

Il est utilisé dans le traitement de diverses maladies infectieuses, notamment des poumons, des bronches, du nez, de la gorge ou des oreilles, de l'appareil urinaire, des *voies* génitales, de la peau ou des os.

### Contre-indications

Ce médicament ne doit pas être utilisé en cas d'*allergie* aux *pénicillines*.

Votre médecin est seul juge pour prescrire ce médicament en cas d'allergie aux *céphalosporines*.

**Attention :** La survenue de toute *réaction allergique* (boutons, *œdème*, malaise) impose l'arrêt du traitement. Consultez rapidement votre médecin. Pensez à signaler tout *antécédent* d'allergie aux *antibiotiques* de la famille des *bêtalactamines* (*pénicillines* et *céphalosporines*). Il contre-indique l'usage de ce médicament.

De nombreux *antibiotiques* peuvent provoquer des selles liquides ou une *diarrhée*, généralement bénigne. En revanche, une diarrhée importante survenant pendant ou dans les jours qui suivent le traitement antibiotique doit être signalée à votre médecin.

Une diminution de la fièvre ou une disparition des *symptômes* ne sont pas synonymes de guérison : la durée du traitement doit absolument être respectée pour éviter les rechutes ou l'apparition d'une *résistance* du *germe* à l'*antibiotique*.
Le sirop contient du *sucre* (saccharose) en quantité notable.

**Interactions avec d'autres substances**
Ce médicament peut interagir avec les médicaments contenant du méthotrexate.

**Grossesse et allaitement**
Les études scientifiques actuellement disponibles n'ont pas mis en évidence de problème particulier lors de l'utilisation chez la femme enceinte. Seul votre médecin peut apprécier la nécessité du traitement et son risque pendant la grossesse.
Ce médicament passe dans le lait maternel : l'arrêt de l'allaitement devra être envisagé.

**Mode d'emploi et posologie**
Ce médicament est pris de préférence une demi-heure avant les repas.
Le sirop doit être préparé : dissoudre la poudre avec de l'eau en quantité suffisante pour que la solution obtenue atteigne le trait gravé sur le flacon.
Les gélules ne sont pas adaptées à l'enfant de moins de 6 ans. En effet, elles risquent d'obstruer les voies respiratoires si l'enfant déglutit mal et que la gélule passe dans la trachée (fausse route).
**Posologie usuelle :**
Elle varie en fonction des indications. Pour des infections courantes :
- Adulte : 2 gélules, matin et soir.
- Enfant : 2 cuillères-mesure de sirop, matin et soir.
- Nourrisson : ½ cuillère-mesure de sirop par 5 kg, 2 fois par jour.

**Conseils :** Le médecin prescrit parfois un prélèvement pour identifier le *germe* responsable de l'infection et tester sa sensibilité aux *antibiotiques*. Le résultat de cet examen peut être faussé en cas d'automédication préalable : ne prenez pas et ne donnez pas d'antibiotiques sans avis médical.
L'éventuelle impression de fatigue n'est pas due à l'*antibiotique*, mais à l'infection elle-même.
L'odeur particulière des urines est normale et traduit l'élimination de l'antibiotique.
Le sirop reconstitué se conserve 15 jours à température ambiante. Toutefois, sa conservation au réfrigérateur permet d'atténuer son goût naturellement amer.

**Effets indésirables possibles**
Nausées, vomissements, *diarrhée*.
Rarement :
- *réactions allergiques* : *éruption cutanée*, œdème de *Quincke*, *choc anaphylactique* (exceptionnel) ;
- anomalie de la *numération formule sanguine*, *insuffisance rénale*, augmentation des *transaminases*.

**Laboratoires Bristol-Myers Squibb**

## BROMAZÉPAM ARROW
Anxiolytique : benzodiazépine — sur ordonnance

Ce médicament est un générique de LEXOMIL (voir p. 573 et tableau p. 1151).

## BROMAZÉPAM BIOGARAN
Anxiolytique : benzodiazépine — sur ordonnance

Ce médicament est un générique de LEXOMIL (voir p. 573 et tableau p. 1151).

## BROMAZÉPAM EG
Anxiolytique : benzodiazépine — sur ordonnance

Ce médicament est un générique de LEXOMIL (voir p. 573 et tableau p. 1151).

## BROMAZÉPAM G GAM
Anxiolytique : benzodiazépine — sur ordonnance

Ce médicament est un générique de LEXOMIL (voir p. 573 et tableau p. 1151).

## BROMAZÉPAM IVAX
Anxiolytique : benzodiazépine — sur ordonnance

Ce médicament est un générique de LEXOMIL (voir p. 573 et tableau p. 1151).

## BROMAZÉPAM MERCK
Anxiolytique : benzodiazépine — sur ordonnance

Ce médicament est un générique de LEXOMIL (voir p. 573 et tableau p. 1151).

## BROMAZÉPAM QUALIMED
Anxiolytique : benzodiazépine — sur ordonnance

Ce médicament est un générique de LEXOMIL (voir p. 573 et tableau p. 1151).

## BROMAZÉPAM RATIOPHARM
Anxiolytique : benzodiazépine — sur ordonnance

Ce médicament est un générique de LEXOMIL (voir p. 573 et tableau p. 1151).

## BROMAZÉPAM RPG
Anxiolytique : benzodiazépine — sur ordonnance

Ce médicament est un générique de LEXOMIL (voir p. 573 et tableau p. 1151).

## BROMAZÉPAM SANDOZ
Anxiolytique : benzodiazépine — sur ordonnance

Ce médicament est un générique de LEXOMIL (voir p. 573 et tableau p. 1151).

## BROMAZÉPAM TEVA
Anxiolytique : benzodiazépine — sur ordonnance

Ce médicament est un générique de LEXOMIL (voir p. 573 et tableau p. 1151).

## BROMAZÉPAM WINTHROP
Anxiolytique : benzodiazépine — sur ordonnance

Ce médicament est un générique de LEXOMIL (voir p. 573 et tableau p. 1151).

## BROMAZÉPAM ZYDUS
Anxiolytique : benzodiazépine — sur ordonnance

Ce médicament est un générique de LEXOMIL (voir p. 573 et tableau p. 1151).

## BROMO-KIN
Dopaminergique — sur ordonnance

Ce médicament est un générique de PARLODEL (voir p. 808 et tableau p. 1151).

## BROMO-KIN INHIBITION DE LA LACTATION
Dopaminergique — sur ordonnance

Ce médicament est un générique de PARLODEL INHIBITION DE LA LACTATION (informations détaillées sur www.monvidal.com).

## BROMUM COMPLEXE N° 119
*Informations détaillées sur www.monvidal.com*

## BRONCALÈNE Adulte, Enfant
*Informations détaillées sur www.monvidal.com*

## BRONCALÈNE Nourrisson
*Informations détaillées sur www.monvidal.com*

## BRONCATHIOL
*Informations détaillées sur www.monvidal.com*

## BRONCHODERMINE pommade
Révulsif

### Présentation
BRONCHODERMINE : pommade ; tube de 60 g avec dispositif doseur. Non remb.

### Composition

| | p 100 g |
|---|---|
| **Cinéole (eucalyptol)** | 1 g |
| **Gaïacol** | 1,55 g |
| **Pin, huile essentielle** | 1 g |

### Dans quel cas ce médicament est-il prescrit ?
Cette pommade, qui contient des *terpènes*, a un effet *révulsif*.
Elle est utilisée pour faciliter la respiration au cours des affections respiratoires, avec ou sans toux.

### Contre-indications
Ce médicament ne doit pas être utilisé dans les cas suivants :
- peau lésée,
- enfant ayant des *antécédents* de *convulsions*,
- enfant de moins de 30 mois.

**Attention :** Ce médicament contient des *terpènes* qui peuvent, en cas de dépassement des *posologies*, avoir des effets indésirables graves : respectez, plus particulièrement chez l'enfant, les doses préconisées.
Des précautions sont nécessaires en cas d'*épilepsie*.
En l'absence d'amélioration au bout de quelques jours, en cas d'apparition de fièvre, consultez votre médecin.

### Grossesse et allaitement
L'effet de ce médicament pendant la grossesse est mal connu. L'évaluation du risque éventuel lié à son utilisation est individuelle : demandez conseil à votre pharmacien ou à votre médecin.
En raison du risque d'ingestion par le nouveau-né, ce médicament ne doit pas être appliqué sur le sein chez la femme qui allaite.

### Mode d'emploi et posologie
Utiliser le dispositif doseur pour mesurer la quantité de pommade préconisée. Appliquer délicatement la pommade sur la poitrine, sans masser ni frictionner.

**Posologie usuelle :**
- Adulte : 1 ou 2 applications de 1,7 g par jour.
- Enfant de 6 à 15 ans : 1 ou 2 applications de 1 g par jour.
- Enfant de 30 mois à 6 ans : 1 application de 1 g par jour.

La durée du traitement ne doit pas dépasser 3 jours sans avis médical.

**Conseils :** Pensez à vous laver les mains après l'application pour éviter tout contact avec les yeux et les *muqueuses*.

### Effets indésirables possibles
Au point d'application : démangeaisons, brûlure nécessitant l'arrêt du traitement.
*Réaction allergique.*
En cas de dépassement de la *posologie* usuelle, les *terpènes* peuvent provoquer :
- des *convulsions* chez l'enfant,
- agitation, confusion des idées (notamment chez la personne âgée).

Laboratoires SERP

## BRONCHODERMINE suppositoire
*Informations détaillées sur www.monvidal.com*

## BRONCHODUAL

Antiasthmatique

sur ordonnance

### Présentation

BRONCHODUAL : poudre pour *inhalation* buccale en gélule ; boîte de 30 gélules avec inhalateur. Liste I - Remb 65 % - **Prix : 8,30 €**.
BRONCHODUAL : poudre pour *inhalation* buccale en gélule ; boîte de 30 gélules. Liste I - Remb 65 % - **Prix : 6,60 €**.

### Composition

| | p gél |
|---|---|
| **Fénotérol bromhydrate** | 100 µg |
| **Ipratropium bromure** | 40 µg |

### Dans quel cas ce médicament est-il prescrit ?

Ce médicament contient deux bronchodilatateurs, l'un apparenté à une substance naturelle, l'*adrénaline*, l'autre de la famille des anticholinergiques (*atropiniques*). Il agit localement contre la contraction anormale des muscles de la paroi des bronches. Son action est rapide (quelques minutes) et se poursuit pendant 5 à 6 heures.

Il est utilisé :

- en prises ponctuelles dans le *traitement de la crise d'asthme* et dans la prévention de l'asthme d'effort,
- en prises répétées dans les périodes d'aggravation de l'asthme ou de la *bronchite chronique* de type obstructif (*BPCO*), c'est-à-dire associée à un rétrécissement du diamètre des bronches.

### Contre-indications

Bien qu'il ait des effets *atropiniques*, ce médicament ne présente aucune contre-indication, car il agit localement et n'est pas diffusé dans l'organisme.

**Attention :** Les bronchodilatateurs d'action rapide ne sont pas destinés au *traitement de fond* de l'asthme qui repose sur d'autres médicaments, inhalés ou non. Leur emploi ne se justifie que dans le *traitement de la crise* d'asthme ou lors des périodes d'aggravation de la gêne respiratoire.

Lorsque les doses habituellement efficaces deviennent insuffisantes et que les difficultés respiratoires s'accentuent, un traitement complémentaire (par *corticoïde* ou *antibiotique*) peut être nécessaire : consultez votre médecin sans tarder.

En cas de crise grave, n'hésitez pas à appeler le 15 pour un conseil ou une aide médicale urgente.

Sportif : ce médicament contient une substance susceptible de rendre positifs certains *tests antidopage*.

### Grossesse et allaitement

L'effet de ce médicament pendant la grossesse ou l'allaitement est mal connu. Par prudence, son usage est déconseillé chez la femme enceinte ou chez celle qui allaite.

### Mode d'emploi et posologie

Placer une gélule dans l'inhalateur. Tenir l'embout buccal vers le haut ; pousser le bouton blanc : un déclic doit se produire. La gélule est ouverte et la poudre est prête à être inhalée. Expirer profondément puis placer l'embout buccal à l'entrée de la bouche et inspirer.

L'*inhalation* doit être faite au cours d'une inspiration profonde, précédée d'une expiration forcée. Il est ensuite nécessaire de retenir sa respiration quelques instants.

**Posologie usuelle :**

- *Traitement de la crise d'asthme* : inhaler le contenu d'une gélule dès les premiers symptômes, à renouveler après quelques minutes si l'effet est insuffisant.
- Traitement des poussées d'asthme ou de *bronchite chronique* : inhaler le contenu d'une gélule, 2 à 4 fois par jour régulièrement réparties dans la journée.
- *Traitement préventif* de l'asthme d'effort : inhaler le contenu d'une gélule, 15 à 30 minutes avant l'exercice.

Ne pas dépasser, au total, 8 gélules par jour.

**Conseils :** Lisez attentivement la notice du médicament et n'hésitez pas à demander une démonstration du maniement de cet appareil à votre médecin ou à votre pharmacien.

Pensez à nettoyer régulièrement l'embout buccal avec de l'eau savonneuse. Le capuchon de protection permet d'éviter l'inhalation accidentelle de poussières ou de corps étrangers qui pourraient se déposer dans l'embout en l'absence de protection ; veillez à le remettre en place après chaque *inhalation*.

### Effets indésirables possibles

Le risque d'effet indésirable apparaît surtout en cas de *posologie* élevée : tremblements des extrémités, crampes musculaires, accélération du cœur, *palpitations*, *vertiges*, maux de tête, sécheresse de la bouche, toux d'irritation.

Exceptionnellement, la prise de ce médicament peut provoquer une aggravation paradoxale des difficultés respiratoires : ne le réutilisez pas sans avoir pris l'avis de votre médecin.

Laboratoires Bœhringer Ingelheim

## BRONCHOKOD

Fluidifiant bronchique

Ce médicament est un générique de RHINATHIOL (voir p. 896 et tableau p. 1151).

## BRONCHORECTINE AU CITRAL

Traitement des affections bronchopulmonaires

### Présentation

BRONCHORECTINE AU CITRAL Adulte : suppositoire ; boîte de 10. Non remb.
BRONCHORECTINE AU CITRAL Enfant : suppositoire ; boîte de 10. Non remb.
BRONCHORECTINE AU CITRAL Nourrisson : suppositoire ; boîte de 10. Non remb.

### Composition

| | p suppos Ad | p suppos Enf | p suppos Nour |
|---|---|---|---|
| **Citral** | 5 mg | 3 mg | 2 mg |
| **Gaïacol** | 50 mg | 30 mg | |
| **Terpinol** | 30 mg | 20 mg | 10 mg |
| **Pin sylvestre, huile essentielle** | 30 mg | 20 mg | 10 mg |
| **Serpolet, huile essentielle** | 20 mg | 10 mg | 5 mg |

### Dans quel cas ce médicament est-il prescrit ?

Ce médicament contient une association de substances *antiseptiques* des *voies* respiratoires.

Il est utilisé dans le *traitement d'appoint* des affections bronchiques aiguës bénignes.

### Contre-indications

Ce médicament ne doit pas être utilisé en cas de lésion rectale récente.

> **Attention :** Ce médicament contient des *terpènes* : respectez la *posologie* préconisée.
> Des précautions sont nécessaires en cas d'*antécédents* de *convulsions* ou d'*épilepsie*.

### Grossesse et allaitement

L'effet de ce médicament pendant la grossesse est mal connu. L'évaluation du risque éventuel lié à son utilisation est individuelle : demandez conseil à votre pharmacien ou à votre médecin.

Les *terpènes* peuvent donner un goût particulier au lait. Leur absorption par le *nourrisson* n'est pas souhaitable : évitez d'employer ce médicament pendant l'allaitement.

### Mode d'emploi et posologie

Le traitement doit être court.

**Posologie usuelle :**

1 suppositoire, 2 ou 3 fois par jour, en utilisant le suppositoire adapté à l'âge.

> **Conseils :** Pour une meilleure conservation, garder les suppositoires au frais.

### Effets indésirables possibles

*Réaction allergique*.

En cas de dépassement de la *posologie* usuelle, les *terpènes* peuvent provoquer :
- des *convulsions* chez l'enfant,
- agitation, confusion des idées (notamment chez la personne âgée).

Laboratoires Mayoly-Spindler

## BRONCOCLAR granulé

*Informations détaillées sur www.monvidal.com*

## BRONCOCLAR sirop

*Informations détaillées sur www.monvidal.com*

## BRONKIREX

Fluidifiant bronchique

Ce médicament est un générique de RHINATHIOL (voir p. 896 et tableau p. 1151).

## BRUFEN

Anti-inflammatoire non stéroïdien — sur ordonnance

### Présentation

BRUFEN 400 : comprimé (blanc) ; boîte de 30. Liste II - Remb 65 % - **Prix : 3,12 €.**

### Composition

| | p cp |
|---|---|
| **Ibuprofène** | 400 mg |
| Lactose | + |

### Dans quel cas ce médicament est-il prescrit ?

Ce médicament est un *anti-inflammatoire* non stéroïdien (*AINS*). Il lutte contre l'*inflammation* et la douleur, fait baisser la fièvre et fluidifie le sang.

Il est utilisé chez l'adulte dans le traitement de la douleur et de la fièvre et dans le *traitement symptomatique* :
- des *rhumatismes inflammatoires* ;
- de certaines *arthroses* ;
- des *arthrites*, des *tendinites*, des *lombalgies*... ;
- des *sciatiques* et des *cruralgies* ;
- des douleurs faisant suite à un traumatisme de l'appareil locomoteur ;
- des règles douloureuses.

### Contre-indications

Ce médicament ne doit pas être utilisé dans les cas suivants :
- *antécédent* d'*allergie* ou d'*asthme* provoqué par la prise d'*AINS*, y compris l'aspirine ;
- *ulcère* de l'estomac ou du *duodénum* ;
- *insuffisance hépatique* ou *rénale* grave ;
- *insuffisance cardiaque* grave ;
- *lupus érythémateux* disséminé ;
- **grossesse** (à partir du 6e mois).

> **Attention :** Tout traitement prolongé ou *surdosage* d'*AINS* expose à des effets indésirables graves.
> Certaines situations doivent conduire à ne poursuivre le traitement qu'après un avis médical :
> - brûlures d'estomac importantes ou selles noires et nauséabondes pouvant traduire une irritation ou un saignement du tube digestif ;
> - *réaction allergique* cutanée, crise d'*asthme* ;
> - fatigue inhabituelle et intense, ou baisse brutale et importante du volume des urines chez une personne souffrant d'*insuffisance cardiaque*, déshydratée ou traitée par *diurétique*.
>
> Des précautions sont nécessaires chez la personne âgée ou en cas d'*antécédent* d'*ulcère* de l'estomac ou du *duodénum* ou de risque hémorragique, notamment digestif (maladie de *Crohn*, *rectocolite hémorragique*).
> Certains médecins considèrent que les anti-inflammatoires peuvent diminuer l'efficacité des stérilets et exposer à un risque de grossesse non désirée. Ce risque est actuellement très controversé.
> Conducteur : ce médicament peut provoquer parfois des étourdissements et des troubles de la vue.

### Interactions avec d'autres substances

Ce médicament peut interagir avec d'autres médicaments, notamment :
- l'aspirine et les autres *anti-inflammatoires* non stéroïdiens (*AINS*) : risque d'accroissement des effets indésirables ;
- les *anticoagulants* et les *antiagrégants plaquettaires* : augmentation du risque hémorragique ;
- le lithium (TÉRALITHE, NEUROLITHIUM...) : augmentation du taux de lithium dans le sang ;
- le méthotrexate.

Informez par ailleurs votre médecin ou votre pharmacien en cas de traitement par un *diurétique*, un *inhibiteur de l'enzyme de conversion*, un *inhibiteur de l'angiotensine II*, un *bêtabloquant* ou un médicament contenant de la ciclosporine.

### Grossesse et allaitement

Des effets néfastes pour l'enfant à naître ont été mis en évidence lorsque les *AINS* sont utilisés au cours des 4 derniers mois de la grossesse ; le risque existe même avec une seule prise et même si la grossesse est à terme. L'usage de ce médicament est contre-indiqué pendant cette période.

Pendant les 5 premiers mois, l'effet de ce médicament est mal connu : seul votre médecin peut évaluer le risque éventuel de son utilisation dans votre cas.

Ce médicament passe dans le lait maternel ; un choix est donc nécessaire entre l'allaitement et la prise du médicament. Cette décision devra être prise en accord avec votre médecin.

### Mode d'emploi et posologie

Les comprimés sont avalés avec un grand verre d'eau, de préférence au milieu des repas afin de limiter les effets digestifs indésirables.

Les prises doivent être espacées d'au moins 6 heures.

**Posologie usuelle :**

- Adulte :
  - *traitement d'attaque* en rhumatologie : 2 comprimés, 3 fois par jour ;
  - *traitement d'entretien* en rhumatologie : 1 comprimé, 3 ou 4 fois par jour ;
  - douleur des règles : 1 comprimé à renouveler si nécessaire, sans dépasser 4 comprimés par jour ;
  - autres douleurs, fièvre : 1 comprimé à renouveler si nécessaire après 6 heures, sans dépasser 3 comprimés par jour.

**Conseils :** Les anti-inflammatoires ne sont pas des médicaments anodins. Du fait de la possibilité d'effets indésirables graves, ils ne doivent être utilisés que lorsqu'ils sont nécessaires, ce qui n'est pas le cas pour les affections rhumatismales peu douloureuses et les traumatismes bénins. Ce médicament vous a été prescrit dans une situation précise : ne le conseillez pas à un proche et ne le réutilisez pas sans avis médical.

Ne dépassez pas la *posologie* ni la durée de traitement prescrites par votre médecin.

### Effets indésirables possibles

*Troubles digestifs*, *gastrite*, voire *ulcère* de l'estomac ou du *duodénum*, le plus souvent lors d'un traitement de longue durée ou à forte dose. Exceptionnellement : *hémorragie* du tube digestif (vomissements sanglants, selles noires, ou le plus souvent pertes de sang imperceptibles, responsables de l'apparition progressive d'une *anémie*).

*Réaction allergique* cutanée (éruptions, démangeaisons, *œdème*), *asthme*.

*Vertiges*, maux de tête, troubles de la vision.

Laboratoires Abbott-France

## BRULEX

*Informations détaillées sur www.monvidal.com*

## BUCCOBET

*Informations détaillées sur www.monvidal.com*

## BUDÉSONIDE ARROW

Antiasthmatique — sur ordonnance

Ce médicament est un générique de PULMICORT nébulisation (voir p. 867 et tableau p. 1151).

## BUDÉSONIDE BIOGARAN

Antiasthmatique — sur ordonnance

Ce médicament est un générique de PULMICORT nébulisation (voir p. 867 et tableau p. 1151).

## BUDÉSONIDE SANDOZ

Antiasthmatique — sur ordonnance

Ce médicament est un générique de PULMICORT nébulisation (voir p. 867 et tableau p. 1151).

## BUDÉSONIDE TEVA

Antiasthmatique — sur ordonnance

Ce médicament est un générique de PULMICORT nébulisation (voir p. 867 et tableau p. 1151).

## BUFLOMÉDIL ARROW

Vasodilatateur — sur ordonnance

Ce médicament est un générique de FONZYLANE oral (voir p. 425 et tableau p. 1151).

## BUFLOMÉDIL BIOGARAN

Vasodilatateur — sur ordonnance

Ce médicament est un générique de FONZYLANE oral (voir p. 425 et tableau p. 1151).

## BUFLOMÉDIL EG

Vasodilatateur — sur ordonnance

Ce médicament est un générique de FONZYLANE oral (voir p. 425 et tableau p. 1151).

## BUFLOMÉDIL G GAM

Vasodilatateur — sur ordonnance

Ce médicament est un générique de FONZYLANE oral (voir p. 425 et tableau p. 1151).

## BUFLOMÉDIL MERCK

Vasodilatateur — sur ordonnance

Ce médicament est un générique de FONZYLANE oral (voir p. 425 et tableau p. 1151).

## BUFLOMÉDIL QUALIMED
Vasodilatateur — **sur ordonnance**

Ce médicament est un générique de FONZYLANE oral (voir p. 425 et tableau p. 1151).

## BUFLOMÉDIL RPG
Vasodilatateur — **sur ordonnance**

Ce médicament est un générique de FONZYLANE oral (voir p. 425 et tableau p. 1151).

## BUFLOMÉDIL SANDOZ
Vasodilatateur — **sur ordonnance**

Ce médicament est un générique de FONZYLANE oral (voir p. 425 et tableau p. 1151).

## BUFLOMÉDIL TEVA
Vasodilatateur — **sur ordonnance**

Ce médicament est un générique de FONZYLANE oral (voir p. 425 et tableau p. 1151).

## BUFLOMÉDIL ZYDUS
Vasodilatateur — **sur ordonnance**

Ce médicament est un générique de FONZYLANE oral (voir p. 425 et tableau p. 1151).

## BUPRÉNORPHINE ARROW
Substitution aux opiacés — **sur ordonnance**

Ce médicament est un générique de SUBUTEX (voir p. 979 et tableau p. 1151).

## BURINEX
Diurétique de l'anse — **sur ordonnance**

### Présentation

**BURINEX 1 mg :** comprimé sécable (blanc) ; boîte de 30. Liste II - Remb 65 % - **Prix : 4,69 €**.
**BURINEX 5 mg :** comprimé sécable (blanc) ; boîte de 30. Liste II - Remb 65 % - **Prix : 18,60 €**.
**BURINEX :** solution injectable *IV* ; boîte de 5 ampoules de 4 ml. Liste II - Remb 65 % - **Prix : 8,24 €**.

### Composition

| | p cp | p cp | p amp inj |
|---|---|---|---|
| **Bumétanide** .............. | 1 mg | 5 mg | 2 mg |

### Dans quel cas ce médicament est-il prescrit ?

C'est un *diurétique* qui appartient à la famille des *diurétiques de l'anse*, dont l'action est puissante et rapide. Il appartient par ailleurs à la famille chimique des *sulfamides*.

Il est utilisé dans le traitement de l'*insuffisance cardiaque*, de l'*insuffisance rénale* et de certains œdèmes.

### Contre-indications

Ce médicament ne doit pas être utilisé dans les cas suivants :
- *allergie* aux *sulfamides*,
- *encéphalopathie hépatique*,
- rétention d'urine par obstruction des *voies* urinaires (solution injectable).

**Attention :** Ce médicament peut faire baisser la *kaliémie* (taux de *potassium* dans le sang). Ce risque justifie la prescription par votre médecin d'analyses de sang régulières. L'usage prolongé de *laxatifs stimulants* est déconseillé pendant le traitement car il contribue à faire baisser le taux de potassium sanguin.

L'effet diurétique est parfois brutal, notamment lors des premiers jours de traitement. Prévoyez une étape aux toilettes dans l'heure qui suit la prise.

Les *diurétiques* peuvent augmenter le taux d'*acide urique* (uricémie) ou de *sucre* dans le sang (*glycémie*) : des précautions sont nécessaires en cas de *diabète* ou d'*antécédent* de crise de *goutte*.

Sportif : ce médicament contient une substance susceptible de rendre positifs certains *tests antidopage*.

### Interactions avec d'autres substances

Ce médicament peut interagir avec ceux qui contiennent du lithium ou du sultopride (BARNETIL, médicament hospitalier).

Informez par ailleurs votre médecin si vous prenez :
- un *AINS*, un *digitalique*, un *inhibiteur de l'enzyme de conversion* ou de l'angiotensine II ;
- un *antibiotique* de la famille des *aminosides* ;
- un médicament susceptible de provoquer des *torsades de pointes* ou de faire baisser la *kaliémie* (amphotéricine B, *corticoïde*, *laxatif stimulant*) ;
- un médicament contenant de la metformine ou de la phénytoïne ;
- un médicament susceptible de contribuer à la baisse de la tension artérielle (*neuroleptique*, *antidépresseur imipraminique*, baclofène).

### Grossesse et allaitement

L'effet de ce médicament sur l'enfant à naître est mal connu. Par prudence, son usage est déconseillé pendant la grossesse. Seul votre médecin peut apprécier la nécessité du traitement et son risque dans votre cas.

Ce médicament passe dans le lait maternel : l'allaitement est déconseillé.

### Mode d'emploi et posologie

Les comprimés doivent être pris avec un verre d'eau. La solution injectable est utilisée par le médecin en cas d'urgence.

**Posologie usuelle :**

Suivant la nature ou la gravité de l'affection, 1 à 20 mg par jour.

**Conseils :** Ce médicament augmente le volume des urines, surtout en début de traitement. Une prise le soir peut occasionner des envies d'uriner nocturnes.

Les *diurétiques* exposent au risque de déshydratation : veillez à proposer des boissons abondantes aux personnes âgées, notamment pendant les fortes chaleurs.

### Effets indésirables possibles

Baisse de la *kaliémie*, associée éventuellement à des crampes.

Augmentation de la *glycémie* ou de l'uricémie.

Étourdissements dus à une forte *hypotension orthostatique*.

A forte dose : baisse du taux de sodium dans le sang (natrémie) pouvant provoquer des troubles du comportement.

Rarement : *réaction allergique*.

Laboratoires Leo Pharma

## BUSPAR

Anxiolytique — sur ordonnance

### Présentation

BUSPAR 10 mg : comprimé sécable (blanc) ; boîte de 20. Liste I, prescription limitée à 12 semaines - Remb 65 % - **Prix : 6,50 €.**

### Composition

| | p cp |
|---|---|
| **Buspirone chlorhydrate** | 10 mg |
| Lactose | + |

### Dans quel cas ce médicament est-il prescrit ?

Ce médicament est un *anxiolytique* (tranquillisant). Il n'a pas d'effet *sédatif* et n'entraîne pas de *dépendance*.

Il est utilisé dans le traitement de l'anxiété lorsqu'elle s'accompagne de troubles gênants (*anxiété généralisée*...).

### Contre-indications

Ce médicament ne doit pas être utilisé en cas d'*insuffisance rénale* ou d'*hépatique* graves.

**Attention :** Utilisé seul, ce médicament n'est pas adapté au traitement des *états dépressifs*.

Conducteur : ce médicament peut être responsable de *vertiges*.

### Interactions avec d'autres substances

Ce médicament peut interagir avec les médicaments contenant de l'érythromycine ou de l'itraconazole.

Informez également votre médecin si vous prenez un médicament contenant l'une des substances suivantes : diltiazem, vérapamil, diazépam, rifampicine.

Par ailleurs, évitez le jus de pamplemousse pendant le traitement (augmentation du risque d'effets indésirables).

### Grossesse et allaitement

L'effet de ce médicament pendant la grossesse ou l'allaitement est mal connu. Par prudence, son usage est déconseillé chez la femme enceinte ou chez celle qui allaite.

### Mode d'emploi et posologie

La dose quotidienne est répartie en 2 ou 3 prises.

**Posologie usuelle :**

- Adulte de plus de 18 ans : 15 à 20 mg par jour.

Lorsque ce médicament vient en remplacement d'un *tranquillisant* de la famille des *benzodiazépines*, sa prescription précède généralement de 15 jours l'arrêt progressif de celui-ci.

**Conseils :** Ce médicament vous a été prescrit dans une situation précise : ne le réutilisez pas ultérieurement sans avis médical et ne le conseillez pas à une autre personne.

La durée de prescription des *anxiolytiques* doit être la plus courte possible. Dans certaines situations, le traitement doit toutefois être prolongé. Il appartient alors au médecin de réévaluer périodiquement la nécessité de le poursuivre ou de l'interrompre.

Les *tranquillisants* ne sont pas la seule réponse à l'anxiété : une meilleure hygiène de vie, une consommation modérée d'excitants (y compris les boissons alcoolisées) permettent aussi de lutter efficacement contre l'excès de stress. Dans certains cas, une psychothérapie peut aider à lutter durablement contre l'anxiété.

### Effets indésirables possibles

Surtout en début de traitement : sensation d'ivresse, *vertiges*, maux de tête, nausées, douleur d'estomac, nervosité, sueurs.

Laboratoires Bristol-Myers Squibb

## BUSPIRONE G GAM

Anxiolytique — sur ordonnance

Ce médicament est un générique de BUSPAR (voir p. 172 et tableau p. 1151).

## BUSPIRONE IVAX

Anxiolytique — sur ordonnance

Ce médicament est un générique de BUSPAR (voir p. 172 et tableau p. 1151).

## BUSPIRONE MERCK

Anxiolytique — sur ordonnance

Ce médicament est un générique de BUSPAR (voir p. 172 et tableau p. 1151).

**BUTAZOLIDINE**

*Informations détaillées sur www.monvidal.com*

**BUTIX**

*Informations détaillées sur www.monvidal.com*

**BUVENTOL EASYHALER**

*Informations détaillées sur www.monvidal.com*

# C

## CACIT

Élément minéral : calcium

### Présentation

**CACIT 500 :** comprimé effervescent (arômes : orange, mandarine) ; boîte de 60. Remb 65 % - **Prix : 8,24 €.**
**CACIT 1 000 :** comprimé effervescent (arômes : orange, mandarine) ; boîte de 30. Remb 65 % - **Prix : 8,24 €.**

### Composition

| | p cp | p cp |
|---|---|---|
| **Carbonate de calcium** | 1,25 g | 2,5 g |
| soit Calcium | 500 mg | 1 000 mg |

### Dans quel cas ce médicament est-il prescrit ?

Ce médicament contient une forte quantité de calcium, principal constituant de l'os.

Il est utilisé en cas de régime pauvre en calcium, de besoins accrus (période de croissance, grossesse, allaitement) ou de décalcification osseuse (*ostéoporose*, immobilisation prolongée ou traitement par la *cortisone*).

### Contre-indications

Ce médicament ne doit pas être utilisé dans les cas suivants :
- excès de calcium dans le sang ou dans les urines, avec ou sans *lithiase* ;
- immobilisation prolongée (attendre la reprise de la marche pour débuter le traitement).

**Attention :** Des apports excessifs en calcium peuvent être dangereux, notamment en cas d'*insuffisance rénale*. N'utilisez pas ce médicament sans avis médical.

Lorsque ce médicament est destiné à traiter la décalcification osseuse due à une immobilisation prolongée, il ne doit être pris qu'à la reprise de la marche.

Ce médicament est quelquefois associé à la *vitamine* D, qui favorise son absorption ; dans ce cas, des analyses de sang et d'urine sont parfois nécessaires.

### Interactions avec d'autres substances

Respectez un intervalle d'au moins 2 heures (voire 3 heures) entre la prise de ce médicament et celles des *cyclines*, des diphosphonates et des médicaments contenant du fer.

Informez par ailleurs votre pharmacien ou votre médecin si vous prenez des *digitaliques* ou des *diurétiques*.

### Grossesse et allaitement

L'apport éventuel de calcium médicamenteux pendant la grossesse ou l'allaitement ne doit pas dépasser 1 500 mg par jour.

### Mode d'emploi et posologie

Les comprimés effervescents doivent être dissous dans un verre d'eau.

**Posologie usuelle :**
- Adulte et enfant de plus de 10 ans : 2 comprimés de 500 mg ou 1 comprimé à 1 000 mg par jour.
- Enfant de 6 à 10 ans : 1 comprimé à 500 mg par jour.

**Conseils :** La prise de ce médicament ne dispense pas de la consommation régulière de laitages, naturellement riches en calcium.

Les comprimés effervescents doivent être conservés à l'abri de l'humidité.

### Effets indésirables possibles

*Troubles digestifs.*

En cas de traitement prolongé à forte dose : *hypercalcémie*, hypercalciurie (excès de calcium dans les urines pouvant favoriser les calculs rénaux).

Laboratoires Procter & Gamble

## CACIT VITAMINE D3

Vitamine D avec calcium

### Présentation

**CACIT VITAMINE D3 500 mg/440 UI :** comprimé à croquer ou à sucer (arôme abricot) ; boîte de 60. Remb 65 % - **Prix : 7,64 €.**
**CACIT VITAMINE D3 1000 mg/880 UI :** granulé effervescent pour solution buvable (arôme citron) ; boîte de 30 sachets. Remb 65 % - **Prix : 7,64 €.**
**CACIT VITAMINE D3 1000 mg/880 UI :** granulé effervescent pour solution buvable (arôme citron) ; boîte de 90 sachets. Remb 65 % - **Prix : 21,85 €.**

### Composition

| | p cp | p sachet |
|---|---|---|
| **Calcium carbonate** | 1,25 g | 2,5 g |
| soit Calcium | 500 mg | 1 g |
| **Colécalciférol (vitamine D3)** | 440 UI | 880 UI |
| Aspartam | + | |
| Acide citrique | | 4,12 g |

### Dans quel cas ce médicament est-il prescrit ?

Ce médicament contient du calcium et de la *vitamine* D qui facilite l'absorption du calcium par l'intestin et sa fixation sur les os.

Il est utilisé :
- dans le traitement des *carences* en vitamine D et en calcium chez la personne âgée,
- dans le *traitement d'appoint* de l'*ostéoporose* lorsque l'apport conjoint de calcium et de vitamine D est nécessaire.

### Contre-indications

Ce médicament ne doit pas être utilisé dans les cas suivants :
- excès de calcium dans le sang ou dans les urines,
- calculs des *voies* urinaires contenant du calcium,
- immobilisation prolongée (attendre la reprise de la marche pour débuter le traitement),
- *phénylcétonurie* (comprimé : présence d'aspartam).

**Attention :** Ce médicament contient de la *vitamine* D : son *surdosage* expose à des effets indésirables graves. Elle est présente dans de nombreux médicaments dont certains sont disponibles en automédication : évitez de les associer sans avis médical.
Des précautions sont nécessaires en cas d'*insuffisance rénale*.
Ne prolongez pas le traitement au-delà de la durée prescrite ; une prise de sang peut être nécessaire pour vérifier l'absence d'accumulation anormale de calcium dans l'organisme.
Lorsque ce médicament est destiné à traiter la décalcification due à un alitement prolongé, le traitement ne doit pas être commencé avant la reprise de la marche.

### Interactions avec d'autres substances

En raison de la présence de calcium, respectez un intervalle d'au moins 2 heures (voire 3 heures) entre la prise de ce médicament et celle des *cyclines* ou des biphosphonates.
Informez par ailleurs votre pharmacien ou votre médecin si vous prenez des *digitaliques* ou des *diurétiques*.
Il existe également des interactions alimentaires : les aliments réputés riches en acide oxalique (épinards, rhubarbe, oseille, cacao, thé) ou en acide phytique (chocolat, céréales complètes, légumes secs) peuvent diminuer l'absorption du calcium. Il est donc recommandé de prendre ce médicament à distance de repas contenant ces aliments.

### Grossesse et allaitement

Les comprimés peuvent être utilisés chez la femme enceinte ou chez celle qui allaite, mais la *posologie* prescrite par le médecin ne doit pas être dépassée. Une *hypercalcémie* pendant la grossesse pourrait être néfaste pour l'enfant à naître. Veillez à ne pas absorber plusieurs médicaments contenant de la *vitamine* D pendant la grossesse.
Compte tenu de leur teneur élevée en vitamine D, les sachets ne sont pas adaptés à la femme enceinte ou qui allaite.

### Mode d'emploi et posologie

Ce médicament doit être pris à distance de certains aliments (voir Interactions).
Les comprimés peuvent être croqués ou sucés.
Le contenu des sachets doit être dissous dans un verre d'eau.

**Posologie usuelle :**
- Adulte : 2 comprimés ou 1 sachet par jour.

**Conseils :** La prise de ce médicament ne dispense pas de la consommation régulière de laitages, naturellement riches en calcium.

### Effets indésirables possibles

Constipation ou diarrhée, nausées, ballonnements.
En cas de traitement prolongé à forte dose : *hypercalcémie*, hypercalciurie (excès de calcium dans les urines pouvant favoriser les calculs rénaux).
Rarement : réaction allergique cutanée (démangeaisons, urticaire, éruption de boutons).

**Laboratoires Procter & Gamble**

## CADENS
*Informations détaillées sur www.monvidal.com*

## CADITAR
*Informations détaillées sur www.monvidal.com*

## CALCAREA COMPOSÉ BOIRON
*Informations détaillées sur www.monvidal.com*

## CALCIBRONAT
*Informations détaillées sur www.monvidal.com*

## CALCIDIA
Médicament de l'hyperphosphorémie

### Présentation

CALCIDIA : granulé pour suspension buvable ; boîte de 20 sachets. Remb 65 % - **Prix : 5,72 €.**

### Composition

| | p sachet |
|---|---|
| **Calcium carbonate** | 3,85 g |
| soit Calcium | 1,54 g |
| Saccharose | 1,15 g |

### Dans quel cas ce médicament est-il prescrit ?

Ce médicament apporte une forte quantité de calcium et possède des propriétés alcalines (qui permettent de contrer l'acidité). Il permet de compenser l'*hypocalcémie* observée en cas d'*insuffisance rénale*. Il lutte également contre l'accumulation de phosphore en favorisant son élimination.
Il est utilisé dans le *traitement préventif* et curatif des anomalies osseuses associées à l'insuffisance rénale.

### Contre-indications

Ce médicament ne doit pas être utilisé dans les cas suivants :
- excès de calcium dans le sang ou les urines, avec ou sans *lithiase* ;
- immobilisation prolongée.

**Attention :** Compte tenu de sa forte teneur en calcium, ce médicament ne doit jamais être utilisé en automédication.
En cas d'alitement prolongé, ce médicament ne doit être pris que lors de la reprise de la marche.
Des analyses de sang et d'urine régulières peuvent être nécessaires, notamment lorsque ce médicament est associé à la *vitamine* D, qui facilite son absorption.

### Interactions avec d'autres substances

Respectez un intervalle d'au moins 2 heures (voire 3 heures) entre la prise de ce médicament et celle des *cyclines*, des diphosphonates et des médicaments contenant du fer.
Informez par ailleurs votre pharmacien ou votre médecin si vous prenez des *digitaliques* ou des *diurétiques*.

### Grossesse et allaitement

Ce médicament peut être prescrit par votre médecin pendant la grossesse et l'allaitement.

### Mode d'emploi et posologie

Le contenu des sachets doit être dissous dans un verre d'eau.

La *posologie* est ajustée en fonction du résultat des prises de sang (taux de calcium et de phosphore).

**Posologie usuelle :**

- Adulte : 1 sachet, 2 ou 3 fois par jour.

### Effets indésirables possibles

Exceptionnellement : légers *troubles digestifs*.

Laboratoires Bayer santé familiale

## CALCIDOSE

*Informations détaillées sur www.monvidal.com*

## CALCIDOSE VITAMINE D

Vitamine D avec calcium

### Présentation

CALCIDOSE VITAMINE D : poudre pour suspension buvable (arôme agrume) ; boîte de 60 sachets. Remb 65 % - **Prix : 7,64 €.**

### Composition

| | p sachet |
|---|---|
| **Calcium carbonate** | 1,25 g |
| soit Calcium | 500 mg |
| **Colécalciférol (vitamine D3)** | 400 UI |
| Sorbitol | + |

### Dans quel cas ce médicament est-il prescrit ?

Ce médicament contient du calcium et de la *vitamine* D qui facilite l'absorption du calcium par l'intestin et sa fixation sur les os.

Il est utilisé :

- dans le traitement des *carences* en vitamine D et en calcium chez la personne âgée,
- dans le *traitement d'appoint* de l'*ostéoporose* lorsque l'apport conjoint de calcium et de vitamine D est nécessaire.

### Contre-indications

Ce médicament ne doit pas être utilisé dans les cas suivants :

- excès de calcium dans le sang ou dans les urines,
- calculs des *voies* urinaires contenant du calcium,
- immobilisation prolongée (attendre la reprise de la marche pour débuter le traitement).

**Attention :** Ce médicament contient de la *vitamine* D : son *surdosage* expose à des effets indésirables graves. Elle est présente dans de nombreux médicaments dont certains sont disponibles en automédication : évitez de les associer sans avis médical.

Des précautions sont nécessaires en cas d'*insuffisance rénale*.

Ne prolongez pas le traitement au-delà de la durée prescrite ; une prise de sang peut être nécessaire pour vérifier l'absence d'accumulation anormale de calcium dans l'organisme.

Lorsque ce médicament est destiné à traiter la décalcification due à un alitement prolongé, le traitement ne doit pas être commencé avant la reprise de la marche.

### Interactions avec d'autres substances

En raison de la présence de calcium, respectez un intervalle d'au moins 2 heures entre la prise de ce médicament et celle des *cyclines*, des biphosphonates ou des médicaments contenant du fer.

Informez par ailleurs votre pharmacien ou votre médecin si vous prenez des *digitaliques* ou des *diurétiques*.

Il existe également des interactions alimentaires : les aliments réputés riches en acide oxalique (épinards, rhubarbe, oseille, cacao, thé) ou en acide phytique (chocolat, céréales complètes, légumes secs) peuvent diminuer l'absorption du calcium. Il est donc recommandé de prendre ce médicament à distance de repas contenant ces aliments.

### Grossesse et allaitement

Ce médicament peut être utilisé chez la femme enceinte ou chez celle qui allaite, mais la *posologie* prescrite par le médecin ne doit pas être dépassée.

Une *hypercalcémie* pendant la grossesse pourrait être néfaste pour l'enfant à naître. Veillez à ne pas absorber plusieurs médicaments contenant de la *vitamine* D pendant la grossesse.

### Mode d'emploi et posologie

Ce médicament doit être pris à distance de certains aliments (voir Interactions).

Verser le contenu d'un sachet dans un verre, puis ajouter de l'eau et mélanger.

**Posologie usuelle :**

- Adulte : 1 sachet, matin et soir.

**Conseils :** La prise de ce médicament ne dispense pas de la consommation régulière de laitages, naturellement riches en calcium.

### Effets indésirables possibles

Constipation, nausées, ballonnements, diarrhée, douleur d'estomac.

En cas de traitement prolongé à forte dose : *hypercalcémie*, hypercalciurie (excès de calcium dans les urines pouvant favoriser les calculs rénaux).

Laboratoires Opocalcium

## CALCIFLUOR

*Informations détaillées sur www.monvidal.com*

## CALCIFORTE

*Informations détaillées sur www.monvidal.com*

## CALCIFORTE VITAMINE D3

*Informations détaillées sur www.monvidal.com*

## CALCIPARINE sous-cutanée

Anticoagulant injectable — sur ordonnance

### Présentation

CALCIPARINE : solution injectable *SC* ; boîte de 2 ampoules de 1 ml et de 2 seringues graduées en 1/10 de ml. Liste I - Remb 65 % - **Prix : 4,65 €.**
CALCIPARINE : solution injectable *SC* ; boîte de 2 ampoules de 0,8 ml et de 2 seringues graduées en 1/10 de ml. Liste I - Remb 65 % - **Prix : 4,18 €.**
CALCIPARINE : solution injectable *SC* ; boîte de 2 ampoules de 0,5 ml et de 2 seringues graduées en 1/10 de ml. Liste I - Remb 65 % - **Prix : 3,94 €.**

CALCIPARINE : solution injectable *SC* ; boîte de 2 seringues préremplies unidoses de 0,3 ml. Liste I - Remb 65 % - **Prix : 3,63 €.**
CALCIPARINE : solution injectable *SC* ; boîte de 2 seringues préremplies unidoses de 0,2 ml. Liste I - Remb 65 % - **Prix : 3,33 €.**

### Composition

| | p amp 1 ml | p amp 0,8 ml | p amp 0,5 ml |
|---|---|---|---|
| **Héparine calcique** | 25 000 UI | 20 000 UI | 12 500 UI |

| | p amp 0,3 ml | p amp 0,2 ml |
|---|---|---|
| **Héparine calcique** | 7 500 UI | 5 000 UI |

### Dans quel cas ce médicament est-il prescrit ?

Ce médicament est un *anticoagulant* de la famille de l'héparine. Il empêche la formation de caillots dans les vaisseaux sanguins.
Il est utilisé :
- à faible dose, dans le *traitement préventif* des *accidents thromboemboliques* chez les opérés récents ou les malades alités ou immobilisés ;
- à forte dose, dans le traitement des *thromboses* veineuses (phlébite...).

### Contre-indications

Ce médicament ne doit pas être utilisé dans les cas suivants :
- hémophilie et maladies apparentées,
- risque de saignement d'un organe (*ulcère* de l'estomac ou du *duodénum*),
- *accident vasculaire cérébral*,
- *allergie* ou baisse des *plaquettes* sanguines lors d'une précédente utilisation de ce médicament.

**Attention :** Des analyses de sang sont nécessaires en début et en cours de traitement pour contrôler notamment le taux de *plaquettes* dans le sang.
Des précautions sont nécessaires en cas d'*insuffisance rénale* ou *hépatique* et de maladie susceptible de favoriser une *hémorragie*.
L'aspirine augmente le risque hémorragique lié à l'usage de ce médicament. De nombreux produits qui en contiennent sont vendus sans ordonnance. Ne prenez aucun médicament sans l'avis de votre médecin ou de votre pharmacien. Prévenez votre dentiste de la prise de ce médicament.
Ce médicament expose au risque d'hémorragies internes. Les sports violents ou les activités dangereuses sont déconseillés au cours du traitement.

### Interactions avec d'autres substances

Ce médicament peut interagir avec de nombreux médicaments, notamment ceux contenant de l'aspirine, des *anti-inflammatoires* non stéroïdiens et de la ticlopidine : augmentation du risque d'*hémorragie*.
Signalez tout autre traitement en cours à votre médecin ou à votre pharmacien.

### Grossesse et allaitement

Votre médecin est seul juge pour apprécier la nécessité de ce traitement et son risque pendant la grossesse.
Ce médicament ne passe pas dans le lait maternel : l'allaitement est possible.

### Mode d'emploi et posologie

La solution injectable est exclusivement administrée par *voie* sous-cutanée dans un pli de la peau pincé entre deux doigts. L'injection se fait habituellement dans la paroi abdominale.

**Posologie usuelle :**
Elle est strictement individuelle. Elle varie selon la maladie à traiter et le poids de la personne. En cas d'immobilisation, le traitement durera au moins jusqu'à la reprise normale de la marche.
Le nombre d'injections est de 2 ou 3 par jour, régulièrement espacées.

**Conseils :** Lorsque ce médicament est remplacé par les *anticoagulants* oraux, ces deux traitements peuvent être pris simultanément pendant quelques jours.
Il est normal de voir apparaître des hématomes (bleus) au point d'injection. Ils disparaîtront spontanément.

### Effets indésirables possibles

*Hémorragies* de gravité variable.
Baisse des *plaquettes* sanguines, justifiant des analyses de sang avant et pendant le traitement.
Rarement : douleur durable au point d'injection pouvant traduire une lésion de la peau ; consultez votre médecin.

Laboratoires Sanofi-Aventis France

## CALCIPRAT

*Informations détaillées sur www.monvidal.com*

## CALCIPRAT D3

Vitamine D avec calcium

### Présentation

CALCIPRAT D3 500 mg/400 UI : comprimé à sucer (blanc ; arôme menthe) ; boîte de 60. Remb 65 % - **Prix : 7,64 €.**
CALCIPRAT D3 1000 mg/800 UI : comprimé à sucer (blanc ; arôme menthe) ; boîte de 30. Remb 65 % - **Prix : 7,64 €.**

### Composition

| | p cp | p cp |
|---|---|---|
| **Calcium carbonate** | 1,25 g | 2,5 g |
| soit Calcium | 500 mg | 1000 mg |
| **Colécalciférol (vitamine D3)** | 400 UI | 800 UI |
| Aspartam | + | + |
| Lactose | | + |

### Dans quel cas ce médicament est-il prescrit ?

Ce médicament contient du calcium et de la *vitamine* D, qui facilite l'absorption du calcium par l'intestin et sa fixation sur les os.
Il est utilisé :
- dans le traitement des *carences* en calcium et en vitamine D chez la personne âgée,
- dans le *traitement d'appoint* de l'*ostéoporose* lorsque l'apport conjoint de calcium et de vitamine D est nécessaire.

### Contre-indications

Ce médicament ne doit pas être utilisé dans les cas suivants :
- excès de calcium dans le sang ou dans les urines, avec ou sans *lithiase* ;

- immobilisation prolongée (attendre la reprise de la marche pour débuter le traitement) ;
- enfant de moins de 15 ans (comprimé à 1000 mg/800 UI) ;
- *phénylcétonurie* (présence d'aspartam).

**Attention :** Ce médicament contient de la *vitamine* D : son *surdosage* expose à des effets indésirables graves. Elle est présente dans de nombreux médicaments dont certains sont disponibles en automédication : évitez de les associer sans avis médical.
Des précautions sont nécessaires en cas d'*insuffisance rénale*.
Ne prolongez pas le traitement au-delà de la durée prescrite : une prise de sang peut être nécessaire pour vérifier l'absence d'accumulation anormale de calcium dans l'organisme.
Lorsque ce médicament est destiné à traiter la décalcification due à un alitement prolongé, le traitement ne doit pas être commencé avant la reprise de la marche.

### Interactions avec d'autres substances

En raison de la présence de calcium, respectez un intervalle d'au moins 2 heures entre la prise de ce médicament et celle des *cyclines*, des biphosphonates ou des médicaments contenant du fer.

Informez par ailleurs votre pharmacien ou votre médecin si vous prenez des *digitaliques* ou des *diurétiques*.

Il existe également des interactions alimentaires : les aliments réputés riches en acide oxalique (épinards, rhubarbe, oseille, cacao, thé) ou en acide phytique (chocolat, céréales complètes, légumes secs) peuvent diminuer l'absorption du calcium. Il est donc recommandé de prendre ce médicament à distance de repas contenant ces aliments.

### Grossesse et allaitement

Les comprimés à 500 mg/400 UI peuvent être utilisés chez la femme enceinte ou chez celle qui allaite, mais la *posologie* prescrite par le médecin ne doit pas être dépassée.

Une *hypercalcémie* pendant la grossesse pourrait être néfaste pour l'enfant à naître. Veillez à ne pas absorber plusieurs médicaments contenant de la *vitamine* D pendant la grossesse.

Compte tenu de leur teneur élevée en vitamine D, les comprimés à 1000 mg/800 UI ne sont pas adaptés à la femme enceinte ou qui allaite.

### Mode d'emploi et posologie

Ce médicament doit être pris à distance de certains aliments (voir Interactions).

Sucer les comprimés, puis avaler un verre d'eau.

**Posologie usuelle :**

- Adulte : 1 comprimé à 500 mg/400 UI, matin et soir ou 1 comprimé à 1000 mg/800 UI par jour.

**Conseils :** La prise de ce médicament ne dispense pas de la consommation régulière de laitages, naturellement riches en calcium.

### Effets indésirables possibles

Constipation ou diarrhée, nausées, ballonnements, douleur d'estomac.

En cas de traitement prolongé à forte dose : *hypercalcémie*, *hypercalciurie* (excès de calcium dans les urines pouvant favoriser les calculs rénaux).

Laboratoires IPRAD

## CALCITONINE PHARMY II

Calcitonine — sur ordonnance

CALCITONINE PHARMY II 50 UI est un générique de MIACALCIC.

## CALCITONINE SANDOZ

Calcitonine — sur ordonnance

Ce médicament est un générique de MIACALCIC (informations détaillées sur www.monvidal.com).

## CALCIUM MERCK

*Informations détaillées sur www.monvidal.com*

## CALCIUM SANDOZ

Élément minéral : calcium

### Présentation

CALCIUM SANDOZ 500 mg : comprimé effervescent (blanc ; arôme orange) ; boîte de 20. Remb 65 % - **Prix : 2,91 €**.

CALCIUM SANDOZ 500 mg : poudre pour suspension buvable ; boîte de 30 sachets. Remb 65 % - **Prix : 4,09 €**.

### Composition

| | p cp | p sachet |
|---|---|---|
| **Gluconolactate de calcium** | 2,94 g | 3,405 g |
| **Carbonate de calcium** | 0,30 g | 0,15 g |
| soit Calcium | 500 mg | 500 mg |
| Aspartam | | + |
| Sodium | 275 mg | |
| Saccharose | 825 mg | |

### Dans quel cas ce médicament est-il prescrit ?

Ce médicament contient une forte quantité de calcium, principal constituant de l'os.

Il est utilisé en cas de régime pauvre en calcium, de besoins accrus (période de croissance, grossesse, allaitement) ou de décalcification osseuse (*ostéoporose*, immobilisation prolongée ou traitement par la *cortisone*).

### Contre-indications

Ce médicament ne doit pas être utilisé dans les cas suivants :

- excès de calcium dans le sang ou dans les urines, avec ou sans *lithiase* ;
- immobilisation prolongée (attendre la reprise de la marche pour débuter le traitement) ;
- *phénylcétonurie* (présence d'aspartam dans les sachets).

**Attention :** Des apports excessifs en calcium peuvent être dangereux, notamment en cas d'*insuffisance rénale*. N'utilisez pas ce médicament sans avis médical.

Lorsque ce médicament est destiné à traiter la décalcification osseuse due à une immobilisation prolongée, il ne doit être pris qu'à la reprise de la marche.
Ce médicament est quelquefois associé à la *vitamine* D, qui favorise son absorption ; dans ce cas, des analyses de sang et d'urine sont parfois nécessaires.
Les comprimés effervescents contiennent du *sel* (*sodium*) et du *sucre* (saccharose) en quantité notable.

### Interactions avec d'autres substances

Respectez un intervalle d'au moins 2 heures (voire 3 heures) entre la prise de ce médicament et celle des *cyclines*, des diphosphonates ou des médicaments contenant du fer.
Informez par ailleurs votre pharmacien ou votre médecin si vous prenez des *digitaliques* ou des *diurétiques*.

### Grossesse et allaitement

L'apport éventuel de calcium médicamenteux pendant la grossesse ou l'allaitement ne doit pas dépasser 1 500 mg par jour.

### Mode d'emploi et posologie

Les comprimés effervescents et le contenu des sachets doivent être dissous dans un verre d'eau.

**Posologie usuelle :**

- Adulte : 2 comprimés ou 2 sachets par jour.
- Enfant de 10 à 15 ans : 2 comprimés ou 2 sachets par jour.
- Enfant de 6 à 10 ans : 1 comprimé ou 1 sachet par jour.

**Conseils :** La prise de ce médicament ne dispense pas de la consommation régulière de laitages, naturellement riches en calcium.
Les comprimés effervescents doivent être conservés à l'abri de l'humidité.

### Effets indésirables possibles

*Troubles digestifs.*
En cas de traitement prolongé à forte dose : *hypercalcémie*, hypercalciurie (excès de calcium dans les urines pouvant favoriser les calculs rénaux).

Laboratoires Novartis Santé Familiale

## CALCIUM-SORBISTERIT

*Informations détaillées sur www.monvidal.com*

## CALCIUM TEVA

*Informations détaillées sur www.monvidal.com*

## CALCIUM-VITAMINE D3 BIOGARAN

*Informations détaillées sur www.monvidal.com*

## CALCIUM-VITAMINE D3 EG

*Informations détaillées sur www.monvidal.com*

## CALCIUM-VITAMINE D3 GNR

*Informations détaillées sur www.monvidal.com*

## CALCIUM-VITAMINE D3 IVAX

*Informations détaillées sur www.monvidal.com*

## CALCIUM-VITAMINE D3 MERCK

*Informations détaillées sur www.monvidal.com*

## CALCIUM-VITAMINE D3 RATIOPHARM

*Informations détaillées sur www.monvidal.com*

## CALCIUM-VITAMINE D3 SANDOZ

*Informations détaillées sur www.monvidal.com*

## CALCIUM-VITAMINE D3 TEVA

*Informations détaillées sur www.monvidal.com*

## CALCOS VITAMINE D3

*Informations détaillées sur www.monvidal.com*

## CALDINE

Inhibiteur calcique — sur ordonnance

### Présentation

CALDINE 2 mg : comprimé (blanc) ; boîte de 28. Liste I - Remb 65 % - **Prix : 13,19 €**.
CALDINE 4 mg : comprimé sécable (blanc) ; boîte de 28. Liste I - Remb 65 % - **Prix : 22,63 €**.

### Composition

| | p cp | p cp |
|---|---|---|
| **Lacidipine** | 2 mg | 4 mg |
| Lactose | + | + |

### Dans quel cas ce médicament est-il prescrit ?

Ce médicament est un *vasodilatateur* qui appartient à la famille des *inhibiteurs calciques*.
Il est utilisé dans le traitement de l'*hypertension artérielle*.

### Contre-indications

Ce médicament ne doit pas être utilisé en cas d'*insuffisance cardiaque* grave.

**Attention :** Des précautions sont nécessaires en cas d'*insuffisance hépatique* et chez la personne âgée.

### Interactions avec d'autres substances

Informez votre médecin si vous prenez un *alphabloquant* (alfuzosine, prazosine), un *bêtabloquant*, un *anticonvulsivant* (carbamazépine, phénobarbital, phénytoïne, primidone) ou un médicament contenant de la rifampicine.
En outre, l'effet *antihypertenseur* de ce médicament peut être augmenté par certains médicaments tels que les *neuroleptiques*, les *antidépresseurs imipraminiques*, les médicaments contenant du baclofène ; il peut être diminué par les *corticoïdes*. Votre médecin doit être informé si vous êtes traité par l'un ou l'autre de ces médicaments.

### Grossesse et allaitement

Ce médicament est déconseillé chez la femme enceinte ou susceptible de l'être. Si une grossesse survient en cours de traitement, consultez votre médecin.

Ce médicament passe dans le lait maternel ; un choix est donc nécessaire entre l'allaitement et la prise du médicament. Cette décision devra être prise en accord avec votre médecin.

### Mode d'emploi et posologie

Les comprimés sont avalés avec un verre d'eau, de préférence le matin, au cours ou en dehors du repas.

**Posologie usuelle :**

- Adulte : 4 mg, en 1 prise.

**Conseils :** Votre tension artérielle doit être contrôlée régulièrement. Les appareils permettant une mesure automatique de la tension à domicile utilisent souvent un procédé de mesure différent de celui qu'emploie votre médecin. Si vous avez un tel appareil, apportez-le en consultation pour vous assurer que la mesure obtenue est bien conforme à celle du tensiomètre de votre médecin.

Le traitement médicamenteux ne dispense pas de mesures simples pouvant faire baisser la tension artérielle : activité physique régulière, modération de la consommation de boissons alcoolisées et de *sel*, lutte contre l'excès de poids.

Les comprimés doivent être conservés à l'abri de la lumière.

### Effets indésirables possibles

Les plus fréquents sont la conséquence de la dilatation des vaisseaux sanguins :

- rougeur du visage, bouffées de chaleur, maux de tête ;
- jambes lourdes ou enflées, *palpitations*, étourdissement.

Plus rarement : fatigue, nausées, maux d'estomac, *éruption cutanée*, démangeaisons, gonflement des gencives.

Laboratoires Bœhringer Ingelheim

## CALENDULA COMPLEXE N° 89

*Informations détaillées sur www.monvidal.com*

## CALENDULA OFFICINALIS BOIRON

*Informations détaillées sur www.monvidal.com*

## CALENDULÈNE

*Informations détaillées sur www.monvidal.com*

## CALMICORT

*Informations détaillées sur www.monvidal.com*

## CALMIFLORINE tisane

*Informations détaillées sur www.monvidal.com*

## CALMIXÈNE

*Informations détaillées sur www.monvidal.com*

## CALMOTISAN

*Informations détaillées sur www.monvidal.com*

## CALPEROS

*Informations détaillées sur www.monvidal.com*

## CALPEROS D3

Vitamine D avec calcium

### Présentation

CALPEROS D3 : comprimé à sucer (blanc ; arôme menthe) ; boîte de 60. Remb 65 % - **Prix : 7,64 €**.

### Composition

| | p cp |
|---|---|
| **Calcium carbonate** | 1,25 g |
| soit Calcium | 500 mg |
| **Colécalciférol (vitamine D3)** | 400 UI |
| Aspartam | + |

### Dans quel cas ce médicament est-il prescrit ?

Ce médicament contient du calcium et de la *vitamine* D, qui facilite l'absorption du calcium par l'intestin et sa fixation sur les os.

Il est utilisé :

- dans le traitement des *carences* en calcium et en vitamine D chez la personne âgée,
- dans le *traitement d'appoint* de l'*ostéoporose* lorsque l'apport conjoint de calcium et de vitamine D est nécessaire.

### Contre-indications

Ce médicament ne doit pas être utilisé dans les cas suivants :

- excès de calcium dans le sang ou dans les urines,
- calculs des *voies* urinaires contenant du calcium,
- immobilisation prolongée (attendre la reprise de la marche pour débuter le traitement),
- *phénylcétonurie* (présence d'aspartam).

**Attention :** Ce médicament contient de la *vitamine* D : son *surdosage* expose à des effets indésirables graves. Elle est présente dans de nombreux médicaments dont certains sont disponibles en automédication : évitez de les associer sans avis médical.

Des précautions sont nécessaires en cas d'*insuffisance rénale*.

Ne prolongez pas le traitement au-delà de la durée prescrite : une prise de sang peut être nécessaire pour vérifier l'absence d'accumulation anormale de calcium dans l'organisme.

Lorsque ce médicament est destiné à traiter la décalcification due à un alitement prolongé, le traitement ne doit pas être commencé avant la reprise de la marche.

### Interactions avec d'autres substances

En raison de la présence de calcium, respectez un intervalle d'au moins 2 heures entre la prise de ce médicament et celle des *cyclines*, des biphosphonates ou des médicaments contenant du fer.

Informez par ailleurs votre pharmacien ou votre médecin si vous prenez des *digitaliques* ou des *diurétiques*.

Il existe également des interactions alimentaires : les aliments réputés riches en acide oxalique (épinards, rhubarbe, oseille, cacao, thé) ou en acide phytique (chocolat, céréales complètes, légumes secs) peuvent diminuer l'absorption du calcium. Il est donc recommandé de prendre ce médicament à distance de repas contenant ces aliments.

### Grossesse et allaitement

Ce médicament peut être utilisé chez la femme enceinte ou chez celle qui allaite, mais la *posologie* prescrite par le médecin ne doit pas être dépassée.

Une *hypercalcémie* pendant la grossesse pourrait être néfaste pour l'enfant à naître. Veillez à ne pas absorber plusieurs médicaments contenant de la *vitamine* D pendant la grossesse.

### Mode d'emploi et posologie

Ce médicament doit être pris à distance de certains aliments (voir Interactions).

Sucer les comprimés et boire ensuite un verre d'eau.

**Posologie usuelle :**

- Adulte : 1 comprimé, matin et soir.

> **Conseils :** La prise de ce médicament ne dispense pas de la consommation régulière de laitages, naturellement riches en calcium.

### Effets indésirables possibles

Constipation, nausées, ballonnements, diarrhée, douleur d'estomac.

En cas de traitement prolongé à forte dose : *hypercalcémie*, *hypercalciurie* (excès de calcium dans les urines pouvant favoriser les calculs rénaux).

Laboratoires Bouchara-Recordati

## CALPRIMUM

*Informations détaillées sur www.monvidal.com*

## CALSYN

Calcitonine

**sur ordonnance**

### Présentation

**CALSYN 50 UI :** solution injectable ; ampoule de 0,5 ml. Liste II - Remb 35 % - **Prix : 3,05 €**.

**CALSYN 100 UI :** solution injectable ; ampoule de 1 ml. Liste II - Remb 35 % - **Prix : 5,07 €**.

### Composition

| | p amp inj | p amp inj |
|---|---|---|
| **Calcitonine de synthèse** | 50 UI | 100 UI |

### Dans quel cas ce médicament est-il prescrit ?

Ce médicament contient une calcitonine de synthèse. Normalement secrétée par les glandes *parathyroïdes*, cette *hormone* freine l'activité des cellules qui détruisent l'os (*ostéoclastes*). Elle a aussi une action *antalgique*.

Il est utilisé dans :

- le traitement de la maladie de *Paget* et de certaines maladies qui provoquent une *hypercalcémie*,
- la prévention de la décalcification osseuse lors d'une immobilisation prolongée (notamment en cas de fracture récente due à *ostéoporose*).

### Contre-indications

Ce médicament ne doit pas être utilisé en cas d'*allergie* à la calcitonine de saumon, celle-ci ayant servi de modèle à cette calcitonine de synthèse.

> **Attention :**
> Conducteur : ce médicament peut être responsable de *vertiges*.

### Grossesse et allaitement

L'effet de ce médicament pendant la grossesse ou l'allaitement est mal connu : seul votre médecin peut évaluer le risque éventuel de son utilisation dans votre cas.

### Mode d'emploi et posologie

Ce médicament est injecté par *voie* intramusculaire, sous-cutanée ou intraveineuse.

**Posologie usuelle :**

- Adulte de plus de 18 ans : la posologie est individuelle et adaptée par votre médecin en fonction de la maladie en cause et de l'évolution des signes.

> **Conseils :** Compte tenu des effets indésirables digestifs possibles après l'administration de la solution, il est préférable de prévoir l'injection au coucher ou après un repas.

### Effets indésirables possibles

Très fréquents (plus de 10 % des patients) : nausées avec ou sans vomissements, surtout lors des premières injections, rougeur du visage ou du haut du corps 10 à 20 minutes après l'injection.

Rarement (moins de 1 % des patients) : diarrhée, inflammation au point d'injection, *éruption cutanée*, goût métallique dans la bouche, sensation de *vertiges*, envie fréquente d'uriner.

Exceptionnellement : *réaction allergique* grave (*choc anaphylactique*).

Laboratoires Aventis

## CALTRATE

*Informations détaillées sur www.monvidal.com*

## CALTRATE VITAMINE D3

Vitamine D avec calcium

### Présentation

**CALTRATE VITAMINE D3 500 mg/400 UI :** comprimé à sucer (arôme orange) ; boîte de 60. Remb 65 % - **Prix : 7,64 €**.

**CALTRATE VITAMINE D3 600 mg/400 UI :** comprimé sécable ; boîte de 60. Remb 65 % - **Prix : 7,64 €**.

### Composition

| | p cp | p cp |
|---|---|---|
| **Calcium carbonate** | 1,25 g | 1,5 g |
| soit Calcium | 500 mg | 600 mg |
| **Colécalciférol (vitamine D3)** | 400 UI | 400 UI |
| Aspartam | + | |
| Lactose | + | |

### Dans quel cas ce médicament est-il prescrit ?

Ce médicament contient du calcium et de la *vitamine* D, qui facilite l'absorption du calcium par l'intestin et sa fixation sur les os.

Il est utilisé :

- dans le traitement des *carences* en calcium et en vitamine D chez la personne âgée,
- dans le *traitement d'appoint* de l'*ostéoporose* lorsque l'apport conjoint de calcium et de vitamine D est nécessaire.

### Contre-indications

Ce médicament ne doit pas être utilisé dans les cas suivants :
- excès de calcium dans le sang ou dans les urines,
- calculs des *voies* urinaires contenant du calcium,
- immobilisation prolongée (attendre la reprise de la marche pour débuter le traitement),
- *phénylcétonurie* (comprimé à sucer : présence d'aspartam).

**Attention :** Ce médicament contient de la *vitamine* D : son *surdosage* expose à des effets indésirables graves. Elle est présente dans de nombreux médicaments dont certains sont disponibles en automédication : évitez de les associer sans avis médical.
Des précautions sont nécessaires en cas d'*insuffisance rénale.*
Ne prolongez pas le traitement au-delà de la durée prescrite : une prise de sang peut être nécessaire pour vérifier l'absence d'accumulation anormale de calcium dans l'organisme.
Lorsque ce médicament est destiné à traiter la décalcification due à un alitement prolongé, le traitement ne doit pas être commencé avant la reprise de la marche.

### Interactions avec d'autres substances

En raison de la présence de calcium, respectez un intervalle d'au moins 2 heures entre la prise de ce médicament et celle des *cyclines*, des biphosphonates ou des médicaments contenant du fer.

Informez par ailleurs votre pharmacien ou votre médecin si vous prenez des *digitaliques* ou des *diurétiques.*

Il existe également des interactions alimentaires : les aliments réputés riches en acide oxalique (épinards, rhubarbe, oseille, cacao, thé) ou en acide phytique (chocolat, céréales complètes, légumes secs) peuvent diminuer l'absorption du calcium. Il est donc recommandé de prendre ce médicament à distance de repas contenant ces aliments.

### Grossesse et allaitement

Ce médicament peut être utilisé chez la femme enceinte ou chez celle qui allaite, mais la *posologie* prescrite par le médecin ne doit pas être dépassée.

Une *hypercalcémie* pendant la grossesse pourrait être néfaste pour l'enfant à naître. Veillez à ne pas absorber plusieurs médicaments contenant de la *vitamine* D pendant la grossesse.

### Mode d'emploi et posologie

Ce médicament doit être pris à distance de certains aliments (voir Interactions).

Les comprimés à 600 mg/400 UI doivent être avalés avec un verre d'eau et les comprimés à 500 mg/400 UI doivent être sucés en dehors des repas.

**Posologie usuelle :**
- Adulte : 1 comprimé, 2 fois par jour.

**Conseils :** La prise de ce médicament ne dispense pas de la consommation régulière de laitages, naturellement riches en calcium.

### Effets indésirables possibles

Constipation, nausées, ballonnements, diarrhée, douleur d'estomac.

En cas de traitement prolongé à forte dose : *hypercalcémie, hypercalciurie* (excès de calcium dans les urines pouvant favoriser les calculs rénaux).

**Laboratoires Wyeth Santé familiale**

## CALYPTOL inhalant

Décongestionnant

### Présentation

CALYPTOL inhalant : émulsion pour *inhalation* ; boîte de 10 ampoules de 5 ml. Non remb.

### Composition

| | p amp |
|---|---|
| **Cinéole (eucalyptol)** | 250 mg |
| **Terpinéol** | 25 mg |
| **Pin, huile essentielle** | 50 mg |
| **Thym, huile essentielle** | 50 mg |
| **Romarin, huile essentielle** | 50 mg |

### Dans quel cas ce médicament est-il prescrit ?

Ce médicament d'usage local est une association de substances et d'essences végétales qui possède une action décongestionnante et *antiseptique* sur les *muqueuses* des *voies* respiratoires.

Il est utilisé dans le *traitement d'appoint* des affections des voies respiratoires.

### Contre-indications

Ce médicament ne doit pas être utilisé dans les cas suivants :
- enfant ayant des *antécédents* de *convulsions*,
- enfant de moins de 12 ans.

**Attention :** Ce médicament contient des *terpènes* qui peuvent, en cas de dépassement des *posologies*, avoir des effets indésirables graves ; des précautions sont nécessaires chez l'enfant et la personne âgée.
Des précautions sont nécessaires en cas d'*épilepsie.*
En l'absence d'amélioration au bout de 5 jours, en cas d'apparition de fièvre, consultez votre médecin.
Ce médicament ne doit pas être avalé ; ne le laissez pas à la portée des enfants.

### Grossesse et allaitement

L'effet de ce médicament pendant la grossesse ou l'allaitement est mal connu. L'évaluation du risque éventuel lié à son utilisation est individuelle : demandez conseil à votre pharmacien ou à votre médecin.

### Mode d'emploi et posologie

Le contenu des ampoules est utilisé en *inhalation.*

**Posologie usuelle :**
- Adulte et enfant de plus de 12 ans : 1 ampoule dans un bol d'eau très chaude ou dans un inhalateur, 2 ou 3 fois par jour.

**Conseils :** Il est important de lutter contre la sécheresse de l'air ambiant (humidificateur...) pour éviter le dessèchement des sécrétions nasales et bronchiques.

### Effets indésirables possibles

En cas de dépassement de la *posologie* usuelle, les *terpènes* peuvent provoquer :
- des *convulsions* chez l'enfant,
- agitation, confusion des idées (notamment chez la personne âgée).

Laboratoires Techni-Pharma

## CAMILIA
Homéopathie

### Présentation

**CAMILIA :** solution buvable ; sachet de 10 unidoses. Non remb.

### Composition

| | p unidose |
|---|---|
| **Chamomilla vulgaris 9 CH** | 333,3 mg |
| **Phytolacca decandra 5 CH** | 333,3 mg |
| **Rheum officinal 5 CH** | 333,3 mg |

### Dans quel cas ce médicament est-il prescrit ?

Ce médicament est un *complexe* (association) de remèdes homéopathiques.

Il est utilisé pour soulager les douleurs des gencives chez l'enfant lors des premières poussées dentaires.

> **Attention :** Certains *symptômes* sont fréquemment attribués à une poussée dentaire : rougeurs des fesses ou des joues, selles molles, fièvre. Cependant, si la fièvre est élevée ou si la douleur est importante, une autre affection est possible, notamment une *otite* ou une angine : n'hésitez pas à consulter votre médecin.

### Mode d'emploi et posologie

Verser le contenu de l'unidose dans la bouche de l'enfant en maintenant l'enfant en position assise.

**Posologie usuelle :**

1 unidose, 2 ou 3 fois par jour, sans dépasser 3 jours de traitement.

> **Conseils :** Les premières dents sortent habituellement aux environs du 6e mois ; cependant, les poussées peuvent être plus précoces ou plus tardives (entre le 3e et le 15e mois) sans que cela soit anormal.
> Lors des poussées dentaires, certains enfants peuvent refuser les aliments solides ; ce phénomène est passager et ne doit pas vous inquiéter. D'autres enfants sont soulagés par le fait de mordre : une tétine ou un bâton de guimauve peuvent les apaiser.

Laboratoires Boiron

## CAMPEL
*Informations détaillées sur www.monvidal.com*

## CAMPHODIONYL
*Informations détaillées sur www.monvidal.com*

## CAMPHRICE DU CANADA
*Informations détaillées sur www.monvidal.com*

## CAMPTO
*Informations détaillées sur www.monvidal.com*

## CANOL
Phytothérapie

### Présentation

CANOL : comprimé (bleu) ; boîte de 30. Non remb.

### Composition

| | p cp |
|---|---|
| **Cynara, extrait** | 100 mg |
| **Chimaphylla, extrait** | 30 mg |
| **Aphloïa, extrait** | 10 mg |

### Dans quel cas ce médicament est-il prescrit ?

Ce médicament contient des extraits de plantes.

Il est traditionnellement utilisé pour faciliter les fonctions d'élimination digestive et rénale.

> **Attention :** Des précautions sont nécessaires chez les personnes souffrant d'*insuffisance hépatique* grave ou de calculs susceptibles d'obstruer les *voies biliaires.*

### Grossesse et allaitement

Ce médicament contient des plantes présumées sans danger pendant la grossesse ou l'allaitement. Néanmoins, par mesure de prudence, ne l'utilisez pas sans prendre l'avis de votre pharmacien ou de votre médecin.

### Mode d'emploi et posologie

Les comprimés doivent être avalés avec un verre d'eau.

**Posologie usuelle :**
- Adulte : 1 à 2 comprimés, 3 fois par jour.

> **Conseils :** Une alimentation équilibrée, une mastication lente, la suppression des aliments difficiles à digérer et des boissons alcoolisées permettent souvent d'atténuer les troubles de la digestion.

### Effets indésirables possibles

A forte dose : diarrhée.

Laboratoires Jolly-Jatel

## CANTABILINE
Traitement des troubles digestifs

### Présentation

**CANTABILINE 400 :** comprimé (blanc) ; boîte de 30. Non remb.

### Composition

| | p cp |
|---|---|
| **Hymécromone** | 400 mg |

### Dans quel cas ce médicament est-il prescrit ?

Ce médicament agit en augmentant la production de bile et lutte contre les spasmes des *voies biliaires.*

Il est utilisé dans le *traitement symptomatique* des douleurs liées aux digestions difficiles.

> **Attention :** Des précautions sont nécessaires chez les personnes souffrant d'*insuffisance hépatique* grave ou d'une obstruction des *voies biliaires* notamment due à la présence de calculs.
> N'utilisez pas ce médicament de façon prolongée sans l'avis de votre médecin : des examens peuvent être nécessaires si les *symptômes* persistent.

### Grossesse et allaitement

L'effet de ce médicament pendant la grossesse ou l'allaitement est mal connu. L'évaluation du risque éventuel lié à son utilisation est individuelle : demandez conseil à votre pharmacien ou à votre médecin.

### Mode d'emploi et posologie

Ce médicament doit être pris au début des repas.

**Posologie usuelle :**

- Adulte : 1 comprimé, 2 ou 3 fois par jour.

**Conseils :** Une alimentation équilibrée, une mastication lente, la suppression des aliments difficiles à digérer et des boissons alcoolisées permettent souvent d'atténuer les troubles de la digestion.

### Effets indésirables possibles

Rarement : diarrhée, *réaction allergique* cutanée.

Laboratoires Merck Lipha Santé

## CANTADRILL

*Informations détaillées sur www.monvidal.com*

## CANTALÈNE

*Informations détaillées sur www.monvidal.com*

## CAPERGYL

*Informations détaillées sur www.monvidal.com*

## CAPSYL

*Informations détaillées sur www.monvidal.com*

## CAPTEA

Association d'antihypertenseurs — sur ordonnance

### Présentation

CAPTEA : comprimé sécable (orangé) ; boîte de 28. Liste I - Remb 65 % - **Prix : 10,36 €.**
CAPTEA : comprimé sécable (orangé) ; boîte de 84. Liste I - Remb 65 % - **Prix : 29,99 €.**

### Composition

| | p cp |
|---|---|
| **Captopril** | 50 mg |
| **Hydrochlorothiazide** | 25 mg |
| Lactose | + |

### Dans quel cas ce médicament est-il prescrit ?

Cet *antihypertenseur* contient deux substances :

- le captopril, un *inhibiteur de l'enzyme de conversion*. Cette *enzyme* est une substance naturellement présente dans l'organisme, responsable d'une contraction des artères qui augmente la tension artérielle et fatigue le cœur ;
- l'hydrochlorothiazide, un *diurétique* dont la structure chimique est proche de celle des *sulfamides*. Son action renforce celle du captopril.

Ce médicament est utilisé dans le traitement de l'*hypertension artérielle*.

### Contre-indications

Ce médicament ne doit pas être utilisé dans les cas suivants :

- *allergie* aux médicaments de la famille des *inhibiteurs de l'enzyme de conversion* ou à celle des *sulfamides*,
- prédisposition à l'œdème de *Quincke*,
- *insuffisance rénale* grave,
- *encéphalopathie hépatique*,
- **grossesse** (à partir du 4e mois).

**Attention :** Des précautions s'imposent chez les personnes souffrant d'*hypertension artérielle* due à un rétrécissement des artères rénales.

En cas de gonflement du visage (lèvres, paupières...) ou d'une autre région du corps, consultez votre médecin avant toute nouvelle prise de ce médicament ; il peut s'agir d'une *réaction allergique* : œdème de *Quincke*.

L'usage des *inhibiteurs de l'enzyme de conversion* est déconseillé en période de désensibilisation aux venins d'*hyménoptères* : augmentation du risque de réaction allergique grave.

Chez les personnes atteintes d'une *insuffisance hépatique* grave, l'apparition de troubles de la conscience peut annoncer une complication. Ne poursuivez pas le traitement sans l'avis de votre médecin.

Si vous suivez un traitement par *diurétique* ou un régime sans *sel*, la baisse de la tension artérielle peut être importante lors des premières prises du médicament : risque de malaise ou d'étourdissement pouvant entraîner une chute.

Faites pratiquer régulièrement les analyses de sang prescrites par votre médecin ; elles sont notamment destinées à vérifier le bon fonctionnement de vos reins (dosage de la *créatinine*) et les taux de *potassium* et de *sodium* sanguins.

Le diurétique contenu dans ce médicament peut faire baisser la *kaliémie* : évitez d'utiliser des *laxatifs stimulants* dont l'usage régulier contribue à la baisse du taux de potassium dans le sang. Il peut par ailleurs augmenter le taux sanguin d'*acide urique* (possibilité de crise de *goutte*).

Conducteur : les *inhibiteurs de l'enzyme de conversion* peuvent être responsables de malaise ou de *vertiges*, lors des premières prises.

Sportif : ce médicament contient une substance susceptible de rendre positifs certains *tests antidopage*.

### Interactions avec d'autres substances

Ce médicament peut interagir avec les médicaments susceptibles de provoquer une *hyperkaliémie* (*diurétique*, sel de *potassium*...), avec les médicaments donnant des *torsades de pointes* et avec les médicaments contenant du lithium.

Informez par ailleurs votre médecin si vous prenez un *digitalique*, un *laxatif stimulant*, un *AINS*, ou un médicament contenant de la metformine, de la carbamazépine, de la ciclosporine ou un sel de calcium.

En outre, l'effet *antihypertenseur* de ce médicament peut être augmenté par certains médicaments tels que les *neuroleptiques*, les *antidépresseurs imipraminiques*, les médicaments contenant du baclofène ; il peut être diminué par les *corticoïdes*. Votre médecin doit être informé si vous êtes traité par l'un ou par l'autre.

Chez le diabétique traité par l'*insuline*, une adaptation de la *posologie* de l'insuline peut être nécessaire.

### Grossesse et allaitement

L'effet de ce médicament pendant les 3 premiers mois de la grossesse est mal connu. Par prudence, son usage est déconseillé.

Au cours des 6 derniers mois de la grossesse, la prise prolongée d'un *inhibiteur de l'enzyme de conversion* peut altérer les reins du fœtus. L'utilisation de ce médicament est contre-indiquée à partir du 4e mois de la grossesse.

En conséquence, un désir de grossesse nécessite le remplacement de ce médicament par un autre antihypertenseur. Si une grossesse survient alors que vous prenez ce médicament, consultez rapidement votre médecin pour qu'il modifie votre traitement. Des *échographies* régulières sont parfois nécessaires pour s'assurer de l'absence d'anomalie.

Ce médicament passe dans le lait maternel ; un choix est donc nécessaire entre l'allaitement et la prise du médicament. Cette décision devra être prise en accord avec votre médecin.

**Mode d'emploi et posologie**

Ce médicament doit être pris avec le petit déjeuner.

**Posologie usuelle :**

- Adulte : 1 comprimé par jour, le matin.

En cas d'*insuffisance rénale*, d'*athérosclérose*, de traitement préalable par des *diurétiques* ou de régime sans *sel*, en particulier chez la personne âgée, la *posologie* initiale est faible ; elle est augmentée progressivement par le médecin en fonction des effets du médicament.

**Conseils :** Votre tension artérielle doit être contrôlée régulièrement. Les appareils permettant une mesure automatique de la tension à domicile utilisent souvent un procédé de mesure différent de celui qu'emploie votre médecin. Si vous avez un tel appareil, apportez-le en consultation pour vous assurer que la mesure obtenue est bien conforme à celle du tensiomètre de votre médecin.

Le traitement médicamenteux ne dispense pas de mesures simples pouvant faire baisser la tension artérielle : activité physique régulière, modération de la consommation de boissons alcoolisées et de *sel*, lutte contre l'excès de poids.

**Effets indésirables possibles**

Toux sèche.

Baisse excessive de la tension artérielle (voir Attention) ; *hypotension orthostatique*.

Maux de tête, fatigue, étourdissement, fourmillement des extrémités.

*Troubles digestifs*.

*Éruption cutanée*.

Augmentation du taux de *créatinine*, d'*acide urique* ou de glucose dans le sang et exceptionnellement du calcium.

Baisse du taux de *potassium* dans le sang, associée ou non à des crampes.

Rarement : baisse de taux de sodium dans le sang (natrémie) et risque de troubles du comportement, anomalie de la *numération formule sanguine*.

Exceptionnellement : œdème de *Quincke*, *pancréatite*, troubles de la vue.

Laboratoires Aventis

## CAPTOLANE

*Informations détaillées sur www.monvidal.com*

## CAPTOPRIL ARROW

Inhibiteur de l'enzyme de conversion

sur ordonnance

Ce médicament est un générique de CAPTOLANE (informations détaillées sur www.monvidal.com). Ce médicament est un générique de LOPRIL (voir p. 595 et tableau p. 1151).

## CAPTOPRIL BIOGARAN

Inhibiteur de l'enzyme de conversion

sur ordonnance

Ce médicament est un générique de CAPTOLANE (informations détaillées sur www.monvidal.com). Ce médicament est un générique de LOPRIL (voir p. 595 et tableau p. 1151).

## CAPTOPRIL EG

Inhibiteur de l'enzyme de conversion

sur ordonnance

Ce médicament est un générique de CAPTOLANE (informations détaillées sur www.monvidal.com). Ce médicament est un générique de LOPRIL (voir p. 595 et tableau p. 1151).

## CAPTOPRIL IREX

Inhibiteur de l'enzyme de conversion

sur ordonnance

Ce médicament est un générique de CAPTOLANE (informations détaillées sur www.monvidal.com). Ce médicament est un générique de LOPRIL (voir p. 595 et tableau p. 1151).

## CAPTOPRIL IVAX

Inhibiteur de l'enzyme de conversion

sur ordonnance

Ce médicament est un générique de CAPTOLANE (informations détaillées sur www.monvidal.com). Ce médicament est un générique de LOPRIL (voir p. 595 et tableau p. 1151).

## CAPTOPRIL MERCK

Inhibiteur de l'enzyme de conversion

sur ordonnance

Ce médicament est un générique de CAPTOLANE (informations détaillées sur www.monvidal.com). Ce médicament est un générique de LOPRIL (voir p. 595 et tableau p. 1151).

## CAPTOPRIL QUALIMED

Inhibiteur de l'enzyme de conversion

sur ordonnance

Ce médicament est un générique de CAPTOLANE (informations détaillées sur www.monvidal.com). Ce médicament est un générique de LOPRIL (voir p. 595 et tableau p. 1151).

## CAPTOPRIL RATIOPHARM

Inhibiteur de l'enzyme de conversion — sur ordonnance

Ce médicament est un générique de CAPTOLANE (informations détaillées sur www.monvidal.com).
Ce médicament est un générique de LOPRIL (voir p. 595 et tableau p. 1151).

## CAPTOPRIL SANDOZ

Inhibiteur de l'enzyme de conversion — sur ordonnance

Ce médicament est un générique de CAPTOLANE (informations détaillées sur www.monvidal.com).
Ce médicament est un générique de LOPRIL (voir p. 595 et tableau p. 1151).

## CAPTOPRIL TEVA

Inhibiteur de l'enzyme de conversion — sur ordonnance

Ce médicament est un générique de CAPTOLANE (informations détaillées sur www.monvidal.com).
Ce médicament est un générique de LOPRIL (voir p. 595 et tableau p. 1151).

## CAPTOPRIL WINTHROP

Inhibiteur de l'enzyme de conversion — sur ordonnance

Ce médicament est un générique de CAPTOLANE (informations détaillées sur www.monvidal.com).
Ce médicament est un générique de LOPRIL (voir p. 595 et tableau p. 1151).

## CAPTOPRIL ZYDUS

Inhibiteur de l'enzyme de conversion — sur ordonnance

Ce médicament est un générique de CAPTOLANE (informations détaillées sur www.monvidal.com).
Ce médicament est un générique de LOPRIL (voir p. 595 et tableau p. 1151).

## CAPTOPRIL/ HYDROCHLOROTHIAZIDE ARROW

Association d'antihypertenseurs — sur ordonnance

Ce médicament est un générique de CAPTÉA (voir p. 183 et tableau p. 1151).
Ce médicament est un générique de ÉCAZIDE (voir p. 351 et tableau p. 1151).

## CAPTOPRIL/ HYDROCHLOROTHIAZIDE BIOGARAN

Association d'antihypertenseurs — sur ordonnance

Ce médicament est un générique de CAPTÉA (voir p. 183 et tableau p. 1151).
Ce médicament est un générique de ÉCAZIDE (voir p. 351 et tableau p. 1151).

## CAPTOPRIL/ HYDROCHLOROTHIAZIDE MERCK

Association d'antihypertenseurs — sur ordonnance

Ce médicament est un générique de CAPTÉA (voir p. 183 et tableau p. 1151).
Ce médicament est un générique de ÉCAZIDE (voir p. 351 et tableau p. 1151).

## CAPTOPRIL/ HYDROCHLOROTHIAZIDE QUALIMED

Association d'antihypertenseurs — sur ordonnance

Ce médicament est un générique de CAPTÉA (voir p. 183 et tableau p. 1151).
Ce médicament est un générique de ÉCAZIDE (voir p. 351 et tableau p. 1151).

## CAPTOPRIL/ HYDROCHLOROTHIAZIDE RATIOPHARM

Association d'antihypertenseurs — sur ordonnance

Ce médicament est un générique de CAPTÉA (voir p. 183 et tableau p. 1151).
Ce médicament est un générique de ÉCAZIDE (voir p. 351 et tableau p. 1151).

## CAPTOPRIL/ HYDROCHLOROTHIAZIDE SANDOZ

Association d'antihypertenseurs — sur ordonnance

Ce médicament est un générique de CAPTÉA (voir p. 183 et tableau p. 1151).
Ce médicament est un générique de ÉCAZIDE (voir p. 351 et tableau p. 1151).

**CARBACTIVE**

*Informations détaillées sur www.monvidal.com*

## CARBAMAZÉPINE G GAM
Antiépileptique, régulateur de l'humeur
**sur ordonnance**

Ce médicament est un générique de TÉGRÉTOL LP (voir p. 1001 et tableau p. 1151).

## CARBAMAZÉPINE MERCK
Antiépileptique, régulateur de l'humeur
**sur ordonnance**

Ce médicament est un générique de TÉGRÉTOL LP (voir p. 1001 et tableau p. 1151).

## CARBAMAZÉPINE TEVA
Antiépileptique, régulateur de l'humeur
**sur ordonnance**

Ce médicament est un générique de TÉGRÉTOL (voir p. 1001 et tableau p. 1151).

### CARBIDOPA LÉVODOPA TEVA
*Informations détaillées sur www.monvidal.com*

## CARBOCISTÉINE ARROW
Fluidifiant bronchique

Ce médicament est un générique de RHINATHIOL (voir p. 896 et tableau p. 1151).

## CARBOCISTÉINE BIOGARAN
Fluidifiant bronchique

Ce médicament est un générique de RHINATHIOL (voir p. 896 et tableau p. 1151).

## CARBOCISTÉINE EG
Fluidifiant bronchique

Ce médicament est un générique de RHINATHIOL (voir p. 896 et tableau p. 1151).

## CARBOCISTÉINE G GAM
Fluidifiant bronchique

Ce médicament est un générique de RHINATHIOL (voir p. 896 et tableau p. 1151).

### CARBOCISTÉINE GNR
*Informations détaillées sur www.monvidal.com*

### CARBOCISTÉINE HEXAL SANTÉ
*Informations détaillées sur www.monvidal.com*

## CARBOCISTÉINE IVAX
Fluidifiant bronchique

Ce médicament est un générique de RHINATHIOL (voir p. 896 et tableau p. 1151).

## CARBOCISTÉINE MERCK
Fluidifiant bronchique

Ce médicament est un générique de RHINATHIOL (voir p. 896 et tableau p. 1151).

## CARBOCISTÉINE RATIOPHARM
Fluidifiant bronchique

Ce médicament est un générique de RHINATHIOL (voir p. 896 et tableau p. 1151).

## CARBOCISTÉINE RPG
Fluidifiant bronchique

Ce médicament est un générique de RHINATHIOL (voir p. 896 et tableau p. 1151).

## CARBOCISTÉINE SANDOZ CONSEIL
Fluidifiant bronchique

Ce médicament est un générique de RHINATHIOL (voir p. 896 et tableau p. 1151).

## CARBOCISTÉINE TEVA
Fluidifiant bronchique

Ce médicament est un générique de RHINATHIOL (voir p. 896 et tableau p. 1151).

## CARBOCISTÉINE WINTHROP
Fluidifiant bronchique

Ce médicament est un générique de RHINATHIOL (voir p. 896 et tableau p. 1151).

## CARBOLEVURE
Traitement des troubles digestifs

### Présentation
CARBOLEVURE Adulte : gélule (noir et rouge) ; boîte de 30. Non remb.

### Composition

| | p gél Ad |
|---|---|
| **Charbon activé** | 109 mg |
| **Levure déshydratée vivante** | 108,5 mg |

### Dans quel cas ce médicament est-il prescrit ?
Ce médicament contient du charbon activé et des *levures*. Le charbon absorbe les gaz présents dans le tube digestif. Les levures favorisent l'équilibre de la flore digestive.

Il est utilisé dans le *traitement symptomatique* :
- des troubles du *transit intestinal* avec ballonnements,
- de la diarrhée, en complément des mesures diététiques.

**Attention :** N'utilisez pas ce médicament de façon prolongée sans l'avis de votre médecin : des examens peuvent être nécessaires si les *symptômes* persistent.

### Interactions avec d'autres substances

Ce médicament peut diminuer l'absorption d'autres médicaments, en particulier ceux qui contiennent de la digitoxine ou de la digoxine (*digitaliques*). Un délai d'au moins 2 heures doit être respecté entre la prise de ce médicament et celle des autres traitements. Demandez conseil à votre médecin ou à votre pharmacien.

### Grossesse et allaitement

Ce médicament ne contient que des substances présumées sans danger pendant la grossesse ou l'allaitement.

### Mode d'emploi et posologie

Les gélules doivent être avalées, telles quelles, avec un verre d'eau.

**Posologie usuelle :**
- Adulte : 1 gélule Adulte, 3 fois par jour.

**Conseils :** Une alimentation riche en fibres, si elle facilite le transit, peut également augmenter les fermentations intestinales et favoriser les ballonnements. Demandez conseil à votre médecin pour équilibrer votre alimentation.
Une diarrhée peut provoquer une déshydratation, notamment chez la personne âgée. Cette perte d'eau par l'organisme doit être compensée par des boissons abondantes (bouillon salé, boissons sucrées) car elle peut être à l'origine d'une fatigue, de malaise ou de confusion des idées.

### Effets indésirables possibles

Selles de coloration noire.

Laboratoires UCB Healthcare

## CARBOPHOS

*Informations détaillées sur www.monvidal.com*

## CARBOPLATINE AGUETTANT

*Informations détaillées sur www.monvidal.com*

## CARBOPLATINE DAKOTA PHARM

*Informations détaillées sur www.monvidal.com*

## CARBOPLATINE FAULDING

*Informations détaillées sur www.monvidal.com*

## CARBOPLATINE MERCK

*Informations détaillées sur www.monvidal.com*

## CARBOPLATINE TEVA

*Informations détaillées sur www.monvidal.com*

## CARBOSYLANE

Traitement des troubles digestifs

### Présentation

CARBOSYLANE Adulte : gélule gastrosoluble (bleu) et gélule *gastrorésistante* (rouge) jumelées ; boîte de 24. Non remb.
CARBOSYLANE Adulte : gélule gastrosoluble (bleu) et gélule *gastrorésistante* (rouge) jumelées ; boîte de 48. Non remb.
CARBOSYLANE Enfant : gélule gastrosoluble (bleu) et gélule *gastrorésistante* (rouge) jumelées ; boîte de 24. Non remb.
CARBOSYLANE Enfant : gélule gastrosoluble (bleu) et gélule *gastrorésistante* (rouge) jumelées ; boîte de 48. Non remb.

### Composition

| | p gél bleue Ad | p gél rouge Ad |
|---|---|---|
| **Charbon activé** | 140 mg | 140 mg |
| **Siméticone** | 45 mg | 45 mg |

| | p gél bleue Enf | p gél rouge Enf |
|---|---|---|
| **Charbon activé** | 70 mg | 70 mg |
| **Siméticone** | 22,5 mg | 22,5 mg |

### Dans quel cas ce médicament est-il prescrit ?

Ce médicament contient du charbon activé et un *pansement digestif* au silicone, qui protègent le tube digestif et combattent la production de gaz.
Il est utilisé dans le *traitement symptomatique* des digestions difficiles et en cas de ballonnement abdominal.

**Attention :** N'utilisez pas ce médicament de façon prolongée sans l'avis de votre médecin : des examens peuvent être nécessaires si les *symptômes* persistent.

### Interactions avec d'autres substances

Ce médicament peut diminuer l'absorption d'autres médicaments, en particulier ceux qui contiennent de la digitoxine ou de la digoxine (*digitaliques*). Un délai d'au moins 2 heures doit être respecté entre la prise de ce médicament et celle des autres traitements. Demandez conseil à votre médecin ou à votre pharmacien.

### Grossesse et allaitement

Ce médicament ne contient que des substances présumées sans danger pendant la grossesse ou l'allaitement.

### Mode d'emploi et posologie

Une dose comprend une gélule bleue et une gélule rouge. Les gélules doivent être avalées ensemble avec un peu d'eau, avant ou après les principaux repas.
Les gélules ne sont pas adaptées à l'enfant de moins de 6 ans. En effet, elles risquent d'obstruer les voies respiratoires si l'enfant déglutit mal et que la gélule passe dans la trachée (fausse route).

**Posologie usuelle :**
- Adulte : 1 dose Adulte, 3 fois par jour.
- Enfant de 10 à 15 ans : 1 dose Enfant, 3 fois par jour.
- Enfant de 6 à 10 ans : 1 dose Enfant, 2 fois par jour.

**Conseils :** Une alimentation riche en fibres, si elle facilite le transit, peut également augmenter les fermentations intestinales et favoriser les ballonnements. Demandez conseil à votre médecin pour équilibrer votre alimentation.

### Effets indésirables possibles

Selles de coloration noire.

Laboratoires Grimberg

## CARBOSYMAG

Traitement des troubles digestifs

### Présentation

CARBOSYMAG : gélule gastrosoluble (vert) et gélule *gastrorésistante* (orange) jumelées ; boîte de 24. Remb 65 % - **Prix : 3,88 €.**
CARBOSYMAG : gélule gastrosoluble (vert) et gélule *gastrorésistante* (orange) jumelées ; boîte de 48. Remb 65 % - **Prix : 6,08 €.**

### Composition

| | p gél verte | p gél orange |
|---|---|---|
| **Charbon activé** | 140 mg | 140 mg |
| **Siméticone** | 45 mg | 45 mg |
| **Oxyde de magnésium (magnésie)** | 180 mg | |

### Dans quel cas ce médicament est-il prescrit ?

Ce médicament associe du charbon activé et un *pansement digestif* au silicone, qui protègent le tube digestif et combattent la production de gaz. La gélule verte contient également un *antiacide* d'action locale qui neutralise les acides sécrétés par l'estomac.

Il est utilisé dans le traitement des douleurs, aigreurs, brûlures d'estomac avec ballonnement abdominal.

### Contre-indications

Ce médicament ne doit pas être utilisé en cas d'*insuffisance rénale* grave.

**Attention :** N'utilisez pas ce médicament de façon prolongée sans l'avis de votre médecin : des examens peuvent être nécessaires si les *symptômes* persistent.

### Interactions avec d'autres substances

Ce médicament peut diminuer l'absorption de nombreux médicaments. Un délai d'au moins 2 heures (voire 4 heures avec les *antibiotiques* de la famille des quinolones) doit être respecté entre la prise de ce médicament et celle des autres traitements. Demandez conseil à votre médecin ou à votre pharmacien.

### Grossesse et allaitement

Ce médicament ne contient que des substances présumées sans danger pendant la grossesse ou l'allaitement. Néanmoins, ne l'utilisez pas de façon prolongée sans l'avis de votre pharmacien ou de votre médecin.

### Mode d'emploi et posologie

Une dose comprend une gélule verte et une gélule orange. Les gélules doivent être avalées ensemble avec un peu d'eau, avant ou après les repas.

**Posologie usuelle :**
1 dose, 3 fois par jour.

**Conseils :** Une alimentation équilibrée, une mastication lente, la suppression des aliments difficiles à digérer et des boissons alcoolisées permettent souvent d'atténuer les *symptômes* dus à une *inflammation* de l'estomac, du *duodénum* ou de l'œsophage.
Une alimentation riche en fibres, si elle facilite le transit, peut également augmenter les fermentations intestinales et favoriser les ballonnements. Demandez conseil à votre médecin pour équilibrer votre alimentation.
Si vous êtes fumeur, la poursuite du tabagisme est un frein important au traitement : la nicotine augmente l'acidité gastrique et réduit l'efficacité du muscle qui ferme la jonction entre l'œsophage et l'estomac.

### Effets indésirables possibles

Diarrhée, selles de coloration noire.

Laboratoires Grimberg

## CARDENSIEL

Bêtabloquant — **sur ordonnance**

### Présentation

CARDENSIEL 1,25 mg : comprimé (rond ; blanc) ; boîte de 30. Liste I, *médicament à prescription restreinte* - Remb 65 % - **Prix : 25,48 €.**
CARDENSIEL 2,5 mg : comprimé sécable (en cœur ; blanc) ; boîte de 30. Liste I, *médicament à prescription restreinte* - Remb 65 % - **Prix : 25,48 €.**
CARDENSIEL 3,75 mg : comprimé sécable (en cœur ; blanc jaune) ; boîte de 30. Liste I, *médicament à prescription restreinte* - Remb 65 % - **Prix : 25,48 €.**
CARDENSIEL 5 mg : comprimé sécable (en cœur ; jaune clair) ; boîte de 30. Liste I, *médicament à prescription restreinte* - Remb 65 % - **Prix : 25,48 €.**
CARDENSIEL 7,5 mg : comprimé sécable (en cœur ; jaune) ; boîte de 30. Liste I, *médicament à prescription restreinte* - Remb 65 % - **Prix : 25,48 €.**
CARDENSIEL 10 mg : comprimé sécable (en cœur ; orange) ; boîte de 30. Liste I, *médicament à prescription restreinte* - Remb 65 % - **Prix : 25,48 €.**

### Composition

| | p cp | p cp | p cp |
|---|---|---|---|
| **Bisoprolol hémifumarate** | 1,25 mg | 2,5 mg | 3,75 mg |
| | p cp | p cp | p cp |
| **Bisoprolol hémifumarate** | 5 mg | 7,5 mg | 10 mg |

### Dans quel cas ce médicament est-il prescrit ?

Ce médicament appartient à la famille des *bêtabloquants*. Ceux-ci agissent en bloquant l'action de l'*adrénaline* (et d'autres *hormones* apparentées) sur de nombreux organes, notamment sur le cœur, les vaisseaux et plus faiblement sur les bronches. A faible dose, les bêtabloquants permettent de protéger le cœur des *insuffisants cardiaques*.

Il est utilisé dans le traitement de l'insuffisance cardiaque.

### Contre-indications

Ce médicament ne doit pas être utilisé dans les cas suivants :
- formes graves de certaines affections : *bloc auriculoventriculaire, asthme, bronchite chronique, artérite*, phénomène de *Raynaud* ;
- *insuffisance cardiaque* grave, ne permettant plus une vie normale ;
- rythme cardiaque inférieur à 60 battements par minute ;
- *phéochromocytome* non traité ;
- hypotension.

**Attention :** Des précautions sont nécessaires en cas d'*insuffisance hépatique* ou *rénale*.

Après l'adaptation de la posologie en milieu hospitalier, des consultations régulières sont nécessaires. En cas de malaises pouvant faire évoquer une baisse de tension ou d'une aggravation de l'essoufflement, contactez votre cardiologue.

Chez les diabétiques, les *bêtabloquants* peuvent masquer certains *symptômes* de l'*hypoglycémie* (*palpitations* et accélération du cœur essentiellement).

Les bêtabloquants peuvent aggraver les *réactions allergiques* et empêcher l'action de l'*adrénaline* utilisée dans le traitement d'urgence du *choc anaphylactique*. Lors d'examens radiologiques nécessitant l'injection de produits de contraste iodés (susceptibles de provoquer des *chocs* allergiques), le traitement doit, si possible, être suspendu avec l'accord de votre médecin.

En cas d'intervention chirurgicale, l'anesthésiste doit être prévenu de la prise de ce médicament. C'est lui qui décidera si le traitement doit être poursuivi ou arrêté avant l'intervention.

Compte-tenu de ses effets indésirables potentiels, ce médicament peut, chez certaines personnes, ne pas être compatible avec la conduite automobile ou le maniement de machines dangereuses. Assurez-vous à l'occasion des premières prises que vous supportez bien ce médicament avant de conduire ou d'utiliser une machine.

### Interactions avec d'autres substances

Ce médicament peut interagir avec les *inhibiteurs calciques*, les *IMAO* ou un médicament contenant de la clonidine.

Informez votre médecin si vous prenez des *antiarythmiques*, des *antidiabétiques*, un autre *bêtabloquant*, un *antihypertenseur*, un médicament susceptible de faire baisser la tension artérielle ou un médicament contenant de la rifampicine ou de la méfloquine.

### Grossesse et allaitement

Ce médicament peut être employé chez la femme enceinte, en cas d'absolue nécessité.

L'allaitement est déconseillé pendant le traitement.

### Mode d'emploi et posologie

Ce médicament est pris le matin, indifféremment au cours ou en dehors du petit-déjeuner.

Les comprimés doivent être avalés, sans être mâchés, avec un verre d'eau.

**Posologie usuelle :**

La *posologie* est adaptée très progressivement par le cardiologue, en commençant par les doses les plus faibles.

**Conseils :**
**Conditions particulières de délivrance :**
Ce médicament est un *médicament à prescription restreinte* : la prescription initiale ne peut être faite que dans un service hospitalier spécialisé en cardiologie ou en médecine interne. Une surveillance particulière est nécessaire pendant le traitement.

### Effets indésirables possibles

Le plus fréquemment : douleur d'estomac, nausées, vomissements, fatigue en début de traitement, sensation de mains et de pieds froids, troubles de l'érection, ralentissement important du cœur, insomnie.

Plus rarement : *bloc auriculoventriculaire*, baisse excessive de la tension artérielle, phénomène de *Raynaud*, *insuffisance cardiaque, bronchospasme, hypoglycémie, éruption cutanée*, aggravation d'un *psoriasis*.

Laboratoires Merck Lipha Santé

## CARDIOCALM
Phytothérapie

### Présentation

CARDIOCALM : comprimé (rose) ; boîte de 40. Non remb.
CARDIOCALM : comprimé (rose) ; boîte de 80. Non remb.

### Composition

| | p cp |
|---|---|
| **Aubépine, extrait** | 100 mg |

### Dans quel cas ce médicament est-il prescrit ?

Ce médicament contient une plante *sédative*.

Il est traditionnellement utilisé dans le *traitement symptomatique* de la nervosité, notamment en cas de troubles légers du sommeil, et dans le traitement des *palpitations* chez l'adulte.

**Attention :** Les *palpitations* peuvent être le *symptôme* d'une maladie cardiaque : n'utilisez pas ce médicament de façon prolongée sans l'avis de votre médecin.

### Grossesse et allaitement

Ce médicament contient une plante présumée sans danger pendant la grossesse ou l'allaitement. Néanmoins, par mesure de prudence, ne l'utilisez pas sans prendre l'avis de votre pharmacien ou de votre médecin.

### Mode d'emploi et posologie

Les comprimés doivent être avalés avec un verre d'eau.

**Posologie usuelle :**
- Adulte :
  - *palpitations*, nervosité : 1 ou 2 comprimés, 3 fois par jour ;
  - troubles du sommeil : 1 comprimé au repas du soir et 1 à 2 comprimés au coucher.

**Conseils :** Les médicaments ne sont pas la seule réponse au stress : une meilleure hygiène de vie, une consommation modérée d'excitants (café, thé, boissons alcoolisées...) permettent aussi de lutter contre l'excès de nervosité et ses manifestations (*palpitations*, troubles du sommeil).

Laboratoires Pharmastra

## CARDIOCOR

*Informations détaillées sur www.monvidal.com*

## CARDIOCYNÉSINE

*Informations détaillées sur www.monvidal.com*

## CARDIOSOLUPSAN

*Informations détaillées sur www.monvidal.com*

## CARENCYL

*Informations détaillées sur www.monvidal.com*

## CARLIN

Contraceptif oral — sur ordonnance

### Présentation

**CARLIN 20 µg :** comprimé ; boîte de 1 plaquette de 21. Liste I - Non remb.
**CARLIN 20 µg :** comprimé ; boîte de 3 plaquettes de 21. Liste I - Non remb.
**CARLIN 30 µg :** comprimé ; boîte de 1 plaquette de 21. Liste I - Non remb.
**CARLIN 30 µg :** comprimé ; boîte de 3 plaquettes de 21. Liste I - Non remb.

### Composition

| | p cp | p cp |
|---|---|---|
| **Éthinylestradiol** | 0,02 mg | 0,03 mg |
| **Gestodène** | 0,075 mg | 0,075 mg |
| Lactose | + | + |

### Dans quel cas ce médicament est-il prescrit ?

C'est un *contraceptif* oral (pilule) qui contient un *estrogène* et un *progestatif.* Il est dit minidosé (moins de 0,04 mg d'estrogène) et monophasique (tous les comprimés contiennent la même quantité d'*hormones* et sont donc de la même couleur).

### Contre-indications

Ce médicament ne doit pas être utilisé dans les cas suivants :
- *accident thromboembolique* (*phlébite*, *embolie* pulmonaire...) ancien ou survenant au cours de la contraception ;
- maladie cardiovasculaire (*hypertension artérielle*, *angine de poitrine*, lésion des valves cardiaques, anomalie de la circulation sanguine cérébrale ou rétinienne) ;
- *cancer hormonodépendant* (même guéri) ;
- *diabète* avec lésions vasculaires ;
- saignement génital intermittent (l'origine de ce saignement doit être déterminée par des examens avant la mise en route du traitement) ;
- maladie du foie, grave ou récente.

**Attention :** Un examen médical est nécessaire avant de débuter la contraception. Il est suivi d'une surveillance annuelle pendant la contraception. Cette surveillance est particulièrement importante si vous souffrez de *diabète*, d'obésité, d'excès de cholestérol, de *triglycérides* ou de *prolactine* dans le sang, d'affection bénigne du sein ou de l'utérus, d'ictère (jaunisse) chronique ou survenu lors d'une grossesse, d'*épilepsie*, de *migraine*, d'*otosclérose*, d'*asthme*, de varices, de dépression, de calcul biliaire, d'herpès gestationis, ou si des membres de votre famille ont des *antécédents* de cancer du sein ou d'*accidents thromboemboliques*.

Si vous avez plus de 35 ans, si vous fumez, le risque d'effets indésirables cardiovasculaires liés à la prise d'hormones augmente fortement. Un autre mode de contraception est souvent préconisé.

Arrêtez la prise de ce contraceptif et consultez votre médecin en cas d'apparition de l'un des *symptômes* suivants : maux de tête violents et inhabituels, troubles de la vision, élévation importante de la tension artérielle, douleur inhabituelle à la jambe.

La survenue d'un léger saignement entre les règles (spotting) est fréquente chez les femmes pendant les premiers mois d'utilisation de la pilule. Vous devez informer votre médecin si les saignements se prolongent ou s'ils apparaissent en cours de contraception.

L'oubli d'un comprimé ou sa mauvaise absorption, du fait de vomissements par exemple, peuvent rendre la contraception inefficace.

En cas d'intervention chirurgicale programmée ou d'alitement prolongé, votre médecin jugera de l'opportunité d'interrompre votre contraception orale.

### Interactions avec d'autres substances

L'efficacité contraceptive de ce médicament peut être diminuée par les *anticonvulsivants*, certains traitements du *sida*, les produits de phytothérapie contenant du millepertuis et les médicaments contenant l'une des substances suivantes : griséofulvine, rifampicine, rifabutine, modafinil.

Informez par ailleurs votre médecin si vous prenez des médicaments contenant de la flunarizine.

### Grossesse et allaitement

Ce médicament n'a pas de raison d'être utilisé pendant la grossesse. Néanmoins, si une grossesse survient malgré le traitement, du fait d'un oubli ou d'un retard de prise, celle-ci pourra être poursuivie normalement si vous le désirez.

Les *hormones* contenues dans ce *contraceptif* passent dans le lait maternel : ne l'utilisez pas pendant l'allaitement sans avis médical.

### Mode d'emploi et posologie

Prendre régulièrement, et sans oubli, 1 comprimé par jour pendant 21 jours consécutifs. Il est recommandé de ne pas trop faire varier l'heure de prise (choisir le petit déjeuner ou le coucher de préférence).

L'interruption du traitement déclenche les règles au bout de 2 ou 3 jours. La nouvelle plaquette est reprise après les 7 jours d'arrêt, que les règles soient terminées ou non.

Pour éviter un retard dans la reprise de la pilule, préjudiciable à l'efficacité de la contraception, il est utile de noter le jour de la prise du premier comprimé : une nouvelle plaquette est toujours commencée le même jour de la semaine. Le respect de ces délais est important : une reprise trop tardive du premier comprimé peut nuire à l'efficacité de la contraception pour le nouveau cycle. En revanche, une reprise un ou deux jours plus tôt ne pose pas de problème et décale d'autant la survenue des règles. Il est également possible d'enchaîner deux plaquettes. Dans ce cas, les règles surviendront à la fin de la deuxième plaquette.

En cas de première contraception orale ou de reprise d'une contraception interrompue temporairement, prendre le premier comprimé le premier jour des règles. La sécurité contraceptive n'est assurée qu'après un délai d'une semaine. Une méthode contraceptive complémentaire (préservatif, etc.) est nécessaire pendant cette période

En cas de changement de contraceptif, prendre le premier comprimé de la plaquette :

- le jour suivant la prise du dernier comprimé actif, si le précédent contraceptif était une autre pilule estroprogestative ;
- sans interruption et à n'importe quel moment du cycle, si le précédent contraceptif était un contraceptif progestatif microdosé ;
- le jour du retrait, si le précédent mode de contraception était un implant contraceptif ;
- le jour prévu pour l'injection, dans le cas du relais d'une contraception par progestatif injectable.

Après un accouchement ou une interruption de grossesse, suivre les indications du médecin.

**Conseils :** Les dernières recommandations en cas d'oubli d'un comprimé pour ce type de pilule sont les suivantes : prendre immédiatement le comprimé oublié et continuer à l'heure habituelle pour les comprimés suivants (ce qui peut correspondre à la prise de 2 comprimés si l'oubli est découvert lors de la prise suivante). Si le retard est supérieur à 12 heures, la sécurité contraceptive n'est plus assurée et une autre méthode complémentaire (spermicide, préservatif, diaphragme) doit être employée pendant les 7 jours suivants. Si cette période de 7 jours s'étend au-delà du dernier comprimé de la plaquette en cours, la plaquette suivante doit être débutée sans interruption entre les deux plaquettes. Dans ce cas, il n'y aura pas de saignement avant la fin de la seconde plaquette. Des saignements de faible importance (spottings) sont cependant possibles.

En cas de vomissements ou de diarrhée sévère survenant dans les 4 heures suivant la prise d'un comprimé, reprendre dès que possible un autre comprimé. Si le délai est de plus de 12 heures ou si les troubles se répètent, la sécurité contraceptive n'est plus assurée et une méthode complémentaire doit être employée jusqu'à la prise de la plaquette suivante.

Il n'y a pas de danger à débuter une grossesse au cours du cycle qui suit l'arrêt volontaire du contraceptif oral.

### Effets indésirables possibles

Peu graves et n'empêchant pas la poursuite du traitement : nausées, maux de tête banals, prise de poids, tension modérée des seins, *acné*, jambes lourdes, irritation oculaire par les lentilles de contact, saignement entre les règles, diminution ou disparition des règles, irritabilité, pousse excessive des poils.

Rares mais devant faire interrompre la prise de ce *contraceptif* : *hypertension artérielle*, accident cardiaque ou *vasculaire*, *phlébite*, jaunisse, taches sombres sur le visage, augmentation importante des lipides dans le sang, *diabète*, *nodule* ou tension douloureuse des seins, *migraine*, *vertiges*, troubles de la vision, aggravation d'une *épilepsie*, écoulement de lait, *tumeur* bénigne du foie, calcul de la vésicule biliaire.

**Laboratoires EFFIK**

## CARLYTÈNE
Vasodilatateur

### Présentation

CARLYTÈNE 30 mg : comprimé (blanc) ; boîte de 32. Remb 35 % - **Prix : 3,80 €**.

### Composition

| | p cp |
|---|---|
| **Moxisylyte chlorhydrate** | 30 mg |

### Dans quel cas ce médicament est-il prescrit ?

Ce médicament est un *vasodilatateur* de la famille des *alphabloquants*. Il augmente le débit du sang dans les artères et permet au cerveau de mieux résister à un défaut d'apport en oxygène.

Il est utilisé dans le *traitement symptomatique* :

- des troubles du comportement et de la mémoire liés au vieillissement,
- du phénomène de *Raynaud*.

**Attention :** Chez la personne âgée, des troubles attribués au vieillissement peuvent être dus à une dépression : ils nécessitent alors un traitement spécifique.

### Grossesse et allaitement

L'effet de ce médicament pendant la grossesse ou l'allaitement est mal connu : seul votre médecin peut évaluer le risque éventuel de son utilisation dans votre cas.

### Mode d'emploi et posologie

Les comprimés doivent être pris au cours des repas.

**Posologie usuelle :**
1 comprimé, 3 fois par jour.

### Effets indésirables possibles

Nausées, diarrhée.

**Laboratoires Meda Pharma SAS**

## CAROMINTHE
*Informations détaillées sur www.monvidal.com*

## CARPILO
*Informations détaillées sur www.monvidal.com*

## CARTEABAK
*Informations détaillées sur www.monvidal.com*

## CARTÉOL
Antiglaucomateux — sur ordonnance

### Présentation

CARTÉOL 0,5 % : collyre ; flacon de 3 ml. Liste I - Remb 65 % - **Prix : 4,01 €**.
CARTÉOL 1 % : collyre ; flacon de 3 ml. Liste I - Remb 65 % - **Prix : 4,66 €**.
CARTÉOL 1 % : collyre ; boîte de 60 unidoses de 0,2 ml. Liste I - Remb 65 % - **Prix : 9,01 €**.
CARTÉOL LP 1 % : collyre ; flacon de 3 ml. Liste I - Remb 65 % - **Prix : 7,99 €**.
CARTÉOL LP 1 % : collyre ; boîte de 30 unidoses de 0,2 ml. Liste I - Remb 65 % - **Prix : 9,01 €**.
CARTÉOL 2 % : collyre ; flacon de 3 ml. Liste I - Remb 65 % - **Prix : 4,98 €**.
CARTÉOL 2 % : collyre ; boîte de 60 unidoses de 0,2 ml. Liste I - Remb 65 % - **Prix : 9,01 €**.

CARTÉOL LP 2 % : collyre ; flacon de 3 ml. Liste I - Remb 65 % - **Prix : 7,99 €**.
CARTÉOL LP 2 % : collyre ; boîte de 30 unidoses de 0,2 ml. Liste I - Remb 65 % - **Prix : 9,01 €**.

## Composition

| | | | |
|---|---|---|---|
| | p 100 ml | p 100 ml | p unidose |
| **Cartéolol chlorhydrate** | 0,5 g | 1 g | 2 mg |
| Benzalkonium chlorure | 5 mg | 5 mg | |
| | p 100 ml | p unidose | p 100 ml |
| **Cartéolol chlorhydrate** | 1 g | 2 mg | 2 g |
| Benzalkonium chlorure | + | | 5 mg |
| | p unidose | p 100 ml | p unidose |
| **Cartéolol chlorhydrate** | 4 mg | 2 g | 4 mg |
| Benzalkonium chlorure | | + | |

## Dans quel cas ce médicament est-il prescrit ?

Ce collyre contient un *bêtabloquant* qui diminue la pression des liquides contenus dans l'œil (*tension intraoculaire*).

Il est utilisé dans le traitement des maladies dues à un excès de tension intraoculaire, notamment le *glaucome* à angle ouvert.

## Contre-indications

Compte tenu de l'absorption du collyre par l'œil et du passage du *bêtabloquant* dans le sang, ce médicament ne doit pas être utilisé dans les cas suivants :
- *asthme* et *bronchite chronique* grave,
- *insuffisance cardiaque* grave (sauf si elle est stabilisée par un traitement spécifique),
- *bloc auriculoventriculaire* grave,
- angor de *Prinzmetal*,
- rythme cardiaque inférieur à 50 battements par minute,
- maladie ou syndrome de *Raynaud*,
- *phéochromocytome* non traité,
- hypotension,
- *antécédent* de *choc anaphylactique*,
- en association avec les médicaments contenant de la floctafénine ou du sultopride.

**Attention :** Le collyre en flacon contient un conservateur (benzalkonium) qui appartient à la famille des *ammoniums quaternaires*. Signalez à votre médecin tout *antécédent* d'*allergie* à cette famille d'*antiseptiques*.

Le port de *lentilles de contact* est déconseillé pendant le traitement, en raison du risque de sécheresse de l'œil.

Chez les diabétiques, les *bêtabloquants* peuvent masquer certains *symptômes* de l'*hypoglycémie* (*palpitations* et accélération du cœur essentiellement).

Les bêtabloquants peuvent aggraver les *symptômes* des *chocs* allergiques et nuire à l'efficacité de l'*adrénaline* utilisée pour les traiter en urgence. Signalez à votre médecin tout antécédent de choc allergique, même ancien.

Les personnes souffrant d'*angine de poitrine* ou d'*insuffisance coronarienne* ne doivent pas arrêter brutalement le traitement. Un avis médical est nécessaire.

En cas d'intervention chirurgicale, prévenez l'anesthésiste que vous suivez ce traitement.

Compte-tenu de la possibilité d'effets indésirables visuels, ce collyre peut, chez certaines personnes, constituer un risque pour la conduite automobile ou le maniement de machines dangereuses. Assurez-vous à l'occasion des premières utilisations que vous supportez bien ce collyre avant de reprendre la pratique d'une activité à risque.

Sportif : ce médicament contient une substance susceptible de rendre positifs certains *tests antidopage*.

## Interactions avec d'autres substances

Ce collyre peut interagir avec d'autres collyres, notamment ceux qui contiennent de l'*adrénaline* : respectez un intervalle de 15 minutes entre deux instillations, sauf indication contraire de votre ophtalmologiste.

Par ailleurs, ce médicament ne doit pas être associé :
- à la floctafénine (IDARAC) : risque de majoration de la gravité d'un éventuel *choc* allergique,
- au sultopride (BARNÉTIL, médicament disponible uniquement à l'hôpital) : risque de ralentissement cardiaque important.

Il peut interagir avec l'amiodarone ou avec un *bêtabloquant* pris par voie orale.

Informez également votre médecin si vous prenez des *antidiabétiques*, des *AINS*, des *antidépresseurs* tricycliques, des *neuroleptiques*, des *corticoïdes*, des *inhibiteurs calciques*, ou des médicaments contenant l'une des substances suivantes : quinidine, hydroquinidine, disopyramide, propafénone, baclofène, clonidine, lidocaïne injectable, méfloquine.

## Grossesse et allaitement

Les études scientifiques disponibles n'ont pas mis en évidence de problème particulier lors de l'utilisation de *bêtabloquant* chez la femme enceinte.

L'effet bêtabloquant persiste quelques jours chez le nouveau-né et justifie une surveillance médicale renforcée pendant les premiers jours de la vie.

Ce médicament passe dans le lait maternel. L'allaitement est déconseillé pendant le traitement.

## Mode d'emploi et posologie

Tirer la paupière inférieure vers le bas tout en regardant vers le haut et déposer une goutte de collyre entre la paupière et le globe oculaire (*cul-de-sac conjonctival*).

**Posologie usuelle :**
- Adulte : 1 goutte de CARTÉOL, 2 fois par jour ou 1 goutte de CARTÉOL LP, 1 fois par jour.

Habituellement, la concentration du collyre est fixée par l'ophtalmologiste en fonction de la *tension intraoculaire*.

**Conseils :** L'application correcte du produit peut nécessiter une aide, notamment chez une personne handicapée ou âgée.

Ne conservez pas le collyre en flacon plus de 15 jours (CARTÉOL) ou plus de 4 semaines (CARTÉOL LP) après une première utilisation. Pour prévenir tout risque de contamination, évitez de toucher l'œil avec l'embout du flacon.

Les unidoses doivent être jetées après utilisation.

## Effets indésirables possibles

Irritation locale, sécheresse de l'œil, troubles visuels à signaler à votre ophtalmologiste.

Exceptionnellement, en cas de passage du *bêtabloquant* dans le sang :
- fatigue, sensation de mains et de pieds froids, insomnie, douleurs d'estomac, nausées, vomissements ;
- *bloc auriculoventriculaire*, ralentissement excessif du cœur, chute de tension, *insuffisance cardiaque*, *bronchospasme*, *hypoglycémie*, phénomène de *Raynaud* ;
- *éruption cutanée*, aggravation d'un *psoriasis*.

Laboratoires Chauvin Bausch & Lomb

## CARTREX
Anti-inflammatoire non stéroïdien — sur ordonnance

### Présentation
CARTREX : comprimé (rond ; blanc) ; boîte de 30. Liste II - Remb 65 % - **Prix : 7,35 €**.

### Composition
| | p cp |
|---|---|
| **Acéclofénac** | 100 mg |

### Dans quel cas ce médicament est-il prescrit ?
Ce médicament est un *anti-inflammatoire* non stéroïdien (*AINS*). Il lutte contre l'*inflammation* et la douleur, fait baisser la fièvre et fluidifie le sang.

Il est utilisé dans le *traitement symptomatique* :
- de la *polyarthrite rhumatoïde* ;
- de la *spondylarthrite ankylosante* ;
- des crises d'*arthrose*.

### Contre-indications
Ce médicament ne doit pas être utilisé dans les cas suivants :
- antécédent d'*allergie* ou d'*asthme* provoqué par la prise d'*AINS*, y compris l'aspirine ;
- *ulcère* de l'estomac ou du *duodénum* ;
- *insuffisance hépatique* ou *rénale* grave ;
- *insuffisance cardiaque* grave ;
- *hémorragie* grave ;
- **grossesse** (dernier trimestre).

**Attention :** Tout traitement prolongé ou *surdosage* d'*AINS* expose à des effets indésirables graves.

Certaines situations doivent conduire à ne poursuivre le traitement qu'après un avis médical :
- brûlures d'estomac importantes ou selles noires et nauséabondes pouvant traduire une irritation ou un saignement du tube digestif ;
- *réaction allergique* cutanée, crise d'*asthme* ;
- fatigue inhabituelle et intense, ou baisse brutale et importante du volume des urines chez une personne souffrant d'*insuffisance cardiaque*, déshydratée ou traitée par *diurétique*.

Des précautions sont nécessaires chez la personne âgée ou en cas d'*antécédent* d'*ulcère* de l'estomac ou du *duodénum* ou de risque hémorragique, notamment digestif (maladie de *Crohn*, *rectocolite hémorragique*).

Certains médecins considèrent que les anti-inflammatoires peuvent diminuer l'efficacité des stérilets et exposer à un risque de grossesse non désirée. Ce risque est actuellement très controversé.

Conducteur : ce médicament peut être responsable de *vertiges*.

### Interactions avec d'autres substances
Ce médicament peut interagir avec d'autres médicaments, notamment :
- l'aspirine et les autres *anti-inflammatoires* non stéroïdiens (*AINS*) : risque d'accroissement des effets indésirables ;
- les *anticoagulants* et les *antiagrégants plaquettaires* : augmentation du risque hémorragique ;
- le lithium (TÉRALITHE, NEUROLITHIUM...) : augmentation du taux de lithium dans le sang ;
- le méthotrexate.

Informez par ailleurs votre médecin ou votre pharmacien en cas de traitement par un *diurétique*, un *inhibiteur de l'enzyme de conversion*, un *inhibiteur de l'angiotensine II*, un *bêtabloquant* ou un médicament contenant de la ciclosporine.

### Grossesse et allaitement
Des effets néfastes pour l'enfant à naître ont été mis en évidence lorsque les *AINS* sont utilisés au cours des 4 derniers mois de la grossesse ; le risque existe même avec une seule prise et même si la grossesse est à terme. L'usage de ce médicament est contre-indiqué pendant cette période.

Pendant les 5 premiers mois, l'effet de ce médicament est mal connu : seul votre médecin peut évaluer le risque éventuel de son utilisation dans votre cas.

Les données disponibles ne permettent pas de savoir si ce médicament passe dans le lait maternel ; un choix est donc nécessaire entre l'allaitement et la prise du médicament. Cette décision devra être prise en accord avec votre médecin.

### Mode d'emploi et posologie
Les comprimés doivent être avalés avec un verre d'eau ou d'un autre liquide.

Ils sont pris de préférence au cours des repas.

**Posologie usuelle :**
- Adulte : 1 comprimé, matin et soir.

**Conseils :** Les anti-inflammatoires ne sont pas des médicaments anodins. Du fait de la possibilité d'effets indésirables graves, ils ne doivent être utilisés que lorsqu'ils sont nécessaires, ce qui n'est pas le cas pour les affections rhumatismales peu douloureuses et les traumatismes bénins. Ce médicament vous a été prescrit dans une situation précise : ne le conseillez pas à un proche et ne le réutilisez pas sans avis médical.

Ne dépassez pas la *posologie* ni la durée de traitement prescrites par votre médecin, afin de limiter les effets indésirables.

### Effets indésirables possibles
*Troubles digestifs*, augmentation des *transaminases*, *vertige*, *éruption cutanée*.

Rarement : maux de tête, fatigue, *réaction allergique*, anomalie de la *numération formule sanguine*, *palpitations*, crampes, tremblements, *hémorragie* du tube digestif (vomissements sanglants, selles noires, ou, plus souvent, pertes de sang imperceptibles, responsables de l'apparition progressive d'une *anémie*).

Laboratoires Almirall SAS

## CARYOLYSINE
*Informations détaillées sur www.monvidal.com*

## CASODEX
Antiandrogène — sur ordonnance

### Présentation
CASODEX : comprimé (blanc) ; boîte de 30. Liste I - Remb 100 % - **Prix : 140,74 €**.

### Composition

| | p cp |
|---|---|
| **Bicalutamide** | 50 mg |
| Lactose | + |

### Dans quel cas ce médicament est-il prescrit ?
Ce médicament a une action antihormonale : il empêche les *hormones* mâles (essentiellement un *stéroïde androgène*, la testostérone) de stimuler la glande prostatique et les tissus sensibles aux androgènes.

Il est utilisé chez l'homme, généralement en association avec d'autres médicaments antihormonaux, dans le traitement des *cancers* de la prostate.

### Contre-indications
Ce médicament ne doit pas être utilisé dans les cas suivants :
- *antécédent* d'*hépatite* lors de la prise de bicalutamide ;
- *insuffisance hépatique* grave.

**Attention :** L'apparition des *symptômes* suivants doit être signalée à votre médecin : nausées, vomissements, douleurs abdominales, fatigue anormale, jaunisse. Il peut s'agir d'une *hépatite* due au médicament. Dans la majorité des cas, nausées et vomissements traduisent une simple *intolérance* au médicament.
Des analyses de sang régulières (dosage des *transaminases*) sont généralement prescrites afin de vérifier que le médicament est bien supporté.

### Mode d'emploi et posologie
Les comprimés peuvent être pris indifféremment pendant ou en dehors des repas.

**Posologie usuelle :**
1 comprimé par jour.

### Effets indésirables possibles
*Troubles digestifs*, fatigue, démangeaisons.
*Gynécomastie*.
Rarement : élévation des *transaminases*, *hépatite* (voir Attention), principalement au cours des 6 premiers mois de traitement.
Conséquences fréquentes du blocage de l'action des *hormones* mâles : *impuissance*, diminution du désir sexuel, bouffées de chaleur. Ces phénomènes sont réversibles à l'arrêt du traitement.

Laboratoires AstraZeneca

## CASSIS BOIRON
*Informations détaillées sur www.monvidal.com*

## CATACOL
Traitement de la cataracte

### Présentation
CATACOL : collyre ; flacon compte-gouttes de 10 ml. Non remb.

### Composition

| | p 100 ml |
|---|---|
| **Inosine phosphate disodique dihydraté** | 100 mg |
| Chlorhexidine gluconate | + |

### Dans quel cas ce médicament est-il prescrit ?
Ce collyre est utilisé dans le *traitement d'appoint* de la *cataracte*.

### Interactions avec d'autres substances
Ce collyre peut interagir avec d'autres collyres : respectez un intervalle de 15 minutes entre deux instillations.

### Mode d'emploi et posologie
Tirer la paupière inférieure vers le bas tout en regardant vers le haut et déposer une goutte de collyre entre la paupière et le globe oculaire (*cul-de-sac conjonctival*).

**Posologie usuelle :**
1 goutte, 2 à 4 fois par jour.

**Conseils :** L'application correcte du produit peut nécessiter une aide, notamment chez une personne handicapée ou âgée.
Évitez de mettre l'embout du flacon en contact avec l'œil.
Ne conservez pas ce collyre plus de 15 jours après une première utilisation.

Laboratoires Alcon

## CATALGINE
*Informations détaillées sur www.monvidal.com*

## CATAPLASME D'ALUMINE DEFRESNE
*Informations détaillées sur www.monvidal.com*

## CATAPRESSAN
Antihypertenseur — sur ordonnance

### Présentation
CATAPRESSAN 0,15 mg : comprimé sécable (blanc) ; boîte de 30. Liste II - Remb 65 % - **Prix : 4,45 €**.

### Composition

| | p cp |
|---|---|
| **Clonidine chlorhydrate** | 0,15 mg |

### Dans quel cas ce médicament est-il prescrit ?
Ce médicament est un *antihypertenseur* d'action centrale. Il agit directement sur les centres nerveux qui interviennent dans la régulation de la tension artérielle.

Il est utilisé dans le traitement de l'*hypertension artérielle*.

### Contre-indications
Ce médicament ne doit pas être utilisé dans les cas suivants :
- *antécédent* de *dépression* grave,
- en association avec le sultopride.

**Attention :** N'interrompez jamais brutalement le traitement prescrit. Espacez progressivement les prises. Un avis médical est toujours préférable.

Des précautions sont nécessaires chez l'*insuffisant rénal*, la personne âgée et celle atteinte d'un syndrome de *Raynaud*.

Évitez les boissons alcoolisées : augmentation du risque de somnolence.

Ce médicament peut induire une somnolence, parfois intense chez certaines personnes. Cette somnolence peut être majorée par la prise d'*alcool* ou d'autres médicaments *sédatifs*. La conduite et l'utilisation de machines dangereuses sont déconseillées, surtout dans les heures qui suivent la prise du médicament.

### Interactions avec d'autres substances

Ce médicament ne doit pas être associé au sultopride (BARNETIL...) : risque de troubles cardiaques graves.

Il peut interagir avec les *antidépresseurs imipraminiques* et les médicaments contenant de la miansérine ou de la yohimbine.

Informez par ailleurs votre médecin ou votre pharmacien si vous prenez un *corticoïde*, un *AINS*, un *neuroleptique*, un *sédatif*, un *bêtabloquant* (par *voie* orale ou en collyre) ou un médicament contenant du baclofène.

### Grossesse et allaitement

Les études scientifiques actuellement disponibles n'ont pas mis en évidence de problème particulier lors de l'utilisation chez la femme enceinte. Seul votre médecin peut apprécier la nécessité du traitement et son risque pendant la grossesse.

Le passage de ce médicament dans le lait maternel impose une surveillance médicale attentive du *nouveau-né*.

### Mode d'emploi et posologie

Les comprimés doivent être avalés avec un peu d'eau.

**Posologie usuelle :**
1 à 4 comprimés par jour, en 2 prises au minimum.

**Conseils :** Votre tension artérielle doit être contrôlée régulièrement. Les appareils permettant une mesure automatique de la tension à domicile utilisent souvent un procédé de mesure différent de celui qu'emploie votre médecin. Si vous avez un tel appareil, apportez-le en consultation pour vous assurer que la mesure obtenue est bien conforme à celle du tensiomètre de votre médecin.

Le traitement médicamenteux ne dispense pas de mesures simples pouvant faire baisser la tension artérielle : activité physique régulière, modération de la consommation de boissons alcoolisées et de *sel*, lutte contre l'excès de poids.

### Effets indésirables possibles

Sécheresse de la bouche, somnolence.

Rarement : *éruption cutanée*, *troubles digestifs*, fatigue, pâleur du visage, *palpitations*, *hypotension orthostatique*.

Laboratoires Bœhringer Ingelheim

## CATARSTAT

Traitement de la cataracte

### Présentation

CATARSTAT : collyre ; flacon de 10 ml. Non remb.

### Composition

| | p 100 ml |
|---|---|
| **Pyridoxine chlorhydrate (vitamine B6)** | 20 mg |
| **Glycine** | 240 mg |
| **Acide aspartique sels de magnésium et de potassium** | 100 mg |
| **Acide glutamique** | 380 mg |
| Benzalkonium chlorure | + |

### Dans quel cas ce médicament est-il prescrit ?

Ce collyre contient de la *vitamine* B6, des *acides aminés* et des sels minéraux.

Il est utilisé dans le *traitement d'appoint* de la *cataracte*.

### Interactions avec d'autres substances

Ce collyre peut interagir avec d'autres collyres : respectez un intervalle de 15 minutes entre deux instillations.

### Mode d'emploi et posologie

Tirer la paupière inférieure vers le bas tout en regardant vers le haut et déposer les gouttes de collyre entre la paupière et le globe oculaire (*cul-de-sac conjonctival*).

**Posologie usuelle :**
2 gouttes, 2 ou 3 fois par jour.

**Conseils :** L'application correcte du produit peut nécessiter une aide, notamment chez une personne handicapée ou âgée.

Évitez de mettre l'embout du flacon en contact avec l'œil.

Ne conservez pas ce collyre plus de 15 jours après une première utilisation.

Laboratoires Chauvin Bausch & Lomb

## CAVERJECT

*Informations détaillées sur www.monvidal.com*

## CAVERJECTDUAL

Médicament de l'impuissance — sur ordonnance

### Présentation

CAVERJECTDUAL 10 µg/ml : préparation injectable ; boîte de 2 cartouches à double compartiment avec aiguille. Liste I, *médicament d'exception* - Remb 35 % - **Prix : 27,08 €**.

CAVERJECTDUAL 20 µg/ml : préparation injectable ; boîte de 2 cartouches à double compartiment avec aiguille. Liste I, *médicament d'exception* - Remb 35 % - **Prix : 27,08 €**.

### Composition

| | p cart | p cart |
|---|---|---|
| **Alprostadil** | 10 µg | 20 µg |

### Dans quel cas ce médicament est-il prescrit ?

Ce médicament contient une substance de la famille des *prostaglandines*. Injecté dans la verge, il provoque une érection après un délai de 5 à 10 minutes.

Il est utilisé chez l'homme dans certains cas d'impuissance pour permettre une érection avant un rapport sexuel.

### Contre-indications

Ce médicament ne doit pas être utilisé dans les cas suivants :
- *allergie* aux *prostaglandines* ;
- chez les hommes souffrant d'une maladie qui les prédispose au *priapisme* (drépanocytose, myélome multiple, leucémie) ;
- partenaire enceinte ou susceptible de l'être.

**Attention :** Ce médicament peut provoquer une érection anormalement prolongée et douloureuse (*priapisme*). La durée de l'érection induite par l'injection ne doit normalement pas dépasser une heure. Dans le cas contraire, il est possible que la dose injectée soit trop forte. Si l'érection dépasse trois heures, le médecin doit être joint en urgence pour qu'un traitement adapté puisse être mis en œuvre. Conservez en permanence sur vous le numéro de téléphone qui vous a été donné par le médecin en charge du traitement.

Des précautions sont nécessaires en cas de maladie cardiovasculaire récente, de maladie ou de traitement prédisposant aux *hémorragies*, de séquelles de lésions de la verge.

La première injection doit être pratiquée au cabinet du médecin ; elle permet de vérifier que le médicament est bien supporté, et d'apprendre la technique d'auto-injection. Ne conseillez pas, ne donnez pas ce médicament à un ami souffrant du même problème : la consultation préalable est indispensable.

N'augmentez pas de vous-même la dose prescrite. Si le traitement ne vous semble pas assez efficace, consultez votre médecin.

Ne dépassez en aucun cas 1 injection par 24 heures et 2 injections par semaine.

### Interactions avec d'autres substances

Informez votre médecin si vous prenez un *anticoagulant*, un *vasodilatateur* ou un *antihypertenseur*.

### Grossesse et allaitement

Ce médicament passe dans le sperme : ce traitement doit être évité lorsque la partenaire est enceinte ou susceptible de l'être.

### Mode d'emploi et posologie

Ce médicament doit être injecté dans la verge, en suivant la méthode apprise au cabinet médical. Il ne doit en aucun cas être injecté dans une veine ou une artère.

**Posologie usuelle :**

La dose à injecter varie entre 5 et 20 µg. Elle est déterminée par le médecin. Une érection qui dure plus d'une heure peut être un signe de *surdosage* : consultez votre médecin.

La solution doit être préparée avant utilisation ; elle peut être conservée 24 heures à température ambiante.

**Conseils :**

**Conditions particulières de délivrance** :

Une ordonnance d'un modèle particulier (*médicament d'exception*) est nécessaire pour se procurer ce médicament.

### Effets indésirables possibles

Érection anormalement prolongée, douloureuse ou non (voir Attention).

Douleur testiculaire.

Hématome au point d'injection.

Apparition de *nodules*, déviation du pénis.

*Hypotension orthostatique*, *troubles du rythme cardiaque*, malaises, maux de tête.

Laboratoires Pfizer

## CÉBÉDEXACOL

*Informations détaillées sur www.monvidal.com*

## CÉBÉMYXINE

Antibiotique à usage ophtalmique — sur ordonnance

### Présentation

CÉBÉMYXINE : collyre ; flacon de 10 ml. Liste I - Remb 35 % - **Prix : 2,76 €**.

CÉBÉMYXINE : pommade ophtalmique ; tube de 5 g. Liste I - Remb 35 % - **Prix : 1,95 €**.

### Composition

| | p 10 ml | p 5 g |
|---|---|---|
| **Néomycine sulfate** | 34 000 UI | 17 000 UI |
| **Polymyxine B sulfate** | 100 000 UI | 50 000 UI |
| Chlorure de benzalkonium | + | |

### Dans quel cas ce médicament est-il prescrit ?

Ce médicament à usage local contient deux *antibiotiques* dont un de la famille des *aminosides*.

Il est utilisé sous forme de collyre ou de pommade pour traiter les infections de l'œil.

### Contre-indications

Ce médicament ne doit pas être utilisé en cas d'*allergie* aux *antibiotiques* de la famille des *aminosides* ou à la polymyxine.

**Attention :** Une rougeur ou une douleur de l'œil ne correspondent pas toujours à une infection. Des soins urgents peuvent être nécessaires, notamment en cas de vision floue. N'utilisez pas ce médicament sans avis médical.

Le collyre ou la pommade peuvent être contaminés par l'œil infecté : évitez de mettre en contact l'extrémité du flacon ou du tube avec l'œil ; ne conservez pas ce médicament plus de 15 jours après une première utilisation.

### Interactions avec d'autres substances

Ce collyre peut interagir avec d'autres collyres. Respectez un intervalle minimal de 15 minutes entre deux instillations.

### Grossesse et allaitement

L'effet de ce médicament pendant la grossesse ou l'allaitement est mal connu : seul votre médecin peut évaluer le risque éventuel de son utilisation dans votre cas.

### Mode d'emploi et posologie

Tirer la paupière inférieure vers le bas tout en regardant vers le haut. Déposer les gouttes du collyre ou la pommade entre la paupière et le globe oculaire (*cul-de-sac conjonctival*).

**Posologie usuelle :**

Collyre : 1 ou 2 gouttes, 3 à 8 fois par jour.

Pommade : appliquer un ruban d'un demi-centimètre, 1 à 5 fois par jour. En complément du collyre, la pommade s'emploie le soir au coucher.

**Conseils :** La vision est troublée par l'application de la pommade. Ce trouble disparaît en quelques minutes.
Une application correcte du produit peut nécessiter une aide, notamment chez l'enfant ou la personne handicapée ou âgée.
Les lentilles de contact ne doivent pas être portées en cas d'infection oculaire ni réutilisées avant guérison complète.

### Effets indésirables possibles

Irritation ou réaction allergique locale.

Laboratoires Chauvin Bausch & Lomb

## CÉBÉNICOL

*Informations détaillées sur www.monvidal.com*

## CEBUTID

Anti-inflammatoire non stéroïdien — **sur ordonnance**

### Présentation

**CEBUTID 50 mg :** comprimé (blanc) ; boîte de 30. Liste II - Remb 65 % - **Prix : 4,05 €.**
**CEBUTID 100 mg :** comprimé (blanc) ; boîte de 15. Liste II - Remb 65 % - **Prix : 4,05 €.**
**CEBUTID LP 200 mg :** gélule à *libération prolongée* (jaune transparent et jaune opaque) ; boîte de 16. Liste II - Remb 65 % - **Prix : 8,77 €.**

| **Composition** | p cp | p cp | p gél LP |
|---|---|---|---|
| **Flurbiprofène** ............ | 50 mg | 100 mg | 200 mg |

### Dans quel cas ce médicament est-il prescrit ?

Ce médicament est un *anti-inflammatoire* non stéroïdien (*AINS*). Il lutte contre l'*inflammation* et la douleur, fait baisser la fièvre et fluidifie le sang.
Il est utilisé dans le *traitement symptomatique* :
- des *rhumatismes inflammatoires* ;
- des crises d'*arthroses* ;
- des *arthrites*, des *tendinites*, des *lombalgies* ;
- des *sciatiques*, des *cruralgies* ;
- des règles douloureuses.

Les comprimés à 50 mg sont utilisés dans la prévention des récidives d'*infarctus du myocarde* lorsque l'aspirine est contre-indiquée.

### Contre-indications

Ce médicament ne doit pas être utilisé dans les cas suivants :
- *antécédent* d'*allergie* ou d'*asthme* provoqué par la prise d'*AINS*, y compris l'aspirine ;
- *ulcère* de l'estomac ou du *duodénum* ;
- *insuffisance hépatique* ou *rénale* grave ;
- enfant de moins de 15 ans ;
- **grossesse** (à partir du 6e mois).

**Attention :** Tout traitement prolongé ou *surdosage* d'*AINS* expose à des effets indésirables graves.
Certaines situations doivent conduire à ne poursuivre le traitement qu'après un avis médical :
- brûlures d'estomac importantes ou selles noires et nauséabondes pouvant traduire une irritation ou un saignement du tube digestif ;
- *réaction allergique* cutanée, crise d'*asthme* ;
- fatigue inhabituelle et intense, ou baisse brutale et importante du volume des urines chez une personne souffrant d'*insuffisance cardiaque*, déshydratée ou traitée par *diurétique*.

Des précautions sont nécessaires chez la personne âgée ou en cas d'*antécédent* d'*ulcère* de l'estomac ou du *duodénum* ou de risque hémorragique, notamment digestif (maladie de *Crohn*, *rectocolite hémorragique*).
Certains médecins considèrent que les anti-inflammatoires peuvent diminuer l'efficacité des stérilets et exposer à un risque de grossesse non désirée. Ce risque est actuellement très controversé.
Conducteur : ce médicament peut provoquer parfois des étourdissements et des troubles de la vue.

### Interactions avec d'autres substances

Ce médicament peut interagir avec d'autres médicaments, notamment :
- l'aspirine et les autres *anti-inflammatoires* non stéroïdiens (*AINS*) : risque d'accroissement des effets indésirables ;
- les *anticoagulants* et les *antiagrégants plaquettaires* : augmentation du risque hémorragique ;
- le lithium (TÉRALITHE, NEUROLITHIUM...) : augmentation du taux de lithium dans le sang ;
- le méthotrexate.

Informez par ailleurs votre médecin ou votre pharmacien en cas de traitement par un *diurétique*, un *inhibiteur de l'enzyme de conversion*, un *inhibiteur de l'angiotensine II*, un *bêtabloquant* ou un médicament contenant de la ciclosporine.

### Grossesse et allaitement

Des effets néfastes pour l'enfant à naître ont été mis en évidence lorsque les *AINS* sont utilisés au cours des 4 derniers mois de la grossesse ; le risque existe même avec une seule prise et même si la grossesse est à terme. L'usage de ce médicament est contre-indiqué pendant cette période.
Pendant les 5 premiers mois, l'effet de ce médicament est mal connu : seul votre médecin peut évaluer le risque éventuel de son utilisation dans votre cas.
Ce médicament passe dans le lait maternel ; un choix est donc nécessaire entre l'allaitement et la prise du médicament. Cette décision devra être prise en accord avec votre médecin.

### Mode d'emploi et posologie

Les comprimés et les gélules sont pris de préférence au milieu des repas afin de limiter les effets digestifs indésirables. Ils doivent être avalés avec un verre d'eau sans être croqués ni écrasés.

**Posologie usuelle :**
- Adulte :
  - *traitement d'attaque* : 300 mg par jour (soit 2 comprimés à 50 mg ou 1 comprimé à 100 mg, 3 fois par jour) ;
  - *traitement d'entretien* : 100 à 200 mg par jour (soit 1 ou 2 comprimés à 50 mg ou 1 comprimé à 100 mg, 2 fois par jour, ou 1 gélule à 200 mg par jour).

Dans la prévention des récidives d'*infarctus du myocarde* : 1 comprimé à 50 mg, 2 fois par jour.

**Conseils :** Les anti-inflammatoires ne sont pas des médicaments anodins. Du fait de la possibilité d'effets indésirables graves, ils ne doivent être utilisés que lorsqu'ils sont nécessaires, ce qui n'est pas le cas pour les affections rhumatismales peu douloureuses et les traumatismes bénins. Ce médicament vous a été prescrit dans une situation précise : ne le conseillez pas à un proche et ne le réutilisez pas sans avis médical.
Ne dépassez pas la *posologie* ni la durée de traitement prescrites par votre médecin.

**Effets indésirables possibles**

*Troubles digestifs, gastrite*, voire *ulcère* de l'estomac ou du *duodénum*, le plus souvent lors d'un traitement de longue durée ou à forte dose. Exceptionnellement : *hémorragie* du tube digestif (vomissements de sang, selles noires, ou plus souvent pertes de sang imperceptibles, responsables de l'apparition progressive d'une *anémie*).
*Réaction allergique* cutanée, *asthme*.
Exceptionnellement : maux de tête et *vertiges*.

**Laboratoires Shire**

## CÉFACET
Antibiotique : céphalosporine — sur ordonnance

Ce médicament est un générique de KEFORAL (informations détaillées sur www.monvidal.com).

## CÉFACLOR G GAM
Antibiotique : céphalosporine — sur ordonnance

Ce médicament est un générique de ALFATIL (voir p. 70 et tableau p. 1151).

## CÉFACLOR MERCK
Antibiotique : céphalosporine — sur ordonnance

Ce médicament est un générique de ALFATIL (voir p. 70 et tableau p. 1151).

## CÉFACLOR RPG
Antibiotique : céphalosporine — sur ordonnance

Ce médicament est un générique de ALFATIL (voir p. 70 et tableau p. 1151).

## CÉFADROXIL BIOGARAN
Antibiotique : céphalosporine — sur ordonnance

Ce médicament est un générique de ORACÉFAL (voir p. 772 et tableau p. 1151).

## CÉFADROXIL EG
Antibiotique : céphalosporine — sur ordonnance

Ce médicament est un générique de ORACÉFAL (voir p. 772 et tableau p. 1151).

## CÉFADROXIL G GAM
Antibiotique : céphalosporine — sur ordonnance

Ce médicament est un générique de ORACÉFAL (voir p. 772 et tableau p. 1151).

## CÉFADROXIL GNR
Antibiotique : céphalosporine — sur ordonnance

Ce médicament est un générique de ORACÉFAL (voir p. 772 et tableau p. 1151).

## CÉFADROXIL IVAX
Antibiotique : céphalosporine — sur ordonnance

Ce médicament est un générique de ORACÉFAL (voir p. 772 et tableau p. 1151).

## CÉFADROXIL MERCK
Antibiotique : céphalosporine — sur ordonnance

Ce médicament est un générique de ORACÉFAL (voir p. 772 et tableau p. 1151).

## CÉFADROXIL RATIOPHARM
Antibiotique : céphalosporine — sur ordonnance

Ce médicament est un générique de ORACÉFAL (voir p. 772 et tableau p. 1151).

## CÉFADROXIL TEVA
Antibiotique : céphalosporine — sur ordonnance

Ce médicament est un générique de ORACÉFAL (voir p. 772 et tableau p. 1151).

## CÉFALINE HAUTH
Association antalgique et antipyrétique

**Présentation**

**CÉFALINE HAUTH :** poudre orale ; boîte de 10 sachets. Non remb.

**Composition**

| | p sachet |
|---|---|
| **Paracétamol** | 500 mg |
| **Caféine** | 50 mg |
| Lactose | 100 mg |

**Dans quel cas ce médicament est-il prescrit ?**

Ce médicament, *antalgique* et *antipyrétique*, associe du paracétamol et de la *caféine*.
Il est utilisé dans le *traitement symptomatique* de la douleur ou de la fièvre.

### Contre-indications

Ce médicament ne doit pas être utilisé dans les cas suivants :
- maladie grave du foie,
- enfant de moins de 15 ans.

> **Attention :** De nombreux médicaments contiennent du paracétamol : vous devez en tenir compte en cas de prise conjointe car le *surdosage* en paracétamol peut être toxique pour le foie.
>
> Ce médicament contient de la *caféine* qui peut être recherchée dans les urines des sportifs pour déceler un éventuel mésusage. Néanmoins, à la *posologie* préconisée, la quantité de caféine contenue dans ce médicament est insuffisante à elle seule pour que la réponse au test soit positive.

### Grossesse et allaitement

En raison de la présence de *caféine*, ce médicament ne doit pas être utilisé de façon prolongée ou à forte dose pendant la grossesse ou l'allaitement, sans l'avis de votre pharmacien ou de votre médecin.

### Mode d'emploi et posologie

Le contenu des sachets doit être dissous dans un verre d'eau.

Respecter un intervalle d'au moins 4 heures entre 2 prises.

**Posologie usuelle :**
- Adulte : 1 ou 2 sachets, 1 à 3 fois par jour. Ne pas dépasser 6 sachets par jour.
- Insuffisant rénal : respecter un intervalle de 8 heures entre 2 prises.

> **Conseils :** Ce médicament contient de la *caféine*. On considère qu'une tasse de café contient de 60 à 100 mg de cette substance. Ainsi, pour limiter les effets indésirables de la caféine (excitation, tremblements, insomnie, *palpitations*), il est préférable de limiter la consommation de boissons qui en renferment (café, thé...). Il est également recommandé de prendre ce médicament avant 17 heures.

### Effets indésirables possibles

Liés à la *caféine* : insomnie, excitation, *palpitations*.

Liés au paracétamol : *réaction allergique* (exceptionnelle).

Laboratoires Homme de Fer

## CÉFALOJECT

*Informations détaillées sur www.monvidal.com*

## CÉFAPEROS

Antibiotique : céphalosporine — sur ordonnance

### Présentation

**CÉFAPEROS 125 mg :** poudre pour suspension buvable (arôme grenadine) ; flacon de 60 ml (12 cuillères-mesure de 5 ml). Liste I - Remb 65 % - **Prix : 3,83 €.**

**CÉFAPEROS 250 mg :** poudre pour suspension buvable (arômes : pomme, fraise) ; flacon de 60 ml (12 cuillères-mesure de 5 ml). Liste I - Remb 65 % - **Prix : 7,10 €.**

**CÉFAPEROS 500 mg :** gélule (vert et orange) ; boîte de 8. Liste I - Remb 65 % - **Prix : 5,75 €.**

**CÉFAPEROS 500 mg :** poudre pour suspension buvable (arôme caramel) ; flacon de 60 ml (12 cuillères-mesure de 5 ml). Liste I - Remb 65 % - **Prix : 13,00 €.**

### Composition

| | p c mes | p c mes |
|---|---|---|
| **Céfatrizine** | 125 mg | 250 mg |
| Saccharose | 2,83 g | 2,66 g |
| | p gél | p c mes |
| **Céfatrizine** | 500 mg | 500 mg |
| Saccharose | | 2,5 g |

### Dans quel cas ce médicament est-il prescrit ?

Cet *antibiotique* appartient à la famille des *céphalosporines*, antibiotiques proches des *pénicillines*, qui sont actives sur un plus grand nombre de *germes* que la pénicilline simple.

Il est utilisé dans le traitement de diverses maladies infectieuses, notamment des poumons, des bronches, des *sinus*, de la gorge ou des oreilles, de l'appareil urinaire, de la peau.

### Contre-indications

Ce médicament ne doit pas être utilisé en cas d'*allergie* aux *céphalosporines*.

Votre médecin est seul juge pour prescrire ce médicament en cas d'allergie aux *pénicillines*.

> **Attention :** Des précautions sont nécessaires en cas d'*insuffisance rénale*.
>
> La survenue de toute *réaction allergique* (boutons, *œdème*, malaise) impose l'arrêt du traitement : consultez rapidement votre médecin. Pensez à toujours signaler vos *antécédents* d'allergie à une *céphalosporine* ou à une *pénicilline*.
>
> De nombreux *antibiotiques* peuvent provoquer des selles liquides ou une *diarrhée*, généralement bénigne. En revanche, une diarrhée importante survenant pendant ou dans les jours qui suivent le traitement antibiotique doit être signalée à votre médecin.
>
> Une diminution de la fièvre ou une disparition des *symptômes* ne sont pas synonymes de guérison : la durée du traitement doit absolument être respectée pour éviter les rechutes ou l'apparition d'une *résistance* du *germe* à l'*antibiotique*.
>
> Les suspensions buvables contiennent du *sucre* (saccharose) en quantité notable.

### Grossesse et allaitement

Aucun effet néfaste pour l'enfant à naître n'a été établi avec ce médicament. Il peut être prescrit pendant la grossesse.

Ce médicament passe dans le lait maternel ; la poursuite de l'allaitement est possible, mais tout *symptôme* survenant chez le nourrisson devra être signalé au médecin : *muguet*, éruption de boutons... pouvant traduire une *intolérance* ou une *allergie*.

### Mode d'emploi et posologie

Les repas ne modifient pas l'absorption de ce médicament qui peut donc être pris à n'importe quel moment de la journée. Néanmoins, la prise du médicament au cours du repas diminue le risque de nausées.

Les gélules ne sont pas adaptées à l'enfant de moins de 6 ans. En effet, elles risquent d'obstruer les voies respiratoires si l'enfant déglutit mal et que la gélule passe dans la trachée (fausse route).

Les suspensions buvables doivent être agitées avant l'emploi.

**Posologie usuelle :**
- Adulte : 1 gélule ou 1 cuillère-mesure de suspension buvable à 500 mg, 2 fois par jour.
- Enfant et nourrisson : 15 à 35 mg par kg et par jour ; soit, par exemple, pour un enfant de 20 kg : 1 cuillère-mesure de suspension buvable à 250 mg, 2 fois par jour.

**Conseils :** Le médecin prescrit parfois un prélèvement pour identifier le *germe* responsable de l'infection et tester sa sensibilité aux *antibiotiques*. Le résultat de cet examen peut être faussé en cas d'automédication préalable : ne prenez pas et ne donnez pas d'antibiotiques sans avis médical.

L'éventuelle impression de fatigue n'est pas due à l'*antibiotique*, mais à l'infection elle-même.

Les suspensions buvables reconstituées à 125 et 250 mg se conservent 10 jours à température ambiante, tandis que la suspension buvable reconstituée à 500 mg se conserve 6 jours à température ambiante.

**Effets indésirables possibles**

Nausées, *diarrhée*, manque d'appétit.

*Réactions allergiques* : *éruption cutanée*, œdème de *Quincke*, *choc anaphylactique* (exceptionnel)...

Anomalie de la *numération formule sanguine*, élévation des *transaminases*.

Laboratoires Bristol-Myers Squibb

## CÉFATRIZINE ARROW

Antibiotique : céphalosporine — sur ordonnance

Ce médicament est un générique de CÉFAPEROS (voir p. 199 et tableau p. 1151).

## CÉFATRIZINE BIOGARAN

Antibiotique : céphalosporine — sur ordonnance

Ce médicament est un générique de CÉFAPEROS (voir p. 199 et tableau p. 1151).

## CÉFATRIZINE EG

Antibiotique : céphalosporine — sur ordonnance

Ce médicament est un générique de CÉFAPEROS (voir p. 199 et tableau p. 1151).

## CÉFATRIZINE IVAX

Antibiotique : céphalosporine — sur ordonnance

Ce médicament est un générique de CÉFAPEROS (voir p. 199 et tableau p. 1151).

**CÉFATRIZINE MÉDIFA K24**

*Informations détaillées sur www.monvidal.com*

## CÉFATRIZINE MERCK

Antibiotique : céphalosporine — sur ordonnance

Ce médicament est un générique de CÉFAPEROS (voir p. 199 et tableau p. 1151).

## CÉFATRIZINE QUALIMED

Antibiotique : céphalosporine — sur ordonnance

Ce médicament est un générique de CÉFAPEROS (voir p. 199 et tableau p. 1151).

## CÉFATRIZINE TEVA

Antibiotique : céphalosporine — sur ordonnance

Ce médicament est un générique de CÉFAPEROS (voir p. 199 et tableau p. 1151).

## CEFTRIAXONE AGUETTANT IM

Antibiotique : céphalosporine — sur ordonnance

Ce médicament est un générique de ROCÉPHINE IM (voir p. 908 et tableau p. 1151).

## CEFTRIAXONE AGUETTANT IV

Antibiotique : céphalosporine — sur ordonnance

Ce médicament est un générique de ROCÉPHINE IV (voir p. 909 et tableau p. 1151).

## CEFTRIAXONE ARROW IM

Antibiotique : céphalosporine — sur ordonnance

Ce médicament est un générique de ROCÉPHINE IM (voir p. 908 et tableau p. 1151).

## CEFTRIAXONE ARROW IV

Antibiotique : céphalosporine — sur ordonnance

Ce médicament est un générique de ROCÉPHINE IV (voir p. 909 et tableau p. 1151).

## CEFTRIAXONE BIOGARAN IM

Antibiotique : céphalosporine — sur ordonnance

Ce médicament est un générique de ROCÉPHINE IM (voir p. 908 et tableau p. 1151).

## CEFTRIAXONE BIOGARAN IV

Antibiotique : céphalosporine — sur ordonnance

Ce médicament est un générique de ROCÉPHINE IV (voir p. 909 et tableau p. 1151).

## CEFTRIAXONE EG IM
Antibiotique : céphalosporine — sur ordonnance

Ce médicament est un générique de ROCÉPHINE IM (voir p. 908 et tableau p. 1151).

## CEFTRIAXONE EG IV
Antibiotique : céphalosporine — sur ordonnance

Ce médicament est un générique de ROCÉPHINE IV (voir p. 909 et tableau p. 1151).

## CEFTRIAXONE G GAM IM
Antibiotique : céphalosporine — sur ordonnance

Ce médicament est un générique de ROCÉPHINE IM (voir p. 908 et tableau p. 1151).

## CEFTRIAXONE IREX IM
Antibiotique : céphalosporine — sur ordonnance

Ce médicament est un générique de ROCÉPHINE IM (voir p. 908 et tableau p. 1151).

## CEFTRIAXONE IREX IV
Antibiotique : céphalosporine — sur ordonnance

Ce médicament est un générique de ROCÉPHINE IV (voir p. 909 et tableau p. 1151).

## CEFTRIAXONE IVAX IM
Antibiotique : céphalosporine — sur ordonnance

Ce médicament est un générique de ROCÉPHINE IM (voir p. 908 et tableau p. 1151).

## CEFTRIAXONE IVAX IV
Antibiotique : céphalosporine — sur ordonnance

Ce médicament est un générique de ROCÉPHINE IV (voir p. 909 et tableau p. 1151).

### CEFTRIAXONE MEDIFA-K24 IM
*Informations détaillées sur www.monvidal.com*

### CEFTRIAXONE MEDIFA-K24 IV
*Informations détaillées sur www.monvidal.com*

## CEFTRIAXONE MERCK IM
Antibiotique : céphalosporine — sur ordonnance

Ce médicament est un générique de ROCÉPHINE IM (voir p. 908 et tableau p. 1151).

## CEFTRIAXONE MERCK IV
Antibiotique : céphalosporine — sur ordonnance

Ce médicament est un générique de ROCÉPHINE IV (voir p. 909 et tableau p. 1151).

## CEFTRIAXONE QUALIMED IM
Antibiotique : céphalosporine — sur ordonnance

Ce médicament est un générique de ROCÉPHINE IM (voir p. 908 et tableau p. 1151).

## CEFTRIAXONE QUALIMED IV
Antibiotique : céphalosporine — sur ordonnance

Ce médicament est un générique de ROCÉPHINE IV (voir p. 909 et tableau p. 1151).

## CEFTRIAXONE RATIOPHARM IM
Antibiotique : céphalosporine — sur ordonnance

Ce médicament est un générique de ROCÉPHINE IM (voir p. 908 et tableau p. 1151).

## CEFTRIAXONE RATIOPHARM IV
Antibiotique : céphalosporine — sur ordonnance

Ce médicament est un générique de ROCÉPHINE IV (voir p. 909 et tableau p. 1151).

## CEFTRIAXONE RPG IV
Antibiotique : céphalosporine — sur ordonnance

Ce médicament est un générique de ROCÉPHINE IV (voir p. 909 et tableau p. 1151).

## CEFTRIAXONE SANDOZ
Antibiotique : céphalosporine — sur ordonnance

Ce médicament est un générique de ROCÉPHINE IM (voir p. 908 et tableau p. 1151).

## CEFTRIAXONE TEVA IM
Antibiotique : céphalosporine — sur ordonnance

Ce médicament est un générique de ROCÉPHINE IM (voir p. 908 et tableau p. 1151).

## CEFTRIAXONE TEVA IV
Antibiotique : céphalosporine — sur ordonnance

Ce médicament est un générique de ROCÉPHINE IV (voir p. 909 et tableau p. 1151).

## CEFTRIAXONE WINTHROP IM
Antibiotique : céphalosporine — **sur ordonnance**

Ce médicament est un générique de ROCÉPHINE IM (voir p. 908 et tableau p. 1151).

## CÉFUROXIME BIOGARAN
Antibiotique : céphalosporine — **sur ordonnance**

Ce médicament est un générique de ZINNAT (voir p. 1131 et tableau p. 1151).

## CÉFUROXIME MERCK
Antibiotique : céphalosporine — **sur ordonnance**

Ce médicament est un générique de ZINNAT (voir p. 1131 et tableau p. 1151).

## CÉFUROXIME QUALIMED
Antibiotique : céphalosporine — **sur ordonnance**

Ce médicament est un générique de ZINNAT (voir p. 1131 et tableau p. 1151).

## CÉFUROXIME SANDOZ
Antibiotique : céphalosporine — **sur ordonnance**

Ce médicament est un générique de ZINNAT (voir p. 1131 et tableau p. 1151).

## CÉLANCE
Antiparkinsonien dopaminergique — **sur ordonnance**

### Présentation
**CÉLANCE 0,05 mg :** comprimé sécable (jaune) ; boîte de 30. Liste I - Remb 35 % - **Prix : 10,54 €.**
**CÉLANCE 0,25 mg :** comprimé sécable (vert) ; boîte de 30. Liste I - Remb 35 % - **Prix : 16,56 €.**
**CÉLANCE 1 mg :** comprimé sécable (rose) ; boîte de 30. Liste I - Remb 35 % - **Prix : 59,77 €.**

### Composition

| | p cp | p cp | p cp |
|---|---|---|---|
| **Pergolide** | 0,05 mg | 0,25 mg | 1 mg |
| Lactose | + | + | + |

### Dans quel cas ce médicament est-il prescrit ?
Ce médicament est un *antiparkinsonien* qui appartient à la famille des *dopaminergiques*. Il pallie le déficit en *dopamine*, caractéristique de la maladie de *Parkinson*, en stimulant les récepteurs à la dopamine.

Il est utilisé dans le traitement de la maladie de Parkinson, en cas d'échec des autres antiparkinsoniens dopaminergiques, seul ou en complément du traitement par la lévodopa lorsque des fluctuations importantes de l'activité de la lévodopa (effet on-off) sont responsables de troubles invalidants.

### Contre-indications
Ce médicament ne doit pas être utilisé dans les cas suivants :
- *allergie* au pergolide ou aux dérivés de l'*ergot de seigle*,
- *antécédent* de fibrose,
- maladie des valves cardiaques,
- en association avec certains *neuroleptiques*.

**Attention :** Un bilan cardiovasculaire est nécessaire avant de débuter le traitement. Une surveillance, par échocardiographie, est poursuivie pendant le traitement.

Si au cours du traitement apparaissent une gêne respiratoire inexpliquée, une douleur lombaire, un *œdème* des jambes, prévenez rapidement votre médecin.

Une *hypotension orthostatique* est possible en début de traitement. Consultez votre médecin pour un contrôle de la tension artérielle si vous ressentez des étourdissements au lever (passage d'une position allongée ou assise à la position debout).

Des précautions sont nécessaires en cas de *troubles du rythme cardiaque* ou de troubles psychiques graves.

Conducteur : ce médicament peut être responsable de *vertiges* ou d'une baisse de la vigilance.

De plus, les médicaments *dopaminergiques* peuvent, dans de rares cas, provoquer un endormissement soudain au cours de la journée sans signe annonciateur. La conduite automobile et l'utilisation de machines dangereuses sont déconseillées pendant le traitement. Elles sont contre-indiquées chez les personnes ayant eu une envie impérieuse de dormir sous traitement.

### Interactions avec d'autres substances
Ce médicament ne doit pas être associé aux médicaments antiémétiques contenant du métoclopramide, de la métopimazine, de l'alizapride : risque d'annulation de leurs effets.

La prise conjointe de médicaments *dopaminergiques* et de *neuroleptiques* utilisés dans les troubles psychiques est généralement contre-indiquée, sauf dans le cas de la maladie de *Parkinson*. Le médecin en tient compte alors dans la *posologie*.

Il peut également interagir avec les *vasoconstricteurs*, notamment ceux dérivés de l'*ergot de seigle*, et avec les *antibiotiques* de la famille des *macrolides*.

### Grossesse et allaitement
L'effet de ce médicament pendant la grossesse est mal connu. Par mesure de prudence, son usage est déconseillé chez la femme enceinte.

Ce médicament inhibe la lactation.

### Mode d'emploi et posologie
Ce médicament doit être pris au cours des repas. La posologie quotidienne est répartie en 3 prises.

**Posologie usuelle :**
Elle est strictement individuelle. Le médecin recherche la *posologie* efficace la plus faible possible. Son augmentation est progressive, afin de limiter l'apparition des effets indésirables.

**Conseils :** Dans le traitement de la maladie de *Parkinson*, il est important de respecter la *posologie* préconisée par le médecin, notamment les horaires de prises : un pilulier peut être utile.

Le maintien d'une activité physique régulière est recommandée.

Prenez contact avec une des associations destinées aux personnes atteintes de la maladie de Parkinson : elles diffusent une information utile sur l'évolution de la maladie et sur ses traitements.

Ce médicament doit être conservé à l'abri de la lumière.

**Conditions particulières de délivrance :**

Ce médicament est un *médicament à prescription restreinte* : la prescription initiale ne peut être réalisée que par un médecin neurologue. Cette ordonnance initiale doit être présentée avec celles destinées aux renouvellements qui peuvent être rédigées par un autre médecin. Une surveillance particulière est nécessaire pendant le traitement.

### Effets indésirables possibles

Surtout en début de traitement : *troubles digestifs* et baisse de la tension artérielle. Des nausées et des vomissements importants peuvent être améliorés par un traitement complémentaire, consultez votre médecin.

Troubles psychiques (confusion, hallucinations, délire). Ces troubles nécessitent la réduction de la *posologie*, voire l'arrêt du traitement.

Également : mouvements anormaux, sécheresse de la bouche, *palpitations*, *œdème* des jambes, augmentation des *transaminases*.

Rarement : fibrose et maladie des valves cardiaques.

**Laboratoires Lilly France**

## CELEBREX

Anti-inflammatoire non stéroïdien — sur ordonnance

### Présentation

CELEBREX 100 mg : gélule (blanc et opaque) ; boîte de 30. Liste I - Remb 65 % - **Prix : 14,87 €**.
CELEBREX 200 mg : gélule (blanc et opaque) ; boîte de 30. Liste I - Remb 65 % - **Prix : 29,20 €**.

### Composition

| | p gél | p gél |
|---|---|---|
| **Célécoxib** | 100 mg | 200 mg |
| Lactose | + | + |

### Dans quel cas ce médicament est-il prescrit ?

Ce médicament est un *anti-inflammatoire* non stéroïdien (*AINS*) qui appartient à une nouvelle famille : celle des inhibiteurs de la cyclo-oxygénase 2 (COX-2). Comme les autres AINS, il lutte contre l'*inflammation* et la douleur et fait baisser la fièvre, mais son effet irritant sur l'estomac et le risque d'*ulcère* seraient diminués.

Il est utilisé chez l'adulte dans le *traitement symptomatique* de l'*arthrose* douloureuse et de la *polyarthrite rhumatoïde*.

### Contre-indications

Ce médicament ne doit pas être utilisé dans les cas suivants :

- *antécédent* d'*allergie* ou d'*asthme* provoqué par la prise d'*AINS* y compris l'aspirine, allergie aux *sulfamides* ;
- *ulcère* de l'estomac ou du *duodénum* en évolution ;
- *insuffisance hépatique* ou *rénale* grave ;
- *insuffisance cardiaque* grave ;
- maladie inflammatoire de l'intestin (maladie de *Crohn*, *rectocolite hémorragique*) ;
- enfant de moins de 15 ans ;
- **grossesse** et femmes susceptibles de procréer n'utilisant pas de méthode contraceptive fiable ;
- **allaitement**.

**Attention :** Tout traitement prolongé ou *surdosage* d'*AINS* expose à des effets indésirables graves.

Certaines situations doivent conduire à ne poursuivre le traitement qu'après un avis médical :

- brûlures d'estomac importantes ou selles noires et nauséabondes pouvant traduire une irritation ou un saignement du tube digestif ;
- *réaction allergique* cutanée, crise d'*asthme* ;
- fatigue inhabituelle et intense, ou baisse brutale et importante du volume des urines chez une personne souffrant d'*insuffisance cardiaque*, déshydratée ou traitée par *diurétique*.

Compte-tenu de ses effets indésirables potentiels, ce médicament peut, chez certaines personnes, ne pas être compatible avec la conduite automobile ou le maniement de machines dangereuses. Assurez-vous à l'occasion des premières prises que vous supportez bien ce médicament avant de conduire ou d'utiliser une machine.

### Interactions avec d'autres substances

Ce médicament peut interagir avec d'autres médicaments, notamment :

- l'aspirine et les autres *anti-inflammatoires* non stéroïdiens (*AINS*) : risque d'accroissement des effets indésirables ;
- les *anticoagulants* et les *antiagrégants plaquettaires* : augmentation du risque hémorragique ;
- le lithium (TÉRALITHE, NEUROLITHIUM...) : augmentation du taux de lithium dans le sang ;
- le méthotrexate.

Informez par ailleurs votre médecin ou votre pharmacien si vous prenez un *diurétique*, un *inhibiteur de l'enzyme de conversion*, un *antidépresseur* (de la famille des imipraminiques ou des inhibiteurs de la recapture de la sérotonine), un *neuroleptique* ou un médicament contenant du dextrométorphane, du fluconazole ou de la ciclosporine

### Grossesse et allaitement

L'effet de ce médicament pendant la grossesse ou l'allaitement est mal connu. Par mesure de prudence, son usage est contre-indiqué chez la femme enceinte ou chez celle qui allaite.

Une contraception efficace est nécessaire chez les femmes susceptibles de procréer.

### Mode d'emploi et posologie

Les gélules peuvent être prises pendant ou entre les repas.

**Posologie usuelle :**

- Adulte : 200 mg par jour, en 1 ou 2 prises ; cette dose peut être augmentée à 400 mg en 2 prises si nécessaire.

Il est recommandé de ne pas dépasser 200 mg par jour initialement chez la personne âgée et l'*insuffisant rénal*.

**Conseils :** Les anti-inflammatoires ne sont pas des médicaments anodins. Du fait de la possibilité d'effets indésirables graves, ils ne doivent être utilisés que lorsqu'ils sont nécessaires, ce qui n'est pas le cas pour les affections rhumatismales peu douloureuses et les traumatismes bénins. Ce médicament vous a été prescrit dans une situation précise : ne le conseillez pas à un proche et ne le réutilisez pas sans avis médical.

Ne dépassez pas la *posologie* ni la durée de traitement prescrites par votre médecin.

**Effets indésirables possibles**

Fréquents (plus de 1 % des utilisateurs) : *œdèmes*, étourdissements, *hypertension artérielle*, douleurs abdominales, digestion difficile, flatulences, diarrhées, étourdissements, insomnies, infection *ORL*, *éruption cutanée*...

Occasionnels (0,1 à 1 % des utilisateurs) : *anémie*, *hypertension artérielle*, *palpitations*, constipation, éructations, *gastrite*, inflammation de la bouche, vomissements, vision floue, raideur musculaire, fourmillements, anxiété, *dépression*, toux, essoufflement, *urticaire*, crampes, sifflements d'oreilles, fatigue, infections urinaires.

Rares (moins de 1 utilisateur sur 1000) : baisse des *globules blancs* ou des *plaquettes* sanguines, *ulcère* de l'estomac du *duodénum* ou de l'œsophage, difficulté à avaler, perforation de l'intestin, inflammation de l'œsophage, selles noires, troubles de la coordination des mouvements, chute de cheveux, *photosensibilisation*, altération du goût.

Exceptionnels (moins de 1 utilisateur sur 10 000) : maux de tête, nausée, douleurs des articulations, *réactions allergiques* graves, *insuffisance cardiaque*, *infarctus du myocarde*, *hémorragie* gastro-intestinale, *vascularite*, maladie musculaire, *hépatite*, confusion mentale, *insuffisance rénale* aiguë, *bronchospasme*.

Effets indésirables biologiques : augmentation des *transaminases*, élévation de l'urée ou de la *créatinine*, élévation des phosphatases alcalines, anomalies de la *numération formule sanguine*, *hyperkaliémie*.

Consultez le lexique à *Effets indésirables* pour la bonne compréhension de cette rubrique.

**Laboratoires Pfizer**

## CÉLECTOL

Bêtabloquant — **sur ordonnance**

**Présentation**

**CÉLECTOL 200 mg :** comprimé (blanc) ; boîte de 28. Liste I - Remb 65 % - **Prix : 10,33 €.**

**Composition**

| | p cp |
|---|---|
| **Céliprolol chlorhydrate** ................................ | 200 mg |

**Dans quel cas ce médicament est-il prescrit ?**

Ce médicament appartient à la famille des *bêtabloquants*. Il agit en bloquant l'action de l'*adrénaline* (et d'autres *hormones* apparentées) sur de nombreux organes, notamment le cœur et les vaisseaux.

Il est utilisé dans :

- le traitement de l'*hypertension artérielle*,
- la prévention des crises d'*angine de poitrine*.

**Contre-indications**

Ce médicament ne doit pas être utilisé dans les cas suivants :

- *insuffisance cardiaque* non contrôlée par un traitement spécifique ;
- *bloc auriculoventriculaire* grave ;
- rythme cardiaque inférieur à 50 battements par minute ;
- *phéochromocytome* non traité ;
- hypotension ;
- *antécédent* de *choc anaphylactique* ;
- en association avec les médicaments contenant de la floctafénine ou du sultopride.

**Attention :** Des précautions sont nécessaires en cas d'*asthme*, d'*insuffisance rénale*, de phénomène de *Raynaud* ou d'*artérite* et chez la personne âgée.

Ce médicament n'est pas un *traitement de la crise* d'*angine de poitrine*.

Ce médicament n'est pas adapté au traitement d'une forme particulière d'*angine de poitrine* appelée angor de *Printzmétal* qui relève d'un traitement *vasodilatateur*. Il peut néanmoins être associé à celui-ci lorsqu'une angine de poitrine « classique » coexiste avec un angor de Printzmétal.

N'interrompez jamais brutalement le traitement prescrit. Espacez progressivement les prises. Un avis médical est toujours préférable.

Chez les diabétiques, les *bêtabloquants* peuvent masquer certains *symptômes* de l'*hypoglycémie* (*palpitations* et accélération du cœur essentiellement).

Les bêtabloquants peuvent aggraver les *réactions allergiques* et empêcher l'action de l'*adrénaline* utilisée dans le traitement d'urgence du *choc anaphylactique*. Lors d'examens radiologiques nécessitant l'injection de produits de contraste iodés (susceptibles de provoquer des *chocs* allergiques), le traitement doit, si possible, être suspendu avec l'accord de votre médecin.

En cas d'intervention chirurgicale, l'anesthésiste doit être prévenu de la prise de ce médicament. C'est lui qui décidera si le traitement doit être poursuivi ou arrêté avant l'intervention.

Sportif : ce médicament contient une substance susceptible de rendre positifs certains *tests antidopage*.

**Interactions avec d'autres substances**

Ce médicament ne doit pas être associé :

- à la floctafénine (IDARAC...) : risque d'augmentation de la gravité d'un éventuel *choc* allergique ;
- au sultopride (BARNETIL) : risque de *torsades de pointes*.

Il peut interagir avec les médicaments contenant de l'amiodarone.

Informez votre médecin si vous prenez des *antidiabétiques*, des *AINS*, des *inhibiteurs calciques*, des *antidépresseurs imipraminiques*, des *neuroleptiques*, des *corticoïdes*, ou des médicaments contenant l'une des substances suivantes : quinidine, hydroquinidine, disopyramide, propafénone, baclofène, lidocaïne injectable, méfloquine.

**Grossesse et allaitement**

Les études scientifiques disponibles n'ont pas mis en évidence de problème particulier lors de l'utilisation de *bêtabloquant* chez la femme enceinte.

L'effet bêtabloquant persiste quelques jours chez le nouveau-né et justifie une surveillance médicale renforcée pendant les premiers jours de la vie.

Ce médicament passe dans le lait maternel ; un choix est donc nécessaire entre l'allaitement et la prise du médicament. Cette décision devra être prise en accord avec votre médecin.

### Mode d'emploi et posologie

Ce médicament est pris de préférence le matin, avant le petit déjeuner.

**Posologie usuelle :**
1 comprimé par jour.

**Conseils :** Veillez à toujours disposer d'une réserve de médicament : une plaquette dans la trousse de toilette, par exemple.
Votre tension artérielle doit être contrôlée régulièrement. Les appareils permettant une mesure automatique de la tension à domicile utilisent souvent un procédé de mesure différent de celui qu'emploie votre médecin. Si vous avez un tel appareil, apportez-le en consultation pour vous assurer que la mesure obtenue est bien conforme à celle du tensiomètre de votre médecin.
Le traitement médicamenteux ne dispense pas de mesures simples pouvant faire baisser la tension artérielle : activité physique régulière, modération de la consommation de boissons alcoolisées et de *sel*, lutte contre l'excès de poids.
Il est normal que le rythme cardiaque ralentisse sous l'effet du traitement ; néanmoins, en cas de fatigue anormale et de pouls inférieur à 50 battements par minute, consultez votre médecin.

### Effets indésirables possibles

Le plus fréquemment : douleur d'estomac, nausées, vomissements, fatigue en début de traitement, sensation de mains et de pieds froids, troubles de l'érection.
Plus rarement : ralentissement important du cœur, *bloc auriculoventriculaire*, baisse excessive de la tension artérielle, phénomène de *Raynaud*, *insuffisance cardiaque*, *bronchospasme*, *hypoglycémie*, *éruption cutanée*, aggravation d'un *psoriasis*.

Laboratoires Aventis

## CÉLESTAMINE

Dérivé de la cortisone — **sur ordonnance**

### Présentation

**CÉLESTAMINE :** comprimé sécable (rose) ; boîte de 30.
Liste I - Remb 35 % - **Prix : 2,64 €.**

### Composition

| | p cp |
|---|---|
| **Bétaméthasone** | 0,25 mg |
| **Dexchlorphéniramine maléate** | 2 mg |

### Dans quel cas ce médicament est-il prescrit ?

Ce médicament contient un *anti-inflammatoire* stéroïdien de la famille des *corticoïdes* de synthèse (dérivés chimiques de la *cortisone* naturelle) et un *antihistaminique* antiallergique qui a des effets *sédatifs* et *atropiniques*.
Il est utilisé dans le *traitement symptomatique* des *allergies* (*rhinite*, *urticaire*).

### Contre-indications

Ce médicament ne doit pas être utilisé dans les cas suivants :
- infection ou *mycose* non contrôlée par un traitement adapté ;
- maladie virale en évolution (*hépatite*, varicelle, *zona* ou *herpès*) ;
- *psychose* non contrôlée par un traitement ;
- risque de *glaucome* à angle fermé ;
- risque de blocage des urines (*adénome de la prostate*) ;
- enfant de moins de 6 ans.

**Attention :** Ce médicament ne doit jamais être employé ou réemployé en dehors d'une prescription médicale.
Si vous avez un *diabète*, vous risquez de le déséquilibrer si vous modifiez la quantité ou le rythme de la prise de *corticoïdes* sans avis médical.
Les personnes ayant des *antécédents* de *tuberculose*, d'*ulcère* de l'estomac ou du duodénum, les personnes souffrant d'*insuffisance rénale*, de *colite* ulcéreuse, d'*hypertension artérielle*, d'*ostéoporose*, de *myasthénie* grave doivent faire l'objet d'une prise en charge médicale particulière.
Du fait de la présence de l'*antihistaminique*, des précautions sont nécessaires chez l'*insuffisant hépatique* et chez la personne âgée en cas de constipation chronique, de tendance aux *vertiges* ou aux baisses de tension.
La prise prolongée d'un *corticoïde* diminue les défenses immunitaires : la vaccination avec un *vaccin* contenant des *germes* vivants atténués ne peut être pratiquée qu'avec l'accord de votre médecin. Vous devez également éviter le contact avec des personnes atteintes de varicelle ou de rougeole.
L'arrêt du traitement doit être progressif. Un arrêt brutal expose à une rechute de la maladie traitée. Cette précaution n'est utile que lorsque la durée du traitement dépasse 10 jours.
Évitez les boissons alcoolisées : augmentation du risque de somnolence.
Ce médicament peut induire une somnolence, parfois intense chez certaines personnes. Cette somnolence peut être majorée par la prise d'*alcool* ou d'autres médicaments *sédatifs*. La conduite et l'utilisation de machines dangereuses sont déconseillées, surtout dans les heures qui suivent la prise du médicament.
Sportif : ce médicament contient une substance susceptible de rendre positifs certains *tests antidopage*.

### Interactions avec d'autres substances

Ce médicament peut interagir avec les médicaments qui donnent des *torsades de pointes*.
Informez par ailleurs votre médecin si vous prenez :
- un médicament susceptible de faire baisser la *kaliémie* (amphotéricine B, certains *diurétiques*, *laxatifs stimulants*),
- un *antidiabétique*,
- un *atropinique*,
- un *sédatif*,
- un *antihypertenseur*,
- un *digitalique*,
- un *anticoagulant*,
- de l'aspirine ou un *AINS*,
- un médicament contenant de la carbamazépine, du phénobarbital, de la phénytoïne, de la primidone, de la rifampicine, de l'interféron alfa ou de l'isoniazide.

En cas de vaccination, l'utilisation d'un *vaccin* vivant est déconseillé.

### Grossesse et allaitement

L'utilisation ponctuelle de ce médicament pendant la grossesse est possible, à condition de respecter la *posologie* recommandée. Néanmoins, son utilisation dans les jours qui ont précédé l'accouchement doit être signalée au médecin ; en effet, une surveillance particulière du *nouveau-né* peut être nécessaire.

Ce médicament passe dans le lait maternel ; son utilisation est déconseillée pendant l'allaitement.

### Mode d'emploi et posologie

Les comprimés ne sont pas adaptés à l'enfant de moins de 6 ans. En effet, ils risquent d'obstruer les voies respiratoires si l'enfant déglutit mal et que le comprimé passe dans la trachée (fausse route).

**Posologie usuelle :**

- Adulte et enfant de plus de 12 ans : 1 comprimé, 3 ou 4 fois par jour.
- Enfant de 6 à 12 ans : 1 comprimé, matin et soir.

**Conseils :** Ce médicament agit sur les manifestations de l'*allergie* mais n'en supprime pas la cause. Si les *symptômes* persistent ou s'aggravent, n'hésitez pas à consulter à nouveau votre médecin.

### Effets indésirables possibles

Liés à la dexchlorphéniramine :

Somnolence.

Effets *atropiniques* : sécheresse de la bouche, troubles de l'*accommodation*, blocage des urines, constipation, *palpitations*.

*Hypotension orthostatique*, *vertiges*, tremblements, agitation.

*Réaction allergique*.

Anomalie de la *numération formule sanguine*.

Lors d'un traitement prolongé par la bétaméthasone et à forte dose :

- rétention d'eau et de sel, *hypertension artérielle* ;
- baisse du taux de *potassium*, à prévenir par un apport systématique ;
- modifications physiques fréquentes : gonflement du visage et du buste, apparition de poils, taches cutanées violacées, *acné* ;
- surexcitation, euphorie, troubles du sommeil, *état dépressif* (à l'arrêt du traitement) ;
- faiblesse puis fonte musculaires, lentement réversibles ;
- *ostéoporose* (décalcification des os), parfois définitive ;
- troubles hormonaux et métaboliques : *diabète* (réversible), arrêt de la croissance chez l'enfant, troubles des règles ;
- troubles digestifs : hoquet, *gastrite*, *ulcère* ;
- certaines formes de *cataracte* et de *glaucome*.

Laboratoires Schering-Plough

## CÉLESTÈNE CHRONODOSE

*Informations détaillées sur www.monvidal.com*

## CÉLESTÈNE injectable 4 mg/1 ml

Dérivé de la cortisone — sur ordonnance

### Présentation

CÉLESTÈNE 4 mg/1 ml : solution injectable ; boîte de 3 ampoules de 1 ml. Liste I - Remb 65 % - **Prix : 4,47 €.**

### Composition

| | p amp inj |
|---|---|
| **Bétaméthasone** | 4 mg |

### Dans quel cas ce médicament est-il prescrit ?

C'est un *anti-inflammatoire* stéroïdien qui appartient à la famille des *corticoïdes* de synthèse (dérivés chimiques de la *cortisone* naturelle). Les propriétés de la cortisone sont nombreuses, mais ce médicament est surtout utilisé pour son effet anti-inflammatoire puissant et rapide. Il présente, à efficacité égale, moins d'effets indésirables que la cortisone naturelle.

Il est utilisé dans le traitement de nombreuses affections inflammatoires ou allergiques, lorsqu'un effet rapide est désiré ou lorsque l'état du malade ne permet pas l'absorption de comprimés, notamment :

- *choc* allergique (en complément du traitement par adrénaline, d'action beaucoup plus rapide) ;
- *œdème* de *Quincke* (en complément d'un *antihistaminique*) ;
- étouffement par *œdème* du larynx (laryngite striduleuse ou suffocante) ;
- *œdème* du cerveau.

En traitement local (irrigation ou *infiltration*) des cicatrices *chéloïdes*, des poussées douloureuses d'*arthrose*, dans les *inflammations* des articulations, des tendons, des ligaments, des sinus et des yeux et dans la maladie de *Dupuytren* et le *syndrome du canal carpien*.

### Contre-indications

Ce médicament ne doit pas être utilisé dans les cas suivants :

- infection ou *mycose* non contrôlées par un traitement adapté ;
- maladies virales en évolution (*hépatite*, *zona* ou *herpès*) ;
- *psychose* non contrôlée par un traitement ;
- prédisposition aux *hémorragies* (traitement *anticoagulant*, hémophilie...).

Ces contre-indications peuvent s'appliquer ou ne pas s'appliquer en fonction de la façon dont le médicament est utilisé (injection IM, *infiltration*, injection unique ou répétée, degré d'urgence).

**Attention :** L'injection de ce médicament ne doit être pratiquée que sous contrôle médical.

En fonction du type d'injection (intramusculaire, *infiltrations*, injection unique ou répétée...), les personnes ayant des *antécédents* de *tuberculose*, d'*ulcère* de l'estomac ou du duodénum, les personnes souffrant d'*insuffisance rénale* ou *hépatique*, de *colite* ulcéreuse, de *diabète*, d'*hypertension artérielle*, d'*ostéoporose*, de *myasthénie* grave peuvent faire l'objet d'une prise en charge médicale particulière.

La prise prolongée d'un *corticoïde* diminue les défenses immunitaires : la vaccination avec un *vaccin* contenant des *germes* vivants atténués ne peut être pratiquée qu'avec l'accord de votre médecin. Vous devez également éviter le contact avec des personnes atteintes de varicelle ou de rougeole.

Sportif : ce médicament contient une substance susceptible de rendre positifs certains *tests antidopage*.

### Interactions avec d'autres substances

Ce médicament peut interagir avec les médicaments qui donnent des *torsades de pointes*.

Informez par ailleurs votre médecin si vous prenez :
- un médicament susceptible de faire baisser la *kaliémie* (amphotéricine B, certains *diurétiques*, *laxatifs stimulants*) ;
- un *antihypertenseur* ;
- un *antidiabétique* ;
- un *digitalique* ;
- un *anticoagulant* ;
- de l'aspirine ou un *AINS* ;
- un médicament *inducteur enzymatique* ou un médicament contenant de l'isoniazide.

En cas de vaccination, l'utilisation d'un *vaccin* vivant est déconseillée.

En cas d'injection locale unique ou répétée à faible dose, le risque d'interactions médicamenteuses est limité ou nul.

### Grossesse et allaitement

Les études scientifiques actuellement disponibles n'ont pas mis en évidence de problème particulier lors de l'utilisation ponctuelle de ce médicament chez la femme enceinte. Seul votre médecin peut évaluer le risque éventuel en cas d'utilisation prolongée.

En cas de traitement prolongé, il peut être nécessaire d'interrompre l'allaitement : prenez l'avis de votre médecin.

### Mode d'emploi et posologie

L'injection peut être réalisée par *voie* intramusculaire ou intraveineuse, cette dernière permettant l'action la plus rapide.

Les *infiltrations* sont réalisées par le médecin, dans la zone lésée ou à proximité.

**Posologie usuelle :**
Elle dépend de la gravité de la maladie traitée.

### Effets indésirables possibles

Les effets indésirables suivants peuvent être observés en cas de traitement prolongé par un dérivé de la *cortisone* :
- baisse du taux de *potassium*, rétention d'eau et de sel, *hypertension artérielle* ;
- gonflement du visage et du buste, apparition de poils, taches cutanées violacées, *acné* ;
- surexcitation, euphorie, troubles du sommeil, *état dépressif* (à l'arrêt du traitement) ;
- *ostéoporose* ;
- *diabète*, arrêt de la croissance chez l'enfant, troubles des règles ;
- *ulcère* de l'estomac ou du *duodénum* ;
- certaines formes de *cataracte* et de *glaucome*.

En revanche, une injection unique n'expose pas à ces inconvénients ; seule une sensation de bouffées de chaleur ou des maux de tête peuvent persister 1 ou 2 jours après l'injection.

Les effets indésirables liés à un usage local sont :
- infection ou *atrophie* localisée au site d'injection,
- risque de rupture tendineuse en cas d'injection dans les tendons,
- calcification locale visible sur les radiographies,
- *réaction allergique*.

Laboratoires Schering-Plough

## CÉLESTÈNE injectable 8 mg/2 ml

Dérivé de la cortisone — sur ordonnance

### Présentation

**CÉLESTÈNE 8 mg/2 ml :** solution injectable ; ampoule de 2 ml avec seringue et aiguille. Liste I - Remb 65 % - **Prix : 3,08 €.**

### Composition

| | p amp inj |
|---|---|
| **Bétaméthasone** | 8 mg |

### Dans quel cas ce médicament est-il prescrit ?

C'est un *anti-inflammatoire* stéroïdien qui appartient à la famille des *corticoïdes* de synthèse (dérivés chimiques de la *cortisone* naturelle). Les propriétés de la cortisone sont nombreuses, mais ce médicament est surtout utilisé pour son effet anti-inflammatoire puissant et rapide. Il présente, à efficacité égale, moins d'effets indésirables que la cortisone naturelle.

Il est utilisé dans le traitement de certaines affections inflammatoires ou allergiques lorsqu'un effet rapide est désiré ou lorsque l'état du malade ne permet pas l'absorption de comprimés, notamment :
- *choc* allergique (en complément du traitement par adrénaline, d'action beaucoup plus rapide) ;
- *œdème* de *Quincke* (en complément d'un *antihistaminique*) ;
- étouffement par *œdème* du larynx (laryngite striduleuse ou suffocante) ;
- *œdème* du cerveau.

### Contre-indications

Ce médicament ne doit pas être utilisé dans les cas suivants :
- infection ou *mycose* non contrôlées par un traitement adapté,
- maladies virales en évolution (*hépatite*, *zona* ou *herpès* oculaires),
- *psychose* non contrôlée par un traitement,
- prédisposition aux *hémorragies* (traitement *anticoagulant*, hémophilie...).

Ces contre-indications peuvent s'appliquer ou ne pas s'appliquer en fonction de la façon dont le médicament est utilisé (injection IM, injection unique ou répétée, degré d'urgence).

**Attention :** En fonction du type d'injection (intramusculaire, *infiltrations*, injection unique ou répétée...), les personnes ayant des *antécédents* de *tuberculose*, d'*ulcère* de l'estomac ou du duodénum, les personnes souffrant d'*insuffisance rénale* ou *hépatique*, de *colite* ulcéreuse, de *diabète*, d'*hypertension artérielle*, d'*ostéoporose*, de *myasthénie* grave peuvent faire l'objet d'une prise en charge médicale particulière.

Les mots en *italique* dans les textes sont expliqués dans le lexique p. 1323.

La prise prolongée d'un *corticoïde* diminue les défenses immunitaires : la vaccination avec un *vaccin* contenant des *germes* vivants atténués ne peut être pratiquée qu'avec l'accord de votre médecin. Vous devez également éviter le contact avec des personnes atteintes de varicelle ou de rougeole.

Sportif : ce médicament contient une substance susceptible de rendre positifs certains *tests antidopage*.

### Interactions avec d'autres substances

Ce médicament peut interagir avec les médicaments qui donnent des *torsades de pointes*.

Informez par ailleurs votre médecin si vous prenez :
- un médicament susceptible de faire baisser la *kaliémie* (amphotéricine B, certains *diurétiques*, *laxatifs stimulants*) ;
- un *antihypertenseur* ;
- un *antidiabétique* ;
- un *digitalique* ;
- un *anticoagulant* ;
- de l'aspirine ou un *AINS* ;
- un médicament *inducteur enzymatique* ou un médicament contenant de l'isoniazide.

En cas de vaccination, l'utilisation d'un *vaccin* vivant est déconseillée.

### Grossesse et allaitement

Les études scientifiques actuellement disponibles n'ont pas mis en évidence de problème particulier lors de l'utilisation ponctuelle de ce médicament chez la femme enceinte. Seul votre médecin peut évaluer le risque éventuel en cas d'utilisation prolongée.

En cas de traitement prolongé, il peut être nécessaire d'interrompre l'allaitement : prenez l'avis de votre médecin.

### Mode d'emploi et posologie

L'injection peut être réalisée par *voie* intramusculaire ou intraveineuse, cette dernière permettant l'action la plus rapide.

**Posologie usuelle :**

Elle dépend de la gravité de la maladie traitée. Suivre les indications de votre médecin. En général, 1 ampoule à renouveler dans les 24 heures.

### Effets indésirables possibles

Les effets indésirables suivants peuvent être observés en cas de traitement prolongé par un dérivé de la *cortisone* :
- baisse du taux de *potassium*, rétention d'eau et de sel, *hypertension artérielle* ;
- gonflement du visage et du buste, apparition de poils, taches cutanées violacées, *acné* ;
- surexcitation, euphorie, troubles du sommeil, *état dépressif* (à l'arrêt du traitement) ;
- *ostéoporose* ;
- *diabète*, arrêt de la croissance chez l'enfant, troubles des règles ;
- *ulcère* de l'estomac ou du *duodénum* ;
- certaines formes de *cataracte* et de *glaucome*.

En revanche, une injection unique n'expose pas à ces inconvénients ; seule une sensation de bouffées de chaleur ou des maux de tête peuvent persister 1 ou 2 jours après l'injection.

**Laboratoires Schering-Plough**

## CÉLESTÈNE oral

Dérivé de la cortisone

sur ordonnance

### Présentation

**CÉLESTÈNE 0,5 mg :** comprimé (bleu) ; boîte de 30. Liste I - Remb 65 % - **Prix : 2,41 €.**
**CÉLESTÈNE 2 mg :** comprimé *dispersible* sécable ; boîte de 20. Liste I - Remb 65 % - **Prix : 5,39 €.**
**CÉLESTÈNE 0,05 % :** solution buvable (arôme orange) ; flacon de 30 ml (1200 gouttes) avec compte-gouttes gradué à 20, 30 et 40 gouttes. Liste I - Remb 65 % - **Prix : 4,90 €.**

### Composition

| | p cp | p cp | p ml |
|---|---|---|---|
| **Bétaméthasone** ......... | 0,5 mg | 2 mg | 0,5 mg |
| Aspartam ..................... | | + | |
| Lactose ........................ | + | + | |
| Sorbitol ........................ | | | + |

### Dans quel cas ce médicament est-il prescrit ?

C'est un *anti-inflammatoire* stéroïdien qui appartient à la famille des *corticoïdes* de synthèse (dérivés chimiques de la cortisone naturelle). Les propriétés de la *cortisone* sont nombreuses, mais ce produit est surtout utilisé pour son effet anti-inflammatoire puissant. Il présente, à efficacité égale, moins d'effets indésirables que la cortisone naturelle. Ces propriétés sont utiles dans le traitement de nombreuses affections comportant une composante inflammatoire ou allergique, mais aussi de certains cancers où il permet de lutter contre la prolifération cellulaire. Il diminue les réactions immunitaires et est donc utilisé pour prévenir le rejet des greffes d'organes.

Il est utilisé dans le traitement de certaines maladies graves (cancer, *sclérose en plaques*, *rhumatisme articulaire aigu*, par exemple), mais également de maladies plus bénignes (*allergie*, crise d'*asthme*, *sinusite* aiguë, *otite*). Dans ces derniers cas, le traitement est souvent court.

### Contre-indications

Ce médicament ne doit pas être utilisé dans les cas suivants :
- infection ou *mycose* non contrôlées par un traitement adapté,
- maladie virale en évolution (*hépatite*, *zona* ou *herpès*),
- *psychose* non contrôlée par un traitement,
- *phénylcétonurie* (comprimés à 2 mg : présence d'aspartam).

**Attention :** Ce médicament ne doit jamais être employé ou réemployé en dehors d'une prescription médicale.

La solution buvable est particulièrement adaptée aux enfants et aux nourrissons.

Si vous avez un *diabète*, vous risquez de le déséquilibrer si vous modifiez la quantité ou le rythme de la prise de *corticoïdes* sans avis médical.

Les personnes ayant des *antécédents* de *tuberculose*, d'*ulcère* de l'estomac ou du duodénum, les personnes souffrant d'*insuffisance rénale*, de *colite* ulcéreuse, d'*hypertension artérielle*, d'*ostéoporose*, de *myasthénie* grave doivent faire l'objet d'une prise en charge médicale particulière.

La prise prolongée d'un *corticoïde* diminue les défenses immunitaires : la vaccination avec un *vaccin* contenant des *germes* vivants atténués ne peut être pratiquée qu'avec l'accord de votre médecin. Vous devez également éviter le contact avec des personnes atteintes de varicelle ou de rougeole. L'arrêt du traitement doit être progressif pour permettre aux glandes *surrénales* de reprendre la synthèse de *cortisone* naturelle. Un arrêt brutal expose par ailleurs à une rechute de la maladie traitée. Cette précaution n'est utile que lorsque la durée du traitement dépasse une semaine.

Sportif : ce médicament contient une substance susceptible de rendre positifs certains *tests antidopage*.

### Interactions avec d'autres substances

Ce médicament peut interagir avec les médicaments qui donnent des *torsades de pointes*.

Informez par ailleurs votre médecin si vous prenez :
- un médicament susceptible de faire baisser la *kaliémie* (amphotéricine B, certains *diurétiques*, *laxatifs stimulants*) ;
- un *antihypertenseur* ;
- un *antidiabétique* ;
- un *digitalique* ;
- un *anticoagulant* ;
- de l'aspirine ou un *AINS* ;
- un médicament *inducteur enzymatique* ou un médicament contenant de l'isoniazide.

En cas de vaccination, l'utilisation d'un *vaccin* vivant est déconseillée.

### Grossesse et allaitement

Les études scientifiques actuellement disponibles n'ont pas mis en évidence de problème particulier lors de l'utilisation ponctuelle de ce médicament chez la femme enceinte. Seul votre médecin peut apprécier le risque éventuel de son utilisation dans votre cas.

Lorsqu'une maladie grave impose un traitement prolongé chez la mère, une surveillance médicale du *nouveau-né* est nécessaire.

En cas de traitement prolongé, il peut être nécessaire d'interrompre l'allaitement : prenez l'avis de votre médecin.

### Mode d'emploi et posologie

Ce médicament est pris de préférence le matin.

Les comprimés *dispersibles* à 2 mg peuvent être dissous dans un peu d'eau ou avalés tels quels, au cours des repas.

La solution buvable et les comprimés à 0,5 mg sont à prendre avec un peu d'eau, à la fin du repas.

Lors des traitements prolongés, et dès que le contrôle de la maladie le permet, une prise alternée un jour sur deux est préférable, notamment chez l'enfant.

**Posologie usuelle :**

Fréquemment, la *posologie* initiale est élevée (*traitement d'attaque*) ; elle est ensuite diminuée jusqu'à la posologie minimale efficace (*traitement d'entretien*).

Tout traitement prolongé à forte dose doit être arrêté progressivement : suivre les indications du médecin.

**Conseils :** Un traitement prolongé de plus de quelques jours peut nécessiter :
- la diminution de la consommation de *sel*,
- la prise de *potassium* (prescrit par le médecin),
- un régime riche en protéines et en calcium, pauvre en *glucides*.

Après ouverture, le flacon de solution buvable se conserve 8 semaines (2 mois).

### Effets indésirables possibles

Surtout lors d'un traitement prolongé et à forte dose :
- rétention d'eau et de sel, *hypertension artérielle* ;
- baisse du taux de *potassium*, à prévenir par un apport systématique ;
- modifications physiques fréquentes : gonflement du visage et du buste, apparition de poils, taches cutanées violacées, *acné* ;
- surexcitation, euphorie, troubles du sommeil, *état dépressif* (à l'arrêt du traitement) ;
- faiblesse puis fonte musculaires, lentement réversibles ;
- *ostéoporose* (décalcification des os), parfois définitive ;
- troubles hormonaux et métaboliques : *diabète* (réversible), arrêt de la croissance chez l'enfant, troubles des règles ;
- troubles digestifs : hoquet, *gastrite*, *ulcère* ;
- certaines formes de *cataracte* et de *glaucome*.

Laboratoires Schering-Plough

## CÉLESTODERM RELAIS

*Informations détaillées sur www.monvidal.com*

## CÉLIPROLOL ARROW

Bêtabloquant — sur ordonnance

Ce médicament est un générique de CÉLECTOL (voir p. 204 et tableau p. 1151).

## CÉLIPROLOL BIOGARAN

Bêtabloquant — sur ordonnance

Ce médicament est un générique de CÉLECTOL (voir p. 204 et tableau p. 1151).

## CÉLIPROLOL EG

Bêtabloquant — sur ordonnance

Ce médicament est un générique de CÉLECTOL (voir p. 204 et tableau p. 1151).

## CÉLIPROLOL IVAX

Bêtabloquant — sur ordonnance

Ce médicament est un générique de CÉLECTOL (voir p. 204 et tableau p. 1151).

## CÉLIPROLOL MERCK

Bêtabloquant — sur ordonnance

Ce médicament est un générique de CÉLECTOL (voir p. 204 et tableau p. 1151).

## CÉLIPROLOL QUALIMED

Bêtabloquant — sur ordonnance

Ce médicament est un générique de CÉLECTOL (voir p. 204 et tableau p. 1151).

## CÉLIPROLOL RATIOPHARM
Bêtabloquant — sur ordonnance

Ce médicament est un générique de CÉLECTOL (voir p. 204 et tableau p. 1151).

## CÉLIPROLOL RPG
Bêtabloquant — sur ordonnance

Ce médicament est un générique de CÉLECTOL (voir p. 204 et tableau p. 1151).

## CÉLIPROLOL SANDOZ
Bêtabloquant — sur ordonnance

Ce médicament est un générique de CÉLECTOL (voir p. 204 et tableau p. 1151).

## CÉLIPROLOL TEVA
Bêtabloquant — sur ordonnance

Ce médicament est un générique de CÉLECTOL (voir p. 204 et tableau p. 1151).

## CÉLIPROLOL WINTHROP
Bêtabloquant — sur ordonnance

Ce médicament est un générique de CÉLECTOL (voir p. 204 et tableau p. 1151).

## CÉLIPROLOL ZYDUS
Bêtabloquant — sur ordonnance

Ce médicament est un générique de CÉLECTOL (voir p. 204 et tableau p. 1151).

## CELLTOP
*Informations détaillées sur www.monvidal.com*

## CELLUVISC
Suppléance lacrymale

### Présentation
**CELLUVISC :** collyre ; boîte de 30 flacons unidoses de 0,4 ml. Remb 65 % - **Prix : 3,80 €.**

### Composition
| | p 100 ml |
|---|---|
| **Carmellose sodique** | 1 g |

### Dans quel cas ce médicament est-il prescrit ?
C'est un collyre de suppléance lacrymale : il compense une insuffisance de sécrétion naturelle de larmes.
Il est utilisé dans le traitement de la sécheresse oculaire due à une insuffisance lacrymale (œil sec).

> **Attention :** Une irritation oculaire peut être due à une infection : en cas de doute, n'hésitez pas à consulter votre médecin.
> N'utilisez pas ce collyre de façon prolongée sans prendre un avis médical.

### Grossesse et allaitement
Ce collyre ne contient que des substances présumées sans danger pendant la grossesse ou l'allaitement.

### Mode d'emploi et posologie
Tirer la paupière inférieure vers le bas tout en regardant vers le haut et déposer une goutte de gel entre la paupière et le globe oculaire (*cul-de-sac conjonctival*).
**Posologie usuelle :**
1 goutte, 2 à 4 fois par jour, ou plus si nécessaire.

> **Conseils :** L'application correcte du produit peut nécessiter une aide, notamment chez une personne handicapée ou âgée.
> Ce collyre ne contient pas de conservateur ; le flacon unidose doit être jeté juste après utilisation.

### Effets indésirables possibles
Un trouble visuel bref peut survenir après l'instillation du produit, jusqu'à ce que le collyre se répartisse uniformément sur la surface de l'œil.

Laboratoires Allergan France

## CÉMAFLAVONE
Vasculoprotecteur et veinotonique

### Présentation
**CÉMAFLAVONE :** solution buvable (arôme curaçao) ; boîte de 20 ampoules de 10 ml. Remb 15 % - **Prix : 3,27 €.**

### Composition
| | p amp buv |
|---|---|
| **Citroflavonoïdes** | 400 mg |
| **Ascorbate de magnésium** | 384 mg |
| soit Acide ascorbique (vitamine C) | 300 mg |
| Sulfites | + |

### Dans quel cas ce médicament est-il prescrit ?
C'est un protecteur *vasculaire* et un *veinotonique*. Il stimule la circulation du sang dans les veines et lutte contre l'altération des *vaisseaux capillaires*.
Il est utilisé dans le *traitement symptomatique* :
- des jambes lourdes, *impatiences* et autres troubles en rapport avec une mauvaise circulation veineuse ou *lymphatique* ;
- de l'insuffisance d'irrigation de la *rétine* ;
- des crises d'*hémorroïdes*.

> **Attention :** Ce médicament est insuffisant pour prévenir le risque de *phlébite* chez les malades alités ou plâtrés.
> L'*insuffisance veineuse* peut requérir des mesures spécifiques telles que la *contention élastique*.
> Des douleurs, un saignement anal qui persistent malgré le traitement peuvent être dus à une maladie autre que des *hémorroïdes* : consultez votre médecin. De même, tout saignement anal survenant chez une personne de plus de 50 ans doit faire l'objet d'une consultation médicale.

### Grossesse et allaitement
L'effet de ce médicament pendant la grossesse ou l'allaitement est mal connu. L'évaluation du risque éventuel lié à son utilisation est individuelle : demandez conseil à votre pharmacien ou à votre médecin.

**Mode d'emploi et posologie**

Les ampoules doivent être diluées dans un demi-verre d'eau.

**Posologie usuelle :**

2 ampoules par jour.

**Conseils :** Une activité physique régulière et la surélévation du pied du lit permettent de faciliter la circulation veineuse et *lymphatique*.

La constipation, la consommation de mets épicés et de vins riches en tanins favorisent les *hémorroïdes*.

**Effets indésirables possibles**

Asthmatique : risque de *réaction allergique* aux *sulfites*.

Laboratoires Bailleul

## CENTROPHÈNE

Antivertigineux, antiangoreux

Ce médicament est un générique de VASTAREL (voir p. 1079 et tableau p. 1151).

## CÉPAZINE

*Informations détaillées sur www.monvidal.com*

## CÉPHYL

Association antalgique et antipyrétique

**Présentation**

CÉPHYL : comprimé sécable (blanc) ; boîte de 20. Non remb.

CÉPHYL : comprimé sécable (blanc) ; boîte de 60. Non remb.

**Composition**

| | p cp |
|---|---|
| **Acide acétylsalicylique (aspirine)** | 330 mg |
| **Caféine** | 36,6 mg |
| **Belladonna, teinture** | 0,004 µg |
| **Iris versicolor, teinture** | 0,004 µg |
| **Nux vomica, teinture** | 0,004 µg |
| **Spigelia, teinture** | 0,004 µg |
| **Gelsemium, teinture** | 0,004 µg |

**Dans quel cas ce médicament est-il prescrit ?**

Ce médicament contient de l'aspirine, *antalgique*, *antipyrétique* et (à dose élevée) *anti-inflammatoire*, de la *caféine* et des plantes à doses homéopathiques.

Il est utilisé dans le *traitement symptomatique* de la douleur ou de la fièvre.

**Contre-indications**

Ce médicament ne doit pas être utilisé dans les cas suivants :

- *allergie* aux *salicylés* ou aux *AINS*,
- *ulcère* de l'estomac ou du *duodénum*,
- *hémorragie* et risque hémorragique,
- enfant de moins de 15 ans,
- **grossesse** : à partir du 6e mois, ou en prise prolongée, à toute période de la grossesse.

**Attention :** Un avis médical est préférable en cas d'*antécédent* d'*ulcère* de l'estomac ou du *duodénum*, même ancien, d'*asthme*, d'*insuffisance rénale* et chez la femme qui porte un stérilet.

Ce médicament est déconseillé chez les personnes atteintes de *goutte*.

Évitez de prendre ce médicament pendant la semaine qui précède une extraction dentaire, une opération, ou lors de règles abondantes : augmentation du risque d'*hémorragie*.

Ce médicament contient de la *caféine* qui peut être recherchée dans les urines des sportifs pour déceler un éventuel mésusage. Néanmoins, à la *posologie* préconisée, la quantité de caféine contenue dans ce médicament est insuffisante à elle seule pour que la réponse au test soit positive.

**Interactions avec d'autres substances**

Ce médicament peut interagir avec d'autres médicaments, notamment :

- les autres *anti-inflammatoires* non stéroïdiens (*AINS*) : risque accru d'effets indésirables ;
- les *anticoagulants* et les *antiagrégants plaquettaires* (PLAVIX...) : augmentation du risque hémorragique ;
- les médicaments contenant de la benzbromarone ou du méthotrexate.

Informez par ailleurs votre médecin ou votre pharmacien si vous prenez un *antidiabétique*, un *antihypertenseur* de la famille des *inhibiteurs de l'enzyme de conversion* ou des *inhibiteurs de l'angiotensine II*, un *diurétique*, ou un *corticoïde*.

**Grossesse et allaitement**

Des effets néfastes pour la mère et l'enfant à naître ont été mis en évidence lorsque l'aspirine, comme les autres *AINS*, est utilisée au cours des 4 derniers mois de la grossesse ; le risque existe même avec une seule prise et même si la grossesse est à terme.

En conséquence, en dehors de certaines situations médicales très particulières, l'aspirine ne peut être utilisée que de façon ponctuelle pendant les 5 premiers mois, et son usage est contre-indiqué à partir du 6e mois.

L'aspirine et la caféine passent dans le lait maternel : ce médicament est déconseillé pendant l'allaitement.

**Mode d'emploi et posologie**

Les comprimés doivent être dissous dans un verre d'eau.

Respectez un intervalle d'au moins 4 heures entre 2 prises.

**Posologie usuelle :**

- Adulte : 1 à 2 comprimés, à renouveler si nécessaire au bout de 4 heures, sans dépasser 9 comprimés par jour.

Chez le sujet âgé, il est conseillé de ne pas dépasser 6 comprimés par jour.

**Conseils :** De nombreux médicaments contiennent de l'aspirine : vous devez en tenir compte en cas de prise conjointe, car le *surdosage* expose à une augmentation des effets indésirables.

Ce médicament contient de la *caféine*. On considère qu'une tasse de café contient de 60 à 100 mg de cette substance. Ainsi, pour limiter les effets indésirables de la caféine (excitation, tremblements, insomnie, *palpitations*), il est préférable de limiter la consommation de boissons qui en renferment (café, thé...). Il est également recommandé de prendre ce médicament avant 17 heures.

### Effets indésirables possibles

Liés à l'aspirine :
- *gastrite*, douleurs abdominales, saignement du nez ou des gencives ;
- rares et parfois graves : *hémorragie* du tube digestif (vomissements sanglants, selles noires ou, plus souvent, pertes de sang imperceptibles, responsables de l'apparition progressive d'une *anémie*) ; accidents allergiques (*urticaire*, *œdème*, *asthme*) ;
- signes devant faire penser à un *surdosage* : bourdonnements d'oreille, sensation de baisse de l'audition, maux de tête.

Liés à la *caféine* : insomnie, excitation, *palpitations*.

Laboratoires Boiron

## CÉPOREXINE

*Informations détaillées sur www.monvidal.com*

## CÉQUINYL

*Informations détaillées sur www.monvidal.com*

## CÉRAZETTE

Contraceptif oral

**sur ordonnance**

### Présentation

**CÉRAZETTE :** comprimé ; boîte de 1 plaquette de 28. Liste I - Non remb.
**CÉRAZETTE :** comprimé ; boîte de 3 plaquettes de 28. Liste I - Non remb.

### Composition

| | p cp |
|---|---|
| **Désogestrel** | 0,075 mg |
| Lactose | + |

### Dans quel cas ce médicament est-il prescrit ?

C'est un *contraceptif* oral. Il contient un *progestatif* seul (sans *estrogène* associé). Tous les comprimés ont une composition identique. Ce contraceptif est dit microdosé car il contient une très faible dose d'*hormone*.

### Contre-indications

Ce médicament ne doit pas être utilisé dans les cas suivants :
- *accident thromboembolique* veineux (*phlébite*...),
- *hépatite* ou *antécédent* récent d'*hépatite*,
- certains cancers du sein ou de l'utérus.

**Attention :** Ce mode de contraception n'est pas adapté aux femmes qui souffrent de kystes des ovaires ou de *mastopathies*.

Une surveillance médicale et des analyses sont nécessaires avant et pendant la contraception orale. Cette surveillance sera renforcée en cas d'antécédent d'infection des trompes ou de *grossesse extra-utérine*.

L'efficacité contraceptive des *progestatifs* microdosés n'est pas absolue. Il est d'autant plus important de veiller à la régularité de la prise.

En cas d'arrêt des règles pendant plus de deux cycles consécutifs, l'absence de grossesse doit être vérifiée avant de poursuivre la contraception.

### Interactions avec d'autres substances

L'efficacité contraceptive de ce médicament peut être diminée par la prise conjointe d'un médicament *inducteur enzymatique*.

### Grossesse et allaitement

Ce médicament n'a pas de raison d'être utilisé pendant la grossesse. Néanmoins, si une grossesse survient malgré le traitement, du fait d'un oubli ou d'un retard de prise, celle-ci pourra être poursuivie normalement si vous le désirez.

Ce médicament passe faiblement dans le lait maternel ; son usage est possible pendant l'allaitement après avis médical.

### Mode d'emploi et posologie

Prendre régulièrement, et sans oubli, 1 comprimé par jour à la même heure pendant 28 jours consécutifs, sans interruption entre 2 plaquettes. Cette pilule doit être impérativement prise chaque jour à la même heure.

La contraception n'est pas assurée pendant la durée de la première plaquette : une contraception complémentaire est nécessaire (préservatif, diaphragme, spermicide...).

En cas de première contraception orale ou de reprise d'une contraception interrompue temporairement, prendre le premier comprimé le premier jour des règles.

En cas de changement de *contraceptif*, prendre le premier comprimé le lendemain et à la même heure que le dernier comprimé de la plaquette du précédent contraceptif.

Après un accouchement ou une interruption de grossesse : suivre les indications du médecin.

**Conseils :** En cas d'oubli d'un comprimé :
- retard de moins de 3 heures : prendre le comprimé oublié et continuer à l'heure habituelle ;
- retard de plus de 3 heures : prendre le comprimé oublié et continuer à l'heure habituelle, mais la sécurité contraceptive n'est plus assurée et une méthode complémentaire doit être employée pendant au moins 7 jours (spermicide, préservatif, diaphragme...).

En cas de vomissements ou de diarrhée survenant juste après la prise du comprimé (sans rapport avec la prise du *contraceptif*), prendre un autre comprimé. Si ces troubles durent plus de 3 heures, la sécurité contraceptive n'est plus assurée et une méthode complémentaire doit être employée pour le cycle en cours.

### Effets indésirables possibles

En début de traitement : irrégularité des cycles, saignement entre les règles, *œdèmes* périodiques .

Fréquemment : maux de tête, prise de poids, nausées, douleur ou tension des seins, acné, modification de l'humeur et de la libido.

Plus rarement (moins de 1 cas sur 100) : inflammation vaginale, kystes des ovaires, vomissements, chute de cheveux, *éruption cutanée*, fatigue, dépression.

En cas d'*antécédent* de jaunisse ou de démangeaisons au cours d'une grossesse : risque de récidive lors de la prise de ce *contraceptif*.

Laboratoires Organon

## CÉRÉALES GERMÉES BOIRON

*Informations détaillées sur www.monvidal.com*

## CÉRIS

Antispasmodique urinaire — **sur ordonnance**

### Présentation

**CÉRIS 20 mg :** comprimé (jaune) ; boîte de 30. Liste I - Remb 35 % - **Prix : 4,93 €**.

### Composition

| | p cp |
|---|---|
| **Trospium chlorure** | 20 mg |
| Amidon de blé (gluten) | + |

### Dans quel cas ce médicament est-il prescrit ?

C'est un *antispasmodique* qui lutte contre la contraction anormale de la vessie. Il a également des propriétés *atropiniques*.

Il est utilisé dans le traitement des envies impérieuses d'uriner ou des incontinences urinaires dues à une instabilité de la vessie.

Ce médicament n'est pas indiqué dans le traitement des fuites d'urine dues à la toux, au stress ou aux efforts.

### Contre-indications

Ce médicament ne doit pas être utilisé dans les cas suivants :
- risque de *glaucome* à angle fermé,
- risque de blocage des urines (*adénome de la prostate*...),
- *troubles du rythme cardiaque*,
- *myasthénie*,
- *rectocolite hémorragique*,
- prédisposition à une constipation grave,
- enfant de moins de 12 ans (en l'absence d'études).

**Attention :** Ce médicament présente des effets *atropiniques*. Il peut provoquer un *glaucome* aigu chez les personnes prédisposées : œil rouge, dur et douloureux, avec vision floue. Une consultation d'extrême urgence auprès d'un ophtalmologiste est nécessaire.

Des précautions sont nécessaires chez les personnes présentant une *hernie hiatale* ou en cas d'*insuffisance hépatique*.

Compte-tenu de ses effets indésirables potentiels, ce médicament peut, chez certaines personnes, ne pas être compatible avec la conduite automobile ou le maniement de machines dangereuses. Assurez-vous à l'occasion des premières prises que vous supportez bien ce médicament avant de conduire ou d'utiliser une machine.

### Interactions avec d'autres substances

Informez votre médecin ou votre pharmacien si vous prenez d'autres médicaments ayant des effets *atropiniques*.

### Grossesse et allaitement

L'effet de ce médicament pendant la grossesse ou l'allaitement est mal connu : seul votre médecin peut évaluer le risque éventuel de son utilisation dans votre cas.

### Mode d'emploi et posologie

Les comprimés doivent être avalés entiers, avec un verre d'eau, de préférence à jeun, avant les repas.

**Posologie usuelle :**
- Adulte et enfant de plus de 12 ans : 1 comprimé, 2 fois par jour.

En cas d'*insuffisance rénale*, la *posologie* est généralement réduite de moitié.

### Effets indésirables possibles

Le plus fréquemment (plus de 1 % des utilisateurs) : sécheresse de la bouche, digestion difficile, constipation, douleurs abdominales, nausées.

Plus rarement (moins de 1 % des utilisateurs) : difficulté à uriner, augmentation du rythme cardiaque, troubles de l'*accomodation*, diarrhée, ballonnements, essoufflement, *éruption cutanée*, fatigue.

Exceptionnellement (moins de 1 cas sur 1000) : *réaction allergique*, élévation des *transaminases*.

Laboratoires Madaus

## CÉRULYSE

Céruménolytique

### Présentation

**CÉRULYSE :** solution auriculaire ; flacon de 10 ml. Non remb.

### Composition

| | p 100 g |
|---|---|
| **Xylène** | 5 g |
| Huile d'amande douce | + |

### Dans quel cas ce médicament est-il prescrit ?

Ce médicament est une solution auriculaire huileuse utilisée pour dissoudre les bouchons de cérumen.

### Contre-indications

Ce médicament ne doit pas être utilisé en cas de perforation du tympan.

### Mode d'emploi et posologie

Réchauffer le flacon entre les mains avant l'emploi pour limiter la sensation désagréable liée à l'introduction d'un liquide froid dans l'oreille.

Pencher la tête sur le côté et introduire la solution dans l'oreille. Garder la tête dans cette position pendant 10 minutes (bain d'oreille).

**Posologie usuelle :**

Utiliser une dizaine de gouttes pour chaque bain d'oreille.
- Bouchons mous : après le bain d'oreille, évacuer le cérumen à l'aide d'une poire auriculaire contenant de l'eau tiède.
- Bouchons durs : les dépôts de cérumen durcissent après quelques mois, et leur extraction doit généralement être réalisée par un médecin. La dissolution préalable du bouchon par cette solution facilitera son extraction et rendra celle-ci moins pénible. Idéalement, il faut réaliser un bain d'oreille trois fois par jour, pendant les 3 jours qui précèdent la consultation. L'excédent de solution peut être évacué après 10 minutes, en penchant la tête sur un morceau de coton, par exemple. Il est normal de ressentir une sensation d'oreille bouchée, car il reste fréquemment un peu de solution entre le bouchon de cérumen et le tympan.

**Conseils :** La solution est huileuse : elle peut tacher les vêtements.

### Effets indésirables possibles

Irritation locale.

Laboratoires Chauvin Bausch & Lomb

## CÉRUMÉNOL

*Informations détaillées sur www.monvidal.com*

## CERVOXAN

Vasodilatateur — sur ordonnance

### Présentation

CERVOXAN 60 mg : gélule (bleu et jaune) ; boîte de 30. Liste II - Remb 35 % - **Prix : 14,01 €.**

### Composition

| | p gél |
|---|---|
| Vinburnine | 60 mg |

### Dans quel cas ce médicament est-il prescrit ?

Ce médicament facilite l'utilisation du glucose par les cellules cérébrales, ainsi que leur oxygénation en cas d'apport sanguin insuffisant.

Il est utilisé dans le *traitement symptomatique* :
- des troubles du comportement et de la mémoire liés au vieillissement,
- des troubles de la vision d'origine vasculaire.

### Contre-indications

Ce médicament ne doit pas être utilisé en cas de *tumeur* cérébrale avec *hypertension intracrânienne.*

### Grossesse et allaitement

L'effet de ce médicament pendant la grossesse ou l'allaitement est mal connu : seul votre médecin peut évaluer le risque éventuel de son utilisation dans votre cas.

### Mode d'emploi et posologie

Les gélules doivent être avalées avec de l'eau ou un aliment semi-liquide en début de repas.

**Posologie usuelle :**

1 gélule par jour.

### Effets indésirables possibles

Rarement : diarrhée.

Laboratoires Almirall SAS

## CETAVLON ALCOOLIQUE

*Informations détaillées sur www.monvidal.com*

## CETAVLON ANTISEPTIE

Antiseptique local

### Présentation

CETAVLON ANTISEPTIE 0,5 % : solution pour application cutanée ; flacon de 125 ml. Non remb.

### Composition

| | p 100 ml |
|---|---|
| Chlorhexidine digluconate | 0,5 g |

### Dans quel cas ce médicament est-il prescrit ?

Ce médicament est un *antiseptique* local.

Il est utilisé pour l'*antisepsie* des plaies superficielles peu étendues.

### Contre-indications

Ce médicament ne doit pas être appliqué sur les *muqueuses*, dans les yeux ou dans le conduit auditif (risque de toxicité en cas de perforation du tympan).

> **Attention :** Évitez l'usage prolongé de ce médicament, notamment chez l'enfant, sur des surfaces étendues ou profondément lésées, sans l'avis de votre médecin : risque de passage du médicament dans le sang.
> Cet *antiseptique* détruit les *germes* en moins de 5 minutes. Néanmoins, son action n'est pas immédiate et il ne convient pas pour la désinfection des ciseaux, rasoirs et autres objets potentiellement contaminants. De même, il ne doit pas être utilisé pour désinfecter la peau avant une piqûre.

### Interactions avec d'autres substances

L'association à d'autres *antiseptiques* ou aux savons est déconseillée car leurs effets risquent de s'annuler.

### Grossesse et allaitement

L'utilisation ponctuelle de ce médicament pendant la grossesse ou l'allaitement ne semble pas poser de problème particulier.

Cet *antiseptique* ne doit pas être appliqué sur le mamelon sans avis médical. Un rinçage soigneux avant la tétée est indispensable.

### Mode d'emploi et posologie

Cette solution est prête à l'emploi : elle est à utiliser pure sur une compresses et ne doit pas être rincée.

**Posologie usuelle :**

2 applications par jour.

> **Conseils :** Le simple lavage à l'eau et au savon permet d'éliminer la majorité des *germes* : il doit être suivi d'un rinçage soigneux car le savon peut inactiver certains *antiseptiques.*
> Tous les antiseptiques peuvent être contaminés par des germes : veillez à ne pas mettre l'orifice du flacon en contact avec une compresse souillée et à bien le refermer après utilisation.

### Effets indésirables possibles

*Eczéma* de contact, *réaction allergique.*

Laboratoires Pierre Fabre Médicament

## CETAVLON CONCENTRÉ

*Informations détaillées sur www.monvidal.com*

## CETAVLON PLAIES SUPERFICIELLES

*Informations détaillées sur www.monvidal.com*

## CÉTIRIZINE ARROW

Antiallergique — sur ordonnance

Ce médicament est un générique de VIRLIX (voir p. 1098 et tableau p. 1151).

## CÉTIRIZINE BGR

Antiallergique

Ce médicament est un générique de RÉACTINE (voir p. 882 et tableau p. 1151).
Ce médicament est un générique de ZYRTECSEC (voir p. 1149 et tableau p. 1151).

## CÉTIRIZINE BIOGARAN
Antiallergique — sur ordonnance

Ce médicament est un générique de VIRLIX (voir p. 1098 et tableau p. 1151).

## CÉTIRIZINE EG
Antiallergique — sur ordonnance

Ce médicament est un générique de VIRLIX (voir p. 1098 et tableau p. 1151).

## CÉTIRIZINE G GAM
Antiallergique — sur ordonnance

Ce médicament est un générique de VIRLIX (voir p. 1098 et tableau p. 1151).

## CÉTIRIZINE HEXAL SANTÉ
Antiallergique

Ce médicament est un générique de RÉACTINE (voir p. 882 et tableau p. 1151).
Ce médicament est un générique de ZYRTECSEC (voir p. 1149 et tableau p. 1151).

## CÉTIRIZINE IVAX
Antiallergique

Ce médicament est un générique de RÉACTINE (voir p. 882 et tableau p. 1151).
Ce médicament est un générique de ZYRTECSEC (voir p. 1149 et tableau p. 1151).

## CÉTIRIZINE MERCK
Antiallergique — sur ordonnance

Ce médicament est un générique de VIRLIX (voir p. 1098 et tableau p. 1151).

## CÉTIRIZINE MERCK GÉNÉRIQUES
Antiallergique

Ce médicament est un générique de RÉACTINE (voir p. 882 et tableau p. 1151).
Ce médicament est un générique de ZYRTECSEC (voir p. 1149 et tableau p. 1151).

## CÉTIRIZINE QUALIMED
Antiallergique — sur ordonnance

Ce médicament est un générique de VIRLIX (voir p. 1098 et tableau p. 1151).

## CÉTIRIZINE RATIOPHARM
Antiallergique — sur ordonnance

Ce médicament est un générique de VIRLIX (voir p. 1098 et tableau p. 1151).

## CÉTIRIZINE RPG
Antiallergique — sur ordonnance

Ce médicament est un générique de VIRLIX (voir p. 1098 et tableau p. 1151).

## CÉTIRIZINE SANDOZ
Antiallergique — sur ordonnance

Ce médicament est un générique de VIRLIX (voir p. 1098 et tableau p. 1151).

## CÉTIRIZINE TEVA
Antiallergique — sur ordonnance

Ce médicament est un générique de VIRLIX (voir p. 1098 et tableau p. 1151).

## CÉTIRIZINE WINTHROP
Antiallergique — sur ordonnance

Ce médicament est un générique de VIRLIX (voir p. 1098 et tableau p. 1151).

### CÉTOGLUTARAN
*Informations détaillées sur www.monvidal.com*

## CÉTORNAN
Nutrition orale et entérale

### Présentation
CÉTORNAN : poudre pour solution buvable (arômes : vanille, citron) ; boîte de 10 sachets. Remb 35 % - **Prix : 25,04 €**.

### Composition

| | p sachet |
|---|---|
| **Ornithine oxoglurate** | 5 g |
| Aspartam | + |

### Dans quel cas ce médicament est-il prescrit ?
Ce médicament contient un *acide aminé* qui agirait notamment en ralentissant la destruction des protéines dans l'organisme.
Il s'agit d'un *traitement d'appoint* de la dénutrition chez la personne âgée.

### Contre-indications
Ce médicament ne doit pas être utilisé en cas de *phénylcétonurie* (en raison de la présence d'aspartam).

### Mode d'emploi et posologie
Le contenu des sachets doit être dissous dans un verre d'eau.

**Posologie usuelle :**
2 sachets par jour : 1 avant le déjeuner et 1 avant le dîner.

Laboratoires Chiesi

### CETRARIA COMPLEXE N° 61
*Informations détaillées sur www.monvidal.com*

## CHAMPIX

Médicament du sevrage tabagique — sur ordonnance

### Présentation

**CHAMPIX 0,5 mg et 1 mg :** comprimé (blanc) et comprimé (bleu) ; boîte de 11 comprimés à 0,5 mg + 14 comprimés à 1 mg. Liste I - Non remb.
**CHAMPIX 0,5 mg :** comprimé (blanc) ; boîte de 56. Liste I - Non remb.
**CHAMPIX 1 mg :** comprimé (bleu) ; boîte de 28. Liste I - Non remb.
**CHAMPIX 1 mg :** comprimé (bleu) ; boîte de 56. Liste I - Non remb.

### Composition

| | p cp | p cp |
|---|---|---|
| **Varénicline** | 0,5 mg | 1 mg |

### Dans quel cas ce médicament est-il prescrit ?

Ce médicament contient une substance qui se fixe sur les récepteurs à la nicotine présents dans le cerveau. Il aide à soulager les symptômes de manque et permet de réduire les effets de plaisir liés au tabagisme.

Il est utilisé dans l'aide au sevrage tabagique chez l'adulte.

**Attention :** Une irritabilité, des troubles du sommeil ou une envie de fumer peuvent survenir à l'arrêt du traitement ; n'hésitez pas à en parler à votre médecin.
Compte-tenu de ses effets indésirables potentiels, ce médicament peut, chez certaines personnes, ne pas être compatible avec la conduite automobile ou le maniement de machines dangereuses. Assurez-vous à l'occasion des premières prises que vous supportez bien ce médicament avant de conduire ou d'utiliser une machine.

### Interactions avec d'autres substances

Le tabac pouvant lui-même interférer avec le métabolisme de nombreux médicaments, son arrêt peut avoir des conséquences sur leur taux sanguin. Signalez aux différents médecins que vous consultez votre intention de cesser de fumer.

### Grossesse et allaitement

L'innocuité de ce médicament n'a pas été établie chez la femme enceinte. Son utilisation n'est donc pas recommandée. L'arrêt du tabagisme, sans médicament, est toujours souhaitable pendant la grossesse.

Ce médicament passe dans le lait maternel ; un choix est donc nécessaire entre l'allaitement et la prise du médicament. Cette décision devra être prise en accord avec votre médecin.

### Mode d'emploi et posologie

Les comprimés doivent être avalés entiers avec un verre d'eau, au cours ou en dehors des repas.

**Posologie usuelle :**

- Adulte de plus de 18 ans : la posologie usuelle est de 1 comprimé à 0,5 mg par jour, pendant les 3 premiers jours, puis 1 comprimé à 0,5 mg, 2 fois par jour, pendant les 4 jours suivants, puis 1 comprimé à 1 mg, 2 fois par jour jusqu'à la fin du traitement. L'arrêt du tabac doit intervenir une à deux semaine après le début du traitement et non dès son commencement. La durée de traitement recommandée est de 12 semaines.

**Conseils :** Comme toutes les méthodes antitabac utilisées pour aider les fumeurs, ce médicament ne peut être efficace que lorsque la volonté d'arrêter de fumer est personnelle et s'accompagne d'une forte motivation. C'est cette motivation qui permettra de lutter contre l'envie de fumer, sans être forcé de faire en permanence appel à la volonté qui s'émousse avec le temps. Un arrêt du tabac durable chez le fumeur suppose que celui-ci considère le tabac comme un poison, une dépendance inacceptable. Il doit se faire à l'idée qu'il ne fumera plus jamais, dès le début du sevrage. Chaque jour sans tabac doit être vécu comme une libération et non comme un calvaire. Le fumeur qui est dans cet état d'esprit est un bon candidat au sevrage définitif.

### Effets indésirables possibles

Le plus fréquemment : nausées.
Modification de l'appétit, troubles digestifs.
Troubles du sommeil (rêves, insomnie, etc.).
Maux de tête, somnolence, vertiges, modification du goût.
Fatigue.
D'autres effets plus rares ont également été rapportés ; signalez à votre médecin tout trouble inhabituel.

Laboratoires Pfizer

## CHARBON DE BELLOC

Traitement des troubles digestifs

### Présentation

**CHARBON DE BELLOC :** capsule molle ; boîte de 36. Non remb.
**CHARBON DE BELLOC :** capsule molle ; boîte de 60. Non remb.

### Composition

| | p capsule |
|---|---|
| **Charbon activé** | 125 mg |

### Dans quel cas ce médicament est-il prescrit ?

Ce médicament contient du charbon activé. Il absorbe les gaz présents dans le tube digestif.

Il est utilisé dans le *traitement symptomatique* des troubles du *transit intestinal*, notamment avec ballonnements.

**Attention :** N'utilisez pas ce médicament de façon prolongée sans l'avis de votre médecin : des examens peuvent être nécessaires si les *symptômes* persistent.

### Interactions avec d'autres substances

Ce médicament peut diminuer l'absorption d'autres médicaments, en particulier ceux qui contiennent de la digitoxine ou de la digoxine (*digitaliques*). Un délai d'au moins 2 heures doit être respecté entre la prise de ce médicament et celle des autres traitements. Demandez conseil à votre médecin ou à votre pharmacien.

### Grossesse et allaitement

Ce médicament ne contient que des substances présumées sans danger pendant la grossesse ou l'allaitement.

#### Mode d'emploi et posologie

Ce médicament doit être pris après les repas ou au moment des douleurs.

**Posologie usuelle :**

- Adulte et enfant de plus de 6 ans : 2 capsules, 2 à 3 fois par jour.

**Conseils :** Une alimentation riche en fibres, si elle facilite le transit, peut également augmenter les fermentations intestinales et favoriser les ballonnements. Demandez conseil à votre médecin pour équilibrer votre alimentation.
En cas de diarrhée, le traitement consiste à compenser la perte d'eau par des boissons abondantes pour éviter la déshydratation. Chez le nourrisson ou la personne âgée fragile, un avis médical peut être nécessaire si la diarrhée est importante ou durable.

#### Effets indésirables possibles

Selles de coloration noire.

Laboratoires Omega-Pharma France

## CHARBON VÉGÉTAL BOIRON

*Informations détaillées sur www.monvidal.com*

## CHARLIEU ANTI-POUX

*Informations détaillées sur www.monvidal.com*

## CHELIDONIUM COMPOSÉ BOIRON

Homéopathie

#### Présentation

CHELIDONIUM COMPOSÉ BOIRON : comprimé ; boîte de 50. Remb 35 % - **Prix : 1,46 €**.
CHELIDONIUM COMPOSÉ BOIRON : granule ; boîte de 80. Remb 35 % - **Prix : 1,81 €**.
CHELIDONIUM COMPOSÉ BOIRON : solution buvable ; flacon de 30 ml. Remb 35 % - **Prix : 2,28 €**.

#### Composition

Chelidonium majus 3 DH, Taraxacum dens leonis 3 DH, Carduus marianus 3 DH, Solidago virga aurea 3 DH, China rubra 3 CH, Hydrastis canadensis 3 CH, Magnesia muriatica 3 CH, lactose (comprimé, granules), alcool (solution buvable).

#### Dans quel cas ce médicament est-il prescrit ?

Ce médicament est un *complexe* (association) de composants homéopathiques.
Il est utilisé dans le *traitement homéopathique* des troubles digestifs attribués à un mauvais fonctionnement du foie ou de la vésicule biliaire.

#### Grossesse et allaitement

Aux *dilutions homéopathiques*, les substances contenues dans ce médicament ne sont pas connues pour être toxiques pendant la grossesse ou l'allaitement.

#### Mode d'emploi et posologie

Ce médicament doit être pris de préférence à distance des repas.
Les comprimés sont à sucer ; les granules doivent être placés sous la langue ; la solution buvable est diluée dans un peu d'eau.

**Posologie usuelle :**

2 comprimés ou 5 granules, 2 fois par jour, ou 10 gouttes de solution buvable, 3 fois par jour.

Laboratoires Boiron

## CHIBRO-CADRON

Collyre anti-inflammatoire et antibiotique

sur ordonnance

#### Présentation

CHIBRO-CADRON : collyre ; flacon compte-gouttes de 5 ml. Liste I - Remb 35 % - **Prix : 2,57 €**.

#### Composition

| | p 100 ml |
|---|---|
| **Dexaméthasone phosphate** | 100 mg |
| **Néomycine** | 350 000 UI |
| Benzododécinium bromure | + |

#### Dans quel cas ce médicament est-il prescrit ?

Ce collyre contient un *corticoïde* et un *antibiotique* de la famille des *aminosides*.
Il est utilisé dans le traitement des *conjonctivites* allergiques et de certaines maladies inflammatoires de l'œil.

#### Contre-indications

Ce médicament ne doit pas être utilisé dans les cas suivants :

- *allergie* aux *antibiotiques* de la famille des *aminosides* ;
- *kératite* virale à son début ou autre infection oculaire non contrôlée par un traitement spécifique.

**Attention :** L'usage de ce médicament impose un examen ophtalmologique préalable. En effet, certaines infections oculaires peuvent être aggravées par les dérivés de la *cortisone*.
En l'absence d'amélioration après quelques jours de traitement, n'hésitez pas à consulter votre médecin.
Ce médicament contenant un *corticoïde* doit être utilisé avec précaution en cas de *glaucome* à angle ouvert. Il ne doit pas être utilisé chez le *nourrisson*.
Sportif : ce médicament contient une substance susceptible de rendre positifs certains *tests antidopage*.

#### Interactions avec d'autres substances

Ce collyre peut interagir avec d'autres collyres : respectez un intervalle de 15 minutes entre deux instillations.

#### Grossesse et allaitement

L'effet de ce médicament pendant la grossesse ou l'allaitement est mal connu : seul votre médecin peut évaluer le risque éventuel de son utilisation dans votre cas.

#### Mode d'emploi et posologie

Tirer la paupière inférieure vers le bas tout en regardant vers le haut et déposer une goutte de collyre entre la paupière et le globe oculaire (*cul-de-sac conjonctival*).

**Posologie usuelle :**

1 goutte, 3 à 6 fois par jour, pendant 7 jours.

Dans les cas d'affections aiguës, les instillations peuvent être plus fréquentes.

**Conseils :** Le port de *lentilles de contact* doit être immédiatement interrompu en cas d'infection oculaire et les lentilles ne doivent pas être réutilisées avant guérison complète.
L'application correcte du produit peut nécessiter une aide, notamment chez une personne handicapée ou âgée.
Ne conservez pas ce collyre plus de 15 jours après une première utilisation.

### Effets indésirables possibles

Irritation ou *réaction allergique* locales.
En cas d'utilisation prolongée : *cataracte*, augmentation de la *tension intraoculaire* (*glaucome*), *kératite* superficielle.

Laboratoires Théa

## CHIBRO-PROSCAR

Hypertrophie bénigne de la prostate — **sur ordonnance**

### Présentation

**CHIBRO-PROSCAR** : comprimé (bleu) ; boîte de 28. Liste I - Remb 35 % - **Prix : 31,61 €.**

### Composition

| | p cp |
|---|---|
| **Finastéride** | 5 mg |
| Lactose | + |

### Dans quel cas ce médicament est-il prescrit ?

Ce médicament bloque l'action de la *testostérone* sur la prostate. Il ralentit la croissance de cette glande, qui conduit à l'*adénome de la prostate* et à un rétrécissement progressif des *voies* urinaires. Il ne permet pas de faire disparaître un adénome, mais de ralentir sa progression et de faire diminuer les *symptômes* urinaires (après un délai qui peut atteindre plusieurs mois).
Il est utilisé dans le traitement des troubles urinaires liés à un adénome de la prostate.

**Attention :** Ce médicament n'a pas d'indication chez la femme ni chez l'enfant.
En cas d'aggravation rapide des difficultés urinaires ou de blocage (rétention) des urines, consultez d'urgence votre médecin.
Le dosage sanguin de l'*antigène* spécifique de la prostate (PSA), parfois utilisé dans le dépistage du cancer de la prostate, est affecté par ce traitement : le finastéride divise environ par deux le taux de PSA. Pour comparer avec le taux de PSA avant traitement, il faut donc multiplier par deux le taux de PSA sous traitement. Pour autant, ce médicament n'a pas d'action préventive connue sur le cancer de la prostate.

### Mode d'emploi et posologie

Ce médicament doit être pris avec un verre d'eau. L'heure de la prise est indifférente.

**Posologie usuelle :**
1 comprimé par jour, pendant ou en dehors d'un repas.

**Conseils :** Conservez ce médicament à l'abri de la lumière.

### Effets indésirables possibles

Augmentation du volume des seins chez l'homme (gynécomastie).
Baisse de la libido, troubles de l'érection, douleur des testicules.
*Réaction allergique* (*éruption cutanée*, gonflement des lèvres).

Laboratoires MSD-Chibret

## CHIBROXINE

Antibiotique à usage ophtalmique — **sur ordonnance**

### Présentation

**CHIBROXINE** : collyre ; flacon de 5 ml. Liste I - Remb 65 % - **Prix : 3,69 €.**

### Composition

| | p 100 ml |
|---|---|
| **Norfloxacine** | 300 mg |
| Benzalkonium chlorure | + |

### Dans quel cas ce médicament est-il prescrit ?

Ce collyre contient un *antibiotique* de la famille des quinolones.
Il est utilisé pour traiter les infections de l'œil et des paupières.

### Contre-indications

Ce médicament ne doit pas être utilisé dans les cas suivants :
- *allergie* aux *antibiotiques* de la famille des quinolones ou aux *antiseptiques* de la famille des *ammoniums quaternaires* (présence de benzalkonium),
- **allaitement**.

**Attention :** Une rougeur ou une douleur de l'œil ne correspondent pas toujours à une infection. Des soins urgents peuvent être nécessaires, notamment en cas de vision floue. N'utilisez pas ce médicament sans avis médical.
Le collyre peut être contaminé par l'œil infecté : évitez de mettre en contact l'extrémité du flacon avec l'œil ; ne conservez pas ce médicament plus de 15 jours après une première utilisation.

### Interactions avec d'autres substances

Ce collyre peut intéragir avec d'autres collyres : respectez un intervalle de 15 minutes entre deux instillations.

### Grossesse et allaitement

L'effet de ce médicament pendant la grossesse est mal connu : seul votre médecin peut évaluer le risque éventuel de son utilisation dans votre cas.
Ce médicament passe dans le lait maternel. Il est contre-indiqué pendant l'allaitement.

### Mode d'emploi et posologie

Tirer la paupière inférieure vers le bas tout en regardant vers le haut. Déposer les gouttes de collyre entre la paupière et le globe oculaire (*cul-de-sac conjonctival*).

**Posologie usuelle :**
1 ou 2 gouttes, 4 fois par jour.

**Conseils :** Une application correcte du produit peut nécessiter une aide, notamment chez l'enfant ou la personne handicapée ou âgée.

Les lentilles de contact ne doivent pas être portées en cas d'infection oculaire ni réutilisées avant guérison complète.
Le collyre doit être conservé à l'abri de la lumière.

**Effets indésirables possibles**

Irritation ou *réaction allergique* locale.
Plus rarement : sensibilité excessive à la lumière, goût amer dans la bouche.

Laboratoires Théa

## CHLORAMINOPHÈNE

*Informations détaillées sur www.monvidal.com*

## CHLORHEXIDINE ALCOOLIQUE GILBERT

*Informations détaillées sur www.monvidal.com*

## CHLORHEXIDINE AQUEUSE GILBERT

*Informations détaillées sur www.monvidal.com*

## CHLORHEXIDINE IVAX

*Informations détaillées sur www.monvidal.com*

## CHLORMADINONE MERCK

Progestatif — sur ordonnance

Ce médicament est un générique de LUTÉRAN (voir p. 603 et tableau p. 1151).

## CHLORMADINONE QUALIMED

Progestatif — sur ordonnance

Ce médicament est un générique de LUTÉRAN (voir p. 603 et tableau p. 1151).

## CHLORMADINONE SANDOZ

Progestatif — sur ordonnance

Ce médicament est un générique de LUTÉRAN (voir p. 603 et tableau p. 1151).

## CHLORMADINONE TEVA

Progestatif — sur ordonnance

Ce médicament est un générique de LUTÉRAN (voir p. 603 et tableau p. 1151).

## CHLOROMAGNÉSION

*Informations détaillées sur www.monvidal.com*

## CHLORUMAGÈNE

*Informations détaillées sur www.monvidal.com*

## CHOLÉODORON

*Informations détaillées sur www.monvidal.com*

## CHONDROSULF

Antiarthrosique

**Présentation**

**CHONDROSULF 400 mg :** granulé pour suspension buvable (arôme orange) ; boîte de 84 sachets. Remb 35 % - **Prix : 21,36 €**.
**CHONDROSULF 400 mg :** gélule (vert et bleu) ; boîte de 84. Remb 35 % - **Prix : 21,36 €**.

**Composition**

| | p sachet | p gél |
|---|---|---|
| **Chondroïtine sulfate** | 400 mg | 400 mg |

**Dans quel cas ce médicament est-il prescrit ?**

Ce médicament contient une substance naturelle présente notamment dans le cartilage et l'os.
Il est utilisé dans le *traitement symptomatique* de l'*arthrose* du genou ou de la hanche : il atténue les douleurs et améliore la mobilité.

**Contre-indications**

Ce médicament ne doit pas être utilisé dans les cas suivants :
- enfant de moins de 16 ans,
- **grossesse**,
- **allaitement**.

**Attention :** L'effet *antalgique* de ce médicament est différé : il apparaît environ 2 mois plus tard.

**Grossesse et allaitement**

Ce médicament est récent : par mesure de prudence, il est contre-indiqué pendant la grossesse et l'allaitement.

**Mode d'emploi et posologie**

Ce médicament doit être pris au cours des repas.

**Posologie usuelle :**
1 sachet ou 1 gélule, 3 fois par jour.

**Effets indésirables possibles**

*Réaction allergique* cutanée.
Rarement : nausées, vomissements.

Laboratoires Génévrier

## CHOPHYTOL

Phytothérapie

**Présentation**

**CHOPHYTOL :** comprimé (marron) ; boîte de 60. Non remb.
**CHOPHYTOL :** comprimé (marron) ; boîte de 180. Non remb.
**CHOPHYTOL :** solution buvable ; flacon de 120 ml. Non remb.

**Composition**

| | p cp | p c à c |
|---|---|---|
| **Artichaut, extrait** | 200 mg | 1 g |
| Alcool | | 130 mg |

**Dans quel cas ce médicament est-il prescrit ?**

Ce médicament contient un extrait de plante.
Il est traditionnellement utilisé pour faciliter les fonctions d'élimination digestive et rénale.

**Attention :** Des précautions sont nécessaires en cas d'obstruction des *voies biliaires* et d'*insuffisance hépatique* grave.

### Grossesse et allaitement

Ce médicament contient une plante présumée sans danger pendant la grossesse ou l'allaitement. Néanmoins, par mesure de prudence, ne l'utilisez pas sans prendre l'avis de votre pharmacien ou de votre médecin.

### Mode d'emploi et posologie

La solution buvable doit être diluée dans un peu de liquide.

**Posologie usuelle :**

- Adulte : 1 ou 2 comprimés ou 1 cuillère à café de solution buvable, avant les 3 principaux repas ou au moment des troubles.

> **Conseils :** Une alimentation équilibrée, une mastication lente, la suppression des aliments difficiles à digérer et des boissons alcoolisées permettent souvent d'atténuer les troubles de la digestion.

### Effets indésirables possibles

A forte dose : diarrhée.

Laboratoires Rosa-Phytopharma

## CHROMARGON

*Informations détaillées sur www.monvidal.com*

## CHRONADALATE

Inhibiteur calcique — **sur ordonnance**

### Présentation

CHRONADALATE LP 30 mg : comprimé à *libération prolongée* ; boîte de 30. Liste I - Remb 65 % - **Prix : 16,04 €.**

### Composition

| | p cp LP |
|---|---|
| **Nifédipine** | 30 mg |

### Dans quel cas ce médicament est-il prescrit ?

Ce médicament est un *vasodilatateur* qui appartient à la famille des *inhibiteurs calciques*.

Il est utilisé dans le traitement de l'*hypertension artérielle* et dans le *traitement préventif* des crises d'*angine de poitrine* en association avec un *bêtabloquant*.

### Contre-indications

Ce médicament ne doit pas être utilisé en cas d'*infarctus du myocarde* récent (1 mois) et d'*angine de poitrine* grave.

> **Attention :** En cas de douleur thoracique survenant systématiquement dans la demi-heure qui suit la prise du médicament, consultez votre médecin avant de poursuivre le traitement.
> Des précautions sont nécessaires en cas d'*insuffisance hépatique*.

### Interactions avec d'autres substances

Ce médicament peut interagir avec les médicaments contenant de la ciclosporine.

Informez par ailleurs votre médecin si vous prenez un *bêtabloquant*, un *anticonvulsivant* (carbamazépine, phénobarbital, phénytoïne, primidone) ou un médicament contenant de la rifampicine ou de la cimétidine.

En outre, l'effet *antihypertenseur* de ce médicament peut être augmenté par certains médicaments tels que les *neuroleptiques*, les *antidépresseurs imipraminiques*, les médicaments contenant du baclofène ; il peut être diminué par les *corticoïdes*. Votre médecin doit être informé si vous êtes traité par l'un ou l'autre de ces médicaments.

### Grossesse et allaitement

Ce médicament est déconseillé chez la femme enceinte ou susceptible de l'être. Si une grossesse survient au cours du traitement, prévenez votre médecin.

Ce médicament passe dans le lait maternel ; un choix est donc nécessaire entre l'allaitement et la prise du médicament. Cette décision devra être prise en accord avec votre médecin.

### Mode d'emploi et posologie

Les comprimés sont avalés avec un verre d'eau, sans être croqués ni écrasés, pendant ou en dehors des repas.

Ce médicament doit être pris tous les jours à la même heure, de préférence le matin.

**Posologie usuelle :**

- Adulte : 1 à 2 comprimés par jour.

> **Conseils :** Les comprimés doivent être conservés à l'abri de la lumière et de l'humidité.
> Le traitement ne dispense pas des mesures simples pouvant faire baisser la tension artérielle : activité physique régulière, modération de la consommation de boissons alcoolisées, lutte contre l'excès de poids.
> Il est normal de retrouver le comprimé dans les selles : son contenu a été libéré dans l'intestin.
> En cas de constipation sévère préexistante, susceptible d'être aggravée par ce médicament, le médecin pourra éventuellement prescrire un *laxatif lubrifiant*.

### Effets indésirables possibles

Les plus fréquents sont la conséquence de la dilatation des vaisseaux sanguins :
- rougeur du visage, bouffées de chaleur, maux de tête ;
- jambes lourdes et enflées.

Plus rarement : baisse excessive de la tension artérielle, étourdissements, fatigue, gonflement des gencives, constipation ou diarrhée, crampes, *réaction allergique*.

Exceptionnellement : aggravation de l'*angine de poitrine*, augmentation des *transaminases*, jaunisse.

Laboratoires Bayer Pharma

## CHRONO-INDOCID

*Informations détaillées sur www.monvidal.com*

## CIALIS

Médicament de l'impuissance — **sur ordonnance**

### Présentation

CIALIS 10 mg : comprimé (jaune clair) ; boîte de 4. Liste I - Non remb.

CIALIS 20 mg : comprimé (jaune) ; boîte de 4. Liste I - Non remb.

CIALIS 20 mg : comprimé (jaune) ; boîte de 8. Liste I - Non remb.

### Composition

| | p cp | p cp |
|---|---|---|
| **Tadalafil** | 10 mg | 20 mg |
| Lactose | + | + |

### Dans quel cas ce médicament est-il prescrit ?

Ce médicament est un *vasodilatateur* qui agit spécifiquement sur la verge. Son action sur le reste du système cardiovasculaire est minime et ne prête à conséquence qu'en cas de prise conjointe de médicaments vasodilatateurs nitrés (voir Interactions avec d'autres substances). Il ne peut fonctionner qu'en cas de situation de désir sexuel et ne déclenche généralement pas l'érection à lui seul. Son effet se manifeste au plus tard une heure après la prise et peut durer encore 36 heures après. L'érection est améliorée ou restaurée chez 75 % des utilisateurs, toutes causes d'impuissance confondues (sauf radiothérapie locale et certains actes chirurgicaux).

Il est utilisé dans le traitement des troubles de l'érection.

### Contre-indications

Ce médicament ne doit pas être utilisé dans les cas suivants :

- fragilité cardiovasculaire contre-indiquant l'effort que représente l'acte sexuel (*angine de poitrine* grave, *insuffisance cardiaque* grave...) ;
- situations dans lesquelles l'effet du médicament n'a pas été étudié : *hypertension artérielle* ou *troubles du rythme cardiaque* non contrôlés par un traitement, hypotension grave, *antécédent* récent d'*accident vasculaire cérébral* ou d'*infarctus du myocarde* ;
- en association avec des *vasodilatateurs* nitrés (voir Interactions avec d'autres substances).

**Attention :** La reprise d'une activité sexuelle chez un homme fragilisé par l'âge ou une maladie chronique peut être à l'origine d'un accident cardiovasculaire. Un bilan médical préalable est nécessaire.

Des précautions sont nécessaires chez les hommes présentant une malformation du pénis ou souffrant d'une maladie les prédisposant au *priapisme* (drépanocytose, myélome multiple, leucémie).

Le traitement médicamenteux des troubles de l'érection ne se conçoit que lorsque les causes curables de l'impuissance ont été recherchées. Les impuissances d'origines psychologiques peuvent être améliorées ou guéries par des thérapies spécifiques.

Compte-tenu de ses effets indésirables potentiels, ce médicament peut, chez certaines personnes, ne pas être compatible avec la conduite automobile ou le maniement de machines dangereuses. Assurez-vous à l'occasion des premières prises que vous supportez bien ce médicament avant de conduire ou d'utiliser une machine.

### Interactions avec d'autres substances

L'association du tadalafil avec des *vasodilatateurs* nitrés peut provoquer des hypotensions graves. Ces vasodilatateurs peuvent être des médicaments pour le cœur : nitroprussiate, nitrite, nitrates, trinitrine, linsidomine, molsidomine, nicorandil. Il peut également s'agir de produits vendus en sex-shops : « poppers », « boosts », « snappers », qui contiennent des nitrites et sont utilisés comme amplificateurs d'orgasme ou pour dilater l'anus.

L'effet du tadalafil peut être augmenté par les médicaments qui contiennent du ritonavir, du saquinavir, de l'itraconazole, du kétoconazole ou de l'érythromycine : une diminution de la *posologie* du tadalafil peut être nécessaire.

Le tadalafil peut également interagir avec les *alphabloquants*, notamment ceux utilisés dans le traitement des troubles urinaires dus à un *adénome de la prostate*.

### Grossesse et allaitement

Ce médicament n'a pas d'indication chez la femme.

### Mode d'emploi et posologie

Ce médicament peut être pris indifféremment pendant ou entre les repas.

**Posologie usuelle :**

- Homme de plus de 18 ans : 1 comprimé à 10 mg, entre 30 minutes et 12 heures avant le rapport sexuel. En d'effet insuffisant, cette dose peut être portée à 20 mg. L'efficacité du médicament peut persister jusqu'à 36 heures après la prise. Il est recommandé de ne pas dépasser une prise par jour. L'utilisation quotidienne du médicament est vivement déconseillée.

**Conseils :** Ce médicament n'est pas un aphrodisiaque, il ne crée pas le désir sexuel, mais permet de le concrétiser.

### Effets indésirables possibles

Très fréquemment (plus de 10 % des utilisateurs) : maux de tête, digestion difficile.

Fréquemment : *vertiges*, rougeur du visage, nez bouché, douleur dorsale ou musculaire.

Ont également été observés : œdème des paupières, douleur oculaire et yeux rouges.

Le risque de *priapisme* est faible. Si l'érection dépasse quatre heures, le médecin doit être joint en urgence pour qu'un traitement adapté puisse être mis en œuvre.

Laboratoires Lilly France

## CIBACALCINE

Calcitonine

sur ordonnance

### Présentation

**CIBACALCINE 0,25 mg :** préparation injectable ; boîte de 5 flacons de poudre et de 5 ampoules de solvant de 1 ml. Liste II - Remb 35 % - **Prix : 16,57 €.**

**CIBACALCINE 0,50 mg :** préparation injectable ; boîte de 5 flacons de poudre et de 5 ampoules de solvant de 1 ml. Liste II - Remb 35 % - **Prix : 28,48 €.**

### Composition

| | p flacon | p flacon |
|---|---|---|
| **Calcitonine de synthèse** ....... | 0,25 mg | 0,50 mg |

### Dans quel cas ce médicament est-il prescrit ?

Ce médicament contient une calcitonine de synthèse, identique à la calcitonine humaine. Normalement secrétée par les glandes *parathyroïdes*, cette *hormone* freine l'activité des cellules qui détruisent l'os (*ostéoclastes*). Elle a aussi une action *antalgique*.

Il est utilisé dans :

- le traitement de la maladie de *Paget* et de certaines maladies qui provoquent une *hypercalcémie*,
- la prévention de la décalcification osseuse lors d'une immobilisation prolongée (notamment en cas de fracture récente due à *ostéoporose*).

**Attention :**
Conducteur : ce médicament peut être responsable de *vertiges*.

### Grossesse et allaitement

L'effet de ce médicament pendant la grossesse ou l'allaitement est mal connu : seul votre médecin peut évaluer le risque éventuel de son utilisation dans votre cas.

### Mode d'emploi et posologie

La solution doit être reconstituée : le solvant est injecté dans le flacon de poudre. Après dissolution complète, la solution obtenue est injectée par *voie* intraveineuse, intramusculaire ou sous-cutanée.

**Posologie usuelle :**

- Adulte de plus de 18 ans : la posologie est individuelle et adaptée par votre médecin en fonction de la maladie en cause et de l'évolution des signes.

**Conseils :** Compte tenu des effets indésirables digestifs possibles après l'administration de la solution, il est préférable de prévoir l'injection au coucher ou après un repas.
La solution doit être utilisée immédiatement après reconstitution, mais peut être conservée en cas de nécessité 24 heures au réfrigérateur.

### Effets indésirables possibles

Très fréquents (plus de 10 % des patients) : nausées avec ou sans vomissements, surtout lors des premières injections, rougeur du visage ou du haut du corps 10 à 20 minutes après l'injection.

Rarement (moins de 1 % des patients) : diarrhée, inflammation au point d'injection, *éruption cutanée*, goût métallique dans la bouche, sensation de *vertiges*, envie fréquente d'uriner.

Exceptionnellement : *réaction allergique* grave (gonflement de la langue et de la gorge, *choc anaphylactique*...).

Laboratoires Novartis Pharma

## CIBACÈNE

Inhibiteur de l'enzyme de conversion

sur ordonnance

### Présentation

**CIBACÈNE 5 :** comprimé sécable (ovale ; jaune pâle) ; boîte de 28. Liste I - Remb 65 % - **Prix : 11,96 €.**
**CIBACÈNE 5 :** comprimé sécable (ovale ; jaune pâle) ; boîte de 30. Liste I - Remb 65 % - **Prix : 12,78 €.**
**CIBACÈNE 5 :** comprimé sécable (ovale ; jaune pâle) ; boîte de 90. Liste I - Remb 65 % - **Prix : 36,54 €.**
**CIBACÈNE 10 :** comprimé (jaune) ; boîte de 28. Liste I - Remb 65 % - **Prix : 20,94 €.**
**CIBACÈNE 10 :** comprimé (jaune) ; boîte de 30. Liste I - Remb 65 % - **Prix : 57,36 €.**
**CIBACÈNE 10 :** comprimé (jaune) ; boîte de 90. Liste I - Remb 65 % - **Prix : 19,58 €.**

### Composition

| | p cp | p cp |
|---|---|---|
| **Bénazépril chlorhydrate** ....... | 5 mg | 10 mg |
| Lactose .................................. | + | + |

### Dans quel cas ce médicament est-il prescrit ?

Ce médicament appartient à la famille des *inhibiteurs de l'enzyme de conversion* (IEC). L'enzyme de conversion est une substance naturellement présente dans l'organisme ; elle est responsable d'une contraction des artères qui augmente la tension artérielle et fatigue le cœur.

Il est utilisé dans le traitement de l'*hypertension artérielle* et de certaines formes d'*insuffisance rénale* liée à l'hypertension.

### Contre-indications

Ce médicament ne doit pas être utilisé dans les cas suivants.

- *allergie* aux médicaments de la famille des *inhibiteurs de l'enzyme de conversion*,
- prédisposition à l'œdème de *Quincke*,
- **grossesse** (à partir du 4e mois).

Dans d'autres situations, le médecin est seul juge pour prescrire ce médicament, notamment en cas d'*hyperkaliémie* ou de rétrécissement des artères rénales.

**Attention :** En cas de gonflement du visage (lèvres, paupières...) ou d'une autre région du corps, consultez votre médecin avant toute nouvelle prise de ce médicament ; il peut s'agir d'une *réaction allergique* : œdème de *Quincke*.
L'usage des *inhibiteurs de l'enzyme de conversion* est déconseillé en période de désensibilisation aux venins d'*hyménoptères* : augmentation du risque de réaction allergique grave.
Des précautions sont nécessaires chez la personne âgée.
En cas d'*insuffisance rénale*, un contrôle de la *créatinine* et du taux de *potassium* dans le sang est nécessaire.
Si vous suivez un traitement par *diurétique* ou un régime sans *sel*, la baisse de la tension artérielle peut être importante lors des premières prises du médicament : risque de malaise ou d'étourdissement pouvant entraîner une chute.
Les sels de régime contiennent souvent du *potassium* ; ne les utilisez pas sans avis médical pendant le traitement.
Si vous êtes traité par le rein artificiel, prévenez votre centre de *dialyse* de la prise de ce médicament.
Conducteur : les *inhibiteurs de l'enzyme de conversion* peuvent être responsables de malaise ou de *vertiges*, lors des premières prises.

### Interactions avec d'autres substances

Ce médicament peut interagir avec les *diurétiques* et les médicaments qui contiennent du potassium ou du lithium.

Informez par ailleurs votre médecin ou votre pharmacien si vous prenez un *antidiabétique*, un *AINS* ou de l'aspirine à forte dose (plus de 3 g par jour).

En outre, l'effet *antihypertenseur* de ce médicament peut être augmenté par certains médicaments tels que les *neuroleptiques*, les *antidépresseurs imipraminiques*, les *alphabloquants* utilisés dans certains troubles urinaires, les médicaments contenant du baclofène ; il peut être diminué par les *corticoïdes*. Votre médecin doit être informé si vous êtes traité par l'un ou l'autre de ces médicaments.

### Grossesse et allaitement

L'effet de ce médicament pendant les 3 premiers mois de la grossesse est mal connu. Par prudence, son usage est déconseillé.

Au cours des 6 derniers mois de la grossesse, la prise prolongée d'un *inhibiteur de l'enzyme de conversion* peut altérer les reins du fœtus. L'utilisation de ce médicament est contre-indiquée à partir du 4e mois de la grossesse.

En conséquence, un désir de grossesse nécessite le remplacement de ce médicament par un autre antihypertenseur. Si une grossesse survient alors que vous prenez ce médicament, consultez rapidement votre médecin pour qu'il modifie votre traitement. Des *échographies* régulières sont parfois nécessaires pour s'assurer de l'absence d'anomalie.

Les données disponibles ne permettent pas de savoir si ce médicament passe dans le lait maternel ; un choix est donc nécessaire entre l'allaitement et la prise du médicament. Cette décision devra être prise en accord avec votre médecin.

### Mode d'emploi et posologie

Ce médicament est pris indifféremment au cours ou en dehors des repas, en 1 prise quotidienne.

**Posologie usuelle :**

- Adulte : 10 mg par jour.

En cas d'*insuffisance rénale*, d'*athérosclérose*, de traitement par des *diurétiques* ou de régime sans *sel*, en particulier chez la personne âgée, la *posologie* initiale est faible ; elle est augmentée progressivement par le médecin en fonction des effets du médicament.

> **Conseils :** Votre tension artérielle doit être contrôlée régulièrement. Les appareils permettant une mesure automatique de la tension à domicile utilisent souvent un procédé de mesure différent de celui qu'emploie votre médecin. Si vous avez un tel appareil, apportez-le en consultation pour vous assurer que la mesure obtenue est bien conforme à celle du tensiomètre de votre médecin.
>
> Le traitement médicamenteux ne dispense pas de mesures simples pouvant faire baisser la tension artérielle : activité physique régulière, modération de la consommation de boissons alcoolisées et de *sel*, lutte contre l'excès de poids.

### Effets indésirables possibles

Comme pour tous les *inhibiteurs de l'enzyme de conversion* :

- Toux sèche.
- Baisse excessive de la tension artérielle (voir Attention) ; *hypotension orthostatique*.
- Maux de tête, fatigue, étourdissement.
- *Troubles digestifs*.
- *Réactions allergiques* : *éruption cutanée*, œdème de *Quincke* (exceptionnel).

**Laboratoires Meda Pharma**

## CIBADREX

Association d'antihypertenseurs — **sur ordonnance**

### Présentation

CIBADREX 10 mg/12,5 mg : comprimé sécable (rose) ; boîte de 28. Liste I - Remb 65 % - **Prix : 19,58 €.**
CIBADREX 10 mg/12,5 mg : comprimé sécable (rose) ; boîte de 30. Liste I - Remb 65 % - **Prix : 20,94 €.**
CIBADREX 10 mg/12,5 mg : comprimé sécable (rose) ; boîte de 90. Liste I - Remb 65 % - **Prix : 57,36 €.**

### Composition

| | p cp |
|---|---|
| **Bénazépril chlorhydrate** | 10 mg |
| **Hydrochlorothiazide** | 12,5 mg |
| Lactose | + |

### Dans quel cas ce médicament est-il prescrit ?

Cet *antihypertenseur* contient deux substances :

- le bénazépril, un *inhibiteur de l'enzyme de conversion*. Cette *enzyme* est une substance naturellement présente dans l'organisme, responsable d'une contraction des artères qui augmente la tension artérielle et fatigue le cœur ;
- l'hydrochlorothiazide, un *diurétique* dont la structure chimique est proche de celle des *sulfamides*. Son action renforce celle du bénazépril.

Ce médicament est utilisé dans le traitement de l'*hypertension artérielle*.

### Contre-indications

Ce médicament ne doit pas être utilisé dans les cas suivants :

- *allergie* aux médicaments de la famille des *inhibiteurs de l'enzyme de conversion* ou à celle des *sulfamides*,
- prédisposition à l'œdème de *Quincke*,
- *insuffisance rénale* grave,
- *encéphalopathie hépatique*,
- **grossesse** (à partir du 4e mois).

> **Attention :** Des précautions s'imposent chez les personnes souffrant d'*hypertension artérielle* due à un rétrécissement des artères rénales.
>
> En cas de gonflement du visage (lèvres, paupières...) ou d'une autre région du corps, consultez votre médecin avant toute nouvelle prise de ce médicament ; il peut s'agir d'une *réaction allergique* : œdème de *Quincke*.
>
> L'usage des *inhibiteurs de l'enzyme de conversion* est déconseillé en période de désensibilisation aux venins d'*hyménoptères* : augmentation du risque de réaction allergique grave.
>
> Chez les personnes atteintes d'une *insuffisance hépatique* grave, l'apparition de troubles de la conscience peut annoncer une complication. Ne poursuivez pas le traitement sans l'avis de votre médecin.
>
> Si vous suivez un traitement par *diurétique* ou un régime sans *sel*, la baisse de la tension artérielle peut être importante lors des premières prises du médicament : risque de malaise ou d'étourdissement pouvant entraîner une chute.
>
> Faites pratiquer régulièrement les analyses de sang prescrites par votre médecin ; elles sont notamment destinées à vérifier le bon fonctionnement de vos reins (dosage de la *créatinine*) et les taux de *potassium* et de *sodium* sanguins.
>
> Le diurétique contenu dans ce médicament peut faire baisser la *kaliémie* : évitez d'utiliser des *laxatifs stimulants* dont l'usage régulier contribue à la baisse du taux de potassium dans le sang. Il peut par ailleurs augmenter le taux sanguin d'*acide urique* (possibilité de crise de *goutte*).
>
> Conducteur : les *inhibiteurs de l'enzyme de conversion* peuvent être responsables de malaise ou de *vertiges*, lors des premières prises.
>
> Sportif : ce médicament contient une substance susceptible de rendre positifs certains *tests antidopage*.

### Interactions avec d'autres substances

Ce médicament peut interagir avec les médicaments susceptibles de provoquer une *hyperkaliémie* (*diurétique*, sel de *potassium*...), avec les médicaments donnant des *torsades de pointes* et avec les médicaments contenant du lithium.

Informez par ailleurs votre médecin si vous prenez un *digitalique*, un *laxatif stimulant*, un *AINS*, ou un médicament contenant de la metformine, de la carbamazépine, de la ciclosporine ou un sel de calcium.

En outre, l'effet *antihypertenseur* de ce médicament peut être augmenté par certains médicaments tels que les *neuroleptiques*, les *antidépresseurs imipraminiques*, les médicaments contenant du baclofène ; il peut être diminué par les *corticoïdes*. Votre médecin doit être informé si vous êtes traité par l'un ou par l'autre.

Chez le diabétique traité par l'*insuline*, une adaptation de la *posologie* de l'insuline peut être nécessaire.

### Grossesse et allaitement

L'effet de ce médicament pendant les 3 premiers mois de la grossesse est mal connu. Par prudence, son usage est déconseillé.

Au cours des 6 derniers mois de la grossesse, la prise prolongée d'un *inhibiteur de l'enzyme de conversion* peut altérer les reins du fœtus. L'utilisation de ce médicament est contre-indiquée à partir du 4e mois de la grossesse.

En conséquence, un désir de grossesse nécessite le remplacement de ce médicament par un autre antihypertenseur. Si une grossesse survient alors que vous prenez ce médicament, consultez rapidement votre médecin pour qu'il modifie votre traitement. Des *échographies* régulières sont parfois nécessaires pour s'assurer de l'absence d'anomalie.

Ce médicament passe dans le lait maternel ; un choix est donc nécessaire entre l'allaitement et la prise du médicament. Cette décision devra être prise en accord avec votre médecin.

### Mode d'emploi et posologie

Ce médicament est pris indifféremment au cours ou en dehors des repas, en 1 prise quotidienne.

**Posologie usuelle :**

- Adulte : 1 comprimé par jour.

En cas d'*insuffisance rénale*, d'*athérosclérose*, de traitement préalable par des *diurétiques* ou de régime sans *sel*, en particulier chez la personne âgée, la *posologie* initiale est faible ; elle est augmentée progressivement par le médecin en fonction des effets du médicament.

**Conseils :** Votre tension artérielle doit être contrôlée régulièrement. Les appareils permettant une mesure automatique de la tension à domicile utilisent souvent un procédé de mesure différent de celui qu'emploie votre médecin. Si vous avez un tel appareil, apportez-le en consultation pour vous assurer que la mesure obtenue est bien conforme à celle du tensiomètre de votre médecin.

Le traitement médicamenteux ne dispense pas de mesures simples pouvant faire baisser la tension artérielle : activité physique régulière, modération de la consommation de boissons alcoolisées et de *sel*, lutte contre l'excès de poids.

### Effets indésirables possibles

Toux sèche.

Baisse excessive de la tension artérielle (voir Attention) ; *hypotension orthostatique*.

Maux de tête, fatigue, étourdissement, fourmillement des extrémités.

*Troubles digestifs*.

*Éruption cutanée*.

Augmentation du taux de *créatinine*, d'*acide urique* ou de glucose dans le sang et exceptionnellement du calcium.

Baisse du taux de *potassium* dans le sang, associée ou non à des crampes.

Rarement : baisse de taux de sodium dans le sang (natrémie) et risque de troubles du comportement, anomalie de la *numération formule sanguine*.

Exceptionnellement : œdème de *Quincke*, *pancréatite*, troubles de la vue.

**Laboratoires Meda Pharma**

## CIBLOR

Antibiotiques : pénicilline + inhibiteur de bêtalactamase

sur ordonnance

### Présentation

**CIBLOR Nourrisson 100 mg/12,5 mg par ml :** poudre pour suspension buvable (arôme fraise) ; flacon de 30 ml (112 doses-graduation) avec pipette-seringue graduée de 0 à 15 kg. Liste I - Remb 65 % - **Prix : 3,86 €**.
**CIBLOR Enfant 100 mg/12,5 mg par ml :** poudre pour suspension buvable (arôme fraise) ; flacon de 60 ml (224 doses-graduation) avec pipette-seringue graduéee de 0 à 30 kg. Liste I - Remb 65 % - **Prix : 6,60 €**.
**CIBLOR 500 mg/62,5 mg :** comprimé ; boîte de 16. Liste I - Remb 65 % - **Prix : 7,46 €**.
**CIBLOR 500 mg/62,5 mg :** comprimé ; boîte de 24. Liste I - Remb 65 % - **Prix : 9,26 €**.
**CIBLOR 1 g/125 mg :** poudre pour suspension buvable (arômes : citron, pêche, fraise) ; boîte de 8 sachets. Liste I - Remb 65 % - **Prix : 7,46 €**.
**CIBLOR 1 g/125 mg :** poudre pour suspension buvable (arômes : citron, pêche, fraise) ; boîte de 12 sachets. Liste I - Remb 65 % - **Prix : 9,26 €**.

### Composition

| | susp Nour p ml | susp Enf p ml |
|---|---|---|
| **Amoxicilline** | 100 mg | 100 mg |
| **Acide clavulanique** | 12,5 mg | 12,5 mg |
| Potassium | 2,45 mg | 2,45 mg |
| Aspartam | + | + |
| | p cp | p sachet |
| **Amoxicilline** | 500 mg | 1 g |
| **Acide clavulanique** | 62,5 mg | 125 mg |
| Potassium | 12,27 mg | 24,54 mg |
| Aspartam | | + |

### Dans quel cas ce médicament est-il prescrit ?

Ce médicament contient un *antibiotique* qui appartient à la famille des *pénicillines* à spectre élargi, c'est-à-dire actives sur un plus grand nombre de *germes* que la pénicilline simple. L'adjonction d'acide clavulanique permet d'empêcher la destruction de l'amoxicilline par certaines *bactéries*.

Il est utilisé dans le traitement de diverses maladies infectieuses, notamment des poumons, des bronches, du nez, de la gorge ou des oreilles, de l'appareil urinaire, des *voies* génitales, des gencives et des dents.

### Contre-indications

Ce médicament ne doit pas être utilisé dans les cas suivants :

– *allergie* aux *pénicillines* ou aux *céphalosporines*,
– *mononucléose infectieuse*,

- *antécédent* d'*hépatite* lors de la prise d'un médicament contenant amoxicilline + acide clavulanique (AUGMENTIN, CIBLOR...),
- *phénylcétonurie* (poudres pour suspension buvable : présence d'aspartam).

**Attention :** La survenue de toute *réaction allergique* (boutons, *œdème*, malaise) impose l'arrêt du traitement. Consultez rapidement votre médecin. Pensez à signaler tout *antécédent* d'allergie aux *antibiotiques* de la famille des *bêtalactamines* (*pénicillines* et *céphalosporines*). Il contre-indique l'usage de ce médicament.

Une diminution de la fièvre ou une disparition des *symptômes* ne sont pas synonymes de guérison : la durée du traitement doit absolument être respectée pour éviter les rechutes ou l'apparition d'une *résistance* du *germe* à l'*antibiotique*.

Des précautions sont nécessaires en cas d'*insuffisance rénale* ou *hépatique*.

De nombreux *antibiotiques* peuvent provoquer des selles liquides ou une *diarrhée*, généralement bénigne. En revanche, une diarrhée importante survenant pendant ou dans les jours qui suivent le traitement antibiotique doit être signalée à votre médecin.

### Interactions avec d'autres substances

Ce médicament peut interagir avec les médicaments contenant du méthotrexate.

Informez par ailleurs votre médecin si vous prenez un médicament contenant de l'allopurinol.

### Grossesse et allaitement

Aucun effet néfaste pour l'enfant à naître n'a été établi avec ce médicament. Il peut être prescrit pendant la grossesse.

Ce médicament passe dans le lait maternel ; la poursuite de l'allaitement est possible, mais tout *symptôme* survenant chez le nourrisson devra être signalé au médecin : *muguet*, éruption de boutons... pouvant traduire une *intolérance* ou une *allergie*.

### Mode d'emploi et posologie

Les repas ne modifient pas l'absorption du médicament, qui peut donc être pris à n'importe quel moment de la journée. Néanmoins, la prise du médicament au début du repas diminue le risque d'*intolérance*.

Suspension buvable Nourrisson et enfant :

- elle est préparée en dissolvant la poudre avec de l'eau en quantité suffisante pour que la solution obtenue atteigne le trait gravé sur le flacon ;
- la dose par prise est indiquée, en fonction du poids de l'enfant, sur le piston de la pipette graduée en kg. 3 prises par jour sont nécessaires. Par exemple, la graduation n° 10 correspond à la dose à administrer pour un enfant de 10 kg, 3 fois par jour.

Le contenu du sachet doit être dissous dans de l'eau.

**Posologie usuelle :**

Elle est exprimée en quantité d'amoxicilline.

Elle varie en fonction des indications. A titre indicatif et pour des infections courantes :

- Adulte : 1 g d'amoxicilline (soit 2 comprimés à 500 mg/62,5mg ou 1 sachet à 1g/125 mg), 2 ou 3 fois par jour.
- Enfant et nourrisson : 80 mg par kg et par jour, répartis en 3 prises. Soit, par exemple, pour un enfant de 20 kg : 1 pipette de suspension buvable enfant jusqu'à la graduation 20 kg, 3 fois par jour. Ne pas dépasser 3 g d'amoxicilline par jour.

**Conseils :** Le médecin prescrit parfois un prélèvement pour identifier le *germe* responsable de l'infection et tester sa sensibilité aux *antibiotiques*. Le résultat de cet examen peut être faussé en cas d'automédication préalable : ne prenez pas et ne donnez pas d'antibiotiques sans avis médical.

L'éventuelle fatigue n'est pas due à l'*antibiotique*, mais à l'infection elle-même.

L'odeur particulière des urines est normale et traduit l'élimination de l'antibiotique.

Les selles rendues liquides par cet antibiotique ne justifient généralement aucune mesure particulière, sauf chez les jeunes enfants portant des couches, qui risquent de présenter une irritation de la peau des fesses ; demandez conseil à votre médecin ou à votre pharmacien.

La suspension buvable reconstituée se conserve une semaine au réfrigérateur ; il est préférable de l'agiter avant chaque prise.

### Effets indésirables possibles

Nausées, vomissements, *diarrhée*, douleurs abdominales, digestion difficile, *candidose*.

Rarement :

- *réactions allergiques* : *éruption cutanée*, œdème de *Quincke*, *choc* allergique (exceptionnel)... ;
- *hépatite* (jaunisse), augmentation des *transaminases*, *insuffisance rénale*, anomalie de la *numération formule sanguine*.

Laboratoires Pierre Fabre

## CICADERMA

*Informations détaillées sur www.monvidal.com*

## CICATRYL

Protecteur cutané

### Présentation

CICATRYL : pommade ; boîte de 14 sachets de 2 g. Non remb.

### Composition

| | p 100 g |
|---|---|
| **Allantoïne** | 1 g |
| **Parachlorométacrésol** | 120 mg |
| **Gaïazulène** | 7 mg |
| **Alpha-tocophérol acétate (vitamine E)** | 10 mg |

### Dans quel cas ce médicament est-il prescrit ?

Cette pommade associe des substances *antiseptiques* et cicatrisantes.

Elle est utilisée dans le traitement des brûlures et des plaies superficielles peu étendues.

### Grossesse et allaitement

Ce médicament ne contient que des substances présumées sans danger pendant la grossesse ou l'allaitement. Néanmoins, ne l'utilisez pas de façon prolongée sans l'avis de votre pharmacien ou de votre médecin.

### Mode d'emploi et posologie

Nettoyer la région à traiter avant l'application d'une couche mince. Masser légèrement pour faire pénétrer la pommade.

**Posologie usuelle :**
1 ou 2 applications par jour.

### Effets indésirables possibles

*Eczéma* de contact.

Laboratoires UCB Healthcare

## CIDERMEX pommade dermique

Dermocorticoïde et antibiotique

sur ordonnance

### Présentation

CIDERMEX : pommade ; tube de 10 g. Liste I - Non remb.

### Composition

| | p 100 g |
|---|---|
| **Triamcinolone acétonide** | 100 mg |
| **Néomycine sulfate** | 350 000 UI |

### Dans quel cas ce médicament est-il prescrit ?

Cette pommade contient un *dermocorticoïde* d'activité modérée et un *antibiotique* de la famille des *aminosides*. Comme les autres médicaments contenant un dérivé de la *cortisone* à usage local, elle freine le renouvellement et la multiplication des cellules de la peau.
Elle est utilisée dans le traitement initial de certaines lésions inflammatoires de la peau lorsqu'elles sont infectées.

### Contre-indications

Ce médicament ne doit pas être utilisé dans les cas suivants :
- *allergie* aux *antibiotiques* de la famille des *aminosides* ;
- infection ou parasitose de la peau, non traitée ;
- lésion ulcérée ;
- *acné* ou *rosacée* ;
- en application sur les paupières (risque d'augmentation de la *tension intraoculaire*) ;
- en application sur les seins en cas d'allaitement ;
- enfant de moins de 2 ans.

**Attention :** Cette pommade n'est pas destinée à traiter les infections bactériennes de la peau mais à traiter l'infection qui vient compliquer une lésion préexistante.
Comme les autres *dermocorticoïdes*, ce médicament a souvent une action efficace et rapide sur les lésions de la peau ; il peut être tentant de le réutiliser, mais l'automédication expose à des risques importants : aggravation de certaines lésions, installation d'une *dépendance* (amélioration de moins en moins visible des lésions et recrudescence des *symptômes* à chaque arrêt de traitement) et altération durable de la peau.
L'usage répété sur la peau de médicament contenant de la néomycine accroît le risque de développer une *allergie* à cet *antibiotique*. L'intérêt du traitement doit être régulièrement réévalué avec le médecin.
Suivez attentivement la prescription de votre médecin et n'hésitez pas à lui demander des explications.

### Grossesse et allaitement

L'effet de ce médicament pendant la grossesse ou l'allaitement est mal connu : seul votre médecin peut évaluer le risque éventuel de son utilisation dans votre cas.
En raison du risque d'ingestion par le nouveau-né, ce médicament ne doit pas être appliqué sur le mamelon chez la femme qui allaite.

### Mode d'emploi et posologie

Étaler la pommade en couche mince sur les lésions et la faire pénétrer par un léger massage.

**Posologie usuelle :**
1 ou 2 applications par jour, pendant 8 jours au maximum.

**Conseils :** Ne conseillez pas, ne donnez pas ce médicament à un proche.
Pensez à vous laver les mains après l'application.

### Effets indésirables possibles

Compte tenu de la brièveté du traitement, ils sont peu fréquents :
- éruption de boutons ;
- développement anormal des poils, dessèchement, fragilisation et décoloration irrégulière de la peau ;
- rougeur autour de la bouche, apparition d'une *rosacée* ;
- retard de la cicatrisation ;
- *réaction allergique* cutanée (néomycine).

Laboratoires Celltech Pharma

## CIDERMEX pommade ophtalmique

Anti-inflammatoire et antibiotique à usage ophtalmique

sur ordonnance

### Présentation

CIDERMEX : pommade ophtalmique ; tube de 3 g. Liste I - Non remb.

### Composition

| | p 100 g |
|---|---|
| **Triamcinolone acétonide** | 100 mg |
| **Néomycine** | 350 000 UI |

### Dans quel cas ce médicament est-il prescrit ?

Cette pommade ophtalmique contient un *corticoïde* et un *antibiotique* de la famille des *aminosides*.
Elle est utilisée dans le traitement des *conjonctivites* allergiques et de certaines maladies inflammatoires de l'œil.

### Contre-indications

Ce médicament ne doit pas être utilisé dans les cas suivants :
- *allergie* aux *antibiotiques* de la famille des *aminosides* ;
- *kératite* virale à son début ou autre infection oculaire non contrôlée par un traitement spécifique.

**Attention :** L'usage de ce médicament impose un examen ophtalmologique préalable. En effet, certaines infections oculaires peuvent être aggravées par les dérivés de la *cortisone*.
En l'absence d'amélioration après quelques jours de traitement, n'hésitez pas à consulter votre médecin.
Ce médicament contenant un *corticoïde* doit être utilisé avec précaution en cas de *glaucome* à angle ouvert. Il ne doit pas être utilisé chez le *nourrisson*.
Sportif : ce médicament contient une substance susceptible de rendre positifs certains *tests antidopage*.

### Grossesse et allaitement

L'effet de ce médicament pendant la grossesse ou l'allaitement est mal connu : seul votre médecin peut évaluer le risque éventuel de son utilisation dans votre cas.

### Mode d'emploi et posologie

Tirer la paupière inférieure vers le bas tout en regardant vers le haut et déposer l'équivalent d'un grain de riz de pommade entre la paupière et le globe oculaire (*cul-de-sac conjonctival*), ou directement sur la paupière, en fonction des indications de votre médecin.

**Posologie usuelle :**
1 ou 2 applications par jour, pendant 7 jours.

> **Conseils :** Le port de *lentilles de contact* doit être immédiatement interrompu en cas d'infection oculaire et les lentilles ne doivent pas être réutilisées avant guérison complète.
> L'application correcte du produit peut nécessiter une aide, notamment chez une personne handicapée ou âgée.
> Ne conservez pas inutilement cette pommade après une première utilisation.

### Effets indésirables possibles

*Réaction allergique* ou irritation locales (gêne, larmoiement, brûlure).
En cas d'utilisation prolongée : *cataracte*, augmentation de la *tension intraoculaire* (*glaucome*), *kératite* superficielle.

Laboratoires Celltech Pharma

---

## CIELLA

*Informations détaillées sur www.monvidal.com*

---

## CIFLOX

Antibiotique : quinolone — **sur ordonnance**

### Présentation

**CIFLOX 250 mg :** comprimé (blanc) ; boîte de 12. Liste I - Remb 65 % - **Prix : 13,52 €.**
**CIFLOX 500 mg :** comprimé sécable (blanc) ; boîte de 12. Liste I - Remb 65 % - **Prix : 23,99 €.**
**CIFLOX 500 mg/ml :** granulé et solution pour suspension buvable (arôme fraise) ; flacon de 15,9 g de granulé et flacon de 100 ml de solution avec cuillère-mesure de 5 ml. Liste I - Remb 65 % - **Prix : 42,45 €.**

### Composition

| | p cp | p cp | p c mes |
|---|---|---|---|
| **Ciprofloxacine** | 250 mg | 500 mg | 500 mg |
| Saccharose | | | 1,3 g |

### Dans quel cas ce médicament est-il prescrit ?

C'est un *antibiotique* qui appartient à la famille des *quinolones*.
Il est utilisé dans le traitement de diverses maladies infectieuses, notamment des infections génitales à *gonocoque* chez l'homme, des infections urinaires, intestinales, des os et des articulations, de certaines infections *ORL* et de certaines surinfections des bronches chez les personnes fragiles.

### Contre-indications

Ce médicament ne doit pas être utilisé dans les cas suivants :
- *allergie* aux *antibiotiques* de la famille des *quinolones*,
- *antécédent* de *tendinite* lors de l'utilisation d'une quinolone,
- enfant jusqu'à la fin de la croissance (sauf cas exceptionnel),
- **allaitement**.

> **Attention :** Les antibiotiques de la famille des *quinolones* peuvent provoquer des lésions des tendons, parfois graves : toute douleur évoquant une *tendinite* doit vous conduire à arrêter immédiatement le traitement et à consulter rapidement votre médecin.
> Cet médicament est photosensibilisant : une exposition aux rayons *ultraviolets* (soleil, lampe à bronzer) peut provoquer des réactions cutanées. Évitez toute exposition au soleil et n'omettez pas de signaler à votre médecin vos projets de vacances au soleil pendant la durée du traitement.
> Des précautions sont nécessaires en cas d'*insuffisance rénale*, de *myasthénie* ou d'*antécédent* de *convulsions*.
> Conducteur : ce médicament peut provoquer des troubles nerveux susceptibles d'altérer la vigilance.

### Interactions avec d'autres substances

Il est préférable de respecter un délai de 4 heures entre la prise de ce médicament et celle des pansements digestifs (contenant des sels d'aluminium, de magnésium ou de calcium) et un délai de 2 heures avec les médicaments contenant du fer, du zinc, du sucralfate ou de la didanosine.
Informez par ailleurs votre médecin si vous prenez un *anticoagulant* oral ou un médicament contenant du ropinirole, de la théophylline ou de la caféine.

### Grossesse et allaitement

L'effet de ce médicament pendant la grossesse est mal connu : seul votre médecin peut évaluer le risque éventuel de son utilisation dans votre cas.
Ce médicament passe dans le lait maternel : l'allaitement est contre-indiqué.

### Mode d'emploi et posologie

Ce médicament est pris de préférence au cours des repas.

**Posologie usuelle :**
- Adulte : 250 mg à 750 mg, matin et soir.

En cas d'infection génitale à *gonocoque* : 250 mg, en une seule prise.

> **Conseils :** Le médecin prescrit parfois un prélèvement pour identifier le *germe* responsable de l'infection et tester sa sensibilité aux *antibiotiques*.
> Le résultat de cet examen peut être faussé en cas d'automédication préalable : ne prenez pas d'antibiotiques sans avis médical.
> En cas d'infection génitale, votre partenaire peut être contaminé sans présenter de *symptôme*. En l'absence de traitement conjoint, une recontamination est possible.

Évitez d'absorber des quantités importantes de café ou de thé : ce médicament peut en augmenter ou en prolonger les effets.

### Effets indésirables possibles

Nausées, vomissements, *diarrhée*, douleurs abdominales, ballonnements, manque d'appétit.

*Éruption cutanée*, *photosensibilisation* (voir Attention).

Douleurs musculaires ou articulaires, *tendinite* (voir Attention).

Maux de tête, étourdissements, troubles du sommeil, troubles de la vision, confusion des idées, *convulsions*.

Rarement : anomalies de la *numération formule sanguine*, élévation des *transaminases*.

Exceptionnellement : *réaction allergique* (urticaire, œdème de *Quincke*, *choc anaphylactique*), *insuffisance rénale* grave, *hépatite*.

Laboratoires Bayer Pharma

## CILEST

*Informations détaillées sur www.monvidal.com*

## CILOXAN collyre

Antibiotique à usage ophtalmique — sur ordonnance

### Présentation

CILOXAN 0,3 % : collyre ; flacon compte-gouttes de 5 ml.
Liste I - Remb 65 % - **Prix : 5,07 €**.

### Composition

| | p 100 ml |
|---|---|
| **Ciprofloxacine** | 300 mg |
| Benzalkonium chlorure | + |

### Dans quel cas ce médicament est-il prescrit ?

Ce collyre contient un *antibiotique* de la famille des quinolones.

Il est utilisé pour traiter les infections de l'œil, des paupières et les abcès et *ulcères* de la *cornée*.

### Contre-indications

Ce médicament ne doit pas être utilisé en cas d'*allergie* aux *antibiotiques* de la famille des quinolones.

**Attention :** Une rougeur ou une douleur de l'œil ne correspondent pas toujours à une infection. Des soins urgents peuvent être nécessaires, notamment en cas de vision floue. N'utilisez pas ce médicament sans avis médical.
Le collyre peut être contaminé par l'œil infecté : évitez de mettre en contact l'extrémité du flacon avec l'œil ; ne conservez pas ce médicament plus de 15 jours après une première utilisation.

### Interactions avec d'autres substances

Si plusieurs collyres vous ont été prescrits, respectez un intervalle de 15 minutes entre l'instillation des différents produits.

### Grossesse et allaitement

L'effet de ce médicament pendant la grossesse ou l'allaitement est mal connu : seul votre médecin peut évaluer le risque éventuel de son utilisation dans votre cas.

### Mode d'emploi et posologie

Tirer la paupière inférieure vers le bas tout en regardant vers le haut. Déposer les gouttes de collyre entre la paupière et le globe oculaire (*cul-de-sac conjonctival*).

**Posologie usuelle :**

Infections de l'œil et des paupières : 1 ou 2 gouttes, toutes les 2 heures, au cours de la journée, pendant les 2 premiers jours, puis 1 ou 2 gouttes, toutes les 4 heures, les jours suivants.

Abcès et ulcère de la cornée ; le collyre est instillé dans l'œil malade jour et nuit :
- 2 gouttes toutes les 15 minutes, pendant 6 heures, puis 2 gouttes toutes les 30 minutes, pendant le reste de la première journée ;
- 2 gouttes toutes les heures, le deuxième jour ;
- 2 gouttes toutes les 4 heures, les jours suivants.

**Conseils :** Une application correcte du produit peut nécessiter une aide, notamment chez l'enfant ou la personne handicapée ou âgée.
Ce collyre ne doit pas être instillé pendant le port de *lentilles de contact* hydrophiles : il risque de s'y fixer.

### Effets indésirables possibles

Irritation locale, sensation de brûlure, formation de croûtes sur les paupières, œil rouge, goût amer après l'instillation (il existe un fin canal qui draine les larmes vers le nez).

Plus rarement : *réaction allergique*, œdème des paupières, larmoiement, baisse de la vision, nausées.

Laboratoires Alcon

## CILOXAN pommade ophtalmique

*Informations détaillées sur www.monvidal.com*

## CIMÉTIDINE ARROW

Antiulcéreux — sur ordonnance

Ce médicament est un générique de TAGAMET oral (informations détaillées sur www.monvidal.com).

## CIMÉTIDINE G GAM

Antiulcéreux — sur ordonnance

Ce médicament est un générique de TAGAMET oral (informations détaillées sur www.monvidal.com).

## CIMÉTIDINE MERCK

Antiulcéreux — sur ordonnance

Ce médicament est un générique de TAGAMET oral (informations détaillées sur www.monvidal.com).

## CIMÉTIDINE TEVA

Antiulcéreux — sur ordonnance

Ce médicament est un générique de TAGAMET oral (informations détaillées sur www.monvidal.com).

## CIMICIFUGA COMPLEXE N° 21

*Informations détaillées sur www.monvidal.com*

## CIMIPAX

Phytothérapie

### Présentation

CIMIPAX : gélule (bleue) ; boîte de 20. Non remb.

### Composition

| | p gél |
|---|---|
| **Cimifuga, extrait de partie souterraine, exprimé en 27-déoxyactéine** | 9 mg |

### Dans quel cas ce médicament est-il prescrit ?

Ce médicament contient un extrait de plante à visée *sédative*.

Il est traditionnellement utilisé dans le *traitement symptomatique* de la nervosité, notamment en cas de troubles légers du sommeil.

### Grossesse et allaitement

Ce médicament ne contient que des substances présumées sans danger pendant la grossesse ou l'allaitement. Néanmoins, ne l'utilisez pas de façon prolongée sans l'avis de votre pharmacien ou de votre médecin.

### Mode d'emploi et posologie

Les gélules doivent être avalées avec un verre d'eau, au moment des repas.

**Posologie usuelle :**

- Adulte : 2 à 4 gélules par jour.

**Conseils :** Les médicaments ne sont pas la seule réponse aux troubles du sommeil : une meilleure hygiène de vie, une consommation modérée d'excitants (y compris les boissons alcoolisées...), l'insonorisation de la chambre ou le port de bouchons auriculaires (type boules Quies) permettent aussi d'améliorer la qualité du sommeil.

Laboratoires IPRAD

## CINA COMPLEXE N° 55

*Informations détaillées sur www.monvidal.com*

## CINA COMPOSÉ BOIRON

*Informations détaillées sur www.monvidal.com*

## CIPRALAN

Antiarythmique — sur ordonnance

### Présentation

CIPRALAN 130 mg : comprimé sécable (gris) ; boîte de 30. Liste I - Remb 65 % - **Prix : 16,32 €.**
CIPRALAN 130 mg : comprimé sécable (gris) ; boîte de 90. Liste I - Remb 65 % - **Prix : 43,29 €.**

### Composition

| | p cp |
|---|---|
| **Cibenzoline** | 130 mg |

### Dans quel cas ce médicament est-il prescrit ?

Ce médicament appartient à la classe I de la famille des *antiarythmiques*. Il modifie la vitesse de transmission de l'influx nerveux au sein du muscle cardiaque et lutte contre ses contractions anarchiques.

Il est utilisé dans le traitement de certains *troubles du rythme cardiaque*.

### Contre-indications

Ce médicament ne doit pas être utilisé dans les cas suivants :

- certaines formes de *bloc auriculoventriculaire*,
- *insuffisance cardiaque* grave,
- en association avec le sultopride.

**Attention :** Des précautions sont nécessaires en cas de maladie cardiaque, d'*insuffisance hépatique* ou *rénale* et chez la personne âgée.
Ce médicament peut rendre faussement positive la recherche de protéines dans les urines.

### Interactions avec d'autres substances

Ce médicament ne doit pas être associé au sultopride (BARNETIL...) : risque de troubles graves du rythme cardiaque.

Informez par ailleurs votre médecin si vous prenez un autre *antiarythmique*.

### Grossesse et allaitement

L'effet de ce médicament pendant la grossesse ou l'allaitement est mal connu : seul votre médecin peut évaluer le risque éventuel de son utilisation dans votre cas.

### Mode d'emploi et posologie

Les comprimés doivent être avalés avec un peu d'eau.

**Posologie usuelle :**

1 comprimé, 2 ou 3 fois par jour.

### Effets indésirables possibles

*Vertiges*, tremblements, fatigue, troubles de la vision.

Aggravation d'une *insuffisance cardiaque* préexistante, aggravation paradoxale de l'*arythmie* ou apparition de nouveaux *troubles du rythme cardiaque*.

*Troubles digestifs*.

Laboratoires Bristol-Myers Squibb

## CIPROFIBRATE BIOGARAN

Hypolipémiant — sur ordonnance

Ce médicament est un générique de LIPANOR (voir p. 576 et tableau p. 1151).

## CIPROFIBRATE MERCK

Hypolipémiant — sur ordonnance

Ce médicament est un générique de LIPANOR (voir p. 576 et tableau p. 1151).

## CIPROFIBRATE QUALIMED

Hypolipémiant — sur ordonnance

Ce médicament est un générique de LIPANOR (voir p. 576 et tableau p. 1151).

## CIPROFIBRATE RATIOPHARM
Hypolipémiant — sur ordonnance

Ce médicament est un générique de LIPANOR (voir p. 576 et tableau p. 1151).

## CIPROFIBRATE RPG
Hypolipémiant — sur ordonnance

Ce médicament est un générique de LIPANOR (voir p. 576 et tableau p. 1151).

## CIPROFIBRATE SANDOZ
Hypolipémiant — sur ordonnance

Ce médicament est un générique de LIPANOR (voir p. 576 et tableau p. 1151).

## CIPROFIBRATE TEVA
Hypolipémiant — sur ordonnance

Ce médicament est un générique de LIPANOR (voir p. 576 et tableau p. 1151).

## CIPROFIBRATE WINTHROP
Hypolipémiant — sur ordonnance

Ce médicament est un générique de LIPANOR (voir p. 576 et tableau p. 1151).

## CIPROFLOXACINE ALTER
Antibiotique : quinolone — sur ordonnance

Ce médicament est un générique de CIFLOX (voir p. 227 et tableau p. 1151).

## CIPROFLOXACINE ARROW
Antibiotique : quinolone — sur ordonnance

Ce médicament est un générique de CIFLOX (voir p. 227 et tableau p. 1151).

## CIPROFLOXACINE BIOGARAN
Antibiotique : quinolone — sur ordonnance

Ce médicament est un générique de CIFLOX (voir p. 227 et tableau p. 1151).

## CIPROFLOXACINE EG
Antibiotique : quinolone — sur ordonnance

Ce médicament est un générique de CIFLOX (voir p. 227 et tableau p. 1151).

## CIPROFLOXACINE G GAM
Antibiotique : quinolone — sur ordonnance

Ce médicament est un générique de CIFLOX (voir p. 227 et tableau p. 1151).

## CIPROFLOXACINE IVAX
Antibiotique : quinolone — sur ordonnance

Ce médicament est un générique de CIFLOX (voir p. 227 et tableau p. 1151).

## CIPROFLOXACINE MERCK
Antibiotique : quinolone — sur ordonnance

Ce médicament est un générique de CIFLOX (voir p. 227 et tableau p. 1151).

## CIPROFLOXACINE QUALIMED
Antibiotique : quinolone — sur ordonnance

Ce médicament est un générique de CIFLOX (voir p. 227 et tableau p. 1151).

## CIPROFLOXACINE RATIOPHARM
Antibiotique : quinolone — sur ordonnance

Ce médicament est un générique de CIFLOX (voir p. 227 et tableau p. 1151).

## CIPROFLOXACINE RPG
Antibiotique : quinolone — sur ordonnance

Ce médicament est un générique de CIFLOX (voir p. 227 et tableau p. 1151).

## CIPROFLOXACINE SANDOZ
Antibiotique : quinolone — sur ordonnance

Ce médicament est un générique de CIFLOX (voir p. 227 et tableau p. 1151).

## CIPROFLOXACINE TEVA
Antibiotique : quinolone — sur ordonnance

Ce médicament est un générique de CIFLOX (voir p. 227 et tableau p. 1151).

## CIPROFLOXACINE WINTHROP
Antibiotique : quinolone — sur ordonnance

Ce médicament est un générique de CIFLOX (voir p. 227 et tableau p. 1151).

## CIPROFLOXACINE ZYDUS

Antibiotique : quinolone — **sur ordonnance**

Ce médicament est un générique de CIFLOX (voir p. 227 et tableau p. 1151).

## CIRKAN comprimé

Vasculoprotecteur et veinotonique

### Présentation

CIRKAN : comprimé (mauve) ; boîte de 60. Remb 15 % - **Prix : 6,46 €**.

### Composition

| | p cp |
|---|---|
| **Petit houx, extrait sec** | 40 mg |
| **Hespéridine méthyl chalcone** | 100 mg |
| **Acide ascorbique (vitamine C)** | 200 mg |
| Amidon de blé (gluten) | + |

### Dans quel cas ce médicament est-il prescrit ?

C'est un protecteur *vasculaire* et un *veinotonique*. Il facilite la circulation du sang dans les veines et lutte contre l'altération des *vaisseaux capillaires*.

Il est utilisé dans le *traitement symptomatique* :

- des jambes lourdes, *impatiences* et autres troubles en rapport avec une mauvaise circulation veineuse ou *lymphatique* ;
- des crises d'*hémorroïdes* ;
- des saignements entre les règles dus notamment au port d'un stérilet, uniquement après examen médical.

> **Attention :** A la posologie recommandée, ce médicament apporte 800 mg de vitamine C par jour ; tenez-en compte en cas d'*antécédents* de calculs des *voies* urinaires.
>
> Ce médicament est insuffisant pour prévenir le risque de *phlébite* chez les malades alités ou plâtrés.
>
> L'*insuffisance veineuse* peut requérir des mesures spécifiques telles que la *contention élastique*.
>
> Des douleurs, un saignement anal qui persistent malgré le traitement peuvent être dus à une maladie autre que des *hémorroïdes* : consultez votre médecin. De même, tout saignement anal survenant chez une personne de plus de 50 ans doit faire l'objet d'une consultation médicale.

### Grossesse et allaitement

L'effet de ce médicament pendant la grossesse ou l'allaitement est mal connu. L'évaluation du risque éventuel lié à son utilisation est individuelle : demandez conseil à votre pharmacien ou à votre médecin.

### Mode d'emploi et posologie

Ce médicament doit être pris avec un verre d'eau au cours des repas.

**Posologie usuelle :**

2 comprimés, le matin et à midi, soit 4 comprimés par jour.

> **Conseils :** Une activité physique régulière et la surélévation du pied du lit permettent de faciliter la circulation veineuse et *lymphatique*.
>
> La constipation, la consommation de mets épicés et de vins riches en tanins favorisent les *hémorroïdes*.

### Effets indésirables possibles

Diarrhée, nausées et douleurs d'estomac.

Laboratoires Pierre Fabre Médicament

## CIRKAN suppositoire

Antihémorroïdaire — **sur ordonnance**

### Présentation

CIRKAN à la prednacinolone : suppositoire ; boîte de 12. Liste I - Remb 15 % - **Prix : 3,19 €**.

### Composition

| | p suppos |
|---|---|
| **Désonide ou prednacinolone** | 0,5 mg |
| **Lidocaïne chlorhydrate** | 10 mg |
| **Rétinol (vitamine A)** | 5 000 UI |
| **Ruscosides** | 20 mg |
| **Acétate de tocophérol** | 3 mg |
| **Héparine sel de sodium** | 500 UI |

### Dans quel cas ce médicament est-il prescrit ?

Ce suppositoire associe un *corticoïde* anti-inflammatoire, un *anesthésique de contact* et des substances cicatrisantes et décongestionnantes.

Il est utilisé dans le *traitement symptomatique* des douleurs et des démangeaisons de l'anus, en particulier dues aux *hémorroïdes*.

### Contre-indications

Ce médicament ne doit pas être utilisé en cas d'*allergie* aux *anesthésiques* locaux.

> **Attention :** Des douleurs, un saignement anal qui persistent malgré le traitement peuvent être dus à une maladie autre que des *hémorroïdes* : consultez votre médecin. De même, tout saignement anal survenant chez une personne de plus de 50 ans doit faire l'objet d'une consultation médicale.
>
> Si la lésion est infectée, un traitement anti-infectieux doit précéder l'usage de ce médicament ou lui être associé.
>
> Sportif : ce médicament contient une substance susceptible de rendre positifs certains *tests antidopage*.

### Grossesse et allaitement

L'effet de ce médicament pendant la grossesse ou l'allaitement est mal connu : seul votre médecin peut évaluer le risque éventuel de son utilisation dans votre cas.

### Mode d'emploi et posologie

1 suppositoire, matin et soir.

> **Conseils :** La constipation, la consommation de mets épicés et de vins riches en tanins favorisent les *hémorroïdes*.
>
> Les suppositoires doivent être conservés à l'abri de la chaleur.

Laboratoires Pierre Fabre Santé

## CISPLATINE DAKOTA PHARM

*Informations détaillées sur www.monvidal.com*

## CISPLATINE MERCK

*Informations détaillées sur www.monvidal.com*

**CISPLATINE QUALIMED**
*Informations détaillées sur www.monvidal.com*

**CISPLATINE TEVA**
*Informations détaillées sur www.monvidal.com*

**CISPLATYL**
*Informations détaillées sur www.monvidal.com*

**CISTUS CANADENSIS COMPLEXE N° 86**
*Informations détaillées sur www.monvidal.com*

## CITALOPRAM ARROW
Antidépresseur inhibiteur
de la recapture de la sérotonine — sur ordonnance

Ce médicament est un générique de SEROPRAM 20 mg comprimé (voir p. 937 et tableau p. 1151).

## CITALOPRAM BIOGARAN
Antidépresseur inhibiteur
de la recapture de la sérotonine — sur ordonnance

Ce médicament est un générique de SEROPRAM 20 mg comprimé (voir p. 937 et tableau p. 1151).

## CITALOPRAM EG
Antidépresseur inhibiteur
de la recapture de la sérotonine — sur ordonnance

Ce médicament est un générique de SEROPRAM 20 mg comprimé (voir p. 937 et tableau p. 1151).

## CITALOPRAM G GAM
Antidépresseur inhibiteur
de la recapture de la sérotonine — sur ordonnance

Ce médicament est un générique de SEROPRAM 20 mg comprimé (voir p. 937 et tableau p. 1151).

## CITALOPRAM IVAX
Antidépresseur inhibiteur
de la recapture de la sérotonine — sur ordonnance

Ce médicament est un générique de SEROPRAM 20 mg comprimé (voir p. 937 et tableau p. 1151).

## CITALOPRAM MERCK
Antidépresseur inhibiteur
de la recapture de la sérotonine — sur ordonnance

Ce médicament est un générique de SEROPRAM 20 mg comprimé (voir p. 937 et tableau p. 1151).

## CITALOPRAM QUALIMED
Antidépresseur inhibiteur
de la recapture de la sérotonine — sur ordonnance

Ce médicament est un générique de SEROPRAM 20 mg comprimé (voir p. 937 et tableau p. 1151).

## CITALOPRAM RATIOPHARM
Antidépresseur inhibiteur
de la recapture de la sérotonine — sur ordonnance

Ce médicament est un générique de SEROPRAM 20 mg comprimé (voir p. 937 et tableau p. 1151).

## CITALOPRAM RPG
Antidépresseur inhibiteur
de la recapture de la sérotonine — sur ordonnance

Ce médicament est un générique de SEROPRAM 20 mg comprimé (voir p. 937 et tableau p. 1151).

## CITALOPRAM SANDOZ
Antidépresseur inhibiteur
de la recapture de la sérotonine — sur ordonnance

Ce médicament est un générique de SEROPRAM 20 mg comprimé (voir p. 937 et tableau p. 1151).

## CITALOPRAM TEVA
Antidépresseur inhibiteur
de la recapture de la sérotonine — sur ordonnance

Ce médicament est un générique de SEROPRAM 20 mg comprimé (voir p. 937 et tableau p. 1151).

## CITALOPRAM WINTHROP
Antidépresseur inhibiteur
de la recapture de la sérotonine — sur ordonnance

Ce médicament est un générique de SEROPRAM 20 mg comprimé (voir p. 937 et tableau p. 1151).

**CITRARGININE**
*Informations détaillées sur www.monvidal.com*

## CITRATE DE BÉTAÏNE DEXO
Traitement des troubles digestifs

### Présentation
**CITRATE DE BÉTAÏNE DEXO 1,89 g :** comprimé effervescent (arômes : orange, citron) ; boîte de 20. Non remb.
**CITRATE DE BÉTAÏNE DEXO 10 % :** granulé pour solution buvable (arômes : orange, citron) ; boîte de 250 g. Non remb.
**CITRATE DE BÉTAÏNE DEXO 2 g :** poudre pour solution buvable (arômes : orange, citron) ; boîte de 10 sachets-dose. Non remb.
**CITRATE DE BÉTAÏNE DEXO 2 g/5 ml :** solution buvable (arômes : orange, citron) ; boîte de 20 ampoules de 5 ml. Non remb.

### Composition

| | p cp efferv | p c à c |
|---|---|---|
| **Citrate de bétaïne monohydraté** | 1,89 g | 308 mg |
| Saccharose | + | 2 g |
| Lactose | | 1 g |
| Sodium | + | |

| | p sachet | p amp buv |
|---|---|---|
| **Citrate de bétaïne monohydraté** | 2 g | 2 g |
| Aspartam | 10 mg | |
| Sorbitol | 700 mg | |

### Dans quel cas ce médicament est-il prescrit ?

Ce médicament agit sur le *métabolisme* hépatique.

Il est utilisé dans le *traitement d'appoint* des digestions difficiles et de l'excès des *triglycérides* dans le sang, en complément d'un régime adapté.

### Contre-indications

Les comprimés effervescents et la poudre pour solution buvable ne doivent pas être utilisés en cas d'*allergie* aux *ammoniums quaternaires*.

La poudre pour solution buvable ne doit pas être utilisée en cas de *phénylcétonurie* (présence d'aspartam).

**Attention :** N'utilisez pas ce médicament de façon prolongée sans l'avis de votre médecin : des examens peuvent être nécessaires si les *symptômes* persistent.

Les granulés contiennent du *sucre* (saccharose, lactose) en quantité notable.

### Grossesse et allaitement

Ce médicament ne contient que des substances présumées sans danger pendant la grossesse ou l'allaitement. Néanmoins, ne l'utilisez pas de façon prolongée sans l'avis de votre pharmacien ou de votre médecin.

### Mode d'emploi et posologie

Ce médicament doit être pris avant les repas. Les comprimés effervescents peuvent être pris également après les repas.

Les comprimés effervescents, les granulés et le contenu des sachets doivent être dissous dans un demi-verre d'eau.

Le contenu de l'ampoule doit être dilué dans un demi-verre d'eau.

**Posologie usuelle :**

- Adulte : 1 ou 2 cuillères à café de granulés ou 1 ampoule, 3 fois par jour ; ou 1 à 3 comprimés effervescents ou 2 à 3 sachets par jour.
- Enfant : 1 à 1 sachet ½ par jour.

**Conseils :** Une alimentation équilibrée, une mastication lente, la suppression des aliments difficiles à digérer et des boissons alcoolisées permettent souvent d'atténuer les troubles de la digestion.

Laboratoires Dexo

## CITRATE DE BÉTAÏNE IVAX

*Informations détaillées sur www.monvidal.com*

## CITRATE DE BÉTAÏNE UPSA

Traitement des troubles digestifs

### Présentation

CITRATE DE BÉTAÏNE UPSA : comprimé effervescent (blanc ; arôme citron) ; boîte de 20. Non remb.

### Composition

| | p cp |
|---|---|
| **Citrate de bétaïne** | 2 g |
| Bicarbonate de sodium | + |
| dont Sodium | 450 mg |

### Dans quel cas ce médicament est-il prescrit ?

Ce médicament agit sur le *métabolisme* hépatique.

Il est utilisé dans le *traitement d'appoint* des digestions difficiles et de l'excès de *triglycérides* dans le sang, en complément d'un régime adapté.

**Attention :** N'utilisez pas ce médicament de façon prolongée sans l'avis de votre médecin : des examens peuvent être nécessaires si les *symptômes* persistent.

Ce médicament contient du *sel* (sodium) en quantité notable.

### Grossesse et allaitement

Ce médicament ne contient que des substances présumées sans danger pendant la grossesse ou l'allaitement. Néanmoins, ne l'utilisez pas de façon prolongée sans l'avis de votre pharmacien ou de votre médecin.

### Mode d'emploi et posologie

Dissoudre le comprimé dans un verre d'eau.

**Posologie usuelle :**

1 à 3 comprimés par jour, avant ou après les repas.

**Conseils :** Une alimentation équilibrée, une mastication lente, la suppression des aliments difficiles à digérer et des boissons alcoolisées permettent souvent d'atténuer les troubles de la digestion.

Laboratoires Upsa Conseil

## CITROCHOLINE

*Informations détaillées sur www.monvidal.com*

## CIVIGEL

Suppléance lacrymale

### Présentation

CIVIGEL : gel ophtalmique ; tube de 10 g avec canule. Remb 65 % - **Prix : 3,24 €**.

### Composition

| | p 100 g |
|---|---|
| **Carbomère 980 NF** | 200 mg |
| Cétrimide | + |

### Dans quel cas ce médicament est-il prescrit ?

C'est un gel de suppléance lacrymale : il compense une insuffisance de sécrétion naturelle de larmes.

Il est utilisé dans le traitement de la sécheresse oculaire due à une insuffisance lacrymale (œil sec).

### Contre-indications

Ce gel ne doit pas être utilisé en cas d'*allergie* aux *ammoniums quaternaires* (présence de cétrimide).

**Attention :** Une irritation oculaire peut être due à une infection : en cas de doute, n'hésitez pas à consulter votre médecin.

N'utilisez pas ce gel ophtalmique de façon prolongée sans prendre un avis médical.

Si vous portez des lentilles de contact, n'utilisez pas ce produit sans prendre l'avis de votre ophtalmologiste.

### Interactions avec d'autres substances

Ce gel ophtalmique peut interagir avec des collyres : respectez un intervalle de 15 minutes entre deux applications.

### Grossesse et allaitement

Ce gel ophtalmique contient des conservateurs dont l'effet est mal connu pendant la grossesse ou l'allaitement. L'évaluation du risque éventuel lié à son utilisation est individuelle : demandez conseil à votre pharmacien ou à votre médecin.

### Mode d'emploi et posologie

Tirer la paupière inférieure vers le bas tout en regardant vers le haut et déposer une goutte de gel entre la paupière et le globe oculaire (*cul-de-sac conjonctival*).

**Posologie usuelle :**
1 goutte, 3 ou 4 fois par jour.

> **Conseils :** L'application correcte du produit peut nécessiter une aide, notamment chez une personne handicapée ou âgée.
> Ne conservez pas ce gel plus de 4 semaines après une première utilisation.

### Effets indésirables possibles

Un trouble visuel bref peut survenir après instillation du produit, jusqu'à ce que le gel se répartisse uniformément à la surface de l'œil.
Irritation.

Laboratoires Novartis Pharma

## CLAIRODERMYL

*Informations détaillées sur www.monvidal.com*

## CLAMOXYL injectable

Antibiotique : pénicilline — sur ordonnance

### Présentation

**CLAMOXYL 500 mg :** préparation injectable *IM* ; flacon de poudre et ampoule de solvant de 5 ml. Liste I - Remb 65 % - **Prix : 1,45 €**.
**CLAMOXYL 1 g :** préparation injectable *IM* ; flacon de poudre, ampoule de solvant de 5 ml, 1 seringue et 2 aiguilles stériles. Liste I - Remb 65 % - **Prix : 1,59 €**.

### Composition

| | p flacon | p flacon |
|---|---|---|
| **Amoxicilline** | 500 mg | 1 g |
| Alcool benzylique | + | + |

### Dans quel cas ce médicament est-il prescrit ?

C'est un *antibiotique* qui appartient à la famille des *pénicillines* à spectre élargi, c'est-à-dire actives sur un plus grand nombre de *germes* que la pénicilline simple.
Il est utilisé dans le traitement de diverses maladies infectieuses, notamment des poumons, des bronches, du nez, de la gorge ou des oreilles, de l'appareil digestif ou urinaire, des *voies* génitales, des *méninges*, des gencives et des dents.
Il est également utilisé dans la *maladie de Lyme*.

### Contre-indications

Ce médicament ne doit pas être utilisé dans les cas suivants :
– *allergie* aux *pénicillines*,
– *mononucléose infectieuse*.

Votre médecin est seul juge pour prescrire ce médicament en cas d'allergie aux *céphalosporines*.

> **Attention :** Des précautions sont nécessaires en cas d'*insuffisance rénale*.
> L'ampoule de solvant ne doit pas être utilisée chez l'enfant de moins de 3 ans en raison de la présence d'alcool benzylique.
> La survenue de toute *réaction allergique* (boutons, *œdème*, malaise) impose l'arrêt du traitement. Consultez rapidement votre médecin. Pensez à signaler tout *antécédent* d'allergie aux *antibiotiques* de la famille des *bêtalactamines* (*pénicillines* et *céphalosporines*). Il contre-indique l'usage de ce médicament.
> De nombreux *antibiotiques* peuvent provoquer des selles liquides ou une *diarrhée*, généralement bénigne. En revanche, une diarrhée importante survenant pendant ou dans les jours qui suivent le traitement antibiotique doit être signalée à votre médecin.
> Une diminution de la fièvre ou une disparition des *symptômes* ne sont pas synonymes de guérison : la durée du traitement doit absolument être respectée pour éviter les rechutes ou l'apparition d'une *résistance* du *germe* à l'*antibiotique*.

### Interactions avec d'autres substances

Ce médicament peut interagir avec les médicaments contenant du méthotrexate.
Informez par ailleurs votre médecin si vous prenez un médicament contenant de l'allopurinol.

### Grossesse et allaitement

Aucun effet néfaste pour l'enfant à naître n'a été établi avec ce médicament. Il peut être prescrit pendant la grossesse.
Ce médicament passe dans le lait maternel ; la poursuite de l'allaitement est possible, mais tout *symptôme* survenant chez le nourrisson devra être signalé au médecin : *muguet*, éruption de boutons... pouvant traduire une *intolérance* ou une *allergie*.

### Mode d'emploi et posologie

La solution injectable est obtenue en mélangeant la poudre avec le solvant fourni. Une légère coloration de la solution est normale.
La solution ainsi obtenue doit être injectée par *voie intramusculaire*, jamais par voie *intraveineuse*.
Aucun autre produit ne doit être mélangé au contenu du flacon.

**Posologie usuelle :**
Elle est variable en fonction des indications. A titre indicatif et pour des infections courantes :
- Adulte et enfant de plus de 15 ans : 1 g, matin et soir.
- Enfant et nourrisson : 50 mg par kg et par jour.

> **Conseils :** La solution doit être injectée dans l'heure qui suit sa préparation.
> L'éventuelle impression de fatigue n'est pas due à l'*antibiotique*, mais à l'infection elle-même.
> L'odeur particulière des urines est normale et traduit l'élimination de l'antibiotique.

### Effets indésirables possibles

Nausées, vomissements, *diarrhée*, *candidose*.
Rarement :
- *réactions allergiques* : *éruption cutanée*, œdème de *Quincke*, *choc* allergique (exceptionnel) ;
- *insuffisance rénale*, anomalie de la *numération formule sanguine*, augmentation des *transaminases*.

**Laboratoires GlaxoSmithKline**

## CLAMOXYL oral

Antibiotique : pénicilline — **sur ordonnance**

### Présentation

**CLAMOXYL 125 mg :** poudre pour suspension buvable (arômes : citron, pêche, fraise) ; flacon de 60 ml (12 cuillères-mesure de 5 ml). Liste I - Remb 65 % - **Prix : 1,60 €.**
**CLAMOXYL 125 mg :** poudre pour suspension buvable (arômes : citron, pêche, fraise) ; boîte de 12 sachets. Liste I - Remb 65 % - **Prix : 1,74 €.**
**CLAMOXYL 250 mg :** poudre pour suspension buvable (arômes : citron, pêche, fraise) ; flacon de 60 ml (12 cuillères-mesure de 5 ml). Liste I - Remb 65 % - **Prix : 2,00 €.**
**CLAMOXYL 250 mg :** poudre pour suspension buvable (arômes : citron, pêche, fraise) ; boîte de 12 sachets. Liste I - Remb 65 % - **Prix : 2,35 €.**
**CLAMOXYL 500 mg :** poudre pour suspension buvable (arômes : citron, pêche, fraise) ; flacon de 60 ml (12 cuillères-mesure de 5 ml). Liste I - Remb 65 % - **Prix : 2,48 €.**
**CLAMOXYL 500 mg :** gélule (jaune et rouge) ; boîte de 12. Liste I - Remb 65 % - **Prix : 2,06 €.**
**CLAMOXYL 1 g :** poudre pour suspension buvable (arômes : citron, pêche, fraise) ; boîte de 6 sachets. Liste I - Remb 65 % - **Prix : 2,69 €.**
**CLAMOXYL 1 g :** comprimé *dispersible* (blanc ; arôme menthe) ; boîte de 3. Liste I - Remb 65 % - **Prix : 1,75 €.**
**CLAMOXYL 1 g :** comprimé *dispersible* (blanc ; arôme menthe) ; boîte de 6. Liste I - Remb 65 % - **Prix : 2,63 €.**
**CLAMOXYL 1 g :** comprimé *dispersible* (blanc ; arôme menthe) ; boîte de 14. Liste I - Remb 65 % - **Prix : 5,29 €.**

### Composition

| | p c mes | p sachet | p c mes |
|---|---|---|---|
| **Amoxicilline** | 125 mg | 125 mg | 250 mg |
| Saccharose | 3 g | | 3 g |
| Aspartam | + | + | + |
| Lactose | | 425 mg | 850 mg |

| | p sachet | p c mes | p gél |
|---|---|---|---|
| **Amoxicilline** | 250 mg | 500 mg | 500 mg |
| Saccharose | | 2,5 g | |
| Aspartam | + | + | |
| Lactose | + | | |

| | p sachet | p cp |
|---|---|---|
| **Amoxicilline** | 1 g | 1 g |
| Aspartam | + | + |

### Dans quel cas ce médicament est-il prescrit ?

C'est un *antibiotique* qui appartient à la famille des *pénicillines* à spectre élargi, c'est-à-dire actives sur un plus grand nombre de *germes* que la pénicilline simple.
Il est utilisé dans le traitement de diverses maladies infectieuses, notamment celles des poumons, des bronches, du nez, de la gorge ou des oreilles, du sang, de l'appareil digestif ou urinaire, des *voies* génitales, des gencives et des dents.
Il est également utilisé dans le cadre de l'éradication d'*Helicobacter pylori* (responsable d'*ulcères* gastroduodénaux récidivants), dans la maladie de *Lyme* et dans la prévention de l'*endocardite bactérienne*.

### Contre-indications

Ce médicament ne doit pas être utilisé dans les cas suivants :
- *allergie* aux *pénicillines* ou aux *céphalosporines*,
- *mononucléose infectieuse*,
- *phénylcétonurie* (poudre pour suspension buvable et comprimé *dispersible* : présence d'aspartam).

**Attention :** Des précautions sont nécessaires en cas d'*insuffisance rénale*.
La survenue de toute *réaction allergique* (boutons, *œdème*, malaise) impose l'arrêt du traitement. Consultez rapidement votre médecin. Pensez à signaler tout *antécédent* d'allergie aux *antibiotiques* de la famille des *bêtalactamines* (*pénicillines* et *céphalosporines*). Il contre-indique l'usage de ce médicament.
De nombreux *antibiotiques* peuvent provoquer des selles liquides ou une *diarrhée*, généralement bénigne. En revanche, une diarrhée importante survenant pendant ou dans les jours qui suivent le traitement antibiotique doit être signalée à votre médecin.
Une diminution de la fièvre ou une disparition des *symptômes* ne sont pas synonymes de guérison : la durée du traitement doit absolument être respectée pour éviter les rechutes ou l'apparition d'une *résistance* du *germe* à l'*antibiotique*.
Les poudres pour suspension buvable contiennent du *sucre* (saccharose) en quantité notable.

### Interactions avec d'autres substances

Ce médicament peut interagir avec les médicaments contenant du méthotrexate.
Informez par ailleurs votre médecin si vous prenez un médicament contenant de l'allopurinol.

### Grossesse et allaitement

Aucun effet néfaste pour l'enfant à naître n'a été établi avec ce médicament. Il peut être prescrit pendant la grossesse.
Ce médicament passe dans le lait maternel ; la poursuite de l'allaitement est possible, mais tout *symptôme* survenant chez le nourrisson devra être signalé au médecin : *muguet*, éruption de boutons... pouvant traduire une *intolérance* ou une *allergie*.

### Mode d'emploi et posologie

Les suspensions buvables sont préparées en dissolvant la poudre avec de l'eau en quantité suffisante pour que la solution obtenue atteigne le trait gravé sur le flacon.
Les gélules ne sont pas adaptées à l'enfant de moins de 6 ans. En effet, elles risquent d'obstruer les voies respiratoires si l'enfant déglutit mal et que la gélule passe dans la trachée (fausse route).
Elles doivent être avalées, sans être ouvertes, avec de l'eau.
Les comprimés *dispersibles* peuvent être soit avalés directement avec un verre d'eau, soit dissous dans un demi-verre d'eau avant d'être absorbés.

Le contenu des sachets doit être dissous dans l'eau.

Les repas ne modifient pas l'absorption du médicament, qui peut donc être pris à n'importe quel moment de la journée.

**Posologie usuelle :**

Elle varie en fonction des indications.

A titre indicatif et pour des infections courantes :

- Adulte : 1 à 2 g par jour, répartis en 2 ou 3 prises.
- Enfant de plus de 30 mois : 25 à 50 mg par kg et par jour, répartis en 2 ou 3 prises. Soit, par exemple, pour un enfant de 20 kg : 1 cuillère-mesure de suspension buvable à 500 mg, matin et soir.
- Nourrisson : 50 à 100 mg par kg et par jour, répartis en 3 prises.

Dans certaines infections, la *posologie* peut être doublée.

Dans l'éradication d'*Helicobacter pylori* chez l'adulte : 1 g, matin et soir, en association avec un autre *antibiotique* et un antiulcéreux.

**Conseils :** Le médecin prescrit parfois un prélèvement pour identifier le *germe* responsable de l'infection et tester sa sensibilité aux *antibiotiques*. Le résultat de cet examen peut être faussé en cas d'automédication préalable : ne prenez pas et ne donnez pas d'antibiotiques sans avis médical.

L'éventuelle fatigue n'est pas due à l'*antibiotique*, mais à l'infection elle-même.

L'odeur particulière des urines est normale et traduit l'élimination de l'antibiotique.

Les suspensions buvables reconstituées se conservent une semaine à température ambiante ; il est préférable de les agiter avant chaque prise.

### Effets indésirables possibles

Nausées, vomissements, *diarrhée*, *candidose*.

Rarement :

- *réactions allergiques* : *éruption cutanée*, œdème de *Quincke*, *choc* allergique (exceptionnel)... ;
- *insuffisance rénale*, anomalie de la *numération formule sanguine*, augmentation des *transaminases*.

**Laboratoires GlaxoSmithKline**

## CLARADOL

Antalgique et antipyrétique

### Présentation

**CLARADOL 500 :** comprimé sécable (blanc) ; boîte de 16. Remb 65 % - **Prix : 1,60 €**.

**CLARADOL 500 :** comprimé effervescent sécable (blanc ; arôme cassis) ; boîte de 16. Remb 65 % - **Prix : 1,81 €**.

### Composition

| | p cp | p cp efferv |
|---|---|---|
| **Paracétamol** | 500 mg | 500 mg |
| Sodium | | 422 mg |

### Dans quel cas ce médicament est-il prescrit ?

Ce médicament est un *antalgique* et un *antipyrétique* qui contient du paracétamol.

Il est utilisé pour faire baisser la fièvre et dans le traitement des affections douloureuses.

### Contre-indications

Ce médicament ne doit pas être utilisé en cas de maladie grave du foie.

**Attention :** De nombreux médicaments contiennent du paracétamol : vous devez en tenir compte en cas de prise conjointe car le surdosage en paracétamol peut être toxique pour le foie.

Les comprimés effervescents contiennent du *sel* (*sodium*) en quantité notable.

### Grossesse et allaitement

Les études scientifiques actuellement disponibles n'ont pas mis en évidence de problème particulier lors de l'utilisation du paracétamol chez la femme enceinte.

Aux doses usuelles, l'usage de ce médicament est possible pendant l'allaitement.

### Mode d'emploi et posologie

Ce médicament peut être pris indifféremment pendant ou entre les repas. Respecter un intervalle de 4 à 6 heures entre 2 prises.

Les comprimés doivent être avalés avec une boisson (eau, lait ou jus de fruits). Ils ne sont pas adaptés à l'enfant de moins de 6 ans car ils risquent d'obstruer les voies respiratoires si l'enfant déglutit mal et que le comprimé passe dans la trachée (fausse route).

Les comprimés effervescents doivent être dissous dans un verre d'eau ; ils peuvent être utilisés chez l'enfant de moins de 6 ans.

**Posologie usuelle :**

- Adulte : 1 ou 2 comprimés, 1 à 3 fois par jour. Ne pas dépasser 3 g (6 comprimés) par jour.
- Enfant : 60 mg par kg et par jour, soit 15 mg par kg toutes les 6 heures ou 10 mg par kg toutes les 4 heures. Il est nécessaire de suivre les recommandations de votre pharmacien ou de votre médecin ou de suivre les posologies suivantes données à titre indicatif :
  - enfant de 13 à 20 kg : ½ comprimé effervescent, 1 à 4 fois par jour ;
  - enfant de 21 à 26 kg : ½ comprimé, effervescent ou non, 1 à 6 fois par jour ;
  - enfant de 27 à 40 kg : 1 comprimé, effervescent ou non, 1 à 4 fois par jour ;
  - enfant de 41 à 50 kg : 1 comprimé, effervescent ou non, 1 à 6 fois par jour.
- Insuffisant rénal : respecter un intervalle de 8 heures entre 2 prises.

Dans les douleurs sévères de l'adulte et notamment dans l'*arthrose*, la *posologie* maximale peut être portée à 1 g de paracétamol, 4 fois par jour, uniquement sur avis médical.

La dose quotidienne maximale de paracétamol chez l'enfant est de 80 mg par kg, en 4 prises minimum, sans dépasser 3 g par jour.

**Conseils :** Dans le traitement de la fièvre chez l'enfant, lorsque le paracétamol est utilisé à la dose de 60 mg par kg et par jour, l'adjonction d'aspirine ou son usage en alternance avec le paracétamol est inutile, car l'aspirine ne permet pas d'obtenir une baisse supplémentaire de la fièvre.

Des sueurs abondantes accompagnent généralement la baisse de température lors du traitement des fièvres élevées. Ce phénomène est normal.

Les comprimés effervescents doivent être conservés à l'abri de l'humidité et de la chaleur.

### Effets indésirables possibles

Exceptionnellement : *réaction allergique* cutanée.

Laboratoires Bayer santé familiale

## CLARADOL CAFÉINE

Association antalgique et antipyrétique

### Présentation

CLARADOL CAFÉINE : comprimé effervescent sécable ; boîte de 16. Remb 65 % - **Prix : 2,06 €**.
CLARADOL CAFÉINE : comprimé quadrisécable (blanc) ; boîte de 16. Remb 65 % - **Prix : 1,98 €**.

### Composition

| | p cp efferv | p cp |
|---|---|---|
| **Paracétamol** | 500 mg | 500 mg |
| **Caféine** | 50 mg | 50 mg |
| Sodium | 422 mg | |

### Dans quel cas ce médicament est-il prescrit ?

Ce médicament, *antalgique* et *antipyrétique*, contient du paracétamol et de la *caféine*.

Il est utilisé dans le *traitement symptomatique* de la douleur ou de la fièvre.

### Contre-indications

Ce médicament ne doit pas être utilisé en cas de maladie grave du foie.

**Attention :** De nombreux médicaments contiennent du paracétamol : vous devez en tenir compte en cas de prise conjointe car le *surdosage* en paracétamol peut être toxique pour le foie.

Les comprimés effervescents contiennent du *sel* (sodium) en quantité notable.

Ce médicament contient de la *caféine* qui peut être recherchée dans les urines des sportifs pour déceler un éventuel mésusage. Néanmoins, à la *posologie* préconisée, la quantité de caféine contenue dans ce médicament est insuffisante à elle seule pour que la réponse au test soit positive.

### Grossesse et allaitement

En raison de la présence de *caféine*, ce médicament ne doit pas être utilisé de façon prolongée ou à forte dose pendant la grossesse ou l'allaitement, sans l'avis de votre pharmacien ou de votre médecin.

### Mode d'emploi et posologie

Les comprimés effervescents doivent être dissous dans un verre d'eau.

Respecter un intervalle d'au moins 4 heures entre 2 prises.

**Posologie usuelle :**

- Adulte : 1 ou 2 comprimés, 1 à 3 fois par jour. Ne pas dépasser 6 comprimés par jour.
- Insuffisant rénal : respecter un intervalle de 8 heures entre chaque prise.

**Conseils :** Ce médicament contient de la *caféine*. On considère qu'une tasse de café contient de 60 à 100 mg de cette substance. Ainsi, pour limiter les effets indésirables de la caféine (excitation, tremblements, insomnie, *palpitations*), il est préférable de limiter la consommation de boissons qui en renferment (café, thé...). Il est également recommandé de prendre ce médicament avant 17 heures.
Les comprimés effervescents doivent être conservés à l'abri de l'humidité.

### Effets indésirables possibles

Liés à la caféine : insomnie, excitation, *palpitations*.

Liés au paracétamol : *réaction allergique* (exceptionnelle).

Laboratoires Bayer santé familiale

## CLARADOL CODÉINE

*Informations détaillées sur www.monvidal.com*

## CLARAGINE

*Informations détaillées sur www.monvidal.com*

## CLARAMID

*Informations détaillées sur www.monvidal.com*

## CLARINASE REPETABS

*Informations détaillées sur www.monvidal.com*

## CLARITYNE

Antiallergique — sur ordonnance

### Présentation

CLARITYNE : comprimé sécable (blanc) ; boîte de 15. Liste II - Remb 35 % - **Prix : 6,45 €**.
CLARITYNE : comprimé effervescent (arômes : orange, mandarine) ; boîte de 15. Liste II - Remb 35 % - **Prix : 6,45 €**.
CLARITYNE : sirop (arôme : pêche) ; flacon de 60 ml (12 cuillères-mesure de 5 ml). Liste II - Remb 35 % - **Prix : 2,69 €**.
CLARITYNE : sirop (arôme : pêche) ; flacon de 120 ml (24 cuillères-mesure de 5 ml). Liste II - Remb 35 % - **Prix : 4,47 €**.

### Composition

| | p cp | p cp efferv | p c mes |
|---|---|---|---|
| **Loratadine** | 10 mg | 10 mg | 5 mg |
| Sodium | | 94 mg | |

### Dans quel cas ce médicament est-il prescrit ?

Ce médicament est un *antihistaminique* antiallergique ; il n'a pas d'effets *sédatifs* ni *atropiniques*.

Il est utilisé dans le *traitement symptomatique* de l'*allergie* (*rhinite*, *urticaire*...).

### Contre-indications

Ce médicament ne doit pas être utilisé :
- chez l'enfant de moins de 12 ans (comprimé),
- chez le *nourrisson* de moins de 2 ans (sirop).

### Grossesse et allaitement

Ce médicament est déconseillé pendant la grossesse et l'allaitement.

### Mode d'emploi et posologie

Ce médicament est pris de préférence le matin, au petit déjeuner.

**Posologie usuelle :**

- Adulte et enfant de plus de 12 ans : 1 comprimé par jour.
- Enfant de 2 à 12 ans :
  - pesant plus de 30 kg : 2 cuillères-mesure de sirop, 1 fois par jour ;
  - pesant moins de 30 kg : 1 cuillère-mesure de sirop, 1 fois par jour.

**Conseils :** Ce médicament agit sur les manifestations de l'*allergie* mais n'en supprime pas la cause. Si les *symptômes* persistent ou s'aggravent, n'hésitez pas à consulter votre médecin.

### Effets indésirables possibles

Rarement : sécheresse de la bouche, fatigue, somnolence, maux de tête, nausées, augmentation de l'appétit, douleur d'estomac, *réaction allergique*.

Laboratoires Schering-Plough

## CLARIX sirop

Antitussif opiacé

### Présentation

CLARIX : sirop (arôme orange, rhum, menthe, anis) ; flacon de 250 ml avec cuillère-mesure de 5 ml. Non remb.
CLARIX sans sucre : sirop (arôme orange, rhum, menthe, anis) ; flacon de 250 ml avec cuillère-mesure de 5 ml. Non remb.

### Composition

| | p c mes | p c mes |
|---|---|---|
| **Pholcodine** | 5 mg | 5 mg |
| **Érysimum, extrait** | 7,5 mg | 7,5 mg |
| Saccharose | 2,8 g | |
| Alcool | 37,5 mg | 46,6 mg |

### Dans quel cas ce médicament est-il prescrit ?

Ce sirop contient un *antitussif* (la pholcodine) et un extrait de plante.

Il est utilisé dans le *traitement symptomatique* des toux sèches.

### Contre-indications

Ce médicament ne doit pas être utilisé dans les cas suivants :
- *asthme*,
- *insuffisance respiratoire*,
- **allaitement**.

**Attention :** Ce médicament n'est pas adapté au traitement de la toux grasse, qui est un mécanisme de défense normal de l'organisme permettant l'évacuation des mucosités présentes dans les bronches. La toux est un *symptôme* qui peut révéler de nombreuses maladies : consultez votre médecin si elle persiste plus de quelques jours.

Ce médicament peut induire une somnolence, parfois intense chez certaines personnes. Cette somnolence peut être majorée par la prise d'*alcool* ou d'autres médicaments *sédatifs*. La conduite et l'utilisation de machines dangereuses sont déconseillées, surtout dans les heures qui suivent la prise du médicament.

### Interactions avec d'autres substances

Informez votre médecin ou votre pharmacien si vous prenez un autre médicament *sédatif*.

### Grossesse et allaitement

L'utilisation de la *codéine* et de ses dérivés (codéthyline, pholcodine) ne doit être envisagée chez la femme enceinte qu'en cas de nécessité, en effet :
- une *insuffisance respiratoire* peut survenir chez le nouveau-né d'une mère traitée par des doses élevées, même si le traitement est ponctuel mais précède de peu l'accouchement ;
- un *syndrome de sevrage*, à l'inverse, peut concerner des nouveau-nés si leur mère reçoit un traitement régulier, même à faible dose.

Il est donc important de signaler à l'obstétricien la prise éventuelle de codéine ou d'un de ses dérivés, afin que ces risques puissent être prévenus par une surveillance et un éventuel traitement adapté.

Ce médicament passe dans le lait maternel. Il est contre-indiqué pendant l'allaitement.

### Mode d'emploi et posologie

Ce médicament est pris de préférence au moment où survient la toux ; les prises doivent être espacées d'au moins 4 heures.

**Posologie usuelle :**

- Adulte : 5 à 15 ml (1 à 3 cuillères-mesure), 1 à 6 fois par jour.

En cas d'*insuffisance hépatique* et chez la personne âgée, la *posologie* initiale est généralement réduite de moitié.

- Enfant de 30 à 50 kg (environ 10 à 15 ans) : 5 ml (1 cuillère-mesure), 1 à 6 fois par jour.

**Conseils :** Des mesures simples permettent de calmer les toux sèches : boissons chaudes et humidification de l'air ambiant.

Fumer, ou être exposé à la fumée des autres, nuit à l'efficacité du traitement : la cigarette est irritante pour les bronches et entretient la toux.

### Effets indésirables possibles

Liés à la pholcodine : constipation, somnolence et, plus rarement, sensation de vertige, nausées, vomissements, *bronchospasme*, *réaction allergique* cutanée.

Laboratoires Cooper

## CLASTOBAN

*Informations détaillées sur www.monvidal.com*

## CLÉRÉGIL

*Informations détaillées sur www.monvidal.com*

## CLÉRIDIUM

*Informations détaillées sur www.monvidal.com*

## CLIMARA

*Informations détaillées sur www.monvidal.com*

## CLIMASTON

Estroprogestatif — sur ordonnance

### Présentation

CLIMASTON 1 mg/5 mg : comprimé (saumon) ; plaquette de 28. Liste I - Remb 65 % - **Prix : 7,59 €.**
CLIMASTON 1 mg/10 mg : comprimé (blanc : 14, gris : 14) ; plaquette de 28. Liste I - Remb 65 % - **Prix : 7,59 €.**
CLIMASTON 2 mg/10 mg : comprimé (rose : 14, jaune : 14) ; plaquette de 28. Liste I - Remb 65 % - **Prix : 7,59 €.**

### Composition

| | p cp |
|---|---|
| **Estradiol** | 1 mg |
| **Dydrogestérone** | 5 mg |
| Lactose | + |

| | p cp blanc | p cp gris |
|---|---|---|
| **Estradiol** | 1 mg | 1 mg |
| **Dydrogestérone** | | 10 mg |
| Lactose | + | + |

| | p cp rose | p cp jaune |
|---|---|---|
| **Estradiol** | 2 mg | 2 mg |
| **Dydrogestérone** | | 10 mg |
| Lactose | + | + |

### Dans quel cas ce médicament est-il prescrit ?

Ce médicament contient de l'estradiol, destiné à corriger une *carence* en *estrogènes*, et de la dydrogestérone, *progestatif* qui a un effet protecteur sur l'utérus.

Il est utilisé pour traiter certains *symptômes* de la *ménopause* (bouffées de chaleur, sécheresse vaginale...) et pour prévenir l'*ostéoporose* chez la femme ménopausée ayant un risque accru de fracture.

### Contre-indications

Ce médicament ne doit pas être utilisé dans les cas suivants :
- *accident thromboembolique* (*phlébite*, *embolie* pulmonaire, etc.) ancien ou survenant pendant le traitement ;
- *cancer hormonodépendant* (même guéri) ;
- saignement génital intermittent (l'origine de ce saignement doit être déterminée par des examens appropriés avant la mise en route du traitement) ;
- *hyperplasie* de l'utérus non traitée ;
- maladie du foie, grave ou récente ;
- *porphyrie*.

**Attention :** De récentes études ont montré une augmentation du risque de survenue d'un cancer du sein chez les femmes ayant reçu un traitement prolongé des *symptômes* de la *ménopause*. Le traitement doit par conséquent être prescrit à la dose minimale efficace et pour une durée la plus courte possible. En l'absence de troubles, sa prescription ne doit pas être systématique.

Un bilan initial suivi d'une surveillance médicale régulière sont nécessaires, surtout dans les cas suivants : *hypertension artérielle*, *diabète*, tumeur bénigne du foie ou de l'utérus, *endométriose*, *lithiase* biliaire, *migraine*, *épilepsie*, *asthme*, *otospongiose*, *insuffisance rénale* ou *cardiaque*, *hypertriglycéridémie*, *lupus érythémateux* disséminé, obésité, *antécédents* familiaux de cancer du sein ou d'*accident thromboembolique*.

Arrêtez la prise de ce médicament et consultez votre médecin en cas d'apparition de l'un des symptômes suivants : maux de tête violents et inhabituels, ictère (jaunisse), élévation importante de la tension artérielle, gonflement douloureux d'une jambe, essoufflemment brutal.

Si vous devez subir une intervention chirurgicale, il est préférable d'interrompre le traitement un mois à l'avance. De même, un alitement prolongé doit vous conduire à arrêter le traitement.

### Interactions avec d'autres substances

L'efficacité du traitement peut être diminuée par la prise conjointe d'un médicament *inducteur enzymatique*.

### Grossesse et allaitement

Ce médicament n'a pas d'indication chez la femme enceinte. Si une grossesse survient sous traitement, éventualité rare mais possible en début de pré-ménopause, consultez votre médecin et arrêtez le traitement. Aucune malformation imputable à ce médicament n'a été observée à ce jour.

Lorsque la *ménopause* est confirmée, une grossesse est impossible, y compris en cas de réapparition des règles.

### Mode d'emploi et posologie

Ce médicament peut être pris indifféremment au cours ou en dehors des repas.

**Posologie usuelle :**
- CLIMASTON 1 mg/5 mg : 1 comprimé par jour ;
- CLIMASTON 1 mg/10 mg : 1 comprimé blanc les 14 premiers jours, puis 1 comprimé gris les 14 jours suivants ;
- CLIMASTON 2 mg/10 mg : 1 comprimé rose pendant 14 jours, puis 1 comprimé jaune pendant 14 jours.

Réentamer une nouvelle plaquette dès la fin de la précédente (pas d'interruption entre 2 cycles).

**Conseils :** En cas d'oubli d'un comprimé, le prendre dès que possible ; le comprimé suivant sera pris à l'heure habituelle. Si l'oubli date de plus de 12 heures, ne pas prendre le comprimé oublié et poursuivre le traitement normalement. L'oubli d'un comprimé peut provoquer des légers saignements (spottings).

La réapparition des règles est fréquente (mais pas obligatoire) à chaque fin de plaquette. Des saignements génitaux irréguliers peuvent aussi survenir au cours des 2 ou 3 premiers mois de traitement ; si ces saignements persitent plus longtemps, consultez votre médecin.

### Effets indésirables possibles

Maux de tête, tension des seins, *candidose* vaginale, fatigue, *dépression*, augmentation de la tension artérielle, douleurs abdominales, ballonnements, nausées, démangeaisons, *œdème*, modification du poids.

Saignement génital intermittent (à signaler à votre médecin).

Des essais cliniques portant sur la prise de traitements prolongés combinant un *estrogène* et un *progestatif* ont mis en évidence des risques accrus de tumeur bénigne ou maligne du sein ou de l'utérus, d'*accident thromboembolique*, de calculs de la vésicule biliaire, de taches sombres sur le visage.

**Laboratoires Solvay Pharma**

## CLIMAXOL
Phytothérapie à visée vasculoprotectrice

### Présentation
CLIMAXOL : solution buvable ; flacon de 30 ml (gouttes). Remb 15 % - **Prix : 1,61 €**.

### Composition

| | p 10 ml |
|---|---|
| **Hamamélis, teinture** | 2,8 ml |
| **Fragon épineux, teinture** | 2,8 ml |
| **Marron d'Inde, teinture** | 2,8 ml |
| **Hydrastis, teinture** | 0,8 ml |
| **Viburnum, teinture** | 0,8 ml |

### Dans quel cas ce médicament est-il prescrit ?
Ce médicament contient des extraits de plantes qui ont un effet protecteur sur les vaisseaux sanguins.
Il est traditionnellement utilisé dans le *traitement symptomatique* :
- des troubles en rapport avec une mauvaise circulation veineuse ou *lymphatique* (jambes lourdes, *impatiences*) ;
- des petites *hémorragies* sous-cutanées se traduisant par des taches rouges ou violacées.

**Attention :** L'*insuffisance veineuse* peut requérir des mesures spécifiques telles que la *contention élastique*.

### Grossesse et allaitement
L'effet de ce médicament pendant la grossesse ou l'allaitement est mal connu. L'évaluation du risque éventuel lié à son utilisation est individuelle : demandez conseil à votre pharmacien ou à votre médecin.

### Mode d'emploi et posologie
Ce médicament doit être pris dans un peu d'eau avant les repas.

**Posologie usuelle :**
40 à 60 gouttes par jour, réparties en 2 ou 3 prises.

**Conseils :** Une activité physique régulière et la surélévation du pied du lit permettent de faciliter la circulation veineuse et *lymphatique*.

Laboratoires Lehning

## CLIMÈNE
Estroprogestatif — sur ordonnance

### Présentation
CLIMÈNE : comprimé (blanc : 11, rose : 10) ; plaquette de 21. Liste I - Remb 65 % - **Prix : 7,95 €**.

### Composition

| | p cp blanc | p cp rose |
|---|---|---|
| **Estradiol valérate** | 2 mg | 2 mg |
| **Cyprotérone acétate** | | 1 mg |
| Lactose | + | + |
| Saccharose | + | + |

### Dans quel cas ce médicament est-il prescrit ?
Ce médicament contient de l'estradiol, destiné à corriger une *carence* en *estrogènes*, et de la cyprotérone, *progestatif* qui a un effet protecteur sur l'utérus.

Il est utilisé pour traiter certains *symptômes* de la *ménopause* (bouffées de chaleur, sécheresse vaginale...) et pour prévenir l'*ostéoporose* chez la femme ménopausée ayant un risque accru de fracture.

### Contre-indications
Ce médicament ne doit pas être utilisé dans les cas suivants :
- *accident thromboembolique* (*phlébite*, *embolie* pulmonaire, etc.) ancien ou survenant pendant le traitement ;
- *cancer hormonodépendant* ;
- saignement génital intermittent (l'origine de ce saignement doit être déterminée par des examens avant la mise en route du traitement) ;
- maladie grave du foie.

Votre médecin est seul juge pour prescrire ce médicament en cas de maladies cardiovasculaires prédisposant aux embolies.

**Attention :** De récentes études ont montré une augmentation du risque de survenue d'un cancer du sein chez les femmes ayant reçu un traitement prolongé des *symptômes* de la *ménopause*. Le traitement doit par conséquent être prescrit à la dose minimale efficace et pour une durée la plus courte possible. En l'absence de troubles, sa prescription ne doit pas être systématique.
Un bilan initial suivi d'une surveillance médicale régulière sont nécessaires, surtout dans les cas suivants : anomalie de la circulation sanguine cérébrale et rétinienne, obésité, *diabète*, *hypertension artérielle*, affection bénigne du sein et de l'utérus, *tumeur de l'hypophyse*, *lupus érythémateux* disséminé, certaines maladies rares (*porphyrie*, *otospongiose*), ictère (jaunisse) chronique ou survenu lors d'une grossesse, *insuffisance rénale*, *épilepsie*, *asthme*, *antécédents* familiaux de cancer du sein.
Si vous devez subir une intervention chirurgicale, il est préférable d'interrompre le traitement un mois à l'avance. De même, un alitement prolongé doit vous conduire à arrêter le traitement.

### Interactions avec d'autres substances
L'efficacité du traitement peut être diminuée par la prise conjointe d'un médicament *inducteur enzymatique*.

### Grossesse et allaitement
Ce médicament n'a pas d'indication chez la femme enceinte. Si une grossesse survient sous traitement, éventualité rare mais possible en début de pré-ménopause, consultez votre médecin et arrêtez le traitement. Aucune malformation imputable à ce médicament n'a été observée à ce jour.
Lorsque la *ménopause* est confirmée, une grossesse est impossible, y compris en cas de réapparition des règles.

### Mode d'emploi et posologie
Prendre 1 comprimé blanc pendant 11 jours, puis 1 comprimé rose pendant 10 jours ; entre 2 plaquettes, interrompre le traitement pendant 7 jours.
En cas de persistance des bouffées de chaleur ou de sécheresse vaginale, qui traduisent en général un sous-dosage, n'hésitez pas à recontacter votre médecin pour qu'il adapte le traitement.

**Conseils :** En cas d'oubli d'un comprimé, le prendre dès que possible ; le comprimé suivant sera pris à l'heure habituelle. Si l'oubli date de plus de 24 heures, ne pas prendre le comprimé oublié. L'oubli d'un comprimé peut provoquer des saignements génitaux.

La réapparition des règles est fréquente (mais pas obligatoire) à chaque interruption de traitement ; en revanche, tout saignement en cours de traitement doit être signalé à votre médecin.

### Effets indésirables possibles

Nausées, tension des seins, irritabilité, jambes lourdes (qui traduisent généralement un *surdosage*).

Saignement génital intermittent (à signaler à votre médecin).

Ce médicament contient un *estrogène* naturel, identique à celui secrété par les ovaires. Il ne semble pas exposer aux effets indésirables qui peuvent être (rarement) rencontrés avec les estrogènes de synthèse contenus dans les pilules *contraceptives* ; il serait néanmoins souhaitable d'interrompre le traitement en cas :
- d'*accident thromboembolique* en évolution ou autre accident cardiovasculaire ;
- de jaunisse ;
- de *tumeur* bénigne ou maligne du foie, du sein ou de l'utérus ;
- de crise d'*épilepsie* ;
- d'écoulement de lait par le mamelon.

Laboratoires Schering

## CLIMODIÈNE

*Informations détaillées sur www.monvidal.com*

## CLIPTOL

Anti-inflammatoire d'action locale

### Présentation

CLIPTOL : gel pour application locale ; tube de 50 g. Non remb.

### Composition

| | p 100 g |
|---|---|
| **Ibuprofène** | 5 g |
| **Lévomenthol** | 3 g |

### Dans quel cas ce médicament est-il prescrit ?

Ce gel contient un *anti-inflammatoire* non stéroïdien (*AINS*) et du menthol qui a un effet *révulsif*. Il lutte localement contre l'*inflammation* et la douleur.

Il est utilisé dans le traitement des entorses et contusions.

### Contre-indications

Ce médicament ne doit pas être utilisé dans les cas suivants :
- *allergie* à l'aspirine ou aux *AINS* ;
- en application sur une peau lésée (*eczéma*, brûlure, plaie...) ou sur les *muqueuses* ;
- **grossesse** (à partir du 6e mois).

### Grossesse et allaitement

Les *AINS* pris par voie orale peuvent être toxiques pour le fœtus ; leur utilisation est contre-indiquée pendant les 4 derniers mois de la grossesse. Les AINS destinés à une application locale peuvent traverser la peau, passer dans le sang et exposer le fœtus au même risque, lorsqu'ils sont appliqués sur une large surface de peau ou sous un pansement occlusif. N'utilisez pas ce médicament pendant la grossesse sans avis médical.

N'utilisez pas ce gel pendant l'allaitement sans avis médical.

### Mode d'emploi et posologie

Appliquer un ruban de 1 à 4 cm de gel en massage doux et prolongé.

**Posologie usuelle :**
- Adulte : 1 à 3 applications par jour.

**Conseils :** Pensez à vous laver les mains après l'application. En cas de contact accidentel avec les yeux, rincez abondamment.

### Effets indésirables possibles

*Réaction allergique* cutanée (éruption de boutons, démangeaisons...) imposant l'arrêt du traitement ; à ne pas confondre avec une rougeur au point d'application due au médicament.

Laboratoires Pierre Fabre Médicament

## CLIVARINE

*Informations détaillées sur www.monvidal.com*

## CLOMID

Traitement de la stérilité — sur ordonnance

### Présentation

CLOMID : comprimé sécable (jaune) ; boîte de 5. Liste I - Remb 65 % - **Prix : 4,52 €.**

### Composition

| | p cp |
|---|---|
| **Clomifène citrate** | 50 mg |

### Dans quel cas ce médicament est-il prescrit ?

Ce médicament est un inducteur de l'ovulation : il provoque la formation de l'ovule par l'ovaire. Il agit sur l'*hypothalamus*, qui sécrète les *hormones* indispensables au déclenchement de l'ovulation.

Il est utilisé dans :
- le traitement des stérilités dues à un dérèglement hormonal ;
- le diagnostic et le traitement de certaines *aménorrhées*, notamment celles qui peuvent suivre l'arrêt d'une contraception orale (pilule).

### Contre-indications

Ce médicament ne doit pas être utilisé dans les cas suivants :
- maladie grave ou récente du foie,
- certaines causes de saignements entre les règles,
- cancer des organes génitaux,
- certains kystes de l'ovaire,
- troubles de la vue pendant le traitement ou lors de traitements précédents,
- **grossesse**.

**Attention :** Ce médicament peut provoquer une stimulation excessive des ovaires : en cas de douleurs dans le bas-ventre, de sensation de gonflement ou de prise de poids, prévenez votre médecin.

### Grossesse et allaitement

Ce médicament est contre-indiqué pendant la grossesse : le médecin s'assurera de l'absence de grossesse avant le début du traitement.

### Mode d'emploi et posologie

Stérilité : 1 ou 2 comprimés, selon les cas, pendant 5 jours. La date de début du traitement ainsi que la *posologie* lors des cycles ultérieurs sont fixées par votre médecin.

*Aménorrhée* : 2 comprimés par jour pendant 5 jours.

> **Conseils :** L'usage de ce médicament dans le traitement de la stérilité nécessite des examens fréquents (*échographie*...). N'hésitez pas à questionner votre médecin pour mieux comprendre le traitement et à vous faire préciser la période la plus favorable à la fécondation ainsi que la fréquence optimale des rapports sexuels.
> Ce médicament doit être conservé à l'abri de la lumière.

### Effets indésirables possibles

Troubles de la vision.

Bouffées de chaleur, maux de tête, étourdissement, *vertiges*.

*Troubles digestifs*.

Règles plus abondantes, saignement entre les règles.

Nervosité, insomnie, *état dépressif*.

Envie d'uriner fréquente.

*Réaction allergique* cutanée.

Augmentation de la probabilité d'une grossesse multiple.

Laboratoires Marion Merrell

## CLOMIPRAMINE MERCK

Antidépresseur imipraminique — sur ordonnance

Ce médicament est un générique de ANAFRANIL (voir p. 91 et tableau p. 1151).

## CLOMIPRAMINE RPG

Antidépresseur imipraminique — sur ordonnance

Ce médicament est un générique de ANAFRANIL (voir p. 91 et tableau p. 1151).

## CLOMIPRAMINE SANDOZ

Antidépresseur imipraminique — sur ordonnance

Ce médicament est un générique de ANAFRANIL (voir p. 91 et tableau p. 1151).

## CLOMIPRAMINE TEVA

Antidépresseur imipraminique — sur ordonnance

Ce médicament est un générique de ANAFRANIL (voir p. 91 et tableau p. 1151).

**CLONAZONE**

*Informations détaillées sur www.monvidal.com*

## CLOPIXOL

Neuroleptique — sur ordonnance

### Présentation

**CLOPIXOL 10 mg :** comprimé (rose clair) ; boîte de 30. Liste I - Remb 65 % - **Prix : 5,28 €**.

**CLOPIXOL 25 mg :** comprimé (rose foncé) ; boîte de 30. Liste I - Remb 65 % - **Prix : 11,39 €**.

**CLOPIXOL 2 % :** solution buvable ; flacon compte-gouttes de 20 ml (400 gouttes). Liste I - Remb 65 % - **Prix : 9,97 €**.

**CLOPIXOL action prolongée 200 mg/ml :** solution injectable huileuse *IM* ; ampoule de 1 ml. Liste I - Remb 65 % - **Prix : 7,85 €**.

### Composition

| | p cp | p cp | p gte |
|---|---|---|---|
| **Zuclopenthixol** | 10 mg | 25 mg | 1 mg |
| Alcool | | | + |

| | p amp inj |
|---|---|
| **Zuclopenthixol décanoate** | 200 mg |

### Dans quel cas ce médicament est-il prescrit ?

Ce médicament est un *neuroleptique*.

Il est utilisé dans le traitement de certains troubles psychiques (certains types de *psychoses*, état d'agitation...).

### Contre-indications

Ce médicament ne doit pas être utilisé dans les cas suivants :

- risque de *glaucome* à angle fermé,
- risque de rétention urinaire (*adénome de la prostate*...),
- *insuffisance hépatique* ou *rénale* graves,
- en association avec les médicaments *dopaminergiques*.

> **Attention :** Dans le traitement de certains troubles psychiques, les *neuroleptiques* permettent de contrôler efficacement la maladie, mais un arrêt intempestif du traitement expose à une rechute grave.
> En cas de survenue d'une fièvre inexpliquée associée à une raideur musculaire (qui pourraient être dues au médicament), ne poursuivez pas le traitement sans avis médical : risque de *syndrome malin des neuroleptiques*.
> Des précautions particulières s'imposent en cas d'*épilepsie*, de maladie cardiaque, de maladie de *Parkinson* et chez la personne âgée, notamment en cas de tendance aux *vertiges* ou aux baisses de tension.
> Évitez les boissons alcoolisées : augmentation du risque de somnolence.
> Ce médicament peut induire une somnolence, parfois intense chez certaines personnes. Cette somnolence peut être majorée par la prise d'*alcool* ou d'autres médicaments *sédatifs*. La conduite et l'utilisation de machines dangereuses sont déconseillées, surtout dans les heures qui suivent la prise du médicament.

### Interactions avec d'autres substances

La prise conjointe de *neuroleptiques* et de médicaments *dopaminergiques* est généralement contre-indiquée (risque d'annulation de leurs effets) ; cette association peut néanmoins être nécessaire chez certaines personnes atteintes de la maladie de *Parkinson*.

Informez par ailleurs votre médecin si vous prenez un *antihypertenseur* ou un médicament *sédatif.*

### Grossesse et allaitement

Si une grossesse survient pendant le traitement, consultez votre médecin. Il appréciera le risque éventuel lié à l'utilisation de ce médicament dans votre cas.

Si le traitement est poursuivi jusqu'à l'accouchement, une surveillance médicale du *nouveau-né* est nécessaire.

Ce médicament passe dans le lait maternel : l'allaitement est déconseillé.

### Mode d'emploi et posologie

Les comprimés doivent être avalés avec de l'eau.

Les gouttes doivent être diluées dans un peu d'eau.

La solution injectable a une action prolongée. Elle doit être injectée par *voie* intramusculaire profonde, en utilisant une seringue en verre.

**Posologie usuelle :**

Elle est variable selon les cas.

**Conseils :** Une prise de poids peut être observée au cours du traitement. Une alimentation équilibrée, et si nécessaire les conseils d'un nutritionniste, peuvent prévenir et limiter ce phénomène.

### Effets indésirables possibles

Somnolence.

Mouvements involontaires ou inadaptés, tics, pouvant survenir lors de la première prise (notamment en cas de *surdosage*) ou plus tardivement, lors d'un traitement prolongé.

Raideur musculaire et difficulté à coordonner les mouvements.

*Hypotension orthostatique.*

Augmentation de la sécrétion de *prolactine* pouvant se traduire par : absence de règles, augmentation du volume des seins, écoulement de lait par le mamelon.

Troubles sexuels.

Prise de poids.

Effets *atropiniques* : constipation, bouche sèche, troubles de l'*accommodation*, blocage des urines.

Laboratoires Lundbeck

## CLOZAPINE MERCK

Neuroleptique atypique — sur ordonnance

Ce médicament est un générique de LEPONEX (voir p. 567 et tableau p. 1151).

## CLOZAPINE PANPHARMA

Neuroleptique atypique — sur ordonnance

Ce médicament est un générique de LEPONEX (voir p. 567 et tableau p. 1151).

## COAPROVEL

Association d'antihypertenseurs — sur ordonnance

### Présentation

COAPROVEL 150 mg/12,5 mg : comprimé (ovale ; pêche) ; boîte de 28. Liste I - Remb 65 % - **Prix : 22,25 €.**

COAPROVEL 150 mg/12,5 mg : comprimé (ovale ; pêche) ; boîte de 84. Liste I - Remb 65 % - **Prix : 60,70 €.**

COAPROVEL 300 mg/12,5 mg : comprimé (ovale ; pêche) ; boîte de 28. Liste I - Remb 65 % - **Prix : 29,86 €.**

COAPROVEL 300 mg/12,5 mg : comprimé (ovale ; pêche) ; boîte de 84. Liste I - Remb 65 % - **Prix : 80,10 €.**

### Composition

| | p cp | p cp |
|---|---|---|
| **Irbésartan** | 150 mg | 300 mg |
| **Hydrochlorothiazide** | 12,5 mg | 12,5 mg |
| Lactose | + | + |

### Dans quel cas ce médicament est-il prescrit ?

Cet *antihypertenseur* contient deux substances :

- l'irbésartan, de la famille des anti-angiotensine II. Il bloque l'action de l'angiotensine II, substance naturellement présente dans l'organisme. Celle-ci est responsable d'une contraction des artères qui augmente la pression artérielle et fatigue le cœur ;
- l'hydrochlorothiazide, un *diurétique* dont la structure chimique est proche de celles des *sulfamides*. Son action renforce celle de l'irbésartan.

Il est utilisé dans le traitement de l'*hypertension artérielle*.

### Contre-indications

Ce médicament ne doit pas être utilisé dans les cas suivants :

- *allergie* à l'irbésartan ou aux *sulfamides*,
- *insuffisance hépatique* grave ou obstruction des voies biliaires,
- *insuffisance rénale* grave,
- *hypokaliémie* grave,
- **grossesse** (à partir du 4e mois),
- **allaitement**.

**Attention :** Des précautions sont nécessaires chez les personnes souffrant d'*hypertension artérielle* due à un rétrécissement des artères rénales, d'*insuffisance coronarienne* ou de troubles de la circulation cérébrale.

Chez les personnes atteintes d'une *insuffisance hépatique* grave, l'apparition de troubles de la conscience peut annoncer une complication. Ne poursuivez pas le traitement sans l'avis de votre médecin.

Si vous suiviez auparavant un traitement par *diurétique* ou un régime sans *sel*, la baisse de la tension artérielle peut être importante lors des premières prises du médicament : risque de malaise ou d'étourdissement pouvant entraîner une chute. Il est donc recommandé de prendre un régime normalement salé ou d'interrompre le traitement diurétique au moins 3 jours avant la première prise de ce médicament. Votre médecin vous donnera toutes les informations utiles à ce sujet.

Faites pratiquer régulièrement les analyses de sang prescrites par votre médecin ; elles sont notamment destinées à vérifier le bon fonctionnement de vos reins (dosage de la *créatinine*) et les taux de *potassium* et de *sodium* sanguins.

Le diurétique contenu dans ce médicament peut faire baisser la *kaliémie* : évitez d'utiliser des *laxatifs stimulants* dont l'usage régulier contribue à la baisse du taux de potassium dans le sang. Il peut par ailleurs augmenter taux sanguin d'*acide urique* (possibilité de crise de *goutte*).

Sportif : ce médicament contient une substance susceptible de rendre positifs certains *tests antidopage*.

Conducteur : ce médicament peut être responsable de *vertiges*.

**Interactions avec d'autres substances**

Ce médicament peut interagir avec les médicaments susceptibles de provoquer une *hyperkaliémie* (*diurétique*, sel de *potassium*...), avec les médicaments donnant des *torsades de pointes* et avec les médicaments contenant du lithium.

Informez par ailleurs votre médecin si vous prenez un *digitalique*, un *laxatif stimulant*, un *AINS*, ou un médicament contenant de la metformine, de la carbamazépine, de la ciclosporine ou un sel de calcium.

En outre, l'effet *antihypertenseur* de ce médicament peut être augmenté par certains médicaments tels que les *neuroleptiques*, les *antidépresseurs imipraminiques*, les médicaments contenant du baclofène ; il peut être diminué par les *corticoïdes*. Votre médecin doit être informé si vous êtes traité par l'un ou par l'autre.

Chez le diabétique traité par l'*insuline*, une adaptation de la *posologie* de l'insuline peut être nécessaire.

**Grossesse et allaitement**

L'effet de ce médicament sur l'enfant à naître pendant les 3 premiers mois de la grossesse est mal connu. Par prudence, son usage est déconseillé. Au cours des 6 derniers mois de la grossesse, une prise prolongée de ce médicament peut altérer les reins du fœtus. Son utilisation est contre-indiquée à partir du 4e mois de la grossesse.

En conséquence, un désir de grossesse nécessite le remplacement de ce médicament par un autre antihypertenseur. Si une grossesse survient alors que vous prenez ce médicament, consultez rapidement votre médecin pour qu'il modifie votre traitement.

Les données disponibles ne permettent pas de savoir si ce médicament passe dans le lait maternel. L'allaitement est contre-indiqué pendant le traitement.

**Mode d'emploi et posologie**

Ce médicament peut être pris indifféremment au cours ou en dehors des repas.

**Posologie usuelle :**

- Adulte : 1 comprimé par jour.

**Conseils :** Votre tension artérielle doit être contrôlée régulièrement. Les appareils permettant une mesure automatique de la tension à domicile utilisent souvent un procédé de mesure différent de celui qu'emploie votre médecin. Si vous avez un tel appareil, apportez-le en consultation pour vous assurer que la mesure obtenue est bien conforme à celle du tensiomètre de votre médecin.

Le traitement médicamenteux ne dispense pas de mesures simples pouvant faire baisser la tension artérielle : activité physique régulière, modération de la consommation de boissons alcoolisées et de *sel*, lutte contre l'excès de poids.

Les *diurétiques* exposent au risque de déshydratation : les personnes âgées devront boire abondamment, notamment pendant les fortes chaleurs.

**Effets indésirables possibles**

Étourdissements dus à une *hypotension orthostatique*, fatigue, *réaction allergique*.

Aggravation réversible d'une *insuffisance rénale*.

Augmentation du taux d'*acide urique* ou de glucose dans le sang et exceptionnellement du calcium.

Baisse du taux de *potassium*, associée ou non à des crampes.

Rarement :

- *troubles digestifs*, fourmillement des extrémités, maux de tête ;
- baisse du taux de *sodium* dans le sang (natrémie) et risque de troubles du comportement ;
- anomalie de la *numération formule sanguine*.

Exceptionnellement : *pancréatite*.

Laboratoires BMS/Sanofi Winthrop

## COBANZYME

*Informations détaillées sur www.monvidal.com*

## COCCULINE

Homéopathie

**Présentation**

COCCULINE : comprimé (blanc) ; boîte de 30. Non remb.
COCCULINE : globule ; boîte de 3 doses. Non remb.
COCCULINE : globule ; boîte de 6 doses. Non remb.

**Composition**

Cocculus 4 CH, Tabacum 4 CH, Nux vomica 4 CH, Petroleum 4 CH, aa ; lactose, saccharose.

**Dans quel cas ce médicament est-il prescrit ?**

Ce médicament est un *complexe* (association) de composants homéopathiques.

Il est utilisé dans le *traitement homéopathique* des nausées dues au mal des transports.

**Grossesse et allaitement**

Aux *dilutions homéopathiques*, les substances contenues dans ce médicament ne sont pas connues pour être toxiques pendant la grossesse ou l'allaitement.

**Mode d'emploi et posologie**

Les comprimés peuvent être absorbés avec un peu d'eau.

Les doses de globules doivent être placées sous la langue.

**Posologie usuelle :**

- *Traitement préventif* : 2 comprimés 3 fois par jour, la veille et le jour du voyage ; ou 1 dose de globules la veille du voyage et juste avant le départ.
- *Traitement curatif* : 2 comprimés toutes les heures, ou 1 dose de globules en cas de mal des transports.

**Conseils :** Abstenez-vous de manger dans le quart d'heure qui précède ou suit la prise.

Il existe une série de mesures simples et souvent efficaces pour prévenir le mal des transports :

- bien dormir la veille de votre voyage ;
- manger légèrement mais régulièrement pendant le trajet, en privilégiant les aliments solides ;

- ne pas consommer de café, ni de boissons alcoolisées ou gazeuses ;
- éviter les odeurs de cuisine ou de tabac ;
- s'abstenir de lire ;
- privilégier certaines places : passager avant en voiture, au niveau des ailes en avion, sur le pont au centre en bateau.

Laboratoires Boiron

## COCCULUS COMPLEXE N° 73

*Informations détaillées sur www.monvidal.com*

## CODEDRILL

*Informations détaillées sur www.monvidal.com*

## CODENFAN

Antalgique opiacé

sur ordonnance

### Présentation

**CODENFAN 1 mg/ml :** sirop (arômes : fruits rouges, vanille) ; flacon de 200 ml avec dispositif doseur gradué en mg. Liste I - Remb 65 % - **Prix : 3,44 €**.

### Composition

| | p 100 ml |
|---|---|
| **Codéine** | 100 mg |
| **Saccharose** | 60 g |
| **Alcool** | 50 mg |

### Dans quel cas ce médicament est-il prescrit ?

Ce médicament contient un *antalgique*, la *codéine* qui appartient à la famille des *opiacés*.

Il est utilisé chez l'enfant dans le traitement des douleurs.

### Contre-indications

Ce médicament ne doit pas être utilisé dans les cas suivants :
- enfant de moins de 1 an (en l'absence de données),
- crise d'*asthme*,
- *insuffisance respiratoire* grave ;
- en association avec les médicaments contenant de la nalbuphine, de la buprénorphine ou de la pentazocine.

**Attention :** Ce médicament ne doit être utilisé que sur prescription : ne l'utilisez pas sans avis médical chez un autre enfant.

Rangez le sirop sous clé hors de portée des enfants : une intoxication par surdosage accidentel peut être grave et nécessite de prendre l'avis du centre antipoison (voir Annexes) ou du centre 15.

Des précautions sont nécessaires chez les enfants qui souffrent d'*hypertension intracrânienne*, d'*insuffisance respiratoire*, de tendance à la somnolence, de toux grasse, d'*insuffisance rénale* ou *hépatique*.

Ce médicament contient un *opiacé* : son usage prolongé, à dose élevée, expose à un risque de *dépendance*. Ne dépassez pas la dose ni la durée de traitement recommandées.

Ce médicament contient du sucre (saccharose) en quantité notable.

La codéine peut induire une somnolence. La conduite et l'utilisation de machines dangereuses sont déconseillées, surtout dans les heures qui suivent la prise du médicament.

### Interactions avec d'autres substances

Ce médicament ne doit pas être associé à ceux qui contiennent de la nalbuphine, de la buprénorphine ou de la pentazocine, qui annuleraient son action.

Attention à ne pas associer ce médicament à d'autres *sédatifs* sans avis médical : augmentation du risque d'*insuffisance respiratoire*.

De nombreux sirops contre la toux contiennent de la *codéine* ou d'autres *opiacés*, ne les utilisez pas pendant le traitement.

### Grossesse et allaitement

Dans l'éventualité d'une grossesse ou d'un allaitement chez une adolescente, il faut signaler que la prise de codéine serait déconseillée.

### Mode d'emploi et posologie

Ce médicament peut être pris pendant ou entre les repas, à la cuillère ou dilué dans un verre de boisson quelconque.

Respecter un intervalle minimal de 4 à 6 heures entre 2 prises.

**Posologie usuelle :**
- Enfant de plus de 1 an : 0,5 mg par kg, 4 fois par jour ; soit, par exemple, pour un enfant de 14 kg : une dose de 7 mg à chaque prise.

La dose par prise peut être portée à 0,75 mg par kg, voire 1 mg par kg.

**Conseils :** Comme pour la majorité des traitements *antalgiques*, il est préférable d'administrer le produit régulièrement, sans attendre la réapparition de la douleur.

Cet *antalgique* contenant de la codéine est destiné à être utilisé en deuxième intention, lorsque l'aspirine, l'ibuprofène ou le paracétamol, utilisés seuls, sont insuffisamment efficaces. Il peut néanmoins être utilisé d'emblée dans le traitement des douleurs fortes.

Ce médicament peut retarder un diagnostic en masquant la douleur ; ne le donnez pas à l'enfant sans avis médical.

Le sirop se conserve 30 jours maximum après ouverture du flacon.

### Effets indésirables possibles

Constipation, somnolence, *vertiges*, nausées, vomissements.

Rarement : *bronchospasme*, *éruption cutanée*, *insuffisance respiratoire*.

Laboratoires Bouchara-Recordati

## CODOLIPRANE Adulte

Association d'antalgiques contenant un opiacé

### Présentation

CODOLIPRANE Adulte : comprimé sécable (blanc) ; boîte de 16. Remb 65 % - **Prix : 2,67 €**.

### Composition

| | p cp |
|---|---|
| **Paracétamol** | 400 mg |
| **Codéine phosphate** | 20 mg |

### Dans quel cas ce médicament est-il prescrit ?

Ce médicament contient deux *antalgiques* : le paracétamol, qui empêche la transmisssion de la douleur, et

un *opiacé* (la codéine), qui renforce l'action du paracétamol en agissant sur la perception de la douleur par le cerveau. Le faible dosage en codéine lui permet d'être disponible sans ordonnance.
Il est utilisé dans le traitement de la douleur.

### Contre-indications

Ce médicament ne doit pas être utilisé dans les cas suivants :
- maladie grave du foie ;
- *asthme* et *insuffisance respiratoire* ;
- en association avec les médicaments contenant de la nalbuphine, de la buprénorphine ou de la pentazocine ;
- **allaitement**.

**Attention :** De nombreux médicaments contiennent du paracétamol : vous devez en tenir compte en cas de prise conjointe car le *surdosage* en paracétamol peut être toxique pour le foie.
Du fait de la présence de codéine :
- n'utilisez pas ce médicament à forte dose et de façon prolongée (risque de *dépendance*) ;
- évitez son emploi en cas d'*hypertension intracrânienne*, qu'il pourrait aggraver.

Ce médicament peut induire une somnolence, parfois intense chez certaines personnes. Cette somnolence peut être majorée par la prise d'*alcool* ou d'autres médicaments *sédatifs*. La conduite et l'utilisation de machines dangereuses sont déconseillées, surtout dans les heures qui suivent la prise du médicament.

### Interactions avec d'autres substances

Ce médicament ne doit pas être associé à ceux qui contiennent de la nalbuphine, de la buprénorphine ou de la pentazocine : risque de diminution de l'effet *antalgique*.
Informez par ailleurs votre médecin ou votre pharmacien si vous prenez des *sédatifs*.

### Grossesse et allaitement

L'utilisation de la *codéine* et de ses dérivés (codéthyline, pholcodine) ne doit être envisagée chez la femme enceinte qu'en cas de nécessité, en effet :
- une *insuffisance respiratoire* peut survenir chez le nouveau-né d'une mère traitée par des doses élevées, même si le traitement est ponctuel mais précède de peu l'accouchement ;
- un *syndrome de sevrage*, à l'inverse, peut concerner des nouveau-nés si leur mère reçoit un traitement régulier, même à faible dose.

Il est donc important de signaler à l'obstétricien la prise éventuelle de codéine ou d'un de ses dérivés, afin que ces risques puissent être prévenus par une surveillance et un éventuel traitement adapté.
Ce médicament passe dans le lait maternel. Il est contre-indiqué pendant l'allaitement.

### Mode d'emploi et posologie

Ce médicament peut être pris indifféremment au cours ou en dehors des repas. Les comprimés doivent être avalés avec un verre d'eau.
Respecter un intervalle de 4 à 6 heures entre 2 prises.
En cas d'*insuffisance rénale*, l'intervalle entre 2 prises doit être au minimum de 8 heures.

**Posologie usuelle :**
- Adulte : 1 ou 2 comprimés par prise, sans dépasser 6 comprimés par jour.

Chez la personne âgée, la *posologie* initiale est généralement réduite de moitié.

**Conseils :** Comme tous les *antalgiques*, ce médicament est généralement plus efficace pour prévenir la douleur que pour la calmer : dans le traitement des douleurs chroniques, il est préférable de prendre ce médicament à intervalles réguliers sans attendre que la douleur s'installe.
Cet *antalgique* contenant de la codéine est destiné à être utilisé en deuxième intention, lorsque l'aspirine, l'ibuprofène ou le paracétamol, utilisés seuls, sont insuffisamment efficaces. Il peut néanmoins être utilisé d'emblée dans le traitement des douleurs fortes.

### Effets indésirables possibles

Liés à la *codéine* :
Constipation, somnolence, nausées, vomissements, sensation de vertige et, plus rarement, *bronchospasme*, *réaction allergique* cutanée, ralentissement de la respiration. Ces effets indésirables sont ceux de la famille des *opiacés* ; ils sont généralement modérés aux doses recommandées.
Liés au paracétamol : *réaction allergique* (rare).

Laboratoires Théraplix

## CODOLIPRANE Enfant

*Informations détaillées sur www.monvidal.com*

## CODOTUSSYL EXPECTORANT

*Informations détaillées sur www.monvidal.com*

## CODOTUSSYL MAUX DE GORGE

Préparation orobuccale antibactérienne et antalgique

### Présentation

CODOTUSSYL MAUX DE GORGE : pâte à sucer ; boîte de 30. Non remb.
CODOTUSSYL MAUX DE GORGE SANS SUCRE : pastille (arôme mandarine) ; boîte de 24. Non remb.

### Composition

| | p pâte | p past |
|---|---|---|
| **Lidocaïne chlorhydrate** | 2 mg | 2 mg |
| **Benzoate de sodium** | 50 mg | |
| **Alcool benzylique** | 30 mg | |
| **Cétylpyridinium chlorure** | | 1,5 mg |
| **Acide ascorbique (vitamine C)** | | 80 mg |
| Sucre | 2 g | |

### Dans quel cas ce médicament est-il prescrit ?

Ce médicament contient un *anesthésique* local (lidocaïne) et un *antiseptique*.
Il est utilisé dans le traitement des maux de gorge et des petites plaies de la bouche (*aphtes* par exemple).

### Contre-indications

Ce médicament ne doit pas être utilisé en cas d'*allergie* aux *anesthésiques* locaux.

**Attention :** En l'absence d'amélioration au bout de 5 jours, de douleur en avalant ou en cas d'apparition de fièvre, consultez votre médecin. Il pourra faire la différence entre une *pharyngite* et une angine. En cas d'angine bactérienne, un traitement *antibiotique* est nécessaire afin d'éviter des complications ultérieures, cardiaques ou rénales.

L'usage prolongé des traitements antiseptiques locaux (*gargarisme*, *collutoire*, pastille) n'est pas souhaitable ; il peut modifier l'équilibre microbien naturel de la gorge.

Une surconsommation pourrait provoquer des troubles nerveux et cardiaques : respectez la *posologie*.

Les pâtes à sucer contiennent du *sucre* en quantité notable.

Sportif : les *anesthésiques* locaux ont été retirés de la liste des substances dopantes publiée dans les arrêtés du 20 avril et du 16 août 2004 par le ministère de la Jeunesse et des Sports.

### Interactions avec d'autres substances

Il est généralement inutile d'associer des *antiseptiques* différents. Ceux-ci peuvent être contenus dans de nombreux produits disponibles en automédication : pastille, *collutoire* et solution nasale ; demandez conseil à votre pharmacien.

### Grossesse et allaitement

L'effet de ce médicament pendant la grossesse ou l'allaitement est mal connu. L'évaluation du risque éventuel lié à son utilisation est individuelle : demandez conseil à votre pharmacien ou à votre médecin.

### Mode d'emploi et posologie

Les pâtes et les pastilles doivent être sucées lentement sans être croquées, à distance des repas.

**Posologie usuelle :**

- Adulte : 1 à 8 pâtes par jour, en espaçant les prises d'au moins 1 heure ou 6 pastilles par jour en espaçant les prises d'au moins 2 heures.
- Enfant de 6 à 15 ans : 1 à 4 pâtes ou 4 pastilles par jour, en espaçant les prises d'au moins 2 heures.

La durée du traitement est limitée à quelques jours sans avis médical.

**Conseils :** Chez l'enfant et la personne âgée, évitez l'usage de ce médicament avant les repas : l'*anesthésique* local est susceptible de provoquer des troubles de la déglutition ; ceux-ci pourraient être à l'origine du passage d'aliments dans les *voies* respiratoires.

### Effets indésirables possibles

*Réaction allergique.*

Engourdissement passager de la langue.

**Laboratoires Wyeth Santé familiale**

## CODOTUSSYL TOUX SÈCHE sirop

Antitussif opiacé

### Présentation

**CODOTUSSYL TOUX SÈCHE :** sirop Adulte (arôme cerise) ; flacon de 150 ml avec cuillère-mesure de 2,5 ml et5 ml. Non remb.

### Composition

| | p 5 ml |
|---|---|
| **Pholcodine** | 6,6 mg |
| Alcool | 93 mg |
| Saccharose | + |

### Dans quel cas ce médicament est-il prescrit ?

Ce sirop *antitussif* contient de la pholcodine qui a un effet *sédatif* sur le *système nerveux central*, notamment sur les centres de la toux.

Il est utilisé dans le *traitement symptomatique* des toux sèches et d'irritation.

### Contre-indications

Ce médicament ne doit pas être utilisé dans les cas suivants :
- *asthme*,
- *insuffisance respiratoire*,
- **allaitement**.

**Attention :** Ce médicament n'est pas adapté au traitement de la toux grasse, qui est un mécanisme de défense normal de l'organisme permettant l'évacuation des mucosités présentes dans les bronches.

La toux est un *symptôme* qui peut révéler de nombreuses maladies : consultez votre médecin si elle persiste plus de quelques jours.

Ce médicament peut induire une somnolence, parfois intense chez certaines personnes. Cette somnolence peut être majorée par la prise d'*alcool* ou d'autres médicaments *sédatifs*. La conduite et l'utilisation de machines dangereuses sont déconseillées, surtout dans les heures qui suivent la prise du médicament.

### Interactions avec d'autres substances

Informez votre médecin ou votre pharmacien si vous prenez un autre médicament *sédatif*.

### Grossesse et allaitement

L'utilisation de la *codéine* et de ses dérivés (codéthyline, pholcodine) ne doit être envisagée chez la femme enceinte qu'en cas de nécessité, en effet :
- une *insuffisance respiratoire* peut survenir chez le nouveau-né d'une mère traitée par des doses élevées, même si le traitement est ponctuel mais précède de peu l'accouchement ;
- un *syndrome de sevrage*, à l'inverse, peut concerner des nouveau-nés si leur mère reçoit un traitement régulier, même à faible dose.

Il est donc important de signaler à l'obstétricien la prise éventuelle de codéine ou d'un de ses dérivés, afin que ces risques puissent être prévenus par une surveillance et un éventuel traitement adapté.

Ce médicament passe dans le lait maternel. Il est contre-indiqué pendant l'allaitement.

### Mode d'emploi et posologie

Ce médicament est pris de préférence au moment où survient la toux, les prises devant être espacées d'au moins 4 heures.

En cas de somnolence gênante pendant la journée, privilégier les prises le soir.

**Posologie usuelle :**

- Adulte : 1 ou 2 cuillères-mesure de 5 ml par prise, à renouveler si nécessaire, sans dépasser 12 cuillères-mesure par jour.
- Personne âgée et *insuffisant hépatique* : la *posologie* initiale est généralement réduite de moitié (soit 1 à 2 cuillères-mesure de 2,5 ml par prise).

**Conseils :** Fumer, ou être exposé à la fumée des autres, nuit à l'efficacité du traitement : la cigarette est irritante pour les bronches et entretient la toux.

Des mesures simples permettent de calmer les toux sèches : boissons chaudes et humidification de l'air ambiant.

### Effets indésirables possibles

Constipation, somnolence, et, plus rarement, sensation de vertige, nausées, vomissements, *réaction allergique* cutanée, *bronchospasme*.

Laboratoires Wyeth Santé familiale

## COKENZEN

Association d'antihypertenseurs — **sur ordonnance**

### Présentation

COKENZEN 8 mg/12,5 mg : comprimé ; boîte de 28. Liste I - Remb 65 % - **Prix : 22,50 €**.
COKENZEN 16 mg/12,5 mg : comprimé ; boîte de 28. Liste I - Remb 65 % - **Prix : 23,63 €**.

### Composition

| | p cp | p cp |
|---|---|---|
| **Candésartan cilexetil** | 8 mg | 16 mg |
| **Hydrochlorothiazide** | 12,5 mg | 12,5 mg |
| Lactose | + | + |

### Dans quel cas ce médicament est-il prescrit ?

Cet *antihypertenseur* contient deux substances :
- le candésartan, de la famille des anti-angiotensine II. Il bloque l'action de l'angiotensine II, substance naturellement présente dans l'organisme. Celle-ci est responsable d'une contraction des artères qui augmente la pression artérielle et fatigue le cœur ;
- l'hydrochlorothiazide, un *diurétique* dont la structure chimique est proche de celles des *sulfamides*. Son action renforce celle du candésartan.

Il est utilisé dans le traitement de l'*hypertension artérielle*.

### Contre-indications

Ce médicament ne doit pas être utilisé dans les cas suivants :
- *allergie* au candésartan ou aux *sulfamides*,
- œdème de *Quincke*,
- *encéphalopathie hépatique*,
- *insuffisance rénale* grave,
- **grossesse** (à partir du 4e mois),
- **allaitement**.

**Attention :** Des précautions sont nécessaires en cas d'*insuffisance cardiaque* grave ou chez les personnes souffrant d'*hypertension artérielle* due à un rétrécissement des artères rénales, de rétrécissement des valves cardiaques ou de *cardiomyopathie* obstructive.
Chez les personnes atteintes d'une *insuffisance hépatique* grave, l'apparition de troubles de la conscience peut annoncer une complication. Ne poursuivez pas le traitement sans l'avis de votre médecin.
Si vous suiviez auparavant un traitement par *diurétique* ou un régime sans *sel*, la baisse de la tension artérielle peut être importante lors des premières prises du médicament : risque de malaise ou d'étourdissement pouvant entraîner une chute. Il est donc recommandé de prendre un régime normalement salé ou d'interrompre le traitement diurétique avant la première prise de ce médicament. Votre médecin vous donnera toutes les informations utiles à ce sujet.
Faites pratiquer régulièrement les analyses de sang prescrites par votre médecin ; elles sont notamment destinées à vérifier le bon fonctionnement de vos reins (dosage de la *créatinine*) et les taux de *potassium* et de *sodium* sanguins.
Le diurétique contenu dans ce médicament peut faire baisser la *kaliémie* : évitez d'utiliser des *laxatifs stimulants* dont l'usage régulier contribue à la baisse du taux de potassium dans le sang. Il peut par ailleurs augmenter le taux sanguin d'*acide urique* (possibilité de crise de *goutte*).
Sportif : ce médicament contient une substance susceptible de rendre positifs certains *tests antidopage*.
Conducteur : ce médicament peut être responsable de *vertiges*.

### Interactions avec d'autres substances

Ce médicament peut interagir avec les médicaments susceptibles de provoquer une *hyperkaliémie* (*diurétique*, sel de *potassium*...), avec les médicaments donnant des *torsades de pointes* et avec les médicaments contenant du lithium.

Informez par ailleurs votre médecin si vous prenez un *digitalique*, un *laxatif stimulant*, un *AINS*, ou un médicament contenant de la metformine, de la carbamazépine, de la ciclosporine ou un sel de calcium.

En outre, l'effet *antihypertenseur* de ce médicament peut être augmenté par certains médicaments tels que les *neuroleptiques*, les *antidépresseurs imipraminiques*, les médicaments contenant du baclofène ; il peut être diminué par les *corticoïdes*. Votre médecin doit être informé si vous êtes traité par l'un ou par l'autre.

Chez le diabétique traité par l'*insuline*, une adaptation de la *posologie* de l'insuline peut être nécessaire.

### Grossesse et allaitement

L'effet de ce médicament sur l'enfant à naître pendant les 3 premiers mois de la grossesse est mal connu. Par prudence, son usage est déconseillé. Au cours des 6 derniers mois de la grossesse, une prise prolongée de ce médicament peut altérer les reins du fœtus. Son utilisation est contre-indiquée à partir du 4e mois de la grossesse.

En conséquence, un désir de grossesse nécessite le remplacement de ce médicament par un autre antihypertenseur. Si une grossesse survient alors que vous prenez ce médicament, consultez rapidement votre médecin pour qu'il modifie votre traitement.

Ce médicament passe dans le lait maternel ; un choix est donc nécessaire entre l'allaitement et la prise du médicament. Cette décision devra être prise en accord avec votre médecin.

### Mode d'emploi et posologie

Les comprimés doivent être avalés avec un verre d'eau. Ils peuvent être pris indifféremment au cours ou en dehors des repas.

**Posologie usuelle :**
- Adulte : 1 comprimé par jour.

**Conseils :** Votre tension artérielle doit être contrôlée régulièrement. Les appareils permettant une mesure automatique de la tension à domicile utilisent souvent un procédé de mesure différent de celui qu'emploie votre médecin. Si vous avez un tel appareil, apportez-le en consultation pour vous assurer que la mesure obtenue est bien conforme à celle du tensiomètre de votre médecin.

Le traitement médicamenteux ne dispense pas de mesures simples pouvant faire baisser la tension artérielle : activité physique régulière, modération de la consommation de boissons alcoolisées et de *sel*, lutte contre l'excès de poids.

Les *diurétiques* exposent au risque de déshydratation : les personnes âgées devront boire abondamment, notamment pendant les fortes chaleurs.

### Effets indésirables possibles

Étourdissements dus à une *hypotension orthostatique*, *réaction allergique*.

Aggravation réversible d'une *insuffisance rénale*.

Augmentation du taux d'*acide urique* ou de glucose dans le sang et exceptionnellement du calcium.

Baisse du taux de *potassium*, associée ou non à des crampes.

Rarement :
- baisse du taux de *sodium* dans le sang (natrémie) et risque de troubles du comportement,
- anomalie de la *numération formule sanguine*,
- *œdème*, *troubles digestifs*, *vertiges*, fatigue, maux de tête, fourmillement des extrémités, infections des voies respiratoires, douleurs dorsales.

Exceptionnellement : *pancréatite*, troubles visuels.

**Laboratoires Takeda**

## COLCHICINE OPOCALCIUM

Traitement de l'accès aigu de goutte

**sur ordonnance**

### Présentation

COLCHICINE OPOCALCIUM : comprimé (rose) ; boîte de 20. Liste I - Remb 65 % - **Prix : 2,91 €.**

### Composition

| | p cp |
|---|---|
| **Colchicine cristallisée** | 1 mg |
| Lactose | + |
| Saccharose | + |

### Dans quel cas ce médicament est-il prescrit ?

Ce médicament aux propriétés multiples agit principalement sur l'*inflammation* due à la présence de cristaux microscopiques dans les articulations (*acide urique*, calcium...).

Il est utilisé dans le traitement de la *goutte*, de la *chondrocalcinose* et de certaines maladies rares.

### Contre-indications

Ce médicament ne doit pas être utilisé en cas d'*insuffisance hépatique* ou *rénale* graves.

**Attention :** L'apparition d'une diarrhée, fréquente avec ce médicament, n'impose pas l'arrêt du traitement mais peut justifier la prise d'un antidiarrhéique : demandez conseil à votre pharmacien ou à votre médecin.

En revanche, la survenue de vomissements traduit un *surdosage* : ne dépassez pas la *posologie* recommandée.

Des analyses de sang peuvent être nécessaires en cas de traitement prolongé.

### Interactions avec d'autres substances

Ce médicament peut interagir avec certains *antibiotiques* de la famille des macrolides ou avec la pristinamycine : risque d'augmentation des effets indésirables de la colchicine.

Informez votre médecin si vous prenez de la ciclosporine.

### Grossesse et allaitement

Seul votre médecin peut apprécier la nécessité du traitement pendant la grossesse et l'allaitement.

### Mode d'emploi et posologie

Les comprimés doivent être avalés au cours des repas afin de réduire l'*intolérance* digestive.

**Posologie usuelle :**

*Traitement de la crise* de *goutte* : 1 comprimé 3 fois par jour le 1er jour, puis 1 comprimé matin et soir les 2 jours suivants, ensuite 1 comprimé le soir.

*Traitement préventif* de la crise de goutte et traitement des autres maladies : 1 comprimé par jour, le soir.

**Conseils :** Une crise de *goutte* peut être provoquée par un excès alimentaire mais aussi par un jeûne prolongé, une fatigue excessive, un stress ou un traumatisme.

### Effets indésirables possibles

Diarrhée, nausées, vomissements dont l'intensité dépend de la *posologie*.

*Éruption cutanée*.

Exceptionnellement : anomalies de la *numération formule sanguine*.

*Azoospermie*.

**Laboratoires Opocalcium**

## COLCHIMAX

Traitement de l'accès aigu de goutte

**sur ordonnance**

### Présentation

COLCHIMAX : comprimé (bleu) ; boîte de 20. Liste I - Remb 65 % - **Prix : 4,75 €.**

### Composition

| | p cp |
|---|---|
| **Colchicine cristallisée** | 1 mg |
| **Tiémonium méthylsulfate** | 50 mg |
| **Poudre d'opium** | 12,5 mg |
| Lactose | + |
| Glucose | + |

### Dans quel cas ce médicament est-il prescrit ?

Ce médicament contient une association de substances :
- la colchicine, qui agit principalement sur l'*inflammation* due à la présence de cristaux microscopiques dans les articulations (*acide urique*, calcium...) ;
- un *antispasmodique* (tiémonium) et de la poudre d'opium, qui ont des propriétés *atropiniques* et luttent contre la diarrhée induite par la colchicine.

Il est utilisé dans le traitement de la *goutte*, de la *chondrocalcinose* et de certaines maladies rares.

### Contre-indications

Ce médicament ne doit pas être utilisé dans les cas suivants :
- risque de *glaucome* à angle fermé,
- risque de blocage des urines (*adénome de la prostate*...),
- *insuffisance hépatique* ou *rénale* graves,
- **allaitement**.

> **Attention :** Ce médicament présente des effets *atropiniques*. Il peut provoquer un *glaucome* aigu chez les personnes prédisposées : œil rouge, dur et douloureux, avec vision floue. Une consultation d'extrême urgence auprès d'un ophtalmologiste est nécessaire.
> Des précautions sont nécessaires en cas de *troubles du rythme cardiaque*, d'*insuffisance coronarienne*, d'*hyperthyroïdie*, de *bronchite chronique*, de constipation grave.
> La survenue de vomissements ou de diarrhée traduit un *surdosage* : ne dépassez pas la *posologie* recommandée.
> Des analyses de sang peuvent être nécessaires en cas de traitement prolongé.

### Interactions avec d'autres substances

Ce médicament peut interagir avec certains *antibiotiques* de la famille des macrolides ou avec la pristinamycine : risque d'augmentation des effets indésirables de la colchicine.

Informez par ailleurs votre médecin si vous prenez d'autres médicaments *atropiniques* ou de la ciclosporine.

### Grossesse et allaitement

Seul votre médecin peut apprécier la nécessité du traitement pendant la grossesse.

Ce médicament passe dans le lait maternel. Il est contre-indiqué pendant l'allaitement.

### Mode d'emploi et posologie

Les comprimés doivent être avalés au cours des repas afin de réduire l'*intolérance* digestive.

**Posologie usuelle :**

*Traitement de la crise* de *goutte* : 1 comprimé 3 fois par jour le 1er jour, puis 1 comprimé matin et soir les 2 jours suivants, ensuite 1 comprimé le soir.

*Traitement préventif* de la crise de goutte et traitement des autres maladies : 1 comprimé par jour, le soir.

> **Conseils :** Une crise de *goutte* peut être provoquée par un excès alimentaire mais aussi par un jeûne prolongé, une fatigue excessive, un stress ou un traumatisme.

### Effets indésirables possibles

Liés à la colchicine :

Diarrhée, nausées, vomissements, pouvant justifier une réduction de la *posologie*.

*Éruption cutanée*.

Exceptionnellement : anomalies de la *numération formule sanguine*.

*Azoospermie*.

Liés au tiémonium : effets *atropiniques*.

**Laboratoires Opocalcium**

## COLIMYCINE injectable

Antibiotiques : polymyxines — **sur ordonnance**

### Présentation

**COLIMYCINE 500 000 UI :** préparation injectable ; flacon de poudre et ampoule de solvant de 3 ml. Liste I - Remb 65 % - **Prix : 1,39 €**.

**COLIMYCINE 1 000 000 UI :** préparation injectable ; flacon de poudre et ampoule de solvant de 3 ml. Liste I - Remb 65 % - **Prix : 1,61 €**.

### Composition

| | p flacon | p flacon |
|---|---|---|
| **Colistine méthane sulfonate de sodium** | 500 000 UI | 1 million UI |
| soit Colistine | 16,66 mg | 33,33 mg |

### Dans quel cas ce médicament est-il prescrit ?

C'est un *antibiotique* qui appartient à la famille des polymyxines.

Il est utilisé par *voie* injectable dans le traitement de diverses maladies infectieuses, notamment des voies urinaires et de l'appareil génital. La préparation injectable peut aussi être utilisée localement dans certains cas d'*otite* ou d'infection de la peau.

### Contre-indications

Ce médicament ne doit pas être utilisé en cas de *myasthénie*.

> **Attention :** Ce médicament peut être toxique pour l'*oreille interne* : signalez à votre médecin tout trouble de l'équilibre ou de l'audition, ancien ou survenant sous traitement. Il peut également provoquer des lésions des reins, surtout en cas de surdosage ou d'*insuffisance rénale* préexistante.
> Ne prenez aucun *diurétique* sans avis médical pendant le traitement. En cas d'intervention chirurgicale, informez l'anesthésiste de la prise de ce médicament.

### Interactions avec d'autres substances

Ce médicament peut interagir avec les *aminosides*.

### Grossesse et allaitement

L'effet de ce médicament pendant la grossesse ou l'allaitement est mal connu : seul votre médecin peut évaluer le risque éventuel de son utilisation dans votre cas.

### Mode d'emploi et posologie

La poudre doit être dissoute à l'aide du solvant fourni. La solution injectable ne peut être conservée et doit être injectée rapidement par *voie* intramusculaire ou en *perfusion*.

**Posologie usuelle :**

50 000 *UI* par kg et par jour, soit 3 millions d'UI pour un adulte de 60 kg. Cette dose est habituellement répartie en 2 ou 3 injections.

### Effets indésirables possibles

Douleur au point d'injection.

*Insuffisance rénale*, rare dans les conditions normales d'utilisation.

Troubles nerveux : fourmillements autour de la bouche et au bout des doigts.

Réactions allergiques.

**Laboratoires Aventis**

## COLIMYCINE oral

*Informations détaillées sur www.monvidal.com*

## COLITISANE

*Informations détaillées sur www.monvidal.com*

## COLLU-BLACHE

*Informations détaillées sur www.monvidal.com*

## COLLUDOL

Préparation orobuccale antibactérienne et antalgique

### Présentation

COLLUDOL : solution pour pulvérisation buccale (arômes : fruits de la passion, pêche) ; flacon pressurisé de 30 ml. Non remb.

### Composition

| | p 100 ml |
|---|---|
| **Hexamidine di-isétionate** | 100 mg |
| **Lidocaïne chlorhydrate** | 200 mg |
| Menthe, essence | + |

### Dans quel cas ce médicament est-il prescrit ?

Ce *collutoire*, antibactérien et *antalgique*, contient un *antiseptique* et un *anesthésique* local.

Il est utilisé dans le *traitement d'appoint* des affections de la bouche et de la gorge (maux de gorge peu intenses, *aphtes*...).

### Contre-indications

Ce médicament ne doit pas être utilisé dans les cas suivants :

- *allergie* aux *anesthésiques* locaux,
- enfant de moins de 6 ans.

**Attention :** En l'absence d'amélioration au bout de 5 jours, de douleur en avalant ou en cas d'apparition de fièvre, consultez votre médecin. Il pourra faire la différence entre une *pharyngite* et une angine. En cas d'angine bactérienne, un traitement *antibiotique* est nécessaire afin d'éviter des complications ultérieures, cardiaques ou rénales.

L'usage prolongé des traitements antiseptiques locaux (*gargarisme*, *collutoire*, pastille) n'est pas souhaitable ; il peut modifier l'équilibre microbien naturel de la gorge.

Une surconsommation pourrait provoquer des troubles nerveux et cardiaques : respectez la *posologie*.

En l'absence d'amélioration au bout de 5 jours, en cas d'apparition de fièvre, consultez votre médecin.

Sportif : les *anesthésiques* locaux ont été retirés de la liste des substances dopantes publiée dans les arrêtés du 20 avril et du 16 août 2004 par le ministère de la Jeunesse et des Sports.

### Interactions avec d'autres substances

Il est généralement inutile d'associer des *antiseptiques* différents. Ceux-ci peuvent être contenus dans de nombreux produits disponibles en automédication : pastille, *collutoire* et solution nasale ; demandez conseil à votre pharmacien.

### Grossesse et allaitement

L'effet de ce médicament pendant la grossesse ou l'allaitement est mal connu. L'évaluation du risque éventuel lié à son utilisation est individuelle : demandez conseil à votre pharmacien ou à votre médecin.

### Mode d'emploi et posologie

Les prises de ce médicament sont réparties au cours de la journée et doivent être espacées d'au moins 4 heures.

**Posologie usuelle :**

- Adulte : 1 ou 2 pulvérisations, 3 fois par jour.
- Enfant de 6 à 15 ans : 1 à 3 pulvérisations par jour.

**Conseils :** Chez le jeune enfant, la pulvérisation peut provoquer un spasme du larynx : n'introduisez pas trop profondément l'embout dans sa bouche.

Chez l'enfant et la personne âgée, évitez l'usage de ce médicament avant les repas : l'*anesthésique* local est susceptible de provoquer des troubles de la déglutition ; ceux-ci pourraient être à l'origine du passage d'aliments dans les *voies* respiratoires.

### Effets indésirables possibles

*Réaction allergique.*

Engourdissement passager de la langue.

Laboratoires Cooper

## COLLU-HEXTRIL

Préparation orobuccale antibactérienne

### Présentation

COLLU-HEXTRIL : *collutoire* (arôme spearmint) ; flacon pressurisé à l'azote de 40 ml. Non remb.

### Composition

| | p 100 ml |
|---|---|
| **Hexétidine** | 200 mg |
| Menthe | + |

### Dans quel cas ce médicament est-il prescrit ?

Ce *collutoire* contient un *antiseptique*.

Il est utilisé dans le *traitement d'appoint* des affections de la bouche et de la gorge.

### Contre-indications

Ce médicament ne doit pas être utilisé chez l'enfant de moins de 30 mois.

**Attention :** En l'absence d'amélioration au bout de 5 jours, de douleur en avalant ou en cas d'apparition de fièvre, consultez votre médecin. Il pourra faire la différence entre une *pharyngite* et une angine. En cas d'angine bactérienne, un traitement *antibiotique* est nécessaire afin d'éviter des complications ultérieures, cardiaques ou rénales.

L'usage prolongé des traitements antiseptiques locaux (*gargarisme*, *collutoire*, pastille) n'est pas souhaitable ; il peut modifier l'équilibre microbien naturel de la gorge.

En l'absence d'amélioration au bout de 5 jours, en cas d'apparition de fièvre, consultez votre médecin.

### Interactions avec d'autres substances

Il est généralement inutile d'associer des *antiseptiques* différents. Ceux-ci peuvent être contenus dans de nombreux produits disponibles en automédication : pastille, *collutoire* et solution nasale ; demandez conseil à votre pharmacien.

### Grossesse et allaitement

L'effet de ce médicament pendant la grossesse ou l'allaitement est mal connu. L'évaluation du risque éventuel lié à son utilisation est individuelle : demandez conseil à votre pharmacien ou à votre médecin.

### Mode d'emploi et posologie

- Adulte et enfant de plus de 30 mois : 1 ou 2 pulvérisations, 3 fois par jour.

**Conseils :** Chez le jeune enfant, la pulvérisation peut provoquer un spasme du larynx : n'introduisez pas trop profondément l'embout dans sa bouche.

Laboratoires PFIZER Santé Grand Public

## COLLUNOVAR

*Informations détaillées sur www.monvidal.com*

## COLLUVOXYL

*Informations détaillées sur www.monvidal.com*

## COLLYRE BLEU LAITER

*Informations détaillées sur www.monvidal.com*

## COLOCARB

*Informations détaillées sur www.monvidal.com*

## COLOFOAM

*Informations détaillées sur www.monvidal.com*

## COLOPEG

Préparation aux examens du côlon

### Présentation

COLOPEG : poudre pour solution buvable ; boîte de 1 sachet. Remb 65 % - **Prix : 3,24 €.**
COLOPEG : poudre pour solution buvable ; boîte de 4 sachets avec un gobelet. Remb 65 % - **Prix : 10,57 €.**

### Composition

| | p sachet |
|---|---|
| **Macrogol (polyéthylèneglycol) 3 350** | 59 g |
| **Sodium chlorure** | 1,46 g |
| **Sulfate de sodium anhydre** | 5,68 g |
| **Potassium chlorure** | 0,75 g |
| **Bicarbonate de sodium** | 1,68 g |

### Dans quel cas ce médicament est-il prescrit ?

Ce médicament contient un *laxatif osmotique*. Il retient l'eau dans l'intestin et provoque une diarrhée qui vide le tube digestif.
Il est utilisé pour purger l'intestin avant une intervention chirurgicale ou un examen endoscopique (coloscopie) ou radiologique (lavement baryté).

### Contre-indications

Ce traitement ne doit pas être utilisé dans les cas suivants :
- maladie responsable d'un état de fatigue extrême,
- maladie grave, responsable d'une fragilité ou d'une obstruction de l'intestin,
- enfant de moins de 15 ans.

**Attention :** Chez la personne âgée ou fragilisée, il est parfois préférable de réaliser la préparation de l'intestin à l'hôpital ou en clinique, la veille de l'examen.

### Interactions avec d'autres substances

La diarrhée provoquée par l'administration de cette préparation peut diminuer l'absorption de nombreux médicaments. Demandez conseil à votre médecin si vous suivez, par ailleurs, un autre traitement : un décalage de l'horaire des prises peut être nécessaire.

### Grossesse et allaitement

Ce médicament ne contient que des substances présumées sans danger pendant la grossesse ou l'allaitement.

### Mode d'emploi et posologie

Le contenu d'un sachet doit être dilué dans 1 litre d'eau (minérale ou du robinet). La présentation en boîte de 4 sachets comporte un gobelet doseur qui facilite cette opération : verser la poudre d'un sachet dans le gobelet et compléter avec de l'eau jusqu'à la graduation indiquant 1 litre.
Dans tous les cas, la solution doit être agitée jusqu'à dissolution complète de la poudre.

**Posologie usuelle :**
- Adulte : 1 litre de solution par 15 à 20 kg ; soit en moyenne 3 à 4 litres à boire :
  - soit en 1 fois, dans la soirée précédant l'examen ;
  - soit en 2 fois, à raison de 2 litres la veille au soir et 2 litres le matin avant l'examen. Dans ce cas, la dernière prise devra avoir lieu au moins 3 heures avant l'examen.

**Conseils :** L'absorption du volume prescrit n'est généralement ni simple, ni agréable, mais une préparation intestinale correcte conditionne la qualité de l'examen qui sera réalisé par le médecin.
Un régime léger et pauvre en fibres (évitez les fruits et les légumes) est généralement suivi les jours précédant l'examen.

### Effets indésirables possibles

Nausées, vomissements, ballonnements.
La diarrhée, intense, correspond à l'effet recherché et n'est pas un effet indésirable.
Très rarement : *réaction allergique* (*urticaire, œdème*...).

Laboratoires Bayer santé familiale

## COLOPRIV

Antispasmodique à visée digestive — sur ordonnance

Ce médicament est un générique de DUSPATALIN (voir p. 347 et tableau p. 1151).

## COLPOSEPTINE

Estrogène — sur ordonnance

### Présentation

COLPOSEPTINE : comprimé gynécologique ; boîte de 18. Liste II - Remb 35 % - **Prix : 4,29 €.**

### Composition

| | p cp gyn |
|---|---|
| **Chlorquinaldol** | 200 mg |
| **Promestriène** | 10 mg |

### Dans quel cas ce médicament est-il prescrit ?

Ce médicament permet l'apport local d'une *hormone* de la famille des *estrogènes*. Il contient par ailleurs un *antiseptique* local.

Il est utilisé pour corriger les *symptômes* génitaux dus à une *carence* en estrogènes (*atrophie* ou sécheresse de la vulve ou du vagin) en cas d'infection locale.

### Contre-indications

Ce médicament ne doit pas être utilisé chez les personnes ayant des *antécédents* de certains cancers gynécologiques.

### Grossesse et allaitement

L'effet du traitement local par les *estrogènes* pendant la grossesse et l'allaitement est mal connu. Seul votre médecin peut apprécier le risque éventuel de son utilisation dans votre cas.

### Mode d'emploi et posologie

Les comprimés sont destinés à être introduits dans le vagin.

**Posologie usuelle :**

1 comprimé gynécologique par jour, de préférence le soir, 18 jours par mois.

Le traitement peut être poursuivi pendant les règles.

Laboratoires Théramex

## COLPOTROPHINE

Estrogène

sur ordonnance

### Présentation

COLPOTROPHINE : capsule vaginale ; boîte de 20. Liste II - Remb 35 % - **Prix : 5,48 €.**

COLPOTROPHINE : crème gynécologique ; tube de 30 g. Liste II - Remb 35 % - **Prix : 5,54 €.**

### Composition

| | p caps | p 100 g |
|---|---|---|
| **Promestriène** | 10 mg | 1 g |

### Dans quel cas ce médicament est-il prescrit ?

Ce médicament permet l'apport local d'une *hormone* de la famille des *estrogènes*.

Il est utilisé pour corriger les *symptômes* génitaux dus à une *carence* en estrogènes : *atrophie* ou sécheresse de la vulve ou du vagin.

### Contre-indications

Ce médicament ne doit pas être utilisé en cas de *cancer hormonodépendant*.

> **Attention :** En cas de saignement génital survenant en dehors des règles, consultez votre médecin.
> Les capsules contiennent de la vaseline, qui risque de fragiliser les préservatifs : n'employez pas ce mode de contraception pendant le traitement.

### Interactions avec d'autres substances

Comme tout traitement vaginal, ce médicament peut diminuer l'efficacité contraceptive des crèmes et des ovules spermicides.

### Grossesse et allaitement

Ce médicament n'a pas lieu d'être utilisé pendant la grossesse.

Par mesure de prudence, ce médicament est déconseillé pendant l'allaitement.

### Mode d'emploi et posologie

Les capsules sont destinées à être introduites dans le vagin.

La crème est destinée à traiter la vulve.

**Posologie usuelle :**

Capsule : 1 capsule par jour, de préférence le soir, 20 jours par mois.

Crème : 1 ou 2 applications externes par jour.

> **Conseils :** En fondant dans le vagin, la capsule peut être à l'origine d'un écoulement gênant : une protection peut se révéler nécessaire.

### Effets indésirables possibles

Irritation, démangeaisons locales, *réaction allergique*.

Laboratoires Théramex

## COLPRONE

Progestatif

sur ordonnance

### Présentation

COLPRONE 5 : comprimé (blanc) ; boîte de 20. Liste I - Remb 65 % - **Prix : 4,40 €.**

### Composition

| | p cp |
|---|---|
| **Médrogestone** | 5 mg |

### Dans quel cas ce médicament est-il prescrit ?

Ce médicament contient une *hormone* proche de la *progestérone*.

Il est utilisé pour compenser une insuffisance de progestérone dans le traitement :
- des troubles des règles, du *syndrome prémenstruel*, de la tension des seins ;
- de la *ménopause* (en complément des *estrogènes*) ;
- des saignements dus à un *fibrome* ;
- de l'*endométriose*.

### Contre-indications

Ce médicament ne doit pas être utilisé dans les cas suivants :
- *accident thromboembolique* (*phlébite*, *embolie* pulmonaire...) en évolution,
- saignement génital intermittent (l'origine de ce saignement doit être déterminée par des examens avant la mise en route du traitement),
- *insuffisance hépatique* grave.

> **Attention :** De récentes études ont montré une augmentation du risque de survenue d'un cancer du sein chez les femmes ayant reçu un traitement prolongé des *symptômes* de la *ménopause*. Le traitement doit par conséquent être prescrit à la dose minimale efficace et pour une durée la plus courte possible. En l'absence de troubles, sa prescription ne doit pas être systématique.
> Des précautions sont nécessaires en cas d'*antécédent* d'*infarctus du myocarde* ou d'*accident thromboembolique*, de mauvaise circulation du sang, d'*hypertension artérielle* ou de *diabète*.
> Lorsque ce médicament a été prescrit pour des saignements génitaux intermittents, l'origine de ces saignements doit être déterminée par des examens appropriés avant la mise en route du traitement. Si ces saignements surviennent pendant le traitement, signalez-les à votre médecin.

Arrêtez la prise de ce médicament et consultez votre médecin en cas d'apparition de l'un des troubles suivants : maux de tête violents et inhabituels, troubles de la vision, *phlébite*.

### Interactions avec d'autres substances

Les médicaments contenant les substances suivantes sont susceptibles de diminuer l'efficacité des traitements hormonaux : carbamazépine, phénobarbital, phénytoïne, primidone, griséofulvine, rifabutine, rifampicine.

### Grossesse et allaitement

Ce médicament n'a pas d'indication pendant la grossesse, mais une prise intempestive ne doit pas susciter d'inquiétude particulière.

Ce médicament passe dans le lait maternel : il est déconseillé pendant l'allaitement (sauf avis médical).

### Mode d'emploi et posologie

Ce médicament est pris indifféremment au cours ou en dehors des repas.

**Posologie usuelle :**

- Adulte : 1 ou 2 comprimés par jour, pendant les 10 à 14 derniers jours du cycle.

Dans le traitement de l'*endométriose* : 1 à 3 comprimés par jour, du 5e au 25e jour du cycle ou en continu.

### Effets indésirables possibles

Arrêt des règles, saignement génital intermittent (à signaler à votre médecin).

Aggravation d'une insuffisance veineuse, jaunisse, démangeaisons.

Exceptionnellement : insomnie, *troubles digestifs*, prise de poids.

Laboratoires Biodim

## COLTRAMYL

Relaxant musculaire — sur ordonnance

### Présentation

COLTRAMYL : comprimé (jaune) ; boîte de 12. Liste I - Remb 35 % - **Prix : 4,04 €.**

### Composition

| | p cp |
|---|---|
| **Thiocolchicoside** | 4 mg |
| Lactose | + |
| Saccharose | + |

### Dans quel cas ce médicament est-il prescrit ?

Ce médicament est un myorelaxant (relaxant musculaire).

Il est utilisé dans le *traitement d'appoint* des contractures musculaires douloureuses.

### Contre-indications

Ce médicament ne doit pas être utilisé en cas d'**allaitement**.

**Attention :** Des précautions sont nécessaires chez les personnes souffrant d'*épilepsie*.
L'apparition possible d'une diarrhée impose la diminution de la *posologie*.
En cas de douleur de l'estomac, il peut être utile de prendre le comprimé avec un médicament qui protège l'estomac : demandez l'avis de votre médecin.

### Grossesse et allaitement

L'effet de ce médicament sur l'enfant à naître est mal connu. Son usage est déconseillé pendant la grossesse, notamment pendant les 3 premiers mois. Si une grossesse survient au cours du traitement, consultez votre médecin. Il est nécessaire d'arrêter la prise du médicament et de surveiller plus étroitement le développement du fœtus.

Ce médicament passe dans le lait maternel. Il est contre-indiqué pendant l'allaitement.

### Mode d'emploi et posologie

Les comprimés doivent être avalés avec un verre d'eau.

**Posologie usuelle :**

- Adulte : 2 comprimés, 2 fois par jour.

### Effets indésirables possibles

*Allergie* cutanée.

Rarement : douleurs d'estomac, diarrhée.

Laboratoires Théraplix

## COMBANTRIN

*Informations détaillées sur www.monvidal.com*

## COMBIGAN

Antiglaucomateux — sur ordonnance

### Présentation

COMBIGAN : collyre ; flacon compte-gouttes de 5 ml. Liste I - Remb 65 % - **Prix : 18,64 €.**

### Composition

| | p 1 ml |
|---|---|
| **Brimonidine** | 1,3 mg |
| **Timolol** | 5 mg |
| Chlorure de benzalkonium | + |

### Dans quel cas ce médicament est-il prescrit ?

Ce collyre associe deux substances :

- la brimonidine, substance proche de l'adrénaline mais, à la différence de celle-ci, elle n'a quasiment pas d'effet sur le système cardiovasculaire ;
- un *bêtabloquant* (timolol).

Cette association a la propriété de diminuer la pression des liquides contenus dans l'œil (*tension intraoculaire*).

Il est utilisé dans le traitement des maladies dues à un excès de tension intraoculaire, et notamment du *glaucome* à angle ouvert, en cas d'efficacité insuffisante des collyres bêtabloquants.

### Contre-indications

Compte tenu de l'absorption par l'œil du collyre et du passage du *bêtabloquant* dans le sang, ce médicament ne doit pas être utilisé dans les cas suivants :

- *asthme* et *bronchite chronique*,
- *insuffisance cardiaque* grave (sauf si elle est stabilisée par un traitement spécifique),
- *bloc auriculoventriculaire* grave,
- *insuffisance rénale* grave.

**Attention :** Des précautions sont nécessaires chez les personnes souffrant de maladies cardiovasculaires, d'*insuffisance rénale* ou *hépatique* ou de dépression.
En cas de *réaction allergique*, ne poursuivez pas le traitement avant d'avoir pris l'avis de votre médecin.
Chez les diabétiques, les *bêtabloquants* peuvent

masquer certains *symptômes* de l'*hypoglycémie* (*palpitations* et accélération du cœur essentiellement).

Les bêtabloquants aggravent les symptômes des *chocs* allergiques et nuisent à l'efficacité de l'*adrénaline* utilisée pour les traiter en urgence. Signalez à votre médecin tout *antécédent* de choc allergique, même ancien.

Les personnes souffrant d'*angine de poitrine* ou d'*insuffisance coronarienne* ne doivent pas arrêter brutalement le traitement. Un avis médical est nécessaire.

En cas d'intervention chirurgicale, prévenez l'anesthésiste que vous suivez ce traitement.

Ce collyre contient un conservateur qui est susceptible d'être absorbé par les lentilles de contact souples. Il est nécessaire de les enlever avant l'instillation du collyre, et de ne les remettre en place qu'après un délai de 15 minutes.

Conducteur : l'instillation de ce collyre peut provoquer une gêne visuelle transitoire.

Sportif : ce médicament contient une substance susceptible de rendre positifs certains *tests antidopage*.

### Interactions avec d'autres substances

– Autres collyres :

Ce collyre peut interagir avec d'autres collyres, notamment ceux qui contiennent de l'*adrénaline* : respectez un intervalle de 15 minutes entre deux instillations, sauf indication contraire de votre ophtalmologiste.

– Médicaments par *voie* orale (ou injectable) :

Ce médicament ne doit pas être associé :

- à la floctafénine (IDARAC) : risque de majoration de la gravité d'un éventuel *choc* allergique ;
- au sultopride (BARNÉTIL, médicament uniquement disponible à l'hôpital) : risque de ralentissement cardiaque important.

Il peut également interagir avec l'amiodarone ou avec un *bêtabloquant* pris par voie orale.

Informez votre médecin si vous prenez des *antidiabétiques*, des *AINS*, des *antidépresseurs* tricycliques, des *neuroleptiques*, des *corticoïdes*, des *inhibiteurs calciques*, ou des médicaments contenant l'une des substances suivantes : quinidine, hydroquinidine, disopyramide, propafénone, baclofène, clonidine, lidocaïne injectable, méfloquine.

### Grossesse et allaitement

L'effet de ce médicament pendant la grossesse ou l'allaitement est mal connu. Par prudence, son usage est déconseillé chez la femme enceinte ou chez celle qui allaite.

### Mode d'emploi et posologie

Tirer la paupière inférieure vers le bas tout en regardant vers le haut et déposer une goutte de collyre entre la paupière et le globe oculaire (*cul-de-sac conjonctival*).

Veiller à ne pas mettre en contact l'embout du flacon avec l'œil ou les doigts pour éviter de contaminer le collyre avec les germes présents sur les paupières ou la peau.

**Posologie usuelle :**

1 goutte, 2 fois par jour.

**Conseils :** L'application correcte du produit peut nécessiter une aide, notamment chez une personne handicapée ou âgée.

Ne conservez pas ce collyre plus de 4 semaines après ouverture du flacon et gardez-le dans son emballage d'origine, à l'abri de la lumière.

### Effets indésirables possibles

Dus au timolol :

Irritation locale, sécheresse de l'œil, troubles visuels à signaler à votre ophtalmologiste

Exceptionnellement, en cas de passage du *bêtabloquant* dans le sang :

- fatigue, sensation de mains et de pieds froids, insomnie, douleurs d'estomac, nausées, vomissements ;
- *bloc auriculoventriculaire*, ralentissement excessif du cœur, chute de tension, *insuffisance cardiaque*, *bronchospasme*, *hypoglycémie*, phénomène de *Raynaud*

Dus à la brimonidine :

- irritation ou allergie avec rougeur de l'oeil, démangeaisons, larmoiement, œdème des paupières, baisse de l'acuité visuelle ;
- sécheresse de la bouche, maux de tête, fatigue, somnolence ;
- plus rarement : difficultés respiratoires, *vertiges*, troubles digestifs, modification du goût, dépression, *réaction allergique* générale, sécheresse du nez, *palpitations*

Laboratoires Allergan France

## COMBIVENT

Antiasthmatique — sur ordonnance

### Présentation

COMBIVENT : suspension pour *inhalation* buccale ; flacon pressurisé de 10 ml (200 bouffées) avec valve doseuse et embout buccal. Liste I - Remb 65 % - **Prix : 9,09 €.**

### Composition

| | p bouffée |
|---|---|
| **Salbutamol** | 100 µg |
| **Ipratropium bromure** | 20 µg |

### Dans quel cas ce médicament est-il prescrit ?

Ce médicament contient deux bronchodilatateurs : le salbutamol apparenté à l'*adrénaline* et le bromure d'ipratropium de la famille des anticholinergiques (*atropiniques*). L'action de ces deux substances se conjugue pour lutter contre la contraction anormale des bronches.

Il est utilisé dans le *traitement de fond* de la *bronchite chronique* de type obstructif, c'est-à-dire associée à un rétrécissement du diamètre des bronches.

### Contre-indications

Ce médicament agit localement, et seule la faible quantité qui se dépose dans les bronches ou qui est avalée est susceptible d'avoir une action sur le reste de l'organisme. Dans ces conditions, il ne présente pas les contre-indications habituelles des *atropiniques*.

**Attention :** Si vous souffrez d'un *glaucome* par fermeture de l'angle, évitez toute projection de ce médicament dans l'œil.

Les bronchodilatateurs d'action rapide ne sont pas destinés au *traitement de fond* de l'asthme qui repose sur d'autres médicaments, inhalés ou non. Leur emploi ne se justifie que dans le *traitement de*

*la crise* d'asthme ou lors des périodes d'aggravation de la gêne respiratoire.
Lorsque les doses habituellement efficaces deviennent insuffisantes et que les difficultés respiratoires s'accentuent, un traitement complémentaire (par *corticoïde* ou *antibiotique*) peut être nécessaire : consultez votre médecin sans tarder.
En cas de crise grave, n'hésitez pas à appeler le 15 pour un conseil ou une aide médicale urgente.
Sportif : ce médicament contient une substance susceptible de rendre positifs certains *tests antidopage*.

### Grossesse et allaitement

L'effet de ce médicament pendant la grossesse ou l'allaitement est mal connu. Par prudence, son usage est déconseillé chez la femme enceinte ou chez celle qui allaite.

### Mode d'emploi et posologie

Pour que l'action du médicament soit optimale, il faut qu'il pénètre profondément dans les poumons. Ceci nécessite de respecter les conseils suivants : après avoir agité le flacon, tenir le fond de la cartouche dirigé vers le haut et expirer à fond pour vider les poumons ; introduire l'embout buccal entre les lèvres puis appuyer sur la cartouche tout en débutant une inspiration profonde par la bouche ; garder l'air en bloquant votre respiration quelques secondes avant de reprendre une respiration normale.

**Posologie usuelle :**

- Adulte : 2 bouffées, 4 fois par jour.

**Conseils :** Lisez attentivement la notice du médicament et n'hésitez pas à demander une démonstration du maniement de cet appareil à votre médecin ou à votre pharmacien.
L'utilisation de l'aérosol doseur par les personnes maîtrisant mal la technique d'inhalation peut être facilitée en interposant un réservoir en matière plastique (chambre d'inhalation) entre l'aérosol doseur et la bouche. Ce réservoir est disponible en pharmacie.
Pensez à nettoyer régulièrement l'embout buccal avec de l'eau savonneuse. Le capuchon de protection permet d'éviter l'inhalation accidentelle de poussières ou de corps étrangers qui pourraient se déposer dans l'embout en l'absence de protection ; veillez à le remettre en place après chaque *inhalation*.
Le flacon d'aérosol est sous pression : maintenez-le à l'abri de la chaleur.

### Effets indésirables possibles

Le risque d'effet indésirable apparaît sutout en cas de *posologie* élevée : tremblements des extrémités, accélération du cœur, *palpitations*, *vertiges*, maux de tête, sécheresse de la bouche, toux d'irritation.
Exceptionnellement, la prise de ce médicament peut provoquer une aggravation paradoxale des difficultés respiratoires : ne le réutilisez pas sans avoir pris l'avis de votre médecin.

Laboratoires Bœhringer Ingelheim

## COMBIVIR

*Informations détaillées sur www.monvidal.com*

## COMPRALGYL

*Informations détaillées sur www.monvidal.com*

## COMTAN

*Informations détaillées sur www.monvidal.com*

## CONCERTA LP

*Informations détaillées sur www.monvidal.com*

## CONDYLINE

*Informations détaillées sur www.monvidal.com*

## CONIUM COMPLEXE N° 36

*Informations détaillées sur www.monvidal.com*

## CONTALAX

Laxatif stimulant

### Présentation

CONTALAX : comprimé *gastrorésistant* (blanc) ; boîte de 30. Non remb.

### Composition

| | p cp |
|---|---|
| Bisacodyl | 5 mg |

### Dans quel cas ce médicament est-il prescrit ?

Ce médicament contient un *laxatif stimulant*. Il augmente les sécrétions et la motricité de l'intestin.
Il est utilisé dans le *traitement symptomatique* de la constipation.

### Contre-indications

Ce médicament ne doit pas être utilisé dans les cas suivants :
- maladies inflammatoires du côlon,
- constipation ou douleurs abdominales dues à une obstruction du tube digestif : rétrécissement intestinal, *fécalome* (bouchon de selles),
- déshydratation importante, surtout si elle est associée à une perte en sels minéraux (*sodium*, *potassium*).

**Attention :** Ce médicament doit être utilisé de façon épisodique et en cure très brève : pas plus de 8 à 10 jours.
Son usage régulier peut entraîner :
- une *dépendance*,
- des troubles intestinaux graves,
- une perte de sels minéraux, notamment de *potassium*, pouvant être à l'origine de *troubles du rythme cardiaque* graves.

Il ne doit être utilisé qu'à titre exceptionnel chez l'enfant.
Arrêtez le traitement en cas de diarrhée ou de douleurs abdominales.

### Interactions avec d'autres substances

Ce médicament peut interagir avec les médicaments susceptibles de provoquer des *torsades de pointes*.
Informez par ailleurs votre pharmacien ou votre médecin si vous prenez des *corticoïdes* (sauf traitement local), des *diurétiques* ou des médicaments contenant de la digoxine, de la digitoxine ou de l'amphotéricine B (par *voie* intraveineuse).

### Grossesse et allaitement

Ce médicament est déconseillé pendant la grossesse ou l'allaitement.

### Mode d'emploi et posologie

Ce médicament est pris de préférence le soir au coucher. Avaler les comprimés sans les croquer avec un grand verre d'eau.

L'effet laxatif n'est pas immédiat. Il se manifeste généralement environ 10 heures après la prise du médicament.

**Posologie usuelle :**

- Adulte : 1 ou 2 comprimés par jour.
- Enfant de 6 à 15 ans : ne jamais dépasser 1 comprimé par jour. Le traitement ne doit pas être poursuivi plus de quelques jours sans avis médical.

**Conseils :** Évitez la prise simultanée de substances alcalines (eau de Vichy, par exemple).

Le traitement de la constipation chronique repose essentiellement sur des boissons abondantes, une alimentation riche en fibres et une activité physique régulière.

### Effets indésirables possibles

Diarrhée, douleurs abdominales.

Laboratoires Omega-Pharma France

## CONTRACNÉ

*Informations détaillées sur www.monvidal.com*

## CONTRAMAL

Antalgique opiacé — **sur ordonnance**

### Présentation

CONTRAMAL 50 mg **:** gélule ; boîte de 30. Liste I - Remb 65 % - **Prix : 5,36 €**.

### Composition

| | p gél |
|---|---|
| **Tramadol chlorhydrate** | 50 mg |

### Dans quel cas ce médicament est-il prescrit ?

Ce médicament est un *antalgique* de la famille des *opiacés*. Il combat la douleur en agissant directement sur la perception de la douleur par le cerveau.

Il est utilisé dans le traitement de la douleur.

### Contre-indications

Ce médicament ne doit pas être utilisé dans les cas suivants :

- *antécédent* d'*intolérance* aux *opiacés* ;
- intoxication ou *surdosage* avec des *sédatifs*, ivresse aiguë ;
- *insuffisance respiratoire* ou *hépatique* grave ;
- *épilepsie* (sauf si elle est traitée) ;
- enfant de moins de 15 ans ;
- en association avec les *IMAO* ou les médicaments contenant de la nalbuphine, de la buprénorphine ou de la pentazocine ;
- **allaitement**.

**Attention :** Des précautions sont nécessaires chez les personnes qui souffrent d'*hypertension intracrânienne*.

Ce médicament contient un *opiacé* : son usage prolongé, à dose élevée, expose à un risque de *dépendance*. Ne dépassez pas la dose ni la durée de traitement recommandées.

Évitez les boissons alcoolisées : augmentation du risque de somnolence.

Conducteur : ce médicament peut être responsable de *vertiges* ou d'une baisse de la vigilance.

### Interactions avec d'autres substances

Ce médicament ne doit pas être associé :

- aux médicaments contenant de la nalbuphine, de la buprénorphine ou de la pentazocine : risque de diminution de l'effet *antalgique* ;
- aux *IMAO* sélectifs ou non : risque d'accident grave. Un délai de 15 jours doit séparer un traitement antérieur par IMAO de la mise en route du traitement *antalgique*.

Il peut interagir avec les médicaments contenant de la carbamazépine.

Signalez à votre médecin la prise éventuelle de *sédatifs* et d'autres antalgiques ou antitussifs *opiacés*.

### Grossesse et allaitement

L'effet de ce médicament pendant la grossesse et l'allaitement est mal connu. Par mesure de prudence, son usage est déconseillé chez la femme enceinte et contre-indiqué chez celle qui allaite.

### Mode d'emploi et posologie

Les gélules doivent être avalées avec un verre d'eau, pendant ou en dehors des repas.

**Posologie usuelle :**

- Adulte :
  - douleur aiguë : 100 mg (soit 2 gélules) puis 50 à 100 mg (soit 1 ou 2 gélules), à renouveler si nécessaire toutes les 4 à 6 heures ;
  - douleur chronique : 50 à 100 mg, soit 1 ou 2 gélules, toutes les 4 à 6 heures.

Dans tous les cas, il ne faut pas dépasser 8 gélules par jour.

Chez la personne âgée ou en cas d'*insuffisance hépatique* ou *rénale*, le médecin peut prévoir un espacement des prises plus important.

**Conseils :** Comme tous les *antalgiques*, ce médicament est généralement plus efficace pour prévenir la douleur que pour la calmer : dans le traitement des douleurs chroniques, il est préférable de prendre ce médicament à intervalles réguliers sans attendre que la douleur s'installe.

Cet antalgique *opiacé* est destiné à être utilisé en deuxième intention, lorsque l'aspirine, l'ibuprofène ou le paracétamol, utilisés seuls, sont insuffisamment efficaces. Il peut néanmoins être utilisé d'emblée dans le traitement des douleurs fortes.

### Effets indésirables possibles

Nausées et *vertiges* le plus fréquemment.

Occasionnellement (1 à 10 % des utilisateurs) : vomissements, constipation, bouche sèche, sueurs, maux de tête, confusion.

Plus rarement (moins de 1 % des utilisateurs) : douleurs abdominales, *éruption cutanée*, *palpitations*, *hypotension orthostatique*.

Exceptionnellement (moins de 1 cas sur 1000) : faiblesse musculaire, modification de l'appétit, vision floue, difficulté à uriner, euphorie, *réaction allergique*, ralentissement du rythme cardiaque, augmentation de la tension artérielle.

Laboratoires Grunenthal

## CONTRAMAL LP

Antalgique opiacé — **sur ordonnance**

### Présentation

CONTRAMAL LP **100 mg :** comprimé à *libération prolongée* ; boîte de 30. Liste I - Remb 65 % - **Prix : 15,71 €.**
CONTRAMAL LP **150 mg :** comprimé à *libération prolongée* ; boîte de 30. Liste I - Remb 65 % - **Prix : 22,54 €.**
CONTRAMAL LP **200 mg :** comprimé à *libération prolongée* ; boîte de 30. Liste I - Remb 65 % - **Prix : 24,81 €.**

### Composition

| | p cp LP | p cp LP | p cp LP |
|---|---|---|---|
| **Tramadol chlorhydrate** | 100 mg | 150 mg | 200 mg |
| Lactose | + | + | + |

### Dans quel cas ce médicament est-il prescrit ?

Ce médicament est un *antalgique* de la famille des *opiacés*. Il combat la douleur en agissant directement sur la perception de la douleur par le cerveau.

Il est utilisé dans le traitement de la douleur.

### Contre-indications

Ce médicament ne doit pas être utilisé dans les cas suivants :

- intoxication ou *surdosage* avec des *sédatifs*, ivresse aiguë ;
- en association avec les *IMAO* ou les médicaments contenant de la nalbuphine, de la buprénorphine ou de la pentazocine ;
- **allaitement**.

**Attention :** Des précautions sont nécessaires en cas d'*antécédent* d'*intolérance* aux *opiacés* et chez les personnes qui souffrent d'*hypertension intracrânienne*, d'*épilepsie*, d'*insuffisance rénale* ou *hépatique*.

Ce médicament contient un *opiacé* : son usage prolongé, à dose élevée, expose à un risque de *dépendance*. Ne dépassez pas la dose ni la durée de traitement recommandées.

Évitez les boissons alcoolisées : augmentation du risque de somnolence.

Conducteur : ce médicament peut être responsable de *vertiges* ou d'une baisse de la vigilance.

### Interactions avec d'autres substances

Ce médicament ne doit pas être associé :

- aux médicaments contenant de la nalbuphine, de la buprénorphine ou de la pentazocine : risque de diminution de l'effet *antalgique* ;
- aux *IMAO* sélectifs ou non : risque d'accident grave. Un délai de 15 jours doit séparer un traitement antérieur par IMAO de la mise en route du traitement *antalgique*.

Il peut interagir avec les médicaments contenant de la carbamazépine.

Signalez à votre médecin la prise éventuelle de *sédatifs* et d'autres antalgiques ou antitussifs *opiacés*.

### Grossesse et allaitement

L'effet de ce médicament pendant la grossesse et l'allaitement est mal connu. Par mesure de prudence, son usage est déconseillé chez la femme enceinte et contre-indiqué chez celle qui allaite.

### Mode d'emploi et posologie

Les comprimés doivent être avalés sans être croqués, avec un verre d'eau, pendant ou en dehors des repas.

**Posologie usuelle :**

- Adulte et enfant de plus de 12 ans : 100 à 200 mg, matin et soir.

Chez la personne âgée ou en cas d'*insuffisance hépatique* ou *rénale*, le médecin peut prévoir un espacement des prises plus important.

**Conseils :** Comme tous les *antalgiques*, ce médicament est généralement plus efficace pour prévenir la douleur que pour la calmer : dans le traitement des douleurs chroniques, il est préférable de prendre ce médicament à intervalles réguliers sans attendre que la douleur s'installe.

Cet antalgique *opiacé* est destiné à être utilisé en deuxième intention, lorsque l'aspirine, l'ibuprofène ou le paracétamol, utilisés seuls, sont insuffisamment efficaces. Il peut néanmoins être utilisé d'emblée dans le traitement des douleurs fortes.

### Effets indésirables possibles

Nausées et *vertiges* le plus fréquemment.

Occasionnellement (1 à 10 % des utilisateurs) : vomissements, constipation, bouche sèche, sueurs, maux de tête, confusion.

Plus rarement (moins de 1 % des utilisateurs) : douleurs abdominales, *éruption cutanée*, *palpitations*, *hypotension orthostatique*.

Exceptionnellement (moins de 1 cas sur 1000) : faiblesse musculaire, modification de l'appétit, vision floue, difficulté à uriner, euphorie, *réaction allergique*, ralentissement du rythme cardiaque, augmentation de la tension artérielle.

Laboratoires Grunenthal

## CONTRATHION

*Informations détaillées sur www.monvidal.com*

## CONTRE-COUPS DE L'ABBÉ PERDRIGEON

*Informations détaillées sur www.monvidal.com*

## COOLMETEC

*Informations détaillées sur www.monvidal.com*

## COQUELUSÉDAL

Traitement des affections bronchopulmonaires

### Présentation

COQUELUSÉDAL **Adulte :** suppositoire ; boîte de 12. Non remb.
COQUELUSÉDAL **Enfant :** suppositoire ; boîte de 12. Non remb.
COQUELUSÉDAL **Nourrisson :** suppositoire ; boîte de 12. Non remb.

### Composition

| | p suppos Ad | p suppos Enf | p suppos Nour |
|---|---|---|---|
| **Niaouli, huile essentielle** | 40 mg | 20 mg | |
| **Grindélia, extrait** | 40 mg | 20 mg | 10 mg |
| **Gelsémium, extrait** | 20 mg | 10 mg | 5 mg |

**Dans quel cas ce médicament est-il prescrit ?**

Ce médicament contient une association de substances *antiseptiques* des *voies* respiratoires.

Il est utilisé dans le *traitement d'appoint* des bronchites aiguës bénignes.

**Contre-indications**

Ce médicament ne doit pas être utilisé en cas de lésion rectale récente.

> **Attention :** Ce médicament contient un *terpène* (niaouli) : respectez la *posologie* préconisée.
> Des précautions sont nécessaires en cas d'*antécédent* d'*épilepsie*.
> La toux est un *symptôme* qui peut révéler de nombreuses maladies (*asthme, reflux gastro-œsophagien* notamment chez l'enfant) : consultez votre médecin si elle persiste plus de quelques jours.

**Grossesse et allaitement**

L'effet de ce médicament pendant la grossesse est mal connu. L'évaluation du risque éventuel lié à son utilisation est individuelle : demandez conseil à votre pharmacien ou à votre médecin.

Les *terpènes* peuvent donner un goût particulier au lait. Leur absorption par le *nourrisson* n'est pas souhaitable : évitez d'employer ce médicament pendant l'allaitement.

**Mode d'emploi et posologie**

- Adulte : 1 ou 2 suppositoires Adulte par jour.
- Enfant de 30 mois à 15 ans : 1 ou 2 suppositoires Enfant par jour.
- Nourrisson jusqu'à 30 mois : 1 ou 2 suppositoires Nourrisson, le soir au coucher.

> **Conseils :** Fumer, ou être exposé à la fumée des autres, nuit à l'efficacité du traitement : la cigarette est irritante pour les bronches et entretient la toux.
> Des mesures simples permettent de calmer la toux : boissons chaudes et humidification de l'air ambiant.

**Effets indésirables possibles**

En cas de dépassement de la *posologie* usuelle, les *terpènes* peuvent provoquer :
- des *convulsions* chez l'enfant,
- agitation, confusion des idées (notamment chez la personne âgée).

Laboratoires Elerté

## COQUELUSÉDAL PARACÉTAMOL

Antipyrétique

**Présentation**

**COQUELUSÉDAL PARACÉTAMOL 500 mg :** suppositoire Adulte ; boîte de 12. Non remb.
**COQUELUSÉDAL PARACÉTAMOL 250 mg :** suppositoire Enfant ; boîte de 12. Non remb.
**COQUELUSÉDAL PARACÉTAMOL 100 mg :** suppositoire Nourrisson ; boîte de 12. Non remb.

**Composition**

| | p suppos Ad | p suppos Enf | p suppos Nour |
|---|---|---|---|
| **Paracétamol** | 500 mg | 250 mg | 100 mg |
| **Niaouli, huile essentielle** | 40 mg | 20 mg | 10 mg |
| **Grindélia, extrait** | 40 mg | 20 mg | 10 mg |
| **Gelsémium, extrait** | 20 mg | 10 mg | 5 mg |

**Dans quel cas ce médicament est-il prescrit ?**

Ce médicament associe du paracétamol, *antipyrétique*, de l'essence de niaouli, antiseptique des voies respiratoires, et des extraits de plantes à visée antitussive.

Il est utilisé dans le traitement de la fièvre au cours des affections bronchiques aiguës bénignes.

**Contre-indications**

Ce médicament ne doit pas être utilisé dans les cas suivants :
- maladie grave du foie,
- inflammation ou saignement récents du rectum.

> **Attention :** Ce médicament contient du paracétamol : n'associez pas simultanément un autre antipyrétique contenant du paracétamol, car une prise conjointe entraîne un risque de *surdosage* en paracétamol qui peut être toxique pour le foie.
> L'essence de niaouli contient un *terpène* qui peut, en cas de dépassement des *posologies*, avoir des effets indésirables graves : respectez, plus particulièrement chez l'enfant, les doses préconisées. Des précautions sont nécessaires en cas d'*épilepsie*.

**Grossesse et allaitement**

Les études scientifiques actuellement disponibles n'ont pas mis en évidence de problème particulier lors de l'utilisation du paracétamol chez la femme enceinte.

Les *terpènes* peuvent donner un goût particulier au lait. Leur absorption par le nourrisson n'est pas souhaitable : évitez d'employer ce médicament pendant l'allaitement.

**Mode d'emploi et posologie**

Respecter un intervalle d'au moins 4 heures entre 2 prises. En cas d'*insuffisance rénale*, l'intervalle entre les prises doit être d'au moins 8 heures.

**Posologie usuelle :**
- Adulte et enfant de plus de 25 kg (environ plus de 8 ans) : 1 suppositoire à 500 mg, 1 à 4 fois par jour.
- Enfant de 13 à 20 kg (environ 2 à 7 ans) : 1 suppositoire à 250 mg, 1 à 4 fois par jour.
- Enfant de 5 à 8 kg (environ 2 à 9 mois) : 1 suppositoire à 100 mg, 1 à 4 fois par jour.

**Effets indésirables possibles**

Irritation du rectum.

*Réaction allergique* (rare).

En cas de dépassement de la *posologie* usuelle, les *terpènes* peuvent provoquer :
- des *convulsions* chez l'enfant,
- agitation, confusion des idées (notamment chez la personne âgée).

Laboratoires Elerté

## CORAMINE GLUCOSE

*Informations détaillées sur www.monvidal.com*

## CORBIONAX

Antiarythmique — sur ordonnance

Ce médicament est un générique de CORDARONE (voir p. 260 et tableau p. 1151).

## CORDARONE
Antiarythmique — sur ordonnance

### Présentation
CORDARONE 200 mg : comprimé sécable (blanc) ; boîte de 30. Liste I - Remb 65 % - **Prix : 12,98 €**.

### Composition

| | p cp |
|---|---|
| **Amiodarone chlorhydrate** | 200 mg |
| Lactose | + |

### Dans quel cas ce médicament est-il prescrit ?
Ce médicament appartient à la classe III de la famille des *antiarythmiques*. Il contient de l'iode.

Il est utilisé dans le traitement des *troubles du rythme cardiaque*, notamment lorsque existe en même temps une *angine de poitrine*.

### Contre-indications
Ce médicament ne doit pas être utilisé dans les cas suivants :
- ralentissement anormal du cœur préexistant au traitement,
- *hyperthyroïdie*,
- *allergie* à l'iode,
- en association avec les médicaments donnant des *torsades de pointes*,
- **grossesse** (à partir du 4e mois),
- **allaitement**.

**Attention :** Ce médicament est susceptible de provoquer une *photosensibilisation* : une exposition minime aux rayons *ultraviolets* peut provoquer des réactions cutanées. Évitez toute exposition au soleil ou appliquez un écran total.

Ce médicament peut provoquer divers troubles : anomalies du fonctionnement de la glande *thyroïde*, inflammation du foie, altération pulmonaire. Des prises de sang régulières (bilan thyroïdien, *transaminases*) et une éventuelle radiographie des poumons permettent de dépister ces anomalies.

Pensez à signaler à votre médecin, lors des consultations pour le suivi du traitement, tout trouble nouvellement apparu.

### Interactions avec d'autres substances
Ce médicament ne doit pas être associé aux autres médicaments susceptibles de donner des *torsades de pointes* : risque de *troubles du rythme cardiaque*, parfois mortels.

Il peut interagir avec les médicaments contenant de l'halofantrine ou de la pentamidine.

Informez par ailleurs votre médecin si vous prenez un *anticoagulant* oral, un *digitalique*, un *bêtabloquant*, un médicament susceptible de provoquer une *hypokaliémie* (*diurétique* hypokaliémiant, *laxatifs stimulants*, *corticoïde*, amphotéricine B) ou un médicament contenant une des substances suivantes : diltiazem, vérapamil, clonidine, guanfacine, ciclosporine, phénytoïne, rivastigmine, donézépil ou tacrine.

### Grossesse et allaitement
Ce médicament est contre-indiqué à partir du 2e trimestre de la grossesse : risque d'anomalie de la glande *thyroïde* chez le *nouveau-né*.

Ce médicament passe dans le lait maternel : l'allaitement est contre-indiqué.

### Mode d'emploi et posologie
Ce médicament présente une caractéristique particulière : son effet est long à apparaître (une semaine) et à disparaître (plusieurs semaines après un traitement prolongé). Il est donc fréquent que le médecin prescrive au début des *posologies* élevées pour obtenir un effet plus rapide. De même, un traitement discontinu est possible : pas de prise le samedi ni le dimanche par exemple.

**Posologie usuelle :**
*Traitement d'entretien* : ½ à 2 comprimés par jour, en 1 seule prise.

### Effets indésirables possibles
L'accumulation d'amiodarone dans la *cornée* peut, rarement, provoquer un dépôt susceptible d'entraîner des troubles visuels : halo coloré en lumière vive, brouillard visuel. Tous ces troubles disparaissent progressivement et complètement à l'arrêt du traitement.

Rougeurs par *photosensibilisation* (voir Attention) ; plus rarement, coloration grisâtre réversible de la peau, *réaction allergique* cutanée.

Anomalies du fonctionnement de la glande *thyroïde* (voir Attention).

Ralentissement du cœur.

*Troubles digestifs* bénins, en début de traitement.

**Laboratoires Sanofi Aventis**

## CORDIPATCH
Dérivé nitré — sur ordonnance

### Présentation
CORDIPATCH 5 mg/24 h : *dispositif transdermique* de 16 cm² (transparent) ; boîte de 30. Liste II - Remb 65 % - **Prix : 14,72 €**.
CORDIPATCH 10 mg/24 h : *dispositif transdermique* de 32 cm² (transparent) ; boîte de 30. Liste II - Remb 65 % - **Prix : 15,97 €**.

### Composition

| | p 16 cm² | p 32 cm² |
|---|---|---|
| **Trinitrine** | 16 mg | 32 mg |
| soit Trinitrine libérée/24 h | 5 mg | 10 mg |
| Lactose | + | + |

### Dans quel cas ce médicament est-il prescrit ?
Ce médicament *vasodilatateur* appartient à la famille des dérivés nitrés. Il possède de nombreuses propriétés qui facilitent le travail du cœur : dilatation des veines, dilatation des artères à forte dose, prévention des spasmes des *artères coronaires*. Le *dispositif transdermique* (timbre) contient la substance active qui traverse la peau, gagne le sang, et peut ainsi agir sur le cœur et les vaisseaux.

Il est utilisé dans le *traitement préventif* des crises d'*angine de poitrine*.

### Contre-indications
Ce médicament ne doit pas être utilisé dans les cas suivants :
- hypotension grave,
- en association avec le sildénafil (VIAGRA).

**Attention :** Des précautions particulières s'imposent en cas de *cardiomyopathie* obstructive, d'*hypertension intracrânienne*.

Ce médicament n'est pas adapté au *traitement de la crise* aiguë d'*angine de poitrine* : son action est trop lente à apparaître. C'est un *traitement préventif* qui lutte contre l'apparition des crises et qui ne doit pas être arrêté sans avis médical.

En cas de malaise apparemment sérieux, retirez le timbre.

Ne laissez pas le timbre neuf ou usagé à la portée des enfants.

Les boissons alcoolisées peuvent accentuer les effets hypotenseurs de ce médicament ; les excès sont déconseillés.

Compte-tenu de ses effets indésirables potentiels, ce médicament peut, chez certaines personnes, ne pas être compatible avec la conduite automobile ou le maniement de machines dangereuses. Assurez-vous à l'occasion des premières prises que vous supportez bien ce médicament avant de conduire ou d'utiliser une machine.

### Interactions avec d'autres substances

Les *vasodilatateurs* de la famille des dérivés de la trinitrine ne doivent pas être associés au VIAGRA : risque de baisse de tension grave.

Informez votre médecin ou votre pharmacien si vous prenez d'autres médicaments susceptibles d'abaisser la tension artérielle.

### Grossesse et allaitement

L'effet de ce médicament pendant la grossesse ou l'allaitement est mal connu : seul votre médecin peut évaluer le risque éventuel de son utilisation dans votre cas.

### Mode d'emploi et posologie

Il existe 2 dosages correspondant à 2 surfaces différentes : la quantité de trinitrine qui passe dans le sang est proportionnelle à la surface du *dispositif transdermique*. Choisir une région sèche, pauvre en poils, et dépourvue de grains de beauté ou autres lésions cutanées. Libérer la surface adhésive et appliquer soigneusement le timbre en effectuant une pression sur toute sa surface. Changer d'emplacement tous les jours.

**Posologie usuelle :**

- Adulte : 1 dispositif transdermique par jour, à garder pendant le nombre d'heures prescrit par votre médecin.

**Conseils :** Le port de ce dispositif ne contre-indique pas le bain, la douche, les activités sportives. Si le timbre se décolle accidentellement, remplacez-le par un timbre neuf placé à un autre endroit.

### Effets indésirables possibles

Réactions locales : rougeur et démangeaisons au point d'application.

Maux de tête, parfois violents, qui disparaissent habituellement après quelques jours de traitement.

Baisse de la tension artérielle ou *hypotension orthostatique*, plus fréquente chez la personne âgée et pouvant se traduire par des malaises ou des *vertiges*.

Bouffées de chaleur, rougeur cutanée.

**Laboratoires Schwarz Pharma**

## CO-RENITEC

Association d'antihypertenseurs — **sur ordonnance**

### Présentation

CO-RENITEC : comprimé sécable (jaune) ; boîte de 28.
Liste I - Remb 65 % - **Prix : 15,41 €**.

### Composition

| | p cp |
|---|---|
| **Énalapril maléate** | 20 mg |
| **Hydrochlorothiazide** | 12,5 mg |
| Lactose | + |

### Dans quel cas ce médicament est-il prescrit ?

Cet *antihypertenseur* contient deux substances :

- l'énalapril, un *inhibiteur de l'enzyme de conversion*. Cette *enzyme*, naturellement présente dans l'organisme et responsable d'une contraction des artères, augmente la tension artérielle et fatigue le cœur ;
- l'hydrochlorothiazide, un *diurétique* dont la structure chimique est proche de celle des *sulfamides*. Son action renforce celle de l'énalapril.

Ce médicament est utilisé dans le traitement de l'*hypertension artérielle*.

### Contre-indications

Ce médicament ne doit pas être utilisé dans les cas suivants :

- *allergie* aux médicaments de la famille des *inhibiteurs de l'enzyme de conversion* ou à celle des *sulfamides*,
- prédisposition à l'œdème de *Quincke*,
- *insuffisance rénale* grave,
- *encéphalopathie hépatique*,
- **grossesse** (à partir du 4e mois).

**Attention :** Des précautions s'imposent chez les personnes souffrant d'*hypertension artérielle* due à un rétrécissement des artères rénales.

En cas de gonflement du visage (lèvres, paupières...) ou d'une autre région du corps, consultez votre médecin avant toute nouvelle prise de ce médicament ; il peut s'agir d'une *réaction allergique* : œdème de *Quincke*.

L'usage des *inhibiteurs de l'enzyme de conversion* est déconseillé en période de désensibilisation aux venins d'*hyménoptères* : augmentation du risque de réaction allergique grave.

Si vous suivez un traitement par *diurétique* ou un régime sans *sel*, la baisse de la tension artérielle peut être importante lors des premières prises du médicament : risque de malaise ou d'étourdissement pouvant entraîner une chute.

Chez les personnes atteintes d'une *insuffisance hépatique* grave, l'apparition de troubles de la conscience peut annoncer une complication. Ne poursuivez pas le traitement sans l'avis de votre médecin.

Faites pratiquer régulièrement les analyses de sang prescrites par votre médecin ; elles sont notamment destinées à vérifier le bon fonctionnement de vos reins (dosage de la *créatinine*) et les taux de *potassium* et de *sodium* sanguins.

Le diurétique contenu dans ce médicament peut faire baisser la *kaliémie* : évitez d'utiliser des *laxatifs stimulants* dont l'usage régulier contribue à la baisse du taux de potassium dans le sang. Il peut par ailleurs augmenter le taux sanguin d'*acide urique* (possibilité de crise de *goutte*).

Conducteur : les *inhibiteurs de l'enzyme de conversion* peuvent être responsables de malaise ou de *vertiges*, lors des premières prises.

Sportif : ce médicament contient une substance susceptible de rendre positifs certains *tests antidopage*.

### Interactions avec d'autres substances

Ce médicament peut interagir avec les médicaments susceptibles de provoquer une *hyperkaliémie* (*diurétique*, sel de *potassium*...), avec les médicaments donnant des *torsades de pointes* et avec les médicaments contenant du lithium.

Informez par ailleurs votre médecin si vous prenez un *digitalique*, un *laxatif stimulant*, un *AINS*, ou un médicament contenant de la metformine, de la carbamazépine, de la ciclosporine ou un sel de calcium.

En outre, l'effet *antihypertenseur* de ce médicament peut être augmenté par certains médicaments tels que les *neuroleptiques*, les *antidépresseurs imipraminiques*, les médicaments contenant du baclofène ; il peut être diminué par les *corticoïdes*. Votre médecin doit être informé si vous êtes traité par l'un ou par l'autre.

Chez le diabétique traité par l'*insuline*, une adaptation de la *posologie* de l'insuline peut être nécessaire.

### Grossesse et allaitement

L'effet de ce médicament pendant les 3 premiers mois de la grossesse est mal connu. Par prudence, son usage est déconseillé.

Au cours des 6 derniers mois de la grossesse, la prise prolongée d'un *inhibiteur de l'enzyme de conversion* peut altérer les reins du fœtus. L'utilisation de ce médicament est contre-indiquée à partir du 4e mois de la grossesse.

En conséquence, un désir de grossesse nécessite le remplacement de ce médicament par un autre antihypertenseur. Si une grossesse survient alors que vous prenez ce médicament, consultez rapidement votre médecin pour qu'il modifie votre traitement. Des *échographies* régulières sont parfois nécessaires pour s'assurer de l'absence d'anomalie.

Ce médicament passe dans le lait maternel ; un choix est donc nécessaire entre l'allaitement et la prise du médicament. Cette décision devra être prise en accord avec votre médecin.

### Mode d'emploi et posologie

Ce médicament est pris indifféremment au cours ou en dehors des repas, en 1 prise quotidienne.

**Posologie usuelle :**

- Adulte : 1 comprimé par jour.

En cas d'*insuffisance rénale*, d'*athérosclérose*, de traitement préalable par des *diurétiques* ou de régime sans *sel*, en particulier chez la personne âgée, la *posologie* initiale est faible ; elle est augmentée progressivement par le médecin en fonction des effets du médicament.

**Conseils :** Votre tension artérielle doit être contrôlée régulièrement. Les appareils permettant une mesure automatique de la tension à domicile utilisent souvent un procédé de mesure différent de celui qu'emploie votre médecin. Si vous avez un tel appareil, apportez-le en consultation pour vous assurer que la mesure obtenue est bien conforme à celle du tensiomètre de votre médecin.

Le traitement médicamenteux ne dispense pas de mesures simples pouvant faire baisser la tension artérielle : activité physique régulière, modération de la consommation de boissons alcoolisées et de *sel*, lutte contre l'excès de poids.

### Effets indésirables possibles

Toux sèche.

Baisse excessive de la tension artérielle (voir Attention) ; *hypotension orthostatique*.

Maux de tête, fatigue, étourdissement, fourmillement des extrémités.

*Troubles digestifs*.

*Éruption cutanée*.

Augmentation du taux de *créatinine*, d'*acide urique* ou de glucose dans le sang et exceptionnellement du calcium.

Baisse du taux de *potassium* dans le sang, associée ou non à des crampes.

Rarement : baisse de taux de sodium dans le sang (natrémie) et risque de troubles du comportement, anomalie de la *numération formule sanguine*.

Exceptionnellement : œdème de *Quincke*, *pancréatite*, troubles de la vue.

**Laboratoires MSD-Chibret**

## CORGARD

Bêtabloquant — sur ordonnance

### Présentation

CORGARD **80 mg :** comprimé sécable (blanc) ; boîte de 28. Liste I - Remb 65 % - **Prix : 5,76 €.**

### Composition

| | p cp |
|---|---|
| **Nadolol** | 80 mg |

### Dans quel cas ce médicament est-il prescrit ?

Ce médicament appartient à la famille des *bêtabloquants*. Ceux-ci agissent en bloquant l'action de l'*adrénaline* (et d'autres *hormones* apparentées) sur de nombreux organes, notamment le cœur, les vaisseaux et les bronches.

Il est utilisé dans :
- le traitement de l'*hypertension artérielle*,
- la prévention des crises d'*angine de poitrine*,
- certains *troubles du rythme cardiaque*,
- les manifestations cardiovasculaires des excès d'*hormones thyroïdiennes*,
- les *cardiomyopathies* obstructives.

### Contre-indications

Ce médicament ne doit pas être utilisé dans les cas suivants :
- *asthme* et *bronchite chronique* ;
- *insuffisance cardiaque* non contrôlée par un traitement spécifique ;
- *bloc auriculoventriculaire* grave ;
- angor de *Printzmétal* ;
- *artérite*, phénomène de *Raynaud* ;
- rythme cardiaque inférieur à 50 battements par minute ;
- *phéochromocytome* non traité ;
- hypotension ;
- *antécédent* de *choc anaphylactique* ;
- en association avec les médicaments contenant de la floctafénine ou du sultopride.

**Attention :** Ce médicament n'est pas un *traitement de la crise* d'*angine de poitrine*.

Des précautions sont nécessaires en cas d'*insuffisance rénale* et chez la personne âgée.

N'interrompez jamais brutalement le traitement prescrit. Espacez progressivement les prises. Un avis médical est toujours préférable.

Chez les diabétiques, les *bêtabloquants* peuvent masquer certains *symptômes* de l'*hypoglycémie* (*palpitations* et accélération du cœur essentiellement).

Les bêtabloquants peuvent aggraver les *réactions allergiques* et empêcher l'action de l'*adrénaline* utilisée dans le traitement d'urgence du *choc anaphylactique*. Lors d'examens radiologiques nécessitant l'injection de produits de contraste iodés (susceptibles de provoquer des *chocs* allergiques), le traitement doit, si possible, être suspendu avec l'accord de votre médecin.

En cas d'intervention chirurgicale, l'anesthésiste doit être prévenu de la prise de ce médicament. C'est lui qui décidera si le traitement doit être poursuivi ou arrêté avant l'intervention.

Sportif : ce médicament contient une substance susceptible de rendre positifs certains *tests antidopage*.

### Interactions avec d'autres substances

Ce médicament ne doit pas être associé :

- à la floctafénine (IDARAC...) : risque d'augmentation de la gravité d'un éventuel *choc* allergique,
- au sultopride (BARNETIL) : risque de *torsades de pointes*.

Il peut interagir avec les médicaments contenant de l'amiodarone.

Informez votre médecin si vous prenez des *antidiabétiques*, des *AINS*, des *inhibiteurs calciques*, des *antidépresseurs imipraminiques*, des *neuroleptiques*, des *corticoïdes*, ou des médicaments contenant l'une des substances suivantes : quinidine, hydroquinidine, disopyramide, propafénone, baclofène, lidocaïne injectable, méfloquine.

### Grossesse et allaitement

Les études scientifiques disponibles n'ont pas mis en évidence de problème particulier lors de l'utilisation de *bêtabloquant* chez la femme enceinte.

L'effet bêtabloquant persiste quelques jours chez le nouveau-né et justifie une surveillance médicale renforcée pendant les premiers jours de la vie.

Ce médicament passe dans le lait maternel ; un choix est donc nécessaire entre l'allaitement et la prise du médicament. Cette décision devra être prise en accord avec votre médecin.

### Mode d'emploi et posologie

Ce médicament peut être pris indifféremment au cours ou en dehors des repas.

**Posologie usuelle :**

1 comprimé par jour, le matin.

**Conseils :** Veillez à toujours disposer d'une réserve de médicament : une plaquette dans la trousse de toilette, par exemple.

Votre tension artérielle doit être contrôlée régulièrement. Les appareils permettant une mesure automatique de la tension à domicile utilisent souvent un procédé de mesure différent de celui qu'emploie votre médecin. Si vous avez un tel appareil, apportez-le en consultation pour vous assurer que la mesure obtenue est bien conforme à celle du tensiomètre de votre médecin.

Le traitement médicamenteux ne dispense pas de mesures simples pouvant faire baisser la tension artérielle : activité physique régulière, modération de la consommation de boissons alcoolisées et de *sel*, lutte contre l'excès de poids.

Il est normal que le rythme cardiaque ralentisse sous l'effet du traitement ; néanmoins, en cas de fatigue anormale et de pouls inférieur à 50 battements par minute, consultez votre médecin.

### Effets indésirables possibles

Le plus fréquemment : douleur d'estomac, nausées, vomissements, fatigue en début de traitement, sensation de mains et de pieds froids, troubles de l'érection, ralentissement important du cœur.

Plus rarement : *bloc auriculoventriculaire*, baisse excessive de la tension artérielle, phénomène de *Raynaud*, *insuffisance cardiaque*, *bronchospasme*, *hypoglycémie*, *éruption cutanée*, aggravation d'un *psoriasis*.

Laboratoires Sanofi-Aventis France

## CORICIDE LE DIABLE

*Informations détaillées sur www.monvidal.com*

## CORRECTOL

*Informations détaillées sur www.monvidal.com*

## CORSODYL

*Informations détaillées sur www.monvidal.com*

## CORTANCYL

Dérivé de la cortisone — sur ordonnance

### Présentation

CORTANCYL **1 mg** : comprimé (blanc) ; boîte de 30. Liste I - Remb 65 % - **Prix : 2,13 €**.
CORTANCYL **5 mg** : comprimé sécable (blanc) ; boîte de 30. Liste I - Remb 65 % - **Prix : 3,27 €**.
CORTANCYL **20 mg** : comprimé sécable (blanc) ; boîte de 20. Liste I - Remb 65 % - **Prix : 5,37 €**.

### Composition

| | p cp | p cp | p cp |
|---|---|---|---|
| **Prednisone** | 1 mg | 5 mg | 20 mg |
| Lactose | + | + | + |

### Dans quel cas ce médicament est-il prescrit ?

C'est un *anti-inflammatoire* stéroïdien qui appartient à la famille des *corticoïdes* de synthèse (dérivés chimiques de la cortisone naturelle). Les propriétés de la *cortisone* sont nombreuses, mais ce produit est surtout utilisé pour son effet anti-inflammatoire puissant. Il présente, à efficacité égale, moins d'effets indésirables que la cortisone naturelle. Ces propriétés sont utiles dans le traitement de nombreuses affections comportant une composante inflammatoire ou allergique, mais aussi de certains cancers où ce médicament permet de lutter contre la prolifération cellulaire. Il diminue les réactions immunitaires et est donc utilisé pour prévenir le rejet des greffes d'organes.

Il est utilisé dans le traitement de certaines maladies graves (cancer, *sclérose en plaques*, *rhumatisme arti-*

*culaire aigu*, par exemple), mais également de maladies plus bénignes (*allergie*, crise d'*asthme*, *sinusite* aiguë, *otite*). Dans ces derniers cas, le traitement est souvent court.

### Contre-indications

Ce médicament ne doit pas être utilisé dans les cas suivants :
- infection ou *mycose* non contrôlées par un traitement adapté,
- maladie virale en évolution (*herpès* ou *zona*),
- *psychose* non contrôlée par un traitement.

**Attention :** Ce médicament ne doit jamais être employé ou réemployé en dehors d'une prescription médicale.

Si vous avez un *diabète*, vous risquez de le déséquilibrer si vous modifiez la quantité ou le rythme de la prise de *corticoïdes* sans avis médical.

Les personnes ayant des *antécédents* de *tuberculose*, d'*ulcère* de l'estomac ou du duodénum, les personnes souffrant d'*insuffisance rénale*, de *colite* ulcéreuse, d'*hypertension artérielle*, d'*ostéoporose*, de *myasthénie* grave doivent faire l'objet d'une prise en charge médicale particulière.

La prise prolongée d'un *corticoïde* diminue les défenses immunitaires : la vaccination avec un *vaccin* contenant des *germes* vivants atténués ne peut être pratiquée qu'avec l'accord de votre médecin. Vous devez également éviter le contact avec des personnes atteintes de varicelle ou de rougeole.

L'arrêt du traitement doit être progressif pour permettre aux glandes *surrénales* de reprendre la synthèse de *cortisone* naturelle. Un arrêt brutal expose par ailleurs à une rechute de la maladie traitée. Cette précaution n'est utile que lorsque la durée du traitement dépasse une semaine.

Sportif : ce médicament contient une substance susceptible de rendre positifs certains *tests antidopage*.

### Interactions avec d'autres substances

Ce médicament peut interagir avec les médicaments qui donnent des *torsades de pointes*.

Informez par ailleurs votre médecin si vous prenez :
- un médicament susceptible de faire baisser la *kaliémie* (amphotéricine B, certains *diurétiques*, *laxatifs stimulants*) ;
- un *antihypertenseur* ;
- un *antidiabétique* ;
- un *digitalique* ;
- un *anticoagulant* ;
- de l'aspirine ou un *AINS* ;
- un médicament *inducteur enzymatique* ou un médicament contenant de l'isoniazide.

En cas de vaccination, l'utilisation d'un *vaccin* vivant est déconseillée.

### Grossesse et allaitement

Les études scientifiques actuellement disponibles n'ont pas mis en évidence de problème particulier lors de l'utilisation ponctuelle de ce médicament chez la femme enceinte. Seul votre médecin peut évaluer le risque éventuel de son utilisation dans votre cas.

Lorsqu'une maladie grave impose un traitement prolongé chez la mère, une surveillance médicale du *nouveau-né* est nécessaire.

En cas de traitement prolongé, il peut être nécessaire d'interrompre l'allaitement : prenez l'avis de votre médecin.

### Mode d'emploi et posologie

Ce médicament doit être absorbé au cours d'un repas, de préférence en une fois, le matin.

Les comprimés ne sont pas adaptés à l'enfant de moins de 6 ans. En effet, ils risquent d'obstruer les voies respiratoires si l'enfant déglutit mal et que le comprimé passe dans la trachée (fausse route).

Lors des traitements prolongés, et dès que le contrôle de la maladie le permet, une prise alternée un jour sur deux est préférable, notamment chez l'enfant.

**Posologie usuelle :**
- Adulte et enfant de plus de 6 ans : fréquemment, la *posologie* initiale est élevée (*traitement d'attaque*) ; elle est ensuite diminuée jusqu'à la posologie minimale efficace (*traitement d'entretien*).

Tout traitement prolongé à forte dose doit être arrêté progressivement : suivre les indications du médecin.

**Conseils :** Un traitement prolongé de plus de quelques jours peut nécessiter :
- la diminution de la consommation de *sel*,
- la prise de *potassium* (prescrite par le médecin),
- un régime riche en protéines et en calcium, pauvre en *glucides*.

### Effets indésirables possibles

Surtout lors d'un traitement prolongé et à forte dose :
- rétention d'eau et de sel, *hypertension artérielle* ;
- baisse du taux de *potassium*, à prévenir par un apport systématique ;
- modifications physiques fréquentes : gonflement du visage et du buste, apparition de poils, taches cutanées violacées, *acné* ;
- surexcitation, euphorie, troubles du sommeil, *état dépressif* (à l'arrêt du traitement) ;
- faiblesse puis fonte musculaires, lentement réversibles ;
- *ostéoporose* (décalcification des os), parfois définitive ;
- troubles hormonaux et métaboliques : *diabète* (réversible), arrêt de la croissance chez l'enfant, troubles des règles ;
- troubles digestifs : *gastrite*, *ulcère* ;
- certaines formes de *cataracte* et de *glaucome*.

Laboratoires Aventis

## CORTAPAISYL
Dermocorticoïde

### Présentation

CORTAPAISYL 0,5 % : crème ; tube de 15 g. Non remb.

### Composition

| | p 100 g |
|---|---|
| **Hydrocortisone** | 500 mg |

### Dans quel cas ce médicament est-il prescrit ?

C'est un *dermocorticoïde* d'activité faible. Comme les autres dérivés de la *cortisone* à usage local, il a un puissant effet anti-inflammatoire.

Il est utilisé pour traiter les symptômes dus aux piqûres d'insectes ou d'orties, et pour soulager les coups de soleil, lorsque ceux-ci sont peu étendus. Il ne doit pas être utilisé sans avis médical pour traiter d'autres affections.

### Contre-indications

Ce médicament ne doit pas être utilisé dans les cas suivants :
- lésions ulcérées, plaies ;
- *acné, rosacée* ;
- boutons de fièvre, infection cutanée.

**Attention :** L'utilisation de cette crème sur des lésions étendues ou au-delà des 3 jours recommandés peut conduire à une absorption cutanée importante et à un effet de la cortisone dans tout l'organisme.
Lors du traitement des coups de soleil, le soulagement apporté par ce médicament ne doit pas conduire à de nouvelles expositions intempestives sans protection adaptée.

### Grossesse et allaitement

Ce médicament peut être utilisé pendant la grossesse.
En raison du risque d'ingestion par le nouveau-né, ce médicament ne doit pas être appliqué sur le mamelon chez la femme qui allaite.

### Mode d'emploi et posologie

Appliquer la crème par touches espacées, puis l'étaler par un léger massage jusqu'à absorption complète.

**Posologie usuelle :**
- Adulte et enfant de plus de 6 ans : 2 applications par jour.

Compte-tenu des indications limitées de ce produit, la durée du traitement ne doit pas excéder 3 jours.

**Conseils :** Se laver les mains après l'application. La *cortisone* (et ses dérivés) est un médicament sûr et efficace quand elle est utilisée à bon escient. Ce médicament en vente libre ne doit pas être employé pour traiter des lésions cutanées autres que celles mentionnées.

### Effets indésirables possibles

Les effets indésirables susceptibles de survenir concernent essentiellement une utilisation inadaptée ou un non respect des précautions d'emploi :
- développement anormal des poils, dessèchement, fragilisation et décoloration irrégulière de la peau ;
- *dermite périorale, acné* ;
- retard de cicatrisation des plaies ;
- très rarement : *atrophie* cutanée, *télangiectasies* (dilatation des petits vaisseaux), *purpura* (microhémorragies de la peau), vergetures.

Laboratoires Merck Médication Familiale

## CORTICÉTINE

*Informations détaillées sur www.monvidal.com*

## CORTICOTULLE LUMIÈRE

*Informations détaillées sur www.monvidal.com*

## CORTISAL

*Informations détaillées sur www.monvidal.com*

## CORTISÉDERMYL

*Informations détaillées sur www.monvidal.com*

## CORTISONE ROUSSEL

*Informations détaillées sur www.monvidal.com*

## CORVASAL

Antiangoreux

sur ordonnance

### Présentation

CORVASAL 2 mg : comprimé sécable (blanc) ; boîte de 30.
Liste I - Remb 65 % - **Prix : 4,82 €.**
CORVASAL 2 mg : comprimé sécable (blanc) ; boîte de 90.
Liste I - Remb 65 % - **Prix : 12,38 €.**
CORVASAL 4 mg : comprimé sécable (blanc) ; boîte de 30.
Liste I - Remb 65 % - **Prix : 7,66 €.**

### Composition

| | p cp | p cp |
|---|---|---|
| **Molsidomine** | 2 mg | 4 mg |

### Dans quel cas ce médicament est-il prescrit ?

Ce médicament *vasodilatateur*, qui possède des propriétés multiples, appartient à la famille des antiangoreux.
Il est utilisé dans le *traitement préventif* des crises d'*angine de poitrine*.

### Contre-indications

Ce médicament ne doit pas être utilisé en association avec le sildénafil (VIAGRA).

**Attention :** Des précautions sont nécessaires chez les personnes atteintes d'hypotension artérielle et chez les personnes âgées, notamment si elles sont hypotendues.

### Interactions avec d'autres substances

Ce médicament *vasodilatateur* ne doit pas être associé au VIAGRA : risque de baisse de tension grave.

### Grossesse et allaitement

L'effet de ce médicament pendant la grossesse ou l'allaitement est mal connu : seul votre médecin peut évaluer le risque éventuel de son utilisation dans votre cas.

### Mode d'emploi et posologie

Les comprimés doivent être pris avec un verre d'eau au moment des repas.

**Posologie usuelle :**
Elle varie selon la gravité de la maladie : de ½ comprimé à 2 mg, 3 fois par jour, jusqu'à 1 comprimé à 4 mg, 4 fois par jour.

**Conseils :** Chez la personne âgée, surtout en période de forte chaleur, il est utile de boire suffisamment pour éviter une baisse de la tension artérielle.

### Effets indésirables possibles

Maux de tête, fréquents en début de traitement, limités par une augmentation progressive de la *posologie*.
Baisse de la tension artérielle, le plus souvent modérée.
Exceptionnellement : *troubles digestifs*, *vertiges*, démangeaisons.

Laboratoires Aventis

## CORYZALIA
Homéopathie

### Présentation
CORYZALIA : comprimé (blanc) ; boîte de 40. Non remb.

### Composition
Allium cepa 3 CH, Belladonna 3 CH, Sabadilla 3 CH, Kalium bichromicum 3 CH, Gelsemium 3 CH, Pulsatilla 3 CH, aa.

### Dans quel cas ce médicament est-il prescrit ?
Ce médicament est un *complexe* (association) de composants homéopathiques.
Il est utilisé dans le *traitement homéopathique* des *sinusites*, rhinopharyngites, *rhinites* allergiques.

### Grossesse et allaitement
Aux *dilutions homéopathiques*, les substances contenues dans ce médicament ne sont pas connues pour être toxiques pendant la grossesse ou l'allaitement.

### Mode d'emploi et posologie
Les comprimés doivent être sucés lentement.

**Posologie usuelle :**
1 comprimé toutes les heures
Espacer les prises dès amélioration.

Laboratoires Boiron

## COSOPT
Antiglaucomateux — sur ordonnance

### Présentation
COSOPT : collyre ; flacon compte-gouttes de 5 ml. Liste I - Remb 65 % - **Prix : 18,95 €**.

### Composition

| | p 100 ml |
|---|---|
| **Dorzolamide** | 2 g |
| **Timolol** | 500 mg |
| Benzalkonium chlorure | + |

### Dans quel cas ce médicament est-il prescrit ?
Ce collyre associe deux substances :
- un inhibiteur de l'anhydrase carbonique (dorzolamide), qui bloque une *enzyme* active sur la sécrétion des liquides contenus dans l'œil ;
- un *bêtabloquant* (timolol).

Cette association a la propriété de diminuer la *tension intraoculaire*.
Il est utilisé dans le traitement des maladies dues à un excès de tension intraoculaire, et notamment du *glaucome* à angle ouvert.

### Contre-indications
Compte tenu de l'absorption du collyre par l'œil et du passage du médicament dans le sang, ce collyre ne doit pas être utilisé dans les cas suivants :
- *asthme* et *bronchite chronique* grave,
- *bloc auriculoventriculaire* grave,
- *insuffisance cardiaque* grave (sauf si elle est stabilisée par un traitement spécifique),
- *insuffisance rénale* grave.

**Attention :** Des précautions sont nécessaires en cas d'*insuffisance hépatique*, d'*antécédent* de calculs rénaux, d'*allergie* aux *sulfamides* (auxquels le dorzolamide est apparenté) ou aux *ammoniums quaternaires* (présence de benzalkonium).
En cas de *réaction allergique*, ne poursuivez pas le traitement avant d'avoir pris l'avis de votre médecin.
Chez les diabétiques, les *bêtabloquants* peuvent masquer certains *symptômes* de l'*hypoglycémie* (*palpitations* et accélération du cœur essentiellement).
Les bêtabloquants aggravent les symptômes des *chocs* allergiques et nuisent à l'efficacité de l'*adrénaline* utilisée pour les traiter en urgence. Signalez à votre médecin tout antécédent de choc allergique, même ancien.
Les personnes souffrant d'*angine de poitrine* ou d'*insuffisance coronarienne* ne doivent pas arrêter brutalement le traitement. Un avis médical est nécessaire.
En cas d'intervention chirurgicale, prévenez l'anesthésiste que vous suivez ce traitement.
Compte-tenu de la possibilité d'effets indésirables visuels, ce collyre peut, chez certaines personnes, constituer un risque pour la conduite automobile ou le maniement de machines dangereuses. Assurez-vous à l'occasion des premières utilisations que vous supportez bien ce collyre avant de reprendre la pratique d'une activité à risque.
Sportif : ce médicament contient une substance susceptible de rendre positifs certains *tests antidopage*.

### Interactions avec d'autres substances
Autres collyres : ce collyre peut interagir avec d'autres collyres, notamment ceux qui contiennent de l'*adrénaline* : respectez un intervalle de 10 minutes entre deux instillations, sauf indication contraire de votre ophtalmologiste.
Ce médicament ne doit pas être associé à des médicaments pris par *voie* orale (ou injectable) :
- à la floctafénine (IDARAC...) : risque de majoration de la gravité d'un éventuel *choc* allergique ;
- au sultopride (BARNÉTIL, médicament uniquement disponible à l'hôpital) : risque de ralentissement cardiaque important.

Il peut également interagir avec l'amiodarone ou avec un *bêtabloquant* pris par voie orale.
Informez votre médecin si vous prenez des *antidiabétiques*, des *AINS*, des *antidépresseurs* tricycliques, des *neuroleptiques*, des *corticoïdes*, des *inhibiteurs calciques*, ou des médicaments contenant l'une des substances suivantes : quinidine, hydroquinidine, disopyramide, propafénone, baclofène, cimétidine, clonidine, lidocaïne injectable, méfloquine.

### Grossesse et allaitement
L'effet de ce médicament pendant la grossesse ou l'allaitement est mal connu. Par prudence, son usage est déconseillé chez la femme enceinte ou chez celle qui allaite.

### Mode d'emploi et posologie
Tirer la paupière inférieure vers le bas tout en regardant vers le haut et déposer une goutte de collyre entre la paupière et le globe oculaire (*cul-de-sac conjonctival*).
Veiller à ne pas mettre en contact l'embout du flacon avec l'œil ou les doigts pour éviter de contaminer le collyre avec les *germes* présents sur les paupières ou la peau.

**Posologie usuelle :**
- Adulte : 1 goutte, 2 fois par jour (matin et soir).

**Conseils :** Les *lentilles de contact* souples doivent être ôtées avant l'instillation du collyre : elles ne pourront être replacées que 15 minutes après l'instillation.

L'application correcte du produit peut nécessiter une aide, notamment chez une personne handicapée ou âgée.

Ne conservez pas ce collyre plus de 4 semaines après ouverture du flacon et gardez-le dans son emballage d'origine, à l'abri de la lumière.

### Effets indésirables possibles

Dûs au timolol :

Irritation locale, sécheresse de l'œil, troubles visuels à signaler à votre ophtalmologiste.

Exceptionnellement, en cas de passage du *bêtabloquant* dans le sang :
- fatigue, sensation de mains et de pieds froids, insomnie, douleurs d'estomac, nausées, vomissements ;
- *bloc auriculoventriculaire*, ralentissement excessif du cœur, chute de tension, *insuffisance cardiaque*, *bronchospasme*, *hypoglycémie*, phénomène de *Raynaud* ;
- *éruption cutanée*, aggravation d'un *psoriasis*.

Dûs au dorzolamide :

Irritation locale, *conjonctivite*, gonflement des paupières, vision floue, formation de croûtes sur le bord des paupières, larmoiement, altération du goût, irritation de la gorge.

Du fait du passage de la substance dans le sang : nausées, fatigue, maux de tête, *réaction allergique*, *lithiase* urinaire.

Laboratoires MSD-Chibret

## COTAREG

Association d'antihypertenseurs — sur ordonnance

### Présentation

COTAREG 80 mg/12,5 mg : comprimé ; boîte de 28. Liste I - Remb 65 % - **Prix : 23,05 €.**

COTAREG 80 mg/12,5 mg : comprimé ; boîte de 30. Liste I - Remb 65 % - **Prix : 24,65 €.**

COTAREG 80 mg/12,5 mg : comprimé ; boîte de 90. Liste I - Remb 65 % - **Prix : 66,81 €.**

COTAREG 160 mg/12,5 mg : comprimé ; boîte de 28. Liste I - Remb 65 % - **Prix : 28,66 €.**

COTAREG 160 mg/12,5 mg : comprimé ; boîte de 30. Liste I - Remb 65 % - **Prix : 30,66 €.**

COTAREG 160 mg/12,5 mg : comprimé ; boîte de 90. Liste I - Remb 65 % - **Prix : 82,16 €.**

COTAREG 160 mg/25 mg : comprimé ; boîte de 28. Liste I - Remb 65 % - **Prix : 28,66 €.**

COTAREG 160 mg/25 mg : comprimé ; boîte de 30. Liste I - Remb 65 % - **Prix : 30,66 €.**

COTAREG 160 mg/25 mg : comprimé ; boîte de 90. Liste I - Remb 65 % - **Prix : 82,16 €.**

### Composition

| | p cp | p cp | p cp |
|---|---|---|---|
| **Valsartan** | 80 mg | 160 mg | 160 mg |
| **Hydrochlorothiazide** | 12,5 mg | 12,5 mg | 25 mg |

### Dans quel cas ce médicament est-il prescrit ?

Cet *antihypertenseur* contient deux substances :
- le valsartan, de la famille des anti-angiotensine II. Il bloque l'action de l'angiotensine II, substance naturellement présente dans l'organisme. Celle-ci est responsable d'une contraction des artères qui augmente la pression artérielle et fatigue le cœur ;
- l'hydrochlorothiazide, un *diurétique* dont la structure chimique est proche de celles des *sulfamides*. Son action renforce celle du valsartan.

Il est utilisé dans le traitement de l'*hypertension artérielle*.

### Contre-indications

Ce médicament ne doit pas être utilisé dans les cas suivants :
- *allergie* au valsartan ou aux *sulfamides*,
- *insuffisance hépatique* grave ou obstruction des *voies biliaires*,
- *insuffisance rénale* grave,
- **grossesse** (à partir du 4e mois),
- **allaitement**.

**Attention :** Des précautions sont nécessaires chez les personnes souffrant d'*hypertension artérielle* due à un rétrécissement des artères rénales, d'*insuffisance coronarienne* ou de troubles de la circulation cérébrale.

Chez les personnes atteintes d'une *insuffisance hépatique* grave, l'apparition de troubles de la conscience peut annoncer une complication. Ne poursuivez pas le traitement sans l'avis de votre médecin.

Si vous suiviez auparavant un traitement par *diurétique* ou un régime sans *sel*, la baisse de la tension artérielle peut être importante lors des premières prises du médicament : risque de malaise ou d'étourdissement pouvant entraîner une chute. Il est donc recommandé de prendre un régime normalement salé ou d'interrompre le traitement diurétique au moins 3 jours avant la première prise de ce médicament. Votre médecin vous donnera toutes les informations utiles à ce sujet.

Faites pratiquer régulièrement les analyses de sang prescrites par votre médecin ; elles sont notamment destinées à vérifier le bon fonctionnement de vos reins (dosage de la *créatinine*) et les taux de *potassium* et de *sodium* sanguins.

Le diurétique contenu dans ce médicament peut faire baisser la *kaliémie* : évitez d'utiliser des *laxatifs stimulants* dont l'usage régulier contribue à la baisse du taux de potassium dans le sang. Il peut par ailleurs augmenter le taux sanguin d'*acide urique* (possibilité de crise de *goutte*).

Sportif : ce médicament contient une substance susceptible de rendre positifs certains *tests antidopage*.

Conducteur : ce médicament peut être responsable de *vertiges*.

### Interactions avec d'autres substances

Ce médicament peut interagir avec les médicaments susceptibles de provoquer une *hyperkaliémie* (*diurétique*, sel de *potassium*...), avec les médicaments donnant des *torsades de pointes* et avec les médicaments contenant du lithium.

Informez par ailleurs votre médecin si vous prenez un *digitalique*, un *laxatif stimulant*, un *AINS*, ou un médicament contenant de la metformine, de la carbamazépine, de la ciclosporine ou un sel de calcium.

En outre, l'effet *antihypertenseur* de ce médicament peut être augmenté par certains médicaments tels que les *neuroleptiques*, les *antidépresseurs imipraminiques*, les médicaments contenant du baclofène ; il peut être diminué par les *corticoïdes*. Votre médecin doit être informé si vous êtes traité par l'un ou par l'autre.

Chez le diabétique traité par l'*insuline*, une adaptation de la *posologie* de l'insuline peut être nécessaire.

### Grossesse et allaitement

L'effet de ce médicament sur l'enfant à naître pendant les 3 premiers mois de la grossesse est mal connu. Par prudence, son usage est déconseillé. Au cours des 6 derniers mois de la grossesse, une prise prolongée de ce médicament peut altérer les reins du fœtus. Son utilisation est contre-indiquée à partir du 4e mois de la grossesse.

En conséquence, un désir de grossesse nécessite le remplacement de ce médicament par un autre antihypertenseur. Si une grossesse survient alors que vous prenez ce médicament, consultez rapidement votre médecin pour qu'il modifie votre traitement.

Ce médicament est contre-indiqué chez la femme qui allaite.

### Mode d'emploi et posologie

Les comprimés doivent être avalés avec un verre d'eau. Ils peuvent être pris indifféremment au cours ou en dehors des repas.

**Posologie usuelle :**

- Adulte : 1 comprimé par jour.

**Conseils :** Votre tension artérielle doit être contrôlée régulièrement. Les appareils permettant une mesure automatique de la tension à domicile utilisent souvent un procédé de mesure différent de celui qu'emploie votre médecin. Si vous avez un tel appareil, apportez-le en consultation pour vous assurer que la mesure obtenue est bien conforme à celle du tensiomètre de votre médecin.

Le traitement médicamenteux ne dispense pas de mesures simples pouvant faire baisser la tension artérielle : activité physique régulière, modération de la consommation de boissons alcoolisées et de *sel*, lutte contre l'excès de poids.

Les *diurétiques* exposent au risque de déshydratation : les personnes âgées devront boire abondamment, notamment pendant les fortes chaleurs.

### Effets indésirables possibles

Étourdissements dus à une *hypotension orthostatique*, *réaction allergique*.

Aggravation réversible d'une *insuffisance rénale*.

Augmentation du taux d'*acide urique* ou de glucose dans le sang et exceptionnellement du calcium.

Baisse du taux de *potassium*, associée ou non à des crampes.

Rarement :

- baisse du taux de *sodium* dans le sang (natrémie) et risque de troubles du comportement,
- anomalie de la *numération formule sanguine*,
- *œdème*, nausées, constipation, *vertiges*, fatigue, maux de tête, fourmillement des extrémités.

Exceptionnellement : *pancréatite*, troubles visuels.

**Laboratoires Novartis Pharma**

## COTRIATEC

Association d'antihypertenseurs — sur ordonnance

### Présentation

COTRIATEC : comprimé (rose) ; boîte de 30. Liste I - Remb 65 % - **Prix : 23,94 €**.

### Composition

| | p cp |
|---|---|
| **Ramipril** | 5 mg |
| **Hydrochlorothiazide** | 12,5 mg |

### Dans quel cas ce médicament est-il prescrit ?

Cet *antihypertenseur* contient deux substances :

- le ramipril, un *inhibiteur de l'enzyme de conversion*. Cette *enzyme*, naturellement présente dans l'organisme et responsable d'une contraction des artères, augmente la tension artérielle et fatigue le cœur ;
- l'hydrochlorothiazide, un *diurétique* dont la structure chimique est proche de celle des *sulfamides*. Son action renforce celle du ramipril.

Ce médicament est utilisé dans le traitement de l'*hypertension artérielle*.

### Contre-indications

Ce médicament ne doit pas être utilisé dans les cas suivants :

- *allergie* aux médicaments de la famille des *inhibiteurs de l'enzyme de conversion* ou à celle des *sulfamides*,
- prédisposition à l'œdème de *Quincke*,
- *insuffisance rénale* grave,
- *encéphalopathie hépatique*,
- **grossesse** (à partir du 4e mois),
- **allaitement**.

**Attention :** Des précautions s'imposent chez les personnes souffrant d'*hypertension artérielle* due à un rétrécissement des artères rénales.

En cas de gonflement du visage (lèvres, paupières...) ou d'une autre région du corps, consultez votre médecin avant toute nouvelle prise de ce médicament ; il peut s'agir d'une *réaction allergique* : œdème de *Quincke*.

L'usage des *inhibiteurs de l'enzyme de conversion* est déconseillé en période de désensibilisation aux venins d'*hyménoptères* : augmentation du risque de réaction allergique grave.

Si vous suivez un traitement par *diurétique* ou un régime sans *sel*, la baisse de la tension artérielle peut être importante lors des premières prises du médicament : risque de malaise ou d'étourdissement pouvant entraîner une chute.

Chez les personnes atteintes d'une *insuffisance hépatique* grave, l'apparition de troubles de la conscience peut annoncer une complication. Ne poursuivez pas le traitement sans l'avis de votre médecin.

Faites pratiquer régulièrement les analyses de sang prescrites par votre médecin ; elles sont notamment destinées à vérifier le bon fonctionnement de vos reins (dosage de la *créatinine*) et les taux de *potassium* et de *sodium* sanguins.

Le diurétique contenu dans ce médicament peut faire baisser la *kaliémie* : évitez d'utiliser des *laxatifs stimulants* dont l'usage régulier contribue à la baisse du taux de potassium dans le sang. Il peut par ailleurs augmenter le taux sanguin d'*acide urique* (possibilité de crise de *goutte*).

Conducteur : les *inhibiteurs de l'enzyme de conversion* peuvent être responsables de malaise ou de *vertiges*, lors des premières prises.

Sportif : ce médicament contient une substance susceptible de rendre positifs certains *tests antidopage*.

### Interactions avec d'autres substances

Ce médicament peut interagir avec les médicaments susceptibles de provoquer une *hyperkaliémie* (*diurétique*, sel de *potassium*...), avec les médicaments donnant des *torsades de pointes* et avec les médicaments contenant du lithium.

Informez par ailleurs votre médecin si vous prenez un *digitalique*, un *laxatif stimulant*, un *AINS*, ou un médicament contenant de la metformine, de la carbamazépine, de la ciclosporine ou un sel de calcium.

En outre, l'effet *antihypertenseur* de ce médicament peut être augmenté par certains médicaments tels que les *neuroleptiques*, les *antidépresseurs imipraminiques*, les médicaments contenant du baclofène ; il peut être diminué par les *corticoïdes*. Votre médecin doit être informé si vous êtes traité par l'un ou par l'autre.

Chez le diabétique traité par l'*insuline*, une adaptation de la *posologie* de l'insuline peut être nécessaire.

### Grossesse et allaitement

L'effet de ce médicament pendant les 3 premiers mois de la grossesse est mal connu. Par prudence, son usage est déconseillé.

Au cours des 6 derniers mois de la grossesse, la prise prolongée d'un *inhibiteur de l'enzyme de conversion* peut altérer les reins du fœtus. L'utilisation de ce médicament est contre-indiquée à partir du 4e mois de la grossesse.

En conséquence, un désir de grossesse nécessite le remplacement de ce médicament par un autre antihypertenseur. Si une grossesse survient alors que vous prenez ce médicament, consultez rapidement votre médecin pour qu'il modifie votre traitement. Des *échographies* régulières sont parfois nécessaires pour s'assurer de l'absence d'anomalie.

Ce médicament passe dans le lait maternel ; un choix est donc nécessaire entre l'allaitement et la prise du médicament. Cette décision devra être prise en accord avec votre médecin.

### Mode d'emploi et posologie

Ce médicament est pris indifféremment au cours ou en dehors des repas, en 1 prise quotidienne, de préférence la matin.

**Posologie usuelle :**

- Adulte : 1 comprimé par jour.

En cas d'*insuffisance rénale*, d'*athérosclérose*, de traitement préalable par des *diurétiques* ou de régime sans *sel*, en particulier chez la personne âgée, la *posologie* initiale est faible ; elle est augmentée progressivement par le médecin en fonction des effets du médicament.

**Conseils :** Votre tension artérielle doit être contrôlée régulièrement. Les appareils permettant une mesure automatique de la tension à domicile utilisent souvent un procédé de mesure différent de celui qu'emploie votre médecin. Si vous avez un tel appareil, apportez-le en consultation pour vous assurer que la mesure obtenue est bien conforme à celle du tensiomètre de votre médecin.

Le traitement médicamenteux ne dispense pas de mesures simples pouvant faire baisser la tension artérielle : activité physique régulière, modération de la consommation de boissons alcoolisées et de *sel*, lutte contre l'excès de poids.

### Effets indésirables possibles

Toux sèche.

Baisse excessive de la tension artérielle (voir Attention) ; *hypotension orthostatique*.

Maux de tête, fatigue, étourdissement, fourmillement des extrémités.

*Troubles digestifs*.

*Éruption cutanée*.

Augmentation du taux de *créatinine*, d'*acide urique* ou de glucose dans le sang et exceptionnellement du calcium.

Baisse du taux de *potassium* dans le sang, associée ou non à des crampes.

Rarement : baisse de taux de sodium dans le sang (natrémie) et risque de troubles du comportement, anomalie de la *numération formule sanguine*.

Exceptionnellement : œdème de *Quincke*, *pancréatite*, troubles de la vue.

Laboratoires Aventis

## COTRIMOXAZOLE RATIOPHARM

Antibiotiques : sulfamides + triméthoprime

**sur ordonnance**

Ce médicament est un générique de BACTRIM (voir p. 137 et tableau p. 1151).

## COUMADINE

Anticoagulant oral

**sur ordonnance**

### Présentation

COUMADINE 2 mg : comprimé sécable (rose) ; boîte de 20. Liste I - Remb 65 % - **Prix : 2,25 €**.

COUMADINE 5 mg : comprimé sécable (blanc) ; boîte de 30. Liste I - Remb 65 % - **Prix : 6,92 €**.

### Composition

| | p cp | p cp |
|---|---|---|
| **Warfarine sodique** | 2 mg | 5 mg |
| Lactose | + | + |

### Dans quel cas ce médicament est-il prescrit ?

Ce médicament est un *anticoagulant* oral qui appartient à la famille des *antivitamines K*. Il empêche la formation des caillots en se substituant à la *vitamine* K. Celle-ci est indispensable à la synthèse par le foie des facteurs de la coagulation. L'effet anticoagulant se manifeste après plusieurs jours de traitement et, de même, persiste plusieurs jours après l'arrêt.

Il est utilisé dans le *traitement préventif* et *curatif* des *accidents thromboemboliques*.

### Contre-indications

Ce médicament ne doit pas être utilisé dans les cas suivants :

- *allergie* aux *anticoagulants* oraux,
- *insuffisance hépatique* grave,
- association aux médicaments contenant de l'aspirine à forte dose, de la phénylbutazone, du miconazole (sauf formes à usage cutané) ou du millepertuis.

**Attention :** Des précautions sont nécessaires chez la personne âgée et en cas d'*insuffisance rénale* grave, de maladie ou situation exposant à un risque hémorragique.

La *posologie* de ce médicament est adaptée avec précision par votre médecin en fonction du résultat d'analyses de sang régulières : un *INR* trop bas traduit une action insuffisante et un risque de caillot sanguin ; un INR trop élevé traduit un surdosage et un risque d'*hémorragie*. Dans la majorité des cas, l'INR recherché doit être compris entre 2 et 3. Il est préférable (mais non indispensable) de pratiquer ces analyses successives dans le même laboratoire pour pouvoir comparer les résultats.

Tout signe pouvant faire penser à une hémorragie (urines rouges, selles rouges ou noires, taches anormales de la peau ou bleus multiples, saignements du nez ou des gencives...) doit vous conduire à prévenir immédiatement votre médecin ou un service médical d'urgence. Il en est de même si votre INR dépasse 5.

Pendant la durée du traitement, les injections intramusculaires ne peuvent être pratiquées qu'après avis médical, du fait d'un risque de saignement local. Les injections par *voie* sous-cutanée ou intraveineuse ne posent pas de problème, de même que les prises de sang.

L'automédication est particulièrement dangereuse chez les personnes sous anticoagulants oraux : n'utilisez aucun médicament sans l'avis de votre médecin ou de votre pharmacien, signalez toujours que vous prenez un anticoagulant oral.

En cas d'intervention chirurgicale ou d'extraction dentaire, signalez à l'anesthésiste ou à votre dentiste la prise de ce médicament : une modification de votre traitement pourra éventuellement être décidée.

Les interactions de ce médicament, susceptibles de modifier son effet, ne concernent pas que les médicaments : l'alcool et certains aliments peuvent faire varier votre INR (voir Interactions).

### Interactions avec d'autres substances

Ce médicament ne doit pas être associé :

- aux médicaments contenant de l'aspirine à forte dose, de la phénylbutazone ou du miconazole (l'utilisation de formes à usage cutané est possible) : risque d'*hémorragie* ;
- aux produits de phytothérapie contenant du millepertuis : diminution de l'effet anticoagulant (risque de *thrombose*).

Les anticoagulants oraux peuvent interagir avec de très nombreux autres médicaments qu'il n'est pas possible de citer. Ces interactions sont d'une intensité très variable. En dehors du paracétamol pour traiter la fièvre et la douleur, ne prenez aucun autre médicament sans prendre l'avis de votre médecin ou de votre pharmacien. Vous pouvez également consulter la fiche du médicament que vous souhaitez prendre pour vérifier qu'il n'interagit pas avec les anticoagulants.

Par ailleurs, il existe aussi des interactions alimentaires : évitez des apports importants d'aliments réputés riches en *vitamine* K comme les abats, avocat, brocolis, carotte, choucroute, choux, choux-fleurs, choux de Bruxelles, épinards, fenouil, foie, laitue, tomate... ou au contraire un jeûne prolongé qui diminuerait vos apports. Une prise excessive de boissons alcoolisées peut modifier l'effet du traitement, mais une consommation raisonnable est possible.

### Grossesse et allaitement

Ce médicament ne doit pas être utilisé pendant la grossesse, sauf sur prescription médicale. Une contraception efficace est recommandée pendant le traitement. Le port d'un stérilet expose à des saignements et doit être évité.

Ce médicament passe dans le lait maternel : l'allaitement est déconseillé.

### Mode d'emploi et posologie

Les comprimés sont avalés avec un verre d'eau, en une prise par jour. Pour un effet constant de ce médicament, la prise doit être régulière, toujours à la même heure, le soir de préférence.

**Posologie usuelle :**

Elle est adaptée par le médecin en fonction des résultats des analyses de sang (*INR*). Néanmoins, compte tenu de l'action retardée du produit, les variations de l'INR n'apparaissent que plusieurs jours après les modifications de traitement.

Lorsque ce médicament remplace un *anticoagulant* injectable, ce dernier est poursuivi jusqu'à ce que l'INR soit situé dans la fourchette souhaitée.

En cas d'oubli d'une prise, le médicament peut être pris si le retard ne dépasse pas 8 heures. Au delà de ce délai, ne pas prendre la dose oubliée et prendre le lendemain la dose habituelle et non une double dose.

**Conseils :** Veillez à ne pas manquer de ce médicament ; lors de vos déplacements, munissez-vous d'une réserve ou de votre ordonnance en cours de validité. Pensez également à porter sur vous une carte indiquant que vous suivez un traitement anticoagulant.

Certaines activités ou sports violents pouvant entraîner des blessures ou des coupures (risque d'*hémorragie*), leur pratique est déconseillée pendant la durée du traitement.

En cas de saignement bénin, il est nécessaire de comprimer la plaie pendant plusieurs minutes.

Pour faciliter le suivi du traitement, il est utile de tenir à jour un carnet indiquant les doses prises et le résultat des *INR* successifs.

### Effets indésirables possibles

*Hémorragies* de gravité variable.

Plus rarement : diarrhée, douleurs des articulations, chute de cheveux, *réaction allergique*.

**Laboratoires Bristol-Myers Squibb**

## COVATINE

*Informations détaillées sur www.monvidal.com*

## COVERSYL

Inhibiteur de l'enzyme de conversion

sur ordonnance

### Présentation

**COVERSYL 2 mg :** comprimé sécable (blanc) ; boîte de 30. Liste I - Remb 65 % - **Prix : 19,44 €.**

**COVERSYL 4 mg :** comprimé sécable (blanc) ; boîte de 30. Liste I - Remb 65 % - **Prix : 27,45 €.**

### Composition

| | p cp | p cp |
|---|---|---|
| **Perindopril tert-butylamine** | 2 mg | 4 mg |
| Lactose | + | + |

### Dans quel cas ce médicament est-il prescrit ?

Ce médicament appartient à la famille des *inhibiteurs de l'enzyme de conversion* (IEC). L'enzyme de conversion est une substance naturellement présente dans l'organisme ; elle est responsable d'une contraction des artères qui augmente la tension artérielle et fatigue le cœur.

Il est utilisé dans le traitement de l'*hypertension artérielle* et de l'*insuffisance cardiaque*.

### Contre-indications

Ce médicament ne doit pas être utilisé dans les cas suivants :

- *allergie* aux médicaments de la famille des *inhibiteurs de l'enzyme de conversion*,
- prédisposition à l'œdème de *Quincke*,
- **grossesse** (à partir du 4e mois),
- **allaitement**.

Dans d'autres situations, le médecin est seul juge pour prescrire ce médicament, notamment en cas d'*hyperkaliémie* ou de rétrécissement des artères rénales.

**Attention :** En cas de gonflement du visage (lèvres, paupières...) ou d'une autre région du corps, consultez votre médecin avant toute nouvelle prise de ce médicament ; il peut s'agir d'une *réaction allergique* : œdème de *Quincke*.

L'usage des *inhibiteurs de l'enzyme de conversion* est déconseillé en période de désensibilisation aux venins d'*hyménoptères* : augmentation du risque de réaction allergique grave.

Des précautions sont nécessaires chez la personne âgée.

En cas d'*insuffisance rénale*, un contrôle de la *créatinine* et du taux de *potassium* dans le sang est nécessaire.

Si vous suivez un traitement par *diurétique* ou un régime sans *sel*, la baisse de la tension artérielle peut être importante lors des premières prises du médicament : risque de malaise ou d'étourdissement pouvant entraîner une chute.

Les sels de régime contiennent souvent du *potassium* ; ne les utilisez pas sans avis médical pendant le traitement.

Si vous êtes traité par le rein artificiel, prévenez votre centre de *dialyse* de la prise de ce médicament.

Conducteur : les *inhibiteurs de l'enzyme de conversion* peuvent être responsables de malaise ou de *vertiges*, lors des premières prises.

### Interactions avec d'autres substances

Ce médicament peut interagir avec les *diurétiques* et les médicaments qui contiennent du potassium ou du lithium.

Informez par ailleurs votre médecin ou votre pharmacien si vous prenez un *antidiabétique*, un *AINS* ou de l'aspirine à forte dose (plus de 3 g par jour).

En outre, l'effet *antihypertenseur* de ce médicament peut être augmenté par certains médicaments tels que les *neuroleptiques*, les *antidépresseurs imipraminiques*, les *alphabloquants* utilisés dans certains troubles urinaires, les médicaments contenant du baclofène ; il peut être diminué par les *corticoïdes*. Votre médecin doit être informé si vous êtes traité par l'un ou l'autre de ces médicaments.

### Grossesse et allaitement

L'effet de ce médicament pendant les 3 premiers mois de la grossesse est mal connu. Par prudence, son usage est déconseillé.

Au cours des 6 derniers mois de la grossesse, la prise prolongée d'un *inhibiteur de l'enzyme de conversion* peut altérer les reins du fœtus. L'utilisation de ce médicament est contre-indiquée à partir du 4e mois de la grossesse.

En conséquence, un désir de grossesse nécessite le remplacement de ce médicament par un autre antihypertenseur. Si une grossesse survient alors que vous prenez ce médicament, consultez rapidement votre médecin pour qu'il modifie votre traitement. Des *échographies* régulières sont parfois nécessaires pour s'assurer de l'absence d'anomalie.

Les données disponibles ne permettent pas de savoir si ce médicament passe dans le lait maternel. L'allaitement est contre-indiqué pendant le traitement.

### Mode d'emploi et posologie

Ce médicament est pris avant un repas, en 1 prise quotidienne.

**Posologie usuelle :**

- Adulte : la *posologie* est variable en fonction des cas :
  - *hypertension artérielle* : 1 comprimé à 4 mg par jour ;
  - *insuffisance cardiaque* : 2 à 4 mg par jour, atteints progressivement.

En cas d'*insuffisance rénale*, d'*athérosclérose*, de traitement préalable par des *diurétiques* ou de régime sans *sel*, en particulier chez la personne âgée, la posologie initiale est faible ; elle est augmentée progressivement par le médecin en fonction des effets du médicament.

**Conseils :** Votre tension artérielle doit être contrôlée régulièrement. Les appareils permettant une mesure automatique de la tension à domicile utilisent souvent un procédé de mesure différent de celui qu'emploie votre médecin. Si vous avez un tel appareil, apportez-le en consultation pour vous assurer que la mesure obtenue est bien conforme à celle du tensiomètre de votre médecin.

Le traitement médicamenteux ne dispense pas de mesures simples pouvant faire baisser la tension artérielle : activité physique régulière, modération de la consommation de boissons alcoolisées et de *sel*, lutte contre l'excès de poids.

### Effets indésirables possibles

Comme pour tous les *inhibiteurs de l'enzyme de conversion* :

- Toux sèche.
- Baisse excessive de la tension artérielle (voir Attention) ; *hypotension orthostatique*.
- Maux de tête, fatigue, étourdissement.
- *Troubles digestifs*.
- *Réactions allergiques* : *éruption cutanée*, œdème de *Quincke* (exceptionnel).

**Laboratoires Servier**

## COZAAR
Antihypertenseur — sur ordonnance

### Présentation
COZAAR 50 mg : comprimé sécable (blanc) ; boîte de 28. Liste I - Remb 65 % - **Prix : 22,91 €.**
COZAAR 50 mg : comprimé sécable (blanc) ; boîte de 90. Liste I - Remb 65 % - **Prix : 66,46 €.**
COZAAR 100 mg : comprimé (blanc) ; boîte de 28. Liste I - Remb 65 % - **Prix : 39,97 €.**
COZAAR 100 mg : comprimé (blanc) ; boîte de 90. Liste I - Remb 65 % - **Prix : 116,70 €.**

### Composition

| | p cp | p cp |
|---|---|---|
| **Losartan potassique** | 50 mg | 100 mg |
| Lactose | + | + |

### Dans quel cas ce médicament est-il prescrit ?
Ce médicament est un *antihypertenseur* qui appartient à la famille des *inhibiteurs de l'angiotensine II*. Il bloque l'action de l'angiotensine II. Cette substance, naturellement présente dans l'organisme, provoque une contraction des artères qui augmente la pression artérielle et fatigue le cœur. Il a également montré son aptitude à réduire le risque d'*accident vasculaire cérébral* chez certaines personnes hypertendues.

Il est utilisé dans le traitement de l'*hypertension artérielle* et de l'*insuffisance rénale* chez le diabétique hypertendu.

### Contre-indications
Ce médicament ne doit pas être utilisé en cas de **grossesse** (à partir du 4e mois).

**Attention :** Des précautions sont nécessaires en cas d'*insuffisance cardiaque* grave, d'*insuffisance hépatique* ou chez les personnes souffrant d'*hypertension artérielle* due à un rétrécissement des artères rénales.
En cas d'*insuffisance rénale*, un contrôle régulier de la *créatinine* et du taux de *potassium* dans le sang est nécessaire.
Si vous suiviez auparavant un traitement par *diurétique* ou un régime sans *sel*, la baisse de la tension artérielle peut être importante lors des premières prises du médicament : risque de malaise ou d'étourdissement pouvant entraîner une chute. Il est donc préférable de commencer le traitement un jour de repos.
Les sels de régime contiennent souvent du *potassium* ; ne les utilisez pas sans avis médical pendant le traitement.

### Interactions avec d'autres substances
Ce médicament peut interagir avec les *diurétiques* et les médicaments qui contiennent du *potassium* ou du *lithium*.

En outre, l'effet *antihypertenseur* de ce médicament peut être augmenté par les *antidépresseurs imipraminiques*, les *neuroleptiques*, les *alphabloquants* utilisés dans les troubles prostatiques et les médicaments contenant du baclofène ; il peut être diminué par les *corticoïdes* et les *AINS*. Votre médecin doit être informé si vous êtes traité par l'un ou l'autre de ces médicaments.

### Grossesse et allaitement
L'effet de ce médicament sur l'enfant à naître pendant les 3 premiers mois de la grossesse est mal connu. Par prudence, son usage est déconseillé. Au cours des 6 derniers mois de la grossesse, une prise prolongée de ce médicament peut altérer les reins du fœtus. Son utilisation est contre-indiquée à partir du 4e mois de la grossesse.
En conséquence, un désir de grossesse nécessite le remplacement de ce médicament par un autre antihypertenseur. Si une grossesse survient alors que vous prenez ce médicament, consultez rapidement votre médecin pour qu'il modifie votre traitement.

Les données disponibles ne permettent pas de savoir si ce médicament passe dans le lait maternel : l'allaitement est déconseillé au cours du traitement.

### Mode d'emploi et posologie
Les comprimés doivent être avalés avec un verre d'eau. Ils peuvent être pris indifféremment au cours ou en dehors des repas.

**Posologie usuelle :**
- Adulte : 50 mg ou 100 mg par jour.

**Conseils :** Votre tension artérielle doit être contrôlée régulièrement. Les appareils permettant une mesure automatique de la tension à domicile utilisent souvent un procédé de mesure différent de celui qu'emploie votre médecin. Si vous avez un tel appareil, apportez-le en consultation pour vous assurer que la mesure obtenue est bien conforme à celle du tensiomètre de votre médecin.
Le traitement médicamenteux ne dispense pas de mesures simples pouvant faire baisser la tension artérielle : activité physique régulière, modération de la consommation de boissons alcoolisées et de *sel*, lutte contre l'excès de poids.

### Effets indésirables possibles
Les études qui ont comparé ce médicament au *placebo* n'ont pas montré plus d'effet indésirable imputable au médicament, à l'exception d'étourdissements dus à une *hypotension orthostatique*.

Depuis sa commercialisation, les effets suivants ont été rarement observés :
- diarrhée, *anémie*, douleurs musculaires, *migraine*, toux, éruption cutanée, *réaction allergique* (œdème de *Quincke*) ;
- augmentation des *transaminases*, *hépatite* ;
- augmentation du taux de *créatinine* et de *potassium* dans le sang.

Laboratoires MSD-Chibret

## CRATAEGUS COMPLEXE N° 15
*Informations détaillées sur www.monvidal.com*

## CRÈME AU CALENDULA
Protecteur cutané

### Présentation
CRÈME AU CALENDULA : crème ; pot de 20 g. Non remb.

### Composition

| | p 100 g |
|---|---|
| **Calendula, teinture mère** | 4,4 g |

### Dans quel cas ce médicament est-il prescrit ?
C'est une crème non grasse, protectrice et adoucissante.

Elle est utilisée pour traiter les irritations de la peau : crevasses, gerçures, dartres, rougeurs. Elle est également utilisée pour le soin quotidien des peaux à tendance acnéique.

### Grossesse et allaitement

Ce médicament ne contient que des substances présumées sans danger pendant la grossesse ou l'allaitement. Néanmoins, ne l'utilisez pas de façon prolongée sans l'avis de votre pharmacien ou de votre médecin.

### Mode d'emploi et posologie

Nettoyer la peau et appliquer la crème en massant légèrement pour faire pénétrer.

**Posologie usuelle :**
2 applications par jour.

Laboratoires Boiron

## CRÈME DE DALIBOUR COOPER

*Informations détaillées sur www.monvidal.com*

## CRÈME DES 3 FLEURS D'ORIENT

*Informations détaillées sur www.monvidal.com*

## CRÈME IBIS

*Informations détaillées sur www.monvidal.com*

## CRÉON

Extrait pancréatique

### Présentation

CRÉON 12 000 U : gélule à microgranules *gastrorésistants* (marron et jaune) ; boîte de 60. Remb 65 % - **Prix : 15,30 €**.
CRÉON 12 000 U : gélule à microgranules *gastrorésistants* (marron et jaune) ; boîte de 120. Remb 65 % - **Prix : 27,40 €**.
CRÉON 25 000 U : gélule à microgranules *gastrorésistants* (orange et jaune) ; flacon de 60. Remb 65 % - **Prix : 24,72 €**.

### Composition

| | p gél | p gél |
|---|---|---|
| **Pancréatine obtenue à partir de poudre de pancréas de porc** | 150 mg | 300 mg |
| soit activité lipolytique | 12 000 U Ph Eur | 25 000 U Ph Eur |
| soit activité amylolytique | 8 000 U Ph Eur | 18 000 U Ph Eur |
| soit activité protéolytique | 600 U Ph Eur | 1 000 U Ph Eur |

### Dans quel cas ce médicament est-il prescrit ?

Ce médicament contient des extraits de pancréas. Ceux-ci remplacent ou complètent une production insuffisante d'*enzymes pancréatiques*, nécessaires à la digestion.

Il est utilisé après une opération du pancréas ou de l'estomac et dans le traitement de certaines maladies pancréatiques, notamment la *mucoviscidose*.

### Grossesse et allaitement

L'effet de ce médicament pendant la grossesse ou l'allaitement est mal connu. L'évaluation du risque éventuel lié à son utilisation est individuelle : demandez conseil à votre pharmacien ou à votre médecin.

### Mode d'emploi et posologie

Ce médicament doit être pris au cours des repas, avec un verre d'eau.

**Posologie usuelle :**
Elle est strictement individuelle, en fonction de l'âge et de l'importance des troubles.
La *posologie* prescrite ne doit pas être dépassée.

**Conseils :** Les gélules peuvent être ouvertes, notamment pour le *nourrisson*, et leur contenu (microgranules) sera mélangé à un aliment semi-liquide ou du lait. Les microgranules, *gastrorésistants*, ne doivent être ni croqués ni mâchés.

### Effets indésirables possibles

Très rarement : nausées, vomissement, diarrhée, constipation, *réaction allergique* cutanée.

Laboratoires Solvay Pharma

## CRESTOR

Hypolipémiant

sur ordonnance

### Présentation

CRESTOR 5 mg : comprimé (jaune) ; boîte de 28. Liste I - Remb 65 % - **Prix : 18,87 €**.
CRESTOR 5 mg : comprimé (jaune) ; boîte de 84. Liste I - Remb 65 % - **Prix : 52,07 €**.
CRESTOR 10 mg : comprimé (rose) ; boîte de 28. Liste I - Remb 65 % - **Prix : 27,45 €**.
CRESTOR 20 mg : comprimé (rose) ; boîte de 28. Liste I - Remb 65 % - **Prix : 41,46 €**.

### Composition

| | p cp | p cp | p cp |
|---|---|---|---|
| **Rosuvastatine** | 5 mg | 10 mg | 20 mg |
| Lactose | + | + | + |

### Dans quel cas ce médicament est-il prescrit ?

Ce médicament est un *hypocholestérolémiant* de la famille des statines. Il permet d'abaisser fortement le taux de mauvais *cholestérol* (LDL-cholestérol) circulant dans le sang.

Il est utilisé dans le traitement des excès de cholestérol en complément d'un régime adapté.

### Contre-indications

Ce médicament ne doit pas être utilisé dans les cas suivants :
- *insuffisance hépatique* ou *transaminases* élevées,
- *insuffisance rénale* grave,
- *myopathie*,
- en association avec la ciclosporine,
- femme en âge de procréer sans contraception,
- **grossesse**,
- **allaitement**.

**Attention :** Ce médicament peut être toxique pour le foie ou les muscles. Signalez à votre médecin toute fatigue anormale, perte d'appétit, douleur ou faiblesse musculaire. Des analyses de sang régulières permettent de vérifier que le médicament est bien supporté.

Des précautions (dose maximale quotidienne limitée à 20 mg) sont nécessaires dans les situations favorisant le risque de toxicité musculaire de ce médicament :
- *insuffisance rénale*,
- *hypothyroïdie*,
- *antécédent* de maladie musculaire d'origine génétique ou liée à la prise de fibrate ou de statine,
- abus d'alcool,
- personne de plus de 70 ans,
- personne d'origine asiatique,
- en association aux *hypolipidémiants* de la famille des fibrates.

### Interactions avec d'autres substances

Ce médicament ne doit pas être associé avec les médicaments contenant de la ciclosporine : risque accru d'atteintes musculaires.

Il peut interagir avec les *hypolipidémiants* de la famille des fibrates.

Informez par ailleurs votre médecin si vous prenez des *anticoagulants* oraux, des *antiacides*, un estroprogestatif (pilule, traitement de la ménopause) ou un médicament contenant de l'érythromycine.

### Grossesse et allaitement

Ce médicament est contre-indiqué chez la femme enceinte et il doit être interrompu en cas de désir de grossesse.

Si une grossesse survient sous traitement, arrêtez la prise de ce médicament et consultez votre médecin.

Les données disponibles ne permettent pas de savoir si ce médicament passe dans le lait maternel ; un choix est donc nécessaire entre l'allaitement et la prise du médicament. Cette décision devra être prise en accord avec votre médecin.

### Mode d'emploi et posologie

Les comprimés doivent être avalés avec un verre d'eau, en une prise quotidienne, indifféremment au cours ou en dehors des repas.

**Posologie usuelle :**

- Adulte : la posologie initiale est de 5 ou 10 mg par jour. Elle peut être augmentée à 20 mg par jour. Dans certains cas, la dose maximale est de 40 mg par jour.

Le régime reste indispensable pendant toute la durée du traitement.

**Conseils :** Un régime pauvre en *cholestérol* et en graisses animales n'est pas simple à suivre : les erreurs sont fréquentes. Demandez conseil à votre médecin, à votre pharmacien ou à un professionnel de la nutrition.

### Effets indésirables possibles

Fréquents : maux de tête, *vertiges*, fatigue, constipation, nausées, douleurs abdominales, douleurs musculaires.

Rarement : *éruption cutanée*, *réaction allergique*, élévation des *transaminases* et atteintes graves des muscles (voir Attention).

**Laboratoires AstraZeneca**

## CRISTAL

Laxatif par voie rectale

### Présentation

CRISTAL : suppositoire Adulte ; boîte de 10. Non remb.
CRISTAL : suppositoire Enfant ; boîte de 10. Non remb.
CRISTAL : suppositoire Nourrisson ; boîte de 10. Non remb.

### Composition

| | p suppos Ad | p suppos Enf | p suppos Nour |
|---|---|---|---|
| Glycérine | 2,1 g | 1,29 g | 690 mg |

### Dans quel cas ce médicament est-il prescrit ?

C'est un laxatif administré par *voie* rectale. Il ramollit les selles et déclenche une contraction du rectum qui permet leur évacuation.

Il est utilisé dans le *traitement symptomatique* de la constipation.

**Attention :** Comme tous les laxatifs, ce médicament ne doit pas être utilisé de façon prolongée sans avis médical.

Des précautions sont nécessaires chez la personne atteinte d'*hémorroïdes*, de *fissure anale* ou de *rectocolite hémorragique*.

Chez le *nourrisson*, son usage doit rester exceptionnel ; il risque d'empêcher le réflexe d'expulsion des selles.

### Grossesse et allaitement

Ce médicament peut être utilisé de façon ponctuelle pour traiter la constipation de la femme enceinte ou qui allaite.

### Mode d'emploi et posologie

L'effet laxatif se manifeste après un délai de 5 à 30 minutes.

**Posologie usuelle :**

- Adulte : 1 suppositoire Adulte par jour, à renouveler dans l'heure qui suit en cas de constipation rebelle.
- Enfant de plus de 6 ans : 1 suppositoire Enfant par jour, à renouveler dans l'heure qui suit en cas de constipation rebelle.
- Enfant de 2 à 6 ans : 1 suppositoire Enfant par jour.
- Nourrisson : 1 suppositoire Nourrisson par jour, 1 jour sur 3.

**Conseils :** Le traitement de la constipation chronique repose essentiellement sur des boissons abondantes, une alimentation riche en fibres et une activité physique régulière.

### Effets indésirables possibles

Un usage prolongé peut occasionner des sensations de brûlure anale et, exceptionnellement, des *inflammations* du rectum.

**Laboratoires Cooper**

## CRIXIVAN

*Informations détaillées sur www.monvidal.com*

## CROMABAK
Collyre antiallergique

### Présentation
CROMABAK : collyre ; flacon de 10 ml avec stilligoutte. Remb 35 % - **Prix : 7,80 €.**

### Composition

| | p 100 ml |
|---|---|
| **Cromoglycate de sodium** | 2 g |

### Dans quel cas ce médicament est-il prescrit ?
C'est un collyre antiallergique. Il ne contient pas de conservateur : une membrane située dans le flacon retient d'éventuelles bactéries qui pourraient contaminer le collyre.
Il est utilisé dans le traitement des *allergies* oculaires.

### Interactions avec d'autres substances
Ce collyre peut interagir avec d'autres collyres : respectez un intervalle de 15 minutes entre deux instillations.

### Grossesse et allaitement
L'effet de ce médicament pendant la grossesse ou l'allaitement est mal connu : seul votre médecin peut évaluer le risque éventuel de son utilisation dans votre cas.

### Mode d'emploi et posologie
Tirer la paupière inférieure vers le bas tout en regardant vers le haut et déposer une goutte de collyre entre la paupière et le globe oculaire (*cul-de-sac conjonctival*).
Veiller à ne pas mettre en contact l'embout du flacon avec l'œil ou les doigts pour éviter de contaminer le collyre avec les *germes* présents sur les paupières ou la peau.

**Posologie usuelle :**
- Adulte et enfant : 1 goutte, 2 à 6 fois par jour.

**Conseils :** Compte tenu de son absence de toxicité, ce médicament peut être obtenu sans ordonnance, néanmoins un avis médical est nécessaire avant de l'utiliser chez l'enfant.
L'application correcte du produit peut nécessiter une aide, notamment chez une personne handicapée ou âgée.
Ne conservez pas ce collyre plus de 4 semaines après ouverture du flacon.
Le flacon doit être gardé à l'abri de la lumière.

### Effets indésirables possibles
*Réaction allergique.*

Laboratoires Théa

## CROMADOSES
Collyre antiallergique

### Présentation
CROMADOSES 2 % : collyre ; boîte de 30 récipients unidoses de 0,3 ml. Remb 35 % - **Prix : 4,37 €.**

### Composition

| | p 100 ml |
|---|---|
| **Cromoglycate de sodium** | 2 g |

### Dans quel cas ce médicament est-il prescrit ?
Ce médicament est un antiallergique.
Il est utilisé dans le traitement des *allergies* oculaires.

### Interactions avec d'autres substances
Ce collyre peut interagir avec d'autres collyres : respectez un intervalle de 15 minutes entre deux instillations.

### Grossesse et allaitement
L'effet de ce médicament pendant la grossesse ou l'allaitement est mal connu : seul votre médecin peut évaluer le risque éventuel de son utilisation dans votre cas.

### Mode d'emploi et posologie
Tirer la paupière inférieure vers le bas tout en regardant vers le haut et déposer une goutte de collyre entre la paupière et le globe oculaire (*cul-de-sac conjonctival*).
Veiller à ne pas mettre en contact l'embout du flacon avec les doigts pour éviter de contaminer le collyre avec les germes présents sur la peau.

**Posologie usuelle :**
- Adulte et enfant : 1 goutte, 2 à 6 fois par jour.

**Conseils :** Compte tenu de son absence de toxicité, ce médicament peut être obtenu sans ordonnance, néanmoins un avis médical est nécessaire avant de l'utiliser chez l'enfant.
L'application correcte du produit peut nécessiter une aide, notamment chez une personne handicapée ou âgée.
Une unidose permet une instillation dans les deux yeux et doit être jetée après usage.

### Effets indésirables possibles
*Réaction allergique.*

Laboratoires Théa

## CROMEDIL
Collyre antiallergique

### Présentation
CROMEDIL 2 % : collyre ; flacon de 5 ml. Remb 35 % - **Prix : 3,51 €.**
CROMEDIL 2 % : collyre ; boîte de 30 unidoses de 0,3 ml. Remb 35 % - **Prix : 4,37 €.**

### Composition

| | flacon p 100 ml | unidose p 100 ml |
|---|---|---|
| **Cromoglycate de sodium** | 2 g | 2 g |
| Benzalkonium chlorure | + | |

### Dans quel cas ce médicament est-il prescrit ?
Ce médicament est un antiallergique.
Il est utilisé dans le traitement des *allergies* oculaires.

**Attention :** En cas d'*allergie* aux *antiseptiques* de la famille des *ammoniums quaternaires*, n'utilisez pas le collyre en flacon de 5 ml du fait de la présence de benzalkonium.
Le port de lentilles de contact souples est déconseillé pendant le traitement (sauf collyre en unidose).

### Interactions avec d'autres substances
Ce collyre peut interagir avec d'autres collyres : respectez un intervalle de 15 minutes entre deux instillations.

### Grossesse et allaitement

L'effet de ce médicament pendant la grossesse ou l'allaitement est mal connu : seul votre médecin peut évaluer le risque éventuel de son utilisation dans votre cas.

### Mode d'emploi et posologie

Tirer la paupière inférieure vers le bas tout en regardant vers le haut et déposer une goutte de collyre entre la paupière et le globe oculaire (*cul-de-sac conjonctival*). Veiller à ne pas mettre en contact l'embout du flacon avec l'œil ou les doigts pour éviter de contaminer le collyre avec les germes présents sur les paupières ou la peau.

**Posologie usuelle :**

- Adulte et enfant : 1 goutte, 2 à 6 fois par jour.

**Conseils :** Compte tenu de son absence de toxicité, ce médicament peut être obtenu sans ordonnance, néanmoins un avis médical est nécessaire avant de l'utiliser chez l'enfant.
L'application correcte du produit peut nécessiter une aide, notamment chez un enfant ou une personne handicapée ou âgée.
Ne conservez pas le flacon de 5 ml plus de 15 jours après ouverture. Une unidose permet une instillation dans les deux yeux et doit être jetée après usage.

### Effets indésirables possibles

*Réaction allergique.*

Laboratoires Europhta

## CROMOPTIC

Collyre antiallergique

### Présentation

CROMOPTIC : collyre ; flacon de 10 ml. Remb 35 % - **Prix : 7,21 €**.
CROMOPTIC : collyre ; boîte de 30 unidoses de 0,35 ml. Remb 35 % - **Prix : 4,37 €**.

### Composition

| | flacon p 100 ml | unidose p 100 ml |
|---|---|---|
| **Cromoglycate de sodium** | 2 g | 2 g |
| Benzalkonium chlorure | + | |

### Dans quel cas ce médicament est-il prescrit ?

C'est un collyre antiallergique.
Il est utilisé dans le traitement des *allergies* oculaires.

**Attention :** Le flacon de 10 ml, contrairement aux unidoses, contient un conservateur (benzalkonium) de la famille des *ammoniums quaternaires* :
- signalez à votre médecin ou à votre pharmacien tout *antécédent* d'*allergie* à cette famille d'*antiseptiques* ;
- il est recommandé d'ôter les lentilles de contact souples avant l'instillation et d'attendre 15 minutes avant de les replacer.

### Interactions avec d'autres substances

Ce collyre peut interagir avec d'autres collyres : respectez un intervalle de 15 minutes entre deux instillations.

### Grossesse et allaitement

L'effet de ce médicament pendant la grossesse ou l'allaitement est mal connu : seul votre médecin peut évaluer le risque éventuel de son utilisation dans votre cas.

### Mode d'emploi et posologie

Tirer la paupière inférieure vers le bas tout en regardant vers le haut et déposer une goutte de collyre entre la paupière et le globe oculaire (*cul-de-sac conjonctival*).

**Posologie usuelle :**

- Adulte et enfant : 1 goutte, 2 à 6 fois par jour.

**Conseils :** Compte tenu de son absence de toxicité, ce médicament peut être obtenu sans ordonnance, néanmoins un avis médical est nécessaire avant de l'utiliser chez l'enfant.
Évitez de mettre l'embout du flacon en contact avec l'œil.
L'application correcte du produit peut nécessiter une aide, notamment chez une personne handicapée ou âgée.
Conservez le flacon de 10 ml à l'abri de la lumière, pendant 1 mois maximum après ouverture. Les unidoses, sans conservateurs, doivent être jetées après l'instillation.

### Effets indésirables possibles

*Réaction allergique.*

Laboratoires Chauvin Bausch & Lomb

## CROMOSOFT

*Informations détaillées sur www.monvidal.com*

## CURACNÉ

Antiacnéique — sur ordonnance

Ce médicament est un générique de ROACCUTANE (voir p. 907 et tableau p. 1151).

## CURASTEN

*Informations détaillées sur www.monvidal.com*

## CUROMAL BAUME

*Informations détaillées sur www.monvidal.com*

## CUTACNYL

Antiacnéique — sur ordonnance

### Présentation

CUTACNYL 2,5 : gel pour application locale ; tube de 40 g. Liste II - Remb 35 % - **Prix : 2,73 €**.
CUTACNYL 5 : gel pour application locale ; tube de 40 g. Liste II - Remb 35 % - **Prix : 2,81 €**.
CUTACNYL 10 : gel pour application locale ; tube de 40 g. Liste II - Remb 35 % - **Prix : 2,81 €**.

### Composition

| | gel p 100 g | gel p 100 g | gel p 100 g |
|---|---|---|---|
| **Peroxyde de benzoyle** | 2,5 g | 5 g | 10 g |

### Dans quel cas ce médicament est-il prescrit ?

C'est un antiacnéique local qui contient du peroxyde de benzoyle. Il agit essentiellement en détruisant les

*germes* responsables de l'*inflammation* du comédon et de la formation de pustules.
Il est utilisé dans le traitement de l'*acné*.

### Contre-indications

Ce médicament ne doit pas être utilisé par les personnes sensibles aux peroxydes (eau oxygénée).

**Attention :** N'appliquez aucun autre produit ou cosmétique (eau de Cologne, lotion après-rasage, crème...) sans l'accord de votre médecin.
Ce médicament expose à une *photosensibilisation* : une exposition aux rayons *ultraviolets* (soleil, lampe à bronzer) peut provoquer des réactions cutanées. N'omettez pas de signaler à votre médecin vos projets de vacances au soleil pendant la durée du traitement.

### Grossesse et allaitement

L'effet de ce médicament pendant la grossesse ou l'allaitement est mal connu : seul votre médecin peut évaluer le risque éventuel de son utilisation dans votre cas.

### Mode d'emploi et posologie

Le médecin choisit le dosage du médicament adapté à votre peau. En cas d'irritation, il peut prescrire une forme moins concentrée ou espacer les doses.
L'application est faite après la toilette, sur la peau bien sèche.
Faire pénétrer complètement le gel par de légers massages. Se laver les mains ensuite.

**Posologie usuelle :**
Au début du traitement : 1 application, 1 ou 2 fois par jour.
En cure d'entretien : 1 application tous les 2 ou 3 jours.

**Conseils :** Une irritation est fréquente et normale en début de traitement : ne vous découragez pas, mais n'hésitez pas à prendre l'avis de votre médecin.
Pour limiter les risques d'irritation, n'appliquez pas ce produit sur une peau déjà irritée ou lésée, utilisez des savons de toilette doux et n'appliquez pas de lotion ou parfum alcoolisés.
Si vous mettez accidentellement cette substance en contact avec les yeux, les paupières, la bouche, les narines, les *muqueuses* ou une plaie, rincez abondamment à l'eau tiède.
Vous devez tenir compte du risque de décoloration de vos vêtements ou de votre literie par le produit.

### Effets indésirables possibles

*Photosensibilisation*, irritation de la peau.
Décoloration de certains textiles.

Laboratoires Galderma

## CUTERPÈS

*Informations détaillées sur www.monvidal.com*

## CUTIPHILE

*Informations détaillées sur www.monvidal.com*

## CUTISAN

*Informations détaillées sur www.monvidal.com*

## CYANOCOBALAMINE RENAUDIN

*Informations détaillées sur www.monvidal.com*

## CYCLADOL

Anti-inflammatoire non stéroïdien — sur ordonnance

### Présentation

CYCLADOL 20 mg : comprimé sécable (jaune pâle) ; boîte de 14. Liste I - Remb 65 % - **Prix : 8,30 €**.
CYCLADOL 20 mg : comprimé effervescent (arôme citron) ; boîte de 14. Liste I - Remb 65 % - **Prix : 8,30 €**.

### Composition

| | p cp | p cp efferv |
|---|---|---|
| **Piroxicam** | | |
| **bêta-cyclodextrine** | 191,2 mg | 191,2 mg |
| soit Piroxicam | 20 mg | 20 mg |
| Aspartam | | + |

### Dans quel cas ce médicament est-il prescrit ?

Ce médicament est un *anti-inflammatoire* non stéroïdien (*AINS*). Il lutte contre l'*inflammation* et la douleur, fait baisser la fièvre et fluidifie le sang.
Il est utilisé dans :
- le *traitement symptomatique* de longue durée des *rhumatismes inflammatoires* et de certaines *arthroses* invalidantes ;
- le traitement de courte durée des poussées inflammatoires d'arthrose, des *arthrites*, des *tendinites*, des *sciatiques*, des *cruralgies* et des douleurs faisant suite à un traumatisme de l'appareil locomoteur.

### Contre-indications

Ce médicament ne doit pas être utilisé dans les cas suivants :
- antécédent d'*allergie* ou d'*asthme* provoqué par la prise d'*AINS*, y compris l'aspirine ;
- *ulcère* de l'estomac ou du *duodénum* ;
- *insuffisance hépatique* ou *rénale* grave ;
- *phénylcétonurie* (comprimé effervescent : présence d'aspartam) ;
- enfant de moins de 15 ans ;
- **grossesse** (à partir du 6e mois).

**Attention :** Tout traitement prolongé ou *surdosage* d'*AINS* expose à des effets indésirables graves.
Certaines situations doivent conduire à ne poursuivre le traitement qu'après un avis médical :
- brûlures d'estomac importantes ou selles noires et nauséabondes pouvant traduire une irritation ou un saignement du tube digestif ;
- *réaction allergique* cutanée, crise d'*asthme* ;
- fatigue inhabituelle et intense, ou baisse brutale et importante du volume des urines chez une personne souffrant d'*insuffisance cardiaque*, déshydratée ou traitée par *diurétique*.

Des précautions sont nécessaires en cas d'*antécédent* d'*ulcère* de l'estomac ou du *duodénum* ou de risque hémorragique, notamment digestif (maladie de *Crohn*, *rectocolite hémorragique*).
Certains médecins considèrent que les anti-inflammatoires peuvent diminuer l'efficacité des stérilets et exposer à un risque de grossesse non désirée. Ce risque est actuellement très controversé.
Conducteur : ce médicament peut provoquer des étourdissements ou une baisse de la vigilance.

### Interactions avec d'autres substances

Ce médicament peut interagir avec d'autres médicaments, notamment :
- l'aspirine et les autres *anti-inflammatoires* non stéroïdiens (*AINS*) : risque d'accroissement des effets indésirables ;
- les *anticoagulants* et les *antiagrégants plaquettaires* : augmentation du risque hémorragique ;
- le lithium (TÉRALITHE, NEUROLITHIUM...) : augmentation du taux de lithium dans le sang ;
- le méthotrexate.

Informez par ailleurs votre médecin ou votre pharmacien en cas de traitement par un *diurétique*, un *inhibiteur de l'enzyme de conversion*, un *inhibiteur de l'angiotensine II*, un *bêtabloquant* ou un médicament contenant de la ciclosporine.

### Grossesse et allaitement

Des effets néfastes pour l'enfant à naître ont été mis en évidence lorsque les *AINS* sont utilisés au cours des 4 derniers mois de la grossesse ; le risque existe même avec une seule prise et même si la grossesse est à terme. L'usage de ce médicament est contre-indiqué pendant cette période.

Pendant les 5 premiers mois, l'effet de ce médicament est mal connu : seul votre médecin peut évaluer le risque éventuel de son utilisation dans votre cas.

Ce médicament passe dans le lait maternel ; un choix est donc nécessaire entre l'allaitement et la prise du médicament. Cette décision devra être prise en accord avec votre médecin.

### Mode d'emploi et posologie

Ce médicament doit être pris au cours des repas.

Les comprimés doivent être avalés tels quels avec un grand verre d'eau. Les comprimés effervescents doivent être dissous dans un verre d'eau.

**Posologie usuelle :**
- Adulte :
  - traitement de courte durée : 1 comprimé, 2 fois par jour. Ne pas dépasser 40 mg par jour.
  - traitement de longue durée : 1 comprimé par jour.

**Conseils :** Les anti-inflammatoires ne sont pas des médicaments anodins. Du fait de la possibilité d'effets indésirables graves, ils ne doivent être utilisés que lorsqu'ils sont nécessaires, ce qui n'est pas le cas pour les affections rhumatismales peu douloureuses et les traumatismes bénins. Ce médicament vous a été prescrit dans une situation précise : ne le conseillez pas à un proche et ne le réutilisez pas sans avis médical.

Ne dépassez pas la *posologie* ni la durée de traitement prescrites par votre médecin, afin de limiter les effets indésirables.

### Effets indésirables possibles

*Troubles digestifs*, *gastrite*, voire *ulcère* de l'estomac ou du *duodénum*, le plus souvent lors d'un traitement prolongé à des doses supérieures à 30 mg par jour. Exceptionnellement : *hémorragie* du tube digestif (vomissements sanglants, selles noires, ou plus souvent pertes de sang imperceptibles, responsables de l'apparition progressive d'une *anémie*).

*Réaction allergique* nécessitant l'arrêt immédiat du traitement :
- *éruption cutanée*, démangeaisons, aphte, *conjonctivite* (pouvant correspondre à la phase initiale d'une réaction allergique plus grave) ;
- *asthme* ;
- malaise avec baisse de la tension artérielle.

Étourdissement, maux de tête, bourdonnement d'oreille, somnolence.

Exceptionnellement : baisse de l'audition, *photosensibilisation*, *œdème*, augmentation des *transaminases*, *hépatite*.

Laboratoires Chiesi

## CYCLÉANE

Contraceptif oral

sur ordonnance

CYCLÉANE 20 µg : Ce médicament est un générique de MERCILON (voir p. 623 et tableau p. 1151).
CYCLÉANE 30 µg : Ce médicament est un générique de VARNOLINE (voir p. 1077 et tableau p. 1151).

## CYCLO 3

Vasculoprotecteur cutané

### Présentation

CYCLO 3 : crème ; tube de 40 g. Remb 15 % - **Prix : 2,17 €.**
CYCLO 3 : crème ; tube de 100 g. Remb 15 % - **Prix : 4,13 €.**

### Composition

| | p 100 g |
|---|---|
| **Ruscus aculeatus, extrait sec** | 1,6 g |
| **Mélilot, extrait fluide** | 2 g |

### Dans quel cas ce médicament est-il prescrit ?

C'est une crème qui, appliquée localement, facilite la circulation sanguine superficielle.

Elle est utilisée dans le traitement des troubles dus à une *insuffisance veineuse* : jambes lourdes...

**Attention :** Cette crème ne doit pas être appliquée sur un *eczéma*, un *ulcère* ou une plaie.

### Grossesse et allaitement

Ce médicament contient des plantes présumées sans danger pendant la grossesse ou l'allaitement. Néanmoins, par mesure de prudence, ne l'utilisez pas sans prendre l'avis de votre pharmacien ou de votre médecin.

### Mode d'emploi et posologie

Faire pénétrer la crème par un léger massage de bas en haut.

**Posologie usuelle :**
2 applications par jour.

**Conseils :** Pensez à vous laver les mains après l'application pour éviter tout contact avec les yeux et les *muqueuses*.

L'*insuffisance veineuse* peut requérir des mesures spécifiques telles que la *contention élastique*.

Une activité physique régulière et la surélévation du pied du lit permettent de faciliter la circulation veineuse et *lymphatique*.

### Effets indésirables possibles

Rarement (moins de 1 % des utilisateurs) : *éruption cutanée.*

**Laboratoires Pierre Fabre Médicament**

## CYCLO 3 FORT

Vasculoprotecteur et veinotonique

### Présentation

**CYCLO 3 FORT :** gélule (jaune et orange) ; boîte de 30. Remb 15 % - **Prix : 5,79 €.**
**CYCLO 3 FORT :** solution buvable ; boîte de 30 ampoules de 5 ml. Remb 15 % - **Prix : 5,79 €.**

### Composition

| | p gél | p amp buv |
|---|---|---|
| **Ruscus aculeatus, extrait titré à 22 % d'hétérosides stéroliques** | 150 mg | |
| **Ruscus aculeatus, extrait titré à 2 % d'hétérosides stéroliques** | | 1,5 ml |
| **Hespéridine méthyl chalcone** | 150 mg | 100 mg |
| **Acide ascorbique (vitamine C)** | 100 mg | 100 mg |
| Alcool à 95° | | 0,375 ml |

### Dans quel cas ce médicament est-il prescrit ?

C'est un protecteur *vasculaire* et un *veinotonique*. Il stimule la circulation du sang dans les veines et lutte contre l'altération des *vaisseaux capillaires*.

Il est utilisé dans le *traitement symptomatique* :
- des jambes lourdes, *impatiences* et autres troubles en rapport avec une mauvaise circulation veineuse ou *lymphatique* ;
- des crises d'*hémorroïdes* ;
- des saignements entre les règles dus notamment au port d'un stérilet, uniquement après examen médical.

**Attention :** Ce médicament est insuffisant pour prévenir le risque de *phlébite* chez les malades alités ou plâtrés.
L'*insuffisance veineuse* peut requérir des mesures spécifiques telles que la *contention élastique*.
Des douleurs, un saignement anal qui persistent malgré le traitement peuvent être dus à une maladie autre que des *hémorroïdes* : consultez votre médecin. De même, tout saignement anal survenant chez une personne de plus de 50 ans doit faire l'objet d'une consultation médicale.

### Grossesse et allaitement

L'effet de ce médicament pendant la grossesse ou l'allaitement est mal connu. L'évaluation du risque éventuel lié à son utilisation est individuelle : demandez conseil à votre pharmacien ou à votre médecin.

### Mode d'emploi et posologie

Ce médicament doit être avalé avec un peu d'eau, de préférence au début des repas.

**Posologie usuelle :**

2 ou 3 gélules ou ampoules buvables par jour.

Traitement des *hémorroïdes* : 4 ou 5 gélules ou ampoules buvables par jour.

**Conseils :** Prenez ce médicament au début des repas afin d'éviter d'éventuels *troubles digestifs.*
Une activité physique régulière et la surélévation du pied du lit permettent de faciliter la circulation veineuse et *lymphatique.*
La constipation, la consommation de mets épicés et de vins riches en tanins favorisent les *hémorroïdes.*

### Effets indésirables possibles

Diarrhée, nausées et douleurs d'estomac.

**Laboratoires Pierre Fabre Médicament**

## CYNOMEL

*Informations détaillées sur www.monvidal.com*

## CYPROTÉRONE BIOGARAN

Antiandrogène — sur ordonnance

Ce médicament est un générique de ANDROCUR (voir p. 92 et tableau p. 1151).

## CYPROTÉRONE MERCK

Antiandrogène — sur ordonnance

Ce médicament est un générique de ANDROCUR (voir p. 92 et tableau p. 1151).

## CYPROTÉRONE ÉTHINYLESTRADIOL EG

Antiacnéique — sur ordonnance

Ce médicament est un générique de DIANE 35 (voir p. 310 et tableau p. 1151).

## CYPROTÉRONE ÉTHINYLESTRADIOL RATIOPHARM

Antiacnéique — sur ordonnance

Ce médicament est un générique de DIANE 35 (voir p. 310 et tableau p. 1151).

## CYPROTÉRONE ÉTHINYLESTRADIOL SANDOZ

Antiacnéique — sur ordonnance

Ce médicament est un générique de DIANE 35 (voir p. 310 et tableau p. 1151).

## CYSTICHOL

*Informations détaillées sur www.monvidal.com*

## CYSTINE B6 BAILLEUL

Traitement pour cheveux et ongles

### Présentation

**CYSTINE B6 BAILLEUL :** comprimé (jaune) ; boîte de 20. Non remb.
**CYSTINE B6 BAILLEUL :** comprimé (jaune) ; boîte de 60. Non remb.

### Composition

| | p cp |
|---|---|
| **Cystine** | 500 mg |
| **Pyridoxine chlorhydrate (vitamine B6)** | 50 mg |

### Dans quel cas ce médicament est-il prescrit ?

Ce médicament contient un *acide aminé* soufré et de la *vitamine* B6.

Il est utilisé pour renforcer les cheveux et les ongles fragiles, et dans le *traitement d'appoint* de la cicatrisation de la *cornée.*

### Contre-indications

Ce médicament ne doit pas être utilisé en cas de cystinurie (élimination anormale de cystine dans l'urine).

### Grossesse et allaitement

Ce médicament ne contient que des substances présumées sans danger pendant la grossesse ou l'allaitement. Néanmoins, ne l'utilisez pas de façon prolongée sans l'avis de votre pharmacien ou de votre médecin.

### Mode d'emploi et posologie

Les comprimés doivent être avalés avec un peu d'eau, au cours des repas.

**Posologie usuelle :**
4 comprimés par jour.

Laboratoires Bailleul

## CYTÉAL

Antiseptique local

### Présentation

**CYTÉAL ANTISEPTIQUE :** solution moussante pour application locale ; flacon de 250 ml. Remb 35 % - **Prix : 3,77 €**.
**CYTÉAL ANTISEPTIQUE :** solution moussante pour application locale ; flacon de 500 ml. Remb 35 % - **Prix : 6,46 €**.

### Composition

| | p 100 ml |
|---|---|
| **Hexamidine di-iséthionate** | 100 mg |
| **Chlorhexidine gluconate (solution à 20 %)** | 0,5 ml |
| **Chlorocrésol** | 300 mg |
| Agent moussant | + |

### Dans quel cas ce médicament est-il prescrit ?

Ce médicament contient des *antiseptiques* locaux associés à un agent moussant détergent.

Il est utilisé pour le nettoyage de la peau et des *muqueuses*, et pour assurer l'*antisepsie* des lésions infectées ou exposées à un risque d'infection.

### Contre-indications

Cette solution ne doit pas être utilisée :
- pour le nettoyage des yeux,
- dans le conduit auditif (risque de toxicité en cas de perforation du tympan),
- pour l'*antisepsie* de la peau avant une piqûre,
- pour la désinfection du matériel médicochirurgical (voir Attention).

**Attention :** Évitez l'usage prolongé de ce médicament, notamment chez l'enfant, sur les *muqueuses* et sur des surfaces étendues ou profondément lésées, sans l'avis de votre médecin : risque de passage du médicament dans le sang.
Cet *antiseptique* ne convient pas pour la désinfection des ciseaux, rasoirs et autres objets potentiellement contaminants. De même, il ne doit pas être utilisé pour désinfecter la peau avant une piqûre.

### Interactions avec d'autres substances

L'association à d'autres *antiseptiques* est déconseillée car leurs effets risquent de s'annuler.

Ce médicament utilisé en *irrigation vaginale* peut diminuer l'efficacité contraceptive des ovules et des crèmes spermicides.

### Grossesse et allaitement

L'effet de ce médicament pendant la grossesse ou l'allaitement est mal connu. L'évaluation du risque éventuel lié à son utilisation est individuelle : demandez conseil à votre pharmacien ou à votre médecin.

Cet *antiseptique* ne doit pas être appliqué sur le mamelon sans avis médical. Un rinçage soigneux avant la tétée est indispensable.

### Mode d'emploi et posologie

Dans tous les cas, et particulièrement quand la solution est utilisée pure, le lavage doit être suivi d'un rinçage.

La solution peut être diluée en mélangeant 1 volume de solution avec 9 volumes d'eau (dilution au 1/10).

**Posologie usuelle :**
La solution s'emploie comme un savon liquide en savonnage, pure ou diluée.

**Conseils :** La solution diluée ne peut être conservée.
Le simple lavage à l'eau et au savon permet d'éliminer la majorité des *germes* : il doit être suivi d'un rinçage soigneux car le savon peut inactiver certains *antiseptiques.*
Tous les antiseptiques peuvent être contaminés par des germes : une fois ouvert, le flacon ne doit pas être conservé trop longtemps.

### Effets indésirables possibles

Démangeaisons, picotements, sensation de brûlure, sécheresse de la peau, *réaction allergique.*

Laboratoires Pierre Fabre Dermatologie

## CYTOTEC

*Informations détaillées sur www.monvidal.com*

# D

**DACRYNE**

*Informations détaillées sur www.monvidal.com*

**DACRYOBORALINE**

*Informations détaillées sur www.monvidal.com*

## DACRYOSÉRUM

Solution de lavage oculaire

### Présentation

DACRYOSÉRUM : solution pour lavage ophtalmique ; flacon de 100 ml avec embout. Non remb.
DACRYOSÉRUM : solution pour lavage ophtalmique ; flacon de 150 ml avec embout. Remb 35 % - **Prix : 2,89 €**.
DACRYOSÉRUM : solution pour lavage ophtalmique ; boîte de 20 récipients unidoses de 5 ml. Remb 35 % - **Prix : 2,84 €**.

### Composition

| | flacon p 100 ml | unidose p 100 ml |
|---|---|---|
| **Acide borique** | 1,8 g | 1,8 g |
| **Borate de sodium** | 1,2 g | 1,2 g |
| Benzododécinium bromure | + | |

### Dans quel cas ce médicament est-il prescrit ?

C'est une solution pour lavage ophtalmique *antiseptique* et légèrement astringente.
Elle est utilisée en cas d'irritation de l'œil.

**Attention :** Les flacons de 100 ml et de 150 ml, contrairement aux unidoses, contiennent un conservateur (benzododécinium) ; ils ne doivent pas être utilisés avec les *lentilles de contact* souples hydrophiles.
Une irritation oculaire peut être due à une infection : en cas de doute, n'hésitez pas à consulter votre médecin. N'utilisez pas ce médicament de façon prolongée sans prendre un avis médical.

### Interactions avec d'autres substances

En cas de traitement avec un collyre, respectez un intervalle de 15 minutes entre les deux instillations.

### Grossesse et allaitement

Ce médicament peut être utilisé pendant la grossesse ou l'allaitement.

### Mode d'emploi et posologie

Retourner le flacon ou le récipient unidose puis presser légèrement dessus tout en dirigeant le jet vers l'œil. Essuyer l'excédent de solution avec une compresse.

**Posologie usuelle :**

1 à 3 lavages oculaires par jour.

**Conseils :** Cette solution ne doit pas être utilisée pour l'entretien des *lentilles de contact*.
L'application correcte du produit peut nécessiter une aide, notamment chez une personne handicapée ou âgée.
Évitez de mettre l'embout du flacon en contact avec l'œil.
Après ouverture, ne conservez pas les flacons de 100 ml et de 150 ml plus de 1 mois. Les récipients unidoses ne doivent pas être réutilisés : jetez-les immédiatement après utilisation.

Laboratoires Mc Neil

## DACRYUM

Solution de lavage oculaire

### Présentation

DACRYUM : solution pour lavage ophtalmique ; 15 unidoses de 5 ml. Non remb.
DACRYUM : solution pour lavage ophtalmique ; 30 unidoses de 5 ml. Non remb.

### Composition

| | p 100 ml |
|---|---|
| **Acide borique** | 1,8 g |
| **Borate de sodium** | 1,2 g |

### Dans quel cas ce médicament est-il prescrit ?

C'est une solution pour lavage ophtalmique *antiseptique* et légèrement astringente.
Elle est utilisée en cas d'irritation de l'œil.

**Attention :** Une irritation oculaire peut être due à une infection : en cas de doute, n'hésitez pas à consulter votre médecin. N'utilisez pas ce médicament plus de 2 jours sans prendre un avis médical.

### Interactions avec d'autres substances

En cas de traitement avec un collyre, respecter un intervalle de 15 minutes entre deux instillations.

### Grossesse et allaitement

Ce médicament peut être utilisé pendant la grossesse ou l'allaitement.

### Mode d'emploi et posologie

Retourner le récipient unidose puis presser légèrement dessus tout en dirigeant le jet vers l'œil. Essuyer l'excédent de solution avec une compresse.

**Posologie usuelle :**

1 à 3 lavages oculaires par jour.

**Conseils :** Cette solution ne doit pas être utilisée pour l'entretien des *lentilles de contact*.
L'application correcte du produit peut nécessiter une aide, notamment chez une personne handicapée ou âgée.
Un récipient unidose permet une instillation dans les deux yeux et doit être jeté après utilisation.

Laboratoires Mc Neil

## DACUDOSES

Solution de lavage oculaire

### Présentation

**DACUDOSES :** solution pour lavage ophtalmique ; boîte de 16 récipients unidoses de 10 ml. Non remb.
**DACUDOSES :** solution pour lavage ophtalmique ; boîte de 24 récipients unidoses de 10 ml. Remb 35 % - **Prix : 3,30 €**.

### Composition

| | p 100 ml |
|---|---|
| **Acide borique** | 1,8 g |
| **Borate de sodium** | 1,2 g |

### Dans quel cas ce médicament est-il prescrit ?

C'est une solution pour lavage ophtalmique *antiseptique* et légèrement astringente.
Elle est utilisée en cas d'irritation de l'œil.

**Attention :** Une irritation oculaire peut être due à une infection : en cas de doute, n'hésitez pas à consulter votre médecin. N'utilisez pas ce médicament de façon prolongée sans prendre un avis médical.

### Interactions avec d'autres substances

En cas de traitement avec un collyre, respectez un intervalle de 15 minutes entre les deux instillations.

### Grossesse et allaitement

Ce médicament peut être utilisé chez la femme enceinte ou qui allaite.

### Mode d'emploi et posologie

Presser légèrement sur le récipient unidose tout en dirigeant le jet vers l'œil. Essuyer l'excédent de solution avec une compresse.

**Posologie usuelle :**
1 à 4 lavages oculaires par jour.

**Conseils :** Cette solution ne doit pas être utilisée pour l'entretien des *lentilles de contact*.
L'application correcte du produit peut nécessiter une aide, notamment chez une personne handicapée ou âgée.
Un récipient unidose permet une instillation dans les deux yeux et doit être jeté après utilisation.

### Effets indésirables possibles

Gêne visuelle transitoire après l'instillation.

Laboratoires Théa

## DAFALGAN

Antalgique et antipyrétique

### Présentation

**DAFALGAN 500 mg :** gélule (rouge et blanc) ; boîte de 16. Remb 65 % - **Prix : 1,74 €**.
**DAFALGAN Adulte :** suppositoire (blanc) ; boîte de 10. Remb 65 % - **Prix : 1,98 €**.
**DAFALGAN 1 g :** comprimé ; boîte de 8. Remb 65 % - **Prix : 1,74 €**.

### Composition

| | p gél | p suppos | p cp |
|---|---|---|---|
| **Paracétamol** | 500 mg | 600 mg | 1 g |

### Dans quel cas ce médicament est-il prescrit ?

Ce médicament est un *antalgique* et un *antipyrétique* qui contient du paracétamol.
Il est utilisé pour faire baisser la fièvre et dans le traitement des affections douloureuses.

### Contre-indications

Ce médicament ne doit pas être utilisé dans les cas suivants :
- maladie grave du foie,
- *inflammation* ou saignement du rectum (pour les suppositoires).

**Attention :** De nombreux médicaments contiennent du paracétamol : vous devez en tenir compte en cas de prise conjointe car le *surdosage* en paracétamol peut être toxique pour le foie.

### Grossesse et allaitement

Les études scientifiques actuellement disponibles n'ont pas mis en évidence de problème particulier lors de l'utilisation du paracétamol chez la femme enceinte.
Aux doses usuelles, l'usage de ce médicament est possible pendant l'allaitement.

### Mode d'emploi et posologie

Les comprimés sont réservés à l'adulte.
Les gélules ne sont pas adaptées à l'enfant de moins de 6 ans. En effet, elles risquent d'obstruer les voies respiratoires si l'enfant déglutit mal et que la gélule passe dans la trachée (fausse route).
Elles peuvent être prises indifféremment pendant ou entre les repas. Elles doivent être avalées avec un verre d'eau.
Compte tenu du risque d'écoulement anal, il est déconseillé d'utiliser plus de 4 suppositoires par jour.
Respecter un intervalle de 4 à 6 heures entre 2 prises.

**Posologie usuelle :**
- Adulte : 1 ou 2 gélules ou 1 comprimé, 1 à 3 fois par jour, ou 1 suppositoire, 1 à 4 fois par jour. Ne pas dépasser 3 g de paracétamol (6 gélules ou 5 suppositoires ou 3 comprimés) par jour.
- Enfant : 60 mg par kg et par jour, soit 15 mg par kg toutes les 6 heures ou 10 mg par kg toutes les 4 heures. Il est nécessaire de suivre les recommandations de votre pharmacien ou de votre médecin ou de suivre les posologies suivantes données à titre indicatif :
  - enfant de 27 à 40 kg : 1 gélule, à renouveler au bout de 6 heures, sans dépasser 4 gélules par jour ;
  - enfant de 41 à 50 kg : 1 gélule, à renouveler au bout de 4 heures, sans dépasser 6 gélules par jour.
- Insuffisant rénal : respecter un intervalle de 8 heures entre 2 prises.

Dans les douleurs sévères de l'adulte et notamment dans l'*arthrose*, la *posologie* maximale peut être portée à 1 g de paracétamol, 4 fois par jour, uniquement sur avis médical.
La dose quotidienne maximale de paracétamol chez l'enfant est de 80 mg par kg, en 4 prises minimum, sans dépasser 3 g par jour.

**Conseils :** Dans le traitement de la fièvre chez l'enfant, lorsque le paracétamol est utilisé à la dose de 60 mg par kg et par jour, l'adjonction d'aspirine ou son usage en alternance avec le paracétamol est inutile, car l'aspirine ne permet pas d'obtenir une baisse supplémentaire de la fièvre.

Des sueurs abondantes accompagnent généralement la baisse de température lors du traitement des fièvres élevées. Ce phénomène est normal.

### Effets indésirables possibles

Irritation anale (suppositoires).

Très rarement : *réactions allergiques* cutanées.

**Laboratoires Bristol-Myers Squibb**

## DAFALGAN CODÉINE

Association d'antalgiques contenant un opiacé

**sur ordonnance**

### Présentation

DAFALGAN CODÉINE : comprimé (blanc) ; boîte de 16.
Liste I - Remb 65 % - **Prix : 2,55 €**.

### Composition

| | p cp |
|---|---|
| **Paracétamol** | 500 mg |
| **Codéine phosphate** | 30 mg |

### Dans quel cas ce médicament est-il prescrit ?

Ce médicament contient deux *antalgiques* : le paracétamol, qui empêche la transmisssion de la douleur, et un *opiacé* (la codéine), qui renforce l'action du paracétamol en agissant sur la perception de la douleur par le cerveau.

Il est utilisé dans le traitement de la douleur.

### Contre-indications

Ce médicament ne doit pas être utilisé dans les cas suivants :

- maladie grave du foie,
- *asthme* et *insuffisance respiratoire*,
- enfant de moins de 15 ans.

**Attention :** De nombreux médicaments contiennent du paracétamol : vous devez en tenir compte en cas de prise conjointe car le *surdosage* en paracétamol peut être toxique pour le foie.

Du fait de la présence de codéine :

- n'utilisez pas ce médicament à forte dose et de façon prolongée (risque de *dépendance*) ;
- évitez son emploi en cas d'*hypertension intracrânienne*, qu'il pourrait aggraver.

Ce médicament peut induire une somnolence, parfois intense chez certaines personnes. Cette somnolence peut être majorée par la prise d'*alcool* ou d'autres médicaments *sédatifs*. La conduite et l'utilisation de machines dangereuses sont déconseillées, surtout dans les heures qui suivent la prise du médicament.

### Interactions avec d'autres substances

Ce médicament ne doit pas être associé à ceux qui contiennent de la nalbuphine, de la buprénorphine ou de la pentazocine : risque de diminution de l'effet *antalgique*.

Informez par ailleurs votre médecin ou votre pharmacien si vous prenez des *sédatifs*.

### Grossesse et allaitement

L'utilisation de la *codéine* et de ses dérivés (codéthyline, pholcodine) ne doit être envisagée chez la femme enceinte qu'en cas de nécessité, en effet :

- une *insuffisance respiratoire* peut survenir chez le nouveau-né d'une mère traitée par des doses élevées, même si le traitement est ponctuel mais précède de peu l'accouchement ;
- un *syndrome de sevrage*, à l'inverse, peut concerner des nouveau-nés si leur mère reçoit un traitement régulier, même à faible dose.

Il est donc important de signaler à l'obstétricien la prise éventuelle de codéine ou d'un de ses dérivés, afin que ces risques puissent être prévenus par une surveillance et un éventuel traitement adapté.

Ce médicament passe dans le lait maternel. Il est contre-indiqué pendant l'allaitement.

### Mode d'emploi et posologie

Ce médicament peut être pris indifféremment au cours ou en dehors des repas. Les comprimés doivent être avalés avec un grand verre d'eau.

Respecter un intervalle minimal de 4 heures entre 2 prises. En cas d'*insuffisance rénale*, l'intervalle entre 2 prises doit être au minimum de 8 heures.

**Posologie usuelle :**

- Adulte : 1 ou 2 comprimés, 1 à 3 fois par jour.

Chez la personne âgée, la *posologie* initiale est généralement réduite de moitié.

**Conseils :** Comme tous les *antalgiques*, ce médicament est généralement plus efficace pour prévenir la douleur que pour la calmer : dans le traitement des douleurs chroniques, il est préférable de prendre ce médicament à intervalles réguliers sans attendre que la douleur s'installe.

Cet *antalgique* contenant de la codéine est destiné à être utilisé en deuxième intention, lorsque l'aspirine, l'ibuprofène ou le paracétamol, utilisés seuls, sont insuffisamment efficaces. Il peut néanmoins être utilisé d'emblée dans le traitement des douleurs fortes.

Ce médicament peut retarder un diagnostic en masquant la douleur ; ne le prenez pas sans l'avis de votre médecin, ne le conseillez pas à un proche.

### Effets indésirables possibles

Liés à la *codéine* :

Constipation, somnolence, nausées, vomissements, sensation de vertige et, plus rarement, *bronchospasme*, *réaction allergique* cutanée, ralentissement de la respiration. Ces effets indésirables sont ceux de la famille des *opiacés* ; ils sont généralement modérés aux doses recommandées.

Liés au paracétamol : *réaction allergique* (rare).

**Laboratoires Bristol-Myers Squibb**

## DAFLON
Vasculoprotecteur et veinotonique

### Présentation
DAFLON : comprimé (blanc) ; boîte de 30. Remb 15 % - **Prix : 3,19 €**.
DAFLON 500 mg : comprimé (saumon) ; boîte de 30. Remb 15 % - **Prix : 5,51 €**.

### Composition

| | p cp | p cp |
|---|---|---|
| **Flavonoïdes, extraits de rutacées (aurantiées)** | 375 mg | |
| **Fractions flavonoïques purifiées** | | 500 mg |
| soit Diosmine | 150 mg | 450 mg |
| soit Hespéridine | 150 mg | 50 mg |

### Dans quel cas ce médicament est-il prescrit ?
C'est un *veinotonique* et un protecteur *vasculaire*. Il stimule la circulation du sang dans les veines et lutte contre l'altération des *vaisseaux capillaires*.
Il est utilisé dans le *traitement symptomatique* :
- des jambes lourdes, *impatiences* et autres troubles en rapport avec une mauvaise circulation veineuse ou *lymphatique* ;
- des crises d'*hémorroïdes*.

Les comprimés à 375 mg sont également utilisés dans le traitement :
- des saignements entre les règles dus notamment au port d'un stérilet, uniquement après examen médical ;
- des petites *hémorragies* sous-cutanées se traduisant par des taches rouges ou violacées ;
- de l'insuffisance d'irrigation de la *rétine*.

**Attention :** Ce médicament est insuffisant pour prévenir le risque de *phlébite* chez les malades alités ou plâtrés.
L'*insuffisance veineuse* peut requérir des mesures spécifiques telles que la *contention élastique*.
Des douleurs, un saignement anal qui persistent malgré le traitement peuvent être dus à une maladie autre que des *hémorroïdes* : consultez votre médecin. De même, tout saignement anal survenant chez une personne de plus de 50 ans doit faire l'objet d'une consultation médicale.

### Grossesse et allaitement
L'effet de ce médicament pendant la grossesse ou l'allaitement est mal connu. L'évaluation du risque éventuel lié à son utilisation est individuelle : demandez conseil à votre pharmacien ou à votre médecin.

### Mode d'emploi et posologie
Ce médicament doit être pris avec un verre d'eau au cours des repas.

**Posologie usuelle :**
2 comprimés à 375 mg ou 1 comprimé à 500 mg, midi et soir.
Traitement des *hémorroïdes* : 8 à 12 comprimés à 375 mg ou 4 à 6 comprimés à 500 mg par jour.

**Conseils :** Une activité physique régulière et la surélévation du pied du lit permettent de faciliter la circulation veineuse et *lymphatique*.
La constipation, la consommation de mets épicés et de vins riches en tanins favorisent les *hémorroïdes*.

### Effets indésirables possibles
Rarement : *troubles digestifs*.

Laboratoires Servier

## DAILY
Contraceptif oral — sur ordonnance

Ce médicament est un générique de TRINORDIOL (voir p. 1053 et tableau p. 1151).

## DAIVOBET
Antipsoriasique — sur ordonnance

### Présentation
DAIVOBET : pommade ; tube de 60 g. Liste I - Remb 65 % - **Prix : 55,76 €**.

### Composition

| | p 100 g |
|---|---|
| **Calcipotriol** | 5 mg |
| **Bétaméthasone** | 50 mg |

### Dans quel cas ce médicament est-il prescrit ?
Ce médicament d'usage local associe une substance proche de la *vitamine* D et un *dermocorticoïde* d'activité forte. Il freine le renouvellement anormal de certaines cellules de la peau.
Il est utilisé dans le traitement de certaines formes de *psoriasis*.

### Contre-indications
Ce médicament ne doit pas être utilisé dans les cas suivants :
- excès de calcium dans le sang,
- infection et parasitose non traitées de la peau,
- lésion ulcérée,
- *acné* et *rosacée*,
- *insuffisance hépatique* ou *rénale* grave.

**Attention :** Ce médicament ne doit pas être appliqué sur le visage ni sur le cuir chevelu : risque majoré d'effets indésirables locaux, notamment de *dermite périorale* (rougeur autour de la bouche). Il ne doit pas non plus être appliqué sur les muqueuses ou dans les plis.
En cas de contact de la pommade avec la bouche ou les yeux, rincer abondamment.

### Grossesse et allaitement
En l'absence de données suffisantes, ce médicament est déconseillé pendant la grossesse ou l'allaitement.

### Mode d'emploi et posologie
Appliquer la pommade en massant légèrement pour la faire pénétrer.

**Posologie usuelle :**
- Adulte de plus de 18 ans : 1 application par jour. Ne pas utiliser plus de 15 g par jour et plus de 100 g de pommade par semaine.

La durée du traitement ne doit pas dépasser 4 semaines, sauf avis médical contraire.

**Conseils :** Pensez à vous laver les mains après l'application.
Le tube ne doit pas être conservé plus de 1 an après ouverture.

### Effets indésirables possibles

Fréquents : démangeaisons, éruption cutanée, sensation de brûlure.

Peu fréquents : irritation locale, rougeur, aggravation du psoriasis, photosensibilité.

Très rarement : *réaction allergique*, psoriasis pustuleux généralisé.

En raison de la présence de bétaméthasone, d'autres effets peuvent être observés en cas d'usage prolongé : *atrophie* cutanée, *télangiectasies* (dilatation des petits vaisseaux), vergetures, *purpura* (microhémorragies de la peau), fragilisation de la peau, *dermite périorale*, développement anormal des poils, dépigmentation localisée de la peau, augmentation de la pression intra-oculaire, cataracte.

Laboratoires Leo Pharma

## DAIVONEX

Antipsoriasique

sur ordonnance

### Présentation

DAIVONEX : crème ; tube de 30 g. Liste II - Remb 65 % - **Prix : 14,77 €**.
DAIVONEX : crème ; tube de 120 g. Liste II - Remb 65 % - **Prix : 45,13 €**.
DAIVONEX : pommade ; tube de 30 g. Liste II - Remb 65 % - **Prix : 14,77 €**.
DAIVONEX : pommade ; tube de 120 g. Liste II - Remb 65 % - **Prix : 45,13 €**.
DAIVONEX solution pour cuir chevelu : solution pour application locale ; flacon de 60 ml. Liste II - Remb 65 % - **Prix : 27,56 €**.
DAIVONEX solution pour cuir chevelu : solution pour application locale ; flacon de 120 ml. Liste II - Remb 65 % - **Prix : 46,67 €**.

### Composition

| | crème p 100 g | pom p 100 g | sol p 100 ml |
|---|---|---|---|
| **Calcipotriol** ............... | 5 mg | 5 mg | 5 mg |

### Dans quel cas ce médicament est-il prescrit ?

Ce médicament d'usage local contient une substance proche de la *vitamine* D. Elle freine le renouvellement anormal de certaines cellules de la peau.

Il est utilisé dans le traitement du *psoriasis*, seul ou en association avec un *dermocorticoïde*, la *puvathérapie* ou un traitement par la ciclosporine ou l'acitrétine.

### Contre-indications

Ce médicament ne doit pas être utilisé dans les cas suivants :
- excès de calcium dans le sang,
- maladie hépatique ou rénale grave (solution).

**Attention :** Ce médicament ne doit pas être appliqué sur le visage : risque de rougeur.

### Grossesse et allaitement

En l'absence de données suffisantes, ce médicament est déconseillé pendant la grossesse ou l'allaitement.

### Mode d'emploi et posologie

Appliquer la crème ou la pommade en massant légèrement pour la faire pénétrer.
La solution est adaptée aux lésions du cuir chevelu.

**Posologie usuelle :**
- Adulte : 1 application, 1 ou 2 fois par jour. Ne pas utiliser plus de 100 g de crème ou de pommade ou plus de 60 ml de solution par semaine.

En cas d'association avec un *dermocorticoïde*, il est conseillé d'appliquer l'un des traitements le matin et l'autre le soir.

La durée du traitement avec la solution ne doit pas dépasser 5 mois, sauf avis médical contraire.

**Conseils :** Pensez à vous laver les mains après l'application.

### Effets indésirables possibles

Irritation locale, démangeaisons, photosensibilité.
Très rarement : *réaction allergique*.

Laboratoires Leo Pharma

## DAKIN COOPER STABILISÉ

Antiseptique local

### Présentation

DAKIN COOPER STABILISÉ : solution pour application locale ; flacon de 60 ml. Non remb.
DAKIN COOPER STABILISÉ : solution pour application locale ; flacon de 250 ml. Remb 35 % - **Prix : 2,67 €**.
DAKIN COOPER STABILISÉ : solution pour application locale ; flacon de 500 ml. Remb 35 % - **Prix : 3,19 €**.
DAKIN COOPER STABILISÉ : solution pour application locale ; flacon de 1 000 ml. Non remb.

### Composition

| | p 100 ml |
|---|---|
| **Hypochlorite de sodium, soit Chlore actif** .... | 500 mg |

### Dans quel cas ce médicament est-il prescrit ?

Ce médicament est un *antiseptique* local qui contient du chlore.

Il est utilisé pour l'*antisepsie* de la peau, des *muqueuses* et des plaies superficielles.

**Attention :** Cet *antiseptique* ne convient pas pour la désinfection des ciseaux, rasoirs et autres objets potentiellement contaminants.

### Interactions avec d'autres substances

L'association à d'autres *antiseptiques* est déconseillée car leurs effets risquent de s'annuler.

### Grossesse et allaitement

Cet *antiseptique* peut être utilisé chez la femme enceinte ou qui allaite.

Il peut être appliqué sur le mamelon qui doit être rincé avant la tétée.

### Mode d'emploi et posologie

Cette solution s'emploie pure. Elle peut être utilisée en lavage, bain local, compresse imbibée, pansement humide...

**Conseils :** Ce médicament contient du chlore et peut décolorer les vêtements.
Le simple lavage à l'eau et au savon permet d'éliminer la majorité des *germes* : il doit être suivi d'un rinçage soigneux car le savon peut inactiver certains *antiseptiques*.

Tous les antiseptiques peuvent être contaminés par des germes : une fois ouvert, le flacon ne doit pas être conservé trop longtemps.
Ce produit doit être conservé à l'abri de la lumière et de la chaleur.

### Effets indésirables possibles

Légère sensation de brûlure lorsque ce produit est appliqué sur une plaie.

Laboratoires Cooper

## DAKTARIN application locale

Antifongique

### Présentation

DAKTARIN : poudre pour application locale ; flacon de 30 g. Remb 35 % - **Prix : 2,92 €.**

### Composition

| | p 100 g |
|---|---|
| **Miconazole nitrate** | 2 g |

### Dans quel cas ce médicament est-il prescrit ?

Ce médicament d'action locale contient un *antifongique* de la famille des *imidazolés.*

Il est utilisé dans le traitement de certaines maladies de la peau, des ongles et des *muqueuses*, dues à des champignons microscopiques (*mycoses*) : *candidose, pityriasis versicolor, dermatophytie*...

### Contre-indications

Ce médicament ne doit pas être utilisé en cas d'*allergie* aux *antifongiques* de la famille des *imidazolés.*

**Attention :** Évitez d'utiliser ce médicament, notamment chez l'enfant, de manière prolongée et sur des surfaces étendues ou profondément lésées, sans l'avis de votre pharmacien ou de votre médecin.

### Grossesse et allaitement

L'effet de ce médicament pendant la grossesse ou l'allaitement est mal connu. L'évaluation du risque éventuel lié à son utilisation est individuelle : demandez conseil à votre pharmacien ou à votre médecin.

### Mode d'emploi et posologie

Dans tous les cas, le médicament doit être appliqué après lavage et séchage soigneux de la zone à traiter.
Saupoudrer les régions lésées en répartissant la poudre de façon homogène.
La poudre peut être utilisée dans les chaussures, source fréquente de recontamination en cas de *mycose* des pieds.

**Posologie usuelle :**

2 applications par jour.
La durée du traitement varie selon les cas. Suivre la prescription de votre médecin ou les conseils de votre pharmacien.

**Conseils :** En cas de *candidose*, évitez d'utiliser des savons acides : ils favorisent la multiplication des champignons.
En cas de lésion importante des ongles des orteils, un meulage préalable par un pédicure facilite l'action du médicament.
Une transpiration excessive contribue au développement des lésions dues à des champignons. Le port de chaussettes en fibre naturelle (coton, laine) est recommandé. La même paire de chaussures ne doit pas être portée deux jours de suite.

### Effets indésirables possibles

Irritation locale (rougeur cutanée, démangeaisons, sensation de brûlure).

Laboratoires Janssen-Cilag

## DAKTARIN gel buccal

Antifongique à usage buccal — sur ordonnance

### Présentation

DAKTARIN : gel buccal (arômes : orange, cacao) ; tube de 40 g (12 cuillères-mesure de 2,5 ml). Liste I - Remb 35 % - **Prix : 5,33 €.**

### Composition

| | p c mes |
|---|---|
| **Miconazole** | 62,5 mg |
| Alcool à 95° | + |

### Dans quel cas ce médicament est-il prescrit ?

Ce gel buccal contient un *antifongique* de la famille des *imidazolés.*

Il est utilisé dans le traitement des *candidoses* buccales.

### Contre-indications

Ce médicament ne doit pas être utilisé dans les cas suivants :

- *insuffisance hépatique*,
- en association avec certains *anticoagulants*, les *sulfamides hypoglycémiants* et les médicaments contenant du pimozide ou du cisapride.

### Interactions avec d'autres substances

Ce médicament ne doit pas être associé :

- aux *anticoagulants* oraux : risque d'*hémorragie* grave ;
- aux *sulfamides hypoglycémiants* : risque d'*hypoglycémie* ;
- à un médicament contenant du pimozide (ORAP) ou du cisapride (PRÉPULSID) : risque de *troubles du rythme cardiaque.*

Informez par ailleurs votre médecin si vous prenez un médicament contenant de la phénytoïne.

### Grossesse et allaitement

L'effet de ce médicament pendant la grossesse est mal connu : seul votre médecin peut évaluer le risque éventuel de son utilisation dans votre cas.

Du fait d'un risque d'interaction médicamenteuse, le médicament passant dans le lait maternel, l'allaitement sous traitement est contre-indiqué si le nourrisson reçoit du cisapride (PRÉPULSID).

### Mode d'emploi et posologie

Ce médicament doit être pris à distance des repas et conservé dans la bouche 2 à 3 minutes avant d'être avalé.

**Posologie usuelle :**

- Adulte : 2 cuillères-mesure, 4 fois par jour.
- Enfant et nourrisson : 1 cuillère-mesure, 4 fois par jour.

La durée habituelle du traitement est de 7 à 15 jours.

### Effets indésirables possibles

Nausées, diarrhée, vomissements.
Rarement : *réaction allergique*, augmentation des *transaminases*.

Laboratoires Janssen-Cilag

## DALACINE

*Informations détaillées sur www.monvidal.com*

## DALACINE T TOPIC

*Informations détaillées sur www.monvidal.com*

## DANATROL

*Informations détaillées sur www.monvidal.com*

## DANTRIUM

Relaxant musculaire — sur ordonnance

### Présentation

**DANTRIUM 25 mg :** gélule (orange et beige) ; boîte de 50. Liste I - Remb 35 % - **Prix : 6,75 €**.
**DANTRIUM 100 mg :** gélule (orange) ; boîte de 30. Liste I - Remb 35 % - **Prix : 13,35 €**.

### Composition

| | p gél | p gél |
|---|---|---|
| **Dantrolène sodique** | 25 mg | 100 mg |

### Dans quel cas ce médicament est-il prescrit ?

Ce médicament est un myorelaxant (relaxant musculaire) qui n'agit que sur les muscles rattachés au squelette.
Il est utilisé dans le traitement des contractures douloureuses qui accompagnent la *sclérose en plaques* et certaines paralysies.

### Contre-indications

Ce médicament ne doit pas être utilisé en cas d'*insuffisance hépatique* grave.

**Attention :** Des précautions sont nécessaires en cas d'*insuffisance respiratoire* ou *cardiaque* grave.
Ce médicament peut être toxique pour le foie (notamment à forte dose) et certains signes imposent l'arrêt du traitement ainsi qu'un avis médical : perte d'appétit, fatigue anormale, démangeaisons diffuses.
En cas de traitement prolongé, votre médecin peut être amené à vous prescrire des analyses de sang régulières.
Conducteur : ce médicament peut être responsable d'une baisse de la vigilance, particulièrement en début de traitement.

### Grossesse et allaitement

L'effet de ce médicament pendant la grossesse ou l'allaitement est mal connu : seul votre médecin peut évaluer le risque éventuel de son utilisation dans votre cas.

### Mode d'emploi et posologie

Les gélules doivent être avalées avec un peu d'eau, au cours des repas.

### Posologie usuelle :

- Adulte et enfant : la *posologie* est strictement individuelle et adaptée progressivement par votre médecin.

**Conseils :** L'éventuelle coloration orangée des urines est normale.

### Effets indésirables possibles

Somnolence, *vertiges*, fatigue, confusion des idées, incontinence par relâchement des sphincters, *éruption cutanée*.
*Troubles digestifs*.

Laboratoires Merck Lipha Santé

## DAONIL

Antidiabétique oral — sur ordonnance

### Présentation

**DAONIL FAIBLE 1,25 mg :** comprimé (orange) ; boîte de 60. Liste I - Remb 65 % - **Prix : 3,19 €**.
**DAONIL 5 mg :** comprimé sécable (oblong ; blanc) ; boîte de 20. Liste I - Remb 65 % - **Prix : 2,48 €**.
**DAONIL 5 mg :** comprimé sécable (oblong ; blanc) ; boîte de 100. Liste I - Remb 65 % - **Prix : 9,02 €**.

### Composition

| | p cp | p cp |
|---|---|---|
| **Glibenclamide** | 1,25 mg | 5 mg |
| Lactose | + | + |

### Dans quel cas ce médicament est-il prescrit ?

Ce médicament est un *antidiabétique* oral qui appartient à la famille des *sulfamides hypoglycémiants*. Il permet de diminuer l'excès de *sucre* dans le sang en favorisant la sécrétion de l'*insuline*.
Il est utilisé dans le traitement du *diabète* de type 2 lorsque le régime alimentaire seul est insuffisant.

### Contre-indications

Ce médicament ne doit pas être utilisé dans les cas suivants :
- *allergie* aux *sulfamides*,
- *insuffisance rénale* ou *hépatique* grave,
- *porphyrie*,
- en association avec les médicaments contenant du miconazole,
- **allaitement**.

**Attention :** Ce médicament n'est pas adapté au traitement du *diabète* de type 1 : celui-ci requiert un traitement par injections d'*insuline*.
Un sentiment de malaise associé à des sueurs froides, une fringale, une accélération du cœur sont les signes habituels d'une *hypoglycémie* due à un effet excessif du médicament. Cette hypoglycémie peut également se traduire par des troubles du comportement, qui doivent alerter votre entourage, voire des *convulsions* ou un *coma*. En présence de ces signes ou en cas de simple doute, buvez une boisson sucrée ou mangez du *sucre*. Si le diabétique est inconscient, surtout ne lui donnez rien à boire et appelez votre médecin ou à défaut le 15 ou un service d'urgence.
Consultez rapidement votre médecin en cas de malaises hypoglycémiques répétés.
Certaines situations peuvent contribuer à augmenter la *glycémie* : infections, prise de médicaments, stress. En cas de soif intense, de grande fatigue, de

sensation de malaise général, consultez rapidement votre médecin.
Des analyses de sang régulières permettent à votre médecin d'adapter la *posologie*. Dans certains cas, il peut être nécessaire de pratiquer vous-même des contrôles, à l'aide de bandelettes et d'un appareil lecteur de glycémie.
Évitez la prise de boissons alcoolisées pendant le traitement : risque accru d'hypoglycémie et risque d'*effet antabuse*.
Conducteur : une *hypoglycémie* peut entraîner un malaise pendant la conduite ou l'utilisation de machines.

### Interactions avec d'autres substances

Ce médicament ne doit pas être associé avec les médicaments oraux contenant du miconazole (DAKTARIN gel buccal, DAKTARIN comprimé...) : risque d'*hypoglycémie*.
Il peut interagir avec les médicaments contenant de la phénylbutazone ou du danazol.
Informez par ailleurs votre médecin ou votre pharmacien si vous prenez un *bêtabloquant*, un *inhibiteur de l'enzyme de conversion*, un *corticoïde*, ou un médicament contenant du fluconazole, de la desmopressine, de la ritodrine, du salbutamol, de la terbutaline ou de la chlorpromazine.

### Grossesse et allaitement

Un *diabète* mal équilibré peut être néfaste pour l'enfant à naître.
Un désir de grossesse nécessite le remplacement de ce médicament par de l'*insuline* et une surveillance médicale renforcée.
Si une grossesse survient alors que vous êtes encore sous traitement *antidiabétique* oral, consultez rapidement votre médecin pour un passage à l'insuline injectable.
Les données disponibles ne permettent pas de savoir si ce médicament passe dans le lait maternel : il est contre-indiqué en cas d'allaitement.

### Mode d'emploi et posologie

Les comprimés doivent être avalés avec un verre d'eau, avant les repas.

**Posologie usuelle :**

- Adulte de moins de 65 ans : ½ à 3 comprimés à 5 mg par jour ; la dose et la répartition des prises sont adaptées en fonction de la *glycémie*.
- Personne âgée de plus de 65 ans ou fragilisée : la dose initiale est de 1 comprimé à 1,25 mg par jour ; l'adaptation de la *posologie* est faite ensuite, en fonction de la glycémie, en respectant des paliers d'au moins 7 jours.

Suivre attentivement la prescription de votre médecin. Le régime alimentaire reste nécessaire pendant le traitement.

**Conseils :** Le respect de certaines règles simples permet de diminuer le risque d'*hypoglycémie* :
- toute prise de ce médicament doit être suivie d'un repas (ne prenez pas de comprimé si vous devez sauter le repas suivant) ;
- si vous envisagez un effort physique intense et prolongé, il peut être nécessaire de diminuer la dose du médicament (demandez conseil à votre médecin) ;
- informez votre médecin si vous devez travailler la nuit ou si votre religion vous impose un jeûne prolongé ;
- évitez la prise de boissons alcoolisées à jeun ou à distance des repas.

Le *diabète* peut diminuer la sensibilité des pieds à la douleur et favoriser les infections. Des plaies profondes peuvent se développer : une hygiène rigoureuse et des chaussures confortables limitent ce risque.
Le régime du diabétique ne consiste pas en une simple interdiction des *glucides* (*sucres*, pain, pâtes...) : demandez conseil à votre médecin.
Pesez-vous régulièrement et signalez toute variation rapide de poids à votre médecin.

### Effets indésirables possibles

*Hypoglycémie* (voir Attention).
*Troubles digestifs*, démangeaisons, *éruption cutanée*.
Exceptionnellement : anomalie de la *numération formule sanguine*, augmentation des *transaminases*, jaunisse.

Laboratoires Aventis

## DAZEN

Enzyme à visée antioedémateuse et fluidifiante

### Présentation

DAZEN : comprimé *gastrorésistant* (orangé) ; boîte de 40.
Non remb.

### Composition

| | p cp |
|---|---|
| **Serrapeptase** | 10 000 U |

### Dans quel cas ce médicament est-il prescrit ?

Ce médicament contient une *enzyme* destinée à lutter contre l'*œdème* et l'*inflammation*.
Il est utilisé dans le *traitement d'appoint* :
- des œdèmes survenant après un traumatisme ou une opération,
- des affections des *voies* respiratoires.

**Attention :** La survenue d'une *réaction allergique* impose l'arrêt du traitement.
Si les sécrétions persistent au-delà de quelques jours, si elles se colorent ou si vous avez de la fièvre, consultez votre médecin.
N'utilisez pas d'*antitussif* en plus de ce médicament sans l'avis de votre pharmacien ou de votre médecin.

### Grossesse et allaitement

L'effet de ce médicament pendant la grossesse ou l'allaitement est mal connu. L'évaluation du risque éventuel lié à son utilisation est individuelle : demandez conseil à votre pharmacien ou à votre médecin.

### Mode d'emploi et posologie

Les comprimés doivent être avalés avec un peu d'eau.

**Posologie usuelle :**

- Adulte : 1 comprimé, 3 fois par jour.

**Conseils :** Fumer, ou être exposé à la fumée des autres, est un frein important à l'évacuation des mucosités.

### Effets indésirables possibles

*Réaction allergique* : *urticaire*, œdème de *Quincke*.

Laboratoires Takeda

## DÉBRIDAT

Modificateur de la motricité digestive

sur ordonnance

### Présentation

**DÉBRIDAT Enfant et Nourrisson :** granulé pour suspension buvable (arôme orange) ; flacon de 125 ml avec mesurette graduée en kg. Liste II - Remb 35 % - **Prix : 2,67 €**.
**DÉBRIDAT :** granulé pour suspension buvable (arôme orange) ; flacon de 250 ml avec doseur gradué. Liste II - Remb 35 % - **Prix : 3,97 €**.
**DÉBRIDAT :** granulé pour suspension buvable (arôme orange) ; boîte de 30 sachets. Liste II - Remb 35 % - **Prix : 6,67 €**.
**DÉBRIDAT 100 mg :** comprimé (blanc) ; boîte de 30. Liste II - Remb 35 % - **Prix : 4,59 €**.
**DÉBRIDAT 200 mg :** comprimé ; boîte de 30. Liste II - Remb 35 % - **Prix : 8,46 €**.
**DÉBRIDAT :** suppositoire ; boîte de 10. Liste II - Remb 35 % - **Prix : 2,20 €**.

### Composition

| | susp buv p grad | susp buv p 5 ml | susp buv p sachet |
|---|---|---|---|
| **Trimébutine** | 1,6 mg | 24 mg | 74,4 mg |
| Saccharose | 200 mg | 3 g | 3,7 g |
| Aspartam | | | + |

| | p cp | p cp | p suppos |
|---|---|---|---|
| **Trimébutine maléate** | 100 mg | 200 mg | 100 mg |
| Lactose | + | + | |

### Dans quel cas ce médicament est-il prescrit ?

Ce médicament régularise la motricité de l'intestin.

Il est utilisé dans le *traitement symptomatique* des douleurs liées aux troubles du *transit intestinal* et de la vésicule biliaire.

### Contre-indications

Les sachets ne doivent pas être utilisés en cas de *phénylcétonurie* (présence d'aspartam).

**Attention :** La suspension buvable contient du *sucre* (saccharose) en quantité notable.

### Grossesse et allaitement

L'effet de ce médicament pendant la grossesse est mal connu : seul votre médecin peut évaluer le risque éventuel de son utilisation dans votre cas.

Ce médicament peut être utilisé chez la femme qui allaite.

### Mode d'emploi et posologie

La suspension Enfant et Nourrisson à 4,8 mg/ml est la mieux adaptée à l'enfant de moins de 5 ans. Elle doit être reconstituée avec de l'eau minérale non gazeuse. La dose par prise est indiquée, en fonction du poids de l'enfant, sur le piston de la mesurette graduée en kg. Elle peut être avalée telle quelle ou diluée dans un peu de liquide. Pour le nourrisson, elle peut être ajoutée à un biberon de lait ou d'eau.

Les comprimés et les suppositoires sont réservés à l'adulte.

Le contenu des sachets doit être dissous dans un verre d'eau.

**Posologie usuelle :**

- Adulte : 300 mg par jour, soit : 1 dose de 15 ml de suspension buvable ou 1 sachet ou 1 comprimé à 100 mg, 3 fois par jour, ou 1 suppositoire, 1 ou 2 fois par jour.

Dans certains cas, la *posologie* peut être augmentée jusqu'à 600 mg par jour, soit : 6 doses de 15 ml ou 6 sachets ou 6 comprimés à 100 mg ou 3 comprimés à 200 mg par jour.

- Enfant de plus de 5 ans : 1 dose de 10 ml de suspension buvable, 3 fois par jour, ou 1 sachet, 2 fois par jour.
- Enfant de 1 à 5 ans : 1 dose de 5 ml de suspension buvable, 3 fois par jour.
- Nourrisson de 6 mois à 1 an : 1 dose de 5 ml de suspension buvable, 2 fois par jour.
- Nourrisson jusqu'à 6 mois : 1 dose de 2,5 ml de suspension buvable, 2 à 3 fois par jour.

**Conseils :** Le doseur gradué et la mesurette doivent être rincés à l'eau avant d'être remis dans le flacon.
Les mesures permettant de limiter le stress ont généralement un effet favorable sur les troubles liés à un dérèglement de l'intestin.
La prise de ce médicament ne dispense pas des mesures diététiques que peut vous conseiller votre médecin.
La suspension buvable reconstituée se conserve 4 semaines à température ambiante ; il est préférable de l'agiter avant chaque utilisation.

### Effets indésirables possibles

Rarement : *réaction allergique* cutanée.

Laboratoires Pfizer

## DÉBRUMYL

*Informations détaillées sur www.monvidal.com*

## DÉCALOGIFLOX

*Informations détaillées sur www.monvidal.com*

## DÉCAPEPTYL

Hormone de synthèse

sur ordonnance

### Présentation

**DÉCAPEPTYL 0,1 mg :** préparation injectable *SC* ; boîte de 7 flacons de *lyophilisat* et 7 ampoules de solvant de 1 ml. Liste I - Remb 100 % - **Prix : 41,69 €**.
**DÉCAPEPTYL LP 3 mg :** préparation injectable *IM* à *libération prolongée* ; 1 flacon de poudre et 1 ampoule de solution de mise en suspension de 2 ml avec seringue et 2 aiguilles. Liste I - Remb 65 % - **Prix : 134,69 €**.
**DÉCAPEPTYL LP 11,25 mg :** préparation injectable *IM* à *libération prolongée* ; 1 flacon de poudre et 1 ampoule de solvant de 2 ml avec seringue et 2 aiguilles. Liste I - Remb 65 % - **Prix : 378,92 €**.

### Composition

| | p flacon | p flacon | p flacon |
|---|---|---|---|
| **Triptoréline** | 0,1 mg | 3 mg | 11,25 mg |

### Dans quel cas ce médicament est-il prescrit ?

Ce médicament contient une *hormone* de synthèse qui agit sur les organes de la reproduction.

Il est utilisé :

- dans le traitement de l'*endométriose* et des stérilités chez la femme,

- pour empêcher le développement anormal de la prostate chez l'homme,
- dans le traitement des pubertés précoces chez l'enfant.

**Attention :**
Chez la femme :
- l'absence de grossesse doit être confirmée par un test avant de commencer le traitement ;
- des douleurs abdominales associées à des nausées peuvent traduire une stimulation excessive des ovaires : prenez l'avis de votre médecin avant de faire pratiquer l'injection suivante ;
- une surveillance médicale régulière, comportant des *échographies* et des analyses sanguines, est nécessaire pendant toute la durée du traitement ;
- la survenue de saignements vaginaux doit vous conduire à consulter rapidement votre médecin.

Lors des premiers jours du traitement chez l'homme, une aggravation des *symptômes* peut survenir, due à une période initiale de stimulation des organes de la reproduction.

### Grossesse et allaitement

Ce médicament n'a pas lieu d'être utilisé pendant la grossesse ou l'allaitement. Si le traitement est démarré par erreur pendant une grossesse, il doit être arrêté dès que l'état de grossesse est connu.
La grossesse éventuelle qui survient après le traitement n'est pas affectée par celui-ci.

### Mode d'emploi et posologie

Selon les dosages, ce médicament est injecté par *voie* sous-cutanée ou intramusculaire.

**Posologie usuelle :**
Elle est strictement individuelle.

**Conseils :** L'arrêt des règles chez la femme et l'*impuissance* chez l'homme sont une conséquence inévitable du traitement, mais réversible à son arrêt.

### Effets indésirables possibles

Douleur au point d'injection.
Bouffées de chaleur, sécheresse vaginale, instabilité émotionnelle, prise de poids.
Maux de tête, douleurs des muscles et des articulations.
Stimulation ovarienne excessive : nausées, vomissements, douleurs abdominales (voir Attention).
Risque de décalcification, notamment lors des traitements prolongés.
*Réaction allergique.*

Laboratoires Beaufour Ipsen Pharma

## DÉCONTRACTYL comprimé
Relaxant musculaire

### Présentation

**DÉCONTRACTYL 500 mg :** comprimé ; boîte de 24. Non remb.

### Composition

| | p cp |
|---|---|
| **Méphénésine** | 500 mg |

### Dans quel cas ce médicament est-il prescrit ?

Ce médicament est un myorelaxant (relaxant musculaire). Il possède également un léger effet *sédatif*.
Il est utilisé dans le *traitement d'appoint* des contractures musculaires douloureuses.

### Contre-indications

Ce médicament ne doit pas être utilisé en cas de *porphyrie*.

**Attention :** Évitez les boissons alcoolisées : augmentation du risque de somnolence.
Si vous devez conduire, ou utiliser une machine dangereuse, assurez-vous préalablement que ce médicament n'altère pas votre vigilance.

### Grossesse et allaitement

L'effet de ce médicament pendant la grossesse ou l'allaitement est mal connu. L'évaluation du risque éventuel lié à son utilisation est individuelle : demandez conseil à votre pharmacien ou à votre médecin.

### Mode d'emploi et posologie

Les comprimés doivent être avalés avec un verre d'eau, indifféremment pendant ou en dehors des repas.

**Posologie usuelle :**
- Adulte : 1 à 2 comprimés à 500 mg, 3 fois par jour.

### Effets indésirables possibles

Rarement : somnolence, nausées, vomissement, *éruption cutanée*.
Exceptionnellement : *choc anaphylactique*.

Laboratoires Sanofi-Aventis OTC

## DÉCONTRACTYL pommade
Relaxant musculaire local

### Présentation

**DÉCONTRACTYL :** pommade ; tube de 80 g. Non remb.

### Composition

| | p 100 g |
|---|---|
| **Méphénésine** | 10 g |
| **Nicotinate de méthyle** | 1 g |

### Dans quel cas ce médicament est-il prescrit ?

Cette pommade contient un myorelaxant (relaxant musculaire) et un *révulsif*.
Elle est utilisée en massage dans le traitement local des contractures musculaires douloureuses (torticolis, *lombalgies*, *dorsalgies*...).

### Contre-indications

Ce médicament ne doit pas être utilisé sur les *muqueuses*, la peau lésée ou sous pansement étanche (occlusif).

### Grossesse et allaitement

L'effet de ce médicament pendant la grossesse ou l'allaitement est mal connu. L'évaluation du risque éventuel lié à son utilisation est individuelle : demandez conseil à votre pharmacien ou à votre médecin.

### Mode d'emploi et posologie

La pommade est appliquée en frictions douces et massages.

**Posologie usuelle :**
- Adulte : plusieurs applications par jour.

**Conseils :** Pensez à vous laver les mains après l'application pour éviter tout contact avec les yeux et les *muqueuses*.

### Effets indésirables possibles

*Réaction allergique* locale.

Laboratoires Sanofi-Aventis OTC

## DECTANCYL comprimé

*Informations détaillées sur www.monvidal.com*

## DÉDROGYL

Vitamine D

sur ordonnance

### Présentation

DÉDROGYL : solution buvable ; flacon compte-gouttes de 10 ml (300 gouttes). Liste II - Remb 35 % - **Prix : 8,31 €.**

### Composition

| | p gte |
|---|---|
| **Calcifédiol (vitamine D3 hydroxylée)** | 5 µg |

### Dans quel cas ce médicament est-il prescrit ?

Ce médicament contient un dérivé de la *vitamine* D. Il permet la fixation osseuse du calcium.

Il est utilisé dans :
- la prévention des *carences* en vitamine D lors de l'*insuffisance rénale*,
- la prévention de l'*hypocalcémie* lors des traitements par les *corticoïdes* ou les *anticonvulsivants*,
- le traitement du *rachitisme* chez l'enfant ou de l'*ostéomalacie* chez l'adulte.

### Contre-indications

Ce médicament ne doit pas être utilisé dans les cas suivants :
- excès de calcium dans le sang et dans les urines,
- *antécédent* de calculs rénaux contenant du calcium.

**Attention :** Un traitement prolongé peut nécessiter des analyses régulières de sang et d'urine.
Un *surdosage* en *vitamine* D expose à des effets indésirables graves. La vitamine D est présente dans de nombreux médicaments disponibles sans ordonnance : prenez l'avis de votre médecin ou de votre pharmacien pour éviter tout risque de surdosage.

### Grossesse et allaitement

Ce médicament peut être utilisé chez la femme enceinte ou chez celle qui allaite, mais la *posologie* prescrite par le médecin ne doit pas être dépassée.

Une *hypercalcémie* pendant la grossesse pourrait être néfaste pour l'enfant à naître. Veillez à ne pas absorber plusieurs médicaments contenant de la *vitamine* D pendant la grossesse.

### Mode d'emploi et posologie

La solution peut être diluée dans de l'eau, du lait ou du jus de fruits.

**Posologie usuelle :**
Elle varie selon les cas.

Laboratoires DB Pharma

## DÉFANYL

*Informations détaillées sur www.monvidal.com*

## DÉFILTRAN

*Informations détaillées sur www.monvidal.com*

## DÉFLAMOL

*Informations détaillées sur www.monvidal.com*

## DELABARRE

Préparation buccale antalgique

### Présentation

GELÉE DELABARRE : gel gingival ; tube de 20 g. Non remb.
SIROP DELABARRE : solution gingivale ; flacon de 15 ml. Non remb.

### Composition

| | gel p 100 g | solution p 100 ml |
|---|---|---|
| **Tamarin, pulpe** | 2,4 g | 2,4 g |
| Safran, teinture | + | + |

### Dans quel cas ce médicament est-il prescrit ?

Ce médicament à usage local contient un extrait de plante ayant une action *antalgique*.

Il est utilisé sous forme de gel ou de solution gingivale pour soulager les douleurs des gencives chez l'enfant lors des premières poussées dentaires.

**Attention :** Certains *symptômes* sont fréquemment attribués à une poussée dentaire : rougeurs des fesses ou des joues, selles molles, fièvre. Cependant, si la fièvre est élevée ou si la douleur est importante, une autre affection est possible, notamment une *otite* ou une angine : n'hésitez pas à consulter votre médecin.

### Mode d'emploi et posologie

Mettre un peu de gel ou de solution sur un doigt et masser les gencives de l'enfant pendant 2 à 3 minutes.

**Posologie usuelle :**
2 à 4 applications par jour.

**Conseils :** Les premières dents sortent habituellement aux environs du 6e mois ; cependant, les poussées peuvent être plus précoces ou plus tardives (entre le 3e et le 15e mois) sans que cela soit anormal.
Lors des poussées dentaires, certains enfants peuvent refuser les aliments solides ; ce phénomène est passager et ne doit pas vous inquiéter. D'autres enfants sont soulagés par le fait de mordre : une tétine ou un bâton de guimauve peuvent les apaiser.

### Effets indésirables possibles

Irritation locale, allergie (gel gingival).

Laboratoires Sofibel

## DÉLIDOSE

*Informations détaillées sur www.monvidal.com*

## DÉLIPROCT

*Informations détaillées sur www.monvidal.com*

## DELLOVA
*Informations détaillées sur www.monvidal.com*

## DELTAZEN
Inhibiteur calcique
sur ordonnance

Ce médicament est un générique de DILRÈNE 300 mg (informations détaillées sur www.monvidal.com).

## DELURSAN
Dissolvant des calculs biliaires
sur ordonnance

### Présentation
DELURSAN 250 mg : comprimé sécable (blanc) ; boîte de 20. Liste I - Remb 65 % - **Prix : 13,00 €**.

### Composition

| | p cp |
|---|---|
| **Acide ursodésoxycholique** | 250 mg |

### Dans quel cas ce médicament est-il prescrit ?
Ce médicament appartient à la famille des dissolvants des calculs de la vésicule biliaire. Il contient une substance qui se trouve normalement en petite quantité dans la bile.
Il est utilisé pour dissoudre les calculs biliaires formés de *cholestérol* et dans le traitement de certaines maladies chroniques du foie.

### Contre-indications
Ce médicament ne doit pas être utilisé au cours de la **grossesse**.

**Attention :** L'action de ce médicament est lente ; la taille du calcul peut être surveillée par *échographie*.

### Interactions avec d'autres substances
Ce médicament peut interagir avec un médicament contenant de la colestyramine (QUESTRAN). Un délai de 5 heures doit être respecté entre la prise de ces deux médicaments.

### Grossesse et allaitement
En dehors de certaines situations très particulières, ce médicament est contre-indiqué pendant la grossesse.
Les données actuellement disponibles ne permettent pas de savoir si ce médicament passe dans le lait maternel. Ne poursuivez pas l'allaitement sans avis médical.

### Mode d'emploi et posologie
Ce médicament doit être pris au cours d'un repas.
**Posologie usuelle :**
- Calculs biliaires : 1 comprimé matin et soir ou une prise unique de 2 comprimés le soir.

Ce traitement dure habituellement 6 mois et peut être poursuivi plus longtemps si le calcul est volumineux.
- Maladie chronique du foie : la *posologie* est individuelle. Suivre strictement la prescription du médecin.

### Effets indésirables possibles
Rarement : diarrhée.

Laboratoires Axcan Pharma SA

## DENSICAL
*Informations détaillées sur www.monvidal.com*

## DENSICAL D3
*Informations détaillées sur www.monvidal.com*

## DENTEX
*Informations détaillées sur www.monvidal.com*

## DENTOBAUME
*Informations détaillées sur www.monvidal.com*

## DÉPAKINE
Antiépileptique
sur ordonnance

### Présentation
DÉPAKINE 200 mg/ml : solution buvable ; flacon de 40 ml avec seringue doseuse (graduée en mg et ml). Liste II - Remb 65 % - **Prix : 6,86 €**.
DÉPAKINE 57,64 mg/ml : sirop (arôme cerise) ; flacon de 150 ml avec seringue doseuse graduée en mg. Liste II - Remb 65 % - **Prix : 8,60 €**.
DÉPAKINE 200 mg : comprimé *gastrorésistant* (blanc) ; boîte de 40. Liste II - Remb 65 % - **Prix : 4,25 €**.
DÉPAKINE 500 mg : comprimé *gastrorésistant* (ivoire) ; boîte de 40. Liste II - Remb 65 % - **Prix : 9,79 €**.

### Composition

| | sol buv p ml | sirop p ml |
|---|---|---|
| **Valproate de sodium** | 200 mg | 57,6 mg |
| Saccharose | | + |
| | **p cp** | **p cp** |
| **Valproate de sodium** | 200 mg | 500 mg |

### Dans quel cas ce médicament est-il prescrit ?
Ce médicament est un antiépileptique qui appartient à la famille des *anticonvulsivants* non *barbituriques*.
Il est utilisé dans :
- le traitement de l'*épilepsie*, seul ou en association avec un autre antiépileptique ;
- le *traitement préventif* des *convulsions* liées à la fièvre chez l'enfant.

### Contre-indications
Ce médicament ne doit pas être utilisé dans les cas suivants :
- *hépatite* ou *antécédent* d'hépatite,
- *antécédent* familial d'hépatite grave (due notamment à un médicament),
- *porphyrie* hépatique,
- en association avec la méfloquine ou le millepertuis.

**Attention :** Une *hépatite* peut exceptionnellement survenir pendant le traitement. Le *nourrisson* et les enfants de moins de 3 ans sont particulièrement exposés dans les 6 premiers mois de traitement. Certains signes évocateurs doivent vous amener à consulter votre médecin : une perte de l'appétit, une fatigue anormale avec nausées et parfois vomissements et douleurs abdominales, voire la réapparition des crises d'*épilepsie*.
Des analyses de sang régulières sont pratiquées pour la surveillance du traitement.
Des précautions sont nécessaires en cas d'*insuffisance rénale* ou de *lupus érythémateux* disséminé.

Ne modifiez ni n'interrompez jamais le traitement sans l'avis de votre médecin : risque de réapparition des *convulsions* même si aucune crise n'est survenue depuis une longue période.

La conduite automobile et l'utilisation de machines dangereuses sont contre-indiquées chez les épileptiques lorsque les crises persistent malgré un *traitement préventif*. Par ailleurs, ce médicament peut être à l'origine d'une somnolence ou d'une baisse de la vigilance.

### Interactions avec d'autres substances

Ce médicament ne doit pas être utilisé en association avec la méfloquine (LARIAM...) ou avec les produits de phytothérapie contenant du millepertuis : risque de crise d'*épilepsie* par diminution de l'effet anticonvulsivant.

Il peut interagir avec les médicaments contenant de la lamotrigine (LAMICTAL...) : le médecin en tient compte dans sa prescription.

Informez votre médecin si vous prenez un *antidépresseur imipraminique*, un médicament contenant de la carbamazépine, de la phénytoïne, du phénobarbital, de la primidone ou de la zidovudine.

### Grossesse et allaitement

Si une grossesse survient sous traitement, consultez votre médecin. L'arrêt brutal de ce médicament expose à la réapparition de crises préjudiciables à la mère et à l'enfant à naître. Le médecin appréciera le risque éventuel lié à l'utilisation de ce médicament dans votre cas. Des examens particuliers permettent de vérifier l'absence d'anomalie chez l'enfant à naître.

Si le traitement est poursuivi jusqu'à l'accouchement, une surveillance médicale du *nouveau-né* est nécessaire.

Ce médicament passe faiblement dans le lait maternel.

### Mode d'emploi et posologie

Ce médicament doit être pris de préférence au cours des repas pour limiter les troubles digestifs.

Afin d'éviter les oublis, il est recommandé de prendre ce médicament à heure fixe.

Les comprimés ne sont pas adaptés à l'enfant de moins de 6 ans. En effet, ils risquent d'obstruer les voies respiratoires si l'enfant déglutit mal et que le comprimé passe dans la trachée (fausse route).

**Posologie usuelle :**

20 à 30 mg par kg et par jour, répartis en 2 ou 3 prises. Cette posologie est atteinte progressivement, puis adaptée par le médecin en fonction de l'efficacité du traitement.

**Conseils :** Veillez à ne pas manquer de ce médicament ; lors de vos déplacements, munissez-vous d'une réserve ou de votre ordonnance en cours de validité.

Une prise de poids peut être observée au cours du traitement. Une alimentation équilibrée, et si nécessaire les conseils d'un nutritionniste, peuvent prévenir ou limiter ce phénomène.

La consommation d'alcool et le manque de sommeil favorisent les crises d'épilepsie ; ils doivent être évités.

### Effets indésirables possibles

Maux d'estomac et nausées en début de traitement ; ils s'estompent généralement à la poursuite du traitement.

Prise de poids.

Absence de règles, règles irrégulières.

Tremblements, chute de cheveux souvent passagère et toujours réversible à l'arrêt du traitement.

Confusion des idées, surtout en cas d'association à d'autres *anticonvulsivants*.

*Réaction allergique* cutanée.

Anomalies de la *numération formule sanguine*.

Exceptionnellement : *hépatite* (voir Attention), *pancréatite*.

Laboratoires Sanofi Aventis

## DÉPAKINE CHRONO

*Informations détaillées sur www.monvidal.com*

## DEPAKOTE

Régulateur de l'humeur — **sur ordonnance**

### Présentation

DEPAKOTE 250 mg : comprimé *gastrorésistant* ; boîte de 30. Liste II - Remb 65 % - **Prix : 7,77 €.**

DEPAKOTE 500 mg : comprimé *gastrorésistant* ; boîte de 90. Liste II - Remb 65 % - **Prix : 42,11 €.**

### Composition

| | p cp | p cp |
|---|---|---|
| **Acide valproïque** | 250 mg | 500 mg |

### Dans quel cas ce médicament est-il prescrit ?

Ce médicament est un régulateur de l'*humeur* (thymorégulateur). Il a également des propriétés *anticonvulsivantes*.

Il est utilisé dans le traitement des phases maniaques chez les personnes souffrant de *troubles bipolaires*, en cas de contre-indication ou d'*intolérance* au *lithium*.

### Contre-indications

Ce médicament ne doit pas être utilisé dans les cas suivants :
- *hépatite* ou *antécédent* d'hépatite,
- antécédent familial d'hépatite grave, notamment due à un médicament,
- *porphyrie*,
- en association avec la méfloquine.

**Attention :** Une *hépatite* peut exceptionnellement survenir pendant le traitement. Les signes qui doivent vous amener à consulter votre médecin sont une perte de l'appétit, une fatigue anormale avec nausées, et parfois vomissements et douleurs abdominales, voire apparition de *convulsions*.

Des analyses de sang régulières sont pratiquées pour la surveillance du traitement.

Des précautions sont nécessaires en cas d'*insuffisance rénale* ou de *lupus érythémateux* disséminé.

Si vous devez conduire, ou utiliser une machine dangereuse, assurez-vous préalablement que ce médicament n'altère pas votre vigilance.

### Interactions avec d'autres substances

Ce médicament ne doit pas être utilisé en association avec la méfloquine (LARIAM...) : risque de crise d'*épilepsie*.

Il peut interagir avec le lamotrigine (LAMICTAL...).

Informez votre médecin si vous prenez un *antidépresseur imipraminique*, un médicament contenant de la carbamazépine, de la phénytoïne, du phénobarbital, de la primidone ou du topiramate.

### Grossesse et allaitement

L'utilisation de ce médicament est déconseillée au cours du premier trimestre de la grossesse. Si une grossesse survient pendant le traitement, consultez votre médecin. Il appréciera le risque éventuel lié à l'utilisation de ce médicament dans votre cas. Des examens particuliers permettent de vérifier l'absence d'anomalie chez l'enfant à naître.

Ce médicament passe dans le lait maternel : l'allaitement est déconseillé.

### Mode d'emploi et posologie

Ce médicament est pris de préférence au cours des repas.

**Posologie usuelle :**

- Adulte de plus de 18 ans : 1000 mg à 2000 mg par jour, à répartir en 2 ou 3 prises. Cette *posologie* est atteinte progressivement, puis adaptée par le médecin en fonction de l'efficacité du traitement.

### Effets indésirables possibles

Maux d'estomac et nausées en début de traitement, disparaissant généralement au bout de quelques jours.

Prise de poids, absence de règles, règles irrégulières.

Tremblements, chute de cheveux souvent passagère et toujours réversible à l'arrêt du traitement.

Maux de tête.

Confusion des idées, surtout en cas d'association à d'autres *anticonvulsivants*.

*Réaction allergique* cutanée.

Anomalies de la *numération formule sanguine*.

Exceptionnellement : *hépatite* (voir Attention), *pancréatite*.

**Laboratoires Sanofi-Aventis France**

## DÉPAMIDE

Régulateur de l'humeur — **sur ordonnance**

### Présentation

**DÉPAMIDE :** comprimé *gastrorésistant* (ivoire) ; boîte de 30. Liste II - Remb 65 % - **Prix : 6,57 €**.

### Composition

| | p cp |
|---|---|
| **Valpromide** | 300 mg |

### Dans quel cas ce médicament est-il prescrit ?

Ce médicament est un régulateur de l'*humeur* (thymorégulateur). Il a également des propriétés *anticonvulsivantes*.

Il est utilisé dans le traitement des *troubles bipolaires*, en cas de contre-indication ou d'*intolérance* au *lithium* ou à la carbamazépine.

### Contre-indications

Ce médicament ne doit pas être utilisé dans les cas suivants :

- *hépatite* ou *antécédent* d'hépatite,
- antécédent familial d'hépatite grave, notamment due à un médicament,
- *porphyrie*,
- en association avec la méfloquine.

**Attention :** Une *hépatite* peut exceptionnellement survenir pendant le traitement. Certains signes évocateurs doivent vous amener à consulter votre médecin : une perte de l'appétit, une fatigue anormale avec nausées et parfois vomissements et douleurs abdominales, voire apparition de *convulsions*.

Des analyses de sang régulières sont pratiquées pour la surveillance du traitement.

Des précautions sont nécessaires en cas d'*insuffisance rénale* ou de *lupus érythémateux* disséminé.

Évitez les boissons alcoolisées : augmentation du risque de somnolence et de *convulsions*.

Si vous devez conduire, ou utiliser une machine dangereuse, assurez-vous préalablement que ce médicament n'altère pas votre vigilance.

### Interactions avec d'autres substances

Ce médicament ne doit pas être utilisé en association avec la méfloquine (LARIAM...) : risque de crise d'*épilepsie*.

Il peut interagir avec les médicaments contenant de la carbamazépine (TEGRETOL) ou du lamotrigine (LAMICTAL).

Informez par ailleurs votre médecin si vous prenez un *antidépresseur imipraminique* ou un médicament contenant l'une des substances suivantes : phénobarbital, primidone, phénytoïne ou topiramate.

### Grossesse et allaitement

L'utilisation de ce médicament est déconseillée au cours du premier trimestre de la grossesse. Si une grossesse survient pendant le traitement, consultez votre médecin. Il appréciera le risque éventuel lié à l'utilisation de ce médicament dans votre cas. Des examens particuliers permettent de vérifier l'absence d'anomalie chez l'enfant à naître.

Ce médicament passe dans le lait maternel : l'allaitement est déconseillé.

### Mode d'emploi et posologie

La dose quotidienne est répartie en 2 prises, matin et soir, de préférence au cours des repas.

**Posologie usuelle :**

- Adulte : la *posologie* est strictement individuelle et adaptée progressivement par votre médecin.

### Effets indésirables possibles

Maux d'estomac et nausées en début de traitement, disparaissant généralement au bout de quelques jours.

Prise de poids, absence de règles, règles irrégulières.

Tremblements, chute de cheveux réversible à l'arrêt du traitement.

Maux de tête.

Confusion des idées, surtout en cas d'association à d'autres *anticonvulsivants*.

*Réaction allergique* cutanée.
Anomalies de la *numération formule sanguine*.
Exceptionnellement : *hépatite* (voir Attention), *pancréatite*.

Laboratoires Sanofi-Aventis France

## DÉPO-MÉDROL

*Informations détaillées sur www.monvidal.com*

## DÉPO-PRODASONE

*Informations détaillées sur www.monvidal.com*

## DÉPO-PROVERA

*Informations détaillées sur www.monvidal.com*

## DÉPRÉNYL

*Informations détaillées sur www.monvidal.com*

## DÉPURATIF PARNEL

*Informations détaillées sur www.monvidal.com*

## DEPURATUM

*Informations détaillées sur www.monvidal.com*

## DÉRINOX

Décongestionnant nasal — sur ordonnance

### Présentation

DÉRINOX : solution pour pulvérisation nasale ; ampoule de 15 ml et pompe doseuse. Liste II - Remb 35 % - **Prix : 2,64 €**.

### Composition

| | p 100 ml |
|---|---|
| **Prednisolone** | 20 mg |
| **Naphazoline nitrate** | 25 mg |
| Cétrimide | + |

### Dans quel cas ce médicament est-il prescrit ?

Cette solution nasale contient un *anti-inflammatoire* de la famille des *corticoïdes*, et un *vasoconstricteur* qui dégage le nez.
Elle est utilisée dans le traitement de courte durée des congestions nasales aiguës et inflammatoires (nez bouché) au cours des *rhinites* de l'adulte..

### Contre-indications

Ce médicament ne doit pas être utilisé dans les cas suivants :
- risque de *glaucome* à angle fermé,
- risque de blocage des urines (*adénome de la prostate*),
- *hypertension artérielle* ou *insuffisance coronarienne* grave,
- *antécédent* de *convulsions*,
- antécédent d'*accident vasculaire cérébral*,
- en association avec un autre *vasoconstricteur* décongestionnant,
- infection herpétique oronasale ou ophtalmique,
- saignement de nez,
- enfant de moins de 15 ans.

**Attention :** L'utilisation répétée ou prolongée des *vasoconstricteurs* par voie nasale expose à un risque de *rhinite* grave, parfois irréversible. La brièveté de l'effet décongestionnant ne doit pas vous conduire à dépasser la *posologie* prescrite par votre médecin.
De plus, des pulvérisations répétées peuvent entraîner un passage plus important du vasoconstricteur dans le sang et provoquer des *palpitations*, des nausées ou des maux de tête. Si ces effets deviennent trop marqués, le traitement doit être interrompu.
Des précautions sont nécessaires en cas d'*hypertension artérielle*, de certains troubles cardiaques, d'*hyperthyroïdie*, de *diabète*, de troubles psychiques.
Sportif : ce médicament contient une substance susceptible de rendre positifs certains *tests antidopage*.

### Interactions avec d'autres substances

Ce médicament ne doit pas être associé à un autre *vasoconstricteur* décongestionnant : risque de crise hypertensive.
Ce médicament peut interagir avec les *antidépresseurs* de type *IMAO* non sélectifs (MARSILID, etc.) et avec un vasoconstricteur contenant l'une des substances suivantes : bromocriptine, pergolide, lisuride, cabergoline, ergotamine ou dihydroergotamine.

### Grossesse et allaitement

L'effet de ce médicament pendant la grossesse ou l'allaitement est mal connu : seul votre médecin peut évaluer le risque éventuel de son utilisation dans votre cas.

### Mode d'emploi et posologie

Les pulvérisations doivent être faites au cours d'une brève inspiration, la tête légèrement penchée en avant, en tenant le flacon verticalement.

**Posologie usuelle :**
- Adulte : 1 pulvérisation dans chaque narine, 3 à 6 fois par jour.

La durée du traitement ne doit pas dépasser 3 à 5 jours, sauf avis médical.

**Conseils :** Ce médicament peut provoquer des effets secondaires graves chez l'enfant : ne le laissez pas à sa portée.
Avant la première utilisation, ce médicament doit être conservé au réfrigérateur. Après ouverture, il peut être gardé à température ambiante mais doit être utilisé dans les 15 jours.

### Effets indésirables possibles

Irritation ou brûlure nasale, saignement de nez, troubles du goût ou de l'odorat.
Plus rarement, en cas de passage dans le sang :
- Sécheresse de la bouche, insomnie, maux de tête, anxiété, rétention urinaire, sueurs.
- Accélération du cœur, *palpitations*, nausées, vomissements.

Laboratoires Thérabel Lucien Pharma

## DERMACIDE

*Informations détaillées sur www.monvidal.com*

## DERMASPRAID ANTISEPTIQUE
Antiseptique local

### Présentation
**DERMASPRAID antiseptique** : solution pour application locale ; flacon pulvérisateur de 50 ml. Non remb.
**DERMASPRAID antiseptique** : solution pour application locale ; flacon de 125 ml. Non remb.

### Composition

| | p 100 ml |
|---|---|
| **Chlorhexidine gluconate** | 250 mg |
| **Benzalkonium chlorure** | 25 mg |
| **Alcool benzylique** | 4 ml |

### Dans quel cas ce médicament est-il prescrit ?
Ce médicament est un *antiseptique* local.

Il est utilisé pour l'*antisepsie* des plaies superficielles infectées ou exposées à un risque d'infection telles que coupure, écorchure, brûlure, piqûre d'insectes.

### Contre-indications
Ce médicament ne doit pas être utilisé dans les cas suivants :
- *allergie* aux *ammoniums quaternaires* ;
- en application sur les *muqueuses*, notamment génitales ;
- dans les yeux ou dans le conduit auditif (risque de toxicité en cas de perforation du tympan) ;
- pour la désinfection du matériel médicochirurgical (voir Attention).

**Attention :** Cet *antiseptique* ne convient pas pour la désinfection des ciseaux, rasoirs et autres objets potentiellement contaminants.
Évitez l'usage prolongé de ce médicament, notamment chez l'enfant, sur des surfaces étendues ou profondément lésées, sans l'avis de votre médecin : risque de passage du médicament dans le sang.

### Interactions avec d'autres substances
L'association à d'autres *antiseptiques* ou aux savons est déconseillée car leurs effets risquent de s'annuler.

### Grossesse et allaitement
L'utilisation ponctuelle de ce médicament pendant la grossesse ou l'allaitement ne semble pas poser de problème particulier.

Cet *antiseptique* ne doit pas être appliqué sur le mamelon sans avis médical. Un rinçage soigneux avant la tétée est indispensable.

### Mode d'emploi et posologie
La solution est appliquée pure et ne doit pas être rincée.

**Posologie usuelle :**
1 à 2 applications par jour.

**Conseils :** Le simple lavage à l'eau et au savon permet d'éliminer la majorité des *germes* : il doit être suivi d'un rinçage soigneux car le savon peut inactiver certains *antiseptiques*.
Tous les antiseptiques peuvent être contaminés par des germes : une fois ouvert, le flacon ne doit pas être conservé inutilement.

### Effets indésirables possibles
*Eczéma* de contact.
Exceptionnellement : *réaction allergique*.

Laboratoires Bayer santé familiale

## DERMASPRAID démangeaison
*Informations détaillées sur www.monvidal.com*

## DERMAZOL
Antifongique

Ce médicament est un générique de PEVARYL (voir p. 821 et tableau p. 1151).

## DERMÉOL
*Informations détaillées sur www.monvidal.com*

## DERMESTRIL
*Informations détaillées sur www.monvidal.com*

## DERMESTRIL SEPTEM
*Informations détaillées sur www.monvidal.com*

## DERMO 6
*Informations détaillées sur www.monvidal.com*

## DERMOBACTER
*Informations détaillées sur www.monvidal.com*

## DERMOCUIVRE
*Informations détaillées sur www.monvidal.com*

## DERMODRAINOL
*Informations détaillées sur www.monvidal.com*

## DERMOFENAC démangeaisons
*Informations détaillées sur www.monvidal.com*

## DERMORELLE
*Informations détaillées sur www.monvidal.com*

## DERMO-SULFURYL
*Informations détaillées sur www.monvidal.com*

## DERMOVAL crème
Dermocorticoïde — sur ordonnance

### Présentation
DERMOVAL : crème ; tube de 10 g. Liste I - Remb 65 % - **Prix : 2,23 €**.

### Composition

| | p 100 g |
|---|---|
| **Clobétasol propionate** | 50 mg |

### Dans quel cas ce médicament est-il prescrit ?
C'est un *dermocorticoïde* d'activité très forte. Comme les autres dérivés de la *cortisone* à usage local, il freine le renouvellement et la multiplication des cellules de la peau et limite le suintement.

Il est utilisé pour le traitement des plaques limitées et résistantes de *psoriasis*, de *lupus érythémateux* discoïde, de *lichénification* et des *cicatrices hypertro-*

*phiques*. Il est également utilisé dans le traitement d'autres affections cutanées ayant résisté au traitement habituel.

### Contre-indications

Ce médicament ne doit pas être utilisé dans les cas suivants :
- infection ou parasitose non traitées de la peau (ce médicament n'a pas d'effet anti-infectieux),
- lésion ulcérée,
- *acné* et *rosacée*,
- en application sur les paupières (risque d'augmentation de la *tension intraoculaire*),
- *nourrisson*.

**Attention :** Sauf indication contraire de votre médecin, n'appliquez pas ce *dermocorticoïde* d'activité très forte sur le visage : risque majoré d'effets indésirables locaux, notamment de *dermite périorale* (rougeur autour de la bouche).
Comme les autres dermocorticoïdes, ce médicament a souvent une action efficace et rapide sur les lésions de la peau ; il peut être tentant de le réutiliser, mais l'automédication expose à des risques importants : aggravation de certaines lésions, installation d'une *dépendance* (amélioration de moins en moins visible des lésions et recrudescence des *symptômes* à chaque arrêt de traitement) et altération durable de la peau.
Suivez attentivement la prescription de votre médecin et n'hésitez pas à lui demander des explications.

### Grossesse et allaitement

Aucun effet néfaste pour l'enfant à naître n'a été établi avec ce médicament. Il peut être prescrit pendant la grossesse.

En raison du risque d'ingestion par le nouveau-né, ce médicament ne doit pas être appliqué sur le mamelon chez la femme qui allaite.

### Mode d'emploi et posologie

Étaler la crème sur les lésions et la faire pénétrer par un léger massage. Pour traiter de grandes surfaces de peau : appliquer en touches espacées, puis étaler jusqu'à complète absorption.

**Posologie usuelle :**
1 ou 2 applications par jour.
Le médecin prescrit fréquemment un arrêt progressif du traitement : espacement des applications ou diminution de la quantité appliquée.

**Conseils :** Ne conseillez pas, ne donnez pas ce médicament à un proche.
Pensez à vous laver les mains après l'application. En cas d'utilisation sur une grande surface de peau, le port d'un gant en plastique est recommandé.

### Effets indésirables possibles

Sont à craindre en cas d'usage prolongé : *atrophie* cutanée, *télangiectasies* (dilatation des petits vaisseaux), vergetures, *purpura* (microhémorragies de la peau), fragilisation de la peau.

Appliqué sur le visage, ce médicament peut provoquer une *dermite périorale* ou provoquer ou aggraver une *rosacée*.

Sont possibles également : retard de cicatrisation, *acné*, développement anormal des poils, dépigmentation localisée de la peau.

L'utilisation des *dermocorticoïdes* sous un pansement étanche ou dans les plis peut favoriser la prolifération des bactéries ou une allergie cutanée. Consulter votre médecin en cas de rougeur ou de douleur apparue après le début du traitement.

**Laboratoires GlaxoSmithKline**

## DERMOVAL gel

Dermocorticoïde — **sur ordonnance**

### Présentation

DERMOVAL : gel pour application locale ; flacon de 20 ml.
Liste I - Remb 65 % - **Prix : 3,19 €**.

### Composition

| | p 100 g |
|---|---|
| **Clobétasol propionate** | 46,5 mg |
| Alcool | + |

### Dans quel cas ce médicament est-il prescrit ?

C'est un *dermocorticoïde* d'activité très forte. Comme les autres dérivés de la *cortisone* à usage local, il freine le renouvellement et la multiplication des cellules de la peau et limite le suintement.

Il est utilisé pour le traitement de la *dermite séborrhéique* et du *psoriasis* du cuir chevelu.

### Contre-indications

Ce médicament ne doit pas être utilisé dans les cas suivants :
- infection ou parasitose non traitées de la peau (ce médicament n'a pas d'effet anti-infectieux),
- lésion ulcérée.

**Attention :** Sauf indication contraire de votre médecin, n'appliquez jamais de *dermocorticoïdes* d'activité forte ou très forte :
- sur le visage : risque majoré d'effets indésirables locaux, notamment de *dermite périorale* (rougeur autour de la bouche) ;
- chez le *nourrisson*.

Comme les autres dermocorticoïdes, ce médicament a souvent une action efficace et rapide sur les lésions de la peau ; il peut être tentant de le réutiliser, mais l'automédication expose à des risques importants : aggravation de certaines lésions, installation d'une *dépendance* (amélioration de moins en moins visible des lésions et recrudescence des *symptômes* à chaque arrêt de traitement) et altération durable de la peau.
Suivez attentivement la prescription de votre médecin et n'hésitez pas à lui demander des explications.

### Grossesse et allaitement

Aucun effet néfaste pour l'enfant à naître n'a été établi avec ce médicament ; néanmoins, son usage sans prescription médicale est déconseillé.

L'utilisation de ce médicament est possible pendant l'allaitement.

### Mode d'emploi et posologie

Le gel est appliqué en petites quantités directement sur le cuir chevelu, raie par raie.

**Posologie usuelle :**
1 ou 2 applications par jour.
Le médecin prescrit fréquemment un arrêt progressif du traitement : espacement des applications ou diminution de la quantité appliquée.

**Conseils :** Ne conseillez pas, ne donnez pas ce médicament à un proche.
Pensez à vous laver les mains après l'application.
En cas de contact accidentel avec les yeux, rincez abondamment.

### Effets indésirables possibles

Sont à craindre en cas d'usage prolongé : *atrophie* cutanée, *télangiectasies* (dilatation des petits vaisseaux), vergetures, *purpura* (microhémorragies de la peau), fragilisation et sécheresse de la peau.
Appliqué sur le visage, ce médicament peut provoquer une *dermite périorale* ou provoquer ou aggraver une *rosacée.*
Sont possibles également : retard de cicatrisation, *acné*, développement anormal des poils, dépigmentation localisée de la peau.

**Laboratoires GlaxoSmithKline**

## DEROXAT

Antidépresseur inhibiteur de la recapture de la sérotonine

**sur ordonnance**

### Présentation

**DEROXAT 20 mg :** comprimé sécable (blanc) ; boîte de 14. Liste I - Remb 65 % - **Prix : 10,92 €.**
**DEROXAT 20 mg/10 ml :** suspension buvable (arômes : orange, citron) ; flacon de 150 ml avec gobelet-doseur gradué à 5 ml, 10 ml, 15 ml et 20 ml. Liste I - Remb 65 % - **Prix : 13,62 €.**

### Composition

| | p cp | p 5 ml |
|---|---|---|
| **Paroxétine** | 20 mg | 10 mg |
| Sorbitol | | 2 g |

### Dans quel cas ce médicament est-il prescrit ?

Ce médicament est un *antidépresseur* qui appartient à la famille des *inhibiteurs de la recapture de la sérotonine.*
Il est utilisé dans le traitement :
- des *états dépressifs,*
- des *attaques de panique* (*traitement préventif*),
- des *troubles obsessionnels compulsifs,*
- de certaines manifestations de l'anxiété.

### Contre-indications

Ce médicament ne doit pas être utilisé dans les cas suivants :
- en association avec les *IMAO* non sélectifs et, en dehors de cas exceptionnels, en association avec les IMAO sélectifs A ;
- enfant de moins de 15 ans.

**Attention :** L'utilisation de ce médicament est déconseillée avant l'âge de 18 ans. Des études ont en effet montré que l'utilisation d'un antidépresseur augmente le risque de suicide chez les adolescents souffrant de dépression. Chez les adolescents de 15 à 18 ans, ce traitement est par conséquent réservé à certains cas graves et nécessite une surveillance médicale particulière et la vigilance de l'entourage.
Des précautions sont nécessaires chez la personne âgée et en cas d'*épilepsie* (même ancienne), de *glaucome* à angle fermé, de *diabète*, d'*insuffisance hépatique* ou *rénale*, de prédisposition aux *hémorragies.*
En cas d'excitation anormale ou de confusion des idées survenant sous traitement, une consultation médicale est nécessaire.
Bien qu'aucune interaction nette n'ait été constatée avec l'*alcool*, évitez la prise de boissons alcoolisées, comme avec tout médicament *psychotrope.*
Si vous devez conduire, ou utiliser une machine dangereuse, assurez-vous préalablement que ce médicament n'altère pas votre vigilance.

### Interactions avec d'autres substances

Ce médicament ne doit pas être associé aux *IMAO* non sélectifs (MARSILID) : des délais précis doivent être respectés entre la fin d'un traitement par IMAO et le début de ce traitement, et inversement.
Il peut également interagir avec les IMAO sélectifs A et avec les médicaments contenant du métoprolol.
Informez par ailleurs votre médecin si vous prenez un antimigraineux de la famille des *triptans*, un *anticoagulant* oral, un *antidépresseur imipraminique*, un IMAO sélectif B, un médicament contenant du lithium, de la carbamazépine, de la risperdone ou un produit de phytothérapie contenant du millepertuis.

### Grossesse et allaitement

Les données actuellement disponibles suggèrent un effet malformatif de la paroxétine au cours de la grossesse. L'utilisation de ce médicament est donc déconseillée chez la femme enceinte. Un désir de grossesse peut nécessiter le remplacement de ce médicament par un autre antidépresseur.
Ce médicament passe faiblement dans le lait maternel. Il est déconseillé pendant l'allaitement.

### Mode d'emploi et posologie

La dose quotidienne est généralement absorbée en une prise, le matin au cours du petit déjeuner.
Les comprimés doivent être avalés sans être croqués.

**Posologie usuelle :**
- Adulte de plus de 18 ans :
  - *état dépressif*, manifestations de l'anxiété : 20 mg à 50 mg par jour ;
  - *troubles obsessionnels compulsifs*, prévention des *attaques de panique* : 40 mg par jour.

**Conseils :** L'efficacité des *antidépresseurs* n'est généralement pas immédiate. Un délai pouvant atteindre plusieurs semaines est parfois nécessaire pour que les effets bénéfiques se fassent sentir. Les effets indésirables éventuels apparaissant en début de traitement ne doivent pas vous conduire à l'arrêter prématurément.
Chez la personne souffrant de dépression, un état anxieux peut apparaître ou être majoré en début de traitement ; un *anxiolytique* est parfois prescrit par le médecin pour prévenir ou traiter ces manifestations.
Lorsque les *symptômes* de la *dépression* ont disparu, le traitement doit absolument être poursuivi pendant la durée prescrite afin de consolider la guérison. Un arrêt prématuré exposerait à une rechute.

La durée d'un traitement antidépresseur est rarement inférieure à 6 mois.

Contrairement à d'autres médicaments utilisés pour traiter les maladies psychiques, les antidépresseurs ne créent pas de dépendance. Néanmoins, il est préférable d'arrêter le traitement progressivement en diminuant la posologie ou en espaçant les prises pour éviter les effets indésirables transitoires, rarement observés, en cas d'interruption brutale.

**Effets indésirables possibles**

La survenue des effets indésirables est plus fréquente au cours des 2 premières semaines de traitement. Ceux-ci s'estompent le plus souvent ensuite.

Nausées, bâillements, constipation, diarrhée, sécheresse de la bouche, diminution de l'appétit, vision trouble.

Somnolence ou au contraire insomnie, *vertiges*, tremblements, fatigue, prise de poids, troubles sexuels, sueur excessive.

Rarement : agitation psychomotrice, confusion des idées, hallucinations, *convulsions*, élévation des *transaminases*, baisse du taux de *sodium* dans le sang, rétention urinaire, *réaction allergique*, saignements, ecchymoses, modification de la tension artérielle, éruption cutanée, démangeaisons, douleurs musculaires ou articulaires, écoulement de lait par le mamelon.

Laboratoires GlaxoSmithKline

## DÉSERNIL

*Informations détaillées sur www.monvidal.com*

## DESFERAL

Bloqueur d'absorption — sur ordonnance

**Présentation**

**DESFERAL 500 mg :** préparation injectable ; boîte de 1 flacon de poudre et 1 ampoule de solvant 5 ml (eau). Liste I - Remb 100 % - **Prix : 6,79 €.**

**Composition**

| | p fl |
|---|---|
| **Déféroxamine** | 500 mg |

**Dans quel cas ce médicament est-il prescrit ?**

Ce médicament est un *chélateur* du fer et de l'aluminium, c'est-à-dire qu'il forme avec eux un *complexe* chimique non utilisable par l'organisme. Il permet donc de capter le fer ou l'aluminium circulant dans le sang ou présent dans l'intestin. Le *complexe* chimique formé sera éliminé dans les selles ou les urines.

Il est utilisé dans le traitement ou le diagnostic des maladies en rapport avec un excès de fer ou d'aluminium dans le sang :
- traitement de l'*hémochromatose* ;
- traitement de l'intoxication aiguë par une substance contenant du fer ;
- traitement de la surcharge en aluminium chez l'*insuffisant rénal* en l'absence de *dialyse* ;
- diagnostic des surcharges en fer ou en aluminium.

**Contre-indications**

Ce médicament ne doit pas être utilisé dans les cas suivants :
- *insuffisance rénale* grave non *dialysée* ;
- infection bactérienne non traitée ;
- **grossesse**.

**Attention :** Ce médicament peut provoquer des troubles visuels et auditifs qui justifient une surveillance particulière de la vue et de l'audition.

Du fait d'un effet néfaste potentiel sur la croissance, ce médicament ne doit pas être utilisé chez l'enfant de moins de 3 ans. Chez l'enfant plus grand, une surveillance étroite de la croissance est nécessaire.

La survenue d'une fièvre accompagnée de douleur abdominale ou d'un mal de gorge pendant le traitement impose une consultation médicale : une interruption du traitement peut être nécessaire.

Le traitement des surcharges en fer graves peut nécessiter l'association de déféroxamine et de vitamine C. Cette association peut provoquer ou aggraver une insuffisance cardiaque. Consultez votre médecin en cas d'essoufflement anormal.

**Interactions avec d'autres substances**

Ce médicament peut interagir avec la vitamine C, n'absorbez pas de médicament contenant cette vitamine sans prendre l'avis de votre médecin.

Ce médicament modifie l'excrétion du Gallium 67, substance utilisée pour réaliser les scintigraphies. Si cet examen doit être réalisé, le traitement par la déféroxamine doit être interrompu 48 heures auparavant.

**Grossesse et allaitement**

Les données concernant des femmes enceintes ayant utilisé ce médicament sont rassurantes, mais limitées. Il ne doit donc être utilisé qu'en cas de nécessité absolue.

Les données disponibles ne permettent pas de savoir si ce médicament passe dans le lait maternel ; un choix est donc nécessaire entre l'allaitement et la prise du médicament. Cette décision devra être prise en accord avec votre médecin.

**Mode d'emploi et posologie**

Ce médicament est utilisé par voie injectable (*intramusculaire, intraveineuse, sous-cutanée*).

**Posologie usuelle :**

La posologie de ce médicament est extrêmement variable en fonction des indications et de la situation personnelle de chaque malade. Il est impossible d'indiquer une posologie moyenne.

**Conseils :** Le traitement de référence de l'*hémochromatose* reste la pratique des saignées. Le prélèvement régulier de sang est la technique la plus sûre et la plus efficace pour éliminer des quantités importantes de fer de l'organisme.

La coloration rouille des urines et noire des selles est normale (mais pas obligatoire), elle traduit l'élimination du fer.

**Effets indésirables possibles**

Réaction locale au point d'injection : douleur, tuméfaction, induration, rougeur, sensation de brûlure, démangeaison.

*Réaction allergique*.

Troubles de la vue, altération de la vision des couleurs.

*Insuffisance rénale*, hypotension, anomalies de la *numération formule sanguine*, retard de croissance chez l'enfant, problèmes respiratoires, *vertiges*, *convulsions*, *troubles digestifs*.

Laboratoires Novartis Pharma

## DÉSINTEX
*Informations détaillées sur www.monvidal.com*

## DÉSINTEX-CHOLINE
*Informations détaillées sur www.monvidal.com*

## DÉSINTEX INFANTILE
*Informations détaillées sur www.monvidal.com*

## DÉSOCORT
*Informations détaillées sur www.monvidal.com*

## DÉSOGESTREL/ ÉTHINYLESTRADIOL BIOGARAN
Contraceptif oral — sur ordonnance

### Présentation
DÉSOGESTREL/ÉTHINYLESTRADIOL BIOGARAN **150 µg/20 µg :** comprimé ; boîte de 1 plaquette de 21. Liste I - Non remb.
DÉSOGESTREL/ÉTHINYLESTRADIOL BIOGARAN **150 µg/20 µg :** comprimé ; boîte de 3 plaquettes de 21. Liste I - Non remb.
DÉSOGESTREL/ÉTHINYLESTRADIOL BIOGARAN **150 µg/30 µg :** comprimé ; boîte de 1 plaquette de 21. Liste I - Non remb.
DÉSOGESTREL/ÉTHINYLESTRADIOL BIOGARAN **150 µg/30 µg :** comprimé ; boîte de 3 plaquettes de 21. Liste I - Non remb.

### Composition

| | p cp | p cp |
|---|---|---|
| **Désogestrel** | 150 µg | 150 µg |
| **Éthinylestradiol** | 20 µg | 30 µg |

### Dans quel cas ce médicament est-il prescrit ?
C'est un *contraceptif* oral (pilule) qui contient un *estrogène* et un *progestatif*. Il est minidosé (moins de 0,04 mg d'estrogène) et monophasique (tous les comprimés contiennent la même quantité d'*hormones* et sont donc de la même couleur).

### Contre-indications
Ce médicament ne doit pas être utilisé dans les cas suivants :
- *accident thromboembolique* (*phlébite*, *embolie* pulmonaire...) ancien ou survenant au cours de la contraception ;
- maladie cardiovasculaire (*hypertension artérielle*, *angine de poitrine*, lésion des valves cardiaques, anomalie de la circulation sanguine cérébrale ou rétinienne) ;
- *cancer hormonodépendant* (même guéri), *tumeur de l'hypophyse* ;
- saignement génital intermittent (l'origine de ce saignement doit être déterminée par des examens avant la mise en route du traitement) ;
- maladie du foie, grave ou récente ;
- certaines maladies rares : *connectivite*, *porphyrie*.

Dans d'autres situations, votre médecin est seul juge pour prescrire ce médicament, notamment en cas de *diabète*, d'obésité, d'*otosclérose*, d'excès de *cholestérol*, de *triglycérides* ou de *prolactine* dans le sang, d'affection bénigne du sein ou de l'utérus, d'ictère (jaunisse) chronique ou survenu lors d'une grossesse, d'*insuffisance rénale*, d'**allaitement**.

**Attention :** Un examen médical est nécessaire avant de débuter la contraception. Il est suivi d'une surveillance annuelle pendant la contraception. Cette surveillance est particulièrement importante si vous souffrez d'*épilepsie*, de *migraine*, d'*asthme*, de *dépression*, ou si des membres de votre famille ont des *antécédents* de cancer du sein ou d'*accidents thromboemboliques*.
Si vous avez plus de 35 ans, si vous fumez, le risque d'effets indésirables cardiovasculaires liés à la prise d'*hormones* augmente fortement. Un autre mode de contraception est souvent préconisé.
Arrêtez la prise du *contraceptif* et consultez votre médecin en cas d'apparition de l'un des *symptômes* suivants : maux de tête violents et inhabituels, troubles de la vision, élévation importante de la tension artérielle, douleur inhabituelle à la jambe.
La survenue d'un léger saignement entre les règles (spotting) est fréquente chez les femmes pendant les premiers mois d'utilisation de la pilule. Vous devez informer votre médecin si les saignements se prolongent ou s'ils apparaissent en cours de contraception.
L'oubli d'un comprimé ou sa mauvaise absorption, du fait de vomissements par exemple, peuvent rendre la contraception inefficace.
En cas d'intervention chirurgicale programmée ou d'alitement prolongé, votre médecin jugera de l'opportunité d'interrompre votre contraception orale.

### Interactions avec d'autres substances
L'efficacité contraceptive de ce médicament peut être diminuée par les *anticonvulsivants*, certains traitements du *sida*, les produits de phytothérapie contenant du millepertuis et les médicaments contenant l'une des substances suivantes : griséofulvine, rifampicine, rifabutine, modafinil.
Informez par ailleurs votre médecin si vous prenez des médicaments contenant de la flunarizine.

### Grossesse et allaitement
Ce médicament n'a pas de raison d'être utilisé pendant la grossesse. Néanmoins, si une grossesse survient malgré le traitement, du fait d'un oubli ou d'un retard de prise, celle-ci pourra être poursuivie normalement si vous le désirez.
Les *hormones* contenues dans ce *contraceptif* passent dans le lait maternel : ne l'utilisez pas pendant l'allaitement sans avis médical.

### Mode d'emploi et posologie
Prendre régulièrement, et sans oubli, 1 comprimé par jour pendant 21 jours consécutifs. Il est recommandé de ne pas trop faire varier l'heure de prise (choisir le petit déjeuner ou le coucher de préférence).
L'interruption du traitement déclenche les règles. La nouvelle plaquette est reprise après les 7 jours d'arrêt, que les règles soient terminées ou non. Pour éviter un retard dans la reprise de la pilule, préjudiciable à l'efficacité de la contraception, il est utile de noter le jour de la prise de la première plaquette : une nouvelle plaquette est toujours commencée le même jour de la semaine.
En cas de première contraception orale ou de reprise d'une contraception interrompue temporairement, prendre le premier comprimé le premier jour des règles.
En cas de changement de *contraceptif*, prendre le premier comprimé :
- après un arrêt de 7 jours, si le précédent contraceptif comportait 21 comprimés par plaquette ;
- après un arrêt de 6 jours, si le précédent contraceptif comportait 22 comprimés par plaquette ;

– sans interruption, si le précédant contraceptif comportait 28 comprimés par plaquette.

Après un accouchement ou une interruption de grossesse, suivre les indications du médecin.

Le respect de ces délais est important : une prise trop tardive du premier comprimé peut nuire à l'efficacité de la contraception pour le nouveau cycle.

**Conseils :** Les dernières recommandations en cas d'oubli d'un comprimé pour ce type de pilule sont les suivantes : prendre immédiatement le comprimé oublié et continuer à l'heure habituelle pour les comprimés suivants (ce qui peut correspondre à la prise de 2 comprimés si l'oubli est découvert lors de la prise suivante). Si le retard est supérieur à 12 heures, la sécurité contraceptive n'est plus assurée et une autre méthode complémentaire (spermicide, préservatif, diaphragme) doit être employée pendant les 7 jours suivants. Si cette période de 7 jours s'étend au-delà du dernier comprimé de la plaquette en cours, la plaquette suivante doit être débutée sans interruption entre les deux plaquettes. Dans ce cas, il n'y aura pas de saignement avant la fin de la seconde plaquette. Des saignements de faible importance (spottings) sont cependant possibles.

En cas de vomissements ou de diarrhée sévère survenant dans les 4 heures suivant la prise d'un comprimé, reprendre dès que possible un autre comprimé. Si le délai est de plus de 12 heures ou si les troubles se répètent, la sécurité contraceptive n'est plus assurée et une méthode complémentaire doit être employée jusqu'à la prise de la plaquette suivante.

Il n'y a pas de danger à débuter une grossesse au cours du cycle qui suit l'arrêt volontaire du contraceptif oral.

### Effets indésirables possibles

Peu graves et n'empêchant pas la poursuite du traitement : nausées, maux de tête banals, prise de poids, tension modérée des seins, *acné*, jambes lourdes, irritation oculaire par les lentilles de contact, saignement entre les règles, diminution ou disparition des règles, irritabilité, pousse excessive des poils.

Rares mais devant faire interrompre la prise de ce *contraceptif* : *hypertension artérielle*, accident cardiaque ou *vasculaire*, *phlébite*, jaunisse, taches sombres sur le visage, augmentation importante des lipides dans le sang, *diabète*, *nodule* ou tension douloureuse des seins, *migraine*, *vertiges*, troubles de la vision, aggravation d'une *épilepsie*, écoulement de lait, *tumeur* bénigne du foie, calcul de la vésicule biliaire.

Laboratoires Biogaran

## DÉSOMÉDINE collyre

Collyre antiseptique

### Présentation

DÉSOMÉDINE : collyre ; flacon de 10 ml. Non remb.
DÉSOMÉDINE : collyre ; boîte de 10 flacons unidoses de 0,6 ml. Non remb.

### Composition

| | p 10 ml | p unidose |
|---|---|---|
| **Hexamidine di-isétionate** | 10 mg | 0,6 mg |

### Dans quel cas ce médicament est-il prescrit ?

Ce collyre contient un *antiseptique*.

Il est utilisé dans le traitement de certaines infections oculaires.

### Contre-indications

Ce médicament ne doit pas être utilisé en cas d'*allergie* à l'hexamidine.

**Attention :** Une rougeur ou une douleur oculaires ne sont pas obligatoirement les signes d'une infection. Des soins urgents peuvent être nécessaires, notamment en cas de vision floue.

Ce traitement peut être insuffisant à lui seul pour guérir une infection de l'œil : ne l'utilisez pas plus de quelques jours sans avis médical.

Le collyre peut être contaminé par l'œil infecté : évitez de mettre en contact l'extrémité du flacon avec l'œil. Ne conservez pas le flacon de 10 ml plus de 30 jours après une première utilisation. Les flacons unidoses doivent être jetés immédiatement après utilisation.

### Interactions avec d'autres substances

Ce collyre peut interagir avec d'autres collyres. Respectez un intervalle minimal de 15 minutes entre deux instillations.

### Grossesse et allaitement

L'effet de ce médicament pendant la grossesse ou l'allaitement est mal connu. L'évaluation du risque éventuel lié à son utilisation est individuelle : demandez conseil à votre pharmacien ou à votre médecin.

### Mode d'emploi et posologie

Tirer la paupière inférieure vers le bas tout en regardant vers le haut et déposer les gouttes de collyre entre la paupière et le globe oculaire (*cul-de-sac conjonctival*).

**Posologie usuelle :**
2 gouttes, 4 à 6 fois par jour.

**Conseils :** Les *lentilles de contact* ne doivent pas être portées en cas d'infection oculaire ni réutilisées avant l'arrêt complet du traitement.

L'application correcte du produit peut nécessiter une aide, notamment chez l'enfant ou la personne handicapée ou âgée.

### Effets indésirables possibles

Irritation ou *réaction allergique*.

Laboratoires Chauvin Bausch & Lomb

## DÉSOMÉDINE solution nasale

*Informations détaillées sur www.monvidal.com*

## DETENSIEL

Bêtabloquant

sur ordonnance

### Présentation

DETENSIEL 10 mg : comprimé sécable (gris orangé) ; boîte de 28. Liste I - Remb 65 % - **Prix : 6,10 €.**
DETENSIEL 10 mg : comprimé sécable (gris orangé) ; boîte de 30. Liste I - Remb 65 % - **Prix : 6,50 €.**
DETENSIEL 10 mg : comprimé sécable (gris orangé) ; boîte de 90. Liste I - Remb 65 % - **Prix : 18,42 €.**

### Composition

| | p cp |
|---|---|
| **Bisoprolol hémifumarate** | 10 mg |

### Dans quel cas ce médicament est-il prescrit ?

Ce médicament appartient à la famille des *bêtabloquants*. Ceux-ci agissent en bloquant l'action de l'*adrénaline* (et d'autres *hormones* apparentées) sur de nombreux organes, notamment sur le cœur, les vaisseaux et plus faiblement sur les bronches.

Il est utilisé dans :
- le traitement de l'*hypertension artérielle*,
- la prévention des crises d'*angine de poitrine*.

### Contre-indications

Ce médicament ne doit pas être utilisé dans les cas suivants :
- formes graves de certaines affections : *asthme*, *bronchite chronique*, *artérite*, phénomène de *Raynaud* ;
- *insuffisance cardiaque* non contrôlée par un traitement spécifique ;
- *bloc auriculoventriculaire* grave ;
- rythme cardiaque inférieur à 50 battements par minute ;
- *phéochromocytome* non traité ;
- hypotension ;
- *antécédent* de *choc anaphylactique* ;
- en association avec les médicaments contenant de la floctafénine ou du sultopride.

**Attention :** Ce médicament n'est pas un *traitement de la crise* d'*angine de poitrine*.

Ce médicament n'est pas adapté au traitement d'une forme particulière d'*angine de poitrine* appelée angor de *Printzmétal* qui relève d'un traitement *vasodilatateur*. Il peut néanmoins être associé à celui-ci lorsqu'une angine de poitrine « classique » coexiste avec un angor de Printzmétal.

Des précautions sont nécessaires en cas d'*insuffisance rénale* grave et chez la personne âgée.

N'interrompez jamais brutalement le traitement prescrit. Espacez progressivement les prises. Un avis médical est toujours préférable.

Chez les diabétiques, les *bêtabloquants* peuvent masquer certains *symptômes* de l'*hypoglycémie* (*palpitations* et accélération du cœur essentiellement).

Les bêtabloquants peuvent aggraver les *réactions allergiques* et empêcher l'action de l'*adrénaline* utilisée dans le traitement d'urgence du *choc anaphylactique*. Lors d'examens radiologiques nécessitant l'injection de produits de contraste iodés (susceptibles de provoquer des *chocs* allergiques), le traitement doit, si possible, être suspendu avec l'accord de votre médecin.

En cas d'intervention chirurgicale, l'anesthésiste doit être prévenu de la prise de ce médicament. C'est lui qui décidera si le traitement doit être poursuivi ou arrêté avant l'intervention.

Sportif : ce médicament contient une substance susceptible de rendre positifs certains *tests antidopage*.

### Interactions avec d'autres substances

Ce médicament ne doit pas être associé :
- à la floctafénine (IDARAC...) : risque d'augmentation de la gravité d'un éventuel *choc* allergique,
- au sultopride (BARNETIL) : risque de *torsades de pointes*.

Il peut interagir avec les médicaments contenant de l'amiodarone.

Informez votre médecin si vous prenez des *antidiabétiques*, des *AINS*, des *inhibiteurs calciques*, des *antidépresseurs imipraminiques*, des *neuroleptiques*, des *corticoïdes*, ou des médicaments contenant l'une des substances suivantes : quinidine, hydroquinidine, disopyramide, propafénone, baclofène, lidocaïne injectable, méfloquine.

### Grossesse et allaitement

Les études scientifiques disponibles n'ont pas mis en évidence de problème particulier lors de l'utilisation de *bêtabloquant* chez la femme enceinte.

L'effet bêtabloquant persiste quelques jours chez le nouveau-né et justifie une surveillance médicale renforcée pendant les premiers jours de la vie.

Ce médicament passe dans le lait maternel ; un choix est donc nécessaire entre l'allaitement et la prise du médicament. Cette décision devra être prise en accord avec votre médecin.

### Mode d'emploi et posologie

Ce médicament est pris de préférence le matin, indifféremment au cours ou en dehors du repas.

**Posologie usuelle :**

1 comprimé par jour.

**Conseils :** Veillez à toujours disposer d'une réserve de médicament : une plaquette dans la trousse de toilette, par exemple.

Votre tension artérielle doit être contrôlée régulièrement. Les appareils permettant une mesure automatique de la tension à domicile utilisent souvent un procédé de mesure différent de celui qu'emploie votre médecin. Si vous avez un tel appareil, apportez-le en consultation pour vous assurer que la mesure obtenue est bien conforme à celle du tensiomètre de votre médecin.

Le traitement médicamenteux ne dispense pas de mesures simples pouvant faire baisser la tension artérielle : activité physique régulière, modération de la consommation de boissons alcoolisées et de *sel*, lutte contre l'excès de poids.

Il est normal que le rythme cardiaque ralentisse sous l'effet du traitement ; néanmoins, en cas de fatigue anormale et de pouls inférieur à 50 battements par minute, consultez votre médecin.

### Effets indésirables possibles

Le plus fréquemment : douleur d'estomac, nausées, vomissements, fatigue en début de traitement, sensation de mains et de pieds froids, troubles de l'érection, ralentissement important du cœur, insomnie, cauchemar.

Plus rarement : *bloc auriculoventriculaire*, baisse excessive de la tension artérielle, phénomène de *Raynaud*, *insuffisance cardiaque*, *bronchospasme*, *hypoglycémie*, *éruption cutanée*, aggravation d'un *psoriasis*.

**Laboratoires Merck Lipha Santé**

## DÉTRUSITOL

*Informations détaillées sur www.monvidal.com*

## DÉTURGYLONE

Décongestionnant nasal — sur ordonnance

### Présentation

DÉTURGYLONE : solution pour pulvérisation nasale ; flacon de poudre et flacon pulvérisateur de 10 ml. Liste I - Remb 35 % - **Prix : 3,40 €.**

### Composition

| | p 100 ml |
|---|---|
| **Prednisolone phosphate** | 178 mg |
| **Oxymétazoline chlorhydrate** | 25 mg |
| Benzalkonium chlorure | + |

### Dans quel cas ce médicament est-il prescrit ?

Cette solution nasale contient un *anti-inflammatoire* de la famille des *corticoïdes*, et un *vasoconstricteur* qui dégage le nez.
Elle est utilisée dans le traitement de courte durée des congestions nasales aiguës et inflammatoires (nez bouché) au cours des *rhinites* de l'adulte..

### Contre-indications

Ce médicament ne doit pas être utilisé dans les cas suivants :
- risque de *glaucome* à angle fermé,
- risque de blocage des urines (*adénome de la prostate*),
- *hypertension artérielle* ou *insuffisance coronarienne* grave,
- *antécédent* de *convulsions*,
- antécédent d'*accident vasculaire cérébral*,
- en association avec un autre *vasoconstricteur* décongestionnant,
- infection herpétique oronasale ou ophtalmique,
- saignement de nez,
- enfant de moins de 15 ans.

**Attention :** L'utilisation répétée ou prolongée des *vasoconstricteurs* par voie nasale expose à un risque de *rhinite* grave, parfois irréversible. La brièveté de l'effet décongestionnant ne doit pas vous conduire à dépasser la *posologie* prescrite par votre médecin. De plus, des pulvérisations répétées peuvent entraîner un passage plus important du vasoconstricteur dans le sang et provoquer des *palpitations*, des nausées ou des maux de tête. Si ces effets deviennent trop marqués, le traitement doit être interrompu. Des précautions sont nécessaires en cas d'*hypertension artérielle*, de certains troubles cardiaques, d'*hyperthyroïdie*, de *diabète*, de troubles psychiques.
Sportif : ce médicament contient une substance susceptible de rendre positifs certains *tests antidopage*.

### Interactions avec d'autres substances

Ce médicament ne doit pas être associé à un autre *vasoconstricteur* décongestionnant : risque de crise hypertensive.
Ce médicament peut interagir avec les *antidépresseurs* de type *IMAO* non sélectifs (MARSILID, etc.) et avec un vasoconstricteur contenant l'une des substances suivantes : bromocriptine, pergolide, lisuride, cabergoline, ergotamine ou dihydroergotamine.

### Grossesse et allaitement

L'effet de ce médicament pendant la grossesse ou l'allaitement est mal connu : seul votre médecin peut évaluer le risque éventuel de son utilisation dans votre cas.

### Mode d'emploi et posologie

Les pulvérisations doivent être faites au cours d'une brève inspiration, la tête légèrement penchée en avant, en tenant le flacon verticalement.

**Posologie usuelle :**
- Adulte : 1 pulvérisation dans chaque narine, 3 fois par jour.

La durée du traitement ne doit pas dépasser 3 à 5 jours, sauf avis médical.

**Conseils :** Ce médicament peut provoquer des effets secondaires graves chez l'enfant : ne le laissez pas à sa portée.
Avant la première utilisation, ce médicament ne doit pas être conservé plus de 8 jours.

### Effets indésirables possibles

Irritation ou brûlure nasale, saignement de nez, troubles du goût ou de l'odorat.
Plus rarement, en cas de passage dans le sang :
- Sécheresse de la bouche, insomnie, maux de tête, anxiété, rétention urinaire, sueurs.
- Accélération du cœur, *palpitations*, nausées, vomissements.

Laboratoires Sanofi Aventis

## DEXAGRANE

*Informations détaillées sur www.monvidal.com*

## DEXAMBUTOL

*Informations détaillées sur www.monvidal.com*

## DEXAMBUTOL I-N-H

*Informations détaillées sur www.monvidal.com*

## DEXAMÉTHASONE CHAUVIN

*Informations détaillées sur www.monvidal.com*

## DEXEF

*Informations détaillées sur www.monvidal.com*

## DEXERYL

Protecteur cutané

### Présentation

DEXERYL : crème ; tube de 50 g. Non remb.
DEXERYL : crème ; tube de 250 g. Remb 35 % - **Prix : 4,37 €.**

### Composition

| | p 100 g |
|---|---|
| **Glycérol** | 15 g |
| **Vaseline** | 8 g |
| **Paraffine liquide** | 2 g |

### Dans quel cas ce médicament est-il prescrit ?
C'est une crème émolliente et hydratante.

Elle est utilisée dans le *traitement d'appoint* de la sécheresse de la peau (notamment en cas de dermatite atopique, d'ichtyose ou de psoriasis) et des brûlures superficielles peu étendues.

### Grossesse et allaitement
Ce médicament ne contient que des substances présumées sans danger pendant la grossesse ou l'allaitement. Néanmoins, ne l'utilisez pas de façon prolongée sans l'avis de votre pharmacien ou de votre médecin.

### Mode d'emploi et posologie
Appliquer la crème en couche mince.

**Posologie usuelle :**

1 ou 2 applications par jour.

Laboratoires Pierre Fabre Médicament

## DEXIR
*Informations détaillées sur www.monvidal.com*

## DEXTRARINE PHÉNYLBUTAZONE
Anti-inflammatoire d'action locale — sur ordonnance

### Présentation
DEXTRARINE PHÉNYLBUTAZONE : pommade ; tube de 60 g. Liste II - Remb 35 % - **Prix : 2,57 €.**

### Composition

| | p 100 g |
|---|---|
| **Phénylbutazone** | 4 g |
| **Dextran sulfate** | 2 g |

### Dans quel cas ce médicament est-il prescrit ?
Cette pommade contient un *anti-inflammatoire* non stéroïdien (*AINS*).

Elle est utilisée dans le traitement local des *tendinites*.

### Contre-indications
Ce médicament ne doit pas être utilisé dans les cas suivants :
- *allergie* à l'aspirine ou aux *AINS*,
- en application sur un *eczéma*, des *muqueuses*, des plaies ou de la peau lésée,
- sous pansement étanche (occlusif).

**Attention :** Ce médicament contient de la phénylbutazone qui peut provoquer des effets indésirables graves. Certains signes imposent l'arrêt du traitement : *éruption cutanée*, *urticaire*, fièvre, angine, ulcération de la bouche, hématome (bleu).

### Grossesse et allaitement
Les *AINS* pris par voie orale peuvent être toxiques pour le fœtus ; leur utilisation est contre-indiquée pendant les 4 derniers mois de la grossesse. Les AINS destinés à une application locale peuvent traverser la peau, passer dans le sang et exposer le fœtus au même risque, lorsqu'ils sont appliqués sur une large surface de peau ou sous un pansement occlusif. N'utilisez pas ce médicament pendant la grossesse sans avis médical.

Les données disponibles ne permettent pas de savoir si ce médicament passe dans le lait maternel : ne l'utilisez pas pendant l'allaitement sans avis médical.

### Mode d'emploi et posologie
La pommade doit être appliquée en massage doux et prolongé.

**Posologie usuelle :**
- Adulte et enfant de plus de 7 ans : 2 ou 3 applications par jour.

La durée du traitement ne doit pas dépasser 8 jours sans avis médical.

**Conseils :** Pensez à vous laver les mains après l'application. En cas de contact accidentel avec les yeux, rincez abondamment.

### Effets indésirables possibles
Imposant l'arrêt du traitement : *réaction allergique* cutanée (éruption de boutons, démangeaisons...).

Laboratoires Sanofi-Aventis France

## DEXTROCIDINE
*Informations détaillées sur www.monvidal.com*

## DEXTROMÉTHORPHANE ARROW
*Informations détaillées sur www.monvidal.com*

## DEXTROPROPOXYPHÈNE PARACÉTAMOL ALMUS
Association antalgique opiacée — sur ordonnance

Ce médicament est un générique de DI-ANTALVIC (voir p. 311 et tableau p. 1151).

## DEXTROPROPOXYPHÈNE PARACÉTAMOL ALTER
Association antalgique opiacée — sur ordonnance

Ce médicament est un générique de DI-ANTALVIC (voir p. 311 et tableau p. 1151).

## DEXTROPROPOXYPHÈNE PARACÉTAMOL ARROW
Association antalgique opiacée — sur ordonnance

Ce médicament est un générique de DI-ANTALVIC (voir p. 311 et tableau p. 1151).

## DEXTROPROPOXYPHÈNE PARACÉTAMOL BIOGARAN
Association antalgique opiacée — sur ordonnance

Ce médicament est un générique de DI-ANTALVIC (voir p. 311 et tableau p. 1151).

## DEXTROPROPOXYPHÈNE PARACÉTAMOL EG
Association antalgique opiacée — sur ordonnance

Ce médicament est un générique de DI-ANTALVIC (voir p. 311 et tableau p. 1151).

## DEXTROPROPOXYPHÈNE PARACÉTAMOL G GAM
Association antalgique opiacée — sur ordonnance

Ce médicament est un générique de DI-ANTALVIC (voir p. 311 et tableau p. 1151).

## DEXTROPROPOXYPHÈNE PARACÉTAMOL ISOMED
Association antalgique opiacée — sur ordonnance

Ce médicament est un générique de DI-ANTALVIC (voir p. 311 et tableau p. 1151).

## DEXTROPROPOXYPHÈNE PARACÉTAMOL IVAX
Association antalgique opiacée — sur ordonnance

Ce médicament est un générique de DI-ANTALVIC (voir p. 311 et tableau p. 1151).

## DEXTROPROPOXYPHÈNE PARACÉTAMOL MERCK
Association antalgique opiacée — sur ordonnance

Ce médicament est un générique de DI-ANTALVIC (voir p. 311 et tableau p. 1151).

## DEXTROPROPOXYPHÈNE PARACÉTAMOL QUALIMED
Association antalgique opiacée — sur ordonnance

Ce médicament est un générique de DI-ANTALVIC (voir p. 311 et tableau p. 1151).

## DEXTROPROPOXYPHÈNE PARACÉTAMOL RATIOPHARM
Association antalgique opiacée — sur ordonnance

Ce médicament est un générique de DI-ANTALVIC (voir p. 311 et tableau p. 1151).

## DEXTROPROPOXYPHÈNE PARACÉTAMOL RPG
Association antalgique opiacée — sur ordonnance

Ce médicament est un générique de DI-ANTALVIC (voir p. 311 et tableau p. 1151).

## DEXTROPROPOXYPHÈNE PARACÉTAMOL SANDOZ
Association antalgique opiacée — sur ordonnance

Ce médicament est un générique de DI-ANTALVIC (voir p. 311 et tableau p. 1151).

## DEXTROPROPOXYPHÈNE PARACÉTAMOL TEVA
Association antalgique opiacée — sur ordonnance

Ce médicament est un générique de DI-ANTALVIC (voir p. 311 et tableau p. 1151).

## DEXTROPROPOXYPHÈNE PARACÉTAMOL ZYDUS
Association antalgique opiacée — sur ordonnance

Ce médicament est un générique de DI-ANTALVIC (voir p. 311 et tableau p. 1151).

## DEXTROPROPOXYPHÈNE PARACÉTAMOL CAFÉINE ARROW
Association antalgique opiacée — sur ordonnance

Ce médicament est un générique de PROPOFAN (voir p. 860 et tableau p. 1151).

## DEXTROPROPOXYPHÈNE PARACÉTAMOL CAFÉINE BIOGARAN
Association antalgique opiacée — sur ordonnance

Ce médicament est un générique de PROPOFAN (voir p. 860 et tableau p. 1151).

## DEXTROPROPOXYPHÈNE PARACÉTAMOL CAFÉINE EG
Association antalgique opiacée — sur ordonnance

Ce médicament est un générique de PROPOFAN (voir p. 860 et tableau p. 1151).

## DEXTROPROPOXYPHÈNE PARACÉTAMOL CAFÉINE G GAM
Association antalgique opiacée — sur ordonnance

Ce médicament est un générique de PROPOFAN (voir p. 860 et tableau p. 1151).

## DEXTROPROPOXYPHÈNE PARACÉTAMOL CAFÉINE QUALIMED
Association antalgique opiacée — sur ordonnance

Ce médicament est un générique de PROPOFAN (voir p. 860 et tableau p. 1151).

## DEXTROPROPOXYPHÈNE PARACÉTAMOL CAFÉINE RATIOPHARM
Association antalgique opiacée — sur ordonnance

Ce médicament est un générique de PROPOFAN (voir p. 860 et tableau p. 1151).

## DEXTROPROPOXYPHÈNE PARACÉTAMOL CAFÉINE RPG
Association antalgique opiacée — sur ordonnance

Ce médicament est un générique de PROPOFAN (voir p. 860 et tableau p. 1151).

## DEXTROPROPOXYPHÈNE PARACÉTAMOL CAFÉINE SANDOZ
Association antalgique opiacée — sur ordonnance

Ce médicament est un générique de PROPOFAN (voir p. 860 et tableau p. 1151).

## DEXTROPROPOXYPHÈNE PARACÉTAMOL CAFÉINE TEVA
Association antalgique opiacée — sur ordonnance

Ce médicament est un générique de PROPOFAN (voir p. 860 et tableau p. 1151).

## DEXTROPROPOXYPHÈNE PARACÉTAMOL CAFÉINE WINTHROP
Association antalgique opiacée — sur ordonnance

Ce médicament est un générique de PROPOFAN (voir p. 860 et tableau p. 1151).

**DEXTROREF**

*Informations détaillées sur www.monvidal.com*

## DIABAMYL
Antidiabétique oral — sur ordonnance

Ce médicament est un générique de GLUCOPHAGE (voir p. 453 et tableau p. 1151).

**DIABÈNE**

*Informations détaillées sur www.monvidal.com*

**DIACOR 90 et 120 mg**

*Informations détaillées sur www.monvidal.com*

**DIACOR 300 mg**

*Informations détaillées sur www.monvidal.com*

## DI-ACTANE
Vasodilatateur — sur ordonnance

Ce médicament est un générique de PRAXILÈNE (voir p. 843 et tableau p. 1151).

**DIACURE**

*Informations détaillées sur www.monvidal.com*

**DIAFURYL**

*Informations détaillées sur www.monvidal.com*

## DIAFUSOR
Dérivé nitré — sur ordonnance

### Présentation

DIAFUSOR 5 mg/24 h : *dispositif transdermique* de 10 cm² ; boîte de 30. Liste II - Remb 65 % - **Prix : 14,72 €.**
DIAFUSOR 10 mg/24 h : *dispositif transdermique* de 20 cm² ; boîte de 30. Liste II - Remb 65 % - **Prix : 15,97 €.**
DIAFUSOR 15 mg/24 h : *dispositif transdermique* de 30 cm² ; boîte de 30. Liste II - Remb 65 % - **Prix : 17,24 €.**

### Composition

| | p 10 cm² | p 20 cm² | p 30 cm² |
|---|---|---|---|
| **Trinitrine** | 40 mg | 80 mg | 120 mg |
| soit Trinitrine libérée/24 h | 5 mg | 10 mg | 15 mg |

### Dans quel cas ce médicament est-il prescrit ?

Ce médicament *vasodilatateur* appartient à la famille des dérivés nitrés. Il possède de nombreuses propriétés qui facilitent le travail du cœur : dilatation des veines, dilatation des artères à forte dose, prévention des spasmes des *artères coronaires*. Le *dispositif transdermique* (timbre) contient la substance active qui traverse la peau, gagne le sang, et peut ainsi agir sur le cœur et les vaisseaux.

Il est utilisé dans le *traitement préventif* des crises d'*angine de poitrine*.

### Contre-indications

Ce médicament ne doit pas être utilisé dans les cas suivants :
- hypotension grave,
- en association avec le sildénafil (VIAGRA).

**Attention :** Des précautions particulières s'imposent en cas de *cardiomyopathie* obstructive, d'*hypertension intracrânienne*.
Ce médicament n'est pas adapté au *traitement de la crise* aiguë d'*angine de poitrine* : son action est trop lente à apparaître. C'est un *traitement préventif* qui lutte contre l'apparition des crises et qui ne doit pas être arrêté sans avis médical.
En cas de malaise apparemment sérieux, retirez le timbre.
Ne laissez pas le timbre neuf ou usagé à la portée des enfants.
Les boissons alcoolisées peuvent augmenter les effets hypotenseurs de ce médicament ; les excès sont déconseillés.

Compte-tenu de ses effets indésirables potentiels, ce médicament peut, chez certaines personnes, ne pas être compatible avec la

conduite automobile ou le maniement de machines dangereuses. Assurez-vous à l'occasion des premières prises que vous supportez bien ce médicament avant de conduire ou d'utiliser une machine.

### Interactions avec d'autres substances

Les *vasodilatateurs* de la famille des dérivés de la trinitrine ne doivent pas être associés au VIAGRA : risque de baisse de tension grave.

Informez votre médecin ou votre pharmacien si vous prenez d'autres médicaments susceptibles d'abaisser la tension artérielle.

### Grossesse et allaitement

L'effet de ce médicament pendant la grossesse ou l'allaitement est mal connu : seul votre médecin peut évaluer le risque éventuel de son utilisation dans votre cas.

### Mode d'emploi et posologie

Il existe 3 dosages correspondant à 3 surfaces différentes : la quantité de trinitrine qui passe dans le sang est proportionnelle à la surface du *dispositif transdermique*. Utiliser exclusivement le modèle qui a été prescrit. Choisir une région sèche, pauvre en poils, et dépourvue de grains de beauté ou autres lésions cutanées. Libérer la surface adhésive et appliquer soigneusement le timbre en effectuant une pression sur toute sa surface. Changer d'emplacement tous les jours.

**Posologie usuelle :**

- Adulte : 1 dispositif transdermique par jour, à garder pendant le nombre d'heures prescrit par votre médecin.

**Conseils :** Le port de ce dispositif ne contre-indique pas le bain, la douche, les activités sportives. Si le timbre se décolle accidentellement, remplacez-le par un timbre neuf placé à un autre endroit.

### Effets indésirables possibles

Réactions locales : rougeur et démangeaisons au point d'application.

Maux de tête, parfois violents, qui disparaissent habituellement après quelques jours de traitement.

Baisse de la tension artérielle ou *hypotension orthostatique*, plus fréquente chez la personne âgée et pouvant se traduire par des malaises ou des *vertiges*.

Bouffées de chaleur, rougeur cutanée.

Laboratoires Pierre Fabre Médicament

## DIALGIREX

Association antalgique opiacée — sur ordonnance

Ce médicament est un générique de DI-ANTALVIC (voir p. 311 et tableau p. 1151).

## DIAMICRON 30

Antidiabétique oral — sur ordonnance

### Présentation

DIAMICRON 30 mg : comprimé à libération modifiée (blanc) ; boîte de 30. Liste I - Remb 65 % - **Prix : 9,73 €.**
DIAMICRON 30 mg : comprimé à libération modifiée (blanc) ; boîte de 60. Liste I - Remb 65 % - **Prix : 17,98 €.**

### Composition

| | p cp |
|---|---|
| **Gliclazide** | 30 mg |

### Dans quel cas ce médicament est-il prescrit ?

Ce médicament est un *antidiabétique* oral qui appartient à la famille des *sulfamides hypoglycémiants*. Il permet de diminuer l'excès de *sucre* dans le sang en favorisant la sécrétion de l'*insuline*.

Il est utilisé dans le traitement du *diabète* de type 2 lorsque le régime alimentaire seul est insuffisant.

### Contre-indications

Ce médicament ne doit pas être utilisé dans les cas suivants :

- *allergie* aux *sulfamides*,
- *insuffisance rénale* ou *hépatique* grave,
- en association avec les médicaments contenant du miconazole,
- **allaitement**.

**Attention :** Ce médicament n'est pas adapté au traitement du *diabète* de type 1 : celui-ci requiert un traitement par injections d'*insuline*.

Un sentiment de malaise associé à des sueurs froides, une fringale, une accélération du cœur sont les signes habituels d'une *hypoglycémie* due à un effet excessif du médicament. Cette hypoglycémie peut également se traduire par des troubles du comportement qui doivent alerter votre entourage, voire des *convulsions* ou un *coma*. En présence de ces signes ou en cas de simple doute, buvez une boisson sucrée ou mangez du *sucre*. Si le diabétique est inconscient, surtout ne lui donnez rien à boire et appelez votre médecin ou à défaut le 15 ou un service d'urgence.

Consultez rapidement votre médecin en cas de malaises hypoglycémiques répétés.

Certaines situations peuvent contribuer à augmenter la *glycémie* : infections, prise de médicaments, stress. En cas de soif intense, de grande fatigue, de sensation de malaise général, consultez rapidement votre médecin.

Des analyses de sang régulières permettent à votre médecin d'adapter la *posologie*. Dans certains cas, il peut être nécessaire que vous pratiquiez vous-même des contrôles, à l'aide de bandelettes et d'un appareil lecteur de glycémie.

Évitez les boissons alcoolisées à jeun ou à distance des repas : augmentation du risque d'*hypoglycémie*.

Conducteur : une *hypoglycémie* peut entraîner un malaise pendant la conduite ou l'utilisation de machines.

### Interactions avec d'autres substances

Ce médicament ne doit pas être associé avec les médicaments oraux contenant du miconazole (DAKTARIN gel buccal, DAKTARIN comprimé...) : risque d'*hypoglycémie*.

Il peut interagir avec les médicaments contenant de la phénylbutazone ou du danazol.

Informez par ailleurs votre médecin ou votre pharmacien si vous prenez un *bêtabloquant*, un *inhibiteur de l'enzyme de conversion*, un *corticoïde*, ou un médicament contenant du fluconazole, de la ritodrine, du salbutamol, de la terbutaline ou de la chlorpromazine.

### Grossesse et allaitement

Un *diabète* mal équilibré peut être néfaste pour l'enfant à naître.

Un désir de grossesse nécessite le remplacement de ce médicament par de l'*insuline* et une surveillance médicale renforcée.

Si une grossesse survient alors que vous êtes encore sous traitement *antidiabétique* oral, consultez rapidement votre médecin pour un passage à l'insuline injectable.

Les données actuellement disponibles ne permettent pas de savoir si ce médicament passe dans le lait maternel : il est contre-indiqué en cas d'allaitement.

### Mode d'emploi et posologie

Ces comprimés sont à libération modifiée, c'est-à-dire qu'ils libèrent d'une façon régulière et prolongée le médicament dans l'organisme. Ils doivent être avalés entiers, avec un verre d'eau et de préférence au début du petit déjeuner (ou du repas de midi si vous ne mangez pas ou que très peu le matin).

**Posologie usuelle :**

- Adulte : la dose initiale est de 1 comprimé par jour. L'adaptation de la *posologie* est faite ensuite, en fonction de la *glycémie*, en respectant des paliers d'au moins 1 mois. La dose maximale est de 4 comprimés par jour, en une seule prise.

Suivre attentivement la prescription de votre médecin. Le régime alimentaire reste nécessaire pendant le traitement.

**Conseils :**

Le respect de certaines règles simples permet de diminuer le risque d'*hypoglycémie* :
- toute prise de ce médicament doit être suivie d'un repas (ne prenez pas de comprimé si vous devez sauter le repas suivant) ;
- si vous envisagez un effort physique intense et prolongé, il peut être nécessaire de diminuer la dose du médicament (demandez conseil à votre médecin) ;
- informez votre médecin si vous devez travailler la nuit ou si votre religion vous impose un jeûne prolongé ;
- évitez la prise de boissons alcoolisées à jeun ou à distance des repas.

Le *diabète* peut diminuer la sensibilité des pieds à la douleur et favoriser les infections. Des plaies profondes peuvent se développer : une hygiène rigoureuse et des chaussures confortables limitent ce risque.

Le régime du diabétique ne consiste pas en une simple interdiction des *glucides* (*sucres*, pain, pâtes...) : demandez conseil à votre médecin.

Pesez-vous régulièrement et signalez toute variation rapide de poids à votre médecin.

### Effets indésirables possibles

*Hypoglycémie* (voir Attention).

*Troubles digestifs*, démangeaisons, *éruption cutanée*.

Exceptionnellement : anomalie de la *numération formule sanguine*, augmentation des *transaminases*, jaunisse.

**Laboratoires Servier**

## DIAMICRON 80

Antidiabétique oral — **sur ordonnance**

### Présentation

DIAMICRON 80 mg : comprimé quadrisécable (blanc) ; boîte de 20. Liste I - Remb 65 % - **Prix : 5,14 €**.
DIAMICRON 80 mg : comprimé quadrisécable (blanc) ; boîte de 60. Liste I - Remb 65 % - **Prix : 13,62 €**.

### Composition

| | p cp |
|---|---|
| **Gliclazide** | 80 mg |
| Lactose | + |

### Dans quel cas ce médicament est-il prescrit ?

Ce médicament est un *antidiabétique* oral qui appartient à la famille des *sulfamides hypoglycémiants*. Il permet de diminuer l'excès de *sucre* dans le sang en favorisant la sécrétion de l'*insuline*.

Il est utilisé dans le traitement du *diabète* de type 2 lorsque le régime alimentaire seul est insuffisant.

### Contre-indications

Ce médicament ne doit pas être utilisé dans les cas suivants :
- *allergie* aux *sulfamides*,
- *insuffisance rénale* ou *hépatique* grave,
- en association avec les médicaments contenant du miconazole,
- **allaitement**.

**Attention :** Ce médicament n'est pas adapté au traitement du *diabète* de type 1 : celui-ci requiert un traitement par injections d'*insuline*.

Un sentiment de malaise associé à des sueurs froides, une fringale, une accélération du cœur sont les signes habituels d'une *hypoglycémie* due à un effet excessif du médicament. Cette hypoglycémie peut également se traduire par des troubles du comportement qui doivent alerter votre entourage, voire des *convulsions* ou un *coma*. En présence de ces signes ou en cas de simple doute, buvez une boisson sucrée ou mangez du *sucre*. Si le diabétique est inconscient, surtout ne lui donnez rien à boire et appelez votre médecin ou à défaut le 15 ou un service d'urgence.

Consultez rapidement votre médecin en cas de malaises hypoglycémiques répétés.

Certaines situations peuvent contribuer à augmenter la *glycémie* : infections, prise de médicaments, stress. En cas de soif intense, de grande fatigue, de sensation de malaise général, consultez rapidement votre médecin.

Des analyses de sang régulières permettent à votre médecin d'adapter la *posologie*. Dans certains cas, il peut être nécessaire de pratiquer vous-même des contrôles, à l'aide de bandelettes et d'un appareil lecteur de glycémie.

Évitez les boissons alcoolisées à jeun ou à distance des repas : augmentation du risque d'*hypoglycémie*.

Conducteur : une *hypoglycémie* peut entraîner un malaise pendant la conduite ou l'utilisation de machines.

### Interactions avec d'autres substances

Ce médicament ne doit pas être associé avec les médicaments oraux contenant du miconazole (DAKTARIN gel buccal, DAKTARIN comprimé...) : risque d'*hypoglycémie*.

Il peut interagir avec les médicaments contenant de la phénylbutazone ou du danazol.

Informez par ailleurs votre médecin ou votre pharmacien si vous prenez un *bêtabloquant*, un *inhibiteur de l'enzyme de conversion*, un *corticoïde*, ou un médicament contenant du fluconazole, de la ritodrine, du salbutamol, de la terbutaline ou de la chlorpromazine.

### Grossesse et allaitement

Un *diabète* mal équilibré peut être néfaste pour l'enfant à naître.

Un désir de grossesse nécessite le remplacement de ce médicament par de l'*insuline* et une surveillance médicale renforcée.

Si une grossesse survient alors que vous êtes encore sous traitement *antidiabétique* oral, consultez rapidement votre médecin pour un passage à l'insuline injectable.

Les données actuellement disponibles ne permettent pas de savoir si ce médicament passe dans le lait maternel : il est contre-indiqué en cas d'allaitement.

### Mode d'emploi et posologie

Les comprimés doivent être avalés avec un verre d'eau, de préférence au début des repas (afin de diminuer le risque de *troubles digestifs*).

Le comprimé quadrisécable permet de répartir la dose quotidienne en plusieurs prises.

**Posologie usuelle :**

- Adulte de moins de 65 ans : 1 à 4 comprimés par jour ; la dose et la répartition des prises sont adaptées en fonction de la *glycémie*.
- Personne âgée de plus de 65 ans ou fragilisée : la dose initiale est de ½ comprimé par jour. L'adaptation de la *posologie* est faite ensuite, en fonction de la *glycémie*, en respectant des paliers d'au moins 2 semaines.

Suivre attentivement la prescription de votre médecin. Le régime alimentaire reste nécessaire pendant le traitement.

**Conseils :**
Le respect de certaines règles simples permet de diminuer le risque d'*hypoglycémie* :
- toute prise de ce médicament doit être suivie d'un repas (ne prenez pas de comprimé si vous devez sauter le repas suivant) ;
- si vous envisagez un effort physique intense et prolongé, il peut être nécessaire de diminuer la dose du médicament (demandez conseil à votre médecin) ;
- informez votre médecin si vous devez travailler la nuit ou si votre religion vous impose un jeûne prolongé ;
- évitez la prise de boissons alcoolisées à jeun ou à distance des repas.

Le *diabète* peut diminuer la sensibilité des pieds à la douleur et favoriser les infections. Des plaies profondes peuvent se développer : une hygiène rigoureuse et des chaussures confortables limitent ce risque.

Le régime du diabétique ne consiste pas en une simple interdiction des *glucides* (*sucres*, pain, pâtes...) : demandez conseil à votre médecin.

Pesez-vous régulièrement et signalez toute variation rapide de poids à votre médecin.

### Effets indésirables possibles

*Hypoglycémie* (voir Attention).

*Troubles digestifs*, démangeaisons, *éruption cutanée*.

Exceptionnellement : anomalie de la *numération formule sanguine*, augmentation des *transaminases*, jaunisse.

**Laboratoires Servier**

---

## DIAMOX

Inhibiteur de l'anhydrase carbonique

**sur ordonnance**

### Présentation

DIAMOX : comprimé sécable (blanc) ; boîte de 24. Liste I - Remb 65 % - **Prix : 5,28 €.**

### Composition

| | p cp |
|---|---|
| **Acétazolamide** | 250 mg |
| Amidon de blé (gluten) | + |

### Dans quel cas ce médicament est-il prescrit ?

Ce médicament contient un inhibiteur d'une *enzyme* particulière : l'anhydrase carbonique. Le blocage de cette enzyme a pour effet :
- d'augmenter l'élimination d'eau et de bicarbonate par les reins (effet *diurétique*) ;
- de faire baisser la pression des liquides contenus dans le cerveau ou dans l'œil (baisse de la *tension intraoculaire*).

Il est utilisé dans le traitement :
- du *glaucome* aigu ;
- du *mal des montagnes*.

### Contre-indications

Ce médicament ne doit pas être utilisé dans les cas suivants :
- *insuffisance hépatique*, *rénale* ou *surrénale* grave ;
- *allergie* aux *sulfamides* (auxquels ce médicament est apparenté) ;
- *antécédent* de *colique néphrétique*.

**Attention :** Des précautions sont nécessaires chez les personnes âgées, les diabétiques et les personnes présentant un excès d'acide dans le sang. En cas d'utilisation prolongée, des analyses de sang régulières peuvent être nécessaires.

Sportif : ce médicament contient une substance susceptible de rendre positifs certains *tests antidopage*.

### Interactions avec d'autres substances

Informez votre médecin ou votre pharmacien si vous prenez un médicament contenant de la carbamazépine, de l'hydroquinidine ou de la quinidine.

### Grossesse et allaitement

L'effet de ce médicament pendant la grossesse ou l'allaitement est mal connu. Par prudence, son usage est déconseillé chez la femme enceinte ou chez celle qui allaite.

### Mode d'emploi et posologie

Ce médicament doit être pris avec un verre d'eau, de préférence au cours des repas.

**Posologie usuelle :**

- Adulte : 1 à 4 comprimés par jour.
- Enfant de plus de 6 ans : 5 à 10 mg par kg et par jour ; soit, pour un enfant de 25 kg : ½ comprimé, 1 ou 2 fois par jour.

**Conseils :** La meilleure prévention du mal des montagnes reste le plan d'ascension progressif pour les altitudes supérieures à 3 000 m. Les paliers observés permettent à l'organisme de s'adapter au manque d'oxygène. Si une crise survient (nausées, maux de tête, léthargie), la descente rapide reste le meilleur traitement.

### Effets indésirables possibles

Fourmillement des membres disparaissant généralement après quelques jours, urines plus abondantes.
Plus rarement :
- fatigue ;
- *réaction allergique* ;
- *hypokaliémie, hyperglycémie* ;
- excès d'*acide urique* dans le sang, crise de *goutte* ;
- *lithiase* rénale ;
- myopie transitoire ;
- *troubles digestifs*.

Laboratoires Théraplix

## DIANE 35

Antiacnéique

sur ordonnance

### Présentation

**DIANE 35 :** comprimé (beige) ; boîte de 1 plaquette de 21. Liste I - Non remb.
**DIANE 35 :** comprimé (beige) ; boîte de 3 plaquettes de 21. Liste I - Non remb.

### Composition

| | p cp |
|---|---|
| **Cyprotérone acétate** | 2 mg |
| **Éthinylestradiol, micronisé** | 0,035 mg |

### Dans quel cas ce médicament est-il prescrit ?

C'est un traitement hormonal antiacnéique réservé aux femmes. Il contient un *estrogène* et un dérivé de la *progestérone*, qui s'oppose à l'action des *hormones androgènes* (hormones mâles). Il possède également des propriétés *contraceptives*.
Il est utilisé dans le traitement de l'*acné* chez la femme.

### Contre-indications

Ce médicament ne doit pas être utilisé dans les cas suivants :
- *antécédent* d'*accident tromboembolique* (*phlébite*, *embolie* pulmonaire...) ;
- maladie cardiovasculaire (*hypertension artérielle*, *angine de poitrine*, lésion des valves cardiaques, anomalie de la circulation sanguine cérébrale ou rétinienne) ;
- *diabète* avec lésions vasculaires ;
- *cancer hormonodépendant* (même guéri), *tumeur de l'hypophyse* ;
- saignement génital intermittent (l'origine de ce saignement doit être déterminée par des examens avant la mise en route du traitement) ;
- maladie du foie, grave ou récente ;
- certaines maladies rares : *connectivite*, *porphyrie* ;
- en association avec le millepertuis.

Dans d'autres situations, votre médecin est seul juge pour prescrire ce médicament, notamment en cas de *diabète*, d'obésité, d'*otosclérose*, d'excès de *cholestérol*, de *triglycérides* ou de *prolactine* dans le sang, d'affection bénigne du sein ou de l'utérus, d'ictère (jaunisse) chronique ou survenu lors d'une grossesse, d'*insuffisance rénale*, d'**allaitement**.

**Attention :** Chez les femmes de plus de 35 ans, chez les femmes qui fument, le risque de complications cardiovasculaires liées aux *estrogènes* augmente nettement.
Tout *symptôme* pouvant faire craindre une complication impose l'arrêt du traitement : maux de tête importants et inhabituels, troubles de la vision, élévation franche de la tension artérielle.
Une surveillance médicale et des analyses sont nécessaires avant et pendant le traitement. Cette surveillance sera renforcée chez les femmes souffrant d'*épilepsie*, de *migraine*, d'*asthme*, ou ayant des *antécédents* familiaux de maladie vasculaire.
La survenue d'un léger saignement entre les règles (spotting) est fréquente pendant le traitement. Vous devez néanmoins en informer votre médecin.
En cas d'intervention chirurgicale, interrompez si possible le traitement un mois avant l'opération.
En cas d'immobilisation prolongée, interrompez le traitement.

### Interactions avec d'autres substances

L'effet *contraceptif* de ce médicament peut être diminué par les *anticonvulsivants*, certains traitements du *sida*, les produits de *phytothérapie* contenant du millepertuis et les médicaments contenant l'une des substances suivantes : griséofulvine, rifampicine, rifabutine, modafinil, topiramate.
Informez par ailleurs votre médecin si vous prenez un médicament contenant de la flunarizine.

### Grossesse et allaitement

Ce médicament n'a pas de raison d'être utilisé chez la femme enceinte. Un test de grossesse peut être justifié en cas de doute. Néanmoins, si le traitement est entrepris lors d'une grossesse méconnue, l'interruption de cette grossesse n'est pas justifiée.
Les données disponibles ne permettent pas de savoir si ce médicament passe dans le lait maternel ; un choix est donc nécessaire entre l'allaitement et la prise du médicament. Cette décision devra être prise en accord avec votre médecin.

### Mode d'emploi et posologie

Prendre, sans oublier, 1 comprimé par jour à la même heure pendant 21 jours consécutifs, avec un arrêt de 7 jours entre chaque plaquette de 21 comprimés. L'efficacité du traitement sur l'*acné* n'apparaît qu'après plusieurs mois de traitement.
Commencer le traitement le premier jour des règles, que vous preniez ou non un *contraceptif* oral auparavant.

**Conseils :**
Lorsque, outre l'effet sur l'acné, un effet contraceptif est recherché, et en cas d'oubli d'un comprimé :
- retard de moins de 12 heures : prenez le comprimé oublié et continuez ensuite à l'heure habituelle ;

- retard de plus de 12 heures : prenez le comprimé oublié et continuez à l'heure habituelle, mais la sécurité contraceptive n'est plus assurée et une autre méthode contraceptive doit être employée pour le cycle en cours (spermicide, préservatif).

En cas de vomissement ou de diarrhée importante après la prise du comprimé (sans rapport avec la prise du médicament), prenez un comprimé supplémentaire. Si ces troubles durent plus de 12 heures, la sécurité contraceptive n'est plus assurée et une méthode complémentaire doit être employée pour le cycle en cours.

### Effets indésirables possibles

Peu graves et n'empêchant pas la poursuite du traitement : nausées, maux de tête banals, prise de poids, tension modérée des seins, irritabilité, jambes lourdes, saignement entre les règles, diminution ou disparition des règles, modification de la libido, irritation oculaire par les *lentilles de contact*.

Rares, mais devant faire interrompre le traitement : *hypertension artérielle*, accidents cardiaques ou vasculaires, *phlébite*, jaunisse, taches sombres sur le visage, augmentation importante des lipides dans le sang, *diabète*, *nodule* ou tension douloureuse des seins, *migraine*, *vertiges*, troubles de la vision, aggravation d'une *épilepsie*, taches sombres sur le visage, *tumeur* bénigne du foie, calcul de la vésicule biliaire, écoulement de lait, *mastopathie*.

Laboratoires Schering

## DI-ANTALVIC

Association antalgique opiacée — **sur ordonnance**

### Présentation

DI-ANTALVIC : gélule (blanc et vert) ; boîte de 20. Liste I - Remb 65 % - **Prix : 2,37 €.**

### Composition

| | p gél |
|---|---|
| **Dextropropoxyphène chlorhydrate** | 30 mg |
| **Paracétamol** | 400 mg |

### Dans quel cas ce médicament est-il prescrit ?

Ce médicament contient deux *antalgiques* dont le mode d'action est complémentaire : un *opiacé*, qui agit directement sur la perception de la douleur par le cerveau, et du paracétamol, qui empêche la transmission de la douleur.

Il est utilisé dans le traitement de la douleur.

### Contre-indications

Ce médicament ne doit pas être utilisé dans les cas suivants :

- *insuffisance hépatique*,
- *insuffisance rénale* grave,
- enfant de moins de 15 ans,
- en association avec les médicaments contenant de la nalbuphine, de la buprénorphine ou de la pentazocine,
- **allaitement**.

**Attention :** Ce médicament contient un *opiacé* : son usage prolongé, à dose élevée, expose à un risque de *dépendance*. Ne dépassez pas la dose ni la durée de traitement recommandées.

Des précautions sont nécessaires chez les personnes à tendance suicidaire ou traitées par un antidépresseur, un *tranquillisant* ou un *sédatif* puissant.

De nombreux médicaments contiennent du paracétamol : vous devez en tenir compte en cas de prise conjointe car le *surdosage* en paracétamol peut être toxique pour le foie.

Évitez les boissons alcoolisées : augmentation du risque de somnolence.

Conducteur : ce médicament peut être responsable de *vertiges* ou d'une baisse de la vigilance.

### Interactions avec d'autres substances

Ce médicament ne doit pas être associé à ceux qui contiennent de la nalbuphine, de la buprénorphine ou de la pentazocine : risque de diminution de l'effet *antalgique*.

Il peut interagir avec les médicaments contenant de la carbamazépine.

Informez par ailleurs votre médecin si vous prenez un autre *sédatif*.

### Grossesse et allaitement

Ce médicament peut être utilisé de façon ponctuelle chez la femme enceinte, mais la posologie prescrite par votre médecin doit être respectée.

Ce médicament passe dans le lait maternel : son usage est contre-indiqué chez la femme qui allaite.

### Mode d'emploi et posologie

Les gélules doivent être avalées avec un verre d'eau, de préférence au cours des repas, en respectant un intervalle minimal de 4 heures entre 2 prises.

**Posologie usuelle :**

- Adulte : 1 ou 2 gélules par prise, sans dépasser 6 gélules par jour.

En cas d'*insuffisance rénale*, respectez un intervalle minimal de 8 heures entre 2 prises.

**Conseils :** Comme tous les *antalgiques*, ce médicament est généralement plus efficace pour prévenir la douleur que pour la calmer : dans le traitement des douleurs chroniques, il est préférable de prendre ce médicament à intervalles réguliers sans attendre que la douleur s'installe.

Cet antalgique *opiacé* est destiné à être utilisé en deuxième intention, lorsque l'aspirine, l'ibuprofène ou le paracétamol, utilisés seuls, sont insuffisamment efficaces. Il peut néanmoins être utilisé d'emblée dans le traitement des douleurs fortes.

Ce médicament peut retarder un diagnostic en masquant la douleur ; ne le prenez pas sans l'avis de votre médecin, ne le conseillez pas à un proche.

### Effets indésirables possibles

Liés au paracétamol : *réaction allergique* (exceptionnelle).

Liés au dextropropoxyphène :

- le plus fréquemment : nausées, vomissements ;
- plus rarement : constipation, maux de tête, *éruption cutanée*, somnolence, fatigue, *vertiges*, euphorie, légers troubles de la vision, *hépatite*, *hypoglycémie* parfois grave, notamment chez la personne âgée, le diabétique et l'insuffisant rénal.

Laboratoires Aventis

**DIARALIA**

*Informations détaillées sur www.monvidal.com*

## DIARÉTYL

Antidiarrhéique

### Présentation

DIARÉTYL : gélule (vert foncé et vert clair) ; boîte de 12. Non remb.

### Composition

| | p gél |
|---|---|
| **Lopéramide chlorhydrate** | 2 mg |

### Dans quel cas ce médicament est-il prescrit ?

C'est un antidiarrhéique qui agit en ralentissant le *transit intestinal* et en réduisant les sécrétions intestinales.

Il est utilisé dans le *traitement symptomatique* des diarrhées aiguës de l'adulte, en complément des mesures diététiques.

### Contre-indications

Ce médicament ne doit pas être utilisé en cas de crise aiguë de *rectocolite hémorragique*.

**Attention :** Ce médicament n'est pas adapté à l'enfant de moins de 15 ans.

Des précautions sont nécessaires en cas d'*insuffisance hépatique* : consultez votre médecin.

Ce médicament ne convient pas au traitement des diarrhées dues à certains *antibiotiques*.

Une diarrhée s'accompagnant de torpeur, de soif, de fièvre, ou de sang dans les selles nécessite rapidement un avis médical.

Le traitement doit être arrêté dès que les selles recommencent à être formées. L'usage trop prolongé du médicament expose à un risque de constipation important.

Si vous devez conduire, ou utiliser une machine dangereuse, assurez-vous préalablement que ce médicament n'altère pas votre vigilance.

### Grossesse et allaitement

Les études actuellement disponibles n'ont pas mis en évidence de problème particulier lors de l'utilisation ponctuelle de ce médicament chez la femme enceinte. Néanmoins, il est déconseillé pendant la grossesse sans avis médical.

Ce médicament passe faiblement dans le lait maternel ; son utilisation ponctuelle est possible pendant l'allaitement.

### Mode d'emploi et posologie

Les gélules doivent être avalées avec un verre d'eau.

**Posologie usuelle :**

- Adulte : commencer par 2 gélules, puis 1 gélule supplémentaire après chaque selle liquide, sans dépasser 6 gélules par jour et 2 jours de traitement ; au-delà, si les troubles persistent, consulter votre médecin.

Respectez rigoureusement la *posologie* recommandée par votre pharmacien.

**Conseils :** Une diarrhée peut provoquer une déshydratation, notamment chez la personne âgée. Cette perte d'eau par l'organisme doit être compensée par des boissons abondantes (bouillon salé, boissons sucrées) car elle peut être à l'origine d'une fatigue, de malaise ou de confusion des idées.

Le régime à suivre en cas de *diarrhée* repose sur une alimentation légère, à base de :
- carotte, pomme de terre, en soupe ou en purée ;
- pâtes, riz ou tapioca bien cuits, eau de cuisson du riz ;
- compote de pommes ou de coings, gelée de coings ou de myrtilles ;
- biscuits salés ou sucrés.

Doivent être évités : les jus de fruits et les fruits crus, les légumes riches en fibres, les sources de protéines animales et les boissons glacées.

### Effets indésirables possibles

Constipation, ballonnement, douleur abdominale, nausées, vomissements, bouche sèche, fatigue, somnolence, *vertige*, *réaction allergique*.

Exceptionnellement : constipation grave, surtout en cas de *posologie* excessive.

Laboratoires Cooper

**DIARSED**

*Informations détaillées sur www.monvidal.com*

**DIASEPTYL**

*Informations détaillées sur www.monvidal.com*

**DIASTABOL**

*Informations détaillées sur www.monvidal.com*

**DIATISAN**

*Informations détaillées sur www.monvidal.com*

## DIAZÉPAM RATIOPHARM

Anxiolytique : benzodiazépine — sur ordonnance

Ce médicament est un générique de VALIUM ROCHE (voir p. 1075 et tableau p. 1151).

## DICETEL

Antispasmodique à visée digestive — sur ordonnance

### Présentation

DICETEL 50 mg : comprimé (orange) ; boîte de 20. Liste II - Remb 35 % - **Prix : 4,29 €**.

DICETEL 100 mg : comprimé (orange) ; boîte de 30. Liste II - Remb 35 % - **Prix : 9,12 €**.

### Composition

| | p cp | p cp |
|---|---|---|
| **Pinavérium bromure** | 50 mg | 100 mg |

### Dans quel cas ce médicament est-il prescrit ?

Ce médicament est un *antispasmodique*. Il relâche les muscles du tube digestif et des *voies biliaires*.

Il est utilisé dans le traitement des douleurs dues à des spasmes du tube digestif et des voies biliaires.

Il peut aussi être utilisé pour la préparation à l'examen radiologique de l'intestin (lavement baryté).

**Grossesse et allaitement**

L'effet de ce médicament pendant la grossesse ou l'allaitement est mal connu : seul votre médecin peut évaluer le risque éventuel de son utilisation dans votre cas.

**Mode d'emploi et posologie**

Les comprimés doivent être pris au milieu des repas. Ils doivent être avalés avec un peu d'eau, sans être croqués ni sucés. Ils ne sont jamais absorbés en position allongée ni juste avant l'heure du coucher.

**Posologie usuelle :**

- Adulte : 1 comprimé à 50 mg, 3 ou 4 fois par jour, ou 1 comprimé à 100 mg, matin et soir. Dans certains cas, la *posologie* peut être portée à 6 comprimés à 50 mg ou 3 comprimés à 100 mg par jour.

Pour la préparation au lavement baryté : 4 comprimés à 50 mg ou 2 comprimés à 100 mg par jour durant les 3 jours précédant l'examen.

**Conseils :** Une vie calme, des horaires de repas réguliers et une adaptation du régime alimentaire sont recommandés.

**Effets indésirables possibles**

Rarement : *troubles digestifs*, *réaction allergique* cutanée.

Laboratoires Solvay Pharma

## DICLOFÉNAC ARROW

Anti-inflammatoire non stéroïdien — sur ordonnance

Ce médicament est un générique de VOLTARÈNE oral, rectal (voir p. 1110 et tableau p. 1151).

## DICLOFÉNAC EG

Anti-inflammatoire non stéroïdien — sur ordonnance

Ce médicament est un générique de VOLTARÈNE oral, rectal (voir p. 1110 et tableau p. 1151).

## DICLOFÉNAC G GAM injectable

Anti-inflammatoire non stéroïdien — sur ordonnance

Ce médicament est un générique de VOLTARÈNE injectable (voir p. 1109 et tableau p. 1151).

## DICLOFÉNAC IVAX

Anti-inflammatoire non stéroïdien — sur ordonnance

Ce médicament est un générique de VOLTARÈNE oral, rectal (voir p. 1110 et tableau p. 1151).

## DICLOFÉNAC MERCK

Anti-inflammatoire non stéroïdien — sur ordonnance

Ce médicament est un générique de VOLTARÈNE oral, rectal (voir p. 1110 et tableau p. 1151).

## DICLOFÉNAC RENAUDIN injectable

*Informations détaillées sur www.monvidal.com*

## DICLOFÉNAC RPG

Anti-inflammatoire non stéroïdien — sur ordonnance

Ce médicament est un générique de VOLTARÈNE oral, rectal (voir p. 1110 et tableau p. 1151).

## DICLOFÉNAC SANDOZ

Anti-inflammatoire non stéroïdien — sur ordonnance

Ce médicament est un générique de VOLTARÈNE oral, rectal (voir p. 1110 et tableau p. 1151).

## DICLOFÉNAC TEVA

Anti-inflammatoire non stéroïdien — sur ordonnance

Ce médicament est un générique de VOLTARÈNE oral, rectal (voir p. 1110 et tableau p. 1151).

## DICODIN

*Informations détaillées sur www.monvidal.com*

## DICYNONE

Hémostatique

**Présentation**

DICYNONE 250 mg : comprimé (blanc) ; boîte de 20. Remb 15 % - **Prix : 1,99 €**.
DICYNONE 500 mg : comprimé (blanc) ; boîte de 20. Remb 15 % - **Prix : 2,82 €**.
DICYNONE : solution injectable ; boîte de 6 ampoules de 2 ml. Remb 15 % - **Prix : 1,61 €**.

| Composition | p cp | p cp | p amp inj |
|---|---|---|---|
| **Étamsylate** | 250 mg | 500 mg | 250 mg |
| Sulfites | + | + | + |
| Amidon de blé (gluten) | + | + | |

**Dans quel cas ce médicament est-il prescrit ?**

Ce médicament est un protecteur *vasculaire* et un antihémorragique.

Les comprimés à 250 mg et la solution injectable sont utilisés dans le *traitement d'appoint* :

- des petites *hémorragies* sous-cutanées se traduisant par des taches rouges ou violacées ;
- des saignements génitaux inhabituels (uniquement après examen médical) ;
- des microhémorragies lors de certaines interventions chirurgicales.

Les comprimés à 500 mg sont utilisés dans le *traitement d'appoint* :

- des jambes lourdes, *impatiences* et autres troubles en rapport avec une mauvaise circulation veineuse ou *lymphatique* ;
- des petites *hémorragies* sous-cutanées se traduisant par des taches rouges ou violacées ;
- des règles abondantes (uniquement après examen médical) ;
- des troubles de la vision d'origine vasculaire.

**Attention :** Un saignement génital inhabituel ou particulièrement abondant requiert un diagnostic médical.
L'apparition d'une fièvre en l'absence de symptômes pouvant l'expliquer peut être due au médicament ; elle doit vous conduire à arrêter le traitement et à prendre l'avis de votre médecin.

Ce médicament est insuffisant pour prévenir le risque de *phlébite* chez les malades alités ou plâtrés.
L'*insuffisance veineuse* peut requérir des mesures spécifiques telles que la *contention élastique*.
Ce médicament contient des *sulfites* qui peuvent provoquer des *réactions allergiques* chez les personnes prédisposées.

### Grossesse et allaitement

L'effet de ce médicament pendant la grossesse ou l'allaitement est mal connu. L'évaluation du risque éventuel lié à son utilisation est individuelle : demandez conseil à votre pharmacien ou à votre médecin.

### Mode d'emploi et posologie

Les comprimés doivent être pris avec un verre d'eau.
Les ampoules peuvent être injectées par *voie* intramusculaire ou intraveineuse ou diluées dans un verre d'eau et prises par voie orale. La solution de l'ampoule peut également être utilisée sur une compresse en tamponnements.

**Posologie usuelle :**

- Adulte : 2 comprimés à 250 mg ou 1 comprimé à 500 mg, 3 fois par jour. La *posologie* de la solution injectable dépend des indications.
- Enfant : 1 comprimé à 250 mg, 3 fois par jour.

### Effets indésirables possibles

Nausées, vomissements, diarrhée, maux de tête, fièvre, *réaction allergique*.

**Laboratoires Sanofi Aventis**

## DI DOLKO

Association antalgique opiacée — sur ordonnance

Ce médicament est un générique de DI-ANTALVIC (voir p. 311 et tableau p. 1151).

## DIDRONEL 200 mg

*Informations détaillées sur www.monvidal.com*

## DIDRONEL 400 mg

Biphosphonate — sur ordonnance

### Présentation

**DIDRONEL 400 mg** : comprimé (blanc) ; boîte de 14. Liste I - Remb 65 % - **Prix : 22,29 €**.

### Composition

| | p cp |
|---|---|
| **Acide étidronique sel disodique** | 400 mg |

### Dans quel cas ce médicament est-il prescrit ?

Ce médicament appartient à la famille des biphosphonates. Il agit en bloquant les cellules qui détruisent l'os et en luttant contre la déminéralisation.
Il est utilisé dans le traitement de l'*ostéoporose* post-ménopausique compliquée du tassement d'une ou plusieurs vertèbres et pour prévenir la fragilisation des os lors de la prise prolongée (supérieure à 3 mois) de *cortisone*.

### Contre-indications

Ce médicament ne doit pas être utilisé dans les cas suivants :
- *insuffisance rénale* grave,
- *ostéomalacie*,
- **allaitement**.

**Attention :** Le calcium prescrit en complément de ce traitement doit faire l'objet de cures alternées : risque d'interaction entre ces deux substances. En outre, ce médicament doit être pris au moins 2 heures avant ou après un repas riche en calcium (lait, fromage, produits lactés...).

### Interactions avec d'autres substances

Les *antiacides* et les médicaments contenant du calcium risquent de diminuer l'absorption intestinale de ce médicament. Un délai d'au moins 2 heures doit séparer leur prise.

### Grossesse et allaitement

Quelques cas de malformations chez l'animal ont été rapportés lors de traitements à forte dose. En l'absence de données suffisantes pour l'espèce humaine, ce médicament est déconseillé pendant la grossesse.
Ce médicament est contre-indiqué pendant l'allaitement.

### Mode d'emploi et posologie

Les comprimés doivent être avalés en une seule prise, à distance des repas (au moins 2 heures), avec un verre d'eau ou de jus de fruits.

**Posologie usuelle :**

- Adulte : ce médicament s'utilise en alternance avec du calcium, en cure de 3 mois, à raison de 1 comprimé de Didronel 400 mg par jour pendant 14 jours, suivi d'un apport de calcium pendant 2 mois et demi.

**Conseils :** Une alimentation riche en calcium et en *vitamine* D ainsi que des exercices physiques réguliers contribuent à limiter l'évolution de l'*ostéoporose*.

### Effets indésirables possibles

Nausées, diarrhée, brûlures d'estomac.
*Éruption cutanée*.
Déclenchement d'une crise d'*asthme* (chez l'asthmatique), *ostéomalacie* à forte dose.
Exceptionnellement : douleur des articulations, fourmillements, sensations anormales de la langue, modification du nombre de *globules blancs* dans le sang.

**Laboratoires Procter & Gamble**

## DIERGO-SPRAY

*Informations détaillées sur www.monvidal.com*

## DIFFERINE

Antiacnéique — sur ordonnance

### Présentation

**DIFFERINE :** crème ; tube de 30 g. Liste I - Remb 35 % - **Prix : 6,47 €**.
**DIFFERINE :** gel pour application locale ; tube de 30 g. Liste I - Remb 35 % - **Prix : 6,47 €**.

### Composition

| | p 100 g |
|---|---|
| **Adapalène** | 100 mg |
| Parahydroxybenzoate de méthyle | + |

### Dans quel cas ce médicament est-il prescrit ?

C'est un antiacnéique local qui appartient à la famille des *rétinoïdes*. Il facilite l'évacuation du sébum en

éliminant les bouchons qui obstruent les pores de la peau. Il a également une action *anti-inflammatoire*.
Il est utilisé dans le traitement de l'*acné*.

**Attention :** Évitez d'utiliser tout autre médicament ou cosmétique (eau de Cologne, lotion après-rasage, crème...) sans l'accord de votre médecin.
Une exposition aux rayons *ultraviolets* (soleil, lampe à bronzer) peut augmenter l'irritation cutanée provoquée par le médicament. N'omettez pas de signaler à votre médecin vos projets de vacances au soleil pendant la durée du traitement.
En cas d'irritation cutanée très importante, ou d'apparition de démangeaisons pouvant traduire une *allergie*, contactez votre médecin.

### Grossesse et allaitement

L'effet de ce médicament chez la femme enceinte est mal connu. Par prudence, son usage est déconseillé pendant la grossesse.
Ce médicament ne doit pas être appliqué sur la poitrine pendant l'allaitement.

### Mode d'emploi et posologie

Le produit est généralement appliqué après la toilette du soir, sur la peau bien sèche.
Étaler la valeur d'un pois de crème ou de gel en couche mince avec les doigts, en évitant les paupières et les lèvres.

**Posologie usuelle :**
1 application par jour avant le coucher.
Une amélioration est généralement constatée après 4 à 8 semaines de traitement. Le résultat devient net après 3 mois ; votre médecin décidera avec vous si le traitement doit être poursuivi 3 mois supplémentaires.
Une irritation trop importante peut conduire votre médecin à vous conseiller d'arrêter momentanément ou d'espacer les applications (1 jour sur 2 par exemple).

**Conseils :** Une irritation de la peau et une aggravation de l'*acné* sont fréquentes et normales en début de traitement ; ne vous découragez pas : les boutons qui apparaissent traduisent une élimination du sébum. L'irritation peut éventuellement être atténuée par des crèmes calmantes prescrites par votre médecin. Dans le cas où cette irritation vous paraît excessive, consultez votre médecin qui décidera si la poursuite du traitement est possible.
Si vous vous exposez exceptionnellement au soleil, n'appliquez pas ce médicament la veille, le jour même, ni le lendemain. En cas de coup de soleil, attendez un complet rétablissement avant la reprise du traitement.
Si vous mettez accidentellement cette substance en contact avec les yeux, les paupières, la bouche, les narines, les *muqueuses* ou une plaie, rincez abondamment à l'eau tiède.
Conservez ce médicament à une température inférieure à 25 °C.

### Effets indésirables possibles

Irritation cutanée traduisant l'effet du traitement, sensation de chaleur, picotements. Une irritation trop importante peut conduire votre médecin à diminuer la fréquence des applications.

**Laboratoires Galderma**

## DIFFU-K

Élément minéral : potassium

### Présentation

DIFFU-K : gélule (jaune et blanc) ; boîte de 40. Remb 65 % - **Prix : 2,62 €.**

### Composition

| | p gél |
|---|---|
| **Chlorure de potassium (micro-encapsulé)** | 600 mg |
| soit Potassium | 312 mg |

### Dans quel cas ce médicament est-il prescrit ?

Ce médicament contient du *potassium*, élément minéral indispensable aux cellules de l'organisme.
Il est utilisé dans le traitement des déficits en potassium (*hypokaliémie*), liés principalement à la prise de certains médicaments (*diurétiques*, *corticoïdes* et tous les *laxatifs stimulants*...).

### Contre-indications

Ce médicament ne doit pas être utilisé en cas de risque d'excès de *potassium* dans le sang (*hyperkaliémie*) :
- maladies entraînant une hyperkaliémie,
- médicaments augmentant le taux de potassium dans le sang,
- *sels* de régime contenant du potassium.

**Attention :** Pour éviter une surcharge en *potassium*, une surveillance médicale et des analyses de sang régulières sont nécessaires avant et pendant le traitement afin d'adapter la *posologie*, notamment chez la personne âgée.

### Interactions avec d'autres substances

Ce médicament ne doit pas être associé aux *diurétiques* qui augmentent le taux de *potassium* : risque de *troubles du rythme cardiaque* graves en cas d'*hyperkaliémie*.
Il peut, par ailleurs, interagir avec les *inhibiteurs de l'enzyme de conversion*.

### Grossesse et allaitement

Ce médicament peut être utilisé en cas de déficit en *potassium* chez la femme enceinte ou qui allaite, mais uniquement sur prescription médicale.

### Mode d'emploi et posologie

Les gélules doivent être avalées avec un grand verre d'eau. Les prises sont réparties au cours de la journée.

**Posologie usuelle :**
Elle est adaptée par votre médecin en fonction des résultats de l'analyse de sang (*kaliémie*).

### Effets indésirables possibles

A forte dose : irritation du tube digestif.

**Laboratoires UCB Pharma**

## DIFRAREL 100

Phytothérapie à visée vasculoprotectrice

### Présentation

DIFRAREL 100 : comprimé (bleu clair) ; boîte de 20. Remb 15 % - **Prix : 3,21 €.**

### Composition

| | p cp |
|---|---|
| **Myrtille, extrait anthocyanosidique** | 100 mg |
| **Bêta-carotène** | 5 mg |
| Saccharose | + |

### Dans quel cas ce médicament est-il prescrit ?

C'est un protecteur *vasculaire* et un *veinotonique*. Il facilite la circulation du sang dans les veines et lutte contre l'altération des *vaisseaux capillaires*.

Il est utilisé dans le *traitement symptomatique* :
- des troubles en rapport avec une mauvaise circulation veineuse ou *lymphatique* (jambes lourdes, *impatiences*) ;
- des petites *hémorragies* sous-cutanées se traduisant par des taches rouges ou violacées ;
- troubles de la vision présumés d'origine circulatoire.

**Attention :** L'*insuffisance veineuse* peut requérir des mesures spécifiques telles que la *contention élastique*.

### Grossesse et allaitement

L'effet de ce médicament pendant la grossesse ou l'allaitement est mal connu. L'évaluation du risque éventuel lié à son utilisation est individuelle : demandez conseil à votre pharmacien ou à votre médecin.

### Mode d'emploi et posologie

Les comprimés doivent être avalés avec un verre d'eau.

**Posologie usuelle :**
3 à 6 comprimés par jour, 20 jours par mois.

**Conseils :** Une activité physique régulière et la surélévation du pied du lit permettent de faciliter la circulation veineuse et *lymphatique*.

### Effets indésirables possibles

Rarement : *troubles digestifs*.

Laboratoires Leurquin Mediolanum

## DIFRAREL E

Médicament d'ophtalmologie

### Présentation

DIFRAREL E : comprimé (blanc) ; boîte de 24. Non remb.

### Composition

| | p cp |
|---|---|
| **Anthocyanosides, extrait de myrtille** | 50 mg |
| **Vitamine E** | 50 mg |

### Dans quel cas ce médicament est-il prescrit ?

Ce médicament contient un protecteur *vasculaire* et de la *vitamine* E.

Il est utilisé dans le *traitement d'appoint* de la myopie ou des troubles de la vision nocturne.

### Grossesse et allaitement

L'effet de ce médicament pendant la grossesse ou l'allaitement est mal connu. L'évaluation du risque éventuel lié à son utilisation est individuelle : demandez conseil à votre pharmacien ou à votre médecin.

### Mode d'emploi et posologie

Les comprimés doivent être avalés avec un verre d'eau.

**Posologie usuelle :**
3 à 6 comprimés par jour, 20 jours par mois.

Laboratoires Leurquin Mediolanum

## DIGAOL

Antiglaucomateux — sur ordonnance

Ce médicament est un générique de TIMOPTOL (voir p. 1025 et tableau p. 1151).

## DIGÉDRYL

Traitement des troubles digestifs

### Présentation

DIGÉDRYL : comprimé effervescent (blanc ; arôme anis) ; boîte de 30. Non remb.

### Composition

| | p cp |
|---|---|
| **Sulfate de sodium** | 54 mg |
| **Phosphate monosodique** | 132 mg |
| dont Sodium | 470 mg |

### Dans quel cas ce médicament est-il prescrit ?

Ce médicament facilite la production de bile par le foie et sa sécrétion dans l'intestin.

Il est utilisé dans le *traitement d'appoint* des digestions difficiles.

**Attention :** Des précautions sont nécessaires en cas d'*insuffisance hépatique* grave ou de calculs susceptibles d'obstruer les *voies biliaires*.
N'utilisez pas ce médicament de façon prolongée sans l'avis de votre médecin : des examens peuvent être nécessaires si les *symptômes* persistent.
Ce médicament contient du *sel* (*sodium*) en quantité notable.

### Grossesse et allaitement

Ce médicament ne contient que des substances présumées sans danger pendant la grossesse ou l'allaitement. Néanmoins, ne l'utilisez pas de façon prolongée sans l'avis de votre pharmacien ou de votre médecin.

### Mode d'emploi et posologie

Les comprimés doivent être dissous dans un demi-verre d'eau.

**Posologie usuelle :**
- Adulte : 1 comprimé avant chacun des 3 repas ou au moment des douleurs.

**Conseils :** Une alimentation équilibrée, une mastication lente, la suppression des aliments difficiles à digérer et des boissons alcoolisées permettent souvent d'atténuer les troubles de la digestion.

### Effets indésirables possibles

A forte dose : diarrhée nécessitant l'arrêt du traitement.

Laboratoires Merck Médication Familiale

## DIGESTIF MARGA

*Informations détaillées sur www.monvidal.com*

## DIGESTODORON

*Informations détaillées sur www.monvidal.com*

## DIGOXINE NATIVELLE

Digitalique

sur ordonnance

### Présentation

DIGOXINE NATIVELLE 0,25 mg : comprimé sécable (blanc) ; boîte de 30. Liste I - Remb 65 % - **Prix : 2,60 €.**
DIGOXINE NATIVELLE 5 µg/0,1 ml : solution buvable pédiatrique (gouttes) ; flacon de 60 ml avec pipette-doseuse graduée en vingtième de ml (0,05 ml). Liste I - Remb 65 % - **Prix : 2,35 €.**

### Composition

| | p cp | p ml |
|---|---|---|
| **Digoxine** | 0,25 mg | 0,05 mg |
| Lactose | + | |

### Dans quel cas ce médicament est-il prescrit ?

Ce médicament aux propriétés multiples appartient à la famille des *digitaliques* : il agit sur le cœur en permettant essentiellement d'en renforcer les contractions et de ralentir son rythme lorsqu'il est excessif.

Il est utilisé dans le traitement de l'*insuffisance cardiaque* et de certaines *tachycardies.*

### Contre-indications

Ce médicament ne doit pas être utilisé dans les cas suivants :
- certaines anomalies du fonctionnement cardiaque,
- en association avec le sultopride ou des injections intraveineuses de calcium.

**Attention :** Ce produit est très toxique en cas de *surdosage* : tenez-le hors de portée des enfants.
En cas de *palpitations* récentes survenues sous traitement, prévenez votre médecin.
Des précautions sont nécessaires en cas d'*insuffisance rénale* ou d'*hypothyroïdie* et chez la personne âgée.
Tout médicament susceptible de faire baisser la *kaliémie*, notamment les *diurétiques* ou les *laxatifs stimulants*, devra être utilisé sous contrôle médical strict.
En cas d'intervention chirurgicale, l'anesthésiste doit être prévenu de la prise de ce médicament.

### Interactions avec d'autres substances

Ce médicament ne doit pas être associé au calcium injectable par *voie* intraveineuse (CALCIBRONAT notamment) ni au sultopride : risque de *troubles du rythme cardiaque* graves.

Informez par ailleurs votre médecin si vous prenez un médicament susceptible de favoriser une *hypokaliémie*, un *pansement digestif*, un médicament contenant l'une des substances suivantes : charbon, kaolin, colestyramine, hydroquinidine, quinidine, sucralfate, amiodarone, sulfasalazine, vérapamil, clarithromycine, érythromycine, carbamazépine, calcium (par voie orale).

### Grossesse et allaitement

Il n'a pas été mis en évidence de problème particulier lors de l'utilisation de ce médicament chez la femme enceinte. Toutefois, au cours des 3 derniers mois de la grossesse, il peut être nécessaire d'adapter la *posologie*.

Ce médicament passe en très faible quantité dans le lait maternel. Demandez l'avis de votre médecin.

### Mode d'emploi et posologie

La solution buvable est fournie avec une petite pipette graduée en vingtième de ml, ce qui représente à peu près 1 goutte. 1 comprimé équivaut à 5 ml (100 gouttes) de solution buvable.

**Posologie usuelle :**

*Traitement d'attaque* : une forte dose est parfois prescrite par le médecin pendant quelques jours, sous surveillance médicale.

*Traitement d'entretien* : la *posologie* est adaptée par le médecin en fonction de l'effet recherché ; une analyse de sang permet de connaître la concentration du médicament dans le sang : en effet, le risque de surdosage est important.

**Conseils :** En cas de mauvaise vue, l'utilisation de la pipette peut être délicate.

### Effets indésirables possibles

Ils sont le plus souvent le signe d'un surdosage :
- nausées, vomissements, diarrhée, perte de l'appétit ;
- coloration en jaune de la vision ;
- *vertiges*, maux de tête ;
- troubles psychiques, notamment chez la personne âgée ;
- *troubles du rythme cardiaque* variés, *palpitations.*

Exceptionnellement : *gynécomastie, éruption cutanée.*

Laboratoires Procter & Gamble

## DI-HYDAN

Antiépileptique

sur ordonnance

### Présentation

DI-HYDAN 100 mg : comprimé sécable (blanc) ; boîte de 60. Liste II - Remb 65 % - **Prix : 3,33 €.**

### Composition

| | p cp |
|---|---|
| **Phénytoïne** | 100 mg |
| Amidon de blé (gluten) | + |

### Dans quel cas ce médicament est-il prescrit ?

Ce médicament est un antiépileptique qui appartient à la famille des *anticonvulsivants* non barbituriques.

Il est utilisé dans le traitement de certaines formes d'*épilepsie* ainsi que dans le traitement de certaines *névralgies* rebelles de la face.

### Contre-indications

Ce médicament ne doit pas être utilisé en cas d'*allergie* aux dérivés de l'hydantoïne.

**Attention :** En cas de nausées, *vertiges*, rougeur de la peau, prévenez votre médecin.
Des analyses de sang régulières sont pratiquées pour la surveillance du traitement.
Ne modifiez ni n'interrompez jamais votre traitement sans l'avis de votre médecin : risque de réapparition des *convulsions* même si aucune crise n'est survenue depuis une longue période.

La conduite automobile et l'utilisation de machines dangereuses sont contre-indiquées chez les épileptiques lorsque les crises persistent malgré un *traitement préventif.* Par ailleurs, ce médicament peut être à l'origine de *vertiges* ou de troubles visuels.

### Interactions avec d'autres substances

Ce médicament peut interagir avec d'autres médicaments, notamment les *contraceptifs* oraux (pilule) : risque d'inefficacité de la contraception.

Signalez tout autre traitement en cours à votre médecin ou à votre pharmacien.

### Grossesse et allaitement

**Grossesse et nouveau-né :**

Si une grossesse survient sous traitement, consultez votre médecin. L'arrêt brutal de ce médicament expose à la réapparition de crises préjudiciables à la mère et à l'enfant à naître. Le médecin appréciera le risque éventuel lié à l'utilisation de ce médicament dans votre cas. Des examens particuliers permettent de vérifier l'absence d'anomalie chez l'enfant à naître.

Si le traitement est poursuivi jusqu'à l'accouchement, une supplémentation en vitamine K1 et D en fin de grossesse peut être nécessaire pour éviter des déficits chez le nouveau-né.

Ce médicament passe dans le lait maternel : l'allaitement est déconseillé.

### Mode d'emploi et posologie

Ce médicament peut être pris avec un peu d'eau. Chez les enfants de moins de 6 ans, les comprimés doivent être écrasés et mélangés à un aliment.

**Posologie usuelle :**

- Adulte : 2 à 6 mg par kg et par jour, en 1 ou 2 prises, sans dépasser 5 à 6 comprimés par jour.
- Enfant : 3 à 8 mg par kg et par jour, soit :
  - enfant de 5 à 10 ans : 1 à 2 comprimés par jour,
  - enfant de moins de 5 ans : ½ comprimé, 2 fois par jour.

Cette dose est ensuite adaptée par la médecin en fonction de l'efficacité du traitement.

> **Conseils :** Afin d'éviter les oublis, il est recommandé de prendre ce médicament à heure fixe.
> Veillez à ne pas manquer de ce médicament ; lors de vos déplacements, munissez-vous d'une réserve ou de votre ordonnance en cours de validité.

### Effets indésirables possibles

Gonflement des gencives fréquent.

*Troubles digestifs.*

*Allergie* cutanée, développement anormal des poils chez la femme.

Anomalie de la *numération formule sanguine*, ou du *métabolisme* du calcium justifiant des analyses de sang régulières ; certains de ces troubles peuvent être prévenus par la prise de *vitamine* D ou d'acide folique.

Rarement, en début de traitement : augmentation paradoxale de la fréquence des crises d'épilepsie ou modification de leurs caractéristiques.

Certains signes peuvent correspondre à un surdosage : troubles visuels, confusion des idées, *vertige*, mauvaise coordination des mouvements. Prenez contact avec votre médecin.

Laboratoires Genopharm

## DIHYDROERGOTAMINE NOVARTIS PHARMA injectable

*Informations détaillées sur www.monvidal.com*

## DIHYDROERGOTAMINE NOVARTIS PHARMA oral

Dérivé de l'ergot de seigle — sur ordonnance

### Présentation

DIHYDROERGOTAMINE NOVARTIS PHARMA 3 mg : comprimé (blanc) ; boîte de 60. Liste II - Remb 35 % - **Prix : 6,72 €.**

DIHYDROERGOTAMINE NOVARTIS PHARMA 2 mg/ml : solution buvable ; flacon de 50 ml avec mesurette graduée (30 gouttes = 1,5 ml). Liste II - Remb 35 % - **Prix : 3,63 €.**

### Composition

| | p cp | p 30 gtes |
|---|---|---|
| **Dihydroergotamine mésilate** | 3 mg | 3 mg |
| Alcool à 95° | | 340 mg |
| Lactose | + | |

### Dans quel cas ce médicament est-il prescrit ?

Ce médicament est un *vasoconstricteur* de la famille des dérivés de l'*ergot de seigle*.

Il est utilisé dans le *traitement de fond* de la *migraine*. Il vise à espacer les crises et à diminuer leur intensité.

Il est également utilisé dans le traitement de l'*hypotension orthostatique* et des troubles en rapport avec une mauvaise circulation veineuse ou *lymphatique*.

### Contre-indications

Ce médicament ne doit pas être utilisé en association avec les *antibiotiques* de la famille des *macrolides*, les *antiprotéases*, les médicaments contenant du diltiazem ou avec un *vasoconstricteur* de la famille des *triptans*.

> **Attention :** Des précautions sont nécessaires en cas d'*antécédent* de maladie artérielle, d'*insuffisance rénale* ou *hépatique* grave.
> La solution buvable contient de l'alcool en quantité notable.

### Interactions avec d'autres substances

Ce médicament ne doit pas être associé :

- aux *antibiotiques* de la famille des *macrolides* (à l'exception de la spiramycine), aux *antiprotéases* ou aux médicaments contenant du diltiazem : risque d'*ergotisme* ;
- aux *vasoconstricteurs* de la famille des *triptans* (naratriptan, sumatriptan, zolmitriptan...) : risque de crise d'*hypertension artérielle* ou de spasme des *artères coronaires*.

Il peut interagir avec les médicaments contenant de la bromocriptine ou de la cabergoline.

### Grossesse et allaitement

L'effet de ce médicament sur l'enfant à naître est mal connu. Par mesure de prudence, son usage pendant la grossesse est déconseillé.

Les données disponibles ne permettent pas de savoir si ce médicament passe dans le lait maternel ; un choix est donc nécessaire entre l'allaitement et la prise du médicament. Cette décision devra être prise en accord avec votre médecin.

### Mode d'emploi et posologie

Ce médicament est pris de préférence au milieu des repas.

La solution buvable doit être diluée dans un peu d'eau.

**Posologie usuelle :**
1 comprimé ou 30 gouttes de solution buvable, 3 fois par jour.

**Conseils :** L'efficacité de ce *traitement de fond* de la migraine dépend d'une prise régulière et prolongée du médicament.
La solution buvable doit être conservée à l'abri de la lumière.

**Effets indésirables possibles**
Rarement : fourmillement ou engourdissement des doigts et des orteils.

Laboratoires Novartis Pharma

**DILATRANE**
*Informations détaillées sur www.monvidal.com*

## DILRÈNE 90 et 120 mg
Inhibiteur calcique — sur ordonnance

Ce médicament est un générique de DIACOR 90 et 120 mg (informations détaillées sur www.monvidal.com).

**DILRÈNE 300 mg**
*Informations détaillées sur www.monvidal.com*

## DILTIAZEM BIOGARAN 60 mg
Inhibiteur calcique — sur ordonnance

Ce médicament est un générique de TILDIEM (voir p. 1023 et tableau p. 1151).

## DILTIAZEM BIOGARAN 90 et 120 mg
Inhibiteur calcique — sur ordonnance

Ce médicament est un générique de DIACOR 90 et 120 mg (informations détaillées sur www.monvidal.com).

## DILTIAZEM BIOGARAN 300 mg
Inhibiteur calcique — sur ordonnance

Ce médicament est un générique de DILRÈNE 300 mg (informations détaillées sur www.monvidal.com).

## DILTIAZEM EG 300 mg
Inhibiteur calcique — sur ordonnance

Ce médicament est un générique de DILRÈNE 300 mg (informations détaillées sur www.monvidal.com).

## DILTIAZEM G GAM 300 mg
Inhibiteur calcique — sur ordonnance

Ce médicament est un générique de DILRÈNE 300 mg (informations détaillées sur www.monvidal.com).

## DILTIAZEM IVAX 60 mg
Inhibiteur calcique — sur ordonnance

Ce médicament est un générique de TILDIEM (voir p. 1023 et tableau p. 1151).

## DILTIAZEM IVAX 90 et 120 mg
Inhibiteur calcique — sur ordonnance

Ce médicament est un générique de DIACOR 90 et 120 mg (informations détaillées sur www.monvidal.com).

## DILTIAZEM IVAX 300 mg
Inhibiteur calcique — sur ordonnance

Ce médicament est un générique de DILRÈNE 300 mg (informations détaillées sur www.monvidal.com).

## DILTIAZEM MERCK 60 mg
Inhibiteur calcique — sur ordonnance

Ce médicament est un générique de TILDIEM (voir p. 1023 et tableau p. 1151).

## DILTIAZEM MERCK 90 et 120 mg
Inhibiteur calcique — sur ordonnance

Ce médicament est un générique de DIACOR 90 et 120 mg (informations détaillées sur www.monvidal.com).

## DILTIAZEM MERCK 300 mg
Inhibiteur calcique — sur ordonnance

Ce médicament est un générique de DILRÈNE 300 mg (informations détaillées sur www.monvidal.com).

## DILTIAZEM RATIOPHARM 60 mg
Inhibiteur calcique — sur ordonnance

Ce médicament est un générique de TILDIEM (voir p. 1023 et tableau p. 1151).

## DILTIAZEM RATIOPHARM 90 et 120 mg
Inhibiteur calcique — sur ordonnance

Ce médicament est un générique de DIACOR 90 et 120 mg (informations détaillées sur www.monvidal.com).

## DILTIAZEM RPG 60 mg
Inhibiteur calcique — sur ordonnance

Ce médicament est un générique de TILDIEM (voir p. 1023 et tableau p. 1151).

## DILTIAZEM RPG 90 et 120 mg
Inhibiteur calcique — sur ordonnance

Ce médicament est un générique de DIACOR 90 et 120 mg (informations détaillées sur www.monvidal.com).

## DILTIAZEM RPG 300 mg
Inhibiteur calcique — sur ordonnance

Ce médicament est un générique de DILRÈNE 300 mg (informations détaillées sur www.monvidal.com).

## DILTIAZEM SANDOZ 120 mg
Inhibiteur calcique — sur ordonnance

Ce médicament est un générique de DIACOR 90 et 120 mg (informations détaillées sur www.monvidal.com).

## DILTIAZEM SANDOZ 300 mg
Inhibiteur calcique — sur ordonnance

Ce médicament est un générique de DILRÈNE 300 mg (informations détaillées sur www.monvidal.com).

## DILTIAZEM TEVA 60 mg
Inhibiteur calcique — sur ordonnance

Ce médicament est un générique de TILDIEM (voir p. 1023 et tableau p. 1151).

## DILTIAZEM TEVA 90 et 120 mg
Inhibiteur calcique — sur ordonnance

Ce médicament est un générique de DIACOR 90 et 120 mg (informations détaillées sur www.monvidal.com).

## DILTIAZEM TEVA 300 mg
Inhibiteur calcique — sur ordonnance

Ce médicament est un générique de DILRÈNE 300 mg (informations détaillées sur www.monvidal.com).

**DIMÉGAN oral**

*Informations détaillées sur www.monvidal.com*

## DIMÉTANE
Antitussif opiacé

### Présentation
**DIMÉTANE sans sucre :** sirop (arôme cerise) ; flacon de 200 ml avec cuillère-mesure de 2,5 ml et 5 ml. Remb 35 % - **Prix : 2,94 €**.

### Composition

| | p 5 ml |
|---|---|
| **Pholcodine** | 6,6 mg |
| Alcool | 93 mg |

### Dans quel cas ce médicament est-il prescrit ?
Ce sirop *antitussif* contient de la pholcodine qui a un effet *sédatif* sur le *système nerveux central*, notamment sur les centres de la toux.

Il est utilisé dans le *traitement symptomatique* des toux sèches et d'irritation.

### Contre-indications
Ce médicament ne doit pas être utilisé dans les cas suivants :
- *insuffisance respiratoire*,
- *asthme*,
- enfant de moins de 30 mois,
- **allaitement**.

**Attention :** Ce médicament n'est pas adapté au traitement de la toux grasse, qui est un mécanisme de défense normal de l'organisme permettant l'évacuation des mucosités présentes dans les bronches. La toux est un *symptôme* qui peut révéler de nombreuses maladies : consultez votre médecin si elle persiste plus de quelques jours.

Ce médicament peut induire une somnolence, parfois intense chez certaines personnes. Cette somnolence peut être majorée par la prise d'*alcool* ou d'autres médicaments *sédatifs*. La conduite et l'utilisation de machines dangereuses sont déconseillées, surtout dans les heures qui suivent la prise du médicament.

### Interactions avec d'autres substances
Informez votre médecin ou votre pharmacien si vous prenez un autre médicament *sédatif*.

### Grossesse et allaitement
L'utilisation de la *codéine* et de ses dérivés (codéthyline, pholcodine) ne doit être envisagée chez la femme enceinte qu'en cas de nécessité, en effet :
- une *insuffisance respiratoire* peut survenir chez le nouveau-né d'une mère traitée par des doses élevées, même si le traitement est ponctuel mais précède de peu l'accouchement ;
- un *syndrome de sevrage*, à l'inverse, peut concerner des nouveau-nés si leur mère reçoit un traitement régulier, même à faible dose.

Il est donc important de signaler à l'obstétricien la prise éventuelle de codéine ou d'un de ses dérivés, afin que ces risques puissent être prévenus par une surveillance et un éventuel traitement adapté.

Ce médicament passe dans le lait maternel. Il est contre-indiqué pendant l'allaitement.

### Mode d'emploi et posologie

Ce médicament est pris de préférence au moment où survient la toux, en respectant un intervalle de 4 heures entre les prises.

En cas de somnolence gênante pendant la journée, privilégier les prises le soir.

**Posologie usuelle :**

- Adulte : 1 ou 2 cuillères-mesure de 5 ml par prise, à renouveler si nécessaire, sans dépasser 12 cuillères-mesure par jour.
- Personne âgée, *insuffisant hépatique* : la *posologie* initiale est généralement réduite de moitié (soit 1 à 2 cuillères-mesure de 2,5 ml par prise).

**Conseils :** Fumer, ou être exposé à la fumée des autres, nuit à l'efficacité du traitement : la cigarette est irritante pour les bronches et entretient la toux.
Des mesures simples permettent de calmer les toux sèches : boissons chaudes et humidification de l'air ambiant.

### Effets indésirables possibles

Constipation, somnolence, et, plus rarement, état vertigineux, nausées, vomissements, *réaction allergique* cutanée, *bronchospasme*.

Laboratoires Wyeth Santé familiale

## DIMOTAPP expectorant

*Informations détaillées sur www.monvidal.com*

## DINACODE crème

*Informations détaillées sur www.monvidal.com*

## DINACODE sirops Adulte et Enfant

*Informations détaillées sur www.monvidal.com*

## DINACODE sirop Nourrisson

*Informations détaillées sur www.monvidal.com*

## DINITRATE D'ISOSORBIDE MERCK

Dérivé nitré — sur ordonnance

Ce médicament est un générique de LANGORAN (informations détaillées sur www.monvidal.com).

## DIO

Vasculoprotecteur et veinotonique

Ce médicament est un générique de DIOVENOR (voir p. 323 et tableau p. 1151).

## DIOALGO

Association antalgique opiacée — sur ordonnance

Ce médicament est un générique de DI-ANTALVIC (voir p. 311 et tableau p. 1151).

## DIOSMIL

Vasculoprotecteur et veinotonique

Ce médicament est un générique de DIOVENOR (voir p. 323 et tableau p. 1151).

## DIOSMINE ARROW

Vasculoprotecteur et veinotonique

Ce médicament est un générique de DIOVENOR (voir p. 323 et tableau p. 1151).

## DIOSMINE BIOGARAN

Vasculoprotecteur et veinotonique

Ce médicament est un générique de DIOVENOR (voir p. 323 et tableau p. 1151).

## DIOSMINE EG

Vasculoprotecteur et veinotonique

Ce médicament est un générique de DIOVENOR (voir p. 323 et tableau p. 1151).

## DIOSMINE G GAM 600 mg

Vasculoprotecteur et veinotonique

Ce médicament est un générique de DIOVENOR (voir p. 323 et tableau p. 1151).

## DIOSMINE GNR

Vasculoprotecteur et veinotonique

Ce médicament est un générique de DIOVENOR (voir p. 323 et tableau p. 1151).

## DIOSMINE HEXAL SANTÉ

Vasculoprotecteur et veinotonique

### Présentation

DIOSMINE HEXAL SANTÉ 300 mg : comprimé ; boîte de 60. Non remb.

DIOSMINE HEXAL SANTÉ 600 mg : comprimé ; boîte de 30. Non remb.

### Composition

| | p cp | p cp |
|---|---|---|
| **Diosmine** | 300 mg | 600 mg |
| Lactose | + | + |

### Dans quel cas ce médicament est-il prescrit ?

C'est un *veinotonique* et un protecteur *vasculaire*. Il stimule la circulation du sang dans les veines et lutte contre l'altération des *vaisseaux capillaires*.

Il est utilisé dans le *traitement symptomatique* :

- des jambes lourdes, *impatiences* et autres troubles en rapport avec une mauvaise circulation veineuse ou *lymphatique* ;

– des petites *hémorragies* sous-cutanées se traduisant par des taches rouges ou violacées ;
– des crises d'*hémorroïdes*.

> **Attention :** Ce médicament est insuffisant pour prévenir le risque de *phlébite* chez les malades alités ou plâtrés.
> L'*insuffisance veineuse* peut requérir des mesures spécifiques telles que la *contention élastique*.
> Des douleurs, un saignement anal qui persistent malgré le traitement peuvent être dus à une maladie autre que des *hémorroïdes* : consultez votre médecin. De même, tout saignement anal survenant chez une personne de plus de 50 ans doit faire l'objet d'une consultation médicale.

### Grossesse et allaitement

L'effet de ce médicament pendant la grossesse ou l'allaitement est mal connu. L'évaluation du risque éventuel lié à son utilisation est individuelle : demandez conseil à votre pharmacien ou à votre médecin.

### Mode d'emploi et posologie

Ce médicament doit être pris au moment des repas.

**Posologie usuelle :**
600 mg par jour ; soit 1 comprimé à 300 mg, midi et soir ou 1 comprimé à 600 mg le matin.
Traitement de la crise hémorroïdaire aiguë : 1200 à 1800 mg par jour ; soit 4 à 6 comprimés à 300 mg ou 2 à 3 comprimés à 600 mg par jour.

> **Conseils :** Une activité physique régulière et la surélévation du pied du lit permettent de faciliter la circulation veineuse et *lymphatique*.
> La constipation, la consommation de mets épicés et de vins riches en tanins favorisent les *hémorroïdes*.

### Effets indésirables possibles

Rarement : *troubles digestifs*.

Laboratoires G Gam

## DIOSMINE IVAX

Vasculoprotecteur et veinotonique

Ce médicament est un générique de DIOVENOR (voir p. 323 et tableau p. 1151).

## DIOSMINE MERCK

Vasculoprotecteur et veinotonique

Ce médicament est un générique de DIOVENOR (voir p. 323 et tableau p. 1151).

## DIOSMINE MERCK GÉNÉRIQUES

Vasculoprotecteur et veinotonique

### Présentation

DIOSMINE MERCK GÉNÉRIQUES 300 mg : comprimé ; boîte de 30. Non remb.

### Composition

| | p cp |
|---|---|
| **Diosmine** | 300 mg |
| Lactose | + |

### Dans quel cas ce médicament est-il prescrit ?

C'est un *veinotonique* et un protecteur *vasculaire*. Il stimule la circulation du sang dans les veines et lutte contre l'altération des *vaisseaux capillaires*.
Il est utilisé dans le *traitement symptomatique* :
– des jambes lourdes, *impatiences* et autres troubles en rapport avec une mauvaise circulation veineuse ou *lymphatique* ;
– des petites *hémorragies* sous-cutanées se traduisant par des taches rouges ou violacées ;
– des crises d'*hémorroïdes*.

> **Attention :** Ce médicament est insuffisant pour prévenir le risque de *phlébite* chez les malades alités ou plâtrés.
> L'*insuffisance veineuse* peut requérir des mesures spécifiques telles que la *contention élastique*.
> Des douleurs, un saignement anal qui persistent malgré le traitement peuvent être dus à une maladie autre que des *hémorroïdes* : consultez votre médecin. De même, tout saignement anal survenant chez une personne de plus de 50 ans doit faire l'objet d'une consultation médicale.

### Grossesse et allaitement

L'effet de ce médicament pendant la grossesse ou l'allaitement est mal connu. L'évaluation du risque éventuel lié à son utilisation est individuelle : demandez conseil à votre pharmacien ou à votre médecin.

### Mode d'emploi et posologie

Ce médicament doit être pris au moment des repas.

**Posologie usuelle :**
600 mg par jour ; soit 1 comprimé à 300 mg, midi et soir.
Traitement de la crise hémorroïdaire aiguë : 1200 à 1800 mg par jour ; soit 4 à 6 comprimés à 300 mg par jour.

> **Conseils :** Une activité physique régulière et la surélévation du pied du lit permettent de faciliter la circulation veineuse et *lymphatique*.
> La constipation, la consommation de mets épicés et de vins riches en tanins favorisent les *hémorroïdes*.

### Effets indésirables possibles

Rarement : *troubles digestifs*.

Laboratoires Merck génériques

## DIOSMINE QUALIMED

Vasculoprotecteur et veinotonique

Ce médicament est un générique de DIOVENOR (voir p. 323 et tableau p. 1151).

## DIOSMINE RATIOPHARM

Vasculoprotecteur et veinotonique

Ce médicament est un générique de DIOVENOR (voir p. 323 et tableau p. 1151).

## DIOSMINE RPG
Vasculoprotecteur et veinotonique

Ce médicament est un générique de DIOVENOR (voir p. 323 et tableau p. 1151).

## DIOSMINE SANDOZ
Vasculoprotecteur et veinotonique

Ce médicament est un générique de DIOVENOR (voir p. 323 et tableau p. 1151).

## DIOSMINE TEVA
Vasculoprotecteur et veinotonique

Ce médicament est un générique de DIOVENOR (voir p. 323 et tableau p. 1151).

## DIOSMINE ZYDUS
Vasculoprotecteur et veinotonique

Ce médicament est un générique de DIOVENOR (voir p. 323 et tableau p. 1151).

## DIOVENOR
Vasculoprotecteur et veinotonique

### Présentation
**DIOVENOR 300 mg :** comprimé (rose) ; boîte de 30. Remb 15 % - **Prix : 5,64 €**.
**DIOVENOR 600 mg :** comprimé (rose) ; boîte de 30. Remb 15 % - **Prix : 10,05 €**.
**DIOVENOR 600 mg :** poudre pour suspension buvable (arôme citron) ; boîte de 30 sachets-dose. Remb 15 % - **Prix : 11,18 €**.

### Composition

| | p cp | p cp | p sachet |
|---|---|---|---|
| **Diosmine** | 300 mg | 600 mg | 600 mg |

### Dans quel cas ce médicament est-il prescrit ?
C'est un *veinotonique* et un protecteur *vasculaire*. Il stimule la circulation du sang dans les veines et lutte contre l'altération des *vaisseaux capillaires*.
Il est utilisé dans le *traitement symptomatique* :
- des jambes lourdes, *impatiences* et autres troubles en rapport avec une mauvaise circulation veineuse ou *lymphatique* ;
- des petites *hémorragies* sous-cutanées se traduisant par des taches rouges ou violacées ;
- des crises d'*hémorroïdes*.

**Attention :** Ce médicament est insuffisant pour prévenir le risque de *phlébite* chez les malades alités ou plâtrés.
L'*insuffisance veineuse* peut requérir des mesures spécifiques telles que la *contention élastique*.
Des douleurs, un saignement anal qui persistent malgré le traitement peuvent être dus à une maladie autre que des *hémorroïdes* : consultez votre médecin. De même, tout saignement anal survenant chez une personne de plus de 50 ans doit faire l'objet d'une consultation médicale.

### Grossesse et allaitement
L'effet de ce médicament pendant la grossesse ou l'allaitement est mal connu. L'évaluation du risque éventuel lié à son utilisation est individuelle : demandez conseil à votre pharmacien ou à votre médecin.

### Mode d'emploi et posologie
Ce médicament doit être pris avec un verre d'eau, a u moment des repas.

**Posologie usuelle :**
600 mg par jour ; soit 1 comprimé à 300 mg midi et soir ou 1 comprimé ou 1 sachet à 600 mg le matin.
*Traitement de la crise* d'*hémorroïdes* : 1 200 à 1 800 mg par jour ; soit 4 à 6 comprimés à 300 mg ou 2 ou 3 comprimés ou sachets à 600 mg par jour.

**Conseils :** Une activité physique régulière et la surélévation du pied du lit permettent de faciliter la circulation veineuse et *lymphatique*.
La constipation, la consommation de mets épicés et de vins riches en tanins favorisent les *hémorroïdes*.

### Effets indésirables possibles
Rarement : *troubles digestifs*.

Laboratoires Innothéra

## DIPENTUM
*Informations détaillées sur www.monvidal.com*

## DIPIPÉRON
Neuroleptique — sur ordonnance

### Présentation
**DIPIPÉRON :** comprimé (blanc) ; boîte de 20. Liste I - Remb 65 % - **Prix : 1,91 €**.
**DIPIPÉRON 40 mg/ml :** solution buvable ; flacon compte-gouttes de 30 ml (1 ml = 20 gouttes). Liste I - Remb 65 % - **Prix : 2,60 €**.

### Composition

| | p cp | p 20 gtes |
|---|---|---|
| **Pipampérone** | 40 mg | 40 mg |
| Lactose | + | |

### Dans quel cas ce médicament est-il prescrit ?
C'est un *neuroleptique* qui appartient à la famille chimique des butyrophénones.
Il est utilisé pour traiter certains troubles psychiques (*schizophrénie*, certains types de *psychose*...).

### Contre-indications
Ce médicament ne doit pas être utilisé dans les cas suivants :
- ivresse aiguë, état précomateux ;
- en association avec les médicaments *dopaminergiques*.

**Attention :** Dans le traitement de certains troubles psychiques, les *neuroleptiques* permettent de contrôler efficacement la maladie, mais un arrêt intempestif du traitement expose à une rechute grave.
En cas de survenue d'une fièvre inexpliquée associée à une raideur musculaire (qui pourraient être dues au médicament), ne poursuivez pas le traitement sans avis médical : risque de *syndrome malin des neuroleptiques*.

Sauf cas exceptionnel, ce médicament ne doit pas être utilisé en cas de maladie de *Parkinson*.

Les situations favorisant les *torsades de pointes* doivent être signalées au médecin.

Des précautions sont nécessaires chez la personne âgée, en cas d'*épilepsie*, d'*insuffisance rénale* ou *hépatique*.

Évitez les boissons alcoolisées : augmentation du risque de somnolence.

Ce médicament peut induire une somnolence, parfois intense chez certaines personnes. Cette somnolence peut être majorée par la prise d'*alcool* ou d'autres médicaments *sédatifs*. La conduite et l'utilisation de machines dangereuses sont déconseillées, surtout dans les heures qui suivent la prise du médicament.

### Interactions avec d'autres substances

La prise conjointe de neuroleptiques et de médicaments *dopaminergiques* est généralement contre-indiquée (risque d'annulation de leurs effets) ; cette association peut néanmoins être nécessaire chez certaines personnes atteintes de la maladie de *Parkinson*.

Ce médicament peut intéragir avec les médicaments contenant de la lévodopa.

Informez votre médecin ou votre pharmacien si vous prenez un *antihypertenseur* ou un *sédatif*.

### Grossesse et allaitement

Si une grossesse survient pendant le traitement, consultez votre médecin. Il appréciera le risque éventuel lié à l'utilisation de ce médicament dans votre cas.

Si le traitement est poursuivi jusqu'à l'accouchement, une surveillance médicale du *nouveau-né* est nécessaire.

Ce médicament passe dans le lait maternel : l'allaitement est déconseillé.

### Mode d'emploi et posologie

Ce médicament est pris de préférence le soir.

**Posologie usuelle :**

Elle est strictement individuelle. La dose minimale efficace est toujours recherchée.

**Conseils :** Une prise de poids peut être observée au cours du traitement. Une alimentation équilibrée, et si nécessaire les conseils d'un nutritionniste, peuvent prévenir et limiter ce phénomène.

### Effets indésirables possibles

Somnolence, surtout en début de traitement.

Indifférence, réaction anxieuse, variation de l'humeur.

Mouvements involontaires ou inadaptés, tics, pouvant survenir lors de la première prise (notamment en cas de *surdosage*) ou plus tardivement lors d'un traitement prolongé.

Raideur musculaire et difficulté à coordonner les mouvements.

*Hypotension orthostatique.*

Troubles digestifs.

Augmentation de la sécrétion de *prolactine* pouvant se traduire par : absence de règles, augmentation du volume des seins, écoulement de lait par le mamelon.

Troubles sexuels.

Prise de poids.

Rarement : troubles de la vision, rétention d'urine.

Exceptionnellement : *éruption cutanée*, troubles du rythme cardiaque (*torsades de pointes*), *syndrome malin des neuroptiques* (voir Attention).

**Laboratoires Janssen-Cilag**

## DIPROLÈNE

Dermocorticoïde — **sur ordonnance**

### Présentation

DIPROLÈNE : crème ; tube de 15 g. Liste I - Remb 65 % - **Prix : 2,35 €**.

DIPROLÈNE : pommade ; tube de 15 g. Liste I - Remb 65 % - **Prix : 2,35 €**.

### Composition

| | p 100 g | p 100 g |
|---|---|---|
| **Bétaméthasone** | 50 mg | 50 mg |
| **Propylèneglycol** | + | + |

### Dans quel cas ce médicament est-il prescrit ?

C'est un *dermocorticoïde* d'activité très forte. Comme les autres dérivés de la *cortisone* à usage local, il freine le renouvellement et la multiplication des cellules de la peau et limite le suintement.

Il est utilisé dans le traitement des plaques limitées et résistantes de *psoriasis*, de *lupus érythémateux* discoïde, de *lichénification* et des *cicatrices hypertrophiques*. Il est également utilisé dans le traitement d'autres affections cutanées ayant résisté au traitement habituel.

### Contre-indications

Ce médicament ne doit pas être utilisé dans les cas suivants :

- infection et parasitose non traitées de la peau (ce médicament n'a pas d'effet anti-infectieux),
- lésion ulcérée,
- *acné* et *rosacée*,
- *nourrisson*.

**Attention :** Sauf indication contraire de votre médecin, n'appliquez pas ce *dermocorticoïde* d'activité très forte :

- sur le visage : risque majoré d'effets indésirables locaux, notamment de *dermite périorale* (rougeur autour de la bouche) ;
- sur les paupières, de façon prolongée : risque de fragilisation de la paupière et d'augmentation de la *tension intraoculaire* ;
- sur les muqueuses ;
- chez l'enfant de moins de 12 ans.

Comme les autres dermocorticoïdes, ce médicament a souvent une action efficace et rapide sur les lésions de la peau ; il peut être tentant de le réutiliser, mais l'automédication expose à des risques importants : aggravation de certaines lésions, installation d'une *dépendance* (amélioration de moins en moins visible des lésions et recrudescence des *symptômes* à chaque arrêt de traitement) et altération durable de la peau.

Suivez attentivement la prescription de votre médecin et n'hésitez pas à lui demander des explications.

### Grossesse et allaitement

Aucun effet néfaste pour l'enfant à naître n'a été établi avec ce médicament ; néanmoins, son usage sans prescription médicale est déconseillé.

En raison du risque d'ingestion par le nouveau-né, ce médicament ne doit pas être appliqué sur le mamelon chez la femme qui allaite.

### Mode d'emploi et posologie

Étaler le médicament sur les lésions et le faire pénétrer par un léger massage. Pour traiter les surfaces étendues : appliquer en touches espacées, puis étaler jusqu'à complète absorption.

**Posologie usuelle :**

1 ou 2 applications par jour.

Le médecin prescrit fréquemment un arrêt progressif du traitement : espacement des applications ou diminution de la quantité appliquée.

> **Conseils :** Ne conseillez pas, ne donnez pas ce médicament à un proche.
> Pensez à vous laver les mains après l'application. En cas d'utilisation sur une surface de peau étendue, le port d'un gant en plastique est recommandé.

### Effets indésirables possibles

Sont à craindre en cas d'usage prolongé : *atrophie* cutanée, *télangiectasies* (dilatation des petits vaisseaux), vergetures, *purpura* (microhémorragies de la peau), fragilisation de la peau.

Appliqué sur le visage, ce médicament peut provoquer une *dermite périorale* ou provoquer ou aggraver une *rosacée*.

Sont possibles également : retard de cicatrisation, *acné*, développement anormal des poils, dépigmentation localisée de la peau.

L'utilisation des *dermocorticoïdes* sous un pansement étanche ou dans les plis peut favoriser la prolifération des bactéries ou une allergie cutanée. Consulter votre médecin en cas de rougeur ou de douleur apparue après le début du traitement.

Laboratoires Schering-Plough

## DIPROSALIC

Dermocorticoïde et acide salicylique

sur ordonnance

### Présentation

DIPROSALIC : pommade ; tube de 30 g. Liste I - Remb 35 % - **Prix : 3,51 €**.
DIPROSALIC : lotion ; flacon de 30 g. Liste I - Remb 35 % - **Prix : 3,51 €**.

### Composition

| | pom p 100 g | lotion p 100 g |
|---|---|---|
| **Bétaméthasone** | 50 mg | 50 mg |
| **Acide salicylique** | 3 g | 2 g |

### Dans quel cas ce médicament est-il prescrit ?

Ce médicament d'usage local contient deux substances :
- un *dermocorticoïde* d'activité forte, qui freine le renouvellement et la multiplication des cellules de la peau et limite le suintement ;
- l'acide salicylique, qui réduit l'épaisseur de la couche cornée superficielle de la peau et facilite ainsi l'activité du dermocorticoïde qui lui est associé.

Il est utilisé dans le traitement des *dermatoses* comportant un épaississement de la peau, notamment les *lichénifications*, les *dermites séborrhéiques* (sauf au visage), le *psoriasis*.

### Contre-indications

Ce médicament ne doit pas être utilisé dans les cas suivants :
- *allergie* aux *salicylés* ;
- infections et parasitoses non traitées de la peau (ce médicament n'a pas d'effet anti-infectieux) ;
- plaie, *ulcère* de jambe, *escarre* ;
- *acné* et *rosacée* ;
- *dermatose* suintante (pommade).

Le médecin est seul juge pour prescrire ce médicament chez le *nourrisson* et le jeune enfant.

> **Attention :** Sauf indication contraire de votre médecin, n'appliquez jamais de *dermocorticoïdes* d'activité forte ou très forte :
> - sur le visage : risque majoré d'effets indésirables locaux, notamment de *dermite périorale* (rougeur autour de la bouche) ;
> - chez le *nourrisson*.
>
> Comme les autres *dermocorticoïdes*, ce médicament a souvent une action efficace et rapide sur les lésions de la peau ; il peut être tentant de le réutiliser, mais l'automédication expose à des risques importants : aggravation de certaines lésions, installation d'une *dépendance* (amélioration de moins en moins visible des lésions et recrudescence des *symptômes* à chaque arrêt de traitement) et altération durable de la peau.
> Suivez attentivement la prescription de votre médecin et n'hésitez pas à lui demander des explications.

### Grossesse et allaitement

L'effet de ce médicament pendant la grossesse ou l'allaitement est mal connu : seul votre médecin peut évaluer le risque éventuel de son utilisation dans votre cas.

### Mode d'emploi et posologie

La pommade est adaptée au traitement des lésions sèches, la lotion à celui des lésions des régions pileuses et des plis de la peau.

Étaler la pommade sur les lésions et faire pénétrer par un léger massage. Dans les affections du cuir chevelu, la lotion sera appliquée raie par raie en dépassant largement la surface à traiter.

**Posologie usuelle :**

1 ou 2 applications par jour, chez l'adulte comme chez l'enfant.

Le médecin prescrit fréquemment un arrêt progressif du traitement : espacement des applications ou diminution de la quantité appliquée.

> **Conseils :** Ne conseillez pas, ne donnez pas ce médicament à un proche.
> Pensez à vous laver les mains après l'application pour éviter tout contact avec les yeux et les *muqueuses*.
> En cas d'utilisation sur une grande surface de peau, le port d'un gant en plastique est recommandé.

### Effets indésirables possibles

Sont à craindre en cas d'usage prolongé : *atrophie* cutanée, *télangiectasies* (dilatation des petits vaisseaux), vergetures, *purpura* (microhémorragies de la peau), fragilisation de la peau.

Sur le visage, ce médicament peut provoquer une *dermite périorale* ou provoquer ou aggraver une *rosacée.*

Sont possibles également : retard de cicatrisation, *acné*, développement anormal des poils, dépigmentation localisée de la peau.

Laboratoires Schering-Plough

## DIPROSONE

Dermocorticoïde

sur ordonnance

### Présentation

DIPROSONE : crème ; tube de 30 g. Liste I - Remb 65 % - **Prix : 3,73 €**.

DIPROSONE : pommade ; tube de 30 g. Liste I - Remb 65 % - **Prix : 3,73 €**.

DIPROSONE : lotion ; flacon de 30 g. Liste I - Remb 65 % - **Prix : 3,73 €**.

### Composition

| | p 100 g |
|---|---|
| **Bétaméthasone** | 50 mg |

### Dans quel cas ce médicament est-il prescrit ?

C'est un *dermocorticoïde* d'activité forte. Comme les autres dérivés de la *cortisone* à usage local, il freine le renouvellement et la multiplication des cellules de la peau et limite le suintement.

Il est utilisé pour traiter les *eczémas* de contact ou *atopiques*, les *lichénifications*, les *dermites séborrhéiques* (sauf celles du visage), le *psoriasis*, le *prurigo*, la *dyshidrose*, et pour soulager les démangeaisons dues aux piqûres d'insectes ou à la présence de parasites sous la peau.

Il est également utilisé dans le traitement de certaines maladies rares : *granulome annulaire*, *lupus érythémateux* discoïde, *mycosis fongoïde*.

### Contre-indications

Ce médicament ne doit pas être utilisé dans les cas suivants :

- infection et parasitose non traitées de la peau (ce médicament n'a pas d'effet anti-infectieux),
- lésion ulcérée,
- *acné* et *rosacée*,
- en application sur les paupières (risque d'augmentation de la *tension intraoculaire*).

**Attention :** Sauf indication contraire de votre médecin, n'appliquez jamais de *dermocorticoïdes* d'activité forte ou très forte :

- sur le visage : risque majoré d'effets indésirables locaux, notamment de *dermite périorale* (rougeur autour de la bouche) ;
- chez le *nourrisson*.

Comme les autres dermocorticoïdes, ce médicament a souvent une action efficace et rapide sur les lésions de la peau ; il peut être tentant de le réutiliser, mais l'automédication expose à des risques importants : aggravation de certaines lésions, installation d'une *dépendance* (amélioration de moins en moins visible des lésions et recrudescence des *symptômes* à chaque arrêt de traitement) et altération durable de la peau.

Suivez attentivement la prescription de votre médecin et n'hésitez pas à lui demander des explications.

### Grossesse et allaitement

Aucun effet néfaste pour l'enfant à naître n'a été établi avec ce médicament. Il peut être prescrit pendant la grossesse.

En raison du risque d'ingestion par le nouveau-né, ce médicament ne doit pas être appliqué sur le mamelon chez la femme qui allaite.

### Mode d'emploi et posologie

La crème est adaptée au traitement des lésions suintantes, la pommade à celui des lésions sèches. La lotion est destinée au traitement des lésions des régions poilues et des plis de la peau.

Étaler le médicament sur les lésions et le faire pénétrer par un léger massage. Pour traiter de grandes surfaces de peau : appliquer en touches espacées, puis étaler jusqu'à complète absorption.

Dans les affections du cuir chevelu, la lotion sera appliquée raie par raie en dépassant largement la surface à traiter.

**Posologie usuelle :**

1 ou 2 applications par jour.

Le médecin prescrit fréquemment un arrêt progressif du traitement : espacement des applications ou diminution de la quantité appliquée.

**Conseils :** Ne conseillez pas, ne donnez pas ce médicament à un proche.

Pensez à vous laver les mains après l'application. En cas d'utilisation sur une grande surface de peau, le port d'un gant en plastique est recommandé.

### Effets indésirables possibles

Sont à craindre en cas d'usage prolongé : *atrophie* cutanée, *télangiectasies* (dilatation des petits vaisseaux), vergetures, *purpura* (microhémorragies de la peau), fragilisation de la peau.

Appliqué sur le visage, ce médicament peut provoquer une *dermite périorale* ou provoquer ou aggraver une *rosacée.*

Sont possibles également : retard de cicatrisation, *acné*, développement anormal des poils, dépigmentation localisée de la peau.

L'utilisation des *dermocorticoïdes* sous un pansement étanche ou dans les plis peut favoriser la prolifération des bactéries ou une allergie cutanée. Consulter votre médecin en cas de rougeur ou de douleur apparue après le début du traitement.

Laboratoires Schering-Plough

## DIPROSTÈNE

Dérivé de la cortisone

sur ordonnance

### Présentation

DIPROSTÈNE : suspension injectable ; seringue préremplie de 1 ml avec 2 aiguilles. Liste I - Remb 65 % - **Prix : 5,54 €**.

### Composition

| | p seringue |
|---|---|
| **Bétaméthasone dipropionate** | 6,43 mg |
| **Bétaméthasone phosphate disodique** | 2,63 mg |
| Alcool benzylique | + |

### Dans quel cas ce médicament est-il prescrit ?

C'est un *anti-inflammatoire* stéroïdien qui appartient à la famille des *corticoïdes* de synthèse (dérivés chimiques de la *cortisone* naturelle). Les propriétés de la cortisone sont nombreuses, mais ce produit est surtout utilisé pour son effet anti-inflammatoire puissant et prolongé. Il présente, à efficacité égale, moins d'effets indésirables que la cortisone naturelle. Ce médicament a une action immédiate et un effet qui dure environ 3 semaines.

Il est utilisé dans le traitement de la *rhinite* allergique saisonnière, en dernier recours en cas d'échec des traitements habituels.

Il est également utilisé en traitement local (irrigation ou *infiltrations*) dans les cas suivants :

- *inflammation* des articulations, des tendons et des ligaments, poussées douloureuses d'*arthrose* ;
- maladie de *Dupuytren*, *syndrome du canal carpien* ;
- certaines *sinusites* ;
- cicatrice *chéloïde*.

### Contre-indications

Ce médicament ne doit pas être utilisé dans les cas suivants :

- infection non contrôlée par un traitement adapté,
- maladies virales en évolution (*hépatite*, *zona* ou *herpès*),
- *psychose* non contrôlée par un traitement,
- prédisposition aux *hémorragies* (traitement anticoagulant, hémophilie).

Ces contre-indications peuvent s'appliquer ou ne pas s'appliquer en fonction de la façon dont le médicament est utilisé (injection IM, *infiltration*, injection unique ou répétée).

**Attention :** L'injection de ce médicament ne doit être pratiquée que sous contrôle médical.

En fonction du type d'injection (intramusculaire, *infiltrations*, injection unique ou répétée...), les personnes ayant des *antécédents* de *tuberculose*, d'*ulcère* de l'estomac ou du duodénum, les personnes souffrant d'*insuffisance rénale* ou *hépatique*, de *colite* ulcéreuse, de *diabète*, d'*hypertension artérielle*, d'*ostéoporose*, de *myasthénie* grave peuvent faire l'objet d'une prise en charge médicale particulière.

La prise prolongée d'un *corticoïde* diminue les défenses immunitaires : la vaccination avec un *vaccin* contenant des *germes* vivants atténués ne peut être pratiquée qu'avec l'accord de votre médecin. Vous devez également éviter le contact avec des personnes atteintes de varicelle ou de rougeole.

Sportif : ce médicament contient une substance susceptible de rendre positifs certains *tests antidopage*.

### Interactions avec d'autres substances

Ce médicament peut interagir avec les médicaments qui donnent des *torsades de pointes*.

Informez par ailleurs votre médecin si vous prenez :

- un médicament susceptible de faire baisser la *kaliémie* (amphotéricine B, certains *diurétiques*, *laxatifs stimulants*) ;
- un *antihypertenseur* ;
- un *antidiabétique* ;
- un *digitalique* ;
- un *anticoagulant* ;
- de l'aspirine ou un *AINS* ;
- un médicament *inducteur enzymatique* ou un médicament contenant de l'isoniazide.

En cas de vaccination, l'utilisation d'un *vaccin* vivant est déconseillée.

En cas d'injection locale unique ou répétée à faible dose, le risque d'interactions médicamenteuses est nul.

### Grossesse et allaitement

Les études scientifiques actuellement disponibles n'ont pas mis en évidence de problème particulier lors de l'utilisation ponctuelle de ce médicament chez la femme enceinte. Seul votre médecin peut évaluer le risque éventuel en cas d'utilisation prolongée.

En cas d'injections multiples ou répétées, il peut être nécessaire d'interrompre l'allaitement : prenez l'avis de votre médecin.

### Mode d'emploi et posologie

L'injection est réalisée par *voie* intramusculaire.

Les *infiltrations* sont réalisées par le médecin dans la zone à traiter ou à proximité.

**Posologie usuelle :**

*Rhinite* allergique : 1 injection pendant la période où se manifeste l'allergie, à renouveler 1 fois.

En infiltration : 0,25 à 2 ml selon l'affection à traiter ; l'injection peut être renouvelée selon l'évolution.

**Conseils :** Afin de compenser une baisse du taux de *potassium* dans le sang lors d'un traitement prolongé, le médecin peut être amené à prescrire du potassium.

### Effets indésirables possibles

Liés à la voie d'administration : infection, calcification, atrophie cutanée, maux de tête, bouffées de chaleur, *réaction allergique*, douleur articulaire au site d'injection liée à l'effet irritant initial des microcristaux de médicament contenus dans la suspension injectable.

En cas d'injections répétées à court terme, les effets indésirables suivants pourraient être observés :

- baisse du taux de *potassium*, rétention d'eau et de sel, *hypertension artérielle* ;
- gonflement du visage et du buste, apparition de poils, taches cutanées violacées, *acné* ;
- surexcitation, euphorie, troubles du sommeil, *état dépressif* (à l'arrêt du traitement) ;
- *ostéoporose* ;
- *diabète*, arrêt de la croissance chez l'enfant, troubles des règles ;
- *ulcère* de l'estomac ou du *duodénum* ;
- certaines formes de *cataracte* et de *glaucome*.

**Laboratoires Schering-Plough**

## DISCOTRINE
Dérivé nitré

sur ordonnance

### Présentation

DISCOTRINE 5 mg/24 h : *dispositif transdermique* de 6,7 cm$^2$ ; boîte de 30. Liste II - Remb 65 % - **Prix : 14,72 €**.
DISCOTRINE 10 mg/24 h : *dispositif transdermique* de 13,3 cm$^2$ ; boîte de 30. Liste II - Remb 65 % - **Prix : 15,97 €**.
DISCOTRINE 15 mg/24 h : *dispositif transdermique* de 20 cm$^2$ ; boîte de 30. Liste II - Remb 65 % - **Prix : 17,24 €**.

### Composition

| | p 6,7 cm$^2$ | p 13,3 cm$^2$ | p 20 cm$^2$ |
|---|---|---|---|
| **Trinitrine** ..................... | 18 mg | 36 mg | 54 mg |
| soit Trinitrine libérée/24 h .............. | 5 mg | 10 mg | 15 mg |

### Dans quel cas ce médicament est-il prescrit ?

Ce médicament *vasodilatateur* appartient à la famille des dérivés nitrés. Il possède de nombreuses propriétés qui facilitent le travail du cœur : dilatation des veines, dilatation des artères à forte dose, prévention des spasmes des *artères coronaires*. Le *dispositif transdermique* (timbre) contient la substance active qui traverse la peau, gagne le sang, et peut ainsi agir sur le cœur et les vaisseaux.

Il est utilisé dans le *traitement préventif* des crises d'*angine de poitrine*.

### Contre-indications

Ce médicament ne doit pas être utilisé dans les cas suivants :
- hypotension grave,
- en association avec le sildénafil (VIAGRA).

**Attention :** Des précautions particulières s'imposent en cas de *cardiomyopathie* obstructive, d'*hypertension intracrânienne*.
Ce médicament n'est pas adapté au *traitement de la crise* aiguë d'*angine de poitrine* : son action est trop lente à apparaître. C'est un *traitement préventif* qui lutte contre l'apparition des crises et qui ne doit pas être arrêté sans avis médical.
En cas de malaise apparemment sérieux, retirez le timbre.
Ne laissez pas le timbre neuf ou usagé à la portée des enfants.
Les boissons alcoolisées peuvent augmenter les effets hypotenseurs de ce médicament ; les excès sont déconseillés.

Compte-tenu de ses effets indésirables potentiels, ce médicament peut, chez certaines personnes, ne pas être compatible avec la conduite automobile ou le maniement de machines dangereuses. Assurez-vous à l'occasion des premières prises que vous supportez bien ce médicament avant de conduire ou d'utiliser une machine.

### Interactions avec d'autres substances

Les *vasodilatateurs* de la famille des dérivés de la trinitrine ne doivent pas être associés au VIAGRA : risque de baisse de tension grave.
Informez votre médecin ou votre pharmacien si vous prenez d'autres médicaments susceptibles d'abaisser la tension artérielle.

### Grossesse et allaitement

L'effet de ce médicament pendant la grossesse ou l'allaitement est mal connu : seul votre médecin peut évaluer le risque éventuel de son utilisation dans votre cas.

### Mode d'emploi et posologie

Il existe 3 dosages correspondant à 3 surfaces différentes : la quantité de trinitrine qui passe dans le sang est proportionnelle à la surface du *dispositif transdermique*. Choisir une région sèche, pauvre en poils, et dépourvue de grains de beauté ou autres lésions cutanées. Libérer la surface adhésive et appliquer soigneusement le timbre en effectuant une pression sur toute sa surface. Changer d'emplacement tous les jours.

**Posologie usuelle :**
- Adulte : 1 dispositif transdermique par jour, à garder pendant le nombre d'heures prescrit par votre médecin.

**Conseils :** Le port de ce dispositif ne contre-indique pas le bain, la douche, les activités sportives.
Si le timbre se décolle accidentellement, remplacez-le par un timbre neuf placé à un autre endroit.

### Effets indésirables possibles

Réactions locales : rougeur et démangeaisons au point d'application.
Maux de tête, parfois violents, qui disparaissent habituellement après quelques jours de traitement.
Baisse de la tension artérielle ou *hypotension orthostatique*, plus fréquente chez la personne âgée et pouvant se traduire par des malaises ou des *vertiges*.
Bouffées de chaleur, rougeur cutanée.

Laboratoires 3M Santé

## DISSOLVUROL
Oligo-élément

### Présentation

DISSOLVUROL 0,25 % : solution buvable ; flacon de 45 ml avec pipette-doseuse graduée à 10, 20 et 30 gouttes. Non remb.

### Composition

| | p 20 gtes |
|---|---|
| **Silice** .................................................... | 2,5 mg |

### Dans quel cas ce médicament est-il prescrit ?

Ce médicament contient une substance minérale.
Il est utilisé comme *modificateur de terrain*, en particulier au cours des affections rhumatismales inflammatoires.

### Grossesse et allaitement

Ce médicament ne contient que des substances présumées sans danger pendant la grossesse ou l'allaitement. Néanmoins, ne l'utilisez pas de façon prolongée sans l'avis de votre pharmacien ou de votre médecin.

### Mode d'emploi et posologie

Ce médicament doit être dilué dans un peu d'eau et pris en dehors des repas.
Agiter le flacon avant utilisation.

**Posologie usuelle :**
- Adulte : 30 à 60 gouttes, 2 fois par jour.

### Effets indésirables possibles

Douleurs d'estomac, nausées.

Laboratoires Dissolvurol

## DISTILBÈNE

*Informations détaillées sur www.monvidal.com*

## DISULONE

*Informations détaillées sur www.monvidal.com*

## DITROPAN

Antispasmodique urinaire — sur ordonnance

### Présentation

DITROPAN : comprimé sécable (bleu) ; boîte de 60. Liste II - Remb 35 % - **Prix : 4,93 €**.

### Composition

| | p cp |
|---|---|
| **Oxybutynine chlorhydrate** | 5 mg |
| Lactose | + |

### Dans quel cas ce médicament est-il prescrit ?

C'est un *antispasmodique* qui lutte contre la contraction anormale de la vessie. Il a également des propriétés *atropiniques*.

Il est utilisé dans le traitement des envies impérieuses d'uriner ou des incontinences urinaires dues à une instabilité de la vessie.

Ce médicament n'est pas indiqué dans le traitement des fuites d'urine dues à la toux, au stress ou aux efforts.

### Contre-indications

Ce médicament ne doit pas être utilisé dans les cas suivants :

- risque de *glaucome* à angle fermé,
- risque de blocage des urines (*adénome de la prostate*...),
- *myasthénie*,
- prédisposition à une constipation grave.

**Attention :** Une infection urinaire peut provoquer à elle seule des envies impérieuses d'uriner. Ce traitement serait alors inadapté. En cas de doute, consultez votre médecin.

Ce médicament présente des effets *atropiniques*. Il peut provoquer un *glaucome* aigu chez les personnes prédisposées : œil rouge, dur et douloureux, avec vision floue. Une consultation d'extrême urgence auprès d'un ophtalmologiste est nécessaire.

La sécheresse de la bouche provoquée par ce médicament peut favoriser le survenue de caries, de *mycose* buccale ou d'altération des gencives. Une visite régulière chez le dentiste peut être nécessaire.

Des précautions sont nécessaires chez les personnes présentant une *hypotension orthostatique*, une *hernie hiatale*, une maladie du foie ou des reins, des *troubles du rythme cardiaque*, des troubles de la circulation sanguine cérébrale et chez la personne âgée.

Compte-tenu de ses effets indésirables potentiels, ce médicament peut, chez certaines personnes, ne pas être compatible avec la conduite automobile ou le maniement de machines dangereuses. Assurez-vous à l'occasion des premières prises que vous supportez bien ce médicament avant de conduire ou d'utiliser une machine.

### Interactions avec d'autres substances

Informez votre médecin ou votre pharmacien si vous prenez d'autres médicaments ayant des effets *atropiniques* ou un médicament contenant du lisuride.

### Grossesse et allaitement

L'effet de ce médicament pendant la grossesse ou l'allaitement est mal connu : seul votre médecin peut évaluer le risque éventuel de son utilisation dans votre cas.

### Mode d'emploi et posologie

Ce médicament doit être pris avec un verre d'eau.

**Posologie usuelle :**

La *posologie* doit être atteinte progressivement.

- Adulte : 1 comprimé, 2 ou 3 fois par jour.
- Enfant de plus de 5 ans : 0,3 à 0,4 mg par kg et par jour, sans dépasser :
  - pour un enfant de 12 à 15 ans : 1 comprimé, 3 fois par jour ;
  - pour un enfant de 9 à 12 ans : 1 comprimé, 2 fois par jour ;
  - pour un enfant de 5 à 9 ans : ½ comprimé, 3 fois par jour.

### Effets indésirables possibles

Le plus fréquemment : sécheresse de la bouche avec ses conséquences possibles sur les dents et les gencives, troubles de la vision, constipation, nausées, agitation, augmentation du rythme cardiaque, rougeur du visage, notamment chez l'enfant.

Plus rarement : maux de tête, difficulté à uriner, étourdissements, somnolence, troubles psychiques chez la personne âgée, peau sèche, diarrhée, *troubles du rythme cardiaque*.

Exceptionnellement : *réaction allergique* cutanée, *glaucome* (voir Attention)

Laboratoires Sanofi-Aventis France

## DIURÉSANE

*Informations détaillées sur www.monvidal.com*

## DIVARIUS

Antidépresseur inhibiteur de la recapture de la sérotonine — sur ordonnance

### Présentation

DIVARIUS 20 mg : comprimé sécable ; boîte de 14. Liste I - Remb 65 % - **Prix : 8,57 €**.

DIVARIUS 20 mg : comprimé sécable ; boîte de 28. Liste I - Remb 65 % - **Prix : 17,14 €**.

### Composition

| | p cp |
|---|---|
| **Paroxétine** | 20 mg |

### Dans quel cas ce médicament est-il prescrit ?

Ce médicament est un *antidépresseur* qui appartient à la famille des *inhibiteurs de la recapture de la sérotonine*.

Il est utilisé dans le traitement :

- des *états dépressifs*,
- des *attaques de panique* (*traitement préventif*),
- des *troubles obsessionnels compulsifs*,
- de certaines manifestations de l'anxiété s'accompagnant de troubles gênants.

### Contre-indications

Ce médicament ne doit pas être utilisé dans les cas suivants :
- en association avec les *IMAO* non sélectifs et, en dehors de cas exceptionnels, en association avec les IMAO sélectifs A ;
- enfant de moins de 15 ans (en l'absence d'études).

**Attention :** L'utilisation de ce médicament est déconseillée avant l'âge de 18 ans. Des études ont en effet montré que l'utilisation d'un antidépresseur augmente le risque de suicide chez les adolescents souffrant de dépression. Chez les adolescents de 15 à 18 ans, ce traitement est par conséquent réservé à certains cas graves et nécessite une surveillance médicale particulière et la vigilance de l'entourage.

Des précautions sont nécessaires chez la personne âgée et en cas d'*épilepsie* (même ancienne), de *glaucome* à angle fermé, de *diabète*, d'*insuffisance hépatique* ou *rénale*, de prédisposition aux *hémorragies*.

En cas d'excitation anormale ou de confusion des idées survenant sous traitement, une consultation médicale est nécessaire.

Bien qu'aucune interaction nette n'ait été constatée avec l'*alcool*, évitez la prise de boissons alcoolisées, comme avec tout médicament *psychotrope*.

Si vous devez conduire, ou utiliser une machine dangereuse, assurez-vous préalablement que ce médicament n'altère pas votre vigilance.

### Interactions avec d'autres substances

Ce médicament ne doit pas être associé aux *IMAO* non sélectifs (MARSILID) : des délais précis doivent être respectés entre la fin d'un traitement par IMAO et le début de ce traitement, et inversement.

Il peut également interagir avec les IMAO sélectifs A et avec les médicaments contenant du métoprolol.

Informez par ailleurs votre médecin si vous prenez un antimigraineux de la famille des *triptans*, un *anticoagulant* oral, un *antidépresseur imipraminique*, un IMAO sélectif B, un médicament contenant du lithium, de la carbamazépine, de la risperdone ou un produit de phytothérapie contenant du millepertuis.

### Grossesse et allaitement

Les données actuellement disponibles suggèrent un effet malformatif de la paroxétine au cours de la grossesse. L'utilisation de ce médicament est donc déconseillée chez la femme enceinte. Un désir de grossesse peut nécessiter le remplacement de ce médicament par un autre antidépresseur.

Ce médicament passe faiblement dans le lait maternel : l'allaitement est déconseillé.

### Mode d'emploi et posologie

La dose quotidienne est généralement absorbée en une prise, le matin au cours du petit déjeuner.

Les comprimés doivent être avalés sans être croqués.

**Posologie usuelle :**
- Adulte de plus de 18 ans :
  - *état dépressif*, manifestations de l'anxiété : 20 mg à 50 mg par jour ;
  - *troubles obsessionnels compulsifs*, prévention des *attaques de panique* : 40 mg par jour.

**Conseils :** L'efficacité des *antidépresseurs* n'est généralement pas immédiate. Un délai pouvant atteindre plusieurs semaines est parfois nécessaire pour que les effets bénéfiques se fassent sentir. Les effets indésirables éventuels apparaissant en début de traitement ne doivent pas vous conduire à l'arrêter prématurément.

Chez la personne souffrant de dépression, un état anxieux peut apparaître ou être majoré en début de traitement ; un *anxiolytique* est parfois prescrit par le médecin pour prévenir ou traiter ces manifestations.

Lorsque les *symptômes* de la *dépression* ont disparu, le traitement doit absolument être poursuivi pendant la durée prescrite afin de consolider la guérison. Un arrêt prématuré exposerait à une rechute. La durée d'un traitement antidépresseur est rarement inférieure à 6 mois.

Contrairement à d'autres médicaments utilisés pour traiter les maladies psychiques, les antidépresseurs ne créent pas de dépendance. Néanmoins, il est préférable d'arrêter le traitement progressivement en diminuant la posologie ou en espaçant les prises pour éviter les effets indésirables transitoires, rarement observés, en cas d'interruption brutale.

### Effets indésirables possibles

La survenue des effets indésirables est plus fréquente au cours des 2 premières semaines de traitement. Ceux-ci s'estompent le plus souvent ensuite.

Nausées, bâillements, constipation, diarrhée, sécheresse de la bouche, diminution de l'appétit, vision trouble.

Somnolence ou au contraire insomnie, *vertiges*, tremblements, fatigue, prise de poids, troubles sexuels, sueur excessive.

Rarement : agitation psychomotrice, confusion des idées, hallucinations, *convulsions*, élévation des *transaminases*, baisse du taux de *sodium* dans le sang, rétention urinaire, *réaction allergique*, saignements, ecchymoses, modification de la tension artérielle, éruption cutanée, démangeaisons, douleurs musculaires ou articulaires, écoulement de lait par le mamelon.

**Laboratoires Chiesi**

## DIVINA

*Informations détaillées sur www.monvidal.com*

## DIVISEQ

*Informations détaillées sur www.monvidal.com*

## DODÉCAVIT

*Informations détaillées sur www.monvidal.com*

## DOGMATIL

Neuroleptique — sur ordonnance

### Présentation

DOGMATIL 50 mg : gélule (blanc) ; boîte de 30. Liste I - Remb 65 % - **Prix : 3,86 €.**

**DOGMATIL 0,5g/100 ml sans sucre :** solution buvable (arôme citron) ; flacon de 200 ml (40 cuillères à café ou 4 000 gouttes). Liste I - Remb 65 % - **Prix : 2,35 €.**

**DOGMATIL 200 mg :** comprimé sécable (blanc) ; boîte de 12. Liste I - Remb 65 % - **Prix : 5,23 €.**

**DOGMATIL 100 mg/2 ml :** solution injectable *IM* ; boîte de 6 ampoules de 2 ml. Liste I - Remb 65 % - **Prix : 1,96 €**.

### Composition

| | p gél | p c à c |
|---|---|---|
| **Sulpiride** | 50 mg | 25 mg |
| Lactose | + | |

| | p cp | p amp inj |
|---|---|---|
| **Sulpiride** | 200 mg | 100 mg |
| Lactose | + | |

### Dans quel cas ce médicament est-il prescrit ?

C'est un *neuroleptique* qui appartient à la famille chimique des benzamides.

Il est utilisé dans :
- le traitement de certains troubles psychiques (*schizophrénie*, certains types de *psychoses*, troubles graves du comportement chez l'enfant...),
- le traitement de courte durée de l'anxiété lorsque les traitements habituels sont insuffisants ou inefficaces.

### Contre-indications

Ce médicament ne doit pas être utilisé dans les cas suivants :
- *phéochromocytome* ;
- *cancer hormonodépendant*, *tumeur de l'hypophyse* ;
- en association avec le sultopride ou les médicaments *dopaminergiques*.

**Attention :** Dans le traitement de certains troubles psychiques, les *neuroleptiques* permettent de contrôler efficacement la maladie, mais un arrêt intempestif du traitement expose à une rechute grave.

En cas de survenue d'une fièvre inexpliquée associée à une raideur musculaire (qui pourraient être dues au médicament), ne poursuivez pas le traitement sans avis médical : risque de *syndrome malin des neuroleptiques*.

Sauf cas exceptionnel, ce médicament ne doit pas être utilisé en cas de maladie de *Parkinson*.

Les situations favorisant les *torsades de pointes* doivent être signalées au médecin.

Des précautions sont nécessaires chez les personnes âgées et en cas d'*épilepsie* ou d'*insuffisance rénale*.

Évitez les boissons alcoolisées : augmentation du risque de somnolence.

Ce médicament peut induire une somnolence, parfois intense chez certaines personnes. Cette somnolence peut être majorée par la prise d'*alcool* ou d'autres médicaments *sédatifs*. La conduite et l'utilisation de machines dangereuses sont déconseillées, surtout dans les heures qui suivent la prise du médicament.

### Interactions avec d'autres substances

Ce médicament ne doit pas être associé :
- aux médicaments *dopaminergiques* (risque d'annulation de leurs effets) ; cette association peut néanmoins être nécessaire chez certaines personnes atteintes de maladie de *Parkinson* ;
- au sultopride (médicament disponible uniquement à l'hôpital) : risque de *troubles du rythme cardiaque* graves.

Il peut également interagir avec les médicaments susceptibles de provoquer des *torsades de pointes*.

Informez par ailleurs votre médecin ou votre pharmacien si vous prenez un *antihypertenseur* ou un *sédatif*.

### Grossesse et allaitement

Si une grossesse survient pendant le traitement, consultez votre médecin : il appréciera le risque éventuel lié à l'utilisation de ce médicament dans votre cas.

Si le traitement est poursuivi jusqu'à l'accouchement, une surveillance médicale du *nouveau-né* est nécessaire.

Ce médicament passe dans le lait maternel : l'allaitement est déconseillé.

### Mode d'emploi et posologie

La solution buvable est adaptée à l'enfant.

Les comprimés et la solution injectable sont réservés à l'adulte.

La solution injectable doit être administrée exclusivement par *voie* intramusculaire, sous surveillance médicale.

**Posologie usuelle :**

Elle est strictement individuelle.

**Conseils :** Une prise de poids peut être observée au cours du traitement. Une alimentation équilibrée, et si nécessaire les conseils d'un nutritionniste, peuvent prévenir et limiter ce phénomène.

### Effets indésirables possibles

Somnolence.

Mouvements involontaires ou inadaptés, tics, pouvant survenir lors de la première prise (notamment en cas de *surdosage*) ou, plus tardivement, lors d'un traitement prolongé.

Raideur musculaire et difficultés à coordonner les mouvements.

Augmentation de la sécrétion de *prolactine* pouvant se traduire par : absence des règles, augmentation du volume des seins, écoulement de lait par le mamelon.

Troubles sexuels.

Prise de poids.

*Hypotension orthostatique*.

Rarement : troubles du rythme cardiaque (*torsades de pointes*), *syndrome malin des neuroleptiques* (voir Attention).

Laboratoires Sanofi-Aventis France

## DOLAL

*Informations détaillées sur www.monvidal.com*

## DOLGIT

*Informations détaillées sur www.monvidal.com*

## DOLIACTIC

Association antalgique et antipyrétique

### Présentation

DOLIACTIC : comprimé effervescent (arôme orange) ; boîte de 16. Non remb.

### Composition

| | p cp |
|---|---|
| **Paracétamol** | 500 mg |
| **Acide ascorbique (vitamine C)** | 150 mg |
| Sodium | 390 mg |

### Dans quel cas ce médicament est-il prescrit ?

Ce médicament, *antalgique* et *antipyrétique*, associe du paracétamol et de la *vitamine* C.

Il est utilisé dans le *traitement symptomatique* des affections douloureuses ou fébriles, notamment les états grippaux, les maux de tête, les courbatures, les douleurs dentaires ou les règles douloureuses.

### Contre-indications

Ce médicament ne doit pas être utilisé dans les cas suivants :
- maladie grave du foie,
- *antécédent* de calculs des *voies* urinaires (pour des doses de *vitamine* C supérieures à 1 g par jour).

> **Attention :** De nombreux médicaments contiennent du paracétamol : vous devez en tenir compte en cas de prise conjointe, car le *surdosage* en paracétamol peut être toxique pour le foie.
> Ce médicament contient du *sel* (*sodium*) en quantité notable.

### Grossesse et allaitement

Les études scientifiques actuellement disponibles n'ont pas mis en évidence de problème particulier lors de l'utilisation du paracétamol chez la femme enceinte.

Aux doses usuelles, l'usage de ce médicament est possible pendant l'allaitement.

### Mode d'emploi et posologie

Le dosage de ce médicament est adapté à l'adulte et à l'enfant de plus de 27 kg (environ 8 ans).

Les comprimés doivent être dissous dans un grand verre d'eau et peuvent être pris indifféremment pendant ou entre les repas. Respecter un intervalle de 4 à 6 heures entre 2 prises. Chez l'insuffisant rénal, les prises doivent être séparées d'au moins 8 heures.

**Posologie usuelle :**
- Adulte : 1 à 2 comprimés par prise, à renouveler si nécessaire au bout de 4 heures, sans dépasser 6 comprimés par jour. Dans les douleurs sévères de l'adulte, la posologie maximale peut être portée à 1 g de paracétamol, 4 fois par jour, uniquement sur avis médical.
- Enfant de 27 à 40 kg (environ 8 à 13 ans) : 1 comprimé, à renouveler si nécessaire au bout de 6 heures, sans dépasser 4 comprimés par jour.
- Enfant de 41 à 50 kg (environ 12 à 15 ans) : 1 comprimé, à renouveler si nécessaire au bout de 4 heures, sans dépasser 6 comprimés par jour.

### Effets indésirables possibles

Liés au paracétamol : *réaction allergique* (rare).

Liés à la *vitamine C* à forte dose (supérieure à 1 g par jour) : calculs des *voies* urinaires chez les personnes prédisposées.

Laboratoires Sanofi-Aventis OTC

## DOLIDERMIL

*Informations détaillées sur www.monvidal.com*

## DOLIDON

*Informations détaillées sur www.monvidal.com*

## DOLIPRANE

Antalgique et antipyrétique

### Présentation

DOLIPRANE 2,4 % SANS SUCRE : suspension buvable (arôme fraise) ; flacon de 100 ml avec seringue graduée par demi-kilo de poids corporel. Remb 65 % - **Prix : 1,88 €**.

DOLIPRANE 100 mg : poudre pour solution buvable (arôme orange) ; boîte de 12 sachets. Remb 65 % - **Prix : 1,93 €**.

DOLIPRANE 100 mg : suppositoire sécable ; boîte de 10. Remb 65 % - **Prix : 1,81 €**.

DOLIPRANE 150 mg : poudre pour solution buvable (arôme orange) ; boîte de 12 sachets. Remb 65 % - **Prix : 1,93 €**.

DOLIPRANE 150 mg : suppositoire ; boîte de 10. Remb 65 % - **Prix : 1,81 €**.

DOLIPRANE 200 mg : poudre pour solution buvable (arôme orange) ; boîte de 12 sachets. Remb 65 % - **Prix : 1,93 €**.

DOLIPRANE 200 mg : suppositoire ; boîte de 10. Remb 65 % - **Prix : 1,81 €**.

DOLIPRANE 300 mg : poudre pour solution buvable (arôme orange) ; boîte de 12 sachets. Remb 65 % - **Prix : 1,93 €**.

DOLIPRANE 300 mg : suppositoire ; boîte de 10. Remb 65 % - **Prix : 1,81 €**.

DOLIPRANE 500 mg : comprimé sécable (blanc) ; boîte de 16. Remb 65 % - **Prix : 1,74 €**.

DOLIPRANE 500 mg : comprimé effervescent (blanc) ; boîte de 16. Remb 65 % - **Prix : 1,81 €**.

DOLIPRANE 500 mg : gélule (jaune et bleu) ; boîte de 16. Remb 65 % - **Prix : 1,74 €**.

DOLIPRANE 500 mg : poudre pour solution buvable (arôme orange) ; boîte de 12 sachets. Remb 65 % - **Prix : 1,74 €**.

DOLIPRANE Adulte 1 000 mg : comprimé ; boîte de 8. Remb 65 % - **Prix : 1,74 €**.

DOLIPRANE Adulte 1 000 mg : comprimé effervescent sécable (arôme orange) ; boîte de 8. Remb 65 % - **Prix : 1,81 €**.

DOLIPRANE Adulte 1 000 mg : poudre pour solution buvable (arôme orange) ; boîte de 8 sachets. Remb 65 % - **Prix : 1,81 €**.

DOLIPRANE Adulte 1 000 mg : suppositoire ; boîte de 8. Remb 65 % - **Prix : 1,98 €**.

### Composition

| | p grad 1 kg | p sachet | p suppos |
|---|---|---|---|
| **Paracétamol** | 15 mg | 100 mg | 100 mg |
| Sorbitol | 71,25 mg | | |
| Maltitol | + | | |
| Sucres | | 400 mg | |
| Sodium | | 0,11 mg | |

| | p sachet | p suppos | p sachet |
|---|---|---|---|
| **Paracétamol** | 150 mg | 150 mg | 200 mg |
| Sucres | 600 mg | | 800 mg |
| Sodium | 0,17 mg | | 0,22 mg |

| | p suppos | p sachet | p suppos |
|---|---|---|---|
| **Paracétamol** | 200 mg | 300 mg | 300 mg |
| Sucres | | 1,2 g | |
| Sodium | | 0,33 mg | |

| | p cp | p cp efferv | p gél |
|---|---|---|---|
| **Paracétamol** | 500 mg | 500 mg | 500 mg |
| Sodium | 0,56 mg | 408 mg | |
| Gluten (amidon de blé) | + | | |

| | p sachet | p cp | p cp efferv |
|---|---|---|---|
| **Paracétamol** | 500 mg | 1 000 mg | 1 000 mg |
| Saccharose | 2 g | | 408 mg |
| Sodium | 0,56 mg | | |

| | p sachet | p suppos |
|---|---|---|
| **Paracétamol** | 1 000 mg | 1 000 mg |
| Saccharose | 4 g | |
| Sodium | 2,6 mg | |

### Dans quel cas ce médicament est-il prescrit ?

Ce médicament est un *antalgique* et un *antipyrétique* qui contient du paracétamol.

Il est utilisé pour faire baisser la fièvre et dans le traitement des affections douloureuses.

### Contre-indications

Ce médicament ne doit pas être utilisé dans les cas suivants :
- maladie grave du foie,
- *inflammation* ou saignement du rectum (suppositoires),
- intolérance au *gluten* (comprimé sécable à 500 mg).

**Attention :** Ce médicament contient du paracétamol : n'associez pas simultanément un autre antipyrétique contenant du paracétamol, car une prise conjointe entraîne un risque de *surdosage* en paracétamol qui peut être toxique pour le foie.

Les sachets contiennent du *sucre* (saccharose) en quantité notable.

Les comprimés effervescents et les sachets contiennent du *sel* (*sodium*) en quantité notable.

### Grossesse et allaitement

Les études scientifiques actuellement disponibles n'ont pas mis en évidence de problème particulier lors de l'utilisation du paracétamol chez la femme enceinte.

Aux doses usuelles, l'usage de ce médicament est possible pendant l'allaitement.

### Mode d'emploi et posologie

Ce médicament peut être pris indifféremment pendant ou entre les repas, en respectant un intervalle de 4 à 6 heures entre 2 prises. En cas d'insuffisance rénale, l'intervalle entre 2 prises doit être d'au moins 8 heures.

Les formes dosées à 1 g sont réservées à l'adulte.

Les comprimés et les gélules ne sont pas adaptés à l'enfant de moins de 6 ans. En effet, ils risquent d'obstruer les voies respiratoires si l'enfant déglutit mal et que le comprimé ou la gélule passe dans la trachée (fausse route).

La suspension buvable peut être absorbée pure ou diluée dans de l'eau, du lait ou du jus de fruit.

Le contenu des sachets doit être mélangé à une boisson (eau, lait, jus de fruits) et les comprimés effervescents doivent être dissous dans un verre d'eau.

**Posologie usuelle :**
- Adulte : 500 mg à 1 g, 1 à 3 fois par jour.
- Enfant : 60 mg par kg et par jour, soit 15 mg par kg toutes les 6 heures ou 10 mg par kg toutes les 4 heures. Il est nécessaire de suivre les recommandations de votre pharmacien ou de votre médecin ou de suivre les posologies suivantes données à titre indicatif :
  - enfant de 3 à 5 kg : ½ suppositoire à 100 mg, 1 à 4 fois par jour ;
  - enfant de 6 à 8 kg : 100 mg, 1 à 4 fois par jour ;
  - enfant de 8 à 12 kg : 150 mg, 1 à 4 fois par jour ;
  - enfant de 12 à 16 kg : 200 mg, 1 à 4 fois par jour ;
  - enfant de 16 à 24 kg : 300 mg, 1 à 4 fois par jour ;
  - enfant de 25 à 30 kg : 300 mg, 1 à 6 fois par jour ;
  - enfant de 30 à 40 kg : 500 mg, 1 à 4 fois par jour ;
  - enfant de plus de 40 kg : 500 mg, 1 à 6 fois par jour.

Dans les douleurs sévères de l'adulte et notamment dans l'*arthrose*, la *posologie* maximale peut être portée à 1 g de paracétamol, 4 fois par jour, uniquement sur avis médical.

La dose quotidienne maximale de paracétamol chez l'enfant est de 80 mg par kg, en 4 prises minimum, sans dépasser 3 g par jour.

**Conseils :** Compte tenu du risque d'écoulement anal, il est déconseillé d'utiliser plus de 4 suppositoires par jour.

Dans le traitement de la fièvre chez l'enfant, lorsque le paracétamol est utilisé à la dose de 60 mg par kg et par jour, l'adjonction d'aspirine ou son usage en alternance avec le paracétamol est inutile, car l'aspirine ne permet pas d'obtenir une baisse supplémentaire de la fièvre.

Des sueurs abondantes accompagnent généralement la baisse de température lors du traitement des fièvres élevées. Ce phénomène est normal.

Les comprimés effervescents doivent être conservés à l'abri de l'humidité et de la chaleur.

### Effets indésirables possibles

Irritation anale (suppositoire).

Exceptionnellement : *réaction allergique* cutanée.

Laboratoires Sanofi-Aventis OTC

## DOLIRELAX

*Informations détaillées sur www.monvidal.com*

## DOLI Rhume

Décongestionnant

### Présentation

**DOLI Rhume :** comprimé ; boîte de 16. Non remb.

### Composition

| | p cp |
|---|---|
| **Paracétamol** | 500 mg |
| **Pseudoéphédrine chlorhydrate** | 30 mg |
| Amidon de blé (gluten) | + |
| Lactose | + |

### Dans quel cas ce médicament est-il prescrit ?

Ce médicament contient du paracétamol, *antipyrétique* et *antalgique*, et un *vasoconstricteur* décongestionnant (pseudoéphédrine).

Il est utilisé dans le *traitement symptomatique* des rhumes avec congestion nasale (sensation de nez bouché), maux de tête ou fièvre.

### Contre-indications

Ce médicament ne doit pas être utilisé dans les cas suivants :
- risque de *glaucome* à angle fermé ;
- risque de blocage des urines (*adénome de la prostate...*) ;
- *antécédent* de *convulsions* ;
- antécédent d'*accident vasculaire cérébral* ;
- *insuffisance hépatique* ;
- *hypertension artérielle* ou insuffisance coronarienne graves ;
- en association avec un *antidépresseur* de type *IMAO* non sélectif ou pendant au moins 15 jours après la prise de celui-ci ;
- en association avec un autre *vasoconstricteur* décongestionnant ou un vasoconstricteur contenant l'une des substances suivantes : bromocriptine, pergolide, lisuride, cabergoline, ergotamine ou dihydroergotamine ;
- enfant de moins de 15 ans ;
- *intolérance* au gluten ;
- **allaitement**.

**Attention :** Ce médicament peut provoquer un *glaucome* aigu chez les personnes prédisposées : œil rouge, dur et douloureux, avec vision floue. Une consultation d'extrême urgence auprès d'un ophtalmologiste est nécessaire.

Les décongestionnants contenant un *vasoconstricteur* peuvent être responsables de complications rares : *convulsions*, hallucinations, agitation anormale. Ce risque est augmenté chez l'enfant fébrile et en cas de *posologie* excessive. Respectez la posologie préconisée.

Les *vasoconstricteurs* peuvent également augmenter la fréquence cardiaque (*tachycardie*) et provoquer des *palpitations* et des nausées. Si ces effets indésirables deviennent trop marqués, le traitement doit être interrompu.

Des précautions particulières s'imposent en cas d'*hyperthyroïdie*, d'*hypertension artérielle*, de maladie cardiaque, de *diabète*, de troubles nerveux. Demandez conseil à votre pharmacien ou à votre médecin.

De nombreux médicaments contiennent du paracétamol : vous devez en tenir compte en cas de prise conjointe, car le *surdosage* en paracétamol peut être toxique pour le foie.

Sportif : ce médicament contient une substance considérée comme stimulante (phényléphrine, pseudoéphédrine ou synéphrine) qui figure dans le programme de surveillance 2004 du ministère de la Jeunesse et des Sports. Elle peut être recherchée dans les urines des sportifs afin de déceler un éventuel mésusage.

### Interactions avec d'autres substances

Ce médicament ne doit pas être associé aux *antidépresseurs* de type *IMAO* non sélectif (MARSILID...), à un autre *vasoconstricteur* décongestionnant ou à un vasoconstricteur contenant l'une des substances suivantes : bromocriptine, pergolide, lisuride, cabergoline, ergotamine ou dihydroergotamine. L'association à ces médicaments risque de provoquer une crise hypertensive.

### Grossesse et allaitement

L'effet de ce médicament pendant la grossesse est mal connu. Par prudence, son usage est déconseillé chez la femme enceinte.

Ce médicament passe dans le lait maternel. Il est contre-indiqué pendant l'allaitement.

### Mode d'emploi et posologie

Les comprimés doivent être avalés, tels quels, avec un verre d'eau.

**Posologie usuelle :**

- Adulte : 1 ou 2 comprimés par prise, à renouveler au bout de 4 heures si nécessaire, sans dépasser 6 comprimés par jour.

En cas d'*insuffisance rénale* grave, il est nécessaire d'espacer les prises d'au moins 8 heures.

**Conseils :** Ce médicament n'a pas d'effet anti-infectieux. Si les troubles persistent plus de 5 jours, consulter votre médecin.

### Effets indésirables possibles

Sécheresse de la bouche, insomnie, maux de tête, anxiété, agitation, sueurs.

Accélération du cœur, *palpitations*, nausées, vomissements.

Rarement : *réaction allergique* cutanée.

Laboratoires Sanofi-Aventis OTC

## DOLIRHUMEPRO

Décongestionnant

### Présentation

DOLIRHUMEPRO : comprimé ; boîte de 12 comprimés jour et 4 comprimés nuit. Non remb.

### Composition

| | p cp jour | p cp nuit |
|---|---|---|
| **Paracétamol** | 500 mg | 500 mg |
| **Pseudoéphédrine chlorhydrate** | 30 mg | |
| **Doxylamine succinate** | | 7,5 mg |
| Amidon de blé (gluten) | + | |
| Lactose | | + |

### Dans quel cas ce médicament est-il prescrit ?

Ce médicament se présente sous forme de comprimés jour et de comprimés nuit : les comprimés jour contiennent du paracétamol (*antipyrétique* et *antalgique*) et un *vasoconstricteur* décongestionnant ; les comprimés nuit, destinés à être pris le soir, contiennent du paracétamol et un *antihistaminique* ayant un effet *sédatif* et *atropinique*.

Il est utilisé dans le *traitement symptomatique* des rhumes avec congestion nasale (sensation de nez bouché), maux de tête ou fièvre.

### Contre-indications

Ce médicament ne doit pas être utilisé dans les cas suivants :

- risque de *glaucome* à angle fermé ;
- risque de blocage des urines (*adénome de la prostate*...) ;
- *insuffisance hépatique* ;
- *hypertension artérielle* grave ;
- *insuffisance coronarienne* ;
- *antécédent* de *convulsions* ;
- antécédent d'*accident vasculaire cérébral* ;
- en association avec un *antidépresseur* de type *IMAO* non sélectif ou pendant au moins 15 jours après la prise de celui-ci ;
- en association avec un autre *vasoconstricteur* décongestionnant ou un vasoconstricteur contenant l'une des substances suivantes : bromocriptine, pergolide, lisuride, cabergoline, ergotamine ou dihydroergotamine ;
- enfant de moins de 15 ans ;
- **allaitement**.

**Attention :** Ce médicament peut provoquer un *glaucome* aigu chez les personnes prédisposées : œil rouge, dur et douloureux, avec vision floue. Une consultation d'extrême urgence auprès d'un ophtalmologiste est nécessaire.

Les décongestionnants contenant un *vasoconstricteur* peuvent être responsables de complications rares : *convulsions*, hallucinations, agitation anormale. Ce risque est augmenté en cas de *posologie* excessive. Respectez la posologie préconisée.

Des précautions particulières s'imposent en cas d'*hyperthyroïdie*, de maladie cardiaque, de *diabète*, de troubles nerveux, chez l'*insuffisant hépatique* ou *rénal* et chez la personne âgée, notamment en cas de constipation chronique, d'*adénome de la prostate*, de tendance aux *vertiges* ou aux baisses de tension. Demandez conseil à votre pharmacien ou à votre médecin.

De nombreux médicaments contiennent du paracétamol : vous devez en tenir compte en cas de prise conjointe, car le *surdosage* en paracétamol peut être toxique pour le foie.

Évitez les boissons alcoolisées : augmentation du risque de somnolence.

Ce médicament peut induire une somnolence, parfois intense chez certaines personnes. Cette somnolence peut être majorée par la prise d'*alcool* ou d'autres médicaments *sédatifs*. La conduite et l'utilisation de machines dangereuses sont déconseillées, surtout dans les heures qui suivent la prise du médicament.

Sportif : ce médicament contient une substance considérée comme stimulante (phényléphrine, pseudoéphédrine ou synéphrine) qui figure dans le programme de surveillance 2004 du ministère de la Jeunesse et des Sports. Elle peut être recherchée dans les urines des sportifs afin de déceler un éventuel mésusage.

### Interactions avec d'autres substances

Ce médicament ne doit pas être associé aux *antidépresseurs* de type *IMAO* non sélectif (MARSILID...), à un autre *vasoconstricteur* décongestionnant ou à un vasoconstricteur contenant l'une des substances suivantes : bromocriptine, pergolide, lisuride, cabergoline, ergotamine ou dihydroergotamine. L'association à ces médicaments risque de provoquer une crise hypertensive.

Informez par ailleurs votre pharmacien ou votre médecin si vous prenez un médicament contenant de la guanéthidine ou des médicaments *sédatifs* ou *atropiniques*.

### Grossesse et allaitement

L'effet de ce médicament pendant la grossesse est mal connu. Par prudence, son usage est déconseillé chez la femme enceinte.

Ce médicament passe dans le lait maternel. Il est contre-indiqué pendant l'allaitement.

### Mode d'emploi et posologie

Les comprimés doivent être avalés avec un verre d'eau. Les prises doivent être espacées d'au moins 4 heures.

**Posologie usuelle :**

- Adulte : 1 comprimé jour le matin, à midi et au dîner, et 1 comprimé nuit le soir au coucher.

En cas d'*insuffisance rénale* grave, il est nécessaire d'espacer les prises d'au moins 8 heures.

**Conseils :** Ce médicament n'a pas d'effet anti-infectieux. Si les troubles persistent plus de 4 jours, consulter votre médecin.

### Effets indésirables possibles

Somnolence ou insomnie : l'*antihistaminique* est *sédatif* alors que le *vasoconstricteur* peut présenter un effet excitant. Suivant les personnes, l'un ou l'autre de ces effets peut prédominer.

Sécheresse de la bouche, constipation, troubles de l'*accommodation*, rétention des urines.

*Hypotension orthostatique*, troubles de l'équilibre, *vertiges*, tremblements, agitation, confusion des idées notamment chez la personne âgée.

*Palpitations*, anxiété, maux de tête, sueurs, nausées, vomissements.

Rarement : *réaction allergique*, anomalie de la *numération formule sanguine*.

**Laboratoires Sanofi-Aventis OTC**

## DOLISÉDAL

*Informations détaillées sur www.monvidal.com*

## DOLISTAMINE

*Informations détaillées sur www.monvidal.com*

## DOLITABS

Antalgique et antipyrétique

### Présentation

DOLITABS : comprimé orodispersible (arôme menthe) ; boîte de 12. Non remb.

### Composition

| | p cp |
|---|---|
| **Paracétamol** | 500 mg |
| Aspartam | + |
| Sorbitol | + |

### Dans quel cas ce médicament est-il prescrit ?

Ce médicament est un *antalgique* et un *antipyrétique* qui contient du paracétamol.

Il est utilisé pour faire baisser la fièvre et dans le traitement des affections douloureuses.

### Contre-indications

Ce médicament ne doit pas être utilisé dans les cas suivants :

- maladie grave du foie,
- *phénylcétonurie* (présence d'aspartam).

**Attention :** Ce dosage ne convient pas aux enfants de moins de 27 kg (soit environ 8 ans). Ne laissez pas ce médicament à la portée des enfants : un surdosage accidentel expose à des troubles graves.
De nombreux médicaments contiennent du paracétamol : vous devez en tenir compte en cas de prise conjointe car le surdosage en paracétamol peut être toxique pour le foie.

### Grossesse et allaitement

Les études scientifiques actuellement disponibles n'ont pas mis en évidence de problème particulier lors de l'utilisation chez la femme enceinte.

Aux doses usuelles, l'usage de ce médicament est possible pendant l'allaitement.

### Mode d'emploi et posologie

Les comprimés peuvent être pris indifféremment pendant ou entre les repas. Ils peuvent être sucés sans être croqués ou également dissous un demi-verre d'eau (notamment pour les jeunes enfants ou les personnes ayant du mal à déglutir).

Respecter un intervalle de 4 à 6 heures entre 2 prises.

**Posologie usuelle :**

- Adulte : 1 ou 2 comprimés, à renouveler si besoin après un délai de 4 heures. Ne pas dépasser 6 comprimés par jour.

- Enfant : 60 mg par kg et par jour, soit de préférence 15 mg par kg toutes les 6 heures ou éventuellement 10 mg par kg toutes les 4 heures. A titre indicatif :
  - enfant de 27 à 40 kg : 1 comprimé, à renouveler si besoin après un délai de 6 heures, sans dépasser 4 comprimés par jour ;
  - enfant de 41 à 50 kg : 1 comprimé, à renouveler si besoin après un délai de 4 heures, sans dépasser 6 comprimés par jour.
- Insuffisant rénal : respecter un intervalle de 8 heures entre 2 prises.

Dans les douleurs sévères de l'adulte et notamment dans l'*arthrose*, la *posologie* maximale peut être portée à 1 g de paracétamol, 4 fois par jour, uniquement sur avis médical.

La dose quotidienne maximale de paracétamol chez l'enfant est de 80 mg par kg, en 4 prises minimum, sans dépasser 3 g par jour.

**Conseils :** Dans le traitement de la fièvre chez l'enfant, lorsque le paracétamol est utilisé à la dose de 60 mg par kg et par jour, l'adjonction d'aspirine ou son usage en alternance avec le paracétamol est inutile, car l'aspirine ne permet pas d'obtenir une baisse supplémentaire de la fièvre.
Des sueurs abondantes accompagnent généralement la baisse de température lors du traitement des fièvres élevées. Ce phénomène est normal.

### Effets indésirables possibles

Exceptionnellement : *réaction allergique* cutanée.

Laboratoires Théraplix

## DOLITRAVEL

*Informations détaillées sur www.monvidal.com*

## DOLKO

Antalgique et antipyrétique

### Présentation

**DOLKO 60 mg/2 ml :** solution buvable (arôme caramel) ; flacon de 90 ml avec seringue graduée en kg. Remb 65 % - **Prix : 1,88 €.**
**DOLKO 80 mg :** suppositoire pour nourrisson de 4 à 9 kg ; boîte de 10. Remb 65 % - **Prix : 1,66 €.**
**DOLKO 170 mg :** suppositoire pour nourrisson de 9 à 13 kg ; boîte de 10. Remb 65 % - **Prix : 1,77 €.**
**DOLKO 500 mg :** comprimé sécable (blanc) ; boîte de 16. Remb 65 % - **Prix : 1,74 €.**
**DOLKO 500 mg :** poudre pour solution buvable (arôme orange) ; boîte de 12 sachets. Remb 65 % - **Prix : 1,74 €.**
**DOLKO 1 g :** comprimé (lblanc) ; boîte de 8. Remb 65 % - **Prix : 1,68 €.**

### Composition

| | p grad kg | p suppos | p suppos |
|---|---|---|---|
| **Paracétamol** | 15 mg | 80 mg | 170 mg |
| Saccharose | 200 mg | | |

| | p cp | p sachet | p cp |
|---|---|---|---|
| **Paracétamol** | 500 mg | 500 mg | 1000 mg |
| Aspartam | | + | |

### Dans quel cas ce médicament est-il prescrit ?

Ce médicament est un *antalgique* et un *antipyrétique* qui contient du paracétamol.

Il est utilisé pour faire baisser la fièvre et dans le traitement des affections douloureuses.

### Contre-indications

Ce médicament ne doit pas être utilisé dans les cas suivants :
- maladie grave du foie,
- *inflammation* ou saignement du rectum (suppositoire),
- *phénylcétonurie* (sachet à 500 mg : présence d'aspartam).

**Attention :** De nombreux médicaments contiennent du paracétamol : vous devez en tenir compte en cas de prise conjointe car le *surdosage* en paracétamol peut être toxique pour le foie.
La solution buvable contient du sucre (saccharose) en quantité notable.

### Grossesse et allaitement

Les études scientifiques actuellement disponibles n'ont pas mis en évidence de problème particulier lors de l'utilisation chez la femme enceinte.

Aux doses usuelles, l'usage de ce médicament est possible pendant l'allaitement.

### Mode d'emploi et posologie

Ce médicament peut être pris indifféremment pendant ou entre les repas. Respecter un intervalle de 4 à 6 heures entre 2 prises. En cas d'insuffisance rénale, l'intervalle entre 2 prises doit être de 8 heures minimum.

Les comprimés à 1 g sont réservés à l'adulte.

Les comprimés à 500 mg sont destinés à l'adulte et à l'enfant de plus de 21 kg, les sachets à l'adulte et à l'enfant de plus de 27 kg. Le contenu du sachet doit être dilué dans un verre d'eau.

La solution buvable est adaptée aux enfants de 3,5 à 12 kg. Elle peut être prise pure ou diluée dans un verre d'eau ou de lait. La dose par prise est indiquée en fonction du poids de l'enfant, sur le piston de la seringue graduée en kg.

Compte tenu du risque d'écoulement anal, il est déconseillé d'utiliser plus de 4 suppositoires par jour.

**Posologie usuelle :**
- Adulte : 500 mg ou 1 g (soit 1 à 2 comprimés ou sachets à 500 mg ou 1 comprimé à 1 g), 1 à 3 fois par jour. Ne pas dépasser 3 g de paracétamol par jour.
- Enfant : 60 mg par kg et par jour, soit 15 mg par kg toutes les 6 heures ou 10 mg par kg toutes les 4 heures. Il est nécessaire de suivre les recommandations de votre pharmacien ou de votre médecin ou de suivre les posologies suivantes données à titre indicatif :
  - enfant de 5 kg : 1 suppositoire à 80 mg, 4 fois par jour ;
  - enfant de 10 kg : 1 suppositoire à 170 mg, 4 fois par jour ;
  - enfant de 12 kg : 1 dose 12 kg de solution buvable, 4 fois par jour ;
  - enfant de 25 kg : ½ comprimé à 500 mg, 6 fois par jour ;
  - enfant de 35 kg : 1 comprimé à 500 mg, 4 fois par jour.

Dans les douleurs sévères de l'adulte et notamment dans l'*arthrose*, la *posologie* maximale peut être portée à 1 g de paracétamol, 4 fois par jour, uniquement sur avis médical.

La dose quotidienne maximale de paracétamol chez l'enfant est de 80 mg par kg, en 4 prises minimum, sans dépasser 3 g par jour.

**Conseils :** Dans le traitement de la fièvre chez l'enfant, lorsque le paracétamol est utilisé à la dose de 60 mg par kg et par jour, l'adjonction d'aspirine ou son usage en alternance avec le paracétamol est inutile, car l'aspirine ne permet pas d'obtenir une baisse supplémentaire de la fièvre.
Des sueurs abondantes accompagnent généralement la baisse de température lors du traitement des fièvres élevées. Ce phénomène est normal.

### Effets indésirables possibles

Très rarement : *réactions allergiques* cutanées essentiellement.

Laboratoires Thérabel Lucien Pharma

## DOLODENT

Préparation buccale antalgique

### Présentation

DOLODENT : solution gingivale ; flacon de 36 g. Non remb.

### Composition

| | p 100 g |
|---|---|
| **Amyléine chlorhydrate** | 0,75 g |
| Menthe, huile essentielle | + |

### Dans quel cas ce médicament est-il prescrit ?

Cette solution gingivale contient un *anesthésique* local. Il est utilisé dans le *traitement symptomatique* des poussées dentaires chez le jeune enfant.

### Contre-indications

Ce médicament ne doit pas être utilisé en cas d'*allergie* aux *anesthésiques* locaux.

**Attention :** Certains *symptômes* sont fréquemment attribués à une poussée dentaire : rougeurs des fesses ou des joues, selles molles, fièvre. Cependant, si la fièvre est élevée ou si la douleur est importante, une autre affection est possible, notamment une *otite* ou une angine : n'hésitez pas à consulter votre médecin.

### Mode d'emploi et posologie

Mettre un peu de solution sur un doigt et masser doucement les gencives pendant 2 à 3 minutes.

**Posologie usuelle :**
2 ou 3 applications par jour.

**Conseils :** Les premières dents sortent habituellement aux environs du 6e mois ; cependant, les poussées peuvent être plus précoces ou plus tardives (entre le 3e et le 15e mois) sans que cela soit anormal.
Lors des poussées dentaires, certains enfants peuvent refuser les aliments solides, ce phénomène est passager et ne doit pas vous inquiéter. D'autres enfants sont soulagés par le fait de mordre : une tétine ou un bâton de guimauve peuvent les apaiser.

### Effets indésirables possibles

*Réaction allergique.*

Laboratoires Gilbert

## DOLOGYNE

*Informations détaillées sur www.monvidal.com*

## DOLOTEC

*Informations détaillées sur www.monvidal.com*

## DOLTAQUE

*Informations détaillées sur www.monvidal.com*

## DOMPÉRIDONE ALMUS

Antiémétique et stimulant de la motricité digestive

sur ordonnance

Ce médicament est un générique de MOTILIUM (voir p. 666 et tableau p. 1151).

## DOMPÉRIDONE ARROW

Antiémétique, stimulant de la motricité digestive

sur ordonnance

Ce médicament est un générique de MOTILIUM (voir p. 666 et tableau p. 1151).

## DOMPÉRIDONE BIOGARAN

Antiémétique, stimulant de la motricité digestive

sur ordonnance

Ce médicament est un générique de MOTILIUM (voir p. 666 et tableau p. 1151).

## DOMPÉRIDONE EG

Antiémétique, stimulant de la motricité digestive

sur ordonnance

Ce médicament est un générique de MOTILIUM (voir p. 666 et tableau p. 1151).

## DOMPÉRIDONE G GAM

Antiémétique, stimulant de la motricité digestive

sur ordonnance

Ce médicament est un générique de MOTILIUM (voir p. 666 et tableau p. 1151).

## DOMPÉRIDONE IREX

Antiémétique, stimulant de la motricité digestive

sur ordonnance

Ce médicament est un générique de MOTILIUM (voir p. 666 et tableau p. 1151).

## DOMPÉRIDONE IVAX

Antiémétique, stimulant de la motricité digestive

sur ordonnance

Ce médicament est un générique de MOTILIUM (voir p. 666 et tableau p. 1151).

## DOMPÉRIDONE MERCK

Antiémétique, stimulant de la motricité digestive — sur ordonnance

Ce médicament est un générique de MOTILIUM (voir p. 666 et tableau p. 1151).

## DOMPÉRIDONE QUALIMED

Antiémétique, stimulant de la motricité digestive — sur ordonnance

Ce médicament est un générique de MOTILIUM (voir p. 666 et tableau p. 1151).

## DOMPÉRIDONE RATIOPHARM

Antiémétique, stimulant de la motricité digestive — sur ordonnance

Ce médicament est un générique de MOTILIUM (voir p. 666 et tableau p. 1151).

## DOMPÉRIDONE RPG

Antiémétique, stimulant de la motricité digestive — sur ordonnance

Ce médicament est un générique de MOTILIUM (voir p. 666 et tableau p. 1151).

## DOMPÉRIDONE SANDOZ

Antiémétique, stimulant de la motricité digestive — sur ordonnance

Ce médicament est un générique de MOTILIUM (voir p. 666 et tableau p. 1151).

## DOMPÉRIDONE TEVA

Antiémétique, stimulant de la motricité digestive — sur ordonnance

Ce médicament est un générique de MOTILIUM (voir p. 666 et tableau p. 1151).

## DOMPÉRIDONE WINTHROP

Antiémétique et stimulant de la motricité digestive — sur ordonnance

Ce médicament est un générique de MOTILIUM (voir p. 666 et tableau p. 1151).

## DOMPÉRIDONE ZYDUS

Antiémétique et stimulant de la motricité digestive — sur ordonnance

Ce médicament est un générique de MOTILIUM (voir p. 666 et tableau p. 1151).

## DONORMYL

Hypnotique : antihistaminique H1

### Présentation

**DONORMYL 15 mg** : comprimé effervescent sécable (blanc) ; boîte de 10. Non remb.
**DONORMYL 15 mg** : comprimé sécable (blanc) ; boîte de 10. Non remb.
**DONORMYL 15 mg** : comprimé sécable (blanc) ; boîte de 30. Non remb.

### Composition

| | p cp efferv | p cp |
|---|---|---|
| **Doxylamine succinate** | 15 mg | 15 mg |
| Sodium | 484 mg | |
| Lactose | | + |

### Dans quel cas ce médicament est-il prescrit ?

Ce médicament est un *hypnotique* (somnifère). Il contient un *antihistaminique* qui a un effet *sédatif*. Il possède également des propriétés *atropiniques* qui expliquent certaines contre-indications et certains effets indésirables.
Il est utilisé dans le traitement de l'insomnie.

### Contre-indications

Ce médicament ne doit pas être utilisé dans les cas suivants :
- *glaucome* à angle fermé,
- risque de rétention des urines (*adénome de la prostate*...),
- enfant de moins de 15 ans.

**Attention :** Certaines insomnies peuvent traduire une *dépression* masquée et justifier un traitement spécifique.
Ce médicament présente des effets *atropiniques*. Il peut provoquer un *glaucome* aigu chez les personnes prédisposées : œil rouge, dur et douloureux, avec vision floue. Une consultation d'extrême urgence auprès d'un ophtalmologiste est nécessaire.
Ce médicament expose à un risque de chute nocturne chez la personne âgée ayant l'habitude de se lever la nuit.
Les comprimés effervescents contiennent du sel (sodium) en quantité notable.
Évitez les boissons alcoolisées : augmentation du risque de somnolence.
Ce médicament est un somnifère. Conduire ou utiliser une machine dangereuse dans les heures qui suivent sa prise est bien sûr contre-indiqué.
La durée de l'effet sédatif, ainsi que son intensité, est très variable d'une personne à l'autre. Il vous appartient de vérifier, après les premières prises, que la persistance éventuelle d'une somnolence au réveil est compatible avec la poursuite de vos activités habituelles.

### Interactions avec d'autres substances

Informez votre médecin ou votre pharmacien si vous prenez un autre médicament ayant des effets *atropiniques* ou *sédatifs* (tranquillisants, somnifères, certains médicaments contre la toux ou contre la douleur contenant des *opiacés*, *antidépresseurs*, *neuroleptiques*...).

### Grossesse et allaitement

Ce médicament peut être utilisé pendant la grossesse, après avis médical.

En cas de prise en fin de grossesse, une surveillance du nouveau-né peut être nécessaire.

Les données disponibles ne permettent pas de savoir si ce médicament passe dans le lait maternel : il est déconseillé pendant l'allaitement.

### Mode d'emploi et posologie

Ce médicament doit être pris 15 à 30 minutes avant le coucher.

Les comprimés doivent être avalés avec un peu d'eau et les comprimés effervescents dissous dans un demi-verre d'eau.

**Posologie usuelle :**

- Adulte : ½ à 2 comprimés par jour selon la sensibilité individuelle.

La durée du traitement est limitée à 2 à 5 jours sans avis médical.

> **Conseils :** Les somnifères ne sont pas la seule réponse aux troubles du sommeil. Une meilleure hygiène de vie, une consommation modérée d'excitants (y compris les boissons alcoolisées) permettent aussi de lutter efficacement contre les insomnies.

### Effets indésirables possibles

Somnolence pendant la journée.

Rarement, effets *atropiniques* : troubles de l'*accommodation*, constipation, bouche sèche.

Laboratoires Upsa Conseil

## DOPERGINE

*Informations détaillées sur www.monvidal.com*

## DOPS

*Informations détaillées sur www.monvidal.com*

## DOSISEPTINE

Antiseptique local

### Présentation

**DOSISEPTINE 0,05 % :** solution stérile pour application cutanée ; boîte de 10 flacons unidoses de 5 ml. Non remb.

**DOSISEPTINE 0,05 % :** solution stérile pour application cutanée ; boîte de 20 flacons unidoses de 5 ml. Remb 35 % - **Prix : 2,59 €**.

**DOSISEPTINE 0,05 % :** solution stérile pour application cutanée ; boîte de 32 flacons unidoses de 15 ml. Non remb.

**DOSISEPTINE 0,05 % :** solution stérile pour application cutanée ; flacon pressurisé de 50 ml. Non remb.

### Composition

| | p 100 ml |
|---|---|
| **Chlorhexidine gluconate** | 50 mg |

### Dans quel cas ce médicament est-il prescrit ?

Ce médicament est un *antiseptique* local.

Il est utilisé pour le nettoyage et l'*antisepsie* des plaies superficielles peu étendues.

### Contre-indications

Ce médicament ne doit pas être appliqué sur les *muqueuses*, dans les yeux et dans le conduit auditif (risque de toxicité en cas de perforation du tympan).

> **Attention :** Évitez l'usage prolongé de ce médicament, notamment chez l'enfant, sur des surfaces étendues ou profondément lésées, sans l'avis de votre médecin : risque de passage du médicament dans le sang.
>
> Cet *antiseptique* détruit les *germes* en moins de 5 minutes. Néanmoins, son action n'est pas immédiate et il ne convient pas pour la désinfection des ciseaux, rasoirs et autres objets potentiellement contaminants. De même, il ne doit pas être utilisé pour désinfecter la peau avant une piqûre.

### Interactions avec d'autres substances

L'association à d'autres *antiseptiques* ou aux savons est déconseillée car leurs effets risquent de s'annuler.

### Grossesse et allaitement

L'utilisation ponctuelle de ce médicament pendant la grossesse ou l'allaitement ne semble pas poser de problème particulier.

Cet *antiseptique* ne doit pas être appliqué sur le mamelon sans avis médical. Un rinçage soigneux avant la tétée est indispensable.

### Mode d'emploi et posologie

Cette solution est prête à l'emploi : elle peut être appliquée directement sur les plaies et ne doit pas être rincée.

**Posologie usuelle :**

2 applications par jour.

> **Conseils :** Le simple lavage à l'eau et au savon permet d'éliminer la majorité des *germes* : il doit être suivi d'un rinçage soigneux car le savon peut inactiver certains *antiseptiques*.
>
> Tous les antiseptiques peuvent être contaminés par des germes : utilisez une nouvelle unidose à chaque application.

### Effets indésirables possibles

*Eczéma* de contact.

Laboratoires Gifrer Barbezat

## DOSOXYGÉNÉE

*Informations détaillées sur www.monvidal.com*

## DOSTINEX

*Informations détaillées sur www.monvidal.com*

## DOXIUM

Vasculoprotecteur

### Présentation

**DOXIUM 250 mg :** comprimé (blanc) ; boîte de 30. Remb 15 % - **Prix : 3,69 €**.

### Composition

| | p cp |
|---|---|
| **Calcium dobésilate** | 250 mg |
| Sulfites | + |

### Dans quel cas ce médicament est-il prescrit ?

C'est un protecteur *vasculaire*. Il stimule la circulation du sang dans les veines et lutte contre l'altération des *vaisseaux capillaires*.

Il est utilisé dans le *traitement symptomatique* :
- des jambes lourdes, *impatiences* et autres troubles en rapport avec une mauvaise circulation veineuse ou *lymphatique* ;
- de l'insuffisance d'irrigation de la *rétine*.

> **Attention :** Ce médicament contient des *sulfites* qui peuvent provoquer des *réactions allergiques* chez les personnes prédisposées.
> Il est insuffisant pour prévenir le risque de *phlébite* chez les malades alités ou plâtrés.
> L'*insuffisance veineuse* peut requérir des mesures spécifiques telles que la *contention élastique*.

### Grossesse et allaitement

L'effet de ce médicament pendant la grossesse ou l'allaitement est mal connu. L'évaluation du risque éventuel lié à son utilisation est individuelle : demandez conseil à votre pharmacien ou à votre médecin.

### Mode d'emploi et posologie

Ce médicament doit être pris au cours des repas.

**Posologie usuelle :**
3 à 6 comprimés par jour.

> **Conseils :** Une activité physique régulière et la surélévation du pied du lit permettent de faciliter la circulation veineuse et *lymphatique*.

### Effets indésirables possibles

Rarement : nausées et diarrhées pouvant nécessiter une réduction de la posologie, douleur des articulations.
*Réaction allergique* : signalez à votre médecin la survenue éventuelle d'une *éruption cutanée* ou d'une fièvre (prolongée survenant sans raison).
Exceptionnelllement : baisse du nombre de *globules blancs* dans le sang.

Laboratoires Europhta

## DOXY
Antibiotique : cycline — sur ordonnance

Ce médicament est un générique de VIBRAMYCINE (voir p. 1092 et tableau p. 1151).

## DOXYCYCLINE ARROW
*Informations détaillées sur www.monvidal.com*

## DOXYCYCLINE BIOGARAN
Antibiotique : cycline — sur ordonnance

Ce médicament est un générique de VIBRAMYCINE (voir p. 1092 et tableau p. 1151).

## DOXYCYCLINE G GAM
Antibiotique : cycline — sur ordonnance

Ce médicament est un générique de VIBRAMYCINE (voir p. 1092 et tableau p. 1151).

## DOXYCYCLINE GNR
*Informations détaillées sur www.monvidal.com*

## DOXYCYCLINE MERCK
Antibiotique : cycline — sur ordonnance

Ce médicament est un générique de VIBRAMYCINE (voir p. 1092 et tableau p. 1151).

## DOXYCYCLINE RATIOPHARM
Antibiotique : cycline — sur ordonnance

Ce médicament est un générique de VIBRAMYCINE (voir p. 1092 et tableau p. 1151).

## DOXYCYCLINE SANDOZ
*Informations détaillées sur www.monvidal.com*

## DOXYLIS
Antibiotique : cycline — sur ordonnance

Ce médicament est un générique de VIBRAMYCINE (voir p. 1092 et tableau p. 1151).

## DOXYPALU
*Informations détaillées sur www.monvidal.com*

## DRAGÉES FUCA
Laxatif stimulant

### Présentation

DRAGÉES FUCA : comprimé (marron) ; boîte de 45. Non remb.

### Composition

| | p cp |
|---|---|
| **Bourdaine, extrait d'écorce** | 100 mg |
| soit Glucofranguline A | 6,25 mg |
| **Cascara, extrait d'écorce** | 100 mg |
| soit Cascaroside A | 6,25 mg |
| **Fucus, extrait** | 50 mg |

### Dans quel cas ce médicament est-il prescrit ?

Ce médicament contient des *laxatifs stimulants* (bourdaine, cascara). Il augmente les sécrétions et la motricité de l'intestin.
Il est utilisé dans le *traitement symptomatique* de la constipation.

### Contre-indications

Ce médicament ne doit pas être utilisé dans les cas suivants :
- maladies inflammatoires du côlon ;
- constipation ou douleurs abdominales dues à une obstruction du tube digestif : rétrécissement intestinal, *fécalome* (bouchon de selles) ;
- déshydratation importante, surtout si elle est associée à une perte en sels minéraux (*sodium*, *potassium*) ;
- enfant de moins de 10 ans.

> **Attention :** Ce médicament doit être utilisé de façon épisodique et en cure très brève : pas plus de 8 à 10 jours.

Son usage régulier peut entraîner :
- une *dépendance*,
- des troubles intestinaux graves,
- une perte de sels minéraux, notamment de *potassium*, pouvant être à l'origine de *troubles du rythme cardiaque* graves.

Chez l'enfant de plus de 10 ans, ce médicament ne peut être utilisé que de façon exceptionnelle et uniquement sur prescription médicale.

Arrêtez le traitement en cas de diarrhée ou de douleurs abdominales.

### Interactions avec d'autres substances

Ce médicament peut interagir avec les médicaments susceptibles de provoquer des *torsades de pointes*.

Informez par ailleurs votre pharmacien ou votre médecin si vous prenez des *corticoïdes* (sauf traitement local), des *diurétiques* ou des médicaments contenant de la digoxine, de la digitoxine ou de l'amphotéricine B (par *voie* intraveineuse).

### Grossesse et allaitement

Ce médicament est déconseillé pendant la grossesse ou l'allaitement.

### Mode d'emploi et posologie

Avaler les comprimés sans les croquer avec un grand verre d'eau.

**Posologie usuelle :**
- Adulte : 1 ou 2 comprimés par jour.

**Conseils :** Le traitement de la constipation chronique repose essentiellement sur des boissons abondantes, une alimentation riche en fibres et une activité physique régulière.

Ce médicament peut colorer les urines (de jaune-brun à rouge-brun), ce qui ne doit pas vous inquiéter.

### Effets indésirables possibles

Diarrhée, douleurs abdominales.

Laboratoires Fuca

## DRAGÉES VÉGÉTALES REX

*Informations détaillées sur www.monvidal.com*

## DRAINACTIL

*Informations détaillées sur www.monvidal.com*

## DRAMAMINE

*Informations détaillées sur www.monvidal.com*

## DRILL expectorant

Fluidifiant bronchique

### Présentation

**DRILL expectorant 5 % Adulte :** sirop (arôme caramel) ; flacon de 200 ml. Non remb.

**DRILL expectorant sans sucre 5 % Adulte :** solution buvable ; flacon de 200 ml. Non remb.

### Composition

| | p c à s | p c à s |
|---|---|---|
| **Carbocistéine** | 750 mg | 750 mg |
| Saccharose | 6 g | |

### Dans quel cas ce médicament est-il prescrit ?

Ce médicament fluidifie les sécrétions (mucosités) présentes dans les bronches. Il facilite leur évacuation par la toux.

Il est utilisé en cas de toux grasse avec difficulté à cracher, notamment au cours des bronchites aiguës.

**Attention :** Ce médicament ne peut être utilisé en cas de *bronchite chronique* que sur avis médical.

Des précautions sont nécessaires en cas d'*ulcère* de l'estomac ou du *duodénum*.

N'utilisez pas d'*antitussif* en plus de ce médicament sans l'avis de votre médecin ou de votre pharmacien.

Si les sécrétions persistent au-delà de quelques jours, si elles se colorent ou si vous avez de la fièvre, consultez votre médecin.

Le sirop contient du *sucre* (saccharose) en quantité notable.

### Grossesse et allaitement

Ce médicament ne contient que des substances présumées sans danger pendant la grossesse ou l'allaitement. Néanmoins, ne l'utilisez pas de façon prolongée sans l'avis de votre pharmacien ou de votre médecin.

### Mode d'emploi et posologie

Ce médicament est pris de préférence en dehors des repas.

**Posologie usuelle :**
- Adulte : 1 cuillère à soupe, 3 fois par jour.

Le traitement peut être interrompu dès l'amélioration des symptômes. Sa durée ne doit pas dépasser 8 à 10 jours sans avis médical.

**Conseils :** Fumer, ou être exposé à la fumée des autres, est un frein important à l'évacuation des mucosités.

Il est important de lutter contre la sécheresse de l'air ambiant (humidificateur...) pour éviter le dessèchement des sécrétions. Il est également recommandé de boire beaucoup.

Chez la personne âgée, l'incapacité à évacuer les crachats peut justifier l'aide d'un kinésithérapeute, sur prescription de votre médecin.

### Effets indésirables possibles

Douleurs d'estomac, nausées, diarrhée.

Laboratoires Pierre Fabre Médicament

## DRILL maux de gorge

Préparation orobuccale antibactérienne et antalgique

### Présentation

**DRILL maux de gorge :** *collutoire* ; flacon de 40 ml avec embout buccal. Non remb.

### Composition

| | p 100 ml |
|---|---|
| **Chlorhexidine digluconate** | 50 mg |
| **Tétracaïne chlorhydrate** | 15 mg |
| Alcool | + |

### Dans quel cas ce médicament est-il prescrit ?

Ce *collutoire*, antibactérien et *antalgique*, contient un *antiseptique* et un *anesthésique* local.

Il est utilisé dans le *traitement d'appoint* des affections de la bouche et de la gorge (maux de gorge peu intenses, *aphtes*...).

### Contre-indications

Ce médicament ne doit pas être utilisé dans les cas suivants :
- *allergie* aux *anesthésiques* locaux,
- enfant de moins de 12 ans.

**Attention :** En l'absence d'amélioration au bout de 5 jours, de douleur en avalant ou en cas d'apparition de fièvre, consultez votre médecin. Il pourra faire la différence entre une *pharyngite* et une angine. En cas d'angine bactérienne, un traitement *antibiotique* est nécessaire afin d'éviter des complications ultérieures, cardiaques ou rénales.
L'usage prolongé des traitements antiseptiques locaux (*gargarisme*, *collutoire*, pastille) n'est pas souhaitable ; il peut modifier l'équilibre microbien naturel de la gorge.
Une surconsommation pourrait provoquer des troubles nerveux et cardiaques : respectez la *posologie*.
En l'absence d'amélioration au bout de 5 jours, en cas d'apparition de fièvre, consultez votre médecin.
Sportif : les *anesthésiques* locaux ont été retirés de la liste des substances dopantes publiée dans les arrêtés du 20 avril et du 16 août 2004 par le ministère de la Jeunesse et des Sports.

### Interactions avec d'autres substances

Il est généralement inutile d'associer des *antiseptiques* différents. Ceux-ci peuvent être contenus dans de nombreux produits disponibles en automédication : pastille, *collutoire* et solution nasale ; demandez conseil à votre pharmacien.

### Grossesse et allaitement

L'effet de ce médicament pendant la grossesse ou l'allaitement est mal connu. L'évaluation du risque éventuel lié à son utilisation est individuelle : demandez conseil à votre pharmacien ou à votre médecin.

### Mode d'emploi et posologie

Les pulvérisations doivent être espacées d'au moins 4 heures.

**Posologie usuelle :**
- Adulte : 1 à 6 pulvérisations par jour.
- Enfant de 12 à 15 ans : 1 à 3 pulvérisations par jour.

**Conseils :** Chez l'enfant et la personne âgée, évitez l'usage de ce médicament avant les repas : l'*anesthésique* local est susceptible de provoquer des troubles de la déglutition ; ceux-ci pourraient être à l'origine du passage d'aliments dans les *voies* respiratoires.

### Effets indésirables possibles

*Réaction allergique.*
Engourdissement passager de la langue.
Coloration brune de la langue et des dents disparaissant à l'arrêt du traitement.

**Laboratoires Pierre Fabre Médicament**

## DRILL pastille

Préparation orobuccale antibactérienne et antalgique

### Présentation

**DRILL :** pastille (rouge ; arômes coquelicot, pulmoral) ; boîte de 24. Non remb.
**DRILL sans sucre :** pastille (incolore ; arômes coquelicot, pulmoral) ; boîte de 24. Non remb.
**DRILL miel rosat :** pastille (jaune ; arôme rose) ; boîte de 24. Non remb.
**DRILL citron menthe :** pastille (arômes : citron, menthe) ; boîte de 24. Non remb.

### Composition

| | p past | p past sans sucre |
|---|---|---|
| **Chlorhexidine digluconate** | 3 mg | 3 mg |
| **Tétracaïne chlorhydrate** | 0,2 mg | 0,2 mg |
| Aspartam | | + |
| Sucre | 2,5 g | |

| | p past miel | p past citron |
|---|---|---|
| **Chlorhexidine digluconate** | 3 mg | 3 mg |
| **Tétracaïne chlorhydrate** | 0,2 mg | 0,2 mg |
| Sucres | 2,5 g | 2,2 g |

### Dans quel cas ce médicament est-il prescrit ?

Ces pastilles contiennent un *antiseptique* et un *anesthésique* local.
Elles sont utilisées dans le traitement des maux de gorge et des petites plaies de la bouche (*aphtes* par exemple).

### Contre-indications

Ce médicament ne doit pas être utilisé dans les cas suivants :
- *allergie* aux *anesthésiques* locaux,
- *phénylcétonurie* (pastille sans sucre : présence d'aspartam),
- enfant de moins de 6 ans.

**Attention :** En l'absence d'amélioration au bout de 5 jours, de douleur en avalant ou en cas d'apparition de fièvre, consultez votre médecin. Il pourra faire la différence entre une *pharyngite* et une angine. En cas d'angine bactérienne, un traitement *antibiotique* est nécessaire afin d'éviter des complications ultérieures, cardiaques ou rénales.
L'usage prolongé des traitements antiseptiques locaux (*gargarisme*, *collutoire*, pastille) n'est pas souhaitable ; il peut modifier l'équilibre microbien naturel de la gorge.
Une surconsommation pourrait provoquer des troubles nerveux et cardiaques : respectez la *posologie*.
Les pastilles simples, miel rosat et citron menthe contiennent du *sucre* en quantité notable.
Sportif : les *anesthésiques* locaux ont été retirés de la liste des substances dopantes publiée dans les arrêtés du 20 avril et du 16 août 2004 par le ministère de la Jeunesse et des Sports.

### Interactions avec d'autres substances

Il est généralement inutile d'associer des *antiseptiques* différents. Ceux-ci peuvent être contenus dans de nombreux produits disponibles en automédication : pastille, *collutoire* et solution nasale ; demandez conseil à votre pharmacien.

**Grossesse et allaitement**

L'effet de ce médicament pendant la grossesse ou l'allaitement est mal connu. L'évaluation du risque éventuel lié à son utilisation est individuelle : demandez conseil à votre pharmacien ou à votre médecin.

**Mode d'emploi et posologie**

Les pastilles doivent être sucées lentement, sans être croquées.
Les prises doivent être espacées d'au moins 2 heures.

**Posologie usuelle :**

- Adulte et enfant de plus de 15 ans : 1 pastille, 4 fois par jour.
- Enfant de 6 à 15 ans : 1 pastille, 2 à 3 fois par jour.

La durée du traitement est limitée à 5 jours sans avis médical.

**Conseils :** Chez l'enfant et la personne âgée, évitez l'usage de ce médicament avant les repas : l'*anesthésique* local est susceptible de provoquer des troubles de la déglutition ; ceux-ci pourraient être à l'origine du passage d'aliments dans les *voies* respiratoires.
Les pastilles sont sensibles à l'humidité : elles sont à conserver dans leur emballage d'origine.

**Effets indésirables possibles**

En cas de *réaction allergique* cutanée, arrêtez le traitement.
Engourdissement passager de la langue.
Coloration brune de la langue et des dents disparaissant à l'arrêt du traitement.

Laboratoires Pierre Fabre Médicament

## DRILL toux sèche

*Informations détaillées sur www.monvidal.com*

## DRIPTANE

Antispasmodique urinaire — sur ordonnance

Ce médicament est un générique de DITROPAN (voir p. 329 et tableau p. 1151).

## DROSERA COMPLEXE N° 64

*Informations détaillées sur www.monvidal.com*

## DROSERA COMPOSÉ BOIRON

Homéopathie

**Présentation**

DROSERA COMPOSÉ BOIRON : comprimé ; boîte de 50. Remb 35 % - **Prix : 1,46 €.**
DROSERA COMPOSÉ BOIRON : granule ; tube de 80. Remb 35 % - **Prix : 1,81 €.**
DROSERA COMPOSÉ BOIRON : solution buvable ; flacon de 30 ml (gouttes). Remb 35 % - **Prix : 2,28 €.**

**Composition**

Drosera rotundifolia 3 CH, Arnica montana 3 CH, Belladonna 3 CH, Artemisia cina 3 CH, Coccus cacti 3 CH, Corallium rubrum 3 CH, Cuprum metallicum 3 CH, Ferrum phosphoricum 3 CH, Ipeca 3 CH, Solidago virga aurea 1 CH, aa, lactose, saccharose (comprimés et granules), alcool (solution).

**Dans quel cas ce médicament est-il prescrit ?**

Ce médicament est un *complexe* (association) de composants homéopathiques.
Il est utilisé dans le *traitement homéopathique* des toux sèches.

**Attention :** La toux est un symptôme qui peut révéler de nombreuses maladies : consultez votre médecin si elle persiste plus de quelques jours.

**Grossesse et allaitement**

Aux *dilutions homéopathiques*, les substances contenues dans ce médicament ne sont pas connues pour être toxiques pendant la grossesse ou l'allaitement.

**Mode d'emploi et posologie**

Les comprimés et les granules doivent être sucés lentement. Les gouttes doivent être diluées dans un peu d'eau.

**Posologie usuelle :**

2 comprimés ou 5 granules 2 fois par jour, ou 10 gouttes 3 fois par jour.

**Conseils :** Des mesures simples permettent de calmer les toux sèches : boissons chaudes et humidification de l'air ambiant.

Laboratoires Boiron

## DROSETUX

*Informations détaillées sur www.monvidal.com*

## D.T. POLIO

Vaccins associés

**Présentation**

D.T. POLIO : suspension injectable ; seringue préremplie de 0,5 ml. Remb 65 % - **Prix : 6,70 €.**

**Composition**

| | p seringue |
|---|---|
| **Anatoxine diphtérique purifiée** | 1 dose |
| **Anatoxine tétanique purifiée** | 1 dose |
| **Vaccins poliomyélitiques inactivés de types 1, 2 et 3** | 1 dose |

**Dans quel cas ce médicament est-il prescrit ?**

C'est une association de *vaccins* composée de toxines inactivées, ou *anatoxines*, (diphtérie et tétanos) et de *germes* tués (polio). Elle ne contient aucun germe vivant.
Elle est utilisée dans la prévention de la diphtérie, du tétanos et de la poliomyélite.
L'immunité apparaît dès la deuxième injection et persiste au moins 5 ans après le premier rappel.

**Attention :** En cas de fièvre élevée, de maladie aiguë, il est préférable de différer la vaccination. Néanmoins, de banales *rhinopharyngites* ne justifient pas la prise de retard dans le programme de vaccination infantile.

**Grossesse et allaitement**

Cette vaccination peut être pratiquée pendant la grossesse ou l'allaitement.

### Mode d'emploi et posologie

Bien agiter la seringue avant l'emploi, la réchauffer à température ambiante si nécessaire. L'injection doit être réalisée par *voie* sous-cutanée ou intramusculaire.

**Posologie usuelle :**

Les 3 premières injections sont réalisées à 1 mois d'intervalle dès l'âge de 2 mois. Le premier rappel a lieu 1 an après la troisième injection, puis tous les 5 à 10 ans.

> **Conseils :** Les réactions fébriles dues aux *vaccins* peuvent être combattues en prenant de l'aspirine ou du paracétamol.
> Pour garder son efficacité, ce médicament doit être conservé entre + 2 °C et + 8 °C (partie haute du réfrigérateur). Toutefois, une rupture de la chaîne du froid pendant une durée limitée (quelques heures à température ambiante inférieure à 25 °C) ne devrait pas prêter à conséquence. En pratique, en cas de nécessité, un délai de quelques heures peut séparer l'achat du vaccin en pharmacie de son stockage au réfrigérateur ou de la vaccination.
> Ce vaccin ne doit pas être congelé.

### Effets indésirables possibles

Réactions douloureuses, *nodule* au point d'injection.

Fièvre (38 ° à 39 °C) pendant 1 ou 2 jours.

Laboratoires Sanofi Pasteur MSD

## DUKORAL

*Informations détaillées sur www.monvidal.com*

## DULCILARMES

*Informations détaillées sur www.monvidal.com*

## DULCIPHAK

Traitement de la cataracte

### Présentation

DULCIPHAK : collyre ; flacon compte-gouttes de 10 ml. Non remb.

### Composition

| | p 100 ml |
|---|---|
| **Solution de méthylsilanétriol et de salicylate de sodium** | 5 ml |
| **Acide parahydroxycinnamique** | 0,05 g |

### Dans quel cas ce médicament est-il prescrit ?

Ce collyre contient un dérivé du silicium.

Il est utilisé dans le *traitement d'appoint* de la *cataracte*.

### Interactions avec d'autres substances

Ce collyre peut interagir avec d'autres collyres : respectez un intervalle de 15 minutes entre deux instillations.

### Mode d'emploi et posologie

Tirer la paupière inférieure vers le bas tout en regardant vers le haut et déposer une goutte de collyre entre la paupière et le globe oculaire (*cul-de-sac conjonctival*).

**Posologie usuelle :**

2 gouttes, 3 fois par jour.

> **Conseils :** L'application correcte du produit peut nécessiter une aide, notamment chez une personne handicapée ou âgée.
> Évitez de mettre l'embout du flacon en contact avec l'œil.
> Ne conservez pas ce collyre plus de 4 semaines après une première utilisation.

Laboratoires Allergan France

## DULCOLAX comprimé

Laxatif stimulant

### Présentation

DULCOLAX : comprimé *gastrorésistant* (jaune) ; boîte de 20. Non remb.

### Composition

| | p cp |
|---|---|
| **Bisacodyl** | 5 mg |

### Dans quel cas ce médicament est-il prescrit ?

Ce médicament contient un *laxatif stimulant*. Il augmente les sécrétions et la motricité de l'intestin.

Il est utilisé dans le *traitement symptomatique* de la constipation.

### Contre-indications

Ce médicament ne doit pas être utilisé dans les cas suivants :

- maladies inflammatoires du côlon,
- douleurs abdominales de cause non déterminée,
- constipation ou douleurs abdominales dues à une obstruction du tube digestif : rétrécissement intestinal, *fécalome* (bouchon de selles),
- enfant de moins de 6 ans.

> **Attention :** Ce médicament doit être utilisé de façon épisodique et en cure très brève : pas plus de 8 à 10 jours.
> Son usage régulier peut entraîner :
> - une *dépendance*,
> - des troubles intestinaux graves,
> - une perte de sels minéraux, notamment de *potassium*, pouvant être à l'origine de *troubles du rythme cardiaque* graves.
>
> Il ne doit être utilisé qu'à titre exceptionnel chez l'enfant.
> Arrêtez le traitement en cas de diarrhée ou de douleurs abdominales.

### Interactions avec d'autres substances

Ce médicament peut interagir avec les médicaments susceptibles de provoquer des *torsades de pointes*.

Informez par ailleurs votre pharmacien ou votre médecin si vous prenez des *corticoïdes* (sauf traitement local), des *diurétiques* ou des médicaments contenant de la digoxine, de la digitoxine ou de l'amphotéricine B (par *voie* intraveineuse).

### Grossesse et allaitement

Ce médicament est déconseillé pendant la grossesse ou l'allaitement.

### Mode d'emploi et posologie

Les comprimés doivent être avalés sans être croqués soit le matin à jeun (effet 5 heures après), soit le soir (effet 10 heures après).

**Posologie usuelle :**

- Adulte et enfant de plus de 12 ans : 1 ou 2 comprimés par jour.

- Enfant de 6 à 12 ans : 1 comprimé par jour. Le traitement ne doit pas être poursuivi plus de quelques jours sans avis médical.

**Conseils :** Évitez la prise simultanée de substances alcalines (eau de Vichy, par exemple).
Le traitement de la constipation chronique repose essentiellement sur des boissons abondantes, une alimentation riche en fibres et une activité physique régulière.

### Effets indésirables possibles

Diarrhée, douleurs abdominales.

Laboratoires Bœhringer Ingelheim

## DULCOLAX suppositoire

*Informations détaillées sur www.monvidal.com*

## DUOFILM

Verrucide

### Présentation

DUOFILM : solution pour application locale ; flacon de 15 ml avec pinceau. Non remb.

### Composition

| | p 100 g |
|---|---|
| **Acide salicylique** | 16,7 g |
| **Acide lactique** | 16,7 g |
| Collodion | + |

### Dans quel cas ce médicament est-il prescrit ?

Ce médicament contient des substances destinées à dissoudre la kératine, couche la plus externe de la peau. Le collodion contenu dans la solution forme, après séchage, une pellicule incolore et adhérente.
Il est utilisé dans le traitement local des verrues.

### Contre-indications

Ce médicament ne doit pas être utilisé en cas d'*allergie* aux *salicylés*.

**Attention :** La solution ne doit pas être appliquée sur les verrues du visage ou des organes génitaux.
Un avis médical est nécessaire en cas d'*artérite* ou de *diabète* (cicatrisation plus lente).

### Grossesse et allaitement

L'effet de ce médicament pendant la grossesse ou l'allaitement est mal connu. L'évaluation du risque éventuel lié à son utilisation est individuelle : demandez conseil à votre pharmacien ou à votre médecin.

### Mode d'emploi et posologie

Appliquer la solution avec le pinceau, sans déborder sur la peau saine.
En complément de cette application, tous les 2 ou 3 jours, frotter doucement la zone traitée avec une lime en carton ou une pierre ponce en évitant de faire saigner. En cas de saignement, arrêter le traitement pendant 3 jours.

**Posologie usuelle :**
1 application quotidienne, de préférence le soir, pendant 6 à 12 semaines.

**Conseils :** Pour éviter toute irritation, ne mettez pas cette solution caustique en contact avec la peau saine qui entoure la zone à traiter.
Les verrues, dues à un *virus*, sont contagieuses. L'apparition de verrues plantaires peut être prévenue par le port de chaussons souples dans les piscines publiques.
Ce produit étant inflammable, il doit être conservé à l'abri de la chaleur.

### Effets indésirables possibles

Sensation de brûlure et apparition de croûtes, nécessitant l'arrêt du traitement.

Laboratoires Stiefel

## DUOVA

*Informations détaillées sur www.monvidal.com*

## DUPHALAC

Laxatif osmotique

### Présentation

DUPHALAC : solution buvable ; flacon de 200 ml avec godet doseur gradué de 2,5 ml à 30 ml. Remb 35 % - **Prix : 2,77 €**.
DUPHALAC : solution buvable ; boîte de 20 sachets de 15 ml. Remb 35 % - **Prix : 3,49 €**.

### Composition

| | p 15 ml | p sachet |
|---|---|---|
| **Lactulose (fructose + galactose)** | 10 g | 10 g |

### Dans quel cas ce médicament est-il prescrit ?

Ce médicament est un *laxatif osmotique*. Il attire l'eau dans l'intestin et augmente le volume des selles.
Il est utilisé dans le *traitement symptomatique* de la constipation. Son action laxative peut également être utile dans le traitement de l'*encéphalopathie hépatique*.

### Contre-indications

Ce médicament ne doit pas être utilisé dans les cas suivants :
- maladie inflammatoire du côlon,
- occlusion intestinale ou affection prédisposant à une occlusion,
- douleurs abdominales de cause inconnue,
- personne ne devant pas absorber de galactose.

**Attention :** En cas de douleurs abdominales répétitives ou prolongées, ce médicament ne doit pas être pris sans avis médical.
L'usage des laxatifs doit rester exceptionnel chez l'enfant.

### Grossesse et allaitement

Ce médicament ne contient que des substances présumées sans danger pendant la grossesse ou l'allaitement. Néanmoins, ne l'utilisez pas de façon prolongée sans l'avis de votre pharmacien ou de votre médecin.

### Mode d'emploi et posologie

La solution peut être prise pure ou diluée dans une boisson.

**Posologie usuelle :**
Constipation :
- Adulte :
  - *traitement d'attaque* : 1 à 3 fois 15 ml ou 1 à 3 sachets par jour ;
  - *traitement d'entretien* : 10 ml à 25 ml ou 1 à 2 sachets par jour.
- Enfant de 7 à 14 ans :
  - *traitement d'attaque* : 15 ml ou 1 sachet par jour ;
  - *traitement d'entretien* : 10 ml par jour.
- Enfant de 1 à 6 ans : 5 ml à 10 ml par jour.
- Nourrisson jusqu'à 1 an : 5 ml par jour.

Dans le traitement de l'*encéphalopathie hépatique* : 15 ml à 30 ml ou 1 à 2 sachets, 3 fois par jour.

**Conseils :** Le traitement de la constipation chronique repose essentiellement sur des boissons abondantes, une alimentation riche en fibres et une activité physique régulière.
La solution ne doit pas être mise au réfrigérateur ni être exposée à une température inférieure à 10 °C : le sucre présent dans la solution risque de cristalliser.
Le godet doseur doit être rincé après chaque utilisation.

### Effets indésirables possibles
Sensation de ballonnement, diarrhée devant inciter à arrêter le traitement ou à diminuer la *posologie*.
Rarement : démangeaisons, douleur anale.

Laboratoires Solvay Pharma

## DUPHASTON
Progestatif

sur ordonnance

### Présentation
**DUPHASTON 10 :** comprimé (blanc) ; boîte de 10. Liste I - Remb 65 % - **Prix : 3,59 €**.

### Composition

| | p cp |
|---|---|
| **Dydrogestérone** | 10 mg |
| Lactose | + |

### Dans quel cas ce médicament est-il prescrit ?
Ce médicament contient une *hormone* dont l'action est proche de celle de la *progestérone*.
Il est utilisé :
- pour corriger une insuffisance de sécrétion de progestérone dans le traitement de certains troubles des règles, du *syndrome prémenstruel*, de la tension des seins et de certaines stérilités ;
- en complément des *estrogènes* dans le traitement de la *ménopause* ;
- pour traiter l'*endométriose*.

**Attention :** De récentes études ont montré une augmentation du risque de survenue d'un cancer du sein chez les femmes ayant reçu un traitement prolongé des *symptômes* de la *ménopause*. Le traitement doit par conséquent être prescrit à la dose minimale efficace et pour une durée la plus courte possible. En l'absence de troubles, sa prescription ne doit pas être systématique.
Des précautions sont nécessaires en cas *insuffisance hépatique* grave ou d'*antécédent* d'*accident thromboembolique*.
Arrêtez la prise de ce médicament et consultez votre médecin en cas d'apparition de maux de tête violents et inhabituels ou de troubles de la vision.

### Interactions avec d'autres substances
Les médicaments contenant les substances suivantes sont susceptibles de diminuer l'efficacité des traitements hormonaux : carbamazépine, phénobarbital, phénytoïne, primidone, griséofulvine, rifabutine, rifampicine.

### Grossesse et allaitement
Ce médicament n'a pas d'indication pendant la grossesse, mais une prise intempestive ne doit pas susciter d'inquiétude particulière.
Ce médicament passe dans le lait maternel : son usage est déconseillé pendant l'allaitement.

### Mode d'emploi et posologie
Les comprimés peuvent être pris en continu ou durant certaines périodes du cycle.

**Posologie usuelle :**
1 à 3 comprimés par jour, selon les cas.

### Effets indésirables possibles
Saignements entre les règles.
Très rarement : *hépatite, accident thromboembolique, éruption cutanée.*

Laboratoires Solvay Pharma

## DUROGESIC
Antalgique : analogue de la morphine

sur ordonnance

### Présentation
**DUROGESIC 25 µg/h :** dispositif transdermique 10 cm² ; boîte de 5. Stupéfiants - Remb 65 % - **Prix : 42,46 €**.
**DUROGESIC 50 µg/h :** dispositif transdermique 20 cm² ; boîte de 5. Stupéfiants - Remb 65 % - **Prix : 70,49 €**.
**DUROGESIC 75 µg/h :** dispositif transdermique 30 cm² ; boîte de 5. Stupéfiants - Remb 65 % - **Prix : 95,69 €**.
**DUROGESIC 100 µg/h :** dispositif transdermique 40 cm² ; boîte de 5. Stupéfiants - Remb 65 % - **Prix : 116,26 €**.

### Composition

| | p 10 cm² | p 20 cm² |
|---|---|---|
| **Fentanyl** | 2,5 mg | 5 mg |

| | p 30 cm² | p 40 cm² |
|---|---|---|
| **Fentanyl** | 7,5 mg | 10 mg |

### Dans quel cas ce médicament est-il prescrit ?
C'est un *antalgique* puissant qui contient un dérivé de la *morphine*. Il combat la douleur en agissant directement sur le cerveau. Le dispositif transdermique permet une diffusion progressive et constante du médicament pendant 72 heures.
Il est utilisé dans le traitement des douleurs rebelles et stables.

### Contre-indications
Ce médicament ne doit pas être utilisé dans les cas suivants :
- *insuffisance respiratoire* grave ;
- douleurs post-opératoires ;
- en association avec les *antalgiques* contenant de la buprénorphine, de la nalbuphine ou de la pentazocine ;
- **allaitement**.

**Attention :** Ce médicament n'est pas destiné au traitement des douleurs aiguës qui relèvent d'antalgiques d'action rapide ni aux douleurs instables, fluctuantes, qui peuvent nécessiter une adaptation rapide de la posologie, impossible avec cette présentation.

En cas d'utilisation prolongée, un arrêt brutal du traitement expose à des troubles : douleurs diffuses, anxiété, irritabilité, troubles digestifs. Une diminution progressive des doses est recommandée pour éviter ce *syndrome de sevrage*.

Ce médicament doit être conservé hors de portée des enfants avant et après utilisation.

Des précautions sont nécessaires en cas d'*arythmie* cardiaque lente, d'*insuffisance hépatique* ou *rénale*, d'*adénome de la prostate*, d'*hypertension intracrânienne* et chez les personnes âgées.

La chaleur peut accélérer la diffusion du médicament au travers de la peau et conduire à un surdosage (malaise, somnolence, ralentissement de la respiration) : en tenir compte en cas de fièvre supérieure à 39 °C, ou d'exposition intempestive et prolongée du dispositif en place à une source de chaleur (radiateur, couverture chauffante, bouillote, bains très chauds, soleil fort).

La prise de boissons alcoolisées ou l'association aux *sédatifs* peuvent augmenter le risque de somnolence.

Ce médicament peut induire une somnolence parfois intense chez certaines personnes. Cette somnolence peut être majorée par la prise d'*alcool* ou d'autres médicaments *sédatifs*. La conduite ou l'utilisation de machines dangereuses sont déconseillées.

Sportif : ce médicament contient une substance susceptible de rendre positifs certains *tests antidopage*.

### Interactions avec d'autres substances

Ce médicament ne doit pas être associé à un *antalgique* contenant de la buprénorphine (TEMGÉSIC...), de la pentazocine (FORTAL...) ou de la nalbuphine : diminution de l'effet du fentanyl.

Informez votre médecin si vous prenez des médicaments *sédatifs*.

### Grossesse et allaitement

L'absence d'effets nocifs de ce médicament n'a pas été établie ; seul votre médecin peut apprécier la nécessité du traitement et son risque pendant la grossesse.

Une surveillance particulière est nécessaire pour l'enfant né d'une mère sous traitement afin de parer à l'éventualité d'un *syndrome de sevrage*.

Ce médicament passe dans le lait maternel ; un choix est donc nécessaire entre l'allaitement et la prise du médicament. Cette décision devra être prise en accord avec votre médecin.

### Mode d'emploi et posologie

Le dispositif doit être appliqué sur une région cutanée sèche, exempte de lésions et de préférence non pileuse (bras, torse...). Éviter les régions cutanées éventuellement situées dans le champ d'une radiothérapie.

Immédiatement après ouverture du sachet scellé, ôter le feuillet de protection et appliquer fermement le dispositif avec la paume de la main pendant 30 secondes, en insistant d'abord sur le centre, puis sur la périphérie pour assurer une bonne adhérence.

Changer de site d'application à chaque renouvellement du dispositif, qui doit normalement être pratiqué tous les 3 jours. En cas de décollement prématuré, un nouveau dispositif peut être appliqué avant ce délai sans risque de surdosage.

**Posologie usuelle :**

- Adulte : la *posologie*, strictement individuelle, est adaptée progressivement par votre médecin en fonction de l'intensité de la douleur. Ce médicament remplace généralement la morphine par voie orale lorsque la douleur est stabilisée. Des tables de conversion permettent de calculer la posologie en fonction de la dose de morphine totale quotidienne qui était utilisée. A titre indicatif : un dispositif à 25 µg pour une dose de morphine quotidienne inférieure à 135 mg, un dispositif à 50 µg pour une dose de morphine comprise entre 135 et 224 mg.

Lorsque la douleur augmente ponctuellement, la prise d'autres antalgiques d'action rapide est possible. Lorsque la douleur augmente durablement, la posologie de DUROGESIC doit être augmentée.

Lors de l'arrêt du traitement, un relais par d'autres dérivés de la morphine doit être mis en place progressivement pour éviter un *syndrome de sevrage*. Consultez votre médecin.

**Conseils :** La durée de validité de l'ordonnance est limitée à 28 jours. La délivrance du médicament s'effectue en deux fois (tous les 14 jours).

Respectez la *posologie* et la durée de traitement prescrites par votre médecin. Cependant, si le traitement paraît insuffisant, n'hésitez pas à reprendre contact avec lui.

### Effets indésirables possibles

Fréquemment : confusion des idées, nausée, vomissement, constipation. Des médicaments peuvent être prescrits pour limiter ces effets indésirables.

Parfois : difficultés respiratoires, somnolence ou, au contraire, excitation (notamment chez la personne âgée), maux de tête, difficultés à uriner.

Ce médicament contient un morphinique et expose à un risque de *dépendance*. Ce risque est très faible par *voie* cutanée, dans les conditions d'utilisation médicale.

Laboratoires Janssen-Cilag

## DUSPATALIN

Antispasmodique à visée digestive — sur ordonnance

### Présentation

**DUSPATALIN 100 mg :** comprimé (blanc) ; boîte de 30. Liste II - Remb 35 % - **Prix : 2,48 €**.

**DUSPATALIN 200 mg :** gélule contenant des microgranules (blanc) ; boîte de 30. Liste II - Remb 35 % - **Prix : 4,43 €**.

### Composition

| | p cp | p gél |
|---|---|---|
| **Mébévérine chlorhydrate** | 100 mg | 200 mg |
| Lactose | + | |

### Dans quel cas ce médicament est-il prescrit ?

Ce médicament est un *antispasmodique*. Il relâche les muscles du tube digestif et des *voies biliaires*.

Il est utilisé dans le traitement des douleurs ou de l'inconfort liés au dérèglement de l'intestin ou des voies biliaires.

### Grossesse et allaitement

L'effet de ce médicament pendant la grossesse ou l'allaitement est mal connu : seul votre médecin peut évaluer le risque éventuel de son utilisation dans votre cas.

### Mode d'emploi et posologie

Les comprimés et les gélules ne sont pas adaptés à l'enfant de moins de 6 ans. En effet, ils risquent d'obstruer les voies respiratoires si l'enfant déglutit mal et que le comprimé ou la gélule passe dans la trachée (fausse route).

Ce médicament est pris de préférence avant les repas avec un grand verre d'eau.

**Posologie usuelle :**

- Adulte et enfant de plus de 6 ans : 2 comprimés ou 1 gélule, 2 à 3 fois par jour.

**Conseils :** Une vie calme, des horaires de repas réguliers, une adaptation du régime alimentaire sont recommandés.

### Effets indésirables possibles

Rarement : nausées, maux de tête.

Exceptionnellement : *éruption cutanée* avec ou sans démangeaisons, *réaction allergique*.

Laboratoires Solvay Pharma

## DYNABAC

*Informations détaillées sur www.monvidal.com*

## DYNAMISAN

*Informations détaillées sur www.monvidal.com*

## DYNEXAN

Anesthésique local — sur ordonnance

### Présentation

DYNEXAN : pâte gingivale ; tube de 10 g. Liste II - Remb 35 % - **Prix : 4,58 €.**

### Composition

| | p 100 g |
|---|---|
| **Lidocaïne chlorhydrate** | 2 g |
| Menthol | + |

### Dans quel cas ce médicament est-il prescrit ?

Cette pâte gingivale contient un *anesthésique* local. Elle est efficace contre la douleur mais n'agit pas sur sa cause. Son effet apparait très rapidement et persiste environ 1 heure après application.

Elle est utilisée pour :

- l'*anesthésie* locale qui précède les examens dentaires,
- le traitement des douleurs de la bouche.

### Contre-indications

Ce médicament ne doit pas être utilisé en cas d'*allergie* aux *anesthésiques* locaux.

**Attention :** Ce médicament n'est pas adapté à l'enfant de moins de 6 ans.

Cette pâte gingivale provoque une *anesthésie* de la *muqueuse* buccale et peut favoriser les morsures (lèvres, joues ou langue).

En l'absence d'amélioration après 5 jours de traitement, consultez votre médecin.

Ce médicament doit être tenu hors de la portée des enfants.

Sportif : les *anesthésiques* locaux ont été retirés de la liste des substances dopantes publiée dans les arrêtés du 20 avril et du 16 août 2004 par le ministère de la Jeunesse et des Sports.

### Grossesse et allaitement

L'effet de ce médicament pendant la grossesse est mal connu : seul votre médecin peut évaluer le risque éventuel de son utilisation dans votre cas.

L'utilisation de ce médicament est possible pendant l'allaitement.

### Mode d'emploi et posologie

Mettre un peu de pâte sur un doigt et masser doucement les gencives. Éviter de boire ou de manger dans les 2 heures qui suivent l'application.

**Posologie usuelle :**

- Adulte et enfant de plus de 6 ans : 1 application, 1 à 4 fois par jour.

**Conseils :** En cas d'irritation des gencives par une prothèse (dentier), n'hésitez pas à consulter votre dentiste.

### Effets indésirables possibles

*Réaction allergique.*

En cas de dépassement de la *posologie* usuelle, les *terpènes* (menthol) peuvent provoquer :

- des *convulsions*,
- agitation, confusion des idées (notamment chez la personne âgée).

Laboratoires Kreussler Pharma

## DYSALFA

*Informations détaillées sur www.monvidal.com*

## DYSPAGON

*Informations détaillées sur www.monvidal.com*

# E

## EAU OXYGÉNÉE COOPER

Antiseptique local et antihémorragique

### Présentation

EAU OXYGÉNÉE 10 volumes COOPER : solution pour application cutanée ; flacon de 125 ml. Non remb.
EAU OXYGÉNÉE 10 volumes COOPER : solution pour application cutanée ; flacon de 250 ml. Non remb.

### Composition

| | p 100 ml |
|---|---|
| Peroxyde d'hydrogène (eau oxygénée) ........ | 3 g |

### Dans quel cas ce médicament est-il prescrit ?

Ce médicament est un *antiseptique* léger et un *hémostatique*. Le terme « 10 volumes » signifie qu'un litre de solution peut dégager 10 litres d'oxygène actif.

Il est utilisé pour :

- le nettoyage des écorchures et autres petites plaies,
- arrêter les saignements des plaies superficielles.

**Attention :** L'eau oxygénée vendue en pharmacie existe en différentes valeurs de dilution (10, 20 ou 30 volumes). Seule la dilution à 10 volumes peut être utilisée comme antiseptique et *hémostatique*. Les solutions à 20 ou 30 volumes sont employées comme décolorant ou détachant, mais en aucun cas pour désinfecter une plaie.

Ne mettez pas la solution en contact avec les yeux.

Cet *antiseptique* ne convient pas pour la désinfection des ciseaux, rasoirs et autres objets potentiellement contaminants. De même, il ne doit pas être utilisé pour désinfecter la peau avant une piqûre.

### Interactions avec d'autres substances

L'association à d'autres *antiseptiques* est déconseillée car leurs effets risquent de s'annuler.

### Grossesse et allaitement

Cet *antiseptique* peut être utilisé chez la femme enceinte ou qui allaite.

Il peut être appliqué sur le mamelon, qui doit être rincé avant la tétée.

### Mode d'emploi et posologie

Appliquer la solution pure à l'aide d'une compresse ou d'un morceau de coton.

**Conseils :** Le simple lavage à l'eau et au savon permet d'éliminer la majorité des *germes* : il doit être suivi d'un rinçage soigneux car le savon peut inactiver certains *antiseptiques*.

Il est normal que l'eau oxygénée mousse au contact du sang et des sérosités : cette effervescence est due à une libération d'oxygène et facilite le nettoyage de la plaie.

Tous les antiseptiques peuvent être contaminés par des germes : une fois ouvert, le flacon doit être conservé très peu de temps.

Ce produit doit être mis à l'abri de la lumière et de la chaleur, flacon bien bouché pour conserver son efficacité.

### Effets indésirables possibles

Sensation de picotement sur les plaies.

Laboratoires Cooper

## EAU OXYGÉNÉE GIFRER

Antiseptique local et antihémorragique

### Présentation

EAU OXYGÉNÉE GIFRER 10 volumes : solution pour application locale ; flacon de 100 ml. Non remb.
EAU OXYGÉNÉE GIFRER 10 volumes : solution pour application locale ; flacon plastique de 125 ml. Non remb.
EAU OXYGÉNÉE GIFRER 10 volumes : solution pour application locale ; flacon plastique de 250 ml. Non remb.

### Composition

| | p 100 ml |
|---|---|
| Peroxyde d'hydrogène (eau oxygénée) ........ | 3 g |

### Dans quel cas ce médicament est-il prescrit ?

Ce médicament est un *antiseptique* léger et un *hémostatique*. Le terme « 10 volumes » signifie qu'un litre de solution peut dégager 10 litres d'oxygène actif.

Il est utilisé pour l'*antisepsie* des plaies et des brûlures superficielles peu étendues.

### Contre-indications

Ce médicament ne doit pas être utilisé dans les cas suivants :

- en application dans les yeux,
- pour l'*antisepsie* de la peau avant une piqûre,
- pour la désinfection du matériel médicochirurgical (voir Attention).

**Attention :** L'eau oxygénée vendue en pharmacie existe en différentes valeurs de dilution (10, 20 ou 30 volumes). Seule la dilution à 10 volumes peut être utilisée comme *antiseptique* et *hémostatique*. Les solutions à 20 ou 30 volumes sont employées comme décolorant ou détachant, mais en aucun cas pour désinfecter une plaie.

Ne mettez pas la solution en contact avec les *muqueuses*, notamment génitales.

Évitez l'usage prolongé de ce médicament, notamment chez l'enfant, sur des surfaces étendues ou profondément lésées, sans l'avis de votre médecin : risque de passage du médicament dans le sang.

Cet *antiseptique* ne convient pas pour la désinfection des ciseaux, rasoirs et autres objets potentiellement contaminants. De même, il ne doit pas être utilisé pour désinfecter la peau avant une piqûre.

### Interactions avec d'autres substances

L'association à d'autres *antiseptiques* est déconseillée car leurs effets risquent de s'annuler.

### Grossesse et allaitement

Cet *antiseptique* peut être utilisé chez la femme enceinte ou qui allaite.

Il peut être appliqué sur le mamelon, qui doit être rincé avant la tétée.

### Mode d'emploi et posologie

Appliquer la solution pure à l'aide d'une compresse ou d'un morceau de coton.

> **Conseils :** Le simple lavage à l'eau et au savon permet d'éliminer la majorité des *germes* : il doit être suivi d'un rinçage soigneux car le savon peut inactiver certains *antiseptiques*.
> Il est normal que l'eau oxygénée mousse au contact du sang et des sérosités : cette effervescence est due à une libération d'oxygène et facilite le nettoyage de la plaie.
> Tous les antiseptiques peuvent être contaminés par des germes : une fois ouvert, le flacon doit être conservé très peu de temps.
> Ce produit doit être mis à l'abri de la lumière et de la chaleur, flacon bien bouché pour conserver son efficacité.

### Effets indésirables possibles

Sensation de picotement sur les plaies.

**Laboratoires Gifrer Barbezat**

## EAU OXYGÉNÉE GILBERT

Antiseptique local et antihémorragique

### Présentation

**EAU OXYGÉNÉE GILBERT 10 volumes :** solution pour application locale ; flacon pulvérisateur de 120 ml. Non remb.
**EAU OXYGÉNÉE GILBERT 10 volumes :** solution pour application locale ; flacon de 120 ml. Non remb.
**EAU OXYGÉNÉE GILBERT 10 volumes :** solution pour application locale ; flacon de 250 ml. Non remb.
**EAU OXYGÉNÉE GILBERT 10 volumes :** solution pour application locale ; 10 récipients unidoses de 10 ml. Non remb.

### Composition

| | p 100 ml |
|---|---|
| **Peroxyde d'hydrogène (eau oxygénée)** ........ | 3 g |

### Dans quel cas ce médicament est-il prescrit ?

Ce médicament est un *antiseptique* léger et un *hémostatique*. Le terme « 10 volumes » signifie qu'un litre de solution peut dégager 10 litres d'oxygène actif.

Il est utilisé pour :
- le nettoyage des écorchures et autres petites plaies,
- arrêter les saignements des plaies superficielles.

> **Attention :** L'eau oxygénée vendue en pharmacie existe en différentes valeurs de dilution (10, 20 ou 30 volumes). Seule la dilution à 10 volumes peut être utilisée comme antiseptique et *hémostatique*. Les solutions à 20 ou 30 volumes sont employées comme décolorant ou détachant, mais en aucun cas pour désinfecter une plaie.
> Ne mettez pas la solution en contact avec les yeux.
> Cet *antiseptique* ne convient pas pour la désinfection des ciseaux, rasoirs et autres objets potentiellement contaminants. De même, il ne doit pas être utilisé pour désinfecter la peau avant une piqûre.

### Interactions avec d'autres substances

L'association à d'autres *antiseptiques* est déconseillée car leurs effets risquent de s'annuler.

### Grossesse et allaitement

Cet *antiseptique* peut être utilisé chez la femme enceinte ou qui allaite.

Il peut être appliqué sur le mamelon qui doit être rincé avant la tétée.

### Mode d'emploi et posologie

Appliquer la solution pure à l'aide d'une compresse ou d'un morceau de coton, ou bien directement avec le flacon pulvérisateur.

> **Conseils :** Le simple lavage à l'eau et au savon permet d'éliminer la majorité des *germes* : il doit être suivi d'un rinçage soigneux car le savon peut inactiver certains *antiseptiques*.
> Il est normal que l'eau oxygénée mousse au contact du sang et des sérosités : cette effervescence est due à une libération d'oxygène et facilite le nettoyage de la plaie.
> Tous les antiseptiques peuvent être contaminés par des germes : une fois ouvert, le flacon doit être conservé très peu de temps. L'unidose doit être jetée immédiatement après utilisation.
> Ce produit doit être mis à l'abri de la lumière et de la chaleur, flacon bien bouché pour conserver son efficacité.

### Effets indésirables possibles

Sensation de picotement sur les plaies.

**Laboratoires Gilbert**

## ÉBASTINE ALTER

Antiallergique — sur ordonnance

Ce médicament est un générique de KESTIN (voir p. 542 et tableau p. 1151).

## EBIXA

Traitement de la maladie d'Alzheimer — sur ordonnance

### Présentation

**EBIXA 10 mg :** comprimé (blanc) ; boîte de 56. Liste I, *médicament à prescription restreinte* - Remb 65 % - **Prix : 98,16 €.**
**EBIXA 10 mg/g :** solution buvable ; flacon de 50 g avec compte-gouttes. Liste I, *médicament à prescription restreinte* - Remb 65 % - **Prix : 88,22 €.**

### Composition

| | p cp | p gte |
|---|---|---|
| **Mémantine chlorhydrate** ...... | 10 mg | 0,5 mg |

### Dans quel cas ce médicament est-il prescrit ?

Ce médicament contient de la mémantine qui diminue la concentration du glutamate, un *neurotransmetteur* impliqué dans la survenue et la progression de certains *symptômes* de la maladie d'*Alzheimer*.

Il est utilisé dans le traitement des formes modérément sévères à sévères de la maladie d'*Alzheimer*.

**Attention :** Des précautions sont nécessaires en cas d'infection urinaire grave, d'*insuffisance rénale* grave, d'*infarctus du myocarde* récent et chez les personnes qui souffrent d'*épilepsie*, d'*hypertension artérielle*, d'*insuffisance cardiaque* .
Conduite automobile : la maladie d'*Alzheimer* contre-indique généralement la conduite automobile et le maniement des machines dangereuses.

### Interactions avec d'autres substances

Ce médicament peut intéragir avec certains traitements de la maladie de *Parkinson*, notamment la Lévodopa et les anticholinergiques.

L'association à un médicament contenant de l'amantadine, de la kétamine, du dextrométhorphane ou de la phénytoïne doit être évitée.

Informez par ailleurs votre médecin si vous prenez des *barbituriques*, des *neuroleptiques* ou un médicament contenant l'une des substances suivantes : baclofène, cimétidine, ranitidine, quinidine ou quinine.

### Grossesse et allaitement

Dans le cas improbable d'une grossesse ou d'un allaitement, ce médicament serait déconseillé.

### Mode d'emploi et posologie

**Posologie usuelle :**

- Adulte : La dose initiale est de 5 mg par jour le matin pendant une semaine. Chaque semaine, le médecin peut l'augmenter de 5 mg si nécessaire jusqu'à atteindre la dose maximale généralement recommandée de 20 mg par jour.

**Conseils :**
**Conditions particulières de délivrance :**
Ce médicament est un *médicament à prescription restreinte* : la prescription initiale ne peut être réalisée que par un médecin neurologue, psychiatre ou gériatre. Cette ordonnance initiale annuelle doit être présentée avec celles destinées aux renouvellements qui peuvent être rédigées par un autre médecin.
La solution buvable se conserve 3 mois après une première utilisation.

### Effets indésirables possibles

Hallucinations, confusion des idées, *vertiges*, maux de tête, fatigue.

Plus rarement : anxiété, *hypertonie*, vomissements, augmentation de la libido.

Laboratoires Lundbeck

## ECAZIDE

Association d'antihypertenseurs — sur ordonnance

### Présentation

ECAZIDE : comprimé sécable (orangé) ; boîte de 28. Liste I - Remb 65 % - **Prix : 10,36 €.**
ECAZIDE : comprimé sécable (orangé) ; boîte de 84. Liste I - Remb 65 % - **Prix : 29,99 €.**

### Composition

| | p cp |
|---|---|
| **Captopril** | 50 mg |
| **Hydrochlorothiazide** | 25 mg |
| Lactose | + |

### Dans quel cas ce médicament est-il prescrit ?

Cet *antihypertenseur* contient deux substances :

- le captopril, un *inhibiteur de l'enzyme de conversion*. Cette *enzyme* est une substance naturellement présente dans l'organisme, responsable d'une contraction des artères qui augmente la tension artérielle et fatigue le cœur ;
- l'hydrochlorothiazide, un *diurétique* dont la structure chimique est proche de celle des *sulfamides*. Son action renforce celle du captopril.

Ce médicament est utilisé dans le traitement de l'*hypertension artérielle*.

### Contre-indications

Ce médicament ne doit pas être utilisé dans les cas suivants :

- *allergie* aux médicaments de la famille des *inhibiteurs de l'enzyme de conversion* ou à celle des *sulfamides*,
- prédisposition à l'œdème de *Quincke*,
- *insuffisance rénale* grave,
- *encéphalopathie hépatique*,
- **grossesse** (à partir du 4e mois).

**Attention :** Des précautions s'imposent chez les personnes souffrant d'*hypertension artérielle* due à un rétrécissement des artères rénales.
En cas de gonflement du visage (lèvres, paupières...) ou d'une autre région du corps, consultez votre médecin avant toute nouvelle prise de ce médicament ; il peut s'agir d'une *réaction allergique* : œdème de *Quincke*.
L'usage des *inhibiteurs de l'enzyme de conversion* est déconseillé en période de désensibilisation aux venins d'*hyménoptères* : augmentation du risque de réaction allergique grave.
Chez les personnes atteintes d'une *insuffisance hépatique* grave, l'apparition de troubles de la conscience peut annoncer une complication. Ne poursuivez pas le traitement sans l'avis de votre médecin.
Si vous suivez un traitement par *diurétique* ou un régime sans *sel*, la baisse de la tension artérielle peut être importante lors des premières prises du médicament : risque de malaise ou d'étourdissement pouvant entraîner une chute.
Faites pratiquer régulièrement les analyses de sang prescrites par votre médecin ; elles sont notamment destinées à vérifier le bon fonctionnement de vos reins (dosage de la *créatinine*) et les taux de *potassium* et de *sodium* sanguins.
Le diurétique contenu dans ce médicament peut faire baisser la *kaliémie* : évitez d'utiliser des *laxatifs stimulants* dont l'usage régulier contribue à la baisse du taux de potassium dans le sang. Il peut par ailleurs augmenter le taux sanguin d'*acide urique* (possibilité de crise de *goutte*).
Conducteur : les *inhibiteurs de l'enzyme de conversion* peuvent être responsables de malaise ou de *vertiges*, lors des premières prises.
Sportif : ce médicament contient une substance susceptible de rendre positifs certains *tests antidopage*.

### Interactions avec d'autres substances

Ce médicament peut interagir avec les médicaments susceptibles de provoquer une *hyperkaliémie* (*diurétique*, sel de *potassium*...), avec les médicaments donnant des *torsades de pointes* et avec les médicaments contenant du lithium.

Informez par ailleurs votre médecin si vous prenez un *digitalique*, un *laxatif stimulant*, un *AINS*, ou un médicament contenant de la metformine, de la carbamazépine, de la ciclosporine ou un sel de calcium.

En outre, l'effet *antihypertenseur* de ce médicament peut être augmenté par certains médicaments tels que les *neuroleptiques*, les *antidépresseurs imipraminiques*, les médicaments contenant du baclofène ; il peut être diminué par les *corticoïdes*. Votre médecin doit être informé si vous êtes traité par l'un ou par l'autre.

Chez le diabétique traité par l'*insuline*, une adaptation de la *posologie* de l'insuline peut être nécessaire.

### Grossesse et allaitement

L'effet de ce médicament pendant les 3 premiers mois de la grossesse est mal connu. Par prudence, son usage est déconseillé.

Au cours des 6 derniers mois de la grossesse, la prise prolongée d'un *inhibiteur de l'enzyme de conversion* peut altérer les reins du fœtus. L'utilisation de ce médicament est contre-indiquée à partir du 4e mois de la grossesse.

En conséquence, un désir de grossesse nécessite le remplacement de ce médicament par un autre antihypertenseur. Si une grossesse survient alors que vous prenez ce médicament, consultez rapidement votre médecin pour qu'il modifie votre traitement. Des *échographies* régulières sont parfois nécessaires pour s'assurer de l'absence d'anomalie.

Ce médicament passe dans le lait maternel ; un choix est donc nécessaire entre l'allaitement et la prise du médicament. Cette décision devra être prise en accord avec votre médecin.

### Mode d'emploi et posologie

Ce médicament doit être pris avec le petit déjeuner.

**Posologie usuelle :**

- Adulte : 1 comprimé par jour, le matin.

En cas d'*insuffisance rénale*, d'*athérosclérose*, de traitement préalable par des *diurétiques* ou de régime sans *sel*, notamment chez la personne âgée, la *posologie* initiale est faible ; elle est augmentée progressivement par le médecin en fonction des effets du médicament.

> **Conseils :** Votre tension artérielle doit être contrôlée régulièrement. Les appareils permettant une mesure automatique de la tension à domicile utilisent souvent un procédé de mesure différent de celui qu'emploie votre médecin. Si vous avez un tel appareil, apportez-le en consultation pour vous assurer que la mesure obtenue est bien conforme à celle du tensiomètre de votre médecin.
>
> Le traitement médicamenteux ne dispense pas de mesures simples pouvant faire baisser la tension artérielle : activité physique régulière, modération de la consommation de boissons alcoolisées et de *sel*, lutte contre l'excès de poids.

### Effets indésirables possibles

Toux sèche.

Baisse excessive de la tension artérielle (voir Attention) ; *hypotension orthostatique*.

Maux de tête, fatigue, étourdissement, fourmillement des extrémités.

*Troubles digestifs.*

*Éruption cutanée.*

Augmentation du taux de *créatinine*, d'*acide urique* ou de glucose dans le sang et exceptionnellement du calcium.

Baisse du taux de *potassium* dans le sang, associée ou non à des crampes.

Rarement : baisse de taux de sodium dans le sang (natrémie) et risque de troubles du comportement, anomalie de la *numération formule sanguine*.

Exceptionnellement : œdème de *Quincke*, *pancréatite*, troubles de la vue.

Laboratoires Bristol-Myers Squibb

## ECHINACEA COMPLEXE N° 40

*Informations détaillées sur www.monvidal.com*

## ECLARAN

Antiacnéique — sur ordonnance

### Présentation

**ECLARAN 5 :** gel pour application locale ; tube de 45 g. Liste II - Remb 35 % - **Prix : 2,95 €.**

**ECLARAN 10 :** gel pour application locale ; tube de 45 g. Liste II - Remb 35 % - **Prix : 2,95 €.**

### Composition

| | p 100 g | p 100 g |
|---|---|---|
| **Peroxyde de benzoyle** ......... | 5 g | 10 g |

### Dans quel cas ce médicament est-il prescrit ?

C'est un antiacnéique local qui contient du peroxyde de benzoyle. Il agit essentiellement en détruisant les *germes* responsables de l'*inflammation* du comédon et de la formation de pustules.

Il est utilisé dans le traitement de l'*acné*.

### Contre-indications

Ce médicament ne doit pas être utilisé par les personnes sensibles aux peroxydes (eau oxygénée).

> **Attention :** N'appliquez aucun autre produit ou cosmétique (eau de Cologne, lotion après-rasage, crème...) sans l'accord de votre médecin.
>
> Ce médicament expose à une *photosensibilisation* : une exposition aux rayons *ultraviolets* (soleil, lampe à bronzer) peut provoquer des réactions cutanées. N'omettez pas de signaler à votre médecin vos projets de vacances au soleil pendant la durée du traitement.

### Grossesse et allaitement

L'effet de ce médicament pendant la grossesse ou l'allaitement est mal connu : seul votre médecin peut évaluer le risque éventuel de son utilisation dans votre cas.

### Mode d'emploi et posologie

Le médecin choisit le dosage du médicament et l'espacement des applications adaptés à votre peau.

L'application est faite après la toilette, sur la peau bien sèche.

Faire pénétrer complètement le produit par de légers massages. Se laver les mains ensuite.

**Posologie usuelle :**

Au début du traitement : 1 application, 1 ou 2 fois par jour.

En *traitement d'entretien* : 1 application, tous les 2 ou 3 jours.

**Conseils :** Une irritation est fréquente en début de traitement : ne vous découragez pas, mais n'hésitez pas à prendre l'avis de votre médecin. Pour limiter les risques d'irritation, n'appliquez pas ce produit sur une peau déjà irritée ou lésée, utilisez des savons de toilette doux et n'appliquez pas de lotion ou de parfum alcoolisés.
Si vous mettez accidentellement cette substance en contact avec les yeux, les paupières, la bouche, les narines, les *muqueuses* ou une plaie, rincez abondamment à l'eau tiède.
Vous devez tenir compte du risque de décoloration de vos vêtements ou de votre literie par le produit.

**Effets indésirables possibles**

*Photosensibilisation*, irritation de la peau.
Décoloration de certains textiles.

**Laboratoires Pierre Fabre Dermatologie**

## ÉCONAZOLE ARROW ovule
Antifongique

Ce médicament est un générique de GYNO-PEVARYL LP 150 mg (voir p. 461 et tableau p. 1151).

## ÉCONAZOLE EG
Antifongique

Ce médicament est un générique de PEVARYL (voir p. 821 et tableau p. 1151).

## ÉCONAZOLE EG ovule
Antifongique

Ce médicament est un générique de GYNO-PEVARYL LP 150 mg (voir p. 461 et tableau p. 1151).

## ÉCONAZOLE G GAM
Antifongique

Ce médicament est un générique de PEVARYL (voir p. 821 et tableau p. 1151).

## ÉCONAZOLE IVAX
Antifongique

Ce médicament est un générique de PEVARYL (voir p. 821 et tableau p. 1151).

## ÉCONAZOLE MERCK ovule
Antifongique

Ce médicament est un générique de GYNO-PEVARYL LP 150 mg (voir p. 461 et tableau p. 1151).

## ÉCONAZOLE QUALIMED ovule
Antifongique

Ce médicament est un générique de GYNO-PEVARYL LP 150 mg (voir p. 461 et tableau p. 1151).

## ÉCONAZOLE RATIOPHARM
Antifongique

Ce médicament est un générique de PEVARYL (voir p. 821 et tableau p. 1151).

## ÉCONAZOLE RATIOPHARM ovule
Antifongique

Ce médicament est un générique de GYNO-PEVARYL LP 150 mg (voir p. 461 et tableau p. 1151).

## ÉCONAZOLE RPG
Antifongique

Ce médicament est un générique de PEVARYL (voir p. 821 et tableau p. 1151).

## ÉCONAZOLE SANDOZ
Antifongique

Ce médicament est un générique de PEVARYL (voir p. 821 et tableau p. 1151).

## ÉCONAZOLE SANDOZ ovule
Antifongique

Ce médicament est un générique de GYNO-PEVARYL LP 150 mg (voir p. 461 et tableau p. 1151).

## ÉCONAZOLE TEVA
Antifongique

Ce médicament est un générique de PEVARYL (voir p. 821 et tableau p. 1151).

## ÉCONAZOLE TEVA ovule
Antifongique

Ce médicament est un générique de GYNO-PEVARYL LP 150 mg (voir p. 461 et tableau p. 1151).

**ECOVITAMINE B12**

*Informations détaillées sur www.monvidal.com*

## EDEX
Médicament de l'impuissance — sur ordonnance

**Présentation**

EDEX 10 µg/ml : préparation injectable ; boîte de 2 cartouches bicompartimentées de 1 ml avec aiguilles. Liste I, *médicament d'exception* - Remb 35 % - **Prix : 27,10 €.**
EDEX 20 µg/ml : préparation injectable ; boîte de 2 cartouches bicompartimentées de 1 ml avec aiguilles. Liste I, *médicament d'exception* - Remb 35 % - **Prix : 27,10 €.**

**Composition**

| | p cartouche | p cartouche |
|---|---|---|
| **Alprostadil** | 10 µg | 20 µg |

### Dans quel cas ce médicament est-il prescrit ?

Ce médicament contient une substance de la famille des *prostaglandines*. Injecté dans la verge, il provoque une érection après un délai de 5 à 10 minutes.

Il est utilisé chez l'homme dans certains cas d'*impuissance* pour permettre une érection avant un rapport sexuel.

### Contre-indications

Ce médicament ne doit pas être utilisé dans les cas suivants :
- *allergie* aux *prostaglandines*,
- chez les hommes souffrant d'une maladie qui les prédispose au *priapisme* (drépanocytose, myélome multiple, leucémie).

**Attention :** Ce médicament peut provoquer une érection anormalement prolongée et douloureuse (*priapisme*). La durée de l'érection induite par l'injection ne doit normalement pas dépasser une heure. Dans le cas contraire, il est possible que la dose injectée soit trop forte. Si l'érection dépasse trois heures, le médecin doit être joint en urgence pour qu'un traitement adapté puisse être mis en œuvre. Conservez en permanence sur vous le numéro de téléphone qui vous a été donné par le médecin en charge du traitement.

Des précautions sont nécessaires en cas de maladie cardiovasculaire récente, de maladie ou de traitement prédisposant aux *hémorragies*, de séquelles de lésions de la verge.

La première injection doit être pratiquée au cabinet du médecin ; elle permet de vérifier que le médicament est bien supporté, et d'apprendre la technique d'auto-injection. Ne conseillez pas, ne donnez pas ce médicament à un ami souffrant du même problème : la consultation préalable est indispensable.

N'augmentez pas de vous-même la dose prescrite. Si le traitement ne vous semble pas assez efficace, consultez votre médecin.

Ne dépassez en aucun cas 1 injection par 24 heures et 2 injections par semaine.

### Interactions avec d'autres substances

Informez votre médecin si vous prenez un médicament *anticoagulant*, *vasodilatateur* ou *antihypertenseur*.

### Grossesse et allaitement

Ce médicament passe dans le sperme : ce traitement doit être évité lorsque la partenaire est enceinte ou susceptible de l'être.

### Mode d'emploi et posologie

Les cartouches sont à utiliser avec le stylo injecteur Duoject uniquement.

Ce médicament doit être injecté dans la verge, en suivant la méthode apprise au cabinet médical. Il ne doit en aucun cas être injecté dans une veine ou une artère.

**Posologie usuelle :**

La dose à injecter varie entre 5 et 20 µg. Elle est déterminée par le médecin. Une érection qui dure plus d'une heure peut être un signe de *surdosage* : consultez votre médecin.

La quantité de solution qui n'a pas été injectée doit être jetée ; elle ne peut être utilisée pour une injection ultérieure.

**Conseils :**

**Conditions particulières de délivrance** :
Une ordonnance d'un modèle particulier (*médicament d'exception*) est nécessaire pour se faire rembourser ce médicament.

### Effets indésirables possibles

Érection anormalement prolongée, douloureuse ou non (voir Attention).

Douleur testiculaire.

Hématome au point d'injection.

Apparition de *nodules*, déviation du pénis.

*Hypotension orthostatique*, *troubles du rythme cardiaque*, malaises, maux de tête.

Laboratoires Schwarz Pharma

## EDISTON

*Informations détaillées sur www.monvidal.com*

## ÉDUCTYL

Laxatif par voie rectale

### Présentation

ÉDUCTYL : suppositoire Adulte ; boîte de 12. Remb 35 % - **Prix : 2,17 €**.
ÉDUCTYL : suppositoire Enfant ; boîte de 12. Remb 35 % - **Prix : 1,98 €**.

### Composition

| | p suppos Ad | p suppos Enf |
|---|---|---|
| **Tartrate acide de potassium** | 1,15 g | 575 mg |
| **Bicarbonate de sodium** | 0,70 g | 350 mg |

### Dans quel cas ce médicament est-il prescrit ?

C'est un laxatif administré par *voie* rectale. Il provoque l'évacuation rapide des selles en augmentant la pression dans le rectum.

Il est utilisé dans le *traitement symptomatique* de la constipation.

**Attention :** Comme tous les laxatifs, ce médicament ne doit pas être utilisé de façon prolongée sans avis médical.

Des précautions sont nécessaires chez la personne atteinte d'*hémorroïdes*, de *fissure anale* ou de *recto-colite hémorragique*.

Chez le jeune enfant, l'usage des laxatifs administrés par *voie* rectale doit rester exceptionnel : il risque d'empêcher le réflexe d'expulsion des selles.

### Grossesse et allaitement

Ce médicament peut être utilisé de façon ponctuelle pour traiter la constipation de la femme enceinte ou qui allaite.

### Mode d'emploi et posologie

L'effet de ce laxatif peut se manifester en moins de 10 minutes.

**Posologie usuelle :**
- Adulte : 1 suppositoire Adulte par jour.
- Enfant : 1 suppositoire Enfant par jour.

**Conseils :** Le traitement de la constipation chronique repose essentiellement sur des boissons abondantes, une alimentation riche en fibres et une activité physique régulière.

### Effets indésirables possibles

Un usage prolongé peut occasionner des sensations de brûlure anale et exceptionnellement des *inflammations* du rectum.

Laboratoires Techni-Pharma

## EFEZIAL

*Informations détaillées sur www.monvidal.com*

## EFFACNÉ

*Informations détaillées sur www.monvidal.com*

## EFFEDERM

Antiacnéique

sur ordonnance

### Présentation

EFFEDERM : crème ; tube de 30 g. Liste I - Remb 35 % - **Prix : 3,10 €.**
EFFEDERM : solution pour application cutanée ; flacon doseur de 50 ml (1 dose = 0,14 ml). Liste I - Remb 35 % - **Prix : 4,82 €.**

### Composition

| | p 100 g | p 100 ml |
|---|---|---|
| **Trétinoïne** | 50 mg | 50 mg |
| Alcool à 95° | | 50 g |

### Dans quel cas ce médicament est-il prescrit ?

Ce médicament contient un dérivé de la *vitamine* A acide (*rétinoïde*). Il diminue l'épaisseur de la couche cornée en facilitant la desquamation superficielle de l'*épiderme*.

Il est utilisé pour traiter l'*acné* et l'épaississement anormal de la peau (*hyperkératinisation*).

**Attention :** Évitez d'utiliser tout autre médicament ou cosmétique (eau de Cologne, lotion après-rasage, crème...) sans l'accord de votre médecin.
Une exposition aux rayons *ultraviolets* (soleil, lampe à bronzer) peut augmenter l'irritation cutanée provoquée par le médicament. N'omettez pas de signaler à votre médecin vos projets de vacances au soleil pendant la durée du traitement.

### Grossesse et allaitement

Ce médicament est déconseillé par prudence pendant la grossesse. Toutefois, une grossesse survenant sous traitement ne justifie pas d'inquiétude particulière, mais doit vous conduire à consulter votre médecin.

### Mode d'emploi et posologie

Laver la peau avec un savon doux puis rincer et sécher soigneusement avant d'appliquer le produit.

**Posologie usuelle :**

- *Acné* : 1 application par jour, avant le coucher. La fréquence des applications peut être adaptée par le médecin en fonction de la réaction de la peau.

Une amélioration est généralement constatée après 4 à 8 semaines de traitement. Le résultat devient net après 3 mois ; un *traitement d'entretien* est souvent nécessaire pour éviter les rechutes.

- Épaississement de la peau : 1 ou 2 applications par jour.

**Conseils :** Une irritation de la peau et une aggravation de l'*acné* sont fréquentes et normales en début de traitement ; ne vous découragez pas : les boutons qui apparaissent traduisent une élimination du sébum. L'irritation peut éventuellement être atténuée par des crèmes calmantes prescrites par votre médecin. Dans le cas où cette irritation vous paraît excessive, consultez votre médecin qui décidera si la poursuite du traitement est possible.
Si vous vous exposez exceptionnellement au soleil, n'appliquez pas ce médicament la veille, le jour même ni le lendemain et protégez-vous avec un écran total. En cas de coup de soleil, attendez un complet rétablissement avant la reprise du traitement.
Si vous mettez accidentellement cette substance en contact avec les yeux, les paupières, la bouche, les narines, les *muqueuses* ou une plaie, rincez abondamment à l'eau tiède.

### Effets indésirables possibles

Rougeur sèche et parfois cuisante de la peau, surtout autour de la bouche et du cou : ce phénomène régresse ou disparaît dès que l'on espace les applications.

Laboratoires CS

## EFFERALGAN

Antalgique et antipyrétique

### Présentation

EFFERALGAN 80 mg : poudre effervescente pour solution buvable ; boîte de 12 sachets. Remb 65 % - **Prix : 1,60 €.**
EFFERALGAN 80 mg : suppositoire enfant de 4 à 6 kg ; boîte (rose) de 10. Remb 65 % - **Prix : 1,66 €.**
EFFERALGAN pédiatrique : solution buvable (arôme caramel, vanille) ; flacon de 90 ml avec système doseur gradué en kg. Remb 65 % - **Prix : 1,88 €.**
EFFERALGAN 150 mg : poudre effervescente pour solution buvable (arôme orange) ; boîte de 12 sachets. Remb 65 % - **Prix : 1,68 €.**
EFFERALGAN 150 mg : suppositoire enfant de 8 à 12 kg ; boîte (bleu) de 10. Remb 65 % - **Prix : 1,77 €.**
EFFERALGAN 250 mg : poudre effervescente pour solution buvable (arôme orange) ; boîte de 12 sachets. Remb 65 % - **Prix : 1,78 €.**
EFFERALGAN 300 mg : suppositoire enfant de 15 à 24 kg ; boîte (violet) de 10. Remb 65 % - **Prix : 1,82 €.**
EFFERALGAN 500 mg : comprimé effervescent sécable (blanc) ; boîte de 16. Remb 65 % - **Prix : 1,81 €.**
EFFERALGAN 500 mg : comprimé (blanc) ; boîte de 16. Remb 65 % - **Prix : 1,74 €.**
EFFERALGAN 1 g : comprimé effervescent ; boîte de 8. Remb 65 % - **Prix : 1,81 €.**

### Composition

| | p sachet | p suppos | p dose de 4 kg |
|---|---|---|---|
| **Paracétamol** | 80 mg | 80 mg | 60 mg |
| Sodium | 66 mg | | |
| Sorbitol | + | | |
| Saccharose | | | 0,67 g |

| | p sachet | p suppos | p sachet |
|---|---|---|---|
| **Paracétamol** | 150 mg | 150 mg | 250 mg |
| Aspartam | + | | + |
| Sodium | 55,7 mg | | 93 mg |
| Sorbitol | + | | + |

| | p suppos | p cp efferv |
|---|---|---|
| **Paracétamol** | 300 mg | 500 mg |
| Sodium | | 412,4 mg |
| Sorbitol | | + |

| | p cp | p cp efferv |
|---|---|---|
| **Paracétamol** | 500 mg | 1 g |
| Sodium | | 548 mg |
| Sorbitol | | + |
| Potassium | | 29,20 mg |

### Dans quel cas ce médicament est-il prescrit ?

Ce médicament est un *antalgique* et un *antipyrétique* qui contient du paracétamol.

Il est utilisé pour faire baisser la fièvre et dans le traitement des affections douloureuses.

### Contre-indications

Ce médicament ne doit pas être utilisé dans les cas suivants :
- maladie grave du foie,
- *inflammation* ou saignement du rectum (pour les suppositoires),
- *phénylcétonurie* (sachet à 150 mg et 250 mg : présence d'aspartam).

**Attention :** De nombreux médicaments contiennent du paracétamol : vous devez en tenir compte en cas de prise conjointe car le *surdosage* en paracétamol peut être toxique pour le foie.

Les comprimés effervescents et les comprimés à 1 g contiennent du *sel* (*sodium*) en quantité notable.

La solution pédiatrique contient du *sucre* (saccharose) en quantité notable.

### Grossesse et allaitement

Les études scientifiques actuellement disponibles n'ont pas mis en évidence de problème particulier lors de l'utilisation du paracétamol chez la femme enceinte.

Aux doses usuelles, l'usage de ce médicament est possible pendant l'allaitement.

### Mode d'emploi et posologie

Ce médicament peut être pris indifféremment pendant ou entre les repas.

La solution buvable peut être absorbée pure ou diluée dans de l'eau, du lait ou du jus de fruit.

Le flacon de solution buvable est accompagné d'un doseur portant les graduations 4, 8, 12, 16 kg ; celui-ci permet d'administrer à chaque prise la dose correspondant au poids de l'enfant. Pour remplir le doseur, le tenir légèrement incliné afin que les traits gravés soient à l'horizontale.

Le contenu des sachets peut être dissous dans de l'eau, du lait ou du jus de fruits.

Les comprimés à 1 g sont réservés à l'adulte.

Les comprimés effervescents doivent être dissous dans un verre d'eau.

Compte tenu du risque d'écoulement anal, il est déconseillé d'utiliser plus de 4 suppositoires par jour.

Respecter un intervalle de 4 à 6 heures entre 2 prises.

**Posologie usuelle :**
- Adulte : 500 mg à 1 g, 1 à 3 fois par jour.
- Enfant : 60 mg par kg et par jour, soit 15 mg par kg toutes les 6 heures, ou 10 mg par kg toutes les 4 heures. Il est nécessaire de suivre les recommandations de votre pharmacien ou de votre médecin ou de suivre les posologies suivantes données à titre indicatif :
  - enfant de 5 kg : 1 sachet à 80 mg ou 1 suppositoire à 80 mg, 4 fois par jour ;
  - enfant de 10 kg : 1 sachet à 150 mg ou 2 sachets à 80 mg ou 1 suppositoire à 150 mg, 4 fois par jour ;
  - enfant de 12 kg : 1 doseur rempli jusqu'à la graduation 12 kg, 4 fois par jour ;
  - enfant de 20 kg : 1 sachet à 250 mg ou 2 sachets à 150 mg ou 1 suppositoire à 300 mg, 4 fois par jour ;
  - enfant de 30 kg et plus : 2 sachets à 250 mg ou 1 comprimé à 500 mg, 4 fois par jour.
- Insuffisant rénal : respecter un intervalle de 8 heures entre 2 prises. Ne pas dépasser 3 g par 24 heures.

Dans les douleurs sévères de l'adulte et notamment dans l'*arthrose*, la *posologie* maximale peut être portée à 1 g de paracétamol, 4 fois par jour, uniquement sur avis médical.

La dose quotidienne maximale de paracétamol chez l'enfant est de 80 mg par kg, en 4 prises minimum, sans dépasser 3 g par jour.

**Conseils :** Dans le traitement de la fièvre chez l'enfant, lorsque le paracétamol est utilisé à la dose de 60 mg par kg et par jour, l'adjonction d'aspirine ou son usage en alternance avec le paracétamol est inutile, car l'aspirine ne permet pas d'obtenir une baisse supplémentaire de la fièvre.

Des sueurs abondantes accompagnent généralement la baisse de température lors du traitement des fièvres élevées. Ce phénomène est normal.

Les comprimés effervescents doivent être conservés à l'abri de l'humidité et de la chaleur.

### Effets indésirables possibles

Irritation anale (suppositoires).

Exceptionnellement : *réaction allergique* cutanée.

Sachets :

Comme tous les médicaments et confiseries contenant des sucres non absorbables (sorbitol, maltitol...), possibilité de *diarrhée* en cas d'apport important.

Laboratoires Bristol-Myers Squibb

## EFFERALGAN CODÉINE

Association d'antalgiques contenant un opiacé

sur ordonnance

### Présentation

EFFERALGAN CODÉINE : comprimé effervescent sécable (blanc ; arôme pamplemousse) ; boîte de 16. Liste I - Remb 65 % - **Prix : 2,73 €.**

### Composition

| | p cp |
|---|---|
| **Paracétamol** | 500 mg |
| **Codéine phosphate** | 30 mg |
| Sodium | 380 mg |
| Aspartam | + |
| Sorbitol | + |

### Dans quel cas ce médicament est-il prescrit ?

Ce médicament contient deux *antalgiques* : le paracétamol, qui empêche la transmisssion de la douleur, et un *opiacé* (la codéine), qui renforce l'action du paracétamol en agissant sur la perception de la douleur par le cerveau.

Il est utilisé dans le traitement de la douleur.

### Contre-indications

Ce médicament ne doit pas être utilisé dans les cas suivants :
- maladie grave du foie ;
- *asthme* et *insuffisance respiratoire* ;
- *phénylcétonurie* (présence d'aspartam) ;
- enfant de moins de 15 kg ;
- en association avec les médicaments contenant de la nalbuphine, de la buprénorphine ou de la pentazocine ;
- **allaitement**.

**Attention :** Ce médicament ne doit être utilisé que sur prescription chez l'enfant ; ne le réutilisez pas ou ne le donnez pas à un autre enfant sans avis médical.
De nombreux médicaments contiennent du paracétamol : vous devez en tenir compte en cas de prise conjointe car le *surdosage* en paracétamol peut être toxique pour le foie.
Du fait de la présence de codéine :
- n'utilisez pas ce médicament à forte dose et de façon prolongée (risque de *dépendance*) ;
- évitez son emploi en cas d'*hypertension intracrânienne*, qu'il pourrait aggraver.

Ce médicament contient du *sel* (*sodium*) en quantité notable.
Ce médicament peut induire une somnolence, parfois intense chez certaines personnes. Cette somnolence peut être majorée par la prise d'*alcool* ou d'autres médicaments *sédatifs*. La conduite et l'utilisation de machines dangereuses sont déconseillées, surtout dans les heures qui suivent la prise du médicament.

### Interactions avec d'autres substances

Ce médicament ne doit pas être associé à ceux qui contiennent de la nalbuphine, de la buprénorphine ou de la pentazocine : risque de diminution de l'effet *antalgique*.
Informez par ailleurs votre médecin ou votre pharmacien si vous prenez des *sédatifs*.

### Grossesse et allaitement

L'utilisation de la *codéine* et de ses dérivés (codéthyline, pholcodine) ne doit être envisagée chez la femme enceinte qu'en cas de nécessité, en effet :
- une *insuffisance respiratoire* peut survenir chez le nouveau-né d'une mère traitée par des doses élevées, même si le traitement est ponctuel mais précède de peu l'accouchement ;
- un *syndrome de sevrage*, à l'inverse, peut concerner des nouveau-nés si leur mère reçoit un traitement régulier, même à faible dose.

Il est donc important de signaler à l'obstétricien la prise éventuelle de codéine ou d'un de ses dérivés, afin que ces risques puissent être prévenus par une surveillance et un éventuel traitement adapté.
Ce médicament passe dans le lait maternel. Il est contre-indiqué pendant l'allaitement.

### Mode d'emploi et posologie

Ce médicament peut être pris indifféremment avant, pendant ou après les repas. Les comprimés doivent être dissous dans un verre d'eau.
Respecter un intervalle minimal de 4 heures entre 2 prises. En cas d'*insuffisance rénale*, l'intervalle entre 2 prises doit être au minimum de 8 heures.

**Posologie usuelle :**
- Adulte : 1 ou 2 comprimés, à renouveler si nécessaire après 6 heures, sans dépasser 6 comprimés par jour

Chez la personne âgée, la *posologie* initiale est généralement réduite de moitié.
- Enfant de plus de 15 kg : 60 mg de paracétamol et 3 mg de codéine par kg et par jour, à répartir en 4 ou 6 prises. Il est nécessaire de suivre la prescription de votre médecin. À titre indicatif :
  - enfant de 15 à 22 kg (environ 3 à 6 ans) : ½ comprimé, à renouveler si nécessaire après 6 heures, sans dépasser 4 demi-comprimés par jour ;
  - enfant de 23 à 30 kg (environ 7 à 10 ans) : ½ comprimé, à renouveler si nécessaire après 4 heures, sans dépasser 6 demi-comprimés par jour ;
  - enfant de 31 à 44 kg (environ 11 à 14 ans) : 1 comprimé, à renouveler si nécessaire après 6 heures, sans dépasser 4 comprimés par jour ;
  - enfant de 45 à 50 kg (environ 14 à 15 ans) : 1 comprimé, à renouveler si nécessaire après 4 heures, sans dépasser 6 comprimés par jour.

**Conseils :** Comme tous les *antalgiques*, ce médicament est généralement plus efficace pour prévenir la douleur que pour la calmer : dans le traitement des douleurs chroniques, il est préférable de prendre ce médicament à intervalles réguliers sans attendre que la douleur s'installe.
Cet *antalgique* contenant de la codéine est destiné à être utilisé en deuxième intention, lorsque l'aspirine, l'ibuprofène ou le paracétamol, utilisés seuls, sont insuffisamment efficaces. Il peut néanmoins être utilisé d'emblée dans le traitement des douleurs fortes.
Ce médicament peut retarder un diagnostic en masquant la douleur ; ne le prenez pas sans l'avis de votre médecin, ne le conseillez pas à un proche.

### Effets indésirables possibles

Liés à la *codéine* :
Constipation, somnolence, nausées, vomissements, sensation de vertige et, plus rarement, *bronchospasme*, *réaction allergique* cutanée, ralentissement de la respiration. Ces effets indésirables sont ceux de la famille des *opiacés* ; ils sont généralement modérés aux doses recommandées.
Liés au paracétamol : *réaction allergique* (rare).

**Laboratoires Bristol-Myers Squibb**

## EFFERALGAN VITAMINE C

Association antalgique et antipyrétique

### Présentation

EFFERALGAN VITAMINE C : comprimé effervescent sécable (blanc) ; boîte de 20. Non remb.

### Composition

| | p cp |
|---|---|
| **Paracétamol** | 330 mg |
| **Acide ascorbique (vitamine C)** | 200 mg |
| Sodium | 330 mg |

### Dans quel cas ce médicament est-il prescrit ?

Ce médicament, *antalgique* et *antipyrétique*, associe du paracétamol et de la *vitamine* C.

Les mots en *italique* dans les textes sont expliqués dans le lexique p. 1323.

Il est utilisé dans le *traitement symptomatique* des affections douloureuses ou fébriles, notamment les états grippaux, les maux de tête et les courbatures.

### Contre-indications

Ce médicament ne doit pas être utilisé dans les cas suivants :
- maladie grave du foie,
- *antécédent* de calculs des *voies* urinaires (pour des doses de *vitamine* C supérieures à 1 g par jour).

> **Attention :** Ce médicament n'est pas adapté à l'enfant de moins de 7 ans.
> De nombreux médicaments contiennent du paracétamol : vous devez en tenir compte en cas de prise conjointe, car le *surdosage* en paracétamol peut être toxique pour le foie.
> Ce médicament contient du *sel* (*sodium*) en quantité notable.

### Grossesse et allaitement

Les études scientifiques actuellement disponibles n'ont pas mis en évidence de problème particulier lors de l'utilisation du paracétamol chez la femme enceinte.

Aux doses usuelles, l'usage de ce médicament est possible pendant l'allaitement.

### Mode d'emploi et posologie

Les comprimés doivent être dissous dans un verre d'eau. Respecter un intervalle de 4 à 6 heures entre 2 prises.

**Posologie usuelle :**
- Adulte : 1 à 2 comprimés, à renouveler si nécessaire au bout de 4 heures, sans dépasser 9 comprimés par jour.
- Enfant de 25 à 30 kg (environ 8 à 10 ans) : 1 comprimé, à renouveler si nécessaire au bout de 6 heures, sans dépasser 5 comprimés par jour.
- Enfant de 30 à 35 kg (environ 10 à 12 ans) : 1 comprimé, à renouveler si nécessaire au bout de 4 heures, sans dépasser 6 comprimés par jour.
- Enfant de 35 à 50 kg (environ 12 à 15 ans) : 1 ou 2 comprimés, à renouveler si nécessaire au bout de 6 heures, sans dépasser 7 comprimés par jour.
- Insuffisant rénal : respecter un intervalle de 8 heures entre 2 prises.

### Effets indésirables possibles

Liés au paracétamol : *réaction allergique* cutanée (rare).

Liés à la *vitamine C* à forte dose (supérieure à 1 g par jour) : calculs des *voies* urinaires chez les personnes prédisposées.

**Laboratoires Upsa Conseil**

## EFFERALGANODIS

Antalgique et antipyrétique

### Présentation

**EFFERALGANODIS :** comprimé *orodispersible* (arôme orange) ; boîte de 16. Non remb.

### Composition

| | p cp |
|---|---|
| **Paracétamol** | 500 mg |
| Aspartam | + |
| Sorbitol | + |

### Dans quel cas ce médicament est-il prescrit ?

Ce médicament est un *antalgique* et un *antipyrétique* qui contient du paracétamol.

Il est utilisé pour faire baisser la fièvre et dans le traitement des affections douloureuses.

### Contre-indications

Ce médicament ne doit pas être utilisé dans les cas suivants :
- maladie grave du foie,
- *phénylcétonurie* (présence d'aspartam).

> **Attention :** De nombreux médicaments contiennent du paracétamol : vous devez en tenir compte en cas de prise conjointe car le surdosage en paracétamol peut être toxique pour le foie.

### Grossesse et allaitement

Les études scientifiques actuellement disponibles n'ont pas mis en évidence de problème particulier lors de l'utilisation du paracétamol chez la femme enceinte.

Aux doses usuelles, l'usage de ce médicament est possible pendant l'allaitement.

### Mode d'emploi et posologie

Ce médicament peut être pris indifféremment pendant ou entre les repas. Laisser fondre le comprimé sur la langue.

Respecter un intervalle de 4 à 6 heures entre 2 prises.

**Posologie usuelle :**
- Adulte : 1 ou 2 comprimés, à renouveler si besoin après un délai de 4 heures. Ne pas dépasser 6 comprimés par jour.
- Insuffisant rénal : respecter un intervalle de 8 heures entre 2 prises.

> **Conseils :** Des sueurs abondantes accompagnent généralement la baisse de température lors du traitement des fièvres élevées. Ce phénomène est normal.

### Effets indésirables possibles

Exceptionnellement : *réaction allergique* cutanée.

**Laboratoires Upsa Conseil**

## EFFEXOR

Antidépresseur inhibiteur de la recapture de la sérotonine et de la noradrénaline

sur ordonnance

### Présentation

**EFFEXOR 25 mg :** comprimé (pêche) ; boîte de 30. Liste I - Remb 65 % - **Prix : 8,77 €.**
**EFFEXOR 50 mg :** comprimé (pêche) ; boîte de 30. Liste I - Remb 65 % - **Prix : 12,89 €.**
**EFFEXOR LP 37,5 mg :** gélule à *libération prolongée* ; boîte de 30. Liste I - Remb 65 % - **Prix : 14,29 €.**
**EFFEXOR LP 75 mg :** gélule à *libération prolongée* ; boîte de 30. Liste I - Remb 65 % - **Prix : 28,03 €.**

### Composition

| | p cp | p cp |
|---|---|---|
| **Venlafaxine** | 25 mg | 50 mg |
| Lactose | + | + |

| | p gél LP | p gél LP |
|---|---|---|
| **Venlafaxine** | 37,5 mg | 75 mg |

### Dans quel cas ce médicament est-il prescrit ?

Ce médicament est un *antidépresseur* de la famille des inhibiteurs de la recapture de la sérotonine et de la noradrénaline.

Il est utilisé dans le traitement des *états dépressifs* et dans certaines manifestations de l'anxiété (gélules *LP*). Il est également utilisé pour prévenir les récidives dépressives chez les personnes ayant déjà présenté 3 épisodes de dépression.

### Contre-indications

Ce médicament ne doit pas être utilisé dans les cas suivants :
- en association avec les *IMAO* non sélectifs,
- **allaitement**.

**Attention :** L'utilisation de ce médicament est généralement déconseillée chez l'enfant et le jeune adulte de moins de 18 ans.

Un contrôle de la tension artérielle est parfois nécessaire au cours du traitement.

Des précautions sont nécessaires en cas d'*insuffisance rénale* ou *hépatique*, d'*épilepsie* (même ancienne), de prédisposition aux *hémorragies*, de *glaucome* à angle fermé ou d'*hypertension artérielle* et chez la personne âgée.

En cas d'excitation anormale ou de confusion des idées survenant sous traitement, une consultation médicale est nécessaire.

Avant une anesthésie locale, notamment chez le dentiste, signalez la prise de ce médicament.

Bien qu'aucune interaction nette n'ait été constatée avec l'*alcool*, évitez la prise de boissons alcoolisées, comme avec tout médicament *psychotrope*.

Si vous devez conduire, ou utiliser une machine dangereuse, assurez-vous préalablement que ce médicament n'altère pas votre vigilance.

### Interactions avec d'autres substances

Ce médicament ne doit pas être associé aux *IMAO* non sélectifs (MARSILID...) : des délais précis doivent être respectés entre la fin d'un traitement par IMAO et le début de ce traitement, et inversement.

Il peut également interagir avec les *IMAO* sélectifs A (MOCLAMINE...) ou avec les médicaments contenant de l'adrénaline ou de la noradrénaline.

### Grossesse et allaitement

L'effet de ce médicament pendant la grossesse est mal connu : seul votre médecin peut évaluer le risque éventuel de son utilisation dans votre cas.

Ce médicament passe dans le lait maternel. Il est contre-indiqué pendant l'allaitement.

### Mode d'emploi et posologie

Ce médicament doit être pris au cours du repas.

Les comprimés peuvent être pris en 2 ou 3 prises quotidiennes.

Les gélules à *libération prolongée* doivent être avalées sans être ouvertes, en 1 prise quotidienne, à heure régulière.

**Posologie usuelle :**
- Adulte de plus de 18 ans :
  - *état dépressif* : 75 mg à 150 mg par jour ;
  - anxiété : 2 gélules à 37,5 mg ou 1 gélule à 75 mg par jour.

**Conseils :** L'efficacité des *antidépresseurs* n'est généralement pas immédiate. Un délai pouvant atteindre plusieurs semaines est parfois nécessaire pour que les effets bénéfiques se fassent sentir. Les effets indésirables éventuels apparaissant en début de traitement ne doivent pas vous conduire à l'arrêter prématurément.

Chez la personne souffrant de dépression, un état anxieux peut apparaître ou être majoré en début de traitement ; un *anxiolytique* est parfois prescrit par le médecin pour prévenir ou traiter ces manifestations.

Lorsque les *symptômes* de la *dépression* ont disparu, le traitement doit absolument être poursuivi pendant la durée prescrite afin de consolider la guérison. Un arrêt prématuré exposerait à une rechute. La durée d'un traitement antidépresseur est rarement inférieure à 6 mois.

Contrairement à d'autres médicaments utilisés pour traiter les maladies psychiques, les antidépresseurs ne créent pas de dépendance. Néanmoins, il est préférable d'arrêter le traitement progressivement en diminuant la posologie ou en espaçant les prises pour éviter les effets indésirables transitoires, rarement observés, en cas d'interruption brutale.

### Effets indésirables possibles

Les plus fréquents : nausée, constipation, manque d'appétit, étourdissements, sécheresse de la bouche, insomnie, fatigue, somnolence, nervosité, sueurs, troubles sexuels, *hypertension artérielle*.

Moins souvent : *troubles digestifs*, perte ou prise de poids, *convulsions*, maux de tête, anxiété, agitation, tremblements, fourmillements, rêves étranges, troubles de la vue, diminution de la libido, *impuissance*, envie fréquente d'uriner ou difficulté à uriner, *hypotension orthostatique*, *palpitations*, bouffées de chaleur, *éruptions cutanées*, démangeaisons, chute de cheveux, bourdonnements d'oreille.

Rarement : augmentation du taux de cholestérol ou des *transaminases*, diminution du taux de *sodium* dans le sang, anomalies de la *numération formule sanguine*.

**Laboratoires Wyeth Pharmaceuticals France**

## EFFICORT

Dermocorticoïde — **sur ordonnance**

### Présentation

**EFFICORT :** crème hydrophile ; tube de 30 g. Liste I - Remb 65 % - **Prix : 3,21 €**.
**EFFICORT :** crème lipophile ; tube de 30 g. Liste I - Remb 65 % - **Prix : 3,21 €**.

### Composition

| | p 100 g |
|---|---|
| **Hydrocortisone acéponate** | 127 mg |

### Dans quel cas ce médicament est-il prescrit ?

C'est un *dermocorticoïde* d'activité forte. Comme les autres dérivés de la *cortisone* à usage local, il freine le renouvellement et la multiplication des cellules de la peau et limite le suintement.

Il est utilisé pour traiter les *eczémas* de contact ou *atopiques*, les *lichénifications*, les *dermites séborrhéiques* (sauf celles du visage), le *psoriasis*, le *prurigo*, la *dyshidrose*, et pour soulager les démangeaisons dues aux piqûres d'insectes ou à la présence de parasites sous la peau.

Il est également utilisé dans le traitement de certaines maladies rares : *granulome annulaire*, *lupus érythémateux* discoïde, *mycosis fongoïde*.

### Contre-indications

Ce médicament ne doit pas être utilisé dans les cas suivants :

- infection et parasitose non traitées de la peau (ce médicament n'a pas d'effet anti-infectieux),
- lésion ulcérée,
- *acné* et *rosacée*.

**Attention :** Sauf indication contraire de votre médecin, n'appliquez jamais de *dermocorticoïdes* d'activité forte ou très forte :
- sur le visage : risque majoré d'effets indésirables locaux, notamment de *dermite périorale* (rougeur autour de la bouche) ;
- chez le *nourrisson*.

N'utilisez pas ce produit de façon prolongée sur les paupières (risque de fragilisation de la paupière et d'augmentation de la *tension intraoculaire*).

Comme les autres dermocorticoïdes, ce médicament a souvent une action efficace et rapide sur les lésions de la peau ; il peut être tentant de le réutiliser, mais l'automédication expose à des risques importants : aggravation de certaines lésions, installation d'une *dépendance* (amélioration de moins en moins visible des lésions et recrudescence des *symptômes* à chaque arrêt de traitement) et altération durable de la peau.

Suivez attentivement la prescription de votre médecin et n'hésitez pas à lui demander des explications.

### Grossesse et allaitement

Aucun effet néfaste pour l'enfant à naître n'a été établi avec ce médicament. Il peut être prescrit pendant la grossesse.

En raison du risque d'ingestion par le nouveau-né, ce médicament ne doit pas être appliqué sur le mamelon chez la femme qui allaite.

### Mode d'emploi et posologie

La crème hydrophile est adaptée au traitement des lésions suintantes, la crème lipophile à celui des lésions sèches.

Étaler la crème sur les lésions et la faire pénétrer par un léger massage. Pour traiter de grandes surfaces de peau : appliquer en touches espacées, puis étaler jusqu'à complète absorption.

**Posologie usuelle :**

1 ou 2 applications par jour.

Le médecin prescrit fréquemment un arrêt progressif du traitement : espacement des applications ou diminution de la quantité appliquée.

**Conseils :** Ne conseillez pas, ne donnez pas ce médicament à un proche.

Pensez à vous laver les mains après l'application. En cas d'utilisation sur une grande surface de peau, le port d'un gant en plastique est recommandé.

### Effets indésirables possibles

Sont à craindre en cas d'usage prolongé : *atrophie* cutanée, *télangiectasies* (dilatation des petits vaisseaux), vergetures, *purpura* (microhémorragies de la peau), fragilisation de la peau.

Appliqué sur le visage, ce médicament peut provoquer une *dermite périorale* ou provoquer ou aggraver une *rosacée*.

Sont possibles également : retard de cicatrisation, *acné*, développement anormal des poils, dépigmentation localisée de la peau.

L'utilisation des *dermocorticoïdes* sous un pansement étanche ou dans les plis peut favoriser la prolifération des bactéries ou une allergie cutanée. Consulter votre médecin en cas de rougeur ou de douleur apparue après le début du traitement.

Laboratoires Galderma

## EFFIPREV

*Informations détaillées sur www.monvidal.com*

## EFFIZINC

Antiacnéique

### Présentation

EFFIZINC : gélule ; boîte de 30. Remb 35 % - **Prix : 4,86 €**.

EFFIZINC : gélule ; boîte de 60. Remb 35 % - **Prix : 8,51 €**.

### Composition

| | p gél |
|---|---|
| **Zinc gluconate** | 104,55 mg |
| soit Zinc | 15 mg |

### Dans quel cas ce médicament est-il prescrit ?

Ce médicament contient du zinc, actif sur l'*inflammation* des lésions de l'*acné*.

Il est utilisé dans le traitement de l'acné et de certaines maladies héréditaires rares liées à une *carence* en zinc.

### Interactions avec d'autres substances

Ce médicament gêne l'absorption des *antibiotiques* de la famille des *cyclines* ou des quinolones, qui ne doivent pas lui être associés.

La prise de médicaments contenant du calcium ou du fer, ainsi que les *pansements digestifs*, diminue l'absorption de ce produit.

### Grossesse et allaitement

L'effet de ce médicament pendant la grossesse ou l'allaitement est mal connu. Par prudence, son usage est déconseillé chez la femme enceinte ou chez celle qui allaite.

### Mode d'emploi et posologie

Ce médicament doit être pris en une seule fois, à jeun, avec un grand verre d'eau.

**Posologie usuelle :**

Traitement de l'*acné* : 2 gélules, 1 fois par jour, pendant 3 mois ; puis 1 seule gélule par jour selon la prescription du médecin.

**Conseils :** Le repas qui suit immédiatement la prise de ce médicament ne doit pas comporter certains aliments comme le pain complet, les germes de soja, le maïs : ceux-ci peuvent gêner son absorption.

### Effets indésirables possibles

*Troubles digestifs*.

Laboratoires Expanscience

## EFFORTIL
*Informations détaillées sur www.monvidal.com*

## EFIMAG
*Informations détaillées sur www.monvidal.com*

## EFRYL RHUME
*Informations détaillées sur www.monvidal.com*

## EFUDIX ROCHE
*Informations détaillées sur www.monvidal.com*

## EGATEN
*Informations détaillées sur www.monvidal.com*

## ÉGÉRY
*Informations détaillées sur www.monvidal.com*

## ÉLASE
*Informations détaillées sur www.monvidal.com*

## ÉLAVIL
*Informations détaillées sur www.monvidal.com*

## ÉLÉNOL
*Informations détaillées sur www.monvidal.com*

## ÉLÉVIT VITAMINE B9
Vitamines et éléments minéraux

### Présentation
ÉLÉVIT VITAMINE B9 : comprimé (jaune) ; boîte de 30. Non remb.
ÉLÉVIT VITAMINE B9 : comprimé (jaune) ; boîte de 100. Non remb.

### Composition

| | p cp |
|---|---|
| **Rétinol (vitamine A)** | 4 000 UI |
| **Thiamine (vitamine B1)** | 1,6 mg |
| **Riboflavine (vitamine B2)** | 1,8 mg |
| **Pyridoxine (vitamine B6)** | 2,6 mg |
| **Cyanocobalamine (vitamine B12)** | 4 µg |
| **Acide ascorbique (vitamine C)** | 100 mg |
| **Colécalciférol (vitamine D3)** | 500 UI |
| **Tocophérol (vitamine E)** | 15 mg |
| **Pantothénate de calcium (vitamine B5)** | 10 mg |
| **Biotine (vitamine B8)** | 0,2 mg |
| **Acide folique (vitamine B9)** | 0,8 mg |
| **Nicotinamide (vitamine PP)** | 19 mg |
| **Calcium** | 125 mg |
| **Magnésium** | 100 mg |
| **Phosphore** | 125 mg |
| **Fer** | 60 mg |
| **Manganèse** | 1 mg |
| **Cuivre** | 1 mg |
| **Zinc** | 7,5 mg |
| Lactose | + |

### Dans quel cas ce médicament est-il prescrit ?
Ce médicament contient des *vitamines* et des sels minéraux.
Il est utilisé dans la prévention ou la correction des troubles dus à une alimentation carencée ou déséquilibrée, au cours de la grossesse ou de l'allaitement.

### Contre-indications
Ce médicament ne doit pas être utilisé dans les cas suivants :
- *insuffisance rénale* grave,
- excès de calcium dans le sang ou dans les urines, avec ou sans *lithiase*.

**Attention :** Ce médicament contient des *vitamines* A et D : leur *surdosage* expose à des effets indésirables graves ; ne dépassez pas les *posologies* préconisées et n'utilisez pas d'autres médicaments contenant ces vitamines sans avis médical.

### Interactions avec d'autres substances
Respectez un intervalle d'au moins 2 heures entre la prise de ce médicament et celle des *cyclines*, des diphosphonates, des quinolones, des *pansements digestifs*, ou des médicaments contenant de la pénicillamine ou de la thyroxine.
Informez votre médecin ou votre pharmacien si vous prenez des *digitaliques* ou des *diurétiques*.

### Grossesse et allaitement
Chez la femme enceinte ou qui allaite, les apports quotidiens en *vitamine* A, sous forme de médicament, ne doivent pas dépasser 5 000 *UI* par jour.

### Mode d'emploi et posologie
Les comprimés sont pris de préférence le matin avec un verre d'eau.

**Posologie usuelle :**
1 comprimé par jour.

**Conseils :** Une alimentation équilibrée et diversifiée apporte habituellement des quantités suffisantes de *vitamines* et de sels minéraux. L'usage prolongé de vitamines ne se justifie pas sans avis médical.
1 000 *UI* de *vitamine* A sont contenues dans 2 kg de myrtilles, 100 g de beurre, 50 g de melon, 20 g de carottes, 10 g d'huile de foie de morue ou 10 g de foie de veau.
La coloration noire des selles est normale pendant le traitement : elle est liée à la présence de fer.

### Effets indésirables possibles
Rarement : nausées, constipation, diarrhée.

Laboratoires Bayer santé familiale

## ELGYDIUM
Hygiène buccodentaire

### Présentation
ELGYDIUM : pâte dentifrice ; tube de 8 g. Non remb.
ELGYDIUM : pâte dentifrice ; tube de 100 g. Non remb.
ELGYDIUM : pâte dentifrice ; tube de 150 g. Non remb.

### Composition

| | p 100 g |
|---|---|
| **Chlorhexidine digluconate** | 4 mg |
| **Calcium carbonate** | 25 g |
| Lauryl sulfate de sodium | + |
| Glycérol | + |
| Silice | + |
| Carboxyméthylcellulose sodique | + |
| Oxyde de titane | + |

Les mots en *italique* dans les textes sont expliqués dans le lexique p. 1323.

### Dans quel cas ce médicament est-il prescrit ?

Ce *dentifrice* contient un *antiseptique*, la chlorhexidine, qui renforce l'action du brossage sur les dents. La chlorhexidine détruit les *germes* qui élaborent la *plaque dentaire*.

Il est utilisé dans le traitement de l'*inflammation* des gencives, avec ou sans déchaussement des dents, et dans le *traitement préventif* de la carie dentaire.

### Grossesse et allaitement

Ce dentifrice peut être utilisé pendant la grossesse ou l'allaitement.

### Mode d'emploi et posologie

L'action du *dentifrice* ne fait que compléter l'action fondamentale du brossage des dents. Un bon brossage dure 2 à 3 minutes ; il concerne la surface des dents et leurs faces latérales.

**Posologie usuelle :**

Le brossage des dents doit être pratiqué 3 fois par jour, après chaque repas.

Déposer l'équivalent d'une noisette de dentifrice sur la brosse préalablement mouillée.

> **Conseils :** Comme tout *dentifrice*, ce produit ne doit pas être avalé.
>
> Pour permettre une action prolongée des substances protectrices contenues dans le dentifrice, ne multipliez pas les rinçages.

Laboratoires Pierre Fabre Oral Care

## ELISOR

Hypolipémiant

sur ordonnance

### Présentation

**ELISOR 10 mg** : comprimé sécable (jaune) ; boîte de 28. Liste I - Remb 65 % - **Prix : 11,06 €**.
**ELISOR 20 mg** : comprimé sécable (jaune) ; boîte de 28. Liste I - Remb 65 % - **Prix : 21,57 €**.
**ELISOR 20 mg** : comprimé sécable (jaune) ; boîte de 84. Liste I - Remb 65 % - **Prix : 58,96 €**.
**ELISOR 40 mg** : comprimé (jaune) ; boîte de 28. Liste I - Remb 65 % - **Prix : 40,37 €**.
**ELISOR 40 mg** : comprimé (jaune) ; boîte de 84. Liste I - Remb 65 % - **Prix : 110,48 €**.

### Composition

| | p cp | p cp | p cp |
|---|---|---|---|
| **Pravastatine sodique** ........................ | 10 mg | 20 mg | 40 mg |
| Lactose ........................ | + | + | + |

### Dans quel cas ce médicament est-il prescrit ?

Ce médicament est un *hypocholestérolémiant* de la famille des statines. Il permet d'abaisser fortement le taux de *cholestérol* circulant dans le sang. Des études cliniques ont également montré son aptitude à prévenir l'*infarctus du myocarde* ou sa récidive ainsi qu'à réduire le risque d'*accident vasculaire cérébral*.

Il est utilisé dans le traitement des excès de cholestérol en complément d'un régime adapté et dans la prévention des complications des accidents cardiovasculaires (infarctus du myocarde, accident vasculaire cérébral).

### Contre-indications

Ce médicament ne doit pas être utilisé dans les cas suivants :

- *insuffisance hépatique* ou *transaminases* élevées,
- **grossesse**,
- **allaitement**.

> **Attention :** Ce médicament peut être toxique pour le foie ou les muscles. Signalez à votre médecin toute fatigue anormale, perte d'appétit, douleur ou faiblesse musculaire. Des analyses de sang peuvent être pratiquées afin de vérifier que le médicament est bien supporté.
>
> Une attention particulière s'impose dans certaines situations : personnes de plus de 70 ans, *insuffisance rénale*, *hypothyroïdie* non contrôlée par un traitement, *antécédent* personnel ou familial de maladie musculaire, abus d'alcool.
>
> Conducteur : ce médicament peut parfois provoquer des étourdissements.

### Interactions avec d'autres substances

Ce médicament peut interagir avec les *hypolipidémiants* de la famille des fibrates.

Informez par ailleurs votre médecin si vous prenez un médicament par voie orale contenant de la clarithromycine, de l'érythromycine ou de la ciclosporine.

### Grossesse et allaitement

Ce médicament n'a pas d'indication chez la femme enceinte et il doit être interrompu en cas de désir de grossesse.

Si une grossesse survient sous traitement, consultez votre médecin et arrêtez la prise de ce médicament.

Aucune malformation imputable à ce médicament n'a été observée à ce jour.

Les données disponibles ne permettent pas de savoir si ce médicament passe dans le lait maternel ; un choix est donc nécessaire entre l'allaitement et la prise du médicament. Cette décision devra être prise en accord avec votre médecin.

### Mode d'emploi et posologie

Les comprimés peuvent être pris au cours ou en dehors du repas.

**Posologie usuelle :**

- Adulte de plus de 18 ans : 10 mg à 40 mg par jour, en une prise unique, de préférence le soir.
- Enfant de 8 à 18 ans : la posologie varie selon l'âge.

Le régime reste indispensable pendant toute la durée du traitement.

> **Conseils :** Un régime pauvre en *cholestérol* et en graisses animales n'est pas simple à suivre : les erreurs sont fréquentes. Demandez conseil à votre médecin, à votre pharmacien, ou à un professionnel de la nutrition.

### Effets indésirables possibles

Peu fréquents (moins de 1 % des utilisateurs) : étourdissements, maux de tête, troubles du sommeil, troubles de la vision (vision double ou trouble), anémie, *troubles digestifs*, *éruption cutanée*, chute de cheveux, troubles sexuels ou urinaires, fatigue, crampes, douleurs musculaires, élévation des *transaminases* (voir Attention).

Très rarement (moins de 0,01 % des utilisateurs ) : fourmillements des extrémités, *pancréatite*, jaunisse, *réaction allergique*, atteinte musculaire (voir Attention), tendinite.

Laboratoires Bristol-Myers Squibb

## ÉLIXIR BONJEAN

*Informations détaillées sur www.monvidal.com*

## ÉLIXIR PARÉGORIQUE LIPHA

*Informations détaillées sur www.monvidal.com*

## ÉLIXIR SPARK

*Informations détaillées sur www.monvidal.com*

## ELOXATINE

*Informations détaillées sur www.monvidal.com*

## ELUDRIL collutoire

Préparation orobuccale antibactérienne et antalgique

### Présentation

ELUDRIL : *collutoire* (arôme menthe) ; flacon de 55 ml (135 pulvérisations) avec embout buccal. Non remb.

### Composition

| | p 100 ml |
|---|---|
| **Chlorhexidine digluconate** | 50 mg |
| **Tétracaïne chlorhydrate** | 15 mg |
| Alcool | + |

### Dans quel cas ce médicament est-il prescrit ?

Ce *collutoire*, antibactérien et *antalgique*, contient un *antiseptique* et un *anesthésique* local.

Il est utilisé dans le *traitement d'appoint* des affections de la bouche et de la gorge (maux de gorge peu intenses, *aphtes*...).

### Contre-indications

Ce médicament ne doit pas être utilisé dans les cas suivants :
- *allergie* aux *anesthésiques* locaux,
- enfant de moins de 6 ans.

**Attention :** En l'absence d'amélioration au bout de 5 jours, de douleur en avalant ou en cas d'apparition de fièvre, consultez votre médecin. Il pourra faire la différence entre une *pharyngite* et une angine. En cas d'angine bactérienne, un traitement *antibiotique* est nécessaire afin d'éviter des complications ultérieures, cardiaques ou rénales.

L'usage prolongé des traitements antiseptiques locaux (*gargarisme*, *collutoire*, pastille) n'est pas souhaitable ; il peut modifier l'équilibre microbien naturel de la gorge.

Une surconsommation pourrait provoquer des troubles nerveux et cardiaques : respectez la *posologie*.

En l'absence d'amélioration au bout de 5 jours, en cas d'apparition de fièvre, consultez votre médecin.

Sportif : les *anesthésiques* locaux ont été retirés de la liste des substances dopantes publiée dans les arrêtés du 20 avril et du 16 août 2004 par le ministère de la Jeunesse et des Sports.

### Interactions avec d'autres substances

Il est généralement inutile d'associer des *antiseptiques* différents. Ceux-ci peuvent être contenus dans de nombreux produits disponibles en automédication : pastille, *collutoire* et solution nasale ; demandez conseil à votre pharmacien.

### Grossesse et allaitement

L'effet de ce médicament pendant la grossesse ou l'allaitement est mal connu. L'évaluation du risque éventuel lié à son utilisation est individuelle : demandez conseil à votre pharmacien ou à votre médecin.

### Mode d'emploi et posologie

Les pulvérisations doivent être espacées d'au moins 4 heures.

**Posologie usuelle :**
- Adulte et enfant de plus de 12 ans : 1 pulvérisation, 3 à 5 fois par jour.
- Enfant de 6 à 12 ans : 1 pulvérisation, 2 ou 3 fois par jour.

**Conseils :** Chez le jeune enfant, la pulvérisation peut provoquer un spasme du larynx : n'introduisez pas trop profondément l'embout dans sa bouche. Chez l'enfant et la personne âgée, évitez l'usage de ce médicament avant les repas : l'*anesthésique* local est susceptible de provoquer des troubles de la déglutition ; ceux-ci pourraient être à l'origine du passage d'aliments dans les *voies* respiratoires.

### Effets indésirables possibles

*Réaction allergique*.

Engourdissement passager de la langue.

Coloration brune de la langue et des dents disparaissant à l'arrêt du traitement.

Laboratoires Pierre Fabre Oral Care

## ELUDRIL solution

Préparation buccale antibactérienne

### Présentation

ELUDRIL : solution pour *bain de bouche* (arôme menthe) ; flacon de 90 ml avec gobelet doseur. Remb 35 % - **Prix : 2,81 €**.
ELUDRIL : solution pour *bain de bouche* (arôme menthe) ; flacon de 200 ml avec gobelet doseur. Non remb.
ELUDRIL : solution pour *bain de bouche* (arôme menthe) ; flacon de 500 ml avec gobelet doseur. Non remb.

### Composition

| | p 100 ml |
|---|---|
| **Chlorhexidine digluconate, solution** | 0,5 ml |
| **Chlorobutanol** | 500 mg |
| Lévomenthol | + |
| Alcool à 95° | + |

### Dans quel cas ce médicament est-il prescrit ?

Cette solution pour *bain de bouche* contient des *antiseptiques*.

Elle est utilisée dans le *traitement d'appoint* des affections de la bouche ou après une opération des dents ou des gencives.

**Attention :** L'usage prolongé des traitements antiseptiques locaux (*gargarisme*, *collutoire*, pastille) n'est pas souhaitable ; il peut modifier l'équilibre microbien naturel de la gorge.

En l'absence d'amélioration au bout de 5 jours, en cas d'apparition de fièvre, consultez votre médecin.

### Interactions avec d'autres substances

Il est généralement inutile d'associer des *antiseptiques* différents. Ceux-ci peuvent être contenus dans de nombreux produits disponibles en automédication : pastille, *collutoire* et solution nasale ; demandez conseil à votre pharmacien.

### Grossesse et allaitement

L'effet de ce médicament pendant la grossesse ou l'allaitement est mal connu. L'évaluation du risque éventuel lié à son utilisation est individuelle : demandez conseil à votre pharmacien ou à votre médecin.

### Mode d'emploi et posologie

Verser 10 à 20 ml dans le gobelet doseur et compléter avec de l'eau jusqu'au trait supérieur. Utiliser en *bain de bouche* la totalité du contenu du gobelet doseur. Conserver la solution en bouche 30 secondes avant de la recracher.
La solution ne doit pas être avalée.

**Posologie usuelle :**

- Adulte et enfant de plus de 6 ans : 1 bain de bouche, 2 ou 3 fois par jour.

**Conseils :** Il est généralement conseillé de ne pas s'alimenter ou de ne pas boire immédiatement après un *bain de bouche*, afin de permettre aux substances actives d'agir.
Certains dentistes et stomatologistes recommandent de ne pas pratiquer de bain de bouche dans les heures qui suivent une extraction dentaire, afin d'éviter de faire saigner la plaie.

Laboratoires Pierre Fabre Oral Care

## ÉLUSANES AIL
*Informations détaillées sur www.monvidal.com*

## ÉLUSANES ALGUES BRUNES ALOÈS
*Informations détaillées sur www.monvidal.com*

## ÉLUSANES ARTICHAUT
*Informations détaillées sur www.monvidal.com*

## ÉLUSANES AUBÉPINE
*Informations détaillées sur www.monvidal.com*

## ÉLUSANES BARDANE
*Informations détaillées sur www.monvidal.com*

## ÉLUSANES BOLDO
*Informations détaillées sur www.monvidal.com*

## ÉLUSANES BUSSEROLE
*Informations détaillées sur www.monvidal.com*

## ÉLUSANES CALMODIGER
*Informations détaillées sur www.monvidal.com*

## ÉLUSANES CASSIS
*Informations détaillées sur www.monvidal.com*

## ÉLUSANES CHARBON VÉGÉTAL
*Informations détaillées sur www.monvidal.com*

## ÉLUSANES ESCHSCHOLTZIA
*Informations détaillées sur www.monvidal.com*

## ÉLUSANES FÉNUGREC
*Informations détaillées sur www.monvidal.com*

## ÉLUSANES FRAGON
*Informations détaillées sur www.monvidal.com*

## ÉLUSANES FRÊNE
*Informations détaillées sur www.monvidal.com*

## ÉLUSANES FUCUS
*Informations détaillées sur www.monvidal.com*

## ÉLUSANES FUMETERRE
*Informations détaillées sur www.monvidal.com*

## ÉLUSANES GATTILIER
*Informations détaillées sur www.monvidal.com*

## ÉLUSANES GINSENG
*Informations détaillées sur www.monvidal.com*

## ÉLUSANES GRANDE CAMOMILLE
*Informations détaillées sur www.monvidal.com*

## ÉLUSANES HAMAMÉLIS
*Informations détaillées sur www.monvidal.com*

## ÉLUSANES HARPAGÉSIC
*Informations détaillées sur www.monvidal.com*

## ÉLUSANES MARRONNIER D'INDE
*Informations détaillées sur www.monvidal.com*

## ÉLUSANES MATÉ
*Informations détaillées sur www.monvidal.com*

## ÉLUSANES MÉLILOT
*Informations détaillées sur www.monvidal.com*

## ÉLUSANES MILLEPERTUIS
*Informations détaillées sur www.monvidal.com*

## ÉLUSANES NATUDOR
*Informations détaillées sur www.monvidal.com*

## ÉLUSANES ORTHOSIPHON
*Informations détaillées sur www.monvidal.com*

## ÉLUSANES ORTIE
*Informations détaillées sur www.monvidal.com*

## ÉLUSANES PASSIFLORE
*Informations détaillées sur www.monvidal.com*

## ÉLUSANES PENSÉE SAUVAGE
*Informations détaillées sur www.monvidal.com*

**ÉLUSANES PHYTOFIBRE**
*Informations détaillées sur www.monvidal.com*

**ÉLUSANES PILOSELLE**
*Informations détaillées sur www.monvidal.com*

**ÉLUSANES PRÊLE**
*Informations détaillées sur www.monvidal.com*

**ÉLUSANES QUINQUINA**
*Informations détaillées sur www.monvidal.com*

**ÉLUSANES REINE-DES-PRÉS**
*Informations détaillées sur www.monvidal.com*

**ÉLUSANES SAULE**
*Informations détaillées sur www.monvidal.com*

**ÉLUSANES STARPHYT**
*Informations détaillées sur www.monvidal.com*

**ÉLUSANES THÉ VERT**
*Informations détaillées sur www.monvidal.com*

**ÉLUSANES VALÉRIANE**
*Informations détaillées sur www.monvidal.com*

**ÉLUSANES VIGNE ROUGE**
*Informations détaillées sur www.monvidal.com*

**ÉMADINE**
*Informations détaillées sur www.monvidal.com*

**EMEND**
*Informations détaillées sur www.monvidal.com*

## EMLA
Anesthésique local — sur ordonnance

### Présentation
EMLA : crème à 5 % ; tube de 5 g et 2 pansements adhésifs. Liste II - Remb 65 % - **Prix : 5,60 €**.

### Composition

| | p 100 g |
|---|---|
| **Lidocaïne** | 2,5 g |
| **Prilocaïne** | 2,5 g |
| Huile de ricin | + |

### Dans quel cas ce médicament est-il prescrit ?
Cette crème contient des *anesthésiques* locaux.

Elle est utilisée pour insensibiliser la peau avant un acte médical douloureux (petite intervention chirurgicale, piqûre, prise de sang, soins d'*ulcères* de jambes...).

Elle peut être aussi utilisée chez l'adulte pour insensibiliser les muqueuses génitales avant une *biopsie* ou une *infiltration*.

### Contre-indications
Ce médicament ne doit pas être utilisé dans les cas suivants :
- *antécédent* d'*allergie* à des *anesthésiques* locaux de la même famille chimique,
- *méthémoglobinémie* congénitale (anomalie rare de l'*hémoglobine*),
- *porphyrie*.

**Attention :** Cette crème doit être appliquée sur une peau saine : ne l'utilisez pas pour atténuer la douleur en cas de plaie ou de tout autre lésion de la peau. La crème peut être utilisée comme anesthésique avant le traitement d'un *ulcère* de jambe par l'infirmier ; en revanche, elle ne doit pas être utilisée dans un but *antalgique* entre deux pansements.

Une application intempestive dans le conduit auditif peut provoquer des lésions de l'*oreille interne*.

Un contact accidentel avec les yeux peut provoquer une irritation importante ; dans ce cas, rincez abondamment. Pensez à vous laver les mains après l'application et ne laissez pas le tube à la portée des enfants.

Chez les enfants en bas âge, vérifiez que le pansement reste bien en place pour éviter tout risque de manipulation ou d'ingestion.

Chez l'*atopique*, le pansement peut donner des réactions cutanées marquées, mais réversibles.

N'utilisez pas ce mode d'anesthésie pour la vaccination BCG ou l'intradermoréaction à la tuberculine sans l'accord de votre médecin.

Sportif : les *anesthésiques* locaux ont été retirés de la liste des substances dopantes publiée dans les arrêtés du 20 avril et du 16 août 2004 par le ministère de la Jeunesse et des Sports.

### Interactions avec d'autres substances
Informez votre médecin en cas de traitement par un médicament contenant un *sulfamide* ou l'une des substances suivantes : dapsone, métoclopramide, flutamide (en particulier chez le *nourrisson* de moins de 3 mois).

### Grossesse et allaitement
Un avis médical est nécessaire avant d'utiliser ce médicament pendant la grossesse ou l'allaitement.

### Mode d'emploi et posologie
- Anesthésie de la peau : appliquer une couche épaisse de crème sur la région de peau à traiter, puis la recouvrir à l'aide de l'un des pansements fournis, au moins une heure avant la piqûre ou l'intervention. Ce délai est nécessaire pour que la crème pénètre suffisamment. Après retrait du pansement, la crème doit être soigneusement retirée avec une compresse. L'anesthésie persiste alors une à deux heures. Dans tous les cas, suivre scrupuleusement les recommandations de votre médecin.
- Anesthésie des muqueuses génitales chez l'adulte : appliquer la crème durant 5 à 10 minutes, puis l'essuyer. L'effet persiste pendant environ 15 à 20 minutes.

**Posologie usuelle :**
La dose nécessaire dépend de la surface de la région à traiter et de l'âge.

Les *posologies* suivantes sont données à titre d'exemple pour une anesthésie localisée portant sur une petite surface :
- Adulte : 2 à 3 g (1/2 tube) sur la peau, 5 à 10 g (1 à 2 tubes) sur les muqueuses génitales.

- Enfant de 12 mois à 12 ans : 1 à 2 g (1/4 de tube).
- Nourrisson de 3 à 12 mois : 0,5 g (1/10 de tube).

**Conseils :** Lorsque la taille du pansement fourni ne convient pas à la région cutanée à traiter, il est possible d'acheter un pansement plus adapté : demandez conseil à votre pharmacien.
La crème devant être appliquée au moins une heure avant la piqûre ou l'intervention, il est très important que le médecin vous montre l'endroit précis où l'*anesthésie* doit être réalisée (au moment de la prescription de la crème, par exemple).

### Effets indésirables possibles

Rougeur ou pâleur locales, ces réactions sont sans gravité et ne signifient pas un échec ou une moindre efficacité de l'*anesthésie* locale.
Exceptionnellement : démangeaisons ou sensation de brûlure, *réaction allergique* locale ; bleuissement des lèvres et des ongles chez le nourrisson (à signaler au médecin).

**Laboratoires AstraZeneca**

## EMLAPATCH

Anesthésique local — sur ordonnance

### Présentation

**EMLAPATCH :** pansement adhésif ; boîte de 1. Liste II - Remb 65 % - **Prix : 3,66 €**.

### Composition

| | p pansement |
|---|---|
| **Lidocaïne** | 25 mg |
| **Prilocaïne** | 25 mg |
| Huile de ricin | + |

### Dans quel cas ce médicament est-il prescrit ?

Ce pansement contient des *anesthésiques* locaux.
Il est utilisé pour insensibiliser la peau avant un acte médical douloureux (petite intervention chirurgicale, piqûre, prise de sang...).

### Contre-indications

Ce médicament ne doit pas être utilisé dans les cas suivants :
- *antécédent* d'*allergie* à des *anesthésiques* locaux de la même famille chimique,
- *méthémoglobinémie* congénitale (anomalie rare de l'*hémoglobine*),
- *porphyrie*.

**Attention :** Ce pansement doit être appliqué sur une peau saine : ne l'utilisez pas pour atténuer la douleur en cas de plaie, d'*ulcère* ou de tout autre lésion de la peau.
Évitez l'application à proximité des yeux. Un contact accidentel du pansement avec les yeux peut provoquer une irritation importante ; dans ce cas, rincez abondamment. Pensez à vous laver les mains après la mise en place ou le retrait du pansement et ne le laissez pas à la portée des enfants.
Chez les enfants en bas âge, vérifiez que le pansement reste bien en place pour éviter tout risque de manipulation ou d'ingestion.
Chez l'*atopique*, le pansement peut donner des réactions cutanées marquées, mais réversibles.
N'utilisez pas ce mode d'anesthésie pour la vaccination BCG ou l'*intradermoréaction* à la tuberculine sans l'accord de votre médecin.

Sportif : les *anesthésiques* locaux ont été retirés de la liste des substances dopantes publiée dans les arrêtés du 20 avril et du 16 août 2004 par le ministère de la Jeunesse et des Sports.

### Interactions avec d'autres substances

Informez votre médecin ou votre pharmacien si vous prenez un médicament contenant un *sulfamide* ou l'une des substances suivantes : dapsone, métoclopramide (en particulier chez le *nourrisson* de 0 à 3 mois).

### Grossesse et allaitement

Un avis médical est nécessaire avant d'utiliser ce médicamnent pendant la grossesse ou l'allaitement.

### Mode d'emploi et posologie

Appliquer le pansement au moins une heure avant la piqûre ou l'intervention. Ce délai est nécessaire pour que le pansement agisse suffisamment ; il peut être porté à deux heures sans inconvénient (sauf chez le *nourrisson* de moins de 3 mois).
Après retrait du pansement, le résidu de médicament doit être soigneusement essuyé avec une compresse. L'anesthésie persiste alors une à deux heures. Dans tous les cas, suivre scrupuleusement les recommandations de votre médecin.
Pour mettre en place le pansement :
- il n'est pas nécessaire de désinfecter la peau ; en revanche, il peut être utile de nettoyer au savon puis de rincer et sécher une peau trop grasse qui pourrait nuire à l'adhésion du pansement ;
- ouvrir le pansement à l'aide du coin en aluminium ;
- jeter la protection en aluminium et éviter de toucher la partie blanche du pansement qui contient l'anesthésique ;
- appliquer le pansement sans pression sur son centre (risque de fuite du produit sur la partie adhésive), mais appuyer fermement sur son pourtour pour assurer une bonne adhésion.

**Posologie usuelle :**
Le nombre de pansements nécessaires dépend de la surface de la région à traiter. Un pansement permet d'anesthésier une surface de 10 $cm^2$ (soit un disque de peau d'un diamètre de 3,5 cm). Chez le *nourrisson* de moins de 3 mois, un seul patch doit être utilisé. Si nécessaire, un délai de 12 heures doit être respecté avant d'appliquer un nouveau patch. Il existe une limite théorique au nombre de pansements applicables en une seule fois en fonction de l'âge : 50 chez l'adulte, 20 chez l'enfant de 6 à 12 ans, 10 chez l'enfant de 12 mois à 6 ans, 2 chez le nourrisson de 3 à 12 mois.

**Conseils :** Le pansement devant être appliqué au moins une heure avant la piqûre ou l'intervention, il est très important que le médecin vous montre l'endroit précis où l'*anesthésie* doit être réalisée (au moment de la prescription du pansement, par exemple). Pensez à noter l'heure à laquelle le pansement a été posé.

### Effets indésirables possibles

Rougeur ou pâleur locales. Ces réactions sont sans gravité et ne signifient pas un échec ou une moindre efficacité de l'*anesthésie* locale.
Exceptionnellement : démangeaisons ou sensation de brûlure, *réaction allergique* locale, bleuissement des lèvres et des ongles chez le nourrisson (à signaler au médecin), *eczéma* de contact.

**Laboratoires AstraZeneca**

**EMPLÂTRE FEUILLE DE SAULE**

*Informations détaillées sur www.monvidal.com*

**EMTRIVA**

*Informations détaillées sur www.monvidal.com*

## ÉNALAPRIL ARROW

Inhibiteur de l'enzyme de conversion

sur ordonnance

Ce médicament est un générique de RENITEC (voir p. 886 et tableau p. 1151).

## ÉNALAPRIL BIOGARAN

Inhibiteur de l'enzyme de conversion

sur ordonnance

Ce médicament est un générique de RENITEC (voir p. 886 et tableau p. 1151).

## ÉNALAPRIL EG

Inhibiteur de l'enzyme de conversion

sur ordonnance

Ce médicament est un générique de RENITEC (voir p. 886 et tableau p. 1151).

## ÉNALAPRIL G GAM

Inhibiteur de l'enzyme de conversion

sur ordonnance

Ce médicament est un générique de RENITEC (voir p. 886 et tableau p. 1151).

## ÉNALAPRIL IVAX

Inhibiteur de l'enzyme de conversion

sur ordonnance

Ce médicament est un générique de RENITEC (voir p. 886 et tableau p. 1151).

## ÉNALAPRIL MERCK

Inhibiteur de l'enzyme de conversion

sur ordonnance

Ce médicament est un générique de RENITEC (voir p. 886 et tableau p. 1151).

## ÉNALAPRIL QUALIMED

Inhibiteur de l'enzyme de conversion

sur ordonnance

Ce médicament est un générique de RENITEC (voir p. 886 et tableau p. 1151).

## ÉNALAPRIL RATIO

Inhibiteur de l'enzyme de conversion

sur ordonnance

Ce médicament est un générique de RENITEC (voir p. 886 et tableau p. 1151).

## ÉNALAPRIL RPG

Inhibiteur de l'enzyme de conversion

sur ordonnance

Ce médicament est un générique de RENITEC (voir p. 886 et tableau p. 1151).

## ÉNALAPRIL SANDOZ

Inhibiteur de l'enzyme de conversion

sur ordonnance

Ce médicament est un générique de RENITEC (voir p. 886 et tableau p. 1151).

## ÉNALAPRIL TEVA

Inhibiteur de l'enzyme de conversion

sur ordonnance

Ce médicament est un générique de RENITEC (voir p. 886 et tableau p. 1151).

## ÉNALAPRIL WINTHROP

Inhibiteur de l'enzyme de conversion

sur ordonnance

Ce médicament est un générique de RENITEC (voir p. 886 et tableau p. 1151).

## ÉNALAPRIL ZYDUS

Inhibiteur de l'enzyme de conversion

sur ordonnance

Ce médicament est un générique de RENITEC (voir p. 886 et tableau p. 1151).

## ÉNALAPRIL/ HYDROCHLOROTHIAZIDE ARROW

Association d'antihypertenseurs

sur ordonnance

Ce médicament est un générique de CO-RENITEC (voir p. 261 et tableau p. 1151).

## ÉNALAPRIL/ HYDROCHLOROTHIAZIDE BIOGARAN

Association d'antihypertenseurs

sur ordonnance

Ce médicament est un générique de CO-RENITEC (voir p. 261 et tableau p. 1151).

## ÉNALAPRIL/ HYDROCHLOROTHIAZIDE EG
Association d'antihypertenseurs — sur ordonnance

Ce médicament est un générique de CO-RENITEC (voir p. 261 et tableau p. 1151).

## ÉNALAPRIL/ HYDROCHLOROTHIAZIDE MERCK
Association d'antihypertenseurs — sur ordonnance

Ce médicament est un générique de CO-RENITEC (voir p. 261 et tableau p. 1151).

## ÉNALAPRIL/ HYDROCHLOROTHIAZIDE QUALIMED
Association d'antihypertenseurs — sur ordonnance

Ce médicament est un générique de CO-RENITEC (voir p. 261 et tableau p. 1151).

## ÉNALAPRIL/ HYDROCHLOROTHIAZIDE RATIOPHARM
Association d'antihypertenseurs — sur ordonnance

Ce médicament est un générique de CO-RENITEC (voir p. 261 et tableau p. 1151).

## ÉNALAPRIL/ HYDROCHLOROTHIAZIDE RPG
Association d'antihypertenseurs — sur ordonnance

Ce médicament est un générique de CO-RENITEC (voir p. 261 et tableau p. 1151).

## ÉNALAPRIL/ HYDROCHLOROTHIAZIDE SANDOZ
Association d'antihypertenseurs — sur ordonnance

Ce médicament est un générique de CO-RENITEC (voir p. 261 et tableau p. 1151).

## ÉNALAPRIL/ HYDROCHLOROTHIAZIDE TEVA
Association d'antihypertenseurs — sur ordonnance

Ce médicament est un générique de CO-RENITEC (voir p. 261 et tableau p. 1151).

## ÉNALAPRIL/ HYDROCHLOROTHIAZIDE WINTHROP
Association d'antihypertenseurs — sur ordonnance

Ce médicament est un générique de CO-RENITEC (voir p. 261 et tableau p. 1151).

## ENANTONE
Hormone de synthèse — sur ordonnance

### Présentation

ENANTONE LP 3,75 mg : préparation injectable *SC* et *IM* à *libération prolongée* ; boîte de 1 flacon de poudre et 1 ampoule de solvant de 2 ml. Liste I - Remb 65 % - **Prix : 137,40 €**.

ENANTONE LP 11,25 mg : préparation injectable *SC* et *IM* à *libération prolongée* ; boîte de 1 flacon de microsphères et 1 ampoule de solvant de 2 ml. Liste I - Remb 65 % - **Prix : 368,09 €**.

### Composition

| | p flacon | p flacon |
|---|---|---|
| **Leuproréline** | 3,75 mg | 11,25 mg |

### Dans quel cas ce médicament est-il prescrit ?

Ce médicament contient une *hormone* de synthèse qui agit sur les organes de la reproduction.

Il est utilisé pour empêcher le développement anormal de la prostate chez l'homme et dans le traitement de l'*endométriose* chez la femme.

### Contre-indications

Ce médicament ne doit pas être utilisé chez la femme en cas de saignements vaginaux de cause non déterminée.

> **Attention :** L'absence de grossesse doit être confirmée par un test avant de commencer le traitement.
> La survenue de saignements vaginaux après le premier mois de traitement doit vous conduire à consulter rapidement votre médecin.
> Lors des premiers jours du traitement, une aggravation des *symptômes* peut survenir, due à une période initiale de stimulation des organes de la reproduction.

### Grossesse et allaitement

Il n'y a pas de raison d'utiliser ce médicament pendant la grossesse.

Les données disponibles ne permettent pas de savoir si ce médicament passe dans le lait maternel ; un choix est donc nécessaire entre l'allaitement et la prise du médicament. Cette décision devra être prise en accord avec votre médecin.

### Mode d'emploi et posologie

Ce médicament peut être injecté par *voie* sous-cutanée ou intramusculaire.

**Posologie usuelle :**

1 injection à 3,75 mg toutes les 4 semaines ou 1 injection à 11,25 mg tous les 3 mois, suivant des modalités précisées par le médecin.

> **Conseils :** L'arrêt des règles chez la femme et l'*impuissance* chez l'homme sont une conséquence inévitable du traitement, mais réversible à son arrêt.

### Effets indésirables possibles

Bouffées de chaleur, maux de tête, sécheresse vaginale, instabilité émotionnelle, douleurs musculaires, diminution du volume des seins, *impuissance*, diminution de la taille des testicules, œdèmes des membres inférieurs.

Risque de décalcification, notamment lors des traitements prolongés.

Laboratoires Takeda

## ENBREL

*Informations détaillées sur www.monvidal.com*

## ENDHOMETROL

*Informations détaillées sur www.monvidal.com*

## ENDIUM

Vasculoprotecteur et veinotonique

Ce médicament est un générique de DIOVENOR (voir p. 323 et tableau p. 1151).

## ENDOTÉLON

Vasculoprotecteur et veinotonique

### Présentation

**ENDOTÉLON 50 mg :** comprimé *gastrorésistant* (jaune) ; boîte de 20. Remb 15 % - **Prix : 2,62 €**.
**ENDOTÉLON 150 mg :** comprimé *gastrorésistant* (jaune) ; boîte de 20. Remb 15 % - **Prix : 4,08 €**.
**ENDOTÉLON 150 mg :** comprimé *gastrorésistant* (jaune) ; boîte de 60. Non remb.

### Composition

| | p cp | p cp |
|---|---|---|
| **Pépins de raisin, extrait purifié standardisé en oligomères procyanidoliques** | 50 mg | 150 mg |
| Saccharose | + | + |

### Dans quel cas ce médicament est-il prescrit ?

C'est un protecteur *vasculaire* et un *veinotonique*. Il stimule la circulation du sang dans les veines et lutte contre l'altération des *vaisseaux capillaires*.

Il est utilisé dans le *traitement symptomatique* :
- des jambes lourdes, douleurs, *impatiences* et autres troubles en rapport avec une mauvaise circulation veineuse ou *lymphatique* ;
- de l'*œdème* du bras après traitement chirurgical et/ou radiothérapie pour un cancer du sein, généralement en complément du drainage lymphatique ;
- de l'insuffisance d'irrigation de la *rétine* (comprimé à 50 mg).

**Attention :** Ce médicament est insuffisant pour prévenir le risque de *phlébite* chez les malades alités ou plâtrés.
L'*insuffisance veineuse* peut requérir des mesures spécifiques telles que la *contention élastique*.

### Grossesse et allaitement

L'effet de ce médicament pendant la grossesse ou l'allaitement est mal connu. L'évaluation du risque éventuel lié à son utilisation est individuelle : demandez conseil à votre pharmacien ou à votre médecin.

### Mode d'emploi et posologie

Ce médicament doit être pris avec un verre d'eau en dehors des repas.

**Posologie usuelle :**

Insuffisance veineuse ou *lymphatique* : 3 comprimés à 50 mg ou 1 comprimé à 150 mg, matin et soir, pendant 20 jour par mois.

*Œdème* du bras : 6 comprimés à 50 mg pendant 20 jours par mois ou 2 comprimés à 150 mg en cure continue.

En ophtalmologie : 2 ou 3 comprimés à 50 mg par jour.

**Conseils :** Une activité physique régulière et la surélévation du pied du lit permettent de faciliter la circulation veineuse et *lymphatique*.

### Effets indésirables possibles

Rarement : *réaction allergique*, nausées, diarrhée, douleurs de l'estomac.

Exceptionnellement : maux de tête.

Laboratoires Sanofi-Aventis OTC

## ENDOXAN

*Informations détaillées sur www.monvidal.com*

## ENERGITUM

*Informations détaillées sur www.monvidal.com*

## ENGERIX B

Vaccin : hépatite B

### Présentation

**ENGERIX B Adulte :** suspension injectable *IM* ; seringue préremplie de 1 ml. Remb 65 % - **Prix : 18,60 €**.
**ENGERIX B Enfant Nourrisson :** suspension injectable *IM* ; seringue préremplie de 0,5 ml. Remb 65 % - **Prix : 10,69 €**.

### Composition

| | p seringue Ad | p seringue Enf Nour |
|---|---|---|
| **Antigène HBs** | 20 µg | 10 µg |

### Dans quel cas ce médicament est-il prescrit ?

C'est un *vaccin recombinant* qui contient un *antigène* du *virus* de l'*hépatite* B (antigène HBs). Il ne contient aucun *germe* vivant.

Il est utilisé dans la prévention de l'hépatite B. L'immunité est acquise à partir de la troisième injection.

### Contre-indications

Ce *vaccin* ne doit pas être utilisé en cas d'*allergie* connue à l'un des constituants du vaccin, ou de *réaction allergique* apparue lors d'une injection précédente du même vaccin.

**Attention :** En cas de fièvre élevée, de maladie aiguë, il est préférable de différer la vaccination.
Avant la 3e injection, le taux d'*anticorps* peut être insuffisant et les mesures de prévention (préservatifs notamment) doivent être utilisées en cas de contact avec des sujets porteurs du *virus* de l'*hépatite* B.
Cette vaccination ne protège pas contre les hépatites à virus A, C ou E ni contre d'autres virus susceptibles de provoquer des hépatites.
Chez les personnes en dialyse ou souffrant d'un *déficit immunitaire*, des injections de rappel supplémentaires peuvent être nécessaires.

Comme pour tous les *vaccins*, des cas exceptionnels de *réactions allergiques* graves ont été constatés ; ce risque justifie la nécessité de réaliser la vaccination en milieu médical où un traitement d'urgence pourra être entrepris sans délai.

**Interactions avec d'autres substances**

Ce *vaccin* peut être injecté le même jour que d'autres vaccins, mais il ne doit pas être mélangé avec un autre produit injectable dans une même seringue.

**Grossesse et allaitement**

Cette vaccination ne présente qu'exceptionnellement un caractère d'urgence. Elle peut être pratiquée pendant la grossesse, mais il est préférable de réaliser la première injection ou les rappels après l'accouchement.

**Mode d'emploi et posologie**

Bien agiter la seringue avant l'emploi, la réchauffer à température ambiante si nécessaire. L'injection doit être réalisée par *voie intramusculaire* (dans le muscle deltoïde chez l'adulte et chez l'enfant, dans la cuisse chez le nourrisson).

Dans certains cas (hémophilie, faible taux de *plaquettes* sanguines) l'injection peut être réalisée par voie *sous-cutanée*.

**Posologie usuelle :**

La vaccination peut être faite selon 2 modalités :

- 2 injections à 1 mois d'intervalle suivies d'une troisième 6 mois après la première ;
- 3 injections à 1 mois d'intervalle suivies d'une quatrième dose 1 an après la première.

Cette deuxième modalité de vaccination confère plus rapidement l'immunité que la première ; en effet, celle-ci n'est acquise qu'après la 3e injection.

Exceptionnellement, lorsque l'immunité doit être acquise rapidement (voyage en zone d'endémie), un schéma vaccinal accéléré est possible : 2e injection 7 jours après la première, 3e injection 14 jours après la 2e. Un rappel 1 an après permet d'entretenir l'immunité.

**Injections de rappel** : le Conseil supérieur d'hygiène publique de France a émis le 12 mai 2000 les recommandations suivantes :

- au-delà des injections initiales, les rappels de vaccin contre l'hépatite B sont réservés aux personnes à risque ;
- certains professionnels de santé sont soumis à une obligation vaccinale :
  - si la personne a été vaccinée avant l'âge de 25 ans : aucun rappel n'est nécessaire ;
  - si la personne a été vaccinée après l'âge de 25 ans : un dosage des anticorps contre l'hépatite B (*anticorps* anti-HBs) est réalisé. Si le taux est supérieur à 10 mUI/ml, l'immunité est considérée comme définitive. Si le taux est inférieur à 10 mUI/ml, une injection de rappel du vaccin est pratiquée, suivie d'un nouveau contrôle sanguin 2 mois après. Si ce contrôle montre un taux sanguin supérieur à 10 mUI/ml, l'immunité est définitive. Dans le cas contraire, le médecin du travail évaluera l'intérêt de renouveler les injections sans dépasser un total de 6 (premières injections incluses) ;
- ce protocole peut également s'appliquer aux personnes à risque du fait d'autres professions exposant à des blessures, d'un séjour en zone endémique ou dans certaines collectivités (psychiatrique notamment).

**Conseils :** Il est préférable de respecter les délais indiqués pour les injections successives ; néanmoins, un retard ne prête généralement pas à conséquence. Votre médecin déterminera le nombre d'injections nécessaires pour le maintien ou la restauration d'une bonne immunité.

Les réactions fébriles dues aux *vaccins* peuvent être combattues en prenant de l'aspirine ou du paracétamol.

Pour garder son efficacité, ce médicament doit être conservé entre + 2 °C et + 8 °C (partie haute du réfrigérateur). Toutefois, une rupture de la chaîne du froid pendant une durée limitée (quelques heures à température ambiante inférieure à 25 °C) ne devrait pas prêter à conséquence. En pratique, en cas de nécessité, un délai de quelques heures peut séparer l'achat du vaccin en pharmacie de son stockage au réfrigérateur ou de la vaccination.

Ce vaccin ne doit pas être congelé.

**Effets indésirables possibles**

Réaction douloureuse, rougeur, *nodule* au point d'injection.

Rarement : fièvre modérée pendant 1 ou 2 jours, maux de tête, *vertiges*, fatigue, malaise, fourmillement des extrémités, douleurs musculaires ou articulaires, *troubles digestifs*, démangeaisons, *éruption cutanée*.

Exceptionnellement : *réaction allergique*.

Des troubles neurologiques (dont la *sclérose en plaques*) ont été très exceptionnellement observés après la vaccination contre l'hépatite B. La responsabilité du vaccin dans la survenue de ces troubles n'est pas établie à ce jour ; par précaution, la vaccination ne sera envisagée chez les personnes souffrant de sclérose en plaques que lorsque le risque d'hépatite B est important. En effet, la stimulation du système immunitaire représentée par ce vaccin pourrait interférer avec cette *maladie auto-immune*.

**Laboratoires GlaxoSmithKline**

## ENOXOR

*Informations détaillées sur www.monvidal.com*

## ENTECET

*Informations détaillées sur www.monvidal.com*

## ENTEROKINASUM COMPOSÉ BOIRON

*Informations détaillées sur www.monvidal.com*

## ENTÉROPATHYL

*Informations détaillées sur www.monvidal.com*

## ENTOCORT 3 mg

*Informations détaillées sur www.monvidal.com*

## ÉOSINE AQUEUSE GIFRER
Antiseptique local

### Présentation
ÉOSINE AQUEUSE GIFRER : solution pour application locale (rouge) ; flacon de 45 ml. Non remb.
ÉOSINE AQUEUSE GIFRER : solution pour application locale (rouge) ; flacon de 100 ml. Non remb.
ÉOSINE AQUEUSE GIFRER : solution pour application locale (rouge) ; boîte de 10 flacons unidoses de 2 ml. Non remb.
ÉOSINE AQUEUSE GIFRER : solution pour application locale (rouge) ; boîte de 20 flacons unidoses de 5 ml. Non remb.

### Composition
| | p 100 ml |
|---|---|
| **Éosine disodique** | 2 g |

### Dans quel cas ce médicament est-il prescrit ?
Ce médicament est un *antiseptique* local léger à visée asséchante.
Il est utilisé dans le *traitement d'appoint* des rougeurs des fesses du *nourrisson* et des lésions superficielles de la peau susceptibles de s'infecter.

### Interactions avec d'autres substances
L'association de ce médicament à d'autres *antiseptiques* est déconseillée car leurs effets risquent de s'annuler.

### Grossesse et allaitement
Ce médicament peut être utilisé pendant la grossesse ou l'allaitement.
Chez la femme qui allaite, l'application de cet *antiseptique* sur le mamelon est déconseillée sans avis médical.

### Mode d'emploi et posologie
Cette solution s'emploie pure. Elle s'applique à l'aide d'un morceau de coton ou d'une compresse sur l'endroit à traiter.

**Posologie usuelle :**
1 ou 2 applications par jour.

**Conseils :** Le simple lavage à l'eau et au savon permet d'éliminer la majorité des *germes* : il doit être suivi d'un rinçage soigneux car le savon peut inactiver certains *antiseptiques*.
Les taches que provoque ce produit coloré sur le linge disparaissent après plusieurs lavages.
Tous les antiseptiques peuvent être contaminés par des germes : une fois ouvert, le flacon ne doit pas être conservé trop longtemps.
Tout flacon unidose entamé doit être jeté.

### Effets indésirables possibles
*Photosensibilisation, éruption cutanée.*

Laboratoires Gifrer Barbezat

## ÉOSINE AQUEUSE GILBERT
Antiseptique local

### Présentation
ÉOSINE AQUEUSE GILBERT : solution pour application locale (rouge) ; boîte de 10 flacons unidoses de 2 ml. Non remb.
ÉOSINE AQUEUSE GILBERT : solution pour application locale (rouge) ; boîte de 10 flacons unidoses de 5 ml. Non remb.
ÉOSINE AQUEUSE GILBERT : solution pour application locale (rouge) ; flacon de 50 ml. Non remb.
ÉOSINE AQUEUSE GILBERT : solution pour application locale (rouge) ; flacon de 100 ml. Non remb.

### Composition
| | p 100 ml |
|---|---|
| **Éosine disodique** | 2 g |

### Dans quel cas ce médicament est-il prescrit ?
Cette solution contient un *antiseptique* local.
Elle est utilisée dans le *traitement d'appoint* des rougeurs des fesses du *nourrisson* et des lésions superficielles de la peau susceptibles de s'infecter.

### Interactions avec d'autres substances
L'association de ce médicament à d'autres *antiseptiques* est déconseillée car leurs effets risquent de s'annuler.

### Grossesse et allaitement
Ce médicament peut être utilisé pendant la grossesse ou l'allaitement.
Chez la femme qui allaite, l'application de cet *antiseptique* sur le mamelon est déconseillée sans avis médical.

### Mode d'emploi et posologie
Cette solution s'emploie pure. Elle s'applique à l'aide d'un morceau de coton ou d'une compresse sur l'endroit à traiter.

**Posologie usuelle :**
1 ou 2 applications par jour.

**Conseils :** Le simple lavage à l'eau et au savon permet d'éliminer la majorité des *germes* : il doit être suivi d'un rinçage soigneux car le savon peut inactiver certains *antiseptiques*.
Les taches que provoque ce produit coloré sur le linge disparaissent après plusieurs lavages.
Tous les antiseptiques peuvent être contaminés par des germes : une fois ouvert, ne conservez pas les flacons unidoses plus de 48 heures et les flacons de 50 et 100 ml plus de 30 jours.

### Effets indésirables possibles
*Photosensibilisation, éruption cutanée.*

Laboratoires Gilbert

## ÉOSINE COOPER
Antiseptique local

### Présentation
ÉOSINE COOPER : solution pour application locale ; boîte de 10 unidoses de 2 ml. Non remb.

### Composition
| | p 100 ml |
|---|---|
| **Éosine disodique** | 2 g |
| Mercurothiolate sodique | + |

### Dans quel cas ce médicament est-il prescrit ?

Ce médicament est un *antiseptique* local.

Il est utilisé dans le *traitement d'appoint* des lésions superficielles de la peau susceptibles de s'infecter, notamment des rougeurs des fesses du *nourrisson.*

### Interactions avec d'autres substances

L'association de ce médicament à d'autres *antiseptiques* est déconseillée car leurs effets risquent de s'annuler.

### Grossesse et allaitement

Ce médicament peut être utilisé pendant la grossesse ou l'allaitement.

Chez la femme qui allaite, l'application de cet *antiseptique* sur le mamelon est déconseillée sans avis médical.

### Mode d'emploi et posologie

Cette solution s'emploie pure. Elle s'applique à l'aide d'un morceau de coton ou d'une compresse sur l'endroit à traiter.

**Posologie usuelle :**
1 ou 2 applications par jour.

> **Conseils :** Le simple lavage à l'eau et au savon permet d'éliminer la majorité des *germes* : il doit être suivi d'un rinçage soigneux car le savon peut inactiver certains *antiseptiques.*
> Les taches que provoque ce produit coloré sur le linge disparaissent après plusieurs lavages.
> Tous les antiseptiques peuvent être contaminés par des germes : l'unidose doit être jetée après utilisation.

### Effets indésirables possibles

*Photosensibilisation, éruption cutanée.*

Laboratoires Cooper

## ÉPHYDION comprimé, sirop

*Informations détaillées sur www.monvidal.com*

## ÉPHYDION goutte

*Informations détaillées sur www.monvidal.com*

## ÉPHYDROL

*Informations détaillées sur www.monvidal.com*

## EPINITRIL

Dérivé nitré — sur ordonnance

### Présentation

EPINITRIL 5 mg/24 h : *dispositif transdermique* de 6,38 cm² ; boîte de 30. Liste II - Remb 65 % - **Prix : 14,72 €.**
EPINITRIL 10 mg/24 h : *dispositif transdermique* de 12,75 cm² ; boîte de 30. Liste II - Remb 65 % - **Prix : 15,97 €.**
EPINITRIL 15 mg/24 h : *dispositif transdermique* de 19,12 cm² ; boîte de 30. Liste II - Remb 65 % - **Prix : 17,24 €.**

### Composition

| | p 6,38 cm² | p 12,75 cm² | p 19,12 cm² |
|---|---|---|---|
| **Trinitrine** | 15,7 mg | 31,37 mg | 47,04 mg |
| soit Trinitrine libérée / 24 h | 5 mg | 10 mg | 15 mg |

### Dans quel cas ce médicament est-il prescrit ?

Ce médicament *vasodilatateur* appartient à la famille des dérivés nitrés. Il possède de nombreuses propriétés qui facilitent le travail du cœur : dilatation des veines, dilatation des artères à forte dose, prévention des spasmes des *artères coronaires.* Le *dispositif transdermique* (timbre) contient la substance active qui traverse la peau, gagne le sang, et peut ainsi agir sur le cœur et les vaisseaux.

Il est utilisé dans le *traitement préventif* des crises d'*angine de poitrine.*

### Contre-indications

Ce médicament ne doit pas être utilisé dans les cas suivants :
- hypotension grave,
- en association avec le sildénafil (VIAGRA).

> **Attention :** Des précautions particulières s'imposent en cas de *cardiomyopathie* obstructive ou d'*hypertension intracrânienne.*
> Ce médicament n'est pas adapté au *traitement de la crise* aiguë d'*angine de poitrine* : son action est trop lente à apparaître. C'est un *traitement préventif* qui lutte contre l'apparition des crises et qui ne doit pas être arrêté sans avis médical.
> En cas de malaise apparemment sérieux, retirez le timbre.
> Ne laissez pas le timbre neuf ou usagé à la portée des enfants.
> Les boissons alcoolisées peuvent augmenter des effets hypotenseurs de ce médicament ; les excès sont déconseillés.
> Compte-tenu de ses effets indésirables potentiels, ce médicament peut, chez certaines personnes, ne pas être compatible avec la conduite automobile ou le maniement de machines dangereuses. Assurez-vous à l'occasion des premières prises que vous supportez bien ce médicament avant de conduire ou d'utiliser une machine.

### Interactions avec d'autres substances

Les *vasodilatateurs* de la famille des dérivés de la trinitrine ne doivent pas être associés au VIAGRA : risque de baisse de tension grave.

Informez votre médecin ou votre pharmacien si vous prenez d'autres médicaments susceptibles d'abaisser la tension artérielle.

### Grossesse et allaitement

L'effet de ce médicament pendant la grossesse ou l'allaitement est mal connu : seul votre médecin peut évaluer le risque éventuel de son utilisation dans votre cas.

### Mode d'emploi et posologie

Il existe 3 dosages correspondant à 3 surfaces différentes : la quantité de trinitrine qui passe dans le sang est proportionnelle à la surface du *dispositif transdermique.*

Choisir une région sèche, pauvre en poils, et dépourvue de grains de beauté ou autres lésions cutanées. Libérer la surface adhésive et appliquer soigneusement le timbre en effectuant une pression sur toute sa surface. Changer d'emplacement tous les jours.

**Posologie usuelle :**

- Adulte : 1 dispositif transdermique par jour, à garder pendant le nombre d'heures prescrit par votre médecin.

**Conseils :** Le port de ce dispositif ne contre-indique pas le bain, la douche, les activités sportives. Si le timbre se décolle accidentellement, remplacez-le par un timbre neuf placé à un autre endroit.

### Effets indésirables possibles

Réactions locales : rougeur et démangeaisons au point d'application.

Maux de tête, parfois violents, qui disparaissent habituellement après quelques jours de traitement.

Baisse de la tension artérielle ou *hypotension orthostatique*, plus fréquente chez la personne âgée et pouvant se traduire par des malaises ou des *vertiges*.

Bouffées de chaleur, rougeur cutanée.

**Laboratoires Bouchara-Recordati**

## ÉPITHÉA

*Informations détaillées sur www.monvidal.com*

## EPITOMAX

Antiépileptique

**sur ordonnance**

### Présentation

**EPITOMAX 15 mg :** gélule ; boîte de 28. Liste I - Remb 65 % - **Prix : 13,53 €.**
**EPITOMAX 25 mg :** gélule ; boîte de 28. Liste I - Remb 65 % - **Prix : 14,09 €.**
**EPITOMAX 50 mg :** comprimé (jaune clair) ; boîte de 28. Liste I - Remb 65 % - **Prix : 18,66 €.**
**EPITOMAX 50 mg :** gélule ; boîte de 28. Liste I - Remb 65 % - **Prix : 20,46 €.**
**EPITOMAX 100 mg :** comprimé (jaune) ; boîte de 28. Liste I - Remb 65 % - **Prix : 36,10 €.**
**EPITOMAX 200 mg :** comprimé (saumon) ; boîte de 28. Liste I - Remb 65 % - **Prix : 66,92 €.**

### Composition

| | p gél | p gél | p cp |
|---|---|---|---|
| **Topiramate** | 15 mg | 25 mg | 50 mg |
| Lactose | | | + |
| Saccharose | + | + | |

| | p gél | p cp | p cp |
|---|---|---|---|
| **Topiramate** | 50 mg | 100 mg | 200 mg |
| Lactose | | + | + |
| Saccharose | + | | |

### Dans quel cas ce médicament est-il prescrit ?

Ce médicament est un antiépileptique. Il possède diverses propriétés pouvant expliquer son effet préventif sur les crises d'*épilepsie* : diminution de l'excitabilité des neurones soumis à une stimulation intensive ; augmentation de l'activité d'une substance présente dans le cerveau : l'acide gamma-aminobutyrique (GABA) ; diminution de l'activité excitatrice du glutamate sur les récepteurs cérébraux. Chez les migraineux, il a également la propriété d'espacer les crises de migraine, sans que le mécanisme d'action ne soit clairement établi.

Il est utilisé dans le traitement de certaines formes d'*épilepsie*, seul ou en complément des traitements classiques lorsque ceux-ci ne parviennent pas à prévenir la survenue des crises.

Les dosages à 25 mg et 50 mg sont aussi utilisés dans le *traitement de fond* de la *migraine* chez l'adulte.

### Contre-indications

Ce médicament ne doit pas être utilisé dans les cas suivants :

- *allergie* aux *sulfamides*,
- en association avec le millepertuis.

**Attention :** Des précautions sont nécessaires chez les personnes souffrant d'*insuffisance hépatique*, d'*insuffisance rénale* ou prédisposées aux calculs rénaux.

Ce médicament peut être responsable d'un excès d'acide dans le sang ; des analyses de sang sont généralement pratiquées pour surveiller le traitement.

En cas de baisse brutale de la vision et/ou de forte douleur oculaire, consultez d'urgence un ophtalmologiste. Il peut s'agir d'un *glaucome*.

Ne modifiez ni n'interrompez jamais votre traitement antiépileptique sans l'accord de votre médecin : risque de réapparition des *convulsions*, même si aucune crise n'est survenue depuis une longue période.

Une perte de poids régulière sous traitement doit être signalée au médecin.

La conduite automobile et l'utilisation de machines dangereuses sont contre-indiquées chez les épileptiques lorsque les crises persistent malgré un *traitement préventif*. Par ailleurs, ce médicament peut être à l'origine d'une somnolence ou d'une baisse de la vigilance.

### Interactions avec d'autres substances

Le topiramate ne doit pas être associé aux produits de phytothérapie contenant du millepertuis : risque de diminution de l'effet antiépileptique.

Ce médicament peut diminuer l'efficacité des *contraceptifs* oraux, un autre mode de contraception est recommandé.

La prise conjointe de médicaments augmentant le risque de calculs rénaux est déconseillée (essentiellement ceux qui contiennent de la méthénamine).

La carbamazépine ou la phénytoïne peuvent interagir avec ce médicament : le médecin en tient compte dans sa prescription.

### Grossesse et allaitement

Si une grossesse survient pendant le traitement, consultez votre médecin. L'arrêt brutal d'un traitement antiépileptique expose à la réapparition de crises préjudiciables à la mère et à l'enfant à naître. Votre médecin appréciera le risque éventuel lié à la poursuite du traitement dans votre cas.

Lorsque ce médicament est utilisé pour prévenir les crises de migraine, son usage est déconseillé pendant le grossesse.

Les données disponibles ne permettent pas de savoir si ce médicament passe dans le lait maternel. L'allaitement est déconseillé pendant le traitement.

### Mode d'emploi et posologie

Les comprimés et les gélules peuvent être pris pendant ou en dehors des repas.

Les comprimés ne sont pas adaptés à l'enfant de moins de 6 ans. En effet, ils risquent d'obstruer les voies respiratoires si l'enfant déglutit mal et que le comprimé passe dans la trachée (fausse route).

Les gélules peuvent être ouvertes et mélangées à la nourriture pour l'enfant de moins de 6 ans et les personnes qui ont des difficultés à avaler ; demandez conseil à votre pédiatre ou à votre neurologue.

**Posologie usuelle :**

Utilisé seul dans le traitement de l'épilepsie :

- Adulte : la dose minimale efficace de 100 mg est atteinte progressivement. La posologie initiale est de 25 ou 50 mg le soir pendant une semaine, puis de 50 mg matin et soir la semaine suivante. La posologie atteinte finalement est toujours répartie en 2 prises quotidiennes ; elle est généralement de 500 mg par jour, mais peut atteindre 1000 mg.
- Enfant de 2 à 15 ans : 3 à 6 mg par kg et par jour, répartis en 2 prises. La dose efficace est atteinte progressivement, par paliers de 1 ou 2 semaines, en fonction de l'efficacité du traitement.

En association à d'autres antiépileptiques lorsque ceux-ci ne sont pas suffisamment efficaces :

- Adulte : la dose minimale efficace de 200 mg est atteinte progressivement. La posologie initiale est de 25 ou 50 mg le soir pendant une semaine, puis de 50 mg matin et soir la semaine suivante. La posologie atteinte finalement est toujours répartie en 2 prises quotidiennes ; elle est généralement comprise entre 200 et 600 mg par jour, mais peut atteindre 1000 mg.
- Enfant de 2 à 15 ans : 5 à 9 mg par kg et par jour, répartis en 2 prises. La dose efficace est atteinte progressivement, par paliers de 1 ou 2 semaines, en fonction de l'efficacité du traitement.

Utilisé dans le traitement de fond de la migraine :

- Adulte : la posologie initiale est de 25 mg le soir pendant une semaine, puis de 50 mg par jour la semaine suivante. La dose habituellement recommandée est de 100 mg par jour, répartie en 2 prises.

**Conseils :**

Dans le traitement de l'épilepsie :

- afin d'éviter les oublis, il est préférable de prendre ce médicament à heure fixe ;
- veillez à ne pas manquer de médicament. Lors de vos déplacements, munissez-vous d'une réserve et d'une ordonnance en cours de validité.

Pensez à boire suffisamment, surtout avant et au cours d'un effort physique ou lors de fortes chaleurs. La déshydratation favorise certains effets indésirables (excès d'acide dans le sang, calcul des voies urinaires).

### Effets indésirables possibles

Étourdissement, confusion des idées, difficulté de coordination des mouvements (ataxie), troubles de l'élocution et du comportement, hallucinations, *dépression*, somnolence, difficulté de concentration et de mémorisation, fourmillement des extrémités.

Nausées, fatigue, perte de poids ou ralentissement de la prise de poids chez l'enfant.

Rarement, en début de traitement : augmentation paradoxale de la fréquence des crises d'épilepsie ou modification de leurs caractéristiques.

Plus rarement : agressivité, troubles psychiques, agitation, diminution du nombre de *globules blancs* dans le sang.

Chez l'adulte, les troubles suivants ont également été observés : troubles du langage, mouvements anormaux des yeux (nystagmus), vision dédoublé, modification du goût, calculs des *voies* urinaires.

**Laboratoires Janssen-Cilag**

## EPITOPIC 0,02

*Informations détaillées sur www.monvidal.com*

## EPITOPIC 0,05

*Informations détaillées sur www.monvidal.com*

## EPIVIR

*Informations détaillées sur www.monvidal.com*

## EPTAVIT

*Informations détaillées sur www.monvidal.com*

## ÉQUANIL

Anxiolytique — sur ordonnance

### Présentation

**ÉQUANIL 250 mg :** comprimé (blanc) ; boîte de 30. Liste I, prescription limitée à 12 semaines - Remb 35 % - **Prix : 2,06 €**.

**ÉQUANIL 400 mg :** comprimé sécable (bleu) ; boîte de 30. Liste I, prescription limitée à 12 semaines - Remb 35 % - **Prix : 2,73 €**.

**ÉQUANIL :** solution injectable huileuse ; boîte de 10 ampoules de 5 ml. Liste I, prescription limitée à 12 semaines - Remb 35 % - **Prix : 8,35 €**.

### Composition

| | p cp | p cp | p amp inj |
|---|---|---|---|
| **Méprobamate** ............ | 250 mg | 400 mg | 400 mg |

### Dans quel cas ce médicament est-il prescrit ?

Ce médicament est un *anxiolytique* (tranquillisant). Il possède également des propriétés myorelaxantes (relâchement musculaire).

Il est utilisé dans le traitement de l'anxiété et des contractures musculaires.

La solution injectable est employée essentiellement à l'hôpital pour traiter l'agitation.

### Contre-indications

Ce médicament ne doit pas être utilisé dans les cas suivants :

- *insuffisance respiratoire* ;
- enfant (comprimé à 400 mg).

**Attention :** Utilisé seul, ce médicament n'est pas adapté au traitement des *états dépressifs*.

Des précautions sont à prendre en cas de *myasthénie*, de *porphyrie*, ainsi que chez la personne âgée.

Une prise prolongée ou des doses importantes de ce médicament favorisent une *dépendance*. Respectez la *posologie* et la durée de traitement prescrites par votre médecin.

L'arrêt brutal de ce médicament expose à un *syndrome de sevrage* : réapparition de l'anxiété, agitation, irritabilité, insomnie, maux de tête, douleurs musculaires, tremblements, hallucinations. Il faut donc s'entourer de conseils médicaux avant d'envisager une diminution progressive des doses et un espacement des prises, sur une période d'autant plus longue que le traitement a été prolongé.

Ce médicament peut induire une somnolence, parfois intense chez certaines personnes. Cette somnolence peut être majorée par la prise d'*alcool* ou d'autres médicaments *sédatifs*. La conduite et l'utilisation de machines dangereuses sont déconseillées, surtout dans les heures qui suivent la prise du médicament.

### Interactions avec d'autres substances

Informez votre médecin ou votre pharmacien si vous prenez d'autres *sédatifs* (tranquillisants, somnifères, certains médicaments contre la toux ou contre la douleur contenant des *opiacés*, *antidépresseurs*, *neuroleptiques*...).

### Grossesse et allaitement

Par mesure de prudence, ce médicament est habituellement déconseillé pendant les 3 premiers mois de la grossesse. Toutefois, une grossesse survenant sous traitement ne justifie pas d'inquiétude particulière. Seul votre médecin peut apprécier le risque éventuel lié à l'utilisation de ce médicament dans votre cas.

Ce médicament passe dans le lait maternel : l'allaitement est déconseillé.

### Mode d'emploi et posologie

Les comprimés peuvent être pris pendant ou entre les repas. La solution injectable est huileuse : une seringue en verre doit être utilisée. Les injections sont administrées par *voie* intramusculaire.

**Posologie usuelle :**

Elle est strictement individuelle.

**Conseils :** Ce médicament vous a été prescrit dans une situation précise : ne le réutilisez pas ultérieurement sans avis médical et ne le conseillez pas à une autre personne.

La durée de prescription des *anxiolytiques* doit être la plus courte possible. Dans certaines situations, le traitement doit toutefois être prolongé. Il appartient alors au médecin de réévaluer périodiquement la nécessité de le poursuivre ou de l'interrompre.

Les *tranquillisants* ne sont pas la seule réponse à l'anxiété : une meilleure hygiène de vie, une consommation modérée d'excitants (y compris les boissons alcoolisées) permettent aussi de lutter efficacement contre l'excès de stress. Dans certains cas, une psychothérapie peut aider à lutter durablement contre l'anxiété.

### Effets indésirables possibles

Le plus fréquemment : somnolence pendant la journée.

Rarement : *troubles digestifs*, mauvaise coordination des mouvements, *vertiges*, excitation, maux de tête, troubles de l'*accommodation*, *réaction allergique*, *agranulocytose* (exceptionnelle).

En solution injectable : douleur au point d'injection.

Laboratoires Sanofi-Aventis France

## ERCÉFURYL

Antidiarrhéique — sur ordonnance

### Présentation

ERCÉFURYL 200 mg : gélule (jaune) ; boîte de 28. Liste II - Remb 15 % - **Prix : 3,76 €.**

### Composition

| | p gél |
|---|---|
| **Nifuroxazide** | 200 mg |
| Saccharose | 72 mg |

### Dans quel cas ce médicament est-il prescrit ?

Ce médicament est un *antiseptique* intestinal qui appartient à la famille des nitrofuranes. Il agit localement sur les *bactéries* responsables d'infections de l'intestin.

Il est utilisé dans le traitement des diarrhées aiguës bénignes.

### Contre-indications

Ce médicament ne doit pas être utilisé en cas d'*antécédent* d'*allergie* à un *antiseptique* de la famille des nitrofuranes.

**Attention :** Ce médicament est destiné au traitement des diarrhées bénignes. En cas de diarrhée persistante, de fièvre élevée, de sang ou de glaires dans les selles, des examens peuvent être nécessaires : consultez votre médecin.

### Grossesse et allaitement

L'effet de ce médicament pendant la grossesse est mal connu : seul votre médecin peut évaluer le risque éventuel de son utilisation dans votre cas.

L'allaitement demeure possible en cas de traitement bref par ce médicament.

### Mode d'emploi et posologie

Les gélules ne sont pas adaptées à l'enfant de moins de 6 ans. En effet, elles risquent d'obstruer les voies respiratoires si l'enfant déglutit mal et que la gélule passe dans la trachée (fausse route).

Elles doivent être avalées avec un verre d'eau.

Le traitement ne doit pas dépasser 7 jours.

**Posologie usuelle :**

- Adulte : 4 gélules par jour, à répartir en 2 à 4 prises.
- Enfant de 6 à 15 ans : 3 à 4 gélules par jour, à répartir en 2 à 4 prises.

**Conseils :** Une diarrhée peut provoquer une déshydratation, notamment chez l'enfant ou la personne âgée. Cette perte d'eau par l'organisme doit être compensée par des boissons abondantes (bouillon salé, boissons sucrées) car elle peut être à l'origine d'une fatigue, de malaise ou de confusion des idées.

Beaucoup de *diarrhées* sont dues à des *virus* et ne justifient pas de traitement par un *antiseptique* intestinal. Elles guérissent spontanément et ne demandent que des mesures diététiques simples : alimentation légère et de préférence liquide (en excluant les jus de fruits, les crudités et les légumes verts).

### Effets indésirables possibles

*Réaction allergique.*

Laboratoires Sanofi-Aventis OTC

## ERCÉRYL

*Informations détaillées sur www.monvidal.com*

## ERCESTOP

*Informations détaillées sur www.monvidal.com*

## ERGIX douleur et fièvre

*Informations détaillées sur www.monvidal.com*

## ERGIX expectorant

*Informations détaillées sur www.monvidal.com*

## ERGIX mal de gorge collutoire

*Informations détaillées sur www.monvidal.com*

## ERGIX Toux sèche

*Informations détaillées sur www.monvidal.com*

## ÉRY

*Informations détaillées sur www.monvidal.com*

## ERYACNÉ

Antiacnéique

sur ordonnance

### Présentation

ERYACNÉ : solution pour application locale ; flacon de 100 ml. Liste I - Remb 35 % - **Prix : 4,20 €**.

### Composition

| | p 100 ml |
|---|---|
| **Érythromycine base** | 4 g |
| Alcool à 95° | 66 ml |

### Dans quel cas ce médicament est-il prescrit ?

Cette solution contient un *antibiotique* d'action locale qui appartient à la famille des *macrolides*. Il agit en détruisant certains *germes* responsables de l'*inflammation* du comédon et de la formation de pustules.

Elle est utilisée dans le traitement de l'*acné*.

### Contre-indications

Ce médicament ne doit pas être utilisé en cas d'*allergie* aux *antibiotiques* de la famille des *macrolides*.

**Attention :** En raison de la présence d'*alcool*, évitez le contact de ce médicament avec les *muqueuses* et les zones de peau fragile (pourtour des yeux, cou).

### Grossesse et allaitement

Les études actuellement disponibles n'ont pas mis en évidence de problèmes particuliers lors de l'utilisation de l'érythromycine chez la femme enceinte.

Les données actuellement disponibles ne permettent pas de savoir si ce médicament passe dans le lait maternel.

### Mode d'emploi et posologie

Ce produit est appliqué après la toilette, sur la peau bien sèche.

**Posologie usuelle :**

1 application, 1 ou 2 fois par jour. Le traitement dure généralement de 1 à 3 mois.

**Conseils :** Pensez à vous laver les mains après l'application pour éviter tout contact avec les yeux et les *muqueuses*.
Ce produit doit être conservé à l'abri de la lumière.
Le flacon doit être bien refermé après l'utilisation.

### Effets indésirables possibles

Sécheresse de la peau en début de traitement.

Laboratoires Galderma

## ERYFLUID

Antiacnéique

sur ordonnance

### Présentation

ERYFLUID : solution pour application locale ; flacon de 30 ml. Liste I - Remb 35 % - **Prix : 2,35 €**.
ERYFLUID : solution pour application locale ; flacon de 100 ml. Liste I - Remb 35 % - **Prix : 5,36 €**.

### Composition

| | p 100 ml |
|---|---|
| **Érythromycine base** | 4 g |
| Alcool à 95° | 66 ml |

### Dans quel cas ce médicament est-il prescrit ?

Cette solution contient un *antibiotique* d'action locale qui appartient à la famille des *macrolides*. Il agit en détruisant certains *germes* responsables de l'*inflammation* du comédon et de la formation de pustules.

Elle est utilisée dans le traitement de l'*acné*.

### Contre-indications

Ce médicament ne doit pas être utilisé en cas d'*allergie* aux *antibiotiques* de la famille des *macrolides*.

**Attention :** En raison de la présence d'*alcool*, évitez le contact de ce médicament avec les *muqueuses* et les zones de peau fragile (pourtour des yeux, cou).

### Grossesse et allaitement

Les études actuellement disponibles n'ont pas mis en évidence de problèmes particuliers lors de l'utilisation de l'érythromycine chez la femme enceinte.

N'utilisez pas ce médicament pendant l'allaitement sans l'avis de votre médecin.

### Mode d'emploi et posologie

Ce produit est généralement appliqué après la toilette sur la peau bien sèche.

**Posologie usuelle :**

1 application, 1 ou 2 fois par jour. Le traitement dure généralement de 1 à 3 mois.

**Conseils :** Ce produit doit être conservé à l'abri de la lumière.
Le flacon doit être bien refermé après l'utilisation.

### Effets indésirables possibles

Irritation, démangeaisons, rougeur.
Sécheresse de la peau en début de traitement.

Laboratoires Pierre Fabre Dermatologie

## ÉRYLIK

*Informations détaillées sur www.monvidal.com*

## ÉRYTHROCINE

*Informations détaillées sur www.monvidal.com*

## ERYTHROGEL

Antiacnéique

sur ordonnance

### Présentation

ERYTHROGEL : gel liquide pour application locale ; tube de 30 g. Liste I - Remb 35 % - **Prix : 2,92 €**.

### Composition

| | p 100 g |
|---|---|
| **Érythromycine base (1 000 UI/mg)** | 4 g |
| Alcool à 95° | + |

#### Dans quel cas ce médicament est-il prescrit ?

Ce gel contient un *antibiotique* d'action locale qui appartient à la famille des *macrolides*. Il agit en détruisant certains *germes* responsables de l'*inflammation* du comédon et de la formation de pustules.
Il est utilisé dans le traitement de l'*acné*.

#### Contre-indications

Ce médicament ne doit pas être utilisé en cas d'*allergie* aux *antibiotiques* de la famille des *macrolides*.

> **Attention :** En raison de la présence d'*alcool*, évitez l'application de ce médicament sur les *muqueuses* et les zones de peau fragile (pourtour des yeux, cou).

#### Grossesse et allaitement

Les études actuellement disponibles n'ont pas mis en évidence de problèmes particuliers lors de l'utilisation de l'érythromycine chez la femme enceinte.
Les données actuellement disponibles ne permettent pas de savoir si ce médicament passe dans le lait maternel.

#### Mode d'emploi et posologie

Le produit est généralement appliqué sur la peau bien sèche, après la toilette avec un savon doux suivie d'un rinçage soigneux.

**Posologie usuelle :**
1 application, 1 ou 2 fois par jour. Le traitement dure généralement de 1 à 3 mois.

> **Conseils :** Ce produit doit être conservé à l'abri de la lumière et de la chaleur.

#### Effets indésirables possibles

Irritation, démangeaisons, rougeur.
Sécheresse de la peau en début de traitement.

Laboratoires Biorga

## ÉRYTHROMYCINE BAILLEUL

Antiacnéique — sur ordonnance

#### Présentation

ÉRYTHROMYCINE BAILLEUL : solution pour application locale ; flacon de 100 ml. Liste I - Remb 35 % - **Prix : 5,09 €**.

#### Composition

| | p 100 ml |
|---|---|
| **Érythromycine** | 4 g |
| Alcool à 95° | 66 ml |

#### Dans quel cas ce médicament est-il prescrit ?

Cette solution contient un *antibiotique* d'action locale qui appartient à la famille des *macrolides*. Il agit en détruisant certains *germes* responsables de l'*inflammation* du comédon et de la formation de pustules.
Elle est utilisée dans le traitement de l'*acné*.

#### Contre-indications

Ce médicament ne doit pas être utilisé en cas d'*allergie* aux *antibiotiques* de la famille des *macrolides*.

> **Attention :** En raison de la présence d'*alcool*, évitez le contact de ce médicament avec les *muqueuses* et les zones de peau fragile (pourtour des yeux, cou).

#### Grossesse et allaitement

Les études actuellement disponibles n'ont pas mis en évidence de problèmes particuliers lors de l'utilisation de l'érythromycine chez la femme enceinte.
Les données actuellement disponibles ne permettent pas de savoir si ce médicament passe dans le lait maternel.

#### Mode d'emploi et posologie

Ce produit est appliqué après la toilette sur la peau bien sèche.

**Posologie usuelle :**
1 application, 1 ou 2 fois par jour. Le traitement dure généralement de 1 à 3 mois.

> **Conseils :** Pensez à vous laver les mains après l'application pour éviter tout contact avec les yeux et les *muqueuses*.
> Ce produit doit être conservé à l'abri de la lumière.
> Le flacon doit être bien refermé après l'utilisation.

#### Effets indésirables possibles

Sécheresse de la peau en début de traitement.

Laboratoires Bailleul

## ESBERIVEN

Vasculoprotecteur et veinotonique

#### Présentation

ESBERIVEN FORT : comprimé (blanc) ; boîte de 30. Remb 15 % - **Prix : 4,93 €**.
ESBERIVEN FORT : solution buvable ; boîte de 20 ampoules de 4 ml. Remb 15 % - **Prix : 3,56 €**.

#### Composition

| | p cp | p amp buv |
|---|---|---|
| **Mélilot, extrait** | 30 mg | 1 g |
| soit Coumarine et dérivés coumariniques | 5 mg | 5 mg |
| **Rutoside** | 250 mg | 250 mg |
| Lactose | + | |
| Saccharose | + | |
| Alcool | | 0,8 g |

#### Dans quel cas ce médicament est-il prescrit ?

C'est un protecteur *vasculaire* et un *veinotonique*. Il stimule la circulation du sang dans les veines et lutte contre l'altération des *vaisseaux capillaires*.
Il est utilisé dans le *traitement symptomatique* :
- des jambes lourdes, *impatiences* et autres troubles en rapport avec une mauvaise circulation veineuse ou *lymphatique* ;
- des crises d'*hémorroïdes*.

> **Attention :** Ce médicament est insuffisant pour prévenir le risque de *phlébite* chez les malades alités ou plâtrés.
> L'*insuffisance veineuse* peut requérir des mesures spécifiques telles que la *contention élastique*.
> Des douleurs, un saignement anal qui persistent malgré le traitement peuvent être dus à une maladie autre que des *hémorroïdes* : consultez votre médecin. De même, tout saignement anal survenant chez une personne de plus de 50 ans doit faire l'objet d'une consultation médicale.

### Grossesse et allaitement

L'effet de ce médicament pendant la grossesse ou l'allaitement est mal connu. L'évaluation du risque éventuel lié à son utilisation est individuelle : demandez conseil à votre pharmacien ou à votre médecin.

### Mode d'emploi et posologie

1 comprimé ou 1 ampoule buvable, 2 fois par jour.

**Conseils :** Une activité physique régulière et la surélévation du pied du lit permettent de faciliter la circulation veineuse et *lymphatique*.

La constipation, la consommation de mets épicés et de vins riches en tanins favorisent les *hémorroïdes*.

### Effets indésirables possibles

Rarement : nausées, vomissements, *réaction allergique* cutanée, malaise, maux de tête, légère augmentation des règles.

Laboratoires Abbott-France

## ESBERIVEN crème

*Informations détaillées sur www.monvidal.com*

## ESCINOGEL

*Informations détaillées sur www.monvidal.com*

## ESIDREX

Diurétique

sur ordonnance

### Présentation

ESIDREX : comprimé sécable (blanc) ; boîte de 30. Liste II - Remb 65 % - **Prix : 2,63 €.**

ESIDREX : comprimé sécable (blanc) ; boîte de 90. Liste II - Remb 65 % - **Prix : 6,81 €.**

### Composition

| | p cp |
|---|---|
| **Hydrochlorothiazide** | 25 mg |
| Amidon de blé (gluten) | + |
| Lactose | + |

### Dans quel cas ce médicament est-il prescrit ?

Ce médicament est un *diurétique* dont la structure est proche de celle des *sulfamides*.

Il est utilisé dans le traitement :
- de l'*hypertension artérielle,*
- des *œdèmes* liés à une *insuffisance hépatique* ou *cardiaque*, ou à un *syndrome néphrotique*.

### Contre-indications

Ce médicament ne doit pas être utilisé dans les cas suivants :
- *allergie* aux *sulfamides*,
- *insuffisance rénale* grave,
- *encéphalopathie hépatique*.

**Attention :** Ce médicament peut être responsable d'une baisse de la *kaliémie* (taux du *potassium* dans le sang), qui peut être aggravée par l'usage prolongé de *laxatifs stimulants*. Un contrôle par des analyses de sang est souvent prescrit par le médecin.

Chez les personnes souffrant d'une *insuffisance hépatique* grave, l'apparition de troubles de la conscience peut annoncer une complication. Ne poursuivez pas le traitement sans l'avis de votre médecin.

Les *diurétiques* peuvent augmenter le taux d'*acide urique* (uricémie) ou de *sucre* dans le sang (*glycémie*) : des précautions sont nécessaires en cas de *diabète* ou d'*antécédent* de crise de *goutte*.

Sportif : ce médicament contient une substance susceptible de rendre positifs certains *tests antidopage*.

### Interactions avec d'autres substances

Ce médicament peut interagir avec les médicaments susceptibles de provoquer des *torsades de pointes* ou ceux qui contiennent du lithium.

Informez par ailleurs votre médecin si vous prenez l'un des médicaments suivants : *AINS*, *inhibiteur de l'enzyme de conversion*, *inhibiteur de l'angiotensine II*, médicament qui abaisse la *kaliémie* (*laxatif stimulant*, *corticoïde*, amphotéricine B...), *digitalique*, *antidépresseur imipraminique*, *neuroleptique*, *alphabloquant*, médicament contenant de la metformine, du calcium ou de la ciclosporine.

### Grossesse et allaitement

Les études scientifiques actuellement disponibles n'ont pas mis en évidence de problème particulier lors de l'utilisation courante chez la femme enceinte. Néanmoins, les *diurétiques* ne sont pas adaptés au traitement de l'*hypertension artérielle* et des *œdèmes* pendant la grossesse.

Ce médicament passe dans le lait maternel : l'allaitement est déconseillé.

### Mode d'emploi et posologie

Ce médicament doit être pris avec un verre d'eau, indifféremment au cours ou en dehors des repas.

**Posologie usuelle :**

Selon la nature de l'affection, la posologie varie entre 1 à 4 comprimés par jour.

**Conseils :** Ce médicament augmente le volume des urines, surtout en début de traitement. Une prise le soir peut occasionner des envies d'uriner nocturnes.

Les *diurétiques* exposent au risque de déshydratation : les personnes âgées devront boire abondamment, notamment pendant les fortes chaleurs.

### Effets indésirables possibles

Baisse de la *kaliémie*, associée éventuellement à des crampes.

Déshydratation possible chez la personne âgée.

Augmentation de la *glycémie* ou de l'*uricémie*.

*Hypotension orthostatique.*

Rarement :
- baisse du taux de sodium dans le sang (natrémie) et risque de troubles du comportement ;
- anomalie de la *numération formule sanguine* ;
- nausées, constipation, *vertiges*, fatigue, maux de tête, fourmillement des extrémités.

Exceptionnellement : *pancréatite*, troubles visuels, *réaction allergique*.

Laboratoires Novartis Pharma

## ESPÉRAL

*Informations détaillées sur www.monvidal.com*

## ESSENCE ALGÉRIENNE

*Informations détaillées sur www.monvidal.com*

## ESTIMA

Progestatif — sur ordonnance

Ce médicament est un générique de UTROGESTAN (voir p. 1070 et tableau p. 1151).

## ESTRADERM TTS

Estrogène — sur ordonnance

### Présentation

**ESTRADERM TTS 25 µg/24 h :** *dispositif transdermique* adhésif à libération continue de 5 cm² ; boîte de 8. Liste II - Remb 65 % - **Prix : 7,50 €.**
**ESTRADERM TTS 50 µg/24 h :** *dispositif transdermique* adhésif à libération continue de 10 cm² ; boîte de 8. Liste II - Remb 65 % - **Prix : 7,50 €.**
**ESTRADERM TTS 100 µg/24 h :** *dispositif transdermique* adhésif à libération continue de 20 cm² ; boîte de 8. Liste II - Remb 65 % - **Prix : 7,50 €.**

### Composition

| | p disp | p disp | p disp |
|---|---|---|---|
| **Estradiol** | 2 mg | 4 mg | 8 mg |
| soit estradiol libéré/24 h | 25 µg | 50 µg | 100 µg |
| Éthanol à 95 % | + | + | + |

### Dans quel cas ce médicament est-il prescrit ?

Ce dispositif transdermique contient une *hormone* naturelle de la famille des *estrogènes*. Elle traverse la peau et passe progressivement dans le sang.

Il est utilisé pour soulager les *symptômes* dus au déficit en estrogènes lors de la *ménopause* (bouffées de chaleur, sécheresse vaginale...).

Les dispositifs dosés à 50 µg/24 h et 100 µg/24 h sont également utilisés pour prévenir l'*ostéoporose* chez la femme ménopausée ayant un risque accru de fracture.

### Contre-indications

Ce médicament ne doit pas être utilisé dans les cas suivants :
- *accident thromboembolique* en cours ;
- *cancer hormonodépendant* ;
- saignement génital intermittent (l'origine de ce saignement doit être déterminée par des examens avant la mise en route du traitement) ;
- maladie grave du foie.

Votre médecin est seul juge pour prescrire ce médicament en cas d'*antécédent* d'*accident thromboembolique* ou de troubles cardiaques susceptibles de les favoriser.

**Attention :** De récentes études ont montré une augmentation du risque de survenue d'un cancer du sein chez les femmes ayant reçu un traitement prolongé des *symptômes* de la *ménopause*. Le traitement doit par conséquent être prescrit à la dose minimale efficace et pour une durée la plus courte possible. En l'absence de troubles, sa prescription ne doit pas être systématique.

Un bilan initial suivi d'une surveillance médicale régulière sont nécessaires, surtout dans les cas suivants : anomalie de la circulation sanguine cérébrale et rétinienne, obésité, *diabète*, *hypertension artérielle*, affection bénigne du sein et de l'utérus, *tumeur de l'hypophyse*, *lupus érythémateux* disséminé, certaines maladies rares (*porphyrie*, *otospongiose*), ictère (jaunisse) chronique ou survenu lors d'une grossesse, *insuffisance rénale*, *épilepsie*, *asthme*, *antécédents* familiaux de cancer du sein.

Si vous devez subir une intervention chirurgicale, il est préférable d'interrompre le traitement un mois à l'avance. De même, un alitement prolongé doit vous conduire à arrêter le traitement.

### Interactions avec d'autres substances

L'efficacité du traitement peut être diminuée par la prise conjointe d'un médicament *inducteur enzymatique*.

### Grossesse et allaitement

Ce médicament n'a pas d'indication chez la femme enceinte. Si une grossesse survient sous traitement, éventualité rare mais possible en début de pré-ménopause, consultez votre médecin et arrêtez le traitement. Aucune malformation imputable à ce médicament n'a été observée à ce jour.

Lorsque la *ménopause* est confirmée, une grossesse est impossible, y compris en cas de réapparition des règles.

### Mode d'emploi et posologie

Détacher le feuillet de protection qui recouvre la face adhésive et appliquer le dispositif sur la peau (zone non exposée au soleil) : thorax, abdomen, fesse, haut de la cuisse ou du bras.

Ne pas coller le dispositif sur :
- les seins ;
- la peau mouillée ou graissée par l'application préalable d'une crème ou d'une huile ;
- une lésion cutanée : plaie, grain de beauté... ;
- une région soumise aux frottements des vêtements : ceinture, bretelle de soutien-gorge... ;
- l'emplacement du précédent dispositif : utiliser alternativement 2 ou 3 régions cutanées différentes.

En cas de décollement intempestif du dispositif, tenter de le recoller à un autre endroit ou utiliser un dispositif neuf qui sera enlevé à la date prévue pour le retrait de celui qui s'est décollé.

**Posologie usuelle :**

Elle est strictement individuelle ; votre médecin l'adapte en fonction des signes de sous ou *surdosage* :
- sous-dosage : persistance de bouffées de chaleur, de sécheresse vaginale, irritation oculaire par les lentilles de contact... ;
- surdosage : tension douloureuse des seins, sensation de gonflement, irritabilité...

Le dispositif est généralement renouvelé tous les 3 ou 4 jours. Il peut être utilisé en continu sans période d'arrêt, ou en discontinu pendant 24 à 28 jours par mois suivi d'un arrêt de traitement de 2 à 7 jours

**Conseils :** Un *progestatif* est généralement associé aux *estrogènes* au moins 12 jours par mois pour éviter une stimulation excessive de l'utérus. N'arrêtez pas la prise du progestatif sans l'avis de votre médecin.

La réapparition de règles est fréquente (mais pas obligatoire) après chaque interruption de cycle ou à l'arrêt du progestatif. En revanche, tout saignement en cours de traitement doit être signalé à votre médecin.

### Effets indésirables possibles

Nausées, tension des seins, irritabilité, jambes lourdes (qui traduisent généralement un *surdosage*).

Irritation et rougeur transitoires au lieu d'application du dispositif.

Saignement génital intermittent (à signaler à votre médecin).

Ce médicament contient un *estrogène* naturel, identique à celui sécrété par les ovaires. Il ne semble pas exposer aux effets indésirables qui peuvent être (rarement) rencontrés avec les estrogènes de synthèse contenus dans les pilules *contraceptives* ; il serait néanmoins souhaitable d'interrompre le traitement en cas :

- d'*accident thromboembolique* ou autre accident cardiovasculaire ;
- de *tumeur* bénigne ou maligne du foie, du sein ou de l'utérus ;
- de crise d'*épilepsie* ;
- d'écoulement de lait par le mamelon.

Laboratoires Novartis Pharma

## ESTRADIOL G GAM

*Informations détaillées sur www.monvidal.com*

## ESTRAPATCH

*Informations détaillées sur www.monvidal.com*

## ESTRÉVA comprimé

Estrogène — sur ordonnance

### Présentation

ESTRÉVA : comprimé sécable (rose) ; boîte de 28. Liste II - Remb 65 % - **Prix : 2,32 €**.

### Composition

| | p cp |
|---|---|
| **Estradiol** | 1,5 mg |
| Lactose | + |

### Dans quel cas ce médicament est-il prescrit ?

Ce médicament contient une *hormone* naturelle de la famille des *estrogènes*.

Il est utilisé pour :

- soulager les *symptômes* dus au déficit en estrogènes lors de la *ménopause* (bouffées de chaleur, sécheresse vaginale...) ;
- prévenir l'*ostéoporose* chez la femme ménopausée ayant un risque accru de fracture.

### Contre-indications

Ce médicament ne doit pas être utilisé dans les cas suivants :

- *accident thromboembolique* (*phlébite*, *embolie* pulmonaire...) récent (moins de 2 ans) ou survenant pendant le traitement ;
- *cancer hormonodépendant* (y compris un *antécédent* de cancer du sein) ;
- saignement génital intermittent (l'origine de ce saignement doit être déterminée par des examens appropriés avant la mise en route du traitement) ;
- maladie grave du foie ;
- *porphyrie*.

**Attention :** De récentes études ont montré une augmentation du risque de survenue d'un cancer du sein chez les femmes ayant reçu un traitement prolongé des *symptômes* de la *ménopause*. Le traitement doit par conséquent être prescrit à la dose minimale efficace et pour une durée la plus courte possible. En l'absence de troubles, sa prescription ne doit pas être systématique.

Un bilan initial suivi d'une surveillance médicale régulière sont nécessaires, surtout dans les cas suivants : anomalie de la circulation sanguine cérébrale et rétinienne, obésité, *diabète*, *hypertriglycéridémie*, *hypertension artérielle*, affection bénigne du sein et de l'utérus, *tumeur de l'hypophyse*, *lupus érythémateux* disséminé, *otospongiose*, ictère (jaunisse) chronique ou survenu lors d'une grossesse, *insuffisance rénale*, *épilepsie*, *asthme*, *antécédent* familial de cancer du sein, calcul de la vésicule biliaire.

Des maux de tête importants ou inhabituels, des troubles de la vision, une élévation franche de la tension artérielle imposent l'arrêt immédiat du traitement et la consultation d'un médecin.

Si vous devez subir une intervention chirurgicale, il est préférable d'interrompre le traitement un mois à l'avance. De même, un alitement prolongé doit vous conduire à arrêter le traitement.

### Interactions avec d'autres substances

L'efficacité du traitement peut être diminuée par la prise conjointe d'un médicament *inducteur enzymatique*.

### Grossesse et allaitement

Ce médicament n'a pas d'indication chez la femme enceinte. Si une grossesse survient sous traitement, éventualité rare mais possible en début de pré-ménopause, consultez votre médecin et arrêtez le traitement. Aucune malformation imputable à ce médicament n'a été observée à ce jour.

Lorsque la *ménopause* est confirmée, une grossesse est impossible, y compris en cas de réapparition des règles.

### Mode d'emploi et posologie

Les comprimés doivent être avalés avec un verre d'eau.

**Posologie usuelle :**

Elle est strictement individuelle. Votre médecin l'adapte en fonction des signes de sous ou *surdosage* :

- sous-dosage : persistance de bouffées de chaleur, de sécheresse vaginale, irritation oculaire par les lentilles de contact, etc. ;
- surdosage : tension douloureuse des seins, sensation de gonflement, irritabilité, etc.

En général, 1 comprimé par jour, par cycle de 21 à 28 jours par mois.

**Conseils :** En cas d'oubli d'un comprimé, prendre le comprimé dans les 12 heures suivant l'heure habituelle de la prise. Si l'oubli est découvert après ces 12 heures, ne pas prendre le comprimé oublié. L'oubli d'un comprimé peut provoquer de légers saignements.

Un *progestatif* est généralement associé aux *estrogènes* au moins 12 jours par mois pour éviter une stimulation excessive de l'utérus. N'arrêtez pas la prise du progestatif sans l'avis de votre médecin.

La réapparition de règles est fréquente (mais pas obligatoire) après chaque interruption de traitement par le progestatif. En revanche, tout saignement en cours de traitement doit être signalé à votre médecin.

### Effets indésirables possibles

Fréquents, mais peu graves : nausées, maux de tête, prise de poids, tension des seins, irritabilité. Ils traduisent généralement un *surdosage*.

Saignement génital intermittent (à signaler à votre médecin).

Des essais cliniques portant sur la prise d'*estrogènes* pendant plusieurs années ont mis en évidence des risques accrus :

- de *tumeur* bénigne ou maligne du sein ou de l'utérus,
- de cancer de l'ovaire,
- d'*accident thromboembolique* ou autre accident cardiovasculaire, en particulier au cours de la première année de traitement.

D'autres effets ont été observé lors de traitements combinant un estrogène et un progestatif : calculs de la vésicule biliaire, taches sombres sur le visage, *éruption cutanée*.

Laboratoires Théramex

## ESTRÉVA gel

Estrogène — sur ordonnance

### Présentation

**ESTRÉVA :** gel transdermique ; tube de 50 g avec pompe doseuse (100 pressions). Liste II - Remb 65 % - **Prix : 5,62 €**.

### Composition

| | p pression |
|---|---|
| **Estradiol** | 0,5 mg |
| Alcool | + |

### Dans quel cas ce médicament est-il prescrit ?

Ce gel contient une *hormone* naturelle de la famille des *estrogènes*. Elle traverse la peau et passe progressivement dans le sang.

Il est utilisé pour soulager les *symptômes* dus au déficit en estrogènes lors de la *ménopause* (bouffées de chaleur, sécheresse vaginale...).

### Contre-indications

Ce médicament ne doit pas être utilisé dans les cas suivants :

- *accident tromboembolique* en cours ;
- *cancer hormonodépendant* ;
- saignement génital intermittent (l'origine de ce saignement doit être déterminée par des examens appropriés avant la mise en route du traitement) ;
- maladie grave du foie.

Votre médecin est seul juge pour prescrire ce médicament en cas d'*antécédent* d'accident thromboembolique ou de troubles cardiaques susceptibles de les favoriser.

**Attention :** De récentes études ont montré une augmentation du risque de survenue d'un cancer du sein chez les femmes ayant reçu un traitement prolongé des *symptômes* de la *ménopause*. Le traitement doit par conséquent être prescrit à la dose minimale efficace et pour une durée la plus courte possible. En l'absence de troubles, sa prescription ne doit pas être systématique.

Un bilan initial suivi d'une surveillance médicale régulière sont nécessaires, surtout dans les cas suivants : anomalie de la circulation sanguine cérébrale et rétinienne, obésité, *diabète*, *hypertension artérielle*, affection bénigne du sein et de l'utérus, *tumeur de l'hypophyse*, *lupus érythémateux* disséminé, certaines maladies rares (*porphyrie*, *otospongiose*), ictère (jaunisse) chronique ou survenu lors d'une grossesse, *insuffisance rénale*, *épilepsie*, *asthme*, *antécédents* familiaux de cancer du sein.

Si vous devez subir une intervention chirurgicale, il est préférable d'interrompre le traitement un mois à l'avance. De même, un alitement prolongé doit vous conduire à arrêter le traitement.

### Interactions avec d'autres substances

L'efficacité du traitement peut être diminuée par la prise conjointe d'un médicament *inducteur enzymatique*.

### Grossesse et allaitement

Ce médicament n'a pas d'indication chez la femme enceinte. Si une grossesse survient sous traitement, éventualité rare mais possible en début de pré-ménopause, consultez votre médecin et arrêtez le traitement. Aucune malformation imputable à ce médicament n'a été observée à ce jour.

Lorsque la *ménopause* est confirmée, une grossesse est impossible, y compris en cas de réapparition des règles.

### Mode d'emploi et posologie

Étaler le gel, de préférence après la toilette, sur une grande surface de peau (environ 2 fois la taille d'une main), sauf sur les seins. Il n'est pas nécessaire de masser ou de frotter. Laisser sécher 1 ou 2 minutes avant de remettre un vêtement. Ce gel ne tache pas.

**Posologie usuelle :**

Elle est strictement individuelle ; votre médecin l'adapte en fonction des signes de sous ou *surdosage* :

- sous-dosage : persistance des bouffées de chaleur, de la sécheresse vaginale... ;
- surdosage : tension douloureuse des seins, sensation de gonflement, irritabilité...

**Conseils :** Chez les femmes ménopausées, un *progestatif* est souvent associé aux *estrogènes* pour éviter une stimulation excessive de l'utérus ou des glandes mammaires. Ne modifiez pas la prise du progestatif sans l'avis de votre médecin.

La réapparition de règles est fréquente (mais pas obligatoire) après chaque interruption de traitement ; en revanche, tout saignement en cours de traitement doit être signalé à votre médecin.

Ce gel ne doit pas être appliqué sur les *muqueuses* en raison de la présence d'*alcool*.

### Effets indésirables possibles

Démangeaisons, rougeur au site d'application, réaction allergique locale.

Nausées, tension des seins, irritabilité, jambes lourdes (qui traduisent généralement un *surdosage*).

Saignement génital intermittent (à signaler à votre médecin).

Ce médicament contient un *estrogène* naturel, identique à celui secrété par les ovaires. Il ne semble pas exposer aux effets indésirables qui peuvent être (rarement) rencontrés avec les estrogènes de synthèse contenus dans les pilules *contraceptives* ; il serait néanmoins souhaitable d'interrompre le traitement en cas :

- d'*accident thromboembolique* en évolution ou autre accident cardiovasculaire ;

- de jaunisse ;
- de *tumeur* bénigne ou maligne du foie, du sein ou de l'utérus ;
- de crise d'*épilepsie* ;
- d'écoulement de lait par le mamelon.

Laboratoires Théramex

## ESTROFEM

*Informations détaillées sur www.monvidal.com*

## ESTULIC

*Informations détaillées sur www.monvidal.com*

## ÉTHINYL-ŒSTRADIOL EFFIK

*Informations détaillées sur www.monvidal.com*

## ÉTIDRONATE MERCK 200 mg

Biphosphonate

sur ordonnance

Ce médicament est un générique de DIDRONEL 200 mg (informations détaillées sur www.monvidal.com).

## ÉTIDRONATE MERCK 400 mg

Biphosphonate

sur ordonnance

Ce médicament est un générique de DIDRONEL 400 mg (voir p. 314 et tableau p. 1151).

## ÉTIDRONATE SANDOZ 400 mg

Biphosphonate

sur ordonnance

Ce médicament est un générique de DIDRONEL 400 mg (voir p. 314 et tableau p. 1151).

## ETIOVEN

Vasculoprotecteur et veinotonique

### Présentation

ETIOVEN 30 mg : comprimé (orangé) ; boîte de 30. Remb 15 % - **Prix : 6,40 €**.

### Composition

| | p cp |
|---|---|
| **Naftazone** | 30 mg |

### Dans quel cas ce médicament est-il prescrit ?

C'est un *veinotonique* et un protecteur *vasculaire*. Il stimule la circulation du sang dans les veines et lutte contre l'altération des *vaisseaux capillaires*.

Il est utilisé dans le *traitement symptomatique* des jambes lourdes, *impatiences* et autres troubles en rapport avec une mauvaise circulation veineuse ou *lymphatique*.

**Attention :** Ce médicament est insuffisant pour prévenir le risque de *phlébite* chez les malades alités ou plâtrés.

L'*insuffisance veineuse* peut requérir des mesures spécifiques telles que la *contention élastique*.

### Grossesse et allaitement

L'effet de ce médicament sur l'enfant à naître est mal connu. Seul votre médecin peut apprécier la nécessité du traitement et son risque pendant la grossesse.

Les données disponibles ne permettent pas de savoir si ce médicament passe dans le lait maternel. Son usage est déconseillé pendant l'allaitement.

### Mode d'emploi et posologie

1 comprimé, à midi.

**Conseils :** Une activité physique régulière et la surélévation du pied du lit permettent de faciliter la circulation veineuse et *lymphatique*.

### Effets indésirables possibles

Rarement : *troubles digestifs*.

Laboratoires Aventis

## EUCALCIC

*Informations détaillées sur www.monvidal.com*

## EUCALYPTINE

*Informations détaillées sur www.monvidal.com*

## EUCALYPTINE LE BRUN sirop

Antitussif opiacé

### Présentation

EUCALYPTINE LE BRUN : sirop ; flacon de 200 ml (40 cuillères-mesure de 5 ml). Non remb.

### Composition

| | p c mes |
|---|---|
| **Codéine** | 6,10 mg |
| **Cinéole (eucalyptol)** | 1,07 mg |
| Saccharose | 3 g |
| Alcool | 53,45 mg |

### Dans quel cas ce médicament est-il prescrit ?

Ce sirop *antitussif* contient un *opiacé*, la *codéine*, et un *antiseptique* des *voies* respiratoires, l'eucalyptol. La codéine a une action *sédative* sur le *système nerveux central*, notamment sur les centres de la toux.

Il est utilisé dans le *traitement symptomatique* des toux sèches.

### Contre-indications

Ce médicament ne doit pas être utilisé dans les cas suivants :

- *asthme*,
- *insuffisance respiratoire*,
- enfant de moins de 30 mois,
- **allaitement**.

**Attention :** Ce médicament n'est pas adapté au traitement de la toux grasse, qui est un mécanisme de défense normal de l'organisme permettant l'évacuation des mucosités présentes dans les bronches.

La toux est un *symptôme* qui peut révéler de nombreuses maladies : consultez votre médecin si elle persiste plus de quelques jours.

Du fait de la présence de codéine :

- n'utilisez pas ce médicament à forte dose et de façon prolongée (risque de *dépendance*) ;
- évitez son emploi en cas d'*hypertension intracrânienne*, qu'il pourrait aggraver.

En raison de la présence d'eucalyptol, des précautions sont nécessaires en cas d'*antécédents* de *convulsions* ou d'*épilepsie*.

Ce médicament contient du *sucre* (saccharose) en quantité notable.

Ce médicament peut induire une somnolence, parfois intense chez certaines personnes. Cette somnolence peut être majorée par la prise d'*alcool* ou d'autres médicaments *sédatifs*. La conduite et l'utilisation de machines dangereuses sont déconseillées, surtout dans les heures qui suivent la prise du médicament.

### Interactions avec d'autres substances

Ce médicament ne doit pas être associé à ceux qui contiennent de la nalbuphine, de la buprénorphine ou de la pentazocine : risque de diminution de l'effet *antalgique*.

Informez par ailleurs votre médecin ou votre pharmacien si vous prenez des *sédatifs*.

### Grossesse et allaitement

L'utilisation de la *codéine* et de ses dérivés (codéthyline, pholcodine) ne doit être envisagée chez la femme enceinte qu'en cas de nécessité, en effet :

- une *insuffisance respiratoire* peut survenir chez le nouveau-né d'une mère traitée par des doses élevées, même si le traitement est ponctuel mais précède de peu l'accouchement ;
- un *syndrome de sevrage*, à l'inverse, peut concerner des nouveau-nés si leur mère reçoit un traitement régulier, même à faible dose.

Il est donc important de signaler à l'obstétricien la prise éventuelle de codéine ou d'un de ses dérivés, afin que ces risques puissent être prévenus par une surveillance et un éventuel traitement adapté.

Ce médicament passe dans le lait maternel. Il est contre-indiqué pendant l'allaitement.

### Mode d'emploi et posologie

Ce médicament est pris de préférence au moment où survient la toux ; les prises doivent être réparties au cours de la journée et espacées d'au moins 4 heures.

**Posologie usuelle :**

- Adulte : 6 cuillères à soupe de sirop par jour.

En cas d'*insuffisance hépatique* et chez la personne âgée, la *posologie* initiale est généralement réduite de moitié.

- Enfant de 6 à 15 ans : 1 cuillère-mesure par 6 kg et par jour ; soit, pour un enfant de 20 kg : 3 cuillères-mesure par jour.
- Enfant de 30 mois à 6 ans : ½ cuillère-mesure par 6 kg et par jour ; soit, pour un enfant de 12 kg : 1 cuillère-mesure par jour.

**Conseils :** De nombreux médicaments contiennent de la *codéine*, notamment certains *antitussifs* et *antalgiques*. Le *surdosage* expose à une augmentation des effets indésirables.

Une toux nocturne aggravée par ce médicament peut être une toux allergique : demandez conseil à votre médecin.

Fumer, ou être exposé à la fumée des autres, nuit à l'efficacité du traitement : la cigarette est irritante pour les bronches et entretient la toux.

Des mesures simples permettent de calmer les toux sèches : boissons chaudes et humidification de l'air ambiant.

### Effets indésirables possibles

Constipation, somnolence, nausées, vomissements, sensation de vertige et, plus rarement, *bronchospasme*, *réaction allergique* cutanée, ralentissement de la respiration. Ces effets indésirables sont ceux de la famille des *opiacés* ; ils sont généralement modérés aux doses recommandées.

Laboratoires Mc Neil

## EUCALYPTINE LE BRUN suppositoire

Traitement des affections bronchopulmonaires

### Présentation

**EUCALYPTINE LE BRUN Nourrisson :** suppositoire ; boîte de 10. Non remb.

### Composition

| | p suppos |
|---|---|
| **Cinéole (eucalyptol)** | 50 mg |
| **Sulfogaïacol** | 50 mg |

### Dans quel cas ce médicament est-il prescrit ?

Ce médicament contient de l'eucalyptol, *antiseptique* des *voies* respiratoires, et un *expectorant*.

Il est utilisé dans le *traitement d'appoint* des bronchites aiguës bénignes.

**Attention :** Ce médicament contient un *terpène* (eucalyptol) : respectez la *posologie* prescrite.

Des précautions sont nécessaires en cas d'*antécédent* de *convulsions*.

La toux est un *symptôme* qui peut révéler de nombreuses maladies (*asthme*, *reflux gastro-œsophagien* notamment chez l'enfant) : consultez votre médecin si elle persiste plus de quelques jours.

### Mode d'emploi et posologie

Les suppositoires sont administrés de préférence après la selle.

**Posologie usuelle :**

- Enfant de 10 à 12 kg : 2 ou 3 suppositoires par jour.
- Enfant de moins de 10 kg : 1 ou 2 suppositoires par jour.

**Conseils :** Des mesures simples permettent de calmer les toux sèches : boissons chaudes et humidification de l'air ambiant.

Pour une meilleure conservation, garder les suppositoires au frais.

### Effets indésirables possibles

Nausées, vomissements.

Irritation locale.

Laboratoires Mc Neil

## EUCOL

*Informations détaillées sur www.monvidal.com*

## EUDYNE

*Informations détaillées sur www.monvidal.com*

## EUGLUCAN

*Informations détaillées sur www.monvidal.com*

## EULEXINE

*Informations détaillées sur www.monvidal.com*

## EUPANTOL

Antiulcéreux

sur ordonnance

### Présentation

**EUPANTOL 20 mg :** comprimé *gastrorésistant* ; boîte de 14. Liste II - Remb 65 % - **Prix : 11,04 €.**
**EUPANTOL 20 mg :** comprimé *gastrorésistant* ; boîte de 28. Liste II - Remb 65 % - **Prix : 21,56 €.**
**EUPANTOL 40 mg :** comprimé *gastrorésistant* (beige) ; boîte de 7. Liste II - Remb 65 % - **Prix : 10,82 €.**
**EUPANTOL 40 mg :** comprimé *gastrorésistant* (beige) ; boîte de 14. Liste II - Remb 65 % - **Prix : 21,11 €.**
**EUPANTOL 40 mg :** comprimé *gastrorésistant* (beige) ; boîte de 28. Liste II - Remb 65 % - **Prix : 40,28 €.**

### Composition

| | p cp | p cp |
|---|---|---|
| **Pantoprazole** ........................ | 20 mg | 40 mg |

### Dans quel cas ce médicament est-il prescrit ?

C'est un antiulcéreux qui agit en diminuant la sécrétion acide de l'estomac, indépendamment de la cause qui peut provoquer cette sécrétion.

Il est utilisé pour :
- traiter les *ulcères* de l'estomac ou du *duodénum*, les *inflammations* de l'œsophage dues aux reflux des acides de l'estomac vers l'œsophage et le syndrome de *Zollinger-Ellison* ;
- prévenir les *gastrites* liées aux anti-inflammatoires (*AINS*).

En association avec un traitement *antibiotique* spécifique, ce médicament permet l'éradication d'un germe appelé *Helicobacter pylori*, très fréquemment responsable des récidives de l'ulcère.

**Attention :** Des précautions sont nécessaires en cas d'*insuffisance hépatique*.
La disparition des douleurs ne signifie pas que l'*ulcère* est cicatrisé : la durée du traitement doit être respectée.

### Grossesse et allaitement

Aucun effet néfaste pour l'enfant à naître n'a été établi avec ce médicament. Néanmoins, par précaution, son usage pendant la grossesse est réservé aux situations pour lesquelles il n'existe pas d'alternative thérapeutique.

Les données actuellement disponibles ne permettent pas de savoir si ce médicament passe dans le lait maternel : son usage est déconseillé pendant l'allaitement.

### Mode d'emploi et posologie

Ce médicament est pris de préférence avant un repas. Il doit être avalé avec un peu d'eau sans être croqué ni écrasé.

**Posologie usuelle :**
- Adulte :
  - traitement des *symptômes* du *reflux gastro-œsophagien* (lorsque les règles hygiènodiététiques sont insuffisantes) : 20 mg par jour ;
  - traitement de l'*inflammation* de l'œsophage : 20 à 40 mg par jour ;
  - traitement des *ulcères* de l'estomac ou du *duodénum* : 40 mg par jour ;
  - éradication d'*Helicobacter pylori* : 40 mg 2 fois par jour, associé à un traitement *antibiotique* pendant 7 jours ; puis 40 mg par jour pendant au moins 3 semaines. Le succès du traitement est étroitement lié au strict respect de la *posologie* de l'antiulcéreux et des antibiotiques pendant la première semaine ;
  - syndrome de *Zollinger-Ellison* : la posologie est individuelle et beaucoup plus élevée. La durée du traitement est généralement de plusieurs semaines ;
  - traitement des *gastrites* liées aux anti-inflammatoires (*AINS*) : 20 mg par jour.

**Conseils :** Si vous êtes fumeur, la poursuite du tabagisme est un frein important au traitement : la nicotine augmente l'acidité gastrique et réduit l'efficacité du muscle qui ferme la jonction entre l'œsophage et l'estomac.
La prise de ce médicament ne dispense pas des mesures diététiques que peut vous conseiller votre médecin.
L'aspirine et les *anti-inflammatoires* peuvent être agressifs pour l'estomac : n'en prenez pas sans l'avis de votre médecin.

### Effets indésirables possibles

Rarement : gêne ou ballonnement abdominal, *diarrhée* ou constipation, nausées, maux de tête, *vertiges*, vision floue, *réaction allergique* (démangeaisons, *éruption cutanée*...).
Très rarement : augmentation des *transaminases* ou des *triglycérides*, douleurs musculaires, fièvre, *état dépressif*, disparaissant après l'arrêt du traitement.

**Laboratoires Altana pharma**

## EUPHON pastille

Phytothérapie

### Présentation

**EUPHON :** pastille (orange ; arôme orange, mandarine) ; boîte de 70. Non remb.
**EUPHON sans sucre :** pastille (marron ; arôme orange, mandarine) ; boîte de 70. Non remb.
**EUPHON menthol :** pastille (marron) ; boîte de 70. Non remb.

### Composition

| | p past | p past sans sucre | p past menthol |
|---|---|---|---|
| **Érysimum, extrait sec** ................. | 10 mg | 10 mg | 10 mg |
| Lévomenthol ................ | | | + |
| Saccharose .................. | 425 mg | | 600 mg |

### Dans quel cas ce médicament est-il prescrit ?

Ce médicament contient un extrait de plante à visée adoucissante.

Il est traditionnellement utilisé dans le traitement des maux de gorge et des petites plaies de la bouche (*aphtes* par exemple).

### Contre-indications

Ce médicament ne doit pas être utilisé chez l'enfant de moins de 6 ans.

> **Attention :** En l'absence d'amélioration au bout de 5 jours, de douleur en avalant ou en cas d'apparition de fièvre, consultez votre médecin. Il pourra faire la différence entre une *pharyngite* et une angine. En cas d'angine bactérienne, un traitement *antibiotique* est nécessaire afin d'éviter des complications ultérieures, cardiaques ou rénales.

### Grossesse et allaitement

Ce médicament contient une plante présumée sans danger pendant la grossesse ou l'allaitement. Néanmoins, par mesure de prudence, ne l'utilisez pas sans prendre l'avis de votre pharmacien ou de votre médecin.

### Mode d'emploi et posologie

Les pastilles doivent être sucées lentement sans être croquées.

**Posologie usuelle :**

- Adulte : 10 à 12 pastilles par jour.
- Enfant de 6 à 15 ans : 5 ou 6 pastilles par jour.

La durée du traitement est limitée à 5 jours sans avis médical.

### Effets indésirables possibles

*Réaction allergique.*

Laboratoires Mayoly-Spindler

## EUPHON sirop, gélule

Antitussif opiacé

### Présentation

**EUPHON Sirop Adulte :** sirop (arôme framboise) ; flacon de 150 ml. Remb 35 % - **Prix : 2,44 €**.
**EUPHON :** gélule ; boîte de 20. Remb 35 % - **Prix : 1,84 €**.

### Composition

| | p c à s | p gél |
|---|---|---|
| **Codéine** | 15 mg | 15 mg |
| **Érysimum, extrait sec** | 45 mg | 45 mg |
| Saccharose | 10,28 g | |
| Titre alcoolique | 2,7° | |

### Dans quel cas ce médicament est-il prescrit ?

Ce médicament *antitussif* contient un *opiacé*, la *codéine*, qui a une action *sédative* sur le *système nerveux central*, notamment sur les centres de la toux.

Il est utilisé dans le *traitement symptomatique* des toux sèches.

### Contre-indications

Ce médicament ne doit pas être utilisé dans les cas suivants :

- *asthme*,
- *insuffisance respiratoire*,
- enfant de moins de 15 ans,
- **allaitement**.

> **Attention :** Ce médicament n'est pas adapté au traitement de la toux grasse, qui est un mécanisme de défense normal de l'organisme permettant l'évacuation des mucosités présentes dans les bronches.
>
> La toux est un *symptôme* qui peut révéler de nombreuses maladies : consultez votre médecin si elle persiste plus de quelques jours.
>
> Du fait de la présence de codéine :
> - n'utilisez pas ce médicament à forte dose et de façon prolongée (risque de *dépendance*) ;
> - évitez son emploi en cas d'*hypertension intracrânienne*, qu'il pourrait aggraver.
>
> Le sirop contient du *sucre* (saccharose) en quantité notable.
>
>  Ce médicament peut induire une somnolence, parfois intense chez certaines personnes. Cette somnolence peut être majorée par la prise d'*alcool* ou d'autres médicaments *sédatifs*. La conduite et l'utilisation de machines dangereuses sont déconseillées, surtout dans les heures qui suivent la prise du médicament.

### Interactions avec d'autres substances

Ce médicament ne doit pas être associé à ceux qui contiennent de la nalbuphine, de la buprénorphine ou de la pentazocine : risque de diminution de l'effet *antalgique*.

Informez par ailleurs votre médecin ou votre pharmacien si vous prenez des *sédatifs*.

### Grossesse et allaitement

L'utilisation de la *codéine* et de ses dérivés (codéthyline, pholcodine) ne doit être envisagée chez la femme enceinte qu'en cas de nécessité, en effet :

- une *insuffisance respiratoire* peut survenir chez le nouveau-né d'une mère traitée par des doses élevées, même si le traitement est ponctuel mais précède de peu l'accouchement ;
- un *syndrome de sevrage*, à l'inverse, peut concerner des nouveau-nés si leur mère reçoit un traitement régulier, même à faible dose.

Il est donc important de signaler à l'obstétricien la prise éventuelle de codéine ou d'un de ses dérivés, afin que ces risques puissent être prévenus par une surveillance et un éventuel traitement adapté.

Ce médicament passe dans le lait maternel. Il est contre-indiqué pendant l'allaitement.

### Mode d'emploi et posologie

Ce médicament est pris de préférence au moment où survient la toux.

**Posologie usuelle :**

- Adulte :
  - 1 à 8 cuillères à soupe de sirop par jour, à répartir en 4 à 6 prises.
  - 1 à 2 gélules, 1 à 4 fois par jour, en respectant un intervalle de 6 heures entre les prises.

En cas d'*insuffisance hépatique* et chez la personne âgée, la *posologie* initiale est généralement réduite de moitié.

> **Conseils :** De nombreux médicaments contiennent de la *codéine*, notamment certains *antitussifs* et *antalgiques*. Le *surdosage* expose à une augmentation des effets indésirables.
>
> Une toux nocturne aggravée par ce médicament peut être une toux allergique : demandez conseil à votre médecin.
>
> Fumer, ou être exposé à la fumée des autres, nuit à l'efficacité du traitement : la cigarette est irritante pour les bronches et entretient la toux.

Des mesures simples permettent de calmer les toux sèches : boissons chaudes et humidification de l'air ambiant.
Ne conservez pas le sirop plus de 30 jours après ouverture du flacon.

### Effets indésirables possibles

Constipation, somnolence, nausées, vomissements, sensation de vertige et, plus rarement, *bronchospasme*, *réaction allergique* cutanée, ralentissement de la respiration. Ces effets indésirables sont ceux de la famille des *opiacés* ; ils sont généralement modérés aux doses recommandées.

Laboratoires Mayoly-Spindler

## EUPHORBIUM COMPLEXE N° 88

*Informations détaillées sur www.monvidal.com*

## EUPHRASIA COMPLEXE N° 115

*Informations détaillées sur www.monvidal.com*

## EUPHYLLINE

Antiasthmatique

### Présentation

**EUPHYLLINE LA 50 mg :** gélule à *libération prolongée* (blanc) ; boîte de 30. Remb 35 % - **Prix : 1,96 €.**
**EUPHYLLINE LA 100 mg :** gélule à *libération prolongée* (bleu et blanc) ; boîte de 30. Remb 35 % - **Prix : 2,06 €.**
**EUPHYLLINE LA 200 mg :** gélule à *libération prolongée* (transparent et blanc) ; boîte de 30. Remb 35 % - **Prix : 2,16 €.**
**EUPHYLLINE LA 300 mg :** gélule à *libération prolongée* (vert et blanc) ; boîte de 30. Remb 35 % - **Prix : 3,08 €.**
**EUPHYLLINE LA 400 mg :** gélule à *libération prolongée* (vert) ; boîte de 30. Remb 35 % - **Prix : 3,45 €.**

### Composition

| | p gél LP | p gél LP | p gél LP |
|---|---|---|---|
| **Théophylline** | 50 mg | 100 mg | 200 mg |
| Lactose | + | + | + |

| | p gél LP | p gél LP |
|---|---|---|
| **Théophylline** | 300 mg | 400 mg |
| Lactose | + | + |

### Dans quel cas ce médicament est-il prescrit ?

Ce médicament est un bronchodilatateur qui contient de la théophylline. Il lutte contre la contraction anormale des muscles de la paroi des bronches et stimule la respiration.
Il est utilisé dans le *traitement symptomatique* de l'*asthme* et de certaines maladies respiratoires.

### Contre-indications

Ce médicament ne doit pas être utilisé dans les cas suivants :
- *porphyrie* ;
- en association avec les médicaments contenant de l'énoxacine ;
- enfant de moins de 30 mois.

**Attention :** Ce médicament n'est pas adapté en cas de crise d'*asthme*.
Ce médicament contient de la théophylline : ne l'utilisez pas sans l'avis de votre médecin.
Des précautions sont nécessaires en cas d'*insuffisance cardiaque*, *hépatique* ou *coronarienne*, d'*hyperthyroïdie*, d'*antécédent* de convulsions, d'obésité, de *reflux gastro-œsophagien*, d'*ulcère* de l'estomac ou du *duodénum*.
En cas de fièvre durant plus de 24 heures, il peut être nécessaire de diminuer la *posologie* pour éviter un *surdosage*. Demandez conseil à votre médecin.
Le tabac interagit avec la théophylline, dont il diminue fortement l'efficacité, mais son arrêt peut conduire à un surdosage. Votre médecin adaptera la *posologie* en conséquence.

### Interactions avec d'autres substances

Ce médicament ne doit pas être associé aux médicaments contenant de l'énoxacine (ENOXOR...) : risque de *surdosage* en théophylline.
Il peut interagir avec les médicaments contenant de l'érythromycine (l'utilisation de formes à usage local est possible) ou de la viloxazine.
Informez par ailleurs votre médecin si vous prenez des médicaments contenant de l'allopurinol, de la cimétidine, du fluconazole, de la ciprofloxacine, de la norfloxacine, de la péfloxacine, de la fluvoxamine, de la carbamazépine, du phénobarbital, de la phénytoïne, de la primidone, de la rifampicine, de la clarithromycine, de la josamycine, de la roxithromycine, de la pentoxifylline, de la ticlopidine, du ritonavir ou de la tacrine.

### Grossesse et allaitement

**Grossesse et nouveau-né :**
Ce médicament est déconseillé pendant la grossesse sans avis médical.
Lors de son utilisation en fin de grossesse, ce médicament peut provoquer une accélération du cœur et une agitation importante chez le *nouveau-né*.
Ce médicament passe dans le lait maternel ; un choix est donc nécessaire entre l'allaitement et la prise du médicament. Cette décision devra être prise en accord avec votre médecin.

### Mode d'emploi et posologie

Les gélules doivent être avalées avec un verre d'eau.

**Posologie usuelle :**
Elle est précise et strictement individuelle. Elle est adaptée progressivement par votre médecin en fonction des analyses de sang indiquant le taux de théophylline et de la tolérance au médicament.
La *posologie* efficace la plus faible possible est toujours recherchée. Suivez-la précisément car un *surdosage* expose à des effets indésirables graves.

**Conseils :** Toute modification de la *posologie* expose à la survenue d'une crise d'*asthme* : veillez à ne jamais manquer de ce médicament.
Fumer, ou être exposé à la fumée des autres, nuit à l'efficacité du traitement.
Les excitants, tels que le thé ou le café, peuvent accroître certains effets indésirables de la théophylline et doivent être consommés avec modération.

### Effets indésirables possibles

Les effets indésirables varient d'une personne à l'autre. Leur intensité peut traduire un *surdosage* et nécessiter une adaptation de la *posologie* : consultez votre médecin.

Le plus fréquemment : maux de tête, agitation, insomnie, accélération du cœur, *troubles digestifs*.
Rarement : *hémorragie* du tube digestif, occlusion intestinale.

Laboratoires Altana pharma

## EUPHYTOSE
Phytothérapie

### Présentation
EUPHYTOSE : comprimé (brun) ; boîte de 40. Non remb.
EUPHYTOSE : comprimé (brun) ; boîte de 120. Non remb.

### Composition

| | p cp |
|---|---|
| **Aubépine, extrait** | 10 mg |
| **Passiflore, extrait** | 40 mg |
| **Valériane, extrait** | 50 mg |
| **Ballote, extrait** | 10 mg |

### Dans quel cas ce médicament est-il prescrit ?
Ce médicament contient des extraits de plantes à visée *sédative*.
Il est traditionnellement utilisé dans le *traitement symptomatique* de la nervosité, notamment en cas de troubles légers du sommeil.

### Contre-indications
Les comprimés ne doivent pas être utilisés chez l'enfant de moins de 6 ans (risque de fausse route).

### Grossesse et allaitement
Ce médicament contient des plantes présumées sans danger pendant la grossesse ou l'allaitement. Néanmoins, par mesure de prudence, ne l'utilisez pas sans prendre l'avis de votre pharmacien ou de votre médecin.

### Mode d'emploi et posologie
Les comprimés doivent être avalés sans être croqués avec un verre d'eau ou une boisson chaude.

**Posologie usuelle :**
Nervosité :
- Adulte : 1 ou 2 comprimés, 3 fois par jour.
- Enfant de 6 à 15 ans : 1 comprimé, 3 fois par jour.

Troubles du sommeil :
- Adulte : 1 comprimé au dîner et 1 comprimé au coucher.
- Enfant de 6 à 15 ans : 1 comprimé au dîner.

**Conseils :** Les médicaments ne sont pas la seule réponse au stress : une meilleure hygiène de vie, une consommation modérée d'excitants (café, thé, boissons alcoolisées...) permettent aussi de lutter contre l'excès de nervosité et ses manifestations (*palpitations*, troubles du sommeil).

### Effets indésirables possibles
Rarement : *troubles digestifs.*
Exceptionnellement : *hépatite.*

Laboratoires Bayer santé familiale

## EUPNÉRON
*Informations détaillées sur www.monvidal.com*

## EUPRESSYL
Antihypertenseur — sur ordonnance

### Présentation
EUPRESSYL 30 mg : gélule (jaune et blanc) ; boîte de 30. Liste I - Remb 65 % - **Prix : 7,30 €**.
EUPRESSYL 60 mg : gélule (bleu clair et blanc) ; boîte de 30. Liste I - Remb 65 % - **Prix : 14,05 €**.

### Composition

| | p gél | p gél |
|---|---|---|
| **Urapidil** | 30 mg | 60 mg |
| Saccharose | + | + |

### Dans quel cas ce médicament est-il prescrit ?
Ce médicament est un *antihypertenseur* qui appartient à la famille des *alphabloquants*.
Il est utilisé dans le traitement de l'*hypertension artérielle*.

**Attention :** Ce médicament peut être responsable de troubles de l'équilibre et parfois de malaises avec chutes. Faites contrôler votre tension artérielle si vous êtes sujet à des étourdissements en vous levant brusquement.
Des précautions sont nécessaires chez la personne âgée et en cas d'*insuffisance hépatique* grave.

### Interactions avec d'autres substances
Informez votre médecin si vous prenez un *inhibiteur calcique*.
En outre, l'effet *antihypertenseur* de ce médicament peut être augmenté par certains médicaments tels que les *neuroleptiques*, les *antidépresseurs imipraminiques*, les médicaments contenant du baclofène ; il peut être diminué par les *corticoïdes*. Votre médecin doit être informé si vous êtes traité par l'un ou l'autre de ces médicaments.

### Grossesse et allaitement
L'effet de ce médicament pendant la grossesse ou l'allaitement est mal connu : seul votre médecin peut évaluer le risque éventuel de son utilisation dans votre cas.

### Mode d'emploi et posologie
Ce médicament peut être pris indifféremment au cours ou en dehors des repas.

**Posologie usuelle :**
- Adulte : 60 à 120 mg par jour, répartis en 2 prises.

**Conseils :** Le traitement médicamenteux ne dispense pas des mesures simples pouvant faire baisser la tension artérielle : activité physique régulière, modération de la consommation de boissons alcoolisées, lutte contre l'excès de poids.

### Effets indésirables possibles
*Vertiges*, nausées, maux de tête, fatigue, douleur d'estomac.
Exceptionnellement : *hypotension orthostatique*, *allergie* cutanée.

Laboratoires Altana pharma

## EURAX
*Informations détaillées sur www.monvidal.com*

## EURELIX

Diurétique de l'anse — sur ordonnance

### Présentation

EURELIX : gélule *gastrorésistante* (orange et vert) ; boîte de 30. Liste II - Remb 65 % - **Prix : 7,88 €**.

### Composition

| | p gél |
|---|---|
| **Pirétanide** | 6 mg |
| Saccharose | 119 mg |

### Dans quel cas ce médicament est-il prescrit ?

C'est un *diurétique* qui appartient à la famille des *diurétiques de l'anse*, dont l'action est puissante et rapide. Il appartient par ailleurs à la famille chimique des *sulfamides*.

Il est utilisé dans le traitement de l'*hypertension artérielle*.

### Contre-indications

Ce médicament ne doit pas être utilisé dans les cas suivants :
- *allergie* aux *sulfamides*,
- rétention d'urine par obstruction importante des *voies urinaires*,
- déshydratation (surtout chez la personne âgée),
- *insuffisance rénale* grave,
- *encéphalopathie hépatique*,
- enfant de moins de 15 ans,
- **grossesse**,
- **allaitement**.

**Attention :** Ce médicament peut faire baisser la *kaliémie* (taux de *potassium* dans le sang). Ce risque justifie la prescription par votre médecin d'analyses de sang régulières. L'usage prolongé de *laxatifs stimulants* est déconseillé pendant le traitement car il contribue à faire baisser le taux de potassium sanguin.

L'effet diurétique est parfois brutal, notamment lors des premiers jours de traitement. Prévoyez une étape aux toilettes dans l'heure qui suit la prise.

Les *diurétiques* peuvent augmenter le taux d'*acide urique* (uricémie) ou de *sucre* dans le sang (*glycémie*) : des précautions sont nécessaires en cas de *diabète* ou d'*antécédent* de crise de *goutte*.

Sportif : ce médicament contient une substance susceptible de rendre positifs certains *tests antidopage*.

### Interactions avec d'autres substances

Ce médicament peut interagir avec ceux qui contiennent du lithium ou du sultopride (BARNETIL, médicament hospitalier).

Informez par ailleurs votre médecin si vous prenez :
- un *AINS*, un *digitalique*, un *inhibiteur de l'enzyme de conversion* ou de l'angiotensine II ;
- un *antibiotique* de la famille des *aminosides* ;
- un médicament susceptible de provoquer des *torsades de pointes* ou de faire baisser la *kaliémie* (amphotéricine B, *corticoïde*, *laxatif stimulant*) ;
- un médicament contenant de la metformine ou de la phénytoïne ;
- un médicament susceptible de contribuer à la baisse de la tension artérielle (*neuroleptique*, *antidépresseur imipraminique*, baclofène).

### Grossesse et allaitement

En l'absence de données suffisantes, ce médicament est contre-indiqué pendant la grossesse et l'allaitement.

### Mode d'emploi et posologie

Les gélules doivent être avalées avec un verre d'eau.

**Posologie usuelle :**
- Adulte : 1 gélule par jour.

**Conseils :** Ce médicament augmente le volume des urines, surtout en début de traitement. Une prise le soir peut occasionner des envies d'uriner nocturnes.

Les *diurétiques* exposent au risque de déshydratation : veillez à proposer des boissons abondantes aux personnes âgées, notamment pendant les fortes chaleurs.

### Effets indésirables possibles

*Troubles digestifs*, fatigue, maux de tête.

Baisse de la *kaliémie*, associée éventuellement à des crampes.

Augmentation de la *glycémie* ou de l'uricémie.

Étourdissements dus à une forte *hypotension orthostatique*.

A forte dose : baisse du taux de sodium dans le sang (natrémie) pouvant provoquer des troubles du comportement.

Rarement : *réaction allergique*, *photosensibilisation*.

Une *hépatite* peut exceptionnellement survenir pendant le traitement. Certains signes évocateurs doivent vous amener à consulter votre médecin : douleurs abdominales, perte de l'appétit, nausées, douleurs articulaires ou musculaires, fatigue anormale, fièvre inexpliquée, jaunisse.

Laboratoires Aventis

## EUROBIOL

Extrait pancréatique

### Présentation

EUROBIOL 12 500 U : granulés ; flacon de 20 g avec cuillère doseuse. Remb 65 % - **Prix : 22,21 €**.

EUROBIOL 25 000 U : gélule à microgranules *gastrorésistants* (brun opaque et incolore) ; boîte de 90. Remb 65 % - **Prix : 36,91 €**.

### Composition

| | | p gél |
|---|---|---|
| **Pancréas de porc, poudre** | 152,25 mg | 278 mg |
| soit activité lipolytique | 12 500 U | 25 000 U |
| soit activité amylolytique | 11 250 U | 22 500 U |
| soit activité protéolytique | 625 U | 1 250 U |

### Dans quel cas ce médicament est-il prescrit ?

Ce médicament contient des extraits de pancréas. Ceux-ci remplacent ou complètent une production insuffisante d'*enzymes pancréatiques*, nécessaires à la digestion.

Il est utilisé après une opération du pancréas ou de l'estomac et dans le traitement de certaines maladies pancréatiques, notamment la *mucoviscidose*.

### Grossesse et allaitement

L'effet de ce médicament pendant la grossesse ou l'allaitement est mal connu. L'évaluation du risque éventuel lié à son utilisation est individuelle : demandez conseil à votre pharmacien ou à votre médecin.

### Mode d'emploi et posologie

Ce médicament doit être pris au cours des repas (après les premières bouchées).

Les granulés peuvent être incorporés dans un aliment tiède ou froid ; ils peuvent être délayés dans de l'eau, éventuellement gazeuse.

**Posologie usuelle :**

Elle est strictement individuelle, en fonction de l'âge et de l'importance des troubles. La *posologie* prescrite ne doit pas être dépassée.

> **Conseils :** Les gélules peuvent être ouvertes, notamment pour le *nourrisson*, et leur contenu (microgranules) sera mélangé à un aliment semi-liquide ou du jus d'orange. Les microgranules, *gastrorésistants*, ne doivent être ni croqués ni mâchés.

### Effets indésirables possibles

Constipation.

Laboratoires Mayoly-Spindler

## EURONAC

Cicatrisant oculaire

### Présentation

EURONAC 5 % : collyre ; flacon de 5 ml (100 gouttes). Remb 35 % - **Prix : 4,66 €**.

### Composition

| | p 5 ml |
|---|---|
| **Acétylcystéine** | 250 mg |
| Chlorure de benzalkonium | + |

### Dans quel cas ce médicament est-il prescrit ?

C'est un collyre cicatrisant.

Il est utilisé pour favoriser la cicatrisation des *ulcères* de la *cornée* dus à un traumatisme.

> **Attention :** Toute plaie oculaire, même minime, peut avoir des conséquences graves et doit faire l'objet d'un examen spécialisé.
> En l'absence d'amélioration après quelques jours de traitement, reconsultez votre médecin.

### Grossesse et allaitement

L'effet de ce médicament pendant la grossesse ou l'allaitement est mal connu. L'évaluation du risque éventuel lié à son utilisation est individuelle : demandez conseil à votre pharmacien ou à votre médecin.

### Mode d'emploi et posologie

Tirer la paupière inférieure vers le bas tout en regardant vers le haut et déposer une goutte de collyre entre la paupière et le globe oculaire (*cul-de-sac conjonctival*).

**Posologie usuelle :**

1 goutte, 4 ou 5 fois par jour.

La durée du traitement ne doit pas dépasser 8 jours, sauf avis médical.

> **Conseils :** Ce collyre ne doit pas être instillé pendant le port de *lentilles de contact* souples hydrophiles : elles risquent de s'imprégner du conservateur (chlorure de benzalkonium) contenu dans le collyre.
> L'application correcte du produit peut nécessiter une aide, notamment chez une personne handicapée ou âgée.
> Ne conservez pas ce collyre plus de 15 jours après une première utilisation.

Laboratoires Europhta

## EUTHYRAL

*Informations détaillées sur www.monvidal.com*

## EUVANOL

Préparation nasale antiseptique

### Présentation

EUVANOL : solution nasale ; flacon pressurisé de 15 ml. Non remb.

### Composition

| | p 100 ml |
|---|---|
| **Géranium, huile essentielle déterpénée** | 300 mg |
| **Niaouli, huile essentielle purifiée** | 300 mg |
| **Camphre synthétique** | 500 mg |
| **Benzalkonium bromure** | 250 mg |

### Dans quel cas ce médicament est-il prescrit ?

Cette solution nasale est une association de substances *antiseptiques*.

Elle est utilisée dans le *traitement d'appoint* des *rhinites* et des *rhinopharyngites*.

### Contre-indications

Ce médicament ne doit pas être utilisé dans les cas suivants :

- *antécédent* de *convulsions* ou d'*épilepsie*,
- enfant de moins de 30 mois.

> **Attention :** Ce médicament contient des *terpènes* qui peuvent, en cas de dépassement des *posologies*, avoir des effets indésirables graves ; des précautions sont nécessaires chez l'enfant et la personne âgée.
> Si votre état ne s'améliore pas après quelques jours de traitement, consultez votre médecin.

### Grossesse et allaitement

L'effet de ce médicament pendant la grossesse est mal connu. L'évaluation du risque éventuel lié à son utilisation est individuelle : demandez conseil à votre pharmacien ou à votre médecin.

Les *terpènes* peuvent donner un goût particulier au lait. Leur absorption par le *nourrisson* n'est pas souhaitable : évitez d'employer ce médicament pendant l'allaitement.

### Mode d'emploi et posologie

Les pulvérisations sont faites au cours d'une brève inspiration, après un mouchage soigneux, en tenant l'embout verticalement. Respecter un intervalle de 2 à 3 heures entre 2 prises.

**Posologie usuelle :**

1 pulvérisation dans chaque narine, 4 à 6 fois par jour.

Sauf avis médical, la durée du traitement ne doit pas dépasser quelques jours.

**Conseils :** Les solutions nasales *antiseptiques* ou *antibiotiques* peuvent être contaminées par des *germes* : ne les conservez pas au-delà de la durée du traitement.
Ce médicament doit être conservé à l'abri de la chaleur et de la lumière.

### Effets indésirables possibles

*Réaction allergique.*
En cas de dépassement de la *posologie* usuelle, les *terpènes* peuvent provoquer :
- des *convulsions* chez l'enfant,
- agitation, confusion des idées (notamment chez la personne âgée).

Laboratoires Merck Médication Familiale

## EVAPAUSE
Progestatif — sur ordonnance

Ce médicament est un générique de UTROGESTAN (voir p. 1070 et tableau p. 1151).

## EVEPAR
Antiacnéique — sur ordonnance

Ce médicament est un générique de DIANE 35 (voir p. 310 et tableau p. 1151).

## EVISTA
Estrogène de synthèse — sur ordonnance

### Présentation

**EVISTA 60 mg :** comprimé (ovale ; blanc) ; boîte de 28. Liste I - Remb 65 % - **Prix : 31,36 €**.
**EVISTA 60 mg :** comprimé (ovale ; blanc) ; boîte de 84. Liste I - Remb 65 % - **Prix : 83,94 €**.

### Composition

| | p cp |
|---|---|
| **Raloxifène** | 60 mg |
| Lactose | + |

### Dans quel cas ce médicament est-il prescrit ?

Ce médicament est une *hormone* de synthèse qui reproduit les effets protecteurs des *estrogènes* sur l'os. Des études ont montré qu'il diminue le risque de fractures des vertèbres dues à l'*ostéoporose*. Contrairement aux estrogènes, il n'a pas d'effet stimulant sur la glande mammaire et sur l'utérus.
Il est utilisé pour traiter et prévenir l'ostéoporose chez la femme ménopausée. Le remboursement de la Sécurité sociale est subordonné à la présence d'au moins une fracture visible à la radiographie.

### Contre-indications

Ce médicament ne doit pas être utilisé dans les cas suivants :
- *antécédent* d'*accident thromboembolique* (*phlébite*, *embolie* pulmonaire...) ;
- *insuffisance hépatique*, ictère (jaunisse) chronique ;
- *insuffisance rénale* grave ;
- saignement génital intermittent (l'origine de ce saignement doit être déterminée par des examens appropriés avant la mise en route du traitement) ;
- cancer du corps de l'utérus (l'effet de ce médicament n'est pas connu dans cette situation) ;
- femme non ménopausée.

**Attention :** Ce médicament n'agit que sur l'os et n'a pas d'effet sur les *symptômes* de la *ménopause* (bouffées de chaleur...).
Comme les *estrogènes*, ce médicament augmente légèrement le risque de *thrombose*. Les situations qui exposent à un risque de *phlébite*, comme une intervention chirurgicale ou un alitement prolongé, peuvent nécessiter l'arrêt du traitement.
En l'absence de données, ce médicament ne peut être utilisé en cas de cancer du sein en cours de traitement.
Tout saignement génital inexpliqué doit être signalé à votre médecin.

### Interactions avec d'autres substances

Ce médicament ne doit pas être associé avec ceux qui contiennent de la colestyramine, qui modifie son absorption et son élimination.
Il peut interagir avec les *anticoagulants* oraux : le *taux de prothrombine* doit être surveillé régulièrement dans le mois qui suit la mise en route ou l'arrêt du traitement.

### Grossesse et allaitement

Ce médicament n'a pas d'indication chez la femme non ménopausée.

### Mode d'emploi et posologie

Le comprimé est pris indifféremment pendant ou entre les repas.
**Posologie usuelle :**
1 comprimé par jour.

**Conseils :** Pendant toute la durée du traitement, des apports de calcium sont nécessaires, soit par l'alimentation (produits laitiers), soit par un traitement conjoint spécifique.
Des exercices physiques réguliers contribuent à limiter l'évolution de l'*ostéoporose*.

### Effets indésirables possibles

Syndrome grippal, bouffées de chaleur, le plus souvent au cours des 6 premiers mois.
*Œdèmes* des jambes, crampes.
Rarement : *accident thromboembolique* veineux (*phlébite*, *embolie* pulmonaire...).
Très rarement : *éruption cutanée*, nausées, vomissements, douleur abdominale, digestion difficile, maux de tête, gonflements des seins, augmentation de la tension artérielle.

Laboratoires Lilly France

## EVRA
Contraceptif transdermique — sur ordonnance

### Présentation

**EVRA :** *dispositif transdermique* ; boîte de 3. Liste I - Non remb.
**EVRA :** *dispositif transdermique* ; boîte de 9. Liste I - Non remb.

### Composition

| | p disp |
|---|---|
| **Norelgestromine** | 6 mg |
| **Éthinylestradiol** | 600 µg |

### Dans quel cas ce médicament est-il prescrit ?

Ce *dispositif transdermique* est un *contraceptif*. Il contient un estrogène et un progestatif, qui traversent la peau et passent progressivement dans la circulation sanguine. Il est minidosé (le dispositif délivre moins de 0,04 mg d'estrogène par 24 heures). Ce contraceptif doit rester appliqué sur la peau pendant 7 jours consécutifs, trois semaines par mois.

### Contre-indications

Ce médicament ne doit pas être utilisé dans les cas suivants :
- *accident thromboembolique* (*phlébite*, *embolie* pulmonaire...) ancien ou survenant au cours de la contraception, prédisposition connue aux *thromboses* veineuses ou artérielles ;
- *cancer hormonodépendant* (même guéri) ;
- saignement génital intermittent (l'origine de ce saignement doit être déterminée par des examens avant la mise en route du traitement) ;
- maladie du foie, grave ou récente, y compris les tumeurs bénignes ou malignes ;
- *hypertension artérielle* grave ;
- *diabète* avec lésions vasculaires ;
- antécédent de migraine graves accompagnée de signes neurologiques (paralysies...).

**Attention :** Un examen médical est nécessaire avant de débuter la contraception. Il est suivi d'une surveillance annuelle pendant la contraception. Cette surveillance est particulièrement importante si vous souffrez d'*épilepsie*, de *migraine*, d'*asthme*, de *dépression*, ou si des membres de votre famille ont des *antécédents* de cancer du sein ou d'*accidents thromboemboliques*.

Si vous avez plus de 35 ans, si vous fumez, le risque d'effets indésirables cardiovasculaires liés à la prise d'*hormones* augmente fortement. Un autre mode de contraception est souvent préconisé.

Arrêtez la prise du *contraceptif* et consultez votre médecin en cas d'apparition de l'un des *symptômes* suivants : maux de tête violents et inhabituels, troubles de la vision, élévation importante de la tension artérielle, douleur inhabituelle à la jambe.

Si vous devez subir une intervention chirurgicale, il est préférable d'interrompre le traitement un mois à l'avance. De même, un alitement prolongé doit vous conduire à arrêter le traitement.

### Interactions avec d'autres substances

L'efficacité contraceptive de ce médicament peut être diminuée par les *barbituriques*, les *anticonvulsivants*, certains traitements du sida, les produits de phytothérapie contenant du millepertuis et les médicaments contenant l'une des substances suivantes : griséofulvine, rifampicine, rifabutine.

Certains *antibiotiques* comme l'ampicilline et les *tétracyclines* peuvent également diminuer son efficacité contraceptive.

### Grossesse et allaitement

Ce médicament n'a pas de raison d'être utilisé pendant la grossesse. Néanmoins, si une grossesse survient malgré le traitement, du fait d'un oubli ou d'un retard d'application du dispositif, les données disponibles ne justifient pas d'inquiétude particulière.

Il est nécessaire d'arrêter le contraceptif et d'informer le médecin.

Les *hormones* contenues dans ce *contraceptif* passent dans le lait maternel : ne l'utilisez pas pendant l'allaitement sans avis médical.

### Mode d'emploi et posologie

Appliquer le dispositif sur une zone de la peau non exposée au soleil : thorax, abdomen, fesse, haut de la cuisse ou du bras.

Ne pas coller le dispositif :
- sur les seins ;
- sur de la peau mouillée ou graissée par l'application préalable d'une crème ou d'une huile ;
- sur une lésion cutanée : plaie, grain de beauté... ;
- sur une région soumise aux frottements des vêtements : ceinture, bretelle de soutien-gorge... ;
- sur l'emplacement du précédent dispositif : utiliser alternativement 2 ou 3 régions de la peau différentes.

Le dispositif doit rester en place 7 jours consécutifs. Usagé, il doit être retiré et remplacé immédiatement par un nouveau dispositif à un jour fixe de la semaine, aux 8e et 15e jours du cycle. Le changement de dispositif peut avoir lieu à tout moment du jour de changement prévu.

L'interruption du traitement déclenche les règles. L'application d'un nouveau dispositif est reprise après les 7 jours d'arrêt, que les règles soient terminées ou non. Pour éviter un retard dans la reprise du traitement, préjudiciable à l'efficacité de la contraception, il est utile de noter le jour de l'application du premier dispositif : un nouveau dispositif est toujours appliqué le même jour de la semaine.

En cas de première contraception ou de reprise d'une contraception interrompue temporairement, appliquer le dispositif le premier jour des règles.

Après un accouchement ou une interruption de grossesse, suivre les indications du médecin.

Le respect de ces délais est important : une application trop tardive du dispositif peut nuire à l'efficacité de la contraception pour le nouveau cycle.

**Conseils :**

**En cas de décollement du dispositif :**
- Si le dispositif est partiellement décollé pendant moins de 24 heures, tenter de le recoller à un autre endroit, ou utiliser un nouveau dispositif qui sera enlevé à la date prévue pour le retrait de celui qui s'est décollé.
- Si le dispositif est décollé depuis plus de 24 heures, appliquer un nouveau dispositif pour une nouvelle période de 7 jours. Le jour de l'application de ce nouveau dispositif sera alors considéré comme le premier jour d'un nouveau cycle de 3 patchs. Un autre moyen de contraception (préservatif...) devra toutefois être utilisé jusqu'à la pose du deuxième dispositif de ce nouveau cycle.

**En cas de retard dans la mise en place d'un dispositif :**
- Si le dispositif n'est pas mis en place le premier jour d'un cycle, la date de mise en place effective du dispositif sera considérée comme étant le nouveau « premier jour » du cycle. Un autre moyen de contraception (préservatif...) devra toutefois être utilisé jusqu'à la pose du deuxième dispositif.
- Si le deuxième ou le troisième dispositif n'est pas mis en place au 8e ou au 15e jour du cycle, et que le retard est inférieur à 48 heures, appliquer un nouveau dispositif. Le dispositif suivant devra

alors être mis en place à la date de changement initialement prévue. Aucun moyen contraceptif supplémentaire n'est nécessaire dans ce cas. Si le retard est supérieur à 48 heures, il est nécessaire de débuter un nouveau cycle de 3 dispositifs. Un autre moyen contraceptif devra alors être utilisé pendant la première semaine de ce nouveau cycle.

### Effets indésirables possibles

Irritation et rougeur transitoires au lieu d'application du dispositif.
Tension des seins, maux de tête, nausées, vomissements, *diarrhée*, douleurs abdominales, prise de poids, saignement génital intermittent (à signaler à votre médecin).

Laboratoires Janssen-Cilag

## EXACOR

*Informations détaillées sur www.monvidal.com*

## EXACYL

Antifibrinolytique

sur ordonnance

### Présentation

**EXACYL 500 mg :** comprimé (blanc) ; boîte de 20. Liste I - Remb 35 % - **Prix : 3,63 €.**
**EXACYL :** solution buvable (arôme cerise) ; boîte de 5 ampoules de 10 ml. Liste I - Remb 35 % - **Prix : 2,80 €.**
**EXACYL :** solution injectable *IV* ; boîte de 5 ampoules de 5 ml. Liste I - Remb 35 % - **Prix : 3,37 €.**

### Composition

| | p cp | p amp buv | p amp inj |
|---|---|---|---|
| **Acide tranexamique** ... | 500 mg | 1 g | 500 mg |

### Dans quel cas ce médicament est-il prescrit ?

Ce médicament empêche la destruction des caillots qui se forment naturellement lors d'une *hémorragie*.
Il est utilisé dans le traitement de certaines hémorragies.

### Contre-indications

Ce médicament ne doit pas être utilisé dans les cas suivants :
- *accident thromboembolique*,
- *insuffisance rénale* grave,
- *antécédent* de *convulsions*,
- *coagulation intravasculaire disséminée*.

**Attention :**
Conducteur : ce médicament peut être responsable de *vertiges*.

### Grossesse et allaitement

L'effet de ce médicament pendant la grossesse est mal connu : seul votre médecin peut évaluer le risque éventuel de son utilisation dans votre cas.
Ce médicament passe dans le lait maternel : l'allaitement est déconseillé.

### Mode d'emploi et posologie

Les comprimés doivent être avalés avec un peu d'eau. La solution injectable doit être administrée exclusivement par *voie* intraveineuse lente.

**Posologie usuelle :**
- Adulte : 4 à 8 comprimés ou 2 à 4 ampoules buvables par jour, à répartir en 2 ou 3 prises.
- Enfant : la posologie est fonction du poids.

### Effets indésirables possibles

Rarement : *vertiges*, malaise, nausées, vomissements, diarrhée, *convulsions*, *réaction allergique* cutanée.

Laboratoires Sanofi-Aventis France

## EXELON

Traitement de la maladie d'Alzheimer

sur ordonnance

### Présentation

**EXELON 1,5 mg :** gélule (jaune) ; boîte de 28. Liste I, *médicament à prescription restreinte* - Remb 65 % - **Prix : 48,14 €.**
**EXELON 1,5 mg :** gélule (jaune) ; boîte de 56. Liste I, *médicament à prescription restreinte* - Remb 65 % - **Prix : 92,54 €.**
**EXELON 2 mg/ml :** solution buvable (jaune) ; flacon de 50 ml avec seringue graduée en mg. Liste I, *médicament à prescription restreinte* - Remb 65 % - **Prix : 47,62 €.**
**EXELON 3 mg :** gélule (orange) ; boîte de 28. Liste I, *médicament à prescription restreinte* - Remb 65 % - **Prix : 48,14 €.**
**EXELON 3 mg :** gélule (orange) ; boîte de 56. Liste I, *médicament à prescription restreinte* - Remb 65 % - **Prix : 92,54 €.**
**EXELON 4,5 mg :** gélule (rouge) ; boîte de 28. Liste I, *médicament à prescription restreinte* - Remb 65 % - **Prix : 48,14 €.**
**EXELON 4,5 mg :** gélule (rouge) ; boîte de 56. Liste I, *médicament à prescription restreinte* - Remb 65 % - **Prix : 92,54 €.**
**EXELON 6 mg :** gélule (rouge et orange) ; boîte de 28. Liste I, *médicament à prescription restreinte* - Remb 65 % - **Prix : 48,14 €.**
**EXELON 6 mg :** gélule (rouge et orange) ; boîte de 56. Liste I, *médicament à prescription restreinte* - Remb 65 % - **Prix : 92,54 €.**

### Composition

| | p gél | p ml | p gél |
|---|---|---|---|
| **Rivastigmine** .............. | 1,5 mg | 2 mg | 3 mg |

| | p gél | p gél |
|---|---|---|
| **Rivastigmine** ........................ | 4,5 mg | 6 mg |

### Dans quel cas ce médicament est-il prescrit ?

La rivastigmine appartient à la famille des *anticholinestérasiques* ; il inhibe le fonctionnement d'une *enzyme*, la cholinestérase, qui elle-même dégrade l'acétylcholine. L'effet positif de ce médicament dans la maladie d'*Alzheimer* repose sur l'hypothèse d'un déficit cérébral en acétylcholine chez certains malades atteints de cette maladie, et sur des travaux scientifiques qui montrent que la rivastigmine améliore certaines fonctions cérébrales chez les malades.
Ce médicament est utilisé dans le traitement des formes légères ou modérées de la maladie d'*Alzheimer*.

### Contre-indications

Ce médicament ne doit pas être utilisé dans les cas suivants :
- *intolérance* antérieure à ce médicament ou à une substance de la même famille (carbamates),
- *insuffisance hépatique* grave (en l'absence de données).

**Attention :** Ce médicament, réservé aux formes légères ou modérées de maladie d'*Alzheimer*, n'a pas été étudié dans le traitement des formes graves de cette maladie et des autres causes de démence.
Une perte de poids régulière sous traitement doit être signalée au médecin.
Comme pour tous les médicaments utilisés chez les personnes souffrant de troubles importants de la mémoire ou du jugement, il est nécessaire qu'une aide à domicile surveille la prise du traitement pour éviter les risques d'erreur.
Des précautions sont nécessaires chez les personnes qui vont être opérées ou qui souffrent d'*épilepsie*, de *troubles du rythme cardiaque*, d'*ulcère* de l'estomac ou du *duodénum*, de difficultés à uriner, d'*asthme* ou de *bronchite chronique*. Ces *antécédents* doivent être signalés au médecin avant la prescription.
Conduite automobile : la maladie d'*Alzheimer* contre-indique généralement la conduite automobile et le maniement des machines dangereuses.

### Interactions avec d'autres substances

Ce médicament peut interagir avec les autres *anticholinestérasiques*.

### Grossesse et allaitement

Dans le cas improbable d'une grossesse, ce médicament serait déconseillé et contre-indiquerait l'allaitement.

### Mode d'emploi et posologie

Ce médicament est pris le matin et le soir au cours des repas.
Les gélules doivent être avalées entières, sans être ouvertes.
La solution buvable peut être avalée telle quelle à partir de la seringue. La dose par prise est indiquée sur le piston de la seringue graduée en mg.

**Posologie usuelle :**
La dose initiale est de 1,5 mg deux fois par jour. Après 15 jours de traitement, le médecin peut l'augmenter progressivement jusqu'à 6 mg deux fois par jour si nécessaire.

**Conseils :**
**Conditions particulières de délivrance :**
Ce médicament est un *médicament à prescription restreinte* : la prescription initiale ne peut être réalisée que par un médecin neurologue, psychiatre ou gériatre. Cette ordonnance initiale annuelle doit être présentée avec celles destinées aux renouvellements qui peuvent être rédigées par un autre médecin.
Après ouverture, la solution buvable se conserve 1 mois.

### Effets indésirables possibles

Fréquemment : fatigue, somnolence, manque d'appétit, perte de poids, digestion difficile, nausées, vomissements, étourdissements, agitation, sueurs.
Rarement : insomnie, dépression, malaise, *convulsions*, *éruption cutanée*, chute.
Très rarement (moins de 1 utilisateur sur 10 000) : infection urinaire, hallucinations, troubles du rythme cardiaque, hypertension, *ulcère* de l'estomac ou du *duodénum*, *pancréatite*, augmentation des *transaminases*.

Laboratoires Novartis Pharma

## EXIDOL

*Informations détaillées sur www.monvidal.com*

## EXOCINE

Antibiotique à usage ophtalmique — sur ordonnance

### Présentation

EXOCINE 0,3 % : collyre ; flacon de 5 ml. Liste I - Remb 65 % - **Prix : 3,56 €**.

### Composition

| | p 100 ml |
|---|---|
| **Ofloxacine** | 300 mg |
| Benzalkonium chlorure | + |

### Dans quel cas ce médicament est-il prescrit ?

Ce collyre contient un *antibiotique* de la famille des quinolones.
Il est utilisé pour traiter les infections de l'œil.

### Contre-indications

Ce médicament ne doit pas être utilisé en cas d'*allergie* aux *antibiotiques* de la famille des quinolones ou aux *antiseptiques* de la famille des *ammoniums quaternaires* (présence de benzalkonium).

**Attention :** Une rougeur ou une douleur de l'œil ne correspondent pas toujours à une infection. Des soins urgents peuvent être nécessaires, notamment en cas de vision floue. N'utilisez pas ce médicament sans avis médical.
Le collyre peut être contaminé par l'œil infecté : évitez de mettre en contact l'extrémité du flacon avec l'œil ; ne conservez pas ce collyre plus de 15 jours après une première utilisation.

### Grossesse et allaitement

L'effet de ce médicament pendant la grossesse ou l'allaitement est mal connu : seul votre médecin peut évaluer le risque éventuel de son utilisation dans votre cas.

### Mode d'emploi et posologie

Tirer la paupière inférieure vers le bas tout en regardant vers le haut. Déposer les gouttes de collyre entre la paupière et le globe oculaire (*cul-de-sac conjonctival*).

**Posologie usuelle :**
2 gouttes, 4 fois par jour.

**Conseils :** Une application correcte du produit peut nécessiter une aide, notamment chez l'enfant ou la personne handicapée ou âgée.
Les lentilles de contact ne doivent pas être portées en cas d'infection oculaire ni réutilisées avant guérison complète.
Le collyre doit être conservé à l'abri de la lumière.

### Effets indésirables possibles

Irritation locale.

Laboratoires Allergan France

## EXOMUC
Fluidifiant bronchique

### Présentation
**EXOMUC 100 mg :** granulé pour solution buvable (arôme orange) ; boîte de 10 sachets. Non remb.
**EXOMUC 200 mg :** granulé pour solution buvable (arôme orange) ; boîte de 24 sachets. Non remb.
**EXOMUC 200 mg :** comprimé effervescent (arôme citron) ; boîte de 30. Non remb.

### Composition

| | p sachet 100 mg | p sachet 200 mg | p cp 200 mg |
|---|---|---|---|
| **Acétylcystéine** | | | |
| Aspartam | + | + | + |
| Sodium | | | 137 mg |

### Dans quel cas ce médicament est-il prescrit ?
Ce médicament fluidifie les sécrétions (mucosités) présentes dans les bronches. Il facilite leur évacuation par la toux.
Il est utilisé en cas de toux grasse avec difficulté à cracher, notamment au cours des bronchites aiguës.

### Contre-indications
Ce médicament ne doit pas être utilisé en cas de *phénylcétonurie* (présence d'aspartam).

**Attention :** Ce médicament ne peut être utilisé en cas de *bronchite chronique* que sur avis médical.
Des précautions sont nécessaires en cas d'*ulcère* de l'estomac ou du *duodénum*.
N'utilisez pas d'*antitussif* en plus de ce médicament sans l'avis de votre médecin ou de votre pharmacien.
Si les sécrétions persistent au-delà de quelques jours, si elles se colorent ou si vous avez de la fièvre, consultez votre médecin.
Les comprimés contiennent du *sel* (*sodium*) en quantité notable.

### Grossesse et allaitement
L'effet de ce médicament pendant la grossesse ou l'allaitement est mal connu. L'évaluation du risque éventuel lié à son utilisation est individuelle : demandez conseil à votre pharmacien ou à votre médecin.

### Mode d'emploi et posologie
Ce médicament peut être pris indifféremment au moment ou en dehors des repas.
Le contenu du sachet ou le comprimé doivent être dissous dans un demi-verre d'eau.

**Posologie usuelle :**
- Adulte et enfant de plus de 7 ans : 1 sachet ou 1 comprimé à 200 mg, 3 fois par jour.
- Enfant de 2 à 7 ans : 1 sachet ou 1 comprimé à 200 mg, 2 fois par jour.
- Nourrisson de 1 mois à 2 ans : 1 sachet à 100 mg, 2 fois par jour.

Le traitement peut être interrompu dès l'amélioration des symptômes. Sa durée ne doit pas dépasser 8 à 10 jours sans avis médical.

**Conseils :** Fumer, ou être exposé à la fumée des autres, est un frein important à l'évacuation des mucosités.
Il est nécessaire de lutter contre la sécheresse de l'air ambiant (humidificateur...) pour éviter le dessèchement des sécrétions. Il est également recommandé de boire beaucoup.
Chez la personne âgée ou le jeune enfant, l'incapacité à évacuer les crachats peut justifier l'aide d'un kinésithérapeute, sur prescription médicale.

### Effets indésirables possibles
Douleurs d'estomac, nausées, diarrhée.

**Laboratoires Bouchara-Recordati**

## EXOSEPTOPLIX
*Informations détaillées sur www.monvidal.com*

## EXOTOUX
Fluidifiant bronchique

Ce médicament est un générique de RHINATHIOL (voir p. 896 et tableau p. 1151).

## EXPANDOX
*Informations détaillées sur www.monvidal.com*

## EXPANFEN
Anti-inflammatoire non stéroïdien

Ce médicament est un générique de NUREFLEX 200 mg (voir p. 742 et tableau p. 1151).

## EXTENCILLINE
*Informations détaillées sur www.monvidal.com*

## EXTOVYL
*Informations détaillées sur www.monvidal.com*

## EXTRAIT AQUEUX DE BOULEAU
*Informations détaillées sur www.monvidal.com*

## EXTRAIT AQUEUX DE CASSIS
*Informations détaillées sur www.monvidal.com*

## EXTRAIT AQUEUX DE PASSIFLORE
*Informations détaillées sur www.monvidal.com*

## EXTRAIT AQUEUX DE PISSENLIT
*Informations détaillées sur www.monvidal.com*

## EXTRAIT AQUEUX DE PRÊLE
*Informations détaillées sur www.monvidal.com*

## EXTRANASE
Enzyme à visée anti-œdèmateuse

### Présentation
EXTRANASE : comprimé *gastrorésistant* (beige) ; boîte de 40. Non remb.
EXTRANASE : comprimé *gastrorésistant* (beige) ; boîte de 80. Non remb.

### Composition

| | p cp |
|---|---|
| **Bromélaïnes** | 900 nkat |

### Dans quel cas ce médicament est-il prescrit ?

Ce médicament contient une association d'*enzymes protéolytiques* extraites de l'ananas, destinées à lutter contre l'*œdème* et l'*inflammation*.

Il est utilisé dans le traitement des œdèmes survenant après un traumatisme ou une opération.

### Contre-indications

Ce médicament ne doit pas être utilisé chez l'enfant de moins de 6 ans.

**Attention :** Les *enzymes protéolytiques* peuvent provoquer des *réactions allergiques*. Informez votre médecin en cas d'*antécédent* d'*allergie* à cette famille de médicament. Cessez le traitement si une réaction allergique survient.

### Grossesse et allaitement

L'effet de ce médicament pendant la grossesse ou l'allaitement est mal connu. L'évaluation du risque éventuel lié à son utilisation est individuelle : demandez conseil à votre pharmacien ou à votre médecin.

### Mode d'emploi et posologie

Les comprimés doivent être avalés avec un peu d'eau.

**Posologie usuelle :**

- Adulte : 3 comprimés, 3 fois par jour.
- Enfant de 6 à 15 ans : 1 comprimé, 3 fois par jour.

### Effets indésirables possibles

*Réaction allergique* cutanée.

Laboratoires Rottapharm

## EZETROL

Hypolipémiant — sur ordonnance

### Présentation

EZETROL 10 mg : comprimé ; boîte de 28. Liste I - Remb 65 % - **Prix : 45,11 €.**

### Composition

| | p cp |
|---|---|
| **Ézétimibe** | 10 mg |

### Dans quel cas ce médicament est-il prescrit ?

Ce médicament est un *hypocholestérolémiant*. Il permet d'abaisser fortement le taux de *cholestérol* circulant dans le sang.

Il est utilisé, seul ou en association avec un hypocholestérolémiant de la famille des statines, dans le traitement des excès de cholestérol en complément d'un régime adapté et assidu.

**Attention :** Des précautions sont nécessaires en cas d'*insuffisance hépatique*.

### Interactions avec d'autres substances

En l'absence d'études, l'association aux *hypolipidémiants* de la famille des fibrates n'est pas recommandée.

### Grossesse et allaitement

L'effet de ce médicament pendant la grossesse est mal connu. Son usage est déconseillé sauf en cas de nécessité absolue.

Les données disponibles ne permettent pas de savoir si ce médicament passe dans le lait maternel ; un choix est donc nécessaire entre l'allaitement et la prise du médicament. Cette décision devra être prise en accord avec votre médecin.

### Mode d'emploi et posologie

Les comprimés doivent être avalés avec un verre d'eau, indifféremment avant, pendant ou après le repas.

**Posologie usuelle :**

- Adulte : 1 comprimé par jour.

**Conseils :** Le régime reste indispensable pendant toute la durée du traitement.

Un régime pauvre en *cholestérol* et en graisses animales n'est pas simple à suivre : les erreurs sont fréquentes. Demandez conseil à votre médecin, à votre pharmacien ou à un professionnel de la nutrition.

### Effets indésirables possibles

Maux de tête, douleur abdominale, diarrhée.

Laboratoires Merck Sharp & Dohme-Chibret

# F

## FAMOTIDINE EG

Antiulcéreux — sur ordonnance

Ce médicament est un générique de PEPDINE (voir p. 816 et tableau p. 1151).

## FAMOTIDINE G GAM

Antiulcéreux — sur ordonnance

Ce médicament est un générique de PEPDINE (voir p. 816 et tableau p. 1151).

## FAMOTIDINE MERCK

Antiulcéreux — sur ordonnance

Ce médicament est un générique de PEPDINE (voir p. 816 et tableau p. 1151).

**FANSIDAR**

*Informations détaillées sur www.monvidal.com*

**FARESTON**

*Informations détaillées sur www.monvidal.com*

**FASIGYNE**

*Informations détaillées sur www.monvidal.com*

**FASTENYL**

*Informations détaillées sur www.monvidal.com*

## FAZOL

Antifongique

### Présentation

FAZOL : crème ; tube de 30 g. Remb 35 % - **Prix : 4,58 €**.
FAZOL : émulsion fluide pour application locale ; flacon de 30 g. Remb 35 % - **Prix : 4,37 €**.

### Composition

| | p 100 g |
|---|---|
| **Isoconazole nitrate** | 2 g |

### Dans quel cas ce médicament est-il prescrit ?

Ce médicament d'action locale contient un *antifongique* de la famille des *imidazolés*.

Il est utilisé dans le traitement de certaines maladies de la peau et des *muqueuses*, dues à des champignons microscopiques (*mycoses*) : *candidose, pityriasis versicolor, dermatophyties...*

### Contre-indications

Ce médicament ne doit pas être utilisé en cas d'*allergie* aux *antifongiques* de la famille des *imidazolés*.

**Attention :** Évitez d'utiliser ce médicament, notamment chez l'enfant, de manière prolongée et sur des surfaces étendues ou profondément lésées, sans l'avis de votre pharmacien ou de votre médecin. Rincez abondamment en cas de contact accidentel avec les yeux.

### Grossesse et allaitement

L'effet de ce médicament pendant la grossesse ou l'allaitement est mal connu. L'évaluation du risque éventuel lié à son utilisation est individuelle : demandez conseil à votre pharmacien ou à votre médecin.

### Mode d'emploi et posologie

Le médicament doit être appliqué après lavage et séchage soigneux de la zone à traiter.

Appliquer directement sur les lésions à traiter et masser pour faire pénétrer. Dans les plis de la peau, la crème doit être appliquée en petite quantité pour limiter le risque de macération.

**Posologie usuelle :**

2 applications par jour.

La forme utilisée et la durée du traitement varient selon les cas.

**Conseils :** En cas de *candidose*, évitez d'utiliser des savons acides : ils favorisent la multiplication des champignons.

En cas de lésion importante des ongles des orteils, un meulage préalable par un pédicure facilite l'action du médicament.

Une transpiration excessive contribue au développement des lésions dues à des champignons. Le port de chaussettes en fibre naturelle (coton, laine) est recommandé. La même paire de chaussures ne doit pas être portée deux jours de suite.

### Effets indésirables possibles

Rarement : irritation cutanée, *réaction allergique.*

Laboratoires CS

## FAZOL G

Antifongique

### Présentation

FAZOL G : ovule ; boîte de 3. Remb 35 % - **Prix : 4,96 €**.

### Composition

| | p ovule |
|---|---|
| **Isoconazole nitrate micronisé** | 300 mg |

### Dans quel cas ce médicament est-il prescrit ?

Cet ovule gynécologique contient un *antifongique* de la famille des *imidazolés*.

Il est utilisé dans le traitement des *mycoses* du vagin et de la vulve, notamment des *candidoses*.

### Contre-indications

Ce médicament ne doit pas être utilisé en cas d'*allergie* aux *imidazolés*.

> **Attention :** N'utilisez pas de préservatif pendant le traitement : risque de rupture par altération du latex. Si l'infection ne disparaît pas après quelques jours, consultez votre médecin.

### Interactions avec d'autres substances

L'utilisation d'un préservatif est contre-indiquée pendant le traitement (voir Attention).
Comme tout traitement vaginal, ce médicament peut diminuer l'efficacité contraceptive des crèmes et des ovules spermicides.

### Grossesse et allaitement

L'effet de ce médicament pendant la grossesse ou l'allaitement est mal connu : seul votre médecin peut évaluer le risque éventuel de son utilisation dans votre cas.

### Mode d'emploi et posologie

L'ovule doit être introduit profondément dans le vagin, de préférence le soir au coucher.

**Posologie usuelle :**
1 ovule par jour pendant 3 jours.

> **Conseils :** Introduisez l'ovule en position couchée, puis restez allongée pendant 5 à 10 minutes. En fondant dans le vagin, l'ovule peut être à l'origine d'un écoulement gênant : il est conseillé de porter une protection.
> Pendant les règles, n'interrompez pas le traitement et évitez de porter des tampons.
> En cas de *mycoses* gynécologiques (*candidoses*) récidivantes, il est utile de respecter les conseils habituels permettant de prévenir le développement anormal des candida albicans et autres champignons microscopiques :
> - limiter la prise d'*antibiotiques* aux affections nécessitant absolument leur usage. En effet, les champignons sont détruits par certaines *bactéries*, elles-mêmes tuées par les antibiotiques ;
> - lutter contre l'humidité, propice au développement des champignons : bien se sécher avant de mettre ses sous-vêtements, privilégier les culottes en coton qui absorbent mieux la transpiration, ne pas garder son maillot de bain après avoir nagé en piscine, éviter le port de vêtements trop serrés ;
> - changer souvent les protections internes ou externes pendant les règles ;
> - éviter d'utiliser des savons acides : ils favorisent la multiplication des champignons.
>
> Votre partenaire peut être contaminé alors qu'il ne présente aucun *symptôme*. S'il n'est pas traité conjointement, une recontamination est possible.

### Effets indésirables possibles

Aggravation des brûlures et démangeaisons en début de traitement : ces *symptômes* traduisent la destruction des champignons microscopiques qui libèrent une substance irritante. Ces manifestations ne se reproduisent généralement pas lors des applications ultérieures. Dans le cas contraire, il peut s'agir d'une *intolérance* ou d'une *allergie* au médicament : contactez votre médecin.

Laboratoires CS

## FÉBRECTOL suppositoire

*Informations détaillées sur www.monvidal.com*

## FEGENOR

*Informations détaillées sur www.monvidal.com*

## FELDÈNE injectable

Anti-inflammatoire non stéroïdien — **sur ordonnance**

### Présentation

FELDÈNE 20 mg : solution injectable *IM* ; boîte de 1 ampoule de 1 ml. Liste I - Remb 35 % - **Prix : 1,59 €**.
FELDÈNE 20 mg : solution injectable *IM* ; boîte de 2 ampoules de 1 ml. Liste I - Remb 35 % - **Prix : 2,62 €**.

### Composition

| | p amp inj |
|---|---|
| **Piroxicam** | 20 mg |
| Alcool benzylique | 20 mg |
| Alcool éthylique | 100 mg |

### Dans quel cas ce médicament est-il prescrit ?

Ce médicament est un *anti-inflammatoire* non stéroïdien (*AINS*). Il lutte contre l'*inflammation* et la douleur, fait baisser la fièvre et fluidifie le sang.
Il est utilisé dans le *traitement symptomatique* de courte durée des *rhumatismes inflammatoires*, des *lombalgies*, des *sciatiques* et des *cruralgies*.

### Contre-indications

Ce médicament ne doit pas être utilisé dans les cas suivants :
- antécédent d'*allergie* ou d'*asthme* provoqué par la prise d'*AINS*, y compris l'aspirine ;
- *ulcère* de l'estomac ou du *duodénum* ;
- *insuffisance hépatique* ou *rénale* grave ;
- traitement *anticoagulant* en cours : risque d'hématome au point d'injection ;
- enfant de moins de 15 ans ;
- **grossesse** (à partir du 6e mois).

> **Attention :** Certaines situations doivent conduire à ne poursuivre le traitement qu'après un avis médical :
> - brûlures d'estomac importantes ou selles noires et nauséabondes pouvant traduire une irritation ou un saignement du tube digestif ;
> - *réaction allergique* cutanée, crise d'*asthme* ;
> - fatigue inhabituelle et intense, ou baisse brutale et importante du volume des urines chez une personne souffrant d'*insuffisance cardiaque*, déshydratée ou traitée par *diurétique*.
>
> Des précautions sont nécessaires en cas d'*antécédent* d'*ulcère* de l'estomac ou du *duodénum* ou de risque hémorragique, notamment digestif (maladie de *Crohn*, *rectocolite hémorragique*).
> Certains médecins considèrent que les anti-inflammatoires peuvent diminuer l'efficacité des stérilets et exposer à un risque de grossesse non désirée. Ce risque est actuellement très controversé.
> Conducteur : ce médicament peut provoquer des étourdissements ou une baisse de la vigilance.

#### Interactions avec d'autres substances

Ce médicament peut interagir avec d'autres médicaments, notamment :
- l'aspirine et les autres *anti-inflammatoires* non stéroïdiens (*AINS*) : risque d'accroissement des effets indésirables ;
- les *anticoagulants* et les *antiagrégants plaquettaires* : augmentation du risque hémorragique ;
- le lithium (TÉRALITHE, NEUROLITHIUM...) : augmentation du taux de lithium dans le sang ;
- le méthotrexate.

Informez par ailleurs votre médecin ou votre pharmacien en cas de traitement par un *diurétique*, un *inhibiteur de l'enzyme de conversion*, un *inhibiteur de l'angiotensine II*, un *bêtabloquant* ou un médicament contenant de la ciclosporine.

#### Grossesse et allaitement

Des effets néfastes pour l'enfant à naître ont été mis en évidence lorsque les *AINS* sont utilisés au cours des 4 derniers mois de la grossesse ; le risque existe même avec une seule prise et même si la grossesse est à terme. L'usage de ce médicament est contre-indiqué pendant cette période.

Pendant les 5 premiers mois, l'effet de ce médicament est mal connu : seul votre médecin peut évaluer le risque éventuel de son utilisation dans votre cas.

Ce médicament passe dans le lait maternel ; un choix est donc nécessaire entre l'allaitement et la prise du médicament. Cette décision devra être prise en accord avec votre médecin.

#### Mode d'emploi et posologie

Les injections doivent être faites exclusivement par la *voie* intramusculaire et, en cas de prothèse de hanche, du côté opposé à celle-ci.

**Posologie usuelle :**
- Adulte : 1 ou 2 ampoules *IM* par jour, pendant 2 ou 3 jours.

Au-delà, le traitement peut se poursuivre avec les gélules, les comprimés ou les suppositoires.

**Conseils :** Les effets indésirables de ce médicament sur l'estomac peuvent survenir aussi bien avec la solution injectable qu'avec les comprimés ou les gélules.
Ce médicament doit être conservé à l'abri de la lumière.

#### Effets indésirables possibles

*Troubles digestifs*, *gastrite*, voire *ulcère* de l'estomac ou du *duodénum*, le plus souvent lors d'un traitement prolongé à des doses supérieures à 30 mg par jour. Exceptionnellement : *hémorragie* du tube digestif (vomissements sanglants, selles noires, ou plus souvent pertes de sang imperceptibles, responsables de l'apparition progressive d'une *anémie*).

*Réaction allergique* nécessitant l'arrêt immédiat du traitement :
- *éruption cutanée*, démangeaisons, aphte, *conjonctivite* (pouvant correspondre à la phase initiale d'une réaction allergique plus grave) ;
- *asthme* ;
- malaise avec baisse de la tension artérielle.

Étourdissement, maux de tête, bourdonnement d'oreille, somnolence.

Exceptionnellement : baisse de l'audition, *photosensibilisation*, *œdème*, augmentation des *transaminases*, *hépatite*.

Laboratoires Pfizer

## FELDÈNE oral, rectal

Anti-inflammatoire non stéroïdien

sur ordonnance

#### Présentation

**FELDÈNE 10 mg :** gélule (blanc) ; boîte de 30. Liste I - Remb 65 % - **Prix : 3,67 €.**
**FELDÈNE 20 mg :** gélule (blanc et bleu) ; boîte de 15. Liste I - Remb 65 % - **Prix : 3,98 €.**
**FELDÈNE DISPERSIBLE 20 mg :** comprimé sécable (blanc) ; boîte de 15. Liste I - Remb 65 % - **Prix : 3,98 €.**
**FELDÈNE 20 mg :** suppositoire ; boîte de 15. Liste I - Remb 35 % - **Prix : 6,98 €.**

#### Composition

| | p gél | p gél |
|---|---|---|
| **Piroxicam** | 10 mg | 20 mg |
| Lactose | + | + |
| Sulfites | + | + |

| | p cp | p suppos |
|---|---|---|
| **Piroxicam** | 20 mg | 20 mg |
| Lactose | + | |

#### Dans quel cas ce médicament est-il prescrit ?

Ce médicament est un *anti-inflammatoire* non stéroïdien (*AINS*). Il lutte contre l'*inflammation* et la douleur, fait baisser la fièvre et fluidifie le sang.

Il est utilisé dans :
- le *traitement symptomatique* de longue durée des *rhumatismes inflammatoires* et de certaines *arthroses* invalidantes ;
- le traitement de courte durée des poussées inflammatoires d'arthrose, des *arthrites*, des *tendinites*, des *sciatiques*, des *cruralgies* et des douleurs faisant suite à un traumatisme de l'appareil locomoteur.

#### Contre-indications

Ce médicament ne doit pas être utilisé dans les cas suivants :
- *antécédent* d'*allergie* ou d'*asthme* provoqué par la prise d'*AINS*, y compris l'aspirine ;
- *ulcère* de l'estomac ou du *duodénum* ;
- *insuffisance hépatique* ou *rénale* grave ;
- *insuffisance cardiaque* non contrôlée par un traitement spécifique ;
- *inflammation* ou saignement récent du rectum (suppositoire) ;
- enfant de moins de 15 ans ;
- **grossesse** (à partir du 6e mois).

**Attention :** Tout traitement prolongé ou *surdosage* d'*AINS* expose à des effets indésirables graves.
Certaines situations doivent conduire à ne poursuivre le traitement qu'après un avis médical :
- brûlures d'estomac importantes ou selles noires et nauséabondes pouvant traduire une irritation ou un saignement du tube digestif ;
- *réaction allergique* cutanée, crise d'*asthme* ;
- fatigue inhabituelle et intense, ou baisse brutale et importante du volume des urines chez une personne souffrant d'*insuffisance cardiaque*, déshydratée ou traitée par *diurétique*.

Des précautions sont nécessaires en cas d'*antécédent* d'*ulcère* de l'estomac ou du *duodénum* ou de risque hémorragique, notamment digestif (maladie de *Crohn*, *rectocolite hémorragique*).

Certains médecins considèrent que les anti-inflammatoires peuvent diminuer l'efficacité des stérilets et exposer à un risque de grossesse non désirée. Ce risque est actuellement très controversé.

Conducteur : ce médicament peut provoquer des étourdissements ou une baisse de la vigilance.

### Interactions avec d'autres substances

Ce médicament peut interagir avec d'autres médicaments, notamment :

- l'aspirine et les autres *anti-inflammatoires* non stéroïdiens (*AINS*) : risque d'accroissement des effets indésirables ;
- les *anticoagulants* et les *antiagrégants plaquettaires* : augmentation du risque hémorragique ;
- le lithium (TÉRALITHE, NEUROLITHIUM...) : augmentation du taux de lithium dans le sang ;
- le méthotrexate.

Informez par ailleurs votre médecin ou votre pharmacien en cas de traitement par un *diurétique*, un *inhibiteur de l'enzyme de conversion*, un *inhibiteur de l'angiotensine II*, un *bêtabloquant* ou un médicament contenant de la ciclosporine.

### Grossesse et allaitement

Des effets néfastes pour l'enfant à naître ont été mis en évidence lorsque les *AINS* sont utilisés au cours des 4 derniers mois de la grossesse ; le risque existe même avec une seule prise et même si la grossesse est à terme. L'usage de ce médicament est contre-indiqué pendant cette période.

Pendant les 5 premiers mois, l'effet de ce médicament est mal connu : seul votre médecin peut évaluer le risque éventuel de son utilisation dans votre cas.

Ce médicament passe dans le lait maternel ; un choix est donc nécessaire entre l'allaitement et la prise du médicament. Cette décision devra être prise en accord avec votre médecin.

### Mode d'emploi et posologie

Les gélules doivent être avalées sans être ouvertes, avec un grand verre d'eau, au cours des repas.

Les comprimés peuvent être avalés avec un verre d'eau ou préalablement dissous.

Les suppositoires sont utilisés de préférence le soir au coucher.

**Posologie usuelle :**

- Adulte :
  - traitement de longue durée : 20 mg par jour, en 1 seule prise ;
  - traitement de courte durée : 40 mg par jour, en 1 ou plusieurs prises, pendant 5 à 15 jours en moyenne.

**Conseils :** Les anti-inflammatoires ne sont pas des médicaments anodins. Du fait de la possibilité d'effets indésirables graves, ils ne doivent être utilisés que lorsqu'ils sont nécessaires, ce qui n'est pas le cas pour les affections rhumatismales peu douloureuses et les traumatismes bénins. Ce médicament vous a été prescrit dans une situation précise : ne le conseillez pas à un proche et ne le réutilisez pas sans avis médical.

Ne dépassez pas la *posologie* ni la durée de traitement prescrites par votre médecin, afin de limiter les effets indésirables.

Les effets indésirables de ce médicament sur l'estomac peuvent survenir aussi bien avec les suppositoires qu'avec les comprimés ou les gélules.

### Effets indésirables possibles

*Troubles digestifs*, *gastrite*, voire *ulcère* de l'estomac ou du *duodénum*, le plus souvent lors d'un traitement prolongé à des doses supérieures à 30 mg par jour. Exceptionnellement : *hémorragie* du tube digestif (vomissements sanglants, selles noires, ou plus souvent pertes de sang imperceptibles, responsables de l'apparition progressive d'une *anémie*).

*Réaction allergique* nécessitant l'arrêt immédiat du traitement :

- *éruption cutanée*, démangeaisons, aphte, *conjonctivite* (pouvant correspondre à la phase initiale d'une réaction allergique plus grave) ;
- *asthme* ;
- malaise avec baisse de la tension artérielle.

Étourdissement, maux de tête, bourdonnement d'oreille, somnolence.

Exceptionnellement : baisse de l'audition, *photosensibilisation*, *œdème*, augmentation des *transaminases*, *hépatite*.

Irritation du rectum (suppositoire).

Laboratoires Pfizer

## FÉMARA

Antiestrogène

**sur ordonnance**

### Présentation

**FÉMARA 2,5 mg :** comprimé (jaune) ; boîte de 30. Liste I - Remb 100 % - **Prix : 151,56 €.**

### Composition

| | p cp |
|---|---|
| **Létrozole** | 2,5 mg |

### Dans quel cas ce médicament est-il prescrit ?

Ce médicament bloque la synthèse des *estrogènes* dans l'organisme.

Il est utilisé dans le traitement des maladies dues à un développement anormal des glandes mammaires (stimulées par les estrogènes) chez la femme en *ménopause* naturelle ou artificielle.

### Contre-indications

Ce médicament ne doit pas être utilisé dans les cas suivants :

- préménopause,
- **grossesse**,
- **allaitement**.

**Attention :** Des précautions sont nécessaires en cas d'*insuffisance rénale* ou *hépatique*.

Si vous devez conduire, ou utiliser une machine dangereuse, assurez-vous préalablement que ce médicament n'altère pas votre vigilance.

### Grossesse et allaitement

Ce médicament est contre-indiqué chez la femme enceinte et chez celle qui allaite.

### Mode d'emploi et posologie

Ce médicament peut être pris indifféremment au cours ou en dehors des repas.

**Posologie usuelle :**

- Adulte : 1 comprimé par jour.

### Effets indésirables possibles

Résultant de la privation en *estrogènes* : bouffées de chaleur, perte de cheveux.

Fréquents : maux de tête, étourdissements, nausées, vomissements, digestion difficile, constipation, *phlébite*, *œdèmes*, fatigue, *éruption cutanée*, prise de poids ou au contraire perte de poids, douleurs osseuses ou musculaires, saignement génital, pertes vaginales, manque d'appétit.

Rares : essoufflement, baisse du nombre des *globules blancs* ou augmentation des *transaminases*.

Laboratoires Novartis Pharma

## FEMIPLEXE

*Informations détaillées sur www.monvidal.com*

## FEMSEPT

*Informations détaillées sur www.monvidal.com*

## FEMSEPT COMBI

*Informations détaillées sur www.monvidal.com*

## FEMSEPTEVO

Estroprogestatif

sur ordonnance

### Présentation

FEMSEPTEVO : *dispositif transdermique* de 15 cm$^2$ ; boîte de 4. Liste I - Remb 65 % - **Prix : 11,03 €**.

### Composition

| | p disp |
|---|---|
| **Estradiol** | 1,5 mg |
| **Lévonorgestrel** | 0,525 mg |

### Dans quel cas ce médicament est-il prescrit ?

Ce *dispositif transdermique* contient deux *hormones* qui traversent la peau et passent progressivement dans le sang :

- un *estrogène* naturel (estradiol), hormone déficiente chez la femme ménopausée ;
- un *progestatif* (lévonorgestrel) qui permet d'éviter une stimulation excessive de l'utérus par l'estradiol.

Il est utilisé pour traiter certains *symptômes* de la *ménopause* (bouffées de chaleur, sécheresse vaginale...) dus à un déficit en *estrogènes*.

### Contre-indications

Ce médicament ne doit pas être utilisé dans les cas suivants :

- *accident thromboembolique* (*phlébite*, *embolie* pulmonaire, etc.) ancien ou survenant pendant le traitement ;
- *cancer hormonodépendant* (même guéri) ;
- saignement génital intermittent (l'origine de ce saignement doit être déterminée par des examens appropriés avant la mise en route du traitement) ;
- *hyperplasie* de l'utérus non traitée ;
- maladie du foie, grave ou récente ;
- *porphyrie*.

**Attention :** De récentes études ont montré une augmentation du risque de survenue d'un cancer du sein chez les femmes ayant reçu un traitement prolongé des *symptômes* de la *ménopause*. Le traitement doit par conséquent être prescrit à la dose minimale efficace et pour une durée la plus courte possible. En l'absence de troubles, sa prescription ne doit pas être systématique.

Un bilan initial suivi d'une surveillance médicale régulière sont nécessaires, surtout dans les cas suivants : *hypertension artérielle*, *diabète*, tumeur bénigne du foie ou de l'utérus, *endométriose*, *lithiase* biliaire, *migraine*, *épilepsie*, *asthme*, *otospongiose*, *insuffisance rénale* ou *cardiaque*, *hypertriglycéridémie*, *lupus érythémateux* disséminé, obésité, *antécédents* familiaux de cancer du sein ou d'*accident thromboembolique*.

Arrêtez la prise de ce médicament et consultez votre médecin en cas d'apparition de l'un des symptômes suivants : maux de tête violents et inhabituels, ictère (jaunisse), élévation importante de la tension artérielle, gonflement douloureux d'une jambe, essoufflement brutal.

Si vous devez subir une intervention chirurgicale, il est préférable d'interrompre le traitement un mois à l'avance. De même, un alitement prolongé doit vous conduire à arrêter le traitement.

### Interactions avec d'autres substances

L'efficacité du traitement peut être diminuée par la prise conjointe d'un médicament *inducteur enzymatique*.

### Grossesse et allaitement

Ce médicament n'a pas d'indication chez la femme enceinte. Si une grossesse survient sous traitement, éventualité rare mais possible en début de pré-ménopause, consultez votre médecin et arrêtez le traitement. Aucune malformation imputable à ce médicament n'a été observée à ce jour.

Lorsque la *ménopause* est confirmée, une grossesse est impossible, y compris en cas de réapparition des règles.

### Mode d'emploi et posologie

Détacher le feuillet de protection qui recouvre la face adhésive et appliquer le dispositif sur la peau : thorax, abdomen, fesse, haut de la cuisse ou du bras. Pour assurer une bonne adhésion, garder la main appuyée sur le patch pendant 30 secondes.

Ne pas coller le dispositif :

- sur les seins ;
- sur la peau mouillée ou graissée par l'application préalable d'une crème ou d'une huile ;
- sur une lésion cutanée : plaie, grain de beauté... ;
- sur une région soumise aux frottements des vêtements : ceinture, bretelle de soutien-gorge... ;
- sur l'emplacement du précédent dispositif : utiliser alternativement 2 ou 3 régions cutanées différentes.

**Posologie usuelle :**

Le dispositif doit rester en place pendant une semaine, au terme de laquelle il doit être remplacé par un nouveau patch.

**Conseils :** En cas de décollement intempestif du dispositif, remplacez-le par un nouveau qui sera enlevé à la date prévue pour le retrait de celui qui s'est décollé.

Le dispositif doit être recouvert d'un vêtement pour ne pas être exposé au soleil.

Des saignements génitaux irréguliers peuvent survenir au cours des 2 ou 3 premiers mois de traitement ; si ces saignements persitent plus longtemps, consultez votre médecin.

**Effets indésirables possibles**

Maux de tête, tension des seins, fatigue, vertiges, *dépression*, augmentation de la tension artérielle, douleurs abdominales, ballonnements, nausées, *œdème*.

Saignement génital intermittent (à signaler à votre médecin).

Des essais cliniques portant sur la prise de traitements prolongés combinant un *estrogène* et un *progestatif* ont mis en évidence des risques accrus de tumeur bénigne ou maligne du sein ou de l'utérus, d'*accident thromboembolique*, de calculs de la vésicule biliaire, de taches sombres sur le visage.

Laboratoires Théramex

## FÉNOFIBRATE ALMUS

Hypolipémiant — sur ordonnance

Ce médicament est un générique de LIPANTHYL gélules à 67 et 200 mg (voir p. 577 et tableau p. 1151).

## FÉNOFIBRATE ALTER 160 mg

Hypolipémiant — sur ordonnance

Ce médicament est un générique de LIPANTHYL 160 mg (voir p. 577 et tableau p. 1151).

## FÉNOFIBRATE ALTER 300 mg

Hypolipémiant — sur ordonnance

Ce médicament est un générique de FENOX qui n'est plus commercialisé (voir p. 403 et tableau p. 1151).

## FÉNOFIBRATE ARROW

Hypolipémiant — sur ordonnance

Ce médicament est un générique de LIPANTHYL gélules à 67 et 200 mg (voir p. 577 et tableau p. 1151).

## FÉNOFIBRATE ARROW 160 mg

Hypolipémiant — sur ordonnance

Ce médicament est un générique de LIPANTHYL 160 mg (voir p. 577 et tableau p. 1151).

## FÉNOFIBRATE BIOGARAN 67 mg et 200 mg

Hypolipémiant — sur ordonnance

Ce médicament est un générique de LIPANTHYL gélules à 67 et 200 mg (voir p. 577 et tableau p. 1151).

## FÉNOFIBRATE BIOGARAN 100 mg et 300 mg

Hypolipémiant — sur ordonnance

Ce médicament est un générique de FENOX qui n'est plus commercialisé (voir p. 403 et tableau p. 1151).

## FÉNOFIBRATE BIOGARAN 160 mg

Hypolipémiant — sur ordonnance

Ce médicament est un générique de LIPANTHYL 160 mg (voir p. 577 et tableau p. 1151).

## FÉNOFIBRATE EG 67 et 200 mg

Hypolipémiant — sur ordonnance

Ce médicament est un générique de LIPANTHYL gélules à 67 et 200 mg (voir p. 577 et tableau p. 1151).

## FÉNOFIBRATE FOURNIER 67 et 200 mg

Hypolipémiant — sur ordonnance

Ce médicament est un générique de LIPANTHYL gélules à 67 et 200 mg (voir p. 577 et tableau p. 1151).

## FÉNOFIBRATE FOURNIER 100 mg et 300 mg

Hypolipémiant — sur ordonnance

Ce médicament est un générique de FENOX qui n'est plus commercialisé (voir p. 403 et tableau p. 1151).

## FÉNOFIBRATE G GAM

Hypolipémiant — sur ordonnance

Ce médicament est un générique de LIPANTHYL gélules à 67 et 200 mg (voir p. 577 et tableau p. 1151).

## FÉNOFIBRATE IVAX 67 et 200 mg

Hypolipémiant — sur ordonnance

Ce médicament est un générique de LIPANTHYL gélules à 67 et 200 mg (voir p. 577 et tableau p. 1151).

## FÉNOFIBRATE IVAX 100 et 300 mg
Hypolipémiant
sur ordonnance

Ce médicament est un générique de FENOX qui n'est plus commercialisé (voir p. 403 et tableau p. 1151).

## FÉNOFIBRATE MERCK 67 et 200 mg
Hypolipémiant
sur ordonnance

Ce médicament est un générique de LIPANTHYL gélules à 67 et 200 mg (voir p. 577 et tableau p. 1151).

## FÉNOFIBRATE MERCK 100 et 300 mg
Hypolipémiant
sur ordonnance

Ce médicament est un générique de FENOX qui n'est plus commercialisé (voir p. 403 et tableau p. 1151).

## FÉNOFIBRATE MERCK 160 mg
Hypolipémiant
sur ordonnance

Ce médicament est un générique de LIPANTHYL 160 mg (voir p. 577 et tableau p. 1151).

## FÉNOFIBRATE QUALIMED 67 et 200 mg
Hypolipémiant
sur ordonnance

Ce médicament est un générique de LIPANTHYL gélules à 67 et 200 mg (voir p. 577 et tableau p. 1151).

## FÉNOFIBRATE QUALIMED 160 mg
Hypolipémiant
sur ordonnance

Ce médicament est un générique de LIPANTHYL 160 mg (voir p. 577 et tableau p. 1151).

## FÉNOFIBRATE RANBAXY 160 mg
Hypolipémiant
sur ordonnance

Ce médicament est un générique de LIPANTHYL 160 mg (voir p. 577 et tableau p. 1151).

## FÉNOFIBRATE RATIOPHARM 67 et 200 mg
Hypolipémiant
sur ordonnance

Ce médicament est un générique de LIPANTHYL gélules à 67 et 200 mg (voir p. 577 et tableau p. 1151).

## FÉNOFIBRATE RATIOPHARM 160 mg
Hypolipémiant
sur ordonnance

Ce médicament est un générique de LIPANTHYL 160 mg (voir p. 577 et tableau p. 1151).

## FÉNOFIBRATE RATIOPHARM 300 mg
Hypolipémiant
sur ordonnance

Ce médicament est un générique de FENOX qui n'est plus commercialisé (voir p. 403 et tableau p. 1151).

## FÉNOFIBRATE RPG 67 et 200 mg
Hypolipémiant
sur ordonnance

Ce médicament est un générique de LIPANTHYL gélules à 67 et 200 mg (voir p. 577 et tableau p. 1151).

## FÉNOFIBRATE RPG 100 mg et 300 mg
Hypolipémiant
sur ordonnance

Ce médicament est un générique de FENOX qui n'est plus commercialisé (voir p. 403 et tableau p. 1151).

## FÉNOFIBRATE SANDOZ 67 et 200 mg
Hypolipémiant
sur ordonnance

Ce médicament est un générique de LIPANTHYL gélules à 67 et 200 mg (voir p. 577 et tableau p. 1151).

## FÉNOFIBRATE SANDOZ 100 et 300 mg
Hypolipémiant
sur ordonnance

Ce médicament est un générique de FENOX qui n'est plus commercialisé (voir p. 403 et tableau p. 1151).

## FÉNOFIBRATE SANDOZ 160 mg
Hypolipémiant
sur ordonnance

Ce médicament est un générique de LIPANTHYL 160 mg (voir p. 577 et tableau p. 1151).

## FÉNOFIBRATE TEVA 67 et 200 mg
Hypolipémiant
sur ordonnance

Ce médicament est un générique de LIPANTHYL gélules à 67 et 200 mg (voir p. 577 et tableau p. 1151).

## FÉNOFIBRATE TEVA 100 et 300 mg

Hypolipémiant

sur ordonnance

Ce médicament est un générique de FENOX qui n'est plus commercialisé (voir p. 403 et tableau p. 1151).

## FÉNOFIBRATE TEVA 160 mg

Hypolipémiant

sur ordonnance

Ce médicament est un générique de LIPANTHYL 160 mg (voir p. 577 et tableau p. 1151).

## FÉNOFIBRATE WINTHROP

Hypolipémiant

sur ordonnance

Ce médicament est un générique de LIPANTHYL gélules à 67 et 200 mg (voir p. 577 et tableau p. 1151).

## FÉNOFIBRATE WINTHROP

Hypolipémiant

sur ordonnance

Ce médicament est un générique de LIPANTHYL gélules à 67 et 200 mg (voir p. 577 et tableau p. 1151).

## FÉNOFIBRATE ZYDUS 67 et 200 mg

Hypolipémiant

sur ordonnance

Ce médicament est un générique de LIPANTHYL gélules à 67 et 200 mg (voir p. 577 et tableau p. 1151).

## FÉNOX

Hypolipémiant

sur ordonnance

Ce médicament anciennement dénommé LIPANTHYL 100 mg et 300 mg n'est plus commercialisé.

### Présentation

**FÉNOX 100 mg :** gélule ; boîte de 30. Liste II.
**FÉNOX 300 mg :** gélule ; boîte de 30. Liste II.

### Composition

| | p gél | p gél |
|---|---|---|
| **Fénofibrate** | 100 mg | 300 mg |
| Lactose | + | + |

### Dans quel cas ce médicament est-il prescrit ?

C'est un *hypolipidémiant* qui appartient à la famille des fibrates. Il permet d'abaisser le taux des graisses circulant dans le sang, *cholestérol* et *triglycérides* essentiellement.

Il est utilisé dans le traitement des excès de cholestérol ou de triglycérides lorsqu'un régime adapté et assidu n'est pas suffisant.

### Contre-indications

Ce médicament ne doit pas être utilisé dans les cas suivants :
- *antécédent* de réaction allergique au soleil pendant l'utilisation de fénofibrate ou de kétoprofène (*photosensibilisation*) ;
- *insuffisance hépatique* ou *rénale* ;
- en association avec un autre médicament de la même famille (fibrates) ;
- enfant de moins de 15 ans (gélule à 300 mg).

**Attention :** Ce médicament peut être toxique pour le foie ou les muscles. Signalez à votre médecin toute fatigue anormale, perte d'appétit, douleur ou faiblesse musculaire. Des analyses de sang régulières permettent de vérifier que le médicament est bien supporté.

### Interactions avec d'autres substances

Ce médicament ne doit pas être associé à un autre fibrate : risque accru de douleurs musculaires.

Il peut interagir avec les *hypocholestérolémiants* de la famille des statines.

Informez par ailleurs votre médecin ou votre pharmacien si vous prenez un *anticoagulant* oral.

### Grossesse et allaitement

Ce médicament n'a pas lieu d'être utilisé pendant la grossesse en dehors de situations exceptionnelles (*triglycérides* supérieurs à 10 g/l).

En l'absence de données, l'allaitement est déconseillé.

### Mode d'emploi et posologie

Ce médicament est pris de préférence au cours des repas.

**Posologie usuelle :**
- Adulte : la *posologie* est adaptée par le médecin en fonction des résultats de la prise de sang. Elle est habituellement de 1 gélule à 100 mg, 3 fois par jour, ou de 1 gélule à 300 mg par jour.

Le régime reste indispensable pendant toute la durée du traitement.

**Conseils :** Un régime pauvre en *cholestérol* et en graisses n'est pas simple à suivre : les erreurs sont fréquentes. Demandez conseil à votre médecin, à votre pharmacien ou à un professionnel de la nutrition.

### Effets indésirables possibles

*Troubles digestifs* : digestion difficile.

Rarement : douleurs musculaires (Voir attention), élévation des *transaminases*, *réaction allergique* cutanée, *photosensibilisation*.

Laboratoires Fournier

## FÉNUGRÈNE

*Informations détaillées sur www.monvidal.com*

## FERO-GRAD

Élément minéral : fer

### Présentation

FERO-GRAD LP vitaminé C 500 : comprimé à *libération prolongée* ; boîte de 30. Remb 65 % - **Prix : 2,76 €**.

### Composition

| | p cp |
|---|---|
| **Sulfate ferreux exprimé en fer** | 105 mg |
| **Acide ascorbique (vitamine C)** | 500 mg |

### Dans quel cas ce médicament est-il prescrit ?

Ce médicament contient du fer et de la *vitamine* C. Le fer est nécessaire à la formation de l'*hémoglobine*, contenue dans les *globules rouges*, qui assure le transport de l'oxygène dans le sang.

Il est utilisé dans le traitement des *carences* en fer responsables de certaines formes d'*anémies*. Il est également utilisé pour prévenir cette carence chez la femme enceinte lorsque les apports alimentaires sont insuffisants.

### Contre-indications

Ce médicament ne doit pas être utilisé en cas d'excès de fer dans l'organisme.

**Attention :** Un apport en fer sous forme de médicament ne peut être décidé que par votre médecin. La quantité de fer contenue dans une alimentation diversifiée est généralement suffisante.

### Interactions avec d'autres substances

Ce médicament peut interagir avec les médicaments injectables contenant du fer.

Par ailleurs, respectez un intervalle de 2 heures entre la prise de ce médicament et celle des *cyclines*, des diphosphonates, des quinolones, des *pansements digestifs* ou des médicaments contenant de la pénicillamine ou de la thyroxine.

### Grossesse et allaitement

Ce médicament peut être utilisé pendant la grossesse ou l'allaitement uniquement s'il vous a été prescrit par votre médecin.

### Mode d'emploi et posologie

Ce médicament doit être pris de préférence à jeun le matin ou avant le déjeuner. En cas d'*intolérance*, il est possible de le prendre au cours des repas.

**Posologie usuelle :**

- Adulte : 1 ou 2 comprimés par jour.
- Femme enceinte : 1 comprimé par jour à partir du 4ᵉ mois de la grossesse (sur prescription médicale).

**Conseils :** En raison de son effet légèrement stimulant (présence de vitamine C), il est préférable de ne pas prendre ce médicament en fin de journée.

La coloration noire des selles est habituelle et ne doit pas vous conduire à interrompre le traitement.

La reconstitution du stock en fer de l'organisme nécessite un traitement de longue durée (plusieurs mois) ; respectez la durée prescrite par votre médecin.

Les aliments les plus riches en fer sont d'origine animale : viande, poisson, volaille, abats.

Une consommation importante de thé peut diminuer l'absorption du fer par l'organisme.

### Effets indésirables possibles

Nausées, constipation, diarrhée.

*Réaction allergique.*

Laboratoires Téofarma

## FERROSTRANE

Élément minéral : fer

**sur ordonnance**

### Présentation

FERROSTRANE : sirop (arôme cerise) ; flacon de 125 ml. Liste II - Remb 65 % - **Prix : 2,46 €**.

### Composition

| | p c à c |
|---|---|
| **Ferédétate de sodium** | 237 mg |
| soit Fer | 34 mg |
| Sorbitol | 1,4 g |
| Alcool | 5 mg |

### Dans quel cas ce médicament est-il prescrit ?

Ce médicament contient du fer, élément minéral essentiel au fonctionnement de l'organisme. Le fer est nécessaire à la formation de l'*hémoglobine*, contenue dans les *globules rouges*, qui assure le transport de l'oxygène dans le sang.

Il est utilisé dans le traitement des *carences* en fer responsables de certaines formes d'*anémies*. Il est également utilisé pour prévenir cette carence chez la femme enceinte, le *nouveau-né* ou le *nourrisson*, lorsque les apports alimentaires sont insuffisants.

### Contre-indications

Ce médicament ne doit pas être utilisé en cas d'excès de fer dans l'organisme.

**Attention :** Un apport en fer sous forme de médicament ne peut être décidé que par votre médecin. La quantité de fer contenue dans une alimentation diversifiée est généralement suffisante.

### Interactions avec d'autres substances

En raison de la présence de fer, ce médicament peut interagir avec les médicaments injectables contenant du fer.

Par ailleurs, respectez un intervalle de 2 heures entre la prise de ce médicament et celle des *cyclines*, des diphosphonates, des quinolones, des *pansements digestifs* ou des médicaments contenant de la pénicillamine ou de la thyroxine.

### Grossesse et allaitement

Ce médicament peut être utilisé pendant la grossesse ou l'allaitement uniquement s'il vous a été prescrit par votre médecin.

### Mode d'emploi et posologie

Ce médicament est mieux absorbé s'il est pris avec un verre d'eau avant les repas. En cas d'*intolérance*, il est possible de le prendre en plusieurs fois au cours des repas.

**Posologie usuelle :**

- Adulte et enfant de plus de 30 kg (environ 10 ans) : 3 à 6 cuillères à café de sirop par jour.
- Femme enceinte : 1 ou 2 cuillères à café de sirop à partir du 4ᵉ mois de la grossesse (sur prescription médicale).
- Enfant de 20 à 30 kg (environ 6 à 10 ans) : 4 à 5 cuillères à café de sirop par jour.

- Enfant de 12 à 20 kg (environ 30 mois à 6 ans) : 3 à 4 cuillères à café de sirop par jour.
- Nourrisson de 8 à 12 kg (environ 6 à 30 mois) : 2 à 3 cuillères à café de sirop par jour.
- Nourrisson de 5 à 8 kg (environ 1 à 6 mois) : 1 à 2 cuillères à café de sirop par jour.

**Conseils :** La coloration noire des selles est habituelle et ne doit pas vous conduire à interrompre le traitement.
Si vous ne supportez pas ce médicament (*troubles digestifs*), prévenez votre médecin : il pourra vous proposer un autre traitement.
La reconstitution du stock en fer de l'organisme nécessite un traitement de longue durée (plusieurs mois) ; respectez la durée prescrite par votre médecin.
Les aliments les plus riches en fer sont d'origine animale : viande, poisson, volaille, abats.
Une consommation importante de thé peut diminuer l'absorption du fer par l'organisme.

### Effets indésirables possibles

Nausées, diarrhée.
*Réaction allergique*.

Laboratoires Téofarma

## FERRUM COMPLEXE N° 29

*Informations détaillées sur www.monvidal.com*

## FER UCB

*Informations détaillées sur www.monvidal.com*

## FERVEX

Décongestionnant

### Présentation

**FERVEX :** granulé avec sucre (arôme naturel antillais) ; boîte de 8 sachets. Non remb.
**FERVEX :** granulé sans sucre (arôme antillais) ; boîte de 8 sachets. Non remb.
**FERVEX Enfant :** granulé (arômes : banane, caramel) ; boîte de 8 sachets. Non remb.

### Composition

| | p sachet avec sucre | p sachet sans sucre | p sachet Enfant |
|---|---|---|---|
| **Phéniramine maléate** | 25 mg | 25 mg | 10 mg |
| **Paracétamol** | 500 mg | 500 mg | 280 mg |
| **Acide ascorbique (vitamine C)** | 200 mg | 200 mg | 100 mg |
| Saccharose | 11,5 g | | 2,4 g |
| Aspartam | | + | + |

### Dans quel cas ce médicament est-il prescrit ?

Ce médicament associe un *antihistaminique* ayant un effet *sédatif* et *atropinique*, du paracétamol, *antipyrétique* et *antalgique*, et de la *vitamine* C.
Il est utilisé dans le *traitement symptomatique* des *rhinopharyngites*, *rhinites* allergiques et états grippaux.

### Contre-indications

Ce médicament ne doit pas être utilisé dans les cas suivants :
- *insuffisance hépatique*,
- risque de *glaucome* à angle fermé,
- risque de blocage des urines (*adénome de la prostate*...),
- *phénylcétonurie* (sachet sans sucre et sachet Enfant : présence d'aspartam),
- enfant de moins de 15 ans (sachet Adulte),
- enfant de moins de 6 ans (sachet Enfant).

**Attention :** Ce médicament peut provoquer un *glaucome* aigu chez les personnes prédisposées : œil rouge, dur et douloureux, avec vision floue. Une consultation d'extrême urgence auprès d'un ophtalmologiste est nécessaire.
Du fait de la présence d'un *antihistaminique* ayant des propriétés sédatives et atropiniques, des précautions sont nécessaires chez l'*insuffisant hépatique* ou *rénal* et chez la personne âgée, notamment en cas de constipation chronique, d'*adénome de la prostate*, de tendance aux *vertiges* ou aux baisses de tension.
De nombreux médicaments contiennent du paracétamol : vous devez en tenir compte en cas de prise conjointe, car le *surdosage* en paracétamol peut être toxique pour le foie.
Évitez les boissons alcoolisées : augmentation du risque de somnolence.
Ce médicament peut induire une somnolence, parfois intense chez certaines personnes. Cette somnolence peut être majorée par la prise d'*alcool* ou d'autres médicaments *sédatifs*. La conduite et l'utilisation de machines dangereuses sont déconseillées, surtout dans les heures qui suivent la prise du médicament.

### Interactions avec d'autres substances

Informez votre médecin ou votre pharmacien si vous prenez un autre médicament ayant des effets *atropiniques* ou *sédatifs* (tranquillisants, somnifères, certains médicaments contre la toux ou contre la douleur contenant des *opiacés*, *antidépresseurs*, *neuroleptiques*...).

### Grossesse et allaitement

L'effet de ce médicament pendant la grossesse ou l'allaitement est mal connu. Par prudence, son usage est déconseillé chez la femme enceinte ou chez celle qui allaite.

### Mode d'emploi et posologie

Les granulés doivent être avalés après dissolution dans un demi-verre d'eau, chaude ou froide. Un intervalle de 4 heures doit être respecté entre les prises.

**Posologie usuelle :**
- Adulte et enfant de plus de 15 ans : 1 sachet Adulte, 2 ou 3 fois par jour.
- Enfant de 12 à 15 ans : 1 sachet Enfant, 4 fois par jour.
- Enfant de 10 à 12 ans : 1 sachet Enfant, 3 fois par jour.
- Enfant de 6 à 10 ans : 1 sachet Enfant, 2 fois par jour.

En cas d'*insuffisance rénale*, respecter un intervalle de 8 heures entre les prises.

**Conseils :** Ce médicament n'a pas d'effet anti-infectieux. Si les troubles persistent plus de 5 jours, consulter votre médecin.

#### Effets indésirables possibles

Somnolence ou plus rarement agitation.

Sécheresse de la bouche, troubles de l'*accommodation*, rétention urinaire, confusion des idées notamment chez la personne âgée.

Rarement : *réaction allergique* cutanée.

Laboratoires Upsa Conseil

## FEUILLE DE SAULE CORICIDE VERRUCIDE LIQUIDE

*Informations détaillées sur www.monvidal.com*

## FEUILLE DE SAULE emplâtre

Coricide

#### Présentation

**FEUILLE DE SAULE emplâtre tout prêt cor :** emplâtre adhésif ; étui de 9. Non remb.

**FEUILLE DE SAULE emplâtre tout prêt durillon :** emplâtre adhésif ; étui de 5. Non remb.

#### Composition

| | p emplâtre cor | p emplâtre durillon |
|---|---|---|
| **Acide salicylique** | 36 mg | 170 mg |

#### Dans quel cas ce médicament est-il prescrit ?

Ce médicament contient une substance destinée à dissoudre la kératine, couche la plus externe de la peau, dont l'épaississement localisé est à l'origine des cors et des durillons.

Il est utilisé dans le traitement local des cors au pied, des durillons et des œils-de-perdrix.

#### Contre-indications

Ce médicament ne doit pas être utilisé dans les cas suivants :

- *allergie* aux *salicylés*,
- cor infecté.

**Attention :** Un avis médical est nécessaire en cas d'*artérite* ou de *diabète* (cicatrisation plus lente).

#### Grossesse et allaitement

L'effet de ce médicament pendant la grossesse ou l'allaitement est mal connu. L'évaluation du risque éventuel lié à son utilisation est individuelle : demandez conseil à votre pharmacien ou à votre médecin.

#### Mode d'emploi et posologie

Renouveler l'emplâtre tous les soirs, après la toilette du pied.

**Posologie usuelle :**

1 emplâtre par jour, pendant 3 à 5 jours.

**Conseils :** Pour éviter toute irritation, ne mettez pas cet emplâtre en contact avec la peau saine qui entoure la zone à traiter.

Les cors et les durillons sont dus à des traumatismes répétés provoqués par les chaussures. Le recours à un podologue peut être utile pour éviter leur récidive.

Laboratoires Gilbert

## FINACEA

*Informations détaillées sur www.monvidal.com*

## FITACNOL

*Informations détaillées sur www.monvidal.com*

## FITOFÉBRIL

*Informations détaillées sur www.monvidal.com*

## FIVASA

*Informations détaillées sur www.monvidal.com*

## FIXICAL

*Informations détaillées sur www.monvidal.com*

## FIXICAL VITAMINE D3

Vitamine D avec calcium

#### Présentation

**FIXICAL VITAMINE D3 500 mg/400 UI :** comprimé à croquer ou à sucer (arôme citron) ; boîte de 60. Remb 65 % - **Prix : 7,64 €.**

**FIXICAL VITAMINE D3 1000 mg/800 UI :** comprimé à sucer (blanc ; arôme menthe) ; boîte de 30. Remb 65 % - **Prix : 7,64 €.**

#### Composition

| | p cp | p cp |
|---|---|---|
| **Calcium carbonate** | 1,39 g | 2,78 g |
| soit Calcium | 500 mg | 1000 mg |
| **Colécalciférol (vitamine D3)** | 400 UI | 800 UI |
| Aspartam | + | + |
| Lactose | | + |

#### Dans quel cas ce médicament est-il prescrit ?

Ce médicament contient du calcium et de la *vitamine* D qui facilite l'absorption du calcium par l'intestin et sa fixation sur les os.

Il est utilisé :

- dans le traitement des *carences* en calcium et en vitamine D chez la personne âgée,
- dans le *traitement d'appoint* de l'*ostéoporose* lorsque l'apport conjoint de calcium et de vitamine D est nécessaire.

#### Contre-indications

Ce médicament ne doit pas être utilisé dans les cas suivants :

- excès de calcium dans le sang ou dans les urines,
- calculs des *voies* urinaires contenant du calcium,
- immobilisation prolongée (attendre la reprise de la marche pour débuter le traitement),
- *phénylcétonurie* (présence d'aspartam),
- enfant de moins de 15 ans (comprimé à 1000 mg/800 UI).

**Attention :** Ce médicament contient de la *vitamine* D : son *surdosage* expose à des effets indésirables graves. Elle est présente dans de nombreux médicaments dont certains sont disponibles en automédication : évitez de les associer sans avis médical.

Des précautions sont nécessaires en cas d'*insuffisance rénale*.

Ne prolongez pas le traitement au-delà de la durée prescrite ; une prise de sang peut être nécessaire pour vérifier l'absence d'accumulation anormale de calcium dans l'organisme.
Lorsque ce médicament est destiné à traiter la décalcification due à un alitement prolongé, le traitement ne doit pas être commencé avant la reprise de la marche.

### Interactions avec d'autres substances

En raison de la présence de calcium, respectez un intervalle de 2 heures entre la prise de ce médicament et celle des *cyclines*, des biphosphonates ou des médicaments contenant du fer.

Informez par ailleurs votre pharmacien ou votre médecin si vous prenez des *digitaliques* ou des *diurétiques*.

Il existe également des interactions alimentaires : les aliments réputés riches en acide oxalique (épinards, rhubarbe, oseille, cacao, thé) ou en acide phytique (chocolat, céréales complètes, légumes secs) peuvent diminuer l'absorption du calcium. Il est donc recommandé de prendre ce médicament à distance de repas contenant ces aliments.

### Grossesse et allaitement

Les comprimés à 500 mg/400 UI peuvent être utilisés chez la femme enceinte ou chez celle qui allaite, mais la *posologie* prescrite par le médecin ne doit pas être dépassée. Une *hypercalcémie* pendant la grossesse pourrait être néfaste pour l'enfant à naître. Veillez à ne pas absorber plusieurs médicaments contenant de la *vitamine* D pendant la grossesse.

Compte tenu de leur teneur élevée en vitamine D, les comprimés à 1000 mg/800 UI ne sont pas adaptés à la femme enceinte ou qui allaite.

### Mode d'emploi et posologie

Ce médicament doit être pris à distance de certains aliments (voir Interactions).

Les comprimés à 500 mg/400 UI peuvent être croqués, puis avalés avec un verre d'eau, ou bien sucés.

Sucer les comprimés à 1000 mg/800 UI et boire ensuite un verre d'eau.

**Posologie usuelle :**

- Adulte : 1 comprimé à 500 mg/400 UI, matin et soir ou 1 comprimé à 1000 mg/800 UI par jour.

**Conseils :** La prise de ce médicament ne dispense pas de la consommation régulière de laitages, naturellement riches en calcium.

### Effets indésirables possibles

Constipation, nausées, ballonnements, diarrhée.

En cas de traitement prolongé à forte dose : *hypercalcémie, hypercalciurie* (excès de calcium dans les urines pouvant favoriser les calculs rénaux).

Rarement : réaction allergique cutanée (démangeaisons, urticaire, éruption de boutons).

Laboratoires Expanscience

## FLAGYL oral

Antibiotique et antiparasitaire — sur ordonnance

### Présentation

**FLAGYL 250 mg :** comprimé (blanc) ; boîte de 20. Liste I - Remb 65 % - **Prix : 3,63 €.**
**FLAGYL 500 mg :** comprimé (blanc) ; boîte de 4. Liste I - Remb 65 % - **Prix : 3,12 €.**
**FLAGYL 500 mg :** comprimé (blanc) ; boîte de 14. Liste I - Remb 65 % - **Prix : 5,12 €.**
**FLAGYL :** suspension buvable (arômes : orange, citron) ; flacon de 120 ml avec cuillère-mesure de 5 ml. Liste I - Remb 65 % - **Prix : 4,66 €.**

### Composition

| | p cp | p cp | p c mes |
|---|---|---|---|
| **Métronidazole** | 250 mg | 500 mg | 125 mg |
| Saccharose | | | 3 g |
| Amidon de blé (gluten) | + | + | |

### Dans quel cas ce médicament est-il prescrit ?

C'est un *antibiotique* et un antiparasitaire qui appartient à la famille des *imidazolés*.

Il est utilisé dans le traitement de certaines maladies infectieuses ou parasitaires de l'intestin et de l'appareil génital.

### Contre-indications

Ce médicament ne doit pas être utilisé en cas d'*allergie* aux *imidazolés*.

**Attention :** En cas d'*urticaire* ou de troubles nerveux, prévenez votre médecin avant de poursuivre le traitement.
Des précautions sont nécessaires chez les personnes ayant des *antécédents* d'anomalie de la *numération formule sanguine*.
Évitez l'absorption de boissons alcoolisées ou de médicaments contenant de l'*alcool* pendant le traitement : risque d'*effet antabuse*.
La suspension buvable contient du *sucre* (saccharose) en quantité notable.

### Interactions avec d'autres substances

Ce médicament peut interagir avec les médicaments contenant du disulfirame (ESPÉRAL, TTD B3 B4...).

Informez par ailleurs votre médecin ou votre pharmacien si vous prenez un *anticoagulant* oral.

### Grossesse et allaitement

Ce médicament peut être utilisé pendant la grossesse. Un avis médical est bien sûr indispensable.

Ce médicament passe dans le lait maternel : l'allaitement est déconseillé.

### Mode d'emploi et posologie

Ce médicament peut être pris au cours ou en dehors des repas.

**Posologie usuelle :**

- Adulte : 500 mg à 1,5 g par jour, répartis en 2 ou 3 prises, selon la maladie.
- Enfant : la *posologie* varie en fonction de l'âge et du poids.

**Conseils :** Le médecin peut prescrire un prélèvement pour identifier le *germe* ou le parasite responsable de l'infection et tester sa sensibilité aux *antibiotiques*. Le résultat de cet examen peut être

faussé en cas d'automédication préalable : ne prenez pas d'antibiotiques sans avis médical.
En cas d'infection génitale, votre partenaire peut être contaminé alors qu'il ne présente aucun *symptôme*. S'il n'est pas traité conjointement, une recontamination est possible.
La coloration brun-rouge des urines est normale.

### Effets indésirables possibles

Nausées, vomissements, *diarrhée*. Goût métallique dans la bouche, manque d'appétit.
Exceptionnellement :
- *urticaire*, *inflammation* de la bouche ;
- maux de tête, *vertiges*, confusion des idées, *convulsions* ;
- *pancréatite* réversible à l'arrêt du traitement.

Laboratoires Aventis

## FLAGYL ovule

Antibiotique et antiparasitaire — sur ordonnance

### Présentation

FLAGYL : ovule ; boîte de 10. Liste I - Remb 35 % - **Prix : 3,10 €.**

### Composition

| | p ovule |
|---|---|
| **Métronidazole** | 500 mg |

### Dans quel cas ce médicament est-il prescrit ?

Cet ovule gynécologique contient une substance *antibiotique* et antiparasitaire de la famille des *imidazolés*. Il est utilisé dans le traitement des infections génitales, notamment les infections à *trichomonas*.

### Contre-indications

Ce médicament ne doit pas être utilisé en cas d'*allergie* aux *imidazolés*.

**Attention :** Le médecin prescrit parfois un prélèvement pour identifier le *germe* responsable de l'infection et tester sa sensibilité aux *antibiotiques*. Le résultat de cet examen peut être faussé en cas d'automédication : prévenez votre médecin si vous avez pris ce médicament.
Évitez l'absorption de boissons alcoolisées ou de médicaments contenant de l'alcool pendant le traitement : risque d'*effet antabuse*.

### Interactions avec d'autres substances

Ce médicament peut interagir avec les médicaments qui contiennent du disulfirame (ESPÉRAL, TTD B3 B4...).
Informez par ailleurs votre médecin ou votre pharmacien si vous prenez un *anticoagulant* oral ou un médicament contenant du fluorouracile.

### Grossesse et allaitement

Par mesure de prudence, ce médicament est déconseillé pendant la grossesse et l'allaitement, sans avis médical.

### Mode d'emploi et posologie

L'ovule doit être mis en place au fond du vagin, de préférence le soir au coucher.

**Posologie usuelle :**
- Adulte : 1 ovule par jour, généralement en complément d'un traitement par *voie* orale.

La durée du traitement ne doit pas dépasser 10 jours (sauf avis médical).

**Conseils :** Introduisez l'ovule en position couchée, puis restez allongée pendant 5 à 10 minutes. En fondant dans le vagin, l'ovule peut être à l'origine d'un écoulement gênant : il est conseillé de mettre une protection.
Pendant les règles, n'interrompez pas le traitement et évitez de porter des tampons.
En cas d'infection génitale, votre partenaire peut être contaminé sans présenter de *symptôme*. En l'absence de traitement conjoint, une recontamination est possible.
La coloration brun-rouge des urines est normale sous traitement.

### Effets indésirables possibles

Rarement : *troubles digestifs*.
Exceptionnellement : *urticaire*, prurit, sécheresse de la bouche, bouffées de chaleur, maux de tête, *vertiges*.

Laboratoires Aventis

## FLAMMAZINE

Antibactérien à usage local

### Présentation

FLAMMAZINE : crème ; tube de 50 g. Remb 35 % - **Prix : 3,86 €.**

### Composition

| | p 100 g |
|---|---|
| **Sulfadiazine argentique** | 1 g |

### Dans quel cas ce médicament est-il prescrit ?

Cette crème contient un *antibiotique* de la famille des *sulfamides*, associé à un sel d'argent *antiseptique*.
Elle est utilisée dans le *traitement d'appoint* des plaies et des brûlures ou des lésions infectées de la peau.

### Contre-indications

Ce médicament ne doit pas être utilisé dans les cas suivants :
- *allergie* aux *antibiotiques* de la famille des *sulfamides*,
- *nouveau-né*,
- **grossesse** (dernier mois),
- **allaitement**.

**Attention :** Évitez d'utiliser cette crème, notamment chez l'enfant, de manière prolongée et sur des surfaces étendues ou profondément lésées sans l'avis de votre médecin.

### Grossesse et allaitement

Ce médicament est contre-indiqué en fin de grossesse et pendant l'allaitement.

### Mode d'emploi et posologie

Avant chaque application, nettoyer la lésion à traiter à l'eau ou au *sérum physiologique*.
Étaler la crème en couche de 2 à 3 mm d'épaisseur soit directement sur la zone à traiter, soit préalablement sur une compresse stérile.

**Posologie usuelle :**
1 application par jour.

**Conseils :** Pensez à vous laver les mains après l'application.
Cette crème antiseptique peut être contaminée par des germes : ne la conservez pas inutilement après une première utilisation.
Les taches occasionnées par l'emploi de cette crème sur le linge ou la literie disparaissent au lavage.

### Effets indésirables possibles

*Eczéma* de contact, *photosensibilisation.*

Laboratoires Solvay Pharma

## FLANID

Anti-inflammatoire non stéroïdien — sur ordonnance

Ce médicament est un générique de SURGAM (voir p. 986 et tableau p. 1151).

## FLAVAN

*Informations détaillées sur www.monvidal.com*

## FLAVIASTASE

*Informations détaillées sur www.monvidal.com*

## FLAVOQUINE

*Informations détaillées sur www.monvidal.com*

## FLÉBOSMIL

Vasculoprotecteur et veinotonique

Ce médicament est un générique de DIOVENOR (voir p. 323 et tableau p. 1151).

## FLÉCAÏNE

Antiarythmique — sur ordonnance

### Présentation

FLÉCAÏNE LP 50 mg : gélule à *libération prolongée* ; boîte de 30. Liste I - Remb 65 % - **Prix : 24,35 €.**
FLÉCAÏNE : comprimé sécable (blanc) ; boîte de 30. Liste I - Remb 65 % - **Prix : 14,08 €.**
FLÉCAÏNE LP 100 mg : gélule à *libération prolongée* ; boîte de 30. Liste I - Remb 65 % - **Prix : 24,35 €.**
FLÉCAÏNE LP 150 mg : gélule à *libération prolongée* ; boîte de 30. Liste I - Remb 65 % - **Prix : 24,35 €.**
FLÉCAÏNE LP 200 mg : gélule à *libération prolongée* ; boîte de 30. Liste I - Remb 65 % - **Prix : 24,35 €.**

### Composition

| | p gél LP 50 mg | p cp 100 mg |
|---|---|---|
| **Flécaïnide acétate** | | |

| | p gél LP 100 mg | p gél LP 150 mg | p gél LP 200 mg |
|---|---|---|---|
| **Flécaïnide acétate** | | | |

### Dans quel cas ce médicament est-il prescrit ?

Ce médicament appartient à la classe I de la famille des *antiarythmiques.* Il modifie la vitesse de transmission de l'influx nerveux au sein du muscle cardiaque et lutte contre ses contractions anarchiques.
Il est utilisé dans certains *troubles du rythme cardiaque.*

### Contre-indications

Ce médicament ne doit pas être utilisé dans les cas suivants :
- certains *blocs auriculoventriculaires,*
- *insuffisance cardiaque,*
- *infarctus du myocarde* récent ou ancien,
- en association avec le sultopride.

**Attention :** Des précautions sont nécessaires chez les personnes souffrant ou ayant déjà souffert d'*insuffisance cardiaque*, chez la personne âgée et en cas d'*insuffisance rénale.*

### Interactions avec d'autres substances

Ce médicament ne doit pas être associé au sultopride (BARNETIL...) : risque de troubles graves du rythme cardiaque.
Informez par ailleurs votre médecin si vous prenez un autre *antiarythmique*, un *bêtabloquant* ou un médicament susceptible de donner des *torsades de pointe.*

### Grossesse et allaitement

L'effet de ce médicament pendant la grossesse est mal connu : seul votre médecin peut évaluer le risque éventuel de son utilisation dans votre cas.
Ce médicament passe dans le lait maternel. L'allaitement est déconseillé en cas de traitement.

### Mode d'emploi et posologie

Les gélules et les comprimés doivent être avalés avec un peu d'eau.

**Posologie usuelle :**
Elle est strictement individuelle et habituellement répartie en 2 prises pour les comprimés et 1 prise pour les gélules.

### Effets indésirables possibles

*Vertiges*, tremblements, troubles de la vision.
Fatigue, maux de tête.
Nausées, *troubles digestifs.*
Aggravation d'une *insuffisance cardiaque* préexistante, aggravation paradoxale de l'*arythmie* ou apparition de nouveaux *troubles du rythme cardiaque.*

Laboratoires 3M Santé

## FLÉCAÏNIDE QUALIMED

Antiarythmique — sur ordonnance

Ce médicament est un générique de FLÉCAÏNE (voir p. 409 et tableau p. 1151).

## FLÉCAÏNIDE RPG

Antiarythmique — sur ordonnance

Ce médicament est un générique de FLÉCAÏNE (voir p. 409 et tableau p. 1151).

## FLECTOR gel

Anti-inflammatoire d'action locale

### Présentation

FLECTOR : gel pour application locale ; tube de 60 g. Remb 35 % - **Prix : 2,73 €.**

### Composition

| | p 100 g |
|---|---|
| **Diclofénac épolamine** | 1,29 g |

### Dans quel cas ce médicament est-il prescrit ?

Ce gel contient un *anti-inflammatoire* non stéroïdien (*AINS*). Il lutte localement contre l'*inflammation* et la douleur.

Il est utilisé dans le traitement des *tendinites* et des *œdèmes* survenant après un traumatisme ou une intervention chirurgicale.

### Contre-indications

Ce médicament ne doit pas être utilisé dans les cas suivants :
- *allergie* à l'aspirine ou aux *AINS* ;
- en application sur la peau lésée (*eczéma*, brûlure, plaie...) ;
- **grossesse** (à partir du 6e mois).

**Attention :** En cas d'éruption cutanée, ne renouvelez pas les applications avant d'avoir pris l'avis de votre médecin.

### Grossesse et allaitement

Les *AINS* pris par voie orale peuvent être toxiques pour le fœtus ; leur utilisation est contre-indiquée pendant les 4 derniers mois de la grossesse. Les AINS destinés à une application locale peuvent traverser la peau, passer dans le sang et exposer le fœtus au même risque, lorsqu'ils sont appliqués sur une large surface de peau ou sous un pansement occlusif. N'utilisez pas ce médicament pendant la grossesse sans avis médical.

N'utilisez pas ce médicament pendant l'allaitement sans avis médical.

### Mode d'emploi et posologie

Le gel doit être appliqué en massage doux et prolongé sur la région douloureuse.

**Posologie usuelle :**
- Adulte : 2 à 4 applications par jour.

**Conseils :** Pensez à vous laver les mains après l'application. En cas de contact accidentel avec les yeux, rincez abondamment.

### Effets indésirables possibles

*Réaction allergique* cutanée : démangeaisons, rougeur localisée.

**Laboratoires Génévrier**

## FLECTOR oral

Anti-inflammatoire non stéroïdien — sur ordonnance

### Présentation

**FLECTOR 50 mg :** granulés pour solution buvable (arômes pêche, menthe) ; boîte de 21 sachets. Liste II - Remb 65 % - **Prix : 4,79 €**.

### Composition

| | p sachet |
|---|---|
| **Diclofénac, sel de sodium** | 50 mg |
| Aspartam | + |
| Sorbitol | + |

### Dans quel cas ce médicament est-il prescrit ?

Ce médicament est un *anti-inflammatoire* non stéroïdien (*AINS*). Il lutte contre l'*inflammation* et la douleur, fait baisser la fièvre et fluidifie le sang.

Il est utilisé dans le *traitement symptomatique* :
- de la *goutte*, des *arthroses*, *tendinites*... ;
- des *lombalgies*, *sciatiques* et *cruralgies*.

### Contre-indications

Ce médicament ne doit pas être utilisé dans les cas suivants :
- *antécédent* d'*allergie* ou d'*asthme* provoqué par la prise d'*AINS*, y compris l'aspirine ;
- *ulcère* de l'estomac ou du *duodénum* ;
- *insuffisance hépatique* ou *rénale* grave ;
- *phénylcétonurie* (présence d'aspartam) ;
- enfant de moins de 15 ans ;
- **grossesse** (à partir du 6e mois).

**Attention :** Tout traitement prolongé ou *surdosage* d'*AINS* expose à des effets indésirables graves.

Certaines situations doivent conduire à ne poursuivre le traitement qu'après un avis médical :
- brûlures d'estomac importantes ou selles noires et nauséabondes pouvant traduire une irritation ou un saignement du tube digestif ;
- *réaction allergique* cutanée, crise d'*asthme* ;
- fatigue inhabituelle et intense, ou baisse brutale et importante du volume des urines chez une personne souffrant d'*insuffisance cardiaque*, déshydratée ou traitée par *diurétique*.

Des précautions sont nécessaires chez la personne âgée ou en cas d'*antécédent* d'*ulcère* de l'estomac ou du *duodénum* ou de risque hémorragique, notamment digestif (maladie de *Crohn*, *rectocolite hémorragique*).

Certains médecins considèrent que les anti-inflammatoires peuvent diminuer l'efficacité des stérilets et exposer à un risque de grossesse non désirée. Ce risque est actuellement très controversé.

Conducteur : ce médicament peut provoquer parfois des étourdissements et des troubles de la vue.

### Interactions avec d'autres substances

Ce médicament peut interagir avec d'autres médicaments, notamment :
- l'aspirine et les autres *anti-inflammatoires* non stéroïdiens (*AINS*) : risque d'accroissement des effets indésirables ;
- les *anticoagulants* et les *antiagrégants plaquettaires* : augmentation du risque hémorragique ;
- le lithium (TÉRALITHE, NEUROLITHIUM...) : augmentation du taux de lithium dans le sang ;
- le méthotrexate.

Informez par ailleurs votre médecin ou votre pharmacien en cas de traitement par un *diurétique*, un *inhibiteur de l'enzyme de conversion*, un *inhibiteur de l'angiotensine II*, un *bêtabloquant* ou un médicament contenant de la ciclosporine.

### Grossesse et allaitement

Des effets néfastes pour l'enfant à naître ont été mis en évidence lorsque les *AINS* sont utilisés au cours des 4 derniers mois de la grossesse ; le risque existe même avec une seule prise et même si la grossesse est à terme. L'usage de ce médicament est contre-indiqué pendant cette période.

Pendant les 5 premiers mois, l'effet de ce médicament est mal connu : seul votre médecin peut évaluer le risque éventuel de son utilisation dans votre cas.

Ce médicament passe dans le lait maternel ; un choix est donc nécessaire entre l'allaitement et la prise du médicament. Cette décision devra être prise en accord avec votre médecin.

### Mode d'emploi et posologie

Ce médicament est pris de préférence au milieu des repas afin de limiter les effets digestifs indésirables. Le contenu des sachets doit être dissous dans un verre d'eau.

**Posologie usuelle :**

- Adulte : 1 sachet, 3 fois par jour.

La durée du traitement ne dépasse pas habituellement 7 jours.

> **Conseils :** Les anti-inflammatoires ne sont pas des médicaments anodins. Du fait de la possibilité d'effets indésirables graves, ils ne doivent être utilisés que lorsqu'ils sont nécessaires, ce qui n'est pas le cas pour les affections rhumatismales peu douloureuses et les traumatismes bénins. Ce médicament vous a été prescrit dans une situation précise : ne le conseillez pas à un proche et ne le réutilisez pas sans avis médical.
> Ne dépassez pas la *posologie* ni la durée de traitement prescrites par votre médecin.

### Effets indésirables possibles

*Troubles digestifs*, *gastrite*, voire *ulcère* de l'estomac ou du *duodénum*, le plus souvent lors d'un traitement de longue durée ou à forte dose. Exceptionnellement, *hémorragie* du tube digestif (vomissements sanglants, selles noires ou, plus souvent, pertes de sang imperceptibles, responsables de l'apparition progressive d'une *anémie*).

*Réaction allergique* cutanée, *asthme*.

Irritabilité, sensation de vertige, bourdonnements d'oreille, troubles de la vision, maux de tête, augmentation des *transaminases*.

Laboratoires Génévrier

## FLECTOR TISSUGEL

Anti-inflammatoire d'action locale

### Présentation

FLECTOR TISSUGEL : compresse imprégnée ; boîte de 5. Non remb.

### Composition

| | p 100 g |
|---|---|
| **Diclofénac épolamine** | 1,29 g |

### Dans quel cas ce médicament est-il prescrit ?

C'est une compresse imprégnée d'un gel qui contient un *anti-inflammatoire* non stéroïdien (*AINS*). Il lutte localement contre l'*inflammation* et la douleur.

Elle est utilisée dans le traitement :
- des entorses et des contusions,
- des *tendinites*,
- de l'*arthrose* du genou.

### Contre-indications

Ce médicament ne doit pas être utilisé dans les cas suivants :
- *allergie* à l'aspirine ou aux *AINS* ;
- en application sur la peau lésée (brûlure, *eczéma*, plaie...) ;
- **grossesse** (à partir du 6e mois).

> **Attention :** En cas d'*éruption cutanée*, ne renouvelez pas les applications avant d'avoir pris l'avis de votre médecin.

### Grossesse et allaitement

Les *AINS* pris par voie orale peuvent être toxiques pour le fœtus ; leur utilisation est contre-indiquée pendant les 4 derniers mois de la grossesse. Les AINS destinés à une application locale peuvent traverser la peau, passer dans le sang et exposer le fœtus au même risque, lorsqu'ils sont appliqués sur une large surface de peau ou sous un pansement occlusif. N'utilisez pas ce médicament pendant la grossesse sans avis médical.

N'utilisez pas ce médicament pendant l'allaitement sans avis médical.

### Mode d'emploi et posologie

Nettoyer la peau et appliquer la compresse sur l'articulation ou la zone douloureuse. Un filet élastique vendu en pharmacie peut aider à la maintenir.

**Posologie usuelle :**

- Adulte :
  - entorses, contusions : 1 application par jour, pendant 5 jours maximum ;
  - tendinite, arthrose du genou : 1 application matin et soir, pendant 14 jours maximum.

> **Conseils :** Ce médicament peut être irritant pour les yeux ou les *muqueuses* : lavez-vous les mains après avoir appliqué ou retiré la compresse. En cas de contact accidentel avec les yeux, rincez abondamment avec de l'eau tiède.
> Les compresses se conservent 3 mois après ouverture du sachet.

### Effets indésirables possibles

*Réaction allergique* cutanée : démangeaisons, rougeur localisée.

Laboratoires Génévrier

## FLEET PHOSPHO-SODA

Préparation aux examens du côlon

### Présentation

FLEET PHOSPHO-SODA : solution buvable (arômes : citron, gingembre) ; boîte de 2 flacons de 45 ml. Remb 65 % - **Prix : 10,05 €**.

### Composition

| | p flacon |
|---|---|
| **Hydrogénophosphate de sodium** | 10,8 g |
| **Dihydrogénophosphate de sodium** | 24 g |

### Dans quel cas ce médicament est-il prescrit ?

Ce médicament contient un *laxatif osmotique*. Il retient l'eau dans l'intestin et provoque une diarrhée qui vide le tube digestif.

Il est utilisé pour purger l'intestin avant une intervention chirurgicale ou un examen endoscopique (colonoscopie) ou radiologique (lavement baryté).

### Contre-indications

Ce traitement ne doit pas être utilisé dans les cas suivants :
- *insuffisance cardiaque* grave ;
- *insuffisance rénale* ;

- maladie inflammatoire de l'intestin, *mégacôlon* ;
- maladie responsable d'une obstruction de l'intestin ;
- enfant de moins de 15 ans.

**Attention :** Chez la personne âgée ou fragilisée, il est parfois préférable de réaliser la préparation de l'intestin à l'hôpital ou en clinique, la veille de l'examen.
Ne laissez pas ce médicament à la portée des enfants.

### Interactions avec d'autres substances

La diarrhée provoquée par l'administration de cette préparation peut diminuer l'absorption de nombreux médicaments. Demandez conseil à votre médecin si vous prenez, par ailleurs, un *inhibiteur calcique*, un *diurétique* ou un médicament contenant du lithium.

### Grossesse et allaitement

L'effet de ce médicament pendant la grossesse ou l'allaitement est mal connu : seul votre médecin peut évaluer le risque éventuel de son utilisation dans votre cas.

### Mode d'emploi et posologie

Le contenu d'un flacon doit être dilué dans un demi-verre d'eau.
La prise du médicament se fait la veille de l'examen ou de l'intervention : le principe consiste à prendre aux repas uniquement une boisson (eau, bouillon, jus de fruits sans pulpe, thé, café, sodas) et le contenu d'un flacon.

**Posologie usuelle :**

- Adulte :
  2 cas se présentent :
  - pour un rendez-vous le matin : la veille, pour le petit déjeuner, boire un verre de boisson, puis le contenu d'un flacon dilué dans un demi-verre d'eau suivi d'au moins un grand verre d'eau ; à la place du déjeuner, boire au moins 3 grands verres d'une boisson (720 ml) ; pour le dîner, boire un verre de boisson, puis le contenu du 2e flacon dilué dans un demi-verre d'eau suivi d'au moins un grand verre d'eau.
  - pour un rendez-vous l'après-midi : la veille, prendre un repas léger au déjeuner ; à la place du dîner, boire un verre de boisson, puis le contenu d'un flacon dilué dans un demi-verre d'eau suivi d'au moins un grand verre d'eau ; boire au minimum 3 verres supplémentaires d'une boisson au cours de la soirée ; pour le petit déjeuner (avant 8 heures), boire un verre de boisson, puis le contenu du 2e flacon dilué dans un demi-verre d'eau suivi d'au moins un grand verre d'eau.

**Conseils :** Une préparation intestinale correcte conditionne la qualité de l'examen qui sera réalisé par le médecin.

### Effets indésirables possibles

Nausées, vomissements, ballonnements, fatigue.
*Réaction allergique.*
La diarrhée, intense, correspond à l'effet recherché et n'est pas un effet indésirable.

Laboratoires Ferring

## FLETAGEX

*Informations détaillées sur www.monvidal.com*

## FLIXONASE

Traitement local de la rhinite allergique

**sur ordonnance**

### Présentation

FLIXONASE : suspension pour pulvérisation nasale ; flacon pulvérisateur avec pompe doseuse (120 doses).
Liste I - Remb 35 % - **Prix : 13,00 €**.

### Composition

| | p dose |
|---|---|
| **Fluticasone propionate** | 50 µg |
| Benzalkonium chlorure | + |

### Dans quel cas ce médicament est-il prescrit ?

Ce médicament d'usage local contient un *corticoïde* qui possède une activité *anti-inflammatoire* marquée sur les *muqueuses*, notamment celles du nez.
Il est utilisé dans le *traitement de fond* des *rhinites* d'origine allergique (rhume des foins).

### Contre-indications

Ce médicament ne doit pas être utilisé dans les cas suivants :

- saignement de nez,
- *herpès* buccal ou ophtalmique,
- enfant de moins de 4 ans (en l'absence d'étude).

**Attention :** Ce médicament contient un *corticoïde* qui peut, en cas de traitement prolongé, conduire à une fragilisation de la *muqueuse* nasale. Il doit donc être employé avec précaution chez les personnes souffrant d'*ulcérations* nasales ou récemment opérées du nez ou des *sinus*.
Lors du renouvellement du traitement, le médecin peut vérifier l'état de la muqueuse nasale, notamment en cas d'irritation ou de sentiment de sécheresse anormale. Dans de rares cas, des perforations de la cloison nasale ont été observées sous traitement.
En cas de signes d'infection nasale (fièvre, coloration des sécrétions nasales), consultez votre médecin.
Des précautions sont nécessaires en cas de *tuberculose* pulmonaire en évolution ou de *mycose* pulmonaire.
Sportif : ce médicament contient une substance susceptible de rendre positifs certains *tests antidopage*.

### Grossesse et allaitement

Les études scientifiques actuellement disponibles n'ont pas mis en évidence de risque de malformation lors de l'utilisation de ce médicament pendant la grossesse. Seul votre médecin peut apprécier la nécessité du traitement et son risque pendant la grossesse.
Par mesure de prudence, l'usage de ce médicament est déconseillé, sans avis médical, pendant l'allaitement.

### Mode d'emploi et posologie

Ce médicament doit être inhalé après un mouchage soigneux, de préférence le matin.

**Posologie usuelle :**

- Adulte et enfant de plus de 12 ans : 2 pulvérisations dans chaque narine par jour, en 1 prise.
- Enfant de 4 à 12 ans : 1 pulvérisation dans chaque narine par jour.

**Conseils :** Ce médicament d'action lente n'est pas adapté au traitement des *rhinites* aiguës. Un délai de quelques jours est nécessaire pour qu'il soit actif.
Seules les prises régulières et prolongées permettent d'obtenir l'amélioration recherchée.

### Effets indésirables possibles

Irritation et assèchement du nez et de la gorge.
Saignement de nez.
Odeur et goût désagréables.
Rarement : *réaction allergique*, *candidose* du nez ou du *pharynx*, nécessitant l'arrêt du traitement.
Augmentation de la *tension intraoculaire*.
Exceptionnellement : perforation de la cloison nasale.

**Laboratoires GlaxoSmithKline**

## FLIXOTIDE

Antiasthmatique — sur ordonnance

### Présentation

**FLIXOTIDE 50 :** suspension pour *inhalation* ; flacon pressurisé avec valve doseuse et embout buccal (120 doses). Liste I - Remb 65 % - **Prix : 12,09 €.**
**FLIXOTIDE 125 :** suspension pour *inhalation* ; flacon pressurisé avec valve doseuse et embout buccal (120 doses). Liste I - Remb 65 % - **Prix : 23,53 €.**
**FLIXOTIDE 250 :** suspension pour *inhalation* ; flacon pressurisé avec valve doseuse et embout buccal (120 doses). Liste I - Remb 65 % - **Prix : 42,88 €.**
**FLIXOTIDE 100 :** poudre pour *inhalation* ; distributeur de 60 doses. Liste I - Remb 65 % - **Prix : 12,09 €.**
**FLIXOTIDE Diskus 250 :** poudre pour *inhalation* ; distributeur de 60 doses. Liste I - Remb 65 % - **Prix : 22,63 €.**
**FLIXOTIDE Diskus 500 :** poudre pour *inhalation* ; distributeur de 60 doses. Liste I - Remb 65 % - **Prix : 42,88 €.**

### Composition

| | p dose | p dose | p dose |
|---|---|---|---|
| **Fluticasone propionate** | 50 µg | 125 µg | 250 µg |
| | p dose | p dose | p dose |
| **Fluticasone propionate** | 100 µg | 250 µg | 500 µg |

### Dans quel cas ce médicament est-il prescrit ?

Ce médicament d'action locale contient un *corticoïde* qui possède une activité *anti-inflammatoire* marquée sur les *muqueuses*, notamment celles des bronches.
Il est utilisé dans le *traitement de fond* de l'*asthme*.
Le Diskus est adapté aux personnes ayant des difficultés à utiliser les aérosols.

**Attention :** Ce médicament d'action lente n'est pas adapté au *traitement de la crise* d'*asthme*.
Une aggravation de l'asthme peut traduire une infection : consultez votre médecin.
Sportif : ce médicament contient une substance susceptible de rendre positifs certains *tests antidopage*.

### Grossesse et allaitement

Les données scientifiques actuellement disponibles n'ont pas mis en évidence de problème particulier lors de l'utilisation de ce médicament pendant la grossesse à la dose préconisée. Néanmoins, ne l'utilisez pas sans avis médical.
La possibilité d'un effet du médicament chez le *nourrisson* est très improbable ; néanmoins, par mesure de prudence, l'allaitement est déconseillé sans avis médical.

### Mode d'emploi et posologie

*Aérosol* en flacon pressurisé : retirer le capuchon protecteur pour dégager l'embout buccal. Agiter vigoureusement l'appareil. Vider complètement les poumons. Introduire l'embout dans la bouche. Appuyer sur le fond de la cartouche et aspirer à fond. Essayer de garder l'air dans les poumons quelques secondes avant de les vider.
Diskus : charger l'appareil. Vider complètement les poumons puis placer l'embout de l'appareil entre les lèvres. Aspirer à fond puis retenir brièvement sa respiration.

**Posologie usuelle :**
Elle est strictement individuelle ; elle varie selon le stade de la maladie. La dose efficace la plus faible est toujours recherchée ; elle est habituellement répartie en 2 prises au cours de la journée.

**Conseils :** N'hésitez pas à demander une démonstration du maniement de cet appareil à votre médecin ou à votre pharmacien.
L'utilisation de l'*aérosol* doseur chez les enfants et les personnes maîtrisant mal la technique d'inhalation peut être facilitée par l'emploi d'un réservoir en matière plastique (chambre d'inhalation) qui s'interpose entre l'aérosol doseur et la bouche. Demandez conseil à votre pharmacien.
Rincez régulièrement l'embout à l'eau, séchez-le et remettez la cartouche.
Lorsque ce médicament est utilisé conjointement avec un bronchodilatateur, le bronchodilatateur devra être inhalé en premier.
Il est conseillé de se rincer la bouche avec un verre d'eau après chaque inhalation pour limiter le risque de *candidose* ou d'enrouement lié à l'utilisation de ce médicament.

### Effets indésirables possibles

Irritation de la bouche et de la gorge, toux, voix rauque.
*Candidose* de la bouche et de la gorge.
*Éruption cutanée.*
Pour la suspension pour inhalation en flacon pressurisé : comme tout produit inhalé, la prise du médicament peut provoquer une aggravation paradoxale des difficultés respiratoires ; dans ce cas, ne poursuivez pas le traitement sans avoir pris l'avis de votre médecin.

**Laboratoires GlaxoSmithKline**

## FLIXOVATE
Dermocorticoïde — sur ordonnance

### Présentation
FLIXOVATE 0,05 % : crème ; tube de 30 g. Liste I - Remb 65 % - **Prix : 4,05 €**.
FLIXOVATE 0,005 % : pommade ; tube de 30 g. Liste I - Remb 65 % - **Prix : 4,05 €**.

### Composition

| | crème p 100 g | pommade p 100 g |
|---|---|---|
| **Fluticasone propionate** | 50 mg | 5 mg |

### Dans quel cas ce médicament est-il prescrit ?
C'est un *dermocorticoïde* d'activité forte. Comme les autres dérivés de la *cortisone* à usage local, il freine le renouvellement et la multiplication des cellules de la peau et limite le suintement.
Il est utilisé pour traiter les *eczémas* de contact ou *atopiques*, les *lichénifications*, les *dermites séborrhéiques* (sauf celles du visage), le *psoriasis*, le *prurigo*, la *dyshidrose*, et pour soulager les démangeaisons dues aux piqûres d'insectes ou à la présence de parasites sous la peau.
Il est également utilisé dans le traitement de certaines maladies rares : *granulome annulaire*, *lupus érythémateux* discoïde, *mycosis fongoïde*.

### Contre-indications
Ce médicament ne doit pas être utilisé dans les cas suivants :
- infection et parasitose non traitées de la peau (ce médicament n'a pas d'effet anti-infectieux),
- lésion ulcérée,
- *acné* et *rosacée*,
- en application sur les paupières (risque d'augmentation de la *tension intraoculaire*).

**Attention :** Sauf indication contraire de votre médecin, n'appliquez jamais de *dermocorticoïdes* d'activité forte ou très forte :
- sur le visage : risque majoré d'effets indésirables locaux, notamment de *dermite périorale* (rougeur autour de la bouche) ;
- chez le *nourrisson*.

Comme les autres dermocorticoïdes, ce médicament a souvent une action efficace et rapide sur les lésions de la peau ; il peut être tentant de le réutiliser, mais l'automédication expose à des risques importants : aggravation de certaines lésions, installation d'une *dépendance* (amélioration de moins en moins visible des lésions et recrudescence des *symptômes* à chaque arrêt de traitement) et altération durable de la peau.
Suivez attentivement la prescription de votre médecin et n'hésitez pas à lui demander des explications.

### Grossesse et allaitement
Aucun effet néfaste pour l'enfant à naître n'a été établi avec ce médicament. Il peut être prescrit pendant la grossesse.
En raison du risque d'ingestion par le nouveau-né, ce médicament ne doit pas être appliqué sur le mamelon chez la femme qui allaite.

### Mode d'emploi et posologie
La crème est adaptée au traitement des lésions suintantes, la pommade à celui des lésions sèches.
Étaler la crème ou la pommade sur les lésions et la faire pénétrer par un léger massage. Pour traiter des surfaces étendues : appliquer en touches espacées, puis étaler jusqu'à complète absorption.

**Posologie usuelle :**
- Adulte et enfant à partir de 1 an : 1 ou 2 applications par jour.

Le médecin prescrit fréquemment un arrêt progressif du traitement : espacement des applications ou diminution de la quantité appliquée.

**Conseils :** Ne conseillez pas, ne donnez pas ce médicament à un proche.
Pensez à vous laver les mains après l'application.
En cas d'utilisation sur une grande surface de peau, le port d'un gant en plastique est recommandé.

### Effets indésirables possibles
Sont à craindre en cas d'usage prolongé : *atrophie* cutanée, *télangiectasies* (dilatation des petits vaisseaux), vergetures, *purpura* (microhémorragies de la peau), fragilisation de la peau.
Appliqué sur le visage, ce médicament peut provoquer une *dermite périorale* ou provoquer ou aggraver une *rosacée*.
Sont possibles également : retard de cicatrisation, *acné*, développement anormal des poils, dépigmentation localisée de la peau.
L'utilisation des *dermocorticoïdes* sous un pansement étanche ou dans les plis peut favoriser la prolifération des bactéries ou une allergie cutanée. Consulter votre médecin en cas de rougeur ou de douleur apparue après le début du traitement.

Laboratoires GlaxoSmithKline

## FLODIL
Inhibiteur calcique — sur ordonnance

### Présentation
FLODIL LP 5 mg : comprimé à *libération prolongée* (rose) ; boîte de 28. Liste I - Remb 65 % - **Prix : 13,19 €**.

### Composition

| | p cp LP |
|---|---|
| **Félodipine** | 5 mg |
| Lactose | + |

### Dans quel cas ce médicament est-il prescrit ?
Ce médicament est un *vasodilatateur* qui appartient à la famille des *inhibiteurs calciques*.
Il est utilisé dans :
- le traitement de l'*hypertension artérielle*,
- le *traitement préventif* des crises d'*angine de poitrine*.

### Contre-indications
Ce médicament ne doit pas être utilisé dans les cas suivants :
- *infarctus du myocarde* récent,
- *insuffisance cardiaque* grave,
- *angine de poitrine* grave.

**Attention :** En cas de douleur thoracique survenant systématiquement dans la demi-heure qui suit la prise du médicament, consultez votre médecin avant de poursuivre le traitement.
Des précautions sont nécessaires en cas d'*insuffisance hépatique* grave et chez la personne âgée.

### Interactions avec d'autres substances

Informez votre médecin si vous prenez un *bêtabloquant*, un *anticonvulsivant* (carbamazépine, phénobarbital, phénytoïne, primidone) ou de la rifampicine.

En outre, l'effet *antihypertenseur* de ce médicament peut être augmenté par certains médicaments tels que les *neuroleptiques*, les *antidépresseurs imipraminiques*, les médicaments contenant du baclofène ; il peut être diminué par les *corticoïdes*. Votre médecin doit être informé si vous êtes traité par l'un ou l'autre de ces médicaments.

### Grossesse et allaitement

Ce médicament est déconseillé chez la femme enceinte ou susceptible de l'être. Si une grossesse survient au cours du traitement, prévenez votre médecin.

Ce médicament passe dans le lait maternel. L'allaitement est déconseillé pendant le traitement.

### Mode d'emploi et posologie

Les comprimés doivent être avalés tels quels avec un verre d'eau, sans être croqués, le matin.

Ce médicament peut être avalé indifféremment au cours ou en dehors des repas.

**Posologie usuelle :**

- Adulte : 1 ou 2 comprimés par jour, en 1 prise.

**Conseils :** Votre tension artérielle doit être contrôlée régulièrement. Les appareils permettant une mesure automatique de la tension à domicile utilisent souvent un procédé de mesure différent de celui qu'emploie votre médecin. Si vous avez un tel appareil, apportez-le en consultation pour vous assurer que la mesure obtenue est bien conforme à celle du tensiomètre de votre médecin.

Le traitement médicamenteux ne dispense pas de mesures simples pouvant faire baisser la tension artérielle : activité physique régulière, modération de la consommation de boissons alcoolisées et de *sel*, lutte contre l'excès de poids.

### Effets indésirables possibles

Les plus fréquents sont la conséquence de la dilatation des vaisseaux sanguins :

- rougeur du visage, bouffées de chaleur, maux de tête ;
- jambes lourdes ou enflées.

Plus rarement : nausées, étourdissements, fatigue, accélération du cœur, *palpitations*, *éruption cutanée*, démangeaisons, gonflement des gencives.

Laboratoires AstraZeneca

## FLOGENCYL

*Informations détaillées sur www.monvidal.com*

## FLORGYNAL

*Informations détaillées sur www.monvidal.com*

## FLOXYFRAL

Antidépresseur inhibiteur de la recapture de la sérotonine — **sur ordonnance**

### Présentation

**FLOXYFRAL 50 mg :** comprimé sécable (blanc) ; boîte de 30. Liste I - Remb 65 % - **Prix : 10,47 €.**

**FLOXYFRAL 100 mg :** comprimé sécable (blanc) ; boîte de 15. Liste I - Remb 65 % - **Prix : 9,47 €.**

### Composition

| | p cp | p cp |
|---|---|---|
| **Fluvoxamine maléate** .......... | 50 mg | 100 mg |

### Dans quel cas ce médicament est-il prescrit ?

Ce médicament est un *antidépresseur* de la famille des *inhibiteurs de la recapture de la sérotonine*.

Il est utilisé dans le traitement des *états dépressifs* et des *troubles obsessionnels compulsifs*.

### Contre-indications

Ce médicament ne doit pas être utilisé en association avec les *IMAO*.

**Attention :** Des précautions sont nécessaires chez la personne âgée et en cas d'*épilepsie* (même ancienne), d'*insuffisance hépatique* ou *rénale*, de *diabète*, de prédisposition aux *hémorragies*.

En cas d'excitation anormale ou de confusion des idées survenant sous traitement, une consultation médicale est nécessaire.

Bien qu'aucune interaction nette n'ait été constatée avec l'*alcool*, évitez la prise de boissons alcoolisées, comme avec tout médicament *psychotrope*.

Conducteur : ce médicament peut être responsable d'une baisse de la vigilance, particulièrement en début de traitement.

### Interactions avec d'autres substances

Ce médicament ne doit pas être associé aux *IMAO* : des délais précis doivent être respectés entre la fin d'un traitement par IMAO et le début du traitement par ce médicament, et inversement.

Informez par ailleurs votre médecin si vous prenez un médicament de la famille des *triptans*, un *anticoagulant* oral, un *antidépresseur imipraminique*, une *benzodiazépine* ou un médicament contenant une des substances suivantes : lithium, carbamazépine, phénytoïne, clozapine, olanzapine, mexilétine, caféine, thioridazine, cisapride, ciclosporine, tramadol, méthadone, propranolol, ropinirole, théophylline, millepertuis.

### Grossesse et allaitement

L'effet de ce médicament pendant la grossesse est mal connu : seul votre médecin peut évaluer le risque éventuel de son utilisation dans votre cas.

Ce médicament passe dans le lait maternel ; un choix est donc nécessaire entre l'allaitement et la prise du médicament. Cette décision devra être prise en accord avec votre médecin.

### Mode d'emploi et posologie

La dose quotidienne est généralement absorbée en 1 prise, le soir de préférence.

Les comprimés peuvent être pris indifféremment au cours ou en dehors des repas. Ils doivent être avalés avec de l'eau sans être croqués.

**Posologie usuelle :**

- Adulte : 100 mg à 300 mg par jour.

**Conseils :** L'efficacité des *antidépresseurs* n'est généralement pas immédiate. Un délai pouvant atteindre plusieurs semaines est parfois nécessaire pour que les effets bénéfiques se fassent sentir. Les effets indésirables éventuels apparaissant en début de traitement ne doivent pas vous conduire à l'arrêter prématurément.

Chez la personne souffrant de dépression, un état anxieux peut apparaître ou être majoré en début de traitement ; un *anxiolytique* est parfois prescrit par le médecin pour prévenir ou traiter ces manifestations.

Lorsque les *symptômes* de la *dépression* ont disparu, le traitement doit absolument être poursuivi pendant la durée prescrite afin de consolider la guérison. Un arrêt prématuré exposerait à une rechute. La durée d'un traitement antidépresseur est rarement inférieure à 6 mois.

Contrairement à d'autres médicaments utilisés pour traiter les maladies psychiques, les antidépresseurs ne créent pas de dépendance. Néanmoins, il est préférable d'arrêter le traitement progressivement en diminuant la posologie ou en espaçant les prises pour éviter les effets indésirables transitoires, rarement observés, en cas d'interruption brutale.

### Effets indésirables possibles

Les effets indésirables surviennent surtout au cours des 2 premières semaines de traitement et s'estompent le plus souvent ensuite.

Fréquents : nausées, vomissements, douleur abdominale, manque d'appétit, diarrhée, constipation, sécheresse de la bouche, digestion difficile, fatigue, maux de tête, agitation, anxiété, étourdissements, somnolence ou au contraire insomnie, tremblements, sueur, *palpitations*, accélération du rythme cardiaque.

Peu fréquents (moins de 1 % des patients) : *hypotension orthostatique*, douleurs articulaires ou musculaires, confusion des idées, troubles sexuels, *réaction allergique* cutanée.

Rares (moins de 0,1 % des patients) : *convulsions*, écoulement de lait par le mamelon, *photosensibilisation*, variations de poids, baisse du taux de *sodium* dans le sang, saignements, augmentation des *transaminases*.

**Laboratoires Solvay Pharma**

**FLUANXOL**

*Informations détaillées sur www.monvidal.com*

## FLUARIX

Vaccin : grippe

### Présentation

FLUARIX : suspension injectable *IM* ou *SC* ; seringue préremplie de 0,5 ml. Remb 65 % - **Prix : 6,26 €.**

### Composition

| | p seringue |
|---|---|
| **Virus grippaux inactivés** | 1 dose |
| Thiomersal | + |

### Dans quel cas ce médicament est-il prescrit ?

C'est un *vaccin* composé de *virus* grippaux tués. Il ne contient aucun *germe* vivant.

Il est utilisé dans la prévention de la grippe. L'immunité apparaît 15 jours après l'injection et dure environ 1 an.

### Contre-indications

Ce médicament ne doit pas être utilisé en cas d'*allergie* aux protéines de l'œuf.

**Attention :** De la gentamicine et du formaldéhyde sont utilisés pour fabriquer ce vaccin. Ces substances persistent en infime quantité dans la solution injectable. Des précautions sont nécessaires chez les personnes qui y sont allergiques.

En cas de fièvre élevée, de maladie aiguë, il est préférable de différer la vaccination.

Le *vaccin* antigrippal ne protège que contre la vraie grippe, maladie grave, potentiellement mortelle chez les personnes fragiles. Il est incapable de prévenir les bronchites banales et autres affections virales saisonnières.

Dans les suites de la vaccination antigrippale, certains tests de dépistage (sida, *hépatite* C...) peuvent être exceptionnellement rendus faussement positifs. Pour éviter toute inquiétude injustifiée, ne pratiquez pas ces tests pendant le mois qui suit la vaccination.

Comme pour tous les *vaccins*, des cas exceptionnels de *réactions allergiques* graves ont été constatés ; ce risque justifie la nécessité de réaliser la vaccination en milieu médical où un traitement d'urgence pourra être entrepris sans délai.

### Grossesse et allaitement

L'effet de ce *vaccin* pendant la grossesse est mal connu : seul votre médecin peut évaluer le risque éventuel de son utilisation dans votre cas.

Cette vaccination peut être pratiquée pendant l'allaitement.

### Mode d'emploi et posologie

Bien agiter la seringue avant l'emploi, la réchauffer à température ambiante si nécessaire. L'injection doit être réalisée par *voie* sous-cutanée ou intramusculaire.

**Posologie usuelle :**

- Adulte et enfant de plus de 36 mois : 1 injection de 0,5 ml.
- Enfant de 6 à 36 mois : 1 injection de 0,25 ml ou de 0,5 ml. Cette injection peut être renouvelée 1 mois après.

La prévention de la grippe repose sur une injection annuelle : le *vaccin* est différent tous les ans car il est adapté aux caractéristiques du *virus* attendu.

**Conseils :** Les réactions fébriles dues aux *vaccins* peuvent être combattues en prenant de l'aspirine ou du paracétamol.

Pour garder son efficacité, ce médicament doit être conservé entre + 2 °C et + 8 °C (partie haute du réfrigérateur). Toutefois, une rupture de la chaîne du froid pendant une durée limitée (quelques heures à température ambiante inférieure à 25 °C) ne devrait pas prêter à conséquence. En pratique, en cas de nécessité, un délai de quelques heures peut séparer l'achat du vaccin en pharmacie de son stockage au réfrigérateur ou de la vaccination.

Ce vaccin ne doit pas être congelé.

### Effets indésirables possibles

Réaction douloureuse, *nodule* au point d'injection.

Fièvre modérée, maux de tête, fatigue, malaise, douleur musculaire ou articulaire.

Exceptionnellement : *réaction allergique*.

**Laboratoires GlaxoSmithKline**

**FLUBILAR**

*Informations détaillées sur www.monvidal.com*

## FLUCON

Collyre anti-inflammatoire — **sur ordonnance**

### Présentation

**FLUCON :** collyre ; flacon compte-gouttes de 3 ml. Liste I - Remb 65 % - **Prix : 1,95 €**.

### Composition

| | p 100 ml |
|---|---|
| **Fluorométholone** | 0,10 g |
| Benzalkonium chlorure | + |

### Dans quel cas ce médicament est-il prescrit ?

C'est un collyre *anti-inflammatoire* qui contient un dérivé de la *cortisone*.

Il est utilisé dans le traitement des *conjonctivites* allergiques et de certaines maladies inflammatoires de l'œil.

### Contre-indications

Ce médicament ne doit pas être utilisé dans les cas suivants :
- *kératite* virale à son début,
- autre infection oculaire non contrôlée par un traitement spécifique.

**Attention :** L'usage de ce médicament impose un examen ophtalmologique préalable. En effet, certaines infections oculaires peuvent être aggravées par les dérivés de la *cortisone*.

En cas de traitement prolongé, une surveillance ophtalmologique régulière est nécessaire.

Ce médicament contenant un *corticoïde* doit être utilisé avec précaution en cas de *glaucome* à angle ouvert.

Pour éviter de contaminer le collyre, ne mettez pas en contact l'extrémité du flacon avec l'œil et ne conservez pas ce médicament plus de 15 jours après une première utilisation.

Le port de lentilles de contact est déconseillé en cas d'irritation oculaire. Les lentilles souples ne devront être réutilisées qu'après l'arrêt complet du traitement car elles peuvent s'imprégner des substances actives contenues dans le collyre.

Sportif : ce médicament contient une substance susceptible de rendre positifs certains *tests antidopage*.

### Interactions avec d'autres substances

Ce collyre peut interagir avec d'autres collyres. Respectez un intervalle de 15 minutes entre deux instillations.

### Grossesse et allaitement

L'effet de ce médicament pendant la grossesse ou l'allaitement est mal connu : seul votre médecin peut évaluer le risque éventuel de son utilisation dans votre cas.

### Mode d'emploi et posologie

Tirer la paupière inférieure vers le bas et déposer une goutte de collyre entre la paupière et le globe oculaire (*cul-de-sac conjonctival*).

**Posologie usuelle :**

1 goutte, 3 fois par jour.

**Conseils :** Une application correcte du produit peut nécessiter une aide, notamment chez l'enfant ou la personne handicapée ou âgée.

Laboratoires Alcon

## FLUDEX

Antihypertenseur — **sur ordonnance**

### Présentation

**FLUDEX 1,5 mg :** comprimé à libération prolongée (blanc) ; boîte de 30. Liste II - Remb 65 % - **Prix : 12,60 €**.

**FLUDEX 2,5 mg :** comprimé (blanc) ; boîte de 30. Liste II - Remb 65 % - **Prix : 12,60 €**.

### Composition

| | p cp | p cp |
|---|---|---|
| **Indapamide hémihydrate** | 1,5 mg | 2,5 mg |

### Dans quel cas ce médicament est-il prescrit ?

C'est un *antihypertenseur* qui appartient à la famille des *sulfamides diurétiques*. Il agit directement sur les vaisseaux sanguins et n'augmente quasiment pas le volume des urines.

Il est utilisé dans le traitement de l'*hypertension artérielle*.

### Contre-indications

Ce médicament ne doit pas être utilisé dans les cas suivants :
- *allergie* aux *sulfamides*,
- *insuffisance rénale* grave,
- *encéphalopathie hépatique*,
- *hypokaliémie*.

**Attention :** Ce médicament peut être responsable d'une baisse de la *kaliémie* (taux de *potassium* dans le sang) susceptible d'être aggravée par l'usage prolongé de *laxatifs stimulants*. Un contrôle par des analyses de sang est souvent prescrit par le médecin.

Les *diurétiques* peuvent augmenter le taux d'*acide urique* (uricémie) ou de *sucre* dans le sang (*glycémie*) : des précautions sont nécessaires en cas de *diabète* ou d'*antécédent* de crise de *goutte*.

Sportif : ce médicament contient une substance susceptible de rendre positifs certains *tests antidopage*.

### Interactions avec d'autres substances

Ce médicament peut interagir avec les médicaments susceptibles de provoquer des *torsades de pointes* ou ceux qui contiennent du lithium.

Informez par ailleurs votre médecin si vous prenez des *anti-inflammatoires* non stéroïdiens, des *inhibiteurs de l'enzyme de conversion*, des médicaments qui abaissent la *kaliémie* (*laxatifs stimulants*, *corticoïdes*, amphotéricine B...), des *digitaliques*, des *antidépresseurs*, des médicaments qui contiennent de la metformine, du calcium ou de la ciclosporine.

### Grossesse et allaitement

Les *diurétiques* ne sont pas indiqués dans l'*hypertension artérielle* de la femme enceinte. Un autre médicament sera choisi par le médecin si une grossesse survient pendant le traitement.

Les données actuellement disponibles ne permettent pas de savoir si ce médicament passe dans le lait maternel. L'allaitement est déconseillé pendant la durée du traitement.

### Mode d'emploi et posologie

Ce médicament doit être pris avec un verre d'eau, de préférence le matin.

**Posologie usuelle :**
1 comprimé par jour.

> **Conseils :** Votre tension artérielle doit être contrôlée régulièrement. Les appareils permettant une mesure automatique de la tension à domicile utilisent souvent un procédé de mesure différent de celui qu'emploie votre médecin. Si vous avez un tel appareil, apportez-le en consultation pour vous assurer que la mesure obtenue est bien conforme à celle du tensiomètre de votre médecin.
>
> Le traitement médicamenteux ne dispense pas de mesures simples pouvant faire baisser la tension artérielle : activité physique régulière, modération de la consommation de boissons alcoolisées et de *sel*, lutte contre l'excès de poids.

### Effets indésirables possibles

*Réaction allergique.*
Augmentation du taux de *créatinine* ou d'*acide urique* dans le sang et exceptionnellement du calcium.
Baisse du taux de *potassium*, associée ou non à des crampes.
Rarement : *troubles digestifs*, fourmillement des extrémités, vertiges, fatigue, maux de tête, bouche sèche.
Exceptionnellement : *pancréatite*.

Laboratoires Euthérapie

## FLUDITEC
Fluidifiant bronchique

Le sirop Enfant Nourrisson est générique de RHINATHIOL 2 %.

## FLUDITEC TOUX SÈCHE
*Informations détaillées sur www.monvidal.com*

## FLUIDABAK
Suppléance lacrymale

### Présentation

**FLUIDABAK :** collyre ; flacon compte-gouttes de 10 ml. Remb 65 % - **Prix : 4,52 €**.

### Composition

| | p 100 ml |
|---|---|
| **Povidone** | 1,5 g |

### Dans quel cas ce médicament est-il prescrit ?

C'est une solution de suppléance lacrymale : elle compense une insuffisance de sécrétion naturelle de larmes. Elle ne contient pas de conservateur : une membrane située dans le flacon retient d'éventuelles bactéries qui pourraient contaminer le collyre.

Elle est utilisée dans le traitement de la sécheresse oculaire due à une insuffisance lacrymale (œil sec).

> **Attention :** Une irritation oculaire peut être due à une infection : en cas de doute, n'hésitez pas à consulter votre médecin.
>
> N'utilisez pas ce collyre de façon prolongée sans prendre un avis médical.

### Interactions avec d'autres substances

Ce collyre peut interagir avec d'autres collyres : respectez un intervalle de 15 minutes entre deux instillations.

### Grossesse et allaitement

Ce médicament ne contient que des substances présumées sans danger pendant la grossesse ou l'allaitement. Néanmoins, ne l'utilisez pas de façon prolongée sans l'avis de votre pharmacien ou de votre médecin.

### Mode d'emploi et posologie

Tirer la paupière inférieure vers le bas tout en regardant vers le haut et déposer les gouttes entre la paupière et le globe oculaire (*cul-de-sac conjonctival*).

**Posologie usuelle :**
1 goutte, 4 à 6 fois par jour.

> **Conseils :** Evitez de mettre l'embout du flacon en contact avec l'œil.
>
> L'application correcte du produit peut nécessiter une aide, notamment chez une personne handicapée ou âgée.
>
> Ne conservez pas ce collyre plus de 8 semaines après une première utilisation.

### Effets indésirables possibles

Sensation de brûlure transitoire, d'œil collé.
Irritation.

Laboratoires Théa

## FLUIMUCIL
Fluidifiant bronchique

### Présentation

**FLUIMUCIL 100 mg :** granulé pour solution buvable (arôme orange) ; boîte de 10 sachets. Non remb.
**FLUIMUCIL 200 mg :** granulé pour solution buvable (arôme orange) ; boîte de 30 sachets. Non remb.
**FLUIMUCIL 200 mg :** comprimé effervescent (arôme citron) ; boîte de 20. Non remb.
**FLUIMUCIL 2 % Enfant Nourrisson :** solution buvable (arôme framboise) ; flacon de 100 ml avec godet doseur gradué à 5 ml et 10 ml. Non remb.
**FLUIMUCIL 2 % Adulte :** solution buvable (arôme framboise) ; flacon de 200 ml avec godet doseur de 10 ml. Non remb.

### Composition

| | p sachet | p sachet |
|---|---|---|
| **N-acétylcystéine** | 100 mg | 200 mg |
| Aspartam | + | + |

| | p cp | p 10 ml | p 10 ml |
|---|---|---|---|
| **N-acétylcystéine** | 200 mg | 200 mg | 200 mg |
| Aspartam | + | | |
| Sodium | + | 37,5 mg | 37,5 mg |

### Dans quel cas ce médicament est-il prescrit ?

Ce médicament fluidifie les sécrétions (mucosités) présentes dans les bronches. Il facilite leur évacuation par la toux.

Il est utilisé en cas de toux grasse avec difficulté à cracher, notamment au cours des bronchites aiguës.

### Contre-indications

Les sachets et les comprimés ne doivent pas être utilisés en cas de *phénylcétonurie* (présence d'aspartam).

**Attention :** Ce médicament ne peut être utilisé en cas de *bronchite chronique* que sur avis médical.
Des précautions sont nécessaires en cas d'*ulcère* de l'estomac ou du *duodénum*.
N'utilisez pas d'*antitussif* en plus de ce médicament sans l'avis de votre médecin ou de votre pharmacien.
Si les sécrétions persistent au-delà de quelques jours, si elles se colorent ou si vous avez de la fièvre, consultez votre médecin.
Les comprimés et les solutions buvables contiennent du *sel* (*sodium*) en quantité notable.

### Grossesse et allaitement

L'effet de ce médicament pendant la grossesse ou l'allaitement est mal connu. L'évaluation du risque éventuel lié à son utilisation est individuelle : demandez conseil à votre pharmacien ou à votre médecin.

### Mode d'emploi et posologie

Ce médicament peut être pris indifféremment au moment ou en dehors des repas.
Le contenu du sachet ou le comprimé doivent être dissous dans un demi-verre d'eau.
Rincer le godet doseur après utilisation.

**Posologie usuelle :**

- Adulte : 1 sachet ou 1 comprimé à 200 mg ou 1 godet doseur de solution buvable Adulte, 3 fois par jour.
- Enfant de plus de 7 ans : 1 sachet ou 1 comprimé à 200 mg ou 1 godet doseur de 10 ml de solution buvable Enfant Nourrisson, 3 fois par jour.
- Enfant de 2 à 7 ans : 1 sachet ou 1 comprimé à 200 mg ou 1 godet doseur de 10 ml de solution buvable Enfant Nourrisson, 2 fois par jour.
- Nourrisson de 1 mois à 2 ans : 1 sachet à 100 mg ou 1 godet doseur de 5 ml de solution buvable Enfant Nourrisson, 2 fois par jour.

Le traitement peut être interrompu dès l'amélioration des symptômes. Sa durée ne doit pas dépasser 8 à 10 jours sans avis médical.

**Conseils :** Fumer, ou être exposé à la fumée des autres, est un frein important à l'évacuation des mucosités.
Il est nécessaire de lutter contre la sécheresse de l'air ambiant (humidificateur...) pour éviter le dessèchement des sécrétions. Il est également recommandé de boire beaucoup.
Chez la personne âgée ou le jeune enfant, l'incapacité à évacuer les crachats peut justifier l'aide d'un kinésithérapeute, sur prescription médicale.
Après ouverture du flacon, les solutions buvables se conservent 15 jours à température ambiante.

### Effets indésirables possibles

Douleurs d'estomac, nausées, diarrhée.
*Réaction allergique* cutanée.

**Laboratoires Zambon France**

## FLUISÉDAL

*Informations détaillées sur www.monvidal.com*

## FLUISÉDAL SANS PROMÉTHAZINE

Fluidifiant bronchique

### Présentation

**FLUISÉDAL SANS PROMÉTHAZINE :** sirop (arôme caramel) ; flacon de 125 ml. Non remb.
**FLUISÉDAL SANS PROMÉTHAZINE :** sirop (arôme caramel) ; flacon de 250 ml. Non remb.

### Composition

| | p c à c | p c à s |
|---|---|---|
| **Benzoate de méglumine** | 130 mg | 390 mg |
| **Polysorbate 20** | 15 mg | 45 mg |
| Saccharose | 3,6 g | 10,8 g |

### Dans quel cas ce médicament est-il prescrit ?

Ce médicament fluidifie les sécrétions (mucosités) présentes dans les bronches. Il facilite leur évacuation par la toux.
Il est utilisé en cas de toux grasse avec difficulté à cracher, notamment au cours des bronchites aiguës.

**Attention :** Ce médicament ne peut être utilisé en cas de *bronchite chronique* que sur avis médical.
N'utilisez pas d'*antitussif* en plus de ce médicament sans l'avis de votre médecin ou de votre pharmacien.
En cas de fièvre, de sécrétions qui persistent au-delà de quelques jours ou qui se colorent, consultez votre médecin.
Ce médicament contient du *sucre* (saccharose) en quantité notable.

### Grossesse et allaitement

L'effet de ce médicament pendant la grossesse ou l'allaitement est mal connu. L'évaluation du risque éventuel lié à son utilisation est individuelle : demandez conseil à votre pharmacien ou à votre médecin.

### Mode d'emploi et posologie

Ce médicament peut être pris indifféremment au moment ou en dehors des repas.

**Posologie usuelle :**

- Adulte et enfant de plus de 12 ans : 2 à 4 cuillères à soupe par jour.
- Enfant de 6 à 12 ans : 4 à 8 cuillères à café par jour.
- Enfant de 30 mois à 6 ans : 3 à 4 cuillères à café par jour.
- Nourrisson : 1 à 3 cuillères à café par jour.

Le traitement peut être interrompu dès l'amélioration des symptômes. Sa durée ne doit pas dépasser 8 à 10 jours sans avis médical.

**Conseils :** Fumer, ou être exposé à la fumée des autres, est un frein important à l'évacuation des mucosités.
Il est nécessaire de lutter contre la sécheresse de l'air ambiant (humidificateur...) pour éviter le dessèchement des sécrétions. Il est également recommandé de boire beaucoup.
Chez la personne âgée ou le jeune enfant, l'incapacité à évacuer les crachats peut justifier l'aide d'un kinésithérapeute, sur prescription médicale.

**Laboratoires Elerté**

## FLUMACH

*Informations détaillées sur www.monvidal.com*

## FLUOCARIL BI-FLUORÉ 250

Prévention des caries dentaires

### Présentation

**FLUOCARIL bi-fluoré :** pâte dentifrice (arôme menthe) ; tube de 6 ml. Non remb.
**FLUOCARIL bi-fluoré :** pâte dentifrice (arôme menthe) ; tube de 50 ml. Non remb.
**FLUOCARIL bi-fluoré :** pâte dentifrice (arôme menthe) ; tube de 75 ml. Non remb.
**FLUOCARIL bi-fluoré :** pâte dentifrice (arôme menthe) ; 2 tubes de 75 ml. Non remb.
**FLUOCARIL bi-fluoré :** pâte dentifrice (arôme menthe) ; tube de 125 ml. Non remb.
**FLUOCARIL bi-fluoré :** pâte dentifrice (arôme menthe) ; 2 tubes de 125 ml. Non remb.
**FLUOCARIL bi-fluoré :** pâte dentifrice (arôme menthe) ; flacon doseur de 100 ml. Non remb.
**FLUOCARIL bi-fluoré :** pâte dentifrice (arôme anis) ; tube de 75 ml. Non remb.
**FLUOCARIL bi-fluoré :** pâte dentifrice (arôme menthe forte) ; tube de 75 ml. Non remb.
**FLUOCARIL bi-fluoré :** gel dentifrice (arôme menthe) ; tube de 75 ml. Non remb.
**FLUOCARIL bi-fluoré :** gel dentifrice (arôme menthe) ; tube de 125 ml. Non remb.

### Composition

| | pâte p 100 g | gel p 100 g |
|---|---|---|
| **Monofluorophosphate de sodium** | 0,76 g | 0,76 g |
| **Fluorure de sodium** | 331 mg | 331 mg |
| soit Fluor | 250 mg | 250 mg |
| Phosphate disodique | + | + |
| Silice | + | + |
| Oxyde de titane | + | |
| Laurylsulfate de Sodium | + | + |

### Dans quel cas ce médicament est-il prescrit ?

Ce *dentifrice* existe sous forme de pâte et de gel. Outre les composants habituels d'un dentifrice, il contient du *fluor* en quantité importante ; cette substance renforce l'action du brossage sur les dents. Le fluor s'incorpore peu à l'émail et combat les fermentations dans la *plaque dentaire* ; il protège ainsi les dents des *enzymes* et des acides sécrétés par les *bactéries*.

Il est utilisé dans le *traitement préventif* de la carie dentaire.

**Attention :** Ce *dentifrice* à haute teneur en *fluor* n'est pas destiné à être utilisé chez l'enfant de moins de 10 ans ; pendant la période de maturation des dents, un apport de fluor par *voie* orale est préférable (comprimés, sel fluoré, eau de boisson riche en fluor). Demandez conseil à votre médecin ou à votre dentiste.

### Grossesse et allaitement

Ce dentifrice peut être utilisé pendant la grossesse ou l'allaitement.

### Mode d'emploi et posologie

L'action du *dentifrice* ne fait que compléter l'action fondamentale du brossage des dents. Un bon brossage dure 2 à 3 minutes ; il concerne la surface des dents et leurs faces latérales.

**Posologie usuelle :**

- Adulte et enfant de plus de 10 ans : le brossage des dents doit être pratiqué 3 fois par jour, après chaque repas.

**Conseils :** Comme tout *dentifrice*, ce produit ne doit pas être avalé.
Pour permettre une action prolongée des substances protectrices contenues dans le dentifrice, ne multipliez pas les rinçages.
N'hésitez pas à changer de brosse à dents tous les 3 mois ou dès que les poils commencent à se déformer : une brosse à dents usée nettoie mal et peut blesser la gencive.

### Effets indésirables possibles

Irritation locale, *réaction allergique*.

Laboratoires Procter & Gamble

## FLUOCARIL BI-FLUORÉ 2 000

*Informations détaillées sur www.monvidal.com*

## FLUODONTYL

*Informations détaillées sur www.monvidal.com*

## FLUOGEL

*Informations détaillées sur www.monvidal.com*

## FLUOGUM

Prévention des caries dentaires

### Présentation

**FLUOGUM SANS SUCRE :** gomme à mâcher (arôme fruit rouge) ; boîte de 15. Non remb.
**FLUOGUM SANS SUCRE :** gomme à mâcher (arôme menthe) ; boîte de 15. Non remb.

### Composition

| | p gomme | p gomme |
|---|---|---|
| **Fluorure de sodium** | 0,25 mg | 0,25 mg |
| soit Fluor | 0,113 mg | 0,113 mg |
| Sorbitol | + | + |

### Dans quel cas ce médicament est-il prescrit ?

Ce médicament contient du *fluor*. Le fluor s'incorpore peu à l'émail et combat les fermentations dans la *plaque dentaire* ; il protège ainsi les dents des *enzymes* et des acides sécrétés par les *bactéries*.

Il est utilisé dans le *traitement préventif* de la carie dentaire.

**Attention :** Les gommes à mâcher ne conviennent pas l'enfant de moins de 6 ans.

### Grossesse et allaitement

Ce médicament peut être utilisé pendant la grossesse ou l'allaitement.

### Mode d'emploi et posologie

- Adulte et enfant de plus de 6 ans : 1 à 6 gommes par jour.

**Conseils :** Ce médicament ne dispense pas du brossage quotidien des dents.

### Effets indésirables possibles

Comme tous les médicaments et confiseries contenant des sucres non absorbables (sorbitol, maltitol...), possibilité de *diarrhée* en cas d'apport important.

Laboratoires Procter & Gamble

## FLUON

*Informations détaillées sur www.monvidal.com*

## FLUOR CRINEX

*Informations détaillées sur www.monvidal.com*

## FLUOREX

Prévention des caries dentaires

### Présentation

FLUOREX : solution buvable ; flacon de 30 ml avec mesurette graduée en doses. Remb 35 % - **Prix : 1,82 €.**

### Composition

| | p 100 ml |
|---|---|
| **Fluorure de sodium** | 220 mg |
| soit Fluor | 100 mg |

### Dans quel cas ce médicament est-il prescrit ?

Ce médicament contient du *fluor*, qui s'incorpore à l'émail des dents et augmente leur résistance aux caries.

Il est utilisé dans le *traitement préventif* de la carie dentaire, chez le nourrisson et l'enfant jusqu'à 12 ans.

### Contre-indications

Ce médicament ne doit pas être utilisé si l'eau de boisson de votre région est fortement fluorée (voir Attention).

**Attention :** L'apport total en *fluor* ne doit pas dépasser 1 mg par jour : risque de coloration de l'émail dentaire. Certaines eaux ou certains sels de table sont riches en fluor : prenez l'avis de votre médecin sur l'utilité de ce médicament dans votre cas.

Les dosages de ce médicament sont adaptés au *traitement préventif* de la carie dentaire ; ne le confondez pas avec d'autres médicaments plus fortement dosés en fluor (25 à 100 fois plus), destinés à traiter l'*ostéoporose*.

### Grossesse et allaitement

Ce médicament n'a pas d'indication pendant la grossesse ou l'allaitement.

### Mode d'emploi et posologie

La solution peut être prise pure ou diluée dans un peu d'eau ou de jus de fruits.

En cas d'ingestion d'une boisson ou d'un aliment lactés, prendre ce médicament soit une demi-heure avant, soit deux heures après.

La mesurette graduée en doses permet de déterminer la dose nécessaire.

**Posologie usuelle :**

- Enfant de 3 à 9 kg (environ jusqu'à 18 mois) : ¼ ml (dose n° 1) par jour.
- Enfant de 10 à 15 kg (environ de 18 mois à 4 ans) : ½ ml (dose n° 2) par jour.
- Enfant de 16 à 20 kg (environ de 4 à 6 ans) : ¾ ml (dose n° 3) par jour.
- Enfant de 20 kg et plus : 1 ml (dose n° 4) par jour.

**Conseils :** Un apport médicamenteux de fluor ne dispense pas d'une bonne hygiène buccodentaire et alimentaire : limitation de la consommation de sucres entre les repas, tout particulièrement sous forme de biscuits, de bonbons et de boissons sucrées (sodas...), éducation précoce au brossage des dents après les repas avec un dentifrice fluoré adapté à l'âge, consultation annuelle chez le dentiste.

Laboratoires Crinex

## FLUOROURACILE DAKOTA

*Informations détaillées sur www.monvidal.com*

## FLUORO-URACILE ICN

*Informations détaillées sur www.monvidal.com*

## FLUOROURACILE MERAM

*Informations détaillées sur www.monvidal.com*

## FLUOROURACILE MERCK

*Informations détaillées sur www.monvidal.com*

## FLUOROURACILE TEVA

*Informations détaillées sur www.monvidal.com*

## FLUORURE DE CALCIUM CRINEX

*Informations détaillées sur www.monvidal.com*

## FLUOSELGINE

*Informations détaillées sur www.monvidal.com*

## FLUOSTÉROL

Vitamine D avec fluor

### Présentation

FLUOSTÉROL : solution buvable (arôme fruits rouges) ; flacon de 22,5 ml avec pipette doseuse. Remb 35 % - **Prix : 3,31 €.**

### Composition

| | p dose (0,25 ml) |
|---|---|
| **Fluorure de sodium** | 0,553 mg |
| soit Fluor | 0,25 mg |
| **Colécalciférol (vitamine D3)** | 800 UI |
| Maltitol | + |
| Huile de ricin | + |

### Dans quel cas ce médicament est-il prescrit ?

Ce médicament associe deux substances :

- du *fluor*, qui s'incorpore à l'émail des dents et augmente leur résistance aux caries ;
- de la *vitamine* D, qui permet la fixation osseuse du calcium et dont la *carence* provoque le *rachitisme*.

Cette association est utilisée chez le *nourrisson* en *traitement préventif* de la carie dentaire et des carences en vitamine D.

### Contre-indications

Ce médicament ne doit pas être utilisé dans les cas suivants :

- excès de calcium dans le sang et dans les urines, avec ou sans lithiases ;
- si l'eau de boisson de votre région est fortement fluorée (voir Attention).

**Attention :** Ce médicament ne doit pas être utilisé sans avis médical préalable, notamment en raison d'un risque de *surdosage* en *vitamine* D ou en *fluor* qui expose à des effets indésirables graves.

La vitamine D est présente dans de nombreux laits pour bébé et médicaments disponibles sans ordonnance.

L'apport total en fluor ne doit pas dépasser 1 mg par jour : risque de coloration de l'émail dentaire. Certaines eaux ou certains sels de table sont riches en fluor : prenez l'avis de votre médecin sur l'utilité de ce médicament dans votre cas.

Les dosages de ce médicament sont adaptés au *traitement préventif* de la carie dentaire ; ne le confondez pas avec d'autres médicaments plus fortement dosés en fluor (25 à 100 fois plus), destinés à traiter l'*ostéoporose* chez l'adulte.

### Mode d'emploi et posologie

La solution peut être diluée dans un peu d'eau ou de jus de fruits.

En cas d'ingestion d'une boisson ou d'un aliment lactés, prendre ce médicament soit une demi-heure avant, soit deux heures après.

**Posologie usuelle :**

- Nourrisson de 0 à 18 mois : une dose (0,25 ml) par jour.

**Conseils :** Les *carences* en *vitamine* D sont particulièrement fréquentes chez les jeunes enfants à peau sombre ou peu exposée au soleil ; en effet, la vitamine D est fabriquée par la peau sous l'influence des rayons *ultraviolets*. La prévention du *rachitisme* par la vitamine D doit être systématique chez les *nourrissons* et les jeunes enfants.

Un apport médicamenteux de fluor ne dispense pas d'une bonne hygiène buccodentaire et alimentaire : limitation de la consommation de sucres entre les repas, tout particulièrement sous forme de biscuits, de bonbons et de boissons sucrées (sodas...), éducation précoce au brossage des dents après les repas avec un dentifrice fluoré adapté à l'âge, consultation annuelle chez le dentiste.

Laboratoires Crinex

## FLUOXÉTINE ALMUS

Antidépresseur inhibiteur de la recapture de la sérotonine — sur ordonnance

Ce médicament est un générique de PROZAC (voir p. 866 et tableau p. 1151).

## FLUOXÉTINE ARROW

Antidépresseur inhibiteur de la recapture de la sérotonine — sur ordonnance

Ce médicament est un générique de PROZAC (voir p. 866 et tableau p. 1151).

## FLUOXÉTINE BIOGARAN

Antidépresseur inhibiteur de la recapture de la sérotonine — sur ordonnance

Ce médicament est un générique de PROZAC (voir p. 866 et tableau p. 1151).

## FLUOXÉTINE BOUCHARA RECORDATI

Antidépresseur inhibiteur de la recapture de la sérotonine — sur ordonnance

Ce médicament est un générique de PROZAC (voir p. 866 et tableau p. 1151).

## FLUOXÉTINE EG

Antidépresseur inhibiteur de la recapture de la sérotonine — sur ordonnance

Ce médicament est un générique de PROZAC (voir p. 866 et tableau p. 1151).

## FLUOXÉTINE G GAM

Antidépresseur inhibiteur de la recapture de la sérotonine — sur ordonnance

Ce médicament est un générique de PROZAC (voir p. 866 et tableau p. 1151).

## FLUOXÉTINE IVAX

Antidépresseur inhibiteur de la recapture de la sérotonine — sur ordonnance

Ce médicament est un générique de PROZAC (voir p. 866 et tableau p. 1151).

## FLUOXÉTINE MERCK

Antidépresseur inhibiteur de la recapture de la sérotonine — sur ordonnance

Ce médicament est un générique de PROZAC (voir p. 866 et tableau p. 1151).

## FLUOXÉTINE QUALIMED

Antidépresseur inhibiteur de la recapture de la sérotonine — sur ordonnance

Ce médicament est un générique de PROZAC (voir p. 866 et tableau p. 1151).

## FLUOXÉTINE RATIOPHARM

Antidépresseur inhibiteur de la recapture de la sérotonine — sur ordonnance

Ce médicament est un générique de PROZAC (voir p. 866 et tableau p. 1151).

## FLUOXÉTINE RPG

Antidépresseur inhibiteur de la recapture de la sérotonine — sur ordonnance

Ce médicament est un générique de PROZAC (voir p. 866 et tableau p. 1151).

## FLUOXÉTINE SANDOZ

Antidépresseur inhibiteur de la recapture de la sérotonine

sur ordonnance

Ce médicament est un générique de PROZAC (voir p. 866 et tableau p. 1151).

## FLUOXÉTINE TEVA

Antidépresseur inhibiteur de la recapture de la sérotonine

sur ordonnance

Ce médicament est un générique de PROZAC (voir p. 866 et tableau p. 1151).

## FLUOXÉTINE WINTHROP

Antidépresseur inhibiteur de la recapture de la sérotonine

sur ordonnance

Ce médicament est un générique de PROZAC (voir p. 866 et tableau p. 1151).

## FLUOXÉTINE ZYDUS

Antidépresseur inhibiteur de la recapture de la sérotonine

sur ordonnance

Ce médicament est un générique de PROZAC (voir p. 866 et tableau p. 1151).

## FLUTAMIDE ARROW

Antiandrogène

sur ordonnance

Ce médicament est un générique de EULEXINE (informations détaillées sur www.monvidal.com).

## FLUTAMIDE BIOGARAN

Antiandrogène

sur ordonnance

Ce médicament est un générique de EULEXINE (informations détaillées sur www.monvidal.com).

## FLUTAMIDE EG

Antiandrogène

sur ordonnance

Ce médicament est un générique de EULEXINE (informations détaillées sur www.monvidal.com).

## FLUTAMIDE G GAM

Antiandrogène

sur ordonnance

Ce médicament est un générique de EULEXINE (informations détaillées sur www.monvidal.com).

## FLUTAMIDE IVAX

Antiandrogène

sur ordonnance

Ce médicament est un générique de EULEXINE (informations détaillées sur www.monvidal.com).

## FLUTAMIDE MERCK

Antiandrogène

sur ordonnance

Ce médicament est un générique de EULEXINE (informations détaillées sur www.monvidal.com).

## FLUTAMIDE TEVA

Antiandrogène

sur ordonnance

Ce médicament est un générique de EULEXINE (informations détaillées sur www.monvidal.com).

## FLUVERMAL

Antihelminthique

### Présentation

FLUVERMAL : comprimé (blanc) ; boîte de 6. Remb 65 % - **Prix : 3,19 €.**
FLUVERMAL : suspension buvable (arôme banane) ; flacon de 30 ml. Remb 65 % - **Prix : 3,51 €.**

### Composition

| | p cp | p c à c |
|---|---|---|
| **Flubendazole** | 100 mg | 100 mg |
| Saccharose | | 1,4 g |

### Dans quel cas ce médicament est-il prescrit ?

Ce médicament est un vermifuge, actif sur un grand nombre de vers parasites de l'intestin.

Il est utilisé pour éliminer les oxyures, les ascaris, les trichocéphales ou les *ankylostomes.*

### Contre-indications

Ce médicament ne doit pas être utilisé en cas de **grossesse**.

### Grossesse et allaitement

Du fait de malformations observées lors de l'utilisation dans une espèce animale, ce médicament est contre-indiqué chez la femme enceinte ou susceptible de l'être.

Les données actuellement disponibles ne permettent pas de savoir si ce médicament passe dans le lait maternel.

### Mode d'emploi et posologie

Les comprimés peuvent être pris avec un peu d'eau ou croqués pendant les repas.

**Posologie usuelle :**

- Adulte et enfant :
  - en cas d'oxyures : 1 comprimé ou 1 cuillère à café, en 1 seule prise, à renouveler 15 jours après pour éviter une réinfestation par les œufs qui ne sont pas détruits par le médicament ;
  - pour les autres parasites : 1 comprimé ou 1 cuillère à café, matin et soir, pendant 3 jours.

**Conseils :** Les oxyures se transmettant par les mains, pour éviter la réinfestation, il est recommandé :
- de se laver les mains et de se brosser les ongles plusieurs fois par jour,
- de couper très court les ongles des enfants,
- de traiter tous les membres de la famille en même temps car il est fréquent que l'infestation ne donne aucun *symptôme.*

Pour éviter l'infestation par les ascaris, laver les fruits et les légumes.

**Effets indésirables possibles**

Rarement : *troubles digestifs*, notamment douleurs abdominales, nausées ou diarrhée.

Laboratoires Mc Neil

## FLUVIC

*Informations détaillées sur www.monvidal.com*

## FLUVIRINE

*Informations détaillées sur www.monvidal.com*

## FLUVOXAMINE EG

Antidépresseur inhibiteur de la recapture de la sérotonine

sur ordonnance

Ce médicament est un générique de FLOXYFRAL (voir p. 415 et tableau p. 1151).

## FLUVOXAMINE G GAM

Antidépresseur inhibiteur de la recapture de la sérotonine

sur ordonnance

Ce médicament est un générique de FLOXYFRAL (voir p. 415 et tableau p. 1151).

## FLUVOXAMINE MERCK

Antidépresseur inhibiteur de la recapture de la sérotonine

sur ordonnance

Ce médicament est un générique de FLOXYFRAL (voir p. 415 et tableau p. 1151).

## FLUVOXAMINE TEVA

Antidépresseur inhibiteur de la recapture de la sérotonine

sur ordonnance

Ce médicament est un générique de FLOXYFRAL (voir p. 415 et tableau p. 1151).

## FOLINORAL

*Informations détaillées sur www.monvidal.com*

## FONCITRIL

*Informations détaillées sur www.monvidal.com*

## FONGAMIL

*Informations détaillées sur www.monvidal.com*

## FONGAREX

*Informations détaillées sur www.monvidal.com*

## FONGÉRYL

*Informations détaillées sur www.monvidal.com*

## FONGILÉINE

*Informations détaillées sur www.monvidal.com*

## FONLIPOL

*Informations détaillées sur www.monvidal.com*

## FONX

Antifongique

sur ordonnance

**Présentation**

FONX : poudre pour application locale ; flacon de 15 g. Liste I - Remb 35 % - **Prix : 3,83 €**.
FONX : crème ; tube de 15 g. Liste I - Remb 35 % - **Prix : 3,83 €**.
FONX : solution pour application locale ; flacon pulvérisateur de 15 ml. Liste I - Remb 35 % - **Prix : 3,83 €**.

| Composition | p 100 g | p 100 g | p 100 g |
|---|---|---|---|
| **Oxiconazole** | 1 g | 1 g | 1 g |
| Alcool | | | + |

**Dans quel cas ce médicament est-il prescrit ?**

Ce médicament d'action locale contient un *antifongique* de la famille des *imidazolés*.
Il est utilisé dans le traitement de certaines maladies de la peau et des *muqueuses* dues à des champignons microscopiques (*mycoses*) : *candidose, pityriasis versicolor, dermatophyties...*

**Contre-indications**

Ce médicament ne doit pas être utilisé en cas d'*allergie* aux *antifongiques* de la famille des *imidazolés*.

**Attention :** La solution contient de l'*alcool* : elle ne doit pas être utilisée chez le *nourrisson*, ni appliquée sur des *muqueuses*.
Évitez d'utiliser ce médicament, notamment chez l'enfant, de manière prolongée et sur des surfaces étendues ou profondément lésées sans l'avis de votre pharmacien ou de votre médecin.

**Grossesse et allaitement**

L'effet de ce médicament pendant la grossesse ou l'allaitement est mal connu : seul votre médecin peut évaluer le risque éventuel de son utilisation dans votre cas.

**Mode d'emploi et posologie**

Appliquer le produit après une toilette avec un savon non acide, suivie d'un séchage soigneux.

**Posologie usuelle :**

1 application par jour.
La forme utilisée (poudre, crème, solution) et la durée du traitement varient selon les cas.

**Conseils :** En cas de *candidose*, évitez d'utiliser des savons acides : ils favorisent la multiplication des champignons.

**Effets indésirables possibles**

Irritation locale (rougeur cutanée, démangeaisons, sensation de brûlure).

Laboratoires Astellas Pharma

## FONZYLANE injectable

Vasodilatateur

sur ordonnance

**Présentation**

FONZYLANE : solution injectable ; boîte de 2 ampoules de 5 ml. Liste I - Remb 15 % - **Prix : 1,40 €**.

| Composition | p amp inj |
|---|---|
| **Buflomédil chlorhydrate** | 50 mg |

### Dans quel cas ce médicament est-il prescrit ?

Ce médicament est un *vasodilatateur*. Il augmente le calibre des petits vaisseaux et facilite ainsi la circulation sanguine.

Il est utilisé dans le traitement de l'*artérite* grave des membres inférieurs lorsque le traitement chirurgical a échoué ou n'est pas praticable.

### Contre-indications

Ce médicament ne doit pas être utilisé dans les cas suivants :
- *insuffisance rénale* grave,
- *épilepsie*.

**Attention :** Une adaptation de la *posologie* est nécessaire en cas d'*insuffisance rénale* : un contrôle de la *créatinine* dans le sang est pratiqué avant de débuter le traitement et au cours du traitement.
Des précautions sont également recommandées en cas d'*insuffisance hépatique*.

### Interactions avec d'autres substances

Ce médicament ne doit pas être associé aux autres médicaments contenant du buflomedil, pris par voie orale : risque de surdosage avec convulsions ou troubles du rythme cardiaque.

### Grossesse et allaitement

L'effet de ce médicament pendant la grossesse ou l'allaitement est mal connu. Par prudence, son usage est déconseillé chez la femme enceinte ou chez celle qui allaite.

### Mode d'emploi et posologie

La solution peut être injectée par *voie* intramusculaire ou intraveineuse lente.

**Posologie usuelle :**
1 ampoule, matin et soir.

**Conseils :** Si vous êtes fumeur, la poursuite du tabagisme nuit à l'efficacité du traitement.

### Effets indésirables possibles

Rarement : nausées, vomissements, maux de tête, *vertiges*, tremblements, picotements dans les doigts et les orteils avec sensation de chaleur cutanée, *éruption cutanée*.

Laboratoires Cephalon

## FONZYLANE comprimé

Vasodilatateur — sur ordonnance

### Présentation

FONZYLANE 150 mg : comprimé (blanc) ; boîte de 20. Liste I - Remb 35 % - **Prix : 3,59 €**.

### Composition

| | p cp |
|---|---|
| **Buflomédil chlorhydrate** | 150 mg |
| Saccharose | + |

### Dans quel cas ce médicament est-il prescrit ?

Ce médicament est un *vasodilatateur*. Il augmente le calibre des petits vaisseaux et facilite ainsi la circulation sanguine.

Il est utilisé dans le *traitement symptomatique* de l'*artérite*.

### Contre-indications

Ce médicament ne doit pas être utilisé dans les cas suivants :
- *insuffisance rénale* grave,
- *épilepsie*.

**Attention :** Une adaptation de la *posologie* est nécessaire en cas d'*insuffisance rénale* : un contrôle de la *créatinine* dans le sang est pratiqué avant de débuter le traitement et au cours du traitement.
Des précautions sont également recommandées en cas d'*insuffisance hépatique*.

### Grossesse et allaitement

L'effet de ce médicament pendant la grossesse ou l'allaitement est mal connu. Par prudence, son usage est déconseillé chez la femme enceinte ou chez celle qui allaite.

### Mode d'emploi et posologie

Les comprimés doivent être avalés avec un verre d'eau.

**Posologie usuelle :**
2 à 4 comprimés par jour, à répartir en 2 ou 3 prises.
En cas d'*insuffisance rénale*, la *posologie* est plus faible et ne doit pas dépasser 2 comprimés par jour.

**Conseils :** Ce médicament n'est actif que sur les *symptômes* de l'*artérite* ; seule la pratique régulière de la marche peut retarder l'évolution de la maladie.
Si vous êtes fumeur, la poursuite du tabagisme nuit à l'efficacité du traitement.

### Effets indésirables possibles

Rarement : nausées, vomissements, maux de tête, *vertiges*, tremblements, picotements dans les doigts et les orteils avec sensation de chaleur cutanée, *éruption cutanée*.

Laboratoires Cephalon

## FORADIL

Antiasthmatique — sur ordonnance

### Présentation

FORADIL : poudre pour *inhalation* buccale ; boîte de 30 gélules avec inhalateur. Liste I - Remb 65 % - **Prix : 16,21 €**.
FORADIL : poudre pour *inhalation* buccale ; boîte de 60 gélules avec inhalateur. Liste I - Remb 65 % - **Prix : 30,37 €**.

### Composition

| | p gél |
|---|---|
| **Formotérol fumarate** | 12 µg |

### Dans quel cas ce médicament est-il prescrit ?

Ce médicament est un bronchodilatateur qui lutte contre la contraction de la musculature bronchique. Il est apparenté à une substance naturelle, l'*adrénaline*, mais contrairement à cette substance, il a peu d'effet sur le cœur. Son action apparaît au bout de 3 minutes et persiste 12 heures.

Il est utilisé dans :
- le *traitement de fond* de l'*asthme* et de certaines maladies bronchiques,
- le *traitement préventif* de la crise d'asthme déclenchée par l'effort.

**Attention :** Ce médicament n'est pas destiné au *traitement de la crise* d'*asthme* : son effet est prolongé mais lent à apparaître. Si une crise survient sous traitement, un médicament d'action rapide doit être utilisé.
Ce médicament ne convient pas à l'enfant de moins de 5 ans.
Sportif : ce médicament contient une substance susceptible de rendre positifs certains *tests antidopage.*

### Grossesse et allaitement

L'effet de ce médicament pendant la grossesse est mal connu : seul votre médecin peut évaluer le risque éventuel de son utilisation dans votre cas.
Ce médicament passe dans le lait maternel : l'allaitement est déconseillé pendant le traitement.

### Mode d'emploi et posologie

Les gélules ne doivent en aucun cas être avalées.
La prise du médicament doit se faire au cours d'une inspiration profonde, précédée si possible d'une expiration forcée. Il est ensuite nécessaire de retenir sa respiration pendant quelques instants.
Placer la gélule dans l'appareil au moment de l'*inhalation.* En tenant l'appareil verticalement, appuyer sur les 2 boutons-poussoir (ce qui permet de percer la gélule), puis relâcher. Expirer à fond. Placer l'embout de l'appareil entre les lèvres. Incliner la tête en arrière. L'inspiration doit être rapide et profonde. Ouvrir ensuite l'appareil afin de vérifier qu'il ne reste pas de poudre. S'il en reste, renouveler l'inhalation. Après usage, retirer la gélule vide.
Lire attentivement la notice du médicament avant son emploi.

**Posologie usuelle :**

- Adulte et enfant de plus de 5 ans :
  - *Traitement de fond* de l'*asthme* : 1 inhalation de 1 gélule, matin et soir.
  - *Traitement préventif* de l'asthme d'effort : 1 inhalation de 1 ou 2 gélules, 15 à 30 minutes avant l'exercice.

**Conseils :** N'hésitez pas à demander une démonstration du maniement de ces appareils à votre médecin ou à votre pharmacien.
Nettoyez régulièrement l'embout buccal et l'emplacement pour la gélule avec un linge sec.
En cas d'irritation de la gorge due à la poudre, rincez-vous la bouche après l'inhalation.

### Effets indésirables possibles

Les effets indésirables sont rares et bénins avec les formes inhalées.
Leur survenue est favorisée par une augmentation de la *posologie.*
A forte dose : tremblement des extrémités, maux de tête, accélération du cœur, crampes musculaires.
Exceptionnellement : réaction allergique.

Laboratoires Novartis Pharma

## FORCICAL VITAMINE D3

*Informations détaillées sur www.monvidal.com*

## FORLAX

Laxatif osmotique

### Présentation

FORLAX 4 g : poudre pour solution buvable (arômes : orange, pamplemousse) ; boîte de 20 sachets. Remb 35 % - **Prix : 3,33 €.**
FORLAX 10 g : poudre pour solution buvable (arômes : orange, pamplemousse) ; boîte de 20 sachets. Remb 35 % - **Prix : 4,44 €.**

### Composition

| | p sachet | p sachet |
|---|---|---|
| Macrogol (polyéthylèneglycol) 4000 .... | 4 g | 10 g |

### Dans quel cas ce médicament est-il prescrit ?

Ce médicament contient un *laxatif osmotique.* Il attire l'eau dans l'intestin et augmente le volume des selles. Il est utilisé dans le *traitement symptomatique* de la constipation.

### Contre-indications

Ce médicament ne doit pas être utilisé dans les cas suivants :
- maladies inflammatoires du côlon,
- occlusion intestinale ou affection prédisposant à une occlusion,
- douleurs abdominales de cause inconnue.

**Attention :** L'usage des laxatifs doit rester exceptionnel chez l'enfant.
En cas de douleurs abdominales répétitives ou prolongées, ce médicament ne doit pas être pris sans avis médical.

### Grossesse et allaitement

Ce médicament ne contient que des substances présumées sans danger pendant la grossesse ou l'allaitement. Néanmoins, ne l'utilisez pas de façon prolongée sans l'avis de votre pharmacien ou de votre médecin.

### Mode d'emploi et posologie

Le contenu du sachet à 10 g doit être dilué dans un verre d'eau (environ 200 ml) ; le contenu du sachet à 4 g doit être dilué dans environ 50 ml d'eau.
L'effet laxatif se manifeste 24 à 48 heures après la prise du médicament.

**Posologie usuelle :**

- Adulte et enfant de plus de 8 ans : 1 à 2 sachets à 10 g par jour, en une prise, de préférence le matin.
- Enfant de 4 à 8 ans : 2 à 4 sachets à 4 g par jour, en 2 prises (matin et soir).
- Enfant de 1 et 4 ans : 1 sachet à 4 g par jour, en 1 prise le matin, ou 2 sachets à 4 g par jour, en 2 prises (matin et soir).
- Enfant de 6 mois à 1 an : 1 sachet à 4 g par jour, le matin.

**Conseils :** Le traitement de la constipation chronique repose essentiellement sur des boissons abondantes, une alimentation riche en fibres et une activité physique régulière.

#### Effets indésirables possibles

Douleurs abdominales.
Diarrhée en cas de *surdosage*.
Rarement : *réaction allergique* (*urticaire*, *œdème*).

Laboratoires Beaufour Ipsen Pharma

### FORMICA RUFA COMPOSÉ BOIRON

*Informations détaillées sur www.monvidal.com*

### FORMOCARBINE

*Informations détaillées sur www.monvidal.com*

### FORSTEO

*Informations détaillées sur www.monvidal.com*

### FORTOVASE

*Informations détaillées sur www.monvidal.com*

## FORTRANS

Préparation aux investigations coliques

#### Présentation

FORTRANS : poudre pour solution buvable ; boîte de 4 sachets. Remb 65 % - **Prix : 11,26 €**.

#### Composition

| | p sachet |
|---|---|
| **Macrogol (polyéthylèneglycol) 4 000** | 64 g |
| **Sulfate de sodium anhydre** | 5,7 g |
| **Bicarbonate de sodium** | 1,68 g |
| **Sodium chlorure** | 1,46 g |
| **Potassium chlorure** | 0,75 g |

#### Dans quel cas ce médicament est-il prescrit ?

Ce médicament contient un *laxatif osmotique*. Il retient l'eau dans l'intestin et provoque une diarrhée qui vide le tube digestif.

Il est utilisé pour purger l'intestin avant une intervention chirurgicale ou un examen endoscopique (coloscopie) ou radiologique (lavement baryté).

#### Contre-indications

Ce traitement, fatigant, ne doit pas être utilisé dans les cas suivants :
- maladie responsable d'un état de fatigue extrême,
- maladie grave responsable d'une fragilité ou d'une obstruction de l'intestin,
- enfant de moins de 15 ans.

**Attention :** Chez la personne âgée ou fragilisée, il est parfois préférable de réaliser la préparation de l'intestin à l'hôpital ou en clinique, la veille de l'examen.

#### Interactions avec d'autres substances

La diarrhée provoquée par l'administration de cette préparation peut diminuer l'absorption de nombreux médicaments. Demandez conseil à votre médecin si vous suivez, par ailleurs, un autre traitement : un décalage de l'heure des prises peut être nécessaire.

#### Grossesse et allaitement

Ce médicament ne contient que des substances présumées sans danger pendant la grossesse ou l'allaitement.

#### Mode d'emploi et posologie

Le contenu d'un sachet doit être dilué dans de l'eau (minérale ou du robinet) pour obtenir 1 litre de solution.

**Posologie usuelle :**
- Adulte : 1 litre de solution par 15 à 20 kg ; soit en moyenne 3 à 4 litres à boire :
  - soit en 1 fois, dans la soirée précédant l'examen ;
  - soit en 2 fois, à raison de 2 litres la veille au soir et 2 litres le matin avant l'examen. Dans ce cas, la dernière prise devra avoir lieu au moins 3 heures avant l'examen.

**Conseils :** L'absorption du volume prescrit n'est généralement ni simple ni agréable, mais une préparation intestinale correcte conditionne la qualité de l'examen qui sera réalisé par le médecin.
Un régime léger et pauvre en fibres (évitez les fruits et les légumes) est généralement suivi les jours précédant l'examen.

#### Effets indésirables possibles

Nausées, vomissements, ballonnements.
La diarrhée, intense, correspond à l'effet recherché et n'est pas un effet indésirable.
Très rarement : *réaction allergique* (*urticaire*, *œdème*...).

Laboratoires Beaufour Ipsen Pharma

## FORTZAAR

Association d'antihypertenseurs — sur ordonnance

#### Présentation

FORTZAAR 100 mg/25 mg : comprimé ; boîte de 28. Liste I - Remb 65 % - **Prix : 39,97 €**.
FORTZAAR 100 mg/25 mg : comprimé ; boîte de 90. Liste I - Remb 65 % - **Prix : 116,70 €**.

#### Composition

| | p cp |
|---|---|
| **Losartan** | 100 mg |
| **Hydrochlorothiazide** | 25 mg |
| Lactose | + |

#### Dans quel cas ce médicament est-il prescrit ?

Cet *antihypertenseur* contient deux substances :
- le losartan, de la famille des anti-angiotensine II. Il bloque l'action de l'angiotensine II, substance naturellement présente dans l'organisme. Celle-ci est responsable d'une contraction des artères qui augmente la pression artérielle et fatigue le cœur ;
- l'hydrochlorothiazide, un *diurétique* dont la structure chimique est proche de celles des *sulfamides*. Son action renforce celle du losartan.

Il est utilisé dans le traitement de l'*hypertension artérielle*.

#### Contre-indications

Ce médicament ne doit pas être utilisé dans les cas suivants :
- *allergie* au losartan ou aux *sulfamides*,
- *insuffisance rénale* ou *hépatique* graves,
- *hypertension artérielle* due à un rétrécissement des artères rénales, ou associée à un déficit en *sel* important (voir Attention),
- **grossesse** (à partir du 4e mois),
- **allaitement**.

**Attention :** Des précautions sont nécessaires chez les personnes souffrant d'*insuffisance coronarienne* ou de troubles de la circulation cérébrale.
Chez les personnes atteintes d'une *insuffisance hépatique* grave, l'apparition de troubles de la

conscience peut annoncer une complication. Ne poursuivez pas le traitement sans l'avis de votre médecin.

Si vous suiviez auparavant un traitement par *diurétique* ou un régime sans *sel*, la baisse de la tension artérielle peut être importante lors des premières prises du médicament : risque de malaise ou d'étourdissement pouvant entraîner une chute. Il est donc recommandé de prendre un régime normalement salé ou d'interrompre le traitement diurétique au moins 3 jours avant la première prise de ce médicament. Votre médecin vous donnera toutes les informations utiles à ce sujet.

Faites pratiquer régulièrement les analyses de sang prescrites par votre médecin ; elles sont notamment destinées à vérifier le bon fonctionnement de vos reins (dosage de la *créatinine*) et les taux de *potassium* et de *sodium* sanguins.

Le diurétique contenu dans ce médicament peut faire baisser la *kaliémie* : évitez d'utiliser des *laxatifs stimulants* dont l'usage régulier contribue à la baisse du taux de potassium dans le sang. Il peut par ailleurs augmenter le taux sanguin d'*acide urique* (possibilité de crise de *goutte*).

Sportif : ce médicament contient une substance susceptible de rendre positifs certains *tests antidopage*.

### Interactions avec d'autres substances

Ce médicament peut interagir avec les médicaments susceptibles de provoquer une *hyperkaliémie* (*diurétique*, sel de *potassium*...), avec les médicaments donnant des *torsades de pointes* et avec les médicaments contenant du lithium.

Informez par ailleurs votre médecin si vous prenez un *digitalique*, un *laxatif stimulant*, un *AINS*, ou un médicament contenant de la metformine, de la carbamazépine, de la ciclosporine ou un sel de calcium.

En outre, l'effet *antihypertenseur* de ce médicament peut être augmenté par certains médicaments tels que les *neuroleptiques*, les *antidépresseurs imipraminiques*, les médicaments contenant du baclofène ; il peut être diminué par les *corticoïdes*. Votre médecin doit être informé si vous êtes traité par l'un ou par l'autre.

Chez le diabétique traité par l'*insuline*, une adaptation de la *posologie* de l'insuline peut être nécessaire.

### Grossesse et allaitement

L'effet de ce médicament sur l'enfant à naître pendant les 3 premiers mois de la grossesse est mal connu. Par prudence, son usage est déconseillé. Au cours des 6 derniers mois de la grossesse, une prise prolongée de ce médicament peut altérer les reins du fœtus. Son utilisation est contre-indiquée à partir du 4e mois de la grossesse.

En conséquence, un désir de grossesse nécessite le remplacement de ce médicament par un autre antihypertenseur. Si une grossesse survient alors que vous prenez ce médicament, consultez rapidement votre médecin pour qu'il modifie votre traitement.

Ce médicament est contre-indiqué chez la femme qui allaite.

### Mode d'emploi et posologie

Les comprimés doivent être avalés avec un verre d'eau. Ils peuvent être pris indifféremment au cours ou en dehors des repas.

**Posologie usuelle :**

- Adulte : 1 comprimé par jour.

**Conseils :** Votre tension artérielle doit être contrôlée régulièrement. Les appareils permettant une mesure automatique de la tension à domicile utilisent souvent un procédé de mesure différent de celui qu'emploie votre médecin. Si vous avez un tel appareil, apportez-le en consultation pour vous assurer que la mesure obtenue est bien conforme à celle du tensiomètre de votre médecin.

Le traitement médicamenteux ne dispense pas de mesures simples pouvant faire baisser la tension artérielle : activité physique régulière, modération de la consommation de boissons alcoolisées et de *sel*, lutte contre l'excès de poids.

Les *diurétiques* exposent au risque de déshydratation : les personnes âgées devront boire abondamment, notamment pendant les fortes chaleurs.

### Effets indésirables possibles

Étourdissements dus à une *hypotension orthostatique*, fatigue, *réaction allergique*.

Aggravation réversible d'une *insuffisance rénale*.

Augmentation du taux d'*acide urique* ou de glucose dans le sang et exceptionnellement du calcium.

Baisse du taux de *potassium*, associée ou non à des crampes.

Rarement :

- nausées, constipation ou *diarrhée*, fourmillement des extrémités, maux de tête, *hépatite* ;
- baisse du taux de *sodium* dans le sang (natrémie) et risque de troubles du comportement ;
- anomalie de la *numération formule sanguine*.

Exceptionnellement : *pancréatite*.

Laboratoires MSD-Chibret

## FOSAMAX

Biphosphonate — sur ordonnance

### Présentation

**FOSAMAX 5 mg :** comprimé (blanc) ; boîte de 28. Liste I - Non remb.

**FOSAMAX 10 mg :** comprimé (blanc) ; boîte de 28. Liste I - Remb 65 % - **Prix : 32,60 €.**

**FOSAMAX 70 mg :** comprimé (blanc) ; boîte de 4. Liste I - Remb 65 % - **Prix : 34,16 €.**

**FOSAMAX 70 mg :** comprimé (blanc) ; boîte de 12. Liste I - Remb 65 % - **Prix : 91,86 €.**

### Composition

| | p cp | p cp | p cp |
|---|---|---|---|
| **Acide alendronique** | 5 mg | 10 mg | 70 mg |
| Lactose | + | + | |

### Dans quel cas ce médicament est-il prescrit ?

Ce médicament appartient à la famille des biphosphonates. Il agit en bloquant les cellules qui détruisent l'os et en luttant contre la déminéralisation. Des études ont montré qu'il diminue le risque de fractures vertébrales et de la hanche dues à l'*ostéoporose*.

Dosé à 5 mg, il est utilisé dans le *traitement préventif* de la fragilité osseuse chez les femmes ménopausées présentant un risque élevé d'ostéoporose. Il est également indiqué pour prévenir la fragilisation des os lors de la prise prolongée (supérieure à 3 mois) de cortisone.

Dosé à 10 et à 70 mg, il est utilisé dans le traitement de l'ostéoporose qui survient chez la femme ménopausée.

Le remboursement par la Sécurité sociale est subordonné à la présence d'au moins une fracture visible à la radiographie.

Dosé à 10 mg, il est utilisé également dans le traitement de l'ostéoporose masculine.

### Contre-indications

Ce médicament ne doit pas être utilisé dans les cas suivants :

- maladie de l'œsophage susceptible de provoquer un blocage du comprimé avant sa descente dans l'estomac,
- *insuffisance rénale* grave,
- *hypocalcémie*,
- **allaitement**.

> **Attention :**
> Ce médicament peut être irritant pour la bouche ou l'œsophage, il est important :
> - de ne pas croquer ou sucer le comprimé ;
> - de prendre le comprimé en position assise ou debout, avec un grand verre d'eau ;
> - de ne pas s'allonger dans la demi-heure qui suit la prise.
>
> Son utilisation est contre-indiquée chez les malades qui ne peuvent pas suivre ces recommandations.
>
> Signalez au médecin l'apparition de *troubles digestifs* comme des brûlures d'estomac, des acidités, ou des brûlures derrière le sternum.
>
> Pendant toute la durée du traitement, des apports de calcium sont nécessaires, soit par l'alimentation, soit par un traitement conjoint spécifique.

### Interactions avec d'autres substances

Ce médicament peut aggraver les troubles gastriques provoqués par l'aspirine, l'ibuprofène ou les autres *AINS*.

Les autres médicaments (surtout les *pansements digestifs* ou ceux contenant du calcium) doivent être absorbés au moins une demi-heure après la prise de ce médicament.

### Grossesse et allaitement

Quelques cas de malformations chez l'animal ont été rapportés lors de traitements à base d'alendronate à forte dose. En l'absence de données suffisantes pour l'espèce humaine, les comprimés à 5 mg sont déconseillés chez la femme enceinte.

Les comprimés à 10 mg et 70 mg n'ont pas d'indication chez la femme non ménopausée.

L'utilisation de ce médicament contre-indique l'allaitement.

### Mode d'emploi et posologie

Le comprimé doit être pris avec un grand verre d'eau (eau du robinet ou eau minérale pauvre en calcium et en magnésium), en position assise ou debout, au moins une demi-heure avant l'absorption du petit-déjeuner (ou du déjeuner chez les femmes qui ne mangent pas le matin).

**Posologie usuelle :**

- Adulte :
  - Prévention de la perte osseuse : 1 comprimé à 5 mg par jour.
  - Traitement de l'ostéoporose : 1 comprimé à 10 mg par jour ou 1 comprimé à 70 mg 1 fois par semaine, à prendre toujours le même jour de la semaine.

En cas d'oubli (comprimé à 70 mg uniquement) : prendre 1 comprimé le jour du constat de l'oubli, et prendre le comprimé suivant le jour de la prise initialement choisi. Ne pas prendre 2 comprimés le même jour.

> **Conseils :** Des exercices physiques réguliers contribuent à limiter l'évolution de l'*ostéoporose*.

### Effets indésirables possibles

Nausées, vomissements, aérophagie, douleurs abdominales, brûlures d'estomac, ballonnements, flatulences, diarrhée ou constipation.

Douleurs osseuses ou musculaires, maux de tête.

*Éruption cutanée*, *réaction allergique*.

Rarement : *ulcère* gastroduodénal (voir Attention), *uvéite*

**Laboratoires MSD-Chibret**

---

## FOSAVANCE

Biphosphonate et vitamine D — sur ordonnance

### Présentation

FOSAVANCE : comprimé (blanc) ; boîte de 4. Liste I - Remb 65 % - **Prix : 37,43 €.**

FOSAVANCE : comprimé (blanc) ; boîte de 12. Liste I - Remb 65 % - **Prix : 101,67 €.**

### Composition

| | p cp |
|---|---|
| **Acide alendronique** | 70 mg |
| **Colécalciférol (vitamine D3)** | 2800 UI |
| Lactose | + |

### Dans quel cas ce médicament est-il prescrit ?

Ce médicament contient de l'acide alendronique, de la famille des biphosphonates, et de la *vitamine* D. L'acide alendronique agit en bloquant les cellules qui détruisent l'os et en luttant contre la déminéralisation. Des études ont montré qu'il diminue le risque de fractures vertébrales et de la hanche dues à l'ostéoporose. La vitamine D permet la fixation osseuse du calcium. La *carence* en vitamine D est particulièrement fréquente chez les personnes âgées peu exposées au soleil ; en effet, la vitamine D est fabriquée par la peau sous l'influence des rayons ultraviolets.

Il est utilisé dans le traitement de l'*ostéoporose* qui survient chez la femme ménopausée présentant un risque de carence en vitamine D.

### Contre-indications

Ce médicament ne doit pas être utilisé dans les cas suivants :

- maladie de l'œsophage susceptible de provoquer un blocage du comprimé avant sa descente dans l'estomac,
- *hypocalcémie*.

> **Attention :**
> Ce médicament peut être irritant pour la bouche ou l'œsophage, il est important :
> - de ne pas croquer ou sucer le comprimé ;
> - de prendre le comprimé en position assise ou debout, avec un grand verre d'eau ;
> - de ne pas s'allonger dans la demi-heure qui suit la prise.
>
> Son utilisation est contre-indiquée chez les malades qui ne peuvent pas suivre ces recommandations.

Signalez au médecin l'apparition de troubles digestifs comme des brûlures d'estomac, des acidités, ou des brûlures derrière le sternum.
Des précautions sont nécessaires en cas d'*insuffisance rénale.*
Pendant toute la durée du traitement, des apports de calcium sont nécessaires, soit par l'alimentation, soit par un traitement conjoint spécifique.

### Interactions avec d'autres substances

Ce médicament peut aggraver les troubles gastriques provoqués par l'aspirine, l'ibuprofène ou les autres *AINS.*
Les autres médicaments (surtout les *pansements digestifs* ou ceux contenant du calcium) doivent être absorbés au moins une demi-heure après la prise de ce médicament.

### Grossesse et allaitement

Ce médicament n'a pas d'indication chez la femme non ménopausée.

### Mode d'emploi et posologie

Le comprimé doit être pris au lever avec un grand verre d'eau (eau du robinet ou eau minérale pauvre en calcium et en magnésium), en position assise ou debout, au moins une demi-heure avant l'absorption du petit-déjeuner.

**Posologie usuelle :**

- Adulte : 1 comprimé par **semaine**, à prendre toujours le même jour de la semaine.

En cas d'oubli d'un comprimé, celui-ci doit être pris le lendemain matin du jour où l'oubli est constaté, sans prendre deux comprimés le même jour. Le comprimé suivant devra être repris le jour choisi initialement.

**Conseils :** Des exercices physiques réguliers contribuent à limiter l'évolution de l'*ostéoporose.*

### Effets indésirables possibles

Nausées, vomissements, aérophagie, douleurs abdominales, brûlures d'estomac, ballonnements, flatulences, diarrhée ou constipation.
Douleurs osseuses ou musculaires, maux de tête.
*Éruption cutanée, réaction allergique.*
Rarement : *ulcère* gastroduodénal (voir Attention), *uvéite*

**Laboratoires MSD-Chibret**

## FOSTIMON

*Informations détaillées sur www.monvidal.com*

## FOZIRETIC

Association d'antihypertenseurs — **sur ordonnance**

### Présentation

FOZIRETIC : comprimé sécable (pêche) ; boîte de 28. Liste I - Remb 65 % - **Prix : 18,62 €.**
FOZIRETIC : comprimé sécable (pêche) ; boîte de 30. Liste I - Remb 65 % - **Prix : 19,91 €.**
FOZIRETIC : comprimé sécable (pêche) ; boîte de 90. Liste I - Remb 65 % - **Prix : 54,72 €.**

### Composition

| | p cp |
|---|---|
| **Fosinopril** | 20 mg |
| **Hydrochlorothiazide** | 12,5 mg |
| Lactose | + |

### Dans quel cas ce médicament est-il prescrit ?

Cet *antihypertenseur* contient deux substances :

- le fosinopril, un *inhibiteur de l'enzyme de conversion.* Cette *enzyme* est une substance naturellement présente dans l'organisme, responsable d'une contraction des artères qui augmente la tension artérielle et fatigue le cœur ;
- l'hydrochlorothiazide, un *diurétique* dont la structure chimique est proche de celle des *sulfamides.* Son action renforce celle du fosinopril.

Ce médicament est utilisé dans le traitement de l'*hypertension artérielle.*

### Contre-indications

Ce médicament ne doit pas être utilisé dans les cas suivants :

- *allergie* aux médicaments de la famille des *inhibiteurs de l'enzyme de conversion* ou à celle des *sulfamides,*
- prédisposition à l'œdème de *Quincke,*
- *insuffisance rénale* grave,
- *encéphalopathie hépatique,*
- **grossesse** (à partir du 4e mois),
- **allaitement.**

**Attention :** Des précautions s'imposent chez les personnes souffrant d'*hypertension artérielle* due à un rétrécissement des artères rénales.
En cas de gonflement du visage (lèvres, paupières...) ou d'une autre région du corps, consultez votre médecin avant toute nouvelle prise de ce médicament ; il peut s'agir d'une *réaction allergique* : œdème de *Quincke.*
L'usage des *inhibiteurs de l'enzyme de conversion* est déconseillé en période de désensibilisation aux venins d'*hyménoptères* : augmentation du risque de réaction allergique grave.
Chez les personnes atteintes d'une *insuffisance hépatique* grave, l'apparition de troubles de la conscience peut annoncer une complication. Ne poursuivez pas le traitement sans l'avis de votre médecin.
Si vous suiviez auparavant un traitement par *diurétique* ou un régime sans *sel,* la baisse de la tension artérielle peut être importante lors des premières prises du médicament : risque de malaise ou d'étourdissement pouvant entraîner une chute. Il est donc préférable de commencer le traitement un jour de repos.
Faites pratiquer régulièrement les analyses de sang prescrites par votre médecin ; elles sont notamment destinées à vérifier le bon fonctionnement de vos reins (dosage de la *créatinine*) et les taux de *potassium* et de *sodium* sanguins.
Le diurétique contenu dans ce médicament peut faire baisser la *kaliémie* : évitez d'utiliser des *laxatifs stimulants* dont l'usage régulier contribue à la baisse du taux de potassium dans le sang. Il peut par ailleurs augmenter le taux sanguin d'*acide urique* (possibilité de crise de *goutte*).
Conducteur : les *inhibiteurs de l'enzyme de conversion* peuvent être responsables de malaise ou de *vertiges,* lors des premières prises.
Sportif : ce médicament contient une substance susceptible de rendre positifs certains *tests antidopage.*

### Interactions avec d'autres substances

Ce médicament peut interagir avec les médicaments susceptibles de provoquer une *hyperkaliémie* (*diurétique*, sel de *potassium*...), avec les médicaments donnant des *torsades de pointes* et avec les médicaments contenant du lithium.

Informez par ailleurs votre médecin si vous prenez un *digitalique*, un *laxatif stimulant*, un *AINS*, ou un médicament contenant de la metformine, de la carbamazépine, de la ciclosporine ou un sel de calcium.

En outre, l'effet *antihypertenseur* de ce médicament peut être augmenté par certains médicaments tels que les *neuroleptiques*, les *antidépresseurs imipraminiques*, les médicaments contenant du baclofène ; il peut être diminué par les *corticoïdes*. Votre médecin doit être informé si vous êtes traité par l'un ou par l'autre.

Chez le diabétique traité par l'*insuline*, une adaptation de la *posologie* de l'insuline peut être nécessaire.

### Grossesse et allaitement

L'effet de ce médicament pendant les 3 premiers mois de la grossesse est mal connu. Par prudence, son usage est déconseillé.

Au cours des 6 derniers mois de la grossesse, la prise prolongée d'un *inhibiteur de l'enzyme de conversion* peut altérer les reins du fœtus. L'utilisation de ce médicament est contre-indiquée à partir du 4e mois de la grossesse.

En conséquence, un désir de grossesse nécessite le remplacement de ce médicament par un autre antihypertenseur. Si une grossesse survient alors que vous prenez ce médicament, consultez rapidement votre médecin pour qu'il modifie votre traitement. Des *échographies* régulières sont parfois nécessaires pour s'assurer de l'absence d'anomalie.

Ce médicament passe dans le lait maternel ; un choix est donc nécessaire entre l'allaitement et la prise du médicament. Cette décision devra être prise en accord avec votre médecin.

### Mode d'emploi et posologie

Ce médicament doit être pris avec un verre d'eau.

**Posologie usuelle :**

- Adulte : 1 comprimé par jour.

En cas d'*athérosclérose*, de traitement préalable par des *diurétiques* ou de régime sans *sel*, notamment chez la personne âgée, la *posologie* initiale est faible ; elle est augmentée progressivement par le médecin en fonction des effets du médicament.

> **Conseils :** Votre tension artérielle doit être contrôlée régulièrement. Les appareils permettant une mesure automatique de la tension à domicile utilisent souvent un procédé de mesure différent de celui qu'emploie votre médecin. Si vous avez un tel appareil, apportez-le en consultation pour vous assurer que la mesure obtenue est bien conforme à celle du tensiomètre de votre médecin.
>
> Le traitement médicamenteux ne dispense pas de mesures simples pouvant faire baisser la tension artérielle : activité physique régulière, modération de la consommation de boissons alcoolisées et de *sel*, lutte contre l'excès de poids.

### Effets indésirables possibles

Toux sèche.

Baisse excessive de la tension artérielle (voir Attention) ; *hypotension orthostatique*.

Maux de tête, fatigue, étourdissement, fourmillement des extrémités.

*Troubles digestifs.*

*Éruption cutanée.*

Augmentation du taux de *créatinine*, d'*acide urique* ou de glucose dans le sang et exceptionnellement du calcium.

Baisse du taux de *potassium* dans le sang, associée ou non à des crampes.

Rarement : baisse de taux de sodium dans le sang (natrémie) et risque de troubles du comportement, anomalie de la *numération formule sanguine*.

Exceptionnellement : œdème de *Quincke*, *pancréatite*, troubles de la vue.

**Laboratoires Merck Lipha Santé**

## FOZITEC

Inhibiteur de l'enzyme de conversion

**sur ordonnance**

### Présentation

FOZITEC 10 mg : comprimé sécable (blanc) ; boîte de 28. Liste I - Remb 65 % - **Prix : 16,95 €**.
FOZITEC 10 mg : comprimé sécable (blanc) ; boîte de 30. Liste I - Remb 65 % - **Prix : 18,12 €**.
FOZITEC 10 mg : comprimé sécable (blanc) ; boîte de 90. Liste I - Remb 65 % - **Prix : 50,15 €**.
FOZITEC 20 mg : comprimé (blanc) ; boîte de 28. Liste I - Remb 65 % - **Prix : 21,32 €**.
FOZITEC 20 mg : comprimé (blanc) ; boîte de 30. Liste I - Remb 65 % - **Prix : 22,81 €**.
FOZITEC 20 mg : comprimé (blanc) ; boîte de 90. Liste I - Remb 65 % - **Prix : 62,11 €**.

### Composition

| | p cp | p cp |
|---|---|---|
| **Fosinopril** | 10 mg | 20 mg |
| Lactose | + | + |

### Dans quel cas ce médicament est-il prescrit ?

Ce médicament appartient à la famille des *inhibiteurs de l'enzyme de conversion* (IEC). L'enzyme de conversion est une substance naturellement présente dans l'organisme ; elle est responsable d'une contraction des artères qui augmente la tension artérielle et fatigue le cœur.

Il est utilisé dans le traitement de l'*hypertension artérielle* et de l'*insuffisance cardiaque*.

### Contre-indications

Ce médicament ne doit pas être utilisé dans les cas suivants :

- *allergie* aux médicaments de la famille des *inhibiteurs de l'enzyme de conversion*,
- prédisposition à l'œdème de *Quincke*,
- **grossesse** (à partir du 4e mois).

Dans d'autres situations, le médecin est seul juge pour prescrire ce médicament, notamment en cas d'*hyperkaliémie* ou de rétrécissement des artères rénales.

> **Attention :** En cas de gonflement du visage (lèvres, paupières...) ou d'une autre région du corps, consultez votre médecin avant toute nouvelle prise de ce médicament ; il peut s'agir d'une *réaction allergique* : œdème de *Quincke*.
>
> L'usage des *inhibiteurs de l'enzyme de conversion* est déconseillé en période de désensibilisation aux venins d'*hyménoptères* : augmentation du risque de réaction allergique grave.

Des précautions sont nécessaires chez la personne âgée.
En cas d'*insuffisance rénale*, un contrôle de la *créatinine* et du taux de *potassium* dans le sang est nécessaire.
Si vous suivez un traitement par *diurétique* ou un régime sans *sel*, la baisse de la tension artérielle peut être importante lors des premières prises du médicament : risque de malaise ou d'étourdissement pouvant entraîner une chute.
Les sels de régime contiennent souvent du *potassium* ; ne les utilisez pas sans avis médical pendant le traitement.
Si vous êtes traité par le rein artificiel, prévenez votre centre de *dialyse* de la prise de ce médicament.
Conducteur : les *inhibiteurs de l'enzyme de conversion* peuvent être responsables de malaise ou de *vertiges*, lors des premières prises.

### Interactions avec d'autres substances

Ce médicament peut interagir avec les *diurétiques* et les médicaments qui contiennent du potassium ou du lithium.
Informez par ailleurs votre médecin ou votre pharmacien si vous prenez un *antidiabétique*, un *AINS* ou de l'aspirine à forte dose (plus de 3 g par jour).
En outre, l'effet *antihypertenseur* de ce médicament peut être augmenté par certains médicaments tels que les *neuroleptiques*, les *antidépresseurs imipraminiques*, les *alphabloquants* utilisés dans certains troubles urinaires, les médicaments contenant du baclofène ; il peut être diminué par les *corticoïdes*. Votre médecin doit être informé si vous êtes traité par l'un ou l'autre de ces médicaments.

### Grossesse et allaitement

L'effet de ce médicament pendant les 3 premiers mois de la grossesse est mal connu. Par prudence, son usage est déconseillé.
Au cours des 6 derniers mois de la grossesse, la prise prolongée d'un *inhibiteur de l'enzyme de conversion* peut altérer les reins du fœtus. L'utilisation de ce médicament est contre-indiquée à partir du 4e mois de la grossesse.
En conséquence, un désir de grossesse nécessite le remplacement de ce médicament par un autre antihypertenseur. Si une grossesse survient alors que vous prenez ce médicament, consultez rapidement votre médecin pour qu'il modifie votre traitement. Des *échographies* régulières sont parfois nécessaires pour s'assurer de l'absence d'anomalie.
Les données disponibles ne permettent pas de savoir si ce médicament passe dans le lait maternel ; un choix est donc nécessaire entre l'allaitement et la prise du médicament. Cette décision devra être prise en accord avec votre médecin.

### Mode d'emploi et posologie

Ce médicament est pris indifféremment au cours ou en dehors des repas, en 1 prise quotidienne.

**Posologie usuelle :**

- Adulte :
  - *hypertension artérielle* : 10 mg par jour ;
  - *insuffisance cardiaque* : 10 mg à 20 mg par jour, atteints progressivement.

En cas d'*insuffisance rénale*, d'*athérosclérose*, de traitement préalable par des *diurétiques* ou de régime sans *sel*, en particulier chez la personne âgée, la *posologie* initiale est faible ; elle est augmentée progressivement par le médecin en fonction des effets du médicament.

**Conseils :** Votre tension artérielle doit être contrôlée régulièrement. Les appareils permettant une mesure automatique de la tension à domicile utilisent souvent un procédé de mesure différent de celui qu'emploie votre médecin. Si vous avez un tel appareil, apportez-le en consultation pour vous assurer que la mesure obtenue est bien conforme à celle du tensiomètre de votre médecin.
Le traitement médicamenteux ne dispense pas de mesures simples pouvant faire baisser la tension artérielle : activité physique régulière, modération de la consommation de boissons alcoolisées et de *sel*, lutte contre l'excès de poids.

### Effets indésirables possibles

Toux sèche.
Baisse excessive de la tension artérielle (voir Attention) ; *hypotension orthostatique*.
Maux de tête, fatigue, étourdissement.
*Troubles digestifs*.
Bouche sèche.
*Réactions allergiques* : *éruption cutanée*, œdème de *Quincke* (exceptionnel).

**Laboratoires Merck Lipha Santé**

## FRACTAL

Hypolipémiant

sur ordonnance

### Présentation

**FRACTAL 20 mg :** gélule (brique et orange) ; boîte de 30. Liste I - Remb 65 % - **Prix : 17,60 €.**
**FRACTAL 20 mg :** gélule (brique et orange) ; boîte de 90. Liste I - Remb 65 % - **Prix : 48,82 €.**
**FRACTAL 40 mg :** gélule (brique et jaune) ; boîte de 30. Liste I - Remb 65 % - **Prix : 23,13 €.**
**FRACTAL 40 mg :** gélule (brique et jaune) ; boîte de 90. Liste I - Remb 65 % - **Prix : 62,94 €.**
**FRACTAL LP 80 mg :** comprimé à *libération prolongée* ; boîte de 30. Liste I - Remb 65 % - **Prix : 32,98 €.**
**FRACTAL LP 80 mg :** comprimé à *libération prolongée* ; boîte de 30. Liste I - Remb 65 % - **Prix : 88,30 €.**

### Composition

| | p gél | p gél | p cp LP |
|---|---|---|---|
| **Fluvastatine** | 20 mg | 40 mg | 80 mg |

### Dans quel cas ce médicament est-il prescrit ?

Ce médicament est un *hypocholestérolémiant* de la famille des statines. Il permet d'abaisser fortement le taux de *cholestérol* circulant dans le sang.
Il est utilisé dans le traitement des excès de cholestérol persistant en complément d'un régime adapté.
Il est également utilisé dans le *traitement préventif* de l'*infarctus du myocarde* chez les patients ayant bénéficié d'une dilatation des *artères coronaires* (angioplastie).

### Contre-indications

Ce médicament ne doit pas être utilisé dans les cas suivants :
- *insuffisance hépatique* ou *transaminases* élevées,
- **allaitement**.

**Attention :** Ce médicament peut être toxique pour le foie ou les muscles. Signalez à votre médecin toute fatigue anormale, perte d'appétit, douleur ou faiblesse musculaire. Des analyses de sang peuvent être pratiquées afin de vérifier que le médicament est bien supporté.

### Interactions avec d'autres substances

Ce médicament peut interagir avec d'autres *hypocholestérolémiants* de la famille des fibrates.

Informez par ailleurs votre médecin ou votre pharmacien si vous prenez des *anticoagulants* oraux ou un médicament contenant de la rifampicine.

### Grossesse et allaitement

Ce médicament n'a pas d'indication chez la femme enceinte et il doit être interrompu en cas de désir de grossesse.

Si une grossesse survient sous traitement, consultez votre médecin et arrêtez la prise de ce médicament.

Aucune malformation imputable à ce médicament n'a été observée à ce jour.

Les données disponibles ne permettent pas de savoir si ce médicament passe dans le lait maternel ; un choix est donc nécessaire entre l'allaitement et la prise du médicament. Cette décision devra être prise en accord avec votre médecin.

### Mode d'emploi et posologie

Les comprimés et les gélules doivent être avalés tels quels avec un verre d'eau, indifféremment au cours ou en dehors du repas.

**Posologie usuelle :**

- Adulte : 20 à 80 mg par jour, en une prise unique, de préférence le soir. La dose maximale de 80 mg par jour est réservée aux formes sévères de la maladie.

Le régime reste indispensable pendant toute la durée du traitement.

**Conseils :** Un régime pauvre en *cholestérol* et en graisses animales n'est pas simple à suivre : les erreurs sont fréquentes. Demandez conseil à votre médecin, à votre pharmacien ou à un professionnel de la nutrition.

### Effets indésirables possibles

Digestion difficile, nausées, douleurs abdominales, maux de tête, insomnie.

Augmentation des *transaminases*.

Rarement : éruption cutanée, *réaction allergique*, atteinte musculaire (voir Attention), tendinite.

**Laboratoires Pierre Fabre Médicament**

## FRAGMINE

Anticoagulant injectable — sur ordonnance

### Présentation

**FRAGMINE 2 500 UI anti-Xa/0,2 ml :** solution injectable ; boîte de 2 seringues préremplies. Liste I - Remb 65 % - **Prix : 6,89 €**.

**FRAGMINE 2 500 UI anti-Xa/0,2 ml :** solution injectable ; boîte de 6 seringues préremplies. Liste I - Remb 65 % - **Prix : 19,58 €**.

**FRAGMINE 5 000 UI anti-Xa/0,2 ml :** solution injectable ; boîte de 2 seringues préremplies. Liste I - Remb 65 % - **Prix : 13,24 €**.

**FRAGMINE 5 000 UI anti-Xa/0,2 ml :** solution injectable ; boîte de 6 seringues préremplies. Liste I - Remb 65 % - **Prix : 37,66 €**.

**FRAGMINE 7 500 UI anti-Xa/0,75 ml :** solution injectable ; boîte de 2 seringues préremplies graduées. Liste I - Remb 65 % - **Prix : 15,07 €**.

**FRAGMINE 7 500 UI anti-Xa/0,75 ml :** solution injectable ; boîte de 10 seringues préremplies graduées. Liste I - Remb 65 % - **Prix : 67,06 €**.

**FRAGMINE 10 000 UI anti-Xa/1 ml :** solution injectable ; boîte de 2 seringues préremplies graduées. Liste I - Remb 65 % - **Prix : 18,98 €**.

**FRAGMINE 10 000 UI anti-Xa/1 ml :** solution injectable ; boîte de 10 seringues préremplies graduées. Liste I - Remb 65 % - **Prix : 83,72 €**.

### Composition

| | p ml |
|---|---|
| **Daltéparine sodique en UI anti-Xa** ............... | 10 000 |

### Dans quel cas ce médicament est-il prescrit ?

Ce médicament est un *anticoagulant* de la famille des héparines de bas poids moléculaire. Il empêche la formation ou l'extension des caillots dans les vaisseaux sanguins.

Il est utilisé :

- à faible dose, dans le *traitement préventif* des *accidents thromboemboliques* chez les opérés récents ou chez les malades alités ou immobilisés ;
- à forte dose, dans le traitement des *thromboses* veineuses (*phlébite*...) et, en association avec l'aspirine, dans le traitement initial du *syndrome coronarien aigu* et de l'*infarctus du myocarde*.

### Contre-indications

Ce médicament ne doit pas être utilisé dans les cas suivants :

- baisse des *plaquettes* sanguines lors d'une précédente utilisation de ce médicament ou d'un autre médicament de la famille des héparines,
- *hémophilie* et maladies apparentées,
- risque de saignement d'un organe (*ulcère* de l'estomac ou du *duodénum*).

Ce médicament ne doit pas être utilisé à forte dose en cas d'*insuffisance rénale* grave ou d'*hémorragie* cérébrale.

**Attention :** Des analyses de sang sont préconisées en début et en cours de traitement pour contrôler notamment le taux de *plaquettes* dans le sang.

Une surveillance particulière est nécessaire chez les personnes de plus de 65 ans, chez celles pesant moins de 40 kg ou présentant une *insuffisance rénale*, une *insuffisance hépatique* ou un *antécédent* d'*ulcère* de l'estomac ou du duodénum et en cas de traitement de plus de 10 jours.

L'aspirine augmente le risque hémorragique lié à l'usage de ce médicament. De nombreux produits utilisés pour traiter la fièvre ou la douleur contiennent de l'aspirine et sont vendus sans ordonnance. Ne prenez aucun médicament sans l'avis de votre médecin ou de votre pharmacien. Prévenez votre dentiste de la prise de ce médicament.

Ce médicament expose au risque d'*hémorragies* internes. Les sports violents ou les activités dangereuses sont déconseillés au cours du traitement.

### Interactions avec d'autres substances

Ce médicament peut interagir avec les médicaments contenant de l'aspirine ou des *anti-inflammatoires* non stéroïdiens : augmentation du risque d'*hémorragie*.

Informez par ailleurs votre médecin si vous prenez un *antiagrégant plaquettaire* ou un médicament susceptible d'augmenter le taux de potassium dans la sang (notamment certains *diurétiques* et les médicaments contenant du potassium).

### Grossesse et allaitement

Seul votre médecin peut apprécier la nécessité de ce traitement et son risque pendant la grossesse.

La possibilité d'un effet du médicament chez le *nourrisson* est très improbable ; l'allaitement est possible.

### Mode d'emploi et posologie

La solution injectable est administrée par *voie* sous-cutanée dans un pli de la peau pincé entre deux doigts. L'injection se fait habituellement dans la paroi abdominale.

**Posologie usuelle :**

- Adulte : la posologie est strictement individuelle. Elle varie selon la maladie à traiter et le poids de la personne.
  - *Traitement préventif* : 1 injection par jour. En cas d'immobilisation, le traitement durera au moins jusqu'à la reprise normale de la marche.
  - *Traitement curatif* : 2 injections par jour, espacées de 12 heures.

**Conseils :** Lorsque ce médicament est remplacé par un *anticoagulant* oral, les deux traitements doivent être pris simultanément pendant quelques jours, le temps que le traitement oral devienne efficace.

### Effets indésirables possibles

Des hématomes (bleus) peuvent apparaître au point d'injection. Ils disparaîtront spontanément.

*Hémorragies* de gravité variable.

Baisse des *plaquettes* sanguines, justifiant des analyses de sang avant et pendant le traitement.

Rarement : *réaction allergique*, douleur durable au point d'injection pouvant traduire une lésion de la peau ; consultez votre médecin.

Élévation transitoire des *transaminases*, *hyperkaliémie*.

**Laboratoires Pfizer**

## FRAKIDEX

Antibiotique à usage ophtalmique — **sur ordonnance**

### Présentation

**FRAKIDEX :** collyre ; flacon de 5 ml. Liste I - Remb 35 % - **Prix : 2,20 €**.

**FRAKIDEX :** pommade ophtalmique ; tube de 5 g. Liste I - Remb 35 % - **Prix : 1,84 €**.

### Composition

| | p 100 ml | p 100 g |
|---|---|---|
| **Dexaméthasone phosphate sodique** | 100 mg | 100 mg |
| **Framycétine sulfate** | 630 000 UI | 315 000 UI |
| Benzalkonium chlorure | + | |

### Dans quel cas ce médicament est-il prescrit ?

Ce médicament d'usage local contient un *corticoïde* et un *antibiotique* de la famille des *aminosides*.

Il est utilisé dans le traitement des *conjonctivites* allergiques, des infections et de certaines maladies inflammatoires de l'œil.

### Contre-indications

Ce médicament ne doit pas être utilisé dans les cas suivants :

- *allergie* aux *antibiotiques* de la famille des *aminosides* ;
- *kératite* virale à son début ou autre infection oculaire non contrôlée par un traitement spécifique.

**Attention :** L'usage de ce médicament impose un examen ophtalmologique préalable. En effet, certaines infections oculaires peuvent être aggravées par les dérivés de la *cortisone*.

En l'absence d'amélioration après quelques jours de traitement, n'hésitez pas à consulter votre médecin.

Ce médicament contenant un *corticoïde* doit être utilisé avec précaution en cas de *glaucome* à angle ouvert.

Le collyre ou la pommade peuvent être contaminés par l'œil infecté : évitez de mettre l'extrémité du flacon ou du tube en contact avec l'œil ; ne les conservez pas plus de 15 jours après une première utilisation.

L'usage de ce médicament est déconseillé chez le *nourrisson*.

Sportif : ce médicament contient une substance susceptible de rendre positifs certains *tests antidopage*.

### Interactions avec d'autres substances

Ce médicament peut interagir avec d'autres collyres ou pommades ophtalmiques : respectez un intervalle de 15 minutes entre deux instillations.

### Grossesse et allaitement

L'effet de ce médicament pendant la grossesse ou l'allaitement est mal connu : seul votre médecin peut évaluer le risque éventuel de son utilisation dans votre cas.

### Mode d'emploi et posologie

Tirer la paupière inférieure vers le bas tout en regardant vers le haut et déposer une goutte de collyre ou la pommade entre la paupière et le globe oculaire (*cul-de-sac conjonctival*).

**Posologie usuelle :**

Collyre : 1 goutte, 3 à 6 fois par jour.

Pommade ophtalmique : appliquer l'équivalent d'un grain de riz, 1 à 3 fois par jour.

La durée du traitement est limitée à 7 jours, sauf avis médical.

**Conseils :** Le port de *lentilles de contact* doit être immédiatement interrompu en cas d'infection ou d'inflammation oculaire et les lentilles ne doivent pas être réutilisées avant guérison complète.

La vision est troublée par l'application de la pommade. Ce trouble disparaît en quelques minutes.

L'application correcte du produit peut nécessiter une aide, notamment chez une personne handicapée ou âgée.

### Effets indésirables possibles

Irritation ou *réaction allergique* locales.

En cas d'utilisation prolongée : *cataracte*, augmentation de la *tension intraoculaire* (*glaucome*), *kératite* superficielle.

**Laboratoires Chauvin Bausch & Lomb**

**FRAMYXONE solution auriculaire**
*Informations détaillées sur www.monvidal.com*

## FRAXIPARINE
Anticoagulant injectable — **sur ordonnance**

### Présentation
FRAXIPARINE 0,3 ml : solution injectable *SC* ; boîte de 2 seringues préremplies. Liste I - Remb 65 % - **Prix : 8,33 €**.
FRAXIPARINE 0,3 ml : solution injectable *SC* ; boîte de 6 seringues préremplies. Liste I - Remb 65 % - **Prix : 23,88 €**.
FRAXIPARINE 0,6 ml : solution injectable *SC* ; boîte de 2 seringues préremplies. Liste I - Remb 65 % - **Prix : 16,08 €**.
FRAXIPARINE 0,6 ml : solution injectable *SC* ; boîte de 6 seringues préremplies. Liste I - Remb 65 % - **Prix : 44,99 €**.
FRAXIPARINE 0,8 ml : solution injectable *SC* ; boîte de 2 seringues préremplies. Liste I - Remb 65 % - **Prix : 20,26 €**.
FRAXIPARINE 0,8 ml : solution injectable *SC* ; boîte de 10 seringues préremplies. Liste I - Remb 65 % - **Prix : 89,15 €**.
FRAXIPARINE 1 ml : solution injectable *SC* ; boîte de 2 seringues préremplies. Liste I - Remb 65 % - **Prix : 20,26 €**.

### Composition

| | p ml |
|---|---|
| **Nadroparine calcique, exprimée en UI anti-Xa** | 9 500 |

### Dans quel cas ce médicament est-il prescrit ?
Ce médicament est un *anticoagulant* de la famille des héparines de bas poids moléculaire. Il empêche la formation ou l'extension des caillots dans les vaisseaux sanguins.
Il est utilisé :
- à faible dose, dans le *traitement préventif* des *accidents thromboemboliques* chez les opérés récents ou chez les malades alités ou immobilisés ;
- à forte dose, dans le traitement des *thromboses* veineuses (*phlébite*...) et, en association avec l'aspirine, dans le traitement initial du *syndrome coronarien aigu* et de l'*infarctus du myocarde*.

### Contre-indications
Ce médicament ne doit pas être utilisé dans les cas suivants :
- baisse des *plaquettes* sanguines lors d'une précédente utilisation de ce médicament ou d'un autre médicament de la famille des héparines,
- *hémophilie* et maladies apparentées,
- risque de saignement d'un organe (*ulcère* de l'estomac ou du *duodénum*).

Ce médicament ne doit pas être utilisé à forte dose en cas d'*insuffisance rénale* grave ou d'*hémorragie* cérébrale.

**Attention :** Des analyses de sang sont préconisées en début et en cours de traitement pour contrôler notamment le taux de *plaquettes* dans le sang.
Une surveillance particulière est nécessaire chez les personnes de plus de 65 ans, chez celles pesant moins de 40 kg ou présentant une *insuffisance rénale*, une *insuffisance hépatique* ou un *antécédent* d'*ulcère* de l'estomac ou du duodénum et en cas de traitement de plus de 10 jours.
L'aspirine augmente le risque hémorragique lié à l'usage de ce médicament. De nombreux produits utilisés pour traiter la fièvre ou la douleur contiennent de l'aspirine et sont vendus sans ordonnance. Ne prenez aucun médicament sans l'avis de votre médecin ou de votre pharmacien. Prévenez votre dentiste de la prise de ce médicament.
Ce médicament expose au risque d'*hémorragies* internes. Les sports violents ou les activités dangereuses sont déconseillés au cours du traitement.

### Interactions avec d'autres substances
Ce médicament peut interagir avec les médicaments contenant de l'aspirine ou des *anti-inflammatoires* non stéroïdiens : augmentation du risque d'*hémorragie*.
Informez par ailleurs votre médecin si vous prenez un *antiagrégant plaquettaire* ou un médicament susceptible d'augmenter le taux de potassium dans la sang (notamment certains *diurétiques* et les médicaments contenant du potassium).

### Grossesse et allaitement
Seul votre médecin peut apprécier la nécessité de ce traitement et son risque pendant la grossesse.
La possibilité d'un effet du médicament chez le *nourrisson* est très improbable ; l'allaitement est possible.

### Mode d'emploi et posologie
La solution injectable est administrée par *voie* sous-cutanée dans un pli de la peau pincé entre deux doigts. L'injection se fait habituellement dans la paroi abdominale.

**Posologie usuelle :**
- Adulte : la posologie est strictement individuelle. Elle varie selon la maladie à traiter et le poids de la personne.
- *Traitement préventif* : 1 injection par jour. En cas d'immobilisation, le traitement durera au moins jusqu'à la reprise normale de la marche.
- *Traitement curatif* : 2 injections par jour, espacées de 12 heures.

**Conseils :** Lorsque ce médicament est remplacé par un *anticoagulant* oral, les deux traitements doivent être pris simultanément pendant quelques jours, le temps que le traitement oral devienne efficace.

### Effets indésirables possibles
Des hématomes (bleus) peuvent apparaître au point d'injection. Ils disparaîtront spontanément.
*Hémorragies* de gravité variable.
Baisse des *plaquettes* sanguines, justifiant des analyses de sang avant et pendant le traitement.
Rarement : *réaction allergique*, douleur durable au point d'injection pouvant traduire une lésion de la peau ; consultez votre médecin.
Élévation transitoire des *transaminases*, *hyperkaliémie*.

**Laboratoires GlaxoSmithKline**

## FRAXODI

Anticoagulant injectable — sur ordonnance

### Présentation

**FRAXODI 0,6 ml :** solution injectable *SC* ; boîte de 2 seringues préremplies. Liste I - Remb 65 % - **Prix : 30,11 €**.
**FRAXODI 0,6 ml :** solution injectable *SC* ; boîte de 10 seringues préremplies. Liste I - Remb 65 % - **Prix : 130,97 €**.
**FRAXODI 0,8 ml :** solution injectable *SC* ; boîte de 2 seringues préremplies. Liste I - Remb 65 % - **Prix : 37,17 €**.
**FRAXODI 0,8 ml :** solution injectable *SC* ; boîte de 10 seringues préremplies. Liste I - Remb 65 % - **Prix : 164,63 €**.
**FRAXODI 1 ml :** solution injectable *SC* ; boîte de 2 seringues préremplies. Liste I - Remb 65 % - **Prix : 37,17 €**.
**FRAXODI 1 ml :** solution injectable *SC* ; boîte de 10 seringues préremplies. Liste I - Remb 65 % - **Prix : 164,63 €**.

### Composition

| | p ml |
|---|---|
| **Nadroparine calcique, exprimée en UI anti-Xa** | 19 000 |

### Dans quel cas ce médicament est-il prescrit ?

Ce médicament est un *anticoagulant* de la famille des héparines de bas poids moléculaire. Il empêche la formation ou l'extension des caillots dans les vaisseaux sanguins.

Il est utilisé dans le traitement des *thromboses* veineuses (*phlébite*...).

### Contre-indications

Ce médicament ne doit pas être utilisé dans les cas suivants :

- baisse des *plaquettes* sanguines lors d'une précédente utilisation de ce médicament ou d'un autre médicament de la famille des héparines,
- *hémophilie* et maladies apparentées,
- risque de saignement d'un organe (*ulcère* de l'estomac ou du *duodénum*),
- *insuffisance rénale* grave,
- *hémorragie* cérébrale.

**Attention :** Des analyses de sang sont préconisées en début et en cours de traitement pour contrôler notamment le taux de *plaquettes* dans le sang.
Une surveillance particulière est nécessaire chez les personnes de plus de 65 ans, chez celles pesant moins de 40 kg ou présentant une *insuffisance rénale*, une *insuffisance hépatique* ou un *antécédent* d'*ulcère* de l'estomac ou du duodénum et en cas de traitement de plus de 10 jours.
L'aspirine augmente le risque hémorragique lié à l'usage de ce médicament. De nombreux produits utilisés pour traiter la fièvre ou la douleur contiennent de l'aspirine et sont vendus sans ordonnance. Ne prenez aucun médicament sans l'avis de votre médecin ou de votre pharmacien. Prévenez votre dentiste de la prise de ce médicament.
Ce médicament expose au risque d'*hémorragies* internes. Les sports violents ou les activités dangereuses sont déconseillés au cours du traitement.

### Interactions avec d'autres substances

Ce médicament peut interagir avec les médicaments contenant de l'aspirine ou des *anti-inflammatoires* non stéroïdiens : augmentation du risque d'*hémorragie*.

Informez par ailleurs votre médecin si vous prenez un *antiagrégant plaquettaire* ou un médicament susceptible d'augmenter le taux de potassium dans la sang (notamment certains *diurétiques* et les médicaments contenant du potassium).

### Grossesse et allaitement

Seul votre médecin peut apprécier la nécessité de ce traitement et son risque pendant la grossesse.

La possibilité d'un effet du médicament chez le *nourrisson* est très improbable ; l'allaitement est possible.

### Mode d'emploi et posologie

La solution injectable est administrée par *voie* sous-cutanée dans un pli de la peau pincé entre deux doigtsL'injection se fait habituellement dans la paroi abdominale.

#### Posologie usuelle :

- Adulte : la posologie est strictement individuelle. Elle varie selon la maladie à traiter et le poids de la personne. A titre indicatif, la dose administrée est de 0,1 ml par 10 kg et par jour. 1 injection par jour.

La durée du traitement ne doit pas dépasser 10 jours en général.

**Conseils :** Lorsque ce médicament est remplacé par un *anticoagulant* oral, les deux traitements doivent être pris simultanément pendant quelques jours, le temps que le traitement oral devienne efficace.

### Effets indésirables possibles

Des hématomes (bleus) peuvent apparaître au point d'injection. Ils disparaîtront spontanément.
*Hémorragies* de gravité variable.
Baisse des *plaquettes* sanguines, justifiant des analyses de sang avant et pendant le traitement.
Rarement : *réaction allergique*, douleur durable au point d'injection pouvant traduire une lésion de la peau ; consultez votre médecin.
Élévation transitoire des *transaminases*, *hyperkaliémie*.

Laboratoires GlaxoSmithKline

## FRÊNE BOIRON

*Informations détaillées sur www.monvidal.com*

## FRUBIOSE VITAMINE D

*Informations détaillées sur www.monvidal.com*

## FRUCTINES au picosulfate de sodium

*Informations détaillées sur www.monvidal.com*

## FUCIDINE oral

Antibiotique : fusidanine — sur ordonnance

### Présentation

**FUCIDINE Nourrisson 100 mg/2 ml :** suspension buvable (arôme banane, orange) ; flacon de 50 ml (25 cuillères-mesure de 2 ml). Liste I - Remb 65 % - **Prix : 11,61 €**.
**FUCIDINE Enfant 250 mg/5 ml :** suspension buvable (arôme banane, orange) ; flacon de 90 ml (18 cuillères-mesure de 5 ml). Liste I - Remb 65 % - **Prix : 18,48 €**.
**FUCIDINE 250 mg :** comprimé (blanc) ; boîte de 10. Liste I - Remb 65 % - **Prix : 11,58 €**.

### Composition

| | p c mes Nour | p c mes Enf | p cp |
|---|---|---|---|
| **Acide fusidique, sel de sodium** | | | 250 mg |
| **Acide fusidique** | 100 mg | 250 mg | |

**Dans quel cas ce médicament est-il prescrit ?**

Ce médicament contient un *antibiotique* de la famille des fusidanines, particulièrement actif sur les *staphylocoques*.

Il est utilisé pour traiter les infections des poumons, des bronches, de la gorge, du nez, des oreilles, de la peau, des os ou des articulations dues aux staphylocoques.

**Contre-indications**

Ce médicament ne doit pas être utilisés en cas d'*insuffisance hépatique* chez le nourrisson.

**Attention :** Des précautions sont nécessaires en cas d'*insuffisance hépatique* chez l'enfant comme chez l'adulte.
Une diminution de la fièvre ou une disparition des *symptômes* ne sont pas synonymes de guérison : la durée du traitement doit absolument être respectée pour éviter les rechutes ou l'apparition d'une *résistance* du *germe* à l'*antibiotique*.

**Interactions avec d'autres substances**

Informez votre médecin si vous prenez de la ciclosporine.

**Grossesse et allaitement**

L'effet de ce médicament sur l'enfant à naître est mal connu : seul votre médecin peut apprécier la nécessité du traitement et son risque pendant la grossesse.

Ce médicament passe faiblement dans le lait maternel.

**Mode d'emploi et posologie**

Ce médicament peut être pris indifféremment au cours ou en dehors des repas.

Les comprimés ne sont pas adaptés à l'enfant de moins de 6 ans. En effet, ils risquent d'obstruer les voies respiratoires si l'enfant déglutit mal et que le comprimé passe dans la trachée (fausse route).

**Posologie usuelle :**

- Adulte : 2 comprimés, 2 à 3 fois par jour.
- Enfant et nourrisson : 40 à 60 mg par kg et par jour, à répartir en 2 ou 3 prises. Soit, pour un enfant de 10 kg : 250 mg, matin et soir.

**Conseils :** Le médecin peut prescrire un prélèvement pour identifier le *germe* responsable de l'infection et tester sa sensibilité aux *antibiotiques*. Le résultat de cet examen peut être faussé en cas d'automédication préalable : ne prenez pas d'antibiotiques sans avis médical.

**Effets indésirables possibles**

Intolérance digestive (douleur d'estomac, vomissements, diarrhée).

Rarement : jaunisse.

Exceptionnellement : *réaction allergique* cutanée, anomalie de la *numération formule sanguine*.

Laboratoires Leo Pharma

## FUCIDINE pommade et crème

Antibiotique à usage local — sur ordonnance

**Présentation**

FUCIDINE : pommade ; tube de 15 g. Liste I - Remb 35 % - **Prix : 3,76 €**.
FUCIDINE : crème ; tube de 15 g. Liste I - Remb 35 % - **Prix : 3,76 €**.

**Composition**

| | pommade p 100 g | crème p 100 g |
|---|---|---|
| **Acide fusidique, sel de sodium** | 2 g | |
| **Acide fusidique anhydre** | | 2 g |

**Dans quel cas ce médicament est-il prescrit ?**

Ce médicament contient un *antibiotique* de la famille des fusidanines, particulièrement actif sur les *staphylocoques*.

Il est essentiellement utilisé pour traiter les infections de la peau dues à ce *germe*.

**Contre-indications**

Ce médicament ne doit pas être utilisé en cas d'infection du mamelon au cours de l'allaitement.

**Attention :** Si l'infection ne régresse pas après quelques jours, consultez votre médecin.
Évitez d'utiliser ce médicament, notamment chez l'enfant, de manière prolongée et sur des surfaces étendues ou profondément lésées sans l'avis de votre médecin.

**Grossesse et allaitement**

L'effet de ce médicament pendant la grossesse est mal connu : seul votre médecin peut évaluer le risque éventuel de son utilisation dans votre cas.

En raison du risque d'ingestion par le *nouveau-né*, ce médicament ne doit pas être appliqué sur le mamelon de la femme qui allaite.

**Mode d'emploi et posologie**

La pommade n'est pas adaptée au traitement des lésions suintantes, des *ulcères* de jambe, ou dans les plis.

Nettoyer la lésion à traiter avant l'application.

**Posologie usuelle :**

1 ou 2 applications par jour.

Le traitement ne doit pas dépasser 8 jours, sauf avis médical contraire.

**Effets indésirables possibles**

*Réaction allergique* (*eczéma*) au point d'application du médicament ou à distance de celui-ci.

Laboratoires Leo Pharma

## FUCITHALMIC

Antibiotique à usage ophtalmique — sur ordonnance

**Présentation**

FUCITHALMIC 1 p 100 : gel ophtalmique ; tube 3 g. Liste I - Remb 65 % - **Prix : 3,37 €**.

**Composition**

| | p 100 g |
|---|---|
| **Acide fusidique** | 1 g |

### Dans quel cas ce médicament est-il prescrit ?

Ce gel ophtalmique contient un *antibiotique*, l'acide fusidique.
Il est utilisé pour traiter les infections de l'œil.

**Attention :** Une rougeur ou une douleur de l'œil ne correspondent pas toujours à une infection. Des soins urgents peuvent être nécessaires, particulièrement en cas de vision floue. N'utilisez pas ce médicament sans avis médical.
Le gel peut être contaminé par l'œil infecté : évitez de mettre en contact l'extrémité du tube avec l'œil ; ne conservez pas ce médicament plus de 15 jours après une première utilisation.

### Grossesse et allaitement

L'effet de ce médicament pendant la grossesse ou l'allaitement est mal connu : seul votre médecin peut évaluer le risque éventuel de son utilisation dans votre cas.

### Mode d'emploi et posologie

Tirer la paupière inférieure vers le bas tout en regardant vers le haut. Déposer les gouttes de gel entre la paupière et le globe oculaire (*cul-de-sac conjonctival*).

**Posologie usuelle :**
1 goutte, 2 fois par jour.

**Conseils :** La vision est légèrement troublée par l'application du gel. Ce trouble disparaît en quelques secondes.
Une application correcte du produit peut nécessiter une aide, notamment chez l'enfant ou la personne handicapée ou âgée.
Les lentilles de contact ne doivent pas être portées en cas d'infection oculaire ni réutilisées avant guérison complète.

Laboratoires Leo Pharma

## FUCUS COMPLEXE N° 111

*Informations détaillées sur www.monvidal.com*

## FUMAFER

Élément minéral : fer

### Présentation

**FUMAFER :** comprimé (brun) ; boîte de 100. Remb 65 % - **Prix : 2,63 €.**
**FUMAFER :** poudre orale chocolatée ; boîte de 50 g avec cuillère-dose (1 g). Non remb.

### Composition

| | p cp | p c dose |
|---|---|---|
| **Fumarate ferreux** | 200 mg | 100 mg |
| soit Fer | 66 mg | 33 mg |
| Saccharose | | 0,79 g |
| Poudre de cacao | | + |

### Dans quel cas ce médicament est-il prescrit ?

Ce médicament contient du fer, élément minéral essentiel au fonctionnement de l'organisme. Le fer est nécessaire à la formation de l'*hémoglobine*, contenue dans les *globules rouges*, qui assure le transport de l'oxygène dans le sang.
Il est utilisé dans le traitement des *carences* en fer responsables de certaines formes d'*anémies*. Il est également utilisé pour prévenir cette carence chez la femme enceinte, le *nouveau-né* ou le *nourrisson*, lorsque les apports alimentaires sont insuffisants.

### Contre-indications

Ce médicament ne doit pas être utilisé en cas d'excès de fer dans l'organisme.

**Attention :** Un apport en fer sous forme de médicament ne peut être décidé que par votre médecin. La quantité de fer contenue dans une alimentation diversifiée est généralement suffisante.
La poudre chocolatée, attrayante pour les enfants, doit être maintenue hors de leur portée.

### Interactions avec d'autres substances

En raison de la présence de fer, ce médicament peut interagir avec les médicaments injectables contenant du fer.
Par ailleurs, respectez un intervalle de 2 heures entre la prise de ce médicament et celle des *cyclines*, des diphosphonates, des quinolones, des *pansements digestifs* ou des médicaments contenant de la pénicillamine ou de la thyroxine.

### Grossesse et allaitement

Ce médicament peut être utilisé pendant la grossesse ou l'allaitement uniquement s'il vous a été prescrit par votre médecin.

### Mode d'emploi et posologie

Ce médicament est mieux absorbé s'il est pris avec un verre d'eau avant les repas. En cas d'*intolérance*, il est possible de le prendre en plusieurs fois.
La poudre chocolatée peut être diluée dans un peu d'eau ou de lait et prise en dehors des repas.

**Posologie usuelle :**
- Adulte et enfant de plus de 30 kg (environ 10 ans) : 2 ou 3 comprimés par jour.
- Femme enceinte : 1 comprimé par jour, à partir du 4e mois de la grossesse (sur prescription médicale).
- Nourrisson : 1 à 4 cuillères-dose (selon l'âge) de poudre chocolatée par jour.

**Conseils :** La coloration noire des selles est habituelle et ne doit pas vous conduire à interrompre le traitement.
Si vous ne supportez pas ce médicament (*troubles digestifs*), prévenez votre médecin : il pourra vous proposer un autre traitement.
La reconstitution du stock en fer de l'organisme nécessite un traitement de longue durée (plusieurs mois) ; respectez la durée prescrite par votre médecin.
Les aliments les plus riches en fer sont d'origine animale : viande, poisson, volaille, abats.
Une consommation importante de thé peut diminuer l'absorption du fer par l'organisme.

### Effets indésirables possibles

Nausées, constipation, diarrhée.
*Réaction allergique.*

Laboratoires Sanofi-Aventis OTC

## FUNGIZONE lotion

*Informations détaillées sur www.monvidal.com*

## FUNGIZONE oral

Antifongique à visée digestive — sur ordonnance

### Présentation

**FUNGIZONE :** gélule (vert et bleu) ; boîte de 40. Liste I - Remb 65 % - **Prix : 8,80 €.**
**FUNGIZONE :** suspension buvable (orangé) ; flacon de 40 ml. Liste I - Remb 65 % - **Prix : 5,74 €.**
**FUNGIZONE Nourrisson et Enfant :** suspension buvable ; flacon de 40 ml avec pipette doseuse de 1 ml. Liste I - Remb 65 % - **Prix : 5,74 €.**

### Composition

| | p gél | p c à c | p ml |
|---|---|---|---|
| **Amphotéricine B** | 250 mg | 500 mg | 100 mg |
| Sulfites | | + | + |

### Dans quel cas ce médicament est-il prescrit ?

C'est un *antifongique*. Il permet d'éliminer certains champignons microscopiques présents dans le tube digestif (bouche et intestin). Ces champignons peuvent être à l'origine de la contamination d'autres organes : peau, vagin...
Il est utilisé dans :
- le traitement des *candidoses* de la bouche (muguet, *stomatite*) et du tube digestif ;
- le traitement des candidoses de la peau ou du vagin, en complément d'un traitement local ;
- la prévention des candidoses chez les personnes à haut risque d'infection.

**Attention :** L'action du médicament dans le tube digestif peut être diminuée par les *pansements digestifs* ou d'autres médicaments qui font écran entre le médicament et la paroi interne du tube digestif : ne prenez aucun médicament de ce type sans demander conseil à votre médecin ou à votre pharmacien.

### Grossesse et allaitement

Ce médicament agit localement dans la bouche et le tube digestif et son absorption est quasi nulle. Il peut être utilisé pendant la grossesse ou l'allaitement.

### Mode d'emploi et posologie

Ce médicament est pris de préférence en dehors des repas.
*Candidoses* de la bouche : utiliser la suspension buvable comme bain de bouche, 3 ou 4 fois par jour. Il est également possible de verser le contenu d'une gélule sur la langue, 3 fois par jour.

**Posologie usuelle :**
- Adulte : 6 à 8 gélules par jour, réparties en 2 ou 3 prises, ou 1 cuillère à café de suspension buvable, 3 ou 4 fois par jour.
- Enfant de plus de 30 kg (plus de 10 ans) : 3 cuillères à café de suspension buvable par jour.
- Enfant et nourrisson : 1 pipette de 1 ml de suspension Nourrisson et Enfant pour 2 kg de poids et par jour, à répartir en 2 ou 3 prises ; soit, pour un enfant de 12 kg : 6 pipettes de 1 ml par jour.

La durée du traitement est habituellement de 2 à 3 semaines, même si les *symptômes* ont disparu.

### Effets indésirables possibles

*Allergie.*

**Laboratoires Bristol-Myers Squibb**

## FURADANTINE

Antibiotique urinaire — sur ordonnance

### Présentation

**FURADANTINE :** gélule (ocre) ; boîte de 21. Liste I - Remb 65 % - **Prix : 3,21 €.**

### Composition

| | p gél |
|---|---|
| **Nitrofurantoïne** | 50 mg |
| Amidon de blé (gluten) | + |
| Lactose | + |

### Dans quel cas ce médicament est-il prescrit ?

Ce médicament est un *antibiotique* qui appartient à la famille des nitrofuranes.
Il est utilisé, chez la femme, dans le traitement de la *cystite* aiguë.
Il est également utilisé chez l'enfant de plus de 6 ans dans le *traitement préventif* :
- des cystites récidivantes,
- des infections urinaires en cas de maladie prédisposant à une pyélonéphrite aiguë.

### Contre-indications

Ce médicament ne doit pas être utilisé dans les cas suivants :
- *insuffisance rénale* grave,
- déficit en *G6PD*,
- *intolérance* au gluten (présence d'amidon de blé).

**Attention :** En cas d'infection urinaire accompagnée de fièvre ou en l'absence d'amélioration rapide, n'hésitez pas à rappeler votre médecin.
Une surveillance particulière est recommandée en cas de traitement prolongé.

### Grossesse et allaitement

L'effet de ce médicament pendant la grossesse ou l'allaitement est mal connu : seul votre médecin peut évaluer le risque éventuel de son utilisation dans votre cas.

### Mode d'emploi et posologie

Ce médicament est pris de préférence au cours des repas.

**Posologie usuelle :**
- Adulte : 3 à 6 gélules par jour, à répartir en 3 prises.
- Enfant de plus de 6 ans : 1 à 2 mg/kg/jour, le soir au coucher, en traitement préventif.

**Conseils :** Le médecin prescrit parfois une analyse d'urine pour identifier le *germe* responsable de l'infection et tester sa sensibilité aux *antibiotiques*. Le résultat de cet examen peut être faussé en cas d'automédication préalable : ne prenez pas d'antibiotiques sans avis médical.
Une coloration brunâtre des urines est possible pendant le traitement.

### Effets indésirables possibles

Nausées, vomissements, diarrhée.
*Névrite.*

Rarement : *réaction allergique* (éruption cutanée, jaunisse, hépatite, toux sèche avec fièvre, anomalie de la *numération formule sanguine*).
En cas de traitement prolongé : atteinte pulmonaire (pneumopathie interstitielle, fibrose) imposant l'arrêt du traitement.

**Laboratoires Merck Lipha Santé**

**FURADOÏNE**

*Informations détaillées sur www.monvidal.com*

## FUROSÉMIDE ARROW

Diurétique de l'anse — sur ordonnance

Ce médicament est un générique de LASILIX (voir p. 565 et tableau p. 1151).

## FUROSÉMIDE BIOGARAN

Diurétique de l'anse — sur ordonnance

Ce médicament est un générique de LASILIX (voir p. 565 et tableau p. 1151).

## FUROSÉMIDE EG

Diurétique de l'anse — sur ordonnance

Ce médicament est un générique de LASILIX (voir p. 565 et tableau p. 1151).

## FUROSÉMIDE GNR

Diurétique de l'anse — sur ordonnance

Ce médicament est un générique de LASILIX (voir p. 565 et tableau p. 1151).

## FUROSÉMIDE MERCK

Diurétique de l'anse — sur ordonnance

Ce médicament est un générique de LASILIX (voir p. 565 et tableau p. 1151).

## FUROSÉMIDE RATIOPHARM

Diurétique de l'anse — sur ordonnance

Ce médicament est un générique de LASILIX (voir p. 565 et tableau p. 1151).

## FUROSÉMIDE RPG

Diurétique de l'anse — sur ordonnance

Ce médicament est un générique de LASILIX (voir p. 565 et tableau p. 1151).

## FUROSÉMIDE SANDOZ

Diurétique de l'anse — sur ordonnance

Ce médicament est un générique de LASILIX (voir p. 565 et tableau p. 1151).

## FUROSÉMIDE TEVA

Diurétique de l'anse — sur ordonnance

Ce médicament est un générique de LASILIX (voir p. 565 et tableau p. 1151).

## FUROSÉMIDE WINTHROP

Diurétique de l'anse — sur ordonnance

Ce médicament est un générique de LASILIX (voir p. 565 et tableau p. 1151).

**FUZEON**

*Informations détaillées sur www.monvidal.com*

# G

## GABACET
Psychotonique — sur ordonnance

### Présentation
GABACET 400 mg : gélule (blanc) ; boîte de 60. Liste II - Remb 35 % - **Prix : 4,16 €**.
GABACET 1,25 g/10 ml : solution buvable (arôme framboise) ; boîte de 20 ampoules de 10 ml. Liste II - Remb 35 % - **Prix : 4,64 €**.

### Composition

| | p gél | p amp buv |
|---|---|---|
| **Piracétam** | 400 mg | 1,25 g |
| Lactose | + | |
| Glycérol | | + |

### Dans quel cas ce médicament est-il prescrit ?
Ce médicament aux nombreuses propriétés est destiné à améliorer le fonctionnement du cerveau.
Chez l'adulte, il est utilisé dans le *traitement symptomatique* de certains troubles de l'équilibre (*vertiges*) et des troubles du comportement et de la mémoire liés au vieillissement.
Chez l'enfant de plus de 30 kg, ce médicament est utilisé dans le *traitement d'appoint* de la *dyslexie*.

### Contre-indications
Ce médicament ne doit pas être utilisé dans les cas suivants :
- *insuffisance rénale* grave,
- *hémorragie* cérébrale.

**Attention :** Chez la personne âgée, des troubles attribués au vieillissement peuvent être dus à une dépression ; ils nécessitent alors un traitement spécifique.
Des précautions sont nécessaires en cas d'*hémorragie* ou de prédisposition aux hémorragies (intervention chirurgicale, troubles de la coagulation).

### Grossesse et allaitement
L'effet de ce médicament pendant la grossesse ou l'allaitement est mal connu : seul votre médecin peut évaluer le risque éventuel de son utilisation dans votre cas.

### Mode d'emploi et posologie
Les gélules doivent être avalées avec un verre d'eau, sans être ouvertes ou croquées.
La solution buvable doit être diluée dans un peu d'eau.

**Posologie usuelle :**
- Adulte : 2 gélules avant chacun des 3 repas ou 1 ampoule buvable avant les 2 repas principaux.
- Enfant de plus de 30 kg (soit à partir de 9 ans environ) : 50 mg par kg et par jour, répartis en 3 prises ; soit, par exemple, pour un enfant de 30 kg : 1 gélule, 3 fois par jour.

### Effets indésirables possibles
Nervosité, agitation, troubles du sommeil.
Nausées, vomissements, diarrhée, douleurs d'estomac.
Diarrhée (en particulier avec la solution buvable qui contient du sorbitol).

Laboratoires Sanofi-Aventis France

## GABAPENTINE BIOGARAN
Antiépileptique — sur ordonnance

Ce médicament est un générique de NEURONTIN (voir p. 697 et tableau p. 1151).

## GABAPENTINE G GAM
Antiépileptique — sur ordonnance

Ce médicament est un générique de NEURONTIN (voir p. 697 et tableau p. 1151).

## GABAPENTINE MERCK
Antiépileptique — sur ordonnance

Ce médicament est un générique de NEURONTIN (voir p. 697 et tableau p. 1151).

## GABAPENTINE QUALIMED
Antiépileptique — sur ordonnance

Ce médicament est un générique de NEURONTIN (voir p. 697 et tableau p. 1151).

## GABAPENTINE RATIOPHARM
Antiépileptique — sur ordonnance

Ce médicament est un générique de NEURONTIN (voir p. 697 et tableau p. 1151).

## GABAPENTINE RPG
Antiépileptique — sur ordonnance

Ce médicament est un générique de NEURONTIN (voir p. 697 et tableau p. 1151).

## GABAPENTINE TEVA
Antiépileptique — sur ordonnance

Ce médicament est un générique de NEURONTIN (voir p. 697 et tableau p. 1151).

## GABAPENTINE WINTHROP
Antiépileptique — sur ordonnance

Ce médicament est un générique de NEURONTIN (voir p. 697 et tableau p. 1151).

## GABAPENTINE ZYDUS
Antiépileptique — sur ordonnance

Ce médicament est un générique de NEURONTIN (voir p. 697 et tableau p. 1151).

## GABITRIL
*Informations détaillées sur www.monvidal.com*

## GALACTOGIL
*Informations détaillées sur www.monvidal.com*

## GALIRÈNE
*Informations détaillées sur www.monvidal.com*

## GANFORT
Antiglaucomateux — sur ordonnance

### Présentation
GANFORT : collyre ; flacon. Liste I - Remb 65 % - **Prix : 23,24 €.**

### Composition

| | p ml |
|---|---|
| **Bimatoprost** | 0,3 mg |
| **Timolol** | 5 mg |
| Benzalkonium chlorure | + |

### Dans quel cas ce médicament est-il prescrit ?
Ce collyre associe du bimatoprost de la famille des prostaglandines et un *bêtabloquant*. Il a la propriété de diminuer la *tension intraoculaire*.

Il est utilisé dans le traitement des maladies dues à un excès de tension intraoculaire, notamment du *glaucome* à angle ouvert, en cas d'efficacité insuffisante des collyres bêtabloquants.

### Contre-indications
Compte tenu de l'absorption du collyre par l'œil et du passage du *bêtabloquant* dans le sang, ce médicament ne doit pas être utilisé dans les cas suivants :
- *asthme* et *bronchite chronique* grave,
- *insuffisance cardiaque* grave (sauf si elle est stabilisée par un traitement spécifique),
- *bloc auriculoventriculaire* grave,
- rythme cardiaque inférieur à 50 battements par minute.

**Attention :** Ce collyre contient un conservateur (benzalkonium) qui appartient à la famille des *ammoniums quaternaires*. Signalez à votre médecin tout *antécédent* d'*allergie* à ces substances.

Chez les diabétiques, les *bêtabloquants* peuvent masquer certains *symptômes* de l'*hypoglycémie* (*palpitations* et accélération du cœur essentiellement).

Les bêtabloquants aggravent les symptômes des *chocs* allergiques et nuisent à l'efficacité de l'*adrénaline* utilisée pour les traiter en urgence. Signalez à votre médecin tout antécédent de choc allergique, même ancien.

Ce collyre peut modifier de façon définitive la couleur des yeux, de la peau des paupières ou des cils (qui deviennent plus foncés). Le préjudice est uniquement esthétique, sans conséquence connue sur la santé de l'œil. Il peut être gênant lorsque la coloration induite par le collyre n'est pas uniforme, ou lorsqu'un seul œil est traité.

Des précautions sont nécessaires en cas d'*insuffisance hépatique*, *rénale* ou *respiratoire*.

Compte-tenu de la possibilité d'effets indésirables visuels, ce collyre peut, chez certaines personnes, constituer un risque pour la conduite automobile ou le maniement de machines dangereuses. Assurez-vous à l'occasion des premières utilisations que vous supportez bien ce collyre avant de reprendre la pratique d'une activité à risque.

### Interactions avec d'autres substances
Certaines substances contenues dans des collyres différents peuvent donner lieu à des interactions médicamenteuses : dans le doute, et sauf indication contraire de votre médecin, respectez un intervalle minimal de 15 minutes entre deux instillations dans le même œil.

Il peut également interagir avec l'amiodarone ou avec un *bêtabloquant* pris par voie orale.

Informez votre médecin si vous prenez des *antidiabétiques*, des *AINS*, des *antidépresseurs* tricycliques, des *neuroleptiques*, des *corticoïdes*, des *inhibiteurs calciques*, ou des médicaments contenant l'une des substances suivantes : quinidine, hydroquinidine, disopyramide, propafénone, baclofène, cimétidine, clonidine, lidocaïne injectable, méfloquine.

### Grossesse et allaitement
Les *prostaglandines* possèdent des effets potentiellement dangereux pendant la grossesse. Ce collyre ne doit pas être utilisé chez la femme enceinte.

Ce médicament passe dans le lait maternel. Son usage est incompatible avec l'allaitement.

### Mode d'emploi et posologie
Tirer la paupière inférieure vers le bas tout en regardant vers le haut et déposer une goutte de collyre entre la paupière et le globe oculaire (*cul-de-sac conjonctival*).

Veiller à ne pas mettre en contact l'embout du flacon avec l'œil ou les doigts pour éviter de contaminer le collyre avec les *germes* présents sur les paupières ou la peau.

**Posologie usuelle :**
- Adulte : 1 goutte par jour, le matin.

**Conseils :** Les lentilles de contact souples doivent être ôtées avant l'instillation du collyre. Elles pourront éventuellement être replacées après un délai de 15 minutes : demandez conseil à votre ophtalmologiste.

L'application correcte du produit peut nécessiter une aide, notamment chez une personne handicapée ou âgée.

Le flacon doit être conservé au réfrigérateur à une température de + 2 à + 8 °C et à l'abri d'une lumière excessive. Sa durée de conservation est de 4 semaines après une première utilisation.

### Effets indésirables possibles

Liés au latanoprost :

Modification de la couleur des yeux (voir Attention) chez 16 à 20 % des personnes traitées, plus particulièrement en cas de couleur vert marron ou jaune marron.

Allongement, épaississement et coloration foncée des cils.

Sensation de corps étranger, rougeur de la *conjonctive*, *kératite* transitoire, *œdème* de la rétine, coloration plus foncée des paupières.

Liées au timolol :

Irritation locale, sécheresse de l'œil, troubles visuels à signaler à votre ophtalmologiste.

Exceptionnellement, en cas de passage du *bêtabloquant* dans le sang :
- fatigue, sensation de mains et de pieds froids, insomnie, douleurs d'estomac, nausées, vomissements ;
- *bloc auriculoventriculaire*, ralentissement excessif du cœur, chute de tension, *insuffisance cardiaque*, *bronchospasme*, *hypoglycémie*, phénomène de *Raynaud* ;
- *éruption cutanée*, aggravation d'un *psoriasis*.

Laboratoires Allergan France

## GAOPTOL

Antiglaucomateux

sur ordonnance

Ce médicament est un générique de TIMOPTOL (voir p. 1025 et tableau p. 1151).

## GAOSÉDAL CODÉINE

*Informations détaillées sur www.monvidal.com*

## GARDÉNAL

Antiépileptique barbiturique

sur ordonnance

### Présentation

**GARDÉNAL 10 mg :** comprimé (blanc) ; boîte de 80. Liste II - Remb 65 % - **Prix : 2,25 €.**
**GARDÉNAL 50 mg :** comprimé (blanc) ; boîte de 30. Liste II - Remb 65 % - **Prix : 1,61 €.**
**GARDÉNAL 100 mg :** comprimé (blanc) ; boîte de 20. Liste II - Remb 65 % - **Prix : 2,30 €.**
**GARDÉNAL :** préparation injectable à 40 mg ; flacon de *lyophilisat* et ampoule de solvant de 2 ml. Liste II - Remb 65 % - **Prix : 1,79 €.**

### Composition

| | p cp | p cp | p cp |
|---|---|---|---|
| **Phénobarbital** | 10 mg | 50 mg | 100 mg |
| Amidon de blé (gluten) | + | + | + |

| | p flacon |
|---|---|
| **Phénobarbital** | 40 mg |

### Dans quel cas ce médicament est-il prescrit ?

Ce médicament est un *anticonvulsivant* qui appartient à la famille des *barbituriques*.

Il est utilisé dans le traitement de certaines formes d'*épilepsie*.

### Contre-indications

Ce médicament ne doit pas être utilisé dans les cas suivants :
- *porphyrie*,
- *insuffisance respiratoire* grave,
- *allergie* aux *barbituriques*.

**Attention :** Ne modifiez, ni n'interrompez jamais votre traitement sans l'avis de votre médecin : risque de réapparition des *convulsions*, même si aucune crise n'est survenue depuis une longue période.

Des précautions sont nécessaires en cas d'*insuffisance hépatique* ou *rénale*.

Un traitement prolongé chez l'enfant peut nécessiter la prise conjointe de *vitamine* D.

Évitez les boissons alcoolisées : augmentation du risque de somnolence.

Ce médicament peut induire une somnolence, parfois intense chez certaines personnes. Cette somnolence peut être majorée par la prise d'*alcool* ou d'autres médicaments *sédatifs*. La conduite et l'utilisation de machines dangereuses sont déconseillées, surtout dans les heures qui suivent la prise du médicament.

### Interactions avec d'autres substances

Ce médicament peut interagir avec les *contraceptifs* oraux (pilule) : risque d'inefficacité de la contraception.

Informez par ailleurs votre médecin ou votre pharmacien si vous prenez un *anticoagulant oral*, un *antidépresseur imipraminique*, un *corticoïde*, un *digitalique*, un *antiarythmique*, un *bêtabloquant*, un *sédatif*, un médicament contenant de la doxycycline, de la carbamazépine ou de la théophylline.

### Grossesse et allaitement

Si une grossesse survient sous traitement, consultez votre médecin. L'arrêt brutal de ce médicament expose à la réapparition de crises préjudiciables à la mère et à l'enfant à naître. Le médecin appréciera le risque éventuel lié à l'utilisation de ce médicament dans votre cas. Des examens particuliers permettent de vérifier l'absence d'anomalie chez l'enfant à naître.

Si le traitement est poursuivi jusqu'à l'accouchement, une supplémentation en *vitamine* K1 en fin de grossesse peut être nécessaire pour éviter un déficit en cette vitamine chez le nouveau-né.

Ce médicament passe dans le lait maternel : l'allaitement est déconseillé.

### Mode d'emploi et posologie

Une seule prise par jour, au coucher.

Les comprimés peuvent être écrasés et mélangés aux aliments pour les enfants de moins de 6 ans.

La solution injectable est administrée par *voie* sous-cutanée ou intramusculaire.

**Posologie usuelle :**

Comprimé :
- Adulte : 2 à 3 mg par kg et par jour.
- Enfant : 2 à 5 mg par kg et par jour, selon le poids.

Voie injectable :
- Adulte : 200 à 600 mg par jour.
- Enfant de 12 à 30 mois : 10 à 20 mg par jour.
- Enfant de 30 mois à 15 ans : 20 à 40 mg par jour.

**Conseils :** Veillez à ne jamais manquer de ce médicament ; lors de vos déplacements, munissez-vous d'une réserve ou de votre ordonnance en cours de validité.

**Effets indésirables possibles**

Somnolence, réveil difficile.
Troubles de la coordination, *vertiges*.
*Éruption cutanée*.
*Réaction allergique*.
Douleurs articulaires, notamment à l'épaule.
Troubles de l'*humeur*.
*Anémie*.
Rarement, en début de traitement : augmentation paradoxale de la fréquence des crises d'épilepsie ou modification de leurs caractéristiques.

Laboratoires Aventis

## GASTROCYNÉSINE

*Informations détaillées sur www.monvidal.com*

## GASTRODRAINOL

*Informations détaillées sur www.monvidal.com*

## GASTROPAX

*Informations détaillées sur www.monvidal.com*

## GASTROPULGITE

*Informations détaillées sur www.monvidal.com*

## GASTROTISANE

*Informations détaillées sur www.monvidal.com*

## GAVISCON

Antireflux, antiacide

### Présentation

GAVISCON MENTHE : comprimé à croquer (crème ; arôme menthe) ; boîte de 20. Remb 35 % - **Prix : 2,27 €**.
GAVISCON : suspension buvable (crème ; arôme menthe) ; boîte de 24 sachets de 10 ml. Remb 35 % - **Prix : 3,05 €**.
GAVISCON : suspension buvable (rose ; arôme fenouil) ; flacon de 250 ml. Remb 35 % - **Prix : 2,67 €**.
GAVISCON Nourrisson : suspension buvable (crème ; arômes : banane, fenouil) ; flacon de 150 ml avec pipette graduée en ml. Remb 65 % - **Prix : 2,20 €**.

### Composition

| | p cp | p sachet |
|---|---|---|
| **Alginate de sodium** | 500 mg | 500 mg |
| **Bicarbonate de sodium** | 267 mg | 267 mg |
| soit Sodium | 123 mg | 145 mg |
| **Carbonate de calcium** | 160 mg | 160 mg |
| Aspartam | + | |

| | p c à c | p ml |
|---|---|---|
| **Alginate de sodium** | 250 mg | 50 mg |
| **Bicarbonate de sodium** | 133,5 mg | 26 mg |
| soit Sodium | 72,5 mg | 14 mg |
| **Carbonate de calcium** | 80 mg | + |

### Dans quel cas ce médicament est-il prescrit ?

Ce médicament appartient à la famille des *antiacides* d'action locale. Il forme un gel visqueux qui surnage dans l'estomac et protège l'œsophage en cas de reflux du contenu de l'estomac.

Il est utilisé dans le traitement du *reflux gastro-œsophagien*.

### Contre-indications

Ce médicament ne doit pas être utilisé chez l'enfant qui suit un régime sans *sel* strict.

**Attention :**
Il est préférable de consulter un médecin dans les situations suivantes :
- troubles de la digestion apparaissant pour la première fois, ou si les troubles ont changé récemment ;
- troubles associés à une perte de poids ;
- difficulté à avaler ou gêne abdominale persistante.

Ce médicament contient du *sel* (*sodium*) en quantité notable.

### Interactions avec d'autres substances

Ce médicament peut diminuer l'absorption de nombreux médicaments. Un délai d'au moins 2 heures (voire 4 heures avec les *antibiotiques* de la famille des quinolones) doit être respecté entre la prise de ce médicament et celle des autres traitements. Demandez conseil à votre médecin ou à votre pharmacien.

### Grossesse et allaitement

Ce médicament ne contient que des substances présumées sans danger pendant la grossesse ou l'allaitement. Néanmoins, ne l'utilisez pas de façon prolongée sans l'avis de votre pharmacien ou de votre médecin.

### Mode d'emploi et posologie

Prendre ce médicament dans tous les cas après les repas et éventuellement au coucher, ou le donner après les biberons. Il ne doit pas être mélangé aux aliments ou au lait.
Les comprimés doivent être très soigneusement croqués.
Le sachet doit être malaxé avant son ouverture, et le flacon agité vigoureusement avant chaque emploi.

**Posologie usuelle :**

Comprimé :
- Adulte et enfant de plus de 12 ans : 1 comprimé, 3 ou 4 fois par jour.

Suspensions buvables :
- Adulte : 1 sachet ou 2 cuillères à café de suspension buvable, 3 ou 4 fois par jour.
- Enfant de 18 mois à 15 ans : 1 cuillère à café après chacun des 4 repas.
- Nourrisson de 4 à 18 mois : 2,5 ml ou ½ cuillère à café après chacun des 4 repas.
- Nourrisson de 2 à 4 mois : 2 ml après chacun des 5 repas.
- Nourrisson de 1 à 2 mois : 1,5 ml après chacun des 5 repas.
- Nouveau-né de 0 à 1 mois : 1 ml après chacun des 6 repas.

Chez l'enfant, la suspension buvable Nourrisson (fournie avec une pipette) est plus adaptée, mais les autres suspensions buvables peuvent également être utilisées car leurs concentrations sont identiques.

**Conseils :** Il est bon de fractionner les repas, d'éviter la position penchée, d'éviter de s'allonger après les repas et de porter des vêtements trop serrés. La surélévation de la tête du lit est recommandée.
Si vous êtes fumeur, la poursuite du tabagisme est un frein important au traitement : la nicotine augmente l'acidité gastrique et réduit l'efficacité du

muscle qui ferme la jonction entre l'œsophage et l'estomac.

La suspension buvable doit être conservée à l'abri de la chaleur mais elle ne doit pas être mise au réfrigérateur.

La suspension Nourrisson ne doit pas être gardée plus de 30 jours après ouverture du flacon.

### Effets indésirables possibles

Constipation.

En cas d'usage prolongé de la solution buvable ou des sachets, à forte dose : excès de calcium dans le sang, *insuffisance rénale.*

Laboratoires Reckitt Benckiser Healthcare

## GAVISCONELL

Antireflux, antiacide

### Présentation

GAVISCONELL CITRON : comprimé à croquer (arôme citron) ; boîte de 16. Non remb.
GAVISCONELL CITRON : comprimé à croquer (arôme citron) ; boîte de 32. Non remb.
GAVISCONELL MENTHE : comprimé à croquer (arôme menthe) ; boîte de 16. Non remb.
GAVISCONELL MENTHE : comprimé à croquer (arôme menthe) ; boîte de 32. Non remb.
GAVISCONELL GOÛT MENTHE : suspension buvable (arôme menthe) ; flacon de 150 ml. Non remb.
GAVISCONELL : suspension buvable (arôme menthe) ; boîte de 12 sachets. Non remb.

### Composition

| | p cp | p cp | p 10 ml ou p sachet |
|---|---|---|---|
| **Alginate de sodium** | 250 mg | 250 mg | 500 mg |
| **Bicarbonate de sodium** | 133 mg | 133 mg | 267 mg |
| **Carbonate de calcium** | 80 mg | 80 mg | + |
| Aspartam | + | + | |
| Sodium | 61,5 mg | 61,5 mg | 145 mg |

### Dans quel cas ce médicament est-il prescrit ?

Ce médicament appartient à la famille des *antiacides* d'action locale. Il forme un gel visqueux qui surnage dans l'estomac et protège l'œsophage en cas de reflux du contenu de l'estomac.

Il est utilisé dans le traitement des *symptômes* du *reflux gastro-œsophagien* (brûlures d'estomac, remontées acides).

**Attention :**
Il est préférable de consulter un médecin dans les situations suivantes :
- troubles de la digestion apparaissant pour la première fois, ou si les troubles ont changé récemment ;
- troubles associés à une perte de poids ;
- difficulté à avaler ou gêne abdominale persistante.

Des précautions sont nécessaires en cas d'excès de calcium dans le sang, de *lithiase* calcique récidivante ou de *phénylcétonurie.*

N'utilisez pas ce médicament plus de 7 jours sans l'avis de votre médecin : des examens peuvent être nécessaires si les symptômes persistent.

Ce médicament contient du *sel* (*sodium*) en quantité notable.

### Interactions avec d'autres substances

Ce médicament peut diminuer l'absorption de nombreux médicaments. Un délai d'au moins 2 heures (voire 4 heures avec les *antibiotiques* de la famille des quinolones) doit être respecté entre la prise de ce médicament et celle des autres traitements. Demandez conseil à votre médecin ou à votre pharmacien.

### Grossesse et allaitement

Ce médicament ne contient que des substances présumées sans danger pendant la grossesse ou l'allaitement. Néanmoins, ne l'utilisez pas de façon prolongée sans l'avis de votre pharmacien ou de votre médecin.

### Mode d'emploi et posologie

Prendre ce médicament dans tous les cas après les repas et éventuellement au coucher.

Les comprimés doivent être avalés après avoir été soigneusement mâchés.

**Posologie usuelle :**
- Adulte et enfant de plus de 12 ans : 2 à 4 comprimés par jour ou 2 cuillères à café ou 1 sachet, 3 fois par jour.

**Conseils :** Il est bon de fractionner les repas, d'éviter la position penchée, d'éviter de s'allonger après les repas et de ne pas porter de vêtements trop serrés. La surélévation de la tête du lit est recommandée.

Si vous êtes fumeur, la poursuite du tabagisme est un frein important au traitement : la nicotine augmente l'acidité gastrique et réduit l'efficacité du muscle qui ferme la jonction entre l'œsophage et l'estomac.

### Effets indésirables possibles

*Réaction allergique.*

Laboratoires Reckitt Benckiser Healthcare

## GEL A L'ACÉTOTARTRATE D'ALUMINE

*Informations détaillées sur www.monvidal.com*

## GEL DE CALAMINE THERICA

*Informations détaillées sur www.monvidal.com*

## GEL RECTOPANBILINE

*Informations détaillées sur www.monvidal.com*

## GELDÈNE

Anti-inflammatoire d'action locale — sur ordonnance

### Présentation

GELDÈNE 0,5 % : gel pour application locale ; tube de 50 g. Liste I - Remb 35 % - **Prix : 3,05 €**.

### Composition

| | p 100 g |
|---|---|
| **Piroxicam** | 0,5 g |
| Alcool à 95° | + |

### Dans quel cas ce médicament est-il prescrit ?

Ce gel contient un *anti-inflammatoire* non stéroïdien (*AINS*). Il lutte localement contre l'*inflammation* et la douleur.

Il est utilisé dans le traitement des *tendinites*, des entorses et des contusions.

### Contre-indications

Ce médicament ne doit pas être utilisé dans les cas suivants :
- *allergie* à l'aspirine ou aux *AINS* ;
- en application sur un *eczéma*, des *muqueuses*, des plaies ou de la peau lésée ;
- **grossesse** (à partir du 6e mois).

### Grossesse et allaitement

Les *AINS* pris par voie orale peuvent être toxiques pour le fœtus ; leur utilisation est contre-indiquée pendant les 4 derniers mois de la grossesse. Les AINS destinés à une application locale peuvent traverser la peau, passer dans le sang et exposer le fœtus au même risque, lorsqu'ils sont appliqués sur une large surface de peau ou sous un pansement occlusif. N'utilisez pas ce médicament pendant la grossesse sans avis médical.

Les données disponibles ne permettent pas de savoir si ce médicament passe dans le lait maternel : ne l'utilisez pas pendant l'allaitement sans avis médical.

### Mode d'emploi et posologie

Le gel doit être appliqué en massage doux et prolongé. Ne pas utiliser de pansement étanche (occlusif).

**Posologie usuelle :**
- Adulte : 2 à 4 applications par jour.

**Conseils :** Pensez à vous laver les mains après l'application. En cas de contact accidentel avec les yeux ou les muqueuses, rincez abondamment.

### Effets indésirables possibles

Imposant l'arrêt du traitement : *réaction allergique* cutanée (éruption de boutons, démangeaisons...).

Laboratoires Pfizer

## GELDOLOR

*Informations détaillées sur www.monvidal.com*

## GEL-LARMES

Suppléance lacrymale

### Présentation

GEL-LARMES : gel ophtalmique ; tube de 5 g. Remb 65 % - **Prix : 2,76 €**.
GEL-LARMES : gel ophtalmique ; tube de 10 g. Remb 65 % - **Prix : 3,88 €**.
GEL-LARMES : gel ophtalmique ; boîte de 30 unidoses. Remb 65 % - **Prix : 4,37 €**.

### Composition

| | p 5 g | p unidose |
|---|---|---|
| **Carbomère 974 P** | 15 mg | 1,5 mg |
| Benzalkonium chlorure | + | |

### Dans quel cas ce médicament est-il prescrit ?

C'est un gel de suppléance lacrymale : il compense une insuffisance de sécrétion naturelle de larmes.

Il est utilisé dans le traitement de la sécheresse oculaire due à une insuffisance lacrymale (œil sec).

### Contre-indications

Ce gel en tubes de 5 et 10 g ne doit pas être utilisé dans les cas suivants :
- *allergie* aux *ammoniums quaternaires* (présence de benzalkonium),
- port de lentilles de contact.

**Attention :** Une irritation oculaire peut être due à une infection : en cas de doute, n'hésitez pas à consulter votre médecin.
N'utilisez pas ce gel ophtalmique de façon prolongée sans prendre un avis médical.

### Interactions avec d'autres substances

Ce gel ophtalmique peut interagir avec des collyres : respectez un intervalle de 15 minutes entre deux applications.

### Grossesse et allaitement

Les tubes de 5 et 10 g contiennent des conservateurs dont l'effet est mal connu pendant la grossesse ou l'allaitement. L'évaluation du risque éventuel lié à leur utilisation est individuelle : demandez conseil à votre pharmacien ou à votre médecin.

### Mode d'emploi et posologie

Tirer la paupière inférieure vers le bas tout en regardant vers le haut et déposer une goutte de gel entre la paupière et le globe oculaire (*cul-de-sac conjonctival*).

**Posologie usuelle :**
1 goutte 2 à 4 fois par jour et chaque fois que la sécheresse de l'œil se fait sentir.

**Conseils :** L'application correcte du produit peut nécessiter une aide, notamment chez une personne handicapée ou âgée.
Ne conservez pas un tube ouvert plus de 4 semaines. Les unidoses doivent être jetées immédiatement après utilisation.

### Effets indésirables possibles

Un trouble visuel bref peut survenir après instillation du produit, jusqu'à ce que le gel se répartisse uniformément à la surface de l'œil.

Laboratoires Théa

## GÉLOPECTOSE

*Informations détaillées sur www.monvidal.com*

## GELOX

Antiacide et pansement digestif

### Présentation

GELOX : suspension buvable (arômes : mirabelle, menthe) ; boîte de 30 sachets. Remb 35 % - **Prix : 5,39 €**.

### Composition

| | p sachet |
|---|---|
| **Aluminium hydroxyde** | 425 mg |
| **Magnésium hydroxyde** | 450 mg |
| **Montmorillonite beidellitique** | 2,5 g |
| Saccharose | 2,5 g |
| Sorbitol | 0,5 g |
| Alcool à 95° | 230 mg |

### Dans quel cas ce médicament est-il prescrit ?

Ce médicament contient des *antiacides* d'action locale et de l'argile. Les antiacides agissent en neutralisant les acides sécrétés par l'estomac. L'argile protège le tube digestif.

Il est utilisé dans le traitement des douleurs, brûlures, aigreurs dues à des affections de l'œsophage, de l'estomac ou du *duodénum*.

### Contre-indications

Ce médicament ne doit pas être utilisé dans les cas suivants :
- *insuffisance rénale* grave,
- maladie comportant un risque d'obstruction du tube digestif.

**Attention :** Compte tenu de la teneur en aluminium de ce médicament, des précautions sont nécessaires chez les *insuffisants rénaux* traités par *dialyse*.
N'utilisez pas ce médicament de façon prolongée sans l'avis de votre médecin : des examens peuvent être nécessaires si les *symptômes* persistent.
Ce médicament contient du *sucre* (saccharose) en quantité notable.

### Interactions avec d'autres substances

Ce médicament peut diminuer l'absorption de nombreux médicaments. Un délai d'au moins 2 heures (voire 4 heures avec les *antibiotiques* de la famille des quinolones) doit être respecté entre la prise de ce médicament et celle des autres traitements. Demandez conseil à votre médecin ou à votre pharmacien.

### Grossesse et allaitement

Les substances contenues dans ce médicament sont peu absorbées. Néanmoins, ne l'utilisez pas de façon prolongée pendant la grossesse ou l'allaitement sans l'avis de votre médecin ou de votre pharmacien.

### Mode d'emploi et posologie

Ce médicament est pris au moment des douleurs.
Le contenu du sachet peut être délayé dans un demi-verre d'eau ou absorbé pur.

**Posologie usuelle :**
1 sachet par prise, sans dépasser 6 prises par jour.

**Conseils :** Une alimentation équilibrée, une mastication lente, la suppression des aliments difficiles à digérer et des boissons alcoolisées permettent souvent d'atténuer les *symptômes* dus à une *inflammation* de l'estomac, du *duodénum* ou de l'œsophage.
Si vous êtes fumeur, la poursuite du tabagisme nuit à l'efficacité du traitement.

### Effets indésirables possibles

Comme tous les médicaments et confiseries contenant des sucres non absorbables (sorbitol, maltitol...), possibilité de *diarrhée* en cas d'apport important.

Laboratoires Beaufour Ipsen Pharma

## GEL-PHAN

*Informations détaillées sur www.monvidal.com*

## GELSEMIUM COMPLEXE N° 70

*Informations détaillées sur www.monvidal.com*

## GÉLUCYSTINE

*Informations détaillées sur www.monvidal.com*

## GÉLUFÈNE

*Informations détaillées sur www.monvidal.com*

## GÉLULE PROVENÇALE N° 2

*Informations détaillées sur www.monvidal.com*

## GÉLULE PROVENÇALE N° 4

*Informations détaillées sur www.monvidal.com*

## GÉLUPRANE

Antalgique et antipyrétique

### Présentation

GÉLUPRANE : gélule (jaune et bleu) ; boîte de 16. Remb 65 % - **Prix : 1,74 €.**

### Composition

| | p gél |
|---|---|
| Paracétamol | 500 mg |

### Dans quel cas ce médicament est-il prescrit ?

Ce médicament est un *antalgique* et un *antipyrétique* qui contient du paracétamol.
Il est utilisé pour faire baisser la fièvre et dans le traitement des affections douloureuses.

### Contre-indications

Ce médicament ne doit pas être utilisé en cas de maladie grave du foie.

**Attention :** De nombreux médicaments contiennent du paracétamol : vous devez en tenir compte en cas de prise conjointe car le *surdosage* en paracétamol peut être toxique pour le foie.

### Grossesse et allaitement

Les études scientifiques actuellement disponibles n'ont pas mis en évidence de problème particulier lors de l'utilisation du paracétamol chez la femme enceinte.
Aux doses usuelles, l'usage de ce médicament est possible pendant l'allaitement.

### Mode d'emploi et posologie

Les gélules ne sont pas adaptées à l'enfant de moins de 6 ans. En effet, elles risquent d'obstruer les voies respiratoires si l'enfant déglutit mal et que la gélule passe dans la trachée (fausse route).
Ce médicament peut être pris indifféremment pendant ou entre les repas.
Respecter un intervalle de 4 à 6 heures entre 2 prises.
Les gélules doivent être avalées avec un verre d'eau.

**Posologie usuelle :**
- Adulte : 1 ou 2 gélules, 1 à 3 fois par jour. Ne pas dépasser 3 g de paracétamol (6 gélules) par jour. Respecter un intervalle de 4 à 6 heures entre 2 prises.
- Enfant : 60 mg par kg et par jour, soit 15 mg par kg toutes les 6 heures ou 10 mg par kg toutes les 4 heures. Il est nécessaire de suivre les recommandations de votre pharmacien ou de votre médecin ou de suivre les posologies suivantes données à titre indicatif :
  - enfant de 27 à 40 kg : 1 gélule, à renouveler au bout de 6 heures, sans dépasser 4 gélules par jour ;
  - enfant de 41 à 50 kg : 1 gélule à renouveler au bout de 4 heures, sans dépasser 6 gélules par jour.
- Insuffisant rénal : respecter un intervalle de 8 heures entre chaque prise en cas d'*insuffisance rénale* grave.

Dans les douleurs sévères de l'adulte et notamment dans l'*arthrose*, la *posologie* maximale peut être portée à 1 g de paracétamol, 4 fois par jour, uniquement sur avis médical.

La dose quotidienne maximale de paracétamol chez l'enfant est de 80 mg par kg, en 4 prises minimum, sans dépasser 3 g par jour.

**Conseils :** Dans le traitement de la fièvre chez l'enfant, lorsque le paracétamol est utilisé à la dose de 60 mg par kg et par jour, l'adjonction d'aspirine ou son usage en alternance avec le paracétamol est inutile, car l'aspirine ne permet pas d'obtenir une baisse supplémentaire de la fièvre.
Des sueurs abondantes accompagnent généralement la baisse de température lors du traitement des fièvres élevées. Ce phénomène est normal.

### Effets indésirables possibles

Exceptionnellement : *réaction allergique* cutanée.

Laboratoires Théraplix

## GEMZAR

*Informations détaillées sur www.monvidal.com*

## GÉNAC

*Informations détaillées sur www.monvidal.com*

## GENCYDO

*Informations détaillées sur www.monvidal.com*

## GÉNÉSÉRINE

*Informations détaillées sur www.monvidal.com*

## GENHEVAC B PASTEUR

Vaccin : hépatite B

### Présentation

GENHEVAC B PASTEUR : suspension injectable *IM* ; seringue préremplie de 0,5 ml. Remb 65 % - **Prix : 18,60 €**.

### Composition

| | p seringue |
|---|---|
| **Antigène HBs** | 20 µg |

### Dans quel cas ce médicament est-il prescrit ?

C'est un *vaccin recombinant* qui contient un *antigène* du *virus* de l'*hépatite* B (antigène HBs). Il ne contient aucun *germe* vivant.
Il est utilisé dans la prévention de l'hépatite B. L'immunité est acquise à partir de la troisième injection.

### Contre-indications

Ce *vaccin* ne doit pas être utilisé en cas d'*allergie* connue à l'un des constituants du vaccin, ou de *réaction allergique* apparue lors d'une injection précédente du même vaccin.

**Attention :** En cas de fièvre élevée, de maladie aiguë, il est préférable de différer la vaccination.
Avant la troisième injection, le taux d'*anticorps* peut être insuffisant et des mesures de prévention (préservatifs notamment) doivent être utilisées en cas de contact avec des sujets porteurs du *virus* de l'*hépatite* B.
Cette vaccination ne protège pas contre les hépatites à virus A, C ou E ni contre d'autres virus susceptibles de provoquer des hépatites.
Chez les personnes en dialyse ou souffrant d'un *déficit immunitaire*, des injections de rappel supplémentaires peuvent être nécessaires.
Comme pour tous les *vaccins*, des cas exceptionnels de *réactions allergiques* graves ont été constatés ; ce risque justifie la nécessité de réaliser la vaccination en milieu médical où un traitement d'urgence pourra être entrepris sans délai.

### Interactions avec d'autres substances

Ce *vaccin* peut être injecté le même jour que d'autres vaccins, mais il ne doit pas être mélangé avec un autre produit injectable dans une même seringue.

### Grossesse et allaitement

Cette vaccination ne présente qu'exceptionnellement un caractère d'urgence. Elle peut être pratiquée pendant la grossesse, mais il est préférable de réaliser la première injection ou les rappels après l'accouchement.

### Mode d'emploi et posologie

Bien agiter la seringue avant l'emploi, la réchauffer à température ambiante si nécessaire. L'injection doit être réalisée par *voie intramusculaire* (dans le muscle deltoïde chez l'adulte et chez l'enfant, dans la cuisse chez le nourrisson).
Dans certains cas (hémophilie, faible taux de *plaquettes* sanguines), l'injection peut être réalisée par voie *sous-cutanée*.

**Posologie usuelle :**

La vaccination peut être faite selon 2 modalités :
- 2 injections à 1 mois d'intervalle, suivies d'une troisième 6 mois après la première ;
- 3 injections à 1 mois d'intervalle, suivies d'une quatrième dose 1 an après la première.

Cette deuxième modalité de vaccination apporte plus rapidement l'immunité que la première ; en effet, celle-ci n'est acquise qu'après la troisième injection.
Injections de **rappel** : le Conseil supérieur d'hygiène publique de France a émis le 12 mai 2000 les recommandations suivantes :
- au-delà des injections initiales, les rappels de vaccin contre l'hépatite B sont réservés aux personnes à risque ;
- certains professionnels de santé sont soumis à une obligation vaccinale :
  - si la personne a été vaccinée avant l'âge de 25 ans : aucun rappel n'est nécessaire ;
  - si la personne a été vaccinée après l'âge de 25 ans : un dosage des anticorps contre l'hépatite B (*anticorps* anti-HBs) est réalisé. Si le taux est supérieur à 10 mUI/ml, l'immunité est considérée comme définitive. Si le taux est inférieur à 10 mUI/ml, une injection de rappel du vaccin est pratiquée, suivie d'un nouveau contrôle sanguin 2 mois après. Si ce contrôle montre un taux sanguin supérieur à 10 mUI/ml, l'immunité est définitive. Dans le cas contraire, le médecin du travail évaluera l'intérêt de renouveler les injections sans dépasser un total de 6 (premières injections incluses).
- ce protocole peut également s'appliquer aux personnes à risque du fait d'autres professions exposant à des blessures, d'un séjour en zone endémique ou dans certaines collectivités (psychiatrique notamment).

**Conseils :** Il est préférable de respecter les délais indiqués pour les injections successives ; néanmoins, un retard ne prête généralement pas à conséquence. Votre médecin déterminera le nombre d'injections nécessaires pour le maintien ou la restauration d'une bonne immunité.

Les réactions fébriles dues aux *vaccins* peuvent être combattues en prenant de l'aspirine ou du paracétamol.

Pour garder son efficacité, ce médicament doit être conservé entre + 2 °C et + 8 °C (partie haute du réfrigérateur). Toutefois, une rupture de la chaîne du froid pendant une durée limitée (quelques heures à température ambiante inférieure à 25 °C) ne devrait pas prêter à conséquence. En pratique, en cas de nécessité, un délai de quelques heures peut séparer l'achat du vaccin en pharmacie de son stockage au réfrigérateur ou de la vaccination.

Ce vaccin ne doit pas être congelé.

### Effets indésirables possibles

Réaction douloureuse, rougeur, *nodule* au point d'injection.

Rarement : fièvre modérée pendant 1 ou 2 jours, maux de tête, *vertiges*, fatigue, malaise, fourmillement des extrémités, douleurs musculaires ou articulaires, *troubles digestifs*, démangeaisons, *éruption cutanée*.

Exceptionnellement : *réaction allergique*.

Des troubles neurologiques (dont la *sclérose en plaques*) ont été très exceptionnellement observés après la vaccination contre l'hépatite B. La responsabilité du vaccin dans la survenue de ces troubles n'est pas établie à ce jour ; par précaution, la vaccination ne sera envisagée chez les personnes souffrant de sclérose en plaques que lorsque le risque d'hépatite B est important. En effet, la stimulation du système immunitaire représentée par ce vaccin pourrait interférer avec cette *maladie auto-immune*.

Laboratoires Sanofi Pasteur MSD

## GÉNOTONORM

*Informations détaillées sur www.monvidal.com*

## GENTALLINE injectable

Antibiotique : aminoside — sur ordonnance

### Présentation

**GENTALLINE 10 mg/1 ml** : solution injectable *IM-IV* ; ampoule de 1 ml. Liste I - Remb 65 % - **Prix : 1,22 €.**
**GENTALLINE 40 mg/2 ml** : solution injectable *IM-IV* ; ampoule de 2 ml. Liste I - Remb 65 % - **Prix : 1,78 €.**
**GENTALLINE 80 mg/2 ml** : solution injectable *IM-IV* ; ampoule de 2 ml. Liste I - Remb 65 % - **Prix : 2,52 €.**
**GENTALLINE 160 mg/2 ml** : solution injectable *IM-IV* ; ampoule de 2 ml. Liste I - Remb 65 % - **Prix : 3,66 €.**

### Composition

| | p amp inj | p amp inj |
|---|---|---|
| **Gentamicine** | 10 mg | 40 mg |
| Sulfites | + | + |

| | p amp inj | p amp inj |
|---|---|---|
| **Gentamicine** | 80 mg | 160 mg |
| Sulfites | + | + |

### Dans quel cas ce médicament est-il prescrit ?

C'est un *antibiotique* qui appartient à la famille des *aminosides*.

Il est utilisé dans le traitement de diverses maladies infectieuses, notamment des *voies* urinaires.

### Contre-indications

Ce médicament ne doit pas être utilisé dans les cas suivants :
- *allergie* aux médicaments de la famille des *aminosides* ou aux *sulfites*,
- *insuffisance rénale* (forme à 160 mg),
- troubles de l'audition préexistants (forme à 160 mg),
- *myasthénie*,
- en association avec un autre aminoside.

**Attention :** Ce médicament peut être toxique pour l'*oreille interne* : signalez à votre médecin tout trouble de l'équilibre ou de l'audition, ancien ou survenant pendant le traitement. Il peut également provoquer des lésions des reins, en cas de *surdosage* ou d'*insuffisance rénale* préexistante.

Ne prenez aucun *diurétique* sans avis médical pendant le traitement.

En cas d'intervention chirurgicale, informez l'anesthésiste de la prise de ce médicament.

### Interactions avec d'autres substances

Ce médicament ne doit pas être associé aux médicaments contenant un autre *aminoside* : augmentation du risque de toxicité pour le rein ou l'oreille interne.

Informez votre médecin si vous prenez un médicament contenant de l'amphotéricine B, de la ciclosporine, du bumétanide ou du furosémide.

### Grossesse et allaitement

L'absence d'effet toxique de ce médicament pour l'enfant à naître n'a pas été établie. Seul votre médecin peut évaluer le risque éventuel de son utilisation dans votre cas.

Ce médicament ne passe que très faiblement dans le lait maternel.

### Mode d'emploi et posologie

Les ampoules sont prêtes à l'emploi et doivent être injectées exclusivement par *voie intramusculaire* ou en *perfusion*.

**Posologie usuelle :**

3 mg par kg et par jour, soit 180 mg pour un adulte de 60 kg, ou 90 mg pour un enfant de 30 kg.

Le médecin répartit cette dose en 2 ou 3 injections.

**Conseils :** L'éventuelle impression de fatigue n'est pas due à l'*antibiotique*, mais à l'infection elle-même.

### Effets indésirables possibles

Douleur au point d'injection.

*Insuffisance rénale* et troubles de l'audition, rares aux *posologies* recommandées (voir Attention).

*Allergie* cutanée peu fréquente.

Laboratoires Schering-Plough

## GENTAMICINE CHAUVIN

*Informations détaillées sur www.monvidal.com*

## GENTIANA COMPLEXE N° 33

*Informations détaillées sur www.monvidal.com*

## GERANIUM COMPLEXE N° 108

*Informations détaillées sur www.monvidal.com*

## GESTODÈNE/ ÉTHINYLESTRADIOL BIOGARAN

Pilule estroprogestative — **sur ordonnance**

GESTODÈNE/ÉTHINYLESTRADIOL BIOGARAN 20 µg : Ce médicament est un générique de MÉLIANE (voir p. 618 et tableau p. 1151).
GESTODÈNE/ÉTHINYLESTRADIOL BIOGARAN 30 µg : Ce médicament est un générique de MINULET (voir p. 646 et tableau p. 1151).

## GÉVATRAN

*Informations détaillées sur www.monvidal.com*

## GINKOGINK

Vasodilatateur

### Présentation

**GINKOGINK :** solution buvable (arômes : orange, citron) ; flacon de 30 ml (30 doses) avec mesurette graduée. Remb 35 % - **Prix : 5,78 €.**

### Composition

| | p dose |
|---|---|
| **Ginkgo biloba, extrait** | 40 mg |
| Alcool | 450 mg |

### Dans quel cas ce médicament est-il prescrit ?

C'est un médicament qui facilite la circulation sanguine.
Il est utilisé dans le *traitement symptomatique* des troubles du comportement et de la mémoire liés au vieillissement.

> **Attention :** Chez une personne âgée, des troubles attribués au vieillissement peuvent être dus à une dépression ; ils nécessitent alors un traitement spécifique.
> Ce médicament contient de l'alcool en quantité notable.

### Interactions avec d'autres substances

Compte tenu de la présence d'*alcool*, ce médicament peut interagir avec ceux qui ont un *effet antabuse* (ESPÉRAL, TTD B3 B4...).

### Grossesse et allaitement

L'effet de ce médicament pendant la grossesse ou l'allaitement est mal connu : seul votre médecin peut évaluer le risque éventuel de son utilisation dans votre cas.

### Mode d'emploi et posologie

Ce médicament doit être dilué dans un demi-verre d'eau et pris pendant les repas.

**Posologie usuelle :**
1 dose (1 ml), 3 fois par jour.

### Effets indésirables possibles

Rarement : *troubles digestifs*, maux de tête, *éruption cutanée*.

Laboratoires Beaufour Ipsen Pharma

## GINKOR

Vasculoprotecteur et veinotonique

### Présentation

**GINKOR FORT :** gélule (jaune et vert) ; boîte de 30. Remb 15 % - **Prix : 6,11 €.**
**GINKOR FORT :** poudre pour solution buvable ; boîte de 30 sachets. Remb 15 % - **Prix : 6,11 €.**

### Composition

| | p gél | p sachet |
|---|---|---|
| **Ginkgo biloba, extrait** | 14 mg | 14 mg |
| **Heptaminol chlorhydrate** | 300 mg | 300 mg |
| **Troxérutine** | 300 mg | 300 mg |
| Aspartam | | + |

### Dans quel cas ce médicament est-il prescrit ?

C'est un protecteur *vasculaire* et un *veinotonique*. Il stimule la circulation du sang dans les veines et lutte contre l'altération des *vaisseaux capillaires*. Il a également un effet *antalgique*.
Il est utilisé dans le *traitement symptomatique* :
- des jambes lourdes, douleurs, *impatiences* et autres troubles pouvant être en rapport avec une mauvaise circulation veineuse ou *lymphatique* ;
- des crises d'*hémorroïdes*.

### Contre-indications

Ce médicament ne doit pas être utilisé dans les cas suivants :
- excès d'*hormones thyroïdiennes*,
- *phénylcétonurie* (sachet : présence d'aspartam),
- en association aux médicaments de la famille des *IMAO* non sélectifs.

> **Attention :** Des précautions sont nécessaires en cas d'*hypertension artérielle*.
> Ce médicament est insuffisant pour prévenir le risque de *phlébite* chez les malades alités ou plâtrés.
> L'*insuffisance veineuse* peut requérir des mesures spécifiques telles que la *contention élastique*.
> Des douleurs, un saignement anal qui persistent malgré le traitement peuvent être dus à une maladie autre que des *hémorroïdes* : consultez votre médecin. De même, tout saignement anal survenant chez une personne de plus de 50 ans doit faire l'objet d'une consultation médicale.
> Sportif : ce médicament contient une substance susceptible de rendre positifs certains *tests antidopage*.

### Interactions avec d'autres substances

Ce médicament ne doit pas être associé aux médicaments de la famille des *IMAO* non sélectifs : risque d'*hypertension artérielle* grave.

### Grossesse et allaitement

L'effet de ce médicament pendant la grossesse ou l'allaitement est mal connu. L'évaluation du risque éventuel lié à son utilisation est individuelle : demandez conseil à votre pharmacien ou à votre médecin.

**Mode d'emploi et posologie**

Ce médicament est pris de préférence pendant les repas.

Le contenu des sachets doit être dissous dans un demi-verre d'eau.

**Posologie usuelle :**

Traitement de l'insuffisance veineuse : 1 gélule ou 1 sachet, matin et soir.

Traitement des hémorroïdes : 3 ou 4 gélules ou 3 ou 4 sachets par jour.

**Conseils :** Une activité physique régulière et la surélévation du pied du lit permettent de faciliter la circulation veineuse et *lymphatique*.
La constipation, la consommation de mets épicés et de vins riches en tanins favorisent les *hémorroïdes*.

Laboratoires Beaufour Ipsen Pharma

## GINKOR gel

*Informations détaillées sur www.monvidal.com*

## GINSENG ALPHA

*Informations détaillées sur www.monvidal.com*

## GINSENG BOIRON

*Informations détaillées sur www.monvidal.com*

## GIVALEX bain de bouche

Préparation buccale antiseptique et antalgique

### Présentation

GIVALEX : solution pour *bain de bouche* (arômes : citron, menthe, anis) ; flacon de 125 ml avec gobelet-doseur. Remb 35 % - **Prix : 2,16 €**.

### Composition

| | p 100 ml |
|---|---|
| **Hexétidine** | 100 mg |
| **Choline salicylate** | 500 mg |
| **Chlorobutanol** | 250 mg |
| Alcool | 60 ml |

### Dans quel cas ce médicament est-il prescrit ?

Cette solution pour *bain de bouche* contient un *antiseptique*, un *anti-inflammatoire* et un *antalgique*.

Elle est utilisée dans le *traitement d'appoint* des infections de la bouche ou après une opération des dents ou des gencives.

### Contre-indications

Ce médicament ne doit pas être utilisé en cas d'*allergie* aux *salicylés*.

**Attention :** L'usage prolongé des traitements antiseptiques locaux (*gargarisme*, *collutoire*, pastille) n'est pas souhaitable ; il peut modifier l'équilibre microbien naturel de la gorge.
En l'absence d'amélioration au bout de 5 jours, en cas d'apparition de fièvre, consultez votre médecin.

### Grossesse et allaitement

L'effet de ce médicament pendant la grossesse ou l'allaitement est mal connu. L'évaluation du risque éventuel lié à son utilisation est individuelle : demandez conseil à votre pharmacien ou à votre médecin.

### Mode d'emploi et posologie

Diluer, dans le gobelet-doseur, 10 ml de solution avec 40 ml d'eau.

La solution ne doit pas être avalée.

**Posologie usuelle :**

- Adulte et enfant de plus de 6 ans : 1 bain de bouche, 2 à 4 fois par jour.

**Conseils :** Il est généralement conseillé de ne pas s'alimenter ou de ne pas boire immédiatement après un *bain de bouche* ou un *gargarisme*, afin de permettre aux substances actives d'agir.
Certains dentistes et stomatologistes recommandent de ne pas pratiquer de bain de bouche dans les heures qui suivent une extraction dentaire, afin d'éviter de faire saigner la plaie.

Laboratoires Norgine Pharma

## GIVALEX collutoire

*Informations détaillées sur www.monvidal.com*

## GLIBENCLAMIDE BIOGARAN 2,5 mg

Antidiabétique oral — sur ordonnance

Ce médicament est un générique de HÉMI-DAONIL (voir p. 470 et tableau p. 1151).

## GLIBENCLAMIDE BIOGARAN 5 mg

Antidiabétique oral — sur ordonnance

Ce médicament est un générique de DAONIL (voir p. 287 et tableau p. 1151).

## GLIBENCLAMIDE TEVA 2,5 mg

Antidiabétique oral — sur ordonnance

Ce médicament est un générique de HÉMI-DAONIL (voir p. 470 et tableau p. 1151).

## GLIBENCLAMIDE TEVA 5 mg

Antidiabétique oral — sur ordonnance

Ce médicament est un générique de DAONIL (voir p. 287 et tableau p. 1151).

## GLIBÉNÈSE

*Informations détaillées sur www.monvidal.com*

## GLICLAZIDE ALMUS

Antidiabétique oral — sur ordonnance

Ce médicament est un générique de DIAMICRON 80 (voir p. 308 et tableau p. 1151).

## GLICLAZIDE ARROW
Antidiabétique oral — sur ordonnance

Ce médicament est un générique de DIAMICRON 80 (voir p. 308 et tableau p. 1151).

## GLICLAZIDE BIOGARAN
Antidiabétique oral — sur ordonnance

Ce médicament est un générique de DIAMICRON 80 (voir p. 308 et tableau p. 1151).

## GLICLAZIDE EG
Antidiabétique oral — sur ordonnance

Ce médicament est un générique de DIAMICRON 80 (voir p. 308 et tableau p. 1151).

## GLICLAZIDE G GAM
Antidiabétique oral — sur ordonnance

Ce médicament est un générique de DIAMICRON 80 (voir p. 308 et tableau p. 1151).

## GLICLAZIDE GNR
Antidiabétique oral — sur ordonnance

Ce médicament est un générique de DIAMICRON 80 (voir p. 308 et tableau p. 1151).

## GLICLAZIDE IVAX
Antidiabétique oral — sur ordonnance

Ce médicament est un générique de DIAMICRON 80 (voir p. 308 et tableau p. 1151).

## GLICLAZIDE MERCK
Antidiabétique oral — sur ordonnance

Ce médicament est un générique de DIAMICRON 80 (voir p. 308 et tableau p. 1151).

## GLICLAZIDE QUALIMED
Antidiabétique oral — sur ordonnance

Ce médicament est un générique de DIAMICRON 80 (voir p. 308 et tableau p. 1151).

## GLICLAZIDE RATIOPHARM
Antidiabétique oral — sur ordonnance

Ce médicament est un générique de DIAMICRON 80 (voir p. 308 et tableau p. 1151).

## GLICLAZIDE RPG
Antidiabétique oral — sur ordonnance

Ce médicament est un générique de DIAMICRON 80 (voir p. 308 et tableau p. 1151).

## GLICLAZIDE SANDOZ
Antidiabétique oral — sur ordonnance

Ce médicament est un générique de DIAMICRON 80 (voir p. 308 et tableau p. 1151).

## GLICLAZIDE TEVA
Antidiabétique oral — sur ordonnance

Ce médicament est un générique de DIAMICRON 80 (voir p. 308 et tableau p. 1151).

## GLICLAZIDE WINTHROP
Antidiabétique oral — sur ordonnance

Ce médicament est un générique de DIAMICRON 80 (voir p. 308 et tableau p. 1151).

## GLICLAZIDE ZYDUS
Antidiabétique oral — sur ordonnance

Ce médicament est un générique de DIAMICRON 80 (voir p. 308 et tableau p. 1151).

## GLIMÉPIRIDE BGR
Antidiabétique oral — sur ordonnance

Ce médicament est un générique d'AMAREL (voir p. 82 et tableau p. 1151).

## GLIMÉPIRIDE EG
Antidiabétique oral — sur ordonnance

Ce médicament est un générique d'AMAREL (voir p. 82 et tableau p. 1151).

## GLIMÉPIRIDE MERCK
Antidiabétique oral — sur ordonnance

Ce médicament est un générique d'AMAREL (voir p. 82 et tableau p. 1151).

## GLIMÉPIRIDE QUALIMED
Antidiabétique oral — sur ordonnance

Ce médicament est un générique d'AMAREL (voir p. 82 et tableau p. 1151).

## GLIMÉPIRIDE RANBAXY
Antidiabétique oral — sur ordonnance

Ce médicament est un générique d'AMAREL (voir p. 82 et tableau p. 1151).

## GLIMÉPIRIDE RATIOPHARM
Antidiabétique oral — sur ordonnance

Ce médicament est un générique d'AMAREL (voir p. 82 et tableau p. 1151).

## GLIMÉPIRIDE SANDOZ
Antidiabétique oral — sur ordonnance

Ce médicament est un générique d'AMAREL (voir p. 82 et tableau p. 1151).

## GLIMÉPIRIDE TEVA
Antidiabétique oral — sur ordonnance

Ce médicament est un générique d'AMAREL (voir p. 82 et tableau p. 1151).

## GLIMÉPIRIDE WINTHROP
Antidiabétique oral — sur ordonnance

Ce médicament est un générique d'AMAREL (voir p. 82 et tableau p. 1151).

## GLIPIZIDE MERCK
Antidiabétique oral — sur ordonnance

Ce médicament est un générique de GLIBÉNÈSE (informations détaillées sur www.monvidal.com).
Ce médicament est un générique de MINIDIAB (informations détaillées sur www.monvidal.com).

### GLOSSITHIASE
*Informations détaillées sur www.monvidal.com*

### GLUCAGEN
*Informations détaillées sur www.monvidal.com*

### GLUCANTIME
*Informations détaillées sur www.monvidal.com*

### GLUCIDORAL
*Informations détaillées sur www.monvidal.com*

### GLUCONATE DE CALCIUM LAVOISIER
*Informations détaillées sur www.monvidal.com*

### GLUCONATE DE POTASSIUM H3 SANTÉ
*Informations détaillées sur www.monvidal.com*

## GLUCOPHAGE
Antidiabétique oral — sur ordonnance

### Présentation
**GLUCOPHAGE 500 mg :** comprimé (blanc) ; boîte de 30. Liste I - Remb 65 % - **Prix : 2,80 €.**
**GLUCOPHAGE 500 mg :** comprimé (blanc) ; boîte de 90. Liste I - Remb 65 % - **Prix : 7,31 €.**
**GLUCOPHAGE 850 mg :** comprimé (blanc) ; boîte de 30. Liste I - Remb 65 % - **Prix : 4,61 €.**
**GLUCOPHAGE 850 mg :** comprimé (blanc) ; boîte de 90. Liste I - Remb 65 % - **Prix : 12,74 €.**
**GLUCOPHAGE 1 000 mg :** comprimé ; boîte de 30. Liste I - Remb 65 % - **Prix : 5,37 €.**
**GLUCOPHAGE 1 000 mg :** comprimé ; boîte de 90. Liste I - Remb 65 % - **Prix : 15,04 €.**

### Composition
| | p cp | p cp | p cp |
|---|---|---|---|
| **Metformine chlorhydrate** | 500 mg | 850 mg | 1 000 mg |
| soit Metformine | 390 mg | 663 mg | 780 mg |

### Dans quel cas ce médicament est-il prescrit ?
Cet *antidiabétique* oral appartient à la famille des biguanides. Il permet de diminuer l'excès de *sucre* dans le sang sans pour autant favoriser la sécrétion d'*insuline*, contrairement aux *sulfamides hypoglycémiants*.

Il est utilisé dans le traitement du *diabète* non insulino-dépendant lorsque le régime alimentaire seul est insuffisant et en l'absence d'*acidocétose*.

Il peut également être utilisé en complément des traitements par l'insuline.

### Contre-indications
Ce médicament ne doit pas être utilisé dans les cas suivants :
- *insuffisance rénale*, maladie aiguë pouvant provoquer une insuffisance rénale (voir Attention) ;
- *insuffisance hépatique* grave, état d'ivresse ;
- *insuffisance cardiaque* ou *respiratoire* ;
- *infarctus du myocarde* récent ;
- **allaitement**.

**Attention :** Ce médicament expose à un risque de complication exceptionnelle et grave : l'*acidose lactique*. Celle-ci est favorisée par la présence d'une *insuffisance rénale*, même modérée, ou d'une *insuffisance hépatique* grave. Toute insuffisance rénale préexistante ou apparaissant sous traitement (notamment chez la personne âgée qui se déshydrate) contre-indique l'utilisation ou la poursuite de la prise de ce médicament. Une autre circonstance peut favoriser l'acidose lactique : l'intoxication alcoolique aiguë, surtout si elle survient à jeun.

Certaines situations peuvent contribuer à augmenter la *glycémie* : infection, prise de médicaments, stress. En cas d'apparition d'une sensation de malaise général, consultez rapidement votre médecin.

Des analyses de sang régulières sont nécessaires pendant le traitement.

En cas d'examen radiologique nécessitant l'administration de produits de contraste par *voie* intraveineuse ou en cas d'intervention chirurgicale, le traitement doit être interrompu puis repris au minimum 48 heures après.

### Interactions avec d'autres substances
Certains médicaments sont susceptibles de faire varier le taux de sucre dans le sang et de déséquilibrer la *glycémie*. Ainsi, l'association de ce médicament avec

les *corticoïdes*, les antiasmathiques bronchodilatateurs, les *diurétiques* ou les *inhibiteurs de l'enzyme de conversion* peut nécessiter un contrôle plus fréquent de la glycémie, voire une modification de la *posologie* de la metformine.

### Grossesse et allaitement

Un *diabète* mal équilibré peut être néfaste pour l'enfant à naître.

Un désir de grossesse nécessite le remplacement de ce médicament par de l'*insuline* et une surveillance médicale renforcée.

Si une grossesse survient alors que vous êtes encore sous traitement *antidiabétique* oral, consultez rapidement votre médecin pour un passage à l'insuline injectable.

Les données disponibles ne permettent pas de savoir si ce médicament passe dans le lait maternel ; un choix est donc nécessaire entre l'allaitement et la prise du médicament. Cette décision devra être prise en accord avec votre médecin.

### Mode d'emploi et posologie

Les prises sont réparties dans la journée, au cours ou à la fin des repas.

**Posologie usuelle :**

- Adulte : la dose initiale est de 1 comprimé à 500 mg ou à 850 mg, 2 ou 3 fois par jour ; la *posologie* est ensuite adaptée par votre médecin en fonction des résultats des analyses de sang.

**Conseils :** Ce médicament, utilisé seul, n'expose pas au risque d'*hypoglycémie*.

Le *diabète* peut diminuer la sensibilité des pieds à la douleur et favoriser les infections. Des plaies profondes peuvent se développer : une hygiène rigoureuse et des chaussures confortables limitent ce risque.

Le régime du diabétique ne consiste pas en une simple interdiction des *glucides* (*sucres*, pain, pâtes...) : demandez conseil à votre médecin.

Pesez-vous régulièrement et signalez toute variation rapide de poids à votre médecin.

### Effets indésirables possibles

Fréquemment en début de traitement : nausées, vomissements, diarrhées, douleurs abdominales, perte de l'appétit. Ces troubles disparaissent généralement avec la poursuite du traitement.

Sensation de goût métallique dans la bouche, rougeur cutanée.

Exceptionnellement : *acidose lactique* (voir Attention).

**Laboratoires Merck Lipha Santé**

## GLUCOR

Antidiabétique oral — **sur ordonnance**

### Présentation

**GLUCOR 50 :** comprimé (blanc) ; boîte de 90. Liste I - Remb 65 % - **Prix : 16,72 €.**

**GLUCOR 100 :** comprimé (blanc) ; boîte de 90. Liste I - Remb 65 % - **Prix : 22,57 €.**

### Composition

| | p cp | p cp |
|---|---|---|
| | 50 mg | 100 mg |
| **Acarbose** | | |

### Dans quel cas ce médicament est-il prescrit ?

Ce médicament est un *antidiabétique*. Il agit localement dans l'intestin en retardant et en diminuant l'absorption des *glucides* formés de plusieurs molécules, comme le sucre ordinaire (saccharose) ou l'amidon. Il est sans effet sur les *sucres* simples tels que le glucose.

Il est utilisé dans le traitement du *diabète* non insulino-dépendant, en complément du régime, et peut être associé aux autres antidiabétiques.

### Contre-indications

Ce médicament ne doit pas être utilisé dans les cas suivants :

- *troubles digestifs* graves,
- *insuffisance rénale* grave,
- enfant de moins de 15 ans,
- **allaitement**.

**Attention :** Un dosage régulier des *transaminases* est nécessaire en cas de *posologie* supérieure à 600 mg par jour et chez les personnes souffrant d'*insuffisance hépatique*.

En cas d'*hypoglycémie* provoquée par un autre médicament *antidiabétique*, la prise de sucre ordinaire (saccharose) risque d'être inefficace. Il est préférable d'absorber du glucose : demandez conseil à votre médecin ou à votre pharmacien.

En cas de suspicion d'occlusion intestinale (violente douleur abdominale chez une personne ayant des antécédents d'opération de l'abdomen), le traitement doit être interrompu.

### Grossesse et allaitement

Le diabète de la femme enceinte nécessite un traitement par insuline.

L'effet de ce médicament pendant la grossesse est mal connu : seul votre médecin peut évaluer le risque éventuel de son utilisation dans votre cas.

Ce médicament est contre-indiqué pendant l'allaitement.

### Mode d'emploi et posologie

Les comprimés doivent être avalés en début de repas avec un verre d'eau, ou croqués avec les premières bouchées.

**Posologie usuelle :**

50 à 200 mg, 3 fois par jour.

**Conseils :** Ce médicament n'expose pas à lui seul au risque d'*hypoglycémie*.

Le régime du diabétique ne consiste pas en une simple interdiction des *glucides* (*sucres*, pain, pâtes...) ; demandez conseil à votre médecin.

### Effets indésirables possibles

Flatulences, ballonnements, diarrhée. Ces effets ont tendance à s'atténuer au cours du traitement.

Augmentation des *transaminases* et, plus rarement, jaunisse.

Éruption cutanée.

**Laboratoires Bayer Pharma**

## GLUCOVANCE

Antidiabétique oral — sur ordonnance

### Présentation

GLUCOVANCE 500 mg/2,5 mg : comprimé (orange) ; boîte de 30. Liste I - Remb 65 % - **Prix : 5,08 €.**
GLUCOVANCE 500 mg/2,5 mg : comprimé (orange) ; boîte de 90. Liste I - Remb 65 % - **Prix : 14,16 €.**
GLUCOVANCE 500 mg/5 mg : comprimé (jaune) ; boîte de 30. Liste I - Remb 65 % - **Prix : 5,08 €.**
GLUCOVANCE 500 mg/5 mg : comprimé (jaune) ; boîte de 90. Liste I - Remb 65 % - **Prix : 14,16 €.**

### Composition

| | p cp | p cp |
|---|---|---|
| **Metformine chlorhydrate** | 500 mg | 500 mg |
| soit Metformine | 390 mg | 390 mg |
| **Glibenclamide** | 2,5 mg | 5 mg |

### Dans quel cas ce médicament est-il prescrit ?

Ce médicament associe 2 *antidiabétiques* oraux :
- le glibenclamide de la famille des *sulfamides hypoglycémiants*. Il stimule la sécrétion d'*insuline* par le pancréas ;
- la metformine de la famille des biguanides. Elle permet de baisser le taux de *sucre* dans le sang en améliorant notamment la sensibilité à l'insuline au niveau des muscles.

Il est utilisé dans le traitement du *diabète* non insulinodépendant lorsque le régime alimentaire seul est insuffisant.

### Contre-indications

Ce médicament ne doit pas être utilisé dans les cas suivants :
- *allergie* aux *sulfamides*,
- *acidocétose*,
- *insuffisance rénale*, maladie aiguë pouvant provoquer une insuffisance rénale (voir Attention) ;
- *insuffisance hépatique* grave, état d'ivresse ;
- *insuffisance cardiaque* ou *respiratoire* ;
- *infarctus du myocarde* récent ;
- *porphyrie*,
- en association avec les médicaments contenant du miconazole,
- **allaitement**.

**Attention :** Ce médicament n'est pas adapté au traitement du *diabète* insulinodépendant : celui-ci requiert un traitement par injections d'*insuline*.

Ce médicament expose à un risque de complication exceptionnelle et grave : l'*acidose lactique*. Celle-ci est favorisée par la présence d'une *insuffisance rénale*, même modérée, ou d'une *insuffisance hépatique* grave. Toute insuffisance rénale préexistante ou apparaissant sous traitement (notamment chez la personne âgée qui se déshydrate) contre-indique l'utilisation ou la poursuite de la prise de ce médicament. Une autre circonstance peut favoriser l'acidose lactique : l'intoxication alcoolique aiguë, surtout si elle survient à jeun.

Un sentiment de malaise associé à des sueurs froides, une fringale, une accélération du cœur sont les signes habituels d'une *hypoglycémie* due à un effet excessif du médicament. Cette hypoglycémie peut également se traduire par des troubles du comportement qui doivent alerter votre entourage, voire des *convulsions* ou un *coma*. En présence de ces signes ou en cas de simple doute, buvez une boisson sucrée ou mangez du *sucre*. Si le diabétique est inconscient, surtout ne lui donnez rien à boire et appelez votre médecin, ou à défaut le 15 ou un service d'urgence.

Certaines situations peuvent contribuer à augmenter la *glycémie* : infection, prise de médicaments, stress. En cas d'apparition d'une sensation de malaise général, consultez rapidement votre médecin.

Des analyses de sang régulières sont nécessaires pendant le traitement.

En cas d'examen radiologique nécessitant l'administration de produits de contraste par *voie* intraveineuse ou en cas d'intervention chirurgicale, le traitement doit être interrompu puis repris au minimum 48 heures après.

Évitez la prise de boissons alcoolisées pendant le traitement : risque accru d'hypoglycémie et risque d'*effet antabuse*.

Conducteur : une *hypoglycémie* peut entraîner un malaise pendant la conduite ou l'utilisation de machines.

### Interactions avec d'autres substances

Ce médicament ne doit pas être associé avec les médicaments oraux contenant du miconazole (DAKTARIN gel buccal, DAKTARIN comprimé...) : risque d'*hypoglycémie*.

Il peut interagir avec les médicaments contenant de la phénylbutazone ou du danazol.

Certains médicaments sont susceptibles de faire varier le taux de sucre dans le sang et de déséquilibrer la *glycémie*. Ainsi, l'association de ce médicament avec les *corticoïdes*, les antiasmathiques bronchodilatateurs, les *diurétiques* ou les *inhibiteurs de l'enzyme de conversion* peut nécessiter un contrôle plus fréquent de la glycémie, voire une modification de la *posologie* de l'antidiabétique.

### Grossesse et allaitement

Un *diabète* mal équilibré peut être néfaste pour l'enfant à naître.

Un désir de grossesse nécessite le remplacement de ce médicament par de l'*insuline* et une surveillance médicale renforcée.

Si une grossesse survient alors que vous êtes encore sous traitement *antidiabétique* oral, consultez rapidement votre médecin pour un passage à l'insuline injectable.

Les données disponibles ne permettent pas de savoir si ce médicament passe dans le lait maternel : il est contre-indiqué pendant l'allaitement.

### Mode d'emploi et posologie

Les prises sont réparties dans la journée, au cours ou à la fin des repas.

**Posologie usuelle :**
- Adulte : 1 comprimé à 500 mg/2,5 mg ou à 500 mg/5 mg, 1 à 4 fois par jour. La dose et la répartition des prises sont adaptées en fonction de la *glycémie*.

**Conseils :** Le respect de certaines règles simples permet de diminuer le risque d'*hypoglycémie* :
- toute prise de ce médicament doit être suivie d'un repas (ne prenez pas de comprimé si vous devez sauter le repas suivant) ;
- si vous envisagez un effort physique intense et prolongé, il peut être nécessaire de diminuer la

dose du médicament (demandez conseil à votre médecin) ;
- informez votre médecin si vous devez travailler la nuit ou si votre religion vous impose un jeûne prolongé ;
- évitez la prise de boissons alcoolisées à jeun ou à distance des repas.

Le *diabète* peut diminuer la sensibilité des pieds à la douleur et favoriser les infections. Des plaies profondes peuvent se développer : une hygiène rigoureuse et des chaussures confortables limitent ce risque.

Le régime du diabétique ne consiste pas en une simple interdiction des *glucides* (*sucres*, pain, pâtes...) : demandez conseil à votre médecin.

Pesez-vous régulièrement et signalez toute variation rapide de poids à votre médecin.

### Effets indésirables possibles

Fréquemment en début de traitement : nausées, vomissements, diarrhées, douleurs abdominales, perte de l'appétit. Ces troubles disparaissent généralement avec la poursuite du traitement.

Sensation de goût métallique dans la bouche, rougeur cutanée, démangeaisons, *éruption cutanée*.

*Hypoglycémie* (voir Attention).

Exceptionnellement : *acidose lactique* (voir Attention), anomalie de la *numération formule sanguine*, augmentation des *transaminases*, jaunisse.

Laboratoires Merck Lipha Santé

## GLUTRIL

*Informations détaillées sur www.monvidal.com*

## GLYCO-THYMOLINE

Préparation buccale antiseptique

### Présentation

**GLYCO-THYMOLINE 55 :** solution buccale ; flacon de 250 ml. Remb 35 % - **Prix : 2,57 €.**

### Composition

| | p 100 g |
|---|---|
| **Benzoate de sodium** | 2,04 g |
| **Salicylate de sodium** | 90 mg |
| **Borate de sodium** | 2 g |
| **Thymol** | 37 mg |
| **Cinéole (eucalyptol)** | 75 mg |
| **Lévomenthol** | 37 mg |

### Dans quel cas ce médicament est-il prescrit ?

Cette solution à usage local contient des substances *antiseptiques*.

Il est utilisé dans le *traitement d'appoint* des affections de la bouche.

### Contre-indications

Ce médicament ne doit pas être utilisé dans les cas suivants :
- *allergie* aux *salicylés*,
- enfant de moins de 6 ans.

**Attention :** Ce médicament contient des *terpènes* qui peuvent, en cas de dépassement des *posologies*, avoir des effets indésirables graves : respectez, plus particulièrement chez l'enfant, les doses préconisées.

Des précautions sont nécessaires en cas d'*épilepsie*.

N'appliquez pas ce médicament sur la peau ou les muqueuses autres que la muqueuse buccale.

L'usage prolongé des traitements antiseptiques locaux (*gargarisme*, *collutoire*, pastille) n'est pas souhaitable ; il peut modifier l'équilibre microbien naturel de la gorge.

En l'absence d'amélioration au bout de 5 jours, en cas d'apparition de fièvre, consultez votre médecin.

Le *bain de bouche* n'est pas facilement utilisable chez le jeune enfant qui risque d'avaler la solution, c'est pourquoi il est destiné à l'enfant de plus de 6 ans.

### Grossesse et allaitement

L'effet de ce médicament pendant la grossesse ou l'allaitement est mal connu. L'évaluation du risque éventuel lié à son utilisation est individuelle : demandez conseil à votre pharmacien ou à votre médecin.

### Mode d'emploi et posologie

La solution peut être utilisée pure à l'aide d'un tampon de coton hydrophile ou d'une compresse, ou en *bain de bouche*, diluée à moitié avec de l'eau chaude.

**Posologie usuelle :**
- Adulte et enfant de plus de 6 ans : 2 ou 3 applications par jour.

**Conseils :** Il est généralement conseillé de ne pas s'alimenter ou de ne pas boire immédiatement après un bain de bouche, afin de permettre aux substances actives d'agir.

### Effets indésirables possibles

Irritation locale.

En cas de dépassement de la *posologie* usuelle, les *terpènes* peuvent provoquer :
- des *convulsions* chez l'enfant,
- agitation, confusion des idées (notamment chez la personne âgée).

Laboratoires SERP

## GOMENOL

Traitement des affections bronchopulmonaires

### Présentation

**GOMENOL-RECTAL Adultes :** suppositoire ; boîte de 6. Non remb.
**GOMENOL-RECTAL Enfant :** suppositoire ; boîte de 6. Non remb.
**GOMENOL :** huile essentielle pour inhalation (jaune pâle) ; tube de 50 ml (compte-gouttes). Non remb.
**GOMENOL SOLUBLE :** solution pour aérosol ; boîte de 5 ampoules de 5 ml. Non remb.

### Composition

| | p suppos Ad | p suppos Enf |
|---|---|---|
| **Melaleuca viridiflora, huile essentielle (gomenol)** | 600 mg | 75 mg |
| | **p tube** | **p amp** |
| **Melaleuca viridiflora, huile essentielle (gomenol)** | 50 ml | 82,5 mg |

### Dans quel cas ce médicament est-il prescrit ?

Ce médicament contient une huile essentielle végétale ayant des propriétés *antiseptiques* et décongestionnantes, notamment sur les *voies* respiratoires.

Il est utilisé dans le *traitement d'appoint* des affections bronchiques aiguës bénignes.

### Contre-indications

Ce médicament ne doit pas être utilisé dans les cas suivants :
- enfant de moins de 12 ans (huile essentielle pour inhalation et solution pour aérosol) ;
- *inflammation* rectale récente, *hémorroïdes* (suppositoire).

**Attention :** Ce médicament contient des *terpènes* qui peuvent, en cas de dépassement des *posologies*, avoir des effets indésirables graves ; des précautions sont nécessaires chez l'enfant et la personne âgée.
En cas d'*antécédents* de *convulsions* ou d'*épilepsie* :
- l'huile essentielle pour inhalation et la solution pour aérosol sont contre-indiquées ;
- les suppositoires peuvent être utilisés à condition de respecter la posologie prescrite.

GOMENOL SOLUBLE pour aérosol doit être dilué dans de l'eau distillée ou du *sérum physiologique* lorsqu'il est utilisé par des personnes souffrant d'*asthme* ou de *rhinite* allergique.
Les ampoules ne sont pas injectables.

### Grossesse et allaitement

L'effet de ce médicament pendant la grossesse est mal connu. L'évaluation du risque éventuel lié à son utilisation est individuelle : demandez conseil à votre pharmacien ou à votre médecin.

Les *terpènes* peuvent donner un goût particulier au lait. Leur absorption par le *nourrisson* n'est pas souhaitable : évitez d'employer ce médicament pendant l'allaitement.

### Mode d'emploi et posologie

La solution pour *aérosol* est nébulisée à l'aide d'un générateur d'aérosol.

**Posologie usuelle :**

Suppositoire :
- Adulte : 1 suppositoire, matin et soir.
- Enfant de plus de 30 mois : 1 suppositoire Enfant, matin et soir.

Huile essentielle pour inhalation :
- Adulte et enfant de plus de 12 ans : 1 inhalation de quelques gouttes dans un bol d'eau chaude, 1 à 3 fois par jour.

Solution pour aérosol :
- Adulte et enfant de plus de 12 ans : 1 ou 2 séances de 15 à 20 minutes par jour.

**Conseils :** Les suppositoires doivent être conservés dans un endroit frais.

### Effets indésirables possibles

En cas de dépassement de la *posologie* usuelle, les *terpènes* peuvent provoquer :
- des *convulsions* chez l'enfant,
- agitation, confusion des idées (notamment chez la personne âgée).

Laboratoires Gomenol

## GOMENOLÉO ampoule

*Informations détaillées sur www.monvidal.com*

## GOMENOLÉO flacon

*Informations détaillées sur www.monvidal.com*

## GONADOTROPHINE CHORIONIQUE ENDO

*Informations détaillées sur www.monvidal.com*

## GONAL-F

*Informations détaillées sur www.monvidal.com*

## GOUTTES AUX ESSENCES

*Informations détaillées sur www.monvidal.com*

## GRAINS DE VALS

*Informations détaillées sur www.monvidal.com*

## GRANIONS D'ARGENT

*Informations détaillées sur www.monvidal.com*

## GRANIONS DE BISMUTH

*Informations détaillées sur www.monvidal.com*

## GRANIONS DE CUIVRE

Oligo-élément

### Présentation

GRANIONS DE CUIVRE : solution buvable ; boîte de 10 ampoules de 2 ml. Non remb.
GRANIONS DE CUIVRE : solution buvable ; boîte de 30 ampoules de 2 ml. Non remb.

### Composition

| | p amp |
|---|---|
| **Cuivre** | 0,3 mg |
| Sulfites | + |

### Dans quel cas ce médicament est-il prescrit ?

Ce médicament appartient à la famille des éléments minéraux traces (*oligo-éléments*).

Il est utilisé comme *modificateur de terrain*, en particulier dans les états grippaux, les infections virales et les manifestations rhumatismales inflammatoires.

**Attention :** Les *oligo-éléments* aident l'organisme à combattre les maladies, mais leur action n'est généralement pas suffisante pour permettre la guérison d'affections graves ; un traitement spécifique est alors nécessaire.

### Grossesse et allaitement

Aux doses préconisées, les *oligo-éléments* sont présumés sans danger pendant la grossesse ou l'allaitement. Néanmoins, par mesure de prudence, ne les utilisez pas sans prendre l'avis de votre pharmacien ou de votre médecin.

### Mode d'emploi et posologie

Le contenu de l'ampoule doit être dilué dans un verre d'eau et avalé en dehors des repas.

**Posologie usuelle :**
- Adulte : 2 ou 3 ampoules par jour.

Laboratoires Granions

## GRANIONS DE LITHIUM
Oligo-élément

### Présentation
**GRANIONS DE LITHIUM :** solution buvable ; boîte de 10 ampoules de 2 ml. Non remb.
**GRANIONS DE LITHIUM :** solution buvable ; boîte de 30 ampoules de 2 ml. Non remb.

### Composition
| | p amp |
|---|---|
| **Lithium** | 1 mg |

### Dans quel cas ce médicament est-il prescrit ?
Ce médicament appartient à la famille des éléments minéraux traces (*oligo-éléments*).
Il est utilisé comme *modificateur de terrain*, en particulier en cas d'irritabilité ou de troubles légers du sommeil, chez l'adulte comme chez l'enfant de plus de 6 ans.

### Grossesse et allaitement
Le lithium utilisé à forte dose dans le traitement de certains troubles nerveux peut provoquer des malformations chez l'enfant à naître. Le risque lié à l'utilisation de lithium sous forme d'*oligo-éléments* n'est pas connu ; par mesure de prudence, son utilisation est à éviter pendant la grossesse et l'allaitement, sauf avis médical contraire.

### Mode d'emploi et posologie
Le contenu de l'ampoule doit être dilué dans un verre d'eau et avalé le matin à jeun ou à distance des repas.

**Posologie usuelle :**
- Adulte et enfant de plus de 6 ans : 1 ou 2 ampoules par jour.

Laboratoires Granions

## GRANIONS DE MAGNÉSIUM
Oligo-élément

### Présentation
**GRANIONS DE MAGNÉSIUM :** solution buvable ; boîte de 10 ampoules de 2 ml. Non remb.
**GRANIONS DE MAGNÉSIUM :** solution buvable ; boîte de 30 ampoules de 2 ml. Non remb.

### Composition
| | p amp |
|---|---|
| **Magnésium** | 3,8 mg |

### Dans quel cas ce médicament est-il prescrit ?
Ce médicament appartient à la famille des éléments minéraux traces (*oligo-éléments*).
Il est utilisé comme *modificateur de terrain*, en particulier dans certains dérèglements du système *neurovégétatif* et dans les troubles regroupés sous le terme de *spasmophilie*.

### Grossesse et allaitement
Aux doses préconisées, les *oligo-éléments* sont présumés sans danger pendant la grossesse ou l'allaitement. Néanmoins, par mesure de prudence, ne les utilisez pas sans prendre l'avis de votre pharmacien ou de votre médecin.

### Mode d'emploi et posologie
Le contenu de l'ampoule doit être dilué dans un verre d'eau et avalé en dehors des repas.

**Posologie usuelle :**
- Adulte : 2 ou 3 ampoules par jour.

Laboratoires Granions

## GRANIONS DE MANGANÈSE
*Informations détaillées sur www.monvidal.com*

## GRANIONS D'OR
*Informations détaillées sur www.monvidal.com*

## GRANIONS DE SÉLÉNIUM
Oligo-élément

### Présentation
**GRANIONS DE SÉLÉNIUM :** solution buvable ; boîte de 10 ampoules de 2 ml. Non remb.
**GRANIONS DE SÉLÉNIUM :** solution buvable ; boîte de 30 ampoules de 2 ml. Non remb.

### Composition
| | p amp |
|---|---|
| **Sélénium** | 0,96 mg |
| Sulfites | + |

### Dans quel cas ce médicament est-il prescrit ?
Ce médicament appartient à la famille des éléments minéraux traces (*oligo-éléments*).
Il est utilisé comme *modificateur de terrain*, en particulier dans les cas d'affections musculaires et cutanées.

### Grossesse et allaitement
L'effet de ce médicament pendant la grossesse ou l'allaitement est mal connu. L'évaluation du risque éventuel lié à son utilisation est individuelle : demandez conseil à votre pharmacien ou à votre médecin.

### Mode d'emploi et posologie
Le contenu de l'ampoule doit être dilué dans un verre d'eau et avalé en dehors des repas.

**Posologie usuelle :**
- Adulte : 1 ampoule par jour.

Laboratoires Granions

## GRANIONS DE SOUFRE
*Informations détaillées sur www.monvidal.com*

## GRANIONS D'URANIUM
*Informations détaillées sur www.monvidal.com*

## GRANIONS DE ZINC
*Informations détaillées sur www.monvidal.com*

## GRANUDOXY
Antibiotique : cycline — sur ordonnance

Ce médicament est un générique de VIBRAMYCINE (voir p. 1092 et tableau p. 1151).

## GRINDELIA COMPLEXE N° 58
*Informations détaillées sur www.monvidal.com*

## GRIPGUARD

*Informations détaillées sur www.monvidal.com*

## GRISÉFULINE

*Informations détaillées sur www.monvidal.com*

## GUÉTHURAL 300

*Informations détaillées sur www.monvidal.com*

## GURONSAN
Antiasthénique

### Présentation

GURONSAN : comprimé effervescent (blanc ; arôme gin-fizz) ; boîte de 2 tubes de 15. Non remb.

### Composition

| | p cp |
|---|---|
| **Glucuronamide** | 400 mg |
| **Acide ascorbique (vitamine C)** | 500 mg |
| **Caféine** | 50 mg |
| Sodium | 616 mg |
| Saccharose | 158 mg |

### Dans quel cas ce médicament est-il prescrit ?

Ce médicament est un *antiasthénique*. Il contient notamment de la *vitamine* C et de la *caféine*.

Il est utilisé dans le *traitement d'appoint* de la fatigue lorsque celle-ci n'est pas due à une maladie (*asthénie fonctionnelle*).

**Attention :** Une fatigue persistante ne doit pas vous conduire à augmenter les prises de ce médicament : consultez votre médecin.

Ce médicament contient du *sel* (*sodium*) en quantité notable.

Ce médicament contient de la *caféine* qui peut être recherchée dans les urines des sportifs pour déceler un éventuel mésusage. Néanmoins, à la *posologie* préconisée, la quantité de caféine contenue dans ce médicament est insuffisante à elle seule pour que la réponse au test soit positive.

### Grossesse et allaitement

Ce médicament ne contient que des substances présumées sans danger pendant la grossesse ou l'allaitement. Néanmoins, ne l'utilisez pas de façon prolongée sans l'avis de votre pharmacien ou de votre médecin.

### Mode d'emploi et posologie

Les comprimés effervescents doivent être dissous dans un verre d'eau et pris de préférence en début de journée.

**Posologie usuelle :**

- Adulte : 1 comprimé, le matin et à midi.

La durée du traitement ne doit pas dépasser 4 semaines sans avis médical.

**Conseils :** Ce médicament contient de la *caféine*. On considère qu'une tasse de café contient de 60 à 100 mg de cette substance. Ainsi, pour limiter les effets indésirables de la caféine (excitation, tremblements, insomnie, *palpitations*), il est préférable de limiter la consommation de boissons qui en renferment (café, thé...). Il est également recommandé de prendre ce médicament avant 17 heures.

Le traitement de l'*asthénie fonctionnelle* repose sur des mesures simples :
- un temps de sommeil suffisant ;
- une consommation modérée d'*alcool*, de café et de thé, l'arrêt du tabagisme ;
- la pratique d'un sport ;
- la suppression, lorsque cela est possible, des expositions au stress.

Ce médicament n'est qu'un *traitement d'appoint* qui complète l'action de ces mesures indispensables.

Une prise quotidienne et supérieure à 2 g de *vitamine* C peut modifier certaines analyses de sang.

### Effets indésirables possibles

La caféine, à forte dose, peut provoquer des *palpitations* ou une irritabilité anormale.

Laboratoires Organon

## GYDRELLE
Estrogène — sur ordonnance

### Présentation

GYDRELLE : crème vaginale ; tube de 30 g et applicateur doseur. Liste II - Remb 35 % - **Prix : 4,13 €.**

### Composition

| | p 100 g |
|---|---|
| **Estriol** | 100 mg |

### Dans quel cas ce médicament est-il prescrit ?

Ce médicament permet l'apport local d'une *hormone* de la famille des *estrogènes*.

Il est utilisé pour corriger les *symptômes* vaginaux dus à une *carence* en estrogènes lors de la *ménopause* (*atrophie* vaginale...).

### Contre-indications

Ce médicament ne doit pas être utilisé dans les cas suivants :
- *cancer hormonodépendant* ;
- *accident thromboembolique* (*phlébite*, *embolie* pulmonaire...) ancien ou survenant pendant le traitement ;
- saignement génital intermittent (l'origine de ce saignement doit être déterminée par des examens avant la mise en route du traitement).

### Grossesse et allaitement

Il n'y a aucune raison d'utiliser ce médicament pendant la grossesse ou l'allaitement.

### Mode d'emploi et posologie

La crème doit être introduite profondément dans le vagin grâce à l'applicateur.

**Posologie usuelle :**

1 application de 1 g de crème par jour, pendant 1 semaine, puis 1 application tous les 2 jours jusqu'à la disparition des *symptômes*. Ce traitement peut être renouvelé.

### Effets indésirables possibles

En début de traitement : irritation, démangeaisons locales, douleur dans les seins.

Laboratoires IPRAD

## GYNELLE

*Informations détaillées sur www.monvidal.com*

## GYNERGÈNE CAFÉINÉ

Antimigraineux

sur ordonnance

### Présentation

GYNERGÈNE CAFÉINÉ : comprimé (jaune clair) ; boîte de 20. Liste I - Remb 35 % - **Prix : 3,16 €**.

### Composition

| | p cp |
|---|---|
| **Ergotamine tartrate** | 1 mg |
| **Caféine** | 100 mg |

### Dans quel cas ce médicament est-il prescrit ?

C'est un antimigraineux qui appartient à la famille des dérivés de l'*ergot de seigle* ; la présence de caféine est destinée à accélérer l'absorption du médicament.

Il est utilisé dans le *traitement de la crise* de *migraine*.

### Contre-indications

Ce médicament ne doit pas être utilisé dans les cas suivants :

- *hypertension artérielle*, *insuffisance coronarienne*, *artérite* ;
- *insuffisance hépatique* ou *rénale* grave ;
- infection grave ;
- en association avec les *antibiotiques* de la famille des *macrolides* ou avec les *vasoconstricteurs* de la famille des *triptans* ;
- **grossesse** ;
- **allaitement**.

**Attention :** La prise quotidienne répétée de cet antimigraineux peut conduire paradoxalement à une céphalée entretenue par le médicament. Celle-ci ne peut guérir qu'avec l'arrêt du médicament sous contrôle médical.

Ce médicament contenant un dérivé de l'*ergot de seigle* expose, en cas de *surdosage*, à une intoxication appelée *ergotisme*. Cette intoxication est à suspecter si des symptômes tels que des fourmillements des mains ou des orteils, des nausées inhabituelles surviennent après des prises répétées du médicament.

Ce médicament contient de la *caféine* qui peut être recherchée dans les urines des sportifs pour déceler un éventuel mésusage. Néanmoins, à la *posologie* préconisée, la quantité de caféine contenue dans ce médicament est insuffisante à elle seule pour que la réponse au test soit positive.

### Interactions avec d'autres substances

Ce médicament ne doit pas être associé :

- aux *antibiotiques* de la famille des *macrolides* (à l'exception de la spiramycine) : risque d'*ergotisme* ;
- aux *vasoconstricteurs* de la famille des *triptans* (naratriptan, sumatriptan, zolmitriptan...) : risque de crise d'*hypertension artérielle* ou de spasme des *artères coronaires*.

Il peut interagir avec les médicaments contenant de la bromocriptine ou de la cabergoline.

Informez par ailleurs votre médecin si vous prenez des médicaments contenant du propranolol ou de l'oxprénolol.

### Grossesse et allaitement

Par mesure de prudence, ce médicament est contre-indiqué pendant la grossesse et l'allaitement.

### Mode d'emploi et posologie

Les comprimés doivent être avalés avec un verre d'eau.

**Posologie usuelle :**

- Adulte : 2 comprimés dès les premiers signes de la crise. Si la douleur persiste, il est possible de reprendre 2 comprimés après un intervalle d'une demi-heure, sans jamais dépasser 6 comprimés par jour.
- Enfant de 10 à 15 ans : la *posologie* usuelle est la moitié de celle de l'adulte.

**Conseils :** Ne dépassez pas 10 comprimés par semaine. Si les crises se répètent, n'augmentez pas les doses et consultez votre médecin.

Ce médicament contient de la *caféine*. On considère qu'une tasse de café contient de 60 à 100 mg de cette substance. Ainsi, pour limiter les effets indésirables de la caféine (excitation, tremblements, insomnie, *palpitations*), il est préférable de limiter la consommation de boissons qui en renferment (café, thé...).

La prise de ce médicament ne dispense pas des mesures habituelles permettant d'aider à faire céder la crise de migraine : s'allonger au calme dans une pièce sombre.

### Effets indésirables possibles

Nausées, vomissements.

Fourmillement et engourdissement des extrémités.

**Laboratoires Novartis Pharma**

## GYN HYDRALIN

Soin gynécologique

### Présentation

**GYN HYDRALIN :** solution pour application locale ; flacon de 200 ml. Non remb.

**GYN HYDRALIN :** solution pour application locale ; flacon de 400 ml. Non remb.

### Composition

| | p 100 ml |
|---|---|
| **Glycine (glycocolle)** | 1,44 g |
| pH de la solution | 8,5 |

### Dans quel cas ce médicament est-il prescrit ?

C'est une solution alcaline et calmante.

Elle est utilisée dans le traitement des démangeaisons génitales externes, dans l'attente d'un traitement spécifique.

**Attention :** Le médecin prescrit parfois un prélèvement pour identifier le *germe* responsable de l'infection. Le résultat de cet examen peut être faussé si vous utilisez cette solution avant le prélèvement.

### Interactions avec d'autres substances

Les produits d'hygiène intime ne doivent pas être utilisés dans les 2 heures qui suivent un rapport sexuel protégé par un spermicide local (risque d'inactivation de l'effet contraceptif).

### Grossesse et allaitement

L'utilisation ponctuelle de ce médicament pendant la grossesse ou l'allaitement ne semble pas poser de problème particulier.

### Mode d'emploi et posologie

Cette solution, destinée au lavage externe, s'utilise pure, comme un savon. Rincer abondamment après chaque lavage.

**Posologie usuelle :**
1 lavage matin et soir, pendant 10 à 14 jours.

### Effets indésirables possibles

Irritation, *réaction allergique*.

Laboratoires Bayer santé familiale

## GYNO-DAKTARIN 400 mg

*Informations détaillées sur www.monvidal.com*

## GYNOMYK

Antifongique

sur ordonnance

### Présentation

GYNOMYK : ovule ; boîte de 3. Liste I - Remb 35 % - **Prix : 5,01 €**.

### Composition

| | p ovule |
|---|---|
| **Butoconazole nitrate** | 100 mg |

### Dans quel cas ce médicament est-il prescrit ?

Cet ovule gynécologique contient un *antifongique* de la famille des *imidazolés*.

Il est utilisé dans le traitement local des *mycoses* du vagin et de la vulve, notamment des *candidoses*.

### Contre-indications

Ce médicament ne doit pas être utilisé en cas d'*allergie* aux *imidazolés*.

**Attention :** N'utilisez pas de préservatif pendant le traitement : risque de rupture par altération du latex. Si l'infection ne disparaît pas après quelques jours, consultez votre médecin.

### Interactions avec d'autres substances

L'utilisation d'un préservatif est contre-indiquée pendant le traitement (voir Attention).

Comme tout traitement vaginal, ce médicament peut diminuer l'efficacité contraceptive des crèmes et des ovules spermicides.

### Grossesse et allaitement

L'effet de ce médicament pendant la grossesse ou l'allaitement est mal connu : seul votre médecin peut évaluer le risque éventuel de son utilisation dans votre cas.

### Mode d'emploi et posologie

L'ovule doit être introduit profondément dans le vagin, de préférence le soir au coucher.

**Posologie usuelle :**
1 ovule par jour, pendant 3 jours.
Ce traitement peut être prolongé pendant 3 autres jours ou être renouvelé 10 jours après.

**Conseils :** Introduisez l'ovule en position couchée, puis restez allongée pendant 5 à 10 minutes. En fondant dans le vagin, l'ovule peut être à l'origine d'un écoulement gênant : il est conseillé de porter une protection.

Pendant les règles, n'interrompez pas le traitement et évitez de porter des tampons.

En cas de *mycoses* gynécologiques (*candidoses*) récidivantes, il est utile de respecter les conseils habituels permettant de prévenir le développement anormal des candida albicans et autres champignons microscopiques :

- limiter la prise d'*antibiotiques* aux affections nécessitant absolument leur usage. En effet, les champignons sont détruits par certaines *bactéries*, elles-mêmes tuées par les antibiotiques ;
- lutter contre l'humidité, propice au développement des champignons : bien se sécher avant de mettre ses sous-vêtements, privilégier les culottes en coton qui absorbent mieux la transpiration, ne pas garder son maillot de bain après avoir nagé en piscine, éviter le port de vêtements trop serrés ;
- changer souvent les protections internes ou externes pendant les règles ;
- éviter d'utiliser des savons acides : ils favorisent la multiplication des champignons.

Votre partenaire peut être contaminé alors qu'il ne présente aucun *symptôme*. S'il n'est pas traité conjointement, une recontamination est possible.

### Effets indésirables possibles

Aggravation des brûlures et démangeaisons en début de traitement : ces *symptômes* traduisent la destruction des champignons microscopiques qui libèrent une substance irritante. Ces manifestations ne se reproduisent généralement pas lors des applications ultérieures. Dans le cas contraire, il peut s'agir d'une *intolérance* ou d'une *allergie* au médicament : contactez votre médecin.

Laboratoires Jolly-Jatel

## GYNO-PEVARYL

Antifongique

### Présentation

GYNO-PEVARYL 150 mg : ovule ; boîte de 3. Remb 35 % - **Prix : 4,65 €**.
GYNO-PEVARYL LP 150 mg : ovule à *libération prolongée* ; boîte unitaire. Remb 35 % - **Prix : 4,54 €**.

### Composition

| | p ovule | p ovule LP |
|---|---|---|
| **Éconazole nitrate** | 150 mg | 150 mg |

### Dans quel cas ce médicament est-il prescrit ?

Cet ovule gynécologique contient un *antifongique* de la famille des *imidazolés*.

Il est utilisé dans le traitement local des *mycoses* du vagin et de la vulve, notamment des *candidoses*.

### Contre-indications

Ce médicament ne doit pas être utilisé en cas d'*allergie* aux *imidazolés*.

**Attention :** Si l'infection ne disparaît pas après quelques jours, consultez votre médecin.

### Interactions avec d'autres substances

L'utilisation d'un diaphragme en latex est contre-indiquée pendant le traitement : risque de rupture du diaphragme par altération du latex.

Comme tout traitement vaginal, ce médicament peut également diminuer l'efficacité contraceptive des crèmes et des ovules spermicides.

### Grossesse et allaitement

Aucun effet néfaste pour l'enfant à naître n'a été établi avec ce médicament. Il peut être prescrit pendant la grossesse

La possibilité d'un effet du médicament chez le nourrisson est très improbable. Il peut être utilisé chez la femme qui allaite.

### Mode d'emploi et posologie

L'ovule doit être introduit profondément dans le vagin, de préférence le soir au coucher.

**Posologie usuelle :**

GYNO-PEVARYL 150 mg : 1 ovule par jour, pendant 3 jours.

Ce traitement peut être prolongé pendant 3 autres jours ou être renouvelé 10 jours après.

GYNO-PEVARYL LP 150 mg : prise unique de 1 ovule ; dans certains cas, ce traitement peut être renouvelé le lendemain matin. Cet ovule a une composition spécifique qui lui permet de rester actif plusieurs jours après sa mise en place (libération prolongée du principe actif).

**Conseils :** Introduisez l'ovule en position couchée puis restez allongée pendant 5 à 10 minutes. En fondant dans le vagin, l'ovule peut être à l'origine d'un écoulement gênant : il est conseillé de porter une protection.

Pendant les règles, n'interrompez pas le traitement et évitez de porter des tampons.

En cas de *mycoses* gynécologiques (*candidoses*) récidivantes, il est utile de respecter les conseils habituels permettant de prévenir le développement anormal des candida albicans et autres champignons microscopiques :

- limiter la prise d'*antibiotiques* aux affections nécessitant absolument leur usage. En effet, les champignons sont détruits par certaines *bactéries*, elles-mêmes tuées par les antibiotiques ;
- lutter contre l'humidité, propice au développement des champignons : bien se sécher avant de mettre ses sous-vêtements, privilégier les culottes en coton qui absorbent mieux la transpiration, ne pas garder son maillot de bain après avoir nagé en piscine, éviter le port de vêtements trop serrés ;
- changer souvent les protections internes ou externes pendant les règles ;
- éviter d'utiliser des savons acides : ils favorisent la multiplication des champignons.

Votre partenaire peut être contaminé alors qu'il ne présente aucun *symptôme*. Une consultation médicale est nécessaire pour discuter de l'intérêt d'un traitement.

### Effets indésirables possibles

Aggravation des brûlures et démangeaisons en début de traitement : ces symptômes traduisent la destruction des champignons microscopiques qui libèrent une substance irritante. Ces manifestations ne se reproduisent généralement pas lors des applications ultérieures. Dans le cas contraire, il peut s'agir d'une intolérance ou d'une *allergie* au médicament : contactez votre médecin.

Laboratoires Janssen-Cilag

## GYNO-TROSYD

*Informations détaillées sur www.monvidal.com*

# H

## HALCION

*Informations détaillées sur www.monvidal.com*

## HALDOL injectable

*Informations détaillées sur www.monvidal.com*

## HALDOL oral

Neuroleptique — sur ordonnance

### Présentation

**HALDOL 1 mg :** comprimé (blanc) ; boîte de 40. Liste I - Remb 35 % - **Prix : 1,77 €.**
**HALDOL 5 mg :** comprimé (rose) ; boîte de 30. Liste I - Remb 65 % - **Prix : 3,27 €.**
**HALDOL FAIBLE 0,5 mg/ml :** solution buvable ; flacon compte-gouttes de 30 ml (600 gouttes). Liste I - Remb 35 % - **Prix : 1,52 €.**
**HALDOL 2 mg/ml :** solution buvable ; flacon de 15 ml (300 gouttes). Liste I - Remb 65 % - **Prix : 1,52 €.**

### Composition

| | p cp | p cp |
|---|---|---|
| **Halopéridol** | 1 mg | 5 mg |
| Lactose | + | |
| | p 20 gtes | p 20 gtes |
| **Halopéridol** | 0,5 mg | 2 mg |

### Dans quel cas ce médicament est-il prescrit ?

C'est un *neuroleptique* qui appartient à la famille chimique des butyrophénones.

Il est utilisé dans le traitement :
- de certains troubles psychiques (*schizophrénie*, certains types de *psychoses*, troubles graves du comportement chez l'enfant...),
- de certains mouvements anormaux,
- de certaines manifestations d'anxiété (à faible *posologie*),
- des vomissements dus aux *chimiothérapies anticancéreuses*.

### Contre-indications

Ce médicament ne doit pas être utilisé dans les cas suivants :
- ivresse aiguë, état précomateux ;
- en association avec les médicaments *dopaminergiques* ou avec le sultopride.

**Attention :** Dans le traitement de certains troubles psychiques, les *neuroleptiques* permettent de contrôler efficacement la maladie, mais un arrêt intempestif du traitement expose à une rechute grave.

En cas de survenue d'une fièvre inexpliquée associée à une raideur musculaire (qui pourraient être dues au médicament), ne poursuivez pas le traitement sans avis médical : risque de *syndrome malin des neuroleptiques.*

Sauf cas exceptionnel, ce médicament ne doit pas être utilisé en cas de maladie de *Parkinson*.

Les situations favorisant les *torsades de pointes* doivent être signalées au médecin.

Des précautions sont nécessaires chez l'enfant, la personne âgée, en cas d'*épilepsie*, d'*hyperthyroïdie*, d'*insuffisance rénale* ou *hépatique*.

Évitez les boissons alcoolisées : augmentation du risque de somnolence.

Ce médicament peut induire une somnolence, parfois intense chez certaines personnes. Cette somnolence peut être majorée par la prise d'*alcool* ou d'autres médicaments *sédatifs*. La conduite et l'utilisation de machines dangereuses sont déconseillées, surtout dans les heures qui suivent la prise du médicament.

### Interactions avec d'autres substances

Ce médicament ne doit pas être associé :
- aux médicaments *dopaminergiques* (risque d'annulation de leurs effets) ; cette association peut néanmoins être nécessaire chez certaines personnes atteintes de la maladie de *Parkinson* ;
- au sultopride (médicament uniquement disponible à l'hôpital) : risque de *troubles du rythme cardiaque* graves.

Il peut interagir avec les médicaments qui contiennent du *lithium* ou de la lévodopa et les médicaments susceptibles de provoquer des *torsades de pointes*.

Informez par ailleurs votre médecin si vous prenez un *antihypertenseur*, un *sédatif* ou un médicament contenant de la carbamazépine.

### Grossesse et allaitement

Si une grossesse survient pendant le traitement, consultez votre médecin. Il appréciera le risque éventuel lié à l'utilisation de ce médicament dans votre cas.

Si le traitement est poursuivi jusqu'à l'accouchement, une surveillance médicale du *nouveau-né* est nécessaire.

Ce médicament passe dans le lait maternel : l'allaitement est déconseillé.

### Mode d'emploi et posologie

La *posologie* minimale efficace est atteinte progressivement, surtout chez l'enfant. Elle est strictement individuelle.

**Conseils :** Une prise de poids peut être observée au cours du traitement. Une alimentation équilibrée, et si nécessaire les conseils d'un nutritionniste, peuvent prévenir et limiter ce phénomène.

### Effets indésirables possibles

Somnolence, surtout en début de traitement.

Indifférence, réaction anxieuse, variation de l'humeur.

Mouvements involontaires ou inadaptés, tics, pouvant survenir lors de la première prise (notamment en cas de *surdosage*) ou, plus tardivement, lors d'un traitement prolongé.

Raideur musculaire et difficulté à coordonner les mouvements.

*Hypotension orthostatique.*

Troubles digestifs.

Augmentation de la sécrétion de *prolactine* pouvant se traduire par : absence des règles, augmentation du volume des seins, écoulement de lait par le mamelon.

Prise de poids, augmentation du taux de *sucre* dans le sang.

Troubles sexuels.

Rarement : troubles de la vision, bouche sèche ou au contraire hypersalivation, sueur, rétention d'urine, œdèmes.

Exceptionnellement : *réaction allergique*, troubles du rythme cardiaque (*torsades de pointes*), *syndrome malin des neuroleptiques* (voir Attention).

**Laboratoires Janssen-Cilag**

## HALDOL DECANOAS

Neuroleptique

sur ordonnance

### Présentation

**HALDOL DECANOAS 50 mg/ml :** solution injectable *IM* huileuse ; ampoule de 1 ml. Liste I - Remb 65 % - **Prix : 4,37 €.**

**HALDOL DECANOAS 50 mg/ml :** solution injectable *IM* huileuse ; boîte de 5 ampoules de 1 ml. Liste I - Remb 65 % - **Prix : 17,82 €.**

### Composition

| | p amp inj |
|---|---|
| **Halopéridol** | 50 mg |

### Dans quel cas ce médicament est-il prescrit ?

C'est un *neuroleptique* qui appartient à la famille chimique des butyrophénones. Il a une action prolongée.

Il est utilisé en *traitement d'entretien* dans certains troubles psychiques (*schizophrénie*, certains types de *psychoses*...).

### Contre-indications

Ce médicament ne doit pas être utilisé dans les cas suivants :

- ivresse aiguë, état précomateux ;
- en association avec les médicaments *dopaminergiques* ou avec le sultopride.

**Attention :** Dans le traitement de certains troubles psychiques, les *neuroleptiques* permettent de contrôler efficacement la maladie, mais un arrêt intempestif du traitement expose à une rechute grave.

En cas de survenue d'une fièvre inexpliquée associée à une raideur musculaire (qui pourraient être dues au médicament), ne poursuivez pas le traitement sans avis médical : risque de *syndrome malin des neuroleptiques.*

Sauf cas exceptionnel, ce médicament ne doit pas être utilisé en cas de maladie de *Parkinson.*

Les situations favorisant les *torsades de pointes* doivent être signalées au médecin.

Des précautions sont nécessaires chez la personne âgée, en cas d'*épilepsie*, d'*hyperthyroïdie*, d'*insuffisance rénale* ou *hépatique.*

Évitez les boissons alcoolisées : augmentation du risque de somnolence.

Ce médicament peut induire une somnolence parfois intense chez certaines personnes. Cette somnolence peut être majorée par la prise d'*alcool* ou d'autres médicaments *sédatifs.* La conduite ou l'utilisation de machines dangereuses sont déconseillées.

### Interactions avec d'autres substances

Ce médicament ne doit pas être associé :

- aux médicaments *dopaminergiques* (risque d'annulation de leurs effets) ; cette association peut néanmoins être nécessaire chez certaines personnes atteintes de la maladie de *Parkinson* ;
- au sultopride (médicament uniquement disponible à l'hôpital) : risque de *troubles du rythme cardiaque* graves.

Il peut interagir avec les médicaments qui contiennent du *lithium* ou de la lévodopa et les médicaments susceptibles de provoquer des *torsades de pointes.*

Informez par ailleurs votre médecin ou votre pharmacien si vous prenez un *antihypertenseur*, un *sédatif* ou un médicament contenant de la carbamazépine.

### Grossesse et allaitement

Si une grossesse survient pendant le traitement, consultez votre médecin. Il appréciera le risque éventuel lié à l'utilisation de ce médicament dans votre cas.

Si le traitement est poursuivi jusqu'à l'accouchement, une surveillance médicale du nouveau-né est nécessaire.

Ce médicament passe dans le lait maternel : l'allaitement est déconseillé.

### Mode d'emploi et posologie

Ce médicament doit être injecté exclusivement par *voie* intramusculaire profonde, de préférence à l'aide d'une seringue de verre.

**Posologie usuelle :**

- Adulte : la *posologie* est strictement individuelle. L'intervalle entre 2 injections est de 4 semaines environ.

**Conseils :** Une prise de poids peut être observée au cours du traitement. Une alimentation équilibrée, et si nécessaire les conseils d'un nutritionniste, peuvent prévenir et limiter ce phénomène.

### Effets indésirables possibles

Somnolence, surtout en début de traitement.

Indifférence, réaction anxieuse, variation de l'humeur.

Mouvements involontaires ou inadaptés, tics, pouvant survenir lors de la première prise (notamment en cas de *surdosage*) ou, plus tardivement, lors d'un traitement prolongé.

Raideur musculaire et difficulté à coordonner les mouvements.

*Hypotension orthostatique.*

Troubles digestifs.

Augmentation de la sécrétion de *prolactine* pouvant se traduire par : absence des règles, augmentation du volume des seins, écoulement de lait par le mamelon.

Prise de poids, augmentation du taux de *sucre* dans le sang.

Troubles sexuels.

Rarement : troubles de la vision, bouche sèche ou au contraire hypersalivation, sueur, rétention d'urine, œdèmes.

Exceptionnellement : *réaction allergique*, troubles du rythme cardiaque (*torsades de pointes*), *syndrome malin des neuroleptiques* (voir Attention).

**Laboratoires Janssen-Cilag**

## HALFAN

*Informations détaillées sur www.monvidal.com*

## HAMAMÉLIS COMPOSÉ BOIRON

*Informations détaillées sur www.monvidal.com*

## HARMONET

Pilule estroprogestative — sur ordonnance

### Présentation

**HARMONET :** comprimé (blanc) ; boîte de 1 plaquette de 21. Liste I - Non remb.
**HARMONET :** comprimé (blanc) ; boîte de 3 plaquettes de 21. Liste I - Non remb.

### Composition

| | p cp |
|---|---|
| **Éthinylestradiol** | 0,02 mg |
| **Gestodène** | 0,075 mg |

### Dans quel cas ce médicament est-il prescrit ?

C'est un *contraceptif* oral (pilule) qui contient un *estrogène* et un *progestatif*. Il est minidosé (moins de 0,04 mg d'estrogène) et monophasique (tous les comprimés contiennent la même quantité d'*hormones* et sont donc de la même couleur).

### Contre-indications

Ce médicament ne doit pas être utilisé dans les cas suivants :

- *accident thromboembolique* artériel (*infarctus du myocarde*, *accident vasculaire cérébral*...) ou veineux (*phlébite*, *embolie* pulmonaire...) ancien ou survenant au cours de la contraception ;
- maladie cardiovasculaire (*hypertension artérielle*, *angine de poitrine*, lésion des valves cardiaques, anomalie de la circulation sanguine cérébrale ou rétinienne) ;
- *cancer hormonodépendant* ;
- *diabète* compliqué de lésions vasculaires ;
- saignement génital intermittent (l'origine de ce saignement doit être déterminée par des examens avant la mise en route du traitement) ;
- maladie du foie, grave ou récente.

**Attention :** Un examen médical est nécessaire avant de débuter la contraception. Il est suivi d'une surveillance annuelle pendant la contraception. Cette surveillance est particulièrement importante si vous souffrez de *diabète*, d'obésité, d'excès de cholestérol, de *triglycérides* ou de *prolactine* dans le sang, d'affection bénigne du sein ou de l'utérus, d'ictère (jaunisse) chronique ou survenu lors d'une grossesse, d'*épilepsie*, de *migraine*, d'*otosclérose*, d'*asthme*, de varices, de dépression, de calcul biliaire, d'herpès gestationis, ou si des membres de votre famille ont des *antécédents* de cancer du sein ou d'*accidents thromboemboliques*.

Si vous avez plus de 35 ans, si vous fumez, le risque d'effets indésirables cardiovasculaires liés à la prise d'hormones augmente fortement. Un autre mode de contraception est souvent préconisé.

Arrêtez la prise de ce contraceptif et consultez votre médecin en cas d'apparition de l'un des *symptômes* suivants : maux de tête violents et inhabituels, troubles de la vision, élévation importante de la tension artérielle, douleur inhabituelle à la jambe.

La survenue d'un léger saignement entre les règles (spotting) est fréquente chez les femmes pendant les premiers mois d'utilisation de la pilule. Vous devez informer votre médecin si les saignements se prolongent ou s'ils apparaissent en cours de contraception.

L'oubli d'un comprimé ou sa mauvaise absorption, du fait de vomissements par exemple, peuvent rendre la contraception inefficace.

En cas d'intervention chirurgicale programmée ou d'alitement prolongé, votre médecin jugera de l'opportunité d'interrompre votre contraception orale.

### Interactions avec d'autres substances

L'efficacité contraceptive de ce médicament peut être diminuée par les *anticonvulsivants*, certains traitements du *sida*, les produits de phytothérapie contenant du millepertuis et les médicaments contenant l'une des substances suivantes : griséofulvine, rifampicine, rifabutine, modafinil.

Informez par ailleurs votre médecin si vous prenez des médicaments contenant de la flunarizine.

### Grossesse et allaitement

Ce médicament n'a pas de raison d'être utilisé pendant la grossesse. Néanmoins, si une grossesse survient malgré le traitement, du fait d'un oubli ou d'un retard de prise, celle-ci pourra être poursuivie normalement si vous le désirez.

Les *hormones* contenues dans ce *contraceptif* passent dans le lait maternel : ne l'utilisez pas pendant l'allaitement sans avis médical.

### Mode d'emploi et posologie

Prendre régulièrement, et sans oubli, 1 comprimé par jour pendant 21 jours consécutifs. Il est recommandé de ne pas trop faire varier l'heure de prise (choisir le petit déjeuner ou le coucher de préférence).

L'interruption du traitement déclenche les règles au bout de 2 ou 3 jours. La nouvelle plaquette est reprise après les 7 jours d'arrêt, que les règles soient terminées ou non.

Pour éviter un retard dans la reprise de la pilule, préjudiciable à l'efficacité de la contraception, il est utile de noter le jour de la prise du premier comprimé : une nouvelle plaquette est toujours commencée le même jour de la semaine. Le respect de ces délais est important : une reprise trop tardive du premier comprimé peut nuire à l'efficacité de la contraception pour le nouveau cycle. En revanche, une reprise un ou deux jours plus tôt ne pose pas de problème et décale d'autant la survenue des règles. Il est également possible d'enchaîner deux plaquettes. Dans ce cas, les règles surviendront à la fin de la deuxième plaquette.

En cas de première contraception orale ou de reprise d'une contraception interrompue temporairement, prendre le premier comprimé le premier jour des règles. La sécurité contraceptive n'est assurée qu'après un délai d'une semaine. Une méthode contraceptive complémentaire (préservatif, etc.) est nécessaire pendant cette période

En cas de changement de contraceptif, prendre le premier comprimé de la plaquette :
- le jour suivant la prise du dernier comprimé actif, si le précédent contraceptif était une autre pilule estroprogestative ;
- sans interruption et à n'importe quel moment du cycle, si le précédent contraceptif était un contraceptif progestatif microdosé ;
- le jour du retrait, si le précédent mode de contraception était un implant contraceptif ;
- le jour prévu pour l'injection, dans le cas du relais d'une contraception par progestatif injectable.

Après un accouchement ou une interruption de grossesse, suivre les indications du médecin.

**Conseils :** Les dernières recommandations en cas d'oubli d'un comprimé pour ce type de pilule sont les suivantes : prendre immédiatement le comprimé oublié et continuer à l'heure habituelle pour les comprimés suivants (ce qui peut correspondre à la prise de 2 comprimés si l'oubli est découvert lors de la prise suivante). Si le retard est supérieur à 12 heures, la sécurité contraceptive n'est plus assurée et une autre méthode complémentaire (spermicide, préservatif, diaphragme) doit être employée pendant les 7 jours suivants. Si cette période de 7 jours s'étend au-delà du dernier comprimé de la plaquette en cours, la plaquette suivante doit être débutée sans interruption entre les deux plaquettes. Dans ce cas, il n'y aura pas de saignement avant la fin de la seconde plaquette. Des saignements de faible importance (spottings) sont cependant possibles.

En cas de vomissements ou de diarrhée sévère survenant dans les 4 heures suivant la prise d'un comprimé, reprendre dès que possible un autre comprimé. Si le délai est de plus de 12 heures ou si les troubles se répètent, la sécurité contraceptive n'est plus assurée et une méthode complémentaire doit être employée jusqu'à la prise de la plaquette suivante.

Il n'y a pas de danger à débuter une grossesse au cours du cycle qui suit l'arrêt volontaire du contraceptif oral.

### Effets indésirables possibles

Effets, plus ou moins fréquents, n'empêchant pas la poursuite de la contraception : troubles digestifs, tension modérée des seins, jambes lourdes, diminution ou disparition des règles, règles douloureuses, prise de poids, *acné*, pousse excessive des poils, irritation oculaire par les lentilles de contact, inflammation ou *candidose* vaginale, modification de l'humeur ou de la libido, irritabilité, maux de tête banals.

Effets rares, mais nécessitant l'arrêt de cette contraception : *accident thromboembolique* (accident cardiaque, *phlébite*, *embolie* pulmonaire, etc.), taches sombres sur le visage, tension douloureuse des seins, *migraine*, troubles de la vision, augmentation importante des lipides dans le sang, *réaction allergique*, exacerbation d'un *lupus érythémateux* disséminé, d'une *porphyrie* ou d'une chorée, pancréatite, tumeur bénigne du foie, jaunisse, calcul de la vésicule biliaire.

**Laboratoires Wyeth Lederlé**

## HARPAGOPHYTUM BOIRON

*Informations détaillées sur www.monvidal.com*

## HARPASELEN

*Informations détaillées sur www.monvidal.com*

## HAVLANE

Hypnotique : benzodiazépine — sur ordonnance

### Présentation

**HAVLANE :** comprimé sécable (jaune clair) ; boîte de 20.
Liste I, durée de prescription limitée à 4 semaines - Remb 65 % - **Prix : 3,16 €**.

### Composition

| | p cp |
|---|---|
| **Loprazolam** | 1 mg |
| Lactose | + |

### Dans quel cas ce médicament est-il prescrit ?

Ce médicament est un *hypnotique* (somnifère) qui appartient à la famille des *benzodiazépines*.
Il est utilisé dans le traitement de l'insomnie.

### Contre-indications

Ce médicament ne doit pas être utilisé dans les cas suivants :
- *insuffisance respiratoire* ou *hépatique* graves,
- *syndrome d'apnée du sommeil*,
- *myasthénie*.

**Attention :** Certaines insomnies peuvent traduire une *dépression* masquée et justifier un traitement spécifique.

Des précautions sont à prendre en cas d'*insuffisance rénale* et chez la personne âgée.

Une prise prolongée, surtout à doses importantes, de somnifères de la famille des *benzodiazépines* peut provoquer une *dépendance*. Ce risque de dépendance est accru chez les personnes ayant déjà présenté une dépendance à d'autres médicaments, substances ou à l'alcool.

L'arrêt brutal de ce médicament expose à un *syndrome de sevrage* : réapparition de l'insomnie, anxiété, agitation, irritabilité, maux de tête, douleurs musculaires, tremblements, hallucinations. Il faut donc s'entourer de conseils médicaux : diminution progressive des doses, espacement des prises sur une période d'autant plus longue que le traitement a été prolongé.

Ce médicament expose à un risque de chute nocturne chez la personne âgée ayant l'habitude de se lever la nuit.

Un réveil nocturne après la prise du médicament peut entraîner des troubles de la mémoire parfois angoissants.

Évitez les boissons alcoolisées : augmentation du risque de somnolence.

Ce médicament est un somnifère. Conduire ou utiliser une machine dangereuse dans les heures qui suivent sa prise est bien sûr contre-indiqué.

La durée de l'effet sédatif, ainsi que son intensité, est très variable d'une personne à l'autre. Il vous appartient de vérifier, après les premières prises, que la persistance éventuelle d'une somnolence au réveil est compatible avec la poursuite de vos activités habituelles.

### Interactions avec d'autres substances

Informez votre médecin ou votre pharmacien si vous prenez d'autres *sédatifs* (tranquillisants, somnifères, certains médicaments contre la toux ou contre la douleur contenant des *opiacés*, *antidépresseurs*, *neuroleptiques*...).

### Grossesse et allaitement

Ce médicament ne doit pas être utilisé sans avis médical pendant la grossesse. Les fortes doses au cours des 6 derniers mois sont déconseillées. En fin de grossesse, un traitement par benzodiazépine, même à faible dose, peut être responsable d'effets indésirables chez le *nouveau-né* : une surveillance médicale du nouveau-né est alors nécessaire pendant 1 à 3 semaines selon les cas.

Ce médicament passe dans le lait maternel : l'allaitement est déconseillé.

### Mode d'emploi et posologie

Les comprimés doivent être avalés avec un verre d'eau.

**Posologie usuelle :**

- Adulte : 1 comprimé, le soir au coucher.

> **Conseils :** Ce médicament vous a été prescrit dans une situation précise : ne le réutilisez pas ultérieurement sans avis médical et ne le conseillez pas à une autre personne.
>
> La durée de prescription des *hypnotiques* doit être la plus courte possible. Dans certaines situations, le traitement doit toutefois être prolongé. Il appartient alors au médecin de réévaluer périodiquement la nécessité de le poursuivre ou de l'interrompre.
>
> Les somnifères ne sont pas la seule réponse aux troubles du sommeil. Une meilleure hygiène de vie, une consommation modérée d'excitants (y compris les boissons alcoolisées) permettent aussi de lutter efficacement contre les insomnies.

### Effets indésirables possibles

Sensation d'ivresse, maux de tête, fatigue, somnolence pendant la journée en particulier chez la personne âgée, troubles de la coordination des mouvements, confusion des idées.

Faiblesse musculaire, baisse de la libido, *éruption cutanée* avec ou sans démangeaisons, vision double.

Dans certaines circonstances et chez certaines personnes :

- réactions paradoxales avec augmentation de l'anxiété, agitation, agressivité, confusion des idées, hallucinations ;
- *amnésie antérograde.*

Ces troubles nécessitent l'arrêt du traitement.

**Laboratoires Aventis**

## HAVRIX

Vaccin : hépatite A

### Présentation

**HAVRIX Enfant et Nourrisson :** suspension injectable *IM* ; seringue préremplie de 0,5 ml. Non remb.

**HAVRIX Adulte :** suspension injectable *IM* ; seringue préremplie de 1 ml. Non remb.

### Composition

| | p dose | p dose |
|---|---|---|
| **Virus de l'hépatite A inactivé** | 720 U Elisa | 1 440 U Elisa |

### Dans quel cas ce médicament est-il prescrit ?

C'est un *vaccin* composé de fragments de virus inactivé de l'*hépatite* A. Il ne contient aucun *germe* vivant.

Il est utilisé dans la prévention de l'hépatite A. Après l'injection, l'immunité est obtenue après un délai de 15 jours (pour 90 % des personnes) à 30 jours (pour 100 % des personnes) ; elle dure au moins 1 an. Une injection de rappel, 6 à 12 mois après la première, confère une immunité durable de l'ordre de 10 ans.

### Contre-indications

Ce médicament ne doit pas être utilisé en cas d'*allergie* connue à l'un des constituants du vaccin, ou de *réaction allergique* apparue lors d'une injection précédente du même vaccin.

> **Attention :** De la néomycine est utilisée pour fabriquer ce vaccin. Cette substance persiste en infime quantité dans la solution injectable. Des précautions sont nécessaires chez les personnes qui y sont allergiques.
>
> En cas de fièvre élevée, de maladie aiguë, il est préférable de différer la vaccination.
>
> Cette vaccination ne protège pas contre les *hépatites* à *virus* B, C ou E ni contre d'autres virus susceptibles de provoquer des hépatites.
>
> Comme pour tous les *vaccins*, des cas exceptionnels de *réactions allergiques* graves ont été constatés ; ce risque justifie la nécessité de réaliser la vaccination en milieu médical où un traitement d'urgence pourra être entrepris sans délai.

### Interactions avec d'autres substances

Ce vaccin peut être injecté le même jour que d'autres vaccins, mais il ne doit pas être mélangé avec un autre produit injectable dans une même seringue.

### Grossesse et allaitement

Cette vaccination ne présente qu'exceptionnellement un caractère d'urgence. Elle peut être pratiquée pendant la grossesse, mais il est préférable de réaliser la première injection ou les rappels après l'accouchement.

### Mode d'emploi et posologie

Bien agiter la seringue avant l'emploi, la réchauffer à température ambiante si nécessaire. L'injection doit être réalisée par *voie* intramusculaire dans le muscle deltoïde ou, chez l'enfant de moins de 2 ans, dans la partie antérolatérale de la cuisse.

Dans certains cas (hémophilie, faible taux de *plaquettes* sanguines) l'injection peut être réalisée par voie sous-cutanée.

**Posologie usuelle :**

- Adulte : 1 injection du vaccin Adulte, suivie d'une autre 6 mois à 1 an après.
- Enfant de plus de 1 an : 1 injection du vaccin Enfant et Nourrisson, suivie d'un rappel 6 mois à 1 an après.

> **Conseils :** Les réactions fébriles dues aux *vaccins* peuvent être combattues en prenant de l'aspirine ou du paracétamol.
>
> Pour garder son efficacité, ce médicament doit être conservé entre + 2 °C et + 8 °C (partie haute du réfrigérateur). Toutefois, une rupture de la chaîne du froid pendant une durée limitée (quelques heures à température ambiante inférieure à 25 °C) ne devrait pas prêter à conséquence. En pratique, en cas de

nécessité, un délai de quelques heures peut séparer l'achat du vaccin en pharmacie de son stockage au réfrigérateur ou de la vaccination.
Ce vaccin ne doit pas être congelé.

### Effets indésirables possibles

Réaction douloureuse, *nodule* au point d'injection.
Fièvre modérée pendant 1 ou 2 jours, maux de tête, nausées, *vertiges*.

Laboratoires GlaxoSmithKline

## HAXIFAL

*Informations détaillées sur www.monvidal.com*

## HB VAX PRO

Vaccin : hépatite B — sur ordonnance

### Présentation

**HB VAX PRO 5 µg/0,5 ml :** suspension injectable *IM* pour enfant et adolescent ; flacon de 0,5 ml. Liste I - Remb 65 % - **Prix : 10,18 €**.
**HB VAX PRO 5 µg/0,5 ml :** suspension injectable *IM* pour enfant et adolescent ; 1 seringue préremplie de 0,5 ml. Liste I - Remb 65 % - **Prix : 10,18 €**.
**HB VAX PRO 10 µg/ml :** suspension injectable *IM* pour adulte et adolescent ; flacon de 1 ml. Liste I - Remb 65 % - **Prix : 17,70 €**.
**HB VAX PRO 10 µg/ml :** suspension injectable *IM* pour adulte et adolescent ; 1 seringue préremplie de 1 ml. Liste I - Remb 65 % - **Prix : 17,70 €**.

### Composition

| | p dose | p dose |
|---|---|---|
| **Antigène HBs** ........................ | 5 µg | 10 µg |

### Dans quel cas ce médicament est-il prescrit ?

C'est un *vaccin recombinant* qui contient un *antigène* du *virus* de l'*hépatite* B (antigène HBs). Il ne contient aucun *germe* vivant.
Il est utilisé dans la prévention de l'hépatite B. L'immunité est obtenue après la troisième injection.

### Contre-indications

Ce *vaccin* ne doit pas être utilisé en cas d'*allergie* connue à l'un des constituants du vaccin, ou de *réaction allergique* apparue lors d'une injection précédente du même vaccin.

**Attention :** En cas de fièvre élevée, de maladie aiguë, il est préférable de différer la vaccination.
Avant la troisième injection, le taux d'*anticorps* peut être insuffisant et des mesures de prévention (préservatifs notamment) doivent être utilisées en cas de contact avec des sujets porteurs du *virus* de l'*hépatite* B.
Cette vaccination ne protège pas contre les hépatites à virus A, C ou E ni contre d'autres virus susceptibles de provoquer des hépatites.
Chez les personnes en dialyse ou souffrant d'un déficit immunitaire, des injections de rappel supplémentaires peuvent être nécessaires.
Comme pour tous les *vaccins*, des cas exceptionnels de *réactions allergiques* graves ont été constatés ; ce risque justifie la nécessité de réaliser la vaccination en milieu médical où un traitement d'urgence pourra être entrepris sans délai.

### Interactions avec d'autres substances

Ce *vaccin* peut être injecté le même jour que d'autres vaccins, mais il ne doit pas être mélangé avec un autre produit injectable dans une même seringue.

### Grossesse et allaitement

Cette vaccination ne présente qu'exceptionnellement un caractère d'urgence. Elle peut être pratiquée pendant la grossesse, mais il est préférable de réaliser la première injection ou les rappels après l'accouchement.

### Mode d'emploi et posologie

Bien agiter la seringue avant l'emploi, la réchauffer à température ambiante si nécessaire. L'injection doit être réalisée par *voie intramusculaire* (dans le muscle deltoïde chez l'adulte et l'enfant, dans la cuisse chez le nourrisson).
Dans certains cas (hémophilie, faible taux de *plaquettes* sanguines), l'injection peut être réalisée par voie *sous-cutanée*.

**Posologie usuelle :**

- Adulte à partir de 16 ans : 1 dose de 10 µg/ml par injection.
- Enfant jusqu'à 15 ans : 1 dose de 5 µg/0,5 ml par injection.

La vaccination peut être faite selon 2 modalités :
- 2 injections à 1 mois d'intervalle, suivies d'une troisième 6 mois après la première ;
- 3 injections à 1 mois d'intervalle, suivies d'une quatrième dose 1 an après la première. Cette deuxième modalité de vaccination est proposée lorsque l'immunité doit être obtenue rapidement (professionnels de santé, départ à l'étranger ...). L'immunité n'est en effet acquise qu'après la troisième injection.

**Injections de rappel** :
- aucun rappel n'est nécessaire après les injections initiales ;
- cas particulier des professionnels de santé :
  - si la personne a été vaccinée avant l'âge de 25 ans : aucun rappel n'est nécessaire ;
  - si la personne a été vaccinée après l'âge de 25 ans : un dosage des anticorps contre l'hépatite B (*anticorps* anti-HBs) est réalisé. Si le taux est supérieur à 10 mUI/ml, l'immunité est considérée comme définitive. Si le taux est inférieur à 10 mUI/ml, une injection de rappel du vaccin est pratiquée, suivie d'un nouveau contrôle sanguin 2 mois après. Si ce contrôle montre un taux sanguin supérieur à 10 mUI/ml, l'immunité est définitive. Dans le cas contraire, le médecin du travail évaluera l'intérêt de renouveler les injections sans dépasser un total de 6 (premières injections incluses) ;
- ce protocole peut également s'appliquer aux personnes à risque du fait d'autres professions exposant à des blessures, d'un séjour en zone endémique ou dans certaines collectivités (psychiatrique notamment).

**Conseils :** Il est préférable de respecter les délais indiqués pour les injections successives ; néanmoins, un retard ne prête généralement pas à conséquence. Votre médecin déterminera le nombre d'injections nécessaires pour le maintien ou la restauration d'une bonne immunité.
Les réactions fébriles dues aux vaccins peuvent être combattues en prenant de l'aspirine ou du paracétamol.

Pour garder son efficacité, ce médicament doit être conservé entre + 2 °C et + 8 °C (partie haute du réfrigérateur). Toutefois, une rupture de la chaîne du froid pendant une durée limitée (quelques heures à température ambiante inférieure à 25 °C) ne devrait pas prêter à conséquence. En pratique, en cas de nécessité, un délai de quelques heures peut séparer l'achat du vaccin en pharmacie de son stockage au réfrigérateur ou de la vaccination.
Ce vaccin ne doit pas être congelé.

### Effets indésirables possibles

Réaction douloureuse, rougeur, *nodule* au point d'injection.

Rarement : fièvre modérée pendant 1 ou 2 jours, fatigue, malaise, *vertiges*, maux de tête, fourmillement des extrémités, douleurs articulaires ou musculaires, *troubles digestifs*, démangeaisons, *éruption cutanée*.

Exceptionnellement : *réaction allergique*.

Des troubles neurologiques (dont la *sclérose en plaques*) ont été très exceptionnellement observés après la vaccination contre l'hépatite B. La responsabilité du vaccin dans la survenue de ces troubles n'est pas établie à ce jour ; par précaution, la vaccination ne sera envisagée chez les personnes souffrant de sclérose en plaques que lorsque le risque d'hépatite B est important. En effet, la stimulation du système immunitaire représentée par ce vaccin pourrait interférer avec cette *maladie auto-immune*.

Laboratoires Sanofi Pasteur MSD

## H.E.C. dermique et nasale

Protecteur cutané

### Présentation

H.E.C. : pommade pour application cutanée et nasale ; tube de 25 g. Non remb.

### Composition

| | p 100 g |
|---|---|
| **Tanin officinal** | 12,50 g |
| **Hamamélis, extrait fluide** | 0,75 g |
| **Phénazone** | 0,75 g |
| Lanoline | + |
| Baume du Pérou | + |

### Dans quel cas ce médicament est-il prescrit ?

C'est une pommade aux multiples propriétés : elle est *hémostatique*, protectrice et calmante.

Elle est utilisée dans le *traitement d'appoint* des brûlures superficielles et des saignements de nez.

### Contre-indications

Ce médicament ne doit pas être utilisé dans les cas suivants :
- *allergie* aux pyrazolés, au baume du Pérou ou à la lanoline ;
- lésion infectée.

**Attention :** Évitez l'usage prolongé de ce médicament, notamment chez l'enfant, sur des surfaces étendues ou profondément lésées, sans l'avis de votre médecin : risque de passage du médicament dans le sang.
La peau ou la *muqueuse* doit être bien nettoyée avant l'application.

### Grossesse et allaitement

L'effet de ce médicament pendant la grossesse ou l'allaitement est mal connu. L'évaluation du risque éventuel lié à son utilisation est individuelle : demandez conseil à votre pharmacien ou à votre médecin.

### Mode d'emploi et posologie

La pommade peut être appliquée soit directement sur la surface à traiter, soit à l'aide d'une mèche de gaze à l'intérieur du nez.

### Effets indésirables possibles

*Eczéma* de contact (lanoline, baume du Pérou).

Laboratoires Chauvin Bausch & Lomb

## H.E.C. rectale

*Informations détaillées sur www.monvidal.com*

## HEDERA COMPLEXE N° 120

*Informations détaillées sur www.monvidal.com*

## HÉGOR ANTI-POUX

*Informations détaillées sur www.monvidal.com*

## HÉLICIDINE

Antitussif

### Présentation

HÉLICIDINE : sirop (arôme framboise) ; flacon de 125 ml. Remb 35 % - **Prix : 2,64 €.**
HÉLICIDINE : sirop (arôme framboise) ; flacon de 250 ml. Remb 35 % - **Prix : 4,15 €.**

### Composition

| | p c à c | p c à s |
|---|---|---|
| **Hélicidine** | 0,5 ml | 1,5 ml |
| Saccharose | 3,4 g | 10,2 g |

### Dans quel cas ce médicament est-il prescrit ?

Ce médicament a une action sédative sur la toux.

Il est utilisé dans le *traitement symptomatique* des toux sèches.

**Attention :** La toux est un *symptôme* qui peut révéler de nombreuses maladies : consultez votre médecin si elle persiste plus de quelques jours.
Ce médicament contient du *sucre* (saccharose) en quantité notable.

### Grossesse et allaitement

L'effet de ce médicament pendant la grossesse ou l'allaitement est mal connu : demandez conseil à votre pharmacien ou à votre médecin.

### Mode d'emploi et posologie

Les prises de ce médicament doivent être réparties au cours de la journée, au moment où survient la toux.

**Posologie usuelle :**
- Adulte : 2 cuillères à soupe, 3 fois par jour.
- Enfant de 8 à 15 ans (25 à 50 kg) : 3 à 5 cuillères à soupe par jour.
- Enfant de 4 à 8 ans (15 à 25 kg) : 1 cuillère à soupe, 3 fois par jour.
- Enfant de 30 mois à 4 ans (12 à 15 kg) : 2 cuillères à café, 3 fois par jour.
- Nourrisson de moins de 12 kg : 1 cuillère à café, 3 fois par jour.

**Conseils :** Des mesures simples permettent de calmer les toux sèches : boissons chaudes et humidification de l'air ambiant.

### Effets indésirables possibles

*Réaction allergique.*

Laboratoires Thérabel Lucien Pharma

## HELMINTOX

Antihelminthique

Ce médicament est un générique de COMBANTRIN (informations détaillées sur www.monvidal.com).

## HELONIAS COMPOSÉ BOIRON

*Informations détaillées sur www.monvidal.com*

## HÉMAGÈNE TAILLEUR

*Informations détaillées sur www.monvidal.com*

## HÉMÉDONINE

*Informations détaillées sur www.monvidal.com*

## HÉMI-DAONIL

Antidiabétique oral

sur ordonnance

### Présentation

HÉMI-DAONIL 2,5 mg : comprimé sécable (blanc) ; boîte de 60. Liste I - Remb 65 % - **Prix : 3,95 €**.

### Composition

| | p cp |
|---|---|
| **Glibenclamide** | 2,5 mg |
| Lactose | + |

### Dans quel cas ce médicament est-il prescrit ?

Ce médicament est un *antidiabétique* oral qui appartient à la famille des *sulfamides hypoglycémiants*. Il permet de diminuer l'excès de *sucre* dans le sang en favorisant la sécrétion de l'*insuline*.

Il est utilisé dans le traitement du *diabète* de type 2 lorsque le régime alimentaire seul est insuffisant.

### Contre-indications

Ce médicament ne doit pas être utilisé dans les cas suivants :

- *allergie* aux *sulfamides*,
- *insuffisance rénale* ou *hépatique* grave,
- *porphyrie*,
- en association avec les médicaments contenant du miconazole,
- **allaitement**.

**Attention :** Ce médicament n'est pas adapté au traitement du *diabète* de type 1 : celui-ci requiert un traitement par injections d'*insuline*.

Un sentiment de malaise associé à des sueurs froides, une fringale, une accélération du cœur sont les signes habituels d'une *hypoglycémie* due à un effet excessif du médicament. Cette hypoglycémie peut également se traduire par des troubles du comportement, qui doivent alerter votre entourage, voire des *convulsions* ou un *coma*. En présence de ces signes ou en cas de simple doute, buvez une boisson sucrée ou mangez du *sucre*. Si le diabétique est inconscient, surtout ne lui donnez rien à boire et appelez votre médecin ou à défaut le 15 ou un service d'urgence.

Consultez rapidement votre médecin en cas de malaises hypoglycémiques répétés.

Certaines situations peuvent contribuer à augmenter la *glycémie* : infections, prise de médicaments, stress. En cas de soif intense, de grande fatigue, de sensation de malaise général, consultez rapidement votre médecin.

Des analyses de sang régulières permettent à votre médecin d'adapter la *posologie*. Dans certains cas, il peut être nécessaire de pratiquer vous-même des contrôles, à l'aide de bandelettes et d'un appareil lecteur de glycémie.

Évitez la prise de boissons alcoolisées pendant le traitement : risque accru d'hypoglycémie et risque d'*effet antabuse*.

Conducteur : une *hypoglycémie* peut entraîner un malaise pendant la conduite ou l'utilisation de machines.

### Interactions avec d'autres substances

Ce médicament ne doit pas être associé avec les médicaments oraux contenant du miconazole (DAKTARIN gel buccal, DAKTARIN comprimé...) : risque d'*hypoglycémie.*

Il peut interagir avec les médicaments contenant de la phénylbutazone ou du danazol.

Informez par ailleurs votre médecin ou votre pharmacien si vous prenez un *bêtabloquant*, un *inhibiteur de l'enzyme de conversion*, un *corticoïde*, ou un médicament contenant du fluconazole, de la desmopressine, de la ritodrine, du salbutamol, de la terbutaline ou de la chlorpromazine.

### Grossesse et allaitement

Un *diabète* mal équilibré peut être néfaste pour l'enfant à naître.

Un désir de grossesse nécessite le remplacement de ce médicament par de l'*insuline* et une surveillance médicale renforcée.

Si une grossesse survient alors que vous êtes encore sous traitement *antidiabétique* oral, consultez rapidement votre médecin pour un passage à l'insuline injectable.

Les données disponibles ne permettent pas de savoir si ce médicament passe dans le lait maternel : il est contre-indiqué en cas d'allaitement.

### Mode d'emploi et posologie

Les comprimés doivent être avalés avec un verre d'eau, avant les repas.

**Posologie usuelle :**

- Adulte de moins de 65 ans : la dose initiale est de ½ comprimé par jour (le matin au petit déjeuner). Elle est ensuite adaptée en fonction de la *glycémie*.
- Personne âgée de plus de 65 ans ou fragilisée : l'emploi de DAONIL FAIBLE est préférable au début du traitement pour l'adaptation de la *posologie*.

Suivre attentivement la prescription de votre médecin. Le régime alimentaire reste nécessaire pendant le traitement.

**Conseils :** Le respect de certaines règles simples permet de diminuer le risque d'*hypoglycémie* :
- toute prise de ce médicament doit être suivie d'un repas (ne prenez pas de comprimé si vous devez sauter le repas suivant) ;
- si vous envisagez un effort physique et prolongé, il peut être nécessaire de diminuer la dose du médicament (demandez conseil à votre médecin) ;
- informez votre médecin si vous devez travailler la nuit ou si votre religion vous impose un jeûne prolongé ;
- évitez la prise de boissons alcoolisées à jeun ou à distance des repas.

Le *diabète* peut diminuer la sensibilité des pieds à la douleur et favoriser les infections. Des plaies profondes peuvent se développer : une hygiène rigoureuse et des chaussures confortables limitent ce risque.

Le régime du diabétique ne consiste pas en une simple interdiction des *glucides* (*sucres*, pain, pâtes...) : demandez conseil à votre médecin.

Pesez-vous régulièrement et signalez toute variation rapide de poids à votre médecin.

### Effets indésirables possibles

*Hypoglycémie* (voir Attention).

*Troubles digestifs*, démangeaisons, *éruption cutanée*.

Exceptionnellement : anomalie de la *numération formule sanguine*, augmentation des *transaminases*, jaunisse.

Laboratoires Aventis

## HEMIDIGOXINE NATIVELLE

Digitalique — sur ordonnance

### Présentation

HEMIDIGOXINE NATIVELLE 0,125 mg : comprimé (blanc) ; boîte de 30. Liste I - Remb 65 % - **Prix : 2,60 €**.

### Composition

| | p cp |
|---|---|
| **Digoxine** | 0,125 mg |
| Lactose | + |

### Dans quel cas ce médicament est-il prescrit ?

Ce médicament aux propriétés multiples appartient à la famille des *digitaliques* : il agit sur le cœur en permettant essentiellement d'en renforcer les contractions et de ralentir son rythme lorsqu'il est excessif.

Il est utilisé dans le traitement de l'*insuffisance cardiaque* et de certaines *tachycardies*.

### Contre-indications

Ce médicament ne doit pas être utilisé dans les cas suivants :
- certaines anomalies du fonctionnement cardiaque,
- en association avec le sultopride ou des injections intraveineuses de calcium.

**Attention :** Ce produit est très toxique en cas de *surdosage* : tenez-le hors de portée des enfants.

En cas de *palpitations* récentes survenues sous traitement, prévenez votre médecin.

Des précautions sont nécessaires en cas d'*insuffisance rénale* ou d'*hypothyroïdie* et chez la personne âgée.

Tout médicament susceptible de faire baisser la *kaliémie*, notamment les *diurétiques* ou les *laxatifs stimulants*, devra être utilisé sous contrôle médical strict.

En cas d'intervention chirurgicale, l'anesthésiste doit être prévenu de la prise de ce médicament.

### Interactions avec d'autres substances

Ce médicament ne doit pas être associé au calcium injectable par *voie* intraveineuse (CALCIBRONAT notamment) ou au sultopride : risque de *troubles du rythme cardiaque* graves.

Informez par ailleurs votre médecin si vous prenez un médicament susceptible de favoriser une *hypokaliémie*, un *pansement digestif*, un médicament contenant l'une des substances suivantes : charbon, kaolin, colestyramine, hydroquinidine, quinidine, sucralfate, amiodarone, sulfasalazine, vérapamil, clarithromycine, érythromycine, carbamazépine, calcium (par voie orale).

### Grossesse et allaitement

Il n'a pas été mis en évidence de problème particulier lors de l'utilisation de ce médicament chez la femme enceinte. Toutefois, au cours des 3 derniers mois de la grossesse, il peut être nécessaire d'adapter la *posologie*.

Ce médicament passe en très faible quantité dans le lait maternel. Demandez l'avis de votre médecin.

### Mode d'emploi et posologie

Les comprimés doivent être avalés avec un peu d'eau.

**Posologie usuelle :**
1 comprimé par jour.

### Effets indésirables possibles

Ils sont le plus souvent le signe d'un surdosage :
- nausées, vomissements, diarrhée, perte de l'appétit ;
- coloration de la vision en jaune ;
- *vertiges*, maux de tête ;
- troubles psychiques, notamment chez la personne âgée ;
- *troubles du rythme cardiaque* variés, *palpitations*.

Exceptionnellement : *gynécomastie*, *éruption cutanée*.

Laboratoires Procter & Gamble

## HÉMIPRALON LP

*Informations détaillées sur www.monvidal.com*

## HÉMOCLAR

Vasculoprotecteur cutané

### Présentation

HÉMOCLAR : crème ; tube de 30 g. Non remb.

### Composition

| | p 100 g |
|---|---|
| **Polyester sulfurique de pentosane** | 500 mg |

### Dans quel cas ce médicament est-il prescrit ?

Cette crème est destinée à lutter contre l'*inflammation* et la *thrombose* des vaisseaux superficiels.

Elle est utilisée dans le *traitement d'appoint* des *inflammations* veineuses localisées (*phlébite* superficielle, suites de sclérose de varices). Elle est également utilisée dans le traitement local des contusions et des hématomes.

### Contre-indications

Ce médicament ne doit pas être utilisé en cas d'*allergie* ou de baisse des *plaquettes* sanguines lors d'une précédente utilisation d'héparine.

**Attention :** Cette crème ne doit pas être appliquée au voisinage des yeux, ni sur les *muqueuses*, les plaies ou les lésions infectées.

### Mode d'emploi et posologie

La crème est appliquée en massage doux et prolongé afin de faciliter la pénétration.

**Posologie usuelle :**

2 à 4 applications par jour.

### Effets indésirables possibles

*Réaction allergique* locale nécessitant l'arrêt du traitement.

Laboratoires Sanofi-Aventis OTC

## HÉMORROGEL

*Informations détaillées sur www.monvidal.com*

## HÉPACLEM

*Informations détaillées sur www.monvidal.com*

## HÉPADIAL

*Informations détaillées sur www.monvidal.com*

## HÉPAGRUME

*Informations détaillées sur www.monvidal.com*

## HÉPANÉPHROL

Phytothérapie

### Présentation

HÉPANÉPHROL : solution buvable (arôme orange amère) ; boîte de 20 ampoules de 10 ml. Non remb.

### Composition

| | p amp buv |
|---|---|
| **Artichaut, extrait** | 2 g |
| Saccharose | 5 g |
| Alcool | 0,16 g |

### Dans quel cas ce médicament est-il prescrit ?

Ce médicament contient un extrait de plantes.

Il est traditionnellement utilisé pour favoriser la production de bile par le foie et sa sécrétion dans l'intestin et pour faciliter les fonctions d'élimination digestive et rénale.

**Attention :** Des précautions sont nécessaires chez les personnes souffrant d'*insuffisance hépatique* grave ou de calculs susceptibles d'obstruer les *voies biliaires*.

Ce médicament contient du *sucre* (saccharose) en quantité notable.

Conducteur : en raison de la présence d'*alcool*, ce médicament peut être responsable d'une somnolence ou d'une baisse de la vigilance.

### Interactions avec d'autres substances

Compte tenu de la présence d'*alcool*, ce médicament peut interagir avec ceux qui ont un *effet antabuse* (ESPÉRAL, TTD B3 B4...).

### Grossesse et allaitement

Ce médicament contient une plante présumée sans danger pendant la grossesse ou l'allaitement. Néanmoins, par mesure de prudence, ne l'utilisez pas sans prendre l'avis de votre pharmacien ou de votre médecin.

### Mode d'emploi et posologie

Ce médicament doit être pris dans un verre d'eau, avant les repas ou au moment des troubles.

**Posologie usuelle :**

- Adulte : 1 ampoule, 3 fois par jour.

**Conseils :** Une alimentation équilibrée, une mastication lente, la suppression des aliments difficiles à digérer et des boissons alcoolisées permettent souvent d'atténuer les troubles de la digestion.

### Effets indésirables possibles

A forte dose : diarrhée.

Laboratoires Zambon France

## HÉPARGITOL

*Informations détaillées sur www.monvidal.com*

## HÉPARINE CHOAY

*Informations détaillées sur www.monvidal.com*

## HÉPASANE

*Informations détaillées sur www.monvidal.com*

## HÉPATOCYNÉSINE

*Informations détaillées sur www.monvidal.com*

## HÉPATODRAINOL

*Informations détaillées sur www.monvidal.com*

## HÉPATOFLORINE

*Informations détaillées sur www.monvidal.com*

## HÉPATOPAN

*Informations détaillées sur www.monvidal.com*

## HÉPATO SOLUTINES

*Informations détaillées sur www.monvidal.com*

## HEPATOUM

Phytothérapie à visée digestive

### Présentation

HEPATOUM : solution buvable ; flacon de 550 ml. Non remb.

### Composition

| | p c à s |
|---|---|
| **Anémone et curcuma, macéré hydroalcoolique** | 22, 5 mg |
| **Alvérine citrate** | 2,1 mg |
| Menthe, huile essentielle | + |
| Alcool | 190 mg |

### Dans quel cas ce médicament est-il prescrit ?

Ce médicament est utilisé pour faciliter la sécrétion de bile dans l'intestin.

> **Attention :** Des précautions sont nécessaires chez les personnes souffrant d'*insuffisance hépatique* grave ou d'une obstruction des *voies biliaires* notamment due à la présence de calculs.
> N'utilisez pas ce médicament de façon prolongée sans l'avis de votre médecin : des examens peuvent être nécessaires si les *symptômes* persistent.

### Interactions avec d'autres substances

Compte tenu de la présence d'*alcool*, ce médicament peut interagir avec ceux qui ont un *effet antabuse* (ESPÉRAL, TTD B3 B4...).

### Grossesse et allaitement

L'effet de ce médicament pendant la grossesse ou l'allaitement est mal connu. L'évaluation du risque éventuel lié à son utilisation est individuelle : demandez conseil à votre pharmacien ou à votre médecin.

### Mode d'emploi et posologie

- Adulte : 2 à 3 cuillères à soupe, 6 à 8 fois par jour.
- Enfant de 12 à 15 ans : 1 à 2 cuillères à soupe, 6 à 8 fois par jour.

Ne pas utiliser cette solution de façon prolongée.

> **Conseils :** Une alimentation équilibrée, une mastication lente, la suppression des aliments difficiles à digérer et des boissons alcoolisées permettent souvent d'atténuer les troubles de la digestion.

Laboratoires Hepatoum

## HEPATOUM brûlures d'estomac

*Informations détaillées sur www.monvidal.com*

## HEPSERA

*Informations détaillées sur www.monvidal.com*

## HEPT-A-MYL

Stimulant du système cardiovasculaire

### Présentation

**HEPT-A-MYL :** comprimé (blanc) ; boîte de 20. Non remb.
**HEPT-A-MYL :** solution buvable ; flacon compte-gouttes de 20 ml (480 gouttes). Non remb.

### Composition

| | p cp | p 20 gtes |
|---|---|---|
| **Heptaminol chlorhydrate** | 187,8 mg | 254 mg |
| Amidon de blé (gluten) | + | |

### Dans quel cas ce médicament est-il prescrit ?

Ce médicament est un stimulant du système cardiovasculaire.
Il est utilisé dans le traitement de l'*hypotension orthostatique*.

### Contre-indications

Ce médicament ne doit pas être utilisé dans les cas suivants :
- *hypertension artérielle* grave,
- *hyperthyroïdie*.

> **Attention :** Les baisses de tension artérielle survenant lors des états de fatigue en sont souvent la conséquence mais non la cause. Consultez votre médecin.
> Sportif : ce médicament contient une substance susceptible de rendre positifs certains *tests antidopage*.

### Grossesse et allaitement

L'effet de ce médicament pendant la grossesse ou l'allaitement est mal connu : seul votre médecin peut évaluer le risque éventuel de son utilisation dans votre cas.

### Mode d'emploi et posologie

Les comprimés ou les gouttes doivent être pris avec un peu d'eau.

**Posologie usuelle :**
- Adulte : 30 à 50 gouttes ou 1 ou 2 comprimés, 3 fois par jour.
- Enfant : 20 à 40 gouttes par jour, selon l'âge.

> **Conseils :** Les manifestations de l'*hypotension orthostatique* peuvent être réduites en évitant les changements brusques de position.

### Effets indésirables possibles

Éruption cutanée, *réaction allergique*.
*Tachycardie*, *mydriase*.

Laboratoires Sanofi Aventis

## HERBESAN

*Informations détaillées sur www.monvidal.com*

## HEXALENSE

*Informations détaillées sur www.monvidal.com*

## HEXALYSE

Préparation orobuccale antibactérienne

### Présentation

**HEXALYSE :** comprimé à sucer (orangé) ; boîte de 24. Non remb.
**HEXALYSE :** comprimé à sucer (orangé) ; boîte de 30. Non remb.

### Composition

| | p cp |
|---|---|
| **Biclotymol** | 5 mg |
| **Lysozyme** | 5 mg |
| **Énoxolone** | 5 mg |
| Sucre glace | 1,1 g |

### Dans quel cas ce médicament est-il prescrit ?

Ce médicament d'usage local contient un *antiseptique* (biclotymol) et une *enzyme* à visée anti-inflammtoire.
Il est utilisé dans le traitement des maux de gorge.

### Contre-indications

Ce médicament ne doit pas être utilisé chez l'enfant de moins de 6 ans. ●

> **Attention :** En l'absence d'amélioration au bout de 5 jours, de douleur en avalant ou en cas d'apparition de fièvre, consultez votre médecin. Il pourra faire la différence entre une *pharyngite* et une angine. En cas d'angine bactérienne, un traitement *antibiotique*

est nécessaire afin d'éviter des complications ultérieures, cardiaques ou rénales.

L'usage prolongé des traitements antiseptiques locaux (*gargarisme*, *collutoire*, pastille) n'est pas souhaitable ; il peut modifier l'équilibre microbien naturel de la gorge.

Ce médicament contient du *sucre* (saccharose) en quantité notable.

### Interactions avec d'autres substances

Il est généralement inutile d'associer des *antiseptiques* différents. Ceux-ci peuvent être contenus dans de nombreux produits disponibles en automédication : pastille, *collutoire* et solution nasale ; demandez conseil à votre pharmacien.

### Grossesse et allaitement

L'utilisation ponctuelle de ce médicament pendant la grossesse ou l'allaitement ne semble pas poser de problème particulier.

### Mode d'emploi et posologie

Les comprimés doivent être sucés lentement sans être croqués.

**Posologie usuelle :**
6 à 8 comprimés, répartis dans la journée.

### Effets indésirables possibles

Rarement : *réaction allergique.*

Laboratoires Bouchara-Recordati

## HEXAMIDINE GILBERT

*Informations détaillées sur www.monvidal.com*

## HEXAPNEUMINE comprimé

Décongestionnant

### Présentation

**HEXAPNEUMINE :** comprimé (blanc) ; boîte de 20. Non remb.

### Composition

| | p cp |
|---|---|
| **Phényléphrine chlorhydrate** | 10 mg |
| **Chlorphénamine maléate** | 2 mg |
| **Biclotymol** | 30 mg |
| Lactose | + |

### Dans quel cas ce médicament est-il prescrit ?

Ce médicament associe :
- un *vasoconstricteur* décongestionnant (phényléphrine),
- un *antihistaminique* ayant un effet *sédatif* et *atropinique* (chlorphénamine),
- un *antiseptique.*

Il est utilisé dans le *traitement symptomatique* des rhumes (sensation de nez bouché, écoulement nasal, larmoiement).

### Contre-indications

Ce médicament ne doit pas être utilisé dans les cas suivants :
- risque de *glaucome* à angle fermé ;
- risque de blocage des urines (*adénome de la prostate...*) ;
- *hypertension artérielle* ou *insuffisance coronarienne* grave ;
- *antécédent* de *convulsions* ;
- antécédent d'*accident vasculaire cérébral* ;
- en association avec un *antidépresseur* de type *IMAO* non sélectif ou pendant au moins 15 jours après la prise de celui-ci ;
- en association avec un autre *vasoconstricteur* décongestionnant ou un vasoconstricteur contenant l'une des substances suivantes : bromocriptine, pergolide, lisuride, cabergoline, ergotamine ou dihydroergotamine ;
- enfant de moins de 15 ans ;
- **allaitement**.

**Attention :** Ce médicament peut provoquer un *glaucome* aigu chez les personnes prédisposées : œil rouge, dur et douloureux, avec vision floue. Une consultation d'extrême urgence auprès d'un ophtalmologiste est nécessaire.

Les décongestionnants contenant un *vasoconstricteur* peuvent être responsables de complications rares : *convulsions*, hallucinations, agitation anormale. Ce risque est augmenté chez l'enfant fébrile et en cas de *posologie* excessive. Respectez la posologie préconisée.

Les *vasoconstricteurs* peuvent également augmenter la fréquence cardiaque (*tachycardie*) et provoquer des *palpitations* et des nausées. Si ces effets indésirables deviennent trop marqués, le traitement doit être interrompu.

Des précautions particulières s'imposent en cas d'*hyperthyroïdie*, de maladie cardiaque, de *diabète*, de troubles nerveux et chez la personne âgée, notamment en cas de constipation chronique ou d'*adénome de la prostate*, de tendance aux *vertiges* ou aux baisses de tension. Demandez conseil à votre pharmacien ou à votre médecin.

Évitez les boissons alcoolisées : augmentation du risque de somnolence.

Ce médicament peut induire une somnolence, parfois intense chez certaines personnes. Cette somnolence peut être majorée par la prise d'*alcool* ou d'autres médicaments *sédatifs.* La conduite et l'utilisation de machines dangereuses sont déconseillées, surtout dans les heures qui suivent la prise du médicament.

Sportif : ce médicament contient une substance considérée comme stimulante (phényléphrine, pseudoéphédrine ou synéphrine) qui figure dans le programme de surveillance 2004 du ministère de la Jeunesse et des Sports. Elle peut être recherchée dans les urines des sportifs afin de déceler un éventuel mésusage.

### Interactions avec d'autres substances

Ce médicament ne doit pas être associé aux *antidépresseurs* de type *IMAO* non sélectif (MARSILID...), à un autre *vasoconstricteur* décongestionnant ou à un vasoconstricteur contenant l'une des substances suivantes : bromocriptine, pergolide, lisuride, cabergoline, ergotamine ou dihydroergotamine. L'association à ces médicaments risque de provoquer une crise hypertensive.

Informez votre médecin ou votre pharmacien si vous prenez des médicaments *sédatifs* ou *atropiniques.*

### Grossesse et allaitement

L'effet de ce médicament pendant la grossesse est mal connu. Par prudence, son usage est déconseillé chez la femme enceinte.

Ce médicament passe dans le lait maternel. Il est contre-indiqué pendant l'allaitement.

### Mode d'emploi et posologie

Les prises du médicament doivent être espacées d'au moins 4 heures.

En cas de somnolence gênante pendant la journée, ne prendre le médicament que le soir.

**Posologie usuelle :**

- Adulte de plus de 18 ans : 2 comprimés, 1 à 3 fois par jour.
- Adolescent de 15 à 18 ans : 1 comprimé, 2 fois par jour.

**Conseils :** Ce médicament n'a pas d'effet anti-infectieux. Si les troubles persistent plus de 5 jours, consulter votre médecin.

### Effets indésirables possibles

Somnolence ou insomnie : l'*antihistaminique* est *sédatif* alors que le *vasoconstricteur* peut présenter un effet excitant. Suivant les personnes, l'un ou l'autre de ces effets peut prédominer.

Sécheresse de la bouche, constipation, troubles de l'*accommodation*, rétention des urines.

*Hypotension orthostatique*, troubles de l'équilibre, *vertiges*, tremblements, agitation, confusion des idées notamment chez la personne âgée.

*Palpitations*, anxiété, maux de tête, sueurs, nausées, vomissements.

*Réaction allergique*, anomalie de la *numération formule sanguine*.

Laboratoires Bouchara-Recordati

## HEXAPNEUMINE sirop Adulte, Enfant

Antitussif opiacé

### Présentation

**HEXAPNEUMINE Adulte :** sirop (arôme orange) ; flacon de 200 ml. Non remb.
**HEXAPNEUMINE Enfant :** sirop (arôme orange) ; flacon de 200 ml avec cuillère-mesure de 5 ml. Non remb.

### Composition

| | sirop Ad p c à c | sirop Enf p c mes |
|---|---|---|
| **Pholcodine** | 6 mg | 5 mg |
| **Chlorphénamine maléate** | 0,6 mg | 0,5 mg |
| **Biclotymol** | 10 mg | 7,5 mg |
| Saccharose | 3,75 g | 3,75 g |
| Alcool | 270 mg | 203 mg |

### Dans quel cas ce médicament est-il prescrit ?

Ce médicament associe un *antitussif* (pholcodine), un *antihistaminique* antiallergique (chlorphénamine) et un *antiseptique* (biclotymol).

Il est utilisé dans le *traitement symptomatique* des toux sèches, notamment celles qui surviennent la nuit.

### Contre-indications

Ce médicament ne doit pas être utilisé dans les cas suivants :
- *asthme*,
- *insuffisance respiratoire*,
- risque de *glaucome* à angle fermé,
- risque de rétention des urines (*adénome de la prostate*...),
- enfant de moins de 15 ans (sirop Adulte),
- **allaitement**.

**Attention :** Ce médicament n'est pas adapté au traitement de la toux grasse, qui est un mécanisme de défense normal de l'organisme permettant l'évacuation des mucosités présentes dans les bronches. La toux est un *symptôme* qui peut révéler de nombreuses maladies. Consultez votre médecin si elle persiste plus de quelques jours.

Du fait de la présence d'un *antihistaminique* ayant des propriétés sédatives et atropiniques, des précautions sont nécessaires chez l'*insuffisant hépatique* ou *rénal* et chez la personne âgée, notamment en cas de constipation chronique, d'*adénome de la prostate*, de tendance aux *vertiges* ou aux baisses de tension.

Ce médicament peut provoquer un *glaucome* aigu chez les personnes prédisposées : œil rouge, dur et douloureux, avec vision floue. Une consultation d'extrême urgence auprès d'un ophtalmologiste est nécessaire.

Ce médicament contient du *sucre* (saccharose) et de l'alcool en quantité notable.

Ce médicament peut induire une somnolence, parfois intense chez certaines personnes. Cette somnolence peut être majorée par la prise d'*alcool* ou d'autres médicaments *sédatifs*. La conduite et l'utilisation de machines dangereuses sont déconseillées, surtout dans les heures qui suivent la prise du médicament.

### Interactions avec d'autres substances

Informez votre médecin ou votre pharmacien si vous prenez un autre médicament *sédatif*.

### Grossesse et allaitement

L'utilisation de la *codéine* et de ses dérivés (codéthyline, pholcodine) ne doit être envisagée chez la femme enceinte qu'en cas de nécessité, en effet :
- une *insuffisance respiratoire* peut survenir chez le nouveau-né d'une mère traitée par des doses élevées, même si le traitement est ponctuel mais précède de peu l'accouchement ;
- un *syndrome de sevrage*, à l'inverse, peut concerner des nouveau-nés si leur mère reçoit un traitement régulier, même à faible dose.

Il est donc important de signaler à l'obstétricien la prise éventuelle de codéine ou d'un de ses dérivés, afin que ces risques puissent être prévenus par une surveillance et un éventuel traitement adapté.

Ce médicament passe dans le lait maternel. Il est contre-indiqué pendant l'allaitement.

### Mode d'emploi et posologie

Ce médicament est pris de préférence au moment où survient la toux, indifféremment au cours ou en dehors

des repas. Les prises doivent être espacées d'au moins 4 heures.
Agiter le flacon avant emploi.

**Posologie usuelle :**

- Adulte : 2 cuillères à café de sirop Adulte, 1 à 6 fois par jour.

En cas d'*insuffisance hépatique* et chez la personne âgée, la *posologie* initiale est généralement réduite de moitié.

- Enfant de 30 à 50 kg (environ 10 à 15 ans) : 1 cuillère-mesure (5 ml) de sirop Enfant, 1 à 6 fois par jour.
- Enfant de 15 à 30 kg (environ 30 mois à 10 ans) : ½ cuillère-mesure (2,5 ml) de sirop Enfant, 1 à 6 fois par jour.

**Conseils :** Fumer, ou être exposé à la fumée des autres, nuit à l'efficacité du traitement : la cigarette est irritante pour les bronches et entretient la toux.
Des mesures simples permettent de calmer les toux sèches : boissons chaudes et humidification de l'air ambiant.

### Effets indésirables possibles

Liés à la pholcodine :
Constipation, et plus rarement : somnolence, nausées, sensation de vertige, *bronchospasme*, *allergie* cutanée.
Liés à la chlorphénamine :
Somnolence.
Effets *atropiniques* : sécheresse de la bouche, troubles de l'*accommodation*, blocage des urines, constipation, *palpitations*.
*Hypotension orthostatique*, *vertiges*, tremblements, agitation.
*Réaction allergique*.
Anomalie de la *numération formule sanguine*.

**Laboratoires Bouchara-Recordati**

## HEXAPNEUMINE sirop Nourrisson

Antitussif antihistaminique

### Présentation

HEXAPNEUMINE Nourrisson : sirop (arôme orange) ; flacon de 100 ml avec cuillère-mesure de 2,5 ml. Non remb.

### Composition

| | p c mes |
|---|---|
| **Chlorphénamine maléate** | 0,125 mg |
| **Biclotymol** | 2,5 mg |
| Alcool | 49,5 mg |
| Saccharose | 1,87 g |

### Dans quel cas ce médicament est-il prescrit ?

Ce sirop contient notamment un *antihistaminique* antitussif et *sédatif* (chlorphénamine).
Il est utilisé dans le *traitement symptomatique* des toux sèches, notamment celles qui surviennent la nuit.

### Contre-indications

Ce médicament ne doit pas être utilisé dans les cas suivants :
- risque de *glaucome* à angle fermé,
- risque de blocage des urines (*adénome de la prostate*...).

**Attention :** Des précautions sont nécessaires en cas d'*insuffisance hépatique* ou *rénale*.
Ce médicament n'est pas adapté au traitement de la toux grasse, qui est un mécanisme de défense normal de l'organisme permettant l'évacuation des mucosités présentes dans les bronches.
La toux est un *symptôme* qui peut révéler de nombreuses maladies (*asthme*, *reflux gastro-œsophagien* notamment chez l'enfant) : consultez votre médecin si elle persiste plus de quelques jours.
Ce sirop contient du *sucre* (saccharose) et de l'alcool en quantité notable.

### Interactions avec d'autres substances

Informez votre médecin ou votre pharmacien si vous prenez un autre médicament ayant des effets *atropiniques* ou *sédatifs* (tranquillisants, somnifères, certains médicaments contre la toux ou contre la douleur contenant des *opiacés*, *antidépresseurs*, *neuroleptiques*...).

### Mode d'emploi et posologie

Les prises du médicament doivent être espacées d'au moins 4 heures.

**Posologie usuelle :**

- Nourrisson : 2 à 6 cuillères-mesure par jour.

**Conseils :** Des mesures simples permettent de calmer les toux sèches : boissons chaudes et humidification de l'air ambiant.

### Effets indésirables possibles

Somnolence.
Effets *atropiniques* : sécheresse de la bouche, troubles de l'*accommodation*, blocage des urines, constipation, *palpitations*.
*Hypotension orthostatique*, *vertiges*, tremblements, agitation.
*Réaction allergique*.
Anomalie de la *numération formule sanguine*.

**Laboratoires Bouchara-Recordati**

**HEXAPNEUMINE suppositoire Adulte, Enfant**

*Informations détaillées sur www.monvidal.com*

## HEXAPNEUMINE suppositoire Nourrisson

Traitement des affections bronchopulmonaires

### Présentation

HEXAPNEUMINE Nourrisson : suppositoire ; boîte de 6. Non remb.

### Composition

| | p suppos |
|---|---|
| **Biclotymol** | 40 mg |
| **Cinéole (eucalyptol)** | 35 mg |

### Dans quel cas ce médicament est-il prescrit ?

Ce médicament contient des *antiseptiques* des *voies respiratoires*.

Il est utilisé dans le *traitement d'appoint* des affections bronchiques aiguës bénignes.

**Attention :** Ce médicament contient des *terpènes* : respectez la posologie préconisée.
Des précautions sont nécessaires en cas d'*antécédents* de *convulsions* ou d'*épilepsie*,
Si les sécrétions persistent au-delà de quelques jours, si elles se colorent, ou en cas de fièvre consultez votre médecin.

### Mode d'emploi et posologie

Le traitement doit être court.

**Posologie usuelle :**

- Nourrisson : 1 suppositoire, matin et soir.

### Effets indésirables possibles

Irritation rectale.
En cas de dépassement de la *posologie* usuelle, les *terpènes* peuvent provoquer des *convulsions* chez l'enfant.

Laboratoires Bouchara-Recordati

## HEXAQUINE

Relaxant musculaire — sur ordonnance

### Présentation

HEXAQUINE : suppositoire ; boîte de 6. Liste I - Remb 35 % - **Prix : 2,44 €**.
HEXAQUINE : comprimé (orange foncé) ; boîte de 18. Liste I - Remb 35 % - **Prix : 2,31 €**.

### Composition

| | p suppos | p cp |
|---|---|---|
| **Benzoate de quinine** | 300 mg | 120 mg |
| **Thiamine chlorhydrate (vitamine B1)** | 90 mg | 32 mg |

### Dans quel cas ce médicament est-il prescrit ?

Ce médicament contient de la quinine, qui a la propriété de détendre les muscles et de réduire leur aptitude à se contracter.
Il est utilisé dans le *traitement d'appoint* des crampes musculaires.

### Contre-indications

Ce médicament ne doit pas être utilisé dans les cas suivants :
- *myasthénie*,
- certains *troubles du rythme cardiaque*,
- *inflammation* ou saignement récent du rectum (suppositoire),
- en association avec les médicaments contenant de l'astémizole.

**Attention :** Exceptionnellement, la quinine peut être responsable de *réaction allergique* grave (baisse du nombre des *plaquettes*, *hépatite*, *choc*) ; le traitement doit être définitivement interrompu et l'absorption de boissons contenant de l'écorce de quinquina devra être évitée.
Les crampes survenant après un effort physique sont banales. En revanche, celles qui surviennent au repos ou pendant la nuit peuvent traduire un déséquilibre du *métabolisme* : consultez votre médecin si les crampes durent plus de quelques jours.

### Interactions avec d'autres substances

Ce médicament ne doit pas être associé aux médicaments contenant de l'astémizole : risque de *torsades de pointes*.

### Grossesse et allaitement

L'effet de ce médicament pendant la grossesse ou l'allaitement est mal connu. L'évaluation du risque éventuel lié à son utilisation est individuelle : demandez conseil à votre pharmacien ou à votre médecin.

### Mode d'emploi et posologie

Les comprimés doivent être avalés avec un verre d'eau.

**Posologie usuelle :**

- Adulte : 1 comprimé, 2 à 3 fois par jour ou 1 suppositoire par jour.

**Conseils :** Les suppositoires doivent être conservés à l'abri de la chaleur.

### Effets indésirables possibles

*Réaction allergique.*
A forte dose : bourdonnements d'oreille, vertiges, troubles de la vue et de l'audition.

Laboratoires Gomenol

## HEXASEPTINE

*Informations détaillées sur www.monvidal.com*

## HEXASPRAY

Préparation orobuccale antibactérienne

### Présentation

HEXASPRAY : *collutoire* (arôme anis) ; flacon pressurisé à l'azote de 30 g. Non remb.

### Composition

| | p flacon |
|---|---|
| **Biclotymol** | 750 mg |
| Alcool à 95° | + |

### Dans quel cas ce médicament est-il prescrit ?

Ce *collutoire* a une action *antiseptique*, *antalgique* et légèrement *anti-inflammatoire*.
Il est utilisé dans le *traitement d'appoint* des infections de la gorge.

### Contre-indications

Ce médicament ne doit pas être utilisé chez l'enfant de moins de 30 mois.

**Attention :** En l'absence d'amélioration au bout de 5 jours, de douleur en avalant ou en cas d'apparition de fièvre, consultez votre médecin. Il pourra faire la différence entre une *pharyngite* et une angine. En cas d'angine bactérienne, un traitement *antibiotique* est nécessaire afin d'éviter des complications ultérieures, cardiaques ou rénales.
L'usage prolongé des traitements antiseptiques locaux (*gargarisme*, *collutoire*, pastille) n'est pas souhaitable ; il peut modifier l'équilibre microbien naturel de la gorge.
En l'absence d'amélioration au bout de 5 jours, en cas d'apparition de fièvre, consultez votre médecin.

### Interactions avec d'autres substances

Il est généralement inutile d'associer des *antiseptiques* différents. Ceux-ci peuvent être contenus dans de nombreux produits disponibles en automédication : pastille, *collutoire* et solution nasale ; demandez conseil à votre pharmacien.

### Grossesse et allaitement

L'effet de ce médicament pendant la grossesse ou l'allaitement est mal connu. L'évaluation du risque éventuel lié à son utilisation est individuelle : demandez conseil à votre pharmacien ou à votre médecin.

### Mode d'emploi et posologie

Agiter le flacon avant utilisation.

**Posologie usuelle :**

- Adulte et enfant de plus de 30 mois : 2 pulvérisations, 3 fois par jour.

> **Conseils :** Chez le jeune enfant, la pulvérisation peut provoquer un spasme du larynx : n'introduisez pas trop profondément l'embout dans sa bouche.
> Ce médicament doit être conservé à l'abri de la chaleur.

Laboratoires Bouchara-Recordati

## HEXATRIONE

*Informations détaillées sur www.monvidal.com*

## HEXOMÉDINE gel

Antiseptique local

### Présentation

HEXOMÉDINE : gel pour application locale ; tube de 30 g. Remb 35 % - **Prix : 2,62 €.**

### Composition

| | p 100 g |
|---|---|
| **Hexamidine di-isétionate** | 0,1 g |

### Dans quel cas ce médicament est-il prescrit ?

Ce médicament est un *antiseptique* local.

Il est utilisé pour assurer l'*antisepsie* des lésions de la peau infectées ou exposées à un risque d'infection.

> **Attention :** Évitez l'usage prolongé de ce médicament, notamment chez l'enfant, sur les *muqueuses* et sur des surfaces étendues ou profondément lésées, sans l'avis de votre médecin : risque de passage du médicament dans le sang.

### Interactions avec d'autres substances

L'association à d'autres *antiseptiques* est déconseillée car leurs effets risquent de s'annuler.

### Grossesse et allaitement

L'utilisation ponctuelle de ce médicament pendant la grossesse ou l'allaitement ne semble pas poser de problème particulier.

Cet *antiseptique* ne doit pas être appliqué sur le mamelon sans avis médical. Un rinçage soigneux avant la tétée est indispensable.

### Mode d'emploi et posologie

Le gel peut être appliqué en couche mince et laissé à l'air libre, ou en couche épaisse, sous un pansement.

**Posologie usuelle :**

2 ou 3 applications par jour.

> **Conseils :** Le simple lavage à l'eau et au savon permet d'éliminer la majorité des *germes* : il doit être suivi d'un rinçage soigneux car le savon peut inactiver certains *antiseptiques*.

### Effets indésirables possibles

Démangeaisons, picotements, sensation de brûlure, sécheresse de la peau.

*Réaction allergique* cutanée.

Laboratoires Théraplix

## HEXOMÉDINE solution

Antiseptique local

### Présentation

HEXOMÉDINE : solution hydroalcoolique à 1 pour 1 000 ; flacon de 45 ml. Remb 35 % - **Prix : 2,35 €.**
HEXOMÉDINE : solution hydroalcoolique à 1 pour 1 000 ; flacon de 250 ml. Remb 35 % - **Prix : 3,88 €.**
HEXOMÉDINE : solution hydroalcoolique à 1 pour 1 000 ; flacon pressurisé de 75 ml. Remb 35 % - **Prix : 2,98 €.**

### Composition

| | p 100 ml |
|---|---|
| **Hexamidine di-isétionate** | 0,1 g |
| Alcool | 30 ml |

### Dans quel cas ce médicament est-il prescrit ?

Ce médicament est un *antiseptique* local.

Il est utilisé pour assurer l'*antisepsie* des lésions de la peau infectées ou exposées à un risque d'infection.

### Contre-indications

Ce médicament ne doit pas être utilisé :

- sur les muqueuses,
- pour l'*antisepsie* de la peau avant une piqûre,
- pour désinfecter le matériel médicochirurgical (voir Attention).

> **Attention :** Évitez l'usage prolongé de ce médicament, notamment chez l'enfant, sur des surfaces étendues ou profondément lésées, sans l'avis de votre médecin : risque de passage du médicament dans le sang.
> Cet *antiseptique* ne convient pas pour la désinfection des ciseaux, rasoirs et autres objets potentiellement contaminants. De même, il ne doit pas être utilisé pour désinfecter la peau avant une piqûre.

### Interactions avec d'autres substances

L'association à d'autres *antiseptiques* est déconseillée car leurs effets risquent de s'annuler.

### Grossesse et allaitement

L'utilisation ponctuelle de ce médicament pendant la grossesse ou l'allaitement ne semble pas poser de problème particulier.

Cet *antiseptique* ne doit pas être appliqué sur le mamelon sans avis médical. Un rinçage soigneux avant la tétée est indispensable.

### Mode d'emploi et posologie

La solution ne doit pas être appliquée sur les *muqueuses* (bouche, vagin...) en raison de la présence d'*alcool*.

La solution est prête à l'emploi et ne doit pas être rincée.

**Posologie usuelle :**
1 application ou 1 pansement humide ou 1 bain local, 2 ou 3 fois par jour.

**Conseils :** Le simple lavage à l'eau et au savon permet d'éliminer la majorité des *germes* : il doit être suivi d'un rinçage soigneux car le savon peut inactiver certains *antiseptiques*.
Tous les antiseptiques peuvent être contaminés par des germes : une fois ouvert, le flacon ne doit pas être conservé trop longtemps.

### Effets indésirables possibles

Démangeaisons, picotements, sensation de brûlure, sécheresse de la peau.
*Réaction allergique* cutanée.

Laboratoires Théraplix

## HEXOMÉDINE transcutanée

Antiseptique local

### Présentation

HEXOMÉDINE transcutanée : solution pour application locale ; flacon de 45 ml. Remb 35 % - **Prix : 2,95 €.**

### Composition

| | p 100 ml |
|---|---|
| **Hexamidine di-isétionate** | 0,15 g |
| **Alcool** | 42,75 ml |

### Dans quel cas ce médicament est-il prescrit ?

Ce médicament est un *antiseptique* local.
Il est utilisé dans le *traitement d'appoint* des infections de la peau et des ongles.

### Contre-indications

Ce médicament ne doit pas être utilisé dans les cas suivants :
- sur les *muqueuses*,
- sur les plaies ouvertes,
- pour l'*antisepsie* de la peau avant une piqûre,
- pour la désinfection du matériel médicochirurgical (voir Attention).

**Attention :** Évitez l'usage prolongé de ce médicament, notamment chez l'enfant, sur des surfaces étendues ou profondément lésées, sans l'avis de votre médecin : risque de passage du médicament dans le sang.
Cet *antiseptique* ne convient pas pour la désinfection des ciseaux, rasoirs et autres objets potentiellement contaminants. De même, il ne doit pas être utilisé pour désinfecter la peau avant une piqûre.

### Interactions avec d'autres substances

L'association à d'autres *antiseptiques* est déconseillée car leurs effets risquent de s'annuler.

### Grossesse et allaitement

L'utilisation ponctuelle de ce médicament pendant la grossesse ou l'allaitement ne semble pas poser de problème particulier.

### Mode d'emploi et posologie

Cette solution doit être utilisée pure. Elle est très volatile : refermer soigneusement le flacon après usage.

**Posologie usuelle :**
Infections de la peau : 1 application, 2 fois par jour.
Infections de l'ongle : appliquer des pansements préalablement imprégnés de solution pendant 30 à 45 minutes ou tremper le doigt dans le flacon pendant 1 à 3 minutes. Au-delà de ces durées : risque de décollement local de la peau.

**Conseils :** Le simple lavage à l'eau et au savon permet d'éliminer la majorité des *germes* : il doit être suivi d'un rinçage soigneux car le savon peut inactiver certains *antiseptiques*.
L'application ne doit pas être suivie d'un rinçage.
Le flacon entamé peut se conserver 15 jours mais seulement 5 jours si la solution est utilisée pour les bains de doigt.

### Effets indésirables possibles

Démangeaisons, picotements, sensation de brûlure, sécheresse de la peau.
*Réaction allergique* cutanée.

Laboratoires Théraplix

## HEXTRIL bain de bouche

Préparation buccale antiseptique

### Présentation

HEXTRIL 0,1 % : solution pour *bain de bouche* ; flacon de 200 ml avec godet doseur de 15 ml. Non remb.
HEXTRIL 0,1 % : solution pour *bain de bouche* ; flacon de 400 ml avec godet doseur de 15 ml. Non remb.
HEXTRIL 0,1 % : solution pour *bain de bouche* ; flacon de 30 ml avec godet doseur gradué à 15 ml. Non remb.
HEXTRIL MENTHE 0,1 % : solution pour *bain de bouche* ; flacon de 200 ml avec godet doseur gradué à 15 ml. Non remb.
HEXTRIL MENTHE 0,1 % : solution pour *bain de bouche* ; flacon de 400 ml avec godet doseur gradué à 15 ml. Non remb.

### Composition

| | p 100 ml |
|---|---|
| **Hexétidine** | 100 mg |
| Alcool à 96° | + |
| Menthol, essence de menthe | + |

### Dans quel cas ce médicament est-il prescrit ?

Cette solution pour *bain de bouche* contient un *antiseptique*.
Elle est utilisée dans le *traitement d'appoint* des affections de la bouche ou des suites d'opération des gencives ou des dents.

### Contre-indications

Ce médicament ne doit pas être utilisé chez l'enfant de moins de 6 ans.

**Attention :** L'usage prolongé des traitements antiseptiques locaux (*gargarisme*, *collutoire*, pastille) n'est pas souhaitable ; il peut modifier l'équilibre microbien naturel de la gorge.
En l'absence d'amélioration au bout de 5 jours ou en cas de fièvre, consultez votre médecin.

### Grossesse et allaitement

L'effet de ce médicament pendant la grossesse ou l'allaitement est mal connu. L'évaluation du risque éventuel lié à son utilisation est individuelle : demandez conseil à votre pharmacien ou à votre médecin.

### Mode d'emploi et posologie

La solution peut être utilisée pure ou diluée au demi s'il apparaît une sensation douloureuse. Pour obtenir une dilution au demi, verser la solution jusqu'au premier trait du godet et compléter avec de l'eau jusqu'en haut.
Ce médicament ne doit en aucun cas être avalé.

**Posologie usuelle :**

- Adulte et enfant de plus de 6 ans : 1 dose de 15 ml de solution pure ou diluée, en *bain de bouche*, 2 ou 3 fois par jour.

La durée du traitement ne doit pas dépasser 10 jours sans avis médical.

**Conseils :** Évitez de manger ou de boire dans l'heure qui suit le *bain de bouche*.
Certains dentistes et stomatologistes recommandent de ne pas pratiquer de bain de bouche dans les heures qui suivent une extraction dentaire afin d'éviter de faire saigner la plaie.

Laboratoires PFIZER Santé Grand Public

## HEXTRIL gel gingival

Préparation buccale antiseptique

### Présentation

HEXTRIL 0,5 % : gel gingival ; tube-canule de 10 g. Non remb.

### Composition

| | p 100 g |
|---|---|
| **Hexétidine** | 500 mg |
| Menthe, essence | + |

### Dans quel cas ce médicament est-il prescrit ?

Ce gel à usage local contient un *antiseptique*.
Il est utilisé pour les soins des gencives et des lésions peu étendues de la bouche.

**Attention :** N'utilisez pas ce médicament sans avis médical chez l'enfant de moins de 30 mois (présence de menthol).
L'usage prolongé des traitements antiseptiques locaux (*gargarisme*, *collutoire*, pastille) n'est pas souhaitable ; il peut modifier l'équilibre microbien naturel de la gorge.
En l'absence d'amélioration au bout de 5 jours, consultez votre médecin.

### Grossesse et allaitement

L'effet de ce médicament pendant la grossesse ou l'allaitement est mal connu. Seul votre médecin peut apprécier la nécessité du traitement et son risque.

### Mode d'emploi et posologie

Appliquer le gel en massant les gencives avec le doigt ou un morceau de coton.

**Posologie usuelle :**

3 ou 4 applications par jour, pendant 5 jours.

Laboratoires PFIZER Santé Grand Public

## HEXTRIL pâte dentifrice

Hygiène buccodentaire

### Présentation

HEXTRIL : pâte dentifrice ; tube de 100 g. Non remb.

### Composition

| | p 100 g |
|---|---|
| **Hexétidine** | 100 mg |
| Sorbitol | + |
| Glycérol | + |
| Silice | + |
| Dioxyde de titane | + |
| Laurylsulfate de magnésium | + |
| Saccharine sodique | + |

### Dans quel cas ce médicament est-il prescrit ?

Ce *dentifrice* contient un *antiseptique*, l'hexétidine, qui renforce l'action du brossage sur les dents. L'hexétidine détruit les *germes* qui élaborent la *plaque dentaire*.
Il est utilisé dans le traitement de l'*inflammation* des gencives avec ou sans déchaussement des dents.

### Grossesse et allaitement

Ce *dentifrice* peut être employé pendant la grossesse ou l'allaitement.

### Mode d'emploi et posologie

L'action du *dentifrice* ne fait que compléter l'action fondamentale du brossage des dents. Un bon brossage dure 2 à 3 minutes ; il concerne la surface des dents et leurs faces latérales.
Ce dentifrice peut également être utilisé pour masser les gencives douloureuses.

**Posologie usuelle :**

Le brossage des dents doit être pratiqué après chaque repas, 3 fois par jour.
Déposer l'équivalent d'une noisette de dentifrice sur la brosse préalablement mouillée.

**Conseils :** Comme tout *dentifrice*, ce produit ne doit pas être avalé.
Pour permettre une action prolongée des substances protectrices contenues dans le dentifrice, ne multipliez pas les rinçages.

Laboratoires PFIZER Santé Grand Public

## HIBIDIL

*Informations détaillées sur www.monvidal.com*

## HIBISCRUB

*Informations détaillées sur www.monvidal.com*

## HIBITANE 5 %

*Informations détaillées sur www.monvidal.com*

## HICONCIL

*Informations détaillées sur www.monvidal.com*

## HIRUCRÈME

Antihémorroïdaire et vasculoprotecteur cutané

### Présentation

HIRUCRÈME : crème ; tube de 30 g. Non remb.
HIRUCRÈME : crème ; tube de 100 g. Non remb.

### Composition

| | p 100 g |
|---|---|
| **Hirudo medicinalis (sangsue), extrait** | 500 UAT |
| Lanoline | + |

### Dans quel cas ce médicament est-il prescrit ?

Cette crème contient une substance décongestionnante.

Elle est utilisée dans le traitement local des jambes lourdes, des *œdèmes* et de l'*inflammation* des veines superficielles ainsi que des douleurs et des démangeaisons de l'anus, en particulier dues aux *hémorroïdes*.

**Attention :** N'appliquez pas cette crème directement sur une plaie ulcérée.
Des douleurs, un saignement anal qui persistent malgré le traitement peuvent être dus à une maladie autre que des *hémorroïdes* : consultez votre médecin. De même, tout saignement anal survenant chez une personne de plus de 50 ans doit faire l'objet d'une consultation médicale.

### Grossesse et allaitement

L'utilisation ponctuelle de ce médicament pendant la grossesse ou l'allaitement ne semble pas poser de problème particulier.

### Mode d'emploi et posologie

Étaler doucement la crème sur les régions à traiter et faire pénétrer par un léger massage.

**Posologie usuelle :**

2 ou 3 applications par jour.

Traitement des *hémorroïdes* : 1 application, matin et soir.

**Conseils :** La constipation chronique et les efforts excessifs de poussée sont les principaux facteurs déclenchants des crises d'hémorroïdes. Un régime riche en fibres alimentaires (fruits, légumes, céréales complètes), des boissons abondantes et un exercice physique régulier en limitent le risque.
En cas de crise, la consommation d'alcool ou de mets épicés peut accentuer les douleurs et la gêne. Une attention particulière doit être portée au nettoyage de la région anale afin de limiter les phénomènes d'irritation. Il est également conseillé de limiter les positions assises prolongées, qui peuvent avoir un effet aggravant sur la douleur.
Ce médicament doit être conservé au réfrigérateur (entre + 2 et + 8 °C). Après ouverture, il peut se conserver 6 semaines à température ambiante (ne dépassant pas 25 °C).

### Effets indésirables possibles

*Réaction allergique* locale, notamment liée à la présence de lanoline.

Laboratoires Bayer santé familiale

## HISTO-FLUINE P

*Informations détaillées sur www.monvidal.com*

## HIVERNUM

*Informations détaillées sur www.monvidal.com*

## HIVID

*Informations détaillées sur www.monvidal.com*

## HOLGYEME

Antiacnéique — sur ordonnance

Ce médicament est un générique de DIANE 35 (voir p. 310 et tableau p. 1151).

## HOLOXAN

*Informations détaillées sur www.monvidal.com*

## HOMÉOAFTYL

*Informations détaillées sur www.monvidal.com*

## HOMÉODOSE 8

*Informations détaillées sur www.monvidal.com*

## HOMÉODOSE 20

*Informations détaillées sur www.monvidal.com*

## HOMÉODOSE 24

*Informations détaillées sur www.monvidal.com*

## HOMÉOFORTIL

*Informations détaillées sur www.monvidal.com*

## HOMÉOGÈNE 9

Homéopathie

### Présentation

HOMÉOGÈNE 9 : comprimé (blanc) ; boîte de 60. Non remb.

### Composition

Mercurius solubilis 3 CH, Anemone pulsatilla 3 CH, Spongia tosta 3 CH, Bryonia 3 CH, Bromum 3 CH, Belladonna 3 CH, Phytolacca 3 CH, Arum triphyllum 3 CH, Arnica 3 CH, aa.

### Dans quel cas ce médicament est-il prescrit ?

Ce médicament est un *complexe* (association) de composants homéopathiques.

Il est utilisé dans le *traitement homéopathique* des maux de gorge, des enrouements et des laryngites.

**Attention :** En l'absence d'amélioration ou en cas d'apparition de fièvre, consultez votre médecin.

### Grossesse et allaitement

Aux *dilutions homéopathiques*, les substances contenues dans ce médicament ne sont pas connues pour être toxiques pendant la grossesse ou l'allaitement.

### Mode d'emploi et posologie

Les comprimés doivent être sucés lentement et de préférence à distance des repas.

**Posologie usuelle :**
1 comprimé toutes les heures ; espacer les prises dès amélioration.

Laboratoires Boiron

## HOMÉOGÈNE 14
*Informations détaillées sur www.monvidal.com*

## HOMÉOGÈNE 20
*Informations détaillées sur www.monvidal.com*

## HOMÉOGÈNE 21
*Informations détaillées sur www.monvidal.com*

## HOMÉOGÈNE 22
*Informations détaillées sur www.monvidal.com*

## HOMÉOGÈNE 41
*Informations détaillées sur www.monvidal.com*

## HOMÉOGÈNE 45
*Informations détaillées sur www.monvidal.com*

## HOMÉOGÈNE 46
*Informations détaillées sur www.monvidal.com*

## HOMÉOGRIPPE
*Informations détaillées sur www.monvidal.com*

## HOMÉOMUNIL
*Informations détaillées sur www.monvidal.com*

## HOMÉOPLASMINE
Protecteur cutané

### Présentation
HOMÉOPLASMINE : pommade ; tube de 18 g avec canule. Non remb.
HOMÉOPLASMINE : pommade ; tube de 40 g. Non remb.

### Composition

| | p 100 g |
|---|---|
| **Souci des jardins, teinture** | 100 mg |
| **Phytolaque, teinture** | 300 mg |
| **Bryone dioïque, teinture** | 100 mg |
| **Benjoin, teinture** | 100 mg |
| **Acide borique** | 4 g |
| Vaseline | + |

### Dans quel cas ce médicament est-il prescrit ?
Cette pommade contient des extraits de plantes et un *antiseptique*.
Elle est utilisée pour apaiser les irritations de la peau et des *muqueuses* (gerçure, brûlure de faible étendue, irritation du nez au cours des *rhinites*).

### Contre-indications
Ce médicament ne doit pas être utilisé :
– sur des lésions infectées ou suintantes,
– chez l'enfant de moins de 30 mois.

**Attention :** Évitez d'utiliser cette pommade, notamment chez l'enfant, de manière prolongée et sur des surfaces étendues ou profondément lésées : risque de passage de l'acide borique dans le sang et d'effets indésirables graves.

### Grossesse et allaitement
Ce médicament ne contient que des substances présumées sans danger pendant la grossesse ou l'allaitement. Néanmoins, ne l'utilisez pas de façon prolongée sans l'avis de votre pharmacien ou de votre médecin.

### Mode d'emploi et posologie
1 ou 2 applications par jour.

### Effets indésirables possibles
En cas de dépassement de la *posologie* usuelle : rougeur intense et persistante, desquamation qui doivent faire arrêter l'application du médicament.

Laboratoires Boiron

## HOMÉOPTIC
Homéopathie

### Présentation
HOMÉOPTIC : collyre ; boîte de 10 flacons unidoses de 0,4 ml. Non remb.

### Composition
Euphrasia officinalis 3 DH, Calendula officinalis 3 DH, Magnesia carbonica 5 CH.

### Dans quel cas ce médicament est-il prescrit ?
C'est un collyre apaisant contenant des composants homéopathiques.
Il est utilisé dans le *traitement homéopathique* des irritations de l'œil ou d'une gêne oculaire (fatigue oculaire, atmosphère enfumée, piscine, etc.).

### Contre-indications
Ce collyre ne doit pas être utilisé chez l'enfant de moins de 1 an.

**Attention :** Une irritation oculaire peut être due à une infection : en cas de doute, n'hésitez pas à consulter votre médecin.
Le port de lentilles de contact est déconseillé pendant toute la durée du traitement.

### Interactions avec d'autres substances
Ce collyre peut interagir avec d'autres collyres : respectez un intervalle de 15 minutes entre deux instillations.

### Grossesse et allaitement
Aux *dilutions homéopathiques*, les substances contenues dans ce collyre ne sont pas connues pour être toxiques pendant la grossesse ou l'allaitement.

### Mode d'emploi et posologie
Tirer la paupière inférieure vers le bas tout en regardant vers le haut et déposer les gouttes de collyre entre la paupière et le globe oculaire (*cul-de-sac conjonctival*).

**Posologie usuelle :**
- Adulte et enfant à partir de 1 an : 1 à 2 gouttes, 2 à 6 fois par jour.

**Conseils :** Une ampoule unidose permet une instillation dans les deux yeux et doit être jetée après usage.

Laboratoires Boiron

## HOMÉOVOX
Homéopathie

### Présentation
HOMÉOVOX : comprimé ; boîte de 60. Non remb.

### Composition
Aconitum napellus 3 CH, Arum triphyllum 3 CH, Ferrum phosphoricum 6 CH, Calendula 6 CH, Spongia tosta 6 CH, Belladonna 6 CH, Mercurius solubilis 6 CH, Hepar sulfur 6 CH, Kalium bichromicum 6 CH, Populus candicans 6 CH, Bryonia dioica 3 CH, aa ; lactose.

### Dans quel cas ce médicament est-il prescrit ?
Ce médicament est un *complexe* (association) de composants homéopathiques.

Il est utilisé dans le *traitement homéopathique* des cas d'enrouement, d'extinction de voix ou de laryngite.

**Attention :** En l'absence d'amélioration ou en cas d'apparition de fièvre, consultez votre médecin.

### Grossesse et allaitement
Aux *dilutions homéopathiques*, les substances contenues dans ce médicament ne sont pas connues pour être toxiques pendant la grossesse ou l'allaitement.

### Mode d'emploi et posologie
Les comprimés doivent être sucés lentement, à distance des repas.

**Posologie usuelle :**

Prévention : 2 comprimés, 5 fois par jour.

Traitement : 2 comprimés toutes les heures environ, jusqu'à amélioration des symptômes.

Laboratoires Boiron

## HUILE DE FOIE DE MORUE COOPER
*Informations détaillées sur www.monvidal.com*

## HUILE DE PARAFFINE COOPER
*Informations détaillées sur www.monvidal.com*

## HUILE DE PARAFFINE GIFRER
*Informations détaillées sur www.monvidal.com*

## HUILE DE PARAFFINE GILBERT
*Informations détaillées sur www.monvidal.com*

## HUILE DE RICIN COOPER
*Informations détaillées sur www.monvidal.com*

## HUILE GOMENOLÉE
Préparation nasale antiseptique — sur ordonnance

### Présentation
HUILE GOMENOLÉE 2 % : solution huileuse pour instillation nasale ; flacon de 22 ml avec pipette nasale. Liste I - Non remb.

HUILE GOMENOLÉE 5 % : solution huileuse pour instillation nasale ; flacon de 22 ml avec pipette nasale. Liste I - Non remb.

### Composition

| | p 100 g | p 100 g |
|---|---|---|
| **Melaleuca viridiflora, huile essentielle (gomenol)** | 2 g | 5 g |
| Huile d'olive | + | + |

### Dans quel cas ce médicament est-il prescrit ?
Cette solution nasale possède une action *antiseptique*.

Elle est utilisée comme cicatrisant pour les plaies ou les soins postopératoires du nez.

### Contre-indications
Ce médicament ne doit pas être utilisé en cas d'*antécédent* de *convulsions*.

**Attention :** Il existe un risque de dépôt huileux dans les poumons en cas d'usage répété et prolongé (supérieur à 1 mois) : n'utilisez ce médicament que dans les conditions prescrites par votre médecin.

Ce médicament contient des *terpènes* qui peuvent, en cas de dépassement des *posologies*, avoir des effets indésirables graves : respectez, plus particulièrement chez l'enfant, les doses préconisées.

Des précautions sont nécessaires en cas d'*épilepsie*.

En l'absence d'amélioration après quelques jours de traitement, consultez votre médecin.

### Grossesse et allaitement
L'effet de ce médicament pendant la grossesse est mal connu. L'évaluation du risque éventuel lié à son utilisation est individuelle : demandez conseil à votre pharmacien ou à votre médecin.

Les *terpènes* peuvent donner un goût particulier au lait. Leur absorption par le *nourrisson* n'est pas souhaitable : évitez d'employer ce médicament pendant l'allaitement.

### Mode d'emploi et posologie
La solution dosée à 5 % est réservée à l'adulte.

Les instillations sont faites après un mouchage soigneux ; les gouttes sont instillées la tête penchée en arrière.

**Posologie usuelle :**

- Adulte : 2 à 4 gouttes de solution à 5 % dans chaque narine, 3 fois par jour.
- Enfant de plus de 6 ans : 2 à 4 gouttes de solution à 2 % dans chaque narine, 3 fois par jour.

Sauf avis médical, la durée du traitement ne doit pas dépasser quelques jours.

### Effets indésirables possibles
En cas de dépassement de la *posologie* usuelle, les *terpènes* peuvent provoquer :
- des *convulsions* chez l'enfant,
- agitation, confusion des idées (notamment chez la personne âgée).

Laboratoires Gomenol

## HUMALOG 100 UI/ml cartouche
Insuline — sur ordonnance

### Présentation
HUMALOG 100 UI/ml : solution injectable *SC* ; boîte de 5 cartouches de 3 ml. Liste II - Remb 65 % - **Prix : 39,82 €.**

HUMALOG-PEN 100 UI/ml : solution injectable *SC* ; boîte de 5 cartouches de 3 ml en stylo prérempli jetable. Liste II - Remb 65 % - **Prix : 43,27 €.**

### Composition

| | p ml |
|---|---|
| **Insuline Lispro (analogue à l'insuline humaine)** | 100 UI |

### Dans quel cas ce médicament est-il prescrit ?

C'est une *insuline* comparable à l'insuline humaine, obtenue par *biotechnologie*. Son action est rapide et très brève : son effet apparaît environ 15 minutes après l'injection et s'estompe au bout de 2 à 5 heures.

Elle est utilisée dans le traitement du *diabète*.

**Attention :** La mise en route du traitement suppose un apprentissage correct pour injecter l'*insuline*, contrôler la *glycémie* au doigt, rechercher le *sucre* et l'acétone dans les urines et tenir un carnet de surveillance.

L'hypoglycémie est la principale complication des traitements par l'insuline. Il s'agit le plus souvent de malaises hypoglycémiques sans gravité dont les principaux signes sont : sueurs, tremblements, troubles visuels, vision double, fatigue soudaine, fringale, *vertiges*, difficulté de concentration. En ce cas, le diabétique doit aussitôt absorber 3 à 6 morceaux de sucre ou un sirop sucré.

Beaucoup plus rarement, l'hypoglycémie peut être grave et entraîner des troubles du comportement (comparables notamment à l'ébriété), des *convulsions*, voire une perte de connaissance : 1 ampoule de GLUCAGEN doit être injectée immédiatement par *voie* sous-cutanée ou intramusculaire, même à travers les vêtements en cas d'agitation. Si le diabétique ne reprend pas conscience dans les minutes qui suivent, prévenez un service d'urgence. Dans le doute, il n'y a pas de danger à injecter du GLUCAGEN à un diabétique traité par l'insuline. Dans tous les cas, la prise d'une collation ou d'un repas reste nécessaire.

L'autre complication possible chez le diabétique est la survenue d'une *acidocétose* due à un manque important d'insuline. Elle peut être déclenchée par une infection (qui augmente les besoins en insuline) : grippe, rhume, *cystite*, abcès, etc. Elle se manifeste par une grande fatigue, une soif intense et des *troubles digestifs*. Il faut alors rechercher la présence de sucre et d'acétone dans les urines : la présence des deux en quantité importante confirme le diagnostic. Le traitement par l'insuline ne doit pas être arrêté ; le diabétique doit suivre les consignes de son médecin et, si besoin, le joindre d'urgence.

Évitez la prise de boissons alcoolisées à jeun ou à distance des repas : augmentation du risque d'hypoglycémie.

Conducteur : une *hypoglycémie* peut entraîner un malaise pendant la conduite ou l'utilisation de machines.

### Interactions avec d'autres substances

Certains médicaments peuvent déséquilibrer la *glycémie*. Informez votre médecin ou votre pharmacien si vous prenez un *corticoïde*, un *progestatif* à forte dose, un *bêtabloquant*, un *inhibiteur de l'enzyme de conversion* ou un médicament contenant du danazol, de la chlorpromazine, du salbutamol, de la terbutaline, du lanréotide, de l'octréotide ou de l'aspirine à forte dose.

### Grossesse et allaitement

L'*insuline* est adaptée au *diabète* de la femme enceinte ou aux troubles passagers de la *glycémie* pendant la durée de la grossesse.

Le traitement par l'insuline n'est pas une contre-indication à l'allaitement.

### Mode d'emploi et posologie

Les cartouches sont à utiliser avec les stylos rechargeables BD Pen Ultra ; Humalog-Pen est un stylo prêt à l'emploi qui doit être jeté lorsque la cartouche est vide.

Cette *insuline* doit être injectée par *voie* sous-cutanée dans les zones recommandées par votre médecin, en essayant de varier les sites d'injection pour éviter l'apparition de lipodystrophies (*nodules* et épaississement de la peau).

Avant injection, purger l'air éventuellement contenu dans la cartouche.

L'aiguille doit être changée après chaque injection.

**Posologie usuelle :**

Elle est adaptée en fonction des résultats des analyses réalisées par le diabétique ou par son entourage (carnet de surveillance) et des conseils de son médecin.

**Conseils :** Il est prudent de disposer d'une *insuline* équivalente pour seringue afin de faire face à une perte ou à un défaut de fonctionnement du stylo.

Si vous utilisez deux stylos destinés à injecter deux insulines, veillez à pouvoir les distinguer facilement.

Pour le maniement précis du stylo, conformez-vous à la notice fournie par le fabricant et veillez à ne pas l'égarer.

La sécurité d'une injection d'insuline au travers des vêtements, sans désinfection préalable, est maintenant établie avec certitude.

En cas d'activité sportive, il est préférable d'injecter l'insuline à distance des muscles qui travaillent pour éviter une absorption trop rapide de l'insuline. De plus, une adaptation des doses d'insuline est habituellement nécessaire selon les conseils du médecin.

Votre entourage doit savoir reconnaître les signes d'une *hypoglycémie* et pouvoir vous administrer, en cas de perte de connaissance, une ampoule de GLUCAGEN. Celle-ci est conservée de préférence au réfrigérateur ou, en cas de nécessité, à température ambiante (inférieure à 25 °C) pendant 2 ans.

Veillez à ne pas manquer d'insuline, notamment pendant les week-ends et jours fériés ; lors de vos déplacements, munissez-vous d'une réserve ou de votre ordonnance en cours de validité. Un certificat de traitement par insuline peut être nécessaire pour franchir certaines frontières.

L'insuline se conserve sans problème 4 à 6 semaines à une température inférieure à 25 °C et plusieurs mois à une température proche de 0 °C (mais elle ne doit jamais être congelée). Elle se dégrade d'autant plus vite que la température est élevée.

En pratique :

- conservez les cartouches non entamées dans la partie basse du réfrigérateur. Si c'est impossible, ne les conservez pas plus de 1 ou 2 mois (selon que vous êtes dans une région chaude ou froide) ;
- conservez les cartouches entamées hors du réfrigérateur pendant une durée maximale de 4 semaines, dans un endroit propre et sec de préférence, à l'abri de la lumière et des hausses de température (pas plus de 25 °C) ;
- une exposition accidentelle ou inévitable à une température de l'ordre de 30 °C à 35 °C est possible sans dommage pendant 2 ou 3 jours ;

– jetez toute cartouche suspecte d'avoir été exposée à la congélation ou à une chaleur excessive, et notamment celles qui ne sont pas limpides et incolores ;
– lors des voyages long-courriers, conservez votre insuline dans vos bagages de cabine pour éviter une exposition au froid excessif dans la soute à bagages.

### Effets indésirables possibles

Hypoglycémie (voir Attention), légers troubles de la vision en début de traitement, *nodules* graisseux sous-cutanés (lipodystrophies).

Rarement : *réaction allergique* essentiellement cutanée.

Laboratoires Lilly France

## HUMALOG 100 UI/ml flacon

Insuline

sur ordonnance

### Présentation

HUMALOG : solution injectable *SC* ; flacon de 10 ml. Liste II - Remb 65 % - **Prix : 21,71 €.**

### Composition

| | p ml |
|---|---|
| **Insuline Lispro (analogue à l'insuline humaine)** | 100 UI |

### Dans quel cas ce médicament est-il prescrit ?

C'est une *insuline* comparable à l'insuline humaine, obtenue par *biotechnologie*. Son action est rapide et très brève : son effet apparaît environ 15 minutes après l'injection et s'estompe au bout de 2 à 5 heures.

Elle est utilisée dans le traitement du *diabète*.

**Attention :** Cette insuline est dosée à 100 UI/ml et doit toujours être utilisée avec une seringue à insuline graduée à 100 UI ; les seringues commercialisées avant le 30 mars 2000 doivent être détruites car leurs graduations sont inadaptées à ce dosage.

La mise en route du traitement suppose un apprentissage correct pour injecter l'*insuline*, contrôler la *glycémie* au doigt, rechercher le *sucre* et l'acétone dans les urines et tenir un carnet de surveillance.

L'*hypoglycémie* est la principale complication des traitements par l'insuline. Il s'agit le plus souvent de malaises hypoglycémiques sans gravité dont les principaux signes sont : sueurs, tremblements, troubles visuels, vision double, fatigue soudaine, fringale, *vertiges*, difficulté de concentration. Dans ce cas, le diabétique doit aussitôt absorber 3 à 6 morceaux de sucre ou un sirop sucré.

Beaucoup plus rarement, l'hypoglycémie peut être grave et peut entraîner des troubles du comportement (comparables notamment à l'ébriété), des *convulsions*, voire une perte de connaissance : 1 ampoule de GLUCAGEN doit être injectée immédiatement par *voie* sous-cutanée ou intramusculaire, même à travers les vêtements en cas d'agitation. Si le diabétique ne reprend pas conscience dans les minutes qui suivent, prévenez un service d'urgence. Dans le doute, il n'y a pas de danger à injecter du GLUCAGEN à un diabétique traité par l'insuline. Dans tous les cas, la prise d'une collation ou d'un repas reste nécessaire.

L'autre complication possible chez le diabétique est la survenue d'une *acidocétose* due à un manque important d'insuline. Elle peut être déclenchée par une infection (qui augmente les besoins en insuline) : grippe, rhume, *cystite*, abcès, etc. Elle se manifeste par une grande fatigue, une soif intense et des *troubles digestifs*. Il faut alors rechercher la présence de sucre et d'acétone dans les urines : la présence des deux en quantité importante confirme le diagnostic. Le traitement par insuline ne doit pas être arrêté ; le diabétique doit suivre les consignes de son médecin et, si besoin, le joindre d'urgence.

Évitez les boissons alcoolisées à jeun ou à distance des repas : augmentation du risque d'hypoglycémie.

Conducteur : une *hypoglycémie* peut entraîner un malaise pendant la conduite ou l'utilisation de machines.

### Interactions avec d'autres substances

Certains médicaments peuvent déséquilibrer la *glycémie*. Informez votre médecin ou votre pharmacien si vous prenez un *corticoïde*, un *progestatif* à forte dose, un *bêtabloquant*, un *inhibiteur de l'enzyme de conversion* ou un médicament contenant du danazol, de la chlorpromazine, du salbutamol, de la terbutaline, du lanréotide, de l'octréotide ou de l'aspirine à forte dose.

### Grossesse et allaitement

L'*insuline* est adaptée au *diabète* de la femme enceinte ou aux troubles passagers de la *glycémie* pendant la durée de la grossesse.

Le traitement par l'insuline n'est pas une contre-indication à l'allaitement.

### Mode d'emploi et posologie

Cette *insuline* est habituellement injectée par *voie* sous-cutanée, dans les zones recommandées par votre médecin, en essayant de varier les sites d'injection pour éviter l'apparition de lipodystrophies (*nodules* et épaississement de la peau). Elle ne doit être injectée par voie intramusculaire ou par voie intraveineuse qu'en milieu hospitalier ou sous surveillance médicale.

Pour un meilleur confort, l'insuline peut être sortie du réfrigérateur une heure avant l'injection ou réchauffée dans les mains pendant quelques minutes, puis injectée à température ambiante.

Utilisez exclusivement les seringues à insuline commercialisées après le 30 mars 2000.

**Posologie usuelle :**

Elle est adaptée en fonction des résultats des analyses réalisées par le diabétique ou par son entourage (carnet de surveillance) et des conseils de son médecin.

**Conseils :** La sécurité d'une injection d'insuline au travers des vêtements, sans désinfection préalable, est maintenant établie avec certitude.

En cas d'activité sportive, il est préférable d'injecter l'*insuline* à distance des muscles qui travaillent pour éviter une absorption trop rapide. De plus, il est habituellement nécessaire d'adapter les doses d'insuline selon les recommandations du médecin.

Prenez contact avec les associations pour diabétiques : elles diffusent une information utile sur le traitement et la surveillance du *diabète*.

Votre entourage doit savoir reconnaître les signes d'une *hypoglycémie* et pouvoir vous administrer, en cas de perte de connaissance, une ampoule de GLUCAGEN. Celle-ci est conservée de préférence au réfrigérateur ou, en cas de nécessité, à température ambiante (inférieure à 25 °C) pendant 2 ans.

Veillez à ne pas manquer d'insuline, notamment pendant les week-ends et jours fériés ; lors de vos déplacements, munissez-vous d'une réserve ou de votre ordonnance en cours de validité. Un certificat de traitement par insuline peut être nécessaire pour franchir certaines frontières.

L'insuline se conserve sans problème 4 à 6 semaines à une température inférieure à 25 °C et plusieurs mois à une température proche de 0 °C (mais elle ne doit jamais être congelée). Elle se dégrade d'autant plus vite que la température est élevée.

En pratique :
- conservez les flacons non entamés dans la partie basse du réfrigérateur. Si c'est impossible, ne les conservez pas plus de 1 ou 2 mois (selon que vous êtes dans une région chaude ou froide) ;
- conservez les flacons entamés hors du réfrigérateur pendant une durée maximale de 6 semaines, dans un endroit propre et sec de préférence, à l'abri de la lumière et des hausses de température (pas plus de 25 °C) ;
- une exposition accidentelle ou inévitable à une température de l'ordre de 30 °C à 35 °C est possible sans dommage pendant 2 ou 3 jours ;
- jetez tout flacon suspect d'avoir été exposé à la congélation ou à une chaleur excessive, et notamment ceux qui ne sont pas limpides et incolores ;
- lors des voyages long-courriers, conservez votre insuline dans vos bagages de cabine pour éviter leur exposition au froid excessif dans la soute à bagages.

### Effets indésirables possibles

Hypoglycémie (voir Attention), légers troubles de la vision en début de traitement, *nodules* graisseux sous-cutanés (lipodystrophies).

Rarement : *réaction allergique* essentiellement cutanée.

Laboratoires Lilly France

## HUMALOG MIX 100 UI/ml

Insuline — sur ordonnance

### Présentation

HUMALOG MIX 25 : suspension injectable *SC* ; boîte de 5 cartouches de 3 ml. Liste II - Remb 65 % - **Prix : 41,48 €**.
HUMALOG MIX 25 PEN : suspension injectable *SC* ; boîte de 5 cartouches de 3 ml en stylo prérempli jetable. Liste II - Remb 65 % - **Prix : 43,27 €**.
HUMALOG MIX 50 : suspension injectable *SC* ; boîte de 5 cartouches de 3 ml. Liste II - Remb 65 % - **Prix : 41,48 €**.
HUMALOG MIX 50 PEN : suspension injectable *SC* ; boîte de 5 cartouches de 3 ml en stylo prérempli jetable. Liste II - Remb 65 % - **Prix : 43,27 €**.

### Composition

| | Mix 25 p ml | Mix 50 p ml |
|---|---|---|
| **Insuline Lispro** | 100 UI | 100 UI |
| soit Insuline d'action rapide | 25 UI | 50 UI |
| soit Insuline d'action retardée (combinée à la protamine) | 75 UI | 50 UI |

### Dans quel cas ce médicament est-il prescrit ?

C'est une *insuline* comparable à l'insuline humaine, obtenue par *biotechnologie*. Elle comprend un mélange d'insuline d'action rapide, active dès la 15e minute et d'insuline d'action intermédiaire dont l'action est retardée et prolongée pendant 15 heures. Suivant la proportion d'insuline rapide (25 ou 50 %), l'action initiale du médicament est plus ou moins marquée.

Elle est utilisée dans le traitement du *diabète*.

**Attention :** La mise en route du traitement suppose un apprentissage correct pour injecter l'*insuline*, contrôler la *glycémie* au doigt, rechercher le *sucre* et l'acétone dans les urines et tenir un carnet de surveillance.

L'hypoglycémie est la principale complication des traitements par l'insuline. Il s'agit le plus souvent de malaises hypoglycémiques sans gravité dont les principaux signes sont : sueurs, tremblements, troubles visuels, vision double, fatigue soudaine, fringale, *vertiges*, difficulté de concentration. En ce cas, le diabétique doit aussitôt absorber 3 à 6 morceaux de sucre ou un sirop sucré.

Beaucoup plus rarement, l'hypoglycémie peut être grave et entraîner des troubles du comportement (comparables notamment à l'ébriété), des *convulsions*, voire une perte de connaissance : 1 ampoule de GLUCAGEN doit être injectée immédiatement par *voie* sous-cutanée ou intramusculaire, même à travers les vêtements en cas d'agitation. Si le diabétique ne reprend pas conscience dans les minutes qui suivent, prévenez un service d'urgence. Dans le doute, il n'y a pas de danger à injecter du GLUCAGEN à un diabétique traité par l'insuline. Dans tous les cas, la prise d'une collation ou d'un repas reste nécessaire.

L'autre complication possible chez le diabétique est la survenue d'une *acidocétose* due à un manque important d'insuline. Elle peut être déclenchée par une infection (qui augmente les besoins en insuline) : grippe, rhume, *cystite*, abcès, etc. Elle se manifeste par une grande fatigue, une soif intense et des *troubles digestifs*. Il faut alors rechercher la présence de sucre et d'acétone dans les urines : la présence des deux en quantité importante confirme le diagnostic. Le traitement par l'insuline ne doit pas être arrêté ; le diabétique doit suivre les consignes de son médecin et, si besoin, le joindre d'urgence.

Évitez la prise de boissons alcoolisées à jeun ou à distance des repas : augmentation du risque d'hypoglycémie.

Conducteur : une *hypoglycémie* peut entraîner un malaise pendant la conduite ou l'utilisation de machines.

### Interactions avec d'autres substances

Certains médicaments peuvent déséquilibrer la *glycémie*. Informez votre médecin ou votre pharmacien si vous prenez un *corticoïde*, un *progestatif* à forte dose, un *bêtabloquant*, un *inhibiteur de l'enzyme de conversion* ou un médicament contenant du danazol, de la chlorpromazine, du salbutamol, de la terbutaline, du lanréotide, de l'octréotide ou de l'aspirine à forte dose.

### Grossesse et allaitement

L'*insuline* est adaptée au *diabète* de la femme enceinte ou aux troubles passagers de la *glycémie* pendant la durée de la grossesse.

Le traitement par l'insuline n'est pas une contre-indication à l'allaitement.

**Mode d'emploi et posologie**

Les cartouches sont à utiliser avec le stylo rechargeable BD Pen Ultra uniquement ; Humalog-Pen est un stylo prêt à l'emploi qui doit être jeté lorsque la cartouche est vide.

Cette *insuline* doit être uniquement injectée par *voie* sous-cutanée dans les zones recommandées par votre médecin, en essayant de varier les sites d'injection pour éviter l'apparition de lipodystrophies (*nodules* et épaississement de la peau).

Agiter par lents retournements le stylo afin d'homogénéiser la suspension avant injection ; purger ensuite l'air éventuellement contenu dans la cartouche.

L'aiguille doit être changée après chaque injection.

**Posologie usuelle :**

Elle est adaptée en fonction des résultats des analyses réalisées par le diabétique ou son entourage (carnet de surveillance) et des conseils de son médecin.

**Conseils :** Il est prudent de disposer d'une *insuline* équivalente pour seringue afin de faire face à une perte ou à un défaut de fonctionnement du stylo.

Si vous utilisez deux stylos destinés à injecter deux insulines, veillez à pouvoir les distinguer facilement.

Pour le maniement précis du stylo, conformez-vous à la notice fournie par le fabricant et veillez à ne pas l'égarer.

La sécurité d'une injection d'insuline au travers des vêtements, sans désinfection préalable, est maintenant établie avec certitude.

En cas d'activité sportive, il est préférable d'injecter l'insuline à distance des muscles qui travaillent pour éviter une absorption trop rapide de l'insuline. De plus, une adaptation des doses d'insuline est habituellement nécessaire selon les conseils du médecin.

Prenez contact avec les associations pour diabétiques : elles diffusent une information utile sur le traitement et la surveillance du *diabète*.

Votre entourage doit savoir reconnaître les signes d'une *hypoglycémie* et pouvoir vous administrer, en cas de perte de connaissance, une ampoule de GLUCAGEN. Celle-ci est conservée de préférence au réfrigérateur ou, en cas de nécessité, à température ambiante (inférieure à 25 °C) pendant 2 ans.

Veillez à ne pas manquer d'insuline, notamment pendant les week-ends et jours fériés ; lors de vos déplacements, munissez-vous d'une réserve ou de votre ordonnance en cours de validité. Un certificat de traitement par insuline peut être nécessaire pour franchir certaines frontières.

L'insuline se conserve sans problème 4 à 6 semaines à une température inférieure à 25 °C et plusieurs mois à une température proche de 0 °C (mais elle ne doit jamais être congelée). Elle se dégrade d'autant plus vite que la température est élevée.

En pratique :

- conservez les cartouches non entamées dans la partie basse du réfrigérateur. Si c'est impossible, ne les conservez pas plus de 1 ou 2 mois (selon que vous êtes dans une région chaude ou froide) ;
- conservez les cartouches entamées hors du réfrigérateur pendant une durée maximale de 4 semaines, dans un endroit propre et sec de préférence, à l'abri de la lumière et des hausses de température (pas plus de 25 °C) ;
- une exposition accidentelle ou inévitable à une température de l'ordre de 30 °C à 35 °C est possible sans dommage pendant 2 ou 3 jours ;
- jetez toute cartouche suspecte d'avoir été exposée à la congélation ou à une chaleur excessive, et notamment celles qui ne présentent pas un aspect uniformément blanc et opaque après agitation ;
- lors des voyages long-courriers, conservez votre insuline dans vos bagages de cabine pour éviter une exposition au froid excessif dans la soute à bagages.

**Effets indésirables possibles**

Hypoglycémie (voir Attention), légers troubles de la vision en début de traitement, *nodules* graisseux sous-cutanés (lipodystrophies).

Rarement : *réaction allergique* essentiellement cutanée.

Laboratoires Lilly France

## HUMEX ALLERGIE CÉTIRIZINE

Antiallergique

Ce médicament est un générique de RÉACTINE (voir p. 882 et tableau p. 1151).
Ce médicament est un générique de ZYRTECSET (voir p. 1149 et tableau p. 1151).

## HUMEX EXPECTORANT

Fluidifiant bronchique

**Présentation**

HUMEX EXPECTORANT : sirop (arômes : caramel, punch) ; flacon de 250 ml avec gobelet doseur de 15 ml. Non remb.

**Composition**

| | p 15 ml |
|---|---|
| **Carbocistéine** | 750 mg |
| Saccharose | 5 g |

**Dans quel cas ce médicament est-il prescrit ?**

Ce médicament fluidifie les sécrétions (mucosités) présentes dans les bronches. Il facilite leur évacuation par la toux.

Il est utilisé en cas de toux grasse avec difficulté à cracher, notamment au cours des bronchites aiguës.

**Attention :** Ce médicament ne peut être utilisé en cas de *bronchite chronique* que sur avis médical.

Des précautions sont nécessaires en cas d'*ulcère* de l'estomac ou du *duodénum*.

N'utilisez pas d'*antitussif* en plus de ce médicament sans l'avis de votre médecin ou de votre pharmacien.

Si les sécrétions persistent au-delà de quelques jours, si elles se colorent ou si vous avez de la fièvre, consultez votre médecin.

Le sirop contient du *sucre* (saccharose) en quantité notable.

**Grossesse et allaitement**

Ce médicament ne contient que des substances présumées sans danger pendant la grossesse ou l'allaitement. Néanmoins, ne l'utilisez pas de façon prolongée sans l'avis de votre pharmacien ou de votre médecin.

**Mode d'emploi et posologie**

Ce sirop est pris de préférence en dehors des repas.

**Posologie usuelle :**

- Adulte : 15 ml de sirop, 3 fois par jour.

Le traitement peut être interrompu dès l'amélioration des symptômes. Sa durée ne doit pas dépasser 5 jours sans avis médical.

**Conseils :** Fumer, ou être exposé à la fumée des autres, est un frein important à l'évacuation des mucosités.
Il est important de lutter contre la sécheresse de l'air ambiant (humidificateur...) pour éviter le dessèchement des sécrétions. Il est également recommandé de boire beaucoup.
Chez la personne âgée, l'incapacité à évacuer les crachats peut justifier l'aide d'un kinésithérapeute sur prescription de votre médecin.

### Effets indésirables possibles

Douleurs d'estomac, nausées, diarrhée.

Laboratoires Urgo

## HUMEX FOURNIER collutoire

Préparation orobuccale antibactérienne et antalgique

### Présentation

HUMEX FOURNIER : *collutoire* (arôme citron) ; flacon pressurisé de 35 ml avec valve doseuse. Non remb.

### Composition

| | p 100 ml |
|---|---|
| **Benzalkonium chlorure** | 30 mg |
| **Lidocaïne chlorhydrate** | 300 mg |

### Dans quel cas ce médicament est-il prescrit ?

Ce *collutoire*, antibactérien et *antalgique*, contient un *antiseptique* et un *anesthésique* local.

Il est utilisé dans le *traitement d'appoint* des affections de la bouche et de la gorge (maux de gorge peu intenses, *aphtes*...).

### Contre-indications

Ce médicament ne doit pas être utilisé dans les cas suivants :

- *allergie* aux *anesthésiques* locaux ou aux *antiseptiques* de la famille des *ammoniums quaternaires*,
- enfant de moins de 6 ans.

**Attention :** En l'absence d'amélioration au bout de 5 jours, de douleur en avalant ou en cas d'apparition de fièvre, consultez votre médecin. Il pourra faire la différence entre une *pharyngite* et une angine. En cas d'angine bactérienne, un traitement *antibiotique* est nécessaire afin d'éviter des complications ultérieures, cardiaques ou rénales.
L'usage prolongé des traitements antiseptiques locaux (*gargarisme*, *collutoire*, pastille) n'est pas souhaitable ; il peut modifier l'équilibre microbien naturel de la gorge.
Une surconsommation pourrait provoquer des troubles nerveux et cardiaques : respectez la *posologie*.
En l'absence d'amélioration au bout de 5 jours, en cas d'apparition de fièvre, consultez votre médecin.
Sportif : les *anesthésiques* locaux ont été retirés de la liste des substances dopantes publiée dans les arrêtés du 20 avril et du 16 août 2004 par le ministère de la Jeunesse et des Sports.

### Interactions avec d'autres substances

Il est généralement inutile d'associer des *antiseptiques* différents. Ceux-ci peuvent être contenus dans de nombreux produits disponibles en automédication : pastille, *collutoire* et solution nasale ; demandez conseil à votre pharmacien.

### Grossesse et allaitement

L'effet de ce médicament pendant la grossesse ou l'allaitement est mal connu. L'évaluation du risque éventuel lié à son utilisation est individuelle : demandez conseil à votre pharmacien ou à votre médecin.

### Mode d'emploi et posologie

Les pulvérisations doivent être espacées d'au moins 4 heures.

**Posologie usuelle :**

- Adulte : 2 pulvérisations, 4 à 6 fois par jour.
- Enfant de 6 à 15 ans : 2 pulvérisations, 2 ou 3 par jour.

**Conseils :** Chez l'enfant, la pulvérisation peut provoquer un spasme du larynx : n'introduisez pas trop profondément l'embout dans sa bouche.
Chez l'enfant et la personne âgée, évitez l'usage de ce médicament avant les repas : l'*anesthésique* local est susceptible de provoquer des troubles de la déglutition ; ceux-ci pourraient être à l'origine du passage d'aliments dans les *voies* respiratoires.

### Effets indésirables possibles

*Réaction allergique*

Engourdissement passager de la langue.

Laboratoires Urgo

## HUMEX FOURNIER inhalateur

Décongestionnant

### Présentation

HUMEX FOURNIER : tampon imprégné pour *inhalation* ; 1 tube inhalateur. Non remb.

### Composition

| | p 100 g |
|---|---|
| **Camphre** | 42,11 g |
| **Lévomenthol** | 42,11 g |
| **Salicylate de méthyle** | 11,58 g |

### Dans quel cas ce médicament est-il prescrit ?

Ce tube inhalateur contient un tampon imprégné de substances qui possèdent une action locale décongestionnante sur les *muqueuses* des *voies* respiratoires.

Il est utilisé dans le *traitement d'appoint* des affections des voies respiratoires.

### Contre-indications

Ce médicament ne doit pas être utilisé chez les enfants ayant des *antécédents* de *convulsions*.

**Attention :** Ce médicament contient des *terpènes* qui peuvent, en cas de dépassement des *posologies*, avoir des effets indésirables graves : respectez, plus particulièrement chez l'enfant, les doses préconisées.
Des précautions sont nécessaires en cas d'*épilepsie*.
Ne laissez pas ce médicament à la portée des enfants.

### Grossesse et allaitement

L'effet de ce médicament pendant la grossesse ou l'allaitement est mal connu. L'évaluation du risque éventuel lié à son utilisation est individuelle : demandez conseil à votre pharmacien ou à votre médecin.

### Mode d'emploi et posologie

Introduire le tube dans la narine et inspirer profondément 2 ou 3 fois.

**Posologie usuelle :**

- Adulte et enfant de plus de 12 ans : 3 inhalations par jour.

> **Conseils :** Il est important de lutter contre la sécheresse de l'air ambiant (humidificateur...) pour éviter le dessèchement des sécrétions nasales et bronchiques.

### Effets indésirables possibles

Irritation locale, *réaction allergique*.

En cas de dépassement de la *posologie* usuelle, les *terpènes* peuvent provoquer :
- des *convulsions* chez l'enfant,
- agitation, confusion des idées (notamment chez la personne âgée).

Laboratoires Urgo

## HUMEX MAL DE GORGE

Préparation orobuccale antibactérienne

### Présentation

**HUMEX MAL DE GORGE :** pastille à sucer (arôme menthe) ; boîte de 24. Non remb.
**HUMEX MAL DE GORGE :** pastille à sucer (arôme orange) ; boîte de 24. Non remb.

### Composition

| | p pastille |
|---|---|
| **Biclotymol** | 20 mg |
| Saccharose | 1,36 g |

### Dans quel cas ce médicament est-il prescrit ?

Ce médicament contient un *antiseptique* local. Il a également un effet *antalgique* et légèrement *anti-inflammatoire*.

Il est utilisé dans le traitement des maux de gorge et des petites plaies de la bouche (*aphtes* par exemple).

### Contre-indications

Ce médicament ne doit pas être utilisé chez l'enfant de moins de 6 ans.

> **Attention :** En l'absence d'amélioration au bout de 5 jours, de douleur en avalant ou en cas d'apparition de fièvre, consultez votre médecin. Il pourra faire la différence entre une *pharyngite* et une angine. En cas d'angine bactérienne, un traitement *antibiotique* est nécessaire afin d'éviter des complications ultérieures, cardiaques ou rénales.
> L'usage prolongé des traitements antiseptiques locaux (*gargarisme*, *collutoire*, pastille) n'est pas souhaitable ; il peut modifier l'équilibre microbien naturel de la gorge.
> Ce médicament contient du *sucre* (saccharose) en quantité notable.

### Interactions avec d'autres substances

Il est généralement inutile d'associer des *antiseptiques* différents. Ceux-ci peuvent être contenus dans de nombreux produits disponibles en automédication : pastille, *collutoire* et solution nasale ; demandez conseil à votre pharmacien.

### Grossesse et allaitement

L'utilisation ponctuelle de ce médicament pendant la grossesse ou l'allaitement ne semble pas poser de problème particulier.

### Mode d'emploi et posologie

Les pastilles doivent être sucées lentement sans être croquées.

**Posologie usuelle :**

- Adulte : 4 à 6 pastilles par jour.
- Enfant de 6 à 15 ans : 1 à 3 pastilles par jour.

La durée du traitement est limitée à 5 jours sans avis médical.

Laboratoires Urgo

## HUMEX RHUME comprimé et gélule

Décongestionnant

### Présentation

**HUMEX RHUME :** comprimé et gélule ; boîte de 12 comprimés et 4 gélules (blanc et bleu). Non remb.

### Composition

| | p cp | p gél |
|---|---|---|
| **Paracétamol** | 500 mg | 500 mg |
| **Pseudoéphédrine chlorhydrate** | 60 mg | |
| **Chlorphénamine maléate** | | 4 mg |

### Dans quel cas ce médicament est-il prescrit ?

Ce médicament se présente sous forme de comprimés et de gélules : les comprimés contiennent du paracétamol (*antipyrétique* et *antalgique*) et un *vasoconstricteur* décongestionnant ; les gélules, destinées à être prises le soir, contiennent du paracétamol et un *antihistaminique* ayant un effet *sédatif* et *atropinique*.

Il est utilisé dans le *traitement symptomatique* des rhumes avec congestion nasale (sensation de nez bouché), maux de tête ou fièvre.

### Contre-indications

Ce médicament ne doit pas être utilisé dans les cas suivants :
- risque de *glaucome* à angle fermé ;
- risque de blocage des urines (*adénome de la prostate*...) ;
- *insuffisance hépatique* ;
- *hypertension artérielle* ou *insuffisance coronarienne* grave ;
- *antécédent* de *convulsions* ;
- antécédent d'*accident vasculaire cérébral* ;
- en association avec un *antidépresseur* de type *IMAO* non sélectif ou pendant au moins 15 jours après la prise de celui-ci ;
- en association avec un autre *vasoconstricteur* décongestionnant ou un vasoconstricteur contenant l'une des substances suivantes : bromocriptine, pergolide,

lisuride, cabergoline, ergotamine ou dihydroergotamine ;
- enfant de moins de 15 ans ;
- **allaitement**.

**Attention :** Ce médicament peut provoquer un *glaucome* aigu chez les personnes prédisposées : œil rouge, dur et douloureux, avec vision floue. Une consultation d'extrême urgence auprès d'un ophtalmologiste est nécessaire.

Les décongestionnants contenant un *vasoconstricteur* peuvent être responsables de complications rares : *convulsions*, hallucinations, agitation anormale. Ce risque est augmenté chez l'enfant fébrile et en cas de *posologie* excessive. Respectez la posologie préconisée.

Les *vasoconstricteurs* peuvent également augmenter la fréquence cardiaque (*tachycardie*) et provoquer des *palpitations* et des nausées. Si ces effets indésirables deviennent trop marqués, le traitement doit être interrompu.

Des précautions particulières s'imposent en cas d'*hyperthyroïdie*, de maladie cardiaque, de *diabète*, de troubles nerveux, chez l'*insuffisant hépatique* ou *rénal* et chez la personne âgée, notamment en cas de constipation chronique, d'*adénome de la prostate*, de tendance aux *vertiges* ou aux baisses de tension. Demandez conseil à votre pharmacien ou à votre médecin.

De nombreux médicaments contiennent du paracétamol : vous devez en tenir compte en cas de prise conjointe, car le *surdosage* en paracétamol peut être toxique pour le foie.

Évitez les boissons alcoolisées : augmentation du risque de somnolence.

Ce médicament peut induire une somnolence, parfois intense chez certaines personnes. Cette somnolence peut être majorée par la prise d'*alcool* ou d'autres médicaments *sédatifs*. La conduite et l'utilisation de machines dangereuses sont déconseillées, surtout dans les heures qui suivent la prise du médicament.

Sportif : ce médicament contient une substance considérée comme stimulante (phényléphrine, pseudoéphédrine ou synéphrine) qui figure dans le programme de surveillance 2004 du ministère de la Jeunesse et des Sports. Elle peut être recherchée dans les urines des sportifs afin de déceler un éventuel mésusage.

### Interactions avec d'autres substances

Ce médicament ne doit pas être associé aux *antidépresseurs* de type *IMAO* non sélectif (MARSILID...), à un autre *vasoconstricteur* décongestionnant ou à un vasoconstricteur contenant l'une des substances suivantes : bromocriptine, pergolide, lisuride, cabergoline, ergotamine ou dihydroergotamine. L'association à ces médicaments risque de provoquer une crise hypertensive.

Informez par ailleurs votre pharmacien ou votre médecin si vous prenez un médicament contenant de la guanéthidine ou des médicaments *sédatifs* ou *atropiniques*.

### Grossesse et allaitement

L'effet de ce médicament pendant la grossesse est mal connu. Par prudence, son usage est déconseillé chez la femme enceinte.

Ce médicament passe dans le lait maternel. Il est contre-indiqué pendant l'allaitement.

### Mode d'emploi et posologie

Les comprimés et les gélules doivent être avalés avec un verre d'eau. Les prises doivent être espacées d'au moins 4 heures.

**Posologie usuelle :**
- Adulte : 1 comprimé le matin, à midi et au dîner, et 1 gélule le soir au coucher.

En cas d'*insuffisance rénale* grave, il est nécessaire d'espacer les prises d'au moins 8 heures.

**Conseils :** Ce médicament n'a pas d'effet anti-infectieux. Si les troubles persistent plus de 4 jours, consulter votre médecin.

### Effets indésirables possibles

Somnolence ou insomnie : l'*antihistaminique* est *sédatif* alors que le *vasoconstricteur* peut présenter un effet excitant. Suivant les personnes, l'un ou l'autre de ces effets peut prédominer.

Sécheresse de la bouche, constipation, troubles de l'*accommodation*, rétention des urines.

*Hypotension orthostatique*, troubles de l'équilibre, *vertiges*, tremblements, agitation, confusion des idées notamment chez la personne âgée.

*Palpitations*, anxiété, maux de tête, sueurs, nausées, vomissements.

Rarement : *réaction allergique*, anomalie de la *numération formule sanguine*.

Laboratoires Urgo

## HUMEX RHUME DES FOINS

Traitement local de la rhinite allergique

### Présentation

**HUMEX RHUME DES FOINS à la béclométasone 50 µg/dose :** suspension pour pulvérisation nasale ; flacon pulvérisateur avec pompe doseuse (100 doses). Non remb.

### Composition

| | p dose |
|---|---|
| **Béclométasone dipropionate** | 50 µg |
| Benzalkonium chlorure | + |

### Dans quel cas ce médicament est-il prescrit ?

Ce médicament d'usage local contient un *corticoïde* qui possède une activité *anti-inflammatoire* marquée sur les *muqueuses*, notamment celles du nez.

Il est utilisé dans le traitement des *rhinites* d'origine allergique (rhume des foins) lors de l'exposition aux pollens au moment de la floraison.

### Contre-indications

Ce médicament ne doit pas être utilisé dans les cas suivants :
- saignement de nez,
- *tuberculose* pulmonaire en évolution,
- *ulcère* du duodénum non traité,
- *herpès* buccal ou ophtalmique.

**Attention :** Ce médicament est en vente libre. Il ne doit toutefois être utilisé sans avis médical qu'en cas de réapparition de symptômes déjà diagnostiqués par un médecin et déjà traités par un médicament contenant la même substance.

La béclométasone, administrée par voie nasale, peut en cas de traitement prolongé conduire à une fragilisation de la *muqueuse* nasale.

Des précautions sont nécessaires chez les personnes souffrant d'*ulcérations* nasales ou récemment opérées du nez ou des *sinus*.

En cas d'irritation, de sensation de sécheresse anormale, de rhinite prolongée ou d'autres manifestations allergiques (*conjonctivite, asthme*), consultez votre médecin.

Sportif : ce médicament contient une substance susceptible de rendre positifs certains *tests antidopage*.

### Grossesse et allaitement

Les études scientifiques actuellement disponibles n'ont pas mis en évidence de risque de malformation lors de l'utilisation de ce médicament pendant la grossesse. Seul votre médecin peut apprécier la nécessité du traitement et son risque pendant la grossesse.

Par mesure de prudence, l'usage de ce médicament est déconseillé, sans avis médical, pendant l'allaitement.

### Mode d'emploi et posologie

Agiter le flacon avant utilisation.

Ce médicament doit être inhalé après un mouchage soigneux.

**Posologie usuelle :**

- Adulte : 1 pulvérisation dans chaque narine, 4 fois par jour.

La durée du traitement est fonction de l'exposition aux pollens.

**Conseils :** Ce médicament d'action lente n'est pas adapté au traitement des *rhinites* aiguës. Un délai de quelques jours est nécessaire pour qu'il soit actif.

Seules les prises régulières et prolongées permettent d'obtenir l'amélioration recherchée.

L'exposition aux pollens doit être limitée au maximum : éviter les balades à la campagne durant la floraison, n'aérer que brièvement le logement, dormir la fenêtre fermée.

### Effets indésirables possibles

Irritation et assèchement du nez.

Saignements de nez, maux de tête, goût désagréable.

*Réaction allergique.*

*Candidoses* du nez ou du *pharynx* nécessitant l'arrêt du traitement.

Augmentation de la *tension intraoculaire.*

Exceptionnellement : perforation de la cloison nasale.

Laboratoires Urgo

## HUMEX RHUME solution nasale

Préparation nasale antiseptique

### Présentation

**HUMEX RHUME :** solution nasale ; flacon pulvérisateur de 15 ml. Non remb.

### Composition

| | p 100 ml |
|---|---|
| **Benzalkonium chlorure** | 40 mg |
| **Eucalyptol** | + |

### Dans quel cas ce médicament est-il prescrit ?

Cette solution nasale contient un *antiseptique*.

Elle est utilisée dans le *traitement d'appoint* des *rhinites* et des *rhinopharyngites*.

### Contre-indications

Ce médicament ne doit pas être utilisé dans les cas suivants :

- *allergie* aux *antiseptiques* de la famille des *ammoniums quaternaires*,
- enfant ayant des *antécédents* de *convulsions* (présence d'eucalyptol).

**Attention :** Si votre état ne s'améliore pas après quelques jours de traitement, consultez votre médecin.

L'usage prolongé de ce médicament n'est pas souhaitable : il peut modifier l'équilibre microbien du nez ou de la gorge.

### Grossesse et allaitement

L'effet de ce médicament pendant la grossesse ou l'allaitement est mal connu. L'évaluation du risque éventuel lié à son utilisation est individuelle : demandez conseil à votre pharmacien ou à votre médecin.

### Mode d'emploi et posologie

Les pulvérisations sont faites au cours d'une brève inspiration, après un mouchage soigneux, en tenant le flacon verticalement.

**Posologie usuelle :**

- Adulte : 1 ou 2 pulvérisations dans chaque narine, 4 à 5 fois par jour.
- Enfant de plus de 30 mois : 1 pulvérisation dans chaque narine, 3 ou 4 fois par jour.

Sauf avis médical, la durée du traitement ne doit pas dépasser 5 jours.

**Conseils :** Les solutions nasales *antiseptiques* ou *antibiotiques* peuvent être contaminées par des *germes* : ne les conservez pas au-delà de la durée du traitement.

### Effets indésirables possibles

Irritation locale, *réaction allergique*.

Laboratoires Urgo

**HUMEX TOUX SÈCHE DEXTROMÉTORPHANE**

*Informations détaillées sur www.monvidal.com*

## HUMEX TOUX SÈCHE Pholcodine

Antitussif opiacé

### Présentation

**HUMEX TOUX SÈCHE Pholcodine Adulte :** sirop (arôme cerise) ; flacon de 250 ml avec godet doseur gradué de 2,5 ml à 15 ml. Non remb.

**HUMEX TOUX SÈCHE Pholcodine Enfant :** sirop (arôme framboise) ; flacon de 125 ml avec cuillère-mesure graduée à 2 ml et 4 ml. Non remb.

### Composition

| | p 7,5 ml | p c mes Enf 4 ml | p c mes Enf 2 ml |
|---|---|---|---|
| **Pholcodine** | 15 mg | 5 mg | 2,5 mg |
| Saccharose | 3,4 g | 2,5 g | 1,25 g |
| Titre alcoolique | 9° | 3,5° | 3,5° |

### Dans quel cas ce médicament est-il prescrit ?

Ce sirop *antitussif* contient de la pholcodine qui a une action *sédative* sur le *système nerveux central*, notamment sur les centres de la toux.

Il est utilisé dans le *traitement symptomatique* des toux sèches.

### Contre-indications

Ce médicament ne doit pas être utilisé dans les cas suivants :
- *asthme*,
- *insuffisance respiratoire*,
- enfant de moins de 15 ans (sirop Adulte),
- **allaitement**.

**Attention :** Ce médicament n'est pas adapté au traitement de la toux grasse, qui est un mécanisme de défense normal de l'organisme permettant l'évacuation des mucosités présentes dans les bronches.

La toux est un *symptôme* qui peut révéler de nombreuses maladies : consultez votre médecin si elle persiste plus de quelques jours.

Ce médicament contient du *sucre* (saccharose) en quantité notable.

Ce médicament peut induire une somnolence, parfois intense chez certaines personnes. Cette somnolence peut être majorée par la prise d'*alcool* ou d'autres médicaments *sédatifs*. La conduite et l'utilisation de machines dangereuses sont déconseillées, surtout dans les heures qui suivent la prise du médicament.

### Interactions avec d'autres substances

Informez votre médecin ou votre pharmacien si vous prenez un autre médicament *sédatif*.

### Grossesse et allaitement

L'utilisation de la *codéine* et de ses dérivés (codéthyline, pholcodine) ne doit être envisagée chez la femme enceinte qu'en cas de nécessité, en effet :
- une *insuffisance respiratoire* peut survenir chez le nouveau-né d'une mère traitée par des doses élevées, même si le traitement est ponctuel mais précède de peu l'accouchement ;
- un *syndrome de sevrage*, à l'inverse, peut concerner des nouveau-nés si leur mère reçoit un traitement régulier, même à faible dose.

Il est donc important de signaler à l'obstétricien la prise éventuelle de codéine ou d'un de ses dérivés, afin que ces risques puissent être prévenus par une surveillance et un éventuel traitement adapté.

Ce médicament passe dans le lait maternel. Il est contre-indiqué pendant l'allaitement.

### Mode d'emploi et posologie

Ce sirop est pris au moment où survient la toux ; les prises doivent être espacées d'au moins 4 heures.

**Posologie usuelle :**
- Adulte : 1 godet de 7,5 ml de sirop Adulte, 1 à 6 fois par jour.

En cas d'*insuffisance hépatique* et chez la personne âgée, la *posologie* initiale est généralement réduite de moitié.
- Enfant de 35 à 50 kg (de 12 à 15 ans) : 1 cuillère-mesure de 4 ml, 1 à 6 fois par jour.
- Enfant de 20 à 35 kg (de 6 à 12 ans) : 1 cuillère-mesure de 2 ml, 1 à 6 fois par jour.

**Conseils :** Une toux nocturne aggravée par ce médicament peut être une toux allergique : demandez à votre médecin.

Fumer, ou être exposé à la fumée des autres, nuit à l'efficacité du traitement : la cigarette est irritante pour les bronches et entretient la toux.

Des mesures simples permettent de calmer les toux sèches : boissons chaudes et humidification de l'air ambiant.

### Effets indésirables possibles

Constipation et, plus rarement, somnolence, sensation de vertige, nausées, vomissements, *bronchospasme*, *réaction allergique* cutanée.

Laboratoires Urgo

## HUMIRA

*Informations détaillées sur www.monvidal.com*

## HUMOXAL

*Informations détaillées sur www.monvidal.com*

## HYDERGINE

Vasodilatateur — sur ordonnance

### Présentation

**HYDERGINE 1 mg/ml :** solution buvable ; flacon de 50 ml (1 ml = 20 gouttes) avec mesurette graduée. Liste II - Remb 35 % - **Prix : 3,83 €**.

**HYDERGINE 4,5 mg :** comprimé sécable (blanc) ; boîte de 30. Liste II - Remb 35 % - **Prix : 9,62 €**.

### Composition

| | p 30 gtes | p cp |
|---|---|---|
| **Dihydroergotoxine mésilate** | 1,5 mg | 4,5 mg |
| Titre alcoolique | 29,2° | |

### Dans quel cas ce médicament est-il prescrit ?

Ce médicament est un *vasodilatateur* qui appartient à la famille des dérivés de l'*ergot de seigle*. Il augmente le débit sanguin cérébral.

Il est utilisé dans le traitement :
- des troubles du comportement et de la mémoire liés au vieillissement,
- des maladies des yeux dues à un défaut de vascularisation.

**Attention :** Chez une personne âgée, des troubles attribués au vieillissement peuvent être dus à une *dépression* ; ils nécessitent alors un traitement spécifique.

### Grossesse et allaitement

L'effet de ce médicament pendant la grossesse ou l'allaitement est mal connu : seul votre médecin peut évaluer le risque éventuel de son utilisation dans votre cas.

### Mode d'emploi et posologie

Ce médicament doit être pris juste avant les repas.

Les gouttes doivent être diluées dans un verre d'eau.

**Posologie usuelle :**
30 gouttes de solution buvable, 3 fois par jour, ou 1 comprimé à 4,5 mg avant le repas principal.

> **Conseils :** Ne prenez pas ce médicament à jeun afin d'éviter d'éventuels *troubles digestifs*.

### Effets indésirables possibles

Nausées en cas de prise à jeun.
Rarement : congestion nasale.

Laboratoires Novartis Pharma

## HYDRACORT

*Informations détaillées sur www.monvidal.com*

## HYDRASTIS COMPOSÉ BOIRON

*Informations détaillées sur www.monvidal.com*

## HYDRASTIS COMPOSÉ DOLISOS

*Informations détaillées sur www.monvidal.com*

## HYDRÉA

chimiothérapie anticancéreuse — sur ordonnance

### Présentation

HYDRÉA : gélule (rose et vert) ; boîte de 20. Liste I - Remb 100 % - **Prix : 6,18 €**.

### Composition

| | p gél |
|---|---|
| **Hydroxycarbamide (ou hydroxyurée)** .......... | 500 mg |

### Dans quel cas ce médicament est-il prescrit ?

Ce médicament est une *chimiothérapie anticancéreuse*, dont le mécanisme d'action n'est pas totalement connu. Il agit essentiellement sur la synthèse des cellules du sang.

Il est utilisé dans le traitement de différents *cancers* et de certaines maladies rares (*thrombocytémie essentielle*).

### Contre-indications

Ce médicament ne doit pas être utilisé dans les cas suivants :
- **grossesse**,
- **allaitement**.

> **Attention :** Le risque de toxicité sur la moelle osseuse est important, entraînant une baisse des *globules rouges*, des *globules blancs* et des *plaquettes* : des examens sanguins vous seront régulièrement demandés, notamment avant chaque traitement.
> Des précautions sont nécessaires en cas d'insuffisance rénale.
> Les patients traités par ce médicament (femme ou homme) doivent suivre une contraception ou s'abstenir de rapports sexuels non protégés durant la durée du traitement et au cours des 3 à 6 mois suivant son arrêt.

### Interactions avec d'autres substances

En cas de vaccination, l'utilisation d'un *vaccin* vivant est déconseillée (contre-indiquée dans le cas du vaccin contre la *fièvre jaune*).

Ce médicament ne doit pas être associé à la phénytoïne : risque de *convulsions*.

### Grossesse et allaitement

Une grossesse est contre-indiquée lorsque l'un des partenaires (femme ou homme) est traité par ce médicament : voir Attention.

L'utilisation de ce médicament contre-indique l'allaitement.

### Mode d'emploi et posologie

La dose quotidienne peut être avalée en 1 à 3 prises par jour selon les cas.

**Posologie usuelle :**
La *posologie* est strictement individuelle ; pour l'établir, le médecin tient compte de vos *antécédents*, de votre *surface corporelle*, calculée à partir de votre taille et de votre poids, du type de *tumeur*.

> **Conseils :** Lorsque ce médicament est utilisé pour traiter des tumeurs rapidement évolutives, comme par exemple les *leucémies* aigües, il est recommandé de boire des eaux riches en bicarbonates (Eau de Vichy) pendant le traitement pour éviter des troubles urinaires.

### Effets indésirables possibles

Ce médicament peut entraîner une baisse des *globules rouges* (*anémie*), des *globules blancs* et des *plaquettes* liée à la toxicité du produit sur la moelle osseuse (voir Attention). En cas d'essoufflement, de fièvre ou de saignements, consultez rapidement votre médecin.

Nausées, vomissements. A domicile, si ces troubles persistent et vous empêchent de boire en quantité suffisante, vous devez rapidement contacter votre médecin.

Inflammation des muqueuses buccales (*stomatite*), que l'on peut soulager par des traitements adaptés.

Une perte de cheveux est rare.

Ce médicament peut être responsable d'une toxicité pour les glandes sexuelles, avec risque d'arrêt plus ou moins définitif des règles chez la femme et diminution de la fertilité chez l'homme (une congélation préventive du sperme peut être proposée).

Laboratoires BMS/Sanofi Winthrop

## HYDROCLONAZONE

*Informations détaillées sur www.monvidal.com*

## HYDROCORTANCYL comprimé

*Informations détaillées sur www.monvidal.com*

## HYDROCORTANCYL injectable

Dérivé de la cortisone — sur ordonnance

### Présentation

HYDROCORTANCYL 2,5 % : suspension injectable ; flacon de 5 ml. Liste I - Remb 65 % - **Prix : 2,73 €**.

### Composition

| | p flacon |
|---|---|
| **Prednisolone acétate** .................................... | 125 mg |
| Alcool benzylique ............................................ | + |

### Dans quel cas ce médicament est-il prescrit ?

C'est un *anti-inflammatoire* stéroïdien qui appartient à la famille des *corticoïdes* de synthèse (dérivés chimiques de la *cortisone* naturelle). Les propriétés de la cortisone sont nombreuses, mais ce médicament est surtout utilisé pour son effet anti-inflammatoire puissant et prolongé. Il présente, à efficacité égale, moins d'effets indésirables que la cortisone naturelle.

Il est utilisé en traitement local (irrigation ou *infiltration*) dans les cas suivants :
- *inflammation* des articulations, des tendons et des ligaments, poussées douloureuses d'*arthrose* ;
- maladie de *Dupuytren*, *syndrome du canal carpien* ;
- inflammation des nerfs, des yeux ou des *sinus* ;
- cicatrice *chéloïde*.

### Contre-indications

Ce médicament ne doit pas être utilisé dans les cas suivants :
- infection locale ou générale non contrôlée par un traitement adapté,
- prédisposition aux *hémorragies* (traitement anticoagulant, hémophilie...).

**Attention :** L'injection de ce médicament ne doit être pratiquée que sous contrôle médical : l'asepsie doit être rigoureuse et l'injection ne doit pas être faite dans les tendons.
En cas d'injections répétées ou multiples, l'effet de ce médicament peut se manifester à distance du site d'injection par diffusion du *corticoïde* dans le sang. Certaines précautions peuvent alors être nécessaires en cas de maladies virales, de troubles nerveux graves, de vaccination récente ou à venir par un *vaccin* vivant, de *diabète*, d'*hypertension artérielle* grave.
Sportif : ce médicament contient une substance susceptible de rendre positifs certains *tests antidopage*.

### Interactions avec d'autres substances

En cas d'injection locale unique ou répétée à faible dose, le risque d'interactions médicamenteuses est limité ou nul.

### Grossesse et allaitement

Les études scientifiques actuellement disponibles n'ont pas mis en évidence de problème particulier lors de l'utilisation ponctuelle de ce médicament chez la femme enceinte. Seul votre médecin peut évaluer le risque éventuel en cas d'utilisation prolongée.

En cas d'injections multiples ou répétées, il peut être nécessaire d'interrompre l'allaitement : prenez l'avis de votre médecin.

### Mode d'emploi et posologie

L'injection (*infiltration*) est faite dans la zone à traiter ou à proximité.

**Posologie usuelle :**

1 injection de 0,5 à 2 ml. Elle peut être renouvelée, selon l'évolution.

### Effets indésirables possibles

Liés à la *voie* d'administration : infection, calcification, *atrophie* cutanée, maux de tête, bouffées de chaleur, *réaction allergique*, douleur articulaire au site d'injection liée à l'effet irritant initial des microcristaux de médicament contenus dans la suspension injectable.

Laboratoires Aventis

## HYDROCORTISONE KERAPHARM

*Informations détaillées sur www.monvidal.com*

## HYDROCORTISONE ROUSSEL comprimé

Dérivé de la cortisone — sur ordonnance

### Présentation

**HYDROCORTISONE ROUSSEL 10 mg :** comprimé sécable (blanc) ; boîte de 25. Liste I - Remb 65 % - **Prix : 3,13 €.**

### Composition

| | p cp |
|---|---|
| **Hydrocortisone** | 10 mg |

### Dans quel cas ce médicament est-il prescrit ?

Ce médicament contient une *hormone* proche de la *cortisone* naturelle.

Il est utilisé comme *traitement substitutif* pour remplacer la cortisone naturelle lorsqu'elle n'est plus sécrétée suffisamment par les glandes *surrénales*.

Cette insuffisance de sécrétion peut être due :
- aux glandes surrénales elles-mêmes : maladie d'*Addison*, ablation des surrénales ;
- à l'insuffisance d'une autre glande qui commande la sécrétion surrénalienne : maladie ou ablation de l'*hypophyse*.

### Contre-indications

Ce médicament est utilisé pour combler l'absence d'une *hormone* vitale pour l'organisme ; il n'y a pas pour cette utilisation de contre-indications particulières.

**Attention :** N'interrompez jamais votre traitement.
En cas d'infection, même banale, de maladie, de traumatisme, de stress, la dose du médicament doit être augmentée : conformez-vous aux indications de votre médecin et n'hésitez pas à le consulter si nécessaire.
Si vous devez subir une intervention chirurgicale, prévenez l'anesthésiste.
Si vous avez un *diabète* traité à l'*insuline* ou avec d'autres antidiabétiques, vous risquez de le déséquilibrer si vous modifiez la quantité ou le rythme de la prise d'hydrocortisone sans avis médical.
Sportif : ce médicament contient une substance susceptible de rendre positifs certains *tests antidopage*.

### Interactions avec d'autres substances

Ce médicament peut interagir avec les médicaments qui donnent des *torsades de pointes*.

Informez par ailleurs votre médecin si vous prenez :
- un médicament susceptible de faire baisser la *kaliémie* (amphotéricine B, certains *diurétiques*, *laxatifs stimulants*) ;
- un *antihypertenseur* ;
- un *antidiabétique* ;
- un *digitalique* ;
- un *anticoagulant* ;
- de l'aspirine ou un *AINS* ;
- un médicament *inducteur enzymatique* ou un médicament contenant de l'isoniazide.

En cas de vaccination, l'utilisation d'un *vaccin* vivant est déconseillée.

Beaucoup de ces interactions ne concernent que des situations de surdosage de cortisone.

### Grossesse et allaitement

La grossesse ne justifie pas un arrêt du traitement, mais nécessite un suivi régulier par votre médecin. Une surveillance particulière est portée à l'enfant à sa naissance pour parer à l'éventualité d'un *syndrome de sevrage*.

Ce médicament passe dans le lait maternel : l'allaitement est déconseillé sans avis médical.

### Mode d'emploi et posologie

La dose quotidienne est généralement répartie en 3 prises : matin, midi et 16 heures.

Il est possible d'écraser les comprimés et de les mélanger à l'alimentation, notamment chez les jeunes enfants.

**Posologie usuelle :**

La *posologie* est strictement individuelle. La dose efficace la plus faible possible est toujours recherchée.

> **Conseils :** Il n'y a pas lieu de suivre un régime alimentaire spécial, notamment sans *sel*, en cas de *traitement substitutif*.

### Effets indésirables possibles

Ils ne sont observés qu'en cas de *surdosage* :
- rétention d'eau et de sel, baisse du taux de potassium dans le sang, parfois *hypertension artérielle* ;
- surexcitation, euphorie, troubles du sommeil ;
- *acné*, retard de la cicatrisation, ecchymoses, atrophie cutanée ;
- troubles hormonaux et métaboliques : *diabète* (réversible), prise de poids, troubles des règles.

Laboratoires Aventis

## HYDROSOL POLYVITAMINÉ BAYER

*Informations détaillées sur www.monvidal.com*

## HYDROXYDE ALUMINIUM MAGNÉSIUM HEXAL SANTÉ

*Informations détaillées sur www.monvidal.com*

## HYDROXYZINE RENAUDIN

*Informations détaillées sur www.monvidal.com*

## HYPERICUM COMPLEXE N° 26

*Informations détaillées sur www.monvidal.com*

## HYPERIUM

Antihypertenseur — sur ordonnance

### Présentation

**HYPERIUM 1 mg :** comprimé (blanc) ; boîte de 30. Liste I - Remb 65 % - **Prix : 11,74 €.**

### Composition

| | p cp |
|---|---|
| **Rilmenidine** | 1 mg |

### Dans quel cas ce médicament est-il prescrit ?

Ce médicament est un *antihypertenseur*. Il agit sur les centres nerveux qui interviennent dans la régulation de la tension artérielle.

Il est utilisé dans le traitement de l'*hypertension artérielle*.

### Contre-indications

Ce médicament ne doit pas être utilisé dans les cas suivants :
- *état dépressif* grave,
- *insuffisance rénale* grave.

> **Attention :** N'interrompez jamais brutalement le traitement prescrit. Espacez progressivement les prises. Un avis médical est toujours préférable.
> Évitez les boissons alcoolisées : augmentation du risque de somnolence.
> Conducteur : à forte dose, ce médicament peut être responsable d'une somnolence ou d'une baisse de la vigilance.

### Interactions avec d'autres substances

Informez votre médecin ou votre pharmacien si vous prenez un *AINS*, un *antidépresseur imipraminique*, un *corticoïde*, un *neuroleptique* ou un médicament contenant du baclofène.

### Grossesse et allaitement

L'effet de ce médicament sur l'enfant à naître est mal connu. Par mesure de prudence, son usage est déconseillé pendant la grossesse.

Ce médicament passe dans le lait maternel : il est déconseillé pendant l'allaitement.

### Mode d'emploi et posologie

Ce médicament peut être pris pendant ou entre les repas.

Les comprimés doivent être avalés avec un peu d'eau.

**Posologie usuelle :**
- Adulte : 1 comprimé, le matin.

> **Conseils :** Votre tension artérielle doit être contrôlée régulièrement. Les appareils permettant une mesure automatique de la tension à domicile utilisent souvent un procédé de mesure différent de celui qu'emploie votre médecin. Si vous avez un tel appareil, apportez-le en consultation pour vous assurer que la mesure obtenue est bien conforme à celle du tensiomètre de votre médecin.
> Le traitement médicamenteux ne dispense pas de mesures simples pouvant faire baisser la tension artérielle : activité physique régulière, modération de la consommation de boissons alcoolisées et de *sel*, lutte contre l'excès de poids.

### Effets indésirables possibles

Rarement : fatigue, *palpitations*, insomnie ou somnolence, douleurs d'estomac, diarrhée, sécheresse de la bouche, éruption cutanée.

Exceptionnellement : *hypotension orthostatique*, *œdèmes*, crampes, nausées, constipation, bouffées de chaleur.

Laboratoires Biopharma

## HYPOSTAMINE

*Informations détaillées sur www.monvidal.com*

## HYTACAND

Association d'antihypertenseurs

**sur ordonnance**

### Présentation

HYTACAND 8 mg/12,5 mg : comprimé ; boîte de 28. Liste I - Remb 65 % - **Prix : 22,50 €.**
HYTACAND 8 mg/12,5 mg : comprimé ; boîte de 30. Liste I - Remb 65 % - **Prix : 24,08 €.**
HYTACAND 16 mg/12,5 mg : comprimé ; boîte de 28. Liste I - Remb 65 % - **Prix : 23,63 €.**
HYTACAND 16 mg/12,5 mg : comprimé ; boîte de 30. Liste I - Remb 65 % - **Prix : 25,27 €.**

### Composition

| | p cp | p cp |
|---|---|---|
| **Candésartan cilexetil** | 8 mg | 16 mg |
| **Hydrochlorothiazide** | 12,5 mg | 12,5 mg |
| Lactose | + | + |

### Dans quel cas ce médicament est-il prescrit ?

Cet *antihypertenseur* contient deux substances :
- le candésartan, de la famille des anti-angiotensine II. Il bloque l'action de l'angiotensine II, substance naturellement présente dans l'organisme. Celle-ci est responsable d'une contraction des artères qui augmente la pression artérielle et fatigue le cœur ;
- l'hydrochlorothiazide, un *diurétique* dont la structure chimique est proche de celles des *sulfamides*. Son action renforce celle du candésartan.

Il est utilisé dans le traitement de l'*hypertension artérielle.*

### Contre-indications

Ce médicament ne doit pas être utilisé dans les cas suivants :
- *allergie* au candésartan ou aux *sulfamides*,
- œdème de *Quincke*,
- *encéphalopathie hépatique*,
- *insuffisance rénale* grave,
- **grossesse** (à partir du 4e mois),
- **allaitement**.

**Attention :** Des précautions sont nécessaires en cas d'*insuffisance cardiaque* grave ou chez les personnes souffrant d'*hypertension artérielle* due à un rétrécissement des artères rénales, de rétrécissement des valves cardiaques ou de *cardiomyopathie* obstructive.

Chez les personnes atteintes d'une *insuffisance hépatique* grave, l'apparition de troubles de la conscience peut annoncer une complication. Ne poursuivez pas le traitement sans l'avis de votre médecin.

Si vous suiviez auparavant un traitement par *diurétique* ou un régime sans *sel*, la baisse de la tension artérielle peut être importante lors des premières prises du médicament : risque de malaise ou d'étourdissement pouvant entraîner une chute. Il est donc recommandé de prendre un régime normalement salé ou d'interrompre le traitement diurétique avant la première prise de ce médicament. Votre médecin vous donnera toutes les informations utiles à ce sujet.

Faites pratiquer régulièrement les analyses de sang prescrites par votre médecin ; elles sont notamment destinées à vérifier le bon fonctionnement de vos reins (dosage de la *créatinine*) et les taux de *potassium* et de *sodium* sanguins.

Le diurétique contenu dans ce médicament peut faire baisser la *kaliémie* : évitez d'utiliser des *laxatifs stimulants* dont l'usage régulier contribue à la baisse du taux de potassium dans le sang. Il peut par ailleurs augmenter le taux sanguin d'*acide urique* (possibilité de crise de *goutte*).

Sportif : ce médicament contient une substance susceptible de rendre positifs certains *tests antidopage*.

Conducteur : ce médicament peut être responsable de *vertiges*.

### Interactions avec d'autres substances

Ce médicament peut interagir avec les médicaments susceptibles de provoquer une *hyperkaliémie* (*diurétique*, sel de *potassium*...), avec les médicaments donnant des *torsades de pointes* et avec les médicaments contenant du lithium.

Informez par ailleurs votre médecin si vous prenez un *digitalique*, un *laxatif stimulant*, un *AINS*, ou un médicament contenant de la metformine, de la carbamazépine, de la ciclosporine ou un sel de calcium.

En outre, l'effet *antihypertenseur* de ce médicament peut être augmenté par certains médicaments tels que les *neuroleptiques*, les *antidépresseurs imipraminiques*, les médicaments contenant du baclofène ; il peut être diminué par les *corticoïdes*. Votre médecin doit être informé si vous êtes traité par l'un ou par l'autre.

Chez le diabétique traité par l'*insuline*, une adaptation de la *posologie* de l'insuline peut être nécessaire.

### Grossesse et allaitement

L'effet de ce médicament sur l'enfant à naître pendant les 3 premiers mois de la grossesse est mal connu. Par prudence, son usage est déconseillé. Au cours des 6 derniers mois de la grossesse, une prise prolongée de ce médicament peut altérer les reins du fœtus. Son utilisation est contre-indiquée à partir du 4e mois de la grossesse.

En conséquence, un désir de grossesse nécessite le remplacement de ce médicament par un autre antihypertenseur. Si une grossesse survient alors que vous prenez ce médicament, consultez rapidement votre médecin pour qu'il modifie votre traitement.

Ce médicament passe dans le lait maternel ; un choix est donc nécessaire entre l'allaitement et la prise du médicament. Cette décision devra être prise en accord avec votre médecin.

### Mode d'emploi et posologie

Les comprimés doivent être avalés avec un verre d'eau. Ils peuvent être pris indifféremment au cours ou en dehors des repas.

**Posologie usuelle :**
- Adulte : 1 comprimé par jour.

**Conseils :** Votre tension artérielle doit être contrôlée régulièrement. Les appareils permettant une mesure automatique de la tension à domicile utilisent souvent un procédé de mesure différent de celui qu'emploie votre médecin. Si vous avez un tel appareil, apportez-le en consultation pour vous assurer que la mesure obtenue est bien conforme à celle du tensiomètre de votre médecin.

Le traitement médicamenteux ne dispense pas de mesures simples pouvant faire baisser la tension artérielle : activité physique régulière, modération de la consommation de boissons alcoolisées et de *sel*, lutte contre l'excès de poids.

Les *diurétiques* exposent au risque de déshydratation : les personnes âgées devront boire abondamment, notamment pendant les fortes chaleurs.

### Effets indésirables possibles

Étourdissements dus à une *hypotension orthostatique*, *réaction allergique*.

Aggravation réversible d'une *insuffisance rénale*.

Augmentation du taux d'*acide urique* ou de glucose dans le sang et exceptionnellement du calcium.

Baisse du taux de *potassium*, associée ou non à des crampes.

Rarement :
- baisse du taux de *sodium* dans le sang (natrémie) et risque de troubles du comportement,
- anomalie de la *numération formule sanguine*,
- *œdème*, *troubles digestifs*, *vertiges*, fatigue, maux de tête, fourmillement des extrémités, infections des voies respiratoires, douleurs dorsales.

Exceptionnellement : *pancréatite*, troubles visuels.

**Laboratoires AstraZeneca**

## HYTRINE

*Informations détaillées sur www.monvidal.com*

## HYZAAR

Association d'antihypertenseurs — **sur ordonnance**

### Présentation

**HYZAAR :** comprimé (jaune) ; boîte de 28. Liste I - Remb 65 % - **Prix : 22,91 €**.
**HYZAAR :** comprimé (jaune) ; boîte de 90. Liste I - Remb 65 % - **Prix : 66,46 €**.

### Composition

| | p cp |
|---|---|
| **Losartan potassique** | 50 mg |
| **Hydrochlorothiazide** | 12,5 mg |
| Lactose | + |

### Dans quel cas ce médicament est-il prescrit ?

Cet *antihypertenseur* contient deux substances :
- le losartan, de la famille des *inhibiteurs de l'angiotensine II*. Il bloque l'action de l'angiotensine II, substance naturellement présente dans l'organisme. Celle-ci est responsable d'une contraction des artères qui augmente la pression artérielle et fatigue le cœur ;
- l'hydrochlorothiazide, un *diurétique* dont la structure chimique est proche de celles des *sulfamides*. Son action renforce celle du losartan.

Il est utilisé dans le traitement de l'*hypertension artérielle*.

### Contre-indications

Ce médicament ne doit pas être utilisé dans les cas suivants :
- *allergie* au losartan ou aux *sulfamides*,
- *insuffisance rénale* ou *hépatique* grave,
- *hypertension artérielle* due à un rétrécissement des artères rénales,
- **grossesse** (à partir du 4e mois),
- **allaitement**.

**Attention :** Des précautions sont nécessaires chez les personnes souffrant d'*insuffisance coronarienne* ou de troubles de la circulation cérébrale.

Chez les personnes atteintes d'une *insuffisance hépatique* grave, l'apparition de troubles de la conscience peut annoncer une complication. Ne poursuivez pas le traitement sans l'avis de votre médecin.

Si vous suiviez auparavant un traitement par *diurétique* ou un régime sans *sel*, la baisse de la tension artérielle peut être importante lors des premières prises du médicament : risque de malaise ou d'étourdissement pouvant entraîner une chute. Il est donc recommandé de prendre un régime normalement salé ou d'interrompre le traitement diurétique au moins 3 jours avant la première prise de ce médicament. Votre médecin vous donnera toutes les informations utiles à ce sujet.

Faites pratiquer régulièrement les analyses de sang prescrites par votre médecin ; elles sont notamment destinées à vérifier le bon fonctionnement de vos reins (dosage de la *créatinine*) et les taux de *potassium* et de *sodium* sanguins.

Le diurétique contenu dans ce médicament peut faire baisser la *kaliémie* : évitez d'utiliser des *laxatifs stimulants* dont l'usage régulier contribue à la baisse du taux de potassium dans le sang. Il peut par ailleurs augmenter le taux sanguin d'*acide urique* (possibilité de crise de *goutte*).

Sportif : ce médicament contient une substance susceptible de rendre positifs certains *tests antidopage*.

### Interactions avec d'autres substances

Ce médicament peut interagir avec les médicaments susceptibles de provoquer une *hyperkaliémie* (*diurétique*, sel de *potassium*...), avec les médicaments donnant des *torsades de pointes* et avec les médicaments contenant du lithium.

Informez par ailleurs votre médecin si vous prenez un *digitalique*, un *laxatif stimulant*, un *AINS*, ou un médicament contenant de la metformine, de la carbamazépine, de la ciclosporine ou un sel de calcium.

En outre, l'effet *antihypertenseur* de ce médicament peut être augmenté par certains médicaments tels que les *neuroleptiques*, les *antidépresseurs imipraminiques*, les médicaments contenant du baclofène ; il peut être diminué par les *corticoïdes*. Votre médecin doit être informé si vous êtes traité par l'un ou par l'autre.

Chez le diabétique traité par l'*insuline*, une adaptation de la *posologie* de l'insuline peut être nécessaire.

### Grossesse et allaitement

L'effet de ce médicament sur l'enfant à naître pendant les 3 premiers mois de la grossesse est mal connu. Par prudence, son usage est déconseillé. Au cours des 6 derniers mois de la grossesse, une prise prolongée de ce médicament peut altérer les reins du fœtus. Son utilisation est contre-indiquée à partir du 4e mois de la grossesse.

En conséquence, un désir de grossesse nécessite le remplacement de ce médicament par un autre antihypertenseur. Si une grossesse survient alors que vous prenez ce médicament, consultez rapidement votre médecin pour qu'il modifie votre traitement.

Ce médicament est contre-indiqué chez la femme qui allaite.

**Mode d'emploi et posologie**

Les comprimés doivent être avalés avec un verre d'eau. Ils peuvent être pris indifféremment au cours ou en dehors des repas.

**Posologie usuelle :**

- Adulte : 1 comprimé par jour.

**Conseils :** Votre tension artérielle doit être contrôlée régulièrement. Les appareils permettant une mesure automatique de la tension à domicile utilisent souvent un procédé de mesure différent de celui qu'emploie votre médecin. Si vous avez un tel appareil, apportez-le en consultation pour vous assurer que la mesure obtenue est bien conforme à celle du tensiomètre de votre médecin.

Le traitement médicamenteux ne dispense pas de mesures simples pouvant faire baisser la tension artérielle : activité physique régulière, modération de la consommation de boissons alcoolisées et de *sel*, lutte contre l'excès de poids.

Les *diurétiques* exposent au risque de déshydratation : les personnes âgées devront boire abondamment, notamment pendant les fortes chaleurs.

**Effets indésirables possibles**

Étourdissements dus à une *hypotension orthostatique*, fatigue, *réaction allergique*.

Aggravation réversible d'une *insuffisance rénale*.

Augmentation du taux d'*acide urique* ou de glucose dans le sang et exceptionnellement du calcium.

Baisse du taux de *potassium*, associée ou non à des crampes.

Rarement :

- nausées, constipation ou *diarrhée*, fourmillement des extrémités, maux de tête, *hépatite* ;
- baisse du taux de *sodium* dans le sang (natrémie) et risque de troubles du comportement ;
- anomalie de la *numération formule sanguine*.

Exceptionnellement : *pancréatite*.

**Laboratoires MSD-Chibret**

## IBUPROFÈNE ARROW 200 mg
Anti-inflammatoire non stéroïdien

Ce médicament est un générique de NUREFLEX 200 mg (voir p. 742 et tableau p. 1151).

## IBUPROFÈNE ARROW 400 mg
Anti-inflammatoire non stéroïdien — sur ordonnance

Ce médicament est un générique de ADVIL 400 mg (voir p. 58 et tableau p. 1151).

## IBUPROFÈNE BIOGARAN
Anti-inflammatoire non stéroïdien

Ce médicament est un générique de NUREFLEX 200 mg (voir p. 742 et tableau p. 1151).

## IBUPROFÈNE BIOGARAN 400 mg
Anti-inflammatoire non stéroïdien — sur ordonnance

Ce médicament est un générique de ADVIL 400 mg (voir p. 58 et tableau p. 1151).

## IBUPROFÈNE EG 200 mg
Anti-inflammatoire non stéroïdien

Ce médicament est un générique de NUREFLEX 200 mg (voir p. 742 et tableau p. 1151).

## IBUPROFÈNE EG 400 mg
Anti-inflammatoire non stéroïdien — sur ordonnance

Ce médicament est un générique de BRUFEN (voir p. 169 et tableau p. 1151).

## IBUPROFÈNE G GAM
Anti-inflammatoire non stéroïdien

Ce médicament est un générique de NUREFLEX 200 mg (voir p. 742 et tableau p. 1151).

**IBUPROFÈNE GIBAUD comprimé**

*Informations détaillées sur www.monvidal.com*

**IBUPROFÈNE GIBAUD solution**

*Informations détaillées sur www.monvidal.com*

## IBUPROFÈNE HEXAL SANTÉ 200 mg
Anti-inflammatoire non stéroïdien

Ce médicament est un générique de NUREFLEX 200 mg (voir p. 742 et tableau p. 1151).

## IBUPROFÈNE IVAX
Anti-inflammatoire non stéroïdien

Ce médicament est un générique de NUREFLEX 200 mg (voir p. 742 et tableau p. 1151).

## IBUPROFÈNE MERCK
Anti-inflammatoire non stéroïdien

Ce médicament est un générique de NUREFLEX 200 mg (voir p. 742 et tableau p. 1151).

**IBUPROFÈNE MERCK solution**

*Informations détaillées sur www.monvidal.com*

## IBUPROFÈNE QUALIMED
Anti-inflammatoire non stéroïdien

Ce médicament est un générique de NUREFLEX 200 mg (voir p. 742 et tableau p. 1151).

## IBUPROFÈNE RATIOPHARM
Anti-inflammatoire non stéroïdien

Ce médicament est un générique de NUREFLEX 200 mg (voir p. 742 et tableau p. 1151).

## IBUPROFÈNE RPG 200 mg
Anti-inflammatoire non stéroïdien

Ce médicament est un générique de NUREFLEX 200 mg (voir p. 742 et tableau p. 1151).

## IBUPROFÈNE RPG 400 mg
Anti-inflammatoire non stéroïdien — sur ordonnance

Ce médicament est un générique de BRUFEN (voir p. 169 et tableau p. 1151).

## IBUPROFÈNE SANDOZ 200 mg
Anti-inflammatoire non stéroïdien

Ce médicament est un générique de NUREFLEX 200 mg (voir p. 742 et tableau p. 1151).

## IBUPROFÈNE SANDOZ 400 mg
Anti-inflammatoire non stéroïdien — sur ordonnance

Boîte de 20 comprimés : ce médicament est un générique de ADVIL 400 mg.Boîte de 30 comprimés : ce médicament est un générique de BRUFEN 400 mg.

## IBUPROFÈNE TEVA
Anti-inflammatoire non stéroïdien

Ce médicament est un générique de NUREFLEX 200 mg (voir p. 742 et tableau p. 1151).

## IBUPROFÈNE ZYDUS
Anti-inflammatoire non stéroïdien

Ce médicament est un générique de NUREFLEX 200 mg (voir p. 742 et tableau p. 1151).

**IBUTOP**

*Informations détaillées sur www.monvidal.com*

## ICAZ
Inhibiteur calcique — sur ordonnance

### Présentation
**ICAZ LP 2,5 mg :** gélule à *libération prolongée* (vert et jaune) ; boîte de 30. Liste I - Remb 65 % - **Prix : 13,70 €.**
**ICAZ LP 2,5 mg :** gélule à *libération prolongée* (vert et jaune) ; boîte de 90. Liste I - Remb 65 % - **Prix : 38,89 €.**
**ICAZ LP 5 mg :** gélule à *libération prolongée* (vert et jaune) ; boîte de 30. Liste I - Remb 65 % - **Prix : 17,91 €.**
**ICAZ LP 5 mg :** gélule à *libération prolongée* (vert et jaune) ; boîte de 90. Liste I - Remb 65 % - **Prix : 49,62 €.**

### Composition
| | p gél LP | p gél LP |
|---|---|---|
| **Isradipine** | 2,5 mg | 5 mg |

### Dans quel cas ce médicament est-il prescrit ?
Ce médicament est un *vasodilatateur* qui appartient à la famille des *inhibiteurs calciques.*
Il est utilisé dans le traitement de l'*hypertension artérielle.*

### Contre-indications
Ce médicament ne doit pas être utilisé chez l'enfant (en l'absence d'études).

> **Attention :** Des précautions sont nécessaires en cas de *troubles du rythme cardiaque*, d'*insuffisance rénale* ou *hépatique* et chez la personne âgée.

### Interactions avec d'autres substances
Informez votre médecin si vous prenez un *alphabloquant* (alfuzosine, prazosine), un *bêtabloquant*, un *anticonvulsivant* (carbamazépine, phénobarbital, phénytoïne, primidone) ou un médicament contenant de la rifampicine.
En outre, l'effet *antihypertenseur* de ce médicament peut être augmenté par certains médicaments tels que les *neuroleptiques*, les *antidépresseurs imipraminiques*, les médicaments contenant du baclofène ; il peut être diminué par les *corticoïdes*. Votre médecin doit être informé si vous êtes traité par l'un ou l'autre de ces médicaments.

### Grossesse et allaitement
L'effet de ce médicament pendant la grossesse ou l'allaitement est mal connu : seul votre médecin peut évaluer le risque éventuel de son utilisation dans votre cas.

### Mode d'emploi et posologie
Les gélules doivent être avalées avec un verre d'eau, sans être ouvertes.

**Posologie usuelle :**
- Adulte : 5 mg en 1 prise, le matin.

> **Conseils :** Votre tension artérielle doit être contrôlée régulièrement. Les appareils permettant une mesure automatique de la tension à domicile utilisent souvent un procédé de mesure différent de celui qu'emploie votre médecin. Si vous avez un tel appareil, apportez-le en consultation pour vous assurer que la mesure obtenue est bien conforme à celle du tensiomètre de votre médecin.
> Le traitement médicamenteux ne dispense pas de mesures simples pouvant faire baisser la tension artérielle : activité physique régulière, modération de la consommation de boissons alcoolisées et de *sel*, lutte contre l'excès de poids.

### Effets indésirables possibles
Les plus fréquents sont la conséquence de la dilatation des vaisseaux sanguins :
- rougeur du visage, bouffées de chaleur, maux de tête ;
- jambes lourdes ou enflées, *palpitations*, accélération du cœur.

Plus rarement : *troubles digestifs*, éruption cutanée, démangeaisons.

Laboratoires Daiichi Sankyo France

## IDARAC
Antalgique — sur ordonnance

### Présentation
**IDARAC :** comprimé sécable (blanc) ; boîte de 20. Liste II - Remb 35 % - **Prix : 3,37 €.**

### Composition
| | p cp |
|---|---|
| **Floctafénine** | 200 mg |

### Dans quel cas ce médicament est-il prescrit ?
Ce médicament est un *antalgique* qui agit en empêchant la transmission de la douleur au cerveau.
Il est utilisé dans le *traitement symptomatique* de la douleur.

### Contre-indications

Ce médicament ne doit pas être utilisé dans les cas suivants :
- *allergie* à la floctafénine, à la glafénine (GLIFANAN) ou à l'antrafénine,
- *angine de poitrine, insuffisance cardiaque* grave,
- en association avec les *bêtabloquants.*

> **Attention :** Des précautions sont nécessaires en cas d'*insuffisance rénale.*
> Certains signes peuvent évoquer une *allergie* : fourmillements dans la paume des mains ou la plante des pieds, *éruptions cutanées*, picotements dans la gorge, malaise. Arrêtez le traitement et prévenez d'urgence votre médecin : une allergie peut survenir même chez une personne habituée à prendre ce médicament.
> Si vous devez conduire, ou utiliser une machine dangereuse, assurez-vous préalablement que ce médicament n'altère pas votre vigilance.

### Interactions avec d'autres substances

Ce médicament ne doit pas être associé aux *bêtabloquants*, qui risquent d'empêcher l'organisme de réagir en cas de *choc anaphylactique.*

### Grossesse et allaitement

Ce médicament n'a pas été, à ce jour, responsable de malformation chez l'enfant à naître. Cependant le risque de *choc* allergique doit être pris en compte.

Ce médicament passe dans le lait maternel : il est déconseillé pendant l'allaitement.

### Mode d'emploi et posologie

Les comprimés peuvent être avalés avec un verre d'eau ou délayés dans une boisson.

Respecter un intervalle de 4 à 6 heures entre les prises.

**Posologie usuelle :**
- Adulte : 1 ou 2 comprimés, puis 1 comprimé, à renouveler si nécessaire, sans dépasser 4 comprimés par jour.

> **Conseils :** Ce médicament, en masquant la douleur, peut retarder un diagnostic : ne le prenez pas sans l'avis de votre médecin ; ne le conseillez pas à un proche.

### Effets indésirables possibles

*Réaction allergique* (*urticaire*, œdème de *Quincke*...) pouvant aller jusqu'au *choc anaphylactique.*

Difficultés respiratoires.

Somnolence chez certaines personnes.

Laboratoires Aventis

## IDÉOLAXYL
Laxatif

### Présentation

**IDÉOLAXYL :** comprimé (beige) ; boîte de 20. Non remb.

### Composition

| | p cp |
|---|---|
| **Aloès, extrait** | 32 mg |
| **Séné, extrait de feuille** | 14 mg |
| soit Sennoside B | 6,3 mg |

### Dans quel cas ce médicament est-il prescrit ?

Ce médicament contient des *laxatifs stimulants* qui augmentent les sécrétions et la motricité de l'intestin.

Il est utilisé dans le *traitement symptomatique* de la constipation.

### Contre-indications

Ce médicament ne doit pas être utilisé dans les cas suivants :
- maladies inflammatoires du côlon ;
- constipation ou douleurs abdominales dues à une obstruction du tube digestif : rétrécissement intestinal, *fécalome* (bouchon de selles) ;
- déshydratation importante surtout si elle est associée à une perte en sels minéraux (*sodium, potassium*) ;
- enfant de moins de 10 ans.

> **Attention :** Ce médicament doit être utilisé de façon épisodique et en cure très brève : pas plus de 8 à 10 jours.
> Son usage régulier peut entraîner :
> - une *dépendance*,
> - des troubles intestinaux graves,
> - une perte de sels minéraux, notamment de *potassium*, pouvant être à l'origine de *troubles du rythme cardiaque* graves.
>
> Chez l'enfant de plus de 10 ans, ce médicament ne peut être utilisé que de façon exceptionnelle et uniquement sur prescription médicale.
> Arrêtez le traitement en cas de diarrhée ou de douleurs abdominales.

### Interactions avec d'autres substances

Ce médicament peut interagir avec les médicaments susceptibles de provoquer des *torsades de pointes.*

Informez par ailleurs votre pharmacien ou votre médecin si vous prenez des *corticoïdes* (sauf traitement local), des *diurétiques* ou des médicaments contenant de la digoxine, de la digitoxine ou de l'amphotéricine B (par *voie* intraveineuse).

### Grossesse et allaitement

Ce médicament est déconseillé pendant la grossesse ou l'allaitement.

### Mode d'emploi et posologie

Les comprimés doivent être avalés avec un verre d'eau, le soir après le dîner.

L'effet laxatif n'est pas immédiat. Il se manifeste généralement environ 10 heures après la prise du médicament.

**Posologie usuelle :**
- Adulte : 1 ou 2 comprimés par jour.

> **Conseils :** Le traitement de la constipation chronique repose essentiellement sur des boissons abondantes, une alimentation riche en fibres et une activité physique régulière.
> Ce médicament peut colorer les urines (de jaune-brun à rouge-brun), ce qui ne doit pas vous inquiéter.

### Effets indésirables possibles

Diarrhée, douleurs abdominales.

Laboratoires GlaxoSmithKline Santé Grand Public

## IDÉOS
Vitamine D avec calcium

### Présentation
**IDÉOS :** comprimé à croquer ou à sucer (blanc ; arôme citron) ; boîte de 4 tubes de 15. Remb 65 % - **Prix : 7,64 €.**

### Composition

| | p cp |
|---|---|
| **Calcium carbonate** | 1,25 g |
| soit Calcium | 500 mg |
| **Colécalciférol (vitamine D3)** | 400 UI |

### Dans quel cas ce médicament est-il prescrit ?
Ce médicament contient du calcium et de la *vitamine* D qui facilite l'absorption du calcium par l'intestin et sa fixation sur les os.

Il est utilisé :
- dans le traitement des *carences* en vitamine D et en calcium chez la personne âgée,
- dans le *traitement d'appoint* de l'*ostéoporose* lorsque l'apport conjoint de calcium et de vitamine D est nécessaire.

### Contre-indications
Ce médicament ne doit pas être utilisé dans les cas suivants :
- excès de calcium dans le sang ou dans les urines,
- calculs des *voies* urinaires contenant du calcium,
- immobilisation prolongée (attendre la reprise de la marche pour débuter le traitement).

**Attention :** Ce médicament contient de la *vitamine* D : son *surdosage* expose à des effets indésirables graves. Elle est présente dans de nombreux médicaments dont certains sont disponibles en automédication : évitez de les associer sans avis médical.

Des précautions sont nécessaires en cas d'*insuffisance rénale.*

Ne prolongez pas le traitement au-delà de la durée prescrite : une prise de sang peut être nécessaire pour vérifier l'absence d'accumulation anormale de calcium dans l'organisme.

Lorsque ce médicament est destiné à traiter la décalcification due à un alitement prolongé, le traitement ne doit pas être commencé avant la reprise de la marche.

### Interactions avec d'autres substances
En raison de la présence de calcium, respectez un intervalle d'au moins 2 heures entre la prise de ce médicament et celle des *cyclines*, des biphosphonates ou des médicaments contenant du fer.

Informez par ailleurs votre pharmacien ou votre médecin si vous prenez des *digitaliques* ou des *diurétiques.*

Il existe également des interactions alimentaires : les aliments réputés riches en acide oxalique (épinards, rhubarbe, oseille, cacao, thé) ou en acide phytique (chocolat, céréales complètes, légumes secs) peuvent diminuer l'absorption du calcium. Il est donc recommandé de prendre ce médicament à distance de repas contenant ces aliments.

### Grossesse et allaitement
Ce médicament peut être utilisé chez la femme enceinte ou chez celle qui allaite, mais la *posologie* prescrite par le médecin ne doit pas être dépassée.

Une *hypercalcémie* pendant la grossesse pourrait être néfaste pour l'enfant à naître. Veillez à ne pas absorber plusieurs médicaments contenant de la *vitamine* D pendant la grossesse.

### Mode d'emploi et posologie
Ce médicament doit être pris à distance de certains aliments (voir Interactions).

Les comprimés peuvent être sucés ou croqués.

**Posologie usuelle :**
- Adulte : 1 comprimé, matin et soir.

**Conseils :** La prise de ce médicament ne dispense pas de la consommation régulière de laitages, naturellement riches en calcium.

### Effets indésirables possibles
Constipation, nausées, ballonnements, diarrhée, douleur d'estomac.

En cas de traitement prolongé à forte dose : *hypercalcémie*, hypercalciurie (excès de calcium dans les urines pouvant favoriser les calculs rénaux).

Laboratoires Innotech International

## IKARAN
Dérivé de l'ergot de seigle — sur ordonnance

IKARAN Gé solution buvable est un générique de DIHYDROERGOTAMINE SANDOZ 2 mg/ml.

### Présentation
**IKARAN LP 5 mg :** comprimé à *libération prolongée* ; boîte de 30. Liste II - Remb 35 % - **Prix : 8,80 €.**
**IKARAN Gé :** solution buvable ; flacon de 50 ml (30 gouttes = 1,5 ml). Liste II - Remb 35 % - **Prix : 3,20 €.**

### Composition

| | p cp | p 30 gtes |
|---|---|---|
| **Dihydroergotamine mésilate** | 5 mg | 3 mg |
| Alcool à 95° | | 690 mg |
| Lactose | + | |

### Dans quel cas ce médicament est-il prescrit ?
Ce médicament est un *vasoconstricteur* de la famille des dérivés de l'*ergot de seigle.*

Il est utilisé dans le *traitement de fond* de la *migraine.* Il vise à espacer les crises et à diminuer leur intensité.

Il est également utilisé dans le traitement de l'*hypotension orthostatique* et des troubles en rapport avec une mauvaise circulation veineuse ou *lymphatique.*

### Contre-indications
Ce médicament ne doit pas être utilisé en association avec les *antibiotiques* de la famille des *macrolides* ou avec un *vasoconstricteur* de la famille des *triptans.*

**Attention :** Des précautions sont nécessaires en cas d'*antécédent* de maladie artérielle, d'*insuffisance rénale* ou *hépatique* grave.

La solution buvable contient de l'*alcool* en quantité notable.

### Interactions avec d'autres substances
Ce médicament ne doit pas être associé :
- aux *antibiotiques* de la famille des *macrolides* (à l'exception de la spiramycine) : risque d'*ergotisme* ;

- aux *vasoconstricteurs* de la famille des *triptans* (naratriptan, sumatriptan, zolmitriptan...) : risque de crise d'*hypertension artérielle* ou de spasme des *artères coronaires*.

Il peut interagir avec les médicaments contenant de la bromocriptine ou de la cabergoline.

### Grossesse et allaitement

L'effet de ce médicament sur l'enfant à naître est mal connu. Par mesure de prudence, son usage pendant la grossesse est déconseillé.

Les données disponibles ne permettent pas de savoir si ce médicament passe dans le lait maternel ; un choix est donc nécessaire entre l'allaitement et la prise du médicament. Cette décision devra être prise en accord avec votre médecin.

### Mode d'emploi et posologie

Ce médicament doit être pris au milieu des repas.

Les gouttes sont diluées dans un verre d'eau.

**Posologie usuelle :**

1 comprimé, 2 fois par jour, ou 30 gouttes de solution buvable, 3 fois par jour.

**Conseils :** L'efficacité de ce *traitement de fond* dépend d'une prise régulière et prolongée du médicament.

### Effets indésirables possibles

Nausées, surtout en cas de prise à jeun.

Rarement : fourmillement ou bleuissement des doigts et des orteils.

Exceptionnellement : épaississement fibreux de la *plèvre* ou du *péritoine* après plusieurs années de traitement.

Laboratoires Pierre Fabre Médicament

## IKOREL

Antiangoreux — sur ordonnance

### Présentation

**IKOREL 10 mg :** comprimé sécable (blanc cassé) ; boîte de 30. Liste I - Remb 65 % - **Prix : 8,17 €.**

**IKOREL 20 mg :** comprimé (blanc cassé) ; boîte de 30. Liste I - Remb 65 % - **Prix : 15,07 €.**

### Composition

| | p cp | p cp |
|---|---|---|
| **Nicorandil** | 10 mg | 20 mg |

### Dans quel cas ce médicament est-il prescrit ?

Ce médicament est un *vasodilatateur*. Il dilate les artères, améliore l'oxygénation du cœur et lutte contre les spasmes des *artères coronaires*.

Il est utilisé dans le *traitement préventif* des crises d'*angine de poitrine*.

### Contre-indications

Ce médicament ne doit pas être utilisé dans les cas suivants :

- *choc* cardiovasculaire,
- baisse de la tension artérielle,
- certains cas d'*insuffisance cardiaque*,
- en association avec le sildénafil (VIAGRA), le tadalafil (CIALIS) ou le vardénafil (LEVITRA).

**Attention :** Ce médicament peut provoquer une *hypotension orthostatique*, notamment s'il est associé à d'autres médicaments qui font baisser la tension artérielle.

En cas d'apparition d'*aphtes* buccaux, interrompez le traitement et consultez votre médecin.

### Interactions avec d'autres substances

Ce médicament *vasodilatateur* ne doit pas être associé aux médicaments de l'impuissance contenant du sildénafil (VIAGRA), du tadalafil (CIALIS) ou du vardenafil (LEVITRA) : risque de baisse de tension grave.

### Grossesse et allaitement

L'effet de ce médicament pendant la grossesse ou l'allaitement est mal connu : seul votre médecin peut évaluer le risque éventuel de son utilisation dans votre cas.

### Mode d'emploi et posologie

Les comprimés doivent être avalés avec un verre d'eau.

**Posologie usuelle :**

- Adulte : la *posologie* initiale est de ½ comprimé à 10 mg, 2 fois par jour pendant 2 à 7 jours ; puis 1 comprimé à 10 mg ou, si nécessaire, 1 comprimé à 20 mg, 2 fois par jour.

**Conseils :** Chez la personne âgée, surtout en période de forte chaleur, il est utile de boire suffisamment pour éviter une baisse de la tension artérielle.

### Effets indésirables possibles

Maux de tête, fréquents en début de traitement, limités par une augmentation progressive de la *posologie*.

Baisse de la tension artérielle ou augmentation du rythme cardiaque, à forte dose.

Exceptionnellement : nausées, vomissements, *vertiges*, rougeur ou éruption cutanée, démangeaisons, *ulcération* anale, *aphtes* buccaux (voir Attention).

Laboratoires Aventis

## IMEGUL

*Informations détaillées sur www.monvidal.com*

## IMIGRANE comprimé et solution nasale

Antimigraineux — sur ordonnance

### Présentation

**IMIGRANE 50 mg :** comprimé ; boîte de 6. Liste I - Remb 65 % - **Prix : 27,45 €.**

**IMIGRANE 10 mg/0,1 ml :** solution pour pulvérisation nasale ; boîte de 2 ampoules de 0,1 ml avec embout nasal. Liste I - Remb 65 % - **Prix : 11,95 €.**

**IMIGRANE 20 mg/0,1 ml :** solution pour pulvérisation nasale ; boîte de 6 ampoules de 0,1 ml avec embout nasal. Liste I - Remb 65 % - **Prix : 32,91 €.**

**IMIGRANE 20 mg/0,1 ml :** solution pour pulvérisation nasale ; boîte de 12 ampoules de 0,1 ml avec embout nasal. Liste I - Remb 65 % - **Prix : 57,78 €.**

### Composition

| | p cp | p amp | p amp |
|---|---|---|---|
| **Sumatriptan** | 50 mg | 10 mg | 20 mg |
| Lactose | + | | |

### Dans quel cas ce médicament est-il prescrit ?

Ce médicament est un *vasoconstricteur* puissant, qui agit essentiellement sur les vaisseaux crâniens. Il appartient à la famille des *triptans*. Son action se manifeste environ 30 minutes après la prise du médicament.

Il est utilisé dans le *traitement de la crise* de *migraine*.

La solution pour pulvérisation nasale est adaptée aux personnes ayant des nausées ou des vomissements au cours de la crise de migraine.

### Contre-indications

Ce médicament ne doit pas être utilisé dans les cas suivants :

- *antécédent* d'*allergie* aux *sulfamides* ;
- antécédent d'*infarctus du myocarde* ou d'*accident vasculaire cérébral* et, plus généralement, toute maladie liée à un spasme ou à un rétrécissement des artères ;
- *insuffisance hépatique* grave ;
- *hypertension artérielle* (sauf si elle est stabilisée par un traitement spécifique) ;
- en association avec un autre antimigraineux *vasoconstricteur* ou un *IMAO*.

> **Attention :** Ce médicament ne doit pas être utilisé pour traiter des maux de tête non migraineux. Il ne convient pas non plus au traitement de certaines *migraines* associées à des paralysies musculaires ou oculaires.
>
> Dans de très rares cas, une douleur dans la poitrine peut suivre la prise du médicament. Elle peut être intense et ressembler à une crise d'*angine de poitrine*, mais elle n'est que très rarement due à un spasme des artères coronaires. Si elle dure plus de quelques minutes, prévenez votre médecin et ne prenez pas de nouveau comprimé sans son avis.
>
> Des précautions sont nécessaires en cas d'*insuffisance rénale*, de tabagisme, de désintoxication tabagique par la nicotine ou en présence d'autres facteurs de risque cardiovasculaire.
>
> Compte-tenu de ses effets indésirables potentiels, ce médicament peut, chez certaines personnes, ne pas être compatible avec la conduite automobile ou le maniement de machines dangereuses. Assurez-vous à l'occasion des premières prises que vous supportez bien ce médicament avant de conduire ou d'utiliser une machine.

### Interactions avec d'autres substances

Ce médicament ne doit pas être associé aux autres antimigraineux de la famille des *triptans*, aux dérivés de l'*ergot de seigle*, aux *IMAO* : risque accru d'effets indésirables.

En cas de traitement par un dérivé de l'ergot de seigle, attendre 24 heures avant de prendre ce médicament. Après la prise de ce médicament, respecter un intervalle de 6 heures avant de prendre des dérivés de l'ergot de seigle.

Informez votre médecin si vous suivez un traitement par un *antidépresseur sérotoninergique*.

### Grossesse et allaitement

En l'absence de données suffisantes, ce médicament est déconseillé pendant la grossesse.

Ce médicament passe dans le lait maternel. Le risque d'une action délétère chez le nourrisson n'est pas connu et peut être minimisé en tirant et en jetant le lait dans les 24 heures qui suivent la prise du médicament.

### Mode d'emploi et posologie

Les comprimés doivent être avalés sans être croqués avec un grand verre d'eau.

Solution pour pulvérisation nasale : se moucher en cas de rhume ; se boucher une narine et expirer lentement par la bouche ; introduire l'embout du pulvérisateur dans l'autre narine et inspirer lentement tout en pressant le poussoir bleu. Après avoir retiré le pulvérisateur, inspirer doucement pour laisser le produit dans la narine.

**Posologie usuelle :**

Comprimé :

- Adulte de plus de 18 ans et de moins de 65 ans : 1 comprimé par crise de migraine.

Solution pour pulvérisation nasale :

- Adulte de moins de 65 ans et enfant de plus de 12 ans : 1 pulvérisation par crise de migraine.

Il est inutile de reprendre un comprimé ou de refaire une pulvérisation si l'effet a été insuffisant. En revanche, si une deuxième crise apparaît dans les 24 heures, il est possible de prendre un autre comprimé ou de faire une autre pulvérisation, en respectant un délai minimal de 2 heures entre les 2 prises.

Ne jamais dépasser 3 comprimés ou 2 pulvérisations par jour.

> **Conseils :** La prise de ce médicament ne dispense pas des mesures habituelles permettant d'aider à faire céder la crise de migraine : s'allonger au calme dans une pièce sombre.

### Effets indésirables possibles

Irritation ou sensation de brûlure du nez ou de la gorge, saignements de nez (solution pour pulvérisation nasale).

Nausées et vomissements, qui sont également des *symptômes* de la crise.

Fourmillements, sensation de lourdeur ou d'oppression, bouffées de chaleur, *vertiges*, lassitude, somnolence.

Troubles visuels.

Augmentation transitoire de la tension artérielle, accélération ou ralentissement du cœur, *palpitations*.

*Réaction allergique*.

Exceptionnellement : spasme des artères coronaires (voir Attention), *convulsions*.

Laboratoires GlaxoSmithKline

## IMIGRANE injectable

*Informations détaillées sur www.monvidal.com*

## IMIJECT

*Informations détaillées sur www.monvidal.com*

## IMMUGRIP

Vaccin : grippe

### Présentation

IMMUGRIP : suspension injectable *IM* ou *SC* ; seringue préremplie de 0,5 ml. Remb 65 % - **Prix : 6,26 €**.

### Composition

| | p seringue |
|---|---|
| **Virus grippaux inactivés** | 1 dose |

### Dans quel cas ce médicament est-il prescrit ?

C'est un *vaccin* composé de *virus* grippaux tués. Il ne contient aucun *germe* vivant.

Il est utilisé dans la prévention de la grippe. L'immunité apparaît 15 jours après l'injection et dure environ 1 an.

### Contre-indications

Ce médicament ne doit pas être utilisé en cas d'*allergie* aux protéines de l'œuf.

**Attention :** De la néomycine et du formaldéhyde sont utilisés pour fabriquer ce vaccin. Ces substances persistent en infime quantité dans la solution injectable. Des précautions sont nécessaires chez les personnes qui y sont allergiques.

En cas de fièvre élevée, de maladie aiguë, il est préférable de différer la vaccination.

Le *vaccin* antigrippal ne protège que contre la vraie grippe, maladie grave, potentiellement mortelle chez les personnes fragiles. Il est incapable de prévenir les bronchites banales et autres affections virales saisonnières.

Dans les suites de la vaccination antigrippale, certains tests de dépistage (sida, *hépatite* C...) peuvent être exceptionnellement rendus faussement positifs. Pour éviter toute inquiétude injustifiée, ne pratiquez pas ces tests pendant le mois qui suit la vaccination.

Comme pour tous les *vaccins*, des cas exceptionnels de *réactions allergiques* graves ont été constatés ; ce risque justifie la nécessité de réaliser la vaccination en milieu médical où un traitement d'urgence pourra être entrepris sans délai.

### Grossesse et allaitement

L'effet de ce *vaccin* pendant la grossesse est mal connu : seul votre médecin peut évaluer le risque éventuel de son utilisation dans votre cas.

Cette vaccination peut être pratiquée pendant l'allaitement.

### Mode d'emploi et posologie

Bien agiter la seringue avant l'emploi, la réchauffer à température ambiante si nécessaire. L'injection doit être réalisée par *voie sous-cutanée* ou *intramusculaire*.

**Posologie usuelle :**

- Adulte et enfant de plus de 36 mois : 1 injection de 0,5 ml.
- Enfant de 6 à 36 mois : 1 injection de 0,25 ml ou 0,5 ml. Cette injection pourra être renouvelée 1 mois après.

La prévention de la grippe repose sur une injection annuelle : le *vaccin* est différent tous les ans car il est adapté aux caractéristiques du *virus* attendu.

**Conseils :** Les réactions fébriles dues aux *vaccins* peuvent être combattues en prenant de l'aspirine ou du paracétamol.

Pour garder son efficacité, ce médicament doit être conservé entre + 2 °C et + 8 °C (partie haute du réfrigérateur). Toutefois, une rupture de la chaîne du froid pendant une durée limitée (quelques heures à température ambiante inférieure à 25 °C) ne devrait pas prêter à conséquence. En pratique, en cas de nécessité, un délai de quelques heures peut séparer l'achat du vaccin en pharmacie de son stockage au réfrigérateur ou de la vaccination.

Ce vaccin ne doit pas être congelé.

### Effets indésirables possibles

Réaction douloureuse, *nodule* au point d'injection.

Fièvre modérée, maux de tête, fatigue, malaise, douleur musculaire ou articulaire.

Exceptionnellement : *réaction allergique*.

Laboratoires Pierre Fabre Médicament

## IMMUNOGLOBULINES ÉQUINES TÉTANIQUES PASTEUR

*Informations détaillées sur www.monvidal.com*

## IMODIUM

Antidiarrhéique — sur ordonnance

### Présentation

IMODIUM : gélule (vert foncé et vert clair) ; boîte de 20. Liste II - Remb 35 % - **Prix : 3,27 €.**

IMODIUM : solution buvable ; flacon de 90 ml avec mesurette graduée. Liste II - Remb 35 % - **Prix : 2,76 €.**

### Composition

| | p gél | p ml | p grad |
|---|---|---|---|
| **Lopéramide** | 1,86 mg | 0,2 mg | 0,03 mg |
| Lactose | + | | |

### Dans quel cas ce médicament est-il prescrit ?

C'est un antidiarrhéique qui agit en ralentissant le *transit intestinal* et en réduisant les sécrétions intestinales.

Il est utilisé dans le *traitement symptomatique* des diarrhées, en complément des mesures diététiques.

### Contre-indications

Ce médicament ne doit pas être utilisé dans les cas suivants :

- crise aiguë de *rectocolite hémorragique*,
- enfant de moins de 8 ans (gélules),
- *nourrisson* de moins de 2 ans (solution buvable).

**Attention :** Des précautions sont nécessaires en cas d'*insuffisance hépatique*.

Ce médicament n'est pas adapté au traitement des diarrhées dues à certains *antibiotiques*.

Une diarrhée qui s'accompagne de torpeur, de soif, de fièvre, ou de sang dans les selles nécessite rapidement un avis médical. De même, chez le *nourrisson*, une diarrhée qui s'accompagne d'une perte de poids de plus de 5 % (signe de déshydratation) peut nécessiter des soins urgents.

Le traitement doit être arrêté dès que les selles recommencent à être formées. L'usage trop prolongé du médicament expose à un risque de constipation important.

Si vous devez conduire, ou utiliser une machine dangereuse, assurez-vous préalablement que ce médicament n'altère pas votre vigilance.

### Grossesse et allaitement

Les études actuellement disponibles n'ont pas mis en évidence de problème particulier lors de l'utilisation ponctuelle de ce médicament chez la femme enceinte. Néanmoins, il est déconseillé pendant la grossesse sans avis médical.

Ce médicament passe faiblement dans le lait maternel ; son utilisation ponctuelle est possible pendant l'allaitement.

### Mode d'emploi et posologie

Les gélules sont réservées à l'adulte et à l'enfant de plus de 8 ans ; elles doivent être avalées avec un verre d'eau.

La suspension buvable est destinée à l'enfant ; elle peut être donnée soit dans le biberon, soit à la cuillère.

**Posologie usuelle :**

- Adulte :
  - diarrhée aiguë : commencer par 2 gélules, puis 1 gélule supplémentaire après chaque selle liquide, sans dépasser 8 gélules par jour ;
  - diarrhée chronique : 1 à 3 gélules par jour.
- Enfant de 8 à 15 ans :
  - diarrhée aiguë : commencer par 1 gélule, puis 1 gélule supplémentaire après chaque selle liquide, sans dépasser 6 gélules par jour ;
  - diarrhée chronique : 1 ou 2 gélules par jour.
- Enfant de 2 à 8 ans (suspension buvable seulement) :
  - diarrhée aiguë : la posologie est calculée en fonction du poids : 1 graduation par kg et par prise (par exemple pour un enfant de 12 kg, remplir la mesurette jusqu'à la graduation 12). Cette dose peut être répétée après chaque selle molle, sans dépasser 5 prises par jour ;
  - diarrhée chronique : La dose est adaptée en fonction des résultats obtenus.

**Conseils :** Une diarrhée peut provoquer une déshydratation, notamment chez l'enfant ou la personne âgée. Cette perte d'eau par l'organisme doit être compensée par des boissons abondantes (bouillon salé, boissons sucrées) car elle peut être à l'origine d'une fatigue, de malaise ou de confusion des idées.

Le régime à suivre en cas de *diarrhée* repose sur une alimentation légère, à base de :

- carotte, pomme de terre, en soupe ou en purée ;
- pâtes, riz ou tapioca bien cuits, eau de cuisson du riz ;
- compote de pommes ou de coings, gelée de coings ou de myrtilles ;
- biscuits salés ou sucrés.

Doivent être évités : les jus de fruits et les fruits crus, les légumes riches en fibres, les sources de protéines animales et les boissons glacées.

Laver soigneusement la mesurette à l'eau tiède après chaque utilisation.

### Effets indésirables possibles

Constipation, ballonnement, douleur abdominale, nausées, vomissements, bouche sèche, fatigue, somnolence, *vertige*, *réaction allergique*.

Exceptionnellement : constipation grave, surtout en cas de *posologie* excessive.

**Laboratoires Janssen-Cilag**

## IMODIUMLINGUAL

Antidiarrhéique

### Présentation

IMODIUMLINGUAL : *lyophilisat* oral (arôme menthe) ; boîte de 12. Non remb.

### Composition

| | p lyoph |
|---|---|
| **Lopéramide chlorhydrate** | 2 mg |
| Aspartam | + |

### Dans quel cas ce médicament est-il prescrit ?

C'est un antidiarrhéique qui agit en ralentissant le *transit intestinal* et en réduisant les sécrétions intestinales.

Il est utilisé dans le *traitement symptomatique* des diarrhées aiguës de l'adulte, en complément des mesures diététiques.

### Contre-indications

Ce médicament ne doit pas être utilisé dans les cas suivants :

- crise aiguë de *rectocolite hémorragique*,
- *phénylcétonurie* (présence d'aspartam).

**Attention :** Des précautions sont nécessaires en cas d'*insuffisance hépatique*.

Ce médicament ne convient pas au traitement des diarrhées dues à certains *antibiotiques*.

Une diarrhée s'accompagnant de torpeur, de soif, de fièvre, ou de sang dans les selles nécessite rapidement un avis médical.

Le traitement doit être arrêté dès que les selles recommencent à être formées. L'usage trop prolongé du médicament expose à un risque de constipation important.

Si vous devez conduire, ou utiliser une machine dangereuse, assurez-vous préalablement que ce médicament n'altère pas votre vigilance.

### Grossesse et allaitement

Les études actuellement disponibles n'ont pas mis en évidence de problème particulier lors de l'utilisation ponctuelle de ce médicament chez la femme enceinte. Néanmoins, il est déconseillé pendant la grossesse sans avis médical.

Ce médicament passe faiblement dans le lait maternel ; son utilisation ponctuelle est possible pendant l'allaitement.

### Mode d'emploi et posologie

Le *lyophilisat* peut être dissous dans un verre d'eau ou placé directement sur la langue pour obtenir un effet rapide.

**Posologie usuelle :**

- Adulte : commencer par 2 lyophilisats, puis 1 lyophilisat supplémentaire après chaque selle liquide, sans dépasser 6 lyophilisats par jour et 2 jours de traitement ; au-delà, si les troubles persistent, consulter le médecin.

Respectez rigoureusement la posologie recommandée par votre pharmacien.

**Conseils :** Une diarrhée peut provoquer une déshydratation, notamment chez la personne âgée. Cette perte d'eau par l'organisme doit être compensée par des boissons abondantes (bouillon salé, boissons sucrées) car elle peut être à l'origine d'une fatigue, de malaise ou de confusion des idées.

Le régime à suivre en cas de *diarrhée* repose sur une alimentation légère, à base de :

- carotte, pomme de terre, en soupe ou en purée ;
- pâtes, riz ou tapioca bien cuits, eau de cuisson du riz ;
- compote de pommes ou de coings, gelée de coings ou de myrtilles ;
- biscuits salés ou sucrés.

Doivent être évités : les jus de fruits et les fruits crus, les légumes riches en fibres, les sources de protéines animales et les boissons glacées.

### Effets indésirables possibles

Constipation, ballonnement, douleur abdominale, nausées, vomissements, bouche sèche, fatigue, somnolence, *vertige*, *réaction allergique*.

Exceptionnellement : constipation grave, surtout en cas de *posologie* excessive.

Laboratoires Mc Neil

## IMONOGAS

*Informations détaillées sur www.monvidal.com*

## IMOSSEL

Antidiarrhéique

### Présentation

**IMOSSEL 2 mg :** gélule (vert foncé et gris) ; boîte de 12. Non remb.

### Composition

| | p gél |
|---|---|
| **Lopéramide chlorhydrate** | 2 mg |
| Lactose | + |

### Dans quel cas ce médicament est-il prescrit ?

C'est un antidiarrhéique qui agit en ralentissant le *transit intestinal* et en réduisant les sécrétions intestinales.

Il est utilisé dans le *traitement symptomatique* des diarrhées aiguës de l'adulte, en complément des mesures diététiques.

### Contre-indications

Ce médicament ne doit pas être utilisé en cas de crise aiguë de *rectocolite hémorragique*.

**Attention :** Ce médicament n'est pas adapté à l'enfant de moins de 15 ans.

Des précautions sont nécessaires en cas d'*insuffisance hépatique* : consultez votre médecin.

Ce médicament ne convient pas au traitement des diarrhées dues à certains *antibiotiques*.

Une diarrhée s'accompagnant de torpeur, de soif, de fièvre, ou de sang dans les selles nécessite rapidement un avis médical.

Le traitement doit être arrêté dès que les selles recommencent à être formées. L'usage trop prolongé du médicament expose à un risque de constipation important.

Si vous devez conduire, ou utiliser une machine dangereuse, assurez-vous préalablement que ce médicament n'altère pas votre vigilance.

### Grossesse et allaitement

Les études actuellement disponibles n'ont pas mis en évidence de problème particulier lors de l'utilisation ponctuelle de ce médicament chez la femme enceinte. Néanmoins, il est déconseillé pendant la grossesse sans avis médical.

Ce médicament passe faiblement dans le lait maternel ; son utilisation ponctuelle est possible pendant l'allaitement.

### Mode d'emploi et posologie

Les gélules doivent être avalées avec un verre d'eau.

**Posologie usuelle :**

- Adulte : commencer par 2 gélules, puis 1 gélule supplémentaire après chaque selle liquide, sans dépasser 6 gélules par jour et 2 jours de traitement ; au-delà, si les troubles persistent, consulter le médecin.

Respectez rigoureusement la *posologie* recommandée par votre pharmacien.

**Conseils :** Une diarrhée peut provoquer une déshydratation, notamment chez la personne âgée. Cette perte d'eau par l'organisme doit être compensée par des boissons abondantes (bouillon salé, boissons sucrées) car elle peut être à l'origine d'une fatigue, de malaise ou de confusion des idées.

Le régime à suivre en cas de *diarrhée* repose sur une alimentation légère, à base de :

- carotte, pomme de terre, en soupe ou en purée ;
- pâtes, riz ou tapioca bien cuits, eau de cuisson du riz ;
- compote de pommes ou de coings, gelée de coings ou de myrtilles ;
- biscuits salés ou sucrés.

Doivent être évités : les jus de fruits et les fruits crus, les légumes riches en fibres, les sources de protéines animales et les boissons glacées.

### Effets indésirables possibles

Constipation, ballonnement, douleur abdominale, nausées, vomissements, bouche sèche, fatigue, somnolence, *vertige*, *réaction allergique*.

Exceptionnellement : constipation grave, surtout en cas de *posologie* excessive.

Laboratoires Mc Neil

## IMOSSELDUO

Antidiarrhéique

### Présentation

**IMOSSELDUO :** comprimé à croquer (arômes : vanille, menthe) ; boîte de 6. Non remb.

### Composition

| | p cp |
|---|---|
| **Lopéramide chlorhydrate** | 2 mg |
| **Siméticone** | 125 mg |
| Sorbitol | + |

### Dans quel cas ce médicament est-il prescrit ?

Ce médicament contient un antidiarrhéique et un *pansement digestif* au silicone. L'antidiarrhéique agit en ralentissant le *transit intestinal* et en réduisant les sécrétions intestinales.

Il est utilisé dans le *traitement symptomatique* des diarrhées aiguës associées à un ballonnement abdominal, en complément des mesures diététiques.

### Contre-indications

Ce médicament ne doit pas être utilisé dans les cas suivants :

- crise aiguë de *rectocolite hémorragique*,
- *diarrhée* s'accompagnant de forte fièvre ou de sang dans les selles,

– *diarrhée* due à certains *antibiotiques*,
– enfant de moins de 12 ans.

**Attention :** Des précautions sont nécessaires en cas d'*insuffisance hépatique* : consultez votre médecin.
Ce médicament n'est pas adapté au traitement des *diarrhées* dues à certains *antibiotiques*.
Une diarrhée s'accompagnant de torpeur, de soif, de fièvre, ou de sang dans les selles nécessite rapidement un avis médical.
Le traitement doit être arrêté dès que les selles recommencent à être formées. L'usage trop prolongé du médicament expose à un risque de constipation important.

### Grossesse et allaitement

Les études actuellement disponibles n'ont pas mis en évidence de problème particulier lors de l'utilisation ponctuelle de ce médicament chez la femme enceinte. Néanmoins, il est déconseillé pendant la grossesse sans avis médical.

Ce médicament passe faiblement dans le lait maternel ; son utilisation ponctuelle est possible pendant l'allaitement.

### Mode d'emploi et posologie

Les comprimés sont à croquer.

**Posologie usuelle :**

- Adulte de plus de 18 ans : commencer par 2 comprimés, puis 1 comprimé supplémentaire après chaque selle liquide, sans dépasser 4 comprimés par jour.
- Adolescent de 12 à 18 ans : commencer par 1 comprimé, puis 1 comprimé supplémentaire après chaque selle liquide, sans dépasser 4 comprimés par jour.

La durée du traitement est limitée à 2 jours ; au-delà, si les troubles persistent, consulter un médecin.

Respectez rigoureusement la *posologie* recommandée par votre pharmacien.

**Conseils :** Une diarrhée peut provoquer une déshydratation, notamment chez la personne âgée. Cette perte d'eau par l'organisme doit être compensée par des boissons abondantes (bouillon salé, boissons sucrées) car elle peut être à l'origine d'une fatigue, de malaise ou de confusion des idées.
Le régime à suivre en cas de *diarrhée* repose sur une alimentation légère, à base de :
– carotte, pomme de terre, en soupe ou en purée ;
– pâtes, riz ou tapioca bien cuits, eau de cuisson du riz ;
– compote de pommes ou de coings, gelée de coings ou de myrtilles ;
– biscuits salés ou sucrés.
Doivent être évités : les jus de fruits et les fruits crus, les légumes riches en fibres, les sources de protéines animales et les boissons glacées.

### Effets indésirables possibles

Liés à la présence de lopéramide :

Constipation, ballonnement, douleur abdominale, nausées, vomissements, bouche sèche, fatigue, somnolence, *vertige*, *réaction allergique*.

Exceptionnellement : constipation grave, surtout en cas de *posologie* excessive.

**Laboratoires Mc Neil**

## IMOSSELLINGUAL

Antidiarrhéique

### Présentation

IMOSSELLINGUAL : *lyophilisat* oral (arôme menthe) ; boîte de 12. Non remb.

### Composition

| | p lyoph |
|---|---|
| **Lopéramide chlorhydrate** | 2 mg |
| Aspartam | + |

### Dans quel cas ce médicament est-il prescrit ?

C'est un antidiarrhéique qui agit en ralentissant le *transit intestinal* et en réduisant les sécrétions intestinales.

Il est utilisé dans le *traitement symptomatique* des diarrhées aiguës de l'adulte, en complément des mesures diététiques.

### Contre-indications

Ce médicament ne doit pas être utilisé dans les cas suivants :
– crise aiguë de *rectocolite hémorragique*,
– *phénylcétonurie* (présence d'aspartam).

**Attention :** Des précautions sont nécessaires en cas d'*insuffisance hépatique* : consultez votre médecin.
Ce médicament ne convient pas au traitement des diarrhées dues à certains *antibiotiques*.
Une diarrhée s'accompagnant de torpeur, de soif, de fièvre, ou de sang dans les selles nécessite rapidement un avis médical.
Le traitement doit être arrêté dès que les selles recommencent à être formées. L'usage trop prolongé du médicament expose à un risque de constipation important.
Si vous devez conduire, ou utiliser une machine dangereuse, assurez-vous préalablement que ce médicament n'altère pas votre vigilance.

### Grossesse et allaitement

Les études actuellement disponibles n'ont pas mis en évidence de problème particulier lors de l'utilisation ponctuelle de ce médicament chez la femme enceinte. Néanmoins, il est déconseillé pendant la grossesse sans avis médical.

Ce médicament passe faiblement dans le lait maternel ; son utilisation ponctuelle est possible pendant l'allaitement.

### Mode d'emploi et posologie

Le *lyophilisat* peut être dissous dans un verre d'eau ou placé directement sur la langue pour obtenir un effet rapide.

**Posologie usuelle :**

- Adulte : commencer par 2 lyophilisats, puis 1 lyophilisat supplémentaire après chaque selle liquide, sans dépasser 6 lyophilisats par jour et 2 jours de traitement ; au-delà, si les troubles persistent, consulter le médecin.

Respectez rigoureusement la *posologie* recommandée par votre pharmacien.

**Conseils :** Une diarrhée peut provoquer une déshydratation, notamment chez la personne âgée. Cette perte d'eau par l'organisme doit être compensée par des boissons abondantes (bouillon salé, boissons sucrées) car elle peut être à l'origine d'une fatigue, de malaise ou de confusion des idées.

Le régime à suivre en cas de *diarrhée* repose sur une alimentation légère, à base de :
- carotte, pomme de terre, en soupe ou en purée ;
- pâtes, riz ou tapioca bien cuits, eau de cuisson du riz ;
- compote de pommes ou de coings, gelée de coings ou de myrtilles ;
- biscuits salés ou sucrés.

Doivent être évités : les jus de fruits et les fruits crus, les légumes riches en fibres, les sources de protéines animales et les boissons glacées.

### Effets indésirables possibles

Constipation, ballonnement, douleur abdominale, nausées, vomissements, bouche sèche, fatigue, somnolence, *vertige*, *réaction allergique*.

Exceptionnellement : constipation grave, surtout en cas de *posologie* excessive.

Laboratoires Mc Neil

## IMOVANE

Hypnotique : apparenté aux benzodiazépines

**sur ordonnance**

### Présentation

**IMOVANE 3,75 mg :** comprimé ; boîte de 5. Liste I, durée de prescription limitée à 4 semaines - Remb 65 % - **Prix : 1,57 €.**
**IMOVANE 3,75 mg :** comprimé ; boîte de 14. Liste I, durée de prescription limitée à 4 semaines - Remb 65 % - **Prix : 2,91 €.**
**IMOVANE 7,5 mg :** comprimé sécable (blanc) ; boîte de 5. Liste I, durée de prescription limitée à 4 semaines - Remb 65 % - **Prix : 1,78 €.**
**IMOVANE 7,5 mg :** comprimé sécable (blanc) ; boîte de 14. Liste I, durée de prescription limitée à 4 semaines - Remb 65 % - **Prix : 3,08 €.**

### Composition

| | p cp | p cp |
|---|---|---|
| **Zopiclone** | 3,75 mg | 7,5 mg |
| Amidon de blé (gluten) | + | + |
| Lactose | + | + |

### Dans quel cas ce médicament est-il prescrit ?

Ce médicament est un *hypnotique* (somnifère) dont les propriétés sont proches de celles des *benzodiazépines*.

Il est utilisé dans le traitement de l'insomnie.

### Contre-indications

Ce médicament ne doit pas être utilisé dans les cas suivants :
- *insuffisance respiratoire* ou *hépatique* graves,
- *syndrome d'apnée du sommeil*,
- *myasthénie*,
- *intolérance* au gluten.

**Attention :** Certaines insomnies peuvent traduire une *dépression* masquée et justifier un traitement spécifique.

Des précautions sont nécessaires chez la personne âgée.

Une prise prolongée de somnifère, surtout à doses importantes, peut provoquer une *dépendance*. Ce risque de dépendance est accru chez les personnes ayant déjà présenté une dépendance à d'autres médicaments, substances ou à l'alcool.

L'arrêt brutal de ce médicament expose à un *syndrome de sevrage* : réapparition de l'insomnie, anxiété, maux de tête, douleurs musculaires. Il faut donc s'entourer de conseils médicaux pour diminuer progressivement les doses et espacer les prises, sur une période d'autant plus longue que le traitement a été prolongé.

Un trouble du sommeil persistant ne doit pas vous conduire à augmenter les doses, mais à consulter votre médecin.

Ce médicament expose à un risque de chute chez la personne âgée ayant l'habitude de se lever la nuit.

Un réveil nocturne après la prise du médicament peut entraîner des troubles de la mémoire, parfois angoissants.

Évitez les boissons alcoolisées : augmentation du risque de somnolence.

Ce médicament est un somnifère. Conduire ou utiliser une machine dangereuse dans les heures qui suivent sa prise est bien sûr contre-indiqué.

La durée de l'effet sédatif, ainsi que son intensité, est très variable d'une personne à l'autre. Il vous appartient de vérifier, après les premières prises, que la persistance éventuelle d'une somnolence au réveil est compatible avec la poursuite de vos activités habituelles.

### Interactions avec d'autres substances

Informez votre médecin ou votre pharmacien si vous prenez d'autres *sédatifs* (tranquillisants, somnifères, certains médicaments contre la toux ou contre la douleur contenant des *opiacés*, *antidépresseurs*, *neuroleptiques*...).

### Grossesse et allaitement

Ce médicament ne doit pas être utilisé sans avis médical pendant la grossesse. Les fortes doses au cours des 6 derniers mois sont déconseillées. En fin de grossesse, un traitement par benzodiazépine, même à faible dose, peut être responsable d'effets indésirables chez le *nouveau-né* : une surveillance médicale du nouveau-né est alors nécessaire pendant 1 à 3 semaines selon les cas.

Ce médicament passe dans le lait maternel : l'allaitement est déconseillé.

### Mode d'emploi et posologie

Les comprimés doivent être avalés avec un verre d'eau, juste avant le coucher.

**Posologie usuelle :**
- Adulte : 1 comprimé à 7,5 mg, le soir au coucher.
- Personne de plus de 65 ans, insuffisant hépatique, rénal ou respiratoire : 1 comprimé à 3,75 mg ou ½ comprimé à 7,5 mg, le soir au coucher.

**Conseils :** Ce médicament vous a été prescrit dans une situation précise. Ne le conseillez pas à une autre personne et ne le réutilisez pas ultérieurement sans avis médical.

La durée de prescription des *hypnotiques* doit être la plus courte possible. Dans certaines situations, le traitement doit toutefois être prolongé. Il appartient alors au médecin de réévaluer périodiquement la nécessité de le poursuivre ou de l'interrompre.

Les somnifères ne sont pas la seule réponse aux troubles du sommeil. Une meilleure hygiène de vie, une consommation modérée d'excitants (y compris les boissons alcoolisées) permettent aussi de lutter efficacement contre les insomnies.

### Effets indésirables possibles

Le plus fréquent : pertubation du goût (goût amer, métallique).
Sensation d'ivresse, maux de tête, troubles de la coordination des mouvements, confusion des idées, somnolence (en particulier chez la personne âgée), troubles du sommeil.
Modification de la libido, *éruption cutanée* avec ou sans démangeaisons, vision double, *troubles digestifs*, faiblesse musculaire, fatigue.
Exceptionnellement : élévation des *transaminases*.
Dans certaines circonstances et chez certaines personnes :
- réactions paradoxales avec augmentation de l'anxiété, agitation, agressivité, confusion des idées, hallucinations ;
- *amnésie antérograde.*

Ces troubles nécessitent l'arrêt du traitement.

Laboratoires Aventis

## IMOVAX POLIO

*Informations détaillées sur www.monvidal.com*

## IMPLANON

*Informations détaillées sur www.monvidal.com*

## IMPORTAL

Laxatif osmotique

### Présentation

**IMPORTAL Jeune Enfant 2,5 g :** poudre pour solution buvable ; boîte de 10 sachets. Remb 35 % - **Prix : 2,25 €**.
**IMPORTAL Enfant 5 g :** poudre pour solution buvable ; boîte de 10 sachets. Remb 35 % - **Prix : 2,25 €**.
**IMPORTAL 10 g :** poudre pour solution buvable ; boîte de 20 sachets. Remb 35 % - **Prix : 4,01 €**.

### Composition

| | p sachet | p sachet | p sachet |
|---|---|---|---|
| **Lactitol** | 2,5 g | 5 g | 10 g |

### Dans quel cas ce médicament est-il prescrit ?

Ce médicament est un *laxatif osmotique*. Il attire l'eau dans l'intestin et augmente le volume des selles.
Il est utilisé dans le *traitement symptomatique* de la constipation. Son action laxative peut également être utile dans le traitement de l'*encéphalopathie hépatique*.

### Contre-indications

Ce médicament ne doit pas être utilisé dans les cas suivants :
- maladie inflammatoire du côlon,
- occlusion intestinale ou affection prédisposant à une occlusion,
- douleurs abdominales de cause inconnue,
- personne ne devant pas absorber de galactose.

**Attention :** En cas de douleurs abdominales répétitives ou prolongées, ce médicament ne doit pas être pris sans avis médical.
L'usage des laxatifs doit rester exceptionnel chez l'enfant.

### Grossesse et allaitement

L'utilisation ponctuelle de ce médicament pendant la grossesse ou l'allaitement ne semble pas poser de problème particulier.

### Mode d'emploi et posologie

Dissoudre la poudre dans un grand verre d'eau ou la mélanger à l'alimentation (yaourt, par exemple).

**Posologie usuelle :**

En cas de constipation, elle sera adaptée selon les résultats obtenus. Si une diarrhée apparaît, il faut réduire la posologie.
- Adulte : 20 g par jour, en 1 prise, soit 2 sachets à 10 g par jour.
- Enfant de 7 à 15 ans : 10 g par jour, en 1 prise, soit 2 sachets Enfant à 5 g ou 1 sachet à 10 g par jour.
- Enfant de 1 à 7 ans : 5 g par jour, en 1 prise, soit 2 sachets Jeune Enfant à 2,5 g ou 1 sachet Enfant à 5 g par jour.
- Nourrisson de moins de 1 ans : 1 sachet Jeune Enfant à 2,5 g par jour.

**Conseils :** Le traitement de la constipation chronique repose essentiellement sur des boissons abondantes, une alimentation riche en fibres et une activité physique régulière.
Ce médicament doit être conservé à l'abri de l'humidité.

### Effets indésirables possibles

Diarrhée, sensation de ballonnement.

Laboratoires Novartis Santé Familiale

## IMUREL

Immunosuppresseur — sur ordonnance

### Présentation

**IMUREL 25 mg :** comprimé ; boîte de 50. Liste I - Remb 100 % - **Prix : 10,57 €**.
**IMUREL 50 mg :** comprimé ; boîte de 100. Liste I - Remb 100 % - **Prix : 30,61 €**.

### Composition

| | p cp | p cp |
|---|---|---|
| **Azathioprine** | 25 mg | 50 mg |
| Lactose | + | + |

### Dans quel cas ce médicament est-il prescrit ?

Ce médicament appartient à la famille des immunosuppresseurs. Il diminue les réactions de défense et de rejet de l'organisme vis-à-vis des corps étrangers.
Il est utilisé :
- dans la prévention du rejet de la greffe chez les personnes ayant bénéficié d'une transplantation d'organe,
- dans le traitement des maladies dues à une anomalie du fonctionnement du système immunitaire (maladies auto-immunes).

### Contre-indications

Ce médicament ne doit pas être utilisé en cas d'**allaitement**.

**Attention :** Des précautions sont nécessaires chez les personnes souffrant d'*insuffisance rénale* ou d'*insuffisance hépatique*.

En début de traitement, des analyses de sang fréquentes sont indispensables pour dépister d'éventuelles anomalies de la *numération formule sanguine* ; suivez scrupuleusement les prescriptions de votre médecin.
Une contraception efficace est recommandée chez la femme pendant toute la durée du traitement.

### Interactions avec d'autres substances

En cas de vaccination, l'utilisation d'un *vaccin* vivant est déconseillée (contre-indiquée dans le cas du vaccin contre la *fièvre jaune*).
Informez votre médecin si vous prenez un médicament contenant de l'allopurinol ou de la ciclosporine.

### Grossesse et allaitement

Les études disponibles n'ont pas mis en évidence de malformation chez les enfants nés de femme enceinte sous traitement. Néanmoins, il est déconseillé de commencer un traitement chez la femme enceinte. Si une grossesse survient sous traitement, votre médecin appréciera le bien-fondé d'un arrêt ou d'une poursuite de celui-ci dans votre cas. Ce médicament n'influe pas sur la fertilité, aussi bien chez la femme que chez l'homme.
En cas de traitement par ce médicament, l'allaitement est contre-indiqué.

### Mode d'emploi et posologie

Ce médicament doit être pris de préférence au cours d'un repas pour limiter les troubles digestifs.
La *posologie* est strictement individuelle.

**Conseils :** Veiller autant que possible à garder intact le pelliculage des comprimés pour éviter le contact du produit avec les mains. Pour la même raison, les comprimés ne sont pas sécables.
Ce médicament doit être conservé à l'abri de la lumière.

### Effets indésirables possibles

Anomalies réversibles de la *numération formule sanguine* : baisse du taux des globules ou des *plaquettes* dans le sang.
*Troubles digestifs*.
Réactions dues à une sensibilité excessive au médicament : fièvre associée à un ou plusieurs symptômes (*vertiges*, douleurs articulaires, vomissements, frissons, douleurs musculaires, éruption de boutons, *pancréatite* ou *hépatite, trouble du rythme cardiaque*, baisse de la tension artérielle, troubles respiratoires).
Chute de cheveux, réversible dans la majorité des cas.
Diminution de la résistance aux infections, surtout chez les patients traités conjointement par de la *cortisone*.

**Laboratoires GlaxoSmithKline**

## INDAPAMIDE BIOGARAN

Diurétique — sur ordonnance

Ce médicament est un générique de FLUDEX (voir p. 417 et tableau p. 1151).

## INDAPAMIDE MERCK

Diurétique — sur ordonnance

Ce médicament est un générique de FLUDEX (voir p. 417 et tableau p. 1151).

## INDIARAL

*Informations détaillées sur www.monvidal.com*

## INDOBIOTIC

Collyre anti-inflammatoire — sur ordonnance

### Présentation

INDOBIOTIC : collyre ; flacon compte-gouttes de 5 ml. Liste I - Remb 65 % - **Prix : 3,74 €.**
INDOBIOTIC : collyre ; boîte de 20 récipients-unidoses de 0,35 ml. Liste I - Remb 65 % - **Prix : 3,66 €.**

### Composition

| | flacon p 100 ml | unidose p 100 ml |
|---|---|---|
| **Indométacine** | 100 mg | 100 mg |
| **Gentamicine** | 300 000 UI | 300 000 UI |
| Thiomersal (mercurothiolate de sodium) | + | |

### Dans quel cas ce médicament est-il prescrit ?

Ce collyre contient un *anti-inflammatoire* non stéroïdien (*AINS*) et un antibiotique de la famille des *aminosides*. L'anti-inflammatoire est destiné à lutter contre l'*œdème* qui peut survenir après une chirurgie de l'œil, l'*antibiotique* vise à prévenir le risque d'infection.
Il est utilisé dans la prévention et le traitement des complications d'opération de la *cataracte*.

### Contre-indications

Ce médicament ne doit pas être utilisé dans les cas suivants :
- *allergie* aux *aminosides* ;
- *antécédent* d'*allergie* ou d'*asthme* provoqué par la prise d'*AINS*, y compris l'aspirine ;
- *insuffisance hépatique* ou *rénale* graves ;
- *ulcère* de l'estomac ou du *duodénum* non traité ;
- **grossesse** (à partir du 6e mois).

**Attention :** Le collyre en flacon de 5 ml contient un conservateur (thiomersal) qui appartient à la famille des *antiseptiques* mercuriels. Signalez à votre médecin tout *antécédent* d'*allergie* à ces substances.
Une irritation oculaire importante peut être due à une infection non contrôlée par le traitement : en cas de doute, n'hésitez pas à consulter votre médecin. N'utilisez pas ce collyre de façon prolongée sans prendre un avis médical.
Le port de lentilles de contact est déconseillé pendant le traitement.
Conducteurs : dans les suites immédiates d'une opération de la *cataracte*, la conduite automobile n'est pas recommandée. En effet, la vision avec un seul œil fonctionnel ne permet pas d'apprécier correctement les distances.

### Interactions avec d'autres substances

Si plusieurs collyres vous ont été prescrits, respectez un intervalle de 15 minutes entre l'instillation des différents produits.
Les substances médicamenteuses contenues dans les collyres sont en parties absorbées et passent dans le sang. Elles pourraient donc, malgré les faibles doses utilisées, donner lieu à des interactions médicamenteuses avec les produits suivants : *anticoagulants*,

*lithium*, méthotrexate, ticlopidine, diflunisal. Demandez conseil à votre médecin si vous prenez conjointement un de ces médicaments.

### Grossesse et allaitement

Des effets néfastes graves pour la mère et l'enfant à naître ont été mis en évidence lorsque les *AINS* sont utilisés au cours des 4 derniers mois de la grossesse : l'usage de ce collyre est formellement contre-indiqué pendant cette période.

Pendant les 5 premiers mois de la grossesse, l'effet de ce médicament est mal connu : seul votre médecin peut évaluer le risque éventuel de son utilisation dans votre cas.

Ce médicament est susceptible de passer faiblement dans le lait maternel : l'allaitement est déconseillé sans avis médical.

### Mode d'emploi et posologie

Tirer la paupière inférieure vers le bas tout en regardant vers le haut et déposer une goutte de collyre entre la paupière et le globe oculaire (*cul-de-sac conjonctival*).

**Posologie usuelle :**

- Adulte : 1 goutte, 4 fois par jour.

La durée habituelle du traitement est de 14 jours.

> **Conseils :** L'application correcte du produit peut nécessiter une aide, notamment chez une personne handicapée ou âgée.
> Ne conservez pas le flacon de 5 ml plus de 15 jours après une première utilisation. Les unidoses doivent être jetées immédiatement après utilisation.

### Effets indésirables possibles

Irritation locale.

**Laboratoires Chauvin Bausch & Lomb**

## INDOCID

Anti-inflammatoire non stéroïdien — **sur ordonnance**

### Présentation

**INDOCID 25 :** gélule (ivoire) ; boîte de 30. Liste I - Remb 65 % - **Prix : 2,59 €.**
**INDOCID 50 :** suppositoire ; boîte de 10. Liste I - Remb 35 % - **Prix : 2,41 €.**
**INDOCID 100 :** suppositoire ; boîte de 10. Liste I - Remb 35 % - **Prix : 3,15 €.**

### Composition

| | p gél | p suppos | p suppos |
|---|---|---|---|
| **Indométacine** | 25 mg | 50 mg | 100 mg |
| Lactose | + | | |

### Dans quel cas ce médicament est-il prescrit ?

Ce médicament est un *anti-inflammatoire* non stéroïdien (*AINS*). Il lutte contre l'*inflammation* et la douleur, fait baisser la fièvre et fluidifie le sang.

Il est utilisé chez l'adulte dans le *traitement symptomatique* :
- des *rhumatismes inflammatoires* ;
- des *tendinites*, *arthrites*, *arthroses*, *lombalgies*.

### Contre-indications

Ce médicament ne doit pas être utilisé dans les cas suivants :
- *antécédent* d'*allergie* ou d'*asthme* provoqué par la prise d'*AINS*, y compris l'aspirine ;
- *ulcère* de l'estomac ou du *duodénum*, *hémorragie* digestive ;
- *insuffisance hépatique* ou *rénale* grave ;
- *insuffisance cardiaque* grave ;
- *inflammation* ou saignement récent du rectum (suppositoire) ;
- **grossesse** (à partir du 6$^{e}$ mois).

> **Attention :** Tout traitement prolongé ou *surdosage* d'*AINS* expose à des effets indésirables graves.
> Certaines situations doivent conduire à ne poursuivre le traitement qu'après un avis médical :
> - brûlures d'estomac importantes ou selles noires et nauséabondes pouvant traduire une irritation ou un saignement du tube digestif ;
> - *réaction allergique* cutanée, crise d'*asthme* ;
> - fatigue inhabituelle et intense, ou baisse brutale et importante du volume des urines chez une personne souffrant d'*insuffisance cardiaque*, déshydratée ou traitée par *diurétique*.
>
> Des précautions sont nécessaires en cas de troubles nerveux, d'*épilepsie*, de maladie de *Parkinson*, d'*antécédent* d'*ulcère* de l'estomac ou du *duodénum*, de risque hémorragique, et chez la personne âgée.
> Certains médecins considèrent que les anti-inflammatoires peuvent diminuer l'efficacité des stérilets et exposer à un risque de grossesse non désirée. Ce risque est actuellement très controversé.
> Conducteur : ce médicament peut provoquer parfois des étourdissements et des troubles de la vue.

### Interactions avec d'autres substances

Ce médicament peut interagir avec d'autres médicaments, notamment :
- l'aspirine et les autres *anti-inflammatoires* non stéroïdiens : risque d'accroissement des effets indésirables ;
- les *anticoagulants* et les *antiagrégants plaquettaires* (TICLID...) : augmentation du risque hémorragique ;
- le lithium (TÉRALITHE, NEUROLITHIUM...) : augmentation du taux de lithium dans le sang ;
- un *antalgique* contenant du diflunisal (DOLOBIS...) ;
- le méthotrexate.

Informez par ailleurs votre médecin ou votre pharmacien si vous prenez un *diurétique*, un *inhibiteur de l'enzyme de conversion*, un *inhibiteur de l'angiotensine II*, un *bêtabloquant* ou un médicament contenant de la desmopressine ou de la ciclosporine.

### Grossesse et allaitement

Des effets néfastes pour l'enfant à naître ont été mis en évidence lorsque les *AINS* sont utilisés au cours des 4 derniers mois de la grossesse ; le risque existe même avec une seule prise et même si la grossesse est à terme. L'usage de ce médicament est contre-indiqué pendant cette période.

Pendant les 5 premiers mois, l'effet de ce médicament est mal connu : seul votre médecin peut évaluer le risque éventuel de son utilisation dans votre cas.

Ce médicament passe dans le lait maternel ; un choix est donc nécessaire entre l'allaitement et la prise du médicament. Cette décision devra être prise en accord avec votre médecin.

### Mode d'emploi et posologie

Les gélules doivent être avalées, sans être ouvertes, avec un verre d'eau, de préférence au cours des repas.

Les suppositoires sont pris de préférence le soir au coucher.

**Posologie usuelle :**

- Adulte : 50 à 150 mg par jour, répartis en plusieurs prises.

**Conseils :** Les anti-inflammatoires ne sont pas des médicaments anodins. Du fait de la possibilité d'effets indésirables graves, ils ne doivent être utilisés que lorsqu'ils sont nécessaires, ce qui n'est pas le cas pour les affections rhumatismales peu douloureuses et les traumatismes bénins. Ce médicament vous a été prescrit dans une situation précise : ne le conseillez pas à un proche et ne le réutilisez pas sans avis médical.

Ne dépassez pas la *posologie* ni la durée de traitement prescrites par votre médecin, afin de limiter les effets indésirables.

Ces suppositoires contenant des substances irritantes pour la peau, les yeux, les muqueuses, il est particulièrement important de se laver les mains après les avoir manipulés.

Les effets indésirables de ce médicament sur l'estomac peuvent survenir aussi bien avec les suppositoires qu'avec les gélules.

### Effets indésirables possibles

Nausées, vomissements, douleurs abdominales.

Maux de tête (pouvant nécessiter l'arrêt du traitement), *vertiges*, fatigue.

Rarement :

- *ulcère* de l'estomac ou du *duodénum*, *hémorragie* du tube digestif, le plus souvent lors de traitement à forte dose ;
- *réaction allergique* : *éruption cutanée*, démangeaison, *œdème*, *asthme* ;
- confusion mentale, troubles du sommeil, troubles nerveux, fourmillement des extrémités, aggravation d'une *épilepsie* ou d'une maladie de *Parkinson* ;
- troubles de la vision (un examen ophtalmologique est recommandé lors d'un traitement prolongé) ou de l'audition ;
- modification de la tension artérielle, *palpitations*, douleur thoracique... ;
- anomalie de la *numération formule sanguine*, augmentation des *transaminases*, *hyperkaliémie*.

Les suppositoires peuvent aussi provoquer une irritation locale : démangeaisons, sensation de brûlure, saignement.

Laboratoires MSD-Chibret

## INDOCOLLYRE

Collyre anti-inflammatoire — sur ordonnance

### Présentation

INDOCOLLYRE 0,1 % : collyre ; flacon de 5 ml. Liste I - Remb 65 % - **Prix : 3,98 €**.
INDOCOLLYRE 0,1 % : collyre ; boîte de 20 récipients unidoses de 0,35 ml. Liste I - Remb 65 % - **Prix : 3,86 €**.

### Composition

| | flacon p 100 ml | unidose p 100 ml |
|---|---|---|
| **Indométacine** | 100 mg | 100 mg |
| Thiomersal (mercurothiolate de sodium) | + | |

### Dans quel cas ce médicament est-il prescrit ?

Ce collyre contient un *anti-inflammatoire* non stéroïdien (*AINS*). Il lutte contre l'*œdème* qui peut survenir après une chirurgie de l'œil.

Il est utilisé dans la prévention et le traitement des complications d'opération du cristallin ou de la cornée.

### Contre-indications

Ce médicament ne doit pas être utilisé dans les cas suivants :

- *antécédent* d'*allergie* ou d'*asthme* provoqué par la prise d'*AINS*, y compris l'aspirine ;
- *ulcère* de l'estomac ou du *duodénum*,
- *insuffisance hépatique* ou *rénale* graves,
- **grossesse** (à partir du 6e mois).

**Attention :** Le collyre en flacon de 5 ml contient un conservateur (thiomersal) qui appartient à la famille des dérivés mercuriels. Signalez à votre médecin tout *antécédent* d'*allergie* à ces substances.

Une irritation oculaire peut être due à une infection : en cas de doute, n'hésitez pas à consulter votre médecin. N'utilisez pas ce collyre de façon prolongée sans prendre un avis médical.

Le port de lentilles de contact est déconseillé pendant toute la durée du traitement.

Conducteurs : dans les suites immédiates d'une opération de la *cataracte*, la conduite automobile n'est pas recommandée. En effet, la vision avec un seul œil fonctionnel ne permet pas d'apprécier correctement les distances.

### Interactions avec d'autres substances

Si plusieurs collyres vous ont été prescrits, respectez un intervalle de 15 minutes entre l'instillation des différents produits.

Les substances médicamenteuses contenues dans les collyres sont en parties absorbées et passent dans le sang. Elles pourraient donc, malgré les faibles doses utilisées, donner lieu à des interactions médicamenteuses avec les produits suivants : *anticoagulants*, *lithium*, méthotrexate, ticlopidine. Demandez conseil à votre médecin si vous prenez conjointement un de ces médicaments.

### Grossesse et allaitement

Des effets néfastes graves pour la mère et l'enfant à naître ont été mis en évidence lorsque les *AINS* sont utilisés au cours des 4 derniers mois de la grossesse : l'usage de ce collyre est formellement contre-indiqué pendant cette période.

Pendant les 5 premiers mois de la grossesse, l'effet de ce médicament est mal connu : seul votre médecin peut évaluer le risque éventuel de son utilisation dans votre cas.

Ce médicament est susceptible de passer faiblement dans le lait maternel : l'allaitement est déconseillé sans avis médical.

### Mode d'emploi et posologie

Tirer la paupière inférieure vers le bas tout en regardant vers le haut et déposer une goutte de collyre entre la paupière et le globe oculaire (*cul-de-sac conjonctival*).

**Posologie usuelle :**

- Adulte : 1 goutte, 4 à 6 fois par jour selon les cas, en commençant le traitement 24 heures avant l'intervention chirurgicale.

> **Conseils :** L'application correcte du produit peut nécessiter une aide, notamment chez une personne handicapée ou âgée.
> Ne conservez pas ce collyre en flacon de 5 ml plus de 15 jours après une première utilisation. Les unidoses doivent être jetées immédiatement après utilisation.

### Effets indésirables possibles

Irritation locale.

Rarement : *allergie* (rougeurs, démangeaisons) devant faire arrêter le traitement.

Laboratoires Chauvin Bausch & Lomb

## INEGY

*Informations détaillées sur www.monvidal.com*

## INEXIUM

Antiulcéreux — sur ordonnance

### Présentation

**INEXIUM 20 mg :** comprimé *gastrorésistant* (rose pâle) ; boîte de 7. Liste II - Remb 65 % - **Prix : 7,59 €.**
**INEXIUM 20 mg :** comprimé *gastrorésistant* (rose pâle) ; boîte de 14. Liste II - Remb 65 % - **Prix : 14,63 €.**
**INEXIUM 20 mg :** comprimé *gastrorésistant* (rose pâle) ; boîte de 28. Liste II - Remb 65 % - **Prix : 28,71 €.**
**INEXIUM 40 mg :** comprimé *gastrorésistant* (rose) ; boîte de 14. Liste II - Remb 65 % - **Prix : 17,27 €.**
**INEXIUM 40 mg :** comprimé *gastrorésistant* (rose) ; boîte de 28. Liste II - Remb 65 % - **Prix : 33,76 €.**

### Composition

| | p cp | p cp |
|---|---|---|
| **Ésoméprazole** | 20 mg | 40 mg |

### Dans quel cas ce médicament est-il prescrit ?

Ce médicament est un antiulcéreux qui agit en diminuant la sécrétion acide de l'estomac, indépendamment de la cause qui peut provoquer cette sécrétion.

Il est utilisé pour :

- traiter les *inflammations* de l'œsophage dues aux reflux des acides de l'estomac vers l'œsophage et prévenir les récidives après cicatrisation ;
- traiter et prévenir les gastrites liées aux anti-inflammatoires (*AINS*).

En association avec un traitement *antibiotique* spécifique, ce médicament dosé à 20 mg permet l'éradication d'un germe appelé *Helicobacter pylori*, très fréquemment responsable de l'*ulcère* du *duodénum* et prévient les récidives.

> **Attention :** La disparition des douleurs ne signifie pas que l'*ulcère* est cicatrisé : la durée du traitement doit être respectée.
> Des précautions sont nécessaires en cas d'*insuffisance hépatique* grave.

### Grossesse et allaitement

Aucun effet néfaste pour l'enfant à naître n'a été établi avec ce médicament. Néanmoins, par précaution, son usage pendant la grossesse est réservé aux situations pour lesquelles il n'existe pas d'alternative thérapeutique.

Les données actuellement disponibles ne permettent pas de savoir si ce médicament passe dans le lait maternel : son usage est déconseillé pendant l'allaitement.

### Mode d'emploi et posologie

Ce médicament peut être pris indifféremment au cours ou en dehors des repas. Il doit être avalé entier avec un verre d'eau, sans être croqué ni écrasé.

Pour les personnes ne pouvant avaler les comprimés, ceux-ci peuvent être dissous dans un verre d'eau non gazeuse. La solution obtenue doit être bue dans les 30 minutes suivantes. Pour récupérer les éventuelles granules déposées sur les parois, rincer le verre avec un peu d'eau et la boire.

**Posologie usuelle :**

- Adulte : 20 mg à 40 mg par jour, selon les indications.

La durée du traitement est habituellement de plusieurs semaines.

Dans l'éradication d'*Helicobaster pylori* : 1 comprimé à 20 mg, 2 fois par jour (matin et soir), en association à un traitement *antibiotique* pendant 7 jours. Le succès du traitement est étroitement lié au strict respect des *posologies*.

> **Conseils :** Si vous êtes fumeur, la poursuite du tabagisme est un frein important au traitement : la nicotine augmente l'acidité gastrique et réduit l'efficacité du muscle qui ferme la jonction entre l'œsophage et l'estomac.
> La prise de ce médicament ne dispense pas des mesures diététiques que peut vous conseiller votre médecin.
> L'aspirine et les *anti-inflammatoires* peuvent être agressifs pour l'estomac : n'en prenez pas sans l'avis de votre médecin.

### Effets indésirables possibles

Maux de tête, douleurs abdominales, diarrhée ou constipation, nausées, vomissements, flatulence.

Plus rarement : *éruption cutanée*, sensation de vertige, bouche sèche.

Laboratoires AstraZeneca

## INFANRIXHEXA

*Informations détaillées sur www.monvidal.com*

## INFANRIXQUINTA

Vaccins associés

### Présentation

INFANRIXQUINTA : poudre et suspension injectable ; flacon de poudre et seringue préremplie de 0,5 ml. Remb 65 % - **Prix : 27,93 €.**

### Composition

| | |
|---|---|
| | p flacon |
| **Polyoside Haemophilus influenzae type b conjugué à la protéine tétanique** | 10 µg |
| | p seringue |
| **Anatoxine diphtérique purifiée** | ⩾ 30 UI |
| **Anatoxine tétanique purifiée** | ⩾ 40 UI |
| **Antigènes coquelucheux** | 58 µg |
| **Virus poliomyélitiques inactivés de type 1, 2 et 3** | 80 UD |

### Dans quel cas ce médicament est-il prescrit ?

C'est une association de *vaccins* composée de fragments de *germes* (Haemophilus), d'*anatoxines* (diphtérie et tétanos), de *virus* tués (polio) et d'*antigènes* immunisants (coqueluche). Ce vaccin ne contenant pas de bacille coquelucheux est dit « acellulaire ». Il ne contient par ailleurs aucun germe vivant.

Elle est utilisée dans la prévention de la diphtérie, du tétanos, de la coqueluche, de la poliomyélite et des infections graves dues aux Haemophilus (*méningites* et *épiglottites* notamment) chez les *nourrissons* et les enfants en bas âge.

### Contre-indications

Ce médicament ne doit pas être utilisé dans les cas suivants :

- certaines maladies graves du cerveau,
- forte réaction lors de la première vaccination anticoquelucheuse : fièvre élevée, *convulsions*...,
- *réaction allergique* grave apparue immédiatement après une précédente injection du même vaccin.

**Attention :** En cas de fièvre élevée, de maladie aiguë, il est préférable de différer la vaccination. Néanmoins, de banales *rhinopharyngites* ne justifient pas la prise de retard dans le programme de vaccination infantile.

Les enfants ayant souffert de *convulsions* lors d'accès de fièvre non liés à une vaccination peuvent recevoir ce *vaccin*. Il convient néanmoins de leur administrer un traitement *antipyrétique* (aspirine ou paracétamol) pendant 48 heures.

Comme pour tous les *vaccins*, des cas exceptionnels de *réactions allergiques* graves ont été constatés ; ce risque justifie la nécessité de réaliser la vaccination en milieu médical où un traitement d'urgence pourra être entrepris sans délai.

De la néomycine, du formaldéhyde et de la polymyxine B sont utilisés pour fabriquer ce vaccin. Ces substances persistent en infime quantité dans la solution injectable. Des précautions sont nécessaires chez les personnes qui y sont allergiques.

### Grossesse et allaitement

Ce *vaccin* est destiné au jeune enfant et n'est pas utilisé pendant la grossesse.

### Mode d'emploi et posologie

Avant l'injection, dissoudre la poudre avec la suspension. Agiter jusqu'à dissolution complète. L'aspect trouble et blanchâtre après reconstitution est normal. L'injection doit être réalisée par *voie* intramusculaire. Dans certains cas (hémophilie, faible taux de *plaquettes* sanguines) l'injection peut être réalisée par *voie* sous-cutanée.

**Posologie usuelle :**

Les 3 premières injections sont réalisées à 1 mois d'intervalle, dès l'âge de 2 mois. Un rappel est nécessaire 1 an après la troisième injection. Les rappels ultérieurs (tous les 5 ans) sont généralement pratiqués avec un autre *vaccin*, la protection contre les infections à Haemophilus étant alors suffisante.

**Conseils :** Les réactions fébriles dues aux *vaccins* peuvent être combattues en prenant de l'aspirine ou du paracétamol.

Pour garder son efficacité, ce médicament doit être conservé entre + 2 °C et + 8 °C (partie haute du réfrigérateur). Toutefois, une rupture de la chaîne du froid pendant une durée limitée (quelques heures à température ambiante inférieure à 25 °C) ne devrait pas prêter à conséquence. En pratique, en cas de nécessité, un délai de quelques heures peut séparer l'achat du vaccin en pharmacie de son stockage au réfrigérateur ou de la vaccination.

Ce vaccin ne doit pas être congelé.

### Effets indésirables possibles

Réaction douloureuse, rougeur ou œdème au point d'injection.

Réaction fébrile (38 ° à 39 °C) pendant 1 ou 2 jours, agitation, manque d'appétit, vomissements, diarrhée.

Rarement : fièvre (supérieure à 40 °C), *réaction allergique*, cris inhabituels et persistants, *convulsions* liées à la présence de l'antigène coquelucheux. Compte tenu de la gravité potentielle de la coqueluche, la crainte de ces réactions rares ne remet pas en cause l'intérêt de cette vaccination.

Dans de rares cas, la vaccination peut être suivie par le gonflement du membre où l'injection a été pratiquée. Cet œdème peut s'accompagner de l'apparition de petites taches violacées sur la peau. Ces troubles disparaissent spontanément en quelques heures et ne laissent pas de séquelles ; leur apparition semble liée à l'injection conjointe du vaccin antihaemophilus avec le vaccin DTCP. Par prudence, il convient de ne pas réaliser ces 2 vaccinations en une seule injection lors des rappels ultérieurs (utiliser un vaccin antihaemophilus d'une part et un vaccin associant diphtérie, tétanos, coqueluche et polio d'autre part).

**Laboratoires GlaxoSmithKline**

## INFANRIXTETRA

Vaccins associés

### Présentation

INFANRIXTETRA : suspension injectable ; seringue préremplie de 0,5 ml. Remb 65 % - **Prix : 15,27 €.**

### Composition

| | p seringue |
|---|---|
| **Anatoxine diphtérique purifiée** | ⩾ 30 UI |
| **Anatoxine tétanique purifiée** | ⩾ 40 UI |
| **Antigènes coquelucheux** | 58 µg |
| **Virus poliomyélitiques inactivés de type 1, 2 et 3** | 80 UD |

### Dans quel cas ce médicament est-il prescrit ?

C'est une association de *vaccins* composée d'*anatoxines* (diphtérie, tétanos et coqueluche), de *virus* tués (polio) et d'*antigènes* immunisants (coqueluche). Ce vaccin ne contenant pas de bacille coquelucheux est dit « acellulaire ». Il ne contient par ailleurs aucun germe vivant.

Elle est utilisée dans la prévention de la diphtérie, du tétanos, de la coqueluche et de la poliomyélite, lors du rappel chez les enfants âgés de 16 mois à 13 ans.

### Contre-indications

Ce médicament ne doit pas être utilisé en cas de *réaction allergique* ou de troubles graves, notamment neurologiques, apparus après une précédente injection de la même association de vaccins.

**Attention :** En cas de fièvre élevée, de maladie aiguë, il est préférable de différer la vaccination.

Comme pour tous les *vaccins*, des cas exceptio-

nnels de *réactions allergiques* graves ont été constatés ; ce risque justifie la nécessité de réaliser la vaccination en milieu médical où un traitement d'urgence pourra être entrepris sans délai.
De la néomycine, de la polymyxine B et du formaldéhyde sont utilisés pour fabriquer ce vaccin. Ces substances persistent en infime quantité dans la solution injectable. Par prudence, ce médicament ne doit pas être administré chez les personnes qui y sont allergiques.

### Grossesse et allaitement

Ce *vaccin* est destiné à l'enfant et n'est pas utilisé pendant la grossesse.

### Mode d'emploi et posologie

Bien agiter la seringue avant l'emploi, la réchauffer à température ambiante si nécessaire. L'injection est généralement réalisée par *voie* intramusculaire dans le muscle deltoïde.

**Posologie usuelle :**
Ce vaccin est utilisé pour le rappel réalisé chez les enfants âgés de 16 mois à 13 ans.

**Conseils :** Les réactions fébriles dues aux *vaccins* peuvent être combattues en prenant de l'aspirine ou du paracétamol.
Pour garder son efficacité, ce médicament doit être conservé entre + 2 °C et + 8 °C (partie haute du réfrigérateur). Toutefois, une rupture de la chaîne du froid pendant une durée limitée (quelques heures à température ambiante inférieure à 25 °C) ne devrait pas prêter à conséquence. En pratique, en cas de nécessité, un délai de quelques heures peut séparer l'achat du vaccin en pharmacie de son stockage au réfrigérateur ou de la vaccination.
Ce vaccin ne doit pas être congelé.

### Effets indésirables possibles

Réaction douloureuse, rougeur ou œdème au point d'injection.
Réaction fébrile (38 ° à 39 °C) pendant 1 ou 2 jours.
Maux de tête, malaises, somnolence, irritabilité, perte d'appétit, agitation, cris inhabituels.

**Laboratoires GlaxoSmithKline**

## INFIBRAN

*Informations détaillées sur www.monvidal.com*

## INFLACED

*Informations détaillées sur www.monvidal.com*

## INFLUDO

*Informations détaillées sur www.monvidal.com*

## INFLUVAC

Vaccin : grippe

### Présentation

INFLUVAC : suspension injectable ; seringue préremplie de 0,5 ml. Remb 65 % - **Prix : 6,26 €**.

### Composition

| | p seringue |
|---|---|
| **Virus grippaux inactivés** | 1 dose |
| Thiomersal | + |

### Dans quel cas ce médicament est-il prescrit ?

C'est un *vaccin* composé de *virus* grippaux tués. Il ne contient aucun germe vivant.
Il est utilisé dans la prévention de la grippe. L'immunité apparaît 15 jours après l'injection et dure 1 an.

### Contre-indications

Ce médicament ne doit pas être utilisé en cas d'*allergie* aux protéines de l'œuf.

**Attention :** De la gentamicine et du formaldéhyde sont utilisés pour fabriquer ce vaccin. Ces substances persistent en infime quantité dans la solution injectable. Des précautions sont nécessaires chez les personnes qui y sont allergiques.
En cas de fièvre élevée, de maladie aiguë, il est préférable de différer la vaccination.
Le *vaccin* antigrippal ne protège que contre la vraie grippe, maladie grave, potentiellement mortelle chez les personnes fragiles. Il est incapable de prévenir les bronchites banales et autres affections virales saisonnières.
Dans les suites de la vaccination antigrippale, certains tests de dépistage (sida, *hépatite* C...) peuvent être exceptionnellement rendus positifs. Pour éviter toute inquiétude injustifiée, ne pratiquez pas ces tests pendant le mois qui suit la vaccination.
Comme pour tous les *vaccins*, des cas exceptionnels de *réactions allergiques* graves ont été constatés ; ce risque justifie la nécessité de réaliser la vaccination en milieu médical où un traitement d'urgence pourra être entrepris sans délai.

### Grossesse et allaitement

L'effet de ce *vaccin* pendant la grossesse est mal connu : seul votre médecin peut évaluer le risque éventuel de son utilisation dans votre cas.
Cette vaccination peut être pratiquée pendant l'allaitement.

### Mode d'emploi et posologie

Bien agiter la seringue avant l'emploi, la réchauffer à température ambiante si nécessaire. L'injection doit être réalisée par *voie* sous-cutanée ou intramusculaire.

**Posologie usuelle :**

- Adulte et enfant de plus de 36 mois : 1 injection de 0,5 ml.
- Enfant de 6 à 35 mois : 1 injection de 0,25 ml ou 0,5 ml. Cette injection pourra être renouvelée 1 mois après.

La prévention de la grippe repose sur une injection annuelle : le vaccin est différent tous les ans car il est adapté aux caractéristiques du *virus* attendu.

**Conseils :** Les réactions fébriles dues aux *vaccins* peuvent être combattues en donnant de l'aspirine ou du paracétamol.
Pour garder son efficacité, ce médicament doit être conservé entre + 2 °C et + 8 °C (partie haute du réfrigérateur). Toutefois, une rupture de la chaîne du froid pendant une durée limitée (quelques heures à température ambiante inférieure à 25 °C) ne devrait pas prêter à conséquence. En pratique, en cas de nécessité, un délai de quelques heures peut séparer l'achat du vaccin en pharmacie de son stockage au réfrigérateur ou de la vaccination.
Ce vaccin ne doit pas être congelé.

### Effets indésirables possibles

Réaction douloureuse, *nodule* au point d'injection.

Fièvre modérée, maux de tête, fatigue, malaise, douleur musculaire ou articulaire.

Exceptionnellement : *réaction allergique*.

**Laboratoires Solvay Pharma**

## INIPOMP

Antiulcéreux

**sur ordonnance**

### Présentation

**INIPOMP 20 mg :** comprimé *gastrorésistant* (jaune) ; boîte de 14. Liste II - Remb 65 % - **Prix : 11,04 €**.
**INIPOMP 20 mg :** comprimé *gastrorésistant* (jaune) ; boîte de 28. Liste II - Remb 65 % - **Prix : 21,56 €**.
**INIPOMP 40 mg :** comprimé *gastrorésistant* (beige) ; boîte de 7. Liste II - Remb 65 % - **Prix : 10,82 €**.
**INIPOMP 40 mg :** comprimé *gastrorésistant* (beige) ; boîte de 14. Liste II - Remb 65 % - **Prix : 21,11 €**.
**INIPOMP 40 mg :** comprimé *gastrorésistant* (beige) ; boîte de 28. Liste II - Remb 65 % - **Prix : 40,28 €**.

### Composition

| | p cp | p cp |
|---|---|---|
| **Pantoprazole** ...................... | 20 mg | 40 mg |

### Dans quel cas ce médicament est-il prescrit ?

C'est un antiulcéreux qui agit en diminuant la sécrétion acide de l'estomac, indépendamment de la cause qui peut provoquer cette sécrétion.

Il est utilisé pour :

- traiter les *ulcères* de l'estomac ou du *duodénum*, les *inflammations* de l'œsophage dues aux reflux des acides de l'estomac vers l'œsophage et le syndrome de *Zollinger-Ellison* ;
- prévenir les *gastrites* liées aux anti-inflammatoires (*AINS*).

En association avec un traitement *antibiotique* spécifique, ce médicament permet l'éradication d'un germe appelé *Helicobacter pylori*, très fréquemment responsable des récidives de l'ulcère.

**Attention :** Des précautions sont nécessaires en cas d'*insuffisance hépatique*.

La disparition des douleurs ne signifie pas que l'*ulcère* est cicatrisé : la durée du traitement doit être respectée.

### Grossesse et allaitement

Aucun effet néfaste pour l'enfant à naître n'a été établi avec ce médicament. Néanmoins, par précaution, son usage pendant la grossesse est réservé aux situations pour lesquelles il n'existe pas d'alternative thérapeutique.

Les données actuellement disponibles ne permettent pas de savoir si ce médicament passe dans le lait maternel : son usage est déconseillé pendant l'allaitement.

### Mode d'emploi et posologie

Ce médicament est pris de préférence avant un repas. Il doit être avalé avec un peu d'eau sans être croqué ni écrasé.

**Posologie usuelle :**

- Adulte :
  - traitement des *symptômes* du *reflux gastro-œsophagien* (lorsque les règles hygiènodiététiques sont insuffisantes) : 20 mg par jour ;
  - traitement de l'*inflammation* de l'œsophage : 20 à 40 mg par jour ;
  - traitement des *ulcères* de l'estomac ou du *duodénum* : 40 mg par jour ;
  - éradication d'*Helicobacter pylori* : 40 mg 2 fois par jour, associé à un traitement *antibiotique* pendant 7 jours ; puis 40 mg par jour pendant au moins 3 semaines. Le succès du traitement est étroitement lié au strict respect de la *posologie* de l'antiulcéreux et des antibiotiques pendant la première semaine ;
  - syndrome de *Zollinger-Ellison* : la posologie est individuelle et beaucoup plus élevée. La durée du traitement est généralement de plusieurs semaines ;
  - traitement des *gastrites* liées aux anti-inflammatoires (*AINS*) : 20 mg par jour.

**Conseils :** Si vous êtes fumeur, la poursuite du tabagisme est un frein important au traitement : la nicotine augmente l'acidité gastrique et réduit l'efficacité du muscle qui ferme la jonction entre l'œsophage et l'estomac.

La prise de ce médicament ne dispense pas des mesures diététiques que peut vous conseiller votre médecin.

L'aspirine et les *anti-inflammatoires* peuvent être agressifs pour l'estomac : n'en prenez pas sans l'avis de votre médecin.

### Effets indésirables possibles

Rarement : gêne ou ballonnement abdominal, *diarrhée* ou constipation, nausées, maux de tête, *vertiges*, vision floue, *réaction allergique* (démangeaisons, *éruption cutanée*...).

Très rarement : augmentation des *transaminases* ou des *triglycérides*, douleurs musculaires, fièvre, *état dépressif*, disparaissant après l'arrêt du traitement.

**Laboratoires Sanofi-Aventis France**

## INNOHEP

Anticoagulant injectable

**sur ordonnance**

### Présentation

**INNOHEP 2 500 UI anti-Xa/0,25 ml :** solution injectable *SC* ; boîte de 2 seringues préremplies. Liste I - Remb 65 % - **Prix : 6,67 €**.
**INNOHEP 2 500 UI anti-Xa/0,25 ml :** solution injectable *SC* ; boîte de 6 seringues préremplies. Liste I - Remb 65 % - **Prix : 18,91 €**.
**INNOHEP 3 500 UI anti-Xa/0,35 ml :** solution injectable *SC* ; boîte de 2 seringues préremplies. Liste I - Remb 65 % - **Prix : 9,73 €**.
**INNOHEP 3 500 UI anti-Xa/0,35 ml :** solution injectable *SC* ; boîte de 6 seringues préremplies. Liste I - Remb 65 % - **Prix : 28,11 €**.
**INNOHEP 4 500 UI anti-Xa/0,45 ml :** solution injectable *SC* ; boîte de 2 seringues préremplies. Liste I - Remb 65 % - **Prix : 12,80 €**.
**INNOHEP 4 500 UI anti-Xa/0,45 ml :** solution injectable *SC* ; boîte de 6 seringues préremplies. Liste I - Remb 65 % - **Prix : 36,57 €**.
**INNOHEP 10 000 UI anti-Xa/0,5 ml :** solution injectable *SC* ; boîte de 2 seringues préremplies. Liste I - Remb 65 % - **Prix : 24,97 €**.
**INNOHEP 10 000 UI anti-Xa/0,5 ml :** solution injectable *SC* ; boîte de 10 seringues préremplies. Liste I - Remb 65 % - **Prix : 109,16 €**.

INNOHEP 14 000 UI anti-Xa/0,7 ml : solution injectable *SC* ; boîte de 2 seringues préremplies. Liste I - Remb 65 % - **Prix : 30,89 €.**
INNOHEP 14 000 UI anti-Xa/0,7 ml : solution injectable *SC* ; boîte de 10 seringues préremplies. Liste I - Remb 65 % - **Prix : 134,37 €.**
INNOHEP 18 000 UI anti-Xa/0,9 ml : solution injectable *SC* ; boîte de 2 seringues préremplies. Liste I - Remb 65 % - **Prix : 38,08 €.**
INNOHEP 18 000 UI anti-Xa/0,9 ml : solution injectable *SC* ; boîte de 10 seringues préremplies. Liste I - Remb 65 % - **Prix : 169,16 €.**

### Composition

| | p ml |
|---|---|
| **Tinzaparine sodique exprimé en UI anti-Xa** | 20 000 |

### Dans quel cas ce médicament est-il prescrit ?

Ce médicament est un *anticoagulant* de la famille des héparines de bas poids moléculaire. Il empêche la formation ou l'extension des caillots dans les vaisseaux sanguins.
Il est utilisé :
- à faible dose, dans le *traitement préventif* des *accidents thromboemboliques* chez les opérés récents ;
- à forte dose, dans le traitement des *thromboses* veineuses (*phlébite*...) et des *embolies* pulmonaires.

### Contre-indications

Ce médicament ne doit pas être utilisé dans les cas suivants :
- baisse des *plaquettes* sanguines lors d'une précédente utilisation de ce médicament ou d'un autre médicament de la famille des héparines,
- *hémophilie* et maladies apparentées,
- risque de saignement d'un organe (*ulcère* de l'estomac ou du *duodénum*).

Ce médicament ne doit pas être utilisé à forte dose en cas d'*insuffisance rénale* grave ou d'*hémorragie* cérébrale.

**Attention :** Des analyses de sang sont préconisées en début et en cours de traitement pour contrôler notamment le taux de *plaquettes* dans le sang.
Une surveillance particulière est nécessaire chez les personnes de plus de 65 ans, chez celles pesant moins de 40 kg ou présentant une *insuffisance rénale*, une *insuffisance hépatique* ou un *antécédent* d'*ulcère* de l'estomac ou du duodénum et en cas de traitement de plus de 10 jours.
L'aspirine augmente le risque hémorragique lié à l'usage de ce médicament. De nombreux produits utilisés pour traiter la fièvre ou la douleur contiennent de l'aspirine et sont vendus sans ordonnance. Ne prenez aucun médicament sans l'avis de votre médecin ou de votre pharmacien. Prévenez votre dentiste de la prise de ce médicament.
Ce médicament expose au risque d'*hémorragies* internes. Les sports violents ou les activités dangereuses sont déconseillés au cours du traitement.

### Interactions avec d'autres substances

Ce médicament peut interagir avec les médicaments contenant de l'aspirine ou des *anti-inflammatoires* non stéroïdiens : augmentation du risque d'*hémorragie*.
Informez par ailleurs votre médecin si vous prenez un *antiagrégant plaquettaire* ou un médicament susceptible d'augmenter le taux de potassium dans le sang (notamment certains *diurétiques* et les médicaments contenant du potassium).

### Grossesse et allaitement

Seul votre médecin peut apprécier la nécessité de ce traitement et son risque pendant la grossesse.
La possibilité d'un effet du médicament chez le *nourrisson* est très improbable ; l'allaitement est possible.

### Mode d'emploi et posologie

La solution injectable est administrée par *voie* sous-cutanée dans un pli de la peau pincé entre deux doigts. L'injection se fait habituellement dans la paroi abdominale.

**Posologie usuelle :**
- Adulte : la posologie est strictement individuelle. Elle varie selon la maladie à traiter et le poids de la personne.

1 injection par jour. En cas d'immobilisation, le traitement durera au moins jusqu'à la reprise normale de la marche.

**Conseils :** Lorsque ce médicament est remplacé par un *anticoagulant* oral, les deux traitements doivent être pris simultanément pendant quelques jours, le temps que le traitement oral devienne efficace.

### Effets indésirables possibles

Des hématomes (bleus) peuvent apparaître au point d'injection. Ils disparaîtront spontanément.
*Hémorragies* de gravité variable.
Baisse des *plaquettes* sanguines, justifiant des analyses de sang avant et pendant le traitement.
Rarement : *réaction allergique*, douleur durable au point d'injection pouvant traduire une lésion de la peau ; consultez votre médecin.
Élévation transitoire des *transaminases*, *hyperkaliémie*.

Laboratoires Leo Pharma

## INOD'AIL

*Informations détaillées sur www.monvidal.com*

## INOFER

*Informations détaillées sur www.monvidal.com*

## INONGAN
Antalgique d'action locale

### Présentation

INONGAN : crème ; tube de 55 g. Non remb.

### Composition

| | p 100 g |
|---|---|
| **Salicylate de méthyle** | 12,5 g |
| **Camphre** | 1 g |
| **Menthol** | 0,75 g |
| Eucalyptus, huile essentielle | 0,5 g |

### Dans quel cas ce médicament est-il prescrit ?

Cette crème *antalgique* contient un *salicylé* et des substances qui ont un effet *révulsif*.
Elle est utilisée dans le traitement local des *tendinites* et des douleurs musculaires et ligamentaires.

### Contre-indications

Ce médicament ne doit pas être utilisé dans les cas suivants :
- *allergie* aux *salicylés* ;
- sur les *muqueuses*, les plaies ou la peau lésée, sous un pansement étanche (occlusif) ;
- *antécédent* d'*épilepsie*.

**Attention :** Ce médicament est réservé à l'adulte. En effet le camphre peut être responsable d'effets indésirables graves chez l'enfant : *convulsions*, troubles de la conscience, arrêt respiratoire...

### Grossesse et allaitement

L'effet de ce médicament pendant la grossesse est mal connu. L'évaluation du risque éventuel lié à son utilisation est individuelle : demandez conseil à votre pharmacien ou à votre médecin.

Les *terpènes* peuvent donner un goût particulier au lait. Leur absorption par le *nourrisson* n'est pas souhaitable : évitez d'employer ce médicament pendant l'allaitement.

### Mode d'emploi et posologie

Appliquer par un massage doux et prolongé.

**Posologie usuelle :**
- Adulte : 1 à plusieurs applications par jour.

**Conseils :** Pensez à vous laver soigneusement les mains après l'application.

### Effets indésirables possibles

*Réaction allergique* cutanée (éruption de boutons, démangeaisons...) imposant l'arrêt du traitement ; à ne pas confondre avec une rougeur au point d'application due au médicament.

En cas de dépassement de la *posologie* usuelle, les *terpènes* peuvent provoquer : agitation, confusion des idées (notamment chez la personne âgée).

Laboratoires Sofibel

## INOTYOL

*Informations détaillées sur www.monvidal.com*

## INSADOL

*Informations détaillées sur www.monvidal.com*

## INSULATARD 100 UI/ml cartouche et stylo prérempli

Insuline

sur ordonnance

### Présentation

**INSULATARD InnoLet :** suspension injectable *SC* ; boîte de 5 cartouches de 3 ml en stylo prérempli jetable. Liste II - Remb 65 % - **Prix : 41,87 €**.

**INSULATARD FlexPen :** suspension injectable *SC* ; boîte de 5 cartouches de 3 ml en stylo prérempli jetable. Liste II - Remb 65 % - **Prix : 41,87 €**.

**INSULATARD Penfill :** suspension injectable *SC* ; boîte de 5 cartouches de 3 ml. Liste II - Remb 65 % - **Prix : 36,26 €**.

### Composition

| | p ml |
|---|---|
| **Insuline humaine biogénétique combinée à la protamine** .............................. | 100 UI |

### Dans quel cas ce médicament est-il prescrit ?

C'est une *insuline* identique à l'insuline humaine, obtenue par *biotechnologie*. Sa durée d'action est longue : son effet apparaît environ 1 heure 30 après l'injection et s'estompe au bout de 24 heures.

Elle est utilisée dans le traitement du *diabète*.

**Attention :** La mise en route du traitement suppose un apprentissage correct pour injecter l'*insuline*, contrôler la *glycémie* au doigt, rechercher le *sucre* et l'acétone dans les urines et tenir un carnet de surveillance.

L'hypoglycémie est la principale complication des traitements par l'insuline. Il s'agit le plus souvent de malaises hypoglycémiques sans gravité dont les principaux signes sont : sueurs, tremblements, troubles visuels, vision double, fatigue soudaine, fringale, *vertiges*, difficulté de concentration. En ce cas, le diabétique doit aussitôt absorber 3 à 6 morceaux de sucre ou un sirop sucré.

Beaucoup plus rarement, l'hypoglycémie peut être grave et entraîner des troubles du comportement (comparables notamment à l'ébriété), des *convulsions*, voire une perte de connaissance : 1 ampoule de GLUCAGEN doit être injectée immédiatement par *voie* sous-cutanée ou intramusculaire, même à travers les vêtements en cas d'agitation. Si le diabétique ne reprend pas conscience dans les minutes qui suivent, prévenez un service d'urgence. Dans le doute, il n'y a pas de danger à injecter du GLUCAGEN à un diabétique traité par l'insuline. Dans tous les cas, la prise d'une collation ou d'un repas reste nécessaire.

L'autre complication possible chez le diabétique est la survenue d'une *acidocétose*, due à un manque important d'insuline. Elle peut être déclenchée par une infection (qui augmente les besoins en insuline) : grippe, rhume, *cystite*, abcès, etc. Elle se manifeste par une grande fatigue, une soif intense et des *troubles digestifs*. Il faut alors rechercher la présence de sucre et d'acétone dans les urines : la présence des deux en quantité importante confirme le diagnostic. Le traitement par l'insuline ne doit pas être arrêté ; le diabétique doit suivre les consignes de son médecin et, si besoin, le joindre d'urgence.

Évitez la prise de boissons alcoolisées à jeun ou à distance des repas : augmentation du risque d'hypoglycémie.

Conducteur : une *hypoglycémie* peut entraîner un malaise pendant la conduite ou l'utilisation de machines.

### Interactions avec d'autres substances

Certains médicaments peuvent déséquilibrer la *glycémie*. Informez votre médecin ou votre pharmacien si vous prenez un *corticoïde*, un *progestatif* à forte dose, un *bêtabloquant*, un *inhibiteur de l'enzyme de conversion* ou un médicament contenant du danazol, de la chlorpromazine, du salbutamol, de la terbutaline, du lanréotide, de l'octréotide ou de l'aspirine à forte dose.

### Grossesse et allaitement

L'*insuline* est adaptée au diabète de la femme enceinte ou aux troubles passagers de la *glycémie* pendant la durée de la grossesse.

Le traitement par insuline n'est pas une contre-indication à l'allaitement.

### Mode d'emploi et posologie

Les cartouches Penfill sont à utiliser avec les stylos rechargeables NovoPen et Innovo ; FlexPen et InnoLet sont des stylos prêts à l'emploi qui doivent être jetés lorsque la cartouche est vide.

Cette *insuline* doit être uniquement injectée par *voie* sous-cutanée dans les zones recommandées par votre médecin, en essayant de varier les sites d'injection pour éviter l'apparition de lipodystrophies (*nodules* et épaississement de la peau).

Agiter par lents retournements le stylo afin d'homogénéiser la suspension avant injection ; purger ensuite l'air éventuellement contenu dans la cartouche.

L'aiguille doit être changée après chaque injection.

**Posologie usuelle :**

Elle est adaptée en fonction des résultats des analyses réalisées par le diabétique ou son entourage (carnet de surveillance) et des conseils de son médecin.

**Conseils :** Il est prudent de disposer d'une *insuline* équivalente pour seringue afin de faire face à une perte ou à un défaut de fonctionnement du stylo.

Si vous utilisez deux stylos destinés à injecter deux insulines, veillez à pouvoir les distinguer facilement.

Pour le maniement précis du stylo, conformez-vous à la notice fournie par le fabricant et veillez à ne pas l'égarer.

La sécurité d'une injection d'insuline au travers des vêtements, sans désinfection préalable, est maintenant établie avec certitude.

En cas d'activité sportive, il est préférable d'injecter l'insuline à distance des muscles qui travaillent pour éviter une absorption trop rapide de l'insuline. De plus, une adaptation des doses d'insuline est habituellement nécessaire selon les conseils du médecin.

Prenez contact avec les associations pour diabétiques : elles diffusent une information utile sur le traitement et la surveillance du *diabète*.

Votre entourage doit savoir reconnaître les signes d'une *hypoglycémie* et pouvoir vous administrer, en cas de perte de connaissance, une ampoule de GLUCAGEN. Celle-ci est conservée de préférence au réfrigérateur ou à température ambiante, inférieure à 25 °C, pendant 2 ans.

Veillez à ne pas manquer d'insuline, notamment pendant les week-ends et jours fériés ; lors de vos déplacements, munissez-vous d'une réserve ou de votre ordonnance en cours de validité. Un certificat de traitement par insuline peut être nécessaire pour franchir certaines frontières.

L'insuline se conserve sans problème 4 à 6 semaines à une température inférieure à 25° C et plusieurs mois à une température proche de 0° C (mais elle ne doit jamais être congelée). Elle se dégrade d'autant plus vite que la température est élevée.

En pratique :

- conservez les cartouches non entamées dans la partie basse du réfrigérateur. Si c'est impossible, ne les conservez pas plus de 1 ou 2 mois (selon que vous êtes dans une région chaude ou froide) ;
- conservez les cartouches entamées hors du réfrigérateur pendant une durée maximale de 4 semaines, dans un endroit propre et sec de préférence, à l'abri de la lumière et des hausses de température (pas plus de 25° C) ;
- une exposition accidentelle ou inévitable à une température de l'ordre de 30° C à 35° C est possible sans dommage pendant 2 ou 3 jours ;
- jetez toute cartouche suspecte d'avoir été exposée à la congélation ou à une chaleur excessive, et notamment celles qui ne présentent pas un aspect uniformément blanc et opaque après agitation ;
- lors des voyages long-courriers, conservez votre insuline dans vos bagages de cabine pour éviter une exposition au froid excessif dans la soute à bagages.

### Effets indésirables possibles

Hypoglycémie (voir Attention), légers troubles de la vision en début de traitement, *nodules* graisseux sous-cutanés (lipodystrophies).

Rarement : *réaction allergique* essentiellement cutanée.

Laboratoires Novo Nordisk

## INSULATARD 100 UI/ml flacon

*Informations détaillées sur www.monvidal.com*

## INSULINE APIDRA CARTOUCHE

Insuline — sur ordonnance

### Présentation

APIDRA 100 UI/ml pour Opticlick : solution injectable *SC* ; boîte de 5 cartouches de 3 ml. Liste II - Remb 65 % - **Prix : 39,82 €.**
APIDRA 100 UI/ml OptiSet : solution injectable *SC* ; boîte de 5 cartouches de 3 ml en stylo prérempli jetable. Liste II - Remb 65 % - **Prix : 43,27 €.**

### Composition

| | p ml |
|---|---|
| Insuline glulisine | 100 UI |

### Dans quel cas ce médicament est-il prescrit ?

C'est une *insuline* proche de l'insuline humaine, obtenue par *biotechnologie*. Son action est rapide et très brève : son effet apparaît environ 15 minutes après l'injection et s'estompe au bout de 2 à 4 heures. Les études ont montré que son absorption est environ deux fois plus rapide et sa concentration deux fois plus élevée que celles des insulines humaines d'action rapide.

Elle est utilisée dans le traitement du *diabète*.

**Attention :** La mise en route du traitement suppose un apprentissage correct pour injecter l'*insuline*, contrôler la *glycémie* au doigt, rechercher le *sucre* et l'acétone dans les urines et tenir un carnet de surveillance.

L'hypoglycémie est la principale complication des traitements par l'insuline. Il s'agit le plus souvent de malaises hypoglycémiques sans gravité dont les principaux signes sont : sueurs, tremblements, troubles visuels, vision double, fatigue soudaine, fringale, *vertiges*, difficulté de concentration. En ce cas, le diabétique doit aussitôt absorber 3 à 6 morceaux de sucre ou un sirop sucré.

Beaucoup plus rarement, l'hypoglycémie peut être grave et entraîner des troubles du comportement (comparables notamment à l'ébriété), des *convulsions*, voire une perte de connaissance : 1 ampoule de GLUCAGEN doit être injectée immédiatement par *voie* sous-cutanée ou intramusculaire, même à travers les vêtements en cas d'agitation. Si le diabétique ne reprend pas conscience dans les minutes qui suivent, prévenez un service d'urgence. Dans le doute, il n'y a pas de danger à injecter du GLUCAGEN à un diabétique traité par l'insuline. Dans tous les cas, la prise d'une collation ou d'un repas reste nécessaire.

L'autre complication possible chez le diabétique est la survenue d'une *acidocétose* due à un manque important d'insuline. Elle peut être déclenchée par une infection (qui augmente les besoins en insuline) : grippe, rhume, *cystite*, abcès, etc. Elle se manifeste par une grande fatigue, une soif intense et des *troubles digestifs*. Il faut alors rechercher la présence de sucre et d'acétone dans les urines : la présence des deux en quantité importante confirme le diagnostic. Le traitement par l'insuline ne doit pas être arrêté ; le diabétique doit suivre les consignes de son médecin et, si besoin, le joindre d'urgence.

Évitez la prise de boissons alcoolisées à jeun ou à distance des repas : augmentation du risque d'hypoglycémie.

Conducteur : une *hypoglycémie* peut entraîner un malaise pendant la conduite ou l'utilisation de machines.

### Interactions avec d'autres substances

Certains médicaments peuvent déséquilibrer la *glycémie*. Informez votre médecin ou votre pharmacien si vous prenez un *corticoïde*, un *progestatif* à forte dose, un *bêtabloquant*, un *inhibiteur de l'enzyme de conversion* ou un médicament contenant du danazol, de la chlorpromazine, du salbutamol, de la terbutaline, du lanréotide, de l'octréotide ou de l'aspirine à forte dose.

### Grossesse et allaitement

L'*insuline* est adaptée au *diabète* de la femme enceinte ou aux troubles passagers de la *glycémie* pendant la durée de la grossesse.

Le traitement par l'insuline n'est pas une contre-indication à l'allaitement.

### Mode d'emploi et posologie

Les cartouches sont à utiliser avec les stylos OptiClik ; OptiSet est un stylo prêt à l'emploi qui doit être jeté lorsque la cartouche est vide.

Cette *insuline* doit être injectée par *voie* sous-cutanée dans les zones recommandées par votre médecin, en essayant de varier les sites d'injection pour éviter l'apparition de lipodystrophies (*nodules* et épaississement de la peau).

Avant injection, purger l'air éventuellement contenu dans la cartouche.

L'aiguille doit être changée après chaque injection.

**Posologie usuelle :**

Elle est adaptée en fonction des résultats des analyses réalisées par le diabétique ou par son entourage (carnet de surveillance) et des conseils de son médecin.

**Conseils :** Il est prudent de disposer d'une *insuline* équivalente pour seringue afin de faire face à une perte ou à un défaut de fonctionnement du stylo.

Si vous utilisez deux stylos destinés à injecter deux insulines, veillez à pouvoir les distinguer facilement.

Pour le maniement précis du stylo, conformez-vous à la notice fournie par le fabricant et veillez à ne pas l'égarer.

La sécurité d'une injection d'insuline au travers des vêtements, sans désinfection préalable, est maintenant établie avec certitude.

En cas d'activité sportive, il est préférable d'injecter l'insuline à distance des muscles qui travaillent pour éviter une absorption trop rapide de l'insuline. De plus, une adaptation des doses d'insuline est habituellement nécessaire selon les conseils du médecin.

Votre entourage doit savoir reconnaître les signes d'une *hypoglycémie* et pouvoir vous administrer, en cas de perte de connaissance, une ampoule de GLUCAGEN. Celle-ci est conservée de préférence au réfrigérateur ou, en cas de nécessité, à température ambiante (inférieure à 25 °C) pendant 2 ans.

Veillez à ne pas manquer d'insuline, notamment pendant les week-ends et jours fériés ; lors de vos déplacements, munissez-vous d'une réserve ou de votre ordonnance en cours de validité. Un certificat de traitement par insuline peut être nécessaire pour franchir certaines frontières.

L'insuline se conserve sans problème 4 à 6 semaines à une température inférieure à 25 °C et plusieurs mois à une température proche de 0 °C (mais elle ne doit jamais être congelée). Elle se dégrade d'autant plus vite que la température est élevée.

En pratique :

- conservez les cartouches non entamées dans la partie basse du réfrigérateur. Si c'est impossible, ne les conservez pas plus de 1 ou 2 mois (selon que vous êtes dans une région chaude ou froide) ;
- conservez les cartouches entamées hors du réfrigérateur pendant une durée maximale de 4 semaines, dans un endroit propre et sec de préférence, à l'abri de la lumière et des hausses de température (pas plus de 25 °C) ;
- une exposition accidentelle ou inévitable à une température de l'ordre de 30 °C à 35 °C est possible sans dommage pendant 2 ou 3 jours ;
- jetez toute cartouche suspecte d'avoir été exposée à la congélation ou à une chaleur excessive, et notamment celles qui ne sont pas limpides et incolores ;
- lors des voyages long-courriers, conservez votre insuline dans vos bagages de cabine pour éviter une exposition au froid excessif dans la soute à bagages.

### Effets indésirables possibles

Hypoglycémie (voir Attention), légers troubles de la vision en début de traitement, *nodules* graisseux sous-cutanés (lipodystrophies).

Rarement : *réaction allergique* essentiellement cutanée.

Laboratoires Sanofi Aventis

## INSULINE APIDRA FLACON

*Informations détaillées sur www.monvidal.com*

## INSULINE LANTUS 100 UI/ml cartouche

*Informations détaillées sur www.monvidal.com*

## INSULINE LANTUS 100 UI/ml flacon

*Informations détaillées sur www.monvidal.com*

## INSUMAN BASAL 100 UI/ml cartouche

*Informations détaillées sur www.monvidal.com*

**INSUMAN BASAL 100 UI/ml flacon**
*Informations détaillées sur www.monvidal.com*

**INSUMAN COMB 100 UI/ml cartouche**
*Informations détaillées sur www.monvidal.com*

**INSUMAN COMB 100 UI/ml flacon**
*Informations détaillées sur www.monvidal.com*

**INSUMAN RAPID 100 UI/ml cartouche**
*Informations détaillées sur www.monvidal.com*

**INSUMAN RAPID 100 UI/ml flacon**
*Informations détaillées sur www.monvidal.com*

## INTERCRON
Antiallergique — sur ordonnance

Ce médicament est un générique de NALCRON (informations détaillées sur www.monvidal.com).

**INTERCYTON**
*Informations détaillées sur www.monvidal.com*

**INTÉTRIX**
*Informations détaillées sur www.monvidal.com*

**INTRAIT DE MARRON D'INDE**
*Informations détaillées sur www.monvidal.com*

## INTRALGIS comprimé
Anti-inflammatoire non stéroïdien

### Présentation

**INTRALGIS :** comprimé (blanc) ; boîte de 20. Non remb.
**INTRALGIS :** comprimé (blanc) ; boîte de 30. Non remb.
**INTRALGIS :** comprimé effervescent (arôme fraise des bois) ; boîte de 20. Non remb.

### Composition

| | p cp | p cp efferv |
|---|---|---|
| **Ibuprofène** | 200 mg | 200 mg |
| Sodium | | 469 mg |
| Aspartam | | + |

### Dans quel cas ce médicament est-il prescrit ?

Ce médicament est un *anti-inflammatoire* non stéroïdien (*AINS*). Il lutte contre la douleur et fait baisser la fièvre. Ses propriétés anti-inflammatoires se manifestent à forte dose.

Il est utilisé dans le *traitement symptomatique* de la fièvre et de la douleur (maux de tête, douleurs dentaires, rhumatismales, articulaires, règles douloureuses...).

### Contre-indications

Ce médicament ne doit pas être utilisé dans les cas suivants :
- *antécédent* d'*allergie* ou d'*asthme* provoqué par la prise d'*AINS*, y compris l'aspirine ;
- *ulcère* de l'estomac ou du *duodénum* ;
- *insuffisance hépatique* ou *rénale* grave ;
- *insuffisance cardiaque* grave ;
- *lupus érythémateux* disséminé ;
- *phénylcétonurie* (comprimé effervescent : présence d'aspartam) ;
- **grossesse** (à partir du 6e mois).

**Attention :** Tout traitement prolongé ou *surdosage* d'*AINS* expose à des effets indésirables graves.
Certaines situations doivent conduire à ne poursuivre le traitement qu'après un avis médical :
- brûlures d'estomac importantes ou selles noires et nauséabondes pouvant traduire une irritation ou un saignement du tube digestif ;
- *réaction allergique* cutanée, crise d'*asthme* ;
- fatigue inhabituelle et intense, ou baisse brutale et importante du volume des urines chez une personne souffrant d'*insuffisance cardiaque*, déshydratée ou traitée par *diurétique*.

L'utilisation des AINS est déconseillée dans le traitement de la fièvre chez l'enfant en cas de varicelle : ils augmenteraient le risque rare de complications infectieuses cutanées graves.
Des précautions sont nécessaires en cas d'*antécédent* d'*ulcère* de l'estomac ou du *duodénum* ou de risque hémorragique, notamment digestif (maladie de *Crohn*, *rectocolite hémorragique*).
Certains médecins considèrent que les anti-inflammatoires peuvent diminuer l'efficacité des stérilets et exposer à un risque de grossesse non désirée. Ce risque est actuellement très controversé.
Les comprimés effervescents contiennent du *sel* (*sodium*) en quantité notable.
Conducteur : ce médicament peut provoquer parfois des étourdissements et des troubles de la vue.

### Interactions avec d'autres substances

Ce médicament peut interagir avec d'autres médicaments, notamment :
- l'aspirine et les autres *anti-inflammatoires* non stéroïdiens (*AINS*) : risque d'accroissement des effets indésirables ;
- les *anticoagulants* et les *antiagrégants plaquettaires* : augmentation du risque hémorragique ;
- le lithium (TÉRALITHE, NEUROLITHIUM...) : augmentation du taux de lithium dans le sang ;
- le méthotrexate.

Informez par ailleurs votre médecin ou votre pharmacien en cas de traitement par un *diurétique*, un *inhibiteur de l'enzyme de conversion*, un *inhibiteur de l'angiotensine II*, un *bêtabloquant* ou un médicament contenant de la ciclosporine.

### Grossesse et allaitement

Des effets néfastes pour l'enfant à naître ont été mis en évidence lorsque les *AINS* sont utilisés au cours des 4 derniers mois de la grossesse ; le risque existe même avec une seule prise et même si la grossesse est à terme. L'usage de ce médicament est contre-indiqué pendant cette période.
Pendant les 5 premiers mois, l'effet de ce médicament est mal connu : seul votre médecin peut évaluer le risque éventuel de son utilisation dans votre cas.
Ce médicament passe dans le lait maternel : par mesure de prudence, il est déconseillé pendant l'allaitement.

### Mode d'emploi et posologie

Afin de limiter la survenue de *troubles digestifs*, les comprimés peuvent être avalés au cours des repas. Toutefois, en cas de douleurs aiguës, la prise à jeun assure un effet plus rapide.

Les comprimés effervescents doivent être dissous dans un grand verre d'eau.

**Posologie usuelle :**

- Adulte et enfant de plus de 40 kg (soit environ 12 ans) : 1 ou 2 comprimés, à renouveler si nécessaire toutes les 4 à 6 heures. Ne pas dépasser 6 comprimés par jour.

> **Conseils :** Ne dépassez pas la *posologie* ni la durée de traitement préconisées par votre médecin ou votre pharmacien, afin de limiter les effets indésirables.

### Effets indésirables possibles

Nausées, vomissements, *gastrite*.

Rarement :

- *ulcère* de l'estomac ou du *duodénum*, *hémorragie* du tube digestif (vomissements sanglants, selles noires, ou le plus souvent pertes de sang imperceptibles, responsables de l'apparition progressive d'une *anémie*) le plus souvent lors d'un traitement de longue durée ou à forte dose ;
- *réaction allergique* : *éruption cutanée*, démangeaisons, *œdème*, crise d'*asthme*, malaise avec chute brutale de la tension artérielle ;
- *vertiges*, maux de tête ;
- troubles de la vision nécessitant un examen ophtalmologique ;
- anomalie de la *numération formule sanguine*, augmentation des *transaminases*.

Laboratoires Urgo

## INTRALGIS gel

Anti-inflammatoire d'action locale

### Présentation

**INTRALGIS :** gel pour application locale ; tube de 60 g. Non remb.

### Composition

| | p 100 g |
|---|---|
| **Ibuprofène** | 5 g |

### Dans quel cas ce médicament est-il prescrit ?

Ce gel contient un *anti-inflammatoire* non stéroïdien (*AINS*). Il lutte localement contre l'*inflammation* et la douleur.

Il est utilisé dans le traitement des entorses, des contusions et des *tendinites*.

### Contre-indications

Ce médicament ne doit pas être utilisé dans les cas suivants :

- *allergie* à l'aspirine ou aux *AINS* ;
- en application sur la peau lésée (*eczéma*, brûlure, plaie...) ou sur les *muqueuses* ;
- **grossesse** (à partir du 6e mois).

### Grossesse et allaitement

Les *AINS* pris par voie orale peuvent être toxiques pour le fœtus ; leur utilisation est contre-indiquée pendant les 4 derniers mois de la grossesse. Les AINS destinés à une application locale peuvent traverser la peau, passer dans le sang et exposer le fœtus au même risque, lorsqu'ils sont appliqués sur une large surface de peau ou sous un pansement occlusif. N'utilisez pas ce médicament pendant la grossesse sans avis médical.

N'utilisez pas ce gel pendant l'allaitement sans avis médical.

### Mode d'emploi et posologie

Le gel doit être appliqué en massage doux et prolongé.

**Posologie usuelle :**

- Adulte : 3 applications par jour.

> **Conseils :** Pensez à vous laver les mains après l'application. En cas de contact accidentel avec les yeux, rincez abondamment.

### Effets indésirables possibles

Imposant l'arrêt du traitement : *allergie* cutanée (éruption de boutons, démangeaisons...).

Laboratoires Urgo

## INVIRASE

*Informations détaillées sur www.monvidal.com*

## IODURE DE POTASSIUM

*Informations détaillées sur www.monvidal.com*

## IOPIDINE

*Informations détaillées sur www.monvidal.com*

## IPECA COMPLEXE N° 65

*Informations détaillées sur www.monvidal.com*

## IPECA COMPOSÉ BOIRON

*Informations détaillées sur www.monvidal.com*

## IPECA COMPOSÉ DOLISOS

*Informations détaillées sur www.monvidal.com*

## IPERTEN

Inhibiteur calcique — **sur ordonnance**

### Présentation

**IPERTEN 10 mg :** comprimé ; boîte de 30. Liste I - Remb 65 % - **Prix : 17,06 €.**

**IPERTEN 10 mg :** comprimé ; boîte de 90. Liste I - Remb 65 % - **Prix : 47,45 €.**

**IPERTEN 20 mg :** comprimé ; boîte de 28. Liste I - Remb 65 % - **Prix : 15,96 €.**

**IPERTEN 20 mg :** comprimé ; boîte de 30. Liste I - Remb 65 % - **Prix : 17,06 €.**

**IPERTEN 20 mg :** comprimé ; boîte de 90. Liste I - Remb 65 % - **Prix : 47,45 €.**

### Composition

| | p cp | p cp |
|---|---|---|
| **Manidipine** | 10 mg | 20 mg |
| Lactose | + | + |

### Dans quel cas ce médicament est-il prescrit ?

Ce médicament est un *vasodilatateur* qui appartient à la famille des *inhibiteurs calciques*.

Il est utilisé dans le traitement de l'*hypertension artérielle*.

### Contre-indications

Ce médicament ne doit pas être utilisé dans les cas suivants :
- *angine de poitrine* grave,
- *infarctus du myocarde* récent (1 mois),
- *insuffisance cardiaque,*
- *insuffisance hépatique,*
- *insuffisance rénale* grave.

**Attention :** En cas de douleur thoracique survenant systématiquement dans la demi-heure qui suit la prise du médicament, consultez votre médecin avant de poursuivre le traitement.

Conducteur : ce médicament peut être responsable de *vertiges*.

### Interactions avec d'autres substances

Ce médicament ne doit pas être associé avec les *antiprotéases* et les médicaments contenant l'une des substances suivantes : kétoconazole, itraconazole, cimétidine, érythromycine, clarithromycine, carbamazépine, phénytoïne, phénobarbital, rifampicine.

Informez par ailleurs votre médecin si vous prenez un diurétique ou un *bêtabloquant*.

En outre, l'effet *antihypertenseur* de ce médicament peut être augmenté par certains médicaments tels que les *neuroleptiques*, les *antidépresseurs imipraminiques*, les médicaments contenant du baclofène ; il peut être diminué par les *corticoïdes*. Votre médecin doit être informé si vous êtes traité par l'un ou l'autre de ces médicaments.

### Grossesse et allaitement

L'effet de ce médicament pendant la grossesse est mal connu : seul votre médecin peut évaluer le risque éventuel de son utilisation dans votre cas.

Les données disponibles ne permettent pas de savoir si ce médicament passe dans le lait maternel ; un choix est donc nécessaire entre l'allaitement et la prise du médicament. Cette décision devra être prise en accord avec votre médecin.

### Mode d'emploi et posologie

Les comprimés doivent être avalés avec un peu de liquide, le matin, après le petit déjeuner.

Ce médicament ne doit pas être pris avec du jus de pamplemousse.

**Posologie usuelle :**
- Adulte : 10 mg par jour. Cette dose peut être augmentée jusqu'à 20 mg si nécessaire.

**Conseils :** Votre tension artérielle doit être contrôlée régulièrement. Les appareils permettant une mesure automatique de la tension à domicile utilisent souvent un procédé de mesure différent de celui qu'emploie votre médecin. Si vous avez un tel appareil, apportez-le en consultation pour vous assurer que la mesure obtenue est bien conforme à celle du tensiomètre de votre médecin.

Le traitement médicamenteux ne dispense pas de mesures simples pouvant faire baisser la tension artérielle : activité physique régulière, modération de la consommation de boissons alcoolisées et de *sel*, lutte contre l'excès de poids.

### Effets indésirables possibles

Les plus fréquents sont la conséquence de la dilatation des vaisseaux sanguins :
- palpitations, rougeur du visage, bouffées de chaleur ;
- jambes lourdes ou enflées ;
- maux de tête, étourdissements, vertiges.

Plus rarement : baisse excessive de la tension artérielle, fatigue, fourmillements des extrémités, sécheresse de la bouche, constipation, nausées, vomissements, digestion difficile, éruption cutanée.

Exceptionnellement : augmentation des *transaminases*.

Laboratoires Chiesi

## IPRATROPIUM AGUETTANT

Antiasthmatique — sur ordonnance

Ce médicament est un générique de ATROVENT solution pour nébulisation (informations détaillées sur www.monvidal.com).

## IPRATROPIUM ARROW

Antiasthmatique — sur ordonnance

Ce médicament est un générique de ATROVENT solution pour nébulisation (informations détaillées sur www.monvidal.com).

## IPRATROPIUM MERCK

Antiasthmatique — sur ordonnance

Ce médicament est un générique de ATROVENT solution pour nébulisation (informations détaillées sur www.monvidal.com).

## ISKÉDYL injectable

*Informations détaillées sur www.monvidal.com*

## ISKÉDYL oral

Vasodilatateur — sur ordonnance

### Présentation

ISKÉDYL : solution buvable ; flacon de 30 ml (1 500 gouttes) avec doseur. Liste II - Remb 35 % - **Prix : 2,63 €**.
ISKÉDYL : solution buvable ; flacon de 70 ml (3 500 gouttes) avec doseur. Liste II - Remb 35 % - **Prix : 4,72 €**.
**ISKÉDYL :** comprimé (rose) ; boîte de 100. Liste II - Remb 35 % - **Prix : 6,82 €**.
**ISKÉDYL FORT :** comprimé (rose) ; boîte de 28. Liste II - Remb 35 % - **Prix : 5,00 €**.
**ISKÉDYL FORT :** comprimé (rose) ; boîte de 56. Liste II - Remb 35 % - **Prix : 9,45 €**.

### Composition

| | p 30 gtes | p cp | p cp Fort |
|---|---|---|---|
| **Dihydroergocristine mésilate** | 0,6 mg | 0,6 mg | 2,4 mg |
| **Raubasine** | 4,8 mg | 4,8 mg | 19,2 mg |
| Alcool | 346 mg | | |

### Dans quel cas ce médicament est-il prescrit ?

Ce médicament est un *vasodilatateur* qui appartient à la famille des dérivés de l'*ergot de seigle*. Il augmente le débit sanguin cérébral.

Il est utilisé dans le traitement :
- des troubles du comportement et de la mémoire liés au vieillissement,
- des troubles de la vue liés au vieillissement de la *rétine*.

**Attention :** Chez une personne âgée, des troubles attribués au vieillissement peuvent être dus à une *dépression* ; ils nécessitent alors un traitement spécifique.
La solution buvable contient de l'alcool en quantité notable.

### Interactions avec d'autres substances

Solution buvable :
Compte tenu de la présence d'*alcool*, ce médicament peut interagir avec ceux qui ont un *effet antabuse* (ESPÉRAL, TTD B3 B4...).

### Grossesse et allaitement

L'effet de ce médicament pendant la grossesse ou l'allaitement est mal connu : seul votre médecin peut évaluer le risque éventuel de son utilisation dans votre cas.

### Mode d'emploi et posologie

Les comprimés doivent être avalés avec un peu d'eau, sans être croqués. Les gouttes doivent être diluées dans un verre d'eau.
Ce médicament est pris de préférence au moment des repas.

**Posologie usuelle :**
Solution buvable :
- troubles du comportement et de la mémoire : 80 gouttes, 3 fois par jour ;
- troubles de la vue : 30 à 40 gouttes, 3 fois par jour.

Comprimé : 1 comprimé 3 fois par jour, ou 2 comprimés 2 fois par jour.
Comprimé Fort : 1 comprimé, 2 fois par jour.

**Conseils :** Ne prenez pas ce médicament à jeun afin d'éviter d'éventuels *troubles digestifs*.

### Effets indésirables possibles

Nausées, en cas de prise à jeun.
A forte dose (plus de 240 gouttes ou 4 comprimés par jour) : baisse de la tension artérielle.

Laboratoires Pierre Fabre Médicament

## ISOBAR

Diurétiques associés — sur ordonnance

### Présentation

ISOBAR : comprimé sécable (jaune) ; boîte de 30. Liste II - Remb 65 % - **Prix : 6,43 €**.

### Composition

| | p cp |
|---|---|
| **Méthyclothiazide** | 5 mg |
| **Triamtérène** | 150 mg |
| Lactose | + |

### Dans quel cas ce médicament est-il prescrit ?

Ce médicament est une association de deux *diurétiques* : le méthyclothiazide, dont la structure est proche de celle des *sulfamides*, et le triamtérène, qui a pour caractéristique d'empêcher la perte du *potassium* dans les urines, habituelle avec le méthyclothiazide.
Il est utilisé dans le traitement de l'*hypertension artérielle*.

### Contre-indications

Ce médicament ne doit pas être utilisé dans les cas suivants :
- *allergie* aux *sulfamides*,
- *insuffisance rénale*,
- *encéphalopathie hépatique*,
- *hyperkaliémie* (excès de *potassium* dans le sang).

**Attention :** Ce médicament peut être responsable d'une augmentation ou au contraire d'une baisse de la *kaliémie* (taux de *potassium* dans le sang), qui peut être aggravée par l'usage prolongé de *laxatifs stimulants*. Un contrôle par des analyses de sang est souvent prescrit par le médecin.
Chez les personnes atteintes d'une *insuffisance hépatique* grave, l'apparition de troubles de la conscience peut annoncer une complication. Ne poursuivez pas le traitement sans l'avis de votre médecin.
N'utilisez des *sels* de régime, souvent riches en potassium, qu'avec l'accord de votre médecin.
Les *diurétiques* peuvent augmenter le taux d'*acide urique* ou de *sucre* dans le sang.
Sportif : ce médicament contient une substance susceptible de rendre positifs certains *tests antidopage*.

### Interactions avec d'autres substances

Ce médicament ne doit pas être associé aux *diurétiques* élevant le taux de *potassium* dans le sang ou aux médicaments qui en contiennent.
Il peut interagir avec les *inhibiteurs de l'enzyme de conversion*, les *inhibiteurs de l'angiotensine II*, les médicaments susceptibles de provoquer des *torsades de pointes* et ceux contenant du lithium.
Informez par ailleurs votre médecin si vous prenez l'un des médicaments suivants : *AINS*, *digitalique*, médicament susceptible de faire baisser la *kaliémie* (*corticoïde*, *laxatif stimulant*), *neuroleptique*, *antidépresseur* imipraminique, médicament contenant du baclofène ou de la metformine.

### Grossesse et allaitement

Les études scientifiques actuellement disponibles n'ont pas mis en évidence de problème particulier lors de l'utilisation chez la femme enceinte. Néanmoins, les *diurétiques* ne sont pas adaptés au traitement de l'*hypertension artérielle* et des *œdèmes* pendant la grossesse. Seul votre médecin peut apprécier la nécessité du traitement et le risque éventuel de son utilisation dans votre cas.
Ce médicament passe dans le lait maternel : l'allaitement est déconseillé.

### Mode d'emploi et posologie

Ce médicament doit être pris le matin.

**Posologie usuelle :**
½ ou 1 comprimé par jour.

**Conseils :** Ce médicament augmente le volume des urines, surtout en début de traitement. Évitez une prise le soir, source de gêne nocturne.

Les *diurétiques* exposent au risque de déshydratation : veillez à proposer des boissons abondantes aux personnes âgées, notamment pendant les fortes chaleurs.
Une éventuelle coloration bleuâtre des urines est normale.

### Effets indésirables possibles

Baisse de la *kaliémie*, associée éventuellement à des crampes.
Déshydratation possible chez la personne âgée.
Augmentation de la *glycémie* ou de l'*uricémie*.
*Hypotension orthostatique*.
Rarement :
- baisse du taux de sodium dans le sang (natrémie) et risque de troubles du comportement,
- anomalie de la *numération formule sanguine*,
- troubles digestifs, éruption cutanée.

Exceptionnellement : *réaction allergique*, pancréatite.

Laboratoires Chiesi

## ISOCARD

*Informations détaillées sur www.monvidal.com*

## ISODRIL

*Informations détaillées sur www.monvidal.com*

## ISOPRINOSINE

*Informations détaillées sur www.monvidal.com*

## ISOPTINE

Inhibiteur calcique — sur ordonnance

### Présentation

ISOPTINE 40 mg : comprimé (jaune) ; boîte de 75. Liste I - Remb 65 % - **Prix : 4,08 €**.
ISOPTINE 120 mg : gélule (jaune) ; boîte de 30. Liste I - Remb 65 % - **Prix : 4,40 €**.

### Composition

| | p cp | p gél |
|---|---|---|
| **Vérapamil chlorhydrate** | 40 mg | 120 mg |
| Lactose | + | + |
| Sulfites | | + |

### Dans quel cas ce médicament est-il prescrit ?

Ce médicament appartient à la famille des *inhibiteurs calciques*. C'est un *vasodilatateur* qui lutte contre la contraction des artères, et un *antiarythmique* qui modifie la vitesse de transmission de l'influx nerveux au sein du muscle cardiaque, inhibant ainsi les contractions anarchiques.
Il est utilisé dans :
- le *traitement préventif* et le *traitement curatif* de certains *troubles du rythme cardiaque*,
- le traitement de l'*angine de poitrine*,
- le traitement de l'*hypertension artérielle* (gélule à 120 mg),
- la prévention des récidives d'*infarctus du myocarde* chez certains malades (gélule à 120 mg).

### Contre-indications

Ce médicament ne doit pas être utilisé dans les cas suivants :
- *bloc auriculoventriculaire* grave et certaines maladies de l'automatisme cardiaque,
- *insuffisance cardiaque* mal équilibrée malgré un traitement spécifique,
- hypotension artérielle grave,
- enfant de moins de 15 ans (gélule à 120 mg).

**Attention :** Des précautions sont nécessaires en cas d'*insuffisance hépatique* et chez la personne âgée.

### Interactions avec d'autres substances

Ce médicament peut interagir avec les *antiarythmiques*.
Informez par ailleurs votre médecin si vous prenez un *bêtabloquant* ou un médicament contenant de la ciclosporine, de la carbamazépine, de la rifampicine ou de la digoxine.
En outre, l'effet *antihypertenseur* de ce médicament peut être augmenté par certains médicaments tels que les *neuroleptiques*, les *antidépresseurs imipraminiques*, les médicaments contenant du baclofène ; il peut être diminué par les *corticoïdes*. Votre médecin doit être informé si vous êtes traité par l'un ou l'autre de ces médicaments.

### Grossesse et allaitement

L'effet de ce médicament pendant la grossesse est mal connu : seul votre médecin peut évaluer le risque éventuel de son utilisation dans votre cas.
Ce médicament passe dans le lait maternel en quantité infime. Par prudence, il est préférable de le prendre après la tétée et d'informer le médecin qui suit l'enfant.

### Mode d'emploi et posologie

Les comprimés ou gélules sont pris de préférence au cours des repas.

**Posologie usuelle :**
Elle dépend des indications ; elle est habituellement répartie en 3 prises par jour.

**Conseils :** Le traitement médicamenteux ne dispense pas des mesures simples pouvant faire baisser la tension artérielle : activité physique régulière, modération de la consommation de boissons alcoolisées, lutte contre l'excès de poids.
En cas de constipation sévère préexistante, susceptible d'être aggravée par ce médicament, le médecin pourra éventuellement prescrire un *laxatif lubrifiant*.

### Effets indésirables possibles

Constipation.
Baisse de la tension artérielle, *insuffisance cardiaque*, *œdème*, *bloc auriculoventriculaire*, ralentissement important du cœur.
Une *hépatite* peut exceptionnellement survenir pendant le traitement. Certains signes évocateurs doivent vous amener à consulter votre médecin : douleurs abdominales, perte de l'appétit, nausées, douleurs articulaires ou musculaires, fatigue anormale, fièvre inexpliquée, jaunisse.

Laboratoires Abbott-France

## ISOPTINE LP
Inhibiteur calcique — sur ordonnance

### Présentation
ISOPTINE LP 240 mg : comprimé sécable à *libération prolongée* (vert pâle) ; boîte de 30. Liste I - Remb 65 % - **Prix : 7,31 €**.

### Composition

| | p cp LP |
|---|---|
| Vérapamil chlorhydrate | 240 mg |

### Dans quel cas ce médicament est-il prescrit ?
Ce médicament est un *vasodilatateur* qui appartient à la famille des *inhibiteurs calciques*.

Il est utilisé dans le traitement de l'*hypertension artérielle* et de l'*angine de poitrine*.

### Contre-indications
Ce médicament ne doit pas être utilisé dans les cas suivants :
- *bloc auriculoventriculaire* grave et certaines maladies de l'automatisme cardiaque ;
- *insuffisance cardiaque* mal équilibrée malgré un traitement spécifique ;
- hypotension artérielle grave ;
- enfant de moins de 15 ans (en l'absence d'étude).

**Attention :** Des précautions sont nécessaires en cas d'*insuffisance hépatique* et chez la personne âgée.

### Interactions avec d'autres substances
Ce médicament peut interagir avec les *antiarythmiques* et les médicaments contenant du triazolam.

Informez par ailleurs votre médecin si vous prenez un *bêtabloquant*, un *hypocholestérolémiant* de la famille des statines ou un médicament contenant de la ciclosporine, de la carbamazépine, de la rifampicine ou de la digoxine.

En outre, l'effet *antihypertenseur* de ce médicament peut être augmenté par certains médicaments tels que les *neuroleptiques*, les *antidépresseurs imipraminiques*, les médicaments contenant du baclofène ; il peut être diminué par les *corticoïdes*. Votre médecin doit être informé si vous êtes traité par l'un ou l'autre de ces médicaments.

### Grossesse et allaitement
L'effet de ce médicament pendant la grossesse est mal connu : seul votre médecin peut évaluer le risque éventuel de son utilisation dans votre cas.

Ce médicament passe dans le lait maternel en quantité infime. Par prudence, il est préférable de le prendre après la tétée et d'informer le médecin qui suit l'enfant.

### Mode d'emploi et posologie
Les comprimés peuvent être pris indifféremment pendant ou en dehors des repas.

**Posologie usuelle :**
- Adulte :
  - *hypertension artérielle* : 1 comprimé le matin ;
  - *angine de poitrine* : 1 ou 2 comprimés par jour.

**Conseils :** Le traitement médicamenteux ne dispense pas des mesures simples pouvant faire baisser la tension artérielle : activité physique régulière, modération de la consommation de boissons alcoolisées et de sel, lutte contre l'excès de poids.

En cas de constipation sévère préexistante, susceptible d'être aggravée par ce médicament, le médecin pourra éventuellement prescrire un *laxatif lubrifiant*.

### Effets indésirables possibles
Constipation.

Baisse de la tension artérielle, ralentissement important du cœur, *bloc auriculoventriculaire*, *insuffisance cardiaque*.

Rarement : gonflement des gencives, nécessitant une hygiène buccale soigneuse.

Une *hépatite* peut exceptionnellement survenir pendant le traitement. Certains signes évocateurs doivent vous amener à consulter votre médecin : douleurs abdominales, perte de l'appétit, nausées, douleurs articulaires ou musculaires, fatigue anormale, fièvre inexpliquée, jaunisse.

Laboratoires Abbott-France

## ISOPTO-HOMATROPINE
*Informations détaillées sur www.monvidal.com*

## ISOPTO-PILOCARPINE
*Informations détaillées sur www.monvidal.com*

## ISORYTHM
Antiarythmique — sur ordonnance

Ce médicament est un générique de RYTHMODAN (voir p. 917 et tableau p. 1151).

## ISOSORBIDE TEVA
Dérivé nitré — sur ordonnance

Ce médicament est un générique de LANGORAN (informations détaillées sur www.monvidal.com).

## ISTAMYL gel
*Informations détaillées sur www.monvidal.com*

## ISUDRINE
*Informations détaillées sur www.monvidal.com*

## ITAX
*Informations détaillées sur www.monvidal.com*

## ITEM ANTIPOUX
*Informations détaillées sur www.monvidal.com*

## IXEL
Antidépresseur inhibiteur de la recapture de la sérotonine et de la noradrénaline — sur ordonnance

### Présentation
IXEL 25 mg : gélule (rose) ; boîte de 56. Liste I - Remb 65 % - **Prix : 15,89 €**.

IXEL 50 mg : gélule (rose et rouille) ; boîte de 56. Liste I - Remb 65 % - **Prix : 28,16 €**.

### Composition

| | p gél 25 mg | p gél 50 mg |
|---|---|---|
| Milnacipran chlorhydrate | 25 mg | 50 mg |

### Dans quel cas ce médicament est-il prescrit ?

Ce médicament est un *antidépresseur* qui appartient à la famille des inhibiteurs de la recapture de la sérotonine et de la noradrénaline.
Il est utilisé dans le traitement des *états dépressifs*.

### Contre-indications

Ce médicament ne doit pas être utilisé dans les cas suivants :
- en association avec un médicament de la famille des *triptans*, des *digitaliques* ou des *IMAO* ;
- enfant de moins de 15 ans (en l'absence d'études) ;
- **allaitement**.

**Attention :** Des précautions sont nécessaires en cas d'*insuffisance rénale*, d'*épilepsie* (même ancienne), de prédisposition aux *hémorragies*, de difficulté à uriner (*adénome de la prostate*), de *glaucome* à angle fermé, d'*hypertension artérielle* ou de maladie cardiaque, et chez la personne âgée.
En cas d'excitation anormale ou de confusion des idées survenant sous traitement, une consultation médicale est nécessaire.
Avant une anesthésie locale, notamment chez le dentiste, signalez la prise de ce médicament.
Bien qu'aucune interaction nette n'ait été constatée avec l'*alcool*, évitez la prise de boissons alcoolisées, comme avec tout médicament *psychotrope*.
Si vous devez conduire, ou utiliser une machine dangereuse, assurez-vous préalablement que ce médicament n'altère pas votre vigilance.

### Interactions avec d'autres substances

Ce médicament ne doit pas être associé aux médicaments suivants :
- *IMAO* non sélectifs (MARSILID...) ou sélectifs B (DÉPRÉNYL...), médicaments de la famille des *triptans* : des délais précis doivent être respectés entre la fin d'un traitement par ces médicaments et le début du traitement par IXEL, et inversement.
- *digitaliques* : augmentation du risque d'effets indésirables.

Informez par ailleurs votre médecin si vous prenez un IMAO sélectif A ou des médicaments contenant du lithium, de l'adrénaline, de la noradrénaline ou de la clonidine.

### Grossesse et allaitement

L'effet de ce médicament pendant la grossesse est mal connu : seul votre médecin peut évaluer le risque éventuel de son utilisation dans votre cas.
Ce médicament passe faiblement dans le lait maternel. Il est contre-indiqué pendant l'allaitement.

### Mode d'emploi et posologie

Les gélules sont prises de préférence au cours d'un repas.

**Posologie usuelle :**
- Adulte : 1 gélule à 50 mg, matin et soir.

**Conseils :** L'efficacité des *antidépresseurs* n'est généralement pas immédiate. Un délai pouvant atteindre plusieurs semaines est parfois nécessaire pour que les effets bénéfiques se fassent sentir. Les effets indésirables éventuels apparaissant en début de traitement ne doivent pas vous conduire à l'arrêter prématurément.
Chez la personne souffrant de dépression, un état anxieux peut apparaître ou être majoré en début de traitement ; un *anxiolytique* est parfois prescrit par le médecin pour prévenir ou traiter ces manifestations.
Lorsque les *symptômes* de la *dépression* ont disparu, le traitement doit absolument être poursuivi pendant la durée prescrite afin de consolider la guérison. Un arrêt prématuré exposerait à une rechute.
La durée d'un traitement antidépresseur est rarement inférieure à 6 mois.
Contrairement à d'autres médicaments utilisés pour traiter les maladies psychiques, les antidépresseurs ne créent pas de dépendance. Néanmoins, il est préférable d'arrêter le traitement progressivement en diminuant la posologie ou en espaçant les prises pour éviter les effets indésirables transitoires, rarement observés, en cas d'interruption brutale.

### Effets indésirables possibles

Les effets indésirables surviennent surtout au cours des 2 premières semaines de traitement et s'estompent le plus souvent ensuite.
*Vertiges*, sueurs, anxiété, bouffées de chaleur, difficulté à uriner.
Plus rarement : bouche sèche, nausées, vomissements, constipation, tremblements, *palpitations*, agitation, maux de tête, *éruption cutanée*, démangeaisons, élévation des *transaminases*.
Exceptionnellement : troubles sexuels, *convulsions*, rétention urinaire, saignements, baisse du taux de *sodium* dans le sang.

**Laboratoires Pierre Fabre Médicament**

## IXPRIM

Antalgique contenant un opiacé — **sur ordonnance**

### Présentation

IXPRIM : comprimé (jaune) ; boîte de 20. Liste I - Remb 65 % - **Prix : 6,81 €**.

### Composition

| | p cp |
|---|---|
| **Paracétamol** | 325 mg |
| **Tramadol chlorhydrate** | 37,5 mg |

### Dans quel cas ce médicament est-il prescrit ?

Ce médicament contient deux *antalgiques* dont le mode d'action est complémentaire : un *opiacé*, qui agit directement sur la perception de la douleur par le cerveau, et du paracétamol, qui empêche la transmission de la douleur.
Il est utilisé dans le traitement de la douleur.

### Contre-indications

Ce médicament ne doit pas être utilisé dans les cas suivants :
- *antécédent* d'intolérance aux *opiacés* ;
- intoxication ou *surdosage* avec des *sédatifs*, ivresse aiguë ;
- *insuffisance hépatique* grave ;
- *épilepsie* (sauf si elle est traitée) ;
- en association avec les *IMAO*.

**Attention :** Ce médicament contient un *opiacé* : son usage prolongé, à dose élevée, expose à un risque de *dépendance*. Ne dépassez pas la dose ni la durée de traitement recommandées.

Des précautions sont nécessaires en cas d'*insuffisance rénale* et *respiratoire* graves et chez les personnes à tendance suicidaire ou traitées par un antidépresseur, un *tranquillisant* ou un *sédatif* puissant.
De nombreux médicaments contiennent du paracétamol : vous devez en tenir compte en cas de prise conjointe car le *surdosage* en paracétamol peut être toxique pour le foie.
Évitez les boissons alcoolisées : augmentation du risque de somnolence.
Conducteur : ce médicament peut être responsable de *vertiges* ou d'une baisse de la vigilance.

### Interactions avec d'autres substances

Ce médicament ne doit pas être associé aux *IMAO* sélectifs ou non : risque d'accident grave. Un délai de 15 jours doit séparer un traitement antérieur par IMAO de la mise en route du traitement *antalgique*.
Il peut interagir avec les *inducteurs enzymatiques* et les médicaments contenant de la nalbuphine, de la buprénorphine ou de la pentazocine.
Signalez à votre médecin la prise éventuelle de *sédatifs* et d'autres antalgiques ou antitussifs *opiacés*.

### Grossesse et allaitement

L'effet de ce médicament pendant la grossesse et l'allaitement est mal connu. Par mesure de prudence, son usage est déconseillé chez la femme enceinte et chez celle qui allaite.

### Mode d'emploi et posologie

Les comprimés doivent être avalés tels quels avec un verre d'eau, sans être croqués ni écrasés. Respecter un intervalle minimal de 6 heures entre 2 prises.

**Posologie usuelle :**

- Adulte et enfant de plus de 12 ans : 2 comprimés par prise, sans dépasser 8 comprimés par jour.

Chez l'*insuffisant rénal* ou *hépatique*, le médecin peut prévoir un espacement des prises plus important.

**Conseils :** Comme tous les *antalgiques*, ce médicament est généralement plus efficace pour prévenir la douleur que pour la calmer : dans le traitement des douleurs chroniques, il est préférable de prendre ce médicament à intervalles réguliers sans attendre que la douleur s'installe.
Cette association contenant un *opiacé* est destinée à être utilisée lorsque la douleur est mal soulagée par les *antalgiques* usuels.
Ce médicament peut retarder un diagnostic en masquant la douleur ; ne le prenez pas sans l'avis de votre médecin, ne le conseillez pas à un proche.

### Effets indésirables possibles

Fréquemment : *vertiges*, somnolence, maux de tête, tremblements, confusion des idées, modification de l'humeur, troubles du sommeil, nausées, vomissements, constipation, *diarrhée*, toux sèche, douleurs abdominales, digestion difficile, ballonnement, sueurs, démangeaisons.
Plus rarement : *hypertension artérielle*, *palpitations*, fourmillement des extrémités, bourdonnements d'oreille, *dépression*, hallucinations, cauchemars, difficultés respiratoires, élévation des *transaminases*, *éruption cutanée*, frissons, bouffées de chaleur.

Laboratoires Aventis

## IZILOX

Antibiotique : quinolone — **sur ordonnance**

### Présentation

**IZILOX 400 mg :** comprimé ; boîte de 5. Liste I - Remb 65 % - **Prix : 23,24 €**.
**IZILOX 400 mg :** comprimé ; boîte de 7. Liste I - Remb 65 % - **Prix : 32,32 €**.

### Composition

| | p cp |
|---|---|
| **Moxifloxacine** | 400 mg |
| Lactose | + |

### Dans quel cas ce médicament est-il prescrit ?

C'est un *antibiotique* qui appartient à la famille des *quinolones*.
Il est utilisé dans le traitement de certaines infections des poumons, des bronches et des *sinus*.

### Contre-indications

Ce médicament ne doit pas être utilisé dans les cas suivants :
- *allergie* aux *antibiotiques* de la famille des *quinolones*,
- *antécédent* de *tendinite* lors de l'utilisation d'une quinolone,
- enfant jusqu'à la fin de la croissance,
- *insuffisance hépatique*,
- situations favorisant les *torsades de pointes* : certains *troubles du rythme cardiaque*, *hypokaliémie* ou anomalies de l'électrocardiogramme,
- en association avec les médicaments susceptibles de provoquer des torsades de pointes,
- **allaitement**,
- **grossesse**.

**Attention :** Les antibiotiques de la famille des *quinolones* peuvent provoquer des lésions des tendons, parfois graves : toute douleur évoquant une *tendinite* doit vous conduire à arrêter immédiatement le traitement et à consulter rapidement votre médecin.
Ce médicament est photosensibilisant : toute exposition aux rayons *ultraviolets* (soleil, lampe à bronzer) doit être évitée pendant le traitement, en raison du risque de réaction cutanée. N'omettez pas de signaler à votre médecin vos projets de vacances au soleil pendant la durée du traitement.
Consultez rapidement un ophtalmologiste en cas de survenue de troubles de la vision.
Des précautions sont nécessaires en cas de déficit en *G6PD* ou d'*antécédent* de *convulsions*.
Conducteur : ce médicament peut provoquer des troubles nerveux susceptibles d'altérer la vigilance.

### Interactions avec d'autres substances

Ce médicament ne doit pas être associé à d'autres médicaments favorisant les *torsades de pointes* : risque de *troubles du rythme cardiaque*, parfois mortels.
Il est préférable de respecter un délai de 6 heures entre la prise de ce médicament et celle des pansements

digestifs (contenant des sels d'aluminium, de calcium ou de magnésium) ainsi que celle des médicaments contenant du fer, du zinc ou du sucralfate.

**Grossesse et allaitement**

Ce médicament est contre-indiqué pendant la grossesse.

Ce médicament passe dans le lait maternel : l'allaitement est contre-indiqué.

**Mode d'emploi et posologie**

Ce médicament est pris indifféremment au cours ou en dehors des repas.

**Posologie usuelle :**

- Adulte : 1 comprimé par jour.

**Conseils :** Le médecin prescrit parfois un prélèvement pour identifier le *germe* responsable de l'infection et tester sa sensibilité aux *antibiotiques*. Le résultat de cet examen peut être faussé en cas d'automédication préalable : ne prenez pas d'antibiotiques sans avis médical.

**Effets indésirables possibles**

Nausées, vomissements, *diarrhée*, constipation, douleurs abdominales, ballonnements, manque d'appétit, sécheresse buccale.

*Photosensibilisation* (voir Attention).

*Réaction allergique*.

Douleurs musculaires ou articulaires, *tendinite* (voir Attention).

Maux de tête, vertiges, fatigue, somnolence ou au contraire insomnie, troubles de la vision, confusion des idées, *convulsions*, état anxieux, dépressif.

Démangeaisons, *éruption cutanée*, sueur, troubles du goût, *candidose* vaginale.

Troubles du rythme cardiaque, élévation des *transaminases*, anomalies de la *numération formule sanguine*.

**Laboratoires Bayer Pharma**

# J

## JAMYLÈNE

*Informations détaillées sur www.monvidal.com*

## JASMINE

Contraceptif oral — sur ordonnance

### Présentation

JASMINE : comprimé (jaune pâle) ; boîte de 1 plaquette de 21. Liste I - Non remb.
JASMINE : comprimé (jaune pâle) ; boîte de 3 plaquettes de 21. Liste I - Non remb.

### Composition

| | p cp |
|---|---|
| **Éthinylestradiol** | 0,03 mg |
| **Drospirénone** | 3 mg |

### Dans quel cas ce médicament est-il prescrit ?

C'est un *contraceptif* oral (pilule) qui contient un *estrogène* et un *progestatif*. Il est minidosé (moins de 0,04 mg d'estrogène) et monophasique (tous les comprimés contiennent la même quantité d'*hormones* et sont donc de la même couleur). La particularité de ce contraceptif est que son progestatif possède un léger effet *diurétique*. Cette propriété explique sans doute une tendance minime, par rapport à d'autres contraceptifs, à lutter contre la rétention d'eau. Par ailleurs, cette propriété expose théoriquement à un risque d'augmentation du taux de potassium dans le sang (kaliémie), d'où certaines précautions d'emploi spécifiques à ce médicament.

### Contre-indications

Ce médicament ne doit pas être utilisé dans les cas suivants :

- *accident thromboembolique* (*phlébite*, *embolie* pulmonaire...) ancien ou survenant au cours de la contraception, prédisposition connue aux *thromboses* veineuses ;
- maladie cardiovasculaire (*hypertension artérielle* grave, *angine de poitrine*, lésion des valves cardiaques, anomalie de la circulation sanguine cérébrale ou rétinienne), *diabète* avec lésions vasculaires, excès de *cholestérol* important, autre prédisposition connue aux accidents artériels ;
- *cancer hormonodépendant* (même guéri) ;
- saignement génital intermittent (l'origine de ce saignement doit être déterminée par des examens avant la mise en route du traitement) ;
- maladie du foie, grave ou récente, y compris les tumeurs bénignes ou malignes ;
- *insuffisance rénale* grave ;
- antécédent de migraine graves accompagnée de signes neurologiques (paralysies...).

**Attention :** Un examen médical est nécessaire avant de débuter la contraception. Il est suivi d'une surveillance annuelle pendant la contraception. Cette surveillance est particulièrement importante si vous souffrez d'*épilepsie*, de *migraine*, d'*asthme*, de *dépression*, ou si des membres de votre famille ont des *antécédents* de cancer du sein ou d'*accidents thromboemboliques*.
Si vous avez plus de 35 ans, si vous fumez, le risque d'effets indésirables cardiovasculaires liés à la prise d'*hormones* augmente fortement. Un autre mode de contraception est souvent préconisé.
Arrêtez la prise du *contraceptif* et consultez votre médecin en cas d'apparition de l'un des *symptômes* suivants : maux de tête violents et inhabituels, troubles de la vision, élévation importante de la tension artérielle, douleur inhabituelle à la jambe.
La survenue d'un léger saignement entre les règles (spotting) est fréquente chez les femmes pendant les premiers mois d'utilisation de la pilule. Vous devez informer votre médecin si les saignements se prolongent ou s'ils apparaissent en cours de contraception.
L'oubli d'un comprimé ou sa mauvaise absorption, du fait de vomissements par exemple, peuvent rendre la contraception inefficace.
En cas d'intervention chirurgicale programmée ou d'alitement prolongé, votre médecin jugera de l'opportunité d'interrompre votre contraception orale.

### Interactions avec d'autres substances

L'efficacité contraceptive de ce médicament peut être diminuée par les *anticonvulsivants*, certains traitements du *sida*, les produits de phytothérapie contenant du millepertuis et les médicaments contenant l'une des substances suivantes : griséofulvine, rifampicine, rifabutine, modafinil.

Informez par ailleurs votre médecin si vous prenez des médicaments contenant de la flunarizine.

Ce contraceptif pouvant en théorie augmenter le taux de *potassium* dans le sang, il est nécessaire de doser la *kaliémie* après le premier cycle de traitement lorsque d'autres médicaments ayant le même effet sont pris conjointement.

### Grossesse et allaitement

Ce médicament n'a pas de raison d'être utilisé pendant la grossesse. Néanmoins, si une grossesse survient malgré le traitement, du fait d'un oubli ou d'un retard de prise, celle-ci pourra être poursuivie normalement si vous le désirez.

Il est nécessaire d'arrêter le contraceptif et d'informer le médecin.

Les *hormones* contenues dans ce *contraceptif* passent dans le lait maternel : ne l'utilisez pas pendant l'allaitement sans avis médical.

### Mode d'emploi et posologie

Prendre régulièrement, et sans oubli, 1 comprimé par jour pendant 21 jours consécutifs. Il est recommandé de ne pas trop faire varier l'heure de prise (choisir le petit déjeuner ou le coucher de préférence).

L'interruption du traitement déclenche les règles. La nouvelle plaquette est reprise après les 7 jours d'arrêt, que les règles soient terminées ou non. Pour éviter un retard dans la reprise de la pilule, préjudiciable à l'efficacité de la contraception, il est utile de noter le jour de la prise de la première plaquette : une nouvelle plaquette est toujours commencée le même jour de la semaine.

En cas de première contraception orale ou de reprise d'une contraception interrompue temporairement, prendre le premier comprimé le premier jour des règles.

En cas de changement de *contraceptif*, prendre le premier comprimé :
- après un arrêt de 7 jours, si le précédent contraceptif comportait 21 comprimés par plaquette ;
- sans interruption, si le précédent contraceptif comportait 28 comprimés par plaquette.

Après un accouchement ou une interruption de grossesse, suivre les indications du médecin.

Le respect de ces délais est important : une prise trop tardive du premier comprimé peut nuire à l'efficacité de la contraception pour le nouveau cycle.

**Conseils :**

**En cas d'oubli d'un comprimé :**
- Si l'oubli date de moins de 12 heures, prendre immédiatement le comprimé oublié ; le comprimé suivant sera pris à l'heure habituelle. La sécurité contraceptive n'est pas altérée.
- Si l'oubli date de plus de 12 heures, prendre immédiatement le comprimé oublié (ce qui peut correspondre à la prise de deux comprimés en même temps). Trois situations différentes peuvent alors se présenter :
  - Cet oubli a lieu pendant la 1re semaine de la plaquette : utiliser une contraception complémentaire (préservatif) pendant les 7 jours qui suivent. La sécurité contraceptive n'est pas altérée pour ce cycle, sauf dans le cas où un rapport sexuel a eu lieu pendant les 7 jours qui précédaient l'oubli.
  - Oubli pendant la 2e semaine de la plaquette : aucune méthode contraceptive complémentaire n'est nécessaire ; la sécurité contraceptive n'est pas altérée par cet oubli.
  - Oubli pendant la 3e semaine de la plaquette : prendre les comprimés restants aux jours prévus et enchaîner directement avec la plaquette suivante sans période d'interruption. Des saignements irréguliers peuvent survenir pendant la deuxième plaquette. Il est également possible d'arrêter prématurément la plaquette à la date de l'oubli pendant 7 jours, ce qui aura comme conséquence de provoquer des règles.

En cas d'oublis multiples, une contraception complémentaire est nécessaire pour les rapports survenus dans les 7 jours qui suivent le dernier oubli.

Dans tous les cas, les oublis les plus gênants sont ceux qui surviennent en début de cycle.

En cas d'oubli(s) et d'absence de règles à l'arrêt d'une plaquette, il existe un risque de grossesse et un test est nécessaire avant de commencer une nouvelle plaquette.

En cas de vomissements ou de *diarrhée* importante survenant juste après la prise du comprimé (sans rapport avec la prise du *contraceptif*), prendre un autre comprimé. Si ces troubles durent plus de 12 heures, la sécurité contraceptive n'est plus assurée et une méthode complémentaire doit être employée.

Il n'y a pas de danger à débuter une grossesse au cours du cycle qui suit l'arrêt volontaire du contraceptif oral.

### Effets indésirables possibles

Certains effets indésirables ont été rapportés chez les utilisatrices de *contraceptifs* oraux en général : *accident thromboembolique* veineux (*phlébite*, *embolie* pulmonaire...) ou artériel (infarctus, accident vasculaire cérébral...), hypertension artérielle, tumeurs du foie.

Certaines maladies sont apparues ou se sont aggravées sans que la responsabilité du contraceptif ne puisse être prouvée : maladies inflammatoires de l'intestin, *épilepsie*, *migraine*, *endométriose*, fibrome utérin, *porphyrie*, *lupus érythémateux disséminé*, herpès gestationis, chorée, syndrome urémique hémolytique, jaunisse.

Chez les femmes prenant Jasmine, les effets suivants ont été constatés :

Plus d'une fois sur cent utilisatrices : Troubles des règles, saignements entre les règles, seins douloureux, maux de tête, état dépressif, nausée, *candidose* vaginale, pertes.

Chez moins d'une femme sur cent : modification de la libido, *hypertension* ou hypotension artérielle, vomissements, *acné*, eczéma, démangeaisons, inflammation du vagin, rétention d'eau, modification du poids.

Chez moins d'une femme sur mille : *asthme*, écoulement de lait par le mamelon, baisse de l'audition, *accident thromboembolique*.

Laboratoires Schering

## JASMINELLE

*Informations détaillées sur www.monvidal.com*

## JÉCOPEPTOL

*Informations détaillées sur www.monvidal.com*

## JÉNOVÉRINE

*Informations détaillées sur www.monvidal.com*

## JONCTUM crème

Protecteur cutané

### Présentation

**JONCTUM :** crème ; tube de 30 g. Non remb.

### Composition

| | p 100 g |
|---|---|
| **Oxacéprol** | 10 g |

### Dans quel cas ce médicament est-il prescrit ?

C'est crème protectrice qui contient un dérivé du *collagène*.

Elle est utilisée dans le *traitement d'appoint* des brûlures superficielles peu étendues.

### Contre-indications

Ce médicament ne doit pas être utilisé sur des lésions infectées.

### Grossesse et allaitement

L'effet de ce médicament pendant la grossesse ou l'allaitement est mal connu. L'évaluation du risque éventuel lié à son utilisation est individuelle : demandez conseil à votre pharmacien ou à votre médecin.

### Mode d'emploi et posologie

Nettoyer la région à traiter avant l'application.

**Posologie usuelle :**

1 application par jour.

### Effets indésirables possibles

*Eczéma*, urticaire.

Laboratoires CS

## JONCTUM gélule

*Informations détaillées sur www.monvidal.com*

## JOSACINE

Antibiotique : macrolide — **sur ordonnance**

### Présentation

**JOSACINE 125 mg :** granulé pour suspension buvable (arôme fraise) ; flacon de 60 ml avec seringue graduée. Liste I - Remb 65 % - **Prix : 4,33 €**.
**JOSACINE 250 mg :** granulé pour suspension buvable (arôme fraise) ; flacon de 60 ml avec seringue graduée. Liste I - Remb 65 % - **Prix : 6,60 €**.
**JOSACINE 250 :** poudre pour suspension buvable (arôme fraise) ; boîte de 12 sachets. Liste I - Remb 65 % - **Prix : 6,60 €**.
**JOSACINE 500 mg :** granulé pour suspension buvable (arôme fraise) ; flacon de 60 ml avec seringue graduée. Liste I - Remb 65 % - **Prix : 10,11 €**.
**JOSACINE 500 :** poudre pour suspension buvable (arôme fraise) ; boîte de 12 sachets. Liste I - Remb 65 % - **Prix : 10,11 €**.
**JOSACINE 500 :** comprimé (blanc) ; boîte de 20. Liste I - Remb 65 % - **Prix : 13,62 €**.
**JOSACINE 1 000 :** comprimé *dispersible* (blanc ; arôme fraise) ; boîte de 10. Liste I - Remb 65 % - **Prix : 13,62 €**.

### Composition

| | p 5 ml | p 5 ml | p sachet |
|---|---|---|---|
| **Josamycine** | 125 mg | 250 mg | 250 mg |
| Saccharose | 0,82 g | 0,63 g | |
| Aspartam | | | + |
| Amidon de blé (gluten) | + | + | |

| | p 5 ml | p sachet | p cp |
|---|---|---|---|
| **Josamycine** | 500 mg | 500 mg | 500 mg |
| Saccharose | 0,82 g | | |
| Aspartam | | + | |
| Amidon de blé (gluten) | + | | |

| | p cp |
|---|---|
| **Josamycine** | 1 g |
| Aspartam | + |

### Dans quel cas ce médicament est-il prescrit ?

C'est un *antibiotique* qui appartient à la famille des *macrolides*.

Il est utilisé dans le traitement de diverses maladies infectieuses, notamment celles des poumons et des bronches, de la peau, du nez, de la gorge, de la bouche et des dents, de l'appareil génital.

### Contre-indications

Ce médicament ne doit pas être utilisé dans les cas suivants :
- *allergie* aux *macrolides*,
- *phénylcétonurie* (sachet et comprimé *dispersible* : présence d'aspartam),
- en association avec des médicaments contenant du pimozide, du cisapride, de l'ergotamine ou de la dihydroergotamine.

**Attention :** Des précautions sont nécessaires en cas d'*insuffisance hépatique*.
Une diminution de la fièvre ou une disparition des *symptômes* ne sont pas synonymes de guérison : la durée du traitement doit absolument être respectée pour éviter les rechutes ou l'apparition d'une *résistance* du *germe* à l'*antibiotique*.

### Interactions avec d'autres substances

Ce médicament ne doit pas être associé aux médicaments contenant :
- du pimozide (ORAP...), du cisapride (PRÉPULSID...) : risque de *troubles du rythme cardiaque* graves ;
- de l'ergotamine ou de la dihydroergotamine : risque d'*ergotisme*.

Il peut interagir avec les médicaments qui contiennent de l'ébastine, de la bromocriptine, de la cabergoline ou du triazolam.

Informez par ailleurs votre médecin si vous prenez des médicaments contenant de la carbamazépine, de la ciclosporine, de la théophylline ou de l'aminophylline.

### Grossesse et allaitement

Ce médicament peut être utilisé chez la femme enceinte.

Ce médicament passe faiblement dans le lait maternel.

### Mode d'emploi et posologie

Ce médicament peut être pris indifféremment au cours ou en dehors des repas.

Le contenu des sachets doit être dissous dans un peu d'eau.

La suspension buvable doit être préparée en ajoutant de l'eau (minérale de préférence) dans le flacon de granulés, jusqu'au repère. La dose par prise est indiquée, en fonction du poids de l'enfant, sur le piston de la seringue graduée en kg. 2 prises par jour sont nécessaires.

Les comprimés dispersibles peuvent être avalés tels quels avec un verre d'eau, ou préalablement dissous dans un verre d'eau.

La suspension buvable à 125 mg est adaptée à l'enfant de moins de 5 kg.

La suspension buvable à 250 mg est adaptée à l'enfant de 5 à 20 kg.

La suspension buvable à 500 mg est adaptée à l'enfant de 10 à 40 kg.

Les comprimés à 500 mg et à 1000 mg sont réservés à l'adulte.

**Posologie usuelle :**
- Adulte : 500 mg à 1 g, matin et soir.
- Enfant et nourrisson : 50 mg par kg et par jour, répartis en 2 prises ; soit, pour un enfant de 10 kg : 1 sachet

à 250 mg, ou 1 seringue remplie jusqu'à la graduation 10 kg de suspension buvable à 250 mg, matin et soir.

**Conseils :** Le médecin prescrit parfois un prélèvement pour identifier le *germe* responsable de l'infection et tester sa sensibilité aux *antibiotiques*. Le résultat de cet examen peut être faussé en cas d'automédication préalable : ne prenez pas et ne donnez pas d'antibiotiques sans avis médical.
L'éventuelle fatigue n'est pas due à l'antibiotique, mais à l'infection elle-même.
La suspension buvable reconstituée se conserve une semaine à température ambiante.

### Effets indésirables possibles

Nausées, vomissements, *diarrhée*, douleurs d'estomac.
*Réaction allergique* cutanée.
Augmentation des *transaminases*, *hépatite* (exceptionnelle).

Laboratoires Bayer Pharma

## JOSIR
Alphabloquant

sur ordonnance

### Présentation

**JOSIR LP 0,4 mg :** gélule contenant des microgranules à *libération prolongée* (orange et vert) ; boîte de 30. Liste I - Remb 35 % - **Prix : 24,97 €.**

### Composition

| | p gél LP |
|---|---|
| **Tamsulosine chlorhydrate** | 0,4 mg |

### Dans quel cas ce médicament est-il prescrit ?

Ce médicament appartient à la famille des *alphabloquants*. Il lutte contre la contraction des *voies* urinaires.
Il est utilisé dans le traitement des troubles urinaires dus à un *adénome de la prostate*.

### Contre-indications

Ce médicament ne doit pas être utilisé dans les cas suivants :
- *antécédent* d'œdème de *Quincke* lié à la prise de tamsulosine,
- antécédent d'*hypotension orthostatique*,
- *insuffisance hépatique* grave.

**Attention :** Des précautions sont nécessaires en cas d'*insuffisance rénale* grave ou d'*insuffisance coronarienne*.
Une *hypotension orthostatique*, due à la dilatation des vaisseaux sanguins, peut survenir dans les heures qui suivent la prise du médicament. Ce malaise, souvent précédé de *vertiges* et de sueurs, est favorisé par un passage trop brutal en position verticale (en se levant d'une chaise ou d'un lit). Les risques sont surtout importants les premiers jours du traitement, pendant lesquels il convient d'éviter les activités dangereuses. Ensuite, l'organisme s'adapte au médicament. En cas de sensation d'étourdissement, allongez-vous quelques minutes et relevez-vous progressivement.
Conducteur : ce médicament peut parfois provoquer des étourdissements.

### Interactions avec d'autres substances

Ce médicament peut interagir avec les *antihypertenseurs*, surtout les autres *alphabloquants*. Votre médecin adaptera la *posologie* pour limiter le risque d'*hypotension orthostatique*, mais il doit être parfaitement informé des médicaments que vous prenez conjointement.
En cas d'intervention chirurgicale, informez l'anesthésiste de la prise de ce médicament.

### Grossesse et allaitement

Ce médicament n'a pas d'indication chez la femme.

### Mode d'emploi et posologie

Ce médicament est pris de préférence à la fin du petit déjeuner. Une prise à jeun risque d'en augmenter l'effet hypotenseur.

**Posologie usuelle :**
1 gélule par jour.

**Conseils :** Ce médicament ne permet pas de faire régresser la taille de l'adénome. C'est un *traitement symptomatique* qui facilite l'ouverture du *sphincter* urinaire. Il est utilisé lorsque l'ablation de l'adénome n'est pas justifiée (troubles modérés) ou doit être retardée pour une raison quelconque.

### Effets indésirables possibles

Étourdissement, maux de tête, fatigue, *hypotension orthostatique*, *palpitations*, troubles de l'éjaculation, *priapisme*, nausées, diarrhée, constipation, éruption cutanée, démangeaisons.
Rarement : nez bouché, *rhinite*.
Très rarement : œdème de *Quincke* nécessitant l'arrêt définitif du traitement.

Laboratoires Bœhringer Ingelheim

## JOUVENCE DE L'ABBÉ SOURY
Phytothérapie à visée vasculoprotectrice

### Présentation

**JOUVENCE DE L'ABBÉ SOURY :** comprimé (marron) ; boîte de 180. Non remb.
**JOUVENCE DE L'ABBÉ SOURY :** solution buvable ; flacon de 210 ml. Non remb.

### Composition

| | p cp | p 100 ml |
|---|---|---|
| **Hamamélis, feuille** | 64 mg | |
| **Hamamélis, extrait fluide** | | 3,82 g |
| **Viburnum** | 14 mg | |
| **Viburnum, extrait fluide** | | 840 mg |
| **Calamus, rhizome** | 7 mg | |
| **Calamus, extrait fluide** | | 423 mg |
| **Piscidia, écorce** | 4,5 mg | |
| **Piscidia, extrait fluide** | | 271 mg |
| Alcool | | + |

### Dans quel cas ce médicament est-il prescrit ?

Ce médicament contient des extraits de plantes qui ont un effet protecteur sur les vaisseaux sanguins.
Il est utilisé dans le *traitement symptomatique* des troubles en rapport avec une mauvaise circulation veineuse.

**Attention :** L'*insuffisance veineuse* peut requérir des mesures spécifiques telles que la *contention élastique*.

### Grossesse et allaitement

Ce médicament contient des plantes présumées sans danger pendant la grossesse ou l'allaitement. Néanmoins, par mesure de prudence, ne l'utilisez pas sans prendre l'avis de votre pharmacien ou de votre médecin.

### Mode d'emploi et posologie

Ce médicament doit être pris avec un verre d'eau au cours des repas.

**Posologie usuelle :**

2 comprimés, 3 fois par jour ou 1 ou 2 cuillères à café de solution buvable, 2 fois par jour.

**Conseils :** Une activité physique régulière et la surélévation du pied du lit permettent de faciliter la circulation veineuse et *lymphatique*.

Laboratoires Omega-Pharma France

## JOUVENCE DE L'ABBÉ SOURY gel

*Informations détaillées sur www.monvidal.com*

## JUNIPERUS COMPLEXE N° 6

*Informations détaillées sur www.monvidal.com*

## JUSTOR

*Informations détaillées sur www.monvidal.com*

# K

## KALEORID
Élément minéral : potassium

### Présentation
**KALEORID LP 600 mg :** comprimé à *libération prolongée* (blanc) ; boîte de 30. Remb 65 % - **Prix : 1,96 €**.
**KALEORID LP 1 000 mg :** comprimé à *libération prolongée* (blanc) ; boîte de 30. Remb 65 % - **Prix : 2,57 €**.

### Composition

| | p cp LP 600 mg | p cp LP 1 000 mg |
|---|---|---|
| **Chlorure de potassium** ......... | 600 mg | 1 000 mg |
| soit Potassium ...................... | 312 mg | 520 mg |

### Dans quel cas ce médicament est-il prescrit ?
Ce médicament contient du *potassium*, élément minéral indispensable aux cellules de l'organisme.
Il est utilisé dans le traitement des déficits en potassium (*hypokaliémie*), liés principalement à la prise de certains médicaments (*diurétiques*, *corticoïdes*, et tous les *laxatifs stimulants*...).

### Contre-indications
Ce médicament ne doit pas être utilisé en cas de risque d'excès de *potassium* dans le sang (*hyperkaliémie*) :
- maladies entraînant une hyperkaliémie,
- médicaments augmentant le taux de potassium dans le sang,
- *sels* de régime contenant du potassium.

**Attention :** Pour éviter une surcharge en *potassium*, une surveillance médicale et des analyses de sang régulières sont nécessaires avant et pendant le traitement afin d'adapter la *posologie*, notamment chez la personne âgée.

### Interactions avec d'autres substances
Ce médicament ne doit pas être associé aux *diurétiques* qui augmentent le taux de *potassium* : risque de *trouble du rythme cardiaque* grave en cas d'*hyperkaliémie*.
Il peut, par ailleurs, interagir avec les *inhibiteurs de l'enzyme de conversion*.

### Grossesse et allaitement
Ce médicament peut être utilisé en cas de déficit en *potassium* chez la femme enceinte ou qui allaite, mais uniquement sur prescription médicale.

### Mode d'emploi et posologie
Les comprimés doivent être avalés avec un grand verre d'eau, de préférence à la fin des repas. Les prises sont réparties au cours de la journée.

**Posologie usuelle :**
Elle est adaptée par votre médecin en fonction des résultats de l'analyse de sang (*kaliémie*).

### Effets indésirables possibles
A forte dose : irritation du tube digestif.

Laboratoires Leo Pharma

## KALETRA
*Informations détaillées sur www.monvidal.com*

## KALI PHOS COMPLEXE N° 100
*Informations détaillées sur www.monvidal.com*

## KALIALE
Antiandrogène

sur ordonnance

Ce médicament est un générique de ANDROCUR (voir p. 92 et tableau p. 1151).

## KALIUM MURIATICUM COMPLEXE N° 41
*Informations détaillées sur www.monvidal.com*

## KANEURON
*Informations détaillées sur www.monvidal.com*

## KAOBROL
*Informations détaillées sur www.monvidal.com*

## KAOLOGEAIS
*Informations détaillées sur www.monvidal.com*

## KAOMUTH
*Informations détaillées sur www.monvidal.com*

## KAPANOL
*Informations détaillées sur www.monvidal.com*

## KARAYAL
*Informations détaillées sur www.monvidal.com*

## KARDÉGIC
Antiagrégant plaquettaire

### Présentation
KARDÉGIC 75 : poudre pour solution buvable (arôme mandarine) ; boîte de 30 sachets. Remb 65 % - **Prix : 2,81 €**.
KARDÉGIC 160 : poudre pour solution buvable (arôme mandarine) ; boîte de 30 sachets. Remb 65 % - **Prix : 2,81 €**.
KARDÉGIC 300 : poudre pour solution buvable (arôme mandarine) ; boîte de 30 sachets. Remb 65 % - **Prix : 2,81 €**.

### Composition

| | p sachet | p sachet | p sachet |
|---|---|---|---|
| **Acétylsalicylate de lysine** ...................... | 135 mg | 288 mg | 540 mg |
| soit Acide acétylsalicylique (aspirine) .................. | 75 mg | 160 mg | 300 mg |

### Dans quel cas ce médicament est-il prescrit ?

Ce médicament contient de l'aspirine, qui possède, entre autres propriétés, celle de fluidifier le sang. Cet effet persiste 4 à 8 jours après l'arrêt du traitement.

Il est utilisé pour prévenir les récidives des maladies cardiovasculaires provoquées par un caillot de sang dans une artère (*infarctus du myocarde, accident vasculaire cérébral*).

### Contre-indications

Ce médicament ne doit pas être utilisé dans les cas suivants :
- *allergie* aux *salicylés* ou aux *AINS*,
- *ulcère* de l'estomac ou du *duodénum*,
- *hémorragie* ou risque hémorragique,
- **grossesse :** à partir du 6e mois ou, en prise prolongée, à toute période de la grossesse.

> **Attention :** L'aspirine n'est pas un médicament anodin. Seul votre médecin peut décider si la prise prolongée de ce médicament est justifiée par votre état de santé.
>
> Des précautions sont nécessaires en cas d'*antécédent* d'*ulcère* de l'estomac ou du *duodénum*, même ancien, d'*asthme*, de *goutte*, d'*insuffisance rénale*, et chez le femme qui porte un stérilet.
>
> L'aspirine peut augmenter la durée ou l'abondance des saignements pendant les règles.
>
> Évitez de prendre ce médicament pendant la semaine qui précède une extraction dentaire ou une opération : augmentation du risque d'*hémorragie*.

### Interactions avec d'autres substances

Ce médicament peut interagir avec d'autres médicaments, notamment :
- les *anticoagulants* et les *antiagrégants plaquettaires* (PLAVIX...) : augmentation du risque hémorragique ;
- les médicaments contenant de la benzbromarone ou du méthotrexate.

Informez par ailleurs votre médecin ou votre pharmacien si vous prenez un *corticoïde* ou un médicament contenant de la pentoxifylline ou de l'interféron alfa.

### Grossesse et allaitement

Des effets néfastes pour la mère et l'enfant à naître ont été mis en évidence lorsque l'aspirine, comme les autres *AINS*, est utilisée au cours des 4 derniers mois de la grossesse ; le risque existe même avec une seule prise et même si la grossesse est à terme.

En conséquence, en dehors de certaines situations médicales très particulières, l'aspirine ne peut être utilisée que de façon ponctuelle pendant les 5 premiers mois, et son usage est contre-indiqué à partir du 6e mois.

Ce médicament passe dans le lait maternel. L'allaitement est déconseillé pendant le traitement.

### Mode d'emploi et posologie

Le contenu du sachet doit être dissous dans un verre d'eau.

Ce médicament peut être pris avant, pendant, ou entre les repas, en 1 prise quotidienne.

**Posologie usuelle :**
- Adulte :
  - Traitement de la phase aiguë de l'*infarctus du myocarde* ou de l'*accident vasculaire cérébral* : 1 sachet de KARDÉGIC 160 mg ou 300 mg par jour.
  - Prévention en cardiologie : 1 sachet de KARDÉGIC 75 mg ou 160 mg ou 300 mg par jour.
  - Prévention des accidents vasculaires cérébraux : 1 sachet de KARDÉGIC 160 mg ou 300 mg par jour. Des dose plus fortes sont dans certains cas nécessaires.

> **Conseils :** L'emploi régulier de ce médicament ne contre-indique pas la prise ponctuelle d'aspirine plus fortement dosée, lors d'un mal de tête ou d'une fièvre par exemple.

### Effets indésirables possibles

*Gastrite*, douleurs abdominales, saignement du nez ou des gencives.

Rares et parfois graves :
- *hémorragie* du tube digestif : vomissements sanglants, selles noires, ou plus souvent pertes de sang imperceptibles, responsables de l'apparition progressive d'une *anémie* ;
- accidents allergiques : *urticaire*, *œdème*, *asthme*.

Laboratoires Sanofi Aventis

## KAYEXALATE

Médicament de l'hyperkaliémie — sur ordonnance

### Présentation

KAYEXALATE : poudre pour suspension orale et rectale ; boîte de 454 g avec cuillère-mesure de 15 g (30 cuillères-mesure). Liste II - Remb 100 % - **Prix : 36,22 €**.

### Composition

| | p mesurette |
|---|---|
| **Polystyrène sulfonate de sodium** | 15 g |
| dont Sodium | 345 mg |

### Dans quel cas ce médicament est-il prescrit ?

Ce médicament contient des microbilles de polystyrène (résine échangeuse d'ions), qui ont la propriété, à leur passage dans l'intestin, de libérer du sodium et de fixer à sa place du *potassium*. Après avoir piégé le potassium, les microbilles sont évacuées dans les selles et éliminent donc le potassium de l'organisme.

Il est utilisé pour traiter les *hyperkaliémies* (excès de potassium dans le sang).

### Contre-indications

Ce médicament ne doit pas être utilisé dans les cas suivants :
- taux de *potassium* sanguin inférieur ou égal à 5 *mEq* par litre,
- obstruction de l'intestin.

Ce médicament doit toujours être utilisé en lavement chez le *nouveau-né* (jamais par voie orale).

> **Attention :** Un contrôle du taux sanguin de *potassium* est nécessaire en cas de traitement prolongé à forte dose.
>
> Ce médicament libère une quantité notable de *sel* (*sodium*) qui peut être absorbé par l'intestin.
>
> Évitez de mélanger ce médicament avec du jus de fruit car son efficacité en serait réduite.

### Interactions avec d'autres substances

Au cours du traitement par ce médicament, la prise d'un médicament contenant du sorbitol est formellement déconseillée.

Informez par ailleurs votre médecin ou votre pharmacien si vous prenez un *pansement digestif* ou un médicament contenant de la thyroxine.

### Grossesse et allaitement

Ce médicament n'est pas absorbé (action locale dans l'intestin et élimination dans les selles). Il peut être utilisé chez la femme enceinte ou chez celle qui allaite, après avis médical.

### Mode d'emploi et posologie

Ce médicament peut être pris de 2 façons :
- avalé, après avoir dissout la poudre dans de l'eau (nature ou sucrée avec du sirop) ;
- en lavement : la poudre est alors mélangée avec une solution prescrite par le médecin.

**Posologie usuelle :**
La *posologie* est adaptée par le médecin en fonction de la quantité de *potassium* à éliminer et de l'âge du malade.

**Conseils :** Ce médicament doit être conservé à l'abri de l'humidité.

### Effets indésirables possibles

Constipation, qui ne doit pas être combattue par la prise conjointe de sorbitol (voir Interactions).
*Troubles digestifs* mineurs (douleurs d'estomac, nausées), en cas de prise orale.

Laboratoires Sanofi-Aventis France

## KÉAL
Antiulcéreux

Ce médicament est un générique de ULCAR (informations détaillées sur www.monvidal.com).

## KEFORAL
*Informations détaillées sur www.monvidal.com*

## KELSEF
*Informations détaillées sur www.monvidal.com*

## KENACORT RETARD
Dérivé de la cortisone — sur ordonnance

### Présentation

KENACORT RETARD 40 : suspension injectable ; boîte de 1 ampoule de 1 ml et 1 seringue avec 2 aiguilles. Liste I - Remb 65 % - **Prix : 2,70 €.**
KENACORT RETARD 80 : suspension injectable ; boîte de 1 ampoule de 2 ml et 1 seringue avec 2 aiguilles. Liste I - Remb 65 % - **Prix : 4,80 €.**

### Composition

| | p amp inj | p amp inj |
|---|---|---|
| **Triamcinolone acétonide** ..... | 40 mg | 80 mg |
| Alcool benzylique .................. | + | + |

### Dans quel cas ce médicament est-il prescrit ?

C'est un *anti-inflammatoire* stéroïdien qui appartient à la famille des *corticoïdes* de synthèse (dérivés chimiques de la *cortisone* naturelle). Les propriétés de la cortisone sont nombreuses, mais ce produit est surtout utilisé pour son effet anti-inflammatoire puissant et prolongé. Il présente, à efficacité égale, moins d'effets indésirables que la cortisone naturelle. L'effet de ce médicament dure de 3 à 6 semaines.

Il est utilisé dans le traitement de la *rhinite* allergique saisonnière, en dernier recours, en cas d'échec des traitements habituels.

Il est également utilisé en traitement local (*infiltrations*) dans les cas suivants :
- *inflammation* des articulations, poussées douloureuses d'*arthrose* ;
- cicatrice *chéloïde*.

### Contre-indications

Ce médicament ne doit pas être utilisé dans les cas suivants :
- infection non contrôlée par un traitement adapté,
- maladies virales en évolution (*hépatite*, *zona*, *herpès*),
- *psychose* non contrôlée par un traitement,
- prédisposition aux *hémorragies* (traitement anticoagulant, hémophilie...).

Ces contre-indications peuvent s'appliquer ou ne pas s'appliquer en fonction de la façon dont le médicament est utilisé (injection IM, *infiltration*, injection unique ou répétée).

**Attention :** L'injection de ce médicament ne doit être pratiquée que sous contrôle médical.
En fonction du type d'injection (intramusculaire, *infiltrations*, injection unique ou répétée...), les personnes ayant des *antécédents* de *tuberculose*, d'*ulcère* de l'estomac ou du duodénum, les personnes souffrant d'*insuffisance rénale* ou *hépatique*, de *colite* ulcéreuse, de *diabète*, d'*hypertension artérielle*, d'*ostéoporose*, de *myasthénie* grave peuvent faire l'objet d'une prise en charge médicale particulière.
La prise prolongée d'un *corticoïde* diminue les défenses immunitaires : la vaccination avec un *vaccin* contenant des *germes* vivants atténués ne peut être pratiquée qu'avec l'accord de votre médecin. Vous devez également éviter le contact avec des personnes atteintes de varicelle ou de rougeole.
Sportif : ce médicament contient une substance susceptible de rendre positifs certains *tests antidopage*.

### Interactions avec d'autres substances

Ce médicament peut interagir avec les médicaments qui donnent des *torsades de pointes*.
Informez par ailleurs votre médecin si vous prenez :
- un médicament susceptible de faire baisser la *kaliémie* (amphotéricine B, certains *diurétiques*, *laxatifs stimulants*) ;
- un *antihypertenseur* ;
- un *antidiabétique* ;
- un *digitalique* ;
- un *anticoagulant* ;
- de l'aspirine ou un *AINS* ;
- un médicament *inducteur enzymatique* ou un médicament contenant de l'isoniazide.

En cas de vaccination, l'utilisation d'un *vaccin* vivant est déconseillée.
En cas d'injection locale unique ou répétée à faible dose, le risque d'interactions médicamenteuses est limité ou nul.

### Grossesse et allaitement

Les études scientifiques actuellement disponibles n'ont pas mis en évidence de problème particulier lors de l'utilisation ponctuelle de ce médicament chez la femme enceinte. Seul votre médecin peut évaluer le risque éventuel en cas d'utilisation prolongée.

En cas d'injections multiples ou répétées, il peut être nécessaire d'interrompre l'allaitement : prenez l'avis de votre médecin.

### Mode d'emploi et posologie

L'injection est réalisée par *voie* intramusculaire profonde.

Les *infiltrations* sont réalisées par le médecin dans ou à proximité de la zone à traiter.

**Posologie usuelle :**

*Rhinite* allergique : 1 injection à renouveler une fois.

En infiltration : 0,25 à 3 ml selon l'affection à traiter, à renouveler toutes les 3 à 4 semaines.

> **Conseils :** Afin de compenser une baisse du taux de *potassium* dans le sang lors d'un traitement prolongé, le médecin peut être amené à prescrire du potassium.

### Effets indésirables possibles

Liés à la voie d'administration : infection, calcification, atrophie cutanée, maux de tête, bouffées de chaleur, *réaction allergique*, douleur articulaire au site d'injection liée à l'effet irritant initial des microcristaux de médicament contenus dans la suspension injectable.

En cas d'injections répétées à court terme, les effets indésirables suivants pourraient être observés :

- baisse du taux de *potassium*, rétention d'eau et de sel, *hypertension artérielle* ;
- gonflement du visage et du buste, apparition de poils, taches cutanées violacées, *acné* ;
- surexcitation, euphorie, troubles du sommeil, *état dépressif* (à l'arrêt du traitement) ;
- *ostéoporose* ;
- *diabète*, arrêt de la croissance chez l'enfant, troubles des règles ;
- *ulcère* de l'estomac ou du *duodénum* ;
- certaines formes de *cataracte* et de *glaucome*.

Laboratoires Bristol-Myers Squibb

## KENALCOL

*Informations détaillées sur www.monvidal.com*

## KENDIX

*Informations détaillées sur www.monvidal.com*

## KENZEN

Antihypertenseur

**sur ordonnance**

### Présentation

**KENZEN 4 mg :** comprimé sécable (blanc) ; boîte de 28. Liste I - Remb 65 % - **Prix : 16,72 €**.

**KENZEN 8 mg :** comprimé sécable (rose) ; boîte de 28. Liste I - Remb 65 % - **Prix : 21,96 €**.

**KENZEN 16 mg :** comprimé sécable (rose clair) ; boîte de 28. Liste I - Remb 65 % - **Prix : 23,63 €**.

**KENZEN 32 mg :** comprimé sécable ; boîte de 28. Liste I - Remb 65 % - **Prix : 38,47 €**.

### Composition

| | p cp | p cp |
|---|---|---|
| **Candésartan cilexetil** | 4 mg | 8 mg |
| Lactose | + | + |
| | p cp | p cp |
| **Candésartan cilexetil** | 16 mg | 32 mg |
| Lactose | + | + |

### Dans quel cas ce médicament est-il prescrit ?

Ce médicament est un *antihypertenseur* qui appartient à la famille des *inhibiteurs de l'angiotensine II*. Il bloque l'action de l'angiotensine II. Cette substance, naturellement présente dans l'organisme, provoque une contraction des artères qui augmente la pression artérielle et fatigue le cœur.

Il est utilisé dans le traitement de l'*hypertension artérielle* et de l'*insuffisance cardiaque* (en cas d'*intolérance* aux *inhibiteurs de l'enzyme de conversion* ou en association avec ceux-ci).

### Contre-indications

Ce médicament ne doit pas être utilisé en cas de **grossesse** (à partir du 4e mois).

> **Attention :** Des précautions sont nécessaires en cas d'*insuffisance cardiaque* grave ou chez les personnes souffrant d'*hypertension artérielle* due à un rétrécissement des artères rénales, de rétrécissement des valves cardiaques ou de *cardiomyopathie* obstructive.
>
> Chez la personne de plus de 70 ans, le diabétique, l'*insuffisant rénal* et les patients traités pour une insuffisance cardiaque, un contrôle régulier de la *créatinine* et du taux de *potassium* dans le sang est nécessaire.
>
> Si vous suiviez auparavant un traitement par *diurétique* ou un régime sans *sel*, la baisse de la tension artérielle peut être importante lors des premières prises du médicament : risque de malaise ou d'étourdissement pouvant entraîner une chute. Il est donc préférable de commencer le traitement un jour de repos.
>
> Les sels de régime contiennent souvent du potassium ; ne les utilisez pas sans avis médical pendant le traitement.

### Interactions avec d'autres substances

Ce médicament peut interagir avec les *diurétiques* et les médicaments qui contiennent du *potassium* ou du *lithium*.

En outre, l'effet *antihypertenseur* de ce médicament peut être diminué par les *AINS*.

### Grossesse et allaitement

L'effet de ce médicament sur l'enfant à naître pendant les 3 premiers mois de la grossesse est mal connu. Par prudence, son usage est déconseillé. Au cours des 6 derniers mois de la grossesse, une prise prolongée de ce médicament peut altérer les reins du fœtus. Son utilisation est contre-indiquée à partir du 4e mois de la grossesse.

En conséquence, un désir de grossesse nécessite le remplacement de ce médicament par un autre antihypertenseur. Si une grossesse survient alors que vous prenez ce médicament, consultez rapidement votre médecin pour qu'il modifie votre traitement.

Les données actuellement disponibles ne permettent pas de savoir si ce médicament passe dans le lait maternel : l'allaitement est déconseillé pendant le traitement.

### Mode d'emploi et posologie

Les comprimés peuvent être pris indifféremment au cours ou en dehors des repas.

**Posologie usuelle :**
- Adulte :
  - *hypertension artérielle* : 4 mg à 16 mg par jour, en 1 prise ;
  - *insuffisance cardiaque* : la dose initiale est de 4 mg par jour. Elle peut être ensuite progressivement augmentée jusqu'à la dose de 32 mg par jour.

**Conseils :** Votre tension artérielle doit être contrôlée régulièrement. Les appareils permettant une mesure automatique de la tension à domicile utilisent souvent un procédé de mesure différent de celui qu'emploie votre médecin. Si vous avez un tel appareil, apportez-le en consultation pour vous assurer que la mesure obtenue est bien conforme à celle du tensiomètre de votre médecin.
Le traitement médicamenteux ne dispense pas de mesures simples pouvant faire baisser la tension artérielle : activité physique régulière, modération de la consommation de boissons alcoolisées et de *sel*, lutte contre l'excès de poids.

### Effets indésirables possibles

Les études qui ont comparé ce médicament au *placebo* n'ont pas montré plus d'effets indésirables imputables au médicament.

Depuis sa commercialisation dans la traitement de l'hypertension artérielle, les effets suivants ont été rarement observés :
- maux de tête, *vertiges*, douleurs dorsales, nausées, *réaction allergique* (œdème de *Quincke*) ;
- augmentation du taux de *créatinine* et de *potassium* dans le sang.

Dans le traitement de l'insuffisance cardiaque, les effets indésirables les plus fréquemment observés sont : augmentation du taux de créatinine et de potassium dans le sang, hypotension artérielle.

Laboratoires Takeda

## KEPPRA
Antiépileptique — sur ordonnance

### Présentation

**KEPPRA 250 mg :** comprimé sécable (bleu) ; boîte de 60. Liste I - Remb 65 % - **Prix : 41,65 €.**
**KEPPRA 500 mg :** comprimé sécable (jaune) ; boîte de 60. Liste I - Remb 65 % - **Prix : 77,97 €.**

### Composition

| | p cp | p cp |
|---|---|---|
| **Lévétiracétam** | 250 mg | 500 mg |

### Dans quel cas ce médicament est-il prescrit ?

Ce médicament est un antiépileptique qui appartient à la famille des *anticonvulsivants* non *barbituriques*.
Il est utilisé dans le traitement de l'*épilepsie*.

**Attention :** Une adaptation des doses peut être nécessaire en cas d'*insuffisance rénale*.
Ne modifiez ni n'interrompez jamais le traitement sans l'avis de votre médecin : risque de réapparition des *convulsions* même si aucune crise n'est survenue depuis une longue période. Dans tous les cas l'arrêt du médicament doit être progressif s'il n'est pas remplacé par un autre antiépileptique.

La conduite automobile et l'utilisation de machines dangereuses sont contre-indiquées chez les épileptiques lorsque les crises persistent malgré un *traitement préventif*. Par ailleurs, ce médicament peut être à l'origine d'une somnolence ou d'une baisse de la vigilance.

### Grossesse et allaitement

Si une grossesse survient sous traitement, consultez votre médecin. L'arrêt brutal des antiépileptiques expose à la réapparition de crises préjudiciables à la mère et à l'enfant à naître. Le médecin appréciera le risque éventuel lié à l'utilisation de ce médicament dans votre cas, à mettre en balance avec le risque de crises pendant la grossesse en l'absence de traitement.
Ce médicament passe dans le lait maternel. L'allaitement est déconseillé pendant le traitement.

### Mode d'emploi et posologie

Ce médicament peut être pris pendant ou entre les repas. Afin d'éviter les oublis, il est recommandé de le prendre à heure fixe.
Les comprimés doivent être avalés sans être croqués ni écrasés.

**Posologie usuelle :**
- Adulte et enfant de plus de 50 kg : la dose initiale est de 500 mg, 2 fois par jour. Le médecin pourra l'augmenter progessivement jusqu'à 1500 mg, 2 fois par jour.
- Enfant de plus de 4 ans et pesant moins de 50 kg : la dose initiale est de 10 mg/kg, 2 fois par jour. Elle peut être augmentée jusqu'à 30 mg/kg, 2 fois par jour.

**Conseils :** Veillez à ne pas manquer de ce médicament ; lors de vos déplacements, munissez-vous d'une réserve et de votre ordonnance en cours de validité.
La consommation d'alcool et le manque de sommeil favorisent les crises d'épilepsie ; ils doivent être évités.

### Effets indésirables possibles

Fatigue, somnolence.
Plus rarement : maux de tête, traumatismes accidentels, *troubles digestifs*, troubles de la mémoire, de la vue ou de la coordination des mouvements, étourdissements, *vertiges*, aggravation paradoxale de l'épilepsie, *dépression*, instabilité émotionnelle, hostilité, nervosité, insomnies, *éruption cutanée*.

Laboratoires UCB Pharma

## KÉRAFILM
Coricide, verrucide

### Présentation

**KÉRAFILM :** solution pour application locale ; flacon de 10 ml avec bouchon applicateur + 6 rondelles protectrices. Non remb.

### Composition

| | p 100 ml |
|---|---|
| **Acide salicylique** | 15 g |
| **Acide lactique** | 15 g |
| Collodion | + |

### Dans quel cas ce médicament est-il prescrit ?

Ce médicament contient des substances destinées à dissoudre la kératine, couche la plus externe de la peau. Il contient également du collodion qui forme, après séchage, une pellicule incolore et adhérente.

Il est utilisé dans le traitement local des verrues, cors au pied, durillons et œils-de-perdrix.

### Contre-indications

Ce médicament ne doit pas être utilisé dans les cas suivants :
- *allergie* aux *salicylés*,
- cors infectés.

> **Attention :** La solution ne doit pas être appliquée sur les verrues du visage ou des organes génitaux. Un avis médical est nécessaire en cas d'*artérite* ou de *diabète* (cicatrisation plus lente).

### Grossesse et allaitement

L'effet de ce médicament pendant la grossesse ou l'allaitement est mal connu. L'évaluation du risque éventuel lié à son utilisation est individuelle : demandez conseil à votre pharmacien ou à votre médecin.

### Mode d'emploi et posologie

Coller une rondelle protectrice sur la zone à traiter, puis appliquer la solution avec la spatule.

**Posologie usuelle :**
1 application matin et soir.

> **Conseils :** Pour éviter toute irritation, ne mettez pas cette solution caustique en contact avec la peau saine qui entoure la zone à traiter.
> Les cors et les durillons sont dus à des traumatismes répétés provoqués par les chaussures. Le recours à un podologue peut être utile pour éviter leur récidive.
> Les verrues, dues à un *virus*, sont contagieuses. L'apparition de verrues plantaires peut être prévenue par le port de chaussons souples dans les piscines publiques.
> Refermez soigneusement le flacon après usage.

### Effets indésirables possibles

Irritation locale.

Laboratoires Pierre Fabre Santé

## KÉRATOCYNÉSINE

*Informations détaillées sur www.monvidal.com*

## KÉRATYL

*Informations détaillées sur www.monvidal.com*

## KERLONE

Bêtabloquant — sur ordonnance

### Présentation

KERLONE 20 mg : comprimé sécable (blanc) ; boîte de 28.
Liste I - Remb 65 % - **Prix : 12,89 €.**

### Composition

| | p cp |
|---|---|
| **Bétaxolol chlorhydrate** | 20 mg |

### Dans quel cas ce médicament est-il prescrit ?

Ce médicament appartient à la famille des *bêtabloquants*. Ceux-ci agissent en bloquant l'action de l'*adrénaline* (et d'autres *hormones* apparentées) sur de nombreux organes, notamment sur le cœur, les vaisseaux et plus faiblement sur les bronches.

Il est utilisé dans :
- le traitement de l'*hypertension artérielle*,
- la prévention des crises d'*angine de poitrine*.

### Contre-indications

Ce médicament ne doit pas être utilisé dans les cas suivants :
- formes graves de certaines affections : *asthme*, *bronchite chronique*, *artérite*, phénomène de *Raynaud* ;
- *insuffisance cardiaque* non contrôlée par un traitement spécifique ;
- *bloc auriculoventriculaire* grave ;
- rythme cardiaque inférieur à 50 battements par minute ;
- *phéochromocytome* non traité ;
- hypotension ;
- *antécédent* de *choc anaphylactique* ;
- en association avec les médicaments contenant de la floctafénine ou du sultopride.

> **Attention :** Ce médicament n'est pas un *traitement de la crise* d'*angine de poitrine*.
> Ce médicament n'est pas adapté au traitement d'une forme particulière d'*angine de poitrine* appelée angor de *Printzmétal* qui relève d'un traitement *vasodilatateur*. Il peut néanmoins être associé à celui-ci lorsqu'une angine de poitrine « classique » coexiste avec un angor de Printzmétal.
> Des précautions sont nécessaires en cas d'*insuffisance rénale* et chez la personne âgée.
> N'interrompez jamais brutalement le traitement prescrit. Espacez progressivement les prises. Un avis médical est toujours préférable.
> Chez les diabétiques, les *bêtabloquants* peuvent masquer certains *symptômes* de l'*hypoglycémie* (*palpitations* et accélération du cœur essentiellement).
> Les bêtabloquants peuvent aggraver les *réactions allergiques* et empêcher l'action de l'*adrénaline* utilisée dans le traitement d'urgence du *choc anaphylactique*. Lors d'examens radiologiques nécessitant l'injection de produits de contraste iodés (susceptibles de provoquer des *chocs* allergiques), le traitement doit, si possible, être suspendu avec l'accord de votre médecin.
> En cas d'intervention chirurgicale, l'anesthésiste doit être prévenu de la prise de ce médicament. C'est lui qui décidera si le traitement doit être poursuivi ou arrêté avant l'intervention.
> Sportif : ce médicament contient une substance susceptible de rendre positifs certains *tests antidopage*.

### Interactions avec d'autres substances

Ce médicament ne doit pas être associé :
- à la floctafénine (IDARAC...) : risque d'augmentation de la gravité d'un éventuel *choc* allergique,
- au sultopride (BARNETIL) : risque de *torsades de pointes*.

Il peut interagir avec les médicaments contenant de l'amiodarone.

Informez votre médecin si vous prenez des *antidiabétiques*, des *AINS*, des *inhibiteurs calciques*, des *antidépresseurs imipraminiques*, des *neuroleptiques*, des *corticoïdes*, ou des médicaments contenant l'une des substances suivantes : quinidine, hydroquinidine, disopyramide, propafénone, baclofène, lidocaïne injectable, méfloquine.

### Grossesse et allaitement

Les études scientifiques disponibles n'ont pas mis en évidence de problème particulier lors de l'utilisation de *bêtabloquant* chez la femme enceinte.

L'effet bêtabloquant persiste quelques jours chez le nouveau-né et justifie une surveillance médicale renforcée pendant les premiers jours de la vie.

Ce médicament passe dans le lait maternel ; un choix est donc nécessaire entre l'allaitement et la prise du médicament. Cette décision devra être prise en accord avec votre médecin.

### Mode d'emploi et posologie

Ce médicament peut être pris indifféremment au cours ou en dehors des repas.

**Posologie usuelle :**

1 comprimé par jour.

**Conseils :** Veillez à toujours disposer d'une réserve de médicament : une plaquette dans la trousse de toilette, par exemple.

Votre tension artérielle doit être contrôlée régulièrement. Les appareils permettant une mesure automatique de la tension à domicile utilisent souvent un procédé de mesure différent de celui qu'emploie votre médecin. Si vous avez un tel appareil, apportez-le en consultation pour vous assurer que la mesure obtenue est bien conforme à celle du tensiomètre de votre médecin.

Le traitement médicamenteux ne dispense pas de mesures simples pouvant faire baisser la tension artérielle : activité physique régulière, modération de la consommation de boissons alcoolisées et de *sel*, lutte contre l'excès de poids.

Il est normal que le rythme cardiaque ralentisse sous l'effet du traitement ; néanmoins, en cas de fatigue anormale et de pouls inférieur à 50 battements par minute, consultez votre médecin.

### Effets indésirables possibles

Le plus fréquemment : douleur d'estomac, nausées, vomissements, fatigue en début de traitement, sensation de mains et de pieds froids, troubles de l'érection, ralentissement important du cœur.

Plus rarement : *bloc auriculoventriculaire*, baisse excessive de la tension artérielle, phénomène de *Raynaud*, *insuffisance cardiaque*, *bronchospasme*, *hypoglycémie*, *éruption cutanée*, aggravation d'un *psoriasis*.

**Laboratoires Schwarz Pharma**

## KESSAR

Antiestrogène — sur ordonnance

Ce médicament est un générique de NOLVADEX (voir p. 726 et tableau p. 1151).

## KESTIN

Antiallergique — sur ordonnance

### Présentation

**KESTIN 10 mg :** comprimé ; boîte de 15. Liste II - Remb 35 % - **Prix : 6,46 €.**
**KESTIN 10 mg :** comprimé ; boîte de 30. Liste II - Remb 35 % - **Prix : 12,36 €.**

### Composition

| | p cp |
|---|---|
| **Ébastine** | 10 mg |
| Lactose | + |

### Dans quel cas ce médicament est-il prescrit ?

Ce médicament est un *antihistaminique* antiallergique. Contrairement aux antihistaminiques plus anciens, il n'a pas d'effets *sédatifs* ni *atropiniques* à la posologie recommandée.

Il est utilisé dans le traitement des manifestations allergiques diverses : *rhinite* allergique et *urticaire.*

### Contre-indications

Ce médicament ne doit pas être utilisé dans les cas suivants :

- *insuffisance hépatique* grave,
- chez l'enfant de moins de 12 ans (en l'absence d'étude).

**Attention :** Des précautions sont nécessaires en cas d'*insuffisance rénale*, d'*hypokaliémie* ou d'anomalie de l'électrocardiogramme favorisant les *torsades de pointes*.

### Interactions avec d'autres substances

Ce médicament peut interagir avec des *antibiotiques* de la famille des *macrolides* (érythromycine, clarithromycine, josamycine) ou avec certains *antifongiques* (kétoconazole, itraconazole) : risque de *troubles du rythme cardiaque*.

### Grossesse et allaitement

L'effet de ce médicament pendant la grossesse ou l'allaitement est mal connu. Par prudence, son usage est déconseillé chez la femme enceinte ou chez celle qui allaite.

### Mode d'emploi et posologie

Ce médicament est pris en dehors des repas.

Les comprimés doivent être avalés avec un peu d'eau.

**Posologie usuelle :**

- Adulte et enfant de plus de 12 ans :
  - *rhinite* : 1 à 2 comprimés par jour en une prise ;
  - *urticaire* : 1 comprimé par jour.

**Conseils :** Ce médicament agit sur les manifestations de l'*allergie* mais n'en supprime pas la cause. Si les *symptômes* persistent ou s'aggravent, n'hésitez pas à consulter votre médecin.

### Effets indésirables possibles

Rarement : douleurs abdominales, digestion difficile, fatigue, insomnie.

**Laboratoires Almirall SAS**

## KESTINLYO

Antiallergique — sur ordonnance

### Présentation

KESTINLYO 10 mg : *lyophilisat* oral (arôme menthe) ; boîte de 30. Liste II - Remb 35 % - **Prix : 12,36 €.**

### Composition

| | p lyoph |
|---|---|
| **Ébastine** | 10 mg |
| Aspartam | + |

### Dans quel cas ce médicament est-il prescrit ?

Ce médicament est un *antihistaminique* antiallergique. Contrairement aux antihistaminiques plus anciens, il n'a pas d'effets *sédatifs* ni *atropiniques* à la posologie recommandée.

Il est utilisé dans le traitement des manifestations allergiques diverses : *rhinite* allergique et *urticaire*.

### Contre-indications

Ce médicament ne doit pas être utilisé dans les cas suivants :
- *insuffisance hépatique* grave,
- chez l'enfant de moins de 12 ans (en l'absence d'étude),
- *phénylcétonurie* (présence d'aspartam).

**Attention :** Des précautions sont nécessaires en cas d'*insuffisance rénale*, d'*hypokaliémie* ou d'anomalie de l'électrocardiogramme favorisant les *torsades de pointes*.

### Interactions avec d'autres substances

Ce médicament peut interagir avec des *antibiotiques* de la famille des *macrolides* (érythromycine, clarithromycine, josamycine) ou avec certains *antifongiques* (kétoconazole, itraconazole) : risque de *troubles du rythme cardiaque*.

### Grossesse et allaitement

L'effet de ce médicament pendant la grossesse ou l'allaitement est mal connu. Par prudence, son usage est déconseillé chez la femme enceinte ou chez celle qui allaite.

### Mode d'emploi et posologie

Ce médicament doit être pris en dehors des repas.

Le *lyophilisat* doit être placé sur la langue.

**Posologie usuelle :**
- Adulte et enfant de plus de 12 ans :
  - *rhinite* : 1 à 2 lyophilisats par jour en une prise ;
  - *urticaire* : 1 lyophilisat par jour.

**Conseils :** Ce médicament agit sur les manifestations de l'*allergie* mais n'en supprime pas la cause. Si les *symptômes* persistent ou s'aggravent, n'hésitez pas à consulter votre médecin.

### Effets indésirables possibles

Rarement : douleurs abdominales, digestion difficile, fatigue, insomnie.

Laboratoires Almirall SAS

## KETEK

Antibiotique : macrolide — sur ordonnance

### Présentation

KETEK : comprimé (orange) ; boîte de 10. Liste I - Remb 65 % - **Prix : 34,92 €.**

### Composition

| | p cp |
|---|---|
| **Télithromycine** | 400 mg |
| Lactose | + |

### Dans quel cas ce médicament est-il prescrit ?

Cet *antibiotique* appartient à la famille des *macrolides*.

Il est utilisé dans le traitement :
- des infections du nez, de la gorge, des bronches et des poumons chez l'adulte ;
- des angines chez l'enfant à partir de 12 ans.

### Contre-indications

Ce médicament ne doit pas être utilisé dans les cas suivants :
- *allergie* aux *macrolides*,
- anomalie de l'électrocardiogramme ou prise de médicaments favorisant les *torsades de pointes*,
- en association avec certains *hypolipidémiants* de la famille des statines, les médicaments contenant de l'ergotamine ou de la dihydroergotamine.

**Attention :** Des précautions sont nécessaires en cas d'*insuffisance rénale*, *hépatique* grave, de *myasthénie* ou d'affection prédisposant à des *troubles du rythme cardiaque* graves.

Une diminution de la fièvre ou une disparition des *symptômes* ne sont pas synonymes de guérison : la durée du traitement doit absolument être respectée pour éviter les rechutes ou l'apparition d'une *résistance* du *germe* à l'*antibiotique*.

Si vous devez conduire, ou utiliser une machine dangereuse, assurez-vous préalablement que ce médicament n'altère pas votre vigilance.

### Interactions avec d'autres substances

Ce médicament ne doit pas être associé aux médicaments contenant :
- de l'ergotamine ou de la dihydroergotamine : risque d'*ergotisme* ;
- du cisapride (PRÉPULSID...), du pimozide : risque de *torsades de pointes* ;
- de la simvastatine, de la lovastatine ou de l'atorvastatine : risque accru de lésions musculaires.

Il peut interagir avec les *inducteurs enzymatiques*.

Informez par ailleurs votre médecin ou votre pharmacien si vous prenez un *anticoagulant* oral et un médicament contenant de la digoxine, du midazolam ou de la ciclosporine.

### Grossesse et allaitement

L'effet de ce médicament pendant la grossesse ou l'allaitement est mal connu : seul votre médecin peut évaluer le risque éventuel de son utilisation dans votre cas.

### Mode d'emploi et posologie

Ce médicament peut être pris indifféremment pendant ou entre les repas.

Les comprimés doivent être avalés avec un grand verre d'eau.

**Posologie usuelle :**
- Adulte de plus de 18 ans : 2 comprimés par jour en 1 prise, pendant 5 jours.

Dans le traitement des pneumonies, la durée du traitement est comprise entre 7 et 10 jours.
- Enfant de 12 à 18 ans : 2 comprimés par jour en 1 prise, pendant 5 jours.

**Conseils :** Le médecin prescrit parfois un prélèvement pour identifier le *germe* responsable de l'infection et tester sa sensibilité aux *antibiotiques*. Le résultat de cet examen peut être faussé en cas d'automédication préalable : ne prenez pas d'antibiotiques sans avis médical.
L'éventuelle impression de fatigue n'est pas due à l'antibiotique, mais à l'infection elle-même.

### Effets indésirables possibles

Très fréquent (plus de 1 personne sur 10) : *diarrhée*.
Fréquents : nausées, vomissements, douleurs abdominales, augmentation des *transaminases*, *vertiges*, maux de tête, troubles du goût, *candidose* vaginale.
Peu fréquents (moins de 1 personne sur 100) : *constipation*, perte d'appétit, *inflammation* ou candidose buccale, somnolence ou au contraire insomnie, nervosité, troubles de la vision, *éruption cutanée*, *palpitations*, rougeurs du visage.
Rarement (moins de 1 cas sur 1000) : fourmillement des extrémités, *hépatite*, baisse de la tension, ralentissement du cœur.

Laboratoires Aventis

## KÉTODERM crème

Antifongique — sur ordonnance

### Présentation

KÉTODERM : crème ; tube de 15 g. Liste I - Remb 35 % - **Prix : 4,69 €**.

### Composition

| | p 100 g |
|---|---|
| **Kétoconazole** | 2 g |
| Sulfites | + |

### Dans quel cas ce médicament est-il prescrit ?

Ce médicament d'action locale contient un *antifongique* de la famille des *imidazolés*.
Il est utilisé dans le traitement de certaines maladies de la peau dues à des champignons microscopiques (*mycoses*) : *candidose*, *pityriasis versicolor*, *dermatophyties*.

### Contre-indications

Ce médicament ne doit pas être utilisé en cas d'*allergie* aux *antifongiques* de la famille des *imidazolés*.

**Attention :** Évitez d'utiliser ce médicament, notamment chez l'enfant, de manière prolongée et sur des surfaces étendues ou profondément lésées, sans l'avis de votre pharmacien ou de votre médecin.
Rincez abondamment en cas de contact accidentel avec les yeux.

### Grossesse et allaitement

L'effet de ce médicament pendant la grossesse ou l'allaitement est mal connu : seul votre médecin peut évaluer le risque éventuel de son utilisation dans votre cas.

### Mode d'emploi et posologie

Après lavage et séchage de la zone à traiter, appliquer directement la crème sur les lésions et masser pour faire pénétrer. Dans les plis de la peau, la crème doit être appliquée en petite quantité pour limiter le risque de *macération*.

**Posologie usuelle :**
1 ou 2 applications par jour.
La durée du traitement prescrit doit être respectée pour éviter les rechutes ; elle varie de 2 à 6 semaines suivant les cas.

**Conseils :** En cas de *candidose*, évitez d'utiliser des savons acides : ils favorisent la multiplication des champignons.

### Effets indésirables possibles

Irritation cutanée.

Laboratoires Janssen-Cilag

## KÉTODERM sachet

Antifongique — sur ordonnance

### Présentation

KÉTODERM : gel moussant pour application locale ; boîte de 8 sachets-dose. Liste I - Remb 35 % - **Prix : 12,67 €**.

### Composition

| | p sachet |
|---|---|
| **Kétoconazole** | 120 mg |

### Dans quel cas ce médicament est-il prescrit ?

Ce médicament d'action locale contient un *antifongique* de la famille des *imidazolés*.
Il est utilisé dans le traitement de la *dermite séborrhéique* de l'adulte.

### Contre-indications

Ce médicament ne doit pas être utilisé en cas d'*allergie* aux *antifongiques* de la famille des *imidazolés*.

**Attention :** Rincez abondamment en cas de contact accidentel avec les yeux.

### Grossesse et allaitement

Les substances contenues dans ce gel ne sont pas absorbées par la peau. Néanmoins, son utilisation est déconseillée pendant les 3 premiers mois de la grossesse sans avis médical.
L'utilisation de ce médicament est possible pendant l'allaitement.

### Mode d'emploi et posologie

Appliquer le gel sur la zone à traiter, préalablement bien mouillée. Masser pour faire mousser. Pour une bonne efficacité du produit, laisser agir 5 minutes minimum, puis rincer abondamment.

**Posologie usuelle :**

- Adulte : 2 applications par semaine pendant 1 mois. Selon les résultats obtenus, le médecin peut prescrire un *traitement d'entretien*, à raison de 1 application par semaine ou tous les 15 jours.

### Effets indésirables possibles

Rarement : irritation, rougeurs, démangeaisons, sécheresse de la peau, chute de cheveux ou changement de leur aspect (gras, sec).

Une modification de la couleur des cheveux peut parfois être observée, surtout en cas de permanente ou de coloration préalables et chez les personnes ayant des cheveux gris.

Laboratoires Janssen-Cilag

## KÉTODERM tube unidose

Antifongique — sur ordonnance

### Présentation

KÉTODERM : gel moussant pour application locale ; tube unidose de 20 g. Liste I - Remb 35 % - **Prix : 6,06 €**.

### Composition

| | p tube |
|---|---|
| Kétoconazole | 400 mg |

### Dans quel cas ce médicament est-il prescrit ?

Ce médicament d'action locale contient un *antifongique* de la famille des *imidazolés*.

Il est utilisé dans le traitement d'une maladie de la peau (*pityriasis versicolor*), due à un champignon microscopique.

### Contre-indications

Ce médicament ne doit pas être utilisé en cas d'*allergie* aux *antifongiques* de la famille des *imidazolés*.

> **Attention :** Rincez abondamment en cas de contact accidentel avec les yeux.

### Grossesse et allaitement

Les substances contenues dans ce gel sont peu absorbées par la peau. Néanmoins, son utilisation est déconseillée pendant les 3 premiers mois de la grossesse sans avis médical.

L'utilisation de ce médicament est possible pendant l'allaitement.

### Mode d'emploi et posologie

Appliquer la totalité du tube de gel sur le corps et le cuir chevelu préalablement mouillés. Masser pour faire mousser en insistant sur les régions atteintes. Pour une bonne efficacité du produit, laisser agir 5 minutes minimum, puis rincer abondamment.

**Posologie usuelle :**

1 application unique de la totalité du tube.

### Effets indésirables possibles

Rarement : irritation, rougeurs, démangeaisons, sécheresse de la peau, chute de cheveux ou changement de leur aspect (gras, sec).

Une modification de la couleur des cheveux peut parfois être observée, surtout en cas de permanente ou de coloration préalables et chez les personnes ayant des cheveux gris.

Laboratoires Janssen-Cilag

## KÉTOPROFÈNE ARROW

Anti-inflammatoire non stéroïdien — sur ordonnance

Ce médicament est un générique de PROFÉNID comprimé, gélule (informations détaillées sur www.monvidal.com).

## KÉTOPROFÈNE BIOGARAN gel

Anti-inflammatoire d'action locale — sur ordonnance

Ce médicament est un générique de PROFÉNID gel (voir p. 855 et tableau p. 1151).

## KÉTOPROFÈNE EG gel

Anti-inflammatoire d'action locale — sur ordonnance

Ce médicament est un générique de KÉTUM gel (voir p. 546 et tableau p. 1151).

## KÉTOPROFÈNE G GAM

Anti-inflammatoire non stéroïdien — sur ordonnance

Ce médicament est un générique de PROFÉNID comprimé, gélule (informations détaillées sur www.monvidal.com).

## KÉTOPROFÈNE GNR gel

Anti-inflammatoire d'action locale — sur ordonnance

Ce médicament est un générique de PROFÉNID gel (voir p. 855 et tableau p. 1151).

## KÉTOPROFÈNE IVAX

Anti-inflammatoire non stéroïdien — sur ordonnance

Ce médicament est un générique de PROFÉNID comprimé, gélule (informations détaillées sur www.monvidal.com).

## KÉTOPROFÈNE IVAX gel

Anti-inflammatoire d'action locale — sur ordonnance

Ce médicament est un générique de PROFÉNID gel (voir p. 855 et tableau p. 1151).

## KÉTOPROFÈNE MERCK

Anti-inflammatoire non stéroïdien — sur ordonnance

Ce médicament est un générique de PROFÉNID comprimé, gélule (informations détaillées sur www.monvidal.com).

## KÉTOPROFÈNE MERCK gel

Anti-inflammatoire d'action locale — sur ordonnance

Ce médicament est un générique de PROFÉNID gel (voir p. 855 et tableau p. 1151).

## KÉTOPROFÈNE RATIOPHARM gel

Anti-inflammatoire d'action locale — sur ordonnance

Ce médicament est un générique de PROFÉNID gel (voir p. 855 et tableau p. 1151).

## KÉTOPROFÈNE RPG

Anti-inflammatoire non stéroïdien — sur ordonnance

Ce médicament est un générique de PROFÉNID comprimé, gélule (informations détaillées sur www.monvidal.com).

## KÉTOPROFÈNE SANDOZ gel

Anti-inflammatoire d'action locale — sur ordonnance

Ce médicament est un générique de PROFÉNID gel (voir p. 855 et tableau p. 1151).

## KÉTOPROFÈNE TEVA

Anti-inflammatoire non stéroïdien — sur ordonnance

Ce médicament est un générique de PROFÉNID comprimé, gélule (informations détaillées sur www.monvidal.com).

## KÉTOPROFÈNE TEVA gel

Anti-inflammatoire d'action locale — sur ordonnance

Ce médicament est un générique de PROFÉNID gel (voir p. 855 et tableau p. 1151).

## KÉTOPROFÈNE WINTHROP gel

Anti-inflammatoire d'action locale — sur ordonnance

Ce médicament est un générique de PROFÉNID gel (voir p. 855 et tableau p. 1151).

## KÉTREL

*Informations détaillées sur www.monvidal.com*

## KÉTUM gel

Anti-inflammatoire d'action locale — sur ordonnance

### Présentation

**KÉTUM** : gel pour application locale ; tube de 60 g. Liste II - Remb 35 % - **Prix : 2,30 €**.
**KÉTUM** : gel pour application locale ; tube doseur de 120 g. Liste II - Remb 35 % - **Prix : 3,72 €**.

### Composition

| | p 100 g |
|---|---|
| **Kétoprofène** | 2,5 g |
| Alcool | + |

### Dans quel cas ce médicament est-il prescrit ?

Ce gel contient un *anti-inflammatoire* non stéroïdien (*AINS*). Il lutte localement contre l'*inflammation* et la douleur.

Il est utilisé dans le traitement local des douleurs des petites articulations dues à l'*arthrose*, des *tendinites*, des entorses et contusions, des *lombalgies*.

Il est également utilisé pour traiter les inflammations localisées des suites de sclérose de varices.

### Contre-indications

Ce médicament ne doit pas être utilisé dans les cas suivants :

- *antécédent* d'*asthme* provoqué par la prise d'*AINS*, y compris l'aspirine ;
- antécédent de *réaction allergique* cutanée avec un médicament contenant du kétoprofène, de l'acide tiaprofénique ou du fénofibrate, avec un produit solaire ou un parfum ;
- en application sur la peau lésée (*eczéma*, plaie, brûlure...) ;
- exposition des régions traitées au soleil (même voilé) ou aux *ultraviolets* pendant le traitement et les 2 semaines qui suivent ;
- **grossesse** (à partir du 6e mois).

**Attention :** Ce médicament est susceptible de provoquer une *photosensibilisation* : afin d'éviter tout risque de réaction cutanée, il est nécessaire de couvrir à l'aide d'un vêtement les zones d'application du gel pendant le traitement et les 15 jours qui suivent son arrêt.
N'appliquez pas ce médicament sur une *muqueuse* ou sous un pansement étanche (occlusif) sans un avis médical.

### Grossesse et allaitement

Les *AINS* pris par voie orale peuvent être toxiques pour le fœtus ; leur utilisation est contre-indiquée pendant les 4 derniers mois de la grossesse. Les AINS destinés à une application locale peuvent traverser la peau, passer dans le sang et exposer le fœtus au même risque, lorsqu'ils sont appliqués sur une large surface de peau ou sous un pansement occlusif. N'utilisez pas ce médicament pendant la grossesse sans avis médical.

Les données disponibles ne permettent pas de savoir si ce médicament passe dans le lait maternel : ne l'utilisez pas pendant l'allaitement sans avis médical.

### Mode d'emploi et posologie

Appliquer en massage doux et prolongé la quantité prescrite par votre médecin (tube simple) ou le nombre de doses indiquées (tube doseur).

**Posologie usuelle :**

- Adulte : 2 ou 3 applications par jour.

**Conseils :** Pensez à vous laver soigneusement les mains après l'application. En cas de contact accidentel avec les yeux, rincez abondamment.

### Effets indésirables possibles

Imposant l'arrêt du traitement : *réaction allergique* cutanée (éruption de boutons, démangeaisons...) ou générale, *photosensibilisation* (voir Attention).

La présence d'alcool peut favoriser le dessèchement et l'irritation de la peau, surtout en cas d'applications répétées.

**Laboratoires Menarini France**

## KÉTUM oral

Anti-inflammatoire non stéroïdien **sur ordonnance**

Ce médicament est un générique de PROFÉNID comprimé, gélule (informations détaillées sur www.monvidal.com).

## KLEAN-PREP

Préparation aux examens du côlon

### Présentation

KLEAN-PREP : poudre pour solution buvable (arôme vanille) ; boîte de 2 sachets n° 1 et 2 sachets n° 2. Remb 65 % - **Prix : 6,00 €**.
KLEAN-PREP : poudre pour solution buvable (arôme vanille) ; boîte de 4 sachets n° 1 et 4 sachets n° 2. Remb 65 % - **Prix : 10,57 €**.

### Composition

| | p sachet n° 1 | p sachet n° 2 |
|---|---|---|
| **Macrogol (polyéthylèneglycol) 3 350** | 59 g | + |
| **Sulfate de sodium anhydre** | 5,68 g | |
| **Bicarbonate de sodium** | 1,68 g | |
| **Sodium chlorure** | 1,46 g | |
| **Potassium chlorure** | 0,74 g | |
| Aspartam | | + |

### Dans quel cas ce médicament est-il prescrit ?

Ce médicament contient un *laxatif osmotique*. Il retient l'eau dans l'intestin et provoque une diarrhée qui vide le tube digestif.
Il est utilisé pour purger l'intestin avant une intervention chirurgicale ou un examen endoscopique (coloscopie) ou radiologique (lavement baryté).

### Contre-indications

Ce traitement ne doit pas être utilisé dans les cas suivants :
- maladie responsable d'un état de fatigue extrême,
- maladie grave responsable d'une fragilité ou d'une obstruction de l'intestin,
- *phénylcétonurie* (présence d'aspartam),
- enfant de moins de 3 ans.

**Attention :** Chez la personne âgée ou fragilisée, ou chez l'enfant, il est préférable de réaliser la préparation de l'intestin à l'hôpital ou en clinique, la veille de l'examen.

### Interactions avec d'autres substances

La diarrhée provoquée par l'administration de cette préparation peut diminuer l'absorption de nombreux médicaments. Demandez conseil à votre médecin si vous suivez, par ailleurs, un autre traitement : un décalage de l'heure des prises peut être nécessaire.

### Grossesse et allaitement

Ce médicament ne contient que des substances présumées sans danger pendant la grossesse ou l'allaitement.

### Mode d'emploi et posologie

Le contenu du sachet n° 1 doit être dilué dans de l'eau (minérale ou du robinet) pour obtenir 1 litre de solution. Ajouter ensuite le contenu du sachet n° 2 dans la solution.

### Posologie usuelle :

- Adulte : 1 litre de solution par 15 à 20 kg ; soit en moyenne 3 à 4 litres à boire :
  - soit en 1 fois, dans la soirée précédant l'examen ;
  - soit en 2 fois, à raison de 2 litres la veille au soir et 2 litres le matin avant l'examen. Dans ce cas, la dernière prise devra avoir lieu au moins 3 heures avant l'examen.
- Enfant de plus de 3 ans : environ 80 ml par kg à boire la veille, en deux fois. Les doses doivent être espacées d'au moins 2 heures.

**Conseils :** L'absorption du volume prescrit n'est généralement ni simple ni agréable, mais une préparation intestinale correcte conditionne la qualité de l'examen qui sera réalisé par le médecin.
Un régime léger et pauvre en fibres (évitez les fruits et les légumes) est généralement suivi les jours précédant l'examen.
La solution reconstituée doit être placée au réfrigérateur. Elle ne peut pas être conservée plus de 48 heures.

### Effets indésirables possibles

Nausées, vomissements, ballonnements.
Très rarement : *réaction allergique* (*urticaire*, *œdème*...).
La diarrhée, intense, correspond à l'effet recherché et n'est pas un effet indésirable.

**Laboratoires Norgine Pharma**

## KLIOGEST

Estroprogestatif **sur ordonnance**

### Présentation

KLIOGEST : comprimé (blanc) ; boîte de 28. Liste I - Remb 65 % - **Prix : 7,95 €**.

### Composition

| | p cp |
|---|---|
| **Estradiol 17-bêta** | 2 mg |
| **Noréthistérone acétate** | 1 mg |
| Lactose | + |

### Dans quel cas ce médicament est-il prescrit ?

Ce médicament contient de l'estradiol, destiné à corriger une *carence* en *estrogènes*, et de la noréthistérone, *progestatif* qui a un effet protecteur sur l'utérus et les glandes mammaires.
Il est utilisé pour traiter certains *symptômes* de la *ménopause* (bouffées de chaleur, sécheresse vaginale...) et pour prévenir l'*ostéoporose* chez la femme ménopausée ayant un risque accru de fracture.

### Contre-indications

Ce médicament ne doit pas être utilisé dans les cas suivants :
- *accident thromboembolique* (*phlébite*, *embolie* pulmonaire...) ancien ou survenant pendant le traitement ;
- *cancer hormonodépendant* ;
- saignement génital intermittent (l'origine de ce saignement doit être déterminée par des examens appropriés avant la mise en route du traitement) ;
- anomalie de la circulation sanguine cérébrale et rétinienne ;

- *tumeur de l'hypophyse* ;
- *connectivites* ;
- *porphyrie* ;
- maladie du foie, grave ou récente ;
- **grossesse**.

**Attention :** De récentes études ont montré une augmentation du risque de survenue d'un cancer du sein chez les femmes ayant reçu un traitement prolongé des *symptômes* de la *ménopause*. Le traitement doit par conséquent être prescrit à la dose minimale efficace et pour une durée la plus courte possible. En l'absence de troubles, sa prescription ne doit pas être systématique.
Un bilan initial suivi d'une surveillance médicale régulière sont nécessaires, surtout dans les cas suivants : anomalie de la circulation sanguine cérébrale et rétinienne, *hypertension artérielle*, *diabète*, affection bénigne de l'utérus, *endométriose*, *lithiase* biliaire, *migraine*, *épilepsie*, *asthme*, *otospongiose*, *insuffisance rénale* ou *cardiaque*, *hypertriglycéridémie*, *lupus érythémateux* disséminé, obésité, *antécédents* familiaux de cancer du sein ou d'*accident thromboembolique*.
Arrêtez la prise de ce médicament et consultez votre médecin en cas d'apparition de l'un des symptômes suivants : maux de tête violents et inhabituels, ictère (jaunisse), élévation importante de la tension artérielle, gonflement douloureux d'une jambe, essoufflemment brutal.
Si vous devez subir une intervention chirurgicale, il est préférable d'interrompre le traitement un mois à l'avance. De même, un alitement prolongé doit vous conduire à arrêter le traitement.

### Interactions avec d'autres substances

L'efficacité du traitement peut être diminuée par la prise conjointe d'un médicament *inducteur enzymatique*.

### Grossesse et allaitement

Ce médicament n'a pas d'indication chez la femme enceinte. Si une grossesse survient sous traitement, éventualité rare mais possible en début de pré-ménopause, consultez votre médecin et arrêtez le traitement. Aucune malformation imputable à ce médicament n'a été observée à ce jour.

Lorsque la *ménopause* est confirmée, une grossesse est impossible, y compris en cas de réapparition des règles.

### Mode d'emploi et posologie

Prendre 1 comprimé par jour, sans interruption entre 2 plaquettes.

**Conseils :** Des saignements génitaux irréguliers peuvent survenir au cours des 3 ou 4 premiers mois de traitement ; si ces saignements persistent plus longtemps, consultez votre médecin

### Effets indésirables possibles

Nausées, tension des seins, irritabilité, jambes lourdes (qui traduisent généralement un *surdosage*).

Saignement génital intermittent (à signaler à votre médecin).

Ce médicament contient un *estrogène* naturel, identique à celui secrété par les ovaires. Il ne semble pas exposer aux effets indésirables qui peuvent être (rarement) rencontrés avec les estrogènes de synthèse contenus dans les pilules *contraceptives* ; il serait néanmoins souhaitable d'interrompre le traitement en cas :
- d'*accident thromboembolique* en évolution ou autre accident cardiovasculaire ;
- de jaunisse ;
- de *tumeur* bénigne ou maligne du foie, du sein ou de l'utérus ;
- de crise d'*épilepsie* ;
- d'écoulement de lait par le mamelon.

Laboratoires Novo Nordisk

## KLIPAL CODÉINE 300 mg/25 mg

Association d'antalgiques contenant un opiacé

### Présentation

KLIPAL CODÉINE 300 mg/25 mg : comprimé (orange clair) ; boîte de 16. Remb 65 % - **Prix : 2,17 €**.

### Composition

| | p cp |
|---|---|
| **Paracétamol** | 300 mg |
| **Codéine phosphate** | 25 mg |
| Sulfites | + |

### Dans quel cas ce médicament est-il prescrit ?

Ce médicament contient deux *antalgiques* : le paracétamol, qui empêche la transmisssion de la douleur, et un *opiacé* (la codéine), qui renforce l'action du paracétamol en agissant sur la perception de la douleur par le cerveau. Le faible dosage en codéine lui permet d'être disponible sans ordonnance.

Il est utilisé dans le traitement de la douleur.

### Contre-indications

Ce médicament ne doit pas être utilisé dans les cas suivants :
- maladie grave du foie ;
- *asthme* et *insuffisance respiratoire* ;
- en association avec les médicaments contenant de la nalbuphine, de la buprénorphine ou de la pentazocine ;
- **allaitement**.

**Attention :** De nombreux médicaments contiennent du paracétamol : vous devez en tenir compte en cas de prise conjointe car le *surdosage* en paracétamol peut être toxique pour le foie.
Du fait de la présence de codéine :
- n'utilisez pas ce médicament à forte dose et de façon prolongée (risque de *dépendance*) ;
- évitez son emploi en cas d'*hypertension intracrânienne*, qu'il pourrait aggraver.

Ce médicament peut induire une somnolence, parfois intense chez certaines personnes. Cette somnolence peut être majorée par la prise d'*alcool* ou d'autres médicaments *sédatifs*. La conduite et l'utilisation de machines dangereuses sont déconseillées, surtout dans les heures qui suivent la prise du médicament.

### Interactions avec d'autres substances

Ce médicament ne doit pas être associé à ceux qui contiennent de la nalbuphine, de la buprénorphine ou de la pentazocine : risque de diminution de l'effet *antalgique*.

Informez par ailleurs votre médecin ou votre pharmacien si vous prenez des *sédatifs*.

### Grossesse et allaitement

L'utilisation de la *codéine* et de ses dérivés (codéthyline, pholcodine) ne doit être envisagée chez la femme enceinte qu'en cas de nécessité, en effet :

- une *insuffisance respiratoire* peut survenir chez le nouveau-né d'une mère traitée par des doses élevées, même si le traitement est ponctuel mais précède de peu l'accouchement ;
- un *syndrome de sevrage*, à l'inverse, peut concerner des nouveau-nés si leur mère reçoit un traitement régulier, même à faible dose.

Il est donc important de signaler à l'obstétricien la prise éventuelle de codéine ou d'un de ses dérivés, afin que ces risques puissent être prévenus par une surveillance et un éventuel traitement adapté.

Ce médicament passe dans le lait maternel. Il est contre-indiqué pendant l'allaitement.

### Mode d'emploi et posologie

Ce médicament peut être pris indifféremment au cours ou en dehors des repas. Les comprimés doivent être avalés avec un verre d'eau.

Respecter un intervalle de 4 à 6 heures entre 2 prises. En cas d'*insuffisance rénale*, l'intervalle entre 2 prises doit être au minimum de 8 heures.

**Posologie usuelle :**

- Adulte : 1 ou 2 comprimés par prise, à renouveler si nécessaire, sans dépasser 10 comprimés par jour.

Chez la personne âgée, la *posologie* initiale est généralement réduite de moitié.

**Conseils :** Comme tous les *antalgiques*, ce médicament est généralement plus efficace pour prévenir la douleur que pour la calmer : dans le traitement des douleurs chroniques, il est préférable de prendre ce médicament à intervalles réguliers sans attendre que la douleur s'installe.

Cet *antalgique* contenant de la codéine est destiné à être utilisé en deuxième intention, lorsque l'aspirine, l'ibuprofène ou le paracétamol, utilisés seuls, sont insuffisamment efficaces. Il peut néanmoins être utilisé d'emblée dans le traitement des douleurs fortes.

### Effets indésirables possibles

Liés à la *codéine* :

Constipation, somnolence, nausées, vomissements, sensation de vertige et, plus rarement, *bronchospasme*, *réaction allergique* cutanée, ralentissement de la respiration. Ces effets indésirables sont ceux de la famille des *opiacés* ; ils sont généralement modérés aux doses recommandées.

Liés au paracétamol : *réaction allergique* (rare).

**Laboratoires Pierre Fabre Santé**

## KLIPAL CODÉINE 600 mg/50 mg

Association d'antalgiques contenant un opiacé

**sur ordonnance**

### Présentation

**KLIPAL CODÉINE 600 mg/50 mg :** comprimé (orange) ; boîte de 12. Liste I - Remb 65 % - **Prix : 2,87 €**.

### Composition

| | p cp |
|---|---|
| **Paracétamol** | 600 mg |
| **Codéine phosphate** | 50 mg |
| Sulfites | + |

### Dans quel cas ce médicament est-il prescrit ?

Ce médicament contient deux *antalgiques* : le paracétamol, qui empêche la transmisssion de la douleur, et un *opiacé* (la codéine), qui renforce l'action du paracétamol en agissant sur la perception de la douleur par le cerveau.

Il est utilisé dans le traitement de la douleur.

### Contre-indications

Ce médicament ne doit pas être utilisé dans les cas suivants :

- maladie grave du foie ;
- *asthme* et *insuffisance respiratoire* ;
- en association avec les médicaments contenant de la nalbuphine, de la buprénorphine ou de la pentazocine ;
- **allaitement**.

**Attention :** De nombreux médicaments contiennent du paracétamol : vous devez en tenir compte en cas de prise conjointe car le *surdosage* en paracétamol peut être toxique pour le foie.

Du fait de la présence de codéine :

- n'utilisez pas ce médicament à forte dose et de façon prolongée (risque de *dépendance*) ;
- évitez son emploi en cas d'*hypertension intracrânienne*, qu'il pourrait aggraver.

Ce médicament peut induire une somnolence, parfois intense chez certaines personnes. Cette somnolence peut être majorée par la prise d'*alcool* ou d'autres médicaments *sédatifs*. La conduite et l'utilisation de machines dangereuses sont déconseillées, surtout dans les heures qui suivent la prise du médicament.

### Interactions avec d'autres substances

Ce médicament ne doit pas être associé à ceux qui contiennent de la nalbuphine, de la buprénorphine ou de la pentazocine : risque de diminution de l'effet *antalgique*.

Informez par ailleurs votre médecin ou votre pharmacien si vous prenez des *sédatifs*.

### Grossesse et allaitement

L'utilisation de la *codéine* et de ses dérivés (codéthyline, pholcodine) ne doit être envisagée chez la femme enceinte qu'en cas de nécessité, en effet :

- une *insuffisance respiratoire* peut survenir chez le nouveau-né d'une mère traitée par des doses élevées, même si le traitement est ponctuel mais précède de peu l'accouchement ;

– un *syndrome de sevrage*, à l'inverse, peut concerner des nouveau-nés si leur mère reçoit un traitement régulier, même à faible dose.

Il est donc important de signaler à l'obstétricien la prise éventuelle de codéine ou d'un de ses dérivés, afin que ces risques puissent être prévenus par une surveillance et un éventuel traitement adapté.

Ce médicament passe dans le lait maternel. Il est contre-indiqué pendant l'allaitement.

### Mode d'emploi et posologie

Ce médicament peut être pris indifféremment au cours ou en dehors des repas. Les comprimés doivent être avalés avec un verre d'eau.

Respecter un intervalle de 4 à 6 heures entre 2 prises. En cas d'*insuffisance rénale*, l'intervalle entre 2 prises doit être au minimum de 8 heures.

**Posologie usuelle :**

- Adulte : 1 comprimé, à renouveler si nécessaire toutes les 6 heures.

Chez la personne âgée, la *posologie* initiale est généralement réduite de moitié.

**Conseils :** Comme tous les *antalgiques*, ce médicament est généralement plus efficace pour prévenir la douleur que pour la calmer : dans le traitement des douleurs chroniques, il est préférable de prendre ce médicament à intervalles réguliers sans attendre que la douleur s'installe.

Cet *antalgique* contenant de la codéine est destiné à être utilisé en deuxième intention, lorsque l'aspirine, l'ibuprofène ou le paracétamol, utilisés seuls, sont insuffisamment efficaces. Il peut néanmoins être utilisé d'emblée dans le traitement des douleurs fortes.

Ce médicament peut retarder un diagnostic en masquant la douleur ; ne le prenez pas sans l'avis de votre médecin, ne le conseillez pas à un proche.

### Effets indésirables possibles

Liés à la *codéine* :

Constipation, somnolence, nausées, vomissements, sensation de vertige et, plus rarement, *bronchospasme*, *réaction allergique* cutanée, ralentissement de la respiration. Ces effets indésirables sont ceux de la famille des *opiacés* ; ils sont généralement modérés aux doses recommandées.

Liés au paracétamol : *réaction allergique* (rare).

**Laboratoires Pierre Fabre Santé**

## KOLA BOIRON

*Informations détaillées sur www.monvidal.com*

## KOREC

*Informations détaillées sur www.monvidal.com*

## KORETIC

*Informations détaillées sur www.monvidal.com*

## KREDEX

Bêtabloquant — **sur ordonnance**

### Présentation

**KREDEX 25 mg :** comprimé (blanc) ; boîte de 28. Liste I, *médicament à prescription restreinte* - Remb 65 % - **Prix : 13,60 €.**

**KREDEX 12,5 mg :** comprimé (pêche) ; boîte de 28. Liste I, *médicament à prescription restreinte* - Remb 65 % - **Prix : 13,60 €.**

**KREDEX 6,25 mg :** comprimé (jaune) ; boîte de 14. Liste I, *médicament à prescription restreinte* - Remb 65 % - **Prix : 7,07 €.**

**KREDEX 6,25 mg :** comprimé (jaune) ; boîte de 28. Liste I, *médicament à prescription restreinte* - Remb 65 % - **Prix : 13,60 €.**

### Composition

| | p cp | p cp | p cp |
|---|---|---|---|
| **Carvédilol** | 25 mg | 12,5 mg | 6,25 mg |
| Lactose | + | + | + |

### Dans quel cas ce médicament est-il prescrit ?

Ce médicament possède les propriétés d'un *bêtabloquant* et d'un *alphabloquant*.

Il est utilisé dans le traitement de l'*insuffisance cardiaque* modérée à forte.

### Contre-indications

Ce médicament ne doit pas être utilisé dans les cas suivants :

- *insuffisance cardiaque* grave, ne permettant plus une vie normale ;
- *insuffisance hépatique* ;
- *antécédent* de *choc anaphylactique* ;
- *bloc auriculoventriculaire* grave ;
- rythme cardiaque inférieur à 50 battements par minute ;
- *asthme* et bronchite chronique ;
- hypotension ;
- phénomène de *Raynaud*, *artérite* ;
- en association avec des médicaments contenant de la floctafénine, du vérapamil, du diltiazem, du bépridil, de la clonidine, du sultopride ou de la cimétidine.

**Attention :** Des précautions sont nécessaires chez les personnes atteintes de *psoriasis*, de baisse du nombre des *plaquettes*, d'angor de *Prinzmetal*, de *phéochromocytome*, d'*hyperthyroïdie*.

N'interrompez jamais brutalement le traitement. Espacez progressivement les prises. Un avis médical est toujours préférable.

Après l'adaptation de la posologie en milieu hospitalier, des consultations régulières sont nécessaires. En cas de malaises pouvant faire évoquer une baisse de tension, de ralentissement du cœur à moins de 50 battements par minute, ou d'un aggravation de l'essoufflement, contactez votre cardiologue.

Chez les diabétiques, les *bêtabloquants* peuvent masquer certains symptômes de l'*hypoglycémie* (palpitations et accélération du cœur essentiellement).

Les bêtabloquants peuvent aggraver les réactions allergiques et empêcher l'action de l'*adrénaline* utilisée dans le traitement d'urgence du *choc anaphylactique*. Lors d'examens radiologiques nécessitant l'injection de produits de contraste iodés (susceptibles de provoquer des *chocs* allergiques), le traitement doit si possible être suspendu avec l'accord du cardiologue.

En cas d'intervention chirurgicale, l'anesthésiste doit être prévenu de la prise de ce médicament. Il décidera en accord avec le cardiologue si le traitement doit être poursuivi ou arrêté avant l'intervention.

Ce médicament peut réduire la sécrétion de larmes et gêner les porteurs de lentilles de contact.

Conducteur : ce médicament peut parfois provoquer des étourdissements.

**Interactions avec d'autres substances**

Ce médicament ne doit pas être associé aux médicaments qui contiennent du vérapamil, du diltiazem, du bépridil, de la clonidine, de la cimétidine, du sultopride ou de la floctafénine : risque de malaise cardiovasculaire grave.

Il peut interagir avec les médicaments contenant de la digoxine ou de l'amiodarone.

Signalez à votre médecin la prise de médicament de la famille des *inhibiteurs calciques*, des *antiarythmiques*, ou contenant de la rifampicine ou de la méfloquine.

**Grossesse et allaitement**

Ce médicament peut être employé chez la femme enceinte, en cas d'absolue nécessité.

Ce médicament passe dans le lait maternel. L'allaitement est déconseillé pendant le traitement.

**Mode d'emploi et posologie**

Les comprimés doivent être pris avec un verre d'eau, au cours des repas.

**Posologie usuelle :**

La posologie est adaptée progressivement par le cardiologue ; elle est répartie en 2 prises quotidiennes (matin et soir).

**Conseils :**

**Conditions particulières de délivrance :**

Ce médicament est un *médicament à prescription restreinte* : la prescription initiale ne peut être faite que dans un service hospitalier spécialisé en cardiologie ou en médecine interne. Une surveillance particulière est nécessaire pendant le traitement.

**Effets indésirables possibles**

Étourdissements, *hypotension orthostatique*, ralentissement du cœur, syncope (rarement).

*Œdèmes*, aggravation de l'*insuffisance cardiaque* pendant la période d'augmentation de la posologie.

Troubles digestifs : nausées, diarrhée, vomissements.

Baisse du nombre des *plaquettes* dans le sang.

Augmentation de la *glycémie*, prise de poids, trouble de la vue, *insuffisance rénale.*

Laboratoires Roche

## KREOSOTUM COMPLEXE N° 62

*Informations détaillées sur www.monvidal.com*

## KYTRIL

*Informations détaillées sur www.monvidal.com*

# L

## L 8
*Informations détaillées sur www.monvidal.com*

## L 25
*Informations détaillées sur www.monvidal.com*

## L 28
*Informations détaillées sur www.monvidal.com*

## L 52
Homéopathie

### Présentation
L 52 : solution buvable ; flacon de 30 ml (gouttes). Non remb.

### Composition
Eupatorium D3, Aconitum D4, Bryonia D3, Arnica D4, Gelsemium D6, China D4, Belladonna D4, Drosera D3, Polygala D3, aa p 80 % ; Eucalyptus D1 20 %.

### Dans quel cas ce médicament est-il prescrit ?
Ce médicament est un *complexe* (association) de composants homéopathiques.

Il est utilisé dans le *traitement homéopathique* des états grippaux (courbatures, toux sèche) et fatigue post-grippale.

### Grossesse et allaitement
Aux *dilutions homéopathiques*, les substances contenues dans ce médicament ne sont pas connues pour être toxiques pendant la grossesse ou l'allaitement.

### Mode d'emploi et posologie
Ce médicament est pris de préférence en dehors des repas.

Les gouttes doivent être diluées dans un peu d'eau et gardées quelques secondes sous la langue.

La solution peut également être inhalée sur un mouchoir, à raison de 10 gouttes, 3 fois par jour.

**Posologie usuelle :**
- Adulte :
  - prévention : 20 gouttes, 2 fois par jour ;
  - état grippal : 20 gouttes, 5 à 8 fois par jour ;
  - état post-grippal : 20 gouttes, 3 fois par jour.
- Enfant de plus de 2 ans :
  - prévention : 5 à 10 gouttes, 2 fois par jour, selon l'âge ;
  - état grippal : 5 à 10 gouttes, 5 à 8 fois par jour, selon l'âge ;
  - état post-grippal : 5 à 10 gouttes, 3 fois par jour, selon l'âge.

Laboratoires Lehning

## L 72
Homéopathie

### Présentation
L 72 : solution buvable ; flacon de 30 ml (gouttes). Non remb.

### Composition
Sumbulus D3, Oleum gaultheriae D4, Cicuta virosa D4, Asa foetida D3, Corydalis formosa D3, Ignatia D4, Valeriana D3, Staphysagria D4, Avena sativa TM, Hyoscyamus D2, aa.

### Dans quel cas ce médicament est-il prescrit ?
Ce médicament est un *complexe* (association) de préparations homéopathiques.

Il est utilisé dans le *traitement homéopathique* des troubles légers liés à l'anxiété et à l'hyperexcitabilité (émotivité, nervosité, troubles du sommeil).

### Grossesse et allaitement
Aux *dilutions homéopathiques*, les substances contenues dans ce médicament ne sont pas connues pour être toxiques pendant la grossesse ou l'allaitement.

### Mode d'emploi et posologie
Les gouttes doivent être diluées dans un peu d'eau et gardées quelques secondes sous la langue.

**Posologie usuelle :**
- Adulte : 30 gouttes, 3 fois par jour.
  Troubles du sommeil : 60 gouttes, 1 heure avant le coucher.
- Enfant de 2 à 15 ans : 8 à 15 gouttes, 3 fois par jour, selon l'âge.

Laboratoires Lehning

## L 107
*Informations détaillées sur www.monvidal.com*

## L 114
*Informations détaillées sur www.monvidal.com*

## LACCODERME
*Informations détaillées sur www.monvidal.com*

## LACHESIS COMPLEXE N° 122
*Informations détaillées sur www.monvidal.com*

## LACRIFLUID
Suppléance lacrymale

### Présentation
LACRIFLUID : collyre ; flacon compte-gouttes de 10 g. Remb 65 % - **Prix : 3,54 €.**

### Composition

| | p 100 g |
|---|---|
| **Carbomère 980** | 130 mg |
| Cétrimide | + |

**Dans quel cas ce médicament est-il prescrit ?**

C'est un collyre de suppléance lacrymale : il compense une insuffisance de sécrétion naturelle de larmes.

Il est utilisé dans le traitement de la sécheresse oculaire due à une insuffisance lacrymale (œil sec).

**Attention :** Une irritation oculaire peut être due à une infection : en cas de doute, n'hésitez pas à consulter votre médecin.

N'utilisez pas ce collyre de façon prolongée ou en cas de port de lentilles de contact sans prendre un avis médical.

**Interactions avec d'autres substances**

Ce collyre peut interagir avec d'autres collyres : respectez un intervalle de 15 minutes entre deux instillations.

**Grossesse et allaitement**

Ce collyre peut être utilisé pendant la grossesse ou l'allaitement.

**Mode d'emploi et posologie**

Tirer la paupière inférieure vers le bas tout en regardant vers le haut et déposer les gouttes entre la paupière et le globe oculaire (*cul-de-sac conjonctival*).

**Posologie usuelle :**

- Adulte : 1 goutte, 3 fois par jour.

**Conseils :** L'application correcte du produit peut nécessiter une aide, notamment chez une personne handicapée ou âgée.

Ne conservez pas ce flacon plus de 1 mois après ouverture.

**Effets indésirables possibles**

Rarement : irritation de l'œil.

Un trouble visuel bref peut survenir après instillation du produit, jusqu'à ce que la solution se répartisse uniformément sur l'œil.

Laboratoires Europhta

## LACRIGEL

Suppléance lacrymale

**Présentation**

LACRIGEL : gel ophtalmique ; tube de 5 g. Remb 65 % - **Prix : 2,76 €.**

LACRIGEL : gel ophtalmique ; tube de 10 g. Remb 65 % - **Prix : 3,88 €.**

**Composition**

| | p 100 g |
|---|---|
| **Carbomère 980** | 200 mg |
| Cétrimide | 1 mg |

**Dans quel cas ce médicament est-il prescrit ?**

C'est un gel de suppléance lacrymale : il compense une insuffisance de sécrétion naturelle de larmes.

Il est utilisé dans le traitement de la sécheresse oculaire due à une insuffisance lacrymale (œil sec).

**Attention :** Une irritation oculaire peut être due à une infection : en cas de doute, n'hésitez pas à consulter votre médecin.

N'utilisez pas ce gel ophtalmique de façon prolongée sans prendre un avis médical.

Si vous portez des lentilles de contact, n'utilisez pas ce produit sans prendre l'avis de votre ophtalmologiste.

**Interactions avec d'autres substances**

Ce gel ophtalmique peut interagir avec des collyres : respectez un intervalle de 15 minutes entre deux applications.

**Grossesse et allaitement**

Ce gel contient un conservateur dont l'effet est mal connu pendant la grossesse ou l'allaitement. L'évaluation du risque éventuel lié à son utilisation est individuelle : demandez conseil à votre pharmacien ou à votre médecin.

**Mode d'emploi et posologie**

Tirer la paupière inférieure vers le bas tout en regardant vers le haut et déposer une goutte de gel entre la paupière et le globe oculaire (*cul-de-sac conjonctival*).

**Posologie usuelle :**

1 goutte, 3 ou 4 fois par jour.

**Conseils :** L'application correcte du produit peut nécessiter une aide, notamment chez une personne handicapée ou âgée.

Ne conservez pas le tube de gel plus de 1 mois après une première utilisation.

**Effets indésirables possibles**

Un trouble visuel bref peut survenir après instillation du produit jusqu'à ce que le gel se répartisse uniformément à la surface de l'œil.

Laboratoires Europhta

## LACRINORM

*Informations détaillées sur www.monvidal.com*

## LACRISERT

*Informations détaillées sur www.monvidal.com*

## LACRYPOS

*Informations détaillées sur www.monvidal.com*

## LACRYVISC

Suppléance lacrymale

**Présentation**

LACRYVISC : gel ophtalmique ; tube de 5 g. Remb 65 % - **Prix : 2,67 €.**

LACRYVISC : gel ophtalmique ; tube de 15 g. Remb 65 % - **Prix : 5,29 €.**

LACRYVISC : gel ophtalmique ; 30 unidoses de 0,5 g. Remb 65 % - **Prix : 4,37 €.**

**Composition**

| | tube p 100 g | unidose p 100 g |
|---|---|---|
| **Carbomère 974 P** | 300 mg | 300 mg |
| Benzalkonium chlorure | + | |

**Dans quel cas ce médicament est-il prescrit ?**

C'est un gel de suppléance lacrymale : il compense une insuffisance de sécrétion naturelle de larmes.

Il est utilisé dans le traitement de la sécheresse oculaire due à une insuffisance lacrymale (œil sec).

**Attention :** Une irritation oculaire peut être due à une infection : en cas de doute, n'hésitez pas à consulter votre médecin.
N'utilisez pas ce gel ophtalmique de façon prolongée sans prendre un avis médical.
Si vous portez des *lentilles de contact*, n'utilisez pas ce produit sans prendre l'avis de votre ophtalmologiste.

### Interactions avec d'autres substances

Ce gel ophtalmique peut interagir avec d'autres collyres : respectez un intervalle de 15 minutes entre deux applications.

### Grossesse et allaitement

Le gel en tube contient un conservateur dont l'effet est mal connu pendant la grossesse ou l'allaitement. L'évaluation du risque éventuel lié à son utilisation est individuelle : demandez conseil à votre pharmacien ou à votre médecin.

### Mode d'emploi et posologie

Tirer la paupière inférieure vers le bas tout en regardant vers le haut et déposer une goutte de gel entre la paupière et le globe oculaire (*cul-de-sac conjonctival*).

**Posologie usuelle :**
1 goutte, 2 à 4 fois par jour, ou plus, si nécessaire.

**Conseils :** L'application correcte du produit peut nécessiter une aide, notamment chez une personne handicapée ou âgée.
Ne conservez pas le tube de gel plus de 4 semaines après une première utilisation. Les unidoses ne contiennent pas de conservateur, elles doivent être jetées immédiatement après utilisation.

### Effets indésirables possibles

Un trouble visuel bref peut survenir après l'instillation du produit, jusqu'à ce que le gel se répartisse uniformément sur la surface de l'œil.

**Laboratoires Alcon**

## LACTÉOL
Antidiarrhéique

### Présentation

**LACTÉOL :** comprimé (blanc) ; boîte de 90. Non remb.
**LACTÉOL 170 mg :** gélule (blanc) ; boîte de 20. Non remb.
**LACTÉOL 340 mg :** gélule (blanc) ; boîte de 10. Non remb.
**LACTÉOL 340 mg :** poudre pour suspension buvable (arômes : banane, orange) ; boîte de 10 sachets-dose. Non remb.

### Composition

| | p cp | p gél |
|---|---|---|
| **Lactobacillus inactivés, nombre de germes** | 450 M | 5 milliards |
| Lactose | + | + |
| Saccharose | + | |

| | p gél | p sachet |
|---|---|---|
| **Lactobacillus inactivés, nombre de germes** | 10 milliards | 10 milliards |
| Lactose | + | + |
| Saccharose | | + |

### Dans quel cas ce médicament est-il prescrit ?

Ce médicament appartient à la famille des antidiarrhéiques d'origine microbienne. Il favorise la restauration de la flore intestinale.
Il est utilisé dans le *traitement d'appoint* des *diarrhées*, en complément des mesures diététiques.

**Attention :** En l'absence d'amélioration après 2 jours de traitement, contactez votre médecin.

### Grossesse et allaitement

Ce médicament ne contient que des substances présumées sans danger pendant la grossesse ou l'allaitement. Néanmoins, ne l'utilisez pas de façon prolongée sans l'avis de votre pharmacien ou de votre médecin.

### Mode d'emploi et posologie

Les comprimés peuvent être dissous dans un peu d'eau ou croqués.
Le contenu des sachets doit être dissous dans un verre d'eau ou dans un biberon d'eau.

**Posologie usuelle :**
Comprimés :
- Adulte : 5 comprimés, 3 à 5 fois par jour.
- Enfant de plus de 6 ans : 3 comprimés, 3 ou 4 fois par jour.

Gélules :
- Adulte et enfant de plus de 6 ans : 2 à 4 gélules de LACTEOL 170 mg par jour ou 1 à 2 gélules de LACTEOL 340 mg par jour, en fonction de l'intensité des troubles. La *posologie* peut être portée à 6 gélules de LACTEOL 170 mg ou 3 gélules de LACTEOL 340 mg le premier jour.

Sachets : 1 à 2 sachets par jour, jusqu'à 3 sachets le premier jour. La posologie est identique pour l'adulte, l'enfant et le nourrisson.

**Conseils :** Une diarrhée peut provoquer une déshydratation, notamment chez le jeune enfant ou la personne âgée. Cette perte d'eau par l'organisme doit être compensée par des boissons abondantes (bouillon salé, boissons sucrées) car elle peut être à l'origine d'une fatigue, de malaise ou de confusion des idées.
Chez le *nourrisson*, deux situations se présentent :
- l'enfant est allaité : l'allaitement sera poursuivi pendant toute la période diarrhéique ;
- l'enfant n'est pas allaité : des solutions de réhydratation particulièrement adaptées sont disponibles en pharmacie. Elles doivent être employées pendant les 3 à 4 premières heures qui suivent le début de la diarrhée et être proposées au nourrisson très régulièrement pendant cette période. Après cette phase initiale, l'alimentation habituelle, et notamment le lait, sera reprise même si la diarrhée persiste. L'exclusion du lait, avec ou sans lactose, ne fait plus partie des recommandations officielles. Au cas improbable où il vous serait impossible d'obtenir une solution de réhydratation du commerce, vous pouvez préparer une solution avec 1 litre d'eau additionné de 4 cuillères à café arasées de sucre et ½ cuillère à café de sel de table.
Les solutions de réhydratation ne doivent pas être utilisées plus d'une demi-journée car elles sont trop pauvres en nutriments.

Le régime à suivre en cas de *diarrhée* repose sur une alimentation légère, à base de :
- carotte, pomme de terre, en soupe ou en purée ;
- pâtes, riz ou tapioca bien cuits, eau de cuisson du riz ;
- compote de pommes ou de coings, gelée de coings ou de myrtilles ;
- biscuits salés ou sucrés.

Doivent être évités : les jus de fruits et les fruits crus, les légumes riches en fibres, les sources de protéines animales et les boissons glacées.
Les comprimés doivent être conservés à l'abri de l'humidité.

Laboratoires Axcan Pharma SA

## LACTULOSE ALMUS
Laxatif osmotique

Ce médicament est un générique de DUPHALAC (voir p. 345 et tableau p. 1151).

## LACTULOSE BIOGARAN
Laxatif osmotique

Ce médicament est un générique de DUPHALAC (voir p. 345 et tableau p. 1151).

## LACTULOSE BIPHAR
Laxatif osmotique

Ce médicament est un générique de DUPHALAC (voir p. 345 et tableau p. 1151).

## LACTULOSE EG
Laxatif osmotique

Ce médicament est un générique de DUPHALAC (voir p. 345 et tableau p. 1151).

## LACTULOSE G GAM
Laxatif osmotique

Ce médicament est un générique de DUPHALAC (voir p. 345 et tableau p. 1151).

## LACTULOSE IREX
Laxatif osmotique

Ce médicament est un générique de DUPHALAC (voir p. 345 et tableau p. 1151).

## LACTULOSE IVAX
Laxatif osmotique

### Présentation
LACTULOSE IVAX 66,5 % : solution buvable (arôme pomme) ; flacon plastique de 200 ml avec godet-doseur gradué de 2,5 ml à 15 ml. Remb 35 % - **Prix : 2,45 €**.

### Composition

| | p 5 ml |
|---|---|
| **Lactulose (fructose + galactose)** | 3,33 g |
| Potassium | 1,7 mg |

### Dans quel cas ce médicament est-il prescrit ?
Ce médicament est un *laxatif osmotique*. Il attire l'eau dans l'intestin et augmente le volume des selles.
Il est utilisé dans le *traitement symptomatique* de la constipation. Son action laxative peut également être utile dans le traitement de l'*encéphalopathie hépatique*.

### Contre-indications
Ce médicament ne doit pas être utilisé dans les cas suivants :
- maladie inflammatoire du côlon,
- occlusion intestinale ou affection prédisposant à une occlusion,
- douleurs abdominales de cause inconnue,
- personne ne devant pas absorber de galactose.

**Attention :** En cas de douleurs abdominales répétitives ou prolongées, ce médicament ne doit pas être pris sans avis médical.
L'usage des laxatifs doit rester exceptionnel chez l'enfant.

### Grossesse et allaitement
Ce médicament ne contient que des substances présumées sans danger pendant la grossesse ou l'allaitement. Néanmoins, ne l'utilisez pas de façon prolongée sans l'avis de votre pharmacien ou de votre médecin.

### Mode d'emploi et posologie
Ce médicament peut être pris pur ou dilué dans une boisson.

**Posologie usuelle :**
Constipation :
- Adulte :
  - *traitement d'attaque* : 1 à 3 doses de 15 ml du godet-doseur par jour ;
  - *traitement d'entretien* : 1 dose de 10 ml à 25 ml (15 ml + 10 ml) du godet-doseur par jour.
- Enfant de 7 à 14 ans :
  - *traitement d'attaque* : 1 dose de 15 ml du godet-doseur par jour ;
  - *traitement d'entretien* : 1 dose de 10 ml du godet-doseur par jour.
- Enfant de 1 à 6 ans : 1 dose de 5 ml à 1 dose à 10 ml du godet-doseur par jour.
- Nourrisson jusqu'à 1 an : 1 dose de 5 ml du godet-doseur par jour.

Dans le traitement de l'*encéphalopathie hépatique* : 1 ou 2 doses de 15 ml du godet-doseur, 3 fois par jour.

**Conseils :** Le traitement de la constipation chronique repose essentiellement sur des boissons abondantes, une alimentation riche en fibres et une activité physique régulière.

**Effets indésirables possibles**

Sensation de ballonnement, diarrhée, devant inciter à arrêter le traitement ou à diminuer la *posologie*.

Rarement : démangeaisons, douleur anale, amaigrissement.

**Laboratoires Ivax SAS**

## LACTULOSE MERCK

Laxatif osmotique

Ce médicament est un générique de DUPHALAC (voir p. 345 et tableau p. 1151).

## LACTULOSE QUALIMED

Laxatif osmotique

Ce médicament est un générique de DUPHALAC (voir p. 345 et tableau p. 1151).

## LACTULOSE RATIOPHARM

Laxatif osmotique

Ce médicament est un générique de DUPHALAC (voir p. 345 et tableau p. 1151).

## LACTULOSE RPG

Laxatif osmotique

Ce médicament est un générique de DUPHALAC (voir p. 345 et tableau p. 1151).

## LACTULOSE SANDOZ

Laxatif osmotique

Ce médicament est un générique de DUPHALAC (voir p. 345 et tableau p. 1151).

## LACTULOSE TEVA

Laxatif osmotique

Ce médicament est un générique de DUPHALAC (voir p. 345 et tableau p. 1151).

## LACTULOSE WINTHROP

Laxatif osmotique

Ce médicament est un générique de DUPHALAC (voir p. 345 et tableau p. 1151).

## LACTULOSE ZYDUS

Laxatif osmotique

Ce médicament est un générique de DUPHALAC (voir p. 345 et tableau p. 1151).

## LAMALINE

Association d'antalgiques contenant un opiacé

sur ordonnance

### Présentation

LAMALINE : gélule (vert et blanc) ; boîte de 16. Liste II - Remb 35 % - **Prix : 2,06 €.**

LAMALINE : suppositoire ; boîte de 10. Liste II - Remb 35 % - **Prix : 3,24 €.**

### Composition

| | p gél | p suppos |
|---|---|---|
| **Paracétamol** | 300 mg | 500 mg |
| **Opium, poudre** | 10 mg | |
| **Opium, extrait** | | 15 mg |
| **Caféine** | 30 mg | 50 mg |

### Dans quel cas ce médicament est-il prescrit ?

Ce médicament *antalgique* associe du paracétamol, qui empêche la transmission de la douleur, un *opiacé* (extrait d'opium), qui agit directement sur le cerveau, et de la *caféine*.

Il est utilisé dans le *traitement symptomatique* de la douleur (rhumatismes, douleurs dentaires, *migraine*, règles douloureuses...).

### Contre-indications

Ce médicament ne doit pas être utilisé dans les cas suivants :
- maladie grave du foie ;
- enfant de moins de 15 ans ;
- en association avec les médicaments contenant de la nalbuphine, de la buprénorphine ou de la pentazocine ;
- **grossesse** ;
- **allaitement**.

**Attention :** De nombreux médicaments contiennent du paracétamol : vous devez en tenir compte en cas de prise conjointe car le *surdosage* en paracétamol peut être toxique pour le foie.

Des précautions sont nécessaires en cas d'*insuffisance respiratoire* et chez la personne âgée.

Évitez les boissons alcoolisées : augmentation du risque de somnolence.

Sportif : ce médicament contient une substance susceptible de rendre positifs certains *tests antidopage*.

### Interactions avec d'autres substances

Ce médicament ne doit pas être associé à ceux qui contiennent de la nalbuphine, de la buprénorphine ou de la pentazocine : risque de diminution de l'effet *antalgique*.

Informez par ailleurs votre médecin ou votre pharmacien si vous prenez des *sédatifs*.

### Grossesse et allaitement

Compte tenu de la présence d'opium, n'utilisez pas ce médicament pendant la grossesse ou l'allaitement.

### Mode d'emploi et posologie

Ce médicament peut être pris indifféremment au cours ou en dehors des repas. Les gélules doivent être avalées, telles quelles, avec un grand verre d'eau.

Respecter un intervalle minimal de 4 heures entre 2 prises.

**Posologie usuelle :**

- Adulte : 1 ou 2 gélules ou 1 suppositoire, 2 ou 3 fois par jour. Ne pas dépasser 10 gélules ou 6 suppositoires par jour.

**Conseils :** Cette association contenant un *opiacé* est destinée à être utilisée lorsque la douleur est mal soulagée par les *antalgiques* usuels.

Ce médicament contient de la *caféine*. On considère qu'une tasse de café contient de 60 à 100 mg de cette substance. Ainsi, pour limiter les effets indésirables de la caféine (excitation, tremblements, insomnie, *palpitations*), il est préférable de limiter la consommation de boissons qui en renferment (café, thé...). Il est également recommandé de prendre ce médicament avant 17 heures.

### Effets indésirables possibles

Lié à l'opium : constipation.

Lié au paracétamol : réaction *allergique* (rare).

Risque d'insomnie liée à la *caféine*.

Laboratoires Solvay Pharma

## LAMICSTART

*Informations détaillées sur www.monvidal.com*

## LAMICTAL

Antiépileptique — sur ordonnance

### Présentation

LAMICTAL 2 mg : comprimé *dispersible* (blanc ; arôme cassis) ; boîte de 30. Liste I - Remb 65 % - **Prix : 6,11 €**.

LAMICTAL 5 mg : comprimé *dispersible* ou à croquer (blanc ; arôme cassis) ; boîte de 30. Liste I - Remb 65 % - **Prix : 7,16 €**.

LAMICTAL 25 mg : comprimé *dispersible* ou à croquer (blanc ; arôme cassis) ; boîte de 30. Liste I - Remb 65 % - **Prix : 12,27 €**.

LAMICTAL 50 mg : comprimé *dispersible* ou à croquer (blanc ; arôme cassis) ; boîte de 30. Liste I - Remb 65 % - **Prix : 19,91 €**.

LAMICTAL 100 mg : comprimé *dispersible* ou à croquer (blanc ; arôme cassis) ; boîte de 30. Liste I - Remb 65 % - **Prix : 34,73 €**.

LAMICTAL 200 mg : comprimé *dispersible* ou à croquer (blanc ; arôme cassis) ; boîte de 30. Liste I - Remb 65 % - **Prix : 60,64 €**.

### Composition

| | p cp | p cp | p cp |
|---|---|---|---|
| Lamotrigine .............. | 2 mg | 5 mg | 25 mg |

| | p cp | p cp | p cp |
|---|---|---|---|
| Lamotrigine .............. | 50 mg | 100 mg | 200 mg |

### Dans quel cas ce médicament est-il prescrit ?

Ce médicament est un antiépileptique ; comme tous les antiépileptiques, il diminue la fréquence des crises d'*épilepsie*.

Il est utilisé dans le traitement de l'*épilepsie*, seul ou en complément des traitements classiques lorsque ceux-ci ne parviennent pas à prévenir la survenue des crises.

### Contre-indications

Ce médicament ne doit pas être utilisé dans les cas suivants :

- enfant de moins de 2 ans (en l'absence d'études),
- en association avec le millepertuis,
- **allaitement**.

**Attention :** Ce médicament peut provoquer des *éruptions cutanées* parfois graves. Ces éruptions sont plus fréquentes en cas de *posologie* initiale trop élevée ou d'augmentation trop rapide des doses. L'association (fréquente) de ce médicament à d'autres antiépileptiques peut augmenter sa concentration dans le sang et constitue un facteur de risque supplémentaire. Il est indispensable de respecter scrupuleusement la posologie prescrite.

Si malgré ces précautions, une éruption cutanée survient sans cause évidente (varicelle, moustiques, orties...), consultez immédiatement un médecin. De même, la survenue d'une *conjonctivite*, d'un gonflement du visage ou d'une fièvre inexpliquée peut nécessiter un avis médical rapide.

Des précautions sont nécessaires chez les personnes souffrant d'*insuffisance rénale*, *insuffisance hépatique* ou ayant présenté une éruption de boutons lors de la prise d'un autre antiépileptique.

Signalez à votre médecin d'éventuels *antécédents* de *réactions allergiques* aux médicaments.

Ne modifiez ni n'interrompez jamais votre traitement sans l'accord de votre médecin : risque de réapparition des *convulsions*, même si aucune crise n'est survenue depuis une longue période. L'arrêt du traitement doit être progressif par diminution de la *posologie* sur une durée de 15 jours.

La conduite automobile et l'utilisation de machines dangereuses sont contre-indiquées chez les épileptiques lorsque les crises persistent malgré un *traitement préventif*. Par ailleurs, ce médicament peut être à l'origine de *vertiges* ou de troubles visuels.

### Interactions avec d'autres substances

Ce médicament ne doit pas être associé au millepertuis : risque de diminution de sa concentration dans le sang et de son efficacité.

Il peut interagir avec le valproate de sodium et les autres antiépileptiques : le médecin en tient compte dans sa prescription. Ne modifiez jamais votre traitement sans avis médical.

### Grossesse et allaitement

L'effet de ce médicament pendant la grossesse est mal connu : seul votre médecin peut évaluer le risque éventuel de son utilisation dans votre cas.

Si une grossesse survient pendant le traitement, consultez votre médecin : l'arrêt brutal du traitement exposerait à la réapparition de crises préjudiciables à la mère et à l'enfant à naître.

Ce médicament passe dans le lait maternel. L'allaitement est contre-indiqué pendant le traitement.

### Mode d'emploi et posologie

Les comprimés peuvent être avalés tels quels, mâchés ou dissous dans un peu d'eau (pour l'enfant de moins de 6 ans, ils doivent être dissous). Ils peuvent être pris indifféremment au cours ou en dehors des repas.

**Posologie usuelle :**

- Adulte et enfant de plus de 12 ans : 100 à 500 mg par jour, en 1 ou 2 prises, selon que le médicament est utilisé seul ou en association avec d'autres antiépileptiques. Cette posologie est atteinte en 4 semaines par augmentation progressive de la dose quotidienne.

- Enfant de 2 à 12 ans :
  - en association avec la phénytoïne, la carbamazépine, le phénobarbital ou la primidone : 5 à 15 mg par kg et par jour (sans dépasser 400 mg par jour) atteints progressivement, par paliers, et répartis en 2 prises ;
  - en association avec les autres antiépileptiques : 1 à 5 mg par kg et par jour (sans dépasser 200 mg par jour) atteints progressivement, par paliers, en 1 ou 2 prises.

**Conseils :** Afin d'éviter les oublis, il est préférable de prendre ce médicament à heure fixe.
Veillez à toujours disposer d'une réserve de médicament ; lors de vos déplacements, munissez-vous d'une ordonnance en cours de validité.

### Effets indésirables possibles

*Réactions allergiques* ; les plus fréquentes sont des éruptions de boutons, le plus souvent bénignes, mais pouvant évoluer vers des lésions graves et exceptionnellement mortelles. La fréquence des réactions cutanées ayant conduit à un hospitalisation est de l'ordre de 1/1000 chez l'adulte et de 1/200 chez l'enfant.

Maux de tête, *vertiges*, troubles de la vision, tremblements, somnolence, agitation, fatigue, *troubles digestifs*, augmentation paradoxale de la fréquence des crises d'*épilepsie*.

Laboratoires GlaxoSmithKline

## LAMIDERM

*Informations détaillées sur www.monvidal.com*

## LAMISIL comprimé

Antifongique — sur ordonnance

### Présentation

LAMISIL : comprimé sécable (blanc) ; boîte de 14. Liste II - Remb 65 % - **Prix : 32,01 €**.
LAMISIL : comprimé sécable (blanc) ; boîte de 28. Liste II - Remb 65 % - **Prix : 58,82 €**.

### Composition

| | p cp |
|---|---|
| Terbinafine | 250 mg |

### Dans quel cas ce médicament est-il prescrit ?

Ce médicament contient un *antifongique* actif sur les champignons microscopiques appelés *dermatophytes* et sur les *levures*. Il fait partie des antifongiques qui sont absorbés par l'intestin.

Il est utilisé pour traiter certaines *mycoses* de la peau et des ongles.

### Contre-indications

Ce médicament ne doit pas être utilisé en cas d'*insuffisance hépatique* ou *rénale* grave.

**Attention :** Ce médicament peut provoquer des *allergies* ou plus rarement des *hépatites* ou une baisse importante des *globules blancs*. Vous devez arrêter votre traitement et prendre rapidement un avis médical en cas d'apparition d'un des symptômes suivants :
- angine ou fièvre inhabituelle ;
- éruption de boutons ou de cloques ;
- démangeaisons diffuses et importantes ;
- jaunisse avec selles décolorées et urines foncées ;
- fatigue intense inexpliquée.

### Interactions avec d'autres substances

Ce médicament peut interagir avec d'autres médicaments. Signalez tout autre traitement en cours à votre médecin ou à votre pharmacien.

### Grossesse et allaitement

L'effet de ce médicament pendant la grossesse est mal connu : seul votre médecin peut évaluer le risque éventuel de son utilisation dans votre cas.

Ce médicament passe dans le lait maternel : il est déconseillé pendant l'allaitement.

### Mode d'emploi et posologie

Le comprimé doit être pris de préférence au cours d'un repas.

**Posologie usuelle :**

- Adulte : 1 comprimé par jour. La durée du traitement varie en fonction du type d'infection.

**Conseils :** Le respect de la durée du traitement est un élément capital de son efficacité.
Ce médicament doit être conservé à l'abri de la lumière.

### Effets indésirables possibles

Altération du goût, *troubles digestifs*.

Rarement : douleurs des articulations et des muscles, *hépatite* (voir Attention).

Exceptionnellement : anomalie de la *numération formule sanguine*, *réaction allergique* cutanée (voir Attention).

Laboratoires Novartis Pharma

## LAMISIL crème et solution

Antifongique — sur ordonnance

### Présentation

LAMISIL : crème ; tube de 15 g. Liste II - Remb 35 % - **Prix : 5,62 €**.
LAMISIL : solution pour pulvérisation cutanée ; flacon de 15 ml. Liste II - Remb 35 % - **Prix : 5,39 €**.

### Composition

| | p 100 g |
|---|---|
| Terbinafine chlorhydrate | 1 g |

### Dans quel cas ce médicament est-il prescrit ?

Ce médicament d'usage local contient un *antifongique*.

Il est utilisé dans le traitement de certaines maladies de la peau, des ongles et des muqueuses dues à des champignons microscopiques (*mycoses*) : *candidose*, *pityriasis versicolor*, *dermatophyties*...

**Attention :** La solution en flacon pressurisé contient de l'alcool qui peut être irritant sur une peau lésée. Elle ne doit pas être appliquée sur le visage.
Évitez d'utiliser ce médicament, notamment chez l'enfant, de manière prolongée et sur des surfaces étendues ou profondément lésées sans l'avis de votre pharmacien ou de votre médecin.
Rincez abondamment en cas de contact accidentel avec les yeux.

### Grossesse et allaitement

L'effet de ce médicament pendant la grossesse est mal connu : seul votre médecin peut évaluer le risque éventuel de son utilisation dans votre cas.

Ce médicament passe dans le lait maternel ; ne l'utilisez pas ou ne le réutilisez pas sans avis médical.

### Mode d'emploi et posologie

Dans tous les cas, le médicament doit être appliqué aprés lavage et séchage soigneux de la zone à traiter.

Crème : appliquer directement sur les lésions et masser pour faire pénétrer. Dans les plis de la peau, la crème doit être appliquée en petite quantité pour limiter le risque de macération.

Solution : aprés agitation du flacon, pulvériser sur les lésions en respectant une distance d'au moins 10 cm, puis masser pour faire pénétrer.

**Posologie usuelle :**

1 à 2 applications par jour.

La durée du traitement et la forme utilisée (crème, solution) varient selon les cas. Suivre la prescription de votre médecin ou les conseils de votre pharmacien.

**Conseils :** En cas de *candidose*, évitez d'utiliser des savons acides : ils favorisent la multiplication des champignons.

En cas de lésions importantes des ongles des orteils, un meulage préalable par un pédicure facilite l'action du médicament.

Une transpiration excessive contribue au développement des lésions dues à des champignons. Le port de chaussettes en fibre naturelle (coton, laine) est recommandé. La même paire de chaussures ne doit pas être portée deux jours de suite.

### Effets indésirables possibles

Irritation cutanée.

Rarement : *réaction allergique* cutanée nécessitant l'arrêt du traitement (solution).

Laboratoires Novartis Santé Familiale

## LAMISILATE

Antifongique

### Présentation

**LAMISILATE :** crème ; tube de 10 g. Non remb.

### Composition

| | p 100 g |
|---|---|
| Terbinafine chlorhydrate | 1 g |

### Dans quel cas ce médicament est-il prescrit ?

Ce médicament d'usage local contient un *antifongique*.

Il est utilisé dans le traitement des *mycoses* du pied (« pied d'athlète ») dues à des champignons microscopiques.

**Attention :** Ce médicament peut être utilisé sur le conseil de votre pharmacien si vous ressentez des démangeaisons ou des brûlures entre les orteils, associées ou non à des fissures.

En l'absence d'amélioration une semaine après la fin du traitement, contactez votre médecin ; un prélèvement peut être nécessaire pour déterminer la cause des lésions.

La crème ne doit pas être appliquée sur des lésions étendues sans avis médical.

Rincez abondamment en cas de contact accidentel avec les yeux.

### Grossesse et allaitement

L'effet de ce médicament pendant la grossesse est mal connu : seul votre médecin peut évaluer le risque éventuel de son utilisation dans votre cas.

Ce médicament passe dans le lait maternel ; ne l'utilisez pas sans avis médical

### Mode d'emploi et posologie

La crème doit être appliquée après un lavage et un séchage soigneux de la zone à traiter.

**Posologie usuelle :**

- Adulte et enfant de plus de 12 ans : 1 application par jour, pendant 7 jours.

**Conseils :** En cas de pied d'athlète, il est préférable d'utiliser un savon acide : demander conseil à votre pharmacien pour son choix.

La fréquentation répétée de lieux publics chauds et humides (sauna, etc.) doit être évitée.

Une transpiration excessive contribue au développement des mycoses. Le port de chaussettes en fibre naturelle (coton, laine) est recommandé. Une même paire de chaussures ne doit pas être portée deux jours de suite.

### Effets indésirables possibles

Irritation cutanée.

Rarement : *réaction allergique* cutanée nécessitant l'arrêt du traitement.

Laboratoires Novartis Santé Familiale

## LAMISILDERMGEL

*Informations détaillées sur www.monvidal.com*

## LAMOTRIGINE BIOGARAN

Antiépileptique — sur ordonnance

Ce médicament est un générique de LAMICTAL (voir p. 557 et tableau p. 1151).

## LAMOTRIGINE SANDOZ

Antiépileptique — sur ordonnance

Ce médicament est un générique de LAMICTAL (voir p. 557 et tableau p. 1151).

## LANGORAN

*Informations détaillées sur www.monvidal.com*

## LANSOŸL

Laxatif lubrifiant

### Présentation

**LANSOŸL Orange :** gel oral (arôme orange) ; pot de 225 g (15 cuillères à soupe). Non remb.

**LANSOŸL Framboise :** gel oral (rouge ; arôme framboise) ; pot de 225 g (15 cuillères à soupe). Non remb.

**LANSOŸL Framboise :** gel oral (rouge ; arôme framboise) ; boîte de 9 récipients-unidoses de 15 g. Non remb.

### Composition

| | p c à c | p c à s | p unidose |
|---|---|---|---|
| **Paraffine liquide** | 3,91 g | 11,73 g | 11,73 g |
| Saccharose | 765 mg | 2,12 g | 2,12 g |

### Dans quel cas ce médicament est-il prescrit ?

Ce médicament est un *laxatif lubrifiant.* Il agit en ramollissant les selles et en facilitant leur progression dans l'intestin.

Il est utilisé dans le *traitement symptomatique* de la constipation.

**Attention :** Ce médicament peut réduire l'absorption de certaines *vitamines* (A, D, E, K) en cas d'utilisation prolongée.

Les *laxatifs lubrifiants* contiennent des huiles qui, en cas de passage accidentel dans les bronches (troubles de la déglutition, vomissements, *reflux gastro-œsophagien*...), exposent à des complications pulmonaires sérieuses. Ce médicament doit donc être pris au moins 2 heures avant le coucher ; il doit être utilisé avec prudence chez la personne âgée ayant des difficultés à avaler et chez le *nourrisson.*

L'usage des laxatifs doit rester exceptionnel chez l'enfant.

Ce médicament contient du *sucre* (saccharose) en quantité notable.

### Grossesse et allaitement

Ce médicament ne contient aucune substance connue pour être toxique pendant la grossesse ou l'allaitement ; néanmoins, il peut réduire l'absorption de certaines *vitamines* : son usage doit être ponctuel.

### Mode d'emploi et posologie

Ce médicament peut être pris soit le matin à jeun, soit à distance des repas.

L'effet laxatif se manifeste dans un délai de 6 à 8 heures.

**Posologie usuelle :**

- Adulte : 1 à 3 cuillères à soupe ou 1 à 3 unidoses par jour.
- Enfant de 2 à 15 ans : 1 à 3 cuillères à café par jour. Chez l'enfant de plus de 12 ans, il est également possible d'utiliser les unidoses à la posologie de 1 ou 2 unidoses par jour.
- Nourrisson de moins de 2 ans : ½ cuillère à café, 1 ou 2 fois par jour.

La durée du traitement ne doit pas dépasser 15 jours.

**Conseils :** Le traitement de la constipation chronique repose essentiellement sur des boissons abondantes, une alimentation riche en fibres et une activité physique régulière.

### Effets indésirables possibles

Suintement anal.

**Laboratoires PFIZER Santé Grand Public**

## LANSOŸL sans sucre

Laxatif lubrifiant

### Présentation

**LANSOŸL sans sucre :** gel oral (rouge ; arômes : framboise, prune) ; pot de 215 g (14 cuillères à soupe). Non remb.

### Composition

| | p c à c | p c à s |
|---|---|---|
| **Paraffine liquide** | 3,91 g | 11,73 g |
| Sorbitol | + | + |

### Dans quel cas ce médicament est-il prescrit ?

Ce médicament est un *laxatif lubrifiant.* Il agit en ramollissant les selles et en facilitant leur progression dans l'intestin.

Il est utilisé comme *traitement symptomatique* de la constipation.

**Attention :** Ce médicament peut réduire l'absorption de certaines *vitamines* (A, D, E, K) en cas d'utilisation prolongée.

Les *laxatifs lubrifiants* contiennent des huiles qui, en cas de passage accidentel dans les bronches (troubles de la déglutition, vomissements, *reflux gastro-œsophagien*...), exposent à des complications pulmonaires sérieuses. Ce médicament doit donc être pris au moins 2 heures avant le coucher ; il doit être utilisé avec prudence chez la personne âgée ayant des difficultés à avaler et chez le *nourrisson.*

L'usage des laxatifs doit rester exceptionnel chez l'enfant.

### Grossesse et allaitement

Ce médicament ne contient aucune substance connue pour être toxique pendant la grossesse ou l'allaitement ; néanmoins, il peut réduire l'absorption de certaines *vitamines* : son usage doit être ponctuel.

### Mode d'emploi et posologie

Ce médicament peut être pris soit le matin à jeun, soit à distance des repas.

L'effet laxatif se manifeste dans un délai de 6 à 8 heures.

**Posologie usuelle :**

- Adulte : 1 à 3 cuillères à soupe par jour.
- Enfant de 2 à 15 ans : 1 à 3 cuillères à café par jour.
- Nourrisson de moins de 2 ans : ½ cuillère à café, 1 ou 2 fois par jour.

La durée du traitement ne doit pas dépasser 15 jours.

**Conseils :** Le traitement de la constipation chronique repose essentiellement sur des boissons abondantes, une alimentation riche en fibres et une activité physique régulière.

### Effets indésirables possibles

Suintement anal.

**Laboratoires PFIZER Santé Grand Public**

## LANVIS

*Informations détaillées sur www.monvidal.com*

## LANZOR

Antiulcéreux — sur ordonnance

### Présentation

**LANZOR 15 mg :** gélule *gastrorésistante* (bleu et orange) ; boîte de 15. Liste II - Remb 65 % - **Prix : 11,68 €**.
**LANZOR 15 mg :** gélule *gastrorésistante* (bleu et orange) ; boîte de 30. Liste II - Remb 65 % - **Prix : 22,82 €**.
**LANZOR 30 mg :** gélule *gastrorésistante* (blanc et orange) ; boîte de 7. Liste II - Remb 65 % - **Prix : 11,04 €**.
**LANZOR 30 mg :** gélule *gastrorésistante* (blanc et orange) ; boîte de 14. Liste II - Remb 65 % - **Prix : 20,57 €**.
**LANZOR 30 mg :** gélule *gastrorésistante* (blanc et orange) ; boîte de 28. Liste II - Remb 65 % - **Prix : 39,36 €**.

### Composition

| | p gél | p gél |
|---|---|---|
| **Lansoprazole** | 15 mg | 30 mg |
| Saccharose | + | + |

### Dans quel cas ce médicament est-il prescrit ?

C'est un antiulcéreux qui agit en diminuant la sécrétion acide de l'estomac, indépendamment de la cause qui peut provoquer cette sécrétion.

Il est utilisé pour traiter :
- les *ulcères* de l'estomac ou du *duodénum* et les *inflammations* de l'œsophage dues aux reflux des acides de l'estomac vers l'œsophage ;
- le syndrome de *Zollinger-Ellison* ;
- les *gastrites* liées aux anti-inflammatoires (*AINS*).

En association avec un traitement *antibiotique* spécifique, ce médicament permet l'éradication d'un *germe* appelé *Helicobacter pylori*, très fréquemment responsable des récidives de l'*ulcère*.

**Attention :** La disparition des douleurs ne signifie pas que l'*ulcère* est cicatrisé : la durée du traitement doit être respectée.

Des précautions sont nécessaires en cas d'*insuffisance hépatique*.

### Interactions avec d'autres substances

Si vous prenez des *pansements digestifs*, respectez un intervalle d'au moins 2 heures entre leur prise et la prise de ce médicament.

Informez par ailleurs votre médecin ou votre pharmacien si vous prenez des médicaments contenant de l'itraconazole ou du kétoconazole.

### Grossesse et allaitement

Aucun effet néfaste pour l'enfant à naître n'a été établi avec ce médicament. Néanmoins, par précaution, son usage pendant la grossesse est réservé aux situations pour lesquelles il n'existe pas d'alternative thérapeutique.

Les données actuellement disponibles ne permettent pas de savoir si ce médicament passe dans le lait maternel : son usage est déconseillé pendant l'allaitement.

### Mode d'emploi et posologie

Les gélules doivent être avalées, de préférence en dehors des repas, avec un verre d'eau.

**Posologie usuelle :**
- Adulte :
  - traitement des *symptômes* du *reflux gastro-œsophagien* (lorsque les règles hygiènodiététiques sont insuffisantes) : 15 mg par jour ;
  - traitement de l'*inflammation* de l'œsophage : 15 à 30 mg par jour ;
  - traitement des *ulcères* de l'estomac ou du *duodénum* : 15 à 30 mg par jour ;
  - éradication d'*Helicobacter pylori* : 30 mg 2 fois par jour, associé à un traitement *antibiotique* pendant 7 jours ; puis 30 mg par jour pendant au moins 3 semaines. Le succès du traitement est étroitement lié au strict respect de la *posologie* de l'antiulcéreux et des antibiotiques pendant la première semaine ;
  - syndrome de *Zollinger-Ellison* : la posologie est individuelle et beaucoup plus élevée. La durée du traitement est généralement de plusieurs semaines ;
  - traitement des *gastrites* liées aux anti-inflammatoires (*AINS*) : 15 à 30 mg par jour.

**Conseils :** Ce médicament peut être pris à n'importe quel moment dans la journée.

Si vous êtes fumeur, la poursuite du tabagisme est un frein important au traitement : la nicotine augmente l'acidité gastrique et réduit l'efficacité du muscle qui ferme la jonction entre l'œsophage et l'estomac.

La prise de ce médicament ne dispense pas des mesures diététiques que peut vous conseiller votre médecin.

L'aspirine et les *anti-inflammatoires* peuvent être agressifs pour l'estomac : n'en prenez pas sans l'avis de votre médecin.

### Effets indésirables possibles

Rarement : diarrhée ou constipation, nausées, vomissements, douleurs abdominales, maux de tête, *vertiges*.

Exceptionnellement : augmentation du volume des seins chez l'homme (gynécomastie), *réaction allergique* cutanée, anomalies de la *numération formule sanguine*, augmentation des *transaminases*, voire *hépatite*.

Laboratoires Aventis

## LARGACTIL

Neuroleptique — sur ordonnance

### Présentation

**LARGACTIL 25 mg :** comprimé sécable (orange) ; boîte de 50. Liste I - Remb 65 % - **Prix : 3,40 €**.
**LARGACTIL 100 mg :** comprimé sécable (orange) ; boîte de 30. Liste I - Remb 65 % - **Prix : 5,83 €**.
**LARGACTIL 4 % :** solution buvable ; flacon compte-gouttes de 30 ml (1 200 gouttes). Liste I - Remb 65 % - **Prix : 3,77 €**.
**LARGACTIL 125 mg/5 ml :** solution injectable ; boîte de 5 ampoules de 5 ml. Liste I - Remb 65 % - **Prix : 3,86 €**.

### Composition

| | p cp | p cp |
|---|---|---|
| **Chlorpromazine** | 25 mg | 100 mg |
| Amidon de blé (gluten) | + | + |
| Lactose | + | + |
| Saccharose | + | + |

| | p gte | p amp inj |
|---|---|---|
| **Chlorpromazine** | 1 mg | 25 mg |
| Alcool | + | |
| Saccharose | + | |
| Sulfites | | + |

### Dans quel cas ce médicament est-il prescrit ?

C'est un *neuroleptique* qui appartient à la famille chimique des phénothiazines. Il possède également des effets *atropiniques* marqués, qui ne participent pas à son activité, mais qui expliquent certaines contre-indications et certains effets indésirables.

Il est utilisé dans le traitement de certains troubles psychiques (*schizophrénie*, différents types de *psychoses* et les troubles graves du comportement chez l'enfant...).

**Contre-indications**

Ce médicament ne doit pas être utilisé dans les cas suivants :
- risque de *glaucome* à angle fermé,
- risque de blocage des urines (*adénome de la prostate*),
- *antécédent* d'*agranulocytose*,
- en association avec les médicaments *dopaminergiques* ou avec le sultopride,
- *allergie* aux *sulfites* (solution injectable).

**Attention :** Dans le traitement de certains troubles psychiques, les *neuroleptiques* permettent de contrôler efficacement la maladie, mais un arrêt intempestif du traitement expose à une rechute grave.

Ce médicament peut être responsable d'une baisse du nombre des *globules blancs* dans le sang. Des analyses doivent être réalisées rapidement en cas d'angine, d'ulcérations de la bouche ou de fièvre anormale, qui peuvent traduire cette anomalie sanguine.

En cas de survenue d'une fièvre inexpliquée associée à une raideur musculaire (qui pourraient être dues au médicament), ne poursuivez pas le traitement sans avis médical : risque de *syndrome malin des neuroleptiques*.

Ce médicament présente des effets *atropiniques*. Il peut provoquer un *glaucome* aigu chez les personnes prédisposées : œil rouge, dur et douloureux, avec vision floue. Une consultation d'extrême urgence auprès d'un ophtalmologiste est nécessaire.

Sauf cas exceptionnel, ce médicament ne doit pas être utilisé en cas de maladie de *Parkinson*.

Les situations favorisant les *torsades de pointes* doivent être signalées au médecin.

Un examen des yeux et des analyses de sang régulières sont nécessaires en cas de traitement prolongé.

Des précautions particulières s'imposent en cas d'*épilepsie*, de maladie cardiaque, chez l'*insuffisant hépatique* ou *rénal* et chez la personne âgée, notamment en cas de constipation chronique, de tendance aux *vertiges* ou aux baisses de tension.

Évitez les boissons alcoolisées : augmentation du risque de somnolence.

Ce médicament peut induire une somnolence, parfois intense chez certaines personnes. Cette somnolence peut être majorée par la prise d'*alcool* ou d'autres médicaments *sédatifs*. La conduite et l'utilisation de machines dangereuses sont déconseillées, surtout dans les heures qui suivent la prise du médicament.

**Interactions avec d'autres substances**

Ce médicament ne doit pas être associé :
- aux médicaments *dopaminergiques* (risque d'annulation de leurs effets) ; cette association peut néanmoins être nécessaire chez certaines personnes atteintes de la maladie de *Parkinson* ;
- au sultopride (médicament uniquement disponible à l'hôpital) : risque de *troubles du rythme cardiaque* graves.

Il peut interagir avec les médicaments contenant du *lithium* ou avec les médicaments susceptibles de provoquer des *torsades de pointes*.

Informez par ailleurs votre médecin si vous prenez un *antihypertenseur* ou un médicament *atropinique*, un *sédatif* (tranquillisants, somnifères, certains médicaments contre la toux ou contre la douleur contenant des *opiacés*, *antidépresseurs*, *neuroleptiques*...), un *antidiabétique* ou certains pansements gastriques.

**Grossesse et allaitement**

Si une grossesse survient pendant le traitement, consultez votre médecin. Il appréciera le risque éventuel lié à l'utilisation de ce médicament dans votre cas.

Si le traitement est poursuivi jusqu'à l'accouchement, une surveillance médicale du *nouveau-né* est nécessaire.

Ce médicament passe dans le lait maternel : l'allaitement est déconseillé.

**Mode d'emploi et posologie**

La dose quotidienne est répartie en 2 ou 3 prises.

Les comprimés ne sont pas adaptés à l'enfant de moins de 6 ans. En effet, ils risquent d'obstruer les voies respiratoires si l'enfant déglutit mal et que le comprimé passe dans la trachée (fausse route).

**Posologie usuelle :**

La posologie est strictement individuelle.

**Conseils :** Une prise de poids peut être observée au cours du traitement. Une alimentation équilibrée, et si nécessaire les conseils d'un nutritionniste, peuvent prévenir et limiter ce phénomène.

**Effets indésirables possibles**

Somnolence, surtout en début de traitement.

Indifférence, réaction anxieuse, variation de l'humeur.

Effets *atropiniques* : sécheresse de la bouche, constipation, troubles de l'*accommodation*, rétention d'urine.

*Hypotension orthostatique*.

Mouvements involontaires ou inadaptés, tics, pouvant survenir lors de la première prise (notamment en cas de *surdosage*) ou, plus tardivement, lors d'un traitement prolongé.

Raideur musculaire et difficultés à coordonner les mouvements.

Augmentation de la sécrétion de *prolactine* pouvant se traduire par : absence des règles, augmentation du volume des seins, écoulement de lait par le mamelon.

Troubles sexuels.

Prise de poids, *hyperglycémie*.

Rarement : *réaction allergique* cutanée, *photosensibilisation*, troubles du rythme cardiaque (*torsades de pointes*), *syndrome malin des neuroleptiques* (voir Attention), *agranulocytose* (exceptionnelle).

**Laboratoires Aventis**

## LARIAM

*Informations détaillées sur www.monvidal.com*

## LARMABAK
Suppléance lacrymale

### Présentation
LARMABAK : collyre ; flacon de 10 ml avec stilligoutte. Remb 65 % - **Prix : 4,52 €**.

### Composition

| | p 100 ml |
|---|---|
| **Chlorure de sodium** | 0,9 g |

### Dans quel cas ce médicament est-il prescrit ?
C'est une solution de suppléance lacrymale : elle compense une insuffisance de sécrétion naturelle de larmes. Elle ne contient pas de conservateur : une membrane située dans le flacon retient d'éventuelles bactéries qui pourraient contaminer la solution.
Elle est utilisée dans le traitement de la sécheresse oculaire due à une insuffisance lacrymale (œil sec).

**Attention :** Une irritation oculaire peut être due à une infection : en cas de doute, n'hésitez pas à consulter votre médecin.
N'utilisez pas ce collyre de façon prolongée sans prendre un avis médical.

### Grossesse et allaitement
Ce collyre peut être utilisé pendant la grossesse ou l'allaitement.

### Mode d'emploi et posologie
Lire attentivement les modalités d'utilisation du flacon.
Tirer la paupière inférieure vers le bas tout en regardant vers le haut et déposer les gouttes de collyre entre la paupière et le globe oculaire (*cul-de-sac conjonctival*).
**Posologie usuelle :**
1 goutte, 3 à 8 fois par jour.

**Conseils :** L'application correcte du produit peut nécessiter une aide, notamment chez une personne handicapée ou âgée.
Évitez de mettre l'embout du flacon en contact avec l'œil.
Ne conservez pas ce collyre plus de 4 semaines après une première utilisation.

### Effets indésirables possibles
Légère irritation de l'œil.

Laboratoires Théa

## LARMES ARTIFICIELLES MARTINET
Suppléance lacrymale

### Présentation
LARMES ARTIFICIELLES MARTINET : collyre ; flacon de 10 ml. Remb 65 % - **Prix : 1,54 €**.
LARMES ARTIFICIELLES MARTINET : collyre ; boîte de 20 récipients unidoses de 0,4 ml. Non remb.
LARMES ARTIFICIELLES MARTINET : collyre ; boîte de 100 récipients unidoses de 0,4 ml. Non remb.

### Composition

| | p 100 ml | p unidose |
|---|---|---|
| **Chlorure de sodium** | 1,4 g | 5,6 mg |
| Chlorure de benzalkonium | + | |

### Dans quel cas ce médicament est-il prescrit ?
C'est une solution de suppléance lacrymale : elle compense une insuffisance de sécrétion naturelle de larmes.
Elle est utilisée dans le traitement de la sécheresse oculaire due à une insuffisance lacrymale (œil sec).

**Attention :** Une irritation oculaire peut être due à une infection : en cas de doute, n'hésitez pas à consulter votre médecin.
N'utilisez pas ce collyre de façon prolongée sans prendre un avis médical.

### Interactions avec d'autres substances
Ce collyre peut interagir avec d'autres collyres : respectez un intervalle de 15 minutes entre deux instillations.

### Grossesse et allaitement
Le flacon de 10 ml contient un conservateur dont l'effet est mal connu pendant la grossesse ou l'allaitement. L'évaluation du risque éventuel lié à son utilisation est individuelle : demandez conseil à votre pharmacien ou à votre médecin.

### Mode d'emploi et posologie
Tirer la paupière inférieure vers le bas tout en regardant vers le haut et déposer les gouttes de collyre entre la paupière et le globe oculaire (*cul-de-sac conjonctival*).
**Posologie usuelle :**
1 goutte, 3 à 8 fois par jour.

**Conseils :** L'application correcte du produit peut nécessiter une aide, notamment chez une personne handicapée ou âgée.
En raison de la présence d'un conservateur, le collyre en flacon de 10 ml ne doit pas être instillé pendant le port de *lentilles de contact* hydrophiles.
Ne conservez pas le flacon de 10 ml plus de 15 jours après une première utilisation. Les unidoses doivent jetées après l'instillation. Elles ne doivent pas être gardées en vue d'une utilisation ultérieure.

Laboratoires Tonipharm

## LAROSCORBINE comprimé
Vitamine C

### Présentation
LAROSCORBINE sans sucre 500 mg : comprimé à croquer (blanc ; arôme orange) ; boîte de 30. Non remb.
LAROSCORBINE 1 g : comprimé effervescent (orangé ; arômes orange, mandarine) ; boîte de 30. Non remb.
LAROSCORBINE sans sucre 1 g : comprimé effervescent (orangé ; arômes orange, mandarine) ; boîte de 15. Non remb.
LAROSCORBINE sans sucre 1 g : comprimé effervescent (orangé ; arômes orange, mandarine) ; boîte de 30. Non remb.

### Composition

| | p cp | p cp efferv | p cp efferv |
|---|---|---|---|
| **Acide ascorbique (vitamine C)** | 500 mg | 1 g | 1 g |
| Aspartam | + | + | + |
| Sodium | | 257 mg | 312 mg |
| Saccharose | | 1,137 g | + |

### Dans quel cas ce médicament est-il prescrit ?

Ce médicament contient de l'acide ascorbique (*vitamine* C), indispensable au *métabolisme*. Sa *carence* était autrefois responsable du scorbut chez les navigateurs.

Il est utilisé :
- dans le traitement de la carence en vitamine C (scorbut, exceptionnel en France) ;
- dans le *traitement d'appoint* de l'*asthénie fonctionnelle*.

### Contre-indications

Ce médicament ne doit pas être utilisé dans les cas suivants :
- à une dose supérieure à 1 g par jour en cas d'*antécédent* de calculs des *voies* urinaires,
- *phénylcétonurie* (présence d'aspartam).

**Attention :** La *vitamine* C est dégradée dans l'organisme en acide oxalique pouvant favoriser la formation de calculs dans les *voies* urinaires. Ne prenez pas de dose importante de vitamine C pendant une longue durée sans avis médical.
Des précautions sont nécessaires en cas de déficit en *G6PD*.
Les comprimés effervescents contiennent du *sel* (*sodium*) en quantité notable.

### Grossesse et allaitement

La *vitamine* C, à faible dose, n'est pas toxique chez la femme enceinte ou qui allaite.

### Mode d'emploi et posologie

Les comprimés à croquer peuvent être croqués ou sucés.
Les comprimés effervescents doivent être dissous dans un verre d'eau.

**Posologie usuelle :**
- Adulte : 1 ou 2 comprimés à croquer par jour ou 1 comprimé effervescent par jour.

La durée du traitement est limitée à 1 mois (sauf avis médical contraire).

**Conseils :** Il est préférable de ne pas prendre ce médicament en fin de journée à cause de son effet légèrement stimulant.
Une prise quotidienne (supérieure à 2 g) de *vitamine* C peut modifier certaines analyses de sang.
La vitamine C est présente dans les légumes, y compris la pomme de terre, et les fruits ; elle est dégradée en partie par la chaleur et la lumière. Elle est largement utilisée comme conservateur dans les produits alimentaires.
Une alimentation équilibrée et diversifiée apporte habituellement des quantités suffisantes de vitamine C. Il est inutile d'augmenter les doses ou la durée du traitement conseillées par votre médecin ou votre pharmacien : un excès d'apport est éliminé par les urines.
Le traitement de l'*asthénie fonctionnelle* repose sur des mesures simples :
- un temps de sommeil suffisant ;
- une consommation modérée d'*alcool*, de café et de thé, l'arrêt du tabagisme ;
- la pratique d'un sport ;
- la suppression, lorsque cela est possible, des expositions au stress.

Ce médicament n'est qu'un *traitement d'appoint* qui complète l'action de ces mesures indispensables.
Les comprimés effervescents doivent être conservés à l'abri de l'humidité.

### Effets indésirables possibles

A forte dose (supérieure à 1 g) : troubles digestifs (brûlures d'estomac, diarrhée), calculs des *voies* urinaires.

Laboratoires Bayer santé familiale

## LAROSCORBINE injectable

*Informations détaillées sur www.monvidal.com*

## LAROXYL

Antidépresseur imipraminique — sur ordonnance

### Présentation

**LAROXYL 25 mg :** comprimé (rose) ; boîte de 60. Liste I - Remb 65 % - **Prix : 4,40 €.**
**LAROXYL 40 mg/ml :** solution buvable ; flacon compte-gouttes de 20 ml (800 gouttes). Liste I - Remb 65 % - **Prix : 3,48 €.**
**LAROXYL 50 mg :** comprimé (ocre) ; boîte de 20. Liste I - Remb 65 % - **Prix : 3,47 €.**
**LAROXYL 50 mg/2 ml :** solution injectable *IM* ou *IV* ; boîte de 12 ampoules de 2 ml. Liste I - Remb 65 % - **Prix : 5,55 €.**

### Composition

| | p cp | p gte |
|---|---|---|
| **Amitriptyline** | 25 mg | 1 mg |
| Alcool à 95° | | + |
| Lactose | + | |

| | p cp | p amp inj |
|---|---|---|
| **Amitriptyline** | 50 mg | 50 mg |
| Lactose | + | |

### Dans quel cas ce médicament est-il prescrit ?

Ce médicament est un antidépresseur qui appartient à la famille des *antidépresseurs imipraminiques*. Il possède également des effets *atropiniques*, qui ne participent pas à son activité, mais qui expliquent certaines contre-indications et certains effets indésirables.

Il est utilisé dans le traitement :
- des *états dépressifs*,
- des douleurs rebelles,
- de l'*énurésie* nocturne de l'enfant, en l'absence de lésions des voies urinaires (comprimé à 25 mg et solution buvable).

### Contre-indications

Ce médicament ne doit pas être utilisé dans les cas suivants :
- risque de *glaucome* à angle fermé,
- risque de rétention des urines (*adénome de la prostate*...),
- *infarctus du myocarde* récent (moins de 3 mois),
- en association avec les *IMAO* non sélectifs ou avec les médicaments contenant du sultopride.

**Attention :** Ce médicament présente des effets *atropiniques*. Il peut provoquer un *glaucome* aigu chez les personnes prédisposées : œil rouge, dur et douloureux, avec vision floue. Une consultation d'extrême urgence auprès d'un ophtalmologiste est nécessaire.

Des précautions particulières s'imposent en cas d'*épilepsie*, de maladie cardiaque, chez l'*insuffisant hépatique* ou *rénal* et chez la personne âgée, notamment en cas de constipation chronique, de tendance aux *vertiges* ou aux baisses de tension.

En cas d'excitation anormale ou de confusion des idées survenant sous traitement, une consultation médicale est nécessaire.

Avant une anesthésie locale, notamment chez le dentiste, signalez la prise de ce médicament.

Évitez les boissons alcoolisées : augmentation du risque de somnolence.

Si vous devez conduire, ou utiliser une machine dangereuse, assurez-vous préalablement que ce médicament n'altère pas votre vigilance.

## Interactions avec d'autres substances

Ce médicament ne doit pas être associé aux médicaments suivants :

- *IMAO* non sélectifs (MARSILID...) : des délais précis doivent être respectés entre l'arrêt de l'IMAO et le début du traitement par ce médicament, et inversement ;
- sultopride (médicament uniquement disponible à l'hôpital) : risque de *troubles du rythme cardiaque* graves.

Il peut également interagir avec les IMAO sélectifs A et avec les médicaments contenant l'une des substances suivantes : adrénaline, noradrénaline, clonidine, guanfacine.

Informez par ailleurs votre médecin ou votre pharmacien si vous prenez un *antidépresseur sérotoninergique*, un médicament *anticonvulsivant*, *antihypertenseur*, *atropinique*, *sédatif*, ou contenant de la carbamazépine, de la thioridazine ou du baclofène.

## Grossesse et allaitement

Si une grossesse survient pendant le traitement, consultez votre médecin. Il appréciera le risque éventuel lié à l'utilisation de ce médicament dans votre cas.

Si le traitement est poursuivi jusqu'à l'accouchement, une surveillance médicale du *nouveau-né* est nécessaire.

Ce médicament est susceptible de passer faiblement dans le lait maternel : l'allaitement est déconseillé sans avis médical.

## Mode d'emploi et posologie

La dose quotidienne est généralement absorbée en une prise, le plus souvent le soir, pendant ou en dehors des repas.

La solution injectable est administrée par voie intraveineuse ou intramusculaire.

### Posologie usuelle :

*État dépressif*, douleur rebelle : 75 mg à 150 mg par jour.

*Énurésie* :

- Enfant de 6 à 10 ans : 10 à 20 gouttes de solution buvable, selon l'âge, le soir au coucher.
- Enfant de 11 à 16 ans : 1 à 2 comprimés à 25 mg, selon l'âge, le soir au coucher.

**Conseils :** L'efficacité des *antidépresseurs* n'est généralement pas immédiate. Un délai pouvant atteindre plusieurs semaines est parfois nécessaire pour que les effets bénéfiques se fassent sentir. Les effets indésirables éventuels apparaissant en début de traitement ne doivent pas vous conduire à l'arrêter prématurément.

Chez la personne souffrant de dépression, un état anxieux peut apparaître ou être majoré en début de traitement ; un *anxiolytique* est parfois prescrit par le médecin pour prévenir ou traiter ces manifestations.

Lorsque les *symptômes* de la *dépression* ont disparu, le traitement doit absolument être poursuivi pendant la durée prescrite afin de consolider la guérison. Un arrêt prématuré exposerait à une rechute. La durée d'un traitement antidépresseur est rarement inférieure à 6 mois.

Contrairement à d'autres médicaments utilisés pour traiter les maladies psychiques, les antidépresseurs ne créent pas de dépendance. Néanmoins, il est préférable d'arrêter le traitement progressivement en diminuant la posologie ou en espaçant les prises pour éviter les effets indésirables transitoires, rarement observés, en cas d'interruption brutale.

Une prise de poids peut être observée au cours du traitement. Une alimentation équilibrée, et si nécessaire les conseils d'un nutritionniste, peuvent prévenir et limiter ce phénomène.

L'utilisation de ce médicament dans les cas d'*énurésie* ne se conçoit que dans le cadre d'un traitement plus global : rééducation, prise en charge psychologique éventuelle.

## Effets indésirables possibles

Comme tous les *antidépresseurs imipraminiques* :

- sécheresse de la bouche, constipation, troubles de l'*accommodation*, *tachycardie*, sueurs, difficulté à uriner, troubles sexuels, *hypotension orthostatique*, somnolence ;
- plus rarement : tremblements, convulsions chez les personnes prédisposées, confusion des idées, prise de poids, tension anormale des seins, écoulement de lait par le mamelon, bouffées de chaleur, *réaction allergique*, *hépatite*, anomalie de la *numération formule sanguine*, troubles cardiaques, excitation anormale.

Laboratoires Roche

# LASILIX

Diurétique de l'anse — sur ordonnance

## Présentation

LASILIX 10 mg/ml : solution buvable (arôme orange) ; flacon de 60 ml avec pipette doseuse graduée en ml. Liste II - Remb 65 % - **Prix : 10,11 €**.

LASILIX FAIBLE : comprimé (blanc) ; boîte de 30. Liste II - Remb 65 % - **Prix : 2,31 €**.

LASILIX 40 mg : comprimé sécable (blanc) ; boîte de 30. Liste II - Remb 65 % - **Prix : 3,31 €**.

LASILIX RETARD : gélule à *libération prolongée* (jaune et vert) ; boîte de 30. Liste II - Remb 65 % - **Prix : 4,80 €**.

## Composition

| | p ml | p cp |
|---|---|---|
| **Furosémide** | 10 mg | 20 mg |
| Lactose | | + |
| Alcool | + | |

| | p cp | p gél LP |
|---|---|---|
| **Furosémide** | 40 mg | 60 mg |
| Lactose | + | |

### Dans quel cas ce médicament est-il prescrit ?

C'est un *diurétique* qui appartient à la famille des *diurétiques de l'anse*, dont l'action est puissante et rapide. Il appartient par ailleurs à la famille chimique des *sulfamides*.

Il est utilisé dans le traitement de l'*hypertension artérielle* et des *œdèmes* liés à une *insuffisance cardiaque*, *hépatique* ou *rénale*.

### Contre-indications

Ce médicament ne doit pas être utilisé dans les cas suivants :
- *allergie* aux *sulfamides*,
- rétention d'urine par obstruction importante des *voies* urinaires,
- déshydratation (surtout chez la personne âgée),
- *encéphalopathie hépatique*,
- **allaitement**.

**Attention :** Ce médicament peut faire baisser la *kaliémie* (taux de *potassium* dans le sang). Ce risque justifie la prescription par votre médecin d'analyses de sang régulières. L'usage prolongé de *laxatifs stimulants* est déconseillé pendant le traitement car il contribue à faire baisser le taux de potassium sanguin.

L'effet diurétique est parfois brutal, notamment lors des premiers jours de traitement. Prévoyez une étape aux toilettes dans l'heure qui suit la prise.

Les *diurétiques* peuvent augmenter le taux d'*acide urique* (uricémie) ou de *sucre* dans le sang (*glycémie*) : des précautions sont nécessaires en cas de *diabète* ou d'*antécédent* de crise de *goutte*.

Sportif : ce médicament contient une substance susceptible de rendre positifs certains *tests antidopage*.

### Interactions avec d'autres substances

Ce médicament peut interagir avec ceux qui contiennent du lithium ou du sultopride (BARNETIL, médicament hospitalier).

Informez par ailleurs votre médecin si vous prenez :
- un *AINS*, un *digitalique*, un *inhibiteur de l'enzyme de conversion* ou de l'angiotensine II ;
- un *antibiotique* de la famille des *aminosides* ;
- un médicament susceptible de provoquer des *torsades de pointes* ou de faire baisser la *kaliémie* (amphotéricine B, *corticoïde*, *laxatif stimulant*) ;
- un médicament contenant de la metformine ou de la phénytoïne ;
- un médicament susceptible de contribuer à la baisse de la tension artérielle (*neuroleptique*, *antidépresseur imipraminique*, baclofène).

### Grossesse et allaitement

Les *diurétiques* ne sont pas indiqués dans les cas de rétention d'eau ou d'*hypertension artérielle* liés à la grossesse. Seul votre médecin peut apprécier la nécessité du traitement et son risque dans votre cas.

Une prise unique de 40 mg peut suffire à bloquer la lactation ; l'allaitement est donc incompatible avec ce traitement.

### Mode d'emploi et posologie

Ce médicament peut être pris pendant ou en dehors des repas.

La solution buvable peut être diluée dans un demi-verre d'eau ou dans un petit biberon de lait.

**Posologie usuelle :**
- Adulte : 20 à 160 mg par jour, selon la nature ou la gravité de l'affection.
- Enfant : la *posologie* varie en fonction du poids.

**Conseils :** Ce médicament augmente le volume des urines, surtout en début de traitement. Une prise le soir peut occasionner des envies d'uriner nocturnes.

Les *diurétiques* exposent au risque de déshydratation : veillez à proposer des boissons abondantes aux personnes âgées, notamment pendant les fortes chaleurs.

### Effets indésirables possibles

Baisse de la *kaliémie*, associée éventuellement à des crampes.

Déshydratation possible chez la personne âgée.

Augmentation de la *glycémie* ou de l'*uricémie*.

*Hypotension orthostatique*.

A forte dose : baisse du taux de sodium dans le sang (natrémie) et risque de troubles du comportement.

Rarement : *éruption cutanée*, *photosensibilisation*, anomalie de la *numération formule sanguine*.

Laboratoires Aventis

## LAXARON

*Informations détaillées sur www.monvidal.com*

## LAXILO

*Informations détaillées sur www.monvidal.com*

## LECTIL

Antivertigineux — sur ordonnance

LECTIL Gé 8 mg est un générique de SERC.

### Présentation

**LECTIL Gé 8 mg :** comprimé (blanc) ; boîte de 30. Liste I - Remb 35 % - **Prix : 2,78 €**.
**LECTIL Gé 8 mg :** comprimé (blanc) ; boîte de 90. Liste I - Remb 35 % - **Prix : 7,15 €**.
**LECTIL 16 mg :** comprimé sécable (blanc) ; boîte de 45. Liste I - Remb 35 % - **Prix : 7,96 €**.
**LECTIL 24 mg :** comprimé (blanc) ; boîte de 60. Liste I - Remb 35 % - **Prix : 13,41 €**.

### Composition

| | p cp | p cp | p cp |
|---|---|---|---|
| **Bétahistine dichlorhydrate** | 8 mg | 16 mg | 24 mg |
| Lactose | + | + | + |

### Dans quel cas ce médicament est-il prescrit ?

Ce médicament est un antivertigineux chimiquement proche de l'*histamine*.

Il est utilisé dans le *traitement symptomatique* des *vertiges*.

### Contre-indications

Ce médicament ne doit pas être utilisé dans les cas suivants :
- *ulcère* de l'estomac ou du *duodénum*,
- *phéochromocytome*.

**Attention :** Des précautions sont nécessaires en cas d'*asthme*.

### Grossesse et allaitement

L'effet de ce médicament sur l'enfant à naître est mal connu. Par mesure de prudence, son usage est déconseillé pendant la grossesse.

Les données actuellement disponibles ne permettent pas de savoir si ce médicament passe dans le lait maternel : ne l'utilisez pas pendant l'allaitement sans avis médical.

### Mode d'emploi et posologie

Les comprimés doivent être avalés sans être croqués, avec un verre d'eau, de préférence au cours des repas.

**Posologie usuelle :**
8 mg à 16 mg, 3 fois par jour ou 24 mg, 2 fois par jour.

### Effets indésirables possibles

Le plus fréquemment : douleurs d'estomac, nausées, vomissements, bouche sèche, diarrhée.

Rarement : maux de tête, fatigue, somnolence, *réaction allergique*.

Exceptionnellement : augmentation des *transaminases*, diminution du nombre de *plaquettes*.

Laboratoires Bouchara-Recordati

## LEDERFOLINE

*Informations détaillées sur www.monvidal.com*

## LEDERTREXATE

*Informations détaillées sur www.monvidal.com*

## LEDUM COMPLEXE N° 81

*Informations détaillées sur www.monvidal.com*

## LEGALON

Traitement des troubles digestifs

### Présentation

LEGALON : comprimé (marron) ; boîte de 40. Non remb.

### Composition

| | p cp |
|---|---|
| **Silymarine** | 70 mg |

### Dans quel cas ce médicament est-il prescrit ?

Ce médicament contient une substance qui protège le foie.

Il est utilisé dans le traitement des *troubles digestifs* attribués à un mauvais fonctionnement du foie.

**Attention :** N'utilisez pas ce médicament de façon prolongée sans l'avis de votre médecin : des examens peuvent être nécessaires si les *symptômes* persistent.

### Grossesse et allaitement

L'effet de ce médicament pendant la grossesse ou l'allaitement est mal connu. L'évaluation du risque éventuel lié à son utilisation est individuelle : demandez conseil à votre pharmacien ou à votre médecin.

### Mode d'emploi et posologie

Les comprimés doivent être avalés avec un verre d'eau.

**Posologie usuelle :**
2 comprimés, 2 ou 3 fois par jour.

**Conseils :** Une alimentation équilibrée, une mastication lente, la suppression des aliments difficiles à digérer et des boissons alcoolisées permettent souvent d'atténuer les troubles de la digestion.

### Effets indésirables possibles

Rarement : douleurs d'estomac, diarrhée.

Laboratoires Madaus

## LELONG CONTUSIONS

*Informations détaillées sur www.monvidal.com*

## LENICALM

*Informations détaillées sur www.monvidal.com*

## LEPONEX

Neuroleptique atypique — sur ordonnance

### Présentation

LEPONEX 25 mg : comprimé sécable (blanc) ; boîte de 7. Liste I, *médicament à prescription restreinte* - Remb 65 % - **Prix : 1,78 €**.
LEPONEX 25 mg : comprimé sécable (blanc) ; boîte de 14. Liste I, *médicament à prescription restreinte* - Remb 65 % - **Prix : 3,01 €**.
LEPONEX 25 mg : comprimé sécable (blanc) ; boîte de 28. Liste I, *médicament à prescription restreinte* - Remb 65 % - **Prix : 5,50 €**.
LEPONEX 100 mg : comprimé sécable (blanc) ; boîte de 14. Liste I, *médicament à prescription restreinte* - Remb 65 % - **Prix : 10,64 €**.
LEPONEX 100 mg : comprimé sécable (blanc) ; boîte de 28. Liste I, *médicament à prescription restreinte* - Remb 65 % - **Prix : 20,75 €**.

### Composition

| | p cp | p cp |
|---|---|---|
| **Clozapine** | 25 mg | 100 mg |
| Lactose | + | + |

### Dans quel cas ce médicament est-il prescrit ?

Ce médicament est un *neuroleptique* dit « atypique ». Certains de ses effets indésirables sont moins marqués que ceux des neuroleptiques « classiques ». Il a des propriétés antipsychotiques.

Il est utilisé dans le traitement de certains troubles psychiques.

### Contre-indications

Ce médicament ne doit pas être utilisé dans les cas suivants :

- *antécédent* de baisse anormale des *globules blancs*, quelle qu'en soit la cause, ou de maladie susceptible de provoquer une telle baisse ;
- maladie grave du foie, des reins ou du cœur ;
- prédisposition personnelle ou familiale au *glaucome* à angle fermé ;
- risque de blocage de urines (*adénome de la prostate*) ;
- *épilepsie* non contrôlée par un traitement spécifique ;
- arrêt du transit intestinal.

**Attention :** Ce médicament peut provoquer une baisse importante des *globules blancs* qui survient dans 5 cas pour 1000 ; ce risque justifie la nécessité d'une *numération formule sanguine* avant le traitement, puis toutes les semaines pendant toute la durée de celui-ci. Le médecin mentionne sur l'ordonnance la date de la dernière prise de sang. Toute fièvre survenant sous traitement nécessite une prise de sang en urgence et un avis médical ; néanmoins, il est possible qu'une fièvre transitoire et sans conséquence survienne pendant les 3 premières semaines de traitement. Le médecin jugera alors de la conduite à tenir.

Dans le traitement de certains troubles psychiques, les *neuroleptiques* permettent de contrôler efficacement la maladie, mais un arrêt intempestif du traitement expose à une rechute grave.

Des précautions sont nécessaires chez les personnes souffrant de constipation, de *diabète*, d'*hypotension orthostatique* ou présentant des risques de formation de caillots sanguins (*embolie* pulmonaire, *phlébite*).

Ce médicament peut induire une somnolence, parfois intense chez certaines personnes. Cette somnolence peut être majorée par la prise d'*alcool* ou d'autres médicaments *sédatifs*. La conduite et l'utilisation de machines dangereuses sont déconseillées, surtout dans les heures qui suivent la prise du médicament.

## Interactions avec d'autres substances

Ce médicament ne doit pas être associé avec les médicaments contenant de la carbamazépine : augmentation du risque de toxicité sur les cellules sanguines.

Il peut interagir avec les médicaments *inducteurs enzymatiques*, le lithium, la fluvoxamine (FLOXYFRAL).

Informez par ailleurs votre médecin ou votre pharmacien si la personne traitée prend un médicament *antihypertenseur*, *sédatif* ou *atropinique*.

## Grossesse et allaitement

L'effet de ce médicament pendant la grossesse est mal connu : seul votre médecin peut évaluer le risque éventuel de son utilisation dans votre cas.

Si ce médicament est pris en fin de grossesse, le nouveau-né devra faire l'objet d'une surveillance particulière.

Ce médicament passe dans le lait maternel, l'allaitement est déconseillé pendant le traitement.

## Mode d'emploi et posologie

La dose quotidienne est généralement prise en plusieurs fois ; les comprimés peuvent être pris pendant ou entre les repas.

**Posologie usuelle :**

Le traitement est instauré progressivement, débuté par ½ comprimé à 25 mg. Il est augmenté progressivement par paliers de 25 à 50 mg. La *posologie* usuelle est de 300 mg par jour, mais elle peut atteindre 600 mg dans les cas les plus résistants.

Une fois la maladie stabilisée, le traitement est diminué progressivement en recherchant une dose quotidienne comprise entre 150 et 300 mg, compatible avec le maintien de l'efficacité du traitement.

Lorsque la dose quotidienne ne dépasse pas 200 mg, le traitement peut être pris en une seule fois, le soir.

Lorsque la dose est répartie dans la journée, la prise du soir peut être plus importante pour atténuer la somnolence dans la journée.

En dehors des cas d'effets indésirables graves, qui imposent un arrêt rapide du traitement, il est conseillé de diminuer progressivement la posologie si le traitement doit être interrompu.

**Conseils :** Une prise de poids peut être observée au cours du traitement. Une alimentation équilibrée, et si nécessaire les conseils d'un nutritionniste, peuvent prévenir et limiter ce phénomène.

Ce médicament est un *médicament à prescription restreinte* : la prescription initiale ne peut être réalisée que par un médecin hospitalier neurologue, psychiatre ou gériatre. Cette ordonnance hospitalière, valable 12 mois, doit être présentée avec celle destinée aux renouvellements, rédigée elle aussi par un médecin spécialiste (mais pas obligatoirement à l'hôpital). Une surveillance particulière est obligatoire pendant le traitement : chaque ordonnance doit mentionner qu'une *numération formule sanguine* a été pratiquée et que son résultat a été pris en compte lors de la prescription.

## Effets indésirables possibles

Baisse du nombre des *globules blancs*, généralement réversible (voir Attention), mais parfois aussi augmentation du nombre des globules blancs (éosinophiles notamment) avec ou sans fièvre, modification du nombre de *plaquettes* sanguines.

Somnolence, fatigue, *vertiges*, maux de tête, *convulsions*, confusion des idées, agitation, délire, tremblement, rigidité musculaire, mouvements incessants des jambes, sécheresse de la bouche (ou au contraire hypersalivation), troubles de la vision, sudation excessive, *hypotension orthostatique* (ou plus rarement hypertension), accélération du cœur, malaises, arythmie, maladies cardiaques, ralentissement de la respiration, *troubles digestifs*, constipation (exceptionnellement occlusion intestinale), prise de poids parfois importante, incontinence ou rétention urinaire, érection douloureuse et prolongée, révélation d'un *diabète* ou aggravation de celui-ci, *réaction allergique*, *hépatite*, augmentation des *enzymes* musculaires dans le sang (CPK).

Laboratoires Novartis Pharma

# LEPTICUR

Antiparkinsonien — sur ordonnance

## Présentation

**LEPTICUR PARK 5 mg :** comprimé sécable (blanc) ; boîte de 30. Liste I - Remb 65 % - **Prix : 3,05 €**.

**LEPTICUR 10 mg :** comprimé (blanc) ; boîte de 30. Liste I - Remb 65 % - **Prix : 4,69 €**.

**LEPTICUR 10 mg/2 ml :** solution injectable *IM* ou *IV* lente ; ampoule de 2 ml. Liste I - Remb 65 % - **Prix : 2,23 €**.

## Composition

| | p cp | p cp | p amp inj |
|---|---|---|---|
| **Tropatépine chlorhydrate** | 5 mg | 10 mg | 10 mg |
| Lactose | + | + | |

## Dans quel cas ce médicament est-il prescrit ?

C'est un *antiparkinsonien* qui appartient à la famille des anticholinergiques (*atropiniques*).

Il est utilisé dans le traitement de la maladie de *Parkinson* et des *syndromes* parkinsoniens induits par les *neuroleptiques*.

### Contre-indications

Ce médicament ne doit pas être utilisé dans les cas suivants :
- risque de *glaucome* à angle fermé,
- risque de rétention des urines (*adénome de la prostate*),
- maladies cardiaques graves.

> **Attention :** Ce médicament présente des effets *atropiniques*. Il peut provoquer un *glaucome* aigu chez les personnes prédisposées : œil rouge, dur et douloureux, avec vision floue. Une consultation d'extrême urgence auprès d'un ophtalmologiste est nécessaire.
>
> Vous ne devez pas interrompre brutalement votre traitement.
>
> Conducteur : ce médicament peut être responsable de troubles visuels et d'une sensibilité anormale à la lumière.

### Interactions avec d'autres substances

Informez votre médecin si vous prenez un autre médicament *atropinique* ou un médicament contenant du lisuride.

### Grossesse et allaitement

L'effet de ce médicament pendant la grossesse ou l'allaitement est mal connu. Par prudence, son usage est déconseillé chez la femme enceinte ou chez celle qui allaite.

### Mode d'emploi et posologie

Les comprimés doivent être pris avec un peu d'eau.

La solution injectable doit être administrée par *voie intramusculaire* ou *intraveineuse* lente.

**Posologie usuelle :**

Maladie de *Parkinson* : 2 à 4 comprimés à 5 mg par jour.

Syndromes parkinsoniens induits par les *neuroleptiques* : 2 à 3 comprimés à 10 mg ou 1 à 2 ampoules injectables par jour.

### Effets indésirables possibles

Effets *atropiniques* : troubles de l'*accommodation*, bouche sèche, constipation, difficultés à uriner.

Laboratoires Aventis

## LERCAN

Inhibiteur calcique — sur ordonnance

### Présentation

**LERCAN 10 mg :** comprimé sécable ; boîte de 28. Liste I - Remb 65 % - **Prix : 16,76 €.**
**LERCAN 10 mg :** comprimé sécable ; boîte de 30. Liste I - Remb 65 % - **Prix : 17,92 €.**
**LERCAN 10 mg :** comprimé sécable ; boîte de 90. Liste I - Remb 65 % - **Prix : 49,67 €.**
**LERCAN 20 mg :** comprimé ; boîte de 28. Liste I - Remb 65 % - **Prix : 16,76 €.**
**LERCAN 20 mg :** comprimé ; boîte de 30. Liste I - Remb 65 % - **Prix : 17,92 €.**
**LERCAN 20 mg :** comprimé ; boîte de 90. Liste I - Remb 65 % - **Prix : 49,67 €.**

### Composition

| | p cp | p cp |
|---|---|---|
| **Lercanidipine chlorhydrate** | 10 mg | 20 mg |
| Lactose | + | + |

### Dans quel cas ce médicament est-il prescrit ?

Ce médicament est un *vasodilatateur* qui appartient à la famille des *inhibiteurs calciques*.

Il est utilisé dans le traitement de l'*hypertension artérielle*.

### Contre-indications

Ce médicament ne doit pas être utilisé dans les cas suivants :
- *angine de poitrine* grave,
- *infarctus du myocarde* récent (1 mois),
- *insuffisance hépatique* grave,
- *insuffisance rénale* grave.

> **Attention :** En cas de douleur thoracique survenant systématiquement dans la demi-heure qui suit la prise du médicament, consultez votre médecin avant de poursuivre le traitement.
>
> Des précautions sont nécessaires en cas d'*insuffisance cardiaque*.

### Interactions avec d'autres substances

Ce médicament peut interagir avec les médicaments contenant du kétoconazole ou de l'itraconazole.

Informez par ailleurs votre médecin si vous prenez un *alphabloquant*, un *bêtabloquant*, un *anticonvulsivant* (carbamazépine, phénytoïne, phénobarbital, primidone) ou un médicament contenant de la rifampicine ou de la ciclosporine.

En outre, l'effet *antihypertenseur* de ce médicament peut être augmenté par certains médicaments tels que les *neuroleptiques*, les *antidépresseurs imipraminiques*, les médicaments contenant du baclofène ; il peut être diminué par les *corticoïdes*. Votre médecin doit être informé si vous êtes traité par l'un ou l'autre de ces médicaments.

### Grossesse et allaitement

L'effet de ce médicament pendant la grossesse est mal connu : seul votre médecin peut évaluer le risque éventuel de son utilisation dans votre cas.

Les données disponibles ne permettent pas de savoir si ce médicament passe dans le lait maternel ; un choix est donc nécessaire entre l'allaitement et la prise du médicament. Cette décision devra être prise en accord avec votre médecin.

### Mode d'emploi et posologie

Les comprimés doivent être avalés avec un verre d'eau, le matin, avant le petit déjeuner.

Ce médicament ne doit pas être pris avec du jus de pamplemousse.

**Posologie usuelle :**
- Adulte : 5 à 20 mg par jour.

> **Conseils :** Votre tension artérielle doit être contrôlée régulièrement. Les appareils permettant une mesure automatique de la tension à domicile utilisent souvent un procédé de mesure différent de celui qu'emploie votre médecin. Si vous avez un tel appareil, apportez-le en consultation pour vous assurer que la mesure obtenue est bien conforme à celle du tensiomètre de votre médecin.
>
> Le traitement médicamenteux ne dispense pas de mesures simples pouvant faire baisser la tension

artérielle : activité physique régulière, modération de la consommation de boissons alcoolisées et de *sel*, lutte contre l'excès de poids.

### Effets indésirables possibles

Les plus fréquents sont la conséquence de la dilatation des vaisseaux sanguins :
- rougeur du visage, bouffées de chaleur, maux de tête ;
- jambes lourdes ou enflées.

Plus rarement : palpitations, baisse excessive de la tension artérielle, étourdissements, fatigue, crampes, diarrhée, éruption cutanée, urines plus abondantes.

Exceptionnellement : augmentation des *transaminases*.

Laboratoires Pierre Fabre Médicament

## LESCOL
Hypolipémiant — sur ordonnance

### Présentation

**LESCOL 20 mg :** gélule (jaune et marron) ; boîte de 28. Liste I - Remb 65 % - **Prix : 16,46 €.**
**LESCOL 20 mg :** gélule (jaune et marron) ; boîte de 30. Liste I - Remb 65 % - **Prix : 17,60 €.**
**LESCOL 20 mg :** gélule (jaune et marron) ; boîte de 90. Liste I - Remb 65 % - **Prix : 48,82 €.**
**LESCOL 40 mg :** gélule (orange et marron) ; boîte de 28. Liste I - Remb 65 % - **Prix : 21,63 €.**
**LESCOL 40 mg :** gélule (orange et marron) ; boîte de 30. Liste I - Remb 65 % - **Prix : 23,13 €.**
**LESCOL 40 mg :** gélule (orange et marron) ; boîte de 90. Liste I - Remb 65 % - **Prix : 62,94 €.**
**LESCOL LP 80 mg :** comprimé à *libération prolongée* ; boîte de 28. Liste I - Remb 65 % - **Prix : 30,90 €.**
**LESCOL LP 80 mg :** comprimé à *libération prolongée* ; boîte de 30. Liste I - Remb 65 % - **Prix : 32,98 €.**
**LESCOL LP 80 mg :** comprimé à *libération prolongée* ; boîte de 90. Liste I - Remb 65 % - **Prix : 88,30 €.**

### Composition

| | p gél | p gél | p cp |
|---|---|---|---|
| **Fluvastatine** | 20 mg | 40 mg | 80 mg |

### Dans quel cas ce médicament est-il prescrit ?

Ce médicament est un *hypocholestérolémiant* de la famille des statines. Il permet d'abaisser fortement le taux de *cholestérol* circulant dans le sang.

Il est utilisé dans le traitement des excès de cholestérol en complément d'un régime adapté.

Il est également utilisé dans le *traitement préventif* de l'*infarctus du myocarde* chez les patients ayant bénéficié d'une dilatation des *artères coronaires* (angioplastie).

### Contre-indications

Ce médicament ne doit pas être utilisé dans les cas suivants :
- *insuffisance hépatique* ou *transaminases* élevées,
- **allaitement**.

**Attention :** Ce médicament peut être toxique pour le foie ou les muscles. Signalez à votre médecin toute fatigue anormale, perte d'appétit, douleur ou faiblesse musculaire. Des analyses de sang peuvent être pratiquées afin de vérifier que le médicament est bien supporté.

### Interactions avec d'autres substances

Ce médicament peut interagir avec d'autres *hypolipidémiants* de la famille des fibrates.

Informez par ailleurs votre médecin ou votre pharmacien si vous prenez des *anticoagulants* oraux ou un médicament contenant de la rifampicine.

### Grossesse et allaitement

Ce médicament n'a pas d'indication chez la femme enceinte et il doit être interrompu en cas de désir de grossesse.

Si une grossesse survient sous traitement, consultez votre médecin et arrêtez la prise de ce médicament.

Aucune malformation imputable à ce médicament n'a été observée à ce jour.

Les données disponibles ne permettent pas de savoir si ce médicament passe dans le lait maternel ; un choix est donc nécessaire entre l'allaitement et la prise du médicament. Cette décision devra être prise en accord avec votre médecin.

### Mode d'emploi et posologie

Les comprimés et les gélules doivent être avalés tels quels avec un verre d'eau, indifféremment au cours ou en dehors du repas.

**Posologie usuelle :**
- Adulte : 20 à 80 mg par jour, en une prise unique, de préférence le soir. La dose maximale de 80 mg par jour est réservée aux formes sévères de la maladie.

Le régime reste indispensable pendant toute la durée du traitement.

**Conseils :** Un régime pauvre en *cholestérol* et en graisses animales n'est pas simple à suivre : les erreurs sont fréquentes. Demandez conseil à votre médecin, à votre pharmacien ou à un professionnel de la nutrition.

### Effets indésirables possibles

Digestion difficile, nausées, douleurs abdominales, maux de tête, insomnie.

Augmentation des *transaminases*.

Rarement : éruption cutanée, *réaction allergique*, atteinte musculaire (voir Attention), tendinite.

Laboratoires Novartis Pharma

## LEUCO-4
*Informations détaillées sur www.monvidal.com*

## LEUCODININE B
*Informations détaillées sur www.monvidal.com*

## LEVEMIR
Insuline — sur ordonnance

### Présentation

**LEVEMIR FlexPen 100 UI/ml :** suspension injectable *SC* ; boîte de 5 cartouches de 3 ml en stylo prérempli jetable. Liste II - Remb 65 % - **Prix : 67,49 €.**
**LEVEMIR Penfill 100 UI/ml :** suspension injectable *SC* ; boîte de 5 cartouches de 3 ml. Liste II - Remb 65 % - **Prix : 67,49 €.**

### Composition

| | p ml |
|---|---|
| **Insuline détémir** | 100 UI |

### Dans quel cas ce médicament est-il prescrit ?

C'est une *insuline* similaire à l'insuline humaine, obtenue par *biotechnologie*. Sa durée d'action est longue : son effet s'estompe au bout de 14 à 24 heures.

Elle est utilisée dans le traitement du *diabète*.

**Attention :** La mise en route du traitement suppose un apprentissage correct pour injecter l'*insuline*, contrôler la *glycémie* au doigt, rechercher le *sucre* et l'acétone dans les urines et tenir un carnet de surveillance.

L'hypoglycémie est la principale complication des traitements par l'insuline. Il s'agit le plus souvent de malaises hypoglycémiques sans gravité dont les principaux signes sont : sueurs, tremblements, troubles visuels, vision double, fatigue soudaine, fringale, *vertiges*, difficulté de concentration. Dans ce cas, le diabétique doit aussitôt absorber 3 à 6 morceaux de sucre ou un sirop sucré.

Beaucoup plus rarement, l'hypoglycémie peut être grave et entraîner des troubles du comportement (comparables notamment à l'ébriété), des *convulsions*, voire une perte de connaissance : 1 ampoule de GLUCAGEN doit être injectée immédiatement par *voie* sous-cutanée ou intramusculaire, même à travers les vêtements en cas d'agitation. Si le diabétique ne reprend pas conscience dans les minutes qui suivent, prévenez un service d'urgence. Dans le doute, il n'y a pas de danger à injecter du GLUCAGEN à un diabétique traité par l'insuline. Dans tous les cas, la prise d'une collation ou d'un repas reste nécessaire.

L'autre complication possible chez le diabétique est la survenue d'une *acidocétose*, due à un manque important d'insuline. Elle peut être déclenchée par une infection (qui augmente les besoins en insuline) : grippe, rhume, *cystite*, abcès, etc. Elle se manifeste par une grande fatigue, une soif intense et des *troubles digestifs*. Il faut alors rechercher la présence de sucre et d'acétone dans les urines : la présence des deux en quantité importante confirme le diagnostic. Le traitement par l'insuline ne doit pas être arrêté ; le diabétique doit suivre les consignes de son médecin et, si besoin, le joindre d'urgence.

Évitez la prise de boissons alcoolisées à jeun ou à distance des repas : augmentation du risque d'hypoglycémie.

Conducteur : une *hypoglycémie* peut entraîner un malaise pendant la conduite ou l'utilisation de machines.

### Interactions avec d'autres substances

Certains médicaments peuvent déséquilibrer la *glycémie*. Informez votre médecin ou votre pharmacien si vous prenez un *corticoïde*, un *progestatif* à forte dose, un *bêtabloquant*, un *inhibiteur de l'enzyme de conversion* ou un médicament contenant du danazol, de la chlorpromazine, du salbutamol, de la terbutaline, du lanréotide, de l'octréotide ou de l'aspirine à forte dose.

### Grossesse et allaitement

L'*insuline* est adaptée au diabète de la femme enceinte ou aux troubles passagers de la *glycémie* pendant la durée de la grossesse.

Le traitement par insuline n'est pas une contre-indication à l'allaitement.

### Mode d'emploi et posologie

Les cartouches Penfill sont à utiliser avec les stylos rechargeables Novo Nordisk ; FlexPen est un stylo prêt à l'emploi qui doivent être jetés lorsque la cartouche est vide.

Cette *insuline* doit être uniquement injectée par *voie* sous-cutanée dans les zones recommandées par votre médecin, en essayant de varier les sites d'injection pour éviter l'apparition de lipodystrophies (*nodules* et épaississement de la peau).

Agiter par lents retournements le stylo afin d'homogénéiser la suspension avant injection ; purger ensuite l'air éventuellement contenu dans la cartouche.

L'aiguille doit être changée après chaque injection.

**Posologie usuelle :**

Elle est adaptée en fonction des résultats des analyses réalisées par le diabétique ou son entourage (carnet de surveillance) et des conseils de son médecin.

**Conseils :** Si vous utilisez deux stylos destinés à injecter deux insulines, veillez à pouvoir les distinguer facilement.

Pour le maniement précis du stylo, conformez-vous à la notice fournie par le fabricant et veillez à ne pas l'égarer.

La sécurité d'une injection d'insuline au travers des vêtements, sans désinfection préalable, est maintenant établie avec certitude.

En cas d'activité sportive, il est préférable d'injecter l'insuline à distance des muscles qui travaillent pour éviter une absorption trop rapide de l'insuline. De plus, une adaptation des doses d'insuline est habituellement nécessaire selon les conseils du médecin.

Prenez contact avec les associations pour diabétiques : elles diffusent une information utile sur le traitement et la surveillance du *diabète*.

Votre entourage doit savoir reconnaître les signes d'une *hypoglycémie* et pouvoir vous administrer, en cas de perte de connaissance, une ampoule de GLUCAGEN. Celle-ci est conservée de préférence au réfrigérateur ou à température ambiante, inférieure à 25 °C, pendant 2 ans.

Veillez à ne pas manquer d'insuline, notamment pendant les week-ends et jours fériés ; lors de vos déplacements, munissez-vous d'une réserve ou de votre ordonnance en cours de validité. Un certificat de traitement par insuline peut être nécessaire pour franchir certaines frontières.

L'insuline se conserve sans problème 4 à 6 semaines à une température inférieure à 25° C et plusieurs mois à une température proche de 0° C (mais elle ne doit jamais être congelée). Elle se dégrade d'autant plus vite que la température est élevée.

En pratique :

- conservez les cartouches non entamées dans la partie basse du réfrigérateur. Si c'est impossible, ne les conservez pas plus de 1 ou 2 mois (selon que vous êtes dans une région chaude ou froide) ;
- conservez les cartouches entamées hors du réfrigérateur pendant une durée maximale de 4 semaines, dans un endroit propre et sec de préférence, à l'abri de la lumière et des hausses de température (pas plus de 25° C) ;
- une exposition accidentelle ou inévitable à une température de l'ordre de 30° C à 35° C est possible sans dommage pendant 2 ou 3 jours ;

Les mots en *italique* dans les textes sont expliqués dans le lexique p. 1323.

- jetez toute cartouche suspecte d'avoir été exposée à la congélation ou à une chaleur excessive, et notamment celles qui ne présentent pas un aspect uniformément blanc et opaque après agitation ;
- lors des voyages long-courriers, conservez votre insuline dans vos bagages de cabine pour éviter une exposition au froid excessif dans la soute à bagages.

### Effets indésirables possibles

Hypoglycémie (voir Attention), légers troubles de la vision en début de traitement, *nodules* graisseux sous-cutanés (lipodystrophies).

Rarement : *réaction allergique* essentiellement cutanée.

Laboratoires Novo Nordisk

## LEVITRA

*Informations détaillées sur www.monvidal.com*

## LÉVOCARNITINE TURBODIET

*Informations détaillées sur www.monvidal.com*

## LÉVOPHTA

Collyre antiallergique — sur ordonnance

### Présentation

LÉVOPHTA : collyre ; flacon de 5 ml. Liste II - Remb 35 % - **Prix : 7,60 €**.

### Composition

| | p 100 ml |
|---|---|
| **Lévocabastine** | 50 mg |
| Benzalkonium chlorure | + |

### Dans quel cas ce médicament est-il prescrit ?

Ce collyre contient un *antihistaminique* antiallergique.

Il est utilisé pour traiter les *conjonctivites* allergiques.

### Contre-indications

Ce collyre ne doit pas être utilisé en cas d'*allergie* aux *ammoniums quaternaires* (présence de benzalkonium).

### Interactions avec d'autres substances

Ce collyre peut interagir avec d'autres collyres : respectez un intervalle de 15 minutes entre deux instillations.

### Grossesse et allaitement

L'effet de ce médicament pendant la grossesse ou l'allaitement est mal connu : seul votre médecin peut évaluer le risque éventuel de son utilisation dans votre cas.

### Mode d'emploi et posologie

Le flacon doit être agité avant l'emploi.

Tirer la paupière inférieure vers le bas tout en regardant vers le haut. Déposer les gouttes de collyre entre la paupière et le globe oculaire (*cul-de-sac conjonctival*).

**Posologie usuelle :**

1 goutte, 2 à 4 fois par jour.

**Conseils :** Le port de lentilles de contact est déconseillé en cas d'*allergie* oculaire. Les lentilles souples ne devront être réutilisées qu'après arrêt complet du traitement car elles peuvent s'imprégner des substances contenues dans le collyre.

L'application correcte du produit peut nécessiter une aide, notamment chez une personne handicapée ou âgée.

Ne conservez pas ce collyre plus de 15 jours après une première utilisation.

### Effets indésirables possibles

Irritation oculaire transitoire.

Laboratoires Chauvin Bausch & Lomb

## LÉVOTHYROX

Hormone thyroïdienne — sur ordonnance

### Présentation

LÉVOTHYROX 25 µg : comprimé sécable (blanc) ; boîte de 28. Liste II - Remb 65 % - **Prix : 1,07 €**.
LÉVOTHYROX 50 µg : comprimé sécable (blanc) ; boîte de 28. Liste II - Remb 65 % - **Prix : 1,57 €**.
LÉVOTHYROX 75 µg : comprimé sécable (blanc) ; boîte de 28. Liste II - Remb 65 % - **Prix : 2,09 €**.
LÉVOTHYROX 100 µg : comprimé sécable (blanc) ; boîte de 28. Liste II - Remb 65 % - **Prix : 2,59 €**.
LÉVOTHYROX 125 µg : comprimé sécable (blanc) ; boîte de 28. Liste II - Remb 65 % - **Prix : 3,10 €**.
LÉVOTHYROX 150 µg : comprimé sécable (blanc) ; boîte de 28. Liste II - Remb 65 % - **Prix : 3,62 €**.
LÉVOTHYROX 175 µg : comprimé sécable (blanc) ; boîte de 28. Liste II - Remb 65 % - **Prix : 4,12 €**.
LÉVOTHYROX 200 µg : comprimé sécable (blanc) ; boîte de 28. Liste II - Remb 65 % - **Prix : 4,64 €**.

### Composition

| | p cp | p cp | p cp |
|---|---|---|---|
| **Lévothyroxine sodique (L-T4)** | 25 µg | 50 µg | 75 µg |
| | p cp | p cp | p cp |
| **Lévothyroxine sodique (L-T4)** | 100 µg | 125 µg | 150 µg |
| | | p cp | p cp |
| **Lévothyroxine sodique (L-T4)** | | 175 µg | 200 µg |

### Dans quel cas ce médicament est-il prescrit ?

Ce médicament contient une *hormone* qui appartient à la famille des *hormones thyroïdiennes*.

Il est principalement utilisé comme *traitement substitutif* pour remplacer la thyroxine naturelle lorsque celle-ci n'est plus sécrétée en quantité suffisante par la *thyroïde*. Cette insuffisance de sécrétion, ou *hypothyroïdie*, peut être due à la thyroïde elle-même ou à l'insuffisance d'une autre glande qui commande la sécrétion thyroïdienne (maladie ou ablation de l'*hypophyse*). Il est également utilisé lorsque l'on veut freiner l'action excitatrice de l'hypophyse sur la thyroïde, notamment dans certains *goitres*.

### Contre-indications

Ce médicament ne doit pas être utilisé en cas d'*hyperthyroïdie* (sauf si celle-ci est l'objet d'un traitement spécifique).

Dans tous les autres cas, le médecin est seul juge pour prescrire ce médicament, notamment en cas d'*insuffisance coronarienne* ou *cardiaque* grave, ou de *troubles du rythme cardiaque*.

**Attention :** L'utilisation de ce médicament dans le traitement de l'obésité sans *hypothyroïdie* est dangereuse et illégale.

Ce médicament ne convient pas aux enfants ne sachant pas avaler les comprimés.

### Interactions avec d'autres substances

Les médicaments qui contiennent des sels de fer, de la colestyramine (QUESTRAN...), du kayexalate, du sucralfate et les pansements digestifs peuvent diminuer l'absorption de ce médicament ; il est nécessaire de respecter un délai de 2 heures entre la prise de ces médicaments.

Informez par ailleurs votre médecin si vous prenez un *anticoagulant* oral, un antiépileptique ou un médicament contenant un *barbiturique*, de la griséofulvine, de la rifabutine ou de la rifampicine.

### Grossesse et allaitement

La prise de ce médicament peut être poursuivie pendant la grossesse et l'allaitement, sous contrôle médical.

### Mode d'emploi et posologie

La *posologie* dépend de l'intensité de l'*hypothyroïdie*, de l'âge et de la tolérance individuelle.

Des analyses de sang régulières permettent d'adapter la posologie : suivez-la strictement et ne l'augmentez pas de vous-même.

Ce médicament est pris en 1 seule fois, le matin à jeun.

Le traitement est habituellement installé par paliers successifs.

> **Conseils :** L'*hypothyroïdie* est une maladie qui nécessite un traitement à vie.
> Les effets attendus du traitement ou les signes d'une éventuelle *intolérance* n'apparaissent pas avant un délai de 15 jours à 1 mois.

### Effets indésirables possibles

Aggravation possible de troubles cardiaques.

Certains signes doivent faire penser à un *surdosage* : *tachycardie*, tremblements, insomnie, excitabilité, fièvre, sueurs, amaigrissement rapide, diarrhée. Le traitement sera alors interrompu quelques jours et repris ensuite.

Laboratoires Merck Lipha Santé

## LÉVOTONINE

*Informations détaillées sur www.monvidal.com*

## LEVURE OR GRIMBERG

*Informations détaillées sur www.monvidal.com*

## LEXOMIL

Anxiolytique : benzodiazépine — sur ordonnance

### Présentation

LEXOMIL : comprimé-baguette quadrisécable (blanc) ; boîte de 30. Liste I, durée de prescription limitée à 12 semaines - Remb 65 % - **Prix : 2,66 €**.

### Composition

| | p cp |
|---|---|
| **Bromazépam** | 6 mg |
| Lactose | + |

### Dans quel cas ce médicament est-il prescrit ?

Ce médicament est un *anxiolytique* (tranquillisant) de la famille des *benzodiazépines*.

Il est utilisé dans le traitement de l'anxiété lorsque celle-ci s'accompagne de troubles gênants (*anxiété généralisée*, crise d'angoisse...) et dans le cadre d'un sevrage alcoolique.

### Contre-indications

Ce médicament ne doit pas être utilisé dans les cas suivants :
- *insuffisance respiratoire* ou *hépatique* grave,
- *syndrome d'apnée du sommeil*,
- *myasthénie*.

> **Attention :** Des précautions sont nécessaires chez la personne âgée et chez l'*insuffisant hépatique* ou *rénal*.
> Utilisé seul, ce médicament n'est pas adapté au traitement des *états dépressifs*.
> Une prise prolongée, surtout à doses importantes, de *tranquillisants* de la famille des *benzodiazépines* peut provoquer une *dépendance*. Ce risque de dépendance est accru chez les personnes ayant déjà présenté une dépendance à d'autres médicaments, substances ou à l'alcool.
> L'arrêt brutal de ce médicament expose à un *syndrome de sevrage* : réapparition de l'anxiété, agitation, irritabilité, insomnie, maux de tête, douleurs musculaires, tremblements, hallucinations. Il faut donc s'entourer de conseils médicaux pour diminuer progressivement les doses et espacer les prises, sur une période d'autant plus longue que le traitement a été prolongé.
> Ce médicament peut induire une somnolence, parfois intense chez certaines personnes. Cette somnolence peut être majorée par la prise d'*alcool* ou d'autres médicaments *sédatifs*. La conduite et l'utilisation de machines dangereuses sont déconseillées, surtout dans les heures qui suivent la prise du médicament.

### Interactions avec d'autres substances

Informez votre médecin ou votre pharmacien si vous prenez d'autres *sédatifs* (tranquillisants, somnifères, certains médicaments contre la toux ou contre la douleur contenant des *opiacés*, *antidépresseurs*, *neuroleptiques*...).

### Grossesse et allaitement

Ce médicament ne doit pas être utilisé sans avis médical pendant la grossesse. Les fortes doses au cours des 6 derniers mois sont déconseillées. En fin de grossesse, un traitement par benzodiazépine, même à faible dose, peut être responsable d'effets indésirables chez le *nouveau-né* : une surveillance médicale du nouveau-né est alors nécessaire pendant 1 à 3 semaines selon les cas

Ce médicament passe dans le lait maternel : l'allaitement est déconseillé.

### Mode d'emploi et posologie

Ce médicament peut être pris pendant ou en dehors des repas.

Les comprimés sont divisibles en 4 et permettent de répartir la dose quotidienne en plusieurs prises. Les fractions restantes non utilisées peuvent être conservées dans le couvercle de la boîte.

**Posologie usuelle :**
- Adulte : 6 mg par jour, habituellement répartis en ¼ de comprimé le matin, ¼ de comprimé le midi et ½ comprimé le soir. La *posologie* peut être portée à 18 mg par jour dans certains cas graves. La dose minimale efficace est toujours recherchée.

**Conseils :** Ce médicament est présent dans l'organisme plus de 24 heures après sa prise : son effet peut persister de façon prolongée.

Il vous a été prescrit dans une situation précise : ne le réutilisez pas ultérieurement sans avis médical et ne le conseillez pas à une autre personne.

La durée de prescription des *anxiolytiques* doit être la plus courte possible. Dans certaines situations, le traitement doit toutefois être prolongé. Il appartient alors au médecin de réévaluer périodiquement la nécessité de le poursuivre ou de l'interrompre.

Les *tranquillisants* ne sont pas la seule réponse à l'anxiété : une meilleure hygiène de vie, une consommation modérée d'excitants (y compris les boissons alcoolisées) permettent aussi de lutter efficacement contre l'excès de stress. Dans certains cas, une psychothérapie peut aider à lutter durablement contre l'anxiété.

### Effets indésirables possibles

Sensation d'ivresse, maux de tête, somnolence (en particulier chez la personne âgée), ralentissement des idées, fatigue, sensation de faiblesse musculaire, baisse de la libido, *éruption cutanée* avec ou sans démangeaisons, vision double.

Dans certaines circonstances et chez certaines personnes :

- réactions paradoxales avec augmentation de l'anxiété, agitation, agressivité, confusion des idées, hallucinations ;
- *amnésie antérograde*.

Ces troubles nécessitent l'arrêt du traitement.

Laboratoires Roche

## LIBRAX

Antispasmodique avec anxiolytique — **sur ordonnance**

### Présentation

**LIBRAX :** comprimé (vert) ; boîte de 30. Liste I, durée de prescription limitée à 12 semaines - Non remb.

### Composition

| | p cp |
|---|---|
| **Clidinium bromure** | 2,5 mg |
| **Chlordiazépoxide** | 5 mg |

### Dans quel cas ce médicament est-il prescrit ?

Ce médicament contient un *antispasmodique* de la famille des *atropiniques* et un *tranquillisant* de la famille des *benzodiazépines*.

Il est utilisé dans le *traitement symptomatique* des spasmes du tube digestif, des *voies biliaires* et du côlon, particulièrement chez la personne anxieuse.

### Contre-indications

Ce médicament ne doit pas être utilisé dans les cas suivants :

- *insuffisance respiratoire* ou *hépatique* grave,
- risque de *glaucome* à angle fermé,
- risque de blocage des urines (*adénome de la prostate*...),
- enfant de moins de 6 ans,
- **allaitement.**

**Attention :** Des précautions sont nécessaires en cas d'*insuffisance hépatique* ou *rénale*, d'*insuffisance coronarienne*, de *troubles du rythme cardiaque*, de *bronchite chronique*, d'*hyperthyroïdie*, de *myasthénie*, et chez la personne âgée, notamment en cas de constipation chronique.

Ce médicament présente des effets *atropiniques*. Il peut provoquer un *glaucome* aigu chez les personnes prédisposées : œil rouge, dur et douloureux, avec vision floue. Une consultation d'extrême urgence auprès d'un ophtalmologiste est nécessaire.

Une prise prolongée ou des doses importantes de ce médicament, son association à des *sédatifs* ou à des boissons alcoolisées favorisent une *dépendance*. Respectez la *posologie* et la durée de traitement prescrites par votre médecin.

L'arrêt brutal de ce médicament expose à un *syndrome de sevrage* : réapparition de l'anxiété, agitation, irritabilité, insomnie, maux de tête, douleurs musculaires, tremblements, hallucinations. Il faut donc s'entourer de conseils médicaux pour diminuer progressivement les doses et espacer les prises, sur une période d'autant plus longue que le traitement a été prolongé.

Ce médicament peut induire une somnolence, parfois intense chez certaines personnes. Cette somnolence peut être majorée par la prise d'*alcool* ou d'autres médicaments *sédatifs*. La conduite et l'utilisation de machines dangereuses sont déconseillées, surtout dans les heures qui suivent la prise du médicament.

### Interactions avec d'autres substances

Informez votre médecin si vous prenez des médicaments contenant de la cimétidine, des médicaments *atropiniques* ou *sédatifs*.

### Grossesse et allaitement

Par mesure de prudence, ce médicament est habituellement déconseillé pendant les 3 premiers mois de la grossesse. Toutefois, une grossesse survenant sous traitement ne justifie pas d'inquiétude particulière. Seul votre médecin peut apprécier le risque éventuel lié à l'utilisation de ce médicament dans votre cas.

Si le traitement est poursuivi jusqu'à l'accouchement, une surveillance médicale du *nouveau-né* est nécessaire.

Ce médicament passe dans le lait maternel : son usage est contre-indiqué pendant l'allaitement.

### Mode d'emploi et posologie

Les comprimés doivent être avalés avec un peu d'eau. Ils peuvent être pris au moment des repas, au coucher ou au moment des crises douloureuses.

**Posologie usuelle :**

Elle est strictement individuelle ; à titre indicatif : 2 à 4 comprimés par jour.

Respecter la durée de traitement et les doses prescrites par votre médecin.

**Conseils :** Ce médicament vous a été prescrit dans une situation précise : ne le conseillez pas à une autre personne.

L'effet de ce médicament peut persister plus de 24 heures après sa prise.

### Effets indésirables possibles

Trous de mémoire, sensation d'ivresse, somnolence, ralentissement des idées en particulier chez la personne

âgée ou, au contraire, excitation, irritabilité, idées confuses, hallucinations, fatigue.
Effets *atropiniques* : sécheresse de la bouche, troubles de l'*accommodation*.
*Éruption cutanée* due à la présence de bromure.

Laboratoires CSP

## LIDÈNE

*Informations détaillées sur www.monvidal.com*

## LINCOCINE

*Informations détaillées sur www.monvidal.com*

## LINDILANE

Association d'antalgiques contenant un opiacé

### Présentation

LINDILANE : comprimé (blanc) ; boîte de 16. Remb 65 % - **Prix : 2,55 €.**

### Composition

| | p cp |
|---|---|
| **Paracétamol** | 400 mg |
| **Codéine phosphate** | 25 mg |

### Dans quel cas ce médicament est-il prescrit ?

Ce médicament contient deux *antalgiques* : le paracétamol, qui empêche la transmisssion de la douleur, et un *opiacé* (la codéine), qui renforce l'action du paracétamol en agissant sur la perception de la douleur par le cerveau. Le faible dosage en codéine lui permet d'être disponible sans ordonnance.
Il est utilisé dans le traitement de la douleur.

### Contre-indications

Ce médicament ne doit pas être utilisé dans les cas suivants :
- maladie grave du foie ;
- *insuffisance respiratoire* ;
- enfant de moins de 15 ans ;
- en association avec les médicaments contenant de la nalbuphine, de la buprénorphine ou de la pentazocine ;
- **allaitement.**

**Attention :** De nombreux médicaments contiennent du paracétamol : vous devez en tenir compte en cas de prise conjointe car le *surdosage* en paracétamol peut être toxique pour le foie.
Du fait de la présence de codéine :
- n'utilisez pas ce médicament à forte dose et de façon prolongée (risque de *dépendance*) ;
- évitez son emploi en cas d'*hypertension intracrânienne*, qu'il pourrait aggraver.

Ce médicament peut induire une somnolence, parfois intense chez certaines personnes. Cette somnolence peut être majorée par la prise d'*alcool* ou d'autres médicaments *sédatifs*. La conduite et l'utilisation de machines dangereuses sont déconseillées, surtout dans les heures qui suivent la prise du médicament.

### Interactions avec d'autres substances

Ce médicament ne doit pas être associé à ceux qui contiennent de la nalbuphine, de la buprénorphine ou de la pentazocine : risque de diminution de l'effet *antalgique*.
Informez par ailleurs votre médecin ou votre pharmacien si vous prenez des *sédatifs*.

### Grossesse et allaitement

L'utilisation de la *codéine* et de ses dérivés (codéthyline, pholcodine) ne doit être envisagée chez la femme enceinte qu'en cas de nécessité, en effet :
- une *insuffisance respiratoire* peut survenir chez le nouveau-né d'une mère traitée par des doses élevées, même si le traitement est ponctuel mais précède de peu l'accouchement ;
- un *syndrome de sevrage*, à l'inverse, peut concerner des nouveau-nés si leur mère reçoit un traitement régulier, même à faible dose.

Il est donc important de signaler à l'obstétricien la prise éventuelle de codéine ou d'un de ses dérivés, afin que ces risques puissent être prévenus par une surveillance et un éventuel traitement adapté.
Ce médicament passe dans le lait maternel. Il est contre-indiqué pendant l'allaitement.

### Mode d'emploi et posologie

Ce médicament peut être pris indifféremment au cours ou en dehors des repas. Les comprimés doivent être avalés avec un verre d'eau.
Respecter un intervalle de minimal de 4 heures entre 2 prises. En cas d'*insuffisance rénale*, l'intervalle entre 2 prises doit être au minimum de 8 heures.

**Posologie usuelle :**
- Adulte : 1 ou 2 comprimés par prise, sans dépasser 6 comprimés par jour.

Chez la personne âgée, la *posologie* initiale est généralement réduite de moitié.

**Conseils :** Comme tous les *antalgiques*, ce médicament est généralement plus efficace pour prévenir la douleur que pour la calmer : dans le traitement des douleurs chroniques, il est préférable de prendre ce médicament à intervalles réguliers sans attendre que la douleur s'installe.
Cet *antalgique* contenant de la codéine est destiné à être utilisé en deuxième intention, lorsque l'aspirine, l'ibuprofène ou le paracétamol, utilisés seuls, sont insuffisamment efficaces. Il peut néanmoins être utilisé d'emblée dans le traitement des douleurs fortes.

### Effets indésirables possibles

Liés à la *codéine* :
Constipation, somnolence, nausées, vomissements, sensation de vertige et, plus rarement, *bronchospasme*, *réaction allergique* cutanée, ralentissement de la respiration. Ces effets indésirables sont ceux de la famille des *opiacés* ; ils sont généralement modérés aux doses recommandées.
Liés au paracétamol : *réaction allergique* (rare).

Laboratoires Grunenthal

## LIORÉSAL
Myorelaxant — sur ordonnance

### Présentation
LIORÉSAL : comprimé sécable (blanc) ; boîte de 50. Liste I - Remb 35 % - **Prix : 6,97 €.**

### Composition

| | p cp |
|---|---|
| **Baclofène** | 10 mg |

### Dans quel cas ce médicament est-il prescrit ?
Ce médicament est un myorelaxant qui exerce une action décontractante sur les muscles.

Il est utilisé dans le traitement des contractures douloureuses qui accompagnent la *sclérose en plaques* et certaines paralysies.

### Contre-indications
Les médicaments qui se présentent sous forme de comprimés ne doivent pas être utilisés chez l'enfant de moins de 6 ans.

**Attention :** Le traitement ne doit jamais être interrompu brutalement : risque de troubles neurologiques ou psychiques graves.

Des précautions sont nécessaires en cas d'*insuffisance rénale*, d'*insuffisance hépatique*, d'*insuffisance respiratoire*, d'*antécédent* d'*ulcère* de l'estomac ou du *duodénum*, d'*épilepsie*, de troubles psychiques, de dépression ou de troubles vasculaires cérébraux.

Des contrôles plus réguliers de la glycémie sont recommandés en cas de *diabète*.

Conducteur : ce médicament peut être responsable d'une baisse de la vigilance, particulièrement en début de traitement.

### Interactions avec d'autres substances
Informez votre médecin si vous prenez un *antihypertenseur* ou un *antidépresseur imipraminique*.

### Grossesse et allaitement
L'effet de ce médicament pendant la grossesse ou l'allaitement est mal connu : seul votre médecin peut évaluer le risque éventuel de son utilisation dans votre cas.

### Mode d'emploi et posologie
Les comprimés doivent être avalés avec un peu d'eau. La dose quotidienne est généralement répartie en 3 prises.

**Posologie usuelle :**
Elle est strictement individuelle et adaptée progressivement par votre médecin.

**Conseils :** Pour le traitement de certaines paralysies, il existe aussi des solutions injectables de baclofène, administrées à l'aide d'une pompe implantable dans le *liquide céphalorachidien*.

### Effets indésirables possibles
Fréquemment, surtout en début de traitement : somnolence, nausées.

Parfois : fatigue, confusion des idées, *vertiges*, maux de tête, *troubles digestifs*, bouche sèche, modification du goût, baisse de la tension artérielle, ralentissement du rythme cardiaque, troubles urinaires, augmentation des *transaminases*.

Laboratoires Novartis Pharma

## LIPANOR
Hypolipémiant — sur ordonnance

### Présentation
LIPANOR : gélule (beige et marron) ; boîte de 30. Liste II - Remb 65 % - **Prix : 7,04 €.**

### Composition

| | p gél |
|---|---|
| **Ciprofibrate** | 100 mg |
| Lactose | + |
| Sulfites | + |

### Dans quel cas ce médicament est-il prescrit ?
C'est un *hypolipidémiant* qui appartient à la famille des fibrates. Il permet d'abaisser le taux des graisses circulant dans le sang, *cholestérol* et *triglycérides* essentiellement.

Il est utilisé dans le traitement des excès de cholestérol ou de triglycérides, lorsqu'un régime adapté et assidu n'est pas suffisant.

### Contre-indications
Ce médicament ne doit pas être utilisé dans les cas suivants :
- *insuffisance hépatique* ou *rénale*,
- en association avec un autre médicament de la même famille (fibrates).

**Attention :** Ce médicament peut être toxique pour le foie ou les muscles. Signalez à votre médecin toute fatigue anormale, perte d'appétit, douleur ou faiblesse musculaire. Des analyses de sang régulières permettent de vérifier que le médicament est bien supporté.

### Interactions avec d'autres substances
Ce médicament ne doit pas être associé à un autre fibrate : risque accru de douleurs musculaires.

Il peut interagir avec les *hypocholestérolémiants* de la famille des statines.

Informez par ailleurs votre médecin ou votre pharmacien si vous prenez un *anticoagulant* oral.

### Grossesse et allaitement
Ce médicament n'a pas lieu d'être utilisé pendant la grossesse en dehors de situations exceptionnelles (*triglycérides* supérieurs à 10 g/l).

En l'absence de données, l'allaitement est déconseillé.

### Mode d'emploi et posologie
Ce médicament est pris de préférence au cours du repas.

**Posologie usuelle :**
- Adulte : la *posologie* est adaptée par le médecin en fonction des résultats de la prise de sang. Elle est habituellement de 1 gélule par jour.

Le régime reste indispensable pendant toute la durée du traitement.

**Conseils :** Un régime pauvre en *cholestérol* et en graisses animales n'est pas simple à suivre : les erreurs sont fréquentes. Demandez conseil à votre médecin, à votre pharmacien ou à un professionnel de la nutrition.

### Effets indésirables possibles

Nausées, vomissements, digestion difficile, diarrhée, maux de tête, *vertiges*, somnolence : ces effets surviennent plus fréquemment en début de traitement.

Rarement : douleurs musculaires (voir Attention), élévation des *transaminases*, *réaction allergique* cutanée, *photosensibilisation*, chute de cheveux, troubles de l'érection.

Laboratoires Sanofi-Aventis France

## LIPANTHYL gélules à 67 et 200 mg

Hypolipémiant

sur ordonnance

### Présentation

**LIPANTHYL 67 MICRONISÉ :** gélule (ivoire) ; boîte de 60. Liste II - Remb 65 % - **Prix : 6,18 €**.

**LIPANTHYL 200 MICRONISÉ :** gélule (orange) ; boîte de 30. Liste II - Remb 65 % - **Prix : 9,94 €**.

### Composition

| | p gél | p gél |
|---|---|---|
| **Fénofibrate** | 67 mg | 200 mg |
| Lactose | + | + |

### Dans quel cas ce médicament est-il prescrit ?

C'est un *hypolipidémiant* qui appartient à la famille des fibrates. Il permet d'abaisser le taux des graisses circulant dans le sang, *cholestérol* et *triglycérides* essentiellement.

Il est utilisé dans le traitement des excès de cholestérol ou de triglycérides, lorsqu'un régime adapté et assidu n'est pas suffisant.

### Contre-indications

Ce médicament ne doit pas être utilisé dans les cas suivants :

- *antécédent* de réaction allergique au soleil pendant l'utilisation de fénofibrate ou de kétoprofène (*photosensibilisation*),
- *insuffisance hépatique* ou *rénale*,
- en association avec un autre médicament de la même famille (fibrates),
- enfant de moins de 15 ans (gélule à 200 mg).

**Attention :** Ce médicament peut être toxique pour le foie ou les muscles. Signalez à votre médecin toute fatigue anormale, perte d'appétit, douleur ou faiblesse musculaire. Des analyses de sang régulières permettent de vérifier que le médicament est bien supporté.

### Interactions avec d'autres substances

Ce médicament ne doit pas être associé à un autre fibrate : risque accru de douleurs musculaires.

Il peut interagir avec les *hypocholestérolémiants* de la famille des statines.

Informez par ailleurs votre médecin ou votre pharmacien si vous prenez un *anticoagulant* oral.

### Grossesse et allaitement

Ce médicament n'a pas lieu d'être utilisé pendant la grossesse en dehors de situations exceptionnelles (*triglycérides* supérieurs à 10 g/l).

En l'absence de données, l'allaitement est déconseillé.

### Mode d'emploi et posologie

Ce médicament est pris de préférence au cours des repas.

**Posologie usuelle :**

- Adulte : la *posologie* est adaptée par le médecin en fonction des résultats de la prise de sang. Elle est habituellement de 3 gélules à 67 mg ou 1 gélule à 200 mg par jour.

Le régime reste indispensable pendant toute la durée du traitement.

**Conseils :** Un régime pauvre en *cholestérol* et en graisses animales n'est pas simple à suivre : les erreurs sont fréquentes. Demandez conseil à votre médecin, à votre pharmacien ou à un professionnel de la nutrition.

### Effets indésirables possibles

*Troubles digestifs* : digestion difficile.

Rarement : douleurs musculaires (voir Attention), élévation des *transaminases*, *réaction allergique* cutanée, *photosensibilisation*.

Laboratoires Fournier

**LIPANTHYL 145 mg**

*Informations détaillées sur www.monvidal.com*

## LIPANTHYL 160 mg

Hypolipémiant

sur ordonnance

### Présentation

**LIPANTHYL 160 mg :** comprimé (blanc) ; boîte de 30. Liste II - Remb 65 % - **Prix : 11,19 €**.

### Composition

| | p cp |
|---|---|
| **Fénofibrate** | 160 mg |
| Lactose | + |

### Dans quel cas ce médicament est-il prescrit ?

C'est un *hypolipidémiant* qui appartient à la famille des fibrates. Il permet d'abaisser le taux des graisses circulant dans le sang, *cholestérol* et *triglycérides* essentiellement.

Il est utilisé dans le traitement des excès de cholestérol ou de triglycérides, lorsqu'un régime adapté et assidu n'est pas suffisant.

### Contre-indications

Ce médicament ne doit pas être utilisé dans les cas suivants :

- *antécédent* de réaction allergique au soleil pendant l'utilisation de fénofibrate ou de kétoprofène (*photosensibilisation*),

- *insuffisance hépatique* ou *rénale*,
- en association avec un autre médicament de la même famille (fibrates),
- affection des *voies biliaires*,
- enfant de moins de 15 ans,
- **grossesse**,
- **allaitement.**

**Attention :** Ce médicament peut être toxique pour le foie ou les muscles. Signalez à votre médecin toute fatigue anormale, perte d'appétit, douleur ou faiblesse musculaire. Des analyses de sang régulières permettent de vérifier que le médicament est bien supporté.

### Interactions avec d'autres substances

Ce médicament ne doit pas être associé à un autre fibrate : risque accru de douleurs musculaires.

Il peut interagir avec les *hypocholestérolémiants* de la famille des statines.

Informez par ailleurs votre médecin ou votre pharmacien si vous prenez un *anticoagulant* oral.

### Grossesse et allaitement

L'effet de ce médicament pendant la grossesse ou l'allaitement est mal connu. Par mesure de prudence, son usage est contre-indiqué chez la femme enceinte ou chez celle qui allaite.

### Mode d'emploi et posologie

Ces comprimés libèrent d'une façon régulière et prolongée le médicament dans l'organisme. Ils doivent être avalés entiers avec un verre d'eau, au cours d'un repas.

**Posologie usuelle :**

- Adulte : 1 comprimé par jour.

Le régime reste indispensable pendant toute la durée du traitement.

**Conseils :** Un régime pauvre en *cholestérol* et en graisses animales n'est pas simple à suivre : les erreurs sont fréquentes. Demandez conseil à votre médecin, à votre pharmacien ou à un professionnel de la nutrition.

### Effets indésirables possibles

Digestion difficile, nausées, vomissements, diarrhée, flatulence, élévation des *transaminases*.

Rarement : douleurs musculaires (voir Attention), calcul biliaire, chute de cheveux, *réaction allergique* cutanée, *photosensibilisation*.

Laboratoires Fournier

## LIPIREX

Hypolipémiant — sur ordonnance

Ce médicament est un générique de LIPANTHYL gélules à 67 et 200 mg (voir p. 577 et tableau p. 1151).

## LIPOSIC

*Informations détaillées sur www.monvidal.com*

## LIPUR

Hypolipémiant — sur ordonnance

### Présentation

LIPUR : comprimé (blanc) ; boîte de 60. Liste II - Remb 65 % - **Prix : 12,28 €.**

### Composition

| | p cp |
|---|---|
| **Gemfibrozil** | 450 mg |

### Dans quel cas ce médicament est-il prescrit ?

C'est un *hypolipidémiant* qui appartient à la famille des fibrates. Il permet d'abaisser le taux des graisses circulant dans le sang, *cholestérol* et *triglycérides* essentiellement.

Il est utilisé dans le traitement des excès de cholestérol ou de triglycérides, lorsqu'un régime adapté et assidu n'est pas suffisant.

### Contre-indications

Ce médicament ne doit pas être utilisé dans les cas suivants :

- *insuffisance hépatique* ou *rénale*,
- en association avec un autre fibrate ou un médicament contenant du répaglinide.

**Attention :** Ce médicament peut être toxique pour le foie ou les muscles. Signalez à votre médecin toute fatigue anormale, perte d'appétit, douleur ou faiblesse musculaire. Des analyses de sang régulières permettent de vérifier que le médicament est bien supporté.

### Interactions avec d'autres substances

Ce médicament ne doit pas être associé :

- à un autre fibrate : risque accru de douleurs musculaires ;
- à un médicament contenant du répaglinide (NOVONORM) : risque d'*hypoglycémie* grave.

Il peut interagir avec les autres *hypocholestérolémiants* de la famille des statines.

Informez par ailleurs votre médecin ou votre pharmacien si vous prenez un *anticoagulant* oral.

### Grossesse et allaitement

Ce médicament n'a pas lieu d'être utilisé pendant la grossesse en dehors de situations exceptionnelles (*triglycérides* supérieurs à 10 g/l).

En l'absence de données, l'allaitement est déconseillé.

### Mode d'emploi et posologie

Ce médicament est pris de préférence une demi-heure avant le repas.

**Posologie usuelle :**

- Adulte : la *posologie* est adaptée par le médecin en fonction des résultats de la prise de sang. Elle est habituellement de 2 comprimés par jour, le soir, en 1 seule prise.

**Conseils :** Le régime reste indispensable pendant toute la durée du traitement.

Un régime pauvre en *cholestérol* et en graisses animales n'est pas simple à suivre : les erreurs sont fréquentes. Demandez conseil à votre médecin, à votre pharmacien ou à un professionnel de la nutrition.

**Effets indésirables possibles**

*Troubles digestifs* : digestion difficile.

Rarement : douleurs musculaires (voir Attention), élévation des *transaminases*, *réaction allergique* cutanée, *photosensibilisation*, chute de cheveux.

**Laboratoires PARKE-DAVIS/Groupe PFIZER**

## LISINOPRIL ARROW

Inhibiteur de l'enzyme de conversion

sur ordonnance

Ce médicament est un générique de PRINIVIL (informations détaillées sur www.monvidal.com).

## LISINOPRIL BIOGARAN

Inhibiteur de l'enzyme de conversion

sur ordonnance

Ce médicament est un générique de PRINIVIL (informations détaillées sur www.monvidal.com).

## LISINOPRIL EG

Inhibiteur de l'enzyme de conversion

sur ordonnance

Ce médicament est un générique de PRINIVIL (informations détaillées sur www.monvidal.com).

## LISINOPRIL G GAM

Inhibiteur de l'enzyme de conversion

sur ordonnance

Ce médicament est un générique de PRINIVIL (informations détaillées sur www.monvidal.com).

## LISINOPRIL MERCK

Inhibiteur de l'enzyme de conversion

sur ordonnance

Ce médicament est un générique de PRINIVIL (informations détaillées sur www.monvidal.com).

## LISINOPRIL QUALIMED

Inhibiteur de l'enzyme de conversion

sur ordonnance

Ce médicament est un générique de PRINIVIL (informations détaillées sur www.monvidal.com).

## LISINOPRIL RATIOPHARM

Inhibiteur de l'enzyme de conversion

sur ordonnance

Ce médicament est un générique de PRINIVIL (informations détaillées sur www.monvidal.com).

## LISINOPRIL RPG

Inhibiteur de l'enzyme de conversion

sur ordonnance

Ce médicament est un générique de PRINIVIL (informations détaillées sur www.monvidal.com).

## LISINOPRIL SANDOZ

Inhibiteur de l'enzyme de conversion

sur ordonnance

Ce médicament est un générique de PRINIVIL (informations détaillées sur www.monvidal.com).

## LISINOPRIL TEVA

Inhibiteur de l'enzyme de conversion

sur ordonnance

Ce médicament est un générique de PRINIVIL (informations détaillées sur www.monvidal.com).

## LISINOPRIL HYDROCHLOROTHIAZIDE ARROW

Association d'antihypertenseurs

sur ordonnance

Ce médicament est un générique de PRINZIDE (informations détaillées sur www.monvidal.com).

## LISINOPRIL HYDROCHLOROTHIAZIDE BIOGARAN

Association d'antihypertenseurs

sur ordonnance

Ce médicament est un générique de PRINZIDE (informations détaillées sur www.monvidal.com).

## LISINOPRIL HYDROCHLOROTHIAZIDE EG

Association d'antihypertenseurs

sur ordonnance

Ce médicament est un générique de PRINZIDE (informations détaillées sur www.monvidal.com).

## LISINOPRIL HYDROCHLOROTHIAZIDE MERCK

Association d'antihypertenseurs

sur ordonnance

Ce médicament est un générique de PRINZIDE (informations détaillées sur www.monvidal.com).

Les mots en *italique* dans les textes sont expliqués dans le lexique p. 1323.

## LISINOPRIL HYDROCHLOROTHIAZIDE RANBAXY
Association d'antihypertenseurs — sur ordonnance

Ce médicament est un générique de PRINZIDE (informations détaillées sur www.monvidal.com).

## LISINOPRIL HYDROCHLOROTHIAZIDE RATIOPHARM
Association d'antihypertenseurs — sur ordonnance

Ce médicament est un générique de PRINZIDE (informations détaillées sur www.monvidal.com).

## LISINOPRIL HYDROCHLOROTHIAZIDE SANDOZ
Association d'antihypertenseurs — sur ordonnance

Ce médicament est un générique de PRINZIDE (informations détaillées sur www.monvidal.com).

## LISINOPRIL HYDROCHLOROTHIAZIDE TEVA
Association d'antihypertenseurs — sur ordonnance

Ce médicament est un générique de PRINZIDE (informations détaillées sur www.monvidal.com).

## LISINOPRIL HYDROCHLOROTHIAZIDE QUALIMED
Association d'antihypertenseurs — sur ordonnance

Ce médicament est un générique de PRINZIDE (informations détaillées sur www.monvidal.com).

**LITHIAGEL**

*Informations détaillées sur www.monvidal.com*

**LITHIODERM**

*Informations détaillées sur www.monvidal.com*

## LIVIAL
Progestatif — sur ordonnance

### Présentation
LIVIAL : comprimé ; boîte de 1 plaquette de 28. Liste I - Non remb.

### Composition

| | p cp |
|---|---|
| **Tibolone** | 2,5 mg |
| Lactose | + |

### Dans quel cas ce médicament est-il prescrit ?
Ce médicament est une *hormone stéroïde*, destinée à corriger les *carences* hormonales observées au cours de la *ménopause*.

Il possède une double action :
- effet *progestatif*, protecteur sur l'utérus et les glandes mammaires ;
- effet *estrogénique*, traitant les *symptômes* de la ménopause (bouffées de chaleur, sécheresse vaginale...).

Plus accessoirement, ce médicament possède une légère action *androgénique* à l'origine d'un effet positif sur la libido et sur l'humeur, mais qui peut favoriser la survenue d'une *acné* ou d'une augmentation de la pilosité.

Il est utilisé dans le *traitement symptomatique* de la ménopause.

### Contre-indications
Ce médicament ne doit pas être utilisé dans les cas suivants :
- *accident thromboembolique* (*phlébite*, *embolie* pulmonaire...) en cours ;
- *cancer hormonodépendant* ;
- saignement génital intermittent (l'origine de ce saignement doit être déterminée par des examens appropriés avant la mise en route du traitement) ;
- maladie grave du foie.

Votre médecin est seul juge pour prescrire ce médicament en cas d'*antécédent* d'accident thromboembolique ou de troubles cardiaques susceptibles de les favoriser.

**Attention :** De récentes études ont montré une augmentation du risque de survenue d'un cancer du sein chez les femmes ayant reçu un traitement prolongé des *symptômes* de la *ménopause*. Le traitement doit par conséquent être prescrit à la dose minimale efficace et pour une durée la plus courte possible. En l'absence de troubles, sa prescription ne doit pas être systématique.

Un bilan initial suivi d'une surveillance médicale régulière sont nécessaires, surtout dans les cas suivants :
- anomalie de la circulation sanguine cérébrale et rétinienne,
- obésité,
- *diabète*,
- *hypertension artérielle*,
- affection bénigne du sein et de l'utérus,
- *tumeur de l'hypophyse*,
- *lupus érythémateux* disséminé,
- certaines maladies rares (*porphyrie*, *otospongiose*),
- *migraines* ou maux de tête importants,
- ictère (jaunisse) chronique ou survenu lors d'une grossesse,
- *insuffisance rénale*,
- *épilepsie*,
- *antécédents* familiaux de cancer du sein.

Si vous devez subir une intervention chirurgicale, il est préférable d'interrompre le traitement un mois à l'avance. De même, un alitement prolongé doit vous conduire à arrêter le traitement.

### Interactions avec d'autres substances
Ce médicament peut interagir avec les *anticoagulants*.

### Grossesse et allaitement

Ce médicament n'a pas d'indication chez la femme enceinte. Si une grossesse survient sous traitement, éventualité rare mais possible en début de pré-ménopause, consultez votre médecin et arrêtez le traitement. Lorsque la *ménopause* est confirmée, aucune grossesse n'est possible, y compris en cas de réapparition des règles.

### Mode d'emploi et posologie

Les comprimés peuvent être pris pendant ou entre les repas, de préférence chaque jour à la même heure.

**Posologie usuelle :**
1 comprimé par jour.

> **Conseils :** Des saignements génitaux irréguliers peuvent survenir au cours des 2 ou 3 premiers mois de traitement ; si ces saignements persistent plus longtemps, consultez votre médecin.

### Effets indésirables possibles

Principalement pendant les premiers mois de traitement : saignement génital, écoulements vaginaux, tension des seins et douleurs abdominales.

Occasionnellement : maux de tête, *migraines*, troubles de la vue, *troubles digestifs*, *œdème*, *vertige*, *éruption cutanée*, modification de la libido, *acné*, prise de poids, augmentation de la pilosité.

Rarement mais nécessitant l'arrêt du traitement : *accident thromboembolique* en évolution ou cardiovasculaire, jaunisse.

Laboratoires Organon

## LOBAMINE-CYSTÉINE

Antiséborrhéique

### Présentation

LOBAMINE-CYSTÉINE : gélule (blanc) ; boîte de 20. Non remb.
LOBAMINE-CYSTÉINE : gélule (blanc) ; boîte de 60. Non remb.
LOBAMINE-CYSTÉINE : gélule (blanc) ; boîte de 120. Non remb.

### Composition

| | p gél |
|---|---|
| **Méthionine** | 350 mg |
| **Cystéine chlorhydrate** | 150 mg |

### Dans quel cas ce médicament est-il prescrit ?

Ce médicament contient des acides aminés soufrés.

Il est utilisé dans le *traitement d'appoint* des chutes de cheveux dues à un excès de sébum.

### Grossesse et allaitement

Ce médicament ne contient que des substances présumées sans danger pendant la grossesse ou l'allaitement. Néanmoins, ne l'utilisez pas de façon prolongée sans l'avis de votre pharmacien ou de votre médecin.

### Mode d'emploi et posologie

Les gélules sont prises de préférence au cours des repas.

**Posologie usuelle :**
2 gélules, 2 ou 3 fois par jour.

Laboratoires Pierre Fabre Dermatologie

## LOCABIOTAL

Décongestionnant

### Présentation

LOCABIOTAL : solution pour pulvérisation buccale ou nasale ; flacon de 8 ml (160 doses) avec embout buccal, embout nasal adulte et embout nasal enfant. Non remb.

### Composition

| | p pulv |
|---|---|
| **Menthe poivrée, huile essentielle** | 0,125 mg |

### Dans quel cas ce médicament est-il prescrit ?

Ce médicament contient un extrait de plante, qui possède une action locale décongestionnante sur les voies respiratoires.

Il est traditionnellement utilisé dans le traitement des maux de gorge peu intenses et sans fièvre et des congestions nasales (nez bouché au cours des rhumes).

### Contre-indications

Ce médicament ne doit pas être utilisé dans les cas suivants :
- nourrisson de moins de 30 mois,
- enfant ayant des *antécédents* de *convulsions*.

> **Attention :** En l'absence d'amélioration au bout de 5 jours, de douleur en avalant ou en cas d'apparition de fièvre, consultez votre médecin. Il pourra faire la différence entre une *pharyngite* et une angine. En cas d'angine bactérienne, un traitement *antibiotique* est nécessaire afin d'éviter des complications ultérieures, cardiaques ou rénales.
> Ce médicament contient un *terpène* : respectez la posologie préconisée.

### Grossesse et allaitement

Ce médicament contient une plante présumée sans danger pendant la grossesse ou l'allaitement. Néanmoins, par mesure de prudence, ne l'utilisez pas sans prendre l'avis de votre pharmacien ou de votre médecin.

### Mode d'emploi et posologie

La solution peut être pulvérisée soit dans la bouche ou soit dans les narines, après un mouchage soigneux.

**Posologie usuelle :**
- Adulte et enfant de plus de 30 mois : 4 pulvérisations dans la bouche ou 2 pulvérisation dans chaque narine, 4 fois par jour.

### Effets indésirables possibles

Spasme du larynx.

*Réaction allergique.*

Laboratoires Servier

## LOCACID

Antiacnéique

sur ordonnance

### Présentation

LOCACID : crème ; tube de 30 g. Liste I - Remb 35 % - **Prix : 2,87 €.**
LOCACID : solution pour application locale ; flacon de 15 ml. Liste I - Remb 35 % - **Prix : 2,87 €.**

### Composition

| | crème p 100 g | solution p 100 ml |
|---|---|---|
| **Trétinoïne** | 50 mg | 100 mg |
| Alcool à 95° | + | 54 ml |

Les mots en *italique* dans les textes sont expliqués dans le lexique p. 1323.

### Dans quel cas ce médicament est-il prescrit ?

Ce médicament contient un dérivé de la *vitamine* A acide (*rétinoïde*). Il diminue l'épaisseur de la couche cornée en facilitant la desquamation superficielle de l'*épiderme*.

Il est utilisé pour traiter l'*acné*.

> **Attention :** Évitez d'utiliser tout autre médicament ou cosmétique (eau de Cologne, lotion après-rasage, crème...) sans l'accord de votre médecin.
> Une exposition aux rayons *ultraviolets* (soleil, lampe à bronzer) peut augmenter l'irritation cutanée provoquée par le médicament. N'omettez pas de signaler à votre médecin vos projets de vacances au soleil pendant la durée du traitement.

### Grossesse et allaitement

Ce médicament est déconseillé par prudence pendant la grossesse. Toutefois, une grossesse survenant sous traitement ne justifie pas d'inquiétude particulière, mais doit vous conduire à consulter votre médecin.

### Mode d'emploi et posologie

Laver la peau avec un savon doux, puis rincer et sécher soigneusement avant d'appliquer le produit.

**Posologie usuelle :**

1 application par jour, avant le coucher. La fréquence des applications peut être adaptée par le médecin en fonction de la réaction de la peau.

Une amélioration est généralement constatée après 4 à 8 semaines de traitement. Le résultat devient net après 3 mois ; un *traitement d'entretien* est souvent nécessaire pour éviter les rechutes.

> **Conseils :** Une irritation de la peau et une aggravation de l'*acné* sont fréquentes et normales en début de traitement ; ne vous découragez pas : les boutons qui apparaissent traduisent une élimination du sébum. L'irritation peut éventuellement être atténuée par des crèmes calmantes prescrites par votre médecin. Dans le cas où cette irritation vous paraît excessive, consultez votre médecin qui décidera si la poursuite du traitement est possible.
> Si vous vous exposez exceptionnellement au soleil, n'appliquez pas ce médicament la veille, le jour même ni le lendemain et protégez-vous avec un écran total. En cas de coup de soleil, attendez un complet rétablissement avant la reprise du traitement.
> Si vous mettez accidentellement cette substance en contact avec les yeux, les paupières, la bouche, les narines, les *muqueuses* ou une plaie, rincez abondamment à l'eau tiède.

### Effets indésirables possibles

Rougeur sèche et parfois cuisante de la peau, surtout autour de la bouche et du cou : ce phénomène régresse ou disparaît dès que l'on espace les applications.

Laboratoires Pierre Fabre Dermatologie

## LOCACORTÈNE

*Informations détaillées sur www.monvidal.com*

## LOCACORTÈNE VIOFORME

*Informations détaillées sur www.monvidal.com*

## LOCALONE

*Informations détaillées sur www.monvidal.com*

## LOCAPRED

Dermocorticoïde — sur ordonnance

### Présentation

LOCAPRED : crème ; tube de 15 g. Liste I - Remb 65 % - **Prix : 2,48 €.**

### Composition

| | p 100 g |
|---|---|
| **Désonide** | 100 mg |

### Dans quel cas ce médicament est-il prescrit ?

C'est un *dermocorticoïde* d'activité modérée. Comme les autres dérivés de la *cortisone* à usage local, il freine le renouvellement et la multiplication des cellules de la peau et limite le suintement.

Il est utilisé pour traiter les *eczémas* de contact ou *atopiques*, le *psoriasis*, les *dermites séborrhéiques* (sauf celles du visage), et pour soulager les démangeaisons dues aux piqûres d'insectes ou à la présence de parasites sous la peau.

### Contre-indications

Ce médicament ne doit pas être utilisé dans les cas suivants :

- infection et parasitose non traitées de la peau (ce médicament n'a pas d'effet anti-infectieux),
- lésion ulcérée,
- *acné* et *rosacée*,
- application sur les paupières (risque d'augmentation de la *tension intraoculaire*).

> **Attention :** Cette crème ne doit pas être appliquée chez le *nourrisson* sans avis médical.
> Comme les autres *dermocorticoïdes*, ce médicament a souvent une action efficace et rapide sur les lésions de la peau ; il peut être tentant de le réutiliser, mais l'automédication expose à des risques importants : aggravation de certaines lésions, installation d'une *dépendance* (amélioration de moins en moins visible des lésions et recrudescence des *symptômes* à chaque arrêt de traitement) et altération durable de la peau.
> Suivez attentivement la prescription de votre médecin et n'hésitez pas à lui demander des explications.

### Grossesse et allaitement

Aucun effet néfaste pour l'enfant à naître n'a été établi avec ce médicament. Il peut être prescrit pendant la grossesse.

En raison du risque d'ingestion par le nouveau-né, ce médicament ne doit pas être appliqué sur le mamelon chez la femme qui allaite.

### Mode d'emploi et posologie

Étaler la crème sur les lésions et la faire pénétrer par un léger massage. Pour traiter de grandes surfaces de peau : appliquer en touches espacées, puis étaler jusqu'à complète absorption.

**Posologie usuelle :**

1 ou 2 applications par jour.

Le médecin prescrit fréquemment un arrêt progressif du traitement : espacement des applications ou diminution de la quantité appliquée.

> **Conseils :** Ne conseillez pas, ne donnez pas ce médicament à un proche.
> Pensez à vous laver les mains après l'application. En cas d'utilisation sur une grande surface de peau, le port d'un gant en plastique est recommandé.

**Effets indésirables possibles**

Sont à craindre en cas d'usage prolongé : *atrophie* cutanée, *télangiectasies* (dilatation des petits vaisseaux), vergetures, *purpura* (microhémorragies de la peau), fragilisation de la peau.

Appliqué sur le visage, ce médicament peut provoquer une *dermite périorale* ou provoquer ou aggraver une *rosacée*.

Sont possibles également : retard de cicatrisation, *acné*, développement anormal des poils, dépigmentation localisée de la peau.

L'utilisation des *dermocorticoïdes* sous un pansement étanche ou dans les plis peut favoriser la prolifération des bactéries ou une allergie cutanée. Consulter votre médecin en cas de rougeur ou de douleur apparue après le début du traitement.

**Laboratoires Pierre Fabre Dermatologie**

## LOCASALÈNE

*Informations détaillées sur www.monvidal.com*

## LOCATOP

Dermocorticoïde — sur ordonnance

### Présentation

LOCATOP : crème ; tube de 30 g. Liste I - Remb 65 % - **Prix : 2,95 €**.

### Composition

| | p 100 g |
|---|---|
| **Désonide** | 100 mg |

### Dans quel cas ce médicament est-il prescrit ?

C'est un *dermocorticoïde* d'activité forte. Comme les autres dérivés de la *cortisone* à usage local, il freine le renouvellement et la multiplication des cellules de la peau et limite le suintement.

Il est utilisé pour traiter les *eczémas* de contact ou *atopiques*, les *lichénifications*, les *dermites séborrhéiques* (sauf celles du visage), le *psoriasis*, le *prurigo*, la *dyshidrose*, et pour soulager les démangeaisons dues aux piqûres d'insectes ou à la présence de parasites sous la peau.

Il est également utilisé dans le traitement de certaines maladies rares : *granulome annulaire*, *lupus érythémateux* discoïde, *mycosis fongoïde*.

### Contre-indications

Ce médicament ne doit pas être utilisé dans les cas suivants :

- infection et parasitose non traitées de la peau (ce médicament n'a pas d'effet anti-infectieux),
- lésion ulcérée,
- *acné* et *rosacée*.

**Attention :** Sauf indication contraire de votre médecin, n'appliquez jamais de *dermocorticoïdes* d'activité forte ou très forte :

- sur le visage : risque majoré d'effets indésirables locaux, notamment de *dermite périorale* (rougeur autour de la bouche) ;
- chez le *nourrisson*.

N'utilisez pas ce produit de façon prolongée sur les paupières (risque de fragilisation de la paupière et d'augmentation de la *tension intraoculaire*).

Comme les autres dermocorticoïdes, ce médicament a souvent une action efficace et rapide sur les lésions de la peau ; il peut être tentant de le réutiliser, mais l'automédication expose à des risques importants : aggravation de certaines lésions, installation d'une *dépendance* (amélioration de moins en moins visible des lésions et recrudescence des *symptômes* à chaque arrêt de traitement) et altération durable de la peau.

Suivez attentivement la prescription de votre médecin et n'hésitez pas à lui demander des explications.

### Grossesse et allaitement

Aucun effet néfaste pour l'enfant à naître n'a été établi avec ce médicament. Il peut être prescrit pendant la grossesse.

En raison du risque d'ingestion par le nouveau-né, ce médicament ne doit pas être appliqué sur le mamelon chez la femme qui allaite.

### Mode d'emploi et posologie

Étaler la crème sur les lésions et la faire pénétrer par un léger massage. Pour traiter de grandes surfaces de peau : appliquer en touches espacées, puis étaler jusqu'à complète absorption.

**Posologie usuelle :**

1 ou 2 applications par jour.

Le médecin prescrit fréquemment un arrêt progressif du traitement : espacement des applications ou diminution de la quantité appliquée.

**Conseils :** Ne conseillez pas, ne donnez pas ce médicament à un proche.

Pensez à vous laver les mains après l'application. En cas d'utilisation sur une grande surface de peau, le port d'un gant en plastique est recommandé.

### Effets indésirables possibles

Sont à craindre en cas d'usage prolongé : *atrophie* cutanée, *télangiectasies* (dilatation des petits vaisseaux), vergetures, *purpura* (microhémorragies de la peau), fragilisation de la peau.

Appliqué sur le visage, ce médicament peut provoquer une *dermite périorale* ou provoquer ou aggraver une *rosacée*.

Sont possibles également : retard de cicatrisation, *acné*, développement anormal des poils, dépigmentation localisée de la peau.

L'utilisation des *dermocorticoïdes* sous un pansement étanche ou dans les plis peut favoriser la prolifération des bactéries ou une allergie cutanée. Consulter votre médecin en cas de rougeur ou de douleur apparue après le début du traitement.

**Laboratoires Pierre Fabre Dermatologie**

## LOCÉRYL

Antifongique — sur ordonnance

### Présentation

LOCÉRYL : solution filmogène pour application locale à 5 % ; flacon de 2,5 ml avec 10 spatules. Liste I - Remb 35 % - **Prix : 29,95 €**.

### Composition

| | p 100 ml |
|---|---|
| **Amorolfine** | 5 g |

### Dans quel cas ce médicament est-il prescrit ?

C'est un *antifongique* d'action locale.

Il est utilisé dans le traitement des infections des ongles dues à des champignons microscopiques (*mycoses*).

> **Attention :** Ce médicament est déconseillé chez l'enfant.
> Rincez abondamment en cas de contact accidentel avec les yeux.

### Grossesse et allaitement

L'effet de ce médicament pendant la grossesse ou l'allaitement est mal connu. Il est déconseillé chez la femme enceinte ou chez celle qui allaite.

### Mode d'emploi et posologie

Appliquer la solution après avoir lavé puis dégraissé, à l'aide d'un dissolvant, la zone à traiter. Nettoyer la spatule, à l'aide du dissolvant, après chaque ongle traité.

**Posologie usuelle :**

1 ou 2 applications par semaine.

La durée du traitement dépend des cas : 6 mois en moyenne pour les ongles des mains, 9 mois pour les ongles des pieds. Le traitement peut être arrêté lorsque l'ongle infecté a été totalement éliminé par la repousse de l'ongle sain.

> **Conseils :** En cas de lésion importante des ongles des orteils, un meulage préalable par un pédicure facilite l'action du médicament.
> Une transpiration excessive contribue au développement des lésions dues à des champignons. Le port de chaussettes en fibre naturelle (coton, laine) est recommandé. La même paire de chaussures ne doit pas être portée deux jours de suite.

### Effets indésirables possibles

Irritation ou *réaction allergique* cutanées.

Laboratoires Galderma

## LOCOÏD

Dermocorticoïde — sur ordonnance

### Présentation

LOCOÏD : crème ; tube de 30 g. Liste I - Remb 65 % - **Prix : 3,40 €.**
LOCOÏD : crème épaisse ; tube de 30 g. Liste I - Remb 65 % - **Prix : 3,40 €.**
LOCOÏD : émulsion fluide ; flacon de 30 g. Liste I - Remb 65 % - **Prix : 3,40 €.**
LOCOÏD : lotion ; flacon de 30 ml. Liste I - Remb 65 % - **Prix : 3,40 €.**
LOCOÏD : pommade ; tube de 30 g. Liste I - Remb 65 % - **Prix : 3,40 €.**

### Composition

| | p 100 g |
|---|---|
| **Hydrocortisone 17-butyrate** | 100 mg |

### Dans quel cas ce médicament est-il prescrit ?

C'est un *dermocorticoïde* d'activité forte. Comme les autres dérivés de la *cortisone* à usage local, il freine le renouvellement et la multiplication des cellules de la peau et limite le suintement.

Il est utilisé pour traiter les *eczémas* de contact ou *atopiques*, les *lichénifications*, les *dermites séborrhéiques* (sauf celles du visage), le *psoriasis*, le *prurigo*, la *dyshidrose*, et pour soulager les démangeaisons dues aux piqûres d'insectes ou à la présence de parasites sous la peau.

Il est également utilisé dans le traitement de certaines maladies rares : *granulome annulaire*, *lupus érythémateux* discoïde, *mycosis fongoïde*.

### Contre-indications

Ce médicament ne doit pas être utilisé dans les cas suivants :
- infection et parasitose non traitées de la peau (ce médicament n'a pas d'effet anti-infectieux),
- lésion ulcérée,
- *acné* et *rosacée*.

> **Attention :** Sauf indication contraire de votre médecin, n'appliquez jamais de *dermocorticoïdes* d'activité forte ou très forte :
> - sur le visage : risque majoré d'effets indésirables locaux, notamment de *dermite périorale* (rougeur autour de la bouche) ;
> - chez le *nourrisson*.
>
> N'utilisez pas ce produit de façon prolongée sur les paupières (risque de fragilisation de la paupière et d'augmentation de la *tension intraoculaire*).
> Comme les autres dermocorticoïdes, ce médicament a souvent une action efficace et rapide sur les lésions de la peau ; il peut être tentant de le réutiliser, mais l'automédication expose à des risques importants : aggravation de certaines lésions, installation d'une *dépendance* (amélioration de moins en moins visible des lésions et recrudescence des *symptômes* à chaque arrêt de traitement) et altération durable de la peau.
> Suivez attentivement la prescription de votre médecin et n'hésitez pas à lui demander des explications.

### Grossesse et allaitement

Aucun effet néfaste pour l'enfant à naître n'a été établi avec ce médicament. Il peut être prescrit pendant la grossesse.

En raison du risque d'ingestion par le nouveau-né, ce médicament ne doit pas être appliqué sur le mamelon chez la femme qui allaite.

### Mode d'emploi et posologie

Le médecin choisit la forme la plus adaptée à la lésion à traiter (crème, émulsion fluide, lotion, pommade).

Étaler le produit sur les lésions et le faire pénétrer par un léger massage. Pour traiter de grandes surfaces de peau : appliquer en touches espacées, puis étaler jusqu'à complète absorption.

**Posologie usuelle :**

2 applications par jour.

Le médecin prescrit fréquemment un arrêt progressif du traitement : espacement des applications ou diminution de la quantité appliquée.

> **Conseils :** Ne conseillez pas, ne donnez pas ce médicament à un proche.
> Pensez à vous laver les mains après l'application.
> En cas d'utilisation sur une grande surface de peau, le port d'un gant en plastique est recommandé.

### Effets indésirables possibles

Sont à craindre en cas d'usage prolongé : *atrophie* cutanée, *télangiectasies* (dilatation des petits vaisseaux), vergetures, *purpura* (microhémorragies de la peau), fragilisation de la peau.

Appliqué sur le visage, ce médicament peut provoquer une *dermite périorale* ou provoquer ou aggraver une *rosacée*.

Sont possibles également : retard de cicatrisation, *acné*, développement anormal des poils, dépigmentation localisée de la peau.

L'utilisation des *dermocorticoïdes* sous un pansement étanche ou dans les plis peut favoriser la prolifération des bactéries ou une allergie cutanée. Consulter votre médecin en cas de rougeur ou de douleur apparue après le début du traitement.

Laboratoires Astellas Pharma

## LODALÈS

Hypolipémiant — sur ordonnance

### Présentation

**LODALÈS 5 mg :** comprimé (chamois) ; boîte de 28. Liste I - Non remb.
**LODALÈS 20 mg :** comprimé sécable (beige) ; boîte de 28. Liste I - Remb 65 % - **Prix : 23,44 €**.
**LODALÈS 40 mg :** comprimé (rouge brique) ; boîte de 28. Liste I - Remb 65 % - **Prix : 40,25 €**.

### Composition

| | p cp | p cp | p cp |
|---|---|---|---|
| **Simvastatine** | 5 mg | 20 mg | 40 mg |
| Lactose | + | + | + |

### Dans quel cas ce médicament est-il prescrit ?

Ce médicament est un *hypocholestérolémiant* de la famille des statines. Il permet d'abaisser fortement le taux de *cholestérol* circulant dans le sang. Des études cliniques ont également montré son aptitude à diminuer le risque d'accident cardiovasculaire (*infarctus du myocarde, accident vasculaire cérébral*...).

Il est utilisé dans le traitement des excès de cholestérol en complément d'un régime adapté et dans la prévention des complications cardiovasculaires de l'*athérosclérose* ou du *diabète*.

### Contre-indications

Ce médicament ne doit pas être utilisé dans les cas suivants :

- *insuffisance hépatique* ou *transaminases* élevées ;
- en association avec les *antiprotéases* et les médicaments contenant du kétoconazole, de l'itraconazole, de la clarithromycine, de l'érythromycine ou de la télithromycine ;
- **grossesse** ;
- **allaitement**.

**Attention :** Ce médicament peut être toxique pour le foie ou les muscles. Signalez à votre médecin toute fatigue anormale, perte d'appétit, douleur ou faiblesse musculaire. Des analyses de sang peuvent être pratiquées afin de vérifier que le médicament est bien supporté.

Une prudence particulière s'impose dans certaines situations : personnes de plus de 70 ans, *insuffisance rénale*, *hypothyroïdie* non contrôlée par un traitement, *antécédent* personnel ou familial de maladie musculaire, abus d'alcool.

Conducteur : ce médicament peut parfois provoquer des étourdissements.

### Interactions avec d'autres substances

Ce médicament ne doit pas être associé avec les *antiprotéases* (amprénavir, indinavir, nelfinavir, ritonavir, saquinavir...) et les médicaments pris par voie orale contenant du kétoconazole, de l'itraconazole, de la clarithromycine, de l'érythromycine ou de la télithromycine : risque fortement accru de douleurs musculaires.

Le risque d'atteinte musculaire peut aussi être augmenté avec les *hypolipidémiants* de la famille des fibrates ou un médicament contenant de l'amiodarone, du vérapamil, du diltiazem ou de la ciclosporine : une diminution de la *posologie* de la simvastatine peut être nécessaire.

Les effets toxiques de la simvastatine peuvent également être augmentés par le jus de pamplemousse : évitez d'en boire pendant le traitement.

Informez par ailleurs votre médecin si vous prenez des *anticoagulants* oraux.

### Grossesse et allaitement

Ce médicament n'a pas d'indication chez la femme enceinte et il doit être interrompu en cas de désir de grossesse.

Si une grossesse survient sous traitement, consultez votre médecin et arrêtez la prise de ce médicament.

Aucune malformation imputable à ce médicament n'a été observée à ce jour.

Les données disponibles ne permettent pas de savoir si ce médicament passe dans le lait maternel ; un choix est donc nécessaire entre l'allaitement et la prise du médicament. Cette décision devra être prise en accord avec votre médecin.

### Mode d'emploi et posologie

Les comprimés doivent être avalés avec un verre d'eau, au cours ou en dehors des repas.

**Posologie usuelle :**

- Adulte : 20 à 40 mg par jour, en une prise le soir. La dose maximale est de 80 mg par jour. Elle est réservée aux formes sévères de la maladie.

Le régime reste indispensable pendant toute la durée du traitement.

**Conseils :** Un régime pauvre en *cholestérol* et en graisses animales n'est pas simple à suivre : les erreurs sont fréquentes. Demandez conseil à votre médecin, à votre pharmacien ou à un professionnel de la nutrition.

### Effets indésirables possibles

Rarement (moins de 0,1 % des utilisateurs) : anémie, maux de tête, étourdissements, fourmillements des extrémités, *troubles digestifs*, *pancréatite*, jaunisse, *éruption cutanée*, chute de cheveux, fatigue, *réaction allergique*, douleurs musculaires, élévation des *transaminases* (voir Attention).

Laboratoires Sanofi-Aventis France

## LODINE

Anti-inflammatoire non stéroïdien — sur ordonnance

### Présentation

**LODINE 200 mg :** comprimé (rouge) ; boîte de 30. Liste II - Remb 65 % - **Prix : 8,41 €**.
**LODINE 300 mg :** comprimé (saumon) ; boîte de 20. Liste II - Remb 65 % - **Prix : 8,01 €**.

### Composition

| | p cp | p cp |
|---|---|---|
| **Étodolac** | 200 mg | 300 mg |

### Dans quel cas ce médicament est-il prescrit ?

Ce médicament est un *anti-inflammatoire* non stéroïdien (*AINS*). Il lutte contre l'*inflammation* et la douleur, fait baisser la fièvre et fluidifie le sang.

Il est utilisé chez l'adulte dans le *traitement symptomatique* :
- des *rhumatismes inflammatoires*,
- de certaines *arthroses*,
- des *tendinites* et des *lombalgies*.

### Contre-indications

Ce médicament ne doit pas être utilisé dans les cas suivants :
- *antécédent* d'*allergie* ou d'*asthme* provoqué par la prise d'*AINS*, y compris l'aspirine ;
- *ulcère* de l'estomac ou du *duodénum* ;
- *insuffisance hépatique* ou *rénale* grave ;
- enfant de moins de 15 ans ;
- **grossesse** (à partir du 6e mois).

**Attention :** Tout traitement prolongé ou *surdosage* d'*AINS* expose à des effets indésirables graves.

Certaines situations doivent conduire à ne poursuivre le traitement qu'après un avis médical :
- brûlures d'estomac importantes ou selles noires et nauséabondes pouvant traduire une irritation ou un saignement du tube digestif ;
- *réaction allergique* cutanée, crise d'*asthme* ;
- fatigue inhabituelle et intense, ou baisse brutale et importante du volume des urines chez une personne souffrant d'*insuffisance cardiaque*, déshydratée ou traitée par *diurétique*.

Des précautions sont nécessaires en cas d'*antécédent* d'*ulcère* de l'estomac ou du *duodénum* ou de risque hémorragique, notamment digestif (maladie de *Crohn*, *rectocolite hémorragique*).

Certains médecins considèrent que les anti-inflammatoires peuvent diminuer l'efficacité des stérilets et exposer à un risque de grossesse non désirée. Ce risque est actuellement très controversé.

### Interactions avec d'autres substances

Ce médicament peut interagir avec d'autres médicaments, notamment :
- l'aspirine et les autres *anti-inflammatoires* non stéroïdiens (*AINS*) : risque d'accroissement des effets indésirables ;
- les *anticoagulants* et les *antiagrégants plaquettaires* : augmentation du risque hémorragique ;
- le lithium (TÉRALITHE, NEUROLITHIUM...) : augmentation du taux de lithium dans le sang ;
- le méthotrexate.

Informez par ailleurs votre médecin ou votre pharmacien en cas de traitement par un *diurétique*, un *inhibiteur de l'enzyme de conversion*, un *inhibiteur de l'angiotensine II*, un *bêtabloquant* ou un médicament contenant de la ciclosporine.

### Grossesse et allaitement

Des effets néfastes pour l'enfant à naître ont été mis en évidence lorsque les *AINS* sont utilisés au cours des 4 derniers mois de la grossesse ; le risque existe même avec une seule prise et même si la grossesse est à terme. L'usage de ce médicament est contre-indiqué pendant cette période.

Pendant les 5 premiers mois, l'effet de ce médicament est mal connu : seul votre médecin peut évaluer le risque éventuel de son utilisation dans votre cas.

Ce médicament passe dans le lait maternel ; un choix est donc nécessaire entre l'allaitement et la prise du médicament. Cette décision devra être prise en accord avec votre médecin.

### Mode d'emploi et posologie

Les comprimés sont pris de préférence au milieu des repas afin de limiter les effets digestifs indésirables. Ils doivent être avalés avec un verre d'eau sans être croqués ni écrasés.

**Posologie usuelle :**
- Adulte :
  - *traitement d'attaque* : 600 mg par jour (soit 1 comprimé à 200 mg, 3 fois par jour ou 1 comprimé à 300 mg, 2 fois par jour) ;
  - *traitement d'entretien* : 400 mg par jour (soit 1 comprimé à 200 mg, 2 fois par jour.

**Conseils :** Les anti-inflammatoires ne sont pas des médicaments anodins. Du fait de la possibilité d'effets indésirables graves, ils ne doivent être utilisés que lorsqu'ils sont nécessaires, ce qui n'est pas le cas pour les affections rhumatismales peu douloureuses et les traumatismes bénins. Ce médicament vous a été prescrit dans une situation précise : ne le conseillez pas à un proche et ne le réutilisez pas sans avis médical.

Ne dépassez pas la *posologie* ni la durée de traitement prescrites par votre médecin.

### Effets indésirables possibles

*Troubles digestifs*. Exceptionnellement : *hémorragie* du tube digestif.

*Réaction allergique* : éruption cutanée, crise d'*asthme*.

Maux de tête, *vertiges*.

Laboratoires Daiichi Sankyo France

## LODOXAL

*Informations détaillées sur www.monvidal.com*

## LODOZ

Association d'antihypertenseurs — sur ordonnance

### Présentation

**LODOZ 2,5 mg/ 6,25 mg :** comprimé (jaune) ; boîte de 30.
Liste I - Remb 65 % - **Prix : 13,28 €.**
**LODOZ 2,5 mg/ 6,25 mg :** comprimé (jaune) ; boîte de 90.
Liste I - Remb 65 % - **Prix : 37,82 €.**
**LODOZ 5 mg/ 6,25 mg :** comprimé (rose) ; boîte de 30.
Liste I - Remb 65 % - **Prix : 13,28 €.**
**LODOZ 5 mg/ 6,25 mg :** comprimé (rose) ; boîte de 90.
Liste I - Remb 65 % - **Prix : 37,82 €.**
**LODOZ 10 mg/ 6,25 mg :** comprimé (blanc) ; boîte de 30.
Liste I - Remb 65 % - **Prix : 13,28 €.**

### Composition

| | p cp | p cp | p cp |
|---|---|---|---|
| **Bisoprolol hémifumarate** | 2,5 mg | 5 mg | 10 mg |
| **Hydrochlorothiazide** | 6,25 mg | 6,25 mg | 6,25 mg |

### Dans quel cas ce médicament est-il prescrit ?

Cet *antihypertenseur* contient deux substances :
- le bisoprolol, un *bêtabloquant* qui bloque l'action de l'*adrénaline* (et d'autres *hormones* apparentées) sur de nombreux organes, notamment sur le cœur, les vaisseaux et les bronches ;
- l'hydrochlorothiazide, un *diurétique* dont la structure chimique est proche de celle des *sulfamides*. Son action renforce celle du bisoprolol.

Ce médicament est utilisé dans le traitement de l'*hypertension artérielle*.

### Contre-indications

Ce médicament ne doit pas être utilisé dans les cas suivants :
- *asthme* et *bronchite chronique*,
- *insuffisance cardiaque* grave non contrôlée par un traitement spécifique,
- *insuffisance rénale* grave,
- *bloc auriculoventriculaire* grave,
- rythme cardiaque inférieur à 50 battements par minute,
- *allergie* connue à l'un des constituants ou à la famille des *sulfamides*,
- phénomène de *Raynaud* et *artérite*,
- *phéochromocytome* non traité,
- hypotension,
- *antécédent* de *choc anaphylactique*,
- en association avec les médicaments contenant de la floctafénine ou du sultopride.

**Attention :** N'interrompez jamais brutalement le traitement. Espacez progressivement les prises. Un avis médical est toujours préférable.

Chez les diabétiques, les *bêtabloquants* peuvent masquer certains *symptômes* de l'*hypoglycémie* (*palpitations* et accélération du cœur essentiellement).

Les bêtabloquants peuvent aggraver les *réactions allergiques* et empêcher l'action de l'*adrénaline* utilisée dans le traitement d'urgence du *choc anaphylactique*. Lors d'examens radiologiques nécessitant l'injection de produits de contraste iodés (susceptibles de provoquer des *chocs* allergiques), le traitement doit, si possible, être suspendu avec l'accord de votre médecin.

En cas d'intervention chirurgicale, l'anesthésiste doit être prévenu de la prise de ce médicament. C'est lui qui décidera si le traitement doit être poursuivi ou arrêté avant l'intervention.

Faites pratiquer régulièrement les analyses de sang prescrites par votre médecin ; elles sont notamment destinées à vérifier le bon fonctionnement de vos reins (dosage de la *créatinine*) et les taux de *potassium* et de *sodium* sanguins.

Le diurétique contenu dans ce médicament peut faire baisser la *kaliémie* : évitez d'utiliser des *laxatifs stimulants* dont l'usage régulier contribue à la baisse du taux de potassium dans le sang. Il peut par ailleurs augmenter le taux sanguin d'*acide urique* (possibilité de crise de *goutte*).

Chez les personnes atteintes d'une *insuffisance hépatique* grave, l'apparition de troubles de la conscience peut annoncer une complication. Ne poursuivez pas le traitement sans l'avis de votre médecin.

Sportif : ce médicament contient une substance susceptible de rendre positifs certains *tests antidopage*.

### Interactions avec d'autres substances

Ce médicament ne doit pas être associé :
- à la floctafénine (IDARAC...) : risque d'augmentation de la gravité d'un éventuel *choc anaphylactique* ;
- au sultopride (BARNETIL...) : risque de ralentissement cardiaque important.

Ce médicament peut interagir avec les médicaments donnant des *torsades de pointes* et avec les médicaments contenant de l'amiodarone ou du lithium.

Informez par ailleurs votre médecin si vous prenez l'un des médicaments suivants : *AINS*, *inhibiteur calcique*, *antidiabétique*, *inhibiteur de l'enzyme de conversion*, médicament qui abaisse la *kaliémie* (*laxatif stimulant*, amphotéricine B...), médicament contenant de la propafénone, de la méfloquine, de la lidocaïne injectable, de la ciclosporine ou un sel de calcium.

En outre, l'effet *antihypertenseur* de ce médicament peut être augmenté par certains médicaments tels que les *neuroleptiques*, les *antidépresseurs imipraminiques*, les médicaments contenant du baclofène ; il peut être diminué par les *corticoïdes*. Votre médecin doit être informé si vous êtes traité par l'un ou par l'autre.

### Grossesse et allaitement

Les études scientifiques actuellement disponibles n'ont pas mis en évidence de problème particulier lors de l'utilisation chez la femme enceinte. Néanmoins, ce médicament contient des *diurétiques* et n'est pas adapté au traitement de l'*hypertension artérielle* pendant la grossesse.

Ce médicament passe dans le lait maternel : l'allaitement est déconseillé.

### Mode d'emploi et posologie

Ce médicament peut être pris indifféremment au cours ou en dehors des repas.

**Posologie usuelle :**

1 comprimé par jour.

**Conseils :** Veillez à toujours disposer d'une réserve de médicament : une plaquette dans la trousse de toilette, par exemple.

Il est normal que le rythme cardiaque se ralentisse sous l'effet du traitement ; néanmoins, en cas de fatigue anormale et de pouls inférieur à 50 battements par minute, consultez votre médecin.

Les *diurétiques* exposent au risque de déshydratation : veillez à proposer des boissons en quantité suffisante aux personnes âgées, notamment pendant les fortes chaleurs.

Le traitement médicamenteux ne dispense pas de mesures simples pouvant faire baisser la tension artérielle : activité physique régulière, modération de la consommation de boissons alcoolisées, lutte contre le surpoids.

### Effets indésirables possibles

*Troubles digestifs*, fatigue en début de traitement, insomnie, troubles du sommeil, fourmillement des extrémités.

Crise d'*asthme*.

*Bloc auriculoventriculaire*, ralentissement important du cœur, chute de tension, *insuffisance cardiaque*.

Élévation du taux de *sucre* ou d'*acide urique* dans le sang, baisse du taux de potassium dans le sang, crampes.
*Allergie* cutanée.

Laboratoires Merck Lipha Santé

## LOGIFLOX
Antibiotique urinaire
**sur ordonnance**

### Présentation
LOGIFLOX : comprimé sécable (blanc) ; boîte de 3. Liste I - Remb 65 % - **Prix : 13,91 €**.

### Composition

| | p cp |
|---|---|
| **Loméfloxacine** | 400 mg |

### Dans quel cas ce médicament est-il prescrit ?
Ce médicament est un *antibiotique* qui appartient à la famille des quinolones.
Il est utilisé dans le traitement des *cystites* de la femme.

### Contre-indications
Ce médicament ne doit pas être utilisé dans les cas suivants :
- *allergie* aux *antibiotiques* de la famille des quinolones,
- *antécédent* de *tendinite* lors de l'utilisation d'une quinolone,
- enfant jusqu'à la fin de la croissance,
- **allaitement**.

**Attention :** Cet antibiotique est photosensibilisant : toute exposition aux rayons *ultraviolets* (soleil, lampe à bronzer) doit être évitée pendant le traitement et durant les 3 jours qui suivent son arrêt, en raison du risque de réaction cutanée.
Ce médicament peut provoquer des lésions des tendons : toute douleur faisant penser à une *tendinite* doit vous conduire à consulter un médecin.
Des précautions sont nécessaires chez les personnes ayant des *antécédents* de *convulsions*.
Conducteur : ce médicament peut provoquer des troubles nerveux susceptibles d'altérer la vigilance.

### Interactions avec d'autres substances
Il est préférable de respecter un délai de 4 heures entre la prise de ce médicament et celle des *pansements digestifs* (contenant des sels d'aluminium et de magnésium), et un délai de 2 heures avec les médicaments contenant du sucralfate.
Informez par ailleurs votre médecin si vous prenez un *anticoagulant* oral.

### Grossesse et allaitement
L'effet de ce médicament pendant la grossesse est mal connu : seul votre médecin peut évaluer le risque éventuel de son utilisation dans votre cas.
Ce médicament passe dans le lait maternel. Il est contre-indiqué pendant l'allaitement.

### Mode d'emploi et posologie
Ce médicament est pris de préférence le soir, indifféremment au cours ou en dehors du repas.

**Posologie usuelle :**
- Adulte : 1 comprimé par jour pendant 3 jours.

**Conseils :** Le médecin prescrit parfois une analyse d'urine pour identifier le *germe* responsable de l'infection et tester sa sensibilité aux *antibiotiques*. Le résultat de cet examen peut être faussé en cas d'automédication préalable : ne prenez pas d'antibiotiques sans avis médical.

### Effets indésirables possibles
Nausées, vomissements, *diarrhée*, douleurs abdominales.
*Photosensibilisation* (voir Attention), démangeaisons, rougeur cutanée.
*Réaction allergique*.
Douleurs musculaires ou articulaires, *tendinite* (voir Atttention).
Maux de tête, *vertiges*, confusion des idées, fourmillements des extrémités.
Rarement : *convulsions*.

Laboratoires Pfizer

## LOGIMAX
Association d'antihypertenseurs
**sur ordonnance**

### Présentation
LOGIMAX : comprimé à *libération prolongée* (saumon) ; boîte de 30. Liste I - Remb 65 % - **Prix : 19,19 €**.
LOGIMAX : comprimé à *libération prolongée* (saumon) ; boîte de 90. Liste I - Remb 65 % - **Prix : 52,89 €**.

### Composition

| | p cp |
|---|---|
| **Félodipine** | 5 mg |
| **Métoprolol succinate** | 47,5 mg |
| Lactose | + |
| Huile de ricin | + |

### Dans quel cas ce médicament est-il prescrit ?
Ce médicament est un *antihypertenseur* qui associe deux substances d'action complémentaire :
- la félodipine, un *vasodilatateur* de la famille des *inhibiteurs calciques* ;
- le métoprolol, un *bêtabloquant* qui diminue l'action de l'*adrénaline* (et d'autres *hormones* apparentées) sur de nombreux organes, notamment sur le cœur, les vaisseaux, et plus faiblement sur les bronches.

Il est utilisé dans le traitement de l'*hypertension artérielle*.

### Contre-indications
Ce médicament ne doit pas être utilisé dans les cas suivants :
- formes graves de certaines affections : *insuffisance cardiaque* non contrôlée par un traitement spécifique, *bloc auriculoventriculaire*, angor de *Prinzmetal*, *asthme*, *bronchite chronique*, *artérite*, phénomène de *Raynaud* ;
- rythme cardiaque inférieur à 50 battements par minute ;
- *phéochromocytome* non traité ;
- hypotension ;
- *antécédent* de *choc anaphylactique* ;

- *infarctus du myocarde* récent ;
- en association avec les médicaments contenant de la floctafénine ou du sultopride.

**Attention :** N'interrompez jamais brutalement le traitement. Espacez progressivement les prises. Un avis médical est toujours préférable.

Des précautions sont nécessaires en cas d'*insuffisance hépatique* et chez la personne âgée.

Les *bêtabloquants* peuvent favoriser une forme très particulière d'*angine de poitrine* (angor de *Prinzmetal*) : signalez à votre médecin la survenue éventuelle de douleurs thoraciques inhabituelles.

Chez les diabétiques, les bêtabloquants peuvent masquer certains *symptômes* de l'*hypoglycémie* (*palpitations* et accélération du cœur essentiellement).

Les bêtabloquants peuvent aggraver les *réactions allergiques* et empêcher l'action de l'*adrénaline* utilisée dans le traitement d'urgence du *choc anaphylactique*. Lors d'examens radiologiques nécessitant l'injection de produits de contraste iodés (susceptibles de provoquer des *chocs* allergiques), le traitement doit si possible être suspendu avec l'accord de votre médecin.

En cas d'intervention chirurgicale, l'anesthésiste doit être prévenu de la prise de ce médicament. C'est lui qui décidera si le traitement doit être poursuivi ou arrêté avant l'intervention.

Sportif : ce médicament contient une substance susceptible de rendre positifs certains *tests antidopage*.

### Interactions avec d'autres substances

Ce médicament ne doit pas être associé :
- à la floctafénine (IDARAC...) : risque de majoration de la gravité d'un éventuel *choc* allergique ;
- au sultopride (BARNETIL...) : risque de ralentissement cardiaque important.

Il peut également interagir avec les médicaments contenant de l'amiodarone.

Informez par ailleurs votre médecin si vous prenez des *antidiabétiques*, des *AINS*, des *antidépresseurs imipraminiques*, des *neuroleptiques*, des *corticoïdes*, ou des médicaments contenant l'une des substances suivantes : bépridil, diltiazem, vérapamil, quinidine, hydroquinidine, disopyramide, propafénone, baclofène, cimétidine, clonidine, lidocaïne injectable, méfloquine, phénobarbital, rifampicine, alfuzosine, prazosine.

### Grossesse et allaitement

Ce médicament ne doit pas être utilisé chez la femme enceinte ou qui allaite.

### Mode d'emploi et posologie

Le comprimé doit être pris le matin avec un verre d'eau, sans être écrasé ni croqué.

**Posologie usuelle :**
1 comprimé par jour.

**Conseils :** Veillez à toujours disposer d'une réserve de ce médicament : une plaquette dans la trousse de toilette par exemple.

Il est normal que le rythme cardiaque se ralentisse sous l'effet du traitement ; néanmoins, en cas de fatigue anormale et de pouls inférieur à 50 battements par minute, consultez votre médecin.

Le traitement médicamenteux ne dispense pas de mesures simples pouvant faire baisser la tension artérielle : activité physique régulière, modération de la consommation de boissons alcoolisées, lutte contre l'excès de poids.

### Effets indésirables possibles

Le plus fréquemment observés : maux de tête, *œdème* des jambes, rougeur du visage, étourdissements, fatigue.

Gonflement des gencives, nécessitant une hygiène bucco-dentaire soigneuse.

Plus rarement : éruption cutanée, démangeaisons, *réaction allergique*, ralentissement important du coeur, *bloc auriculoventriculaire*, chute de tension, *insuffisance cardiaque*, phénomène de *Raynaud*, fourmillements des extrémités, crampes musculaires, insomnie, cauchemars, nausées, essoufflement lors des efforts, *bronchospasme*, sensation de mains et de pieds froids, troubles de l'érection.

Exceptionnellement : bouche sèche, *photosensibilisation*, troubles visuels, prise de poids, *hypoglycémie*, baisse du taux de globules blancs, élévation des *transaminases*.

Laboratoires AstraZeneca

## LOGIRÈNE

Diurétiques associés — **sur ordonnance**

### Présentation

LOGIRÈNE : comprimé sécable (blanc) ; boîte de 30.
Liste I - Remb 65 % - **Prix : 6,64 €**.

### Composition

| | p cp |
|---|---|
| **Furosémide** | 40 mg |
| **Amiloride chlorhydrate** | 5 mg |
| Lactose | + |

### Dans quel cas ce médicament est-il prescrit ?

Ce médicament est une association de deux *diurétiques* : le furosémide, dont la structure est proche de celle des *sulfamides*, et l'amiloride, qui a pour caractéristique d'empêcher la perte du *potassium* dans les urines, habituelle avec le furosémide.

Il est utilisé dans le traitement des *œdèmes* liés à une *insuffisance cardiaque*.

### Contre-indications

Ce médicament ne doit pas être utilisé dans les cas suivants :
- *allergie* aux *sulfamides*,
- *encéphalopathie hépatique*,
- déshydratation,
- rétention d'urine par obstruction des voies urinaires,
- *insuffisance rénale*,
- *hyperkaliémie* (excès de *potassium* dans le sang),
- en association avec les médicaments élevant le taux de *potassium* dans le sang.

**Attention :** Ce médicament peut être responsable d'une augmentation ou au contraire d'une baisse de la *kaliémie* (taux de *potassium* dans le sang), qui peut être aggravée par l'usage prolongé de *laxatifs stimulants*. Un contrôle par des analyses de sang est souvent prescrit par le médecin.

Chez les personnes atteintes d'une *insuffisance hépatique* grave, l'apparition de troubles de la conscience peut annoncer une complication. Ne poursuivez pas le traitement sans l'avis de votre médecin.
N'utilisez des *sels* de régime, souvent riches en potassium, qu'avec l'accord de votre médecin.
Les *diurétiques* peuvent augmenter le taux d'*acide urique* (uricémie) ou de *sucre* dans le sang (*glycémie*) : des précautions sont nécessaires en cas de *diabète* ou d'*antécédent* de crise de *goutte*.
Sportif : ce médicament contient une substance susceptible de rendre positifs certains *tests antidopage*.

### Interactions avec d'autres substances

Ce médicament ne doit pas être associé aux *diurétiques* élevant le taux de *potassium* dans le sang ou aux médicaments qui en contiennent : risque d'*hyperkaliémie* entraînant des *troubles du rythme cardiaque* graves.
Il peut interagir avec les *inhibiteurs de l'enzyme de conversion* et les *inhibiteurs de l'angiotensine II*, les médicaments susceptibles de provoquer des *torsades de pointes* et ceux contenant du lithium.
Informez par ailleurs votre médecin si vous prenez :
- un *AINS*, un *digitalique* ;
- un *antibiotique* de la famille des *aminosides* ;
- un médicament susceptible de faire baisser la *kaliémie* (amphotéricine B, *corticoïde*, *laxatif stimulant*) ;
- un médicament contenant de la metformine, de la carbamazépine ou de la phénytoïne ;
- un médicament susceptible de contribuer à la baisse de la tension artérielle (*neuroleptique*, *antidépresseur imipraminique*, baclofène).

### Grossesse et allaitement

Les *diurétiques* ne sont pas indiqués dans les cas de rétention d'eau ou d'*hypertension artérielle* liés à la grossesse. Seul votre médecin peut apprécier la nécessité du traitement et son risque dans votre cas.
Ce médicament passe dans le lait maternel : l'allaitement est déconseillé.

### Mode d'emploi et posologie

Ce médicament doit être pris le matin.
**Posologie usuelle :**
1 ou 2 comprimés par jour.

**Conseils :** Ce médicament augmente le volume des urines, surtout en début de traitement. Évitez une prise le soir, source de gêne nocturne.
Les *diurétiques* exposent au risque de déshydratation : veillez à proposer des boissons abondantes aux personnes âgées, notamment pendant les fortes chaleurs.

### Effets indésirables possibles

Liés à l'amiloride :
Rarement : *troubles digestifs*, *éruption cutanée*.
Liés au furosémide :
Baisse de la *kaliémie*, associée éventuellement à des crampes.
Déshydratation possible chez la personne âgée.
Augmentation de la *glycémie* ou de l'*uricémie*.
*Hypotension orthostatique*.
Rarement :
- baisse du taux de sodium dans le sang (natrémie) et risque de troubles du comportement ;
- anomalie de la *numération formule sanguine* ;
- nausées, constipation, *vertiges*, fatigue, maux de tête, fourmillement des extrémités.

Exceptionnellement : *réaction allergique*.

Laboratoires Pfizer

## LOGROTON

*Informations détaillées sur www.monvidal.com*

## LOMEXIN capsule

Antifongique

### Présentation

LOMEXIN : capsule vaginale ; boîte unitaire. Remb 35 % - **Prix : 4,75 €.**

### Composition

| | p caps |
|---|---|
| **Fenticonazole nitrate** | 600 mg |

### Dans quel cas ce médicament est-il prescrit ?

Ce médicament d'action locale contient un *antifongique* de la famille des *imidazolés*.
Il est utilisé dans le traitement des *candidoses* du vagin et de la vulve.

### Contre-indications

Ce médicament ne doit pas être utilisé en cas d'*allergie* aux *antifongiques* de la famille des *imidazolés*.

**Attention :** N'utilisez pas de préservatif pendant le traitement : risque de rupture par altération du latex.
Si l'infection ne disparaît pas après quelques jours, consultez votre médecin.

### Interactions avec d'autres substances

L'utilisation d'un préservatif est contre-indiquée pendant le traitement (voir Attention).
Comme tout traitement vaginal, ce médicament peut diminuer l'efficacité contraceptive des crèmes et des ovules spermicides.

### Grossesse et allaitement

L'effet de ce médicament pendant la grossesse ou l'allaitement est mal connu : seul votre médecin peut évaluer le risque éventuel de son utilisation dans votre cas.

### Mode d'emploi et posologie

La capsule doit être introduite au fond du vagin.
**Posologie usuelle :**
1 capsule au coucher, à renouveler éventuellement 3 jours après.

**Conseils :** Introduisez la capsule en position allongée, puis restez allongée pendant 5 à 10 minutes.
La capsule peut être à l'origine d'un écoulement gênant : il est conseillé de porter une protection.
Pendant les règles, n'interrompez pas le traitement et évitez de porter des tampons.

En cas de *mycoses* gynécologiques (*candidoses*) récidivantes, il est utile de respecter les conseils habituels permettant de prévenir le développement anormal des candida albicans et autres champignons microscopiques :
- limiter la prise d'*antibiotiques* aux affections nécessitant absolument leur usage. En effet, les champignons sont détruits par certaines *bactéries*, elles-mêmes tuées par les antibiotiques ;
- lutter contre l'humidité, propice au développement des champignons : bien se sécher avant de mettre ses sous-vêtements, privilégier les culottes en coton qui absorbent mieux la transpiration, ne pas garder son maillot de bain après avoir nagé en piscine, éviter le port de vêtements trop serrés ;
- changer souvent les protections internes ou externes pendant les règles ;
- éviter d'utiliser des savons acides : ils favorisent la multiplication des champignons.

Votre partenaire peut être contaminé alors qu'il ne présente aucun *symptôme*. S'il n'est pas traité conjointement, une recontamination est possible.

### Effets indésirables possibles

Aggravation des brûlures et démangeaisons en début de traitement : ces *symptômes* traduisent la destruction des champignons microscopiques qui libèrent une substance irritante. Ces manifestations ne se reproduisent généralement pas lors des applications ultérieures. Dans le cas contraire, il peut s'agir d'une *intolérance* ou d'une *allergie* au médicament : contactez votre médecin.

Laboratoires EFFIK

## LOMEXIN crème

Antifongique

### Présentation

LOMEXIN : crème ; tube de 15 g. Remb 35 % - **Prix : 3,69 €**.

### Composition

| | p 100 g |
|---|---|
| **Fenticonazole nitrate** | 2 g |
| Lanoline hydrogénée | + |

### Dans quel cas ce médicament est-il prescrit ?

Ce médicament d'action locale contient un *antifongique* de la famille des *imidazolés*.

Il est utilisé dans le traitement de certaines maladies de la peau, des ongles et des *muqueuses* dues à des champignons microscopiques (*mycoses*) : *candidose*, *pityriasis versicolor*, *dermatophyties*...

### Contre-indications

Ce médicament ne doit pas être utilisé en cas d'*allergie* aux *antifongiques* de la famille des *imidazolés*.

**Attention :** Évitez d'utiliser ce médicament, notamment chez l'enfant, de manière prolongée et sur des surfaces étendues ou profondément lésées sans l'avis de votre pharmacien ou de votre médecin.

Rincez abondamment en cas de contact accidentel avec les yeux.

### Grossesse et allaitement

L'effet de ce médicament pendant la grossesse est mal connu : seul votre médecin peut évaluer le risque éventuel de son utilisation dans votre cas.

### Mode d'emploi et posologie

La crème est appliquée après lavage et séchage soigneux de la zone à traiter.

**Posologie usuelle :**

1 ou 2 applications par jour.

La durée du traitement varie selon les cas. Suivre la prescription de votre médecin ou les conseils de votre pharmacien.

**Conseils :** En cas de *candidose*, évitez d'utiliser des savons acides : ils favorisent la multiplication des champignons.

En cas de lésion importante des ongles des orteils, un meulage préalable par un pédicure facilite l'action du médicament. Une transpiration excessive contribue au développement des lésions dues à des champignons. Le port de chaussettes en fibre naturelle (coton, laine) est recommandé. La même paire de chaussures ne doit pas être portée deux jours de suite.

### Effets indésirables possibles

Irritation cutanée.

Laboratoires EFFIK

## LOMUDAL

*Informations détaillées sur www.monvidal.com*

## LOMUSOL

*Informations détaillées sur www.monvidal.com*

## LONOTEN

*Informations détaillées sur www.monvidal.com*

## LOPÉRAMIDE ARROW

Antidiarrhéique — sur ordonnance

Ce médicament est un générique de IMODIUM (voir p. 505 et tableau p. 1151).

## LOPÉRAMIDE ARROW CONSEIL

Antidiarrhéique

### Présentation

LOPÉRAMIDE ARROW CONSEIL : gélule ; boîte de 12. Non remb.

### Composition

| | p gél |
|---|---|
| **Lopéramide chlorhydrate** | 2 mg |
| Lactose | + |

### Dans quel cas ce médicament est-il prescrit ?

Ce médicament est un antidiarrhéique qui agit en ralentissant le *transit intestinal* et en réduisant les sécrétions intestinales.

Il est utilisé dans le *traitement symptomatique* des diarrhées aiguës de l'adulte, en complément des mesures diététiques.

### Contre-indications

Ce médicament ne doit pas être utilisé en cas de crise aiguë de *rectocolite hémorragique*.

> **Attention :** Ce médicament est disponible sans ordonnance ; il ne doit pas être employé chez l'enfant de moins de 15 ans ou en cas d'*insuffisance hépatique* sans avis médical.
> Cet antidiarrhéique ne convient pas au traitement des diarrhées dues à certains *antibiotiques*.
> Une diarrhée s'accompagnant de torpeur, de soif, de fièvre, ou de sang dans les selles nécessite rapidement un avis médical.
> Le traitement doit être arrêté dès que les selles recommencent à être formées. L'usage trop prolongé du médicament expose à un risque de constipation important.
> Si vous devez conduire, ou utiliser une machine dangereuse, assurez-vous préalablement que ce médicament n'altère pas votre vigilance.

### Grossesse et allaitement

Les études actuellement disponibles n'ont pas mis en évidence de problème particulier lors de l'utilisation ponctuelle de ce médicament chez la femme enceinte. Néanmoins, il est déconseillé pendant la grossesse sans avis médical.

Ce médicament passe faiblement dans le lait maternel ; son utilisation ponctuelle est possible pendant l'allaitement.

### Mode d'emploi et posologie

Les gélules doivent être avalées avec un verre d'eau.

**Posologie usuelle :**

- Adulte : commencer par 2 gélules, puis 1 gélule supplémentaire après chaque selle liquide, sans dépasser 6 gélules par jour et 2 jours de traitement ; au-delà, si les troubles persistent, consulter le médecin.

Respectez rigoureusement la *posologie* recommandée par votre pharmacien.

> **Conseils :** Une diarrhée peut provoquer une déshydratation, notamment chez la personne âgée. Cette perte d'eau par l'organisme doit être compensée par des boissons abondantes (bouillon salé, boissons sucrées) car elle peut être à l'origine d'une fatigue, de malaise ou de confusion des idées.
> Le régime à suivre en cas de *diarrhée* repose sur une alimentation légère, à base de :
> - carotte, pomme de terre, en soupe ou en purée ;
> - pâtes, riz ou tapioca bien cuits, eau de cuisson du riz ;
> - compote de pommes ou de coings, gelée de coings ou de myrtilles ;
> - biscuits salés ou sucrés.
>
> Doivent être évités : les jus de fruits et les fruits crus, les légumes riches en fibres, les sources de protéines animales et les boissons glacées.

### Effets indésirables possibles

Constipation, ballonnement, douleur abdominale, nausées, vomissements, bouche sèche, fatigue, somnolence, *vertige*, *réaction allergique*.

Exceptionnellement : constipation grave, surtout en cas de *posologie* excessive.

**Laboratoires Arrow Génériques**

## LOPÉRAMIDE BIOGARAN

Antidiarrhéique — **sur ordonnance**

Ce médicament est un générique de IMODIUM (voir p. 505 et tableau p. 1151).

## LOPÉRAMIDE EG

Antidiarrhéique — **sur ordonnance**

Ce médicament est un générique de IMODIUM (voir p. 505 et tableau p. 1151).

## LOPÉRAMIDE G GAM

Antidiarrhéique — **sur ordonnance**

Ce médicament est un générique de IMODIUM (voir p. 505 et tableau p. 1151).

## LOPÉRAMIDE HEXAL SANTÉ

Antidiarrhéique

### Présentation

LOPÉRAMIDE HEXAL SANTÉ : gélule ; boîte de 12. Non remb.

### Composition

| | p gél |
|---|---|
| **Lopéramide** | 2 mg |
| Lactose | + |

### Dans quel cas ce médicament est-il prescrit ?

Ce médicament est un antidiarrhéique qui agit en ralentissant le *transit intestinal* et en réduisant les sécrétions intestinales.

Il est utilisé dans le *traitement symptomatique* des diarrhées aiguës de l'adulte, en complément des mesures diététiques.

### Contre-indications

Ce médicament ne doit pas être utilisé en cas de crise aiguë de *rectocolite hémorragique*.

> **Attention :** Ce médicament est disponible sans ordonnance ; il ne doit pas être employé chez l'enfant de moins de 15 ans ou en cas d'*insuffisance hépatique* sans avis médical.
> Cet antidiarrhéique ne convient pas au traitement des diarrhées dues à certains *antibiotiques*.
> Une diarrhée s'accompagnant de torpeur, de soif, de fièvre, ou de sang dans les selles nécessite rapidement un avis médical.
> Le traitement doit être arrêté dès que les selles recommencent à être formées. L'usage trop prolongé du médicament expose à un risque de constipation important.
> Si vous devez conduire, ou utiliser une machine dangereuse, assurez-vous préalablement que ce médicament n'altère pas votre vigilance.

### Grossesse et allaitement

Les études actuellement disponibles n'ont pas mis en évidence de problème particulier lors de l'utilisation ponctuelle de ce médicament chez la femme enceinte.

Néanmoins, il est déconseillé pendant la grossesse sans avis médical.

Ce médicament passe faiblement dans le lait maternel ; son utilisation ponctuelle est possible pendant l'allaitement.

### Mode d'emploi et posologie

Les gélules doivent être avalées avec un verre d'eau.

**Posologie usuelle :**

- Adulte : commencer par 2 gélules, puis 1 gélule supplémentaire après chaque selle liquide, sans dépasser 6 gélules par jour et 2 jours de traitement ; au-delà, si les troubles persistent, consulter le médecin.

Respectez rigoureusement la *posologie* recommandée par votre pharmacien.

> **Conseils :** Une diarrhée peut provoquer une déshydratation, notamment chez la personne âgée. Cette perte d'eau par l'organisme doit être compensée par des boissons abondantes (bouillon salé, boissons sucrées) car elle peut être à l'origine d'une fatigue, de malaise ou de confusion des idées.
>
> Le régime à suivre en cas de *diarrhée* repose sur une alimentation légère, à base de :
> - carotte, pomme de terre, en soupe ou en purée ;
> - pâtes, riz ou tapioca bien cuits, eau de cuisson du riz ;
> - compote de pommes ou de coings, gelée de coings ou de myrtilles ;
> - biscuits salés ou sucrés.
>
> Doivent être évités : les jus de fruits et les fruits crus, les légumes riches en fibres, les sources de protéines animales et les boissons glacées.

### Effets indésirables possibles

Constipation, ballonnement, douleur abdominale, nausées, vomissements, bouche sèche, fatigue, somnolence, *vertige*, *réaction allergique*.

Exceptionnellement : constipation grave, surtout en cas de *posologie* excessive.

**Laboratoires G Gam**

## LOPÉRAMIDE IVAX

Antidiarrhéique — sur ordonnance

Ce médicament est un générique de IMODIUM (voir p. 505 et tableau p. 1151).

## LOPÉRAMIDE LYOC

Antidiarrhéique

### Présentation

LOPÉRAMIDE LYOC : *lyophilisat* oral (arôme framboise) ; boîte de 10. Remb 35 % - **Prix : 1,82 €**.

### Composition

| | p lyoph |
|---|---|
| **Lopéramide chlorhydrate** | 2 mg |
| Aspartam | + |

### Dans quel cas ce médicament est-il prescrit ?

C'est un antidiarrhéique qui agit en ralentissant le *transit intestinal* et en réduisant les sécrétions intestinales.

Il est utilisé dans le *traitement symptomatique* des diarrhées, en complément des mesures diététiques.

### Contre-indications

Ce médicament ne doit pas être utilisé dans les cas suivants :
- crise aiguë de *rectocolite hémorragique*,
- enfant de moins de 15 ans,
- *phénylcétonurie* (présence d'aspartam).

> **Attention :** Des précautions sont nécessaires en cas d'*insuffisance hépatique*.
>
> Ce médicament n'est pas adapté au traitement des diarrhées dues à certains *antibiotiques*.
>
> Une diarrhée s'accompagnant de torpeur, de soif, de fièvre, ou de sang dans les selles nécessite rapidement un avis médical.
>
> Le traitement doit être arrêté dès que les selles recommencent à être formées. L'usage trop prolongé du médicament expose à un risque de constipation important.
>
> Si vous devez conduire, ou utiliser une machine dangereuse, assurez-vous préalablement que ce médicament n'altère pas votre vigilance.

### Grossesse et allaitement

Les études actuellement disponibles n'ont pas mis en évidence de problème particulier lors de l'utilisation ponctuelle de ce médicament chez la femme enceinte. Néanmoins, il est déconseillé pendant la grossesse sans avis médical.

Ce médicament passe faiblement dans le lait maternel ; son utilisation ponctuelle est possible pendant l'allaitement.

### Mode d'emploi et posologie

Le *lyophilisat* peut être dissous dans un verre d'eau ou être placé sous la langue.

**Posologie usuelle :**

- Adulte :
  - diarrhée aiguë : commencer par 2 lyophilisats, puis 1 lyophilisat supplémentaire après chaque selle liquide, sans dépasser 8 lyophilisats par jour ;
  - diarrhée chronique : 1 à 3 lyophilisats par jour.

> **Conseils :** Une diarrhée peut provoquer une déshydratation, notamment chez l'enfant ou la personne âgée. Cette perte d'eau par l'organisme doit être compensée par des boissons abondantes (bouillon salé, boissons sucrées) car elle peut être à l'origine d'une fatigue, de malaise ou de confusion des idées.
>
> Le régime à suivre en cas de *diarrhée* repose sur une alimentation légère, à base de :
> - carotte, pomme de terre, en soupe ou en purée ;
> - pâtes, riz ou tapioca bien cuits, eau de cuisson du riz ;
> - compote de pommes ou de coings, gelée de coings ou de myrtilles ;
> - biscuits salés ou sucrés.
>
> Doivent être évités : les jus de fruits et les fruits crus, les légumes riches en fibres, les sources de protéines animales et les boissons glacées.

### Effets indésirables possibles

Constipation, ballonnement, douleur abdominale, nausées, vomissements, bouche sèche, fatigue, somnolence, *vertige*, *réaction allergique*.

Exceptionnellement : constipation grave, surtout en cas de *posologie* excessive.

**Laboratoires Cephalon**

## LOPÉRAMIDE MERCK
Antidiarrhéique
sur ordonnance

Ce médicament est un générique de IMODIUM (voir p. 505 et tableau p. 1151).

## LOPÉRAMIDE QUALIMED
Antidiarrhéique
sur ordonnance

Ce médicament est un générique de IMODIUM (voir p. 505 et tableau p. 1151).

## LOPÉRAMIDE RATIOPHARM
Antidiarrhéique
sur ordonnance

Ce médicament est un générique de IMODIUM (voir p. 505 et tableau p. 1151).

## LOPÉRAMIDE RPG
Antidiarrhéique
sur ordonnance

Ce médicament est un générique de IMODIUM (voir p. 505 et tableau p. 1151).

## LOPÉRAMIDE TEVA
Antidiarrhéique
sur ordonnance

Ce médicament est un générique de IMODIUM (voir p. 505 et tableau p. 1151).

## LOPÉRAMIDE VIAREF
Antidiarrhéique
sur ordonnance

Ce médicament est un générique de IMODIUM (voir p. 505 et tableau p. 1151).

## LOPÉRAMIDE ZYDUS
Antidiarrhéique
sur ordonnance

Ce médicament est un générique de IMODIUM (voir p. 505 et tableau p. 1151).

## LOPRESSOR
Bêtabloquant
sur ordonnance

### Présentation

**LOPRESSOR 100 mg :** comprimé sécable (blanc) ; boîte de 30. Liste I - Remb 65 % - **Prix : 2,95 €.**
**LOPRESSOR LP 200 mg :** comprimé à *libération prolongée* (jaune pâle) ; boîte de 30. Liste I - Remb 65 % - **Prix : 7,94 €.**

### Composition

| | p cp | p cp LP |
|---|---|---|
| **Métoprolol tartrate** | 100 mg | 200 mg |

### Dans quel cas ce médicament est-il prescrit ?

Ce médicament appartient à la famille des *bêtabloquants*. Ceux-ci agissent en bloquant l'action de l'*adrénaline* (et d'autres *hormones* apparentées) sur de nombreux organes, notamment sur le cœur, les vaisseaux et plus faiblement sur les bronches.
Il est utilisé dans :
- le traitement de l'*hypertension artérielle* ;
- la prévention des crises d'*angine de poitrine* ;
- les suites d'*infarctus du myocarde* ;
- certains *troubles du rythme cardiaque* ;
- les manifestations cardiaques : *palpitations*.

La forme à 200 mg est également utilisée dans le *traitement de fond* de la *migraine*.

### Contre-indications

Ce médicament ne doit pas être utilisé dans les cas suivants :
- formes graves de certaines affections : *asthme*, *bronchite chronique*, *artérite*, phénomène de *Raynaud* ;
- *insuffisance cardiaque* non contrôlée par un traitement spécifique ;
- *bloc auriculoventriculaire* grave ;
- rythme cardiaque inférieur à 50 battements par minute ;
- *phéochromocytome* non traité ;
- hypotension ;
- *antécédent* de *choc anaphylactique* ;
- en association avec les médicaments contenant de la floctafénine ou du sultopride.

**Attention :** Ce médicament n'est pas un *traitement de la crise* d'*angine de poitrine*.
Ce médicament n'est pas adapté au traitement d'une forme particulière d'*angine de poitrine* appelée angor de *Printzmétal* qui relève d'un traitement *vasodilatateur*. Il peut néanmoins être associé à celui-ci lorsqu'une angine de poitrine « classique » coexiste avec un angor de Printzmétal.
Des précautions sont nécessaires en cas d'*insuffisance hépatique* et chez la personne âgée.
N'interrompez jamais brutalement le traitement prescrit. Espacez progressivement les prises. Un avis médical est toujours préférable.
Chez les diabétiques, les *bêtabloquants* peuvent masquer certains *symptômes* de l'*hypoglycémie* (*palpitations* et accélération du cœur essentiellement).
Les bêtabloquants peuvent aggraver les *réactions allergiques* et empêcher l'action de l'*adrénaline* utilisée dans le traitement d'urgence du *choc anaphylactique*. Lors d'examens radiologiques nécessitant l'injection de produits de contraste iodés (susceptibles de provoquer des *chocs* allergiques), le traitement doit, si possible, être suspendu avec l'accord de votre médecin.
En cas d'intervention chirurgicale, l'anesthésiste doit être prévenu de la prise de ce médicament. C'est lui qui décidera si le traitement doit être poursuivi ou arrêté avant l'intervention.
Sportif : ce médicament contient une substance susceptible de rendre positifs certains *tests antidopage*.

### Interactions avec d'autres substances

Ce médicament ne doit pas être associé :
- à la floctafénine (IDARAC...) : risque d'augmentation de la gravité d'un éventuel *choc* allergique,
- au sultopride (BARNETIL) : risque de *torsades de pointes*.

Il peut interagir avec les médicaments contenant de l'amiodarone.

Informez votre médecin si vous prenez des *antidiabétiques*, des *AINS*, des *inhibiteurs calciques*, des *antidépresseurs imipraminiques*, des *neuroleptiques*, des *corticoïdes*, un *anticholinestérasique*, ou des médicaments contenant l'une des substances suivantes : quinidine, hydroquinidine, disopyramide, propafénone, baclofène, cimétidine, lidocaïne injectable, méfloquine, phénobarbital, rifampicine.

### Grossesse et allaitement

Les études scientifiques disponibles n'ont pas mis en évidence de problème particulier lors de l'utilisation de *bêtabloquant* chez la femme enceinte.

L'effet bêtabloquant persiste quelques jours chez le nouveau-né et justifie une surveillance médicale renforcée pendant les premiers jours de la vie.

Ce médicament passe dans le lait maternel ; un choix est donc nécessaire entre l'allaitement et la prise du médicament. Cette décision devra être prise en accord avec votre médecin.

### Mode d'emploi et posologie

Ce médicament doit être pris pendant ou immédiatement après les repas. Avaler les comprimés sans les croquer avec un verre d'eau.

**Posologie usuelle :**

50 mg à 200 mg par jour, selon les indications.

**Conseils :** Veillez à toujours disposer d'une réserve de médicament : une plaquette dans la trousse de toilette, par exemple.

Votre tension artérielle doit être contrôlée régulièrement. Les appareils permettant une mesure automatique de la tension à domicile utilisent souvent un procédé de mesure différent de celui qu'emploie votre médecin. Si vous avez un tel appareil, apportez-le en consultation pour vous assurer que la mesure obtenue est bien conforme à celle du tensiomètre de votre médecin.

Le traitement médicamenteux ne dispense pas de mesures simples pouvant faire baisser la tension artérielle : activité physique régulière, modération de la consommation de boissons alcoolisées et de *sel*, lutte contre l'excès de poids.

Il est normal que le rythme cardiaque ralentisse sous l'effet du traitement ; néanmoins, en cas de fatigue anormale et de pouls inférieur à 50 battements par minute, consultez votre médecin.

Il est normal de retrouver le comprimé à 200 mg dans les selles : son contenu a été libéré dans l'intestin.

### Effets indésirables possibles

Le plus fréquemment : douleur d'estomac, nausées, vomissements, fatigue en début de traitement, sensation de mains et de pieds froids, troubles de l'érection, ralentissement important du cœur, insomnie.

Plus rarement : *bloc auriculoventriculaire*, baisse excessive de la tension artérielle, phénomène de *Raynaud*, *insuffisance cardiaque*, *bronchospasme*, *hypoglycémie*, *éruption cutanée*, aggravation d'un *psoriasis*.

**Laboratoires Daiichi Sankyo France**

## LOPRIL

Inhibiteur de l'enzyme de conversion

sur ordonnance

### Présentation

**LOPRIL 25 mg :** comprimé sécable (blanc) ; boîte de 30. Liste I - Remb 65 % - **Prix : 8,06 €**.
**LOPRIL 25 mg :** comprimé sécable (blanc) ; boîte de 90. Liste I - Remb 65 % - **Prix : 23,10 €**.
**LOPRIL 50 mg :** comprimé sécable (blanc) ; boîte de 30. Liste I - Remb 65 % - **Prix : 13,94 €**.
**LOPRIL 50 mg :** comprimé sécable (blanc) ; boîte de 90. Liste I - Remb 65 % - **Prix : 39,49 €**.

### Composition

| | p cp | p cp |
|---|---|---|
| **Captopril** | 25 mg | 50 mg |
| Lactose | + | + |

### Dans quel cas ce médicament est-il prescrit ?

Ce médicament appartient à la famille des *inhibiteurs de l'enzyme de conversion* (IEC). L'enzyme de conversion est une substance naturellement présente dans l'organisme ; elle est responsable d'une contraction des artères qui augmente la tension artérielle et fatigue le cœur.

Il est utilisé dans le traitement :
- de l'*hypertension artérielle*,
- de l'*insuffisance cardiaque*,
- des affections du rein chez le diabétique insulinodépendant,
- de l'*infarctus du myocarde* (traitement initial et prévention des récidives ou complications).

### Contre-indications

Ce médicament ne doit pas être utilisé dans les cas suivants :
- *allergie* aux médicaments de la famille des *inhibiteurs de l'enzyme de conversion*,
- prédisposition à l'œdème de *Quincke*,
- **grossesse** (à partir du 4e mois).

Dans d'autres situations, le médecin est seul juge pour prescrire ce médicament, notamment en cas d'*hyperkaliémie* ou de rétrécissement des artères rénales.

**Attention :** En cas de gonflement du visage (lèvres, paupières...) ou d'une autre région du corps, consultez votre médecin avant toute nouvelle prise de ce médicament ; il peut s'agir d'une *réaction allergique* : œdème de *Quincke*.

L'usage des *inhibiteurs de l'enzyme de conversion* est déconseillé en période de désensibilisation aux venins d'*hyménoptères* : augmentation du risque de réaction allergique grave.

En cas d'*insuffisance rénale*, un contrôle de la *créatinine* et du taux de *potassium* dans le sang est nécessaire.

Si vous suivez un traitement par *diurétique* ou un régime sans *sel*, la baisse de la tension artérielle peut être importante lors des premières prises du médicament : risque de malaise ou d'étourdissement pouvant entraîner une chute.

Les sels de régime contiennent souvent du *potassium* ; ne les utilisez pas sans avis médical pendant le traitement.

Si vous êtes traité par le rein artificiel, prévenez votre centre de *dialyse* de la prise de ce médicament.

Conducteur : les *inhibiteurs de l'enzyme de conversion* peuvent être responsables de malaise ou de *vertiges*, lors des premières prises.

### Interactions avec d'autres substances

Ce médicament peut interagir avec les *diurétiques* et les médicaments qui contiennent du potassium ou du lithium.

Informez par ailleurs votre médecin ou votre pharmacien si vous prenez un *antidiabétique*, un *AINS* ou de l'aspirine à forte dose (plus de 3 g par jour).

En outre, l'effet *antihypertenseur* de ce médicament peut être augmenté par certains médicaments tels que les *neuroleptiques*, les *antidépresseurs imipraminiques*, les *alphabloquants* utilisés dans certains troubles urinaires, les médicaments contenant du baclofène ; il peut être diminué par les *corticoïdes*. Votre médecin doit être informé si vous êtes traité par l'un ou l'autre de ces médicaments.

### Grossesse et allaitement

L'effet de ce médicament pendant les 3 premiers mois de la grossesse est mal connu. Par prudence, son usage est déconseillé.

Au cours des 6 derniers mois de la grossesse, la prise prolongée d'un *inhibiteur de l'enzyme de conversion* peut altérer les reins du fœtus. L'utilisation de ce médicament est contre-indiquée à partir du 4e mois de la grossesse.

En conséquence, un désir de grossesse nécessite le remplacement de ce médicament par un autre antihypertenseur. Si une grossesse survient alors que vous prenez ce médicament, consultez rapidement votre médecin pour qu'il modifie votre traitement. Des *échographies* régulières sont parfois nécessaires pour s'assurer de l'absence d'anomalie.

Ce médicament passe dans le lait maternel ; un choix est donc nécessaire entre l'allaitement et la prise du médicament. Cette décision devra être prise en accord avec votre médecin.

### Mode d'emploi et posologie

Ce médicament est pris indifféremment au cours ou en dehors des repas.

**Posologie usuelle :**

- Adulte : la *posologie* est variable en fonction des cas :
  - *hypertension artérielle* : 1 comprimé à 25 mg, matin et soir ;
  - *insuffisance cardiaque*, affections du rein chez le diabétique : 50 à 100 mg par jour, atteints progressivement et répartis en 2 ou 3 prises ;
  - protection du cœur après un infarctus : 75 à 150 mg par jour, répartis en 2 ou 3 prises.

En cas d'*insuffisance rénale*, d'*athérosclérose*, de traitement préalable par des *diurétiques* ou de régime sans *sel*, en particulier chez la personne âgée, la posologie initiale est faible ; elle est augmentée progressivement par le médecin en fonction des effets du médicament.

**Conseils :** Votre tension artérielle doit être contrôlée régulièrement. Les appareils permettant une mesure automatique de la tension à domicile utilisent souvent un procédé de mesure différent de celui qu'emploie votre médecin. Si vous avez un tel appareil, apportez-le en consultation pour vous assurer que la mesure obtenue est bien conforme à celle du tensiomètre de votre médecin.

Le traitement médicamenteux ne dispense pas de mesures simples pouvant faire baisser la tension artérielle : activité physique régulière, modération de la consommation de boissons alcoolisées et de *sel*, lutte contre l'excès de poids.

### Effets indésirables possibles

Comme pour tous les *inhibiteurs de l'enzyme de conversion* :

- Toux sèche.
- Baisse excessive de la tension artérielle (voir Attention) ; *hypotension orthostatique*.
- Maux de tête, fatigue, étourdissement.
- *Troubles digestifs*.
- *Réactions allergiques* : *éruption cutanée*, œdème de *Quincke* (exceptionnel).

Laboratoires Bristol-Myers Squibb

## LORAZÉPAM MERCK

Anxiolytique : benzodiazépine — sur ordonnance

Ce médicament est un générique de TÉMESTA (voir p. 1004 et tableau p. 1151).

## LOVENOX

Anticoagulant injectable — sur ordonnance

### Présentation

**LOVENOX 2000 UI anti-Xa/0,2 ml :** solution injectable ; boîte de 2 seringues préremplies avec système de sécurité. Liste I - Remb 65 % - **Prix : 8,13 €.**

**LOVENOX 2000 UI anti-Xa/0,2 ml :** solution injectable ; boîte de 6 seringues préremplies avec système de sécurité. Liste I - Remb 65 % - **Prix : 23,32 €.**

**LOVENOX 4000 UI anti-Xa/0,4 ml :** solution injectable ; boîte de 2 seringues préremplies avec système de sécurité. Liste I - Remb 65 % - **Prix : 15,73 €.**

**LOVENOX 4000 UI anti-Xa/0,4 ml :** solution injectable ; boîte de 6 seringues préremplies avec système de sécurité. Liste I - Remb 65 % - **Prix : 44,03 €.**

**LOVENOX 6000 UI anti-Xa/0,6 ml :** solution injectable ; boîte de 2 seringues préremplies avec système de sécurité. Liste I - Remb 65 % - **Prix : 18,05 €.**

**LOVENOX 6000 UI anti-Xa/0,6 ml :** solution injectable ; boîte de 10 seringues préremplies avec système de sécurité. Liste I - Remb 65 % - **Prix : 79,68 €.**

**LOVENOX 8000 UI anti-Xa/0,8 ml :** solution injectable ; boîte de 2 seringues préremplies avec système de sécurité. Liste I - Remb 65 % - **Prix : 20,12 €.**

**LOVENOX 8000 UI anti-Xa/0,8 ml :** solution injectable ; boîte de 10 seringues préremplies avec système de sécurité. Liste I - Remb 65 % - **Prix : 88,57 €.**

**LOVENOX 10000 UI anti-Xa/1 ml :** solution injectable ; boîte de 2 seringues préremplies avec système de sécurité. Liste I - Remb 65 % - **Prix : 24,93 €.**

**LOVENOX 10000 UI anti-Xa/1 ml :** solution injectable ; boîte de 10 seringues préremplies avec système de sécurité. Liste I - Remb 65 % - **Prix : 108,94 €.**

### Composition

| | p seringue | p seringue | p seringue |
|---|---|---|---|
| **Énoxaparine sodique** | 20 mg | 40 mg | 60 mg |

| | p seringue | p seringue |
|---|---|---|
| **Énoxaparine sodique** | 80 mg | 100 mg |

### Dans quel cas ce médicament est-il prescrit ?

Ce médicament est un *anticoagulant* de la famille des héparines de bas poids moléculaire. Il empêche la formation ou l'extension des caillots dans les vaisseaux sanguins.

Il est utilisé :
- à faible dose, dans le *traitement préventif* des *accidents thromboemboliques* ;
- à forte dose, dans le traitement des *thromboses* veineuses (*phlébite*...).

### Contre-indications

Ce médicament ne doit pas être utilisé dans les cas suivants :
- baisse des *plaquettes* sanguines lors d'une précédente utilisation de ce médicament ou d'un autre médicament de la famille des héparines,
- *hémophilie* et maladies apparentées,
- risque de saignement d'un organe (*ulcère* de l'estomac ou du *duodénum*).

Ce médicament ne doit pas être utilisé à forte dose en cas d'*insuffisance rénale* grave ou d'*hémorragie* cérébrale.

**Attention :** Des analyses de sang sont préconisées en début et en cours de traitement pour contrôler notamment le taux de *plaquettes* dans le sang.

Une surveillance particulière est nécessaire chez les personnes de plus de 65 ans, chez celles pesant moins de 40 kg ou présentant une *insuffisance rénale*, une *insuffisance hépatique* ou un *antécédent* d'*ulcère* de l'estomac ou du duodénum et en cas de traitement de plus de 10 jours.

L'aspirine augmente le risque hémorragique lié à l'usage de ce médicament. De nombreux produits qui en contiennent sont vendus sans ordonnance. Ne prenez aucun médicament sans l'avis de votre médecin ou de votre pharmacien.

Prévenez votre dentiste de la prise de ce médicament.

Ce médicament expose au risque d'*hémorragies* internes : les sports violents ou activités dangereuses sont déconseillés au cours du traitement.

### Interactions avec d'autres substances

Ce médicament peut interagir avec les médicaments contenant de l'aspirine, des *anti-inflammatoires* non stéroïdiens : augmentation du risque d'*hémorragie*.

Informez par ailleurs votre médecin si vous prenez un *antiagrégant plaquettaire* ou un médicament susceptible d'augmenter le taux de potassium dans la sang (notamment certains *diurétiques* et les médicaments contenant du potassium).

### Grossesse et allaitement

Seul votre médecin peut apprécier la nécessité de ce traitement et son risque pendant la grossesse.

La possibilité d'un effet du médicament chez le *nourrisson* est très improbable ; l'allaitement est possible.

### Mode d'emploi et posologie

La solution injectable est administrée par *voie* sous-cutanée dans un pli de la peau pincé entre deux doigts. L'injection se fait habituellement dans la paroi abdominale.

**Posologie usuelle :**

Elle est strictement individuelle. Elle varie selon la maladie à traiter et le poids de la personne.
- *Traitement préventif* : 1 injection par jour. En cas d'immobilisation, le traitement durera au moins jusqu'à la reprise normale de la marche.
- *Traitement curatif* : 2 injections par jour.

**Conseils :** Lorsque ce médicament est remplacé par un *anticoagulant* oral, les deux traitements doivent être pris simultanément pendant quelques jours, le temps que le traitement oral devienne efficace.

### Effets indésirables possibles

Des hématomes (bleus) peuvent apparaître au point d'injection. Ils disparaîtront spontanément.

*Hémorragies* de gravité variable.

Baisse des *plaquettes* sanguines justifiant des analyses de sang avant et pendant le traitement.

Rarement : *réaction allergique*, douleur durable au point d'injection pouvant traduire une lésion de la peau ; consultez votre médecin.

Élévation transitoire des *transaminases*, *hyperkaliémie*.

Laboratoires Sanofi Aventis

## LOXAPAC

Neuroleptique — sur ordonnance

### Présentation

LOXAPAC 25 mg : comprimé (blanc) ; boîte de 30. Liste I - Remb 65 % - **Prix : 6,32 €**.
LOXAPAC 25 mg/ml : solution buvable ; flacon compte-gouttes de 30 ml (750 gouttes). Liste I - Remb 65 % - **Prix : 5,16 €**.
LOXAPAC 50 mg : comprimé (bleu) ; boîte de 30. Liste I - Remb 65 % - **Prix : 12,23 €**.
LOXAPAC 100 mg : comprimé sécable (bleu) ; boîte de 30. Liste I - Remb 65 % - **Prix : 21,56 €**.

### Composition

| | p cp | p ml |
|---|---|---|
| **Loxapine** | 25 mg | 25 mg |
| | p cp | p cp |
| **Loxapine** | 50 mg | 100 mg |

### Dans quel cas ce médicament est-il prescrit ?

Ce médicament est un *neuroleptique*.

Il est utilisé dans le traitement de certains troubles psychiques (*schizophrénie*, certains types de *psychoses*, phases maniaques, état d'agitation...).

### Contre-indications

Ce médicament ne doit pas être utilisé dans les cas suivants :
- ivresse aiguë, état précomateux,
- enfant de moins de 16 ans (en l'absence d'étude),
- en association avec les médicaments *dopaminergiques*.

**Attention :** Dans le traitement de certains troubles psychiques, les *neuroleptiques* permettent de contrôler efficacement la maladie, mais un arrêt intempestif du traitement expose à une rechute grave.

En cas de survenue d'une fièvre inexpliquée associée à une raideur musculaire (qui pourraient être dues au médicament), ne poursuivez pas le traitement sans avis médical : risque de *syndrome malin des neuroleptiques*.

Des précautions sont nécessaires chez la personne âgée et en cas d'*épilepsie*, d'*insuffisance rénale* ou *hépatique*, de maladie de *Parkinson*, de maladie cardiaque, de *glaucome* à angle fermé ou de risque de rétention urinaire (*adénome de la prostate*...).

Un examen ophtalmologique peut être nécessaire en cas de traitement prolongé.

Évitez les boissons alcoolisées : augmentation du risque de somnolence.

Ce médicament peut induire une somnolence, parfois intense chez certaines personnes. Cette somnolence peut être majorée par la prise d'*alcool* ou d'autres médicaments *sédatifs*. La conduite et l'utilisation de machines dangereuses sont déconseillées, surtout dans les heures qui suivent la prise du médicament.

### Interactions avec d'autres substances

La prise conjointe de *neuroleptiques* et de médicaments *dopaminergiques* est généralement contre-indiquée (risque d'annulation de leurs effets) ; cette association peut néanmoins être nécessaire chez certaines personnes atteintes de la maladie de *Parkinson*.

Ce médicament peut interagir avec la lévodopa.

Informez votre médecin si vous prenez par ailleurs un *antihypertenseur* ou un *sédatif*.

### Grossesse et allaitement

Par mesure de prudence, ce médicament est déconseillé pendant la grossesse.

Les données disponibles ne permettent pas de savoir si ce médicament passe dans le lait maternel.

### Mode d'emploi et posologie

La dose quotidienne peut être répartie dans la journée, ou absorbée en 1 prise le soir.

Les gouttes doivent être diluées dans un liquide sucré ou un jus de fruits.

**Posologie usuelle :**

- Adulte de plus de 16 ans : la posologie est strictement individuelle.

**Conseils :** Une prise de poids peut être observée au cours du traitement. Une alimentation équilibrée, et si nécessaire les conseils d'un nutritionniste, peuvent prévenir et limiter ce phénomène.

Ce médicament doit être conservé à l'abri de la lumière.

### Effets indésirables possibles

Somnolence.

Mouvements involontaires ou inadaptés, tics, pouvant survenir lors de la première prise (notamment en cas de surdosage) ou plus tardivement, lors d'un traitement prolongé.

Raideur musculaire et difficulté à coordonner les mouvements.

*Hypotension orthostatique*.

Augmentation de la sécrétion de *prolactine* pouvant se traduire par : absence de règles, augmentation du volume des seins, écoulement de lait par le mamelon.

Troubles sexuels.

Prise de poids, *réaction allergique* cutanée.

Effets *atropiniques* : constipation, bouche sèche, troubles de l'*accommodation*, blocage des urines.

Exceptionnellement : *agranulocytose*.

**Laboratoires EISAI**

## LOXEN

Inhibiteur calcique

sur ordonnance

### Présentation

**LOXEN 20 mg :** comprimé sécable (jaune) ; boîte de 30. Liste I - Remb 65 % - **Prix : 5,92 €**.
**LOXEN 20 mg :** comprimé sécable (jaune) ; boîte de 90. Liste I - Remb 65 % - **Prix : 16,67 €**.
**LOXEN 20 mg :** comprimé sécable (jaune) ; boîte de 270. Liste I - Remb 65 % - **Prix : 46,46 €**.
**LOXEN LP 50 mg :** gélule à *libération prolongée* (rose et vert) ; boîte de 60. Liste I - Remb 65 % - **Prix : 17,45 €**.
**LOXEN LP 50 mg :** gélule à *libération prolongée* (rose et vert) ; boîte de 180. Liste I - Remb 65 % - **Prix : 48,45 €**.

### Composition

| | p cp | p gél LP |
|---|---|---|
| **Nicardipine chlorhydrate** | 20 mg | 50 mg |
| Lactose | + | |

### Dans quel cas ce médicament est-il prescrit ?

Ce médicament est un *vasodilatateur* qui appartient à la famille des *inhibiteurs calciques*.

Il est utilisé dans le traitement de l'*hypertension artérielle*.

### Interactions avec d'autres substances

Informez votre médecin si vous prenez un *alphabloquant* (alfuzosine, prazosine), un *bêtabloquant*, un *anticonvulsivant* (carbamazépine, phénytoïne, phénobarbital, primidone) ou un médicament contenant de la rifampicine ou de la ciclosporine.

En outre, l'effet *antihypertenseur* de ce médicament peut être augmenté par certains médicaments tels que les *neuroleptiques*, les *antidépresseurs imipraminiques*, les médicaments contenant du baclofène ; il peut être diminué par les *corticoïdes*. Votre médecin doit être informé si vous êtes traité par l'un ou l'autre de ces médicaments.

### Grossesse et allaitement

L'effet de ce médicament pendant la grossesse est mal connu : par mesure de prudence, son usage est déconseillé.

Ce médicament passe dans le lait maternel ; un choix est donc nécessaire entre l'allaitement et la prise du médicament. Cette décision devra être prise en accord avec votre médecin.

### Mode d'emploi et posologie

Les comprimés et les gélules doivent être avalés avec un verre d'eau avant les repas.

**Posologie usuelle :**

1 comprimé, 3 fois par jour, ou 1 gélule LP, 2 fois par jour.

**Conseils :** Votre tension artérielle doit être contrôlée régulièrement. Les appareils permettant une mesure automatique de la tension à domicile utilisent souvent un procédé de mesure différent de celui qu'emploie votre médecin. Si vous avez un tel appareil, apportez-le en consultation pour vous assurer que la mesure obtenue est bien conforme à celle du tensiomètre de votre médecin.

Le traitement médicamenteux ne dispense pas de mesures simples pouvant faire baisser la tension artérielle : activité physique régulière, modération de la consommation de boissons alcoolisées et de *sel*, lutte contre l'excès de poids.

### Effets indésirables possibles

Ils sont la conséquence de la dilatation des vaisseaux sanguins :
- rougeur du visage, bouffées de chaleur, maux de tête ;
- jambes lourdes ou enflées.

Les comprimés à 20 mg peuvent également être responsables de *palpitations* et d'une baisse excessive de la tension artérielle.

Laboratoires Novartis Pharma

## L-THYROXINE

Hormone thyroïdienne — **sur ordonnance**

### Présentation

L-THYROXINE ROCHE : solution buvable ; flacon compte-gouttes de 15 ml (450 gouttes). Liste II - Remb 65 % - **Prix : 2,76 €**.

### Composition

| | p gte |
|---|---|
| **Lévothyroxine sodique (L-T4)** | 5 µg |
| Alcool | + |

### Dans quel cas ce médicament est-il prescrit ?

Ce médicament contient une *hormone* qui appartient à la famille des *hormones thyroïdiennes*.

Il est utilisé comme *traitement substitutif* pour remplacer la thyroxine naturelle lorsque celle-ci n'est plus sécrétée en quantité suffisante par la *thyroïde*. Cette insuffisance de sécrétion, ou *hypothyroïdie*, peut être due à la thyroïde elle-même ou à l'insuffisance d'une autre glande qui commande la sécrétion thyroïdienne (maladie ou ablation de l'*hypophyse*). Il est également utilisé lorsque l'on veut freiner l'action excitatrice de l'hypophyse sur la thyroïde, notamment dans certains *goitres*.

### Contre-indications

Ce médicament ne doit pas être utilisé en cas d'*hyperthyroïdie* (sauf si celle-ci est l'objet d'un traitement spécifique).

Votre médecin est seul juge pour prescrire ce médicament en cas d'*insuffisance coronarienne* ou de *troubles du rythme cardiaque*.

> **Attention :** L'utilisation de ce médicament dans le traitement de l'obésité sans *hypothyroïdie* est dangereuse et illégale.
> Des précautions sont nécessaires en cas de *diabète*, de *tuberculose*, d'*anorexie* ou de d'*hypertension artérielle*.

### Interactions avec d'autres substances

Les médicaments qui contiennent des sels de fer, de la colestyramine (QUESTRAN, etc.), du kayexalate, du sucralfate et les pansements digestifs peuvent diminuer l'absorption de ce médicament : respecter un délai de 2 heures entre les prises de ces médicaments.

Informez par ailleurs votre médecin si vous prenez des *anticoagulants* oraux, des antiépileptiques, des médicaments contenant un *barbiturique*, de la griséofulvine, de la rifabutine ou de la rifampicine.

### Grossesse et allaitement

La prise de ce médicament peut être poursuivie pendant la grossesse et l'allaitement, sous contrôle médical.

### Mode d'emploi et posologie

Ce médicament est pris en une fois par jour, le matin à jeun.

**Posologie usuelle :**

La *posologie* dépend de l'intensité de l'*hypothyroïdie*, de l'âge et de la tolérance individuelle. Elle est habituellement augmentée progressivement.

Des analyses de sang permettent d'adapter la posologie : suivez-la strictement et ne la modifiez pas de vous-même.

> **Conseils :** L'*hypothyroïdie* est une maladie qui nécessite un traitement à vie.
> Les effets attendus du traitement ou les signes d'une éventuelle *intolérance* n'apparaissent pas avant un délai de 15 jours à 1 mois.
> La solution doit être conservée au réfrigérateur entre + 2 °C et + 8 °C.

### Effets indésirables possibles

Aggravation possible de troubles cardiaques.

Certains signes doivent faire penser à un *surdosage* : *tachycardie*, tremblements, insomnie, excitabilité, fièvre, sueurs, amaigrissement rapide, diarrhée. Le traitement sera alors interrompu quelques jours et repris ensuite à dose plus faible.

Laboratoires Roche

## LUBENTYL

Laxatif lubrifiant

### Présentation

LUBENTYL : gelée orale (arôme orange) ; pot de 250 g. Remb 35 % - **Prix : 2,73 €**.

### Composition

| | p c à c |
|---|---|
| **Paraffine liquide** | 2,89 g |
| **Paraffine solide** | 365,75 mg |
| **Cire paraffinique** | 66,5 mg |
| Saccharose | 1,5 g |

### Dans quel cas ce médicament est-il prescrit ?

Ce médicament est un *laxatif lubrifiant*. Il agit en ramollissant les selles et en facilitant leur progression dans l'intestin.

Il est utilisé dans le *traitement symptomatique* de la constipation.

> **Attention :** Ce médicament peut réduire l'absorption de certaines *vitamines* (A, D, E, K) en cas d'utilisation prolongée.
> Les *laxatifs lubrifiants* contiennent des huiles qui, en cas de passage accidentel dans les bronches (troubles de la déglutition, vomissements, *reflux gastro-œsophagien*...), exposent à des complications pulmonaires sérieuses. Ce médicament doit donc être pris au moins 2 heures avant le coucher ; il doit être utilisé avec prudence chez la personne âgée ayant des difficultés à avaler et chez le *nourrisson*.
> L'usage des laxatifs doit rester exceptionnel chez l'enfant.
> Ce médicament contient du *sucre* (saccharose) en quantité notable.

### Grossesse et allaitement

Ce médicament ne contient aucune substance connue pour être toxique pendant la grossesse ou l'allaitement ; néanmoins, il peut réduire l'absorption de certaines *vitamines* : son usage doit être ponctuel.

### Mode d'emploi et posologie

Ce médicament peut être pris soit le matin à jeun, soit à distance des repas.
L'effet laxatif se manifeste après un délai de 6 à 8 heures.

**Posologie usuelle :**

- Adulte : 2 cuillères à café par jour.
- Enfant : ½ cuillère à café par jour.

> **Conseils :** Le traitement de la constipation chronique repose essentiellement sur des boissons abondantes, une alimentation riche en fibres et une activité physique régulière.

### Effets indésirables possibles

Suintement anal.

Laboratoires Sanofi-Aventis OTC

## LUBENTYL à la magnésie

Laxatif lubrifiant et laxatif osmotique

### Présentation

**LUBENTYL à la magnésie :** gelée orale (arômes : orange, cacao) ; pot de 260 g. Non remb.

### Composition

| | p c à c |
|---|---|
| **Paraffine liquide** | 2,44 g |
| **Paraffine solide** | 308 mg |
| **Cire paraffinique** | 56 mg |
| **Magnésium hydroxyde** | 750 mg |
| Saccharose | 1,2 g |

### Dans quel cas ce médicament est-il prescrit ?

Ce médicament associe un *laxatif lubrifiant* et un *laxatif osmotique*. L'huile de paraffine agit en ramollissant les selles et en facilitant leur progression dans l'intestin. L'hydroxyde de magnésium attire l'eau dans l'intestin et augmente le volume des selles.
Il est utilisé comme *traitement symptomatique* de la constipation.

### Contre-indications

Ce médicament ne doit pas être utilisé dans les cas suivants :

- *insuffisance rénale* grave,
- maladie inflammatoire du côlon,
- constipation ou douleurs abdominales dues à une obstruction du tube digestif : rétrécissement intestinal, *fécalome* (bouchon de selles).

> **Attention :** Ce médicament peut réduire l'absorption de certaines *vitamines* (A, D, E, K) en cas d'utilisation prolongée.
> Les *laxatifs lubrifiants* contiennent des huiles qui, en cas de passage accidentel dans les bronches (troubles de la déglutition, vomissements, *reflux gastro-œsophagien*...), exposent à des complications pulmonaires sérieuses. Ce médicament doit donc être pris au moins 2 heures avant le coucher ; il doit être utilisé avec prudence chez la personne âgée ayant des difficultés à avaler et chez le *nourrisson*.
> Arrêtez le traitement en cas de diarrhée ou de douleurs abdominales.
> Ce médicament contient du *sucre* (saccharose) en quantité notable.

### Grossesse et allaitement

Ce médicament est déconseillé pendant la grossesse ou l'allaitement.

### Mode d'emploi et posologie

Ce médicament doit être pris soit le matin à jeun, soit à distance des repas. L'effet laxatif se manifeste dans un délai de 6 à 8 heures.

**Posologie usuelle :**

- Adulte : 2 cuillères à café par jour.

> **Conseils :** Le traitement de la constipation chronique repose essentiellement sur des boissons abondantes, une alimentation riche en fibres et une activité physique régulière.

### Effets indésirables possibles

Suintement anal.
Diarrhée, douleurs abdominales, sensation de ballonnement.

Laboratoires Sanofi-Aventis OTC

## LUDEAL

Contraceptif oral — sur ordonnance

Ce médicament est un générique de MINIDRIL (voir p. 640 et tableau p. 1151).

## LUDIOMIL

Antidépresseur imipraminique — sur ordonnance

### Présentation

**LUDIOMIL 25 :** comprimé sécable (beige) ; boîte de 50. Liste I - Remb 65 % - **Prix : 5,74 €.**
**LUDIOMIL 75 :** comprimé (ocre) ; boîte de 28. Liste I - Remb 65 % - **Prix : 9,47 €.**

### Composition

| | p cp | p cp |
|---|---|---|
| **Maprotiline chlorhydrate** | 25 mg | 75 mg |
| Amidon de blé (gluten) | + | + |
| Lactose | + | + |

### Dans quel cas ce médicament est-il prescrit ?

Ce médicament est un antidépresseur qui appartient à la famille des *antidépresseurs imipraminiques*. Il possède également des effets *atropiniques*, qui ne participent pas à son activité, mais qui expliquent certaines contre-indications et certains effets indésirables.
Il est utilisé dans le traitement des *états dépressifs*.

### Contre-indications

Ce médicament ne doit pas être utilisé dans les cas suivants :

- risque de *glaucome* à angle fermé,
- risque de rétention des urines (*adénome de la prostate*...),
- *infarctus du myocarde* récent (moins de 3 mois),
- en association avec les médicaments contenant du sultopride.

**Attention :** Ce médicament présente des effets *atropiniques*. Il peut provoquer un *glaucome* aigu chez les personnes prédisposées : œil rouge, dur et douloureux, avec vision floue. Une consultation d'extrême urgence auprès d'un ophtalmologiste est nécessaire.

Des précautions particulières s'imposent en cas d'*épilepsie*, de maladie cardiaque, chez l'*insuffisant hépatique* ou *rénal* et chez la personne âgée, notamment en cas de constipation chronique, de tendance aux *vertiges* ou aux baisses de tension.

En cas d'excitation anormale ou de confusion des idées survenant sous traitement, une consultation médicale est nécessaire.

Avant une anesthésie locale, notamment chez le dentiste, signalez la prise de ce médicament.

Évitez les boissons alcoolisées : augmentation du risque de somnolence.

Si vous devez conduire, ou utiliser une machine dangereuse, assurez-vous préalablement que ce médicament n'altère pas votre vigilance.

**Interactions avec d'autres substances**

Les *antidépresseurs imipraminiques* ne doivent pas, en général, être associés aux *IMAO* non sélectifs.

Ce médicament ne doit pas être associé au sultopride (médicament uniquement disponible à l'hôpital) : risque de *troubles du rythme cardiaque* graves.

Il peut également interagir avec les médicaments contenant l'une des substances suivantes : adrénaline, noradrénaline, clonidine, guanfacine.

Informez par ailleurs votre médecin ou votre pharmacien si vous prenez un antidépresseur *inhibiteur de la recapture de la sérotonine*, un médicament *anticonvulsivant*, *antihypertenseur*, *atropinique*, *sédatif*, ou contenant de la carbamazépine, de la thioridazine ou du baclofène.

**Grossesse et allaitement**

Si une grossesse survient pendant le traitement, consultez votre médecin. Il appréciera le risque éventuel lié à l'utilisation de ce médicament dans votre cas.

Si le traitement est poursuivi jusqu'à l'accouchement, une surveillance médicale du *nouveau-né* est nécessaire.

Ce médicament est susceptible de passer faiblement dans le lait maternel : l'allaitement est déconseillé sans avis médical.

**Mode d'emploi et posologie**

La dose quotidienne est généralement absorbée en une prise, le plus souvent le soir.

Les comprimés peuvent être pris indifféremment au cours ou en dehors des repas.

**Posologie usuelle :**
75 à 150 mg par jour.

**Conseils :** L'efficacité des *antidépresseurs* n'est généralement pas immédiate. Un délai pouvant atteindre plusieurs semaines est parfois nécessaire pour que les effets bénéfiques se fassent sentir. Les effets indésirables éventuels apparaissant en début de traitement ne doivent pas vous conduire à l'arrêter prématurément.

Chez la personne souffrant de dépression, un état anxieux peut apparaître ou être majoré en début de traitement ; un *anxiolytique* est parfois prescrit par le médecin pour prévenir ou traiter ces manifestations.

Lorsque les *symptômes* de la *dépression* ont disparu, le traitement doit absolument être poursuivi pendant la durée prescrite afin de consolider la guérison. Un arrêt prématuré exposerait à une rechute. La durée d'un traitement antidépresseur est rarement inférieure à 6 mois.

Contrairement à d'autres médicaments utilisés pour traiter les maladies psychiques, les antidépresseurs ne créent pas de dépendance. Néanmoins, il est préférable d'arrêter le traitement progressivement en diminuant la posologie ou en espaçant les prises pour éviter les effets indésirables transitoires, rarement observés, en cas d'interruption brutale.

Une prise de poids peut être observée au cours du traitement. Une alimentation équilibrée, et si nécessaire les conseils d'un nutritionniste, peuvent prévenir et limiter ce phénomène.

**Effets indésirables possibles**

Comme tous les *antidépresseurs imipraminiques* :

- sécheresse de la bouche, constipation, troubles de l'*accommodation*, *tachycardie*, sueurs, difficulté à uriner, troubles sexuels, *hypotension orthostatique*, somnolence ;
- plus rarement : tremblements, convulsions chez les personnes prédisposées, confusion des idées, prise de poids, tension anormale des seins, écoulement de lait par le mamelon, bouffées de chaleur, *réaction allergique*, *hépatite*, anomalie de la *numération formule sanguine*, troubles cardiaques, excitation anormale.

Laboratoires Novartis Pharma

## LUMALIA

Antiacnéique — sur ordonnance

Ce médicament est un générique de DIANE 35 (voir p. 310 et tableau p. 1151).

## LUMBALGINE

*Informations détaillées sur www.monvidal.com*

## LUMIFUREX

Antidiarrhéique — sur ordonnance

Ce médicament est un générique de ERCÉFURYL (voir p. 375 et tableau p. 1151).

## LUMIGAN

Antiglaucomateux — sur ordonnance

**Présentation**

LUMIGAN : collyre ; flacon de 3 ml. Liste I - Remb 65 % - **Prix : 20,04 €.**

**Composition**

| | p 100 ml |
|---|---|
| **Bimatoprost** | 30 mg |
| Benzalkonium chlorure | + |

**Dans quel cas ce médicament est-il prescrit ?**

Ce collyre a la propriété de diminuer la *tension intraoculaire*. Il appartient à la famille des *prostaglandines*.

Il est utilisé dans le traitement des maladies dues à un excès de tension intraoculaire, notamment du *glaucome* à angle ouvert.

### Contre-indications

Ce médicament ne doit pas être utilisé en cas d'*allergie* aux *antiseptiques* de la famille des *ammoniums quaternaires* (présence de benzalkonium).

> **Attention :** Ce collyre peut modifier de façon définitive la couleur des yeux, de la peau des paupières ou des cils (qui deviennent plus foncés). Le préjudice est uniquement esthétique, sans conséquence connue sur la santé de l'œil. Il peut être gênant lorsque la coloration induite par le collyre n'est pas uniforme, ou lorsqu'un seul œil est traité.
> Des précautions sont nécessaires en cas d'*insuffisance hépatique*, *rénale* ou *respiratoire*.
> Conducteur : l'instillation de ce collyre peut provoquer une gêne visuelle transitoire.

### Interactions avec d'autres substances

Certaines substances contenues dans des collyres différents peuvent donner lieu à des interactions médicamenteuses : dans le doute, et sauf indication contraire de votre médecin, respectez un intervalle minimal de 5 minutes entre deux instillations dans le même œil.

### Grossesse et allaitement

Les *prostaglandines* possèdent des effets potentiellement dangereux pendant la grossesse. Ce collyre ne doit être utilisé chez la femme enceinte qu'en cas d'absolue nécessité.

Les données disponibles ne permettent pas de savoir si ce médicament passe dans le lait maternel. L'allaitement est déconseillé pendant le traitement.

### Mode d'emploi et posologie

Tirer la paupière inférieure vers le bas tout en regardant vers le haut et déposer une goutte de collyre entre la paupière et le globe oculaire (*cul-de-sac conjonctival*). Veiller à ne pas mettre en contact l'embout du flacon avec l'œil ou les doigts pour éviter de contaminer le collyre avec les *germes* présents sur les paupières ou la peau.

**Posologie usuelle :**

- Adulte de plus de 18 ans : 1 goutte par jour, le soir.

> **Conseils :** Il peut être nécessaire de comprimer les voies lacrymales (angle interne de l'œil) après l'instillation, pour éviter un passage excessif du produit dans le sang : demander conseil à votre ophtalmologiste.
> Les lentilles de contact souples doivent être ôtées avant l'instillation du collyre. Elles pourront être replacées après un délai de 15 minutes.
> Le flacon ne doit pas être conservé plus de 4 semaines après une première utilisation.

### Effets indésirables possibles

Réactions locales :

- très fréquents (plus de 10 % des utilisateurs) : rougeur de l'œil, croissance des cils, démangeaisons oculaires ;
- fréquents (de 1 à 10 % des utilisateurs) : *allergie* ou *œdème* oculaire, modification de la couleur des cils, de l'iris ou de la peau des paupières, larmoiement ou au contraire sécheresse oculaire, sensation de corps étranger, troubles de la vue, rougeur ou démangeaisons des paupières.

Autres troubles observés (sans qu'il n'ait été démontré une responsabilité réelle du collyre dans leur survenue) :

- maux de tête, hypertension, augmentation des *transaminases* ;
- plus rarement : fatigue, *vertiges*, rhume, *œdèmes*, augmentation de la pilosité.

**Laboratoires Allergan France**

## LUMIRELAX comprimé

Relaxant musculaire — sur ordonnance

### Présentation

LUMIRELAX : comprimé (blanc) ; boîte de 20. Liste II - Remb 35 % - **Prix : 2,27 €**.

### Composition

| | p cp |
|---|---|
| Méthocarbamol | 500 mg |

### Dans quel cas ce médicament est-il prescrit ?

Ce médicament est un myorelaxant (relaxant musculaire). Il possède également un effet *antalgique* et *sédatif*.

Il est utilisé dans le *traitement d'appoint* des contractures musculaires douloureuses.

### Contre-indications

Ce médicament ne doit pas être utilisé dans les cas suivants :

- *myasthénie*,
- *antécédent* de *convulsions*.

> **Attention :** Des précautions sont nécessaires en cas d'*insuffisance rénale* et chez la personne âgée.
> Évitez les boissons alcoolisées : augmentation du risque de somnolence.
> Conducteur : ce médicament peut être responsable de *vertiges* ou d'une baisse de la vigilance.

### Interactions avec d'autres substances

Informez votre médecin si vous prenez des médicaments *sédatifs*.

### Grossesse et allaitement

L'effet de ce médicament pendant la grossesse ou l'allaitement est mal connu : seul votre médecin peut évaluer le risque éventuel de son utilisation dans votre cas.

### Mode d'emploi et posologie

Les comprimés sont pris de préférence au début des repas avec un verre d'eau.

**Posologie usuelle :**

- Adulte : 2 comprimés, 2 ou 3 fois par jour.

> **Conseils :** Ce médicament peut colorer les urines en marron ou en vert.

### Effets indésirables possibles

A forte dose : somnolence.

Rarement : *éruption cutanée*, démangeaisons, fièvre, *conjonctivite* avec nez bouché.

Exceptionnellement : *vertiges*, nausées, maux de tête, vision trouble.

**Laboratoires Zydus France**

**LUMIRELAX crème**

*Informations détaillées sur www.monvidal.com*

## LUTÉNYL

Progestatif

sur ordonnance

### Présentation

LUTÉNYL : comprimé sécable (blanc) ; boîte de 10. Liste I - Remb 65 % - **Prix : 5,90 €**.

### Composition

| | p cp |
|---|---|
| **Nomégestrol acétate** | 5 mg |

### Dans quel cas ce médicament est-il prescrit ?

Ce médicament contient une *hormone* proche de la *progestérone*.

Il est utilisé pour compenser une insuffisance de progestérone dans le traitement :

- des troubles des règles, du *syndrome prémenstruel*, de la tension des seins ;
- des saignements dus à un *fibrome* ;
- de la *ménopause* (en complément des *estrogènes*).

### Contre-indications

Ce médicament ne doit pas être utilisé dans les cas suivants :

- *antécédent* d'*accident thromboembolique* (*infarctus du myocarde*, *phlébite*, *embolie* pulmonaire...) ;
- saignement génital intermittent (l'origine de ce saignement doit être déterminée par des examens avant la mise en route du traitement) ;
- *insuffisance hépatique* grave.

**Attention :** De récentes études ont montré une augmentation du risque de survenue d'un cancer du sein chez les femmes ayant reçu un traitement prolongé des *symptômes* de la *ménopause*. Le traitement doit par conséquent être prescrit à la dose minimale efficace et pour une durée la plus courte possible. En l'absence de troubles, sa prescription ne doit pas être systématique.

Des précautions sont nécessaires en cas de troubles cardiovasculaires, d'*hypertension artérielle*, de *diabète* ou de *porphyrie*.

Lorsque ce médicament a été prescrit pour des saignements génitaux intermittents, l'origine de ces saignements doit être déterminée par des examens appropriés avant la mise en route du traitement. Si ces saignements surviennent pendant le traitement, signalez-les à votre médecin.

Arrêtez la prise de ce médicament et consultez votre médecin en cas d'apparition de l'un des troubles suivants : maux de tête violents et inhabituels, troubles de la vision, *phlébite*.

### Interactions avec d'autres substances

Les médicaments contenant les substances suivantes sont susceptibles de diminuer l'efficacité des traitements hormonaux : carbamazépine, phénobarbital, phénytoïne, primidone, griséofulvine, rifabutine, rifampicine.

### Grossesse et allaitement

Ce médicament n'a pas d'indication pendant la grossesse, mais une prise intempestive ne doit pas susciter d'inquiétude particulière.

Ce médicament passe dans le lait maternel : il est déconseillé pendant l'allaitement (sauf avis médical).

### Mode d'emploi et posologie

Ce médicament est pris indifféremment au cours ou en dehors des repas.

**Posologie usuelle :**

1 comprimé par jour pendant les 10 à 14 derniers jours du cycle.

### Effets indésirables possibles

Arrêt des règles, saignement génital intermittent (à signaler à votre médecin).

Aggravation d'une insuffisance veineuse.

Prise de poids, insomnie, augmentation de la pilosité, *troubles digestifs*.

Exceptionnellement : réaction allergique cutanée, troubles de la vision, phlébite.

Laboratoires Théramex

## LUTÉRAN

Progestatif

sur ordonnance

### Présentation

LUTÉRAN 2 : comprimé (blanc) ; boîte de 10. Liste I - Remb 65 % - **Prix : 1,33 €**.
LUTÉRAN 5 : comprimé (rose) ; boîte de 10. Liste I - Remb 65 % - **Prix : 2,25 €**.
LUTÉRAN 10 : comprimé ; boîte de 12. Liste I - Remb 65 % - **Prix : 5,07 €**.

### Composition

| | p cp | p cp | p cp |
|---|---|---|---|
| **Chlormadinone acétate** | 2 mg | 5 mg | 10 mg |

### Dans quel cas ce médicament est-il prescrit ?

Ce médicament contient une *hormone* proche de la *progestérone*.

Il est utilisé pour compenser une insuffisance de progestérone dans le traitement :

- des troubles des règles, du *syndrome prémenstruel*, de la tension des seins ;
- de la *ménopause* (en complément des *estrogènes*) ;
- des saignements dus à un *fibrome* ;
- de l'*endométriose*.

### Contre-indications

Ce médicament ne doit pas être utilisé dans les cas suivants :

- *accident thromboembolique* (*phlébite*, *embolie* pulmonaire...) en évolution ;
- saignement génital intermittent (l'origine de ce saignement doit être déterminée par des examens avant la mise en route du traitement) ;
- *insuffisance hépatique* grave.

**Attention :** De récentes études ont montré une augmentation du risque de survenue d'un cancer du sein chez les femmes ayant reçu un traitement prolongé des *symptômes* de la *ménopause*. Le traitement doit par conséquent être prescrit à la dose minimale efficace et pour une durée la plus courte possible. En l'absence de troubles, sa prescription ne doit pas être systématique.

Des précautions sont nécessaires en cas d'*antécédent* d'*infarctus du myocarde* ou d'*accident thromboembolique*, de troubles cardiovasculaires, d'*hypertension artérielle* ou de *diabète*.

Lorsque ce médicament a été prescrit pour des saignements génitaux intermittents, l'origine de ces saignements doit être déterminée par des examens

appropriés avant la mise en route du traitement. Si ces saignements surviennent pendant le traitement, signalez-les à votre médecin.
Arrêtez la prise du médicament et consultez votre médecin en cas d'apparition de l'un des troubles suivants : maux de tête violents et inhabituels, troubles de la vision, *phlébite*.

### Interactions avec d'autres substances

Les médicaments contenant les substances suivantes sont susceptibles de diminuer l'efficacité des traitements hormonaux : carbamazépine, phénobarbital, phénytoïne, primidone, griséofulvine, rifabutine, rifampicine.

### Grossesse et allaitement

Ce médicament n'a pas d'indication pendant la grossesse, mais une prise intempestive ne doit pas susciter d'inquiétude particulière.
Ce médicament passe dans le lait maternel : il est déconseillé (sauf avis médical) pendant l'allaitement.

### Mode d'emploi et posologie

Ce médicament est pris indifféremment au cours ou en dehors des repas.

**Posologie usuelle :**
- Adulte : 4 à 10 mg par jour, pendant les 10 à 14 derniers jours du cycle.

Dans l'*endométriose* : 2 comprimés à 5 mg par jour.

### Effets indésirables possibles

Arrêt des règles, saignement génital intermittent (à signaler à votre médecin).
Aggravation d'une *insuffisance veineuse*, jaunisse, démangeaisons.
Exceptionnellement : insomnie, *troubles digestifs*, prise de poids.

Laboratoires Aventis

## LYO-BIFIDUS

*Informations détaillées sur www.monvidal.com*

## LYRICA

Antiépileptique — **sur ordonnance**

### Présentation

LYRICA 25 mg : gélule ; boîte de 56. Liste I - Remb 65 % - **Prix : 19,29 €.**
LYRICA 25 mg : gélule ; boîte de 84. Liste I - Remb 65 % - **Prix : 28,66 €.**
LYRICA 50 mg : gélule ; boîte de 84. Liste I - Remb 65 % - **Prix : 45,15 €.**
LYRICA 75 mg : gélule (blanc et orange) ; boîte de 56. Liste I - Remb 65 % - **Prix : 44,86 €.**
LYRICA 100 mg : gélule (orange) ; boîte de 84. Liste I - Remb 65 % - **Prix : 64,64 €.**
LYRICA 150 mg : gélule (blanc) ; boîte de 56. Liste I - Remb 65 % - **Prix : 64,34 €.**
LYRICA 200 mg : gélule ; boîte de 84. Liste I - Remb 65 % - **Prix : 93,85 €.**
LYRICA 300 mg : gélule ; boîte de 56. Liste I - Remb 65 % - **Prix : 93,85 €.**

### Composition

| | p gél | p gél | p gél |
|---|---|---|---|
| **Prégabaline** | 25 mg | 50 mg | 75 mg |
| Lactose | + | + | + |

| | p gél | p gél |
|---|---|---|
| **Prégabaline** | 100 mg | 150 mg |
| Lactose | + | + |

| | p gél | p gél |
|---|---|---|
| **Prégabaline** | 200 mg | 300 mg |
| Lactose | + | + |

### Dans quel cas ce médicament est-il prescrit ?

Ce médicament est un antiépileptique chimiquement apparenté à une substance présente dans le cerveau, l'acide gamma-amino-butyrique (GABA).
Il est utilisé chez l'adulte dans le traitement :
- de certaines formes d'*épilepsie* en association avec un autre antiépileptique,
- des *douleurs neuropathiques*,
- de certaines formes d'anxiété (trouble anxieux généralisé).

**Attention :** L'utilisation de ce médicament nécessite une surveillance particulière en cas de *diabète* ainsi que chez les personnes âgées.
Compte-tenu de ses effets indésirables potentiels, ce médicament peut, chez certaines personnes, ne pas être compatible avec la conduite automobile ou le maniement de machines dangereuses. Assurez-vous à l'occasion des premières prises que vous supportez bien ce médicament avant de conduire ou d'utiliser une machine.

### Grossesse et allaitement

Une contraception efficace est recommandée pendant le traitement. Si une grossesse survient pendant le traitement, consultez rapidement votre médecin. Il appréciera le risque éventuel lié à l'utilisation de ce médicament dans votre cas.
Les données disponibles ne permettent pas de savoir si ce médicament passe dans le lait maternel : l'allaitement est déconseillé.

### Mode d'emploi et posologie

Ce médicament peut être pris avec au cours ou en dehors des repas.

**Posologie usuelle :**
- Adulte de plus de 17 ans : 150 mg à 600 mg par jour, répartis en 2 ou 3 prises. La posologie est augmentée progressivement en fonction de l'efficacité du traitement.

En cas d'*insuffisance rénale*, une adaptation de la *posologie* est nécessaire.

### Effets indésirables possibles

Le plus fréquemment : vertiges et somnolence pouvant être responsables de chute, notamment chez la personne âgée.
D'autres effets ont été observés plus ou moins fréquemment : augmentation ou au contraire diminution de l'appétit, euphorie, confusion, état dépressif, troubles sexuels, irritabilité, troubles de la vision, essouflement, nez bouché ou sec, bouche sèche, troubles digestifs, bouffées de chaleur, variation de la tension, sueurs, douleurs musculaires ou articulaires, fatigue, œdème, prise de poids.

Laboratoires Pfizer

## LYSANXIA

Anxiolytique : benzodiazépine — sur ordonnance

### Présentation

**LYSANXIA 10 mg :** comprimé (bleu) ; boîte de 40. Liste I, durée de prescription limitée à 12 semaines - Remb 65 % - **Prix : 3,51 €**.

**LYSANXIA 40 mg :** comprimé sécable (rose) ; boîte de 20. Liste I, durée de prescription limitée à 12 semaines - Non remb.

**LYSANXIA :** solution buvable ; flacon de 20 ml (600 gouttes). Liste I, durée de prescription limitée à 12 semaines - Remb 65 % - **Prix : 2,76 €**.

### Composition

| | p cp | p cp | p 30 gtes |
|---|---|---|---|
| **Prazépam** | 10 mg | 40 mg | 15 mg |
| Lactose | + | + | |

### Dans quel cas ce médicament est-il prescrit ?

Ce médicament est un *anxiolytique* (tranquillisant) de la famille des *benzodiazépines*.

Il est utilisé dans le traitement de l'anxiété lorsque celle-ci s'accompagne de troubles gênants (*anxiété généralisée*, crise d'angoisse...) et dans le cadre d'un sevrage alcoolique.

### Contre-indications

Ce médicament ne doit pas être utilisé dans les cas suivants :
- *insuffisance respiratoire* ou *hépatique* grave,
- *syndrome d'apnée du sommeil*,
- *myasthénie*.

**Attention :** Des précautions sont nécessaires chez la personne âgée et chez l'*insuffisant hépatique* ou *rénal*.

Utilisé seul, ce médicament n'est pas adapté au traitement des *états dépressifs*.

Une prise prolongée, surtout à doses importantes, de *tranquillisants* de la famille des *benzodiazépines* peut provoquer une *dépendance*. Ce risque de dépendance est accru chez les personnes ayant déjà présenté une dépendance à d'autres médicaments, substances ou à l'alcool.

L'arrêt brutal de ce médicament expose à un *syndrome de sevrage* : réapparition de l'anxiété, agitation, irritabilité, insomnie, maux de tête, douleurs musculaires, tremblements, hallucinations. Il faut donc s'entourer de conseils médicaux pour diminuer progressivement les doses et espacer les prises, sur une période d'autant plus longue que le traitement a été prolongé.

Ce médicament peut induire une somnolence, parfois intense chez certaines personnes. Cette somnolence peut être majorée par la prise d'*alcool* ou d'autres médicaments *sédatifs*. La conduite et l'utilisation de machines dangereuses sont déconseillées, surtout dans les heures qui suivent la prise du médicament.

### Interactions avec d'autres substances

Informez votre médecin ou votre pharmacien si vous prenez d'autres *sédatifs* (tranquillisants, somnifères, certains médicaments contre la toux ou contre la douleur contenant des *opiacés*, *antidépresseurs*, *neuroleptiques*...).

### Grossesse et allaitement

Ce médicament ne doit pas être utilisé sans avis médical pendant la grossesse. Les fortes doses au cours des 6 derniers mois sont déconseillées. En fin de grossesse, un traitement par benzodiazépine, même à faible dose, peut être responsable d'effets indésirables chez le *nouveau-né* : une surveillance médicale du nouveau-né est alors nécessaire pendant 1 à 3 semaines selon les cas.

Ce médicament passe dans le lait maternel : l'allaitement est déconseillé.

### Mode d'emploi et posologie

Ce médicament peut être pris pendant ou entre les repas.

**Posologie usuelle :**
- Adulte : 10 à 40 mg par jour ; jusqu'à 60 mg par jour dans certains cas graves. La dose minimale efficace est toujours recherchée.

**Conseils :** Le prazépam est présent dans l'organisme plus de 65 heures après sa prise : son effet peut persister de façon prolongée.

Ce médicament vous a été prescrit dans une situation précise : ne le réutilisez pas ultérieurement sans avis médical et ne le conseillez pas à une autre personne.

La durée de prescription des *anxiolytiques* doit être la plus courte possible. Dans certaines situations, le traitement doit toutefois être prolongé. Il appartient alors au médecin de réévaluer périodiquement la nécessité de le poursuivre ou de l'interrompre.

Les *tranquillisants* ne sont pas la seule réponse à l'anxiété : une meilleure hygiène de vie, une consommation modérée d'excitants (y compris les boissons alcoolisées) permettent aussi de lutter efficacement contre l'excès de stress. Dans certains cas, une psychothérapie peut aider à lutter durablement contre l'anxiété.

### Effets indésirables possibles

Sensation d'ivresse, maux de tête, fatigue, somnolence (en particulier chez la personne âgée), cauchemars, ralentissement des idées, faiblesse musculaire, vision double, baisse de la libido, *éruption cutanée* avec ou sans démangeaison.

Dans certaines circonstances et chez certaines personnes :
- réactions paradoxales avec augmentation de l'anxiété, agitation, agressivité, confusion des idées, hallucinations ;
- *amnésie antérograde*.

Ces troubles nécessitent l'arrêt du traitement.

Laboratoires Lynapharm

## LYSO-6

Préparation orobuccale antibactérienne

### Présentation

**LYSO-6 :** comprimé *sublingual* (blanc) ; boîte de 30. Non remb.

### Composition

| | p cp |
|---|---|
| **Lysozyme chlorhydrate** | 20 mg |
| **Pyridoxine chlorhydrate (vitamine B6)** | 10 mg |
| Lactose | + |

### Dans quel cas ce médicament est-il prescrit ?

Ce médicament d'usage local à visée *antiseptique* contient une *enzyme* et de la *vitamine* B6.

Il est utilisé dans le traitement des maux de gorge et des petites plaies de la bouche (*aphtes* par exemple).

### Contre-indications

Ce médicament ne doit pas être utilisé chez l'enfant de moins de 6 ans.

**Attention :** En l'absence d'amélioration au bout de 5 jours, de douleur en avalant ou en cas d'apparition de fièvre, consultez votre médecin. Il pourra faire la différence entre une *pharyngite* et une angine. En cas d'angine bactérienne, un traitement *antibiotique* est nécessaire afin d'éviter des complications ultérieures, cardiaques ou rénales.

L'usage prolongé des traitements antiseptiques locaux (*gargarisme*, *collutoire*, pastille) n'est pas souhaitable ; il peut modifier l'équilibre microbien naturel de la gorge.

### Grossesse et allaitement

L'effet de ce médicament pendant la grossesse ou l'allaitement est mal connu. L'évaluation du risque éventuel lié à son utilisation est individuelle : demandez conseil à votre pharmacien ou à votre médecin.

### Mode d'emploi et posologie

Laisser fondre les comprimés sous la langue.

**Posologie usuelle :**

6 à 8 comprimés, régulièrement répartis dans la journée.

### Effets indésirables possibles

Rarement : *réaction allergique*.

Laboratoires UCB Healthcare

## LYSOCALMSPRAY

*Informations détaillées sur www.monvidal.com*

## LYSOCLINE

*Informations détaillées sur www.monvidal.com*

## LYSOPAÏNE

Préparation orobuccale antibactérienne

### Présentation

LYSOPAÏNE : comprimé à sucer (blanc ; arôme menthe) ; boîte de 24. Non remb.

LYSOPAÏNE : comprimé à sucer (blanc ; arôme menthe) ; boîte de 2 tubes de 20. Non remb.

### Composition

| | p cp |
|---|---|
| **Cétylpyridinium chlorure** | 1,5 mg |
| **Lysozyme chlorhydrate** | 20 mg |

### Dans quel cas ce médicament est-il prescrit ?

Ce médicament d'usage local contient un *antiseptique* de la famille des *ammoniums quaternaires* et une *enzyme*.

Il est utilisé dans le traitement des maux de gorge et des petites plaies de la bouche (*aphtes* par exemple).

### Contre-indications

Ce médicament ne doit pas être utilisé chez l'enfant de moins de 6 ans.

**Attention :** En l'absence d'amélioration au bout de 5 jours, de douleur en avalant ou en cas d'apparition de fièvre, consultez votre médecin. Il pourra faire la différence entre une *pharyngite* et une angine. En cas d'angine bactérienne, un traitement *antibiotique* est nécessaire afin d'éviter des complications ultérieures, cardiaques ou rénales.

L'usage prolongé des traitements antiseptiques locaux (*gargarisme*, *collutoire*, pastille) n'est pas souhaitable ; il peut modifier l'équilibre microbien naturel de la gorge.

### Grossesse et allaitement

L'effet de ce médicament pendant la grossesse ou l'allaitement est mal connu. L'évaluation du risque éventuel lié à son utilisation est individuelle : demandez conseil à votre pharmacien ou à votre médecin.

### Mode d'emploi et posologie

Laisser fondre les comprimés sous la langue.

**Posologie usuelle :**

3 à 6 comprimés, régulièrement répartis dans la journée, en espaçant les prises d'au moins 2 heures.

Laboratoires Bœhringer Ingelheim

## LYTOS

*Informations détaillées sur www.monvidal.com*

# M

## MAALOX BALLONNEMENTS

*Informations détaillées sur www.monvidal.com*

## MAALOX DIGESTION DIFFICILE

*Informations détaillées sur www.monvidal.com*

## MAALOX MAUX D'ESTOMAC

Antiacide d'action locale

### Présentation

MAALOX MAUX D'ESTOMAC : comprimé à croquer (blanc ; arôme menthe) ; boîte de 40. Non remb.
MAALOX MAUX D'ESTOMAC SANS SUCRE : comprimé à croquer (arôme citron) ; boîte de 40. Non remb.
MAALOX MAUX D'ESTOMAC : suspension buvable (arôme citron) ; boîte de 20 sachets. Non remb.
MAALOX MAUX D'ESTOMAC : suspension buvable (arôme menthe) ; flacon de 250 ml. Non remb.

### Composition

| | p cp | p cp |
|---|---|---|
| **Aluminium hydroxyde** | 400 mg | 400 mg |
| **Magnésium hydroxyde** | 400 mg | 400 mg |
| Sorbitol | + | + |
| Maltitol | | + |

| | p sachet | p c à s |
|---|---|---|
| **Aluminium hydroxyde** | 460 mg | 525 mg |
| **Magnésium hydroxyde** | 400 mg | 600 mg |
| Saccharose | 3,15 g | |
| Sorbitol | + | + |

### Dans quel cas ce médicament est-il prescrit ?

Ce médicament contient des *antiacides* d'action locale. Ils agissent en neutralisant les acides sécrétés par l'estomac.

Il est utilisé dans le traitement des aigreurs, brûlures d'estomac et remontées acides.

### Contre-indications

Ce médicament ne doit pas être utilisé en cas d'*insuffisance rénale* grave.

**Attention :**
Il est préférable de consulter un médecin dans les situations suivantes :
- troubles de la digestion apparaissant pour la première fois, ou si les troubles ont changé récemment ;
- troubles associés à une perte de poids ;
- difficulté à avaler ou gêne abdominale persistante.

N'utilisez pas ce médicament de façon prolongée sans l'avis de votre médecin : des examens peuvent être nécessaires si les *symptômes* persistent.

Compte tenu de la teneur en aluminium de ce médicament, des précautions sont nécessaires chez les *insuffisants rénaux* traités par *dialyse*.

Les personnes souffrant de douleurs d'estomac doivent éviter d'utiliser des médicaments contenant de l'aspirine ou des *AINS* qui augmentent l'acidité de l'estomac. Le paracétamol est en revanche sans danger pour traiter les douleurs ou la fièvre.

Les sachets de suspension buvable contiennent du *sucre* (saccharose) en quantité notable.

### Interactions avec d'autres substances

Ce médicament peut diminuer l'absorption de nombreux médicaments. Un délai d'au moins 2 heures (voire 4 heures avec les *antibiotiques* de la famille des quinolones) doit être respecté entre la prise de ce médicament et celle des autres traitements. Demandez conseil à votre médecin ou à votre pharmacien.

### Grossesse et allaitement

Les substances contenues dans ce médicament sont peu absorbées. Néanmoins, ne l'utilisez pas de façon prolongée pendant la grossesse ou l'allaitement sans l'avis de votre médecin ou de votre pharmacien.

### Mode d'emploi et posologie

Ce médicament doit être pris environ 1 heure et demie après les repas ou au moment des douleurs.

Le sachet de suspension buvable doit être malaxé avant ouverture.

La suspension buvable est avalée telle quelle, sans être diluée.

**Posologie usuelle :**
- Adulte :
  - 1 ou 2 comprimés à croquer par prise, sans dépasser 6 prises par jour ;
  - 1 ou 2 sachets de suspension buvable, 1 à 6 fois par jour ;
  - 1 cuillère à soupe, 1 à 6 fois par jour.

**Conseils :** Agitez vigoureusement le flacon de suspension buvable avant l'emploi.

Une alimentation équilibrée, une mastication lente, la suppression des aliments difficiles à digérer et des boissons alcoolisées permettent souvent d'atténuer les *symptômes* dus à une *inflammation* de l'estomac, du *duodénum* ou de l'œsophage.

Si vous êtes fumeur, la poursuite du tabagisme est un frein important au traitement : la nicotine augmente l'acidité gastrique et réduit l'efficacité du muscle qui ferme la jonction entre l'œsophage et l'estomac.

### Effets indésirables possibles

Constipation ou *diarrhée* : les sels d'aluminium favorisent la constipation alors que le magnésium peut avoir un effet laxatif. Suivant les personnes, l'un ou l'autre de ces effets peut prédominer.

Laboratoires Théraplix

## MAB MAUX D'ESTOMAC

*Informations détaillées sur www.monvidal.com*

## MADÉCASSOL comprimé
Vasculoprotecteur

### Présentation
**MADÉCASSOL 10 mg :** comprimé sécable (blanc) ; boîte de 25. Non remb.

### Composition

| | p cp |
|---|---|
| **Hydrocotyle (Centella asiatica), extrait** | 10 mg |

### Dans quel cas ce médicament est-il prescrit ?
Ce médicament est un protecteur *vasculaire.* Il stimule la formation du *collagène* dans la paroi des vaisseaux sanguins et dans la peau.
Il est utilisé dans le *traitement symptomatique* des jambes lourdes, *impatiences* et autres troubles en rapport avec une mauvaise circulation veineuse ou *lymphatique.*

**Attention :** L'*insuffisance veineuse* peut requérir des mesures spécifiques telles que la *contention élastique.*

### Grossesse et allaitement
L'effet de ce médicament pendant la grossesse ou l'allaitement est mal connu. L'évaluation du risque éventuel lié à son utilisation est individuelle : demandez conseil à votre pharmacien ou à votre médecin.

### Mode d'emploi et posologie
Ce médicament doit être pris avec un verre d'eau au cours des repas.

**Posologie usuelle :**
- Adulte : 1 ou 2 comprimés, 3 fois par jour.
- Enfant : 1 à 3 comprimés par jour.

**Conseils :** Une activité physique régulière et la surélévation du pied du lit permettent de faciliter la circulation veineuse et *lymphatique.*

### Effets indésirables possibles
Rarement : nausées, douleurs d'estomac, *réactions allergiques.*

Laboratoires Bayer santé familiale

## MADÉCASSOL crème et poudre
Protecteur cutané

### Présentation
**MADÉCASSOL 1 % :** crème ; tube de 10 g. Non remb.
**MADÉCASSOL 1 % :** crème ; tube de 25 g. Non remb.
**MADÉCASSOL 2 % :** poudre pour application locale ; flacon de 10 g. Non remb.

### Composition

| | crème p 100 g | poudre p 100 g |
|---|---|---|
| **Hydrocotyle (centella asiatica), extrait sec** | 1 g | 2 g |
| Talc | | + |

### Dans quel cas ce médicament est-il prescrit ?
Ce médicament d'usage local est un protecteur cutané. Il est utilisé dans le *traitement d'appoint* des *ulcérations* de la peau.

### Contre-indications
Ce médicament ne doit pas être appliqué sur des plaies infectées.

**Attention :** Rincez abondamment en cas de contact accidentel avec les yeux.
La poudre est bien adaptée au traitement des lésions suintantes, mais elle ne doit pas être utilisée sur les lésions profondes.

### Grossesse et allaitement
Ce médicament ne contient que des substances présumées sans danger pendant la grossesse ou l'allaitement. Néanmoins, ne l'utilisez pas de façon prolongée sans l'avis de votre pharmacien ou de votre médecin.

### Mode d'emploi et posologie
Nettoyer et désinfecter la région à traiter avant l'application.

**Posologie usuelle :**
1 ou 2 applications par jour.

### Effets indésirables possibles
*Réaction allergique* locale.

Laboratoires Bayer santé familiale

## MADÉCASSOL néomycine hydrocortisone
*Informations détaillées sur www.monvidal.com*

## MAG 2
Élément minéral : magnésium

### Présentation
**MAG 2 :** comprimé ; boîte de 60. Remb 35 % - **Prix : 4,84 €.**
**MAG 2 :** solution buvable (arômes : orange, mandarine) ; boîte de 30 ampoules de 10 ml. Remb 35 % - **Prix : 4,51 €.**
**MAG 2 :** poudre pour solution buvable (arôme citron) ; boîte de 30 sachets. Remb 35 % - **Prix : 3,98 €.**
**MAG 2 :** solution injectable ; boîte de 12 ampoules de 10 ml. Remb 35 % - **Prix : 4,20 €.**

### Composition

| | p cp | p amp |
|---|---|---|
| **Magnésium carbonate** | 395,85 mg | |
| **Magnésium pidolate** | | 1,5 g |
| soit Magnésium | 100 mg | 122 mg |
| Saccharose | | 3 g |

| | p sachet | p amp inj |
|---|---|---|
| **Magnésium pidolate** | 2,25 mg | 1 g |
| soit Magnésium | 184 mg | 81,4 mg |

### Dans quel cas ce médicament est-il prescrit ?
Ce médicament contient du magnésium, élément minéral indispensable au *métabolisme.*
Il est utilisé dans le traitement des *carences* en magnésium et en cas de symptômes pouvant évoquer un manque de magnésium : irritabilité, fatigue passagère, troubles mineurs du sommeil, *palpitations*, crampes musculaires, fourmillements.
La solution injectable n'est utilisée que pour traiter les carences en magnésium chez les malades alimentés par perfusion à l'hôpital.

**Contre-indications**

Ce médicament ne doit pas être utilisé dans les cas suivants :
- *insuffisance rénale* grave,
- enfant de moins de 6 ans (comprimé).

**Attention :** En l'absence d'amélioration après un mois de traitement, consultez votre médecin.
La solution buvable contient du *sucre* (saccharose) en quantité notable.

**Interactions avec d'autres substances**

Ce médicament peut interagir avec les médicaments contenant de la quinidine ou de l'hydroquinidine.

**Grossesse et allaitement**

Ce médicament ne contient que des substances présumées sans danger pendant la grossesse ou l'allaitement.

**Mode d'emploi et posologie**

Ce médicament peut être pris avant ou au cours des repas. La dose quotidienne est répartie de préférence en plusieurs prises.
Les comprimés ne sont pas adaptés à l'enfant de moins de 6 ans. En effet, ils risquent d'obstruer les voies respiratoires si l'enfant déglutit mal et que le comprimé passe dans la trachée (fausse route).
Le contenu des ampoules doit être dilué dans un demi-verre d'eau.
Le contenu des sachets doit être dissous dans un grand verre d'eau.

**Posologie usuelle :**
- Adulte : 3 à 4 comprimés ou ampoules buvables par jour, ou 2 sachets par jour.
- Enfant et nourrisson de plus de 12 kg (environ 2 ans) : 1 à 4 comprimés par jour ou 1 à 3 ampoules buvables par jour ou 1 à 2 sachets par jour, en fonction du poids.

**Effets indésirables possibles**

Diarrhée, douleurs abdominales.
Vasodilatation, goût métallique dans la bouche (solution injectable).

Laboratoires Cooper

## MAGNÉ B6

Élément minéral : magnésium

**Présentation**

**MAGNÉ B6 :** comprimé (blanc) ; boîte de 50. Remb 35 % - **Prix : 3,23 €**.
**MAGNÉ B6 100 mg/10 mg :** comprimé ; boîte de 60. Non remb.

**Composition**

| | p cp | p cp |
|---|---|---|
| **Citrate de magnésium** | | 618,43 mg |
| **Lactate de magnésium** | 470 mg | |
| soit Magnésium | 48 mg | 100 mg |
| **Pyridoxine chlorhydrate (vitamine B6)** | 5 mg | 10 mg |
| Lactose | | + |

**Dans quel cas ce médicament est-il prescrit ?**

Ce médicament contient du magnésium, élément minéral indispensable au *métabolisme*.

Il est utilisé dans le traitement des *carences* en magnésium et en cas de symptômes pouvant évoquer un manque de magnésium : irritabilité, fatigue passagère, troubles mineurs du sommeil, *palpitations*, crampes musculaires, fourmillements.

**Contre-indications**

Ce médicament ne doit pas être utilisé en cas d'*insuffisance rénale* grave.

**Attention :** En l'absence d'amélioration après un mois de traitement, consultez votre médecin.

**Interactions avec d'autres substances**

Ce médicament ne doit pas être associé à la lévodopa seule.
Il peut interagir avec les médicaments contenant de la quinidine ou de l'hydroquinidine.

**Grossesse et allaitement**

Ce médicament ne contient que des substances présumées sans danger pendant la grossesse ou l'allaitement.

**Mode d'emploi et posologie**

Ce médicament est pris de préférence pendant les repas. La dose quotidienne est répartie en 2 ou 3 prises.
Les comprimés ne sont pas adaptés à l'enfant de moins de 6 ans. En effet, ils risquent d'obstruer les voies respiratoires si l'enfant déglutit mal et que le comprimé passe dans la trachée (fausse route).

**Posologie usuelle :**
- Adulte : 6 à 8 comprimés à 48 mg/5 mg ou 3 à 4 comprimés à 100 mg/10 mg par jour.
- Enfant de 6 à 15 ans : 4 à 6 comprimés à 48 mg/5 mg ou 2 à 4 comprimés à 100 mg/10 mg par jour selon l'âge.

**Effets indésirables possibles**

Diarrhée, douleurs abdominales.
*Réaction allergique.*

Laboratoires Sanofi-Aventis OTC

## MAGNÉSIE COMPOSÉE

*Informations détaillées sur www.monvidal.com*

## MAGNESIE SAN PELLEGRINO

*Informations détaillées sur www.monvidal.com*

## MAGNÉSIUM ARROW

*Informations détaillées sur www.monvidal.com*

## MAGNÉSIUM GLYCOCOLLE LAFARGE

*Informations détaillées sur www.monvidal.com*

## MAGNÉSPASMYL

*Informations détaillées sur www.monvidal.com*

## MAGNOGÈNE
Élément minéral : magnésium

### Présentation
MAGNOGÈNE : gélule (blanc et vert) ; boîte de 60. Remb 35 % - **Prix : 2,35 €.**

### Composition
| | p gél |
|---|---|
| **Chlorure de magnésium** | 200 mg |
| soit Magnésium | 55 mg |

### Dans quel cas ce médicament est-il prescrit ?
Ce médicament contient du magnésium, élément minéral indispensable au *métabolisme*.

Il est utilisé dans le traitement des *carences* en magnésium et en cas de symptômes pouvant évoquer un manque de magnésium : irritabilité, fatigue passagère, troubles mineurs du sommeil, *palpitations*, crampes musculaires, fourmillements.

### Contre-indications
Ce médicament ne doit pas être utilisé en cas d'*insuffisance rénale* grave.

**Attention :** En l'absence d'amélioration après un mois de traitement, consultez votre médecin.

### Interactions avec d'autres substances
Ce médicament peut interagir avec les médicaments contenant de la quinidine ou de l'hydroquinidine.

### Grossesse et allaitement
Ce médicament ne contient que des substances présumées sans danger pendant la grossesse ou l'allaitement.

### Mode d'emploi et posologie
Ce médicament est pris de préférence au cours des repas.

Les gélules doivent être avalées avec un verre d'eau.

**Posologie usuelle :**
- Adulte : 5 à 8 gélules par jour, à répartir en 2 ou 3 prises.
- Enfant de 6 à 15 ans : 4 à 7 gélules par jour, à répartir en 2 ou 3 prises.

### Effets indésirables possibles
Diarrhée, douleurs abdominales.

Laboratoires Novartis Santé Familiale

## MALARONE
Antipaludique — sur ordonnance

### Présentation
MALARONE 62,5 mg/25 mg enfant : comprimé (rond ; rose) ; boîte de 12. Liste I - Non remb.

MALARONE 250 mg/100 mg : comprimé ; boîte de 12. Liste I - Non remb.

### Composition
| | p cp | p cp |
|---|---|---|
| **Atovaquone** | 62,5 mg | 250 mg |
| **Proguanil chlorhydrate** | 25 mg | 100 mg |

### Dans quel cas ce médicament est-il prescrit ?
Ce médicament est un antipaludique de synthèse associant deux substances actives.

Il est utilisé dans le *traitement préventif* du *paludisme* chez l'adulte et l'enfant de plus de 11 kg.

Les comprimés dosés à 250 mg/100 mg sont également utilisés dans le *traitement curatif* du paludisme chez l'adulte et l'enfant de plus de 40 kg.

### Contre-indications
Ce médicament ne doit pas être utilisé en *traitement préventif* en cas d'*insuffisance rénale* grave.

**Attention :** Ce médicament n'est pas destiné à traiter les formes graves de paludisme (accès pernicieux palustre) qui nécessitent une hospitalisation et un traitement intraveineux.

### Interactions avec d'autres substances
Ce médicament peut interagir avec ceux qui contiennent de la rifampicine, de la rifabutine, du métoclopramide, des tétracyclines ou de l'indinavir.

### Grossesse et allaitement
Le risque pendant la grossesse est lié au *paludisme* et non au médicament, qui peut être pris par la femme enceinte aux doses préconisées si nécessaire.

Ce médicament passe dans le lait maternel ; ne l'utilisez pas ou ne le réutilisez pas sans avis médical.

### Mode d'emploi et posologie
Les comprimés doivent être pris de préférence avec un repas ou une boisson lactée, à heure fixe.

Chez l'enfant de moins de 6 ans, ils doivent être écrasés avant administration.

**Posologie usuelle :**

*Traitement préventif* du *paludisme* :

Débuter le traitement la veille ou le jour du départ et le poursuivre jusqu'à 7 jours après avoir quitté la zone à risque.
- Adulte et enfant de plus de 40 kg : 1 comprimé à 250 mg/100 mg ou 4 comprimés à 62,5 mg/25 mg par jour.
- Enfant de 11 à 20 kg : 1 comprimé à 62,5 mg/25 mg par jour.
- Enfant de 21 à 30 kg : 2 comprimés à 62,5 mg/25 mg par jour.
- Enfant de 31 à 40 kg : 3 comprimés à 62,5 mg/25 mg par jour.

*Traitement curatif* :
- Adulte et enfant de plus de 12 ans : 4 comprimés à 250 mg/100 mg par jour, en une seule prise, pendant 3 jours.

La posologie est la même chez la personne âgée et en cas d'*insuffisance hépatique* ou d'*insuffisance rénale* modérée.

**Conseils :** Le traitement ne dispense pas des mesures destinées à empêcher les piqûres de moustiques : port de vêtements longs après le coucher du soleil, insecticides, moustiquaire...

Le risque maximal de crise de *paludisme* se situe dans les 4 semaines qui suivent le retour d'un pays tropical : toute fièvre, même banale, pendant cette période, doit vous amener à consulter votre médecin.

Une rechute peut toujours survenir, même après un traitement bien suivi.

### Effets indésirables possibles

Fréquemment : *troubles digestifs*, manque d'appétit, toux, maux de tête.

Rarement : augmentation réversible des *transaminases*, anomalie de la *numération formule sanguine*, *apthes*, anomalies de la coloration de la peau, perte de cheveux, *réaction allergique*, démangeaisons, fièvre, *hyponatrémie*, augmentation des enzymes pancréatiques dans le sang.

Laboratoires GlaxoSmithKline

## MALOCIDE

*Informations détaillées sur www.monvidal.com*

## MANICOL

*Informations détaillées sur www.monvidal.com*

## MANTADIX

*Informations détaillées sur www.monvidal.com*

## MARRON D'INDE BOIRON

*Informations détaillées sur www.monvidal.com*

## MARSILID

*Informations détaillées sur www.monvidal.com*

## MAXAIR

*Informations détaillées sur www.monvidal.com*

## MAXEPA

Hypolipémiant

### Présentation

MAXEPA : capsule transparente (jaune) ; boîte de 60. Non remb.

### Composition

| | p caps |
|---|---|
| **Huiles naturelles de chair de poisson** | 1 g |
| **Acétate d'alpha-tocophérol** | 1,75 mg |

### Dans quel cas ce médicament est-il prescrit ?

Ce médicament contient des huiles de chair de poisson qui ont la propriété de faire baisser le taux de *triglycérides* dans le sang. Par ailleurs, elles diminuent légèrement la capacité du sang à coaguler.

Il est utilisé dans le traitement des excès de *triglycérides* persistant malgré un régime adapté et assidu.

### Interactions avec d'autres substances

Informez votre médecin ou votre pharmacien si vous prenez un *anticoagulant* oral.

### Grossesse et allaitement

Ce médicament ne contient que des substances présumées sans danger pendant la grossesse ou l'allaitement. Néanmoins, ne l'utilisez pas de façon prolongée sans l'avis de votre pharmacien ou de votre médecin.

### Mode d'emploi et posologie

Les capsules doivent être avalées au cours des repas.

**Posologie usuelle :**

- Adulte : 2 capsules, 3 fois par jour.

**Conseils :** Le régime reste indispensable pendant toute la durée du traitement.

Un régime pauvre en graisses animales n'est pas simple à suivre : les erreurs sont fréquentes. Demandez conseil à votre médecin, à votre pharmacien ou à un professionnel de la nutrition.

Ce médicament doit être conservé à l'abri de la lumière.

### Effets indésirables possibles

Rarement : nausées, renvois.

Laboratoires Pierre Fabre Santé

## MAXIDEX

*Informations détaillées sur www.monvidal.com*

## MAXIDROL

Anti-inflammatoire et antibiotique à usage ophtalmique — sur ordonnance

### Présentation

MAXIDROL : collyre ; flacon compte-gouttes de 3 ml. Liste I - Remb 35 % - **Prix : 2,44 €**.

MAXIDROL : pommade ophtalmique ; tube de 3,5 g. Liste I - Remb 35 % - **Prix : 1,95 €**.

### Composition

| | p 100 ml | p 100 g |
|---|---|---|
| **Dexaméthasone** | 0,10 g | 0,10 g |
| **Néomycine** | 350 000 UI | 350 000 UI |
| **Polymyxine B sulfate** | 600 000 UI | 600 000 UI |
| Benzalkonium chlorure | + | |

### Dans quel cas ce médicament est-il prescrit ?

Ce médicament d'usage local contient un *corticoïde* et des *antibiotiques*, dont l'un appartient à la famille des *aminosides*.

Il est utilisé dans le traitement des *conjonctivites* allergiques, des infections et de certaines maladies inflammatoires de l'œil.

### Contre-indications

Ce médicament ne doit pas être utilisé dans les cas suivants :

- *allergie* aux *antibiotiques* de la famille des *aminosides* ou à la polymyxine B ;
- *kératite* virale à son début ou autre infection oculaire non contrôlée par un traitement spécifique.

**Attention :** L'usage de ce médicament impose un examen ophtalmologique préalable. En effet, certaines infections oculaires peuvent être aggravées par les dérivés de la *cortisone*.

En l'absence d'amélioration après quelques jours de traitement, n'hésitez pas à consulter votre médecin.

Ce médicament contenant un *corticoïde* doit être utilisé avec précaution en cas de *glaucome* à angle ouvert.

Le collyre ou la pommade peuvent être contaminés par l'œil infecté : évitez de mettre l'extrémité du flacon ou du tube en contact avec l'œil ; ne les conservez pas plus de 15 jours après une première utilisation.

L'usage de ce médicament est déconseillé chez le *nourrisson*.

Sportif : ce médicament contient une substance susceptible de rendre positifs certains *tests antidopage*.

### Interactions avec d'autres substances

Ce médicament peut interagir avec d'autres collyres : respectez un intervalle de 15 minutes entre deux instillations.

### Grossesse et allaitement

L'effet de ce médicament pendant la grossesse ou l'allaitement est mal connu : seul votre médecin peut évaluer le risque éventuel de son utilisation dans votre cas.

### Mode d'emploi et posologie

Tirer la paupière inférieure vers le bas tout en regardant vers le haut et déposer une goutte de collyre ou la pommade entre la paupière et le globe oculaire (*cul-de-sac conjonctival*).

**Posologie usuelle :**

Collyre : 1 goutte, 3 à 6 fois par jour.

Pommade ophtalmique : appliquer l'équivalent d'un grain de riz, 1 ou 2 fois par jour.

La durée du traitement est limitée à 7 jours, sauf avis médical.

**Conseils :** Le port de *lentilles de contact* doit être immédiatement interrompu en cas d'infection ou d'inflammation oculaire et les lentilles ne doivent pas être réutilisées avant guérison complète.
La vision est troublée par l'application de la pommade. Ce trouble disparaît en quelques minutes.
L'application correcte du produit peut nécessiter une aide, notamment chez une personne handicapée ou âgée.

### Effets indésirables possibles

Irritation ou *réaction allergique* locales.

En cas d'utilisation prolongée : *cataracte*, augmentation de la *tension intraoculaire* (*glaucome*), *kératite* superficielle.

Laboratoires Alcon

## MAXILASE

Enzyme à visée anti-inflammatoire

### Présentation

**MAXILASE 3 000 :** comprimé (orange pâle) ; boîte de 24. Non remb.

**MAXILASE 3 000 :** comprimé (orange pâle) ; boîte de 30. Non remb.

**MAXILASE 200 U/ml :** sirop (arôme mandarine) ; flacon de 125 ml. Non remb.

**MAXILASE 200 U/ml :** sirop (arôme mandarine) ; flacon de 200 ml. Non remb.

### Composition

| | p cp | p c à c |
|---|---|---|
| **Alpha-amylase (en U Ph Eur)** | 2 143 | 714,3 |
| Saccharose | | 3,2 g |

### Dans quel cas ce médicament est-il prescrit ?

Ce médicament contient une *enzyme* destinée à lutter contre l'*œdème* et l'*inflammation*.

Il est utilisé dans le *traitement d'appoint* de l'inflammation aiguë de la gorge.

**Attention :** En l'absence d'amélioration au bout de quelques jours, en cas d'apparition de fièvre, consultez votre médecin.
Le sirop contient du *sucre* (saccharose) en quantité notable.

### Grossesse et allaitement

L'effet de ce médicament pendant la grossesse ou l'allaitement est mal connu. L'évaluation du risque éventuel lié à son utilisation est individuelle : demandez conseil à votre pharmacien ou à votre médecin.

### Mode d'emploi et posologie

Les comprimés doivent être avalés sans être croqués avec un verre d'eau au moment des repas.

**Posologie usuelle :**

- Adulte : 1 cuillère à soupe de sirop ou 1 comprimé, 3 fois par jour.
- Enfant de plus de 3 ans (plus de 15 kg) : 2 cuillères à café de sirop, 3 fois par jour.
- Nourrisson et enfant de 6 mois à 3 ans (de 7 à 15 kg) : 1 cuillère à café, 3 fois par jour.

### Effets indésirables possibles

Rarement : *réaction allergique*.

Laboratoires Sanofi-Aventis OTC

## MAXOMAT

Hormone de croissance — sur ordonnance

### Présentation

**MAXOMAT 1,3 mg :** poudre et solvant pour solution injectable *SC* ; flacon de poudre et ampoule de solvant de 2 ml. Liste I, *médicament d'exception, médicament à prescription restreinte* - Remb 100 % - **Prix : 47,24 €.**

### Composition

| | p flacon |
|---|---|
| **Somatropine (hormone de croissance humaine) recombinante** | 1,3 mg |

### Dans quel cas ce médicament est-il prescrit ?

Ce médicament contient de l'*hormone* de croissance humaine obtenue par *biotechnologie*. Cette hormone permet de stimuler la croissance chez les enfants atteints de certaines maladies rares.

Elle est utilisée pour traiter le retard de croissance chez les enfants souffrant d'un déficit prouvé en hormone de croissance. Elle est également utilisée pour traiter la petite taille des enfants atteints d'une anomalie chromosomique : le syndrome de Turner.

### Contre-indications

Ce médicament ne doit pas être utilisé dans les cas suivants :

- certaines *tumeurs* dont le développement est susceptible d'être stimulé par l'*hormone* de croissance,
- enfant dont la croissance osseuse est achevée.

**Attention :** Toute utilisation de ce médicament chez l'adulte, ou chez l'enfant en dehors des indications officielles, expose à des risques graves.

Des précautions sont nécessaires chez les diabétiques sous *insuline* (surveillance renforcée de la *glycémie*).
Consultez le médecin si votre enfant présente des maux de tête violents ou répétés, des troubles visuels, des nausées ou des vomissements, une boiterie.
Effectuez régulièrement les prises de sang prescrites par le médecin spécialiste qui suit l'enfant.
Sportif : ce médicament contient une substance susceptible de rendre positifs certains *tests antidopage*.

### Grossesse et allaitement

L'effet de ce médicament pendant la grossesse ou l'allaitement est mal connu : seul votre médecin peut évaluer le risque éventuel de son utilisation dans votre cas.

### Mode d'emploi et posologie

Après reconstitution, la solution doit être injectée par voie *sous-cutanée*, en changeant tous les jours de site d'injection. La solution ne doit pas être agitée trop vigoureusement, ce qui pourrait dénaturer le principe actif.
N'hésitez pas à demander à votre médecin des explications si vous avez des doutes sur la technique de préparation ou d'injection.

**Posologie usuelle :**
La *posologie* est adaptée très précisément par le médecin en fonction de l'indication, de la taille et du poids de l'enfant.

**Conseils :**
**Conditions particulières de délivrance :**
Ce médicament est à la fois un *médicament d'exception* et un *médicament à prescription restreinte* : il doit obligatoirement être prescrit pour la première fois à l'hôpital par un médecin spécialisé en pédiatrie ou en endocrinologie. Les ordonnances de renouvellement peuvent être rédigées par un médecin de ville, mais chaque ordonnance de renouvellement (d'un modèle particulier) doit être présentée au pharmacien, accompagnée de la prescription hospitalière initiale, valable 1 an.
Ce médicament doit être conservé à une température comprise entre + 2 °C et + 8 °C (au réfrigérateur). La solution reconstituée se conserve 7 jours au réfrigérateur.

### Effets indésirables possibles

*Nodule* local en cas d'injection répétée au même emplacement.
*Hypothyroïdie.*
*Hypertension intracrânienne* bénigne.
Variation de la *glycémie*.

Laboratoires Sanofi-Aventis France

## MÉBÉVÉRINE BIOGARAN

Antispasmodique à visée digestive — sur ordonnance

Ce médicament est un générique de DUSPATALIN (voir p. 347 et tableau p. 1151).

## MÉBÉVÉRINE EG

Antispasmodique à visée digestive — sur ordonnance

Ce médicament est un générique de DUSPATALIN (voir p. 347 et tableau p. 1151).

## MÉBÉVÉRINE MERCK

Antispasmodique à visée digestive — sur ordonnance

Ce médicament est un générique de DUSPATALIN (voir p. 347 et tableau p. 1151).

## MÉBÉVÉRINE QUALIMED

Antispasmodique à visée digestive — sur ordonnance

Ce médicament est un générique de DUSPATALIN (voir p. 347 et tableau p. 1151).

## MÉBÉVÉRINE TEVA

Antispasmodique à visée digestive — sur ordonnance

Ce médicament est un générique de DUSPATALIN (voir p. 347 et tableau p. 1151).

## MÉBÉVÉRINE ZYDUS

Antispasmodique à visée digestive — sur ordonnance

Ce médicament est un générique de DUSPATALIN (voir p. 347 et tableau p. 1151).

## MECIR

*Informations détaillées sur www.monvidal.com*

## MÉDIATENSYL

Antihypertenseur — sur ordonnance

### Présentation

MÉDIATENSYL 30 mg : gélule (blanc et jaune) ; boîte de 30. Liste I - Remb 65 % - **Prix : 7,30 €**.
MÉDIATENSYL 60 mg : gélule (blanc et bleu clair) ; boîte de 30. Liste I - Remb 65 % - **Prix : 14,05 €**.

### Composition

| | p gél | p gél |
|---|---|---|
| **Urapidil** | 30 mg | 60 mg |
| Saccharose | + | + |

### Dans quel cas ce médicament est-il prescrit ?

Ce médicament est un *antihypertenseur* qui appartient à la famille des *vasodilatateurs alphabloquants*.
Il est utilisé dans le traitement de l'*hypertension artérielle*.

**Attention :** Ce médicament peut être responsable de troubles de l'équilibre et parfois de malaises avec chutes. Faites contrôler votre tension artérielle si vous êtes sujet à des étourdissements en vous levant brusquement.
Des précautions sont nécessaires en cas d'*insuffisance hépatique* grave et chez la personne âgée.

### Interactions avec d'autres substances

Informez votre médecin si vous prenez un *inhibiteur calcique*.

En outre, l'effet *antihypertenseur* de ce médicament peut être augmenté par certains médicaments tels que les *neuroleptiques*, les *antidépresseurs imipraminiques*, les médicaments contenant du baclofène ; il peut être diminué par les *corticoïdes*. Votre médecin doit être informé si vous êtes traité par l'un ou l'autre de ces médicaments.

### Grossesse et allaitement

L'effet de ce médicament pendant la grossesse ou l'allaitement est mal connu : seul votre médecin peut évaluer le risque éventuel de son utilisation dans votre cas.

### Mode d'emploi et posologie

Ce médicament peut être pris indifféremment au cours ou en dehors des repas.

**Posologie usuelle :**

60 à 120 mg par jour, répartis en 2 prises.

> **Conseils :** Le traitement médicamenteux ne dispense pas des mesures simples pouvant faire baisser la tension artérielle : activité physique régulière, modération de la consommation de boissons alcoolisées, lutte contre le surpoids.

### Effets indésirables possibles

*Vertiges*, nausées, maux de tête, fatigue, douleur d'estomac.

Exceptionnellement : *hypotension orthostatique*, *allergie* cutanée.

Laboratoires Fournier

---

## MEDIATOR

Hypolipémiant
et antidiabétique oral

sur ordonnance

### Présentation

**MEDIATOR :** comprimé (blanc) ; boîte de 30. Liste I - Remb 65 % - **Prix : 5,05 €**.

### Composition

| | p cp |
|---|---|
| **Benfluorex chlorhydrate** | 150 mg |

### Dans quel cas ce médicament est-il prescrit ?

C'est un *hypolipidémiant* qui abaisse le taux de *triglycérides* dans le sang. Il lutte également contre les *glycémies* excessives chez les diabétiques.

Il est utilisé en complément du régime dans les excès de *triglycérides* et dans le *diabète* modéré avec surpoids.

### Contre-indications

Ce médicament ne doit pas être utilisé en cas de *pancréatite* chronique.

> **Attention :**
> Si vous devez conduire, ou utiliser une machine dangereuse, assurez-vous préalablement que ce médicament n'altère pas votre vigilance.
> Sportif : ce médicament contient une substance susceptible de rendre positifs certains *tests antidopage*.

### Grossesse et allaitement

L'effet de ce médicament pendant la grossesse ou l'allaitement est mal connu : seul votre médecin peut évaluer le risque éventuel de son utilisation dans votre cas.

### Mode d'emploi et posologie

Ce médicament peut être pris au cours ou en dehors des repas.

**Posologie usuelle :**

- Adulte : 3 comprimés par jour.

> **Conseils :** Un régime pauvre en *cholestérol* et en graisses animales n'est pas simple à suivre : les erreurs sont fréquentes. Demandez conseil à votre médecin, à votre pharmacien ou à un professionnel de la nutrition.

### Effets indésirables possibles

*Troubles digestifs* (nausée, vomissement, douleur d'estomac, diarrhée).

Fatigue, somnolence, *vertiges*.

Laboratoires Biopharma

---

## MÉDIBRONC

Fluidifiant bronchique

### Présentation

**MÉDIBRONC Adulte :** sirop (arôme caramel) ; flacon de 250 ml. Non remb.

**MÉDIBRONC Enfant :** sirop (arôme banane) ; flacon de 150 ml. Non remb.

### Composition

| | Sirop Ad p c à s | Sirop Enf p c à c |
|---|---|---|
| **Carbocistéine** | 750 mg | 100 mg |
| Saccharose | 5,25 g | 3,5 g |

### Dans quel cas ce médicament est-il prescrit ?

Ce médicament fluidifie les sécrétions (mucosités) présentes dans les bronches. Il facilite leur évacuation par la toux.

Il est utilisé en cas de toux grasse avec difficulté à cracher, notamment au cours des bronchites aiguës.

> **Attention :** Ce médicament ne peut être utilisé en cas de *bronchite chronique* que sur avis médical.
> Des précautions sont nécessaires en cas d'*ulcère* de l'estomac ou du *duodénum*.
> N'utilisez pas d'*antitussif* en plus de ce médicament sans l'avis de votre médecin ou de votre pharmacien.
> Si les sécrétions persistent au-delà de quelques jours, si elles se colorent ou en cas de fièvre, consultez votre médecin.
> Ce médicament contient du *sucre* (saccharose) en quantité notable.

### Grossesse et allaitement

Ce médicament ne contient que des substances présumées sans danger pendant la grossesse ou l'allaitement. Néanmoins, ne l'utilisez pas de façon prolongée sans l'avis de votre pharmacien ou de votre médecin.

### Mode d'emploi et posologie

Ce médicament est pris de préférence en dehors des repas.

**Posologie usuelle :**
- Adulte : 1 cuillère à soupe de sirop Adulte, 3 fois par jour.
- Enfant de 5 à 15 ans : 1 cuillère à café de sirop Enfant, 3 fois par jour.
- Enfant de 1 mois à 5 ans : 1 cuillère à café de sirop Enfant, 1 ou 2 fois par jour selon l'âge.

Le traitement peut être interrompu dès l'amélioration des symptômes. Sa durée ne doit pas dépasser 8 à 10 jours sans avis médical.

**Conseils :** Fumer, ou être exposé à la fumée des autres, est un frein important à l'évacuation des mucosités.
Il est important de lutter contre la sécheresse de l'air ambiant (humidificateur...) pour éviter le dessèchement des sécrétions. Il est également recommandé de boire beaucoup.
Chez la personne âgée ou le jeune enfant, l'incapacité à évacuer les crachats peut justifier l'aide d'un kinésithérapeute, sur prescription médicale.

### Effets indésirables possibles

Douleurs d'estomac, nausées, diarrhée.

Laboratoires Merck Médication Familiale

## MÉDIFLOR calmante, troubles du sommeil n° 14

Phytothérapie

### Présentation

**MÉDIFLOR calmante, troubles du sommeil N° 14 :** tisane ; boîte de 24 sachets-dose. Non remb.

### Composition

| | p 100 g |
|---|---|
| **Valériane, racine** | 20 g |
| **Passiflore, partie aérienne** | 20 g |
| **Aubépine, sommité fleurie** | 15 g |
| **Mélisse, feuille** | 10 g |
| **Tilleul, inflorescence** | 10 g |
| **Bigaradier, feuille** | 25 g |

### Dans quel cas ce médicament est-il prescrit ?

Cette tisane est un mélange de plantes à visée *sédative*.
Elle est traditionnellement utilisée dans le *traitement symptomatique* de la nervosité, notamment en cas de troubles légers du sommeil.

### Grossesse et allaitement

Ce médicament contient des plantes présumées sans danger pendant la grossesse ou l'allaitement. Néanmoins, par mesure de prudence, ne l'utilisez pas sans prendre l'avis de votre pharmacien ou de votre médecin.

### Mode d'emploi et posologie

Préparer une *infusion* avec 1 sachet-dose dans une tasse d'eau bouillante, à laisser infuser pendant 5 minutes.

**Posologie usuelle :**
En cas de nervosité : 1 tasse, 3 à 5 fois par jour (au lever, aux repas et au coucher).
Dans les troubles du sommeil : 1 tasse à la fin du dîner et 1 tasse au coucher.

**Conseils :** Les médicaments ne sont pas la seule réponse aux troubles du sommeil : une meilleure hygiène de vie, une consommation modérée d'excitants (y compris les boissons alcoolisées...), l'insonorisation de la chambre ou le port de bouchons auriculaires (type boules Quies) permettent aussi d'améliorer la qualité du sommeil.

Laboratoires Merck Médication Familiale

## MÉDIFLOR circulation du sang n° 12

*Informations détaillées sur www.monvidal.com*

## MÉDIFLOR constipation passagère n° 7

Laxatif stimulant

### Présentation

**MÉDIFLOR tisane contre la constipation passagère n° 7 :** tisane ; boîte de 24 sachets-dose. Non remb.

### Composition

| | p sachet |
|---|---|
| **Séné, foliole** | 720 mg |
| **Frêne, feuille** | 360 mg |
| **Fenouil doux, semence** | 180 mg |
| **Réglisse, racine** | 180 mg |
| **Romarin, sommité fleurie** | 360 mg |

### Dans quel cas ce médicament est-il prescrit ?

Cette tisane contient un *laxatif stimulant* (séné). Elle augmente les sécrétions et la motricité de l'intestin.
Elle est utilisée dans le *traitement symptomatique* de la constipation.

### Contre-indications

Ce médicament ne doit pas être utilisé dans les cas suivants :
- maladies inflammatoires du côlon ;
- constipation ou douleurs abdominales dues à une obstruction du tube digestif : rétrécissement intestinal, *fécalome* (bouchon de selles) ;
- enfant de moins de 12 ans, sauf sur prescription médicale.

**Attention :** Ce médicament doit être utilisé de façon épisodique et en cure très brève : pas plus de 8 à 10 jours.
Son usage régulier peut entraîner :
- une *dépendance*,
- des troubles intestinaux graves,
- une perte de sels minéraux, notamment de *potassium*, pouvant être à l'origine de *troubles du rythme cardiaque* graves.

L'usage des laxatifs doit rester exceptionnel chez l'enfant.
Arrêtez le traitement en cas de diarrhée ou de douleurs abdominales.

### Interactions avec d'autres substances

Ce médicament peut interagir avec les médicaments susceptibles de provoquer des *torsades de pointes*.
Informez par ailleurs votre pharmacien ou votre médecin si vous prenez des *corticoïdes* (sauf traitement local), des *diurétiques* ou des médicaments contenant de la digoxine, de la digitoxine ou de l'amphotéricine B (par *voie* intraveineuse).

### Grossesse et allaitement

Ce médicament est déconseillé sans avis médical pendant la grossesse ou l'allaitement.

### Mode d'emploi et posologie

Préparer une *infusion* avec 1 sachet-dose et une tasse d'eau bouillante. Laisser infuser pendant 10 à 15 minutes.

L'effet laxatif n'est pas immédiat. Il se manifeste généralement environ 10 heures après la prise du médicament.

**Posologie usuelle :**

- Adulte : 1 tasse par jour.

> **Conseils :** Le traitement de la constipation chronique repose essentiellement sur des boissons abondantes, une alimentation riche en fibres et une activité physique régulière.

### Effets indésirables possibles

Diarrhée, douleurs abdominales.

Laboratoires Merck Médication Familiale

## MÉDIFLOR diététique n° 1

*Informations détaillées sur www.monvidal.com*

## MÉDIFLOR digestive n° 3

*Informations détaillées sur www.monvidal.com*

## MÉDIFLOR diurétique n° 4

*Informations détaillées sur www.monvidal.com*

## MÉDIFLOR douleurs articulaires n° 2

*Informations détaillées sur www.monvidal.com*

## MÉDIFLOR hépatique n° 5

*Informations détaillées sur www.monvidal.com*

## MÉDIFLOR pectorale d'Alsace n° 8

*Informations détaillées sur www.monvidal.com*

## MÉDIFLOR rhume n°16

*Informations détaillées sur www.monvidal.com*

## MÉDIVEINE

Vasculoprotecteur et veinotonique

Ce médicament est un générique de DIOVENOR (voir p. 323 et tableau p. 1151).

## MÉDROL

Dérivé de la cortisone — sur ordonnance

### Présentation

**MÉDROL 4 mg :** comprimé sécable (blanc) ; boîte de 30.
Liste I - Remb 65 % - **Prix : 3,28 €.**

**MÉDROL 16 mg :** comprimé sécable (blanc) ; boîte de 20.
Liste I - Remb 65 % - **Prix : 5,82 €.**

### Composition

| | p cp | p cp |
|---|---|---|
| **Méthylprednisolone** | 4 mg | 16 mg |

### Dans quel cas ce médicament est-il prescrit ?

C'est un *anti-inflammatoire* stéroïdien qui appartient à la famille des *corticoïdes* de synthèse (dérivés chimiques de la cortisone naturelle). Les propriétés de la *cortisone* sont nombreuses, mais ce produit est surtout utilisé pour son effet anti-inflammatoire puissant. Il présente, à efficacité égale, moins d'effets indésirables que la cortisone naturelle. Ces propriétés sont utiles dans le traitement de nombreuses affections comportant une composante inflammatoire ou allergique, mais aussi de certains cancers où ce médicament permet de lutter contre la prolifération cellulaire. Il diminue les réactions immunitaires et est donc utilisé pour prévenir le rejet des greffes d'organes.

Il est utilisé dans le traitement de certaines maladies graves (cancer, *sclérose en plaques*, *rhumatisme articulaire aigu* par exemple), mais également de maladies plus bénignes (*allergie*, crise d'*asthme*, *sinusite* aiguë, *otite*). Dans ces derniers cas, le traitement est souvent court.

### Contre-indications

Ce médicament ne doit pas être utilisé dans les cas suivants :

- infection ou *mycose* non contrôlée par un traitement adapté,
- maladie virale en évolution (*hépatite*, *herpès* ou *zona*),
- *psychose* non contrôlée par un traitement.

> **Attention :** Ce médicament ne doit jamais être employé ou réemployé en dehors d'une prescription médicale.
>
> Si vous avez un *diabète*, vous risquez de le déséquilibrer si vous modifiez la quantité ou le rythme de la prise de *cortisone* sans avis médical.
>
> Les personnes ayant des *antécédents* de *tuberculose*, d'*ulcère* de l'estomac ou du duodénum, les personnes souffrant d'*insuffisance rénale*, de *colite* ulcéreuse, d'*hypertension artérielle*, d'*ostéoporose*, de *myasthénie* grave doivent faire l'objet d'une prise en charge médicale particulière.
>
> La prise prolongée d'un *corticoïde* diminue les défenses immunitaires : la vaccination avec un *vaccin* contenant des *germes* vivants atténués ne peut être pratiquée qu'avec l'accord de votre médecin. Vous devez également éviter le contact avec des personnes atteintes de varicelle ou de rougeole.
>
> L'arrêt du traitement doit être progressif pour permettre aux glandes *surrénales* de reprendre la synthèse de cortisone naturelle. Un arrêt brutal expose par ailleurs à une rechute de la maladie traitée. Cette précaution n'est utile que lorsque la durée du traitement dépasse une semaine.
>
> Sportif : ce médicament contient une substance susceptible de rendre positifs certains *tests antidopage*.

### Interactions avec d'autres substances

Ce médicament peut interagir avec les médicaments qui donnent des *torsades de pointes*.

Informez par ailleurs votre médecin si vous prenez :

- un médicament susceptible de faire baisser la *kaliémie* (amphotéricine B administrée par voie *intraveineuse*, certains *diurétiques*, *laxatifs stimulants*) ;
- un *antihypertenseur* ;
- un *antidiabétique* ;
- un *digitalique* ;
- un *anticoagulant* ;
- de l'aspirine ou un *AINS* ;
- un médicament contenant de la carbamazépine, du phénobarbital, de la phénytoïne, de la primidone, de la rifampicine, de la ciclosporine, de l'interféron alfa ou de l'isoniazide.

En cas de vaccination, l'utilisation d'un *vaccin* vivant est déconseillée.

### Grossesse et allaitement

Les études scientifiques actuellement disponibles n'ont pas mis en évidence de risque de malformation lors de l'utilisation de ce produit pendant la grossesse. Seul votre médecin peut apprécier la nécessité du traitement et son risque pendant la grossesse.

Lorsqu'une maladie grave impose un traitement prolongé chez la mère, une surveillance médicale du *nouveau-né* est nécessaire.

En cas de traitement prolongé, il peut être nécessaire d'interrompre l'allaitement : prenez l'avis de votre médecin.

### Mode d'emploi et posologie

Ce médicament doit être absorbé au cours d'un repas, de préférence en une fois, le matin.

Les comprimés ne sont pas adaptés à l'enfant de moins de 6 ans. En effet, ils risquent d'obstruer les voies respiratoires si l'enfant déglutit mal et que le comprimé passe dans la trachée (fausse route).

Lors des traitements prolongés, et dès que le contrôle de la maladie le permet, une prise alternée un jour sur deux est préférable, notamment chez l'enfant.

**Posologie usuelle :**

- Adulte et enfant de plus de 6 ans : fréquemment, la *posologie* initiale est élevée (*traitement d'attaque*) ; elle est ensuite diminuée jusqu'à la posologie minimale efficace (*traitement d'entretien*).

Tout traitement prolongé à forte dose doit être arrêté progressivement : suivre les indications du médecin.

**Conseils :** Un traitement prolongé de plus de quelques jours peut nécessiter :
- la diminution de la consommation de *sel*,
- la prise de *potassium* (prescrit par le médecin),
- un régime riche en protéines et en calcium, pauvre en *glucides*.

### Effets indésirables possibles

Ils sont à craindre surtout lors d'un traitement prolongé et à forte dose :
- rétention d'eau et de sel, *hypertension artérielle* ;
- baisse du taux de *potassium*, à prévenir par un apport systématique ;
- modifications physiques fréquentes : gonflement du visage et du buste, apparition de poils, taches cutanées violacées, *acné* ;
- surexcitation, euphorie, troubles du sommeil, *état dépressif* (à l'arrêt du traitement) ;
- faiblesse puis fonte musculaires, lentement réversibles ;
- *ostéoporose* (décalcification des os), parfois définitive ;
- troubles hormonaux et métaboliques : *diabète* (réversible), arrêt de la croissance chez l'enfant, troubles des règles ;
- troubles digestifs : *gastrite*, *ulcère* ;
- certaines formes de *cataracte* et de *glaucome*.

Laboratoires Pfizer

## MÉGAMAG

Élément minéral : magnésium

### Présentation

MÉGAMAG 45 mg : gélule (bleu et blanc) ; boîte de 40. Remb 35 % - **Prix : 3,28 €**.

### Composition

| | p gél |
|---|---|
| **Magnésium aspartate** | 400 mg |
| soit Magnésium | 45 mg |

### Dans quel cas ce médicament est-il prescrit ?

Ce médicament contient du magnésium, substance indispensable au *métabolisme*.

Il est utilisé dans le traitement des *carences* en magnésium et en cas de symptômes pouvant évoquer un manque de magnésium : irritabilité, fatigue passagère, troubles mineurs du sommeil, *palpitations*, crampes musculaires, fourmillements.

### Contre-indications

Ce médicament ne doit pas être utilisé en cas d'*insuffisance rénale* grave.

**Attention :** En l'absence d'amélioration après un mois de traitement, consultez votre médecin.

### Interactions avec d'autres substances

Ce médicament peut interagir avec les médicaments contenant de la quinidine ou de l'hydroquinidine.

### Grossesse et allaitement

Ce médicament ne contient que des substances présumées sans danger pendant la grossesse ou l'allaitement.

### Mode d'emploi et posologie

Les gélules doivent être avalées avec un verre d'eau, en plusieurs prises réparties au cours de la journée.

**Posologie usuelle :**

- Adulte : 6 à 10 gélules par jour.
- Enfant de 6 à 15 ans : 4 à 6 gélules par jour.

### Effets indésirables possibles

Diarrhée, douleurs abdominales.

Laboratoires Mayoly-Spindler

## MÉGAMYLASE

Enzyme à visée anti-inflammatoire

### Présentation

MÉGAMYLASE : comprimé ; boîte de 24. Non remb.
MÉGAMYLASE : sirop (arôme mandarine) ; flacon de 125 ml avec gobelet doseur. Non remb.
MÉGAMYLASE : sirop (arôme mandarine) ; flacon de 250 ml avec gobelet doseur. Non remb.

### Composition

| | p cp | p 5 ml |
|---|---|---|
| **Alpha-amylase (en U Ph Eur)** | 2 143 | 714,3 |
| Saccharose | | 3,2 g |

### Dans quel cas ce médicament est-il prescrit ?

Ce médicament contient une *enzyme* destinée à lutter contre l'*œdème* et l'*inflammation*.

Il est utilisé dans le *traitement d'appoint* de l'inflammation aiguë de la gorge.

**Attention :** En l'absence d'amélioration au bout de quelques jours, en cas d'apparition de fièvre, consultez votre médecin.
Le sirop contient du *sucre* (saccharose) en quantité notable.

### Grossesse et allaitement

L'effet de ce médicament pendant la grossesse ou l'allaitement est mal connu. L'évaluation du risque éventuel lié à son utilisation est individuelle : demandez conseil à votre pharmacien ou à votre médecin.

### Mode d'emploi et posologie

Les comprimés doivent être avalés (sans être croqués) avec un verre d'eau, au cours des repas.

**Posologie usuelle :**

- Adulte : 1 dose de 15 ml ou 1 cuillère à soupe de sirop ou 1 comprimé, 3 fois par jour.
- Enfant de plus de 3 ans (plus de 15 kg) : 1 dose de 10 ml ou 2 cuillères à café de sirop, 3 fois par jour.
- Enfant de 6 mois à 3 ans (7 à 15 kg) : 1 dose de 5 ml ou 1 cuillère à café de sirop, 3 fois par jour.

### Effets indésirables possibles

Rarement : *réaction allergique.*

Laboratoires Leurquin Mediolanum

## MÉGAVIX

Relaxant musculaire — sur ordonnance

Ce médicament est un générique de MYOLASTAN (voir p. 678 et tableau p. 1151).

## MÉLADININE

*Informations détaillées sur www.monvidal.com*

## MELAXOSE

Laxatif lubrifiant et osmotique

### Présentation

MELAXOSE : gelée orale (arômes : mandarine, citron, orange) ; pot de 150 g. Remb 35 % - **Prix : 5,14 €.**

### Composition

| | p c à c |
|---|---|
| **Lactulose (fructose + galactose)** | 1,75 g |
| **Huile de paraffine solidifiée** | 3,2 g |
| soit Vaseline | 1,07 g |
| soit Paraffine liquide | 2,15 g |
| Aspartam | + |

### Dans quel cas ce médicament est-il prescrit ?

Ce médicament contient un *laxatif osmotique* et un *laxatif lubrifiant.* Le laxatif osmotique attire l'eau dans l'intestin et augmente le volume des selles. Le laxatif lubrifiant agit en ramollissant les selles et en facilitant leur progression dans l'intestin.
Il est utilisé dans le *traitement symptomatique* de la constipation.

### Contre-indications

Ce médicament ne doit pas être utilisé dans les cas suivants :
- maladie inflammatoire du côlon,
- occlusion intestinale ou affection prédisposant à une occlusion,
- douleurs abdominales de cause inconnue,
- *phénylcétonurie* (présence d'aspartam).

**Attention :** Ce médicament peut réduire l'absorption de certaines *vitamines* (A, D, E, K) en cas d'utilisation prolongée.
Les *laxatifs lubrifiants* contiennent des huiles qui, en cas de passage accidentel dans les bronches (troubles de la déglutition, vomissements, *reflux gastro-œsophagien*...), exposent à des complications pulmonaires sérieuses. Ce médicament doit donc être pris au moins 2 heures avant le coucher ; il doit être utilisé avec prudence chez la personne âgée ayant des difficultés à avaler et chez le *nourrisson.*

### Grossesse et allaitement

Ce médicament ne contient aucune substance connue pour être toxique pendant la grossesse ou l'allaitement ; néanmoins, il peut réduire l'absorption de certaines *vitamines* : son usage doit être ponctuel.

### Mode d'emploi et posologie

La *posologie* est adaptée selon les résultats obtenus. Si une diarrhée apparaît, il faut réduire les doses.

**Posologie usuelle :**

- Adulte :
  - *traitement d'attaque* : 2 à 3 cuillères à café par jour ;
  - *traitement d'entretien* : 1 à 3 cuillères à café par jour.

**Conseils :** Le traitement de la constipation chronique repose essentiellement sur des boissons abondantes, une alimentation riche en fibres et une activité physique régulière.

### Effets indésirables possibles

Sensation de ballonnement, diarrhée devant inciter à diminuer la *posologie.*
Suintement anal.
Rarement : démangeaisons, douleur anale.

Laboratoires UCB Pharma

## MELIANE

Contraceptif oral — sur ordonnance

### Présentation

MELIANE : comprimé (blanc) ; boîte de 1 plaquette de 21. Liste I - Non remb.
MELIANE : comprimé (blanc) ; boîte de 3 plaquettes de 21. Liste I - Non remb.

### Composition

| | p cp |
|---|---|
| **Éthinylestradiol** | 0,02 mg |
| **Gestodène** | 0,075 mg |

### Dans quel cas ce médicament est-il prescrit ?

C'est un *contraceptif* oral (pilule) qui contient un *estrogène* et un *progestatif.* Il est minidosé (moins de 0,04 mg d'estrogène) et monophasique (tous les comprimés contiennent la même quantité d'*hormones* et sont donc de la même couleur).

### Contre-indications

Ce médicament ne doit pas être utilisé dans les cas suivants :

- *accident thromboembolique* (*phlébite*, *embolie* pulmonaire...) ancien ou survenant au cours de la contraception ;
- maladie cardiovasculaire (*hypertension artérielle*, *angine de poitrine*, lésion des valves cardiaques, anomalie de la circulation sanguine cérébrale ou rétinienne) ;
- *cancer hormonodépendant* (même guéri), *tumeur de l'hypophyse* ;
- saignement génital intermittent (l'origine de ce saignement doit être déterminée par des examens avant la mise en route du traitement) ;
- maladie du foie, grave ou récente ;
- certaines maladies rares : *connectivite*, *porphyrie*.

Dans d'autres situations, votre médecin est seul juge pour prescrire ce médicament, notamment en cas de *diabète*, d'obésité, d'*otosclérose*, d'excès de *cholestérol*, de *triglycérides* ou de *prolactine* dans le sang, d'affection bénigne du sein ou de l'utérus, d'ictère (jaunisse) chronique ou survenu lors d'une grossesse, d'*insuffisance rénale*, d'**allaitement**.

**Attention :** Un examen médical est nécessaire avant de débuter la contraception. Il est suivi d'une surveillance annuelle pendant la contraception. Cette surveillance est particulièrement importante si vous souffrez d'*épilepsie*, de *migraine*, d'*asthme*, de *dépression*, ou si des membres de votre famille ont des *antécédents* de cancer du sein ou d'*accidents thromboemboliques*.

Si vous avez plus de 35 ans, si vous fumez, le risque d'effets indésirables cardiovasculaires liés à la prise d'*hormones* augmente fortement. Un autre mode de contraception est souvent préconisé.

Arrêtez la prise du *contraceptif* et consultez votre médecin en cas d'apparition de l'un des *symptômes* suivants : maux de tête violents et inhabituels, troubles de la vision, élévation importante de la tension artérielle, douleur inhabituelle à la jambe.

La survenue d'un léger saignement entre les règles (spotting) est fréquente chez les femmes pendant les premiers mois d'utilisation de la pilule. Vous devez informer votre médecin si les saignements se prolongent ou s'ils apparaissent en cours de contraception.

L'oubli d'un comprimé ou sa mauvaise absorption, du fait de vomissements par exemple, peuvent rendre la contraception inefficace.

En cas d'intervention chirurgicale programmée ou d'alitement prolongé, votre médecin jugera de l'opportunité d'interrompre votre contraception orale.

### Interactions avec d'autres substances

L'efficacité contraceptive de ce médicament peut être diminuée par les *anticonvulsivants*, certains traitements du *sida*, les produits de phytothérapie contenant du millepertuis et les médicaments contenant l'une des substances suivantes : griséofulvine, rifampicine, rifabutine, modafinil.

Informez par ailleurs votre médecin si vous prenez des médicaments contenant de la flunarizine.

### Grossesse et allaitement

Ce médicament n'a pas de raison d'être utilisé pendant la grossesse. Néanmoins, si une grossesse survient malgré le traitement, du fait d'un oubli ou d'un retard de prise, celle-ci pourra être poursuivie normalement si vous le désirez.

Les *hormones* contenues dans ce *contraceptif* passent dans le lait maternel : ne l'utilisez pas pendant l'allaitement sans avis médical.

### Mode d'emploi et posologie

Prendre régulièrement, et sans oubli, 1 comprimé par jour pendant 21 jours consécutifs. Il est recommandé de ne pas trop faire varier l'heure de prise (choisir le petit déjeuner ou le coucher de préférence).

L'interruption du traitement déclenche les règles. La nouvelle plaquette est reprise après les 7 jours d'arrêt, que les règles soient terminées ou non. Pour éviter un retard dans la reprise de la pilule, préjudiciable à l'efficacité de la contraception, il est utile de noter le jour de la prise de la première plaquette : une nouvelle plaquette est toujours commencée le même jour de la semaine.

En cas de première contraception orale ou de reprise d'une contraception interrompue temporairement, prendre le premier comprimé le premier jour des règles.

En cas de changement de *contraceptif* oral, prendre le premier comprimé :

- après un arrêt de 7 jours, si le précédent contraceptif comportait 21 comprimés par plaquette ;
- après un arrêt de 6 jours, si le précédent contraceptif comportait 22 comprimés par plaquette ;
- sans interruption, le lendemain de la prise du dernier comprimé, si le précédent contraceptif comportait 28 comprimés par plaquette.

Après un accouchement ou une interruption de grossesse, suivre les indications du médecin.

Le respect de ces délais est important : une prise trop tardive du premier comprimé peut nuire à l'efficacité de la contraception pour le nouveau cycle.

**Conseils :** Les dernières recommandations en cas d'oubli d'un comprimé pour ce type de pilule sont les suivantes : prendre immédiatement le comprimé oublié et continuer à l'heure habituelle pour les comprimés suivants (ce qui peut correspondre à la prise de 2 comprimés si l'oubli est découvert lors de la prise suivante). Si le retard est supérieur à 12 heures, la sécurité contraceptive n'est plus assurée et une autre méthode complémentaire (spermicide, préservatif, diaphragme) doit être employée pendant les 7 jours suivants. Si cette période de 7 jours s'étend au-delà du dernier comprimé de la plaquette en cours, la plaquette suivante doit être débutée sans interruption entre les deux plaquettes. Dans ce cas, il n'y aura pas de saignement avant la fin de la seconde plaquette. Des saignements de faible importance (spottings) sont cependant possibles.

En cas de vomissements ou de diarrhée sévère survenant dans les 4 heures suivant la prise d'un comprimé, reprendre dès que possible un autre comprimé. Si le délai est de plus de 12 heures ou si les troubles se répètent, la sécurité contraceptive n'est plus assurée et une méthode complémentaire doit être employée jusqu'à la prise de la plaquette suivante.

Il n'y a pas de danger à débuter une grossesse au cours du cycle qui suit l'arrêt volontaire du contraceptif oral.

### Effets indésirables possibles

Peu graves et n'empêchant pas la poursuite du traitement : nausées, maux de tête banals, prise de poids, tension modérée des seins, *acné*, jambes lourdes, irritation oculaire par les *lentilles de contact*, saignement entre les règles, diminution ou disparition des règles, irritabilité, pousse excessive des poils.

Rarement, mais devant faire interrompre le traitement : *hypertension artérielle*, accident cardiaque ou vasculaire, *phlébite*, jaunisse, taches sombres sur le visage, augmentation importante des lipides dans le sang, *diabète*, *nodule* ou tension douloureuse des seins, *migraine*, *vertiges*, troubles de la vision, aggravation d'une *épilepsie*, écoulement de lait par le mamelon, *tumeur* bénigne du foie, calcul de la vésicule biliaire.

Laboratoires Schering

## MELODIA

Contraceptif oral

sur ordonnance

### Présentation

MELODIA : comprimé (jaune : 24, blanc : 4) ; boîte de 1 plaquette de 28. Liste I - Non remb.
MELODIA : comprimé (jaune : 24, blanc : 4) ; boîte de 3 plaquettes de 28. Liste I - Non remb.

### Composition

| | p cp jaune |
|---|---|
| **Gestodène** | 0,06 mg |
| **Éthinylestradiol** | 0,015 mg |

### Dans quel cas ce médicament est-il prescrit ?

C'est un *contraceptif* oral (pilule) qui contient un *estrogène* et un *progestatif*. Il est minidosé (moins de 0,04 mg d'estrogène) et monophasique (tous les comprimés contiennent la même quantité d'*hormones* et sont donc de la même couleur). Pour limiter les risques d'oubli, chaque plaquette contient 4 comprimés blancs dépourvus de toute substance active, destinés à être pris pendant les règles.

### Contre-indications

Ce médicament ne doit pas être utilisé dans les cas suivants :

- *accident thromboembolique* (*phlébite*, *embolie* pulmonaire...) ancien ou survenant au cours de la contraception ;
- maladie cardiovasculaire (*hypertension artérielle*, *angine de poitrine*, lésion des valves cardiaques, anomalie de la circulation sanguine cérébrale ou rétinienne) ;
- *cancer hormonodépendant* (même guéri), *tumeur de l'hypophyse* ;
- saignement génital intermittent (l'origine de ce saignement doit être déterminée par des examens avant la mise en route du traitement) ;
- maladie du foie, grave ou récente ;
- certaines maladies rares : *connectivite*, *porphyrie*.

Dans d'autres situations, votre médecin est seul juge pour prescrire ce médicament, notamment en cas de *diabète*, d'obésité, d'*otosclérose*, d'excès de *cholestérol*, de *triglycérides* ou de *prolactine* dans le sang, d'affection bénigne du sein ou de l'utérus, d'ictère (jaunisse) chronique ou survenu lors d'une grossesse, d'*insuffisance rénale*, d'**allaitement**.

**Attention :** Un examen médical est nécessaire avant de débuter la contraception. Il est suivi d'une surveillance annuelle pendant la contraception. Cette surveillance est particulièrement importante si vous souffrez d'*épilepsie*, de *migraine*, d'*asthme*, de *dépression*, ou si des membres de votre famille ont des *antécédents* de cancer du sein ou d'*accidents thromboemboliques*.

Si vous avez plus de 35 ans, si vous fumez, le risque d'effets indésirables cardiovasculaires liés à la prise d'*hormones* augmente fortement. Un autre mode de contraception est souvent préconisé.

Arrêtez la prise du *contraceptif* et consultez votre médecin en cas d'apparition de l'un des *symptômes* suivants : maux de tête violents et inhabituels, troubles de la vision, élévation importante de la tension artérielle, douleur inhabituelle à la jambe.

L'oubli d'un comprimé jaune ou sa mauvaise absorption, du fait de vomissements par exemple, peuvent rendre la contraception inefficace.

La survenue d'un léger saignement entre les règles (spotting) est fréquente chez les femmes prenant la pilule. Vous devez néanmoins en informer votre médecin.

Si vous devez subir une intervention chirurgicale, il est préférable d'interrompre la contraception orale un mois à l'avance. De même, un alitement prolongé doit vous conduire à arrêter la contraception.

### Interactions avec d'autres substances

L'efficacité contraceptive de ce médicament peut être diminuée par les *anticonvulsivants*, certains traitements du *sida*, les produits de phytothérapie contenant du millepertuis et les médicaments contenant l'une des substances suivantes : griséofulvine, rifampicine, rifabutine, modafinil.

Informez par ailleurs votre médecin si vous prenez des médicaments contenant de la flunarizine.

### Grossesse et allaitement

Ce médicament n'a pas de raison d'être utilisé pendant la grossesse. Néanmoins, si une grossesse survient malgré le traitement, du fait d'un oubli ou d'un retard de prise, celle-ci pourra être poursuivie normalement si vous le désirez.

Les *hormones* contenues dans ce *contraceptif* passent dans le lait maternel : ne l'utilisez pas pendant l'allaitement sans avis médical.

### Mode d'emploi et posologie

Prendre régulièrement, et sans oubli, 1 comprimé jaune par jour pendant 24 jours consécutifs, puis 1 comprimé blanc pendant 4 jours. Il est recommandé de ne pas trop faire varier l'heure de prise (choisir le petit déjeuner ou le coucher de préférence). La nouvelle plaquette est reprise à la suite de la précédente, que les règles soient terminées ou non.

En cas de première contraception orale ou de reprise d'une contraception interrompue temporairement, prendre le premier comprimé le premier jour des règles.

En cas de changement de *contraceptif* oral, prendre le premier comprimé :

- après un arrêt de 7 jours, si le précédent contraceptif comportait 21 comprimés par plaquette ;

- après un arrêt de 6 jours, si le précédent contraceptif comportait 22 comprimés par plaquette ;
- sans interruption, le lendemain de la prise du dernier comprimé, si le précédent contraceptif comportait 28 comprimés par plaquette.

Après un accouchement ou une interruption de grossesse, suivre les indications du médecin.

Le respect de ces délais est important : une prise trop tardive du premier comprimé peut nuire à l'efficacité de la contraception pour le nouveau cycle.

**Conseils :** En cas d'oubli d'un comprimé jaune, prendre immédiatement le comprimé oublié et continuer à l'heure habituelle (ce qui peut correspondre à la prise de 2 comprimés si l'oubli est découvert lors de la prise suivante). Si le retard est supérieur à 12 heures, la sécurité contraceptive n'est plus assurée et une autre méthode complémentaire doit être employée pour le cycle en cours : spermicide, préservatif, diaphragme... L'oubli d'un comprimé blanc (inactif) ne prête pas à conséquence. Jeter le comprimé blanc non pris.

En cas de vomissements ou de diarrhée importante survenant juste après la prise d'un comprimé jaune (sans rapport avec la prise du contraceptif), prendre un autre comprimé. Si ces troubles durent plus de 12 heures, la sécurité contraceptive n'est plus assurée et une méthode complémentaire doit être employée.

Il n'y a pas de danger à débuter une grossesse au cours du cycle qui suit l'arrêt volontaire du contraceptif oral.

Pour éviter une interruption de la contraception et un risque de grossesse, il est préférable de toujours disposer d'une plaquette d'avance.

Il est possible de retarder de quelques jours la date de survenue des règles en prolongeant la prise de comprimés jaunes provenant d'une autre plaquette au-delà du 24e jour. Cette modulation de la durée du cycle doit être exceptionnelle et motivée (compétitions sportives, mariage...) ; elle nécessite toujours un avis médical.

### Effets indésirables possibles

Peu graves et n'empêchant pas la poursuite du traitement : nausées, maux de tête banals, prise de poids, tension modérée des seins, *acné*, jambes lourdes, irritation oculaire par les *lentilles de contact*, saignement entre les règles, diminution ou disparition des règles, irritabilité, pousse excessive des poils.

Rarement, mais devant faire interrompre le traitement : *hypertension artérielle*, accident cardiaque ou vasculaire, *phlébite*, jaunisse, taches sombres sur le visage, augmentation importante des lipides dans le sang, *diabète*, *nodule* ou tension douloureuse des seins, *migraine*, *vertiges*, troubles de la vision, aggravation d'une *épilepsie*, écoulement de lait par le mamelon, *tumeur* bénigne du foie, calcul de la vésicule biliaire.

Laboratoires Schering

## MÉLOXICAM TEVA

Anti-inflammatoire non stéroïdien — sur ordonnance

Ce médicament est un générique de MOBIC (voir p. 651 et tableau p. 1151).

## MÉLOXICAM WINTHROP

Anti-inflammatoire non stéroïdien — sur ordonnance

Ce médicament est un générique de MOBIC (voir p. 651 et tableau p. 1151).

## MENAELLE

*Informations détaillées sur www.monvidal.com*

## MENINGITEC

*Informations détaillées sur www.monvidal.com*

## MENINVACT

*Informations détaillées sur www.monvidal.com*

## MENJUGATE

*Informations détaillées sur www.monvidal.com*

## MENOPUR

*Informations détaillées sur www.monvidal.com*

## MENOREST

*Informations détaillées sur www.monvidal.com*

## MÉPROBAMATE RICHARD

*Informations détaillées sur www.monvidal.com*

## MÉPRONIZINE

Hypnotique : tranquillisant et antihistaminique — sur ordonnance

### Présentation

MÉPRONIZINE : comprimé sécable (jaune) ; boîte de 30. Liste I, prescription limitée à 4 semaines - Remb 35 % - **Prix : 3,51 €.**

### Composition

| | p cp |
|---|---|
| **Méprobamate** | 400 mg |
| **Acéprométazine** | 10 mg |

### Dans quel cas ce médicament est-il prescrit ?

Ce médicament est un *hypnotique* (somnifère). Il associe un *anxiolytique* (tranquillisant) et un *antihistaminique* de la famille des phénothiazines qui a un effet *sédatif*.

Il est utilisé dans le traitement de l'insomnie.

### Contre-indications

Ce médicament ne doit pas être utilisé dans les cas suivants :
- *insuffisance respiratoire*,
- risque de *glaucome* à angle fermé,
- risque de rétention des urines (*adénome de la prostate*...),
- enfant de moins de 15 ans.

**Attention :** Certaines insomnies peuvent traduire une *dépression* masquée et justifier un traitement spécifique.

En cas de survenue d'une fièvre inexpliquée associée à une raideur musculaire (qui pourraient être dues au médicament), ne poursuivez pas le traitement sans avis médical : risque de *syndrome malin des neuroleptiques*.

Ce médicament présente des effets *atropiniques*. Il peut provoquer un *glaucome* aigu chez les personnes prédisposées : œil rouge, dur et douloureux, avec vision floue. Une consultation d'extrême urgence auprès d'un ophtalmologiste est nécessaire.

Des précautions sont nécessaires en cas de *myasthénie*, de *porphyrie*, d'*insuffisance hépatique*, d'*insuffisance cardiaque*, de maladie de *Parkinson*, d'*épilepsie* et chez les personnes âgées.

Une prise prolongée ou des doses importantes de ce médicament favorisent une *dépendance*. Son arrêt brutal expose à un *syndrome de sevrage* : réapparition de l'anxiété, agitation, irritabilité, insomnie, maux de tête, douleurs musculaires, tremblements, hallucinations. Il faut donc s'entourer de conseils médicaux pour diminuer progressivement les doses et espacer les prises, sur une période d'autant plus longue que le traitement a été prolongé.

Ce médicament peut être responsable d'une somnolence persistant pendant la journée, éventuellement aggravée par la prise de boissons alcoolisées.

Ce médicament est un somnifère. Conduire ou utiliser une machine dangereuse dans les heures qui suivent sa prise est bien sûr contre-indiqué.

La durée de l'effet sédatif, ainsi que son intensité, est très variable d'une personne à l'autre. Il vous appartient de vérifier, après les premières prises, que la persistance éventuelle d'une somnolence au réveil est compatible avec la poursuite de vos activités habituelles.

### Interactions avec d'autres substances

Informez votre médecin ou votre pharmacien si vous prenez un autre médicament ayant des effets hypotenseurs, *atropiniques* ou *sédatifs*.

### Grossesse et allaitement

Par mesure de prudence, ce médicament est habituellement déconseillé pendant la grossesse. Seul votre médecin peut apprécier le risque éventuel lié à l'utilisation de ce médicament dans votre cas.

Ce médicament passe dans le lait maternel : il est déconseillé pendant l'allaitement.

### Mode d'emploi et posologie

Les comprimés doivent être avalés avec un peu d'eau, de préférence 15 à 30 minutes avant le coucher.

**Posologie usuelle :**

- Adulte : 1 comprimé par jour.

**Conseils :** Ce médicament vous a été prescrit dans une situation précise : ne le réutilisez pas ultérieurement sans avis médical et ne le conseillez pas à une autre personne.

La durée de prescription des *hypnotiques* doit être la plus courte possible. Dans certaines situations, le traitement doit toutefois être prolongé. Il appartient alors au médecin de réévaluer périodiquement la nécessité de le poursuivre ou de l'interrompre.

Les somnifères ne sont pas la seule réponse aux troubles du sommeil. Une meilleure hygiène de vie, une consommation modérée d'excitants (y compris les boissons alcoolisées) permettent aussi de lutter efficacement contre les insomnies.

### Effets indésirables possibles

Le plus fréquent : somnolence pendant la journée.

Liés au méprobamate : nausées, vomissements, diarrhée, *vertiges*, maux de tête, troubles de l'*accommodation*, *réaction allergique* cutanée, spasmes des bronches, *anurie*, *agranulocytose* (exceptionnelle).

Liés à l'acéprométazine :

- Effets *atropiniques* : sécheresse de la bouche, constipation, rétention des urines, confusion des idées.
- *Hypotension orthostatique*, tremblements, mauvaise coordination des mouvements, écoulement de lait par le mamelon, absence de règles, troubles sexuels, *photosensibilisation*, anomalie de la *numération formule sanguine*.

Laboratoires Sanofi Aventis

## MERCALM

Antiémétique

### Présentation

**MERCALM :** comprimé sécable (blanc) ; boîte de 15. Non remb.

### Composition

| | p cp |
|---|---|
| **Diménhydrinate** | 50 mg |
| **Caféine** | 10 mg |
| Lactose | + |

### Dans quel cas ce médicament est-il prescrit ?

Ce médicament appartient à la famille des *antihistaminiques* de type H1. La caféine compense l'effet *sédatif* de la substance active.

Il est utilisé pour prévenir et traiter le mal des transports.

### Contre-indications

Ce médicament ne doit pas être utilisé dans les cas suivants :

- risque de *glaucome* à angle fermé,
- risque de rétention des urines (*adénome de la prostate* essentiellement),
- enfant de moins de 6 ans.

**Attention :** Du fait de la présence d'un *antihistaminique* ayant des propriétés sédatives et atropiniques, des précautions sont nécessaires chez l'*insuffisant hépatique* ou *rénal* et chez la personne âgée, notamment en cas de constipation chronique, d'*adénome de la prostate*, de tendance aux *vertiges* ou aux baisses de tension.

Évitez les boissons alcoolisées : augmentation du risque de somnolence.

Ce médicament peut induire une somnolence, parfois intense chez certaines personnes. Cette somnolence peut être majorée par la prise d'*alcool* ou d'autres médicaments *sédatifs*. La conduite et l'utilisation de machines dangereuses sont déconseillées, surtout dans les heures qui suivent la prise du médicament.

Ce médicament contient de la *caféine* qui peut être recherchée dans les urines des sportifs pour déceler un éventuel mésusage. Néanmoins, à la *posologie* préconisée, la quantité de caféine contenue dans ce médicament est insuffisante à elle seule pour que la réponse au test soit positive.

### Interactions avec d'autres substances

Informez votre médecin ou votre pharmacien si vous prenez un autre médicament ayant des effets *atropiniques* ou *sédatifs* (tranquillisants, somnifères, certains médicaments contre la toux ou contre la douleur contenant des *opiacés*, *antidépresseurs*, *neuroleptiques*...).

### Grossesse et allaitement

L'utilisation ponctuelle de ce médicament pendant la grossesse est possible, à condition de respecter la *posologie* recommandée. Néanmoins, son utilisation dans les jours qui ont précédé l'accouchement doit être signalée au médecin ; en effet, une surveillance particulière du *nouveau-né* peut être nécessaire.

Ce médicament passe dans le lait maternel ; ne l'utilisez pas ou ne le réutilisez pas sans avis médical.

### Mode d'emploi et posologie

Ce médicament doit être pris avec un peu d'eau, une demi-heure avant le départ. La prise peut éventuellement être renouvelée au cours du voyage, en respectant un intervalle de 6 heures.

Pour les enfants, il est possible d'écraser les comprimés et de les mélanger à un peu d'eau sucrée.

**Posologie usuelle :**

- Adulte : 1 à 2 comprimés par prise, sans dépasser 6 comprimés par 24 heures.
- Enfant de 6 à 15 ans : ½ à 1 comprimé par prise, sans dépasser 3 comprimés par 24 heures.

### Effets indésirables possibles

Somnolence.

Effets *atropiniques* : sécheresse de la bouche, troubles de l'*accommodation*, blocage des urines, constipation, *palpitations*.

*Hypotension orthostatique*, *vertiges*, tremblements, agitation.

*Réaction allergique*.

Anomalie de la *numération formule sanguine*.

Laboratoires PFIZER Santé Grand Public

## MERCILON

Contraceptif oral — sur ordonnance

### Présentation

MERCILON : comprimé (blanc) ; boîte de 1 plaquette de 21. Liste I - Non remb.
MERCILON : comprimé (blanc) ; boîte de 3 plaquettes de 21. Liste I - Non remb.

### Composition

| | p cp |
|---|---|
| **Éthinylestradiol** | 0,02 mg |
| **Désogestrel** | 0,15 mg |

### Dans quel cas ce médicament est-il prescrit ?

C'est un *contraceptif* oral (pilule) qui contient un *estrogène* et un *progestatif*. Il est minidosé (moins de 0,04 mg d'estrogène) et monophasique (tous les comprimés contiennent la même quantité d'*hormones* et sont donc de la même couleur).

### Contre-indications

Ce médicament ne doit pas être utilisé dans les cas suivants :

- *accident thromboembolique* (*phlébite*, *embolie* pulmonaire...) ancien ou survenant au cours de la contraception ;
- maladie cardiovasculaire (*hypertension artérielle*, *angine de poitrine*, lésion des valves cardiaques, anomalie de la circulation sanguine cérébrale ou rétinienne) ;
- *cancer hormonodépendant* (même guéri), *tumeur de l'hypophyse* ;
- saignement génital intermittent (l'origine de ce saignement doit être déterminée par des examens avant la mise en route du traitement) ;
- maladie du foie, grave ou récente ;
- certaines maladies rares : *connectivite*, *porphyrie*.

Dans d'autres situations, votre médecin est seul juge pour prescrire ce médicament, notamment en cas de *diabète*, d'obésité, d'*otosclérose*, d'excès de *cholestérol*, de *triglycérides* ou de *prolactine* dans le sang, d'affection bénigne du sein ou de l'utérus, d'ictère (jaunisse) chronique ou survenu lors d'une grossesse, d'*insuffisance rénale*, d'**allaitement**.

**Attention :** Un examen médical est nécessaire avant de débuter la contraception. Il est suivi d'une surveillance annuelle pendant la contraception. Cette surveillance est particulièrement importante si vous souffrez d'*épilepsie*, de *migraine*, d'*asthme*, de *dépression*, ou si des membres de votre famille ont des *antécédents* de cancer du sein ou d'*accidents thromboemboliques*.

Si vous avez plus de 35 ans, si vous fumez, le risque d'effets indésirables cardiovasculaires liés à la prise d'*hormones* augmente fortement. Un autre mode de contraception est souvent préconisé.

Arrêtez la prise du *contraceptif* et consultez votre médecin en cas d'apparition de l'un des *symptômes* suivants : maux de tête violents et inhabituels, troubles de la vision, élévation importante de la tension artérielle, douleur inhabituelle à la jambe.

La survenue d'un léger saignement entre les règles (spotting) est fréquente chez les femmes pendant les premiers mois d'utilisation de la pilule. Vous devez informer votre médecin si les saignements se prolongent ou s'ils apparaissent en cours de contraception.

L'oubli d'un comprimé ou sa mauvaise absorption, du fait de vomissements par exemple, peuvent rendre la contraception inefficace.

En cas d'intervention chirurgicale programmée ou d'alitement prolongé, votre médecin jugera de l'opportunité d'interrompre votre contraception orale.

### Interactions avec d'autres substances

L'efficacité contraceptive de ce médicament peut être diminuée par les *anticonvulsivants*, certains traitements du *sida*, les produits de phytothérapie contenant du millepertuis et les médicaments contenant l'une des substances suivantes : griséofulvine, rifampicine, rifabutine, modafinil.

Informez par ailleurs votre médecin si vous prenez des médicaments contenant de la flunarizine.

Les mots en *italique* dans les textes sont expliqués dans le lexique p. 1323.

### Grossesse et allaitement

Ce médicament n'a pas de raison d'être utilisé pendant la grossesse. Néanmoins, si une grossesse survient malgré le traitement, du fait d'un oubli ou d'un retard de prise, celle-ci pourra être poursuivie normalement si vous le désirez.

Les *hormones* contenues dans ce *contraceptif* passent dans le lait maternel : ne l'utilisez pas pendant l'allaitement sans avis médical.

### Mode d'emploi et posologie

Prendre régulièrement, et sans oubli, 1 comprimé par jour pendant 21 jours consécutifs. Il est recommandé de ne pas trop faire varier l'heure de prise (choisir le petit déjeuner ou le coucher de préférence).

L'interruption du traitement déclenche les règles. La nouvelle plaquette est reprise après les 7 jours d'arrêt, que les règles soient terminées ou non. Pour éviter un retard dans la reprise de la pilule, préjudiciable à l'efficacité de la contraception, il est utile de noter le jour de la prise de la première plaquette : une nouvelle plaquette est toujours commencée le même jour de la semaine.

En cas de première contraception orale ou de reprise d'une contraception interrompue temporairement, prendre le premier comprimé le premier jour des règles.

En cas de changement de *contraceptif*, prendre le premier comprimé :

- après un arrêt de 7 jours, si le précédent contraceptif comportait 21 comprimés par plaquette ;
- après un arrêt de 6 jours, si le précédent contraceptif comportait 22 comprimés par plaquette ;
- sans interruption, si le précédent contraceptif comportait 28 comprimés par plaquette.

Après un accouchement ou une interruption de grossesse, suivre les indications du médecin.

Le respect de ces délais est important : une prise trop tardive du premier comprimé peut nuire à l'efficacité de la contraception pour le nouveau cycle.

**Conseils :** Les dernières recommandations en cas d'oubli d'un comprimé pour ce type de pilule sont les suivantes : prendre immédiatement le comprimé oublié et continuer à l'heure habituelle pour les comprimés suivants (ce qui peut correspondre à la prise de 2 comprimés si l'oubli est découvert lors de la prise suivante). Si le retard est supérieur à 12 heures, la sécurité contraceptive n'est plus assurée et une autre méthode complémentaire (spermicide, préservatif, diaphragme) doit être employée pendant les 7 jours suivants. Si cette période de 7 jours s'étend au-delà du dernier comprimé de la plaquette en cours, la plaquette suivante doit être débutée sans interruption entre les deux plaquettes. Dans ce cas, il n'y aura pas de saignement avant la fin de la seconde plaquette. Des saignements de faible importance (spottings) sont cependant possibles.

En cas de vomissements ou de diarrhée sévère survenant dans les 4 heures suivant la prise d'un comprimé, reprendre dès que possible un autre comprimé. Si le délai est de plus de 12 heures ou si les troubles se répètent, la sécurité contraceptive n'est plus assurée et une méthode complémentaire doit être employée jusqu'à la prise de la plaquette suivante.

Il n'y a pas de danger à débuter une grossesse au cours du cycle qui suit l'arrêt volontaire du contraceptif oral.

### Effets indésirables possibles

Peu graves et n'empêchant pas la poursuite du traitement : nausées, maux de tête banals, prise de poids, tension modérée des seins, *acné*, jambes lourdes, irritation oculaire par les *lentilles de contact*, saignement entre les règles, diminution ou disparition des règles, irritabilité, pousse excessive des poils.

Rarement, mais devant faire interrompre le traitement : *hypertension artérielle*, accident cardiaque ou vasculaire, *phlébite*, jaunisse, taches sombres sur le visage, augmentation importante des lipides dans le sang, *diabète*, *nodule* ou tension douloureuse des seins, *migraine*, *vertiges*, troubles de la vision, aggravation d'une *épilepsie*, écoulement de lait par le mamelon, *tumeur* bénigne du foie, calcul de la vésicule biliaire.

Laboratoires Organon

## MERCRYL

Antiseptique local

### Présentation

MERCRYL : solution pour application cutanée ; flacon de 125 ml. Non remb.

### Composition

| | p 100 ml |
|---|---|
| **Benzalkonium chlorure** | 500 mg |
| **Chlorhexidine digluconate** | 200 mg |

### Dans quel cas ce médicament est-il prescrit ?

Ce médicament contient des *antiseptiques* locaux.

Il est utilisé pour assurer l'*antiseptie* des lésions infectées ou exposées à un risque d'infection.

### Contre-indications

Ce médicament ne doit pas être utilisé dans les cas suivants :

- *allergie* aux *ammoniums quaternaires*,
- en application dans les yeux ou dans le conduit auditif (risque de toxicité en cas de perforation du tympan),
- pour la désinfection du matériel médicochirurgical (voir Attention).

**Attention :** Évitez l'usage prolongé de ce médicament, notamment chez l'enfant, sur les *muqueuses* et sur des surfaces étendues ou profondément lésées, sans l'avis de votre médecin : risque de passage du médicament dans le sang.

Cet *antiseptique* ne convient pas pour la désinfection des ciseaux, rasoirs et autres objets potentiellement contaminants. De même, il ne doit pas être utilisé pour désinfecter la peau avant une piqûre.

### Interactions avec d'autres substances

L'association à d'autres *antiseptiques* ou aux savons est déconseillée car leurs effets risquent de s'annuler.

### Grossesse et allaitement

L'utilisation ponctuelle de ce médicament pendant la grossesse ou l'allaitement ne semble pas poser de problème particulier.

Cet *antiseptique* ne doit pas être appliqué sur le mamelon sans avis médical. Un rinçage soigneux avant la tétée est indispensable.

**Mode d'emploi et posologie**

La solution s'emploie pure sur la peau et diluée au 1/10 e (mélanger 1 volume de solution avec 9 volumes d'eau) sur les *muqueuses*.

La solution diluée ne doit pas être conservée.

**Posologie usuelle :**

1 ou 2 applications par jour.

**Conseils :** Le simple lavage à l'eau et au savon permet d'éliminer la majorité des *germes* : il doit être suivi d'un rinçage soigneux car le savon peut inactiver certains *antiseptiques*.

Tous les *antiseptiques* peuvent être contaminés par des *germes* : ne les conservez pas inutilement.

**Effets indésirables possibles**

*Eczéma* de contact.

Laboratoires Menarini France

## MERCRYL solution moussante

Antiseptique local

**Présentation**

**MERCRYL solution moussante :** solution pour application cutanée ; flacon de 300 ml. Non remb.

**MERCRYL solution moussante :** solution pour application cutanée ; flacon de 1 litre. Non remb.

**Composition**

| | p 100 ml |
|---|---|
| **Benzalkonium chlorure** | 500 mg |
| **Chlorhexidine digluconate** | 200 mg |
| Agent moussant | + |

**Dans quel cas ce médicament est-il prescrit ?**

Ce médicament contient des *antiseptiques* locaux associés à un agent moussant.

Il est utilisé pour nettoyer la peau et les *muqueuses* et pour assurer l'*antiseptie* des lésions infectées ou exposées à un risque d'infection.

**Contre-indications**

Ce médicament ne doit pas être utilisé dans les cas suivants :
- *allergie* aux *ammoniums quaternaires*,
- en application dans les yeux ou dans le conduit auditif (risque de toxicité en cas de perforation du tympan),
- pour la désinfection du matériel médicochirurgical (voir Attention).

**Attention :** Évitez l'usage prolongé de ce médicament, notamment chez l'enfant, sur les *muqueuses* et sur des surfaces étendues ou profondément lésées, sans l'avis de votre médecin : risque de passage du médicament dans le sang.

Cet *antiseptique* ne convient pas pour la désinfection des ciseaux, rasoirs et autres objets potentiellement contaminants. De même, il ne doit pas être utilisé pour désinfecter la peau avant une piqûre.

**Interactions avec d'autres substances**

L'association à d'autres *antiseptiques* ou aux savons est déconseillée car leurs effets risquent de s'annuler.

**Grossesse et allaitement**

L'utilisation ponctuelle de ce médicament pendant la grossesse ou l'allaitement ne semble pas poser de problème particulier.

Cet *antiseptique* ne doit pas être appliqué sur le mamelon sans avis médical. Un rinçage soigneux avant la tétée est indispensable.

**Mode d'emploi et posologie**

La solution s'emploie pure sur la peau et diluée au 1/10 sur les *muqueuses*. L'utilisation de la solution (pure ou diluée) doit toujours être suivie d'un rinçage à l'eau.

**Posologie usuelle :**

1 ou 2 applications par jour.

**Conseils :** Le simple lavage à l'eau et au savon permet d'éliminer la majorité des *germes* : il doit être suivi d'un rinçage soigneux car le savon peut inactiver certains *antiseptiques*.

La solution diluée ne doit pas être conservée.

Tous les *antiseptiques* peuvent être contaminés par des *germes* : ne les conservez pas inutilement.

**Effets indésirables possibles**

Irritation locale, sensation de sécheresse de la peau et des muqueuses, *eczéma* de contact.

Laboratoires Menarini France

## MERCRYLSPRAY

Antiseptique local

**Présentation**

MERCRYLSPRAY : solution pour application cutanée ; flacon pulvérisateur de 50 ml. Non remb.

**Composition**

| | p 100 ml |
|---|---|
| **Benzalkonium chlorure** | 500 mg |
| **Chlorhexidine digluconate** | 200 mg |

**Dans quel cas ce médicament est-il prescrit ?**

Ce médicament contient des *antiseptiques* locaux.

Il est utilisé pour assurer l'*antiseptie* des lésions infectées ou exposées à un risque d'infection.

**Contre-indications**

Ce médicament ne doit pas être utilisé dans les cas suivants :
- *allergie* aux *ammoniums quaternaires*,
- dans l'œil ou dans le conduit auditif (risque de toxicité en cas de perforation du tympan),
- pour la désinfection du matériel médicochirurgical (voir Attention).

**Attention :** Évitez l'usage prolongé de ce médicament, notamment chez l'enfant, sur des surfaces étendues ou profondément lésées, sans l'avis de votre médecin : risque de passage du médicament dans le sang.

Cet *antiseptique* ne convient pas pour la désinfection des ciseaux, rasoirs et autres objets potentiellement contaminants. De même, il ne doit pas être utilisé pour désinfecter la peau avant une piqûre.

**Interactions avec d'autres substances**

L'association à d'autres *antiseptiques* ou aux savons est déconseillée car leurs effets risquent de s'annuler.

### Grossesse et allaitement

L'utilisation ponctuelle de ce médicament pendant la grossesse ou l'allaitement ne semble pas poser de problème particulier.

Cet *antiseptique* ne doit pas être appliqué sur le mamelon sans avis médical. Un rinçage soigneux avant la tétée est indispensable.

### Mode d'emploi et posologie

Cette solution est pulvérisée directement sur la zone à traiter et ne doit pas être rincée.

**Posologie usuelle :**
1 à 2 pulvérisations par jour.

**Conseils :** Le simple lavage à l'eau et au savon permet d'éliminer la majorité des *germes* : il doit être suivi d'un rinçage soigneux car le savon peut inactiver certains *antiseptiques*.
Tous les antiseptiques peuvent être contaminés par des germes : ne les conservez pas inutilement.

### Effets indésirables possibles

*Eczéma* de contact.

Laboratoires Menarini France

## MERCUR SOL COMPLEXE N° 39

*Informations détaillées sur www.monvidal.com*

## MERCURESCÉINE GIFRER

*Informations détaillées sur www.monvidal.com*

## MERCURIUS CYANATUS COMPLEXE N° 43

*Informations détaillées sur www.monvidal.com*

## MERFÈNE

*Informations détaillées sur www.monvidal.com*

## MESTACINE

*Informations détaillées sur www.monvidal.com*

## MESTINON

Antimyasthénique

### Présentation

MESTINON : comprimé ; boîte de 20. Remb 65 % - **Prix : 5,83 €**.

### Composition

| | p cp |
|---|---|
| **Pyridostigmine bromure** | 60 mg |

### Dans quel cas ce médicament est-il prescrit ?

Ce médicament favorise la transmission de l'influx nerveux aux muscles et en renforce les contractions.

Il est utilisé dans le traitement de la *myasthénie* et de l'*atonie intestinale*.

### Contre-indications

Ce médicament ne doit pas être utilisé dans les cas suivants :
- *asthme*,
- maladies exposant au risque d'occlusion de l'intestin ou de rétention urinaire,
- maladie de *Parkinson*.

**Attention :** Des précautions sont nécessaires en cas de bronchite asthmatiforme, d'*insuffisance cardiaque* ou d'*insuffisance rénale* grave : prévenez votre médecin.

### Interactions avec d'autres substances

Ce médicament peut interagir avec d'autres médicaments. Signalez tout autre traitement en cours à votre médecin ou à votre pharmacien.

### Grossesse et allaitement

Les études scientifiques actuellement disponibles n'ont pas mis en évidence de problème particulier lors de l'utilisation chez la femme enceinte.

Les données actuellement disponibles ne permettent pas de savoir si ce médicament passe dans le lait maternel. Ne l'utilisez pas pendant l'allaitement sans avis médical.

### Mode d'emploi et posologie

Les comprimés doivent être avalés avec un peu d'eau.

**Posologie usuelle :**
Elle est strictement individuelle et varie selon les indications :
- *myasthénie* : 4 à 8 comprimés par jour, répartis en 3 ou 4 prises ;
- *atonie intestinale* : 1 comprimé, matin et soir.

### Effets indésirables possibles

*Troubles digestifs*, salivation excessive, crachats abondants, larmoiement, *myosis*, crampes et soubresauts musculaires.

Laboratoires CSP

## MÉTACUPROL

*Informations détaillées sur www.monvidal.com*

## MÉTASPIRINE

*Informations détaillées sur www.monvidal.com*

## MÉTÉOSPASMYL

Antispasmodique à visée digestive

### Présentation

MÉTÉOSPASMYL : capsule (vert) ; boîte de 20. Remb 35 % - **Prix : 3,62 €**.

### Composition

| | p caps |
|---|---|
| **Alvérine citrate** | 60 mg |
| **Siméticone** | 300 mg |

### Dans quel cas ce médicament est-il prescrit ?

Ce médicament contient un *antispasmodique* et un pansement au silicone. L'antispasmodique relâche les muscles du tube digestif et des *voies biliaires* ; le pansement au silicone protège le tube digestif en le couvrant d'un film qui l'isole de son contenu.

Il est utilisé dans le *traitement symptomatique* des dérèglements chroniques de l'intestin, notamment avec ballonnement abdominal.

### Grossesse et allaitement

L'effet de ce médicament pendant la grossesse ou l'allaitement est mal connu : par mesure de prudence, son usage est déconseillé.

### Mode d'emploi et posologie

- Adulte : 1 capsule, 2 ou 3 fois par jour au début des repas.

**Conseils :** Une vie calme, des horaires de repas réguliers, une adaptation du régime alimentaire sont recommandés.

### Effets indésirables possibles

Rarement : *réaction allergique*, atteinte hépatique.

Laboratoires Mayoly-Spindler

## MÉTÉOXANE

Antispasmodique à visée digestive

### Présentation

MÉTÉOXANE : gélule (blanc) ; boîte de 60. Remb 35 % - **Prix : 4,16 €**.

### Composition

| | p gél |
|---|---|
| **Siméticone** | 125 mg |
| **Phloroglucinol hydraté** | 80 mg |

### Dans quel cas ce médicament est-il prescrit ?

Ce médicament contient un pansement au silicone et un *antispasmodique*. Le pansement protège le tube digestif en le couvrant d'un film qui l'isole de son contenu ; l'antispasmodique relâche les muscles du tube digestif et des *voies biliaires*.

Il est utilisé dans le *traitement d'appoint* des dérèglements chroniques de l'intestin, notamment avec ballonnement abdominal ou diarrhée.

### Grossesse et allaitement

L'effet de ce médicament pendant la grossesse ou l'allaitement est mal connu ; par mesure de prudence, son usage est déconseillé pendant les 3 premiers mois de la grossesse et chez la femme qui allaite.

### Mode d'emploi et posologie

Ce médicament est pris avec un peu d'eau, de préférence avant les repas ou au moment des douleurs.

**Posologie usuelle :**

2 gélules 3 fois par jour.

**Conseils :** Une vie calme, des horaires de repas réguliers, une adaptation du régime alimentaire sont recommandés.

### Effets indésirables possibles

*Réaction allergique.*

Laboratoires IPRAD

## METFORMINE ARROW

Antidiabétique oral — sur ordonnance

Ce médicament est un générique de GLUCOPHAGE (voir p. 453 et tableau p. 1151).

## METFORMINE BIOGARAN

Antidiabétique oral — sur ordonnance

Ce médicament est un générique de GLUCOPHAGE (voir p. 453 et tableau p. 1151).

## METFORMINE EG

Antidiabétique oral — sur ordonnance

Ce médicament est un générique de GLUCOPHAGE (voir p. 453 et tableau p. 1151).

## METFORMINE G GAM

Antidiabétique oral — sur ordonnance

Ce médicament est un générique de GLUCOPHAGE (voir p. 453 et tableau p. 1151).

## METFORMINE IVAX

Antidiabétique oral — sur ordonnance

Ce médicament est un générique de GLUCOPHAGE (voir p. 453 et tableau p. 1151).

## METFORMINE MERCK

Antidiabétique oral — sur ordonnance

Ce médicament est un générique de GLUCOPHAGE (voir p. 453 et tableau p. 1151).

## METFORMINE QUALIMED

Antidiabétique oral — sur ordonnance

Ce médicament est un générique de GLUCOPHAGE (voir p. 453 et tableau p. 1151).

## METFORMINE RANBAXY

Antidiabétique oral — sur ordonnance

Ce médicament est un générique de GLUCOPHAGE (voir p. 453 et tableau p. 1151).

## METFORMINE RATIOPHARM

Antidiabétique oral — sur ordonnance

Ce médicament est un générique de GLUCOPHAGE (voir p. 453 et tableau p. 1151).

## METFORMINE RPG

Antidiabétique oral — sur ordonnance

Ce médicament est un générique de GLUCOPHAGE (voir p. 453 et tableau p. 1151).

## METFORMINE SANDOZ

Antidiabétique oral — sur ordonnance

Ce médicament est un générique de GLUCOPHAGE (voir p. 453 et tableau p. 1151).

## METFORMINE TEVA

Antidiabétique oral — sur ordonnance

Ce médicament est un générique de GLUCOPHAGE (voir p. 453 et tableau p. 1151).

## METFORMINE WINTHROP

Antidiabétique oral — sur ordonnance

Ce médicament est un générique de GLUCOPHAGE (voir p. 453 et tableau p. 1151).

## METFORMINE ZYDUS

Antidiabétique oral — sur ordonnance

Ce médicament est un générique de GLUCOPHAGE (voir p. 453 et tableau p. 1151).

## MÉTHADONE CHLORHYDRATE

Substitution aux opiacés — sur ordonnance

### Présentation

MÉTHADONE CHLORHYDRATE AP-HP 5 mg/3,75 ml : sirop ; récipient unidose. Stupéfiants - Remb 65 % - **Prix : 1,14 €.**
MÉTHADONE CHLORHYDRATE AP-HP 10 mg/7,5 ml : sirop ; récipient unidose. Stupéfiants - Remb 65 % - **Prix : 1,24 €.**
MÉTHADONE CHLORHYDRATE AP-HP 20 mg/15 ml : sirop ; récipient unidose. Stupéfiants - Remb 65 % - **Prix : 1,43 €.**
MÉTHADONE CHLORHYDRATE AP-HP 40 mg/15 ml : sirop ; récipient unidose. Stupéfiants - Remb 65 % - **Prix : 1,52 €.**
MÉTHADONE CHLORHYDRATE AP-HP 60 mg/15 ml : sirop ; récipient unidose. Stupéfiants - Remb 65 % - **Prix : 1,61 €.**

### Composition

| | p unidose | p unidose | p unidose |
|---|---|---|---|
| **Méthadone chlorhydrate** | 5 mg | 10 mg | 20 mg |
| Alcool | 53 mg | 105 mg | 210 mg |
| Saccharose | 2,1 g | 4,2 g | 8,5 g |

| | p unidose | p unidose |
|---|---|---|
| **Méthadone chlorhydrate** | 40 mg | 60 mg |
| Alcool | 210 mg | 210 mg |
| Saccharose | 8,5 g | 8,5 g |

### Dans quel cas ce médicament est-il prescrit ?

Ce médicament contient une substance proche de la *morphine*. Chez le toxicomane à l'*héroïne* ou aux autres *opiacés*, il permet de supprimer les *symptômes* du manque qui surviennent lors de la privation de drogue, et qui sont en grande partie à l'origine de la *dépendance*.

Il est utilisé chez les toxicomanes comme produit de substitution aux *opiacés*. Sa prescription complète une prise en charge médicale, sociale et psychologique, indispensable pour limiter le risque de rechute.

### Contre-indications

Ce médicament ne doit pas être utilisé dans les cas suivants :

- *insuffisance respiratoire* grave,
- enfant de moins de 15 ans,
- en association avec les *antalgiques* contenant de la buprénorphine, de la nalbuphine ou de la pentazocine.

**Attention :** Ce médicament est réservé aux adultes et aux adolescents volontaires : le succès d'un programme de désintoxication est étroitement lié à la motivation personnelle du toxicomane. Il n'est efficace que chez les toxicomanes aux *opiacés* ; son administration à des personnes dépendantes à d'autres drogues exposerait à des effets indésirables graves.

Des précautions sont nécessaires en cas d'*insuffisance rénale*, *hépatique*, ou *surrénale*, d'*hypothyroïdie*, d'*épilepsie*, d'*adénome de la prostate* ou d'*asthme*.

L'arrêt brutal du traitement doit être évité : risque d'apparition de *symptômes* de manque. Si le traitement est interrompu temporairement, la *posologie* doit généralement être diminuée lors de la reprise du traitement. En effet, le toxicomane développe progressivement une tolérance aux opiacés, c'est-à-dire qu'il s'habitue à des doses fortes de drogue (ou de méthadone). Lorsque le traitement est interrompu, cette tolérance diminue et il existe un risque de *surdosage* lors de la reprise du *traitement substitutif* sans modification de posologie.

Ce médicament contient du *sucre* (saccharose) et de l'*alcool* en quantités notables.

Évitez la conduite automobile et les activités dangereuses en début de traitement : une somnolence notable peut apparaître. Ce risque est majoré par la prise conjointe d'*alcool* ou de *sédatifs*.

Sportif : ce médicament contient une substance susceptible de rendre positifs certains *tests antidopage*.

### Interactions avec d'autres substances

Ce médicament peut interagir avec les médicaments contenant de la buprénorphine, de la nalbuphine ou de la pentazocine (apparition de *symptômes* de manque) et avec les *antidépresseurs IMAO*.

Informez par ailleurs votre médecin si vous prenez un *antalgique* ou un *antitussif* dérivé de la morphine, un *sédatif*, un antidépresseur de la famille des *inhibiteurs de la recapture de la sérotonine*, un médicament contenant de la cimétidine ou un traitement contre le sida.

### Grossesse et allaitement

**Grossesse et nouveau-né :**

L'utilisation de ce médicament n'est pas recommandée pendant la grossesse ; en cas de prise dans les jours précédant l'accouchement, une surveillance médicale du *nouveau-né* serait nécessaire.

Ce médicament passe dans le lait maternel ; outre ses effets sur le *nourrisson*, il peut réduire la sécrétion de lait chez la mère. L'allaitement est déconseillé.

### Mode d'emploi et posologie

Ce médicament doit être pris par *voie* orale. Son utilisation en injection exposerait à des effets indésirables graves.

**Posologie usuelle :**

La dose quotidienne est prise en une fois ; elle reste active pendant 24 heures.

Initialement, le médecin prescrit entre 20 et 30 mg ; il adapte ensuite le dosage en fonction du résultat.

Un délai de 10 heures est nécessaire entre la première prise de méthadone et la dernière prise d'*opiacés*.

Lorsque l'état du toxicomane est stabilisé, le médecin diminue progressivement la *posologie* jusqu'à l'arrêt du traitement.

**Conseils :** L'arrêt du traitement de substitution correspond à une période critique pour le toxicomane et à un risque de rechute important. Le succès du sevrage dépend beaucoup du contexte psychologique et social qui entoure ce moment difficile.

Le *traitement substitutif* ne peut être initié que par des centres spécialisés dans la prise en charge des toxicomanes. Après stabilisation, le toxicomane pourra être suivi par un médecin de ville, choisi en accord avec le centre.

Ce médicament est prescrit sur une ordonn ance sécurisée mentionnant le nom de la pharmacie où il pourra être obtenu, pharmacie choisie en accord avec le toxicomane. La durée maximale de chaque prescription est de 14 jours. Le médecin peut préciser que la délivrance du médicament par le pharmacien sera fractionnée : quotidienne en début de traitement, puis hebdomadaire, après la stabilisation par exemple.

Des analyses d'urine régulières seront pratiquées. Elles permettent de diagnostiquer la prise de méthadone, d'*opiacés*, de cocaïne, d'*alcool*, de cannabis, etc.

Comme tous les dérivés de la *morphine*, ce médicament est un *antalgique* puissant, susceptible de masquer la douleur en cas de maladie ou de traumatisme grave : appendicite, fracture... Il convient d'en tenir compte dans de telles circonstances.

### Effets indésirables possibles

Lors de la mise en route du traitement chez le toxicomane aux *opiacés* : euphorie, *vertiges*, somnolence, nausées, vomissements, constipation, sueurs abondantes, difficulté à uriner, *œdème*.

Lorsque le toxicomane est stabilisé, les seuls effets indésirables qui persistent éventuellement sont : sueurs abondantes, nausées, constipation.

En cas de prise intempestive chez un non-toxicomane, les effets sont ceux des opiacés en général, avec un risque d'« overdose » pouvant conduire au décès. Contactez le centre 15 pour des secours urgents.

Ne laissez jamais ce médicament à portée des enfants.

**Laboratoires Bouchara-Recordati**

## MÉTHERGIN

*Informations détaillées sur www.monvidal.com*

## MÉTHOTREXATE BELLON

Chimiothérapie anticancéreuse — sur ordonnance

### Présentation

MÉTHOTREXATE BELLON 2,5 mg : comprimé ; boîte de 20. Liste I - Remb 100 % - **Prix : 5,39 €**.
MÉTHOTREXATE BELLON 5 mg/2 ml : solution injectable ; flacon de 2 ml. Liste I - Remb 100 % - **Prix : 2,25 €**.
MÉTHOTREXATE BELLON 25 mg/ml : solution injectable ; flacon de 1 ml. Liste I - Remb 100 % - **Prix : 3,91 €**.
MÉTHOTREXATE BELLON 50 mg/2 ml : solution injectable ; flacon de 2 ml. Liste I - Remb 100 % - **Prix : 4,87 €**.
MÉTHOTREXATE BELLON 500 mg/20 ml : solution injectable ; 10 flacons de 20 ml. Liste I, réservé à l'usage hospitalier - Remb 100 %.

### Composition

| | p cp | p fl | p fl |
|---|---|---|---|
| **Méthotrexate** | 2,5 mg | 5 mg | 25 mg |
| Amidon de blé (gluten) | + | | |

| | p fl | p fl |
|---|---|---|
| **Méthotrexate** | 50 mg | 500 mg |

### Dans quel cas ce médicament est-il prescrit ?

Ce médicament est une *chimiothérapie anticancéreuse* de la famille des *antimétabolites*.

Il est utilisé seul ou en association avec d'autres chimiothérapies dans le traitement de nombreux *cancers*.

### Contre-indications

Ce médicament ne doit pas être utilisé dans les cas suivants :

- *insuffisance respiratoire*,
- *insuffisance rénale* ou *hépatique* grave,
- en association aux *salicylés*, aux médicaments contenant de la phénytoïne, du probénécide, du triméthoprime et de la phénylbutazone (lorsque la *posologie* du méthotrexate est supérieure à 15 mg par semaine),
- vaccination contre la *fièvre jaune*,
- *intolérance* au *gluten* (comprimé),
- **grossesse**,
- **allaitement**.

**Attention :** Le risque de toxicité sur la moelle osseuse est important, entraînant une baisse des *globules rouges*, des *globules blancs* et des *plaquettes* : des examens sanguins vous seront régulièrement demandés, notamment avant chaque cure.

Les patients traités par ce médicament (femme ou homme) doivent suivre une contraception ou s'abstenir de rapports sexuels non protégés durant la durée du traitement et au cours des 3 à 6 mois suivant son arrêt.

Des précautions sont nécessaires en cas de tabagisme, de troubles respiratoires ou d'*ulcère* de l'estomac ou du *duodénum*.

### Interactions avec d'autres substances

Ce médicament ne doit pas être associé :

- aux *salicylés*, aux médicaments contenant du probénécide, de la phénylbutazone, du sulfaméthoxazole et du triméthoprime : augmentation du risque d'anomalie de la *numération formule sanguine*,
- à la phénytoïne : risque de *convulsions*.

Ce médicament peut interagir avec les *AINS* et les *pénicillines*.

Informez votre médecin de la prise éventuelle de médicaments contenant de la ciclosporine, du tacrolimus, et des *sulfamides* antibactériens.

En cas de vaccination, l'utilisation d'un *vaccin* vivant est déconseillée (contre-indiquée dans le cas du vaccin contre la *fièvre jaune*).

### Grossesse et allaitement

Une grossesse est contre-indiquée lorsque l'un des partenaires (femme ou homme) est traité par ce médicament : voir Attention.

L'utilisation de ce médicament contre-indique l'allaitement.

**Mode d'emploi et posologie**

La solution est injectée par voie *intraveineuse* en *perfusion*. La pose d'un *cathéter* ou d'une *chambre implantable* est souvent nécessaire.

Le traitement peut être réalisé soit pendant une hospitalisation classique, soit en *hôpital de jour*, soit à domicile par une infirmière spécialisée.

Le méthotrexate peut également être administré par voie *intramusculaire* ou par *ponction lombaire*.

**Posologie usuelle :**

La *posologie* est strictement individuelle et peut être très variable ; pour l'établir, le médecin tient compte de vos *antécédents*, de votre *surface corporelle*, calculée à partir de votre taille et de votre poids, du type de *tumeur*, de sa localisation, de l'atteinte ou non de plusieurs organes, de l'association éventuelle avec un autre traitement.

**Conseils :** Le traitement peut provoquer des nausées et des vomissements. Pour contribuer à limiter ces désagréments, vous pouvez :
- tenter de vous distraire pendant la *perfusion* : radio, télévision, conversations ;
- sucer des bonbons à la menthe ;
- faire après la perfusion des repas fréquents et peu abondants ;
- éviter la friture et les aliments gras ou fortement odorants ;
- prendre des boissons gazeuses ou du thé glacé qui en cas de vomissements aident l'estomac à se rétablir.

Ce médicament peut entraîner une perte de cheveux, toujours réversible après l'arrêt du traitement. Dans certains cas, cette perte de cheveux peut être limitée par le port d'un casque réfrigérant pendant la perfusion. Si nécessaire, vous pouvez également envisager la confection d'une perruque, remboursée en partie par la Sécurité Sociale sur présentation d'une ordonnance après une demande d'*entente préalable*. Demandez conseil à votre médecin.

**Effets indésirables possibles**

Ce médicament peut entraîner une baisse des *globules rouges* (*anémie*), des *globules blancs* et des *plaquettes* liée à la toxicité du produit sur la moelle osseuse (voir Attention).

Le méthotrexate peut être toxique pour les reins, surtout en cas d'utilisation de fortes doses. Dans ce cas une hospitalisation de quelques jours pourra être organisée pour assurer un apport important d'eau et de sel de bicarbonate par *perfusion*. Vous devrez par conséquence uriner abondamment. Une antidote (l'acide folinique) vous sera généralement administrée par voie veineuse ou par voie orale pendant 24 à 48 heures, 12 à 24 heures après la perfusion du produit.

Ce médicament peut provoquer des nausées, des vomissements ou de la *diarrhée* dans les heures, voire dans les jours qui suivent la perfusion (voir Conseils). Votre médecin vous prescrira un *traitement préventif* pour les effets immédiats et retardés. A domicile, si ces troubles persistent et vous empêchent de boire en quantité suffisante, vous devez rapidement le contacter.

En cas d'essoufflement, de toux sèche, de fièvre ou de saignements dans les jours qui suivent le traitement, consultez rapidement votre médecin.

Ce médicament peut entraîner une *inflammation* des *muqueuses* buccales (*stomatite*) que l'on peut soulager par des traitements adaptés ; en l'absence d'amélioration, vous devez impérativement prévenir votre médecin.

Ce médicament peut être responsable d'une toxicité pour les glandes sexuelles, avec risque d'arrêt plus ou moins définitif des règles chez la femme et diminution de la fertilité chez l'homme (une congélation préventive du sperme peut être proposée).

Ce médicament peut entraîner enfin des troubles neurologiques. En cas de difficultés d'élocution ou de sensations vertigineuses, consultez rapidement votre médecin.

Une perte de cheveux est possible, mais toujours réversible après l'arrêt du traitement (voir Conseils).

Laboratoires Merck génériques

## MÉTHOTREXATE MERCK

*Informations détaillées sur www.monvidal.com*

## MÉTHOTREXATE TEVA

*Informations détaillées sur www.monvidal.com*

## METOCALCIUM

*Informations détaillées sur www.monvidal.com*

## MÉTOCLOPRAMIDE MERCK

Antiémétique — sur ordonnance

Ce médicament est un générique de PRIMPÉRAN (voir p. 852 et tableau p. 1151).

## MÉTOCLOPRAMIDE SANDOZ

Antiémétique — sur ordonnance

Ce médicament est un générique de PRIMPÉRAN (voir p. 852 et tableau p. 1151).

## MÉTOPROLOL G GAM

Bêtabloquant — sur ordonnance

Ce médicament est un générique de LOPRESSOR (voir p. 594 et tableau p. 1151).
Ce médicament est un générique de SELOKEN (voir p. 928 et tableau p. 1151).

## MÉTOPROLOL RPG

Bêtabloquant — sur ordonnance

Ce médicament est un générique de LOPRESSOR (voir p. 594 et tableau p. 1151).
Ce médicament est un générique de SELOKEN (voir p. 928 et tableau p. 1151).

## MEXITIL

*Informations détaillées sur www.monvidal.com*

## MIACALCIC

*Informations détaillées sur www.monvidal.com*

## MIANSÉRINE ARROW
Antidépresseur — sur ordonnance

Ce médicament est un générique de ATHYMIL (voir p. 124 et tableau p. 1151).

## MIANSÉRINE BIOGARAN
Antidépresseur — sur ordonnance

Ce médicament est un générique de ATHYMIL (voir p. 124 et tableau p. 1151).

## MIANSÉRINE EG
Antidépresseur — sur ordonnance

Ce médicament est un générique de ATHYMIL (voir p. 124 et tableau p. 1151).

## MIANSÉRINE G GAM
Antidépresseur — sur ordonnance

Ce médicament est un générique de ATHYMIL (voir p. 124 et tableau p. 1151).

## MIANSÉRINE IVAX
Antidépresseur — sur ordonnance

Ce médicament est un générique de ATHYMIL (voir p. 124 et tableau p. 1151).

## MIANSÉRINE MERCK
Antidépresseur — sur ordonnance

Ce médicament est un générique de ATHYMIL (voir p. 124 et tableau p. 1151).

## MIANSÉRINE QUALIMED
Antidépresseur — sur ordonnance

Ce médicament est un générique de ATHYMIL (voir p. 124 et tableau p. 1151).

## MIANSÉRINE RATIOPHARM
Antidépresseur — sur ordonnance

Ce médicament est un générique de ATHYMIL (voir p. 124 et tableau p. 1151).

## MIANSÉRINE RPG
Antidépresseur — sur ordonnance

Ce médicament est un générique de ATHYMIL (voir p. 124 et tableau p. 1151).

## MIANSÉRINE SANDOZ
Antidépresseur — sur ordonnance

Ce médicament est un générique de ATHYMIL (voir p. 124 et tableau p. 1151).

## MIANSÉRINE TEVA
Antidépresseur — sur ordonnance

Ce médicament est un générique de ATHYMIL (voir p. 124 et tableau p. 1151).

## MIANSÉRINE WINTHROP
Antidépresseur — sur ordonnance

Ce médicament est un générique de ATHYMIL (voir p. 124 et tableau p. 1151).

## MICARDIS
Antihypertenseur — sur ordonnance

### Présentation
MICARDIS 20 mg : comprimé ; boîte de 28. Liste I - Non remb.
MICARDIS 40 mg : comprimé (blanc) ; boîte de 28. Liste I - Remb 65 % - **Prix : 20,72 €.**
MICARDIS 80 mg : comprimé (blanc) ; boîte de 28. Liste I - Remb 65 % - **Prix : 25,11 €.**

### Composition

| | p cp | p cp | p cp |
|---|---|---|---|
| **Telmisartan** | 20 mg | 40 mg | 80 mg |
| Sorbitol | + | 169 mg | 338 mg |

### Dans quel cas ce médicament est-il prescrit ?
Ce médicament est un *antihypertenseur* qui appartient à la famille des *inhibiteurs de l'angiotensine II*. Il bloque l'action de l'angiotensine II. Cette substance, naturellement présente dans l'organisme, provoque une contraction des artères qui augmente la pression artérielle et fatigue le cœur.
Il est utilisé dans le traitement de l'*hypertension artérielle*.

### Contre-indications
Ce médicament ne doit pas être utilisé dans les cas suivants :
- obstruction des *voies biliaires*,
- *insuffisance hépatique* ou *rénale* grave,
- **grossesse** (à partir du 4e mois),
- **allaitement**.

**Attention :** Des précautions sont nécessaires en cas d'*insuffisance cardiaque* grave ou chez les personnes souffrant d'*hypertension artérielle* due à un rétrécissement des artères rénales, de rétrécissement des valves cardiaques ou de *cardiomyopathie* obstructive.
En cas d'*insuffisance rénale*, un contrôle régulier de la *créatinine* et du taux de *potassium* dans le sang est nécessaire.
Si vous suiviez auparavant un traitement par *diurétique* ou un régime sans *sel*, la baisse de la tension artérielle peut être importante lors des premières prises du médicament : risque de malaise ou d'étour-

dissement pouvant entraîner une chute. Il est donc préférable de commencer le traitement un jour de repos.
Les sels de régime contiennent souvent du *potassium*, ne les utilisez pas sans avis médical pendant le traitement.

### Interactions avec d'autres substances

Ce médicament peut interagir avec les *diurétiques* et les médicaments qui contiennent du *potassium* ou du *lithium*.

En outre, l'effet *antihypertenseur* de ce médicament peut être diminué par les *AINS*.

### Grossesse et allaitement

L'effet de ce médicament sur l'enfant à naître pendant les 3 premiers mois de la grossesse est mal connu. Par prudence, son usage est déconseillé. Au cours des 6 derniers mois de la grossesse, une prise prolongée de ce médicament peut altérer les reins du fœtus. Son utilisation est contre-indiquée à partir du 4e mois de la grossesse.

En conséquence, un désir de grossesse nécessite le remplacement de ce médicament par un autre antihypertenseur. Si une grossesse survient alors que vous prenez ce médicament, consultez rapidement votre médecin pour qu'il modifie votre traitement.

Les données actuellement disponibles ne permettent pas de savoir si ce médicament passe dans le lait maternel. Il est contre-indiqué chez la femme qui allaite.

### Mode d'emploi et posologie

Le comprimé doit être avalé avec un verre d'eau, indifféremment pendant ou entre les repas.

**Posologie usuelle :**

- Adulte de plus de 18 ans : 40 mg à 80 mg par jour, en 1 prise.

**Conseils :** Votre tension artérielle doit être contrôlée régulièrement. Les appareils permettant une mesure automatique de la tension à domicile utilisent souvent un procédé de mesure différent de celui qu'emploie votre médecin. Si vous avez un tel appareil, apportez-le en consultation pour vous assurer que la mesure obtenue est bien conforme à celle du tensiomètre de votre médecin.

Le traitement médicamenteux ne dispense pas de mesures simples pouvant faire baisser la tension artérielle : activité physique régulière, modération de la consommation de boissons alcoolisées et de *sel*, lutte contre l'excès de poids.

### Effets indésirables possibles

Les études qui ont comparé ce médicament au *placebo* n'ont pas montré plus d'effets indésirables imputables au médicament.

Depuis sa commercialisation, les effets suivants ont été rarement observés :

- *éruption cutanée*, malaise, insomnie, *état dépressif*, troubles digestifs, essouflement, *réaction allergique* (œdème de *Quincke*) ;
- augmentation du taux d'*acide urique* et de *potassium* dans le sang.

**Laboratoires Bœhringer Ingelheim**

## MICARDISPLUS

Association d'antihypertenseurs — sur ordonnance

### Présentation

MICARDISPLUS 40 mg/12,5 mg : comprimé (bicouche rouge et blanc) ; boîte de 28. Liste I - Remb 65 % - **Prix : 20,72 €.**

MICARDISPLUS 80 mg/12,5 mg : comprimé (bicouche rouge et blanc) ; boîte de 28. Liste I - Remb 65 % - **Prix : 25,11 €.**

### Composition

| | p cp | p cp |
|---|---|---|
| **Telmisartan** | 40 mg | 80 mg |
| **Hydrochlorothiazide** | 12,5 mg | 12,5 mg |
| Sorbitol | + | + |

### Dans quel cas ce médicament est-il prescrit ?

Cet *antihypertenseur* contient deux substances :

- le telmisartan, de la famille des anti-angiotensine II. Il bloque l'action de l'angiotensine II, substance naturellement présente dans l'organisme. Celle-ci est responsable d'une contraction des artères qui augmente la pression artérielle et fatigue le cœur ;
- l'hydrochlorothiazide, un *diurétique* dont la structure chimique est proche de celles des *sulfamides*. Son action renforce celle du telmisartan.

Il est utilisé dans le traitement de l'*hypertension artérielle*.

### Contre-indications

Ce médicament ne doit pas être utilisé dans les cas suivants :

- *allergie* au telmisartan ou aux *sulfamides*,
- obstruction des *voies biliaires*,
- *insuffisance rénale* ou *hépatique* grave,
- excès de calcium dans le sang,
- **grossesse** (à partir du 4e mois),
- **allaitement**.

**Attention :** Des précautions sont nécessaires en cas d'*insuffisance cardiaque* grave ou chez les personnes souffrant d'*hypertension artérielle* due à un rétrécissement des artères rénales, de rétrécissement des valves cardiaques ou de *cardiomyopathie* obstructive.

Si vous suiviez auparavant un traitement par *diurétique* ou un régime sans *sel*, la baisse de la tension artérielle peut être importante lors des premières prises du médicament : risque de malaise ou d'étourdissement pouvant entraîner une chute. Il est donc recommandé de prendre un régime normalement salé ou d'interrompre le traitement diurétique au moins 3 jours avant la première prise de ce médicament. Votre médecin vous donnera toutes les informations utiles à ce sujet.

Faites pratiquer régulièrement les analyses de sang prescrites par votre médecin ; elles sont notamment destinées à vérifier le bon fonctionnement de vos reins (dosage de la *créatinine*) et les taux de *potassium* et de *sodium* sanguins.

Le diurétique contenu dans ce médicament peut faire baisser la *kaliémie* : évitez d'utiliser des *laxatifs stimulants* dont l'usage régulier contribue à la baisse du taux de potassium dans le sang. Il peut par ailleurs augmenter le taux sanguin d'*acide urique* (possibilité de crise de *goutte*).

Sportif : ce médicament contient une substance susceptible de rendre positifs certains *tests antidopage*.

Conducteur : ce médicament peut être responsable de *vertiges*.

### Interactions avec d'autres substances

Ce médicament peut interagir avec les médicaments susceptibles de provoquer une *hyperkaliémie* (*diurétique*, sel de *potassium*...), avec les médicaments donnant des *torsades de pointes* et avec les médicaments contenant du lithium.

Informez par ailleurs votre médecin si vous prenez un *digitalique*, un *laxatif stimulant*, un *AINS*, ou un médicament contenant de la metformine, de la carbamazépine, de la ciclosporine ou un sel de calcium.

En outre, l'effet *antihypertenseur* de ce médicament peut être augmenté par certains médicaments tels que les *neuroleptiques*, les *antidépresseurs imipraminiques*, les médicaments contenant du baclofène ; il peut être diminué par les *corticoïdes*. Votre médecin doit être informé si vous êtes traité par l'un ou par l'autre.

Chez le diabétique traité par l'*insuline*, une adaptation de la *posologie* de l'insuline peut être nécessaire.

### Grossesse et allaitement

L'effet de ce médicament sur l'enfant à naître pendant les 3 premiers mois de la grossesse est mal connu. Par prudence, son usage est déconseillé. Au cours des 6 derniers mois de la grossesse, une prise prolongée de ce médicament peut altérer les reins du fœtus. Son utilisation est contre-indiquée à partir du 4e mois de la grossesse.

En conséquence, un désir de grossesse nécessite le remplacement de ce médicament par un autre antihypertenseur. Si une grossesse survient alors que vous prenez ce médicament, consultez rapidement votre médecin pour qu'il modifie votre traitement.

Ce médicament est contre-indiqué chez la femme qui allaite.

### Mode d'emploi et posologie

Les comprimés doivent être avalés avec un verre d'eau. Ils peuvent être pris indifféremment au cours ou en dehors des repas.

**Posologie usuelle :**

- Adulte : 1 comprimé par jour.

**Conseils :** Votre tension artérielle doit être contrôlée régulièrement. Les appareils permettant une mesure automatique de la tension à domicile utilisent souvent un procédé de mesure différent de celui qu'emploie votre médecin. Si vous avez un tel appareil, apportez-le en consultation pour vous assurer que la mesure obtenue est bien conforme à celle du tensiomètre de votre médecin.

Le traitement médicamenteux ne dispense pas de mesures simples pouvant faire baisser la tension artérielle : activité physique régulière, modération de la consommation de boissons alcoolisées et de *sel*, lutte contre l'excès de poids.

Les *diurétiques* exposent au risque de déshydratation : les personnes âgées devront boire abondamment, notamment pendant les fortes chaleurs.

### Effets indésirables possibles

Étourdissements dus à une *hypotension orthostatique*, fatigue, troubles de l'érection, douleurs dorsales, *troubles digestifs*, anxiété, *sinusite*, *pharyngite*, infection urinaire, éruption cutanée.

Aggravation réversible d'une *insuffisance rénale*.

Augmentation du taux de lipides, d'*acide urique* ou de glucose dans le sang et exceptionnellement du calcium.

Baisse du taux de *potassium*, associée ou non à des crampes.

Rarement :

- fourmillement des extrémités, maux de tête, *hépatite*, troubles de la vue, sueurs, sécheresse de la bouche ;
- *réaction allergique* ;
- baisse du taux de *sodium* dans le sang (natrémie) et risque de troubles du comportement ;
- anomalie de la *numération formule sanguine*.

Exceptionnellement : *pancréatite*.

Laboratoires Bœhringer Ingelheim

## MICRODOÏNE

*Informations détaillées sur www.monvidal.com*

## MICROLAX

Laxatif par voie rectale

### Présentation

MICROLAX : solution rectale ; boîte de 4 récipients unidoses de 5 ml avec canules. Non remb.
MICROLAX : solution rectale ; boîte de 12 récipients unidoses de 5 ml avec canules. Non remb.
MICROLAX Bébé : gel rectal ; boîte de 4 récipients unidoses de 3 ml avec canules. Non remb.

### Composition

| | p unidose | p unidose Bébé |
|---|---|---|
| **Laurylsulfoacétate de sodium** | 64,5 mg | 38,7 mg |
| **Citrate de sodium** | 450 mg | 270 mg |
| **Sorbitol (solution à 70 %)** | 4,465 g | 2,679 g |

### Dans quel cas ce médicament est-il prescrit ?

Ce médicament est un laxatif administré par *voie* rectale. Il ramollit les selles et déclenche une contraction du rectum qui permet leur évacuation.

Il est utilisé dans le *traitement symptomatique* de la *constipation* et pour préparer le rectum avant certains examens.

**Attention :** Comme tous les laxatifs, ce médicament ne doit pas être utilisé de façon prolongée sans avis médical.

Des précautions sont nécessaires chez la personne atteinte d'*hémorroïdes*, de *fissure anale* ou de *rectocolite hémorragique*.

Chez l'enfant, l'usage de ce médicament doit rester exceptionnel : il risque d'empêcher le réflexe d'expulsion des selles.

### Grossesse et allaitement

Ce médicament peut être utilisé de façon ponctuelle pour traiter la constipation de la femme enceinte ou qui allaite.

### Mode d'emploi et posologie

Introduire la canule dans le rectum et vider le contenu de l'unidose par pression. Retirer la canule sans relâcher la pression sur le tube.

L'effet laxatif se manifeste après un délai de 5 à 20 minutes.

**Posologie usuelle :**

- Adulte : 1 unidose de MICROLAX par jour en cas de constipation ou 1 unidose 5 à 20 minutes avant l'heure choisie pour la selle en cas de préparation à un examen du rectum.
- Enfant et nourrisson : 1 unidose de MICROLAX Bébé par jour en cas de constipation ou 1 unidose 5 à 20 minutes avant l'heure choisie pour la selle en cas de préparation à un examen du rectum.

> **Conseils :** Le traitement de la constipation chronique repose essentiellement sur des boissons abondantes, une alimentation riche en fibres et une activité physique régulière.

### Effets indésirables possibles

Un usage prolongé peut occasionner des sensations de brûlure anale et exceptionnellement des *inflammations* du rectum.

Laboratoires PFIZER Santé Grand Public

## MICROPAKINE LP

*Informations détaillées sur www.monvidal.com*

## MICROPHTA

*Informations détaillées sur www.monvidal.com*

## MICROSOL CUIVRE

*Informations détaillées sur www.monvidal.com*

## MICROSOL LITHIUM

*Informations détaillées sur www.monvidal.com*

## MICROSOL MAGNÉSIUM

*Informations détaillées sur www.monvidal.com*

## MICROSOL MANGANÈSE-CUIVRE

*Informations détaillées sur www.monvidal.com*

## MICROSOL SÉLÉNIUM

*Informations détaillées sur www.monvidal.com*

## MICROVAL

Contraceptif oral — sur ordonnance

### Présentation

MICROVAL : comprimé (blanc) ; boîte de 1 plaquette de 28. Liste I - Remb 65 % - **Prix : 1,68 €.**
MICROVAL : comprimé (blanc) ; boîte de 3 plaquettes de 28. Liste I - Remb 65 % - **Prix : 3,83 €.**

### Composition

| | p cp |
|---|---|
| **Lévonorgestrel** | 0,03 mg |
| Lactose | + |

### Dans quel cas ce médicament est-il prescrit ?

C'est un *contraceptif* oral. Il contient un *progestatif* seul (sans *estrogène* associé). Tous les comprimés ont une composition identique. Ce contraceptif est dit microdosé car il contient une très faible dose d'*hormone*.

### Contre-indications

Ce médicament ne doit pas être utilisé dans les cas suivants :
- *hépatite* ou *antécédent* récent d'*hépatite*,
- *insuffisance hépatique*,
- certains cancers du sein ou de l'utérus,
- **grossesse**.

> **Attention :** Ce mode de contraception n'est pas adapté aux femmes qui souffrent de kystes des ovaires ou de *mastopathies*.
> Une surveillance médicale et des analyses sont nécessaires avant et pendant la contraception orale. Cette surveillance sera renforcée en cas d'antécédent d'infection des trompes ou de *grossesse extra-utérine*.
> L'efficacité contraceptive des *progestatifs* microdosés n'est pas absolue. Il est d'autant plus important de veiller à la régularité de la prise.
> En cas d'arrêt des règles pendant plus de deux cycles consécutifs, l'absence de grossesse doit être vérifiée avant de poursuivre la contraception.

### Interactions avec d'autres substances

L'efficacité contraceptive de ce médicament peut être diminuée par la prise conjointe d'un médicament *inducteur enzymatique*.

### Grossesse et allaitement

Ce médicament n'a pas de raison d'être utilisé pendant la grossesse. Néanmoins, si une grossesse survient malgré le traitement, du fait d'un oubli ou d'un retard de prise, celle-ci pourra être poursuivie normalement si vous le désirez.

Ce médicament passe dans le lait maternel mais son usage est possible pendant l'allaitement après avis médical.

### Mode d'emploi et posologie

Prendre régulièrement, et sans oubli, 1 comprimé par jour à la même heure pendant 28 jours consécutifs, sans interruption entre 2 plaquettes. Cette pilule doit être impérativement prise chaque jour à la même heure. La contraception n'est pas assurée pendant la durée de la première plaquette : une contraception complémentaire est nécessaire (préservatif, diaphragme, spermicide...).

En cas de première contraception orale ou de reprise d'une contraception interrompue temporairement, prendre le premier comprimé le premier jour des règles.

En cas de changement de *contraceptif*, prendre le premier comprimé le lendemain et à la même heure que le dernier comprimé de la plaquette du précédent contraceptif.

Après un accouchement ou une interruption de grossesse : suivre les indications du médecin.

> **Conseils :** En cas d'oubli d'un comprimé, 2 situations sont possibles :
> - retard de moins de 3 heures : prendre le comprimé oublié et continuer à l'heure habituelle ;

- retard de plus de 3 heures : prendre le comprimé oublié et continuer à l'heure habituelle, mais la sécurité contraceptive n'est plus assurée et une méthode complémentaire doit être employée pendant 15 jours (spermicide, préservatif, diaphragme...).

En cas de vomissements ou de diarrhée survenant juste après la prise du comprimé (sans rapport avec la prise du *contraceptif*), prendre un autre comprimé. Si ces troubles durent plus de 3 heures, la sécurité contraceptive n'est plus assurée et une méthode complémentaire doit être employée pour le cycle en cours.

### Effets indésirables possibles

Irrégularité des cycles en début de traitement.

Saignement entre les règles, *œdèmes* périodiques, douleur ou tension des seins.

En cas d'*antécédent* de jaunisse ou de démangeaisons au cours d'une grossesse : risque de récidive lors de la prise de ce *contraceptif*.

Laboratoires Wyeth Lederlé

## MIFLASONE

Antiasthmatique — sur ordonnance

### Présentation

MIFLASONE 100 µg : poudre pour *inhalation* buccale ; boîte de 60 gélules avec inhalateur. Liste I - Remb 65 % - **Prix : 4,20 €.**
MIFLASONE 200 µg : poudre pour *inhalation* buccale ; boîte de 60 gélules avec inhalateur. Liste I - Remb 65 % - **Prix : 7,50 €.**
MIFLASONE 400 µg : poudre pour *inhalation* buccale ; boîte de 60 gélules avec inhalateur. Liste I - Remb 65 % - **Prix : 14,45 €.**

### Composition

| | p gél | p gél | p gél |
|---|---|---|---|
| **Béclométasone dipropionate** | 100 µg | 200 µg | 400 µg |

### Dans quel cas ce médicament est-il prescrit ?

Ce médicament d'action locale contient un *corticoïde* qui possède une activité *anti-inflammatoire* marquée sur les *muqueuses*, notamment celles des bronches.

Il est utilisé dans le *traitement de fond* de l'*asthme*.

Le système d'administration est adapté aux personnes ayant des difficultés à utiliser les aérosols.

**Attention :** Ce médicament d'action lente n'est pas adapté au *traitement de la crise* d'*asthme*. Une aggravation de l'asthme peut traduire une infection : consultez votre médecin.

Sportif : ce médicament contient une substance susceptible de rendre positifs certains *tests antidopage*.

### Grossesse et allaitement

Les données scientifiques actuellement disponibles n'ont pas mis en évidence de problème particulier lors de l'utilisation de ce médicament pendant la grossesse à la dose préconisée. Néanmoins, ne l'utilisez pas sans avis médical.

La possibilité d'un effet du médicament chez le *nourrisson* est très improbable ; néanmoins, par mesure de prudence, l'allaitement est déconseillé sans avis médical.

### Mode d'emploi et posologie

Les gélules ne doivent en aucun cas être avalées.

La prise du médicament doit se faire au cours d'une inspiration profonde, précédée si possible d'une expiration forcée. Il est ensuite nécessaire de retenir sa respiration pendant quelques instants.

Placer la gélule dans l'appareil au moment de l'*inhalation*. En tenant l'appareil verticalement, appuyer sur les 2 boutons-poussoir (ce qui permet de percer la gélule), puis relâcher. Expirer à fond. Placer l'embout de l'appareil entre les lèvres. Incliner la tête en arrière. L'inspiration doit être rapide et profonde. Ouvrir ensuite l'appareil afin de vérifier qu'il ne reste pas de poudre (la partie transparente de la gélule permet de s'assurer que son contenu est vide). S'il en reste, renouveler l'inhalation. Après usage, retirer la gélule vide.

Lire attentivement la notice du médicament avant son emploi.

**Posologie usuelle :**

Elle est strictement individuelle ; elle varie selon l'âge et le stade de la maladie. La dose efficace la plus faible est toujours recherchée ; elle est répartie régulièrement en 2 à 4 prises au cours de la journée.

**Conseils :** N'hésitez pas à demander une démonstration du maniement de cet appareil à votre médecin ou à votre pharmacien.

Nettoyez régulièrement l'embout buccal et l'emplacement pour la gélule avec un linge sec.

Lorsque ce médicament est utilisé conjointement avec un bronchodilatateur, le bronchodilatateur devra être inhalé en premier.

Il est conseillé de se rincer la bouche avec un verre d'eau après chaque inhalation pour limiter le risque de *candidose* ou d'enrouement lié à l'utilisation de ce médicament.

### Effets indésirables possibles

Irritation de la bouche et de la gorge, toux, voix rauque.

Par ailleurs, une *candidose* de la bouche et de la gorge peut apparaître.

Laboratoires Novartis Pharma

## MIFLONIL

Antiasthmatique — sur ordonnance

### Présentation

MIFLONIL 200 µg : poudre pour inhalation en gélule ; boîte de 60 gélules avec inhalateur. Liste I - Remb 65 % - **Prix : 9,73 €.**
MIFLONIL 400 µg : poudre pour inhalation en gélule ; boîte de 60 gélules avec inhalateur. Liste I - Remb 65 % - **Prix : 18,92 €.**

### Composition

| | p dose | p dose |
|---|---|---|
| **Budésonide** | 200 µg | 400 µg |

### Dans quel cas ce médicament est-il prescrit ?

Ce médicament d'action locale contient un *corticoïde* qui possède une activité *anti-inflammatoire* marquée sur les *muqueuses*, notamment celle des bronches.

Il est utilisé dans le *traitement de fond* de l'*asthme*.

**Attention :** Ce médicament d'action lente n'est pas adapté au *traitement de la crise* d'*asthme*.
Une aggravation de l'asthme peut traduire une infection : consultez votre médecin.
Sportif : ce médicament contient une substance susceptible de rendre positifs certains *tests antidopage*.

### Grossesse et allaitement

Les études actuellement disponibles n'ont pas mis en évidence de problème particulier lors de l'utilisation ponctuelle de ce médicament chez la femme enceinte. Néanmoins, il est déconseillé pendant la grossesse sans avis médical.

La possibilité d'un effet du médicament chez le *nourrisson* est très improbable ; néanmoins, par mesure de prudence, l'allaitement est déconseillé sans avis médical.

### Mode d'emploi et posologie

Charger l'inhalateur. Vider complètement les poumons puis placer l'embout de l'appareil entre les lèvres. Aspirer à fond. L'inspiration doit être rapide et profonde. Essayer de garder l'air dans les poumons quelques secondes avant de les vider. Replacer le capuchon après usage.

**Posologie usuelle :**
Elle est strictement individuelle. La dose efficace la plus faible est toujours recherchée ; elle est répartie régulièrement en 1 à 4 prises au cours de la journée.

**Conseils :** Lisez attentivement la notice jointe au médicament.
N'hésitez pas à demander une démonstration du maniement de cet appareil à votre médecin ou à votre pharmacien.
Lorsque ce médicament est utilisé conjointement avec un bronchodilatateur, le bronchodilatateur devra être inhalé en premier.
Il est conseillé de se rincer la bouche avec un verre d'eau après chaque *inhalation* pour limiter le risque de *candidose* ou d'enrouement lié à l'utilisation de ce médicament.

### Effets indésirables possibles

Irritation de la bouche et de la gorge, toux, voix rauque.
Par ailleurs, une *candidose* de la bouche et de la gorge peut apparaître.

Laboratoires Novartis Pharma

## MIGLUCAN

*Informations détaillées sur www.monvidal.com*

## MIGPRIV

Antimigraineux — sur ordonnance

### Présentation

MIGPRIV : poudre pour solution buvable (arôme citron) ; boîte de 6 sachets. Liste II - Remb 65 % - **Prix : 8,03 €.**

### Composition

| | p sachet |
|---|---|
| **Acétylsalicylate de lysine** | 1,62 g |
| soit Acide acétylsalicylique (aspirine) | 900 mg |
| **Métoclopramide** | 10 mg |
| Aspartam | + |

### Dans quel cas ce médicament est-il prescrit ?

Cet antimigraineux associe un dérivé de l'aspirine, qui a une action *antalgique*, à un modificateur de la motricité digestive qui régularise les contractions de l'estomac et de l'intestin.

Il est utilisé dans le *traitement de la crise* de *migraine*, notamment lorsque celle-ci s'accompagne de nausées et de vomissements.

### Contre-indications

Ce médicament ne doit pas être utilisé dans les cas suivants :
- *allergie* à l'aspirine et aux *anti-inflammatoires* non stéroïdiens (*AINS*) ;
- *ulcère* de l'estomac ou du *duodénum* ;
- *hémorragie* et risque hémorragique ;
- risque d'obstruction du tube digestif ;
- mouvements involontaires liés à la prise de *neuroleptiques* ;
- *phéochromocytome* ;
- en association avec les médicaments *dopaminergiques* et ceux contenant de la lévodopa ;
- *phénylcétonurie* (présence d'aspartam) ;
- enfant de moins de 15 ans ;
- **grossesse** : à partir du 6e mois, ou en prise prolongée à toute période de la grossesse.

**Attention :** Tout *surdosage* ou prise prolongée expose à des complications sérieuses liées à la présence d'un dérivé de l'aspirine. Ne laissez pas ce médicament à la portée des enfants. En cas d'intoxication accidentelle, appelez un service d'urgence ou un centre antipoison.
Des précautions sont nécessaires en cas d'*antécédent* d'*ulcère* de l'estomac ou du *duodénum*, même ancien, d'*épilepsie*, d'*asthme*, d'*insuffisance rénale*, et chez les femmes qui portent un stérilet.
De même, l'aspirine est déconseillée chez les personnes atteintes de *goutte* et chez les femmes pendant les règles.
Évitez de prendre ce médicament pendant la semaine qui précède une extraction dentaire ou une opération : augmentation du risque d'*hémorragie*.
Évitez les boissons alcoolisées : augmentation du risque de somnolence.
Ce médicament peut induire une somnolence, parfois intense chez certaines personnes. Cette somnolence peut être majorée par la prise d'*alcool* ou d'autres médicaments *sédatifs*. La conduite et l'utilisation de machines dangereuses sont déconseillées, surtout dans les heures qui suivent la prise du médicament.

### Interactions avec d'autres substances

Ce médicament ne doit pas être associé aux médicaments *dopaminergiques* et à ceux qui contiennent de la lévodopa (MODOPAR, SINEMET...) : risque d'annulation de leurs effets.

Il peut interagir avec les *anti-inflammatoires* non stéroïdiens (*AINS*), les *anticoagulants*, les médicaments hypo-uricémiants contenant de la benzbromarone.

Informez par ailleurs votre médecin ou votre pharmacien si vous prenez un *antidiabétique* oral, un *corticoïde*, un *diurétique*, un *antihypertenseur*, un *sédatif* ou un médicament contenant du méthotrexate.

### Grossesse et allaitement

Compte tenu de la présence d'aspirine, seule la prise ponctuelle de ce médicament est admise durant les 5 premiers mois de la grossesse ; au cours des 4 derniers mois, ce médicament est contre-indiqué.

Ce médicament passe dans le lait maternel : il est déconseillé pendant l'allaitement.

### Mode d'emploi et posologie

Les sachets doivent être dissous dans un grand verre d'eau.

**Posologie usuelle :**

- Adulte : 1 sachet, dès les premiers signes de la crise. Renouveler 1 fois si nécessaire dans les heures qui suivent.

**Conseils :** La prise de ce médicament ne dispense pas des mesures habituelles permettant d'aider à faire céder la crise de migraine : s'allonger au calme dans une pièce sombre.
Attention, de nombreux médicaments contiennent de l'aspirine. Le *surdosage* expose à une augmentation des effets indésirables.

### Effets indésirables possibles

Liés à l'aspirine :
- *gastrite*, douleurs abdominales, saignement du nez ou des gencives ;
- rares et parfois graves : *hémorragie* du tube digestif (vomissements sanglants, selles noires, ou plus souvent pertes de sang imperceptibles, responsables de l'apparition progressive d'une *anémie*) ; accidents allergiques (*urticaire*, œdème de *Quincke*, *asthme*, *chocs*) ;
- en cas de *surdosage* : bourdonnements d'oreille, sensation de baisse de l'audition, maux de tête.

Liés au métoclopramide :
- somnolence, fatigue, *vertiges* ;
- exceptionnellement : insomnie, maux de tête, diarrhée, spasmes de la face, mouvements inadaptés, arrêt des règles, augmentation du volume des seins.

Laboratoires Sanofi-Aventis OTC

## MIGRALGINE

Association d'antalgiques contenant un opiacé

### Présentation

MIGRALGINE : gélule (vert et blanc) ; boîte de 12. Non remb.
MIGRALGINE : gélule (vert et blanc) ; boîte de 18. Non remb.
MIGRALGINE : solution buvable (arôme orange) ; flacon de 125 ml. Non remb.

### Composition

| | p gél | p c à s |
|---|---|---|
| **Paracétamol** | 400 mg | 400,5 mg |
| **Codéine phosphate** | 20 mg | 19,5 mg |
| **Caféine** | 62,5 mg | 62,25 mg |

### Dans quel cas ce médicament est-il prescrit ?

Ce médicament contient deux *antalgiques* : le paracétamol, qui empêche la transmisssion de la douleur, et un *opiacé* (la codéine), qui renforce l'action du paracétamol en agissant sur la perception de la douleur par le cerveau. Le faible dosage en codéine lui permet d'être disponible sans ordonnance.

Il est utilisé dans le traitement de la douleur.

### Contre-indications

Ce médicament ne doit pas être utilisé dans les cas suivants :
- maladie grave du foie ;
- *asthme* et *insuffisance respiratoire* ;
- enfant de moins de 15 ans ;
- en association avec les médicaments contenant de la nalbuphine, de la buprénorphine ou de la pentazocine ;
- **allaitement**.

**Attention :** De nombreux médicaments contiennent du paracétamol : vous devez en tenir compte en cas de prise conjointe car le *surdosage* en paracétamol peut être toxique pour le foie.
Du fait de la présence de codéine :
- n'utilisez pas ce médicament à forte dose et de façon prolongée (risque de *dépendance*) ;
- évitez son emploi en cas d'*hypertension intracrânienne*, qu'il pourrait aggraver.

Ce médicament peut induire une somnolence, parfois intense chez certaines personnes. Cette somnolence peut être majorée par la prise d'*alcool* ou d'autres médicaments *sédatifs*. La conduite et l'utilisation de machines dangereuses sont déconseillées, surtout dans les heures qui suivent la prise du médicament.

Ce médicament contient de la *caféine* qui peut être recherchée dans les urines des sportifs pour déceler un éventuel mésusage. Néanmoins, à la *posologie* préconisée, la quantité de caféine contenue dans ce médicament est insuffisante à elle seule pour que la réponse au test soit positive.

### Interactions avec d'autres substances

Ce médicament ne doit pas être associé à ceux qui contiennent de la nalbuphine, de la buprénorphine ou de la pentazocine : risque de diminution de l'effet *antalgique*.

Informez par ailleurs votre médecin ou votre pharmacien si vous prenez des *sédatifs*.

### Grossesse et allaitement

L'utilisation de la *codéine* et de ses dérivés (codéthyline, pholcodine) ne doit être envisagée chez la femme enceinte qu'en cas de nécessité, en effet :
- une *insuffisance respiratoire* peut survenir chez le nouveau-né d'une mère traitée par des doses élevées, même si le traitement est ponctuel mais précède de peu l'accouchement ;
- un *syndrome de sevrage*, à l'inverse, peut concerner des nouveau-nés si leur mère reçoit un traitement régulier, même à faible dose.

Il est donc important de signaler à l'obstétricien la prise éventuelle de codéine ou d'un de ses dérivés, afin que ces risques puissent être prévenus par une surveillance et un éventuel traitement adapté.

Ce médicament passe dans le lait maternel. Il est contre-indiqué pendant l'allaitement.

### Mode d'emploi et posologie

Ce médicament peut être pris indifféremment au cours ou en dehors des repas. Les gélules doivent être avalées avec un verre d'eau.

Respectez un intervalle minimal de 4 heures entre 2 prises. En cas d'*insuffisance rénale*, l'intervalle entre 2 prises doit être au minimum de 8 heures.

**Posologie usuelle :**

- Adulte : 1 ou 2 gélules ou 1 ou 2 cuillères à soupe de solution buvable, 1 à 3 fois par jour. Ne pas dépasser 6 gélules ou 6 cuillères à soupe par jour.

Chez la personne âgée, la *posologie* initiale est généralement réduite de moitié.

> **Conseils :** Comme tous les *antalgiques*, ce médicament est généralement plus efficace pour prévenir la douleur que pour la calmer : dans le traitement des douleurs chroniques, il est préférable de prendre ce médicament à intervalles réguliers sans attendre que la douleur s'installe.
> Cet *antalgique* contenant de la codéine est destiné à être utilisé en deuxième intention, lorsque l'aspirine, l'ibuprofène ou le paracétamol, utilisés seuls, sont insuffisamment efficaces. Il peut néanmoins être utilisé d'emblée dans le traitement des douleurs fortes.
> Ce médicament contient de la *caféine*. On considère qu'une tasse de café contient de 60 à 100 mg de cette substance. Ainsi, pour limiter les effets indésirables de la caféine (excitation, tremblements, insomnie, *palpitations*), il est préférable de limiter la consommation de boissons qui en renferment (café, thé...). Il est également recommandé de prendre ce médicament avant 17 heures.

### Effets indésirables possibles

Lié au paracétamol : *réaction allergique* (rare).

Liés à la *codéine* :

Constipation, somnolence, nausées, vomissements, sensation de vertige et, plus rarement, *bronchospasme*, *réaction allergique* cutanée, ralentissement de la respiration. Ces effets indésirables sont ceux de la famille des *opiacés* ; ils sont généralement modérés aux doses recommandées.

Lié à la *caféine* : insomnie.

Laboratoires Mc Neil

## MIKELAN

*Informations détaillées sur www.monvidal.com*

## MILDAC

*Informations détaillées sur www.monvidal.com*

## MILLIGYNON

*Informations détaillées sur www.monvidal.com*

## MINALFÈNE

*Informations détaillées sur www.monvidal.com*

## MINCIFIT solution buvable

*Informations détaillées sur www.monvidal.com*

## MINCIFIT tisane

*Informations détaillées sur www.monvidal.com*

## MINERVA

Antiacnéique — sur ordonnance

Ce médicament est un générique de DIANE 35 (voir p. 310 et tableau p. 1151).

## MINESSE

Pilule estroprogestative — sur ordonnance

### Présentation

MINESSE : comprimé (jaune : 24, blanc : 4) ; boîte de 1 plaquette de 28. Liste I - Non remb.
MINESSE : comprimé (jaune : 24, blanc : 4) ; boîte de 3 plaquettes de 28. Liste I - Non remb.

### Composition

| | p cp jaune |
|---|---|
| **Éthinylestradiol** | 0,015 mg |
| **Gestodène** | 0,06 mg |

### Dans quel cas ce médicament est-il prescrit ?

C'est un *contraceptif* oral (pilule) qui contient un *estrogène* et un *progestatif*. Il est minidosé (moins de 0,04 mg d'estrogène) et monophasique (tous les comprimés contiennent la même quantité d'*hormones* et sont donc de la même couleur). Pour limiter les risques d'oubli, chaque plaquette contient 4 comprimés blancs dépourvus de toute substance active, destinés à être pris pendant les règles.

### Contre-indications

Ce médicament ne doit pas être utilisé dans les cas suivants :

- *accident thromboembolique* artériel (*infarctus du myocarde*, *accident vasculaire cérébral*...) ou veineux (*phlébite*, *embolie* pulmonaire...) ancien ou survenant au cours de la contraception ;
- maladie cardiovasculaire (*hypertension artérielle*, *angine de poitrine*, lésion des valves cardiaques, anomalie de la circulation sanguine cérébrale ou rétinienne) ;
- *cancer hormonodépendant* ;
- *diabète* compliqué de lésions vasculaires ;
- saignement génital intermittent (l'origine de ce saignement doit être déterminée par des examens avant la mise en route du traitement) ;
- maladie du foie, grave ou récente.

> **Attention :** Un examen médical est nécessaire avant de débuter la contraception. Il est suivi d'une surveillance annuelle pendant la contraception. Cette surveillance est particulièrement importante si vous souffrez de *diabète*, d'obésité, d'excès de cholestérol, de *triglycérides* ou de *prolactine* dans le sang, d'affection bénigne du sein ou de l'utérus, d'ictère (jaunisse) chronique ou survenu lors d'une grossesse, d'*épilepsie*, de *migraine*, d'*otosclérose*, d'*asthme*, de varices, de dépression, de calcul biliaire, d'herpès gestationis, ou si des membres de votre famille ont des *antécédents* de cancer du sein ou d'*accidents thromboemboliques*.
> Si vous avez plus de 35 ans, si vous fumez, le risque d'effets indésirables cardiovasculaires liés à la prise d'hormones augmente fortement. Un autre mode de contraception est souvent préconisé.
> Arrêtez la prise de ce contraceptif et consultez votre médecin en cas d'apparition de l'un des *symptômes*

suivants : maux de tête violents et inhabituels, troubles de la vision, élévation importante de la tension artérielle, douleur inhabituelle à la jambe.

L'oubli d'un comprimé jaune (comprimé actif) ou sa mauvaise absorption, du fait de vomissements par exemple, peuvent rendre la contraception inefficace.

La survenue d'un léger saignement entre les règles (spotting) est fréquente chez les femmes prenant la pilule. Vous devez néanmoins en informer votre médecin

Si vous devez subir une intervention chirurgicale, il est préférable d'interrompre la contraception orale un mois à l'avance. De même, un alitement prolongé doit vous conduire à arrêter la contraception.

**Interactions avec d'autres substances**

L'efficacité contraceptive de ce médicament peut être diminuée par les *anticonvulsivants*, certains traitements du *sida*, les produits de phytothérapie contenant du millepertuis et les médicaments contenant l'une des substances suivantes : griséofulvine, rifampicine, rifabutine, modafinil.

Informez par ailleurs votre médecin si vous prenez des médicaments contenant de la flunarizine.

**Grossesse et allaitement**

Ce médicament n'a pas de raison d'être utilisé pendant la grossesse. Néanmoins, si une grossesse survient malgré le traitement, du fait d'un oubli ou d'un retard de prise, celle-ci pourra être poursuivie normalement si vous le désirez.

Les *hormones* contenues dans ce *contraceptif* passent dans le lait maternel : ne l'utilisez pas pendant l'allaitement sans avis médical.

**Mode d'emploi et posologie**

Prendre régulièrement, et sans oubli, 1 comprimé jaune par jour pendant 24 jours consécutifs, puis 1 comprimé blanc pendant 4 jours. Il est recommandé de ne pas trop faire varier l'heure de prise (choisir le petit déjeuner ou le coucher de préférence). La nouvelle plaquette est reprise à la suite de la précédente, que les règles soient terminées ou non.

L'interruption du traitement déclenche les règles au bout de 2 ou 3 jours. La nouvelle plaquette est reprise après les 7 jours d'arrêt, que les règles soient terminées ou non.

Pour éviter un retard dans la reprise de la pilule, préjudiciable à l'efficacité de la contraception, il est utile de noter le jour de la prise du premier comprimé : une nouvelle plaquette est toujours commencée le même jour de la semaine. Le respect de ces délais est important : une reprise trop tardive du premier comprimé peut nuire à l'efficacité de la contraception pour le nouveau cycle. En revanche, une reprise un ou deux jours plus tôt ne pose pas de problème et décale d'autant la survenue des règles. Il est également possible d'enchaîner deux plaquettes. Dans ce cas, les règles surviendront à la fin de la deuxième plaquette.

En cas de première contraception orale ou de reprise d'une contraception interrompue temporairement, prendre le premier comprimé le premier jour des règles. La sécurité contraceptive n'est assurée qu'après un délai d'une semaine. Une méthode contraceptive complémentaire (préservatif, etc.) est nécessaire pendant cette période

En cas de changement de contraceptif, prendre le premier comprimé de la plaquette :

- le jour suivant la prise du dernier comprimé actif, si le précédent contraceptif était une autre pilule estroprogestative ;
- sans interruption et à n'importe quel moment du cycle, si le précédent contraceptif était un contraceptif progestatif microdosé ;
- le jour du retrait, si le précédent mode de contraception était un implant contraceptif ;
- le jour prévu pour l'injection, dans le cas du relais d'une contraception par progestatif injectable.

Après un accouchement ou une interruption de grossesse, suivre les indications du médecin.

**Conseils :** En cas d'oubli d'un comprimé jaune, prendre immédiatement le comprimé oublié et continuer à l'heure habituelle (ce qui peut correspondre à la prise de 2 comprimés si l'oubli est découvert lors de la prise suivante). Si le retard est supérieur à 12 heures, la sécurité contraceptive n'est plus assurée et une autre méthode complémentaire doit être employée pour le cycle en cours : spermicide, préservatif, diaphragme... L'oubli d'un comprimé blanc (inactif) ne prête pas à conséquence. Jeter le comprimé blanc non pris.

En cas de vomissements ou de diarrhée importante survenant juste après la prise d'un comprimé jaune (sans rapport avec la prise du contraceptif), prendre un autre comprimé. Si ces troubles durent plus de 12 heures, la sécurité contraceptive n'est plus assurée et une méthode complémentaire doit être employée.

Il n'y a pas de danger à débuter une grossesse au cours du cycle qui suit l'arrêt volontaire du contraceptif oral.

Pour éviter une interruption de la contraception et un risque de grossesse, il est préférable de toujours disposer d'une plaquette d'avance.

**Effets indésirables possibles**

Effets, plus ou moins fréquents, n'empêchant pas la poursuite de la contraception : troubles digestifs, tension modérée des seins, jambes lourdes, diminution ou disparition des règles, règles douloureuses, prise de poids, *acné*, pousse excessive des poils, irritation oculaire par les lentilles de contact, inflammation ou *candidose* vaginale, modification de l'humeur ou de la libido, irritabilité, maux de tête banals.

Effets rares, mais nécessitant l'arrêt de cette contraception : *accident thromboembolique* (accident cardiaque, *phlébite*, *embolie* pulmonaire, etc.), taches sombres sur le visage, tension douloureuse des seins, *migraine*, troubles de la vision, augmentation importante des lipides dans le sang, *réaction allergique*, exacerbation d'un *lupus érythémateux* disséminé, d'une *porphyrie* ou d'une chorée, pancréatite, tumeur bénigne du foie, jaunisse, calcul de la vésicule biliaire.

**Laboratoires Wyeth Pharmaceuticals France**

**MINIDIAB**

*Informations détaillées sur www.monvidal.com*

## MINIDRIL

Contraceptif oral — sur ordonnance

### Présentation

MINIDRIL : comprimé (blanc) ; boîte de 1 plaquette de 21. Liste I - Remb 65 % - **Prix : 2,21 €**.
MINIDRIL : comprimé (blanc) ; boîte de 3 plaquettes de 21. Liste I - Remb 65 % - **Prix : 5,09 €**.

### Composition

| | p cp |
|---|---|
| **Éthinylestradiol** | 0,03 mg |
| **Lévonorgestrel** | 0,15 mg |

### Dans quel cas ce médicament est-il prescrit ?

C'est un *contraceptif* oral (pilule) qui contient un *estrogène* et un *progestatif*. Il est minidosé (moins de 0,04 mg d'estrogène) et monophasique (tous les comprimés contiennent la même quantité d'*hormones* et sont donc de la même couleur).

### Contre-indications

Ce médicament ne doit pas être utilisé dans les cas suivants :
- *accident thromboembolique* artériel (*infarctus du myocarde*, *accident vasculaire cérébral*...) ou veineux (*phlébite*, *embolie* pulmonaire...) ancien ou survenant au cours de la contraception ;
- maladie cardiovasculaire (*hypertension artérielle*, *angine de poitrine*, lésion des valves cardiaques, anomalie de la circulation sanguine cérébrale ou rétinienne) ;
- *cancer hormonodépendant* ;
- *diabète* compliqué de lésions vasculaires ;
- saignement génital intermittent (l'origine de ce saignement doit être déterminée par des examens avant la mise en route du traitement) ;
- maladie du foie, grave ou récente.

**Attention :** Un examen médical est nécessaire avant de débuter la contraception. Il est suivi d'une surveillance annuelle pendant la contraception. Cette surveillance est particulièrement importante si vous souffrez de *diabète*, d'obésité, d'excès de cholestérol, de *triglycérides* ou de *prolactine* dans le sang, d'affection bénigne du sein ou de l'utérus, d'ictère (jaunisse) chronique ou survenu lors d'une grossesse, d'*épilepsie*, de *migraine*, d'*otosclérose*, d'*asthme*, de varices, de dépression, de calcul biliaire, d'herpès gestationis, ou si des membres de votre famille ont des *antécédents* de cancer du sein ou d'*accidents thromboemboliques*.

Si vous avez plus de 35 ans, si vous fumez, le risque d'effets indésirables cardiovasculaires liés à la prise d'hormones augmente fortement. Un autre mode de contraception est souvent préconisé.

Arrêtez la prise de ce contraceptif et consultez votre médecin en cas d'apparition de l'un des *symptômes* suivants : maux de tête violents et inhabituels, troubles de la vision, élévation importante de la tension artérielle, douleur inhabituelle à la jambe.

La survenue d'un léger saignement entre les règles (spotting) est fréquente chez les femmes pendant les premiers mois d'utilisation de la pilule. Vous devez informer votre médecin si les saignements se prolongent ou s'ils apparaissent en cours de contraception.

L'oubli d'un comprimé ou sa mauvaise absorption, du fait de vomissements par exemple, peuvent rendre la contraception inefficace.

En cas d'intervention chirurgicale programmée ou d'alitement prolongé, votre médecin jugera de l'opportunité d'interrompre votre contraception orale.

### Interactions avec d'autres substances

L'efficacité contraceptive de ce médicament peut être diminuée par les *anticonvulsivants*, certains traitements du *sida*, les produits de phytothérapie contenant du millepertuis et les médicaments contenant l'une des substances suivantes : griséofulvine, rifampicine, rifabutine, modafinil.

Informez par ailleurs votre médecin si vous prenez des médicaments contenant de la flunarizine.

### Grossesse et allaitement

Ce médicament n'a pas de raison d'être utilisé pendant la grossesse. Néanmoins, si une grossesse survient malgré le traitement, du fait d'un oubli ou d'un retard de prise, celle-ci pourra être poursuivie normalement si vous le désirez.

Les *hormones* contenues dans ce *contraceptif* passent dans le lait maternel : ne l'utilisez pas pendant l'allaitement sans avis médical.

### Mode d'emploi et posologie

Prendre régulièrement, et sans oubli, 1 comprimé par jour pendant 21 jours consécutifs. Il est recommandé de ne pas trop faire varier l'heure de prise (choisir le petit déjeuner ou le coucher de préférence).

L'interruption du traitement déclenche les règles au bout de 2 ou 3 jours. La nouvelle plaquette est reprise après les 7 jours d'arrêt, que les règles soient terminées ou non.

Pour éviter un retard dans la reprise de la pilule, préjudiciable à l'efficacité de la contraception, il est utile de noter le jour de la prise du premier comprimé : une nouvelle plaquette est toujours commencée le même jour de la semaine. Le respect de ces délais est important : une reprise trop tardive du premier comprimé peut nuire à l'efficacité de la contraception pour le nouveau cycle. En revanche, une reprise un ou deux jours plus tôt ne pose pas de problème et décale d'autant la survenue des règles. Il est également possible d'enchaîner deux plaquettes. Dans ce cas, les règles surviendront à la fin de la deuxième plaquette.

En cas de première contraception orale ou de reprise d'une contraception interrompue temporairement, prendre le premier comprimé le premier jour des règles. La sécurité contraceptive n'est assurée qu'après un délai d'une semaine. Une méthode contraceptive complémentaire (préservatif, etc.) est nécessaire pendant cette période

En cas de changement de contraceptif, prendre le premier comprimé de la plaquette :
- le jour suivant la prise du dernier comprimé actif, si le précédent contraceptif était une autre pilule estroprogestative ;
- sans interruption et à n'importe quel moment du cycle, si le précédent contraceptif était un contraceptif progestatif microdosé ;
- le jour du retrait, si le précédent mode de contraception était un implant contraceptif ;
- le jour prévu pour l'injection, dans le cas du relais d'une contraception par progestatif injectable.

Après un accouchement ou une interruption de grossesse, suivre les indications du médecin.

**Conseils :** Les dernières recommandations en cas d'oubli d'un comprimé pour ce type de pilule sont les suivantes : prendre immédiatement le comprimé oublié et continuer à l'heure habituelle pour les comprimés suivants (ce qui peut correspondre à la prise de 2 comprimés si l'oubli est découvert lors de la prise suivante). Si le retard est supérieur à 12 heures, la sécurité contraceptive n'est plus assurée et une autre méthode complémentaire (spermicide, préservatif, diaphragme) doit être employée pendant les 7 jours suivants. Si cette période de 7 jours s'étend au-delà du dernier comprimé de la plaquette en cours, la plaquette suivante doit être débutée sans interruption entre les deux plaquettes. Dans ce cas, il n'y aura pas de saignement avant la fin de la seconde plaquette. Des saignements de faible importance (spottings) sont cependant possibles.

En cas de vomissements ou de diarrhée sévère survenant dans les 4 heures suivant la prise d'un comprimé, reprendre dès que possible un autre comprimé. Si le délai est de plus de 12 heures ou si les troubles se répètent, la sécurité contraceptive n'est plus assurée et une méthode complémentaire doit être employée jusqu'à la prise de la plaquette suivante.

Il n'y a pas de danger à débuter une grossesse au cours du cycle qui suit l'arrêt volontaire du contraceptif oral.

### Effets indésirables possibles

Effets, plus ou moins fréquents, n'empêchant pas la poursuite de la contraception : troubles digestifs, tension modérée des seins, jambes lourdes, diminution ou disparition des règles, règles douloureuses, prise de poids, *acné*, pousse excessive des poils, irritation oculaire par les lentilles de contact, inflammation ou *candidose* vaginale, modification de l'humeur ou de la libido, irritabilité, maux de tête banals.

Effets rares, mais nécessitant l'arrêt de cette contraception : *accident thromboembolique* (accident cardiaque, *phlébite*, *embolie* pulmonaire, etc.), taches sombres sur le visage, tension douloureuse des seins, *migraine*, troubles de la vision, augmentation importante des lipides dans le sang, *réaction allergique*, exacerbation d'un *lupus érythémateux* disséminé, d'une *porphyrie* ou d'une chorée, pancréatite, tumeur bénigne du foie, jaunisse, calcul de la vésicule biliaire.

**Laboratoires Wyeth Pharmaceuticals France**

## MINIPHASE

Contraceptif oral — sur ordonnance

### Présentation

**MINIPHASE :** comprimé (blanc : 11, vert : 10) ; boîte de 1 plaquette de 21. Liste I - Remb 65 % - **Prix : 2,50 €**.
**MINIPHASE :** comprimé (blanc : 11, vert : 10) ; boîte de 3 plaquettes de 21. Liste I - Remb 65 % - **Prix : 5,90 €**.

### Composition

| | p cp blanc | p cp vert |
|---|---|---|
| **Éthinylestradiol** | 0,03 mg | 0,04 mg |
| **Noréthistérone acétate** | 1 mg | 2 mg |

### Dans quel cas ce médicament est-il prescrit ?

C'est un *contraceptif* oral (pilule) qui contient un *estrogène* et un *progestatif*. Il est minidosé (moins de 0,04 mg d'estrogène) et biphasique (tous les comprimés ne contiennent pas la même quantité d'*hormones* et sont de deux couleurs différentes).

### Contre-indications

Ce médicament ne doit pas être utilisé dans les cas suivants :

- *accident thromboembolique* (*phlébite*, *embolie* pulmonaire...) ancien ou survenant au cours de la contraception ;
- maladie cardiovasculaire (*hypertension artérielle*, *angine de poitrine*, lésion des valves cardiaques, anomalie de la circulation sanguine cérébrale ou rétinienne) ;
- *cancer hormonodépendant* (même guéri), *tumeur de l'hypophyse* ;
- saignement génital intermittent (l'origine de ce saignement doit être déterminée par des examens avant la mise en route du traitement) ;
- maladie du foie, grave ou récente ;
- certaines maladies rares : *connectivite*, *porphyrie*.

Dans d'autres situations, votre médecin est seul juge pour prescrire ce médicament, notamment en cas de *diabète*, d'obésité, d'*otosclérose*, d'excès de *cholestérol*, de *triglycérides* ou de *prolactine* dans le sang, d'affection bénigne du sein ou de l'utérus, d'ictère (jaunisse) chronique ou survenu lors d'une grossesse, d'*insuffisance rénale*, d'**allaitement**.

**Attention :** Un examen médical est nécessaire avant de débuter la contraception. Il est suivi d'une surveillance annuelle pendant la contraception. Cette surveillance est particulièrement importante si vous souffrez d'*épilepsie*, de *migraine*, d'*asthme*, de *dépression*, ou si des membres de votre famille ont des *antécédents* de cancer du sein ou d'*accidents thromboemboliques*.

Si vous avez plus de 35 ans, si vous fumez, le risque d'effets indésirables cardiovasculaires liés à la prise d'*hormones* augmente fortement. Un autre mode de contraception est souvent préconisé.

Arrêtez la prise du *contraceptif* et consultez votre médecin en cas d'apparition de l'un des *symptômes* suivants : maux de tête violents et inhabituels, troubles de la vision, élévation importante de la tension artérielle, douleur inhabituelle à la jambe.

La survenue d'un léger saignement entre les règles (spotting) est fréquente chez les femmes pendant les premiers mois d'utilisation de la pilule. Vous devez informer votre médecin si les saignements se prolongent ou s'ils apparaissent en cours de contraception.

L'oubli d'un comprimé ou sa mauvaise absorption, du fait de vomissements par exemple, peuvent rendre la contraception inefficace.

En cas d'intervention chirurgicale programmée ou d'alitement prolongé, votre médecin jugera de l'opportunité d'interrompre votre contraception orale.

### Interactions avec d'autres substances

L'efficacité contraceptive de ce médicament peut être diminuée par les *anticonvulsivants*, certains traitements du *sida*, les produits de phytothérapie contenant du millepertuis et les médicaments contenant l'une des substances suivantes : griséofulvine, rifampicine, rifabutine, modafinil.

Informez par ailleurs votre médecin si vous prenez des médicaments contenant de la flunarizine.

### Grossesse et allaitement

Ce médicament n'a pas de raison d'être utilisé pendant la grossesse. Néanmoins, si une grossesse survient malgré le traitement, du fait d'un oubli ou d'un retard de prise, celle-ci pourra être poursuivie normalement si vous le désirez.

Les *hormones* contenues dans ce *contraceptif* passent dans le lait maternel : ne l'utilisez pas pendant l'allaitement sans avis médical.

### Mode d'emploi et posologie

Prendre régulièrement, et sans oubli, 1 comprimé par jour pendant 21 jours consécutifs (1 comprimé blanc pendant les 11 premiers jours, 1 comprimé vert ensuite).

Il est recommandé de ne pas trop faire varier l'heure de prise (choisir le petit déjeuner ou le coucher de préférence).

L'interruption du traitement déclenche les règles. La nouvelle plaquette est reprise après les 7 jours d'arrêt, que les règles soient terminées ou non. Pour éviter un retard dans la reprise de la pilule, préjudiciable à l'efficacité de la contraception, il est utile de noter le jour de la prise de la première plaquette : une nouvelle plaquette est toujours commencée le même jour de la semaine.

En cas de première contraception orale ou de reprise d'une contraception interrompue temporairement, prendre le premier comprimé le premier jour des règles.

En cas de changement de *contraceptif*, prendre le premier comprimé :

- après un arrêt de 7 jours, si le précédent contraceptif comportait 21 comprimés par plaquette ;
- après un arrêt de 6 jours, si le précédent contraceptif comportait 22 comprimés par plaquette ;
- sans interruption, si le précédent contraceptif comportait 28 comprimés par plaquette.

Après un accouchement ou une interruption de grossesse, suivre les indications du médecin.

Le respect de ces délais est important : une prise trop tardive du premier comprimé peut nuire à l'efficacité de la contraception pour le nouveau cycle.

**Conseils :** Les dernières recommandations en cas d'oubli d'un comprimé pour ce type de pilule sont les suivantes : prendre immédiatement le comprimé oublié et continuer à l'heure habituelle pour les comprimés suivants (ce qui peut correspondre à la prise de 2 comprimés si l'oubli est découvert lors de la prise suivante). Si le retard est supérieur à 12 heures, la sécurité contraceptive n'est plus assurée et une autre méthode complémentaire (spermicide, préservatif, diaphragme) doit être employée pendant les 7 jours suivants. Si cette période de 7 jours s'étend au-delà du dernier comprimé de la plaquette en cours, la plaquette suivante doit être débutée sans interruption entre les deux plaquettes. Dans ce cas, il n'y aura pas de saignement avant la fin de la seconde plaquette. Des saignements de faible importance (spottings) sont cependant possibles.

En cas de vomissements ou de diarrhée sévère survenant dans les 4 heures suivant la prise d'un comprimé, reprendre dès que possible un autre comprimé. Si le délai est de plus de 12 heures ou si les troubles se répètent, la sécurité contraceptive n'est plus assurée et une méthode complémentaire doit être employée jusqu'à la prise de la plaquette suivante.

Il n'y a pas de danger à débuter une grossesse au cours du cycle qui suit l'arrêt volontaire du contraceptif oral.

### Effets indésirables possibles

Peu graves et n'empêchant pas la poursuite du traitement : nausées, maux de tête banals, prise de poids, tension modérée des seins, *acné*, jambes lourdes, irritation oculaire par les *lentilles de contact*, saignement entre les règles, diminution ou disparition des règles, irritabilité, pousse excessive des poils.

Rarement, mais devant faire interrompre le traitement : *hypertension artérielle*, accident cardiaque ou vasculaire, *phlébite*, jaunisse, taches sombres sur le visage, augmentation importante des lipides dans le sang, *diabète*, *nodule* ou tension douloureuse des seins, *migraine*, *vertiges*, troubles de la vision, aggravation d'une *épilepsie*, écoulement de lait par le mamelon, *tumeur* bénigne du foie, calcul de la vésicule biliaire.

Laboratoires Schering

## MINIPRESS

*Informations détaillées sur www.monvidal.com*

## MINIRIN comprimé

*Informations détaillées sur www.monvidal.com*

## MINIRIN solution endonasale

Hormone antidiurétique

sur ordonnance

### Présentation

**MINIRIN 0,1 mg/ml :** solution endonasale ; flacon de 2,5 ml avec 2 *cathéters* gradués (rhinyle). Liste II - Remb 65 % - **Prix : 20,37 €.**

**MINIRIN SPRAY 10 µg :** solution endonasale ; flacon pulvérisateur de 2,5 ml (25 pulvérisations) avec embout nasal. Liste II - Remb 65 % - **Prix : 23,14 €.**

### Composition

| | p ml | p pulv |
|---|---|---|
| **Desmopressine acétate** ....... | 100 µg | 10 µg |

### Dans quel cas ce médicament est-il prescrit ?

Ce médicament contient une substance analogue à l'*hormone* antidiurétique qui intervient dans la régulation de l'eau du corps.

Il est utilisé dans :

- le *traitement substitutif* du *diabète insipide*,
- le *traitement symptomatique* de certaines *énurésies* chez l'enfant de plus de 5 ans,
- le diagnostic de certaines affections rénales.

**Attention :** Des précautions sont nécessaires chez les enfants qui souffrent de *potomanie* ou de *mucoviscidose*.

Dans le traitement du *diabète insipide* des jeunes enfants et des personnes âgées, un suivi médical régulier est particulièrement recommandé pour détecter un *surdosage* entraînant une intoxication

par l'eau (baisse du *sodium* dans le sang) qui pourrait se traduire par des troubles du comportement.
Dans le traitement de l'*énurésie* nocturne de l'enfant, veillez à ne pas le faire boire après la prise du soir au coucher.

### Interactions avec d'autres substances

Informez votre médecin en cas de prise d'un antidépresseur, d'un AINS ou d'un médicament contenant l'une des substances suivantes : carbamazépine, chlorpromazine, lopéramide.

### Grossesse et allaitement

Aucun effet néfaste pour l'enfant à naître n'a été établi avec ce médicament. Néanmoins, par précaution, son usage pendant la grossesse est réservé aux situations pour lesquelles il n'existe pas d'alternative thérapeutique.

La possibilité d'un effet du médicament chez le *nourrisson* est très improbable ; néanmoins, par mesure de prudence, l'allaitement est déconseillé sans avis médical.

### Mode d'emploi et posologie

Il est nécessaire de se moucher avant d'utiliser la solution endonasale pour faciliter l'absorption du médicament par la *muqueuse* nasale.

La solution endonasale en flacon pulvérisateur (spray) est plus commode ; elle est particulièrement adaptée à l'enfant mais elle n'est utilisable que pour une *posologie* d'au moins 0,1 ml.

Lorsque plusieurs pulvérisations sont prescrites, introduire successivement la solution dans une narine puis dans l'autre. Attendre 5 minutes sans se moucher entre 2 applications successives dans la même narine.

Lire attentivement la notice d'emploi pour le mode d'utilisation précis du spray ou du rhinyle.

**Posologie usuelle :**

- *Diabète insipide* : la posologie est strictement individuelle ; en moyenne 0,1 à 0,2 ml chez l'adulte et 0,05 à 0,1 ml chez l'enfant, 1 ou 2 fois par jour.
- *Énurésie* nocturne de l'enfant de plus de 5 ans : 1 à 4 pulvérisations ou 0,1 à 0,4 ml le soir au coucher. La durée du traitement est habituellement limitée à 3 mois.
- Étude du pouvoir de concentration des urines par les reins : 0,1 à 0,4 ml (ou 1 à 4 pulvérisations) en fonction du poids.

**Conseils :** L'utilisation de ce médicament dans les cas d'*énurésie* ne se conçoit que dans le cadre d'un traitement plus global : rééducation, prise en charge psychologique éventuelle.
Le médicament doit être conservé au réfrigérateur (entre + 2 °C et + 8 °C) mais il ne doit jamais être congelé.

### Effets indésirables possibles

Rarement : maux de tête, bouffées de chaleur, crampes abdominales.

**Laboratoires Ferring**

## MINIRINMELT

Hormone antidiurétique — **sur ordonnance**

### Présentation

MINIRINMELT 60 µg : *lyophilisat* oral (blanc) ; boîte de 30. Liste II - Remb 65 % - **Prix : 26,11 €.**
MINIRINMELT 60 µg : *lyophilisat* oral (blanc) ; boîte de 100. Liste II - Remb 65 % - **Prix : 77,79 €.**
MINIRINMELT 120 µg : *lyophilisat* oral (blanc) ; boîte de 30. Liste II - Remb 65 % - **Prix : 48,80 €.**
MINIRINMELT 120 µg : *lyophilisat* oral (blanc) ; boîte de 100. Liste II - Remb 65 % - **Prix : 150,28 €.**

### Composition

| | p lyoph | p lyoph |
|---|---|---|
| **Desmopressine** | 60 µg | 120 µg |
| Lactose | + | + |

### Dans quel cas ce médicament est-il prescrit ?

Ce médicament contient une substance analogue à l'*hormone* antidiurétique qui intervient dans la régulation de l'eau du corps.

Il est utilisé dans :

- le *traitement substitutif* du *diabète insipide*,
- le *traitement symptomatique* de certaines *énurésies* chez l'enfant de plus de 6 ans,
- le traitement des émissions d'urines nocturnes fréquentes et abondantes chez l'adulte de moins de 65 ans.

### Contre-indications

Ce médicament ne doit pas être utilisé dans les cas suivants :

- *insuffisance cardiaque*,
- *insuffisance rénale*,
- baisse du taux de *sodium* dans le sang.

**Attention :** Des précautions sont nécessaires chez les personnes âgées ou en cas de maladie cardiaque.
Un suivi médical régulier est recommandé chez le jeune enfant et la personne âgée pour détecter un *surdosage* entraînant une intoxication par l'eau (baisse du *sodium* dans le sang), qui pourrait se traduire par des troubles du comportement. En cas de mal de tête qui pourrait correspondre à un surdosage passager, il est préférable de sauter la prise du comprimé suivant.
Dans le traitement de l'*énurésie* nocturne de l'enfant et des problèmes d'urines nocturnes fréquentes chez l'adulte, l'apport de boissons doit être restreint dans l'heure précédant la prise du médicament et pendant les 8 heures qui suivent.

### Interactions avec d'autres substances

Informez votre médecin en cas de prise d'un antidépresseur, d'un AINS ou d'un médicament contenant l'une des substances suivantes : carbamazépine, chlorpromazine, lopéramide.

### Grossesse et allaitement

Aucun effet néfaste pour l'enfant à naître n'a été établi avec ce médicament. Néanmoins, par précaution, son usage pendant la grossesse est réservé aux situations pour lesquelles il n'existe pas d'alternative thérapeutique.

La possibilité d'un effet du médicament chez le *nourrisson* est très improbable ; néanmoins, par mesure de prudence, l'allaitement est déconseillé sans avis médical.

### Mode d'emploi et posologie

- *Diabète insipide* : la posologie est strictement individuelle ; en moyenne 1 lyophilisat à 60 µg ou à 120 µg, 3 fois par jour.
- *Énurésie* nocturne de l'enfant de plus de 6 ans : 120 µg à 240 µg, en une prise le soir.
- Urines nocturnes fréquentes et abondantes chez l'adulte de moins de 65 ans : la posologie est augmentée progressivement ; de 60 µg à 240 µg, en une prise le soir au coucher.

**Conseils :** L'utilisation de ce médicament dans les cas d'*énurésie* ne se conçoit que dans le cadre d'un traitement plus global : rééducation, prise en charge psychologique éventuelle.

### Effets indésirables possibles

Rarement : maux de tête, bouffées de chaleur, crampes abdominales.

Laboratoires Ferring

## MINI-SINTROM

Anticoagulant oral — sur ordonnance

### Présentation

MINI-SINTROM : comprimé (blanc) ; boîte de 20. Liste I - Remb 65 % - **Prix : 1,72 €**.

### Composition

| | p cp |
|---|---|
| **Acénocoumarol** | 1 mg |
| Lactose | + |

### Dans quel cas ce médicament est-il prescrit ?

Ce médicament est un *anticoagulant* oral qui appartient à la famille des *antivitamines K*. Il empêche la formation des caillots en se substituant à la *vitamine* K. Celle-ci est indispensable à la synthèse par le foie des facteurs de la coagulation. L'effet anticoagulant se manifeste après plusieurs jours de traitement et, de même, persiste plusieurs jours après l'arrêt.

Il est utilisé dans le *traitement préventif* et *curatif* des *accidents thromboemboliques*.

### Contre-indications

Ce médicament ne doit pas être utilisé dans les cas suivants :

- *allergie* aux *anticoagulants* oraux,
- *insuffisance hépatique* grave,
- association aux médicaments contenant de l'aspirine à forte dose, de la phénylbutazone, du miconazole (sauf formes à usage cutané) ou du millepertuis.

**Attention :** Des précautions sont nécessaires chez la personne âgée et en cas d'*insuffisance rénale* grave, de maladie ou situation exposant à un risque hémorragique.

La *posologie* de ce médicament est adaptée avec précision par votre médecin en fonction du résultat d'analyses de sang régulières : un *INR* trop bas traduit une action insuffisante et un risque de caillot sanguin ; un INR trop élevé traduit un surdosage et un risque d'*hémorragie*. Dans la majorité des cas, l'INR recherché doit être compris entre 2 et 3. Il est préférable (mais non indispensable) de pratiquer ces analyses successives dans le même laboratoire pour pouvoir comparer les résultats.

Tout signe pouvant faire penser à une hémorragie (urines rouges, selles rouges ou noires, taches anormales de la peau ou bleus multiples, saignements du nez ou des gencives...) doit vous conduire à prévenir immédiatement votre médecin ou un service médical d'urgence. Il en est de même si votre INR dépasse 5.

Pendant la durée du traitement, les injections intramusculaires ne peuvent être pratiquées qu'après avis médical, du fait d'un risque de saignement local. Les injections par *voie* sous-cutanée ou intraveineuse ne posent pas de problème, de même que les prises de sang.

L'automédication est particulièrement dangereuse chez les personnes sous anticoagulants oraux : n'utilisez aucun médicament sans l'avis de votre médecin ou de votre pharmacien, signalez toujours que vous prenez un anticoagulant oral.

En cas d'intervention chirurgicale ou d'extraction dentaire, signalez à l'anesthésiste ou à votre dentiste la prise de ce médicament : une modification de votre traitement pourra éventuellement être décidée.

Les interactions de ce médicament, susceptibles de modifier son effet, ne concernent pas que les médicaments : l'alcool et certains aliments peuvent faire varier votre INR (voir Interactions).

### Interactions avec d'autres substances

Ce médicament ne doit pas être associé :

- aux médicaments contenant de l'aspirine à forte dose, de la phénylbutazone ou du miconazole (l'utilisation de formes à usage cutané est possible) : risque d'*hémorragie* ;
- aux produits de phytothérapie contenant du millepertuis : diminution de l'effet anticoagulant (risque de *thrombose*).

Les anticoagulants oraux peuvent interagir avec de très nombreux autres médicaments qu'il n'est pas possible de citer. Ces interactions sont d'une intensité très variable. En dehors du paracétamol pour traiter la fièvre et la douleur, ne prenez aucun autre médicament sans prendre l'avis de votre médecin ou de votre pharmacien. Vous pouvez également consulter la fiche du médicament que vous souhaitez prendre pour vérifier qu'il n'interagit pas avec les anticoagulants.

Par ailleurs, il existe aussi des interactions alimentaires : évitez des apports importants d'aliments réputés riches en *vitamine* K comme les abats, avocat, brocolis, carotte, choucroute, choux, choux-fleurs, choux de Bruxelles, épinards, fenouil, foie, laitue, tomate... ou au contraire un jeûne prolongé qui diminuerait vos apports. Une prise excessive de boissons alcoolisées peut modifier l'effet du traitement, mais une consommation raisonnable est possible.

### Grossesse et allaitement

Ce médicament ne doit pas être utilisé pendant la grossesse, sauf sur prescription médicale. Une contraception efficace est recommandée pendant le traitement. Le port d'un stérilet expose à des saignements et doit être évité.

Ce médicament passe dans le lait maternel : l'allaitement est déconseillé.

**Mode d'emploi et posologie**

Les comprimés sont avalés avec un verre d'eau, en 1 ou 2 prises par jour. Pour un effet constant de ce médicament, la prise doit être régulière, toujours à la même heure, le soir de préférence en cas de prise unique.

**Posologie usuelle :**

Elle est adaptée par le médecin en fonction des résultats des analyses de sang (*INR*). Néanmoins, compte tenu de l'action retardée du produit, les variations de l'INR n'apparaissent que plusieurs jours après les modifications de traitement.

Lorsque ce médicament remplace un *anticoagulant* injectable, ce dernier est poursuivi jusqu'à ce que l'INR soit situé dans la fourchette souhaitée.

En cas d'oubli d'une prise, le médicament peut être pris si le retard ne dépasse pas 8 heures. Au delà de ce délai, ne pas prendre la dose oubliée et prendre le lendemain la dose habituelle et non une double dose.

**Conseils :** Veillez à ne pas manquer de ce médicament ; lors de vos déplacements, munissez-vous d'une réserve ou de votre ordonnance en cours de validité. Pensez également à porter sur vous une carte indiquant que vous suivez un traitement anticoagulant.

Certaines activités ou sports violents pouvant entraîner des blessures ou des coupures (risque d'*hémorragie*), leur pratique est déconseillée pendant la durée du traitement.

En cas de saignement bénin, il est nécessaire de comprimer la plaie pendant plusieurs minutes.

Pour faciliter le suivi du traitement, il est utile de tenir à jour un carnet indiquant les doses prises et le résultat des *INR* successifs.

**Effets indésirables possibles**

*Hémorragies* de gravité variable.

Plus rarement : diarrhée, douleurs des articulations, chute de cheveux, *réaction allergique*.

Laboratoires Novartis Pharma

## MINOCYCLINE BIOGARAN

Antibiotique : cycline — sur ordonnance

Ce médicament est un générique de MESTACINE (informations détaillées sur www.monvidal.com).

## MINOCYCLINE EG

Antibiotique : cycline — sur ordonnance

Ce médicament est un générique de MYNOCINE (voir p. 677 et tableau p. 1151).

## MINOCYCLINE IREX

Antibiotique : cycline — sur ordonnance

Ce médicament est un générique de MYNOCINE (voir p. 677 et tableau p. 1151).

## MINOCYCLINE MERCK

Antibiotique : cycline — sur ordonnance

Ce médicament est un générique de MYNOCINE (voir p. 677 et tableau p. 1151).

## MINOCYCLINE SANDOZ

Antibiotique : cycline — sur ordonnance

Ce médicament est un générique de MYNOCINE (voir p. 677 et tableau p. 1151).

## MINOCYCLINE TEVA

Antibiotique : cycline — sur ordonnance

Ce médicament est un générique de MYNOCINE (voir p. 677 et tableau p. 1151).

## MINOCYCLINE WINTHROP

Antibiotique : cycline — sur ordonnance

Ce médicament est un générique de MYNOCINE (voir p. 677 et tableau p. 1151).

## MINOLIS

Antibiotique : cycline — sur ordonnance

Ce médicament est un générique de MYNOCINE (voir p. 677 et tableau p. 1151).

**MINOXIDIL BAILLEUL**

*Informations détaillées sur www.monvidal.com*

## MINOXIDIL BAILLEUL 5 %

Traitement de la chute des cheveux — sur ordonnance

Ce médicament est un générique de ALOSTIL 5 % (voir p. 77 et tableau p. 1151).

**MINOXIDIL COOPER**

*Informations détaillées sur www.monvidal.com*

**MINOXIDIL GERBIOL**

*Informations détaillées sur www.monvidal.com*

**MINOXIDIL SANDOZ 2 %**

*Informations détaillées sur www.monvidal.com*

## MINOXIDIL SANDOZ 5 %

Traitement de la chute des cheveux — sur ordonnance

Ce médicament est un générique de ALOSTIL 5 % (voir p. 77 et tableau p. 1151).

**MINOXIDIL THERA FRANCE**

*Informations détaillées sur www.monvidal.com*

**MINOXIDIL ZYDUS**

*Informations détaillées sur www.monvidal.com*

## MINULET

Contraceptif oral

sur ordonnance

### Présentation

MINULET : comprimé (blanc) ; boîte de 1 plaquette de 21. Liste I - Non remb.

MINULET : comprimé (blanc) ; boîte de 3 plaquettes de 21. Liste I - Non remb.

### Composition

| | p cp |
|---|---|
| **Éthinylestradiol** | 0,03 mg |
| **Gestodène** | 0,075 mg |

### Dans quel cas ce médicament est-il prescrit ?

C'est un *contraceptif* oral (pilule) qui contient un *estrogène* et un *progestatif*. Il est minidosé (moins de 0,04 mg d'estrogène) et monophasique (tous les comprimés contiennent la même quantité d'*hormones* et sont donc de la même couleur).

### Contre-indications

Ce médicament ne doit pas être utilisé dans les cas suivants :

- *accident thromboembolique* artériel (*infarctus du myocarde, accident vasculaire cérébral*...) ou veineux (*phlébite, embolie* pulmonaire...) ancien ou survenant au cours de la contraception ;
- maladie cardiovasculaire (*hypertension artérielle, angine de poitrine*, lésion des valves cardiaques, anomalie de la circulation sanguine cérébrale ou rétinienne) ;
- *cancer hormonodépendant* ;
- *diabète* compliqué de lésions vasculaires ;
- saignement génital intermittent (l'origine de ce saignement doit être déterminée par des examens avant la mise en route du traitement) ;
- maladie du foie, grave ou récente.

**Attention :** Un examen médical est nécessaire avant de débuter la contraception. Il est suivi d'une surveillance annuelle pendant la contraception. Cette surveillance est particulièrement importante si vous souffrez de *diabète*, d'obésité, d'excès de cholestérol, de *triglycérides* ou de *prolactine* dans le sang, d'affection bénigne du sein ou de l'utérus, d'ictère (jaunisse) chronique ou survenu lors d'une grossesse, d'*épilepsie*, de *migraine*, d'*otosclérose*, d'*asthme*, de varices, de dépression, de calcul biliaire, d'herpès gestationis, ou si des membres de votre famille ont des *antécédents* de cancer du sein ou d'*accidents thromboemboliques*.

Si vous avez plus de 35 ans, si vous fumez, le risque d'effets indésirables cardiovasculaires liés à la prise d'hormones augmente fortement. Un autre mode de contraception est souvent préconisé.

Arrêtez la prise de ce contraceptif et consultez votre médecin en cas d'apparition de l'un des *symptômes* suivants : maux de tête violents et inhabituels, troubles de la vision, élévation importante de la tension artérielle, douleur inhabituelle à la jambe.

La survenue d'un léger saignement entre les règles (spotting) est fréquente chez les femmes pendant les premiers mois d'utilisation de la pilule. Vous devez informer votre médecin si les saignements se prolongent ou s'ils apparaissent en cours de contraception.

L'oubli d'un comprimé ou sa mauvaise absorption, du fait de vomissements par exemple, peuvent rendre la contraception inefficace.

En cas d'intervention chirurgicale programmée ou d'alitement prolongé, votre médecin jugera de l'opportunité d'interrompre votre contraception orale.

### Interactions avec d'autres substances

L'efficacité contraceptive de ce médicament peut être diminuée par les *anticonvulsivants*, certains traitements du *sida*, les produits de phytothérapie contenant du millepertuis et les médicaments contenant l'une des substances suivantes : griséofulvine, rifampicine, rifabutine, modafinil.

Informez par ailleurs votre médecin si vous prenez des médicaments contenant de la flunarizine.

### Grossesse et allaitement

Ce médicament n'a pas de raison d'être utilisé pendant la grossesse. Néanmoins, si une grossesse survient malgré le traitement, du fait d'un oubli ou d'un retard de prise, celle-ci pourra être poursuivie normalement si vous le désirez.

Les *hormones* contenues dans ce *contraceptif* passent dans le lait maternel : ne l'utilisez pas pendant l'allaitement sans avis médical.

### Mode d'emploi et posologie

Prendre régulièrement, et sans oubli, 1 comprimé par jour pendant 21 jours consécutifs. Il est recommandé de ne pas trop faire varier l'heure de prise (choisir le petit déjeuner ou le coucher de préférence).

L'interruption du traitement déclenche les règles au bout de 2 ou 3 jours. La nouvelle plaquette est reprise après les 7 jours d'arrêt, que les règles soient terminées ou non.

Pour éviter un retard dans la reprise de la pilule, préjudiciable à l'efficacité de la contraception, il est utile de noter le jour de la prise du premier comprimé : une nouvelle plaquette est toujours commencée le même jour de la semaine. Le respect de ces délais est important : une reprise trop tardive du premier comprimé peut nuire à l'efficacité de la contraception pour le nouveau cycle. En revanche, une reprise un ou deux jours plus tôt ne pose pas de problème et décale d'autant la survenue des règles. Il est également possible d'enchaîner deux plaquettes. Dans ce cas, les règles surviendront à la fin de la deuxième plaquette.

En cas de première contraception orale ou de reprise d'une contraception interrompue temporairement, prendre le premier comprimé le premier jour des règles. La sécurité contraceptive n'est assurée qu'après un délai d'une semaine. Une méthode contraceptive complémentaire (préservatif, etc.) est nécessaire pendant cette période

En cas de changement de contraceptif, prendre le premier comprimé de la plaquette :

- le jour suivant la prise du dernier comprimé actif, si le précédent contraceptif était une autre pilule estroprogestative ;

- sans interruption et à n'importe quel moment du cycle, si le précédent contraceptif était un contraceptif progestatif microdosé ;
- le jour du retrait, si le précédent mode de contraception était un implant contraceptif ;
- le jour prévu pour l'injection, dans le cas du relais d'une contraception par progestatif injectable.

Après un accouchement ou une interruption de grossesse, suivre les indications du médecin.

**Conseils :** Les dernières recommandations en cas d'oubli d'un comprimé pour ce type de pilule sont les suivantes : prendre immédiatement le comprimé oublié et continuer à l'heure habituelle pour les comprimés suivants (ce qui peut correspondre à la prise de 2 comprimés si l'oubli est découvert lors de la prise suivante). Si le retard est supérieur à 12 heures, la sécurité contraceptive n'est plus assurée et une autre méthode complémentaire (spermicide, préservatif, diaphragme) doit être employée pendant les 7 jours suivants. Si cette période de 7 jours s'étend au-delà du dernier comprimé de la plaquette en cours, la plaquette suivante doit être débutée sans interruption entre les deux plaquettes. Dans ce cas, il n'y aura pas de saignement avant la fin de la seconde plaquette. Des saignements de faible importance (spottings) sont cependant possibles.

En cas de vomissements ou de diarrhée sévère survenant dans les 4 heures suivant la prise d'un comprimé, reprendre dès que possible un autre comprimé. Si le délai est de plus de 12 heures ou si les troubles se répètent, la sécurité contraceptive n'est plus assurée et une méthode complémentaire doit être employée jusqu'à la prise de la plaquette suivante.

Il n'y a pas de danger à débuter une grossesse au cours du cycle qui suit l'arrêt volontaire du contraceptif oral.

### Effets indésirables possibles

Effets, plus ou moins fréquents, n'empêchant pas la poursuite de la contraception : troubles digestifs, tension modérée des seins, jambes lourdes, diminution ou disparition des règles, règles douloureuses, prise de poids, *acné*, pousse excessive des poils, irritation oculaire par les lentilles de contact, inflammation ou *candidose* vaginale, modification de l'humeur ou de la libido, irritabilité, maux de tête banals.

Effets rares, mais nécessitant l'arrêt de cette contraception : *accident thromboembolique* (accident cardiaque, *phlébite*, *embolie* pulmonaire, etc.), taches sombres sur le visage, tension douloureuse des seins, *migraine*, troubles de la vision, augmentation importante des lipides dans le sang, *réaction allergique*, exacerbation d'un *lupus érythémateux* disséminé, d'une *porphyrie* ou d'une chorée, pancréatite, tumeur bénigne du foie, jaunisse, calcul de la vésicule biliaire.

**Laboratoires Wyeth Lederlé**

## MIOREL

Relaxant musculaire — sur ordonnance

Ce médicament est un générique de COLTRAMYL (voir p. 254 et tableau p. 1151).

## MIRENA

Stérilet — sur ordonnance

### Présentation

**MIRENA 52 mg :** dispositif intra-utérin *contraceptif* (stérilet) ; boîte unitaire, sous poche stérile. Liste I - Remb 65 % - **Prix : 125,45 €**.

### Composition

| | p dispositif |
|---|---|
| **Lévonorgestrel** | 52 mg |
| Baryum sulfate | + |
| Polyéthylène | + |

### Dans quel cas ce médicament est-il prescrit ?

Ce stérilet contient une hormone proche de la *progestérone*, qui permet d'empêcher la fécondation, notamment par son action locale dans l'utérus. Le dispositif contient également du sulfate de baryum, opaque aux rayons X, qui permet de voir le stérilet sur les radiographies.

Il est utilisé comme *contraceptif* local.

### Contre-indications

Certaines situations ne permettent pas la pose de ce stérilet :
- infection génitale ;
- cancer de l'utérus, ou saignements anormaux pouvant faire suspecter un cancer non diagnostiqué ;
- maladie grave du foie ;
- *phlébite* ou *embolie* pulmonaire en évolution ;
- **grossesse**.

**Attention :** La sécurité contraceptive du dispositif n'est pas totale : il existe un très faible risque de grossesse malgré la présence de ce stérilet (estimé à 0,8 % tous les 5 ans). Cette grossesse peut se dérouler normalement, mais il peut également s'agir d'une *grossesse extra-utérine*, particulièrement en cas de douleurs abdominales basses survenant après un retard de règles. Un test de grossesse doit être pratiqué si un retard de règles de plus de 15 jours survient.

L'arrêt d'un tabagisme éventuel est recommandé chez les femmes qui suivent un traitement hormonal, du fait d'une augmentation possible du risque cardiovasculaire.

Une surveillance médicale régulière est nécessaire pour vérifier que le stérilet est en bonne position dans l'utérus.

Une surveillance de la *glycémie*, qui peut être augmentée par le lévonorgestrel, est nécessaire chez les diabétiques.

Des douleurs, des saignements persistants ou des pertes vaginales peuvent être les signes d'une infection génitale et doivent vous conduire à consulter votre médecin.

### Interactions avec d'autres substances

Les médicaments contenant les substances suivantes sont susceptibles de diminuer l'efficacité des traitements hormonaux : carbamazépine, phénobarbital, phénytoïne, primidone, griséofulvine, rifabutine, rifampicine.

### Grossesse et allaitement

La pose d'un stérilet est contre-indiquée pendant la grossesse. Si une grossesse survient malgré la présence du stérilet, consultez rapidement votre médecin.

La quantité d'hormone qui passe dans le sang, et donc dans le lait maternel, est très faible ; la pose d'un stérilet au lévonorgestrel est possible pendant l'allaitement.

### Mode d'emploi et posologie

Un stérilet n'est vendu que sur ordonnance. Il ne peut être posé ou retiré que par un médecin.
La période propice à la mise en place correspond au début d'un cycle (derniers jours des règles).
Après une période de 5 ans, le stérilet doit être changé (à n'importe quel moment du cycle).
Son retrait, par le médecin, sera facilité par la présence d'un fil intégré au dispositif et qui dépasse par le col de l'utérus.
Après un accouchement, un délai de 6 semaines est nécessaire avant la pose d'un stérilet.

**Conseils :** Certains hommes se plaignent de percevoir les fils du stérilet lors des rapports sexuels ; cette sensation peut être liée à une longueur inadéquate des fils.
Vous pouvez vérifier la présence du stérilet dans l'utérus, notamment après les règles, en essayant de sentir les fils avec les doigts.
Sauf avis contraire de votre médecin, vous pouvez utiliser des tampons périodiques, en privilégiant les modèles de type « court ».

### Effets indésirables possibles

Diminution de l'importance ou de la durée des règles. Douleurs abdominales ou dorsales, *acné* ou autre problème de peau, tension des seins, maux de tête, pertes vaginales, *dépression*, nausées, *œdèmes*.

Laboratoires Schering

## MIRTAZAPINE TEVA

Antidépresseur — sur ordonnance

Ce médicament est un générique de NORSET (voir p. 732 et tableau p. 1151).

## MISSILOR 750 000 UI/125 mg

Antibiotiques : macrolide + imidazolé — sur ordonnance

Ce médicament est un générique de RODOGYL (voir p. 910 et tableau p. 1151).

## MITOCORTYL démangeaisons

*Informations détaillées sur www.monvidal.com*

## MITOSYL IRRITATIONS

Protecteur cutané

### Présentation

**MITOSYL irritations :** pommade ; tube de 65 g. Non remb.
**MITOSYL irritations :** pommade ; tube de 150 g. Non remb.
**MITOSYL irritations :** pommade ; 2 tubes de 150 g. Non remb.

### Composition

| | p 100 g |
|---|---|
| **Oxyde de zinc** | 27 g |
| **Huile de foie de poisson** | 20 g |
| soit Vitamine A | 12 000 UI |
| Lanoline | + |
| Salicylate de méthyle | + |

### Dans quel cas ce médicament est-il prescrit ?

C'est une pommade protectrice et cicatrisante qui contient de l'oxyde de zinc et de l'huile de foie de poisson riche en *vitamine* A.
Elle est utilisée pour traiter les irritations de la peau, notamment les rougeurs des fesses du *nourrisson*.

### Contre-indications

Ce médicament ne doit pas être utilisé dans les cas suivants :
- *allergie* à la lanoline ou aux *salicylés*,
- en application sur des lésions suintantes ou infectées.

**Attention :** Du fait de la présence de vitamine A, évitez d'appliquer cette pommade, notamment chez l'enfant, de manière prolongée et sur des surfaces étendues ou profondément lésées, sans l'avis de votre pharmacien ou de votre médecin. Pour les mêmes raisons, ne l'utilisez pas comme traitement préventif prolongé des fesses rouges du nourrisson.

### Grossesse et allaitement

Le passage de la vitamine A dans le sang lorsqu'elle est appliquée sur la peau est négligeable. Néanmoins, n'utilisez pas cette pommade de façon prolongée pendant la grossesse sans avis médical.
En raison du risque d'ingestion par le *nouveau-né*, la pommade ne doit pas être appliquée sur le mamelon de la femme qui allaite.

### Mode d'emploi et posologie

Nettoyer la région à traiter avant l'application de la pommade.

**Posologie usuelle :**
- Irritations de la peau : appliquer sur la zone irritée plusieurs fois par jour, en massant légèrement pour faire pénétrer la pommade.
- Rougeur des fesses du nourrisson : 1 à 3 applications par jour.

**Conseils :** La rougeur des fesses du *nourrisson* est souvent due à l'imprégnation de la peau par l'urine, sous la couche. Il est donc nécessaire de nettoyer et de rincer abondamment la peau avec de l'eau avant d'appliquer le médicament.
Le tube ne doit pas être conservé plus de 6 mois après ouverture.

### Effets indésirables possibles

*Eczéma* (présence de lanoline).

Laboratoires Sanofi-Aventis OTC

## MIXTARD 100 UI/ml cartouche et stylo prérempli

Insuline — sur ordonnance

### Présentation

**MIXTARD 10 NovoLet :** suspension injectable *SC* ; boîte de 5 cartouches de 3 ml en stylo prérempli jetable. Liste II - Remb 65 % - **Prix : 41,87 €.**
**MIXTARD 10 Penfill :** suspension injectable *SC* ; boîte de 5 cartouches de 3 ml. Liste II - Remb 65 % - **Prix : 36,26 €.**
**MIXTARD 20 NovoLet :** suspension injectable *SC* ; boîte de 5 cartouches de 3 ml en stylo prérempli jetable. Liste II - Remb 65 % - **Prix : 41,87 €.**

**MIXTARD 20 Penfill :** suspension injectable *SC* ; boîte de 5 cartouches de 3 ml. Liste II - Remb 65 % - **Prix : 36,26 €.**
**MIXTARD 30 InnoLet :** suspension injectable *SC* ; boîte de 5 cartouches de 3 ml en stylo prérempli jetable. Liste II - Remb 65 % - **Prix : 41,87 €.**
**MIXTARD 30 NovoLet :** suspension injectable *SC* ; boîte de 5 cartouches de 3 ml en stylo prérempli jetable. Liste II - Remb 65 % - **Prix : 41,87 €.**
**MIXTARD 30 Penfill :** suspension injectable *SC* ; boîte de 5 cartouches de 3 ml. Liste II - Remb 65 % - **Prix : 36,26 €.**
**MIXTARD 40 NovoLet :** suspension injectable *SC* ; boîte de 5 cartouches de 3 ml en stylo prérempli jetable. Liste II - Remb 65 % - **Prix : 41,87 €.**
**MIXTARD 40 Penfill :** suspension injectable *SC* ; boîte de 5 cartouches de 3 ml. Liste II - Remb 65 % - **Prix : 36,26 €.**
**MIXTARD 50 NovoLet :** suspension injectable *SC* ; boîte de 5 cartouches de 3 ml en stylo prérempli jetable. Liste II - Remb 65 % - **Prix : 41,87 €.**
**MIXTARD 50 Penfill :** suspension injectable *SC* ; boîte de 5 cartouches de 3 ml. Liste II - Remb 65 % - **Prix : 36,26 €.**

## Composition

| | Mixtard 10 p ml | Mixtard 20 p ml | Mixtard 30 p ml |
|---|---|---|---|
| **Insuline humaine biogénétique** .............. | 100 UI | 100 UI | 100 UI |
| soit Insuline d'action rapide ........................ | 10 UI | 20 UI | 30 UI |
| soit Insuline d'action retardée (combinée à la protamine) ............ | 90 UI | 80 UI | 70 UI |

| | Mixtard 40 p ml | Mixtard 50 p ml |
|---|---|---|
| **Insuline humaine biogénétique** ........................ | 100 UI | 100 UI |
| soit Insuline d'action rapide ................................ | 40 UI | 50 UI |
| soit Insuline d'action retardée (combinée à la protamine) .... | 60 UI | 50 UI |

## Dans quel cas ce médicament est-il prescrit ?

C'est une *insuline* identique à l'insuline humaine, obtenue par *biotechnologie*. Elle comprend un mélange d'insuline d'action rapide, active dès la 30e minute et d'insuline d'action intermédiaire dont l'action est retardée et prolongée pendant 24 heures. Suivant la proportion d'insuline rapide (10, 20, 30, 40 ou 50 %), l'action initiale du médicament est plus ou moins marquée.

Elle est utilisée dans le traitement du *diabète*.

**Attention :** La mise en route du traitement suppose un apprentissage correct pour injecter l'*insuline*, contrôler la *glycémie* au doigt, rechercher le *sucre* et l'acétone dans les urines et tenir un carnet de surveillance.

L'hypoglycémie est la principale complication des traitements par l'insuline. Il s'agit le plus souvent de malaises hypoglycémiques sans gravité dont les principaux signes sont : sueurs, tremblements, troubles visuels, vision double, fatigue soudaine, fringale, *vertiges*, difficulté de concentration. En ce cas, le diabétique doit aussitôt absorber 3 à 6 morceaux de sucre ou un sirop sucré.

Beaucoup plus rarement, l'hypoglycémie peut être grave et entraîner des troubles du comportement (comparables notamment à l'ébriété), des *convulsions*, voire une perte de connaissance : 1 ampoule de GLUCAGEN doit être injectée immédiatement par *voie* sous-cutanée ou intramusculaire, même à travers les vêtements en cas d'agitation. Si le diabétique ne reprend pas conscience dans les minutes qui suivent, prévenez un service d'urgence. Dans le doute, il n'y a pas de danger à injecter du GLUCAGEN à un diabétique traité par l'insuline. Dans tous les cas, la prise d'une collation ou d'un repas reste nécessaire.

L'autre complication possible chez le diabétique est la survenue d'une *acidocétose*, due à un manque important d'insuline. Elle peut être déclenchée par une infection (qui augmente les besoins en insuline) : grippe, rhume, *cystite*, abcès, etc. Elle se manifeste par une grande fatigue, une soif intense et des *troubles digestifs*. Il faut alors rechercher la présence de sucre et d'acétone dans les urines : la présence des deux en quantité importante confirme le diagnostic. Le traitement par l'insuline ne doit pas être arrêté ; le diabétique doit suivre les consignes de son médecin et, si besoin, le joindre d'urgence.

Évitez la prise de boissons alcoolisées à jeun ou à distance des repas : augmentation du risque d'hypoglycémie.

Conducteur : une *hypoglycémie* peut entraîner un malaise pendant la conduite ou l'utilisation de machines.

## Interactions avec d'autres substances

Certains médicaments peuvent déséquilibrer la *glycémie*. Informez votre médecin ou votre pharmacien si vous prenez un *corticoïde*, un *progestatif* à forte dose, un *bêtabloquant*, un *inhibiteur de l'enzyme de conversion* ou un médicament contenant du danazol, de la chlorpromazine, du salbutamol, de la terbutaline, du lanréotide, de l'octréotide ou de l'aspirine à forte dose.

## Grossesse et allaitement

L'*insuline* est adaptée au diabète de la femme enceinte ou aux troubles passagers de la *glycémie* pendant la durée de la grossesse.

Le traitement par insuline n'est pas une contre-indication à l'allaitement.

## Mode d'emploi et posologie

Les cartouches Penfill sont à utiliser avec les stylos rechargeables NovoPen et Innovo ; NovoLet et InnoLet sont des stylos prêts à l'emploi qui doivent être jetés lorsque la cartouche est vide.

Cette *insuline* doit être uniquement injectée par *voie* sous-cutanée dans les zones recommandées par votre médecin, en essayant de varier les sites d'injection pour éviter l'apparition de lipodystrophies (*nodules* et épaississement de la peau).

Agiter par lents retournements le stylo afin d'homogénéiser la suspension avant injection ; purger ensuite l'air éventuellement contenu dans la cartouche.

L'aiguille doit être changée après chaque injection.

**Posologie usuelle :**

Elle est adaptée en fonction des résultats des analyses réalisées par le diabétique ou son entourage (carnet de surveillance) et des conseils de son médecin.

**Conseils :** Il est prudent de disposer d'une *insuline* équivalente pour seringue afin de faire face à une perte ou à un défaut de fonctionnement du stylo.

Si vous utilisez deux stylos destinés à injecter deux insulines, veillez à pouvoir les distinguer facilement.

Pour le maniement précis du stylo, conformez-vous à la notice fournie par le fabricant et veillez à ne pas l'égarer.

La sécurité d'une injection d'insuline au travers des vêtements, sans désinfection préalable, est maintenant établie avec certitude.

En cas d'activité sportive, il est préférable d'injecter l'insuline à distance des muscles qui travaillent pour éviter une absorption trop rapide de l'insuline. De plus, une adaptation des doses d'insuline est habituellement nécessaire selon les conseils du médecin.

Prenez contact avec les associations pour diabétiques : elles diffusent une information utile sur le traitement et la surveillance du *diabète*.

Votre entourage doit savoir reconnaître les signes d'une *hypoglycémie* et pouvoir vous administrer, en cas de perte de connaissance, une ampoule de GLUCAGEN. Celle-ci est conservée de préférence au réfrigérateur ou à température ambiante, inférieure à 25 °C, pendant 2 ans.

Veillez à ne pas manquer d'insuline, notamment pendant les week-ends et jours fériés ; lors de vos déplacements, munissez-vous d'une réserve ou de votre ordonnance en cours de validité. Un certificat de traitement par insuline peut être nécessaire pour franchir certaines frontières.

L'insuline se conserve sans problème 4 à 6 semaines à une température inférieure à 25 °C et plusieurs mois à une température proche de 0 °C (mais elle ne doit jamais être congelée). Elle se dégrade d'autant plus vite que la température est élevée.

En pratique :
- conservez les cartouches non entamées dans la partie basse du réfrigérateur. Si c'est impossible, ne les conservez pas plus de 1 ou 2 mois (selon que vous êtes dans une région chaude ou froide) ;
- conservez les cartouches entamées hors du réfrigérateur pendant une durée maximale de 4 semaines, dans un endroit propre et sec de préférence, à l'abri de la lumière et des hausses de température (pas plus de 25 °C) ;
- une exposition accidentelle ou inévitable à une température de l'ordre de 30 °C à 35 °C est possible sans dommage pendant 2 ou 3 jours ;
- jetez toute cartouche suspecte d'avoir été exposée à la congélation ou à une chaleur excessive, et notamment celles qui ne présentent pas un aspect uniformément blanc et opaque après agitation ;
- lors des voyages long-courriers, conservez votre insuline dans vos bagages de cabine pour éviter une exposition au froid excessif dans la soute à bagages.

### Effets indésirables possibles

Hypoglycémie (voir Attention), légers troubles de la vision en début de traitement, *nodules* graisseux sous-cutanés (lipodystrophies).

Rarement : *réaction allergique* essentiellement cutanée.

Laboratoires Novo Nordisk

## MIXTARD 30 100 UI/ml flacon

*Informations détaillées sur www.monvidal.com*

## MIZOLLEN

Antiallergique — sur ordonnance

### Présentation

MIZOLLEN : comprimé à libération modifiée (blanc, oblong) ; boîte de 15. Liste I - Remb 35 % - **Prix : 6,45 €**.

### Composition

| | p cp |
|---|---|
| **Mizolastine** | 10 mg |
| Lactose | + |
| Huile de ricin | + |

### Dans quel cas ce médicament est-il prescrit ?

Ce médicament est un *antihistaminique* antiallergique ; il n'a pas d'effets *atropiniques* à la posologie recommandée.

Il est utilisé dans le *traitement symptomatique* de l'*allergie* (*rhinite*, *conjonctivite*, *urticaire*...).

### Contre-indications

Ce médicament ne doit pas être utilisé dans les cas suivants :
- maladie du cœur prédisposant aux *torsades de pointes* ;
- *insuffisance hépatique* grave ;
- en association avec les *antibiotiques* de la famille des *macrolides*, les *antifongiques* de la famille des *imidazolés* ou les médicaments susceptibles de provoquer des *torsades de pointes*.

**Attention :**
Compte-tenu de ses effets indésirables potentiels, ce médicament peut, chez certaines personnes, ne pas être compatible avec la conduite automobile ou le maniement de machines dangereuses. Assurez-vous à l'occasion des premières prises que vous supportez bien ce médicament avant de conduire ou d'utiliser une machine.

### Interactions avec d'autres substances

Ce médicament ne doit pas être associé avec les *antibiotiques* de la famille des *macrolides*, les *antifongiques* de la famille des *imidazolés* ou les autres médicaments susceptibles de donner des *torsades de pointes* : risque de *troubles du rythme cardiaque*.

### Grossesse et allaitement

L'effet de ce médicament pendant la grossesse ou l'allaitement est mal connu. Par prudence, son usage est déconseillé chez la femme enceinte ou chez celle qui allaite.

### Mode d'emploi et posologie

Les comprimés peuvent être pris pendant ou en dehors des repas.

**Posologie usuelle :**
- Adulte et enfant de plus de 12 ans : 1 comprimé par jour.

**Conseils :** Ce médicament agit sur les manifestations de l'*allergie* mais n'en supprime pas la cause. Si les *symptômes* persistent ou s'aggravent, n'hésitez pas à consulter votre médecin.

### Effets indésirables possibles

Somnolence, fatigue, augmentation de l'appétit, prise de poids, sécheresse de la bouche, *troubles digestifs*, maux de tête.

Rarement : baisse de la tension, *palpitations*, anxiété, douleur des muscles ou des articulations, diminution du nombre de *globules blancs* dans le sang, augmentation des *transaminases*.

Exceptionnellement : *réaction allergique*.

**Laboratoires Sanofi-Aventis France**

## MOBIC

Anti-inflammatoire non stéroïdien — **sur ordonnance**

### Présentation

**MOBIC 7,5 mg :** comprimé (jaune pâle) ; boîte de 14. Liste I - Remb 65 % - **Prix : 5,79 €.**
**MOBIC 7,5 mg :** suppositoire ; boîte de 12. Liste I - Remb 35 % - **Prix : 6,06 €.**
**MOBIC 15 mg :** comprimé sécable (jaune pâle) ; boîte de 14. Liste I - Remb 65 % - **Prix : 11,04 €.**
**MOBIC 15 mg :** suppositoire ; boîte de 12. Liste I - Remb 35 % - **Prix : 11,56 €.**

### Composition

| | p cp | p suppos |
|---|---|---|
| **Méloxicam** | 7,5 mg | 7,5 mg |
| | p cp | p suppos |
| **Méloxicam** | 15 mg | 15 mg |

### Dans quel cas ce médicament est-il prescrit ?

Ce médicament est un *anti-inflammatoire* non stéroïdien (*AINS*). Il lutte contre l'*inflammation* et la douleur, fait baisser la fièvre et fluidifie le sang.

Il est utilisé dans le *traitement symptomatique* :
- de la *polyarthrite rhumatoïde* ;
- de la *spondylarthrite ankylosante* ;
- des crises d'*arthrose*.

### Contre-indications

Ce médicament ne doit pas être utilisé dans les cas suivants :
- antécédent d'*allergie* ou d'*asthme* provoqué par la prise d'*AINS*, y compris l'aspirine ;
- *ulcère* de l'estomac ou du *duodénum* ;
- *insuffisance hépatique* ou *rénale* grave ;
- *hémorragie* grave ;
- *inflammation* récente du rectum (suppositoire) ;
- enfant de moins de 15 ans ;
- **grossesse** (à partir du 6e mois) ;
- **allaitement**.

**Attention :** Tout traitement prolongé ou *surdosage* d'*AINS* expose à des effets indésirables graves.

Certaines situations doivent conduire à ne poursuivre le traitement qu'après un avis médical :
- brûlures d'estomac importantes ou selles noires et nauséabondes pouvant traduire une irritation ou un saignement du tube digestif ;
- *réaction allergique* cutanée, crise d'*asthme* ;
- fatigue inhabituelle et intense, ou baisse brutale et importante du volume des urines chez une personne souffrant d'*insuffisance cardiaque*, déshydratée ou traitée par *diurétique*.

Des précautions sont nécessaires en cas d'*antécédent* d'*ulcère* de l'estomac ou du *duodénum* ou de risque hémorragique, notamment digestif (maladie de *Crohn*, *rectocolite hémorragique*).

Certains médecins considèrent que les anti-inflammatoires peuvent diminuer l'efficacité des stérilets et exposer à un risque de grossesse non désirée. Ce risque est actuellement très controversé.

Conducteur : ce médicament peut provoquer des étourdissements ou une baisse de la vigilance.

### Interactions avec d'autres substances

Ce médicament peut interagir avec d'autres médicaments, notamment :
- l'aspirine et les autres *anti-inflammatoires* non stéroïdiens (*AINS*) : risque d'accroissement des effets indésirables ;
- les *anticoagulants* et les *antiagrégants plaquettaires* : augmentation du risque hémorragique ;
- le lithium (TÉRALITHE, NEUROLITHIUM...) : augmentation du taux de lithium dans le sang ;
- le méthotrexate.

Informez par ailleurs votre médecin ou votre pharmacien en cas de traitement par un *diurétique*, un *inhibiteur de l'enzyme de conversion*, un *inhibiteur de l'angiotensine II*, un *bêtabloquant* ou un médicament contenant de la ciclosporine.

### Grossesse et allaitement

Des effets néfastes pour l'enfant à naître ont été mis en évidence lorsque les *AINS* sont utilisés au cours des 4 derniers mois de la grossesse ; le risque existe même avec une seule prise et même si la grossesse est à terme. L'usage de ce médicament est contre-indiqué pendant cette période.

Pendant les 5 premiers mois, l'effet de ce médicament est mal connu : seul votre médecin peut évaluer le risque éventuel de son utilisation dans votre cas.

Ce médicament passe dans le lait maternel ; un choix est donc nécessaire entre l'allaitement et la prise du médicament. Cette décision devra être prise en accord avec votre médecin.

### Mode d'emploi et posologie

Les comprimés doivent être avalés avec un verre d'eau, en une seule prise, au cours d'un repas.

**Posologie usuelle :**
- Adulte : 7,5 mg à 15 mg par jour. Ne pas dépasser 15 mg par jour.

**Conseils :** Les anti-inflammatoires ne sont pas des médicaments anodins. Du fait de la possibilité d'effets indésirables graves, ils ne doivent être utilisés que lorsqu'ils sont nécessaires, ce qui n'est pas le cas pour les affections rhumatismales peu douloureuses et les traumatismes bénins. Ce médicament vous a été prescrit dans une situation précise : ne le conseillez pas à un proche et ne le réutilisez pas sans avis médical.

Ne dépassez pas la *posologie* ni la durée de traitement prescrites par votre médecin, afin de limiter les effets indésirables.

### Effets indésirables possibles

*Troubles digestifs*, *gastrite*, voire *ulcère* de l'estomac ou du *duodénum*, le plus souvent lors d'un traitement prolongé. Exceptionnellement : *hémorragie* du tube digestif (vomissements sanglants, selles noires, ou, plus souvent, pertes de sang imperceptibles, responsables de l'apparition progressive d'une *anémie*).

*Réaction allergique* nécessitant l'arrêt immédiat du traitement : *éruption cutanée*, *asthme*, malaise avec baisse de la tension artérielle.

Étourdissement, maux de tête, bourdonnements d'oreille, somnolence.

Exceptionnellement : *photosensibilisation*, troubles de la vision, augmentation des *transaminases*, *hépatite*, anomalie de la *numération formule sanguine*.

Laboratoires Bœhringer Ingelheim

## MOCLAMINE

Antidépresseur inhibiteur de la mono-amine oxydase

**sur ordonnance**

### Présentation

MOCLAMINE : comprimé sécable (jaune pâle) ; boîte de 30. Liste I - Remb 65 % - **Prix : 7,77 €.**

### Composition

| | p cp |
|---|---|
| **Moclobémide** | 150 mg |
| Lactose | + |

### Dans quel cas ce médicament est-il prescrit ?

C'est un *antidépresseur* de la famille des *IMAO* sélectifs. Il est utilisé dans le traitement des *états dépressifs*.

### Contre-indications

Ce médicament ne doit pas être utilisé dans les cas suivants :

- en association avec les médicaments contenant du bupropion, du sumatriptan, du zolmitriptan, de l'almotriptan, de la péthidine, de la sélégiline, du tramadol ou du dextrométhorphane ;
- enfant de moins de 15 ans (en l'absence d'études) ;
- état confusionnel ;
- **allaitement.**

**Attention :** Des précautions sont nécessaires en cas d'*hypertension artérielle* et de *phéochromocytome*.

Lorsque ce médicament vient en remplacement d'un *IMAO* non sélectif, il convient de respecter un délai d'au moins 15 jours.

Si votre tension artérielle est élevée, faites-la contrôler régulièrement.

En l'absence d'information concernant les effets sur la vigilance, la prudence est recommandée auprès des conducteurs.

Évitez les boissons alcoolisées : augmentation du risque de somnolence.

### Interactions avec d'autres substances

Ce médicament ne doit pas être associé avec :

- les médicaments contenant du bupropion, du sumatriptan, du zolmitriptan, de l'almotriptan, de la sélégiline : risque de poussée d'*hypertension artérielle* ;
- les médicaments contenant de la péthidine, du tramadol ou les *antitussifs* contenant du dextrométhorphane : risque de très forte fièvre, de malaise cardiaque grave ou d'hyperexcitabilité.

Il peut interagir également avec les autres *triptans*, les *antidépresseurs inhibiteurs de la recapture de la sérotonine* ou avec ceux contenant de la clomipramine, de l'imipramine, de l'amitriptyline, et avec les médicaments contenant du milnacipran, de la venlafaxine ou de la sibutramine.

Informez par ailleurs votre médecin si vous prenez un médicament contenant de l'adrénaline, de la noradrénaline, du millepertuis ou de la cimétidine.

### Grossesse et allaitement

L'effet de ce médicament pendant la grossesse est mal connu. Par prudence, son usage est contre-indiqué.

Ce médicament passe dans le lait maternel : l'allaitement est déconseillé.

### Mode d'emploi et posologie

La *posologie* doit être répartie en 2 à 3 prises quotidiennes, en évitant les prises après 17 heures (sauf indication contraire de votre médecin).

Les comprimés doivent être pris à la fin des repas.

**Posologie usuelle :**

- Adulte : 2 à 3 comprimés par jour en début de traitement ; 1 à 4 comprimés en fonction de l'efficacité du traitement.

**Conseils :** L'efficacité des *antidépresseurs* n'est généralement pas immédiate. Un délai pouvant atteindre plusieurs semaines est parfois nécessaire pour que les effets bénéfiques se fassent sentir. Les effets indésirables éventuels apparaissant en début de traitement ne doivent pas vous conduire à l'arrêter prématurément.

Chez la personne souffrant de dépression, un état anxieux peut apparaître ou être majoré en début de traitement ; un *anxiolytique* est parfois prescrit par le médecin pour prévenir ou traiter ces manifestations.

Lorsque les *symptômes* de la *dépression* ont disparu, le traitement doit absolument être poursuivi pendant la durée prescrite afin de consolider la guérison. Un arrêt prématuré exposerait à une rechute. La durée d'un traitement antidépresseur est rarement inférieure à 6 mois.

Contrairement à d'autres médicaments utilisés pour traiter les maladies psychiques, les antidépresseurs ne créent pas de dépendance. Néanmoins, il est préférable d'arrêter le traitement progressivement en diminuant la posologie ou en espaçant les prises pour éviter les effets indésirables transitoires, rarement observés, en cas d'interruption brutale.

### Effets indésirables possibles

Troubles du sommeil, agitation, anxiété, irritabilité, *vertiges*, nausées, maux de tête, fourmillement des extrémités, sécheresse de la bouche, *troubles digestifs*, prurit, *urticaire*.

Des manifestations d'angoisse peuvent survenir en début de traitement, lorsque l'*antidépresseur* n'est pas associé à un traitement *anxiolytique*.

Rarement : confusion des idées, élévation des *transaminases*.

Laboratoires Biocodex

## MODAMIDE

*Informations détaillées sur www.monvidal.com*

## MODANE
Laxatif stimulant

### Présentation
MODANE : comprimé (rose) ; boîte de 20. Non remb.

### Composition

| | p cp |
|---|---|
| **Séné, extrait sec** | 26 mg |
| **Pantothénate de calcium (vitamine B5)** | 12,5 mg |

### Dans quel cas ce médicament est-il prescrit ?
Ce médicament contient un *laxatif stimulant*. Il augmente les sécrétions et la motricité de l'intestin.

Il est utilisé dans le *traitement symptomatique* de la constipation.

### Contre-indications
Ce médicament ne doit pas être utilisé dans les cas suivants :
- maladies inflammatoires du côlon ;
- constipation ou douleurs abdominales dues à une obstruction du tube digestif : rétrécissement intestinal, *fécalome* (bouchon de selles) ;
- enfant de moins de 12 ans.

**Attention :** Ce médicament doit être utilisé de façon épisodique et en cure très brève : pas plus de 8 à 10 jours.
Son usage régulier peut entraîner :
- une *dépendance*,
- des troubles intestinaux graves,
- une perte de sels minéraux, notamment de *potassium*, pouvant être à l'origine de *troubles du rythme cardiaque* graves.

Arrêtez le traitement en cas de diarrhée ou de douleurs abdominales.

### Interactions avec d'autres substances
Ce médicament peut interagir avec les médicaments susceptibles de provoquer des *torsades de pointes*.

Informez par ailleurs votre pharmacien ou votre médecin si vous prenez des *corticoïdes* (sauf traitement local), des *diurétiques* ou des médicaments contenant de la digoxine, de la digitoxine ou de l'amphotéricine B (par *voie* intraveineuse).

### Grossesse et allaitement
Ce médicament est déconseillé sans avis médical pendant la grossesse ou l'allaitement.

### Mode d'emploi et posologie
Les comprimés doivent être avalés avec un verre d'eau.
L'effet laxatif n'est pas immédiat. Il se manifeste généralement environ 10 heures après la prise du médicament.

**Posologie usuelle :**
- Adulte et enfant de plus de 12 ans : 1 comprimé, 1 ou 2 fois par jour.

**Conseils :** Le traitement de la constipation chronique repose essentiellement sur des boissons abondantes, une alimentation riche en fibres et une activité physique régulière.

### Effets indésirables possibles
Diarrhée, douleurs abdominales.

Laboratoires Cooper

## MODÉCATE
*Informations détaillées sur www.monvidal.com*

## MODIODAL
*Informations détaillées sur www.monvidal.com*

## MODITEN
*Informations détaillées sur www.monvidal.com*

## MODOPAR
Antiparkinsonien dopaminergique — sur ordonnance

### Présentation
MODOPAR 62,5 : gélule (bleu et gris) ; boîte de 60. Liste I - Remb 65 % - **Prix : 5,29 €.**
MODOPAR 125 : gélule (bleu et rose) ; boîte de 60. Liste I - Remb 65 % - **Prix : 9,04 €.**
MODOPAR LP 125 : gélule à *libération prolongée* (bleu et vert) ; boîte de 60. Liste I - Remb 65 % - **Prix : 9,86 €.**
MODOPAR 125 dispersible : comprimé sécable pour suspension buvable ; boîte de 60. Liste I - Remb 65 % - **Prix : 9,04 €.**
MODOPAR 250 : gélule (bleu et caramel) ; boîte de 60. Liste I - Remb 65 % - **Prix : 15,30 €.**

### Composition

| | p gél 62,5 | p gél 125 | p gél LP |
|---|---|---|---|
| **Lévodopa** | 50 mg | 100 mg | 100 mg |
| **Bensérazide** | 12,5 mg | 25 mg | 25 mg |

| | p cp | p gél 250 |
|---|---|---|
| **Lévodopa** | 100 mg | 200 mg |
| **Bensérazide** | 25 mg | 50 mg |

### Dans quel cas ce médicament est-il prescrit ?
Ce médicament est un *antiparkinsonien* qui appartient à la famille des *dopaminergiques*. Il vise à combler le déficit en *dopamine*, caractéristique de la maladie de Parkinson. Il contient de la lévodopa (ou L-dopa) qui se transforme en dopamine dans l'organisme et du bensérazide qui stabilise l'effet de la lévodopa.

Il est utilisé dans le traitement de la maladie de *Parkinson*, où il agit principalement sur la rigidité musculaire et la réduction des tremblements de repos propres à cette affection.

### Contre-indications
Ce médicament ne doit pas être utilisé dans les cas suivants :
- troubles psychiques graves,
- accident cardiaque récent,
- *glaucome* à angle fermé,
- en association avec certains *neuroleptiques* ou la réserpine.

**Attention :** L'utilisation de ce médicament chez les personnes présentant des troubles psychiques, une affection cardiaque, une *hypotension orthostatique*, un excès de tension intraoculaire ou un *ulcère* de l'estomac ou du *duodénum* nécessite des précautions particulières, surtout en début de traitement.
N'interrompez jamais brutalement le traitement : risque de rigidité musculaire importante associée à de la fièvre et à des troubles psychiques. L'arrêt du traitement par la lévodopa demande une surveillance médicale.
Signalez à votre médecin toute somnolence marquée ou survenant subitement au cours de la jour-

née : une adaptation des doses ou un arrêt du traitement peuvent être nécessaires.

Les médicaments *dopaminergiques* peuvent, dans de rares cas, provoquer un endormissement soudain au cours de la journée sans signe annonciateur. La conduite automobile et l'utilisation de machines dangereuses sont déconseillées pendant le traitement. Elles sont contre-indiquées chez les personnes ayant eu une envie impérieuse de dormir sous traitement.

### Interactions avec d'autres substances

Ce médicament ne doit pas être associé aux médicaments contenant du métoclopramide, de la métopimazine, de l'alizapride ou de la réserpine : risque d'annulation de leurs effets.

La prise conjointe de médicaments *dopaminergiques* et de *neuroleptiques* utilisés dans les troubles psychiques est généralement contre-indiquée, sauf dans le cas de la maladie de *Parkinson*. Le médecin en tient compte alors dans la *posologie*.

Informez votre médecin si vous prenez un médicament contenant un *IMAO* non sélectif, de la méthyldopa, du fer ou de la sélégiline.

### Grossesse et allaitement

L'effet de ce médicament sur l'enfant à naître est mal connu. Par mesure de prudence, son usage est déconseillé pendant la grossesse.

L'allaitement est déconseillé pendant la durée du traitement.

### Mode d'emploi et posologie

Ce médicament est pris de préférence à distance des repas (1/2 heure avant ou 1 heure après).

Les comprimés à 125 mg doivent être dissous dans un demi-verre d'eau. Il est possible d'y ajouter du sucre ou un jus de fruits. Le dépôt blanchâtre qui reste sur la paroi du verre, une fois les comprimés avalés, ne doit pas inquiéter.

**Posologie usuelle :**

Elle est strictement individuelle.

Le passage des gélules à 125 mg aux comprimés à 125 mg se fait sans modification de la *posologie*. Le passage à la gélule à *libération prolongée* nécessite l'avis de votre médecin. La posologie minimale efficace est atteinte progressivement, par paliers. Cette progression permet de limiter l'apparition des effets indésirables. Lorsque cette dose est trop rapidement dépassée, des mouvements anormaux peuvent survenir.

**Conseils :** Le comprimé dispersible est plus spécialement destiné aux malades qui ont des difficultés à avaler les gélules.

Dans le traitement de la maladie de *Parkinson*, il est important de respecter la *posologie* préconisée par le médecin, notamment les horaires de prises : un pilulier peut être utile.

Le maintien d'une activité physique régulière est recommandée.

Prenez contact avec une des associations destinées aux personnes atteintes de la maladie de Parkinson : elles diffusent une information utile sur l'évolution de la maladie et sur ses traitements.

### Effets indésirables possibles

En début de traitement : nausées, vomissements, anorexie, sécheresse de la bouche, constipation ou diarrhée, *troubles du rythme cardiaque*, *hypotension orthostatique*, troubles psychiques, troubles du sommeil, mouvements anormaux ; une adaptation de la *posologie* peut limiter ces effets.

Somnolence, envie impérieuse de dormir au cours de la journée.

Après un traitement prolongé, alternance de mouvements involontaires et de raideur invalidante. Ces troubles traduisent des fluctuations de l'activité de la lévodopa au long cours.

Très rarement, anomalie de la *numération formule sanguine*, *allergie* cutanée, troubles urinaires.

Une coloration brun-rouge des urines, de la sueur et de la salive peut également être observée.

Laboratoires Roche

## MODUCREN

*Informations détaillées sur www.monvidal.com*

## MODULON

Modificateur de la motricité digestive — sur ordonnance

Ce médicament est un générique de DÉBRIDAT (voir p. 289 et tableau p. 1151).

## MODURÉTIC

Diurétiques associés — sur ordonnance

### Présentation

MODURÉTIC : comprimé sécable (losange ; pêche) ; boîte de 30. Liste I - Remb 65 % - **Prix : 3,93 €**.

### Composition

| | p cp |
|---|---|
| **Hydrochlorothiazide** | 50 mg |
| **Amiloride chlorhydrate** | 5 mg |

### Dans quel cas ce médicament est-il prescrit ?

Ce médicament est une association de deux *diurétiques* : l'hydrochlorothiazide, dont la structure est proche de celle des *sulfamides*, et l'amiloride, qui a pour caractéristique d'empêcher la perte du *potassium* dans les urines, habituelle avec l'hydrochlorothiazide.

Il est utilisé dans le traitement :
- de l'*hypertension artérielle*,
- de l'*ascite* ou des *œdèmes* liés à une *insuffisance hépatique* ou à une *insuffisance cardiaque*.

### Contre-indications

Ce médicament ne doit pas être utilisé dans les cas suivants :
- *allergie* aux médicaments de la famille des *sulfamides*,
- *insuffisance rénale*,
- *hyperkaliémie* (excès de *potassium* dans le sang),
- *encéphalopathie hépatique*.

**Attention :** Ce médicament peut être responsable d'une augmentation ou au contraire d'une baisse de la *kaliémie* (taux de *potassium* dans le sang), qui peut être aggravée par l'usage prolongé de *laxatifs stimulants*. Un contrôle par des analyses de sang est souvent prescrit par le médecin.

Chez les personnes atteintes d'une *insuffisance hépatique* grave, l'apparition de troubles de la conscience peut annoncer une complication. Ne poursuivez pas le traitement sans l'avis de votre médecin.

N'utilisez des *sels* de régime, souvent riches en potassium, qu'avec l'accord de votre médecin.

Les *diurétiques* peuvent augmenter le taux d'*acide urique* (uricémie) ou de *sucre* dans le sang (*glycémie*) : des précautions sont nécessaires en cas de *diabète* ou d'*antécédent* de crise de *goutte*.

Sportif : ce médicament contient une substance susceptible de rendre positifs certains *tests antidopage*.

### Interactions avec d'autres substances

Ce médicament ne doit pas être associé aux *diurétiques* élevant le taux de *potassium* dans le sang ou aux médicaments qui en contiennent.

Il peut interagir avec les *inhibiteurs de l'enzyme de conversion*, les *inhibiteurs de l'angiotensine II*, les médicaments susceptibles de provoquer des *torsades de pointes* et ceux contenant du lithium.

Informez par ailleurs votre médecin si vous prenez l'un des médicaments suivants : *AINS*, *digitalique*, médicament susceptible de faire baisser la *kaliémie* (*corticoïde*, *laxatif stimulant*), *neuroleptique*, *antidépresseur* imipraminique, médicament contenant du baclofène ou de la metformine.

### Grossesse et allaitement

Les études scientifiques actuellement disponibles n'ont pas mis en évidence de problème particulier lors de l'utilisation chez la femme enceinte. Néanmoins, les *diurétiques* ne sont pas adaptés au traitement de l'*hypertension artérielle* et des *œdèmes* pendant la grossesse. Seul votre médecin peut apprécier la nécessité du traitement et le risque éventuel de son utilisation dans votre cas.

Ce médicament passe dans le lait maternel : l'allaitement est déconseillé.

### Mode d'emploi et posologie

Ce médicament peut être pris indifféremment pendant ou en dehors des repas.

**Posologie usuelle :**

- Adulte : elle varie en fonction de la nature et de la gravité de la maladie.

**Conseils :** Ce médicament augmente le volume des urines, surtout en début de traitement. Évitez une prise le soir, source de gêne nocturne.

Les *diurétiques* exposent au risque de déshydratation : veillez à proposer des boissons abondantes aux personnes âgées, notamment pendant les fortes chaleurs.

### Effets indésirables possibles

Douleurs articulaires, crampes.

Déshydratation possible chez la personne âgée.

Augmentation de la *glycémie* ou de l'*uricémie*.

*Hypotension orthostatique*, troubles du rythme cardiaque.

Troubles digestifs, *éruption cutanée*, nervosité, confusion des idées, troubles urinaires.

Rarement :
- baisse du taux de sodium dans le sang (natrémie) et risque de troubles du comportement ;
- anomalie de la *numération formule sanguine* ;
- nausées, constipation, *vertiges*, fatigue, maux de tête, fourmillement des extrémités.

Exceptionnellement : *pancréatite*, troubles visuels, *réaction allergique*.

**Laboratoires Bristol-Myers Squibb**

## MOEX

*Informations détaillées sur www.monvidal.com*

## MOGADON

Hypnotique : benzodiazépine — sur ordonnance

### Présentation

**MOGADON 5 mg :** comprimé sécable (blanc) ; boîte de 20. Liste I, durée de prescription limitée à 4 semaines - Remb 35 % - **Prix : 1,54 €.**

### Composition

| | p cp |
|---|---|
| **Nitrazépam** | 5 mg |
| Lactose | + |

### Dans quel cas ce médicament est-il prescrit ?

Ce médicament est un *hypnotique* (somnifère) qui appartient à la famille des *benzodiazépines*.

Il est utilisé dans le traitement de l'insomnie.

### Contre-indications

Ce médicament ne doit pas être utilisé dans les cas suivants :
- *insuffisance respiratoire* ou *hépatique* grave,
- *syndrome d'apnée du sommeil*.

**Attention :** Certaines insomnies peuvent traduire une *dépression* masquée et justifier un traitement spécifique.

Des précautions sont nécessaires en cas de *myasthénie*, d'*insuffisance rénale* et chez la personne âgée.

Une prise prolongée, surtout à doses importantes, de somnifères de la famille des *benzodiazépines* peut provoquer une *dépendance*. Ce risque de dépendance est accru chez les personnes ayant déjà présenté une dépendance à d'autres médicaments, substances ou à l'alcool.

L'arrêt brutal de ce médicament expose à un *syndrome de sevrage* : réapparition de l'insomnie, anxiété, agitation, irritabilité, maux de tête, douleurs musculaires, tremblements, hallucinations. Il faut donc s'entourer de conseils médicaux pour diminuer progressivement les doses et espacer les prises, sur une période d'autant plus longue que le traitement a été prolongé.

Ce médicament expose à un risque de chute nocturne chez la personne âgée ayant l'habitude de se lever la nuit.

Un réveil nocturne après la prise du médicament peut entraîner des troubles de la mémoire parfois angoissants.

Évitez les boissons alcoolisées : augmentation du risque de somnolence.

Ce médicament est un somnifère. Conduire ou utiliser une machine dangereuse dans les heures qui suivent sa prise est bien sûr contre-indiqué.
La durée de l'effet sédatif, ainsi que son intensité, est très variable d'une personne à l'autre. Il vous appartient de vérifier, après les premières prises, que la persistance éventuelle d'une somnolence au réveil est compatible avec la poursuite de vos activités habituelles.

### Interactions avec d'autres substances

Informez votre médecin ou votre pharmacien si vous prenez d'autres *sédatifs* (tranquillisants, somnifères, certains médicaments contre la toux ou contre la douleur contenant des *opiacés*, *antidépresseurs*, *neuroleptiques*...).

### Grossesse et allaitement

Ce médicament ne doit pas être utilisé sans avis médical pendant la grossesse. Les fortes doses au cours des 6 derniers mois sont déconseillées. En fin de grossesse, un traitement par benzodiazépine, même à faible dose, peut être responsable d'effets indésirables chez le *nouveau-né* : une surveillance médicale du nouveau-né est alors nécessaire pendant 1 à 3 semaines selon les cas.
Ce médicament passe dans le lait maternel : l'allaitement est déconseillé.

### Mode d'emploi et posologie

Les comprimés doivent être avalés avec un verre d'eau.

**Posologie usuelle :**

- Adulte : 1 comprimé, une demi-heure avant le coucher.

**Conseils :** Ce médicament vous a été prescrit dans une situation précise : ne le réutilisez pas ultérieurement sans avis médical et ne le conseillez pas à une autre personne.
La durée de prescription des *hypnotiques* doit être la plus courte possible. Dans certaines situations, le traitement doit toutefois être prolongé. Il appartient alors au médecin de réévaluer périodiquement la nécessité de le poursuivre ou de l'interrompre.
Les somnifères ne sont pas la seule réponse aux troubles du sommeil. Une meilleure hygiène de vie, une consommation modérée d'excitants (y compris les boissons alcoolisées) permettent aussi de lutter efficacement contre les insomnies.

### Effets indésirables possibles

Sensation d'ivresse, fatigue, somnolence pendant la journée (en particulier chez la personne âgée), ralentissement des idées.
Faiblesse musculaire, baisse de la libido, *éruption cutanée* avec ou sans démangeaisons.
Dans certaines circonstances et chez certaines personnes :
- réactions paradoxales avec augmentation de l'anxiété, agitation, agressivité, confusion des idées, hallucinations ;
- *amnésie antérograde*.

Ces troubles nécessitent l'arrêt du traitement.

**Laboratoires Centre Spécialités Pharmaceutiques**

## MOLSIDOMINE ALTER

Antiangoreux — sur ordonnance

Ce médicament est un générique de CORVASAL (voir p. 265 et tableau p. 1151).

## MOLSIDOMINE ARROW

Antiangoreux — sur ordonnance

Ce médicament est un générique de CORVASAL (voir p. 265 et tableau p. 1151).

## MOLSIDOMINE BIOGARAN

Antiangoreux — sur ordonnance

Ce médicament est un générique de CORVASAL (voir p. 265 et tableau p. 1151).

## MOLSIDOMINE EG

Antiangoreux — sur ordonnance

Ce médicament est un générique de CORVASAL (voir p. 265 et tableau p. 1151).

## MOLSIDOMINE G GAM

Antiangoreux — sur ordonnance

Ce médicament est un générique de CORVASAL (voir p. 265 et tableau p. 1151).

## MOLSIDOMINE GNR

Antiangoreux — sur ordonnance

Ce médicament est un générique de CORVASAL (voir p. 265 et tableau p. 1151).

## MOLSIDOMINE IVAX

Antiangoreux — sur ordonnance

Ce médicament est un générique de CORVASAL (voir p. 265 et tableau p. 1151).

## MOLSIDOMINE MERCK

Antiangoreux — sur ordonnance

Ce médicament est un générique de CORVASAL (voir p. 265 et tableau p. 1151).

## MOLSIDOMINE QUALIMED

Antiangoreux — sur ordonnance

Ce médicament est un générique de CORVASAL (voir p. 265 et tableau p. 1151).

## MOLSIDOMINE RATIOPHARM

Antiangoreux — sur ordonnance

Ce médicament est un générique de CORVASAL (voir p. 265 et tableau p. 1151).

## MOLSIDOMINE RPG

Antiangoreux — sur ordonnance

Ce médicament est un générique de CORVASAL (voir p. 265 et tableau p. 1151).

## MOLSIDOMINE SANDOZ

Antiangoreux — sur ordonnance

Ce médicament est un générique de CORVASAL (voir p. 265 et tableau p. 1151).

## MOLSIDOMINE TEVA

Antiangoreux — sur ordonnance

Ce médicament est un générique de CORVASAL (voir p. 265 et tableau p. 1151).

## MOLSIDOMINE WINTHROP

Antiangoreux — sur ordonnance

Ce médicament est un générique de CORVASAL (voir p. 265 et tableau p. 1151).

## MOLSIDOMINE ZYDUS

Antiangoreux — sur ordonnance

Ce médicament est un générique de CORVASAL (voir p. 265 et tableau p. 1151).

### MOMORDICA COMPLEXE N° 109

*Informations détaillées sur www.monvidal.com*

### MONAZOL crème

*Informations détaillées sur www.monvidal.com*

## MONAZOL

Antifongique

### Présentation

MONAZOL : ovule ; boîte de 1. Remb 35 % - **Prix : 4,30 €**.

### Composition

| | p ovule |
|---|---|
| **Sertaconazole nitrate** | 300 mg |

### Dans quel cas ce médicament est-il prescrit ?

Ce médicament d'action locale contient un *antifongique* de la famille des *imidazolés*.

Il est utilisé dans le traitement des *candidoses* du vagin et de la vulve.

### Contre-indications

Ce médicament ne doit pas être utilisé en cas d'*allergie* aux *antifongiques* de la famille des *imidazolés*.

> **Attention :** N'utilisez pas de préservatif pendant le traitement : risque de rupture par altération du latex. Si l'infection ne disparaît pas après quelques jours, consultez votre médecin.

### Interactions avec d'autres substances

L'utilisation d'un préservatif est contre-indiquée pendant le traitement (voir Attention).

Comme tout traitement vaginal, ce médicament peut diminuer l'efficacité contraceptive des crèmes et des ovules spermicides.

### Grossesse et allaitement

L'effet de ce médicament pendant la grossesse ou l'allaitement est mal connu : seul votre médecin peut évaluer le risque éventuel de son utilisation dans votre cas.

### Mode d'emploi et posologie

L'ovule doit être introduit au fond du vagin.

**Posologie usuelle :**

1 ovule au coucher. Ce traitement peut être renouvelé 7 jours après.

> **Conseils :** Introduisez l'ovule en position couchée, puis restez allongée pendant 5 à 10 minutes. En fondant dans le vagin, l'ovule peut être à l'origine d'un écoulement gênant : il est conseillé de porter une protection.
>
> Pendant les règles, n'interrompez pas le traitement et évitez de porter des tampons.
>
> Évitez d'utiliser des savons acides : ils favorisent la multiplication des champignons.
>
> Lorsque ce médicament est utilisé pour prévenir les *mycoses* gynécologiques (*candidoses*) récidivantes, il est utile de respecter les conseils habituels permettant de prévenir le développement anormal des Candida albicans et autres champignons microscopiques :
>
> - limiter la prise d'*antibiotiques* aux affections nécessitant absolument leur usage. En effet, les champignons sont détruits par certaines *bactéries*, elles-mêmes tuées par les antibiotiques ;
> - lutter contre l'humidité, propice au développement des champignons : bien se sécher avant de mettre ses sous-vêtements, privilégier les culottes en coton qui absorbent mieux la transpiration, ne pas garder son maillot de bain après avoir nagé en piscine, éviter le port de vêtements trop serrés ;
> - changer souvent les protections internes ou externes pendant les règles.
>
> Votre partenaire peut être contaminé alors qu'il ne présente aucun *symptôme*. S'il n'est pas traité conjointement, une recontamination est possible.

### Effets indésirables possibles

Sensation de brûlure, démangeaisons.

*Réaction allergique*.

**Laboratoires Théramex**

## MONEVA
Contraceptif oral

**sur ordonnance**

### Présentation
MONEVA : comprimé (blanc) ; boîte de 1 plaquette de 21. Liste I - Non remb.
MONEVA : comprimé (blanc) ; boîte de 3 plaquettes de 21. Liste I - Non remb.

### Composition

| | p cp |
|---|---|
| **Éthinylestradiol** | 0,03 mg |
| **Gestodène** | 0,075 mg |

### Dans quel cas ce médicament est-il prescrit ?
C'est un *contraceptif* oral (pilule) qui contient un *estrogène* et un *progestatif*. Il est minidosé (moins de 0,04 mg d'estrogène) et monophasique (tous les comprimés contiennent la même quantité d'*hormones* et sont donc tous de la même couleur).

### Contre-indications
Ce médicament ne doit pas être utilisé dans les cas suivants :
- *accident thromboembolique* (*phlébite*, *embolie* pulmonaire...) ancien ou survenant au cours de la contraception ;
- maladie cardiovasculaire (*hypertension artérielle*, *angine de poitrine*, lésion des valves cardiaques, anomalie de la circulation sanguine cérébrale ou rétinienne) ;
- *cancer hormonodépendant* (même guéri), *tumeur de l'hypophyse* ;
- saignement génital intermittent (l'origine de ce saignement doit être déterminée par des examens avant la mise en route du traitement) ;
- maladie du foie, grave ou récente ;
- certaines maladies rares : *connectivite*, *porphyrie*.

Dans d'autres situations, votre médecin est seul juge pour prescrire ce médicament, notamment en cas de *diabète*, d'obésité, d'*otosclérose*, d'excès de *cholestérol*, de *triglycérides* ou de *prolactine* dans le sang, d'affection bénigne du sein ou de l'utérus, d'ictère (jaunisse) chronique ou survenu lors d'une grossesse, d'*insuffisance rénale*, d'**allaitement**.

**Attention :** Un examen médical est nécessaire avant de débuter la contraception. Il est suivi d'une surveillance annuelle pendant la contraception. Cette surveillance est particulièrement importante si vous souffrez d'*épilepsie*, de *migraine*, d'*asthme*, de *dépression*, ou si des membres de votre famille ont des *antécédents* de cancer du sein ou d'*accidents thromboemboliques*.

Si vous avez plus de 35 ans, si vous fumez, le risque d'effets indésirables cardiovasculaires liés à la prise d'*hormones* augmente fortement. Un autre mode de contraception est souvent préconisé.

Arrêtez la prise du *contraceptif* et consultez votre médecin en cas d'apparition de l'un des *symptômes* suivants : maux de tête violents et inhabituels, troubles de la vision, élévation importante de la tension artérielle, douleur inhabituelle à la jambe.

La survenue d'un léger saignement entre les règles (spotting) est fréquente chez les femmes pendant les premiers mois d'utilisation de la pilule. Vous devez informer votre médecin si les saignements se prolongent ou s'ils apparaissent en cours de contraception.

L'oubli d'un comprimé ou sa mauvaise absorption, du fait de vomissements par exemple, peuvent rendre la contraception inefficace.

En cas d'intervention chirurgicale programmée ou d'alitement prolongé, votre médecin jugera de l'opportunité d'interrompre votre contraception orale.

### Interactions avec d'autres substances
L'efficacité contraceptive de ce médicament peut être diminuée par les *anticonvulsivants*, certains traitements du *sida*, les produits de phytothérapie contenant du millepertuis et les médicaments contenant l'une des substances suivantes : griséofulvine, rifampicine, rifabutine, modafinil.

Informez par ailleurs votre médecin si vous prenez des médicaments contenant de la flunarizine.

### Grossesse et allaitement
Ce médicament n'a pas de raison d'être utilisé pendant la grossesse. Néanmoins, si une grossesse survient malgré le traitement, du fait d'un oubli ou d'un retard de prise, celle-ci pourra être poursuivie normalement si vous le désirez.

Les *hormones* contenues dans ce *contraceptif* passent dans le lait maternel : ne l'utilisez pas pendant l'allaitement sans avis médical.

### Mode d'emploi et posologie
Prendre régulièrement, et sans oubli, 1 comprimé par jour pendant 21 jours consécutifs. Il est recommandé de ne pas trop faire varier l'heure de prise (choisir le petit déjeuner ou le coucher de préférence).

L'interruption du traitement déclenche les règles. La nouvelle plaquette est reprise après les 7 jours d'arrêt, que les règles soient terminées ou non. Pour éviter un retard dans la reprise de la pilule, préjudiciable à l'efficacité de la contraception, il est utile de noter le jour de la prise de la première plaquette : une nouvelle plaquette est toujours commencée le même jour de la semaine.

En cas de première contraception orale ou de reprise d'une contraception interrompue temporairement, prendre le premier comprimé le premier jour des règles.

En cas de changement de *contraceptif*, prendre le premier comprimé :
- après un arrêt de 7 jours, si le précédent contraceptif comportait 21 comprimés par plaquette ;
- après un arrêt de 6 jours, si le précédent contraceptif comportait 22 comprimés par plaquette ;
- sans interruption, si le précédent contraceptif comportait 28 comprimés par plaquette.

Après un accouchement ou une interruption de grossesse, suivre les indications du médecin.

Le respect de ces délais est important : une prise trop tardive du premier comprimé peut nuire à l'efficacité de la contraception pour le nouveau cycle.

**Conseils :** Les dernières recommandations en cas d'oubli d'un comprimé pour ce type de pilule sont les suivantes : prendre immédiatement le comprimé oublié et continuer à l'heure habituelle pour les comprimés suivants (ce qui peut correspondre à la prise de 2 comprimés si l'oubli est découvert lors de la prise suivante). Si le retard est supérieur à 12 heures, la sécurité contraceptive n'est plus assurée et une autre méthode complémentaire (spermicide, préservatif, diaphragme) doit être employée pendant les 7 jours suivants. Si cette période de 7 jours s'étend au-delà du dernier comprimé de la plaquette en cours, la plaquette suivante doit être débutée sans interruption entre les deux plaquettes. Dans ce cas, il n'y aura pas de saignement avant la fin de la seconde plaquette. Des saignements de faible importance (spottings) sont cependant possibles.

En cas de vomissements ou de diarrhée sévère survenant dans les 4 heures suivant la prise d'un comprimé, reprendre dès que possible un autre comprimé. Si le délai est de plus de 12 heures ou si les troubles se répètent, la sécurité contraceptive n'est plus assurée et une méthode complémentaire doit être employée jusqu'à la prise de la plaquette suivante.

Il n'y a pas de danger à débuter une grossesse au cours du cycle qui suit l'arrêt volontaire du contraceptif oral.

### Effets indésirables possibles

Peu graves et n'empêchant pas la poursuite du traitement : nausées, maux de tête banals, prise de poids, tension modérée des seins, *acné*, jambes lourdes, irritation oculaire par les *lentilles de contact*, saignement entre les règles, diminution ou disparition des règles, irritabilité, pousse excessive des poils.

Rarement, mais devant faire interrompre le traitement : *hypertension artérielle*, accident cardiaque ou vasculaire, *phlébite*, jaunisse, taches sombres sur le visage, augmentation importante des lipides dans le sang, *diabète*, *nodule* ou tension douloureuse des seins, *migraine*, *vertiges*, troubles de la vision, aggravation d'une *épilepsie*, écoulement de lait par le mamelon, *tumeur* bénigne du foie, calcul de la vésicule biliaire.

Laboratoires Schering

## MONICOR

Dérivé nitré

sur ordonnance

### Présentation

**MONICOR LP 20 mg :** gélule à *libération prolongée* (bleu et incolore) ; boîte de 30. Liste II - Remb 65 % - **Prix : 3,56 €**.
**MONICOR LP 20 mg :** gélule à *libération prolongée* (bleu et incolore) ; boîte de 60. Liste II - Remb 65 % - **Prix : 6,57 €**.
**MONICOR LP 40 mg :** gélule à *libération prolongée* (vert et incolore) ; boîte de 30. Liste II - Remb 65 % - **Prix : 6,11 €**.
**MONICOR LP 60 mg :** gélule à *libération prolongée* (rouge et incolore) ; boîte de 30. Liste II - Remb 65 % - **Prix : 8,10 €**.

### Composition

| | p gél LP | p gél LP | p gél LP |
|---|---|---|---|
| **Isosorbide 5-mononitrate** | 20 mg | 40 mg | 60 mg |
| Lactose | + | + | + |

### Dans quel cas ce médicament est-il prescrit ?

Ce médicament *vasodilatateur* appartient à la famille des dérivés nitrés. Il possède de nombreuses propriétés qui facilitent le travail du cœur : dilatation des veines, dilatation des artères à forte dose, prévention des spasmes des *artères coronaires*.

Il est utilisé dans :
- le *traitement préventif* des crises d'*angine de poitrine*,
- le traitement de l'*insuffisance cardiaque*.

### Contre-indications

Ce médicament ne doit pas être utilisé dans les cas suivants :
- hypotension grave,
- en association au sildénafil (VIAGRA).

**Attention :** Des précautions particulières s'imposent en cas de *cardiomyopathie* obstructive et d'*hypertension intracrânienne*.

Ce médicament peut être responsable de maux de tête, parfois violents, surtout lors des premières prises.

Des baisses de la tension artérielle ont également été constatées. La mise en route progressive du traitement prescrit par le médecin doit être respectée, notamment pour les *posologies* élevées ; de même le traitement ne doit pas être arrêté brutalement.

Les boissons alcoolisées peuvent augmenter les effets hypotenseurs de ce médicament : les excès sont déconseillés.

Compte-tenu de ses effets indésirables potentiels, ce médicament peut, chez certaines personnes, ne pas être compatible avec la conduite automobile ou le maniement de machines dangereuses. Assurez-vous à l'occasion des premières prises que vous supportez bien ce médicament avant de conduire ou d'utiliser une machine.

### Interactions avec d'autres substances

Les *vasodilatateurs* de la famille des dérivés de la trinitrine ne doivent pas être associés au VIAGRA : risque de baisse de tension grave.

Informez votre médecin ou votre pharmacien si vous prenez d'autres médicaments susceptibles d'abaisser la tension artérielle.

### Grossesse et allaitement

L'effet de ce médicament pendant la grossesse ou l'allaitement est mal connu : seul votre médecin peut évaluer le risque éventuel de son utilisation dans votre cas.

### Mode d'emploi et posologie

Les gélules doivent être avalées avec un peu d'eau sans être ouvertes.

**Posologie usuelle :**

Elle est variable en fonction des indications, et adaptée par votre médecin en fonction de l'effet thérapeutique.

### Effets indésirables possibles

Maux de tête, fréquents en début de traitement, bouffées de chaleur, rougeur cutanée.

Baisse de la tension artérielle, surtout chez la personne âgée.

Nausées, vomissements.

Laboratoires Pierre Fabre Médicament

## MONOALGIC

Antalgique opiacé

sur ordonnance

### Présentation

MONOALGIC LP 100 mg : comprimé à *libération prolongée* (blanc) ; boîte de 15. Liste I - Remb 65 % - **Prix : 6,79 €.**
MONOALGIC LP 200 mg : comprimé à *libération prolongée* (blanc) ; boîte de 15. Liste I - Remb 65 % - **Prix : 11,15 €.**
MONOALGIC LP 300 mg : comprimé à *libération prolongée* (blanc) ; boîte de 15. Liste I - Remb 65 % - **Prix : 15,51 €.**

### Composition

| | p cp LP | p cp LP | p cp LP |
|---|---|---|---|
| **Tramadol chlorhydrate** .............. | 100 mg | 200 mg | 300 mg |

### Dans quel cas ce médicament est-il prescrit ?

Ce médicament est un *antalgique* de la famille des *opiacés*. Il combat la douleur en agissant directement sur la perception de la douleur par le cerveau.

Il est utilisé dans le traitement de la douleur.

### Contre-indications

Ce médicament ne doit pas être utilisé dans les cas suivants :
- intoxication ou *surdosage* avec des *sédatifs*, ivresse aiguë ;
- en association avec les *IMAO* ou les médicaments contenant de la nalbuphine, de la buprénorphine ou de la pentazocine ;
- **allaitement** (traitement prolongé de plus de quelques jours).

**Attention :** Des précautions sont nécessaires en cas d'*antécédent* d'*intolérance* aux *opiacés* et chez les personnes qui souffrent d'*hypertension intracrânienne*, d'*épilepsie*, d'*insuffisance rénale* ou *hépatique*.

Ce médicament contient un *opiacé* : son usage prolongé, à dose élevée, expose à un risque de *dépendance*. Ne dépassez pas la dose ni la durée de traitement recommandées.

Évitez les boissons alcoolisées : augmentation du risque de somnolence.

Conducteur : ce médicament peut être responsable de *vertiges* ou d'une baisse de la vigilance.

### Interactions avec d'autres substances

Ce médicament ne doit pas être associé :
- aux médicaments contenant de la nalbuphine, de la buprénorphine ou de la pentazocine : risque de diminution de l'effet *antalgique* ;
- aux *IMAO* sélectifs ou non : risque d'accident grave. Un délai de 15 jours doit séparer un traitement antérieur par IMAO de la mise en route du traitement *antalgique*.

Il peut interagir avec les médicaments contenant de la carbamazépine.

Signalez à votre médecin si vous prenez également un *antidépresseur*, des *sédatifs* et d'autres antalgiques ou antitussifs *opiacés*.

### Grossesse et allaitement

L'effet de ce médicament pendant la grossesse et l'allaitement est mal connu. Par mesure de prudence, son usage est déconseillé chez la femme enceinte et contre-indiqué chez celle qui allaite en traitement prolongé.

### Mode d'emploi et posologie

Les comprimés doivent être avalés sans être croqués, avec un verre d'eau, pendant ou en dehors des repas.

**Posologie usuelle :**
- Adulte et enfant de plus de 12 ans : 1 prise par jour, de préférence en fin de journée. Le dosage est fixé par le médecin en fonction de l'intensité de la douleur.

**Conseils :** Comme tous les *antalgiques*, ce médicament est généralement plus efficace pour prévenir la douleur que pour la calmer : dans le traitement des douleurs chroniques, il est préférable de prendre ce médicament à intervalles réguliers sans attendre que la douleur s'installe.

Cet antalgique *opiacé* est destiné à être utilisé en deuxième intention, lorsque l'aspirine, l'ibuprofène ou le paracétamol, utilisés seuls, sont insuffisamment efficaces. Il peut néanmoins être utilisé d'emblée dans le traitement des douleurs fortes.

### Effets indésirables possibles

Nausées et *vertiges* le plus fréquemment.

Occasionnellement (1 à 10 % des utilisateurs) : vomissements, constipation, bouche sèche, sueurs, maux de tête, confusion.

Plus rarement (moins de 1 % des utilisateurs) : douleurs abdominales, *éruption cutanée*, *palpitations*, *hypotension orthostatique*.

Exceptionnellement (moins de 1 cas sur 1000) : faiblesse musculaire, modification de l'appétit, vision floue, difficulté à uriner, euphorie, *réaction allergique*, ralentissement du rythme cardiaque, augmentation de la tension artérielle.

Laboratoires Sanofi Aventis

## MONOCRIXO

Antalgique opiacé

sur ordonnance

### Présentation

MONOCRIXO LP 100 mg : gélule à *libération prolongée* (turquoise) ; boîte de 15. Liste I - Remb 65 % - **Prix : 6,79 €.**
MONOCRIXO LP 150 mg : gélule à *libération prolongée* (turquoise et blanc) ; boîte de 15. Liste I - Remb 65 % - **Prix : 8,97 €.**
MONOCRIXO LP 200 mg : gélule à *libération prolongée* (turquoise et transparent) ; boîte de 15. Liste I - Remb 65 % - **Prix : 11,15 €.**

### Composition

| | p gél LP | p gél LP | p gél LP |
|---|---|---|---|
| **Tramadol chlorhydrate** .............. | 100 mg | 150 mg | 200 mg |

### Dans quel cas ce médicament est-il prescrit ?

Ce médicament est un *antalgique* de la famille des *opiacés*. Il combat la douleur en agissant directement sur la perception de la douleur par le cerveau.

Il est utilisé dans le traitement de la douleur.

### Contre-indications

Ce médicament ne doit pas être utilisé dans les cas suivants :
- intoxication ou *surdosage* avec des *sédatifs*, ivresse aiguë ;

- *insuffisance hépatique* grave ;
- *épilepsie* (sauf si elle est traitée) ;
- en association avec les *IMAO* ou les médicaments contenant de la nalbuphine, de la buprénorphine ou de la pentazocine ;
- **allaitement** (traitement de plus de quelques jours).

**Attention :** Des précautions sont nécessaires en cas d'*antécédent* d'*intolérance* aux *opiacés* et chez les personnes qui souffrent d'*hypertension intracrânienne*, d'*insuffisance rénale* ou *respiratoire*.

Ce médicament contient un *opiacé* : son usage prolongé, à dose élevée, expose à un risque de *dépendance*. Ne dépassez pas la dose ni la durée de traitement recommandées.

Évitez les boissons alcoolisées : augmentation du risque de somnolence.

Conducteur : ce médicament peut être responsable de *vertiges* ou d'une baisse de la vigilance.

### Interactions avec d'autres substances

Ce médicament ne doit pas être associé :
- aux *IMAO* sélectifs ou non : risque d'accident grave. Un délai de 15 jours doit séparer un traitement antérieur par IMAO de la mise en route du traitement *antalgique* ;
- aux médicaments contenant de la nalbuphine, de la buprénorphine ou de la pentazocine : risque de diminution de l'effet *antalgique*.

Il peut interagir avec les médicaments contenant de la carbamazépine.

Signalez à votre médecin la prise éventuelle de *sédatifs* et d'autres antalgiques ou antitussifs *opiacés*.

### Grossesse et allaitement

L'effet de ce médicament pendant la grossesse est mal connu. Par mesure de prudence, son usage est déconseillé chez la femme enceinte.

Ce médicament passe dans le lait maternel. L'allaitement est contre-indiqué pendant le traitement. Néanmoins, une prise ponctuelle est possible.

### Mode d'emploi et posologie

Les gélules doivent être avalées telles quelles, avec un verre d'eau, en une prise quotidienne.

**Posologie usuelle :**
- Adulte et enfant de plus de 12 ans : 100 à 200 mg par jour.

Chez la personne âgée ou en cas d'*insuffisance hépatique* ou *rénale*, le médecin peut prévoir un espacement des prises plus important.

**Conseils :** Comme tous les *antalgiques*, ce médicament est généralement plus efficace pour prévenir la douleur que pour la calmer : dans le traitement des douleurs chroniques, il est préférable de prendre ce médicament à intervalles réguliers sans attendre que la douleur s'installe.

Cet antalgique *opiacé* est destiné à être utilisé en deuxième intention, lorsque l'aspirine, l'ibuprofène ou le paracétamol, utilisés seuls, sont insuffisamment efficaces. Il peut néanmoins être utilisé d'emblée dans le traitement des douleurs fortes.

### Effets indésirables possibles

Nausées et *vertiges* le plus fréquemment.

Occasionnellement (1 à 10 % des utilisateurs) : vomissements, constipation, bouche sèche, sueurs, maux de tête, confusion.

Plus rarement (moins de 1 % des utilisateurs) : douleurs abdominales, *éruption cutanée*, *palpitations*, *hypotension orthostatique*.

Exceptionnellement (moins de 1 cas sur 1000) : faiblesse musculaire, modification de l'appétit, vision floue, difficulté à uriner, euphorie, *réaction allergique*, ralentissement du rythme cardiaque, augmentation de la tension artérielle.

Laboratoires Thérabel Lucien Pharma

## MONOFLOCET

*Informations détaillées sur www.monvidal.com*

## MONONAXY

Antibiotique : macrolide — **sur ordonnance**

### Présentation

MONONAXY 500 mg : comprimé à libération modifiée ; boîte de 5. Liste I - Remb 65 % - **Prix : 11,85 €**.
MONONAXY 500 mg : comprimé à libération modifiée ; boîte de 10. Liste I - Remb 65 % - **Prix : 22,35 €**.

### Composition

| | p cp |
|---|---|
| **Clarithromycine** | 500 mg |
| Lactose | + |

### Dans quel cas ce médicament est-il prescrit ?

Ce médicament est un *antibiotique* qui appartient à la famille des *macrolides*.

Il est utilisé dans le traitement de certaines maladies infectieuses de la gorge, des sinus et des bronches.

### Contre-indications

Ce médicament ne doit pas être utilisé dans les cas suivants :
- *allergie* aux *macrolides*,
- en association avec les médicaments contenant du cisapride, de la mizolastine, du bépridil, du pimozide, de l'ergotamine ou de la dihydroergotamine.

**Attention :** Des précautions sont nécessaires en cas d'*insuffisance hépatique* ou *rénale* grave.

Une diminution de la fièvre ou une disparition des *symptômes* ne sont pas synonymes de guérison : la durée du traitement doit absolument être respectée pour éviter les rechutes ou l'apparition d'une *résistance* du *germe* à l'*antibiotique*.

L'apparition de troubles auditifs (baisse de l'audition, bourdonnement d'oreilles) pendant le traitement nécessite une consultation spécialisée.

### Interactions avec d'autres substances

Ce médicament ne doit pas être associé aux médicaments contenant :
- de l'ergotamine ou de la dihydroergotamine : risque d'*ergotisme* ;
- du cisapride, de la mizolastine, du bépridil ou du pimozide : risque de *torsades de pointes*.

Il peut interagir avec les médicaments qui contiennent de la colchicine, de l'halofantrine, de l'ébastine, de la toltérodine, de la bromocriptine, de la cabergoline ou du tacrolimus.

Informez par ailleurs votre médecin si vous prenez un *anticoagulant* oral, un *hypolipidémiant* de la famille des statines, une *antiprotéase* ou des médicaments contenant de la carbamazépine, de la digoxine, du triazolam, de la ciclosporine, de la théophylline, de l'aminophylline.

### Grossesse et allaitement

L'effet de ce médicament pendant la grossesse est mal connu : seul votre médecin peut évaluer le risque éventuel de son utilisation dans votre cas.

Ce médicament est susceptible de passer dans le lait maternel. Son utilisation est possible pendant l'allaitement sauf dans les cas suivants :
- survenue de troubles digestifs chez le nouveau-né,
- nouveau-né traité par un médicament contenant du cisapride (PREPULSID...) : risque d'interaction médicamenteuse.

### Mode d'emploi et posologie

Ce médicament est pris de préférence au cours des repas.

**Posologie usuelle :**
- Adulte : 1 ou 2 comprimés par jour, en une prise.

**Conseils :** Le médecin prescrit parfois un prélèvement pour identifier le *germe* responsable de l'infection et tester sa sensibilité aux *antibiotiques*. Le résultat de cet examen peut être faussé en cas d'automédication préalable : ne prenez pas d'antibiotiques sans avis médical.

L'éventuelle fatigue n'est pas due à l'antibiotique, mais à l'infection elle-même.

### Effets indésirables possibles

Nausées, vomissements, *diarrhée*, douleurs d'estomac, *candidose* buccale, modification du goût (rare).

*Réaction allergique* cutanée.

Augmentation des *transaminases*, *hépatite* (exceptionnelle).

Troubles auditifs généralement réversibles.

**Laboratoires Cephalon**

## MONOSEPT

*Informations détaillées sur www.monvidal.com*

## MONO-TILDIEM

Inhibiteur calcique — sur ordonnance

### Présentation

**MONO-TILDIEM LP 200 mg :** gélule à *libération prolongée* (rose et gris) ; boîte de 28. Liste I - Remb 65 % - **Prix : 20,64 €.**

**MONO-TILDIEM LP 300 mg :** gélule à *libération prolongée* (rose et blanc) ; boîte de 28. Liste I - Remb 65 % - **Prix : 20,80 €.**

### Composition

| | p gél LP | p gél LP |
|---|---|---|
| **Diltiazem chlorhydrate** ......... | 200 mg | 300 mg |

### Dans quel cas ce médicament est-il prescrit ?

Ce médicament est un *vasodilatateur* qui appartient à la famille des *inhibiteurs calciques*.

Il est utilisé dans :
- le *traitement préventif* des crises d'*angine de poitrine*,
- le traitement de l'*hypertension artérielle*.

### Contre-indications

Ce médicament ne doit pas être utilisé dans les cas suivants :
- *insuffisance cardiaque* grave,
- rythme cardiaque inférieur à 40 battements par minute,
- *bloc auriculoventriculaire* grave et certaines maladies de l'automatisme cardiaque.

**Attention :** Des précautions sont nécessaires en cas d'*insuffisance rénale* ou *hépatique* et chez la personne âgée.
Signalez la prise de ce médicament à l'anesthésiste en cas d'intervention chirurgicale.

### Interactions avec d'autres substances

Ce médicament peut interagir avec les *antiarythmiques*.

Informez par ailleurs votre médecin si vous prenez un *alphabloquant*, un *bêtabloquant* ou un médicament contenant de la carbamazépine, de la ciclosporine, de la rifampicine ou de l'amiodarone.

En outre, l'effet *antihypertenseur* de ce médicament peut être augmenté par certains médicaments tels que les *neuroleptiques*, les *antidépresseurs imipraminiques*, les médicaments contenant du baclofène ; il peut être diminué par les *corticoïdes*. Votre médecin doit être informé si vous êtes traité par l'un ou l'autre de ces médicaments.

### Grossesse et allaitement

Ce médicament est déconseillé chez la femme enceinte ou susceptible de l'être. Si une grossesse survient au cours du traitement, prévenez votre médecin.

Ce médicament passe faiblement dans le lait maternel : l'allaitement est déconseillé sans avis médical.

### Mode d'emploi et posologie

Prendre la gélule chaque jour au même moment au cours ou en dehors des repas.

Les gélules doivent être avalées avec un verre d'eau, sans être ouvertes ni croquées.

**Posologie usuelle :**
1 gélule par jour.

**Conseils :** Le traitement médicamenteux ne dispense pas des mesures simples pouvant faire baisser la tension artérielle : activité physique régulière, modération de la consommation de boissons alcoolisées, lutte contre l'excès de poids.

### Effets indésirables possibles

Ralentissement important du cœur, *bloc auriculoventriculaire*, *réaction allergique* cutanée, gonflement des gencives. Ces effets nécessitent parfois l'arrêt du traitement.

Rarement :
- bouffées de chaleur, maux de tête, jambes lourdes ou enflées, *palpitations* ;
- fatigue, *troubles digestifs*, bouche sèche.

Exceptionnellement : *gynécomastie*, *syndrome extrapyramidal*, augmentation des *transaminases*, *hépatite*.

**Laboratoires Sanofi-Aventis France**

## MONOTRAMAL

Antalgique opiacé

sur ordonnance

### Présentation

**MONOTRAMAL LP 100 mg :** comprimé à *libération prolongée* (blanc) ; boîte de 15. Liste I - Remb 65 % - **Prix : 6,79 €**.
**MONOTRAMAL LP 200 mg :** comprimé à *libération prolongée* (blanc) ; boîte de 15. Liste I - Remb 65 % - **Prix : 11,15 €**.
**MONOTRAMAL LP 300 mg :** comprimé à *libération prolongée* (blanc) ; boîte de 15. Liste I - Remb 65 % - **Prix : 15,51 €**.

### Composition

| | p cp LP | p cp LP | p cp LP |
|---|---|---|---|
| **Tramadol chlorhydrate** | 100 mg | 200 mg | 300 mg |

### Dans quel cas ce médicament est-il prescrit ?

Ce médicament est un *antalgique* de la famille des *opiacés*. Il combat la douleur en agissant directement sur la perception de la douleur par le cerveau.
Il est utilisé dans le traitement de la douleur.

### Contre-indications

Ce médicament ne doit pas être utilisé dans les cas suivants :
- intoxication ou *surdosage* avec des *sédatifs*, ivresse aiguë ;
- en association avec les *IMAO* ou les médicaments contenant de la nalbuphine, de la buprénorphine ou de la pentazocine ;
- **allaitement** (traitement prolongé de plus de quelques jours).

**Attention :** Des précautions sont nécessaires en cas d'*antécédent* d'*intolérance* aux *opiacés* et chez les personnes qui souffrent d'*hypertension intracrânienne*, d'*épilepsie*, d'*insuffisance rénale* ou *hépatique*.
Ce médicament contient un *opiacé* : son usage prolongé, à dose élevée, expose à un risque de *dépendance*. Ne dépassez pas la dose ni la durée de traitement recommandées.
Évitez les boissons alcoolisées : augmentation du risque de somnolence.
Conducteur : ce médicament peut être responsable de *vertiges* ou d'une baisse de la vigilance.

### Interactions avec d'autres substances

Ce médicament ne doit pas être associé :
- aux médicaments contenant de la nalbuphine, de la buprénorphine ou de la pentazocine : risque de diminution de l'effet *antalgique* ;
- aux *IMAO* sélectifs ou non : risque d'accident grave. Un délai de 15 jours doit séparer un traitement antérieur par IMAO de la mise en route du traitement *antalgique*.

Il peut interagir avec les médicaments contenant de la carbamazépine.
Signalez à votre médecin si vous prenez également un *antidépresseur*, des *sédatifs* et d'autres antalgiques ou antitussifs *opiacés*.

### Grossesse et allaitement

L'effet de ce médicament pendant la grossesse et l'allaitement est mal connu. Par mesure de prudence, son usage est déconseillé chez la femme enceinte et contre-indiqué chez celle qui allaite en traitement prolongé.

### Mode d'emploi et posologie

Les comprimés doivent être avalés sans être croqués, avec un verre d'eau, pendant ou en dehors des repas.

**Posologie usuelle :**
- Adulte et enfant de plus de 12 ans : 1 prise par jour, de préférence en fin de journée. Le dosage est fixé par le médecin en fonction de l'intensité de la douleur.

**Conseils :** Comme tous les *antalgiques*, ce médicament est généralement plus efficace pour prévenir la douleur que pour la calmer : dans le traitement des douleurs chroniques, il est préférable de prendre ce médicament à intervalles réguliers sans attendre que la douleur s'installe.
Cet antalgique *opiacé* est destiné à être utilisé en deuxième intention, lorsque l'aspirine, l'ibuprofène ou le paracétamol, utilisés seuls, sont insuffisamment efficaces. Il peut néanmoins être utilisé d'emblée dans le traitement des douleurs fortes.

### Effets indésirables possibles

Nausées et *vertiges* le plus fréquemment.
Occasionnellement (1 à 10 % des utilisateurs) : vomissements, constipation, bouche sèche, sueurs, maux de tête, confusion.
Plus rarement (moins de 1 % des utilisateurs) : douleurs abdominales, *éruption cutanée*, *palpitations*, *hypotension orthostatique*.
Exceptionnellement (moins de 1 cas sur 1000) : faiblesse musculaire, modification de l'appétit, vision floue, difficulté à uriner, euphorie, *réaction allergique*, ralentissement du rythme cardiaque, augmentation de la tension artérielle.

Laboratoires Grunenthal

## MONO VITAMINE B12

*Informations détaillées sur www.monvidal.com*

## MONOZECLAR

Antibiotique : macrolide

sur ordonnance

### Présentation

**MONOZECLAR 500 mg :** comprimé à libération modifiée ; boîte de 5. Liste I - Remb 65 % - **Prix : 11,85 €**.
**MONOZECLAR 500 mg :** comprimé à libération modifiée ; boîte de 10. Liste I - Remb 65 % - **Prix : 22,35 €**.

### Composition

| | p cp |
|---|---|
| **Clarithromycine** | 500 mg |
| Lactose | + |

### Dans quel cas ce médicament est-il prescrit ?

Ce médicament est un *antibiotique* qui appartient à la famille des *macrolides*.
Il est utilisé dans le traitement de certaines maladies infectieuses de la gorge, des sinus et des bronches.

### Contre-indications

Ce médicament ne doit pas être utilisé dans les cas suivants :
- *allergie* aux *macrolides*,
- en association avec les médicaments contenant du cisapride, de la mizolastine, du bépridil, du pimozide, de l'ergotamine ou de la dihydroergotamine.

**Attention :** Des précautions sont nécessaires en cas d'*insuffisance hépatique* ou *rénale* grave.

Une diminution de la fièvre ou une disparition des *symptômes* ne sont pas synonymes de guérison : la durée du traitement doit absolument être respectée pour éviter les rechutes ou l'apparition d'une *résistance* du *germe* à l'*antibiotique*.

L'apparition de troubles auditifs (baisse de l'audition, bourdonnement d'oreilles) pendant le traitement nécessite une consultation spécialisée.

### Interactions avec d'autres substances

Ce médicament ne doit pas être associé aux médicaments contenant :
- de l'ergotamine ou de la dihydroergotamine : risque d'*ergotisme* ;
- du cisapride, de la mizolastine, du bépridil ou du pimozide : risque de *torsades de pointes*.

Il peut interagir avec les médicaments qui contiennent de la colchicine, de l'halofantrine, de l'ébastine, de la toltérodine, de la bromocriptine, de la cabergoline ou du tacrolimus.

Informez par ailleurs votre médecin si vous prenez un *anticoagulant* oral, un *hypolipidémiant* de la famille des statines, une *antiprotéase* ou des médicaments contenant de la carbamazépine, de la digoxine, du triazolam, de la ciclosporine, de la théophylline, de l'aminophylline.

### Grossesse et allaitement

L'effet de ce médicament pendant la grossesse est mal connu : seul votre médecin peut évaluer le risque éventuel de son utilisation dans votre cas.

Ce médicament est susceptible de passer dans le lait maternel. Son utilisation est possible pendant l'allaitement sauf dans les cas suivants :
- survenue de troubles digestifs chez le nouveau-né,
- nouveau-né traité par un médicament contenant du cisapride (PREPULSID...) : risque d'interaction médicamenteuse.

### Mode d'emploi et posologie

Ce médicament est pris de préférence au cours des repas.

**Posologie usuelle :**
- Adulte : 1 ou 2 comprimés par jour, en une prise.

**Conseils :** Le médecin prescrit parfois un prélèvement pour identifier le *germe* responsable de l'infection et tester sa sensibilité aux *antibiotiques*. Le résultat de cet examen peut être faussé en cas d'automédication préalable : ne prenez pas d'antibiotiques sans avis médical.

L'éventuelle fatigue n'est pas due à l'antibiotique, mais à l'infection elle-même.

### Effets indésirables possibles

Nausées, vomissements, *diarrhée*, douleurs d'estomac, *candidose* buccale, modification du goût (rare).

*Réaction allergique* cutanée.

Augmentation des *transaminases*, *hépatite* (exceptionnelle).

Troubles auditifs généralement réversibles.

**Laboratoires Abbott-France**

## MONURIL

Antibiotique urinaire — **sur ordonnance**

### Présentation

MONURIL 3 g Adulte : granulé pour solution buvable (arômes : orange, citron) ; boîte de 1 sachet. Liste I - Remb 65 % - **Prix : 12,14 €**.

### Composition

| | p sachet |
|---|---|
| Fosfomycine | 3 g |

### Dans quel cas ce médicament est-il prescrit ?

C'est un *antibiotique* qui se concentre dans les urines.

Il est utilisé dans le *traitement minute* de certaines *cystites* de la femme.

### Contre-indications

Ce médicament ne doit pas être utilisé en cas d'*insuffisance rénale* grave.

**Attention :** Ce médicament n'est efficace que dans certains cas de *cystites*. Ne le prenez jamais sans avis médical.

### Grossesse et allaitement

Ce médicament n'est pas destiné au traitement des infections urinaires de la femme enceinte.

Ce médicament passe faiblement dans le lait maternel : par mesure de prudence, son usage est déconseillé pendant l'allaitement.

### Mode d'emploi et posologie

Dissoudre le contenu du sachet dans un demi-verre d'eau. Prendre ce médicament à distance des repas, de préférence le soir au coucher, après être allée aux toilettes.

**Posologie usuelle :**

1 sachet, en une dose unique.

**Conseils :** Certaines mesures d'hygiène permettent de prévenir les récidives de *cystites* : demandez conseil à votre médecin.

### Effets indésirables possibles

*Troubles digestifs, éruption cutanée.*

**Laboratoires Zambon France**

## MOPRAL

Antiulcéreux — **sur ordonnance**

### Présentation

MOPRAL 10 mg : gélule contenant des microgranules *gastrorésistants* ; boîte de 14. Liste II - Remb 65 % - **Prix : 11,56 €**.

MOPRAL 10 mg : gélule contenant des microgranules *gastrorésistants* ; boîte de 28. Liste II - Remb 65 % - **Prix : 22,60 €**.

MOPRAL 20 mg : gélule contenant des microgranules *gastrorésistants* (rose et marron) ; boîte de 7. Liste II - Remb 65 % - **Prix : 11,29 €**.

MOPRAL 20 mg : gélule contenant des microgranules *gastrorésistants* (rose et marron) ; boîte de 14. Liste II - Remb 65 % - **Prix : 22,03 €**.

**MOPRAL 20 mg :** gélule contenant des microgranules *gastrorésistants* (rose et marron) ; boîte de 28. Liste II - Remb 65 % - **Prix : 41,85 €**.

## Composition

| | p gél 10 mg | p gél 20 mg |
|---|---|---|
| **Oméprazole** | 10 mg | 20 mg |
| Lactose | + | + |

## Dans quel cas ce médicament est-il prescrit ?

C'est un antiulcéreux qui agit en diminuant la sécrétion acide de l'estomac, indépendamment de la cause qui peut provoquer cette sécrétion.

Il est utilisé pour :

- traiter les *ulcères* de l'estomac ou du *duodénum*, les *inflammations* de l'œsophage dues aux reflux des acides de l'estomac vers l'œsophage (adulte et enfant de plus de 1 an) et le syndrome de *Zollinger-Ellison* ;
- prévenir les rechutes de l'ulcère du duodénum ;
- traiter et prévenir les gastrites liées aux anti-inflammatoires (*AINS*).

En association avec un traitement *antibiotique* spécifique, ce médicament permet l'éradication d'un *germe* appelé *Helicobacter pylori*, très fréquemment responsable des récidives de l'ulcère.

**Attention :** La disparition des douleurs ne signifie pas que l'*ulcère* est cicatrisé : la durée du traitement doit être respectée.

Des précautions sont nécessaires en cas d'*insuffisance hépatique*.

## Interactions avec d'autres substances

Informez votre médecin ou votre pharmacien si vous prenez des médicaments contenant de l'itraconazole ou du kétoconazole.

## Grossesse et allaitement

Aucun effet néfaste pour l'enfant à naître n'a été établi avec ce médicament. Néanmoins, par précaution, son usage pendant la grossesse est réservé aux situations pour lesquelles il n'existe pas d'alternative thérapeutique.

Les données actuellement disponibles ne permettent pas de savoir si ce médicament passe dans le lait maternel : son usage est déconseillé pendant l'allaitement.

## Mode d'emploi et posologie

Ce médicament peut être pris indifféremment au cours ou en dehors des repas. Il doit être avalé avec un verre d'eau.

Pour les enfants qui ne savent pas avaler les gélules, celles-ci peuvent être ouvertes, et leur contenu mélangé à un aliment de type yaourt, compote de pommes ou à un jus de fruits.

**Posologie usuelle :**

- Adulte : 1 gélule à 10 mg ou 20 mg par jour.

La durée du traitement est habituellement de plusieurs semaines.

Pour l'éradication d'*Helicobacter pylori* : 1 gélule à 20 mg 2 fois par jour, associée à un traitement *antibiotique* pendant 7 jours ; puis 1 gélule à 20 mg par jour pendant au moins 3 semaines. Le succès du traitement est étroitement lié au strict respect de la *posologie* de l'antiulcéreux et des antibiotiques pendant la première semaine.

- Enfant :

Traitement de l'*inflammation* de l'œsophage : 1 gélule à 10 mg par jour pour les enfants de 10 à 20 kg et 2 gélules à 10 mg ou 1 gélule à 20 mg par jour pour les enfants de plus de 20 kg.

**Conseils :** Ce médicament peut être pris à n'importe quel moment de la journée.

Si vous êtes fumeur, la poursuite du tabagisme est un frein important au traitement : la nicotine augmente l'acidité gastrique et réduit l'efficacité du muscle qui ferme la jonction entre l'œsophage et l'estomac.

La prise de ce médicament ne dispense pas des mesures diététiques que peut vous conseiller votre médecin.

L'aspirine et les *anti-inflammatoires* peuvent être agressifs pour l'estomac : n'en prenez pas sans l'avis de votre médecin.

## Effets indésirables possibles

Diarrhée ou constipation, nausées, vomissements, douleurs abdominales, maux de tête, *vertiges*, *éruption cutanée*.

Rarement : confusion des idées, notamment chez la personne âgée ou chez l'*insuffisant hépatique*, anomalies de la *numération formule sanguine*, augmentation des *transaminases*, voire *hépatite*, *insuffisance rénale* ou *hépatique*, *gynécomastie*.

Exceptionnellement : *hyponatrémie*, notamment chez la personne âgée, *photosensibilisation*.

Laboratoires AstraZeneca

# MORPHINE AGUETTANT

*Informations détaillées sur www.monvidal.com*

# MORPHINE COOPER

*Informations détaillées sur www.monvidal.com*

# MORPHINE LAVOISIER

*Informations détaillées sur www.monvidal.com*

# MOSCONTIN

Antalgique : morphine — sur ordonnance

## Présentation

**MOSCONTIN LP 10 mg :** comprimé à *libération prolongée* (brun) ; boîte de 14. Stupéfiants - Remb 65 % - **Prix : 4,47 €**.

**MOSCONTIN LP 30 mg :** comprimé à *libération prolongée* (violet) ; boîte de 14. Stupéfiants - Remb 65 % - **Prix : 9,69 €**.

**MOSCONTIN LP 60 mg :** comprimé à *libération prolongée* (orange) ; boîte de 14. Stupéfiants - Remb 65 % - **Prix : 19,52 €**.

**MOSCONTIN LP 100 mg :** comprimé à *libération prolongée* (gris) ; boîte de 14. Stupéfiants - Remb 65 % - **Prix : 28,70 €**.

**MOSCONTIN LP 200 mg :** comprimé à *libération prolongée* (vert) ; boîte de 14. Stupéfiants - Remb 65 % - **Prix : 49,68 €**.

## Composition

| | p cp | p cp |
|---|---|---|
| **Morphine sulfate** | 10 mg | 30 mg |

| | p cp | p cp | p cp |
|---|---|---|---|
| **Morphine sulfate** | 60 mg | 100 mg | 200 mg |

### Dans quel cas ce médicament est-il prescrit ?

C'est un *antalgique* puissant qui contient de la *morphine*. Il combat la douleur en agissant directement sur le cerveau.

Il est utilisé dans le traitement des douleurs rebelles.

### Contre-indications

Ce médicament ne doit pas être utilisé dans les cas suivants :

- *insuffisance hépatique* ou *respiratoire* grave ;
- en association avec les *antalgiques* contenant de la buprénorphine, de la nalbuphine ou de la pentazocine ;
- enfant de moins de 6 mois ;
- **allaitement**.

**Attention :** Des précautions sont nécessaires en cas d'*insuffisance rénale*, de constipation, d'*hypertension intracrânienne* et chez les personnes âgées, notamment en cas d'*adénome de la prostate*.

Ce médicament peut induire une somnolence parfois intense chez certaines personnes. Cette somnolence peut être majorée par la prise d'*alcool* ou d'autres médicaments *sédatifs*. La conduite ou l'utilisation de machines dangereuses sont déconseillées.

Sportif : ce médicament contient une substance susceptible de rendre positifs certains *tests antidopage*.

### Interactions avec d'autres substances

Ce médicament ne doit pas être associé à un *antalgique* contenant de la buprénorphine (TEMGÉSIC...), de la pentazocine (FORTAL...) ou de la nalbuphine : diminution de l'effet de la morphine.

Informez votre médecin si vous prenez des médicaments *sédatifs* ; ils peuvent augmenter le risque de somnolence.

### Grossesse et allaitement

L'utilisation de la *morphine* et de ses dérivés ne doit être envisagée chez la femme enceinte qu'en cas d'absolue nécessité, en effet :

- une *insuffisance respiratoire* peut survenir chez le nouveau-né d'une mère traitée par des doses élevées, même si le traitement est ponctuel mais précède de peu l'accouchement ;
- un *syndrome de sevrage*, à l'inverse, peut concerner des nouveau-nés si leur mère reçoit un traitement régulier, même à faible dose. L'enfant souffre alors d'irritabilité, de vomissements, voire de convulsions.

Il est donc important de signaler à l'obstétricien la prise éventuelle de morphinique, afin que ces risques puissent être prévenus par une surveillance et un éventuel traitement adapté.

La morphine passe dans le lait maternel : l'allaitement est contre-indiqué.

### Mode d'emploi et posologie

Les comprimés à *libération prolongée* ne doivent pas être croqués mais avalés avec un peu d'eau.

La dose quotidienne est répartie en 2 prises espacées de 12 heures.

**Posologie usuelle :**

La *posologie*, strictement individuelle, est adaptée progressivement par votre médecin en fonction de l'intensité de la douleur, et des médicaments éventuellement associés. L'action de ce médicament étant lente et prolongée, il ne doit pas être utilisé pour traiter un accès douloureux aigu : il est préférable d'utiliser en complément une morphine à action immédiate.

**Conseils :** La *morphine* et les médicaments apparentés ne sont pas réservés aux douleurs des cancéreux ; ils sont aussi utilisés dans le traitement de courte durée des fortes douleurs pouvant faire suite à une fracture, une intervention chirurgicale, un *infarctus du myocarde*...

Depuis le 1er juillet 1999, la prescription de *morphine* et de substances apparentées (*stupéfiants*) est rédigée par le médecin sur une ordonnance « sécurisée ».

La durée de validité de l'ordonnance est limitée à 28 jours.

Respectez la *posologie* et la durée de traitement prescrites par votre médecin. Mais si le traitement paraît insuffisant, n'hésitez pas à reprendre contact avec lui.

### Effets indésirables possibles

Fréquemment : somnolence, nausées, vomissements qui souvent régressent spontanément ; constipation qui nécessite la prise d'un traitement laxatif régulier.

Plus rarement : confusion des idées, excitation, cauchemars (notamment chez la personne âgée), difficulté respiratoire, difficulté à uriner, *hypertension intracrânienne*.

Ce médicament contient de la *morphine* et expose à un risque de *dépendance*. Ce risque est très faible par voie orale, dans les conditions d'utilisation médicale.

Laboratoires Mundi Pharma

## MOSIL

*Informations détaillées sur www.monvidal.com*

## MOTILIUM

Antiémétique, stimulant de la motricité digestive

**sur ordonnance**

### Présentation

MOTILIUM : comprimé (blanc) ; boîte de 40. Liste II - Remb 35 % - **Prix : 3,91 €**.

MOTILIUM : suspension buvable ; flacon de 200 ml avec seringue-doseuse de 5 ml graduée en kg. Liste II - Remb 35 % - **Prix : 2,84 €**.

MOTILIUM : granulé effervescent ; boîte de 30 sachets. Liste II - Remb 35 % - **Prix : 5,07 €**.

### Composition

| | p cp | p grad kg | p sachet |
|---|---|---|---|
| **Dompéridone** | 10 mg | 0,25 mg | 10 mg |
| Aspartam | | | + |
| Sorbitol | | + | |

### Dans quel cas ce médicament est-il prescrit ?

Ce médicament est un *antiémétique* et un régulateur de la motricité du tube digestif. Il agit sur la contraction des muscles de l'œsophage, de l'estomac et du *duodénum*.

Il est utilisé dans le traitement des nausées et des vomissements ainsi que dans certains troubles de la digestion.

### Contre-indications

Ce médicament ne doit pas être utilisé dans les cas suivants :
- *hémorragie* ou obstruction du tube digestif,
- *tumeur de l'hypophyse* sécrétant de la *prolactine*,
- *phénylcétonurie* (granulé : présence d'aspartam).

**Attention :** Des précautions sont nécessaires en cas d'*insuffisance hépatique* ou *rénale*.

### Interactions avec d'autres substances

Informez votre médecin si vous prenez un médicament contenant du kétoconazole.

### Grossesse et allaitement

L'effet de ce médicament pendant la grossesse est mal connu : seul votre médecin peut évaluer le risque éventuel de son utilisation dans votre cas.

Ce médicament passe faiblement dans le lait maternel. Ne l'utilisez pas pendant l'allaitement sans avis médical.

### Mode d'emploi et posologie

Ce médicament doit être pris de préférence un quart d'heure avant les repas.

La seringue jointe avec la suspension buvable permet un ajustement précis de la *posologie* : la dose par prise est obtenue en remplissant la seringue jusqu'à la graduation indiquant le poids de l'enfant.

Le contenu des sachets doit être dissous dans un verre d'eau.

**Posologie usuelle :**
- Adulte et enfant de plus de 12 ans et pesant plus de 35 kg : 1 à 2 comprimés ou 2 à 4 cuillères à café de suspension buvable ou 1 sachet de granulés, 3 ou 4 fois par jour.
- Enfant de moins de 35 kg et nourrisson : 0,25 à 0,5 mg/kg, 3 ou 4 fois par jour. Soit par exemple, pour un enfant de 10 kg : 1 dose 10 kg, 3 ou 4 fois par jour.

**Conseils :** Lors de vomissements répétés, les pertes en eau et sels minéraux sont importantes. Elles doivent être compensées par des aliments liquides (bouillons salés, sodas...) pris en petites quantités et régulièrement.

Les nausées de la femme enceinte peuvent être combattues par la prise du petit déjeuner au lit.

La suspension buvable se conserve 3 mois maximum après ouverture.

### Effets indésirables possibles

Rarement : augmentation du taux de *prolactine*, troubles des règles, augmentation du volume des seins (chez l'homme comme chez la femme), crampes abdominales, urticaire.

Laboratoires Janssen-Cilag

## MOTILYO

Antiémétique, stimulant de la motricité digestive

sur ordonnance

### Présentation

MOTILYO : *lyophilisat* oral (blanc) ; boîte de 30. Liste II - Remb 35 % - **Prix : 4,62 €.**

### Composition

| | p lyoph |
|---|---|
| **Dompéridone** | 10 mg |
| Aspartam | + |

### Dans quel cas ce médicament est-il prescrit ?

Ce médicament est un *antiémétique* et un régulateur de la motricité du tube digestif. Il agit sur la contraction des muscles de l'œsophage, de l'estomac et du *duodénum*.

Il est utilisé dans le traitement des nausées et des vomissements ainsi que dans certains troubles de la digestion.

### Contre-indications

Ce médicament ne doit pas être utilisé dans les cas suivants :
- *hémorragie* ou obstruction du tube digestif,
- *tumeur de l'hypophyse* sécrétant de la *prolactine*,
- *phénylcétonurie* (présence d'aspartam).

**Attention :** Des précautions sont nécessaires en cas d'*insuffisance hépatique* ou *rénale*.

### Interactions avec d'autres substances

Informez votre médecin si vous prenez un médicament contenant du kétoconazole.

### Grossesse et allaitement

L'effet de ce médicament pendant la grossesse est mal connu : seul votre médecin peut évaluer le risque éventuel de son utilisation dans votre cas.

Ce médicament passe faiblement dans le lait maternel. Ne l'utilisez pas pendant l'allaitement sans avis médical.

### Mode d'emploi et posologie

Ce médicament doit être pris un quart d'heure avant les repas.

Le *lyophilisat* peut être dissous dans un verre d'eau ou être placé sous la langue.

Le dosage des lyophilisats n'est pas adapté à l'enfant de moins de 35 kilos.

**Posologie usuelle :**
- Adulte et enfant de plus de 12 ans (plus de 35 kg) : 1 ou 2 *lyophilisats*, 3 ou 4 fois par jour.

**Conseils :** Lors de vomissements répétés, les pertes en eau et sels minéraux sont importantes. Elles doivent être compensées par des aliments liquides (bouillons salés, sodas...) pris en petites quantités et régulièrement.

Les nausées de la femme enceinte peuvent être combattues par la prise du petit déjeuner au lit.

### Effets indésirables possibles

Rarement : augmentation du taux de *prolactine*, troubles des règles, augmentation du volume des seins (chez l'homme comme chez la femme), crampes abdominales, urticaire.

Laboratoires Janssen-Cilag

## MOVICOL
Laxatif osmotique

### Présentation
MOVICOL : poudre pour solution buvable (arôme citron) ; boîte de 20 sachets. Remb 35 % - **Prix : 4,84 €**.

### Composition

| | p sachet |
|---|---|
| **Macrogol (polyéthylèneglycol) 3350** | 13,12 g |
| **Chlorure de potassium** | 46,6 mg |
| **Chlorure de sodium** | 350,7 mg |
| **Bicarbonate de sodium** | 178,5 mg |
| Soit sodium | 190 mg |

### Dans quel cas ce médicament est-il prescrit ?
Ce médicament contient un *laxatif osmotique*. Il attire l'eau dans l'intestin et augmente le volume des selles.
Il est utilisé dans le *traitement symptomatique* de la constipation chez l'adulte.

### Contre-indications
Ce médicament ne doit pas être utilisé dans les cas suivants :
- maladie inflammatoire du côlon,
- occlusion intestinale ou affection prédisposant à une occlusion,
- douleurs abdominales de cause inconnue.

**Attention :** En cas de douleurs abdominales répétitives ou prolongées, ce médicament ne doit pas être pris sans avis médical.

### Grossesse et allaitement
Ce médicament ne contient que des substances présumées sans danger pendant la grossesse ou l'allaitement. Néanmoins, ne l'utilisez pas de façon prolongée sans l'avis de votre pharmacien ou de votre médecin.

### Mode d'emploi et posologie
Le contenu du sachet doit être dilué dans un verre d'eau.
L'effet laxatif se manifeste 24 à 48 heures après la prise du médicament.

**Posologie usuelle :**
- Adulte : 1 à 2 sachets par jour, en une prise, le matin.

En cas de constipation très importante, la *posologie* peut être augmentée jusqu'à 8 sachets par jour, pendant 3 jours maximum.

**Conseils :** Le traitement de la constipation chronique repose essentiellement sur des boissons abondantes, une alimentation riche en fibres et une activité physique régulière.

### Effets indésirables possibles
Douleurs abdominales.
Diarrhée en cas de *surdosage*.
Rarement : *réaction allergique* (*urticaire*, *œdème*).

Laboratoires Norgine Pharma

## MOXONIDINE EG
Antihypertenseur — sur ordonnance

Ce médicament est un générique de PHYSIOTENS (voir p. 828 et tableau p. 1151).

## MOXONIDINE MERCK
Antihypertenseur — sur ordonnance

Ce médicament est un générique de PHYSIOTENS (voir p. 828 et tableau p. 1151).

## MOXONIDINE RATIOPHARM
Antihypertenseur — sur ordonnance

Ce médicament est un générique de PHYSIOTENS (voir p. 828 et tableau p. 1151).

## MOXONIDINE TEVA
Antihypertenseur — sur ordonnance

Ce médicament est un générique de PHYSIOTENS (voir p. 828 et tableau p. 1151).

## MOXYDAR
Antiacide d'action locale

### Présentation
MOXYDAR : comprimé pour suspension buvable (blanc ; arôme menthe) ; boîte de 30. Remb 35 % - **Prix : 4,12 €**.
MOXYDAR : suspension buvable (arôme menthe) ; boîte de 30 sachets. Remb 35 % - **Prix : 4,12 €**.

### Composition

| | p cp | p sachet |
|---|---|---|
| **Aluminium hydroxyde** | 500 mg | 500 mg |
| **Magnésium hydroxyde** | 500 mg | 500 mg |
| **Alumine phosphate** | 300 mg | 300 mg |
| **Gomme guar** | 200 mg | 200 mg |

### Dans quel cas ce médicament est-il prescrit ?
Ce médicament contient des *antiacides* d'action locale. Ils agissent en neutralisant les acides sécrétés par l'estomac.
Il est utilisé dans le traitement des aigreurs, brûlures d'estomac et remontées acides.

### Contre-indications
Ce médicament ne doit pas être utilisé en cas d'*insuffisance rénale* grave.

**Attention :** Il est préférable de consulter un médecin dans les situations suivantes :
- troubles de la digestion apparaissant pour la première fois, ou si les troubles ont changé récemment ;
- troubles associés à une perte de poids ;
- difficulté à avaler ou gêne abdominale persistante.

N'utilisez pas ce médicament de façon prolongée sans l'avis de votre médecin : des examens peuvent être nécessaires si les *symptômes* persistent.
Compte tenu de la teneur en aluminium de ce médicament, des précautions sont nécessaires chez les *insuffisants rénaux* traités par *dialyse*.
Les personnes souffrant de douleurs d'estomac doivent éviter d'utiliser des médicaments contenant de l'aspirine ou des *AINS* qui augmentent l'acidité de l'estomac. Le paracétamol est en revanche sans danger pour traiter les douleurs ou la fièvre.

### Interactions avec d'autres substances

Ce médicament peut diminuer l'absorption de nombreux médicaments. Un délai d'au moins 2 heures (voire 4 heures avec les *antibiotiques* de la famille des quinolones) doit être respecté entre la prise de ce médicament et celle des autres traitements. Demandez conseil à votre médecin ou à votre pharmacien.

### Grossesse et allaitement

Les substances contenues dans ce médicament sont peu absorbées. Néanmoins, ne l'utilisez pas de façon prolongée pendant la grossesse ou l'allaitement sans l'avis de votre médecin ou de votre pharmacien.

### Mode d'emploi et posologie

Les comprimés doivent être dissous dans un demi-verre d'eau.

Ce médicament est pris 1 heure après les repas ou au moment des douleurs. Ne pas dépasser 4 prises par jour.

**Posologie usuelle :**

- Douleurs de l'estomac : 1 comprimé ou 1 sachet, 1 à 4 fois par jour.
- *Reflux gastro-œsophagien* : 1 comprimé ou 1 sachet après les 3 repas, pendant 4 à 6 semaines en *traitement d'attaque*. Le traitement sera ensuite poursuivi à raison de 1 comprimé ou 1 sachet au moment des douleurs.

**Conseils :** Une alimentation équilibrée, une mastication lente, la suppression des aliments difficiles à digérer et des boissons alcoolisées permettent souvent d'atténuer les *symptômes* dus à une *inflammation* de l'estomac, du *duodénum* ou de l'œsophage.

Si vous êtes fumeur, la poursuite du tabagisme est un frein important au traitement : la nicotine augmente l'acidité gastrique et réduit l'efficacité du muscle qui ferme la jonction entre l'œsophage et l'estomac.

### Effets indésirables possibles

Constipation ou *diarrhée* : les sels d'aluminium favorisent la constipation alors que le magnésium peut avoir un effet laxatif. Suivant les personnes, l'un ou l'autre de ces effets peut prédominer.

**Laboratoires Grimberg**

## MUCICLAR
Fluidifiant bronchique

### Présentation

**MUCICLAR 5 % Adulte :** sirop (arôme punch) ; flacon de 300 ml. Non remb.
**MUCICLAR 5 % sans sucre Adulte :** solution buvable (arôme mirabelle) ; flacon de 300 ml. Non remb.
**MUCICLAR 2 % Enfant Nourrisson :** sirop (arôme banane) ; flacon de 125 ml. Non remb.

### Composition

| | sirop Ad p c à s | sol buv p c à s | sirop Enf p c à c |
|---|---|---|---|
| **Carbocistéine** | 750 mg | 750 mg | 100 mg |
| Saccharose | 6 g | | 3,4 g |
| Sorbitol | 1 g | | 0,25 g |
| Alcool | 300 mg | 280 mg | |

### Dans quel cas ce médicament est-il prescrit ?

Ce médicament fluidifie les sécrétions (mucosités) présentes dans les bronches. Il facilite leur évacuation par la toux.

Il est utilisé en cas de toux grasse avec difficulté à cracher, notamment au cours des bronchites aiguës.

**Attention :** Ce médicament ne peut être utilisé dans les poussées de *bronchite chronique* que sur avis médical.

Des précautions sont nécessaires en cas d'*ulcère* de l'estomac ou du *duodénum*.

N'utilisez pas d'*antitussif* en plus de ce médicament sans l'avis de votre médecin ou de votre pharmacien.

Si les sécrétions persistent au-delà de quelques jours, si elles se colorent ou en cas de fièvre, consultez votre médecin.

Les sirops contiennent du *sucre* (saccharose) en quantité notable.

### Interactions avec d'autres substances

Compte tenu de la présence d'*alcool*, le sirop à 5 % et la solution buvable à 5 % peuvent interagir avec les médicaments qui ont un *effet antabuse* (ESPÉRAL, TTD B3 B4...).

### Grossesse et allaitement

Ce médicament ne contient que des substances présumées sans danger pendant la grossesse ou l'allaitement. Néanmoins, ne l'utilisez pas de façon prolongée sans l'avis de votre pharmacien ou de votre médecin.

### Mode d'emploi et posologie

Ce médicament est pris de préférence en dehors des repas.

**Posologie usuelle :**

- Adulte : 1 cuillère à soupe de sirop Adulte ou de solution buvable, 3 fois par jour.
- Enfant de 5 à 15 ans : 1 cuillère à café de sirop Enfant Nourrisson, 3 fois par jour.
- Enfant de 2 à 5 ans : 1 cuillère à café de sirop Enfant Nourrisson, 2 fois par jour.
- Enfant de 1 mois à 2 ans : 1 cuillère à café de sirop Enfant Nourrisson, 1 ou 2 fois par jour, selon l'âge.

Le traitement peut être interrompu dès l'amélioration des symptômes. Sa durée ne doit pas dépasser 8 à 10 jours sans avis médical.

**Conseils :** Fumer, ou être exposé à la fumée des autres, est un frein important à l'évacuation des mucosités.

Il est nécessaire de lutter contre la sécheresse de l'air ambiant (humidificateur...) pour éviter le dessèchement des sécrétions. Il est également recommandé de boire beaucoup.

Chez la personne âgée ou le très jeune enfant, l'incapacité à évacuer les crachats peut justifier l'aide d'un kinésithérapeute, sur prescription médicale.

### Effets indésirables possibles

Douleurs d'estomac, nausées, diarrhée.

**Laboratoires PFIZER Santé Grand Public**

## MUCINUM

*Informations détaillées sur www.monvidal.com*

## MUCIPULGITE

*Informations détaillées sur www.monvidal.com*

## MUCITUX

*Informations détaillées sur www.monvidal.com*

## MUCIVITAL

*Informations détaillées sur www.monvidal.com*

## MUCOLATOR

Fluidifiant bronchique

### Présentation

**MUCOLATOR 200 mg :** poudre pour solution buvable (arôme mandarine) ; boîte de 30 sachets-dose. Non remb.

### Composition

| | p sachet |
|---|---|
| **Acétylcystéine** | 200 mg |
| Saccharose | 2,74 g |

### Dans quel cas ce médicament est-il prescrit ?

Ce médicament fluidifie les sécrétions (mucosités) présentes dans les bronches. Il facilite leur évacuation par la toux.

Il est utilisé en cas de toux grasse avec difficulté à cracher, notamment au cours des bronchites aiguës.

**Attention :** Ce médicament ne peut être utilisé en cas de *bronchite chronique* que sur avis médical.

Des précautions sont nécessaires en cas d'*ulcère* de l'estomac ou du *duodénum*.

N'utilisez pas d'*antitussif* en plus de ce médicament sans l'avis de votre médecin ou de votre pharmacien.

Si les sécrétions persistent au-delà de quelques jours, si elles se colorent ou en cas de fièvre, consultez votre médecin.

Ce médicament contient du *sucre* (saccharose) en quantité notable.

### Grossesse et allaitement

L'effet de ce médicament pendant la grossesse ou l'allaitement est mal connu. L'évaluation du risque éventuel lié à son utilisation est individuelle : demandez conseil à votre pharmacien ou à votre médecin.

### Mode d'emploi et posologie

Ce médicament peut être pris indifféremment au moment ou en dehors des repas.

Le contenu du sachet doit être dissous dans un demi-verre d'eau.

**Posologie usuelle :**

- Adulte et enfant de plus de 7 ans : 1 sachet, 3 fois par jour.
- Enfant de 2 à 7 ans : 1 sachet, 2 fois par jour.

Le traitement peut être interrompu dès l'amélioration des symptômes. Sa durée ne doit pas dépasser 8 à 10 jours sans avis médical.

**Conseils :** Fumer, ou être exposé à la fumée des autres, est un frein important à l'évacuation des mucosités.

Il est nécessaire de lutter contre la sécheresse de l'air ambiant (humidificateur...) pour éviter le dessèchement des sécrétions. Il est également recommandé de boire beaucoup.

Chez la personne âgée ou le jeune enfant, l'incapacité à évacuer les crachats peut justifier l'aide d'un kinésithérapeute, sur prescription médicale.

### Effets indésirables possibles

Douleurs d'estomac, nausées, diarrhée.

Laboratoires Abbott-France

## MUCOMYST

Fluidifiant bronchique

### Présentation

**MUCOMYST 200 mg :** comprimé effervescent (arôme orange) ; boîte de 30. Non remb.
**MUCOMYST 200 mg :** poudre orale (arôme orange) ; boîte de 18 sachets. Non remb.
**MUCOMYST 200 mg/5 ml :** poudre pour suspension buvable (arôme orange) ; flacon de 120 ml (24 cuillères-mesure de 5 ml). Non remb.
**MUCOMYST Nourrisson 100 mg/5 ml :** poudre pour suspension buvable (arôme orange) ; flacon de 120 ml (24 cuillères-mesure de 5 ml). Non remb.

### Composition

| | p cp efferv | p sachet |
|---|---|---|
| **Acétylcystéine** | 200 mg | 200 mg |
| Saccharose | | 1,28 g |
| Sodium | 33,2 mg | 55 mg |
| Sorbitol | + | |

| | p c mes | p c mes Nour |
|---|---|---|
| **Acétylcystéine** | 200 mg | 100 mg |
| Saccharose | 1,76 g | 0,88 g |
| Sodium | 56,6 mg | 28,3 mg |

### Dans quel cas ce médicament est-il prescrit ?

Ce médicament fluidifie les sécrétions (mucosités) présentes dans les bronches. Il facilite leur évacuation par la toux.

Il est utilisé en cas de toux grasse avec difficulté à cracher, notamment au cours des bronchites aiguës.

**Attention :** Ce médicament ne peut être utilisé en cas de *bronchite chronique* que sur avis médical.

Des précautions sont nécessaires en cas d'*ulcère* de l'estomac ou du *duodénum*.

N'utilisez pas d'*antitussif* en plus de ce médicament sans l'avis de votre médecin ou de votre pharmacien.

Si les sécrétions persistent au-delà de quelques jours, si elles se colorent ou en cas de fièvre, consultez votre médecin.

Les sachets et les suspensions buvables contiennent du *sucre* (saccharose) en quantité notable.

### Grossesse et allaitement

L'effet de ce médicament pendant la grossesse ou l'allaitement est mal connu. L'évaluation du risque éventuel lié à son utilisation est individuelle : demandez conseil à votre pharmacien ou à votre médecin.

### Mode d'emploi et posologie

Ce médicament peut être pris indifféremment au moment ou en dehors des repas.

Les comprimés effervescents et le contenu des sachets doivent être dissous dans un demi-verre d'eau.

**Posologie usuelle :**

- Adulte et enfant de plus de 7 ans : 1 comprimé ou 1 sachet ou 1 cuillère-mesure de suspension à 200 mg, 3 fois par jour.

- Enfant de 2 à 7 ans : 1 comprimé ou 1 sachet ou 1 cuillère-mesure de suspension à 200 mg, 2 fois par jour.
- Nourrisson de 1 mois à 2 ans : 1 cuillère-mesure de suspension à 100 mg, 2 fois par jour.

Le traitement peut être interrompu dès l'amélioration des symptômes. Sa durée ne doit pas dépasser 8 à 10 jours sans avis médical.

**Conseils :** Fumer, ou être exposé à la fumée des autres, est un frein important à l'évacuation des mucosités.
Il est nécessaire de lutter contre la sécheresse de l'air ambiant (humidificateur...) pour éviter le dessèchement des sécrétions. Il est également recommandé de boire beaucoup.
Chez la personne âgée ou le nourrisson, l'incapacité à évacuer les crachats peut justifier l'aide d'un kinésithérapeute, sur prescription médicale.
Les suspensions buvables en flacon peuvent être conservées 12 jours après reconstitution.

### Effets indésirables possibles

Douleurs d'estomac, nausées, diarrhée.
*Réaction allergique* (présence de colorant dans les comprimés effervescents).

Laboratoires Upsa Conseil

## MUCORHINE

*Informations détaillées sur www.monvidal.com*

## MUCOSPIRE

*Informations détaillées sur www.monvidal.com*

## MUCOTHIOL

Fluidifiant bronchique

### Présentation

MUCOTHIOL 200 mg : comprimé (blanc) ; boîte de 30. Non remb.
MUCOTHIOL : poudre orale (arôme fraise) ; boîte de 20 sachets. Non remb.

### Composition

| | p cp | p sachet |
|---|---|---|
| **Diacétylcistéinate de méthyle** | 200 mg | 150 mg |
| Sucre | | 2,5 g |

### Dans quel cas ce médicament est-il prescrit ?

Ce médicament fluidifie les sécrétions (mucosités) présentes dans les bronches. Il facilite leur évacuation par la toux.
Il est utilisé en cas de toux grasse avec difficulté à cracher, notamment au cours des bronchites aiguës.

**Attention :** Ce médicament ne peut être utilisé en cas de *bronchite chronique* que sur avis médical.
Des précautions sont nécessaires en cas d'*ulcère* de l'estomac ou du *duodénum*.
N'utilisez pas d'*antitussif* en plus de ce médicament sans l'avis de votre médecin ou de votre pharmacien.
En cas de fièvre, de sécrétions qui persistent au-delà de quelques jours ou qui se colorent, consultez votre médecin.
La poudre orale contient du *sucre* en quantité notable.

### Grossesse et allaitement

L'effet de ce médicament pendant la grossesse ou l'allaitement est mal connu. L'évaluation du risque éventuel lié à son utilisation est individuelle : demandez conseil à votre pharmacien ou à votre médecin.

### Mode d'emploi et posologie

Ce médicament peut être pris indifféremment au moment ou en dehors des repas.
Les comprimés doivent être avalés avec un verre d'eau.
Le contenu du sachet doit être dissous dans un verre d'eau.

**Posologie usuelle :**

- Adulte et enfant de plus de 7 ans : 1 comprimé, 3 fois par jour ou 1 sachet, 4 fois par jour.
- Enfant de 2 à 7 ans : 1 sachet, 3 fois par jour.

Le traitement peut être interrompu dès l'amélioration des symptômes. Sa durée ne doit pas dépasser 8 à 10 jours sans avis médical.

**Conseils :** Fumer, ou être exposé à la fumée des autres, est un frein important à l'évacuation des mucosités.
Il est nécessaire de lutter contre la sécheresse de l'air ambiant (humidificateur...) pour éviter le dessèchement des sécrétions. Il est également recommandé de boire beaucoup.
Chez la personne âgée ou le jeune enfant, l'incapacité à évacuer les crachats peut justifier l'aide d'un kinésithérapeute, sur prescription du médecin.

### Effets indésirables possibles

Douleurs d'estomac, nausées, diarrhée.

Laboratoires Jolly-Jatel

## MULKINE

*Informations détaillées sur www.monvidal.com*

## MULTICROM

Collyre antiallergique

### Présentation

MULTICROM : collyre ; flacon de 10 ml avec stilligoutte. Remb 35 % - **Prix : 7,34 €.**
MULTICROM : collyre ; boîte de 10 récipients-unidoses de 0,3 ml. Non remb.

### Composition

| | flacon p 100 ml | unidose p 100 ml |
|---|---|---|
| **Cromoglycate de sodium** | 2 g | 2 g |

### Dans quel cas ce médicament est-il prescrit ?

C'est un collyre antiallergique. Il ne contient pas de conservateur : une membrane située dans le flacon retient d'éventuelles bactéries qui pourraient contaminer le collyre.
Il est utilisé dans le traitement des *allergies* oculaires.

### Interactions avec d'autres substances

Ce collyre peut interagir avec d'autres collyres : respectez un intervalle de 15 minutes entre deux instillations.

### Grossesse et allaitement

L'effet de ce médicament pendant la grossesse ou l'allaitement est mal connu : seul votre médecin peut évaluer le risque éventuel de son utilisation dans votre cas.

### Mode d'emploi et posologie

Tirer la paupière inférieure vers le bas tout en regardant vers le haut et déposer une goutte de collyre entre la paupière et le globe oculaire (*cul-de-sac conjonctival*).

Veiller à ne pas mettre en contact l'embout du flacon avec l'œil ou les doigts pour éviter de contaminer le collyre avec les *germes* présents sur les paupières ou la peau.

**Posologie usuelle :**

- Adulte et enfant : 1 goutte, 2 à 6 fois par jour.

**Conseils :** Compte tenu de son absence de toxicité, ce médicament peut être obtenu sans ordonnance, néanmoins un avis médical est nécessaire avant de l'utiliser chez l'enfant.

L'application correcte du produit peut nécessiter une aide, notamment chez une personne handicapée ou âgée.

Ne conservez pas le flacon plus de 4 semaines après une première utilisation. Un récipient-unidose permet une instillation dans les deux yeux et doit être jeté après usage.

Le flacon doit être gardé à l'abri de la lumière.

### Effets indésirables possibles

*Réaction allergique.*

Laboratoires Menarini France

## MUPAX

*Informations détaillées sur www.monvidal.com*

## MUPIDERM

Antibiotique à usage local — sur ordonnance

### Présentation

MUPIDERM 2 % : pommade ; tube de 15 g. Liste I - Remb 35 % - **Prix : 6,47 €**.

### Composition

| | p 100 g |
|---|---|
| **Mupirocine** | 2 g |
| Macrogol | + |

### Dans quel cas ce médicament est-il prescrit ?

Cette pommade contient un *antibiotique*, extrait de la culture d'une bactérie, et particulièrement actif sur les *staphylocoques*.

Elle est utilisée dans le traitement de certaines infections de la peau, *impétigo* notamment.

### Contre-indications

Ce médicament ne doit pas être utilisé dans les cas suivants :

- *allergie* aux macrogols,
- infection du mamelon au cours de l'allaitement.

**Attention :** Évitez d'appliquer cette pommade sur des surfaces étendues ou profondément lésées sans l'avis de votre médecin. Elle ne doit pas non plus être utilisée, de manière prolongée, pour des infections chroniques.

### Grossesse et allaitement

L'effet de ce médicament pendant la grossesse ou l'allaitement est mal connu : seul votre médecin peut évaluer le risque éventuel de son utilisation dans votre cas.

En raison du risque d'ingestion par le *nouveau-né*, la pommade ne doit pas être appliquée sur le mamelon de la femme qui allaite.

### Mode d'emploi et posologie

Nettoyer au savon la lésion à traiter avant l'application. Recouvrir éventuellement la région traitée d'une gaze ou d'un pansement.

**Posologie usuelle :**

3 applications par jour.

La durée du traitement est habituellement de 5 à 10 jours.

**Conseils :** Penser à vous laver les mains après l'application pour évitez tout contact avec les yeux. Tous les antibactériens peuvent être contaminés par les germes : la pommade ne doit pas être conservée au-delà de la fin du traitement.

### Effets indésirables possibles

Irritation locale ou sécheresse cutanée.

Laboratoires Almirall SAS

## MUSE

*Informations détaillées sur www.monvidal.com*

## MUTAGRIP

Vaccin : grippe

### Présentation

MUTAGRIP PASTEUR : suspension injectable ; seringue préremplie de 0,5 ml. Remb 65 % - **Prix : 6,26 €**.

### Composition

| | p seringue |
|---|---|
| **Virus grippaux inactivés** | 1 dose |

### Dans quel cas ce médicament est-il prescrit ?

C'est un *vaccin* composé de *virus* grippaux tués. Il ne contient aucun *germe* vivant.

Il est utilisé dans la prévention de la grippe. L'immunité apparaît 15 jours après l'injection et dure environ 1 an.

### Contre-indications

Ce médicament ne doit pas être utilisé en cas d'*allergie* aux protéines de l'œuf.

**Attention :** De la néomycine est utilisée pour fabriquer ce vaccin. Cette substance persiste en infime quantité dans la solution injectable. Des précautions sont nécessaires chez les personnes qui y sont allergiques.

En cas de fièvre élevée, de maladie aiguë, il est préférable de différer la vaccination.

Le *vaccin* antigrippal ne protège que contre la vraie grippe, maladie grave, potentiellement mortelle chez les personnes fragiles. Il est incapable de prévenir les bronchites banales et autres affections virales saisonnières.

Dans les suites de la vaccination antigrippale, certains tests de dépistage (sida, *hépatite* C...) peuvent être exceptionnellement rendus faussement positifs. Pour éviter toute inquiétude injustifiée, ne pratiquez pas ces tests pendant le mois qui suit la vaccination.
Comme pour tous les *vaccins*, des cas exceptionnels de *réactions allergiques* graves ont été constatés ; ce risque justifie la nécessité de réaliser la vaccination en milieu médical où un traitement d'urgence pourra être entrepris sans délai.

### Grossesse et allaitement

L'effet de ce *vaccin* pendant la grossesse est mal connu : seul votre médecin peut évaluer le risque éventuel de son utilisation dans votre cas.

Cette vaccination peut être pratiquée pendant l'allaitement.

### Mode d'emploi et posologie

Bien agiter la seringue avant l'emploi, la réchauffer à température ambiante si nécessaire. L'injection doit être réalisée par *voie sous-cutanée* ou *intramusculaire*.

**Posologie usuelle :**

- Adulte et enfant de plus de 36 mois : 1 injection de 0,5 ml.
- Enfant de 6 à 35 mois : 1 injection de 0,25 ml ou 0,5 ml. Cette injection pourra être renouvelée 1 mois après.

La prévention de la grippe repose sur une injection annuelle : le *vaccin* est différent tous les ans car il est adapté aux caractéristiques du *virus* attendu.

**Conseils :** Les réactions fébriles dues aux *vaccins* peuvent être combattues en prenant de l'aspirine ou du paracétamol.
Pour garder son efficacité, ce médicament doit être conservé entre + 2 °C et + 8 °C (partie haute du réfrigérateur). Toutefois, une rupture de la chaîne du froid pendant une durée limitée (quelques heures à température ambiante inférieure à 25 °C) ne devrait pas prêter à conséquence. En pratique, en cas de nécessité, un délai de quelques heures peut séparer l'achat du vaccin en pharmacie de son stockage au réfrigérateur ou de la vaccination.
Ce vaccin ne doit pas être congelé.

### Effets indésirables possibles

Réaction douloureuse, *nodule* au point d'injection.

Fièvre modérée, maux de tête, fatigue, malaise, douleur musculaire ou articulaire.

Exceptionnellement : *réaction allergique*.

Laboratoires Sanofi Pasteur MSD

---

## MUTÉSA

*Informations détaillées sur www.monvidal.com*

---

## MUXOL comprimé

Fluidifiant bronchique

Ce médicament est un générique de SURBRONC (voir p. 985 et tableau p. 1151).

---

## MUXOL solution buvable

Fluidifiant bronchique

### Présentation

**MUXOL 0,3 % :** solution buvable (arôme banane) ; flacon de 180 ml. Non remb.

### Composition

| | p c à s |
|---|---|
| **Ambroxol chlorhydrate** | 45 mg |
| Sorbitol | + |

### Dans quel cas ce médicament est-il prescrit ?

Ce médicament fluidifie les sécrétions (mucosités) présentes dans les bronches. Il facilite leur évacuation par la toux.

Il est utilisé en cas de toux grasse avec difficulté à cracher, notamment au cours des bronchites aiguës.

**Attention :** Ce médicament ne peut être utilisé en cas de *bronchite chronique* que sur avis médical.
N'utilisez pas d'*antitussif* en plus de ce médicament sans l'avis de votre médecin ou de votre pharmacien.
En cas de fièvre, de sécrétions qui persistent au-delà de quelques jours ou qui se colorent, consultez votre médecin.

### Grossesse et allaitement

L'effet de ce médicament pendant la grossesse ou l'allaitement est mal connu : seul votre médecin peut évaluer le risque éventuel de son utilisation dans votre cas.

### Mode d'emploi et posologie

Ce médicament peut être pris indifféremment au moment ou en dehors des repas.

**Posologie usuelle :**

- Adulte : 1 cuillère à soupe, 2 fois par jour.

Le traitement peut être interrompu dès l'amélioration des symptômes. Sa durée ne doit pas dépasser 8 à 10 jours sans avis médical.

**Conseils :** Fumer, ou être exposé à la fumée des autres, est un frein important à l'évacuation des mucosités.
Il est nécessaire de lutter contre la sécheresse de l'air ambiant (humidificateur...) pour éviter le dessèchement des sécrétions. Il est également recommandé de boire beaucoup.
Chez la personne âgée, l'incapacité à évacuer les crachats peut justifier l'aide d'un kinésithérapeute, sur prescription médicale.

### Effets indésirables possibles

Nausées, vomissements, douleurs d'estomac.

Rarement : maux de tête, *vertiges*, *réaction allergique*.

Laboratoires Leurquin Mediolanum

---

## MYAMBUTOL

*Informations détaillées sur www.monvidal.com*

## MYCOAPAISYL

Antifongique

### Présentation

MYCOAPAISYL : crème ; tube de 30 g. Non remb.
MYCOAPAISYL : émulsion pour application locale ; flacon de 30 g. Non remb.
MYCOAPAISYL : solution pour application locale ; flacon de 30 g. Non remb.
MYCOAPAISYL : poudre pour application locale ; flacon poudreur de 20 g. Non remb.

### Composition

| | p 100 g |
|---|---|
| **Éconazole nitrate** | 1 g |

### Dans quel cas ce médicament est-il prescrit ?

Ce médicament d'action locale contient un *antifongique* de la famille des *imidazolés*.
Il est utilisé dans le traitement de certaines maladies de la peau, des ongles et des *muqueuses*, dues à des champignons microscopiques (*mycoses*) : *candidose*, *pityriasis versicolor*, *dermatophyties*...

### Contre-indications

Ce médicament ne doit pas être utilisé en cas d'*allergie* aux *antifongiques* de la famille des *imidazolés*.

**Attention :** La solution en flacon pressurisé contient de l'*alcool* qui peut être irritant sur les *muqueuses* ou une peau lésée : veillez à bien respecter le mode d'emploi et à ne pas la pulvériser à une distance inférieure à 10 cm.
Évitez d'utiliser ce médicament, notamment chez l'enfant, de manière prolongée et sur des surfaces étendues ou profondément lésées sans l'avis de votre pharmacien ou de votre médecin.
Rincez abondamment en cas de contact accidentel avec les yeux.

### Grossesse et allaitement

L'effet de ce médicament pendant la grossesse ou l'allaitement est mal connu. L'évaluation du risque éventuel lié à son utilisation est individuelle : demandez conseil à votre pharmacien ou à votre médecin.

### Mode d'emploi et posologie

La forme utilisée (crème, émulsion, solution, poudre) et la durée du traitement varient selon les cas. Suivre la prescription de votre médecin ou les conseils de votre pharmacien.
Dans tous les cas, le médicament doit être appliqué après lavage et séchage soigneux de la zone à traiter.
La poudre peut être utilisée dans les chaussures, source fréquente de recontamination en cas de *mycose* des pieds.

**Posologie usuelle :**
1 application, 2 fois par jour.

**Conseils :** En cas de *candidose*, évitez d'utiliser des savons acides : ils favorisent la multiplication des champignons.
En cas de lésion importante des ongles des orteils, un meulage préalable par un pédicure facilite l'action du médicament. Une transpiration excessive contribue au développement des lésions dues à des champignons. Le port de chaussettes en fibre naturelle (coton, laine) est recommandé. La même paire de chaussures ne doit pas être portée deux jours de suite.

### Effets indésirables possibles

Irritation cutanée.

**Laboratoires Merck Médication Familiale**

## MYCODÉCYL

*Informations détaillées sur www.monvidal.com*

## MYCOLOG

Dermocorticoïde, antibiotique et antifongique

sur ordonnance

### Présentation

MYCOLOG : pommade ; tube de 10 g. Liste I - Non remb.

### Composition

| | p 100 g |
|---|---|
| **Nystatine** | 10 MUI |
| **Néomycine** | 250 000 UI |
| **Triamcinolone acétonide** | 100 mg |

### Dans quel cas ce médicament est-il prescrit ?

Ce médicament contient un *antifongique* de la famille des *imidazolés*, un *antibiotique* de la famille des *aminosides* et un *dermocorticoïde* d'activité modérée. Le dermocorticoïde, comme les autres dérivés de la *cortisone* à usage local, lutte contre l'*inflammation*.
Cette pommade est utilisée dans le traitement initial de certaines lésions inflammatoires de la peau lorsqu'elles sont infectées par un champignon ou une bactérie.

### Contre-indications

Ce médicament ne doit pas être utilisé dans les cas suivants :
- *allergie* aux *antifongiques* de la famille des *imidazolés* ;
- infection ou parasitose de la peau, non traitées ;
- plaies chroniques, *ulcère* de la jambe, *escarre* ;
- *acné* ou *rosacée* ;
- en application sur les paupières ;
- en application sur les seins en cas d'allaitement.

**Attention :** Évitez d'utiliser ce médicament, notamment chez l'enfant, de manière prolongée et sur des surfaces étendues ou profondément lésées, sans l'avis de votre médecin.
L'usage prolongé ou répété de *dermocorticoïdes* expose à des risques importants : aggravation de certaines lésions, installation d'une *dépendance*, altération durable de la peau.
L'usage répété sur la peau de médicament contenant de la néomycine accroît le risque de développer une *allergie* à cet *antibiotique*. L'intérêt du traitement doit être régulièrement réévalué avec le médecin.

### Grossesse et allaitement

L'effet de ce médicament pendant la grossesse ou l'allaitement est mal connu : seul votre médecin peut évaluer le risque éventuel de son utilisation dans votre cas.
En raison du risque d'ingestion par le nouveau-né, ce médicament ne doit pas être appliqué sur le mamelon chez la femme qui allaite.

**Mode d'emploi et posologie**

Étaler la pommade sur les lésions et la faire pénétrer par un léger massage.

**Posologie usuelle :**

1 ou 2 applications par jour, pendant 8 jours au maximum.

**Conseils :** En cas de *candidose*, évitez d'utiliser les savons acides : ils favorisent la multiplication des champignons.

Pensez à vous laver les mains après l'application.

Ne conseillez pas, ne donnez pas ce médicament à un proche.

**Effets indésirables possibles**

Compte tenu de la brièveté du traitement, ils sont peu fréquents :

- éruptions de boutons ;
- développement anormal des poils, dessèchement, fragilisation et décoloration irrégulière de la peau ;
- *dermite périorale* (rougeur autour de la bouche), aggravation d'une *rosacée* ;
- retard de cicatrisation ;
- *allergie* cutanée (néomycine).

**Laboratoires Bristol-Myers Squibb**

## MYCOSTATINE

Antifongique

sur ordonnance

**Présentation**

MYCOSTATINE : comprimé (marron) ; boîte de 16. Liste I - Remb 65 % - **Prix : 3,05 €**.
MYCOSTATINE : suspension buvable ; flacon de 24 ml avec pipette graduée en ml. Liste I - Remb 65 % - **Prix : 1,79 €**.

**Composition**

| | p cp | p ml |
|---|---|---|
| **Nystatine** | 500 000 UI | 100 000 UI |
| Saccharose | | 500 mg |
| Alcool | | 8 mg |

**Dans quel cas ce médicament est-il prescrit ?**

C'est un *antifongique*. Il permet d'éliminer certains champignons microscopiques présents dans le tube digestif (bouche et intestin). Ces champignons peuvent être à l'origine de la contamination d'autres organes : peau, vagin...

Il est utilisé dans le traitement :

- des *candidoses* de la bouche, du *pharynx* et du tube digestif ;
- des candidoses de la peau ou du vagin, en complément d'un traitement local.

Il est utilisé également dans la prévention des candidoses chez les personnes à haut risque d'infection.

**Attention :** L'action du médicament dans le tube digestif peut être diminuée par l'huile de paraffine, les *pansements digestifs* ou d'autres médicaments qui font écran entre le médicament et la paroi interne du tube digestif : ne prenez aucun médicament de ce type sans demander conseil à votre médecin ou à votre pharmacien.

La suspension buvable contient du *sucre* (saccharose) en quantité notable.

**Grossesse et allaitement**

L'effet de ce médicament pendant la grossesse est mal connu : seul votre médecin peut évaluer le risque éventuel de son utilisation dans votre cas.

La substance contenue dans ce médicament est très peu absorbée : l'allaitement est possible.

**Mode d'emploi et posologie**

Ce médicament doit être pris en dehors des repas. La dose quotidienne est généralement réparties en 3 ou 4 prises.

Pour les enfants de moins de 6 ans, les comprimés peuvent être écrasés et incorporés aux aliments.

Agiter vigoureusement la suspension buvable avant l'emploi.

Pour traiter une infection de la bouche, il est possible d'utiliser la suspension buvable, en badigeonnage, 4 à 6 fois par jour.

**Posologie usuelle :**

- Adulte : 8 à 12 comprimés par jour.
- Enfant : 2 à 8 comprimés ou 10 à 40 ml de suspension buvable par jour.
- Nourrisson : 5 à 30 ml de suspension buvable par jour.

Le traitement dure habituellement 3 semaines.

**Conseils :** En cas d'infection vaginale :

- il est préférable d'utiliser un savon surgras et alcalin pour la toilette intime ;
- pendant les règles, n'arrêtez pas le traitement et utilisez des serviettes de protection de préférence aux tampons ;
- utilisez des sous-vêtements en coton : ceux-ci devront être lavés à 60 °C minimum ou désinfectés au préalable ;
- utilisez des protège-slips pendant la durée du traitement.

Après ouverture, la suspension buvable se conserve 7 jours à température ambiante.

**Effets indésirables possibles**

*Réaction allergique*, nécessitant l'arrêt du traitement.

Rarement : *troubles digestifs* (diarrhée, nausées).

**Laboratoires Bristol-Myers Squibb**

## MYCOSTER

Antifongique

**Présentation**

MYCOSTER : crème ; tube de 30 g. Remb 35 % - **Prix : 4,69 €**.
MYCOSTER : poudre pour application cutanée ; flacon poudreur de 30 g. Remb 35 % - **Prix : 4,64 €**.
MYCOSTER : solution pour application locale ; flacon pulvérisateur de 30 ml. Remb 35 % - **Prix : 4,64 €**.

**Composition**

| | p 100 g | p 100 g | p 100 ml |
|---|---|---|---|
| **Ciclopiroxolamine** | 1 g | 1 g | 1 g |

**Dans quel cas ce médicament est-il prescrit ?**

Ce médicament d'usage local contient un *antifongique*.

Il est utilisé dans le traitement des maladies de la peau et des *muqueuses*, dues à certains champignons microscopiques (*mycoses*) : *candidose*, *pityriasis versicolor*, *dermatophyties* (excepté la teigne).

Les mots en *italique* dans les textes sont expliqués dans le lexique p. 1323.

**Attention :** N'appliquez pas ce médicament près des yeux.
Évitez d'utiliser ce médicament, notamment chez l'enfant, de manière prolongée et sur des surfaces étendues ou profondément lésées, sans l'avis de votre pharmacien ou de votre médecin.

### Grossesse et allaitement

En l'absence de données suffisantes, ce médicament est déconseillé pendant la grossesse ou l'allaitement.

### Mode d'emploi et posologie

Le médicament doit être appliqué après lavage et séchage soigneux de la zone à traiter.
La poudre est destinée aux lésions des orteils.

**Posologie usuelle :**
1 ou 2 applications par jour.
La forme utilisée et la durée du traitement dépendent des cas : 3 semaines pour les lésions de la peau, plusieurs mois pour les lésions des ongles.

**Conseils :** En cas de *candidose*, évitez d'utiliser des savons acides : ils favorisent la multiplication des champignons.
En cas de lésion importante des ongles des orteils, un meulage préalable par un pédicure facilite l'action du médicament.
Une transpiration excessive contribue au développement des lésions dues à des champignons. Le port de chaussettes en fibre naturelle (coton, laine) est recommandé. La même paire de chaussures ne doit pas être portée 2 jours de suite.

### Effets indésirables possibles

Une irritation locale peut survenir en début de traitement. En revanche, une *allergie* cutanée (apparition de petites bulles) doit faire interrompre le traitement : demandez conseil à votre pharmacien ou à votre médecin.

Laboratoires Pierre Fabre Dermatologie

## MYCOSTER 8 %

Antifongique

### Présentation

MYCOSTER 8 % : solution filmogène pour application locale ; flacon de 3 ml avec pinceau. Remb 35 % - **Prix : 14,63 €**.

### Composition

| | p 100 g |
|---|---|
| **Ciclopirox** | 8 g |

### Dans quel cas ce médicament est-il prescrit ?

C'est un *antifongique* d'action locale, actif sur les *dermatophytes*.
Il est utilisé dans le traitement de certaines infections des ongles dues à des champignons microscopiques (*mycoses*).

**Attention :** Rincez abondamment en cas de contact accidentel avec les yeux.

### Grossesse et allaitement

L'effet de ce médicament pendant la grossesse ou l'allaitement est mal connu.
Il est déconseillé chez la femme enceinte ou chez celle qui allaite.

### Mode d'emploi et posologie

Appliquer la solution après avoir lavé puis séché soigneusement la zone à traiter.

**Posologie usuelle :**
1 application, le soir.
La durée du traitement dépend des cas, plusieurs mois en général. Le traitement peut être arrêté lorsque l'ongle infecté a été totalement éliminé par la repousse de l'ongle sain.

**Conseils :** En cas de lésion importante des ongles des orteils, un meulage préalable par un pédicure facilite l'action du médicament.
Une transpiration excessive contribue au développement des lésions dues à des champignons. Le port de chaussettes en fibre naturelle (coton, laine) est recommandé. La même paire de chaussures ne doit pas être portée deux jours de suite.

### Effets indésirables possibles

*Allergie* cutanée.

Laboratoires Pierre Fabre Dermatologie

## MYDRIATICUM

Mydriatique — sur ordonnance

### Présentation

MYDRIATICUM : collyre ; flacon compte-gouttes de 10 ml. Liste I - Remb 65 % - **Prix : 2,57 €**.

### Composition

| | p 100 ml |
|---|---|
| **Tropicamide** | 500 mg |
| Benzalkonium chlorure | + |

### Dans quel cas ce médicament est-il prescrit ?

Ce collyre contient un *atropinique* qui dilate la pupille et bloque l'*accommodation*.
Il est utilisé comme préparation à certains examens réalisés par l'ophtalmologiste (fond d'œil...).

### Contre-indications

Ce médicament ne doit pas être utilisé chez les personnes présentant une prédisposition au *glaucome* à angle fermé.

**Attention :** Ne laissez pas ce collyre à la portée des enfants : risque d'intoxication grave en cas d'ingestion accidentelle.
L'utilisation de ce collyre provoque une sensibilité accrue à la lumière : le port de lunettes de soleil est recommandé.
Des précautions sont nécessaires chez les personnes présentant un risque de rétention des urines par *adénome de la prostate*.
Lors d'instillations répétées chez les personnes souffrant d'un adénome de la prostate, ou chez l'enfant, il peut être nécessaire de comprimer les *voies* lacrymales (angle interne de l'œil), après l'instillation, pour éviter le passage excessif du produit dans le sang : demandez conseil à votre ophtalmologiste.

Ce médicament présente des effets *atropiniques*. Il peut provoquer un *glaucome* aigu chez les personnes prédisposées : œil rouge, dur et douloureux, avec vision floue. Une consultation d'extrême urgence auprès d'un ophtalmologiste est nécessaire.

Conducteur : la conduite automobile est déconseillée après l'instillation de ce collyre, car il peut être responsable de troubles visuels et d'une sensibilité anormale à la lumière.

### Interactions avec d'autres substances

En cas de prise conjointe de médicaments *atropiniques*, le risque d'effets indésirables est accru.

### Grossesse et allaitement

L'effet de ce médicament pendant la grossesse ou l'allaitement est mal connu : seul votre médecin peut évaluer le risque éventuel de son utilisation dans votre cas.

### Mode d'emploi et posologie

Tirer la paupière inférieure vers le bas tout en regardant vers le haut et déposer une goutte de collyre entre la paupière et le globe oculaire (*cul-de-sac conjonctival*).

**Posologie usuelle :**

Elle est variable en fonction des examens.

**Conseils :** Ce collyre ne doit pas être instillé pendant le port de *lentilles de contact* hydrophiles : il risque de s'y fixer.

Ne conservez pas ce collyre plus de 15 jours après une première utilisation.

### Effets indésirables possibles

La sensibilité à la lumière par dilatation de la pupille et les troubles de la vision de près sont des effets normaux du collyre.

Sécheresse de la bouche, picotements, accélération du cœur, maux de tête, *réaction allergique*.

Rarement : troubles du comportement chez l'enfant.

Laboratoires Théa

---

**MYK 1 %**

*Informations détaillées sur www.monvidal.com*

---

## MYNOCINE

Antibiotique : cycline — sur ordonnance

### Présentation

**MYNOCINE 50 mg :** gélule contenant des microgranules (vert) ; boîte de 28. Liste I - Remb 65 % - **Prix : 8,24 €.**
**MYNOCINE 100 mg :** gélule contenant des microgranules (bleu) ; boîte de 6. Liste I - Remb 65 % - **Prix : 4,83 €.**
**MYNOCINE 100 mg :** gélule contenant des microgranules (bleu) ; boîte de 15. Liste I - Remb 65 % - **Prix : 9,22 €.**

### Composition

| | p gél | p gél |
|---|---|---|
| **Minocycline** | 50 mg | 100 mg |

### Dans quel cas ce médicament est-il prescrit ?

C'est un *antibiotique* qui appartient à la famille des *cyclines*.

Il est utilisé dans le traitement de diverses maladies infectieuses, notamment respiratoires et génitales. Il est également utilisé dans le traitement de l'*acné*.

### Contre-indications

Ce médicament ne doit pas être utilisé dans les cas suivants :
- *allergie* aux *cyclines*,
- enfant de moins de 8 ans (risque de coloration définitive des dents),
- en association avec les *rétinoïdes* par *voie* orale,
- **grossesse** (à partir du 4e mois).

**Attention :** Ce médicament peut être photosensibilisant : une exposition aux rayons *ultraviolets* peut provoquer des réactions cutanées. Évitez toute exposition au soleil et n'omettez pas de signaler à votre médecin vos projets de vacances pendant la durée du traitement.

Des précautions sont nécessaires en cas d'*insuffisance hépatique*.

Conducteur : ce médicament peut être responsable de *vertiges*.

### Interactions avec d'autres substances

Ce médicament ne doit pas être associé à ceux qui contiennent des *rétinoïdes* à prendre par *voie* orale (ROACCUTANE, SORIATANE...) : risque d'*hypertension intracrânienne* bénigne.

Informez par ailleurs votre médecin si vous prenez un *anticoagulant* oral, un *pansement digestif* ou un médicament contenant du fer.

### Grossesse et allaitement

Ce médicament peut provoquer des anomalies dentaires chez l'enfant à naître : son usage est contre-indiqué pendant les 2 derniers trimestres de la grossesse.

Du fait du risque de coloration des dents chez le nourrisson, un choix peut être nécessaire entre l'allaitement et la prise du médicament. Consultez votre médecin.

### Mode d'emploi et posologie

Pour éviter les *troubles digestifs*, ce médicament sera pris au milieu d'un repas et au moins 1 heure avant le coucher.

Les gélules doivent être avalées avec un grand verre d'eau. Elles ne doivent pas être absorbées en position allongée.

**Posologie usuelle :**

- Adulte : 100 mg, 1 ou 2 fois par jour.

Dans le traitement prolongé de l'*acné* : 100 mg par jour ; la *posologie* peut être réduite à 50 mg par jour, après 10 à 15 jours de traitement.

- Enfant de plus de 8 ans : 4 mg par kg et par jour, répartis en 2 prises ; soit pour un enfant de 25 kg : 1 gélule à 50 mg, matin et soir.

**Conseils :** Le médecin prescrit parfois un prélèvement pour identifier le *germe* responsable de l'infection et tester sa sensibilité aux *antibiotiques*. Le résultat de cet examen peut être faussé en cas d'automédication préalable : ne prenez pas et ne donnez pas d'antibiotiques sans avis médical.

Une diminution de la fièvre ou une disparition des *symptômes* ne sont pas synonymes de guérison : la durée du traitement doit absolument être respectée pour éviter les rechutes.

Si vous digérez le lait, la prise de ce médicament avec un verre de lait peut diminuer les *troubles digestifs* éventuels.

### Effets indésirables possibles

Rarement : nausées, vomissements, *diarrhée*, manque d'appétit.
*Réaction allergique* : signalez à votre médecin la survenue éventuelle d'une *éruption cutanée* ou d'une fièvre (prolongée ou survenant sans raison).
*Vertiges* avec ralentissement des idées.
Exceptionnellement : réaction de *photosensibilisation* ; coloration brune ou bleutée de la peau, réversible à l'arrêt du traitement ; inflammation pulmonaire avec essoufflement ; *insuffisance rénale* aiguë ; *hépatite*.

**Laboratoires Tonipharm**

## MYOLASTAN
Relaxant musculaire — sur ordonnance

### Présentation

**MYOLASTAN :** comprimé sécable (blanc) ; boîte de 20.
Liste I - Remb 35 % - **Prix : 5,36 €**.

### Composition

| | p cp |
|---|---|
| **Tétrazépam** | 50 mg |

### Dans quel cas ce médicament est-il prescrit ?

Ce médicament est un myorelaxant (relaxant musculaire) qui appartient à la famille des *benzodiazépines*. Il a également un effet *sédatif*.
Il est utilisé dans le *traitement d'appoint* des contractures musculaires douloureuses.

### Contre-indications

Ce médicament ne doit pas être utilisé dans les cas suivants :
- *insuffisance respiratoire* ou *hépatique* grave,
- *syndrome d'apnée du sommeil*,
- *myasthénie*.

**Attention :** Ce médicament est réservé à l'adulte (en l'absence d'étude chez l'enfant).
Des précautions sont nécessaires en cas d'*insuffisance rénale* grave et chez la personne âgée.
Une prise prolongée ou des doses importantes de ce médicament favorisent une *dépendance*. Respectez la *posologie* et la durée de traitement prescrites par votre médecin.
Après un traitement prolongé, l'arrêt brutal de la prise de ce médicament expose à un *syndrome de sevrage* : anxiété, agitation, irritabilité, insomnie, maux de tête, douleurs musculaires, tremblements. Il faut donc s'entourer de conseils médicaux pour diminuer progressivement les doses et espacer les prises.
Ce médicament peut induire une somnolence, parfois intense chez certaines personnes. Cette somnolence peut être majorée par la prise d'*alcool* ou d'autres médicaments *sédatifs*. La conduite et l'utilisation de machines dangereuses sont déconseillées, surtout dans les heures qui suivent la prise du médicament.

### Interactions avec d'autres substances

Informez votre médecin ou votre pharmacien si vous prenez d'autres *sédatifs* (tranquillisants, somnifères, certains médicaments contre la toux ou contre la douleur contenant des *opiacés*, *antidépresseurs*, *neuroleptiques*...).

### Grossesse et allaitement

Ce médicament ne doit pas être utilisé sans avis médical pendant la grossesse. Les fortes doses au cours des 6 derniers mois sont déconseillées. En fin de grossesse, un traitement par benzodiazépine, même à faible dose, peut être responsable d'effets indésirables chez le *nouveau-né* : une surveillance médicale du nouveau-né est alors nécessaire pendant 1 à 3 semaines selon les cas.
Ce médicament passe dans le lait maternel ; un choix est donc nécessaire entre l'allaitement et la prise du médicament. Cette décision devra être prise en accord avec votre médecin.

### Mode d'emploi et posologie

Les comprimés doivent être avalés avec un verre d'eau, sans être croqués, indifféremment pendant ou en dehors des repas. La dose quotidienne peut être répartie au cours de la journée, avec une prise plus importante le soir au coucher.

**Posologie usuelle :**
- Adulte : 1 à 3 comprimés par jour.

**Conseils :** L'effet de ce médicament peut persister plusieurs heures après la prise.

### Effets indésirables possibles

Sensation d'ivresse, maux de tête, troubles de la coordination des mouvements, ralentissement des idées, somnolence (en particulier chez la personne âgée), troubles du sommeil, modification de la libido, faiblesse musculaire, fatigue, *éruption cutanée* avec ou sans démangeaisons, vision double.
Ce médicament faisant partie de la famille des *benzodiazépines* tranquillisantes, les effets suivants peuvent exceptionnellement être observés :
- réactions paradoxales avec anxiété, agitation, agressivité, confusion des idées, hallucinations ;
- *amnésie antérograde*.

Ces troubles nécessitent l'arrêt du traitement.

**Laboratoires Sanofi-Aventis France**

## MYOPLÈGE
Relaxant musculaire — sur ordonnance

Ce médicament est un générique de COLTRAMYL (voir p. 254 et tableau p. 1151).

## MYOSOTIS COMPLEXE N° 63
*Informations détaillées sur www.monvidal.com*

## MYRTINE INHALANTE
*Informations détaillées sur www.monvidal.com*

## MYSOLINE
*Informations détaillées sur www.monvidal.com*

## MYTELASE
*Informations détaillées sur www.monvidal.com*

# N

## NAABAK
Collyre antiallergique

### Présentation
NAABAK : collyre ; flacon de 10 ml avec filtre. Remb 35 % - **Prix : 6,92 €**.

### Composition

| | p 100 ml |
|---|---|
| **Acide N-acétylaspartylglutamique** .............. | 4,9 g |
| **Benzalkonium chlorure** .. .............................. | + |

### Dans quel cas ce médicament est-il prescrit ?
C'est un collyre antiallergique.

Il est utilisé dans le traitement des *inflammations* de l'œil et de la paupière d'origine allergique.

### Interactions avec d'autres substances
Ce collyre peut interagir avec d'autres collyres : respectez un intervalle de 15 minutes entre deux instillations.

### Grossesse et allaitement
L'effet de ce médicament pendant la grossesse ou l'allaitement est mal connu : seul votre médecin peut évaluer le risque éventuel de son utilisation dans votre cas.

### Mode d'emploi et posologie
Lire attentivement les modalités d'utilisation du flacon.

Tirer la paupière inférieure vers le bas tout en regardant vers le haut et déposer une goutte de collyre entre la paupière et le globe oculaire (*cul-de-sac conjonctival*).

**Posologie usuelle :**
- Adulte et enfant de plus 4 ans : 1 goutte, 2 à 6 fois par jour.

**Conseils :** Le flacon est muni d'un filtre qui retient le conservateur (benzalkonium) présent dans la solution ; ce collyre peut donc être utilisé lors du port de *lentilles de contact*.

Évitez de mettre l'embout du flacon en contact avec l'œil.

Ne conservez pas le flacon plus de 4 semaines après une première utilisation.

### Effets indésirables possibles
Sensation de brûlure ou de picotement.

**Laboratoires Théa**

## NAAXIA
Collyre antiallergique

### Présentation
NAAXIA : collyre ; flacon de 5 ml. Non remb.

NAAXIA : collyre ; flacon de 10 ml. Remb 35 % - **Prix : 6,70 €**.

NAAXIA : collyre ; boîte de 10 récipients-unidoses de 0,4 ml. Non remb.

NAAXIA : collyre ; boîte de 36 récipients-unidoses de 0,4 ml. Remb 35 % - **Prix : 5,12 €**.

### Composition

| | flacon p 100 ml | unidose p 100 ml |
|---|---|---|
| **Acide N-acétylaspartyl-glutamique** ........................... | 4,9 g | 4,9 g |
| Benzalkonium chlorure ........... | + | |

### Dans quel cas ce médicament est-il prescrit ?
C'est un collyre antiallergique.

Il est utilisé dans le traitement des *inflammations* de l'œil et des paupières d'origine allergique.

### Interactions avec d'autres substances
Ce collyre peut interagir avec d'autres collyres : respectez un intervalle de 15 minutes entre deux instillations.

### Grossesse et allaitement
L'effet de ce médicament pendant la grossesse ou l'allaitement est mal connu : seul votre médecin peut évaluer le risque éventuel de son utilisation dans votre cas.

### Mode d'emploi et posologie
Tirer la paupière inférieure vers le bas tout en regardant vers le haut et déposer une goutte de collyre entre la paupière et le globe oculaire (*cul-de-sac conjonctival*).

**Posologie usuelle :**
- Adulte et enfant de plus de 4 ans : 1 goutte, 2 à 6 fois par jour.

**Conseils :** Le collyre en flacon, contrairement aux unidoses, contient un conservateur : il est recommandé d'ôter les *lentilles de contact* souples avant l'instillation et d'attendre 15 minutes avant de les replacer.

L'application correcte du produit peut nécessiter une aide, notamment chez une personne handicapée ou âgée.

Évitez de mettre l'embout du flacon en contact avec l'œil.

Ne conservez pas le flacon de 5 ml plus de 15 jours et le flacon de 10 ml plus de 4 semaines après une première utilisation. Les unidoses doivent être jetées immédiatement après l'instillation.

### Effets indésirables possibles

Sensation de brûlure ou de picotement.

Laboratoires Théa

## NAAXIAFREE

*Informations détaillées sur www.monvidal.com*

## NABUCOX

Anti-inflammatoire non stéroïdien — **sur ordonnance**

### Présentation

**NABUCOX 1 g :** comprimé *dispersible* (blanc ; arômes : menthe, vanille) ; boîte de 14. Liste I - Remb 65 % - **Prix : 6,91 €**.
**NABUCOX 1 g :** comprimé dispersible (blanc ; arômes menthe, vanille) ; boîte de 28. Liste I - Remb 65 % - **Prix : 12,63 €**.

### Composition

| | p cp |
|---|---|
| **Nabumétone** | 1 g |

### Dans quel cas ce médicament est-il prescrit ?

Ce médicament est un *anti-inflammatoire* non stéroïdien (*AINS*). Il lutte contre l'*inflammation* et la douleur, fait baisser la fièvre et fluidifie le sang.

Il est utilisé chez l'adulte dans le *traitement symptomatique* des *rhumatismes inflammatoires* et de certaines *arthroses* douloureuses.

### Contre-indications

Ce médicament ne doit pas être utilisé dans les cas suivants :

- *antécédent* d'*allergie* ou d'*asthme* provoqué par la prise d'*AINS*, y compris l'aspirine ;
- *ulcère* de l'estomac ou du *duodénum* ;
- *insuffisance hépatique* ou *rénale* grave ;
- enfant de moins de 15 ans ;
- **grossesse** (à partir du 6e mois).

**Attention :** Tout traitement prolongé ou *surdosage* d'*AINS* expose à des effets indésirables graves.

Certaines situations doivent conduire à ne poursuivre le traitement qu'après un avis médical :

- brûlures d'estomac importantes ou selles noires et nauséabondes pouvant traduire une irritation ou un saignement du tube digestif ;
- *réaction allergique* cutanée, crise d'*asthme* ;
- fatigue inhabituelle et intense, ou baisse brutale et importante du volume des urines chez une personne souffrant d'*insuffisance cardiaque*, déshydratée ou traitée par *diurétique*.

Des précautions sont nécessaires chez la personne âgée ou en cas d'*antécédent* d'*ulcère* de l'estomac ou du *duodénum* ou de risque hémorragique, notamment digestif (maladie de *Crohn*, *rectocolite hémorragique*).

Certains médecins considèrent que les anti-inflammatoires peuvent diminuer l'efficacité des stérilets et exposer à un risque de grossesse non désirée. Ce risque est actuellement très controversé.

Conducteur : en début de traitement, ce médicament peut être responsable de *vertiges*.

### Interactions avec d'autres substances

Ce médicament peut interagir avec d'autres médicaments, notamment :

- l'aspirine et les autres *anti-inflammatoires* non stéroïdiens (*AINS*) : risque d'accroissement des effets indésirables ;
- les *anticoagulants* et les *antiagrégants plaquettaires* : augmentation du risque hémorragique ;
- le lithium (TÉRALITHE, NEUROLITHIUM...) : augmentation du taux de lithium dans le sang ;
- le méthotrexate.

Informez par ailleurs votre médecin ou votre pharmacien en cas de traitement par un *diurétique*, un *inhibiteur de l'enzyme de conversion*, un *inhibiteur de l'angiotensine II*, un *bêtabloquant* ou un médicament contenant de la ciclosporine.

### Grossesse et allaitement

Des effets néfastes pour l'enfant à naître ont été mis en évidence lorsque les *AINS* sont utilisés au cours des 4 derniers mois de la grossesse ; le risque existe même avec une seule prise et même si la grossesse est à terme. L'usage de ce médicament est contre-indiqué pendant cette période.

Pendant les 5 premiers mois, l'effet de ce médicament est mal connu : seul votre médecin peut évaluer le risque éventuel de son utilisation dans votre cas.

Ce médicament passe dans le lait maternel ; un choix est donc nécessaire entre l'allaitement et la prise du médicament. Cette décision devra être prise en accord avec votre médecin.

### Mode d'emploi et posologie

Les comprimés doivent être dissous dans un verre d'eau et sont pris indifféremment au cours ou en dehors des repas.

**Posologie usuelle :**

- Adulte : 1 comprimé, 1 ou 2 fois par jour. Ne pas dépasser 2 comprimés par jour.

**Conseils :** Les anti-inflammatoires ne sont pas des médicaments anodins. Du fait de la possibilité d'effets indésirables graves, ils ne doivent être utilisés que lorsqu'ils sont nécessaires, ce qui n'est pas le cas pour les affections rhumatismales peu douloureuses et les traumatismes bénins. Ce médicament vous a été prescrit dans une situation précise : ne le conseillez pas à un proche et ne le réutilisez pas sans avis médical.

Ne dépassez pas la *posologie* ni la durée de traitement prescrites par votre médecin.

### Effets indésirables possibles

*Troubles digestifs*, plus rarement *ulcère* de l'estomac ou du *duodénum*. Exceptionnellement : *hémorragie* du tube digestif (vomissements de sang, selles noires).

*Réaction allergique* cutanée, *asthme*.

Maux de tête, *vertiges*, troubles du sommeil.

Augmentation des *transaminases*, *hépatite*.

Laboratoires Mayoly-Spindler

## NABUTIL

*Informations détaillées sur www.monvidal.com*

## NAEMIS

*Informations détaillées sur www.monvidal.com*

## NAFTIDROFURYL BIOGARAN

Vasodilatateur — sur ordonnance

Ce médicament est un générique de PRAXILÈNE (voir p. 843 et tableau p. 1151).

## NAFTIDROFURYL MERCK

Vasodilatateur — sur ordonnance

Ce médicament est un générique de PRAXILÈNE (voir p. 843 et tableau p. 1151).

## NAFTIDROFURYL QUALIMED

Vasodilatateur — sur ordonnance

Ce médicament est un générique de PRAXILÈNE (voir p. 843 et tableau p. 1151).

## NAFTILUX

Vasodilatateur — sur ordonnance

### Présentation

**NAFTILUX 200 mg :** gélule contenant des microgranules (incolore et rose) ; boîte de 20. Liste II - Remb 35 % - **Prix : 4,08 €.**

### Composition

| | p gél |
|---|---|
| **Naftidrofuryl oxalate** | 200 mg |

### Dans quel cas ce médicament est-il prescrit ?

Ce médicament est un *vasodilatateur*. Il augmente le débit du sang dans les artères et permet au cerveau de mieux résister à un défaut d'apport en oxygène.

Il est utilisé dans le traitement :

- des troubles du comportement et de la mémoire liés au vieillissement,
- des manifestations douloureuses de l'*artérite*,
- de certains *accidents vasculaires cérébraux*,
- du phénomène de *Raynaud*.

### Contre-indications

Ce médicament ne doit pas être utilisé en cas d'*antécédent* de calculs calciques récidivants des *voies urinaires*.

**Attention :** Ce médicament contient de l'acide oxalique, éliminé dans les urines, et susceptible de favoriser la formation de calculs des voies urinaires. Pour prévenir ce risque, il est recommandé de boire au moins 1 litre et demi de liquide par jour.

Chez une personne âgée, des troubles attribués au vieillissement peuvent être dus à une dépression ; ils nécessitent alors un traitement spécifique.

### Grossesse et allaitement

L'effet de ce médicament pendant la grossesse ou l'allaitement est mal connu : seul votre médecin peut évaluer le risque éventuel de son utilisation dans votre cas.

### Mode d'emploi et posologie

Les gélules doivent être avalées avec un grand verre d'eau, au cours des repas (une quantité d'eau insuffisante pourrait provoquer une inflammation de l'œsophage par la gélule qui ne serait pas descendue dans l'estomac).

**Posologie usuelle :**

1 gélule, 2 ou 3 fois par jour, selon les cas.

**Conseils :** Ce médicament n'est actif que sur les *symptômes* de l'*artérite* ; seule la pratique régulière de la marche peut retarder l'évolution de la maladie.

Si vous êtes fumeur, la poursuite du tabagisme nuit à l'efficacité du traitement.

### Effets indésirables possibles

Rarement : diarrhées, vomissements, douleur d'estomac, *éruption cutanée*.

Exceptionnellement : calculs des voies urinaires, *hépatite*.

Laboratoires Thérabel Lucien Pharma

## NALBUPHINE SERB

*Informations détaillées sur www.monvidal.com*

## NALCRON

*Informations détaillées sur www.monvidal.com*

## NALGÉSIC

*Informations détaillées sur www.monvidal.com*

## NALOREX

*Informations détaillées sur www.monvidal.com*

## NAPROSYNE

Anti-inflammatoire non stéroïdien — sur ordonnance

### Présentation

**NAPROSYNE 250 mg :** comprimé (blanc) ; boîte de 12. Liste II - Remb 65 % - **Prix : 1,98 €.**
**NAPROSYNE 500 mg :** comprimé (oblong ; blanc) ; boîte de 15. Liste II - Remb 65 % - **Prix : 5,00 €.**
**NAPROSYNE 500 mg Adulte :** suppositoire ; boîte de 12. Liste II - Remb 35 % - **Prix : 4,23 €.**
**NAPROSYNE 750 mg :** comprimé (orangé) ; boîte de 15. Liste II - Remb 65 % - **Prix : 7,31 €.**
**NAPROSYNE 1 000 mg :** comprimé (blanc) ; boîte de 8. Liste II - Remb 65 % - **Prix : 4,87 €.**

### Composition

| | p cp | p cp | p suppos |
|---|---|---|---|
| **Naproxène** | 250 mg | 500 mg | 500 mg |

| | p cp | p cp |
|---|---|---|
| **Naproxène** | 750 mg | 1 000 mg |

### Dans quel cas ce médicament est-il prescrit ?

Ce médicament est un *anti-inflammatoire* non stéroïdien (*AINS*). Il lutte contre l'*inflammation* et la douleur, fait baisser la fièvre et fluidifie le sang.

Il est utilisé dans :

- le *traitement symptomatique* des *rhumatismes inflammatoires*, de certaines *arthroses* douloureuses, des *tendinites*, des *lombalgies*, des douleurs faisant suite à un traumatisme de l'appareil locomoteur, des règles douloureuses ;
- le *traitement d'appoint* des manifestations inflammatoires de la bouche, du nez, de la gorge et des oreilles.

Il est utilisé chez l'enfant dans le traitement de la *polyarthrite rhumatoïde* (comprimé à 250 mg).

### Contre-indications

Ce médicament ne doit pas être utilisé dans les cas suivants :
- *antécédent* d'*allergie* ou d'*asthme* provoqué par la prise d'*AINS*, y compris l'aspirine ;
- *ulcère* de l'estomac ou du *duodénum* ;
- *insuffisance hépatique* ou *rénale* grave ;
- *inflammation* ou saignement récent du rectum (suppositoire) ;
- enfant de moins de 15 ans (comprimés à 500 mg, 750 mg et 1 000 mg, suppositoire) ;
- enfant de moins de 25 kg (comprimé à 250 mg) ;
- **grossesse** (à partir du 6e mois).

**Attention :** Tout traitement prolongé ou surdosage d'*AINS* expose à des effets indésirables graves.
Certaines situations doivent conduire à ne poursuivre le traitement qu'après un avis médical :
- brûlures d'estomac importantes ou selles noires et nauséabondes pouvant traduire une irritation ou un saignement du tube digestif ;
- *réaction allergique* cutanée, crise d'*asthme* ;
- fatigue inhabituelle et intense, ou baisse brutale et importante du volume des urines chez une personne souffrant d'*insuffisance cardiaque*, déshydratée ou traitée par *diurétique*.

Des précautions sont nécessaires chez la personne âgée ou en cas d'*antécédent* d'*ulcère* de l'estomac ou du *duodénum* ou de risque hémorragique, notamment digestif (maladie de *Crohn*, *rectocolite hémorragique*).
Certains médecins considèrent que les anti-inflammatoires peuvent diminuer l'efficacité des stérilets et exposer à un risque de grossesse non désirée. Ce risque est actuellement très controversé.
Conducteur : ce médicament peut provoquer parfois des étourdissements et des troubles de la vue.

### Interactions avec d'autres substances

Ce médicament peut interagir avec d'autres médicaments, notamment :
- l'aspirine et les autres *anti-inflammatoires* non stéroïdiens (*AINS*) : risque d'accroissement des effets indésirables ;
- les *anticoagulants* et les *antiagrégants plaquettaires* : augmentation du risque hémorragique ;
- le lithium (TÉRALITHE, NEUROLITHIUM...) : augmentation du taux de lithium dans le sang ;
- le méthotrexate.

Informez par ailleurs votre médecin ou votre pharmacien en cas de traitement par un *diurétique*, un *inhibiteur de l'enzyme de conversion*, un *inhibiteur de l'angiotensine II*, un *bêtabloquant* ou un médicament contenant de la ciclosporine.

### Grossesse et allaitement

Des effets néfastes pour l'enfant à naître ont été mis en évidence lorsque les *AINS* sont utilisés au cours des 4 derniers mois de la grossesse ; le risque existe même avec une seule prise et même si la grossesse est à terme. L'usage de ce médicament est contre-indiqué pendant cette période.
Pendant les 5 premiers mois, l'effet de ce médicament est mal connu : seul votre médecin peut évaluer le risque éventuel de son utilisation dans votre cas.
Ce médicament passe dans le lait maternel ; un choix est donc nécessaire entre l'allaitement et la prise du médicament. Cette décision devra être prise en accord avec votre médecin.

### Mode d'emploi et posologie

Les comprimés doivent être avalés, sans être croqués, de préférence au milieu des repas afin de limiter les effets digestifs indésirables.
Les suppositoires sont habituellement utilisés en remplacement des comprimés, notamment le soir.

**Posologie usuelle :**
- Adulte :
  - *traitement d'attaque* : 1 000 mg par jour (soit 1 comprimé à 500 mg, 2 fois par jour, ou 1 comprimé à 1 000 mg par jour, ou 1 comprimé à 500 mg le matin et 1 suppositoire à 500 mg le soir) ;
  - *traitement d'entretien* : 500 à 750 mg par jour (soit 2 comprimés à 250 mg ou 1 comprimé à 500 mg par jour, ou 1 comprimé à 750 mg par jour).
- Enfant de plus de 5 ans et de plus de 25 kg : en moyenne, 10 mg par kg et par jour ; soit, pour un enfant de 30 kg : 1 comprimé à 250 mg par jour.

**Conseils :** Les anti-inflammatoires ne sont pas des médicaments anodins. Du fait de la possibilité d'effets indésirables graves, ils ne doivent être utilisés que lorsqu'ils sont nécessaires, ce qui n'est pas le cas pour les affections rhumatismales peu douloureuses et les traumatismes bénins. Ce médicament vous a été prescrit dans une situation précise : ne le conseillez pas à un proche et ne le réutilisez pas sans avis médical.
Ne dépassez pas la *posologie* ni la durée de traitement prescrites par votre médecin.
Les effets indésirables de ce médicament sur l'estomac peuvent survenir aussi bien avec les suppositoires qu'avec les comprimés.

### Effets indésirables possibles

*Troubles digestifs*, *gastrite*, voire *ulcère* de l'estomac ou du *duodénum*, le plus souvent lors d'un traitement de longue durée ou à forte dose. Exceptionnellement : *hémorragie* du tube digestif (vomissements de sang ou selles noires).
*Réaction allergique* cutanée, *asthme*.
Maux de tête, *vertiges*, somnolence, difficulté de concentration, troubles de l'audition ou de la vision.
Pour les suppositoires : brûlure et démangeaisons rectales.

Laboratoires Grunenthal

## NAPROXÈNE TEVA

Anti-inflammatoire non stéroïdien — sur ordonnance

Ce médicament est un générique de NAPROSYNE 250 mg et 500 mg (voir p. 681 et tableau p. 1151).

## NAPROXÈNE SODIQUE TEVA

Anti-inflammatoire non stéroïdien — sur ordonnance

Ce médicament est un générique de APRANAX 275 mg et 550 mg (voir p. 100 et tableau p. 1151).

## NARAMIG

Antimigraineux

sur ordonnance

### Présentation

NARAMIG : comprimé (vert) ; boîte de 6. Liste I - Remb 65 % - **Prix : 30,44 €**.
NARAMIG : comprimé (vert) ; boîte de 12. Liste I - Remb 65 % - **Prix : 56,14 €**.

### Composition

| | p cp |
|---|---|
| **Naratriptan** | 2,5 mg |

### Dans quel cas ce médicament est-il prescrit ?

Ce médicament est un *vasoconstricteur* puissant qui agit essentiellement sur les vaisseaux crâniens. Il appartient à la famille des *triptans*.

Il est utilisé dans le *traitement de la crise* de *migraine*.

### Contre-indications

Ce médicament ne doit pas être utilisé dans les cas suivants :

- *antécédent* d'*allergie* aux sulfamides ;
- antécédent d'*infarctus du myocarde* ou d'*accident vasculaire cérébral*, et plus généralement toute maladie liée à un spasme ou à un rétrécissement des artères ;
- *hypertension artérielle* (sauf si elle est stabilisée par un traitement spécifique) ;
- *insuffisance hépatique* ou *rénale* graves ;
- en association avec un autre antimigraineux *vasoconstricteur* ou un *IMAO*.

**Attention :** Ce médicament doit être pris lors de l'apparition du mal de tête, et non, comme d'autres antimigraineux, dès les premiers symptômes annonciateurs (aura migraineuse). Il ne doit pas être utilisé pour traiter des maux de tête non migraineux. Il ne convient pas non plus au traitement de certaines *migraines* associées à des paralysies musculaires ou oculaires.

Dans de très rares cas, une douleur dans la poitrine peut suivre la prise du médicament. Elle peut être intense et ressembler à une crise d'*angine de poitrine*, mais elle n'est que très rarement due à un spasme des artères coronaires. Si elle dure plus de quelques minutes, prévenez votre médecin et ne prenez pas de nouveau comprimé sans son avis.

Des précautions sont nécessaires en cas de tabagisme (y compris chez les anciens fumeurs utilisant des médicaments de substitution contenant de la nicotine) ou en présence d'autres facteurs de risque cardiovasculaire.

En cas d'inefficacité du premier comprimé, il est inutile et dangereux de multiplier les prises.

Compte-tenu de ses effets indésirables potentiels, ce médicament peut, chez certaines personnes, ne pas être compatible avec la conduite automobile ou le maniement de machines dangereuses. Assurez-vous à l'occasion des premières prises que vous supportez bien ce médicament avant de conduire ou d'utiliser une machine.

### Interactions avec d'autres substances

Ce médicament ne doit pas être associé aux *IMAO*, aux autres antimigraineux de la famille des *triptans*, aux dérivés de l'*ergot de seigle* : risque accru d'effets indésirables.

Lorsqu'il est utilisé avant ou après un antimigraineux contenant de l'ergotamine (GYNERGÈNE...), de la dihydroergotamine, du méthysergide, un délai de 24 heures doit être respecté entre la prise de ces deux médicaments.

### Grossesse et allaitement

En l'absence de données suffisantes, ce médicament est déconseillé pendant la grossesse.

Ce médicament passe dans le lait maternel. Le risque d'une action délétère chez le nourrisson n'est pas connu et peut être minimisé en tirant et en jetant le lait dans les 24 heures qui suivent la prise du médicament.

### Mode d'emploi et posologie

Ce médicament peut être pris pendant ou entre les repas.

**Posologie usuelle :**

- Adulte de plus de 18 ans et de moins de 65 ans : 1 comprimé lors de l'apparition du mal de tête ; l'effet apparaît après 1 heure et est maximal après 4 heures.

Il est déconseillé de reprendre un comprimé lors de la crise si le premier n'a pas permis le soulagement. En revanche, un deuxième comprimé peut être pris après un délai minimal de 4 heures si l'effet du premier s'estompe et que la migraine réapparaît. La dose maximale est de 2 comprimés par 24 heures.

La prise du médicament lors des signes annonciateurs de la migraine, avant le mal de tête, est déconseillée. Le naratriptan n'a pas d'effet préventif.

**Conseils :** La prise de ce médicament ne dispense pas des mesures habituelles permettant d'aider à faire céder la crise de migraine : s'allonger au calme dans une pièce sombre.

### Effets indésirables possibles

Les effets indésirables les plus fréquents sont difficiles à dissocier des symptômes de la migraine : nausée, vomissements, *vertiges*, fatigue, somnolence, sensation de chaleur, fourmillements.

Plus rarement : sensation de lourdeur ou d'oppression, troubles visuels, augmentation transitoire de la tension artérielle, accélération ou ralentissement du cœur, *palpitations*.

Exceptionnellement : spasme des *artères coronaires* (voir Attention), *réaction allergique*.

**Laboratoires GlaxoSmithKline**

## NARBALEK

*Informations détaillées sur www.monvidal.com*

## NASACORT

Traitement local de la rhinite allergique

sur ordonnance

### Présentation

NASACORT : suspension pour pulvérisation nasale ; flacon pulvérisateur de 15 ml (120 pulvérisations) avec pompe doseuse et embout nasal. Liste I - Remb 35 % - **Prix : 13,00 €**.

### Composition

| | p pulv |
|---|---|
| **Triamcinolone acétonide** | 55 µg |
| Benzalkonium chlorure | + |

### Dans quel cas ce médicament est-il prescrit ?

Ce médicament est un *anti-inflammatoire* d'usage local qui appartient à la famille des *corticoïdes*.

Il est utilisé dans le *traitement symptomatique* des *rhinites* d'origine allergique.

### Contre-indications

Ce médicament ne doit pas être utilisé dans les cas suivants :
- saignement de nez,
- *herpès* buccal ou ophtalmique,
- enfant de moins de 6 ans (en l'absence d'étude).

**Attention :** Ce médicament contient un *corticoïde* qui peut, en cas de traitement prolongé, conduire à une fragilisation de la *muqueuse* nasale. Il doit donc être employé avec précaution chez les personnes souffrant d'*ulcérations* nasales ou récemment opérées du nez ou des *sinus*.

Lors du renouvellement du traitement, le médecin peut vérifier l'état de la muqueuse nasale, notamment en cas d'irritation ou de sentiment de sécheresse anormale. Dans de rares cas, des perforations de la cloison nasale ont été observées sous traitement.

En cas de signes d'infection nasale (fièvre, coloration des sécrétions nasales), consultez votre médecin.

Des précautions sont nécessaires en cas de *tuberculose* pulmonaire en évolution ou de *mycose* pulmonaire.

Sportif : ce médicament contient une substance susceptible de rendre positifs certains *tests antidopage*.

### Grossesse et allaitement

Les études scientifiques actuellement disponibles n'ont pas mis en évidence de problème particulier lors de l'utilisation ponctuelle de ce médicament chez la femme enceinte. Seul votre médecin peut évaluer le risque éventuel de son utilisation dans votre cas.

Par mesure de prudence, l'usage de ce médicament est déconseillé, sans avis médical, pendant l'allaitement.

### Mode d'emploi et posologie

Les pulvérisations sont faites après un mouchage soigneux.

Agiter le flacon avant l'emploi. Lors de la première utilisation, appuyer 5 fois sur la pompe pour l'amorcer.

**Posologie usuelle :**

Elle est strictement individuelle et adaptée par votre médecin, qui recherche la *posologie* efficace la plus faible :
- Adulte : 2 pulvérisations dans chaque narine, le matin.
- Enfant de 6 à 15 ans : 1 pulvérisation dans chaque narine, le matin.

**Conseils :** Ce médicament d'action lente n'est pas adapté au traitement des *rhinites* aiguës : un délai de quelques jours est nécessaire pour qu'il soit actif.

Seules les prises régulières et prolongées permettent d'obtenir l'amélioration recherchée.

### Effets indésirables possibles

Irritation locale passagère.

Sécrétions striées de sang en cas d'assèchement rapide du nez, surtout en début de traitement.

*Candidose* du nez ou du *pharynx*, nécessitant l'arrêt du traitement.

Augmentation de la *tension intraoculaire*.

Exceptionnellement : perforation de la cloison nasale.

**Laboratoires Aventis**

## NASALIDE

Traitement local de la rhinite allergique — sur ordonnance

### Présentation

NASALIDE : solution nasale ; flacon pulvérisateur de 12 ml (100 pulvérisations). Liste I - Remb 35 % - **Prix : 3,88 €.**
NASALIDE : solution nasale ; flacon pulvérisateur de 24 ml (200 pulvérisations). Liste I - Remb 35 % - **Prix : 6,86 €.**

### Composition

| | p pulv |
|---|---|
| **Flunisolide** | 25 µg |
| Benzalkonium chlorure | + |

### Dans quel cas ce médicament est-il prescrit ?

Cette solution nasale d'usage local appartient à la famille des *corticoïdes*.

Elle est utilisée dans le *traitement symptomatique* des *rhinites* d'origine allergique ou inflammatoire.

### Contre-indications

Ce médicament ne doit pas être utilisé dans les cas suivants :
- saignement de nez,
- *tuberculose* pulmonaire ou *ulcère* de l'estomac et de l'intestin en évolution.

**Attention :** Ce médicament contient un *corticoïde* qui peut, en cas de traitement prolongé, conduire à une fragilisation de la *muqueuse* nasale. Il doit donc être employé avec précaution chez les personnes souffrant d'*ulcérations* nasales ou récemment opérées du nez ou des *sinus*.

Lors du renouvellement du traitement, le médecin peut vérifier l'état de la muqueuse nasale, notamment en cas d'irritation ou de sentiment de sécheresse anormale. Dans de rares cas, des perforations de la cloison nasale ont été observées sous traitement.

En cas de signes d'infection nasale (fièvre, coloration des sécrétions nasales), consultez votre médecin.

Des précautions sont nécessaires en cas de *mycose* pulmonaire.

Sportif : ce médicament contient une substance susceptible de rendre positifs certains *tests antidopage*.

### Grossesse et allaitement

Les études scientifiques actuellement disponibles n'ont pas mis en évidence de problème particulier lors de l'utilisation ponctuelle de ce médicament chez la femme enceinte. Seul votre médecin peut évaluer le risque éventuel de son utilisation dans votre cas.

Par mesure de prudence, l'usage de ce médicament est déconseillé, sans avis médical, pendant l'allaitement.

### Mode d'emploi et posologie

Les pulvérisations sont faites au cours d'une brève inspiration, après un mouchage soigneux, en tenant le flacon verticalement.

**Posologie usuelle :**
Elle est strictement individuelle et adaptée par votre médecin, qui recherche la *posologie* efficace la plus faible :
- Adulte : 2 pulvérisations dans chaque narine, 2 fois par jour.
- Enfant de 6 à 15 ans : 1 pulvérisation dans chaque narine, 3 fois par jour.

La durée du traitement est limitée à 3 mois.

**Conseils :** Ce médicament d'action lente n'est pas adapté au traitement des *rhinites* aiguës : un délai de quelques jours est nécessaire pour qu'il soit actif.
Seules les prises régulières et prolongées permettent d'obtenir l'amélioration recherchée.

### Effets indésirables possibles
Irritation locale passagère.
Sécrétions striées de sang en cas d'assèchement rapide du nez, surtout en début de traitement.

Laboratoires Ivax SAS

## NASONEX
Traitement local
de la rhinite allergique
sur ordonnance

### Présentation
NASONEX : suspension pour pulvérisation nasale ; flacon avec pompe doseuse (120 doses). Liste I - Remb 35 % - **Prix : 13,00 €.**

### Composition

| | p dose |
|---|---|
| **Mométasone furoate** | 50 µg |
| Benzalkonium chlorure | + |

### Dans quel cas ce médicament est-il prescrit ?
Ce médicament d'usage local contient un *corticoïde* qui possède une activité *anti-inflammatoire* marquée sur les *muqueuses*, notamment celles du nez.
Il est utilisé dans le *traitement de fond* des *rhinites* d'origine allergique (rhume des foins).

### Contre-indications
Ce médicament ne doit pas être utilisé dans les cas suivants :
- saignement de nez,
- *herpès* buccal ou ophtalmique,
- enfant de moins de 3 ans (en l'absence d'étude).

**Attention :** Ce médicament contient un *corticoïde* qui peut, en cas de traitement prolongé, conduire à une fragilisation de la *muqueuse* nasale. Il doit donc être employé avec précaution chez les personnes souffrant d'*ulcérations* nasales ou récemment opérées du nez ou des *sinus*.
Lors du renouvellement du traitement, le médecin peut vérifier l'état de la muqueuse nasale, notamment en cas d'irritation ou de sentiment de sécheresse anormale. Dans de rares cas, des perforations de la cloison nasale ont été observées sous traitement.
En cas de signes d'infection nasale (fièvre, coloration des sécrétions nasales), consultez votre médecin.
Des précautions sont nécessaires en cas de *tuberculose* pulmonaire en évolution ou de *mycose* pulmonaire.

Sportif : ce médicament contient une substance susceptible de rendre positifs certains *tests antidopage*.

### Grossesse et allaitement
Les études scientifiques actuellement disponibles n'ont pas mis en évidence de risque de malformation lors de l'utilisation de ce médicament pendant la grossesse. Seul votre médecin peut apprécier la nécessité du traitement et son risque pendant la grossesse.
Par mesure de prudence, l'usage de ce médicament est déconseillé, sans avis médical, pendant l'allaitement.

### Mode d'emploi et posologie
Ce médicament doit être inhalé après un mouchage soigneux.
Agiter le flacon avant emploi.
Avant la première utilisation, effectuer 6 ou 7 pressions sur la pompe doseuse ; cette opération doit être renouvelée si le médicament reste inutilisé pendant 14 jours ou plus.

**Posologie usuelle :**
Elle est strictement individuelle et adaptée par votre médecin, qui recherche la *posologie* efficace la plus faible :
- Adulte et enfant de plus de 12 ans : 2 pulvérisations dans chaque narine, 1 fois par jour, le matin. La posologie peut être ensuite diminuée à 1 pulvérisation dans chaque narine par jour.
- Enfant de 3 à 11 ans : 1 pulvérisation dans chaque narine, 1 fois par jour, le matin.

**Conseils :** Ce médicament d'action lente n'est pas adapté au traitement des *rhinites* aiguës. Un délai de quelques jours est nécessaire pour qu'il soit actif.
Seules les prises régulières et prolongées permettent d'obtenir l'amélioration recherchée.

### Effets indésirables possibles
Irritation et assèchement du nez et de la gorge.
Saignement de nez.
Rarement : *candidoses* du nez ou du *pharynx*, nécessitant l'arrêt du traitement.
Exceptionnellement : augmentation de la *tension intraoculaire*, perforation de la cloison nasale.

Laboratoires Schering-Plough

## NATI-K
*Informations détaillées sur www.monvidal.com*

## NATISPRAY
Dérivé nitré
sur ordonnance

### Présentation
NATISPRAY 0,15 mg : solution pour pulvérisation buccale ; flacon de 13,5 ml avec pompe doseuse (200 doses). Liste II - Remb 65 % - **Prix : 4,37 €.**
NATISPRAY 0,30 mg : solution pour pulvérisation buccale ; flacon de 18 ml avec pompe doseuse (300 doses). Liste II - Remb 65 % - **Prix : 6,25 €.**

### Composition

| | p dose | p dose |
|---|---|---|
| **Trinitrine** | 0,15 mg | 0,30 mg |
| Alcool | + | + |
| Menthe, huile essentielle | + | + |

### Dans quel cas ce médicament est-il prescrit ?

Ce médicament *vasodilatateur* appartient à la famille des dérivés nitrés. Il possède de nombreuses propriétés qui facilitent le travail du cœur : dilatation des veines, dilatation des artères à forte dose, prévention des spasmes des *artères coronaires*.

Il est utilisé dans :
- le *traitement préventif* et le *traitement curatif* des crises d'*angine de poitrine*,
- le *traitement d'appoint* de l'*œdème aigu du poumon* (solution à 0,30 mg).

### Contre-indications

Ce médicament ne doit pas être utilisé dans les cas suivants :
- hypotension grave,
- en association au sildénafil (VIAGRA).

> **Attention :** Des précautions particulières s'imposent en cas de *cardiomyopathie* obstructive ou d'*hypertension intracrânienne*.
>
> Une crise d'*angine de poitrine* qui dure plus d'un quart d'heure malgré la prise de trinitrine peut être un *infarctus du myocarde* débutant qui requiert un traitement urgent. Consultez un service médical d'urgence ou appelez le 15.
>
> L'usage du VIAGRA est contre-indiqué chez les personnes qui prennent ce médicament. Si une crise d'*angine de poitrine* survient pendant un acte sexuel consécutif à la prise de VIAGRA, ce médicament ne doit en aucun cas être utilisé ; si la crise persiste après quelques minutes de repos, il convient d'appeler le 15 pour prendre un avis médical.
>
> Les boissons alcoolisées peuvent augmenter les effets hypotenseurs de ce médicament ; les excès sont déconseillés.
>
> Compte-tenu de ses effets indésirables potentiels, ce médicament peut, chez certaines personnes, ne pas être compatible avec la conduite automobile ou le maniement de machines dangereuses. Assurez-vous à l'occasion des premières prises que vous supportez bien ce médicament avant de conduire ou d'utiliser une machine.

### Interactions avec d'autres substances

Les *vasodilatateurs* de la famille des dérivés de la trinitrine ne doivent pas être associés au VIAGRA : risque de baisse de tension grave.

Informez votre médecin ou votre pharmacien si vous prenez d'autres médicaments susceptibles d'abaisser la tension artérielle.

### Grossesse et allaitement

L'effet de ce médicament pendant la grossesse ou l'allaitement est mal connu : seul votre médecin peut évaluer le risque éventuel de son utilisation dans votre cas.

### Mode d'emploi et posologie

Pulvériser une bouffée, sous la langue. Il est conseillé de ne pas respirer pendant la pulvérisation et de fermer la bouche immédiatement après. Le flacon doit être tenu verticalement, le plus près possible de la bouche.

La pompe doit être amorcée avant l'utilisation : vérifier que le médicament sort du flacon avant de placer l'embout devant la bouche.

**Posologie usuelle :**
- *Traitement curatif* de la crise d'*angine de poitrine* : 1 pulvérisation à renouveler si nécessaire 1 ou 2 fois (solution à 0,15 mg) ou 1 fois (solution à 0,30 mg). Compte tenu du risque d'*hypotension orthostatique* lors du renouvellement de la prise, il est conseillé de faire la pulvérisation en position assise pour éviter tout risque de chute.
- *Traitement préventif* : 1 pulvérisation 2 ou 3 minutes avant une circonstance susceptible de déclencher une crise.

Les doses sont plus fortes en cas d'*insuffisance cardiaque* aiguë avec *œdème* du poumon.

> **Conseils :** N'abusez pas de ce médicament ; il peut provoquer des maux de tête importants.

### Effets indésirables possibles

Maux de tête, parfois violents, surtout en début de traitement.

Baisse de la tension artérielle ou *hypotension orthostatique*, plus fréquente chez la personne âgée et pouvant se traduire par des malaises ou des *vertiges*.

Bouffées de chaleur, rougeur cutanée.

Nausées, vomissements.

Rarement, réaction locale : sensation de brûlure dans la zone de pulvérisation.

Laboratoires Procter & Gamble

## NAUSETUM

*Informations détaillées sur www.monvidal.com*

## NAUSICALM

*Informations détaillées sur www.monvidal.com*

## NAUTAMINE

Antiémétique

### Présentation

NAUTAMINE : comprimé sécable (bleu) ; boîte de 20. Non remb.

### Composition

| | p cp |
|---|---|
| **Diphénhydramine di-acéfylline** | 90 mg |

### Dans quel cas ce médicament est-il prescrit ?

Ce médicament appartient à la famille des *antihistaminiques* de type H1.

Il est utilisé pour prévenir et traiter le mal des transports.

### Contre-indications

Ce médicament ne doit pas être utilisé dans les cas suivants :
- risque de *glaucome* à angle fermé,
- risque de rétention des urines (*adénome de la prostate* essentiellement),
- enfant de moins de 2 ans.

> **Attention :** Du fait de la présence d'un *antihistaminique* ayant des propriétés sédatives et atropiniques, des précautions sont nécessaires chez l'*insuffisant hépatique* ou *rénal* et chez la personne âgée, notamment en cas de constipation chronique, d'*adénome de la prostate*, de tendance aux *vertiges* ou aux baisses de tension.

Évitez les boissons alcoolisées : augmentation du risque de somnolence.

Ce médicament peut induire une somnolence, parfois intense chez certaines personnes. Cette somnolence peut être majorée par la prise d'*alcool* ou d'autres médicaments *sédatifs*. La conduite et l'utilisation de machines dangereuses sont déconseillées, surtout dans les heures qui suivent la prise du médicament.

### Interactions avec d'autres substances

Informez votre médecin ou votre pharmacien si vous prenez un autre médicament ayant des effets *atropiniques* ou *sédatifs* (tranquillisants, somnifères, certains médicaments contre la toux ou contre la douleur contenant des *opiacés*, *antidépresseurs*, *neuroleptiques*...).

### Grossesse et allaitement

L'effet de ce médicament pendant la grossesse ou l'allaitement est mal connu : seul votre médecin peut évaluer le risque éventuel de son utilisation dans votre cas.

### Mode d'emploi et posologie

Ce médicament doit être pris avec un peu d'eau, une demi-heure avant le départ. La prise peut éventuellement être renouvelée au cours du voyage, en respectant un intervalle de 6 heures.

Pour les enfants de moins de 6 ans, les comprimés doivent être écrasés avant d'être avalés.

**Posologie usuelle :**

- Adulte et enfant de plus de 12 ans : 1 comprimé ou 1 comprimé et demi, à renouveler si nécessaire, sans dépasser 6 comprimés par jour.
- Enfant de 6 à 12 ans : 1 comprimé, à renouveler si nécessaire, sans dépasser 4 comprimés par jour.
- Enfant de 2 à 6 ans : ½ comprimé, à renouveler si nécessaire, sans dépasser 4 demi-comprimés par jour.

### Effets indésirables possibles

Somnolence.

Effets *atropiniques* : sécheresse de la bouche, troubles de l'*accommodation*, blocage des urines, constipation, *palpitations*.

*Hypotension orthostatique*, *vertiges*, tremblements, agitation.

*Réaction allergique*.

Anomalie de la *numération formule sanguine*.

Laboratoires Sanofi-Aventis OTC

## NAVOBAN

*Informations détaillées sur www.monvidal.com*

## NAXY

Antibiotique : macrolide

sur ordonnance

### Présentation

**NAXY 25 mg/ml :** granulés pour suspension buvable (arôme cocktail de fruits) ; flacon de 100 ml avec pipette graduée de 0 à 25 kg (332 doses-kg). Liste I - Remb 65 % - **Prix : 12,78 €**.

**NAXY 50 mg/ml :** granulés pour suspension buvable (arôme cocktail de fruits) ; flacon de 60 ml avec pipette graduée de 0 à 50 kg (400 doses-kg). Liste I - Remb 65 % - **Prix : 14,43 €**.

**NAXY 250 mg :** comprimé (jaune) ; boîte de 10. Liste I - Remb 65 % - **Prix : 12,20 €**.

**NAXY 500 mg :** comprimé (jaune) ; boîte de 10. Liste I - Remb 65 % - **Prix : 23,02 €**.

**NAXY 500 mg :** comprimé (jaune) ; boîte de 14. Liste I - Remb 65 % - **Prix : 32,01 €**.

### Composition

| | | |
|---|---|---|
| | p grad kg | p grad kg |
| **Clarithromycine** | 7,5 mg | 7,5 mg |
| Saccharose | 165 mg | 73 mg |
| Huile de ricin | + | + |
| | p cp | p cp |
| **Clarithromycine** | 250 mg | 500 mg |

### Dans quel cas ce médicament est-il prescrit ?

C'est un *antibiotique* qui appartient à la famille des *macrolides*.

Il est utilisé dans le traitement de diverses maladies infectieuses, notamment celles de la gorge, des sinus, des poumons, des bronches, de la peau, des gencives et des dents.

Il est également utilisé dans le cadre de l'éradication d'*Helicobacter pylori* (responsable d'*ulcères* gastroduodénaux récidivants).

### Contre-indications

Ce médicament ne doit pas être utilisé dans les cas suivants :

- *allergie* aux *macrolides* ;
- en association avec les médicaments contenant du cisapride, de la mizolastine, du bépridil, du pimozide, de l'ergotamine ou de la dihydroergotamine.

**Attention :** Des précautions sont nécessaires en cas d'*insuffisance hépatique* ou *rénale* grave.

Une diminution de la fièvre ou une disparition des *symptômes* ne sont pas synonymes de guérison : la durée du traitement doit absolument être respectée pour éviter les rechutes ou l'apparition d'une *résistance* du *germe* à l'*antibiotique*.

En cas de traitement prolongé de plus de 10 jours, l'apparition de troubles auditifs nécessite une consultation spécialisée.

### Interactions avec d'autres substances

Ce médicament ne doit pas être associé aux médicaments contenant :

- de l'ergotamine ou de la dihydroergotamine : risque d'*ergotisme* ;
- du cisapride, de la mizolastine, du bépridil ou du pimozide : risque de *torsades de pointes*.

Il peut interagir avec les médicaments qui contiennent de l'ébastine, de la toltérodine, de la bromocriptine ou de la cabergoline.

Informez par ailleurs votre médecin si vous prenez un *anticoagulant* oral, un *hypolipidémiant* de la famille des statines ou des médicaments contenant de la carbamazépine, de la digoxine, du triazolam, de la ciclosporine, de la théophylline, de l'aminophylline.

### Grossesse et allaitement

L'effet de ce médicament pendant la grossesse est mal connu : seul votre médecin peut évaluer le risque éventuel de son utilisation dans votre cas.

Ce médicament est susceptible de passer dans le lait maternel. Son utilisation est possible pendant l'allaitement sauf dans les cas suivants :
- survenue de troubles digestifs chez le nouveau-né,
- nouveau-né traité par un médicament contenant du cisapride (PREPULSID...) : risque d'interaction médicamenteuse.

### Mode d'emploi et posologie

Ce médicament est pris de préférence au cours des repas ; la suspension buvable peut être mélangée avec du lait.

La suspension buvable est reconstituée en ajoutant de l'eau jusqu'au trait. La seringue graduée jointe permet un ajustement précis de la posologie : la dose par prise est indiquée, en fonction du poids de l'enfant, sur la seringue graduée en kg.

2 prises par jour sont nécessaires.

**Posologie usuelle :**

- Adulte : 250 mg à 500 mg, matin et soir.

Cette *posologie* peut être augmentée dans le traitement de certaines infections liées au sida.

Dans le traitement de l'éradication d'*Helicobacter pylori* : 500 mg, matin et soir, en association avec un autre *antibiotique* et un antiulcéreux.

- Enfant : 1 dose-kg, 2 fois par jour. Soit, pour un enfant de 20 kg : 1 mesurette remplie jusqu'à la graduation 20 kg, 2 fois par jour.

La durée du traitement est habituellement de 5 à 10 jours.

**Conseils :** Le médecin prescrit parfois un prélèvement pour identifier le *germe* responsable de l'infection et tester sa sensibilité aux *antibiotiques*. Le résultat de cet examen peut être faussé en cas d'automédication préalable : ne prenez pas d'antibiotiques sans avis médical.

L'éventuelle impression de fatigue n'est pas due à l'antibiotique, mais à l'infection elle-même.

La suspension buvable se conserve 14 jours à température ambiante après reconstitution.

### Effets indésirables possibles

Nausées, vomissements, *diarrhée*, douleurs d'estomac, *candidose* buccale, modification du goût (rare).

*Réaction allergique* cutanée.

Augmentation des *transaminases*, *hépatite* (exceptionnelle).

Troubles auditifs réversibles.

Laboratoires Sanofi-Aventis France

## NAZINETTE du Dr GILBERT pommade

*Informations détaillées sur www.monvidal.com*

## NAZINETTE du Dr GILBERT solution

*Informations détaillées sur www.monvidal.com*

## NEBCINE

Antibiotique : aminoside — sur ordonnance

### Présentation

**NEBCINE 25 mg :** solution injectable ; flacon de 2,5 ml. Liste I - Remb 65 % - **Prix : 1,71 €**.
**NEBCINE 75 mg :** solution injectable ; flacon de 1,5 ml. Liste I - Remb 65 % - **Prix : 3,56 €**.
**NEBCINE 100 mg :** solution injectable ; flacon de 2 ml. Liste I - Remb 65 % - **Prix : 4,37 €**.

### Composition

| | p flacon | p flacon | p flacon |
|---|---|---|---|
| **Tobramycine** | 25 mg | 75 mg | 100 mg |
| Sulfites | + | + | + |

### Dans quel cas ce médicament est-il prescrit ?

C'est un *antibiotique* qui appartient à la famille des *aminosides*.

Il est utilisé dans le traitement de diverses maladies infectieuses, notamment de la peau et des *voies urinaires*.

### Contre-indications

Ce médicament ne doit pas être utilisé dans les cas suivants :
- *allergie* aux médicaments de la famille des *aminosides* ou aux *sulfites*,
- *myasthénie*.

**Attention :** Ce médicament peut être toxique pour l'*oreille interne* : signalez à votre médecin tout trouble de l'équilibre ou de l'audition, ancien ou survenant durant le traitement. Il peut également provoquer des lésions des reins, en cas de *surdosage* ou d'*insuffisance rénale* préexistante.

Ne prenez aucun *diurétique* sans avis médical pendant le traitement.

En cas d'intervention chirurgicale, informez l'anesthésiste de la prise de ce médicament.

### Interactions avec d'autres substances

Ce médicament ne doit pas être associé aux médicaments contenant un autre *aminoside* : augmentation du risque de toxicité pour le rein ou l'oreille interne.

Informez votre médecin si vous prenez un médicament contenant de l'amphotéricine B, de la ciclosporine, du bumétanide ou du furosémide.

### Grossesse et allaitement

L'absence d'effet toxique de ce médicament pour l'enfant à naître n'a pas été établie. Seul votre médecin peut évaluer le risque éventuel de son utilisation dans votre cas.

Ce médicament passe dans le lait maternel.

### Mode d'emploi et posologie

Le contenu du flacon est prêt à l'emploi et peut être injecté par *voie intramusculaire* ou à défaut par voie *sous-cutanée* ; l'administration en *perfusion* est également possible.

La solution injectable ne doit pas être mélangée avec un autre médicament dans la même seringue.

**Posologie usuelle :**

3 mg par kg et par jour, soit 180 mg pour un adulte de 60 kg ou 90 mg pour un enfant de 30 kg.

Le médecin répartit cette dose en 1 ou 2 injections, et même 3 chez l'insuffisant rénal.

**Conseils :** L'éventuelle impression de fatigue n'est pas due à l'*antibiotique*, mais à l'infection elle-même.

### Effets indésirables possibles

Douleur au point d'injection.

Rarement, dans les conditions normales d'utilisation : *insuffisance rénale*, troubles de l'audition.

Rares *allergies* cutanées.

Laboratoires Erempharma

## NEBIDO

*Informations détaillées sur www.monvidal.com*

## NEBILOX

Bêtabloquant — **sur ordonnance**

### Présentation

**NEBILOX 5 mg :** comprimé sécable (blanc) ; boîte de 28. Liste I - Remb 65 % - **Prix : 13,72 €.**

### Composition

| | p cp |
|---|---|
| **Nébivolol** | 5 mg |

### Dans quel cas ce médicament est-il prescrit ?

Ce médicament appartient à la famille des *bêtabloquants.* Ceux-ci agissent en bloquant l'action de l'*adrénaline* (et d'autres *hormones* apparentées) sur de nombreux organes, notamment le cœur, les vaisseaux et les bronches.

Il est utilisé dans le traitement de l'*hypertension artérielle.*

### Contre-indications

Ce médicament ne doit pas être utilisé dans les cas suivants :

- *asthme* et *bronchite chronique* ;
- *insuffisance cardiaque* non contrôlée par un traitement spécifique ;
- *bloc auriculoventriculaire* grave ;
- *artérite*, phénomène de *Raynaud* ;
- rythme cardiaque inférieur à 50 battements par minute ;
- *phéochromocytome* non traité ;
- hypotension ;
- *insuffisance hépatique* ;
- **grossesse** ;
- **allaitement**.

**Attention :** Des précautions sont nécessaires en cas d'*insuffisance rénale* et chez la personne âgée.

N'interrompez jamais brutalement le traitement prescrit. Espacez progressivement les prises. Un avis médical est toujours préférable.

Chez les diabétiques, les *bêtabloquants* peuvent masquer certains *symptômes* de l'*hypoglycémie* (*palpitations* et accélération du cœur essentiellement).

Les bêtabloquants peuvent aggraver les *réactions allergiques* et empêcher l'action de l'*adrénaline* utilisée dans le traitement d'urgence du *choc anaphylactique.* Lors d'examens radiologiques nécessitant l'injection de produits de contraste iodés (susceptibles de provoquer des *chocs* allergiques), le traitement doit, si possible, être suspendu avec l'accord de votre médecin.

En cas d'intervention chirurgicale, l'anesthésiste doit être prévenu de la prise de ce médicament. C'est lui qui décidera si le traitement doit être poursuivi ou arrêté avant l'intervention.

Sportif : ce médicament contient une substance susceptible de rendre positifs certains *tests antidopage.*

### Interactions avec d'autres substances

Ce médicament peut interagir avec ceux contenant de l'amiodarone.

Informez par ailleurs votre médecin si vous prenez un *inhibiteur calcique*, un *antiarythmique* de classe I, un *antidépresseur imipraminique*, un *neuroleptique*, un *barbiturique* ou un médicament contenant de la clonidine.

### Grossesse et allaitement

L'effet de ce médicament pendant la grossesse est mal connu. Son utilisation est contre indiquée chez la femme enceinte.

Ce médicament passe dans le lait maternel ; un choix est donc nécessaire entre l'allaitement et la prise du médicament. Cette décision devra être prise en accord avec votre médecin.

### Mode d'emploi et posologie

Ce médicament peut être pris indifféremment au cours ou en dehors des repas, de préférence à heure régulière.

**Posologie usuelle :**

- Adulte : 1 comprimé par jour.

**Conseils :** Veillez à toujours disposer d'une réserve de médicament : une plaquette dans la trousse de toilette, par exemple.

Votre tension artérielle doit être contrôlée régulièrement. Les appareils permettant une mesure automatique de la tension à domicile utilisent souvent un procédé de mesure différent de celui qu'emploie votre médecin. Si vous avez un tel appareil, apportez-le en consultation pour vous assurer que la mesure obtenue est bien conforme à celle du tensiomètre de votre médecin.

Le traitement médicamenteux ne dispense pas de mesures simples pouvant faire baisser la tension artérielle : activité physique régulière, modération de la consommation de boissons alcoolisées et de *sel*, lutte contre l'excès de poids.

Il est normal que le rythme cardiaque ralentisse sous l'effet du traitement ; néanmoins, en cas de fatigue anormale et de pouls inférieur à 50 battements par minute, consultez votre médecin.

### Effets indésirables possibles

Le plus fréquemment : constipation ou diarrhée, nausées, maux de tête, vertiges, fatigue, œdème, essoufflement.

Plus rarement : digestion difficile, vomissements, cauchemars, ralentissement important du cœur, *bloc auriculoventriculaire, insuffisance cardiaque*, baisse excessive de la tension artérielle, troubles de l'érection, *éruption cutanée*, phénomène de *Raynaud*, *bronchospasme*, troubles de la vision, état dépressif.

Laboratoires Negma-Lerads

## NÉCYRANE
Préparation nasale antiseptique

### Présentation
**NÉCYRANE :** solution pour pulvérisation nasale ; flacon pressurisé de 10 ml. Non remb.

### Composition

| | p 10 ml |
|---|---|
| **Ritiométan magnésien** | 194,5 g |
| Eucalyptol (cinéole) | + |
| Chlorure de benzalkonium | + |

### Dans quel cas ce médicament est-il prescrit ?
Cette solution nasale contient un *antiseptique.*

Elle est utilisée dans le *traitement d'appoint* des *rhinites* et des *rhinopharyngites.*

### Contre-indications
Ce médicament ne doit pas être utilisé dans les cas suivants :
- *allergie* aux *antiseptiques* de la famille des *ammoniums quaternaires* (présence de benzalkonium),
- enfant ayant des *antécédents* de *convulsions* et *nourrisson* de moins de 30 mois (présence de cinéole).

**Attention :** Si votre état de s'améliore pas après quelques jours de traitement, consultez votre médecin.

L'usage prolongé de ce médicament n'est pas souhaitable : il peut modifier l'équilibre microbien du nez ou de la gorge.

### Grossesse et allaitement
L'effet de ce médicament pendant la grossesse ou l'allaitement est mal connu. L'évaluation du risque éventuel lié à son utilisation est individuelle : demandez conseil à votre pharmacien ou à votre médecin.

### Mode d'emploi et posologie
Les pulvérisations doivent être faites après un mouchage soigneux, en tenant le flacon verticalement.

**Posologie usuelle :**
- Adulte : 4 à 6 pulvérisations par jour, dans chaque narine.
- Enfant de plus de 30 mois : 3 pulvérisations par jour, dans chaque narine.

**Conseils :** Les solutions nasales *antiseptiques* ou *antibiotiques* peuvent être contaminées par des *germes* : ne les conservez pas au-delà de la durée du traitement.

### Effets indésirables possibles
*Réaction allergique*, irritation locale.

Laboratoires UCB Pharma

## NEISVAC
*Informations détaillées sur www.monvidal.com*

## NÉO-CODION comprimé
Antitussif opiacé

### Présentation
**NÉO-CODION :** comprimé (vert) ; boîte de 20. Non remb.

### Composition

| | p cp |
|---|---|
| **Codéine camphosulfonate** | 25 mg |
| **Grindélia, extrait mou** | 17 mg |
| **Sulfogaïacol** | 100 mg |

### Dans quel cas ce médicament est-il prescrit ?
Ce médicament *antitussif* contient un *opiacé*, la *codéine*, qui a une action *sédative* sur le *système nerveux central* et notamment sur les centres de la toux. Les autres substances fluidifient les sécrétions bronchiques.

Il est utilisé dans le *traitement symptomatique* des toux sèches.

### Contre-indications
Ce médicament ne doit pas être utilisé dans les cas suivants :
- *asthme* ;
- *insuffisance respiratoire* ;
- en association avec les médicaments contenant de la nalbuphine, de la buprénorphine ou de la pentazocine ;
- **allaitement**.

**Attention :** Ce médicament n'est pas adapté au traitement de la toux grasse, qui est un mécanisme de défense normal de l'organisme permettant l'évacuation des mucosités présentes dans les bronches.

La toux est un *symptôme* qui peut révéler de nombreuses maladies : consultez votre médecin si elle persiste plus de quelques jours.

Du fait de la présence de codéine :
- n'utilisez pas ce médicament à forte dose et de façon prolongée (risque de *dépendance*) ;
- évitez son emploi en cas d'*hypertension intracrânienne*, qu'il pourrait aggraver.

Ce médicament peut induire une somnolence, parfois intense chez certaines personnes. Cette somnolence peut être majorée par la prise d'*alcool* ou d'autres médicaments *sédatifs*. La conduite et l'utilisation de machines dangereuses sont déconseillées, surtout dans les heures qui suivent la prise du médicament.

### Interactions avec d'autres substances
Ce médicament ne doit pas être associé à ceux qui contiennent de la nalbuphine, de la buprénorphine ou de la pentazocine : risque de diminution de l'effet *antalgique*.

Informez par ailleurs votre médecin ou votre pharmacien si vous prenez des *sédatifs*.

### Grossesse et allaitement
L'utilisation de la *codéine* et de ses dérivés (codéthyline, pholcodine) ne doit être envisagée chez la femme enceinte qu'en cas de nécessité, en effet :
- une *insuffisance respiratoire* peut survenir chez le nouveau-né d'une mère traitée par des doses élevées, même si le traitement est ponctuel mais précède de peu l'accouchement ;
- un *syndrome de sevrage*, à l'inverse, peut concerner des nouveau-nés si leur mère reçoit un traitement régulier, même à faible dose.

Il est donc important de signaler à l'obstétricien la prise éventuelle de codéine ou d'un de ses dérivés, afin que ces risques puissent être prévenus par une surveillance et un éventuel traitement adapté.

Ce médicament passe dans le lait maternel. Il est contre-indiqué pendant l'allaitement.

### Mode d'emploi et posologie

Ce médicament est pris de préférence au moment où survient la toux, en respectant un intervalle de 6 heures entre les prises.

**Posologie usuelle :**

- Adulte : 1 comprimé, 3 ou 4 fois par jour.

En cas d'*insuffisance hépatique* et chez la personne âgée, la *posologie* initiale est généralement réduite de moitié.

> **Conseils :** De nombreux médicaments contiennent de la *codéine*, notamment certains *antitussifs* et *antalgiques*. Le *surdosage* expose à une augmentation des effets indésirables.
>
> Une toux nocturne aggravée par ce médicament peut être une toux allergique, demandez conseil à votre médecin.
>
> Fumer, ou être exposé à la fumée des autres, nuit à l'efficacité du traitement : la cigarette est irritante pour les bronches et entretient la toux.
>
> Des mesures simples permettent de calmer les toux sèches : boissons chaudes et humidification de l'air ambiant.

### Effets indésirables possibles

Constipation, somnolence, nausées, vomissements, sensation de vertige et, plus rarement, *bronchospasme*, *réaction allergique* cutanée, ralentissement de la respiration. Ces effets indésirables sont ceux de la famille des *opiacés* ; ils sont généralement modérés aux doses recommandées.

Laboratoires Bouchara-Recordati

## NÉO-CODION sirop

Antitussif opiacé

### Présentation

**NÉO-CODION Adulte :** sirop (arômes : orange, mandarine) ; flacon de 180 ml. Remb 35 % - **Prix : 2,67 €.**

**NÉO-CODION Enfant :** sirop (arômes : orange, mandarine, fraise) ; flacon de 125 ml avec gobelet doseur gradué à 2,5, 5, 10 et 15 ml. Non remb.

### Composition

| | sirop Ad p c à s | sirop Enf p 5 ml |
|---|---|---|
| **Codéine** | 15,4 mg | 3,3 mg |
| **Benzoate de sodium** | | 60 mg |
| Titre alcoolique | 3,16° | 1,5° |
| Saccharose | 8,7 g | 2,8 g |

### Dans quel cas ce médicament est-il prescrit ?

Ce médicament *antitussif* contient un *opiacé*, la *codéine*, qui a une action *sédative* sur le *système nerveux central* et notamment sur les centres de la toux. Le sirop Enfant contient également un *expectorant*.

Il est utilisé dans le *traitement symptomatique* des toux sèches.

### Contre-indications

Ce médicament ne doit pas être utilisé dans les cas suivants :

- *asthme* ;
- *insuffisance respiratoire* ;
- enfant de moins de 15 ans (sirop Adulte) ;
- enfant de moins de 30 mois (sirop Enfant) ;
- en association avec les médicaments contenant de la nalbuphine, de la buprénorphine ou de la pentazocine ;
- **allaitement**.

> **Attention :** Ce médicament n'est pas adapté au traitement de la toux grasse, qui est un mécanisme de défense normal de l'organisme permettant l'évacuation des mucosités présentes dans les bronches.
>
> La toux est un *symptôme* qui peut révéler de nombreuses maladies : consultez votre médecin si elle persiste plus de quelques jours.
>
> Du fait de la présence de codéine :
> - n'utilisez pas ce médicament à forte dose et de façon prolongée (risque de *dépendance*) ;
> - évitez son emploi en cas d'*hypertension intracrânienne*, qu'il pourrait aggraver.
>
> Ce médicament contient du *sucre* (saccharose) en quantité notable.
>
> Ce médicament peut induire une somnolence, parfois intense chez certaines personnes. Cette somnolence peut être majorée par la prise d'*alcool* ou d'autres médicaments *sédatifs*. La conduite et l'utilisation de machines dangereuses sont déconseillées, surtout dans les heures qui suivent la prise du médicament.

### Interactions avec d'autres substances

Ce médicament ne doit pas être associé à ceux qui contiennent de la nalbuphine, de la buprénorphine ou de la pentazocine : risque de diminution de l'effet *antalgique*.

Informez par ailleurs votre médecin ou votre pharmacien si vous prenez des *sédatifs*.

### Grossesse et allaitement

L'utilisation de la *codéine* et de ses dérivés (codéthyline, pholcodine) ne doit être envisagée chez la femme enceinte qu'en cas de nécessité, en effet :

- une *insuffisance respiratoire* peut survenir chez le nouveau-né d'une mère traitée par des doses élevées, même si le traitement est ponctuel mais précède de peu l'accouchement ;
- un *syndrome de sevrage*, à l'inverse, peut concerner des nouveau-nés si leur mère reçoit un traitement régulier, même à faible dose.

Il est donc important de signaler à l'obstétricien la prise éventuelle de codéine ou d'un de ses dérivés, afin que ces risques puissent être prévenus par une surveillance et un éventuel traitement adapté.

Ce médicament passe dans le lait maternel. Il est contre-indiqué pendant l'allaitement.

### Mode d'emploi et posologie

Ce médicament est pris de préférence au moment où survient la toux et les prises doivent être espacées de 6 heures.

**Posologie usuelle :**

- Adulte : 1 cuillère à soupe de sirop Adulte, 1 à 4 fois par jour.

En cas d'*insuffisance hépatique* et chez la personne âgée, la *posologie* initiale est généralement réduite de moitié.

- Enfant de 40 à 50 kg (de 12 à 15 ans) : 1 mesure de 15 ml de sirop Enfant, 1 à 4 fois par jour.
- Enfant de 25 à 40 kg (de 8 à 12 ans) : 1 mesure de 10 ml de sirop Enfant, 1 à 4 fois par jour.
- Enfant de 20 à 25 kg (de 6 à 8 ans) : 1 mesure de 5 ml de sirop Enfant, 1 à 4 fois par jour.
- Enfant de 13 à 20 kg (de 30 mois à 6 ans) : 1 mesure de 2,5 ml de sirop Enfant, 1 à 4 fois par jour.

**Conseils :** De nombreux médicaments contiennent de la *codéine*, notamment certains *antitussifs* et *antalgiques*. Le *surdosage* expose à une augmentation des effets indésirables.
Une toux nocturne aggravée par ce médicament peut être une toux allergique : demandez conseil à votre médecin.
Fumer, ou être exposé à la fumée des autres, nuit à l'efficacité du traitement : la cigarette est irritante pour les bronches et entretient la toux.
Des mesures simples permettent de calmer les toux sèches : boissons chaudes et humidification de l'air ambiant.

### Effets indésirables possibles

Constipation, somnolence, nausées, vomissements, sensation de vertige et, plus rarement, *bronchospasme*, *réaction allergique* cutanée, ralentissement de la respiration. Ces effets indésirables sont ceux de la famille des *opiacés* ; ils sont généralement modérés aux doses recommandées.

Laboratoires Bouchara-Recordati

## NÉO-CODION sirop Nourrisson

*Informations détaillées sur www.monvidal.com*

## NÉO-MERCAZOLE

Antithyroïdien

### Présentation

**NÉO-MERCAZOLE 5 mg :** comprimé (blanc) ; boîte de 50. Remb 65 % - **Prix : 2,67 €.**
**NÉO-MERCAZOLE 20 mg :** comprimé (blanc) ; boîte de 30. Remb 65 % - **Prix : 4,76 €.**

### Composition

| | p cp | p cp |
|---|---|---|
| **Carbimazole** | 5 mg | 20 mg |

### Dans quel cas ce médicament est-il prescrit ?

Ce médicament appartient à la famille des *antithyroïdiens*. Il bloque la synthèse des *hormones thyroïdiennes*.
Il est utilisé dans le traitement des *hyperthyroïdies*.

### Contre-indications

Ce médicament ne doit pas être utilisé dans les cas suivants :
- certains cancers de la *thyroïde*,
- certaines maladies graves du sang,
- *insuffisance hépatique*.

**Attention :** Ce médicament peut être responsable d'une baisse du nombre de *globules blancs* dans le sang : en cas de fièvre ou d'angine, qui peuvent traduire cette anomalie sanguine, consultez votre médecin. Pour prévenir ce risque, des analyses de sang régulières sont nécessaires en début de traitement.

### Grossesse et allaitement

Le traitement peut être poursuivi pendant la grossesse sous réserve d'une adaptation de la *posologie*.
Ce médicament passe dans le lait maternel ; un choix est donc nécessaire entre l'allaitement et la prise du médicament. Cette décision devra être prise en accord avec votre médecin.

### Mode d'emploi et posologie

Les comprimés peuvent être avalés en 1 ou 3 prises, de préférence au cours des repas.

**Posologie usuelle :**
Elle est fixée par le médecin en fonction de l'intensité de l'*hyperthyroïdie*. Elle est modifiée en fonction de la réponse au traitement.
L'effet n'est pas immédiat et se manifeste après plusieurs semaines.

### Effets indésirables possibles

*Réaction allergique* cutanée, fièvre, rougeurs, douleurs articulaires, courbatures.
Baisse du nombre de *globules blancs* dans le sang (voir Attention).
Augmentation du volume du goitre, en général liée à un *surdosage*.
Rarement : *hépatite*, perte du goût.

Laboratoires CSP

## NÉOMYCINE DIAMANT collyre

*Informations détaillées sur www.monvidal.com*

## NÉORAL

Immunosuppresseur — sur ordonnance

### Présentation

NÉORAL : solution buvable ; flacon de 50 ml avec pipette. Liste I, *médicament à prescription restreinte* - Remb 100 % - **Prix : 215,03 €.**
NÉORAL 10 mg : capsule ; boîte de 60. Liste I, *médicament à prescription restreinte* - Remb 100 % - **Prix : 30,48 €.**
NÉORAL 25 mg : capsule ; boîte de 60. Liste I, *médicament à prescription restreinte* - Remb 100 % - **Prix : 68,93 €.**
NÉORAL 50 mg : capsule ; boîte de 60. Liste I, *médicament à prescription restreinte* - Remb 100 % - **Prix : 132,56 €.**
NÉORAL 100 mg : capsule ; boîte de 60. Liste I, *médicament à prescription restreinte* - Remb 100 % - **Prix : 254,52 €.**

### Composition

| | p ml | p caps | p caps |
|---|---|---|---|
| **Ciclosporine** | 100 mg | 10 mg | 25 mg |

| | p caps | p caps |
|---|---|---|
| **Ciclosporine** | 50 mg | 100 mg |

### Dans quel cas ce médicament est-il prescrit ?

Ce médicament contient de la ciclosporine. Cette substance a la propriété de bloquer certaines cellules qui interviennent dans les réactions immunitaires contre les corps étrangers.

La ciclosporine est utilisée pour prévenir le rejet des greffes d'organe (rein, cœur, moelle osseuse...). Elle est également utilisée dans le traitement de certaines maladies où une activité anormale du système immunitaire est connue ou suspectée : *polyarthrite rhumatoïde*, maladie rénale, *psoriasis* grave, *aplasie médullaire*...

### Contre-indications

Dans la prévention du rejet des greffes d'organe, il n'existe pas de contre-indications à l'emploi de la ciclosporine en dehors de l'*allergie* à cette substance. Lorsque ce médicament est utilisé pour traiter une maladie, les contre-indications varient en fonction de l'affection traitée et du bénéfice attendu pour le malade.

**Attention :** Le respect de la *posologie*, la régularité des prises sont des éléments fondamentaux du traitement.
Le médecin prescrit des analyses de sang pour vérifier le bon fonctionnement des reins ou pour connaître la quantité de ciclosporine présente dans le sang.

### Interactions avec d'autres substances

Certains médicaments ou substances peuvent augmenter le taux de ciclosporine dans le sang :
- *antibiotiques* : pristinamycine, érythromycine, roxithromycine, josamycine ;
- *antifongiques* (sauf d'usage local) : kétoconazole, fluconazole, itraconazole ;
- *contraceptifs* oraux ;
- certains *inhibiteurs calciques*.

D'autres médicaments ou substances peuvent diminuer l'action de la ciclosporine :
- antibiotiques : triméthoprime, octréotide, rifampicine ;
- phénobarbital et autres *barbituriques* ;
- antiépileptiques : carbamazépine, phénytoïne.

Certains médicaments, enfin, peuvent donner lieu à des interactions plus ou moins gênantes :
- *vaccins* vivants (aucun risque avec les vaccins tués) ;
- antibiotiques potentiellement toxiques pour le rein (sauf d'usage local) : *aminosides*, amphotéricine B (*voie IV*).

Ne prenez aucun de ces médicaments sans l'accord du médecin hospitalier qui vous a prescrit la ciclosporine.

### Grossesse et allaitement

L'effet de ce médicament pendant la grossesse est mal connu : seul votre médecin peut évaluer le risque éventuel de son utilisation dans votre cas.

Ce médicament passe dans le lait maternel : l'allaitement est déconseillé.

### Mode d'emploi et posologie

La solution buvable doit être diluée dans un récipient en verre, avec une boisson froide (eau minérale, lait, chocolat, jus de fruit sauf jus de pamplemousse). Elle doit être bue immédiatement après dilution.

Les capsules doivent être avalées avec un grand verre d'eau ; il est possible de les mâcher.

**Posologie usuelle :**
La *posologie* est strictement individuelle ; elle est répartie en 2 prises quotidiennes.

**Conseils :**
**Conditions particulières de délivrance :**
Ce médicament est un *médicament à prescription restreinte* : il doit obligatoirement être prescrit pour la première fois par un médecin hospitalier. Les ordonnances de renouvellements peuvent être rédigées par un médecin de ville, mais chaque ordonnance de renouvellement doit être présentée au pharmacien, accompagnée de la prescription hospitalière initiale, valable 6 mois.
La pipette servant à prélever la solution buvable ne doit pas être rincée à l'eau après usage : il faut l'essuyer dans un mouchoir en papier avant de la ranger dans son étui.
La solution buvable se conserve 2 mois après ouverture, de préférence dans un endroit frais.

### Effets indésirables possibles

*Insuffisance rénale*, *hypertension artérielle*, *hépatite*, tremblements, fourmillements cutanés, pousse anormale des poils, *troubles digestifs*, gonflement des gencives, *œdèmes*.
Rarement, crampes musculaires.

Laboratoires Novartis Pharma

## NÉRISALIC

*Informations détaillées sur www.monvidal.com*

## NÉRISONE

Dermocorticoïde — sur ordonnance

### Présentation

NÉRISONE : crème ; tube de 30 g. Liste I - Remb 65 % - **Prix : 3,34 €**.
NÉRISONE : pommade ; tube de 30 g. Liste I - Remb 65 % - **Prix : 3,34 €**.
NÉRISONE GRAS : pommade anhydre ; tube de 30 g. Liste I - Remb 65 % - **Prix : 3,34 €**.

### Composition

| | p 100 g |
|---|---|
| **Diflucortolone valérate** | 100 mg |

### Dans quel cas ce médicament est-il prescrit ?

C'est un *dermocorticoïde* d'activité forte. Comme les autres dérivés de la *cortisone* à usage local, il freine le renouvellement et la multiplication des cellules de la peau et limite le suintement.

Il est utilisé pour traiter les *eczémas* de contact ou *atopiques*, les *lichénifications*, les *dermites séborrhéiques* (sauf celles du visage), le *psoriasis*, le *prurigo*, la *dyshidrose*, et pour soulager les démangeaisons dues aux piqûres d'insectes ou à la présence de parasites sous la peau.

Il est également utilisé dans le traitement de certaines maladies rares : *granulome annulaire*, *lupus érythémateux* discoïde, *mycosis fongoïde*.

### Contre-indications

Ce médicament ne doit pas être utilisé dans les cas suivants :
- infection et parasitose non traitées de la peau (ce médicament n'a pas d'effet anti-infectieux),
- lésion ulcérée,
- *acné* et *rosacée*,
- en application sur les paupières (risque d'augmentation de la *tension intraoculaire*).

**Attention :** Sauf indication contraire de votre médecin, n'appliquez jamais de *dermocorticoïdes* d'activité forte ou très forte :
- sur le visage : risque majoré d'effets indésirables locaux, notamment de *dermite périorale* (rougeur autour de la bouche) ;
- chez le *nourrisson*.

Comme les autres dermocorticoïdes, ce médicament a souvent une action efficace et rapide sur les lésions de la peau ; il peut être tentant de le réutiliser, mais l'automédication expose à des risques importants : aggravation de certaines lésions, installation d'une *dépendance* (amélioration de moins en moins visible des lésions et recrudescence des *symptômes* à chaque arrêt de traitement) et altération durable de la peau.
Suivez attentivement la prescription de votre médecin et n'hésitez pas à lui demander des explications.

### Grossesse et allaitement

Aucun effet néfaste pour l'enfant à naître n'a été établi avec ce médicament. Il peut être prescrit pendant la grossesse.
En raison du risque d'ingestion par le nouveau-né, ce médicament ne doit pas être appliqué sur le mamelon chez la femme qui allaite.

### Mode d'emploi et posologie

La crème est adaptée au traitement des lésions suintantes et des régions pileuses, la pommade à celui des lésions sèches, la pommade anhydre à celui des lésions très sèches.
Étaler le produit sur les lésions et le faire pénétrer par un léger massage. Pour traiter de grandes surfaces de peau : appliquer en touches espacées, puis étaler jusqu'à complète absorption.

**Posologie usuelle :**
1 ou 2 applications par jour.
Le médecin prescrit fréquemment un arrêt progressif du traitement : espacement des applications ou diminution de la quantité appliquée.

**Conseils :** Ne conseillez pas, ne donnez pas ce médicament à un proche.
Pensez à vous laver les mains après l'application.
En cas d'utilisation sur une grande surface de peau, le port d'un gant en plastique est recommandé.

### Effets indésirables possibles

Sont à craindre en cas d'usage prolongé : *atrophie* cutanée, *télangiectasies* (dilatation des petits vaisseaux), vergetures, *purpura* (microhémorragies de la peau), fragilisation de la peau.
Appliqué sur le visage, ce médicament peut provoquer une *dermite périorale* ou provoquer ou aggraver une *rosacée*.
Sont possibles également : retard de cicatrisation, *acné*, développement anormal des poils, dépigmentation localisée de la peau.
L'utilisation des *dermocorticoïdes* sous un pansement étanche ou dans les plis peut favoriser la prolifération des bactéries ou une allergie cutanée. Consulter votre médecin en cas de rougeur ou de douleur apparue après le début du traitement.

**Laboratoires Schering**

## NÉRISONE C

Dermocorticoïde et antiseptique — **sur ordonnance**

### Présentation

NÉRISONE C : crème ; tube de 30 g. Liste I - Non remb.

### Composition

| | p 100 g |
|---|---|
| **Diflucortolone valérate** | 100 mg |
| **Chlorquinaldol** | 1 g |

### Dans quel cas ce médicament est-il prescrit ?

Cette crème contient un *dermocorticoïde* d'activité forte et un *antiseptique* local. Comme les autres médicaments contenant un dérivé de la *cortisone* à usage local, elle freine le renouvellement et la multiplication des cellules de la peau et limite le suintement.
Elle est utilisée pour traiter les *eczémas* de contact ou *atopiques*, les *lichénifications*, les *dermites séborrhéiques* (sauf celles du visage), le *psoriasis*, le *prurigo*, la *dyshidrose*, et pour soulager les démangeaisons dues aux piqûres d'insectes ou à la présence de parasites sous la peau.
Elle est également utilisée dans le traitement de certaines maladies rares : *granulome annulaire*, *lupus érythémateux* discoïde, *mycosis fongoïde*.

### Contre-indications

Ce médicament ne doit pas être utilisé dans les cas suivants :
- infection et parasitose non traitées de la peau,
- lésion ulcérée,
- *acné* et *rosacée*,
- en application sur les paupières (risque d'augmentation de la *tension intraoculaire*).

**Attention :** Sauf indication contraire de votre médecin, n'appliquez jamais de *dermocorticoïdes* d'activité forte ou très forte :
- sur le visage : risque majoré d'effets indésirables locaux, notamment de *dermite périorale* (rougeur autour de la bouche) ;
- chez le *nourrisson*.

Cette crème n'est pas destinée à traiter les infections bactériennes de la peau mais à traiter l'infection qui vient compliquer une lésion préexistante.
Comme les autres *dermocorticoïdes*, ce médicament a souvent une action efficace et rapide sur les lésions de la peau ; il peut être tentant de le réutiliser, mais l'automédication expose à des risques importants : aggravation de certaines lésions, installation d'une *dépendance* (amélioration de moins en moins visible des lésions et recrudescence des *symptômes* à chaque arrêt de traitement) et altération durable de la peau.
Suivez attentivement la prescription de votre médecin et n'hésitez pas à lui demander des explications.

### Grossesse et allaitement

Aucun effet néfaste pour l'enfant à naître n'a été établi avec ce médicament. Il peut être prescrit pendant la grossesse.
En raison du risque d'ingestion par le nouveau-né, ce médicament ne doit pas être appliqué sur le mamelon chez la femme qui allaite.

### Mode d'emploi et posologie

Étaler la crème en couche mince sur les lésions et la faire pénétrer par un léger massage.

**Posologie usuelle :**

1 ou 2 applications par jour.

Le médecin prescrit fréquemment un arrêt progressif du traitement : espacement des applications ou diminution de la quantité appliquée.

> **Conseils :** Ne conseillez pas, ne donnez pas ce médicament à un proche.
> Pensez à vous laver les mains après l'application. En cas d'utilisation sur une grande surface de peau, le port d'un gant en plastique est recommandé.

### Effets indésirables possibles

Sont à craindre en cas d'usage prolongé : *atrophie* cutanée, *télangiectasies* (dilatation des petits vaisseaux), vergetures, *purpura* (microhémorragies de la peau), fragilisation de la peau.

Appliqué sur le visage, ce médicament peut provoquer une *dermite périorale* ou provoquer ou aggraver une *rosacée.*

Sont possibles également : retard de cicatrisation, *acné*, développement anormal des poils, dépigmentation localisée de la peau.

L'utilisation des *dermocorticoïdes* sous un pansement étanche ou dans les plis peut favoriser la prolifération des bactéries ou une allergie cutanée. Consulter votre médecin en cas de rougeur ou de douleur apparue après le début du traitement.

*Réaction allergique* cutanée (chlorquinaldol).

Laboratoires Schering

## NERVOPAX

*Informations détaillées sur www.monvidal.com*

## NESTOSYL pommade

*Informations détaillées sur www.monvidal.com*

## NESTOSYL soluté huileux

*Informations détaillées sur www.monvidal.com*

## NÉTROMICINE

Antibiotique : aminoside — sur ordonnance

### Présentation

**NÉTROMICINE IM 25 mg/1 ml :** solution injectable ; ampoule de 1 ml. Liste I - Remb 65 % - **Prix : 1,68 €.**
**NÉTROMICINE IM 50 mg/2 ml :** solution injectable ; ampoule de 2 ml. Liste I - Remb 65 % - **Prix : 2,38 €.**
**NÉTROMICINE IM 100 mg/1 ml :** solution injectable ; ampoule de 1 ml. Liste I - Remb 65 % - **Prix : 3,80 €.**
**NÉTROMICINE IM 150 mg/1,5 ml :** solution injectable ; ampoule de 1,5 ml. Liste I - Remb 65 % - **Prix : 4,96 €.**

### Composition

| | p amp inj | p amp inj |
|---|---|---|
| **Nétilmicine** | 25 mg | 50 mg |
| Sulfites | + | + |
| | p amp inj | p amp inj |
| **Nétilmicine** | 100 mg | 150 mg |
| Sulfites | + | + |

### Dans quel cas ce médicament est-il prescrit ?

C'est un *antibiotique* qui appartient à la famille des *aminosides.*

Il est utilisé dans le traitement de diverses maladies infectieuses, notamment des reins et des *voies* urinaires.

### Contre-indications

Ce médicament ne doit pas être utilisé dans les cas suivants :

- *allergie* aux médicaments de la famille des *aminosides* et aux *sulfites* ;
- *myasthénie* ;
- en association avec un autre aminoside.

> **Attention :** Ce médicament peut être toxique pour l'*oreille interne* : signalez à votre médecin tout trouble de l'équilibre ou de l'audition, ancien ou survenant pendant le traitement. Il peut également provoquer des lésions des reins, en cas de *surdosage* ou d'*insuffisance rénale* préexistante.
> Ne prenez aucun *diurétique* sans avis médical pendant le traitement. En cas d'intervention chirurgicale, informez l'anesthésiste de la prise de ce médicament.

### Interactions avec d'autres substances

Ce médicament ne doit pas être associé aux médicaments contenant un autre *aminoside* : augmentation du risque de toxicité pour le rein ou l'oreille interne.

Informez votre médecin si vous prenez un médicament contenant de l'amphotéricine B, de la ciclosporine, du bumétanide ou du furosémide.

### Grossesse et allaitement

L'absence d'effet toxique de ce médicament pour l'enfant à naître n'a pas été établie. Seul votre médecin peut évaluer le risque éventuel de son utilisation dans votre cas.

Ce médicament passe faiblement dans le lait maternel.

### Mode d'emploi et posologie

Les ampoules sont prêtes à l'emploi et doivent être injectées exclusivement par *voie intramusculaire* ou en *perfusion.*

**Posologie usuelle :**

- Adulte : 4 à 6 mg par kg et par jour, soit 350 mg pour un adulte de 70 kg.
- Enfant et nourrisson : 6 à 7,5 mg par kg et par jour.

Le médecin répartit cette dose en 1 ou 2 injections, et même 3 chez l'insuffisant rénal.

La solution injectable ne doit pas être mélangée avec un autre médicament dans la même seringue.

> **Conseils :** L'éventuelle impression de fatigue n'est pas due à l'*antibiotique,* mais à l'infection elle-même.

### Effets indésirables possibles

Douleur au point d'injection.

Rarement, dans les conditions normales d'utilisation : *insuffisance rénale*, troubles de l'audition.

Rares *allergies* cutanées.

Laboratoires Schering-Plough

Les mots en *italique* dans les textes sont expliqués dans le lexique p. 1323.

# NEULEPTIL

Neuroleptique

**sur ordonnance**

## Présentation

NEULEPTIL 10 mg : gélule (crème) ; boîte de 50. Liste I - Remb 65 % - **Prix : 7,50 €**.
NEULEPTIL 25 mg : comprimé sécable (jaune) ; boîte de 50. Liste I - Remb 65 % - **Prix : 8,74 €**.
NEULEPTIL 1 % : solution buvable ; flacon compte-gouttes de 30 ml (1 200 gouttes). Liste I - Remb 65 % - **Prix : 3,72 €**.
NEULEPTIL 4 % : solution buvable ; flacon compte-gouttes de 30 ml (1 200 gouttes). Liste I - Remb 65 % - **Prix : 7,18 €**.

## Composition

| | p gél | p cp |
|---|---|---|
| **Propériciazine** | 10 mg | 25 mg |
| Amidon de blé (gluten) | | + |

| | p gte | p gte |
|---|---|---|
| **Propériciazine** | 0,25 mg | 1 mg |
| Titre alcoolique | 9° | 9° |

## Dans quel cas ce médicament est-il prescrit ?

C'est un *neuroleptique* qui appartient à la famille chimique des phénothiazines. Il possède des effets *atropiniques* marqués, qui ne participent pas à son activité, mais qui expliquent certaines contre-indications et certains effets indésirables.

Il est utilisé dans le traitement de certains troubles psychiques (*schizophrénie*, certains types de *psychoses*, troubles graves du comportement chez l'enfant...).

## Contre-indications

Ce médicament ne doit pas être utilisé dans les cas suivants :

- risque de *glaucome* à angle fermé,
- risque de blocage des urines (*adénome de la prostate*),
- *antécédent* d'*agranulocytose*,
- *intolérance* au gluten (comprimé à 25 mg),
- en association avec les médicaments *dopaminergiques*.

**Attention :** Dans le traitement de certains troubles psychiques, les *neuroleptiques* permettent de contrôler efficacement la maladie, mais un arrêt intempestif du traitement expose à une rechute grave.

Ce médicament peut être responsable d'une baisse du nombre des *globules blancs* dans le sang. Des analyses doivent être réalisées rapidement en cas d'angine, d'ulcérations de la bouche ou de fièvre anormale, qui peuvent traduire cette anomalie sanguine.

En cas de survenue d'une fièvre inexpliquée associée à une raideur musculaire (qui pourraient être dues au médicament), ne poursuivez pas le traitement sans avis médical : risque de *syndrome malin des neuroleptiques*.

Ce médicament présente des effets *atropiniques*. Il peut provoquer un *glaucome* aigu chez les personnes prédisposées : œil rouge, dur et douloureux, avec vision floue. Une consultation d'extrême urgence auprès d'un ophtalmologiste est nécessaire.

Sauf cas exceptionnel, ce médicament ne doit pas être utilisé en cas de maladie de *Parkinson*.

Les situations favorisant les *torsades de pointes* doivent être signalées au médecin.

Des précautions particulières s'imposent en cas d'*épilepsie*, de maladie cardiaque, chez l'*insuffisant hépatique* ou *rénal* et chez la personne âgée, notamment en cas de constipation chronique, de tendance aux *vertiges* ou aux baisses de tension.

Évitez les boissons alcoolisées : augmentation du risque de somnolence.

Ce médicament peut induire une somnolence, parfois intense chez certaines personnes. Cette somnolence peut être majorée par la prise d'*alcool* ou d'autres médicaments *sédatifs*. La conduite et l'utilisation de machines dangereuses sont déconseillées, surtout dans les heures qui suivent la prise du médicament.

## Interactions avec d'autres substances

La prise conjointe de neuroleptiques et de médicaments *dopaminergiques* est généralement contre-indiquée (risque d'annulation de leurs effets) ; cette association peut néanmoins être nécessaire chez certaines personnes atteintes de la maladie de *Parkinson*.

Il peut interagir avec les médicaments contenant du sultopride ou de la lévodopa.

Informez par ailleurs votre médecin si vous prenez un *antihypertenseur*, un *bêtabloquant*, un médicament *atropinique*, un *sédatif* ou certains pansements gastriques.

## Grossesse et allaitement

Si une grossesse survient pendant le traitement, consultez votre médecin. Il appréciera le risque éventuel lié à l'utilisation de ce médicament dans votre cas.

Si le traitement est poursuivi jusqu'à l'accouchement, une surveillance médicale du *nouveau-né* est nécessaire.

Les données actuellement disponibles ne permettent pas de savoir si ce médicament passe dans le lait maternel : l'allaitement est déconseillé sans avis médical.

## Mode d'emploi et posologie

La dose quotidienne est répartie en 2 ou 3 prises.

**Posologie usuelle :**

Elle est strictement individuelle. La dose minimale efficace est toujours recherchée.

**Conseils :** Une prise de poids peut être observée au cours du traitement. Une alimentation équilibrée, et si nécessaire les conseils d'un nutritionniste, peuvent prévenir et limiter ce phénomène.

## Effets indésirables possibles

Somnolence, surtout en début de traitement.

Indifférence, réaction anxieuse, variation de l'humeur.

Effets *atropiniques* : sécheresse de la bouche, constipation, troubles de l'*accommodation*, rétention d'urine.

*Hypotension orthostatique*.

Mouvements involontaires ou inadaptés, tics, pouvant survenir lors de la première prise (notamment en cas de *surdosage*) ou, plus tardivement, lors d'un traitement prolongé.

Raideur musculaire et difficultés à coordonner les mouvements.

Augmentation de la sécrétion de *prolactine* pouvant se traduire par : absence des règles, augmentation du volume des seins, écoulement de lait par le mamelon.

Troubles sexuels.

Prise de poids, *hyperglycémie*.
Rarement : *réaction allergique* cutanée, *photosensibilisation*, troubles du rythme cardiaque (*torsades de pointes*), *syndrome malin des neuroleptiques* (voir Attention), *agranulocytose* (exceptionnelle).

Laboratoires Aventis

## NEURIPLÈGE

Relaxant musculaire local

### Présentation

NEURIPLÈGE : crème ; tube de 30 g. Non remb.

### Composition

| | p 100 g |
|---|---|
| **Chlorproéthazine chlorhydrate** | 10 g |

### Dans quel cas ce médicament est-il prescrit ?

Cette crème contient une substance de la famille des phénothiazines. Elle a un effet myorelaxant (relaxant musculaire).
Elle est utilisée dans le traitement local des douleurs des muscles, des tendons et des ligaments.

### Contre-indications

Cette crème ne doit pas être utilisée dans les cas suivants :
- *allergie* aux phénothiazines ;
- en application sur les *muqueuses*, les plaies, une peau lésée ou sous pansement étanche (occlusif) ;
- exposition au soleil ou aux *ultraviolets*.

**Attention :** La région traitée ne doit pas être exposée au soleil : il est recommandé de la protéger par un vêtement.
En cas de réaction cutanée lors de l'application de la crème, il est conseillé d'utiliser une protection solaire avant toute exposition au soleil durant les 2 mois qui suivent l'arrêt du traitement.

### Grossesse et allaitement

L'effet de ce médicament pendant la grossesse ou l'allaitement est mal connu. L'évaluation du risque éventuel lié à son utilisation est individuelle : demandez conseil à votre pharmacien ou à votre médecin.

### Mode d'emploi et posologie

Appliquer la crème par un massage doux et prolongé.

**Posologie usuelle :**
- Adulte : 2 ou 3 applications par jour.

**Conseils :** Se laver soigneusement les mains après utilisation.

### Effets indésirables possibles

*Allergie* cutanée (éruption de boutons, démangeaisons...), *photosensibilisation* imposant l'arrêt du traitement ; à ne pas confondre avec une rougeur au point d'application, due au médicament.

Laboratoires Génévrier

## NEUROCYNÉSINE

*Informations détaillées sur www.monvidal.com*

## NEUROFLORINE

*Informations détaillées sur www.monvidal.com*

## NEUROLITHIUM

*Informations détaillées sur www.monvidal.com*

## NEURONTIN

Antiépileptique — sur ordonnance

### Présentation

NEURONTIN 100 mg : gélule (blanc) ; boîte de 90. Liste I - Remb 65 % - **Prix : 18,19 €**.
NEURONTIN 300 mg : gélule (jaune) ; boîte de 90. Liste I - Remb 65 % - **Prix : 50,45 €**.
NEURONTIN 400 mg : gélule (orange) ; boîte de 90. Liste I - Remb 65 % - **Prix : 59,45 €**.
NEURONTIN 600 mg : comprimé (blanc) ; boîte de 90. Liste I - Remb 65 % - **Prix : 82,01 €**.
NEURONTIN 800 mg : comprimé (blanc) ; boîte de 90. Liste I - Remb 65 % - **Prix : 101,56 €**.

### Composition

| | p gél | p gél | p gél |
|---|---|---|---|
| **Gabapentine** | 100 mg | 300 mg | 400 mg |
| Lactose | + | + | + |

| | p cp | p cp |
|---|---|---|
| **Gabapentine** | 600 mg | 800 mg |

### Dans quel cas ce médicament est-il prescrit ?

Ce médicament est un antiépileptique chimiquement apparenté à une substance présente dans le cerveau, l'acide gamma-amino-butyrique (GABA).
Il est utilisé dans le traitement :
- de certaines formes d'*épilepsie*,
- des *douleurs neuropathiques* qui font suite à un *zona* chez l'adulte.

**Attention :** Des précautions sont nécessaires en cas d'*insuffisance rénale*.
Ne modifiez ni n'interrompez jamais votre traitement sans l'accord de votre médecin : risque de réapparition des *convulsions*, même si aucune crise n'est survenue depuis une longue période.
La conduite automobile et l'utilisation de machines dangereuses sont contre-indiquées chez les épileptiques lorsque les crises persistent malgré un *traitement préventif*. Par ailleurs, ce médicament peut être à l'origine de *vertiges* ou de troubles visuels.

### Interactions avec d'autres substances

Respectez un intervalle minimal de 2 heures entre la prise de ce médicament et celle d'un *antiacide*.

### Grossesse et allaitement

Si une grossesse survient sous traitement, consultez votre médecin.
L'arrêt brutal d'un traitement antiépileptique expose à la réapparition de crises préjudiciables à la mère et à l'enfant à naître. Votre médecin appréciera le risque éventuel lié à la poursuite du traitement dans votre cas.
Les données actuellement disponibles ne permettent pas de savoir si ce médicament passe dans le lait maternel. L'allaitement est déconseillé pendant le traitement.

### Mode d'emploi et posologie

Ce médicament peut être pris indifféremment au cours ou en dehors des repas. La dose quotidienne est répartie généralement en 2 ou 3 prises.

Les gélules ne doivent pas être croquées. Pour les personnes ayant des difficultés à avaler les gélules (enfant de moins de 6 ans notamment), elles peuvent être ouvertes et leur contenu mélangé à un aliment.

Les comprimés doivent également être avalés entiers, sans être croqués.

**Posologie usuelle :**

- Adulte et enfant de plus de 12 ans : la *posologie* moyenne varie de 900 mg à 1 200 mg par jour en fonction des indications ; elle est atteinte progressivement, puis adaptée par le médecin en fonction de l'efficacité du traitement. Dans certains cas, la posologie peut être augmentée jusqu'à 3 600 mg par jour.
- Enfant de 3 à 12 ans : 30 à 40 mg par kg et par jour, en association avec un autre antiépileptique.

**Conseils :** Afin d'éviter les oublis, il est préférable de prendre ce médicament à heure fixe.
Veillez à ne pas manquer de ce médicament ; lors de vos déplacements, munissez-vous d'une réserve et d'une ordonnance en cours de validité.

### Effets indésirables possibles

Fatigue, somnolence, maux de tête, difficulté de coordination des mouvements (ataxie), *vertiges*, nervosité, insomnie, fourmillement des extrémités, *nystagmus*.

Nausées, vomissements, manque d'appétit, prise de poids.

Agitation, irritabilité.

Rarement, en début de traitement : augmentation paradoxale de la fréquence des crises d'épilepsie ou modification de leurs caractéristiques.

Laboratoires Pfizer

## NEUROPAX

*Informations détaillées sur www.monvidal.com*

## NEUTROSES

*Informations détaillées sur www.monvidal.com*

## NEXEN

Anti-inflammatoire non stéroïdien — sur ordonnance

### Présentation

NEXEN 100 mg : comprimé ; boîte de 30. Liste I - Remb 65 % - **Prix : 7,42 €.**
NEXEN 100 mg : granulés pour solution buvable (arôme orange) ; boîte de 30 sachets. Liste I - Remb 65 % - **Prix : 7,42 €.**

### Composition

| | p cp | p sachet |
|---|---|---|
| **Nimésulide** | 100 mg | 100 mg |
| Saccharose | | 1,8 g |
| Lactose | + | |

### Dans quel cas ce médicament est-il prescrit ?

Ce médicament est un *anti-inflammatoire* non stéroïdien (*AINS*). Il lutte contre l'*inflammation* et la douleur, fait baisser la fièvre et fluidifie le sang.

Il est utilisé dans le traitement de l'*arthrose* douloureuse.

### Contre-indications

Ce médicament ne doit pas être utilisé dans les cas suivants :

- *antécédent* d'*allergie* ou d'*asthme* provoqué par la prise d'*AINS*, y compris l'aspirine ;
- *ulcère* de l'estomac ou du *duodénum* ;
- *insuffisance hépatique* ou *rénale* graves ;
- enfant de moins de 15 ans ;
- **grossesse** (à partir du 6e mois).

**Attention :** Tout traitement prolongé ou *surdosage* d'*AINS* expose à des effets indésirables graves.
Des précautions sont nécessaires chez la personne souffrant d'*antécédent* d'*ulcère* de l'estomac ou du *duodénum*, ou présentant un risque hémorragique, notamment digestif (maladie de Crohn, rectocolite hémorragique).
Certaines situations doivent conduire à ne poursuivre le traitement qu'après un avis médical :
- brûlures d'estomac importantes ou selles noires et nauséabondes pouvant traduire une irritation ou un saignement du tube digestif ;
- *réaction allergique* cutanée, crise d'*asthme* ;
- fatigue inhabituelle et intense, ou baisse brutale et importante du volume des urines chez une personne souffrant d'*insuffisance cardiaque*, déshydratée ou traitée par *diurétique*.

Certains médecins considèrent que les anti-inflammatoires peuvent diminuer l'efficacité des stérilets et exposer à un risque de grossesse non désirée. Ce risque est actuellement très controversé.
Compte-tenu de ses effets indésirables potentiels, ce médicament peut, chez certaines personnes, ne pas être compatible avec la conduite automobile ou le maniement de machines dangereuses. Assurez-vous à l'occasion des premières prises que vous supportez bien ce médicament avant de conduire ou d'utiliser une machine.

### Interactions avec d'autres substances

Ce médicament peut interagir avec d'autres médicaments, notamment :

- l'aspirine et les autres *anti-inflammatoires* non stéroïdiens (*AINS*) : risque d'accroissement des effets indésirables ;
- les *anticoagulants* et les *antiagrégants plaquettaires* : augmentation du risque hémorragique ;
- le lithium (TÉRALITHE, NEUROLITHIUM...) : augmentation du taux de lithium dans le sang ;
- le méthotrexate.

Informez par ailleurs votre médecin ou votre pharmacien en cas de traitement par un *diurétique*, un *inhibiteur de l'enzyme de conversion*, un *inhibiteur de l'angiotensine II*, un *bêtabloquant* ou un médicament contenant de la ciclosporine.

### Grossesse et allaitement

Des effets néfastes pour l'enfant à naître ont été mis en évidence lorsque les *AINS* sont utilisés au cours des 4 derniers mois de la grossesse ; le risque existe même avec une seule prise et même si la grossesse est à terme. L'usage de ce médicament est contre-indiqué pendant cette période.

Pendant les 5 premiers mois, l'effet de ce médicament est mal connu : seul votre médecin peut évaluer le risque éventuel de son utilisation dans votre cas.

Ce médicament passe dans le lait maternel ; un choix est donc nécessaire entre l'allaitement et la prise du médicament. Cette décision devra être prise en accord avec votre médecin.

### Mode d'emploi et posologie

Ce médicament est pris de préférence après les repas.
Les comprimés doivent être avalés avec un verre d'eau sans être croqués ni écrasés.
Le contenu des sachets doit être dissous dans un grand verre d'eau.

**Posologie usuelle :**

- Adulte : 1 comprimé ou 1 sachet, matin et soir.

**Conseils :** Ne dépassez pas la *posologie* ni la durée de traitement prescrites par votre médecin.
Ce médicament vous a été prescrit dans une situation précise : ne le conseillez pas à un proche, ne le réutilisez pas sans avis médical.

### Effets indésirables possibles

*Troubles digestifs*, *gastrite*, voire *ulcère* de l'estomac ou du *duodénum*, le plus souvent lors d'un traitement de longue durée ou à forte dose.
Rarement :
- *réaction allergique* : *éruption cutanée*, démangeaisons, *asthme*... ;
- *hémorragie* du tube digestif (vomissements sanglants, selles noires, ou plus souvent pertes de sang imperceptibles, responsables de l'apparition progressive d'une *anémie*) ;
- sensation de *vertiges*, somnolence, maux de tête ;
- augmentation des *transaminases*.

**Laboratoires Thérabel Lucien Pharma**

## NEXXAIR

*Informations détaillées sur www.monvidal.com*

## NIASPAN LP

Hypolipémiant — sur ordonnance

### Présentation

**NIASPAN LP 375 mg :** comprimé à *libération prolongée* (blanc) ; boîte de 7. Liste I - Remb 65 % - **Prix : 2,89 €.**
**NIASPAN LP 500 mg :** comprimé à *libération prolongée* (blanc) ; boîte de 7. Liste I - Remb 65 % - **Prix : 3,58 €.**
**NIASPAN LP 500 mg :** comprimé à *libération prolongée* (blanc) ; boîte de 56. Liste I - Remb 65 % - **Prix : 24,80 €.**
**NIASPAN LP 750 mg :** comprimé à *libération prolongée* (blanc) ; boîte de 7. Liste I - Remb 65 % - **Prix : 5,35 €.**
**NIASPAN LP 750 mg :** comprimé à *libération prolongée* (blanc) ; boîte de 56. Liste I - Remb 65 % - **Prix : 37,99 €.**
**NIASPAN LP 1000 mg :** comprimé à *libération prolongée* (blanc) ; boîte de 56. Liste I - Remb 65 % - **Prix : 46,57 €.**

### Composition

| | p cp | p cp |
|---|---|---|
| **Acide nicotinique** .................. | 375 mg | 500 mg |
| | p cp | p cp |
| **Acide nicotinique** .................. | 750 mg | 1000 mg |

### Dans quel cas ce médicament est-il prescrit ?

Ce médicament contient une vitamine du groupe B qui a un effet *hypocholestérolémiant*. Son mécanisme d'action est mal connu. Des études ont montré qu'elle permet d'abaisser le taux *cholestérol* circulant dans le sang, notamment le LDL-cholestérol. Elle a aussi une action sur l'excès de *triglycérides*.
Il est utilisé, en association avec un hypocholestérolémiant de la famille des statines, dans le traitement des excès de cholestérol et de triglycérides en complément d'un régime adapté et assidu. Il peut également être utilisé seul en cas d'*intolérance* aux statines.

### Contre-indications

Ce médicament ne doit pas être utilisé en cas :
- maladie grave du foie,
- *ulcère* de l'estomac ou du *duodénum*,
- *antécédent* d'*hémorragie*.

**Attention :** Des précautions sont nécessaires en cas d'*insuffisance hépatique*, de *diabète* ou de *goutte*.
Des analyses de sang régulières, comprenant un dosage des *transaminases* et des *plaquettes*, peuvent être prescrites par votre médecin pour s'assurer de la bonne tolérance du traitement.

### Interactions avec d'autres substances

Informez votre médecin en cas de traitement *anticoagulant* ou *vasodilatateur*.

### Grossesse et allaitement

L'effet de ce médicament pendant la grossesse est mal connu. Son usage est déconseillé sauf en cas de nécessité absolue.
Les données disponibles ne permettent pas de savoir si ce médicament passe dans le lait maternel ; un choix est donc nécessaire entre l'allaitement et la prise du médicament. Cette décision devra être prise en accord avec votre médecin.

### Mode d'emploi et posologie

Les comprimés doivent être avalés au coucher après un en-cas pauvre en graisses.

**Posologie usuelle :**

- Adulte : 1000 à 2000 mg par jour. Le traitement est généralement débuté à dose faible (375 mg par jour), puis augmenté progressivement en quelques semaines.

**Conseils :** Le régime reste indispensable pendant toute la durée du traitement.
Un régime pauvre en *cholestérol* et en graisses animales n'est pas simple à suivre : les erreurs sont fréquentes. Demandez conseil à votre médecin, à votre pharmacien ou à un professionnel de la nutrition.

### Effets indésirables possibles

Le plus fréquemment : bouffées de chaleur.
Fréquemment : diarrhée, nausées, vomissements, douleurs abdominales, digestion difficile, démangeaisons, éruption cutanée.
Rarement : perte d'appétit, insomnie, maux de tête, vertiges, malaise, palpitations, hypotension, sueurs, douleurs, fatigue, œdèmes, augmentation des *transaminases*, baisse des plaquettes.

**Laboratoires Merck Lipha Santé**

## NIBIOL

*Informations détaillées sur www.monvidal.com*

## NICERGOLINE BIOGARAN
Vasodilatateur — sur ordonnance

Ce médicament est un générique de SERMION oral (voir p. 936 et tableau p. 1151).

## NICERGOLINE EG
Vasodilatateur — sur ordonnance

Ce médicament est un générique de SERMION oral (voir p. 936 et tableau p. 1151).

## NICERGOLINE MERCK
Vasodilatateur — sur ordonnance

Ce médicament est un générique de SERMION oral (voir p. 936 et tableau p. 1151).

## NICERGOLINE QUALIMED
Vasodilatateur — sur ordonnance

Ce médicament est un générique de SERMION oral (voir p. 936 et tableau p. 1151).

## NICERGOLINE RPG
Vasodilatateur — sur ordonnance

Ce médicament est un générique de SERMION oral (voir p. 936 et tableau p. 1151).

**NICOBION**

*Informations détaillées sur www.monvidal.com*

**NICOGUM**

*Informations détaillées sur www.monvidal.com*

## NICOPASS
Médicament du sevrage tabagique

### Présentation
NICOPASS SANS SUCRE MENTHE FRAÎCHEUR 1,5 mg : pastille ; boîte de 12. Non remb.
NICOPASS SANS SUCRE MENTHE FRAÎCHEUR 1,5 mg : pastille ; boîte de 36. Non remb.
NICOPASS SANS SUCRE MENTHE FRAÎCHEUR 1,5 mg : pastille ; boîte de 96. Non remb.
NICOPASS SANS SUCRE RÉGLISSE MENTHE 1,5 mg : pastille ; boîte de 12. Non remb.
NICOPASS SANS SUCRE RÉGLISSE MENTHE 1,5 mg : pastille ; boîte de 36. Non remb.
NICOPASS SANS SUCRE RÉGLISSE MENTHE 1,5 mg : pastille ; boîte de 96. Non remb.

### Composition
| | p pastille |
|---|---|
| **Nicotine** | 1,5 mg |
| Aspartam | + |

### Dans quel cas ce médicament est-il prescrit ?
Ce médicament aide les fumeurs à se désintoxiquer du tabac. La pastille apporte dans le sang, par l'intermédiaire de la salive, la nicotine, principale substance active du tabac, responsable de l'accoutumance.
Il est utilisé soit pour arrêter définitivement de fumer, soit pour arrêter temporairement.

### Contre-indications
Ce médicament ne doit pas être utilisé dans les cas suivants :
- non fumeur ou fumeur occasionnel,
- *phénylcétonurie* (présence d'aspartam).

**Attention :** Des précautions sont nécessaires en cas d'*ulcère* de l'estomac ou du *duodénum*, d'*insuffisance rénale* ou *hépatique*. Dans ces situations, une consultation médicale préalable est indispensable avant d'utiliser ce médicament ; un arrêt du tabac sans traitement de substitution peut être nécessaire.
N'utilisez pas d'autres médicaments contenant de la nicotine, notamment les *dispositifs transdermiques* (voir Interactions avec d'autres substances).
Ces pastilles sont un médicament. Ne les laissez pas à la portée des enfants.

### Interactions avec d'autres substances
Ce médicament ne doit pas être associé à d'autres apports de nicotine : cigarette, autre médicament en contenant.
Par ailleurs, les produits contenus dans la fumée du tabac peuvent accélérer la vitesse d'élimination de certains médicaments, la théophylline notamment. Lors de l'arrêt du tabagisme, ces médicaments peuvent voir leur effet renforcé et des signes de *surdosage* peuvent apparaître. Contactez votre médecin au moindre doute.

### Grossesse et allaitement
Le tabagisme chez la femme enceinte peut être à l'origine d'un retard de croissance du fœtus. L'arrêt du tabac est donc toujours souhaitable. Chez les femmes fortement dépendantes à la nicotine, l'usage de ce médicament peut être une aide, mais les effets de la nicotine seule sur le fœtus sont mal connus. Ce médicament a l'avantage de ne pas exposer le fœtus aux autres toxiques présents dans la fumée du tabac. En résumé : si l'idéal est de ne pas fumer et de ne pas exposer le fœtus à des apports de nicotine, l'usage de ce médicament est un moindre mal par rapport au tabac.
La nicotine passe dans le lait maternel, l'allaitement est déconseillé pendant le traitement.
Si l'allaitement est néanmoins choisi, prendre de préférence le médicament après la tétée.

### Mode d'emploi et posologie
Ce dosage n'est pas adapté aux fumeurs fortement ou très fortement dépendants.
Sucer très lentement la pastille afin de permettre l'absorption lente et régulière de la nicotine par les vaisseaux sanguins de la langue. La pastille se dissout pendant environ 30 minutes et doit être régulièrement déplacée d'un côté à l'autre de la bouche pendant ce temps.
Il est important de ne pas boire ou manger tant que la pastille est dans la bouche.

**Posologie usuelle :**
- Adulte : sucer une pastille, à chaque fois que le besoin de fumer se fait sentir, soit en général 8 à 12 fois par jour. Ne pas dépasser 30 pastilles par jour.

En pratique, il est utile de connaître les signes de sous ou *surdosage* pour adapter la *posologie* après quelques jours de traitement :

- le surdosage aboutit à l'état du fumeur qui a trop fumé et se traduit principalement par un état nauséeux et des maux de tête. Des troubles de la vue ou de l'audition, un tremblement, des vertiges sont également possibles ;
- un sous-dosage provoque des *symptômes* de manque : irritabilité, nervosité, crampes d'estomac (sorte de faim douloureuse), difficulté de concentration.

Dès que le désir de fumer est surmonté, réduire progressivement le nombre de pastilles, jusqu'à désaccoutumance complète.

Ne pas dépasser 6 mois de traitement continu.

**Conseils :** Ce médicament peut être utilisé par des fumeurs sans consultation médicale, il est en vente libre. Les conseils de votre pharmacien sont précieux, il pourra vous aider à déterminer le meilleur moment pour arrêter de fumer et vous expliquera les causes d'échec.

La nicotine prise par *voie* orale en remplacement de la cigarette présente la même nocivité cardiovasculaire que celle qui est contenue dans le tabac. Seul le risque de cancer du poumon disparaît. Lorsque l'arrêt du tabac est motivé par des raisons médicales urgentes : *infarctus* récent, *artérite, gastrite* ou *ulcère*, il est préférable d'arrêter l'absorption de nicotine sous toutes ses formes.

Comme toutes les méthodes antitabac utilisées pour aider les fumeurs, ce médicament ne peut être efficace que lorsque la volonté d'arrêter de fumer est personnelle et s'accompagne d'une forte motivation. C'est cette motivation qui permettra de lutter contre l'envie de fumer, sans être forcé de faire en permanence appel à la volonté qui s'émousse avec le temps. Un arrêt du tabac durable chez le fumeur suppose que celui-ci considère le tabac comme un poison, une dépendance inacceptable. Il doit se faire à l'idée qu'il ne fumera plus jamais, dès le début du sevrage. Chaque jour sans tabac doit être vécu comme une libération, et non comme un calvaire. Le fumeur qui est dans cet état d'esprit est un bon candidat au sevrage définitif.

L'arrêt du tabac, qui est une véritable drogue, induit de nombreux problèmes : une prise de poids est fréquente, des troubles de la concentration peuvent durer plusieurs semaines. Un *état dépressif* léger est possible. La prise de poids doit être combattue par un régime, et si possible par un programme sportif qui a l'avantage de réconcilier le fumeur avec son corps.

N'hésitez pas à consulter votre médecin en cas de difficulté ; ses conseils et son expérience seront précieux pour lutter contre les rechutes.

### Effets indésirables possibles

Irritation de la bouche ou de la gorge.

Nausées, vomissements, troubles de la digestion, hoquet, maux de tête, sensations vertigineuses, *éruption cutanée, palpitations.*

Rarement : insomnie, aphte, *troubles du rythme cardiaque, réaction allergique.*

**Laboratoires Pierre Fabre Médicament**

## NICOPATCH

Médicament du sevrage tabagique

### Présentation

**NICOPATCH 7 mg/24 h :** *dispositif transdermique* de 10 cm² ; boîte de 7. Non remb.
**NICOPATCH 7 mg/24 h :** *dispositif transdermique* de 10 cm² ; boîte de 28. Non remb.
**NICOPATCH 14 mg/24 h :** *dispositif transdermique* de 20 cm² ; boîte de 7. Non remb.
**NICOPATCH 14 mg/24 h :** *dispositif transdermique* de 20 cm² ; boîte de 28. Non remb.
**NICOPATCH 21 mg/24 h :** *dispositif transdermique* de 30 cm² ; boîte de 7. Non remb.
**NICOPATCH 21 mg/24 h :** *dispositif transdermique* de 30 cm² ; boîte de 28. Non remb.

### Composition

| | p 10 cm² | p 20 cm² | p 30 cm² |
|---|---|---|---|
| **Nicotine libérée/24 h** ................ | 7 mg | 14 mg | 21 mg |

### Dans quel cas ce médicament est-il prescrit ?

Ce médicament aide les fumeurs à se désintoxiquer du tabac. Le *dispositif transdermique* (timbre) contient de la nicotine, principale substance active du tabac ; celle-ci traverse la peau, gagne le sang et agit sur le système nerveux, permettant ainsi au fumeur de ne pas ressentir les *symptômes* dus à l'arrêt du tabac.

Il est utilisé exclusivement chez les fumeurs nicotinodépendants, c'est-à-dire qui avalent la fumée et ne peuvent se passer de fumer plus de quelques heures.

### Contre-indications

Ce médicament ne doit pas être utilisé dans les cas suivants :

- non fumeur ou fumeur occasionnel,
- maladie de peau étendue ne permettant pas de coller le timbre.

**Attention :** La mise en place du timbre (patch) doit conduire à un arrêt total du tabac.

N'utilisez pas d'autres médicaments contenant de la nicotine, notamment les gommes à mâcher (chewing-gums).

Ne laissez pas le timbre neuf ou usagé à la portée des enfants : une application intempestive peut être à l'origine d'accidents graves. Pliez le timbre avant de le jeter.

Des précautions sont nécessaires en cas d'*ulcère* de l'estomac ou du *duodénum*, d'*insuffisance rénale* ou *hépatique*. Dans ces situations, une consultation médicale préalable est indispensable avant d'utiliser ce médicament et un arrêt du tabac sans traitement de substitution peut être nécessaire.

### Interactions avec d'autres substances

Ce médicament ne doit pas être associé à d'autres apports de nicotine : cigarette, autre médicament en contenant.

Par ailleurs, les produits contenus dans la fumée du tabac peuvent accélérer la vitesse d'élimination de certains médicaments, la théophylline notamment. Lors de l'arrêt du tabagisme, ces médicaments peuvent voir leur effet renforcé et des signes de *surdosage* peuvent apparaître. Contactez votre médecin au moindre doute.

### Grossesse et allaitement

Le tabagisme chez la femme enceinte peut être à l'origine d'un retard de croissance du fœtus. L'arrêt du tabac est donc toujours souhaitable. Chez les femmes fortement dépendantes à la nicotine, l'usage de ce médicament peut être une aide, mais les effets de la nicotine seule sur le fœtus sont mal connus. Ce médicament a l'avantage de ne pas exposer le fœtus aux autres toxiques présents dans la fumée du tabac. En résumé : si l'idéal est de ne pas fumer et de ne pas exposer le fœtus à des apports de nicotine, l'usage de ce médicament est un moindre mal par rapport au tabac.

La nicotine passe dans le lait maternel, l'allaitement est déconseillé pendant le traitement.

### Mode d'emploi et posologie

Il existe 3 dosages correspondant à 3 surfaces de timbre différentes : la quantité de nicotine qui passe dans le sang est proportionnelle à la surface du *dispositif transdermique*.

Le dosage le plus fort est destiné aux grands fumeurs ou aux fumeurs de cigarettes riches en nicotine ; une forte *dépendance* à la nicotine peut également conduire des fumeurs modérés à préférer le dosage fort.

En pratique, il est utile de connaître les signes de sous ou *surdosage* pour adapter le choix du dosage après 1 ou 2 jours de traitement :

- le surdosage aboutit à l'état du fumeur qui a trop fumé et se traduit principalement par un état nauséeux et des maux de tête. Des troubles de la vue ou de l'audition, un tremblement, des vertiges sont également possibles ;
- un sous-dosage provoque des symptômes de manque : irritabilité, nervosité, crampes d'estomac (sorte de faim douloureuse), difficulté de concentration.

Une fois le sevrage obtenu, il convient de passer à un timbre moins dosé après une période de 3 à 4 semaines, puis à l'arrêt après l'utilisation du dosage le plus faible.

Appliquer le timbre sur une région sèche, pauvre en poils, et dépourvue de lésions cutanées. Libérer la surface adhésive et appliquer soigneusement le timbre en effectuant une pression sur toute sa surface. Changer d'emplacement tous les jours.

**Posologie usuelle :**

- Adulte : le timbre est posé le matin, après la toilette. Il doit normalement être gardé jusqu'au lendemain.

Il est recommandé de ne pas dépasser 6 mois de traitement continu.

**Conseils :** Ce médicament peut-être utilisé par des fumeurs sans consultation médicale, il est en vente libre. Les conseils de votre pharmacien sont précieux, il pourra vous aider à déterminer le meilleur moment pour arrêter de fumer et vous expliquera les causes d'échec.

La nicotine prise par *voie* cutanée en remplacement de la cigarette présente la même nocivité cardio-vasculaire que celle qui est contenue dans le tabac. Seul le risque de cancer du poumon disparaît. Lorsque l'arrêt du tabac est motivé par des raisons médicales urgentes : *infarctus* récent, *artérite*, *gastrite* ou *ulcère*, il est préférable d'arrêter l'absorption de nicotine sous toutes ses formes.

Comme toutes les méthodes antitabac utilisées pour aider les fumeurs, ce médicament ne peut être efficace que lorsque la volonté d'arrêter de fumer est personnelle et s'accompagne d'une forte motivation. C'est cette motivation qui permettra de lutter contre l'envie de fumer, sans être forcé de faire en permanence appel à la volonté qui s'émousse avec le temps. Un arrêt du tabac durable chez le fumeur suppose que celui-ci considère le tabac comme un poison, une dépendance inacceptable. Il doit se faire à l'idée qu'il ne fumera plus jamais, dès le début du sevrage. Chaque jour sans tabac doit être vécu comme une libération, et non comme un calvaire. Le fumeur qui est dans cet état d'esprit est un bon candidat au sevrage définitif.

L'arrêt du tabac, qui est une véritable drogue, induit de nombreux problèmes : une prise de poids est fréquente, des troubles de la concentration peuvent durer plusieurs semaines. Un *état dépressif* léger est possible. La prise de poids doit être combattue par un régime, et si possible par un programme sportif qui a l'avantage de réconcilier le fumeur avec son corps. N'hésitez pas à consulter votre médecin en cas de difficulté ; ses conseils et son expérience seront précieux pour lutter contre les rechutes.

Garder le timbre la nuit permet de combattre les *symptômes* de manque au lever. Néanmoins, le port nocturne peut provoquer des troubles du sommeil. Dans ce cas, il peut être préférable d'ôter le timbre au coucher.

Pensez à vous laver les mains après l'application et évitez tout contact avec les yeux ou le nez.

### Effets indésirables possibles

Réactions locales : rougeur et démangeaisons au niveau de l'application pouvant nécessiter l'arrêt du traitement en cas de réaction importante.

Également : *palpitations*, maux de tête, insomnie, *vertiges*, troubles des rêves, nausées, vomissements.

Laboratoires Pierre Fabre Médicament

## NICOPRIVE

*Informations détaillées sur www.monvidal.com*

## NICORETTE dispositif transdermique

Médicament du sevrage tabagique

### Présentation

**NICORETTE 5 mg/16 h :** *dispositif transdermique* ; boîte de 7 de 10 $cm^2$. Non remb.
**NICORETTE 10 mg/16 h :** *dispositif transdermique* ; boîte de 7 de 20 $cm^2$. Non remb.
**NICORETTE 10 mg/16 h :** *dispositif transdermique* ; boîte de 28 de 20 $cm^2$. Non remb.
**NICORETTE 15 mg/16 h :** *dispositif transdermique* ; boîte de 7 de 30 $cm^2$. Non remb.
**NICORETTE 15 mg/16 h :** *dispositif transdermique* ; boîte de 28 de 30 $cm^2$. Non remb.

### Composition

| | p 10 $cm^2$ | p 20 $cm^2$ | p 30 $cm^2$ |
|---|---|---|---|
| **Nicotine libérée/16 h** ................ | 5 mg | 10 mg | 15 mg |

### Dans quel cas ce médicament est-il prescrit ?

Ce médicament aide les fumeurs à se désintoxiquer du tabac. Le *dispositif transdermique* (timbre) contient de la nicotine, principale substance active du tabac ; celle-ci traverse la peau, gagne le sang et agit sur le système nerveux, permettant ainsi au fumeur de ne pas ressentir les *symptômes* dus à l'arrêt du tabac.

Il est utilisé exclusivement chez les fumeurs nicotino-dépendants, c'est-à-dire qui avalent la fumée et ne peuvent se passer de fumer plus de quelques heures.

**Contre-indications**

Ce médicament ne doit pas être utilisé dans les cas suivants :
- non fumeur ou fumeur occasionnel,
- maladie de peau étendue ne permettant pas de coller le timbre.

**Attention :** La mise en place du timbre doit conduire à un arrêt total du tabac.

N'utilisez pas d'autres médicaments contenant de la nicotine, notamment les gommes à mâcher (chewing-gums).

Ne laissez pas le timbre neuf ou usagé à la portée des enfants : une application intempestive peut être à l'origine d'accidents graves. Pliez le timbre avant de le jeter.

Des précautions sont nécessaires en cas d'*ulcère* de l'estomac ou du *duodénum*, d'*insuffisance rénale* ou *hépatique* : dans ces situations, une consultation médicale préalable est indispensable avant d'utiliser ce médicament et un arrêt du tabac sans traitement de substitution peut être nécessaire.

**Interactions avec d'autres substances**

Ce médicament ne doit pas être associé à d'autres apports de nicotine : cigarette, autre médicament en contenant.

Par ailleurs, les produits contenus dans la fumée du tabac peuvent accélérer la vitesse d'élimination de certains médicaments, la théophylline notamment. Lors de l'arrêt du tabagisme, ces médicaments peuvent voir leur effet renforcé et des signes de *surdosage* peuvent apparaître. Contactez votre médecin au moindre doute.

**Grossesse et allaitement**

Le tabagisme chez la femme enceinte peut être à l'origine d'un retard de croissance du fœtus. L'arrêt du tabac est donc toujours souhaitable. Chez les femmes fortement dépendantes à la nicotine, l'usage de ce médicament peut être une aide, mais les effets de la nicotine seule sur le fœtus sont mal connus. Ce médicament a l'avantage de ne pas exposer le fœtus aux autres toxiques présents dans la fumée du tabac. En résumé : si l'idéal est de ne pas fumer et de ne pas exposer le fœtus à des apports de nicotine, l'usage de ce médicament est un moindre mal par rapport au tabac.

La nicotine passe dans le lait maternel, l'allaitement est déconseillé pendant le traitement.

**Mode d'emploi et posologie**

Il existe 3 dosages correspondant à 3 surfaces de timbre différentes : la quantité de nicotine qui passe dans le sang est proportionnelle à la surface du *dispositif transdermique*.

Le dosage le plus fort est destiné aux grands fumeurs ou aux fumeurs de cigarettes riches en nicotine ; une forte *dépendance* à la nicotine peut également conduire des fumeurs modérés à préférer le dosage fort.

En pratique, il est utile de connaître les signes de sous ou *surdosage* pour adapter le choix du dosage après 1 ou 2 jours de traitement :
- le surdosage aboutit à l'état du fumeur qui a trop fumé et se traduit principalement par un état nauséeux et des maux de tête. Des troubles de la vue ou de l'audition, un tremblement, des vertiges sont également possibles ;
- un sous-dosage provoque des symptômes de manque : irritabilité, nervosité, crampes d'estomac (sorte de faim douloureuse), difficulté de concentration.

Une fois le sevrage obtenu, il convient de passer à un timbre moins dosé après une période de 3 à 4 semaines, puis à l'arrêt après l'utilisation du dosage le plus faible.

Mettre le timbre sur une région sèche, pauvre en poils, et dépourvue de lésions cutanées. Libérer la surface adhésive et appliquer soigneusement le timbre en effectuant une pression sur toute sa surface. Changer d'emplacement tous les jours.

**Posologie usuelle :**
- Adulte : le timbre est posé le matin après la toilette et ôté le soir ; ne pas utiliser plus d'un timbre par jour.

Il est recommandé de ne pas dépasser 6 mois de traitement continu.

**Conseils :** Ce médicament peut-être utilisé par des fumeurs sans consultation médicale, il est en vente libre. Les conseils de votre pharmacien sont précieux, il pourra vous aider à déterminer le meilleur moment pour arrêter de fumer et vous expliquera les causes d'échec.

La nicotine prise par *voie* cutanée en remplacement de la cigarette présente la même nocivité cardiovasculaire que celle qui est contenue dans le tabac. Seul le risque de cancer du poumon disparaît. Lorsque l'arrêt du tabac est motivé par des raisons médicales urgentes : *infarctus* récent, *artérite*, *gastrite* ou *ulcère*, il est préférable d'arrêter l'absorption de nicotine sous toutes ses formes.

Comme toutes les méthodes antitabac utilisées pour aider les fumeurs, ce médicament ne peut être efficace que lorsque la volonté d'arrêter de fumer est personnelle et s'accompagne d'une forte motivation. C'est cette motivation qui permettra de lutter contre l'envie de fumer, sans être forcé de faire en permanence appel à la volonté qui s'émousse avec le temps. Un arrêt du tabac durable chez le fumeur suppose que celui-ci considère le tabac comme un poison, une dépendance inacceptable. Il doit se faire à l'idée qu'il ne fumera plus jamais, dès le début du sevrage. Chaque jour sans tabac doit être vécu comme une libération, et non comme un calvaire. Le fumeur qui est dans cet état d'esprit est un bon candidat au sevrage définitif.

L'arrêt du tabac, qui est une véritable drogue, induit de nombreux problèmes : une prise de poids est fréquente, des troubles de la concentration peuvent durer plusieurs semaines. Un *état dépressif* léger est possible. La prise de poids doit être combattue par un régime, et si possible par un programme sportif qui a l'avantage de réconcilier le fumeur avec son corps.N'hésitez pas à consulter votre médecin en cas de difficulté ; ses conseils et son expérience seront précieux pour lutter contre les rechutes.

Garder le timbre la nuit permet de combattre les *symptômes* de manque au lever. Néanmoins, le port nocturne peut provoquer des troubles du sommeil. C'est pourquoi il est préférable d'ôter le timbre au coucher.

Pensez à vous laver les mains après l'application et évitez tout contact avec les yeux ou le nez.

**Effets indésirables possibles**

Réactions locales : rougeur et démangeaisons au niveau de l'application pouvant nécessiter l'arrêt du traitement en cas de réaction importante.

Également : *palpitations*, maux de tête, insomnie, *vertiges*, troubles des rêves, nausées, vomissements.

**Laboratoires PFIZER Santé Grand Public**

## NICORETTE gomme

Médicament du sevrage tabagique

### Présentation

**NICORETTE 2 mg SANS SUCRE :** gomme à mâcher ; boîte de 36. Non remb.
**NICORETTE 2 mg sans sucre :** gomme à mâcher ; boîte de 96. Non remb.
**NICORETTE MENTHE 2 mg sans sucre :** gomme à mâcher ; boîte de 96. Non remb.
**NICORETTE MENTHE FRAÎCHE 2 mg sans sucre :** gomme à mâcher ; boîte de 12. Non remb.
**NICORETTE MENTHE FRAÎCHE 2 mg sans sucre :** gomme à mâcher ; boîte de 36. Non remb.
**NICORETTE MENTHE FRAÎCHE 2 mg sans sucre :** gomme à mâcher ; boîte de 96. Non remb.
**NICORETTE ORANGE 2 mg sans sucre :** gomme à mâcher ; boîte de 36. Non remb.
**NICORETTE ORANGE 2 mg sans sucre :** gomme à mâcher ; boîte de 96. Non remb.
**NICORETTE 4 mg sans sucre :** gomme à mâcher ; boîte de 36. Non remb.
**NICORETTE 4 mg sans sucre :** gomme à mâcher ; boîte de 96. Non remb.
**NICORETTE MENTHE FRAÎCHE 4 mg sans sucre :** gomme à mâcher ; boîte de 12. Non remb.
**NICORETTE MENTHE FRAÎCHE 4 mg sans sucre :** gomme à mâcher ; boîte de 36. Non remb.
**NICORETTE MENTHE FRAÎCHE 4 mg sans sucre :** gomme à mâcher ; boîte de 96. Non remb.

### Composition

| | p gomme | p gomme |
|---|---|---|
| **Nicotine** | 2 mg | 4 mg |

### Dans quel cas ce médicament est-il prescrit ?

Ce médicament aide les fumeurs à se désintoxiquer du tabac. La gomme à mâcher apporte dans le sang, par l'intermédiaire de la salive, la nicotine, principale substance active du tabac, responsable de l'accoutumance.

Il est utilisé soit pour arrêter définitivement de fumer, soit pour arrêter temporairement.

### Contre-indications

Ce médicament ne doit pas être utilisé chez le non fumeur ou le fumeur occasionnel.

**Attention :** L'arrêt du tabac est impératif avant de commencer le traitement.

Des précautions sont nécessaires en cas d'*ulcère* de l'estomac ou du *duodénum*, d'*insuffisance rénale* ou *hépatique*. Dans ces situations, une consultation médicale préalable est indispensable avant d'utiliser ce médicament ; un arrêt du tabac sans traitement de substitution peut être nécessaire.

N'utilisez pas d'autres médicaments contenant de la nicotine, notamment les *dispositifs transdermiques* (voir Interactions avec d'autres substances).

Ce chewing-gum est un médicament. Ne le laissez pas à la portée des enfants.

Le port d'une prothèse dentaire peut entraîner des problèmes lors de la mastication des gommes : consultez votre dentiste.

Si, après 10 jours de traitement, vous recommencez à fumer : consultez votre médecin afin d'adopter avec lui une nouvelle stratégie antitabac.

### Interactions avec d'autres substances

Ce médicament ne doit pas être associé à d'autres apports de nicotine : cigarette, autre médicament en contenant.

Par ailleurs, les produits contenus dans la fumée du tabac peuvent accélérer la vitesse d'élimination de certains médicaments, la théophylline notamment. Lors de l'arrêt du tabagisme, ces médicaments peuvent voir leur effet renforcé et des signes de *surdosage* peuvent apparaître. Contactez votre médecin au moindre doute.

### Grossesse et allaitement

Le tabagisme chez la femme enceinte peut être à l'origine d'un retard de croissance du fœtus. L'arrêt du tabac est donc toujours souhaitable. Chez les femmes fortement dépendantes à la nicotine, l'usage de ce médicament peut être une aide, mais les effets de la nicotine seule sur le fœtus sont mal connus. Ce médicament a l'avantage de ne pas exposer le fœtus aux autres toxiques présents dans la fumée du tabac. En résumé : si l'idéal est de ne pas fumer et de ne pas exposer le fœtus à des apports de nicotine, l'usage de ce médicament est un moindre mal par rapport au tabac.

La nicotine passe dans le lait maternel, l'allaitement est déconseillé pendant le traitement.

Si l'allaitement maternel est néanmoins choisi, prendre de préférence le médicament après la tétée.

### Mode d'emploi et posologie

Le choix du dosage est fonction de la *dépendance* initiale à la nicotine : les gommes à 4 mg sont adaptées aux fumeurs fortement ou très fortement dépendants. Elles peuvent également être utilisées par les fumeurs peu dépendants qui préfèrent limiter le nombre de gommes mâchées quotidiennement.

En pratique, il est utile de connaître les signes de sous ou *surdosage* pour adapter la *posologie* après quelques jours de traitement :

- le surdosage aboutit à l'état du fumeur qui a trop fumé et se traduit principalement par un état nauséeux et des maux de tête. Des troubles de la vue ou de l'audition, un tremblement, des vertiges sont également possibles ;
- un sous-dosage provoque des *symptômes* de manque : irritabilité, nervosité, crampes d'estomac (sorte de faim douloureuse), difficulté de concentration.

Dès que le désir de fumer est surmonté, réduire progressivement le nombre de gommes ou passer au dosage inférieur, jusqu'à désaccoutumance complète.

Mâcher très lentement chaque gomme afin de permettre l'absorption lente et régulière de la nicotine par les vaisseaux sanguins de la langue : après une première mastication, garder la gomme contre la joue pendant 10 minutes pour la ramollir. Mâcher ensuite le chewing-gum chaque minute (environ 20 fois en 20 minutes). Au bout de 30 minutes de mastication, la gomme n'est plus efficace.

**Posologie usuelle :**

- Adulte : mâcher une gomme à chaque fois que le besoin de fumer se fait sentir. Ne pas dépasser 30 gommes à 2 mg ou 15 gommes à 4 mg par jour.

Ne pas dépasser 6 mois de traitement continu.

**Conseils :** Ce médicament peut être utilisé par des fumeurs sans consultation médicale, il est en vente libre. Les conseils de votre pharmacien sont précieux, il pourra vous aider à déterminer le meilleur moment pour arrêter de fumer et vous expliquera les causes d'échec.

La nicotine prise par *voie* orale en remplacement de la cigarette présente la même nocivité cardiovasculaire que celle qui est contenue dans le tabac. Seul le risque de cancer du poumon disparaît. Lorsque l'arrêt du tabac est motivé par des raisons médicales urgentes : *infarctus* récent, *artérite*, *gastrite* ou *ulcère*, il est préférable d'arrêter l'absorption de nicotine sous toutes ses formes.

Comme toutes les méthodes antitabac utilisées pour aider les fumeurs, ce médicament ne peut être efficace que lorsque la volonté d'arrêter de fumer est personnelle et s'accompagne d'une forte motivation. C'est cette motivation qui permettra de lutter contre l'envie de fumer, sans être forcé de faire en permanence appel à la volonté qui s'émousse avec le temps. Un arrêt du tabac durable chez le fumeur suppose que celui-ci considère le tabac comme un poison, une dépendance inacceptable. Il doit se faire à l'idée qu'il ne fumera plus jamais, dès le début du sevrage. Chaque jour sans tabac doit être vécu comme une libération, et non comme un calvaire. Le fumeur qui est dans cet état d'esprit est un bon candidat au sevrage définitif.

L'arrêt du tabac, qui est une véritable drogue, induit de nombreux problèmes : une prise de poids est fréquente, des troubles de la concentration peuvent durer plusieurs semaines. Un *état dépressif* léger est possible. La prise de poids doit être combattue par un régime, et si possible par un programme sportif qui a l'avantage de réconcilier le fumeur avec son corps.

N'hésitez pas à consulter votre médecin en cas de difficulté ; ses conseils et son expérience seront précieux pour lutter contre les rechutes.

### Effets indésirables possibles

Irritation de la bouche ou de la gorge, douleur des mâchoires.

Nausées, troubles de la digestion, hoquet, maux de tête, *éruption cutanée*, *palpitations*.

Rarement : *troubles du rythme cardiaque*, *réaction allergique*.

Comme tous les médicaments et confiseries contenant des sucres non absorbables (sorbitol, maltitol...), possibilité de *diarrhée* en cas d'apport important.

**Laboratoires PFIZER Santé Grand Public**

## NICORETTE inhaleur

Médicament du sevrage tabagique

### Présentation

**NICORETTE inhaleur 10 mg :** cartouche pour inhalation buccale ; boîte de 6 tampons + 1 dispositif + 1 étui protecteur. Non remb.

**NICORETTE inhaleur 10 mg :** cartouche pour inhalation buccale ; boîte de 18 tampons + 1 dispositif. Non remb.

### Composition

| | p cartouche |
|---|---|
| **Nicotine** | 10 mg |

### Dans quel cas ce médicament est-il prescrit ?

Ce médicament aide les fumeurs à se désintoxiquer du tabac ou à mieux supporter une période temporaire pendant laquelle ils ne peuvent ou ne doivent pas fumer.

Si la méthode d'inhalation se rapproche de l'usage d'une cigarette, le mécanisme d'absorption de la nicotine est différent : le tampon contenu dans la cartouche libère une petite dose de nicotine à chaque inhalation qui ne parvient pas dans les poumons, mais se dépose dans la bouche. La nicotine est alors lentement absorbée par la muqueuse buccale. Ce mécanisme d'absorption est donc plus proche de celui des fumeurs de pipe ou de cigare qui n'avalent pas la fumée. Il est également similaire dans son effet à l'usage des gommes à mâcher contenant de la nicotine.

L'inhalation de la fumée d'une cigarette permet une absorption immédiate de la nicotine et une élevation rapide de son taux sanguin. Cette succession de pics sanguins et les fortes variations du taux de nicotine font partie des mécanismes qui entretiennent la dépendance tabagique. Au contraire, ce dispositif, comme les gommes à mâcher ou les timbres, procure des taux sanguins beaucoup plus stables et facilite la désaccoutumance à la nicotine.

Il ne faut donc pas s'attendre à retrouver avec l'inhaleur des sensations identiques à celles procurées par le tabac : les taux sanguins de nicotine obtenus avec ce substitut sont de l'ordre du 1/3 de ceux obtenus avec une cigarette.

Ce médicament peut être utilisé soit pour arrêter définitivement de fumer, soit pour arrêter temporairement.

### Contre-indications

Ce médicament ne doit pas être utilisé chez le non fumeur ou chez le fumeur occasionnel.

**Attention :** Dans l'optique d'une désintoxication définitive, l'arrêt du tabac est une condition nécessaire au succès du traitement.

Un avis médical est nécessaire en cas d'*ulcère* de l'estomac ou du *duodénum*, d'*insuffisance hépatique* ou *rénale* grave, d'*asthme*, de maladie chronique de la gorge.

N'utilisez pas d'autres médicaments contenant de la nicotine, notamment les *dispositifs transdermiques* sans avis médical

Certains médicaments étant plus rapidement dégradés par le foie chez les fumeurs, leur effet pourrait être augmenté au début du sevrage tabagique (voir Interactions avec d'autres substances).

La nicotine est une substance toxique. Ne laissez pas les cartouches neuves ou usagées à la portée des enfants. L'usage de ce médicament est réservé aux adultes et aux adolescents de plus de 15 ans.

### Interactions avec d'autres substances

Les produits contenus dans la fumée du tabac peuvent accélérer la vitesse d'élimination de certains médicaments, la théophylline notamment. Lors de l'arrêt du tabagisme, ces médicaments peuvent voir leur effet renforcé et des signes de *surdosage* peuvent apparaître. Contactez votre médecin au moindre doute.

### Grossesse et allaitement

Le tabagisme chez la femme enceinte peut être à l'origine d'un retard de croissance du fœtus. L'arrêt du tabac est donc toujours souhaitable. Chez les femmes fortement dépendantes à la nicotine, l'usage de ce médicament peut être une aide, mais les effets de la nicotine seule sur le fœtus sont mal connus. Ce médicament a l'avantage de ne pas exposer le fœtus aux autres toxiques présents dans la fumée du tabac. En résumé : si l'idéal est de ne pas fumer et de ne pas exposer le fœtus à des apports de nicotine, l'usage de ce médicament est un moindre mal par rapport au tabac.

La nicotine passe dans le lait maternel, l'allaitement est déconseillé pendant le traitement.

Si l'allaitement maternel est néanmoins choisi, utiliser de préférence le dispositif après la tétée.

### Mode d'emploi et posologie

Ouvrir le dispositif en alignant les repères situés sur chacune de ses deux parties.

Prélever une cartouche scellée dans la plaquette et l'enfoncer fermement dans la partie inférieure du dispositif jusqu'à ce que le film protecteur cède.

Mettre en place la partie supérieure du dispositif en alignant à nouveau les repères et rapprocher les deux parties (ce qui ouvre l'autre extrémité de la cartouche). Faire tourner une partie par rapport à l'autre pour désaligner les repères et verrouiller le dispositif.

La durée normale d'utilisation d'une cartouche neuve est de 20 minutes en une seule utilisation intensive et continue, et jusqu'à 4 fois 20 minutes en utilisation peu intensive et discontinue.

**Posologie usuelle :**

**Arrêt complet du tabac :**

Dans cet objectif, le traitement de la dépendance à la nicotine suit habituellement 2 phases : pendant 3 mois, utiliser une cartouche chaque fois que l'envie de fumer se fait sentir, sans dépasser 12 cartouches par jour. Cette période de 3 mois peut varier d'une personne à l'autre et sa fin correspond à une forte diminution ou une disparition de l'envie de fumer. La deuxième phase, qui dure 6 à 8 semaines, correspond à une diminution progressive du nombre de cartouches journalières, jusqu'à l'arrêt. Le traitement ne doit pas dépasser 6 mois au total.

L'inhaleur peut être utilisé seul ou en association avec les dispositifs transdermiques Nicorette. Dans ce cas, le traitement débute avec un dispositif transdermique à 15 mg/16 h, associé en général à 4 ou 5 cartouches d'inhaleur par jour. Dans un deuxième temps, des dispositifs transdermiques moins dosés sont progressivement utilisés : dispositifs à 10 mg/16 h pendant 3 à 6 semaines puis 5 mg/16 h pendant 3 à 6 semaines tout en continuant à utiliser le même nombre de cartouches à 10 mg qu'en début de traitement.

**Arrêt temporaire du tabac :**

Le principe est le même, mais la durée du traitement est fonction du contexte ayant nécessité un arrêt temporaire du tabagisme.

**Réduction de la consommation du tabac :**

Utiliser l'inhaleur dès que l'envie de fumer se fait sentir afin de réduire au maximum la consommation de cigarettes et rester aussi longtemps que possible sans fumer. Le nombre de cartouches à utiliser par jour est variable mais ne doit pas être supérieur à 12. Si une forte diminution de la consommation de cigarettes n'a pas été obtenue après 6 semaines de traitement, il est recommandé de prendre conseil auprès d'un médecin. L'objectif de la réduction du nombre de cigarette est de parvenir à terme à un arrêt complet du tabac, qui devra être tenté le plus tôt possible, nécessairement dans les 6 premiers mois de traitement. Il n'est pas recommandé de poursuivre le traitement plus de 12 mois.

**Conseils :** Après ouverture, toute cartouche doit être utilisée dans les 12 heures.

Ce médicament peut être utilisé par des fumeurs sans consultation médicale, il est en vente libre. Les conseils de votre pharmacien sont précieux, il pourra vous aider à déterminer le meilleur moment pour arrêter de fumer et vous expliquera les causes d'échec.

La nicotine prise par *voie* orale en remplacement de la cigarette présente la même nocivité cardiovasculaire que celle qui est contenue dans le tabac. Seul le risque de cancer du poumon disparaît. Lorsque l'arrêt du tabac est motivé par des raisons médicales urgentes : *infarctus* récent, *artérite*, *gastrite* ou *ulcère*, il est préférable d'arrêter l'absorption de nicotine sous toutes ses formes.

Comme toutes les méthodes antitabac utilisées pour aider les fumeurs, ce médicament ne peut être efficace que lorsque la volonté d'arrêter de fumer est personnelle et s'accompagne d'une forte motivation. C'est cette motivation qui permettra de lutter contre l'envie de fumer, sans être forcé de faire en permanence appel à la volonté qui s'émousse avec le temps. Un arrêt du tabac durable chez le fumeur suppose que celui-ci considère le tabac comme un poison, une dépendance inacceptable. Il doit se faire à l'idée qu'il ne fumera plus jamais, dès le début du sevrage. Chaque jour sans tabac doit être vécu comme une libération, et non comme un calvaire. Le fumeur qui est dans cet état d'esprit est un bon candidat au sevrage définitif.

L'arrêt du tabac, qui est une véritable drogue, induit de nombreux problèmes : une prise de poids est fréquente, des troubles de la concentration peuvent durer plusieurs semaines. Un *état dépressif* léger est possible. La prise de poids doit être combattue par un régime, et si possible par un programme sportif qui a l'avantage de réconcilier le fumeur avec son corps.

N'hésitez pas à consulter votre médecin en cas de difficulté ; ses conseils et son expérience seront précieux pour lutter contre les rechutes.

### Effets indésirables possibles

Maux de tête, irritation de la gorge, nausée, vomissements, hoquet, douleurs d'estomac, toux, congestion nasale, sinusite ; ces troubles sont provoqués par la nicotine.

Rarement (moins de 1 % des sujets) : *palpitations*, troubles du sommeil, *vertiges*, aphtes.

Laboratoires PFIZER Santé Grand Public

## NICORETTE Microtab

Médicament du sevrage tabagique

### Présentation

NICORETTE MICROTAB 2 mg : comprimé *sublingual* (blanc) ; boîte de 30 avec distributeur. Non remb.

NICORETTE MICROTAB 2 mg : comprimé *sublingual* (blanc) ; boîte de 105 avec distributeur. Non remb.

### Composition

| | p cp |
|---|---|
| **Nicotine** | 2 mg |

### Dans quel cas ce médicament est-il prescrit ?

Ce médicament aide les fumeurs à se désintoxiquer du tabac. Le comprimé *sublingual* apporte dans le sang, par l'intermédiaire de la *muqueuse* buccale, la nicotine, principale substance active du tabac, responsable de l'accoutumance.

## Contre-indications

Ce médicament ne doit pas être utilisé dans les cas suivants :
- *infarctus du myocarde* récent,
- *angine de poitrine* d'aggravation récente,
- angor de *Printzmetal*,
- *troubles du rythme cardiaque* grave,
- *accident vasculaire cérébral* récent.

**Attention :** Ce médicament ne doit pas être utilisé chez les moins de 18 ans sans consultation médicale préalable.

L'arrêt du tabac est impératif avant de commencer le traitement.

Des précautions sont nécessaires en cas de maladie cardiaque grave, d'*hypertension*, d'*ulcère* de l'estomac ou du *duodénum*, d'*hyperthyroïdie*, de *phéochromocytome*, de *diabète*, d'*insuffisance rénale* ou *hépatique* ou d'*artérite* des membres inférieurs. Dans ces situations, une consultation médicale préalable est indispensable avant d'utiliser ce médicament ; un arrêt du tabac sans traitement de substitution peut être nécessaire.

N'utilisez pas d'autres médicaments contenant de la nicotine, notamment les *dispositifs transdermiques* (voir Interactions avec d'autres substances).

Si, après 10 jours de traitement, vous recommencez à fumer : consultez votre médecin afin d'adopter avec lui une nouvelle stratégie antitabac.

## Interactions avec d'autres substances

Ce médicament ne doit pas être associé à d'autres apports de nicotine : cigarette, autre médicament en contenant.

Par ailleurs, les produits contenus dans la fumée du tabac peuvent accélérer la vitesse d'élimination de certains médicaments, la théophylline notamment. Lors de l'arrêt du tabagisme, ces médicaments peuvent voir leur effet renforcé et des signes de *surdosage* peuvent apparaître. Contactez votre médecin au moindre doute.

## Grossesse et allaitement

Le tabagisme chez la femme enceinte peut être à l'origine d'un retard de croissance du fœtus. L'arrêt du tabac est donc toujours souhaitable. Chez les femmes fortement dépendantes à la nicotine, l'usage de ce médicament peut être une aide, mais les effets de la nicotine seule sur le fœtus sont mal connus. Ce médicament a l'avantage de ne pas exposer le fœtus aux autres toxiques présents dans la fumée du tabac. En résumé : si l'idéal est de ne pas fumer et de ne pas exposer le fœtus à des apports de nicotine, l'usage de ce médicament est un moindre mal par rapport au tabac.

La nicotine passe dans le lait maternel, l'allaitement est déconseillé pendant le traitement.

## Mode d'emploi et posologie

Introduire la plaquette contenant les comprimés dans le distributeur ; fermer le couvercle et appuyer sur le bouton poussoir pour faire sortir un comprimé.

Placer celui-ci sous la langue (sans le croquer) afin de permettre l'absorption lente et régulière de la nicotine par les vaisseaux sanguins de la langue. Le comprimé se dissout pendant environ 30 minutes.

Les prises doivent être renouvelées toutes les 1 à 2 heures.

**Posologie usuelle :**
- Adulte : 1 comprimé, 8 à 12 fois par jour. Chez les fumeurs très dépendants, la posologie peut être augmentée à 2 comprimés, 8 à 12 fois par jour. Ne pas dépasser 30 comprimés par jour.

En pratique, il est utile de connaître les signes de sous ou *surdosage* pour adapter la *posologie* après quelques jours de traitement :
- le surdosage aboutit à l'état du fumeur qui a trop fumé et se traduit principalement par un état nauséeux et des maux de tête. Des troubles de la vue ou de l'audition, un tremblement, des vertiges sont également possibles ;
- un sous-dosage provoque des *symptômes* de manque : irritabilité, nervosité, crampes d'estomac (sorte de faim douloureuse), difficulté de concentration.

Dès que le désir de fumer est surmonté, réduire progressivement le nombre de comprimés, jusqu'à désaccoutumance complète.

Ne pas dépasser 6 mois de traitement continu.

**Conseils :** Ce médicament peut être utilisé par des fumeurs sans consultation médicale, il est en vente libre. Les conseils de votre pharmacien sont précieux, il pourra vous aider à déterminer le meilleur moment pour arrêter de fumer et vous expliquera les causes d'échec.

La nicotine prise par *voie* orale en remplacement de la cigarette présente la même nocivité cardiovasculaire que celle qui est contenue dans le tabac. Seul le risque de cancer du poumon disparaît. Lorsque l'arrêt du tabac est motivé par des raisons médicales urgentes : *infarctus* récent, *artérite*, *gastrite* ou *ulcère*, il est préférable d'arrêter l'absorption de nicotine sous toutes ses formes.

Comme toutes les méthodes antitabac utilisées pour aider les fumeurs, ce médicament ne peut être efficace que lorsque la volonté d'arrêter de fumer est personnelle et s'accompagne d'une forte motivation. C'est cette motivation qui permettra de lutter contre l'envie de fumer, sans être forcé de faire en permanence appel à la volonté qui s'émousse avec le temps. Un arrêt du tabac durable chez le fumeur suppose que celui-ci considère le tabac comme un poison, une dépendance inacceptable. Il doit se faire à l'idée qu'il ne fumera plus jamais, dès le début du sevrage. Chaque jour sans tabac doit être vécu comme une libération, et non comme un calvaire. Le fumeur qui est dans cet état d'esprit est un bon candidat au sevrage définitif.

L'arrêt du tabac, qui est une véritable drogue, induit de nombreux problèmes : une prise de poids est fréquente, des troubles de la concentration peuvent durer plusieurs semaines. Un *état dépressif* léger est possible. La prise de poids doit être combattue par un régime, et si possible par un programme sportif qui a l'avantage de réconcilier le fumeur avec son corps.

N'hésitez pas à consulter votre médecin en cas de difficulté ; ses conseils et son expérience seront précieux pour lutter contre les rechutes.

## Effets indésirables possibles

En début de traitement : irritation de la bouche ou de la gorge s'atténuant habituellement à la poursuite du traitement.

Fréquemment : nausées, troubles de la digestion, hoquet, maux de tête, *palpitations*, sécheresse de la bouche, rhinite, toux.
Rarement : *troubles du rythme cardiaque*, *réaction allergique*.

**Laboratoires PFIZER Santé Grand Public**

## NICOTINELL comprimé

Médicament du sevrage tabagique

### Présentation

**NICOTINELL MENTHE 1 mg SANS SUCRE :** comprimé à sucer (blanc ; arôme menthe) ; boîte de 36. Non remb.

### Composition

| | p cp |
|---|---|
| **Nicotine** | 1 mg |
| Maltitol | + |
| Aspartam | + |

### Dans quel cas ce médicament est-il prescrit ?

Ce médicament aide les fumeurs à se désintoxiquer du tabac. Le comprimé apporte dans le sang, par l'intermédiaire de la salive, la nicotine, principale substance active du tabac, responsable de l'accoutumance.

### Contre-indications

Ce médicament ne doit pas être utilisé dans les cas suivants :
- non fumeur,
- *infarctus du myocarde* récent,
- *angine de poitrine* d'aggravation récente,
- angor de *Printzmetal*,
- *troubles du rythme cardiaque* grave,
- *accident vasculaire cérébral* récent,
- *phénylcétonurie* (présence d'aspartam).

**Attention :** L'arrêt du tabac est impératif avant de commencer le traitement.
Des précautions sont nécessaires en cas de maladie cardiaque grave, d'*hypertension*, d'*ulcère* de l'estomac ou du *duodénum*, d'*hyperthyroïdie*, de *phéochromocytome*, de *diabète*, d'*insuffisance rénale* ou *hépatique* ou d'*artérite* des membres inférieurs. Dans ces situations, une consultation médicale préalable est indispensable avant d'utiliser ce médicament ; un arrêt du tabac sans traitement de substitution peut être nécessaire.
N'utilisez pas d'autres médicaments contenant de la nicotine, notamment les *dispositifs transdermiques* (voir Interactions avec d'autres substances).
Ne le laissez pas ce médicament à la portée des enfants.
Si, après 10 jours de traitement, vous recommencez à fumer : consultez votre médecin afin d'adopter avec lui une nouvelle stratégie antitabac.

### Interactions avec d'autres substances

Ce médicament ne doit pas être associé à d'autres apports de nicotine : cigarette, autre médicament en contenant.
Par ailleurs, les produits contenus dans la fumée du tabac peuvent accélérer la vitesse d'élimination de certains médicaments, la théophylline notamment. Lors de l'arrêt du tabagisme, ces médicaments peuvent voir leur effet renforcé et des signes de *surdosage* peuvent apparaître. Contactez votre médecin au moindre doute.
L'absorption de café ou de boisson gazeuse dans les 15 minutes précédant la prise du comprimé à sucer peut diminuer l'absorption de la nicotine et donc l'effet de ce médicament.

### Grossesse et allaitement

Le tabagisme chez la femme enceinte peut être à l'origine d'un retard de croissance du fœtus. L'arrêt du tabac est donc toujours souhaitable. Chez les femmes fortement dépendantes à la nicotine, l'usage de ce médicament peut être une aide, mais les effets de la nicotine seule sur le fœtus sont mal connus. Ce médicament a l'avantage de ne pas exposer le fœtus aux autres toxiques présents dans la fumée du tabac. En résumé : si l'idéal est de ne pas fumer et de ne pas exposer le fœtus à des apports de nicotine, l'usage de ce médicament est un moindre mal par rapport au tabac.
La nicotine passe dans le lait maternel, l'allaitement est déconseillé pendant le traitement.
Si l'allaitement maternel est néanmoins choisi, prendre les comprimés de préférence après la tétée.

### Mode d'emploi et posologie

Les comprimés à 1 mg sont adaptées aux fumeurs moyennement dépendants.
En pratique, il est utile de connaître les signes de sous ou *surdosage* pour adapter la *posologie* après quelques jours de traitement :
- le surdosage aboutit à l'état du fumeur qui a trop fumé et se traduit principalement par un état nauséeux et des maux de tête. Des troubles de la vue ou de l'audition, un tremblement, des vertiges sont également possibles ;
- un sous-dosage provoque des *symptômes* de manque : irritabilité, nervosité, crampes d'estomac (sorte de faim douloureuse), difficulté de concentration.

Dès que le désir de fumer est surmonté, réduire progressivement le nombre de comprimés, jusqu'à désaccoutumance complète.
Afin de permettre l'absorption lente et régulière de la nicotine par les vaisseaux sanguins de la langue, sucer le comprimé jusqu'à ce que le goût devienne fort, puis le placer contre la joue le temps que le goût s'estompe dans la bouche. Recommencer alors l'opération. Au bout de 30 minutes, la dissolution du comprimé doit être complête.

**Posologie usuelle :**
- Adulte de plus de 18 ans : sucer un comprimé à chaque fois que le besoin de fumer se fait sentir. Ne pas dépasser 30 comprimés par jour.

Ne pas dépasser 6 mois de traitement continu.

**Conseils :** Ce médicament peut être utilisé par des fumeurs sans consultation médicale, il est en vente libre. Les conseils de votre pharmacien sont précieux, il pourra vous aider à déterminer le meilleur moment pour arrêter de fumer et vous expliquera les causes d'échec.
La nicotine prise par *voie* orale en remplacement de la cigarette présente la même nocivité cardiovasculaire que celle qui est contenue dans le tabac. Seul le risque de cancer du poumon disparaît. Lorsque l'arrêt du tabac est motivé par des raisons médicales urgentes : *infarctus* récent, *artérite*, *gastrite* ou *ulcère*, il est préférable d'arrêter l'absorption de nicotine sous toutes ses formes.
Comme toutes les méthodes antitabac utilisées pour aider les fumeurs, ce médicament ne peut être efficace que lorsque la volonté d'arrêter de fumer est personnelle et s'accompagne d'une forte moti-

vation. C'est cette motivation qui permettra de lutter contre l'envie de fumer, sans être forcé de faire en permanence appel à la volonté qui s'émousse avec le temps. Un arrêt du tabac durable chez le fumeur suppose que celui-ci considère le tabac comme un poison, une dépendance inacceptable. Il doit se faire à l'idée qu'il ne fumera plus jamais, dès le début du sevrage. Chaque jour sans tabac doit être vécu comme une libération, et non comme un calvaire. Le fumeur qui est dans cet état d'esprit est un bon candidat au sevrage définitif.

L'arrêt du tabac, qui est une véritable drogue, induit de nombreux problèmes : une prise de poids est fréquente, des troubles de la concentration peuvent durer plusieurs semaines. Un *état dépressif* léger est possible. La prise de poids doit être combattue par un régime, et si possible par un programme sportif qui a l'avantage de réconcilier le fumeur avec son corps.

N'hésitez pas à consulter votre médecin en cas de difficulté ; ses conseils et son expérience seront précieux pour lutter contre les rechutes.

### Effets indésirables possibles

Irritation de la bouche ou de la gorge.

Nausées, brûlures d'estomac, troubles de la digestion, hoquet, maux de tête, vertiges, *éruption cutanée*, *palpitations*.

Rarement : *troubles du rythme cardiaque*, *réaction allergique*.

**Laboratoires Novartis Santé Familiale**

## NICOTINELL dispositif transdermique

Médicament du sevrage tabagique

### Présentation

**NICOTINELL TTS 7 mg/24 h :** *dispositif transdermique* de 10 cm² ; boîte de 7. Non remb.
**NICOTINELL TTS 7 mg/24 h :** *dispositif transdermique* de 10 cm² ; boîte de 28. Non remb.
**NICOTINELL TTS 14 mg/24 h :** *dispositif transdermique* de 20 cm² ; boîte de 7. Non remb.
**NICOTINELL TTS 14 mg/24 h :** *dispositif transdermique* de 20 cm² ; boîte de 28. Non remb.
**NICOTINELL TTS 21 mg/24 h :** *dispositif transdermique* de 30 cm² ; boîte de 7. Non remb.
**NICOTINELL TTS 21 mg/24 h :** *dispositif transdermique* de 30 cm² ; boîte de 28. Non remb.

### Composition

| | p 10 cm² | p 20 cm² | p 30 cm² |
|---|---|---|---|
| **Nicotine libérée/24 h** ............... | 7 mg | 14 mg | 21 mg |

### Dans quel cas ce médicament est-il prescrit ?

Ce médicament aide les fumeurs à se désintoxiquer du tabac. Le *dispositif transdermique* (timbre) contient de la nicotine, principale substance active du tabac ; celle-ci traverse la peau, gagne le sang et agit sur le système nerveux, permettant ainsi au fumeur de ne pas ressentir les *symptômes* dus à l'arrêt du tabac.

Il est utilisé exclusivement chez les fumeurs nicotino-dépendants, c'est-à-dire qui avalent la fumée et ne peuvent se passer de fumer plus de quelques heures.

### Contre-indications

Ce médicament ne doit pas être utilisé dans les cas suivants :
- non fumeur ou fumeur occasionnel,
- *infarctus du myocarde* récent,
- *angine de poitrine* d'aggravation récente,
- angor de *Printzmetal*,
- certains *troubles du rythme cardiaque* graves,
- *accident vasculaire cérébral* récent,
- maladie de peau étendue ne permettant pas de coller le timbre.

**Attention :** La mise en place du timbre doit conduire à un arrêt total du tabac.

N'utilisez pas d'autres médicaments contenant de la nicotine, notamment les gommes à mâcher (chewing-gums).

Ne laissez pas le timbre neuf ou usagé à la portée des enfants : une application intempestive peut être à l'origine d'accidents graves. Pliez le timbre avant de le jeter.

Des précautions sont nécessaires en cas de maladie cardiaque grave, d'hypertension, d'*ulcère* de l'estomac ou du *duodénum*, d'*hyperthyroïdie*, de *phéochromocytome*, de *diabète*, d'*insuffisance rénale* ou *hépatique*, ou d'*artérite* des membres inférieurs. Dans ces situations, une consultation médicale préalable est indispensable avant d'utiliser ce médicament ; un arrêt du tabac sans traitement de substitution peut être nécessaire.

### Interactions avec d'autres substances

Ce médicament ne doit pas être associé à d'autres apports de nicotine : cigarette, autre médicament en contenant.

Par ailleurs, les produits contenus dans la fumée du tabac peuvent accélérer la vitesse d'élimination de certains médicaments, la théophylline notamment. Lors de l'arrêt du tabagisme, ces médicaments peuvent voir leur effet renforcé et des signes de *surdosage* peuvent apparaître. Contactez votre médecin au moindre doute.

### Grossesse et allaitement

Le tabagisme chez la femme enceinte peut être à l'origine d'un retard de croissance du fœtus. L'arrêt du tabac est donc toujours souhaitable. Chez les femmes fortement dépendantes à la nicotine, l'usage de ce médicament peut être une aide, mais les effets de la nicotine seule sur le fœtus sont mal connus. Ce médicament a l'avantage de ne pas exposer le fœtus aux autres toxiques présents dans la fumée du tabac. En résumé : si l'idéal est de ne pas fumer et de ne pas exposer le fœtus à des apports de nicotine, l'usage de ce médicament est un moindre mal par rapport au tabac.

La nicotine passe dans le lait maternel, l'allaitement est déconseillé pendant le traitement.

### Mode d'emploi et posologie

Il existe 3 dosages correspondant à 3 surfaces de timbre différentes : la quantité de nicotine qui passe dans le sang est proportionnelle à la surface du *dispositif transdermique*.

Le dosage le plus fort est destiné aux grands fumeurs ou aux fumeurs de cigarettes riches en nicotine ; une forte *dépendance* à la nicotine peut également conduire des fumeurs modérés à préférer le dosage fort.

En pratique, il est utile de connaître les signes de sous ou *surdosage* pour adapter le choix du dosage après 1 ou 2 jours de traitement :
- le surdosage aboutit à l'état du fumeur qui a trop fumé et se traduit principalement par un état nauséeux et des maux de tête. Des troubles de la vue ou de l'audition, un tremblement, des vertiges sont également possibles ;

– un sous-dosage provoque des symptômes de manque : irritabilité, nervosité, crampes d'estomac (sorte de faim douloureuse), difficulté de concentration.

Une fois le sevrage obtenu, il convient de passer à un timbre moins dosé après une période de 3 à 4 semaines, puis à l'arrêt après l'utilisation du dosage le plus faible.

Appliquer le timbre sur une région sèche, pauvre en poils, et dépourvue de lésions cutanées. Libérer la surface adhésive et appliquer soigneusement le timbre en effectuant une pression sur toute sa surface. Changer d'emplacement tous les jours.

**Posologie usuelle :**

- Adulte : le timbre est posé le matin, après la toilette. Il doit normalement être gardé jusqu'au lendemain.

Il est recommandé de ne pas dépasser 6 mois de traitement continu.

**Conseils :** Ce médicament peut-être utilisé par des fumeurs sans consultation médicale, il est en vente libre. Les conseils de votre pharmacien sont précieux, il pourra vous aider à déterminer le meilleur moment pour arrêter de fumer et vous expliquera les causes d'échec.

La nicotine prise par *voie* cutanée en remplacement de la cigarette présente la même nocivité cardiovasculaire que celle qui est contenue dans le tabac. Seul le risque de cancer du poumon disparaît. Lorsque l'arrêt du tabac est motivé par des raisons médicales urgentes : *infarctus* récent, *artérite, gastrite* ou *ulcère*, il est préférable d'arrêter l'absorption de nicotine sous toutes ses formes.

Comme toutes les méthodes antitabac utilisées pour aider les fumeurs, ce médicament ne peut être efficace que lorsque la volonté d'arrêter de fumer est personnelle et s'accompagne d'une forte motivation. C'est cette motivation qui permettra de lutter contre l'envie de fumer, sans être forcé de faire en permanence appel à la volonté qui s'émousse avec le temps. Un arrêt du tabac durable chez le fumeur suppose que celui-ci considère le tabac comme un poison, une dépendance inacceptable. Il doit se faire à l'idée qu'il ne fumera plus jamais, dès le début du sevrage. Chaque jour sans tabac doit être vécu comme une libération, et non comme un calvaire. Le fumeur qui est dans cet état d'esprit est un bon candidat au sevrage définitif.

L'arrêt du tabac, qui est une véritable drogue, induit de nombreux problèmes : une prise de poids est fréquente, des troubles de la concentration peuvent durer plusieurs semaines. Un *état dépressif* léger est possible. La prise de poids doit être combattue par un régime, et si possible par un programme sportif qui a l'avantage de réconcilier le fumeur avec son corps. N'hésitez pas à consulter votre médecin en cas de difficulté ; ses conseils et son expérience seront précieux pour lutter contre les rechutes.

Garder le timbre la nuit permet de combattre les *symptômes* de manque au lever. Néanmoins, le port nocturne peut provoquer des troubles du sommeil. Dans ce cas, il peut être préférable d'ôter le timbre au coucher.

Pensez à vous laver les mains après l'application et évitez tout contact avec les yeux ou le nez.

### Effets indésirables possibles

Réactions locales : rougeurs et démangeaisons au niveau de l'application pouvant nécessiter l'arrêt du traitement en cas de réaction importante.

Également : *palpitations*, maux de tête, insomnie, sensation de *vertige*, troubles des rêves, nausées, vomissements.

Laboratoires Novartis Santé Familiale

## NICOTINELL gomme

Médicament du sevrage tabagique

### Présentation

NICOTINELL FRUIT 2 mg SANS SUCRE : gomme à mâcher (arôme Tutti) ; boîte de 24. Non remb.
NICOTINELL FRUIT 2 mg SANS SUCRE : gomme à mâcher (arôme Tutti) ; boîte de 96. Non remb.
NICOTINELL MENTHE 2 mg SANS SUCRE : gomme à mâcher ; boîte de 24. Non remb.
NICOTINELL MENTHE 2 mg SANS SUCRE : gomme à mâcher ; boîte de 96. Non remb.
NICOTINELL MENTHE 4 mg SANS SUCRE : gomme à mâcher ; boîte de 24. Non remb.
NICOTINELL MENTHE 4 mg SANS SUCRE : gomme à mâcher ; boîte de 96. Non remb.

### Composition

| | p gomme | p gomme |
|---|---|---|
| **Nicotine** | 2 mg | 4 mg |
| Sorbitol | + | + |

### Dans quel cas ce médicament est-il prescrit ?

Ce médicament aide les fumeurs à se désintoxiquer du tabac. La gomme à mâcher apporte dans le sang, par l'intermédiaire de la salive, la nicotine, principale substance active du tabac, responsable de l'accoutumance.

### Contre-indications

Ce médicament ne doit pas être utilisé dans les cas suivants :

- non fumeur,
- *infarctus du myocarde* récent,
- *angine de poitrine* d'aggravation récente,
- angor de *Printzmetal,*
- *troubles du rythme cardiaque* grave,
- *accident vasculaire cérébral* récent.

**Attention :** L'arrêt du tabac est impératif avant de commencer le traitement.

Des précautions sont nécessaires en cas de maladie cardiaque grave, d'*hypertension*, d'*ulcère* de l'estomac ou du *duodénum*, d'*hyperthyroïdie*, de *phéochromocytome*, de *diabète*, d'*insuffisance rénale* ou *hépatique* ou d'*artérite* des membres inférieurs. Dans ces situations, une consultation médicale préalable est indispensable avant d'utiliser ce médicament ; un arrêt du tabac sans traitement de substitution peut être nécessaire.

N'utilisez pas d'autres médicaments contenant de la nicotine, notamment les *dispositifs transdermiques* (voir Interactions avec d'autres substances).

Ce chewing-gum est un médicament. Ne le laissez pas à la portée des enfants.

Le port d'une prothèse dentaire peut entraîner des problèmes lors de la mastication des gommes : consultez votre dentiste.

Si, après 10 jours de traitement, vous recommencez à fumer : consultez votre médecin afin d'adopter avec lui une nouvelle stratégie antitabac.

### Interactions avec d'autres substances

Ce médicament ne doit pas être associé à d'autres apports de nicotine : cigarette, autre médicament en contenant.

Par ailleurs, les produits contenus dans la fumée du tabac peuvent accélérer la vitesse d'élimination de certains médicaments, la théophylline notamment. Lors de l'arrêt du tabagisme, ces médicaments peuvent voir leur effet renforcé et des signes de *surdosage* peuvent apparaître. Contactez votre médecin au moindre doute.

L'absorption de café ou de boisson gazeuse dans les 15 minutes précédant la prise de la gomme à mâcher peut diminuer l'absorption de la nicotine et donc l'effet de ce médicament.

### Grossesse et allaitement

Le tabagisme chez la femme enceinte peut être à l'origine d'un retard de croissance du fœtus. L'arrêt du tabac est donc toujours souhaitable. Chez les femmes fortement dépendantes à la nicotine, l'usage de ce médicament peut être une aide, mais les effets de la nicotine seule sur le fœtus sont mal connus. Ce médicament a l'avantage de ne pas exposer le fœtus aux autres toxiques présents dans la fumée du tabac. En résumé : si l'idéal est de ne pas fumer et de ne pas exposer le fœtus à des apports de nicotine, l'usage de ce médicament est un moindre mal par rapport au tabac.

La nicotine passe dans le lait maternel, l'allaitement est déconseillé pendant le traitement.

Si l'allaitement maternel est néanmoins choisi, prendre les gommes de préférence après la tétée.

### Mode d'emploi et posologie

Le choix du dosage est fonction de la dépendance initiale à la nicotine. Les gommes à 4 mg sont adaptées aux fumeurs fortement ou très fortement dépendants ; elles peuvent être également utilisées par les fumeurs peu dépendants qui préfèrent limiter le nombre de gommes mâchées quotidiennement.

En pratique, il est utile de connaître les signes de sous ou *surdosage* pour adapter la *posologie* après quelques jours de traitement :

- le surdosage aboutit à l'état du fumeur qui a trop fumé et se traduit principalement par un état nauséeux et des maux de tête. Des troubles de la vue ou de l'audition, un tremblement, des vertiges sont également possibles ;
- un sous-dosage provoque des *symptômes* de manque : irritabilité, nervosité, crampes d'estomac (sorte de faim douloureuse), difficulté de concentration.

Dès que le désir de fumer est surmonté, réduire progressivement le nombre de gommes, jusqu'à désaccoutumance complète.

Mâcher très lentement chaque gomme afin de permettre l'absorption lente et régulière de la nicotine par les vaisseaux sanguins de la langue : mastiquer 10 fois de suite le chewing-gum toutes les 2 minutes environ. Au bout de 30 minutes de mastication, la gomme n'est plus efficace.

**Posologie usuelle :**

- Adulte : mâcher une gomme à chaque fois que le besoin de fumer se fait sentir. Ne pas dépasser 25 gommes à 2 mg ou 15 gommes à 4 mg par jour.

Ne pas dépasser 6 mois de traitement continu.

**Conseils :** Ce médicament peut être utilisé par des fumeurs sans consultation médicale, il est en vente libre. Les conseils de votre pharmacien sont précieux, il pourra vous aider à déterminer le meilleur moment pour arrêter de fumer et vous expliquera les causes d'échec.

La nicotine prise par *voie* orale en remplacement de la cigarette présente la même nocivité cardiovasculaire que celle qui est contenue dans le tabac. Seul le risque de cancer du poumon disparaît. Lorsque l'arrêt du tabac est motivé par des raisons médicales urgentes : *infarctus* récent, *artérite*, *gastrite* ou *ulcère*, il est préférable d'arrêter l'absorption de nicotine sous toutes ses formes.

Comme toutes les méthodes antitabac utilisées pour aider les fumeurs, ce médicament ne peut être efficace que lorsque la volonté d'arrêter de fumer est personnelle et s'accompagne d'une forte motivation. C'est cette motivation qui permettra de lutter contre l'envie de fumer, sans être forcé de faire en permanence appel à la volonté qui s'émousse avec le temps. Un arrêt du tabac durable chez le fumeur suppose que celui-ci considère le tabac comme un poison, une dépendance inacceptable. Il doit se faire à l'idée qu'il ne fumera plus jamais, dès le début du sevrage. Chaque jour sans tabac doit être vécu comme une libération, et non comme un calvaire. Le fumeur qui est dans cet état d'esprit est un bon candidat au sevrage définitif.

L'arrêt du tabac, qui est une véritable drogue, induit de nombreux problèmes : une prise de poids est fréquente, des troubles de la concentration peuvent durer plusieurs semaines. Un *état dépressif* léger est possible. La prise de poids doit être combattue par un régime, et si possible par un programme sportif qui a l'avantage de réconcilier le fumeur avec son corps.

N'hésitez pas à consulter votre médecin en cas de difficulté ; ses conseils et son expérience seront précieux pour lutter contre les rechutes.

### Effets indésirables possibles

Irritation de la bouche ou de la gorge, douleur des mâchoires.

Nausées, troubles de la digestion, hoquet, maux de tête, vertiges, *éruption cutanée*, *palpitations*.

Rarement : *troubles du rythme cardiaque*, *réaction allergique*.

**Laboratoires Novartis Santé Familiale**

## NICOTINELLCLASSIC

*Informations détaillées sur www.monvidal.com*

## NIDREL

Inhibiteur calcique

sur ordonnance

### Présentation

**NIDREL 10 mg :** comprimé (orangé) ; boîte de 28. Liste I - Remb 65 % - **Prix : 9,51 €.**

**NIDREL 20 mg :** comprimé (jaune) ; boîte de 28. Liste I - Remb 65 % - **Prix : 16,24 €.**

### Composition

| | p cp | p cp |
|---|---|---|
| **Nitrendipine** | 10 mg | 20 mg |
| Lactose | + | |

### Dans quel cas ce médicament est-il prescrit ?

Ce médicament est un *vasodilatateur* qui appartient à la famille des *inhibiteurs calciques*.

Il est utilisé dans le traitement de l'*hypertension artérielle*.

> **Attention :** En cas de douleur thoracique survenant systématiquement dans la demi-heure qui suit la prise du médicament, consultez votre médecin avant de poursuivre le traitement.
> Des précautions sont nécessaires en cas d'*insuffisance hépatique* et chez la personne âgée.
> Compte-tenu de ses effets indésirables potentiels, ce médicament peut, chez certaines personnes, ne pas être compatible avec la conduite automobile ou le maniement de machines dangereuses. Assurez-vous à l'occasion des premières prises que vous supportez bien ce médicament avant de conduire ou d'utiliser une machine.

### Interactions avec d'autres substances

Informez votre médecin si vous prenez un *alphabloquant*, un *bêtabloquant* ou un médicament contenant de la rifampicine ou de l'itraconazole.

En outre, l'effet *antihypertenseur* de ce médicament peut être augmenté par certains médicaments tels que les *neuroleptiques*, les *antidépresseurs imipraminiques*, les médicaments contenant du baclofène ; il peut être diminué par les *corticoïdes*. Votre médecin doit être informé si vous êtes traité par l'un ou l'autre de ces médicaments.

### Grossesse et allaitement

Ce médicament est déconseillé chez la femme enceinte ou susceptible de l'être. Si une grossesse survient pendant le traitement, prévenez votre médecin.

Les données disponibles ne permettent pas de savoir si ce médicament passe dans le lait maternel ; un choix est donc nécessaire entre l'allaitement et la prise du médicament. Cette décision devra être prise en accord avec votre médecin.

### Mode d'emploi et posologie

Les comprimés doivent être avalés avec un verre d'eau indifféremment pendant ou en dehors des repas.

**Posologie usuelle :**
10 à 20 mg par jour, en 1 ou 2 prises.

> **Conseils :** Les comprimés doivent être conservés à l'abri de la lumière.
> Le traitement médicamenteux ne dispense pas des mesures simples pouvant faire baisser la tension artérielle : activité physique régulière, modération de la consommation de boissons alcoolisées, lutte contre l'excès de poids.

### Effets indésirables possibles

Les plus fréquents sont la conséquence de la dilatation des vaisseaux sanguins :
- rougeur du visage, bouffées de chaleur, maux de tête ;
- jambes lourdes ou enflées.

Plus rarement : nausées, étourdissements, fatigue, *éruption cutanée*, *palpitations*, accélération du cœur.

**Laboratoires Schwarz Pharma**

## NIFÉDIPINE ARROW LP 30 mg

Inhibiteur calcique — sur ordonnance

Ce médicament est un générique de CHRONADALTE (voir p. 220 et tableau p. 1151).

## NIFÉDIPINE G GAM 10 mg

Inhibiteur calcique — sur ordonnance

Ce médicament est un générique de ADALATE 10 (informations détaillées sur www.monvidal.com).

## NIFÉDIPINE G GAM LP 20 mg

Inhibiteur calcique — sur ordonnance

Ce médicament est un générique de ADALATE 20 (voir p. 54 et tableau p. 1151).

## NIFÉDIPINE MERCK

Inhibiteur calcique — sur ordonnance

Ce médicament est un générique de ADALATE 20 (voir p. 54 et tableau p. 1151).

## NIFÉDIPINE MERCK LP 30 mg

Inhibiteur calcique — sur ordonnance

Ce médicament est un générique de CHRONADALTE (voir p. 220 et tableau p. 1151).

## NIFÉDIPINE RATIOPHARM

Inhibiteur calcique — sur ordonnance

Ce médicament est un générique de ADALATE 20 (voir p. 54 et tableau p. 1151).

## NIFÉDIPINE RPG

Inhibiteur calcique — sur ordonnance

Ce médicament est un générique de ADALATE 20 (voir p. 54 et tableau p. 1151).

## NIFÉDIPINE TEVA

Inhibiteur calcique — sur ordonnance

Ce médicament est un générique de ADALATE 20 (voir p. 54 et tableau p. 1151).

## NIFLUGEL

Anti-inflammatoire d'action locale

### Présentation

NIFLUGEL 2,5 % : gel percutané ; tube de 60 g. Remb 35 % - **Prix : 2,81 €**.

### Composition

| | p 100 g |
|---|---|
| **Acide niflumique** | 2,5 g |
| Alcool | + |

### Dans quel cas ce médicament est-il prescrit ?

Ce gel contient un *anti-inflammatoire* non stéroïdien (*AINS*). Il lutte localement contre l'*inflammation* et la douleur.

Il est utilisé dans le traitement local des *tendinites*, des entorses et des contusions.

### Contre-indications

Ce médicament ne doit pas être utilisé dans les cas suivants :
- *allergie* à l'aspirine ou aux *AINS*,
- en application sur un *eczéma*, des *muqueuses*, des plaies ou de la peau lésée,
- **grossesse** (à partir du 6e mois).

### Grossesse et allaitement

Les *AINS* pris par voie orale peuvent être toxiques pour le fœtus ; leur utilisation est contre-indiquée pendant les 4 derniers mois de la grossesse. Les AINS destinés à une application locale peuvent traverser la peau, passer dans le sang et exposer le fœtus au même risque, lorsqu'ils sont appliqués sur une large surface de peau ou sous un pansement occlusif. N'utilisez pas ce médicament pendant la grossesse sans avis médical.

Les données disponibles ne permettent pas de savoir si ce médicament passe dans le lait maternel : ne l'utilisez pas pendant l'allaitement sans avis médical.

### Mode d'emploi et posologie

Appliquer le gel par un massage doux et prolongé.

**Posologie usuelle :**
- Adulte : 3 applications par jour.

**Conseils :** Pensez à vous laver les mains après l'application. En cas de contact accidentel avec les yeux, rincez abondamment.

### Effets indésirables possibles

Imposant l'arrêt du traitement : *réaction allergique* cutanée (éruption de boutons, démangeaisons...) ou générale.

La présence d'alcool peut favoriser le dessèchement et l'irritation de la peau, surtout en cas d'applications répétées.

Laboratoires Bristol-Myers Squibb

## NIFLURIL gélule, suppositoire

Anti-inflammatoire non stéroïdien — sur ordonnance

### Présentation

**NIFLURIL :** gélule (rouge et blanc) ; boîte de 30. Liste II - Remb 65 % - **Prix : 2,89 €**.
**NIFLURIL 700 mg :** suppositoire ; boîte de 8. Liste II - Remb 35 % - **Prix : 2,63 €**.
**NIFLURIL 400 mg :** suppositoire sécable ; boîte de 8. Liste II - Remb 65 % - **Prix : 2,32 €**.

### Composition

| | p gél | p suppos | p suppos |
|---|---|---|---|
| **Acide niflumique** ......... | 250 mg | | |
| **Morniflumate** ............. | | 700 mg | 400 mg |

### Dans quel cas ce médicament est-il prescrit ?

Ce médicament est un *anti-inflammatoire* non stéroïdien (*AINS*). Il lutte contre l'*inflammation* et la douleur, fait baisser la fièvre et fluidifie le sang.

Il est utilisé dans le *traitement symptomatique* des rhumatismes inflammatoires (*polyarthrite rhumatoïde*) et des crises d'*arthrose*.

Il est également utilisé dans le *traitement d'appoint* des *inflammations* douloureuses de l'oreille, du nez et de la gorge, des affections buccales et dentaires.

### Contre-indications

Ce médicament ne doit pas être utilisé dans les cas suivants :
- *antécédent* d'*allergie* ou d'*asthme* provoqué par la prise d'*AINS*, y compris l'aspirine ;
- *ulcère* de l'estomac ou du *duodénum* ;
- *insuffisance hépatique* ou *rénale* grave ;
- *insuffisance cardiaque* grave ;
- *inflammation* ou saignement du rectum (suppositoires) ;
- enfant de moins de 12 ans (gélule et suppositoire à 700 mg) ;
- enfant de moins de 6 mois (suppositoire à 400 mg) ;
- **grossesse** (à partir du 6e mois).

**Attention :** Tout traitement prolongé ou surdosage d'*AINS* expose à des effets indésirables graves.

Certaines situations doivent conduire à ne poursuivre le traitement qu'après un avis médical :
- brûlures d'estomac importantes ou selles noires et nauséabondes pouvant traduire une irritation ou un saignement du tube digestif ;
- *réaction allergique* cutanée, crise d'*asthme* ;
- fatigue inhabituelle et intense, ou baisse brutale et importante du volume des urines chez une personne souffrant d'*insuffisance cardiaque*, déshydratée ou traitée par *diurétique*.

L'utilisation des AINS est déconseillée dans le traitement de la fièvre chez l'enfant en cas de varicelle : ils augmenteraient le risque rare de complications infectieuses cutanées graves.

Des précautions sont nécessaires chez la personne âgée ou en cas d'*antécédent* d'*ulcère* de l'estomac ou du *duodénum* ou de risque hémorragique, notamment digestif (maladie de *Crohn*, *rectocolite hémorragique*).

Conducteur : ce médicament peut être responsable de *vertiges* ou d'une baisse de la vigilance.

### Interactions avec d'autres substances

Ce médicament peut interagir avec d'autres médicaments, notamment :
- l'aspirine et les autres *anti-inflammatoires* non stéroïdiens (*AINS*) : risque d'accroissement des effets indésirables ;
- les *anticoagulants* et les *antiagrégants plaquettaires* : augmentation du risque hémorragique ;
- le lithium (TÉRALITHE, NEUROLITHIUM...) : augmentation du taux de lithium dans le sang ;
- le méthotrexate.

Informez par ailleurs votre médecin ou votre pharmacien en cas de traitement par un *diurétique*, un *inhibiteur de l'enzyme de conversion*, un *inhibiteur de l'angiotensine II*, un *bêtabloquant* ou un médicament contenant de la ciclosporine.

### Grossesse et allaitement

Des effets néfastes pour l'enfant à naître ont été mis en évidence lorsque les *AINS* sont utilisés au cours des

4 derniers mois de la grossesse ; le risque existe même avec une seule prise et même si la grossesse est à terme. L'usage de ce médicament est contre-indiqué pendant cette période.

Pendant les 5 premiers mois, l'effet de ce médicament est mal connu : seul votre médecin peut évaluer le risque éventuel de son utilisation dans votre cas.

Ce médicament passe dans le lait maternel ; un choix est donc nécessaire entre l'allaitement et la prise du médicament. Cette décision devra être prise en accord avec votre médecin.

### Mode d'emploi et posologie

Les gélules doivent être avalées au cours des repas avec un verre d'eau. Les suppositoires à 400 mg peuvent être coupés en deux. Quelle que soit la forme utilisée, les prises doivent être régulièrement réparties au cours de la journée.

**Posologie usuelle :**

- Adulte : 1 gélule, 3 ou 4 fois par jour ou 1 suppositoire à 700 mg, matin et soir.
- Enfant de plus de 12 ans : 1 gélule, 2 ou 3 fois par jour ou 1 suppositoire à 700 mg, matin et soir.
- Enfant de 30 mois à 12 ans : 1 suppositoire à 400 mg par 10 kg et par jour, sans dépasser 3 suppositoires par jour. Soit, pour un enfant de 20 kg, 1 suppositoire matin et soir.
- Nourrisson de 6 à 30 mois : ½ suppositoire à 400 mg, 2 fois par jour.

> **Conseils :** Ne pas dépasser la posologie ni la durée prescrites par votre médecin, afin de limiter les effets indésirables.

### Effets indésirables possibles

*Troubles digestifs*, *gastrite*, voire *ulcère* de l'estomac ou du *duodénum*, le plus souvent lors d'un traitement de longue durée ou à forte dose. Exceptionnellement : *hémorragie* du tube digestif (vomissements sanglants, selles noires ou plus souvent pertes de sang imperceptibles, responsables de l'apparition d'une *anémie*).

Rarement : *vertiges*.

*Réaction allergique* nécessitant l'arrêt immédiat du traitement :
- démangeaisons, urticaire, éruption cutanée grave... ;
- crise d'*asthme* ;
- malaise avec baisse brutale de la tension artérielle.

**Laboratoires Bristol-Myers Squibb**

## NIFLURIL pommade

Anti-inflammatoire d'action locale

### Présentation

**NIFLURIL** : pommade ; tube de 60 g. Remb 35 % - **Prix : 2,14 €**.

### Composition

| | p 100 g |
|---|---|
| **Acide niflumique** | 3 g |

### Dans quel cas ce médicament est-il prescrit ?

Cette pommade contient un *anti-inflammatoire* non stéroïdien (*AINS*). Elle lutte localement contre l'*inflammation* et la douleur.

Elle est utilisée dans le traitement d'appoint des entorses et dans les suites de sclérose des veines.

### Contre-indications

Ce médicament ne doit pas être utilisé dans les cas suivants :
- *allergie* à l'aspirine ou aux *AINS* ;
- en application sur un *eczéma*, les *muqueuses*, les plaies ou la peau lésée ;
- **grossesse** (à partir du 6e mois).

### Grossesse et allaitement

Les *AINS* pris par voie orale peuvent être toxiques pour le fœtus ; leur utilisation est contre-indiquée pendant les 4 derniers mois de la grossesse. Les AINS destinés à une application locale peuvent traverser la peau, passer dans le sang et exposer le fœtus au même risque, lorsqu'ils sont appliqués sur une large surface de peau ou sous un pansement occlusif. N'utilisez pas ce médicament pendant la grossesse sans avis médical.

Les données disponibles ne permettent pas de savoir si ce médicament passe dans le lait maternel : ne l'utilisez pas pendant l'allaitement sans avis médical.

### Mode d'emploi et posologie

La pommade doit être appliquée en massage doux et prolongé.

**Posologie usuelle :**

3 applications par jour.

> **Conseils :** Pensez à vous laver les mains après l'application. En cas de contact accidentel avec les yeux, rincez abondamment.

### Effets indésirables possibles

Sensation de brûlure, dessèchement de la peau.

Imposant l'arrêt immédiat du traitement : *réaction allergique* cutanée (éruption de boutons, démangeaisons...).

**Laboratoires Bristol-Myers Squibb**

## NIFUROXAZIDE ARROW

Antidiarrhéique — sur ordonnance

Ce médicament est un générique de ERCÉFURYL (voir p. 375 et tableau p. 1151).

## NIFUROXAZIDE BIOGARAN

Antidiarrhéique — sur ordonnance

Ce médicament est un générique de ERCÉFURYL (voir p. 375 et tableau p. 1151).

## NIFUROXAZIDE EG

Antidiarrhéique — sur ordonnance

Ce médicament est un générique de ERCÉFURYL (voir p. 375 et tableau p. 1151).

## NIFUROXAZIDE G GAM

Antidiarrhéique — sur ordonnance

Ce médicament est un générique de ERCÉFURYL (voir p. 375 et tableau p. 1151).

## NIFUROXAZIDE IVAX

Antidiarrhéique — sur ordonnance

Ce médicament est un générique de ERCÉFURYL (voir p. 375 et tableau p. 1151).

## NIFUROXAZIDE MERCK

Antidiarrhéique — sur ordonnance

Ce médicament est un générique de ERCÉFURYL (voir p. 375 et tableau p. 1151).

## NIFUROXAZIDE QUALIMED

Antidiarrhéique — sur ordonnance

Ce médicament est un générique de ERCÉFURYL (voir p. 375 et tableau p. 1151).

## NIFUROXAZIDE RATIOPHARM

Antidiarrhéique — sur ordonnance

Ce médicament est un générique de ERCÉFURYL (voir p. 375 et tableau p. 1151).

## NIFUROXAZIDE RPG

Antidiarrhéique — sur ordonnance

Ce médicament est un générique de ERCÉFURYL (voir p. 375 et tableau p. 1151).

## NIFUROXAZIDE SANDOZ

Antidiarrhéique — sur ordonnance

Ce médicament est un générique de ERCÉFURYL (voir p. 375 et tableau p. 1151).

## NIFUROXAZIDE TEVA

Antidiarrhéique — sur ordonnance

Ce médicament est un générique de ERCÉFURYL (voir p. 375 et tableau p. 1151).

## NIFUROXAZIDE WINTHROP

Antidiarrhéique — sur ordonnance

Ce médicament est un générique de ERCÉFURYL (voir p. 375 et tableau p. 1151).

## NIFUROXAZIDE ZYDUS

Antidiarrhéique — sur ordonnance

Ce médicament est un générique de ERCÉFURYL (voir p. 375 et tableau p. 1151).

## NIQUITIN comprimé

Médicament du sevrage tabagique

### Présentation

**NIQUITIN MENTHE FRAÎCHE 2 mg :** comprimé à sucer (arôme menthe) ; boîte de 24. Non remb.
**NIQUITIN MENTHE FRAÎCHE 2 mg :** comprimé à sucer (arôme menthe) ; boîte de 72. Non remb.
**NIQUITIN SANS SUCRE 2 mg :** comprimé à sucer (arôme menthe) ; boîte de 36. Non remb.
**NIQUITIN SANS SUCRE 2 mg :** comprimé à sucer (arôme menthe) ; boîte de 72. Non remb.
**NIQUITIN MENTHE FRAÎCHE 4 mg :** comprimé à sucer (arôme menthe) ; boîte de 24. Non remb.
**NIQUITIN MENTHE FRAÎCHE 4 mg :** comprimé à sucer (arôme menthe) ; boîte de 72. Non remb.
**NIQUITIN SANS SUCRE 4 mg :** comprimé à sucer (arôme menthe) ; boîte de 36. Non remb.
**NIQUITIN SANS SUCRE 4 mg :** comprimé à sucer (arôme menthe) ; boîte de 72. Non remb.

### Composition

| | p cp | p cp |
|---|---|---|
| **Nicotine** | 2 mg | 4 mg |
| Aspartam | + | + |
| Mannitol | + | + |

### Dans quel cas ce médicament est-il prescrit ?

Ce médicament aide les fumeurs à se désintoxiquer du tabac. Le comprimé à sucer apporte dans le sang, par l'intermédiaire de la *muqueuse* buccale, la nicotine, principale substance active du tabac, responsable de l'accoutumance.

Il est utilisé soit pour arrêter définitivement de fumer, soit pour arrêter temporairement.

### Contre-indications

Ce médicament ne doit pas être utilisé dans les cas suivants :
- non fumeur ou fumeur occasionnel,
- *phénylcétonurie* (présence d'aspartam).

**Attention :** Ce médicament ne doit pas être utilisé chez les moins de 18 ans sans consultation médicale préalable.

L'arrêt du tabac est impératif avant de commencer le traitement.

Des précautions sont nécessaires en cas d'*ulcère* de l'estomac ou du *duodénum*, d'*insuffisance rénale* ou *hépatique*. Dans ces situations, une consultation médicale préalable est indispensable avant d'utiliser ce médicament ; un arrêt du tabac sans traitement de substitution peut être nécessaire.

N'utilisez pas d'autres médicaments contenant de la nicotine, notamment les *dispositifs transdermiques* (voir Interaction avec d'autres substances).

### Interactions avec d'autres substances

Ce médicament ne doit pas être associé à d'autres apports de nicotine : cigarette, autre médicament en contenant.

Par ailleurs, les produits contenus dans la fumée du tabac peuvent accélérer la vitesse d'élimination de certains médicaments, la théophylline notamment. Lors de l'arrêt du tabagisme, ces médicaments peuvent voir leur effet renforcé et des signes de *surdosage* peuvent apparaître. Contactez votre médecin au moindre doute.

### Grossesse et allaitement

Le tabagisme chez la femme enceinte peut être à l'origine d'un retard de croissance du fœtus. L'arrêt du tabac est donc toujours souhaitable. Chez les femmes fortement dépendantes à la nicotine, l'usage de ce médicament peut être une aide, mais les effets de la nicotine seule sur le fœtus sont mal connus. Ce médicament a l'avantage de ne pas exposer le fœtus aux autres toxiques présents dans la fumée du tabac. En résumé : si l'idéal est de ne pas fumer et de ne pas exposer le fœtus à des apports de nicotine, l'usage de ce médicament est un moindre mal par rapport au tabac.

La nicotine passe dans le lait maternel, l'allaitement est déconseillé pendant le traitement.

Si l'allaitement maternel est néanmoins choisi, prendre les comprimés de préférence après la tétée.

### Mode d'emploi et posologie

Le choix du dosage est fonction de la dépendance initiale à la nicotine. Les comprimés à 4 mg sont adaptés aux fumeurs fortement ou très fortement dépendants.

En pratique, il est utile de connaître les signes de sous ou *surdosage* pour adapter la *posologie* après quelques jours de traitement :

- le surdosage aboutit à l'état du fumeur qui a trop fumé et se traduit principalement par un état nauséeux et des maux de tête. Des troubles de la vue ou de l'audition, un tremblement, des vertiges sont également possibles ;
- un sous-dosage provoque des *symptômes* de manque : irritabilité, nervosité, crampes d'estomac (sorte de faim douloureuse), difficulté de concentration.

Dès que le désir de fumer est surmonté, réduire progressivement le nombre de comprimés, jusqu'à désaccoutumance complète.

Sucer le comprimé, sans le croquer ou le mâcher, afin de permettre l'absorption lente et régulière de la nicotine par les vaisseaux sanguins de la bouche. Le comprimé se dissout pendant environ 30 minutes et doit être régulièrement déplacé d'un côté à l'autre de la bouche pendant ce temps.

Il est important de ne pas boire ou manger tant que le comprimé est dans la bouche.

**Posologie usuelle :**

- Adulte de plus de 18 ans :

  Arrêt complet du tabac :
  - pendant les 6 premières semaines, sucer un comprimé toutes les 1 à 2 heures, sans dépasser 15 comprimés à 2 mg ou 9 comprimés à 4 mg par jour ;
  - les 3 semaines suivantes, sucer 1 comprimé toutes les 2 à 4 heures ;
  - les 3 semaines suivantes, espacer encore les prises en suçant 1 comprimé toutes les 4 à 8 heures ;
  - ensuite, ne prendre qu'1 ou 2 comprimés par jour en cas de tentation forte.

Arrêt temporaire du tabac ou réduction du nombre de cigarette : 1 comprimé chaque fois que l'envie de fumer apparaît, sans dépasser 15 comprimés à 2 mg ou 9 comprimés à 4 mg par jour.

Ne pas dépasser 6 mois de traitement continu.

**Conseils :** Ce médicament peut être utilisé par des fumeurs sans consultation médicale, il est en vente libre. Les conseils de votre pharmacien sont précieux, il pourra vous aider à déterminer le meilleur moment pour arrêter de fumer et vous expliquera les causes d'échec.

La nicotine prise par *voie* orale en remplacement de la cigarette présente la même nocivité cardiovasculaire que celle qui est contenue dans le tabac. Seul le risque de cancer du poumon disparaît. Lorsque l'arrêt du tabac est motivé par des raisons médicales urgentes : *infarctus* récent, *artérite*, *gastrite* ou *ulcère*, il est préférable d'arrêter l'absorption de nicotine sous toutes ses formes.

Comme toutes les méthodes antitabac utilisées pour aider les fumeurs, ce médicament ne peut être efficace que lorsque la volonté d'arrêter de fumer est personnelle et s'accompagne d'une forte motivation. C'est cette motivation qui permettra de lutter contre l'envie de fumer, sans être forcé de faire en permanence appel à la volonté qui s'émousse avec le temps. Un arrêt du tabac durable chez le fumeur suppose que celui-ci considère le tabac comme un poison, une dépendance inacceptable. Il doit se faire à l'idée qu'il ne fumera plus jamais, dès le début du sevrage. Chaque jour sans tabac doit être vécu comme une libération, et non comme un calvaire. Le fumeur qui est dans cet état d'esprit est un bon candidat au sevrage définitif.

L'arrêt du tabac, qui est une véritable drogue, induit de nombreux problèmes : une prise de poids est fréquente, des troubles de la concentration peuvent durer plusieurs semaines. Un *état dépressif* léger est possible. La prise de poids doit être combattue par un régime, et si possible par un programme sportif qui a l'avantage de réconcilier le fumeur avec son corps.

N'hésitez pas à consulter votre médecin en cas de difficulté ; ses conseils et son expérience seront précieux pour lutter contre les rechutes.

### Effets indésirables possibles

En début de traitement : irritation de la bouche ou de la gorge s'atténuant habituellement à la poursuite du traitement.

Fréquemment : nausées, troubles de la digestion, hoquet, maux de tête, *palpitations*, sécheresse de la bouche, rhinite, toux.

Rarement : *troubles du rythme cardiaque*, *réaction allergique*.

Comme tous les médicaments et confiseries contenant des sucres non absorbables (sorbitol, maltitol...), possibilité de *diarrhée* en cas d'apport important.

**Laboratoires GlaxoSmithKline Santé Grand Public**

## NIQUITIN gomme à mâcher

*Informations détaillées sur www.monvidal.com*

## NIQUITINCLEAR

Médicament du sevrage tabagique

### Présentation

**NIQUITINCLEAR 7 mg/24 h :** *dispositif transdermique* de 7 cm² (transparent) ; boîte de 7. Non remb.
**NIQUITINCLEAR 7 mg/24 h :** *dispositif transdermique* de 7 cm² (transparent) ; boîte de 14. Non remb.
**NIQUITINCLEAR 14 mg/24 h :** *dispositif transdermique* de 14 cm² (transparent) ; boîte de 7. Non remb.
**NIQUITINCLEAR 14 mg/24 h :** *dispositif transdermique* de 14 cm² (transparent) ; boîte de 14. Non remb.
**NIQUITINCLEAR 14 mg/24 h :** *dispositif transdermique* de 14 cm² (transparent) ; boîte de 28. Non remb.
**NIQUITINCLEAR 21 mg/24 h :** *dispositif transdermique* de 21 cm² (transparent) ; boîte de 7. Non remb.
**NIQUITINCLEAR 21 mg/24 h :** *dispositif transdermique* de 21 cm² (transparent) ; boîte de 14. Non remb.
**NIQUITINCLEAR 21 mg/24 h :** *dispositif transdermique* de 21 cm² (transparent) ; boîte de 28. Non remb.

### Composition

| | p 7 cm² | p 14 cm² | p 21 cm² |
|---|---|---|---|
| **Nicotine libérée/24 h** ................ | 7 mg | 14 mg | 21 mg |

### Dans quel cas ce médicament est-il prescrit ?

Ce médicament aide les fumeurs à se désintoxiquer du tabac. Le *dispositif transdermique* (timbre) contient de la nicotine, principale substance active du tabac ; celle-ci traverse la peau, gagne le sang et agit sur le système nerveux, permettant ainsi au fumeur de ne pas ressentir les *symptômes* dus à l'arrêt du tabac.

Il est utilisé exclusivement chez les fumeurs nicotino-dépendants, c'est-à-dire qui avalent la fumée et ne peuvent se passer de fumer plus de quelques heures.

### Contre-indications

Ce médicament ne doit pas être utilisé dans les cas suivants :
- non fumeur ou fumeur occasionnel,
- maladie de peau étendue ne permettant pas de coller le timbre.

**Attention :** La mise en place du timbre doit conduire à un arrêt total du tabac.

N'utilisez pas d'autres médicaments contenant de la nicotine, notamment les gommes à mâcher (chewing-gums).

Ne laissez pas le timbre neuf ou usagé à la portée des enfants : une application intempestive peut être à l'origine d'accidents graves. Pliez le timbre avant de le jeter.

Des précautions sont nécessaires en cas d'*ulcère* de l'estomac ou du *duodénum*, d'*insuffisance rénale* ou *hépatique*. Dans ces situations, une consultation médicale préalable est indispensable avant d'utiliser ce médicament et un arrêt du tabac sans traitement de substitution peut-être nécessaire.

En cas de brûlure, de démangeaison, d'éruption cutanée, à la suite d'une exposition solaire, arrêtez le traitement.

### Interactions avec d'autres substances

Ce médicament ne doit pas être associé à d'autres apports de nicotine : cigarette, autre médicament en contenant.

Par ailleurs, les produits contenus dans la fumée du tabac peuvent accélérer la vitesse d'élimination de certains médicaments, la théophylline notamment. Lors de l'arrêt du tabagisme, ces médicaments peuvent voir leur effet renforcé et des signes de *surdosage* peuvent apparaître. Contactez votre médecin au moindre doute.

### Grossesse et allaitement

Le tabagisme chez la femme enceinte peut être à l'origine d'un retard de croissance du fœtus. L'arrêt du tabac est donc toujours souhaitable. Chez les femmes fortement dépendantes à la nicotine, l'usage de ce médicament peut être une aide, mais les effets de la nicotine seule sur le fœtus sont mal connus. Ce médicament a l'avantage de ne pas exposer le fœtus aux autres toxiques présents dans la fumée du tabac. En résumé : si l'idéal est de ne pas fumer et de ne pas exposer le fœtus à des apports de nicotine, l'usage de ce médicament est un moindre mal par rapport au tabac.

La nicotine passe dans le lait maternel, l'allaitement est déconseillé pendant le traitement.

### Mode d'emploi et posologie

Il existe 3 dosages correspondant à 3 surfaces de timbre différentes : la quantité de nicotine qui passe dans le sang est proportionnelle à la surface du *dispositif transdermique.*

Le dosage le plus fort est destiné aux grands fumeurs ou aux fumeurs de cigarettes riches en nicotine ; une forte *dépendance* à la nicotine peut également conduire des fumeurs modérés à préférer le dosage fort.

En pratique, il est utile de connaître les signes de sous ou *surdosage* pour adapter le choix du dosage après 1 ou 2 jours de traitement :
- le surdosage aboutit à l'état du fumeur qui a trop fumé et se traduit principalement par un état nauséeux et des maux de tête. Des troubles de la vue ou de l'audition, un tremblement, des vertiges sont également possibles ;
- un sous-dosage provoque des symptômes de manque : irritabilité, nervosité, crampes d'estomac (sorte de faim douloureuse), difficulté de concentration.

Une fois le sevrage obtenu, il convient de passer à un timbre moins dosé après une période de 3 à 4 semaines, puis à l'arrêt après l'utilisation du dosage le plus faible.

Appliquer le timbre sur une région sèche, pauvre en poils, et dépourvue de lésions cutanées. Libérer la surface adhésive et appliquer soigneusement le timbre en effectuant une pression sur toute sa surface. Changer d'emplacement tous les jours.

**Posologie usuelle :**
- Adulte : le timbre est posé le matin, après la toilette. Il doit normalement être gardé jusqu'au lendemain.

Ne pas dépasser 6 mois de traitement continu.

**Conseils :** Ce médicament peut-être utilisé par des fumeurs sans consultation médicale, il est en vente libre. Les conseils de votre pharmacien sont précieux, il pourra vous aider à déterminer le meilleur moment pour arrêter de fumer et vous expliquera les causes d'échec.

La nicotine prise par *voie* cutanée en remplacement de la cigarette présente la même nocivité cardio-vasculaire que celle qui est contenue dans le tabac. Seul le risque de cancer du poumon disparaît. Lorsque l'arrêt du tabac est motivé par des raisons médicales urgentes : *infarctus* récent, *artérite*, *gastrite* ou *ulcère*, il est préférable d'arrêter l'absorption de nicotine sous toutes ses formes.

Comme toutes les méthodes antitabac utilisées pour aider les fumeurs, ce médicament ne peut être efficace que lorsque la volonté d'arrêter de fumer est personnelle et s'accompagne d'une forte motivation. C'est cette motivation qui permettra de lutter contre l'envie de fumer, sans être forcé de faire en permanence appel à la volonté qui s'émousse avec le temps. Un arrêt du tabac durable chez le fumeur suppose que celui-ci considère le tabac comme un poison, une dépendance inacceptable. Il doit se faire à l'idée qu'il ne fumera plus jamais, dès le début du sevrage. Chaque jour sans tabac doit être vécu comme une libération, et non comme un calvaire. Le fumeur qui est dans cet état d'esprit est un bon candidat au sevrage définitif.

L'arrêt du tabac, qui est une véritable drogue, induit de nombreux problèmes : une prise de poids est fréquente, des troubles de la concentration peuvent durer plusieurs semaines. Un *état dépressif* léger est possible. La prise de poids doit être combattue par un régime, et si possible par un programme sportif qui a l'avantage de réconcilier le fumeur avec son corps. N'hésitez pas à consulter votre médecin en cas de difficulté ; ses conseils et son expérience seront précieux pour lutter contre les rechutes.

Garder le timbre la nuit permet de combattre les *symptômes* de manque au lever. Néanmoins, le port nocturne peut provoquer des troubles du sommeil. Dans ce cas, il peut être préférable d'ôter le timbre au coucher.

Pensez à vous laver les mains après l'application et évitez tout contact avec les yeux ou le nez.

Le dispositif transdermique doit être conservé dans son sachet protecteur jusqu'à utilisation.

### Effets indésirables possibles

Réactions locales : rougeur et démangeaisons au niveau de l'application pouvant nécessiter l'arrêt du traitement en cas de réaction importante.

Également : *palpitations*, maux de tête, insomnie, *vertiges*, troubles des rêves, nausées, vomissements.

**Laboratoires GlaxoSmithKline Santé Grand Public**

## NISACALM

Protecteur cutané

### Présentation

NISACALM : crème ; tube de 50 g. Non remb.

### Composition

| | p 50 g |
|---|---|
| **Thymol** | 450 mg |
| **Lévomenthol** | 300 mg |
| **Salol** | 0,67 g |
| Lanoline | + |

### Dans quel cas ce médicament est-il prescrit ?

C'est une crème protectrice.

Elle est utilisée dans le *traitement d'appoint* des brûlures superficielles peu étendues.

### Contre-indications

Ce médicament ne doit pas être utilisé dans les cas suivants :
- *allergie* à la lanoline,
- nourrisson de moins de 30 mois,
- enfant ayant des *antécédents* de *convulsions*,
- sur les lésions suintantes ou surinfectées.

**Attention :** Ce médicament contient des *terpènes* (lévomenthol, thymol) qui peuvent, dans de très rares cas, provoquer des accidents graves chez le jeune enfant.
Le risque d'accident dû aux terpènes est accru :
- lors d'applications sous pansement étanche,
- lors d'applications répétées ou étendues.

### Grossesse et allaitement

Les substances contenues dans ce médicament sont peu absorbées par la peau. Néanmoins, ne l'utilisez pas de façon prolongée pendant la grossesse sans l'avis de votre médecin ou de votre pharmacien

Les *terpènes* peuvent donner un goût particulier au lait. Leur absorption par le *nourrisson* n'est pas souhaitable : évitez d'employer ce médicament pendant l'allaitement.

### Mode d'emploi et posologie

Appliquer une couche mince sur la peau préalablement nettoyée.

Recouvrir d'une compresse de gaze stérile.

**Conseils :** Penser à vous laver les mains après l'application pour éviter tout contact avec les yeux.

### Effets indésirables possibles

*Eczéma* de contact (présence de lanoline).

En cas de dépassement de la *posologie* usuelle, les *terpènes* peuvent provoquer :
- des *convulsions* chez l'enfant,
- agitation, confusion des idées (notamment chez la personne âgée).

**Laboratoires Mayoly-Spindler**

## NISAPULVOL

Antiprurigineux local

### Présentation

NISAPULVOL : poudre pour application locale ; flacon poudreur de 50 g. Non remb.

### Composition

| | p 100 g |
|---|---|
| **Parahydroxybenzoate de benzyle** | 5 g |
| Talc | + |

### Dans quel cas ce médicament est-il prescrit ?

Cette poudre contient un *antiseptique* local.

Elle est utilisée pour calmer les démangeaisons de la peau.

### Contre-indications

Ce médicament ne doit pas être utilisé dans les cas suivants :
- peau irritée ou infectée,
- lésion suintante,
- varicelle.

**Attention :** Ne traitez pas de grandes surfaces de peau chez le *nourrisson* et le jeune enfant sans avis médical.
Si les démangeaisons persistent ou s'aggravent, elles peuvent être dues à une allergie au médicament, nécessitant l'arrêt du traitement.

### Interactions avec d'autres substances

L'association à d'autres *antiseptiques* est déconseillée car leurs effets risquent de s'annuler.

### Grossesse et allaitement

L'effet de ce médicament pendant la grossesse ou l'allaitement est mal connu : seul votre médecin peut évaluer le risque éventuel de son utilisation dans votre cas.

### Mode d'emploi et posologie

Saupoudrer légèrement les parties à traiter.

**Posologie usuelle :**
2 ou 3 applications par jour.

> **Conseils :** Cette poudre ne traite pas la cause du prurit.

### Effets indésirables possibles

*Réaction allergique* cutanée.

Laboratoires Mayoly-Spindler

## NISASEPTOL

*Informations détaillées sur www.monvidal.com*

## NISASOL

*Informations détaillées sur www.monvidal.com*

## NISIS

Antihypertenseur — **sur ordonnance**

### Présentation

**NISIS 40 mg :** comprimé ; boîte de 28. Liste I - Remb 65 % - **Prix : 20,05 €.**
**NISIS 40 mg :** comprimé sécable ; boîte de 28. Liste I - Remb 65 % - **Prix : 19,05 €.**
**NISIS 40 mg :** comprimé sécable ; boîte de 30. Liste I - Remb 65 % - **Prix : 20,37 €.**
**NISIS 40 mg :** comprimé sécable ; boîte de 90. Liste I - Remb 65 % - **Prix : 55,91 €.**
**NISIS 80 mg :** comprimé ; boîte de 28. Liste I - Remb 65 % - **Prix : 22,86 €.**
**NISIS 80 mg :** comprimé ; boîte de 30. Liste I - Remb 65 % - **Prix : 24,47 €.**
**NISIS 80 mg :** comprimé ; boîte de 90. Liste I - Remb 65 % - **Prix : 66,35 €.**
**NISIS 160 mg :** comprimé ; boîte de 28. Liste I - Remb 65 % - **Prix : 28,66 €.**
**NISIS 160 mg :** comprimé ; boîte de 30. Liste I - Remb 65 % - **Prix : 30,66 €.**
**NISIS 160 mg :** comprimé ; boîte de 90. Liste I - Remb 65 % - **Prix : 82,16 €.**

### Composition

| | p cp | p cp | p cp |
|---|---|---|---|
| **Valsartan** | 40 mg | 80 mg | 160 mg |

### Dans quel cas ce médicament est-il prescrit ?

Ce médicament est un *antihypertenseur* qui appartient à la famille des *inhibiteurs de l'angiotensine II*. Il bloque l'action de l'angiotensine II. Cette substance, naturellement présente dans l'organisme, provoque une contraction des artères qui augmente la pression artérielle et fatigue le cœur.

Il est utilisé dans le traitement de l'*hypertension artérielle* et pour prévenir des complications après un *infarctus du myocarde* chez les personnes présentant une *intolérance* aux *inhibiteurs de l'enzyme de conversion*.

### Contre-indications

Ce médicament ne doit pas être utilisé dans les cas suivants :
- *insuffisance hépatique* grave, obstruction des *voies biliaires* ;
- **grossesse** (à partir du 4e mois).

> **Attention :** Des précautions sont nécessaires en cas d'*insuffisance cardiaque* grave ou chez les personnes souffrant d'*hypertension artérielle* due à un rétrécissement des artères rénales.
> Si vous suivez un traitement par *diurétique* ou un régime sans *sel*, la baisse de la tension artérielle peut être importante lors des premières prises du médicament : risque de malaise ou d'étourdissement pouvant entraîner une chute.
> Chez la personne de plus de 70 ans ainsi que chez les personnes souffrant d'*insuffisance rénale* ou de *diabète*, un contrôle régulier de la *créatinine* et du taux de *potassium* dans le sang est nécessaire.
> Les sels de régime contiennent souvent du potassium ; ne les utilisez pas sans avis médical pendant le traitement.
> Conducteur : ce médicament peut être responsable de *vertiges*.

### Interactions avec d'autres substances

Ce médicament peut interagir avec les *diurétiques* et les médicaments qui contiennent du potassium ou du lithium.

En outre, l'effet *antihypertenseur* de ce médicament peut être augmenté par certains médicaments tels que les *neuroleptiques*, les *antidépresseurs imipraminiques*, les *alphabloquants* utilisés dans les troubles prostatiques et les médicaments contenant du baclofène ; il peut être diminué par les *corticoïdes* et les *AINS*. Votre médecin doit être informé si vous êtes traité par l'un ou l'autre de ces médicaments.

### Grossesse et allaitement

L'effet de ce médicament sur l'enfant à naître pendant les 3 premiers mois de la grossesse est mal connu. Par prudence, son usage est déconseillé. Au cours des 6 derniers mois de la grossesse, une prise prolongée de ce médicament peut altérer les reins du fœtus. Son utilisation est contre-indiquée à partir du 4e mois de la grossesse.

En conséquence, un désir de grossesse nécessite le remplacement de ce médicament par un autre antihypertenseur. Si une grossesse survient alors que vous prenez ce médicament, consultez rapidement votre médecin pour qu'il modifie votre traitement.

Les données actuellement disponibles ne permettent pas de savoir si ce médicament passe dans le lait maternel : l'allaitement est déconseillé pendant le traitement.

### Mode d'emploi et posologie

Ce médicament doit être avalé avec un verre d'eau.

**Posologie usuelle :**
- Adulte :
  - Hypertension artérielle : 40 mg à 160 mg par jour, en 1 prise le matin ; pour un effet constant, la prise doit être régulière, toujours au même moment par rapport au petit-déjeuner (soit à jeun, soit au cours du repas).
  - Protection du cœur après un infarctus : la dose initiale est de 20 mg, 2 fois par jour. Elle est augmentée progressivement jusqu'à 160 mg, 2 fois par jour.

**Conseils :** Votre tension artérielle doit être contrôlée régulièrement. Les appareils permettant une mesure automatique de la tension à domicile utilisent souvent un procédé de mesure différent de celui qu'emploie votre médecin. Si vous avez un tel appareil, apportez-le en consultation pour vous assurer que la mesure obtenue est bien conforme à celle du tensiomètre de votre médecin.
Le traitement médicamenteux ne dispense pas de mesures simples pouvant faire baisser la tension artérielle : activité physique régulière, modération de la consommation de boissons alcoolisées et de *sel*, lutte contre l'excès de poids.

### Effets indésirables possibles

Maux de tête, *vertiges.*
Augmentation du taux de *créatinine* et de *potassium* dans le sang.
Étourdissements dus à une *hypotension orthostatique.*
*Réaction allergique* (œdème de *Quincke*).

Laboratoires Beaufour Ipsen Pharma

## NISISCO

Association d'antihypertenseurs — sur ordonnance

### Présentation

**NISISCO 80 mg/12,5 mg :** comprimé ; boîte de 30. Liste I - Remb 65 % - **Prix : 24,65 €.**
**NISISCO 80 mg/12,5 mg :** comprimé ; boîte de 90. Liste I - Remb 65 % - **Prix : 66,81 €.**
**NISISCO 160 mg/12,5 mg :** comprimé ; boîte de 30. Liste I - Remb 65 % - **Prix : 30,66 €.**
**NISISCO 160 mg/12,5 mg :** comprimé ; boîte de 90. Liste I - Remb 65 % - **Prix : 82,16 €.**
**NISISCO 160 mg/25 mg :** comprimé ; boîte de 30. Liste I - Remb 65 % - **Prix : 30,66 €.**
**NISISCO 160 mg/25 mg :** comprimé ; boîte de 90. Liste I - Remb 65 % - **Prix : 82,16 €.**

### Composition

| | p cp | p cp | p cp |
|---|---|---|---|
| **Valsartan** | 80 mg | 160 mg | 160 mg |
| **Hydrochlorothiazide** | 12,5 mg | 12,5 mg | 25 mg |

### Dans quel cas ce médicament est-il prescrit ?

Cet *antihypertenseur* contient deux substances :
- le valsartan, de la famille des anti-angiotensine II. Il bloque l'action de l'angiotensine II, substance naturellement présente dans l'organisme. Celle-ci est responsable d'une contraction des artères qui augmente la pression artérielle et fatigue le cœur ;
- l'hydrochlorothiazide, un *diurétique* dont la structure chimique est proche de celles des *sulfamides.* Son action renforce celle du valsartan.

Il est utilisé dans le traitement de l'*hypertension artérielle.*

### Contre-indications

Ce médicament ne doit pas être utilisé dans les cas suivants :
- *allergie* au valsartan ou aux *sulfamides*,
- *insuffisance hépatique* grave ou obstruction des voies biliaires,
- *insuffisance rénale* grave,
- **grossesse** (à partir du 4e mois),
- **allaitement**.

**Attention :** Des précautions sont nécessaires chez les personnes souffrant d'*hypertension artérielle* due à un rétrécissement des artères rénales, d'*insuffisance coronarienne* ou de troubles de la circulation cérébrale.
Chez les personnes atteintes d'une *insuffisance hépatique* grave, l'apparition de troubles de la conscience peut annoncer une complication. Ne poursuivez pas le traitement sans l'avis de votre médecin.
Si vous suiviez auparavant un traitement par *diurétique* ou un régime sans *sel*, la baisse de la tension artérielle peut être importante lors des premières prises du médicament : risque de malaise ou d'étourdissement pouvant entraîner une chute. Il est donc recommandé de prendre un régime normalement salé ou d'interrompre le traitement diurétique au moins 3 jours avant la première prise de ce médicament. Votre médecin vous donnera toutes les informations utiles à ce sujet.
Faites pratiquer régulièrement les analyses de sang prescrites par votre médecin ; elles sont notamment destinées à vérifier le bon fonctionnement de vos reins (dosage de la *créatinine*) et les taux de *potassium* et de *sodium* sanguins.
Le diurétique contenu dans ce médicament peut faire baisser la *kaliémie* : évitez d'utiliser des *laxatifs stimulants* dont l'usage régulier contribue à la baisse du taux de potassium dans le sang. Il peut par ailleurs augmenter le taux sanguin d'*acide urique* (possibilité de crise de *goutte*).
Sportif : ce médicament contient une substance susceptible de rendre positifs certains *tests antidopage.*
Conducteur : ce médicament peut être responsable de *vertiges.*

### Interactions avec d'autres substances

Ce médicament peut interagir avec les médicaments susceptibles de provoquer une *hyperkaliémie* (*diurétique*, sel de *potassium*...), avec les médicaments donnant des *torsades de pointes* et avec les médicaments contenant du lithium.
Informez par ailleurs votre médecin si vous prenez un *digitalique*, un *laxatif stimulant*, un *AINS*, ou un médicament contenant de la metformine, de la carbamazépine, de la ciclosporine ou un sel de calcium.
En outre, l'effet *antihypertenseur* de ce médicament peut être augmenté par certains médicaments tels que les *neuroleptiques*, les *antidépresseurs imipraminiques*, les médicaments contenant du baclofène ; il peut être diminué par les *corticoïdes*. Votre médecin doit être informé si vous êtes traité par l'un ou par l'autre.
Chez le diabétique traité par l'*insuline*, une adaptation de la *posologie* de l'insuline peut être nécessaire.

### Grossesse et allaitement

L'effet de ce médicament sur l'enfant à naître pendant les 3 premiers mois de la grossesse est mal connu. Par prudence, son usage est déconseillé. Au cours des 6 derniers mois de la grossesse, une prise prolongée de ce médicament peut altérer les reins du fœtus. Son utilisation est contre-indiquée à partir du 4e mois de la grossesse.
En conséquence, un désir de grossesse nécessite le remplacement de ce médicament par un autre antihypertenseur. Si une grossesse survient alors que vous

prenez ce médicament, consultez rapidement votre médecin pour qu'il modifie votre traitement.

Ce médicament est contre-indiqué chez la femme qui allaite.

### Mode d'emploi et posologie

Les comprimés doivent être avalés avec un verre d'eau. Ils peuvent être pris indifféremment au cours ou en dehors des repas.

**Posologie usuelle :**

- Adulte : 1 comprimé par jour.

**Conseils :** Votre tension artérielle doit être contrôlée régulièrement. Les appareils permettant une mesure automatique de la tension à domicile utilisent souvent un procédé de mesure différent de celui qu'emploie votre médecin. Si vous avez un tel appareil, apportez-le en consultation pour vous assurer que la mesure obtenue est bien conforme à celle du tensiomètre de votre médecin.

Le traitement médicamenteux ne dispense pas de mesures simples pouvant faire baisser la tension artérielle : activité physique régulière, modération de la consommation de boissons alcoolisées et de *sel*, lutte contre l'excès de poids.

Les *diurétiques* exposent au risque de déshydratation : les personnes âgées devront boire abondamment, notamment pendant les fortes chaleurs.

### Effets indésirables possibles

Étourdissements dus à une *hypotension orthostatique*, *réaction allergique*, *vertiges*, maux de tête.

Aggravation réversible d'une *insuffisance rénale*.

Augmentation du taux d'*acide urique* ou de glucose dans le sang et exceptionnellement du calcium.

Baisse du taux de *potassium*, associée ou non à des crampes.

Rarement :

- baisse du taux de *sodium* dans le sang (natrémie) et risque de troubles du comportement,
- anomalie de la *numération formule sanguine*,
- *œdème*, nausées, constipation, fatigue, fourmillement des extrémités.

Exceptionnellement : *pancréatite*, troubles visuels.

**Laboratoires Beaufour Ipsen Pharma**

## NITRENDIPINE MERCK

Inhibiteur calcique — sur ordonnance

Ce médicament est un générique de BAYPRESS (informations détaillées sur www.monvidal.com).
Ce médicament est un générique de NIDREL (voir p. 711 et tableau p. 1151).

## NITRENDIPINE TEVA

Inhibiteur calcique — sur ordonnance

Ce médicament est un générique de BAYPRESS (informations détaillées sur www.monvidal.com).
Ce médicament est un générique de NIDREL (voir p. 711 et tableau p. 1151).

## NITRIDERM TTS

Dérivé nitré — sur ordonnance

### Présentation

NITRIDERM TTS 5 mg/24 h : *dispositif transdermique* de 10 $cm^2$ ; boîte de 30. Liste II - Remb 65 % - **Prix : 14,72 €**.
NITRIDERM TTS 10 mg/24 h : *dispositif transdermique* de 20 $cm^2$ ; boîte de 30. Liste II - Remb 65 % - **Prix : 15,97 €**.
NITRIDERM TTS 15 mg/24 h : *dispositif transdermique* de 30 $cm^2$ ; boîte de 30. Liste II - Remb 65 % - **Prix : 17,24 €**.

### Composition

| | p 10 $cm^2$ | p 20 $cm^2$ | p 30 $cm^2$ |
|---|---|---|---|
| **Trinitrine** | 25 mg | 50 mg | 75 mg |
| soit Trinitrine libérée/24 h | 5 mg | 10 mg | 15 mg |
| Lactose | + | + | + |

### Dans quel cas ce médicament est-il prescrit ?

Ce médicament *vasodilatateur* appartient à la famille des dérivés nitrés. Il possède de nombreuses propriétés qui facilitent le travail du cœur : dilatation des veines, dilatation des artères à forte dose, prévention des spasmes des *artères coronaires*. Le *dispositif transdermique* (timbre) contient la substance active qui traverse la peau, passe dans le sang, et peut ainsi agir sur le cœur et les vaisseaux.

Il est utilisé dans le *traitement préventif* des crises d'*angine de poitrine*.

### Contre-indications

Ce médicament ne doit pas être utilisé dans les cas suivants :

- hypotension grave,
- en association avec le sildénafil (VIAGRA).

**Attention :** Des précautions particulières s'imposent en cas de *cardiomyopathie* obstructive, d'*hypertension intracrânienne*.

Ce médicament n'est pas adapté au *traitement de la crise* aiguë d'*angine de poitrine* : son action est trop lente à apparaître. C'est un *traitement préventif* qui lutte contre l'apparition des crises et qui ne doit pas être arrêté sans avis médical.

En cas de malaise apparemment sérieux, retirez le timbre.

Ne laissez pas le timbre neuf ou usagé à la portée des enfants.

Les boissons alcoolisées peuvent augmenter les effets hypotenseurs de ce médicament ; les excès sont déconseillés.

Compte-tenu de ses effets indésirables potentiels, ce médicament peut, chez certaines personnes, ne pas être compatible avec la conduite automobile ou le maniement de machines dangereuses. Assurez-vous à l'occasion des premières prises que vous supportez bien ce médicament avant de conduire ou d'utiliser une machine.

### Interactions avec d'autres substances

Les *vasodilatateurs* de la famille des dérivés de la trinitrine ne doivent pas être associés au VIAGRA : risque de baisse de tension grave.

Informez votre médecin ou votre pharmacien si vous prenez d'autres médicaments susceptibles d'abaisser la tension artérielle.

### Grossesse et allaitement

L'effet de ce médicament pendant la grossesse ou l'allaitement est mal connu : seul votre médecin peut évaluer le risque éventuel de son utilisation dans votre cas.

### Mode d'emploi et posologie

Il existe 3 dosages correspondant à 3 surfaces différentes : la quantité de trinitrine qui passe dans le sang est proportionnelle à la surface du *dispositif transdermique*. Utiliser exclusivement le modèle qui vous a été prescrit. Choisir une région sèche, pauvre en poils, et dépourvue de grains de beauté ou autres lésions cutanées. Libérer la surface adhésive et appliquer soigneusement le timbre en effectuant une pression sur toute sa surface. Changer d'emplacement tous les jours.

**Posologie usuelle :**

- Adulte : 1 dispositif transdermique par jour, à garder pendant le nombre d'heures prescrit par votre médecin.

**Conseils :** Le port de ce dispositif ne contre-indique pas le bain, la douche, les activités sportives. Si le timbre se décolle accidentellement, remplacez-le par un timbre neuf placé à un autre endroit.

### Effets indésirables possibles

Réactions locales : rougeur et démangeaisons au point d'application.

Maux de tête, parfois violents, disparaissant habituellement après quelques jours de traitement.

Baisse de la tension artérielle ou *hypotension orthostatique*, plus fréquente chez la personne âgée et pouvant se traduire par des malaises ou des *vertiges*.

Bouffées de chaleur, rougeur cutanée.

Laboratoires Novartis Pharma

## NITROL

*Informations détaillées sur www.monvidal.com*

## NIVABÉTOL

*Informations détaillées sur www.monvidal.com*

## NIVAQUINE

Antipaludique

sur ordonnance

### Présentation

**NIVAQUINE 100 mg :** comprimé sécable (blanc) ; boîte de 20. Liste II - Remb 65 % - **Prix : 2,55 €.**
**NIVAQUINE 100 mg :** comprimé sécable (blanc) ; boîte de 100. Liste II - Remb 65 % - **Prix : 5,87 €.**
**NIVAQUINE 25 mg/5 ml :** sirop ; flacon de 150 ml avec cuillère-mesure (5 ml). Liste II - Remb 65 % - **Prix : 3,83 €.**
**NIVAQUINE 300 mg :** comprimé (oblong ; crème) ; boîte de 4. Liste II - Non remb.

### Composition

| | p cp | p c mes | p cp |
|---|---|---|---|
| **Chloroquine** | 100 mg | 25 mg | 300 mg |
| Saccharose | | 4,14 g | |
| Gluten | + | | + |

### Dans quel cas ce médicament est-il prescrit ?

Ce médicament est un antipaludique de synthèse.

Il est principalement utilisé dans le *traitement préventif* et le *traitement curatif* du *paludisme*.

Les comprimés à 100 mg sont également utilisés dans la prévention des *lucites* et dans le traitement du *lupus érythémateux* disséminé et de la *polyarthrite rhumatoïde* ; le mécanisme d'action de ce médicament dans ces deux dernières affections, qui n'ont bien sûr rien à voir avec le paludisme, n'est pas parfaitement élucidé.

### Contre-indications

Ce médicament ne doit pas être utilisé dans les cas suivants :
- enfant de moins de 12 ans (comprimé à 300 mg),
- maladie de la *rétine*.

Cette dernière contre-indication peut ne pas s'appliquer pour le traitement d'urgence du paludisme.

**Attention :** Des précautions sont nécessaires en cas d'*épilepsie*, de *porphyrie*, d'*insuffisance rénale* ou *hépatique*.

L'activité de ce médicament utilisé seul est insuffisante dans de nombreux pays (résistance du parasite à la chloroquine) : demandez conseil à votre médecin ou à votre pharmacien.

En cas de séjour de plus de 3 mois, il peut être nécessaire d'utiliser d'autres méthodes de prévention du paludisme : demandez conseil à votre médecin. Dans le cas d'un traitement prolongé par un médicament contenant de la chloroquine, un bilan ophtalmologique initial et une surveillance peuvent être nécessaires pour détecter une atteinte éventuelle de la vision.

Le sirop contient du *sucre* (saccharose) en quantité notable.

Conducteur : ce médicament peut être responsable de troubles visuels.

### Interactions avec d'autres substances

Il est préférable de respecter un délai de 2 heures entre la prise de ce médicament et celle de pansements digestifs (contenant des sels d'aluminium, de calcium ou de magnésium).

### Grossesse et allaitement

Le risque pendant la grossesse est lié au *paludisme* et non pas au médicament, qui peut être pris en toute sécurité par la femme enceinte aux doses préconisées.

Ce médicament passe dans le lait maternel ; ne l'utilisez pas ou ne le réutilisez pas sans avis médical.

### Mode d'emploi et posologie

Les comprimés doivent être avalés de préférence à la même heure, après le petit déjeuner ou le déjeuner pour éviter la survenue de troubles du sommeil.

**Posologie usuelle :**

Dans le *traitement préventif* du *paludisme*, 2 modes de traitement sont utilisés :
- le premier est plus contraignant, mais il limite le risque d'oubli. Il commence le jour du départ, se poursuit pendant la durée de l'exposition au risque et se termine 4 semaines après le retour.
  - Adulte : 1 comprimé à 100 mg par prise, tous les jours.
  - Enfant de 1 à 15 ans : 1 à 4 cuillères-mesure par prise, selon l'âge. A prendre en 1 seule fois, tous les jours (après un repas).
  - Enfant de moins de 1 an : 1 cuillère-mesure tous les 2 jours (après un repas).

– le second est moins contraignant, mais le risque d'oubli est plus grand : il commence une semaine avant le départ, se poursuit pendant la durée de l'exposition au risque et se termine 4 semaines après le retour.
  - Adulte et enfant de plus de 12 ans : 1 comprimé à 300 mg, 2 fois par semaine (le lundi et le jeudi par exemple).

Le *traitement curatif* du paludisme dure de 3 à 5 jours. Le traitement d'une crise de paludisme nécessite toujours au moins 3 jours de repos strict.

Par *voie* orale, chez l'adulte de plus de 60 kg :
– 1er jour : 600 mg en une prise, 300 mg 6 heures plus tard ;
– 2e et 3e jours : 300 mg par jour.

Chez l'enfant, la dose est calculée précisément par le médecin, en fonction du poids.

Le traitement préventif de la *lucite* commence 7 jours avant l'exposition au soleil et se poursuit pendant 15 jours.
- Adulte et enfant de plus de 6 ans : 2 ou 3 comprimés à 100 mg par jour.

**Conseils :** Le sirop destiné à l'enfant est amer et souvent mal accepté. En cas de vomissement survenant juste après la prise, celle-ci doit être renouvelée à la même dose. Compte tenu de la difficulté d'obtenir une protection efficace, il est déconseillé de voyager avec un *nourrisson* dans une zone à risque de *paludisme*.

Le traitement ne dispense pas des mesures destinées à empêcher les piqûres de moustiques : port de vêtements longs après le coucher du soleil, insecticides, moustiquaire...

Le risque maximal de crise de *paludisme* se situe dans les 4 semaines qui suivent le retour d'un pays tropical : toute fièvre, même banale, pendant cette période, doit vous amener à consulter votre médecin.

Une rechute peut toujours survenir, même après un traitement bien suivi.

### Effets indésirables possibles

Fréquemment : *troubles digestifs*, maux de tête, étourdissement, trouble de l'*accommodation, réaction allergique*.

Aggravation d'un *psoriasis* existant.

Rarement : coloration ardoisée, en particulier des ongles et des muqueuses, agitation, anxiété, troubles du sommeil.

Exceptionnellement : bourdonnement d'oreilles, *convulsions*, anomalie de la *numération formule sanguine*.

A dose élevée, lors d'un traitement prolongé : troubles passagers de la vue, régressant à l'arrêt du traitement (exceptionnellement irréversibles) ; rarement, atteinte des nerfs et des muscles.

Laboratoires Aventis

## NIX

*Informations détaillées sur www.monvidal.com*

## NIZAXID

*Informations détaillées sur www.monvidal.com*

## NIZORAL

*Informations détaillées sur www.monvidal.com*

## NOCERTONE

Antimigraineux — sur ordonnance

### Présentation

NOCERTONE : comprimé sécable (blanc) ; boîte de 30. Liste II - Remb 35 % - **Prix : 2,95 €**.

### Composition

| | p cp |
|---|---|
| **Oxétorone fumarate** | 60 mg |

### Dans quel cas ce médicament est-il prescrit ?

Ce médicament est un antimigraineux.

Il est utilisé dans le *traitement de fond* de la *migraine*. Il vise à espacer les crises et à diminuer leur intensité.

**Attention :** Des précautions sont nécessaires en cas d'*épilepsie*.

Évitez les boissons alcoolisées : augmentation du risque de somnolence.

Ce médicament peut induire une somnolence, parfois intense chez certaines personnes. Cette somnolence peut être majorée par la prise d'*alcool* ou d'autres médicaments *sédatifs*. La conduite et l'utilisation de machines dangereuses sont déconseillées, surtout dans les heures qui suivent la prise du médicament.

### Grossesse et allaitement

L'effet de ce médicament sur l'enfant à naître est mal connu : seul votre médecin peut apprécier la nécessité du traitement et son risque pendant la grossesse.

Les données actuellement disponibles ne permettent pas de savoir si ce médicament passe dans le lait maternel. Ne l'utilisez pas pendant l'allaitement sans avis médical.

### Mode d'emploi et posologie

Les comprimés seront pris de préférence au dîner et au coucher.

**Posologie usuelle :**
- Adulte : 1 à 2 comprimés par jour.

**Conseils :** L'efficacité de ce *traitement de fond* dépend d'une prise régulière et prolongée du médicament.

Il n'est pas adapté au *traitement de la crise* de *migraine* déjà commencée.

### Effets indésirables possibles

Somnolence fréquente, surtout en début de traitement.

Exceptionnellement : diarrhée.

Laboratoires Sanofi-Aventis France

## NOCTAMIDE

Hypnotique : benzodiazépine — sur ordonnance

### Présentation

NOCTAMIDE 1 : comprimé sécable (blanc) ; boîte de 14. Liste I, durée de prescription limitée à 4 semaines - Remb 65 % - **Prix : 1,66 €**.

NOCTAMIDE 2 : comprimé sécable (blanc) ; boîte de 14. Liste I, durée de prescription limitée à 4 semaines - Remb 65 % - **Prix : 2,27 €**.

### Composition

| | p cp | p cp |
|---|---|---|
| **Lormétazépam** | 1 mg | 2 mg |
| Lactose | + | + |

### Dans quel cas ce médicament est-il prescrit ?

Ce médicament est un *hypnotique* (somnifère) qui appartient à la famille des *benzodiazépines*.

Il est utilisé dans le traitement de l'insomnie.

### Contre-indications

Ce médicament ne doit pas être utilisé dans les cas suivants :
- *insuffisance respiratoire* ou *hépatique* graves,
- *syndrome d'apnée du sommeil*,
- *myasthénie*.

**Attention :** Certaines insomnies peuvent traduire une *dépression* masquée et justifier un traitement spécifique.

Des précautions sont nécessaires en cas d'*insuffisance rénale* et chez la personne âgée.

Une prise prolongée, surtout à doses importantes, de somnifères de la famille des *benzodiazépines* peut provoquer une *dépendance*. Ce risque de dépendance est accru chez les personnes ayant déjà présenté une dépendance à d'autres médicaments, substances ou à l'alcool.

L'arrêt brutal de ce médicament expose à un *syndrome de sevrage* : réapparition de l'insomnie, anxiété, agitation, irritabilité, maux de tête, douleurs musculaires, tremblements, hallucinations. Il faut donc s'entourer de conseils médicaux pour diminuer progressivement les doses et espacer les prises, sur une période d'autant plus longue que le traitement a été prolongé.

Ce médicament expose à un risque de chute nocturne chez la personne âgée ayant l'habitude de se lever la nuit.

Un réveil nocturne après la prise du médicament peut entraîner des troubles de la mémoire parfois angoissants.

Évitez les boissons alcoolisées : augmentation du risque de somnolence.

Ce médicament est un somnifère. Conduire ou utiliser une machine dangereuse dans les heures qui suivent sa prise est bien sûr contre-indiqué.

La durée de l'effet sédatif, ainsi que son intensité, est très variable d'une personne à l'autre. Il vous appartient de vérifier, après les premières prises, que la persistance éventuelle d'une somnolence au réveil est compatible avec la poursuite de vos activités habituelles.

### Interactions avec d'autres substances

Informez votre médecin ou votre pharmacien si vous prenez d'autres *sédatifs* (tranquillisants, somnifères, certains médicaments contre la toux ou contre la douleur contenant des *opiacés*, *antidépresseurs*, *neuroleptiques*...).

### Grossesse et allaitement

Ce médicament ne doit pas être utilisé sans avis médical pendant la grossesse. Les fortes doses au cours des 6 derniers mois sont déconseillées. En fin de grossesse, un traitement par benzodiazépine, même à faible dose, peut être responsable d'effets indésirables chez le *nouveau-né* : une surveillance médicale du nouveau-né est alors nécessaire pendant 1 à 3 semaines selon les cas.

Ce médicament passe dans le lait maternel : l'allaitement est déconseillé.

### Mode d'emploi et posologie

Les comprimés doivent être avalés avec un verre d'eau.

**Posologie usuelle :**
- Adulte : 1 comprimé à 1 mg ou à 2 mg le soir au coucher.
- Personne de plus de 65 ans, insuffisant rénal, hépatique ou respiratoire : 1 comprimé à 1 mg au coucher.

**Conseils :** Ce médicament vous a été prescrit dans une situation précise : ne le réutilisez pas ultérieurement sans avis médical et ne le conseillez pas à une autre personne.

La durée de prescription des *hypnotiques* doit être la plus courte possible. Dans certaines situations, le traitement doit toutefois être prolongé. Il appartient alors au médecin de réévaluer périodiquement la nécessité de le poursuivre ou de l'interrompre.

Les somnifères ne sont pas la seule réponse aux troubles du sommeil. Une meilleure hygiène de vie, une consommation modérée d'excitants (y compris les boissons alcoolisées) permettent aussi de lutter efficacement contre les insomnies.

### Effets indésirables possibles

Sensation d'ivresse, maux de tête, fatigue, somnolence pendant la journée en particulier chez la personne âgée, troubles de la coordination des mouvements, confusion des idées.

Faiblesse musculaire, baisse de la libido, *éruption cutanée* avec ou sans démangeaisons, vision double.

Dans certaines circonstances et chez certaines personnes :
- réactions paradoxales avec augmentation de l'anxiété, agitation, agressivité, confusion des idées, hallucinations ;
- *amnésie antérograde*.

Ces troubles nécessitent l'arrêt du traitement.

Laboratoires Schering

## NOCTIUM

*Informations détaillées sur www.monvidal.com*

## NOCTRAN

Hypnotique : antihistaminique H1 associé

**sur ordonnance**

### Présentation

**NOCTRAN 10 :** comprimé sécable (3 couches : jaune, blanc, rose) ; boîte de 30. Liste I, durée de prescription limitée à 4 semaines - Remb 35 % - **Prix : 2,32 €**.

### Composition

| | p cp |
|---|---|
| **Clorazépate dipotassique** | 10 mg |
| **Acépromazine** | 0,75 mg |
| **Acéprométazine** | 7,5 mg |
| Lactose | + |
| Huile de ricin | + |

### Dans quel cas ce médicament est-il prescrit ?

Ce médicament est un *hypnotique* (somnifère). Il associe un *anxiolytique* (tranquillisant) de la famille des *benzodiazépines*, un *neuroleptique* et un *antihistaminique* sédatif de la famille des phénothiazines.

Il est utilisé dans le traitement de l'insomnie.

**Contre-indications**

Ce médicament ne doit pas être utilisé dans les cas suivants :

- *allergie* aux phénothiazines,
- *insuffisance respiratoire* ou *hépatique* grave,
- *syndrome d'apnée du sommeil*,
- *myasthénie*,
- *antécédent* d'*agranulocytose*,
- risque de *glaucome* à angle fermé,
- risque de rétention des urines (*adénome de la prostate*...),
- maladie de *Parkinson*,
- en association avec la lévodopa.

**Attention :** Certaines insomnies peuvent traduire une *dépression* masquée et justifier un traitement spécifique.

En cas de survenue d'une fièvre inexpliquée associée à une raideur musculaire (qui pourraient être dues au médicament), ne poursuivez pas le traitement sans avis médical : risque de *syndrome malin des neuroleptiques*.

Ce médicament peut être responsable d'une baisse du nombre des *globules blancs* dans le sang. Des analyses doivent être réalisées rapidement en cas d'angine, d'ulcérations de la bouche ou de fièvre anormale, qui peuvent traduire cette anomalie sanguine.

Ce médicament présente des effets *atropiniques*. Il peut provoquer un *glaucome* aigu chez les personnes prédisposées : œil rouge, dur et douloureux, avec vision floue. Une consultation d'extrême urgence auprès d'un ophtalmologiste est nécessaire.

Des précautions sont nécessaires en cas d'*insuffisance rénale*, d'*insuffisance cardiaque*, d'*épilepsie*, et chez la personne âgée.

Une prise prolongée ou des doses importantes de ce médicament favorisent une *dépendance*. Son arrêt brutal expose à un *syndrome de sevrage* : réapparition de l'anxiété, agitation, irritabilité, insomnie, maux de tête, douleurs musculaires, tremblements, hallucinations. Il faut donc s'entourer de conseils médicaux pour diminuer progressivement les doses et espacer les prises, sur une période d'autant plus longue que le traitement a été prolongé.

Évitez les boissons alcoolisées : augmentation du risque de somnolence.

Ce médicament est un somnifère. Conduire ou utiliser une machine dangereuse dans les heures qui suivent sa prise est bien sûr contre-indiqué.

La durée de l'effet sédatif, ainsi que son intensité, est très variable d'une personne à l'autre. Il vous appartient de vérifier, après les premières prises, que la persistance éventuelle d'une somnolence au réveil est compatible avec la poursuite de vos activités habituelles.

**Interactions avec d'autres substances**

Ce médicament ne doit pas être associé à la lévodopa (MODOPAR, SINEMET...) : risque d'annulation mutuelle de leurs effets.

Il peut interagir avec les médicaments de la famille des *dopaminergiques*.

Informez par ailleurs votre médecin si vous prenez un autre médicament *atropinique* ou *sédatif* (tranquillisants, somnifères, certains médicaments contre la toux ou contre la douleur contenant un *opiacé*, *antidépresseurs*, *neuroleptiques*...), un *antihypertenseur*, un *bêtabloquant*, un *pansement digestif* ou de la buprénorphine.

**Grossesse et allaitement**

Ce médicament est déconseillé pendant la grossesse. Si une grossesse survient pendant le traitement, consultez votre médecin. Il appréciera le risque éventuel lié à l'utilisation de ce médicament dans votre cas.

Ce médicament passe dans le lait maternel : il est déconseillé pendant l'allaitement.

**Mode d'emploi et posologie**

Les comprimés doivent être avalés avec un peu d'eau, de préférence 15 à 30 minutes avant le coucher.

**Posologie usuelle :**

- Adulte : 1 comprimé par jour.

**Conseils :** Ce médicament vous a été prescrit dans une situation précise : ne le réutilisez pas ultérieurement sans avis médical et ne le conseillez pas à une autre personne.

La durée de prescription des *hypnotiques* doit être la plus courte possible. Dans certaines situations, le traitement doit toutefois être prolongé. Il appartient alors au médecin de réévaluer périodiquement la nécessité de le poursuivre ou de l'interrompre.

Les somnifères ne sont pas la seule réponse aux troubles du sommeil. Une meilleure hygiène de vie, une consommation modérée d'excitants (y compris les boissons alcoolisées) permettent aussi de lutter efficacement contre les insomnies.

**Effets indésirables possibles**

Liés au clorazépate :

Sensation d'ivresse, maux de tête, fatigue, somnolence pendant la journée en particulier chez la personne âgée, troubles de la coordination des mouvements, confusion des idées.

Faiblesse musculaire, baisse de la libido, *éruption cutanée* avec ou sans démangeaisons, vision double.

Dans certaines circonstances et chez certaines personnes :

- réactions paradoxales avec augmentation de l'anxiété, agitation, agressivité, confusion des idées, hallucinations ;
- *amnésie antérograde*.

Ces troubles nécessitent l'arrêt du traitement.

Liés à l'acépromazine et à l'acéprométazine :

*Hypotension orthostatique*.

Troubles de l'*accommodation*, bouche sèche, constipation, difficulté à uriner.

Somnolence, réaction anxieuse, variation de l'humeur, mouvements anormaux, troubles sexuels.

Arrêt des règles, écoulement de lait par le mamelon, augmentation du volume des seins.

Prise de poids.

Rarement : *réaction allergique* cutanée, *photosensibilisation*, *agranulocytose*, troubles de la vision, jaunisse.

**Laboratoires Menarini France**

**NOCTYL**

*Informations détaillées sur www.monvidal.com*

## NOCVALÈNE

*Informations détaillées sur www.monvidal.com*

## NODEX

*Informations détaillées sur www.monvidal.com*

## NOLVADEX

Antiestrogène — sur ordonnance

### Présentation

NOLVADEX 10 mg : comprimé (blanc) ; boîte de 30. Liste I - Remb 100 % - **Prix : 8,62 €.**
NOLVADEX 20 mg : comprimé (blanc) ; boîte de 30. Liste I - Remb 100 % - **Prix : 17,74 €.**

### Composition

| | p cp | p cp |
|---|---|---|
| **Tamoxifène** | 10 mg | 20 mg |
| Lactose | + | + |

### Dans quel cas ce médicament est-il prescrit ?

Ce médicament a une action antihormonale, principalement antiestrogène : il bloque l'action stimulante des *estrogènes* sur les seins en se liant, lorsqu'ils existent, avec les récepteurs des estrogènes.

Il a également, de façon paradoxale, des effets de stimulation sur l'utérus, les os (protection contre l'*ostéoporose* de la *ménopause*) et la synthèse des graisses.

Il est utilisé chez la femme dans le traitement de certains *cancers* du sein.

### Contre-indications

Ce médicament ne doit pas être utilisé pendant la **grossesse** ou l'**allaitement**.

**Attention :** Ce médicament reproduit parfois certains effets de la *ménopause*. Il peut donc entraîner des bouffées de chaleur et/ou des maux de tête. Mais il n'a pas d'effet *contraceptif*.

Compte tenu des effets possibles de ce médicament sur l'utérus, une surveillance gynécologique régulière, au moins annuelle, est nécessaire ; signalez sans tarder à votre médecin tout saignement génital paraissant anormal.

Des précautions sont nécessaires en cas d'excès important de *triglycérides* dans le sang, d'*antécédent* de *phlébite* ou d'*embolie* pulmonaire.

Conducteur : ce médicament peut être responsable de troubles visuels.

### Interactions avec d'autres substances

Informez votre médecin si vous prenez par ailleurs des *anticoagulants* oraux.

### Grossesse et allaitement

Ce médicament est contre-indiqué chez la femme enceinte. Chez la femme non ménopausée, une contraception efficace est nécessaire pendant le traitement mais les *contraceptifs* oraux (pilule) contenant des *estrogènes* ne peuvent être utilisés.

L'allaitement est contre-indiqué (et généralement impossible) pendant le traitement.

### Mode d'emploi et posologie

Les comprimés doivent être pris avec un verre d'eau, au cours ou en dehors des repas.

**Posologie usuelle :**
20 à 40 mg par jour, en 1 ou 2 prises.

**Conseils :** Ce médicament ne convient pas au traitement de tous les cancers du sein. Il ne sera efficace que si votre *tumeur* possède des récepteurs aux *estrogènes*. La recherche de ces récepteurs est réalisée par l'analyse d'un prélèvement de la tumeur.

### Effets indésirables possibles

Bouffées de chaleur, démangeaisons génitales, pertes blanches.

Développement anormal de l'*endomètre*, pouvant se traduire par des saignements intermittents (voir Attention).

*Accident thromboembolique* (*phlébite*, *embolie* pulmonaire).

Troubles de la vision.

Nausées.

*Éruption cutanée*, *réaction allergique*, maux de tête, perte de cheveux.

Anomalie de la *numération formule sanguine*, augmentation des *transaminases*.

Rarement : douleurs des seins, rétention d'eau, augmentation des *triglycérides*, *pancréatite*.

De plus, chez la femme non ménopausée : cycles irréguliers, kystes des ovaires, parfois arrêt des règles.

**Laboratoires AstraZeneca**

## NOOTROPYL

Psychotonique — sur ordonnance

### Présentation

NOOTROPYL 800 mg : comprimé (blanc) ; boîte de 45. Liste II - Remb 35 % - **Prix : 7,37 €.**
NOOTROPYL 20 % : solution buvable ; flacon de 125 ml avec pipette doseuse graduée. Liste II - Remb 35 % - **Prix : 4,09 €.**
NOOTROPYL 1,2 g : solution buvable ; boîte de 30 ampoules de 6 ml. Liste II - Remb 35 % - **Prix : 9,30 €.**

### Composition

| | p cp | p ml | p amp buv |
|---|---|---|---|
| **Piracétam** | 800 mg | 200 mg | 1,2 g |
| Glycérol | | + | + |
| Sorbitol | | + | + |

### Dans quel cas ce médicament est-il prescrit ?

Ce médicament aux nombreuses propriétés est destiné à améliorer le fonctionnement du cerveau.

Chez l'adulte, il est utilisé dans le *traitement symptomatique* de certains troubles de l'équilibre (*vertiges*) et des troubles du comportement et de la mémoire liés au vieillissement.

La solution buvable en flacon est aussi utilisée dans le traitement des secousses musculaires, des tics (myoclonie) dus à une anomalie cérébrale.

Chez l'enfant de plus de 30 kg, ce médicament est utilisé dans le *traitement d'appoint* de la *dyslexie*.

### Contre-indications

Ce médicament ne doit pas être utilisé dans les cas suivants :
- *insuffisance rénale* grave,
- *hémorragie* cérébrale.

**Attention :** Chez la personne âgée, des troubles attribués au vieillissement peuvent être dus à une dépression ; ils nécessitent alors un traitement spécifique.

Des précautions sont nécessaires en cas d'*hémorragie* ou de prédisposition aux hémorragies (intervention chirurgicale, troubles de la coagulation).

### Grossesse et allaitement

L'effet de ce médicament pendant la grossesse ou l'allaitement est mal connu : seul votre médecin peut évaluer le risque éventuel de son utilisation dans votre cas.

### Mode d'emploi et posologie

Les comprimés doivent être avalés entiers, sans être croqués, avec un verre d'eau.

La solution buvable doit être diluée dans un peu d'eau.

**Posologie usuelle :**

- Adulte : 800 ou 1000 mg, 3 fois par jour.

Dans le traitement de la myoclonie, les doses sont beaucoup plus importantes.

- Enfant de plus de 30 kg (soit à partir de 9 ans environ) : 50 mg par kg et par jour. Par exemple, pour un enfant de 30 kg : 500 mg, 3 fois par jour.

**Conseils :** Rincez la pipette doseuse après chaque utilisation.

### Effets indésirables possibles

Nervosité, agitation, troubles du sommeil.

Nausées, vomissements, douleurs d'estomac.

Diarrhée (en particulier avec la solution buvable qui contient du sorbitol).

Laboratoires UCB Pharma

## NOPRON

*Informations détaillées sur www.monvidal.com*

## NORDAZ

Anxiolytique : benzodiazépine — **sur ordonnance**

### Présentation

**NORDAZ 7,5 mg :** comprimé sécable (blanc) ; boîte de 30. Liste I, durée de prescription limitée à 12 semaines - Remb 65 % - **Prix : 2,63 €**.

**NORDAZ 15 mg :** comprimé quadrisécable (blanc) ; boîte de 30. Liste I, durée de prescription limitée à 12 semaines - Remb 65 % - **Prix : 4,30 €**.

### Composition

| | p cp | p cp |
|---|---|---|
| **Nordazépam** | 7,5 mg | 15 mg |
| Amidon de blé (gluten) | + | + |
| Lactose | + | + |

### Dans quel cas ce médicament est-il prescrit ?

Ce médicament est un *anxiolytique* (tranquillisant) de la famille des *benzodiazépines*.

Il est utilisé dans le traitement de l'anxiété lorsque celle-ci s'accompagne de troubles gênants (*anxiété généralisée*, crise d'angoisse...) et dans le cadre d'un sevrage alcoolique.

### Contre-indications

Ce médicament ne doit pas être utilisé dans les cas suivants :

- *insuffisance respiratoire* ou *hépatique* grave,
- *syndrome d'apnée du sommeil*.

**Attention :** Des précautions sont nécessaires chez la personne âgée, l'*insuffisant hépatique* ou *rénal* et chez la personne souffrant de *myasthénie*.

Utilisé seul, ce médicament n'est pas adapté au traitement des *états dépressifs*.

Une prise prolongée, surtout à doses importantes, de *tranquillisants* de la famille des *benzodiazépines* peut provoquer une *dépendance*. Ce risque de dépendance est accru chez les personnes ayant déjà présenté une dépendance à d'autres médicaments, substances ou à l'alcool.

L'arrêt brutal de ce médicament expose à un *syndrome de sevrage* : réapparition de l'anxiété, agitation, irritabilité, insomnie, maux de tête, douleurs musculaires, tremblements, hallucinations. Il faut donc s'entourer de conseils médicaux pour diminuer progressivement les doses et espacer les prises, sur une période d'autant plus longue que le traitement a été prolongé.

Ce médicament peut induire une somnolence, parfois intense chez certaines personnes. Cette somnolence peut être majorée par la prise d'*alcool* ou d'autres médicaments *sédatifs*. La conduite et l'utilisation de machines dangereuses sont déconseillées, surtout dans les heures qui suivent la prise du médicament.

### Interactions avec d'autres substances

Informez votre médecin ou votre pharmacien si vous prenez d'autres *sédatifs* (tranquillisants, somnifères, certains médicaments contre la toux ou contre la douleur contenant des *opiacés*, *antidépresseurs*, *neuroleptiques*...).

### Grossesse et allaitement

Ce médicament ne doit pas être utilisé sans avis médical pendant la grossesse. Les fortes doses au cours des 6 derniers mois sont déconseillées. En fin de grossesse, un traitement par benzodiazépine, même à faible dose, peut être responsable d'effets indésirables chez le *nouveau-né* : une surveillance médicale du nouveau-né est alors nécessaire pendant 1 à 3 semaines selon les cas.

Ce médicament passe dans le lait maternel : l'allaitement est déconseillé.

### Mode d'emploi et posologie

Les comprimés peuvent être pris indifféremment au cours ou en dehors du repas.

**Posologie usuelle :**

- Adulte : 7,5 à 15 mg par jour en 1 prise unique le soir ; une *posologie* plus élevée peut être nécessaire dans certains cas graves. La dose minimale efficace est toujours recherchée.

**Conseils :** Ce médicament est présent dans l'organisme plus de 65 heures après sa prise : son effet peut persister de façon prolongée.

Ce médicament vous a été prescrit dans une situation précise : ne le réutilisez pas ultérieurement sans avis médical et ne le conseillez pas à une autre personne.

La durée de prescription des *anxiolytiques* doit être la plus courte possible. Dans certaines situations, le traitement doit toutefois être prolongé. Il appartient alors au médecin de réévaluer périodiquement la nécessité de le poursuivre ou de l'interrompre.

Les *tranquillisants* ne sont pas la seule réponse à l'anxiété : une meilleure hygiène de vie, une consommation modérée d'excitants (y compris les boissons alcoolisées) permettent aussi de lutter efficacement contre l'excès de stress. Dans certains cas, une psychothérapie peut aider à lutter durablement contre l'anxiété.

**Effets indésirables possibles**

Sensation d'ivresse, fatigue, somnolence en particulier chez la personne âgée, ralentissement des idées, sensation de faiblesse musculaire, baisse de la libido, *éruption cutanée*.

Dans certaines circonstances et chez certaines personnes :

- réactions paradoxales avec augmentation de l'anxiété, agitation, agressivité, confusion des idées, hallucinations ;
- *amnésie antérograde*.

Ces troubles nécessitent l'arrêt du traitement.

Laboratoires Bouchara-Recordati

## NORDITROPINE

*Informations détaillées sur www.monvidal.com*

## NORFLOXACINE ARROW

Antibiotique urinaire — sur ordonnance

Ce médicament est un générique de NOROXINE (voir p. 731 et tableau p. 1151).

## NORFLOXACINE BIOGARAN

Antibiotique urinaire — sur ordonnance

Ce médicament est un générique de NOROXINE (voir p. 731 et tableau p. 1151).

## NORFLOXACINE EG

Antibiotique urinaire — sur ordonnance

Ce médicament est un générique de NOROXINE (voir p. 731 et tableau p. 1151).

## NORFLOXACINE GNR

Antibiotique urinaire — sur ordonnance

Ce médicament est un générique de NOROXINE (voir p. 731 et tableau p. 1151).

## NORFLOXACINE IVAX

Antibiotique urinaire — sur ordonnance

Ce médicament est un générique de NOROXINE (voir p. 731 et tableau p. 1151).

## NORFLOXACINE MERCK

Antibiotique urinaire — sur ordonnance

Ce médicament est un générique de NOROXINE (voir p. 731 et tableau p. 1151).

## NORFLOXACINE QUALIMED

Antibiotique urinaire — sur ordonnance

Ce médicament est un générique de NOROXINE (voir p. 731 et tableau p. 1151).

## NORFLOXACINE RATIOPHARM

Antibiotique urinaire — sur ordonnance

Ce médicament est un générique de NOROXINE (voir p. 731 et tableau p. 1151).

## NORFLOXACINE TEVA

Antibiotique urinaire — sur ordonnance

Ce médicament est un générique de NOROXINE (voir p. 731 et tableau p. 1151).

## NORFLOXACINE WINTHROP

Antibiotique urinaire — sur ordonnance

Ce médicament est un générique de NOROXINE (voir p. 731 et tableau p. 1151).

## NORGALAX

*Informations détaillées sur www.monvidal.com*

## NORISTÉRAT

*Informations détaillées sur www.monvidal.com*

## NORLEVO

Contraceptif d'urgence

**Présentation**

NORLEVO 1,5 mg : comprimé (blanc) ; boîte de 1. Remb 65 % - **Prix : 7,60 €**.

**Composition**

| | p cp |
|---|---|
| **Lévonorgestrel** | 1,5 mg |
| Lactose | + |

**Dans quel cas ce médicament est-il prescrit ?**

Ce médicament est un *contraceptif* oral (pilule) qui contient un *progestatif*. Il n'est actif que pendant la période qui précède la fixation de l'ovule fécondé sur l'utérus, soit environ 72 heures après le rapport sexuel : ce n'est pas une méthode d'interruption de grossesse.

Il est utilisé pour la contraception d'urgence, également appelée « pilule du lendemain », notamment dans les cas suivants :

- oubli ou rupture d'un préservatif,
- retard de la prise du comprimé contraceptif habituel au delà du délai acceptable (voir ce délai dans la fiche de votre pilule contraceptive),
- perte d'un stérilet expulsé spontanément de l'utérus,
- déplacement ou retrait trop précoce d'un diaphragme vaginal ou d'une cape contraceptive,
- doute sur la bonne pratique de la méthode du coït interrompu,

- erreur de date lors de l'emploi de la méthode de l'abstinence périodique (méthode des températures),
- rapport sexuel résultant d'un viol.

**Attention :** Cette contraception d'urgence n'est pas totalement efficace : une grossesse peut survenir malgré le traitement. Elle est destinée à un usage exceptionnel et ne peut constituer une méthode de contraception régulière. Elle n'a pas d'effet préventif pour les rapports ultérieurs, et une contraception locale doit être utilisée jusqu'à la fin du cycle en cours avant la reprise éventuelle d'une pilule contraceptive (le premier jour des règles).

Le traitement n'est efficace et possible que dans les 3 jours qui suivent le rapport potentiellement fécondant. Il n'a, bien sûr, aucune action sur la transmission de maladies vénériennes.

Ce médicament ne modifie généralement pas la date de survenue des règles, mais celles-ci peuvent être décalées de quelques jours. En cas de retard de règles de plus de 5 jours, qui ne signifie pas forcément que le traitement a échoué, un test de grossesse permettra de savoir si ce retard est dû à une grossesse évolutive ou à un dérèglement hormonal.

L'usage de ce médicament est déconseillé chez les femmes exposées à un risque de *grossesse extra-utérine* (antécédent d'infection des trompes (salpingite) ou de grossesse extra-utérine). En cas de douleurs abdominales ou de saignements anormaux autour de la date attendue des règles, pratiquez un test de grossesse et consultez en urgence votre médecin si le test est positif. Le diagnostic de *grossesse extra-utérine* est réalisé par une échographie.

Des précautions sont nécessaires en cas de maladie hépatique grave.

L'utilisation répétée de ce traitement pendant le même cycle est à éviter : risque augmenté de dérèglement hormonal et d'effets indésirables.

### Interactions avec d'autres substances

L'efficacité contraceptive de ce médicament peut être diminuée si vous prenez par ailleurs un médicament *inducteur enzymatique*.

### Grossesse et allaitement

L'emploi de ce médicament pendant une grossesse en évolution est sans utilité, mais sa prise accidentelle pendant une grossesse débutante méconnue ne doit pas susciter d'inquiétudes particulières quant au déroulement de cette grossesse.

L'usage ponctuel de ce médicament ne contre-indique pas la poursuite de l'allaitement. Il est recommandé d'allaiter juste avant la prise du médicament et d'éviter d'allaiter pendant les 6 heures qui suivent.

### Mode d'emploi et posologie

Prendre 1 comprimé le plus tôt possible après le rapport sexuel ; si possible dans les 12 heures, et au plus tard dans les 72 heures suivant le rapport.

En cas de vomissements dans les 3 heures qui suivent la prise, procurez-vous une autre boîte de médicament et renouvelez la prise.

En cas de rapports sexuels successifs pendant la même journée, la posologie est la même. En cas de rapports sexuels pendant des jours successifs, le délai de 72 heures court à partir du premier rapport. Ces renseignements sont donnés à titre indicatif dans la mesure où ces situations ne devraient pas survenir : cette méthode de contraception d'urgence doit rester exceptionnelle.

### Effets indésirables possibles

Nausée, vomissements, douleurs abdominales.

*Vertiges*, fatigue, maux de tête.

Dérèglement hormonal transitoire : règles précoces ou retardées, saignements intermittents en dehors des règles, tension des seins.

Laboratoires HRA Pharma

## NORMACOL

Laxatif de lest

### Présentation

NORMACOL 62 g/100 g : granulé (arôme vanille) ; boîte de 1 kg. Remb 35 % - **Prix : 10,18 €**.

NORMACOL 62 g/100 g : granulé (arôme vanille) ; boîte de 30 sachets de 10 g. Remb 35 % - **Prix : 5,42 €**.

### Composition

| | p c à c | p sachet |
|---|---|---|
| **Sterculia, gomme** | 3,1 g | 6,2 g |
| Saccharose | 1,15 g | 2,4 g |

### Dans quel cas ce médicament est-il prescrit ?

Ce médicament est un *laxatif de lest*. Il contient une substance naturelle qui n'est ni digérée ni absorbée. Elle s'imbibe d'eau et rend les selles plus volumineuses et moins fermes.

Il est utilisé dans le *traitement symptomatique* de la constipation.

### Contre-indications

Ce médicament ne doit pas être utilisé dans les cas suivants :
- occlusion intestinale ou affection prédisposant à une occlusion,
- douleurs abdominales de cause inconnue,
- *fécalome* (bouchon de selles).

**Attention :** Il est nécessaire de boire beaucoup d'eau, particulièrement en cas de dilatation du côlon, d'alitement et chez la personne âgée.

Les laxatifs ne doivent pas être utilisés de façon prolongée sans avis médical.

L'usage des laxatifs doit rester exceptionnel chez l'enfant.

Ce médicament contient du *sucre* (saccharose) en quantité notable.

### Grossesse et allaitement

Ce médicament peut être utilisé pour traiter la constipation de la femme enceinte ou qui allaite.

### Mode d'emploi et posologie

Ce médicament est pris de préférence à la fin des repas.

Avaler les granulés sans les croquer avec un grand verre d'eau.

**Posologie usuelle :**

- Adulte et enfant de plus de 6 ans : 1 à 3 cuillères à café, 2 ou 3 fois par jour, ou 1 sachet, 2 à 4 fois par jour.

**Conseils :** Un échec du traitement peut être lié à la présence d'un *fécalome*, notamment chez la personne âgée.
Le traitement de la constipation chronique repose essentiellement sur des boissons abondantes, une alimentation riche en fibres et une activité physique régulière.

### Effets indésirables possibles

Sensation de ballonnement.

Laboratoires Norgine Pharma

## NORMACOL LAVEMENT

Laxatif par voie rectale

### Présentation

**NORMACOL LAVEMENT Adulte :** solution rectale ; flacon unidose de 130 ml avec canule. Remb 65 % - **Prix : 2,09 €.**
**NORMACOL LAVEMENT Enfant :** solution rectale ; flacon unidose de 60 ml avec canule. Remb 65 % - **Prix : 1,78 €.**

### Composition

| | p unidose Adulte | p unidose Enfant |
|---|---|---|
| **Dihydrogénophosphate de sodium** | 23,66 g | 10,92 g |
| **Hydrogénophosphate de sodium** | 10,4 g | 4,8 g |

### Dans quel cas ce médicament est-il prescrit ?

C'est un laxatif administré par *voie* rectale. Il ramollit les selles et déclenche une contraction du rectum qui permet leur évacuation.
Il est utilisé dans le *traitement symptomatique* de la constipation et pour préparer le rectum avant certains examens.

### Contre-indications

Ce traitement ne doit pas être utilisé dans les cas suivants :
- enfant de moins de 15 ans (dosage Adulte),
- enfant de moins de 2 ans (dosage Enfant).

**Attention :** Comme tous les laxatifs, ce médicament ne doit pas être utilisé de façon prolongée sans avis médical.
Des précautions sont nécessaires chez la personne atteinte d'*hémorroïdes*, de *fissure anale* ou de *recto-colite hémorragique*.

### Grossesse et allaitement

Ce médicament peut être utilisé de façon ponctuelle pour traiter la constipation de la femme enceinte ou qui allaite.

### Mode d'emploi et posologie

Introduire la canule dans le rectum et vider doucement le flacon par pression.
L'effet laxatif se manifeste après un délai de 5 à 20 minutes.

**Conseils :** Le traitement de la constipation chronique repose essentiellement sur des boissons abondantes, une alimentation riche en fibres et une activité physique régulière.
Ce médicament est remboursé quand il est prescrit pour la préparation aux examens endoscopiques ou radiologiques.

### Effets indésirables possibles

Un usage prolongé peut occasionner des sensations de brûlure anale et exceptionnellement des *inflammations* du rectum.

Laboratoires Norgine Pharma

## NORMISON

Hypnotique : benzodiazépine — **sur ordonnance**

### Présentation

NORMISON 10 mg : comprimé ; boîte de 14. Liste I, durée de prescription limitée à 4 semaines - Remb 65 % - **Prix : 2,11 €.**
NORMISON 20 mg : comprimé ; boîte de 7. Liste I, durée de prescription limitée à 4 semaines - Remb 65 % - **Prix : 1,91 €.**

### Composition

| | p cp | p cp |
|---|---|---|
| **Témazépam** | 10 mg | 20 mg |
| Lactose | + | + |

### Dans quel cas ce médicament est-il prescrit ?

Ce médicament est un *hypnotique* (somnifère) qui appartient à la famille des *benzodiazépines*.
Il est utilisé dans le traitement de l'insomnie.

### Contre-indications

Ce médicament ne doit pas être utilisé dans les cas suivants :
- *insuffisance respiratoire* ou *hépatique* graves,
- *syndrome d'apnée du sommeil*,
- *myasthénie*.

**Attention :** Certaines insomnies peuvent traduire une *dépression* masquée et justifier un traitement spécifique.
Des précautions sont à prendre en cas d'*insuffisance rénale* et chez la personne âgée.
Une prise prolongée, surtout à doses importantes, de somnifères de la famille des *benzodiazépines* peut provoquer une *dépendance*. Ce risque de dépendance est accru chez les personnes ayant déjà présenté une dépendance à d'autres médicaments, substances ou à l'alcool.
L'arrêt brutal de ce médicament expose à un *syndrome de sevrage* : réapparition de l'insomnie, anxiété, agitation, irritabilité, maux de tête, douleurs musculaires, tremblements, hallucinations. Il faut donc s'entourer de conseils médicaux pour diminuer progressivement les doses et espacer les prises, sur une période d'autant plus longue que le traitement a été prolongé.
Ce médicament expose à un risque de chute nocturne chez la personne âgée ayant l'habitude de se lever la nuit.
Un réveil nocturne après la prise du médicament peut entraîner des troubles de la mémoire parfois angoissants.
Évitez les boissons alcoolisées : augmentation du risque de somnolence.
Ce médicament est un somnifère. Conduire ou utiliser une machine dangereuse dans les heures qui suivent sa prise est bien sûr contre-indiqué.

La durée de l'effet sédatif, ainsi que son intensité, est très variable d'une personne à l'autre. Il vous appartient de vérifier, après les premières prises, que la persistance éventuelle d'une somnolence au réveil est compatible avec la poursuite de vos activités habituelles.

### Interactions avec d'autres substances

Informez votre médecin ou votre pharmacien si vous prenez d'autres *sédatifs* (tranquillisants, somnifères, certains médicaments contre la toux ou contre la douleur contenant des *opiacés*, *antidépresseurs*, *neuroleptiques*...).

### Grossesse et allaitement

Ce médicament ne doit pas être utilisé sans avis médical pendant la grossesse. Les fortes doses au cours des 6 derniers mois sont déconseillées. En fin de grossesse, un traitement par benzodiazépine, même à faible dose, peut être responsable d'effets indésirables chez le *nouveau-né* : une surveillance médicale du nouveau-né est alors nécessaire pendant 1 à 3 semaines selon les cas.

Ce médicament passe dans le lait maternel : l'allaitement est déconseillé.

### Mode d'emploi et posologie

Les comprimés doivent être avalés avec un verre d'eau, immédiatement avant le coucher.

**Posologie usuelle :**

- Adulte : 1 comprimé à 10 mg ou à 20 mg, le soir au coucher.
- Personne de plus de 65 ans, insuffisant rénal, hépatique ou respiratoire : 1 comprimé à 10 mg au coucher.

**Conseils :** Ce médicament vous a été prescrit dans une situation précise : ne le réutilisez pas ultérieurement sans avis médical et ne le conseillez pas à une autre personne.

La durée de prescription des *hypnotiques* doit être la plus courte possible. Dans certaines situations, le traitement doit toutefois être prolongé. Il appartient alors au médecin de réévaluer périodiquement la nécessité de le poursuivre ou de l'interrompre.

Les somnifères ne sont pas la seule réponse aux troubles du sommeil. Une meilleure hygiène de vie, une consommation modérée d'excitants (y compris les boissons alcoolisées) permettent aussi de lutter efficacement contre les insomnies.

### Effets indésirables possibles

Sensation d'ivresse, maux de tête, fatigue, somnolence pendant la journée en particulier chez la personne âgée, troubles de la coordination des mouvements, confusion des idées.

Faiblesse musculaire, baisse de la libido, *éruption cutanée* avec ou sans démangeaisons, vision double.

Dans certaines circonstances et chez certaines personnes :

- réactions paradoxales avec augmentation de l'anxiété, agitation, agressivité, confusion des idées, hallucinations ;
- *amnésie antérograde*.

Ces troubles nécessitent l'arrêt du traitement.

Laboratoires Genopharm

## NOROXINE 400

Antibiotique urinaire — **sur ordonnance**

### Présentation

NOROXINE 400 : comprimé sécable (blanc) ; boîte de 10. Liste I - Remb 65 % - **Prix : 6,31 €.**

### Composition

| | p cp |
|---|---|
| **Norfloxacine** | 400 mg |

### Dans quel cas ce médicament est-il prescrit ?

Ce médicament est un *antibiotique* qui appartient à la famille des quinolones.

Il est utilisé dans le traitement des infections des *voies urinaires* et des infections génitales à *gonocoque*.

### Contre-indications

Ce médicament ne doit pas être utilisé dans les cas suivants :

- *allergie* aux *antibiotiques* de la famille des quinolones,
- *antécédent* de *tendinite* lors de l'utilisation d'une quinolone,
- enfant jusqu'à la fin de la croissance (sauf cas exceptionnel),
- **allaitement**.

**Attention :** Cet antibiotique est photosensibilisant : une exposition aux rayons *ultraviolets* (soleil, lampe à bronzer) peut provoquer des réactions cutanées. Évitez toute exposition au soleil et n'omettez pas de signaler à votre médecin vos projets de vacances au soleil pendant la durée du traitement.

Ce médicament peut provoquer des lésions des tendons : toute douleur faisant penser à une *tendinite* doit vous conduire à consulter rapidement un médecin.

Des précautions sont nécessaires chez les personnes ayant des *antécédents* de *convulsions*, un déficit en *G6PD* ou souffrant de *myasthénie*.

Conducteur : ce médicament peut provoquer des troubles nerveux susceptibles d'altérer la vigilance.

### Interactions avec d'autres substances

Il est préférable de respecter un délai de 4 heures entre la prise de ce médicament et celle de pansements digestifs (contenant des sels d'aluminium, de magnésium ou de calcium) et un délai de 2 heures avec les médicaments contenant du fer, du zinc, de la didanosine ou du sucralfate.

Informez par ailleurs votre médecin si vous prenez un *anticoagulant* oral ou un médicament contenant de la théophylline, de l'aminophylline, ou de la caféine.

### Grossesse et allaitement

L'effet de ce médicament pendant la grossesse est mal connu : seul votre médecin peut évaluer le risque éventuel de son utilisation dans votre cas.

Ce médicament passe dans le lait maternel : l'allaitement est contre-indiqué.

### Mode d'emploi et posologie

Les comprimés doivent être avalés avec un grand verre d'eau. Ils ne doivent pas être pris avec du lait ou un produit laitier.

**Posologie usuelle :**

- Adulte : 1 comprimé matin et soir.

Traitement de la *cystite* aiguë chez la femme de moins de 65 ans : 1 comprimé, matin et soir pendant 3 jours.

**Conseils :** Le médecin prescrit parfois une analyse d'urine pour identifier le *germe* responsable de l'infection et tester sa sensibilité aux *antibiotiques*. Le résultat de cet examen peut être faussé en cas d'automédication préalable : ne prenez pas d'antibiotiques sans avis médical.
En cas d'infection génitale, votre partenaire peut être contaminé sans présenter de *symptôme*. En l'absence de traitement conjoint, une recontamination est possible.
Évitez d'absorber des quantités importantes de café ou de thé : ce médicament peut en augmenter ou en prolonger les effets.

### Effets indésirables possibles

Brûlures d'estomac, nausées, *diarrhée*, douleurs abdominales, manque d'appétit, *candidose* vaginale.

Éruption cutanée, *photosensibilisation* (voir Attention).

Douleurs musculaires ou articulaires, *tendinite* (voir Attention).

Maux de tête, étourdissements, troubles du sommeil, bourdonnements d'oreille, sensation de fourmillement, tremblements, *convulsions*.

Anxiété, nervosité, confusion des idées.

Exceptionnellement : *réaction allergique* (urticaire, œdème de *Quincke*, *choc anaphylactique*), *insuffisance rénale* grave, *hépatite* avec ou sans jaunisse, modification de la *numération formule sanguine*, augmentation des *transaminases*, *pancréatite*.

Laboratoires MSD-Chibret

## NORPROLAC

*Informations détaillées sur www.monvidal.com*

## NORSET

Antidépresseur — **sur ordonnance**

### Présentation

**NORSET 15 mg :** comprimé ; boîte de 30. Liste I - Remb 65 % - **Prix : 14,84 €.**

**NORSET 15 mg/ml :** solution buvable (arômes : orange, mandarine) ; flacon de 66 ml avec pompe doseuse. Liste I - Remb 65 % - **Prix : 33,92 €.**

### Composition

| | p cp | p ml |
|---|---|---|
| **Mirtazapine** | 15 mg | 15 mg |
| Lactose | + | |
| Maltitol | | + |
| Sodium | | + |

### Dans quel cas ce médicament est-il prescrit ?

Ce médicament est un *antidépresseur*.

Il est utilisé dans le traitement des *états dépressifs*.

**Attention :** Ce médicament peut être responsable d'une baisse du nombre des *globules blancs* dans le sang. Des analyses doivent être réalisées rapidement en cas d'angine, d'ulcérations de la bouche ou de fièvre anormale, qui peuvent traduire cette anomalie sanguine.
En cas d'apparition d'un ictère (jaunisse), interrompez votre traitement et consultez votre médecin.
Des précautions sont nécessaires en cas d'*insuffisance rénale* ou *hépatique*, d'*épilepsie* (même ancienne) ou de maladie cardiovasculaire.
Signalez à votre médecin des antécédents éventuels d'*hypotension orthostatique*, de constipation chronique, de *diabète*, de *glaucome* par fermeture de l'angle ou d'*adénome de la prostate*.
En cas d'excitation anormale ou de confusion des idées survenant sous traitement, une consultation médicale est nécessaire.
Évitez les boissons alcoolisées : augmentation du risque de somnolence.
Ce médicament peut induire une somnolence, parfois intense chez certaines personnes. Cette somnolence peut être majorée par la prise d'*alcool* ou d'autres médicaments *sédatifs*. La conduite et l'utilisation de machines dangereuses sont déconseillées, surtout dans les heures qui suivent la prise du médicament.

### Interactions avec d'autres substances

Informez votre médecin ou votre pharmacien si vous prenez d'autres *sédatifs* (*tranquillisants*, somnifères, certains médicaments contre la toux ou contre la douleur contenant des *opiacés*, *antidépresseurs*, *neuroleptiques*...).

### Grossesse et allaitement

L'effet de ce médicament pendant la grossesse ou l'allaitement est mal connu : seul votre médecin peut évaluer le risque éventuel de son utilisation dans votre cas.

### Mode d'emploi et posologie

La dose quotidienne peut être absorbée en une prise, de préférence au cours du repas du soir.

Les comprimés doivent être avalés sans être croqués.

La solution buvable est diluée dans un peu d'eau. Chaque pression de la pompe doseuse délivre 1 ml de solution buvable.

**Posologie usuelle :**

- Adulte : 1 comprimé ou 1 ml de solution buvable par jour initialement ; la *posologie* est augmentée si nécessaire à 2 ou 3 comprimés ou 2 à 3 ml de solution buvable par jour en fonction des résultats obtenus.

**Conseils :** L'efficacité des *antidépresseurs* n'est généralement pas immédiate. Un délai pouvant atteindre plusieurs semaines est parfois nécessaire pour que les effets bénéfiques se fassent sentir. Les effets indésirables éventuels apparaissant en début de traitement ne doivent pas vous conduire à l'arrêter prématurément.
Chez la personne souffrant de dépression, un état anxieux peut apparaître ou être majoré en début de traitement ; un *anxiolytique* est parfois prescrit par le médecin pour prévenir ou traiter ces manifestations.
Lorsque les *symptômes* de la *dépression* ont disparu, le traitement doit absolument être poursuivi pendant la durée prescrite afin de consolider la guérison. Un arrêt prématuré exposerait à une rechute. La durée d'un traitement antidépresseur est rarement inférieure à 6 mois.
Contrairement à d'autres médicaments utilisés pour traiter les maladies psychiques, les antidépresseurs

ne créent pas de dépendance. Néanmoins, il est préférable d'arrêter le traitement progressivement en diminuant la posologie ou en espaçant les prises pour éviter les effets indésirables transitoires, rarement observés, en cas d'interruption brutale.
Une prise de poids peut être observée au cours du traitement. Une alimentation équilibrée, et si nécessaire les conseils d'un nutritionniste, peuvent prévenir et limiter ce phénomène.
Le flacon de solution buvable ne doit pas être conservé plus de 6 semaines après ouverture.

### Effets indésirables possibles

Augmentation de l'appétit, prise de poids.
Somnolence, qui tend à s'estomper après les premières semaines de traitement.
Plus rarement : *éruption cutanée*, sécheresse de la bouche, *hypotension orthostatique*, œdème, *convulsions*, tremblements, diminution des *globules blancs* dans le sang (voir Attention), élévation des *transaminases*.
Manifestation d'anxiété ou d'angoisse.
Solution buvable :
Comme tous les médicaments et confiseries contenant des sucres non absorbables (sorbitol, maltitol...), possibilité de *diarrhée* en cas d'apport important.

Laboratoires Organon

## NORTUSSINE

*Informations détaillées sur www.monvidal.com*

## NORVIR

*Informations détaillées sur www.monvidal.com*

## NOSTRIL

*Informations détaillées sur www.monvidal.com*

## NOTGAZ

*Informations détaillées sur www.monvidal.com*

## NOTRINO

Médicament soufré

### Présentation

**NOTRINO Adulte :** gélule ; boîte de 45. Non remb.
**NOTRINO Enfant et nourrisson :** comprimé pour suspension buvable ; boîte de 60. Non remb.

### Composition

| | p gél | p cp |
|---|---|---|
| **L-Cystine** | 72,6 mg | 36,3 mg |
| **Soufre précipité** | 22 mg | 11 mg |
| **Rétinol (vitamine A)** | 1 650 UI | 1 000 UI |
| **Levure Saccharomyces cerevisiae** | 77,4 mg | 38,7 mg |
| Saccharose | + | + |

### Dans quel cas ce médicament est-il prescrit ?

Ce médicament contient du soufre, de la *vitamine* A et des *levures*.
Il est utilisé dans le *traitement d'appoint* des *rhinites* et des *rhinopharyngites*.

**Attention :** Ce médicament contient de la *vitamine* A : son *surdosage* expose à des effets indésirables graves. Elle est présente dans de nombreux médicaments, dont certains sont disponibles en automédication : évitez de les associer sans avis médical.

### Grossesse et allaitement

Chez la femme enceinte ou qui allaite, les apports quotidiens en *vitamine* A, sous forme de médicament, ne doivent pas dépasser 5 000 *UI* par jour.

### Mode d'emploi et posologie

Ce médicament est pris de préférence au cours d'un repas.
Les comprimés doivent impérativement être dissous dans un verre d'eau afin de limiter le risque de fausse route chez les enfants.

**Posologie usuelle :**

- Adulte : 3 gélules par jour.
- Enfant de 5 à 15 ans : 3 comprimés par jour.
- Enfant de 30 mois à 5 ans : 2 comprimés par jour.
- Nourrisson de 6 à 30 mois : 1 comprimé par jour.

La durée habituelle du traitement est de 3 mois.

### Effets indésirables possibles

Douleurs d'estomac.

Laboratoires Automedic

## NOVACÉTOL

Antalgique et antipyrétique contenant un opiacé

### Présentation

NOVACÉTOL **:** comprimé (blanc) ; boîte de 24. Non remb.

### Composition

| | p cp |
|---|---|
| **Acide acétylsalicylique (aspirine)** | 300 mg |
| **Paracétamol** | 250 mg |
| **Codéine** | 8 mg |

### Dans quel cas ce médicament est-il prescrit ?

Ce médicament, *antalgique* et *antipyrétique*, associe de l'aspirine et du paracétamol, qui empêchent la transmission de la douleur, et un *opiacé* (la *codéine*), qui agit directement sur le cerveau.
Il est utilisé dans le traitement de la douleur ou de la fièvre.

### Contre-indications

Ce médicament ne doit pas être utilisé dans les cas suivants :
- *allergie* aux *salicylés* ou aux *AINS*,
- *antécédent* d'*asthme* provoqué par la prise d'aspirine ou d'AINS,
- *ulcère* de l'estomac ou du *duodénum*,
- *hémorragie* et risque hémorragique,
- maladie grave du foie,
- en association avec les médicaments contenant de la nalbuphine, de la buprénorphine ou de la pentazocine,
- enfant de moins de 15 ans,
- **grossesse** (dernier trimestre).

**Attention :** Du fait de la présence de codéine :
- n'utilisez pas ce médicament à forte dose et de façon prolongée (risque de *dépendance*) ;
- évitez son emploi en cas d'*hypertension intracrânienne*, qu'il pourrait aggraver.

Des précautions sont nécessaires en cas d'*antécédent* d'*ulcère* de l'estomac ou du *duodénum*, même ancien et d'*insuffisance respiratoire* ou *rénale*.

Ce médicament est déconseillé chez les personnes atteintes de *goutte*.

Évitez de prendre ce médicament pendant la semaine qui précède une extraction dentaire, une opération, ou lors de règles abondantes : augmentation du risque d'*hémorragie*.

Ce médicament peut induire une somnolence, parfois intense chez certaines personnes. Cette somnolence peut être majorée par la prise d'*alcool* ou d'autres médicaments *sédatifs*. La conduite et l'utilisation de machines dangereuses sont déconseillées, surtout dans les heures qui suivent la prise du médicament.

### Interactions avec d'autres substances

Ce médicament ne doit pas être associé à ceux contenant de la nalbuphine, de la buprénorphine ou de la pentazocine : risque de diminution de l'effet antalgique.

Ce médicament peut interagir avec d'autres médicaments, notamment :

- les autres *anti-inflammatoires* non stéroïdiens (*AINS*) : risque accru d'effets indésirables ;
- les *anticoagulants* et les *antiagrégants plaquettaires* (PLAVIX...) : augmentation du risque hémorragique ;
- les médicaments contenant de la benzbromarone ou du méthotrexate.

Informez par ailleurs votre médecin ou votre pharmacien si vous prenez un *antidiabétique*, un *antihypertenseur* de la famille des *inhibiteurs de l'enzyme de conversion* ou des *inhibiteurs de l'angiotensine II*, un *diurétique*, ou un *corticoïde*.

### Grossesse et allaitement

Des effets néfastes pour la mère et l'enfant à naître ont été mis en évidence lorsque l'aspirine, comme les autres *AINS*, est utilisée au cours des 4 derniers mois de la grossesse ; le risque existe même avec une seule prise et même si la grossesse est à terme.

En conséquence, en dehors de certaines situations médicales très particulières, l'aspirine ne peut être utilisée que de façon ponctuelle pendant les 5 premiers mois, et son usage est contre-indiqué à partir du 6e mois.

Ce médicament passe dans le lait maternel : il est déconseillé pendant l'allaitement.

### Mode d'emploi et posologie

Les comprimés doivent être avalés avec un verre d'eau.

Respecter un intervalle d'au moins 4 heures entre 2 prises.

**Posologie usuelle :**

- Adulte : 1 ou 2 comprimés, 1 à 3 fois par jour.

**Conseils :** Cette association contenant un *opiacé* est destinée à être utilisée lorsque la douleur est mal soulagée par les *antalgiques* usuels.

De nombreux médicaments contiennent de l'aspirine, du paracétamol ou de la codéine : vous devez en tenir compte en cas de prise conjointe car un *surdosage* expose à une augmentation des effets indésirables.

### Effets indésirables possibles

Liés à l'aspirine :

- *gastrite*, douleurs abdominales, saignement du nez ou des gencives ;
- rares et parfois graves : *hémorragie* du tube digestif (vomissements sanglants, selles noires ou, plus souvent, pertes de sang imperceptibles, responsables de l'apparition progressive d'une *anémie*) ; accidents allergiques (*urticaire*, *œdème*, *asthme*) ;
- signes devant faire penser à un *surdosage* : bourdonnements d'oreille, sensation de baisse de l'audition, maux de tête.

Liés au paracétamol : *réaction allergique* (exceptionnel).

Liés à la *codéine* :

Constipation, somnolence, nausées, vomissements, sensation de vertige et, plus rarement, *bronchospasme*, *réaction allergique* cutanée, ralentissement de la respiration. Ces effets indésirables sont ceux de la famille des *opiacés* ; ils sont généralement modérés aux doses recommandées.

Laboratoires Pharmastra

## NOVA T

*Informations détaillées sur www.monvidal.com*

## NOVATREX

Traitement de la polyarthrite rhumatoïde et du psoriasis

sur ordonnance

### Présentation

NOVATREX 2,5 mg : comprimé ; boîte de 12. Liste I - Remb 65 % - **Prix : 4,05 €**.

### Composition

| | p cp |
|---|---|
| **Méthotrexate** | 2,5 mg |
| Lactose | + |

### Dans quel cas ce médicament est-il prescrit ?

Ce médicament contient une substance qui bloque l'action de l'acide folique, *vitamine* du groupe B. Cette vitamine étant indispensable à la synthèse de l'ADN, il en résulte une inhibition de la réplication des cellules de l'organisme. Cet effet est recherché dans le traitement de maladies comportant une prolifération cellulaire anormale, notamment cutanée (*psoriasis*) ou immunitaire (*polyarthrite rhumatoïde*).

Il est indiqué dans le traitement de fond de la polyarthrite rhumatoïde et du psoriasis grave de l'adulte.

### Contre-indications

Ce médicament ne doit pas être utilisé dans les cas suivants :

- *insuffisance respiratoire*,
- *insuffisance rénale* ou *hépatique* grave,
- en association aux *salicylés*, aux médicaments contenant de la phénytoïne, du probénécide, du triméthoprime et de la phénylbutazone (lorsque la posologie du méthotrexate est supérieure à 6 comprimés par semaine),
- vaccination contre la *fièvre jaune*,
- **grossesse**,
- **allaitement**.

**Attention :** Des précautions sont nécessaires en cas de tabagisme, de troubles respiratoires, ou d'*ulcère* de l'estomac ou du *duodénum*.

Des analyses de sang régulières sont nécessaires pour vérifier que le traitement est bien toléré par l'organisme.

### Interactions avec d'autres substances

Ce médicament ne doit pas être associé aux *salicylés*, aux médicaments contenant de la phénytoïne, du probénécide, de la phénylbutazone, du sulfaméthoxazole et du triméthoprime : augmentation du risque d'anomalie de la *numération formule sanguine*.

Ce médicament peut interagir avec les *AINS* et les *pénicillines*.

Informez votre médecin de la prise éventuelle de médicaments contenant de la ciclosporine, du tacrolimus et des *sulfamides* antibactériens.

En cas de vaccination, l'utilisation d'un vaccin vivant atténué est contre-indiquée.

### Grossesse et allaitement

Ce médicament est contre-indiqué pendant la grossesse. Chez la femme en âge de procréer, une contraception efficace est nécessaire pendant toute la durée du traitement et durant les 3 mois qui suivent son arrêt.

Ce médicament passe dans le lait maternel. Il est contre-indiqué pendant l'allaitement.

### Mode d'emploi et posologie

Ce médicament peut être pris pendant ou entre les repas.

**Posologie usuelle :**

*Polyarthrite rhumatoïde* : 3 à 6 comprimés par semaine.

*Psoriasis* : 3 à 10 comprimés par semaine.

### Effets indésirables possibles

*Hépatite*, pneumonie médicamenteuse qui peut être révélée par une toux, anomalie de la *numération formule sanguine*, rougeur cutanée, chute des cheveux, plaies apparaissant sur les plaques de psoriasis, *troubles digestifs*, troubles psychiques.

Rarement : fièvre, arrêt des règles, troubles sexuels, stérilité chez l'homme.

Laboratoires Wyeth Lederlé

## NOVAZAM

Anxiolytique : benzodiazépine — sur ordonnance

Ce médicament est un générique de VALIUM ROCHE (voir p. 1075 et tableau p. 1151).

## NOVOFEMME

*Informations détaillées sur www.monvidal.com*

## NOVOMIX 100 UI/ml

Insuline — sur ordonnance

### Présentation

**NOVOMIX 30 FlexPen :** suspension injectable *SC* ; boîte de 5 cartouches de 3 ml en stylo prérempli jetable. Liste II - Remb 65 % - **Prix : 43,27 €**.

**NOVOMIX 30 Penfill :** suspension injectable *SC* ; boîte de 5 cartouches de 3 ml. Liste II - Remb 65 % - **Prix : 41,48 €**.

### Composition

| | p ml |
|---|---|
| **Insuline Aspart** | 100 UI |
| soit Insuline d'action rapide | 30 UI |
| soit Insuline d'action retardée (combinée à la protamine) | 70 UI |

### Dans quel cas ce médicament est-il prescrit ?

C'est une *insuline* voisine de l'insuline humaine, obtenue par *biotechnologie*. Elle comprend un mélange d'insuline d'action rapide, active dès la 15e minute et d'insuline d'action intermédiaire dont l'action est retardée et prolongée pendant 24 heures.

Ce type d'insuline commence à agir plus rapidement que l'insuline humaine rapide classique et semble diminuer le pic de la *glycémie* après un repas (glycémie postprandiale).

Elle est utilisée dans le traitement du *diabète*.

**Attention :** La mise en route du traitement suppose un apprentissage correct pour injecter l'*insuline*, contrôler la *glycémie* au doigt, rechercher le *sucre* et l'acétone dans les urines et tenir un carnet de surveillance.

L'hypoglycémie est la principale complication des traitements par l'insuline. Il s'agit le plus souvent de malaises hypoglycémiques sans gravité dont les principaux signes sont : sueurs, tremblements, troubles visuels, vision double, fatigue soudaine, fringale, *vertiges*, difficulté de concentration. En ce cas, le diabétique doit aussitôt absorber 3 à 6 morceaux de sucre ou un sirop sucré.

Beaucoup plus rarement, l'hypoglycémie peut être grave et entraîner des troubles du comportement (comparables notamment à l'ébriété), des *convulsions*, voire une perte de connaissance : 1 ampoule de GLUCAGEN doit être injectée immédiatement par *voie* sous-cutanée ou intramusculaire, même à travers les vêtements en cas d'agitation. Si le diabétique ne reprend pas conscience dans les minutes qui suivent, prévenez un service d'urgence. Dans le doute, il n'y a pas de danger à injecter du GLUCAGEN à un diabétique traité par l'insuline. Dans tous les cas, la prise d'une collation ou d'un repas reste nécessaire.

L'autre complication possible chez le diabétique est la survenue d'une *acidocétose* due à un manque important d'insuline. Elle peut être déclenchée par une infection (qui augmente les besoins en insuline) : grippe, rhume, *cystite*, abcès, etc. Elle se manifeste par une grande fatigue, une soif intense et des *troubles digestifs*. Il faut alors rechercher la présence de sucre et d'acétone dans les urines : la présence des deux en quantité importante confirme le diagnostic. Le traitement par l'insuline ne doit pas être arrêté ; le diabétique doit suivre les consignes de son médecin et, si besoin, le joindre d'urgence.

Évitez la prise de boissons alcoolisées à jeun ou à distance des repas : augmentation du risque d'hypoglycémie.

Conducteur : une *hypoglycémie* peut entraîner un malaise pendant la conduite ou l'utilisation de machines.

### Interactions avec d'autres substances

Certains médicaments peuvent déséquilibrer la *glycémie*. Informez votre médecin ou votre pharmacien si vous prenez un *corticoïde*, un *progestatif* à forte dose, un *bêtabloquant*, un *inhibiteur de l'enzyme de conversion* ou un médicament contenant du danazol, de la chlorpromazine, du salbutamol, de la terbutaline, du lanréotide, de l'octréotide ou de l'aspirine à forte dose.

### Grossesse et allaitement

L'*insuline* est adaptée au *diabète* de la femme enceinte ou aux troubles passagers de la *glycémie* pendant la durée de la grossesse.

Le traitement par l'insuline n'est pas une contre-indication à l'allaitement.

### Mode d'emploi et posologie

Les cartouches Penfill sont à utiliser avec le stylo rechargeable NovoPen ; FlexPen est un stylo prêt à l'emploi qui doit être jeté lorsque la cartouche est vide.

Cette *insuline* doit être uniquement injectée par *voie* sous-cutanée dans les zones recommandées par votre médecin, en essayant de varier les sites d'injection pour éviter l'apparition de lipodystrophies (*nodules* et épaississement de la peau).

En raison de sa rapidité d'action, elle doit être administrée de préférence immédiatement avant le repas et au plus tard dans le quart d'heure qui suit le repas.

Agiter par lents retournements le stylo afin d'homogénéiser la suspension avant injection ; purger ensuite l'air éventuellement contenu dans la cartouche.

L'aiguille doit être changée après chaque injection.

**Posologie usuelle :**

Elle est adaptée en fonction des résultats des analyses réalisées par le diabétique ou son entourage (carnet de surveillance) et des conseils de son médecin.

**Conseils :** Il est prudent de disposer d'une *insuline* équivalente pour seringue afin de faire face à une perte ou à un défaut de fonctionnement du stylo.

Si vous utilisez deux stylos destinés à injecter deux insulines, veillez à pouvoir les distinguer facilement.

Pour le maniement précis du stylo, conformez-vous à la notice fournie par le fabricant et veillez à ne pas l'égarer.

La sécurité d'une injection d'insuline au travers des vêtements, sans désinfection préalable, est maintenant établie avec certitude.

En cas d'activité sportive, il est préférable d'injecter l'insuline à distance des muscles qui travaillent pour éviter une absorption trop rapide de l'insuline. De plus, une adaptation des doses d'insuline est habituellement nécessaire selon les conseils du médecin.

Prenez contact avec les associations pour diabétiques : elles diffusent une information utile sur le traitement et la surveillance du *diabète*.

Votre entourage doit savoir reconnaître les signes d'une *hypoglycémie* et pouvoir vous administrer, en cas de perte de connaissance, une ampoule de GLUCAGEN. Celle-ci est conservée de préférence au réfrigérateur ou, en cas de nécessité, à température ambiante (inférieure à 25 °C) pendant 2 ans.

Veillez à ne pas manquer d'insuline, notamment pendant les week-ends et jours fériés ; lors de vos déplacements, munissez-vous d'une réserve ou de votre ordonnance en cours de validité. Un certificat de traitement par insuline peut être nécessaire pour franchir certaines frontières.

L'insuline se conserve sans problème 4 à 6 semaines à une température inférieure à 25 °C et plusieurs mois à une température proche de 0 °C (mais elle ne doit jamais être congelée). Elle se dégrade d'autant plus vite que la température est élevée.

En pratique :
- conservez les cartouches non entamées dans la partie basse du réfrigérateur. Si c'est impossible, ne les conservez pas plus de 1 ou 2 mois (selon que vous êtes dans une région chaude ou froide) ;
- conservez les cartouches entamées hors du réfrigérateur pendant une durée maximale de 4 semaines, dans un endroit propre et sec de préférence, à l'abri de la lumière et des hausses de température (pas plus de 25 °C) ;
- une exposition accidentelle ou inévitable à une température de l'ordre de 30 °C à 35 °C est possible sans dommage pendant 2 ou 3 jours ;
- jetez toute cartouche suspecte d'avoir été exposée à la congélation ou à une chaleur excessive, et notamment celles qui ne présentent pas un aspect uniformément blanc et opaque après agitation ;
- lors des voyages long-courriers, conservez votre insuline dans vos bagages de cabine pour éviter une exposition au froid excessif dans la soute à bagages.

### Effets indésirables possibles

Hypoglycémie (voir Attention), légers troubles de la vision en début de traitement, *nodules* graisseux sous-cutanés (lipodystrophies).

Rarement : *réaction allergique* essentiellement cutanée.

Laboratoires Novo Nordisk

## NOVONORM

Antidiabétique oral — sur ordonnance

### Présentation

**NOVONORM 0,5 mg :** comprimé (rond ; blanc) ; boîte de 90. Liste I - Remb 65 % - **Prix : 18,17 €**.
**NOVONORM 0,5 mg :** comprimé (rond ; blanc) ; boîte de 270. Liste I - Remb 65 % - **Prix : 50,29 €**.
**NOVONORM 1 mg :** comprimé (rond ; jaune) ; boîte de 90. Liste I - Remb 65 % - **Prix : 18,17 €**.
**NOVONORM 1 mg :** comprimé (rond ; jaune) ; boîte de 270. Liste I - Remb 65 % - **Prix : 50,29 €**.
**NOVONORM 2 mg :** comprimé sécable (rond ; pêche) ; boîte de 90. Liste I - Remb 65 % - **Prix : 18,17 €**.
**NOVONORM 2 mg :** comprimé sécable (rond ; pêche) ; boîte de 270. Liste I - Remb 65 % - **Prix : 50,29 €**.

### Composition

| | p cp | p cp | p cp |
|---|---|---|---|
| **Répaglinide** | 0,5 mg | 1 mg | 2 mg |

### Dans quel cas ce médicament est-il prescrit ?

Cet *antidiabétique* oral appartient à une nouvelle famille chimique, différente de celle des *sulfamides hypoglycémiants* ou de la metformine. Il permet de diminuer l'excès de *sucre* dans le sang en favorisant la sécrétion de l'*insuline*. Son action est rapide et brève.

Il est utilisé dans le traitement du *diabète* non insulino-dépendant lorsque le régime alimentaire seul a été insuffisant.

### Contre-indications

Ce médicament ne doit pas être utilisé dans les cas suivants :
- *insuffisance hépatique* grave,
- en association avec un médicament contenant du gemfibrozil,

- enfant de moins de 12 ans,
- **grossesse**,
- **allaitement**.

**Attention :** Ce médicament n'est pas adapté au traitement du *diabète* insulinodépendant : celui-ci requiert un traitement par injections d'*insuline*.

Un sentiment de malaise associé à des sueurs froides, une fringale, une accélération du cœur sont les signes habituels d'une *hypoglycémie* due à un effet excessif du médicament. Cette hypoglycémie peut également se traduire par des troubles du comportement, qui doivent alerter votre entourage, voire des *convulsions* ou un *coma*. En présence de ces signes ou en cas de simple doute, buvez une boisson sucrée ou mangez du *sucre*. Si le diabétique est inconscient, surtout ne lui donnez rien à boire et appelez votre médecin ou à défaut le 15 ou un service d'urgence.

Évitez la prise de boissons alcoolisées pendant le traitement : risque accru d'*hypoglycémie*.

Consultez rapidement votre médecin en cas de malaises hypoglycémiques répétés.

Certaines situations peuvent contribuer à augmenter la *glycémie* : infections, prise de médicaments, stress. En cas de soif intense, de grande fatigue, de sensation de malaise général, consultez rapidement votre médecin.

Des analyses de sang régulières permettent à votre médecin d'adapter la *posologie*. Dans certains cas, il peut être nécessaire que vous pratiquiez vous même des contrôles, à l'aide de bandelettes et d'un appareil lecteur de glycémie.

Conducteur : une *hypoglycémie* peut entraîner un malaise pendant la conduite ou l'utilisation de machines.

### Interactions avec d'autres substances

Certains médicaments peuvent augmenter ou diminuer l'effet du médicament sur la *glycémie*. Lors de l'introduction ou de l'arrêt d'un nouveau médicament appartenant aux familles suivantes, un renforcement transitoire des contrôles glycémiques peut être nécessaire :

- peuvent augmenter la *glycémie* : *contraceptifs* oraux, certains *diurétiques*, dérivés de la *cortisone*, *hormones thyroïdiennes*, décongestionnants et autres dérivés de l'*adrénaline*, danazol ;
- peuvent diminuer la glycémie : *IMAO*, certains *bêtabloquants*, *inhibiteurs de l'enzyme de conversion*, aspirine et autres *salicylés*, *AINS*, médicaments contenant du gemfibrozil (LIPUR), de la clarithromycine, de l'itraconazole, du kétoconazole.

### Grossesse et allaitement

Quelques cas de malformations chez l'animal ont été rapportés lors de traitements à forte dose. En l'absence de données suffisantes dans l'espèce humaine, ce médicament est contre-indiqué par précaution pendant la grossesse. Le *diabète* de la femme enceinte nécessite un traitement par *insuline*.

Les données disponibles ne permettent pas de savoir si ce médicament passe dans le lait maternel : il est contre-indiqué en cas d'allaitement.

### Mode d'emploi et posologie

Les comprimés doivent être avalés avec un verre d'eau, dans la demi-heure qui précède les repas.

**Posologie usuelle :**

La *posologie* initiale est d'un comprimé à 0,5 mg avant les repas. elle est adaptée ensuite en fonction de la glycémie. Lorsque ce médicament se substitue à un autre antidiabétique oral, la dose initiale est de 1 mg.

Suivre attentivement la prescription de votre médecin.

Le régime alimentaire reste nécessaire pendant le traitement.

**Conseils :** Le respect de certaines règles simples permet de diminuer le risque d'*hypoglycémie* :

- toute prise de ce médicament doit être suivie d'un repas (ne prenez pas de comprimé si vous devez sauter le repas suivant) ;
- si vous envisagez un effort physique intense et prolongé, il peut être nécessaire de diminuer la dose du médicament (demandez conseil à votre médecin) ;
- informez votre médecin si vous devez travailler la nuit ou si votre religion vous impose un jeûne prolongé ;
- évitez la prise de boissons alcoolisées à jeun ou à distance des repas.

Le *diabète* peut diminuer la sensibilité des pieds à la douleur et favoriser les infections. Des plaies profondes peuvent se développer : une hygiène rigoureuse et des chaussures confortables limitent ce risque.

Le régime du diabétique ne consiste pas en une simple interdiction des *glucides* (*sucres*, pain, pâtes...) : demandez conseil à votre médecin.

Pesez-vous régulièrement et signalez toute variation rapide de poids à votre médecin.

### Effets indésirables possibles

*Hypoglycémie* (voir Attention).

*Troubles digestifs*, légers troubles de la vision en début de traitement, démangeaisons, *éruptions cutanées*.

Exceptionnellement : augmentation des *transaminases*.

Laboratoires Novo Nordisk

## NOVOPTINE

*Informations détaillées sur www.monvidal.com*

## NOVOPULMON NOVOLIZER

*Informations détaillées sur www.monvidal.com*

## NOVORAPID 100 UI/ml cartouche

Insuline

sur ordonnance

### Présentation

NOVORAPID FlexPen : solution injectable *SC* ; boîte de 5 cartouches de 3 ml en stylo prérempli jetable. Liste II - Remb 65 % - **Prix : 43,27 €**.

NOVORAPID Penfill : solution injectable *SC* ; boîte de 5 cartouches de 3 ml. Liste II - Remb 65 % - **Prix : 39,82 €**.

### Composition

| | p ml |
|---|---|
| **Insuline Aspart** | 100 UI |

### Dans quel cas ce médicament est-il prescrit ?

C'est une *insuline* voisine de l'insuline humaine, obtenue par *biotechnologie*. Son action est rapide et brève : son effet apparaît vers la 15e minute qui suit l'injection et s'estompe vers la 4e heure.

Ce type d'insuline commence à agir plus rapidement que l'insuline humaine rapide classique et semble diminuer le pic de la *glycémie* après un repas (glycémie postprandiale).

Elle est utilisée dans le traitement du *diabète*.

**Attention :** La mise en route du traitement suppose un apprentissage correct pour injecter l'*insuline*, contrôler la *glycémie* au doigt, rechercher le *sucre* et l'acétone dans les urines et tenir un carnet de surveillance.

L'hypoglycémie est la principale complication des traitements par l'insuline. Il s'agit le plus souvent de malaises hypoglycémiques sans gravité dont les principaux signes sont : sueurs, tremblements, troubles visuels, vision double, fatigue soudaine, fringale, *vertiges*, difficulté de concentration. En ce cas, le diabétique doit aussitôt absorber 3 à 6 morceaux de sucre ou un sirop sucré.

Beaucoup plus rarement, l'hypoglycémie peut être grave et entraîner des troubles du comportement (comparables notamment à l'ébriété), des *convulsions*, voire une perte de connaissance : 1 ampoule de GLUCAGEN doit être injectée immédiatement par *voie* sous-cutanée ou intramusculaire, même à travers les vêtements en cas d'agitation. Si le diabétique ne reprend pas conscience dans les minutes qui suivent, prévenez un service d'urgence. Dans le doute, il n'y a pas de danger à injecter du GLUCAGEN à un diabétique traité par l'insuline. Dans tous les cas, la prise d'une collation ou d'un repas reste nécessaire.

L'autre complication possible chez le diabétique est la survenue d'une *acidocétose*, due à un manque important d'insuline. Elle peut être déclenchée par une infection (qui augmente les besoins en insuline) : grippe, rhume, *cystite*, abcès, etc. Elle se manifeste par une grande fatigue, une soif intense et des *troubles digestifs*. Il faut alors rechercher la présence de sucre et d'acétone dans les urines : la présence des deux en quantité importante confirme le diagnostic. Le traitement par l'insuline ne doit pas être arrêté ; le diabétique doit suivre les consignes de son médecin et, si besoin, le joindre d'urgence.

Évitez la prise de boissons alcoolisées à jeun ou à distance des repas : augmentation du risque d'hypoglycémie.

Conducteur : une *hypoglycémie* peut entraîner un malaise pendant la conduite ou l'utilisation de machines.

### Interactions avec d'autres substances

Certains médicaments peuvent déséquilibrer la *glycémie*. Informez votre médecin ou votre pharmacien si vous prenez un *corticoïde*, un *progestatif* à forte dose, un *bêtabloquant*, un *inhibiteur de l'enzyme de conversion* ou un médicament contenant du danazol, de la chlorpromazine, du salbutamol, de la terbutaline, du lanréotide, de l'octréotide ou de l'aspirine à forte dose.

### Grossesse et allaitement

L'*insuline* est adaptée au diabète de la femme enceinte ou aux troubles passagers de la *glycémie* pendant la durée de la grossesse.

Le traitement par insuline n'est pas une contre-indication à l'allaitement.

### Mode d'emploi et posologie

Les cartouches Penfill sont à utiliser avec le stylo NovoPen ; FlexPen est un stylo prêt à l'emploi qui doit être jeté lorsque la cartouche est vide.

Cette *insuline* doit être injectée par *voie* sous-cutanée dans les zones recommandées par votre médecin, en essayant de varier les sites d'injection pour éviter l'apparition de lipodystrophies (*nodules* et épaississement de la peau).

En raison de sa rapidité d'action, elle doit être administrée de préférence immédiatement avant un repas et au plus tard dans le quart d'heure qui suit le repas.

Avant injection, purger l'air éventuellement contenu dans la cartouche.

L'aiguille doit être changée après chaque injection.

**Posologie usuelle :**

Elle est adaptée en fonction des résultats des analyses réalisées par le diabétique ou son entourage (carnet de surveillance) et des conseils de son médecin.

**Conseils :** Il est prudent de disposer d'une *insuline* équivalente pour seringue afin de faire face à une perte ou à un défaut de fonctionnement du stylo.

Si vous utilisez deux stylos destinés à injecter deux insulines, veillez à pouvoir les distinguer facilement.

Pour le maniement précis du stylo, conformez-vous à la notice fournie par le fabricant et veillez à ne pas l'égarer.

La sécurité d'une injection d'insuline au travers des vêtements, sans désinfection préalable, est maintenant établie avec certitude.

En cas d'activité sportive, il est préférable d'injecter l'insuline à distance des muscles qui travaillent pour éviter une absorption trop rapide de l'insuline. De plus, une adaptation des doses d'insuline est habituellement nécessaire selon les conseils du médecin.

Prenez contact avec les associations pour diabétiques : elles diffusent une information utile sur le traitement et la surveillance du *diabète*.

Votre entourage doit savoir reconnaître les signes d'une *hypoglycémie* et pouvoir vous administrer, en cas de perte de connaissance, une ampoule de GLUCAGEN. Celle-ci est conservée de préférence au réfrigérateur ou, en cas de nécessité, à température ambiante (inférieure à 25 °C) pendant 2 ans.

Veillez à ne pas manquer d'insuline, notamment pendant les week-ends et jours fériés ; lors de vos déplacements, munissez-vous d'une réserve ou de votre ordonnance en cours de validité. Un certificat de traitement par insuline peut être nécessaire pour franchir certaines frontières.

L'insuline se conserve sans problème 4 à 6 semaines à une température inférieure à 25 °C et plusieurs mois à une température proche de 0 °C (mais elle ne doit jamais être congelée). Elle se dégrade d'autant plus vite que la température est élevée.

En pratique :

- conservez les cartouches non entamées dans la partie basse du réfrigérateur. Si c'est impossible, ne les conservez pas plus de 1 ou 2 mois (selon que vous êtes dans une région chaude ou froide) ;
- conservez les cartouches entamées hors du réfrigérateur pendant une durée maximale de 4 semaines, dans un endroit propre et sec de préférence, à l'abri de la lumière et des hausses de température (pas plus de 30 °C) ;

- une exposition accidentelle ou inévitable à une température de l'ordre de 30 °C à 35 °C est possible sans dommage pendant 2 ou 3 jours ;
- jetez toute cartouche suspecte d'avoir été exposée à la congélation ou à une chaleur excessive, et notamment celles qui ne sont pas limpides et incolores ;
- lors des voyages long-courriers, conservez votre insuline dans vos bagages de cabine pour éviter une exposition au froid excessif dans la soute à bagages.

### Effets indésirables possibles

Hypoglycémie (voir Attention), légers troubles de la vision en début de traitement, *nodules* graisseux sous-cutanés (lipodystrophies).

Rarement : *réaction allergique* essentiellement cutanée.

Laboratoires Novo Nordisk

## NOVORAPID 100 UI/ml flacon

*Informations détaillées sur www.monvidal.com*

## NOZINAN

Neuroleptique — sur ordonnance

### Présentation

**NOZINAN 25 mg :** comprimé sécable (blanc) ; boîte de 20. Liste I - Remb 65 % - **Prix : 4,64 €.**
**NOZINAN 100 mg :** comprimé sécable (blanc) ; boîte de 20. Liste I - Remb 65 % - **Prix : 13,16 €.**
**NOZINAN 4 % :** solution buvable ; flacon compte-gouttes de 30 ml (1 200 gouttes). Liste I - Remb 65 % - **Prix : 7,69 €.**
**NOZINAN 25 mg/1 ml :** solution injectable *IM* ; boîte de 5 ampoules de 1 ml. Liste I - Remb 65 % - **Prix : 2,41 €.**

### Composition

| | p cp | p cp |
|---|---|---|
| **Lévomépromazine** | 25 mg | 100 mg |
| Amidon de blé (gluten) | + | + |
| Lactose | + | + |
| | p gte | p amp inj |
| **Lévomépromazine** | 1 mg | 25 mg |
| Saccharose | + | |
| Sulfites | | + |
| Titre alcoolique | 12,1° | |

### Dans quel cas ce médicament est-il prescrit ?

C'est un *neuroleptique* qui appartient à la famille chimique des phénothiazines. Il possède également des effets *atropiniques* marqués, qui ne participent pas à son activité, mais qui expliquent certaines contre-indications et certains effets indésirables.

Il est utilisé :
- dans le traitement de certains troubles psychiques (*schizophrénie*, certains types de *psychoses*, troubles graves du comportement chez l'enfant...) ;
- dans le traitement de courte durée de la dépression, en association avec un antidépresseur.

### Contre-indications

Ce médicament ne doit pas être utilisé dans les cas suivants :
- risque de *glaucome* à angle fermé,
- risque de blocage des urines (*adénome de la prostate*),
- *antécédent* d'*agranulocytose*,
- en association avec les médicaments *dopaminergiques* ou avec le sultopride,
- *intolérance* au gluten (comprimés à 25 mg et 100 mg),
- *allergie* aux *sulfites* (forme injectable).

**Attention :** Dans le traitement de certains troubles psychiques, les *neuroleptiques* permettent de contrôler efficacement la maladie, mais un arrêt intempestif du traitement expose à une rechute grave.

Ce médicament peut être responsable d'une baisse du nombre des *globules blancs* dans le sang. Des analyses doivent être réalisées rapidement en cas d'angine, d'ulcérations de la bouche ou de fièvre anormale, qui peuvent traduire cette anomalie sanguine.

En cas de survenue d'une fièvre inexpliquée associée à une raideur musculaire (qui pourraient être dues au médicament), ne poursuivez pas le traitement sans avis médical : risque de *syndrome malin des neuroleptiques*.

Ce médicament présente des effets *atropiniques*. Il peut provoquer un *glaucome* aigu chez les personnes prédisposées : œil rouge, dur et douloureux, avec vision floue. Une consultation d'extrême urgence auprès d'un ophtalmologiste est nécessaire.

Sauf cas exceptionnel, ce médicament ne doit pas être utilisé en cas de maladie de *Parkinson*.

Les situations favorisant les *torsades de pointes* doivent être signalées au médecin.

Des précautions particulières s'imposent en cas d'*épilepsie*, de maladie cardiaque, chez l'*insuffisant hépatique* ou *rénal* et chez la personne âgée, notamment en cas de constipation chronique, de tendance aux *vertiges* ou aux baisses de tension.

Évitez les boissons alcoolisées : augmentation du risque de somnolence.

Ce médicament peut induire une somnolence, parfois intense chez certaines personnes. Cette somnolence peut être majorée par la prise d'*alcool* ou d'autres médicaments *sédatifs*. La conduite et l'utilisation de machines dangereuses sont déconseillées, surtout dans les heures qui suivent la prise du médicament.

### Interactions avec d'autres substances

Ce médicament ne doit pas être associé :
- aux médicaments *dopaminergiques* (risque d'annulation de leurs effets) ; cette association peut néanmoins être nécessaire chez certaines personnes atteintes de la maladie de *Parkinson* ;
- au sultopride (médicament uniquement disponible à l'hôpital) : risque de *troubles du rythme cardiaque* graves.

Il peut interagir avec les médicaments susceptibles de provoquer des *torsades de pointes* et avec les médicaments contenant de la lévodopa.

Informez par ailleurs votre médecin si vous prenez un *anticholinestérasique*, un *digitalique*, un *antihypertenseur*, un *bêtabloquant*, un médicament *atropinique*, un *sédatif* ou certains pansements gastriques.

### Grossesse et allaitement

Si une grossesse survient pendant le traitement, consultez votre médecin. Il appréciera le risque éventuel lié à l'utilisation de ce médicament dans votre cas.

Si le traitement est poursuivi jusqu'à l'accouchement, une surveillance médicale du *nouveau-né* est nécessaire.

Les données actuellement disponibles ne permettent pas de savoir si ce médicament passe dans le lait maternel. L'allaitement est déconseillé sans avis médical.

### Mode d'emploi et posologie

La solution buvable est adaptée aux enfants.

La dose quotidienne peut être soit répartie en 3 prises au moment des repas, soit prise en 1 fois, le soir au coucher.

Les injections se pratiquent par voie *intramusculaire*.

**Posologie usuelle :**

La *posologie* minimale efficace est atteinte progressivement. Elle est strictement individuelle.

> **Conseils :** Une prise de poids peut être observée au cours du traitement. Une alimentation équilibrée, et si nécessaire les conseils d'un nutritionniste, peuvent prévenir et limiter ce phénomène.
>
> Il est conseillé de rester allongé une heure après l'injection de la solution.
>
> Les ampoules injectables doivent être conservées à l'abri de la lumière.

### Effets indésirables possibles

Somnolence, surtout en début de traitement.

Indifférence, réaction anxieuse, variation de l'humeur.

Effets *atropiniques* : sécheresse de la bouche, constipation, troubles de l'*accommodation*, rétention d'urine.

*Hypotension orthostatique*.

Mouvements involontaires ou inadaptés, tics, pouvant survenir lors de la première prise (notamment en cas de *surdosage*) ou, plus tardivement, lors d'un traitement prolongé.

Raideur musculaire et difficultés à coordonner les mouvements.

Augmentation de la sécrétion de *prolactine* pouvant se traduire par : absence des règles, augmentation du volume des seins, écoulement de lait par le mamelon.

Troubles sexuels.

Prise de poids, *hyperglycémie*.

Rarement : *réaction allergique* cutanée, *photosensibilisation*, troubles du rythme cardiaque (*torsades de pointes*), *syndrome malin des neuroleptiques* (voir Attention), *agranulocytose* (exceptionnelle).

**Laboratoires Aventis**

## NUCTALON

Hypnotique : benzodiazépine — **sur ordonnance**

### Présentation

**NUCTALON :** comprimé sécable (jaune) ; boîte de 20.
Liste I, durée de prescription limitée à 4 semaines - Remb 35 % - **Prix : 2,41 €**.

### Composition

| | p cp |
|---|---|
| **Estazolam** | 2 mg |
| Amidon de blé (gluten) | + |
| Lactose | + |

### Dans quel cas ce médicament est-il prescrit ?

Ce médicament est un *hypnotique* (somnifère) qui appartient à la famille des *benzodiazépines*.

Il est utilisé dans le traitement de l'insomnie.

### Contre-indications

Ce médicament ne doit pas être utilisé dans les cas suivants :

- *insuffisance respiratoire* ou *hépatique* graves,
- *syndrome d'apnée du sommeil*,
- *myasthénie*.

> **Attention :** Certaines insomnies peuvent traduire une *dépression* masquée et justifier un traitement spécifique.
>
> Des précautions sont à prendre en cas d'*insuffisance rénale* et chez la personne âgée.
>
> Une prise prolongée, surtout à doses importantes, de somnifères de la famille des *benzodiazépines* peut provoquer une *dépendance*. Ce risque de dépendance est accru chez les personnes ayant déjà présenté une dépendance à d'autres médicaments, substances ou à l'alcool.
>
> L'arrêt brutal de ce médicament expose à un *syndrome de sevrage* : réapparition de l'insomnie, anxiété, agitation, irritabilité, maux de tête, douleurs musculaires, tremblements, hallucinations. Il faut donc s'entourer de conseils médicaux pour diminuer progressivement les doses et espacer les prises, sur une période d'autant plus longue que le traitement a été prolongé.
>
> Ce médicament expose à un risque de chute nocturne chez la personne âgée ayant l'habitude de se lever la nuit.
>
> Un réveil nocturne après la prise du médicament peut entraîner des troubles de la mémoire parfois angoissants.
>
> Évitez les boissons alcoolisées : augmentation du risque de somnolence.
>
> Ce médicament est un somnifère. Conduire ou utiliser une machine dangereuse dans les heures qui suivent sa prise est bien sûr contre-indiqué.
>
> La durée de l'effet sédatif, ainsi que son intensité, est très variable d'une personne à l'autre. Il vous appartient de vérifier, après les premières prises, que la persistance éventuelle d'une somnolence au réveil est compatible avec la poursuite de vos activités habituelles.

### Interactions avec d'autres substances

Informez votre médecin ou votre pharmacien si vous prenez d'autres *sédatifs* (tranquillisants, somnifères, certains médicaments contre la toux ou contre la douleur contenant des *opiacés*, *antidépresseurs*, *neuroleptiques*...).

### Grossesse et allaitement

Ce médicament ne doit pas être utilisé sans avis médical pendant la grossesse. Les fortes doses au cours des 6 derniers mois sont déconseillées. En fin de grossesse, un traitement par benzodiazépine, même à faible dose, peut être responsable d'effets indésirables chez le *nouveau-né* : une surveillance médicale du nouveau-né est alors nécessaire pendant 1 à 3 semaines selon les cas.

Ce médicament passe dans le lait maternel : l'allaitement est déconseillé.

### Mode d'emploi et posologie

Les comprimés doivent être avalés avec un verre d'eau.

**Posologie usuelle :**

- Adulte : 1 comprimé le soir au coucher.

**Conseils :** Ce médicament vous a été prescrit dans une situation précise : ne le réutilisez pas ultérieurement sans avis médical et ne le conseillez pas à une autre personne.

La durée de prescription des *hypnotiques* doit être la plus courte possible. Dans certaines situations, le traitement doit toutefois être prolongé. Il appartient alors au médecin de réévaluer périodiquement la nécessité de le poursuivre ou de l'interrompre.

Les somnifères ne sont pas la seule réponse aux troubles du sommeil. Une meilleure hygiène de vie, une consommation modérée d'excitants (y compris les boissons alcoolisées) permettent aussi de lutter efficacement contre les insomnies.

### Effets indésirables possibles

Sensation d'ivresse, maux de tête, fatigue, somnolence pendant la journée en particulier chez la personne âgée, troubles de la coordination des mouvements, confusion des idées.

Faiblesse musculaire, baisse de la libido, *éruption cutanée* avec ou sans démangeaisons, vision double.

Dans certaines circonstances et chez certaines personnes :

- réactions paradoxales avec augmentation de l'anxiété, agitation, agressivité, confusion des idées, hallucinations ;
- *amnésie antérograde*.

Ces troubles nécessitent l'arrêt du traitement.

Laboratoires Takeda

## NUREFLEX Enfant, Nourrisson

Anti-inflammatoire non stéroïdien

### Présentation

**NUREFLEX 20 mg/ml Enfant Nourrisson sans sucre :** suspension buvable (arôme orange) ; flacon de 150 ml avec pipette graduée de 1 à 10 kg. Remb 65 % - **Prix : 2,81 €**.

### Composition

| | p grad |
|---|---|
| **Ibuprofène** | 10 mg |
| Sodium | 0,9 mg |
| Maltitol | + |

### Dans quel cas ce médicament est-il prescrit ?

Ce médicament est un *anti-inflammatoire* non stéroïdien (*AINS*). Il lutte contre la douleur et fait baisser la fièvre. Ses propriétés anti-inflammatoires se manifestent à forte dose.

Il est utilisé chez l'enfant et le *nourrisson* dans le *traitement symptomatique* des affections douloureuses ou fébriles et de l'*arthrite* chronique.

### Contre-indications

Ce médicament ne doit pas être utilisé dans les cas suivants :

- *antécédent* d'*asthme* ou d'*allergie* provoqué par la prise d'*AINS*, y compris l'aspirine ;
- *ulcère* de l'estomac ou du *duodénum* ;
- *insuffisance hépatique* ou *rénale* graves ;
- *insuffisance cardiaque* grave ;
- *lupus érythémateux* disséminé ;
- **grossesse** (à partir du 6e mois).

**Attention :** Tout traitement prolongé ou *surdosage* d'*AINS* expose à des effets indésirables graves.

L'utilisation des AINS est déconseillée dans le traitement de la fièvre chez l'enfant en cas de varicelle : ils augmenteraient le risque rare de complications infectieuses cutanées graves.

Des précautions sont nécessaires en cas de *gastrite*, d'*antécédent* d'*ulcère* de l'estomac ou du *duodénum*, de risque hémorragique.

### Interactions avec d'autres substances

Ce médicament peut interagir avec d'autres médicaments, notamment :

- l'aspirine et les autres *anti-inflammatoires* non stéroïdiens (*AINS*) : risque d'accroissement des effets indésirables ;
- les *anticoagulants* et les *antiagrégants plaquettaires* : augmentation du risque hémorragique ;
- le lithium (TÉRALITHE, NEUROLITHIUM...) : augmentation du taux de lithium dans le sang ;
- le méthotrexate.

Informez par ailleurs votre médecin ou votre pharmacien en cas de traitement par un *diurétique*, un *inhibiteur de l'enzyme de conversion*, un *inhibiteur de l'angiotensine II*, un *bêtabloquant* ou un médicament contenant de la ciclosporine.

### Grossesse et allaitement

Bien que ce médicament soit destiné à l'enfant, son usage, comme pour tous les AINS, est contre-indiqué pendant les 4 derniers mois de la grossesse (en dehors de situations médicales très particulières) et déconseillé pendant les 5 premiers mois.

### Mode d'emploi et posologie

Le flacon doit être agité avant utilisation ; appuyer en tournant pour ouvrir le bouchon sécurité enfant. La pipette jointe au flacon permet un ajustement précis de la *posologie* : la dose par prise est indiquée, en fonction du poids.

Les prises doivent être espacées d'au moins 6 heures.

**Posologie usuelle :**

Douleur et fièvre : 20 à 30 mg par kg et par jour, en 3 prises, sans dépasser 30 mg par kg et par jour .

*Arthrite* chronique : 30 à 40 mg par kg et par jour, à répartir en 4 prises.

Soit, par exemple :

- Enfant de moins de 10 kg : 1 pipette remplie jusqu'à la graduation indiquant le poids de l'enfant, 3 ou 4 fois par jour.
- Enfant de 10 à 40 kg : 2 pipettes remplies de façon à obtenir au total le poids de l'enfant, 3 ou 4 fois par jour. Soit pour un enfant de 15 kg : 1 pipette remplie jusqu'à la graduation 10 kg + 1 pipette remplie jusqu'à la graduation 5 kg, 3 ou 4 fois par jour.

**Conseils :** La pipette graduée doit être démontée, rincée et séchée après chaque utilisation.

Ne dépassez pas la *posologie* ni la durée de traitement prescrites par votre médecin, afin de limiter les effets indésirables.

Les mots en *italique* dans les textes sont expliqués dans le lexique p. 1323.

Cette suspension buvable ne doit pas être conservée plus de 6 mois après ouverture du flacon. Penser à inscrire la date de première utilisation sur l'emballage.

### Effets indésirables possibles

Nausées, vomissements, *gastrite*.

Rarement :
- *ulcère* de l'estomac ou du *duodénum*, *hémorragie* du tube digestif (vomissements sanglants, selles noires, ou le plus souvent pertes de sang imperceptibles, responsables de l'apparition progressive d'une *anémie*) le plus souvent lors d'un traitement de longue durée ou à forte dose ;
- *réaction allergique* : *éruption cutanée*, démangeaisons, *œdème*, crise d'*asthme*, malaise avec chute brutale de la tension artérielle ;
- *vertiges*, maux de tête ;
- troubles de la vision nécessitant un examen ophtalmologique ;
- anomalie de la *numération formule sanguine*, augmentation des *transaminases*.

Comme tous les médicaments et confiseries contenant des sucres non absorbables (sorbitol, maltitol...), possibilité de *diarrhée* en cas d'apport important.

**Laboratoires Reckitt Benckiser Healthcare**

## NUREFLEX 200 mg

Anti-inflammatoire non stéroïdien

### Présentation

NUREFLEX 200 mg : comprimé (blanc) ; boîte de 30. Remb 65 % - **Prix : 2,28 €**.

### Composition

| | p cp |
|---|---|
| **Ibuprofène** | 200 mg |
| Saccharose | + |

### Dans quel cas ce médicament est-il prescrit ?

Ce médicament est un *anti-inflammatoire* non stéroïdien (*AINS*). Il lutte contre la douleur et fait baisser la fièvre. Ses propriétés anti-inflammatoires se manifestent à forte dose.

Il est utilisé dans le traitement de la fièvre et de la douleur (maux de tête, douleurs dentaires, rhumatismales, articulaires, règles douloureuses...).

### Contre-indications

Ce médicament ne doit pas être utilisé dans les cas suivants :
- *antécédent* d'*allergie* ou d'*asthme* provoqué par la prise d'*AINS*, y compris l'aspirine ;
- *ulcère* de l'estomac ou du *duodénum* ;
- *insuffisance hépatique* ou *rénale* graves ;
- *insuffisance cardiaque* grave ;
- *lupus érythémateux* disséminé ;
- **grossesse** (à partir du 6e mois).

**Attention :** Tout traitement prolongé ou *surdosage* d'*AINS* expose à des effets indésirables graves.

Certaines situations doivent conduire à ne poursuivre le traitement qu'après un avis médical :
- brûlures d'estomac importantes ou selles noires et nauséabondes pouvant traduire une irritation ou un saignement du tube digestif ;
- *réaction allergique* cutanée, crise d'*asthme* ;
- fatigue inhabituelle et intense, ou baisse brutale et importante du volume des urines chez une personne souffrant d'*insuffisance cardiaque*, déshydratée ou traitée par *diurétique*.

L'utilisation des AINS est déconseillée dans le traitement de la fièvre chez l'enfant en cas de varicelle : ils augmenteraient le risque rare de complications infectieuses cutanées graves.

Des précautions sont nécessaires en cas d'*antécédent* d'*ulcère* de l'estomac ou du *duodénum* ou de risque hémorragique, notamment digestif (maladie de *Crohn*, *rectocolite hémorragique*).

Certains médecins considèrent que les anti-inflammatoires peuvent diminuer l'efficacité des stérilets et exposer à un risque de grossesse non désirée. Ce risque est actuellement très controversé.

Conducteur : ce médicament peut être responsable, dans de rares cas, de vertiges ou de troubles de la vue.

### Interactions avec d'autres substances

Ce médicament peut interagir avec d'autres médicaments, notamment :
- l'aspirine et les autres *anti-inflammatoires* non stéroïdiens (*AINS*) : risque d'accroissement des effets indésirables ;
- les *anticoagulants* et les *antiagrégants plaquettaires* : augmentation du risque hémorragique ;
- le lithium (TÉRALITHE, NEUROLITHIUM...) : augmentation du taux de lithium dans le sang ;
- le méthotrexate.

Informez par ailleurs votre médecin ou votre pharmacien en cas de traitement par un *diurétique*, un *inhibiteur de l'enzyme de conversion*, un *inhibiteur de l'angiotensine II*, un *bêtabloquant* ou un médicament contenant de la ciclosporine.

### Grossesse et allaitement

Des effets néfastes pour l'enfant à naître ont été mis en évidence lorsque les *AINS* sont utilisés au cours des 4 derniers mois de la grossesse ; le risque existe même avec une seule prise et même si la grossesse est à terme. L'usage de ce médicament est contre-indiqué pendant cette période.

Pendant les 5 premiers mois, l'effet de ce médicament est mal connu : seul votre médecin peut évaluer le risque éventuel de son utilisation dans votre cas.

Ce médicament passe dans le lait maternel : par mesure de prudence, il est déconseillé pendant l'allaitement.

### Mode d'emploi et posologie

Afin de limiter la survenue de *troubles digestifs*, les comprimés peuvent être avalés au cours des repas avec un grand verre d'eau. Toutefois, en cas de douleurs aiguës, la prise à jeun assure un effet plus rapide.

**Posologie usuelle :**

- Adulte et enfant de plus de 40 kg (soit environ 12 ans) : 1 ou 2 comprimés, à renouveler si nécessaire toutes les 6 heures. Ne pas dépasser 6 comprimés par jour.

**Conseils :** Ne dépassez pas la *posologie* ni la durée de traitement préconisées par votre médecin ou votre pharmacien, afin de limiter les effets indésirables.

### Effets indésirables possibles

Nausées, vomissements, *gastrite.*

Rarement :

- *ulcère* de l'estomac ou du *duodénum*, *hémorragie* du tube digestif (vomissements sanglants, selles noires, ou le plus souvent pertes de sang imperceptibles, responsables de l'apparition progressive d'une *anémie*) le plus souvent lors d'un traitement de longue durée ou à forte dose ;
- *réaction allergique* : *éruption cutanée*, démangeaisons, *œdème*, crise d'*asthme*, malaise avec chute brutale de la tension artérielle ;
- *vertiges*, maux de tête ;
- troubles de la vision nécessitant un examen ophtalmologique ;
- anomalie de la *numération formule sanguine*, augmentation des *transaminases*.

**Laboratoires Reckitt Benckiser Healthcare**

## NUREFLEX 300 mg

Anti-inflammatoire non stéroïdien **sur ordonnance**

### Présentation

**NUREFLEX LP 300 mg :** gélule à *libération prolongée* ; boîte de 30. Liste II - Remb 65 % - **Prix : 3,99 €.**

### Composition

| | p gél |
|---|---|
| **Ibuprofène** | 300 mg |

### Dans quel cas ce médicament est-il prescrit ?

Ce médicament est un *anti-inflammatoire* non stéroïdien (*AINS*). Il lutte contre l'*inflammation* et la douleur, fait baisser la fièvre et fluidifie le sang.

Il est utilisé dans le traitement des douleurs rhumatismales, notamment celle de l'*arthrose*.

### Contre-indications

Ce médicament ne doit pas être utilisé dans les cas suivants :

- *antécédent* d'*allergie* ou d'*asthme* provoqué par la prise d'*AINS*, y compris l'aspirine ;
- *ulcère* de l'estomac ou du *duodénum* ;
- *insuffisance hépatique* ou *rénale* graves ;
- *insuffisance cardiaque* grave ;
- *lupus érythémateux* disséminé ;
- **grossesse** (à partir du 6e mois).

**Attention :** Tout traitement prolongé ou *surdosage* d'*AINS* expose à des effets indésirables graves.

Des précautions sont nécessaires en cas d'*antécédent* d'*ulcère* de l'estomac ou du *duodénum*, de risque hémorragique.

Certaines situations doivent conduire à ne poursuivre le traitement qu'après un avis médical :

- brûlures d'estomac importantes ou selles noires et nauséabondes pouvant traduire une irritation ou un saignement du tube digestif ;
- *réaction allergique* cutanée, crise d'*asthme* ;
- fatigue inhabituelle et intense, ou baisse brutale et importante du volume des urines chez une personne souffrant d'*insuffisance cardiaque*, déshydratée ou traitée par *diurétique*.

Certains médecins considèrent que les anti-inflammatoires peuvent diminuer l'efficacité des stérilets et exposer à un risque de grossesse non désirée. Ce risque est actuellement très controversé.

Conducteur : ce médicament peut provoquer parfois des étourdissements et des troubles de la vue.

### Interactions avec d'autres substances

Ce médicament peut interagir avec d'autres médicaments, notamment :

- l'aspirine et les autres *anti-inflammatoires* non stéroïdiens (*AINS*) : risque d'accroissement des effets indésirables ;
- les *anticoagulants* et les *antiagrégants plaquettaires* : augmentation du risque hémorragique ;
- le lithium (TÉRALITHE, NEUROLITHIUM...) : augmentation du taux de lithium dans le sang ;
- le méthotrexate.

Informez par ailleurs votre médecin ou votre pharmacien en cas de traitement par un *diurétique*, un *inhibiteur de l'enzyme de conversion*, un *inhibiteur de l'angiotensine II*, un *bêtabloquant* ou un médicament contenant de la ciclosporine.

### Grossesse et allaitement

Des effets néfastes pour l'enfant à naître ont été mis en évidence lorsque les *AINS* sont utilisés au cours des 4 derniers mois de la grossesse ; le risque existe même avec une seule prise et même si la grossesse est à terme. L'usage de ce médicament est contre-indiqué pendant cette période.

Pendant les 5 premiers mois, l'effet de ce médicament est mal connu : seul votre médecin peut évaluer le risque éventuel de son utilisation dans votre cas.

Ce médicament passe dans le lait maternel : par mesure de prudence, il est déconseillé pendant l'allaitement.

### Mode d'emploi et posologie

Afin de limiter la survenue de *troubles digestifs*, les gélules peuvent être prises au cours des repas avec un grand verre d'eau.

**Posologie usuelle :**

- Adulte : 2 gélules le matin et 2 gélules le soir.

**Conseils :** Ne dépassez pas la *posologie* et la durée de traitement prescrites par votre médecin.

### Effets indésirables possibles

Nausées, vomissements, *gastrite.*

Rarement :

- *ulcère* de l'estomac ou du *duodénum*, *hémorragie* du tube digestif (vomissements sanglants, selles noires, ou le plus souvent pertes de sang imperceptibles, responsables de l'apparition progressive d'une *anémie*) le plus souvent lors d'un traitement de longue durée ou à forte dose ;
- *réaction allergique* : *éruption cutanée*, démangeaisons, *œdème*, crise d'*asthme*, malaise avec chute brutale de la tension artérielle ;
- *vertiges*, maux de tête ;
- troubles de la vision nécessitant un examen ophtalmologique ;
- anomalie de la *numération formule sanguine*, augmentation des *transaminases*.

**Laboratoires Reckitt Benckiser Healthcare**

## NUREFLEX 400 mg

Anti-inflammatoire non stéroïdien — **sur ordonnance**

### Présentation

**NUREFLEX 400 mg** : comprimé ; boîte de 20. Liste II - Remb 65 % - **Prix : 3,19 €**.
**NUREFLEX 400 mg** : granulé effervescent ; boîte de 20 sachets-dose. Liste II - Remb 65 % - **Prix : 3,47 €**.

### Composition

| | p cp | p sach |
|---|---|---|
| **Ibuprofène** | 400 mg | 400 mg |
| Saccharose | + | 2,22 g |
| Sodium | | 131 mg |

### Dans quel cas ce médicament est-il prescrit ?

Ce médicament est un *anti-inflammatoire* non stéroïdien (*AINS*). Il lutte contre l'*inflammation* et la douleur, fait baisser la fièvre et fluidifie le sang.

Il est utilisé chez l'adulte dans le *traitement symptomatique* de la douleur et de la fièvre.

### Contre-indications

Ce médicament ne doit pas être utilisé dans les cas suivants :
- *antécédent* d'*allergie* ou d'*asthme* provoqué par la prise d'*AINS*, y compris l'aspirine ;
- *ulcère* de l'estomac ou du *duodénum* ;
- *insuffisance hépatique* ou *rénale* graves ;
- *insuffisance cardiaque* grave ;
- *lupus érythémateux* disséminé ;
- **grossesse** (à partir du 6e mois).

**Attention :** Tout traitement prolongé ou *surdosage* d'*AINS* expose à des effets indésirables graves.

Des précautions sont nécessaires en cas d'*antécédent* d'*ulcère* de l'estomac ou du *duodénum*, de risque hémorragique.

Certaines situations doivent conduire à ne poursuivre le traitement qu'après un avis médical :
- brûlures d'estomac importantes ou selles noires et nauséabondes pouvant traduire une irritation ou un saignement du tube digestif ;
- *réaction allergique* cutanée, crise d'*asthme* ;
- fatigue inhabituelle et intense, ou baisse brutale et importante du volume des urines chez une personne souffrant d'*insuffisance cardiaque*, déshydratée ou traitée par *diurétique*.

Certains médecins considèrent que les anti-inflammatoires peuvent diminuer l'efficacité des stérilets et exposer à un risque de grossesse non désirée. Ce risque est actuellement très controversé.

Les granulés effervescents contiennent du *sucre* (saccharose) en quantité notable.

Conducteur : ce médicament peut provoquer parfois des étourdissements et des troubles de la vue.

### Interactions avec d'autres substances

Ce médicament peut interagir avec d'autres médicaments, notamment :
- l'aspirine et les autres *anti-inflammatoires* non stéroïdiens (*AINS*) : risque d'accroissement des effets indésirables ;
- les *anticoagulants* et les *antiagrégants plaquettaires* : augmentation du risque hémorragique ;
- le lithium (TÉRALITHE, NEUROLITHIUM...) : augmentation du taux de lithium dans le sang ;
- le méthotrexate.

Informez par ailleurs votre médecin ou votre pharmacien en cas de traitement par un *diurétique*, un *inhibiteur de l'enzyme de conversion*, un *inhibiteur de l'angiotensine II*, un *bêtabloquant* ou un médicament contenant de la ciclosporine.

### Grossesse et allaitement

Des effets néfastes pour l'enfant à naître ont été mis en évidence lorsque les *AINS* sont utilisés au cours des 4 derniers mois de la grossesse ; le risque existe même avec une seule prise et même si la grossesse est à terme. L'usage de ce médicament est contre-indiqué pendant cette période.

Pendant les 5 premiers mois, l'effet de ce médicament est mal connu : seul votre médecin peut évaluer le risque éventuel de son utilisation dans votre cas.

Ce médicament passe dans le lait maternel : par mesure de prudence, il est déconseillé pendant l'allaitement.

### Mode d'emploi et posologie

Ce médicament est pris de préférence au milieu des repas afin de limiter les effets digestifs indésirables. Les prises doivent être espacées d'au moins 6 heures.

Les comprimés doivent être avalés, sans être croqués, avec un grand verre d'eau.

Le contenu des sachets doit être dilué dans un verre d'eau.

**Posologie usuelle :**
- Adulte : 1 comprimé ou 1 sachet, 1 à 3 fois par jour.

**Conseils :** Ne dépassez pas la *posologie* ni la durée de traitement prescrites par votre médecin.

Ce médicament vous a été prescrit dans une situation précise : ne le conseillez pas à un proche, ne le réutilisez pas sans avis médical.

### Effets indésirables possibles

Nausées, vomissements, *gastrite*.

Rarement :
- *ulcère* de l'estomac ou du *duodénum*, *hémorragie* du tube digestif (vomissements sanglants, selles noires, ou le plus souvent pertes de sang imperceptibles, responsables de l'apparition progressive d'une *anémie*) le plus souvent lors d'un traitement de longue durée ou à forte dose ;
- *réaction allergique* : *éruption cutanée*, démangeaisons, *œdème*, crise d'*asthme*, malaise avec chute brutale de la tension artérielle ;
- *vertiges*, maux de tête ;
- troubles de la vision nécessitant un examen ophtalmologique ;
- anomalie de la *numération formule sanguine*, augmentation des *transaminases*.

**Laboratoires Reckitt Benckiser Healthcare**

## NUROFEN

Anti-inflammatoire non stéroïdien

### Présentation

**NUROFEN** : capsule molle (rouge translucide) ; boîte de 16. Non remb.
**NUROFEN** : comprimé (blanc) ; boîte de 20. Non remb.

### Composition

| | p caps | p cp |
|---|---|---|
| **Ibuprofène** | 200 mg | 200 mg |
| Saccharose | | + |

### Dans quel cas ce médicament est-il prescrit ?

Ce médicament est un *anti-inflammatoire* non stéroïdien (*AINS*). Il lutte contre la douleur et fait baisser la fièvre. Ses propriétés anti-inflammatoires se manifestent à forte dose.

Il est utilisé dans le traitement de la fièvre et de la douleur (maux de tête, douleurs dentaires, rhumatismales, articulaires, règles douloureuses...).

### Contre-indications

Ce médicament ne doit pas être utilisé dans les cas suivants :

- *antécédent* d'*allergie* ou d'*asthme* provoqué par la prise d'*AINS*, y compris l'aspirine ;
- *ulcère* de l'estomac ou du *duodénum* ;
- *insuffisance hépatique* ou *rénale* grave ;
- *insuffisance cardiaque* grave ;
- *lupus érythémateux* disséminé ;
- **grossesse** (à partir du 6e mois).

**Attention :** Tout traitement prolongé ou *surdosage* d'*AINS* expose à des effets indésirables graves.

Certaines situations doivent conduire à ne poursuivre le traitement qu'après un avis médical :

- brûlures d'estomac importantes ou selles noires et nauséabondes pouvant traduire une irritation ou un saignement du tube digestif ;
- *réaction allergique* cutanée, crise d'*asthme* ;
- fatigue inhabituelle et intense, ou baisse brutale et importante du volume des urines chez une personne souffrant d'*insuffisance cardiaque*, déshydratée ou traitée par *diurétique*.

L'utilisation des AINS est déconseillée dans le traitement de la fièvre chez l'enfant en cas de varicelle : ils augmenteraient le risque rare de complications infectieuses cutanées graves.

Des précautions sont nécessaires en cas d'*antécédent* d'*ulcère* de l'estomac ou du *duodénum* ou de risque hémorragique, notamment digestif (maladie de *Crohn*, *rectocolite hémorragique*).

Certains médecins considèrent que les anti-inflammatoires peuvent diminuer l'efficacité des stérilets et exposer à un risque de grossesse non désirée. Ce risque est actuellement très controversé.

Conducteur : ce médicament peut être responsable, dans de rares cas, de vertiges ou de troubles de la vue.

### Interactions avec d'autres substances

Ce médicament peut interagir avec d'autres médicaments, notamment :

- l'aspirine et les autres *anti-inflammatoires* non stéroïdiens (*AINS*) : risque d'accroissement des effets indésirables ;
- les *anticoagulants* et les *antiagrégants plaquettaires* : augmentation du risque hémorragique ;
- le lithium (TÉRALITHE, NEUROLITHIUM...) : augmentation du taux de lithium dans le sang ;
- le méthotrexate.

Informez par ailleurs votre médecin ou votre pharmacien en cas de traitement par un *diurétique*, un *inhibiteur de l'enzyme de conversion*, un *inhibiteur de l'angiotensine II*, un *bêtabloquant* ou un médicament contenant de la ciclosporine.

### Grossesse et allaitement

Des effets néfastes pour l'enfant à naître ont été mis en évidence lorsque les *AINS* sont utilisés au cours des 4 derniers mois de la grossesse ; le risque existe même avec une seule prise et même si la grossesse est à terme. L'usage de ce médicament est contre-indiqué pendant cette période.

Pendant les 5 premiers mois, l'effet de ce médicament est mal connu : seul votre médecin peut évaluer le risque éventuel de son utilisation dans votre cas.

Ce médicament passe dans le lait maternel : par mesure de prudence, il est déconseillé pendant l'allaitement.

### Mode d'emploi et posologie

Afin de limiter la survenue de *troubles digestifs*, ce médicament peut être pris au cours des repas. Toutefois, en cas de douleurs aiguës, la prise à jeun assure un effet plus rapide.

Les capsules et les comprimés doivent être avalés tels quels avec un verre d'eau, sans être croqués.

**Posologie usuelle :**

- Adulte et enfant de plus de 40 kg (soit environ 12 ans) : 1 ou 2 capsules ou comprimés, à renouveler si nécessaire toutes les 6 heures. Ne pas dépasser 6 capsules ou comprimés par jour.

**Conseils :** Ne dépassez pas la *posologie* ni la durée de traitement préconisées par votre médecin ou votre pharmacien, afin de limiter les effets indésirables.

### Effets indésirables possibles

Nausées, vomissements, *gastrite*.

Rarement :

- *ulcère* de l'estomac ou du *duodénum*, *hémorragie* du tube digestif (vomissements sanglants, selles noires, ou le plus souvent pertes de sang imperceptibles, responsables de l'apparition progressive d'une *anémie*) le plus souvent lors d'un traitement de longue durée ou à forte dose ;
- *réaction allergique* : *éruption cutanée*, démangeaisons, *œdème*, crise d'*asthme*, malaise avec chute brutale de la tension artérielle ;
- *vertiges*, maux de tête ;
- troubles de la vision nécessitant un examen ophtalmologique ;
- anomalie de la *numération formule sanguine*, augmentation des *transaminases*.

Laboratoires Reckitt Benckiser Healthcare

## NUROFEN gel

*Informations détaillées sur www.monvidal.com*

## NUROFEN RHUME

Décongestionnant

### Présentation

NUROFEN RHUME : comprimé (jaune) ; boîte de 20. Non remb.

### Composition

| | p cp |
|---|---|
| **Ibuprofène** | 200 mg |
| **Pseudoéphédrine chlorhydrate** | 30 mg |

### Dans quel cas ce médicament est-il prescrit ?

Ce médicament contient un *anti-inflammatoire* non stéroïdien (*AINS*), *antalgique* et *antipyrétique*, et un *vasoconstricteur* décongestionnant.

Il est utilisé dans le *traitement symptomatique* des rhumes avec congestion nasale (sensation de nez bouché), maux de tête ou fièvre.

### Contre-indications

Ce médicament ne doit pas être utilisé dans les cas suivants :

- *antécédent* d'*allergie* ou d'*asthme* provoqué par l'aspirine ou les *anti-inflammatoires* non stéroïdiens (*AINS*) ;
- *ulcère* de l'estomac ou du *duodénum* ;
- *insuffisance hépatique* ou *rénale* grave ;
- *hypertension artérielle* ou *insuffisance coronarienne* grave ;
- *antécédent* d'*accident vasculaire cérébral* ;
- antécédent de *convulsions* ;
- *lupus érythémateux* disséminé ;
- risque de *glaucome* à angle fermé ;
- risque de blocage des urines (*adénome de la prostate*...) ;
- en association avec un *antidépresseur* de type *IMAO* non sélectif ou pendant au moins 15 jours après la prise de celui-ci ;
- en association avec un autre *vasoconstricteur* décongestionnant ou un vasoconstricteur contenant l'une des substances suivantes : bromocriptine, pergolide, lisuride, cabergoline, ergotamine ou dihydroergotamine ;
- enfant de moins de 15 ans ;
- **grossesse** (à partir du 6e mois) ;
- **allaitement**.

**Attention :** Tout traitement prolongé ou *surdosage* d'*AINS* expose à des effets indésirables graves.

Ce médicament peut provoquer un *glaucome* aigu chez les personnes prédisposées : œil rouge, dur et douloureux, avec vision floue. Une consultation d'extrême urgence auprès d'un ophtalmologiste est nécessaire.

Comme tous les décongestionnants contenant des *vasoconstricteurs*, ce médicament peut augmenter la fréquence cardiaque (*tachycardie*), et provoquer des *palpitations*. Si ces effets indésirables deviennent trop marqués, le traitement doit être interrompu.

Des précautions particulières s'imposent en cas d'*asthme*, de maladies du cœur, d'*hypertension artérielle*, de risque hémorragique, d'*antécédent* d'*ulcère* de l'estomac ou du *duodénum*, de troubles de la vision, d'*hyperthyroïdie*, de *diabète*, de troubles nerveux : demandez conseil à votre pharmacien ou à votre médecin.

Dans certaines circonstances rares et particulières : déshydratation, insuffisance cardiaque, prise de diurétiques, les *AINS* peuvent déclencher une *insuffisance rénale*. En cas de diminution brutale du volume des urines ou de fatigue inhabituelle et importante, ne poursuivez pas le traitement sans avis médical.

Certains médecins considèrent que les anti-inflammatoires peuvent diminuer l'efficacité des stérilets et exposer à un risque de grossesse non désirée. Ce risque est actuellement très controversé.

Compte-tenu de ses effets indésirables potentiels, ce médicament peut, chez certaines personnes, ne pas être compatible avec la conduite automobile ou le maniement de machines dangereuses. Assurez-vous à l'occasion des premières prises que vous supportez bien ce médicament avant de conduire ou d'utiliser une machine.

Sportif : ce médicament contient une substance considérée comme stimulante (phényléphrine, pseudoéphédrine ou synéphrine) qui figure dans le programme de surveillance 2004 du ministère de la Jeunesse et des Sports. Elle peut être recherchée dans les urines des sportifs afin de déceler un éventuel mésusage.

### Interactions avec d'autres substances

Ce médicament ne doit pas être associé aux *antidépresseurs* de type *IMAO* non sélectif (MARSILID...), à un autre *vasoconstricteur* décongestionnant ou à un vasoconstricteur contenant l'une des substances suivantes : bromocriptine, pergolide, lisuride, cabergoline, ergotamine ou dihydroergotamine. L'association à ces médicaments risque de provoquer une crise hypertensive.

Il peut interagir avec d'autres médicaments, notamment l'aspirine, les autres *anti-inflammatoires* non stéroïdiens, les *anticoagulants*, les *antiagrégants plaquettaires* et les médicaments contenant du lithium ou du méthotrexate.

Informez par ailleurs votre médecin ou votre pharmacien si vous prenez un *antihypertenseur*, un *diurétique* ou un médicament contenant de la guanéthidine.

### Grossesse et allaitement

Des effets néfastes pour l'enfant à naître ont été mis en évidence lorsque les *AINS* sont utilisés au cours des 4 derniers mois de la grossesse ; le risque existe même avec une seule prise et même si la grossesse est à terme. L'usage de ce médicament est contre-indiqué pendant cette période.

Pendant les 5 premiers mois, l'effet de ce médicament est mal connu : seul votre médecin peut évaluer le risque éventuel de son utilisation dans votre cas.

Ce médicament passe dans le lait maternel. Il est contre-indiqué pendant l'allaitement.

### Mode d'emploi et posologie

Les comprimés doivent être avalés avec un verre d'eau, de préférence au cours des repas.

**Posologie usuelle :**

- Adulte : 1 ou 2 comprimés par prise à renouveler si nécessaire toutes les 6 heures, sans dépasser 4 comprimés par jour.

**Conseils :** Ce médicament n'a pas d'effet anti-infectieux. Si les troubles persistent plus de 5 jours, consulter votre médecin.

### Effets indésirables possibles

Liés à l'ibuprofène :

Nausées, vomissements, *gastrite*.

Rarement :

- *ulcère* de l'estomac ou du *duodénum*, *hémorragie* du tube digestif (vomissements sanglants, selles noires, ou le plus souvent pertes de sang imperceptibles, responsables de l'apparition progressive d'une *anémie*) le plus souvent lors d'un traitement de longue durée ou à forte dose ;

- *réaction allergique* : *éruption cutanée*, démangeaisons, *œdème*, crise d'*asthme*, malaise avec chute brutale de la tension artérielle ;
- *vertiges*, maux de tête ;
- troubles de la vision nécessitant un examen ophtalmologique ;
- anomalie de la *numération formule sanguine*, augmentation des *transaminases*.

Liés à la pseudoéphédrine :

Sécheresse de la bouche, rétention urinaire.

Nausées, vomissements.

*Palpitations*, accélération du cœur, insomnie, anxiété, maux de tête, sueurs.

Plus rarement : hallucinations, agitation.

**Laboratoires Reckitt Benckiser Healthcare**

## NUROFENTABS

Anti-inflammatoire non stéroïdien

### Présentation

**NUROFENTABS 200 mg :** comprimé orodispersible (arôme menthe) ; boîte de 12. Non remb.

### Composition

| | p cp |
|---|---|
| **Ibuprofène** | 200 mg |
| Aspartam | + |

### Dans quel cas ce médicament est-il prescrit ?

Ce médicament est un *anti-inflammatoire* non stéroïdien (*AINS*). Il lutte contre la douleur et fait baisser la fièvre. Ses propriétés anti-inflammatoires se manifestent à forte dose.

Il est utilisé dans le traitement de la fièvre et de la douleur (maux de tête, douleurs dentaires, règles douloureuses...).

### Contre-indications

Ce médicament ne doit pas être utilisé dans les cas suivants :
- *antécédent* d'*allergie* ou d'*asthme* provoqué par la prise d'*AINS*, y compris l'aspirine ;
- *ulcère* de l'estomac ou du *duodénum* ;
- *insuffisance hépatique* ou *rénale* grave ;
- *insuffisance cardiaque* grave ;
- *lupus érythémateux* disséminé ;
- *phénylcétonurie* (présence d'aspartam) ;
- **grossesse** (à partir du 6e mois).

**Attention :** Tout traitement prolongé ou *surdosage* d'*AINS* expose à des effets indésirables graves.

Certaines situations doivent conduire à ne poursuivre le traitement qu'après un avis médical :
- brûlures d'estomac importantes ou selles noires et nauséabondes pouvant traduire une irritation ou un saignement du tube digestif ;
- *réaction allergique* cutanée, crise d'*asthme* ;
- fatigue inhabituelle et intense, ou baisse brutale et importante du volume des urines chez une personne souffrant d'*insuffisance cardiaque*, déshydratée ou traitée par *diurétique*.

L'utilisation des AINS est déconseillée dans le traitement de la fièvre chez l'enfant en cas de varicelle : ils augmenteraient le risque rare de complications infectieuses cutanées graves.

Des précautions sont nécessaires en cas d'*antécédent* d'*ulcère* de l'estomac ou du *duodénum* ou de risque hémorragique, notamment digestif (maladie de *Crohn*, *rectocolite hémorragique*).

Certains médecins considèrent que les anti-inflammatoires peuvent diminuer l'efficacité des stérilets et exposer à un risque de grossesse non désirée. Ce risque est actuellement très controversé.

### Interactions avec d'autres substances

Ce médicament peut interagir avec d'autres médicaments, notamment :
- l'aspirine et les autres *anti-inflammatoires* non stéroïdiens (*AINS*) : risque d'accroissement des effets indésirables ;
- les *anticoagulants* et les *antiagrégants plaquettaires* : augmentation du risque hémorragique ;
- le lithium (TÉRALITHE, NEUROLITHIUM...) : augmentation du taux de lithium dans le sang ;
- le méthotrexate.

Informez par ailleurs votre médecin ou votre pharmacien en cas de traitement par un *diurétique*, un *inhibiteur de l'enzyme de conversion*, un *inhibiteur de l'angiotensine II*, un *bêtabloquant* ou un médicament contenant de la ciclosporine.

### Grossesse et allaitement

Des effets néfastes pour l'enfant à naître ont été mis en évidence lorsque les *AINS* sont utilisés au cours des 4 derniers mois de la grossesse ; le risque existe même avec une seule prise et même si la grossesse est à terme. L'usage de ce médicament est contre-indiqué pendant cette période.

Pendant les 5 premiers mois, l'effet de ce médicament est mal connu : seul votre médecin peut évaluer le risque éventuel de son utilisation dans votre cas.

Ce médicament passe dans le lait maternel : par mesure de prudence, il est déconseillé pendant l'allaitement.

### Mode d'emploi et posologie

Afin de limiter la survenue de *troubles digestifs*, ce médicament peut être pris au cours des repas. Toutefois, en cas de douleurs aiguës, la prise à jeun assure un effet plus rapide.

Lasiier fondre les comprimés sur la langue.

**Posologie usuelle :**
- Adulte et enfant de plus de 40 kg (soit environ 12 ans) : 1 ou 2 comprimés, à renouveler si nécessaire toutes les 4 à 6 heures. Ne pas dépasser 6 comprimés par jour.

**Conseils :** Ne dépassez pas la *posologie* ni la durée de traitement préconisées par votre médecin ou votre pharmacien, afin de limiter les effets indésirables.

### Effets indésirables possibles

Nausées, vomissements, *gastrite*.

Rarement :
- *ulcère* de l'estomac ou du *duodénum*, *hémorragie* du tube digestif (vomissements sanglants, selles noires, ou le plus souvent pertes de sang imperceptibles, responsables de l'apparition progressive d'une *anémie*) le plus souvent lors d'un traitement de longue durée ou à forte dose ;

- *réaction allergique* : *éruption cutanée*, démangeaisons, *œdème*, crise d'*asthme*, malaise avec chute brutale de la tension artérielle ;
- *vertiges*, maux de tête ;
- troubles de la vision nécessitant un examen ophtalmologique ;
- anomalie de la *numération formule sanguine*, augmentation des *transaminases*.

**Laboratoires Reckitt Benckiser Healthcare**

## NUROFLASH
Anti-inflammatoire non stéroïdien

### Présentation
**NUROFLASH 200 mg :** comprimé ; boîte de 12. Non remb.

### Composition

| | p cp |
|---|---|
| **Ibuprofène** | 200 mg |
| Saccharose | |

### Dans quel cas ce médicament est-il prescrit ?
Ce médicament est un *anti-inflammatoire* non stéroïdien (*AINS*). Il lutte contre la douleur et fait baisser la fièvre. Ses propriétés anti-inflammatoires se manifestent à forte dose.
Il est utilisé dans le traitement de la fièvre et de la douleur (maux de tête, douleurs dentaires, règles douloureuses...).

### Contre-indications
Ce médicament ne doit pas être utilisé dans les cas suivants :
- *antécédent* d'*allergie* ou d'*asthme* provoqué par la prise d'*AINS*, y compris l'aspirine ;
- *ulcère* de l'estomac ou du *duodénum* ;
- *insuffisance hépatique* ou *rénale* grave ;
- *insuffisance cardiaque* grave ;
- *lupus érythémateux* disséminé ;
- **grossesse** (à partir du 6e mois).

**Attention :** Tout traitement prolongé ou *surdosage* d'*AINS* expose à des effets indésirables graves.
Certaines situations doivent conduire à ne poursuivre le traitement qu'après un avis médical :
- brûlures d'estomac importantes ou selles noires et nauséabondes pouvant traduire une irritation ou un saignement du tube digestif ;
- *réaction allergique* cutanée, crise d'*asthme* ;
- fatigue inhabituelle et intense, ou baisse brutale et importante du volume des urines chez une personne souffrant d'*insuffisance cardiaque*, déshydratée ou traitée par *diurétique*.

L'utilisation des AINS est déconseillée dans le traitement de la fièvre chez l'enfant en cas de varicelle : ils augmenteraient le risque rare de complications infectieuses cutanées graves.
Des précautions sont nécessaires en cas d'*antécédent* d'*ulcère* de l'estomac ou du *duodénum* ou de risque hémorragique, notamment digestif (maladie de *Crohn*, *rectocolite hémorragique*).
Certains médecins considèrent que les anti-inflammatoires peuvent diminuer l'efficacité des stérilets et exposer à un risque de grossesse non désirée. Ce risque est actuellement très controversé.
Conducteur : ce médicament peut être responsable, dans de rares cas, de vertiges ou de troubles de la vue.

### Interactions avec d'autres substances
Ce médicament peut interagir avec d'autres médicaments, notamment :
- l'aspirine et les autres *anti-inflammatoires* non stéroïdiens (*AINS*) : risque d'accroissement des effets indésirables ;
- les *anticoagulants* et les *antiagrégants plaquettaires* : augmentation du risque hémorragique ;
- le lithium (TÉRALITHE, NEUROLITHIUM...) : augmentation du taux de lithium dans le sang ;
- le méthotrexate.

Informez par ailleurs votre médecin ou votre pharmacien en cas de traitement par un *diurétique*, un *inhibiteur de l'enzyme de conversion*, un *inhibiteur de l'angiotensine II*, un *bêtabloquant* ou un médicament contenant de la ciclosporine.

### Grossesse et allaitement
Des effets néfastes pour l'enfant à naître ont été mis en évidence lorsque les *AINS* sont utilisés au cours des 4 derniers mois de la grossesse ; le risque existe même avec une seule prise et même si la grossesse est à terme. L'usage de ce médicament est contre-indiqué pendant cette période.
Pendant les 5 premiers mois, l'effet de ce médicament est mal connu : seul votre médecin peut évaluer le risque éventuel de son utilisation dans votre cas.
Ce médicament passe dans le lait maternel : par mesure de prudence, il est déconseillé pendant l'allaitement.

### Mode d'emploi et posologie
Afin de limiter la survenue de *troubles digestifs*, ce médicament peut être pris au cours des repas. Toutefois, en cas de douleurs aiguës, la prise à jeun assure un effet plus rapide.
Les comprimés doivent être avalés tels quels avec un grand verre d'eau, sans être croqués.

**Posologie usuelle :**
- Adulte et enfant de plus de 40 kg (soit environ 12 ans) : 1 ou 2 comprimés, à renouveler si nécessaire toutes les 6 heures. Ne pas dépasser 6 comprimés par jour.

**Conseils :** Ne dépassez pas la *posologie* ni la durée de traitement préconisées par votre médecin ou votre pharmacien, afin de limiter les effets indésirables.

### Effets indésirables possibles
Nausées, vomissements, *gastrite*.
Rarement :
- *ulcère* de l'estomac ou du *duodénum*, *hémorragie* du tube digestif (vomissements sanglants, selles noires, ou le plus souvent pertes de sang imperceptibles, responsables de l'apparition progressive d'une *anémie*) le plus souvent lors d'un traitement de longue durée ou à forte dose ;
- *réaction allergique* : *éruption cutanée*, démangeaisons, *œdème*, crise d'*asthme*, malaise avec chute brutale de la tension artérielle ;

- *vertiges*, maux de tête ;
- troubles de la vision nécessitant un examen ophtalmologique ;
- anomalie de la *numération formule sanguine*, augmentation des *transaminases*.

Laboratoires Reckitt Benckiser Healthcare

## NUTRIVISC

Suppléance lacrymale

### Présentation

NUTRIVISC : collyre ; flacon compte-gouttes de 10 ml. Remb 65 % - **Prix : 3,09 €**.
NUTRIVISC : collyre ; boîte de 5 flacons unidoses de 0,4 ml. Non remb.
NUTRIVISC : collyre ; boîte de 30 flacons unidoses de 0,4 ml. Remb 65 % - **Prix : 3,80 €**.

### Composition

| | p 100 ml | p 100 ml |
|---|---|---|
| **Povidone** | 5 g | 5 g |
| Chlorure de benzalkonium | + | |

### Dans quel cas ce médicament est-il prescrit ?

C'est une solution de suppléance lacrymale : elle compense une insuffisance de sécrétion naturelle de larmes.
Elle est utilisée dans le traitement de la sécheresse oculaire due à une insuffisance lacrymale (œil sec).

**Attention :** Une irritation oculaire peut être due à une infection : en cas de doute, n'hésitez pas à consulter votre médecin.
N'utilisez pas ce collyre de façon prolongée sans prendre un avis médical.

### Interactions avec d'autres substances

Ce collyre peut interagir avec d'autres collyres : respectez un intervalle de 15 minutes entre deux instillations.

### Grossesse et allaitement

Ce médicament ne contient que des substances présumées sans danger pendant la grossesse ou l'allaitement. Néanmoins, ne l'utilisez pas de façon prolongée sans l'avis de votre pharmacien ou de votre médecin.

### Mode d'emploi et posologie

Tirer la paupière inférieure vers le bas tout en regardant vers le haut et déposer les gouttes entre la paupière et le globe oculaire (*cul-de-sac conjonctival*).

**Posologie usuelle :**
1 goutte, 4 fois par jour ou plus lorsqu'une sécheresse de l'œil se fait sentir.

**Conseils :** En raison de la présence d'un conservateur, le collyre en flacon ne doit pas être instillé pendant le port de *lentilles de contact* hydrophiles.
Evitez de mettre l'embout du flacon en contact avec l'œil.
L'application correcte du produit peut nécessiter une aide, notamment chez une personne handicapée ou âgée.
Ne conservez pas le flacon de 10 ml plus de 4 semaines après une première utilisation. Les unidoses, sans conservateur, doivent être jetées après l'instillation.

### Effets indésirables possibles

Sensation de brûlure transitoire, d'œil collé.
Irritation.

Laboratoires Novartis Pharma

## NUTROPINAQ

*Informations détaillées sur www.monvidal.com*

## NUVARING

Contraceptif hormonal — sur ordonnance

### Présentation

NUVARING : anneau vaginal ; boîte de 1. Liste I - Non remb.
NUVARING : anneau vaginal ; boîte de 3. Liste I - Non remb.

### Composition

| | p anneau |
|---|---|
| **Éthinylestradiol** | 2,7 mg |
| **Étonogestrel** | 11,7 mg |

### Dans quel cas ce médicament est-il prescrit ?

Cet anneau à insérer dans le vagin est un *contraceptif* hormonal. Il contient un *estrogène* et un *progestatif* qui passent dans la circulation sanguine. Il est minidosé (le dispositif délivre moins de 0,04 mg d'estrogène par 24 heures). Ce contraceptif doit rester en place dans le vagin pendant 3 semaines sans interruption.

### Contre-indications

Ce médicament ne doit pas être utilisé dans les cas suivants :
- *accident thromboembolique* (*phlébite*, *embolie* pulmonaire...) ancien ou survenant au cours de la contraception, prédisposition connue aux *thromboses* veineuses ou artérielles ;
- *cancer hormonodépendant* (même guéri) ;
- saignement génital intermittent (l'origine de ce saignement doit être déterminée par des examens avant la mise en route du traitement) ;
- maladie du foie, grave ou récente, y compris les tumeurs bénignes ou malignes ;
- *diabète* avec lésions vasculaires.

**Attention :** Si vous avez plus de 35 ans, si vous fumez, le risque d'effets indésirables cardiovasculaires liés à la prise d'*hormones* augmente fortement. Un autre mode de contraception est souvent préconisé.
Retirez l'anneau contraceptif et consultez votre médecin en cas d'apparition de l'un des *symptômes* suivants : maux de tête violents et inhabituels, violente douleur au mollet, troubles de la vision, élévation importante de la tension artérielle.
Une surveillance médicale est nécessaire avant et pendant le traitement. Cette surveillance est particulièrement importante si vous souffrez d'*hypertension artérielle*, de *diabète*, d'obésité, d'*otosclérose*, d'excès de *cholestérol*, de *triglycérides* dans le sang, d'affection bénigne du sein ou de l'utérus, d'ictère (jaunisse) chronique ou survenu lors d'une grossesse, d'*épilepsie*, de *migraine*, d'*asthme*, de *dépression*, ou si des membres de votre famille ont des *antécédents* de cancer du sein ou d'*accidents thromboemboliques*.

Un retard de mise en place de l'anneau peut rendre la contraception inefficace.
La survenue d'un léger saignement entre les règles (spotting) est fréquente chez les femmes prenant un contraceptif hormonal. Vous devez néanmoins en informer votre médecin
Si vous devez subir une intervention chirurgicale, il est préférable d'interrompre le traitement un mois à l'avance. De même, un alitement prolongé doit vous conduire à arrêter le traitement.

### Interactions avec d'autres substances

L'efficacité contraceptive de ce médicament peut être diminuée par les *barbituriques*, les *anticonvulsivants*, certains traitements du sida, les produits de phytothérapie contenant du millepertuis et les médicaments contenant l'une des substances suivantes : griséofulvine, rifampicine, rifabutine.

Certains *antibiotiques* comme l'ampicilline et les *tétracyclines* peuvent également diminuer son efficacité contraceptive.

### Grossesse et allaitement

Ce médicament n'a pas de raison d'être utilisé pendant la grossesse. Néanmoins, si une grossesse survient malgré le traitement, du fait d'un oubli ou d'un retard d'insertion de l'anneau, les données disponibles ne justifient pas d'inquiétude particulière.

Il est nécessaire de retirer l'anneau et d'informer le médecin.

Les *hormones* contenues dans ce *contraceptif* passent dans le lait maternel : ne l'utilisez pas pendant l'allaitement sans avis médical.

### Mode d'emploi et posologie

Choisir une position confortable pour insérer l'anneau dans le vagin. Pincer l'anneau entre 2 doigts et l'insérer dans le vagin jusqu'à ce qu'aucune gêne ne soit perçue.

L'anneau doit rester en place pendant 3 semaines sans interruption. S'il est expulsé accidentellement au cours de cette période, le rincer à l'eau froide, puis le réinsérer immédiatement (avant qu'une période de 3 heures ne soit écoulée). Il doit être retiré, au bout de 3 semaines d'utilisation, le même jour de la semaine que celui où il a été inséré.

L'interruption du traitement déclenche les règles, qui apparaissent 2 à 3 jours après le retrait de l'anneau.

Après une période d'une semaine sans anneau, un nouvel anneau est inséré, le même jour de la semaine que celui où l'anneau précédent a été inséré, que les règles soient terminées ou non.

En cas de première contraception ou de reprise d'une contraception interrompue temporairement, mettre en place l'anneau entre le premier jour et le cinquième jour des règles. Au cours des 7 premiers jours d'utilisation, il est recommandé d'utiliser un autre moyen de contraception (préservatif...).

Après un accouchement ou une interruption de grossesse, en cas de relai d'une contraception par voie orale, suivre les indications du médecin.

Le respect de ces délais est important : une insertion trop tardive de l'anneau peut nuire à l'efficacité de la contraception pour le nouveau cycle.

**Conseils :** Si l'anneau est mis en place après un intervalle de temps sans anneau supérieur à 7 jours, un autre moyen de contraception (préservatif...) devra être utilisé pendant les 7 jours suivant l'insertion de l'anneau.

### Effets indésirables possibles

Certains effets, parfois fréquents, n'empêchent pas la poursuite du traitement : maux de tête banals, inflammation vaginale, pertes vaginales, *acné*, dépression, modification de la libido, douleurs abdominales, nausées, prise de poids, gêne vaginale, sensation de corps étranger pendant les rapports sexuels, démangeaisons génitales, anxiété, diarrhée, vomissements, infection urinaire, douleur du dos, fatigue.

D'autres effets, rares, doivent faire interrompre la contraception hormonale : *hypertension artérielle*, accident cardiaque ou *vasculaire*, *phlébite*, jaunisse, taches sombres sur le visage, augmentation importante des lipides dans le sang, *diabète*, maux de tête violents et inhabituels, troubles de la vision.

Laboratoires Organon

## NUX VOMICA COMPLEXE N° 49

*Informations détaillées sur www.monvidal.com*

## NUX VOMICA COMPOSÉ BOIRON

*Informations détaillées sur www.monvidal.com*

## NUX VOMICA COMPOSÉ DOLISOS

*Informations détaillées sur www.monvidal.com*

## NYOGEL

*Informations détaillées sur www.monvidal.com*

## NYOLOL

Antiglaucomateux — sur ordonnance

Ce médicament est un générique de TIMOPTOL (voir p. 1025 et tableau p. 1151).

# O

## OBÉFLORINE

*Informations détaillées sur www.monvidal.com*

## OCTIM

*Informations détaillées sur www.monvidal.com*

## OCUFEN

Anti-inflammatoire non stéroïdien — sur ordonnance

### Présentation

OCUFEN 0,03 % : collyre ; flacon de 5 ml. Liste II - Remb 65 % - **Prix : 3,40 €**.
OCUFEN 0,03 % : collyre ; boîte de 20 flacons unidoses de 0,4 ml. Liste II - Remb 65 % - **Prix : 3,66 €**.
OCUFEN 0,03 % : collyre ; boîte de 50 flacons unidoses de 0,4 ml. Liste II - Remb 65 % - **Prix : 7,95 €**.

### Composition

| | p flacon | p unidose |
|---|---|---|
| **Flurbiprofène sel sodique** .... | 1,5 mg | 0,12 mg |
| Thiomersal (mercurothiolate de sodium) .... | + | |

### Dans quel cas ce médicament est-il prescrit ?

Ce collyre contient un *anti-inflammatoire* non stéroïdien (*AINS*). Il lutte contre l'*œdème* qui peut survenir après une chirurgie de l'œil.

Il est utilisé dans la prévention et le traitement des complications d'opérations de la *cataracte*.

### Contre-indications

Ce médicament ne doit pas être utilisé dans les cas suivants :
- *allergie* aux *anti-inflammatoires* non stéroïdiens (*AINS*),
- **grossesse** (à partir du 6e mois).

**Attention :** Le collyre en flacon de 5 ml contient un conservateur (thiomersal) qui appartient à la famille des dérivés mercuriels. Signalez à votre médecin tout *antécédent* d'*allergie* à ces substances.

Une irritation oculaire peut être due à une infection : en cas de doute, n'hésitez pas à consulter votre médecin. N'utilisez pas ce collyre de façon prolongée sans prendre un avis médical.

Des précautions sont nécessaires en cas d'*allergie* ou d'*asthme* provoqué par la prise d'aspirine, ou chez les personnes souffrant d'un *ulcère* de l'estomac ou du *duodénum*.

Conducteurs : dans les suites immédiates d'une opération de la *cataracte*, la conduite automobile n'est pas recommandée. En effet, la vision avec un seul œil fonctionnel ne permet pas d'apprécier correctement les distances.

### Grossesse et allaitement

Des effets néfastes graves pour la mère et l'enfant à naître ont été mis en évidence lorsque les *AINS* sont utilisés au cours des 4 derniers mois de la grossesse : l'usage de ce collyre est formellement contre-indiqué pendant cette période.

Pendant les 5 premiers mois de la grossesse, l'effet de ce médicament est mal connu : seul votre médecin peut évaluer le risque éventuel de son utilisation dans votre cas.

Ce médicament est susceptible de passer faiblement dans le lait maternel : l'allaitement est déconseillé sans avis médical.

### Mode d'emploi et posologie

Tirer la paupière inférieure vers le bas tout en regardant vers le haut et déposer une goutte de collyre entre la paupière et le globe oculaire (*cul-de-sac conjonctival*).

**Posologie usuelle :**

1 goutte toutes les 30 minutes, en commençant 2 heures avant l'opération.

Après l'opération : 1 goutte toutes les 4 heures, pendant 2 à 5 semaines.

**Conseils :** L'application correcte du produit peut nécessiter une aide, notamment chez une personne handicapée ou âgée.

Ne conservez pas ce collyre en flacon de 5 ml plus de 15 jours après une première utilisation. Les unidoses doivent être jetées immédiatement après utilisation.

### Effets indésirables possibles

Irritation locale.

Laboratoires Allergan France

## ODDIBIL

Phytothérapie

### Présentation

ODDIBIL 250 mg : comprimé (orange) ; boîte de 40. Non remb.

### Composition

| | p cp |
|---|---|
| **Fumeterre, extrait de partie aérienne fleurie** .................. | 250 mg |
| Lactose .................. | + |

### Dans quel cas ce médicament est-il prescrit ?

Ce médicament contient un extrait de plante.

Il est traditionnellement utilisé pour faciliter les fonctions d'élimination digestive et rénale.

**Attention :** Des précautions sont nécessaires chez les personnes souffrant d'*insuffisance hépatique* grave ou de calculs susceptibles d'obstruer les *voies biliaires*.

### Grossesse et allaitement

Ce médicament contient une plante présumée sans danger pendant la grossesse ou l'allaitement. Néanmoins, par mesure de prudence, ne l'utilisez pas sans prendre l'avis de votre pharmacien ou de votre médecin.

### Mode d'emploi et posologie

Les comprimés doivent être avalés avec un verre d'eau, avant les repas et au coucher.

**Posologie usuelle :**

- Adulte : 1 comprimé, 4 fois par jour.

**Conseils :** Une alimentation équilibrée, une mastication lente, la suppression des aliments difficiles à digérer et des boissons alcoolisées permettent souvent d'atténuer les troubles de la digestion.

Laboratoires Cooper

## ODRIK

Inhibiteur de l'enzyme de conversion

sur ordonnance

### Présentation

**ODRIK 0,5 mg :** gélule (rouge et jaune) ; boîte de 28. Liste I - Remb 65 % - **Prix : 5,90 €**.
**ODRIK 0,5 mg :** gélule (rouge et jaune) ; boîte de 84. Liste I - Remb 65 % - **Prix : 16,63 €**.
**ODRIK 2 mg :** gélule (rouge) ; boîte de 28. Liste I - Remb 65 % - **Prix : 19,19 €**.
**ODRIK 2 mg :** gélule (rouge) ; boîte de 84. Liste I - Remb 65 % - **Prix : 52,89 €**.
**ODRIK 4 mg :** gélule (rouge et bordeaux) ; boîte de 28. Liste I - Remb 65 % - **Prix : 30,18 €**.
**ODRIK 4 mg :** gélule (rouge et bordeaux) ; boîte de 84. Liste I - Remb 65 % - **Prix : 80,92 €**.

### Composition

| | p gél | p gél | p gél |
|---|---|---|---|
| **Trandolapril** | 0,5 mg | 2 mg | 4 mg |
| Lactose | + | + | + |

### Dans quel cas ce médicament est-il prescrit ?

Ce médicament appartient à la famille des *inhibiteurs de l'enzyme de conversion* (IEC). L'enzyme de conversion est une substance naturellement présente dans l'organisme ; elle est responsable d'une contraction des artères qui augmente la tension artérielle et fatigue le cœur.

Il est utilisé dans le traitement de l'*hypertension artérielle* ou après un *infarctus du myocarde* (prévention des récidives ou complications).

### Contre-indications

Ce médicament ne doit pas être utilisé dans les cas suivants :

- *allergie* aux médicaments de la famille des *inhibiteurs de l'enzyme de conversion*,
- prédisposition à l'œdème de *Quincke*,
- **grossesse** (à partir du 4e mois).

Dans d'autres situations, le médecin est seul juge pour prescrire ce médicament, notamment en cas d'*hyperkaliémie* ou de rétrécissement des artères rénales.

**Attention :** En cas de gonflement du visage (lèvres, paupières...) ou d'une autre région du corps, consultez votre médecin avant toute nouvelle prise de ce médicament ; il peut s'agir d'une *réaction allergique* : œdème de *Quincke*.

L'usage des *inhibiteurs de l'enzyme de conversion* est déconseillé en période de désensibilisation aux venins d'*hyménoptères* : augmentation du risque de réaction allergique grave.

En cas d'*insuffisance rénale*, un contrôle de la *créatinine* et du taux de *potassium* dans le sang est nécessaire.

Si vous suivez un traitement par *diurétique* ou un régime sans *sel*, la baisse de la tension artérielle peut être importante lors des premières prises du médicament : risque de malaise ou d'étourdissement pouvant entraîner une chute.

Les sels de régime contiennent souvent du *potassium* ; ne les utilisez pas sans avis médical pendant le traitement.

Si vous êtes traité par le rein artificiel, prévenez votre centre de *dialyse* de la prise de ce médicament.

Conducteur : les *inhibiteurs de l'enzyme de conversion* peuvent être responsables de malaise ou de *vertiges*, lors des premières prises.

### Interactions avec d'autres substances

Ce médicament peut interagir avec les *diurétiques* et les médicaments qui contiennent du potassium ou du lithium.

Informez par ailleurs votre médecin ou votre pharmacien si vous prenez un *antidiabétique*, un *AINS* ou de l'aspirine à forte dose (plus de 3 g par jour).

En outre, l'effet *antihypertenseur* de ce médicament peut être augmenté par certains médicaments tels que les *neuroleptiques*, les *antidépresseurs imipraminiques*, les *alphabloquants* utilisés dans certains troubles urinaires, les médicaments contenant du baclofène ; il peut être diminué par les *corticoïdes*. Votre médecin doit être informé si vous êtes traité par l'un ou l'autre de ces médicaments.

### Grossesse et allaitement

L'effet de ce médicament pendant les 3 premiers mois de la grossesse est mal connu. Par prudence, son usage est déconseillé.

Au cours des 6 derniers mois de la grossesse, la prise prolongée d'un *inhibiteur de l'enzyme de conversion* peut altérer les reins du fœtus. L'utilisation de ce médicament est contre-indiquée à partir du 4e mois de la grossesse.

En conséquence, un désir de grossesse nécessite le remplacement de ce médicament par un autre antihypertenseur. Si une grossesse survient alors que vous prenez ce médicament, consultez rapidement votre médecin pour qu'il modifie votre traitement. Des *échographies* régulières sont parfois nécessaires pour s'assurer de l'absence d'anomalie.

Les données disponibles ne permettent pas de savoir si ce médicament passe dans le lait maternel ; un choix est donc nécessaire entre l'allaitement et la prise du médicament. Cette décision devra être prise en accord avec votre médecin.

### Mode d'emploi et posologie

Ce médicament peut être pris indifféremment au cours ou en dehors des repas, en 1 prise quotidienne.

**Posologie usuelle :**

- Adulte :
  - *hypertension artérielle* : habituellement 1 gélule à 2 mg par jour ;
  - protection du cœur après un infarctus : Le traitement est débuté à la dose de 0,5 mg, puis progressivement augmenté jusqu'à 4 mg par jour.

En cas d'*insuffisance rénale*, d'*athérosclérose*, de traitement par des *diurétiques* ou de régime sans *sel*, en particulier chez la personne âgée, la *posologie* initiale est faible ; elle est augmentée progressivement par le médecin en fonction des effets du médicament.

**Conseils :** Votre tension artérielle doit être contrôlée régulièrement. Les appareils permettant une mesure automatique de la tension à domicile utilisent souvent un procédé de mesure différent de celui qu'emploie votre médecin. Si vous avez un tel appareil, apportez-le en consultation pour vous assurer que la mesure obtenue est bien conforme à celle du tensiomètre de votre médecin.

Le traitement médicamenteux ne dispense pas de mesures simples pouvant faire baisser la tension artérielle : activité physique régulière, modération de la consommation de boissons alcoolisées et de *sel*, lutte contre l'excès de poids.

### Effets indésirables possibles

Comme pour tous les *inhibiteurs de l'enzyme de conversion* :
- Toux sèche.
- Baisse excessive de la tension artérielle (voir Attention) ; *hypotension orthostatique.*
- Maux de tête, fatigue, étourdissement.
- *Troubles digestifs.*
- *Réactions allergiques* : *éruption cutanée*, œdème de *Quincke* (exceptionnel).

Laboratoires Aventis

## ŒNANTHE CROCATA COMPLEXE N° 78

*Informations détaillées sur www.monvidal.com*

## OESCLIM

Estrogène — sur ordonnance

### Présentation

**OESCLIM 25 µg/24 h :** *dispositif transdermique* de 11 cm² ; boîte de 8. Liste II - Remb 65 % - **Prix : 7,50 €**.
**OESCLIM 37,5 µg/24 h :** *dispositif transdermique* de 16,5 cm² ; boîte de 8. Liste II - Remb 65 % - **Prix : 7,50 €**.
**OESCLIM 50 µg/24 h :** *dispositif transdermique* de 22 cm² ; boîte de 8. Liste II - Remb 65 % - **Prix : 7,50 €**.
**OESCLIM 75 µg/24 h :** *dispositif transdermique* de 33 cm² ; boîte de 8. Liste II - Remb 65 % - **Prix : 7,50 €**.

### Composition

| | p disp 11 cm² | p disp 16,5 cm² |
|---|---|---|
| **Estradiol** | 5 mg | 7,5 mg |
| soit estradiol libéré/24 h | 25 µg | 37,5 µg |

| | p disp 22 cm² | p disp 33 cm² |
|---|---|---|
| **Estradiol** | 10 mg | 15 mg |
| soit estradiol libéré/24 h | 50 µg | 75 µg |

### Dans quel cas ce médicament est-il prescrit ?

Ce dispositif transdermique contient une *hormone* naturelle de la famille des *estrogènes*. Elle traverse la peau et passe progressivement dans le sang.

Il est utilisé pour soulager les *symptômes* dus au déficit en estrogènes lors de la *ménopause* (bouffées de chaleur, sécheresse vaginale...).

### Contre-indications

Ce médicament ne doit pas être utilisé dans les cas suivants :
- *accident thromboembolique* (*phlébite*, *embolie* pulmonaire...) récent ou survenant pendant le traitement ;
- *cancer hormonodépendant* (y compris un *antécédent* de cancer du sein) ;
- saignement génital intermittent (l'origine de ce saignement doit être déterminée par des examens appropriés avant la mise en route du traitement) ;
- *hyperplasie* de l'utérus non traitée ;
- maladie grave du foie ;
- *porphyrie.*

**Attention :** De récentes études ont montré une augmentation du risque de survenue d'un cancer du sein chez les femmes ayant reçu un traitement prolongé des *symptômes* de la *ménopause.* Le traitement doit par conséquent être prescrit à la dose minimale efficace et pour une durée la plus courte possible. En l'absence de troubles, sa prescription ne doit pas être systématique.

Un bilan initial suivi d'une surveillance médicale régulière sont nécessaires, surtout dans les cas suivants : anomalie de la circulation sanguine cérébrale et rétinienne, obésité, *diabète*, *hypertriglycéridémie*, *hypertension artérielle*, affection bénigne du sein et de l'utérus, *tumeur de l'hypophyse*, *lupus érythémateux* disséminé, *otospongiose*, ictère (jaunisse) chronique ou survenu lors d'une grossesse, *insuffisance rénale*, *épilepsie*, *asthme*, *antécédent* familial de cancer du sein, calcul de la vésicule biliaire.

Des maux de tête importants ou inhabituels, des troubles de la vision, une élévation franche de la tension artérielle imposent l'arrêt immédiat du traitement et la consultation d'un médecin.

Si vous devez subir une intervention chirurgicale, il est préférable d'interrompre le traitement un mois à l'avance. De même, un alitement prolongé doit vous conduire à arrêter le traitement.

### Interactions avec d'autres substances

L'efficacité du traitement peut être diminuée par la prise conjointe d'un médicament *inducteur enzymatique.*

### Grossesse et allaitement

Ce médicament n'a pas d'indication chez la femme enceinte. Si une grossesse survient sous traitement, éventualité rare mais possible en début de pré-ménopause, consultez votre médecin et arrêtez le traitement. Aucune malformation imputable à ce médicament n'a été observée à ce jour.

Lorsque la *ménopause* est confirmée, une grossesse est impossible, y compris en cas de réapparition des règles.

### Mode d'emploi et posologie

Détacher le feuillet de protection qui recouvre la face adhésive et appliquer le dispositif sur la peau (zone non exposée au soleil) : thorax, abdomen, fesse, haut de la cuisse ou du bras.

Ne pas coller le dispositif :
- sur les seins ;
- sur une peau mouillée ou graissée par l'application préalable d'une crème ou d'une huile ;

- sur une lésion cutanée : plaie, grain de beauté... ;
- sur une région soumise à des frottements vestimentaires : ceinture, bretelle de soutien-gorge... ;
- sur l'emplacement du précédent dispositif : utiliser alternativement 2 ou 3 régions cutanées différentes.

En cas de décollement intempestif du dispositif, tenter de le recoller à un autre emplacement, ou utiliser un dispositif neuf qui sera enlevé à la date prévue pour le retrait de celui qui s'est décollé.

**Posologie usuelle :**

Elle est strictement individuelle. Votre médecin l'adapte en fonction des signes de sous ou de *surdosage* :
- sous-dosage : persistance des bouffées de chaleur, de la sécheresse vaginale...
- surdosage : tension douloureuse des seins, sensation de gonflement, irritabilité...

Le dispositif est généralement renouvelé tous les 3 ou 4 jours. Il peut être utilisé en continu sans période d'arrêt, ou en discontinu pendant 24 à 28 jours par mois suivi d'un arrêt de traitement de 2 à 7 jours

**Conseils :** Un *progestatif* est généralement associé aux *estrogènes* au moins 12 jours par mois pour éviter une stimulation excessive de l'utérus. N'arrêtez pas la prise du progestatif sans l'avis de votre médecin.
La réapparition de règles est fréquente (mais pas obligatoire) après chaque interruption de cycle ou à l'arrêt du progestatif. En revanche, tout saignement en cours de traitement doit être signalé à votre médecin.

### Effets indésirables possibles

Irritation et rougeur transitoires au lieu d'application du dispositif.

Nausées, maux de tête, prise de poids, tension des seins, irritabilité.

Saignement génital intermittent (à signaler à votre médecin).

Des essais cliniques portant sur la prise d'*estrogènes* pendant plusieurs années ont mis en évidence des risques accrus :
- de *tumeur* bénigne ou maligne du sein ou de l'utérus,
- d'*accident thromboembolique* ou autre accident cardiovasculaire.

D'autres effets ont été observé lors de traitements combinant un estrogène et un progestatif : calculs de la vésicule biliaire, taches sombres sur le visage, *éruption cutanée*.

Laboratoires Fournier

## ŒSTRODOSE

Estrogène — sur ordonnance

### Présentation

ŒSTRODOSE : gel pour application cutanée ; flacon de 80 g avec pompe doseuse (64 pressions). Liste II - Remb 65 % - **Prix : 5,86 €**.

### Composition

| | p pression |
|---|---|
| **Estradiol** | 0,75 mg |
| Alcool | + |

### Dans quel cas ce médicament est-il prescrit ?

Ce gel contient une *hormone* de la famille des *estrogènes*, qui traverse la peau et passe progressivement dans le sang.

Il est utilisé pour soulager les *symptômes* dus au déficit en estrogènes lors de la *ménopause* (bouffées de chaleur, sécheresse vaginale...).

Il est également utilisé pour prévenir l'*ostéoporose* chez la femme ménopausée.

### Contre-indications

Ce médicament ne doit pas être utilisé dans les cas suivants :
- *accident thromboembolique* (*phlébite*, *embolie* pulmonaire...) en cours ;
- *cancer hormonodépendant* ;
- saignement génital intermittent (l'origine de ce saignement doit être déterminée par des examens appropriés avant la mise en route du traitement) ;
- maladie grave du foie.

Votre médecin est seul juge pour prescrire ce médicament cas d'accident thromboembolique récent ou de troubles cardiaques susceptibles de favoriser les embolies.

**Attention :** De récentes études ont montré une augmentation du risque de survenue d'un cancer du sein chez les femmes ayant reçu un traitement prolongé des *symptômes* de la *ménopause*. Le traitement doit par conséquent être prescrit à la dose minimale efficace et pour une durée la plus courte possible. En l'absence de troubles, sa prescription ne doit pas être systématique.
Un bilan initial suivi d'une surveillance médicale régulière sont nécessaires, surtout dans les cas suivants : anomalie de la circulation sanguine cérébrale et rétinienne, obésité, *diabète*, *hypertension artérielle*, affection bénigne du sein et de l'utérus, *tumeur de l'hypophyse*, *lupus érythémateux* disséminé, certaines maladies rares (*porphyrie*, *otospongiose*), ictère (jaunisse) chronique ou survenu lors d'une grossesse, *insuffisance rénale*, *épilepsie*, *asthme*, *antécédents* familiaux de cancer du sein.
Si vous devez subir une intervention chirurgicale, il est préférable d'interrompre le traitement un mois à l'avance. De même, un alitement prolongé doit vous conduire à arrêter le traitement.

### Interactions avec d'autres substances

L'efficacité du traitement peut être diminuée par la prise conjointe d'un médicament *inducteur enzymatique*.

### Grossesse et allaitement

Ce médicament n'a pas d'indication chez la femme enceinte. Si une grossesse survient sous traitement, éventualité rare mais possible en début de pré-ménopause, consultez votre médecin et arrêtez le traitement. Aucune malformation imputable à ce médicament n'a été observée à ce jour.

Lorsque la *ménopause* est confirmée, une grossesse est impossible, y compris en cas de réapparition des règles.

### Mode d'emploi et posologie

Étaler le gel, de préférence après la toilette, sur une grande surface de peau, sauf sur les seins. Il n'est pas nécessaire de masser ou de frotter. Laisser sécher 1 ou

2 minutes avant de remettre un vêtement. Ce gel ne tache pas.

Ce gel ne doit pas être appliqué sur les *muqueuses* en raison de la présence d'*alcool*.

**Posologie usuelle :**

Elle est strictement individuelle ; votre médecin l'adapte en fonction des signes de sous ou de *surdosage* :

- sous-dosage : persistance des bouffées de chaleur, de la sécheresse vaginale... ;
- surdosage : tension douloureuse des seins, sensation de gonflement, irritabilité...

**Conseils :** Un *progestatif* est généralement associé aux *estrogènes* au moins 12 jours par mois pour éviter une stimulation excessive de l'utérus. N'arrêtez pas la prise du progestatif sans l'avis de votre médecin.

La réapparition de règles est fréquente (mais pas obligatoire) après chaque interruption de cycle ou à l'arrêt du progestatif. En revanche, tout saignement en cours de traitement doit être signalé à votre médecin.

### Effets indésirables possibles

Nausées, tension des seins, irritabilité, jambes lourdes (qui traduisent généralement un *surdosage*).

Saignement génital intermittent (à signaler à votre médecin).

Ce médicament contient un *estrogène* naturel, identique à celui secrété par les ovaires. Il ne semble pas exposer aux effets indésirables qui peuvent être (rarement) rencontrés avec les estrogènes de synthèse contenus dans les pilules *contraceptives* ; il serait néanmoins souhaitable d'interrompre le traitement en cas :

- d'*accident thromboembolique* en évolution ou autre accident cardiovasculaire ;
- de jaunisse ;
- de *tumeur* bénigne ou maligne du foie, du sein ou de l'utérus ;
- de crise d'*épilepsie* ;
- d'écoulement de lait par le mamelon.

**Laboratoires Besins International**

## ŒSTROGEL

Estrogène — sur ordonnance

### Présentation

ŒSTROGEL : gel pour application cutanée ; tube de 80 g avec réglette applicatrice (32 mesures). Liste II - Remb 65 % - **Prix : 3,42 €.**

### Composition

| | p mes |
|---|---|
| **Estradiol** | 1,5 mg |
| Alcool | + |

### Dans quel cas ce médicament est-il prescrit ?

Ce gel contient une *hormone* de la famille des *estrogènes*, qui traverse la peau et passe progressivement dans le sang.

Il est utilisé pour soulager les *symptômes* dus au déficit en estrogènes lors de la *ménopause* (bouffées de chaleur, sécheresse vaginale...).

Il est également utilisé pour prévenir l'*ostéoporose* chez la femme ménopausée.

### Contre-indications

Ce médicament ne doit pas être utilisé dans les cas suivants :

- *accident thromboembolique* (*phlébite*, *embolie* pulmonaire...) en cours ;
- *cancer hormonodépendant* ;
- saignement génital intermittent (l'origine de ce saignement doit être déterminée par des examens appropriés avant la mise en route du traitement) ;
- maladie grave du foie.

Votre médecin est seul juge pour prescrire ce médicament cas d'accident thromboembolique récent ou de troubles cardiaques susceptibles de favoriser les embolies.

**Attention :** De récentes études ont montré une augmentation du risque de survenue d'un cancer du sein chez les femmes ayant reçu un traitement prolongé des *symptômes* de la *ménopause*. Le traitement doit par conséquent être prescrit à la dose minimale efficace et pour une durée la plus courte possible. En l'absence de troubles, sa prescription ne doit pas être systématique.

Un bilan initial suivi d'une surveillance médicale régulière sont nécessaires, surtout dans les cas suivants : anomalie de la circulation sanguine cérébrale et rétinienne, obésité, *diabète*, *hypertension artérielle*, affection bénigne du sein et de l'utérus, *tumeur de l'hypophyse*, *lupus érythémateux* disséminé, certaines maladies rares (*porphyrie*, *otospongiose*), ictère (jaunisse) chronique ou survenu lors d'une grossesse, *insuffisance rénale*, *épilepsie*, *asthme*, *antécédents* familiaux de cancer du sein.

Si vous devez subir une intervention chirurgicale, il est préférable d'interrompre le traitement un mois à l'avance. De même, un alitement prolongé doit vous conduire à arrêter le traitement.

### Interactions avec d'autres substances

L'efficacité du traitement peut être diminuée par la prise conjointe d'un médicament *inducteur enzymatique*.

### Grossesse et allaitement

Ce médicament n'a pas d'indication chez la femme enceinte. Si une grossesse survient sous traitement, éventualité rare mais possible en début de pré-ménopause, consultez votre médecin et arrêtez le traitement. Aucune malformation imputable à ce médicament n'a été observée à ce jour.

Lorsque la *ménopause* est confirmée, une grossesse est impossible, y compris en cas de réapparition des règles.

### Mode d'emploi et posologie

Étaler le gel, de préférence après la toilette, sur une grande surface de peau, sauf sur les seins. Il n'est pas nécessaire de masser ou de frotter. Laisser sécher 1 ou 2 minutes avant de remettre un vêtement. Ce gel ne tache pas.

Ce gel ne doit pas être appliqué sur les *muqueuses* en raison de la présence d'*alcool*.

**Posologie usuelle :**

Elle est strictement individuelle. Votre médecin l'adapte en fonction des signes de sous ou *surdosage* :

- sous-dosage : persistance de bouffées de chaleur, de sécheresse vaginale... ;
- surdosage : tension douloureuse des seins, sensation de gonflement, irritabilité...

**Conseils :** Un *progestatif* est généralement associé aux *estrogènes* au moins 12 jours par mois pour éviter une stimulation excessive de l'utérus. N'arrêtez pas la prise du progestatif sans l'avis de votre médecin.
La réapparition de règles est fréquente (mais pas obligatoire) après chaque interruption de cycle ou à l'arrêt du progestatif. En revanche, tout saignement en cours de traitement doit être signalé à votre médecin.

### Effets indésirables possibles

Nausées, tension des seins, irritabilité, jambes lourdes (qui traduisent généralement un *surdosage*).
Saignement génital intermittent (à signaler à votre médecin).
Ce médicament contient un *estrogène* naturel, identique à celui secrété par les ovaires. Il ne semble pas exposer aux effets indésirables qui peuvent être (rarement) rencontrés avec les estrogènes de synthèse contenus dans les pilules *contraceptives* ; il serait néanmoins souhaitable d'interrompre le traitement en cas :
- d'*accident thromboembolique* en évolution ou autre accident cardiovasculaire ;
- de jaunisse ;
- de *tumeur* bénigne ou maligne du foie, du sein ou de l'utérus ;
- de crise d'*épilepsie* ;
- d'écoulement de lait par le mamelon.

**Laboratoires Besins International**

## OFLOCET comprimé

Antibiotique : quinolone — sur ordonnance

### Présentation

OFLOCET 200 mg : comprimé sécable (blanc) ; boîte de 10. Liste I - Remb 65 % - **Prix : 11,79 €**.

### Composition

| | p cp |
|---|---|
| **Ofloxacine** | 200 mg |
| Lactose | + |

### Dans quel cas ce médicament est-il prescrit ?

C'est un *antibiotique* qui appartient à la famille des *quinolones*.
Il est utilisé dans le traitement de diverses maladies infectieuses, notamment des infections urinaires ou génitales, des infections des os et des articulations, de certaines infections *ORL* et de certaines surinfections des bronches chez les personnes fragiles.

### Contre-indications

Ce médicament ne doit pas être utilisé dans les cas suivants :
- *allergie* aux *antibiotiques* de la famille des *quinolones*,
- *antécédent* de *tendinite* lors de l'utilisation d'une quinolone,
- enfant jusqu'à la fin de la croissance (sauf cas exceptionnel),
- déficit en *G6PD*,
- *épilepsie*,
- **allaitement.**

**Attention :** Les antibiotiques de la famille des *quinolones* peuvent provoquer des lésions des tendons, parfois graves : toute douleur évoquant une *tendinite* doit vous conduire à arrêter immédiatement le traitement et à consulter rapidement votre médecin.
Cet médicament est photosensibilisant : une exposition aux rayons *ultraviolets* (soleil, lampe à bronzer) peut provoquer des réactions cutanées. Évitez toute exposition au soleil et n'omettez pas de signaler à votre médecin vos projets de vacances au soleil pendant la durée du traitement.
Des précautions sont nécessaires en cas d'*insuffisance rénale*, de *myasthénie* ou d'*antécédent* de *convulsions*.
Conducteur : ce médicament peut provoquer des troubles nerveux susceptibles d'altérer la vigilance.

### Interactions avec d'autres substances

Il est préférable de respecter un délai de 4 heures entre la prise de ce médicament et celle des pansements digestifs (contenant des sels d'aluminium, de calcium ou de magnésium) et un délai de 2 heures avec les médicaments contenant du fer, du zinc, du sucralfate ou de la didanosine.
Informez par ailleurs votre médecin si vous prenez un *anticoagulant* oral.

### Grossesse et allaitement

L'effet de ce médicament pendant la grossesse est mal connu : seul votre médecin peut évaluer le risque éventuel de son utilisation dans votre cas.
Ce médicament passe dans le lait maternel : l'allaitement est contre-indiqué.

### Mode d'emploi et posologie

Ce médicament doit être pris avec un peu d'eau.

**Posologie usuelle :**
- Adulte : 1 comprimé matin et soir.

Dans le traitement de la *cystite* aiguë sans fièvre chez la femme de moins de 65 ans : 2 comprimés en une prise unique.

**Conseils :** Le médecin prescrit parfois un prélèvement pour identifier le *germe* responsable de l'infection et tester sa sensibilité aux *antibiotiques*. Le résultat de cet examen peut être faussé en cas d'automédication préalable : ne prenez pas d'antibiotiques sans avis médical.
En cas d'infection génitale, votre partenaire peut être contaminé sans présenter de *symptôme*. En l'absence de traitement conjoint, une recontamination est possible.

### Effets indésirables possibles

Nausées, vomissements, *diarrhée*, douleurs d'estomac.
*Éruption cutanée*, *photosensibilisation* (voir Attention).
Douleurs musculaires ou articulaires, *tendinite* (voir Attention).
Maux de tête, *vertiges*, troubles de la vision, confusion des idées, *convulsions*, troubles du sommeil, fourmillements des extrémités.
Anomalies de la *numération formule sanguine*, élévation des *transaminases*.
Exceptionnellement : *réaction allergique* (urticaire, œdème de *Quincke*, *choc anaphylactique*), *insuffisance rénale* grave, *hépatite*.

**Laboratoires Aventis**

## OFLOCET solution auriculaire

Traitement local des otites — sur ordonnance

### Présentation

**OFLOCET :** solution auriculaire ; boîte de 20 unidoses.
Liste I - Remb 35 % - **Prix : 6,28 €**.

### Composition

| | p 100 ml |
|---|---|
| **Ofloxacine** | 300 mg |

### Dans quel cas ce médicament est-il prescrit ?

Cette solution auriculaire contient un *antibiotique* de la famille des quinolones.

Elle est utilisée dans le traitement local des poussées d'*otite* chronique avec perforation du tympan ou écoulement purulent sur aérateur transtympanique.

### Contre-indications

Ce médicament ne doit pas être utilisé en cas d'*allergie* aux *antibiotiques* de la familles des quinolones.

**Attention :** Le récipient unidose doit être jeté immédiatement après usage : la solution *antibiotique* ne contient pas de conservateur et risque d'être contaminée rapidement par des germes après l'ouverture du récipient.

### Grossesse et allaitement

Après instillation dans l'oreille, la quantité d'*antibiotique* qui passe dans le sang est négligeable. Néanmoins, ne l'utilisez pas pendant la grossesse ou l'allaitement sans avis médical.

### Mode d'emploi et posologie

Il est préférable de faire tiédir le récipient unidose dans la paume de la main avant instillation (une solution froide est désagréable et peut provoquer des *vertiges* car les centres de l'équilibre qui sont situés dans l'oreille interne sont sensibles aux variations de température).

Pencher la tête de côté et instiller la totalité du récipient (une dizaine de gouttes) dans l'oreille malade. Garder ensuite la tête penchée quelques minutes. Un coton peut être placé dans l'oreille pendant les minutes suivantes pour éviter les écoulements.

**Posologie usuelle :**
1 instillation matin et soir, pendant 7 à 10 jours.

**Conseils :** Lorsque les deux oreilles doivent être soignées, 2 flacons sont nécessaires ; il est préférable de respecter un délai d'au moins 10 minutes entre les 2 instillations, afin d'éviter que le produit ne s'écoule de la première oreille pendant que la deuxième est traitée.

### Effets indésirables possibles

Rarement : douleur locale transitoire.

Laboratoires Alcon

## OFLOXACINE ARROW

Antibiotique : quinolone — sur ordonnance

Ce médicament est un générique de OFLOCET comprimé (voir p. 756 et tableau p. 1151).

## OFLOXACINE BIOGARAN

Antibiotique : quinolone — sur ordonnance

Ce médicament est un générique de OFLOCET comprimé (voir p. 756 et tableau p. 1151).

## OFLOXACINE EG

Antibiotique : quinolone — sur ordonnance

Ce médicament est un générique de OFLOCET comprimé (voir p. 756 et tableau p. 1151).

## OFLOXACINE G GAM

Antibiotique : quinolone — sur ordonnance

Ce médicament est un générique de OFLOCET comprimé (voir p. 756 et tableau p. 1151).

## OFLOXACINE IVAX

Antibiotique : quinolone — sur ordonnance

Ce médicament est un générique de OFLOCET comprimé (voir p. 756 et tableau p. 1151).

## OFLOXACINE MERCK

Antibiotique : quinolone — sur ordonnance

Ce médicament est un générique de OFLOCET comprimé (voir p. 756 et tableau p. 1151).

## OFLOXACINE QUALIMED

Antibiotique : quinolone — sur ordonnance

Ce médicament est un générique de OFLOCET comprimé (voir p. 756 et tableau p. 1151).

## OFLOXACINE RATIOPHARM

Antibiotique : quinolone — sur ordonnance

Ce médicament est un générique de OFLOCET comprimé (voir p. 756 et tableau p. 1151).

## OFLOXACINE RPG

Antibiotique : quinolone — sur ordonnance

Ce médicament est un générique de OFLOCET comprimé (voir p. 756 et tableau p. 1151).

## OFLOXACINE SANDOZ

Antibiotique : quinolone — sur ordonnance

Ce médicament est un générique de OFLOCET comprimé (voir p. 756 et tableau p. 1151).

## OFLOXACINE TEVA

Antibiotique : quinolone — sur ordonnance

Ce médicament est un générique de OFLOCET comprimé (voir p. 756 et tableau p. 1151).

## OFLOXACINE WINTHROP
Antibiotique : quinolone
sur ordonnance

Ce médicament est un générique de OFLOCET comprimé (voir p. 756 et tableau p. 1151).

## OGAST
Antiulcéreux
sur ordonnance

### Présentation
OGAST 15 mg : gélule *gastrorésistante* (bleu et orange) ; boîte de 15. Liste II - Remb 65 % - **Prix : 11,68 €.**
OGAST 15 mg : gélule *gastrorésistante* (bleu et orange) ; boîte de 30. Liste II - Remb 65 % - **Prix : 22,82 €.**
OGAST 30 mg : gélule *gastrorésistante* (orange et blanc) ; boîte de 7. Liste II - Remb 65 % - **Prix : 11,04 €.**
OGAST 30 mg : gélule *gastrorésistante* (orange et blanc) ; boîte de 14. Liste II - Remb 65 % - **Prix : 20,57 €.**
OGAST 30 mg : gélule *gastrorésistante* (orange et blanc) ; boîte de 28. Liste II - Remb 65 % - **Prix : 39,36 €.**

### Composition

| | p gél | p gél |
|---|---|---|
| **Lansoprazole** | 15 mg | 30 mg |
| Saccharose | + | + |

### Dans quel cas ce médicament est-il prescrit ?
C'est un antiulcéreux qui agit en diminuant la sécrétion acide de l'estomac, indépendamment de la cause qui peut provoquer cette sécrétion.
Il est utilisé pour traiter :
- les *ulcères* de l'estomac ou du *duodénum* et les *inflammations* de l'œsophage dues au reflux des acides de l'estomac vers l'œsophage ;
- le syndrome de *Zollinger-Ellison* ;
- les *gastrites* liées aux anti-inflammatoires (*AINS*).

En association avec un traitement *antibiotique* spécifique, ce médicament permet l'éradication d'un *germe* appelé *Helicobacter pylori*, très fréquemment responsable des récidives de l'ulcère.

**Attention :** La disparition des douleurs ne signifie pas que l'*ulcère* est cicatrisé : la durée du traitement doit être respectée.
Des précautions sont nécessaires en cas d'*insuffisance hépatique*.

### Interactions avec d'autres substances
Si vous prenez des *pansements digestifs*, respectez un intervalle d'au moins 2 heures entre leur prise et la prise de ce médicament.
Informez par ailleurs votre médecin ou votre pharmacien si vous prenez des médicaments contenant de l'itraconazole ou du kétoconazole.

### Grossesse et allaitement
Aucun effet néfaste pour l'enfant à naître n'a été établi avec ce médicament. Néanmoins, par précaution, son usage pendant la grossesse est réservé aux situations pour lesquelles il n'existe pas d'alternative thérapeutique.
Les données actuellement disponibles ne permettent pas de savoir si ce médicament passe dans le lait maternel : son usage est déconseillé pendant l'allaitement.

### Mode d'emploi et posologie
Les gélules doivent être avalées, de préférence en dehors des repas, avec un verre d'eau.

**Posologie usuelle :**
- Adulte :
  - traitement des *symptômes* du *reflux gastro-œsophagien* (lorsque les règles hygiènodiététiques sont insuffisantes) : 15 mg par jour ;
  - traitement de l'*inflammation* de l'œsophage : 15 à 30 mg par jour ;
  - traitement des *ulcères* de l'estomac ou du *duodénum* : 15 à 30 mg par jour ;
  - éradication d'*Helicobacter pylori* : 30 mg 2 fois par jour, associé à un traitement *antibiotique* pendant 7 jours ; puis 30 mg par jour pendant au moins 3 semaines. Le succès du traitement est étroitement lié au strict respect de la *posologie* de l'antiulcéreux et des antibiotiques pendant la première semaine ;
  - syndrome de *Zollinger-Ellison* : la posologie est individuelle et beaucoup plus élevée. La durée du traitement est généralement de plusieurs semaines ;
  - traitement des *gastrites* liées aux anti-inflammatoires (*AINS*) : 15 à 30 mg par jour.

**Conseils :** Ce médicament peut être pris à n'importe quel moment de la journée.
Si vous êtes fumeur, la poursuite du tabagisme est un frein important au traitement : la nicotine augmente l'acidité gastrique et réduit l'efficacité du muscle qui ferme la jonction entre l'œsophage et l'estomac.
La prise de ce médicament ne dispense pas des mesures diététiques que peut vous conseiller votre médecin.
L'aspirine et les *anti-inflammatoires* peuvent être agressifs pour l'estomac : n'en prenez pas sans l'avis de votre médecin.

### Effets indésirables possibles
Rarement : diarrhée ou constipation, nausées, vomissements, douleurs abdominales, maux de tête, *vertiges*.
Exceptionnellement : augmentation du volume des seins chez l'homme (gynécomastie), *réaction allergique* cutanée, anomalies de la *numération formule sanguine*, augmentation des *transaminases*, voire *hépatite*.

**Laboratoires Takeda**

## OGASTORO
Antiulcéreux
sur ordonnance

### Présentation
OGASTORO 15 mg : comprimé *orodispersible* (arôme fraise) ; boîte de 14. Liste II - Remb 65 % - **Prix : 10,94 €.**
OGASTORO 15 mg : comprimé *orodispersible* (arôme fraise) ; boîte de 28. Liste II - Remb 65 % - **Prix : 21,33 €.**
OGASTORO 30 mg : comprimé *orodispersible* (arôme fraise) ; boîte de 14. Liste II - Remb 65 % - **Prix : 20,57 €.**
OGASTORO 30 mg : comprimé *orodispersible* (arôme fraise) ; boîte de 28. Liste II - Remb 65 % - **Prix : 39,36 €.**

### Composition

| | p cp | p cp |
|---|---|---|
| **Lansoprazole** | 15 mg | 30 mg |
| Lactose | + | + |
| Aspartam | + | + |

**Dans quel cas ce médicament est-il prescrit ?**

C'est un antiulcéreux qui agit en diminuant la sécrétion acide de l'estomac, indépendamment de la cause qui peut provoquer cette sécrétion.

Il est utilisé dans :

- le *traitement symptomatique* du *reflux gastro-œsophagien* ;
- le traitement et la prévention des *ulcères* de l'estomac ou du *duodénum*, des *inflammations* de l'œsophage dues au reflux des acides de l'estomac vers l'œsophage et des *gastrites* liées à la prise d'anti-inflammatoires (*AINS*) ;
- le traitement du syndrome de *Zollinger-Ellison*.

En association avec un traitement *antibiotique* spécifique, ce médicament dosé à 30 mg permet l'éradication d'un *germe* appelé *Helicobacter pylori*, très fréquemment responsable des récidives de l'ulcère.

**Contre-indications**

Ce médicament ne doit pas être utilisé en cas de *phénylcétonurie* (présence d'aspartam).

**Attention :** La disparition des douleurs ne signifie pas que l'*ulcère* est cicatrisé : la durée du traitement doit être respectée.
Des précautions sont nécessaires en cas d'*insuffisance hépatique*.

**Interactions avec d'autres substances**

Si vous prenez des *pansements digestifs*, respectez un intervalle d'au moins 2 heures entre leur prise et la prise de ce médicament.

Informez par ailleurs votre médecin ou votre pharmacien si vous prenez des médicaments contenant de l'itraconazole ou du kétoconazole.

**Grossesse et allaitement**

Aucun effet néfaste pour l'enfant à naître n'a été établi avec ce médicament. Néanmoins, par précaution, son usage pendant la grossesse est réservé aux situations pour lesquelles il n'existe pas d'alternative thérapeutique.

Les données actuellement disponibles ne permettent pas de savoir si ce médicament passe dans le lait maternel : son usage est déconseillé pendant l'allaitement.

**Mode d'emploi et posologie**

Ce médicament est pris indifféremment au cours ou en dehors des repas. Il peut être pris sans eau, en le laissant fondre sur la langue, sans être croqué ni écrasé. Il peut être également dissous dans un verre d'eau.

**Posologie usuelle :**

- *Symptômes* du *reflux gastro-œsophagien* (lorsque les règles hygiènodiététiques sont insuffisantes) : 1 comprimé à 15 mg par jour.
- *Inflammations* de l'œsophage : 15 à 30 mg par jour.
- *Ulcères* de l'estomac ou du *duodénum* : 15 à 30 mg par jour.
- Syndrome de *Zollinger-Ellison* : la posologie est individuelle et beaucoup plus élevée.
- *Gastrites* liées aux anti-inflammatoires (*AINS*) : 15 à 30 mg par jour.

La durée du traitement est généralement de plusieurs semaines.

Éradication d'*Helicobacter pylori* : 1 comprimé à 30 mg, 2 fois par jour, associé à un traitement *antibiotique* pendant 7 jours ; puis 1 comprimé à 30 mg par jour pendant au moins 3 semaines. Le succès du traitement est étroitement lié au strict respect de la *posologie* de l'antiulcéreux et des antibiotiques pendant la première semaine.

**Conseils :** Si vous êtes fumeur, la poursuite du tabagisme est un frein important au traitement : la nicotine augmente l'acidité gastrique et réduit l'efficacité du muscle qui ferme la jonction entre l'œsophage et l'estomac.
La prise de ce médicament ne dispense pas des mesures diététiques que peut vous conseiller votre médecin.
L'aspirine et les *anti-inflammatoires* peuvent être agressifs pour l'estomac : n'en prenez pas sans l'avis de votre médecin.

**Effets indésirables possibles**

Rarement : diarrhée ou constipation, nausées, vomissements, douleurs abdominales, maux de tête, *vertiges*.

Exceptionnellement : augmentation du volume des seins chez l'homme (gynécomastie), *réaction allergique* cutanée, anomalies de la *numération formule sanguine*, augmentation des *transaminases*, voire *hépatite*.

Laboratoires Takeda

## OGYLINE

*Informations détaillées sur www.monvidal.com*

## OLIGOCURE

*Informations détaillées sur www.monvidal.com*

## OLIGODERM

*Informations détaillées sur www.monvidal.com*

## OLIGO-ESSENTIELS CUIVRE

*Informations détaillées sur www.monvidal.com*

## OLIGO-ESSENTIELS LITHIUM

*Informations détaillées sur www.monvidal.com*

## OLIGO-ESSENTIELS MAGNÉSIUM

*Informations détaillées sur www.monvidal.com*

## OLIGOGRANUL COBALT

*Informations détaillées sur www.monvidal.com*

## OLIGOGRANUL CUIVRE

*Informations détaillées sur www.monvidal.com*

## OLIGOGRANUL CUIVRE-OR-ARGENT

*Informations détaillées sur www.monvidal.com*

## OLIGOGRANUL FLUOR

*Informations détaillées sur www.monvidal.com*

## OLIGOGRANUL LITHIUM

*Informations détaillées sur www.monvidal.com*

## OLIGOGRANUL MANGANÈSE

*Informations détaillées sur www.monvidal.com*

**OLIGOGRANUL MANGANÈSE-COBALT**
*Informations détaillées sur www.monvidal.com*

**OLIGOGRANUL MANGANÈSE-CUIVRE**
*Informations détaillées sur www.monvidal.com*

**OLIGOGRANUL MANGANÈSE-CUIVRE-COBALT**
*Informations détaillées sur www.monvidal.com*

**OLIGOGRANUL NICKEL-COBALT**
*Informations détaillées sur www.monvidal.com*

**OLIGOGRANUL PHOSPHORE**
*Informations détaillées sur www.monvidal.com*

**OLIGOGRANUL POTASSIUM**
*Informations détaillées sur www.monvidal.com*

**OLIGOGRANUL SÉLÉNIUM**
*Informations détaillées sur www.monvidal.com*

**OLIGOGRANUL SOUFRE**
*Informations détaillées sur www.monvidal.com*

**OLIGOGRANUL ZINC**
*Informations détaillées sur www.monvidal.com*

**OLIGOGRANUL ZINC-CUIVRE**
*Informations détaillées sur www.monvidal.com*

**OLIGOGRANUL ZINC-NICKEL-COBALT**
*Informations détaillées sur www.monvidal.com*

**OLIGOSOL ALUMINIUM**
*Informations détaillées sur www.monvidal.com*

**OLIGOSOL BISMUTH**
*Informations détaillées sur www.monvidal.com*

**OLIGOSOL COBALT**
*Informations détaillées sur www.monvidal.com*

## OLIGOSOL CUIVRE
Oligo-élément

### Présentation
OLIGOSOL CUIVRE : solution buvable ; boîte de 14 ampoules de 2 ml. Non remb.

### Composition

| | p amp |
|---|---|
| Cuivre | 725 µg |

### Dans quel cas ce médicament est-il prescrit ?
Ce médicament appartient à la famille des éléments minéraux traces (*oligo-éléments*).

Il est utilisé comme *modificateur de terrain*, en particulier dans les états grippaux, les infections virales et dans les manifestations rhumatismales inflammatoires.

**Attention :** Les *oligo-éléments* aident l'organisme à combattre les maladies, mais leur action n'est généralement pas suffisante pour permettre la guérison d'affections graves ; un traitement spécifique est alors nécessaire.

### Grossesse et allaitement
Aux doses préconisées, les *oligo-éléments* sont présumés sans danger pendant la grossesse ou l'allaitement. Néanmoins, par mesure de prudence, ne les utilisez pas sans prendre l'avis de votre pharmacien ou de votre médecin.

### Mode d'emploi et posologie
La solution est prise par *voie sublinguale*, de préférence le matin à jeun ou éventuellement 15 minutes avant un repas : garder le contenu de l'ampoule sous la langue 1 à 2 minutes avant de l'avaler.

**Posologie usuelle :**
- Adulte : 1 ou 2 ampoules par jour.

Laboratoires Labcatal

## OLIGOSOL CUIVRE-OR-ARGENT
Oligo-élément

### Présentation
OLIGOSOL CUIVRE-OR-ARGENT : solution buvable ; flacon de 60 ml avec cuillère-mesure (2 ml). Non remb.

### Composition

| | p c mes |
|---|---|
| Cuivre | 63 µg |
| Or colloïdal | 1,4 µg |
| Argent | 21,36 µg |

### Dans quel cas ce médicament est-il prescrit ?
Ce médicament appartient à la famille des éléments minéraux traces (*oligo-éléments*).

Il est utilisé comme *modificateur de terrain*, en particulier dans les convalescences de maladies infectieuses et les états de fatigue.

**Attention :** Une fatigue persistante ne doit pas vous conduire à augmenter les prises de ce médicament ; consultez votre médecin.

### Grossesse et allaitement
Aux doses préconisées, les *oligo-éléments* sont présumés sans danger pendant la grossesse ou l'allaitement. Néanmoins, par mesure de prudence, ne les utilisez pas sans prendre l'avis de votre pharmacien ou de votre médecin.

### Mode d'emploi et posologie
La solution est prise par *voie sublinguale*, de préférence le matin à jeun ou éventuellement 15 minutes avant un repas : garder le contenu de la cuillère-mesure sous la langue 1 à 2 minutes avant de l'avaler.

**Posologie usuelle :**
- Adulte : 1 ou 2 cuillères-mesure par jour.

Laboratoires Labcatal

**OLIGOSOL FLUOR**
*Informations détaillées sur www.monvidal.com*

## OLIGOSOL LITHIUM
Oligo-élément

### Présentation
OLIGOSOL LITHIUM : solution buvable ; boîte de 14 ampoules de 2 ml. Non remb.

### Composition
| | p amp |
|---|---|
| **Lithium** | 279,6 µg |

### Dans quel cas ce médicament est-il prescrit ?
Ce médicament appartient à la famille des éléments minéraux traces (*oligo-éléments*).

Il est utilisé comme *modificateur de terrain*, en particulier en cas d'irritabilité ou de troubles légers du sommeil, chez l'adulte comme chez l'enfant de plus de 6 ans.

### Grossesse et allaitement
Le lithium utilisé à forte dose dans le traitement de certains troubles nerveux peut provoquer des malformations chez l'enfant à naître. Le risque lié à l'utilisation de lithium sous forme d'*oligo-éléments* n'est pas connu ; par mesure de prudence, son utilisation est à éviter pendant la grossesse et l'allaitement, sauf avis médical contraire.

### Mode d'emploi et posologie
La solution est prise par *voie sublinguale* de préférence le soir au coucher ou éventuellement le matin à jeun ou un quart d'heure avant un repas : garder le contenu de l'ampoule sous la langue 1 à 2 minutes avant de l'avaler.

**Posologie usuelle :**
- Adulte : 2 à 4 ampoules par jour.
- Enfant de 6 à 15 ans : 1 ou 2 ampoules par jour.

Laboratoires Labcatal

## OLIGOSOL MAGNÉSIUM
Oligo-élément

### Présentation
OLIGOSOL MAGNÉSIUM : solution buvable ; boîte de 14 ampoules de 2 ml. Non remb.

### Composition
| | p amp |
|---|---|
| **Magnésium** | 104,4 µg |

### Dans quel cas ce médicament est-il prescrit ?
Ce médicament appartient à la famille des éléments minéraux traces (*oligo-éléments*).

Il est utilisé comme *modificateur de terrain*, en particulier dans certains dérèglements du système *neurovégétatif* et dans les troubles regroupés sous le terme de *spasmophilie*.

### Grossesse et allaitement
Aux doses préconisées, les *oligo-éléments* sont présumés sans danger pendant la grossesse ou l'allaitement. Néanmoins, par mesure de prudence, ne les utilisez pas sans prendre l'avis de votre pharmacien ou de votre médecin.

### Mode d'emploi et posologie
La solution est prise par *voie sublinguale*, de préférence le matin à jeun ou éventuellement 15 minutes avant un repas ou le soir au coucher : garder le contenu de l'ampoule sous la langue 1 à 2 minutes avant de l'avaler.

**Posologie usuelle :**
- Adulte : 1 à 3 ampoules par jour.

Laboratoires Labcatal

## OLIGOSOL MANGANÈSE
Oligo-élément

### Présentation
OLIGOSOL MANGANÈSE : solution buvable ; boîte de 14 ampoules de 2 ml. Non remb.

### Composition
| | p amp |
|---|---|
| **Manganèse** | 72,8 µg |

### Dans quel cas ce médicament est-il prescrit ?
Ce médicament appartient à la famille des éléments minéraux traces (*oligo-éléments*).

Il est utilisé comme *modificateur de terrain*, en particulier dans les *allergies*.

> **Attention :** Les *oligo-éléments* aident l'organisme à combattre les maladies, mais leur action n'est généralement pas suffisante pour permettre la guérison d'affections graves ; un traitement spécifique est alors nécessaire.

### Grossesse et allaitement
Aux doses préconisées, les *oligo-éléments* sont présumés sans danger pendant la grossesse ou l'allaitement. Néanmoins, par mesure de prudence, ne les utilisez pas sans prendre l'avis de votre pharmacien ou de votre médecin.

### Mode d'emploi et posologie
La solution est prise par *voie sublinguale*, de préférence le matin à jeun ou éventuellement 15 minutes avant un repas ou le soir au coucher : garder le contenu de l'ampoule sous la langue 1 à 2 minutes avant de l'avaler.

**Posologie usuelle :**
- Adulte : 1 ou 2 ampoules par jour.

Laboratoires Labcatal

## OLIGOSOL MANGANÈSE-COBALT
Oligo-élément

### Présentation
OLIGOSOL MANGANÈSE-COBALT : solution buvable ; boîte de 14 ampoules de 2 ml. Non remb.

### Composition
| | p amp |
|---|---|
| **Manganèse** | 72,8 µg |
| **Cobalt** | 72,6 µg |

### Dans quel cas ce médicament est-il prescrit ?
Ce médicament appartient à la famille des éléments minéraux traces (*oligo-éléments*).

Il est utilisé comme *modificateur de terrain*, en particulier dans certains dérèglements du système *neurovégétatif*.

### Grossesse et allaitement
Aux doses préconisées, les *oligo-éléments* sont présumés sans danger pendant la grossesse ou l'allaitement. Néanmoins, par mesure de prudence, ne les utilisez pas sans prendre l'avis de votre pharmacien ou de votre médecin.

Les mots en *italique* dans les textes sont expliqués dans le lexique p. 1323.

**Mode d'emploi et posologie**

La solution est prise par *voie sublinguale* de préférence le matin à jeun ou éventuellement 15 minutes avant un repas ou le soir au coucher : garder le contenu de l'ampoule sous la langue 1 à 2 minutes avant de l'avaler.

**Posologie usuelle :**

- Adulte : 1 ou 2 ampoules par jour.

Laboratoires Labcatal

## OLIGOSOL MANGANÈSE-CUIVRE

Oligo-élément

**Présentation**

OLIGOSOL MANGANÈSE-CUIVRE : solution buvable ; boîte de 14 ampoules de 2 ml. Non remb.

**Composition**

| | p amp |
|---|---|
| **Manganèse** | 72,8 µg |
| **Cuivre** | 72,6 µg |

**Dans quel cas ce médicament est-il prescrit ?**

Ce médicament appartient à la famille des éléments minéraux traces (*oligo-éléments*).

Il est utilisé comme *modificateur de terrain*, en particulier dans les états infectieux ou allergiques touchant le nez, la gorge et les oreilles.

**Attention :** Les *oligo-éléments* aident l'organisme à combattre les maladies, mais leur action n'est généralement pas suffisante pour permettre la guérison d'affections graves ; un traitement spécifique est alors nécessaire.

**Grossesse et allaitement**

Aux doses préconisées, les *oligo-éléments* sont présumés sans danger pendant la grossesse ou l'allaitement. Néanmoins, par mesure de prudence, ne les utilisez pas sans prendre l'avis de votre pharmacien ou de votre médecin.

**Mode d'emploi et posologie**

La solution est prise par *voie sublinguale* de préférence le matin à jeun ou éventuellement 15 minutes avant un repas ou le soir au coucher : garder le contenu de l'ampoule sous la langue 1 à 2 minutes avant de l'avaler.

**Posologie usuelle :**

- Adulte : 1 ou 2 ampoules par jour.

Laboratoires Labcatal

## OLIGOSOL MANGANÈSE-CUIVRE-COBALT

*Informations détaillées sur www.monvidal.com*

## OLIGOSOL NICKEL-COBALT

*Informations détaillées sur www.monvidal.com*

## OLIGOSOL PHOSPHORE

Oligo-élément

**Présentation**

OLIGOSOL PHOSPHORE : solution buvable ; boîte de 14 ampoules de 2 ml. Non remb.

**Composition**

| | p amp |
|---|---|
| **Phosphore** | 30,5 µg |

**Dans quel cas ce médicament est-il prescrit ?**

Ce médicament appartient à la famille des éléments minéraux traces (*oligo-éléments*).

Il est utilisé comme *modificateur de terrain*, en particulier dans certains dérèglements du système *neurovégétatif* et dans les troubles regroupés sous le terme de *spasmophilie*.

**Grossesse et allaitement**

Aux doses préconisées, les *oligo-éléments* sont présumés sans danger pendant la grossesse ou l'allaitement. Néanmoins, par mesure de prudence, ne les utilisez pas sans prendre l'avis de votre pharmacien ou de votre médecin.

**Mode d'emploi et posologie**

La solution est prise par *voie sublinguale*, de préférence le matin à jeun ou éventuellement 15 minutes avant un repas ou le soir au coucher : garder le contenu de l'ampoule sous la langue 1 à 2 minutes avant de l'avaler.

**Posologie usuelle :**

- Adulte : 1 ou 2 ampoules par jour.

Laboratoires Labcatal

## OLIGOSOL POTASSIUM

Oligo-élément

**Présentation**

OLIGOSOL POTASSIUM : solution buvable ; boîte de 14 ampoules de 2 ml. Non remb.

**Composition**

| | p amp |
|---|---|
| **Potassium** | 40 µg |

**Dans quel cas ce médicament est-il prescrit ?**

Ce médicament appartient à la famille des éléments minéraux traces (*oligo-éléments*).

Il est utilisé comme *modificateur de terrain*, en particulier dans les crampes et les douleurs musculaires.

**Attention :** Ce médicament n'est pas destiné à traiter un déficit en *potassium* (*hypokaliémie*).

**Grossesse et allaitement**

Aux doses préconisées, les *oligo-éléments* sont présumés sans danger pendant la grossesse ou l'allaitement. Néanmoins, par mesure de prudence, ne les utilisez pas sans prendre l'avis de votre pharmacien ou de votre médecin.

**Mode d'emploi et posologie**

La solution est prise par *voie sublinguale*, de préférence le matin à jeun ou éventuellement 15 minutes avant un repas, ou le soir au coucher : garder le contenu de l'ampoule sous la langue 1 à 2 minutes avant de l'avaler.

**Posologie usuelle :**

- Adulte : 1 à 3 ampoules par jour.

**Conseils :** Les crampes survenant après un effort physique sont banales. En revanche, celles qui surviennent au repos ou au cours de la nuit peuvent traduire un déséquilibre du *métabolisme* : consultez votre médecin si les crampes durent plus de quelques jours.

Laboratoires Labcatal

## OLIGOSOL SÉLÉNIUM

*Informations détaillées sur www.monvidal.com*

## OLIGOSOL SOUFRE

Oligo-élément

### Présentation

OLIGOSOL SOUFRE : solution buvable ; boîte de 14 ampoules de 2 ml. Non remb.

### Composition

| | p amp |
|---|---|
| **Thiosulfate de sodium** | 300 µg |
| soit soufre | 122 µg |

### Dans quel cas ce médicament est-il prescrit ?

Ce médicament appartient à la famille des éléments minéraux traces (*oligo-éléments*).

Il est utilisé comme *modificateur de terrain*, en particulier dans les cas d'affections récidivantes de la peau, des articulations, du nez, de la gorge et des oreilles.

> **Attention :** Les *oligo-éléments* aident l'organisme à combattre les maladies, mais leur action n'est généralement pas suffisante pour permettre la guérison d'affections graves ; un traitement spécifique est alors nécessaire.

### Grossesse et allaitement

Aux doses préconisées, les *oligo-éléments* sont présumés sans danger pendant la grossesse ou l'allaitement. Néanmoins, par mesure de prudence, ne les utilisez pas sans prendre l'avis de votre pharmacien ou de votre médecin.

### Mode d'emploi et posologie

La solution est prise par *voie sublinguale*, de préférence le matin à jeun, ou éventuellement 15 minutes avant un repas, ou le soir au coucher : garder le contenu de l'ampoule sous la langue 1 à 2 minutes avant de l'avaler.

**Posologie usuelle :**

- Adulte : 1 ou 2 ampoules par jour.

Laboratoires Labcatal

## OLIGOSOL ZINC

Oligo-élément

### Présentation

OLIGOSOL ZINC : solution buvable ; boîte de 14 ampoules de 2 ml. Non remb.

### Composition

| | p amp |
|---|---|
| **Zinc** | 67,4 µg |

### Dans quel cas ce médicament est-il prescrit ?

Ce médicament appartient à la famille des éléments minéraux traces (*oligo-éléments*).

Il est utilisé comme *modificateur de terrain*, en particulier dans les cas d'affections de la peau.

> **Attention :** Les *oligo-éléments* aident l'organisme à combattre les maladies, mais leur action n'est généralement pas suffisante pour permettre la guérison d'affections graves ; un traitement spécifique est alors nécessaire.

### Grossesse et allaitement

Aux doses préconisées, les *oligo-éléments* sont présumés sans danger pendant la grossesse ou l'allaitement. Néanmoins, par mesure de prudence, ne les utilisez pas sans prendre l'avis de votre pharmacien ou de votre médecin.

### Mode d'emploi et posologie

La solution est prise par *voie sublinguale*, de préférence le matin à jeun ou éventuellement 15 minutes avant un repas ou le soir au coucher : garder le contenu de l'ampoule sous la langue 1 à 2 minutes avant de l'avaler.

**Posologie usuelle :**

- Adulte : 1 à 3 ampoules par jour.

Laboratoires Labcatal

## OLIGOSOL ZINC-CUIVRE

*Informations détaillées sur www.monvidal.com*

## OLIGOSOL ZINC-NICKEL-COBALT

Oligo-élément

### Présentation

OLIGOSOL ZINC-NICKEL-COBALT : solution buvable ; boîte de 14 ampoules de 2 ml. Non remb.

### Composition

| | p amp |
|---|---|
| **Zinc** | 67,4 µg |
| **Nickel** | 72,6 µg |
| **Cobalt** | 72,6 µg |

### Dans quel cas ce médicament est-il prescrit ?

Ce médicament appartient à la famille des éléments minéraux traces (*oligo-éléments*).

Il est utilisé comme *modificateur de terrain*, en particulier au cours des régimes amaigrissants.

### Grossesse et allaitement

Aux doses préconisées, les *oligo-éléments* sont présumés sans danger pendant la grossesse ou l'allaitement. Néanmoins, par mesure de prudence, ne les utilisez pas sans prendre l'avis de votre pharmacien ou de votre médecin.

### Mode d'emploi et posologie

La solution est prise par *voie sublinguale* de préférence le matin à jeun ou éventuellement 15 minutes avant un repas ou le soir au coucher : garder le contenu de l'ampoule sous la langue 1 à 2 minutes avant de l'avaler.

**Posologie usuelle :**

- Adulte : 2 ou 3 ampoules par jour.

> **Conseils :** La prise de ce médicament ne dispense pas des mesures diététiques que peut vous conseiller votre médecin.

Laboratoires Labcatal

## OLIGOSTIM ALUMINIUM

*Informations détaillées sur www.monvidal.com*

## OLIGOSTIM COBALT

*Informations détaillées sur www.monvidal.com*

## OLIGOSTIM CUIVRE
*Informations détaillées sur www.monvidal.com*

## OLIGOSTIM CUIVRE-OR-ARGENT
*Informations détaillées sur www.monvidal.com*

## OLIGOSTIM FLUOR
*Informations détaillées sur www.monvidal.com*

## OLIGOSTIM LITHIUM
*Informations détaillées sur www.monvidal.com*

## OLIGOSTIM MAGNÉSIUM
*Informations détaillées sur www.monvidal.com*

## OLIGOSTIM MANGANÈSE
*Informations détaillées sur www.monvidal.com*

## OLIGOSTIM MANGANÈSE-COBALT
*Informations détaillées sur www.monvidal.com*

## OLIGOSTIM MANGANÈSE-CUIVRE
*Informations détaillées sur www.monvidal.com*

## OLIGOSTIM MANGANÈSE-CUIVRE-COBALT
*Informations détaillées sur www.monvidal.com*

## OLIGOSTIM PHOSPHORE
*Informations détaillées sur www.monvidal.com*

## OLIGOSTIM POTASSIUM
*Informations détaillées sur www.monvidal.com*

## OLIGOSTIM SÉLÉNIUM
*Informations détaillées sur www.monvidal.com*

## OLIGOSTIM SOUFRE
*Informations détaillées sur www.monvidal.com*

## OLIGOSTIM ZINC
*Informations détaillées sur www.monvidal.com*

## OLIGOSTIM ZINC-CUIVRE
*Informations détaillées sur www.monvidal.com*

## OLIGOSTIM ZINC-NICKEL-COBALT
*Informations détaillées sur www.monvidal.com*

## OLIVALAX
*Informations détaillées sur www.monvidal.com*

## OLMETEC
Antihypertenseur — sur ordonnance

### Présentation
OLMETEC 10 mg : comprimé (blanc) ; boîte de 28. Liste I - Remb 65 % - **Prix : 14,48 €**.
OLMETEC 10 mg : comprimé (blanc) ; boîte de 90. Liste I - Remb 65 % - **Prix : 43,44 €**.
OLMETEC 20 mg : comprimé (blanc) ; boîte de 28. Liste I - Remb 65 % - **Prix : 22,75 €**.
OLMETEC 20 mg : comprimé (blanc) ; boîte de 90. Liste I - Remb 65 % - **Prix : 24,34 €**.
OLMETEC 40 mg : comprimé (blanc) ; boîte de 28. Liste I - Remb 65 % - **Prix : 23,12 €**.
OLMETEC 40 mg : comprimé (blanc) ; boîte de 30. Liste I - Remb 65 % - **Prix : 24,73 €**.
OLMETEC 40 mg : comprimé (blanc) ; boîte de 90. Liste I - Remb 65 % - **Prix : 67,03 €**.

### Composition

| | p cp | p cp | p cp |
|---|---|---|---|
| **Olmésartan médoxomil** ................. | 10 mg | 20 mg | 40 mg |

### Dans quel cas ce médicament est-il prescrit ?
Ce médicament est un *antihypertenseur* qui appartient à la famille des *inhibiteurs de l'angiotensine II*. Il bloque l'action de l'angiotensine II. Cette substance, naturellement présente dans l'organisme, provoque une contraction des artères qui augmente la pression artérielle et fatigue le cœur.
Il est utilisé dans le traitement de l'*hypertension artérielle*.

### Contre-indications
Ce médicament ne doit pas être utilisé dans les cas suivants :
- obstruction des *voies biliaires*,
- **grossesse** (à partir du 4e mois),
- **allaitement**.

**Attention :** Des précautions sont nécessaires en cas d'*insuffisance hépatique*, d'*insuffisance cardiaque* grave ou chez les personnes souffrant d'*hypertension artérielle* due à un rétrécissement des artères rénales, de rétrécissement des valves cardiaques ou de *cardiomyopathie* obstructive.
En cas d'*insuffisance rénale*, un contrôle régulier de la *créatinine* et du taux de *potassium* dans le sang est nécessaire.
Si vous suiviez auparavant un traitement par *diurétique* ou un régime sans *sel*, la baisse de la tension artérielle peut être importante lors des premières prises du médicament : risque de malaise ou d'étourdissement pouvant entraîner une chute. Il est donc préférable de commencer le traitement un jour de repos.
Les sels de régime contiennent souvent du *potassium* ; ne les utilisez pas sans avis médical pendant le traitement.
Conducteur : ce médicament peut être responsable de *vertiges*.

### Interactions avec d'autres substances
Ce médicament peut interagir avec les *diurétiques* et les médicaments qui contiennent du potassium ou du lithium.
En outre, l'effet *antihypertenseur* de ce médicament peut être diminué par les *AINS*.

### Grossesse et allaitement
L'effet de ce médicament sur l'enfant à naître pendant les 3 premiers mois de la grossesse est mal connu. Par prudence, son usage est déconseillé. Au cours des 6 derniers mois de la grossesse, une prise prolongée de ce médicament peut altérer les reins du fœtus. Son utilisation est contre-indiquée à partir du 4e mois de la grossesse.
En conséquence, un désir de grossesse nécessite le remplacement de ce médicament par un autre antihypertenseur. Si une grossesse survient alors que vous

prenez ce médicament, consultez rapidement votre médecin pour qu'il modifie votre traitement.

Les données actuellement disponibles ne permettent pas de savoir si ce médicament passe dans le lait maternel. Il est contre-indiqué chez la femme qui allaite.

### Mode d'emploi et posologie

Ce médicament peut être pris indifféremment au cours ou en dehors des repas.

Pour un effet constant, la prise doit être régulière, toujours au même moment de la journée.

**Posologie usuelle :**

- Adulte de plus de 18 ans : 10 mg à 40 mg par jour, en 1 prise.

**Conseils :** Votre tension artérielle doit être contrôlée régulièrement. Les appareils permettant une mesure automatique de la tension à domicile utilisent souvent un procédé de mesure différent de celui qu'emploie votre médecin. Si vous avez un tel appareil, apportez-le en consultation pour vous assurer que la mesure obtenue est bien conforme à celle du tensiomètre de votre médecin.

Le traitement médicamenteux ne dispense pas de mesures simples pouvant faire baisser la tension artérielle : activité physique régulière, modération de la consommation de boissons alcoolisées et de *sel*, lutte contre l'excès de poids.

### Effets indésirables possibles

Les études qui ont comparé ce médicament au *placebo* n'ont pas montré plus d'effets indésirables imputables au médicament, à l'exception de rares étourdissements.

Depuis sa commercialisation, les effets suivants ont été rarement observés :

- maux de tête, *réaction allergique* (œdème de *Quincke*) ;
- augmentation du taux de *créatinine* et de *potassium* dans le sang.

Laboratoires Daiichi Sankyo France

## OLMIFON

Psychostimulant — sur ordonnance

### Présentation

OLMIFON : comprimé (blanc) ; boîte de 40. Liste I - Remb 35 % - **Prix : 5,61 €**.

### Composition

| | p cp |
|---|---|
| **Adrafinil** | 300 mg |

### Dans quel cas ce médicament est-il prescrit ?

C'est un médicament qui appartient à la famille des *psychostimulants*.

Il est utilisé dans le traitement des troubles de la vigilance et de l'attention chez la personne âgée.

**Attention :** Des précautions sont à prendre en cas d'*épilepsie*, d'*insuffisance hépatique* ou d'*insuffisance rénale*.

Sportif : ce médicament contient une substance susceptible de rendre positifs certains *tests antidopage*.

### Interactions avec d'autres substances

Ce médicament peut interagir avec d'autres médicaments. Signalez tout autre traitement en cours à votre médecin ou à votre pharmacien.

### Mode d'emploi et posologie

Les comprimés doivent être avalés avec un peu d'eau.

**Posologie usuelle :**

2 à 4 comprimés par jour.

### Effets indésirables possibles

Agitation, inversion d'humeur, insomnie : ces effets disparaissent au cours du traitement ou après diminution des doses.

Laboratoires Cephalon

## OMACOR

Hypolipémiant

### Présentation

OMACOR : capsule molle ; boîte de 28. Remb 65 % - **Prix : 27,06 €**.

### Composition

| | p caps |
|---|---|
| **Esters éthyliques d'acides oméga-3 à 90 %** | 1 g |
| **Alpha-tocophérol (vitamine E)** | 4 mg |

### Dans quel cas ce médicament est-il prescrit ?

Ce médicament contient des acides gras essentiels qui ont la propriété faire baisser le taux de *triglycérides* dans le sang. Il diminue par ailleurs légèrement la capacité du sang à coaguler.

Il est utilisé dans le traitement des excès de triglycérides persistant malgré un régime adapté et assidu, et en complément des traitements de référence, dans la prévention des récidives de l'*infarctus du myocarde*.

**Attention :** Des précautions sont nécessaires en cas d'*hémorragie* grave (intervention chirurgicale, traumatisme...).

### Interactions avec d'autres substances

Informez votre médecin ou votre pharmacien si vous prenez un *anticoagulant* oral.

### Grossesse et allaitement

L'effet de ce médicament pendant la grossesse ou l'allaitement est mal connu : seul votre médecin peut évaluer le risque éventuel de son utilisation dans votre cas.

### Mode d'emploi et posologie

Les capsules doivent être avalées au cours des repas, afin d'éviter les troubles digestifs.

**Posologie usuelle :**

- Adulte :
  - Excès de *triglycérides* : 2 à 4 capsules par jour.
  - Après un *infarctus du myocarde* : 1 capsule par jour.

**Conseils :** Le régime reste indispensable pendant toute la durée du traitement.

Un régime pauvre en graisses animales n'est pas simple à suivre : les erreurs sont fréquentes. Demandez conseil à votre médecin, à votre pharmacien ou à un professionnel de la nutrition.

**Effets indésirables possibles**
*troubles digestifs*, renvois.
Rarement : eczéma, acné, élévation des *transaminases*.

**Laboratoires Pierre Fabre Médicament**

## OMÉPRAZOLE ALMUS
Antiulcéreux
sur ordonnance

Ce médicament est un générique de MOPRAL (voir p. 664 et tableau p. 1151).
Ce médicament est un générique de ZOLTUM (voir p. 1136 et tableau p. 1151).

## OMÉPRAZOLE ALTER
Antiulcéreux
sur ordonnance

Ce médicament est un générique de MOPRAL (voir p. 664 et tableau p. 1151).
Ce médicament est un générique de ZOLTUM (voir p. 1136 et tableau p. 1151).

## OMÉPRAZOLE ARROW
Antiulcéreux
sur ordonnance

Ce médicament est un générique de MOPRAL (voir p. 664 et tableau p. 1151).
Ce médicament est un générique de ZOLTUM (voir p. 1136 et tableau p. 1151).

## OMÉPRAZOLE BIOGARAN
Antiulcéreux
sur ordonnance

Ce médicament est un générique de MOPRAL (voir p. 664 et tableau p. 1151).
Ce médicament est un générique de ZOLTUM (voir p. 1136 et tableau p. 1151).

## OMÉPRAZOLE BOUCHARA RECORDATI
Antiulcéreux
sur ordonnance

Ce médicament est un générique de MOPRAL (voir p. 664 et tableau p. 1151).
Ce médicament est un générique de ZOLTUM (voir p. 1136 et tableau p. 1151).

## OMÉPRAZOLE EG
Antiulcéreux
sur ordonnance

Ce médicament est un générique de MOPRAL (voir p. 664 et tableau p. 1151).
Ce médicament est un générique de ZOLTUM (voir p. 1136 et tableau p. 1151).

## OMÉPRAZOLE G GAM
Antiulcéreux
sur ordonnance

Ce médicament est un générique de MOPRAL (voir p. 664 et tableau p. 1151).
Ce médicament est un générique de ZOLTUM (voir p. 1136 et tableau p. 1151).

## OMÉPRAZOLE IREX
Antiulcéreux
sur ordonnance

Ce médicament est un générique de MOPRAL (voir p. 664 et tableau p. 1151).
Ce médicament est un générique de ZOLTUM (voir p. 1136 et tableau p. 1151).

## OMÉPRAZOLE IVAX
Antiulcéreux
sur ordonnance

Ce médicament est un générique de MOPRAL (voir p. 664 et tableau p. 1151).
Ce médicament est un générique de ZOLTUM (voir p. 1136 et tableau p. 1151).

## OMÉPRAZOLE MERCK
Antiulcéreux
sur ordonnance

Ce médicament est un générique de MOPRAL (voir p. 664 et tableau p. 1151).
Ce médicament est un générique de ZOLTUM (voir p. 1136 et tableau p. 1151).

## OMÉPRAZOLE QUALIMED
Antiulcéreux
sur ordonnance

Ce médicament est un générique de MOPRAL (voir p. 664 et tableau p. 1151).
Ce médicament est un générique de ZOLTUM (voir p. 1136 et tableau p. 1151).

## OMÉPRAZOLE RATIOPHARM et RATIO
Antiulcéreux
sur ordonnance

Ce médicament est un générique de MOPRAL (voir p. 664 et tableau p. 1151).
Ce médicament est un générique de ZOLTUM (voir p. 1136 et tableau p. 1151).

## OMÉPRAZOLE RPG
Antiulcéreux
sur ordonnance

Ce médicament est un générique de MOPRAL (voir p. 664 et tableau p. 1151).
Ce médicament est un générique de ZOLTUM (voir p. 1136 et tableau p. 1151).

## OMÉPRAZOLE SANDOZ
Antiulcéreux
sur ordonnance

Ce médicament est un générique de MOPRAL (voir p. 664 et tableau p. 1151).
Ce médicament est un générique de ZOLTUM (voir p. 1136 et tableau p. 1151).

## OMÉPRAZOLE TEVA

Antiulcéreux — sur ordonnance

Ce médicament est un générique de MOPRAL (voir p. 664 et tableau p. 1151).
Ce médicament est un générique de ZOLTUM (voir p. 1136 et tableau p. 1151).

## OMÉPRAZOLE WINTHROP

Antiulcéreux — sur ordonnance

Ce médicament est un générique de MOPRAL (voir p. 664 et tableau p. 1151).
Ce médicament est un générique de ZOLTUM (voir p. 1136 et tableau p. 1151).

## OMÉPRAZOLE ZYDUS

Antiulcéreux — sur ordonnance

Ce médicament est un générique de MOPRAL (voir p. 664 et tableau p. 1151).
Ce médicament est un générique de ZOLTUM (voir p. 1136 et tableau p. 1151).

**OMEXEL**

*Informations détaillées sur www.monvidal.com*

## OMIX

Alphabloquant — sur ordonnance

### Présentation

**OMIX LP 0,4 mg :** gélule contenant des microgranules à *libération prolongée* (orange et vert) ; boîte de 30. Liste I - Remb 35 % - **Prix : 24,97 €.**

### Composition

| | p gél LP |
|---|---|
| **Tamsulosine chlorhydrate** | 0,4 mg |

### Dans quel cas ce médicament est-il prescrit ?

Ce médicament appartient à la famille des *alphabloquants*. Il lutte contre la contraction des *voies* urinaires.

Il est utilisé dans le traitement des troubles urinaires dus à un *adénome de la prostate.*

### Contre-indications

Ce médicament ne doit pas être utilisé dans les cas suivants :

- *antécédent* d'œdème de *Quincke* lié à la prise de tamsulosine,
- antécédent d'*hypotension orthostatique*,
- *insuffisance hépatique* grave.

**Attention :** Des précautions sont nécessaires en cas d'*insuffisance rénale* grave ou d'*insuffisance coronarienne.*

Une *hypotension orthostatique*, due à la dilatation des vaisseaux sanguins, peut survenir dans les heures qui suivent la prise du médicament. Ce malaise, souvent précédé de *vertiges* et de sueurs, est favorisé par un passage trop brutal en position verticale (en se levant d'une chaise ou d'un lit). Les risques sont surtout importants les premiers jours du traitement pendant lesquels il convient d'éviter les activités dangereuses. Ensuite l'organisme s'adapte au médicament. En cas de sensation d'étourdissement, allongez-vous quelques minutes et relevez-vous progressivement.

Conducteur : ce médicament peut parfois provoquer des étourdissements.

### Interactions avec d'autres substances

Ce médicament peut interagir avec les *antihypertenseurs*, surtout les autres *alphabloquants*. Votre médecin adaptera la *posologie* pour limiter le risque d'*hypotension orthostatique*, mais il doit être parfaitement informé des médicaments que vous prenez conjointement.

En cas d'intervention chirurgicale, informez l'anesthésiste de la prise de ce médicament.

### Grossesse et allaitement

Ce médicament n'a pas d'indication chez la femme.

### Mode d'emploi et posologie

Ce médicament est pris de préférence à la fin du petit déjeuner. Une prise à jeun risque d'en augmenter l'effet hypotenseur.

**Posologie usuelle :**

1 gélule par jour.

**Conseils :** Ce médicament ne permet pas de faire régresser la taille de l'adénome. C'est un *traitement symptomatique* qui facilite l'ouverture du *sphincter* urinaire. Il est utilisé lorsque l'ablation de l'adénome n'est pas justifiée (troubles modérés) ou doit être retardée pour une raison quelconque.

### Effets indésirables possibles

Étourdissement, maux de tête, fatigue, *hypotension orthostatique*, *palpitations*, troubles de l'éjaculation, *priapisme*, nausées, diarrhée, constipation, éruption cutanée, démangeaisons.

Rarement : rhume.

Très rarement : œdème de *Quincke* nécessitant l'arrêt définitif du traitement.

Laboratoires Astellas Pharma

## ONCOTAM

Antiestrogène — sur ordonnance

Ce médicament est un générique de NOLVADEX (voir p. 726 et tableau p. 1151).

**ONCOVIN**

*Informations détaillées sur www.monvidal.com*

**ONCTOSE**

*Informations détaillées sur www.monvidal.com*

## ONCTOSE HYDROCORTISONE

Antiprurigineux local

### Présentation

ONCTOSE HYDROCORTISONE **:** crème ; tube de 30 g. Non remb.

### Composition

| | p 100 g |
|---|---|
| **Hydrocortisone acétate** | 0,25 g |
| **Méfénidramium méthylsulfate** | 2 g |
| **Lidocaïne chlorhydrate** | 1 g |

### Dans quel cas ce médicament est-il prescrit ?

Cette crème contient un *dermocorticoïde*, un *antihistaminique* et un *anesthésique* local.

Elle est utilisée dans le *traitement symptomatique* des démangeaisons dues aux piqûres d'insectes et au contact avec certaines plantes (orties...). Elle ne doit pas être utilisée sans avis médical pour traiter d'autres affections.

### Contre-indications

Ce médicament ne doit pas être utilisé dans les cas suivants :
- *allergie* aux *anesthésiques* locaux,
- infection et parasitose non traitées de la peau (ce médicament n'a pas d'effet anti-infectieux),
- lésion suintante,
- lésion ulcérée,
- *acné* et *rosacée*.

**Attention :** N'utilisez pas cette crème chez un enfant de moins de 3 ans sans avis médical.
Suivez attentivement les recommandations de votre pharmacien et n'utilisez pas cette crème de façon prolongée ou répétée sans l'avis de votre médecin.
Évitez d'exposer au soleil ou aux rayons *ultraviolets* les régions traitées : risque de réaction cutanée.
Sportif : ce médicament contient une substance susceptible de rendre positifs certains *tests antidopage*.

### Grossesse et allaitement

Ce médicament peut être utilisé pendant la grossesse. En cas d'allaitement, éviter l'application sur le mamelon.

### Mode d'emploi et posologie

Étaler la crème sur les lésions et la faire pénétrer par un léger massage.

**Posologie usuelle :**

2 ou 3 applications par jour.

Compte tenu des indications limitées de ce produit, la durée du traitement ne doit pas excéder 3 jours.

**Conseils :** Pensez à vous laver les mains après l'application.
La cortisone est un médicament sûr et efficace quand elle est utilisée à bon escient. Ce médicament en vente libre ne doit pas être employé pour traiter des lésions cutanées autres que celles mentionnées dans la rubrique Indications.

### Effets indésirables possibles

*Allergie* cutanée.

*Photosensibilisation.*

En cas d'usage prolongé :
- *atrophie* avec microhémorragie de la peau (*purpura*), dilatation des petits vaisseaux, vergetures, éruption de boutons ;
- développement anormal des poils, dessèchement, fragilisation et décoloration irrégulière de la peau ;
- rougeur autour de la bouche, apparition d'une *rosacée* ;
- retard de cicatrisation.

Laboratoires Merck Médication Familiale

## ONGUENT KLC

*Informations détaillées sur www.monvidal.com*

## OPALGYNE

*Informations détaillées sur www.monvidal.com*

## OPATANOL

Collyre antiallergique — sur ordonnance

### Présentation

OPATANOL : collyre ; flacon de 5 ml. Liste I - Remb 35 % - **Prix : 7,21 €**.

### Composition

| | p 100 ml |
|---|---|
| **Olopatadine chlorhydrate** | 100 mg |
| Benzalkonium chlorure | + |

### Dans quel cas ce médicament est-il prescrit ?

Ce collyre contient un *antihistaminique* antiallergique.

Il est utilisé dans le traitement des *conjonctivites* allergiques.

**Attention :** Ce collyre contient un conservateur (benzalkonium) qui appartient à la famille des *ammoniums quaternaires*. Signalez à votre médecin tout *antécédent* d'*allergie* à ces substances.
Des précautions sont nécessaires en cas d'*insuffisance rénale* ou *hépatique* et chez la personne âgée.
Conducteur : l'instillation de ce collyre peut provoquer une gêne visuelle transitoire.

### Interactions avec d'autres substances

Ce collyre peut interagir avec d'autres collyres : sauf indication contraire de votre médecin, respectez un intervalle de 10 à 15 minutes entre deux instillations.

### Grossesse et allaitement

L'effet de ce médicament pendant la grossesse ou l'allaitement est mal connu : seul votre médecin peut évaluer le risque éventuel de son utilisation dans votre cas.

### Mode d'emploi et posologie

Tirer la paupière inférieure vers le bas tout en regardant vers le haut. Déposer les gouttes de collyre entre la paupière et le globe oculaire (*cul-de-sac conjonctival*).

**Posologie usuelle :**
- Adulte et enfant de plus de 3 ans : 1 goutte, 2 fois par jour.

**Conseils :** Évitez de mettre l'embout du flacon en contact avec l'œil.
Les *lentilles de contact* souples doivent être ôtées avant l'instillation du collyre : elles ne pourront être replacées que 15 minutes après l'instillation.
Ne conservez pas ce collyre plus de 4 semaines après une première utilisation.

### Effets indésirables possibles

Le plus couramment : gêne transitoire après l'application.

Les troubles suivants ont été également rapportés :
- troubles oculaires : sécheresse de l'œil, sécrétions de l'œil, démangeaison locale, fatigue visuelle, *œdème*

des paupières, sensation de corps étranger, *kératite*, sensation d'œil qui colle, vision floue, sensibilité anormale à la lumière ;
- autres troubles : maux de tête, fatigue, vertiges, sécheresse nasale, bouche sèche, *rhinite*.

Laboratoires Alcon

## OPHTACALM
Collyre antiallergique

### Présentation
OPHTACALM : collyre ; flacon compte-gouttes de 10 ml. Non remb.
OPHTACALM : collyre ; boîte de 10 unidoses de 0,35 ml. Non remb.

### Composition

| | flacon p 100 ml | unidose p 100 ml |
|---|---|---|
| **Cromoglycate de sodium** | 2 g | 2 g |
| Benzalkonium chlorure | + | |

### Dans quel cas ce médicament est-il prescrit ?
C'est un collyre antiallergique.
Il est utilisé dans le traitement des *allergies* oculaires.

**Attention :** Le flacon de 10 ml, contrairement aux unidoses, contient un conservateur (benzalkonium) de la famille des *ammoniums quaternaires* :
- signalez à votre médecin ou à votre pharmacien tout *antécédent* d'*allergie* à cette famille d'*antiseptiques* ;
- il est recommandé d'ôter les lentilles de contact souples avant l'instillation et d'attendre 15 minutes avant de les replacer.

### Interactions avec d'autres substances
Ce collyre peut interagir avec d'autres collyres : respectez un intervalle de 15 minutes entre deux instillations.

### Grossesse et allaitement
L'effet de ce médicament pendant la grossesse ou l'allaitement est mal connu : seul votre médecin peut évaluer le risque éventuel de son utilisation dans votre cas.

### Mode d'emploi et posologie
Tirer la paupière inférieure vers le bas tout en regardant vers le haut et déposer une goutte de collyre entre la paupière et le globe oculaire (*cul-de-sac conjonctival*).

**Posologie usuelle :**
- Adulte et enfant : 1 goutte, 2 à 6 fois par jour.

**Conseils :** Compte tenu de son absence de toxicité, ce médicament peut être obtenu sans ordonnance, néanmoins un avis médical est nécessaire avant de l'utiliser chez l'enfant.
Évitez de mettre l'embout du flacon en contact avec l'œil.
L'application correcte du produit peut nécessiter une aide, notamment chez une personne handicapée ou âgée.
Ne conservez pas le flacon de 10 ml plus de 28 jours après une première utilisation. Les unidoses, sans conservateur, doivent être jetées après l'instillation.

### Effets indésirables possibles
*Réaction allergique*.

Laboratoires Chauvin Bausch & Lomb

## OPHTALMINE
Collyre à visée adoucissante

### Présentation
OPHTALMINE : collyre ; flacon de 20 ml. Non remb.

### Composition

| | p 100 ml |
|---|---|
| **Vigne rouge, extrait** | 1 g |
| Acide borique | + |
| Rose, eau distillée | + |

### Dans quel cas ce médicament est-il prescrit ?
Ce collyre possède des propriétés astringentes et adoucissantes.
Il est utilisé dans le traitement des *conjonctivites* non infectieuses.

**Attention :** Une rougeur ou une douleur oculaires ne correspondent pas toujours à une *conjonctivite*. Des soins urgents peuvent être nécessaires, notamment en cas de vision floue.
En l'absence d'amélioration au bout de 3 jours, consultez votre médecin.

### Interactions avec d'autres substances
Ce collyre peut interagir avec d'autres collyres. Respectez un intervalle minimal de 15 minutes entre deux instillations.

### Grossesse et allaitement
Ce médicament ne contient que des substances présumées sans danger pendant la grossesse ou l'allaitement.

### Mode d'emploi et posologie
Tirer la paupière inférieure vers le bas tout en regardant vers le haut et déposer la goutte de collyre entre la paupière et le globe oculaire (*cul-de-sac conjonctival*).

**Posologie usuelle :**
1 goutte, 2 à 8 fois par jour.

**Conseils :** Une détérioration ou un entretien inadéquat des *lentilles de contact* sont souvent à l'origine d'une irritation oculaire : consultez d'urgence votre ophtalmologiste afin qu'il les examine. Si cette consultation n'est pas possible rapidement, retirez vos lentilles.
Évitez de mettre l'embout du flacon en contact avec l'œil.
Ne conservez pas ce collyre plus de 15 jours après une première utilisation.

Laboratoires Cooper

## OPHTASILOXANE
Cicatrisant oculaire

### Présentation
OPHTASILOXANE : collyre ; flacon de 10 ml. Non remb.

### Composition

| | p flacon |
|---|---|
| **Diméticone** | 10 ml |

### Dans quel cas ce médicament est-il prescrit ?

C'est un collyre protecteur et lubrifiant.

Il est utilisé dans le *traitement d'appoint* des brûlures de l'œil provoquées par la chaleur, la lumière ou un produit caustique.

**Attention :** Toute plaie oculaire, même minime, peut avoir des conséquences graves. Elle doit faire l'objet d'un examen spécialisé, notamment en cas de rougeur, douleur et/ou vision floue.
N'utilisez pas ce collyre de façon prolongée sans avis médical.

### Grossesse et allaitement

L'effet de ce médicament pendant la grossesse ou l'allaitement est mal connu. L'évaluation du risque éventuel lié à son utilisation est individuelle : demandez conseil à votre pharmacien ou à votre médecin.

### Mode d'emploi et posologie

Tirer la paupière inférieure vers le bas tout en regardant vers le haut et déposer une goutte de collyre entre la paupière et le globe oculaire (*cul-de-sac conjonctival*).

**Posologie usuelle :**
1 goutte, 1 à 6 fois par jour.

**Conseils :** L'application correcte du produit peut nécessiter une aide, notamment chez une personne handicapée ou âgée.
Ne conservez pas ce collyre plus de 15 jours après une première utilisation.

Laboratoires Alcon

## OPHTERGINE

*Informations détaillées sur www.monvidal.com*

## OPHTIM

Antiglaucomateux — **sur ordonnance**

### Présentation

**OPHTIM 0,25 % :** collyre ; boîte de 60 unidoses de 0,25 ml.
Liste I - Remb 65 % - **Prix : 8,81 €**.
**OPHTIM 0,5 % :** collyre ; boîte de 60 unidoses de 0,25 ml.
Liste I - Remb 65 % - **Prix : 9,45 €**.

### Composition

| | p 100 ml | p 100 ml |
|---|---|---|
| **Timolol** | 250 mg | 500 mg |

### Dans quel cas ce médicament est-il prescrit ?

Ce collyre *bêtabloquant* a la propriété de diminuer la pression des liquides contenus dans l'œil (*tension intraoculaire*).

Il est utilisé dans le traitement des maladies dues à un excès de tension intraoculaire, et notamment du *glaucome* à angle ouvert.

### Contre-indications

Compte tenu de l'absorption du collyre par l'œil et du passage du *bêtabloquant* dans le sang, ce médicament ne doit pas être utilisé dans les cas suivants :
- *asthme* et *bronchite chronique* grave,
- *insuffisance cardiaque* grave (sauf si elle est stabilisée par un traitement spécifique),
- *bloc auriculoventriculaire* grave,
- angor de *Prinzmetal*,
- rythme cardiaque inférieur à 50 battements par minute,
- maladie ou syndrome de *Raynaud*,
- *phéochromocytome* non traité,
- hypotension,
- *antécédent* de *choc anaphylactique*,
- en association avec la floctafénine ou le sultopride.

**Attention :** Le port de *lentilles de contact* est déconseillé pendant le traitement, en raison du risque de sécheresse de l'œil.
Chez les diabétiques, les *bêtabloquants* peuvent masquer certains *symptômes* de l'*hypoglycémie* (*palpitations* et accélération du cœur essentiellement).
Les bêtabloquants aggravent les symptômes des *chocs* allergiques et nuisent à l'efficacité de l'*adrénaline* utilisée pour les traiter en urgence. Signalez à votre médecin tout antécédent de choc allergique, même ancien.
Les personnes souffrant d'*angine de poitrine* ou d'*insuffisance coronarienne* ne doivent pas arrêter brutalement le traitement. Un avis médical est nécessaire.
En cas d'intervention chirurgicale, prévenez l'anesthésiste que vous suivez ce traitement.
Compte-tenu de la possibilité d'effets indésirables visuels, ce collyre peut, chez certaines personnes, constituer un risque pour la conduite automobile ou le maniement de machines dangereuses. Assurez-vous à l'occasion des premières utilisations que vous supportez bien ce collyre avant de reprendre la pratique d'une activité à risque.
Sportif : ce médicament contient une substance susceptible de rendre positifs certains *tests antidopage*.

### Interactions avec d'autres substances

Ce collyre peut interagir avec d'autres collyres, notamment ceux qui contiennent de l'*adrénaline* : respectez un intervalle de 15 minutes entre deux instillations, sauf indication contraire de votre ophtalmologiste.

Par ailleurs, ce médicament ne doit pas être associé :
- à la floctafénine (IDARAC...) : risque de majoration de la gravité d'un éventuel *choc* allergique ;
- au sultopride (BARNÉTIL, médicament uniquement disponible à l'hôpital) : risque de ralentissement cardiaque important.

Il peut également interagir avec l'amiodarone ou avec un *bêtabloquant* pris par voie orale.

Informez votre médecin si vous prenez des *antidiabétiques*, des *AINS*, des *antidépresseurs* tricycliques, des *neuroleptiques*, des *corticoïdes*, des *inhibiteurs calciques*, ou des médicaments contenant l'une des substances suivantes : quinidine, hydroquinidine, disopyramide, propafénone, baclofène, cimétidine, clonidine, lidocaïne injectable, méfloquine.

### Grossesse et allaitement

Les études scientifiques disponibles n'ont pas mis en évidence de problème particulier lors de l'utilisation de *bêtabloquant* chez la femme enceinte.

L'effet bêtabloquant persiste quelques jours chez le nouveau-né et justifie une surveillance médicale renforcée pendant les premiers jours de la vie.

Ce médicament passe dans le lait maternel. L'allaitement est déconseillé pendant le traitement.

### Mode d'emploi et posologie

Tirer la paupière inférieure vers le bas tout en regardant vers le haut et déposer une goutte de collyre entre la paupière et le globe oculaire (*cul-de-sac conjonctival*).

**Posologie usuelle :**

- Adulte : 1 goutte, 2 fois par jour.

La solution est choisie par l'ophtalmologiste en fonction de la *tension intraoculaire*.

**Conseils :** L'application correcte du produit peut nécessiter une aide, notamment chez une personne handicapée ou âgée.
Jetez les unidoses immédiatement après utilisation.

### Effets indésirables possibles

Irritation locale, sécheresse de l'œil, troubles visuels à signaler à votre ophtalmologiste.

Exceptionnellement, en cas de passage du *bêtabloquant* dans le sang :

- fatigue, sensation de mains et de pieds froids, insomnie, douleurs d'estomac, nausées, vomissements ;
- *bloc auriculoventriculaire*, ralentissement excessif du cœur, chute de tension, *insuffisance cardiaque*, *bronchospasme*, *hypoglycémie*, phénomène de *Raynaud* ;
- *éruption cutanée*, aggravation d'un *psoriasis*.

Laboratoires Théa

## OPOBYL

*Informations détaillées sur www.monvidal.com*

## OPO-VEINOGÈNE

*Informations détaillées sur www.monvidal.com*

## OPTICRON

Collyre antiallergique

### Présentation

OPTICRON 2 % : collyre ; flacon de 5 ml. Remb 35 % - **Prix : 4,05 €.**
OPTICRON 2 % : collyre ; boîte de 10 unidoses de 0,35 ml. Non remb.
OPTICRON 2 % : collyre ; boîte de 20 unidoses de 0,35 ml. Remb 35 % - **Prix : 3,10 €.**

### Composition

| | flacon p 100 ml | unidose p 100 ml |
|---|---|---|
| **Cromoglicate de sodium** | 2 g | 2 g |
| Benzalkonium chlorure | + | |

### Dans quel cas ce médicament est-il prescrit ?

Ce collyre contient un antiallergique local.

Il est utilisé dans le traitement des *allergies* oculaires.

**Attention :** En cas d'*allergie* aux *antiseptiques* de la famille des *ammoniums quaternaires*, n'utilisez pas le collyre en flacon de 5 ml du fait de la présence de benzalkonium.
Le port de lentilles de contact souples est déconseillé pendant le traitement (sauf collyre en unidose).

### Interactions avec d'autres substances

Ce collyre peut interagir avec d'autres collyres : respectez un intervalle de 15 minutes entre deux instillations.

### Grossesse et allaitement

L'effet de ce médicament pendant la grossesse ou l'allaitement est mal connu : seul votre médecin peut évaluer le risque éventuel de son utilisation dans votre cas.

### Mode d'emploi et posologie

Tirer la paupière inférieure vers le bas tout en regardant vers le haut et déposer une goutte de collyre entre la paupière et le globe oculaire (*cul-de-sac conjonctival*).

Veiller à ne pas mettre en contact l'embout du flacon avec l'œil ou les doigts pour éviter de contaminer le collyre avec les germes présents sur les paupières ou la peau.

**Posologie usuelle :**

- Adulte et enfant : 1 goutte, 2 à 6 fois par jour.

**Conseils :** Compte tenu de son absence de toxicité, ce médicament peut être obtenu sans ordonnance, néanmoins un avis médical est nécessaire avant de l'utiliser chez l'enfant.
L'application correcte du produit peut nécessiter une aide, notamment chez une personne handicapée ou âgée.
Ne conservez pas le flacon de 5 ml plus de 15 jours après ouverture. Une unidose permet une instillation dans les deux yeux et doit être jetée après usage.
Ce médicament doit être gardé à l'abri de la lumière.

### Effets indésirables possibles

*Réaction allergique.*

Laboratoires Cooper

## OPTREX

Solution de lavage oculaire

### Présentation

OPTREX : solution pour lavage oculaire ; flacon de 200 ml avec embout. Non remb.

### Composition

| | p 100 ml |
|---|---|
| **Chlorobutanol** | 20 mg |
| **Alcool** | 3 g |
| **Acide borique** | 2 g |
| **Acide salicylique** | 20 mg |
| **Hamamélis, eau distillée** | 400 mg |

### Dans quel cas ce médicament est-il prescrit ?

C'est une solution pour lavage ophtalmique *antiseptique* et légèrement astringente.

Elle est utilisée en cas d'irritation de l'œil.

### Contre-indications

Ce médicament ne doit pas être utilisé en cas d'*allergie* aux *salicylés*.

**Attention :** Une irritation oculaire peut être due à une infection : en cas de doute, n'hésitez pas à consulter votre médecin. N'utilisez pas ce médicament de façon prolongée sans prendre un avis médical.

### Interactions avec d'autres substances

En cas de traitement avec un collyre, respectez un intervalle de 15 minutes entre les deux instillations.

### Mode d'emploi et posologie

Retourner le flacon et le presser légèrement en dirigeant le jet vers l'œil. Essuyer l'excédent de solution avec une compresse.

**Posologie usuelle :**
3 ou 4 lavages oculaires par jour.

> **Conseils :** Cette solution ne doit pas être utilisée pour l'entretien des *lentilles de contact*.
> Évitez de mettre l'embout du flacon en contact avec l'œil.
> Après ouverture, ne conservez pas le flacon plus de 1 mois.

Laboratoires Pierre Fabre Médicament

## OPTRUMA

Estrogène de synthèse — sur ordonnance

### Présentation

**OPTRUMA 60 mg :** comprimé (ovale ; blanc) ; boîte de 28. Liste I - Remb 65 % - **Prix : 31,36 €**.
**OPTRUMA 60 mg :** comprimé (ovale ; blanc) ; boîte de 84. Liste I - Remb 65 % - **Prix : 83,94 €**.

### Composition

| | p cp |
|---|---|
| **Raloxifène chlorhydrate** | 60 mg |
| Lactose | + |

### Dans quel cas ce médicament est-il prescrit ?

Ce médicament est une *hormone* de synthèse qui reproduit les effets protecteurs des *estrogènes* sur l'os. Des études ont montré qu'il diminue le risque de fractures des vertèbres dues à l'*ostéoporose*. Contrairement aux estrogènes, il n'a pas d'effet stimulant sur la glande mammaire et sur l'utérus.

Il est utilisé pour traiter et prévenir l'ostéoporose chez la femme ménopausée. Le remboursement de la Sécurité sociale est subordonné à la présence d'au moins une fracture visible à la radiographie.

### Contre-indications

Ce médicament ne doit pas être utilisé dans les cas suivants :
- *antécédent* d'*accident thromboembolique* (*phlébite*, *embolie* pulmonaire...) ;
- *insuffisance hépatique*, ictère (jaunisse) chronique ;
- *insuffisance rénale* grave ;
- saignement génital intermittent (l'origine de ce saignement doit être déterminée par des examens appropriés avant la mise en route du traitement) ;
- cancer du corps de l'utérus (l'effet de ce médicament n'est pas connu dans cette situation) ;
- femme non ménopausée.

> **Attention :** Ce médicament n'agit que sur l'os et n'a pas d'effet sur les *symptômes* de la *ménopause* (bouffées de chaleur...).
> Comme les *estrogènes*, ce médicament augmente légèrement le risque de *thrombose*. Les situations qui exposent à un risque de *phlébite*, comme une intervention chirurgicale ou un alitement prolongé, peuvent nécessiter l'arrêt du traitement.
> En l'absence de données, ce médicament ne peut être utilisé en cas de cancer du sein en cours de traitement.
> Tout saignement génital inexpliqué doit être signalé à votre médecin.

### Interactions avec d'autres substances

Ce médicament peut interagir avec les médicaments qui contiennent de la colestyramine (QUESTRAN).

Informez par ailleurs votre médecin si vous prenez un *anticoagulant* oral : le *taux de prothrombine* doit être surveillé plus régulièrement dans le mois qui suit la mise en route ou l'arrêt du traitement.

### Grossesse et allaitement

Ce médicament n'a pas d'indication chez la femme non ménopausée.

### Mode d'emploi et posologie

Le comprimé est pris indifféremment pendant ou entre les repas.

**Posologie usuelle :**
1 comprimé par jour.

> **Conseils :** Pendant toute la durée du traitement, des apports de calcium sont nécessaires, soit par l'alimentation (produits laitiers), soit par un traitement conjoint spécifique.
> Des exercices physiques réguliers contribuent à limiter l'évolution de l'*ostéoporose*.

### Effets indésirables possibles

Bouffées de chaleur.
*Œdèmes* des jambes, crampes.
Rarement : *Accidents thromboemboliques*.
Très rarement : *éruption cutanée*, nausées, vomissements, douleurs abdominales, digestion difficile.

Laboratoires Pierre Fabre Médicament

## ORACÉFAL

Antibiotique : céphalosporine — sur ordonnance

### Présentation

**ORACÉFAL 125 mg :** poudre pour suspension buvable (arômes : citron, framboise, fraise) ; flacon de 60 ml (12 cuillères-mesure de 5 ml). Liste I - Remb 65 % - **Prix : 2,24 €**.
**ORACÉFAL 250 mg :** poudre pour suspension buvable (arômes : citron, framboise, fraise) ; flacon de 60 ml (12 cuillères-mesure de 5 ml). Liste I - Remb 65 % - **Prix : 3,56 €**.
**ORACÉFAL 500 mg :** poudre pour suspension buvable (arômes : banane, caramel) ; flacon de 60 ml (12 cuillères-mesure de 5 ml). Liste I - Remb 65 % - **Prix : 5,74 €**.
**ORACÉFAL 500 mg :** gélule (bleu clair et bleu foncé) ; boîte de 12. Liste I - Remb 65 % - **Prix : 5,83 €**.
**ORACÉFAL 1 g :** comprimé *dispersible* (beige ; arômes : orange, pamplemousse) ; boîte de 6. Liste I - Remb 65 % - **Prix : 5,30 €**.

### Composition

| | p c mes | p c mes | p c mes |
|---|---|---|---|
| **Céfadroxil** | 125 mg | 250 mg | 500 mg |
| Saccharose | 2,2 g | 1,85 g | 1,9 g |

| | p gél | p cp |
|---|---|---|
| **Céfadroxil** | 500 mg | 1 g |
| Lactose | + | |

### Dans quel cas ce médicament est-il prescrit ?

Cet *antibiotique* appartient à la famille des *céphalosporines*, antibiotiques proches des *pénicillines*, qui sont actives sur un plus grand nombre de *germes* que la pénicilline simple.

Il est utilisé dans le traitement de diverses maladies infectieuses, notamment des poumons, des bronches, des *sinus*, de la gorge ou des oreilles, de l'appareil urinaire.

### Contre-indications

Ce médicament ne doit pas être utilisé en cas d'*allergie* aux *céphalosporines*.

Votre médecin est seul juge pour prescrire ce médicament en cas d'allergie aux *pénicillines*.

> **Attention :** Des précautions sont nécessaires en cas d'*insuffisance rénale*.
>
> La survenue de toute *réaction allergique* (boutons, *œdème*, malaise) impose l'arrêt du traitement : consultez rapidement votre médecin. Pensez à toujours signaler vos *antécédents* d'allergie à une *céphalosporine* ou à une *pénicilline*.
>
> De nombreux *antibiotiques* peuvent provoquer des selles liquides ou une *diarrhée*, généralement bénigne. En revanche, une diarrhée importante survenant pendant ou dans les jours qui suivent le traitement antibiotique doit être signalée à votre médecin.
>
> Une diminution de la fièvre ou une disparition des *symptômes* ne sont pas synonymes de guérison : la durée du traitement doit absolument être respectée pour éviter les rechutes ou l'apparition d'une *résistance* du *germe* à l'*antibiotique*.
>
> Les suspensions buvables contiennent du *sucre* (saccharose) en quantité notable.

### Grossesse et allaitement

Aucun effet néfaste pour l'enfant à naître n'a été établi avec ce médicament. Il peut être prescrit pendant la grossesse.

Ce médicament passe dans le lait maternel ; la poursuite de l'allaitement est possible, mais tout *symptôme* survenant chez le nourrisson devra être signalé au médecin : *muguet*, éruption de boutons... pouvant traduire une *intolérance* ou une *allergie*.

### Mode d'emploi et posologie

Les repas ne modifient pas l'absorption de ce médicament qui peut donc être pris à n'importe quel moment de la journée. Néanmoins, la prise du médicament au cours du repas diminue le risque de nausées.

Les suspensions buvables sont préparées en dissolvant la poudre avec de l'eau en quantité suffisante pour que la solution obtenue atteigne le trait gravé sur le flacon. Elles doivent être agitées avant l'emploi.

Les gélules ne sont pas adaptées à l'enfant de moins de 6 ans. En effet, elles risquent d'obstruer les voies respiratoires si l'enfant déglutit mal et que la gélule passe dans la trachée (fausse route).

Le comprimé dispersible doit être délité dans un verre d'eau.

**Posologie usuelle :**

- Adulte : 2 g par jour, répartis en 2 prises.
- Enfant et nourrisson : 50 mg par kg et par jour, répartis en 2 prises, sans dépasser la dose Adulte (2 g par jour) ; soit, par exemple, pour un enfant de 20 kg : 2 cuillères-mesure de suspension buvable à 250 mg, matin et soir.

> **Conseils :** Le médecin prescrit parfois un prélèvement pour identifier le *germe* responsable de l'infection et tester sa sensibilité aux *antibiotiques*. Le résultat de cet examen peut être faussé en cas d'automédication préalable : ne prenez pas et ne donnez pas d'antibiotiques sans avis médical.
>
> L'éventuelle impression de fatigue n'est pas due à l'*antibiotique*, mais à l'infection elle-même.
>
> Les suspensions buvables reconstituées se conservent 7 jours à température ambiante.

### Effets indésirables possibles

Nausées, vomissements, *diarrhée*.

Démangeaisons génitales.

*Réaction allergique* : *éruption cutanée*, œdème de *Quincke*, *choc anaphylactique* (exceptionnel)...

Anomalie de la *numération formule sanguine*, élévation des *transaminases*.

Laboratoires Bristol-Myers Squibb

## ORACILLINE

Antibiotique : pénicilline — sur ordonnance

### Présentation

**ORACILLINE 250 000 UI/5 ml :** suspension buvable (arôme abricot) ; flacon de 120 ml (24 cuillères-mesure de 5 ml). Liste I - Remb 65 % - **Prix : 6,95 €.**

**ORACILLINE 500 000 UI/5 ml :** suspension buvable (arôme abricot) ; flacon de 120 ml (24 cuillères-mesure de 5 ml). Liste I - Remb 65 % - **Prix : 8,73 €.**

**ORACILLINE 1 000 000 UI/10 ml :** suspension buvable (arôme abricot) ; flacon de 180 ml (18 cuillères-mesure de 10 ml). Liste I - Remb 65 % - **Prix : 13,63 €.**

**ORACILLINE 1 million UI :** comprimé sécable (oblong ; blanc) ; boîte de 12. Liste I - Remb 65 % - **Prix : 5,07 €.**

### Composition

| | p c mes | p c mes |
|---|---|---|
| **Phénoxyméthylpénicilline** | 250 000 UI | 500 000 UI |
| Sulfites | + | + |

| | p c mes | p cp |
|---|---|---|
| **Phénoxyméthylpénicilline** | 1 M UI | 1 M UI |
| Sulfites | + | |

### Dans quel cas ce médicament est-il prescrit ?

C'est un *antibiotique* qui appartient à la famille des *pénicillines*.

Il est utilisé dans :

- le traitement de diverses maladies infectieuses, notamment des oreilles, du nez, de la gorge, de la peau ;
- la prévention des rechutes du *rhumatisme articulaire aigu*.

### Contre-indications

Ce médicament ne doit pas être utilisé en cas d'*allergie* aux *pénicillines*.

Votre médecin est seul juge pour prescrire ce médicament en cas d'allergie aux *céphalosporines*.

> **Attention :** Des précautions sont nécessaires en cas d'*insuffisance rénale*.
>
> La survenue de toute *réaction allergique* (boutons, *œdème*, malaise) impose l'arrêt du traitement. Consultez rapidement votre médecin. Pensez à signaler

tout *antécédent* d'allergie aux *antibiotiques* de la famille des *bêtalactamines* (*pénicillines* et *céphalosporines*). Il contre-indique l'usage de ce médicament.
De nombreux *antibiotiques* peuvent provoquer des selles liquides ou une *diarrhée*, généralement bénigne. En revanche, une diarrhée importante survenant pendant ou dans les jours qui suivent le traitement antibiotique doit être signalée à votre médecin.
Une diminution de la fièvre ou une disparition des *symptômes* ne sont pas synonymes de guérison : la durée du traitement doit absolument être respectée pour éviter les rechutes ou l'apparition d'une *résistance* du *germe* à l'*antibiotique*.

### Interactions avec d'autres substances

Ce médicament peut interagir avec les médicaments contenant du méthotrexate.

### Grossesse et allaitement

Les études actuellement disponibles n'ont pas mis en évidence de problème particulier lors de l'utilisation de ce médicament chez la femme enceinte. Seul votre médecin peut apprécier la nécessité du traitement et son risque pendant la grossesse.
Ce médicament passe dans le lait maternel ; la poursuite de l'allaitement est possible, mais tout *symptôme* survenant chez le nourrisson devra être signalé au médecin : *muguet*, éruption de boutons... pouvant traduire une *intolérance* ou une *allergie*.

### Mode d'emploi et posologie

Ce médicament est pris de préférence un peu avant le repas.

**Posologie usuelle :**
Elle est très variable en fonction des cas. A titre indicatif et pour des infections courantes :
- Adulte : 1 000 000 UI, 2 à 4 fois par jour.
- Enfant : 50 000 à 100 000 UI par kg et par jour, répartis en 3 ou 4 prises ; soit, par exemple, pour un enfant de 15 kg : 1 cuillère-mesure de suspension buvable à 500 000 UI, 3 fois par jour.

**Conseils :** Le médecin prescrit parfois un prélèvement pour identifier le *germe* responsable de l'infection et tester sa sensibilité aux *antibiotiques*. Le résultat de cet examen peut être faussé en cas d'automédication préalable : ne prenez pas et ne donnez pas d'antibiotiques sans avis médical.
L'éventuelle impression de fatigue n'est pas due à l'*antibiotique*, mais à l'infection elle-même.
L'odeur particulière des urines est normale et traduit l'élimination de l'antibiotique.
La suspension buvable se conserve 15 jours à température ambiante.

### Effets indésirables possibles

Nausées, vomissements, *diarrhée*.
*Candidose*.
*Réaction allergique* : *éruption cutanée*, œdème de *Quincke*, *choc anaphylactique* (exceptionnel).
Anomalie de la *numération formule sanguine*.

**Laboratoires Schwarz Pharma**

## ORAMORPH

Antalgique : morphine — **sur ordonnance**

### Présentation

ORAMORPH 10 mg/5 ml : solution buvable ; boîte de 10 unidoses de 5 ml. Stupéfiants - Remb 65 % - **Prix : 5,62 €**.
ORAMORPH 20 mg/ml : solution buvable ; flacon compte-gouttes de 20 ml. Stupéfiants - Remb 65 % - **Prix : 14,02 €**.
ORAMORPH 30 mg/5 ml : solution buvable ; boîte de 10 unidoses de 5 ml. Stupéfiants - Remb 65 % - **Prix : 5,62 €**.
ORAMORPH 100 mg/5 ml : solution buvable ; boîte de 10 unidoses de 5 ml. Stupéfiants - Remb 65 % - **Prix : 5,62 €**.

### Composition

| | p unidose | p ml |
|---|---|---|
| **Morphine sulfate** | 5 mg | 20 mg |
| | p unidose | p unidose |
| **Morphine sulfate** | 30 mg | 100 mg |

### Dans quel cas ce médicament est-il prescrit ?

Ce médicament est un *antalgique* puissant qui contient de la *morphine*. Il combat la douleur en agissant directement sur le cerveau. Ce médicament agit rapidement mais son effet s'estompe en quelques heures.
Il est utilisé dans le traitement des douleurs intenses ou rebelles, dans leur forme aiguë. Il peut également être utilisé pour compléter l'action des antalgiques morphiniques à *libération prolongée*.

### Contre-indications

Ce médicament ne doit pas être utilisé dans les cas suivants :
- *insuffisance hépatique* ou *respiratoire* grave ;
- épilepsie non contrôlée ;
- en association avec les *antalgiques* contenant de la buprénorphine, de la nalbuphine ou de la pentazocine ;
- enfant de moins de 6 mois ;
- **allaitement**.

**Attention :** Des précautions sont nécessaires en cas d'*insuffisance rénale*, de constipation, d'*hypertension intracrânienne*, et chez les personnes âgées, notamment en cas d'*adénome de la prostate*.
Ce médicament peut induire une somnolence parfois intense chez certaines personnes. Cette somnolence peut être majorée par la prise d'*alcool* ou d'autres médicaments *sédatifs*. La conduite ou l'utilisation de machines dangereuses sont déconseillées.
Sportif : ce médicament contient une substance susceptible de rendre positifs certains *tests antidopage*.

### Interactions avec d'autres substances

Ce médicament ne doit pas être associé à un *antalgique* contenant de la buprénorphine (TEMGÉSIC...), de la pentazocine (FORTAL...) ou de la nalbuphine : diminution de l'effet de la morphine.
Informez votre médecin si vous prenez des médicaments *sédatifs* ; ils peuvent augmenter le risque de somnolence.

## Grossesse et allaitement

L'utilisation de la *morphine* et de ses dérivés ne doit être envisagée chez la femme enceinte qu'en cas d'absolue nécessité, en effet :

- une *insuffisance respiratoire* peut survenir chez le nouveau-né d'une mère traitée par des doses élevées, même si le traitement est ponctuel mais précède de peu l'accouchement ;
- un *syndrome de sevrage*, à l'inverse, peut concerner des nouveau-nés si leur mère reçoit un traitement régulier, même à faible dose. L'enfant souffre alors d'irritabilité, de vomissements, voire de convulsions.

Il est donc important de signaler à l'obstétricien la prise éventuelle de morphinique, afin que ces risques puissent être prévenus par une surveillance et un éventuel traitement adapté.

La *morphine* passe dans le lait maternel : l'allaitement est contre-indiqué.

## Mode d'emploi et posologie

Le contenu des unidoses peut être mélangé à des aliments semi-liquides (purée, yaourt...).

**Posologie usuelle :**

La *posologie*, strictement individuelle, est adaptée progressivement par votre médecin en fonction de l'intensité de la douleur et des médicaments éventuellement associés.

**Conseils :** La *morphine* et les médicaments apparentés ne sont pas réservés aux douleurs des cancéreux ; ils sont aussi utilisés dans le traitement de courte durée des fortes douleurs pouvant faire suite à une fracture, une intervention chirurgicale, un *infarctus du myocarde*...

Depuis le 1er juillet 1999, la prescription de *morphine* et de substances apparentées (*stupéfiants*) est rédigée par le médecin sur une ordonnance « sécurisée ».

La durée de validité de l'ordonnance est limitée à 28 jours.

Respectez la *posologie* et la durée de traitement prescrites par votre médecin. Mais si le traitement paraît insuffisant, n'hésitez pas à reprendre contact avec lui.

## Effets indésirables possibles

Fréquemment : somnolence, nausées, vomissements qui souvent régressent spontanément ; constipation qui nécessite la prise d'un traitement laxatif régulier.

Plus rarement : confusion des idées, excitation, cauchemars (notamment chez la personne âgée), difficulté respiratoire, difficulté à uriner, *hypertension intracrânienne*.

Ce médicament contient de la *morphine* et expose à un risque de *dépendance*. Ce risque est très faible par voie orale, dans les conditions d'utilisation médicale.

Laboratoires Norgine Pharma

# ORAP

*Informations détaillées sur www.monvidal.com*

# ORAVIR

*Informations détaillées sur www.monvidal.com*

# ORBÉNINE

Antibiotique : pénicilline — **sur ordonnance**

## Présentation

**ORBÉNINE 500 mg :** gélule (orange et blanc) ; boîte de 16. Liste I - Remb 65 % - **Prix : 8,09 €.**

**ORBÉNINE 1 g :** préparation injectable *IM* ; flacon de poudre et ampoule de solvant de 5 ml. Liste I - Remb 35 % - **Prix : 2,87 €.**

## Composition

| | p gél | p unité |
|---|---|---|
| **Cloxacilline** | 500 mg | 1 g |
| Alcool benzylique | | 150 mg |

## Dans quel cas ce médicament est-il prescrit ?

C'est un *antibiotique* qui appartient à la famille des *pénicillines* M. Cette famille est particulièrement efficace contre les *staphylocoques*, *germes* capables d'inactiver la pénicilline simple.

Il est utilisé dans le traitement de diverses maladies infectieuses, notamment des poumons, des bronches, du nez, de la gorge ou des oreilles, de l'appareil urinaire, des *voies* génitales, de la peau ou des os.

## Contre-indications

Ce médicament ne doit pas être utilisé en cas d'*allergie* aux *pénicillines*.

Votre médecin est seul juge pour prescrire ce médicament en cas d'allergie aux *céphalosporines*.

**Attention :** La solution injectable ne doit pas être administrée chez l'enfant de moins de 3 ans, en raison de la nature du solvant de l'ampoule injectable (alcool benzylique).

La survenue de toute *réaction allergique* (boutons, *œdème*, malaise) impose l'arrêt du traitement. Consultez rapidement votre médecin. Pensez à signaler tout *antécédent* d'allergie aux *antibiotiques* de la famille des *bêtalactamines* (*pénicillines* et *céphalosporines*). Il contre-indique l'usage de ce médicament.

De nombreux *antibiotiques* peuvent provoquer des selles liquides ou une *diarrhée*, généralement bénigne. En revanche, une diarrhée importante survenant pendant ou dans les jours qui suivent le traitement antibiotique doit être signalée à votre médecin.

Une diminution de la fièvre ou une disparition des *symptômes* ne sont pas synonymes de guérison : la durée du traitement doit absolument être respectée pour éviter les rechutes ou l'apparition d'une *résistance* du *germe* à l'*antibiotique*.

## Interactions avec d'autres substances

Ce médicament peut interagir avec les médicaments contenant du méthotrexate.

## Grossesse et allaitement

Aucun effet néfaste pour l'enfant à naître n'a été établi avec ce médicament. Il peut être prescrit pendant la grossesse.

Ce médicament passe dans le lait maternel : l'arrêt de l'allaitement devra être envisagé.

## Mode d'emploi et posologie

Les gélules ne sont pas adaptées à l'enfant de moins de 6 ans. En effet, elles risquent d'obstruer les voies respiratoires si l'enfant déglutit mal et que la gélule passe dans la trachée (fausse route).

Les gélules doivent être avalées avec un liquide, de préférence une demi-heure avant les repas.

La solution injectable est obtenue en mélangeant la poudre avec le solvant fourni. Elle doit alors être injectée par *voie* intramusculaire, jamais par voie intraveineuse. Aucun autre produit ne doit être mélangé au contenu du flacon.

**Posologie usuelle :**

Elle varie en fonction des indications.

Gélule : 25 mg à 50 mg par kg et par jour, soit à titre indicatif et pour des infections courantes :

- Adulte et enfant de plus de 12 ans : 2 gélules à 500 mg, matin et soir.
- Enfant de 6 à 12 ans : 1 gélule à 500 mg, matin et soir.

Solution injectable : 50 à 100 mg par kg et par jour, pour des infections graves.

**Conseils :** Le médecin prescrit parfois un prélèvement pour identifier le *germe* responsable de l'infection et tester sa sensibilité aux *antibiotiques*. Le résultat de cet examen peut être faussé en cas d'automédication préalable : ne prenez pas et ne donnez pas d'antibiotiques sans avis médical.

L'éventuelle fatigue n'est pas due à l'*antibiotique*, mais à l'infection elle-même.

La solution injectable reconstituée ne se conserve pas et doit être utilisée sans délai.

### Effets indésirables possibles

Douleur au point d'injection pour la forme injectable.

Nausées, vomissements, *diarrhée*.

Rarement :

- *réactions allergiques* : *éruption cutanée*, œdème de *Quincke*, *choc anaphylactique* (exceptionnel) ;
- anomalie de la *numération formule sanguine*, *insuffisance rénale*, augmentation des *transaminases*.

Laboratoires Astellas Pharma

## ORELOX

Antibiotique : céphalosporine — **sur ordonnance**

### Présentation

**ORELOX Enfant et Nourrisson :** granulé pour suspension buvable (arôme banane) ; flacon de 50 ml (soit 100 doses-graduation) avec cuillère-doseuse graduée de 5 à 25 kg. Liste I - Remb 65 % - **Prix : 8,60 €.**

**ORELOX Enfant et Nourrisson :** granulé pour suspension buvable (arôme banane) ; flacon de 100 ml (soit 200 doses-graduation) avec cuillère-doseuse graduée de 5 à 25 kg. Liste I - Remb 65 % - **Prix : 14,63 €.**

**ORELOX :** comprimé (blanc) ; boîte de 10. Liste I - Remb 65 % - **Prix : 13,73 €.**

### Composition

| | p ml | p cp |
|---|---|---|
| **Cefpodoxime** | 8 mg | 100 mg |
| Aspartam | + | |
| Lactose | + | + |

### Dans quel cas ce médicament est-il prescrit ?

Cet *antibiotique* appartient à la famille des *céphalosporines*, antibiotiques proches des *pénicillines*, qui sont actives sur un plus grand nombre de *germes* que la pénicilline simple.

Il est utilisé dans le traitement de diverses maladies infectieuses, notamment des poumons, des bronches, de la gorge, des oreilles et des *sinus*.

### Contre-indications

Ce médicament ne doit pas être utilisé dans les cas suivants :

- *allergie* aux *céphalosporines*,
- *phénylcétonurie* (granulé : présence d'aspartam).

Votre médecin est seul juge pour prescrire ce médicament en cas d'allergie aux *pénicillines*.

**Attention :** Des précautions sont nécessaires en cas d'*insuffisance rénale* grave.

La survenue de toute *réaction allergique* (boutons, *œdème*, malaise) impose l'arrêt du traitement : consultez rapidement votre médecin. Pensez à toujours signaler vos *antécédents* d'allergie à une *céphalosporine* ou à une *pénicilline*.

De nombreux *antibiotiques* peuvent provoquer des selles liquides ou une *diarrhée*, généralement bénigne. En revanche, une diarrhée importante survenant pendant ou dans les jours qui suivent le traitement antibiotique doit être signalée à votre médecin.

Une diminution de la fièvre ou une disparition des *symptômes* ne sont pas synonymes de guérison : la durée du traitement doit absolument être respectée pour éviter les rechutes ou l'apparition d'une *résistance* du *germe* à l'*antibiotique*.

### Grossesse et allaitement

L'effet de ce médicament pendant la grossesse est mal connu : seul votre médecin peut évaluer le risque éventuel de son utilisation dans votre cas.

Ce médicament passe dans le lait maternel ; la poursuite de l'allaitement est possible, mais tout *symptôme* survenant chez le nourrisson devra être signalé au médecin : *muguet*, éruption de boutons... pouvant traduire une *intolérance* ou une *allergie*.

### Mode d'emploi et posologie

Ce médicament doit être pris pendant les repas.

La suspension buvable est reconstituée par addition d'eau jusqu'au trait de jauge. Agiter avant l'emploi. La suspension buvable permet un ajustement précis de la posologie grâce à sa cuillère-doseuse : la dose par prise est indiquée, en fonction du poids de l'enfant, sur le manche de la cuillère graduée en kg. Par exemple, la graduation 15 kg correspond à la dose à administrer par prise pour un enfant de 15 kg. 2 prises par jour sont nécessaires.

**Posologie usuelle :**

- Adulte : 1 ou 2 comprimés, matin et soir.
- Enfant : 8 mg par kg et par jour, en 2 prises espacées de 12 heures ; soit, par exemple, pour un enfant de 25 kg : 1 comprimé, matin et soir, ou 1 cuillère-doseuse remplie jusqu'à la graduation 25 kg, 2 fois par jour.

**Conseils :** Le médecin prescrit parfois un prélèvement pour identifier le *germe* responsable de l'infection et tester sa sensibilité aux *antibiotiques*. Le résultat de cet examen peut être faussé en cas d'automédication préalable : ne prenez pas et ne donnez pas d'antibiotiques sans avis médical.

L'éventuelle impression de fatigue n'est pas due à l'*antibiotique*, mais à l'infection elle-même.

La suspension buvable reconstituée doit être conservée au réfrigérateur entre + 2 °C et + 8 °C pendant 10 jours maximum.

### Effets indésirables possibles

*Diarrhée*, vomissements, douleurs abdominales.
Plus rarement :
- maux de tête ;
- *réactions allergiques* : *éruption cutanée*, démangeaisons, *choc anaphylactique* (exceptionnel) ;
- anomalie de la *numération formule sanguine*, augmentation des *transaminases*.

Laboratoires Aventis

## ORGAMÉTRIL

*Informations détaillées sur www.monvidal.com*

## ORNITAÏNE

*Informations détaillées sur www.monvidal.com*

## OROCAL

Élément minéral : calcium

### Présentation

OROCAL **500 mg :** comprimé à sucer (blanc ; arôme orange) ; boîte de 60. Remb 65 % - **Prix : 9,05 €**.

### Composition

| | p cp |
|---|---|
| **Carbonate de calcium** | 1,25 g |
| soit Calcium | 500 mg |
| Aspartam | + |

### Dans quel cas ce médicament est-il prescrit ?

Ce médicament contient une forte quantité de calcium, principal constituant de l'os.

Il est utilisé en cas de régime pauvre en calcium, de besoins accrus (période de croissance, grossesse, allaitement) ou de décalcification osseuse (*ostéoporose*, immobilisation prolongée ou traitement par la *cortisone*).

### Contre-indications

Ce médicament ne doit pas être utilisé dans les cas suivants :
- excès de calcium dans le sang ou dans les urines, avec ou sans *lithiase* ;
- immobilisation prolongée (attendre la reprise de la marche pour débuter le traitement) ;
- *phénylcétonurie* (présence d'aspartam).

**Attention :** Des apports excessifs en calcium peuvent être dangereux, notamment en cas d'*insuffisance rénale*. N'utilisez pas ce médicament sans avis médical.

Lorsque ce médicament est destiné à traiter une décalcification osseuse due à une immobilisation prolongée, il ne doit être pris qu'à la reprise de la marche.

Ce médicament est quelquefois associé à la *vitamine* D, qui favorise son absorption ; dans ce cas, des analyses de sang et d'urine sont parfois nécessaires.

### Interactions avec d'autres substances

Respectez un intervalle d'au moins 2 heures (voire 3 heures) entre la prise de ce médicament et celle des *cyclines*, des diphosphonates ou des médicaments contenant du fer.

Informez par ailleurs votre pharmacien ou votre médecin si vous prenez des *digitaliques* ou des *diurétiques*.

### Grossesse et allaitement

Ce médicament peut être prescrit par votre médecin pendant la grossesse ou l'allaitement.

### Mode d'emploi et posologie

Les comprimés doivent être sucés.

**Posologie usuelle :**
- Adulte : 2 ou 3 comprimés par jour.
- Enfant : 1 ou 2 comprimés par jour, en fonction de l'âge.

**Conseils :** La prise de ce médicament ne dispense pas de la consommation régulière de laitages, naturellement riches en calcium.

### Effets indésirables possibles

Sensation de bouche sèche.

En cas de traitement prolongé à forte dose : *hypercalcémie*, hypercalciurie (excès de calcium dans les urines pouvant favoriser les calculs rénaux).

Laboratoires Théramex

## OROCAL D3

Vitamine D avec calcium

### Présentation

OROCAL D3 **:** comprimé à sucer (blanc ; arôme citron) ; boîte de 60. Remb 65 % - **Prix : 7,64 €**.
OROCAL D3 **:** comprimé à sucer (blanc ; arôme citron) ; boîte de 180. Remb 65 % - **Prix : 21,85 €**.

### Composition

| | p cp |
|---|---|
| **Calcium carbonate** | 1,25 g |
| soit Calcium | 500 mg |
| **Colécalciférol (vitamine D3)** | 400 UI |
| Aspartam | + |
| Sorbitol | + |

### Dans quel cas ce médicament est-il prescrit ?

Ce médicament contient du calcium et de la *vitamine* D, qui facilite l'absorption du calcium par l'intestin et sa fixation sur les os.

Il est utilisé :
- dans le traitement des *carences* en vitamine D et en calcium chez la personne âgée,
- dans le *traitement d'appoint* de l'*ostéoporose* lorsque l'apport conjoint de calcium et de vitamine D est nécessaire.

### Contre-indications

Ce médicament ne doit pas être utilisé dans les cas suivants :
- excès de calcium dans le sang ou dans les urines,
- calculs des *voies* urinaires contenant du calcium,
- immobilisation prolongée (attendre la reprise de la marche pour débuter le traitement),
- *phénylcétonurie* (présence d'aspartam).

**Attention :** Ce médicament contient de la *vitamine* D : son *surdosage* expose à des effets indésirables graves. Elle est présente dans de nombreux

médicaments dont certains sont disponibles en automédication : évitez de les associer sans avis médical.
Des précautions sont nécessaires en cas d'*insuffisance rénale*.
Ne prolongez pas le traitement au-delà de la durée prescrite : une prise de sang peut être nécessaire pour vérifier l'absence d'accumulation anormale de calcium dans l'organisme.
Lorsque ce médicament est destiné à traiter la décalcification due à un alitement prolongé, le traitement ne doit pas être commencé avant la reprise de la marche.

### Interactions avec d'autres substances

En raison de la présence de calcium, respectez un intervalle d'au moins 2 heures entre la prise de ce médicament et celle des *cyclines*, des biphosphonates ou des médicaments contenant du fer.

Informez par ailleurs votre pharmacien ou votre médecin si vous prenez des *digitaliques* ou des *diurétiques*.

Il existe également des interactions alimentaires : les aliments réputés riches en acide oxalique (épinards, rhubarbe, oseille, cacao, thé) ou en acide phytique (chocolat, céréales complètes, légumes secs) peuvent diminuer l'absorption du calcium. Il est donc recommandé de prendre ce médicament à distance de repas contenant ces aliments.

### Grossesse et allaitement

Ce médicament peut être utilisé chez la femme enceinte ou chez celle qui allaite, mais la *posologie* prescrite par le médecin ne doit pas être dépassée.

Une *hypercalcémie* pendant la grossesse pourrait être néfaste pour l'enfant à naître. Veillez à ne pas absorber plusieurs médicaments contenant de la *vitamine* D pendant la grossesse.

### Mode d'emploi et posologie

Ce médicament doit être pris à distance de certains aliments (voir Interactions).

Les comprimés sont à sucer.

**Posologie usuelle :**

- Adulte : 1 comprimé, matin et soir.

**Conseils :** La prise de ce médicament ne dispense pas de la consommation régulière de laitages, naturellement riches en calcium.

### Effets indésirables possibles

Constipation, nausées, ballonnements, diarrhée, douleur d'estomac.

En cas de traitement prolongé à forte dose : *hypercalcémie*, hypercalciurie (excès de calcium dans les urines pouvant favoriser les calculs rénaux).

Laboratoires Théramex

## OROCAL VITAMINE D3

Vitamine D avec calcium

### Présentation

**OROCALVITAMINE D3 500 mg/200 UI :** comprimé à sucer (blanc ; arôme orange) ; boîte de 60. Remb 65 % - **Prix : 7,64 €.**

**OROCALVITAMINE D3 500 mg/200 UI :** comprimé à sucer (blanc ; arôme orange) ; boîte de 180. Remb 65 % - **Prix : 21,85 €.**

### Composition

| | p cp |
|---|---|
| **Calcium carbonate** | 1,25 g |
| soit Calcium | 500 mg |
| **Colécalciférol (vitamine D3)** | 200 UI |
| Aspartam | + |
| Sorbitol | + |

### Dans quel cas ce médicament est-il prescrit ?

Ce médicament contient du calcium et de la *vitamine* D, qui facilite l'absorption du calcium par l'intestin et sa fixation sur les os.

Il est utilisé :

- dans la prévention et le traitement des *carences* en vitamine D et en calcium,
- dans le *traitement d'appoint* de l'*ostéoporose* lorsque l'apport conjoint de calcium et de vitamine D est nécessaire.

### Contre-indications

Ce médicament ne doit pas être utilisé dans les cas suivants :

- excès de calcium dans le sang ou dans les urines,
- calculs des *voies* urinaires contenant du calcium,
- immobilisation prolongée (attendre la reprise de la marche pour débuter le traitement),
- *phénylcétonurie* (présence d'aspartam).

**Attention :** Ce médicament contient de la *vitamine* D : son *surdosage* expose à des effets indésirables graves. Elle est présente dans de nombreux médicaments dont certains sont disponibles en automédication : évitez de les associer sans avis médical.
Des précautions sont nécessaires en cas d'*insuffisance rénale*.
Ne prolongez pas le traitement au-delà de la durée prescrite : une prise de sang peut être nécessaire pour vérifier l'absence d'accumulation anormale de calcium dans l'organisme.
Lorsque ce médicament est destiné à traiter la décalcification due à un alitement prolongé, le traitement ne doit pas être commencé avant la reprise de la marche.

### Interactions avec d'autres substances

En raison de la présence de calcium, respectez un intervalle d'au moins 2 heures entre la prise de ce médicament et celle des *cyclines*, des biphosphonates ou des médicaments contenant du fer.

Informez par ailleurs votre pharmacien ou votre médecin si vous prenez des *digitaliques* ou des *diurétiques*.

Il existe également des interactions alimentaires : les aliments réputés riches en acide oxalique (épinards, rhubarbe, oseille, cacao, thé) ou en acide phytique (chocolat, céréales complètes, légumes secs) peuvent diminuer l'absorption du calcium. Il est donc recommandé de prendre ce médicament à distance de repas contenant ces aliments.

### Grossesse et allaitement

Ce médicament peut être utilisé chez la femme enceinte ou chez celle qui allaite, mais la *posologie* prescrite par le médecin ne doit pas être dépassée.

Une *hypercalcémie* pendant la grossesse pourrait être néfaste pour l'enfant à naître. Veillez à ne pas absorber plusieurs médicaments contenant de la *vitamine* D pendant la grossesse.

### Mode d'emploi et posologie

Ce médicament doit être pris à distance de certains aliments (voir Interactions).

Les comprimés peuvent être croqués ou sucés.

**Posologie usuelle :**

- Adulte : 1 comprimé, 1 à 3 fois par jour.
- Enfant : 1 comprimé, 1 ou 2 fois par jour.

> **Conseils :** La prise de ce médicament ne dispense pas de la consommation régulière de laitages, naturellement riches en calcium.

### Effets indésirables possibles

Constipation, nausées, ballonnements, diarrhée, douleur d'estomac.

En cas de traitement prolongé à forte dose : *hypercalcémie*, hypercalciurie (excès de calcium dans les urines pouvant favoriser les calculs rénaux).

Laboratoires Théramex

## OROKEN

Antibiotique : céphalosporine — **sur ordonnance**

### Présentation

**OROKEN 200 mg :** comprimé (blanc) ; boîte de 8. Liste I - Remb 65 % - **Prix : 13,88 €**.

**OROKEN Enfant 100 mg/5 ml :** poudre pour suspension buvable (arôme fraise) ; flacon de 40 ml avec pipette doseuse graduée en kg. Liste I - Remb 65 % - **Prix : 10,48 €**.

**OROKEN Nourrisson 40 mg/5 ml :** poudre pour suspension buvable (arôme fraise) ; flacon de 40 ml avec pipette doseuse graduée en kg. Liste I - Remb 65 % - **Prix : 6,43 €**.

### Composition

| | p cp | p dose | p dose |
|---|---|---|---|
| **Céfixime** | 200 mg | 100 mg | 40 mg |
| Saccharose | | 1,51 g | 1,56 g |

### Dans quel cas ce médicament est-il prescrit ?

Cet *antibiotique* appartient à la famille des *céphalosporines*, antibiotiques proches des *pénicillines*, qui sont actives sur un plus grand nombre de *germes* que la pénicilline simple.

Il est utilisé dans le traitement de diverses maladies infectieuses, notamment celles des poumons, des bronches, de la gorge, des *sinus*, des oreilles et de l'appareil urinaire ou génital.

### Contre-indications

Ce médicament ne doit pas être utilisé en cas d'*allergie* aux *céphalosporines*.

Votre médecin est seul juge pour prescrire ce médicament en cas d'allergie aux *pénicillines*.

> **Attention :** La survenue de toute *réaction allergique* (boutons, *œdème*, malaise) impose l'arrêt du traitement : consultez rapidement votre médecin. Pensez à toujours signaler vos *antécédents* d'allergie à une *céphalosporine* ou à une *pénicilline*.
>
> De nombreux *antibiotiques* peuvent provoquer des selles liquides ou une *diarrhée*, généralement bénigne. En revanche, une diarrhée importante survenant pendant ou dans les jours qui suivent le traitement antibiotique doit être signalée à votre médecin.
>
> Une diminution de la fièvre ou une disparition des *symptômes* ne sont pas synonymes de guérison : la durée du traitement doit absolument être respectée pour éviter les rechutes ou l'apparition d'une *résistance* du *germe* à l'*antibiotique*.
>
> Les suspensions buvables contiennent du *sucre* (saccharose) en quatité notable.

### Grossesse et allaitement

L'effet de ce médicament pendant la grossesse ou l'allaitement est mal connu : seul votre médecin peut évaluer le risque éventuel de son utilisation dans votre cas.

### Mode d'emploi et posologie

Ce médicament peut être pris indifféremment au cours ou en dehors des repas.

La suspension buvable est reconstituée par addition d'eau jusqu'au trait de jauge. Agiter avant l'emploi. La suspension buvable permet un ajustement précis de la *posologie* grâce à sa pipette : la dose par prise est indiquée, en fonction du poids de l'enfant, sur le piston de la pipette graduée en kg. Par exemple, la graduation n° 10 correspond à la dose à administrer par prise pour un enfant de 10 kg. 2 prises par jour sont nécessaires.

**Posologie usuelle :**

- Adulte et enfant de plus de 12 ans : 1 comprimé, matin et soir.
- Enfant de 30 mois à 12 ans : 8 mg par kg et par jour, en 2 prises espacées de 12 heures ; soit, par exemple, pour un enfant de 12 kg : 1 pipette remplie de suspension buvable Enfant jusqu'à la graduation 10 kg et 1 pipette remplie jusqu'à la graduation 2 kg, 2 fois par jour.
- Nourrisson de 6 à 30 mois : 8 mg par kg et par jour, en 2 prises espacées de 12 heures ; soit, par exemple, pour un nourrisson de 8 kg : 1 pipette remplie de suspension buvable Nourrisson jusqu'à la graduation 8 kg, 2 fois par jour.

> **Conseils :** Le médecin prescrit parfois un prélèvement pour identifier le *germe* responsable de l'infection et tester sa sensibilité aux *antibiotiques*. Le résultat de cet examen peut être faussé en cas d'automédication préalable : ne prenez pas et ne donnez pas d'antibiotiques sans avis médical.
>
> L'éventuelle impression de fatigue n'est pas due à l'*antibiotique*, mais à l'infection elle-même.
>
> La suspension buvable reconstituée se conserve 10 jours à température ambiante.

### Effets indésirables possibles

*Diarrhée*, nausées, vomissements, digestion difficile, douleurs abdominales.

Plus rarement :
- maux de tête, *vertiges* ;
- *réactions allergiques* : *éruption cutanée*, démangeaisons, *choc anaphylactique* (exceptionnel) ;
- anomalie de la *numération formule sanguine*, augmentation des *transaminases*.

Laboratoires Aventis

## OROMAG

*Informations détaillées sur www.monvidal.com*

## OROMÉDINE MAUX DE GORGE

*Informations détaillées sur www.monvidal.com*

## OROMONE

Estrogène

sur ordonnance

### Présentation

**OROMONE 1 mg :** comprimé (beige) ; boîte de 28. Liste II - Remb 65 % - **Prix : 2,32 €**.
**OROMONE 2 mg :** comprimé (rose) ; boîte de 28. Liste II - Remb 65 % - **Prix : 2,32 €**.

### Composition

| | p cp | p cp |
|---|---|---|
| **Estradiol** | 1 mg | 2 mg |
| Lactose | + | + |

### Dans quel cas ce médicament est-il prescrit ?

Ce médicament contient une *hormone* naturelle de la famille des *estrogènes*.

Il est utilisé pour soulager les *symptômes* dus au déficit en estrogènes lors de la *ménopause* (bouffées de chaleur, sécheresse vaginale...).

Les comprimés à 2 mg sont également utilisés pour prévenir l'*ostéoporose* chez la femme ménopausée ayant un risque accru de fracture.

### Contre-indications

Ce médicament ne doit pas être utilisé dans les cas suivants :
- *accident thromboembolique* (*phlébite*, *embolie* pulmonaire...) ancien ou survenant pendant le traitement ;
- *cancer hormonodépendant* ;
- saignement génital intermittent (l'origine de ce saignement doit être déterminée par des examens appropriés avant la mise en route du traitement) ;
- maladie grave du foie.

Votre médecin est seul juge pour prescrire ce médicament en cas de maladies cardiovasculaires prédisposant aux embolies.

**Attention :** De récentes études ont montré une augmentation du risque de survenue d'un cancer du sein chez les femmes ayant reçu un traitement prolongé des *symptômes* de la *ménopause*. Le traitement doit par conséquent être prescrit à la dose minimale efficace et pour une durée la plus courte possible. En l'absence de troubles, sa prescription ne doit pas être systématique.

Un bilan initial suivi d'une surveillance médicale régulière sont nécessaires, surtout dans les cas suivants : anomalie de la circulation sanguine cérébrale et rétinienne, obésité, *diabète*, *hypertriglycéridémie*, *hypertension artérielle*, affection bénigne du sein et de l'utérus, *tumeur de l'hypophyse*, *lupus érythémateux* disséminé, certaines maladies rares (*porphyrie*, *otospongiose*), ictère (jaunisse) chronique ou survenu lors d'une grossesse, *insuffisance rénale*, *épilepsie*, *asthme*, *antécédents* familiaux de cancer du sein

Si vous devez subir une intervention chirurgicale, il est préférable d'interrompre le traitement un mois à l'avance. De même, un alitement prolongé doit vous conduire à arrêter le traitement.

### Interactions avec d'autres substances

L'efficacité du traitement peut être diminuée par la prise conjointe d'un médicament *inducteur enzymatique*.

### Grossesse et allaitement

Ce médicament n'a pas d'indication chez la femme enceinte. Si une grossesse survient sous traitement, éventualité rare mais possible en début de pré-ménopause, consultez votre médecin et arrêtez le traitement. Aucune malformation imputable à ce médicament n'a été observée à ce jour.

Lorsque la *ménopause* est confirmée, une grossesse est impossible, y compris en cas de réapparition des règles.

### Mode d'emploi et posologie

Les comprimés doivent être avalés avec un verre d'eau.

**Posologie usuelle :**

Elle est strictement individuelle. Votre médecin l'adapte en fonction des signes de sous ou *surdosage* :
- sous-dosage : persistance de bouffées de chaleur, de sécheresse vaginale, irritation oculaire par les lentilles de contact, etc. ;
- surdosage : tension douloureuse des seins, sensation de gonflement, irritabilité, etc.

En général, 1 comprimé à 1 mg ou 2 mg par jour en traitement continu sans période d'arrêt ou en traitement discontinu, pendant 20 à 25 jours par mois, suivi d'un arrêt de traitement de 5 à 6 jours.

**Conseils :** Un *progestatif* est généralement associé aux *estrogènes* au moins 12 jours par mois pour éviter une stimulation excessive de l'utérus. N'arrêtez pas la prise du progestatif sans l'avis de votre médecin.

La réapparition de règles est fréquente (mais pas obligatoire) après chaque interruption de cycle ou à l'arrêt du progestatif. En revanche, tout saignement en cours de traitement doit être signalé à votre médecin.

### Effets indésirables possibles

Nausées, tension des seins, irritabilité, jambes lourdes (qui traduisent généralement un *surdosage*).

Saignement génital intermittent (à signaler à votre médecin).

Ce médicament contient un *estrogène* naturel, identique à celui secrété par les ovaires. Il ne semble pas exposer aux effets indésirables qui peuvent être (rarement) rencontrés avec les estrogènes de synthèse contenus dans les pilules *contraceptives* ; il serait néanmoins souhaitable d'interrompre le traitement en cas :
- d'*accident thromboembolique* en évolution ou autre accident cardiovasculaire ;
- de jaunisse ;

- de *tumeur* bénigne ou maligne du foie, du sein ou de l'utérus ;
- de crise d'*épilepsie* ;
- d'écoulement de lait par le mamelon.

La prise d'estrogènes augmente également le risque de calculs de la vésicule biliaire.

Laboratoires Solvay Pharma

## OROMYLASE

*Informations détaillées sur www.monvidal.com*

## OROZAMUDOL

Antalgique opiacé

sur ordonnance

Ce médicament est un générique de CONTRAMAL (voir p. 257 et tableau p. 1151).
Ce médicament est un générique de TOPALGIC (voir p. 1032 et tableau p. 1151).

## ORTHO-NOVUM

*Informations détaillées sur www.monvidal.com*

## ORTHOSIPHON BOIRON

*Informations détaillées sur www.monvidal.com*

## OSCILLOCOCCINUM

Homéopathie

### Présentation

OSCILLOCOCCINUM : globules ; boîte de 1 dose. Non remb.
OSCILLOCOCCINUM : globules ; boîte de 6 doses. Non remb.

### Composition

Anas barbariae, foie et cœur, autolysat filtré, saccharose, lactose.

### Dans quel cas ce médicament est-il prescrit ?

C'est un médicament homéopathique utilisé dans la prévention et le traitement des états grippaux.

### Grossesse et allaitement

Aux *dilutions homéopathiques*, les substances contenues dans ce médicament ne sont pas connues pour être toxiques pendant la grossesse ou l'allaitement.

### Mode d'emploi et posologie

Ce médicament doit être pris en dehors des repas.
Laisser fondre le contenu entier du tube-dose sous la langue.
Pour les *nourrissons* : laisser fondre dans un peu d'eau et donner à la cuillère ou au biberon.

**Posologie usuelle :**
En *traitement préventif* : 1 dose par semaine pendant la période d'exposition grippale.
État grippal à son début : : 1 dose le plus tôt possible, dès le début des *symptômes*, à répéter éventuellement 2 ou 3 fois, à 6 heures d'intervalle.
État grippal déclaré : 1 dose matin et soir, pendant 1 à 3 jours.

Laboratoires Boiron

## OSFOLATE

*Informations détaillées sur www.monvidal.com*

## OSMOGEL

Antalgique local

### Présentation

OSMOGEL : gel pour application locale ; tube de 90 g. Non remb.

### Composition

| | p 100 g |
|---|---|
| **Sulfate de magnésium** | 25 g |
| **Lidocaïne chlorhydrate** | 1 g |

### Dans quel cas ce médicament est-il prescrit ?

Ce gel *antalgique* contient un *anesthésique* local.
Il est utilisé dans le *traitement d'appoint* de la douleur après un choc (bleu, bosse) ou une contusion.

### Contre-indications

Ce médicament ne doit pas être utilisé dans les cas suivants :
- *allergie* aux *anesthésiques* locaux,
- sur les *muqueuses*, une lésion suintante, infectée ou irritée, ni sous pansement étanche (occlusif).

**Attention :**
Sportif : les *anesthésiques* locaux ont été retirés de la liste des substances dopantes publiée dans les arrêtés du 20 avril et du 16 août 2004 par le ministère de la Jeunesse et des Sports.

### Grossesse et allaitement

L'effet de ce médicament pendant la grossesse ou l'allaitement est mal connu. L'évaluation du risque éventuel lié à son utilisation est individuelle : demandez conseil à votre pharmacien ou à votre médecin.

### Mode d'emploi et posologie

Appliquer un peu de gel sur la peau, puis recouvrir d'une compresse.
Avant une nouvelle application, nettoyer à l'eau la pellicule de gel adhérant à la peau.

**Posologie usuelle :**
2 à 4 applications par jour.

**Conseils :** Évitez le contact avec les yeux. Pensez à vous laver soigneusement les mains après l'application.

### Effets indésirables possibles

*Réaction allergique* cutanée imposant l'arrêt du traitement.

Laboratoires Merck Médication Familiale

## OSMOTOL

*Informations détaillées sur www.monvidal.com*

## OSSEANS D3

*Informations détaillées sur www.monvidal.com*

## OSSOPAN

Élément minéral : calcium

### Présentation

OSSOPAN : comprimé (jaune) ; boîte de 30. Remb 65 % - **Prix : 2,07 €**.

### Composition

| | p cp |
|---|---|
| **Complexe osséine-hydroxyapatite** | 600 mg |
| soit Calcium | 129 mg |

### Dans quel cas ce médicament est-il prescrit ?

Ce médicament contient un extrait d'os, riche en calcium.

Il est utilisé en cas de régime pauvre en calcium, de besoins accrus (période de croissance, grossesse, allaitement) ou de décalcification osseuse (*ostéoporose*, immobilisation prolongée ou traitement par la *cortisone*).

### Contre-indications

Ce médicament ne doit pas être utilisé dans les cas suivants :
- excès de calcium dans le sang ou dans les urines, avec ou sans *lithiase* ;
- immobilisation prolongée.

**Attention :** Lorsque ce médicament est destiné à traiter la décalcification due à une immobilisation prolongée, il ne doit être pris que lors de la reprise de la marche.

Des apports excessifs en calcium peuvent être dangereux. N'utilisez pas ce médicament sans avis médical.

Afin de faciliter son absorption, ce médicament est parfois associé à la *vitamine* D ; dans ce cas, des analyses de sang et d'urine peuvent être nécessaires.

### Interactions avec d'autres substances

En raison de la présence de calcium, respectez un intervalle d'au moins 2 heures (voire 3 heures) entre la prise de ce médicament et celle des cyclines ou des diphosphonates.

Informez par ailleurs votre médecin ou votre pharmacien si vous prenez des *digitaliques* ou des *diurétiques*.

### Grossesse et allaitement

Ce médicament ne contient que des substances présumées sans danger pendant la grossesse ou l'allaitement. Néanmoins, ne l'utilisez pas de façon prolongée sans l'avis de votre pharmacien ou de votre médecin.

### Mode d'emploi et posologie

Les comprimés ne sont pas adaptés à l'enfant de moins de 6 ans. En effet, ils risquent d'obstruer les voies respiratoires si l'enfant déglutit mal et que le comprimé passe dans la trachée (fausse route).

Ils doivent être avalés avec un grand verre d'eau.
- Adulte et enfant de plus de 6 ans : 2 à 4 comprimés par jour.

**Conseils :** La prise de ce médicament ne dispense pas de la consommation régulière de laitages, naturellement riches en calcium.

Laboratoires Pierre Fabre Médicament

## OSTEOCAL

*Informations détaillées sur www.monvidal.com*

## OSTEOCAL D3

*Informations détaillées sur www.monvidal.com*

## OSTÉOCYNÉSINE

*Informations détaillées sur www.monvidal.com*

## OSTEPAM

*Informations détaillées sur www.monvidal.com*

## OSTRAM

*Informations détaillées sur www.monvidal.com*

## OSTRAM VITAMINE D3

Vitamine D avec calcium

### Présentation

OSTRAM VITAMINE D3 : poudre pour suspension buvable (arôme citron vert) ; boîte de 30 sachets. Remb 65 % - **Prix : 7,64 €**.

### Composition

| | p sachet |
|---|---|
| **Phosphate tricalcique** | 3,3 g |
| soit Calcium | 1,2 g |
| **Colécalciférol (vitamine D3)** | 800 UI |
| Mannitol | + |

### Dans quel cas ce médicament est-il prescrit ?

Ce médicament contient du calcium et de la *vitamine* D qui facilite l'absorption du calcium par l'intestin et sa fixation sur les os.

Il est utilisé :
- dans le traitement des *carences* en vitamine D et en calcium chez la personne âgée,
- dans le *traitement d'appoint* de l'*ostéoporose* lorsque l'apport conjoint de calcium et de vitamine D est nécessaire.

### Contre-indications

Ce médicament ne doit pas être utilisé dans les cas suivants :
- excès de calcium dans le sang ou dans les urines,
- calculs des *voies* urinaires contenant du calcium,
- *insuffisance rénale*,
- immobilisation prolongée (attendre la reprise de la marche pour débuter le traitement),
- enfant de moins de 15 ans.

**Attention :** Ce médicament contient de la *vitamine* D : son *surdosage* expose à des effets indésirables graves. Elle est présente dans de nombreux médicaments dont certains sont disponibles en automédication : évitez de les associer sans avis médical.

Ne prolongez pas le traitement au-delà de la durée prescrite ; une prise de sang peut être nécessaire pour vérifier l'absence d'accumulation anormale de calcium dans l'organisme.

Lorsque ce médicament est destiné à traiter la décalcification due à un alitement prolongé, le traitement ne doit pas être commencé avant la reprise de la marche.

### Interactions avec d'autres substances

En raison de la présence de calcium, respectez un intervalle d'au moins 2 heures entre la prise de ce médicament et celle des *cyclines*, des biphosphonates ou des médicaments contenant du fer.

Informez par ailleurs votre pharmacien ou votre médecin si vous prenez des *digitaliques* ou des *diurétiques*.

Il existe également des interactions alimentaires : les aliments réputés riches en acide oxalique (épinards, rhubarbe, oseille, cacao, thé) ou en acide phytique (chocolat, céréales complètes, légumes secs) peuvent diminuer l'absorption du calcium. Il est donc recommandé de prendre ce médicament à distance de repas contenant ces aliments.

### Grossesse et allaitement

Compte tenu de sa teneur élevée en *vitamine* D, ce médicament n'est pas adapté à la femme enceinte ou qui allaite.

### Mode d'emploi et posologie

Ce médicament doit être pris à distance de certains aliments (voir Interactions).

Verser le contenu d'un sachet dans un verre, puis ajouter de l'eau et mélanger.

**Posologie usuelle :**

- Adulte : 1 sachet par jour.

> **Conseils :** La prise de ce médicament ne dispense pas de la consommation régulière de laitages, naturellement riches en calcium.

### Effets indésirables possibles

Constipation, nausées, ballonnements, diarrhée, douleur d'estomac.

En cas de traitement prolongé à forte dose : *hypercalcémie*, hypercalciurie (excès de calcium dans les urines pouvant favoriser les calculs rénaux).

Laboratoires Merck Lipha Santé

## OTIPAX

Traitement local des otites

### Présentation

OTIPAX : solution pour instillation auriculaire ; flacon compte-gouttes de 15 ml. Remb 35 % - **Prix : 2,49 €.**

### Composition

| | p 100 g |
|---|---|
| **Lidocaïne chlorhydrate** | 1 g |
| **Phénazone** | 4 g |

### Dans quel cas ce médicament est-il prescrit ?

Cette solution auriculaire *antalgique* contient un *anesthésique* local et un *anti-inflammatoire*.

Elle est utilisée dans le traitement de la douleur lors de certaines *otites*.

### Contre-indications

Ce médicament ne doit pas être utilisé dans les cas suivants :

- *allergie* aux *anesthésiques* locaux,
- perforation du tympan.

> **Attention :** Bien que ce médicament puisse être vendu sans ordonnance, faites vérifier l'absence de perforation de votre tympan par un médecin.
>
> Sportif : les *anesthésiques* locaux ont été retirés de la liste des substances dopantes publiée dans les arrêtés du 20 avril et du 16 août 2004 par le ministère de la Jeunesse et des Sports.

### Grossesse et allaitement

Les substances contenues dans ce médicament ne passent pas dans le sang dans les conditions d'utilisation (le médecin vérifie avant la prescription que le tympan ne présente pas de perforation). Il peut être utilisé pendant la grossesse ou l'allaitement.

### Mode d'emploi et posologie

Réchauffer le flacon entre les mains avant l'emploi pour limiter la sensation désagréable liée à l'introduction d'un liquide froid dans l'oreille.

Pencher la tête sur le côté et introduire la solution dans l'oreille. Garder la tête dans cette position pendant 10 minutes (bain d'oreille).

**Posologie usuelle :**

Instiller 4 gouttes dans l'oreille à traiter, 2 ou 3 fois par jour.

Le traitement ne doit pas dépasser 10 jours.

> **Conseils :** Si les troubles persistent malgré un traitement bien suivi, consultez votre médecin.

### Effets indésirables possibles

Irritation, *réaction allergique* locale.

Laboratoires Biocodex

## OTOFA

Traitement local des otites — **sur ordonnance**

### Présentation

OTOFA : solution auriculaire (rouge) ; flacon compte-gouttes de 10 ml. Liste I - Remb 35 % - **Prix : 3,51 €.**

### Composition

| | p 100 ml |
|---|---|
| **Rifamycine** | 2 millions UI |
| Sulfites | + |

### Dans quel cas ce médicament est-il prescrit ?

Ce médicament est un *antibiotique* d'usage local.

Il est utilisé dans le traitement des poussées d'*otite* chronique avec perforation du tympan.

### Contre-indications

Ce médicament ne doit pas être utilisé en cas d'*allergie* à la rifamycine.

### Grossesse et allaitement

L'effet de ce médicament pendant la grossesse ou l'allaitement est mal connu : seul votre médecin peut évaluer le risque éventuel de son utilisation dans votre cas.

### Mode d'emploi et posologie

La solution peut être administrée en gouttes ou en bain d'oreille de quelques minutes.

Réchauffer le flacon entre les mains avant l'emploi pour limiter la sensation désagréable liée à l'introduction d'un liquide froid dans l'oreille.

**Posologie usuelle :**

- Adulte : 5 gouttes, 3 fois par jour ou 1 bain d'oreille, 2 fois par jour.

- Enfant : 3 gouttes, 3 fois par jour ou 1 bain d'oreille, 2 fois par jour.

**Conseils :** Ce médicament contient une substance colorée qui peut tacher les textiles.

Laboratoires Bouchara-Recordati

## OTOMIDE
*Informations détaillées sur www.monvidal.com*

## OTORALGYL A LA PHÉNYLÉPHRINE
*Informations détaillées sur www.monvidal.com*

## OTRASEL
*Informations détaillées sur www.monvidal.com*

## OTYLOL
*Informations détaillées sur www.monvidal.com*

## OVITRELLE
*Informations détaillées sur www.monvidal.com*

## OXÉOL
Antiasthmatique — sur ordonnance

### Présentation
OXÉOL 10 mg : comprimé sécable ; boîte de 30. Liste I - Remb 65 % - **Prix : 8,31 €.**
OXÉOL 20 mg : comprimé sécable ; boîte de 30. Liste I - Remb 65 % - **Prix : 15,29 €.**

### Composition

| | p cp | p cp |
|---|---|---|
| **Bambutérol chlorhydrate** | 10 mg | 20 mg |
| Lactose | + | + |

### Dans quel cas ce médicament est-il prescrit ?
Ce médicament est un bronchodilatateur qui lutte contre la contraction anormale des muscles de la paroi des bronches. Il est apparenté à une substance naturelle, l'*adrénaline*, mais, contrairement à cette substance, il a peu d'effet sur le cœur.
Il est utilisé en association avec un traitement anti-inflammatoire, par exemple un *corticoïde* en *aérosol* :
- dans le *traitement de fond* de l'*asthme* et de certaines maladies respiratoires,
- dans le *traitement préventif* de l'asthme nocturne (la durée d'action de certains bronchodilatateurs inhalés n'est pas suffisante pour couvrir la totalité de la nuit).

### Contre-indications
Ce médicament ne doit pas être utilisé dans les cas suivants :
- *allergie* au bambutérol ou à la terbutaline,
- enfant de moins de 15 ans (en l'absence de données),
- **grossesse**,
- **allaitement**.

**Attention :** Ce médicament n'est pas destiné au traitement de la crise d'*asthme* : son effet est prolongé mais lent à apparaître. Si une crise survient sous traitement, un médicament d'action rapide et de courte durée d'action doit être utilisé.
Le traitement associé, prescrit par votre médecin, ne doit en aucune façon être arrêté.
Des précautions sont nécessaires en cas d'*hyperthyroïdie*, de maladie cardiovasculaire, de *diabète*, ou d'*insuffisance rénale* ou *hépatique*.
Sportif : ce médicament contient une substance susceptible de rendre positifs certains *tests antidopage*.

### Grossesse et allaitement
En l'absence de données suffisantes, ce médicament est contre-indiqué pendant la grossesse.
Ce médicament passe dans le lait maternel : l'allaitement est contre-indiqué pendant le traitement.

### Mode d'emploi et posologie
Le médicament doit être pris le soir au coucher.
**Posologie usuelle :**
- Adulte : 10 mg à 20 mg par jour.

**Conseils :** Évitez de consommer du café, du thé, ou d'autres boissons ou aliments contenant des excitants pendant le traitement : risque de majoration des effets indésirables.

### Effets indésirables possibles
Accélération du cœur, *palpitations*, rougeurs, sueurs, maux de tête, nausée, vomissements, *vertiges*, tremblement des extrémités, crampes.
Baisse de la *kaliémie*, augmentation de la *glycémie*.

Laboratoires AstraZeneca

## OXYBOLDINE
Traitement des troubles digestifs

### Présentation
OXYBOLDINE : comprimé effervescent (blanc ; arôme anis) ; boîte de 2 tubes de 12. Non remb.

### Composition

| | p cp |
|---|---|
| **Boldine** | 0,5 mg |
| **Sulfate de sodium** | 54 mg |
| **Dihydrogénophosphate de sodium** | 132 mg |
| soit Sodium | 470 mg |

### Dans quel cas ce médicament est-il prescrit ?
Ce médicament contient des *antiacides* d'action locale qui agissent en neutralisant les acides sécrétés par l'estomac. La boldine facilite la sécrétion de bile.
Il est utilisé dans le *traitement d'appoint* des digestions difficiles.

**Attention :** Des précautions sont nécessaires chez les personnes souffrant de calculs susceptibles d'obstruer les *voies biliaires* ou d'*insuffisance hépatique* grave.
Arrêtez le traitement en cas de diarrhée ou de douleurs abdominales.
Ce médicament contient du *sel* (*sodium*) en quantité notable.

### Grossesse et allaitement
Ce médicament ne contient que des substances présumées sans danger pendant la grossesse ou l'allaitement. Néanmoins, ne l'utilisez pas de façon prolongée sans l'avis de votre pharmacien ou de votre médecin.

### Mode d'emploi et posologie

Dissoudre le comprimé dans un peu d'eau tiède.

**Posologie usuelle :**

- Adulte : 1 comprimé avant chacun des 3 repas ou au moment des douleurs.

**Conseils :** Une alimentation équilibrée, une mastication lente, la suppression des aliments difficiles à digérer et des boissons alcoolisées permettent souvent d'atténuer les troubles de la digestion.

### Effets indésirables possibles

A forte dose : diarrhée nécessitant l'arrêt du traitement.

Laboratoires Cooper

## OXYBUTYNINE BIOGARAN

Antispasmodique urinaire — sur ordonnance

Ce médicament est un générique de DITROPAN (voir p. 329 et tableau p. 1151).

## OXYBUTYNINE EG

Antispasmodique urinaire — sur ordonnance

Ce médicament est un générique de DITROPAN (voir p. 329 et tableau p. 1151).

## OXYBUTYNINE G GAM

Antispasmodique urinaire — sur ordonnance

Ce médicament est un générique de DITROPAN (voir p. 329 et tableau p. 1151).

## OXYBUTYNINE MERCK

Antispasmodique urinaire — sur ordonnance

Ce médicament est un générique de DITROPAN (voir p. 329 et tableau p. 1151).

## OXYBUTYNINE RATIOPHARM

Antispasmodique urinaire — sur ordonnance

Ce médicament est un générique de DITROPAN (voir p. 329 et tableau p. 1151).

## OXYCONTIN LP

Antalgique : analogue de la morphine — sur ordonnance

### Présentation

OXYCONTIN LP 10 mg : comprimé à libération prolongée (blanc) ; boîte de 28. Stupéfiants - Remb 65 % - **Prix : 15,16 €**.
OXYCONTIN LP 20 mg : comprimé à libération prolongée (rose) ; boîte de 28. Stupéfiants - Remb 65 % - **Prix : 29,83 €**.
OXYCONTIN LP 40 mg : comprimé à libération prolongée (jaune) ; boîte de 28. Stupéfiants - Remb 65 % - **Prix : 55,54 €**.
OXYCONTIN LP 80 mg : comprimé à libération prolongée (vert) ; boîte de 28. Stupéfiants - Remb 65 % - **Prix : 88,03 €**.

### Composition

| | p cp | p cp |
|---|---|---|
| **Oxycodone chlorhydrate** | 10 mg | 20 mg |
| Lactose | + | + |
| | p cp | p cp |
| **Oxycodone chlorhydrate** | 40 mg | 80 mg |
| Lactose | + | + |

### Dans quel cas ce médicament est-il prescrit ?

Ce médicament est un *antalgique* puissant, apparenté à la *morphine*. Il combat la douleur en agissant directement sur le cerveau.

Il est utilisé dans le traitement des douleurs rebelles.

### Contre-indications

Ce médicament ne doit pas être utilisé dans les cas suivants :
- enfant de moins de 18 ans,
- *insuffisance hépatique* grave,
- *insuffisance respiratoire* grave,
- en association avec certains autres opiacés,
- **allaitement**.

**Attention :** Des précautions sont nécessaires en cas d'*insuffisance rénale*, de constipation, d'*hypertension intrâcranienne* ou d'*adénome de la prostate*.
Chez la personne âgée, l'augmentation des doses en fonction de la douleur doit suivre les recommandations du médecin, du fait d'un risque plus important de surdosage.
En cas de traitement prolongé, l'arrêt doit être progressif pour limiter le risque de *syndrome de sevrage*.
Ce médicament peut induire une somnolence parfois intense chez certaines personnes. Cette somnolence peut être majorée par la prise d'*alcool* ou d'autres médicaments *sédatifs*. La conduite ou l'utilisation de machines dangereuses sont déconseillées.
Sportif : ce médicament contient une substance susceptible de rendre positifs certains *tests antidopage*.

### Interactions avec d'autres substances

Ce médicament ne doit pas être associé à un *antalgique* contenant de la buprénorphine (TEMGESIC...), de la pentazocine (FORTAL...) ou de la nalbuphine : diminution de l'effet antalgique.

Informez votre médecin si vous prenez des médicaments *sédatifs*.

### Grossesse et allaitement

L'effet de ce médicament pendant la grossesse est mal connu : seul votre médecin peut évaluer le risque éventuel de son utilisation dans votre cas.

Ce médicament passe dans le lait maternel : l'allaitement est contre-indiqué.

### Mode d'emploi et posologie

Les comprimés doivent être avalés entiers sans être écrasés car il s'agit d'une forme à libération prolongée.

**Posologie usuelle :**

- Adulte à partir de 18 ans : 10 mg toutes les 12 heures. Cette *posologie* peut être augmentée quotidiennement en fonction du résultat sur la douleur. Chez les patients antérieurement traités par un autre dérivé de l'opium, la dose initiale peut être plus élevée.

**Conseils :** La *morphine* et les médicaments apparentés ne sont pas réservés aux douleurs des cancéreux ; ils sont aussi utilisés dans le traitement de courte durée des fortes douleurs pouvant faire suite à une fracture, une intervention chirurgicale, un *infarctus du myocarde*...
Depuis le 1er juillet 1999, la prescription de *morphine* et de substances apparentées (*stupéfiants*) est rédigée par le médecin sur une ordonnance « sécurisée ».
La durée de validité de l'ordonnance est limitée à 28 jours.
Respectez la *posologie* et la durée de traitement prescrites par votre médecin. Mais si le traitement paraît insuffisant, n'hésitez pas à reprendre contact avec lui.

### Effets indésirables possibles

Somnolence, nausées, vomissements, constipation. Des médicaments peuvent être prescrits pour limiter ces effets indésirables.
Plus rarement : difficultés respiratoires, cauchemars, confusion des idées, excitation (notamment chez la personne âgée), maux de tête, difficultés à uriner.
Ce médicament, apparenté à la *morphine*, expose à un risque de *dépendance*. Ce risque est minime dans les conditions d'utilisation médicale.

Laboratoires Mundi Pharma

## OXYDE DE MERCURE CHAUVIN

*Informations détaillées sur www.monvidal.com*

## OXYNORM

Antalgique : analogue de la morphine

sur ordonnance

### Présentation

OXYNORM 5 mg : gélule (orange, beige) ; boîte de 14. Stupéfiants - Remb 65 % - **Prix : 3,47 €**.
OXYNORM 10 mg : gélule (blanc, beige) ; boîte de 14. Stupéfiants - Remb 65 % - **Prix : 5,81 €**.
OXYNORM 20 mg : gélule (rose, beige) ; boîte de 14. Stupéfiants - Remb 65 % - **Prix : 10,97 €**.

### Composition

| | p gél | p gél | p gél |
|---|---|---|---|
| **Oxycodone chlorhydrate** | 5 mg | 10 mg | 20 mg |

### Dans quel cas ce médicament est-il prescrit ?

Ce médicament est un *antalgique* puissant, apparenté à la *morphine*. Il combat la douleur en agissant directement sur le cerveau.
Il est utilisé dans le traitement des douleurs rebelles.

### Contre-indications

Ce médicament ne doit pas être utilisé dans les cas suivants :
- enfant de moins de 18 ans,
- *insuffisance hépatique* grave,
- *insuffisance respiratoire* grave,
- en association avec certains autres *antalgique* opiacés,
- **allaitement**.

**Attention :** Des précautions sont nécessaires en cas d'*insuffisance rénale*, de constipation, d'*hypertension intrâcranienne* ou d'*adénome de la prostate*.
Chez la personne âgée, l'augmentation des doses en fonction de la douleur doit suivre les recommandations du médecin, du fait d'un risque plus important de surdosage.
En cas de traitement prolongé, l'arrêt doit être progressif pour limiter le risque de *syndrome de sevrage*.
Ce médicament peut induire une somnolence parfois intense chez certaines personnes. Cette somnolence peut être majorée par la prise d'*alcool* ou d'autres médicaments *sédatifs*. La conduite ou l'utilisation de machines dangereuses sont déconseillées.
Sportif : ce médicament contient une substance susceptible de rendre positifs certains *tests antidopage*.

### Interactions avec d'autres substances

Ce médicament ne doit pas être associé à un *antalgique* contenant de la buprénorphine (TEMGESIC...), de la pentazocine (FORTAL...) ou de la nalbuphine : diminution de l'effet antalgique.
Informez votre médecin si vous prenez des médicaments *sédatifs*.

### Grossesse et allaitement

L'effet de ce médicament pendant la grossesse est mal connu : seul votre médecin peut évaluer le risque éventuel de son utilisation dans votre cas.
Ce médicament passe dans le lait maternel : l'allaitement est contre-indiqué.

### Mode d'emploi et posologie

Les gélules doivent être avalées avec un verre d'eau.

**Posologie usuelle :**
- Adulte à partir de 18 ans : 5 mg toutes les 4 à 6 heures. Cette *posologie* peut être augmentée quotidiennement en fonction du résultat sur la douleur. Chez les patients antérieurement traités par un autre dérivé de l'opium, la dose initiale peut être plus élevée.

**Conseils :** Respectez la *posologie* et la durée de traitement prescrites par votre médecin. Mais si le traitement paraît insuffisant, n'hésitez pas à reprendre contact avec lui.
Depuis le 1er juillet 1999, la prescription de *morphine* et de substances apparentées (*stupéfiants*) est rédigée par le médecin sur une ordonnance « sécurisée ».
La durée de validité de l'ordonnance est limitée à 28 jours.

### Effets indésirables possibles

Somnolence, nausées, vomissements, constipation. Des médicaments peuvent être prescrits pour limiter ces effets indésirables.
Plus rarement : difficultés respiratoires, cauchemars, confusion des idées, excitation (notamment chez la personne âgée), maux de tête, difficultés à uriner.
Ce médicament, apparenté à la *morphine*, expose à un risque de *dépendance*. Ce risque est minime dans les conditions d'utilisation médicale.

Laboratoires Mundi Pharma

## OXYPÉROL

*Informations détaillées sur www.monvidal.com*

## OXYPLASTINE

Protecteur cutané

### Présentation

OXYPLASTINE : pommade ; tube de 135 g. Non remb.

### Composition

| | p 100 g |
|---|---|
| **Oxyde de zinc** | 46 g |
| Lanoline | + |
| Thym, huile essentielle | + |

### Dans quel cas ce médicament est-il prescrit ?

C'est une pommade protectrice qui contient de l'oxyde de zinc.

Elle est utilisée pour traiter les irritations de la peau.

### Contre-indications

Ce médicament ne doit pas être utilisé dans les cas suivants :

- *allergie* à la lanoline,
- sur des lésions infectées ou suintantes.

### Grossesse et allaitement

Ce médicament ne contient que des substances présumées sans danger pendant la grossesse ou l'allaitement. Néanmoins, ne l'utilisez pas de façon prolongée sans l'avis de votre pharmacien ou de votre médecin.

### Mode d'emploi et posologie

Nettoyer la zone à traiter avant l'application.

Appliquer la pommade en couche mince.

**Posologie usuelle :**

1 ou 2 applications par jour.

### Effets indésirables possibles

*Eczéma* (présence de lanoline).

Laboratoires CS

## OXYTHYOL

*Informations détaillées sur www.monvidal.com*

## OZIDIA

*Informations détaillées sur www.monvidal.com*

## OZOTHINE à la diprophylline

*Informations détaillées sur www.monvidal.com*

## OZOTHINE sirop

*Informations détaillées sur www.monvidal.com*

## OZOTHINE suppositoire

Traitement des affections bronchopulmonaires

### Présentation

OZOTHINE Adulte : suppositoire ; boîte de 10. Non remb.
OZOTHINE Enfant : suppositoire ; boîte de 10. Non remb.

### Composition

| | p suppos Ad | p suppos Enf |
|---|---|---|
| **Produits d'oxydation de l'essence de térébenthine** | 60 mg | 30 mg |

### Dans quel cas ce médicament est-il prescrit ?

Ce médicament contient des dérivés de l'essence de térébenthine ayant des propriétés *antiseptiques* et fluidifiantes.

Il est utilisé dans le *traitement d'appoint* des affections bronchiques aiguës bénignes.

**Attention :** Si les sécrétions persistent au-delà de quelques jours, si elles se colorent ou si vous avez de la fièvre, consultez votre médecin.
Ce médicament contient des *terpènes* qui peuvent, en cas de dépassement des *posologies*, avoir des effets indésirables graves : respectez, plus particulièrement chez l'enfant, les doses préconisées.
Des précautions sont nécessaires en cas d'*épilepsie*.

### Grossesse et allaitement

L'effet de ce médicament pendant la grossesse ou l'allaitement est mal connu. L'évaluation du risque éventuel lié à son utilisation est individuelle : demandez conseil à votre pharmacien ou à votre médecin.

### Mode d'emploi et posologie

**Posologie usuelle :**

- Adulte : 1 à 3 suppositoires Adulte par jour.
- Enfant de plus de 30 mois : 1 à 3 suppositoires Enfant par jour.

**Conseils :** Fumer ou être exposé à la fumée des autres, nuit à l'efficacité du traitement.

### Effets indésirables possibles

Irritation locale, *réaction allergique*.

En cas de dépassement de la *posologie* usuelle, les *terpènes* peuvent provoquer :

- des *convulsions* chez l'enfant,
- agitation, confusion des idées (notamment chez la personne âgée).

Laboratoires Zambon France

# P

**PABASUN**

*Informations détaillées sur www.monvidal.com*

**PADÉRYL**

*Informations détaillées sur www.monvidal.com*

**PAEONIA COMPLEXE N° 104**

*Informations détaillées sur www.monvidal.com*

**PALIURYL**

*Informations détaillées sur www.monvidal.com*

**PALUDRINE**

*Informations détaillées sur www.monvidal.com*

## PAMINJECT

Biphosphonate

sur ordonnance

### Présentation

**PAMINJECT 3 mg/ml :** solution à diluer pour perfusion ; boîte de 4 flacons de 5 ml. Liste I - Remb 65 % - **Prix : 135,76 €**.
**PAMINJECT 3 mg/ml :** solution à diluer pour perfusion ; 1 flacon de 20 ml. Liste I - Remb 65 % - **Prix : 135,76 €**.
**PAMINJECT 3 mg/ml :** solution à diluer pour perfusion ; 1 flacon de 30 ml. Liste I - Remb 65 % - **Prix : 196,96 €**.

### Composition

| | p ml |
|---|---|
| **Acide pamidronique sel de sodium** | 3 mg |
| soit Acide pamidronique | 2,527 mg |

### Dans quel cas ce médicament est-il prescrit ?

Ce médicament appartient à la famille des bisphosphonates. Il agit en bloquant les cellules qui détruisent l'os et en luttant contre la déminéralisation ; il s'oppose donc à la libération du calcium osseux dans le sang.

Il est utilisé dans le traitement des maladies qui provoquent une destruction de l'os ou une *hypercalcémie*.

### Contre-indications

Ce médicament ne doit pas être utilisé dans les cas suivants :
- allergie aux médicaments de la famille des bisphosphonates (anciennement diphosphonates),
- **allaitement**.

**Attention :** Des précautions sont nécessaires chez les personnes souffrant d'*insuffisance rénale* ou *cardiaque* grave, ou opérées récemment de la *thyroïde*.

Des analyses de sang sont nécessaires pendant le traitement : surveillance régulière des taux de calcium, phosphore et éventuellement magnésium sanguins.

Conducteur : ce médicament peut être responsable de *vertiges* ou d'une baisse de la vigilance.

### Interactions avec d'autres substances

Ce médicament ne doit pas être mélangé dans la même perfusion avec des solutions contenant du calcium.

### Grossesse et allaitement

L'effet de ce médicament pendant la grossesse est mal connu : seul votre médecin peut évaluer le risque éventuel de son utilisation dans votre cas.

Ce médicament passe dans le lait maternel. L'allaitement est contre-indiqué.

### Mode d'emploi et posologie

La solution doit être diluée dans une solution de chlorure de sodium 0,9 % ou un sérum glucosé 5 %. Elle doit être administrée en *perfusion intraveineuse* lente.

**Posologie usuelle :**
- Adulte de plus de 18 ans :
  - *hypercalcémie* : la dose administrée lors de la cure dépend du taux de calcium sanguin initial ;
  - maladies provoquant une destruction de l'os : 90 mg toutes les 4 semaines.

### Effets indésirables possibles

Du fait de la gravité de certaines maladies traitées par ce médicament, il est difficile de faire la part entre la responsabilité de la maladie ou du médicament dans l'apparition des troubles notés ci-dessous.

Fièvre transitoire survenant vers le 2e jour et durant 1 à 2 jours, habituellement sans conséquences.

État grippal avec sensation de malaise, rigidité des muscles, fatigue, bouffées de chaleur.

Douleur ou rougeur au point d'injection.

Douleurs articulaires, musculaires ou osseuses ; maux de tête.

Baisse du nombre des *globules blancs* dans le sang.

*Troubles digestifs.*

Rarement : *réaction allergique*, crampes, fourmillement des extrémités ou crise de tétanie dus à une baisse excessive du calcium sanguin, agitation, confusion des idées, *vertiges*, insomnie, somnolence, modification de la tension artérielle.

Exceptionnellement : *gastrite*, *convulsions*, hallucinations, baisse des *plaquettes* sanguines, aggravation d'une *insuffisance cardiaque*, *insuffisance rénale*, présence de sang dans les urines, inflammation de l'œil, *conjonctivite*, altération de la vision des couleurs, poussée d'*herpès*.

Perturbation des analyses sanguines (baisse du taux de calcium, de phosphore, plus rarement du magnésium ou du potassium ; augmentation du sodium ou du potassium ; augmentation de la *créatinine* et de l'urée) ; perturbation des analyses hépatiques.

Laboratoires EG Labo

**PANADOL**

*Informations détaillées sur www.monvidal.com*

**PANCRÉLASE**

*Informations détaillées sur www.monvidal.com*

## PANFUREX

Antidiarrhéique — sur ordonnance

Ce médicament est un générique de ERCÉFURYL (voir p. 375 et tableau p. 1151).

**PANNOGEL**

*Informations détaillées sur www.monvidal.com*

## PANOS

Relaxant musculaire — sur ordonnance

Ce médicament est un générique de MYOLASTAN (voir p. 678 et tableau p. 1151).

## PANOTILE

Traitement local des otites — sur ordonnance

### Présentation

PANOTILE : solution pour instillation auriculaire ; flacon compte-gouttes de 8 ml. Liste I - Remb 35 % - **Prix : 2,35 €**.

### Composition

| | p 100 ml |
|---|---|
| **Polymyxine B sulfate** | 1 M UI |
| **Néomycine sulfate** | 1 g |
| **Lidocaïne chlorhydrate** | 4 g |
| **Fludrocortisone acétate** | 100 mg |

### Dans quel cas ce médicament est-il prescrit ?

Cette solution auriculaire contient deux *antibiotiques*, un *anesthésique* local et un *anti-inflammatoire* de la famille des *corticoïdes*.

Elle est utilisée dans le traitement de certaines *otites* externes.

### Contre-indications

Ce médicament ne doit pas être utilisé dans les cas suivants :

- *allergie* à la néomycine ou à la polymyxine ou aux *anesthésiques* locaux,
- perforation du tympan.

**Attention :** Ce médicament peut être dangereux en cas de tympan perforé : ne le réutilisez pas sans un contrôle médical de l'intégrité du tympan.

Sportif : les *anesthésiques* locaux ont été retirés de la liste des substances dopantes publiée dans les arrêtés du 20 avril et du 16 août 2004 par le ministère de la Jeunesse et des Sports.

### Grossesse et allaitement

Les substances contenues dans ce médicament ne passent pas dans le sang dans les conditions d'utilisation (le médecin vérifie avant la prescription que le tympan ne présente pas de perforation). Il peut être utilisé pendant la grossesse ou l'allaitement.

### Mode d'emploi et posologie

Réchauffer le flacon entre les mains avant l'emploi pour limiter la sensation désagréable liée à l'introduction d'un liquide froid dans l'oreille.

Pencher la tête sur le côté et introduire la solution dans l'oreille. Garder la tête dans cette position pendant 10 minutes (bain d'oreille).

**Posologie usuelle :**

3 à 6 gouttes dans l'oreille à traiter, 2 fois par jour.

La durée du traitement ne dépasse généralement pas 10 jours.

**Conseils :** Si les troubles persistent malgré un traitement bien suivi, si une fièvre apparaît, consultez votre médecin.

Ne conservez pas inutilement ce médicament après une première utilisation.

### Effets indésirables possibles

*Mycose* locale.

*Réaction allergique.*

Troubles de l'audition ou de l'équilibre en cas de perforation du tympan (voir Attention).

Laboratoires Zambon France

**PANOXYL**

*Informations détaillées sur www.monvidal.com*

## PANSORAL

Préparation buccale antalgique

### Présentation

PANSORAL : gel buccal (arôme anis) ; tube de 15 g. Non remb.

### Composition

| | p 100 g |
|---|---|
| **Choline salicylate** | 8,7 g |
| **Cétalkonium chlorure** | 0,01 g |
| Alcool | 39 g |

### Dans quel cas ce médicament est-il prescrit ?

Ce gel buccal contient un *antalgique* et un *antiseptique*.

Il est utilisé pour soulager les douleurs des gencives, les *inflammations* de la bouche et les *aphtes*.

### Contre-indications

Ce médicament ne doit pas être utilisé dans les cas suivants :

- *allergie* aux *salicylés*,
- enfant de moins de 6 ans.

**Attention :** Ce médicament contient de l'*alcool* en quantité notable.

### Grossesse et allaitement

Ce médicament peut être utilisé pendant la grossesse ou l'allaitement.

### Mode d'emploi et posologie

Déposer un pois de gel directement sur la gencive douloureuse ou sur la prothèse (en cas de prothèse provisoire). Une fois dans la bouche, le gel s'étale uniformément sous l'effet de la température et de la mastication.

**Posologie usuelle :**
- Adulte : 1 à 4 applications par jour.

**Conseils :** L'emploi de ce médicament ne doit pas remplacer le brossage soigneux et régulier des dents après chaque repas.
En cas d'irritation des gencives par une prothèse (dentier), n'hésitez pas à consulter votre dentiste.

### Effets indésirables possibles

Picotements liés à l'*alcool* contenu dans le gel.
*Réaction allergique.*

Laboratoires Pierre Fabre Oral Care

## PANTESTONE

*Informations détaillées sur www.monvidal.com*

## PANXEOL

*Informations détaillées sur www.monvidal.com*

## PAPAÏNE TROUETTE-PERRET

*Informations détaillées sur www.monvidal.com*

## PAPS

*Informations détaillées sur www.monvidal.com*

## PARACÉTAMOL ALMUS

*Informations détaillées sur www.monvidal.com*

## PARACÉTAMOL ARROW

Antalgique et antipyrétique

### Présentation

PARACÉTAMOL ARROW 500 mg : comprimé ; boîte de 16. Remb 65 % - **Prix : 1,68 €.**
PARACÉTAMOL ARROW 500 mg : comprimé effervescent sécable (arôme orange) ; boîte de 16. Remb 65 % - **Prix : 1,68 €.**
PARACÉTAMOL ARROW 1 g : comprimé ; boîte de 8. Remb 65 % - **Prix : 1,68 €.**
PARACÉTAMOL ARROW 1 g : comprimé effervescent sécable ; boîte de 8. Remb 65 % - **Prix : 1,68 €.**

### Composition

| | p cp | p cp efferv |
|---|---|---|
| **Paracétamol** | 500 mg | 500 mg |
| Sodium | | 433 mg |
| Sorbitol | | + |
| Aspartam | | + |

| | p cp | p cp efferv |
|---|---|---|
| **Paracétamol** | 1 000 mg | 1 000 mg |
| Sodium | | 394 mg |
| Sorbitol | | + |

### Dans quel cas ce médicament est-il prescrit ?

Ce médicament est un *antalgique* et un *antipyrétique* qui contient du paracétamol.
Il est utilisé pour faire baisser la fièvre et dans le traitement des affections douloureuses.

### Contre-indications

Ce médicament ne doit pas être utilisé dans les cas suivants :
- maladie grave du foie,
- *phénylcétonurie* (comprimé effervescent à 500 mg : présence d'aspartam).

**Attention :** De nombreux médicaments contiennent du paracétamol : vous devez en tenir compte en cas de prise conjointe car le surdosage en paracétamol peut être toxique pour le foie.
Les comprimés effervescents contiennent du *sel* (*sodium*) en quantité notable.

### Grossesse et allaitement

Les études scientifiques actuellement disponibles n'ont pas mis en évidence de problème particulier lors de l'utilisation du paracétamol chez la femme enceinte.
Aux doses usuelles, l'usage de ce médicament est possible pendant l'allaitement.

### Mode d'emploi et posologie

Ce médicament peut être pris indifféremment pendant ou entre les repas.
Les comprimés ne sont pas adaptés à l'enfant de moins de 6 ans. En effet, ils risquent d'obstruer les voies respiratoires si l'enfant déglutit mal et que le comprimé passe dans la trachée (fausse route).
Les comprimés à 1 g sont réservés à l'adulte.
Respecter un intervalle de 4 à 6 heures entre 2 prises. En cas d'*insuffisance rénale*, l'intervalle entre 2 prises doit être au minimum de 8 heures.

**Posologie usuelle :**
- Adulte : 500 mg ou 1 g (soit 1 à 2 comprimés à 500 mg ou 1 comprimé à 1 000 mg), 1 à 3 fois par jour.
- Enfant de plus de 27 kg : 60 mg par kg et par jour, soit 15 mg par kg toutes les 6 heures ou 10 mg par kg toutes les 4 heures. A titre indicatif :
  - enfant de 27 à 40 kg (environ 8 à 13 ans) : 1 comprimé à 500 mg, à renouveler au bout de 6 heures sans dépasser 4 prises par jour ;
  - enfant de 41 à 50 kg (environ 12 à 15 ans) : 1 comprimé à 500 mg, à renouveler au bout de 4 heures sans dépasser 6 prises par jour.

Dans les douleurs sévères de l'adulte et notamment dans l'*arthrose*, la *posologie* maximale peut être portée à 1 g de paracétamol, 4 fois par jour, uniquement sur avis médical.
La dose quotidienne maximale de paracétamol chez l'enfant est de 80 mg par kg, en 4 prises minimum, sans dépasser 3 g par jour.

**Conseils :** Dans le traitement de la fièvre chez l'enfant, lorsque le paracétamol est utilisé à la dose de 60 mg par kg et par jour, l'adjonction d'aspirine ou son usage en alternance avec le paracétamol est inutile, car l'aspirine ne permet pas d'obtenir une baisse supplémentaire de la fièvre.
Des sueurs abondantes accompagnent généralement la baisse de température lors du traitement des fièvres élevées. Ce phénomène est normal.

### Effets indésirables possibles

Exceptionnellement : *réaction allergique* cutanée.
Comprimés effervescents à 500 mg :
Comme tous les médicaments et confiseries contenant des sucres non absorbables (sorbitol, maltitol...), possibilité de *diarrhée* en cas d'apport important.

Laboratoires Arrow Génériques

## PARACÉTAMOL BIOGARAN
Antalgique et antipyrétique

### Présentation
**PARACÉTAMOL BIOGARAN 500 mg :** comprimé sécable ; boîte de 16. Remb 65 % - **Prix : 1,68 €.**
**PARACÉTAMOL BIOGARAN 500 mg :** comprimé effervescent (arôme citron) ; boîte de 16. Remb 65 % - **Prix : 1,68 €.**
**PARACÉTAMOL BIOGARAN 500 mg :** gélule ; boîte de 16. Remb 65 % - **Prix : 1,68 €.**
**PARACÉTAMOL BIOGARAN 1 g :** comprimé ; boîte de 8. Remb 65 % - **Prix : 1,68 €.**
**PARACÉTAMOL BIOGARAN 1 g :** comprimé effervescent sécable (arôme citron) ; boîte de 8. Remb 65 % - **Prix : 1,68 €.**

### Composition

| | p cp | p cp efferv | p gél |
|---|---|---|---|
| **Paracétamol** | 500 mg | 500 mg | 500 mg |
| Sodium | | 317 mg | |
| Lactose | | + | |
| Sorbitol | | + | |

| | p cp | p cp efferv |
|---|---|---|
| **Paracétamol** | 1 g | 1 g |
| Sodium | | 331 mg |
| Lactose | | + |
| Sorbitol | | + |

### Dans quel cas ce médicament est-il prescrit ?
Ce médicament est un *antalgique* et un *antipyrétique* qui contient du paracétamol.

Il est utilisé pour faire baisser la fièvre et dans le traitement des affections douloureuses.

### Contre-indications
Ce médicament ne doit pas être utilisé en cas de maladie grave du foie.

**Attention :** De nombreux médicaments contiennent du paracétamol : vous devez en tenir compte en cas de prise conjointe car le *surdosage* en paracétamol peut être toxique pour le foie.

Les comprimés effervescents contiennent du *sel* (*sodium*) en quantité notable.

### Grossesse et allaitement
Les études scientifiques actuellement disponibles n'ont pas mis en évidence de problème particulier lors de l'utilisation du paracétamol chez la femme enceinte.

Aux doses usuelles, l'usage de ce médicament est possible pendant l'allaitement.

### Mode d'emploi et posologie
Ce médicament peut être pris indifféremment pendant ou entre les repas.

Les comprimés ne sont pas adaptés à l'enfant de moins de 6 ans. En effet, ils risquent d'obstruer les voies respiratoires si l'enfant déglutit mal et que le comprimé passe dans la trachée (fausse route).

Les comprimés à 1 000 mg sont réservés à l'adulte.

Les comprimés effervescents doivent être dissous dans un verre d'eau.

Respecter un intervalle de 4 à 6 heures entre 2 prises. En cas d'*insuffisance rénale*, l'intervalle entre 2 prises doit être au minimum de 8 heures.

**Posologie usuelle :**
- Adulte : 500 mg ou 1 g (soit 1 à 2 comprimés ou gélules à 500 mg ou 1 comprimé à 1 000 mg), 1 à 3 fois par jour. Ne pas dépasser 3 g de paracétamol par jour sans avis médical.
- Enfant de plus de 27 kg : 60 mg par kg et par jour, soit 15 mg par kg toutes les 6 heures ou 10 mg par kg toutes les 4 heures. A titre indicatif :
  - enfant de 27 à 40 kg (environ 8 à 13 ans) : 500 mg (soit 1 comprimé ou 1 gélule à 500 mg), à renouveler au bout de 6 heures sans dépasser 4 prises par jour ;
  - enfant de 41 à 50 kg (environ 12 à 15 ans) : 500 mg (soit 1 comprimé ou 1 gélule à 500 mg), à renouveler au bout de 4 heures sans dépasser 6 prises par jour.

Dans les douleurs sévères de l'adulte et notamment dans l'*arthrose*, la *posologie* maximale peut être portée à 1 g de paracétamol, 4 fois par jour, uniquement sur avis médical.

La dose quotidienne maximale de paracétamol chez l'enfant est de 80 mg par kg, en 4 prises minimum, sans dépasser 3 g par jour.

**Conseils :** Dans le traitement de la fièvre chez l'enfant, lorsque le paracétamol est utilisé à la dose de 60 mg par kg et par jour, l'adjonction d'aspirine ou son usage en alternance avec le paracétamol est inutile, car l'aspirine ne permet pas d'obtenir une baisse supplémentaire de la fièvre.

Des sueurs abondantes accompagnent généralement la baisse de température lors du traitement des fièvres élevées. Ce phénomène est normal.

### Effets indésirables possibles
Exceptionnellement : *réaction allergique* cutanée.

Laboratoires Biogaran

## PARACÉTAMOL EG
Antalgique et antipyrétique

### Présentation
**PARACÉTAMOL EG 500 mg :** comprimé ; boîte de 16. Remb 65 % - **Prix : 1,47 €.**
**PARACÉTAMOL EG 500 mg :** comprimé effervescent (arôme citron) ; boîte de 16. Remb 65 % - **Prix : 1,68 €.**
**PARACÉTAMOL EG 500 mg :** gélule ; boîte de 16. Remb 65 % - **Prix : 1,68 €.**
**PARACÉTAMOL EG 1 g :** comprimé (arôme orange-pamplemousse) ; boîte de 8. Remb 65 % - **Prix : 1,68 €.**
**PARACÉTAMOL EG 1 g :** comprimé effervescent sécable (arôme citron) ; boîte de 8. Remb 65 % - **Prix : 1,68 €.**

### Composition

| | p cp | p cp efferv |
|---|---|---|
| **Paracétamol** | 500 mg | 500 mg |
| Sodium | | 317 mg |
| Sorbitol | | + |

| | p gél | p cp | p cp efferv |
|---|---|---|---|
| **Paracétamol** | 500 mg | 1 g | 1 g |
| Sodium | | | 331 mg |
| Sorbitol | | | + |

### Dans quel cas ce médicament est-il prescrit ?
Ce médicament est un *antalgique* et un *antipyrétique* qui contient du paracétamol.

Il est utilisé pour faire baisser la fièvre et dans le traitement des affections douloureuses.

### Contre-indications

Ce médicament ne doit pas être utilisé en cas de maladie grave du foie.

**Attention :** De nombreux médicaments contiennent du paracétamol : vous devez en tenir compte en cas de prise conjointe car le *surdosage* en paracétamol peut être toxique pour le foie.
Les comprimés effervescents contiennent du *sel* (*sodium*) en quantité notable.

### Grossesse et allaitement

Les études scientifiques actuellement disponibles n'ont pas mis en évidence de problème particulier lors de l'utilisation du paracétamol chez la femme enceinte.

Aux doses usuelles, l'usage de ce médicament est possible pendant l'allaitement.

### Mode d'emploi et posologie

Ce médicament peut être pris indifféremment pendant ou entre les repas. Respecter un intervalle de 4 à 6 heures entre 2 prises. En cas d'*insuffisance rénale*, l'intervalle entre 2 prises doit être au minimum de 8 heures.
Les comprimés dosés à 1 g sont réservés à l'adulte et à l'enfant de plus de 50 kg.
Les comprimés effervescents doivent être dissous dans un verre d'eau.

**Posologie usuelle :**

- Adulte : 500 mg ou 1 g par prise, à renouveler si besoin après un délai de 4 heures. Ne pas dépasser 3 g de paracétamol par jour sans avis médical.
- Enfant de plus de 27 kg : 60 mg par kg et par jour, soit 15 mg par kg toutes les 6 heures ou 10 mg par kg toutes les 4 heures. A titre indicatif :
  - enfant de 27 à 40 kg (environ 8 à 13 ans) : 500 mg (soit 1 comprimé ou 1 gélule à 500 mg), à renouveler au bout de 6 heures sans dépasser 4 prises par jour ;
  - enfant de 41 à 50 kg (environ 12 à 15 ans) : 500 mg (soit 1 comprimé ou 1 gélule à 500 mg), à renouveler au bout de 4 heures sans dépasser 6 prises par jour.

Dans les douleurs sévères de l'adulte et notamment dans l'*arthrose*, la *posologie* maximale peut être portée à 1 g de paracétamol, 4 fois par jour, uniquement sur avis médical.
La dose quotidienne maximale de paracétamol chez l'enfant est de 80 mg par kg, en 4 prises minimum, sans dépasser 3 g par jour.

**Conseils :** Dans le traitement de la fièvre chez l'enfant, lorsque le paracétamol est utilisé à la dose de 60 mg par kg et par jour, l'adjonction d'aspirine ou son usage en alternance avec le paracétamol est inutile, car l'aspirine ne permet pas d'obtenir une baisse supplémentaire de la fièvre.
Des sueurs abondantes accompagnent généralement la baisse de température lors du traitement des fièvres élevées. Ce phénomène est normal.

### Effets indésirables possibles

Exceptionnellement : *réaction allergique* cutanée.
Comprimés effervescents :
Comme tous les médicaments et confiseries contenant des sucres non absorbables (sorbitol, maltitol...), possibilité de *diarrhée* en cas d'apport important.

**Laboratoires EG Labo**

## PARACÉTAMOL G GAM

Antalgique et antipyrétique

### Présentation

PARACÉTAMOL G GAM 500 mg : comprimé ; boîte de 16. Remb 65 % - **Prix : 1,50 €**.
PARACÉTAMOL G GAM 500 mg : comprimé effervescent ; boîte de 16. Remb 65 % - **Prix : 1,68 €**.
PARACÉTAMOL G GAM 1 g : comprimé effervescent sécable ; boîte de 8. Remb 65 % - **Prix : 1,68 €**.

### Composition

| | p cp | p cp efferv | p cp efferv |
|---|---|---|---|
| **Paracétamol** | 500 mg | 500 mg | 1 g |
| Sodium | | 263 mg | 375 mg |

### Dans quel cas ce médicament est-il prescrit ?

Ce médicament est un *antalgique* et un *antipyrétique* qui contient du paracétamol.
Il est utilisé pour faire baisser la fièvre et dans le traitement des affections douloureuses.

### Contre-indications

Ce médicament ne doit pas être utilisé en cas de maladie grave du foie.

**Attention :** De nombreux médicaments contiennent du paracétamol : vous devez en tenir compte en cas de prise conjointe car le *surdosage* en paracétamol peut être toxique pour le foie.
Les comprimés effervescents contiennent du *sel* (*sodium*) en quantité notable.

### Grossesse et allaitement

Les études scientifiques actuellement disponibles n'ont pas mis en évidence de problème particulier lors de l'utilisation chez la femme enceinte.

Aux doses usuelles, l'usage de ce médicament est possible pendant l'allaitement.

### Mode d'emploi et posologie

Ce médicament peut être pris indifféremment pendant ou entre les repas. Respecter un intervalle de 4 à 6 heures entre 2 prises. En cas d'*insuffisance rénale*, les prises doivent être espacées d'au moins 8 heures.
Les comprimés à 1 g sont réservés à l'adulte.
Les comprimés pelliculés doivent être avalés tels quels avec une boisson (eau, jus de fruits). Ils ne sont pas adaptés à l'enfant de moins de 6 ans. En effet, ils risquent d'obstruer les voies respiratoires si l'enfant déglutit mal et que le comprimé passe dans la trachée (fausse route).
Les comprimés effervescents doivent être dissous dans un verre d'eau.

**Posologie usuelle :**

- Adulte : 500 mg ou 1 g (soit 1 à 2 comprimés à 500 mg ou ½ à 1 comprimé à 1 g), 1 à 3 fois par jour. Ne pas dépasser 3 g (soit 6 comprimés à 500 mg ou 3 comprimés à 1 g) par jour.
- Enfant : 60 mg par kg et par jour, soit 15 mg par kg toutes les 6 heures ou 10 mg par kg toutes les 4 heures. A titre indicatif :
  - enfant de 27 à 40 kg : 1 comprimé à 500 mg, à renouveler au bout de 6 heures sans dépasser 4 prises par jour ;
  - enfant de 41 à 50 kg : 1 comprimé à 500 mg, à renouveler au bout de 4 heures sans dépasser 6 prises par jour.

Dans les douleurs sévères de l'adulte et notamment dans l'*arthrose*, la *posologie* maximale peut être portée à 1 g de paracétamol, 4 fois par jour, uniquement sur avis médical.

La dose quotidienne maximale de paracétamol chez l'enfant est de 80 mg par kg, en 4 prises minimum, sans dépasser 3 g par jour.

**Conseils :** Dans le traitement de la fièvre chez l'enfant, lorsque le paracétamol est utilisé à la dose de 60 mg par kg et par jour, l'adjonction d'aspirine ou son usage en alternance avec le paracétamol est inutile, car l'aspirine ne permet pas d'obtenir une baisse supplémentaire de la fièvre.

Des sueurs abondantes accompagnent généralement la baisse de température lors du traitement des fièvres élevées. Ce phénomène est normal.

### Effets indésirables possibles

Exceptionnellement : *réaction allergique* cutanée.

Laboratoires G Gam

## PARACÉTAMOL HEXAL SANTÉ

*Informations détaillées sur www.monvidal.com*

## PARACÉTAMOL IREX

Antalgique et antipyrétique

### Présentation

PARACÉTAMOL IREX 500 mg : comprimé ; boîte de 16. Remb 65 % - **Prix : 1,68 €**.

### Composition

| | p cp |
|---|---|
| **Paracétamol** | 500 mg |

### Dans quel cas ce médicament est-il prescrit ?

Ce médicament, *antalgique* et *antipyrétique*, contient du paracétamol.

Il est utilisé pour faire baisser la fièvre et dans le traitement des affections douloureuses.

### Contre-indications

Ce médicament ne doit pas être utilisé en cas de maladie grave du foie.

**Attention :** De nombreux médicaments contiennent du paracétamol : vous devez en tenir compte en cas de prise conjointe car le *surdosage* en paracétamol peut être toxique pour le foie.

### Grossesse et allaitement

Les études scientifiques actuellement disponibles n'ont pas mis en évidence de problème particulier lors de l'utilisation du paracétamol chez la femme enceinte.

Aux doses usuelles, l'usage de ce médicament est possible pendant l'allaitement.

### Mode d'emploi et posologie

Ce médicament peut être pris indifféremment pendant ou entre les repas.

Respecter un intervalle d'au moins 4 heures entre 2 prises. En cas d'*insuffisance rénale*, l'intervalle entre 2 prises doit être au minimum de 8 heures.

**Posologie usuelle :**

- Adulte : 1 ou 2 comprimés à 500 mg, à renouveler au bout de 4 heures, sans dépasser 6 comprimés par jour.
- Enfant : 60 mg par kg et par jour, soit 15 mg par kg toutes les 6 heures ou 10 mg par kg toutes les 4 heures. Il est nécessaire de suivre les recommandations de votre pharmacien ou de votre médecin ou de suivre les posologies suivantes données à titre indicatif :
  - enfant de 35 à 50 kg : 1 comprimé à 500 mg, 1 à 4 fois par jour ;
  - enfant de plus de 50 kg : 1 comprimé à 500 mg, 1 à 6 fois par jour.

Dans les douleurs sévères de l'adulte et notamment dans l'*arthrose*, la *posologie* maximale peut être portée à 1 g de paracétamol, 4 fois par jour, uniquement sur avis médical.

La dose quotidienne maximale de paracétamol chez l'enfant est de 80 mg par kg, en 4 prises minimum, sans dépasser 3 g par jour.

**Conseils :** Dans le traitement de la fièvre chez l'enfant, lorsque le paracétamol est utilisé à la dose de 60 mg par kg et par jour, l'adjonction d'aspirine ou son usage en alternance avec le paracétamol est inutile, car l'aspirine ne permet pas d'obtenir une baisse supplémentaire de la fièvre.

Des sueurs abondantes accompagnent généralement la baisse de la température lors du traitement des fièvres élevées. Ce phénomène est normal.

### Effets indésirables possibles

Exceptionnellement : *réaction allergique* cutanée.

Laboratoires Irex

## PARACÉTAMOL IVAX

Antalgique et antipyrétique

### Présentation

PARACÉTAMOL IVAX 500 mg : comprimé ; boîte de 16. Remb 65 % - **Prix : 1,68 €**.

### Composition

| | p cp |
|---|---|
| **Paracétamol** | 500 mg |
| Potassium | 0,22 mg |

### Dans quel cas ce médicament est-il prescrit ?

Ce médicament est un *antalgique* et un *antipyrétique* qui contient du paracétamol.

Il est utilisé pour faire baisser la fièvre et dans le traitement des affections douloureuses.

### Contre-indications

Ce médicament ne doit pas être utilisé en cas de maladie grave du foie.

**Attention :** De nombreux médicaments contiennent du paracétamol : vous devez en tenir compte en cas de prise conjointe car le surdosage en paracétamol peut être toxique pour le foie.

### Grossesse et allaitement

Les études scientifiques actuellement disponibles n'ont pas mis en évidence de problème particulier lors de l'utilisation du paracétamol chez la femme enceinte.

Aux doses usuelles, l'usage de ce médicament est possible pendant l'allaitement.

### Mode d'emploi et posologie

Les comprimés ne sont pas adaptés à l'enfant de moins de 6 ans. En effet, ils risquent d'obstruer les voies respiratoires si l'enfant déglutit mal et que le comprimé passe dans la trachée (fausse route).

Les comprimés doivent être avalés tels quels avec une boisson (eau, lait, jus de fruit).

Ce médicament peut être pris indifféremment pendant ou entre les repas. Respecter un intervalle de 4 à 6 heures entre 2 prises.

**Posologie usuelle :**

- Adulte : 1 ou 2 comprimés, à renouveler si besoin après un délai de 4 heures. Ne pas dépasser 6 comprimés par jour.
- Enfant : 60 mg par kg et par jour, soit 15 mg par kg toutes les 6 heures ou 10 mg par kg toutes les 4 heures. A titre indicatif :
  - enfant de 27 à 40 kg (environ 8 à 13 ans) : 1 comprimé, à renouveler si besoin après un délai de 6 heures, sans dépasser 4 comprimés par jour ;
  - enfant de 41 à 50 kg (environ 13 à 15 ans) : 1 comprimé, à renouveler si besoin après un délai de 4 heures, sans dépasser 6 comprimés par jour.
- Insuffisant rénal : respecter un intervalle de 8 heures entre 2 prises.

Dans les douleurs sévères de l'adulte et notamment dans l'*arthrose*, la *posologie* maximale peut être portée à 1 g de paracétamol, 4 fois par jour, uniquement sur avis médical.

La dose quotidienne maximale de paracétamol chez l'enfant est de 80 mg par kg, en 4 prises minimum, sans dépasser 3 g par jour.

**Conseils :** Dans le traitement de la fièvre chez l'enfant, lorsque le paracétamol est utilisé à la dose de 60 mg par kg et par jour, l'adjonction d'aspirine ou son usage en alternance avec le paracétamol est inutile, car l'aspirine ne permet pas d'obtenir une baisse supplémentaire de la fièvre.

Des sueurs abondantes accompagnent généralement la baisse de température lors du traitement des fièvres élevées. Ce phénomène est normal.

### Effets indésirables possibles

Exceptionnellement : *réaction allergique* cutanée.

Laboratoires Ivax SAS

## PARACÉTAMOL MERCK

Antalgique et antipyrétique

### Présentation

**PARACÉTAMOL MERCK 500 mg :** comprimé ; boîte de 16. Remb 65 % - **Prix : 1,68 €.**

**PARACÉTAMOL MERCK 500 mg :** comprimé effervescent ; boîte de 16. Remb 65 % - **Prix : 1,68 €.**

**PARACÉTAMOL MERCK 500 mg :** gélule ; boîte de 16. Remb 65 % - **Prix : 1,68 €.**

**PARACÉTAMOL MERCK 1 000 mg :** comprimé effervescent sécable ; boîte de 8. Remb 65 % - **Prix : 1,68 €.**

### Composition

| | p cp | p cp efferv |
|---|---|---|
| **Paracétamol** | 500 mg | 500 mg |
| Sodium | | 263 mg |
| Sorbitol | | + |

| | p gél | p cp efferv |
|---|---|---|
| **Paracétamol** | 500 mg | 1 g |
| Sodium | | 375 mg |
| Sorbitol | | + |

### Dans quel cas ce médicament est-il prescrit ?

Ce médicament est un *antalgique* et un *antipyrétique* qui contient du paracétamol.

Il est utilisé pour faire baisser la fièvre et dans le traitement des affections douloureuses.

### Contre-indications

Ce médicament ne doit pas être utilisé en cas de maladie grave du foie.

**Attention :** De nombreux médicaments contiennent du paracétamol : vous devez en tenir compte en cas de prise conjointe car le *surdosage* en paracétamol peut être toxique pour le foie.

Les comprimés effervescents contiennent du *sel* (*sodium*) en quantité notable.

### Grossesse et allaitement

Les études scientifiques actuellement disponibles n'ont pas mis en évidence de problème particulier lors de l'utilisation du paracétamol chez la femme enceinte.

Aux doses usuelles, l'usage de ce médicament est possible pendant l'allaitement.

### Mode d'emploi et posologie

Ce médicament peut être pris indifféremment pendant ou entre les repas.

Les comprimés et les gélules ne sont pas adaptés à l'enfant de moins de 6 ans. En effet, ils risquent d'obstruer les voies respiratoires si l'enfant déglutit mal et que le comprimé ou la gélule passe dans la trachée (fausse route).

Les comprimés à 1 000 mg sont réservés à l'adulte.

Les comprimés effervescents doivent être dissous dans un verre d'eau.

Respecter un intervalle de 4 à 6 heures entre 2 prises. En cas d'*insuffisance rénale*, l'intervalle entre 2 prises doit être au minimum de 8 heures.

**Posologie usuelle :**

- Adulte : 500 mg ou 1 g (soit 1 à 2 comprimés ou gélules à 500 mg ou 1 comprimé à 1 g), 1 à 3 fois par jour. Ne pas dépasser 3 g de paracétamol par jour sans avis médical.
- Enfant de plus de 27 kg : 60 mg par kg et par jour, soit 15 mg par kg toutes les 6 heures ou 10 mg par kg toutes les 4 heures. A titre indicatif :
  - enfant de 27 à 40 kg (environ 8 à 13 ans) : 500 mg (soit 1 comprimé ou 1 gélule à 500 mg), à renouveler au bout de 6 heures sans dépasser 4 prises par jour ;
  - enfant de 41 à 50 kg (environ 12 à 15 ans) : 500 mg (soit 1 comprimé ou 1 gélule à 500 mg), à renouveler au bout de 4 heures sans dépasser 6 prises par jour.

Dans les douleurs sévères de l'adulte et notamment dans l'*arthrose*, la *posologie* maximale peut être portée à 1 g de paracétamol, 4 fois par jour, uniquement sur avis médical.

La dose quotidienne maximale de paracétamol chez l'enfant est de 80 mg par kg, en 4 prises minimum, sans dépasser 3 g par jour.

**Conseils :** Dans le traitement de la fièvre chez l'enfant, lorsque le paracétamol est utilisé à la dose de 60 mg par kg et par jour, l'adjonction d'aspirine ou son usage en alternance avec le paracétamol est

inutile, car l'aspirine ne permet pas d'obtenir une baisse supplémentaire de la fièvre.
Des sueurs abondantes accompagnent généralement la baisse de température lors du traitement des fièvres élevées. Ce phénomène est normal.

### Effets indésirables possibles

Exceptionnellement : *réaction allergique* cutanée.
Comprimés effervescents à 500 mg :
Comme tous les médicaments et confiseries contenant des sucres non absorbables (sorbitol, maltitol...), possibilité de *diarrhée* en cas d'apport important.

Laboratoires Merck génériques

## PARACÉTAMOL QUALIMED

Antalgique et antipyrétique

### Présentation

PARACÉTAMOL QUALIMED : comprimé ; boîte de 16. Remb 65 % - **Prix : 1,68 €.**

### Composition

| | p cp |
|---|---|
| **Paracétamol** | 500 mg |

### Dans quel cas ce médicament est-il prescrit ?

Ce médicament est un *antalgique* et un *antipyrétique* qui contient du paracétamol.
Il est utilisé pour faire baisser la fièvre et dans le traitement des affections douloureuses.

### Contre-indications

Ce médicament ne doit pas être utilisé en cas de maladie grave du foie.

**Attention :** De nombreux médicaments contiennent du paracétamol : vous devez en tenir compte en cas de prise conjointe car le *surdosage* en paracétamol peut être toxique pour le foie.

### Grossesse et allaitement

Les études scientifiques actuellement disponibles n'ont pas mis en évidence de problème particulier lors de l'utilisation chez la femme enceinte.
Aux doses usuelles, l'usage de ce médicament est possible pendant l'allaitement.

### Mode d'emploi et posologie

Les comprimés ne sont pas adaptés à l'enfant de moins de 6 ans. En effet, ils risquent d'obstruer les voies respiratoires si l'enfant déglutit mal et que le comprimé passe dans la trachée (fausse route).
Les comprimés peuvent être pris indifféremment pendant ou entre les repas. Ils doivent être avalés avec un verre d'eau.
Respecter un intervalle de 4 à 6 heures entre 2 prises.

**Posologie usuelle :**

- Adulte : 1 ou 2 comprimés, à renouveler si besoin après un délai de 4 heures. Ne pas dépasser 6 comprimés par jour.
- Enfant : 60 mg par kg et par jour, soit 15 mg par kg toutes les 6 heures ou 10 mg par kg toutes les 4 heures. A titre indicatif :
  - enfant de 27 à 40 kg : 1 comprimé, à renouveler si besoin après un délai de 6 heures, sans dépasser 4 comprimés par jour ;
  - enfant de 41 à 50 kg : 1 comprimé, à renouveler si besoin après un délai de 4 heures, sans dépasser 6 comprimés par jour.
- Insuffisant rénal : respecter un intervalle de 8 heures entre 2 prises.

Dans les douleurs sévères de l'adulte et notamment dans l'*arthrose*, la *posologie* maximale peut être portée à 1 g de paracétamol, 4 fois par jour, uniquement sur avis médical.
La dose quotidienne maximale de paracétamol chez l'enfant est de 80 mg par kg, en 4 prises minimum, sans dépasser 3 g par jour.

**Conseils :** Dans le traitement de la fièvre chez l'enfant, lorsque le paracétamol est utilisé à la dose de 60 mg par kg et par jour, l'adjonction d'aspirine ou son usage en alternance avec le paracétamol est inutile, car l'aspirine ne permet pas d'obtenir une baisse supplémentaire de la fièvre.
Des sueurs abondantes accompagnent généralement la baisse de température lors du traitement des fièvres élevées. Ce phénomène est normal.

### Effets indésirables possibles

Exceptionnellement : *réaction allergique* cutanée.

Laboratoires Qualimed

## PARACÉTAMOL RANBAXY

*Informations détaillées sur www.monvidal.com*

## PARACÉTAMOL RATIOPHARM

Antalgique et antipyrétique

### Présentation

PARACÉTAMOL RATIOPHARM 500 mg : comprimé sécable ; boîte de 16. Remb 65 % - **Prix : 1,68 €.**
PARACÉTAMOL RATIOPHARM 500 mg : comprimé effervescent ; boîte de 16. Remb 65 % - **Prix : 1,68 €.**
PARACÉTAMOL RATIOPHARM 1 000 mg : comprimé ; boîte de 8. Remb 65 % - **Prix : 1,68 €.**
PARACÉTAMOL RATIOPHARM 1 000 mg : comprimé effervescent ; boîte de 8. Remb 65 % - **Prix : 1,68 €.**

### Composition

| | p cp | p cp efferv |
|---|---|---|
| **Paracétamol** | 500 mg | 500 mg |
| Sodium | | 317 mg |

| | p cp | p cp efferv |
|---|---|---|
| **Paracétamol** | 1 g | 1 g |
| Sodium | | 331 mg |

### Dans quel cas ce médicament est-il prescrit ?

Ce médicament est un *antalgique* et un *antipyrétique* qui contient du paracétamol.
Il est utilisé pour faire baisser la fièvre et dans le traitement des affections douloureuses.

### Contre-indications

Ce médicament ne doit pas être utilisé en cas de maladie grave du foie.

**Attention :** De nombreux médicaments contiennent du paracétamol : vous devez en tenir compte en cas de prise conjointe car le *surdosage* en paracétamol peut être toxique pour le foie.
Les comprimés effervescents contiennent du sel (*sodium*) en quantité notable.

### Grossesse et allaitement

Les études scientifiques actuellement disponibles n'ont pas mis en évidence de problème particulier lors de l'utilisation du paracétamol chez la femme enceinte.

Aux doses usuelles, l'usage de ce médicament est possible pendant l'allaitement.

### Mode d'emploi et posologie

Ce médicament peut être pris indifféremment pendant ou entre les repas.

Les comprimés ne sont pas adaptés à l'enfant de moins de 6 ans. En effet, ils risquent d'obstruer les voies respiratoires si l'enfant déglutit mal et que le comprimé passe dans la trachée (fausse route).

Les comprimés effervescents doivent être dissous dans un grand verre d'eau.

Les comprimés à 1 g sont réservés à l'adulte.

Respecter un intervalle de 4 à 6 heures entre 2 prises. En cas d'*insuffisance rénale*, l'intervalle entre 2 prises doit être au minimum de 8 heures.

**Posologie usuelle :**

- Adulte : 500 mg ou 1 g (soit 1 à 2 comprimés à 500 mg ou 1 comprimé à 1 000 mg), 1 à 3 fois par jour.
- Enfant de plus de 27 kg : 60 mg par kg et par jour, soit 15 mg par kg toutes les 6 heures ou 10 mg par kg toutes les 4 heures. A titre indicatif :
  - enfant de 27 à 40 kg (environ 8 à 13 ans) : 1 comprimé à 500 mg, à renouveler au bout de 6 heures sans dépasser 4 prises par jour ;
  - enfant de 41 à 50 kg (environ 12 à 15 ans) : 1 comprimé à 500 mg, à renouveler au bout de 4 heures sans dépasser 6 prises par jour.

Dans les douleurs sévères de l'adulte et notamment dans l'*arthrose*, la *posologie* maximale peut être portée à 1 g de paracétamol, 4 fois par jour, uniquement sur avis médical.

La dose quotidienne maximale de paracétamol chez l'enfant est de 80 mg par kg, en 4 prises minimum, sans dépasser 3 g par jour.

**Conseils :** Dans le traitement de la fièvre chez l'enfant, lorsque le paracétamol est utilisé à la dose de 60 mg par kg et par jour, l'adjonction d'aspirine ou son usage en alternance avec le paracétamol est inutile, car l'aspirine ne permet pas d'obtenir une baisse supplémentaire de la fièvre.

Des sueurs abondantes accompagnent généralement la baisse de température lors du traitement des fièvres élevées. Ce phénomène est normal.

### Effets indésirables possibles

Exceptionnellement : *réaction allergique* cutanée.

Laboratoires Ratiopharm

## PARACÉTAMOL RPG

Antalgique et antipyrétique

### Présentation

**PARACÉTAMOL RPG 500 mg :** comprimé ; boîte de 16. Remb 65 % - **Prix : 1,50 €.**
**PARACÉTAMOL RPG 500 mg :** comprimé effervescent ; boîte de 16. Remb 65 % - **Prix : 1,68 €.**
**PARACÉTAMOL RPG 500 mg :** gélule (jaune et bleu) ; boîte de 16. Remb 65 % - **Prix : 1,68 €.**

### Composition

| | p cp | p cp efferv | p gél |
|---|---|---|---|
| **Paracétamol** | 500 mg | 500 mg | 500 mg |
| Sodium | | 408 mg | |

### Dans quel cas ce médicament est-il prescrit ?

Ce médicament est un *antalgique* et un *antipyrétique* qui contient du paracétamol.

Il est utilisé pour faire baisser la fièvre et dans le traitement des affections douloureuses.

### Contre-indications

Ce médicament ne doit pas être utilisé en cas de maladie grave du foie.

**Attention :** De nombreux médicaments contiennent du paracétamol : vous devez en tenir compte en cas de prise conjointe car le *surdosage* en paracétamol peut être toxique pour le foie.

Les comprimés effervescents contiennent du *sel* (sodium) en quantité notable.

### Grossesse et allaitement

Les études scientifiques actuellement disponibles n'ont pas mis en évidence de problème particulier lors de l'utilisation de paracétamol chez la femme enceinte.

Aux doses usuelles, l'usage de ce médicament est possible pendant l'allaitement.

### Mode d'emploi et posologie

Les comprimés et les gélules ne sont pas adaptés à l'enfant de moins de 6 ans. En effet, ils risquent d'obstruer les voies respiratoires si l'enfant déglutit mal et que le comprimé ou la gélule passe dans la trachée (fausse route).

Les comprimés effervescents doivent être dissous dans un grand verre d'eau.

Ce médicament peut être pris indifféremment pendant ou entre les repas. Respecter un intervalle de 4 à 6 heures entre 2 prises.

**Posologie usuelle :**

- Adulte : 1 à 2 comprimés ou gélules, 1 à 3 fois par jour. Ne pas dépasser 3 g (6 comprimés ou gélules) par jour.
- Enfant : 60 mg par kg et par jour, soit 15 mg par kg toutes les 6 heures ou 10 mg par kg toutes les 4 heures. Il est nécessaire de suivre les recommandations de votre pharmacien ou de votre médecin ou de suivre les posologies suivantes données à titre indicatif :
  - enfant de 27 à 40 kg : 1 comprimé ou 1 gélule, à renouveler au bout de 6 heures sans dépasser 4 prises par jour ;
  - enfant de 41 à 50 kg : 1 comprimé ou 1 gélule, à renouveler au bout de 4 heures, sans dépasser 6 prises par jour.
- Insuffisant rénal : respecter un intervalle de 8 heures entre 2 prises.

Dans les douleurs sévères de l'adulte et notamment dans l'*arthrose*, la *posologie* maximale peut être portée à 1 g de paracétamol, 4 fois par jour, uniquement sur avis médical.

La dose quotidienne maximale de paracétamol chez l'enfant est de 80 mg par kg, en 4 prises minimum, sans dépasser 3 g par jour.

**Conseils :** Dans le traitement de la fièvre chez l'enfant, lorsque le paracétamol est utilisé à la dose de 60 mg par kg et par jour, l'adjonction d'aspirine ou son usage en alternance avec le paracétamol est inutile, car l'aspirine ne permet pas d'obtenir une baisse supplémentaire de la fièvre.

Des sueurs abondantes accompagnent généralement la baisse de température lors du traitement des fièvres élevées. Ce phénomène est normal.

### Effets indésirables possibles

Exceptionnellement : *réaction allergique* cutanée.

Laboratoires RPG

## PARACÉTAMOL SANDOZ

*Informations détaillées sur www.monvidal.com*

## PARACÉTAMOL TEVA

Antalgique et antipyrétique

### Présentation

PARACÉTAMOL TEVA 500 mg : comprimé ; boîte de 16. Remb 65 % - **Prix : 1,52 €**.
PARACÉTAMOL TEVA 500 mg : comprimé effervescent ; boîte de 16. Remb 65 % - **Prix : 1,68 €**.
PARACÉTAMOL TEVA 1 g : comprimé ; boîte de 8. Remb 65 % - **Prix : 1,68 €**.
PARACÉTAMOL TEVA 1 g : comprimé effervescent ; boîte de 8. Remb 65 % - **Prix : 1,68 €**.

### Composition

| | p cp | p cp efferv |
|---|---|---|
| **Paracétamol** | 500 mg | 500 mg |
| Sodium | | 263 mg |
| Sorbitol | | + |

| | p cp | p cp efferv |
|---|---|---|
| **Paracétamol** | 1 g | 1 g |
| Sodium | | 375 mg |

### Dans quel cas ce médicament est-il prescrit ?

Ce médicament est un *antalgique* et un *antipyrétique* qui contient du paracétamol.

Il est utilisé pour faire baisser la fièvre et dans le traitement des affections douloureuses.

### Contre-indications

Ce médicament ne doit pas être utilisé en cas de maladie grave du foie.

**Attention :** De nombreux médicaments contiennent du paracétamol : vous devez en tenir compte en cas de prise conjointe car le *surdosage* en paracétamol peut être toxique pour le foie.

Les comprimés effervescents contiennent du *sel* (sodium) en quantité notable.

### Grossesse et allaitement

Les études scientifiques actuellement disponibles n'ont pas mis en évidence de problème particulier lors de l'utilisation du paracétamol chez la femme enceinte.

Aux doses usuelles, l'usage de ce médicament est possible pendant l'allaitement.

### Mode d'emploi et posologie

Ce médicament peut être pris indifféremment pendant ou entre les repas. Respecter un intervalle de 4 à 6 heures entre 2 prises. En cas d'*insuffisance rénale*, l'intervalle entre 2 prises doit être au minimum de 8 heures.

Les comprimés dosés à 1 g sont réservés à l'adulte.

Les comprimés effervescents doivent être dissous dans un verre d'eau.

**Posologie usuelle :**

- Adulte : 500 mg ou 1 g (soit 1 à 2 comprimés à 500 mg ou 1 comprimé à 1 g), 1 à 3 fois par jour.
- Enfant de plus de 27 kg et de plus de 6 ans : 60 mg par kg et par jour, soit 15 mg par kg toutes les 6 heures ou 10 mg par kg toutes les 4 heures. A titre indicatif :
  - enfant de 27 à 40 kg (environ 8 à 13 ans) : 1 comprimé à 500 mg, à renouveler au bout de 6 heures sans dépasser 4 prises par jour ;
  - enfant de 41 à 50 kg (environ 12 à 15 ans) : 1 comprimé à 500 mg, à renouveler au bout de 4 heures sans dépasser 6 prises par jour.

Dans les douleurs sévères de l'adulte et notamment dans l'*arthrose*, la *posologie* maximale peut être portée à 1 g de paracétamol, 4 fois par jour, uniquement sur avis médical.

La dose quotidienne maximale de paracétamol chez l'enfant est de 80 mg par kg, en 4 prises minimum, sans dépasser 3 g par jour.

**Conseils :** Dans le traitement de la fièvre chez l'enfant, lorsque le paracétamol est utilisé à la dose de 60 mg par kg et par jour, l'adjonction d'aspirine ou son usage en alternance avec le paracétamol est inutile, car l'aspirine ne permet pas d'obtenir une baisse supplémentaire de la fièvre.

Des sueurs abondantes accompagnent généralement la baisse de température lors du traitement des fièvres élevées. Ce phénomène est normal.

### Effets indésirables possibles

Exceptionnellement : *réaction allergique* cutanée.

Comprimés effervescents :

Comme tous les médicaments et confiseries contenant des sucres non absorbables (sorbitol, maltitol...), possibilité de *diarrhée* en cas d'apport important.

Laboratoires Téva Classics

## PARACÉTAMOL WINTHROP

*Informations détaillées sur www.monvidal.com*

## PARACÉTAMOL ZYDUS

*Informations détaillées sur www.monvidal.com*

## PARACÉTAMOL CODÉINE ARROW 400 mg/20 mg

Association d'antalgiques contenant un opiacé

### Présentation

PARACÉTAMOL CODÉINE ARROW 400 mg/20 mg : comprimé sécable ; boîte de 16. Remb 65 % - **Prix : 2,03 €**.

### Composition

| | p cp |
|---|---|
| **Paracétamol** | 400 mg |
| **Codéine phosphate** | 20 mg |
| Lactose | + |

### Dans quel cas ce médicament est-il prescrit ?

Ce médicament contient deux *antalgiques* : le paracétamol, qui empêche la transmisssion de la douleur, et un *opiacé* (la codéine), qui renforce l'action du paracétamol en agissant sur la perception de la douleur par le cerveau. Le faible dosage en codéine lui permet d'être disponible sans ordonnance.

Il est utilisé dans le traitement de la douleur.

### Contre-indications

Ce médicament ne doit pas être utilisé dans les cas suivants :
- maladie grave du foie ;
- *asthme* et *insuffisance respiratoire* ;
- enfant de moins de 15 ans ;
- en association avec les médicaments contenant de la nalbuphine, de la buprénorphine ou de la pentazocine ;
- **allaitement** (en dehors d'une prise ponctuelle).

**Attention :** De nombreux médicaments contiennent du paracétamol : vous devez en tenir compte en cas de prise conjointe car le *surdosage* en paracétamol peut être toxique pour le foie.
Du fait de la présence de codéine :
- n'utilisez pas ce médicament à forte dose et de façon prolongée (risque de *dépendance*) ;
- évitez son emploi en cas d'*hypertension intracrânienne*, qu'il pourrait aggraver.

Ce médicament peut induire une somnolence, parfois intense chez certaines personnes. Cette somnolence peut être majorée par la prise d'*alcool* ou d'autres médicaments *sédatifs*. La conduite et l'utilisation de machines dangereuses sont déconseillées, surtout dans les heures qui suivent la prise du médicament.

### Interactions avec d'autres substances

Ce médicament ne doit pas être associé à ceux qui contiennent de la nalbuphine, de la buprénorphine ou de la pentazocine : risque de diminution de l'effet *antalgique*.
Informez par ailleurs votre médecin ou votre pharmacien si vous prenez des *sédatifs*.

### Grossesse et allaitement

L'utilisation de la *codéine* et de ses dérivés (codéthyline, pholcodine) ne doit être envisagée chez la femme enceinte qu'en cas de nécessité, en effet :
- une *insuffisance respiratoire* peut survenir chez le nouveau-né d'une mère traitée par des doses élevées, même si le traitement est ponctuel mais précède de peu l'accouchement ;
- un *syndrome de sevrage*, à l'inverse, peut concerner des nouveau-nés si leur mère reçoit un traitement régulier, même à faible dose.

Il est donc important de signaler à l'obstétricien la prise éventuelle de codéine ou d'un de ses dérivés, afin que ces risques puissent être prévenus par une surveillance et un éventuel traitement adapté.
Ce médicament passe dans le lait maternel. En dehors d'une prise ponctuelle, il est contre-indiqué pendant l'allaitement.

### Mode d'emploi et posologie

Ce médicament peut être pris indifféremment au cours ou en dehors des repas. Les comprimés doivent être avalés avec un verre d'eau.
Respecter un intervalle de 4 à 6 heures entre 2 prises. En cas d'*insuffisance rénale*, l'intervalle entre 2 prises doit être au minimum de 8 heures.

**Posologie usuelle :**
- Adulte : 1 ou 2 comprimés, à renouveler si nécessaire toutes les 6 heures, sans dépasser 6 comprimés par jour.

Chez la personne âgée, la *posologie* initiale est généralement réduite de moitié.

**Conseils :** Comme tous les *antalgiques*, ce médicament est généralement plus efficace pour prévenir la douleur que pour la calmer : dans le traitement des douleurs chroniques, il est préférable de prendre ce médicament à intervalles réguliers sans attendre que la douleur s'installe.
Cet *antalgique* contenant de la codéine est destiné à être utilisé en deuxième intention, lorsque l'aspirine, l'ibuprofène ou le paracétamol, utilisés seuls, sont insuffisamment efficaces. Il peut néanmoins être utilisé d'emblée dans le traitement des douleurs fortes.

### Effets indésirables possibles

Liés à la *codéine* :
Constipation, somnolence, nausées, vomissements, sensation de vertige et, plus rarement, *bronchospasme*, *réaction allergique* cutanée, ralentissement de la respiration. Ces effets indésirables sont ceux de la famille des *opiacés* ; ils sont généralement modérés aux doses recommandées.
Liés au paracétamol : *réaction allergique* (rare).

Laboratoires Arrow Génériques

## PARACÉTAMOL CODÉINE ARROW 500 mg/30 mg

Association d'antalgiques contenant un opiacé

sur ordonnance

### Présentation

PARACÉTAMOL CODÉINE ARROW 500 mg/30 mg : comprimé effervescent sécable ; boîte de 16. Liste I - Remb 65 % - **Prix : 2,30 €**.

### Composition

| | p cp |
|---|---|
| **Paracétamol** | 500 mg |
| **Codéine phosphate** | 30 mg |

### Dans quel cas ce médicament est-il prescrit ?

Ce médicament contient deux *antalgiques* : le paracétamol, qui empêche la transmisssion de la douleur, et un opiacé (la *codéine*), qui renforce l'action du paracétamol en agissant sur la perception de la douleur par le cerveau.
Il est utilisé dans le traitement de la douleur.

### Contre-indications

Ce médicament ne doit pas être utilisé dans les cas suivants :
- maladie grave du foie ;
- *asthme* et *insuffisance respiratoire* ;
- enfant de moins de 15 ans ;
- en association avec les médicaments contenant de la nalbuphine, de la buprénorphine ou de la pentazocine ;
- **allaitement**.

**Attention :** De nombreux médicaments contiennent du paracétamol : vous devez en tenir compte en cas de prise conjointe car le *surdosage* en paracétamol peut être toxique pour le foie.

Du fait de la présence de codéine :
- n'utilisez pas ce médicament à forte dose et de façon prolongée (risque de *dépendance*) ;
- évitez son emploi en cas d'*hypertension intracrânienne*, qu'il pourrait aggraver.

Ce médicament peut induire une somnolence, parfois intense chez certaines personnes. Cette somnolence peut être majorée par la prise d'*alcool* ou d'autres médicaments *sédatifs*. La conduite et l'utilisation de machines dangereuses sont déconseillées, surtout dans les heures qui suivent la prise du médicament.

## Interactions avec d'autres substances

Ce médicament ne doit pas être associé à ceux qui contiennent de la nalbuphine, de la buprénorphine ou de la pentazocine : risque de diminution de l'effet *antalgique*.

Informez par ailleurs votre médecin ou votre pharmacien si vous prenez des *sédatifs*.

## Grossesse et allaitement

L'utilisation de la *codéine* et de ses dérivés (codéthyline, pholcodine) ne doit être envisagée chez la femme enceinte qu'en cas de nécessité, en effet :
- une *insuffisance respiratoire* peut survenir chez le nouveau-né d'une mère traitée par des doses élevées, même si le traitement est ponctuel mais précède de peu l'accouchement ;
- un *syndrome de sevrage*, à l'inverse, peut concerner des nouveau-nés si leur mère reçoit un traitement régulier, même à faible dose.

Il est donc important de signaler à l'obstétricien la prise éventuelle de codéine ou d'un de ses dérivés, afin que ces risques puissent être prévenus par une surveillance et un éventuel traitement adapté.

Ce médicament passe dans le lait maternel. Il est contre-indiqué pendant l'allaitement.

## Mode d'emploi et posologie

Ce médicament peut être pris indifféremment au cours ou en dehors des repas. Les comprimés doivent être avalés avec un verre d'eau.

Respecter un intervalle de 4 à 6 heures entre 2 prises. En cas d'*insuffisance rénale*, l'intervalle entre 2 prises doit être au minimum de 8 heures.

### Posologie usuelle :

- Adulte : 1 comprimé, à renouveler si nécessaire toutes les 6 heures.

Chez la personne âgée, la *posologie* initiale est généralement réduite de moitié.

**Conseils :** Comme tous les *antalgiques*, ce médicament est généralement plus efficace pour prévenir la douleur que pour la calmer : dans le traitement des douleurs chroniques, il est préférable de prendre ce médicament à intervalles réguliers sans attendre que la douleur s'installe.

Cet *antalgique* contenant de la codéine est destiné à être utilisé en deuxième intention, lorsque l'aspirine, l'ibuprofène ou le paracétamol, utilisés seuls, sont insuffisamment efficaces. Il peut néanmoins être utilisé d'emblée dans le traitement des douleurs fortes.

Ce médicament peut retarder un diagnostic en masquant la douleur ; ne le prenez pas sans l'avis de votre médecin, ne le conseillez pas à un proche.

## Effets indésirables possibles

Liés à la *codéine* :

Constipation, somnolence, nausées, vomissements, sensation de vertige et, plus rarement, *bronchospasme*, *réaction allergique* cutanée, ralentissement de la respiration. Ces effets indésirables sont ceux de la famille des *opiacés* ; ils sont généralement modérés aux doses recommandées.

Liés au paracétamol : *réaction allergique* (rare).

Laboratoires Arrow Génériques

# PARACÉTAMOL CODÉINE BIOGARAN 500 mg/30 mg

Association d'antalgiques contenant un opiacé

**sur ordonnance**

## Présentation

PARACÉTAMOL CODÉINE BIOGARAN 500 mg/30 mg : comprimé effervescent sécable (arôme pamplemousse) ; boîte de 16. Liste I - Remb 65 % - **Prix : 2,30 €**.

## Composition

| | p cp efferv |
|---|---|
| **Paracétamol** | 500 mg |
| **Codéine phosphate** | 30 mg |
| Sodium | 410 mg |
| Benzoate de sodium | + |
| Sorbitol | + |

## Dans quel cas ce médicament est-il prescrit ?

Ce médicament contient deux *antalgiques* : le paracétamol, qui empêche la transmisssion de la douleur, et un *opiacé* (la codéine), qui renforce l'action du paracétamol en agissant sur la perception de la douleur par le cerveau.

Il est utilisé dans le traitement de la douleur.

## Contre-indications

Ce médicament ne doit pas être utilisé dans les cas suivants :
- maladie grave du foie,
- *asthme* et *insuffisance respiratoire*,
- enfant de moins de 15 kg,
- **allaitement** (en dehors d'une prise ponctuelle).

**Attention :** Ce médicament ne doit être utilisé que sur prescription chez l'enfant ; ne le réutilisez pas ou ne le donnez pas à un autre enfant sans avis médical.

De nombreux médicaments contiennent du paracétamol : vous devez en tenir compte en cas de prise conjointe car le *surdosage* en paracétamol peut être toxique pour le foie.

Du fait de la présence de codéine :
- n'utilisez pas ce médicament à forte dose et de façon prolongée (risque de *dépendance*) ;
- évitez son emploi en cas d'*hypertension intracrânienne*, qu'il pourrait aggraver.

Ce médicament contient du *sel* (*sodium*) en quantité notable.

Ce médicament peut induire une somnolence, parfois intense chez certaines personnes. Cette somnolence peut être majorée par la prise d'*alcool* ou d'autres médicaments *sédatifs*. La conduite et l'utilisation de machines dangereuses sont déconseillées, surtout dans les heures qui suivent la prise du médicament.

### Interactions avec d'autres substances

Ce médicament ne doit pas être associé à ceux qui contiennent de la nalbuphine, de la buprénorphine ou de la pentazocine : risque de diminution de l'effet *antalgique*.

Informez par ailleurs votre médecin ou votre pharmacien si vous prenez des *sédatifs*.

### Grossesse et allaitement

L'utilisation de la *codéine* et de ses dérivés (codéthyline, pholcodine) ne doit être envisagée chez la femme enceinte qu'en cas de nécessité, en effet :

- une *insuffisance respiratoire* peut survenir chez le nouveau-né d'une mère traitée par des doses élevées, même si le traitement est ponctuel mais précède de peu l'accouchement ;
- un *syndrome de sevrage*, à l'inverse, peut concerner des nouveau-nés si leur mère reçoit un traitement régulier, même à faible dose.

Il est donc important de signaler à l'obstétricien la prise éventuelle de codéine ou d'un de ses dérivés, afin que ces risques puissent être prévenus par une surveillance et un éventuel traitement adapté.

Ce médicament passe dans le lait maternel. En dehors d'une utilisation ponctuelle, il est contre-indiqué pendant l'allaitement.

### Mode d'emploi et posologie

Ce médicament peut être pris indifféremment au cours ou en dehors des repas. Les comprimés doivent être dissous dans un verre d'eau.

Respecter un intervalle minimal de 4 heures entre 2 prises, et de 8 heures entre 2 prises en cas d'*insuffisance rénale*.

**Posologie usuelle :**

- Adulte : 1 ou 2 comprimés, à renouveler si nécessaire toutes les 6 heures, sans dépasser 6 comprimés par jour.

Chez la personne âgée, la *posologie* initiale est généralement réduite de moitié.

- Enfant de plus de 15 kg : 60 mg de paracétamol et 3 mg de codéine par kg et par jour, à répartir en 4 ou 6 prises. Il est nécessaire de suivre la prescription de votre médecin. À titre indicatif :
  - enfant de 15 à 22 kg (environ 3 à 6 ans) : ½ comprimé, à renouveler si nécessaire après 6 heures, sans dépasser 4 demi-comprimés par jour ;
  - enfant de 23 à 30 kg (environ 7 à 10 ans) : ½ comprimé, à renouveler si nécessaire après 4 heures, sans dépasser 6 demi-comprimés par jour ;
  - enfant de 31 à 44 kg (environ 11 à 14 ans) : 1 comprimé, à renouveler si nécessaire après 6 heures, sans dépasser 4 comprimés par jour ;
  - enfant de 45 à 50 kg (environ 14 à 15 ans) : 1 comprimé, à renouveler si nécessaire après 4 heures, sans dépasser 6 comprimés par jour.

**Conseils :** Comme tous les *antalgiques*, ce médicament est généralement plus efficace pour prévenir la douleur que pour la calmer : dans le traitement des douleurs chroniques, il est préférable de prendre ce médicament à intervalles réguliers sans attendre que la douleur s'installe.

Cet *antalgique* contenant de la codéine est destiné à être utilisé en deuxième intention, lorsque l'aspirine, l'ibuprofène ou le paracétamol, utilisés seuls, sont insuffisamment efficaces. Il peut néanmoins être utilisé d'emblée dans le traitement des douleurs fortes.

Ce médicament peut retarder un diagnostic en masquant la douleur ; ne le prenez pas sans l'avis de votre médecin, ne le conseillez pas à un proche.

### Effets indésirables possibles

Liés à la *codéine* :

Constipation, somnolence, nausées, vomissements, sensation de vertige et, plus rarement, *bronchospasme*, *réaction allergique* cutanée, ralentissement de la respiration. Ces effets indésirables sont ceux de la famille des *opiacés* ; ils sont généralement modérés aux doses recommandées.

Liés au paracétamol : *réaction allergique* (rare).

Laboratoires Biogaran

## PARACÉTAMOL CODÉINE EG 500 mg/30 mg

*Informations détaillées sur www.monvidal.com*

## PARACÉTAMOL CODÉINE G GAM 500 mg/30 mg

*Informations détaillées sur www.monvidal.com*

## PARACÉTAMOL CODÉINE IVAX 500 mg/30 mg

*Informations détaillées sur www.monvidal.com*

## PARACÉTAMOL CODÉINE MERCK 500 mg/30 mg

Association d'antalgiques contenant un opiacé

sur ordonnance

### Présentation

PARACÉTAMOL CODÉINE MERCK 500 mg/30 mg : comprimé effervescent sécable (arôme pamplemousse) ; boîte de 16. Liste I - Remb 65 % - **Prix : 2,30 €**.

### Composition

| | p cp efferv |
|---|---|
| **Paracétamol** | 500 mg |
| **Codéine phosphate** | 30 mg |
| Sodium | 410 mg |
| Benzoate de sodium | + |
| Sorbitol | + |

### Dans quel cas ce médicament est-il prescrit ?

Ce médicament contient deux *antalgiques* : le paracétamol, qui empêche la transmisssion de la douleur, et un *opiacé* (la codéine), qui renforce l'action du paracétamol en agissant sur la perception de la douleur par le cerveau.

Il est utilisé dans le traitement de la douleur.

### Contre-indications

Ce médicament ne doit pas être utilisé dans les cas suivants :

- maladie grave du foie,
- *asthme* et *insuffisance respiratoire*,

- enfant de moins de 15 kg,
- **allaitement** (en dehors d'une prise ponctuelle).

**Attention :** Ce médicament ne doit être utilisé que sur prescription chez l'enfant ; ne le réutilisez pas ou ne le donnez pas à un autre enfant sans avis médical.

De nombreux médicaments contiennent du paracétamol : vous devez en tenir compte en cas de prise conjointe car le *surdosage* en paracétamol peut être toxique pour le foie.

Du fait de la présence de codéine :
- n'utilisez pas ce médicament à forte dose et de façon prolongée (risque de *dépendance*) ;
- évitez son emploi en cas d'*hypertension intracrânienne*, qu'il pourrait aggraver.

Ce médicament contient du *sel* (*sodium*) en quantité notable.

Ce médicament peut induire une somnolence, parfois intense chez certaines personnes. Cette somnolence peut être majorée par la prise d'*alcool* ou d'autres médicaments *sédatifs*. La conduite et l'utilisation de machines dangereuses sont déconseillées, surtout dans les heures qui suivent la prise du médicament.

### Interactions avec d'autres substances

Ce médicament ne doit pas être associé à ceux qui contiennent de la nalbuphine, de la buprénorphine ou de la pentazocine : risque de diminution de l'effet *antalgique*.

Informez par ailleurs votre médecin ou votre pharmacien si vous prenez des *sédatifs*.

### Grossesse et allaitement

L'utilisation de la *codéine* et de ses dérivés (codéthyline, pholcodine) ne doit être envisagée chez la femme enceinte qu'en cas de nécessité, en effet :
- une *insuffisance respiratoire* peut survenir chez le nouveau-né d'une mère traitée par des doses élevées, même si le traitement est ponctuel mais précède de peu l'accouchement ;
- un *syndrome de sevrage*, à l'inverse, peut concerner des nouveau-nés si leur mère reçoit un traitement régulier, même à faible dose.

Il est donc important de signaler à l'obstétricien la prise éventuelle de codéine ou d'un de ses dérivés, afin que ces risques puissent être prévenus par une surveillance et un éventuel traitement adapté.

Ce médicament passe dans le lait maternel. En dehors d'une utilisation ponctuelle, il est contre-indiqué pendant l'allaitement.

### Mode d'emploi et posologie

Ce médicament peut être pris indifféremment au cours ou en dehors des repas. Les comprimés doivent être dissous dans un verre d'eau.

Respecter un intervalle minimal de 4 heures entre 2 prises, et de 8 heures entre 2 prises en cas d'*insuffisance rénale*.

**Posologie usuelle :**

- Adulte : 1 ou 2 comprimés, à renouveler si nécessaire toutes les 6 heures, sans dépasser 6 comprimés par jour.

Chez la personne âgée, la *posologie* initiale est généralement réduite de moitié.

- Enfant de plus de 15 kg : 60 mg de paracétamol et 3 mg de codéine par kg et par jour, à répartir en 4 ou 6 prises. Il est nécessaire de suivre la prescription de votre médecin. À titre indicatif :
  - enfant de 15 à 22 kg (environ 3 à 6 ans) : ½ comprimé, à renouveler si nécessaire après 6 heures, sans dépasser 4 demi-comprimés par jour ;
  - enfant de 23 à 30 kg (environ 7 à 10 ans) : ½ comprimé, à renouveler si nécessaire après 4 heures, sans dépasser 6 demi-comprimés par jour ;
  - enfant de 31 à 44 kg (environ 11 à 14 ans) : 1 comprimé, à renouveler si nécessaire après 6 heures, sans dépasser 4 comprimés par jour ;
  - enfant de 45 à 50 kg (environ 14 à 15 ans) : 1 comprimé, à renouveler si nécessaire après 4 heures, sans dépasser 6 comprimés par jour.

**Conseils :** Comme tous les *antalgiques*, ce médicament est généralement plus efficace pour prévenir la douleur que pour la calmer : dans le traitement des douleurs chroniques, il est préférable de prendre ce médicament à intervalles réguliers sans attendre que la douleur s'installe.

Cet *antalgique* contenant de la codéine est destiné à être utilisé en deuxième intention, lorsque l'aspirine, l'ibuprofène ou le paracétamol, utilisés seuls, sont insuffisamment efficaces. Il peut néanmoins être utilisé d'emblée dans le traitement des douleurs fortes.

Ce médicament peut retarder un diagnostic en masquant la douleur ; ne le prenez pas sans l'avis de votre médecin, ne le conseillez pas à un proche.

### Effets indésirables possibles

Liés à la *codéine* :

Constipation, somnolence, nausées, vomissements, sensation de vertige et, plus rarement, *bronchospasme*, *réaction allergique* cutanée, ralentissement de la respiration. Ces effets indésirables sont ceux de la famille des *opiacés* ; ils sont généralement modérés aux doses recommandées.

Liés au paracétamol : *réaction allergique* (rare).

Laboratoires Merck génériques

## PARACÉTAMOL CODÉINE SANDOZ 500 mg/30 mg

Association d'antalgiques contenant un opiacé

sur ordonnance

### Présentation

PARACÉTAMOL CODÉINE SANDOZ 500 mg/30 mg : comprimé effervescent sécable (arôme pamplemousse) ; boîte de 16. Liste I - Remb 65 % - **Prix : 2,30 €.**

### Composition

| | p cp efferv |
|---|---|
| **Paracétamol** | 500 mg |
| **Codéine phosphate** | 30 mg |
| Sodium | 410 mg |
| Benzoate de sodium | + |
| Sorbitol | + |

### Dans quel cas ce médicament est-il prescrit ?

Ce médicament contient deux *antalgiques* : le paracétamol, qui empêche la transmisssion de la douleur, et un *opiacé* (la codéine), qui renforce l'action du paracétamol en agissant sur la perception de la douleur par le cerveau.

Il est utilisé dans le traitement de la douleur.

Les mots en *italique* dans les textes sont expliqués dans le lexique p. 1323.

### Contre-indications

Ce médicament ne doit pas être utilisé dans les cas suivants :
- maladie grave du foie,
- *asthme* et *insuffisance respiratoire*,
- enfant de moins de 15 kg,
- **allaitement** (en dehors d'une prise ponctuelle).

**Attention :** Ce médicament ne doit être utilisé que sur prescription chez l'enfant ; ne le réutilisez pas ou ne le donnez pas à un autre enfant sans avis médical.

De nombreux médicaments contiennent du paracétamol : vous devez en tenir compte en cas de prise conjointe car le *surdosage* en paracétamol peut être toxique pour le foie.

Du fait de la présence de codéine :
- n'utilisez pas ce médicament à forte dose et de façon prolongée (risque de *dépendance*) ;
- évitez son emploi en cas d'*hypertension intracrânienne*, qu'il pourrait aggraver.

Ce médicament contient du *sel* (*sodium*) en quantité notable.

Ce médicament peut induire une somnolence, parfois intense chez certaines personnes. Cette somnolence peut être majorée par la prise d'*alcool* ou d'autres médicaments *sédatifs*. La conduite et l'utilisation de machines dangereuses sont déconseillées, surtout dans les heures qui suivent la prise du médicament.

### Interactions avec d'autres substances

Ce médicament ne doit pas être associé à ceux qui contiennent de la nalbuphine, de la buprénorphine ou de la pentazocine : risque de diminution de l'effet *antalgique*.

Informez par ailleurs votre médecin ou votre pharmacien si vous prenez des *sédatifs*.

### Grossesse et allaitement

L'utilisation de la *codéine* et de ses dérivés (codéthyline, pholcodine) ne doit être envisagée chez la femme enceinte qu'en cas de nécessité, en effet :
- une *insuffisance respiratoire* peut survenir chez le nouveau-né d'une mère traitée par des doses élevées, même si le traitement est ponctuel mais précède de peu l'accouchement ;
- un *syndrome de sevrage*, à l'inverse, peut concerner des nouveau-nés si leur mère reçoit un traitement régulier, même à faible dose.

Il est donc important de signaler à l'obstétricien la prise éventuelle de codéine ou d'un de ses dérivés, afin que ces risques puissent être prévenus par une surveillance et un éventuel traitement adapté.

Ce médicament passe dans le lait maternel. En dehors d'une utilisation ponctuelle, il est contre-indiqué pendant l'allaitement.

### Mode d'emploi et posologie

Ce médicament peut être pris indifféremment au cours ou en dehors des repas. Les comprimés doivent être dissous dans un verre d'eau.

Respecter un intervalle minimal de 4 heures entre 2 prises, et de 8 heures entre 2 prises en cas d'*insuffisance rénale*.

**Posologie usuelle :**
- Adulte : 1 ou 2 comprimés, à renouveler si nécessaire toutes les 6 heures, sans dépasser 6 comprimés par jour.

Chez la personne âgée, la *posologie* initiale est généralement réduite de moitié.
- Enfant de plus de 15 kg : 60 mg de paracétamol et 3 mg de codéine par kg et par jour, à répartir en 4 ou 6 prises. Il est nécessaire de suivre la prescription de votre médecin. À titre indicatif :
  - enfant de 15 à 22 kg (environ 3 à 6 ans) : ½ comprimé, à renouveler si nécessaire après 6 heures, sans dépasser 4 demi-comprimés par jour ;
  - enfant de 23 à 30 kg (environ 7 à 10 ans) : ½ comprimé, à renouveler si nécessaire après 4 heures, sans dépasser 6 demi-comprimés par jour ;
  - enfant de 31 à 44 kg (environ 11 à 14 ans) : 1 comprimé, à renouveler si nécessaire après 6 heures, sans dépasser 4 comprimés par jour ;
  - enfant de 45 à 50 kg (environ 14 à 15 ans) : 1 comprimé, à renouveler si nécessaire après 4 heures, sans dépasser 6 comprimés par jour.

**Conseils :** Comme tous les *antalgiques*, ce médicament est généralement plus efficace pour prévenir la douleur que pour la calmer : dans le traitement des douleurs chroniques, il est préférable de prendre ce médicament à intervalles réguliers sans attendre que la douleur s'installe.

Cet *antalgique* contenant de la codéine est destiné à être utilisé en deuxième intention, lorsque l'aspirine, l'ibuprofène ou le paracétamol, utilisés seuls, sont insuffisamment efficaces. Il peut néanmoins être utilisé d'emblée dans le traitement des douleurs fortes.

Ce médicament peut retarder un diagnostic en masquant la douleur ; ne le prenez pas sans l'avis de votre médecin, ne le conseillez pas à un proche.

### Effets indésirables possibles

Liés à la *codéine* :

Constipation, somnolence, nausées, vomissements, sensation de vertige et, plus rarement, *bronchospasme*, *réaction allergique* cutanée, ralentissement de la respiration. Ces effets indésirables sont ceux de la famille des *opiacés* ; ils sont généralement modérés aux doses recommandées.

Liés au paracétamol : *réaction allergique* (rare).

Laboratoires Sandoz

## PARACÉTAMOL CODÉINE TEVA 500 mg/30 mg

Association d'antalgiques contenant un opiacé

sur ordonnance

### Présentation

PARACÉTAMOL CODÉINE TEVA 500 mg/30 mg : comprimé effervescent sécable (arôme pamplemousse) ; boîte de 16. Liste I - Remb 65 % - **Prix : 2,30 €**.

### Composition

| | p cp efferv |
|---|---|
| **Paracétamol** | 500 mg |
| **Codéine phosphate** | 30 mg |
| Sodium | 410 mg |
| Benzoate de sodium | + |
| Sorbitol | + |

### Dans quel cas ce médicament est-il prescrit ?

Ce médicament contient deux *antalgiques* : le paracétamol, qui empêche la transmisssion de la douleur, et un *opiacé* (la codéine), qui renforce l'action du paracétamol en agissant sur la perception de la douleur par le cerveau.

Il est utilisé dans le traitement de la douleur.

### Contre-indications

Ce médicament ne doit pas être utilisé dans les cas suivants :
- maladie grave du foie,
- *asthme* et *insuffisance respiratoire*,
- enfant de moins de 15 kg,
- **allaitement** (en dehors d'une prise ponctuelle).

**Attention :** Ce médicament ne doit être utilisé que sur prescription chez l'enfant ; ne le réutilisez pas ou ne le donnez pas à un autre enfant sans avis médical.

De nombreux médicaments contiennent du paracétamol : vous devez en tenir compte en cas de prise conjointe car le *surdosage* en paracétamol peut être toxique pour le foie.

Du fait de la présence de codéine :
- n'utilisez pas ce médicament à forte dose et de façon prolongée (risque de *dépendance*) ;
- évitez son emploi en cas d'*hypertension intracrânienne*, qu'il pourrait aggraver.

Ce médicament contient du *sel* (*sodium*) en quantité notable.

Ce médicament peut induire une somnolence, parfois intense chez certaines personnes. Cette somnolence peut être majorée par la prise d'*alcool* ou d'autres médicaments *sédatifs*. La conduite et l'utilisation de machines dangereuses sont déconseillées, surtout dans les heures qui suivent la prise du médicament.

### Interactions avec d'autres substances

Ce médicament ne doit pas être associé à ceux qui contiennent de la nalbuphine, de la buprénorphine ou de la pentazocine : risque de diminution de l'effet *antalgique*.

Informez par ailleurs votre médecin ou votre pharmacien si vous prenez des *sédatifs*.

### Grossesse et allaitement

L'utilisation de la *codéine* et de ses dérivés (codéthyline, pholcodine) ne doit être envisagée chez la femme enceinte qu'en cas de nécessité, en effet :
- une *insuffisance respiratoire* peut survenir chez le nouveau-né d'une mère traitée par des doses élevées, même si le traitement est ponctuel mais précède de peu l'accouchement ;
- un *syndrome de sevrage*, à l'inverse, peut concerner des nouveau-nés si leur mère reçoit un traitement régulier, même à faible dose.

Il est donc important de signaler à l'obstétricien la prise éventuelle de codéine ou d'un de ses dérivés, afin que ces risques puissent être prévenus par une surveillance et un éventuel traitement adapté.

Ce médicament passe dans le lait maternel. En dehors d'une utilisation ponctuelle, il est contre-indiqué pendant l'allaitement.

### Mode d'emploi et posologie

Ce médicament peut être pris indifféremment au cours ou en dehors des repas. Les comprimés doivent être dissous dans un verre d'eau.

Respecter un intervalle minimal de 4 heures entre 2 prises, et de 8 heures entre 2 prises en cas d'*insuffisance rénale*.

**Posologie usuelle :**
- Adulte : 1 ou 2 comprimés, à renouveler si nécessaire toutes les 6 heures, sans dépasser 6 comprimés par jour.

Chez la personne âgée, la *posologie* initiale est généralement réduite de moitié.
- Enfant de plus de 15 kg : 60 mg de paracétamol et 3 mg de codéine par kg et par jour, à répartir en 4 ou 6 prises. Il est nécessaire de suivre la prescription de votre médecin. À titre indicatif :
  - enfant de 15 à 22 kg (environ 3 à 6 ans) : ½ comprimé, à renouveler si nécessaire après 6 heures, sans dépasser 4 demi-comprimés par jour ;
  - enfant de 23 à 30 kg (environ 7 à 10 ans) : ½ comprimé, à renouveler si nécessaire après 4 heures, sans dépasser 6 demi-comprimés par jour ;
  - enfant de 31 à 44 kg (environ 11 à 14 ans) : 1 comprimé, à renouveler si nécessaire après 6 heures, sans dépasser 4 comprimés par jour ;
  - enfant de 45 à 50 kg (environ 14 à 15 ans) : 1 comprimé, à renouveler si nécessaire après 4 heures, sans dépasser 6 comprimés par jour.

**Conseils :** Comme tous les *antalgiques*, ce médicament est généralement plus efficace pour prévenir la douleur que pour la calmer : dans le traitement des douleurs chroniques, il est préférable de prendre ce médicament à intervalles réguliers sans attendre que la douleur s'installe.

Cet *antalgique* contenant de la codéine est destiné à être utilisé en deuxième intention, lorsque l'aspirine, l'ibuprofène ou le paracétamol, utilisés seuls, sont insuffisamment efficaces. Il peut néanmoins être utilisé d'emblée dans le traitement des douleurs fortes.

Ce médicament peut retarder un diagnostic en masquant la douleur ; ne le prenez pas sans l'avis de votre médecin, ne le conseillez pas à un proche.

### Effets indésirables possibles

Liés à la *codéine* :

Constipation, somnolence, nausées, vomissements, sensation de vertige et, plus rarement, *bronchospasme*, *réaction allergique* cutanée, ralentissement de la respiration. Ces effets indésirables sont ceux de la famille des *opiacés* ; ils sont généralement modérés aux doses recommandées.

Liés au paracétamol : *réaction allergique* (rare).

**Laboratoires Téva Classics**

---

## PARAGRIPPE

*Informations détaillées sur www.monvidal.com*

## PARALYOC
Antalgique et antipyrétique

### Présentation
PARALYOC 250 mg : *lyophilisat* oral (blanc) ; boîte de 10. Remb 65 % - **Prix : 1,93 €**.
PARALYOC 500 mg : *lyophilisat* oral (blanc ; arôme orange) ; boîte de 16. Remb 65 % - **Prix : 2,60 €**.

### Composition

| | p lyoph 250 mg | p lyoph 500 mg |
|---|---|---|
| **Paracétamol** | 250 mg | 500 mg |
| Aspartam | + | + |
| Lactose | | + |

### Dans quel cas ce médicament est-il prescrit ?
Ce médicament est un *antalgique* et un *antipyrétique* qui contient du paracétamol.
Il est utilisé pour faire baisser la fièvre et dans le traitement des affections douloureuses.

### Contre-indications
Ce médicament ne doit pas être utilisé dans les cas suivants :
- maladie grave du foie,
- *phénylcétonurie* (présence d'aspartam).

**Attention :** De nombreux médicaments contiennent du paracétamol : vous devez en tenir compte en cas de prise conjointe car le *surdosage* en paracétamol peut être toxique pour le foie.

### Grossesse et allaitement
Les études scientifiques actuellement disponibles n'ont pas mis en évidence de problème particulier lors de l'utilisation du paracétamol chez la femme enceinte.
Aux doses usuelles, l'usage de ce médicament est possible pendant l'allaitement.

### Mode d'emploi et posologie
Ce médicament peut être pris indifféremment pendant ou entre les repas.
Les comprimés (*lyophilisats*) doivent impérativement être dissous dans de l'eau, du lait ou du jus de fruit pour les enfants de moins de 6 ans (afin d'éviter un risque de fausse route). Ils peuvent être sucés chez les plus de 6 ans.
Respecter un intervalle de 4 à 6 heures entre 2 prises.

**Posologie usuelle :**
- Adulte : 1 ou 2 lyophilisats à 500 mg, 1 à 3 fois par jour. Ne pas dépasser 3 g (6 lyophilisats à 500 mg) par jour.
- Enfant : 60 mg par kg et par jour, soit 15 mg par kg toutes les 6 heures ou 10 mg par kg toutes les 4 heures. Il est nécessaire de suivre les recommandations de votre pharmacien ou de votre médecin ou de suivre les posologies suivantes données à titre indicatif :
  - enfant de 13 à 20 kg : 1 lyophilisat à 250 mg, 1 à 4 fois par jour ;
  - enfant de 21 à 26 kg : 1 lyophilisat à 250 mg, 1 à 6 fois par jour ;
  - enfant de 27 à 40 kg : 1 lyophilisat à 500 mg, 1 à 4 fois par jour ;
  - enfant de plus de 40 kg : 1 lyophilisat à 500 mg, 1 à 6 fois par jour.
- Insuffisant rénal : respecter un intervalle de 8 heures entre 2 prises.

Dans les douleurs sévères de l'adulte et notamment dans l'*arthrose*, la *posologie* maximale peut être portée à 1 g de paracétamol, 4 fois par jour, uniquement sur avis médical.
La dose quotidienne maximale de paracétamol chez l'enfant est de 80 mg par kg, en 4 prises minimum, sans dépasser 3 g par jour.

**Conseils :** Dans le traitement de la fièvre chez l'enfant, lorsque le paracétamol est utilisé à la dose de 60 mg par kg et par jour, l'adjonction d'aspirine ou son usage en alternance avec le paracétamol est inutile, car l'aspirine ne permet pas d'obtenir une baisse supplémentaire de la fièvre.
Des sueurs abondantes accompagnent généralement la baisse de température lors du traitement des fièvres élevées. Ce phénomène est normal.

### Effets indésirables possibles
Exceptionnellement : *réaction allergique* cutanée.

Laboratoires Cephalon

## PARAMINAN 500
*Informations détaillées sur www.monvidal.com*

## PARAPLATINE
*Informations détaillées sur www.monvidal.com*

## PARA PLUS
Antiparasitaire externe

### Présentation
PARA PLUS : solution pour pulvérisation cutanée ; flacon pressurisé de 116 g. Non remb.

### Composition

| | p 100 g |
|---|---|
| **Perméthrine** | 1 g |
| **Malathion** | 500 mg |
| **Pipéronyle butoxyde** | 4 g |

### Dans quel cas ce médicament est-il prescrit ?
Ce médicament contient des substances actives sur les poux.
Il est utilisé pour détruire les poux et leurs œufs (lentes).

### Contre-indications
Ce médicament ne doit pas être utilisé dans les cas suivants :
- *asthme*,
- enfant ayant des *antécédents* de *bronchiolite*.

**Attention :** Des précautions sont nécessaires lors de l'utilisation d'un antipoux en flacon pressurisé :
- ne l'utilisez pas pour traiter les sourcils ;
- pulvérisez le produit près de la racine des cheveux de façon à éviter toute projection dans les yeux, les narines ou la bouche ; éventuellement, le visage peut être protégé par un mouchoir ;
- évitez de traiter l'enfant dans la pièce où il va dormir ; dans le cas contraire, aérez soigneusement celle-ci.

Rincez abondamment en cas de contact accidentel avec les yeux ou les *muqueuses*.
La répétition des applications peut être à l'origine d'une irritation et peut permettre aux poux de développer une résistance au traitement. En cas d'échec du traitement, un autre produit doit être utilisé.

### Grossesse et allaitement

L'effet de ce médicament pendant la grossesse ou l'allaitement est mal connu. L'évaluation du risque éventuel lié à son utilisation est individuelle : demandez conseil à votre pharmacien ou à votre médecin.

### Mode d'emploi et posologie

Pulvériser la solution à la base des cheveux par des pressions brèves, de façon à imprégner totalement la chevelure. Laisser agir 10 minutes. Laver les cheveux avec le shampooing habituel, puis les passer méticuleusement au peigne fin. Cette étape est essentielle pour le succès du traitement.

Chez l'enfant de moins de 2 ans, la durée de contact doit être d'autant plus courte que l'enfant est jeune. Chez l'enfant de moins de 6 mois, ne pas laisser agir le produit plus de 5 minutes ; la solution ne doit pas être pulvérisée, mais appliquée à l'aide d'une compresse imbibée.

**Conseils :** Pour éviter une réinfestation, il est recommandé que l'entourage suive le même traitement.

Les chapeaux, bonnets, écharpes, draps et taies d'oreiller doivent être désinfectés en les lavant à 60 °C ou en utilisant un insecticide spécifique vendu en pharmacie.

Les lentes fixées à plus de 2 cm du cuir chevelu sont généralement mortes, et leur présence ne signifie pas que le traitement a échoué. Leur élimination peut être facilitée en démêlant les cheveux avec un peigne trempé dans de l'eau vinaigrée.

### Effets indésirables possibles

Irritation, rougeur en cas de contact avec les *muqueuses.*

Laboratoires Omega-Pharma France

## PARAPSYLLIUM

Laxatif de lest et lubrifiant

### Présentation

PARAPSYLLIUM : poudre pour suspension buvable (arômes : mangue, abricot) ; flacon de 100 g. Remb 35 % - **Prix : 3,45 €.**
PARAPSYLLIUM : poudre pour suspension buvable (arômes : mangue, abricot) ; boîte de 10 sachets de 10 g. Remb 35 % - **Prix : 3,56 €.**
PARAPSYLLIUM : poudre pour suspension buvable (arômes : mangue, abricot) ; boîte de 30 sachets de 10 g. Remb 35 % - **Prix : 8,67 €.**

### Composition

| | p 100 g | p sachet |
|---|---|---|
| **Psyllium, tégument mucilagineux pulvérisé de graines** | 33,33 g | 3,33 g |
| **Paraffine liquide microencapsulée** | 33,33 g | 3,33 g |
| Sorbitol | 32,84 g | 3,28 g |

### Dans quel cas ce médicament est-il prescrit ?

Ce médicament contient un *laxatif de lest* (psyllium) et un *laxatif lubrifiant* (paraffine liquide). Le psyllium est une substance naturelle qui n'est ni digérée ni absorbée. Elle s'imbibe d'eau et rend les selles plus volumineuses et moins fermes.

Il est utilisé dans le *traitement symptomatique* de la constipation.

### Contre-indications

Ce médicament ne doit pas être utilisé dans les cas suivants :
- occlusion intestinale ou affection prédisposant à une occlusion,
- douleurs abdominales de cause inconnue,
- *fécalome* (bouchon de selles),
- *intolérance* génétique au fructose (le sorbitol est transformé en fructose par le foie).

**Attention :** Des précautions sont nécessaires chez les personnes souffrant de calculs susceptibles d'obstruer les *voies biliaires.*

Il est nécessaire de boire beaucoup d'eau, particulièrement en cas de dilatation du côlon, d'alitement, et chez la personne âgée.

L'huile de paraffine peut réduire l'absorption de certaines *vitamines* (A, D, E, K) en cas d'utilisation prolongée.

Les laxatifs ne doivent pas être utilisés de façon prolongée sans avis médical.

### Grossesse et allaitement

Ce médicament ne contient aucune substance connue pour être toxique pendant la grossesse ou l'allaitement ; néanmoins, il peut réduire l'absorption de certaines *vitamines* : son usage doit être ponctuel.

### Mode d'emploi et posologie

Prendre ce médicament avec un grand verre d'eau ou de jus de fruits. Agiter et boire immédiatement.

**Posologie usuelle :**
1 cuillère à soupe ou 1 sachet, le soir au coucher.

**Conseils :** Un échec du traitement peut être lié à la présence d'un *fécalome*, notamment chez la personne âgée.

Le traitement de la constipation chronique repose essentiellement sur des boissons abondantes, une alimentation riche en fibres et une activité physique régulière.

### Effets indésirables possibles

Sensation de ballonnement.

Laboratoires IPRAD

## PARASIDOSE

*Informations détaillées sur www.monvidal.com*

## PARA SPÉCIAL POUX

Antiparasitaire externe

### Présentation

PARA SPÉCIAL POUX : solution pour application locale ; flacon pressurisé de 116 g. Non remb.
PARA SPÉCIAL POUX : shampooing ; flacon de 125 ml. Non remb.
PARA SPÉCIAL POUX : shampooing ; flacon de 250 ml. Non remb.

### Composition

| | solution p 100 g | shamp p 125 ml |
|---|---|---|
| **Dépalléthrine** | 1,8 g | 1,4 g |
| **Pipéronyle butoxyde** | 7,2 g | 5,6 g |

Les mots en *italique* dans les textes sont expliqués dans le lexique p. 1323.

### Dans quel cas ce médicament est-il prescrit ?

Ce médicament contient des substances actives sur les poux.
Il est utilisé pour détruire les poux et leurs œufs (lentes).

### Contre-indications

La solution en flacon pressurisé ne doit pas être utilisée dans les cas suivants :
- *asthme*,
- enfant ayant des *antécédents* de *bronchiolite*.

**Attention :** Des précautions sont nécessaires lors de l'utilisation d'un antipoux en flacon pressurisé :
- ne l'utilisez pas pour traiter les sourcils ;
- pulvérisez le produit près de la racine des cheveux de façon à éviter toute projection dans les yeux, les narines ou la bouche ; éventuellement, le visage peut être protégé par un mouchoir ;
- évitez de traiter l'enfant dans la pièce où il va dormir ; dans le cas contraire, aérez soigneusement celle-ci.

Rincez abondamment en cas de contact accidentel avec les yeux ou les *muqueuses*.
La répétition des applications peut être à l'origine d'une irritation et peut permettre aux poux de développer une résistance au traitement. En cas d'échec du traitement, un autre produit doit être utilisé.

### Grossesse et allaitement

L'effet de ce médicament pendant la grossesse ou l'allaitement est mal connu. L'évaluation du risque éventuel lié à son utilisation est individuelle : demandez conseil à votre pharmacien ou à votre médecin.

### Mode d'emploi et posologie

**Solution** : pulvériser la solution à la base des cheveux par des pressions brèves, de façon à imprégner totalement la chevelure. Laisser agir 30 minutes. Laver les cheveux avec le shampooing habituel, puis les passer méticuleusement au peigne fin. Cette étape est essentielle pour le succès du traitement.
Chez l'enfant de moins de 2 ans, la durée de contact doit être d'autant plus courte que l'enfant est jeune. Chez l'enfant de moins de 6 mois, ne pas laisser agir le produit plus de 5 minutes ; la solution ne doit pas être pulvérisée, mais appliquée à l'aide d'une compresse imbibée.
**Shampooing** : frictionner les cheveux mouillés avec le shampooing pendant plusieurs minutes puis rincer. Appliquer le shampooing une seconde fois et laisser agir 5 minutes ; rincer abondamment à l'eau tiède et passer méticuleusement au peigne fin. Renouveler l'opération le lendemain.

**Conseils :** Pour éviter une réinfestation, il est recommandé que l'entourage suive le même traitement.
Les chapeaux, bonnets, écharpes, draps et taies d'oreiller doivent être désinfectés en les lavant à 60 °C ou en utilisant un insecticide spécifique vendu en pharmacie.
Les lentes fixées à plus de 2 cm du cuir chevelu sont généralement mortes, et leur présence ne signifie pas que le traitement a échoué. Leur élimination peut être facilitée en démêlant les cheveux avec un peigne trempé dans de l'eau vinaigrée.

### Effets indésirables possibles

Solution : irritation, rougeur en cas de contact avec les *muqueuses*.
Shampooing : rougeur, pellicules.

Laboratoires Omega-Pharma France

## PARÉGORIQUE LAFRAN

*Informations détaillées sur www.monvidal.com*

## PAREIRA BRAVA COMPOSÉ BOIRON

*Informations détaillées sur www.monvidal.com*

## PAREIRA BRAVA COMPOSÉ DOLISOS

*Informations détaillées sur www.monvidal.com*

## PARFENAC

Antiprurigineux local — sur ordonnance

### Présentation

PARFENAC : crème ; tube de 30 g. Liste II - Non remb.

### Composition

| | p 100 g |
|---|---|
| Bufexamac | 5 g |

### Dans quel cas ce médicament est-il prescrit ?

Cette crème contient un *anti-inflammatoire* non stéroïdien.
Elle est utilisée pour calmer les démangeaisons de la peau.

### Contre-indications

Ce médicament ne doit pas être utilisé dans les cas suivants :
- lésion suintante ou infectée ;
- brûlure, *eczéma*, *dermatite atopique* ;
- rougeur des fesses du *nourrisson*.

**Attention :** Si les démangeaisons persistent ou s'aggravent, elles peuvent être dues à une *allergie* à la crème, nécessitant l'arrêt du traitement.
Évitez l'usage prolongé de ce médicament, notamment chez l'enfant, sur des surfaces étendues ou profondément lésées, sans l'avis de votre médecin : risque de passage du médicament dans le sang.

### Grossesse et allaitement

L'effet de ce médicament pendant la grossesse ou l'allaitement est mal connu : demandez conseil à votre pharmacien ou à votre médecin.

### Mode d'emploi et posologie

La crème doit être appliquée en couche mince, en massant légèrement.
**Posologie usuelle :**
2 applications par jour.

### Effets indésirables possibles

*Réaction allergique* cutanée.

Laboratoires Wyeth Lederlé

## PARIET
Antiulcéreux — **sur ordonnance**

### Présentation
**PARIET 10 mg :** comprimé *gastrorésistant* ; boîte de 14. Liste II - Remb 65 % - **Prix : 11,04 €.**
**PARIET 10 mg :** comprimé *gastrorésistant* ; boîte de 28. Liste II - Remb 65 % - **Prix : 20,50 €.**
**PARIET 20 mg :** comprimé *gastrorésistant* ; boîte de 14. Liste II - Remb 65 % - **Prix : 20,62 €.**
**PARIET 20 mg :** comprimé *gastrorésistant* ; boîte de 28. Liste II - Remb 65 % - **Prix : 37,76 €.**

### Composition

| | p cp | p cp |
|---|---|---|
| **Rabéprazole sodique** .......... | 10 mg | 20 mg |

### Dans quel cas ce médicament est-il prescrit ?
C'est un antiulcéreux qui agit en diminuant la sécrétion acide de l'estomac, indépendamment de la cause qui peut provoquer cette sécrétion.
Il est utilisé dans le traitement des *ulcères* de l'estomac ou du *duodénum* et des *inflammations* de l'œsophage dues au reflux des acides de l'estomac vers l'œsophage.
En association avec un traitement *antibiotique* spécifique, ce médicament permet l'éradication d'un *germe* appelé *Helicobacter pylori*, très fréquemment responsable des récidives de l'ulcère.

### Contre-indications
Ce médicament ne doit pas être utilisé en cas de **grossesse** ou d'**allaitement**.

> **Attention :** La disparition des douleurs ne signifie pas que l'*ulcère* est cicatrisé : la durée du traitement doit être respectée.
> Des précautions sont nécessaires en cas d'*insuffisance hépatique* grave.

### Interactions avec d'autres substances
Ce médicament peut intéragir avec un médicament contenant de la digoxine.

### Grossesse et allaitement
L'effet de ce médicament pendant la grossesse ou l'allaitement est mal connu. Par mesure de prudence, son usage est contre-indiqué chez la femme enceinte ou chez celle qui allaite.

### Mode d'emploi et posologie
Les comprimés doivent être avalés avec un verre d'eau, sans être croqués ni écrasés.
Les repas ne modifient pas l'absorption du médicament, qui peut donc être pris à n'importe quel moment de la journée ; cependant, il est généralement conseillé de le prendre le matin avant le petit déjeuner.

**Posologie usuelle :**
- Adulte :
  - traitement des *ulcères* de l'estomac ou du *duodénum* : 20 mg par jour, en une prise ;
  - traitement de l'*inflammation* de l'œsophage : 10 à 20 mg par jour, en une prise.

La durée du traitement est habituellement de plusieurs semaines.
Dans l'éradication d'*Helicobacter pylori* : 20 mg, 2 fois par jour (matin et soir), en association à un traitement *antibiotique* pendant 7 jours. Le succès du traitement est étroitement lié au strict respect des *posologies*.

> **Conseils :** L'aspirine et les *anti-inflammatoires* peuvent être agressifs pour l'estomac : n'en prenez pas sans l'avis de votre médecin.
> Si vous êtes fumeur, la poursuite du tabagisme est un frein important au traitement : la nicotine augmente l'acidité gastrique et réduit l'efficacité du muscle qui ferme la jonction entre l'œsophage et l'estomac.
> La prise de ce médicament ne dispense pas des mesures diététiques que peut vous conseiller votre médecin.

### Effets indésirables possibles
Maux de tête, *troubles digestifs*, fatigue, bouche sèche, *éruption cutanée*.
Rarement : anomalies de la *numération formule sanguine*, augmentation des *transaminases*.

Laboratoires Janssen-Cilag

## PARKINANE LP
Antiparkinsonien — **sur ordonnance**

### Présentation
PARKINANE LP 2 mg : gélule à *libération prolongée* (incolore et bleu clair) ; boîte de 50. Liste I - Remb 65 % - **Prix : 2,38 €.**
PARKINANE LP 5 mg : gélule à *libération prolongée* (bleu) ; boîte de 20. Liste I - Remb 65 % - **Prix : 2,38 €.**

### Composition

| | p gél | p gél |
|---|---|---|
| **Trihexyphénidyle chlorhydrate** .. .................... | 2 mg | 5 mg |

### Dans quel cas ce médicament est-il prescrit ?
C'est un *antiparkinsonien* qui appartient à la famille des anticholinergiques (*atropiniques*).
Il est utilisé dans le traitement de la maladie de *Parkinson* et des *syndromes* parkinsoniens induits par les *neuroleptiques*.

### Contre-indications
Ce médicament ne doit pas être utilisé dans les cas suivants :
- risque de *glaucome*,
- risque de rétention des urines (*adénome de la prostate*),
- maladies cardiaques graves.

> **Attention :** Ce médicament présente des effets *atropiniques*. Il peut provoquer un *glaucome* aigu chez les personnes prédisposées : œil rouge, dur et douloureux, avec vision floue. Une consultation d'extrême urgence auprès d'un ophtalmologiste est nécessaire.
> Des précautions sont nécessaires en cas d'*antécédent* de constipation grave ou de rétention urinaire et chez la personne âgée.
> Vous ne devez pas interrompre brutalement votre traitement.
> Conducteur : ce médicament peut être responsable de troubles visuels et d'une sensibilité anormale à la lumière.

### Interactions avec d'autres substances

Informez votre médecin si vous prenez un autre médicament *atropinique* ou un médicament contenant du lisuride.

### Grossesse et allaitement

**Grossesse et nouveau-né :**
L'effet de ce médicament pendant la grossesse est mal connu : seul votre médecin peut évaluer le risque éventuel de son utilisation dans votre cas.
Si le traitement est poursuivi jusqu'à l'accouchement, une surveillance médicale du *nouveau-né* est nécessaire.
L'allaitement est déconseillé pendant le traitement.

### Mode d'emploi et posologie

Les gélules doivent être prises avec un peu d'eau.

**Posologie usuelle :**
- Adulte : 4 à 15 mg par jour.

### Effets indésirables possibles

Effets *atropiniques* : troubles de l'*accommodation*, sécheresse de la bouche, constipation, difficultés à uriner.
Ces effets sont plus fréquents chez la personne âgée et peuvent s'accompagner d'une confusion des idées.
*Éruption cutanée*, infection des glandes salivaires, dilatation du côlon.

Laboratoires EISAI

## PARKIPAN

*Informations détaillées sur www.monvidal.com*

## PARLAX

*Informations détaillées sur www.monvidal.com*

## PARLODEL

Dopaminergique — sur ordonnance

### Présentation

PARLODEL 2,5 mg : comprimé sécable (blanc) ; boîte de 30. Liste I - Remb 65 % - **Prix : 6,00 €**.
PARLODEL 5 mg : gélule (vert clair) ; boîte de 30. Liste I - Remb 65 % - **Prix : 9,26 €**.
PARLODEL 10 mg : gélule (vert foncé) ; boîte de 30. Liste I - Remb 65 % - **Prix : 16,37 €**.

### Composition

| | p cp | p gél | p gél |
|---|---|---|---|
| **Bromocriptine** | 2,5 mg | 5 mg | 10 mg |
| Lactose | + | + | + |

### Dans quel cas ce médicament est-il prescrit ?

Ce médicament appartient à la famille des *dopaminergiques*, dérivés de l'*ergot de seigle*. Il possède plusieurs propriétés :
- il pallie le déficit en *dopamine* responsable des symptômes gênants de la maladie de *Parkinson*, en stimulant les récepteurs à la dopamine ;
- il freine la sécrétion de l'*hormone* de la lactation : la *prolactine*.

Il est utilisé dans le traitement de la maladie de Parkinson, seul ou en association avec la lévodopa lorsque l'effet de la lévodopa diminue ou que des fluctuations importantes de l'activité de la lévodopa sont responsables de troubles invalidants.
Les comprimés à 2,5 mg sont également utilisés dans les troubles liés à un excès de prolactine.

### Contre-indications

Ce médicament ne doit pas être utilisé dans les cas suivants :
- *allergie* à la bromocriptine ou aux dérivés de l'*ergot de seigle*,
- *hypertension artérielle* grave survenue pendant la grossesse (comprimé à 2,5 mg),
- en association avec certains *neuroleptiques*.

**Attention :** Un contrôle de la tension artérielle est recommandé en début de traitement.
Des précautions sont nécessaires en cas de troubles psychiques ou de maladie cardiaque graves, d'*antécédent* d'*ulcère* de l'estomac ou du *duodénum* et chez la personne de plus de 65 ans.
Signalez à votre médecin toute somnolence marquée survenant au cours de la journée : une adaptation des doses ou un arrêt du traitement peuvent être nécessaires.
Si une gêne respiratoire inexpliquée, une douleur lombaire ou un *œdème* des jambes apparaissent au cours du traitement, prévenez rapidement votre médecin.
Ce médicament peut restaurer la fécondité chez les femmes stériles par excès de *prolactine*. Si une grossesse n'est pas souhaitée, une contraception est nécessaire. La pilule ne peut être employée car elle est contre-indiquée en cas d'excès de prolactine.
Évitez les boissons alcoolisées pour une meilleure tolérance du traitement.
Conducteur : ce médicament peut être responsable de *vertiges* ou d'une baisse de la vigilance.
De plus, les médicaments *dopaminergiques* peuvent, dans de rares cas, provoquer un endormissement soudain au cours de la journée sans signe annonciateur. La conduite automobile et l'utilisation de machines dangereuses sont déconseillées pendant le traitement. Elles sont contre-indiquées chez les personnes ayant eu une envie impérieuse de dormir sous traitement.

### Interactions avec d'autres substances

Ce médicament ne doit pas être associé aux médicaments *antiémétiques* contenant du métoclopramide, de la métopimazine ou de l'alizapride : risque d'annulation de leurs effets.
La prise conjointe de médicaments *dopaminergiques* et de *neuroleptiques* utilisés dans les troubles psychiques est généralement contre-indiquée, sauf dans le cas de la maladie de *Parkinson*. Le médecin en tient compte alors dans la *posologie*.
La bromocriptine peut interagir avec les *vasoconstricteurs*, notamment ceux dérivés de l'*ergot de seigle*, et avec les *antibiotiques* de la famille des *macrolides*.
En cas d'association à un *antiparkinsonien* de la famille des anticholinergiques, une surveillance plus régulière est parfois nécessaire.

### Grossesse et allaitement

Ce médicament ne semble pas avoir d'effets nocifs pendant la grossesse. Cependant, si vous êtes enceinte, votre médecin appréciera l'opportunité de poursuivre le traitement.

Ce médicament inhibe la lactation.

### Mode d'emploi et posologie

Ce médicament doit être pris au milieu des repas.

**Posologie usuelle :**

L'augmentation de la *posologie* est progressive pour limiter l'apparition des effets indésirables. Le médecin recherche la posologie efficace la plus faible possible qui est strictement individuelle.

**Conseils :** Dans le traitement de la maladie de *Parkinson*, il est important de respecter la *posologie*, notammment les horaires de prises préconisés par votre médecin : un pilulier peut être utile.

Le maintien d'une activité physique régulière (marche, gymnastique douce...) est recommandé.

Prenez contact avec une des associations destinées aux personnes atteintes de la maladie de Parkinson : elles diffusent une information utile sur l'évolution de la maladie et sur ses traitements.

Les comprimés doivent être conservés à l'abri de la lumière.

### Effets indésirables possibles

Nausées, vomissements, *hypotension orthostatique*, surtout en début de traitement.

Troubles psychiques : confusion, hallucinations, délire, surtout chez les personnes prédisposées. Ces troubles nécessitent la réduction de la *posologie*, voire l'arrêt du traitement.

Somnolence excessive au cours de la journée, et plus rarement, envie impérieuse de dormir.

Rarement, altération pulmonaire, lors de traitements prolongés à fortes doses.

Ont également été observés : maux de tête, mouvements anormaux, sécheresse de la bouche, constipation, *œdèmes* des jambes, pâleur des extrémités déclenchée par le froid chez les personnes prédisposées (maladie de *Raynaud*, *artérite*...).

Laboratoires Novartis Pharma

## PARLODEL INHIBITION DE LA LACTATION

*Informations détaillées sur www.monvidal.com*

## PAROEX

Préparation buccale antiseptique

### Présentation

**PAROEX :** solution pour *bain de bouche* ; flacon de 300 ml avec godet doseur. Remb 35 % - **Prix : 3,99 €.**

**PAROEX :** solution pour *bain de bouche* ; flacon de 500 ml avec godet doseur. Non remb.

### Composition

| | p 100 ml |
|---|---|
| **Chlorhexidine digluconate** | 120 mg |
| Arôme menthe | + |

### Dans quel cas ce médicament est-il prescrit ?

Cette solution pour *bain de bouche* contient un *antiseptique*.

Elle est utilisée dans le *traitement d'appoint* des infections de la bouche ou des suites d'opération des gencives ou des dents.

**Attention :** Le *bain de bouche* n'est pas facilement utilisable chez le jeune enfant qui risque d'avaler la solution, c'est pourquoi il est destiné à l'enfant de plus de 6 ans.

L'usage prolongé des traitements antiseptiques locaux (*gargarisme*, *collutoire*, pastille) n'est pas souhaitable ; il peut modifier l'équilibre microbien naturel de la gorge.

En l'absence d'amélioration au bout de 5 jours, consultez votre médecin.

### Grossesse et allaitement

L'effet de ce médicament pendant la grossesse ou l'allaitement est mal connu : seul votre médecin peut évaluer le risque éventuel de son utilisation dans votre cas.

### Mode d'emploi et posologie

La solution doit être utilisée pure, après le brossage des dents, et gardée dans la bouche environ 1 minute.

Ce médicament ne doit en aucun cas être avalé.

**Posologie usuelle :**

- Adulte et enfant de plus de 6 ans : 1 bain de bouche (1/2 godet doseur ou 1 cuillère à soupe de solution), 1 à 3 fois par jour.

**Conseils :** Évitez de manger ou de boire dans l'heure qui suit le bain de bouche.

Certains dentistes et stomatologistes recommandent de ne pas pratiquer de *bain de bouche* dans les heures qui suivent une extraction dentaire afin d'éviter de faire saigner la plaie.

### Effets indésirables possibles

En traitement prolongé : coloration brune de la langue et des dents disparaissant à l'arrêt du traitement.

Modification du goût.

*Réaction allergique* locale.

Laboratoires CSP

## PAROXÉTINE ARROW

Antidépresseur inhibiteur de la recapture de la sérotonine — sur ordonnance

Ce médicament est un générique de DEROXAT (voir p. 298 et tableau p. 1151).

## PAROXÉTINE BIOGARAN

Antidépresseur inhibiteur de la recapture de la sérotonine — sur ordonnance

Ce médicament est un générique de DEROXAT (voir p. 298 et tableau p. 1151).

## PAROXÉTINE EG

Antidépresseur inhibiteur de la recapture de la sérotonine — sur ordonnance

Ce médicament est un générique de DEROXAT (voir p. 298 et tableau p. 1151).

## PAROXÉTINE G GAM
Antidépresseur inhibiteur
de la recapture de la sérotonine
sur ordonnance

Ce médicament est un générique de DEROXAT (voir p. 298 et tableau p. 1151).

## PAROXÉTINE IVAX
Antidépresseur inhibiteur
de la recapture de la sérotonine
sur ordonnance

Ce médicament est un générique de DEROXAT (voir p. 298 et tableau p. 1151).

## PAROXÉTINE MERCK
Antidépresseur inhibiteur
de la recapture de la sérotonine
sur ordonnance

Ce médicament est un générique de DEROXAT (voir p. 298 et tableau p. 1151).

## PAROXÉTINE QUALIMED
Antidépresseur inhibiteur
de la recapture de la sérotonine
sur ordonnance

Ce médicament est un générique de DEROXAT (voir p. 298 et tableau p. 1151).

## PAROXÉTINE RATIOPHARM
Antidépresseur inhibiteur
de la recapture de la sérotonine
sur ordonnance

Ce médicament est un générique de DEROXAT (voir p. 298 et tableau p. 1151).

## PAROXÉTINE RPG
Antidépresseur inhibiteur
de la recapture de la sérotonine
sur ordonnance

Ce médicament est un générique de DEROXAT (voir p. 298 et tableau p. 1151).

## PAROXÉTINE SANDOZ
Antidépresseur inhibiteur
de la recapture de la sérotonine
sur ordonnance

Ce médicament est un générique de DEROXAT (voir p. 298 et tableau p. 1151).

## PAROXÉTINE TEVA
Antidépresseur inhibiteur
de la recapture de la sérotonine
sur ordonnance

Ce médicament est un générique de DEROXAT (voir p. 298 et tableau p. 1151).

## PAROXÉTINE WINTHROP
Antidépresseur inhibiteur
de la recapture de la sérotonine
sur ordonnance

Ce médicament est un générique de DEROXAT (voir p. 298 et tableau p. 1151).

## PASSÉDYL
*Informations détaillées sur www.monvidal.com*

## PASSIFLORA COMPOSÉ BOIRON
Homéopathie

### Présentation
PASSIFLORA COMPOSÉ BOIRON : comprimé ; boîte de 50. Remb 35 % - **Prix : 1,46 €**.
PASSIFLORA COMPOSÉ BOIRON : granule ; boîte de 80. Remb 35 % - **Prix : 1,81 €**.
PASSIFLORA COMPOSÉ BOIRON : solution buvable ; flacon de 30 ml. Remb 35 % - **Prix : 2,28 €**.

### Composition
Passiflora incarnata 3 DH, Ignatia amara 4 CH, Coffea cruda 5 CH, Nyckterinia 4 CH, Tellurium metallicum 5 CH, Phosphoricum acidum 7 CH, Palladium metallicum 5 CH, Magnesium metallicum 5 CH ; lactose (comprimé, granule). alcool (solution buvable).

### Dans quel cas ce médicament est-il prescrit ?
Ce médicament est un *complexe* (association) de composants homéopathiques.
Il est utilisé dans le *traitement homéopathique* de la nervosité ou des troubles du sommeil.

### Grossesse et allaitement
Aux *dilutions homéopathiques*, les substances contenues dans ce médicament ne sont pas connues pour être toxiques pendant la grossesse ou l'allaitement.

### Mode d'emploi et posologie
Les comprimés et les granules doivent être sucés lentement.
La solution buvable doit être diluée dans un peu d'eau.

**Posologie usuelle :**
5 granules, 2 fois par jour ou 2 comprimés, 3 fois par jour ou 10 gouttes de solution buvable, 3 fois par jour.

Laboratoires Boiron

## PASSIFLORA COMPOSÉ DOLISOS
*Informations détaillées sur www.monvidal.com*

## PASSIFLORA GHL
*Informations détaillées sur www.monvidal.com*

## PASSIFLORE BOIRON
*Informations détaillées sur www.monvidal.com*

## PASSIFLORINE
Phytothérapie

### Présentation
PASSIFLORINE : solution buvable ; flacon de 125 ml. Non remb.
PASSIFLORINE : gélule ; boîte de 40. Non remb.

### Composition

| | p c à c |
|---|---|
| **Passiflore, extrait fluide** | 500 mg |
| **Aubépine, teinture** | 500 mg |
| Saccharose | 1,7 g |
| Titre alcoolique | 11,2 ° |

| | p gél |
|---|---|
| **Passiflore, extrait sec** | 100 mg |
| **Aubépine, extrait sec** | 30 mg |

### Dans quel cas ce médicament est-il prescrit ?
Ce médicament contient des plantes *sédatives*.
Il est traditionnellement utilisé dans le *traitement symptomatique* de la nervosité, notamment en cas de troubles légers du sommeil chez l'adulte comme chez l'enfant, et dans le traitement des *palpitations* chez l'adulte.

**Attention :** Les *palpitations* peuvent être le *symptôme* d'une maladie cardiaque : n'utilisez pas ce médicament de façon prolongée sans l'avis de votre médecin.
Si vous devez conduire, ou utiliser une machine dangereuse, assurez-vous préalablement que ce médicament n'altère pas votre vigilance.
La solution buvable contient du *sucre* (saccharose) et de l'*alcool* en quantité notable.

### Interactions avec d'autres substances
Compte tenu de la présence d'alcool, la solution buvable peut interagir avec les médicaments qui ont un *effet antabuse* (ESPÉRAL, TTD B3 B4...).

### Grossesse et allaitement
Ce médicament contient des plantes présumées sans danger pendant la grossesse ou l'allaitement. Néanmoins, par mesure de prudence, ne l'utilisez pas sans prendre l'avis de votre pharmacien ou de votre médecin.

### Mode d'emploi et posologie
La solution buvable doit être diluée dans un peu d'eau, sucrée ou non, ou dans une *infusion* chaude.
Les gélules doivent être avalées avec un verre d'eau.

**Posologie usuelle :**
- Adulte : 1 à 2 cuillères à café ou 2 gélules, midi et soir, avant les repas.

Dans les troubles du sommeil : 1 à 4 cuillères à café ou 2 à 4 gélules, au coucher.
- Enfant de plus de 30 mois : 1 cuillère à café de solution buvable ou 1 gélule par jour.

**Conseils :** Les médicaments ne sont pas la seule réponse au stress : une meilleure hygiène de vie, une consommation modérée d'excitants (café, thé, boissons alcoolisées...) permettent aussi de lutter contre l'excès de nervosité et ses manifestations (*palpitations*, troubles du sommeil).

**Laboratoires Jolly-Jatel**

## PASSINÉVRYL
*Informations détaillées sur www.monvidal.com*

## PASTILLES MONLÉON
*Informations détaillées sur www.monvidal.com*

## PASTISÉROL
*Informations détaillées sur www.monvidal.com*

## PÂTE SUISSE
*Informations détaillées sur www.monvidal.com*

## PÂTES PECTORALES BOIRON
*Informations détaillées sur www.monvidal.com*

## PÂTES PECTORALES OBERLIN
*Informations détaillées sur www.monvidal.com*

## PAXÉLADINE
Antitussif non opiacé non antihistaminique

### Présentation
PAXÉLADINE : gélule à *libération prolongée* (rose et blanc) ; boîte de 15. Remb 35 % - **Prix : 2,78 €**.
PAXÉLADINE : sirop (arôme cacao) ; flacon de 125 ml et cuillère-mesure graduée à 2,5 ml et à 5 ml. Remb 35 % - **Prix : 2,78 €**.

### Composition

| | p gél | p c mes 2,5 ml | p c mes 5 ml |
|---|---|---|---|
| **Oxéladine citrate** | 40 mg | 5 mg | 10 mg |
| Saccharose | | 2,13 g | 4,25 g |

### Dans quel cas ce médicament est-il prescrit ?
Ce médicament est un *antitussif* qui agit sur les centres nerveux de la toux.
Il est utilisé dans le *traitement symptomatique* des toux sèches.

**Attention :** Ce médicament n'est pas adapté au traitement de la toux grasse, qui est un mécanisme de défense normal de l'organisme permettant l'évacuation des mucosités présentes dans les bronches.
La toux est un *symptôme* qui peut révéler de nombreuses maladies : consultez votre médecin si elle persiste plus de quelques jours.
Le sirop contient du *sucre* (saccharose) en quantité notable.

### Grossesse et allaitement
L'effet de ce médicament pendant la grossesse ou l'allaitement est mal connu. Par prudence, son usage est déconseillé chez la femme enceinte ou chez celle qui allaite.

### Mode d'emploi et posologie
Ce médicament doit être pris au moment où survient la toux. Respecter un intervalle de 4 heures minimum entre les prises.

**Posologie usuelle :**
- Adulte : 1 grande cuillère-mesure (5 ml) de sirop, 1 à 5 fois par jour ou 1 gélule, 1 à 3 fois par jour.
- Enfant de 30 à 50 kg (environ 10 à 15 ans) : 1 grande cuillère-mesure (5 ml), 3 à 5 fois par jour.

Les mots en *italique* dans les textes sont expliqués dans le lexique p. 1323.

- Enfant de 20 à 30 kg (environ 6 à 10 ans) : 1 grande cuillère-mesure (5 ml), 2 à 3 fois par jour.
- Enfant de 15 à 20 kg (environ 30 mois à 6 ans) : 1 petite cuillère-mesure (2,5 ml), 3 à 4 fois par jour.

**Conseils :** Aux doses usuelles, ce médicament n'entraîne pas de *dépression respiratoire.*
Fumer, ou être exposé à la fumée des autres, nuit à l'efficacité du traitement.
Des mesures simples permettent de calmer les toux sèches : boissons chaudes et humidification de l'air ambiant.

Laboratoires Beaufour Ipsen Pharma

## PECTODERME

*Informations détaillées sur www.monvidal.com*

## PECTOFLORINE

*Informations détaillées sur www.monvidal.com*

## PECTOSAN EXPECTORANT

*Informations détaillées sur www.monvidal.com*

## PECTOSAN TOUX SÈCHE

Antitussif non opiacé non antihistaminique

### Présentation

PECTOSAN TOUX SÈCHE Adulte : sirop (arômes : vanille, caramel) ; flacon de 250 ml. Non remb.
PECTOSAN TOUX SÈCHE Enfant : sirop (arômes : vanille, caramel) ; flacon de 150 ml avec cuillère-mesure de 5 ml. Non remb.

### Composition

| | p c à s | p c mes |
|---|---|---|
| **Pentoxyvérine citrate** | 22,5 mg | 7,5 mg |
| Saccharose | 8,4 g | 2,8 g |

### Dans quel cas ce médicament est-il prescrit ?

Ce sirop contient un *antitussif* qui agit sur les centres de la toux.
Il est utilisé dans le *traitement symptomatique* des toux sèches et des toux d'irritation.

### Contre-indications

Ce médicament ne doit pas être utilisé dans les cas suivants :
- *asthme,*
- *insuffisance respiratoire,*
- risque de *glaucome* à angle fermé,
- risque de blocage des urines (*adénome de la prostate*...),
- enfant de moins de 15 ans (sirop Adulte),
- enfant de moins de 20 kg (sirop Enfant).

**Attention :** Ce médicament n'est pas adapté au traitement de la toux grasse, qui est un mécanisme de défense normal de l'organisme permettant l'évacuation des mucosités présentes dans les bronches.
La toux est un *symptôme* qui peut révéler de nombreuses maladies : consultez votre médecin si elle persiste plus de quelques jours.
Ce médicament contient du *sucre* (saccharose) en quantité notable.
Ce médicament peut induire une somnolence, parfois intense chez certaines personnes. Cette somnolence peut être majorée par la prise d'*alcool* ou d'autres médicaments *sédatifs.* La conduite et l'utilisation de machines dangereuses sont déconseillées, surtout dans les heures qui suivent la prise du médicament.

### Grossesse et allaitement

L'effet de ce médicament pendant la grossesse ou l'allaitement est mal connu. L'évaluation du risque éventuel lié à son utilisation est individuelle : demandez conseil à votre pharmacien ou à votre médecin.

### Mode d'emploi et posologie

Le sirop doit être pris au moment où survient la toux.
Les prises doivent être espacées d'au moins 6 heures.

**Posologie usuelle :**
- Adulte : 1 cuillère à soupe, 1 à 4 fois par jour.
- Personne âgée, insuffisant hépatique ou rénal : la posologie initiale est généralement réduite de moitié.
- Enfant de 40 à 50 kg (soit environ 13 à 15 ans) : 2 cuillères-mesure, 1 à 4 fois par jour.
- Enfant de 30 à 40 kg (soit environ 10 à 13 ans) : 1 cuillère-mesure et demi, 1 à 4 fois par jour.
- Enfant de 20 à 30 kg (soit environ 6 à 10 ans) : 1 cuillère-mesure, 1 à 4 fois par jour.

La durée du traitement ne doit pas dépasser 5 jours sans avis médical.

**Conseils :** Ce médicament n'entraîne pas de *dépression respiratoire* aux doses usuelles.
Fumer, ou être exposé à la fumée des autres, nuit à l'efficacité du traitement : la cigarette est irritante pour les bronches et entretient la toux.
Des mesures simples permettent de calmer les toux sèches : boissons chaudes et humidification de l'air ambiant.

### Effets indésirables possibles

Constipation, bouche sèche, *réaction allergique* cutanée.
Plus rarement : somnolence, difficulté pour uriner, troubles de la vue, accélération du cœur, agitation, confusion des idées (chez la personne âgée).

Laboratoires Cooper

## PÉDIAZOLE

Antibiotiques : macrolide + sulfamide

sur ordonnance

### Présentation

PÉDIAZOLE : granulé pour sirop (arômes : fraise, banane, vanille) ; flacon de 100 ml avec mesurette graduée en kg. Liste I - Remb 65 % - **Prix : 8,26 €.**
PÉDIAZOLE : granulé pour sirop (arômes : fraise, banane, vanille) ; flacon de 200 ml avec mesurette graduée en kg. Liste I - Remb 65 % - **Prix : 15,23 €.**

### Composition

| | p 5 ml |
|---|---|
| **Érythromycine** | 200 mg |
| **Sulfafurazole** | 600 mg |
| Sodium | 56 mg |
| Saccharose | 2,1 g |

### Dans quel cas ce médicament est-il prescrit ?

Ce médicament est une association de deux *antibiotiques* : l'érythromycine de la famille des *macrolides* et le sulfafurazole de la famille des *sulfamides*.

Il est utilisé dans le traitement des *otites* chez l'enfant.

### Contre-indications

Ce médicament ne doit pas être utilisé dans les cas suivants :
- *allergie* aux *antibiotiques* de la famille des *macrolides* ou des *sulfamides* ;
- déficit en *G6PD* ;
- en association avec les médicaments contenant du cisapride, du pimozide, du bépridil, de la mizolastine, de l'ergotamine ou de la dihydroergotamine ;
- *nourrisson* de moins de 2 mois.

**Attention :** Des précautions sont nécessaires en cas d'*insuffisance hépatique* ou *rénale*.
Une diminution de la fièvre ou une disparition des *symptômes* ne sont pas synonymes de guérison : la durée du traitement doit absolument être respectée pour éviter les rechutes ou l'apparition d'une *résistance* du *germe* à l'*antibiotique*.
Ce médicament contient du *sucre* (saccharose) en quantité notable.

### Interactions avec d'autres substances

Ce médicament ne doit pas être associé aux médicaments contenant :
- du cisapride, du pimozide, du bépridil ou de la mizolastine : risque de *torsades de pointes* ;
- de l'ergotamine ou de la dihydroergotamine : risque d'*ergotisme*.

Il peut interagir de nombreux autres médicaments. Informez votre médecin des autres traitements en cours.

### Mode d'emploi et posologie

Le sirop doit être reconstitué avec de l'eau jusqu'au repère indiqué sur le flacon.

La dose, par prise, est indiquée en fonction du poids de l'enfant sur la mesurette graduée en kg. Par exemple, la graduation n° 12 correspond à la dose à administrer, par prise, pour un enfant de 12 kg. 3 prises par jour sont nécessaires.

**Posologie usuelle :**
- Enfant de plus de 2 mois : 1 dose matin, midi et soir, pendant 10 jours.

**Conseils :** Le sirop reconstitué doit être conservé au réfrigérateur, pour une durée maximale de 10 jours.

### Effets indésirables possibles

Nausées, vomissements, *diarrhée*, douleurs d'estomac, manque d'appétit.

*Réaction allergique* cutanée, *photosensibilisation*.

Maux de tête, *convulsions*, *vertiges*, insomnie.

Anomalie de la *numération formule sanguine*.

Laboratoires Abbott-France

## PÉFLACINE

*Informations détaillées sur www.monvidal.com*

## PÉFLACINE MONODOSE

*Informations détaillées sur www.monvidal.com*

## PÉGA

*Informations détaillées sur www.monvidal.com*

## PEGASYS

*Informations détaillées sur www.monvidal.com*

## PENTASA oral

Anti-inflammatoire intestinal

### Présentation

PENTASA 500 mg : comprimé (beige) ; boîte de 100. Remb 65 % - **Prix : 48,30 €**.
PENTASA 1 g : granulé ; boîte de 120 sachets. Remb 65 % - **Prix : 108,50 €**.

### Composition

| | p cp | p sachet |
|---|---|---|
| **Mésalazine** | 500 mg | 1 g |

### Dans quel cas ce médicament est-il prescrit ?

Ce médicament contient un *salicylé*. Il a une action *anti-inflammatoire* sur la *muqueuse* intestinale.

Il est utilisé pour traiter la *rectocolite hémorragique* et la maladie de *Crohn*.

### Contre-indications

Ce médicament ne doit pas être utilisé en cas d'*allergie* aux *salicylés*.

**Attention :** Dans certaines circonstances rares et particulières, déshydratation notamment, ce médicament peut être responsable d'une altération des reins.
Votre médecin peut vous prescrire des analyses de sang et d'urine pour vérifier le bon fonctionnement de vos reins (dosage de la *créatinine*, recherche d'albumine).
Des précautions sont nécessaires en cas d'*insuffisance hépatique*.

### Grossesse et allaitement

Ce médicament peut être utilisé pendant la grossesse à condition de ne pas dépasser 2 g par jour.

Ce médicament passe dans le lait maternel ; ne l'utilisez pas ou ne le réutilisez pas sans avis médical.

### Mode d'emploi et posologie

Les comprimés doivent être avalés sans être croqués ; ils sont pris de préférence au cours des repas.

Les granulés sont avalés tels quels sans être croqués, avec un verre d'eau.

**Posologie usuelle :**
- *Rectocolite hémorragique* :
  - *traitement d'attaque* : 2 à 4 g par jour répartis en 2 à 4 prises ;
  - *traitement d'entretien* : 1 à 2 g par jour (soit 2 à 4 comprimés ou 1 à 2 sachets par jour répartis en 2 prises.
- Maladie de *Crohn* :
  - *traitement d'attaque* : 4 g par jour répartis en 4 prises ; soit 2 comprimés à 500 mg ou 1 sachet, 4 fois par jour ;
  - *traitement d'entretien* : 2 g par jour en 2 ou 4 prises ; soit 2 comprimés à 500 mg ou 1 sachet, 2 fois par jour.

### Effets indésirables possibles

Certains effets indésirables de mécanisme *allergique* ont été exceptionnellement observés. Ils peuvent toucher les reins, le cœur, les poumons, le foie, le pancréas ou la moelle osseuse.

Signalez à votre médecin tout symptôme anormal, notamment s'il s'accompagne de fièvre.

**Laboratoires Ferring**

## PENTASA rectal

*Informations détaillées sur www.monvidal.com*

## PENTAVAC

Vaccins associés

### Présentation

PENTAVAC : poudre et suspension injectable ; flacon de poudre et seringue préremplie de 0,5 ml. Remb 65 % - **Prix : 27,93 €.**

### Composition

| | p dose |
|---|---|
| **Anatoxine diphtérique purifiée** | ⩾ 30 UI |
| **Anatoxine tétanique purifiée** | ⩾ 40 UI |
| **Antigènes coquelucheux** | 50 µg |
| **Virus poliomyélitiques inactivés de type 1, 2 et 3** | 80 UD |
| **Polyoside Haemophilus influenzae type b conjugué à la protéine tétanique** | 10 µg |

### Dans quel cas ce médicament est-il prescrit ?

C'est une association de *vaccins* composée de fragments de *germes* (Haemophilus), d'*anatoxines* (diphtérie et tétanos), de *virus* tués (polio) et d'*antigènes* immunisants (coqueluche). Ce vaccin ne contenant pas de bacille coquelucheux est dit « acellulaire ». Il ne contient par ailleurs aucun germe vivant.

Elle est utilisée dans la prévention de la diphtérie, du tétanos, de la coqueluche, de la poliomyélite et des infections graves dues aux Haemophilus (*méningites* et *épiglottites* notamment) chez les *nourrissons* et les enfants en bas âge.

### Contre-indications

Ce médicament ne doit pas être utilisé dans les cas suivants :

- certaines maladies graves du cerveau,
- forte réaction lors de la première vaccination anticoquelucheuse : fièvre élevée, *convulsions*...,
- *réaction allergique* grave apparue immédiatement après une précédente injection du même vaccin.

**Attention :** En cas de fièvre élevée, de maladie aiguë, il est préférable de différer la vaccination. Néanmoins, de banales *rhinopharyngites* ne justifient pas la prise de retard dans le programme de vaccination infantile.

Les enfants ayant souffert de *convulsions* lors d'accès de fièvre non liés à une vaccination peuvent recevoir ce *vaccin*. Il convient néanmoins de leur administrer un traitement *antipyrétique* (aspirine ou paracétamol) pendant 48 heures.

Comme pour tous les *vaccins*, des cas exceptionnels de *réactions allergiques* graves ont été constatés ; ce risque justifie la nécessité de réaliser la vaccination en milieu médical où un traitement d'urgence pourra être entrepris sans délai.

De la néomycine, de la streptomycine et de la polymyxine B sont utilisées pour fabriquer ce vaccin. Ces substances persistent en infime quantité dans la solution injectable. Des précautions sont nécessaires chez les personnes qui y sont allergiques.

### Grossesse et allaitement

Ce *vaccin* est destiné au jeune enfant et n'est pas utilisé pendant la grossesse.

### Mode d'emploi et posologie

Avant l'injection, dissoudre la poudre avec la suspension. Agiter jusqu'à dissolution complète. L'aspect trouble et blanchâtre après reconstitution est normal. L'injection doit être réalisée par *voie* intramusculaire. Dans certains cas (hémophilie, faible taux de *plaquettes* sanguines) l'injection peut être réalisée par voie sous-cutanée.

**Posologie usuelle :**

Les 3 premières injections sont réalisées à 1 mois d'intervalle, dès l'âge de 2 mois. Un rappel est nécessaire 1 an après la troisième injection. Les rappels ultérieurs (tous les 5 ans) sont généralement pratiqués avec un autre *vaccin*, la protection contre les infections à Haemophilus étant alors suffisante.

**Conseils :** Les réactions fébriles dues aux *vaccins* peuvent être combattues en prenant de l'aspirine ou du paracétamol.

Pour garder son efficacité, ce médicament doit être conservé entre + 2 °C et + 8 °C (partie haute du réfrigérateur). Toutefois, une rupture de la chaîne du froid pendant une durée limitée (quelques heures à température ambiante inférieure à 25 °C) ne devrait pas prêter à conséquence. En pratique, en cas de nécessité, un délai de quelques heures peut séparer l'achat du vaccin en pharmacie de son stockage au réfrigérateur ou de la vaccination.

Ce vaccin ne doit pas être congelé.

### Effets indésirables possibles

Réaction douloureuse, rougeur ou *induration* au point d'injection.

Réaction fébrile (38 à 39 °C) pendant 1 ou 2 jours, somnolence, irritabilité, insomnie, manque d'appétit, vomissements, diarrhée.

Rarement : fièvre (supérieure à 40 °C), *réaction allergique*, cris inhabituels et persistants, *convulsions* liées à la présence de l'antigène coquelucheux. Compte tenu de la gravité potentielle de la coqueluche, la crainte de ces réactions rares ne remet pas en cause l'intérêt de cette vaccination.

Dans de rares cas, la vaccination peut être suivie par le gonflement du membre où l'injection a été pratiquée. Cet *œdème* peut s'accompagner de l'apparition de petites taches violacées sur la peau. Ces troubles disparaissent spontanément en quelques heures et ne laissent pas de séquelles ; leur apparition semble liée à l'injection conjointe du vaccin antihaemophilus avec le vaccin DTCP. Par prudence, il convient de ne pas réaliser ces 2 vaccinations en une seule injection lors des rappels ultérieurs (utiliser un vaccin antihaemophilus d'une part et un vaccin associant diphtérie, tétanos, coqueluche et polio d'autre part).

Exceptionnellement : baisse du tonus musculaire et de la réactivité du nourrisson.

**Laboratoires Sanofi Pasteur MSD**

**PENTICORT**

*Informations détaillées sur www.monvidal.com*

## PENTOFLUX
Vasodilatateur — sur ordonnance

Ce médicament est un générique de TORENTAL comprimé (voir p. 1035 et tableau p. 1151).

## PENTOXIFYLLINE BIOGARAN
Vasodilatateur — sur ordonnance

Ce médicament est un générique de TORENTAL comprimé (voir p. 1035 et tableau p. 1151).

## PENTOXIFYLLINE EG
Vasodilatateur — sur ordonnance

Ce médicament est un générique de TORENTAL comprimé (voir p. 1035 et tableau p. 1151).

## PENTOXIFYLLINE GNR
Vasodilatateur — sur ordonnance

Ce médicament est un générique de TORENTAL comprimé (voir p. 1035 et tableau p. 1151).

## PENTOXIFYLLINE MERCK
Vasodilatateur — sur ordonnance

Ce médicament est un générique de TORENTAL comprimé (voir p. 1035 et tableau p. 1151).

## PENTOXIFYLLINE QUALIMED
Vasodilatateur — sur ordonnance

Ce médicament est un générique de TORENTAL comprimé (voir p. 1035 et tableau p. 1151).

## PENTOXIFYLLINE RATIOPHARM
Vasodilatateur — sur ordonnance

Ce médicament est un générique de TORENTAL comprimé (voir p. 1035 et tableau p. 1151).

## PENTOXIFYLLINE RPG
Vasodilatateur — sur ordonnance

Ce médicament est un générique de TORENTAL comprimé (voir p. 1035 et tableau p. 1151).

## PENTOXIFYLLINE TEVA
Vasodilatateur — sur ordonnance

Ce médicament est un générique de TORENTAL comprimé (voir p. 1035 et tableau p. 1151).

**PEPCIDAC**

*Informations détaillées sur www.monvidal.com*

## PEPCIDDUO
Médicament du reflux gastro-oesophagien

### Présentation

PEPCIDDUO : comprimé à croquer (rose ; arômes : crème, peppermint) ; boîte de 12. Non remb.

### Composition

| | p cp |
|---|---|
| **Famotidine** | 10 mg |
| **Magnésium hydroxyde** | 165 mg |
| **Calcium carbonate** | 800 mg |
| Lactose | + |
| Menthol | + |
| Sucres | + |

### Dans quel cas ce médicament est-il prescrit ?

Ce médicament associe un *antihistaminique* de type H2 (la famotidine) qui diminue la sécrétion d'acide par l'estomac et des sels de magnésium et de calcium qui neutralisent directement cette acidité.

Il est utilisé dans le traitement des aigreurs ou brûlures d'estomac, des remontées acides.

### Contre-indications

Ce médicament ne doit pas être utilisé en cas d'*insuffisance rénale* grave.

**Attention :** Le traitement ne doit pas excéder 2 semaines sans avis médical. En cas de persistance des *symptômes* ou de récidive à l'arrêt du traitement, des examens peuvent être nécessaires.

Il est préférable de consulter un médecin dans les situations suivantes :
- troubles de la digestion apparaissant pour la première fois, ou si les troubles ont changé récemment ;
- troubles associés à une perte de poids ;
- difficulté à avaler ou gêne abdominale persistante.

Des précautions sont nécessaires chez les personnes ayant un excès de calcium dans le sang ou dans les urines, avec ou sans *lithiase*.

Les personnes souffrant de *reflux gastro-œsophagien* doivent éviter d'utiliser des médicaments contenant de l'aspirine ou des *AINS* qui augmentent l'acidité de l'estomac. Le paracétamol est en revanche sans danger pour traiter les douleurs ou la fièvre.

Conducteur : ce médicament peut être responsable de *vertiges*.

### Interactions avec d'autres substances

Ce médicament peut diminuer l'absorption de nombreux médicaments. Un délai d'au moins 2 heures (voire 4 heures avec les *antibiotiques* de la famille des quinolones) doit être respecté entre la prise de ce médicament et celle des autres traitements. Demandez conseil à votre médecin ou à votre pharmacien.

### Grossesse et allaitement

Aucun effet néfaste pour l'enfant à naître n'a été établi avec ce médicament. Néanmoins, par précaution, son usage pendant la grossesse est réservé aux situations pour lesquelles il n'existe pas d'alternative thérapeutique.

Ce médicament passe dans le lait maternel : il est déconseillé pendant l'allaitement.

### Mode d'emploi et posologie

Les comprimés doivent être croqués puis avalés, de préférence avec un verre d'eau.

**Posologie usuelle :**

- Adulte et enfant de plus de 16 ans : 1 comprimé à croquer au moment des douleurs, sans dépasser 2 comprimés par jour.

**Conseils :** Le traitement médicamenteux du *reflux gastro-œsophagien* ne se conçoit que lorsque les mesures simples suivantes n'ont pas permis de faire disparaître les *symptômes* :
- ne pas s'allonger dans les deux heures qui suivent un repas ;
- ne pas se pencher en avant (plier les genoux pour ramasser les objets) ;
- ne pas porter de vêtements qui compriment l'abdomen (gaine...) ;
- surélever la tête du lit de 5 à 10 cm en plaçant des cales sous les pieds ou un oreiller épais sous le matelas ;
- éviter les boissons gazeuses, préférer les aliments faciles à digérer.

Ces conseils visent à empêcher le contenu acide de l'estomac de refluer dans l'œsophage pendant la digestion.

Si vous êtes fumeur, la poursuite du tabagisme est un frein important au traitement : la nicotine augmente l'acidité gastrique et réduit l'efficacité du muscle qui ferme la jonction entre l'œsophage et l'estomac.

### Effets indésirables possibles

Le plus fréquemment : maux de tête.

Rarement (moins de 1 % des utilisateurs) : sécheresse de la bouche, nausées, diarrhée, gêne ou ballonnement abdominal, nervosité, *vertiges*, fourmillement des extrémités, altération du goût.

**Laboratoires Mc Neil**

## PEPDINE

Antiulcéreux — sur ordonnance

### Présentation

PEPDINE 20 : comprimé (beige) ; boîte de 30. Liste II - Remb 65 % - **Prix : 18,77 €.**
PEPDINE 40 : comprimé (orangé) ; boîte de 15. Liste II - Remb 65 % - **Prix : 18,77 €.**

### Composition

| | p cp | p cp |
|---|---|---|
| **Famotidine** | 20 mg | 40 mg |

### Dans quel cas ce médicament est-il prescrit ?

C'est un antiulcéreux qui appartient à la famille des *antihistaminiques* de type H2 : ceux-ci agissent en bloquant l'action de l'*histamine*, qui stimule la sécrétion acide de l'estomac.

Il est utilisé dans le traitement des *ulcères* de l'estomac ou du *duodénum*, des *inflammations* de l'œsophage dues au reflux des acides de l'estomac vers l'œsophage, et pour prévenir les rechutes de l'ulcère du duodénum, en l'absence d'infection par *Helicobacter pylori* qui justifierait un traitement spécifique.

Il est également utilisé dans le traitement du syndrome de *Zollinger-Ellison*.

**Attention :** Des précautions sont nécessaires en cas d'*insuffisance rénale* ou d'*antécédent* d'*allergie* à un autre *antihistaminique* de type $H_2$.
La disparition des douleurs ne signifie pas que l'*ulcère* est cicatrisé : la durée du traitement doit être respectée.

### Interactions avec d'autres substances

Il est préférable de respecter un délai de 2 heures entre la prise de ce médicament et celle des *antiacides*.

Informez par ailleurs votre médecin ou votre pharmacien si vous prenez un médicament contenant du kétoconazole ou de l'itraconazole

### Grossesse et allaitement

Aucun effet néfaste pour l'enfant à naître n'a été établi avec ce médicament. Néanmoins, par précaution, son usage pendant la grossesse est réservé aux situations pour lesquelles il n'existe pas d'alternative thérapeutique.

Ce médicament passe dans le lait maternel : il est contre-indiqué pendant l'allaitement.

### Mode d'emploi et posologie

Les comprimés doivent être avalés avec un peu d'eau, habituellement en 1 ou 2 prises par jour.

**Posologie usuelle :**

- Adulte : 20 à 40 mg par jour, en fonction des indications.

Le traitement des *ulcères* dure 4 à 8 semaines au moins, même si les *symptômes* diminuent ou disparaissent avant ce délai.

**Conseils :** Si vous êtes fumeur, la poursuite du tabagisme est un frein important au traitement : la nicotine augmente l'acidité gastrique et réduit l'efficacité du muscle qui ferme la jonction entre l'œsophage et l'estomac.
La prise de ce médicament ne dispense pas des mesures diététiques que peut vous conseiller votre médecin.
L'aspirine et les *anti-inflammatoires* peuvent être agressifs pour l'estomac : n'en prenez pas sans l'avis de votre médecin.

### Effets indésirables possibles

Rarement : maux de tête, *vertiges*, constipation ou diarrhée.

Très rarement : sécheresse de la bouche, nausées et vomissements, gêne ou ballonnement abdominal, perte de l'appétit, fatigue, douleurs articulaires, troubles hépatiques, *réaction allergique*, *éruption cutanée*.

Exceptionnellement : anomalie de la *numération formule sanguine*, hallucinations, confusion des idées.

**Laboratoires MSD-Chibret**

## PEPSANE
Pansement digestif

### Présentation
**PEPSANE :** capsule (bleue) ; boîte de 30. Non remb.
**PEPSANE :** gelée orale (arôme menthe) ; boîte de 12 sachets de 10 g. Non remb.
**PEPSANE :** gelée orale (arôme menthe) ; boîte de 30 sachets de 10 g. Non remb.

### Composition

| | p caps | p sachet |
|---|---|---|
| **Diméticone** | 300 mg | 3 g |
| **Gaïazulène** | 4 mg | 4 mg |
| Sodium | | 1,37 mg |

### Dans quel cas ce médicament est-il prescrit ?
Ce médicament est un *pansement digestif* au silicone. Il protège le tube digestif en le couvrant d'un film qui l'isole de son contenu.
Il est utilisé en cas de douleurs de l'estomac.
Les sachets sont également utilisés en cas de sensation de ballonnement digestif.

### Grossesse et allaitement
Les substances contenues dans ce médicament sont peu absorbées. Néanmoins, ne l'utilisez pas de façon prolongée pendant la grossesse ou l'allaitement sans l'avis de votre médecin ou de votre pharmacien.

### Mode d'emploi et posologie
Ce médicament est pris de préférence avant les repas ou au moment des douleurs. Le contenu du sachet est avalé directement. La capsule doit être avalée avec un demi-verre d'eau.

**Posologie usuelle :**
1 capsule au moment des douleurs ou 1 ou 2 sachets, 2 ou 3 fois par jour.

**Conseils :** Une alimentation riche en fibres, si elle facilite le transit, peut également augmenter les fermentations intestinales et favoriser les ballonnements. Demandez conseil à votre médecin pour équilibrer votre alimentation.
Une alimentation équilibrée, une mastication lente, la suppression des aliments difficiles à digérer et des boissons alcoolisées permettent souvent d'atténuer les *symptômes* dus à une *inflammation* de l'estomac, du *duodénum* ou de l'œsophage.
Si vous êtes fumeur, la poursuite du tabagisme est un frein important au traitement : la nicotine augmente l'acidité gastrique et réduit l'efficacité du muscle qui ferme la jonction entre l'œsophage et l'estomac.

Laboratoires Rosa-Phytopharma

## PÉRACEL
Antidiarrhéique

### Présentation
**PÉRACEL :** gélule (vert foncé et vert clair) ; boîte de 12. Non remb.

### Composition

| | p gél |
|---|---|
| **Lopéramide chlorhydrate** | 2 mg |

### Dans quel cas ce médicament est-il prescrit ?
C'est un antidiarrhéique qui agit en ralentissant le *transit intestinal* et en réduisant les sécrétions intestinales.
Il est utilisé dans le *traitement symptomatique* des diarrhées aiguës de l'adulte, en complément des mesures diététiques.

### Contre-indications
Ce médicament ne doit pas être utilisé en cas de crise aiguë de *rectocolite hémorragique*.

**Attention :** Ce médicament n'est pas adapté à l'enfant de moins de 15 ans.
Des précautions sont nécessaire en cas d'*insuffisance hépatique* : consultez votre médecin.
Ce médicament ne convient pas au traitement des diarrhées dues à certains *antibiotiques*.
Une diarrhée s'accompagnant de torpeur, de soif, de fièvre, ou de sang dans les selles nécessite rapidement un avis médical.
Le traitement doit être arrêté dès que les selles recommencent à être formées. L'usage trop prolongé du médicament expose à un risque de constipation important.
Si vous devez conduire, ou utiliser une machine dangereuse, assurez-vous préalablement que ce médicament n'altère pas votre vigilance.

### Grossesse et allaitement
Les études actuellement disponibles n'ont pas mis en évidence de problème particulier lors de l'utilisation ponctuelle de ce médicament chez la femme enceinte. Néanmoins, il est déconseillé pendant la grossesse sans avis médical.
Ce médicament passe faiblement dans le lait maternel ; son utilisation ponctuelle est possible pendant l'allaitement.

### Mode d'emploi et posologie
Les gélules doivent être avalées avec un verre d'eau.

**Posologie usuelle :**
- Adulte : commencer par 2 gélules, puis 1 gélule supplémentaire après chaque selle liquide, sans dépasser 6 gélules par jour et 2 jours de traitement ; au-delà, si les troubles persistent, consultez votre médecin.

Respectez rigoureusement la *posologie* recommandée par votre pharmacien.

**Conseils :** Une diarrhée peut provoquer une déshydratation, notamment chez la personne âgée. Cette perte d'eau par l'organisme doit être compensée par des boissons abondantes (bouillon salé, boissons sucrées) car elle peut être à l'origine d'une fatigue, de malaise ou de confusion des idées.
Le régime à suivre en cas de *diarrhée* repose sur une alimentation légère, à base de :
- carotte, pomme de terre, en soupe ou en purée ;
- pâtes, riz ou tapioca bien cuits, eau de cuisson du riz ;
- compote de pommes ou de coings, gelée de coings ou de myrtilles ;
- biscuits salés ou sucrés.

Doivent être évités : les jus de fruits et les fruits crus, les légumes riches en fibres, les sources de protéines animales et les boissons glacées.

### Effets indésirables possibles

Constipation, ballonnement, douleur abdominale, nausées, vomissements, bouche sèche, fatigue, somnolence, *vertige, réaction allergique.*

Exceptionnellement : constipation grave, surtout en cas de *posologie* excessive.

Laboratoires Merck Médication Familiale

## PERCUTAFÉINE

Traitement local de l'obésité

### Présentation

PERCUTAFÉINE : gel pour application locale ; tube de 72 g. Non remb.

PERCUTAFÉINE : gel pour application locale ; tube de 192 g. Non remb.

### Composition

| | p 100 g |
|---|---|
| **Caféine** | 5 g |
| Alcool à 96° | + |

### Dans quel cas ce médicament est-il prescrit ?

Ce gel contient de la caféine qui, en pénétrant à travers la peau, active la transformation des graisses locales.

Il est utilisé dans le traitement des surcharges graisseuses localisées (culotte de cheval).

**Attention :** En raison de la présence d'*alcool*, ce gel ne doit pas être appliqué sur une peau lésée ou irritée.

Ce médicament contient de la *caféine* qui peut être recherchée dans les urines des sportifs pour déceler un éventuel mésusage. Néanmoins, à la *posologie* préconisée, la quantité de caféine contenue dans ce médicament est insuffisante à elle seule pour que la réponse au test soit positive.

### Grossesse et allaitement

Ce médicament ne contient que des substances présumées sans danger pendant la grossesse ou l'allaitement.

### Mode d'emploi et posologie

1 application de 10 à 20 g de gel par jour, pendant 5 à 6 semaines.

**Conseils :** L'utilisation de ce médicament doit s'accompagner d'une alimentation équilibrée et d'exercices musculaires.

### Effets indésirables possibles

Démangeaisons locales.

Laboratoires Pierre Fabre Médicament

## PERCUTALGINE

*Informations détaillées sur www.monvidal.com*

## PERGOTIME

*Informations détaillées sur www.monvidal.com*

## PÉRIACTINE

*Informations détaillées sur www.monvidal.com*

## PÉRICAL

*Informations détaillées sur www.monvidal.com*

## PÉRIDYS

Antiémétique, stimulant de la motricité digestive

**sur ordonnance**

### Présentation

PÉRIDYS : comprimé (blanc) ; boîte de 40. Liste II - Remb 35 % - **Prix : 5,19 €.**

PÉRIDYS : suspension buvable à 1 mg/ml (arômes : caramel, fruits rouges) ; flacon de 200 ml avec seringue pour administration orale graduée en kg. Liste II - Remb 35 % - **Prix : 3,24 €.**

### Composition

| | p cp | p ml |
|---|---|---|
| **Dompéridone** | 10 mg | 1 mg |
| Lactose | + | |
| Sorbitol | | + |

### Dans quel cas ce médicament est-il prescrit ?

Ce médicament est un *antiémétique* et un régulateur de la motricité du tube digestif. Il régularise la contraction des muscles de l'œsophage, de l'estomac et du *duodénum*.

Il est utilisé dans le traitement des nausées et des vomissements ainsi que dans certains troubles de la digestion.

### Contre-indications

Ce médicament ne doit pas être utilisé dans les cas suivants :

- *hémorragie* ou obstruction du tube digestif,
- *tumeur de l'hypophyse* sécrétant de la *prolactine*.

**Attention :** Des précautions sont nécessaires en cas d'*insuffisance hépatique* ou *rénale*.

### Interactions avec d'autres substances

Informez votre médecin si vous prenez un médicament contenant du kétoconazole.

### Grossesse et allaitement

L'effet de ce médicament pendant la grossesse est mal connu : seul votre médecin peut évaluer le risque éventuel de son utilisation dans votre cas.

Le passage de ce médicament dans le lait maternel est faible. Ne l'utilisez pas pendant l'allaitement sans avis médical.

### Mode d'emploi et posologie

Ce médicament doit être pris un quart d'heure avant les repas.

Le dosage des comprimés n'est pas adapté à l'enfant de moins de 35 kilos.

La pipette graduée permet un ajustement précis de la *posologie* chez l'enfant : la dose par prise est obtenue en remplissant la pipette jusqu'à la graduation indiquant le poids de l'enfant.

Agiter le flacon de suspension buvable avant l'emploi.

**Posologie usuelle :**

- Adulte et enfant de plus de 12 ans (soit environ plus de 35 kg) : 1 ou 2 comprimés, 3 fois par jour, ou 2 à 4 cuillères à café (5 ml), 3 fois par jour.
- Enfant et nourrisson : 0,25 ml par kg, 3 fois par jour. Soit, par exemple, pour un enfant de 10 kg : une dose 10 kg, 3 fois par jour.

**Conseils :** Lors de vomissements répétés, les pertes en eau et en sels minéraux sont importantes. Elles doivent être compensées par des aliments liquides (bouillons salés, sodas...) pris en petites quantités et régulièrement.
Les nausées de la femme enceinte peuvent être combattues par la prise du petit déjeuner au lit.
La suspension buvable se conserve 3 mois maximum après ouverture.

### Effets indésirables possibles

Rarement : augmentation du taux de *prolactine*, troubles des règles, augmentation du volume des seins (chez l'homme comme chez la femme), crampes abdominales, urticaire.

Laboratoires Pierre Fabre Santé

## PÉRISTALTINE

Laxatif stimulant

### Présentation

PÉRISTALTINE : comprimé (noir) ; boîte de 20. Non remb.

### Composition

| | p cp |
|---|---|
| **Cascara, extrait** | 100 mg |

### Dans quel cas ce médicament est-il prescrit ?

Ce médicament contient un *laxatif stimulant*. Il augmente les sécrétions et la motricité de l'intestin.
Il est utilisé dans le *traitement symptomatique* de la constipation.

### Contre-indications

Ce médicament ne doit pas être utilisé dans les cas suivants :
- maladies inflammatoires du côlon ;
- constipation ou douleurs abdominales dues à une obstruction du tube digestif : rétrécissement intestinal, *fécalome* (bouchon de selles) ;
- enfant de moins de 12 ans, sauf sur prescription médicale.

**Attention :** Ce médicament doit être utilisé de façon épisodique et en cure très brève : pas plus de 8 à 10 jours.
Son usage régulier peut entraîner :
- une *dépendance* ;
- des troubles intestinaux graves ;
- une perte de sels minéraux et notamment de *potassium*, pouvant être à l'origine de *troubles du rythme cardiaque* graves.

L'usage des laxatifs doit rester exceptionnel chez l'enfant.
Arrêtez le traitement en cas de diarrhée ou de douleurs abdominales.

### Interactions avec d'autres substances

Ce médicament peut interagir avec les médicaments susceptibles de provoquer des *torsades de pointes*.
Informez par ailleurs votre pharmacien ou votre médecin si vous prenez des *corticoïdes* (sauf traitement local), des *diurétiques* ou des médicaments contenant de la digoxine, de la digitoxine ou de l'amphotéricine B (par *voie* intraveineuse).

### Grossesse et allaitement

Ce médicament est déconseillé pendant la grossesse ou l'allaitement.

### Mode d'emploi et posologie

Les comprimés doivent être avalés avec un verre d'eau de préférence, après le repas du soir.
L'effet laxatif n'est pas immédiat. Il se manifeste généralement environ 10 heures après la prise du médicament.

**Posologie usuelle :**
- Adulte : 1 ou 2 comprimés par jour.

**Conseils :** Le traitement de la constipation chronique repose essentiellement sur des boissons abondantes, une alimentation riche en fibres et une activité physique régulière.

### Effets indésirables possibles

Diarrhée, douleurs abdominales.

Laboratoires Novartis Santé Familiale

## PERLÉANE

*Informations détaillées sur www.monvidal.com*

## PERMANGANATE DE POTASSIUM LAFRAN

*Informations détaillées sur www.monvidal.com*

## PERMIXON

Hypertrophie bénigne de la prostate

### Présentation

PERMIXON : gélule (vert) ; boîte de 60. Remb 35 % - **Prix : 31,96 €.**
PERMIXON : gélule (vert) ; boîte de 60 en flacon. Remb 35 % - **Prix : 31,96 €.**

### Composition

| | p gél |
|---|---|
| **Serenoa repens, extrait lipidostérolique** | 160 mg |

### Dans quel cas ce médicament est-il prescrit ?

Ce médicament contient un extrait végétal qui a des propriétés décongestionnantes sur l'appareil urinaire. Il freine l'action de l'*hormone* mâle sur la prostate, permettant de retarder le développement des adénomes prostatiques.
Il est utilisé dans le traitement des troubles urinaires liés à un *adénome de la prostate*.

**Attention :** Si les troubles persistent, parlez-en à votre médecin.
Ce médicament ne peut guérir un *adénome de la prostate* ; en cas de blocage progressif ou brutal des urines, consultez d'urgence votre médecin.

### Mode d'emploi et posologie

Ce médicament doit être pris au cours des repas pour éviter d'éventuelles nausées.

**Posologie usuelle :**
1 gélule matin et soir.

### Effets indésirables possibles

Nausées, douleurs abdominales.

Rarement : *éruption cutanée.*

Exceptionnellement : augmentation du volume des seins.

Laboratoires Pierre Fabre Médicament

## PERNAZENE

*Informations détaillées sur www.monvidal.com*

## PERSANTINE

Antiagrégant plaquettaire — sur ordonnance

### Présentation

PERSANTINE 75 mg : comprimé (rouge) ; boîte de 30. Liste II - Remb 15 % - **Prix : 2,16 €.**

PERSANTINE 75 mg : comprimé (rouge) ; boîte de 100. Liste II - Remb 15 % - **Prix : 5,32 €.**

### Composition

| | p cp |
|---|---|
| **Dipyridamole** | 75 mg |
| Lactose | + |

### Dans quel cas ce médicament est-il prescrit ?

Ce médicament dilate les *artères coronaires* et tend à fluidifier le sang.

Il est utilisé dans le *traitement préventif* des *accidents thromboemboliques*, en association avec les *anticoagulants* chez les malades porteurs de valves cardiaques artificielles.

> **Attention :** Chez les personnes souffrant d'*angine de poitrine*, la survenue de crises sous traitement doit être signalée au médecin.
> Des précautions sont nécessaires en cas de *myasthénie*, de calculs de la vésicule biliaire.

### Grossesse et allaitement

L'effet de ce médicament pendant la grossesse ou l'allaitement est mal connu : seul votre médecin peut évaluer le risque éventuel de son utilisation dans votre cas.

### Mode d'emploi et posologie

La posologie quotidienne est répartie en 2 ou 3 prises.

**Posologie usuelle :**

3 à 5 comprimés par jour.

### Effets indésirables possibles

Maux de tête, *vertiges*, bouffées de chaleur, baisse de la tension artérielle, *éruption cutanée*, *troubles digestifs*.

Rarement : douleurs musculaires, *bronchospasme*.

Laboratoires Bœhringer Ingelheim

## PERTUDORON

*Informations détaillées sur www.monvidal.com*

## PÉRUBORE

Décongestionnant

### Présentation

PÉRUBORE : comprimé pour *inhalation* (blanc) ; boîte de 30. Non remb.

### Composition

| | p cp |
|---|---|
| **Thym, huile essentielle** | 17 mg |
| **Romarin, huile essentielle** | 24 mg |
| **Lavande, huile essentielle** | 9 mg |
| **Thymol** | 1,21 mg |
| **Baume du Pérou** | 37,67 mg |

### Dans quel cas ce médicament est-il prescrit ?

Ce médicament est une association d'essences végétales qui possède une action décongestionnante et *antiseptique* sur les *muqueuses* des *voies* respiratoires.

Il est utilisé dans le *traitement d'appoint* des affections des voies respiratoires.

### Contre-indications

Ce médicament ne doit pas être utilisé dans les cas suivants :

- *allergie* au baume du Pérou,
- *épilepsie* et *antécédent* de *convulsions*,
- enfant de moins de 30 mois.

> **Attention :** Ce médicament contient des *terpènes* qui peuvent, en cas de dépassement des *posologies*, avoir des effets indésirables graves ; des précautions sont nécessaires chez l'enfant et la personne âgée.
> Ce médicament ne doit pas être avalé ; ne le laissez pas à la portée des enfants.

### Grossesse et allaitement

L'effet de ce médicament pendant la grossesse est mal connu. L'évaluation du risque éventuel lié à son utilisation est individuelle : demandez conseil à votre pharmacien ou à votre médecin.

Les *terpènes* peuvent donner un goût particulier au lait. Leur absorption par le *nourrisson* n'est pas souhaitable : évitez d'employer ce médicament pendant l'allaitement.

### Mode d'emploi et posologie

- Adulte et enfant de plus de 12 ans : 2 comprimés dans un bol d'eau très chaude ou dans un inhalateur. Les *inhalations* sont répétées 3 fois par jour.

> **Conseils :** Il est important de lutter contre la sécheresse de l'air ambiant (humidificateur...) pour éviter le dessèchement des sécrétions nasales et bronchiques.

### Effets indésirables possibles

*Réaction allergique*, notamment au baume du Pérou.

En cas de dépassement de la *posologie* usuelle, les *terpènes* peuvent provoquer :

- des *convulsions* chez l'enfant,
- agitation, confusion des idées (notamment chez la personne âgée).

Laboratoires Mayoly-Spindler

## PETIT HOUX BOIRON

*Informations détaillées sur www.monvidal.com*

### PETITES PILULES CARTERS

*Informations détaillées sur www.monvidal.com*

## PEVARYL

Antifongique

### Présentation

PEVARYL : crème ; tube de 30 g. Remb 35 % - **Prix : 4,79 €**.
PEVARYL : poudre pour application locale ; flacon poudreur de 30 g. Remb 35 % - **Prix : 6,68 €**.
PEVARYL : solution pour application locale ; flacon pressurisé de 30 g. Remb 35 % - **Prix : 5,58 €**.
PEVARYL : émulsion fluide pour application locale ; flacon de 30 ml. Remb 35 % - **Prix : 4,98 €**.

### Composition

| | p 100 g |
|---|---|
| **Éconazole nitrate** | 1 g |

### Dans quel cas ce médicament est-il prescrit ?

Ce médicament d'action locale contient un *antifongique* de la famille des *imidazolés*.
Il est utilisé dans le traitement de certaines maladies de la peau, des ongles et des *muqueuses*, dues à des champignons microscopiques (*mycoses*) : *candidose*, *pityriasis versicolor*, *dermatophyties*...

### Contre-indications

Ce médicament ne doit pas être utilisé en cas d'*allergie* aux *antifongiques* de la famille des *imidazolés*.

**Attention :** La solution en flacon pressurisé contient de l'alcool qui peut être irritant sur les muqueuses ou une peau lésée.
Évitez d'utiliser ce médicament de manière prolongée et sur des surfaces étendues ou profondément lésées, notamment chez l'enfant, sans l'avis de votre pharmacien ou de votre médecin.
Rincez abondamment en cas de contact accidentel avec les yeux.

### Grossesse et allaitement

L'effet de ce médicament pendant la grossesse ou l'allaitement est mal connu. L'évaluation du risque éventuel lié à son utilisation est individuelle : demandez conseil à votre pharmacien ou à votre médecin.

### Mode d'emploi et posologie

La forme utilisée (crème, émulsion, solution, poudre) et la durée du traitement varient selon les cas. Suivre la prescription de votre médecin ou les conseils de votre pharmacien.
Dans tous les cas, le médicament doit être appliqué après lavage et séchage soigneux de la zone à traiter.
Crème : appliquer directement sur les lésions et masser pour faire pénétrer. Dans les plis de la peau, la crème doit être appliquée en petite quantité pour limiter le risque de macération.
Solution : après avoir agité le flacon, pulvériser sur les lésions en respectant une distance d'au moins 10 cm, puis masser pour faire pénétrer.
Émulsion : mettre quelques gouttes dans le creux de la main, appliquer sur les lésions et masser pour faire pénétrer.
Poudre : elle peut être utilisée dans les chaussures, source fréquente de recontamination en cas de *mycose* des pieds.

**Posologie usuelle :**
2 applications par jour.

**Conseils :** En cas de *candidose*, évitez d'utiliser des savons acides : ils favorisent la multiplication des champignons.
En cas de lésion importante des ongles des orteils, un meulage préalable par un pédicure facilite l'action du médicament.
Une transpiration excessive contribue au développement des lésions dues à des champignons. Le port de chaussettes en fibre naturelle (coton, laine) est recommandé. La même paire de chaussures ne doit pas être portée deux jours de suite.

### Effets indésirables possibles

Irritation cutanée.

Laboratoires Mc Neil

### PEVISONE

*Informations détaillées sur www.monvidal.com*

## PHAEVA

Contraceptif oral — sur ordonnance

### Présentation

PHAEVA : comprimé (beige : 6, brun : 5 et blanc : 10) ; boîte de 1 plaquette de 21. Liste I - Non remb.
PHAEVA : comprimé (beige : 6, brun : 5 et blanc : 10) ; boîte de 3 plaquettes de 21. Liste I - Non remb.

### Composition

| | p cp beige | p cp brun | p cp blanc |
|---|---|---|---|
| **Éthinylestradiol** | 0,03 mg | 0,04 mg | 0,03 mg |
| **Gestodène** | 0,05 mg | 0,07 mg | 0,10 mg |

### Dans quel cas ce médicament est-il prescrit ?

C'est un *contraceptif* oral (pilule) qui contient un *estrogène* et un *progestatif*. Il est minidosé (moins de 0,04 mg d'estrogène) et triphasique (tous les comprimés ne contiennent pas la même quantité d'*hormones* et sont de trois couleurs différentes).

### Contre-indications

Ce médicament ne doit pas être utilisé dans les cas suivants :
- *accident thromboembolique* (*phlébite*, *embolie* pulmonaire...) ancien ou survenant au cours de la contraception ;
- maladie cardiovasculaire (*hypertension artérielle*, *angine de poitrine*, lésion des valves cardiaques, anomalie de la circulation sanguine cérébrale ou rétinienne) ;
- *cancer hormonodépendant* (même guéri), *tumeur de l'hypophyse* ;
- saignement génital intermittent (l'origine de ce saignement doit être déterminée par des examens avant la mise en route du traitement) ;
- maladie du foie, grave ou récente ;
- certaines maladies rares : *connectivite*, *porphyrie*.

Dans d'autres situations, votre médecin est seul juge pour prescrire ce médicament, notamment en cas de *diabète*, d'obésité, d'*otosclérose*, d'excès de *cholestérol*, de *triglycérides* ou de *prolactine* dans le sang, d'affection bénigne du sein ou de l'utérus, d'ictère (jaunisse) chronique ou survenu lors d'une grossesse, d'*insuffisance rénale*, d'**allaitement**.

**Attention :** Un examen médical est nécessaire avant de débuter la contraception. Il est suivi d'une surveillance annuelle pendant la contraception. Cette surveillance est particulièrement importante si vous souffrez d'*épilepsie*, de *migraine*, d'*asthme*, de *dépression*, ou si des membres de votre famille ont des *antécédents* de cancer du sein ou d'*accidents thromboemboliques*.

Si vous avez plus de 35 ans, si vous fumez, le risque d'effets indésirables cardiovasculaires liés à la prise d'*hormones* augmente fortement. Un autre mode de contraception est souvent préconisé.

Arrêtez la prise du *contraceptif* et consultez votre médecin en cas d'apparition de l'un des *symptômes* suivants : maux de tête violents et inhabituels, troubles de la vision, élévation importante de la tension artérielle, douleur inhabituelle à la jambe.

La survenue d'un léger saignement entre les règles (spotting) est fréquente chez les femmes pendant les premiers mois d'utilisation de la pilule. Vous devez informer votre médecin si les saignements se prolongent ou s'ils apparaissent en cours de contraception.

L'oubli d'un comprimé ou sa mauvaise absorption, du fait de vomissements par exemple, peuvent rendre la contraception inefficace.

En cas d'intervention chirurgicale programmée ou d'alitement prolongé, votre médecin jugera de l'opportunité d'interrompre votre contraception orale.

### Interactions avec d'autres substances

L'efficacité contraceptive de ce médicament peut être diminuée par les *anticonvulsivants*, certains traitements du *sida*, les produits de phytothérapie contenant du millepertuis et les médicaments contenant l'une des substances suivantes : griséofulvine, rifampicine, rifabutine, modafinil.

Informez par ailleurs votre médecin si vous prenez des médicaments contenant de la flunarizine.

### Grossesse et allaitement

Ce médicament n'a pas de raison d'être utilisé pendant la grossesse. Néanmoins, si une grossesse survient malgré le traitement, du fait d'un oubli ou d'un retard de prise, celle-ci pourra être poursuivie normalement si vous le désirez.

Les *hormones* contenues dans ce *contraceptif* passent dans le lait maternel : ne l'utilisez pas pendant l'allaitement sans avis médical.

### Mode d'emploi et posologie

Prendre régulièrement, et sans oubli, 1 comprimé par jour pendant 21 jours consécutifs, dans l'ordre suivant : 1 comprimé beige pendant 6 jours, puis 1 comprimé brun pendant 5 jours, enfin 1 comprimé blanc pendant 10 jours. Il est recommandé de ne pas trop faire varier l'heure de prise (choisir le petit déjeuner ou le coucher de préférence).

L'interruption du traitement déclenche les règles. La nouvelle plaquette est reprise après les 7 jours d'arrêt, que les règles soient terminées ou non. Pour éviter un retard dans la reprise de la pilule, préjudiciable à l'efficacité de la contraception, il est utile de noter le jour de la prise de la première plaquette : une nouvelle plaquette est toujours commencée le même jour de la semaine.

En cas de première contraception orale ou de reprise d'une contraception interrompue temporairement, prendre le premier comprimé le premier jour des règles.

En cas de changement de *contraceptif*, prendre le premier comprimé :

- après un arrêt de 7 jours, si le précédent contraceptif comportait 21 comprimés par plaquette ;
- après un arrêt de 6 jours, si le précédent contraceptif comportait 22 comprimés par plaquette ;
- sans interruption, si le précédent contraceptif comportait 28 comprimés par plaquette.

Après un accouchement ou une interruption de grossesse, suivre les indications du médecin.

Le respect de ces délais est important : une prise trop tardive du premier comprimé peut nuire à l'efficacité de la contraception pour le nouveau cycle.

**Conseils :** Les dernières recommandations en cas d'oubli d'un comprimé pour ce type de pilule sont les suivantes : prendre immédiatement le comprimé oublié et continuer à l'heure habituelle pour les comprimés suivants (ce qui peut correspondre à la prise de 2 comprimés si l'oubli est découvert lors de la prise suivante). Si le retard est supérieur à 12 heures, la sécurité contraceptive n'est plus assurée et une autre méthode complémentaire (spermicide, préservatif, diaphragme) doit être employée pendant les 7 jours suivants. Si cette période de 7 jours s'étend au-delà du dernier comprimé de la plaquette en cours, la plaquette suivante doit être débutée sans interruption entre les deux plaquettes. Dans ce cas, il n'y aura pas de saignement avant la fin de la seconde plaquette. Des saignements de faible importance (spottings) sont cependant possibles.

En cas de vomissements ou de diarrhée sévère survenant dans les 4 heures suivant la prise d'un comprimé, reprendre dès que possible un autre comprimé. Si le délai est de plus de 12 heures ou si les troubles se répètent, la sécurité contraceptive n'est plus assurée et une méthode complémentaire doit être employée jusqu'à la prise de la plaquette suivante.

Il n'y a pas de danger à débuter une grossesse au cours du cycle qui suit l'arrêt volontaire du contraceptif oral.

### Effets indésirables possibles

Peu graves et n'empêchant pas la poursuite du traitement : nausées, maux de tête banals, prise de poids, tension modérée des seins, *acné*, jambes lourdes, irritation oculaire par les *lentilles de contact*, saignement entre les règles, diminution ou disparition des règles, irritabilité, pousse excessive des poils.

Rarement, mais devant faire interrompre le traitement : *hypertension artérielle*, accident cardiaque ou vasculaire, *phlébite*, jaunisse, taches sombres sur le visage, augmentation importante des lipides dans le sang, *diabète*, *nodule* ou tension douloureuse des seins, *migraine*, *vertiges*, troubles de la vision, aggravation d'une *épilepsie*, écoulement de lait par le mamelon, *tumeur* bénigne du foie, calcul de la vésicule biliaire.

**Laboratoires Schering**

## PHAKAN

*Informations détaillées sur www.monvidal.com*

## PHAPAX
*Informations détaillées sur www.monvidal.com*

## PHARMADOSE ALCOOL
*Informations détaillées sur www.monvidal.com*

## PHARMADOSE ARNICA
*Informations détaillées sur www.monvidal.com*

## PHARMAKOD EXPECTORANT
*Informations détaillées sur www.monvidal.com*

## PHARMAKOD TOUX SÈCHE
*Informations détaillées sur www.monvidal.com*

## PHARMATEX
Contraceptif local

### Présentation
PHARMATEX : capsule vaginale ; boîte de 6. Non remb.
PHARMATEX 1,2 % : crème vaginale ; tube de 72 g avec applicateur. Non remb.
PHARMATEX 1,2 % : crème vaginale ; tube de 72 g sans applicateur. Non remb.
PHARMATEX 54 mg : crème vaginale ; boîte de 6 tubes-canules unidoses de 4,5 g. Non remb.
PHARMATEX : mini-ovule ; boîte de 10. Non remb.
PHARMATEX : mini-ovule ; boîte de 20. Non remb.
PHARMATEX : ovule ; boîte de 10. Non remb.
PHARMATEX : ovule ; boîte de 20. Non remb.
PHARMATEX : tampon vaginal ; boîte de 6. Non remb.

### Composition

| | p caps | crème p 100 g |
|---|---|---|
| **Benzalkonium chlorure** | 18,9 mg | 1,2 g |

| | p mini ovule | p ovule | p tampon |
|---|---|---|---|
| **Benzalkonium chlorure** | 18,9 mg | 18,9 mg | 60 mg |

### Dans quel cas ce médicament est-il prescrit ?
Ce médicament contient un *antiseptique* de la famille des *ammoniums quaternaires* qui a la propriété de détruire les spermatozoïdes.
Il est utilisé comme *contraceptif* local.

### Contre-indications
Ce médicament ne doit pas être utilisé en cas d'*allergie* aux *antiseptiques* de la famille des *ammoniums quaternaires.*

**Attention :** Pour obtenir la contraception la plus efficace possible, il est important de respecter les règles d'utilisation.
En cas de traitement vaginal par d'autres produits locaux, il est préférable d'attendre la fin du traitement avant d'utiliser cette contraception.
Ce médicament contenant une substance pouvant être irritante, il ne doit pas être utilisé en cas de plaie ou d'*ulcération* génitales (*herpès*...).

### Interactions avec d'autres substances
L'association à d'autres *antiseptiques* ou à des savons diminue l'efficacité de ce spermicide : ne pas faire de douche vaginale à l'eau savonneuse avant ou après les rapports et n'utilisez que de l'eau pure pour votre toilette intime après un rapport.

### Grossesse et allaitement
Lors de grossesses survenues malgré l'utilisation de ce spermicide, aucune anomalie de l'enfant à naître n'a été constatée.
Ce contraceptif peut être utilisé chez la femme qui allaite.

### Mode d'emploi et posologie
- Crème : déposer la crème au fond du vagin. L'effet est immédiat et dure 10 heures, mais par précaution il est nécessaire d'appliquer une nouvelle dose de crème avant chaque rapport.
- Capsule, mini-ovule et ovule : en position couchée, placer l'ovule ou la capsule au fond du vagin au moins 5 minutes (ovule) ou 10 minutes (capsule) avant les rapports sexuels afin de permettre sa dissolution complète. L'effet dure 4 heures, mais par précaution il est nécessaire d'utiliser un nouvel ovule avant chaque rapport.
- Tampon : placer un tampon au fond du vagin. L'effet est immédiat et dure 24 heures. Le retrait du tampon doit se faire au plus tôt 2 heures après le dernier rapport et au plus tard 24 heures après sa mise en place.

**Conseils :** Après les rapports sexuels, une toilette externe est possible à l'eau pure ou avec le pain moussant Pharmatex uniquement, car les savons classiques annulent l'action de ce spermicide. Attendez au moins 2 heures avant une douche vaginale.
La crème et les ovules n'altèrent pas le latex des préservatifs.

### Effets indésirables possibles
*Réaction allergique.*

Laboratoires Innotech International

## PHÉNERGAN crème
*Informations détaillées sur www.monvidal.com*

## PHÉNERGAN injectable
*Informations détaillées sur www.monvidal.com*

## PHÉNERGAN oral
Antihistaminique H1

### Présentation
PHÉNERGAN : comprimé (bleu) ; boîte de 20. Remb 35 % - **Prix : 1,28 €**.
PHÉNERGAN : sirop (arômes : orange, caramel) ; flacon de 150 ml avec gobelet doseur gradué à 5 ml et 10 ml. Non remb.

### Composition

| | p cp | p 5 ml |
|---|---|---|
| **Prométhazine** | 25 mg | 5 mg |
| Saccharose | | 4,2 g |
| Alcool | | 37 mg |
| Amidon de blé (gluten) | + | |
| Lactose | + | |

### Dans quel cas ce médicament est-il prescrit ?

Ce médicament est un *antihistaminique* de la famille des phénothiazines. Il possède plusieurs propriétés : antiallergique, *sédative* (*hypnotique*) et *atropinique*.

Il est utilisé dans le traitement des manifestations allergiques diverses : *rhinite* ou *conjonctivite* allergiques, *urticaire*.

Les comprimés sont également utilisés dans le traitement de l'insomnie.

### Contre-indications

Ce médicament ne doit pas être utilisé dans les cas suivants :

- *antécédent* d'*agranulocytose*,
- risque de *glaucome* à angle fermé,
- risque de blocage des urines (*adénome de la prostate*),
- enfant de moins de 15 ans (comprimé).

> **Attention :** N'utilisez pas le sirop chez l'enfant de moins de 1 an sans avis médical.
>
> Ce médicament présente des effets *atropiniques*. Il peut provoquer un *glaucome* aigu chez les personnes prédisposées : œil rouge, dur et douloureux, avec vision floue. Une consultation d'extrême urgence auprès d'un ophtalmologiste est nécessaire.
>
> Des précautions particulières s'imposent en cas d'*épilepsie*, de maladie cardiaque, chez l'*insuffisant hépatique* ou *rénal* et chez la personne âgée, notamment en cas de constipation chronique, de tendance aux *vertiges* ou aux baisses de tension.
>
> Ce médicament est photosensibilisant : une exposition même minime aux rayons *ultraviolets* pendant le traitement peut provoquer des réactions cutanées (coup de soleil, lésions cutanées).
>
> Le sirop contient du *sucre* (saccharose) en quantité notable.
>
> Évitez les boissons alcoolisées : augmentation du risque de somnolence.
>
> 
> Ce médicament peut induire une somnolence, parfois intense chez certaines personnes. Cette somnolence peut être majorée par la prise d'*alcool* ou d'autres médicaments *sédatifs*. La conduite et l'utilisation de machines dangereuses sont déconseillées, surtout dans les heures qui suivent la prise du médicament.

### Interactions avec d'autres substances

Informez votre médecin ou votre pharmacien si vous prenez un autre médicament ayant des effets *atropiniques* ou *sédatifs* (tranquillisants, somnifères, certains médicaments contre la toux ou contre la douleur contenant des *opiacés*, *antidépresseurs*, *neuroleptiques*...).

### Grossesse et allaitement

L'utilisation ponctuelle de ce médicament pendant la grossesse est possible, à condition de respecter la *posologie* recommandée. Néanmoins, son utilisation dans les jours qui ont précédé l'accouchement doit être signalée au médecin ; en effet, une surveillance particulière du *nouveau-né* peut être nécessaire.

Ce médicament passe dans le lait maternel : par mesure de prudence, il est déconseillé pendant l'allaitement.

### Mode d'emploi et posologie

Dans le traitement de l'insomnie, les comprimés doivent être avalés 15 à 30 minutes avant le coucher.

Dans le traitement des allergies, les prises sont réparties dans la journée. Mais en cas de somnolence gênante, ne prendre le médicament que le soir.

**Posologie usuelle :**

Allergie :

- Adulte : 1 ou 2 comprimés 1 à 3 fois par jour ou 2 gobelets doseurs gradués à 10 ml, 4 à 5 fois par jour.
- Enfant de 12 à 15 ans : 1 ou 2 gobelets doseurs gradués à 10 ml, 4 fois par jour.
- Enfant de 5 à 12 ans : 1 ou 2 gobelets doseurs gradués à 5 ml, 2 ou 3 fois par jour.
- Enfant de 2 à 5 ans : 1 gobelet doseur gradué à 5 ml, 3 fois par jour.
- Enfant de moins de 2 ans : 1 gobelet doseur gradué à 5 ml, 2 fois par jour.

Insomnie :

- Adulte : 1 ou 2 comprimés le soir au moment du coucher. La durée du traitement est limitée à 5 jours, sauf avis médical.

> **Conseils :** Ce médicament agit sur les manifestations de l'*allergie* mais n'en supprime pas la cause. Si les *symptômes* persistent ou s'aggravent, n'hésitez pas à consulter votre médecin.
>
> Les somnifères ne sont pas la seule réponse aux troubles du sommeil : une meilleure hygiène de vie, une consommation modérée d'excitants (y compris les boissons alcoolisées) permettent aussi de lutter contre les insomnies.

### Effets indésirables possibles

Somnolence.

Effets *atropiniques* : sécheresse de la bouche, troubles de l'*accommodation*, *mydriase*, blocage des urines, constipation, *palpitations*.

*Hypotension orthostatique*, *vertiges*, baisse de la concentration.

Tremblements, mauvaise coordination des mouvements (plus fréquents chez la personne âgée).

Agitation, confusion des idées.

*Réaction allergique*, *photosensibilisation*.

Anomalie de la *numération formule sanguine*.

**Laboratoires Celltech Pharma**

## PHLÉBOCRÈME

Antihémorroïdaire

### Présentation

**PHLÉBOCRÈME :** crème rectale ; tube-canule de 30 g. Non remb.

### Composition

| | p 100 g |
|---|---|
| **Benzocaïne** | 2 g |
| **Énoxolone** | 0,93 g |
| **Dodéclonium bromure** | 0,40 g |
| **Esculoside** | 0,46 g |

### Dans quel cas ce médicament est-il prescrit ?

Cette crème contient un *anesthésique* local (benzocaïne) et des substances *anti-inflammatoires*, *antiseptiques* et décongestionnantes.

Elle est utilisée dans le *traitement symptomatique* des douleurs, des sensations de brûlures et des démangeaisons de l'anus, en particulier dues aux *hémorroïdes*.

### Contre-indications

Ce médicament ne doit pas être utilisé en cas d'*allergie* aux *anesthésiques* locaux.

**Attention :** Des douleurs, un saignement anal qui persistent malgré le traitement peuvent être dus à une maladie autre que des *hémorroïdes* : consultez votre médecin. De même, tout saignement anal survenant chez une personne de plus de 50 ans doit faire l'objet d'une consultation médicale.

Sportif : les *anesthésiques* locaux ont été retirés de la liste des substances dopantes publiée dans les arrêtés du 20 avril et du 16 août 2004 par le ministère de la Jeunesse et des Sports.

### Grossesse et allaitement

L'effet de ce médicament pendant la grossesse ou l'allaitement est mal connu. L'évaluation du risque éventuel lié à son utilisation est individuelle : demandez conseil à votre pharmacien ou à votre médecin.

### Mode d'emploi et posologie

2 ou 3 applications par jour.

Le traitement doit être de courte durée (pas plus de quelques jours).

**Conseils :** La constipation chronique et les efforts excessifs de poussée sont les principaux facteurs déclenchants des crises d'hémorroïdes. Un régime riche en fibres alimentaires (fruits, légumes, céréales complètes), des boissons abondantes et un exercice physique régulier en limitent le risque.

En cas de crise, la consommation d'alcool ou de mets épicés peut accentuer les douleurs et la gêne. Une attention particulière doit être portée au nettoyage de la région anale afin de limiter les phénomènes d'irritation. Il est également conseillé de limiter les positions assises prolongées, qui peuvent avoir un effet aggravant sur la douleur.

Laboratoires Merck Médication Familiale

## PHLÉBOGEL

Vasculoprotecteur cutané

### Présentation

PHLÉBOGEL : gel pour application locale ; tube de 100 g. Non remb.

### Composition

| | p 100 g |
|---|---|
| **Escine** | 1 g |
| **Buphénine chlorhydrate** | 1 g |
| Alcool | + |

### Dans quel cas ce médicament est-il prescrit ?

C'est un gel qui, appliqué localement, facilite la circulation sanguine superficielle.

Il est utilisé dans le traitement des troubles dus à l'*insuffisance veineuse* : jambes lourdes...

**Attention :** Ce gel ne doit pas être appliqué sur des *muqueuses*, une plaie, un *eczéma* ou un *ulcère*, ni au voisinage des yeux.

Après l'application, évitez d'exposer au soleil les régions traitées.

### Grossesse et allaitement

L'effet de ce médicament pendant la grossesse ou l'allaitement est mal connu. L'évaluation du risque éventuel lié à son utilisation est individuelle : demandez conseil à votre pharmacien ou à votre médecin.

### Mode d'emploi et posologie

Faire pénétrer le gel par un léger massage de bas en haut.

**Posologie usuelle :**

2 ou 3 applications par jour.

**Conseils :** Pensez à vous laver les mains après l'application pour éviter tout contact avec les yeux et les *muqueuses*.

L'*insuffisance veineuse* peut requérir des mesures spécifiques telles que la *contention élastique*.

Une activité physique régulière et la surélévation du pied du lit permettent de faciliter la circulation veineuse et *lymphatique*.

Laboratoires Merck Lipha Santé

**PHLÉBOGÉNINE**

*Informations détaillées sur www.monvidal.com*

**PHLEBOSUP**

*Informations détaillées sur www.monvidal.com*

## PHLOROGLUCINOL BIOGARAN

Antispasmodique

Ce médicament est un générique de SPASFON-LYOC (voir p. 960 et tableau p. 1151).

## PHLOROGLUCINOL EG

Antispasmodique

Ce médicament est un générique de SPASFON-LYOC (voir p. 960 et tableau p. 1151).

## PHLOROGLUCINOL G GAM

Antispasmodique

Ce médicament est un générique de SPASFON-LYOC (voir p. 960 et tableau p. 1151).

## PHLOROGLUCINOL MERCK

Antispasmodique

Ce médicament est un générique de SPASFON-LYOC (voir p. 960 et tableau p. 1151).

## PHLOROGLUCINOL QUALIMED

Antispasmodique

Ce médicament est un générique de SPASFON-LYOC (voir p. 960 et tableau p. 1151).

## PHLOROGLUCINOL RATIOPHARM
Antispasmodique

Ce médicament est un générique de SPASFON-LYOC (voir p. 960 et tableau p. 1151).

## PHLOROGLUCINOL RPG
Antispasmodique

Ce médicament est un générique de SPASFON-LYOC (voir p. 960 et tableau p. 1151).

## PHLOROGLUCINOL SANDOZ
Antispasmodique

Ce médicament est un générique de SPASFON-LYOC (voir p. 960 et tableau p. 1151).

## PHLOROGLUCINOL TEVA
Antispasmodique

Ce médicament est un générique de SPASFON-LYOC (voir p. 960 et tableau p. 1151).

**PHOLCODINE IREX**
*Informations détaillées sur www.monvidal.com*

**PHOLCODINE WINTHROP**
*Informations détaillées sur www.monvidal.com*

**PHOLCODYL**
*Informations détaillées sur www.monvidal.com*

## PHOLCONES BISMUTH
Décongestionnant

### Présentation
**PHOLCONES BISMUTH Adulte :** suppositoire ; boîte de 8. Non remb.
**PHOLCONES BISMUTH Enfant :** suppositoire ; boîte de 8. Non remb.

### Composition

| | p suppos Ad | p suppos Enf |
|---|---|---|
| **Guaïfénésine** | 200 mg | 100 mg |
| **Bismuth sous-succinate** | 80 mg | 40 mg |
| **Cinéole (eucalyptol)** | 120 mg | 60 mg |

### Dans quel cas ce médicament est-il prescrit ?
Ce médicament contient du bismuth et des *antiseptiques* des *voies* respiratoires.
Il est utilisé dans le *traitement d'appoint* des affections de la gorge.

### Contre-indications
Ce médicament ne doit pas être utilisé en cas d'*insuffisance rénale.*

> **Attention :** Ce médicament contient un *terpène* (eucalyptol) : respectez la *posologie* préconisée.
> Des précautions sont nécessaires en cas d'*antécédents* de *convulsions* ou d'*épilepsie.*
> En l'absence d'amélioration ou en cas d'apparition de fièvre, consultez votre médecin.

### Interactions avec d'autres substances
Informez votre médecin ou votre pharmacien si vous prenez des médicaments *sédatifs.*

### Grossesse et allaitement
En l'absence de données suffisantes, ce médicament est déconseillé pendant la grossesse.
Les *terpènes* peuvent donner un goût particulier au lait. Leur absorption par le *nourrisson* n'est pas souhaitable : évitez d'employer ce médicament pendant l'allaitement.

### Mode d'emploi et posologie
- Adulte : 1 suppositoire Adulte, 1 à 3 fois par jour.
- Enfant de 8 à 15 ans : 1 suppositoire Enfant, 1 ou 2 fois par jour.
- Enfant de 6 à 8 ans : 1 suppositoire Enfant par jour.

### Effets indésirables possibles
Liés à la guaïfénésine : douleurs d'estomac, nausées, vomissements.
En cas de dépassement de la *posologie* usuelle, les *terpènes* peuvent provoquer :
- des *convulsions* chez l'enfant,
- agitation, confusion des idées (notamment chez la personne âgée).

Laboratoires Cooper

## PHOSPHALUGEL
Antiacide d'action locale

### Présentation
PHOSPHALUGEL : suspension buvable sans sucre (arôme orange) ; boîte de 26 sachets de 20 g. Remb 35 % - **Prix : 4,01 €.**
PHOSPHALUGEL : suspension buvable sans sucre (arôme orange) ; flacon de 250 g. Remb 35 % - **Prix : 2,31 €.**
PHOSPHALUGEL : comprimé à croquer (blanc ; arôme citron) ; boîte de 36. Remb 35 % - **Prix : 3,56 €.**
PHOSPHALUGEL : comprimé à croquer (blanc ; arôme citron) ; boîte de 90. Remb 35 % - **Prix : 7,53 €.**

### Composition

| | p sach | p c à s | p cp |
|---|---|---|---|
| **Aluminium phosphate** | 2,47 g | 2,47 g | 540 mg |
| Saccharose | | | 650 mg |
| Sorbitol | 3 g | 3 g | + |

### Dans quel cas ce médicament est-il prescrit ?
Ce médicament contient un *antiacide* d'action locale. Il agit en neutralisant les acides sécrétés par l'estomac.
Il est utilisé dans le traitement des aigreurs, brûlures d'estomac et remontées acides.

### Contre-indications
Ce médicament ne doit pas être utilisé en cas d'*insuffisance rénale* grave.

> **Attention :** Il est préférable de consulter un médecin dans les situations suivantes :
> - troubles de la digestion apparaissant pour la première fois, ou si les troubles ont changé récemment ;
> - troubles associés à une perte de poids ;
> - difficulté à avaler ou gêne abdominale persistante.
>
> N'utilisez pas ce médicament de façon prolongée sans l'avis de votre médecin : des examens peuvent être nécessaires si les *symptômes* persistent.

Compte tenu de la teneur en aluminium de ce médicament, des précautions sont nécessaires chez les *insuffisants rénaux* traités par *dialyse*.
Les personnes souffrant de douleurs d'estomac doivent éviter d'utiliser des médicaments contenant de l'aspirine ou des *AINS* qui augmentent l'acidité de l'estomac. Le paracétamol est en revanche sans danger pour traiter les douleurs ou la fièvre.

### Interactions avec d'autres substances

Ce médicament peut diminuer l'absorption de nombreux médicaments. Un délai d'au moins 2 heures (voire 4 heures avec les *antibiotiques* de la famille des quinolones) doit être respecté entre la prise de ce médicament et celle des autres traitements. Demandez conseil à votre médecin ou à votre pharmacien.

### Grossesse et allaitement

Les substances contenues dans ce médicament sont peu absorbées. Néanmoins, ne l'utilisez pas de façon prolongée pendant la grossesse ou l'allaitement sans l'avis de votre médecin ou de votre pharmacien.

### Mode d'emploi et posologie

Les comprimés doivent être sucés puis croqués, au moment des douleurs.

**Posologie usuelle :**
1 ou 2 sachets ou cuillères à soupe ou comprimés, 2 ou 3 fois par jour.

**Conseils :** Une alimentation équilibrée, une mastication lente, la suppression des aliments difficiles à digérer et des boissons alcoolisées permettent souvent d'atténuer les *symptômes* dus à une *inflammation* de l'estomac, du *duodénum* ou de l'œsophage.
Si vous êtes fumeur, la poursuite du tabagisme est un frein important au traitement : la nicotine augmente l'acidité gastrique et réduit l'efficacité du muscle qui ferme la jonction entre l'œsophage et l'estomac.

### Effets indésirables possibles

Constipation, notamment chez les personnes âgées.

Laboratoires Astellas Pharma

## PHOSPHONEUROS

*Informations détaillées sur www.monvidal.com*

## PHOSPHORE ALKO

*Informations détaillées sur www.monvidal.com*

## PHYSIOGINE comprimé

Estrogène — sur ordonnance

### Présentation

**PHYSIOGINE :** comprimé sécable ; boîte de 30. Liste II - Remb 35 % - **Prix : 5,43 €.**

### Composition

| | p cp |
|---|---|
| **Estriol** | 1 mg |
| Lactose | + |

### Dans quel cas ce médicament est-il prescrit ?

Ce médicament contient une *hormone* naturelle de la famille des *estrogènes*.
Il est utilisé pour soulager les *symptômes* dus à un déficit en estrogènes.

### Contre-indications

Ce médicament ne doit pas être utilisé dans les cas suivants :
- *accident thromboembolique* (*phlébite*, *embolie* pulmonaire...) ancien ou survenant pendant le traitement ;
- cancer du sein ou de l'utérus ;
- saignement génital intermittent (l'origine de ce saignement doit être déterminée par des examens appropriés avant la mise en route du traitement) ;
- maladie du foie grave ou récente ;
- **grossesse**.

Votre médecin est seul juge pour prescrire ce médicament en cas de maladies cardiovasculaires prédisposant aux embolies, d'affection bénigne du sein ou de l'utérus, de *tumeur* de l'*hypophyse*, de troubles de la circulation rétinienne, d'*endométriose*, d'ictère (jaunisse) ou prurit survenu lors d'une grossesse, de *lupus érythémateux* disséminé ou de *vascularite systémique*.

**Attention :** De récentes études ont montré une augmentation du risque de survenue d'un cancer du sein chez les femmes ayant reçu un traitement prolongé des *symptômes* de la *ménopause*. Le traitement doit par conséquent être prescrit à la dose minimale efficace et pour une durée la plus courte possible. En l'absence de troubles, sa prescription ne doit pas être systématique.
Une surveillance médicale est nécessaire avant et pendant le traitement. Cette surveillance sera renforcée chez les femmes souffrant d'*hypertension artérielle*, d'*hypertriglycéridémie*, de *diabète*, de *porphyrie*, d'*otospongiose*, ou ayant des *antécédents* familiaux de cancer du sein.
Des maux de tête importants et inhabituels, des troubles de la vision, une élévation franche de la tension artérielle imposent l'arrêt du traitement et la consultation d'un médecin.

### Interactions avec d'autres substances

L'efficacité du traitement peut être diminuée par la prise conjointe d'un médicament *inducteur enzymatique*.

### Grossesse et allaitement

Ce médicament n'a pas d'indication chez la femme enceinte. Si une grossesse survient sous traitement, éventualité rare mais possible en début de pré-ménopause, consultez votre médecin et arrêtez le traitement. Aucune malformation imputable à ce médicament n'a été observée à ce jour.
Lorsque la *ménopause* est confirmée, une grossesse est impossible, y compris en cas de réapparition des règles.

### Mode d'emploi et posologie

Les comprimés doivent être avalés avec un peu d'eau, en une seule prise par jour, de préférence à heure fixe.
Il convient de ne pas prendre ce médicament au cours de repas riches en graisse.

**Posologie usuelle :**
½ à 1 comprimé par jour.

**Conseils :** Chez la femme ménopausée, un *progestatif* est généralement associé aux *estrogènes* pour éviter une stimulation excessive de l'utérus. N'arrêtez pas la prise du progestatif sans l'avis de votre médecin.
La réapparition de règles est fréquente (mais pas obligatoire) après chaque interruption de traitement. En revanche, tout saignement en cours de traitement doit être signalé à votre médecin.

### Effets indésirables possibles

Tension des seins (qui traduit généralement un *surdosage*).
Saignement génital intermittent (à signaler à votre médecin).
Ce médicament contient un *estrogène* naturel, identique à celui sécrété par les ovaires. Il ne semble pas exposer aux effets indésirables qui peuvent être (rarement) rencontrés avec les estrogènes de synthèse contenus dans les pilules *contraceptives* ; il serait néanmoins souhaitable d'interrompre le traitement en cas :
- d'*accident thromboembolique* ou autre accident cardiovasculaire ;
- de jaunisse ;
- de *tumeur* bénigne ou maligne du foie, du sein ou de l'utérus ;
- de maux de tête ou *vertiges* importants et inhabituels, d'altération brutale de la vision ;
- de crise d'*épilepsie* ;
- d'écoulement de lait par le mamelon.

La prise d'estrogènes augmente également le risque de calculs de la vésicule biliaire.

Laboratoires Organon

## PHYSIOGINE ovule et crème

Estrogène — sur ordonnance

### Présentation

**PHYSIOGINE 0,5 mg :** ovule ; boîte de 15. Liste II - Remb 35 % - **Prix : 3,91 €.**
**PHYSIOGINE 0,1 % :** crème vaginale ; tube de 15 g et applicateur. Liste II - Remb 35 % - **Prix : 5,15 €.**

### Composition

| | p ovule | p 100 g |
|---|---|---|
| **Estriol** | 0,5 mg | 100 mg |

### Dans quel cas ce médicament est-il prescrit ?

Ce médicament permet l'apport local d'une *hormone* de la famille des *estrogènes*.
Il est utilisé pour corriger les *symptômes* vaginaux dus à une *carence* en *estrogènes* lors de la *ménopause* (*atrophie* vaginale...).

### Contre-indications

Ce médicament ne doit pas être utilisé dans les cas suivants :
- *accident thromboembolique* (*phlébite*, *embolie* pulmonaire...) ancien ou survenant pendant le traitement ;
- *cancer hormonodépendant* ;
- saignement génital intermittent (l'origine de ce saignement doit être déterminée par des examens avant la mise en route du traitement).

**Attention :** De récentes études ont montré une augmentation du risque de survenue d'un cancer du sein chez les femmes ayant reçu un traitement prolongé des *symptômes* de la *ménopause*. Le traitement doit par conséquent être prescrit à la dose minimale efficace et pour une durée la plus courte possible. En l'absence de troubles, sa prescription ne doit pas être systématique.

### Grossesse et allaitement

Il n'y a aucune raison d'utiliser ce médicament pendant la grossesse ou l'allaitement.

### Mode d'emploi et posologie

L'ovule ou la crème doivent être introduits dans le vagin, le soir au coucher. Pour la crème, utiliser l'applicateur.

**Posologie usuelle :**
1 application de crème ou 1 ovule par jour, pendant 3 semaines.
En *traitement d'entretien*, 1 application de crème ou 1 ovule, 2 jours par semaine.

### Effets indésirables possibles

En début de traitement : irritation, démangeaisons locales, douleur dans les seins.

Laboratoires Organon

## PHYSIOMYCINE

*Informations détaillées sur www.monvidal.com*

## PHYSIOTENS

Antihypertenseur — sur ordonnance

### Présentation

PHYSIOTENS 0,2 mg : comprimé (rose pâle) ; boîte de 28. Liste I - Remb 65 % - **Prix : 9,26 €.**
PHYSIOTENS 0,4 mg : comprimé (rouge) ; boîte de 28. Liste I - Remb 65 % - **Prix : 16,28 €.**

### Composition

| | p cp | p cp |
|---|---|---|
| **Moxonidine** | 0,2 mg | 0,4 mg |
| Lactose | + | + |

### Dans quel cas ce médicament est-il prescrit ?

Ce médicament est un *antihypertenseur*. Il agit sur les centres nerveux qui interviennent dans la régulation de la tension artérielle.
Il est utilisé dans le traitement de l'*hypertension artérielle*.

### Contre-indications

Ce médicament ne doit pas être utilisé en cas d'*état dépressif* grave.

**Attention :** Des précautions sont nécessaires en cas d'*insuffisance rénale* grave, de maladie de *Parkinson*, de *glaucome*, d'*épilepsie*, d'*antécédent* d'œdème de *Quincke* et chez l'enfant.
N'interrompez jamais brutalement le traitement prescrit. Espacez progressivement les prises. Un avis médical est toujours préférable.
Évitez les boissons alcoolisées : augmentation du risque de somnolence.
Conducteur : à forte dose, ce médicament peut être responsable d'une somnolence ou d'une baisse de la vigilance.

### Interactions avec d'autres substances

Informez votre médecin ou votre pharmacien si vous prenez un *AINS*, un *antidépresseur imipraminique*, un *corticoïde*, un *neuroleptique*, un *sédatif* ou un médicament contenant du baclofène.

### Grossesse et allaitement

L'effet de ce médicament pendant la grossesse ou l'allaitement est mal connu. Par prudence, son usage est déconseillé chez la femme enceinte ou chez celle qui allaite.

### Mode d'emploi et posologie

Ce médicament doit être pris au début des repas.

**Posologie usuelle :**

- Adulte : 0,2 à 0,4 mg par jour.

**Conseils :** Votre tension artérielle doit être contrôlée régulièrement. Les appareils permettant une mesure automatique de la tension à domicile utilisent souvent un procédé de mesure différent de celui qu'emploie votre médecin. Si vous avez un tel appareil, apportez-le en consultation pour vous assurer que la mesure obtenue est bien conforme à celle du tensiomètre de votre médecin.
Le traitement médicamenteux ne dispense pas de mesures simples pouvant faire baisser la tension artérielle : activité physique régulière, modération de la consommation de boissons alcoolisées et de *sel*, lutte contre l'excès de poids.

### Effets indésirables possibles

Sécheresse de la bouche, fatigue, insomnie ou somnolence, maux de tête, *vertiges*, sensation de faiblesse dans les jambes, nervosité, nausées.
Exceptionnellement : *réaction allergique*.

Laboratoires Solvay Pharma

## PHYTAT DB

*Informations détaillées sur www.monvidal.com*

## PHYTELIA digestion

*Informations détaillées sur www.monvidal.com*

## PHYTELIA Sommeil

*Informations détaillées sur www.monvidal.com*

## PHYTÉMAG

*Informations détaillées sur www.monvidal.com*

## PHYTOGARGARISME

*Informations détaillées sur www.monvidal.com*

## PHYTOMÉLIS

*Informations détaillées sur www.monvidal.com*

## PHYTOTUX

*Informations détaillées sur www.monvidal.com*

## PIASCLÉDINE

Extraits végétaux

### Présentation

PIASCLÉDINE : gélule (orange et gris) ; boîte de 15. Remb 35 % - **Prix : 7,88 €**.

### Composition

| | p gél |
|---|---|
| **Insaponifiables d'avocat et de soja, extrait total** | 300 mg |

### Dans quel cas ce médicament est-il prescrit ?

Ce médicament contient une association d'extraits végétaux.
Il est utilisé dans le traitement d'appoint des parodontopathies (*inflammation* des gencives avec déchaussement des dents) et des douleurs liées à l'*arthrose*.

### Grossesse et allaitement

L'effet de ce médicament pendant la grossesse ou l'allaitement est mal connu. L'évaluation du risque éventuel lié à son utilisation est individuelle : demandez conseil à votre pharmacien ou à votre médecin.

### Mode d'emploi et posologie

Les gélules doivent être avalées avec un verre d'eau, au cours des repas.

**Posologie usuelle :**
1 gélule par jour.

**Conseils :** Une hygiène soigneuse de la bouche reste nécessaire pendant le traitement.

### Effets indésirables possibles

Rares régurgitations.

Laboratoires Expanscience

## PILO

*Informations détaillées sur www.monvidal.com*

## PILOCARPINE FAURE

*Informations détaillées sur www.monvidal.com*

## PILOSELLE BOIRON

*Informations détaillées sur www.monvidal.com*

## PILOSURYL

Phytothérapie

### Présentation

PILOSURYL : solution buvable (arôme orange) ; flacon de 250 ml avec cuillère-mesure de 5 ml. Non remb.

### Composition

| | p c mes |
|---|---|
| **Piloselle, extrait fluide** | 1 g |
| **Phyllantus niruri, extrait fluide** | 150 mg |
| Alcool | 1 g |
| Glycérol | + |

### Dans quel cas ce médicament est-il prescrit ?

Ce médicament contient des extraits de plantes.

Il est traditionnellement utilisé pour favoriser l'élimination d'eau par les reins.

**Attention :** Cette solution buvable contient de l'*alcool* en quantité notable.

### Interactions avec d'autres substances

Compte tenu de la présence d'*alcool*, ce médicament peut interagir avec ceux qui ont un *effet antabuse* (ESPÉRAL, TTD B3 B4...).

### Grossesse et allaitement

Ce médicament contient une plante présumée sans danger pendant la grossesse ou l'allaitement. Néanmoins, par mesure de prudence, ne l'utilisez pas sans prendre l'avis de votre pharmacien ou de votre médecin. De plus, ce médicament n'est pas adapté au traitement d'une éventuelle rétention d'eau survenant pendant la grossesse. L'apparition d'*œdèmes* impose une consultation médicale.

### Mode d'emploi et posologie

La solution doit être diluée dans un demi-verre d'eau.

**Posologie usuelle :**

- Adulte : 2 ou 3 cuillères à café de solution buvable, avant les deux principaux repas.

### Effets indésirables possibles

Trouble digestif, diarrhée (présence de glycérol).

Laboratoires Pierre Fabre Médicament

## PINAVÉRIUM ARROW

Antispasmodique à visée digestive — sur ordonnance

Ce médicament est un générique de DICETEL (voir p. 312 et tableau p. 1151).

## PINAVÉRIUM BIOGARAN

Antispasmodique à visée digestive — sur ordonnance

Ce médicament est un générique de DICETEL (voir p. 312 et tableau p. 1151).

## PINAVÉRIUM EG

Antispasmodique à visée digestive — sur ordonnance

Ce médicament est un générique de DICETEL (voir p. 312 et tableau p. 1151).

## PINAVÉRIUM MERCK

Antispasmodique à visée digestive — sur ordonnance

Ce médicament est un générique de DICETEL (voir p. 312 et tableau p. 1151).

## PINAVÉRIUM QUALIMED

Antispasmodique à visée digestive — sur ordonnance

Ce médicament est un générique de DICETEL (voir p. 312 et tableau p. 1151).

## PINAVÉRIUM RANBAXY

Antispasmodique à visée digestive — sur ordonnance

Ce médicament est un générique de DICETEL (voir p. 312 et tableau p. 1151).

## PINAVÉRIUM RATIOPHARM

Antispasmodique à visée digestive — sur ordonnance

Ce médicament est un générique de DICETEL (voir p. 312 et tableau p. 1151).

## PINAVÉRIUM SANDOZ

Antispasmodique à visée digestive — sur ordonnance

Ce médicament est un générique de DICETEL (voir p. 312 et tableau p. 1151).

## PIPIOL

*Informations détaillées sur www.monvidal.com*

## PIPORTIL

*Informations détaillées sur www.monvidal.com*

## PIPRAM FORT

Antibiotique urinaire — sur ordonnance

### Présentation

PIPRAM FORT 400 mg : comprimé (jaune pâle) ; boîte de 10. Liste I - Remb 65 % - **Prix : 9,19 €**.

### Composition

| | p cp |
|---|---|
| **Acide pipémidique** | 400 mg |
| Amidon de blé (gluten) | + |

### Dans quel cas ce médicament est-il prescrit ?

C'est un *antibiotique* qui appartient à la famille des quinolones.

Il est utilisé dans le traitement des infections des *voies* urinaires, en l'absence de fièvre.

### Contre-indications

Ce médicament ne doit pas être utilisé dans les cas suivants :

- *allergie* aux *antibiotiques* de la famille des quinolones,
- déficit en *G6PD*,
- *intolérance* au gluten,
- enfant de moins de 15 ans,
- **grossesse**.

**Attention :** Ce médicament est photosensibilisant : une exposition aux rayons *ultraviolets* (soleil, lampe à bronzer) peut provoquer des réactions cutanées. N'omettez pas de signaler à votre médecin vos

projets de vacances au soleil pendant la durée du traitement.
Si une fièvre apparaît, qui peut traduire une infection plus sérieuse, consultez votre médecin.
Conducteur : ce médicament peut être responsable de *vertiges*.

**Grossesse et allaitement**

L'effet de ce médicament sur l'enfant à naître est mal connu. Par mesure de prudence, son usage est contre-indiqué.

Ce médicament passe très faiblement dans le lait maternel. Ne poursuivez pas l'allaitement sans avis médical.

**Mode d'emploi et posologie**

Ce médicament est pris de préférence au cours d'un repas.

**Posologie usuelle :**

- Adulte : 1 comprimé à 400 mg, matin et soir.

**Conseils :** Le médecin prescrit parfois une analyse d'urine pour identifier le *germe* responsable de l'infection et tester sa sensibilité aux *antibiotiques*. Le résultat de cet examen peut être faussé en cas d'automédication préalable : ne prenez pas d'antibiotiques sans avis médical.

**Effets indésirables possibles**

*Troubles digestifs.*
*Photosensibilisation* (voir Attention).
*Réaction allergique.*
*Vertiges*, troubles de l'équilibre chez la personne âgée.

Laboratoires Aventis

## PIRACÉTAM ARROW
Psychotonique — sur ordonnance

Ce médicament est un générique de NOOTROPYL (voir p. 726 et tableau p. 1151).

## PIRACÉTAM BIOGARAN
Psychotonique — sur ordonnance

Ce médicament est un générique de NOOTROPYL (voir p. 726 et tableau p. 1151).

## PIRACÉTAM EG
Psychotonique — sur ordonnance

Ce médicament est un générique de NOOTROPYL (voir p. 726 et tableau p. 1151).

## PIRACÉTAM G GAM
Psychotonique — sur ordonnance

Ce médicament est un générique de NOOTROPYL (voir p. 726 et tableau p. 1151).

## PIRACÉTAM GNR
Psychotonique — sur ordonnance

Ce médicament est un générique de NOOTROPYL (voir p. 726 et tableau p. 1151).

## PIRACÉTAM IVAX
Psychotonique — sur ordonnance

Ce médicament est un générique de NOOTROPYL (voir p. 726 et tableau p. 1151).

## PIRACÉTAM MERCK
Psychotonique — sur ordonnance

Ce médicament est un générique de NOOTROPYL (voir p. 726 et tableau p. 1151).

## PIRACÉTAM QUALIMED
Psychotonique — sur ordonnance

Ce médicament est un générique de NOOTROPYL (voir p. 726 et tableau p. 1151).

## PIRACÉTAM RATIOPHARM
Psychotonique — sur ordonnance

Ce médicament est un générique de NOOTROPYL (voir p. 726 et tableau p. 1151).

## PIRACÉTAM RPG
Psychotonique — sur ordonnance

Ce médicament est un générique de NOOTROPYL (voir p. 726 et tableau p. 1151).

## PIRACÉTAM SANDOZ
Psychotonique — sur ordonnance

Ce médicament est un générique de NOOTROPYL (voir p. 726 et tableau p. 1151).

## PIRACÉTAM TEVA
Psychotonique — sur ordonnance

Ce médicament est un générique de NOOTROPYL (voir p. 726 et tableau p. 1151).

## PIRACÉTAM ZYDUS
Psychotonique — sur ordonnance

Ce médicament est un générique de NOOTROPYL (voir p. 726 et tableau p. 1151).

**PIRILÈNE**

*Informations détaillées sur www.monvidal.com*

## PIROXICAM BIOGARAN
Anti-inflammatoire non stéroïdien — sur ordonnance

Ce médicament est un générique de FELDÈNE oral, rectal (voir p. 398 et tableau p. 1151).

## PIROXICAM EG
Anti-inflammatoire non stéroïdien — sur ordonnance

Ce médicament est un générique de FELDÈNE oral, rectal (voir p. 398 et tableau p. 1151).

## PIROXICAM G GAM
Anti-inflammatoire non stéroïdien — sur ordonnance

Ce médicament est un générique de FELDÈNE oral, rectal (voir p. 398 et tableau p. 1151).

## PIROXICAM IREX
Anti-inflammatoire non stéroïdien — sur ordonnance

Ce médicament est un générique de FELDÈNE oral, rectal (voir p. 398 et tableau p. 1151).

## PIROXICAM IVAX
Anti-inflammatoire non stéroïdien — sur ordonnance

Ce médicament est un générique de FELDÈNE oral, rectal (voir p. 398 et tableau p. 1151).

## PIROXICAM MERCK oral, rectal
Anti-inflammatoire non stéroïdien — sur ordonnance

Ce médicament est un générique de FELDÈNE oral, rectal (voir p. 398 et tableau p. 1151).

## PIROXICAM RATIOPHARM
Anti-inflammatoire non stéroïdien — sur ordonnance

Ce médicament est un générique de FELDÈNE oral, rectal (voir p. 398 et tableau p. 1151).

## PIROXICAM RPG
Anti-inflammatoire non stéroïdien — sur ordonnance

Ce médicament est un générique de FELDÈNE oral, rectal (voir p. 398 et tableau p. 1151).

## PIROXICAM SANDOZ
Anti-inflammatoire non stéroïdien — sur ordonnance

Ce médicament est un générique de FELDÈNE oral, rectal (voir p. 398 et tableau p. 1151).

## PIROXICAM TEVA
Anti-inflammatoire non stéroïdien — sur ordonnance

Ce médicament est un générique de FELDÈNE oral, rectal (voir p. 398 et tableau p. 1151).

## PIROXICAM WINTHROP
Anti-inflammatoire non stéroïdien — sur ordonnance

Ce médicament est un générique de FELDÈNE oral, rectal (voir p. 398 et tableau p. 1151).

## PIROXICAM ZYDUS
Anti-inflammatoire non stéroïdien — sur ordonnance

Ce médicament est un générique de FELDÈNE oral, rectal (voir p. 398 et tableau p. 1151).

**PISSENLIT BOIRON**

*Informations détaillées sur www.monvidal.com*

## PIVALONE
Traitement local de la rhinite allergique — sur ordonnance

### Présentation
PIVALONE : suspension nasale ; flacon pulvérisateur de 10 ml (100 pulvérisations). Liste II - Remb 35 % - **Prix : 4,20 €**.

### Composition

| | p 100 ml |
|---|---|
| Tixocortol pivalate | 1 g |

### Dans quel cas ce médicament est-il prescrit ?
Cette suspension nasale est un *anti-inflammatoire* d'usage local qui appartient à la famille des *corticoïdes*. Elle est utilisée dans le *traitement symptomatique* des *rhinites* d'origine allergique ou inflammatoire.

### Contre-indications
Ce médicament ne doit pas être utilisé en cas :
- de saignement de nez,
- d'infection.

> **Attention :** En cas de signes d'infection nasale (fièvre, coloration des sécrétions nasales), consultez votre médecin.

### Grossesse et allaitement
L'effet de ce médicament pendant la grossesse ou l'allaitement est mal connu : seul votre médecin peut évaluer le risque éventuel de son utilisation dans votre cas.

### Mode d'emploi et posologie
Les pulvérisations sont faites au cours d'une brève inspiration, après un mouchage soigneux, en tenant le flacon verticalement.

**Posologie usuelle :**
1 ou 2 pulvérisations dans chaque narine, 2 à 4 fois par jour.

### Effets indésirables possibles

Irritation locale en début de traitement, sécheresse nasale, *réaction allergique*.

Laboratoires Pfizer

## PLAQUENIL
Antirhumatismal

### Présentation

PLAQUENIL : comprimé (blanc) ; boîte de 30. Remb 65 % - **Prix : 5,39 €**.

### Composition

| | p cp |
|---|---|
| **Hydroxychloroquine sulfate** | 200 mg |
| Lactose | + |

### Dans quel cas ce médicament est-il prescrit ?

C'est un antirhumatismal d'action lente, ayant des propriétés *antalgiques* et *anti-inflammatoires*. Sa structure chimique est proche de certains médicaments utilisés dans le traitement du *paludisme* (antipaludiques).

Il est utilisé dans le traitement de la *polyarthrite rhumatoïde* et des maladies du *collagène*, notamment le *lupus érythémateux* disséminé. Il est également utilisé dans la prévention des *lucites*.

### Contre-indications

Ce médicament ne doit pas être utilisé dans les cas suivants :
- maladie de la *rétine*,
- *allergie* aux dérivés de la chloroquine (NIVAQUINE...),
- **allaitement**.

> **Attention :** Des précautions sont nécessaires en cas de *porphyrie*, d'*insuffisance rénale* ou *hépatique*, de *psoriasis* et de déficit en *G6PD*.
>
> Ce médicament peut être toxique pour la *rétine* : une surveillance ophtalmologique régulière est indispensable pendant toute la durée du traitement. N'utilisez jamais ce médicament sans avis médical.
>
> L'hydroxychloroquine peut exceptionnellement provoquer des anomalies de la *numération formule sanguine* : des analyses de sang régulières sont nécessaires en cas de traitement prolongé.
>
> Conducteur : ce médicament peut être responsable de troubles visuels.

### Grossesse et allaitement

L'effet de ce médicament pendant la grossesse est mal connu : seul votre médecin peut évaluer le risque éventuel de son utilisation dans votre cas.

Ce médicament passe dans le lait maternel. L'allaitement est contre-indiqué pendant le traitement.

### Mode d'emploi et posologie

Les comprimés doivent être avalés après les repas.

Les comprimés ne sont pas adaptés à l'enfant de moins de 6 ans. En effet, ils risquent d'obstruer les voies respiratoires si l'enfant déglutit mal et que le comprimé passe dans la trachée (fausse route).

### Posologie usuelle :

Traitement de la *polyarthrite rhumatoïde* :
- Adulte :
  - *traitement d'attaque* : 2 ou 3 comprimés par jour ;
  - *traitement d'entretien* : 1 ou 2 comprimés par jour.
- Enfant de plus de 6 ans : 10 à 20 mg par kg et par jour, soit pour un enfant de 20 kg, 1 à 2 comprimés par jour.

Prévention des *lucites* : 2 ou 3 comprimés par jour pendant 3 semaines, en commençant le traitement 7 jours avant l'exposition.

### Effets indésirables possibles

Dépôt du médicament dans la *cornée*, troubles de l'*accommodation*, maladie de la *rétine*, régressant à l'arrêt du traitement.

Nausées, diarrhée, perte d'appétit, douleur abdominale.

Laboratoires Sanofi-Aventis France

## PLASTÉNAN

*Informations détaillées sur www.monvidal.com*

## PLAVIX
Antiagrégant plaquettaire — sur ordonnance

### Présentation

PLAVIX 75 mg : comprimé (rose) ; boîte de 28. Liste I - Remb 65 % - **Prix : 57,02 €**.

### Composition

| | p cp |
|---|---|
| **Clopidogrel** | 75 mg |

### Dans quel cas ce médicament est-il prescrit ?

Ce médicament est un fluidifiant du sang qui appartient à la famille des *antiagrégants plaquettaires*.

Il est utilisé dans la prévention des complications cardiovasculaires de l'*athérosclérose*.

### Contre-indications

Ce médicament ne doit pas être utilisé dans les cas suivants :
- *insuffisance hépatique* grave,
- *hémorragie* ou risque hémorragique,
- **allaitement**.

> **Attention :** Certaines interventions chirurgicales ou dentaires nécessitent l'arrêt du médicament 7 jours avant le geste chirurgical : la prise de ce médicament doit être signalée à l'anesthésiste ou au dentiste.
>
> Des précautions sont nécessaires en cas d'*insuffisance rénale*.

### Interactions avec d'autres substances

L'addition de l'effet de ce médicament à celui des autres *antiagrégants plaquettaires* (aspirine notamment) ou des *anticoagulants* peut augmenter le risque de saignement.

Ne prenez pas d'*AINS* sans informer votre médecin ; ils sont susceptibles de provoquer des saignements du tube digestif qui peuvent être aggravés par ce médicament.

### Grossesse et allaitement

L'effet de ce médicament pendant la grossesse est mal connu : seul votre médecin peut évaluer le risque éventuel de son utilisation dans votre cas.

Les données disponibles ne permettent pas de savoir si ce médicament passe dans le lait maternel ; un choix est donc nécessaire entre l'allaitement et la prise du médicament. Cette décision devra être prise en accord avec votre médecin.

### Mode d'emploi et posologie

Le comprimé peut être pris à n'importe quel moment de la journée, pendant ou entre les repas.

**Posologie usuelle :**

- Adulte : 1 comprimé par jour.

**Conseils :** Ce médicament ne dispense pas des mesures non médicamenteuses ayant montré leur efficacité pour lutter contre l'*athérosclérose* : arrêt d'un tabagisme éventuel, régime alimentaire de type méditerranéen, exercice physique régulier.

### Effets indésirables possibles

Saignements divers (nez, gencive...), sang dans les urines ou dans les selles ; la réalisation d'une *numération formule sanguine* est alors nécessaire.

*Troubles digestifs*, *éruption cutanée*, démangeaisons, maux de tête, étourdissements, fourmillements.

Exceptionnellement : baisse du nombre des *globules blanc* ou des *plaquettes*, *réaction allergique*.

Laboratoires Sanofi-Aventis France

## PLENESIA

*Informations détaillées sur www.monvidal.com*

## PLITICAN

*Informations détaillées sur www.monvidal.com*

## PLUREXID

Antiseptique local

### Présentation

PLUREXID : solution moussante pour application cutanée ; flacon de 250 ml. Remb 35 % - **Prix : 3,74 €.**
PLUREXID : solution moussante pour application cutanée ; flacon de 400 ml. Remb 35 % - **Prix : 4,90 €.**

### Composition

| | p 100 ml |
|---|---|
| **Chlorhexidine gluconate** | 1,5 g |
| Agent moussant | + |

### Dans quel cas ce médicament est-il prescrit ?

Ce médicament contient un *antiseptique* local associé à un agent moussant.

Il est utilisé pour nettoyer la peau et pour assurer l'*antisepsie* des lésions infectées ou exposées à un risque d'infection.

### Contre-indications

Ce médicament ne doit pas être utilisé dans les cas suivants :

- dans les yeux ou dans le conduit auditif (risque de toxicité en cas de perforation du tympan) ;
- pour la désinfection du matériel médico-chirurgical (voir Attention).

**Attention :** Évitez l'usage prolongé de ce médicament, notamment chez l'enfant, sur les *muqueuses* et sur des surfaces étendues ou profondément lésées, sans l'avis de votre médecin : risque de passage du médicament dans le sang.

Cet *antiseptique* ne convient pas pour la désinfection des ciseaux, rasoirs et autres objets potentiellement contaminants.

### Interactions avec d'autres substances

L'association à d'autres *antiseptiques* ou aux savons est déconseillée car leurs effets risquent de s'annuler.

Les produits d'hygiène intime ne doivent pas être utilisés dans les 2 heures qui suivent un rapport sexuel protégé par un spermicide local (risque d'inactivation de l'effet contraceptif).

### Grossesse et allaitement

L'utilisation ponctuelle de ce médicament pendant la grossesse ou l'allaitement ne semble pas poser de problème particulier.

Cet *antiseptique* ne doit pas être appliqué sur le mamelon sans avis médical. Un rinçage soigneux avant la tétée est indispensable.

### Mode d'emploi et posologie

Ce produit peut être utilisé pur ou dilué.

Après dilution, la solution doit être utilisée immédiatement ; la quantité non utilisée doit être jetée.

Un rinçage soigneux est indispensable quand le produit est utilisé en lavage ou en bain.

**Posologie usuelle :**

Traitement des plaies superficielles et peu étendues : badigeonner les surfaces à traiter à l'aide d'une compresse imbibée avec la solution pure.

En lavage, la solution peut être utilisée pure ou diluée (3 bouchons par litre d'eau).

En bain local (trempage), la solution doit être diluée (3 bouchons pour 2 litres d'eau ou 1 cuillère à café pour un verre d'eau).

Pour la toilette intime, la solution doit être diluée (3 bouchons par litre d'eau).

**Conseils :** Le simple lavage à l'eau et au savon permet d'éliminer la majorité des *germes* : il doit être suivi d'un rinçage soigneux car le savon peut inactiver certains *antiseptiques*.

Tous les antiseptiques peuvent être contaminés par des germes : une fois ouvert, le flacon ne doit pas être conservé plus de 3 mois.

### Effets indésirables possibles

*Eczéma* de contact.

Laboratoires UCB Pharma

## PNEUMASEPTIC

*Informations détaillées sur www.monvidal.com*

## PNEUMO 23

Vaccin : pneumococcies

### Présentation

PNEUMO 23 : solution injectable ; seringue préremplie de 0,5 ml. Remb 65 % - **Prix : 13,91 €.**

### Composition

| | p seringue |
|---|---|
| **Streptococcus pneumoniae, polyosides purifiés** | 1 dose |

### Dans quel cas ce médicament est-il prescrit ?

C'est un *vaccin* composé de fragments de pneumocoques. Il ne contient aucun *germe* vivant.

Il est utilisé dans la prévention des infections à pneumocoques, notamment respiratoires chez des personnes fragiles. L'immunité apparaît 15 jours après l'injection et dure environ 5 ans.

### Contre-indications

Ce vaccin ne doit pas être utilisé en cas d'injection du même *vaccin* datant de moins de 3 ans.

**Attention :** En cas de fièvre élevée, de maladie aiguë, il est préférable de différer la vaccination.

### Grossesse et allaitement

Il est préférable d'effectuer cette vaccination en dehors de la grossesse.

### Mode d'emploi et posologie

Bien agiter la seringue avant l'emploi, la réchauffer à température ambiante si nécessaire. L'injection doit être réalisée par *voie sous-cutanée* ou *intramusculaire.*

**Posologie usuelle :**

1 injection unique assure une protection de 3 à 5 ans. La vaccination peut être renouvelée régulièrement à l'issue de ce délai chez les personnes à haut risque.

**Conseils :** Les réactions fébriles dues aux *vaccins* peuvent être combattues en prenant de l'aspirine ou du paracétamol.

Pour garder son efficacité, ce médicament doit être conservé entre + 2 °C et + 8 °C (partie haute du réfrigérateur). Toutefois, une rupture de la chaîne du froid pendant une durée limitée (quelques heures à température ambiante inférieure à 25 °C) ne devrait pas prêter à conséquence. En pratique, en cas de nécessité, un délai de quelques heures peut séparer l'achat du vaccin en pharmacie de son stockage au réfrigérateur ou de la vaccination.

Ce vaccin ne doit pas être congelé.

### Effets indésirables possibles

Réactions douloureuses ou allergiques, *nodule* au point d'injection.

Fièvre modérée pendant 24 heures.

Exceptionnellement : douleurs articulaires, *réaction allergique*.

Laboratoires Sanofi Pasteur MSD

## PNEUMOGÉINE

*Informations détaillées sur www.monvidal.com*

## PNEUMOPAN

*Informations détaillées sur www.monvidal.com*

## PNEUMOREL

Antitussif — sur ordonnance

### Présentation

PNEUMOREL 80 mg : comprimé (blanc) ; boîte de 30. Liste II - Remb 15 % - **Prix : 5 €.**

PNEUMOREL : sirop (orangé ; arômes : miel, vanille) ; flacon de 150 ml. Liste II - Remb 15 % - **Prix : 1,66 €.**

### Composition

| | p cp | p c à s |
|---|---|---|
| **Fenspiride chlorhydrate** | 80 mg | 30 mg |
| Saccharose | | 9 g |

### Dans quel cas ce médicament est-il prescrit ?

Ce médicament lutte contre l'*inflammation* des bronches.

Il est utilisé seul ou en complément d'un traitement anti-infectieux dans de nombreuses affections des *voies* respiratoires et des bronches.

**Attention :** Le sirop contient du *sucre* (saccharose) en quantité notable.

### Grossesse et allaitement

L'effet de ce médicament pendant la grossesse ou l'allaitement est mal connu. Par prudence, son usage est déconseillé chez la femme enceinte ou chez celle qui allaite.

### Mode d'emploi et posologie

Les comprimés et le sirop doivent être pris au début des repas. Le sirop peut être mélangé au contenu des biberons.

Les comprimés sont réservés à l'adulte.

**Posologie usuelle :**

- Adulte : 1 comprimé, 2 ou 3 fois par jour ou 3 à 6 cuillères à soupe par jour.
- Enfant de plus de 10 kg : 2 à 4 cuillères à soupe par jour.
- Enfant de moins de 10 kg : 2 à 4 cuillères à café par jour.

**Conseils :** En cas d'*inflammation* de l'appareil respiratoire, il est souvent utile d'humidifier l'air ambiant.

### Effets indésirables possibles

Rarement : *troubles digestifs* mineurs, somnolence, *palpitations*.

Laboratoires Euthérapie

## PO 12

Antiprurigineux local

### Présentation

PO 12 : crème ; tube de 40 g. Non remb.

### Composition

| | p 100 g |
|---|---|
| **Énoxolone** | 2 g |

### Dans quel cas ce médicament est-il prescrit ?

C'est une crème protectrice.

Elle est utilisée dans le *traitement d'appoint* des irritations de la peau.

### Contre-indications

Ce médicament ne doit pas être appliqué sur des lésions infectées.

**Attention :** Évitez d'appliquer cette crème sur des zones étendues ou sous pansement étanche : risque de passage du médicament dans le sang.

En l'absence d'amélioration après 7 jours de traitement, consultez votre médecin.

### Grossesse et allaitement

L'effet de ce médicament pendant la grossesse ou l'allaitement est mal connu. L'évaluation du risque éventuel lié à son utilisation est individuelle : demandez conseil à votre pharmacien ou à votre médecin.

### Mode d'emploi et posologie

Après avoir nettoyé la région à traiter, appliquer la crème en couche mince, en massant légèrement.

**Posologie usuelle :**

2 à 4 applications par jour.

La durée du traitement ne doit pas dépasser 7 jours sans avis médical.

> **Conseils :** Pensez à vous laver les mains après l'application pour éviter tout contact avec les yeux et les *muqueuses*.

### Effets indésirables possibles

*Eczéma.*

Laboratoires Bœhringer Ingelheim

---

**POCONÉOL N° 1, 2, 5, 7, 8 9, 10, 11, 12, 13, 14, 15, 16, 17, 18 19, 20 21, 22, 23, 24, 25, 26, 27, 28, 31 35, 37, 43 44, 48, 51, 53, 58, 61 67, 69, 71, 73, 75, 76, 77**

*Informations détaillées sur www.monvidal.com*

---

**POLARAMINE injectable**

*Informations détaillées sur www.monvidal.com*

---

## POLARAMINE oral

Antiallergique

### Présentation

POLARAMINE 2 mg : comprimé sécable (blanc) ; boîte de 30. Non remb.
POLARAMINE REPETABS : comprimé (ovale ; blanc) ; boîte de 30. Non remb.
POLARAMINE : sirop (arôme orange) ; flacon de 125 ml avec cuillère-mesure graduée à 2,5 et 5 ml. Non remb.

### Composition

| | p cp | p cp | p 5 ml |
|---|---|---|---|
| **Dexchlorphéniramine maléate** | 2 mg | 6 mg | 0,5 mg |
| Saccharose | | | 3 g |

### Dans quel cas ce médicament est-il prescrit ?

Ce médicament est un *antihistaminique* antiallergique. Il a en outre des effets *sédatifs* et *atropiniques*.

Il est utilisé dans le traitement des manifestations allergiques diverses : *rhinite* ou *conjonctivite* allergiques, *urticaire*.

### Contre-indications

Ce médicament ne doit pas être utilisé dans les cas suivants :

- risque de *glaucome* à angle fermé,
- risque de blocage des urines (*adénome de la prostate*),
- enfant de moins de 6 ans (risque de fausse route avec le comprimé).

> **Attention :** Ce médicament présente des effets *atropiniques*. Il peut provoquer un *glaucome* aigu chez les personnes prédisposées : œil rouge, dur et douloureux, avec vision floue. Une consultation d'extrême urgence auprès d'un ophtalmologiste est nécessaire.
>
> Du fait de la présence d'un *antihistaminique* ayant des propriétés sédatives et atropiniques, des précautions sont nécessaires chez l'*insuffisant hépatique* ou *rénal* et chez la personne âgée, notamment en cas de constipation chronique, d'*adénome de la prostate*, de tendance aux *vertiges* ou aux baisses de tension.
>
> Le sirop contient du *sucre* (saccharose) en quantité notable.
>
> Évitez les boissons alcoolisées : augmentation du risque de somnolence.
>
> Ce médicament peut induire une somnolence parfois intense chez certaines personnes. Cette somnolence peut être majorée par la prise d'*alcool* ou d'autres médicaments *sédatifs*. La conduite ou l'utilisation de machines dangereuses sont déconseillées.

### Interactions avec d'autres substances

Informez votre médecin ou votre pharmacien si vous prenez un autre médicament ayant des effets *atropiniques* ou *sédatifs* (tranquillisants, somnifères, certains médicaments contre la toux ou contre la douleur contenant des *opiacés*, *antidépresseurs*, *neuroleptiques*...).

### Grossesse et allaitement

L'effet de ce médicament pendant la grossesse est mal connu : seul votre médecin peut évaluer le risque éventuel de son utilisation dans votre cas.

En cas de prise en fin de grossesse, une surveillance du nouveau-né peut être nécessaire.

Les données disponibles ne permettent pas de savoir si ce médicament passe dans le lait maternel : par mesure de prudence, il est déconseillé pendant l'allaitement.

### Mode d'emploi et posologie

Pour une action régulière du médicament, répartir les prises dans la journée. En cas de somnolence gênante, ne prendre le médicament que le soir.

Les prises doivent être espacées d'au moins 4 heures.

**Posologie usuelle :**

Comprimés à 2 mg :

- Adulte et enfant de plus de 12 ans : 1 comprimé, 3 ou 4 fois par jour.
- Enfant de 6 à 12 ans : ½ comprimé, 2 ou 3 fois par jour.

Comprimé Repetabs :

- Adulte : 1 comprimé, matin et soir.

Sirop :

- Adulte : 4 cuillères-mesure de 5 ml, 3 ou 4 fois par jour.
- Enfant de 10 à 15 ans : 2 cuillères-mesure de 5 ml, 2 ou 3 fois par jour.
- Enfant de 30 mois à 10 ans : 1 cuillère-mesure de 5 ml, 2 ou 3 fois par jour.
- Nourrisson : 1 cuillère-mesure de 2,5 ml, 2 ou 3 fois par jour.

> **Conseils :** Ce médicament agit sur les manifestations de l'*allergie* mais n'en supprime pas la cause. Si les *symptômes* persistent ou s'aggravent, n'hésitez pas à consulter votre médecin.

### Effets indésirables possibles

Somnolence.
Effets *atropiniques* : sécheresse de la bouche, troubles de l'*accommodation*, blocage des urines, constipation, *palpitations*.
*Hypotension orthostatique*, *vertiges*, tremblements, agitation.
*Réaction allergique*.
Anomalie de la *numération formule sanguine*.

**Laboratoires Schering-Plough**

## POLERY
Antitussif opiacé

### Présentation

**POLERY Adulte :** sirop ; flacon de 200 ml. Remb 35 % - **Prix : 2,64 €.**
**POLERY Enfant :** sirop (arôme framboise) ; flacon de 125 ml avec seringue-doseuse graduée de 0,5 à 5 ml. Remb 35 % - **Prix : 2,23 €.**

### Composition

| | sirop Ad p c à s | sirop Enf p ml |
|---|---|---|
| **Codéine** | 11,8 mg | |
| **Pholcodine** | | 1 mg |
| **Érysimum, extrait fluide** | 443 mg | 29,6 mg |
| Saccharose | 9 g | 0,6 g |
| Titre alcoolique | 2° | 1,2° |

### Dans quel cas ce médicament est-il prescrit ?

Ce sirop *antitussif* contient un *opiacé* (codéine ou pholcodine) et extrait de plante.
Il est utilisé dans le *traitement symptomatique* des toux sèches.

### Contre-indications

Ce médicament ne doit pas être utilisé dans les cas suivants :
- *asthme*,
- *insuffisance respiratoire*,
- enfant de moins de 30 mois (sirop Enfant),
- enfant de moins de 15 ans (sirop Adulte),
- **allaitement**.

**Attention :** Ce médicament n'est pas adapté au traitement de la toux grasse, qui est un mécanisme de défense normal de l'organisme permettant l'évacuation des mucosités présentes dans les bronches.
La toux est un *symptôme* qui peut révéler de nombreuses maladies : consultez votre médecin si elle persiste plus de quelques jours.
En raison de la présence de codéine dans le sirop Adulte :
- ne l'utilisez pas à forte dose et de façon prolongée (risque de *dépendance*),
- évitez son emploi en cas d'*hypertension intracrânienne*, qu'il pourrait aggraver.

Ces sirops contiennent du *sucre* (saccharose) en quantité notable.
Ce médicament peut induire une somnolence, parfois intense chez certaines personnes. Cette somnolence peut être majorée par la prise d'*alcool* ou d'autres médicaments *sédatifs*. La conduite et l'utilisation de machines dangereuses sont déconseillées, surtout dans les heures qui suivent la prise du médicament.

### Interactions avec d'autres substances

Ce médicament ne doit pas être associé à ceux qui contiennent de la nalbuphine, de la buprénorphine ou de la pentazocine : risque de diminution de l'effet *antalgique*.
Informez par ailleurs votre médecin ou votre pharmacien si vous prenez des *sédatifs*.

### Grossesse et allaitement

L'utilisation de la *codéine* et de ses dérivés (codéthyline, pholcodine) ne doit être envisagée chez la femme enceinte qu'en cas de nécessité, en effet :
- une *insuffisance respiratoire* peut survenir chez le nouveau-né d'une mère traitée par des doses élevées, même si le traitement est ponctuel mais précède de peu l'accouchement ;
- un *syndrome de sevrage*, à l'inverse, peut concerner des nouveau-nés si leur mère reçoit un traitement régulier, même à faible dose.

Il est donc important de signaler à l'obstétricien la prise éventuelle de codéine ou d'un de ses dérivés, afin que ces risques puissent être prévenus par une surveillance et un éventuel traitement adapté.
Ce médicament passe dans le lait maternel. Il est contre-indiqué pendant l'allaitement.

### Mode d'emploi et posologie

Le sirop est pris au moment où survient la toux et de préférence en dehors des repas.

**Posologie usuelle :**
- Adulte : 1 cuillère à soupe de sirop Adulte par prise, à renouveler si nécessaire au bout de 6 heures, sans dépasser 4 prises par jour. En cas d'*insuffisance hépatique* et chez la personne âgée, la *posologie* initiale est généralement réduite de moitié.
- Enfant de 15 à 20 kg (environ 30 mois à 6 ans) : 1 ml de sirop Enfant par prise.
- Enfant de 20 à 35 kg (environ 6 à 12 ans) : 2,5 ml de sirop Enfant par prise.
- Enfant de 35 à 50 kg (environ 12 à 15 ans) : 5 ml de sirop Enfant par prise.

Chez l'enfant, les prises peuvent être renouvelées si nécessaire toutes les 4 heures, sans dépasser 6 prises par jour.

**Conseils :** De nombreux médicaments contiennent de la *codéine*, notamment certains *antitussifs* et *antalgiques*. Le *surdosage* expose à une augmentation des effets indésirables.
Une toux nocturne aggravée par ce médicament peut être une toux allergique : demandez conseil à votre médecin.
Fumer, ou être exposé à la fumée des autres, nuit à l'efficacité du traitement : la cigarette est irritante pour les bronches et entretient la toux.
Des mesures simples permettent de calmer les toux sèches : boissons chaudes et humidification de l'air ambiant.

### Effets indésirables possibles

Constipation, somnolence, nausées, vomissements, sensation de vertige et, plus rarement, *bronchospasme*, *réaction allergique* cutanée, ralentissement de la respiration. Ces effets indésirables sont ceux de la famille des *opiacés* ; ils sont généralement modérés aux doses recommandées.

**Laboratoires Pierre Fabre Médicament**

## POLIODINE
Antiseptique local

Ce médicament est un générique de BÉTADINE DERMIQUE (voir p. 146 et tableau p. 1151).

## POLYDEXA
Traitement local des otites — sur ordonnance

### Présentation
POLYDEXA : solution auriculaire ; flacon compte-gouttes de 10,5 ml. Liste I - Remb 35 % - **Prix : 2,44 €**.

### Composition

| | p 100 ml |
|---|---|
| **Néomycine sulfate** | 1 g |
| **Polymyxine B sulfate** | 1 M UI |
| **Dexaméthasone métasulfobenzoate sodique** | 100 mg |
| Thiomersal (mercurothiolate sodique) | + |

### Dans quel cas ce médicament est-il prescrit ?
Cette solution auriculaire contient deux *antibiotiques*, dont un de la famille des *aminosides*, et un *anti-inflammatoire* de la famille des *corticoïdes*.
Elle est utilisée dans le traitement des *otites* externes.

### Contre-indications
Ce médicament ne doit pas être utilisé dans les cas suivants :
- *allergie* aux *antibiotiques* de la famille des *aminosides* (néomycine...),
- perforation du tympan.

**Attention :** Ce médicament peut être dangereux en cas de tympan perforé : ne le réutilisez pas sans un contrôle médical de l'intégrité du tympan.

### Grossesse et allaitement
Les substances contenues dans ce médicament ne passent pas dans le sang dans les conditions d'utilisation (le médecin vérifie avant la prescription que le tympan ne présente pas de perforation). Il peut être utilisé pendant la grossesse ou l'allaitement.

### Mode d'emploi et posologie
Réchauffer le flacon entre les mains avant l'emploi pour limiter la sensation désagréable liée à l'introduction d'un liquide froid dans l'oreille.
Pencher la tête sur le côté et introduire la solution dans l'oreille. Garder la tête dans cette position pendant 10 minutes (bain d'oreille).

**Posologie usuelle :**
- Adulte : 1 à 5 gouttes dans l'oreille à traiter, 2 fois par jour.
- Enfant : 1 ou 2 gouttes dans l'oreille à traiter, 2 fois par jour.

La durée du traitement ne dépasse généralement pas 10 jours.

**Conseils :** Si les troubles persistent malgré un traitement bien suivi, si une fièvre apparaît, consultez votre médecin.
Ne conservez pas inutilement ce médicament après une première utilisation.

### Effets indésirables possibles
*Mycoses* locales.
*Réaction allergique* cutanée.
Troubles de l'audition ou de l'équilibre en cas de perforation du tympan (voir Attention).

Laboratoires Bouchara-Recordati

## POLYFRA collyre
*Informations détaillées sur www.monvidal.com*

## POLYFRA pommade ophtalmique
*Informations détaillées sur www.monvidal.com*

## POLYGYNAX
Antifongique et antibiotique à usage local — sur ordonnance

### Présentation
POLYGYNAX : capsule vaginale ; boîte de 6. Liste I - Remb 35 % - **Prix : 3,42 €**.
POLYGYNAX VIRGO : capsule pour instillation vaginale ; boîte de 6. Liste I - Remb 35 % - **Prix : 3,42 €**.

### Composition

| | p caps |
|---|---|
| **Néomycine sulfate** | 35 000 UI |
| **Polymyxine B sulfate** | 35 000 UI |
| **Nystatine** | 100 000 UI |

### Dans quel cas ce médicament est-il prescrit ?
Ce médicament contient deux *antibiotiques*, la polymyxine B et la néomycine, de la famille des *aminosides*, et un *antifongique*, la nystatine.
Il est utilisé dans le traitement local des infections vaginales.

### Contre-indications
Ce médicament ne doit pas être utilisé en cas d'*allergie* aux *antibiotiques* de la famille des *aminosides*.

**Attention :** N'utilisez pas de préservatif pendant le traitement : risque de rupture par altération du latex.
Le médecin prescrit parfois un prélèvement pour identifier le *germe* responsable de l'infection et tester sa sensibilité aux *antibiotiques*. Le résultat de cet examen peut être faussé en cas d'automédication préalable : ne prenez pas et ne donnez pas d'antibiotiques sans avis médical.

### Interactions avec d'autres substances
L'utilisation d'un préservatif est contre-indiquée pendant le traitement (voir Attention).
Comme tout traitement vaginal, ce médicament peut diminuer l'efficacité contraceptive des crèmes et des ovules spermicides.

### Grossesse et allaitement
L'effet de ce médicament pendant la grossesse ou l'allaitement est mal connu : seul votre médecin peut évaluer le risque éventuel de son utilisation dans votre cas.

### Mode d'emploi et posologie
POLYGYNAX VIRGO est destiné à la petite fille et à l'adolescente. Couper l'extrémité effilée de la cap-

sule. Exercer une pression douce sur la capsule afin d'instiller son contenu dans le vagin.

POLYGYNAX (capsule vaginale) pour l'adulte est mis en place au fond du vagin.

**Posologie usuelle :**

- Adulte : 1 capsule vaginale le soir au coucher, pendant 12 jours.
- Petite fille et adolescente : 1 instillation le soir au coucher, pendant 6 jours.

**Conseils :** Introduisez la capsule en position couchée, puis restez allongée pendant 5 à 10 minutes. En fondant dans le vagin, la capsule peut être à l'origine d'un écoulement gênant : il est conseillé de porter une protection.
Pendant les règles, n'interrompez pas le traitement et évitez de porter des tampons.
Votre partenaire peut être contaminé alors qu'il ne présente aucun *symptôme*. Une consultation médicale est nécessaire pour discuter de l'intérêt d'un traitement.

### Effets indésirables possibles

En cas d'emploi prolongé : *eczéma* de contact ou à distance du lieu d'application.

Laboratoires Innotech International

## POLY-KARAYA

Pansement digestif

### Présentation

POLY-KARAYA : granulé ; boîte de 30 sachets de 10 g. Non remb.

### Composition

| | p sachet |
|---|---|
| **Gomme karaya** | 4 g |
| **Crospovidone** | 2 g |
| Saccharose | 3,55 g |

### Dans quel cas ce médicament est-il prescrit ?

Ce médicament contient un *mucilage* régulateur du *transit intestinal* (gomme karaya) et un *pansement digestif* (crospovidone) qui protège le tube digestif et combat la production de gaz.

Il est utilisé dans le *traitement symptomatique* des troubles du *transit intestinal* : diarrhée, constipation, ballonnements.

### Contre-indications

Ce médicament ne doit pas être utilisé en cas de maladie comportant un risque d'obstruction du tube digestif.

**Attention :** N'utilisez pas ce médicament de façon prolongée sans l'avis de votre médecin : des examens peuvent être nécessaires si les *symptômes* persistent.
Des précautions sont nécessaires en cas de *mégacôlon*.
Ce médicament contient du *sucre* (saccharose) en quantité notable.

### Grossesse et allaitement

Les substances contenues dans ce médicament sont peu absorbées. Néanmoins, ne l'utilisez pas de façon prolongée pendant la grossesse ou l'allaitement sans l'avis de votre médecin ou de votre pharmacien.

### Mode d'emploi et posologie

Avaler le contenu du sachet avec de l'eau, sans croquer.

**Posologie usuelle :**

3 sachets par jour, au début des repas.

**Conseils :** Une alimentation riche en fibres, si elle facilite le transit, peut également augmenter les fermentations intestinales et favoriser les ballonnements. Demandez conseil à votre médecin pour équilibrer votre alimentation.
Les mesures permettant de limiter le stress ont généralement un effet favorable sur les troubles liés à un dérèglement de l'intestin.

### Effets indésirables possibles

Sensation passagère de ballonnement.

Laboratoires Sanofi-Aventis OTC

## POLYPIRINE

*Informations détaillées sur www.monvidal.com*

## POLYRHINIUM

*Informations détaillées sur www.monvidal.com*

## POLYSILANE DELALANDE

*Informations détaillées sur www.monvidal.com*

## POLYSILANE UPSA

Pansement digestif

### Présentation

POLYSILANE UPSA : gel oral (arôme framboise) ; boîte de 12 sachets de 15 g. Non remb.
POLYSILANE UPSA : gel oral (arôme framboise) ; tube de 170 g (11 cuillères à soupe). Non remb.

### Composition

| | p sachet | p c à s |
|---|---|---|
| **Diméticone** | 2,25 g | 2,25 g |
| Saccharose | 3,5 g | 3,5 g |
| Sorbitol | + | + |

### Dans quel cas ce médicament est-il prescrit ?

Ce médicament est un antiflatulent et un *pansement digestif* au silicone.

Il est utilisé en cas de douleurs ou de brûlures de l'estomac et de sensation de ballonnement intestinal.

**Attention :** Ce médicament contient du *sucre* (saccharose) en quantité notable.

### Grossesse et allaitement

Les substances contenues dans ce médicament sont peu absorbées. Néanmoins, ne l'utilisez pas de façon prolongée pendant la grossesse ou l'allaitement sans l'avis de votre médecin ou de votre pharmacien.

### Mode d'emploi et posologie

1 sachet ou 1 cuillère à soupe avant chacun des 3 repas et si nécessaire au moment des douleurs, sans dépasser 6 prises par jour.

**Conseils :** Une alimentation riche en fibres, si elle facilite le transit, peut également augmenter les fermentations intestinales et favoriser les ballon-

nements. Demandez conseil à votre médecin pour équilibrer votre alimentation.
Une alimentation équilibrée, une mastication lente, la suppression des aliments difficiles à digérer et des boissons alcoolisées permettent souvent d'atténuer les *symptômes* dus à une *inflammation* de l'estomac, du *duodénum* ou de l'œsophage.
Si vous êtes fumeur, la poursuite du tabagisme est un frein important au traitement : la nicotine augmente l'acidité gastrique et réduit l'efficacité du muscle qui ferme la jonction entre l'œsophage et l'estomac.

### Effets indésirables possibles

Comme tous les médicaments et confiseries contenant des sucres non absorbables (sorbitol, maltitol...), possibilité de *diarrhée* en cas d'apport important.

Laboratoires Upsa Conseil

## POLYTONYL

*Informations détaillées sur www.monvidal.com*

## POMMADE AU CALENDULA LHF

*Informations détaillées sur www.monvidal.com*

## POMMADE AU CALENDULA

*Informations détaillées sur www.monvidal.com*

## POMMADE CASTOR EQUI

*Informations détaillées sur www.monvidal.com*

## POMMADE COCHON

*Informations détaillées sur www.monvidal.com*

## LELONG

*Informations détaillées sur www.monvidal.com*

## POMMADE MAURICE

*Informations détaillées sur www.monvidal.com*

## PONSTYL

Anti-inflammatoire non stéroïdien — sur ordonnance

### Présentation

PONSTYL : gélule (bleu et ivoire) ; boîte de 20. Liste II - Remb 65 % - **Prix : 3,74 €.**

### Composition

| | p gél |
|---|---|
| **Acide méfénamique** | 250 mg |
| Lactose | + |

### Dans quel cas ce médicament est-il prescrit ?

Ce médicament est un *anti-inflammatoire* non stéroïdien (*AINS*). Il lutte contre la douleur et fait baisser la fièvre. Ses propriétés anti-inflammatoires se manifestent à forte dose.

Il est utilisé dans le *traitement symptomatique* de la douleur et de certains troubles fonctionnels du cycle (règles douloureuses ou abondantes).

### Contre-indications

Ce médicament ne doit pas être utilisé dans les cas suivants :
- *antécédent* d'*allergie* ou d'*asthme* provoqué par la prise d'*AINS*, y compris l'aspirine ;
- *ulcère* de l'estomac ou du *duodénum* ;
- *insuffisance hépatique* ou *rénale* graves ;
- *insuffisance cardiaque* grave ;
- enfant de moins de 12 ans ;
- **grossesse** (à partir du 6e mois).

**Attention :** En cas de troubles des règles, un examen médical est nécessaire avant le traitement.
Tout traitement prolongé ou *surdosage* d'*AINS* expose à des effets indésirables graves.
Certaines situations doivent conduire à ne poursuivre le traitement qu'après un avis médical :
- brûlures d'estomac importantes ou selles noires et nauséabondes pouvant traduire une irritation ou un saignement du tube digestif ;
- *réaction allergique* cutanée, crise d'*asthme* ;
- fatigue inhabituelle et intense, ou baisse brutale et importante du volume des urines chez une personne souffrant d'*insuffisance cardiaque*, déshydratée ou traitée par *diurétique*.

L'utilisation des AINS est déconseillée dans le traitement de la fièvre chez l'enfant en cas de varicelle : ils augmenteraient le risque rare de complications infectieuses cutanées graves.
Certains médecins considèrent que les anti-inflammatoires peuvent diminuer l'efficacité des stérilets et exposer à un risque de grossesse non désirée. Ce risque est actuellement très controversé.
Conducteur : ce médicament peut provoquer parfois des étourdissements et des troubles de la vue.

### Interactions avec d'autres substances

Ce médicament peut interagir avec d'autres médicaments, notamment :
- l'aspirine et les autres *anti-inflammatoires* non stéroïdiens (*AINS*) : risque d'accroissement des effets indésirables ;
- les *anticoagulants* et les *antiagrégants plaquettaires* : augmentation du risque hémorragique ;
- le lithium (TÉRALITHE, NEUROLITHIUM...) : augmentation du taux de lithium dans le sang ;
- le méthotrexate.

Informez par ailleurs votre médecin ou votre pharmacien en cas de traitement par un *diurétique*, un *inhibiteur de l'enzyme de conversion*, un *inhibiteur de l'angiotensine II*, un *bêtabloquant* ou un médicament contenant de la ciclosporine.

### Grossesse et allaitement

Des effets néfastes pour l'enfant à naître ont été mis en évidence lorsque les *AINS* sont utilisés au cours des 4 derniers mois de la grossesse ; le risque existe même avec une seule prise et même si la grossesse est à terme. L'usage de ce médicament est contre-indiqué pendant cette période.

Pendant les 5 premiers mois, l'effet de ce médicament est mal connu : seul votre médecin peut évaluer le risque éventuel de son utilisation dans votre cas.

Ce médicament passe dans le lait maternel : par mesure de prudence, il est déconseillé pendant l'allaitement.

### Mode d'emploi et posologie

Afin de limiter la survenue de *troubles digestifs*, les gélules peuvent être prises au cours des repas avec un grand verre d'eau.

**Posologie usuelle :**
- Adulte et enfant de plus de 12 ans : la posologie varie, en fonction des indications, de 1 ou 2 gélules, 1 à 3 fois par jour.

**Conseils :** Ne dépassez pas la *posologie* ni la durée de traitement prescrites par votre médecin, afin de limiter les effets indésirables.

### Effets indésirables possibles

Nausées, vomissements, *gastrite*.
Rarement :
- *ulcère* de l'estomac ou du *duodénum*, *hémorragie* du tube digestif (vomissements sanglants, selles noires, ou le plus souvent pertes de sang imperceptibles, responsables de l'apparition progressive d'une *anémie*), le plus souvent lors d'un traitement de longue durée ou à forte dose ;
- *réaction allergique* : *éruption cutanée*, démangeaisons, *œdème*, *asthme* ;
- *vertiges*, maux de tête, troubles de la vision ;
- augmentation des *transaminases*, anomalie de la *numération formule sanguine*.

Laboratoires Pfizer

## POSICYCLINE

*Informations détaillées sur www.monvidal.com*

## POVANYL

*Informations détaillées sur www.monvidal.com*

## POVIDONE IODÉE MERCK moussante

Antiseptique local

### Présentation

POVIDONE IODÉE MERCK **moussante :** solution moussante pour application cutanée ; flacon de 125 ml. Remb 35 % - **Prix : 1,71 €**.

### Composition

| | p `00 ml |
|---|---|
| **Povidone iodée** | 4 g |
| Agent moussant | + |

### Dans quel cas ce médicament est-il prescrit ?

Ce médicament est un *antiseptique* local qui contient de l'iode et un agent moussant détergent.

Il est utilisé pour nettoyer la peau (notamment les mains) et pour assurer l'*antisepsie* des lésions infectées ou exposées à un risque d'infection.

### Contre-indications

Ce médicament ne doit pas être utilisé dans les cas suivants :
- *antécédent* d'*allergie* ou d'*intolérance* à l'iode,
- pour désinfecter le matériel médico-chirurgical (voir Attention),
- *nouveau-né*,
- **grossesse** (à partir du 4e mois, en cas d'utilisation prolongée) ;
- **allaitement**, en cas de traitement prolongé.

**Attention :** Cet *antiseptique* ne convient pas pour la désinfection des ciseaux, rasoirs et autres objets potentiellement contaminants.

Évitez l'usage prolongé de ce médicament, notamment chez l'enfant, sur les *muqueuses* et sur des surfaces étendues ou profondément lésées, sans l'avis de votre médecin : risque de passage d'iode dans le sang, susceptible d'entraîner une perturbation du fonctionnement de la *thyroïde*.

Par mesure de prudence, chez le *nourrisson*, procédez à des applications brèves et peu étendues, suivies d'un lavage à l'eau bouillie. Par ailleurs, ce médicament est contre-indiqué chez le *nouveau-né*.

### Interactions avec d'autres substances

L'association à d'autres *antiseptiques* est déconseillée : risque d'annulation de leurs effets ou de formation de substances caustiques (notamment avec les antiseptiques mercuriels).

### Grossesse et allaitement

Ce médicament contient de l'iode, susceptible de passer dans le sang de la femme enceinte ou dans le lait de celle qui allaite et de perturber le fonctionnement de la glande *thyroïde* de son enfant. Ce risque, théorique, n'est à prendre en compte qu'en cas d'utilisation prolongée.

Dans le doute, n'utilisez pas ce médicament plus de quelques jours sans avis médical et ne l'appliquez pas sur le mamelon si vous allaitez.

### Mode d'emploi et posologie

La solution s'emploie pure ou diluée (1 volume de solution pour 2 volumes d'eau).

**Posologie usuelle :**

Lavage des mains : frotter avec la solution pure pendant quelques minutes, puis rincer abondamment à l'eau.

Nettoyage des plaies souillées : savonner avec la solution diluée au 1/3, puis rincer.

**Conseils :** Le simple lavage à l'eau et au savon permet d'éliminer la majorité des *germes* : il doit être suivi d'un rinçage soigneux car le savon peut inactiver certains *antiseptiques*.

Tous les antiseptiques peuvent être contaminés par des germes : une fois ouvert, le flacon ne doit pas être conservé trop longtemps.

Les taches sur les vêtements dues au médicament disparaissent après lavage.

### Effets indésirables possibles

*Eczéma* de contact.

Allergie.

En cas d'emploi prolongé : perturbation du fonctionnement de la glande *thyroïde*.

Laboratoires Merck génériques

## PRACTAZIN

Diurétiques associés — sur ordonnance

Ce médicament est un générique de ALDACTAZINE (voir p. 64 et tableau p. 1151).

## PRACTON

Diurétique — sur ordonnance

Ce médicament est un générique de ALDACTONE (voir p. 65 et tableau p. 1151).

## PRAVADUAL

Hypolipémiant associé à l'aspirine — **sur ordonnance**

### Présentation

PRAVADUAL : comprimé (blanc) ; boîte de 30. Liste I - Remb 65 % - **Prix : 30,62 €**.

### Composition

| | p cp |
|---|---|
| **Pravastatine sodique** | 20 mg |
| Acide acétylsalicylique (aspirine) | 81 mg |
| Lactose | + |

### Dans quel cas ce médicament est-il prescrit ?

Ce médicament contient deux substances qui ont un mode d'action complémentaire :
- la pravastatine qui est un *hypocholestérolémiant* de la famille des statines. Il permet d'abaisser fortement le taux de *cholestérol* circulant dans le sang ;
- l'aspirine à faible dose, qui possède, entre autres propriétés, celle de fluidifier le sang.

Il est utilisé pour prévenir les récidives d'accidents cardiovasculaires, chez les personnes ayant un *antécédent* d'*infarctus du myocarde* ou d'*insuffisance coronarienne* mal contrôlée par un traitement.

### Contre-indications

Ce médicament ne doit pas être utilisé dans les cas suivants :
- *allergie* aux *salicylés* ou aux *AINS*,
- *insuffisance hépatique* ou *transaminases* élevées,
- *insuffisance rénale* grave,
- *ulcère* de l'estomac ou du *duodénum*,
- *hémorragie* ou risque hémorragique,
- déficit en *G6PD*,
- **grossesse**,
- **allaitement**.

**Attention :** Comme les autres statines, la pravastatine peut être toxique pour le foie ou les muscles. Signalez à votre médecin toute fatigue anormale, perte d'appétit, douleur ou faiblesse musculaire. Des analyses de sang peuvent être pratiquées afin de vérifier que le médicament est bien supporté.

Une attention particulière s'impose dans certaines situations : personnes de plus de 70 ans, *insuffisance rénale*, *hypothyroïdie* non contrôlée par un traitement, *antécédent* personnel ou familial de maladie musculaire, abus d'alcool, *antécédent* d'*ulcère* de l'estomac ou du *duodénum*, même ancien, *asthme*, rhinite allergique, *goutte*.

L'aspirine peut augmenter la durée ou l'abondance des saignements pendant les règles.

Évitez de prendre ce médicament pendant la semaine qui précède une extraction dentaire ou une opération : augmentation du risque d'*hémorragie*.

Évitez l'absorption d'alcool à forte dose : augmentation du risque d'irritation de la muqueuse digestive.

Conducteur : ce médicament peut parfois provoquer des étourdissements.

### Interactions avec d'autres substances

Ce médicament peut interagir avec d'autres médicaments, notamment :
- les *hypolipidémiants* de la famille des fibrates : augmentation du risque de toxicité musculaire ou hépatique ;
- les *anticoagulants* et les *antiagrégants plaquettaires* (PLAVIX...) : augmentation du risque hémorragique ;
- les médicaments contenant de la benzbromarone ou du méthotrexate.

Informez par ailleurs votre médecin ou votre pharmacien si vous prenez un *corticoïde* ou un médicament contenant de la pentoxifylline, de l'interféron alfa, de la clarithromycine, de l'érythromycine ou de la ciclosporine.

### Grossesse et allaitement

Ce médicament est contre-indiqué chez la femme enceinte et il doit être interrompu en cas de désir de grossesse.

Si une grossesse survient sous traitement, arrêtez la prise de ce médicament et consultez votre médecin.

Les données disponibles ne permettent pas de savoir si ce médicament passe dans le lait maternel ; un choix est donc nécessaire entre l'allaitement et la prise du médicament. Cette décision devra être prise en accord avec votre médecin.

### Mode d'emploi et posologie

Les comprimés peuvent être pris au cours ou en dehors du repas.

**Posologie usuelle :**
- Adulte de plus de 18 ans : 1 comprimé par jour, de préférence le soir.

**Conseils :** L'emploi régulier de ce médicament ne contre-indique pas la prise ponctuelle d'aspirine plus fortement dosée, lors d'un mal de tête ou d'une fièvre, par exemple.

Généralement, l'utilisation des hypocholestérolémiants est associée à un régime pauvre en *cholestérol* et en graisses animales. Un tel régime n'est pas simple à suivre : les erreurs sont fréquentes. Demandez conseil à votre médecin, à votre pharmacien, ou à un professionnel de la nutrition.

### Effets indésirables possibles

Liés à la pravastatine :

Peu fréquents (moins de 1 % des utilisateurs) : étourdissements, maux de tête, troubles du sommeil, troubles de la vision (vision double ou trouble), anémie, *troubles digestifs*, *éruption cutanée*, chute de cheveux, troubles sexuels ou urinaires, fatigue, crampes, douleurs musculaires, élévation des *transaminases* (voir Attention).

Très rarement (moins de 0,01 % des utilisateurs ) : fourmillements des extrémités, *pancréatite*, jaunisse, *réaction allergique*, atteinte musculaire (voir Attention), tendinite.

Liés à l'aspirine :

*Gastrite*, douleurs abdominales, saignement du nez ou des gencives.

Rares et parfois graves :
- *hémorragie* du tube digestif : vomissements sanglants, selles noires, ou plus souvent pertes de sang imperceptibles, responsables de l'apparition progressive d'une *anémie* ;
- accidents allergiques : *urticaire*, *œdème*, *asthme*.

**Laboratoires Bristol-Myers Squibb**

## PRAVASTATINE ARROW GÉNÉRIQUES

Hypolipémiant — sur ordonnance

Ce médicament est un générique de ÉLISOR (voir p. 362 et tableau p. 1151).
Ce médicament est un générique de VASTEN (voir p. 1079 et tableau p. 1151).

## PRAVASTATINE BIOGARAN

Hypolipémiant — sur ordonnance

Ce médicament est un générique de ÉLISOR (voir p. 362 et tableau p. 1151).
Ce médicament est un générique de VASTEN (voir p. 1079 et tableau p. 1151).

## PRAVASTATINE BOUCHARA RECORDATI

Hypolipémiant — sur ordonnance

Ce médicament est un générique de ÉLISOR (voir p. 362 et tableau p. 1151).
Ce médicament est un générique de VASTEN (voir p. 1079 et tableau p. 1151).

## PRAVASTATINE EG

Hypolipémiant — sur ordonnance

Ce médicament est un générique de ÉLISOR (voir p. 362 et tableau p. 1151).
Ce médicament est un générique de VASTEN (voir p. 1079 et tableau p. 1151).

## PRAVASTATINE MERCK

Hypolipémiant — sur ordonnance

Ce médicament est un générique de ÉLISOR (voir p. 362 et tableau p. 1151).
Ce médicament est un générique de VASTEN (voir p. 1079 et tableau p. 1151).

## PRAVASTATINE QUALIMED

Hypolipémiant — sur ordonnance

Ce médicament est un générique de ÉLISOR (voir p. 362 et tableau p. 1151).
Ce médicament est un générique de VASTEN (voir p. 1079 et tableau p. 1151).

## PRAVASTATINE RANBAXY

Hypolipémiant — sur ordonnance

Ce médicament est un générique de ÉLISOR (voir p. 362 et tableau p. 1151).
Ce médicament est un générique de VASTEN (voir p. 1079 et tableau p. 1151).

## PRAVASTATINE RATIOPHARM

Hypolipémiant — sur ordonnance

Ce médicament est un générique de ÉLISOR (voir p. 362 et tableau p. 1151).
Ce médicament est un générique de VASTEN (voir p. 1079 et tableau p. 1151).

## PRAVASTATINE SANDOZ

Hypolipémiant — sur ordonnance

Ce médicament est un générique de ÉLISOR (voir p. 362 et tableau p. 1151).
Ce médicament est un générique de VASTEN (voir p. 1079 et tableau p. 1151).

## PRAVASTATINE TEVA

Hypolipémiant — sur ordonnance

Ce médicament est un générique de ÉLISOR (voir p. 362 et tableau p. 1151).
Ce médicament est un générique de VASTEN (voir p. 1079 et tableau p. 1151).

## PRAVASTATINE WINTHROP

Hypolipémiant — sur ordonnance

Ce médicament est un générique de ÉLISOR (voir p. 362 et tableau p. 1151).
Ce médicament est un générique de VASTEN (voir p. 1079 et tableau p. 1151).

## PRAXILÈNE

Vasodilatateur — sur ordonnance

### Présentation

PRAXILÈNE 100 mg : gélule (rose) ; boîte de 20. Liste II - Remb 35 % - **Prix : 2,99 €**.
PRAXILÈNE 200 mg : comprimé (blanc) ; boîte de 20. Liste II - Remb 35 % - **Prix : 4,44 €**.
PRAXILÈNE 200 mg : comprimé (blanc) ; boîte de 90. Liste II - Remb 35 % - **Prix : 17,99 €**.

### Composition

| | p gél | p cp |
|---|---|---|
| **Naftidrofuryl oxalate** | 100 mg | 200 mg |

### Dans quel cas ce médicament est-il prescrit ?

Ce médicament est un *vasodilatateur*. Il augmente le débit du sang dans les artères et permet au cerveau de mieux résister à un défaut d'apport en oxygène.

Il est utilisé dans le traitement :
- des troubles du comportement et de la mémoire liés au vieillissement,
- des manifestations douloureuses de l'*artérite*,
- du phénomène de *Raynaud*,
- de certains *accidents vasculaires cérébraux*.

### Contre-indications

Ce médicament ne doit pas être utilisé en cas d'*antécédent* de calculs calciques récidivants des *voies* urinaires.

**Attention :** Ce médicament contient de l'acide oxalique, éliminé dans les urines, et susceptible de favoriser la formation de calculs des voies urinaires. Pour prévenir ce risque, il est recommandé de boire au moins 1 litre et demi de liquide par jour.

Chez une personne âgée, des troubles attribués au vieillissement peuvent être dus à une dépression ; ils nécessitent alors un traitement spécifique.

### Grossesse et allaitement

L'effet de ce médicament pendant la grossesse ou l'allaitement est mal connu : seul votre médecin peut évaluer le risque éventuel de son utilisation dans votre cas.

### Mode d'emploi et posologie

Les gélules et les comprimés doivent être avalés avec grand un verre d'eau, au moment des repas (une quantité d'eau insuffisante pourrait provoquer une *inflammation* de l'œsophage par la gélule ou le comprimé qui ne serait pas descendu dans l'estomac).

**Posologie usuelle :**
1 ou 2 gélules, 3 fois par jour, ou 1 comprimé, 2 ou 3 fois par jour, selon les cas.

**Conseils :** Ce médicament n'est actif que sur les *symptômes* de l'*artérite* ; seule la pratique régulière de la marche peut retarder l'évolution de la maladie. Si vous êtes fumeur, la poursuite du tabagisme nuit à l'efficacité du traitement.

### Effets indésirables possibles

Rarement : diarrhées, vomissements, douleur d'estomac, *éruption cutanée*.
Exceptionnellement : calculs des voies urinaires, *hépatite*.

Laboratoires Merck Lipha Santé

## PRAXINOR
Antihypotenseur — sur ordonnance

### Présentation

PRAXINOR : comprimé (blanc) ; boîte de 20. Liste II - Remb 15 % - **Prix : 2,48 €.**

### Composition

| | p cp |
|---|---|
| **Théodrénaline chlorhydrate** | 5 mg |
| **Cafédrine chlorhydrate** | 100 mg |
| Lactose | + |

### Dans quel cas ce médicament est-il prescrit ?

Ce médicament est un stimulant du système cardiovasculaire apparenté à l'*adrénaline*. Il augmente le débit du cœur et la tension artérielle.
Il est utilisé dans le traitement de l'*hypotension orthostatique*.

### Contre-indications

Ce médicament ne doit pas être utilisé dans les cas suivants :
- *hypertension artérielle*,
- certains cas de *porphyries*,
- en association aux médicaments de la famille des *IMAO* non sélectifs.

Dans les autres cas, le médecin est seul juge pour prescrire ce médicament, notamment en cas de *glaucome* à angle fermé, d'*adénome de la prostate* ou d'*hyperthyroïdie*.

**Attention :** Signalez la prise de ce médicament avant toute anesthésie générale.
Les baisses de tension artérielle survenant lors des états de fatigue en sont souvent la conséquence mais non la cause. Consultez votre médecin.

Sportif : ce médicament contient une substance susceptible de rendre positifs certains *tests antidopage*.

### Interactions avec d'autres substances

Ce médicament ne doit pas être associé aux *IMAO* non sélectifs (MARSILID...) : risque d'*hypertension artérielle* grave. Il ne doit pas être utilisé dans les 15 jours qui suivent l'arrêt d'un traitement par *IMAO* non sélectif.

### Grossesse et allaitement

L'effet de ce médicament pendant la grossesse ou l'allaitement est mal connu : seul votre médecin peut évaluer le risque éventuel de son utilisation dans votre cas.

### Mode d'emploi et posologie

Les comprimés doivent être pris avec un verre d'eau.

**Posologie usuelle :**
2 comprimés le matin et 1 ou 2 comprimés en début d'après-midi.

**Conseils :** Les manifestations de l'*hypotension orthostatique* peuvent être réduites en évitant les changements brusques de position.
Ce médicament doit être conservé à l'abri de la lumière.

### Effets indésirables possibles

Rarement : douleurs d'estomac, nausées, *hypertension artérielle*, maux de tête, ralentissement ou accélération du cœur, difficultés à uriner, *réaction allergique* cutanée.

Laboratoires Merck Lipha Santé

## PRAZINIL
*Informations détaillées sur www.monvidal.com*

## PRÉCYCLAN
*Informations détaillées sur www.monvidal.com*

## PREDNISOLONE ARROW
Dérivé de la cortisone — sur ordonnance

Ce médicament est un générique de SOLUPRED (voir p. 953 et tableau p. 1151).

## PREDNISOLONE BIOGARAN
Dérivé de la cortisone — sur ordonnance

Ce médicament est un générique de SOLUPRED (voir p. 953 et tableau p. 1151).

## PREDNISOLONE EG
Dérivé de la cortisone — sur ordonnance

Ce médicament est un générique de SOLUPRED (voir p. 953 et tableau p. 1151).

## PREDNISOLONE IVAX
Dérivé de la cortisone — sur ordonnance

Ce médicament est un générique de SOLUPRED (voir p. 953 et tableau p. 1151).

**PREDNISOLONE MERCK**
Dérivé de la cortisone — sur ordonnance

Ce médicament est un générique de SOLUPRED (voir p. 953 et tableau p. 1151).

**PREDNISOLONE QUALIMED**
Dérivé de la cortisone — sur ordonnance

Ce médicament est un générique de SOLUPRED (voir p. 953 et tableau p. 1151).

**PREDNISOLONE RATIOPHARM**
Dérivé de la cortisone — sur ordonnance

Ce médicament est un générique de SOLUPRED (voir p. 953 et tableau p. 1151).

**PREDNISOLONE RPG**
Dérivé de la cortisone — sur ordonnance

Ce médicament est un générique de SOLUPRED (voir p. 953 et tableau p. 1151).

**PREDNISOLONE SANDOZ**
Dérivé de la cortisone — sur ordonnance

Ce médicament est un générique de SOLUPRED (voir p. 953 et tableau p. 1151).

**PREDNISOLONE TEVA**
Dérivé de la cortisone — sur ordonnance

Ce médicament est un générique de SOLUPRED (voir p. 953 et tableau p. 1151).

**PREDNISOLONE WINTHROP**
Dérivé de la cortisone — sur ordonnance

Ce médicament est un générique de SOLUPRED (voir p. 953 et tableau p. 1151).

**PREDNISONE ARROW**
Dérivé de la cortisone — sur ordonnance

Ce médicament est un générique de CORTANCYL (voir p. 263 et tableau p. 1151).

**PREDNISONE BIOGARAN**
Dérivé de la cortisone — sur ordonnance

Ce médicament est un générique de CORTANCYL (voir p. 263 et tableau p. 1151).

**PREDNISONE EG**
Dérivé de la cortisone — sur ordonnance

Ce médicament est un générique de CORTANCYL (voir p. 263 et tableau p. 1151).

**PREDNISONE G GAM**
Dérivé de la cortisone — sur ordonnance

Ce médicament est un générique de CORTANCYL (voir p. 263 et tableau p. 1151).

**PREDNISONE IVAX**
Dérivé de la cortisone — sur ordonnance

Ce médicament est un générique de CORTANCYL (voir p. 263 et tableau p. 1151).

**PREDNISONE MERCK**
Dérivé de la cortisone — sur ordonnance

Ce médicament est un générique de CORTANCYL (voir p. 263 et tableau p. 1151).

**PREDNISONE QUALIMED**
Dérivé de la cortisone — sur ordonnance

Ce médicament est un générique de CORTANCYL (voir p. 263 et tableau p. 1151).

**PREDNISONE RATIOPHARM**
Dérivé de la cortisone — sur ordonnance

Ce médicament est un générique de CORTANCYL (voir p. 263 et tableau p. 1151).

**PREDNISONE SANDOZ**
Dérivé de la cortisone — sur ordonnance

Ce médicament est un générique de CORTANCYL (voir p. 263 et tableau p. 1151).

**PREDNISONE TEVA**
Dérivé de la cortisone — sur ordonnance

Ce médicament est un générique de CORTANCYL (voir p. 263 et tableau p. 1151).

**PREDNISONE WINTHROP**
Dérivé de la cortisone — sur ordonnance

Ce médicament est un générique de CORTANCYL (voir p. 263 et tableau p. 1151).

**PRÊLE DES CHAMPS BOIRON**
*Informations détaillées sur www.monvidal.com*

**PREPACOL**
*Informations détaillées sur www.monvidal.com*

## PRÉPARATION H crème

Antihémorroïdaire

### Présentation

PRÉPARATION H : crème rectale ; tube de 25 g avec canule. Non remb.

### Composition

| | p 100 g |
|---|---|
| **Levure de bière, extrait hydroalcoolique** | 7 000 U |
| **Huile de foie de flétan** | 3 g |
| Lanoline | + |

### Dans quel cas ce médicament est-il prescrit ?

Cette crème rectale contient des substances cicatrisantes.

Elle est utilisée dans le *traitement symptomatique* des douleurs, des sensations de brûlures et des démangeaisons de l'anus, en particulier dues aux *hémorroïdes*.

**Attention :** Des douleurs, un saignement anal qui persistent malgré le traitement peuvent être dus à une maladie autre que des *hémorroïdes* : consultez votre médecin. De même, tout saignement anal survenant chez une personne de plus de 50 ans doit faire l'objet d'une consultation médicale.

### Grossesse et allaitement

L'utilisation ponctuelle de ce médicament pendant la grossesse ou l'allaitement ne semble pas poser de problème particulier.

### Mode d'emploi et posologie

Il est recommandé de lubrifier la canule avec un peu de crème avant usage.

2 applications par jour.

Le traitement doit être de courte durée (pas plus de quelques jours).

**Conseils :** La constipation chronique et les efforts excessifs de poussée sont les principaux facteurs déclenchants des crises d'hémorroïdes. Un régime riche en fibres alimentaires (fruits, légumes, céréales complètes), des boissons abondantes et un exercice physique régulier en limitent le risque.
En cas de crise, la consommation d'alcool ou de mets épicés peut accentuer les douleurs et la gêne. Une attention particulière doit être portée au nettoyage de la région anale afin de limiter les phénomènes d'irritation. Il est également conseillé de limiter les positions assises prolongées, qui peuvent avoir un effet aggravant sur la douleur.

Laboratoires Wyeth Santé familiale

## PRÉPARATION H suppositoire

*Informations détaillées sur www.monvidal.com*

## PRÉPARATION H VEINOTONIC

Vasculoprotecteur et veinotonique

### Présentation

PRÉPARATION H VEINOTONIC : comprimé (beige) ; boîte de 30. Non remb.

### Composition

| | p cp |
|---|---|
| **Diosmine** | 300 mg |

### Dans quel cas ce médicament est-il prescrit ?

Ce médicament est un protecteur *vasculaire* et un *veinotonique*. Il stimule la circulation du sang dans les veines et lutte contre l'altération des *vaisseaux capillaires*.

Il est utilisé dans le *traitement symptomatique* des crises d'*hémorroïdes*.

**Attention :** Des douleurs, un saignement anal qui persistent malgré le traitement peuvent être dus à une maladie autre que des *hémorroïdes* : consultez votre médecin. De même, tout saignement anal survenant chez une personne de plus de 50 ans doit faire l'objet d'une consultation médicale.

### Grossesse et allaitement

L'effet de ce médicament pendant la grossesse ou l'allaitement est mal connu. L'évaluation du risque éventuel lié à son utilisation est individuelle : demandez conseil à votre pharmacien ou à votre médecin.

### Mode d'emploi et posologie

Ce médicament doit être pris avec un peu d'eau au cours des repas.

**Posologie usuelle :**

2 comprimés, 2 ou 3 fois par jour.

**Conseils :** La constipation, la consommation de mets épicés et de vins riches en tanins favorisent les *hémorroïdes*.

### Effets indésirables possibles

Rarement : *troubles digestifs*.

Laboratoires Wyeth Santé familiale

## PREPULSID

*Informations détaillées sur www.monvidal.com*

## PRESTOLE

Diurétiques associés — sur ordonnance

### Présentation

PRESTOLE : gélule (blanc et bleu) ; boîte de 30. Liste II - Remb 65 % - **Prix : 6,18 €**.

### Composition

| | p gél |
|---|---|
| **Hydrochlorothiazide** | 25 mg |
| **Triamtérène** | 50 mg |
| Lactose | + |

### Dans quel cas ce médicament est-il prescrit ?

Ce médicament est une association de deux *diurétiques* : l'hydrochlorothiazide, dont la structure est proche de celle des *sulfamides*, et le triamtérène, qui a pour caractéristique d'empêcher la perte du *potassium* dans les urines, habituelle avec l'hydrochlorothiazide.

Il est utilisé dans le traitement de l'*hypertension artérielle*.

### Contre-indications

Ce médicament ne doit pas être utilisé dans les cas suivants :

– *allergie* aux *sulfamides*,
– *insuffisance rénale*,

- *encéphalopathie hépatique*,
- *hyperkaliémie* (excès de *potassium* dans le sang).

**Attention :** Ce médicament peut être responsable d'une augmentation ou au contraire d'une baisse de la *kaliémie* (taux de *potassium* dans le sang), qui peut être aggravée par l'usage prolongé de *laxatifs stimulants*. Un contrôle par des analyses de sang est souvent prescrit par le médecin.

Chez les personnes atteintes d'une *insuffisance hépatique* grave, l'apparition de troubles de la conscience peut annoncer une complication. Ne poursuivez pas le traitement sans l'avis de votre médecin.

N'utilisez des *sels* de régime, souvent riches en potassium, qu'avec l'accord de votre médecin.

Les *diurétiques* peuvent augmenter les taux d'*acide urique* ou de *sucre* dans le sang.

Sportif : ce médicament contient une substance susceptible de rendre positifs certains *tests antidopage*.

### Interactions avec d'autres substances

Ce médicament ne doit pas être associé aux *diurétiques* élevant le taux de *potassium* dans le sang ou aux médicaments qui en contiennent.

Il peut interagir avec les *inhibiteurs de l'enzyme de conversion*, les *inhibiteurs de l'angiotensine II*, les médicaments susceptibles de provoquer des *torsades de pointes* et ceux contenant du lithium.

Informez par ailleurs votre médecin si vous prenez l'un des médicaments suivants : *AINS*, *digitalique*, médicament susceptible de faire baisser la *kaliémie* (*corticoïde*, *laxatif stimulant*), *neuroleptique*, *antidépresseur* imipraminique, médicament contenant du baclofène ou de la metformine.

### Grossesse et allaitement

Les études scientifiques actuellement disponibles n'ont pas mis en évidence de problème particulier lors de l'utilisation chez la femme enceinte. Néanmoins, les *diurétiques* ne sont pas adaptés au traitement de l'*hypertension artérielle* et des *œdèmes* pendant la grossesse. Seul votre médecin peut apprécier la nécessité du traitement et le risque éventuel de son utilisation dans votre cas.

Ce médicament passe dans le lait maternel : l'allaitement est déconseillé.

### Mode d'emploi et posologie

Ce médicament doit être pris le matin.

**Posologie usuelle :**

1 gélule par jour.

**Conseils :** Ce médicament augmente le volume des urines, surtout en début de traitement. Évitez une prise le soir, source de gêne nocturne.

Les *diurétiques* exposent au risque de déshydratation : veillez à proposer des boissons abondantes aux personnes âgées, notamment pendant les fortes chaleurs.

Ce médicament peut donner une éventuelle coloration bleuâtre aux urines.

### Effets indésirables possibles

Baisse de la *kaliémie*, associée éventuellement à des crampes.

Déshydratation possible chez la personne âgée.

Augmentation de la *glycémie* ou de l'*uricémie*.

*Hypotension orthostatique*.

Rarement :
- baisse du taux de sodium dans le sang (natrémie) et risque de troubles du comportement,
- anomalie de la *numération formule sanguine*,
- nausée, constipation, vertiges, fatigue, maux de tête, fourmillement des extrémités.

Exceptionnellement : pancréatite, *réaction allergique*.

Calculs des *voies* urinaires chez les personnes prédisposées.

Laboratoires Almirall SAS

## PRETERAX

Association d'antihypertenseurs — sur ordonnance

### Présentation

PRETERAX : comprimé sécable ; boîte de 30. Liste I - Remb 65 % - **Prix : 26,47 €**.

### Composition

| | p cp |
|---|---|
| **Périndopril tert-butylamine** | 2 mg |
| **Indapamide** | 0,625 mg |
| Lactose | + |

### Dans quel cas ce médicament est-il prescrit ?

Cet *antihypertenseur* contient deux substances :
- le périndopril, un *inhibiteur de l'enzyme de conversion*. Cette *enzyme*, naturellement présente dans l'organisme et responsable d'une contraction des artères, augmente la tension artérielle et fatigue le cœur ;
- l'indapamide, un *diurétique* dont la structure chimique est proche de celle des *sulfamides*. Son action renforce celle du périndopril.

Ce médicament est utilisé dans le traitement de l'*hypertension artérielle*.

### Contre-indications

Ce médicament ne doit pas être utilisé dans les cas suivants :
- *allergie* connue à l'un des constituants ou à la famille des *inhibiteurs de l'enzyme de conversion* ou à celle des *sulfamides*,
- prédisposition à l'œdème de *Quincke*,
- *insuffisance rénale* ou *hépatique* grave,
- *encéphalopathie hépatique*,
- *hypokaliémie*,
- **grossesse**,
- **allaitement**.

**Attention :** Des précautions s'imposent chez les personnes souffrant d'*hypertension artérielle* due à un rétrécissement des artères rénales.

En cas de gonflement du visage (lèvres, paupières...) ou d'une autre région du corps, consultez votre médecin avant toute nouvelle prise de ce médicament ; il peut s'agir d'une *réaction allergique* : œdème de *Quincke*.

L'usage des *inhibiteurs de l'enzyme de conversion* est déconseillé en période de désensibilisation aux venins d'*hyménoptères* : augmentation du risque de réaction allergique grave.

Si vous suivez un traitement par *diurétique* ou un régime sans *sel*, la baisse de la tension artérielle

peut être importante lors des premières prises du médicament : risque de malaise ou d'étourdissement pouvant entraîner une chute.
Chez les personnes atteintes d'une *insuffisance hépatique* grave, l'apparition de troubles de la conscience peut annoncer une complication. Ne poursuivez pas le traitement sans l'avis de votre médecin.
Faites pratiquer régulièrement les analyses de sang prescrites par votre médecin ; elles sont notamment destinées à vérifier le bon fonctionnement de vos reins (dosage de la *créatinine*) et les taux de *potassium* et de *sodium* sanguins.
Le diurétique contenu dans ce médicament peut faire baisser la *kaliémie* : évitez d'utiliser des *laxatifs stimulants* dont l'usage régulier contribue à la baisse du taux de potassium dans le sang. Il peut par ailleurs augmenter le taux sanguin d'*acide urique* (possibilité de crise de *goutte*).
En cas d'intervention chirurgicale, signalez à l'anesthésiste que vous suivez ce traitement.
Conducteur : les *inhibiteurs de l'enzyme de conversion* peuvent être responsables de malaise ou de *vertiges*, lors des premières prises.
Sportif : ce médicament contient une substance susceptible de rendre positifs certains *tests antidopage*.

### Interactions avec d'autres substances

Ce médicament peut interagir ou nécessiter des précautions particulières avec les substances ou les familles médicamenteuses suivantes :
- *antidiabétiques* ;
- *AINS*, aspirine à forte dose ;
- *antidépresseurs imipraminiques*, *neuroleptiques* ;
- *diurétiques* hyperkaliémiants ;
- médicament favorisant l'*hypokaliémie* : *corticoïdes*, *laxatifs stimulants* ;
- *lithium*, *digitaliques*, produits de contraste iodés, calcium, ciclosporine, baclofène ;
- substances susceptibles de favoriser les *torsades de pointe*.

### Grossesse et allaitement

L'effet de ce médicament sur l'enfant à naître est mal connu. Quelques cas de complications ont été rapportés et son usage pendant la grossesse est contre-indiqué.
Ce médicament passe dans le lait maternel. Il est contre-indiqué pendant l'allaitement.

### Mode d'emploi et posologie

Les comprimés doivent être pris de préférence le matin, avant le repas.

**Posologie usuelle :**
- Adulte : 1 comprimé par jour.

En cas d'*athérosclérose*, de traitement préalable par des *diurétiques* ou de régime sans *sel*, en particulier chez la personne âgée, la *posologie* initiale est faible ; elle est augmentée progressivement par le médecin en fonction des effets du médicament.

**Conseils :** Votre tension artérielle doit être contrôlée régulièrement. Les appareils permettant une mesure automatique de la tension à domicile utilisent souvent un procédé de mesure différent de celui qu'emploie votre médecin. Si vous avez un tel appareil, apportez-le en consultation pour vous assurer que la mesure obtenue est bien conforme à celle du tensiomètre de votre médecin.
Le traitement médicamenteux ne dispense pas de mesures simples pouvant faire baisser la tension artérielle : activité physique régulière, modération de la consommation de boissons alcoolisées et de *sel*, lutte contre l'excès de poids.

### Effets indésirables possibles

Toux sèche, maux de tête, *vertiges*, étourdissements, fatigue, troubles du sommeil, troubles psychiques, *troubles digestifs*, *hypotension orthostatique*.
Élévation du taux de *sucre* ou d'*acide urique* dans le sang.
Baisse du taux de potassium ou du *sodium* dans le sang associée ou non à des crampes.
Rarement : *éruption cutanée*, œdème de *Quincke*.
Exceptionnellement : *pancréatite*.

Laboratoires Therval Médical

## PREVENAR

Vaccin : pneumococcies — sur ordonnance

### Présentation

**PREVENAR :** suspension injectable *IM* ; seringue préremplie de 0,5 ml. Liste I - Remb 65 % - **Prix : 63,34 €.**

### Composition

| | p flacon |
|---|---|
| **Polyosides pneumococciques** | 1 dose |

### Dans quel cas ce médicament est-il prescrit ?

C'est un *vaccin* composé de fragments de pneumocoques. Il ne contient aucun *germe* vivant.
Il est utilisé dans la prévention des infections à pneumocoques (*otites*, pneumonies, etc.) chez les *nourrissons* et les enfants en bas âge.

### Contre-indications

Ce médicament ne doit pas être utilisé en cas d'*allergie* connue à l'un des constituants du vaccin, ou de *réaction allergique* apparue lors d'une injection précédente d'un vaccin à base d'anatoxine diphtérique.

**Attention :** En cas de fièvre élevée, de maladie aiguë, il est préférable de différer la vaccination.
Les enfants ayant souffert de *convulsions* lors d'accès de fièvre non liés à une vaccination peuvent recevoir ce *vaccin*. Il convient néanmoins de leur administrer un traitement *antipyrétique* (aspirine ou paracétamol) pendant 48 heures.
Comme pour tous les *vaccins*, des cas exceptionnels de *réactions allergiques* graves ont été constatés ; ce risque justifie la nécessité de réaliser la vaccination en milieu médical où un traitement d'urgence pourra être entrepris sans délai.

### Interactions avec d'autres substances

Ce *vaccin* peut être injecté le même jour que d'autres vaccins, mais en changeant de site d'injection. Il ne doit pas être mélangé avec un autre produit injectable dans une même seringue

### Grossesse et allaitement

Ce *vaccin* est destiné au jeune enfant et n'est pas utilisé pendant la grossesse.

**Mode d'emploi et posologie**

Bien agiter le vaccin avant l'emploi, le réchauffer à température ambiante si nécessaire. L'injection doit être réalisée par *voie intramusculaire* (dans le muscle deltoïde chez l'enfant, dans la cuisse chez le *nourrisson*).

**Posologie usuelle :**

- Nourrisson de moins de 6 mois : 3 injections à 1 mois d'intervalle, suivies d'une 4e dose au cours de la deuxième année.
- Nourrisson entre 7 et 11 mois : 2 injections à 1 mois d'intervalle, suivies d'une 3e dose au cours de la deuxième année.
- Enfant de 1 à 2 ans : 2 injections à 2 mois d'intervalle.
- Enfant de 2 à 5 ans : 1 injection.

**Conseils :** Les réactions fébriles dues aux *vaccins* peuvent être combattues en prenant de l'aspirine ou du paracétamol.
Pour garder son efficacité, ce médicament doit être conservé entre + 2 °C et + 8 °C (partie haute du réfrigérateur). Toutefois, une rupture de la chaîne du froid pendant une durée limitée (quelques heures à température ambiante inférieure à 25 °C) ne devrait pas prêter à conséquence. En pratique, en cas de nécessité, un délai de quelques heures peut séparer l'achat du vaccin en pharmacie de son stockage au réfrigérateur ou de la vaccination.
Ce vaccin ne doit pas être congelé.

**Effets indésirables possibles**

Réactions locales au point d'injection : douleur, rougeur, *œdème, induration.*

Fièvre, somnolence, irritabilité, *troubles digestifs.*

Plus rarement : *convulsions*, *éruption cutanée*, *réaction allergique.*

Laboratoires Wyeth Lederlé

## PRÉVIGRIP

*Informations détaillées sur www.monvidal.com*

## PRÉVISCAN

Anticoagulant oral — sur ordonnance

**Présentation**

PRÉVISCAN : comprimé quadrisécable (blanc crème) ; boîte de 30. Liste I - Remb 65 % - **Prix : 3,79 €.**

**Composition**

| | p cp |
|---|---|
| **Fluindione** | 20 mg |
| Amidon de blé (gluten) | + |
| Lactose | + |

**Dans quel cas ce médicament est-il prescrit ?**

Ce médicament est un *anticoagulant* oral qui appartient à la famille des *antivitamines* K. Il empêche la formation des caillots en se substituant à la *vitamine* K. Celle-ci est indispensable à la synthèse par le foie des facteurs de la coagulation. L'effet anticoagulant se manifeste après plusieurs jours de traitement et, de même, persiste plusieurs jours après l'arrêt.

Il est utilisé dans le *traitement préventif* et *curatif* des *accidents thromboemboliques.*

**Contre-indications**

Ce médicament ne doit pas être utilisé dans les cas suivants :

- *allergie* aux *anticoagulants* oraux ;
- *insuffisance hépatique* grave ;
- association aux médicaments contenant de l'aspirine à forte dose, de la phénylbutazone, du miconazole (sauf formes à usage cutané) ou du millepertuis ;
- **allaitement**.

**Attention :** Des précautions sont nécessaires chez la personne âgée et en cas d'*insuffisance rénale* grave, de maladie ou situation exposant à un risque hémorragique.
La *posologie* de ce médicament est adaptée avec précision par votre médecin en fonction du résultat d'analyses de sang régulières : un *INR* trop bas traduit une action insuffisante et un risque de caillot sanguin ; un INR trop élevé traduit un surdosage et un risque d'*hémorragie*. Dans la majorité des cas, l'INR recherché doit être compris entre 2 et 3. Il est préférable (mais non indispensable) de pratiquer ces analyses successives dans le même laboratoire pour pouvoir comparer les résultats.
Tout signe pouvant faire penser à une hémorragie (urines rouges, selles rouges ou noires, taches anormales de la peau ou bleus multiples, saignements du nez ou des gencives...) doit vous conduire à prévenir immédiatement votre médecin ou un service médical d'urgence. Il en est de même si votre INR dépasse 5.
Pendant la durée du traitement, les injections intramusculaires ne peuvent être pratiquées qu'après avis médical, du fait d'un risque de saignement local. Les injections par *voie* sous-cutanée ou intraveineuse ne posent pas de problème, de même que les prises de sang.
L'automédication est particulièrement dangereuse chez les personnes sous anticoagulants oraux : n'utilisez aucun médicament sans l'avis de votre médecin ou de votre pharmacien, signalez toujours que vous prenez un anticoagulant oral.
En cas d'intervention chirurgicale ou d'extraction dentaire, signalez à l'anesthésiste ou à votre dentiste la prise de ce médicament : une modification de votre traitement pourra éventuellement être décidée.
Les interactions de ce médicament, susceptibles de modifier son effet, ne concernent pas que les médicaments : l'alcool et certains aliments peuvent faire varier votre INR (voir Interactions médicamenteuses).

**Interactions avec d'autres substances**

Ce médicament ne doit pas être associé :

- aux médicaments contenant de l'aspirine à forte dose, de la phénylbutazone ou du miconazole (l'utilisation de formes à usage cutané est possible) : risque d'*hémorragie* ;
- aux produits de phytothérapie contenant du millepertuis : diminution de l'effet anticoagulant (risque de *thrombose*).

Les anticoagulants oraux peuvent interagir avec de très nombreux autres médicaments qu'il n'est pas possible de citer. Ces interactions sont d'une intensité très variable. En dehors du paracétamol pour traiter la fièvre et la douleur, ne prenez aucun autre médicament sans prendre l'avis de votre médecin ou de votre pharmacien. Vous pouvez également consulter la fiche du médicament que vous souhaitez prendre pour vérifier qu'il n'interagit pas avec les anticoagulants.

Par ailleurs, il existe aussi des interactions alimentaires : évitez des apports importants d'aliments réputés riches en *vitamine* K comme les abats, avocat, brocolis, carotte, choucroute, choux, choux-fleurs, choux de Bruxelles, épinards, fenouil, foie, laitue, tomate... ou au contraire un jeûne prolongé qui diminuerait vos apports. Une prise excessive de boissons alcoolisées peut modifier l'effet du traitement, mais une consommation raisonnable est possible.

### Grossesse et allaitement

Ce médicament ne doit pas être utilisé pendant la grossesse, sauf sur prescription médicale. Une contraception efficace est recommandée pendant le traitement. Le port d'un stérilet expose à des saignements et doit être évité.

Ce médicament passe dans le lait maternel : l'allaitement est contre-indiqué.

### Mode d'emploi et posologie

Les comprimés sont avalés avec un verre d'eau, en une prise par jour. Pour un effet constant de ce médicament, la prise doit être régulière, toujours à la même heure, le soir de préférence.

**Posologie usuelle :**

Elle est adaptée par le médecin en fonction des résultats des analyses de sang (*INR*). Néanmoins, compte tenu de l'action retardée du produit, les variations de l'INR n'apparaissent que plusieurs jours après les modifications de traitement.

Lorsque ce médicament remplace un *anticoagulant* injectable, ce dernier est poursuivi jusqu'à ce que l'INR soit situé dans la fourchette souhaitée.

En cas d'oubli d'une prise, le médicament peut être pris si le retard ne dépasse pas 8 heures. Au delà de ce délai, ne pas prendre la dose oubliée et prendre le lendemain la dose habituelle et non une double dose.

**Conseils :** Veillez à ne pas manquer de ce médicament ; lors de vos déplacements, munissez-vous d'une réserve ou de votre ordonnance en cours de validité. Pensez également à porter sur vous une carte indiquant que vous suivez un traitement anticoagulant.

Certaines activités ou sports violents pouvant entraîner des blessures ou des coupures (risque d'*hémorragie*), leur pratique est déconseillée pendant la durée du traitement.

En cas de saignement bénin, il est nécessaire de comprimer la plaie pendant plusieurs minutes.

Pour faciliter le suivi du traitement, il est utile de tenir à jour un carnet indiquant les doses prises et le résultat des *INR* successifs.

### Effets indésirables possibles

*Hémorragies* de gravité variable.

Plus rarement : diarrhée, douleurs des articulations, chute de cheveux, *réaction allergique*.

**Laboratoires Procter & Gamble**

## PREXIDINE

Préparation buccale antibactérienne

### Présentation

PREXIDINE : solution pour *bain de bouche* (arôme menthe) ; flacon de 55 ml. Non remb.

PREXIDINE : solution pour *bain de bouche* (arôme menthe) ; flacon de 200 ml avec gobelet-doseur de 15 ml. Remb 35 % - **Prix : 2,98 €.**

PREXIDINE : solution pour *bain de bouche* (arôme menthe) ; flacon de 500 ml. Non remb.

### Composition

| | p 100 ml |
|---|---|
| **Chlorhexidine digluconate** | 120 mg |
| Alcool | + |
| Lévomenthol | + |

### Dans quel cas ce médicament est-il prescrit ?

Cette solution pour *bain de bouche* contient un *antiseptique*.

Elle est utilisée dans le *traitement d'appoint* des infections de la bouche, ou après une opération des gencives ou des dents.

**Attention :** Le *bain de bouche* n'est pas facilement utilisable chez le jeune enfant qui risque d'avaler la solution, c'est pourquoi il est destiné à l'enfant de plus de 6 ans.

L'usage prolongé des traitements antiseptiques locaux (*gargarisme*, *collutoire*, pastille) n'est pas souhaitable ; il peut modifier l'équilibre microbien naturel de la gorge.

En l'absence d'amélioration au bout de 5 jours, consultez votre médecin.

### Interactions avec d'autres substances

Il est généralement inutile d'associer des *antiseptiques* différents. Ceux-ci peuvent être contenus dans de nombreux produits disponibles en automédication : pastille, *collutoire* et solution nasale ; demandez conseil à votre pharmacien.

### Grossesse et allaitement

L'effet de ce médicament pendant la grossesse ou l'allaitement est mal connu. L'évaluation du risque éventuel lié à son utilisation est individuelle : demandez conseil à votre pharmacien ou à votre médecin.

### Mode d'emploi et posologie

La solution doit être utilisée pure, de préférence après le brossage des dents, et gardée dans la bouche 1 minute.

Elle ne doit pas être avalée.

**Posologie usuelle :**

- Adulte et enfant de plus de 6 ans : 1 *bain de bouche* (1 cuillère à soupe ou 1 gobelet-doseur), 1 à 3 fois par jour.

**Conseils :** Évitez de manger ou de boire dans l'heure qui suit le *bain de bouche*, afin de permettre aux substances actives d'agir.

Certains dentistes et stomatologistes recommandent de ne pas pratiquer de bains de bouche dans les heures qui suivent une extraction dentaire, afin d'éviter de faire saigner la plaie.

### Effets indésirables possibles

En traitement prolongé : coloration brune de la langue et des dents disparaissant à l'arrêt du traitement.
Modification du goût.
*Réaction allergique* locale.

**Laboratoires Expanscience**

## PRIMADRILL

*Informations détaillées sur www.monvidal.com*

## PRIMALAN

Antiallergique

### Présentation

**PRIMALAN 5 mg :** comprimé sécable (blanc) ; boîte de 14. Remb 35 % - **Prix : 3,95 €**.
**PRIMALAN 10 mg :** comprimé sécable (blanc) ; boîte de 14. Remb 35 % - **Prix : 7,10 €**.
**PRIMALAN :** sirop (arôme mandarine) ; flacon de 60 ml (24 cuillères-mesure de 2,5 ml). Remb 35 % - **Prix : 2,67 €**.
**PRIMALAN :** sirop (arôme mandarine) ; flacon de 125 ml (50 cuillères-mesure de 2,5 ml). Remb 35 % - **Prix : 4,44 €**.

### Composition

| | p cp | p cp | p c mes |
|---|---|---|---|
| **Méquitazine** | 5 mg | 10 mg | 1,25 mg |
| Lactose | + | + | |
| Saccharose | | | + |

### Dans quel cas ce médicament est-il prescrit ?

Ce médicament est un *antihistaminique* antiallergique de la famille chimique des phénothiazines. Il possède en outre des propriétés *atropiniques*.

Il est utilisé dans le traitement des manifestations allergiques diverses : *rhinite* ou *conjonctivite* allergiques, *urticaire*.

### Contre-indications

Ce médicament ne doit pas être utilisé dans les cas suivants :
- *antécédent* d'*agranulocytose* due à la prise de phénothiazines,
- risque de *glaucome* à angle fermé,
- risque de blocage des urines (*adénome de la prostate*).

**Attention :** Ce médicament présente des effets *atropiniques*. Il peut provoquer un *glaucome* aigu chez les personnes prédisposées : œil rouge, dur et douloureux, avec vision floue. Une consultation d'extrême urgence auprès d'un ophtalmologiste est nécessaire.

Des cas d'*agranulocytose* ont été observés avec des médicaments de la même famille chimique (phénothiazine). Des analyses doivent être réalisées rapidement en cas d'angine, d'ulcérations de la bouche ou de fièvre anormale, qui peuvent traduire cette anomalie sanguine.

Des précautions sont nécessaires en cas d'*insuffisance hépatique* grave, d'*épilepsie* ou chez la personne âgée.

Ce médicament peut induire une somnolence, parfois intense chez certaines personnes. Cette somnolence peut être majorée par la prise d'*alcool* ou d'autres médicaments *sédatifs*. La conduite et l'utilisation de machines dangereuses sont déconseillées, surtout dans les heures qui suivent la prise du médicament.

### Interactions avec d'autres substances

Informez votre médecin ou votre pharmacien si vous prenez un autre médicament ayant des effets *atropiniques* ou *sédatifs* (tranquillisants, somnifères, certains médicaments contre la toux ou contre la douleur contenant des *opiacés*, *antidépresseurs*, *neuroleptiques*...).

### Grossesse et allaitement

L'effet de ce médicament pendant la grossesse est mal connu : seul votre médecin peut évaluer le risque éventuel de son utilisation dans votre cas. En cas de prise en fin de grossesse, une surveillance du nouveau-né peut être nécessaire.

L'allaitement demeure possible en cas de traitement bref par ce médicament.

### Mode d'emploi et posologie

Les comprimés ne sont pas adaptés à l'enfant de moins de 6 ans. En effet, ils risquent d'obstruer les voies respiratoires si l'enfant déglutit mal et que le comprimé passe dans la trachée (fausse route).
La dose quotidienne est répartie en 1 ou 2 prises par jour. En cas d'effet *sédatif* trop gênant, privilégier une prise unique le soir.

**Posologie usuelle :**

Comprimé à 10 mg :
- Adulte : 10 mg par jour, soit ½ comprimé matin et soir ou 1 comprimé le soir.

Comprimé à 5 mg :
- Adulte et enfant de plus de 12 ans : 1 comprimé matin et soir ou 2 comprimés le soir.
- Enfant de 30 à 40 kg (environ 10 à 12 ans) : ½ comprimé le matin et 1 comprimé le soir ou 1 comprimé et demi le soir.
- Enfant de 20 à 30 kg (environ 6 à 10 ans) : ½ comprimé matin et soir ou 1 comprimé le soir.

Sirop :
- Adulte et enfant de plus de 40 kg : 8 cuillères-mesure de 2,5 ml par jour.
- Enfant de moins de 40 kg : 1 cuillère-mesure de 2,5 ml par 5 kg de poids et par jour.

**Conseils :** Ce médicament agit sur les manifestations de l'*allergie* mais n'en supprime pas la cause. Si les *symptômes* persistent ou s'aggravent, n'hésitez pas à consulter votre médecin.

### Effets indésirables possibles

Somnolence, surtout en début de traitement.
Effets *atropiniques* : bouche sèche, troubles de l'*accommodation*, blocage des urines, constipation, *palpitations*.
Agitation, confusion des idées.
*Réaction allergique* due au médicament, *photosensibilisation*.

**Laboratoires Pierre Fabre Médicament**

## PRIMOLUT-NOR

*Informations détaillées sur www.monvidal.com*

## PRIMPÉRAN

Antiémétique

**sur ordonnance**

### Présentation

**PRIMPÉRAN :** comprimé sécable (blanc) ; boîte de 40. Liste II - Remb 35 % - **Prix : 3,81 €**.
**PRIMPÉRAN 0,1 % :** solution buvable (arôme orange, abricot) ; flacon de 200 ml (40 cuillères à café de 5 ml). Liste II - Remb 35 % - **Prix : 2,55 €**.
**PRIMPÉRAN 2,6 mg/ml :** solution buvable Enfant et Nourrisson ; flacon de 60 ml avec pipette-doseuse (1 580 gouttes env). Liste II - Remb 35 % - **Prix : 1,88 €**.
**PRIMPÉRAN 20 mg :** suppositoire ; boîte de 10. Liste II - Remb 65 % - **Prix : 2,09 €**.
**PRIMPÉRAN 10 mg :** suppositoire sécable ; boîte de 10. Liste II - Remb 35 % - **Prix : 1,93 €**.
**PRIMPÉRAN 10 mg/2 ml :** solution injectable ; boîte de 3 ampoules de 2 ml. Liste II - Remb 65 % - **Prix : 1,68 €**.
**PRIMPÉRAN 10 mg/2ml :** solution injectable ; boîte de 12 ampoules de 2 ml. Liste II - Remb 65 % - **Prix : 2,67 €**.

### Composition

| | p cp | p c à c | p gte |
|---|---|---|---|
| **Métoclopramide chlorhydrate anhydre** ...................... | 10 mg | 5 mg | 0,1 mg |
| | p suppos | p suppos | p amp inj |
| **Métoclopramide chlorhydrate anhydre** ...................... | 20 mg | 10 mg | 10 mg |

### Dans quel cas ce médicament est-il prescrit ?

Ce médicament est un *antiémétique* et un régulateur de la motricité du tube digestif. Il régularise la contraction des muscles de l'œsophage, de l'estomac et de l'intestin.

Il est utilisé dans le traitement des nausées et des vomissements.

### Contre-indications

Ce médicament ne doit pas être utilisé dans les cas suivants :

- *hémorragie*, obstruction ou perforation du tube digestif,
- *antécédent* de *dyskinésie* (mouvements involontaires ou inadaptés) due aux *neuroleptiques*,
- *phéochromocytome*,
- problème rectal récent : *inflammation* ou *hémorragie* (suppositoire),
- en association avec les médicaments *dopaminergiques*.

**Attention :** Des précautions sont nécessaires en cas d'*épilepsie* ou d'*insuffisance rénale* ou *hépatique*.

Chez l'enfant, l'usage des suppositoires est réservé au traitement des nausées et vomissements induits par la *chimiothérapie anticancéreuse*.

Évitez les boissons alcoolisées : augmentation du risque de somnolence.

Compte-tenu de ses effets indésirables potentiels, ce médicament peut, chez certaines personnes, ne pas être compatible avec la conduite automobile ou le maniement de machines dangereuses. Assurez-vous à l'occasion des premières prises que vous supportez bien ce médicament avant de conduire ou d'utiliser une machine.

### Interactions avec d'autres substances

Ce médicament ne doit pas être associé aux médicaments *dopaminergiques* : risque d'annulation réciproque de leurs effets.

Informez par ailleurs votre médecin si vous prenez un *antihypertenseur* ou un *sédatif*.

### Grossesse et allaitement

Les études scientifiques actuellement disponibles n'ont pas mis en évidence de problème particulier lors de l'utilisation chez la femme enceinte.

Ce médicament peut être pris ponctuellement pendant l'allaitement sauf en cas de naissance prématurée : l'effet sédatif du médicament serait alors potentiellement préjudiciable chez le nouveau-né.

### Mode d'emploi et posologie

Les comprimés et les solutions buvables doivent être pris avant les repas.

La solution injectable peut être administrée par *voie intramusculaire* ou *intraveineuse*.

**Posologie usuelle :**

Nausées ou vomissements :

- Adulte : ½ à 1 comprimé, ou 1 à 2 cuillères à café de solution buvable à 0,1 % ou ½ à 1 suppositoire à 10 mg ou ½ à 1 ampoule injectable, 3 fois par jour. Les prises doivent être espacées d'au moins 6 heures.
- Enfant et nourrisson : utiliser la solution buvable en gouttes à 2,6 mg/ml. La posologie est de 1 goutte (0,1 mg) par kg, 3 à 4 fois par jour. Soit pour un enfant de 15 kg : 15 gouttes, 3 à 4 fois par jour. Les prises doivent être espacées d'au moins 6 heures.

Nausées et vomissements retardés provoqués par la chimiothérapie :

- Adulte et enfant de plus de 20 kg : 0,5 mg par kg, 4 fois par jour. Soit pour un enfant de 20 kg : 1 comprimé ou 1 suppositoire à 10 mg, 4 fois par jour.
- Adulte et enfant de plus de 40 kg : 0,5 mg par kg, 4 fois par jour. Soit pour un enfant de 40 kg : 1 suppositoire à 20 mg, 4 fois par jour.

**Conseils :** En cas de vomissements après la prise des comprimés ou de la solution buvable (susceptibles d'entraîner un rejet du médicament), respecter l'intervalle habituel de temps entre 2 prises avant de reprendre le médicament.

Lors de vomissements répétés, les pertes en eau et en sels minéraux sont importantes. Elles doivent être compensées par des aliments liquides (bouillons salés, sodas...) pris en petites quantités et régulièrement.

Les nausées de la femme enceinte peuvent être combattues par la prise du petit déjeuner au lit.

Les traitements destinés à combattre les vomissements induits par les chimiothérapies anticancéreuses sont surtout efficaces préventivement. Leur effet est beaucoup moins marqué s'ils sont utilisés après l'apparition des vomissements.

La chimiothérapie entraîne deux types de vomissements :

- les vomissements précoces, survenant dans les heures qui suivent son administration ;
- les vomissements retardés, qui apparaissent plusieurs jours après la séance de chimiothérapie. C'est surtout dans ce dernier cas qu'il existe un risque d'oublier le traitement préventif ; il devient

alors difficile de combattre ces vomissements après leur apparition.

La solution injectable doit être conservée à l'abri de la lumière.

### Effets indésirables possibles

Somnolence, lassitude, *vertiges* et, plus rarement, maux de tête, insomnie, *diarrhée* et gaz intestinaux, hypotension, sueurs.

Arrêt des règles, écoulement de lait.

Mouvements involontaires ou inadaptés, tics, pouvant survenir lors de la première prise (notamment en cas de *surdosage*) ou, plus tardivement, lors d'un traitement prolongé.

Exceptionnellement : *réaction allergique.*

Laboratoires Sanofi-Aventis France

## PRIMYXINE

*Informations détaillées sur www.monvidal.com*

## PRINCI-B

*Informations détaillées sur www.monvidal.com*

## PRINIVIL

*Informations détaillées sur www.monvidal.com*

## PRINZIDE

*Informations détaillées sur www.monvidal.com*

## PRIODERM

Antiparasitaire externe

### Présentation

PRIODERM : lotion ; flacon de 110 ml. Non remb.
PRIODERM : solution pour application locale ; flacon pressurisé de 100 ml. Non remb.

### Composition

| | p 100 ml |
|---|---|
| **Malathion** | 500 mg |
| Terpinéol | + |

### Dans quel cas ce médicament est-il prescrit ?

Ce médicament contient une substance active sur les poux.

Il est utilisé pour détruire les poux et leurs œufs (lentes).

### Contre-indications

La solution en flacon pressurisé ne doit pas être utilisée dans les cas suivants :

- *asthme,*
- enfant ayant des *antécédents* de *bronchiolite.*

**Attention :** Évitez l'emploi de ce médicament chez l'enfant de moins de 2 ans sans avis médical.

Des précautions sont nécessaires lors de l'utilisation d'un antipoux en flacon pressurisé :

- ne l'utilisez pas pour traiter les sourcils ;
- pulvérisez le produit près de la racine des cheveux de façon à éviter toute projection dans les yeux, les narines ou la bouche ; éventuellement, le visage peut être protégé par un mouchoir ;
- évitez de traiter l'enfant dans la pièce où il va dormir ; dans le cas contraire, aérez soigneusement celle-ci.

Rincez abondamment en cas de contact accidentel avec les yeux ou les *muqueuses.*

La répétition des applications peut être à l'origine d'une irritation et peut permettre aux poux de développer une résistance au traitement. En cas d'échec du traitement, un autre produit doit être utilisé.

### Grossesse et allaitement

L'effet de ce médicament pendant la grossesse ou l'allaitement est mal connu. L'évaluation du risque éventuel lié à son utilisation est individuelle : demandez conseil à votre pharmacien ou à votre médecin.

### Mode d'emploi et posologie

Appliquer la lotion ou pulvériser la solution (7 à 14 pulvérisations successives selon l'abondance de la chevelure) à la racine des cheveux secs. Frictionner de façon à imprégner totalement la chevelure. Sécher les cheveux naturellement, en évitant l'emploi d'un sèche-cheveux. Laisser agir pendant 8 à 12 heures. Laver les cheveux avec le shampooing habituel, puis les passer méticuleusement au peigne fin. Cette étape est essentielle pour le succès du traitement.

Chez l'enfant de moins de 2 ans, la durée de contact doit être d'autant plus courte que l'enfant est plus jeune. Chez l'enfant de moins de 6 mois, ne pas laisser agir le produit plus de 4 à 6 heures ; la solution ne doit pas être pulvérisée, mais appliquée à l'aide d'une compresse imbibée.

**Conseils :** Pour éviter une réinfestation, il est recommandé que l'entourage suive le même traitement.

Les chapeaux, bonnets, écharpes, draps et taies d'oreiller doivent être désinfectés en les lavant à 60 °C ou en utilisant un insecticide spécifique vendu en pharmacie.

Les lentes fixées à plus de 2 cm du cuir chevelu sont généralement mortes, et leur présence ne signifie pas que le traitement a échoué. Leur élimination peut être facilitée en démêlant les cheveux avec un peigne trempé dans de l'eau vinaigrée.

### Effets indésirables possibles

Irritation, rougeur en cas de contact avec les *muqueuses.*

Laboratoires Meda Pharma

## PRIORIX

Vaccins associés

### Présentation

PRIORIX : préparation injectable *SC* ; flacon de poudre et seringue de solvant de 0,5 ml avec 2 aiguilles. Remb 65 % - **Prix : 15,14 €.**

### Composition

| | p seringue |
|---|---|
| **Virus vivants atténués de la rougeole (souche Schwartz)** | 1 dose |
| **Virus vivants atténués des oreillons (souche RIT 4385)** | 1 dose |
| **Virus vivants atténués de la rubéole (souche Wistar RA 27/3)** | 1 dose |

### Dans quel cas ce médicament est-il prescrit ?

C'est une association de *vaccins* composés de *virus* atténués : ceux-ci sont vivants, mais affaiblis, et ne peuvent pas provoquer de maladies.
Elle est utilisée dans la prévention de la rougeole, des oreillons et de la rubéole.

### Contre-indications

Ce *vaccin* ne doit pas être utilisé dans les cas suivants :
- *déficit immunitaire*,
- *allergie* aux protéines de l'œuf ou à la néomycine,
- **grossesse**.

**Attention :** Il est préférable de respecter un délai minimal de 2 mois entre cette vaccination et une grossesse ultérieure.
Ce vaccin n'apporte qu'une protection limitée s'il est pratiqué immédiatement après un contact avec une personne atteinte des oreillons ; en effet, une immunisation solide n'apparaît que 15 jours après l'injection.

### Interactions avec d'autres substances

L'injection d'*immunoglobulines* peut inactiver les *virus* contenus dans le *vaccin*.
Les tests à la tuberculine (MONOTEST...) peuvent être rendus transitoirement négatifs dans les suites de cette vaccination.

### Grossesse et allaitement

Par prudence, ce vaccin est contre-indiqué pendant la grossesse. D'autre part, une contraception est nécessaire chez la femme pendant les 2 mois qui suivent la vaccination. Néanmoins, si la vaccination est pratiquée au début d'une grossesse méconnue, une interruption de grossesse n'est pas justifiée ; en effet, aucune malformation chez l'enfant à naître n'a été observée dans cette situation. Demandez conseil à votre médecin.

### Mode d'emploi et posologie

L'injection est réalisée par *voie* sous-cutanée.

**Posologie usuelle :**
Chez le nourrisson, 2 doses à au moins 1 mois d'intervalle. La première injection est faite à 9 ou 12 mois ; la deuxième injection est recommandée, si possible, avant 2 ans.
Dans les autres cas, se reporter au calendrier vaccinal.

**Conseils :** En cas de fièvre, cette vaccination peut être différée pour des raisons de confort.
Les réactions fébriles dues aux *vaccins* peuvent être combattues en donnant de l'aspirine ou du paracétamol.
Pour garder son efficacité, ce médicament doit être conservé entre + 2 °C et + 8 °C (partie haute du réfrigérateur). Toutefois, une rupture de la chaîne du froid pendant une durée limitée (quelques heures à température ambiante inférieure à 25 °C) ne devrait pas prêter à conséquence. En pratique, en cas de nécessité, un délai de quelques heures peut séparer l'achat du vaccin en pharmacie de son stockage au réfrigérateur ou de la vaccination.
Ce vaccin ne doit pas être congelé.

### Effets indésirables possibles

Sensation de brûlure au point d'injection.
Rarement : fièvre, légères douleurs des articulations, ganglions, *réaction allergique*, *éruption cutanée*, troubles digestifs.

**Laboratoires GlaxoSmithKline**

## PRITOR

Antihypertenseur — sur ordonnance

### Présentation

**PRITOR 20 mg :** comprimé (rond ; blanc) ; boîte de 28.
Liste I - Non remb.
**PRITOR 40 mg :** comprimé (ovale ; blanc) ; boîte de 28.
Liste I - Remb 65 % - **Prix : 21,33 €**.
**PRITOR 80 mg :** comprimé (ovale ; blanc) ; boîte de 28.
Liste I - Remb 65 % - **Prix : 25,84 €**.

### Composition

| | p cp | p cp | p cp |
|---|---|---|---|
| **Telmisartan** | 20 mg | 40 mg | 80 mg |
| Sorbitol | 84,5 mg | 169 mg | 338 mg |

### Dans quel cas ce médicament est-il prescrit ?

Ce médicament est un *antihypertenseur* qui appartient à la famille des *inhibiteurs de l'angiotensine II*. Il bloque l'action de l'angiotensine II. Cette substance, naturellement présente dans l'organisme, provoque une contraction des artères qui augmente la pression artérielle et fatigue le cœur.
Il est utilisé dans le traitement de l'*hypertension artérielle*.

### Contre-indications

Ce médicament ne doit pas être utilisé dans les cas suivants :
- obstruction des *voies biliaires*,
- *insuffisance hépatique* ou *rénale* grave,
- **grossesse** (à partir du 4e mois),
- **allaitement**.

**Attention :** Des précautions sont nécessaires en cas d'*insuffisance cardiaque* grave ou chez les personnes souffrant d'*hypertension artérielle* due à un rétrécissement des artères rénales, de rétrécissement des valves cardiaques ou de *cardiomyopathie* obstructive.
En cas d'*insuffisance rénale*, un contrôle régulier de la *créatinine* et du taux de *potassium* dans le sang est nécessaire.
Si vous suiviez auparavant un traitement par *diurétique* ou un régime sans *sel*, la baisse de la tension artérielle peut être importante lors des premières prises du médicament : risque de malaise ou d'étourdissement pouvant entraîner une chute. Il est donc préférable de commencer le traitement un jour de repos.
Les sels de régime contiennent souvent du *potassium*, ne les utilisez pas sans avis médical pendant le traitement.

### Interactions avec d'autres substances

Ce médicament peut interagir avec les *diurétiques* et les médicaments qui contiennent du *potassium* ou du *lithium*.
En outre, l'effet *antihypertenseur* de ce médicament peut être diminué par les *AINS*.

### Grossesse et allaitement

L'effet de ce médicament sur l'enfant à naître pendant les 3 premiers mois de la grossesse est mal connu. Par prudence, son usage est déconseillé. Au cours des 6 derniers mois de la grossesse, une prise prolongée de ce médicament peut altérer les reins du fœtus. Son utilisation est contre-indiquée à partir du 4e mois de la grossesse.
En conséquence, un désir de grossesse nécessite le remplacement de ce médicament par un autre antihy-

pertenseur. Si une grossesse survient alors que vous prenez ce médicament, consultez rapidement votre médecin pour qu'il modifie votre traitement.

Les données actuellement disponibles ne permettent pas de savoir si ce médicament passe dans le lait maternel. Il est contre-indiqué chez la femme qui allaite.

### Mode d'emploi et posologie

Le comprimé doit être avalé avec un verre d'eau, indifféremment pendant ou entre les repas.

**Posologie usuelle :**

- Adulte : 20 mg à 80 mg par jour en 1 prise.

**Conseils :** Votre tension artérielle doit être contrôlée régulièrement. Les appareils permettant une mesure automatique de la tension à domicile utilisent souvent un procédé de mesure différent de celui qu'emploie votre médecin. Si vous avez un tel appareil, apportez-le en consultation pour vous assurer que la mesure obtenue est bien conforme à celle du tensiomètre de votre médecin.

Le traitement médicamenteux ne dispense pas de mesures simples pouvant faire baisser la tension artérielle : activité physique régulière, modération de la consommation de boissons alcoolisées et de *sel*, lutte contre l'excès de poids.

### Effets indésirables possibles

Les études qui ont comparé ce médicament au *placebo* n'ont pas montré plus d'effets indésirables imputables au médicament.

Depuis sa commercialisation, les effets suivants ont été rarement observés :

- *éruption cutanée*, malaise, insomnie, *état dépressif*, troubles digestifs, essoufflement, *réaction allergique* (œdème de *Quincke*) ;
- augmentation du taux d'*acide urique* et de *potassium* dans le sang.

Laboratoires GlaxoSmithKline

## PRITORPLUS

*Informations détaillées sur www.monvidal.com*

## PROAMPI

*Informations détaillées sur www.monvidal.com*

## PROCAÏNE BIOSTABILEX

*Informations détaillées sur www.monvidal.com*

## PROCALMIL

*Informations détaillées sur www.monvidal.com*

## PROCTOLOG

Antihémorroïdaire — sur ordonnance

### Présentation

PROCTOLOG : crème rectale ; tube de 20 g avec canule. Liste II - Remb 35 % - **Prix : 3,45 €**.
PROCTOLOG : suppositoire ; boîte de 10. Liste II - Remb 35 % - **Prix : 3,45 €**.

### Composition

| | crème p 100 g | p suppos |
|---|---|---|
| **Trimébutine** | 5,8 g | 120 mg |
| **Ruscogénines** | 0,5 g | 10 mg |
| Propylèneglycol | + | |

### Dans quel cas ce médicament est-il prescrit ?

Ce médicament d'usage local contient des substances *antispasmodiques* et vasculoprotectrices.

Il est utilisé dans le *traitement symptomatique* des douleurs, des sensations de brûlures et des démangeaisons de l'anus, en particulier dues aux *hémorroïdes*.

**Attention :** Des douleurs, un saignement anal qui persistent malgré le traitement peuvent être dus à une maladie autre que des *hémorroïdes* : consultez votre médecin. De même, tout saignement anal survenant chez une personne de plus de 50 ans doit faire l'objet d'une consultation médicale.

### Grossesse et allaitement

L'effet de ce médicament pendant la grossesse ou l'allaitement est mal connu : seul votre médecin peut évaluer le risque éventuel de son utilisation dans votre cas.

### Mode d'emploi et posologie

1 application de crème ou 1 suppositoire, 1 ou 2 fois par jour.

Le traitement doit être de courte durée (pas plus de quelques jours).

**Conseils :** La constipation chronique et les efforts excessifs de poussée sont les principaux facteurs déclenchants des crises d'hémorroïdes. Un régime riche en fibres alimentaires (fruits, légumes, céréales complètes), des boissons abondantes et un exercice physique régulier en limitent le risque.

En cas de crise, la consommation d'alcool ou de mets épicés peut accentuer les douleurs et la gêne. Une attention particulière doit être portée au nettoyage de la région anale afin de limiter les phénomènes d'irritation. Il est également conseillé de limiter les positions assises prolongées, qui peuvent avoir un effet aggravant sur la douleur.

Les suppositoires doivent être conservés à l'abri de la chaleur.

### Effets indésirables possibles

Rarement : réaction cutanée avec les suppositoires.

Laboratoires Pfizer

## PROCUTA

Antiacnéique — sur ordonnance

Ce médicament est un générique de ROACCUTANE (voir p. 907 et tableau p. 1151).

## PROFÉNID gel

Anti-inflammatoire d'action locale — sur ordonnance

### Présentation

PROFÉNID 2,5 p 100 : gel pour application locale ; tube de 60 g. Liste II - Remb 35 % - **Prix : 2,30 €**.

### Composition

| | p 100 g |
|---|---|
| **Kétoprofène** | 2,5 g |
| Alcool | + |

### Dans quel cas ce médicament est-il prescrit ?

Ce gel contient un *anti-inflammatoire* non stéroïdien (*AINS*). Il lutte localement contre l'*inflammation* et la douleur.

Il est utilisé dans le traitement des entorses et contusions.

### Contre-indications

Ce médicament ne doit pas être utilisé dans les cas suivants :

- *antécédent* d'*asthme* provoqué par la prise d'*AINS*, y compris l'aspirine ;
- antécédent de *réaction allergique* cutanée avec un médicament contenant du kétoprofène, de l'acide tiaprofénique ou du fénofibrate, avec un produit solaire ou un parfum ;
- en application sur la peau lésée (*eczéma*, plaie, brûlure...) ;
- exposition des régions traitées au soleil (même voilé) ou aux *ultraviolets* pendant le traitement et les 2 semaines qui suivent ;
- **grossesse** (à partir du 6e mois).

> **Attention :** Ce médicament est susceptible de provoquer une *photosensibilisation* : afin d'éviter tout risque de réaction cutanée, il est nécessaire de couvrir à l'aide d'un vêtement les zones d'application du gel pendant le traitement et les 15 jours qui suivent son arrêt.
>
> N'appliquez pas ce médicament sur une *muqueuse* ou sous un pansement étanche (occlusif) sans un avis médical.

### Grossesse et allaitement

Les *AINS* pris par voie orale peuvent être toxiques pour le fœtus ; leur utilisation est contre-indiquée pendant les 4 derniers mois de la grossesse. Les AINS destinés à une application locale peuvent traverser la peau, passer dans le sang et exposer le fœtus au même risque, lorsqu'ils sont appliqués sur une large surface de peau ou sous un pansement occlusif. N'utilisez pas ce médicament pendant la grossesse sans avis médical.

Les données disponibles ne permettent pas de savoir si ce médicament passe dans le lait maternel : ne l'utilisez pas pendant l'allaitement sans avis médical.

### Mode d'emploi et posologie

Appliquer le gel et masser doucement.

**Posologie usuelle :**

- Adulte : 2 applications par jour.

> **Conseils :** Pensez à vous laver soigneusement les mains après l'application. En cas de contact accidentel avec les yeux, rincez abondamment.

### Effets indésirables possibles

Imposant l'arrêt du traitement : *réaction allergique* cutanée (éruption de boutons, démangeaisons...) ou générale, *photosensibilisation* (voir Attention).

La présence d'alcool peut favoriser le dessèchement et l'irritation de la peau, surtout en cas d'applications répétées.

Laboratoires Aventis

## PROFÉNID injectable

Anti-inflammatoire non stéroïdien — sur ordonnance

### Présentation

PROFÉNID 100 mg/2 ml : solution injectable *IM* ; boîte de 2 ampoules de 2 ml. Liste II - Remb 35 % - **Prix : 2,63 €**.

PROFÉNID 100 mg/2 ml : solution injectable *IM* ; boîte de 6 ampoules de 2 ml. Liste II - Remb 35 % - **Prix : 6,79 €**.

### Composition

| | p amp |
|---|---|
| **Kétoprofène** | 100 mg |
| Alcool benzylique | 50 mg |

### Dans quel cas ce médicament est-il prescrit ?

Ce médicament est un *anti-inflammatoire* non stéroïdien (*AINS*). Il lutte contre l'*inflammation* et la douleur, fait baisser la fièvre et fluidifie le sang.

Il est utilisé dans le traitement :

- des douleurs inflammatoires aiguës lorsqu'un effet rapide est souhaité : *sciatique*, *lombalgie*, crise de *rhumatismes inflammatoires* ;
- des crises de *coliques néphrétiques* ;
- de douleurs, notamment osseuses, chez les cancéreux.

### Contre-indications

Ce médicament ne doit pas être utilisé dans les cas suivants :

- *antécédent* d'*allergie* ou d'*asthme* provoqué par la prise d'*AINS*, y compris l'aspirine ;
- *ulcère* de l'estomac ou du *duodénum* ;
- *insuffisance hépatique* ou *rénale* graves ;
- *insuffisance cardiaque* grave ;
- en association à un traitement *anticoagulant* (risque d'hématome au point d'injection) ;
- **grossesse** (à partir du 6e mois).

> **Attention :** Tout traitement prolongé ou *surdosage* d'*AINS* expose à des effets indésirables graves.
>
> Certaines situations doivent conduire à ne poursuivre le traitement qu'après un avis médical :
>
> - brûlures d'estomac importantes ou selles noires et nauséabondes pouvant traduire une irritation ou un saignement du tube digestif ;
> - *réaction allergique* cutanée, crise d'*asthme* ;
> - fatigue inhabituelle et intense, ou baisse brutale et importante du volume des urines chez une personne souffrant d'*insuffisance cardiaque*, déshydratée ou traitée par *diurétique*.
>
> Des précautions sont nécessaires chez la personne âgée ou en cas d'*antécédent* d'*ulcère* de l'estomac ou du *duodénum* ou de risque hémorragique, notamment digestif (maladie de *Crohn*, *rectocolite hémorragique*).
>
> Certains médecins considèrent que les anti-inflammatoires peuvent diminuer l'efficacité des stérilets et exposer à un risque de grossesse non désirée. Ce risque est actuellement très controversé.
>
> Compte-tenu de ses effets indésirables potentiels, ce médicament peut, chez certaines personnes, ne pas être compatible avec la conduite automobile ou le maniement de machines dangereuses. Assurez-vous à l'occasion des premières prises que vous supportez bien ce médicament avant de conduire ou d'utiliser une machine.

### Interactions avec d'autres substances

Ce médicament peut interagir avec d'autres médicaments, notamment :
- l'aspirine et les autres *anti-inflammatoires* non stéroïdiens (*AINS*) : risque d'accroissement des effets indésirables ;
- les *anticoagulants* et les *antiagrégants plaquettaires* : augmentation du risque hémorragique ;
- le lithium (TÉRALITHE, NEUROLITHIUM...) : augmentation du taux de lithium dans le sang ;
- le méthotrexate.

Informez par ailleurs votre médecin ou votre pharmacien en cas de traitement par un *diurétique*, un *inhibiteur de l'enzyme de conversion*, un *inhibiteur de l'angiotensine II*, un *bêtabloquant* ou un médicament contenant de la ciclosporine.

### Grossesse et allaitement

Des effets néfastes pour l'enfant à naître ont été mis en évidence lorsque les *AINS* sont utilisés au cours des 4 derniers mois de la grossesse ; le risque existe même avec une seule prise et même si la grossesse est à terme. L'usage de ce médicament est contre-indiqué pendant cette période.

Pendant les 5 premiers mois, l'effet de ce médicament est mal connu : seul votre médecin peut évaluer le risque éventuel de son utilisation dans votre cas.

Ce médicament passe dans le lait maternel ; un choix est donc nécessaire entre l'allaitement et la prise du médicament. Cette décision devra être prise en accord avec votre médecin.

### Mode d'emploi et posologie

Les injections doivent être faites exclusivement par *voie* intramusculaire.

**Posologie usuelle :**

Adulte :
- Douleurs inflammatoires ou cancéreuses : 1 ou 2 ampoules par jour, pendant 2 ou 3 jours. Au-delà, le traitement peut se poursuivre avec les comprimés, les gélules ou les suppositoires.
- Coliques néphrétiques : 1 à 3 ampoules par jour, pendant 2 jours maximum.

**Conseils :** Il est généralement conseillé aux personnes souffrant de *coliques néphrétiques* de boire abondamment entre les crises pour lutter contre la formation de calculs. Cependant, lors d'une crise, l'absorption de liquide doit être limitée afin de ne pas accroître la douleur.

Les effets indésirables de ce médicament sur l'estomac peuvent survenir aussi bien avec la solution injectable qu'avec les comprimés et les gélules.

### Effets indésirables possibles

Douleur au point d'injection.

*Troubles digestifs* : nausées, vomissements, diarrhées, douleurs abdominales, *gastrite*, *stomatite*, *colite*. Rarement : *ulcère* de l'estomac ou du *duodénum* (le plus souvent lors d'un traitement de longue durée ou à forte dose), *hémorragie* digestive (vomissements de sang, selles noires ou, plus souvent, pertes de sang imperceptibles responsables de l'apparition progressive d'une *anémie*).

*Réaction allergique* : *éruption cutanée*, *asthme*...

Maux de tête, *vertiges*, somnolence.

*Photosensibilisation*.

Vision floue, bourdonnements d'oreille.

Anomalie de la *numération formule sanguine*.

Augmentation des *transaminases*.

Augmentation de la tension artérielle, notamment chez les patients sous traitement antihypertenseur.

*Œdème*.

Laboratoires Aventis

## PROFÉNID oral, rectal

*Informations détaillées sur www.monvidal.com*

## PROGESTÉRONE BIOGARAN

Progestatif — sur ordonnance

Ce médicament est un générique de UTROGESTAN (voir p. 1070 et tableau p. 1151).

## PROGESTÉRONE MERCK

Progestatif — sur ordonnance

Ce médicament est un générique de UTROGESTAN (voir p. 1070 et tableau p. 1151).

## PROGESTÉRONE RATIOPHARM

Progestatif — sur ordonnance

Ce médicament est un générique de UTROGESTAN (voir p. 1070 et tableau p. 1151).

## PROGESTÉRONE SANDOZ

Progestatif — sur ordonnance

Ce médicament est un générique de UTROGESTAN (voir p. 1070 et tableau p. 1151).

## PROGESTÉRONE TEVA

Progestatif — sur ordonnance

Ce médicament est un générique de UTROGESTAN (voir p. 1070 et tableau p. 1151).

## PROGESTOGEL

Progestatif

### Présentation

PROGESTOGEL : gel pour application locale ; tube de 80 g avec applicateur (mesure de 2,5 g). Remb 35 % - **Prix : 5,69 €**.

### Composition

| | p mesure |
|---|---|
| **Progestérone** | 25 mg |

### Dans quel cas ce médicament est-il prescrit ?

Ce médicament contient une *hormone*, la *progestérone*. Il est utilisé localement pour traiter certaines affections bénignes des seins et pour prévenir les récidives de kyste ou de *tumeur* bénigne.

### Interactions avec d'autres substances

Les médicaments contenant les substances suivantes sont susceptibles de diminuer l'efficacité des traitements hormonaux : carbamazépine, phénobarbital, phénytoïne, primidone, griséofulvine, rifabutine, rifampicine.

### Grossesse et allaitement

Ce gel peut être utilisé pendant la grossesse.

Ce gel ne doit être utilisé qu'après avis médical.

### Mode d'emploi et posologie

Après la toilette et le séchage de la peau, étaler le gel sur le sein jusqu'à pénétration du produit. Ce gel ne tache pas.

**Posologie usuelle :**

En moyenne, 1 mesure de l'applicateur sur chaque sein, de préférence tous les jours du mois, y compris pendant les règles.

Laboratoires Besins International

## PROGYNOVA

*Informations détaillées sur www.monvidal.com*

## PROKINYL LP

Antiémétique

sur ordonnance

### Présentation

PROKINYL LP : gélule à *libération prolongée* (transparent) ; boîte de 30. Liste II - Remb 35 % - **Prix : 4,43 €**.

### Composition

| | p gél |
|---|---|
| **Métoclopramide chlorhydrate** | 15 mg |

### Dans quel cas ce médicament est-il prescrit ?

Ce médicament est un *antiémétique* et un régulateur de la motricité du tube digestif. Il régularise la contraction des muscles de l'œsophage, de l'estomac et de l'intestin.

Il est utilisé dans le traitement des nausées et des vomissements ainsi que dans certains troubles de la digestion.

### Contre-indications

Ce médicament ne doit pas être utilisé dans les cas suivants :

- *hémorragie*, obstruction ou perforation du tube digestif,
- *antécédent* de *dyskinésie* (mouvements involontaires ou inadaptés) due aux *neuroleptiques*,
- *phéochromocytome*,
- en association avec des médicaments contenant de la lévodopa.

**Attention :** Des précautions sont nécessaires en cas d'*épilepsie* ou d'*insuffisance rénale* ou *hépatique*.

Évitez les boissons alcoolisées : augmentation du risque de somnolence.

Compte-tenu de ses effets indésirables potentiels, ce médicament peut, chez certaines personnes, ne pas être compatible avec la conduite automobile ou le maniement de machines dangereuses. Assurez-vous à l'occasion des premières prises que vous supportez bien ce médicament avant de conduire ou d'utiliser une machine.

### Interactions avec d'autres substances

Ce médicament ne doit pas être associé à ceux qui contiennent de la lévodopa : risque d'annulation réciproque de leurs effets.

Informez par ailleurs votre médecin si vous prenez des *antihypertenseurs* ou des *sédatifs*.

### Grossesse et allaitement

Les études scientifiques actuellement disponibles n'ont pas mis en évidence de problème particulier lors de l'utilisation chez la femme enceinte.

Ce médicament passe dans le lait maternel : il est déconseillé pendant l'allaitement sans avis médical.

### Mode d'emploi et posologie

Les gélules doivent être avalées avec un peu d'eau.

**Posologie usuelle :**

- Adulte : 1 gélule, matin et soir.

**Conseils :** En cas de vomissements après la prise des gélules (suceptibles d'entraîner un rejet du médicament), respecter l'intervalle habituel de temps entre 2 prises avant de reprendre le médicament.

Lors de vomissements répétés, les pertes en eau et en sels minéraux sont importantes. Elles doivent être compensées par des aliments liquides (bouillons salés, sodas...) pris en petites quantités et régulièrement.

Les nausées de la femme enceinte peuvent être combattues par la prise du petit déjeuner au lit.

### Effets indésirables possibles

Somnolence, lassitude, *vertiges* et, plus rarement, maux de tête, insomnie, *diarrhée* et gaz intestinaux, hypotension, sueurs.

Arrêt des règles, écoulement de lait.

Mouvements involontaires ou inadaptés, tics, pouvant survenir lors de la première prise (notamment en cas de *surdosage*) ou, plus tardivement, lors d'un traitement prolongé.

Exceptionnellement : *réaction allergique*.

Laboratoires Techni-Pharma

## PROLAIR

*Informations détaillées sur www.monvidal.com*

## PRONTALGINE

Association d'antalgiques contenant un opiacé

### Présentation

PRONTALGINE : comprimé (blanc) ; boîte de 12. Non remb.

PRONTALGINE : comprimé (blanc) ; boîte de 18. Non remb.

### Composition

| | p cp |
|---|---|
| **Paracétamol** | 400 mg |
| **Codéine phosphate** | 20 mg |
| **Caféine** | 50 mg |

### Dans quel cas ce médicament est-il prescrit ?

Ce médicament contient deux *antalgiques* : le paracétamol, qui empêche la transmisssion de la douleur, et un *opiacé* (la codéine), qui renforce l'action du paracétamol en agissant sur la perception de la douleur par le cerveau. Le faible dosage en codéine lui permet d'être

disponible sans ordonnance. Il contient également de la *caféine* qui a un effet stimulant.
Il est utilisé dans le traitement de la douleur.

### Contre-indications

Ce médicament ne doit pas être utilisé dans les cas suivants :
- maladie grave du foie ;
- *insuffisance respiratoire* ;
- enfant de moins de 15 ans ;
- en association avec les médicaments contenant de la nalbuphine, de la buprénorphine ou de la pentazocine ;
- **allaitement** (en dehors d'une prise ponctuelle).

**Attention :** De nombreux médicaments contiennent du paracétamol : vous devez en tenir compte en cas de prise conjointe car le *surdosage* en paracétamol peut être toxique pour le foie.
Du fait de la présence de codéine :
- n'utilisez pas ce médicament à forte dose et de façon prolongée (risque de *dépendance*) ;
- évitez son emploi en cas d'*hypertension intracrânienne*, qu'il pourrait aggraver.

Ce médicament peut induire une somnolence, parfois intense chez certaines personnes. Cette somnolence peut être majorée par la prise d'*alcool* ou d'autres médicaments *sédatifs*. La conduite et l'utilisation de machines dangereuses sont déconseillées, surtout dans les heures qui suivent la prise du médicament.

Ce médicament contient de la *caféine* qui peut être recherchée dans les urines des sportifs pour déceler un éventuel mésusage. Néanmoins, à la *posologie* préconisée, la quantité de caféine contenue dans ce médicament est insuffisante à elle seule pour que la réponse au test soit positive.

### Interactions avec d'autres substances

Ce médicament ne doit pas être associé à ceux qui contiennent de la nalbuphine, de la buprénorphine ou de la pentazocine : risque de diminution de l'effet *antalgique*.
Informez par ailleurs votre médecin ou votre pharmacien si vous prenez des *sédatifs*.

### Grossesse et allaitement

L'utilisation de la *codéine* et de ses dérivés (codéthyline, pholcodine) ne doit être envisagée chez la femme enceinte qu'en cas de nécessité, en effet :
- une *insuffisance respiratoire* peut survenir chez le nouveau-né d'une mère traitée par des doses élevées, même si le traitement est ponctuel mais précède de peu l'accouchement ;
- un *syndrome de sevrage*, à l'inverse, peut concerner des nouveau-nés si leur mère reçoit un traitement régulier, même à faible dose.

Il est donc important de signaler à l'obstétricien la prise éventuelle de codéine ou d'un de ses dérivés, afin que ces risques puissent être prévenus par une surveillance et un éventuel traitement adapté.

Ce médicament passe dans le lait maternel. En dehors d'une prise ponctuelle, il est contre-indiqué pendant l'allaitement

### Mode d'emploi et posologie

Ce médicament peut être pris indifféremment au cours ou en dehors des repas. Les comprimés doivent être avalés avec un verre d'eau.
Respecter un intervalle de 4 à 6 heures entre 2 prises. En cas d'*insuffisance rénale*, l'intervalle entre 2 prises doit être au minimum de 8 heures.

**Posologie usuelle :**
- Adulte : 1 ou 2 comprimés par prise, à renouveler si nécessaire, sans dépasser 6 comprimés par jour.

Chez la personne âgée, la *posologie* initiale est généralement réduite de moitié.

**Conseils :** Comme tous les *antalgiques*, ce médicament est généralement plus efficace pour prévenir la douleur que pour la calmer : dans le traitement des douleurs chroniques, il est préférable de prendre ce médicament à intervalles réguliers sans attendre que la douleur s'installe.
Cet *antalgique* contenant de la codéine est destiné à être utilisé en deuxième intention, lorsque l'aspirine, l'ibuprofène ou le paracétamol, utilisés seuls, sont insuffisamment efficaces. Il peut néanmoins être utilisé d'emblée dans le traitement des douleurs fortes.
Ce médicament contient de la *caféine*. On considère qu'une tasse de café contient de 60 à 100 mg de cette substance. Ainsi, pour limiter les effets indésirables de la caféine (excitation, tremblements, insomnie, *palpitations*), il est préférable de limiter la consommation de boissons qui en renferment (café, thé...). Il est également recommandé de prendre ce médicament avant 17 heures.

### Effets indésirables possibles

Lié au paracétamol : *réaction allergique* (rare).
Liés à la *codéine* :
Constipation, somnolence, nausées, vomissements, sensation de vertige et, plus rarement, *bronchospasme*, *réaction allergique* cutanée, ralentissement de la respiration. Ces effets indésirables sont ceux de la famille des *opiacés* ; ils sont généralement modérés aux doses recommandées.
Lié à la *caféine* : insomnie.

**Laboratoires Bœhringer Ingelheim**

## PROPECIA

Traitement de la chute des cheveux

sur ordonnance

### Présentation

**PROPECIA 1 mg :** comprimé (brun) ; boîte de 28. Liste I - Non remb.

### Composition

| | p cp |
|---|---|
| **Finastéride** | 1 mg |
| Lactose | 110 mg |

### Dans quel cas ce médicament est-il prescrit ?

Ce médicament bloque l'action de la *testostérone* (*hormone* mâle) sur le follicule pileux. Il permet de freiner la chute des cheveux chez l'homme.
Il est utilisé dans le traitement de l'alopécie androgénétique chez l'homme (calvitie progressive).

### Contre-indications

Ce médicament ne doit pas être utilisé chez la femme ni chez l'enfant.

### Grossesse et allaitement

Ce médicament, utilisé par une femme enceinte, peut provoquer des anomalies chez le fœtus mâle. Il est contre-indiqué pendant la grossesse et chez la femme en général. En revanche, il peut être utilisé par un homme souhaitant procréer.

### Mode d'emploi et posologie

Ce médicament peut être pris pendant ou entre les repas.

**Posologie usuelle :**

- Adulte : 1 comprimé par jour.

L'efficacité du médicament peut être jugée après 3 à 6 mois de traitement. En cas de succès, il doit être poursuivi sans limite de temps.

Il n'existe aucune preuve scientifique permettant de penser qu'une augmentation de la posologie améliore l'efficacité du produit.

> **Conseils :** Un comprimé cassé ou écrasé ne doit pas être manipulé par une femme enceinte (voir la rubrique grossesse). Le comprimé entier est pelliculé et peut donc être manipulé sans danger.

### Effets indésirables possibles

Ce médicament peut, rarement, provoquer des troubles sexuels : baisse de la qualité de l'érection, baisse de la libido, diminution minime de la quantité de sperme émise lors de l'éjaculation. Lors des études scientifiques ayant permis d'évaluer ce médicament, la fréquence des troubles sexuels était de 3,8 % chez les sujets prenant le traitement actif, contre 2,1 % chez ceux qui prenaient un *placebo*.

Certains troubles ont été constatés à une fréquence inférieure à 1/1000 : *réactions allergiques*, sensibilité de la poitrine, développement de la glande mammaire, douleur des testicules.

Laboratoires MSD-Chibret

## PROPINE

*Informations détaillées sur www.monvidal.com*

## PROPOFAN

Association antalgique opiacée — **sur ordonnance**

### Présentation

PROPOFAN : comprimé sécable (blanc) ; boîte de 20.
Liste I - Remb 65 % - **Prix : 2,55 €.**

### Composition

| | p cp |
|---|---|
| **Dextropropoxyphène** | 27 mg |
| **Paracétamol** | 400 mg |
| **Caféine** | 30 mg |

### Dans quel cas ce médicament est-il prescrit ?

Ce médicament contient deux *antalgiques* dont le mode d'action est complémentaire : un *opiacé*, qui agit directement sur la perception de la douleur par le cerveau, et du paracétamol, qui empêche la transmission de la douleur.

Il est utilisé dans le traitement de la douleur.

### Contre-indications

Ce médicament ne doit pas être utilisé dans les cas suivants :

- *antécédent* d'intolérance aux *opiacés* ;
- *insuffisance hépatique* ;
- *insuffisance rénale* grave ;
- enfant de moins de 15 ans ;
- en association avec les médicaments contenant de la nalbuphine, de la buprénorphine ou de la pentazocine ;
- **allaitement**.

> **Attention :** Ce médicament contient un *opiacé* : son usage prolongé, à dose élevée, expose à un risque de *dépendance*. Ne dépassez pas la dose ni la durée de traitement recommandées.
>
> Des précautions sont nécessaires chez les personnes à tendance suicidaire ou traitées par un antidépresseur, un *tranquillisant* ou un *sédatif* puissant.
>
> De nombreux médicaments contiennent du paracétamol : vous devez en tenir compte en cas de prise conjointe car le *surdosage* en paracétamol peut être toxique pour le foie.
>
> Évitez les boissons alcoolisées : augmentation du risque de somnolence.
>
> Conducteur : ce médicament peut être responsable de *vertiges* ou d'une baisse de la vigilance.
>
> Ce médicament contient de la *caféine* qui peut être recherchée dans les urines des sportifs pour déceler un éventuel mésusage. Néanmoins, à la *posologie* préconisée, la quantité de caféine contenue dans ce médicament est insuffisante à elle seule pour que la réponse au test soit positive.

### Interactions avec d'autres substances

Ce médicament ne doit pas être associé à ceux qui contiennent de la nalbuphine, de la buprénorphine ou de la pentazocine : risque de diminution de l'effet *antalgique*.

Il peut interagir avec les médicaments contenant de la carbamazépine, de l'énoxacine, de la ciprofloxacine ou de la norfloxacine.

Informez par ailleurs votre médecin si vous prenez un *sédatif*.

### Grossesse et allaitement

Ce médicament peut être utilisé de façon ponctuelle chez la femme enceinte, mais la posologie prescrite par votre médecin doit être respectée.

Ce médicament passe dans le lait maternel. Il est contre-indiqué pendant l'allaitement.

### Mode d'emploi et posologie

Les comprimés doivent être avalés avec un grand verre d'eau, de préférence au cours des repas.

Respecter un intervalle minimal de 4 heures entre 2 prises.

**Posologie usuelle :**

- Adulte : 1 ou 2 comprimés par prise, sans dépasser 6 comprimés par jour.

En cas d'insuffisance rénale, respecter un intervalle minimal de 8 heures entre 2 prises.

**Conseils :** Comme tous les *antalgiques*, ce médicament est généralement plus efficace pour prévenir la douleur que pour la calmer : dans le traitement des douleurs chroniques, il est préférable de prendre ce médicament à intervalles réguliers sans attendre que la douleur s'installe.
Cet antalgique *opiacé* est destiné à être utilisé en deuxième intention, lorsque l'aspirine, l'ibuprofène ou le paracétamol, utilisés seuls, sont insuffisamment efficaces. Il peut néanmoins être utilisé d'emblée dans le traitement des douleurs fortes.
Ce médicament contient de la *caféine*. On considère qu'une tasse de café contient de 60 à 100 mg de cette substance. Ainsi, pour limiter les effets indésirables de la caféine (excitation, tremblements, insomnie, *palpitations*), il est préférable de limiter la consommation de boissons qui en renferment (café, thé...).

### Effets indésirables possibles

Liés au paracétamol : *réaction allergique* (exceptionnelle).
Liés au dextropropoxyphène : nausées, vomissements, constipation, maux de tête, *éruption cutanée*, somnolence, *vertiges*, euphorie, légers troubles de la vision, *hépatite*, *hypoglycémie* parfois grave, notamment chez la personne âgée, le diabétique et l'insuffisant rénal.
Les effets indésirables de ce médicament sont ceux de la famille des *opiacés* ; leur survenue signifie une mauvaise tolérance qui peut apparaître avec l'ensemble des médicaments de cette famille (*codéine* notamment).
Liés à la *caféine* (rarement) : excitation, insomnie, palpitations.

Laboratoires Théraplix

## PROPRANOLOL EG
Bêtabloquant

sur ordonnance

Ce médicament est un générique de AVLOCARDYL (voir p. 133 et tableau p. 1151).

## PROPRANOLOL RATIOPHARM
*Informations détaillées sur www.monvidal.com*

## PRORHINEL
Préparation nasale antiseptique

### Présentation

PRORHINEL : solution nasale ; boîte de 10 ampoules de 10 ml et flacon-pipette. Non remb.
PRORHINEL : solution nasale ; boîte de 10 ampoules de 10 ml. Non remb.
PRORHINEL : solution nasale ; boîte de 20 ampoules de 5 ml. Non remb.

### Composition

| | p 100 ml |
|---|---|
| **Polysorbate 80** | 200 mg |
| **Benzododécinium bromure** | 4 mg |
| Alcool à 90° | 600 mg |

### Dans quel cas ce médicament est-il prescrit ?

Cette solution nasale contient un fluidifiant et un *antiseptique* de la famille des *ammoniums quaternaires*.
Elle est utilisée dans le *traitement d'appoint* des infections du nez : *rhinite, rhinopharyngite, sinusite*. Elle est également utilisée pour l'hygiène nasale.

### Contre-indications

Ce médicament ne doit pas être utilisé en cas d'allergie aux antiseptiques de la famille des *ammoniums quaternaires*.

**Attention :** Pour un lavage efficace des fosses nasales, ne vous mouchez pas après l'administration de la solution ; essuyez-vous simplement le nez.

### Grossesse et allaitement

Ce médicament peut être utilisé pendant la grossesse ou l'allaitement.

### Mode d'emploi et posologie

La solution peut être utilisée en lavage des fosses nasales ou en instillation (flacon-pipette et ampoule seule).
Pour plus de confort, la solution peut être réchauffée dans la main avant utilisation.

**Posologie usuelle :**
- Adulte :
  - en instillation : quelques gouttes dans chaque narine, 2 ou 3 fois par jour ;
  - en lavage : ½ à 1 ampoule de 5 ml ou de 10 ml dans chaque narine, 1 à 3 fois par jour.
- Enfant de plus de 30 mois :
  - en instillation : quelques gouttes dans chaque narine, 1 à 3 fois par jour ;
  - en pulvérisation : 2 pulvérisations dans chaque narine, 2 ou 3 fois par jour ;
  - en lavage : ½ à 1 ampoule de 5 ml dans chaque narine, 1 à 2 fois par jour.
- Nourrisson :
  - en instillation : quelques gouttes dans chaque narine, 1 à 3 fois par jour ;
  - en lavage : ½ à 1 ampoule de 5 ml dans chaque narine, 1 fois par jour.

Chez le *nourrisson*, quelques gouttes suffisent pour réaliser une *irrigation nasale*.

**Conseils :** Les solutions nasales *antiseptiques* ou *antibiotiques* peuvent être contaminées par des *germes* : ne les conservez pas au-delà de la durée du traitement.
Une ampoule entamée ne doit pas être conservée plus de 8 jours dans le flacon-pipette.
L'humidification de l'air ambiant permet d'éviter le dessèchement des sécrétions nasales chez le *nourrisson* et facilite leur évacuation.

Laboratoires Novartis Santé Familiale

## PROSPAN
Phytothérapie

### Présentation

PROSPAN : sirop (arôme cerise) ; flacon de 100 ml avec cuillère-mesure de 5 ml. Non remb.

### Composition

| | p c mes |
|---|---|
| **Lierre grimpant, extrait de feuille** | 35 mg |
| Sorbitol | 1,9 g |

### Dans quel cas ce médicament est-il prescrit ?

Ce sirop contient un extrait de plante à visée antitussive. Il est traditionnellement utilisé dans le *traitement symptomatique* de la toux et au cours des affections bronchiques aiguës bénignes.

> **Attention :** La toux est un *symptôme* qui peut révéler de nombreuses maladies : consultez votre médecin si elle persiste plus de quelques jours ou en cas d'apparition de fièvre.

### Grossesse et allaitement

Ce médicament contient une plante présumée sans danger pendant la grossesse ou l'allaitement. Néanmoins, par mesure de prudence, ne l'utilisez pas sans prendre l'avis de votre pharmacien ou de votre médecin.

### Mode d'emploi et posologie

Les prises de ce médicament doivent être réparties au cours de la journée.

**Posologie usuelle :**

- Adulte : 1½ cuillère-mesure (7,5 ml), 3 fois par jour.
- Enfant de 5 à 15 ans : 1 cuillère-mesure (5 ml), 3 fois par jour.
- Enfant de moins de 5 ans : ½ cuillère-mesure (2,5 ml), 3 fois par jour.

La durée habituelle du traitement est de 7 jours.

> **Conseils :** Éviter de fumer ou d'être exposé à la fumée des autres : la cigarette est irritante pour les bronches et entretient la toux.
> Des mesures simples permettent de calmer les toux sèches : boissons chaudes et humidification de l'air ambiant.

### Effets indésirables possibles

Comme tous les médicaments et confiseries contenant des sucres non absorbables (sorbitol, maltitol...), possibilité de *diarrhée* en cas d'apport important.

Laboratoires Merck Médication Familiale

## PROSTADIREX

Antiandrogène — sur ordonnance

Ce médicament est un générique de EULEXINE (informations détaillées sur www.monvidal.com).

## PROSTIGMINE

*Informations détaillées sur www.monvidal.com*

## PROTAMINE CHOAY

*Informations détaillées sur www.monvidal.com*

## PROTELOS

Médicament de l'ostéoporose — sur ordonnance

### Présentation

PROTELOS 2 g : granulé pour suspension buvable (jaune) ; boîte de 28 sachets. Liste I - Remb 65 % - **Prix : 44,44 €.**

### Composition

| | p sachet |
|---|---|
| **Ranélate de strontium** | 2 g |
| Aspartam | + |

### Dans quel cas ce médicament est-il prescrit ?

Ce médicament agit en bloquant les cellules qui détruisent l'os et favorisant la reminéralisation. Des études ont montré son aptitude à réduire le risque de fractures des vertèbres ou de la hanche due à l'*ostéoporose* après la ménopause.

Il est utilisé dans le traitement de l'ostéoporose qui survient chez la femme ménopausée.

> **Attention :** Des précautions sont nécessaires en cas d'*insuffisance rénale* grave.
> Ce médicament augmente légèrement le risque de thrombose. Une attention particulière s'impose en cas de risque d'accident thromboembolique (phlébite, embolie pulmonaire...).
> Pendant toute la durée du traitement, des apports de calcium sont nécessaires, soit par l'alimentation, soit par un traitement conjoint spécifique.

### Interactions avec d'autres substances

Ce médicament peut aggraver les troubles gastriques provoqués par l'aspirine, l'ibuprofène ou les autres *AINS*.

Les autres médicaments (surtout les *pansements digestifs* ou ceux contenant du calcium) doivent être absorbés au moins une demi-heure après la prise de ce médicament.

### Grossesse et allaitement

Ce médicament n'a pas d'indication chez la femme non ménopausée.

### Mode d'emploi et posologie

Ce médicament doit être pris à distance des repas, de préférence au coucher, 2 heures après le dîner.

Le contenu du sachet doit être mis en suspension dans un verre d'eau.

**Posologie usuelle :**

1 sachet par jour.

> **Conseils :** Des exercices physiques réguliers contribuent à limiter l'évolution de l'*ostéoporose.*

### Effets indésirables possibles

Fréquents (plus de 1 % des utilisatrices) : nausées, diarrhées, incontinence fécale, maux de tête, *éruption cutanée.*

Au cours des études qui ont précédé la commercialisation, d'autres effets ont également été rapportés : pertes de mémoire, troubles de la conscience, convulsions.

Laboratoires Servier

## PROTHIADEN

Antidépresseur imipraminique — sur ordonnance

### Présentation

PROTHIADEN 25 mg : gélule (marron et rouge) ; boîte de 50. Liste I - Remb 65 % - **Prix : 6,11 €.**

PROTHIADEN 75 mg : comprimé (rouge) ; boîte de 20. Liste I - Remb 65 % - **Prix : 6,67 €.**

### Composition

| | p gél | p cp |
|---|---|---|
| **Dosulépine chlorhydrate** | 25 mg | 75 mg |
| Lactose | + | |

### Dans quel cas ce médicament est-il prescrit ?

Ce médicament est un antidépresseur qui appartient à la famille des *antidépresseurs imipraminiques*. Il possède également des effets *atropiniques*, qui ne participent pas à son activité, mais qui expliquent certaines contre-indications et certains effets indésirables.

Il est utilisé dans le traitement des *états dépressifs*.

### Contre-indications

Ce médicament ne doit pas être utilisé dans les cas suivants :

- risque de *glaucome* à angle fermé,
- risque de rétention des urines (*adénome de la prostate*...),
- *infarctus du myocarde* récent (moins de 3 mois),
- en association avec les *IMAO* non sélectifs ou avec un médicament contenant du sultopride.

**Attention :** Ce médicament présente des effets *atropiniques*. Il peut provoquer un *glaucome* aigu chez les personnes prédisposées : œil rouge, dur et douloureux, avec vision floue. Une consultation d'extrême urgence auprès d'un ophtalmologiste est nécessaire.

Des précautions particulières s'imposent en cas d'*épilepsie*, de maladie cardiaque, chez l'*insuffisant hépatique* ou *rénal* et chez la personne âgée, notamment en cas de constipation chronique, de tendance aux *vertiges* ou aux baisses de tension.

En cas d'excitation anormale ou de confusion des idées survenant sous traitement, une consultation médicale est nécessaire.

Avant une anesthésie locale, notamment chez le dentiste, signalez la prise de ce médicament.

Évitez les boissons alcoolisées : augmentation du risque de somnolence.

Si vous devez conduire, ou utiliser une machine dangereuse, assurez-vous préalablement que ce médicament n'altère pas votre vigilance.

### Interactions avec d'autres substances

Ce médicament ne doit pas être associé aux médicaments suivants :

- *IMAO* non sélectifs (MARSILID...) : des délais précis doivent être respectés entre l'arrêt de l'IMAO et le début du traitement par ce médicament, et inversement.
- sultopride (médicament uniquement disponible à l'hôpital) : risque de *troubles du rythme cardiaque* graves.

Il peut également interagir avec les IMAO sélectifs A et avec les médicaments contenant l'une des substances suivantes : adrénaline, noradrénaline, clonidine, guanfacine.

Informez par ailleurs votre médecin ou votre pharmacien si vous prenez un *antidépresseur sérotoninergique*, un médicament *anticonvulsivant*, *antihypertenseur*, *atropinique*, *sédatif*, ou contenant de la carbamazépine, de la thioridazine ou du baclofène.

### Grossesse et allaitement

Si une grossesse survient pendant le traitement, consultez votre médecin. Il appréciera le risque éventuel lié à l'utilisation de ce médicament dans votre cas.

Si le traitement est poursuivi jusqu'à l'accouchement, une surveillance médicale du *nouveau-né* est nécessaire.

Ce médicament est susceptible de passer faiblement dans le lait maternel : l'allaitement est déconseillé sans avis médical.

### Mode d'emploi et posologie

La dose quotidienne est généralement absorbée en une prise, au cours ou en dehors des repas.

**Posologie usuelle :**

75 mg à 150 mg par jour.

**Conseils :** L'efficacité des *antidépresseurs* n'est généralement pas immédiate. Un délai pouvant atteindre plusieurs semaines est parfois nécessaire pour que les effets bénéfiques se fassent sentir. Les effets indésirables éventuels apparaissant en début de traitement ne doivent pas vous conduire à l'arrêter prématurément.

Chez la personne souffrant de dépression, un état anxieux peut apparaître ou être majoré en début de traitement ; un *anxiolytique* est parfois prescrit par le médecin pour prévenir ou traiter ces manifestations.

Lorsque les *symptômes* de la *dépression* ont disparu, le traitement doit absolument être poursuivi pendant la durée prescrite afin de consolider la guérison. Un arrêt prématuré exposerait à une rechute. La durée d'un traitement antidépresseur est rarement inférieure à 6 mois.

Contrairement à d'autres médicaments utilisés pour traiter les maladies psychiques, les antidépresseurs ne créent pas de dépendance. Néanmoins, il est préférable d'arrêter le traitement progressivement en diminuant la posologie ou en espaçant les prises pour éviter les effets indésirables transitoires, rarement observés, en cas d'interruption brutale.

Une prise de poids peut être observée au cours du traitement. Une alimentation équilibrée, et si nécessaire les conseils d'un nutritionniste, peuvent prévenir et limiter ce phénomène.

### Effets indésirables possibles

Comme tous les *antidépresseurs imipraminiques* :

- sécheresse de la bouche, constipation, troubles de l'*accommodation*, *tachycardie*, sueurs, difficulté à uriner, troubles sexuels, *hypotension orthostatique*, somnolence ;
- plus rarement : tremblements, convulsions chez les personnes prédisposées, confusion des idées, prise de poids, tension anormale des seins, écoulement de lait par le mamelon, bouffées de chaleur, *réaction allergique*, *hépatite*, anomalie de la *numération formule sanguine*, troubles cardiaques, excitation anormale.

Laboratoires Téofarma

## PROTOPIC

*Informations détaillées sur www.monvidal.com*

## PROTOVIT

*Informations détaillées sur www.monvidal.com*

## PROVAMES
Estrogène — sur ordonnance

### Présentation
PROVAMES 1 mg : comprimé (blanc) ; boîte de 30. Liste II - Remb 65 % - **Prix : 2,32 €.**
PROVAMES 2 mg : comprimé (blanc) ; boîte de 28. Liste II - Remb 65 % - **Prix : 2,32 €.**

### Composition

| | p cp | p cp |
|---|---|---|
| **Estradiol** | 1 mg | 2 mg |
| Lactose | + | + |

### Dans quel cas ce médicament est-il prescrit ?
Ce médicament contient une *hormone* naturelle de la famille des *estrogènes.*
Il est utilisé pour soulager les *symptômes* dus au déficit en estrogènes lors de la *ménopause* (bouffées de chaleur, sécheresse vaginale...) et dans le cadre d'un cycle artificiel hormonal en association avec un traitement *progestatif.*
Les comprimés à 2 mg sont également utilisés pour prévenir l'*ostéoporose* chez la femme ménopausée ayant un risque accru de fracture.

### Contre-indications
Ce médicament ne doit pas être utilisé dans les cas suivants :
- *accident thromboembolique* (*phlébite*, *embolie* pulmonaire...) ancien ou survenant pendant le traitement ;
- *cancer hormonodépendant* ;
- saignement génital intermittent (l'origine de ce saignement doit être déterminée par des examens appropriés avant la mise en route du traitement) ;
- maladie grave du foie.

Votre médecin est seul juge pour prescrire ce médicament en cas de maladies cardiovasculaires prédisposant aux embolies.

**Attention :** De récentes études ont montré une augmentation du risque de survenue d'un cancer du sein chez les femmes ayant reçu un traitement prolongé des *symptômes* de la *ménopause.* Le traitement doit par conséquent être prescrit à la dose minimale efficace et pour une durée la plus courte possible. En l'absence de troubles, sa prescription ne doit pas être systématique.
Un bilan initial suivi d'une surveillance médicale régulière sont nécessaires, surtout dans les cas suivants : anomalie de la circulation sanguine cérébrale et rétinienne, obésité, *diabète, hypertriglycéridémie, hypertension artérielle*, affection bénigne du sein et de l'utérus, *tumeur de l'hypophyse, lupus érythémateux* disséminé, certaines maladies rares (*porphyrie, otospongiose*), ictère (jaunisse) chronique ou survenu lors d'une grossesse, *insuffisance rénale, épilepsie, asthme, antécédents* familiaux de cancer du sein
Si vous devez subir une intervention chirurgicale, il est préférable d'interrompre le traitement un mois à l'avance. De même, un alitement prolongé doit vous conduire à arrêter le traitement.

### Interactions avec d'autres substances
L'efficacité du traitement peut être diminuée par la prise conjointe d'un médicament *inducteur enzymatique.*

### Grossesse et allaitement
Ce médicament n'a pas d'indication chez la femme enceinte. Si une grossesse survient sous traitement, éventualité rare mais possible en début de pré-ménopause, consultez votre médecin et arrêtez le traitement. Aucune malformation imputable à ce médicament n'a été observée à ce jour.
Lorsque la *ménopause* est confirmée, une grossesse est impossible, y compris en cas de réapparition des règles.

### Mode d'emploi et posologie
Les comprimés peuvent être pris pendant ou entre les repas.

**Posologie usuelle :**
Elle est strictement individuelle. Votre médecin l'adapte en fonction des signes de sous ou *surdosage* :
- sous-dosage : persistance des bouffées de chaleur, de sécheresse vaginale, irritation oculaire par les lentilles de contact... ;
- surdosage : tension douloureuse des seins, sensation de gonflement, irritabilité...

En général, 1 comprimé à 1 mg ou 2 mg par jour, en traitement continu sans période d'arrêt, ou en traitement discontinu, pendant 21 à 28 jours par mois suivi d'un arrêt de traitement de 2 à 7 jours.

**Conseils :** Un *progestatif* est généralement associé aux *estrogènes* au moins 12 jours par mois pour éviter une stimulation excessive de l'utérus. N'arrêtez pas la prise du progestatif sans l'avis de votre médecin.
La réapparition de règles est fréquente (mais pas obligatoire) après chaque interruption de cycle ou à l'arrêt du progestatif. En revanche, tout saignement en cours de traitement doit être signalé à votre médecin.

### Effets indésirables possibles
Nausées, tension des seins, irritabilité, jambes lourdes (qui traduisent généralement un *surdosage*).
Saignement génital intermittent (à signaler à votre médecin).
Ce médicament contient un *estrogène* naturel, identique à celui secrété par les ovaires. Il ne semble pas exposer aux effets indésirables qui peuvent être (rarement) rencontrés avec les estrogènes de synthèse contenus dans les pilules *contraceptives* ; il serait néanmoins souhaitable d'interrompre le traitement en cas :
- d'*accident thromboembolique* en évolution ou autre accident cardiovasculaire ;
- de jaunisse ;
- de *tumeur* bénigne ou maligne du foie, du sein ou de l'utérus ;
- de crise d'*épilepsie* ;
- d'écoulement de lait par le mamelon.

La prise d'estrogènes augmente également le risque de calculs de la vésicule biliaire.

Laboratoires Aventis

## PROXALYOC
Anti-inflammatoire non stéroïdien — sur ordonnance

### Présentation
PROXALYOC 20 mg : *lyophilisat* oral ; boîte de 10. Liste I - Remb 65 % - **Prix : 4,52 €.**

### Composition

| | p lyoph |
|---|---|
| **Piroxicam** | 20 mg |
| Aspartam | + |

### Dans quel cas ce médicament est-il prescrit ?

Ce médicament est un *anti-inflammatoire* non stéroïdien (*AINS*). Il lutte contre l'*inflammation* et la douleur, fait baisser la fièvre et fluidifie le sang.

Il est utilisé dans :
- le *traitement symptomatique* de longue durée des *rhumatismes inflammatoires* et de certaines *arthroses* invalidantes ;
- le traitement de courte durée des poussées inflammatoires d'arthrose, des *arthrites*, des *tendinites*, des *sciatiques*, des *cruralgies* et des douleurs faisant suite à un traumatisme de l'appareil locomoteur.

### Contre-indications

Ce médicament ne doit pas être utilisé dans les cas suivants :
- antécédent d'*allergie* ou d'*asthme* provoqué par la prise d'*AINS*, y compris l'aspirine ;
- *ulcère* de l'estomac ou du *duodénum* ;
- *insuffisance hépatique* ou *rénale* grave ;
- *phénylcétonurie* (présence d'aspartam) ;
- enfant de moins de 15 ans ;
- **grossesse** (à partir du 6e mois).

> **Attention :** Tout traitement prolongé ou *surdosage* d'*AINS* expose à des effets indésirables graves.
>
> Certaines situations doivent conduire à ne poursuivre le traitement qu'après un avis médical :
> - brûlures d'estomac importantes ou selles noires et nauséabondes pouvant traduire une irritation ou un saignement du tube digestif ;
> - *réaction allergique* cutanée, crise d'*asthme* ;
> - fatigue inhabituelle et intense, ou baisse brutale et importante du volume des urines chez une personne souffrant d'*insuffisance cardiaque*, déshydratée ou traitée par *diurétique*.
>
> Des précautions sont nécessaires en cas d'*antécédent* d'*ulcère* de l'estomac ou du *duodénum* ou de risque hémorragique, notamment digestif (maladie de *Crohn*, *rectocolite hémorragique*).
>
> Certains médecins considèrent que les anti-inflammatoires peuvent diminuer l'efficacité des stérilets et exposer à un risque de grossesse non désirée. Ce risque est actuellement très controversé.
>
> Conducteur : ce médicament peut provoquer des étourdissements ou une baisse de la vigilance.

### Interactions avec d'autres substances

Ce médicament peut interagir avec d'autres médicaments, notamment :
- l'aspirine et les autres *anti-inflammatoires* non stéroïdiens (*AINS*) : risque d'accroissement des effets indésirables ;
- les *anticoagulants* et les *antiagrégants plaquettaires* : augmentation du risque hémorragique ;
- le lithium (TÉRALITHE, NEUROLITHIUM...) : augmentation du taux de lithium dans le sang ;
- le méthotrexate.

Informez par ailleurs votre médecin ou votre pharmacien en cas de traitement par un *diurétique*, un *inhibiteur de l'enzyme de conversion*, un *inhibiteur de l'angiotensine II*, un *bêtabloquant* ou un médicament contenant de la ciclosporine.

### Grossesse et allaitement

Des effets néfastes pour l'enfant à naître ont été mis en évidence lorsque les *AINS* sont utilisés au cours des 4 derniers mois de la grossesse ; le risque existe même avec une seule prise et même si la grossesse est à terme. L'usage de ce médicament est contre-indiqué pendant cette période.

Pendant les 5 premiers mois, l'effet de ce médicament est mal connu : seul votre médecin peut évaluer le risque éventuel de son utilisation dans votre cas.

Ce médicament passe dans le lait maternel ; un choix est donc nécessaire entre l'allaitement et la prise du médicament. Cette décision devra être prise en accord avec votre médecin.

### Mode d'emploi et posologie

Les lyophilisats doivent être dissous dans un verre d'eau et avalés au cours des repas.

**Posologie usuelle :**
- Adulte :
  - traitement de longue durée : 20 mg par jour, en 1 seule prise ;
  - traitement de courte durée : 40 mg par jour, en 1 ou plusieurs prises, pendant 5 à 15 jours en moyenne.

> **Conseils :** Les anti-inflammatoires ne sont pas des médicaments anodins. Du fait de la possibilité d'effets indésirables graves, ils ne doivent être utilisés que lorsqu'ils sont nécessaires, ce qui n'est pas le cas pour les affections rhumatismales peu douloureuses et les traumatismes bénins. Ce médicament vous a été prescrit dans une situation précise : ne le conseillez pas à un proche et ne le réutilisez pas sans avis médical.
>
> Ne dépassez pas la *posologie* et la durée de traitement prescrites par votre médecin.

### Effets indésirables possibles

*Troubles digestifs*, *gastrite*, voire *ulcère* de l'estomac ou du *duodénum*, le plus souvent lors d'un traitement prolongé à des doses supérieures à 30 mg par jour. Exceptionnellement : *hémorragie* du tube digestif (vomissements sanglants, selles noires, ou plus souvent pertes de sang imperceptibles, responsables de l'apparition progressive d'une *anémie*).

*Réaction allergique* nécessitant l'arrêt immédiat du traitement :
- *éruption cutanée*, démangeaisons, aphte, *conjonctivite* (pouvant correspondre à la phase initiale d'une réaction allergique plus grave) ;
- *asthme* ;
- malaise avec baisse de la tension artérielle.

Étourdissement, maux de tête, bourdonnement d'oreille, somnolence.

Exceptionnellement : baisse de l'audition, *photosensibilisation*, *œdème*, augmentation des *transaminases*, *hépatite*.

**Laboratoires Cephalon**

# PROZAC

Antidépresseur inhibiteur de la recapture de la sérotonine

**sur ordonnance**

## Présentation

**PROZAC 20 mg :** gélule (blanc et vert) ; boîte de 14. Liste I - Remb 65 % - **Prix : 9,97 €.**

**PROZAC 20 mg :** comprimé *dispersible* sécable (arômes : anis, menthe) ; boîte de 28. Liste I - Remb 65 % - **Prix : 17,16 €.**

**PROZAC 20 mg/5 ml :** solution buvable (arôme menthe) ; flacon de 70 ml avec pipette graduée en mg. Liste I - Remb 65 % - **Prix : 6,15 €.**

## Composition

| | p gél | p cp | p 5 ml |
|---|---|---|---|
| **Fluoxétine** | 20 mg | 20 mg | 20 mg |
| Saccharose | | | 3 g |

## Dans quel cas ce médicament est-il prescrit ?

Ce médicament est un *antidépresseur* de la famille des *inhibiteurs de la recapture de la sérotonine.*

Il est utilisé dans le traitement des *états dépressifs*, des *troubles obsessionnels compulsifs* et de la *boulimie* (en complément d'une psychothérapie).

## Contre-indications

Ce médicament ne doit pas être utilisé en association avec les *IMAO* non sélectifs.

**Attention :** L'utilisation de ce médicament est déconseillée avant l'âge de 18 ans. Des études ont en effet montré que l'utilisation d'un antidépresseur augmente le risque de suicide chez les adolescents souffrant de dépression. Chez les adolescents de 15 à 18 ans, ce traitement est par conséquent réservé à certains cas graves et nécessite une surveillance médicale particulière et la vigilance de l'entourage.

Des précautions sont nécessaires en cas d'*insuffisance hépatique*, d'*épilepsie* (même ancienne), de *diabète*, de prédisposition aux *hémorragies*.

En cas d'excitation anormale ou de confusion des idées survenant sous traitement, une consultation médicale est nécessaire.

En cas de démangeaisons, d'éruption cutanée, de gonflement du visage (lèvres, paupières...), contactez également votre médecin avant toute nouvelle prise de ce médicament ; il peut s'agir d'une *réaction allergique*.

Bien qu'aucune interaction nette n'ait été constatée avec l'*alcool*, évitez la prise de boissons alcoolisées, comme avec tout médicament *psychotrope*.

Si vous devez conduire, ou utiliser une machine dangereuse, assurez-vous préalablement que ce médicament n'altère pas votre vigilance.

## Interactions avec d'autres substances

Ce médicament ne doit pas être associé aux *IMAO* non sélectifs (MARSILID...) : des délais précis doivent être respectés entre l'arrêt de l'IMAO et le début de ce traitement, et inversement.

Il peut également interagir avec les IMAO sélectifs A.

Informez par ailleurs votre médecin si vous prenez un IMAO sélectif B, un antimigraineux de la famille des *triptans*, un *anticoagulant* oral, un *antidépresseur imipraminique* ou un médicament contenant du lithium, de la carbamazépine, de la phénytoïne ou un produit de phytothérapie contenant du millepertuis.

## Grossesse et allaitement

Ce médicament peut être utilisé au cours de la grossesse. Si le traitement est poursuivi jusqu'à l'accouchement, une surveillance médicale du nouveau-né peut être nécessaire.

Ce médicament passe dans le lait maternel : l'allaitement est déconseillé.

## Mode d'emploi et posologie

La dose quotidienne peut être prise en une ou plusieurs fois, indifféremment pendant ou en dehors des repas, le matin ou le soir.

Les comprimés peuvent être avalés tels quels avec un peu d'eau, ou être préalablement dissous dans un demi-verre d'eau.

Les gélules doivent être avalées avec un grand verre d'eau, à distance du coucher afin d'éviter tout risque d'irritation de l'œsophage.

La solution buvable peut être diluée avec un peu d'eau.

**Posologie usuelle :**

- Adulte de plus de 18 ans :
  - *état dépressif, troubles obsessionnels compulsifs* : 20 mg à 60 mg par jour ;
  - *boulimie* : 60 mg par jour.

**Conseils :** L'efficacité des *antidépresseurs* n'est généralement pas immédiate. Un délai pouvant atteindre plusieurs semaines est parfois nécessaire pour que les effets bénéfiques se fassent sentir. Les effets indésirables éventuels apparaissant en début de traitement ne doivent pas vous conduire à l'arrêter prématurément.

Chez la personne souffrant de dépression, un état anxieux peut apparaître ou être majoré en début de traitement ; un *anxiolytique* est parfois prescrit par le médecin pour prévenir ou traiter ces manifestations.

Lorsque les *symptômes* de la *dépression* ont disparu, le traitement doit absolument être poursuivi pendant la durée prescrite afin de consolider la guérison. Un arrêt prématuré exposerait à une rechute. La durée d'un traitement antidépresseur est rarement inférieure à 6 mois.

Contrairement à d'autres médicaments utilisés pour traiter les maladies psychiques, les antidépresseurs ne créent pas de dépendance. Néanmoins, il est préférable d'arrêter le traitement progressivement en diminuant la posologie ou en espaçant les prises pour éviter les effets indésirables transitoires, rarement observés, en cas d'interruption brutale.

## Effets indésirables possibles

Les effets indésirables surviennent surtout au cours des 2 premières semaines de traitement et s'estompent le plus souvent ensuite.

Diarrhée, nausées, vomissements, digestion difficile, modification du goût, sécheresse de la bouche.

Maux de tête, somnolence ou au contraire insomnie, sensation de vertiges, manque d'appétit, fatigue, euphorie, mouvements anormaux (tics, tremblements...), *convulsions*.

Agitation, anxiété, confusion des idées.

Rétention d'urine ou envie fréquente d'uriner.

Écoulement de lait par la mamelon, érection anormalement prolongée et douloureuse.

Troubles sexuels (baisse de la libido, impuissance...) ; ces troubles peuvent aussi être dus à l'état dépressif.

Divers troubles ont également été constatés, tels que : chute de cheveux, bâillements, troubles de la vision, transpiration excessive, douleurs articulaires ou musculaires, *hypotension orthostatique*.

*Pharyngite*, essouflement.

Rarement : saignements, baisse du taux de *sodium* dans le sang, atteintes hépatiques ou pulmonaires, *réaction allergique* imposant l'arrêt du traitement.

Laboratoires Lilly France

## PSEUDOPHAGE

*Informations détaillées sur www.monvidal.com*

## PSOCORTÈNE

*Informations détaillées sur www.monvidal.com*

## PSYLIA

*Informations détaillées sur www.monvidal.com*

## PSYLLIUM LANGLEBERT

*Informations détaillées sur www.monvidal.com*

## PULMICORT aérosol

Antiasthmatique — sur ordonnance

### Présentation

PULMICORT 100 µg/dose : *aérosol* ; flacon pressurisé (200 doses) avec valve doseuse et embout buccal. Liste I - Remb 65 % - **Prix : 18,80 €**.

PULMICORT 200 µg/dose : *aérosol* ; flacon pressurisé (100 doses) avec valve doseuse et embout buccal. Liste I - Remb 65 % - **Prix : 18,80 €**.

### Composition

| | p dose | p dose |
|---|---|---|
| **Budésonide** | 100 µg | 200 µg |

### Dans quel cas ce médicament est-il prescrit ?

Ce médicament d'action locale contient un *corticoïde* qui possède une activité *anti-inflammatoire* marquée sur les *muqueuses*, notamment celles des bronches.

Il est utilisé dans le *traitement de fond* de l'*asthme*.

**Attention :** Ce médicament d'action lente n'est pas adapté au *traitement de la crise* d'*asthme*. Une aggravation de l'asthme peut traduire une infection : consultez votre médecin.

Sportif : ce médicament contient une substance susceptible de rendre positifs certains *tests antidopage*.

### Grossesse et allaitement

Les données scientifiques actuellement disponibles n'ont pas mis en évidence de problème particulier lors de l'utilisation de ce médicament pendant la grossesse à la dose préconisée. Néanmoins, ne l'utilisez pas sans avis médical.

La possibilité d'un effet du médicament chez le *nourrisson* est très improbable ; néanmoins, par mesure de prudence, l'allaitement est déconseillé sans avis médical.

### Mode d'emploi et posologie

Pour que l'action du médicament soit optimale, il faut qu'il pénètre profondément dans les poumons. Ceci nécessite de respecter les conseils suivants : après avoir agité le flacon, tenir le fond de la cartouche dirigé vers le haut et expirer à fond pour vider les poumons ; introduire l'embout buccal entre les lèvres puis appuyer sur la cartouche tout en débutant une inspiration profonde par la bouche ; garder l'air en bloquant votre respiration quelques secondes avant de reprendre une respiration normale.

Chaque pression délivre une dose unique.

**Posologie usuelle :**

Elle est strictement individuelle. La dose efficace la plus faible est toujours recherchée ; elle est répartie régulièrement en 2 à 4 prises au cours de la journée.

**Conseils :** Lisez attentivement la notice jointe au médicament.

N'hésitez pas à demander une démonstration du maniement de cet appareil à votre médecin ou à votre pharmacien.

L'utilisation de l'*aérosol* doseur chez les personnes maîtrisant mal la technique d'inhalation peut être facilitée par l'emploi d'un réservoir en matière plastique (chambre d'inhalation) qui s'interpose entre l'aérosol doseur et la bouche. Demandez conseil à votre pharmacien.

Lorsque ce médicament est utilisé conjointement avec un bronchodilatateur, le bronchodilatateur devra être inhalé en premier.

Il est conseillé de se rincer la bouche avec un verre d'eau après chaque inhalation pour limiter le risque de *candidose* ou d'enrouement lié à l'utilisation de ce médicament.

Le flacon d'aérosol est sous pression : maintenez-le à l'abri de la chaleur.

### Effets indésirables possibles

Irritation de la bouche et de la gorge, toux, voix rauque.

Par ailleurs, une *candidose* de la bouche et de la gorge peut apparaître.

Comme pour tout produit inhalé, la prise de ce médicament peut provoquer une aggravation paradoxale des difficultés respiratoires : dans ce cas, ne poursuivez pas le traitement sans avis médical.

Laboratoires AstraZeneca

## PULMICORT nébulisation

Antiasthmatique — sur ordonnance

### Présentation

PULMICORT nébulisation 0,5 mg/2 ml : suspension pour inhalation par nébuliseur ; boîte de 20 flacons unidoses de 2 ml. Liste I - Remb 65 % - **Prix : 38,30 €**.

PULMICORT nébulisation 1 mg/2 ml : suspension pour inhalation par nébuliseur ; boîte de 20 flacons unidoses de 2 ml. Liste I - Remb 65 % - **Prix : 52,12 €**.

### Composition

| | p flacon | p flacon |
|---|---|---|
| **Budésonide** | 0,5 mg | 1 mg |

### Dans quel cas ce médicament est-il prescrit ?

Ce médicament d'action locale contient un *corticoïde* qui possède une activité *anti-inflammatoire* marquée sur les *muqueuses*, notamment celle des bronches.

Il est utilisé, avec un générateur d'*aérosol*, dans le *traitement de fond* de l'*asthme* chez l'enfant.

**Attention :** Ce médicament d'action lente n'est pas adapté au *traitement de la crise* d'*asthme*. Il doit être pris régulièrement, en respectant les doses et la durée de traitement prescrites par le médecin, même en l'absence de symptômes.

Une aggravation de l'asthme peut traduire une infection : consultez votre médecin.

Sportif : ce médicament contient une substance susceptible de rendre positifs certains *tests antidopage*.

### Mode d'emploi et posologie

La suspension est administrée au moyen d'un générateur d'aérosol électrique prescrit pas votre médecin. La solution est prête à l'emploi. Si nécessaire, elle peut être diluée dans du sérum physiologique.

**Posologie usuelle :**

- Enfant : 0,25 mg à 1 mg (soit ½ à 2 flacons à 0,5 mg ou ¼ à 1 flacon à 1 mg), 2 fois par jour. La dose la plus faible possible est toujours recherchée.

La durée de la nébulisation dépend du type d'appareil utilisé.

**Conseils :** N'hésitez pas à demander une démonstration du maniement du générateur d'aérosol à votre médecin ou à votre pharmacien.

Il est conseillé de se rincer la bouche après chaque séance de nébulisation pour limiter le risque de *candidose* ou d'enrouement lié à l'utilisation de ce médicament.

Il est également recommandé de se rincer le visage après l'utilisation du masque de l'aérosol.

Un flacon entamé doit être utilisé dans les 12 heures qui suivent l'ouverture.

### Effets indésirables possibles

Irritation de la bouche et de la gorge, toux, voix rauque.

Par ailleurs, une *candidose* de la bouche et de la gorge peut apparaître.

Comme pour tout produit inhalé, la prise de ce médicament peut provoquer une aggravation paradoxale des difficultés respiratoires : dans ce cas, ne poursuivez pas le traitement sans avoir pris l'avis de votre médecin.

Laboratoires AstraZeneca

## PULMICORT Turbuhaler

Antiasthmatique — sur ordonnance

### Présentation

PULMICORT Turbuhaler 100 µg : poudre pour inhalation ; flacon doseur (200 doses) avec embout buccal. Liste I - Remb 65 % - **Prix : 26,03 €**.

PULMICORT Turbuhaler 200 µg : poudre pour inhalation ; flacon doseur (200 doses) avec embout buccal. Liste I - Remb 65 % - **Prix : 42,54 €**.

PULMICORT Turbuhaler 400 µg : poudre pour inhalation ; flacon doseur (100 doses) avec embout buccal. Liste I - Remb 65 % - **Prix : 42,54 €**.

### Composition

| | p dose | p dose | p dose |
|---|---|---|---|
| **Budésonide** | 100 µg | 200 µg | 400 µg |

### Dans quel cas ce médicament est-il prescrit ?

Ce médicament d'action locale contient un *corticoïde* qui possède une activité *anti-inflammatoire* marquée sur les *muqueuses*, notamment celle des bronches.

Il est utilisé dans le *traitement de fond* de l'*asthme*.

Le Turbuhaler est adapté aux personnes ayant des difficultés à utiliser les aérosols.

**Attention :** Ce médicament d'action lente n'est pas adapté au *traitement de la crise* d'*asthme*.

Une aggravation de l'asthme peut traduire une infection : consultez votre médecin.

Sportif : ce médicament contient une substance susceptible de rendre positifs certains *tests antidopage*.

### Grossesse et allaitement

Les études actuellement disponibles n'ont pas mis en évidence de problème particulier lors de l'utilisation ponctuelle de ce médicament chez la femme enceinte. Néanmoins, il est déconseillé pendant la grossesse sans avis médical.

La possibilité d'un effet du médicament chez le *nourrisson* est très improbable ; néanmoins, par mesure de prudence, l'allaitement est déconseillé sans avis médical.

### Mode d'emploi et posologie

Charger le Turbuhaler. Vider complètement les poumons puis placer l'embout de l'appareil entre les lèvres. Aspirer à fond. L'inspiration doit être rapide et profonde. Essayer de garder l'air dans les poumons quelques secondes avant de les vider. Le Turbuhaler n'entraîne aucune sensation particulière bien que le produit soit délivré au niveau du poumon. Il ne faut jamais souffler dans l'appareil ni le mouiller. Replacer le capuchon après usage.

**Posologie usuelle :**

Elle est strictement individuelle. La dose efficace la plus faible est toujours recherchée ; elle est répartie régulièrement en 1 à 4 prises au cours de la journée.

**Conseils :** Lisez attentivement la notice jointe au médicament.

N'hésitez pas à demander une démonstration du maniement de cet appareil à votre médecin ou à votre pharmacien.

Lorsque ce médicament est utilisé conjointement avec un bronchodilatateur, le bronchodilatateur devra être inhalé en premier.

Il est conseillé de se rincer la bouche avec un verre d'eau après chaque *inhalation* pour limiter le risque de *candidose* ou d'enrouement lié à l'utilisation de ce médicament.

### Effets indésirables possibles

Irritation de la bouche et de la gorge, toux, voix rauque.

Par ailleurs, une *candidose* de la bouche et de la gorge peut apparaître.

Laboratoires AstraZeneca

**PULMOBAILLY**

*Informations détaillées sur www.monvidal.com*

## PULMODEXANE

Antitussif opiacé

### Présentation

PULMODEXANE toux sèche, sans sucre : solution buvable (arôme punch) ; flacon de 150 ml avec cuillère-mesure de 5 ml. Remb 35 % - **Prix : 2,55 €**.

### Composition

| | p c mes |
|---|---|
| **Dextrométhorphane bromhydrate** | 15 mg |
| Maltitol | + |

### Dans quel cas ce médicament est-il prescrit ?

Ce médicament *antitussif* contient du dextrométhorphane, qui agit sur les centres de la toux.

Il est utilisé dans le *traitement symptomatique* des toux sèches et d'irritation chez l'adulte et l'enfant de plus de 30 kg (environ 10 ans).

### Contre-indications

Ce médicament ne doit pas être utilisé dans les cas suivants :
- *insuffisance respiratoire,*
- *asthme,*
- en association avec un *antidépresseur* de type *IMAO,*
- **allaitement**.

**Attention :** Ce médicament n'est pas adapté au traitement de la toux grasse, qui est un mécanisme de défense normal de l'organisme permettant l'évacuation des mucosités présentes dans les bronches.

La toux est un *symptôme* qui peut révéler de nombreuses maladies : consultez votre médecin si elle persiste plus de quelques jours.

Ce médicament peut induire une somnolence, parfois intense chez certaines personnes. Cette somnolence peut être majorée par la prise d'*alcool* ou d'autres médicaments *sédatifs*. La conduite et l'utilisation de machines dangereuses sont déconseillées, surtout dans les heures qui suivent la prise du médicament.

### Interactions avec d'autres substances

Ce médicament ne doit pas être associé aux *antidépresseurs* de type *IMAO* non sélectifs (MARSILID...) ou sélectifs A (MOCLAMINE...) : risque d'élévation de la température, d'agitation, de chute brutale de la tension artérielle.

Informez par ailleurs votre médecin ou votre pharmacien si vous prenez un médicament *sédatif* (tranquillisants, somnifères, certains médicaments contre la douleur contenant des *opiacés*, *antidépresseurs*, *neuroleptiques*...).

### Grossesse et allaitement

L'utilisation ponctuelle de ce médicament pendant la grossesse est possible, à condition de respecter la *posologie* recommandée. Néanmoins, son utilisation dans les jours qui ont précédé l'accouchement doit être signalée au médecin ; en effet, une surveillance particulière du *nouveau-né* peut être nécessaire.

Certains antitussifs pris à doses excessives par des mères allaitant leurs enfants ont provoqué chez ces derniers des pauses respiratoires. Ce risque n'a pas été constaté avec le dextrométhorphane aux doses recommandées ; mais ce médicament est néanmoins, par sécurité, contre-indiqué pendant l'allaitement.

### Mode d'emploi et posologie

Ce médicament peut être pris indifféremment au cours ou en dehors des repas, de préférence au moment où survient la toux. Les prises doivent être espacées d'au moins 4 heures.

**Posologie usuelle :**
- Adulte : 1 ou 2 cuillères-mesure par prise, à renouveler si nécessaire sans dépasser 8 cuillères-mesure par jour.
- Personne âgée, *insuffisant hépatique* : la *posologie* initiale est généralement réduite de moitié.
- Enfant de plus de 30 kg (plus de 10 ans environ) : ½ cuillère-mesure par prise, à renouveler si nécessaire sans dépasser 4 cuillères-mesure par jour.

La durée du traitement est limitée à 5 jours sans avis médical.

**Conseils :** Ce médicament n'entraîne pas de risque de *dépendance* ni de *dépression respiratoire*, aux doses usuelles.

Une toux nocturne aggravée par ce médicament peut être une toux allergique : demandez conseil à votre médecin.

Fumer, ou être exposé à la fumée des autres, nuit à l'efficacité du traitement : la cigarette est irritante pour les bronches et entretient la toux.

Des mesures simples permettent de calmer les toux sèches : boissons chaudes et humidification de l'air ambiant.

### Effets indésirables possibles

Nausées, vomissements, constipation, somnolence, état vertigineux, *réaction allergique* cutanée, exceptionnellement *bronchospasme*.

Comme tous les médicaments et confiseries contenant des sucres non absorbables (sorbitol, maltitol...), possibilité de *diarrhée* en cas d'apport important.

Laboratoires Bailly-Creat

**PULMO-DRAINOL**

*Informations détaillées sur www.monvidal.com*

**PULMOFLUIDE SIMPLE**

*Informations détaillées sur www.monvidal.com*

## PULMOLL

Préparation orobuccale antibactérienne et antalgique

### Présentation

PULMOLL : pastille (marron) ; boîte de 70 g. Non remb.
PULMOLL : pastille (marron) ; boîte de 140 g. Non remb.

### Composition

| | p pastille |
|---|---|
| **Terpine** | 3,8 mg |
| **Lévomenthol** | 0,76 mg |
| **Amyléine chlorhydrate** | 0,152 mg |
| Acide glycyrrhizique | + |
| Saccharose | 393 mg |

### Dans quel cas ce médicament est-il prescrit ?

Ce médicament d'usage local contient un *expectorant*, un *antiseptique* et un *anesthésique* local.

Il est utilisé pour calmer les irritations de la gorge.

### Contre-indications

Ce médicament ne doit pas être utilisé dans les cas suivants :
- *allergie* aux *anesthésiques* locaux,
- *hypertension artérielle*,
- enfant de moins de 6 ans.

**Attention :** En l'absence d'amélioration au bout de 5 jours, de douleur en avalant ou en cas d'apparition de fièvre, consultez votre médecin. Il pourra faire la différence entre une *pharyngite* et une angine. En cas d'angine bactérienne, un traitement *antibiotique* est nécessaire afin d'éviter des complications ultérieures, cardiaques ou rénales.
L'usage prolongé des traitements antiseptiques locaux (*gargarisme, collutoire*, pastille) n'est pas souhaitable ; il peut modifier l'équilibre microbien naturel de la gorge.
Une surconsommation pourrait provoquer des troubles nerveux et cardiaques : respectez la *posologie*.
Des précautions sont nécessaires en cas d'*antécédent* d'*épilepsie*.
Ce médicament contient du *sucre* (saccharose) en quantité notable.

### Grossesse et allaitement

L'effet de ce médicament pendant la grossesse ou l'allaitement est mal connu. L'évaluation du risque éventuel lié à son utilisation est individuelle : demandez conseil à votre pharmacien ou à votre médecin.

### Mode d'emploi et posologie

Les pastilles doivent être sucées lentement sans être croquées, de préférence à distance des repas.

**Posologie usuelle :**
- Adulte : 20 pastilles par jour au maximum.
- Enfant de 6 à 15 ans : 10 pastilles par jour au maximum.

**Conseils :** Chez l'enfant et la personne âgée, évitez l'usage de ce médicament avant les repas : l'*anesthésique* local est susceptible de provoquer des troubles de la déglutition ; ceux-ci pourraient être à l'origine du passage d'aliments dans les *voies* respiratoires.

### Effets indésirables possibles

Rarement : *réaction allergique*.

Engourdissement passager de la langue.

En cas de dépassement de la posologie usuelle, les *terpènes* peuvent provoquer :
- des *convulsions* chez l'enfant,
- agitation, confusion des idées (notamment chez la personne âgée).

**Laboratoires GlaxoSmithKline Santé Grand Public**

## PULMOLL MENTHOL EUCALYPTUS

*Informations détaillées sur www.monvidal.com*

## PULMOSÉRUM

Antitussif opiacé

### Présentation

PULMOSÉRUM : solution buvable (jaune) ; flacon de 200 ml. Non remb.

### Composition

| | p c à s |
|---|---|
| **Codéine** | 12 mg |
| **Gaïacol** | 75 mg |
| Saccharose | 980 mg |
| Alcool à 95° | 710 mg |

### Dans quel cas ce médicament est-il prescrit ?

Ce médicament *antitussif* contient un *opiacé* (la *codéine*) et un *expectorant*. La codéine a une action *sédative* sur le *système nerveux central* et notamment sur les centres de la toux.

Il est utilisé dans le *traitement symptomatique* des toux sèches.

### Contre-indications

Ce médicament ne doit pas être utilisé dans les cas suivants :
- *asthme*,
- *insuffisance respiratoire*,
- **allaitement**.

**Attention :** Ce médicament n'est pas adapté au traitement de la toux grasse, qui est un mécanisme de défense normal de l'organisme permettant l'évacuation des mucosités présentes dans les bronches.
La toux est un *symptôme* qui peut révéler de nombreuses maladies : consultez votre médecin si elle persiste plus de quelques jours.
Du fait de la présence de codéine :
- n'utilisez pas ce médicament à forte dose et de façon prolongée (risque de *dépendance*) ;
- évitez son emploi en cas d'*hypertension intracrânienne*, qu'il pourrait aggraver.

La solution buvable contient du *sucre* (saccharose) en quantité notable.
Ce médicament peut induire une somnolence, parfois intense chez certaines personnes. Cette somnolence peut être majorée par la prise d'*alcool* ou d'autres médicaments *sédatifs*. La conduite et l'utilisation de machines dangereuses sont déconseillées, surtout dans les heures qui suivent la prise du médicament.

### Interactions avec d'autres substances

Compte tenu de la présence d'*alcool*, ce médicament peut interagir avec ceux qui ont un *effet antabuse* (ESPÉRAL, TTD B3 B4...).

Ce médicament ne doit pas être associé à ceux qui contiennent de la nalbuphine, de la buprénorphine ou de la pentazocine : risque de diminution de l'effet *antalgique*.

Informez par ailleurs votre médecin ou votre pharmacien si vous prenez des *sédatifs*.

### Grossesse et allaitement

L'utilisation de la *codéine* et de ses dérivés (codéthyline, pholcodine) ne doit être envisagée chez la femme enceinte qu'en cas de nécessité, en effet :
- une *insuffisance respiratoire* peut survenir chez le nouveau-né d'une mère traitée par des doses élevées, même si le traitement est ponctuel mais précède de peu l'accouchement ;

- un *syndrome de sevrage*, à l'inverse, peut concerner des nouveau-nés si leur mère reçoit un traitement régulier, même à faible dose.

Il est donc important de signaler à l'obstétricien la prise éventuelle de codéine ou d'un de ses dérivés, afin que ces risques puissent être prévenus par une surveillance et un éventuel traitement adapté.

Ce médicament passe dans le lait maternel. Il est contre-indiqué pendant l'allaitement.

### Mode d'emploi et posologie

Ce médicament doit être pris au moment où survient la toux. Les prises doivent être espacées d'au moins 6 heures.

**Posologie usuelle :**

- Adulte : 1 à 2 cuillères à soupe, 1 à 4 fois par jour.

En cas d'*insuffisance hépatique* et chez la personne âgée, la *posologie* initiale est généralement réduite de moitié.

**Conseils :** De nombreux médicaments contiennent de la *codéine*, notamment certains *antitussifs* et *antalgiques*. Le *surdosage* expose à une augmentation des effets indésirables.

Une toux nocturne aggravée par ce médicament peut être une toux allergique : demandez conseil à votre médecin.

Fumer, ou être exposé à la fumée des autres, nuit à l'efficacité du traitement : la cigarette est irritante pour les bronches et entretient la toux.

Des mesures simples permettent de calmer les toux sèches : boissons chaudes et humidification de l'air ambiant.

### Effets indésirables possibles

Constipation, somnolence, nausées, vomissements, sensation de vertige et, plus rarement, *bronchospasme*, *réaction allergique* cutanée, ralentissement de la respiration. Ces effets indésirables sont ceux de la famille des *opiacés* ; ils sont généralement modérés aux doses recommandées.

Laboratoires Bailly-Creat

## PULMOSODYL

*Informations détaillées sur www.monvidal.com*

## PULSATILLA COMPLEXE N° 60

*Informations détaillées sur www.monvidal.com*

## PULVIPLASMINE

*Informations détaillées sur www.monvidal.com*

## PUREGON

Traitement de la stérilité — sur ordonnance

### Présentation

**PUREGON 50 UI/0,5 ml :** solution injectable *IM* ou *SC* ; boîte de 1 flacon. Liste I, *médicament à prescription restreinte* - Remb 100 % - **Prix : 24,77 €.**

**PUREGON 50 UI/0,5 ml :** solution injectable *IM* ou *SC* ; boîte de 5 flacons. Liste I, *médicament à prescription restreinte* - Remb 100 % - **Prix : 108,29 €.**

**PUREGON 75 UI/0,5 ml :** solution injectable *IM* ou *SC* ; boîte de 1 flacon. Liste I, *médicament à prescription restreinte* - Remb 100 % - **Prix : 36,20 €.**

**PUREGON 75 UI/0,5 ml :** solution injectable *IM* ou *SC* ; boîte de 5 flacons. Liste I, *médicament à prescription restreinte* - Remb 100 % - **Prix : 159,80 €.**

**PUREGON 100 UI/0,5 ml :** solution injectable *IM* ou *SC* ; boîte de 1 flacon. Liste I, *médicament à prescription restreinte* - Remb 100 % - **Prix : 46,51 €.**

**PUREGON 100 UI/0,5 ml :** solution injectable *IM* ou *SC* ; boîte de 5 flacons. Liste I, *médicament à prescription restreinte* - Remb 100 % - **Prix : 209,34 €.**

**PUREGON 150 UI/0,5 ml :** solution injectable *IM* ou *SC* ; boîte de 1 flacon. Liste I, *médicament à prescription restreinte* - Remb 100 % - **Prix : 67,10 €.**

**PUREGON 150 UI/0,5 ml :** solution injectable *IM* ou *SC* ; boîte de 5 flacons. Liste I, *médicament à prescription restreinte* - Remb 100 % - **Prix : 305,23 €.**

**PUREGON 300 UI/0,36 ml :** solution injectable *SC* ; boîte de 1 cartouche + 7 aiguilles. Liste I, *médicament à prescription restreinte* - Remb 100 % - **Prix : 128,90 €.**

**PUREGON 600 UI/0,72 ml :** solution injectable *SC* ; boîte de 1 cartouche + 7 aiguilles. Liste I, *médicament à prescription restreinte* - Remb 100 % - **Prix : 247,68 €.**

### Composition

| | p flacon | p flacon | p flacon |
|---|---|---|---|
| Follitropine bêta (FSH) | 50 UI | 75 UI | 100 UI |
| | p flacon | p cartouche | p cartouche |
| Follitropine bêta (FSH) | 150 UI | 300 UI | 600 UI |

### Dans quel cas ce médicament est-il prescrit ?

Ce médicament contient une *hormone* qui stimule les organes de la reproduction. Chez la femme, il facilite l'ovulation et favorise le développement des follicules contenant les ovules ; chez l'homme, il améliore la qualité du sperme en cas de stimulation hormonale insuffisante des testicules.

Il est utilisé :

- chez la femme dans le traitement de la stérilité, seul, ou en complément des techniques de procréation assistée,
- chez l'homme, pour améliorer la production de spermatozoïdes en cas d'insuffisance de stimulation testiculaire.

### Contre-indications

Ce médicament ne doit pas être utilisé dans les cas suivants :

- *tumeur de l'hypophyse*, de l'*hypothalamus*, de l'ovaire, du sein, de l'utérus, du testicule ;
- saignement génital intermittent (l'origine de ce saignement doit être déterminé par des examens appropriés avant la mise en route du traitement) ;
- maladie des ovaires ou des testicules ne leur permettant pas de réagir à une stimulation ;
- hypertrophie ou kystes des ovaires (sauf la dystrophie ovarienne polykystique qui est une indication à ce médicament) ;
- **grossesse** en cours ;
- **allaitement**.

**Attention :** Des douleurs abdominales associées à des nausées peuvent traduire une stimulation excessive des ovaires. Prenez l'avis de votre médecin avant de faire pratiquer l'injection suivante.

Une surveillance médicale régulière, comportant des *échographies* et des analyses sanguines, est nécessaire pendant tout le traitement.

Le médecin pourra éventuellement vous proposer de pratiquer vous-même les injections de la solution en cartouches. Dans ce cas, des explications précises et une première auto-injection, réalisée en présence du médecin ou de l'infirmière, sont nécessaires.

### Interactions avec d'autres substances

Ce médicament peut interagir avec d'autres stimulants de l'ovulation, ou certains traitements qui diminuent la sécrétion des *hormones* hypophysaires. Votre médecin en tient compte dans le calcul de la *posologie*.

Ce médicament ne doit pas être mélangé avec d'autres substances médicamenteuses dans la même seringue ou dans la même cartouche.

### Grossesse et allaitement

Ce médicament n'a pas lieu d'être utilisé pendant la grossesse ou l'allaitement. La grossesse éventuelle qui survient après le traitement n'est pas affectée par celui-ci. Mais, chez les patientes non réglées, il est recommandé de s'assurer de l'absence de grossesse avant de démarrer la cure suivante.

### Mode d'emploi et posologie

La solution doit être limpide ; dans le cas contraire, ne pas l'injecter.

Lorsque l'injection a lieu par *voie sous-cutanée*, veiller à changer de site d'injection.

La solution en flacon doit être administrée par *voie sous-cutanée* ou *intramusculaire*, immédiatement après avoir percé le bouchon en caoutchouc. Après l'injection, l'aiguille et le reste de solution non utilisé doivent être jetés.

Les cartouches sont à utiliser avec le stylo injecteur Puregon Pen. Avant l'injection, purger l'air éventuellement contenu dans la cartouche. La solution doit être administrée par voie sous-cutanée et peut être conservée 28 jours après la première injection. L'aiguille doit être changée après chaque injection.

**Posologie usuelle :**

Chez la femme, la *posologie* est fixée par le médecin en fonction des *échographies* qui permettent de suivre la stimulation des ovaires.

Chez l'homme, la posologie est de 450 UI par semaine, généralement répartie en 3 injections espacées, poursuivie pendant au moins 3 mois.

Un traitement hormonal complémentaire est nécessaire pour obtenir la maturation du follicule qui libérera l'ovule chez la femme et pour améliorer la production de spermatozoïdes chez l'homme.

**Conseils :**

**Conditions particulières de délivrance :**

Ce médicament doit obligatoirement être prescrit par un médecin spécialiste en gynécologie ou en endocrinologie.

Les flacons et les cartouches doivent être conservés entre + 2 °C et + 8 °C (au réfrigérateur), dans leur emballage.

### Effets indésirables possibles

Douleur au point d'injection.

Stimulation ovarienne excessive : nausées, vomissements, douleurs abdominales (voir Attention).

Comme tous les traitements qui stimulent l'ovulation, ce médicament augmente la fréquence des grossesses multiples (il s'agit alors de jumeaux dans la majorité des cas).

Exceptionnellement : *phlébite*, *embolie* pulmonaire.

*Gynécomastie* et *acné* chez l'homme : ce sont des effets connus et normaux du traitement.

Laboratoires Organon

## PURINÉTHOL

*Informations détaillées sur www.monvidal.com*

## PURIVIST

*Informations détaillées sur www.monvidal.com*

## PURSENNIDE

Laxatif stimulant

### Présentation

**PURSENNIDE 20 mg :** comprimé (rose) ; boîte de 20. Non remb.

### Composition

| | p cp |
|---|---|
| **Sennosides calciques, extraits de Cassia augustifolia et acutifolia** | 20 mg |

### Dans quel cas ce médicament est-il prescrit ?

Ce médicament est un *laxatif stimulant*. Il augmente les sécrétions et la motricité de l'intestin.

Il est utilisé dans le *traitement symptomatique* de la constipation.

### Contre-indications

Ce médicament ne doit pas être utilisé dans les cas suivants :

- maladies inflammatoires du côlon ;
- constipation ou douleurs abdominales dues à une obstruction du tube digestif : rétrécissement intestinal, *fécalome* (bouchon de selles) ;
- enfant de moins de 12 ans, sauf sur prescription médicale.

**Attention :** Ce médicament doit être utilisé de façon épisodique et en cure très brève : pas plus de 8 à 10 jours.

Son usage régulier peut entraîner :

- une *dépendance* ;
- des troubles intestinaux graves ;
- une perte de sels minéraux, notamment de *potassium*, pouvant être à l'origine de *troubles du rythme cardiaque* graves.

L'usage des laxatifs doit rester exceptionnel chez l'enfant.

Arrêtez le traitement en cas de diarrhée ou de douleurs abdominales.

### Interactions avec d'autres substances

Ce médicament peut interagir avec les médicaments susceptibles de provoquer des *torsades de pointes*.

Informez par ailleurs votre pharmacien ou votre médecin si vous prenez des *corticoïdes* (sauf traitement local), des *diurétiques* ou des médicaments contenant de la digoxine, de la digitoxine ou de l'amphotéricine B (par *voie* intraveineuse).

### Grossesse et allaitement

Ce médicament est déconseillé pendant la grossesse ou l'allaitement.

**Mode d'emploi et posologie**

Les comprimés sont pris après le repas du soir.

L'effet laxatif n'est pas immédiat. Il se manifeste généralement environ 10 heures après la prise du médicament.

**Posologie usuelle :**

1 comprimé par jour, 2 si nécessaire.

**Conseils :** Le traitement de la constipation chronique repose essentiellement sur des boissons abondantes, une alimentation riche en fibres et une activité physique régulière.

Ce médicament peut colorer les urines (de jaune-brun à rouge-brun), ce qui ne doit pas vous inquiéter.

**Effets indésirables possibles**

Diarrhée, douleurs abdominales.

Laboratoires Novartis Santé Familiale

## PYOREX

*Informations détaillées sur www.monvidal.com*

## PYOSTACINE

Antibiotique : synergistine — sur ordonnance

**Présentation**

**PYOSTACINE 250 mg :** comprimé (blanc) ; boîte de 16. Liste I - Remb 65 % - **Prix : 12,77 €.**

**PYOSTACINE 500 mg :** comprimé sécable (blanc) ; boîte de 16. Liste I - Remb 65 % - **Prix : 24,97 €.**

**Composition**

| | p cp | p cp |
|---|---|---|
| **Pristinamycine** | 250 mg | 500 mg |
| Amidon de blé (gluten) | + | + |

**Dans quel cas ce médicament est-il prescrit ?**

C'est un *antibiotique* qui appartient à la famille des *synergistines.*

Il est utilisé dans le traitement de diverses maladies infectieuses, notamment ORL, de la bouche et des dents, des poumons et des bronches, de la peau, de la prostate, des os...

Il est également utilisé dans la prévention de l'*endocardite bactérienne.*

**Contre-indications**

Ce médicament ne doit pas être utilisé en cas d'*allergie* aux *synergistines* (pristinamycine, virginiamycine).

**Attention :** De nombreux *antibiotiques* peuvent provoquer des selles liquides ou une *diarrhée*, généralement bénigne. En revanche, une diarrhée importante survenant pendant ou dans les jours qui suivent le traitement antibiotique doit être signalée à votre médecin.

Une diminution de la fièvre ou une disparition des *symptômes* ne sont pas synonymes de guérison : la durée du traitement doit absolument être respectée pour éviter les rechutes ou l'apparition d'une *résistance* du *germe* à l'*antibiotique.*

**Interactions avec d'autres substances**

Informez votre médecin si vous prenez de la ciclosporine (NEORAL, SANDIMMUN).

**Grossesse et allaitement**

L'effet de ce médicament pendant la grossesse est mal connu : seul votre médecin peut évaluer le risque éventuel de son utilisation dans votre cas.

Ce médicament passe dans le lait maternel : ne l'utilisez pas pendant l'allaitement sans prendre l'avis de votre médecin.

**Mode d'emploi et posologie**

Les comprimés doivent être avalés avec un verre d'eau au moment des repas.

**Posologie usuelle :**

- Adulte : 4 comprimés à 250 mg ou 2 comprimés à 500 mg, 2 à 3 fois par jour.
- Enfant : 50 mg par kg et par jour, en 2 ou 3 prises ; soit, par exemple, pour un enfant de 20 kg : 2 comprimés à 250 mg ou 1 comprimé à 500 mg, matin et soir.

**Conseils :** Le médecin prescrit parfois un prélèvement pour identifier le *germe* responsable de l'infection et tester sa sensibilité aux *antibiotiques.* Le résultat de cet examen peut être faussé en cas d'automédication préalable : ne prenez pas et ne donnez pas d'antibiotiques sans avis médical.

L'éventuelle impression de fatigue n'est pas due à l'*antibiotique* mais à l'infection elle-même.

**Effets indésirables possibles**

*Diarrhée*, digestion difficile.

Apparition de pustules jaunâtres sur une peau rougie : ne reprenez pas le traitement avant d'avoir pris un avis médical.

Exceptionnellement : *réaction allergique.*

Laboratoires Aventis

## PYRADOL

*Informations détaillées sur www.monvidal.com*

## PYRALVEX

Préparation buccale antiseptique

**Présentation**

**PYRALVEX :** solution buccale et gingivale ; flacon de 10 ml avec pinceau. Non remb.

**PYRALVEX-GEL :** gel buccal et gingival ; tube de 15 g. Non remb.

**Composition**

| | sol p 100 ml | gel p 100 g |
|---|---|---|
| **Rhubarbe, extrait de racine** | 5 g | 5 g |
| **Acide salicylique** | 1 g | 1 g |
| Alcool à 61° | qs | + |

**Dans quel cas ce médicament est-il prescrit ?**

Ce médicament d'usage local possède des propriétés *anti-inflammatoires* et *antiseptiques.*

Il est utilisé sous forme de gel ou de solution dans le traitement des *aphtes* et des *inflammations* de la bouche et des gencives.

### Contre-indications

Ce médicament ne doit pas être utilisé dans les cas suivants :
- *allergie* aux *salicylés*,
- enfant de moins de 6 ans.

**Attention :** Ce médicament contient de l'*alcool* en quantité notable.

### Grossesse et allaitement

Ce médicament peut être utilisé pendant la grossesse ou l'allaitement.

### Mode d'emploi et posologie

Appliquer la solution avec le pinceau joint au flacon ou avec un morceau de coton.
Appliquer le gel avec le doigt sur la partie douloureuse, puis masser doucement la gencive.

**Posologie usuelle :**
- Adulte et enfant de plus de 6 ans : 2 à 4 applications par jour.

**Conseils :** Il est préférable d'attendre quelques minutes après l'application avant de se rincer la bouche ou les dents.
En cas d'irritation des gencives par une prothèse (dentier), n'hésitez pas à consulter votre dentiste.

### Effets indésirables possibles

Picotements liés à l'*alcool* contenu en quantité importante.
Coloration jaune des dents disparaissant rapidement.
*Réaction allergique.*

**Laboratoires Norgine Pharma**

## PYRÉFLOR

Antiparasitaire externe

### Présentation

**PYRÉFLOR lotion :** solution pour application locale (arôme pomme verte) ; flacon vaporisateur de 100 ml. Non remb.
**PYRÉFLOR lotion :** solution pour application locale (arôme pomme verte) ; flacon de 125 ml. Non remb.
**PYREFLOR :** shampooing (arôme pomme verte) ; flacon de 125 ml. Non remb.

### Composition

| | solution p 100 ml | shamp p 100 ml |
|---|---|---|
| **Perméthrine 25/75 (cis/trans)** | 0,3 g | 0,3 g |
| **Pipéronyle butoxyde** | 1 g | 1 g |
| **Énoxolone** | 0,2 g | |

### Dans quel cas ce médicament est-il prescrit ?

Ce médicament contient des substances actives sur les poux. La lotion contient de l'énoxolone qui limite les phénomènes d'irritation.
Il est utilisé pour détruire les poux et leurs œufs (lentes).

**Attention :** Évitez l'emploi de la lotion chez l'enfant de moins de 30 mois.
Rincez abondamment en cas de contact accidentel avec les yeux ou les *muqueuses*.
La répétition des applications peut être à l'origine d'une irritation et peut permettre aux poux de développer une résistance au traitement. En cas d'échec du traitement, un autre produit doit être utilisé.

### Mode d'emploi et posologie

**Solution** : appliquer la solution à la base des cheveux, de façon à imprégner totalement la chevelure. Laisser agir 5 minutes. Laver les cheveux avec le shampooing habituel, puis les passer méticuleusement au peigne fin. Cette étape est essentielle pour le succès du traitement. Renouveler l'opération le lendemain.
**Shampooing** : frictionner les cheveux mouillés avec le shampooing pendant plusieurs minutes. Laisser agir 5 minutes, rincer abondamment à l'eau tiède. Appliquer le shampooing une seconde fois, rincer, puis passer méticuleusement les cheveux au peigne fin. Renouveler l'opération le lendemain.

**Conseils :** Pour éviter une réinfestation, il est recommandé que l'entourage suive le même traitement.
Les chapeaux, bonnets, écharpes, draps et taies d'oreiller doivent être désinfectés en les lavant à 60 °C ou en utilisant un insecticide spécifique vendu en pharmacie.
Les lentes fixées à plus de 2 cm du cuir chevelu sont généralement mortes, et leur présence ne signifie pas que le traitement a échoué. Leur élimination peut être facilitée en démêlant les cheveux avec un peigne trempé dans de l'eau vinaigrée.

### Effets indésirables possibles

Irritation, rougeur en cas de contact avec les *muqueuses*.

**Laboratoires Ferlux**

# Q

## QUADRASA

*Informations détaillées sur www.monvidal.com*

## QUESTRAN

Hypolipémiant — sur ordonnance

### Présentation

QUESTRAN : poudre orale ; boîte de 50 sachets (arôme orange). Liste I - Remb 65 % - **Prix : 18,71 €**.

### Composition

| | p sachet |
|---|---|
| **Colestyramine** | 4 g |
| Aspartam | + |

### Dans quel cas ce médicament est-il prescrit ?

C'est un *hypolipidémiant* qui appartient à la famille des résines. Il permet d'abaisser le taux de *cholestérol* circulant dans le sang en augmentant son élimination par l'intestin.

Il est principalement utilisé dans le traitement des excès de cholestérol persistant malgré un régime adapté et assidu, mais également dans le traitement des démangeaisons associées à certaines jaunisses.

### Contre-indications

Ce médicament ne doit pas être utilisé dans les cas suivants :

- *insuffisance hépatique* grave ou obstruction des *voies biliaires* ;
- *phénylcétonurie* (présence d'aspartam).

Dans tous les autres cas, le médecin est seul juge pour prescrire ce médicament, notamment en cas de constipation chronique.

**Attention :** Chez la personne âgée, le traitement doit être commencé de préférence à faible dose pour limiter la survenue des effets indésirables.

### Interactions avec d'autres substances

Ce médicament peut diminuer l'absorption d'autres médicaments, en particulier ceux qui contiennent des acides biliaires (acide chénodésoxycholique, acide ursodésoxycholique), des *anticoagulants* oraux, des *digitaliques* ou des *hormones thyroïdiennes*. Un délai de 2 heures doit être respecté entre la prise de ce médicament et celle des autres traitements. Demandez conseil à votre médecin ou à votre pharmacien.

### Grossesse et allaitement

En dehors de circonstances exceptionnelles, ce médicament n'a pas lieu d'être utilisé pendant la grossesse.

Ce médicament peut, à forte dose, diminuer l'absorption de certaines vitamines. Il ne doit donc être utilisé pendant l'allaitement qu'en cas d'absolue nécessité.

### Mode d'emploi et posologie

Ce médicament est pris de préférence avant les repas.

La poudre doit être versée dans un verre d'eau. Après avoir laissé reposer 1 à 2 minutes, remuer pour obtenir une suspension uniforme. Ce médicament ne doit en aucun cas être pris à l'état pur (sous forme sèche). Il peut également être mélangé à du jus de fruits ou du lait. Il peut être préparé chaque soir pour le lendemain et conservé au réfrigérateur.

**Posologie usuelle :**

- Adulte : la *posologie* est adaptée par le médecin en fonction des résultats de la prise de sang. Elle est habituellement fixée à 3 sachets par jour.

Le régime reste indispensable pendant toute la durée du traitement.

**Conseils :** Un régime pauvre en *cholestérol* et en graisses animales n'est pas simple à suivre : les erreurs sont fréquentes. Demandez conseil à votre médecin, à votre pharmacien ou à un professionnel de la diététique.

### Effets indésirables possibles

Constipation très fréquente, parfois grave, en particulier chez la personne âgée.

Autres *troubles digestifs* assez fréquents : douleurs abdominales, éructations, ballonnements, diarrhée, nausées, vomissements, selles grasses.

Laboratoires Bristol-Myers Squibb

## QUIÉTILINE

Anxiolytique : benzodiazépine — sur ordonnance

Ce médicament est un générique de LEXOMIL (voir p. 573 et tableau p. 1151).

## QUIÉTUDE

Homéopathie

### Présentation

QUIÉTUDE : sirop (arôme caramel) ; flacon de 200 ml avec cuillère-mesure de 5 ml. Non remb.

### Composition

Chamomilla vulgaris 9 CH, Gelsemium 9 CH, Hyoscyamus niger 9 CH, Kalium bromatum 9 CH, Passiflora incarnata 3 DH, Stramonium 9 CH, aa. Alcool, saccharose.

### Dans quel cas ce médicament est-il prescrit ?

Ce médicament est un *complexe* (association) de préparations homéopathiques.

Il est utilisé en cas de nervosité ou de troubles du sommeil chez l'enfant.

### Contre-indications

Ce médicament ne doit pas être utilisé chez l'enfant de moins de 1 an.

**Attention :** Ce médicament ne doit pas être utilisé sans avis médical chez l'enfant de moins de 30 mois.
Ce sirop contient du *sucre* (saccharose) en quantité notable.

**Mode d'emploi et posologie**

Ce médicament peut être pris indifféremment au cours ou en dehors des repas.

**Posologie usuelle :**

- Enfant de plus de 1 an : 1 cuillère-mesure de sirop, matin et soir.

La durée du traitement ne doit pas dépasser 10 jours sans avis médical.

> **Conseils :** Les médicaments ne sont pas la seule réponse aux troubles du sommeil de l'enfant. L'avis d'un psychologue peut être nécessaire.
> Certains homéopathes recommandent de ne pas absorber de camphre pendant un traitement homéopathique.

Laboratoires Boiron

## QUINAPRIL MERCK

Inhibiteur de l'enzyme de conversion — sur ordonnance

Ce médicament est un générique de ACUITEL (voir p. 51 et tableau p. 1151).
Ce médicament est un générique de KOREC (informations détaillées sur www.monvidal.com).

## QUINAPRIL TEVA

Inhibiteur de l'enzyme de conversion — sur ordonnance

Ce médicament est un générique de ACUITEL (voir p. 51 et tableau p. 1151).
Ce médicament est un générique de KOREC (informations détaillées sur www.monvidal.com).

### QUINIMAX comprimé

*Informations détaillées sur www.monvidal.com*

### QUINIMAX injectable

*Informations détaillées sur www.monvidal.com*

### QUININE LAFRAN

*Informations détaillées sur www.monvidal.com*

### QUININE VITAMINE C GRAND

*Informations détaillées sur www.monvidal.com*

### QUINISÉDINE

*Informations détaillées sur www.monvidal.com*

## QUINTONINE

Antiasthénique

**Présentation**

QUINTONINE : sirop ; boîte de 2 flacons de 90 ml. Non remb.

**Composition**

| | p c à s |
|---|---|
| **Cannelle, teinture** | 180,3 mg |
| **Kola, teinture** | 273 mg |
| **Orange amère, teinture** | 466,5 mg |
| **Quinquina, teinture** | 177 mg |
| **Quassia, extrait fluide** | 154,8 mg |
| **Gentiane, extrait fluide** | 202,5 mg |
| Alcool | 0,6 g |
| Saccharose | 8,85 g |

**Dans quel cas ce médicament est-il prescrit ?**

Ce médicament contient des extraits de plantes.

Il est utilisé dans le *traitement d'appoint* de la fatigue lorsque celle-ci n'est pas due à une maladie (*asthénie fonctionnelle*).

> **Attention :** Une fatigue persistante ne doit pas vous conduire à augmenter ou prolonger les prises de ce médicament : demandez conseil à votre médecin ou à votre pharmacien.
> Ce sirop contient du *sucre* (saccharose) en quantité notable et de l'*alcool*.

**Interactions avec d'autres substances**

Compte tenu de la présence d'*alcool*, ce médicament peut interagir avec ceux qui ont un *effet antabuse* (ESPÉRAL, TTD B3 B4...).

**Grossesse et allaitement**

L'effet de ce médicament pendant la grossesse ou l'allaitement est mal connu. L'évaluation du risque éventuel lié à son utilisation est individuelle : demandez conseil à votre pharmacien ou à votre médecin.

**Mode d'emploi et posologie**

Ce médicament peut être pris pur ou dilué dans une boisson.

**Posologie usuelle :**

- Adulte : 1 cuillère à soupe, midi et soir, avant les repas.

La durée du traitement ne doit pas dépasser 1 mois sans avis médical.

Laboratoires GlaxoSmithKline Santé Grand Public

### QUITADRILL

*Informations détaillées sur www.monvidal.com*

## QUITAXON

Antidépresseur imipraminique — sur ordonnance

**Présentation**

**QUITAXON 10 mg :** comprimé sécable (jaune) ; boîte de 40. Liste I - Remb 65 % - **Prix : 1,96 €**.
**QUITAXON 50 mg :** comprimé sécable (jaune) ; boîte de 20. Liste I - Remb 65 % - **Prix : 4,26 €**.
**QUITAXON 10 mg/ml :** solution buvable (arôme menthe) ; flacon compte-gouttes de 30 ml (600 gouttes). Liste I - Remb 65 % - **Prix : 1,88 €**.
**QUITAXON 25 mg/2 ml :** solution injectable ; boîte de 10 ampoules de 2 ml. Liste I - Remb 65 % - **Prix : 2,41 €**.

**Composition**

| | p cp | p cp |
|---|---|---|
| **Doxépine** | 10 mg | 50 mg |
| Lactose | + | + |
| | p gte | p amp inj |
| **Doxépine** | 0,5 mg | 25 mg |

**Dans quel cas ce médicament est-il prescrit ?**

Ce médicament est un antidépresseur qui appartient à la famille des *antidépresseurs imipraminiques*. Il possède également des effets *atropiniques*, qui ne participent pas à son activité, mais qui expliquent certaines contre-indications et certains effets indésirables.

Il est utilisé dans le traitement des *états dépressifs*.

### Contre-indications

Ce médicament ne doit pas être utilisé dans les cas suivants :

- risque de *glaucome* à angle fermé,
- risque de rétention des urines (*adénome de la prostate*...),
- *infarctus du myocarde* récent (moins de 3 mois),
- en association avec un médicament contenant du sultopride.

**Attention :** Ce médicament présente des effets *atropiniques*. Il peut provoquer un *glaucome* aigu chez les personnes prédisposées : œil rouge, dur et douloureux, avec vision floue. Une consultation d'extrême urgence auprès d'un ophtalmologiste est nécessaire.

Des précautions particulières s'imposent en cas d'*épilepsie*, de maladie cardiaque, chez l'*insuffisant hépatique* ou *rénal* et chez la personne âgée, notamment en cas de constipation chronique, de tendance aux *vertiges* ou aux baisses de tension.

En cas d'excitation anormale ou de confusion des idées survenant sous traitement, une consultation médicale est nécessaire.

Avant une anesthésie locale, notamment chez le dentiste, signalez la prise de ce médicament.

Évitez les boissons alcoolisées : augmentation du risque de somnolence.

Si vous devez conduire, ou utiliser une machine dangereuse, assurez-vous préalablement que ce médicament n'altère pas votre vigilance.

### Interactions avec d'autres substances

Les *antidépresseurs imipraminiques* ne doivent pas, en général, être associés aux *IMAO* non sélectifs.

Ce médicament ne doit pas être associé au sultopride (médicament uniquement disponible à l'hôpital) : risque de *troubles du rythme cardiaque* graves.

Il peut également interagir avec les médicaments contenant l'une des substances suivantes : adrénaline, noradrénaline, clonidine, guanfacine.

Informez par ailleurs votre médecin ou votre pharmacien si vous prenez un antidépresseur *inhibiteur de la recapture de la sérotonine*, un médicament *anticonvulsivant*, *antihypertenseur*, *atropinique*, *sédatif*, ou contenant de la carbamazépine, de la thioridazine ou du baclofène.

### Grossesse et allaitement

Si une grossesse survient pendant le traitement, consultez votre médecin. Il appréciera le risque éventuel lié à l'utilisation de ce médicament dans votre cas.

Si le traitement est poursuivi jusqu'à l'accouchement, une surveillance médicale du *nouveau-né* est nécessaire.

Ce médicament est susceptible de passer faiblement dans le lait maternel : l'allaitement est déconseillé sans avis médical.

### Mode d'emploi et posologie

La dose quotidienne est généralement absorbée en une prise, le plus souvent le soir, au cours ou en dehors des repas.

Les gouttes doivent être diluées dans un demi-verre d'eau.

**Posologie usuelle :**
10 mg à 300 mg par jour.

**Conseils :** L'efficacité des *antidépresseurs* n'est généralement pas immédiate. Un délai pouvant atteindre plusieurs semaines est parfois nécessaire pour que les effets bénéfiques se fassent sentir. Les effets indésirables éventuels apparaissant en début de traitement ne doivent pas vous conduire à l'arrêter prématurément.

Chez la personne souffrant de dépression, un état anxieux peut apparaître ou être majoré en début de traitement ; un *anxiolytique* est parfois prescrit par le médecin pour prévenir ou traiter ces manifestations.

Lorsque les *symptômes* de la *dépression* ont disparu, le traitement doit absolument être poursuivi pendant la durée prescrite afin de consolider la guérison. Un arrêt prématuré exposerait à une rechute. La durée d'un traitement antidépresseur est rarement inférieure à 6 mois.

Contrairement à d'autres médicaments utilisés pour traiter les maladies psychiques, les antidépresseurs ne créent pas de dépendance. Néanmoins, il est préférable d'arrêter le traitement progressivement en diminuant la posologie ou en espaçant les prises pour éviter les effets indésirables transitoires, rarement observés, en cas d'interruption brutale.

Une prise de poids peut être observée au cours du traitement. Une alimentation équilibrée, et si nécessaire les conseils d'un nutritionniste, peuvent prévenir et limiter ce phénomène.

### Effets indésirables possibles

Comme tous les *antidépresseurs imipraminiques* :

- sécheresse de la bouche, constipation, troubles de l'*accommodation*, *tachycardie*, sueurs, difficulté à uriner, troubles sexuels, *hypotension orthostatique*, somnolence ;
- plus rarement : tremblements, convulsions chez les personnes prédisposées, confusion des idées, prise de poids, tension anormale des seins, écoulement de lait par le mamelon, bouffées de chaleur, *réaction allergique*, *hépatite*, anomalie de la *numération formule sanguine*, troubles cardiaques, excitation anormale.

Laboratoires Pharmadéveloppement

## QUOTANE

*Informations détaillées sur www.monvidal.com*

## QUOTIVIT O.E.

*Informations détaillées sur www.monvidal.com*

## QVAR

Antiasthmatique — **sur ordonnance**

### Présentation

**QVAR Autohaler :** solution pour *inhalation* ; flacon pressurisé avec embout buccal (200 bouffées). Liste I - Remb 65 % - **Prix : 39,61 €**.

### Composition

| | p dose |
|---|---|
| **Béclométasone dipropionate** | 100 µg |

### Dans quel cas ce médicament est-il prescrit ?

Ce médicament d'action locale contient un *corticoïde* qui possède une activité *anti-inflammatoire* marquée sur les *muqueuses*, notamment celles des bronches.

Il est utilisé dans le *traitement de fond* de l'*asthme*.

L'Autohaler est adapté aux personnes ayant des difficultés à utiliser les aérosols doseurs.

**Attention :** Ce médicament d'action lente n'est pas adapté au *traitement de la crise* d'*asthme*.

Une aggravation de l'asthme peut traduire une infection : consultez votre médecin.

Sportif : ce médicament contient une substance susceptible de rendre positifs certains *tests antidopage*.

### Grossesse et allaitement

Les données scientifiques actuellement disponibles n'ont pas mis en évidence de problème particulier lors de l'utilisation de ce médicament pendant la grossesse à la dose préconisée. Néanmoins, ne l'utilisez pas sans avis médical.

La possibilité d'un effet du médicament chez le *nourrisson* est très improbable ; néanmoins, par mesure de prudence, l'allaitement est déconseillé sans avis médical.

### Mode d'emploi et posologie

L'*inhalation* du médicament doit se faire au cours d'une inspiration profonde, précédée si possible d'une expiration forcée. Il est ensuite nécessaire de retenir sa respiration pendant quelques instants.

Mettre le levier en position « relevée » avant chaque inhalation et en position « fermée » après chaque inhalation.

Il ne faut jamais souffler dans l'appareil.

**Posologie usuelle :**

Elle est strictement individuelle ; elle varie selon l'âge et le stade de la maladie. La dose efficace la plus faible est toujours recherchée ; elle est répartie régulièrement en 2 ou 4 prises au cours de la journée.

**Conseils :** N'hésitez pas à demander une démonstration du maniement de cet appareil à votre médecin ou à votre pharmacien.

Lorsque ce médicament est utilisé conjointement avec un bronchodilatateur, le bronchodilatateur devra être inhalé en premier.

Il est conseillé de se rincer la bouche avec un verre d'eau après chaque inhalation pour limiter le risque de *candidose* ou d'enrouement lié à l'utilisation de ce médicament.

Nettoyez l'embout buccal à l'eau après utilisation.

Le flacon est sous pression : conservez-le à l'abri de la chaleur.

### Effets indésirables possibles

Irritation de la bouche et de la gorge, toux, voix rauque.

Par ailleurs, une *candidose* de la bouche et de la gorge peut apparaître.

Comme pour tout produit inhalé, la prise de ce médicament peut provoquer une aggravation paradoxale des difficultés respiratoires : dans ce cas, ne poursuivez pas le traitement sans avis médical.

**Laboratoires Ivax SAS**

# R

**RAMET DALIBOUR**

*Informations détaillées sur www.monvidal.com*

## RAMIPRIL ALTER

Inhibiteur de l'enzyme de conversion

sur ordonnance

Ce médicament est un générique de TRIATEC (voir p. 1043 et tableau p. 1151).

## RAMIPRIL ARROW

Inhibiteur de l'enzyme de conversion

sur ordonnance

Ce médicament est un générique de TRIATEC (voir p. 1043 et tableau p. 1151).

## RAMIPRIL BIOGARAN comprimé

Inhibiteur de l'enzyme de conversion

sur ordonnance

Ce médicament est un générique de TRIATEC (voir p. 1043 et tableau p. 1151).

## RAMIPRIL BIOGARAN gélule

Inhibiteur de l'enzyme de conversion

sur ordonnance

Ce médicament est un générique de TRIATEC (voir p. 1043 et tableau p. 1151).

## RAMIPRIL BOUCHARA RECORDATI

Inhibiteur de l'enzyme de conversion

sur ordonnance

Ce médicament est un générique de TRIATEC (voir p. 1043 et tableau p. 1151).

## RAMIPRIL EG

Inhibiteur de l'enzyme de conversion

sur ordonnance

Ce médicament est un générique de TRIATEC (voir p. 1043 et tableau p. 1151).

## RAMIPRIL MERCK

Inhibiteur de l'enzyme de conversion

sur ordonnance

Ce médicament est un générique de TRIATEC (voir p. 1043 et tableau p. 1151).

## RAMIPRIL QUALIMED

Inhibiteur de l'enzyme de conversion

sur ordonnance

Ce médicament est un générique de TRIATEC (voir p. 1043 et tableau p. 1151).

## RAMIPRIL RANBAXY

Inhibiteur de l'enzyme de conversion

sur ordonnance

Ce médicament est un générique de TRIATEC (voir p. 1043 et tableau p. 1151).

## RAMIPRIL RATIOPHARM comprimé

Inhibiteur de l'enzyme de conversion

sur ordonnance

Ce médicament est un générique de TRIATEC (voir p. 1043 et tableau p. 1151).

## RAMIPRIL RATIOPHARM gélule

Inhibiteur de l'enzyme de conversion

sur ordonnance

Ce médicament est un générique de TRIATEC (voir p. 1043 et tableau p. 1151).

## RAMIPRIL SANDOZ

Inhibiteur de l'enzyme de conversion

sur ordonnance

Ce médicament est un générique de TRIATEC (voir p. 1043 et tableau p. 1151).

## RAMIPRIL TEVA comprimé

Inhibiteur de l'enzyme de conversion

sur ordonnance

Ce médicament est un générique de TRIATEC (voir p. 1043 et tableau p. 1151).

## RAMIPRIL TEVA gélule

Inhibiteur de l'enzyme de conversion

sur ordonnance

Ce médicament est un générique de TRIATEC (voir p. 1043 et tableau p. 1151).

## RAMIPRIL WINTHROP

Inhibiteur de l'enzyme de conversion

sur ordonnance

Ce médicament est un générique de TRIATEC (voir p. 1043 et tableau p. 1151).

## RAMIPRIL ZYDUS

Inhibiteur de l'enzyme de conversion

sur ordonnance

Ce médicament est un générique de TRIATEC (voir p. 1043 et tableau p. 1151).

**RANIPLEX injectable**

*Informations détaillées sur www.monvidal.com*

## RANIPLEX oral

Antiulcéreux

sur ordonnance

### Présentation

RANIPLEX 75 : comprimé ; boîte de 14. Liste II - Remb 65 % - **Prix : 4,20 €**.
RANIPLEX 75 : comprimé ; boîte de 28. Liste II - Remb 65 % - **Prix : 7,88 €**.
RANIPLEX 75 effervescent : comprimé effervescent (arômes : orange, pamplemousse) ; boîte de 14. Liste II - Remb 65 % - **Prix : 4,20 €**.
RANIPLEX 75 effervescent : comprimé effervescent (arômes : orange, pamplemousse) ; boîte de 28. Liste II - Remb 65 % - **Prix : 7,88 €**.
RANIPLEX 150 : comprimé (blanc) ; boîte de 30. Liste II - Remb 65 % - **Prix : 12,50 €**.
RANIPLEX 150 effervescent : comprimé effervescent (blanc ; arômes : orange, pamplemousse) ; boîte de 30. Liste II - Remb 65 % - **Prix : 11,88 €**.
RANIPLEX 300 : comprimé (blanc) ; boîte de 14. Liste II - Remb 65 % - **Prix : 11,49 €**.
RANIPLEX 300 effervescent : comprimé effervescent (blanc ; arômes : orange, pamplemousse) ; boîte de 14. Liste II - Remb 65 % - **Prix : 10,96 €**.
RANIPLEX 300 effervescent : granulé effervescent (arômes : orange, pamplemousse) ; boîte de 14 sachets. Liste II - Remb 65 % - **Prix : 21,12 €**.

### Composition

| | p cp | p cp efferv |
|---|---|---|
| **Ranitidine** | 75 mg | 75 mg |
| Sodium | | 164 mg |
| Aspartam | | + |

| | p cp | p cp efferv |
|---|---|---|
| **Ranitidine** | 150 mg | 150 mg |
| Sodium | | 328 mg |
| Aspartam | | 30 mg |

| | p cp | p cp efferv | p sachet |
|---|---|---|---|
| **Ranitidine** | 300 mg | 300 mg | 300 mg |
| Sodium | | 479 mg | 470 mg |
| Aspartam | | 45 mg | + |

### Dans quel cas ce médicament est-il prescrit ?

C'est un antiulcéreux qui appartient à la famille des *antihistaminiques* de type H2 : ceux-ci agissent en bloquant l'action de l'*histamine*, qui stimule la sécrétion acide de l'estomac.

Dosé à 75 mg, il est utilisé dans le traitement des *symptômes* du *reflux gastro-œsophagien*, lorsque les règles hygiénodiététiques sont insuffisantes.

Dosé à 150 et 300 mg, il est utilisé dans le traitement :
- des *inflammations* de l'œsophage dues au reflux des acides de l'estomac vers l'œsophage,
- des *ulcères* de l'estomac ou du *duodénum* et pour prévenir les rechutes de l'ulcère du duodénum,
- du syndrome de *Zollinger-Ellison*.

En association avec un traitement *antibiotique* spécifique, ce médicament permet l'éradication d'un *germe* appelé *Helicobacter pylori*, très fréquemment responsable des récidives de l'ulcère.

### Contre-indications

Les comprimés effervescents et les granulés ne doivent pas être utilisés en cas de *phénylcétonurie* (présence d'aspartam).

**Attention :** La disparition des douleurs ne signifie pas que l'*ulcère* est cicatrisé : la durée du traitement doit être respectée.
Des précautions sont nécessaires en cas d'*insuffisance rénale* ou *hépatique*, ou d'*antécédent* de *porphyrie*.
Les comprimés effervescents et les granulés contiennent du *sel* (sodium) en quantité notable.

### Interactions avec d'autres substances

Si vous prenez des *pansements digestifs*, respectez un intervalle d'au moins 2 heures entre leur prise et la prise de ce médicament.

### Grossesse et allaitement

Les données scientifiques actuellement disponibles n'ont pas mis en évidence de problème particulier lors de l'utilisation de ce médicament pendant la grossesse à la dose préconisée. Néanmoins, ne l'utilisez pas sans avis médical.

Ce médicament passe dans le lait maternel : il est déconseillé pendant l'allaitement.

### Mode d'emploi et posologie

Ce médicament peut être pris indifféremment au cours ou en dehors des repas.

Les comprimés doivent être avalés avec un peu d'eau.

Les comprimés effervescents et les granulés doivent être dissous dans un verre d'eau. La forme effervescente est d'action rapide : 10 minutes environ.

**Posologie usuelle :**
- Traitement des symptômes du *reflux gastro-œsophagien* (lorsque les règles hygiènodiététiques sont insuffisantes) : 75 mg au moment des brûlures ou des régurgitations, sans dépasser 3 prises par jour et une durée de 2 semaines.
- Traitement de l'*inflammation* de l'œsophage : 300 mg le soir, pendant 4 à 8 semaines.
- Traitements des *ulcères* de l'estomac ou du duodénum : 300 mg le soir, pendant 4 à 6 semaines, puis 150 mg le soir.
- Traitement de *Zollinger-Ellison* : la posologie est individuelle et beaucoup plus élevée.

– Traitement destiné à l'éradication d'*Helicobacter pylori* : 1 comprimé à 300 mg ou 1 sachet à 300 mg, matin et soir, associé à un traitement antibiotique pendant 14 jours ; puis 1 comprimé à 300 mg ou 1 sachet à 300 mg pendant 2 à 4 semaines. Le succès du traitement est étroitement lié au strict respect de la *posologie* de l'antiulcéreux et des *antibiotiques* pendant les 2 premières semaines.

**Conseils :** Si vous êtes fumeur, la poursuite du tabagisme est un frein important au traitement : la nicotine augmente l'acidité gastrique et réduit l'efficacité du muscle qui ferme la jonction entre l'œsophage et l'estomac.
La prise de ce médicament ne dispense pas des mesures diététiques que peut vous conseiller votre médecin.
L'aspirine et les *anti-inflammatoires* peuvent être agressifs pour l'estomac : n'en prenez pas sans l'avis de votre médecin.

**Effets indésirables possibles**

Rarement :
- *troubles digestifs* ;
- ralentissement cardiaque ;
- anomalies de la *numération formule sanguine* ;
- maux de tête, *vertiges*, fatigue ou excitation ;
- mouvements involontaires, état dépressif, confusion des idées particulièrement chez la personne âgée et l'*insuffisant rénal* ;
- douleurs musculaires, tension des seins, troubles de l'érection ;
- *réaction allergique*, *éruption cutanée*, chute des cheveux ;
- augmentation des *transaminases*, *hépatite*.

**Laboratoires Fournier**

## RANITIDINE ARROW
Antiulcéreux — sur ordonnance

Ce médicament est un générique de AZANTAC oral (voir p. 134 et tableau p. 1151).
Ce médicament est un générique de RANIPLEX oral (voir p. 880 et tableau p. 1151).

## RANITIDINE BIOGARAN
Antiulcéreux — sur ordonnance

Ce médicament est un générique de AZANTAC oral (voir p. 134 et tableau p. 1151).
Ce médicament est un générique de RANIPLEX oral (voir p. 880 et tableau p. 1151).

## RANITIDINE EG
Antiulcéreux — sur ordonnance

Ce médicament est un générique de AZANTAC oral (voir p. 134 et tableau p. 1151).
Ce médicament est un générique de RANIPLEX oral (voir p. 880 et tableau p. 1151).

## RANITIDINE G GAM
Antiulcéreux — sur ordonnance

Ce médicament est un générique de AZANTAC oral (voir p. 134 et tableau p. 1151).
Ce médicament est un générique de RANIPLEX oral (voir p. 880 et tableau p. 1151).

## RANITIDINE IREX
Antiulcéreux — sur ordonnance

Ce médicament est un générique de AZANTAC oral (voir p. 134 et tableau p. 1151).

## RANITIDINE IVAX
Antiulcéreux — sur ordonnance

Ce médicament est un générique de AZANTAC oral (voir p. 134 et tableau p. 1151).
Ce médicament est un générique de RANIPLEX oral (voir p. 880 et tableau p. 1151).

## RANITIDINE MERCK
Antiulcéreux — sur ordonnance

Ce médicament est un générique de AZANTAC oral (voir p. 134 et tableau p. 1151).
Ce médicament est un générique de RANIPLEX oral (voir p. 880 et tableau p. 1151).

## RANITIDINE QUALIMED
Antiulcéreux — sur ordonnance

Ce médicament est un générique de AZANTAC oral (voir p. 134 et tableau p. 1151).
Ce médicament est un générique de RANIPLEX oral (voir p. 880 et tableau p. 1151).

## RANITIDINE RATIOPHARM
Antiulcéreux — sur ordonnance

Ce médicament est un générique de AZANTAC oral (voir p. 134 et tableau p. 1151).
Ce médicament est un générique de RANIPLEX oral (voir p. 880 et tableau p. 1151).

## RANITIDINE RPG
Antiulcéreux — sur ordonnance

Ce médicament est un générique de AZANTAC oral (voir p. 134 et tableau p. 1151).
Ce médicament est un générique de RANIPLEX oral (voir p. 880 et tableau p. 1151).

## RANITIDINE SANDOZ
Antiulcéreux — sur ordonnance

Ce médicament est un générique de AZANTAC oral (voir p. 134 et tableau p. 1151).
Ce médicament est un générique de RANIPLEX oral (voir p. 880 et tableau p. 1151).

## RANITIDINE TEVA
Antiulcéreux — sur ordonnance

Ce médicament est un générique de AZANTAC oral (voir p. 134 et tableau p. 1151).
Ce médicament est un générique de RANIPLEX oral (voir p. 880 et tableau p. 1151).

## RANITIDINE WINTHROP
Antiulcéreux — sur ordonnance

Ce médicament est un générique de RANIPLEX oral (voir p. 880 et tableau p. 1151).

## RANITIDINE ZYDUS
Antiulcéreux — sur ordonnance

Ce médicament est un générique de AZANTAC oral (voir p. 134 et tableau p. 1151).
Ce médicament est un générique de RANIPLEX oral (voir p. 880 et tableau p. 1151).

## RANUNCULUS COMPLEXE N° 79
*Informations détaillées sur www.monvidal.com*

## RAPHANUS S. POTIER
*Informations détaillées sur www.monvidal.com*

## RATANHIA BOIRON
*Informations détaillées sur www.monvidal.com*

## RÉACTINE
Antiallergique

### Présentation
RÉACTINE : comprimé sécable ; boîte de 7. Non remb.

### Composition

| | p cp |
|---|---|
| **Cétirizine dichlorhydrate** | 10 mg |
| Lactose | + |

### Dans quel cas ce médicament est-il prescrit ?
Ce médicament est un *antihistaminique* antiallergique. Contrairement aux antihistaminiques plus anciens, il n'a pas d'effets *atropiniques* ni, dans la majorité des cas, d'effet *sédatif*.
Il est utilisé dans le traitement des manifestations allergiques diverses : *rhinite* ou *conjonctivite* allergiques, *urticaire*.

### Contre-indications
Ce médicament ne doit pas être utilisé dans les cas suivants :
- *insuffisance rénale*,
- enfant de moins de 6 ans.

**Attention :** Ce médicament est en vente libre. En l'absence d'avis médical, il ne doit toutefois être utilisé qu'en cas de réapparition de symptômes déjà diagnostiqués par un médecin et traités auparavant par un médicament contenant la même substance (cétirizine).
Chez les enfants de moins de 12 ans, un avis médical est nécessaire.
Ce médicament peut, dans de rares cas, entraîner une baisse de la vigilance. Assurez-vous à l'occasion des premières prises que vous le supportez bien, avant de conduire ou d'utiliser une machine dangereuse.

### Grossesse et allaitement
L'effet de ce médicament pendant la grossesse est mal connu : seul votre médecin peut évaluer le risque éventuel de son utilisation dans votre cas.
Ce médicament passe faiblement dans le lait maternel. Il est cependant préférable de ne pas l'utiliser sans avis médical pendant l'allaitement.

### Mode d'emploi et posologie
Les comprimés doivent être avalés avec un verre d'eau.

**Posologie usuelle :**
- Adulte et enfant de plus de 12 ans : 1 comprimé par jour.

La durée de traitement, sans avis médical, est limitée à 7 jours en cas de *rhinite* ou de *conjonctivite* et à 3 jours en cas d'*urticaire*.

**Conseils :** Ce médicament agit sur les manifestations de l'*allergie* mais n'en supprime pas la cause. Si les *symptômes* persistent ou s'aggravent, consultez votre médecin.

### Effets indésirables possibles
*Troubles digestifs*, sécheresse de la bouche, *vertiges*.
Rarement : somnolence.
Exceptionnellement : *réaction allergique* cutanée, *œdème* de *Quincke*.

Laboratoires PFIZER Santé Grand Public

## REBIF
*Informations détaillées sur www.monvidal.com*

## RECTOPANBILINE
Laxatif par voie rectale

### Présentation
RECTOPANBILINE Adulte : suppositoire ; boîte de 10. Non remb.

### Composition

| | p suppos |
|---|---|
| **Bile de bœuf, extrait** | 0,7 g |
| **Gélatine** | 520 mg |
| **Glycérol** | 1,47 g |

**Dans quel cas ce médicament est-il prescrit ?**

C'est un laxatif administré par *voie* rectale. Il ramollit les selles et déclenche une contraction du rectum qui permet leur évacuation.

Il est utilisé dans le *traitement symptomatique* de la constipation.

> **Attention :** Comme tous les laxatifs, ce médicament ne doit pas être utilisé de façon prolongée sans avis médical.
> Des précautions sont nécessaires chez la personne atteinte d'*hémorroïdes*, de *fissure anale* ou de *recto-colite hémorragique.*
> Chez l'enfant, l'usage des laxatifs par *voie* rectale doit rester exceptionnel : il risque d'empêcher le réflexe d'expulsion des selles.

**Grossesse et allaitement**

Ce médicament peut être utilisé de façon ponctuelle pour traiter la constipation de la femme enceinte ou qui allaite.

**Mode d'emploi et posologie**

L'effet laxatif se manifeste après un délai de 5 à 30 minutes.

**Posologie usuelle :**

- Adulte : 1 suppositoire par jour.

> **Conseils :** Le traitement de la constipation chronique repose essentiellement sur des boissons abondantes, une alimentation riche en fibres et une activité physique régulière.

**Effets indésirables possibles**

Un usage prolongé peut occasionner des sensations de brûlure anale et exceptionnellement des *inflammations* du rectum.

Laboratoires Meda Pharma

## RECTOQUOTANE

*Informations détaillées sur www.monvidal.com*

## REFRESH

Suppléance lacrymale

**Présentation**

REFRESH : collyre ; boîte de 30 unidoses de 0,4 ml. Remb 65 % - **Prix : 3,80 €**.

**Composition**

| | p unidose |
|---|---|
| **Alcool polyvinylique** | 5,6 mg |
| **Povidone** | 2,4 mg |

**Dans quel cas ce médicament est-il prescrit ?**

Ce collyre est une solution de suppléance lacrymale : elle compense une insuffisance de sécrétion naturelle de larmes.

Il est utilisé dans le traitement de la sécheresse oculaire due à une insuffisance lacrymale (œil sec).

> **Attention :** Une irritation oculaire peut être due à une infection : en cas de doute, n'hésitez pas à consulter votre médecin.
> N'utilisez pas ce collyre de façon prolongée sans prendre un avis médical.

**Interactions avec d'autres substances**

Ce collyre peut interagir avec d'autres collyres : respectez un intervalle de 15 minutes entre deux instillations.

**Grossesse et allaitement**

L'effet de ce médicament pendant la grossesse ou l'allaitement est mal connu. L'évaluation du risque éventuel lié à son utilisation est individuelle : demandez conseil à votre pharmacien ou à votre médecin.

**Mode d'emploi et posologie**

Utiliser un nouveau flacon unidose lors de chaque instillation.

Tirer la paupière inférieure vers le bas tout en regardant vers le haut et déposer les gouttes entre la paupière et le globe oculaire (*cul-de-sac conjonctival*).

**Posologie usuelle :**

1 goutte, 3 à 8 fois par jour, lorsqu'une sécheresse de l'œil se fait sentir.

> **Conseils :** L'application correcte du produit peut nécessiter une aide, notamment chez une personne handicapée ou âgée.
> Les flacons unidoses ne contiennent pas de conservateur ; ne les conservez pas après ouverture.

**Effets indésirables possibles**

Rarement : irritation de l'œil.

Laboratoires Allergan France

## REGAINE

*Informations détaillées sur www.monvidal.com*

## RÉGLISSE SAMBUCUS BOIRON

*Informations détaillées sur www.monvidal.com*

## REINE-DES-PRÉS BOIRON

*Informations détaillées sur www.monvidal.com*

## RELENZA

*Informations détaillées sur www.monvidal.com*

## RELPAX

Antimigraineux — sur ordonnance

**Présentation**

RELPAX 20 mg : comprimé (orange) ; boîte de 2. Liste I - Remb 65 % - **Prix : 10,50 €**.
RELPAX 20 mg : comprimé (orange) ; boîte de 6. Liste I - Remb 65 % - **Prix : 28,94 €**.
RELPAX 40 mg : comprimé (orange) ; boîte de 2. Liste I - Remb 65 % - **Prix : 10,50 €**.
RELPAX 40 mg : comprimé (orange) ; boîte de 6. Liste I - Remb 65 % - **Prix : 28,94 €**.
RELPAX 40 mg : comprimé (orange) ; boîte de 10. Liste I - Remb 65 % - **Prix : 43,45 €**.

**Composition**

| | p cp | p cp |
|---|---|---|
| **Élétriptan** | 20 mg | 40 mg |

**Dans quel cas ce médicament est-il prescrit ?**

Ce médicament est un *vasoconstricteur* puissant qui agit essentiellement sur les vaisseaux crâniens. Il appartient à la famille des *triptans*.

Il est utilisé dans le *traitement de la crise* de *migraine*.

### Contre-indications

Ce médicament ne doit pas être utilisé dans les cas suivants :
- *antécédent* d'*infarctus du myocarde* ou d'*accident vasculaire cérébral*, et plus généralement toute maladie liée à un spasme ou à un rétrécissement des artères ;
- *hypertension artérielle* (sauf si elle est stabilisée par un traitement spécifique) ;
- *insuffisance hépatique* ou *rénale* graves ;
- *arythmie*, *insuffisance cardiaque* ;
- en association avec un autre antimigraineux *vasoconstricteur* ou un *IMAO*.

**Attention :** Ce médicament doit être pris lors de l'apparition du mal de tête, et non, comme d'autres antimigraineux, dès les premiers symptômes annonciateurs (aura migraineuse). Il ne doit pas être utilisé pour traiter des maux de tête non migraineux. Il ne convient pas non plus au traitement de certaines *migraines* associées à des paralysies musculaires ou oculaires.

Dans de très rares cas, une douleur dans la poitrine peut suivre la prise du médicament. Elle peut être intense et ressembler à une crise d'*angine de poitrine*, mais elle n'est que très rarement due à un spasme des artères coronaires. Si elle dure plus de quelques minutes, prévenez votre médecin et ne prenez pas de nouveau comprimé sans son avis.

Des précautions sont nécessaires en cas de tabagisme (y compris chez les anciens fumeurs utilisant des médicaments de substitution contenant de la nicotine) ou en présence d'autres facteurs de risque cardiovasculaire.

En cas d'inefficacité du premier comprimé, il est inutile et dangereux de multiplier les prises.

Compte-tenu de ses effets indésirables potentiels, ce médicament peut, chez certaines personnes, ne pas être compatible avec la conduite automobile ou le maniement de machines dangereuses. Assurez-vous à l'occasion des premières prises que vous supportez bien ce médicament avant de conduire ou d'utiliser une machine.

### Interactions avec d'autres substances

Ce médicament ne doit pas être associé aux *IMAO*, aux autres antimigraineux de la famille des *triptans*, aux dérivés de l'*ergot de seigle* : risque accru d'effets indésirables.

Il peut interagir avec les inhibiteurs du *cytochrome 3A4*.

Lorsqu'il est utilisé avant ou après un antimigraineux contenant de l'ergotamine (GYNERGÈNE...), de la dihydroergotamine, du méthysergide, un délai de 24 heures doit être respecté entre la prise de ces deux médicaments.

### Grossesse et allaitement

L'effet de ce médicament pendant la grossesse est mal connu : seul votre médecin peut évaluer le risque éventuel de son utilisation dans votre cas.

Ce médicament passe dans le lait maternel. Le risque d'une action délétère chez le nourrisson n'est pas connu et peut être minimisé en tirant et en jetant le lait dans les 24 heures qui suivent la prise du médicament.

### Mode d'emploi et posologie

Ce médicament peut être pris pendant ou entre les repas.

**Posologie usuelle :**
- Adulte de plus de 18 ans et de moins de 65 ans : 1 comprimé à 40 mg lors de l'apparition du mal de tête ; l'effet apparaît après 1 heure et est maximal après 4 heures.

Il est déconseillé de reprendre un comprimé lors de la crise si le premier n'a pas permis le soulagement. En revanche, un deuxième comprimé peut être pris après un délai minimal de 2 heures si l'effet du premier s'estompe et que la migraine réapparaît. La dose maximale est de 2 comprimés à 40 mg par 24 heures.

La prise du médicament lors des signes annonciateurs de la migraine, avant le mal de tête, est déconseillée. L'élétriptan n'a pas d'effet préventif.

**Conseils :** La prise de ce médicament ne dispense pas des mesures habituelles permettant d'aider à faire céder la crise de migraine : s'allonger au calme dans une pièce sombre.

### Effets indésirables possibles

Les effets indésirables les plus fréquents sont difficiles à dissocier des symptômes de la migraine : nausée, vomissements, *vertiges*, fatigue, somnolence, sensation de chaleur, fourmillements.

Plus rarement : sensation de lourdeur ou d'oppression, troubles visuels, augmentation transitoire de la tension artérielle, accélération ou ralentissement du cœur, *palpitations*.

Exceptionnellement : spasme des *artères coronaires* (voir Attention), *réaction allergique*.

Laboratoires Pfizer

## RELVÈNE

Vasculoprotecteur et veinotonique

### Présentation

RELVÈNE 1000 : poudre orale (jaune clair ; arôme orange) ; boîte de 20 sachets. Remb 15 % - **Prix : 4,45 €.**

### Composition

| | p sachet |
|---|---|
| **O-(bêta-hydroxyéthyl)-rutosides** | 1 g |
| Mannitol | + |

### Dans quel cas ce médicament est-il prescrit ?

C'est un protecteur *vasculaire* et un *veinotonique*. Il stimule la circulation du sang dans les veines et lutte contre l'altération des *vaisseaux capillaires*.

Il est utilisé dans le *traitement symptomatique* :
- des jambes lourdes, *impatiences* et autres troubles en rapport avec une mauvaise circulation veineuse ou *lymphatique* ;
- des petites *hémorragies* sous-cutanées se traduisant par des taches rouges ou violacées ;
- des troubles de la vision d'origine vasculaire.

**Attention :** Ce médicament est insuffisant pour prévenir le risque de *phlébite* chez les malades alités ou plâtrés.

L'*insuffisance veineuse* peut requérir des mesures spécifiques telles que la *contention élastique*.

### Grossesse et allaitement

L'effet de ce médicament pendant la grossesse ou l'allaitement est mal connu. L'évaluation du risque éventuel lié à son utilisation est individuelle : demandez conseil à votre pharmacien ou à votre médecin.

### Mode d'emploi et posologie

Le contenu des sachets doit être pris dans un verre d'eau au cours des repas.

**Posologie usuelle :**
1 ou 2 sachets par jour.

**Conseils :** Une activité physique régulière et la surélévation du pied du lit permettent de faciliter la circulation veineuse et *lymphatique*.

### Effets indésirables possibles

Rarement : nausées.

Laboratoires Expanscience

## RELVÈNE crème

Vasculoprotecteur cutané

### Présentation

**RELVÈNE :** crème ; tube de 60 g. Remb 15 % - **Prix : 2,10 €**.

### Composition

| | p 100 g |
|---|---|
| **O-(bêta-hydroxyéthyl)-rutosides** | 2 g |
| Alcool | + |

### Dans quel cas ce médicament est-il prescrit ?

C'est une crème qui, appliquée localement, facilite la circulation sanguine superficielle.
Elle est utilisée dans le traitement des troubles dus à l'*insuffisance veineuse* : jambes lourdes...

**Attention :** Cette crème ne doit pas être appliquée sur des *muqueuses*, une plaie, un *eczéma* ou un *ulcère*, ni au voisinage des yeux.
Après l'application, évitez d'exposer au soleil les régions traitées.

### Grossesse et allaitement

L'effet de ce médicament pendant la grossesse ou l'allaitement est mal connu. L'évaluation du risque éventuel lié à son utilisation est individuelle : demandez conseil à votre pharmacien ou à votre médecin.

### Mode d'emploi et posologie

Faire pénétrer la crème par un léger massage de bas en haut.

**Posologie usuelle :**
3 ou 4 applications par jour.

**Conseils :** Pensez à vous laver les mains après l'application pour éviter tout contact avec les yeux et les *muqueuses*.
L'*insuffisance veineuse* peut requérir des mesures spécifiques telles que la *contention élastique*.
Une activité physique régulière et la surélévation du pied du lit permettent de faciliter la circulation veineuse et *lymphatique*.

### Effets indésirables possibles

Exceptionnellement : *éruption cutanée*.

Laboratoires Expanscience

## REMINYL

Traitement de la maladie d'Alzheimer

sur ordonnance

### Présentation

**REMINYL 4 mg :** comprimé (blanc) ; boîte de 56. Liste I, *médicament à prescription restreinte* - Remb 65 % - **Prix : 64,74 €**.
**REMINYL 4 mg/ml :** solution buvable ; flacon de 100 ml avec seringue-doseuse graduée de 0,5 ml à 4 ml. Liste I, *médicament à prescription restreinte* - Remb 65 % - **Prix : 71,63 €**.
**REMINYL 8 mg :** comprimé (rose) ; boîte de 56. Liste I, *médicament à prescription restreinte* - Remb 65 % - **Prix : 84,07 €**.
**REMINYL 12 mg :** comprimé (brun-orangé) ; boîte de 56. Liste I, *médicament à prescription restreinte* - Remb 65 % - **Prix : 99,78 €**.
**REMINYL LP 8 mg :** gélule à *libération prolongée* (blanc) ; boîte de 28. Liste I, *médicament à prescription restreinte* - Remb 65 % - **Prix : 64,74 €**.
**REMINYL LP 16 mg :** gélule à *libération prolongée* (rose) ; boîte de 28. Liste I, *médicament à prescription restreinte* - Remb 65 % - **Prix : 84,07 €**.
**REMINYL LP 24 mg :** gélule à *libération prolongée* (caramel) ; boîte de 28. Liste I, *médicament à prescription restreinte* - Remb 65 % - **Prix : 99,78 €**.

### Composition

| | p cp | p ml |
|---|---|---|
| **Galantamine** | 4 mg | 4 mg |
| Lactose | + | |

| | p cp | p cp |
|---|---|---|
| **Galantamine** | 8 mg | 12 mg |
| Lactose | + | + |

| | p gél LP | p gél LP | p gél LP |
|---|---|---|---|
| **Galantamine** | 8 mg | 16 mg | 24 mg |
| Saccharose | + | + | + |

### Dans quel cas ce médicament est-il prescrit ?

La galantamine appartient à la famille des *anticholinestérasiques* ; elle inhibe le fonctionnement d'une *enzyme*, la cholinestérase, qui elle-même dégrade l'acétylcholine. De plus, elle stimule l'action de l'acétylcholine sur ses récepteurs cérébraux. L'effet positif de ce médicament dans la maladie d'*Alzheimer* repose sur l'hypothèse d'un déficit cérébral en acétylcholine chez certains malades atteints de cette maladie, et sur des travaux scientifiques qui montrent que la galantamine améliore certaines fonctions cérébrales chez les malades.
Ce médicament est utilisé dans le traitement des formes légères ou modérément sévères de la maladie d'*Alzheimer*.

### Contre-indications

Ce médicament ne doit pas être utilisé dans les cas suivants (absence de données dans ces situations) :
- *insuffisance rénale* grave,
- *insuffisance hépatique* grave,
- association d'une insuffisance rénale modérée et d'une insuffisance hépatique modérée.

**Attention :** Ce médicament, réservé aux formes légères ou modérées de maladie d'*Alzheimer*, n'a pas été étudié dans le traitement des formes graves de cette maladie et des autres causes de démence.

Une perte de poids régulière sous traitement doit être signalée au médecin.

Comme pour tous les médicaments utilisés chez les personnes souffrant de troubles importants de la mémoire ou du jugement, il est nécessaire qu'une aide à domicile surveille la prise du traitement pour éviter les risques d'erreur.

Des précautions sont nécessaires chez les personnes qui viennent de subir une intervention chirurgicale digestive ou urinaire, ou qui souffrent d'*épilepsie*, de *troubles du rythme cardiaque*, d'*ulcère* de l'estomac ou du *duodénum*, de difficultés à uriner, d'*asthme* ou de *bronchite chronique*. Ces *antécédents* doivent être signalés au médecin avant la prescription.

La prise de ce médicament devra être signalée à l'anesthésiste en cas d'intervention chirurgicale nécessaire pendant le traitement.

Conduite automobile : la maladie d'*Alzheimer* contre-indique généralement la conduite automobile et le maniement des machines dangereuses.

### Interactions avec d'autres substances

Ce médicament peut interagir avec les autres *anticholinestérasiques*.

Des précautions sont nécessaires en cas de prise de médicament contenant une des substances suivantes : quinidine, paroxétine, fluoxétine, fluvoxamine, kétoconazole, ritonavir.

Informez votre médecin si vous suivez un traitement par digoxine ou un bêtabloquant.

### Grossesse et allaitement

Dans le cas improbable d'une grossesse, ce médicament serait déconseillé et contre-indiquerait l'allaitement.

### Mode d'emploi et posologie

Les comprimés et la solution buvable doivent être pris le matin et le soir, de préférence au cours des repas, avec une boisson non alcoolisée.

Les gélules LP doivent être prises une fois par jour, de préférence le matin, sans être mâchées ni écrasées.

**Posologie usuelle :**

La dose initiale est de 8 mg par jour. Après 4 semaines de traitement, le médecin peut ensuite l'augmenter progressivement jusqu'à 24 mg par jour (soit 1 comprimé à 12 mg ou 3 ml de solution buvable 2 fois par jour ou 1 gélule LP à 24 mg 1 fois par jour) si nécessaire.

**Conseils :** Rincer la seringue-doseuse à l'eau après chaque utilisation.

**Conditions particulières de délivrance :**

Ce médicament est un *médicament à prescription restreinte* : la prescription initiale ne peut être réalisée que par un médecin neurologue, psychiatre ou gériatre. Cette ordonnance initiale annuelle doit être présentée avec celles destinées aux renouvellements qui peuvent être rédigées par un autre médecin.

La solution buvable se conserve 3 mois après une première utilisation.

### Effets indésirables possibles

Fatigue, somnolence, manque d'appétit, perte de poids, nausées, vomissements, diarrhée, douleurs abdominales, difficulté à digérer, étourdissements, maux de tête.

Plus rarement : malaise, ralentissement important du coeur.

D'autres troubles ont été constatés, sans que l'on puisse déterminer s'ils sont dus à la maladie traitée, au médicament, à un effet *nocebo* ou à une coïncidence. Signalez tout *symptôme* anormal à votre médecin.

**Laboratoires Janssen-Cilag**

## RENITEC

Inhibiteur de l'enzyme de conversion

**sur ordonnance**

### Présentation

RENITEC 5 mg : comprimé sécable (blanc) ; boîte de 28. Liste I - Remb 65 % - **Prix : 5,00 €.**

RENITEC 20 mg : comprimé sécable (pêche) ; boîte de 28. Liste I - Remb 65 % - **Prix : 13,30 €.**

### Composition

| | p cp | p cp |
|---|---|---|
| **Énalapril maléate** | 5 mg | 20 mg |
| Lactose | + | + |

### Dans quel cas ce médicament est-il prescrit ?

Ce médicament appartient à la famille des *inhibiteurs de l'enzyme de conversion* (IEC). L'enzyme de conversion est une substance naturellement présente dans l'organisme ; elle est responsable d'une contraction des artères qui augmente la tension artérielle et fatigue le cœur.

Il est utilisé dans le traitement de l'*hypertension artérielle* et de l'*insuffisance cardiaque*.

### Contre-indications

Ce médicament ne doit pas être utilisé dans les cas suivants :

- *allergie* aux médicaments de la famille des *inhibiteurs de l'enzyme de conversion*,
- prédisposition à l'œdème de *Quincke*,
- **grossesse** (à partir 4e mois).

Dans d'autres situations, le médecin est seul juge pour prescrire ce médicament, notamment en cas d'*hyperkaliémie* ou de rétrécissement des artères rénales.

**Attention :** En cas de gonflement du visage (lèvres, paupières...) ou d'une autre région du corps, consultez votre médecin avant toute nouvelle prise de ce médicament ; il peut s'agir d'une *réaction allergique* : œdème de *Quincke*.

L'usage des *inhibiteurs de l'enzyme de conversion* est déconseillé en période de désensibilisation aux venins d'*hyménoptères* : augmentation du risque de réaction allergique grave.

En cas d'*insuffisance rénale*, un contrôle de la *créatinine* et du taux de *potassium* dans le sang est nécessaire.

Si vous suivez un traitement par *diurétique* ou un régime sans *sel*, la baisse de la tension artérielle peut être importante lors des premières prises du médicament : risque de malaise ou d'étourdissement pouvant entraîner une chute.

Les sels de régime contiennent souvent du *potassium* ; ne les utilisez pas sans avis médical pendant le traitement.

Si vous êtes traité par le rein artificiel, prévenez votre centre de *dialyse* de la prise de ce médicament.

Conducteur : les *inhibiteurs de l'enzyme de conversion* peuvent être responsables de malaise ou de *vertiges*, lors des premières prises.

### Interactions avec d'autres substances

Ce médicament peut interagir avec les *diurétiques* et les médicaments qui contiennent du potassium ou du lithium.

Informez par ailleurs votre médecin ou votre pharmacien si vous prenez un *antidiabétique*, un *AINS* ou de l'aspirine à forte dose (plus de 3 g par jour).

En outre, l'effet *antihypertenseur* de ce médicament peut être augmenté par certains médicaments tels que les *neuroleptiques*, les *antidépresseurs imipraminiques*, les *alphabloquants* utilisés dans certains troubles urinaires, les médicaments contenant du baclofène ; il peut être diminué par les *corticoïdes*. Votre médecin doit être informé si vous êtes traité par l'un ou l'autre de ces médicaments.

### Grossesse et allaitement

L'effet de ce médicament pendant les 3 premiers mois de la grossesse est mal connu. Par prudence, son usage est déconseillé.

Au cours des 6 derniers mois de la grossesse, la prise prolongée d'un *inhibiteur de l'enzyme de conversion* peut altérer les reins du fœtus. L'utilisation de ce médicament est contre-indiquée à partir du 4e mois de la grossesse.

En conséquence, un désir de grossesse nécessite le remplacement de ce médicament par un autre antihypertenseur. Si une grossesse survient alors que vous prenez ce médicament, consultez rapidement votre médecin pour qu'il modifie votre traitement. Des *échographies* régulières sont parfois nécessaires pour s'assurer de l'absence d'anomalie.

Ce médicament passe dans le lait maternel ; un choix est donc nécessaire entre l'allaitement et la prise du médicament. Cette décision devra être prise en accord avec votre médecin.

### Mode d'emploi et posologie

Les comprimés peuvent être pris indifféremment au cours ou en dehors des repas.

**Posologie usuelle :**

- Adulte : la *posologie* est variable en fonction des cas :
  - *hypertension artérielle* : 20 mg par jour, en 1 seule prise ;
  - *insuffisance cardiaque* : 2,5 à 20 mg par jour, atteints progressivement et répartis en 1 ou 2 prises.

En cas d'*insuffisance rénale*, d'*athérosclérose*, de traitement préalable par des *diurétiques* ou de régime sans *sel*, en particulier chez la personne âgée, la posologie initiale est faible ; elle est augmentée progressivement par le médecin en fonction des effets du médicament.

**Conseils :** Votre tension artérielle doit être contrôlée régulièrement. Les appareils permettant une mesure automatique de la tension à domicile utilisent souvent un procédé de mesure différent de celui qu'emploie votre médecin. Si vous avez un tel appareil, apportez-le en consultation pour vous assurer que la mesure obtenue est bien conforme à celle du tensiomètre de votre médecin.

Le traitement médicamenteux ne dispense pas de mesures simples pouvant faire baisser la tension artérielle : activité physique régulière, modération de la consommation de boissons alcoolisées et de *sel*, lutte contre l'excès de poids.

### Effets indésirables possibles

Comme pour tous les *inhibiteurs de l'enzyme de conversion* :

- Toux sèche.
- Baisse excessive de la tension artérielle (voir Attention) ; *hypotension orthostatique*.
- Maux de tête, fatigue, étourdissement.
- *Troubles digestifs*.
- *Réactions allergiques* : *éruption cutanée*, œdème de *Quincke* (exceptionnel).

D'autres effets ont plus rarement été observés : crampes, modification du goût, état dépressif, nervosité, essouflement, bouffées de chaleur, bourdonnement d'oreilles, vision trouble, inflammation de la langue.

**Laboratoires MSD-Chibret**

## RENNIE

Antiacide d'action locale

### Présentation

**RENNIE :** comprimé (blanc ; arômes : menthe, citron) ; boîte de 48. Non remb.
**RENNIE :** comprimé (blanc ; arômes : menthe, citron) ; boîte de 96. Non remb.
**RENNIE ORANGE :** comprimé (blanc ; arômes : orange) ; boîte de 36. Non remb.
**RENNIE SANS SUCRE :** comprimé à croquer (blanc ; arôme menthe) ; boîte de 36. Non remb.
**RENNIE SANS SUCRE :** comprimé à croquer (blanc ; arôme menthe) ; boîte de 60. Non remb.

### Composition

| | p cp | p cp sans sucre |
|---|---|---|
| **Calcium carbonate** | 680 mg | 680 mg |
| **Magnésium carbonate lourd** | 80 mg | 80 mg |
| Saccharose | 475 mg | |
| Sorbitol | | + |

### Dans quel cas ce médicament est-il prescrit ?

Ce médicament contient des *antiacides* d'action locale. Ils agissent en neutralisant les acides sécrétés par l'estomac.

Il est utilisé dans le traitement des brûlures et aigreurs d'estomac.

### Contre-indications

Ce médicament ne doit pas être utilisé dans les cas suivants :

- *insuffisance rénale* grave,
- excès de calcium dans le sang.

**Attention :** Il est préférable de consulter un médecin dans les situations suivantes :

- troubles de la digestion apparaissant pour la première fois, ou si les troubles ont changé récemment ;

– troubles associés à une perte de poids ;
– difficulté à avaler ou gêne abdominale persistante.

N'utilisez pas ce médicament de façon prolongée sans l'avis de votre médecin : des examens peuvent être nécessaires si les *symptômes* persistent.

Les personnes souffrant de douleurs d'estomac doivent éviter d'utiliser des médicaments contenant de l'aspirine ou des *AINS* qui augmentent l'acidité de l'estomac. Le paracétamol est en revanche sans danger pour traiter les douleurs ou la fièvre.

### Interactions avec d'autres substances

Ce médicament peut diminuer l'absorption de nombreux médicaments. Un délai d'au moins 2 heures (voire 4 heures avec les *antibiotiques* de la famille des quinolones) doit être respecté entre la prise de ce médicament et celle des autres traitements. Demandez conseil à votre médecin ou à votre pharmacien.

### Grossesse et allaitement

Les substances contenues dans ce médicament sont peu absorbées. Néanmoins, ne l'utilisez pas de façon prolongée pendant la grossesse ou l'allaitement sans l'avis de votre médecin ou de votre pharmacien.

### Mode d'emploi et posologie

Les comprimés doivent être pris au moment des douleurs.

**Posologie usuelle :**

- Adulte : 1 ou 2 comprimés par prise, 4 à 8 comprimés par jour. Ponctuellement, en cas de douleurs intenses, la posologie peut être augmentée jusqu'à 12 comprimés par jour.

La durée du traitement ne doit pas dépasser 10 jours sans avis médical.

**Conseils :** Une alimentation équilibrée, une mastication lente, la suppression des aliments difficiles à digérer et des boissons alcoolisées permettent souvent d'atténuer les *symptômes* dus à une *inflammation* de l'estomac, du *duodénum* ou de l'œsophage.

Si vous êtes fumeur, la poursuite du tabagisme est un frein important au traitement : la nicotine augmente l'acidité gastrique et réduit l'efficacité du muscle qui ferme la jonction entre l'œsophage et l'estomac.

### Effets indésirables possibles

Lié au magnésium, à forte dose : diarrhée.

En cas d'usage prolongé à forte dose : excès de calcium dans le sang, *insuffisance rénale.*

Laboratoires Bayer santé familiale

## RENNIE DÉFLATINE

Antiacide et pansement digestif

### Présentation

RENNIE DÉFLATINE : comprimé à croquer (blanc ; arômes : menthe, citron) ; boîte de 18. Non remb.

### Composition

| | p cp |
|---|---|
| **Carbonate de calcium** | 680 mg |
| **Carbonate de magnésium lourd** | 80 mg |
| **Diméticone activée** | 25 mg |
| Sorbitol | + |

### Dans quel cas ce médicament est-il prescrit ?

Ce médicament contient des *antiacides* d'action locale et un *pansement digestif* au silicone. Les antiacides agissent en neutralisant les acides sécrétés par l'estomac. Le pansement protège le tube digestif et combat la production de gaz.

Il est utilisé dans le traitement des douleurs, aigreurs, brûlures d'estomac associées à des ballonnement abdominal.

### Contre-indications

Ce médicament ne doit pas être utilisé en cas d'*insuffisance rénale.*

**Attention :** N'utilisez pas ce médicament de façon prolongée sans l'avis de votre médecin : des examens peuvent être nécessaires si les *symptômes* persistent.

### Interactions avec d'autres substances

Ce médicament peut diminuer l'absorption de nombreux médicaments. Un délai d'au moins 2 heures (voire 4 heures avec les *antibiotiques* de la famille des quinolones) doit être respecté entre la prise de ce médicament et celle des autres traitements. Demandez conseil à votre médecin ou à votre pharmacien.

### Grossesse et allaitement

Ce médicament ne contient que des substances présumées sans danger pendant la grossesse ou l'allaitement. Néanmoins, ne l'utilisez pas de façon prolongée sans l'avis de votre pharmacien ou de votre médecin.

### Mode d'emploi et posologie

Les comprimés doivent être croqués ou sucés avant d'être avalés.

**Posologie usuelle :**

- Adulte : 1 ou 2 comprimés, 2 à 3 fois par jour, au moment des douleurs.

**Conseils :** Une alimentation équilibrée, une mastication lente, la suppression des aliments difficiles à digérer et des boissons alcoolisées permettent souvent d'atténuer les *symptômes* dus à une *inflammation* de l'estomac, du *duodénum* ou de l'œsophage.

Si vous êtes fumeur, la poursuite du tabagisme nuit à l'efficacité du traitement.

### Effets indésirables possibles

En cas d'utilisation prolongée : élévation du taux de calcium dans le sang (risque de *lithiase* rénale).

Laboratoires Bayer santé familiale

## RENUTRYL

Nutrition orale et entérale

### Présentation

RENUTRYL 500 : préparation buvable prête à l'emploi (arôme vanille) ; boîte de 375 ml. Remb 35 % - **Prix : 2,49 €.**

### Composition

| | p boîte |
|---|---|
| **Rétinol (vitamine A)** | 833 UI |
| **Thiamine nitrate (vitamine B1)** | 2,89 mg |
| **Riboflavine (vitamine B2)** | 3 mg |
| **Pantothénate de calcium (vitamine B5)** | 9,49 mg |
| **Pyridoxine chlorhydrate (vitamine B6)** | 2,10 mg |

| | |
|---|---|
| **Acide ascorbique (vitamine C)** | 75 mg |
| **Nicotinamide (vitamine PP)** | 10,50 mg |
| **Oxyde de magnésium** | 34,88 mg |
| **Chlorure de potassium** | 600 mg |
| **Sulfate de manganèse monohydraté** | 3,94 mg |
| **Sulfate ferreux** | 15 mg |
| **Caséinate de sodium** | 12,50 g |
| **Lactoprotéines** | 21,51 g |
| **Levures lactiques séchées** | 3 g |
| **Lait sec écrémé** | 10,24 g |
| **Huile de soja** | 4 g |
| **Huile de beurre** | 4,75 g |
| **Sirop de glucose déshydraté** | 45 g |
| **Saccharose** | 20 g |

### Dans quel cas ce médicament est-il prescrit ?

C'est une préparation liquide qui contient une association de substances nutritives et de *vitamines*, en proportion équilibrée : 500 kcal réparties en 24 % de protéines, 20 % de matières grasses et 56 % de *sucres*.
Elle est utilisée pour alimenter par sonde les personnes ne pouvant se nourrir normalement. Elle peut être également utilisée en complément d'une alimentation solide chez les personnes affaiblies ou convalescentes.

### Contre-indications

Cette préparation est déconseillée chez les personnes qui ne digèrent pas le lait (intolérance au lactose).

### Mode d'emploi et posologie

La préparation est administrée à l'aide d'une sonde placée dans l'estomac ou absorbée à l'aide d'une paille ou à la cuillère.

**Posologie usuelle :**
1 à 6 boîtes par jour.

**Conseils :** Cette préparation concentrée peut être difficile à digérer. Il peut être utile de la diluer (un verre d'eau pour une boîte).
Après ouverture, la boîte se conserve 24 heures maximum, au réfrigérateur.

Laboratoires Clintec Nutrition Clinique

## RÉPARIL

*Informations détaillées sur www.monvidal.com*

## REPEVAX

Vaccins associés

### Présentation

REPEVAX : suspension injectable ; seringue préremplie de 0,5 ml. Remb 65 % - **Prix : 27,70 €**.

### Composition

| | p seringue |
|---|---|
| **Anatoxine diphtérique purifiée** | ⩾ 2 UI |
| **Anatoxine tétanique purifiée** | ⩾ 20 UI |
| **Antigènes coquelucheux** | 18,5 µg |
| **Virus poliomyélitiques inactivés de type 1, 2 et 3** | 80 UD |

### Dans quel cas ce médicament est-il prescrit ?

C'est une association de *vaccins* composée d'*anatoxines* (diphtérie, tétanos et coqueluche), de *virus* tués (polio) et d'*antigènes* immunisants (coqueluche). Ce vaccin ne contenant pas de bacille coquelucheux est dit « acellulaire ». Il ne contient par ailleurs aucun germe vivant.
Elle est utilisée dans la prévention de la diphtérie, du tétanos, de la coqueluche et de la poliomyélite, en rappel à partir de l'âge de 3 ans.

### Contre-indications

Ce médicament ne doit pas être utilisé en cas de *réaction allergique* ou de troubles graves, notamment neurologiques, apparus après une précédente injection de la même association de vaccins.

**Attention :** En cas de fièvre élevée, de maladie aiguë, il est préférable de différer la vaccination.
Comme pour tous les *vaccins*, des cas exceptionnels de *réactions allergiques* graves ont été constatés ; ce risque justifie la nécessité de réaliser la vaccination en milieu médical où un traitement d'urgence pourra être entrepris sans délai.
De la néomycine, de la streptomycine, du formaldéhyde et de la polymyxine B sont utilisés pour fabriquer ce vaccin. Ces substances persistent en infime quantité dans la solution injectable. Par prudence, ce médicament ne doit pas être administré chez les personnes qui y sont allergiques.
Ce vaccin ne convient pas au rappel diphtérie-tétanos chez les personnes ayant eu une primovaccination incomplète.

### Grossesse et allaitement

Ce *vaccin* est destiné à l'enfant et n'est pas utilisé pendant la grossesse.

### Mode d'emploi et posologie

Bien agiter la seringue avant l'emploi, la réchauffer à température ambiante si nécessaire. L'injection est généralement réalisée par *voie* intramusculaire dans le muscle deltoïde.

**Posologie usuelle :**
Ce vaccin est utilisé pour les rappels réalisés chez les sujets âgés de plus de 3 ans.

**Conseils :** Les réactions fébriles dues aux *vaccins* peuvent être combattues en prenant de l'aspirine ou du paracétamol.
Pour garder son efficacité, ce médicament doit être conservé entre + 2 °C et + 8 °C (partie haute du réfrigérateur). Toutefois, une rupture de la chaîne du froid pendant une durée limitée (quelques heures à température ambiante inférieure à 25 °C) ne devrait pas prêter à conséquence. En pratique, en cas de nécessité, un délai de quelques heures peut séparer l'achat du vaccin en pharmacie de son stockage au réfrigérateur ou de la vaccination.
Ce vaccin ne doit pas être congelé.

### Effets indésirables possibles

Réaction douloureuse, rougeur ou œdème au point d'injection.
Réaction fébrile (38 ° à 39 °C) pendant 1 ou 2 jours.
Maux de tête, nausées, malaises.

Laboratoires Sanofi Pasteur MSD

## REQUIP
Antiparkinsonien dopaminergique **sur ordonnance**

### Présentation
**REQUIP 0,25 mg :** comprimé (blanc) ; boîte de 21. Liste I - Remb 65 % - **Prix : 5,29 €.**
**REQUIP 0,25 mg :** comprimé (blanc) ; boîte de 126. Liste I - Remb 65 % - **Prix : 24,86 €.**
**REQUIP 0,5 mg :** comprimé (jaune) ; boîte de 21. Liste I - Remb 65 % - **Prix : 7,96 €.**
**REQUIP 1 mg :** comprimé (vert) ; boîte de 21. Liste I - Remb 65 % - **Prix : 12,31 €.**
**REQUIP 2 mg :** comprimé (rose) ; boîte de 21. Liste I - Remb 65 % - **Prix : 19,30 €.**
**REQUIP 5 mg :** comprimé (bleu) ; boîte de 21. Liste I - Remb 65 % - **Prix : 38,02 €.**

### Composition

| | p cp | p cp | p cp |
|---|---|---|---|
| **Ropinirole** | 0,25 mg | 0,5 mg | 1 mg |

| | p cp | p cp |
|---|---|---|
| **Ropinirole** | 2 mg | 5 mg |

### Dans quel cas ce médicament est-il prescrit ?
Ce médicament est un *antiparkinsonien* qui appartient à la famille des *dopaminergiques*. Il pallie le déficit en *dopamine*, caractéristique de la maladie de *Parkinson*, en stimulant les récepteurs à la dopamine.
Il est utilisé dans le traitement de la maladie de Parkinson, seul ou en complément du traitement par la lévodopa lorsque des fluctuations importantes de l'activité de la lévodopa (effet on-off) sont responsables de troubles invalidants.

### Contre-indications
Ce médicament ne doit pas être utilisé dans les cas suivants :
- *insuffisance rénale* grave,
- *insuffisance hépatique*,
- **grossesse**,
- **allaitement**.

**Attention :** Des précautions sont nécessaires en cas de troubles psychiques ou de maladie cardiaque graves.
Une *hypotension orthostatique* est possible en début de traitement. Consultez votre médecin pour un contrôle de la tension artérielle si vous ressentez des étourdissements au lever (passage d'une position allongée ou assise à la position debout).
Signalez à votre médecin toute somnolence marquée ou survenant subitement au cours de la journée : une adaptation des doses, voire un arrêt du traitement peut être nécessaire.
Les médicaments *dopaminergiques* peuvent, dans de rares cas, provoquer un endormissement soudain au cours de la journée sans signe annonciateur. La conduite automobile et l'utilisation de machines dangereuses sont déconseillées pendant le traitement. Elles sont contre-indiquées chez les personnes ayant eu une envie impérieuse de dormir sous traitement.

### Interactions avec d'autres substances
Signalez à votre médecin la prise éventuelle d'*estrogènes* (traitement substitutif de la *ménopause* par exemple) ou de médicament contenant de la ciprofloxacine, de l'énoxacine, de la fluvoxamine pendant le traitement.

### Grossesse et allaitement
L'effet de ce médicament pendant la grossesse est mal connu. Par mesure de prudence, son usage est contre-indiqué chez la femme enceinte.
Ce médicament inhibe la lactation : l'allaitement est contre-indiqué.

### Mode d'emploi et posologie
Ce médicament doit être pris au cours des repas. La posologie quotidienne est répartie en 3 prises.

**Posologie usuelle :**
Elle est strictement individuelle. Le médecin recherche la *posologie* efficace la plus faible possible. Son augmentation est progressive, afin de limiter l'apparition des effets indésirables.

**Conseils :** Dans le traitement de la maladie de *Parkinson*, il est important de respecter la *posologie* préconisée par le médecin, notamment les horaires de prises : un pilulier peut être utile.
Le maintien d'une activité physique régulière est recommandée.
Prenez contact avec une des associations destinées aux personnes atteintes de la maladie de Parkinson : elles diffusent une information utile sur l'évolution de la maladie et sur ses traitements.
Conservez ce médicament à l'abri de la lumière.

### Effets indésirables possibles
Lorsque ce médicament est utilisé seul : nausées, somnolence, *œdème* des jambes, douleurs abdominales, vomissements, malaises, *hypotension orthostatique.*
Accès de somnolence dans la journée.
Lorsque ce médicament est associé à la lévodopa, d'autres troubles peuvent survenir : mouvements anormaux, troubles psychiques, mais il est difficile d'en attribuer la responsabilité au ropinirole.

Laboratoires GlaxoSmithKline

## RESPILÈNE
Antitussif opiacé

### Présentation
**RESPILÈNE Adulte :** sirop (arôme eau de laurier-cerise) ; flacon de 200 ml avec godet doseur gradué à 2,5 ml, 5 ml, 7,5 ml et 10 ml. Remb 35 % - **Prix : 3,40 €.**
**RESPILÈNE Enfant :** sirop (arôme eau de laurier-cerise) ; flacon de 200 ml avec seringue pour administration orale graduée en ml. Remb 35 % - **Prix : 2,67 €.**

### Composition

| | sirop Ad p c à c | sirop Enf p 0,5 ml |
|---|---|---|
| **Pholcodine** | 6 mg | 0,3 mg |
| Saccharose | 3,3 g | 0,3 g |
| Alcool à 95° | 77,9 mg | 5,67 mg |

### Dans quel cas ce médicament est-il prescrit ?
Ce sirop *antitussif* contient de la pholcodine, qui a une action *sédative* sur le *système nerveux central*, notamment sur les centres de la toux.
Il est utilisé dans le *traitement symptomatique* des toux sèches.

### Contre-indications
Ce médicament ne doit pas être utilisé dans les cas suivants :
- *asthme*,
- *insuffisance respiratoire*,
- enfant de moins de 30 mois.

**Attention :** Ce médicament n'est pas adapté au traitement de la toux grasse, qui est un mécanisme de défense normal de l'organisme permettant l'évacuation des mucosités présentes dans les bronches.

La toux est un *symptôme* qui peut révéler de nombreuses maladies : consultez votre médecin si elle persiste plus de quelques jours.

Ce médicament contient du *sucre* (saccharose) en quantité notable.

Ce médicament peut induire une somnolence, parfois intense chez certaines personnes. Cette somnolence peut être majorée par la prise d'*alcool* ou d'autres médicaments *sédatifs*. La conduite et l'utilisation de machines dangereuses sont déconseillées, surtout dans les heures qui suivent la prise du médicament.

### Interactions avec d'autres substances

Informez votre médecin ou votre pharmacien si vous prenez un autre médicament *sédatif*.

### Grossesse et allaitement

L'utilisation de la *codéine* et de ses dérivés (codéthyline, pholcodine) ne doit être envisagée chez la femme enceinte qu'en cas de nécessité, en effet :

- une *insuffisance respiratoire* peut survenir chez le nouveau-né d'une mère traitée par des doses élevées, même si le traitement est ponctuel mais précède de peu l'accouchement ;
- un *syndrome de sevrage*, à l'inverse, peut concerner des nouveau-nés si leur mère reçoit un traitement régulier, même à faible dose.

Il est donc important de signaler à l'obstétricien la prise éventuelle de codéine ou d'un de ses dérivés, afin que ces risques puissent être prévenus par une surveillance et un éventuel traitement adapté.

Ce médicament passe dans le lait maternel ; ne l'utilisez pas ou ne le réutilisez pas sans avis médical.

### Mode d'emploi et posologie

Ce médicament doit être pris au moment où survient la toux. Les prises peuvent être renouvelées toutes les 4 heures si nécessaire.

**Posologie usuelle :**

- Adulte : 1 ou 2 godets doseurs de 5 ml de sirop Adulte par prise.

En cas d'*insuffisance hépatique* et chez la personne âgée, la *posologie* initiale est généralement réduite de moitié.

- Enfant de 35 à 50 kg : 10 ml de sirop Enfant par prise.
- Enfant de 20 à 35 kg : 5 ml de sirop Enfant par prise.
- Enfant de 15 à 20 kg : 2,5 ml de sirop Enfant par prise.

**Conseils :** Une toux nocturne aggravée par ce médicament peut être une toux allergique : demandez l'avis de votre médecin.

Fumer, ou être exposé à la fumée des autres, nuit à l'efficacité du traitement : la cigarette est irritante pour les bronches et entretient la toux.

Des mesures simples permettent de calmer les toux sèches : boissons chaudes et humidification de l'air ambiant.

### Effets indésirables possibles

Constipation et, plus rarement, somnolence, nausées, vomissements, spasme des bronches, état vertigineux, *réaction allergique* cutanée.

Laboratoires Sanofi-Aventis OTC

## RESTRICAL

*Informations détaillées sur www.monvidal.com*

## RETACNYL

*Informations détaillées sur www.monvidal.com*

## RETIN A

*Informations détaillées sur www.monvidal.com*

## RETROVIR

*Informations détaillées sur www.monvidal.com*

## REVAXIS

Vaccins associés

### Présentation

REVAXIS : suspension injectable ; seringue préremplie de 0,5 ml. Remb 65 % - **Prix : 10,23 €.**

### Composition

| | p seringue |
|---|---|
| **Anatoxine diphtérique** | 1 dose |
| **Anatoxine tétanique** | 1 dose |
| **Vaccins poliomyélitiques inactivés de types 1, 2 et 3** | 1 dose |

### Dans quel cas ce médicament est-il prescrit ?

C'est une association de *vaccins* composée de toxines inactivées, ou *anatoxines*, (diphtérie et tétanos) et de *germes* tués (polio). Elle ne contient aucun germe vivant. Ce vaccin contient une dose d'anatoxine diphtérique très réduite ; le risque de *réactions allergiques*, possibles chez l'adulte, est donc faible.

Ce vaccin est utilisé pour les rappels de la vaccination contre la diphtérie, le tétanos et la poliomyélite.

### Contre-indications

Ce médicament ne doit pas être utilisé en cas d'*allergie* connue à l'un des constituants du vaccin, ou de *réaction allergique* apparue lors d'une injection précédente d'un vaccin.

**Attention :** Pour limiter le risque de *réaction allergique*, il est recommandé, chez l'adulte, de respecter un intervalle d'au moins 5 ans entre deux injections de vaccins contenant des *anatoxines* diphtériques ou tétaniques.

En cas de fièvre élevée, de maladie aiguë, il est préférable de différer la vaccination.

Comme pour tous les *vaccins*, des cas exceptionnels de *réactions allergiques* graves ont été constatés ; ce risque justifie la nécessité de réaliser la vaccination en milieu médical où un traitement d'urgence pourra être entrepris sans délai.

De la néomycine, de la streptomycine et de la polymyxine B sont utilisées pour fabriquer ce vaccin. Ces substances persistent en infime quantité dans la solution injectable. Des précautions sont nécessaires chez les personnes qui y sont allergiques.

### Grossesse et allaitement

Seul le risque de tétanos lié à une plaie impose de pratiquer une vaccination antitétanique pendant la grossesse. Dans ce cas, il est préférable d'employer un vaccin antitétanique non associé (TÉTAVAX, VACCIN TÉTANIQUE PASTEUR).

Ce rappel peut-être pratiqué pendant l'allaitement.

### Mode d'emploi et posologie

Bien agiter la seringue avant l'emploi, la réchauffer à température ambiante si nécessaire. L'injection doit être réalisée par *voie sous-cutanée* ou *intramusculaire*.

**Posologie usuelle :**

- Adulte : 1 rappel tous les 10 ans. En cas de vaccination datant de plus de 10 ans : 2 injections à 1 mois d'intervalle.
- Enfant : 1 rappel à 6 ans, 1 rappel entre 11 et 13 ans et 1 rappel entre 16 et 18 ans sont prévus dans le calendrier vaccinal.

**Conseils :** Les réactions fébriles dues aux *vaccins* peuvent être combattues en prenant de l'aspirine ou du paracétamol.

Pour garder son efficacité, ce médicament doit être conservé entre + 2 °C et + 8 °C (partie haute du réfrigérateur). Toutefois, une rupture de la chaîne du froid pendant une durée limitée (quelques heures à température ambiante inférieure à 25 °C) ne devrait pas prêter à conséquence. En pratique, en cas de nécessité, un délai de quelques heures peut séparer l'achat du vaccin en pharmacie de son stockage au réfrigérateur ou de la vaccination.

Ce vaccin ne doit pas être congelé.

### Effets indésirables possibles

Réactions locales au point d'injection disparaissant après 1 ou 2 jours : douleur, rougeur, *œdème*, *induration*.

Fièvre, malaise, *réaction allergique*, douleur des muscles et des articulations, maux de tête.

**Laboratoires Sanofi Pasteur MSD**

## REVIA

Médicament du sevrage alcoolique — **sur ordonnance**

### Présentation

REVIA : comprimé sécable (jaune pâle) ; boîte de 28. Liste I - Remb 65 % - **Prix : 42,46 €**.

### Composition

| | p cp |
|---|---|
| **Naltrexone chlorhydrate** | 50 mg |
| Lactose | + |

### Dans quel cas ce médicament est-il prescrit ?

Ce médicament est un *antagoniste opiacé* : il bloque temporairement les centres du cerveau qui sont stimulés par les substances opiacées. Or, il semble que chez l'alcoolique, les effets euphorisants de l'alcool soient en partie liés à la stimulation des *récepteurs* aux opiacés. Néanmoins, le mécanisme d'action de ce médicament chez l'alcoolique n'est pas totalement élucidé.

Il est utilisé dans le cadre de la désintoxication alcoolique, après la période de sevrage, pour faciliter la prévention des rechutes.

### Contre-indications

Ce médicament ne doit pas être utilisé dans les cas suivants :

- *insuffisance hépatique* grave ou *hépatite* aiguë,
- toxicomanie aux *opiacés*,
- personne âgée (plus de 60 ans).

**Attention :** Des précautions sont nécessaires en cas d'*insuffisance rénale* ou de maladie du foie.

L'alcoolique qui demande à bénéficier de ce traitement doit être motivé : ce médicament ne provoque pas de réaction désagréable ni de dégoût pendant l'absorption d'alcool.

Les antalgiques *opiacés* ne peuvent être utilisés pour traiter la douleur pendant la période de traitement. Leurs effets seraient annihilés par la naltrexone.

Chez les alcooliques qui sont également toxicomanes aux opiacés (*héroïne*, *morphine*, *codéine*...), un intervalle minimal de 7 jours doit être respecté entre le début du traitement et la dernière prise de substance opiacée (10 jours pour la méthadone). Une administration intempestive de ce médicament avant ce délai provoquerait un état de manque très douloureux et irréversible pendant au moins 24 heures. Le médecin qui prescrit ce médicament pour la première fois s'assure généralement de l'arrêt de l'intoxication par une analyse d'urine et débute le traitement par un demi-comprimé pris sous surveillance médicale pendant la première heure.

Ce médicament peut induire une somnolence, parfois intense chez certaines personnes. Cette somnolence peut être majorée par la prise d'*alcool* ou d'autres médicaments *sédatifs*. La conduite et l'utilisation de machines dangereuses sont déconseillées, surtout dans les heures qui suivent la prise du médicament.

### Interactions avec d'autres substances

Ce médicament ne doit pas être associé à d'autres médicaments *opiacés* dont il bloquerait l'action.

Prévenez votre médecin si vous prenez conjointement un médicament contenant de la thioridazine.

### Grossesse et allaitement

L'effet de ce médicament pendant la grossesse ou l'allaitement est mal connu. Par prudence, son usage est déconseillé chez la femme enceinte ou chez celle qui allaite.

### Mode d'emploi et posologie

Ce médicament peut être pris au cours ou en dehors des repas. Sauf indication contraire du médecin, la prise peut avoir lieu n'importe quand dans la journée.

**Posologie usuelle :**

- Adulte : 1 comprimé par jour.

**Conseils :** Ce médicament n'est qu'un des éléments de l'aide que peut recevoir l'alcoolique : le rôle du médecin ou des associations d'anciens buveurs est capital. Un soutien psychologique est nécessaire pendant toute la durée du traitement.

### Effets indésirables possibles

Insomnie, anxiété, nervosité, crampes, douleurs abdominales, nausées, vomissements, fatigue, douleurs articulaires ou musculaires, maux de tête.

Rarement : manque d'appétit, perte de poids, diarrhée ou constipation, sensation de soif, irritabilité, tristesse, étourdissement, *éruption cutanée*, éjaculation retardée, baisse de la libido, écoulement nasal, douleur thoracique, sueurs.

Dans certains cas, il est nécessaire de réaliser des prises de sang pour vérifier l'absence de trouble hépatique.

Laboratoires Bristol-Myers Squibb

## REVITALOSE
Antiasthénique

### Présentation

REVITALOSE : solution buvable (arôme orange) ; boîte de 14 ampoules A de 5 ml et 14 ampoules B de 5 ml. Non remb.

REVITALOSE : granulés pour solution buvable (arôme pêche) ; boîte de 14 sachets A et 14 sachets B. Non remb.

### Composition

| | p amp A | p amp B |
|---|---|---|
| **Aspartate magnésium** | 200 mg | |
| **L-Lysine** | 200 mg | |
| **L-Leucine** | 25 mg | |
| **L-Phénylalanine** | 10 mg | |
| **L-Valine** | 10 mg | |
| **Acide ascorbique (vitamine C)** | | 1 g |
| Sorbitol | + | |

| | p sachet A | p sachet B |
|---|---|---|
| **Aspartate magnésium** | 200 mg | |
| **Lysine chlorhydrate** | 200 mg | |
| **Leucine** | 25 mg | |
| **Phénylalanine** | 10 mg | |
| **Valine** | 10 mg | |
| **Acide ascorbique (vitamine C)** | | 1 g |
| Potassium | | + |

### Dans quel cas ce médicament est-il prescrit ?

Ce médicament est un *antiasthénique* qui contient 5 *acides aminés* et de la *vitamine* C.

Il est utilisé dans le *traitement d'appoint* de la fatigue lorsque celle-ci n'est pas due à une maladie (*asthénie fonctionnelle*).

### Contre-indications

Ce médicament ne doit pas être utilisé dans les cas suivants :
- *antécédent* de calculs des *voies* urinaires lorsque les doses de*vitamine* C utilisées sont supérieures à 1 g par jour,
- *phénylcétonurie*.

**Attention :** Dans l'organisme, la *vitamine* C est dégradée en acide oxalique, pouvant favoriser la formation de calculs dans les *voies* urinaires. Ne prenez de *vitamine* C ni en quantité importante ni pendant une longue durée, sans avis médical.
Une fatigue persistante ne doit pas vous conduire à augmenter les prises de ce médicament : consultez votre médecin.

### Grossesse et allaitement

Ce médicament ne contient que des substances présumées sans danger pendant la grossesse ou l'allaitement. Néanmoins, ne l'utilisez pas de façon prolongée sans l'avis de votre pharmacien ou de votre médecin.

### Mode d'emploi et posologie

Les contenus des ampoules ou des sachets A et B doivent être mélangés dans un peu d'eau et pris de préférence le matin.

**Posologie usuelle :**
1 ampoule A et 1 ampoule B ou 1 sachet A et 1 sachet B par jour.

**Conseils :** Le traitement de l'*asthénie fonctionnelle* repose sur des mesures simples :
- un temps de sommeil suffisant ;
- une consommation modérée d'*alcool*, de café et de thé, l'arrêt du tabagisme ;
- la pratique d'un sport ;
- la suppression, lorsque cela est possible, des expositions au stress.

Ce médicament n'est qu'un *traitement d'appoint* qui complète l'action de ces mesures indispensables.
Une prise quotidienne et supérieure à 2 g de *vitamine* C peut modifier certaines analyses de sang.

### Effets indésirables possibles

Calculs des *voies* urinaires chez les personnes prédisposées.

Laboratoires UCB Healthcare

## REXORUBIA
Homéopathie

### Présentation

REXORUBIA : granulé ; boîte de 350 g (70 cuillères à café). Non remb.

### Composition

| | p 100 g |
|---|---|
| **Natrum sulfuricum D3** | 1,2 g |
| **Silicea D3** | 4 g |
| **Calcarea carbonica ostrearum D2** | 4 g |
| **Calcarea iodata D4** | 2 g |
| **Calcarea phosphorica D2** | 4 g |
| **Natrum phosphoricum D2** | 2 g |
| **Magnesia phosphorica D2** | 1,2 g |
| **Ferrum phosphoricum D2** | 1,2 g |
| **Rubia D2** | 4 g |
| **Juglans regia pulvérisation D2** | 4 g |
| Sacchorose | + |

### Dans quel cas ce médicament est-il prescrit ?

Ce médicament est un *complexe* (association) de composants homéopathiques.

Il est utilisé dans le *traitement homéopathique* de la déminéralisation osseuse (allaitement...), de la fatigue de croissance et pour aider à la consolidation des fractures.

### Contre-indications

Ce médicament ne doit pas être utilisé en cas de *diabète*.

### Grossesse et allaitement

Aux *dilutions homéopathiques*, les substances contenues dans ce médicament ne sont pas connues pour être toxiques pendant la grossesse ou l'allaitement.

### Mode d'emploi et posologie

Les granulés peuvent être croqués ou dissous dans un verre d'eau ou de lait et doivent être pris de préférence avant les repas.

**Posologie usuelle :**

- Adulte : 1 cuillère à café, 3 fois par jour.
- Enfant : ½ cuillère à café, 3 fois par jour.

Laboratoires Lehning

## RHÉOBRAL

*Informations détaillées sur www.monvidal.com*

## RHÉOFLUX

Vasculoprotecteur et veinotonique

### Présentation

**RHÉOFLUX 3 500 mg :** poudre orale (arôme orange) ; boîte de 10 sachets. Remb 15 % - **Prix : 5,16 €.**
**RHÉOFLUX 3 500 mg/7 ml :** solution buvable (arôme orange) ; boîte de 10 ampoules de 7 ml. Remb 15 % - **Prix : 5,16 €.**

### Composition

| | p sachet | p amp buv |
|---|---|---|
| **Troxérutine** | 3,5 g | 3,5 g |
| Mannitol | + | |
| Degré alcoolique | | 35,7° |

### Dans quel cas ce médicament est-il prescrit ?

C'est un protecteur *vasculaire* et un *veinotonique*. Il stimule la circulation du sang dans les veines et lutte contre l'altération des *vaisseaux capillaires*. Il facilite également le passage des globules rouges dans les petits vaisseaux.

Il est utilisé dans le *traitement symptomatique* :

- des jambes lourdes, *impatiences* et autres troubles en rapport avec une mauvaise circulation veineuse ou *lymphatique*,
- des crises d'*hémorroïdes*.

**Attention :** Ce médicament est insuffisant pour prévenir le risque de *phlébite* chez les malades alités ou plâtrés.
L'*insuffisance veineuse* peut requérir des mesures spécifiques telles que la *contention élastique*.
Des douleurs, un saignement anal qui persistent malgré le traitement peuvent être dus à une maladie autre que des *hémorroïdes* : consultez votre médecin. De même, tout saignement anal survenant chez une personne de plus de 50 ans doit faire l'objet d'une consultation médicale.
Les ampoules buvables contiennent de l'*alcool* en quantité notable

### Grossesse et allaitement

L'effet de ce médicament pendant la grossesse ou l'allaitement est mal connu. L'évaluation du risque éventuel lié à son utilisation est individuelle : demandez conseil à votre pharmacien ou à votre médecin.

### Mode d'emploi et posologie

Le contenu des sachets et des ampoules doit être dilué dans un verre d'eau.
Ce médicament doit être pris au cours du repas afin d'éviter d'éventuelles nausées.

**Posologie usuelle :**
1 sachet ou 1 ampoule par jour.

**Conseils :** Une activité physique régulière et la surélévation du pied du lit permettent de faciliter la circulation veineuse et *lymphatique*.
La constipation, la consommation de mets épicés et de vins riches en tanins favorisent les *hémorroïdes*.

### Effets indésirables possibles

Rarement : nausées.
Sachets de poudre : comme tous les médicaments et confiseries contenant des sucres non absorbables (sorbitol, mannitol...), possibilité de diarrhées en cas d'apport important.

Laboratoires Niverpharm

## RHEUMADORON

*Informations détaillées sur www.monvidal.com*

## RHINAAXIA

*Informations détaillées sur www.monvidal.com*

## RHINADVIL

Décongestionnant

### Présentation

RHINADVIL : comprimé (rouge) ; boîte de 20. Remb 35 % - **Prix : 1,98 €.**

### Composition

| | p cp |
|---|---|
| **Ibuprofène** | 200 mg |
| **Pseudoéphédrine chlorhydrate** | 30 mg |
| Saccharose | + |

### Dans quel cas ce médicament est-il prescrit ?

Ce médicament contient un *anti-inflammatoire* non stéroïdien (*AINS*), *antalgique* et *antipyrétique*, et un *vasoconstricteur* décongestionnant.
Il est utilisé dans le *traitement symptomatique* des rhumes avec congestion nasale (sensation de nez bouché), maux de tête ou fièvre.

### Contre-indications

Ce médicament ne doit pas être utilisé dans les cas suivants :

- *antécédent* d'*allergie* ou d'*asthme* provoqué par l'aspirine ou les *anti-inflammatoires* non stéroïdiens (*AINS*) ;
- *ulcère* de l'estomac ou du *duodénum* ;
- *insuffisance hépatique* ou *rénale* grave ;
- *hypertension artérielle* ou *insuffisance coronarienne* grave ;
- *antécédent* d'*accident vasculaire cérébral* ;
- antécédent de *convulsions* ;
- *lupus érythémateux* disséminé ;
- risque de *glaucome* à angle fermé ;
- risque de blocage des urines (*adénome de la prostate...*) ;
- en association avec un *antidépresseur* de type *IMAO* non sélectif ou pendant au moins 15 jours après la prise de celui-ci ;
- en association avec un autre *vasoconstricteur* décongestionnant ou un vasoconstricteur contenant l'une des substances suivantes : bromocriptine, pergolide, lisuride, cabergoline, ergotamine ou dihydroergotamine ;

- enfant de moins de 15 ans ;
- **grossesse** (à partir du 6e mois) ;
- **allaitement**.

**Attention :** Tout traitement prolongé ou *surdosage* d'*AINS* expose à des effets indésirables graves.

Ce médicament peut provoquer un *glaucome* aigu chez les personnes prédisposées : œil rouge, dur et douloureux, avec vision floue. Une consultation d'extrême urgence auprès d'un ophtalmologiste est nécessaire.

Comme tous les décongestionnants contenant des *vasoconstricteurs*, ce médicament peut augmenter la fréquence cardiaque (*tachycardie*), et provoquer des *palpitations*. Si ces effets indésirables deviennent trop marqués, le traitement doit être interrompu.

Des précautions particulières s'imposent en cas d'*asthme*, de maladies du cœur, d'*hypertension artérielle*, de risque hémorragique, d'*antécédent* d'*ulcère* de l'estomac ou du *duodénum*, de troubles de la vision, d'*hyperthyroïdie*, de *diabète*, de troubles nerveux : demandez conseil à votre pharmacien ou à votre médecin.

Dans certaines circonstances rares et particulières : déshydratation, insuffisance cardiaque, prise de diurétiques, les *AINS* peuvent déclencher une *insuffisance rénale*. En cas de diminution brutale du volume des urines ou de fatigue inhabituelle et importante, ne poursuivez pas le traitement sans avis médical.

Certains médecins considèrent que les anti-inflammatoires peuvent diminuer l'efficacité des stérilets et exposer à un risque de grossesse non désirée. Ce risque est actuellement très controversé.

Compte-tenu de ses effets indésirables potentiels, ce médicament peut, chez certaines personnes, ne pas être compatible avec la conduite automobile ou le maniement de machines dangereuses. Assurez-vous à l'occasion des premières prises que vous supportez bien ce médicament avant de conduire ou d'utiliser une machine.

Sportif : ce médicament contient une substance considérée comme stimulante (phényléphrine, pseudoéphédrine ou synéphrine) qui figure dans le programme de surveillance 2004 du ministère de la Jeunesse et des Sports. Elle peut être recherchée dans les urines des sportifs afin de déceler un éventuel mésusage.

### Interactions avec d'autres substances

Ce médicament ne doit pas être associé aux *antidépresseurs* de type *IMAO* non sélectif (MARSILID...), à un autre *vasoconstricteur* décongestionnant ou à un vasoconstricteur contenant l'une des substances suivantes : bromocriptine, pergolide, lisuride, cabergoline, ergotamine ou dihydroergotamine. L'association à ces médicaments risque de provoquer une crise hypertensive.

Il peut interagir avec d'autres médicaments, notamment l'aspirine, les autres *anti-inflammatoires* non stéroïdiens, les *anticoagulants*, les *antiagrégants plaquettaires* et les médicaments contenant du lithium ou du méthotrexate.

Informez par ailleurs votre médecin ou votre pharmacien si vous prenez un *antihypertenseur*, un *diurétique* ou un médicament contenant de la guanéthidine.

### Grossesse et allaitement

Des effets néfastes pour l'enfant à naître ont été mis en évidence lorsque les *AINS* sont utilisés au cours des 4 derniers mois de la grossesse ; le risque existe même avec une seule prise et même si la grossesse est à terme. L'usage de ce médicament est contre-indiqué pendant cette période.

Pendant les 5 premiers mois, l'effet de ce médicament est mal connu : seul votre médecin peut évaluer le risque éventuel de son utilisation dans votre cas.

Ce médicament passe dans le lait maternel. Il est contre-indiqué pendant l'allaitement.

### Mode d'emploi et posologie

Les comprimés sont avalés avec un verre d'eau, de préférence au cours des repas.

**Posologie usuelle :**

- Adulte : 1 ou 2 comprimés par prise à renouveler si nécessaire toutes les 6 heures, sans dépasser 6 comprimés par jour.

**Conseils :** Ce médicament n'a pas d'effet anti-infectieux. Si les troubles persistent plus de 5 jours, consulter votre médecin.

### Effets indésirables possibles

Liés à l'ibuprofène :

Nausées, vomissements, *gastrite*.

Rarement :

- *ulcère* de l'estomac ou du *duodénum*, *hémorragie* du tube digestif (vomissements sanglants, selles noires, ou le plus souvent pertes de sang imperceptibles, responsables de l'apparition progressive d'une *anémie*) le plus souvent lors d'un traitement de longue durée ou à forte dose ;
- *réaction allergique* : *éruption cutanée*, démangeaisons, *œdème*, crise d'*asthme*, malaise avec chute brutale de la tension artérielle ;
- *vertiges*, maux de tête ;
- troubles de la vision nécessitant un examen ophtalmologique ;
- anomalie de la *numération formule sanguine*, augmentation des *transaminases*.

Liés à la pseudoéphédrine :

Sécheresse de la bouche, rétention urinaire.

Nausées, vomissements.

*Palpitations*, accélération du cœur, insomnie, anxiété, maux de tête, sueurs.

Plus rarement : hallucinations, agitation.

**Laboratoires Wyeth Santé familiale**

## RHINALLERGY
Homéopathie

### Présentation

RHINALLERGY : comprimé à sucer (blanc) ; boîte de 60. Non remb.

### Composition

Allium cepa 5 CH, Ambrosia artemisia folia 5 CH, Euphrasia officinalis 5 CH, Histaminum muriaticum 9 CH, Sabadilla 5 CH, Solidago virga aurea 5 CH, aa ; lactose, saccharose.

### Dans quel cas ce médicament est-il prescrit ?

Ce médicament est un *complexe* (association) de composants homéopathiques.

Il est utilisé dans le *traitement homéopathique* des *rhinites* d'origine allergique (rhume des foins, crises d'éternuements...).

### Grossesse et allaitement

Aux *dilutions homéopathiques*, les substances contenues dans ce médicament ne sont pas connues pour être toxiques pendant la grossesse ou l'allaitement.

### Mode d'emploi et posologie

Les comprimés doivent être sucés lentement.

Les comprimés ne sont pas adaptés à l'enfant de moins de 6 ans. En effet, ils risquent d'obstruer les voies respiratoires si l'enfant déglutit mal et que le comprimé passe dans la trachée (fausse route).

**Posologie usuelle :**

- Adulte et enfant de plus de 6 ans : 1 comprimé, 1 à 6 fois par jour.

Cessez le traitement dès la disparition des symptômes.

La durée du traitement ne doit pas dépasser 1 semaine sans avis médical.

**Laboratoires Boiron**

## RHINAMIDE

*Informations détaillées sur www.monvidal.com*

## RHINATHIOL

Fluidifiant bronchique

### Présentation

**RHINATHIOL expectorant 375 mg :** gélule (bleu et blanc) ; boîte de 30. Non remb.
**RHINATHIOL expectorant sans sucre Adulte :** sirop (arôme caramel) ; flacon de 200 ml avec gobelet-doseur de 15 ml. Non remb.
**RHINATHIOL expectorant Adulte :** sirop (arômes : caramel, cannelle) ; flacon de 125 ml avec gobelet-doseur de 15 ml. Non remb.
**RHINATHIOL expectorant Adulte :** sirop (arômes : caramel, cannelle) ; flacon de 200 ml avec gobelet-doseur de 15 ml. Non remb.
**RHINATHIOL expectorant Adulte :** sirop (arômes : caramel, cannelle) ; flacon de 300 ml avec gobelet-doseur de 15 ml. Non remb.
**RHINATHIOL sans sucre Enfant Nourrisson :** sirop (arômes : cerise, framboise) ; flacon de 125 ml avec cuillère-mesure de 5 ml. Non remb.
**RHINATHIOL Enfant Nourrisson :** sirop (arômes : framboise, cerise) ; flacon de 125 ml avec cuillère-mesure de 5 ml. Non remb.

### Composition

| | p gél | sirop Ad sans sucre p 15 ml |
|---|---|---|
| **Carbocistéine** | 375 mg | 750 mg |
| Sodium | | 90 mg |

| | sirop Ad p 15 ml | sirop Enf Nour sans sucre p c mes | sirop Enf Nour p c mes |
|---|---|---|---|
| **Carbocistéine** | 750 mg | 100 mg | 100 mg |
| Alcool | 0,2 g | | |
| Saccharose | 6 g | | 3,5 g |
| Sodium | 97 mg | | |

### Dans quel cas ce médicament est-il prescrit ?

Ce médicament fluidifie les sécrétions (mucosités) présentes dans les bronches. Il facilite leur évacuation par la toux.

Il est utilisé en cas de toux grasse avec difficulté à cracher, notamment au cours des bronchites aiguës.

**Attention :** Ce médicament ne peut être utilisé en cas de *bronchite chronique* que sur avis médical.
Des précautions sont nécessaires en cas d'*ulcère* de l'estomac ou du *duodénum*.
N'utilisez pas d'*antitussif* en plus de ce médicament sans l'avis de votre médecin ou de votre pharmacien.
En cas de fièvre, de sécrétions qui persistent au-delà de quelques jours ou qui se colorent, consultez votre médecin.
Les sirops contiennent du *sucre* (saccharose) en quantité notable, à l'exception des sirops sans sucre.
Les sirops Adulte contiennent du *sel* (*sodium*) en quantité notable.
Sirop Adulte :
Conducteur : en raison de la présence d'*alcool*, ce médicament peut être responsable d'une somnolence ou d'une baisse de la vigilance.

### Grossesse et allaitement

Ce médicament ne contient que des substances présumées sans danger pendant la grossesse ou l'allaitement. Néanmoins, ne l'utilisez pas de façon prolongée sans l'avis de votre pharmacien ou de votre médecin.

### Mode d'emploi et posologie

Ce médicament est pris de préférence en dehors des repas.

Les gélules doivent être avalées avec un verre d'eau.

**Posologie usuelle :**

- Adulte : 2 gélules ou 1 gobelet-doseur de sirop Adulte, 3 fois par jour.
- Enfant de 5 à 15 ans : 1 cuillère-mesure de sirop Enfant Nourrisson, 3 fois par jour.
- Enfant de 2 à 5 ans : 1 cuillère-mesure de sirop Enfant Nourrisson, 2 fois par jour.
- Nourrisson de 1 mois à 2 ans : 1 cuillère-mesure de sirop Enfant Nourrisson, 1 ou 2 fois par jour selon l'âge.

Le traitement peut être interrompu dès l'amélioration des symptômes. Sa durée ne doit pas dépasser 5 jours chez l'adulte et 10 jours chez l'enfant sans avis médical.

**Conseils :** Fumer, ou être exposé à la fumée des autres, est un frein important à l'évacuation des mucosités.
Il est nécessaire de lutter contre la sécheresse de l'air ambiant (humidificateur...) pour éviter le dessèchement des sécrétions. Il est également recommandé de boire beaucoup.
Chez la personne âgée ou le jeune enfant, l'incapacité à évacuer les crachats peut justifier l'aide d'un kinésithérapeute, sur prescription médicale.
Les sirops sans sucre ne doivent pas être conservés plus de 15 jours après ouverture du flacon.

### Effets indésirables possibles

Douleurs d'estomac, nausées, diarrhée.

*Réaction allergique* (présence de colorants dans les sachets).

**Laboratoires Sanofi-Aventis OTC**

## RHINATHIOL PROMÉTHAZINE

Antitussif antihistaminique

### Présentation

RHINATHIOL PROMÉTHAZINE : sirop ; flacon de 200 ml avec cuillère-mesure de 5 ml. Non remb.

### Composition

| | p c à s | p c mes |
|---|---|---|
| **Prométhazine chlorhydrate** | 7,5 mg | 2,5 mg |
| **Carbocistéine** | 300 mg | 100 mg |
| Saccharose | 9 g | 3 g |
| Alcool | 366 mg | 122 mg |

### Dans quel cas ce médicament est-il prescrit ?

Ce médicament contient un *antihistaminique* antitussif et *sédatif* (prométhazine), et un fluidifiant des sécrétions bronchiques.

Il est utilisé dans le *traitement symptomatique* des toux sèches, notamment celles qui surviennent la nuit.

### Contre-indications

Ce médicament ne doit pas être utilisé dans les cas suivants :

- *antécédent* d'*agranulocytose*,
- risque de *glaucome* à angle fermé,
- risque de blocage des urines (*adénome de la prostate*...).

**Attention :** Ce médicament n'est pas adapté au traitement de la toux grasse, qui est un mécanisme normal de l'organisme permettant l'évacuation des mucosités présentes dans les bronches.

La toux est un *symptôme* qui peut révéler de nombreuses maladies (*asthme*, *reflux gastro-œsophagien* notamment chez l'enfant) : consultez votre médecin si elle persiste plus de quelques jours.

Des précautions sont nécessaires en cas d'*ulcère* de l'estomac ou du *duodénum* ou d'*épilepsie*.

Du fait de la présence d'un *antihistaminique* ayant des propriétés sédatives et atropiniques, des précautions sont nécessaires chez l'*insuffisant hépatique* ou *rénal* et chez la personne âgée, notamment en cas de constipation chronique, d'*adénome de la prostate*, de tendance aux *vertiges* ou aux baisses de tension.

Ce médicament contient du *sucre* (saccharose) en quantité notable.

Évitez les boissons alcoolisées : augmentation du risque de somnolence.

Ce médicament peut induire une somnolence, parfois intense chez certaines personnes. Cette somnolence peut être majorée par la prise d'*alcool* ou d'autres médicaments *sédatifs*. La conduite et l'utilisation de machines dangereuses sont déconseillées, surtout dans les heures qui suivent la prise du médicament.

### Interactions avec d'autres substances

Ce médicament peut interagir avec le sultopride.

Informez votre médecin ou votre pharmacien si vous prenez un autre médicament ayant des effets *atropiniques* ou *sédatifs* (tranquillisants, somnifères, certains médicaments contre la toux ou contre la douleur contenant des *opiacés*, *antidépresseurs*, *neuroleptiques*...).

### Grossesse et allaitement

L'effet de ce médicament pendant la grossesse est mal connu : seul votre médecin peut évaluer le risque éventuel de son utilisation dans votre cas.

Ce médicament passe faiblement dans le lait maternel : il est déconseillé pendant l'allaitement.

### Mode d'emploi et posologie

Ce médicament est pris de préférence au moment où survient la toux. Les prises du soir doivent être privilégiées en raison du risque de somnolence.

**Posologie usuelle :**

- Adulte : 3 ou 4 cuillères à soupe par jour.
- Enfant de 12 à 15 ans : 6 à 9 cuillères-mesure par jour.
- Enfant de 30 mois à 12 ans : 4 à 6 cuillères-mesure par jour.
- Enfant de 12 à 30 mois : 3 ou 4 cuillères-mesure par jour.

Le traitement doit être de courte durée.

**Conseils :** Fumer, ou être exposé à la fumée des autres, nuit à l'efficacité du traitement : la cigarette est irritante pour les bronches et entretient la toux.

Des mesures simples permettent de calmer les toux sèches : boissons chaudes et humidification de l'air ambiant.

### Effets indésirables possibles

Douleurs d'estomac, nausées, diarrhée.

Somnolence.

Effets *atropiniques* : sécheresse de la bouche, troubles de l'*accommodation*, blocage des urines, constipation, *palpitations*.

*Hypotension orthostatique*, *vertiges*.

Tremblements, mauvaise coordination des mouvements.

Agitation, confusion des idées.

*Réaction allergique*, *photosensibilisation*.

Anomalie de la *numération formule sanguine*.

**Laboratoires Sanofi-Aventis OTC**

## RHINATHIOL TOUX SÈCHE

Antitussif opiacé

### Présentation

RHINATHIOL TOUX SÈCHE pholcodine Adulte : sirop (arôme eau de laurier cerise) ; flacon de 200 ml. Non remb.

RHINATHIOL TOUX SÈCHE pholcodine Enfant : sirop (arôme eau de laurier cerise) ; flacon de 125 ml avec seringue de 5 ml graduée de 0,5 ml à 5 ml. Non remb.

### Composition

| | sirop Ad p c à c | sirop Enf p 5 ml |
|---|---|---|
| **Pholcodine** | 6 mg | 3 mg |
| Saccharose | 3,3 g | 3 g |
| Sodium | | 4,68 mg |
| Titre alcoolique | 9,86° | 1,4° |

### Dans quel cas ce médicament est-il prescrit ?

Ce sirop *antitussif* contient de la pholcodine, qui agit sur les centres de la toux.

Il est utilisé dans le *traitement symptomatique* des toux sèches et des toux d'irritation.

### Contre-indications

Ce médicament ne doit pas être utilisé dans les cas suivants :
- *asthme*,
- *insuffisance respiratoire*,
- **allaitement**.

**Attention :** Ce médicament n'est pas adapté au traitement de la toux grasse, qui est un mécanisme de défense normal de l'organisme permettant l'évacuation des mucosités présentes dans les bronches.
La toux est un *symptôme* qui peut révéler de nombreuses maladies : consultez votre médecin si elle persiste plus de quelques jours.
Ce médicament contient du *sucre* (saccharose) en quantité notable.
Le sirop Enfant contient du *sel* (*sodium*) en quantité notable.
Ce médicament peut induire une somnolence, parfois intense chez certaines personnes. Cette somnolence peut être majorée par la prise d'*alcool* ou d'autres médicaments *sédatifs*. La conduite et l'utilisation de machines dangereuses sont déconseillées, surtout dans les heures qui suivent la prise du médicament.

### Interactions avec d'autres substances

Informez votre médecin ou votre pharmacien si vous prenez des médicaments *sédatifs*.

### Grossesse et allaitement

L'utilisation de la *codéine* et de ses dérivés (codéthyline, pholcodine) ne doit être envisagée chez la femme enceinte qu'en cas de nécessité, en effet :
- une *insuffisance respiratoire* peut survenir chez le nouveau-né d'une mère traitée par des doses élevées, même si le traitement est ponctuel mais précède de peu l'accouchement ;
- un *syndrome de sevrage*, à l'inverse, peut concerner des nouveau-nés si leur mère reçoit un traitement régulier, même à faible dose.

Il est donc important de signaler à l'obstétricien la prise éventuelle de codéine ou d'un de ses dérivés, afin que ces risques puissent être prévenus par une surveillance et un éventuel traitement adapté.
Ce médicament passe dans le lait maternel. Il est contre-indiqué pendant l'allaitement.

### Mode d'emploi et posologie

Ce médicament est pris au moment où survient la toux. Les prises doivent être réparties au cours de la journée et espacées d'au moins 4 heures.

**Posologie usuelle :**
- Adulte : 1 à 2 cuillères à café, 1 à 6 fois par jour.

En cas d'*insuffisance hépatique* et chez la personne âgée, la *posologie* initiale est généralement réduite de moitié.
- Enfant de 6 à 15 ans :
  - Enfant de 20 à 40 kg : 1 dose de 5 ml, 1 à 6 fois par jour.
  - Enfant de 40 à 50 kg : 2 doses de 5 ml, 1 à 6 fois par jour.

La durée du traitement est limitée à 5 jours sans avis médical.

**Conseils :** Une toux nocturne aggravée par ce médicament peut être une toux allergique : demandez conseil à votre médecin.
Fumer, ou être exposé à la fumée des autres, nuit à l'efficacité du traitement : la cigarette est irritante pour les bronches et entretient la toux.
Des mesures simples permettent de calmer les toux sèches : boissons chaudes et humidification de l'air ambiant.

### Effets indésirables possibles

Constipation et, plus rarement, somnolence, nausées, vomissements, *bronchospasme*, sensation de *vertige*, *réaction allergique* cutanée.

Laboratoires Sanofi-Aventis OTC

## RHINATUX

*Informations détaillées sur www.monvidal.com*

## RHINÉDRINE

Préparation nasale antibactérienne

### Présentation

**RHINÉDRINE :** solution pour pulvérisation nasale ; flacon pulvérisateur de 20 ml. Non remb.

### Composition

| | p 100 ml |
|---|---|
| **Benzododécinium bromure** | 50 mg |
| Camphre | 120 mg |

### Dans quel cas ce médicament est-il prescrit ?

Cette solution nasale contient un *antiseptique* de la famille des *ammoniums quaternaires* et du camphre (*terpènes*).
Elle est utilisée dans le *traitement d'appoint* des *rhinites* et des *rhinopharyngites*.

### Contre-indications

Ce médicament ne doit pas être utilisé dans les cas suivants :
- *allergie* aux *antiseptiques* de la famille des *ammoniums quaternaires*,
- enfant ayant des *antécédents* de *convulsions*,
- *nourrisson* de moins de 30 mois.

**Attention :** Ce médicament contient des *terpènes* qui peuvent, en cas de dépassement des *posologies*, avoir des effets indésirables graves : respectez, plus particulièrement chez l'enfant, les doses préconisées.
Des précautions sont nécessaires en cas d'*épilepsie*.
Si votre état ne s'améliore pas après quelques jours de traitement, consultez votre médecin.
L'usage prolongé de ce médicament n'est pas souhaitable : il peut modifier l'équilibre microbien du nez ou de la gorge.

### Grossesse et allaitement

L'effet de ce médicament pendant la grossesse ou l'allaitement est mal connu. L'évaluation du risque éventuel lié à son utilisation est individuelle : demandez conseil à votre pharmacien ou à votre médecin.

### Mode d'emploi et posologie

Les pulvérisations sont faites au cours d'une brève inspiration, après un mouchage soigneux, en tenant le flacon verticalement.

**Posologie usuelle :**

- Adulte : 2 pulvérisations dans chaque narine, 3 ou 4 fois par jour.
- Enfant de 30 mois à 15 ans : 1 pulvérisation dans chaque narine, 3 ou 4 fois par jour, selon l'âge.

**Conseils :** Les solutions nasales *antiseptiques* ou *antibiotiques* peuvent être contaminées par des *germes* : ne les conservez pas au-delà de la durée du traitement.

### Effets indésirables possibles

*Réaction allergique.*

Laboratoires Cooper

## RHINOCORT

Traitement local
de la rhinite allergique

sur ordonnance

### Présentation

RHINOCORT : suspension nasale ; flacon pulvérisateur avec pompe doseuse (120 doses). Liste I - Remb 35 % - **Prix : 12,87 €.**

### Composition

| | p dose |
|---|---|
| **Budésonide** | 64 µg |

### Dans quel cas ce médicament est-il prescrit ?

Ce médicament d'usage local contient un *corticoïde* qui possède une activité *anti-inflammatoire* marquée sur les *muqueuses*, notamment celles du nez.

Il est utilisé dans le *traitement de fond* des *rhinites* d'origine allergique (rhume des foins) de l'adulte et de l'enfant de plus de 6 ans.

Il est également indiqué chez l'adulte dans le *traitement symptomatique* de la *polypose nasale.*

### Contre-indications

Ce médicament ne doit pas être utilisé dans les cas suivants :

- saignement de nez,
- *herpès* buccal ou ophtalmique.

**Attention :** Ce médicament contient un *corticoïde* qui peut, en cas de traitement prolongé, conduire à une fragilisation de la *muqueuse* nasale. Il doit donc être employé avec précaution chez les personnes souffrant d'*ulcérations* nasales ou récemment opérées du nez ou des *sinus*

Lors du renouvellement du traitement, le médecin peut vérifier l'état de la muqueuse nasale, notamment en cas d'irritation ou de sentiment de sécheresse anormale. Dans de rares cas, des perforations de la cloison nasale ont été observées sous traitement.

En cas de signes d'infection nasale (fièvre, coloration des sécrétions nasales), consultez votre médecin.

Des précautions sont nécessaires en cas de *tuberculose* pulmonaire en évolution ou de *mycose* pulmonaire.

Sportif : ce médicament contient une substance susceptible de rendre positifs certains *tests antidopage.*

### Grossesse et allaitement

Les études scientifiques actuellement disponibles n'ont pas mis en évidence de risque de malformation lors de l'utilisation de ce médicament pendant la grossesse. Seul votre médecin peut apprécier la nécessité du traitement et son risque pendant la grossesse.

Par mesure de prudence, l'usage de ce médicament est déconseillé, sans avis médical, pendant l'allaitement.

### Mode d'emploi et posologie

Ce médicament doit être inhalé après un mouchage soigneux.

Agiter le flacon avant emploi et penser à nettoyer l'embout nasal après usage.

Avant la première utilisation, il faut effectuer 5 à 10 pressions sur la pompe doseuse pour l'amorcer.

**Posologie usuelle :**

Elle est strictement individuelle et adaptée par votre médecin, qui recherche la *posologie* efficace la plus faible.

*Rhinite* allergique :

- Adulte et enfant de plus de 6 ans : 2 pulvérisations dans chaque narine, le matin ou 1 pulvérisation dans chaque narine, matin et soir.

*Polypose nasale* :

- Adulte : 1 pulvérisation dans chaque narine, matin et soir.

**Conseils :** Ce médicament d'action lente n'est pas adapté au traitement des *rhinites* aiguës. Un délai de quelques jours est nécessaire pour qu'il soit actif.

Seules les prises régulières et prolongées permettent d'obtenir l'amélioration recherchée.

### Effets indésirables possibles

Irritation locale passagère.

Sécrétions striées de sang en cas d'assèchement rapide du nez, surtout en début de traitement.

*Candidoses* du nez ou du *pharynx*, nécessitant l'arrêt du traitement.

Augmentation de la *tension intraoculaire.*

Exceptionnellement : perforation de la cloison nasale.

Laboratoires AstraZeneca

## RHINOFÉBRAL

Décongestionnant

### Présentation

RHINOFÉBRAL : gélule (bleu clair et bleu foncé) ; boîte de 20. Non remb.

RHINOFÉBRAL verveine-miel-citron : poudre pour solution buvable ; boîte de 10 sachets. Non remb.

### Composition

| | p gél | p sachet |
|---|---|---|
| **Chlorphénamine maléate** | 3,2 mg | 4 mg |
| **Paracétamol** | 240 mg | 500 mg |
| **Acide ascorbique (vitamine C)** | 100 mg | 100 mg |
| Saccharose | | 1,19 g |

### Dans quel cas ce médicament est-il prescrit ?

Ce médicament associe un *antihistaminique* ayant un effet *sédatif* et *atropinique*, du paracétamol, *antipyrétique* et *antalgique*, et de la *vitamine* C.

Il est utilisé dans le *traitement symptomatique* des *rhinopharyngites* (sensation de nez bouché, écoulement nasal, larmoiement) avec maux de tête ou fièvre.

### Contre-indications

Ce médicament ne doit pas être utilisé dans les cas suivants :
- *insuffisance hépatique*,
- risque de *glaucome* à angle fermé,
- risque de blocage des urines (*adénome de la prostate*...).

**Attention :** Ce médicament peut provoquer un *glaucome* aigu chez les personnes prédisposées : œil rouge, dur et douloureux, avec vision floue. Une consultation d'extrême urgence auprès d'un ophtalmologiste est nécessaire.

Du fait de la présence d'un *antihistaminique* ayant des propriétés sédatives et atropiniques, des précautions sont nécessaires chez l'*insuffisant hépatique* ou *rénal* et chez la personne âgée, notamment en cas de constipation chronique, d'*adénome de la prostate*, de tendance aux *vertiges* ou aux baisses de tension.

De nombreux médicaments contiennent du paracétamol : vous devez en tenir compte en cas de prise conjointe car le *surdosage* en paracétamol peut être toxique pour le foie.

Les sachets contiennent du *sucre* (saccharose) en quantité notable.

Évitez les boissons alcoolisées : augmentation du risque de somnolence.

Ce médicament peut induire une somnolence, parfois intense chez certaines personnes. Cette somnolence peut être majorée par la prise d'*alcool* ou d'autres médicaments *sédatifs*. La conduite et l'utilisation de machines dangereuses sont déconseillées, surtout dans les heures qui suivent la prise du médicament.

### Interactions avec d'autres substances

Informez votre médecin ou votre pharmacien si vous prenez un autre médicament ayant des effets *atropiniques* ou *sédatifs* (tranquillisants, somnifères, certains médicaments contre la toux ou contre la douleur contenant des *opiacés*, *antidépresseurs*, *neuroleptiques*...).

### Grossesse et allaitement

L'utilisation ponctuelle de ce médicament pendant la grossesse est possible, à condition de respecter la *posologie* recommandée. Néanmoins, son utilisation dans les jours qui ont précédé l'accouchement doit être signalée au médecin ; en effet, une surveillance particulière du *nouveau-né* peut être nécessaire.

Ce médicament passe faiblement dans le lait maternel ; par mesure de prudence, son usage est déconseillé chez la femme qui allaite.

### Mode d'emploi et posologie

Les gélules doivent être avalées avec un verre d'eau.

Le contenu des sachets doit être dissous dans un grand verre d'eau, et pris de préférence 1/4 d'heure avant les repas.

Un intervalle de 4 heures doit être respecté entre les prises. En cas d'*insuffisance rénale* grave, il est nécessaire d'espacer les prises d'au moins 8 heures.

**Posologie usuelle :**
- Adulte : 1 gélule ou 1 sachet, à renouveler si nécessaire, sans dépasser 5 gélules ou 4 sachets par jour.
- Enfant de 12 à 15 ans : 1 gélule, 1 à 5 fois par jour.

**Conseils :** Ce médicament n'a pas d'effet anti-infectieux. Si les troubles persistent plus de 5 jours, consulter votre médecin.

### Effets indésirables possibles

Somnolence.

Sécheresse de la bouche, constipation, troubles de l'*accommodation*, rétention urinaire.

*Hypotension orthostatique*, *vertiges*, tremblements, agitation, confusion des idées notamment chez la personne âgée.

Rarement : *réaction allergique*, anomalie de la *numération formule sanguine*.

Laboratoires Mc Neil

## RHINOFLUIMUCIL

Décongestionnant nasal — **sur ordonnance**

### Présentation

RHINOFLUIMUCIL : solution pour pulvérisation nasale ; flacon pulvérisateur de 10 ml. Liste II - Remb 35 % - **Prix : 2,20 €**.

### Composition

| | p 100 ml |
|---|---|
| **Tuaminoheptane sulfate** | 500 mg |
| **Benzalkonium chlorure** | 12,5 mg |
| **Acétylcystéine** | 1 g |

### Dans quel cas ce médicament est-il prescrit ?

Cette solution nasale contient un *vasoconstricteur* qui dégage le nez, un *antiseptique* et un fluidifiant des sécrétions nasales.

Elle est utilisée dans le *traitement symptomatique* des *rhinopharyngites* accompagnées de sécrétions nasales importantes.

### Contre-indications

Ce médicament ne doit pas être utilisé dans les cas suivants :
- risque de *glaucome* à angle fermé,
- risque de blocage des urines (*adénome de la prostate*),
- *hypertension artérielle* ou *insuffisance coronarienne* grave,
- *antécédent* de *convulsions*,
- antécédent d'*accident vasculaire cérébral*,
- en association avec un autre *vasoconstricteur* décongestionnant,
- enfant de moins de 30 mois.

**Attention :** L'utilisation répétée ou prolongée des *vasoconstricteurs* par voie nasale expose à un risque de *rhinite* grave, parfois irréversible. La brièveté de l'effet décongestionnant ne doit pas vous conduire à dépasser la *posologie* prescrite par votre médecin.

De plus, des pulvérisations répétées peuvent entraîner un passage plus important du vasoconstricteur

dans le sang et provoquer des *palpitations*, des nausées ou des maux de tête. Si ces effets deviennent trop marqués, le traitement doit être interrompu.
Des précautions sont nécessaires en cas d'*hypertension artérielle*, de certains troubles cardiaques, d'*hyperthyroïdie*, de *diabète*, de troubles psychiques.
Sportif : ce médicament contient une substance susceptible de rendre positifs certains *tests antidopage*.

### Interactions avec d'autres substances

Ce médicament ne doit pas être associé à un autre *vasoconstricteur* décongestionnant : risque de crise hypertensive.
il peut interagir avec les *antidépresseurs* de type *IMAO* non sélectifs (MARSILID, etc.) et avec un vasoconstricteur contenant l'une des substances suivantes : bromocriptine, pergolide, lisuride, cabergoline, ergotamine ou dihydroergotamine.

### Grossesse et allaitement

L'effet de ce médicament pendant la grossesse ou l'allaitement est mal connu : seul votre médecin peut évaluer le risque éventuel de son utilisation dans votre cas.

### Mode d'emploi et posologie

Les pulvérisations doivent être faites au cours d'une brève inspiration, en tenant le flacon verticalement.

**Posologie usuelle :**

- Adulte : 2 pulvérisations dans chaque narine, 3 ou 4 fois par jour.
- Enfant de 30 mois à 15 ans : 1 pulvérisation dans chaque narine, 1 ou 2 fois par jour.

La durée du traitement ne doit pas dépasser 3 à 5 jours, sauf avis médical contraire.

**Conseils :** Ce médicament peut provoquer des effets secondaires graves chez l'enfant : ne le laissez pas à sa portée.
Le flacon ne doit pas être conservé plus de 20 jours après ouverture.

### Effets indésirables possibles

Sécheresse nasale.
Plus rarement, en cas de passage dans le sang :
- Sécheresse de la bouche, insomnie, maux de tête, anxiété, rétention urinaire, sueurs.
- Accélération du cœur, *palpitations*, nausées, vomissements.

Laboratoires Zambon France

## RHINO-SULFURYL

*Informations détaillées sur www.monvidal.com*

## RHINOTROPHYL

Préparation nasale antibactérienne

### Présentation

RHINOTROPHYL : solution pour pulvérisation nasale ; flacon pulvérisateur de 20 ml. Remb 35 % - **Prix : 2,30 €.**

### Composition

| | p 100 ml |
|---|---|
| **Acide ténoïque sel d'éthanolamine** | 3 g |

### Dans quel cas ce médicament est-il prescrit ?

Cette solution nasale possède une action *antiseptique* et apporte du soufre.
Elle est utilisée dans le *traitement d'appoint* des *rhinites* et des *rhinopharyngites*.

**Attention :** Si votre état ne s'améliore pas après quelques jours de traitement, consultez votre médecin.

### Grossesse et allaitement

L'utilisation ponctuelle de ce médicament pendant la grossesse ou l'allaitement ne semble pas poser de problème particulier.

### Mode d'emploi et posologie

Les pulvérisations sont faites au cours d'une brève inspiration, après un mouchage soigneux, en tenant le flacon verticalement.

**Posologie usuelle :**

- Adulte : 1 pulvérisation dans chaque narine, 4 à 6 fois par jour.
- Enfant de plus de 30 mois : 1 pulvérisation dans chaque narine, 3 à 4 fois par jour.
- Nourrisson : 1 pulvérisation dans chaque narine, 2 fois par jour.

**Conseils :** Les solutions nasales *antiseptiques* ou *antibiotiques* peuvent être contaminées par des *germes* : ne les conservez pas au-delà de la durée du traitement.

### Effets indésirables possibles

Irritation locale.

Laboratoires Jolly-Jatel

## RHINUREFLEX

Décongestionnant

### Présentation

RHINUREFLEX : comprimé (jaune) ; boîte de 20. Remb 35 % - **Prix : 1,82 €.**

### Composition

| | p cp |
|---|---|
| **Ibuprofène** | 200 mg |
| **Pseudoéphédrine chlorhydrate** | 30 mg |

### Dans quel cas ce médicament est-il prescrit ?

Ce médicament contient un *anti-inflammatoire* non stéroïdien (*AINS*), *antalgique* et *antipyrétique*, et un *vasoconstricteur* décongestionnant.
Il est utilisé dans le *traitement symptomatique* des rhumes avec congestion nasale (sensation de nez bouché), maux de tête ou fièvre.

### Contre-indications

Ce médicament ne doit pas être utilisé dans les cas suivants :
- *antécédent* d'*allergie* ou d'*asthme* provoqué par l'aspirine ou les *anti-inflammatoires* non stéroïdiens (*AINS*) ;
- *ulcère* de l'estomac ou du *duodénum* ;
- *insuffisance hépatique* ou *rénale* grave ;
- *hypertension artérielle* ou *insuffisance coronarienne* grave ;

- *antécédent* d'*accident vasculaire cérébral* ;
- antécédent de *convulsions* ;
- *lupus érythémateux* disséminé ;
- risque de *glaucome* à angle fermé ;
- risque de blocage des urines (*adénome de la prostate*...) ;
- en association avec un *antidépresseur* de type *IMAO* non sélectif ou pendant au moins 15 jours après la prise de celui-ci ;
- en association avec un autre *vasoconstricteur* décongestionnant ou un vasoconstricteur contenant l'une des substances suivantes : bromocriptine, pergolide, lisuride, cabergoline, ergotamine ou dihydroergotamine ;
- enfant de moins de 15 ans ;
- **grossesse** (à partir du 6e mois) ;
- **allaitement**.

**Attention :** Tout traitement prolongé ou *surdosage* d'*AINS* expose à des effets indésirables graves.
Ce médicament peut provoquer un *glaucome* aigu chez les personnes prédisposées : œil rouge, dur et douloureux, avec vision floue. Une consultation d'extrême urgence auprès d'un ophtalmologiste est nécessaire.
Comme tous les décongestionnants contenant des *vasoconstricteurs*, ce médicament peut augmenter la fréquence cardiaque (*tachycardie*), et provoquer des *palpitations*. Si ces effets indésirables deviennent trop marqués, le traitement doit être interrompu.
Des précautions particulières s'imposent en cas d'*asthme*, de maladies du cœur, d'*hypertension artérielle*, de risque hémorragique, d'*antécédent* d'*ulcère* de l'estomac ou du *duodénum*, de troubles de la vision, d'*hyperthyroïdie*, de *diabète*, de troubles nerveux : demandez conseil à votre pharmacien ou à votre médecin.
Dans certaines circonstances rares et particulières : déshydratation, *insuffisance cardiaque*, prise de diurétiques, les *AINS* peuvent déclencher une *insuffisance rénale*. En cas de diminution brutale du volume des urines ou de fatigue inhabituelle et importante, ne poursuivez pas le traitement sans avis médical.
Certains médecins considèrent que les anti-inflammatoires peuvent diminuer l'efficacité des stérilets et exposer à un risque de grossesse non désirée. Ce risque est actuellement très controversé.
Compte-tenu de ses effets indésirables potentiels, ce médicament peut, chez certaines personnes, ne pas être compatible avec la conduite automobile ou le maniement de machines dangereuses. Assurez-vous à l'occasion des premières prises que vous supportez bien ce médicament avant de conduire ou d'utiliser une machine.
Sportif : ce médicament contient une substance considérée comme stimulante (phényléphrine, pseudoéphédrine ou synéphrine) qui figure dans le programme de surveillance 2004 du ministère de la Jeunesse et des Sports. Elle peut être recherchée dans les urines des sportifs afin de déceler un éventuel mésusage.

### Interactions avec d'autres substances

Ce médicament ne doit pas être associé aux *antidépresseurs* de type *IMAO* non sélectif (MARSILID...), à un autre *vasoconstricteur* décongestionnant ou à un vasoconstricteur contenant l'une des substances suivantes : bromocriptine, pergolide, lisuride, cabergoline, ergotamine ou dihydroergotamine. L'association à ces médicaments risque de provoquer une crise hypertensive.
Il peut interagir avec d'autres médicaments, notamment l'aspirine, les autres *anti-inflammatoires* non stéroïdiens, les *anticoagulants*, les *antiagrégants plaquettaires* et les médicaments contenant du lithium ou du méthotrexate.
Informez par ailleurs votre médecin ou votre pharmacien si vous prenez un *antihypertenseur*, un *diurétique* ou un médicament contenant de la guanéthidine.

### Grossesse et allaitement

Des effets néfastes pour l'enfant à naître ont été mis en évidence lorsque les *AINS* sont utilisés au cours des 4 derniers mois de la grossesse ; le risque existe même avec une seule prise et même si la grossesse est à terme. L'usage de ce médicament est contre-indiqué pendant cette période.
Pendant les 5 premiers mois, l'effet de ce médicament est mal connu : seul votre médecin peut évaluer le risque éventuel de son utilisation dans votre cas.
Ce médicament passe dans le lait maternel. Il est contre-indiqué pendant l'allaitement.

### Mode d'emploi et posologie

Les comprimés doivent être avalés avec un verre d'eau, de préférence au cours des repas.

**Posologie usuelle :**

- Adulte : 1 ou 2 comprimés par prise à renouveler si nécessaire toutes les 6 heures, sans dépasser 4 comprimés par jour.

**Conseils :** Ce médicament n'a pas d'effet anti-infectieux. Si les troubles persistent plus de 5 jours, consulter votre médecin.

### Effets indésirables possibles

Liés à l'ibuprofène :
Nausées, vomissements, *gastrite*.
Rarement :

- *ulcère* de l'estomac ou du *duodénum*, *hémorragie* du tube digestif (vomissements sanglants, selles noires, ou le plus souvent pertes de sang imperceptibles, responsables de l'apparition progressive d'une *anémie*) le plus souvent lors d'un traitement de longue durée ou à forte dose ;
- *réaction allergique* : *éruption cutanée*, démangeaisons, *œdème*, crise d'*asthme*, malaise avec chute brutale de la tension artérielle ;
- *vertiges*, maux de tête ;
- troubles de la vision nécessitant un examen ophtalmologique ;
- anomalie de la *numération formule sanguine*, augmentation des *transaminases*.

Liés à la pseudoéphédrine :
Sécheresse de la bouche, rétention urinaire.
Nausées, vomissements.
*Palpitations*, accélération du cœur, insomnie, anxiété, maux de tête, sueurs.
Plus rarement : hallucinations, agitation.

**Laboratoires Reckitt Benckiser Healthcare**

## RHUMAGRIP

*Informations détaillées sur www.monvidal.com*

**RHUS TOXICODENDRON COMPOSÉ DOLISOS**
*Informations détaillées sur www.monvidal.com*

**RHUS TOXICODENDRON COMPLEXE N° 80**
*Informations détaillées sur www.monvidal.com*

**RHUX TOXICODENDRON COMPOSÉ BOIRON**
*Informations détaillées sur www.monvidal.com*

**RIBAMYLASE**
*Informations détaillées sur www.monvidal.com*

**RIBATRAN**
*Informations détaillées sur www.monvidal.com*

**RICINUS COMPOSÉ BOIRON**
*Informations détaillées sur www.monvidal.com*

**RICINUS COMPOSÉ DOLISOS**
*Informations détaillées sur www.monvidal.com*

**RIDAURAN**
*Informations détaillées sur www.monvidal.com*

**RIFADINE**
*Informations détaillées sur www.monvidal.com*

## RIFAMYCINE CHIBRET

Antibiotique à usage ophtalmique — sur ordonnance

### Présentation

RIFAMYCINE CHIBRET : collyre (orangé) ; flacon compte-goutte de 10 ml. Liste I - Remb 65 % - **Prix : 3,16 €**.
RIFAMYCINE CHIBRET : pommade ophtalmique (orangé) ; tube de 5 g. Liste I - Remb 65 % - **Prix : 2,55 €**.

### Composition

| | p 100 ml | p 100 g |
|---|---|---|
| **Rifamycine sodique** | 1 M UI | 1 M UI |
| Sulfites | + | |
| Thiomersal | + | |

### Dans quel cas ce médicament est-il prescrit ?

Ce médicament à usage local contient un *antibiotique*, la rifamycine.

Il est utilisé sous forme de collyre ou de pommade pour traiter les infections de l'œil.

### Contre-indications

Le collyre ne doit pas être utilisé en cas d'*allergie* aux *antiseptiques* de la famille des mercuriels (présence de thiomersal).

**Attention :** Une rougeur ou une douleur de l'œil ne correspondent pas toujours à une infection. Des soins urgents peuvent être nécessaires, notamment en cas de vision floue. N'utilisez pas ce médicament sans avis médical.
Le collyre ou la pommade peuvent être contaminés par l'œil infecté : évitez de mettre en contact l'extrémité du flacon ou du tube avec l'œil ; ne conservez pas ce médicament plus de 15 jours après une première utilisation.

### Interactions avec d'autres substances

Ce collyre peut interagir avec d'autres collyres. Respectez un intervalle minimal de 15 minutes entre deux instillations.

### Grossesse et allaitement

L'effet de ce médicament pendant la grossesse ou l'allaitement est mal connu : seul votre médecin peut évaluer le risque éventuel de son utilisation dans votre cas.

### Mode d'emploi et posologie

Tirer la paupière inférieure vers le bas tout en regardant vers le haut. Déposer les gouttes de collyre ou la pommade entre la paupière et le globe oculaire (*cul-de-sac conjonctival*).

**Posologie usuelle :**

Collyre : 1 ou 2 gouttes, 4 à 6 fois par jour.

Pommade ophtalmique : appliquer l'équivalent d'un grain de riz 1 ou 2 fois par jour, dont une application le soir au coucher (la pommade s'emploie généralement en complément du collyre pour assurer une efficacité prolongée la nuit). Dans le traitement des infections des paupières, déposer la pommade sur le bord de la paupière, au contact des cils.

**Conseils :** La vision est légèrement troublée par l'application de la pommade. Ce trouble disparaît en quelques minutes.
Une application correcte du produit peut nécessiter une aide, notamment chez l'enfant ou la personne handicapée ou âgée.
Les lentilles de contact ne doivent pas être portées en cas d'infection oculaire ni être réutilisées avant guérison complète.
Ce collyre peut colorer de façon irréversible les lentilles souples.
Il peut également tacher les vêtements. De plus, la coloration des sécrétions nasales est normale.

### Effets indésirables possibles

Irritation ou *réaction allergique*.

Laboratoires Théa

**RIFATER**
*Informations détaillées sur www.monvidal.com*

**RIFINAH**
*Informations détaillées sur www.monvidal.com*

## RILMENIDINE BIOGARAN

Antihypertenseur — sur ordonnance

Ce médicament est un générique de HYPÉRIUM (voir p. 495 et tableau p. 1151).

## RILMENIDINE MERCK

Antihypertenseur — sur ordonnance

Ce médicament est un générique de HYPÉRIUM (voir p. 495 et tableau p. 1151).

## RILMÉNIDINE QUALIMED
Antihypertenseur
sur ordonnance

Ce médicament est un générique de HYPÉRIUM (voir p. 495 et tableau p. 1151).

## RILMENIDINE RATIOPHARM
Antihypertenseur
sur ordonnance

Ce médicament est un générique de HYPÉRIUM (voir p. 495 et tableau p. 1151).

## RILUTEK
*Informations détaillées sur www.monvidal.com*

## RIMACTAN
*Informations détaillées sur www.monvidal.com*

## RIMIFON
*Informations détaillées sur www.monvidal.com*

## RIOPAN
Antiacide d'action locale

### Présentation
**RIOPAN :** comprimé à croquer (arômes : caramel, crème) ; boîte de 20. Non remb.
**RIOPAN :** suspension buvable (arômes : caramel, crème) ; boîte de 10 sachets-dose de 10 ml. Non remb.

### Composition

| | p cp | p sachet |
|---|---|---|
| **Magaldrate anhydre** | 800 mg | 800 mg |
| soit Aluminium | 98 mg | 98 mg |

### Dans quel cas ce médicament est-il prescrit ?
Ce médicament contient un *antiacide* d'action locale. Il agit en neutralisant les acides sécrétés par l'estomac.
Il est utilisé dans le traitement des aigreurs, brûlures d'estomac et remontées acides.

**Attention :** Il est préférable de consulter un médecin dans les situations suivantes :
- troubles de la digestion apparaissant pour la première fois, ou si les troubles ont changé récemment ;
- troubles associés à une perte de poids ;
- difficulté à avaler ou gêne abdominale persistante.

N'utilisez pas ce médicament de façon prolongée sans l'avis de votre médecin : des examens peuvent être nécessaires si les *symptômes* persistent.
Compte tenu de la teneur en aluminium de ce médicament, des précautions sont nécessaires chez les *insuffisants rénaux* traités par *dialyse*.
Les personnes souffrant de douleurs d'estomac doivent éviter d'utiliser des médicaments contenant de l'aspirine ou des *AINS* qui augmentent l'acidité de l'estomac. Le paracétamol est en revanche sans danger pour traiter les douleurs ou la fièvre.

### Interactions avec d'autres substances
Ce médicament peut diminuer l'absorption de nombreux médicaments. Un délai d'au moins 2 heures (voire 4 heures avec les *antibiotiques* de la famille des quinolones) doit être respecté entre la prise de ce médicament et celle des autres traitements. Demandez conseil à votre médecin ou à votre pharmacien.

### Grossesse et allaitement
Les substances contenues dans ce médicament sont peu absorbées. Néanmoins, ne l'utilisez pas de façon prolongée pendant la grossesse ou l'allaitement sans l'avis de votre médecin ou de votre pharmacien.

### Mode d'emploi et posologie
Ce médicament doit être pris au moment des douleurs.
**Posologie usuelle :**
1 à 2 comprimés ou 1 à 2 sachets par prise, sans dépasser 6 prises par jour.

**Conseils :** Une alimentation équilibrée, une mastication lente, la suppression des aliments difficiles à digérer et des boissons alcoolisées permettent souvent d'atténuer les *symptômes* dus à une *inflammation* de l'estomac, du *duodénum* ou de l'œsophage.
Si vous êtes fumeur, la poursuite du tabagisme est un frein important au traitement : la nicotine augmente l'acidité gastrique et réduit l'efficacité du muscle qui ferme la jonction entre l'œsophage et l'estomac.

### Effets indésirables possibles
Constipation (due à la présence d'aluminium).

Laboratoires Madaus

## RISORDAN
*Informations détaillées sur www.monvidal.com*

## RISPERDAL
Neuroleptique atypique
sur ordonnance

### Présentation
**RISPERDAL 1 mg :** comprimé sécable (blanc) ; boîte de 60. Liste I - Remb 65 % - **Prix : 50,45 €**.
**RISPERDAL 2 mg :** comprimé sécable (orange) ; boîte de 60. Liste I - Remb 65 % - **Prix : 95,58 €**.
**RISPERDAL 4 mg :** comprimé sécable (vert) ; boîte de 30. Liste I - Remb 65 % - **Prix : 95,58 €**.
**RISPERDAL 1 mg/ml :** solution buvable ; flacon de 30 ml avec mesurette graduée. Liste I - Remb 65 % - **Prix : 27,07 €**.
**RISPERDAL 1 mg/ml :** solution buvable ; flacon de 60 ml avec mesurette graduée. Liste I - Remb 65 % - **Prix : 50,45 €**.
**RISPERDAL 1 mg/ml :** solution buvable ; flacon de 120 ml avec mesurette graduée. Liste I - Remb 65 % - **Prix : 95,57 €**.

### Composition

| | p cp | p cp |
|---|---|---|
| **Rispéridone** | 1 mg | 2 mg |
| Lactose | + | + |

| | p cp | p ml |
|---|---|---|
| **Rispéridone** | 4 mg | 1 mg |
| Lactose | + | |

### Dans quel cas ce médicament est-il prescrit ?
Ce médicament est un *neuroleptique* dit « atypique ». Certains de ses effets indésirables sont moins marqués que ceux des neuroleptiques « classiques ». Il a des propriétés antipsychotiques.

Il est utilisé dans le traitement de certains troubles psychiques, notamment *schizophrénie*, troubles graves du comportement chez l'enfant, *états maniaques*.

### Contre-indications

Ce médicament ne doit pas être utilisé en cas d'**allaitement**.

**Attention :** Dans le traitement de certains troubles psychiques, les *neuroleptiques* permettent de contrôler efficacement la maladie, mais un arrêt intempestif du traitement expose à une rechute grave.

En cas de survenue d'une fièvre inexpliquée associée à une raideur musculaire (qui pourraient être dues au médicament), ne poursuivez pas le traitement sans avis médical : risque de *syndrome malin des neuroleptiques*.

Ce médicament doit être utilisé avec prudence dans les situations favorisant les *torsades de pointes*.

Des précautions particulières s'imposent en cas de maladies cardiovasculaires, de maladie de *Parkinson* et d'*épilepsie*.

Évitez les boissons alcoolisées : augmentation du risque de somnolence.

Ce médicament peut induire une somnolence, parfois intense chez certaines personnes. Cette somnolence peut être majorée par la prise d'*alcool* ou d'autres médicaments *sédatifs*. La conduite et l'utilisation de machines dangereuses sont déconseillées, surtout dans les heures qui suivent la prise du médicament.

### Interactions avec d'autres substances

Ce médicament peut interagir avec les médicaments *dopaminergiques*.

Informez votre médecin si vous prenez par ailleurs un *sédatif*, un *antihypertenseur* ou un médicament contenant de la carbamazépine.

### Grossesse et allaitement

Si une grossesse survient pendant le traitement, consultez votre médecin. Il appréciera le risque éventuel lié à l'utilisation de ce médicament dans votre cas. Si le traitement est poursuivi jusqu'à l'accouchement, une surveillance médicale du nouveau-né est nécessaire.

Ce médicament passe dans le lait maternel : l'allaitement est contre-indiqué pendant le traitement.

### Mode d'emploi et posologie

Ce médicament peut être pris au cours ou en dehors des repas.

La solution buvable doit être diluée dans un peu d'eau ou de boisson non alcoolisée (à l'exception du thé).

**Posologie usuelle :**

- Adulte : 4 à 8 mg par jour, en 1 ou 2 prises. Cette *posologie* est atteinte progressivement en quelques jours. Des posologies plus basses sont nécessaires en cas d'*insuffisance rénale* ou *hépatique* et chez la personne âgée.
- Enfant : la posologie est strictement individuelle.

**Conseils :** Veillez à bien rincer la mesurette à l'eau tiède après chaque utilisation.

Une prise de poids peut être observée au cours du traitement. Une alimentation équilibrée, et si nécessaire les conseils d'un nutritionniste, peuvent prévenir et limiter ce phénomène.

### Effets indésirables possibles

Insomnie, agitation, anxiété, maux de tête.

*Hypotension orthostatique.*

Plus rarement :

- somnolence, fatigue, *vertiges*, difficulté de concentration, *troubles digestifs*, troubles de la vision, troubles sexuels, incontinence urinaire, *œdème*, *réaction allergique*, *rhinite*, prise de poids ;
- mouvements ou grimaces involontaires, tremblements, raideur anormale ;
- augmentation de la sécrétion de *prolactine* pouvant se traduire par : absence de règles, augmentation du volume des seins, écoulement de lait par le mamelon ;
- dilution anormale du sang par excès d'eau dans l'organisme, due à un dérèglement hormonal ou à des boissons trop abondantes ;
- *syndrome malin des neuroleptiques*, *troubles du rythme cardiaque*.

Laboratoires Janssen-Cilag

## RISPERDALCONSTAT

Neuroleptique atypique — sur ordonnance

### Présentation

RISPERDALCONSTAT 25 mg/2 ml : préparation pour suspension injectable à *libération prolongée* IM ; flacon de poudre + seringue préremplie de 2 ml. Liste I - Remb 65 % - **Prix : 121,71 €.**

RISPERDALCONSTAT 37,5 mg/2 ml : préparation pour suspension injectable à *libération prolongée* IM ; flacon de poudre + seringue préremplie de 2 ml. Liste I - Remb 65 % - **Prix : 156,62 €.**

RISPERDALCONSTAT 50 mg/2 ml : préparation pour suspension injectable à *libération prolongée* IM ; flacon de poudre + seringue préremplie de 2 ml. Liste I - Remb 65 % - **Prix : 190,96 €.**

### Composition

| | p fl | p fl | p fl |
|---|---|---|---|
| **Rispéridone** | 25 mg | 37,5 mg | 50 mg |

### Dans quel cas ce médicament est-il prescrit ?

C'est un *neuroleptique* dit « atypique ». Certains de ses effets indésirables sont moins marqués que ceux des neuroleptiques « classiques ». Il a des propriétés antipsychotiques.

Il est utilisé dans le traitement de certains troubles psychiques, en particulier les *schizophrénies*, en relais du traitement oral.

### Contre-indications

Ce médicament ne doit pas être utilisé en cas d'**allaitement**.

**Attention :** Dans le traitement de certains troubles psychiques, les *neuroleptiques* permettent de contrôler efficacement la maladie, mais un arrêt intempestif du traitement expose à une rechute grave.

En cas de survenue d'une fièvre inexpliquée associée à une raideur musculaire (qui pourraient être dues au médicament), ne poursuivez pas le traitement sans avis médical : risque de *syndrome malin des neuroleptiques*.

Ce médicament doit être utilisé avec prudence dans les situations favorisant les *torsades de pointes*.

Des précautions particulières s'imposent en cas de maladies cardiovasculaires, de maladie de *Parkinson* et d'*épilepsie*.

Évitez les boissons alcoolisées : augmentation du risque de somnolence.

Ce médicament peut induire une somnolence, parfois intense chez certaines personnes. Cette somnolence peut être majorée par la prise d'*alcool* ou d'autres médicaments *sédatifs*. La conduite et l'utilisation de machines dangereuses sont déconseillées, surtout dans les heures qui suivent la prise du médicament.

### Interactions avec d'autres substances

Ce médicament peut interagir avec les médicaments *dopaminergiques*.

Informez votre médecin si vous prenez par ailleurs un *sédatif*, un *antihypertenseur* ou un médicament contenant de la carbamazépine.

### Grossesse et allaitement

Si une grossesse survient pendant le traitement, consultez votre médecin. Il appréciera le risque éventuel lié à l'utilisation de ce médicament dans votre cas. Si le traitement est poursuivi jusqu'à l'accouchement, une surveillance médicale du nouveau-né est nécessaire.

Ce médicament passe dans le lait maternel : l'allaitement est contre-indiqué pendant le traitement.

### Mode d'emploi et posologie

La suspension est injectée par voie intramusculaire, dans le muscle fessier.

En raison du délai d'action de la suspension injectable, un traitement oral doit être poursuivi pendant les 3 semaines qui suivent la première injection.

**Posologie usuelle :**

- Adulte : 1 injection toutes les 2 semaines. La dose injectée est fonction du traitement oral précédent. Des doses plus faibles sont nécessaires en cas d'*insuffisance rénale* ou *hépatique* et chez la personne âgée.

**Conseils :** Une prise de poids peut être observée au cours du traitement. Une alimentation équilibrée, et si nécessaire les conseils d'un nutritionniste, peuvent prévenir et limiter ce phénomène.

Ce médicament doit être conservé au réfrigérateur entre + 2 °C et + 8 °C.

### Effets indésirables possibles

Prise de poids, dépression, fatigue.

*Hypotension orthostatique.*

Plus rarement :

- perte de poids, nervosité, troubles du sommeil, difficultés de concentration, troubles de la vision, *Hypotension orthostatique*, malaise, éruption cutanée, démangeaisons, *œdème*, réaction au site d'injection
- augmentation de la sécrétion de *prolactine* pouvant se traduire par : troubles sexuels, absence de règles, écoulement de lait par le mamelon ;
- mouvements ou grimaces involontaires, tremblements, raideur anormale ;
- *syndrome malin des neuroleptiques*, *troubles du rythme cardiaque*.

Laboratoires Janssen-Cilag

## RISPERDALORO

*Informations détaillées sur www.monvidal.com*

## RITALINE

*Informations détaillées sur www.monvidal.com*

## RIVOTRIL

Antiépileptique — **sur ordonnance**

### Présentation

**RIVOTRIL 2 mg :** comprimé quadrisécable (blanc) ; boîte de 40. Liste I - Remb 65 % - **Prix : 2,57 €.**

**RIVOTRIL 2,5 mg/ml :** solution buvable (arôme pêche) ; flacon de 20 ml (500 gouttes). Liste I - Remb 65 % - **Prix : 2,06 €.**

**RIVOTRIL 1 mg/ml :** solution injectable ; boîte de 6 ampoules de 1 ml et 6 ampoules de solvant de 1 ml. Liste I - Remb 65 % - **Prix : 4,72 €.**

### Composition

| | p cp | p gte | p amp |
|---|---|---|---|
| **Clonazépam** | 2 mg | 0,1 mg | 1 mg |
| Lactose | + | | |
| Alcool benzylique | | | + |

### Dans quel cas ce médicament est-il prescrit ?

Ce médicament est un *anticonvulsivant* non barbiturique qui appartient à la famille des *benzodiazépines*.

Il est utilisé dans le traitement de certaines formes d'*épilepsie*.

### Contre-indications

Ce médicament ne doit pas être utilisé dans les cas suivants :

- *insuffisance respiratoire* ou *hépatique* grave,
- *syndrome d'apnée du sommeil*.

**Attention :** Ne modifiez ni n'interrompez jamais votre traitement sans l'avis de votre médecin : risque de réapparition des convulsions même si aucune crise n'est survenue depuis une longue période.

Des précautions sont nécessaires en cas de *myasthénie* ou d'*insuffisance rénale*.

Évitez les boissons alcoolisées : augmentation du risque de somnolence.

Ce médicament peut induire une somnolence, parfois intense chez certaines personnes. Cette somnolence peut être majorée par la prise d'*alcool* ou d'autres médicaments *sédatifs*. La conduite et l'utilisation de machines dangereuses sont déconseillées, surtout dans les heures qui suivent la prise du médicament.

### Interactions avec d'autres substances

Informez votre médecin si vous prenez d'autres médicaments *sédatifs*.

### Grossesse et allaitement

**Grossesse et nouveau-né :**

L'arrêt brutal de ce médicament expose à la réapparition de crises préjudiciables à la mère et à l'enfant à naître. Si une grossesse survient sous traitement, consultez votre médecin : il appréciera le risque éventuel lié à l'utilisation de ce médicament dans votre cas. Des examens particuliers permettent de vérifier l'absence d'anomalie chez l'enfant à naître.

Si le traitement est poursuivi jusqu'à l'accouchement, une surveillance médicale du *nouveau-né* est nécessaire.

Ce médicament passe dans le lait maternel : l'allaitement est déconseillé.

### Mode d'emploi et posologie

Les comprimés et la solution buvable doivent être avalés avec un peu d'eau.

La solution injectable est réservée au traitement d'urgence de l'*état de mal* épileptique. Elle peut être administrée par *voie* intramusculaire ou intraveineuse lente. Une injection intramusculaire peut être faite dans l'heure qui suit une injection intraveineuse, dont elle prolonge la durée d'action et l'efficacité.

**Posologie usuelle :**
Strictement individuelle, elle varie selon l'âge, le poids et la sensibilité du malade. Elle sera établie de façon progressive.

**Conseils :** Afin d'éviter les oublis, il est recommandé de prendre ce médicament à heure fixe.
Veillez à ne jamais manquer de ce médicament : lors de vos déplacements, munissez-vous d'une réserve ou d'une photocopie de votre ordonnance.
La solution buvable doit être conservée à l'abri de la lumière.

### Effets indésirables possibles

Fatigue, nausées, hypersécrétion salivaire.

Rarement : *éruption cutanée*, *réaction allergique*, troubles de la vue, augmentation des *transaminases*, anomalie de la *numération formule sanguine*.

Laboratoires Roche

## ROACCUTANE

Antiacnéique

sur ordonnance

### Présentation

**ROACCUTANE 5 mg :** capsule (rose clair et blanc) ; boîte de 30. Liste I, *médicament à prescription restreinte* chez la femme - Remb 65 % - **Prix : 10,51 €.**
**ROACCUTANE 10 mg :** capsule (rose clair) ; boîte de 30. Liste I, *médicament à prescription restreinte* chez la femme - Remb 65 % - **Prix : 17,41 €.**
**ROACCUTANE 20 mg :** capsule (rose foncé et blanc) ; boîte de 30. Liste I, *médicament à prescription restreinte* chez la femme - Remb 65 % - **Prix : 29,77 €.**

### Composition

| | p caps 5 mg | p caps 10 mg | p caps 20 mg |
|---|---|---|---|
| **Isotrétinoïne** | 5 mg | 10 mg | 20 mg |
| Huile de soja | + | + | + |
| Huile d'arachide | + | + | + |

### Dans quel cas ce médicament est-il prescrit ?

C'est un antiacnéique qui appartient à la famille des *rétinoïdes* (dérivés de la *vitamine* A acide). Il agit notamment en réduisant l'activité des glandes sébacées.

Il est utilisé pour traiter les *acnés* importantes ou rebelles aux traitements classiques.

### Contre-indications

Ce médicament ne doit pas être utilisé dans les cas suivants :
- femme en âge de procréer sans protection contraceptive efficace,
- **grossesse**,
- **allaitement**,
- *insuffisance hépatique*,
- excès de *vitamine* A,
- excès de lipides dans le sang,
- en association avec les *antibiotiques* de la famille des *tétracyclines*.

**Attention :** Ce médicament est responsable de graves malformations chez l'enfant à naître en cas de prise pendant une grossesse. Une contraception rigoureuse est indispensable chez la femme : elle doit être mise en place un mois avant le début du traitement et poursuivie pendant toute la durée du traitement et le mois qui suit son arrêt. Vous recevrez une notice et devrez signer un document conservé par le médecin, dans lequel vous attestez avoir reçu les informations nécessaires. Tous les mois, lors de chaque renouvellement de traitement, vous devrez présenter au médecin un test sanguin de grossesse négatif datant de moins de 3 jours. Toutes ces précautions entourant la grossesse ne concernent pas l'homme, qui peut procréer sans risque pendant son traitement (ce médicament n'a aucune action connue sur les spermatozoïdes).

En fin de traitement, rapportez les capsules non utilisées à votre pharmacien. Un dernier test de grossesse sera réalisé 5 semaines après l'arrêt du traitement.

Ne donnez jamais ce médicament à une autre personne, même si celle-ci présente une acné semblable à la vôtre.

Ne faites pas don de votre sang pendant la durée du traitement, ni pendant le mois qui suit son arrêt, en raison de la présence de ce médicament dans le sang.

Des précautions sont nécessaires chez les personnes qui souffrent de dépression, de *diabète*, d'obésité, d'alcoolisme, d'*insuffisance rénale*, d'excès de *cholestérol* ou de *triglycérides*, d'augmentation des *transaminases* : un bilan initial et une surveillance médicale régulière sont nécessaires.

En cas de diarrhée importante avec du sang dans les selles, interrompez le traitement et prévenez votre médecin.

N'appliquez rien sur la peau sans l'avis de votre médecin.

Évitez toute exposition prolongée aux rayons *ultraviolets* (soleil, lampe à bronzer) pendant le traitement.

L'épilation à la cire, en particulier sur le visage, doit être évitée pendant le traitement et durant les 6 semaines qui suivent son arrêt, en raison d'une fragilité accrue de la peau. De même, les dermabrasions doivent être évitées pendant le traitement et les 6 mois qui suivent son arrêt en raison d'un risque de cicatrice définitive. Si une dermabrasion est effectuée avant le début de traitement, celui-ci ne devra être commencé que 3 mois plus tard.

Conducteur : ce médicament peut être responsable d'une baisse de la vision nocturne.

### Interactions avec d'autres substances

Ce médicament ne doit pas être associé aux *tétracyclines* (*antibiotiques*) : risque d'*hypertension intracrânienne*.

Informez par ailleurs votre médecin si vous prenez un médicament contenant de la *vitamine* A (A 313, AROVIT, AVIBON...) : risque accru d'intoxication à la vitamine A.

### Grossesse et allaitement

Ce médicament est contre-indiqué pendant la grossesse : il est responsable de malformation chez l'enfant à naître.

Ce médicament est contre-indiqué pendant l'allaitement.

### Mode d'emploi et posologie

Les capsules doivent être prises au cours des repas.

**Posologie usuelle :**

La dose quotidienne est de 0,5 à 1 mg par kg de poids et par jour, répartie en 1 ou 2 prises.

La durée du traitement est habituellement de 4 à 6 mois : l'amélioration de l'état de la peau continue après l'arrêt du traitement et conduit généralement à une guérison durable.

**Conseils :** Une irritation de la peau, une aggravation de l'*acné* sont fréquentes et normales en début de traitement.

Ce traitement assèche l'œil : évitez le port des lentilles de contact.

**Conditions de délivrance** :

Ce médicament est un *médicament à prescription restreinte* : tout médecin en ayant une bonne connaissance peut le prescrire, mais la remise d'une notice spécifique est obligatoire et la signature d'un accord de soins et de contraception est requise chez la femme en âge d'être enceinte. Une surveillance particulière est nécessaire pendant le traitement.

### Effets indésirables possibles

Effets sur la peau et les *muqueuses*, disparaissant habituellement à l'arrêt du traitement :

- fréquemment : sécheresse de la peau et des muqueuses (œil, bouche, nez, gorge), poussée d'*acné* en début de traitement ; consultez votre médecin si la poussée d'acné paraît particulièrement sévère ;
- moins fréquemment : rougeur cutanée, démangeaisons, *photosensibilisation*, chute des cheveux, anomalies des ongles, sensibilité plus grande à certains *germes* cutanés, sécheresse vaginale, irritation de l'urètre.

D'autres effets sont possibles :

- transpiration excessive, fatigue, maux de tête, douleurs des muscles et des articulations, *colite*, mauvaise vision nocturne, troubles de l'audition, troubles osseux ;
- élévation des *transaminases*, des *triglycérides* et du *cholestérol*, modification de la *numération formule sanguine* ;
- exceptionnellement : nausées, diarrhée sanglante, troubles visuels, *état dépressif*, *convulsions*, troubles du comportement, somnolence.

Laboratoires Roche

## ROACCUTANE gel

*Informations détaillées sur www.monvidal.com*

## ROCALTROL

*Informations détaillées sur www.monvidal.com*

## ROCÉPHINE IM

Antibiotique : céphalosporine — sur ordonnance

### Présentation

**ROCÉPHINE 500 mg IM :** préparation injectable ; flacon de poudre et ampoule de solvant de 2 ml. Liste I - Remb 65 % - **Prix : 4,52 €.**

**ROCÉPHINE 1 g IM :** préparation injectable ; flacon de poudre et ampoule de solvant de 3,5 ml. Liste I - Remb 65 % - **Prix : 9,51 €.**

### Composition

| | p unité | p unité |
|---|---|---|
| **Ceftriaxone** | 500 mg | 1 g |
| dont Sodium | 42 mg | 83 mg |
| Lidocaïne chlorhydrate (solvant) | 20 mg | 35 mg |

### Dans quel cas ce médicament est-il prescrit ?

Cet *antibiotique* puissant appartient à la famille des *céphalosporines*, antibiotiques proches des *pénicillines*, qui sont actives sur un plus grand nombre de *germes* que la pénicilline simple. La lidocaïne est un *anesthésique* local destiné à combattre la douleur due à l'injection.

Il est utilisé dans le traitement des infections respiratoires ou urinaires graves, notamment chez les personnes fragilisées, et dans le traitement de certaines *otites* de l'enfant et du nourrisson.

### Contre-indications

Ce médicament ne doit pas être utilisé dans les cas suivants :

- *allergie* aux *céphalosporines*,
- allergie à la lidocaïne,
- *bloc auriculoventriculaire* grave,
- *porphyrie*.

Votre médecin est seul juge pour prescrire ce médicament en cas d'allergie aux *pénicillines*.

**Attention :** Des précautions sont nécessaires en cas d'*insuffisance rénale* grave.

La survenue de toute *réaction allergique* (boutons, *œdème*, malaise) impose l'arrêt du traitement : consultez rapidement votre médecin. Pensez à toujours signaler vos *antécédents* d'allergie à une *céphalosporine* ou à une *pénicilline*.

De nombreux *antibiotiques* peuvent provoquer des selles liquides ou une *diarrhée*, généralement bénigne. En revanche, une diarrhée importante survenant pendant ou dans les jours qui suivent le traitement antibiotique doit être signalée à votre médecin.

Une diminution de la fièvre ou une disparition des *symptômes* ne sont pas synonymes de guérison : la durée du traitement doit absolument être respectée pour éviter les rechutes ou l'apparition d'une *résistance* du *germe* à l'*antibiotique*.

Sportif : les *anesthésiques* locaux ont été retirés de la liste des substances dopantes publiée dans les arrêtés du 20 avril et du 16 août 2004 par le ministère de la Jeunesse et des Sports.

### Interactions avec d'autres substances

Informez votre médecin si vous prenez un *anticoagulant* oral.

### Grossesse et allaitement

Aucun effet néfaste pour l'enfant à naître n'a été établi avec ce médicament. Il peut être prescrit pendant la grossesse en cas de nécessité.

Ce médicament passe dans le lait maternel. L'interruption de l'allaitement devra être envisagée si la durée du traitement dépasse une semaine.

### Mode d'emploi et posologie

La solution injectable est préparée en mélangeant la poudre et le solvant fourni.

La solution ainsi obtenue est injectée par *voie intramusculaire* profonde, jamais par voie *intraveineuse*.

**Posologie usuelle :**

Elle est variable en fonction des indications. A titre indicatif :

- Adulte : 1 à 2 g par jour, en une injection.
- Enfant et nourrisson : 50 mg par kg et par jour, en une injection.

**Conseils :** L'éventuelle fatigue n'est pas due à l'*antibiotique*, mais à l'infection elle-même.

La solution injectable reconstituée peut avoir une coloration jaune ; celle-ci est normale.

### Effets indésirables possibles

Douleur au point d'injection.

*Diarrhée*, nausées, vomissements, *inflammation* de la bouche.

Plus rarement :

- maux de tête, *vertiges* ;
- *réactions allergiques* : *éruption cutanée*, *choc anaphylactique* (exceptionnel) ;
- anomalie de la *numération formule sanguine*, augmentation des *transaminases*.

Exceptionnellement : *pancréatite*.

Laboratoires Roche

## ROCÉPHINE IV

Antibiotique : céphalosporine — sur ordonnance

### Présentation

**ROCÉPHINE 500 mg IV :** préparation injectable ; flacon de poudre et ampoule de solvant de 5 ml. Liste I - Remb 65 % - **Prix : 4,51 €.**

**ROCÉPHINE 1 g IV :** préparation injectable ; flacon de poudre et ampoule de solvant de 10 ml. Liste I - Remb 65 % - **Prix : 7,80 €.**

### Composition

| | p flacon | p flacon |
|---|---|---|
| **Ceftriaxone** | 500 mg | 1 g |
| dont Sodium | 42 mg | 83 mg |

### Dans quel cas ce médicament est-il prescrit ?

Cet *antibiotique* puissant appartient à la famille des *céphalosporines*, antibiotiques proches des *pénicillines*, qui sont actives sur un plus grand nombre de *germes* que la pénicilline simple.

Il est utilisé dans le traitement des infections respiratoires ou urinaires graves, notamment chez les personnes fragilisées.

### Contre-indications

Ce médicament ne doit pas être utilisé en cas d'*allergie* aux *céphalosporines*.

Votre médecin est seul juge pour prescrire ce médicament en cas d'allergie aux *pénicillines*.

**Attention :** Des précautions sont nécessaires en cas d'*insuffisance rénale* grave.

La survenue de toute *réaction allergique* (boutons, *œdème*, malaise) impose l'arrêt du traitement : consultez rapidement votre médecin. Pensez à toujours signaler vos *antécédents* d'allergie à une *céphalosporine* ou à une *pénicilline*.

De nombreux *antibiotiques* peuvent provoquer des selles liquides ou une *diarrhée*, généralement bénigne. En revanche, une diarrhée importante survenant pendant ou dans les jours qui suivent le traitement antibiotique doit être signalée à votre médecin.

Une diminution de la fièvre ou une disparition des *symptômes* ne sont pas synonymes de guérison : la durée du traitement doit absolument être respectée pour éviter les rechutes ou l'apparition d'une *résistance* du *germe* à l'*antibiotique*.

### Interactions avec d'autres substances

Informez votre médecin si vous prenez un *anticoagulant* oral.

### Grossesse et allaitement

Aucun effet néfaste pour l'enfant à naître n'a été établi avec ce médicament. Il peut être prescrit pendant la grossesse en cas de nécessité.

Ce médicament passe dans le lait maternel. L'interruption de l'allaitement devra être envisagée si la durée du traitement dépasse une semaine.

### Mode d'emploi et posologie

La solution injectable est obtenue en mélangeant la poudre avec le solvant fourni. Elle est injectée par voie *intraveineuse* lente, en *perfusion* ou éventuellement par voie sous-cutanée.

**Posologie usuelle :**

Elle est variable selon les cas. A titre indicatif :

- Adulte : 1 à 2 g par jour, en une injection quotidienne.
- Enfant et nourrisson : 50 mg par kg et par jour en une injection.

**Conseils :** L'éventuelle fatigue n'est pas due à l'*antibiotique*, mais à l'infection elle-même.

La solution injectable reconstituée peut avoir une coloration jaune ; celle-ci est normale.

### Effets indésirables possibles

*Inflammation* et douleur au point d'injection.

*Diarrhée*, nausées, vomissements, inflammation de la bouche.

Plus rarement :

- maux de tête, *vertiges* ;
- *réactions allergiques* : *éruption cutanée*, *choc anaphylactique* (exceptionnel) ;
- anomalie de la *numération formule sanguine*, augmentation des *transaminases*.

Exceptionnellement : *pancréatite*.

Laboratoires Roche

## ROCGEL
Antiacide d'action locale

### Présentation
ROCGEL : suspension buvable (blanc) ; boîte de 24 sachets. Remb 35 % - **Prix : 4,37 €**.

### Composition

| | p sachet |
|---|---|
| **Aluminium hydroxyde** | 8,08 g |
| Saccharose | 1,90 g |

### Dans quel cas ce médicament est-il prescrit ?
Ce médicament contient un *antiacide* d'action locale. Il agit en neutralisant les acides sécrétés par l'estomac.

Il est utilisé dans le traitement des aigreurs, brûlures d'estomac et remontées acides.

**Attention :** Il est préférable de consulter un médecin dans les situations suivantes :
- troubles de la digestion apparaissant pour la première fois, ou si les troubles ont changé récemment ;
- troubles associés à une perte de poids ;
- difficulté à avaler ou gêne abdominale persistante.

N'utilisez pas ce médicament de façon prolongée sans l'avis de votre médecin : des examens peuvent être nécessaires si les *symptômes* persistent.

Compte tenu de la teneur en aluminium de ce médicament, des précautions sont nécessaires chez les *insuffisants rénaux* traités par *dialyse*.

Les personnes souffrant de douleurs d'estomac doivent éviter d'utiliser des médicaments contenant de l'aspirine ou des *AINS* qui augmentent l'acidité de l'estomac. Le paracétamol est en revanche sans danger pour traiter les douleurs ou la fièvre.

Ce médicament contient du *sucre* (saccharose) en quantité notable.

### Interactions avec d'autres substances
Ce médicament peut diminuer l'absorption de nombreux médicaments. Un délai d'au moins 2 heures (voire 4 heures avec les *antibiotiques* de la famille des quinolones) doit être respecté entre la prise de ce médicament et celle des autres traitements. Demandez conseil à votre médecin ou à votre pharmacien.

### Grossesse et allaitement
Les substances contenues dans ce médicament sont peu absorbées. Néanmoins, ne l'utilisez pas de façon prolongée pendant la grossesse ou l'allaitement sans l'avis de votre médecin ou de votre pharmacien.

### Mode d'emploi et posologie
La suspension buvable doit être utilisée pure.

**Posologie usuelle :**
1 sachet au moment des douleurs, sans dépasser 6 sachets par jour.

**Conseils :** Une alimentation équilibrée, une mastication lente, la suppression des aliments difficiles à digérer et des boissons alcoolisées permettent souvent d'atténuer les *symptômes* dus à une *inflammation* de l'estomac, du *duodénum* ou de l'œsophage.

Si vous êtes fumeur, la poursuite du tabagisme est un frein important au traitement : la nicotine augmente l'acidité gastrique et réduit l'efficacité du muscle qui ferme la jonction entre l'œsophage et l'estomac.

### Effets indésirables possibles
Constipation (due à la présence d'aluminium).

Laboratoires Tonipharm

## RODOGYL
Antibiotiques : macrolide + imidazolé

sur ordonnance

### Présentation
RODOGYL : comprimé (rose) ; boîte de 20. Liste I - Remb 65 % - **Prix : 9,43 €**.

### Composition

| | p cp |
|---|---|
| **Spiramycine base** | 750 000 UI |
| **Métronidazole** | 125 mg |
| Sorbitol | + |

### Dans quel cas ce médicament est-il prescrit ?
Ce médicament contient deux *antibiotiques* : la spiramycine, de la famille des *macrolides*, et le métronidazole, de la famille des *imidazolés*.

Il est utilisé dans le *traitement curatif* et *préventif* des infections de la bouche et des dents.

### Contre-indications
Ce médicament ne doit pas être utilisé dans les cas suivants :
- *allergie* aux *macrolides* ou aux *imidazolés*,
- enfant de moins de 6 ans (les comprimés ne sont pas adaptés).

**Attention :** En cas d'*éruption cutanée* généralisée avec fièvre, de confusion des idées, de *vertiges* ou de raideur musculaire, prévenez votre médecin avant de poursuivre le traitement.

Des précautions sont nécessaires en cas de déficit en *G6PD*, d'anomalie de la *numération formule sanguine*, de traitement à forte dose et/ou de traitement prolongé. Votre médecin pourra éventuellement vous prescrire des analyses de sang pour s'assurer de l'absence d'anomalie.

Évitez l'absorption de boissons alcoolisées pendant le traitement : risque d'*effet antabuse*.

Compte-tenu de ses effets indésirables potentiels, ce médicament peut, chez certaines personnes, ne pas être compatible avec la conduite automobile ou le maniement de machines dangereuses. Assurez-vous à l'occasion des premières prises que vous supportez bien ce médicament avant de conduire ou d'utiliser une machine.

### Interactions avec d'autres substances
Ce médicament peut interagir avec les médicaments contenant du disulfirame (ESPÉRAL...).

Informez par ailleurs votre médecin ou votre pharmacien si vous prenez un *anticoagulant* oral ou un médicament contenant de la lévodopa.

### Grossesse et allaitement
Ce médicament ne contient aucune substance connue pour être toxique pendant la grossesse.

Ce médicament passe dans le lait maternel : l'allaitement est déconseillé.

### Mode d'emploi et posologie

Ce médicament est pris de préférence au cours des repas.

**Posologie usuelle :**

- Adulte : 2 comprimés, 2 ou 3 fois par jour.

Dans certains cas, la *posologie* peut être augmentée à 8 comprimés par jour.

- Enfant de 10 à 15 ans : 1 comprimé, 3 fois par jour.
- Enfant de 6 à 10 ans : 1 comprimé, 2 fois par jour.

**Conseils :** Une diminution de la fièvre ou une disparition des troubles ne sont pas synonymes de guérison : la durée du traitement doit absolument être respectée pour éviter les rechutes.

La coloration brun-rouge des urines est normale.

### Effets indésirables possibles

Nausées, vomissements, douleurs d'estomac, *diarrhée*, manque d'appétit.

Goût métallique, *inflammation* et sécheresse de la bouche.

*Réaction allergique* : *urticaire*, œdème de *Quincke*...

*Éruption cutanée* généralisée avec fièvre, nécessitant l'arrêt du traitement (voir Attention).

Maux de tête, *vertiges*, fourmillements des extrémités transitoires, raideur musculaire, hallucinations, confusion des idées.

Exceptionnellement : anomalie de la *numération formule sanguine*, *pancréatite*, *hépatite*.

Laboratoires Aventis

## ROHYPNOL

Hypnotique : benzodiazépine — sur ordonnance

### Présentation

ROHYPNOL 1 mg : comprimé sécable (vert) ; boîte de 7. Liste I, durée de prescription limitée à 2 semaines - Remb 65 % - **Prix : 1,10 €.**

### Composition

| | p cp |
|---|---|
| **Flunitrazépam** | 1 mg |
| Lactose | + |

### Dans quel cas ce médicament est-il prescrit ?

Ce médicament est un *hypnotique* (somnifère) qui appartient à la famille des *benzodiazépines.*

Il est utilisé dans le traitement de l'insomnie.

### Contre-indications

Ce médicament ne doit pas être utilisé dans les cas suivants :

- *insuffisance respiratoire* ou *hépatique* graves,
- *syndrome d'apnée du sommeil*,
- enfant de moins de 15 ans.

**Attention :** Certaines insomnies peuvent traduire une *dépression* masquée et justifier un traitement spécifique.

Des précautions sont nécessaires en cas de *myasthénie*, d'*insuffisance rénale* et chez la personne âgée.

Une prise prolongée, surtout à doses importantes, de somnifères de la famille des *benzodiazépines* peut provoquer une *dépendance.* Ce risque de dépendance est accru chez les personnes ayant déjà présenté une dépendance à d'autres médicaments, substances ou à l'alcool.

L'arrêt brutal de ce médicament expose à un *syndrome de sevrage* : réapparition de l'insomnie, anxiété, agitation, irritabilité, maux de tête, douleurs musculaires, tremblements, hallucinations. Il faut donc s'entourer de conseils médicaux pour diminuer progressivement les doses et espacer les prises, sur une période d'autant plus longue que le traitement a été prolongé.

Ce médicament expose à un risque de chute nocturne chez la personne âgée ayant l'habitude de se lever la nuit.

Un réveil nocturne après la prise du médicament peut entraîner des troubles de la mémoire parfois angoissants.

Évitez les boissons alcoolisées : augmentation du risque de somnolence.

Ce médicament est un somnifère. Conduire ou utiliser une machine dangereuse dans les heures qui suivent sa prise est bien sûr contre-indiqué.

La durée de l'effet sédatif, ainsi que son intensité, est très variable d'une personne à l'autre. Il vous appartient de vérifier, après les premières prises, que la persistance éventuelle d'une somnolence au réveil est compatible avec la poursuite de vos activités habituelles.

### Interactions avec d'autres substances

Informez votre médecin ou votre pharmacien si vous prenez d'autres *sédatifs* (tranquillisants, somnifères, certains médicaments contre la toux ou contre la douleur contenant des *opiacés*, *antidépresseurs*, *neuroleptiques*...).

### Grossesse et allaitement

Ce médicament ne doit pas être utilisé sans avis médical pendant la grossesse. Les fortes doses au cours des 6 derniers mois sont déconseillées. En fin de grossesse, un traitement par benzodiazépine, même à faible dose, peut être responsable d'effets indésirables chez le *nouveau-né* : une surveillance médicale du nouveau-né est alors nécessaire pendant 1 à 3 semaines selon les cas

Ce médicament passe dans le lait maternel : l'allaitement est déconseillé.

### Mode d'emploi et posologie

Les comprimés doivent être avalés avec un verre d'eau.

**Posologie usuelle :**

- Adulte : ½ ou 1 comprimé au coucher.

**Conseils :** Ce médicament vous a été prescrit dans une situation précise : ne le réutilisez pas ultérieurement sans avis médical et ne le conseillez pas à une autre personne.

La durée de prescription des *hypnotiques* doit être la plus courte possible. Dans certaines situations, le traitement doit toutefois être prolongé. Il appartient alors au médecin de réévaluer périodiquement la nécessité de le poursuivre ou de l'interrompre.

Les somnifères ne sont pas la seule réponse aux troubles du sommeil. Une meilleure hygiène de vie, une consommation modérée d'excitants (y compris les boissons alcoolisées) permettent aussi de lutter efficacement contre les insomnies.

### Effets indésirables possibles

Sensation d'ivresse, maux de tête, fatigue, somnolence pendant la journée et troubles de la coordination des mouvements en particulier chez la personne âgée, ralentissement des idées, vertiges, *troubles digestifs*.

Faiblesse musculaire, baisse de la libido, *éruption cutanée* avec ou sans démangeaisons.

Très rarement : vision double.

Dans certaines circonstances et chez certaines personnes :
- réactions paradoxales avec augmentation de l'anxiété, agitation, agressivité, confusion des idées, hallucinations ;
- *amnésie antérograde*.

Ces troubles nécessitent l'arrêt du traitement.

Laboratoires Roche

## ROMARÈNE

*Informations détaillées sur www.monvidal.com*

## ROMARINEX

*Informations détaillées sur www.monvidal.com*

## ROR VAX

Vaccins associés

### Présentation

ROR VAX : préparation injectable *SC* ; flacon de *lyophilisat* et seringue de solvant de 0,5 ml. Remb 65 % - **Prix : 16,75 €**.

### Composition

Virus vivants hyperatténués de la rougeole (souche Edmonston 749 D) ; virus vivants atténués des oreillons (souche Jeryl Lynn) ; virus vivants atténués de la rubéole (souche Wistar RA 27/3).

### Dans quel cas ce médicament est-il prescrit ?

C'est une association de *vaccins* composés de *virus* atténués : ceux-ci sont vivants, mais affaiblis, et ne peuvent pas provoquer de maladies.

Elle est utilisée dans la prévention de la rougeole, des oreillons et de la rubéole. L'immunité apparaît environ 15 jours après la vaccination.

### Contre-indications

Ce *vaccin* ne doit pas être utilisé dans les cas suivants :
- *déficit immunitaire*,
- *allergie* aux protéines de l'œuf ou à la néomycine.

**Attention :** En cas de fièvre élevée, de maladie aiguë, il est préférable de différer la vaccination.

### Interactions avec d'autres substances

L'injection d'*immunoglobulines* peut inactiver les *virus* contenus dans le *vaccin*.

Les tests à la tuberculine (MONOTEST...) peuvent être rendus transitoirement négatifs dans les suites de cette vaccination.

### Grossesse et allaitement

Par prudence, ce vaccin est déconseillé pendant la grossesse. Néanmoins, si la vaccination est pratiquée au début d'une grossesse méconnue, une interruption de grossesse n'est pas justifiée ; en effet, aucune malformation chez l'enfant à naître n'a été observée dans cette situation. Demandez conseil à votre médecin.

### Mode d'emploi et posologie

L'injection est réalisée par *voie* sous-cutanée ou intramusculaire.

**Posologie usuelle :**

Chez le nourrisson, 2 doses à au moins 1 mois d'intervalle. La première injection est faite à 9 ou 12 mois ; la deuxième injection est recommandée, si possible, avant 2 ans.

Dans les autres cas, se reporter au calendrier vaccinal.

**Conseils :** Les réactions fébriles dues aux *vaccins* peuvent être combattues en donnant de l'aspirine ou du paracétamol.

Pour garder son efficacité, ce médicament doit être conservé entre + 2 °C et + 8 °C (partie haute du réfrigérateur). Toutefois, une rupture de la chaîne du froid pendant une durée limitée (quelques heures à température ambiante inférieure à 25 °C) ne devrait pas prêter à conséquence. En pratique, en cas de nécessité, un délai de quelques heures peut séparer l'achat du vaccin en pharmacie de son stockage au réfrigérateur ou de la vaccination.

Ce vaccin ne doit pas être congelé.

### Effets indésirables possibles

Sensation de brûlure au point d'injection, fièvre et *convulsions*, *éruption cutanée*.

Rarement : *troubles digestifs*, légères douleurs des articulations, baisse du nombre des *plaquettes*, gonflement des glandes parotides simulant les oreillons, ganglions, *réaction allergique*.

Laboratoires Sanofi Pasteur MSD

## ROSICED

*Informations détaillées sur www.monvidal.com*

## ROSMARINUS COMPLEXE N° 24

*Informations détaillées sur www.monvidal.com*

## ROTARIX

Vaccin : gastro-entérites du nourrisson

sur ordonnance

### Présentation

ROTARIX : poudre et solvant pour suspension buvable ; flacon de poudre et seringue préremplie de 1 ml. Liste I - Non remb.

### Composition

| | p fl |
|---|---|
| **Rotavirus humain atténué (souche RIX4414)** | 1 dose |

### Dans quel cas ce médicament est-il prescrit ?

C'est un *vaccin* oral composé de *virus* (rotavirus) atténués : ceux-ci sont vivants, mais affaiblis, et ne peuvent pas provoquer la maladie.

Il est utilisé dans la prévention de certaines gastroentérites du nourrisson à partir de l'âge de 6 semaines.

Il n'y a pas actuellement de recommandations sur l'utilisation de ce vaccin dans le calendrier vaccinal 2006.

### Contre-indications

Ce *vaccin* ne doit pas être utilisé dans les cas suivants :
- *allergie* connue à l'un des constituants du vaccin,
- *déficit immunitaire* congénital ou consécutif à une maladie (sida...),
- traitement immunodépresseur en cours,
- invagination intestinale ou malformation du tube digestif y prédisposant.

**Attention :** En cas de fièvre élevée, de diarrhée ou de vomissement, il est préférable de différer la vaccination.

Le *virus* peut être retrouvé dans les selles du nourrisson quelques jours après l'administration du vaccin. Une hygiène rigoureuse, comprenant le lavage des mains après le change, doit être observée dans la semaine qui suit la vaccination.

Ce vaccin ne protège pas contre toutes les gastroentérites, mais uniquement contre celles à rotavirus, responsables de diarrhées parfois graves et qui surviennent préférentiellement entre 6 mois et 2 ans.

Les réactions fébriles dues à ce vaccin peuvent être combattues en prenant du paracétamol.

### Interactions avec d'autres substances

Ce vaccin peut être administré en même temps que les autres vaccinations du calendrier vaccinal.

### Grossesse et allaitement

Ce vaccin n'est destiné qu'au nourrisson.

Un effet de l'allaitement maternel sur l'efficacité de ce vaccin oral est peu probable. L'allaitement peut être poursuivi.

### Mode d'emploi et posologie

La suspension est reconstituée en introduisant le solvant liquide contenu dans la seringue, à l'aide de l'adaptateur fourni, dans le flacon de poudre. La suspension est ensuite récupérée dans la seringue et le contenu de la seringue administré directement dans la bouche de l'enfant. Si l'enfant recrache la dose, le médecin peut redonner une dose au cours de la consultation.

Ce vaccin ne doit jamais être injecté.

**Posologie usuelle :**
- Enfant à partir de 6 semaines : 2 doses, espacées d'au moins 4 semaines. La vaccination doit être terminée avant l'âge de 24 semaines.

**Conseils :** Pour garder son efficacité, ce médicament doit être conservé entre + 2 °C et + 8 °C (partie haute du réfrigérateur). Toutefois, une rupture de la chaîne du froid pendant une durée limitée (quelques jours à température ambiante inférieure à 37 °C) ne devrait pas prêter à conséquence. En pratique, en cas de nécessité, un délai de quelques heures peut séparer l'achat du vaccin en pharmacie de son stockage au réfrigérateur ou de la vaccination.

Ce vaccin ne doit pas être congelé.

### Effets indésirables possibles

Lors des études, les effets indésirables observés avec ce vaccin et avec le placebo sont comparables.

Fréquemment : fièvre, fatigue, irritabilité, perte d'appétit, diarrhée, vomissements, régurgitations, ballonnements.

Laboratoires GlaxoSmithKline

## ROTATEQ

Vaccin : gastro-entérites du nourrisson

sur ordonnance

### Présentation

ROTATEQ : solution buvable ; tube de 2 ml. Liste I - Non remb.

### Composition

| | p tube |
|---|---|
| **Sérotype de Rotavirus humain (souches G1, G2, G3, G4, P1(8))** | 1 dose |
| Saccharose | 1,08 g |

### Dans quel cas ce médicament est-il prescrit ?

C'est un *vaccin* oral composé de *virus* (rotavirus) atténués : ceux-ci sont vivants, mais affaiblis, et ne peuvent pas provoquer la maladie.

Il est utilisé dans la prévention de certaines gastroentérites du nourrisson à partir de l'âge de 6 semaines.

Il n'y a pas actuellement de recommandations sur l'utilisation de ce vaccin dans le calendrier vaccinal 2006.

### Contre-indications

Ce *vaccin* ne doit pas être utilisé dans les cas suivants :
- *allergie* connue à l'un des constituants du vaccin,
- *déficit immunitaire* congénital ou consécutif à une maladie (sida...),
- traitement immunodépresseur en cours,
- invagination intestinale ou malformation du tube digestif y prédisposant.

**Attention :** En cas de fièvre élevée, de diarrhée ou de vomissement, il est préférable de différer la vaccination.

Le *virus* peut être retrouvé dans les selles du nourrisson quelques jours après l'administration du vaccin. Une hygiène rigoureuse, comprenant le lavage des mains après le change, doit être observée dans la semaine qui suit la vaccination.

Ce vaccin ne protège pas contre toutes les gastroentérites, mais uniquement contre celles à rotavirus, responsables de diarrhées parfois graves et qui surviennent préférentiellement entre 6 mois et 2 ans.

Les réactions fébriles dues à ce vaccin peuvent être combattues en prenant du paracétamol.

### Interactions avec d'autres substances

Ce vaccin peut être administré en même temps que les autres vaccinations du calendrier vaccinal.

### Grossesse et allaitement

Ce vaccin n'est destiné qu'au nourrisson.

Un effet de l'allaitement maternel sur l'efficacité de ce vaccin oral est peu probable. L'allaitement peut être poursuivi.

### Mode d'emploi et posologie

La solution est administrée directement dans la bouche de l'enfant, en pressant sur le tube. Si l'enfant recrache la dose, le médecin peut redonner une dose au cours de la consultation.

Ce vaccin ne doit jamais être injecté.

**Posologie usuelle :**
- Enfant à partir de 6 semaines : 3 doses, espacées d'au moins 4 semaines. La vaccination doit être terminée avant l'âge de 26 semaines.

**Conseils :** Pour garder son efficacité, ce médicament doit être conservé entre + 2 °C et + 8 °C (partie haute du réfrigérateur). Toutefois, une rupture de la chaîne du froid pendant une durée limitée (quelques jours à température ambiante inférieure à 37 °C) ne devrait pas prêter à conséquence. En pratique, en cas de nécessité, un délai de quelques heures peut séparer l'achat du vaccin en pharmacie de son stockage au réfrigérateur ou de la vaccination.
Ce vaccin ne doit pas être congelé.

### Effets indésirables possibles

Lors des études, les effets indésirables observés avec ce vaccin et avec le placebo sont comparables.
Fréquemment : fièvre, fatigue, irritabilité, perte d'appétit, diarrhée, vomissements, régurgitations, ballonnements.

**Laboratoires Sanofi Pasteur MSD**

## ROUVAX

*Informations détaillées sur www.monvidal.com*

## ROVAMYCINE

Antibiotique : macrolide — sur ordonnance

### Présentation

**ROVAMYCINE Nourrissons et Enfants :** sirop (arômes : chocolat, menthe, caramel) ; flacon de 150 ml avec cuillère-mesure de 5 ml. Liste I - Remb 65 % - **Prix : 5,39 €.**
**ROVAMYCINE 1,5 M UI :** comprimé (blanc) ; boîte de 16. Liste I - Remb 65 % - **Prix : 10,26 €.**
**ROVAMYCINE 3 M UI :** comprimé (blanc) ; boîte de 10. Liste I - Remb 65 % - **Prix : 13,59 €.**
**ROVAMYCINE 3 M UI :** comprimé (blanc) ; boîte de 16. Liste I - Remb 65 % - **Prix : 21,43 €.**

### Composition

| | p c mes | p cp | p cp |
|---|---|---|---|
| **Spiramycine** | 0,375 M UI | 1,5 M UI | 3 M UI |
| Saccharose | 3,5 g | | |

### Dans quel cas ce médicament est-il prescrit ?

Ce médicament est un *antibiotique* qui appartient à la famille des *macrolides.*
Il est utilisé dans le traitement de diverses maladies infectieuses, notamment celles de la gorge, des sinus, des poumons, des bronches, de la peau, de la bouche et des dents, de l'appareil génital.
Il est également utilisé dans deux indications particulières :
- le traitement de la *toxoplasmose* chez la femme enceinte,
- la prévention ponctuelle des *méningites* à méningocoques.

**Attention :** En cas d'*éruption cutanée* généralisée avec fièvre, prévenez votre médecin avant de poursuivre le traitement.
Des précautions sont nécessaires en cas de déficit en *G6PD.*
Une diminution de la fièvre ou une disparition des *symptômes* ne sont pas synonymes de guérison : la durée du traitement doit absolument être respectée pour éviter les rechutes ou l'apparition d'une *résistance* du *germe* à l'*antibiotique.*
Le sirop contient du *sucre* (saccharose) en quantité notable.

### Interactions avec d'autres substances

Informez votre médecin si vous prenez des médicaments contenant de la lévodopa.

### Grossesse et allaitement

Ce médicament peut être utilisé chez la femme enceinte.
Ce médicament passe dans le lait maternel. Ne l'utilisez pas pendant l'allaitement sans prendre l'avis de votre médecin.

### Mode d'emploi et posologie

Ce médicament peut être pris au cours ou en dehors des repas.
Les comprimés ne sont pas adaptés à l'enfant de moins de 6 ans. En effet, ils risquent d'obstruer les voies respiratoires si l'enfant déglutit mal et que le comprimé passe dans la trachée (fausse route).

**Posologie usuelle :**
- Adulte : 1 comprimé à 3 M UI ou 2 comprimés à 1,5 M UI, 2 ou 3 fois par jour.
- Enfant : 150 000 à 300 000 UI par kg et par jour, soit :
  - pour un enfant de plus de 20 kg : 2 à 4 comprimés à 1,5 M UI par jour, à répartir en 2 ou 3 prises ;
  - pour un enfant de 10 à 20 kg : 4 à 8 cuillères-mesure de sirop par jour, à répartir en 2 ou 3 prises ;
  - pour un enfant de moins de 10 kg : 2 à 4 cuillères-mesure de sirop par jour, à répartir en 2 ou 3 prises.

Dans l'indication particulière de la prévention des *méningites* à méningocoques (ce traitement concerne les personnes ayant été en contact avec un malade atteint de méningite à méningocoques) :
- Adulte : 1 comprimé à 3 M UI toutes les 12 heures, pendant 5 jours.
- Enfant : 75 000 UI par kg toutes les 12 heures, pendant 5 jours.

**Conseils :** Le médecin prescrit parfois un prélèvement pour identifier le *germe* responsable de l'infection et tester sa sensibilité aux *antibiotiques.* Le résultat de cet examen peut être faussé en cas d'automédication préalable : ne prenez pas et ne donnez pas d'antibiotiques sans avis médical.
L'éventuelle fatigue n'est pas due à l'antibiotique, mais à l'infection elle-même.

### Effets indésirables possibles

Nausées, vomissements, *diarrhée.*
*Réaction allergique* cutanée.

**Laboratoires Grunenthal**

## ROWASA

*Informations détaillées sur www.monvidal.com*

## ROXITHROMYCINE ARROW

Antibiotique : macrolide — sur ordonnance

Ce médicament est un générique de CLARAMID (informations détaillées sur www.monvidal.com).
Ce médicament est un générique de RULID (voir p. 916 et tableau p. 1151).

## ROXITHROMYCINE BIOGARAN
Antibiotique : macrolide sur ordonnance

Ce médicament est un générique de CLARAMID (informations détaillées sur www.monvidal.com).
Ce médicament est un générique de RULID (voir p. 916 et tableau p. 1151).

## ROXITHROMYCINE EG
Antibiotique : macrolide sur ordonnance

Ce médicament est un générique de CLARAMID (informations détaillées sur www.monvidal.com).
Ce médicament est un générique de RULID (voir p. 916 et tableau p. 1151).

## ROXITHROMYCINE G GAM
Antibiotique : macrolide sur ordonnance

Ce médicament est un générique de CLARAMID (informations détaillées sur www.monvidal.com).
Ce médicament est un générique de RULID (voir p. 916 et tableau p. 1151).

## ROXITHROMYCINE IVAX
Antibiotique : macrolide sur ordonnance

Ce médicament est un générique de CLARAMID (informations détaillées sur www.monvidal.com).
Ce médicament est un générique de RULID (voir p. 916 et tableau p. 1151).

## ROXITHROMYCINE MERCK
Antibiotique : macrolide sur ordonnance

Ce médicament est un générique de CLARAMID (informations détaillées sur www.monvidal.com).
Ce médicament est un générique de RULID (voir p. 916 et tableau p. 1151).

## ROXITHROMYCINE QUALIMED
Antibiotique : macrolide sur ordonnance

Ce médicament est un générique de CLARAMID (informations détaillées sur www.monvidal.com).
Ce médicament est un générique de RULID (voir p. 916 et tableau p. 1151).

## ROXITHROMYCINE RATIOPHARM
Antibiotique : macrolide sur ordonnance

Ce médicament est un générique de CLARAMID (informations détaillées sur www.monvidal.com).
Ce médicament est un générique de RULID (voir p. 916 et tableau p. 1151).

## ROXITHROMYCINE RPG
Antibiotique : macrolide sur ordonnance

Ce médicament est un générique de CLARAMID (informations détaillées sur www.monvidal.com).
Ce médicament est un générique de RULID (voir p. 916 et tableau p. 1151).

## ROXITHROMYCINE SANDOZ
Antibiotique : macrolide sur ordonnance

Ce médicament est un générique de CLARAMID (informations détaillées sur www.monvidal.com).
Ce médicament est un générique de RULID (voir p. 916 et tableau p. 1151).

## ROXITHROMYCINE TEVA
Antibiotique : macrolide sur ordonnance

Ce médicament est un générique de CLARAMID (informations détaillées sur www.monvidal.com).
Ce médicament est un générique de RULID (voir p. 916 et tableau p. 1151).

## ROXITHROMYCINE WINTHROP
Antibiotique : macrolide sur ordonnance

Ce médicament est un générique de CLARAMID (informations détaillées sur www.monvidal.com).
Ce médicament est un générique de RULID (voir p. 916 et tableau p. 1151).

## ROXITHROMYCINE ZYDUS
Antibiotique : macrolide sur ordonnance

Ce médicament est un générique de CLARAMID (informations détaillées sur www.monvidal.com).
Ce médicament est un générique de RULID (voir p. 916 et tableau p. 1151).

**ROZACRÈME**

*Informations détaillées sur www.monvidal.com*

**ROZAGEL**

*Informations détaillées sur www.monvidal.com*

## ROZEX
Traitement local de la rosacée sur ordonnance

### Présentation

ROZEX : crème ; tube de 30 g. Liste I - Remb 35 % - **Prix : 6,65 €**.
ROZEX : émulsion pour application cutanée ; tube de 30 g. Liste I - Remb 35 % - **Prix : 6,65 €**.
ROZEX : gel pour application locale ; tube de 30 g. Liste I - Remb 35 % - **Prix : 6,65 €**.

### Composition

| | p 100 g |
|---|---|
| **Métronidazole** | 0,75 g |

### Dans quel cas ce médicament est-il prescrit ?

Ce médicament contient un *antibiotique* de la famille des *imidazolés*. Il possède également une action *anti-inflammatoire* locale.
Il est utilisé dans le traitement de la *rosacée*.

### Contre-indications

Ce médicament ne doit pas être utilisé en cas d'*allergie* aux *imidazolés*.

> **Attention :** N'exposez pas les régions traitées au soleil ou aux rayons *ultraviolets* (lampes à bronzer). En cas de contact accidentel avec les yeux, rincez abondamment.

### Interactions avec d'autres substances

Le passage du métronidazole dans le sang est très faible ; le risque d'interaction médicamenteuse est limité ou nul. Toutefois, informez votre médecin si vous prenez un *anticoagulant* oral ou un médicament contenant du disulfirame.

### Grossesse et allaitement

L'effet de ce médicament pendant la grossesse ou l'allaitement est mal connu : seul votre médecin peut évaluer le risque éventuel de son utilisation dans votre cas.

### Mode d'emploi et posologie

Après la toilette, appliquer la crème, l'émulsion ou le gel en couche mince.

**Posologie usuelle :**
2 applications par jour, pendant 3 à 4 mois.

> **Conseils :** Conservez ce médicament à température ambiante (la crème notamment ne doit pas être placée au réfrigérateur).

### Effets indésirables possibles

Irritation locale : picotements, démangeaisons, sensations de brûlure.

Laboratoires Galderma

---

## RUBIA COMPLEXE N° 3

*Informations détaillées sur www.monvidal.com*

---

## RUBOZINC

Antiacnéique

### Présentation

RUBOZINC : gélule (blanc) ; boîte de 30. Remb 35 % - **Prix : 5,62 €**.

### Composition

| | p gél |
|---|---|
| **Zinc gluconate soit Zinc métal** | 15 mg |
| Amidon de blé (gluten) | + |

### Dans quel cas ce médicament est-il prescrit ?

Ce médicament contient du zinc, actif sur l'*inflammation* des lésions de l'*acné*.
Il est utilisé dans le traitement de l'acné et de certaines maladies héréditaires rares liées à une *carence* en zinc.

### Interactions avec d'autres substances

Ce médicament gêne l'absorption des *antibiotiques* de la famille des *cyclines*, qui ne doivent pas lui être associés.
La prise de médicaments contenant du calcium ou du fer, ainsi que les *pansements digestifs*, diminue l'absorption de ce produit.

### Grossesse et allaitement

Ce médicament ne contient que des substances présumées sans danger pendant la grossesse ou l'allaitement.

### Mode d'emploi et posologie

Ce médicament doit être pris en 1 seule fois, à jeun, avec un grand verre d'eau.

**Posologie usuelle :**
Traitement de l'*acné* : 2 gélules, 1 fois par jour, pendant 3 mois ; puis 1 seule gélule par jour selon la prescription du médecin.

> **Conseils :** Le repas qui suit immédiatement la prise de ce médicament ne doit pas comporter certains aliments comme le pain complet, les germes de soja, le maïs : ceux-ci peuvent gêner son absorption.

### Effets indésirables possibles

*Troubles digestifs.*

Laboratoires Labcatal

---

## RUDISTROL

*Informations détaillées sur www.monvidal.com*

---

## RUDIVAX

*Informations détaillées sur www.monvidal.com*

---

## RUFOL

*Informations détaillées sur www.monvidal.com*

---

## RULID

Antibiotique : macrolide — sur ordonnance

### Présentation

RULID Enfant 50 mg : comprimé sécable pour suspension buvable (blanc ; arôme fraise) ; boîte de 10 avec cuillère. Liste I - Remb 65 % - **Prix : 5,97 €**.
RULID Enfant 50 mg : comprimé sécable pour suspension buvable (blanc ; arôme fraise) ; boîte de 16 avec cuillère. Liste I - Remb 65 % - **Prix : 9,24 €**.
RULID Enfant 100 mg : comprimé (blanc) ; boîte de 10. Liste I - Remb 65 % - **Prix : 5,36 €**.
RULID Enfant 100 mg : comprimé (blanc) ; boîte de 16. Liste I - Remb 65 % - **Prix : 8,24 €**.
RULID 150 mg : comprimé (blanc) ; boîte de 10. Liste I - Remb 65 % - **Prix : 10,68 €**.
RULID 150 mg : comprimé (blanc) ; boîte de 16. Liste I - Remb 65 % - **Prix : 16,74 €**.

### Composition

| | p cp | p cp | p cp |
|---|---|---|---|
| **Roxithromycine** | 50 mg | 100 mg | 150 mg |

### Dans quel cas ce médicament est-il prescrit ?

C'est un *antibiotique* qui appartient à la famille des *macrolides*.

Il est utilisé dans le traitement de diverses maladies infectieuses, notamment celles de la gorge, des sinus, des poumons, des bronches, de la peau et de l'appareil génital.

### Contre-indications

Ce médicament ne doit pas être utilisé dans les cas suivants :
- *allergie* aux *macrolides*,
- en association avec les médicaments contenant du cisapride, de l'ergotamine ou de la dihydroergotamine.

**Attention :** Des précautions sont nécessaires en cas d'*insuffisance hépatique* grave.
Une diminution de la fièvre ou une disparition des *symptômes* ne sont pas synonymes de guérison : la durée du traitement doit absolument être respectée pour éviter les rechutes ou l'apparition d'une *résistance* du *germe* à l'*antibiotique*.
Conducteur : ce médicament peut être responsable de *vertiges*.

### Interactions avec d'autres substances

Ce médicament ne doit pas être associé aux médicaments contenant :
- de l'ergotamine ou de la dihydroergotamine : risque d'*ergotisme* ;
- du cisapride (PRÉPULSID...) : risque de *torsades de pointes*.

Il peut interagir avec les médicaments qui contiennent de la bromocriptine ou de la cabergoline.
Informez par ailleurs votre médecin si vous prenez des médicaments contenant de la ciclosporine, de la théophylline ou de l'aminophylline.

### Grossesse et allaitement

L'effet de ce médicament pendant la grossesse est mal connu : seul votre médecin peut évaluer le risque éventuel de son utilisation dans votre cas.
Ce médicament passe faiblement dans le lait maternel. Ne l'utilisez pas pendant l'allaitement sans prendre l'avis de votre médecin.

### Mode d'emploi et posologie

Ce médicament est pris de préférence juste avant les repas.
Comprimé à 50 mg : remplir d'eau la cuillère fournie avec les comprimés ; ajouter le ou les comprimés et attendre qu'ils se désagrègent. Faire boire à l'enfant la cuillérée, puis un verre d'eau.

**Posologie usuelle :**
- Adulte : 150 mg, matin et soir.
- Enfant : 5 à 8 mg par kg et par jour ; soit pour un enfant de 15 kg : 1 comprimé à 50 mg, matin et soir.

**Conseils :** Le médecin prescrit parfois un prélèvement pour identifier le *germe* responsable de l'infection et tester sa sensibilité aux *antibiotiques*. Le résultat de cet examen peut être faussé en cas d'automédication préalable : ne prenez pas et ne donnez pas d'antibiotiques sans avis médical.
L'éventuelle impression de fatigue n'est pas due à l'antibiotique, mais à l'infection elle-même.

### Effets indésirables possibles

Nausées, vomissements, *diarrhée*, douleurs d'estomac.
Sensation de vertige, maux de tête, fourmillements des extrémités.
*Réaction allergique* (rare).
Augmentation des *transaminases* ; *hépatite* (exceptionnelle).

Laboratoires Aventis

## RUMAFIT

*Informations détaillées sur www.monvidal.com*

## RUTOVINCINE

*Informations détaillées sur www.monvidal.com*

## RYTHMODAN

Antiarythmique — sur ordonnance

### Présentation

RYTHMODAN : gélule (jaune et vert) ; boîte de 40. Liste I - Remb 35 % - **Prix : 4,80 €**.
RYTHMODAN à libération prolongée : comprimé sécable (blanc) ; boîte de 20. Liste I - Remb 35 % - **Prix : 8,35 €**.

### Composition

| | p gél | p cp LP |
|---|---|---|
| **Disopyramide** | 100 mg | 250 mg |

### Dans quel cas ce médicament est-il prescrit ?

Ce médicament appartient à la classe I de la famille des *antiarythmiques*. Il modifie la vitesse de transmission de l'influx nerveux au sein du muscle cardiaque et lutte contre ses contractions anarchiques.
Il est utilisé dans certains *troubles du rythme cardiaque*.

### Contre-indications

Ce médicament ne doit pas être utilisé dans les cas suivants :
- *bloc auriculoventriculaire* grave,
- *insuffisance cardiaque*,
- *maladie de l'oreillette*,
- *glaucome* à angle fermé,
- *myasthénie*,
- risque de blocage des urines (*adénome de la prostate*),
- enfant de moins de 15 ans (comprimé à *libération prolongée*),
- en association avec les médicaments susceptibles de provoquer des *torsades de pointes*.

**Attention :** Des précautions sont nécessaires en cas d'*insuffisance rénale* ou *hépatique*, de *diabète*.

### Interactions avec d'autres substances

Ce médicament ne doit pas être associé aux médicaments susceptibles de donner des *torsades de pointes* : risque de *troubles du rythme cardiaque*, parfois mortels.
Il peut interagir avec les *laxatifs stimulants*, certains *diurétiques* et tout autre médicament susceptible de provoquer une *hypokaliémie*.
Informez par ailleurs votre médecin si vous prenez un *bêtabloquant*, un *atropinique* ou un médicament contenant l'une des substances suivantes : phénobarbital, phénytoïne, primidone, rifampicine.

### Grossesse et allaitement

L'effet de ce médicament pendant la grossesse est mal connu : seul votre médecin peut évaluer le risque éventuel de son utilisation dans votre cas.

Les données disponibles ne permettent pas de savoir si ce médicament passe dans le lait maternel : l'allaitement est déconseillé pendant le traitement.

### Mode d'emploi et posologie

Les gélules et les comprimés doivent être avalés avec un verre d'eau.

**Posologie usuelle :**
Elle est strictement individuelle et habituellement répartie en 3 prises quotidiennes pour les gélules et en 2 prises pour les comprimés.

> **Conseils :** Ce médicament peut provoquer une constipation. L'usage des *laxatifs stimulants* est alors déconseillé. Ceux-ci peuvent être contenus dans des tisanes d'apparence anodine. Demandez conseil à votre pharmacien ou à votre médecin, qui vous proposeront un régime ou des médicaments efficaces et sans danger.

### Effets indésirables possibles

Sécheresse de la bouche, troubles de l'*accommodation*, vision double, *troubles digestifs*, constipation notamment, blocage des urines, principalement en cas d'*adénome de la prostate*.
Troubles de l'érection.
Aggravation d'une *insuffisance cardiaque* préexistante.
Exceptionnellement : jaunisse, maux de tête, *éruption cutanée*.

Laboratoires Aventis

## RYTHMOL
Antiarythmique

sur ordonnance

### Présentation

RYTHMOL 300 mg : comprimé sécable (blanc) ; boîte de 30. Liste I - Remb 65 % - **Prix : 11,95 €**.

### Composition

| | p cp |
|---|---|
| Propafénone | 300 mg |

### Dans quel cas ce médicament est-il prescrit ?

Ce médicament appartient à la classe I de la famille des *antiarythmiques*. Il modifie la vitesse de transmission de l'influx nerveux au sein du muscle cardiaque et lutte contre ses contractions anarchiques.
Il est utilisé dans le traitement de certains *troubles du rythme cardiaque*.

### Contre-indications

Ce médicament ne doit pas être utilisé dans les cas suivants :
- *antécédent* d'*infarctus du myocarde*,
- *insuffisance cardiaque*,
- *bloc auriculoventriculaire* grave,
- *maladie de l'oreillette*.

> **Attention :** Des précautions sont nécessaires en cas d'*insuffisance hépatique*, d'*asthme* ou de *bronchite chronique*.

### Interactions avec d'autres substances

Ce médicament peut interagir avec les *antiarythmiques* de la même classe (classe I).

Informez par ailleurs votre médecin si vous prenez un autre antiarythmique, un *anticoagulant* oral, un médicament susceptible de donner des *torsades de pointes*, un *digitalique*, un *antidépresseur* tricyclique, un *bêtabloquant*, un médicament contenant de l'amiodarone, du vérapamil ou du diltiazem.

### Grossesse et allaitement

Les effets de ce médicament sur l'enfant à naître sont mal connus : il est déconseillé pendant la grossesse.

Les données disponibles ne permettent pas de savoir si ce médicament passe dans le lait maternel.

### Mode d'emploi et posologie

Les comprimés doivent être avalés avec un peu d'eau.

**Posologie usuelle :**
1 comprimé, 2 à 3 fois par jour.

### Effets indésirables possibles

*Troubles digestifs.*
Malaise, *vertiges*, tremblements, troubles visuels, troubles du goût, maux de tête.
*Allergie* cutanée.
Aggravation paradoxale de l'*arythmie*, ou apparition de nouveaux *troubles du rythme cardiaque*.
Tous ces *symptômes* régressent après interruption du traitement ou réduction de la *posologie*.

Laboratoires Abbott-France

# S

## SABAL SERRULATA COMPOSÉ BOIRON
*Informations détaillées sur www.monvidal.com*

## SABAL SERRULATA COMPOSÉ DOLISOS
*Informations détaillées sur www.monvidal.com*

## SABRIL
*Informations détaillées sur www.monvidal.com*

## SACOLÈNE
*Informations détaillées sur www.monvidal.com*

## SAFORELLE
*Informations détaillées sur www.monvidal.com*

## SAGADREPS
*Informations détaillées sur www.monvidal.com*

## SAGASPRAY
*Informations détaillées sur www.monvidal.com*

## SAIZEN
*Informations détaillées sur www.monvidal.com*

## SALAZOPYRINE
Anti-inflammatoire intestinal — sur ordonnance

### Présentation
SALAZOPYRINE : comprimé *gastrorésistant* (orange) ; boîte de 100. Liste I - Remb 65 % - **Prix : 14,44 €**.

### Composition

| | p cp |
|---|---|
| **Sulfasalazine** | 500 mg |

### Dans quel cas ce médicament est-il prescrit ?
Ce médicament appartient à la famille des *sulfamides* et des *salicylés*. Il a une action *anti-inflammatoire* sur la muqueuse intestinale.
Il est utilisé dans le traitement de :
- la *rectocolite hémorragique*,
- certaines formes de la maladie de *Crohn*,
- la *polyarthrite rhumatoïde*.

### Contre-indications
Ce médicament ne doit pas être utilisé dans les cas suivants :
- *allergie* aux *sulfamides* et aux *salicylés* (dérivés de l'aspirine),
- déficit en *G6PD*,
- *porphyrie*,
- prématuré et *nouveau-né*,
- allaitement (nouveau-né de moins d'un mois).

**Attention :** Des précautions sont nécessaires en cas d'*insuffisance hépatique* ou *rénale* graves.
Votre médecin peut vous prescrire des analyses de sang et d'urines pour vérifier le bon fonctionnement de vos reins (dosage de la *créatinine*, recherche d'*albumine*).
Il est indispensable de boire abondamment.

### Interactions avec d'autres substances
Ce médicament peut interagir avec les médicaments qui contiennent de la digoxine.

### Grossesse et allaitement
La grossesse ne justifie pas un arrêt du traitement, mais nécessite une réduction de la *posologie*.
Les femmes qui souhaitent allaiter doivent interrompre le traitement pendant le premier mois de leur nouveau-né (risque de jaunisse). Il convient donc de vérifier auprès du médecin que cette interruption du traitement pourra être envisagée au début du 2e mois de l'enfant en l'absence de contre-indications telles qu'un déficit en *G6PD*.

### Mode d'emploi et posologie
Les comprimés peuvent être pris indifféremment avant, pendant, après ou entre les repas. Ils doivent être avalés avec un verre d'eau.

**Posologie usuelle :**
- *Rectocolite hémorragique* et maladie de *Crohn* :
  - *Traitement d'attaque* :
    - Adulte : 8 à 12 comprimés par jour en 3 à 6 prises régulièrement espacées.
    - Enfant : 100 à 150 mg par kg et par jour.
  - *Traitement d'entretien* :
    - Adulte : 4 comprimés par jour en 2 prises.
    - Enfant : 50 à 75 mg par kg et par jour.
- *Polyarthrite rhumatoïde* : la *posologie* de 4 comprimés par jour est atteinte par paliers successifs.

**Conseils :** Une coloration brune des urines peut apparaître : elle ne prête pas à conséquence.

### Effets indésirables possibles
Douleurs abdominales, nausées.
Maux de tête, fièvre, perte d'appétit.
Bourdonnement d'oreille, vertiges, troubles du goût et de l'odorat.
Diminution de la fécondité chez l'homme.
Certains effets indésirables de mécanisme allergique ont été exceptionnellement observés. Ils peuvent toucher la peau, le foie, les reins, les poumons ou la moelle osseuse. Signalez à votre médecin tout symptôme anormal et durable, notamment s'il s'accompagne de fièvre.

**Laboratoires Pfizer**

## SALBUMOL

Utérorelaxant

sur ordonnance

### Présentation

SALBUMOL 2 mg : comprimé sécable (blanc) ; boîte de 40. Liste I - Remb 35 % - **Prix : 3,30 €.**
SALBUMOL 1 mg : suppositoire ; boîte de 12. Liste I - Remb 35 % - **Prix : 2,48 €.**

### Composition

| | p cp | p suppos |
|---|---|---|
| **Salbutamol** | 2 mg | 1 mg |
| Lactose | + | |

### Dans quel cas ce médicament est-il prescrit ?

Ce médicament relâche les fibres musculaires de l'utérus et diminue l'intensité et la fréquence des contractions.
Il est utilisé chez la femme enceinte, en particulier lors de menace d'accouchement prématuré.

### Contre-indications

Ce médicament ne doit pas être utilisé dans les cas suivants :
- infection du liquide amniotique,
- *hémorragie* utérine abondante,
- maladie grave du cœur,
- *hypertension artérielle* grave,
- *hyperthyroïdie* non traitée,
- *éclampsie*, pré-éclampsie.

**Attention :** Des précautions sont nécessaires en cas de *diabète*, d'*hyperthyroïdie*, de maladie cardiaque, d'angine de poitrine, de *troubles du rythme cardiaque* ou d'*hypertension artérielle.*
Sportif : ce médicament contient une substance susceptible de rendre positifs certains *tests antidopage.*

### Interactions avec d'autres substances

Informez votre médecin si vous prenez un *antidiabétique* oral.

### Mode d'emploi et posologie

2 comprimés 4 fois par jour ou 1 suppositoire toutes les 4 à 6 heures.

**Conseils :** En cas de menace d'accouchement prématuré, le repos au calme est indispensable.

### Effets indésirables possibles

Augmentation du rythme cardiaque, rougeur ou allergie cutanée, sueurs, maux de tête.
Nausées, vomissements.
*Vertiges*, tremblements des extrémités, crampes musculaires.

Laboratoires GlaxoSmithKline

## SALICAIRINE

*Informations détaillées sur www.monvidal.com*

## SALIPRAN

*Informations détaillées sur www.monvidal.com*

## SANDIMMUN

*Informations détaillées sur www.monvidal.com*

## SANITOS

*Informations détaillées sur www.monvidal.com*

## SANMIGRAN

*Informations détaillées sur www.monvidal.com*

## SANOGYL BLANC

*Informations détaillées sur www.monvidal.com*

## SANOGYL FLUO

*Informations détaillées sur www.monvidal.com*

## SANTAHERBA

*Informations détaillées sur www.monvidal.com*

## SANTALUM COMPLEXE N° 30

*Informations détaillées sur www.monvidal.com*

## SANTANE A 4

*Informations détaillées sur www.monvidal.com*

## SANTANE C 6

*Informations détaillées sur www.monvidal.com*

## SANTANE D 5

*Informations détaillées sur www.monvidal.com*

## SANTANE F 10

*Informations détaillées sur www.monvidal.com*

## SANTANE H 7

*Informations détaillées sur www.monvidal.com*

## SANTANE N 9

*Informations détaillées sur www.monvidal.com*

## SANTANE O 1

*Informations détaillées sur www.monvidal.com*

## SANTANE O 1 minceur

*Informations détaillées sur www.monvidal.com*

## SANTANE R 8

*Informations détaillées sur www.monvidal.com*

## SANTANE V 3

*Informations détaillées sur www.monvidal.com*

## SAPONARIA COMPOSÉ BOIRON

*Informations détaillées sur www.monvidal.com*

## SAPONARIA COMPOSÉ DOLISOS

*Informations détaillées sur www.monvidal.com*

## SARGEMAG

*Informations détaillées sur www.monvidal.com*

## SARGENOR
Antiasthénique

### Présentation
**SARGENOR sans sucre 1 g :** comprimé à croquer (blanc ; arôme orange) ; boîte de 20. Non remb.
**SARGENOR sans sucre 1 g :** comprimé à croquer (blanc ; arôme orange) ; boîte de 40. Non remb.
**SARGENOR sans sucre 1 g :** comprimé effervescent (orangé ; arôme orange) ; boîte de 20. Non remb.
**SARGENOR sans sucre 1 g :** comprimé effervescent (orangé ; arôme orange) ; boîte de 40. Non remb.
**SARGENOR Enfant :** solution buvable (arôme abricot) ; boîte de 40 ampoules de 5 ml. Non remb.
**SARGENOR 1 g/5 ml :** solution buvable (arôme abricot) ; boîte de 20 ampoules de 5 ml. Non remb.
**SARGENOR 1 g/5 ml :** solution buvable (arôme abricot) ; boîte de 40 ampoules de 5 ml. Non remb.

### Composition

| | p cp | p cp efferv |
|---|---|---|
| **Arginine aspartate** | 1 g | 1 g |
| Sodium | | 100 mg |

| | p amp buv Enf | p amp buv |
|---|---|---|
| **Arginine aspartate** | 0,5 g | 1 g |
| Saccharose | 1 g | 1 g |

### Dans quel cas ce médicament est-il prescrit ?
Ce médicament est un *antiasthénique* qui contient deux *acides aminés*.

Il est utilisé dans le *traitement d'appoint* de la fatigue lorsque celle-ci n'est pas due à une maladie (*asthénie fonctionnelle*).

**Attention :** Une fatigue persistante ne doit pas vous conduire à augmenter les prises de ce médicament : consultez votre médecin.

Les comprimés effervescents contiennent du *sel* (*sodium*) et les solutions buvables contiennent du *sucre* (saccharose) en quantité notable.

### Grossesse et allaitement
Ce médicament ne contient que des substances présumées sans danger pendant la grossesse ou l'allaitement. Néanmoins, ne l'utilisez pas de façon prolongée sans l'avis de votre pharmacien ou de votre médecin.

### Mode d'emploi et posologie
Ce médicament est pris de préférence avant les repas.

Les comprimés peuvent être croqués ou sucés.

Les comprimés effervescents doivent être dissous dans un verre d'eau.

La solution buvable doit être diluée dans un peu d'eau.

**Posologie usuelle :**
- Adulte : 1 comprimé à croquer ou 1 comprimé effervescent ou 1 ampoule, 2 ou 3 fois par jour.
- Enfant de plus de 12 ans : 1 comprimé effervescent ou 1 comprimé à croquer ou 1 ampoule, 1 ou 2 fois par jour.
- Enfant de 9 à 12 ans : 1 ampoule Enfant, 3 ou 4 fois par jour.
- Enfant de 6 à 9 ans : 1 ampoule Enfant, 2 ou 3 fois par jour.
- Enfant de 3 à 6 ans : 1 ampoule Enfant, 1 ou 2 fois par jour.

La durée du traitement ne doit pas dépasser 15 jours sans avis médical.

**Conseils :** Le traitement de l'*asthénie fonctionnelle* repose sur des mesures simples :
- un temps de sommeil suffisant ;
- une consommation modérée d'*alcool*, de café et de thé, l'arrêt du tabagisme ;
- la pratique d'un sport ;
- la suppression, lorsque cela est possible, des expositions au stress.

Ce médicament n'est qu'un *traitement d'appoint* qui complète l'action de ces mesures indispensables.

Les comprimés effervescents doivent être conservés à l'abri de l'humidité.

Laboratoires Meda Pharma

## SARGENOR à la vitamine C
Antiasthénique

### Présentation
**SARGENOR à la vitamine C :** comprimé effervescent (blanc ; arôme citron) ; boîte de 20. Non remb.
**SARGENOR à la vitamine C :** comprimé à croquer (arôme citron) ; boîte de 20. Non remb.
**SARGENOR à la vitamine C :** solution buvable (arômes : caramel, fruits rouges) ; boîte de 20 ampoules de 5 ml. Non remb.

### Composition

| | p cp efferv | p cp | p amp |
|---|---|---|---|
| **Arginine aspartate** | 1,5 g | 1,5 g | 1,5 g |
| **Acide ascorbique (vitamine C)** | 500 mg | 500 mg | 500 mg |
| Aspartam | + | | |
| Sodium | 109 mg | | |
| Sorbitol | | + | |

### Dans quel cas ce médicament est-il prescrit ?
Ce médicament est un *antiasthénique* qui contient une association d'*acides aminés* et de *vitamine* C.

Il est utilisé dans le *traitement d'appoint* de la fatigue lorsque celle-ci n'est pas due à une maladie (*asthénie fonctionnelle*).

### Contre-indications
Ce médicament ne doit pas être utilisé dans les cas suivants :
- *antécédent* de calculs des *voies* urinaires (*vitamine* C à une dose supérieure à 1 g par jour),
- *phénylcétonurie* (présence d'aspartam dans les comprimés effervescents).

**Attention :** La *vitamine* C, contenue dans de nombreux médicaments ou compléments alimentaires, est dégradée dans l'organisme en acide oxalique pouvant favoriser la formation de calculs dans les *voies* urinaires : ne prenez pas de dose importante de vitamine C pendant une longue durée sans avis médical.

Une fatigue persistante ne doit pas vous conduire à augmenter les prises de ce médicament : consultez votre médecin.

Les comprimés effervescents contiennent du *sel* (*sodium*) en quantité notable.

### Grossesse et allaitement

Ce médicament ne contient que des substances présumées sans danger pendant la grossesse ou l'allaitement. Néanmoins, ne l'utilisez pas de façon prolongée sans l'avis de votre pharmacien ou de votre médecin.

### Mode d'emploi et posologie

Les comprimés effervescents doivent être dissous dans un verre d'eau.
Les comprimés à croquer peuvent être croqués ou sucés.
Le contenu des ampoules doit être dilué dans un verre d'eau.

**Posologie usuelle :**

- Adulte : 2 comprimés effervescents ou 2 comprimés à croquer ou 2 ampoules buvables par jour, en 1 ou 2 prises (le matin ou le midi).

La durée du traitement ne doit pas dépasser 1 mois sans avis médical.

**Conseils :** Il est préférable de ne pas prendre ce médicament en fin de journée en raison de son effet légèrement stimulant.
Le traitement de l'*asthénie fonctionnelle* repose sur des mesures simples :
- un temps de sommeil suffisant ;
- une consommation modérée d'*alcool*, de café et de thé, l'arrêt du tabagisme ;
- la pratique d'un sport ;
- la suppression, lorsque cela est possible, des expositions au stress.

Ce médicament n'est qu'un *traitement d'appoint* qui complète l'action de ces mesures indispensables.

### Effets indésirables possibles

Liés à la *vitamine* C à forte dose (supérieure à 1 g) : brûlures d'estomac, diarrhée, calculs des *voies* urinaires chez les personnes prédisposées.

Laboratoires Meda Pharma

## SARVIT

Antiasthénique

### Présentation

SARVIT à la glucuronamide : comprimé effervescent ; boîte de 15. Non remb.
SARVIT à la lysine : solution buvable ; boîte de 12 ampoules de 10 ml. Non remb.

### Composition

| | p amp | p cp |
|---|---|---|
| **Lysine chlorhydrate** | 400 mg | |
| **Glucuronamide** | | 400 mg |
| **Acide ascorbique (vitamine C)** | 500 mg | 500 mg |
| **Caféine** | 50 mg | |
| Saccharose | + | |
| Sodium | + | 616 mg |

### Dans quel cas ce médicament est-il prescrit ?

Ce médicament est un *antiasthénique* qui contient un *acide aminé*, de la *vitamine* C et de la caféine.
Il est utilisé dans le *traitement d'appoint* de la fatigue lorsque celle-ci n'est pas due à une maladie (*asthénie fonctionnelle*).

### Contre-indications

Ce médicament ne doit pas être utilisé en cas d'*antécédent* de calculs des *voies* urinaires (dose de *vitamine* C supérieure à 1 g par jour).

**Attention :** Dans l'organisme, la *vitamine* C est dégradée en acide oxalique pouvant favoriser la formation de calculs dans les *voies* urinaires. Ne prenez de *vitamine* C ni en quantité importante ni pendant une longue durée sans avis médical.
Une fatigue persistante ne doit pas vous conduire à augmenter les prises de ce médicament : consultez votre médecin.
Les comprimés effervescents contiennent du sel (sodium) en quantité notable.
Ce médicament contient de la *caféine* qui peut être recherchée dans les urines des sportifs pour déceler un éventuel mésusage. Néanmoins, à la *posologie* préconisée, la quantité de caféine contenue dans ce médicament est insuffisante à elle seule pour que la réponse au test soit positive.

### Grossesse et allaitement

L'effet de ce médicament pendant la grossesse ou l'allaitement est mal connu. L'évaluation du risque éventuel lié à son utilisation est individuelle : demandez conseil à votre pharmacien ou à votre médecin.

### Mode d'emploi et posologie

Les comprimés sont à dissoudre dans un verre d'eau.
Le contenu des ampoules doit être dilué dans un peu d'eau de préférence en début de journée.

**Posologie usuelle :**

- Adulte : 1 comprimé le matin ou à midi ou 1 à 2 ampoules par jour.

La durée du traitement ne doit pas dépasser 4 semaines sans l'avis de votre médecin.

**Conseils :** Ce médicament contient de la *caféine*. On considère qu'une tasse de café contient de 60 à 100 mg de cette substance. Ainsi, pour limiter les effets indésirables de la caféine (excitation, tremblements, insomnie, *palpitations*), il est préférable de limiter la consommation de boissons qui en renferment (café, thé...). Il est également recommandé de prendre ce médicament avant 17 heures.
Le traitement de l'*asthénie fonctionnelle* repose sur des mesures simples :
- un temps de sommeil suffisant ;
- une consommation modérée d'*alcool*, de café et de thé, l'arrêt du tabagisme ;
- la pratique d'un sport ;
- la suppression, lorsque cela est possible, des expositions au stress.

Ce médicament n'est qu'un *traitement d'appoint* qui complète l'action de ces mesures indispensables.
Une prise quotidienne et supérieure à 2 g de *vitamine* C peut modifier certaines analyses de sang.

### Effets indésirables possibles

Calculs des *voies* urinaires chez les personnes prédisposées.
La caféine, à forte dose, peut provoquer des insomnies, des *palpitations* ou une irritabilité anormale.

Laboratoires Meda Pharma

## SATIVOL

*Informations détaillées sur www.monvidal.com*

## SAVARINE

Antipaludique — sur ordonnance

### Présentation

SAVARINE : comprimé (blanc) ; boîte de 28. Liste II - Non remb.

### Composition

| | p cp |
|---|---|
| **Proguanil chlorhydrate** | 200 mg |
| **Chloroquine** | 100 mg |

### Dans quel cas ce médicament est-il prescrit ?

Ce médicament contient deux antipaludiques de synthèse.

Il est utilisé dans le *traitement préventif* du *paludisme.*

### Contre-indications

Ce médicament ne doit pas être utilisé dans les cas suivants :
- *insuffisance rénale,*
- maladie de la *rétine,*
- enfant de moins de 15 ans et personne de moins de 50 kg.

**Attention :** Des précautions sont nécessaires en cas d'*épilepsie*, de déficit en *G6PD*, de *porphyrie* et d'*insuffisance hépatique.*

L'usage de ce médicament dans la prévention du *paludisme* est réservé à certaines régions du monde. La liste de ces pays est revue chaque année par l'OMS. (Organisation mondiale de la santé). Même si vous avez déjà pris ce médicament pour un précédent voyage dans la même région ou une autre partie du monde, il est nécessaire de consulter votre médecin pour connaître la prévention la mieux adaptée à votre voyage.

En cas de séjour de plus de 3 mois, il peut être nécessaire d'utiliser d'autres méthodes de prévention du paludisme : demandez conseil à votre médecin. Dans le cas d'un traitement prolongé par un médicament contenant de la chloroquine, un bilan ophtalmologique initial et une surveillance peuvent être nécessaires pour détecter une atteinte éventuelle de la vision.

Conducteur : ce médicament peut être responsable de troubles visuels.

### Interactions avec d'autres substances

Il est préférable de respecter un délai de 2 heures entre la prise de ce médicament et celle de pansements digestifs (contenant des sels d'aluminium, de calcium ou de magnésium).

### Grossesse et allaitement

Le risque pendant la grossesse est lié au *paludisme* et non pas au médicament, qui peut être pris en toute sécurité par la femme enceinte aux doses préconisées.

Ce médicament passe dans le lait maternel, mais en quantité insuffisante pour protéger le *nourrisson.*

### Mode d'emploi et posologie

Les comprimés doivent être avalés de préférence après le petit déjeuner ou le déjeuner pour éviter la survenue de troubles du sommeil, et à la même heure chaque jour.

**Posologie usuelle :**

Le traitement commence la veille du départ ; il est poursuivi pendant tout le séjour et 4 semaines après le retour.
- Adulte de plus de 50 kg : 1 comprimé par jour.

**Conseils :** La prise de ce médicament ne dispense pas des mesures visant à prévenir les piqûres de moustiques : port de vêtements longs après le coucher du soleil, insecticides, moustiquaire...

Le risque maximal de crise de *paludisme* se situe dans les 4 semaines qui suivent le retour d'un pays tropical : toute fièvre, même banale, pendant cette période, doit vous amener à consulter votre médecin.

### Effets indésirables possibles

Fréquemment : *troubles digestifs*, maux de tête, étourdissement, trouble de l'*accommodation*, *réaction allergique.*

Aggravation d'un *psoriasis* existant.

Rarement :
- démangeaisons, coloration ardoisée, en particulier des ongles et des muqueuses, *aphtes*, *inflammation* des gencives,
- agitation, anxiété, troubles du sommeil.

Exceptionnellement : bourdonnement d'oreilles, *convulsions*, anomalie de la *numération formule sanguine.*

A dose élevée, lors d'un traitement prolongé : troubles de la vue variables (exceptionnellement irréversibles), rarement atteinte des nerfs et des muscles.

Laboratoires AstraZeneca

## SCHOUM

*Informations détaillées sur www.monvidal.com*

## SCLÉROCALCINE

*Informations détaillées sur www.monvidal.com*

## SCLERODRAINOL

*Informations détaillées sur www.monvidal.com*

## SCOPODERM

*Informations détaillées sur www.monvidal.com*

## SCROFULARIA COMPOSÉ BOIRON

*Informations détaillées sur www.monvidal.com*

## SCROFULARIA COMPOSÉ DOLISOS

*Informations détaillées sur www.monvidal.com*

## SEBIPROX

Antifongique

### Présentation

SEBIPROX : shampooing ; 1 flacon de 100 ml. Remb 35 % - **Prix : 10,14 €.**

### Composition

| | p 100 g |
|---|---|
| **Ciclopiroxolamine** | 1,5 g |

### Dans quel cas ce médicament est-il prescrit ?

Ce médicament d'usage local contient un *antifongique*. Il est utilisé dans le traitement de la *dermite séborrhéique* du cuir chevelu.

**Attention :** Rincez abondamment en cas de contact accidentel avec les yeux.

### Grossesse et allaitement

L'utilisation de ce médicament est possible pendant la grossesse et l'allaitement.

### Mode d'emploi et posologie

Frictionner le cuir chevelu mouillé avec le shampooing puis rincer. Appliquer le shampooing une seconde fois, laisser agir 3 à 5 minutes puis rincer abondamment.

**Posologie usuelle :**

- Adulte : 1 shampooing, 2 à 3 fois par semaine.

La durée du traitement est habituellement de 4 semaines. Suivre la prescription de votre médecin ou les conseils de votre pharmacien.

**Conseils :** Un shampooing doux peut être utilisé entre les applications de ce shampooing traitant.

### Effets indésirables possibles

Rarement : Irritation cutanée.

Laboratoires Stiefel

## SÉCALIP

Hypolipémiant

sur ordonnance

Ce médicament est un générique de FENOX qui n'est plus commercialisé (voir p. 403 et tableau p. 1151).

## SECNOL

Antiparasitaire

sur ordonnance

### Présentation

SECNOL : microgranules ; 1 sachet-dose. Liste I - Remb 65 % - **Prix : 8,28 €**.

### Composition

| | p sach |
|---|---|
| **Secnidazole** | 2 g |

### Dans quel cas ce médicament est-il prescrit ?

C'est un antiparasitaire qui appartient à la famille des *imidazolés*.

Il est utilisé dans le traitement de certaines maladies parasitaires de l'intestin, du foie et de l'appareil génital.

### Contre-indications

Ce médicament ne doit pas être utilisé dans les cas suivants :

- *allergie* aux *imidazolés*,
- **allaitement**.

**Attention :** Des précautions sont nécessaires chez les personnes ayant des *antécédents* d'anomalie de la *numération formule sanguine*.
Évitez l'absorption de boissons alcoolisées ou de médicaments contenant de l'*alcool* pendant le traitement : risque d'*effet antabuse*.

### Interactions avec d'autres substances

Ce médicament peut interagir avec les médicaments contenant du disulfirame (ESPÉRAL, TTD B3 B4...).

Informez par ailleurs votre médecin ou votre pharmacien si vous prenez un *anticoagulant* oral.

### Grossesse et allaitement

L'effet de ce médicament pendant la grossesse ou l'allaitement est mal connu : seul votre médecin peut évaluer le risque éventuel de son utilisation dans votre cas.

Ce médicament passe dans le lait maternel : l'allaitement est déconseillé.

### Mode d'emploi et posologie

Ce médicament doit être pris au début des repas.

**Posologie usuelle :**

Infections génitales à *trichomonas* :

- Adulte : 1 sachet en 1 prise unique.

Autres indications : la *posologie* est variable en fonction de la maladie, mais un *traitement minute* est souvent possible en une seule prise.

**Conseils :** Le médecin peut prescrire un prélèvement pour identifier le parasite responsable de l'infection et tester sa sensibilité aux *antibiotiques*.
Le résultat de cet examen peut être faussé en cas d'automédication préalable : ne prenez pas d'antibiotiques sans avis médical.
En cas d'infection génitale, votre partenaire peut être contaminé alors qu'il ne présente aucun *symptôme*. S'il n'est pas traité conjointement, une recontamination est possible.

### Effets indésirables possibles

Rarement : nausées, vomissements, maux d'estomac.

Laboratoires IPRAD

## SECTRAL

Bêtabloquant

sur ordonnance

### Présentation

SECTRAL 200 mg : comprimé sécable (blanc) ; boîte de 30. Liste I - Remb 65 % - **Prix : 6,14 €**.
SECTRAL 400 mg : comprimé sécable (oblong ; blanc) ; boîte de 30. Liste I - Remb 65 % - **Prix : 11,50 €**.
SECTRAL LP 500 mg : comprimé à *libération prolongée* (oblong ; blanc) ; boîte de 28. Liste I - Remb 65 % - **Prix : 19,45 €**.

### Composition

| | p cp 200 mg | p cp 400 mg | p cp LP 500 mg |
|---|---|---|---|
| **Acébutolol** | 200 mg | 400 mg | 500 mg |
| Gluten | + | + | |
| Lactose | + | + | |

### Dans quel cas ce médicament est-il prescrit ?

Ce médicament appartient à la famille des *bêtabloquants*. Ceux-ci agissent en bloquant l'action de l'*adrénaline* (et d'autres *hormones* apparentées) sur de nombreux organes, notamment le cœur, les vaisseaux et plus faiblement sur les bronches.

Il est utilisé dans :

- le traitement de l'*hypertension artérielle*,
- la prévention des crises d'*angine de poitrine*,
- les suites d'*infarctus du myocarde*,
- certains *troubles du rythme cardiaque*.

### Contre-indications

Ce médicament ne doit pas être utilisé dans les cas suivants :

- formes graves de certaines affections : *asthme*, *bronchite chronique*, *artérite*, phénomène de *Raynaud* ;
- *insuffisance cardiaque* non contrôlée par un traitement spécifique ;
- *bloc auriculoventriculaire* grave ;
- rythme cardiaque inférieur à 50 battements par minute ;
- *phéochromocytome* non traité ;
- hypotension ;
- *antécédent* de *choc anaphylactique* ;
- en association avec les médicaments contenant de la floctafénine ou du sultopride ;
- **allaitement.**

**Attention :** Ce médicament n'est pas un *traitement de la crise* d'*angine de poitrine*.

Ce médicament n'est pas adapté au traitement d'une forme particulière d'*angine de poitrine* appelée angor de *Printzmétal* qui relève d'un traitement *vasodilatateur*. Il peut néanmoins être associé à celui-ci lorsqu'une angine de poitrine « classique » coexiste avec un angor de Printzmétal.

Des précautions sont nécessaires en cas d'*insuffisance rénale* et chez la personne âgée.

N'interrompez jamais brutalement le traitement prescrit. Espacez progressivement les prises. Un avis médical est toujours préférable.

Chez les diabétiques, les *bêtabloquants* peuvent masquer certains *symptômes* de l'*hypoglycémie* (*palpitations* et accélération du cœur essentiellement).

Les bêtabloquants peuvent aggraver les *réactions allergiques* et empêcher l'action de l'*adrénaline* utilisée dans le traitement d'urgence du *choc anaphylactique*. Lors d'examens radiologiques nécessitant l'injection de produits de contraste iodés (susceptibles de provoquer des *chocs* allergiques), le traitement doit, si possible, être suspendu avec l'accord de votre médecin.

En cas d'intervention chirurgicale, l'anesthésiste doit être prévenu de la prise de ce médicament. C'est lui qui décidera si le traitement doit être poursuivi ou arrêté avant l'intervention.

Sportif : ce médicament contient une substance susceptible de rendre positifs certains *tests antidopage*.

### Interactions avec d'autres substances

Ce médicament ne doit pas être associé :

- à la floctafénine (IDARAC...) : risque d'augmentation de la gravité d'un éventuel *choc* allergique,
- au sultopride (BARNETIL) : risque de *torsades de pointes*.

Il peut interagir avec les médicaments contenant de l'amiodarone.

Informez par ailleurs votre médecin si vous prenez des *antidiabétiques*, des *AINS*, des *inhibiteurs calciques*, des *antidépresseurs imipraminiques*, des *neuroleptiques*, des *corticoïdes*, ou des médicaments contenant l'une des substances suivantes : quinidine, hydroquinidine, disopyramide, propafénone, baclofène, lidocaïne injectable, méfloquine.

### Grossesse et allaitement

Les études scientifiques disponibles n'ont pas mis en évidence de problème particulier lors de l'utilisation de *bêtabloquant* chez la femme enceinte.

L'effet bêtabloquant persiste quelques jours chez le nouveau-né et justifie une surveillance médicale renforcée pendant les premiers jours de la vie.

Ce médicament passe dans le lait maternel ; un choix est donc nécessaire entre l'allaitement et la prise du médicament. Cette décision devra être prise en accord avec votre médecin.

### Mode d'emploi et posologie

Ce médicament peut être pris indifféremment au cours ou en dehors des repas. Avaler les comprimés sans les croquer.

**Posologie usuelle :**

*Hypertension artérielle* : 200 mg matin et soir, ou 400 mg le matin.

Suites d'*infarctus du myocarde* : 1 comprimé à 200 mg, matin et soir.

*Angine de poitrine*, *troubles du rythme cardiaque* : 400 à 800 mg par jour.

La forme 500 mg *LP* est plus particulièrement destinée à la prévention des crises d'angine de poitrine : 1 comprimé par jour, de préférence le matin.

**Conseils :** Veillez à toujours disposer d'une réserve de médicament : une plaquette dans la trousse de toilette, par exemple.

Votre tension artérielle doit être contrôlée régulièrement. Les appareils permettant une mesure automatique de la tension à domicile utilisent souvent un procédé de mesure différent de celui qu'emploie votre médecin. Si vous avez un tel appareil, apportez-le en consultation pour vous assurer que la mesure obtenue est bien conforme à celle du tensiomètre de votre médecin.

Le traitement médicamenteux ne dispense pas de mesures simples pouvant faire baisser la tension artérielle : activité physique régulière, modération de la consommation de boissons alcoolisées et de *sel*, lutte contre l'excès de poids.

Il est normal que le rythme cardiaque ralentisse sous l'effet du traitement ; néanmoins, en cas de fatigue anormale et de pouls inférieur à 50 battements par minute, consultez votre médecin.

### Effets indésirables possibles

Le plus fréquemment : douleur d'estomac, nausées, vomissements, fatigue en début de traitement, sensation de mains et de pieds froids, troubles de l'érection, ralentissement important du cœur.

Plus rarement : *bloc auriculoventriculaire*, baisse excessive de la tension artérielle, phénomène de *Raynaud*, *insuffisance cardiaque*, *bronchospasme*, *hypoglycémie*, *éruption cutanée*, aggravation d'un *psoriasis*.

**Laboratoires Aventis**

## SÉDACOLLYRE

Collyre antiseptique et décongestionnant

### Présentation

SÉDACOLLYRE : collyre ; flacon de 10 ml. Non remb.

### Composition

| | p 100 ml |
|---|---|
| **Synéphrine tartrate** | 500 mg |
| **Berbérine chlorure** | 26,2 mg |
| **Benzododécinium bromure** | 4 mg |

### Dans quel cas ce médicament est-il prescrit ?

C'est un collyre décongestionnant qui contient un *vasoconstricteur*, un *anti-inflammatoire* et un *antiseptique*.

Il est utilisé dans le *traitement d'appoint* des *conjonctivites* non infectieuses, notamment les irritations dues à des poussières, à une exposition excessive au vent, au soleil ou à la fumée.

### Contre-indications

Ce médicament ne doit pas être utilisé dans les cas suivants :

- *allergie* aux *antiseptiques* de la famille des *ammoniums quaternaires*,
- risque de *glaucome* à angle fermé,
- enfant de moins de 30 mois.

**Attention :** En l'absence d'avis médical, n'utilisez pas ce médicament plus de 3 jours.

Une rougeur ou une douleur oculaires ne correspondent pas toujours à une *conjonctivite*. Des soins urgents peuvent être nécessaires, notamment en cas de vision floue.

Ce collyre peut provoquer un *glaucome* aigu par fermeture de l'angle chez les personnes prédisposées : œil rouge, dur, douloureux, et vision floue. Une consultation d'urgence dans un service spécialisé est alors nécessaire.

Du fait de la présence d'un *vasoconstricteur*, les instillations répétées doivent être évitées chez les personnes souffrant d'*hyperthyroïdie*, d'*athérosclérose* ou d'*hypertension artérielle*.

Conducteur : des instillations répétées peuvent provoquer une sensibilité anormale à la lumière, gênante en cas de conduite automobile.

Sportif : ce médicament contient une substance considérée comme stimulante (phényléphrine, pseudoéphédrine ou synéphrine) qui figure dans le programme de surveillance 2004 du ministère de la Jeunesse et des Sports. Elle peut être recherchée dans les urines des sportifs afin de déceler un éventuel mésusage.

### Interactions avec d'autres substances

Ce médicament peut interagir avec les *antidépresseurs* de la famille des *IMAO* non sélectifs (MARSILID...) et les médicaments contenant de la bromocriptine.

Ce collyre peut interagir avec d'autres collyres : respectez un intervalle de 15 minutes entre deux instillations.

### Grossesse et allaitement

L'effet de ce médicament pendant la grossesse ou l'allaitement est mal connu. L'évaluation du risque éventuel lié à son utilisation est individuelle : demandez conseil à votre pharmacien ou à votre médecin.

### Mode d'emploi et posologie

Tirer la paupière inférieure vers le bas tout en regardant vers le haut et déposer les gouttes de collyre entre la paupière et le globe oculaire (*cul-de-sac conjonctival*).

**Posologie usuelle :**

- Adulte et enfant de plus de 30 mois : 2 gouttes, 4 ou 5 fois par jour.

**Conseils :** Une détérioration ou un entretien inadéquat des *lentilles de contact* sont souvent à l'origine d'une irritation oculaire : consultez d'urgence votre ophtalmologiste afin qu'il les examine. Si cette consultation n'est pas possible rapidement, retirez vos lentilles.

Ce collyre ne doit pas être instillé pendant le port de *lentilles de contact* hydrophiles : il risque de s'y fixer et de les colorer de façon irréversible.

L'application correcte du produit peut nécessiter une aide, notamment chez l'enfant ou la personne handicapée ou âgée.

Veiller à ne pas mettre en contact l'embout du flacon avec l'œil ou les doigts pour éviter de contaminer le collyre avec les *germes* présents sur les paupières ou la peau.

Ne conservez pas ce collyre plus de 2 mois après une première utilisation.

### Effets indésirables possibles

*Glaucome* aigu par fermeture de l'angle (voir Attention).

Irritation ou *réaction allergique* locale.

Sensibilité excessive à la lumière due à une dilatation de la pupille.

Aggravation possible des *symptômes* en cas d'instillations trop fréquentes ou trop prolongées.

Exceptionnellement : tremblements, maux de tête, *palpitations*, du fait du passage possible du *vasoconstricteur* dans le sang.

Laboratoires Cooper

## SÉDALOZIA

*Informations détaillées sur www.monvidal.com*

## SÉDAPLAIE

*Informations détaillées sur www.monvidal.com*

## SÉDARÈNE gélule

*Informations détaillées sur www.monvidal.com*

## SÉDARÈNE suppositoire

*Informations détaillées sur www.monvidal.com*

## SÉDARTRYL

*Informations détaillées sur www.monvidal.com*

## SÉDASPIR

*Informations détaillées sur www.monvidal.com*

## SÉDATIF PC
Homéopathie

### Présentation
SÉDATIF PC : comprimé (blanc) ; boîte de 40. Non remb.
SÉDATIF PC : granule ; boîte de 2 tubes de 80. Non remb.
SÉDATIF PC : suppositoire ; boîte de 12. Non remb.

### Composition
Abrus precatorius 6 CH, Aconitum napellus 6 CH, Atropa belladonna 6 CH, Calendula officinalis 6 CH, Chelidonium majus 6 CH, Viburnum opulus 6 CH, aa ; lactose, saccharose (comprimé, granule).

### Dans quel cas ce médicament est-il prescrit ?
Ce médicament est un *complexe* (association) de composants homéopathiques à visée *sédative* et *antispasmodique*.

Il est utilisé dans le *traitement homéopathique* de l'irritabilité, de la nervosité, des troubles du sommeil et autres troubles légers liés à l'anxiété et à l'émotivité.

### Grossesse et allaitement
Aux *dilutions homéopathiques*, les substances contenues dans ce médicament ne sont pas connues pour être toxiques pendant la grossesse ou l'allaitement.

### Mode d'emploi et posologie
Les comprimés et les granules doivent être sucés lentement.

**Posologie usuelle :**
2 comprimés ou 5 granules, 3 fois par jour, ou 1 suppositoire, le soir au coucher.

Laboratoires Boiron

## SÉDATIF TIBER
*Informations détaillées sur www.monvidal.com*

## SÉDERMYL
*Informations détaillées sur www.monvidal.com*

## SÉDOPAL
*Informations détaillées sur www.monvidal.com*

## SÉDORRHOÏDE
Antihémorroïdaire

### Présentation
SÉDORRHOÏDE : crème rectale ; tube-canule de 30 g. Non remb.
SÉDORRHOÏDE : suppositoire ; boîte de 8. Non remb.

### Composition

| | p 100 g | p suppos |
|---|---|---|
| **Benzocaïne** | 2 g | 50 mg |
| **Énoxolone** | 930 mg | 23 mg |
| **Dodéclonium bromure** | 400 mg | 1,3 mg |
| **Esculoside** | 460 mg | 6 mg |

### Dans quel cas ce médicament est-il prescrit ?
Ce médicament d'usage local contient un *anesthésique* local (benzocaïne) et des substances *anti-inflammatoires*, *antiseptiques* et décongestionnantes.

Il est utilisé dans le *traitement symptomatique* des douleurs, des sensations de brûlures et des démangeaisons de l'anus, en particulier dues aux *hémorroïdes*.

### Contre-indications
Ce médicament ne doit pas être utilisé en cas d'*allergie* aux *anesthésiques* locaux.

**Attention :** Des douleurs, un saignement anal qui persistent malgré le traitement peuvent être dus à une maladie autre que des *hémorroïdes* : consultez votre médecin. De même, tout saignement anal survenant chez une personne de plus de 50 ans doit faire l'objet d'une consultation médicale.

Sportif : les *anesthésiques* locaux ont été retirés de la liste des substances dopantes publiée dans les arrêtés du 20 avril et du 16 août 2004 par le ministère de la Jeunesse et des Sports.

### Grossesse et allaitement
L'effet de ce médicament pendant la grossesse ou l'allaitement est mal connu. L'évaluation du risque éventuel lié à son utilisation est individuelle : demandez conseil à votre pharmacien ou à votre médecin.

### Mode d'emploi et posologie
2 à 3 applications de crème ou 2 à 3 suppositoires par jour.

Le traitement doit être de courte durée (pas plus de quelques jours).

**Conseils :** La constipation chronique et les efforts excessifs de poussée sont les principaux facteurs déclenchants des crises d'hémorroïdes. Un régime riche en fibres alimentaires (fruits, légumes, céréales complètes), des boissons abondantes et un exercice physique régulier en limitent le risque.
En cas de crise, la consommation d'alcool ou de mets épicés peut accentuer les douleurs et la gêne. Une attention particulière doit être portée au nettoyage de la région anale afin de limiter les phénomènes d'irritation. Il est également conseillé de limiter les positions assises prolongées, qui peuvent avoir un effet aggravant sur la douleur.
Les suppositoires doivent être conservés à l'abri de la chaleur.

Laboratoires Cooper

## SÉGLOR
Dérivé de l'ergot de seigle — sur ordonnance

La solution buvable est un générique de DIHYDROERGOTAMINE SANDOZ 2 mg/ml.

### Présentation
SÉGLOR 5 mg : gélule (orange et incolore) ; boîte de 30. Liste II - Remb 35 % - **Prix : 9,11 €**.
SÉGLOR Gé : solution buvable ; flacon de 75 ml avec pipette-doseuse (30 gouttes = 1,5 ml). Liste II - Remb 35 % - **Prix : 4,40 €**.
SÉGLOR LYOC 5 mg : *lyophilisat* oral ; boîte de 30. Liste II - Remb 35 % - **Prix : 9,91 €**.

### Composition

| | p gél | p 30 gtes | p lyoph |
|---|---|---|---|
| **Dihydroergotamine mésilate** | 5 mg | 3 mg | 5 mg |
| Alcool | | + | |
| Lactose | + | | |

### Dans quel cas ce médicament est-il prescrit ?

Ce médicament est un *vasoconstricteur* de la famille des dérivés de l'*ergot de seigle*.

Il est utilisé dans le *traitement de fond* de la *migraine*. Il vise à espacer les crises et à diminuer leur intensité.

Il est également utilisé dans le traitement de l'*hypotension orthostatique*.

### Contre-indications

Ce médicament ne doit pas être utilisé en association avec les *antibiotiques* de la famille des *macrolides* ou avec un *vasoconstricteur* de la famille des *triptans*.

**Attention :** Des précautions sont nécessaires en cas d'*antécédent* de maladie artérielle, d'*insuffisance rénale* ou *hépatique* grave.

### Interactions avec d'autres substances

Ce médicament ne doit pas être associé :
- aux *antibiotiques* de la famille des *macrolides* (à l'exception de la spiramycine) : risque d'*ergotisme* ;
- aux *vasoconstricteurs* de la famille des *triptans* (naratriptan, sumatriptan, zolmitriptan...) : risque de crise d'*hypertension artérielle* ou de spasme des *artères coronaires*.

Il peut interagir avec les médicaments contenant de la bromocriptine ou de la cabergoline.

### Grossesse et allaitement

L'effet de ce médicament sur l'enfant à naître est mal connu. Par mesure de prudence, son usage pendant la grossesse est déconseillé.

Les données disponibles ne permettent pas de savoir si ce médicament passe dans le lait maternel ; un choix est donc nécessaire entre l'allaitement et la prise du médicament. Cette décision devra être prise en accord avec votre médecin.

### Mode d'emploi et posologie

Les gélules sont avalées avec un peu d'eau. Les gouttes doivent être diluées dans de l'eau et les *lyophilisats* dilués dans un verre d'eau ou placés sous la langue.

Ce médicament doit être pris au cours des repas.

**Posologie usuelle :**

1 gélule ou 1 lyophilisat, 2 fois par jour, ou 30 gouttes de solution buvable, 3 fois par jour.

**Conseils :** L'efficacité de ce *traitement de fond* dépend d'une prise régulière et prolongée du médicament.

La solution buvable doit être maintenue à l'abri de la lumière.

### Effets indésirables possibles

Nausées, surtout en cas de prise à jeun.

Rarement : fourmillement ou bleuissement des doigts et des orteils.

Exceptionnellement : épaississement fibreux de la *plèvre* ou du *péritoine* après plusieurs années de traitement.

Laboratoires Schwarz Pharma

## SÉLÉGILINE BIOGARAN

Antiparkinsonien — sur ordonnance

Ce médicament est un générique de DÉPRÉNYL (informations détaillées sur www.monvidal.com).

## SÉLÉGILINE MERCK

Antiparkinsonien — sur ordonnance

Ce médicament est un générique de DÉPRÉNYL (informations détaillées sur www.monvidal.com).

## SÉLÉNION

*Informations détaillées sur www.monvidal.com*

## SELENIUM COMPLEXE N° 99

*Informations détaillées sur www.monvidal.com*

## SELEXID

*Informations détaillées sur www.monvidal.com*

## SELGINE

*Informations détaillées sur www.monvidal.com*

## SELOKEN

Bêtabloquant — sur ordonnance

### Présentation

SELOKEN 100 mg : comprimé sécable (blanc) ; boîte de 28. Liste I - Remb 65 % - **Prix : 4,12 €**.
SELOKEN LP 200 mg : comprimé à *libération prolongée* (blanc) ; boîte de 30. Liste I - Remb 65 % - **Prix : 8,46 €**.
SELOKEN LP 200 mg : comprimé à *libération prolongée* (blanc) ; boîte de 90. Liste I - Remb 65 % - **Prix : 24,31 €**.

### Composition

| | p cp | p cp LP |
|---|---|---|
| **Métoprolol tartrate** | 100 mg | 200 mg |
| Lactose | + | |

### Dans quel cas ce médicament est-il prescrit ?

Ce médicament appartient à la famille des *bêtabloquants*. Ceux-ci agissent en bloquant l'action de l'*adrénaline* (et d'autres *hormones* apparentées) sur de nombreux organes, notamment sur le cœur, les vaisseaux et plus faiblement sur les bronches.

Il est utilisé dans :
- le traitement de l'*hypertension artérielle* ;
- la prévention des crises d'*angine de poitrine* ;
- les suites d'*infarctus du myocarde* ;
- certains *troubles du rythme cardiaque* ;
- les manifestations cardiaques : *palpitations*.

La forme à 200 mg est également utilisée dans le *traitement de fond* de la *migraine*.

### Contre-indications

Ce médicament ne doit pas être utilisé dans les cas suivants :
- formes graves de certaines affections : *asthme*, *bronchite chronique*, *artérite*, phénomène de *Raynaud* ;
- *insuffisance cardiaque* non contrôlée par un traitement spécifique ;
- *bloc auriculoventriculaire* grave ;
- rythme cardiaque inférieur à 50 battements par minute ;

- *phéochromocytome* non traité ;
- hypotension ;
- *antécédent* de *choc anaphylactique* ;
- en association avec les médicaments contenant de la floctafénine ou du sultopride.

**Attention :** Ce médicament n'est pas un *traitement de la crise* d'*angine de poitrine*.

Ce médicament n'est pas adapté au traitement d'une forme particulière d'*angine de poitrine* appelée angor de *Printzmétal* qui relève d'un traitement *vasodilatateur*. Il peut néanmoins être associé à celui-ci lorsqu'une angine de poitrine « classique » coexiste avec un angor de Printzmétal.

Des précautions sont nécessaires en cas d'*insuffisance hépatique* et chez la personne âgée.

N'interrompez jamais brutalement le traitement prescrit. Espacez progressivement les prises. Un avis médical est toujours préférable.

Chez les diabétiques, les *bêtabloquants* peuvent masquer certains *symptômes* de l'*hypoglycémie* (*palpitations* et accélération du cœur essentiellement).

Les bêtabloquants peuvent aggraver les *réactions allergiques* et empêcher l'action de l'*adrénaline* utilisée dans le traitement d'urgence du *choc anaphylactique*. Lors d'examens radiologiques nécessitant l'injection de produits de contraste iodés (susceptibles de provoquer des *chocs* allergiques), le traitement doit, si possible, être suspendu avec l'accord de votre médecin.

En cas d'intervention chirurgicale, l'anesthésiste doit être prévenu de la prise de ce médicament. C'est lui qui décidera si le traitement doit être poursuivi ou arrêté avant l'intervention.

Sportif : ce médicament contient une substance susceptible de rendre positifs certains *tests antidopage*.

### Interactions avec d'autres substances

Ce médicament ne doit pas être associé :
- à la floctafénine (IDARAC...) : risque d'augmentation de la gravité d'un éventuel *choc* allergique,
- au sultopride (BARNETIL) : risque de *torsades de pointes*.

Il peut interagir avec les médicaments contenant de l'amiodarone.

Informez votre médecin si vous prenez des *antidiabétiques*, des *AINS*, des *inhibiteurs calciques*, des *antidépresseurs imipraminiques*, des *neuroleptiques*, des *corticoïdes*, un *anticholinestérasique*, ou des médicaments contenant l'une des substances suivantes : quinidine, hydroquinidine, disopyramide, propafénone, baclofène, cimétidine, lidocaïne injectable, méfloquine, phénobarbital, rifampicine.

### Grossesse et allaitement

Les études scientifiques disponibles n'ont pas mis en évidence de problème particulier lors de l'utilisation de *bêtabloquant* chez la femme enceinte.

L'effet bêtabloquant persiste quelques jours chez le nouveau-né et justifie une surveillance médicale renforcée pendant les premiers jours de la vie.

Ce médicament passe dans le lait maternel ; un choix est donc nécessaire entre l'allaitement et la prise du médicament. Cette décision devra être prise en accord avec votre médecin.

### Mode d'emploi et posologie

Ce médicament doit être pris pendant ou immédiatement après les repas. Avaler les comprimés sans les croquer avec un verre d'eau.

**Posologie usuelle :**

50 mg à 200 mg par jour, selon les indications.

**Conseils :** Veillez à toujours disposer d'une réserve de médicament : une plaquette dans la trousse de toilette, par exemple.

Votre tension artérielle doit être contrôlée régulièrement. Les appareils permettant une mesure automatique de la tension à domicile utilisent souvent un procédé de mesure différent de celui qu'emploie votre médecin. Si vous avez un tel appareil, apportez-le en consultation pour vous assurer que la mesure obtenue est bien conforme à celle du tensiomètre de votre médecin.

Le traitement médicamenteux ne dispense pas de mesures simples pouvant faire baisser la tension artérielle : activité physique régulière, modération de la consommation de boissons alcoolisées et de *sel*, lutte contre l'excès de poids.

Il est normal que le rythme cardiaque ralentisse sous l'effet du traitement ; néanmoins, en cas de fatigue anormale et de pouls inférieur à 50 battements par minute, consultez votre médecin.

### Effets indésirables possibles

Le plus fréquemment : douleur d'estomac, nausées, vomissements, fatigue en début de traitement, sensation de mains et de pieds froids, troubles de l'érection, ralentissement important du cœur, insomnie.

Plus rarement : *bloc auriculoventriculaire*, baisse excessive de la tension artérielle, phénomène de *Raynaud*, *insuffisance cardiaque*, *bronchospasme*, *hypoglycémie*, *éruption cutanée*, aggravation d'un *psoriasis*.

Laboratoires AstraZeneca

## SELOZOK LP

*Informations détaillées sur www.monvidal.com*

## SELS CALCAIRES NUTRITIFS

*Informations détaillées sur www.monvidal.com*

## SEMAP

*Informations détaillées sur www.monvidal.com*

## SÉNOKOT

Laxatif stimulant

### Présentation

SÉNOKOT : comprimé (marron) ; boîte de 30. Non remb.
SÉNOKOT : granulé ; boîte de 100 g avec cuillère-mesure. Non remb.

### Composition

| | p cp | p c mes |
|---|---|---|
| **Séné, poudre** | 152 mg | 543 mg |
| Saccharose | | 3,5 g |

### Dans quel cas ce médicament est-il prescrit ?

Ce médicament contient un *laxatif stimulant*. Il augmente les sécrétions et la motricité de l'intestin.

Il est utilisé dans le *traitement symptomatique* de la constipation.

### Contre-indications

Ce médicament ne doit pas être utilisé dans les cas suivants :
- maladies inflammatoires du côlon ;
- constipation ou douleurs abdominales dues à une obstruction du tube digestif : rétrécissement intestinal, *fécalome* (bouchon de selles) ;
- déshydratation importante surtout si elle est associée à une perte en sels minéraux (*sodium*, *potassium*) ;
- enfant de moins de 10 ans.

**Attention :** Ce médicament doit être utilisé de façon épisodique et en cure très brève : pas plus de 8 à 10 jours.
Son usage régulier peut entraîner :
- une *dépendance* ;
- des troubles intestinaux graves ;
- une perte de sels minéraux, notamment de *potassium*, pouvant être à l'origine de *troubles du rythme cardiaque* graves.

Chez l'enfant de plus de 10 ans, ce médicament ne peut être utilisé que de façon exceptionnelle et uniquement sur prescription médicale.
Arrêtez le traitement en cas de diarrhée ou de douleurs abdominales.
Les granulés contiennent du *sucre* (saccharose) en quantité notable.

### Interactions avec d'autres substances

Ce médicament peut interagir avec les médicaments susceptibles de provoquer des *torsades de pointes*.
Informez par ailleurs votre pharmacien ou votre médecin si vous prenez des *corticoïdes* (sauf traitement local), des *diurétiques* ou des médicaments contenant de la digoxine, de la digitoxine ou de l'amphotéricine B (par *voie* intraveineuse).

### Grossesse et allaitement

Ce médicament est déconseillé sans avis médical pendant la grossesse ou l'allaitement.

### Mode d'emploi et posologie

Ce médicament est pris de préférence à la fin du repas du soir ou au coucher.
Les comprimés doivent être avalés sans être croqués, avec un verre d'eau.
L'effet laxatif n'est pas immédiat. Il se manifeste généralement environ 10 heures après la prise du médicament.

**Posologie usuelle :**
- Adulte : 2 comprimés ou ½ à 1 cuillère-mesure de granulés par jour ; la posologie peut être augmentée si nécessaire à 3 comprimés ou 1 et ½ cuillère-mesure de granulés par jour, répartis en 2 prises.
- Enfant de plus de 10 ans : ½ cuillère-mesure de granulés par jour.

**Conseils :** Le traitement de la constipation chronique repose essentiellement sur des boissons abondantes, une alimentation riche en fibres et une activité physique régulière.
Ce médicament peut colorer les urines (de jaune-brun à rouge-brun), ce qui ne doit pas vous inquiéter.

### Effets indésirables possibles

Diarrhée, douleurs abdominales.

Laboratoires Meda Pharma SAS

## SÉNOPHILE

Protecteur cutané

### Présentation

**SÉNOPHILE :** pommade ; tube de 50 g. Non remb.

### Composition

| | p 100 g |
|---|---|
| **Oxyde de zinc** | 5 g |
| **Benzoate de cholestérol** | 1 g |
| Lanoline | + |

### Dans quel cas ce médicament est-il prescrit ?

C'est une pommade protectrice et hydratante qui contient de l'oxyde de zinc.
Elle est utilisée pour traiter les irritations de la peau.

### Contre-indications

Ce médicament ne doit pas être utilisé dans les cas suivants :
- *allergie* à la lanoline,
- en application sur des lésions suintantes ou infectées.

### Grossesse et allaitement

Ce médicament ne contient que des substances présumées sans danger pendant la grossesse ou l'allaitement. Néanmoins, ne l'utilisez pas de façon prolongée sans l'avis de votre pharmacien ou de votre médecin.

### Mode d'emploi et posologie

Nettoyer la zone à traiter et appliquer la pommade en couche mince.

**Posologie usuelle :**
2 à 3 applications par jour.

### Effets indésirables possibles

*Eczéma* (présence de lanoline).

Laboratoires Braun Medical

## SENSIVISION AU PLANTAIN

Collyre décongestionnant

### Présentation

**SENSIVISION AU PLANTAIN :** collyre ; flacon de 5 ml. Non remb.
**SENSIVISION AU PLANTAIN :** collyre ; boîte de 10 flacons unidoses de 0,4 ml. Non remb.

### Composition

| | p 100 ml |
|---|---|
| **Plantain, extrait de feuille** | 2 g |

### Dans quel cas ce médicament est-il prescrit ?

C'est un collyre décongestionnant.
Il est traditionnellement utilisé en cas d'irritation de l'œil ou de gêne oculaire.

**Attention :** Une irritation oculaire peut être due à une infection : en cas de doute, n'hésitez pas à consulter votre médecin.

### Interactions avec d'autres substances

Ce collyre peut interagir avec d'autres collyres : respectez un intervalle de 15 minutes entre deux instillations.

**Grossesse et allaitement**

L'effet de ce médicament pendant la grossesse ou l'allaitement est mal connu. L'évaluation du risque éventuel lié à son utilisation est individuelle : demandez conseil à votre pharmacien ou à votre médecin.

**Mode d'emploi et posologie**

Tirer la paupière inférieure vers le bas tout en regardant vers le haut et déposer les gouttes de collyre entre la paupière et le globe oculaire (*cul-de-sac conjonctival*).

**Posologie usuelle :**

1 ou 2 gouttes, 2 à 4 fois par jour.

> **Conseils :** Les lentilles de contact doivent être ôtées avant l'utilisation du collyre : elles ne pourront être replacées que 30 minutes après l'instillation.
> Ne conservez pas le flacon de 5 ml plus de 15 jours après une première utilisation.
> Les flacons unidoses doivent être jetés après chaque utilisation.

Laboratoires Chauvin Bausch & Lomb

## SEPIA COMPLEXE N° 20

*Informations détaillées sur www.monvidal.com*

## SEPIA COMPOSÉ BOIRON

*Informations détaillées sur www.monvidal.com*

## SEPIA COMPOSÉ DOLISOS

*Informations détaillées sur www.monvidal.com*

## SEPTÉAL

Antiseptique local

**Présentation**

SEPTÉAL : solution pour application locale ; flacon de 250 ml. Remb 35 % - **Prix : 3,66 €.**

**Composition**

| | p 100 ml |
|---|---|
| **Chlorhexidine digluconate** | 500 mg |
| Alcool | + |

**Dans quel cas ce médicament est-il prescrit ?**

Ce médicament est un *antiseptique* local.

Il est utilisé pour nettoyer la peau et pour assurer l'*antisepsie* des plaies et des lésions infectées ou exposées à un risque d'infection.

**Contre-indications**

Ce médicament ne doit pas être appliqué dans l'oreille (risque de toxicité en cas de perforation du tympan).

> **Attention :** Évitez l'usage prolongé de ce médicament, notamment chez l'enfant, sur des surfaces étendues ou profondément lésées, sans l'avis de votre médecin : risque de passage du médicament dans le sang.
> Cet *antiseptique* détruit les *germes* en moins de 5 minutes. Néanmoins, son action n'est pas immédiate et il ne convient pas pour la désinfection des ciseaux, rasoirs et autres objets potentiellement contaminants. De même, il ne doit pas être utilisé pour désinfecter la peau avant une piqûre.

**Interactions avec d'autres substances**

L'association à d'autres *antiseptiques* ou aux savons est déconseillée car leurs effets risquent de s'annuler.

**Grossesse et allaitement**

L'utilisation ponctuelle de ce médicament pendant la grossesse ou l'allaitement ne semble pas poser de problème particulier.

Cet *antiseptique* ne doit pas être appliqué sur le mamelon sans avis médical. Un rinçage soigneux avant la tétée est indispensable.

**Mode d'emploi et posologie**

Cette solution est prête à l'emploi : elle est appliquée pure en badigeonnage et ne doit pas être rincée.

**Posologie usuelle :**

2 applications par jour.

> **Conseils :** Le simple lavage à l'eau et au savon permet d'éliminer la majorité des *germes* : il doit être suivi d'un rinçage soigneux car le savon peut inactiver certains *antiseptiques*.
> Tous les antiseptiques peuvent être contaminés par des germes : une fois ouvert, le flacon ne doit pas être conservé trop longtemps.

**Effets indésirables possibles**

*Eczéma* de contact.

Laboratoires Pierre Fabre Dermatologie

## SEPTIAPAISYL

*Informations détaillées sur www.monvidal.com*

## SEPTIDIARYL

Antidiarrhéique

**Présentation**

SEPTIDIARYL : gélule ; boîte de 12. Non remb.

**Composition**

| | p gél |
|---|---|
| **Nifuroxazide** | 200 mg |
| Saccharose | + |

**Dans quel cas ce médicament est-il prescrit ?**

Ce médicament est un *antiseptique* intestinal qui appartient à la famille des nitrofuranes. Il agit localement sur les *bactéries* responsables d'infections de l'intestin.

Il est utilisé dans le traitement des diarrhées aiguës bénignes.

**Contre-indications**

Ce médicament ne doit pas être utilisé en cas d'*antécédent* d'*allergie* à un *antiseptique* de la famille des nitrofuranes.

> **Attention :** Ce médicament est destiné au traitement des diarrhées bénignes. En cas de diarrhée persistante, de fièvre élevée, de sang ou de glaires dans les selles, des examens peuvent être nécessaires : consultez votre médecin.

**Grossesse et allaitement**

L'effet de ce médicament pendant la grossesse est mal connu. L'évaluation du risque éventuel lié à son utilisation est individuelle : demandez conseil à votre pharmacien ou à votre médecin.

L'allaitement demeure possible en cas de traitement bref par ce médicament.

### Mode d'emploi et posologie

Les gélules doivent être avalées avec un verre d'eau.

**Posologie usuelle :**

- Adulte : 1 gélule, 4 fois par jour.

La durée du traitement est limitée à 3 jours en l'absence d'avis médical. Si les symptômes persistent au-delà de cette période, une consultation est nécessaire pour déterminer si ce traitement est suffisant.

> **Conseils :** Une diarrhée peut provoquer une déshydratation, notamment chez la personne âgée. Cette perte d'eau par l'organisme doit être compensée par des boissons abondantes (bouillon salé, boissons sucrées) car elle peut être à l'origine d'une fatigue, de malaise ou de confusion des idées.
>
> Beaucoup de *diarrhées* sont dues à des *virus* et ne justifient pas de traitement par un *antiseptique* intestinal. Elles guérissent spontanément et ne demandent que des mesures diététiques simples : alimentation légère et de préférence liquide (en excluant les jus de fruits, les crudités et les légumes verts).

### Effets indésirables possibles

*Réaction allergique.*

Laboratoires Mc Neil

## SEPTISOL

*Informations détaillées sur www.monvidal.com*

## SEPTIVON 1,5 %

Antiseptique local

### Présentation

**SEPTIVON 1,5 % :** solution pour application locale ; flacon de 250 ml. Remb 35 % - **Prix : 2,77 €.**

**SEPTIVON 1,5 % :** solution pour application locale ; flacon de 500 ml. Non remb.

### Composition

| | p 100 ml |
|---|---|
| **Chlorhexidine gluconate** | 1,5 g |
| Agent moussant | + |

### Dans quel cas ce médicament est-il prescrit ?

Ce médicament contient un *antiseptique* local associé à un agent moussant.

Il est utilisé pour le nettoyage et le traitement d'appoint des lésions infectées ou exposées à un risque d'infection.

### Contre-indications

Ce médicament ne doit pas être utilisé dans les cas suivants :

- dans les yeux ou dans le conduit auditif (risque de toxicité en cas de perforation du tympan) ;
- pour la désinfection du matériel médicochirurgical (voir Attention).

> **Attention :** Évitez l'usage prolongé de ce médicament, notamment chez l'enfant, sur des surfaces étendues ou profondément lésées, sans l'avis de votre médecin : risque de passage du médicament dans le sang.
>
> Cet *antiseptique* ne convient pas pour la désinfection des ciseaux, rasoirs et autres objets potentiellement contaminants.

### Interactions avec d'autres substances

L'association à d'autres *antiseptiques* ou aux savons est déconseillée car leurs effets risquent de s'annuler.

### Grossesse et allaitement

L'utilisation ponctuelle de ce médicament pendant la grossesse ou l'allaitement ne semble pas poser de problème particulier.

Cet *antiseptique* ne doit pas être appliqué sur le mamelon sans avis médical. Un rinçage soigneux avant la tétée est indispensable.

### Mode d'emploi et posologie

Ce produit s'utilise pur, sur les lésions peu étendues, ou dilué dans de l'eau (3 bouchon par litre d'eau). Rincer après utilisation.

Après dilution, la solution doit être utilisée immédiatement ; la quantité non utilisée doit être jetée.

> **Conseils :** Le simple lavage à l'eau et au savon permet d'éliminer la majorité des *germes* : il doit être suivi d'un rinçage soigneux car le savon peut inactiver certains *antiseptiques*.
>
> Tous les antiseptiques peuvent être contaminés par des germes : une fois ouvert, ne conservez pas le flacon plus de 3 mois.

### Effets indésirables possibles

*Réaction allergique* locale (*eczéma* de contact) ou générale.

Laboratoires Omega-Pharma France

## SERC

Antivertigineux — **sur ordonnance**

### Présentation

SERC : comprimé (blanc) ; boîte de 90. Liste I - Remb 35 % - **Prix : 8,49 €.**

### Composition

| | p cp |
|---|---|
| **Bétahistine dichlorhydrate** | 8 mg |

### Dans quel cas ce médicament est-il prescrit ?

Ce médicament est un antivertigineux chimiquement proche de l'*histamine*.

Il est utilisé dans le *traitement symptomatique* des *vertiges*.

### Contre-indications

Ce médicament ne doit pas être utilisé dans les cas suivants :

- *ulcère* de l'estomac ou du *duodénum*,
- *phéochromocytome*.

> **Attention :** Des précautions sont nécessaires en cas d'*asthme*.

### Grossesse et allaitement

L'effet de ce médicament sur l'enfant à naître est mal connu. Par mesure de prudence, son usage est déconseillé pendant la grossesse.

Les données actuellement disponibles ne permettent pas de savoir si ce médicament passe dans le lait maternel : ne l'utilisez pas pendant l'allaitement sans avis médical.

### Mode d'emploi et posologie

Les comprimés doivent être avalés sans être croqués, avec un verre d'eau, de préférence au cours des repas.

**Posologie usuelle :**

1 ou 2 comprimés, 3 fois par jour. Ne pas dépasser 6 comprimés par jour.

### Effets indésirables possibles

Le plus fréquemment : douleurs d'estomac, nausées, vomissements, bouche sèche, diarrhée.

Rarement : maux de tête, fatigue, somnolence, *réaction allergique*.

Exceptionnellement : augmentation des *transaminases*, diminution du nombre de *plaquettes*.

Laboratoires Solvay Pharma

## SÉRÉCOR

Antiarythmique — sur ordonnance

### Présentation

**SÉRÉCOR :** gélule à *libération prolongée* (vert et rose) ; boîte de 20. Liste I - Remb 35 % - **Prix : 7,77 €.**
**SÉRÉCOR :** gélule à *libération prolongée* (vert et rose) ; boîte de 60. Liste I - Remb 35 % - **Prix : 19,03 €.**

### Composition

| | p gél |
|---|---|
| **Hydroquinidine chlorhydrate** | 300 mg |

### Dans quel cas ce médicament est-il prescrit ?

Ce médicament appartient à la classe I de la famille des *antiarythmiques*. Il modifie la vitesse de transmission de l'influx nerveux au sein du muscle cardiaque et lutte contre ses contractions anarchiques.

Il est utilisé dans le traitement de certains *troubles du rythme cardiaque*.

### Contre-indications

Ce médicament ne doit pas être utilisé dans les cas suivants :
- *allergie* à la quinidine ou à l'hydroquinidine,
- *bloc auriculoventriculaire* grave,
- *maladie de l'oreillette*,
- *insuffisance cardiaque*,
- *torsades de pointes* ou association avec les médicaments susceptibles de provoquer des *torsades de pointes*.

> **Attention :** Des précautions sont nécessaires en cas de *myasthénie*.

### Interactions avec d'autres substances

Ce médicament ne doit pas être associé aux médicaments susceptibles de donner des *torsades de pointes* : risque de *troubles du rythme cardiaque*, parfois mortels.

Il peut interagir avec les *antiarythmiques* de la même classe (classe I), les *laxatifs stimulants*, certains *diurétiques* ou tout autre médicament susceptible de provoquer une *hypokaliémie*, ainsi qu'avec les médicaments contenant du magnésium.

Informez par ailleurs votre médecin si vous prenez un *bêtabloquant* ou un médicament contenant l'une des substances suivantes : digoxine, acétazolamide, bicarbonate de sodium, trométamol, carbamazépine, phénobarbital, phénytoïne, primidone, rifampicine.

### Grossesse et allaitement

L'effet de ce médicament pendant la grossesse ou l'allaitement est mal connu : seul votre médecin peut évaluer le risque éventuel de son utilisation dans votre cas.

### Mode d'emploi et posologie

Les gélules doivent être avalées avec un peu d'eau.

**Posologie usuelle :**

1 ou 2 gélules, matin et soir.

### Effets indésirables possibles

*Troubles digestifs.*

Malaise, *vertiges*.

Troubles de la vision : vision double ou incapacité à supporter la lumière.

Bourdonnements d'oreille, baisse de l'audition.

Troubles *hématologiques* : baisse des *globules rouges* ou des *plaquettes* sanguines.

Aggravation paradoxale de l'*arythmie* ou apparition de nouveaux *troubles du rythme cardiaque*.

*Réaction allergique* cutanée, *photosensibilisation*.

Laboratoires Sanofi-Aventis France

## SÉRESTA

Anxiolytique : benzodiazépine — sur ordonnance

### Présentation

**SÉRESTA 10 mg :** comprimé (blanc) ; boîte de 30. Liste I, durée de prescription limitée à 12 semaines - Remb 65 % - **Prix : 1,84 €.**
**SÉRESTA 50 mg :** comprimé sécable (rose) ; boîte de 20. Liste I, durée de prescription limitée à 12 semaines - Remb 65 % - **Prix : 2,73 €.**

### Composition

| | p cp | p cp |
|---|---|---|
| **Oxazépam** | 10 mg | 50 mg |
| Lactose | + | + |

### Dans quel cas ce médicament est-il prescrit ?

Ce médicament est un *anxiolytique* (tranquillisant) de la famille des *benzodiazépines*.

Il est utilisé dans le traitement de l'anxiété lorsque celle-ci s'accompagne de troubles gênants (*anxiété généralisée*, crise d'angoisse...) et dans le cadre d'un sevrage alcoolique.

### Contre-indications

Ce médicament ne doit pas être utilisé dans les cas suivants :
- *insuffisance respiratoire* ou *hépatique* grave,
- *syndrome d'apnée du sommeil*.

> **Attention :** Des précautions sont nécessaires chez la personne âgée, l'*insuffisant hépatique* ou *rénal* et chez la personne souffrant de *myasthénie*.
> Utilisé seul, ce médicament n'est pas adapté au traitement des *états dépressifs*.
> Une prise prolongée, surtout à doses importantes, de *tranquillisants* de la famille des *benzodiazépines* peut provoquer une *dépendance*. Ce risque de

dépendance est accru chez les personnes ayant déjà présenté une dépendance à d'autres médicaments, substances ou à l'alcool.

L'arrêt brutal de ce médicament expose à un *syndrome de sevrage* : réapparition de l'anxiété, agitation, irritabilité, insomnie, maux de tête, douleurs musculaires, tremblements, hallucinations. Il faut donc s'entourer de conseils médicaux pour diminuer progressivement les doses et espacer les prises, sur une période d'autant plus longue que le traitement a été prolongé.

Ce médicament peut induire une somnolence, parfois intense chez certaines personnes. Cette somnolence peut être majorée par la prise d'*alcool* ou d'autres médicaments *sédatifs*. La conduite et l'utilisation de machines dangereuses sont déconseillées, surtout dans les heures qui suivent la prise du médicament.

### Interactions avec d'autres substances

Informez votre médecin ou votre pharmacien si vous prenez d'autres *sédatifs* (tranquillisants, somnifères, certains médicaments contre la toux ou contre la douleur contenant des *opiacés*, *antidépresseurs*, *neuroleptiques*...).

### Grossesse et allaitement

Ce médicament ne doit pas être utilisé sans avis médical pendant la grossesse. Les fortes doses au cours des 6 derniers mois sont déconseillées. En fin de grossesse, un traitement par benzodiazépine, même à faible dose, peut être responsable d'effets indésirables chez le *nouveau-né* : une surveillance médicale du nouveau-né est alors nécessaire pendant 1 à 3 semaines selon les cas.

Ce médicament passe dans le lait maternel : l'allaitement est déconseillé.

### Mode d'emploi et posologie

Les comprimés peuvent être pris pendant ou entre les repas.

Les prises doivent être réparties au cours de la journée et la prise la plus forte réservée pour le soir.

**Posologie usuelle :**

- Adulte : 20 à 60 mg par jour, jusqu'à 150 mg par jour dans certains cas graves. La dose minimale efficace est toujours recherchée.

**Conseils :** Ce médicament est présent dans l'organisme plus de 8 heures après sa prise.

Ce médicament vous a été prescrit dans une situation précise : ne le réutilisez pas ultérieurement sans avis médical et ne le conseillez pas à une autre personne.

La durée de prescription des *anxiolytiques* doit être la plus courte possible. Dans certaines situations, le traitement doit toutefois être prolongé. Il appartient alors au médecin de réévaluer périodiquement la nécessité de le poursuivre ou de l'interrompre.

Les *tranquillisants* ne sont pas la seule réponse à l'anxiété : une meilleure hygiène de vie, une consommation modérée d'excitants (y compris les boissons alcoolisées) permettent aussi de lutter efficacement contre l'excès de stress. Dans certains cas, une psychothérapie peut aider à lutter durablement contre l'anxiété.

### Effets indésirables possibles

Sensation d'ivresse, fatigue, somnolence en particulier chez la personne âgée, ralentissement des idées, sensation de faiblesse musculaire, baisse de la libido, *éruption cutanée*.

Réaction allergique (comprimé à 50 mg : présence de jaune orangé S).

Dans certaines circonstances et chez certaines personnes :

- réactions paradoxales avec augmentation de l'anxiété, agitation, agressivité, confusion des idées, hallucinations ;
- *amnésie antérograde*.

Ces troubles nécessitent l'arrêt du traitement.

Laboratoires Biodim

## SERETIDE

Antiasthmatique — **sur ordonnance**

### Présentation

**SERETIDE 50/25 µg :** suspension pour *inhalation* ; flacon pressurisé avec valve doseuse et embout buccal (120 doses). Liste I - Remb 65 % - **Prix : 42,37 €.**
**SERETIDE 125/25 µg :** suspension pour *inhalation* ; flacon pressurisé avec valve doseuse et embout buccal (120 doses). Liste I - Remb 65 % - **Prix : 51,56 €.**
**SERETIDE 250/25 µg :** suspension pour *inhalation* ; flacon pressurisé avec valve doseuse et embout buccal (120 doses). Liste I - Remb 65 % - **Prix : 69,97 €.**
**SERETIDE Diskus 100/50 µg :** poudre pour *inhalation* buccale ; boîte de 60 doses avec distributeur. Liste I - Remb 65 % - **Prix : 42,37 €.**
**SERETIDE Diskus 250/50 µg :** poudre pour *inhalation* buccale ; boîte de 60 doses avec distributeur. Liste I - Remb 65 % - **Prix : 50,17 €.**
**SERETIDE Diskus 500/50 µg :** poudre pour *inhalation* buccale ; boîte de 60 doses avec distributeur. Liste I - Remb 65 % - **Prix : 66,73 €.**

### Composition

| | p dose | p dose | p dose |
|---|---|---|---|
| **Fluticasone propionate** | 50 µg | 125 µg | 250 µg |
| **Salmétérol** | 25 µg | 25 µg | 25 µg |

| | p dose | p dose | p dose |
|---|---|---|---|
| **Fluticasone propionate** | 100 µg | 250 µg | 500 µg |
| **Salmétérol** | 50 µg | 50 µg | 50 µg |

### Dans quel cas ce médicament est-il prescrit ?

Ce médicament associe :

- un *corticoïde* qui possède une activité *anti-inflammatoire* marquée sur les *muqueuses*, notamment celles des bronches ;
- un bronchodilatateur qui lutte contre la contraction anormale des muscles de la paroi des bronches ; il est apparenté à une substance naturelle, l'*adrénaline*, mais, contrairement à cette substance, il a peu d'effet sur le cœur. Son action persiste au moins 12 heures.

Il est utilisé dans le *traitement de fond* de l'*asthme*.

SERETIDE Diskus est également utilisé dans le *traitement symptomatique* de la bronchopneumopathie chronique obstructive (*BPCO*).

**Attention :** Ce médicament n'est pas destiné au traitement de la crise d'*asthme* : son effet est prolongé mais lent à apparaître. Si une crise survient sous traitement, un médicament d'action rapide et de courte durée d'action doit être utilisé.

Une aggravation de l'asthme peut traduire une infection : consultez votre médecin.

L'*aérosol* doseur n'a pas été étudié chez l'enfant de moins de 12 ans ; la poudre (Diskus) n'est pas adaptée à l'enfant de moins de 4 ans.

Sportif : ce médicament contient une substance susceptible de rendre positifs certains *tests antidopage*.

### Grossesse et allaitement

Aucun effet néfaste pour l'enfant à naître n'a été établi avec ce médicament. Néanmoins, par précaution, son usage pendant la grossesse est réservé aux situations pour lesquelles il n'existe pas d'alternative thérapeutique.

Ce médicament passe dans le lait maternel : l'allaitement est déconseillé pendant le traitement.

### Mode d'emploi et posologie

*Aérosol* en flacon pressurisé : retirer le capuchon protecteur pour dégager l'embout buccal. Agiter vigoureusement l'appareil. Tenir le fond de la cartouche dirigé vers le haut et expirer à fond. Serrer l'embout buccal entre les dents puis inspirer profondément tout en appuyant sur le fond de la cartouche. Retirer l'embout buccal de la bouche en essayant de garder l'air dans les poumons quelques secondes avant de les vider.

Diskus : ouvrir le distributeur et pousser le levier de façon à produire le déclic. Expirer à fond, à distance du dispositif. Placer l'embout buccal entre les lèvres et inspirer rapidement et profondément. Retenir ensuite sa respiration quelques instants.

**Posologie usuelle :**

- *Asthme* : la *posologie* est strictement individuelle ; le médecin choisit le dosage du médicament selon le stade de la maladie. La dose efficace la plus faible possible est toujours recherchée ; elle est administrée en 2 prises par jour.
- *BPCO* : 1 *inhalation* de SERETIDE Diskus 500/50 µg, 2 fois par jour.

**Conseils :** Lisez attentivement la notice du médicament avant son emploi.

N'hésitez pas à demander une démonstration du maniement de cet appareil à votre médecin ou à votre pharmacien.

Il est conseillé de se rincer la bouche à l'eau après l'inhalation pour limiter le risque de *candidose* ou d'enrouement lié à l'utilisation de ce médicament.

### Effets indésirables possibles

Irritation de la bouche et de la gorge, voix rauque.

*Candidose* de la bouche et de la gorge.

Maux de tête, *palpitations*.

*Réactions allergiques*.

**Laboratoires GlaxoSmithKline**

## SEREVENT

Antiasthmatique

sur ordonnance

### Présentation

SEREVENT 25 µg : suspension pour *inhalation* ; flacon pressurisé avec valve doseuse (120 doses). Liste I - Remb 65 % - **Prix : 28,98 €**.

SEREVENT DISKUS 50 µg : poudre pour *inhalation* ; boîte de 60 doses avec distributeur. Liste I - Remb 65 % - **Prix : 30,61 €**.

### Composition

| | p dose | p dose |
|---|---|---|
| **Salmétérol** | 25 µg | 50 µg |

### Dans quel cas ce médicament est-il prescrit ?

Ce médicament est un bronchodilatateur qui lutte contre la contraction anormale des muscles de la paroi des bronches. Il est apparenté à une substance naturelle, l'*adrénaline*, mais, contrairement à cette substance, il a peu d'effet sur le cœur. Son action apparaît au bout de 15 minutes et persiste au moins 12 heures.

Il est utilisé dans :

- le *traitement de fond* de l'*asthme* ou de la *bronchite chronique* (en association avec un traitement anti-inflammatoire, par exemple un *corticoïde* en *aérosol*),
- le *traitement préventif* de la crise d'asthme déclenchée par l'effort.

**Attention :** Ce médicament n'est pas destiné au traitement de la crise d'*asthme* : son effet est prolongé mais lent à apparaître. Si une crise survient sous traitement, un médicament d'action rapide et de courte durée d'action doit être utilisé.

Le traitement associé, prescrit par votre médecin, ne doit en aucune façon être arrêté.

Ce médicament n'est pas adapté à l'enfant de moins de 4 ans.

Sportif : ce médicament contient une substance susceptible de rendre positifs certains *tests antidopage*.

### Grossesse et allaitement

En l'absence de données suffisantes, ce médicament est déconseillé pendant la grossesse.

Ce médicament passe dans le lait maternel : l'allaitement est déconseillé pendant le traitement.

### Mode d'emploi et posologie

Quel que soit le système utilisé, la prise du médicament doit se faire au cours d'une inspiration profonde, précédée d'une expiration forcée. Il est ensuite nécessaire de retenir sa respiration pendant quelques instants.

- *Aérosol* doseur (délivrant 25 µg par dose) : agiter vigoureusement l'aérosol. Tenir le fond de la cartouche dirigé vers le haut et expirer à fond. Serrer l'embout buccal entre les dents puis inspirer rapidement et profondément tout en appuyant sur le fond de la cartouche. La durée de pression n'a pas d'importance car chaque pression délivre une dose unique.
- Diskus (délivrant 50 µg par dose) : ouvrir le distributeur et pousser le levier de façon à produire le déclic. Expirer à fond, à distance du dispositif. Placer l'embout buccal entre les lèvres et inspirer rapidement et profondément. Retenir ensuite sa respiration quelques instants.

**Posologie usuelle :**
- Adulte et enfant de plus de 4 ans :
  - *Traitement de fond* de l'*asthme* : 2 *inhalations* à 25 µg ou 1 dose à 50 µg, matin et soir.
  - *Traitement préventif* de l'*asthme* d'effort : 2 inhalations à 25 µg ou 1 dose à 50 µg, 30 à 60 minutes avant l'exercice.
- *Traitement symptomatique* de la *BPCO* chez l'adulte : 1 dose à 50 µg, matin et soir.

Chez l'adulte, la dose maximale est de 8 inhalations à 25 µg ou 4 doses à 50 µg par jour, sur avis médical.

**Conseils :** Lisez attentivement la notice du médicament avant son emploi.
N'hésitez pas à demander une démonstration du maniement de cet appareil à votre médecin ou à votre pharmacien.
L'utilisation de l'*aérosol* doseur chez les personnes maîtrisant mal la technique d'*inhalation* peut être facilitée par l'emploi d'un réservoir en matière plastique (chambre d'inhalation) qui s'interpose entre l'aérosol doseur et la bouche.
*Aérosol* : rincez régulièrement l'embout à l'eau, séchez-le et remettez la cartouche.
En cas d'irritation de la gorge due à la poudre, rincez-vous la bouche après l'inhalation.

### Effets indésirables possibles

Les effets indésirables sont généralement rares et bénins avec les formes inhalées. Leur survenue est favorisée par une augmentation de la *posologie*.
A forte dose : tremblement des extrémités, maux de tête, *palpitations*, accélération du cœur, crampes musculaires.
Des *réactions allergiques* ont été observées.
*Aérosol* doseur (délivrant 25 µg par dose) : la prise de ce médicament peut provoquer une aggravation paradoxale des difficultés respiratoires ; ne le réutilisez pas sans avoir pris l'avis de votre médecin.

Laboratoires GlaxoSmithKline

## SERMION
Vasodilatateur — sur ordonnance

### Présentation

SERMION 5 mg : gélule (jaune et bleu) ; boîte de 30. Liste II - Remb 35 % - **Prix : 4,12 €.**
SERMION Lyoc 5 mg : *lyophilisat* oral (blanc) ; boîte de 30. Liste II - Remb 35 % - **Prix : 5,07 €.**
SERMION 10 mg : gélule (turquoise et bleu marine) ; boîte de 30. Liste II - Remb 35 % - **Prix : 6,59 €.**
SERMION 10 mg : gélule (turquoise et bleu marine) ; boîte de 90. Liste II - Remb 35 % - **Prix : 13,74 €.**
SERMION Lyoc 10 mg : *lyophilisat* oral (blanc) ; boîte de 30. Liste II - Remb 35 % - **Prix : 5,25 €.**

### Composition

| | p gél | p lyoph |
|---|---|---|
| **Nicergoline** | 5 mg | 5 mg |
| Lactose | + | + |

| | p gél | p lyoph |
|---|---|---|
| **Nicergoline** | 10 mg | 10 mg |
| Lactose | + | + |

### Dans quel cas ce médicament est-il prescrit ?

Ce médicament appartient à la famille des *vasodilatateurs*. Il augmente le débit sanguin, notamment cérébral, et l'apport d'oxygène et de glucose au cerveau.
Il est utilisé dans le traitement :
- des manifestations douloureuses de l'*artérite*,
- des troubles du comportement et de la mémoire liés au vieillissement,
- des troubles de la vue dus à un défaut de vascularisation.

**Attention :** Chez une personne âgée, des troubles attribués au vieillissement peuvent être dus à une *dépression* ; ils nécessitent alors un traitement spécifique.

### Grossesse et allaitement

L'effet de ce médicament pendant la grossesse ou l'allaitement est mal connu : seul votre médecin peut évaluer le risque éventuel de son utilisation dans votre cas.

### Mode d'emploi et posologie

Ce médicament doit être pris avant les 3 principaux repas.
Les *lyophilisats* doivent être dissous dans un demi-verre d'eau ou d'une autre boisson.

**Posologie usuelle :**
5 à 10 mg, 3 fois par jour.

**Conseils :** Ce médicament n'est actif que sur les *symptômes* de l'*artérite* ; seule la pratique régulière de la marche peut retarder l'évolution de la maladie.
Si vous êtes fumeur, la poursuite du tabagisme nuit à l'efficacité du traitement.
Ce médicament doit être conservé dans un endroit sec, à l'abri de la lumière.

### Effets indésirables possibles

Crampes d'estomac, bouffées de chaleur, *vertiges*.
Exceptionnellement, lors de traitement prolongé : troubles respiratoires.

Laboratoires Aventis

## SEROPLEX
Antidépresseur inhibiteur de la recapture de la sérotonine — sur ordonnance

### Présentation

SEROPLEX 10 mg : comprimé sécable (ovale ; blanc) ; boîte de 28. Liste I - Remb 65 % - **Prix : 21,92 €.**
SEROPLEX 20 mg : comprimé sécable (ovale ; blanc) ; boîte de 28. Liste I - Remb 65 % - **Prix : 32,99 €.**

### Composition

| | p cp | p cp |
|---|---|---|
| **Escitalopram** | 10 mg | 20 mg |

### Dans quel cas ce médicament est-il prescrit ?

Ce médicament est un *antidépresseur* de la famille des *inhibiteurs de la recapture de la sérotonine*.
Il est utilisé dans le traitement des *états dépressifs*, des *attaques de panique* et de certaines manifestations de l'anxiété.

### Contre-indications

Ce médicament ne doit pas être utilisé en association avec les *IMAO* non sélectifs.

**Attention :** Des précautions sont nécessaires en cas d'*insuffisance hépatique*, d'*épilepsie* (même ancienne), de *diabète*, de prédisposition aux *hémorragies* et chez la personne âgée.
En cas d'excitation anormale ou de confusion des idées survenant sous traitement, une consultation médicale est nécessaire.
Bien qu'aucune interaction nette n'ait été constatée avec l'*alcool*, évitez la prise de boissons alcoolisées, comme avec tout médicament *psychotrope*.
Si vous devez conduire, ou utiliser une machine dangereuse, assurez-vous préalablement que ce médicament n'altère pas votre vigilance.

### Interactions avec d'autres substances

Ce médicament ne doit pas être associé aux *IMAO* non sélectifs (MARSILID...) : des délais précis doivent être respectés entre la fin d'un traitement par IMAO et le début de ce traitement, et inversement.
Il peut également interagir avec les IMAO sélectifs A (MOCLAMINE...).
Informez par ailleurs votre médecin si vous prenez un médicament de la famille des *triptans*, un *anticoagulant* oral, un IMAO sélectif B, un médicament contenant du lithium, du tramadol ou un produit de phytothérapie contenant du millepertuis.

### Grossesse et allaitement

L'effet de ce médicament pendant la grossesse ou l'allaitement est mal connu : seul votre médecin peut évaluer le risque éventuel de son utilisation dans votre cas.

### Mode d'emploi et posologie

Ce médicament est pris en une fois, à n'importe quel moment de la journée, pendant ou entre les repas.

**Posologie usuelle :**
- Adulte de plus de 18 ans :
  - *état dépressif*, anxiété : 10 à 20 mg par jour ;
  - *attaques de panique* : 5 à 20 mg par jour.

**Conseils :** L'efficacité des *antidépresseurs* n'est généralement pas immédiate. Un délai pouvant atteindre plusieurs semaines est parfois nécessaire pour que les effets bénéfiques se fassent sentir. Les effets indésirables éventuels apparaissant en début de traitement ne doivent pas vous conduire à l'arrêter prématurément.
Chez la personne souffrant de dépression, un état anxieux peut apparaître ou être majoré en début de traitement ; un *anxiolytique* est parfois prescrit par le médecin pour prévenir ou traiter ces manifestations.
Lorsque les *symptômes* de la *dépression* ont disparu, le traitement doit absolument être poursuivi pendant la durée prescrite afin de consolider la guérison. Un arrêt prématuré exposerait à une rechute. La durée d'un traitement antidépresseur est rarement inférieure à 6 mois.
Contrairement à d'autres médicaments utilisés pour traiter les maladies psychiques, les antidépresseurs ne créent pas de dépendance. Néanmoins, il est préférable d'arrêter le traitement progressivement en diminuant la posologie ou en espaçant les prises pour éviter les effets indésirables transitoires, rarement observés, en cas d'interruption brutale.

### Effets indésirables possibles

Les effets indésirables surviennent surtout au cours des 2 premières semaines de traitement et s'estompent le plus souvent ensuite.
Nausées, diminution de l'appétit, *diarrhée*, constipation, vomissements, sécheresse de la bouche.
Troubles sexuels, insomnies, somnolence, *vertiges*, baillements, sueurs, fatigue, fièvre, *sinusite*, troubles de la vision, troubles urinaires.
Rarement : toubles du goût, écoulement de lait par le mamelon, *hypotension orthostatique*, *réactions allergiques*, saignements, baisse du taux de *sodium* dans le sang, confusion des idées, *convulsions*.

Laboratoires Lundbeck

## SEROPRAM

Antidépresseur inhibiteur de la recapture de la sérotonine

**sur ordonnance**

### Présentation

SEROPRAM 20 mg : comprimé sécable (blanc) ; boîte de 28. Liste I - Remb 65 % - **Prix : 21,26 €**.
SEROPRAM 40 mg/ml : solution buvable ; flacon de 12 ml avec pipette doseuse graduée de 1 ml. Liste I - Remb 65 % - **Prix : 26,65 €**.

### Composition

| | p cp | p ml |
|---|---|---|
| **Citalopram** | 20 mg | 40 mg |
| Lactose | + | |
| Alcool | | + |

### Dans quel cas ce médicament est-il prescrit ?

Ce médicament est un *antidépresseur* de la famille des *inhibiteurs de la recapture de la sérotonine*.
Il est utilisé dans le traitement des *états dépressifs* et dans le *traitement préventif* des *attaques de panique*.

### Contre-indications

Ce médicament ne doit pas être utilisé dans les cas suivants :
- *insuffisance rénale* grave,
- en association avec les *IMAO* non sélectifs,
- enfant de moins de 15 ans (en l'absence d'études).

**Attention :** Des précautions sont nécessaires en cas d'*insuffisance hépatique*, d'*épilepsie* (même ancienne), de prédisposition aux *hémorragies* et chez la personne âgée.
En cas d'excitation anormale ou de confusion des idées survenant sous traitement, une consultation médicale est nécessaire.
Bien qu'aucune interaction nette n'ait été constatée avec l'*alcool*, évitez la prise de boissons alcoolisées, comme avec tout médicament *psychotrope*.
Si vous devez conduire, ou utiliser une machine dangereuse, assurez-vous préalablement que ce médicament n'altère pas votre vigilance.

### Interactions avec d'autres substances

Ce médicament ne doit pas être associé aux *IMAO* non sélectifs (MARSILID...) : des délais précis doivent être respectés entre la fin d'un traitement par IMAO et le début de ce traitement, et inversement.

Il peut également interagir avec les IMAO sélectifs A (MOCLAMINE...).

Informez par ailleurs votre médecin si vous prenez un médicament de la famille des *triptans*, un *anticoagulant* oral, un *antidépresseur imipraminique*, un IMAO sélectif B ou un médicament contenant du lithium, de la cyproheptadine, du tramadol ou un produit de phytothérapie contenant du millepertuis.

### Grossesse et allaitement

L'effet de ce médicament pendant la grossesse ou l'allaitement est mal connu : seul votre médecin peut évaluer le risque éventuel de son utilisation dans votre cas.

### Mode d'emploi et posologie

Ce médicament est pris en une fois, à n'importe quel moment de la journée, pendant ou entre les repas.

La solution buvable peut être diluée dans un peu d'eau ou de jus de fruits (orange ou pomme).

**Posologie usuelle :**

- Adulte :
  - état dépressif : 1 à 3 comprimés ou 0,4 à 1,2 ml de solution buvable par jour ;
  - prévention des *attaques de panique* : 1 à 1 et ½ comprimé ou 0,4 à 0,6 ml de solution buvable par jour.

**Conseils :** L'efficacité des *antidépresseurs* n'est généralement pas immédiate. Un délai pouvant atteindre plusieurs semaines est parfois nécessaire pour que les effets bénéfiques se fassent sentir. Les effets indésirables éventuels apparaissant en début de traitement ne doivent pas vous conduire à l'arrêter prématurément.

Chez la personne souffrant de dépression, un état anxieux peut apparaître ou être majoré en début de traitement ; un *anxiolytique* est parfois prescrit par le médecin pour prévenir ou traiter ces manifestations.

Lorsque les *symptômes* de la *dépression* ont disparu, le traitement doit absolument être poursuivi pendant la durée prescrite afin de consolider la guérison. Un arrêt prématuré exposerait à une rechute. La durée d'un traitement antidépresseur est rarement inférieure à 6 mois.

Contrairement à d'autres médicaments utilisés pour traiter les maladies psychiques, les antidépresseurs ne créent pas de dépendance. Néanmoins, il est préférable d'arrêter le traitement progressivement en diminuant la posologie ou en espaçant les prises pour éviter les effets indésirables transitoires, rarement observés, en cas d'interruption brutale.

La solution buvable se conserve 16 semaines maximum après ouverture du flacon.

### Effets indésirables possibles

Les effets indésirables surviennent surtout au cours des 2 premières semaines de traitement et s'estompent le plus souvent ensuite.

*Troubles digestifs*, sécheresse de la bouche.

Nervosité, somnolence ou au contraire insomnie, maux de tête, *vertiges*, perte de mémoire, fatigue.

*Éruption cutanée*, troubles de l'*accommodation*, perte ou prise de poids, troubles sexuels, difficulté à uriner, sueurs.

Accélération ou ralentissement du cœur, *hypotension orthostatique*.

Rarement : tremblements, saignements, baisse du taux de *sodium* dans le sang, confusion des idées, *convulsions*.

Laboratoires Lundbeck

## SEROXYDAR

*Informations détaillées sur www.monvidal.com*

## SERTRALINE ALTER

Antidépresseur inhibiteur de la recapture de la sérotonine — sur ordonnance

Ce médicament est un générique de ZOLOFT (voir p. 1135 et tableau p. 1151).

## SERTRALINE ARROW

Antidépresseur inhibiteur de la recapture de la sérotonine — sur ordonnance

Ce médicament est un générique de ZOLOFT (voir p. 1135 et tableau p. 1151).

## SERTRALINE BIOGARAN

Antidépresseur inhibiteur de la recapture de la sérotonine — sur ordonnance

Ce médicament est un générique de ZOLOFT (voir p. 1135 et tableau p. 1151).

## SERTRALINE EG

Antidépresseur inhibiteur de la recapture de la sérotonine — sur ordonnance

Ce médicament est un générique de ZOLOFT (voir p. 1135 et tableau p. 1151).

## SERTRALINE G GAM

Antidépresseur inhibiteur de la recapture de la sérotonine — sur ordonnance

Ce médicament est un générique de ZOLOFT (voir p. 1135 et tableau p. 1151).

## SERTRALINE MERCK

Antidépresseur inhibiteur de la recapture de la sérotonine — sur ordonnance

Ce médicament est un générique de ZOLOFT (voir p. 1135 et tableau p. 1151).

## SERTRALINE QUALIMED

Antidépresseur inhibiteur de la recapture de la sérotonine — sur ordonnance

Ce médicament est un générique de ZOLOFT (voir p. 1135 et tableau p. 1151).

## SERTRALINE RANBAXY
Antidépresseur inhibiteur de la recapture de la sérotonine — sur ordonnance

Ce médicament est un générique de ZOLOFT (voir p. 1135 et tableau p. 1151).

## SERTRALINE RATIOPHARM
Antidépresseur inhibiteur de la recapture de la sérotonine — sur ordonnance

Ce médicament est un générique de ZOLOFT (voir p. 1135 et tableau p. 1151).

## SERTRALINE SANDOZ
Antidépresseur inhibiteur de la recapture de la sérotonine — sur ordonnance

Ce médicament est un générique de ZOLOFT (voir p. 1135 et tableau p. 1151).

## SERTRALINE TEVA
Antidépresseur inhibiteur de la recapture de la sérotonine — sur ordonnance

Ce médicament est un générique de ZOLOFT (voir p. 1135 et tableau p. 1151).

## SERTRALINE WINTHROP
Antidépresseur inhibiteur de la recapture de la sérotonine — sur ordonnance

Ce médicament est un générique de ZOLOFT (voir p. 1135 et tableau p. 1151).

## SERTRALINE ZYDUS
Antidépresseur inhibiteur de la recapture de la sérotonine — sur ordonnance

Ce médicament est un générique de ZOLOFT (voir p. 1135 et tableau p. 1151).

## SEVREDOL
Antalgique : morphine — sur ordonnance

### Présentation
**SEVREDOL 10 mg :** comprimé sécable (bleu) ; boîte de 14.
Stupéfiants - Remb 65 % - **Prix : 3,20 €**.
**SEVREDOL 20 mg :** comprimé sécable (rose) ; boîte de 14.
Stupéfiants - Remb 65 % - **Prix : 5,43 €**.

### Composition

| | p cp | p cp |
|---|---|---|
| **Morphine sulfate** | 10 mg | 20 mg |
| Lactose | + | + |

### Dans quel cas ce médicament est-il prescrit ?
Ce médicament est un *antalgique* puissant qui contient de la *morphine*. Il combat la douleur en agissant directement sur le cerveau. Il agit rapidement mais son effet s'estompe en quelques heures.

Il est utilisé dans le traitement des douleurs rebelles dans leur forme aiguë. Il peut également être utilisé pour compléter l'action des antalgiques morphiniques à *libération prolongée*.

### Contre-indications
Ce médicament ne doit pas être utilisé dans les cas suivants :
- *insuffisance hépatique* ou *respiratoire* grave ;
- traumatisme crânien ou *hypertension intracrânienne* ;
- *épilepsie* non contrôlée par un traitement ;
- douleur abdominale aiguë lorsque le diagnostic n'a pas été établi ;
- en association avec les *antalgiques* contenant de la buprénorphine, de la nalbuphine ou de la pentazocine ;
- enfant de moins de 6 ans ;
- **allaitement**.

**Attention :** Des précautions sont nécessaires en cas d'*insuffisance rénale*, de constipation et chez les personnes âgées, notamment en cas d'*adénome de la prostate*.

Ce médicament peut induire une somnolence parfois intense chez certaines personnes. Cette somnolence peut être majorée par la prise d'*alcool* ou d'autres médicaments *sédatifs*. La conduite ou l'utilisation de machines dangereuses sont déconseillées.

Sportif : ce médicament contient une substance susceptible de rendre positifs certains *tests antidopage*.

### Interactions avec d'autres substances
Ce médicament ne doit pas être associé à un *antalgique* contenant de la buprénorphine (TEMGÉSIC...), de la pentazocine (FORTAL...) ou de la nalbuphine : diminution de l'effet de la morphine.

Informez votre médecin si vous prenez des médicaments *sédatifs* ; ils peuvent augmenter le risque de somnolence.

### Grossesse et allaitement
L'utilisation de la *morphine* et de ses dérivés ne doit être envisagée chez la femme enceinte qu'en cas d'absolue nécessité, en effet :
- une *insuffisance respiratoire* peut survenir chez le nouveau-né d'une mère traitée par des doses élevées, même si le traitement est ponctuel mais précède de peu l'accouchement ;
- un *syndrome de sevrage*, à l'inverse, peut concerner des nouveau-nés si leur mère reçoit un traitement régulier, même à faible dose. L'enfant souffre alors d'irritabilité, de vomissements, voire de convulsions.

Il est donc important de signaler à l'obstétricien la prise éventuelle de morphinique, afin que ces risques puissent être prévenus par une surveillance et un éventuel traitement adapté.

La *morphine* passe dans le lait maternel : l'allaitement est contre-indiqué.

### Mode d'emploi et posologie
Les comprimés doivent être avalés avec un peu d'eau, sans être croqués.

**Posologie usuelle :**
La *posologie*, strictement individuelle, est adaptée progressivement par votre médecin en fonction de l'intensité de la douleur et des médicaments éventuellement associés.

**Conseils :** La *morphine* et les médicaments apparentés ne sont pas réservés aux douleurs des cancéreux ; ils sont aussi utilisés dans le traitement de courte durée des fortes douleurs pouvant faire suite à une fracture, une intervention chirurgicale, un *infarctus du myocarde*...
Depuis le 1er juillet 1999, la prescription de *morphine* et de substances apparentées (*stupéfiants*) est rédigée par le médecin sur une ordonnance « sécurisée ».
La durée de validité de l'ordonnance est limitée à 28 jours.
Respectez la *posologie* et la durée de traitement prescrites par votre médecin. Cependant, si le traitement paraît insuffisant, n'hésitez pas à reprendre contact avec lui.

### Effets indésirables possibles

Fréquemment : somnolence, nausées, vomissements qui souvent régressent spontanément ; constipation qui nécessite la prise d'un traitement laxatif régulier.
Plus rarement : confusion des idées, excitation, cauchemars (notamment chez la personne âgée), difficulté respiratoire, difficulté à uriner, *hypertension intracrânienne.*
Ce médicament contient de la *morphine* et expose à un risque de *dépendance.* Ce risque est très faible par voie orale, dans les conditions d'utilisation médicale.

Laboratoires Mundi Pharma

## SIBÉLIUM

Antimigraineux — sur ordonnance

### Présentation

SIBÉLIUM : comprimé sécable (blanc) ; boîte de 30. Liste I - Remb 35 % - **Prix : 9,44 €**.

### Composition

| | p cp |
|---|---|
| **Flunarizine** | 10 mg |
| Lactose | + |

### Dans quel cas ce médicament est-il prescrit ?

C'est un antivertigineux aux propriétés multiples. Il agit à la fois sur les organes de l'équilibre de l'*oreille interne* et sur la circulation sanguine locale et cérébrale.
Il est utilisé dans le *traitement de fond* de la *migraine* ayant résisté aux autres traitements.

### Contre-indications

Ce médicament ne doit pas être utilisé dans les cas suivants :
- maladie de *Parkinson* et troubles apparentés ;
- *dépression*, même ancienne.

**Attention :** Évitez les boissons alcoolisées : augmentation du risque de somnolence.
Ce médicament peut induire une somnolence, parfois intense chez certaines personnes. Cette somnolence peut être majorée par la prise d'*alcool* ou d'autres médicaments *sédatifs.* La conduite et l'utilisation de machines dangereuses sont déconseillées, surtout dans les heures qui suivent la prise du médicament.

### Interactions avec d'autres substances

Informez votre médecin ou votre pharmacien si vous prenez un *contraceptif* oral, un médicament *sédatif* ou *atropinique.*

### Grossesse et allaitement

L'effet de ce médicament pendant la grossesse est mal connu : seul votre médecin peut évaluer le risque éventuel de son utilisation dans votre cas.
En l'absence de données suffisantes, l'allaitement est déconseillé.

### Mode d'emploi et posologie

Les comprimés peuvent être avalés avec un verre d'eau, au coucher.

**Posologie usuelle :**
- Adulte : ½ comprimé le soir. En cas d'effet insuffisant, la *posologie* peut être augmentée à 1 comprimé par jour, chez les adultes de moins de 65 ans.

Du fait de ses effets indésirables potentiels, ce traitement ne devra pas être poursuivi plus de 6 mois. En cas d'efficacité nulle, il est recommandé de ne pas prendre ce médicament plus de 8 semaines.
- Enfant de 10 à 15 ans, à titre exceptionnel dans les cas de migraine : ½ comprimé par jour. Ne pas dépasser 2 mois de traitement sans avis médical.

### Effets indésirables possibles

Fréquemment : somnolence, prise de poids.
Rarement : fatigue, *troubles digestifs*, maux de tête, insomnies.
Exceptionnellement : *dépression*, raideur musculaire, difficulté à coordonner les mouvements, surtout chez les personnes âgées.

Laboratoires Janssen-Cilag

## SIBUTRAL

*Informations détaillées sur www.monvidal.com*

## SICAZINE

*Informations détaillées sur www.monvidal.com*

## SICCAFLUID

Suppléance lacrymale

### Présentation

SICCAFLUID : gel ophtalmique ; flacon de 10 g. Remb 65 % - **Prix : 3,54 €**.

### Composition

| | p 100 g |
|---|---|
| **Carbomère 974 P** | 250 mg |
| Benzalkonium chlorure | + |

### Dans quel cas ce médicament est-il prescrit ?

C'est un gel de suppléance lacrymale : il compense une insuffisance de sécrétion naturelle de larmes.
Il est utilisé dans le traitement de la sécheresse oculaire due à une insuffisance lacrymale (œil sec).

### Contre-indications

Ce gel ne doit pas être utilisé en cas d'*allergie* aux *ammoniums quaternaires* (présence de chlorure de benzalkonium).

> **Attention :** Une irritation oculaire peut être due à une infection : en cas de doute, n'hésitez pas à consulter votre médecin.
> N'utilisez pas ce gel ophtalmique de façon prolongée sans prendre un avis médical.
> Si vous portez des lentilles de contact, n'utilisez pas ce produit sans prendre l'avis de votre ophtalmologiste.

### Interactions avec d'autres substances

Ce gel ophtalmique peut interagir avec des collyres : respectez un intervalle de 15 minutes entre deux applications.

### Grossesse et allaitement

Ce gel ophtalmique contient des conservateurs dont l'effet est mal connu pendant la grossesse ou l'allaitement. L'évaluation du risque éventuel lié à son utilisation est individuelle : demandez conseil à votre pharmacien ou à votre médecin.

### Mode d'emploi et posologie

Tirer la paupière inférieure vers le bas tout en regardant vers le haut et déposer une goutte de gel entre la paupière et le globe oculaire (*cul-de-sac conjonctival*).
Entre 2 instillations, garder le flacon retourné sur le bouchon, afin de faciliter la formation des gouttes.

**Posologie usuelle :**
1 goutte, 1 à 4 fois par jour.

> **Conseils :** L'application correcte du produit peut nécessiter une aide, notamment chez une personne handicapée ou âgée.
> Ne conservez pas ce gel plus de 4 semaines après une première utilisation.

### Effets indésirables possibles

Un trouble visuel bref peut survenir après instillation du produit, jusqu'à ce que le gel se répartisse uniformément à la surface de l'œil.

Laboratoires Théa

## SIFROL

Antiparkinsonien dopaminergique — **sur ordonnance**

### Présentation

**SIFROL 0,18 mg :** comprimé sécable ; boîte de 30. Liste I - Remb 65 % - **Prix : 13,87 €.**
**SIFROL 0,18 mg :** comprimé sécable ; boîte de 100. Liste I - Remb 65 % - **Prix : 43,09 €.**
**SIFROL 0,7 mg :** comprimé sécable ; boîte de 30. Liste I - Remb 65 % - **Prix : 50,62 €.**
**SIFROL 0,7 mg :** comprimé sécable ; boîte de 100. Liste I - Remb 65 % - **Prix : 156,32 €.**

### Composition

| | p cp | p cp |
|---|---|---|
| **Pramipexole** | 0,18 mg | 0,7 mg |

### Dans quel cas ce médicament est-il prescrit ?

Ce médicament est un *antiparkinsonien* de la famille des *dopaminergiques*. Il pallie le déficit en *dopamine*, caractéristique de la maladie de *Parkinson*, en stimulant les récepteurs à la dopamine.
Il est utilisé dans le traitement de la maladie de Parkinson, seul, ou en complément du traitement par la lévodopa, lorsque des fluctuations importantes de l'activité de la lévodopa (effet on-off) sont responsables de troubles invalidants.
Il est également utilisé dans le traitement du syndrome des jambes sans repos, lorsqu'il s'accompagne de troubles gênants (insomnie, retentissement sur la vie quotidienne).

> **Attention :** Des précautions sont nécessaires en cas d'*insuffisance rénale*, de troubles psychiques ou de maladie cardiaque graves.
> Signalez à votre médecin toute somnolence marquée ou survenant subitement au cours de la journée : une adaptation des doses, voire un arrêt du traitement peut être nécessaire.
> Les médicaments *dopaminergiques* peuvent, dans de rares cas, provoquer un endormissement soudain au cours de la journée sans signe annonciateur. La conduite automobile et l'utilisation de machines dangereuses sont déconseillées pendant le traitement. Elles sont contre-indiquées chez les personnes ayant eu une envie impérieuse de dormir sous traitement.

### Interactions avec d'autres substances

Ce médicament ne doit pas être associé aux *neuroleptiques* (risque d'annulation de leurs effets) ; cette association peut néanmoins être nécessaire chez certaines personnes atteintes de la maladie de Parkinson.

### Grossesse et allaitement

L'effet de ce médicament pendant la grossesse est mal connu. Par mesure de prudence, son usage est déconseillé chez la femme enceinte.
Ce médicament inhibe la lactation : l'allaitement devra être arrêté en cas de traitement par ce médicament.

### Mode d'emploi et posologie

Ce médicament peut être pris indifféremment au cours ou en dehors des repas.
La posologie quotidienne est répartie en 3 prises dans la maladie de Parkinson.

**Posologie usuelle :**

- Adulte de plus de 18 ans : Elle est strictement individuelle. Le médecin recherche la *posologie* efficace la plus faible possible. Son augmentation est progressive, afin de limiter l'apparition des effets indésirables.

> **Conseils :** Dans le traitement de la maladie de *Parkinson*, il est important de respecter la *posologie* préconisée par le médecin, notamment les horaires de prises : un pilulier peut être utile.
> Le maintien d'une activité physique régulière est recommandée.
> Prenez contact avec les associations pour parkinsoniens : elles diffusent une information utile sur l'évolution de la maladie et sur ses traitements.

### Effets indésirables possibles

Très fréquents : nausées, mouvements anormaux.
Fréquents : constipation, fatigue, *œdème* des jambes, maux de tête, somnolence, confusion mentale, hallucinations, *hypotension orthostatique*, insomnie.

Les mots en *italique* dans les textes sont expliqués dans le lexique p. 1323.

Accès brutaux de sommeil dans la journée.

Troubles de la libido.

Dans le traitement du syndrome des jambes sans repos, une aggravation des symptômes est possible. La fréquence de cette augmentation des troubles après un traitement prolongé n'a pas été évaluée avec ce médicament.

Laboratoires Bœhringer Ingelheim

## SILICEA COMPLEXE N° 11

*Informations détaillées sur www.monvidal.com*

## SILIGAZ

Pansement digestif

### Présentation

SILIGAZ : capsule (orange) ; boîte de 32. Non remb.

### Composition

| | p capsule |
|---|---|
| **Siméticone** | 257,5 mg |

### Dans quel cas ce médicament est-il prescrit ?

Ce médicament est un antiflatulent. Il combat la production de gaz.

Il est utilisé en cas de sensation de ballonnement abdominal.

### Grossesse et allaitement

Les substances contenues dans ce médicament sont peu absorbées. Néanmoins, ne l'utilisez pas de façon prolongée pendant la grossesse ou l'allaitement sans l'avis de votre médecin ou de votre pharmacien.

### Mode d'emploi et posologie

Les capsules doivent être avalées avec un verre d'eau, avant ou après chacun des principaux repas.

**Posologie usuelle :**

- Adulte : 2 capsules, 3 fois par jour.

**Conseils :** Une alimentation riche en fibres, si elle facilite le transit, peut également augmenter les fermentations intestinales et favoriser les ballonnements. Demandez conseil à votre médecin pour équilibrer votre alimentation.

### Effets indésirables possibles

Rarement : *réaction allergique* (présence de colorants).

Laboratoires Arkomédika

## SILIPRÊLE

*Informations détaillées sur www.monvidal.com*

## SILKIS

*Informations détaillées sur www.monvidal.com*

## SILOMAT

Antitussif non opiacé non antihistaminique

sur ordonnance

### Présentation

SILOMAT 40 mg : comprimé (rose) ; boîte de 30. Liste II - Remb 35 % - **Prix : 2,20 €.**

SILOMAT 6 % : solution buvable (arôme framboise) ; flacon compte-gouttes de 20 ml. Liste II - Remb 35 % - **Prix : 2,31 €.**

SILOMAT 0,4 % : sirop ; flacon de 125 ml avec godet doseur gradué à 5 ml, 10 ml et 15 ml. Liste II - Remb 35 % - **Prix : 2,23 €.**

### Composition

| | p cp | p gte | p 5 ml |
|---|---|---|---|
| **Clobutinol chlorhydrate** | 40 mg | 2 mg | 20 mg |
| Menthol | | + | + |
| Titre alcoolique | | 11,6 ° | |
| Sorbitol | | | 2,5 g |

### Dans quel cas ce médicament est-il prescrit ?

Ce médicament est un *antitussif* qui agit sur les centres nerveux de la toux.

Il est utilisé dans le *traitement symptomatique* de la toux sèche.

### Contre-indications

Ce médicament ne doit pas être utilisé dans les cas suivants :

- *asthme*,
- *insuffisance respiratoire*,
- *épilepsie* et *antécédent* de *convulsions*.

**Attention :** Ce médicament n'est pas adapté au traitement de la toux grasse, qui est un mécanisme de défense normal de l'organisme permettant l'évacuation des mucosités présentes dans les bronches.

La toux est un *symptôme* qui peut révéler de nombreuses maladies : consultez votre médecin si elle persiste plus de quelques jours.

Ce médicament peut induire une somnolence, parfois intense chez certaines personnes. Cette somnolence peut être majorée par la prise d'*alcool* ou d'autres médicaments *sédatifs*. La conduite et l'utilisation de machines dangereuses sont déconseillées, surtout dans les heures qui suivent la prise du médicament.

### Interactions avec d'autres substances

Ce médicament peut interagir avec les *neuroleptiques*, les *antidépresseurs*, la théophylline, la pénicilline (à forte dose).

Informez par ailleurs votre médecin si vous prenez un *sédatif*.

### Grossesse et allaitement

L'effet de ce médicament pendant la grossesse ou l'allaitement est mal connu. Par prudence, son usage est déconseillé chez la femme enceinte ou chez celle qui allaite.

### Mode d'emploi et posologie

Ce médicament est pris au moment où survient la toux ; les prises doivent être espacées d'au moins 8 heures.

**Posologie usuelle :**

- Adulte : 1 ou 2 comprimés ou 1 godet de 15 ml de sirop, 1 à 3 fois par jour.

En cas d'*insuffisance hépatique* et chez la personne âgée, la *posologie* initiale est généralement réduite de moitié.

- Enfant de 10 à 15 ans : 1 godet de 10 ml de sirop, 3 fois par jour.
- Enfant de 3 à 10 ans : 1 godet de 5 ml de sirop, 3 fois par jour.
- Nourrisson de 2 à 36 mois : 1 goutte de solution buvable par kg, 2 fois par jour.

**Conseils :** Ce médicament n'entraîne pas de risque de *dépendance* ni de *dépression respiratoire* aux doses usuelles.
Fumer, ou être exposé à la fumée des autres, nuit à l'efficacité du traitement : la cigarette est irritante pour les bronches et entretient la toux.
Des mesures simples permettent de calmer les toux sèches : boissons chaudes et humidification de l'air ambiant.
Ne conservez pas le sirop plus de 21 jours après l'ouverture du flacon.

**Effets indésirables possibles**

Nausées, vomissements.
Plus rarement : agitation, troubles du sommeil, *éruption cutanée*, *urticaire*.
Sirop :
Comme tous les médicaments et confiseries contenant des sucres non absorbables (sorbitol, maltitol...), possibilité de *diarrhée* en cas d'apport important.

Laboratoires Bœhringer Ingelheim

## SIMVASTATINE ARROW

Hypolipémiant — sur ordonnance

Ce médicament est un générique de ZOCOR (voir p. 1133 et tableau p. 1151).
Il est aussi générique de LODALÈS (voir p. 585 et tableau p. 1151).

## SIMVASTATINE BIOGARAN

Hypolipémiant — sur ordonnance

Ce médicament est un générique de ZOCOR (voir p. 1133 et tableau p. 1151).
Il est aussi générique de LODALÈS (voir p. 585 et tableau p. 1151).

## SIMVASTATINE BOUCHARA RECORDATI

Hypolipémiant — sur ordonnance

Ce médicament est un générique de ZOCOR (voir p. 1133 et tableau p. 1151).
Il est aussi générique de LODALÈS (voir p. 585 et tableau p. 1151).

## SIMVASTATINE EG

Hypolipémiant — sur ordonnance

Ce médicament est un générique de ZOCOR (voir p. 1133 et tableau p. 1151).
Il est aussi générique de LODALÈS (voir p. 585 et tableau p. 1151).

## SIMVASTATINE HEXAL

Hypolipémiant — sur ordonnance

Ce médicament est un générique de ZOCOR (voir p. 1133 et tableau p. 1151).
Il est aussi générique de LODALÈS (voir p. 585 et tableau p. 1151).

## SIMVASTATINE IVAX

Hypolipémiant — sur ordonnance

Ce médicament est un générique de ZOCOR (voir p. 1133 et tableau p. 1151).
Il est aussi générique de LODALÈS (voir p. 585 et tableau p. 1151).

## SIMVASTATINE MERCK

Hypolipémiant — sur ordonnance

Ce médicament est un générique de ZOCOR (voir p. 1133 et tableau p. 1151).
Il est aussi générique de LODALÈS (voir p. 585 et tableau p. 1151).

## SIMVASTATINE QUALIMED

Hypolipémiant — sur ordonnance

Ce médicament est un générique de ZOCOR (voir p. 1133 et tableau p. 1151).
Il est aussi générique de LODALÈS (voir p. 585 et tableau p. 1151).

## SIMVASTATINE RANBAXY

Hypolipémiant — sur ordonnance

Ce médicament est un générique de ZOCOR (voir p. 1133 et tableau p. 1151).
Il est aussi générique de LODALÈS (voir p. 585 et tableau p. 1151).

## SIMVASTATINE RATIOPHARM

Hypolipémiant — sur ordonnance

Ce médicament est un générique de ZOCOR (voir p. 1133 et tableau p. 1151).
Il est aussi générique de LODALÈS (voir p. 585 et tableau p. 1151).

## SIMVASTATINE SANDOZ

Hypolipémiant — sur ordonnance

Ce médicament est un générique de ZOCOR (voir p. 1133 et tableau p. 1151).
Il est aussi générique de LODALÈS (voir p. 585 et tableau p. 1151).

## SIMVASTATINE TEVA
Hypolipémiant — **sur ordonnance**

Ce médicament est un générique de ZOCOR (voir p. 1133 et tableau p. 1151).
Il est aussi générique de LODALÈS (voir p. 585 et tableau p. 1151).

## SIMVASTATINE WINTHROP
Hypolipémiant — **sur ordonnance**

Ce médicament est un générique de ZOCOR (voir p. 1133 et tableau p. 1151).
Il est aussi générique de LODALÈS (voir p. 585 et tableau p. 1151).

## SIMVASTATINE ZYDUS
Hypolipémiant — **sur ordonnance**

Ce médicament est un générique de ZOCOR (voir p. 1133 et tableau p. 1151).
Il est aussi générique de LODALÈS (voir p. 585 et tableau p. 1151).

**SINAPISME RIGOLLOT**
*Informations détaillées sur www.monvidal.com*

## SINEMET
Antiparkinsonien dopaminergique — **sur ordonnance**

### Présentation
SINEMET 100 : comprimé sécable (ovale ; bleu) ; boîte de 100. Liste I - Remb 65 % - **Prix : 10,80 €**.
SINEMET 250 : comprimé sécable (ovale ; bleu) ; boîte de 50. Liste I - Remb 65 % - **Prix : 13,99 €**.
SINEMET LP 25/100 : comprimé à *libération prolongée* (pêche) ; boîte de 30. Liste I - Remb 65 % - **Prix : 5,44 €**.
SINEMET LP 50/200 : comprimé à *libération prolongée* (pêche) ; boîte de 30. Liste I - Remb 65 % - **Prix : 9,86 €**.

### Composition
| | p cp | p cp |
|---|---|---|
| **Lévodopa** | 100 mg | 250 mg |
| **Carbidopa** | 10 mg | 25 mg |
| | **p cp LP** | **p cp LP** |
| **Lévodopa** | 100 mg | 200 mg |
| **Carbidopa** | 25 mg | 50 mg |

### Dans quel cas ce médicament est-il prescrit ?
Ce médicament est un *antiparkinsonien* qui appartient à la famille des *dopaminergiques*. Il vise à combler le déficit en *dopamine* dans certaines zones du cerveau, caractéristique de la maladie de *Parkinson*. Il contient de la lévodopa (ou L-dopa) qui se transforme en dopamine dans l'organisme et de la carbidopa qui stabilise l'effet de la lévodopa en empêchant sa dégradation.

Il est utilisé dans le traitement de la maladie de Parkinson, où il agit principalement sur la rigidité musculaire et la réduction des tremblements de repos propres à cette affection.

### Contre-indications
Ce médicament ne doit pas être utilisé dans les cas suivants :
- troubles psychiques graves,
- accident cardiaque récent,
- *glaucome* à angle fermé,
- en association avec certains *neuroleptiques* ou la réserpine.

**Attention :** L'utilisation de ce médicament chez les personnes présentant des troubles psychiques, une affection cardiaque, une *hypotension orthostatique*, un excès de tension intraoculaire ou un *ulcère* de l'estomac ou du *duodénum* nécessite des précautions particulières, surtout en début de traitement.

N'interrompez jamais brutalement le traitement : risque de rigidité musculaire importante associée à de la fièvre et à des troubles psychiques. L'arrêt du traitement par la lévodopa demande une surveillance médicale.

Signalez à votre médecin toute somnolence marquée ou survenant subitement au cours de la journée : une adaptation des doses ou un arrêt du traitement peuvent être nécessaires.

Les médicaments *dopaminergiques* peuvent, dans de rares cas, provoquer un endormissement soudain au cours de la journée sans signe annonciateur. La conduite automobile et l'utilisation de machines dangereuses sont déconseillées pendant le traitement. Elles sont contre-indiquées chez les personnes ayant eu une envie impérieuse de dormir sous traitement.

### Interactions avec d'autres substances
Ce médicament ne doit pas être associé aux médicaments contenant du métoclopramide, de la métopimazine, de l'alizapride ou de la réserpine : risque d'annulation de leurs effets.

La prise conjointe de médicaments *dopaminergiques* et de neuroleptiques utilisés dans les troubles psychiques est généralement contre-indiquée, sauf dans le cas de la maladie de *Parkinson*. Le médecin en tient compte alors dans la *posologie*.

Informez votre médecin si vous prenez un médicament contenant un *IMAO* non sélectif, de la sélégiline, de la méthyldopa, de la spiramycine ou du fer.

### Grossesse et allaitement
L'effet de ce médicament sur l'enfant à naître est mal connu. Par mesure de prudence, son usage est déconseillé pendant la grossesse.

L'allaitement est déconseillé pendant le traitement.

### Mode d'emploi et posologie
Ce médicament est pris de préférence en fin de repas ou avec un peu de nourriture. Les comprimés doivent être avalés tels quels avec un verre d'eau.

**Posologie usuelle :**
Elle est strictement individuelle.

La *posologie* minimale efficace est atteinte progressivement, par paliers. Cette progression permet de limiter l'apparition des effets indésirables. Lorsque cette dose est trop rapidement dépassée, des mouvements anormaux peuvent survenir.

**Conseils :** Dans le traitement de la maladie de *Parkinson*, il est important de respecter la *posologie* préconisée par le médecin, notamment les horaires de prises : un pilulier peut être utile.
Le maintien d'une activité physique régulière est recommandée.
Prenez contact avec une des associations destinées aux personnes atteintes de la maladie de Parkinson : elles diffusent une information utile sur l'évolution de la maladie et sur ses traitements.

### Effets indésirables possibles

En début de traitement : nausées, vomissements, anorexie, sécheresse de la bouche, constipation ou diarrhée, *troubles du rythme cardiaque*, *hypotension orthostatique*, troubles psychiques, troubles du sommeil, mouvements anormaux ; une adaptation de la *posologie* peut limiter ces effets.

Somnolence, envie impérieuse de dormir au cours de la journée.

Après un traitement prolongé, alternance de mouvements involontaires et de raideur invalidante. Ces troubles traduisent des fluctuations de l'activité de la lévodopa au long cours.

Très rarement, anomalie de la *numération formule sanguine*, *allergie* cutanée, troubles urinaires.

Une coloration brun-rouge des urines, de la sueur et de la salive peut également être observée.

**Laboratoires Bristol-Myers Squibb**

## SINGULAIR
Antiasthmatique — sur ordonnance

### Présentation

**SINGULAIR 5 mg :** comprimé à croquer (arôme cerise) ; boîte de 28. Liste I - Remb 65 % - **Prix : 41,72 €**.
**SINGULAIR 10 mg :** comprimé ; boîte de 28. Liste I - Remb 65 % - **Prix : 39,89 €**.

### Composition

| | p cp | p cp |
|---|---|---|
| **Montélukast** | 5 mg | 10 mg |
| Aspartam | + | |

### Dans quel cas ce médicament est-il prescrit ?

Ce médicament est un anti-asthmatique de la famille des anti-leucotriènes. Les leucotriènes sont des substances qui contribuent à l'inflammation et à la contraction des bronches chez l'asthmatique.

Il est utilisé dans le traitement de fond de l'*asthme*, en appoint des traitements habituels (*corticoïdes*, bronchodilatateurs). Il est également utilisé dans le *traitement préventif* de l'asthme d'effort.

### Contre-indications

Le comprimé à croquer ne doit pas être utilisé en cas de *phénylcétonurie* (présence d'aspartam).

**Attention :** Ce médicament d'action lente n'est pas adapté au *traitement de la crise* d'*asthme*.
Une aggravation de l'*asthme* peut traduire une infection : consultez votre médecin.

### Interactions avec d'autres substances

Ce médicament peut interagir avec ceux qui contiennent de la phénytoïne, du phénobarbital ou de la rifampicine.

### Grossesse et allaitement

L'effet de ce médicament pendant la grossesse ou l'allaitement est mal connu : seul votre médecin peut évaluer le risque éventuel de son utilisation dans votre cas.

### Mode d'emploi et posologie

Le comprimé à 10 mg doit être pris de préférence le soir au coucher.

Le comprimé à 5 mg à croquer, utilisé chez l'enfant, doit être pris le plus tard possible (2 heures après le repas du soir de préférence) ; en cas de repas tardif, il peut être préférable de donner le comprimé une heure avant le dîner.

**Posologie usuelle :**
- Adulte : 1 comprimé à 10 mg par jour.
- Enfant de plus de 6 ans : 1 comprimé à croquer à 5 mg par jour.

L'effet du traitement se manifeste dès le lendemain de la première prise.

### Effets indésirables possibles

Les effets indésirables suivants ont été constatés chez certaines personnes, sans que la responsabilité du médicament puisse être affirmée : fatigue, insomnie, douleur des articulations et des muscles, *vertiges*, maux de tête, *réaction allergique*, toux, *syndrome* grippal, troubles de la digestion, nausées, vomissements, sécheresse de la bouche, diarrhée.

**Laboratoires Merck Sharp & Dohme-Chibret**

## SINTROM
Anticoagulant oral — sur ordonnance

### Présentation

**SINTROM :** comprimé quadrisécable (blanc) ; boîte de 30. Liste I - Remb 65 % - **Prix : 2,85 €**.

### Composition

| | p cp |
|---|---|
| **Acénocoumarol** | 4 mg |
| Lactose | + |

### Dans quel cas ce médicament est-il prescrit ?

Ce médicament est un *anticoagulant* oral qui appartient à la famille des *antivitamines K*. Il empêche la formation des caillots en se substituant à la *vitamine* K. Celle-ci est indispensable à la synthèse par le foie des facteurs de la coagulation. L'effet anticoagulant se manifeste après plusieurs jours de traitement et, de même, persiste plusieurs jours après l'arrêt.

Il est utilisé dans le *traitement préventif* et *curatif* des *accidents thromboemboliques*.

### Contre-indications

Ce médicament ne doit pas être utilisé dans les cas suivants :
- *allergie* aux *anticoagulants* oraux,
- *insuffisance hépatique* grave,
- association aux médicaments contenant de l'aspirine à forte dose, de la phénylbutazone, du miconazole (sauf formes à usage cutané) ou du millepertuis.

**Attention :** Des précautions sont nécessaires chez la personne âgée et en cas d'*insuffisance rénale* grave, de maladie ou situation exposant à un risque hémorragique.

La *posologie* de ce médicament est adaptée avec précision par votre médecin en fonction du résultat d'analyses de sang régulières : un *INR* trop bas traduit une action insuffisante et un risque de caillot sanguin ; un INR trop élevé traduit un surdosage et un risque d'*hémorragie*. Dans la majorité des cas, l'INR recherché doit être compris entre 2 et 3. Il est préférable (mais non indispensable) de pratiquer ces analyses successives dans le même laboratoire pour pouvoir comparer les résultats.

Tout signe pouvant faire penser à une hémorragie (urines rouges, selles rouges ou noires, taches anormales de la peau ou bleus multiples, saignements du nez ou des gencives...) doit vous conduire à prévenir immédiatement votre médecin ou un service médical d'urgence. Il en est de même si votre INR dépasse 5.

Pendant la durée du traitement, les injections intramusculaires ne peuvent être pratiquées qu'après avis médical, du fait d'un risque de saignement local. Les injections par *voie* sous-cutanée ou intraveineuse ne posent pas de problème, de même que les prises de sang.

L'automédication est particulièrement dangereuse chez les personnes sous anticoagulants oraux : n'utilisez aucun médicament sans l'avis de votre médecin ou de votre pharmacien, signalez toujours que vous prenez un anticoagulant oral.

En cas d'intervention chirurgicale ou d'extraction dentaire, signalez à l'anesthésiste ou à votre dentiste la prise de ce médicament : une modification de votre traitement pourra éventuellement être décidée.

Les interactions de ce médicament, susceptibles de modifier son effet, ne concernent pas que les médicaments : l'alcool et certains aliments peuvent faire varier votre INR (voir Interactions avec d'autres substances).

### Interactions avec d'autres substances

Ce médicament ne doit pas être associé :

- aux médicaments contenant de l'aspirine à forte dose, de la phénylbutazone ou du miconazole (l'utilisation de formes à usage cutané est possible) : risque d'*hémorragie* ;
- aux produits de phytothérapie contenant du millepertuis : diminution de l'effet anticoagulant (risque de *thrombose*).

Les anticoagulants oraux peuvent interagir avec de très nombreux autres médicaments qu'il n'est pas possible de citer. Ces interactions sont d'une intensité très variable. En dehors du paracétamol pour traiter la fièvre et la douleur, ne prenez aucun autre médicament sans prendre l'avis de votre médecin ou de votre pharmacien. Vous pouvez également consulter la fiche du médicament que vous souhaitez prendre pour vérifier qu'il n'interagit pas avec les anticoagulants.

Par ailleurs, il existe aussi des interactions alimentaires : évitez des apports importants d'aliments réputés riches en *vitamine* K comme les abats, avocat, brocolis, carotte, choucroute, choux, choux-fleurs, choux de Bruxelles, épinards, fenouil, foie, laitue, tomate... ou au contraire un jeûne prolongé qui diminuerait vos apports. Une prise excessive de boissons alcoolisées peut modifier l'effet du traitement, mais une consommation raisonnable est possible.

### Grossesse et allaitement

Ce médicament ne doit pas être utilisé pendant la grossesse, sauf sur prescription médicale. Une contraception efficace est recommandée pendant le traitement. Le port d'un stérilet expose à des saignements et doit être évité.

Ce médicament passe dans le lait maternel : l'allaitement est déconseillé.

### Mode d'emploi et posologie

Les comprimés sont avalés avec un verre d'eau, en 1 ou 2 prises par jour. Pour un effet constant de ce médicament, la prise doit être régulière, toujours à la même heure, le soir de préférence en cas de prise unique.

**Posologie usuelle :**

Elle est adaptée par le médecin en fonction des résultats des analyses de sang (*INR*). Néanmoins, compte tenu de l'action retardée du produit, les variations de l'INR n'apparaissent que plusieurs jours après les modifications de traitement.

Lorsque ce médicament remplace un *anticoagulant* injectable, ce dernier est poursuivi jusqu'à ce que l'INR soit situé dans la fourchette souhaitée.

En cas d'oubli d'une prise, le médicament peut être pris si le retard ne dépasse pas 8 heures. Au delà de ce délai, ne pas prendre la dose oubliée et prendre le lendemain la dose habituelle et non une double dose.

**Conseils :** Veillez à ne pas manquer de ce médicament ; lors de vos déplacements, munissez-vous d'une réserve ou de votre ordonnance en cours de validité. Pensez également à porter sur vous une carte indiquant que vous suivez un traitement anticoagulant.

Certaines activités ou sports violents pouvant entraîner des blessures ou des coupures (risque d'*hémorragie*), leur pratique est déconseillée pendant la durée du traitement.

En cas de saignement bénin, il est nécessaire de comprimer la plaie pendant plusieurs minutes.

Pour faciliter le suivi du traitement, il est utile de tenir à jour un carnet indiquant les doses prises et le résultat des *INR* successifs.

### Effets indésirables possibles

*Hémorragies* de gravité variable.

Plus rarement : diarrhée, douleurs des articulations, chute de cheveux, *réaction allergique*.

Laboratoires Novartis Pharma

## SINUSPAX

homéopathie

### Présentation

SINUSPAX : comprimé (blanc) ; boîte de 60. Non remb.

### Composition

Calcii carbonica D3, Calcarea fluorica D3, Manganum sulfuricum D3, Belladonna D3, Sabadilla D3, Hepar sulfuris calcareum D3, Hydrastis D3, Kalium sulfuricum D4, Silicea D5, Thuya D2, Kalium bichromicum D5, Cinnabaris D4, aa.

### Dans quel cas ce médicament est-il prescrit ?

Ce médicament est un *complexe* (association) de composants homéopathiques.

Il est utilisé dans le *traitement homéopathique* des *sinusites*.

### Grossesse et allaitement

Aux *dilutions homéopathiques*, les substances contenues dans ce médicament ne sont pas connues pour être toxiques pendant la grossesse ou l'allaitement.

### Mode d'emploi et posologie

Les comprimés doivent être croqués ou sucés lentement. Ils sont pris de préférence à distance des repas.

**Posologie usuelle :**

- Adulte : 1 ou 2 comprimés, 3 fois par jour.
- Enfant de plus de 6 ans : 1 comprimé, 1 à 3 fois par jour.

Laboratoires Lehning

## SIROP DES VOSGES TOUX SÈCHE

*Informations détaillées sur www.monvidal.com*

## SIROP PETER'S

*Informations détaillées sur www.monvidal.com*

## SIROP DE POTASSIUM RICHARD

*Informations détaillées sur www.monvidal.com*

## SIROP TEYSSEDRE

*Informations détaillées sur www.monvidal.com*

## SKELID

*Informations détaillées sur www.monvidal.com*

## SKENAN

Antalgique : morphine — sur ordonnance

### Présentation

**SKENAN LP 10 mg :** gélule à *libération prolongée* (jaune et incolore) ; boîte de 14. Stupéfiants - Remb 65 % - **Prix : 4,27 €**.
**SKENAN LP 30 mg :** gélule à *libération prolongée* (rose et incolore) ; boîte de 14. Stupéfiants - Remb 65 % - **Prix : 9,23 €**.
**SKENAN LP 60 mg :** gélule à *libération prolongée* (orange et incolore) ; boîte de 14. Stupéfiants - Remb 65 % - **Prix : 18,63 €**.
**SKENAN LP 100 mg :** gélule à *libération prolongée* (blanc et incolore) ; boîte de 14. Stupéfiants - Remb 65 % - **Prix : 27,31 €**.
**SKENAN LP 200 mg :** gélule à *libération prolongée* (incolore) ; boîte de 14. Stupéfiants - Remb 65 % - **Prix : 49,68 €**.

### Composition

| | p gél | p gél | p gél |
|---|---|---|---|
| **Morphine sulfate** | 10 mg | 30 mg | 60 mg |
| Saccharose | + | + | + |

| | p gél | p gél |
|---|---|---|
| **Morphine sulfate** | 100 mg | 200 mg |
| Saccharose | + | + |

### Dans quel cas ce médicament est-il prescrit ?

C'est un *antalgique* puissant qui contient de la *morphine*. Il combat la douleur en agissant directement sur le cerveau.

Il est utilisé dans le traitement des douleurs rebelles.

### Contre-indications

Ce médicament ne doit pas être utilisé dans les cas suivants :

- *insuffisance hépatique* ou *respiratoire* grave ;
- en association avec les *antalgiques* contenant de la buprénorphine, de la nalbuphine ou de la pentazocine ;
- enfant de moins de 6 mois ;
- **allaitement**.

**Attention :** Des précautions sont nécessaires en cas d'*insuffisance rénale*, de constipation, d'*hypertension intracrânienne* et chez les personnes âgées, notamment en cas d'*adénome de la prostate*.

Ce médicament peut induire une somnolence parfois intense chez certaines personnes. Cette somnolence peut être majorée par la prise d'*alcool* ou d'autres médicaments *sédatifs*. La conduite ou l'utilisation de machines dangereuses sont déconseillées.

Sportif : ce médicament contient une substance susceptible de rendre positifs certains *tests antidopage*.

### Interactions avec d'autres substances

Ce médicament ne doit pas être associé à un *antalgique* contenant de la buprénorphine (TEMGÉSIC...), de la pentazocine (FORTAL...) ou de la nalbuphine : diminution de l'effet de la morphine.

Informez votre médecin si vous prenez des médicaments *sédatifs* ; ils peuvent augmenter le risque de somnolence.

### Grossesse et allaitement

L'utilisation de la *morphine* et de ses dérivés ne doit être envisagée chez la femme enceinte qu'en cas d'absolue nécessité, en effet :

- une *insuffisance respiratoire* peut survenir chez le nouveau-né d'une mère traitée par des doses élevées, même si le traitement est ponctuel mais précède de peu l'accouchement ;
- un *syndrome de sevrage*, à l'inverse, peut concerner des nouveau-nés si leur mère reçoit un traitement régulier, même à faible dose. L'enfant souffre alors d'irritabilité, de vomissements, voire de convulsions.

Il est donc important de signaler à l'obstétricien la prise éventuelle de morphinique, afin que ces risques puissent être prévenus par une surveillance et un éventuel traitement adapté.

La *morphine* passe dans le lait maternel : l'allaitement est contre-indiqué.

### Mode d'emploi et posologie

Les gélules à *libération prolongée* ne doivent pas être croquées mais avalées avec un peu d'eau. Elles peuvent également être ouvertes et leur contenu mélangé à des aliments semi-liquides (purée, yaourt...).

La dose quotidienne est répartie en 2 prises espacées de 12 heures.

**Posologie usuelle :**

La *posologie*, strictement individuelle, est adaptée progressivement par votre médecin en fonction de l'intensité de la douleur et des médicaments éventuellement associés. L'action de ce médicament étant lente et prolongée, il ne doit pas être utilisé pour traiter un accès douloureux aigu : il est préférable d'utiliser en complément une morphine à action immédiate.

**Conseils :** La *morphine* et les médicaments apparentés ne sont pas réservés aux douleurs des cancéreux ; ils sont aussi utilisés dans le traitement de courte durée des fortes douleurs pouvant faire suite à une fracture, une intervention chirurgicale, un *infarctus du myocarde*...
Depuis le 1er juillet 1999, la prescription de *morphine* et de substances apparentées (*stupéfiants*) est rédigée par le médecin sur une ordonnance « sécurisée ».
La durée de validité de l'ordonnance est limitée à 28 jours.
Respectez la *posologie* et la durée de traitement prescrites par votre médecin. Mais si le traitement paraît insuffisant, n'hésitez pas à reprendre contact avec lui.

### Effets indésirables possibles

Fréquemment : somnolence, nausées, vomissements qui souvent régressent spontanément ; constipation qui nécessite la prise d'un traitement laxatif régulier.
Plus rarement : confusion des idées, excitation, cauchemars (notamment chez la personne âgée), difficulté respiratoire, difficulté à uriner, *hypertension intracrânienne*.
Ce médicament contient de la *morphine* et expose à un risque de *dépendance*. Ce risque est très faible par voie orale, dans les conditions d'utilisation médicale.

**Laboratoires Bristol-Myers Squibb**

## SKIACOL

Mydriatique

**sur ordonnance**

### Présentation

SKIACOL : collyre ; flacon unidose de 0,5 ml. Liste I - Non remb.

### Composition

| | p 100 ml |
|---|---|
| **Cyclopentolate chlorhydrate** | 500 mg |
| Benzalkonium chlorure | + |

### Dans quel cas ce médicament est-il prescrit ?

Ce collyre dilate la pupille et bloque l'*accommodation*.
Il est utilisé comme préparation à certains examens réalisés par l'ophtalmologiste.

### Contre-indications

Ce médicament ne doit pas être utilisé chez :
- les personnes présentant une prédisposition au *glaucome* à angle fermé,
- l'enfant de moins de 1 an.

**Attention :** L'utilisation de ce collyre provoque une sensibilité accrue à la lumière : le port de lunettes de soleil est recommandé.
Des précautions sont nécessaires chez les personnes présentant des troubles nerveux.
Il peut être nécessaire, surtout chez l'enfant, de comprimer les *voies* lacrymales (angle interne de l'œil), après l'instillation, pour éviter le passage excessif du produit dans le sang.
Conducteur : la conduite automobile est déconseillée après l'instillation de ce collyre, car il peut être responsable de troubles visuels et d'une sensibilité anormale à la lumière.

### Interactions avec d'autres substances

En cas de prise conjointe de médicaments *atropiniques*, le risque d'effets indésirables est accru.

### Grossesse et allaitement

L'effet de ce médicament pendant la grossesse ou l'allaitement est mal connu : seul votre médecin peut évaluer le risque éventuel de son utilisation dans votre cas.

### Mode d'emploi et posologie

Tirer la paupière inférieure vers le bas tout en regardant vers le haut et déposer une goutte de collyre entre la paupière et le globe oculaire (*cul-de-sac conjonctival*).

**Posologie usuelle :**
- Adulte et enfant de 3 à 15 ans : 1 goutte, suivie éventuellement de l'instillation d'une deuxième goutte 10 minutes après.
- Enfant de 1 à 3 ans : 1 goutte dans chaque œil.

**Conseils :** Ce collyre ne doit pas être instillé pendant le port de lentilles de contact hydrophiles.
Le flacon unidose doit être jeté après utilisation.

### Effets indésirables possibles

La sensibilité à la lumière par dilatation de la pupille et les troubles de la vision de près sont des effets normaux du collyre.

**Laboratoires Alcon**

## SKINOREN

*Informations détaillées sur www.monvidal.com*

## SLIMUM

*Informations détaillées sur www.monvidal.com*

## SLIPEOL

*Informations détaillées sur www.monvidal.com*

## SMECTA

Pansement digestif

### Présentation

SMECTA : poudre pour suspension buvable et rectale ; boîte de 30 sachets. Remb 35 % - **Prix : 5,01 €.**
SMECTA : poudre pour suspension buvable et rectale ; boîte de 60 sachets. Remb 35 % - **Prix : 8,84 €.**

### Composition

| | p sachet |
|---|---|
| **Diosmectite** | 3 g |
| Glucose monohydraté | + |
| Saccharine sodique | + |

### Dans quel cas ce médicament est-il prescrit ?

Ce médicament est un *pansement digestif*.
Il est utilisé dans le *traitement symptomatique* de certaines diarrhées et des douleurs de l'œsophage, de l'estomac, du *duodénum* ou du côlon.

**Attention :** N'utilisez pas ce médicament de façon prolongée sans l'avis de votre médecin : des examens peuvent être nécessaires si les *symptômes* persistent.

### Interactions avec d'autres substances

Ce médicament peut diminuer l'absorption de nombreux médicaments. Un délai d'au moins 2 heures (voire 4 heures avec les *antibiotiques* de la famille des quinolones) doit être respecté entre la prise de ce médicament et celle des autres traitements. Demandez conseil à votre médecin ou à votre pharmacien.

### Grossesse et allaitement

Les substances contenues dans ce médicament sont peu absorbées. Néanmoins, ne l'utilisez pas de façon prolongée pendant la grossesse ou l'allaitement sans l'avis de votre médecin ou de votre pharmacien.

### Mode d'emploi et posologie

Ce médicament est pris de préférence après les repas pour les douleurs de l'œsophage, entre les repas pour les autres indications. Il peut être mélangé à de l'eau ou à un aliment semi-liquide. Pour les bébés, le contenu du sachet peut être dilué dans un biberon de 50 ml.

**Posologie usuelle :**

- Adulte : 1 sachet, 3 fois par jour.
- Enfant de 2 à 15 ans : 1 sachet, 2 ou 3 fois par jour.
- Enfant de 1 à 2 ans : 1 ou 2 sachets par jour.
- Enfant de moins de 1 an : 1 sachet par jour.

Il peut également être utilisé dans certains cas (douleurs coliques) en lavement, à raison de 1 à 3 sachets dilués dans 50 à 100 ml d'eau tiède.

> **Conseils :** Une alimentation équilibrée, une mastication lente, la suppression des aliments difficiles à digérer et des boissons alcoolisées permettent souvent d'atténuer les *symptômes* dus à une *inflammation* de l'estomac, du *duodénum* ou de l'œsophage.
> Si vous êtes fumeur, la poursuite du tabagisme nuit à l'efficacité du traitement.
> Une diarrhée peut provoquer une déshydratation, notamment chez l'enfant ou la personne âgée. Cette perte d'eau par l'organisme doit être compensée par des boissons abondantes (bouillon salé, boissons sucrées) car elle peut être à l'origine d'une fatigue, de malaise ou de confusion des idées.

### Effets indésirables possibles

Rarement : constipation.

Laboratoires Beaufour Ipsen Pharma

## SOLACY

Médicament soufré

### Présentation

**SOLACY Adulte :** gélule (blanc) ; boîte de 45. Non remb.
**SOLACY Pédiatrique :** comprimé pour suspension buvable (blanc) ; boîte de 60. Non remb.

### Composition

| | p gél | p cp |
|---|---|---|
| **L-Cystine** | 72,6 mg | 36,3 mg |
| **Soufre précipité** | 22 mg | 11 mg |
| **Rétinol (vitamine A)** | 1 650 UI | 1 000 UI |
| **Levure Saccharomyces cerevisiae** | 77,4 mg | 38,7 mg |
| Saccharose | + | + |

### Dans quel cas ce médicament est-il prescrit ?

Ce médicament contient du soufre, de la *vitamine* A et des *levures*.
Il est utilisé dans le *traitement d'appoint* des *rhinites* et des *rhinopharyngites*.

> **Attention :** Ce médicament contient de la *vitamine* A : son *surdosage* expose à des effets indésirables graves. Elle est présente dans de nombreux médicaments, dont certains sont disponibles en automédication : évitez de les associer sans avis médical.

### Grossesse et allaitement

Chez la femme enceinte ou qui allaite, les apports quotidiens en *vitamine* A, sous forme de médicament, ne doivent pas dépasser 5 000 *UI* par jour.

### Mode d'emploi et posologie

Ce médicament est pris de préférence au cours d'un repas.
Les comprimés doivent impérativement être dissous dans un verre d'eau afin de limiter le risque de fausse route chez les enfants.

**Posologie usuelle :**

- Adulte : 3 gélules par jour.
- Enfant de 5 à 15 ans : 3 comprimés par jour.
- Enfant de 30 mois à 5 ans : 2 comprimés par jour.
- Nourrisson de 6 à 30 mois : 1 comprimé par jour.

La durée habituelle du traitement est de 3 mois.

### Effets indésirables possibles

Douleurs d'estomac.

Laboratoires Grimberg

## SOLARAZE

*Informations détaillées sur www.monvidal.com*

## SOLIAN

Neuroleptique atypique — sur ordonnance

### Présentation

**SOLIAN 100 mg :** comprimé sécable (blanc) ; boîte de 30. Liste I - Remb 65 % - **Prix : 22,46 €.**
**SOLIAN 100 mg/ml :** solution buvable (arôme caramel) ; flacon de 60 ml avec seringue doseuse. Liste I - Remb 65 % - **Prix : 46,14 €.**
**SOLIAN 200 mg :** comprimé sécable (blanc) ; boîte de 60. Liste I - Remb 65 % - **Prix : 50,71 €.**
**SOLIAN 400 mg :** comprimé sécable (blanc) ; boîte de 30. Liste I - Remb 65 % - **Prix : 73,40 €.**

### Composition

| | p cp | p ml |
|---|---|---|
| **Amisulpride** | 100 mg | 100 mg |
| Lactose | + | |

| | p cp | p cp |
|---|---|---|
| **Amisulpride** | 200 mg | 400 mg |
| Lactose | + | + |

### Dans quel cas ce médicament est-il prescrit ?

C'est un *neuroleptique* dit « atypique ». Certains de ses effets indésirables sont moins marqués que ceux des neuroleptiques « classiques ». Il a des propriétés antipsychotiques.

Il est utilisé dans le traitement de certains troubles psychiques (*schizophrénie*, certains types de *psychose*...).

### Contre-indications

Ce médicament ne doit pas être utilisé dans les cas suivants :
- *phéochromocytome*,
- *insuffisance rénale* grave,
- *tumeur* stimulée par la sécrétion de *prolactine*,
- en association avec les médicaments *dopaminergiques* ou avec le sultopride,
- enfant de moins de 15 ans (en l'absence de données),
- **allaitement**.

**Attention :** Dans le traitement de certains troubles psychiques, les *neuroleptiques* permettent de contrôler efficacement la maladie, mais un arrêt intempestif du traitement expose à une rechute grave.
En cas de survenue d'une fièvre inexpliquée associée à une raideur musculaire (qui pourraient être dues au médicament), ne poursuivez pas le traitement sans avis médical : risque de *syndrome malin des neuroleptiques*.
Sauf cas exceptionnel, ce médicament ne doit pas être utilisé en cas de maladie de *Parkinson*.
Les situations favorisant les *torsades de pointes* doivent être signalées au médecin.
Des précautions sont nécessaires chez les personnes âgées et en cas d'*épilepsie* ou d'*insuffisance rénale*.
Évitez les boissons alcoolisées : augmentation du risque de somnolence.
Ce médicament peut induire une somnolence, parfois intense chez certaines personnes. Cette somnolence peut être majorée par la prise d'*alcool* ou d'autres médicaments *sédatifs*. La conduite et l'utilisation de machines dangereuses sont déconseillées, surtout dans les heures qui suivent la prise du médicament.

### Interactions avec d'autres substances

Ce médicament ne doit pas être associé :
- aux médicaments *dopaminergiques* (risque d'annulation de leurs effets) ; cette association peut néanmoins être nécessaire chez certaines personnes atteintes de la maladie de *Parkinson* ;
- au sultopride (médicament uniquement disponible à l'hôpital) : risque de *troubles du rythme cardiaque* graves.

Il peut interagir avec les médicaments susceptibles de provoquer des *torsades de pointes*.
Informez par ailleurs votre médecin ou votre pharmacien si vous prenez un *antihypertenseur* ou un *sédatif*.

### Grossesse et allaitement

L'effet de ce médicament pendant la grossesse est mal connu : son usage est déconseillé chez la femme enceinte.
Les données actuellement disponibles ne permettent pas de savoir si ce médicament passe dans le lait maternel. L'allaitement est contre-indiqué pendant le traitement.

### Mode d'emploi et posologie

La dose quotidienne est répartie en 1 ou 2 prises.

**Posologie usuelle :**
Elle est strictement individuelle.

**Conseils :** Une prise de poids peut être observée au cours du traitement. Une alimentation équilibrée, et si nécessaire les conseils d'un nutritionniste, peuvent prévenir et limiter ce phénomène.
Après ouverture, la solution buvable se conserve 2 mois.

### Effets indésirables possibles

Augmentation de la sécrétion de *prolactine* pouvant se traduire par : absence de règles, augmentation du volume des seins, écoulement de lait par le mamelon.
Troubles sexuels.
Prise de poids.
Raideur musculaire et difficulté à coordonner les mouvements.
Rarement : somnolence, constipation, nausées, vomissements, sécheresse de la bouche.
Très rarement :
- tics, mouvements involontaires ou inadaptés, survenant tardivement lors de traitement prolongé ;
- hypotension, ralentissement du cœur, *troubles du rythme cardiaque* ;
- *réaction allergique* ;
- *convulsions* ;
- *syndrome malin des neuroleptiques*.

Laboratoires Sanofi-Aventis France

## SOLMUCOL

Fluidifiant bronchique

### Présentation

SOLMUCOL 2,5 % : poudre et sirop pour solution buvable (arôme abricot) ; bouchon contenant 6 g de poudre, flacon de sirop (240 ml) et cuillère-mesure de 8 ml. Non remb.
SOLMUCOL 100 mg : comprimé à sucer ; boîte de 20. Non remb.
SOLMUCOL 100 mg : granulé pour solution buvable (arôme orange) ; boîte de 10 sachets. Non remb.
SOLMUCOL 200 mg : granulé pour solution buvable (arôme orange) ; boîte de 20 sachets. Non remb.
SOLMUCOL 400 mg : granulé pour solution buvable (arôme orange) ; boîte de 10 sachets. Non remb.

### Composition

| | p c mes | p cp | p sachet |
|---|---|---|---|
| **Acétylcystéine** | 200 mg | 100 mg | 100 mg |

| | p sachet | p sachet |
|---|---|---|
| **Acétylcystéine** | 200 mg | 400 mg |

### Dans quel cas ce médicament est-il prescrit ?

Ce médicament fluidifie les sécrétions bronchiques. Il facilite leur évacuation par la toux.
Il est utilisé pour traiter les états d'encombrement des bronches associés aux maladies bronchiques aiguës ou chroniques.

**Attention :** Ce médicament ne peut être utilisé en cas de *bronchite chronique* que sur avis médical.
Des précautions sont nécessaires en cas d'*ulcère* de l'estomac ou du *duodénum*.
N'utilisez pas d'*antitussif* en plus de ce médicament sans l'avis de votre médecin ou de votre pharmacien.

En cas de fièvre, de sécrétions qui persistent au-delà de quelques jours ou qui se colorent, consultez votre médecin.

### Grossesse et allaitement

L'effet de ce médicament pendant la grossesse est mal connu. L'évaluation du risque éventuel lié à son utilisation est individuelle : demandez conseil à votre pharmacien ou à votre médecin.

L'utilisation de ce médicament est possible pendant l'allaitement.

### Mode d'emploi et posologie

Ce médicament peut être pris indifféremment au moment ou en dehors des repas.

La solution buvable est reconstituée en laissant tomber la poudre dans le sirop, puis en agitant énergiquement (lire attentivement la notice du médicament).

Le contenu du sachet doit être dissous dans un demi-verre d'eau.

**Posologie usuelle :**

- Adulte : 4 à 6 comprimés à 100 mg par jour ou 1 sachet à 400 mg par jour ou 1 sachet à 200 mg ou 1 cuillère-mesure de sirop, 3 fois par jour.
- Enfant de plus de 7 ans : 4 à 6 comprimés à 100 mg par jour ou 1 sachet à 200 mg ou 1 cuillère-mesure de sirop, 3 fois par jour.
- Enfant de 2 à 7 ans : 1 sachet à 200 mg ou 1 cuillère-mesure de sirop, 2 fois par jour.
- Nourrisson de 1 mois à 2 ans : 1 sachet à 100 mg, 2 fois par jour.

Le traitement peut être interrompu dès l'amélioration des symptômes. Sa durée ne doit pas dépasser 8 à 10 jours sans avis médical.

**Conseils :** Fumer, ou être exposé à la fumée des autres, est un frein important à l'évacuation des mucosités.

Il est nécessaire de lutter contre la sécheresse de l'air ambiant (humidificateur...) pour éviter le dessèchement des sécrétions. Il est également recommandé de boire beaucoup.

Chez la personne âgée ou le jeune enfant, l'incapacité à évacuer les crachats peut justifier l'aide d'un kinésithérapeute, sur prescription médicale.

Après reconstitution, la solution buvable ne doit pas être conservée plus de 20 jours.

### Effets indésirables possibles

Douleurs d'estomac, nausées, diarrhée.

Laboratoires Genévrier

## SOLUBACTER

Antiseptique local

### Présentation

SOLUBACTER : solution moussante pour application locale ; flacon de 150 ml. Non remb.
SOLUBACTER : solution moussante pour application locale ; flacon de 400 ml. Non remb.

### Composition

| | p 100 g |
|---|---|
| **Triclocarban** | 1 g |
| Agent moussant | + |

### Dans quel cas ce médicament est-il prescrit ?

Ce médicament contient un *antiseptique* local associé à un agent moussant détergent.

Il est utilisé pour le nettoyage et l'*antisepsie* des lésions de la peau ou des *muqueuses*, infectées ou exposées à un risque d'infection.

### Contre-indications

Cette solution ne doit pas être utilisée dans les cas suivants :

- *antisepsie* de la peau avant une piqûre,
- désinfection du matériel médico-chirurgical (voir Attention).

**Attention :** Évitez l'usage prolongé de ce médicament, notamment chez l'enfant, sur les *muqueuses* et sur des surfaces étendues ou profondément lésées, sans l'avis de votre médecin : risque de passage du médicament dans le sang.

Cet *antiseptique* ne convient pas pour la désinfection des ciseaux, rasoirs et autres objets potentiellement contaminants. De même, il ne doit pas être utilisé pour désinfecter la peau avant une piqûre.

Évitez le contact de la solution avec les yeux.

Ce produit libère des substances toxiques lorsque sa température est supérieure à 50 °C :

- ne le versez pas dans de l'eau trop chaude lorsqu'il est utilisé en bain ;
- conservez le flacon à l'abri de la chaleur ;
- rincez soigneusement le linge qui a été en contact avec cet antiseptique s'il doit être lavé à plus de 40 °C.

### Interactions avec d'autres substances

L'association à d'autres *antiseptiques* est déconseillée car leurs effets risquent de s'annuler.

### Grossesse et allaitement

L'effet de ce médicament pendant la grossesse ou l'allaitement est mal connu. L'évaluation du risque éventuel lié à son utilisation est individuelle : demandez conseil à votre pharmacien ou à votre médecin.

Chez la femme qui allaite, l'application de cet *antiseptique* sur le mamelon est déconseillée sans avis médical.

### Mode d'emploi et posologie

La solution peut être appliquée pure sur les petites plaies.

En cas d'utilisation répétée, le produit doit être dilué. La dilution se fait immédiatement avant l'emploi dans une eau dont la température est inférieure à 50 °C (voir Attention).

Les dilutions habituelles sont les suivantes :

- Adulte : 2 cuillères à soupe pour un quart de litre d'eau.
- Enfant et nourrisson :
  - bain : 1 cuillère à soupe par baignoire d'enfant (10 litres) ;
  - pour désinfecter une plaie : 1 cuillère à café pour 1 litre d'eau ; imbiber une compresse de cette préparation.

Un rinçage soigneux est indispensable, que le produit soit utilisé pur ou dilué, même dans un bain.

**Conseils :** Ce produit n'est pas destiné à la toilette intime quotidienne.
Le simple lavage à l'eau et au savon permet d'éliminer la majorité des *germes* : il doit être suivi d'un rinçage soigneux car le savon peut inactiver certains *antiseptiques*.
Tous les antiseptiques peuvent être contaminés par des germes : une fois ouvert, le flacon ne doit pas être conservé trop longtemps.

### Effets indésirables possibles

Exceptionnellement : *réaction allergique* cutanée, irritation de la peau après exposition au soleil.

**Laboratoires Reckitt Benckiser Healthcare**

## SOLUCETYL

*Informations détaillées sur www.monvidal.com*

## SOLUCHROM

*Informations détaillées sur www.monvidal.com*

## SOLUDACTONE

*Informations détaillées sur www.monvidal.com*

## SOLUDOR

*Informations détaillées sur www.monvidal.com*

## SOLUFEN

Anti-inflammatoire non stéroïdien

Ce médicament est un générique de NUREFLEX 200 mg (voir p. 742 et tableau p. 1151).

## SOLU-MÉDROL

Dérivé de la cortisone — sur ordonnance

### Présentation

**SOLU-MÉDROL 20 mg :** préparation injectable ; flacon de *lyophilisat* et ampoule de solvant. Liste I - Remb 65 % - **Prix : 1,84 €.**
**SOLU-MÉDROL 40 mg :** préparation injectable ; flacon de *lyophilisat* et ampoule de solvant. Liste I - Remb 65 % - **Prix : 2,49 €.**
**SOLU-MÉDROL 120 mg :** préparation injectable ; flacon de *lyophilisat* et ampoule de solvant. Liste I - Remb 65 % - **Prix : 5,15 €.**

### Composition

| | p fl | p fl | p fl |
|---|---|---|---|
| **Méthylprednisolone** ... | 20 mg | 40 mg | 120 mg |

### Dans quel cas ce médicament est-il prescrit ?

Ce médicament est un *anti-inflammatoire* stéroïdien qui appartient à la famille des *corticoïdes* de synthèse (dérivés chimiques de la *cortisone* naturelle). Les propriétés de la cortisone sont nombreuses, mais ce médicament est surtout utilisé pour son effet anti-inflammatoire puissant et rapide. Il présente, à efficacité égale, moins d'effets indésirables que la cortisone naturelle.

Il est utilisé dans le traitement de nombreuses affections inflammatoires ou allergiques lorsque l'état du malade ne permet pas l'absorption de comprimés, ou lorsqu'un effet rapide est désiré, notamment :
- *choc* allergique (en complément du traitement par adrénaline, d'action beaucoup plus rapide) ;
- *œdème* de *Quincke* (en complément d'un *antihistaminique*) ;
- étouffement par *œdème* du larynx (laryngite striduleuse ou suffocante) ;
- *œdème* du cerveau.

### Contre-indications

Ce médicament ne doit pas être utilisé dans les cas suivants :
- maladies virales en évolution (*hépatite, zona, herpès*),
- infection ou *mycose* non contrôlée par un traitement adapté,
- *psychose* non contrôlée par un traitement,
- prédisposition aux *hémorragies* (traitement anticoagulant, hémophilie...).

Ces contre-indications peuvent s'appliquer ou ne pas s'appliquer en fonction de la façon dont le médicament est utilisé (injection IM, injection unique ou répétée, degré d'urgence).

**Attention :** L'injection de ce médicament ne doit être pratiquée que sous contrôle médical.
En fonction du type d'injection (intramusculaire, *infiltrations*, injection unique ou répétée...), les personnes ayant des *antécédents* de *tuberculose*, d'*ulcère* de l'estomac ou du duodénum, les personnes souffrant d'*insuffisance rénale* ou *hépatique*, de *colite* ulcéreuse, de *diabète*, d'*hypertension artérielle*, d'*ostéoporose*, de *myasthénie* grave peuvent faire l'objet d'une prise en charge médicale particulière.
La prise prolongée d'un *corticoïde* diminue les défenses immunitaires : la vaccination avec un *vaccin* contenant des *germes* vivants atténués ne peut être pratiquée qu'avec l'accord de votre médecin. Vous devez également éviter le contact avec des personnes atteintes de varicelle ou de rougeole.
Sportif : ce médicament contient une substance susceptible de rendre positifs certains *tests antidopage*.

### Interactions avec d'autres substances

Ce médicament peut interagir avec les médicaments qui donnent des *torsades de pointes*.

Informez par ailleurs votre médecin si vous prenez :
- un médicament susceptible de faire baisser la *kaliémie* (amphotéricine B administrée par voie *intraveineuse*, certains *diurétiques*, *laxatifs stimulants*) ;
- un *antihypertenseur* ;
- un *antidiabétique* ;
- un *digitalique* ;
- un *anticoagulant* ;
- de l'aspirine ou un *AINS* ;
- un médicament contenant de la carbamazépine, du phénobarbital, de la phénytoïne, de la primidone, de la rifampicine, de la ciclosporine, de l'interféron alfa ou de l'isoniazide.

En cas de vaccination, l'utilisation d'un *vaccin* vivant est déconseillée.

### Grossesse et allaitement

Les études scientifiques actuellement disponibles n'ont pas mis en évidence de problème particulier lors de l'utilisation ponctuelle de ce médicament chez la femme enceinte. Seul votre médecin peut évaluer le risque éventuel en cas d'utilisation prolongée.

En cas de traitement prolongé, il peut être nécessaire d'interrompre l'allaitement : prenez l'avis de votre médecin.

### Mode d'emploi et posologie

L'injection peut être réalisée par *voie* intramusculaire ou intraveineuse, cette dernière permettant l'action la plus rapide.

La solution à 120 mg est réservée à l'adulte.

**Posologie usuelle :**

Elle dépend de la gravité de la maladie traitée.

**Conseils :** Un traitement prolongé de plus de quelques jours peut nécessiter :
- la diminution de la consommation de *sel*,
- la prise de *potassium* (prescrit par le médecin),
- un régime riche en protéines et en calcium, pauvre en *glucides*.

### Effets indésirables possibles

Les effets indésirables suivants peuvent être observés en cas de traitement prolongé par un dérivé de la *cortisone* :
- baisse du taux de *potassium*, rétention d'eau et de sel, *hypertension artérielle* ;
- gonflement du visage et du buste, apparition de poils, taches cutanées violacées, *acné* ;
- surexcitation, euphorie, troubles du sommeil, *état dépressif* (à l'arrêt du traitement) ;
- *ostéoporose* ;
- *diabète*, arrêt de la croissance chez l'enfant, troubles des règles ;
- *ulcère* de l'estomac ou du *duodénum* ;
- certaines formes de *cataracte* et de *glaucome*.

En revanche, une injection unique n'expose pas à ces inconvénients ; seule une sensation de bouffées de chaleur ou des maux de tête peuvent persister 1 ou 2 jours après l'injection.

Laboratoires Pfizer

## SOLUPRED

Dérivé de la cortisone — sur ordonnance

### Présentation

**SOLUPRED 5 mg :** comprimé effervescent (blanc) ; boîte de 30. Liste I - Remb 65 % - **Prix : 3,10 €**.
**SOLUPRED 5 mg :** comprimé *orodispersible* (blanc) ; boîte de 30. Liste I - Remb 65 % - **Prix : 3,56 €**.
**SOLUPRED 20 mg :** comprimé effervescent (blanc ; arôme citron) ; boîte de 20. Liste I - Remb 65 % - **Prix : 4,90 €**.
**SOLUPRED 20 mg :** comprimé *orodispersible* (blanc) ; boîte de 20. Liste I - Remb 65 % - **Prix : 6,35 €**.
**SOLUPRED 1 mg/ml :** solution buvable ; flacon de 50 ml (20 gouttes = 1 ml) et compte-gouttes (4 graduations : 0,5 ml, 1 ml, 1,5 ml et 2 ml). Liste I - Remb 65 % - **Prix : 2,32 €**.

### Composition

| | p cp | p cp | p cp |
|---|---|---|---|
| **Prednisolone** | 5 mg | 5 mg | 20 mg |
| Aspartam | | + | |

| | p cp | p ml |
|---|---|---|
| **Prednisolone** | 20 mg | 1 mg |
| Aspartam | + | |
| Sorbitol | | + |

### Dans quel cas ce médicament est-il prescrit ?

C'est un *anti-inflammatoire* stéroïdien qui appartient à la famille des *corticoïdes* de synthèse (dérivés chimiques de la cortisone naturelle). Les propriétés de la *cortisone* sont nombreuses, mais ce produit est surtout utilisé pour son effet anti-inflammatoire puissant. Il présente, à efficacité égale, moins d'effets indésirables que la cortisone naturelle. Ces propriétés sont utiles dans le traitement de nombreuses affections comportant une composante inflammatoire ou allergique, mais aussi de certains cancers où ce médicament permet de lutter contre la prolifération cellulaire. Il diminue les réactions immunitaires et est donc utilisé pour prévenir le rejet des greffes d'organes.

Il est utilisé dans le traitement de certaines maladies graves (cancer, *sclérose en plaques*, *rhumatisme articulaire aigu* par exemple), mais également de maladies plus bénignes (*allergie*, crise d'*asthme*, *sinusite* aiguë, *otite*). Dans ces derniers cas, le traitement est souvent court.

### Contre-indications

Ce médicament ne doit pas être utilisé dans les cas suivants :
- infection ou *mycose* non contrôlée par un traitement adapté,
- maladie virale en évolution (*hépatite*, *herpès* ou *zona*),
- *psychose* non contrôlée par un traitement,
- *phénylcétonurie* (comprimé orodispersible : présence d'aspartam).

**Attention :** Ce médicament ne doit jamais être employé ou réemployé en dehors d'une prescription médicale.

Si vous avez un *diabète*, vous risquez de le déséquilibrer si vous modifiez la quantité ou le rythme de la prise de *cortisone* sans avis médical.

Les personnes ayant des *antécédents* de *tuberculose*, d'*ulcère* de l'estomac ou du duodénum, les personnes souffrant d'*insuffisance rénale* ou *hépatique*, de *colite* ulcéreuse, d'*hypertension artérielle*, d'*ostéoporose*, de *myasthénie* grave doivent faire l'objet d'une prise en charge médicale particulière.

La prise prolongée d'un *corticoïde* diminue les défenses immunitaires : la vaccination avec un *vaccin* contenant des *germes* vivants atténués ne peut être pratiquée qu'avec l'accord de votre médecin. Vous devez également éviter le contact avec des personnes atteintes de varicelle ou de rougeole.

L'arrêt du traitement doit être progressif pour permettre aux glandes *surrénales* de reprendre la synthèse de cortisone naturelle. Un arrêt brutal expose par ailleurs à une rechute de la maladie traitée. Cette précaution n'est utile que lorsque la durée du traitement dépasse une semaine.

Sportif : ce médicament contient une substance susceptible de rendre positifs certains *tests antidopage*.

### Interactions avec d'autres substances

Ce médicament peut interagir avec les médicaments qui donnent des *torsades de pointes*.

Informez par ailleurs votre médecin si vous prenez :
- un médicament susceptible de faire baisser la *kaliémie* (amphotéricine B administrée par voie *intraveineuse*, certains *diurétiques*, *laxatifs stimulants*) ;
- un *antihypertenseur* ;
- un *antidiabétique* ;
- un *digitalique* ;
- un *anticoagulant* ;
- de l'aspirine ou un *AINS* ;
- un médicament contenant de la carbamazépine, du phénobarbital, de la phénytoïne, de la primidone, de

la rifampicine, de la ciclosporine, de l'interféron alfa ou de l'isoniazide.
En cas de vaccination, l'utilisation d'un *vaccin* vivant est déconseillée.

### Grossesse et allaitement

Dans l'espèce humaine, les études scientifiques actuellement disponibles n'ont pas mis en évidence de risque de malformation lors de l'utilisation de ce médicament pendant la grossesse. Seul votre médecin peut apprécier la nécessité du traitement et son risque pendant la grossesse.
Lorsqu'une maladie grave impose un traitement prolongé chez la mère, une surveillance médicale du *nouveau-né* est nécessaire.
En cas de traitement prolongé, il peut être nécessaire d'interrompre l'allaitement : prenez l'avis de votre médecin.

### Mode d'emploi et posologie

Ce médicament doit être absorbé au cours d'un repas, de préférence en une fois, le matin.
Lors des traitements prolongés, et dès que le contrôle de la maladie le permet, une prise alternée un jour sur deux est préférable, notamment chez l'enfant.
Les comprimés effervescents doivent être dissous dans un verre d'eau.
Les comprimés *orodispersibles* peuvent être sucés sans être croqués ou dissous dans un peu d'eau (notamment pour les jeunes enfants ou les personnes ayant du mal à déglutir).

**Posologie usuelle :**
Fréquemment, la *posologie* initiale est élevée (*traitement d'attaque*) ; elle est ensuite diminuée jusqu'à la posologie minimale efficace (*traitement d'entretien*).
Tout traitement prolongé à forte dose doit être arrêté progressivement : suivre les indications du médecin.

**Conseils :** Un traitement prolongé de plus de quelques jours peut nécessiter :
- la diminution de la consommation de *sel*,
- la prise de *potassium* (prescrit par le médecin),
- un régime riche en protéines et en calcium, pauvre en *glucides*.

### Effets indésirables possibles

Ils sont à craindre surtout lors d'un traitement prolongé et à forte dose :
- rétention d'eau et de sel, *hypertension artérielle* ;
- baisse du taux de *potassium*, à prévenir par un apport systématique ;
- modifications physiques fréquentes : gonflement du visage et du buste, apparition de poils, taches cutanées violacées, *acné* ;
- surexcitation, euphorie, troubles du sommeil, *état dépressif* (à l'arrêt du traitement) ;
- faiblesse puis fonte musculaires, lentement réversibles ;
- *ostéoporose* (décalcification des os), parfois définitive ;
- troubles hormonaux et métaboliques : *diabète* (réversible), arrêt de la croissance chez l'enfant, troubles des règles ;
- troubles digestifs : *gastrite*, *ulcère* ;
- certaines formes de *cataracte* et de *glaucome*.

**Laboratoires Aventis**

## SOLUTRICINE MAUX DE GORGE

Préparation orobuccale antibactérienne et antalgique

### Présentation

SOLUTRICINE MAUX DE GORGE : solution pour pulvérisation buccale (arôme menthe) ; flacon de 43 ml avec pompe doseuse. Non remb.

### Composition

| | p dose |
|---|---|
| **Hexamidine di-isétionate** | 0,2 mg |
| **Tétracaïne chlorhydrate** | 0,1 mg |
| Menthe, essence | + |

### Dans quel cas ce médicament est-il prescrit ?

Cette solution contient un *antiseptique* et un *anesthésique* local.
Elle est utilisée pour le traitement des maux de gorge et des petites plaies de la bouche (*aphtes* par exemple) chez l'adulte et l'enfant de plus de 12 ans.

### Contre-indications

Ce médicament ne doit pas être utilisé en cas d'*allergie* aux *anesthésiques* locaux.

**Attention :** En l'absence d'amélioration au bout de 5 jours, de douleur en avalant ou en cas d'apparition de fièvre, consultez votre médecin. Il pourra faire la différence entre une *pharyngite* et une angine. En cas d'angine bactérienne, un traitement *antibiotique* est nécessaire afin d'éviter des complications ultérieures, cardiaques ou rénales.
L'usage prolongé des traitements antiseptiques locaux (*gargarisme*, *collutoire*, pastille) n'est pas souhaitable ; il peut modifier l'équilibre microbien naturel de la gorge.
Une surconsommation pourrait provoquer des troubles nerveux et cardiaques : respectez la *posologie*.
Sportif : les *anesthésiques* locaux ont été retirés de la liste des substances dopantes publiée dans les arrêtés du 20 avril et du 16 août 2004 par le ministère de la Jeunesse et des Sports.

### Interactions avec d'autres substances

Il est généralement inutile d'associer des *antiseptiques* différents. Ceux-ci peuvent être contenus dans de nombreux produits disponibles en automédication : pastille, *collutoire* et solution nasale ; demandez conseil à votre pharmacien.

### Grossesse et allaitement

L'effet de ce médicament pendant la grossesse ou l'allaitement est mal connu. L'évaluation du risque éventuel lié à son utilisation est individuelle : demandez conseil à votre pharmacien ou à votre médecin.

### Mode d'emploi et posologie

Les prises doivent être espacées d'au moins 4 heures.

**Posologie usuelle :**
- Adulte : 1 à 3 pulvérisations, 1 à 6 fois par jour.
- Enfant de 12 à 15 ans : 1 à 3 pulvérisations, 1 à 3 fois par jour.

**Conseils :** Chez la personne âgée, évitez l'usage de ce médicament avant les repas : l'*anesthésique* local est susceptible de provoquer des troubles de la déglutition ; ceux-ci pourraient être à l'origine du passage d'aliments dans les *voies* respiratoires.

### Effets indésirables possibles

*Réaction allergique.*

Engourdissement passager de la langue.

**Laboratoires Sanofi-Aventis OTC**

## SOLUTRICINE MAUX DE GORGE BICLOTYMOL

Préparation orobuccale antibactérienne

### Présentation

SOLUTRICINE MAUX DE GORGE BICLOTYMOL menthe : pastille à sucer (arôme menthe) ; boîte de 24. Non remb.

SOLUTRICINE MAUX DE GORGE BICLOTYMOL orange : pastille à sucer (arôme orange) ; boîte de 24. Non remb.

### Composition

| | p pastille |
|---|---|
| **Biclotymol** | 20 mg |
| Saccharose | 1,36 g |
| Glucose | 1,11 g |

### Dans quel cas ce médicament est-il prescrit ?

Ce médicament d'usage local contient un *antiseptique* (biclotymol).

Il est utilisé dans le traitement des maux de gorge et des petites plaies de la bouche (*aphtes* par exemple).

### Contre-indications

Ce médicament ne doit pas être utilisé chez l'enfant de moins de 6 ans.

**Attention :** En l'absence d'amélioration au bout de 5 jours, de douleur en avalant ou en cas d'apparition de fièvre, consultez votre médecin. Il pourra faire la différence entre une *pharyngite* et une angine. En cas d'angine bactérienne, un traitement *antibiotique* est nécessaire afin d'éviter des complications ultérieures, cardiaques ou rénales.

L'usage prolongé des traitements antiseptiques locaux (*gargarisme, collutoire,* pastille) n'est pas souhaitable ; il peut modifier l'équilibre microbien naturel de la gorge.

Ce médicament contient du *sucre* (saccharose) en quantité notable.

### Interactions avec d'autres substances

Il est généralement inutile d'associer des *antiseptiques* différents. Ceux-ci peuvent être contenus dans de nombreux produits disponibles en automédication : pastille, *collutoire* et solution nasale ; demandez conseil à votre pharmacien.

### Grossesse et allaitement

L'effet de ce médicament pendant la grossesse ou l'allaitement est mal connu. L'évaluation du risque éventuel lié à son utilisation est individuelle : demandez conseil à votre pharmacien ou à votre médecin.

### Mode d'emploi et posologie

Les pastilles doivent être sucées lentement sans être croquées.

**Posologie usuelle :**

- Adulte : 4 à 6 pastilles par jour.
- Enfant de 6 à 15 ans : 1 à 3 pastilles par jour.

**Laboratoires Sanofi-Aventis OTC**

## SOLUTRICINE MAUX DE GORGE TÉTRACAÏNE

Préparation orobuccale antalgique

### Présentation

SOLUTRICINE MAUX DE GORGE TÉTRACAÏNE : comprimé à sucer (blanc, arôme menthe) ; boîte de 24. Non remb.

### Composition

| | p cp |
|---|---|
| **Tétracaïne chlorhydrate** | 0,2 mg |
| Saccharose | 0,7g |

### Dans quel cas ce médicament est-il prescrit ?

Ce médicament contient un *anesthésique* local (tétracaïne).

Il est utilisé dans le traitement des maux de gorge et des petites plaies de la bouche (*aphtes* par exemple).

### Contre-indications

Ce médicament ne doit pas être utilisé en cas d'*allergie* aux *anesthésiques* locaux.

**Attention :** En l'absence d'amélioration au bout de 5 jours, de douleur en avalant ou en cas d'apparition de fièvre, consultez votre médecin. Il pourra faire la différence entre une *pharyngite* et une angine. En cas d'angine bactérienne, un traitement *antibiotique* est nécessaire afin d'éviter des complications ultérieures, cardiaques ou rénales.

Une surconsommation pourrait provoquer des troubles nerveux et cardiaques : respectez la *posologie.*

Ce médicament contient du *sucre* (saccharose) en quantité notable.

Sportif : les *anesthésiques* locaux ont été retirés de la liste des substances dopantes publiée dans les arrêtés du 20 avril et du 16 août 2004 par le ministère de la Jeunesse et des Sports.

### Grossesse et allaitement

L'effet de ce médicament pendant la grossesse ou l'allaitement est mal connu. L'évaluation du risque éventuel lié à son utilisation est individuelle : demandez conseil à votre pharmacien ou à votre médecin.

### Mode d'emploi et posologie

Les comprimés doivent être sucés sans être croqués, de préférence à distance des repas.

**Posologie usuelle :**

- Adulte : 6 à 8 comprimés par jour, les prises devant être espacées d'au moins 1 heure.
- Enfant de 6 à 15 ans : 2 à 4 comprimés par jour, les prises devant être espacées d'au moins 2 heures.

**Conseils :** Chez l'enfant et la personne âgée, évitez l'usage de ce médicament avant les repas : l'*anesthésique* local est susceptible de provoquer des troubles de la déglutition ; ceux-ci pourraient être à l'origine du passage d'aliments dans les *voies* respiratoires.

### Effets indésirables possibles

*Réaction allergique.*

Engourdissement passager de la langue.

**Laboratoires Sanofi-Aventis OTC**

**SOMNIDORON**

*Informations détaillées sur www.monvidal.com*

**SOPHIDONE**

*Informations détaillées sur www.monvidal.com*

## SOPHTAL collyre

Collyre antiseptique

### Présentation

SOPHTAL : collyre ; flacon compte-gouttes de 10 ml. Non remb.
SOPHTAL : collyre ; boîte de 10 unidoses de 0,5 ml. Non remb.

### Composition

| | flacon p 100 ml | unidose p 100 ml |
|---|---|---|
| **Acide salicylique** | 100 mg | 100 mg |
| Chlorhexidine digluconate | + | |

### Dans quel cas ce médicament est-il prescrit ?

Ce collyre contient une substance astringente de la famille des *salicylés.*
Il est utilisé dans le traitement des *conjonctivites* chroniques non infectieuses.

### Contre-indications

Ce médicament ne doit pas être utilisé en cas d'*allergie* aux *salicylés.*

**Attention :** Une rougeur ou une douleur oculaires ne correspondent pas toujours à une *conjonctivite.* Des soins urgents peuvent être nécessaires, notamment en cas de vision floue.
En l'absence d'amélioration rapide, consultez votre médecin.

### Interactions avec d'autres substances

Ce collyre peut interagir avec d'autres collyres. Respectez un intervalle minimal de 15 minutes entre deux instillations.

### Grossesse et allaitement

L'effet de ce médicament pendant la grossesse ou l'allaitement est mal connu. L'évaluation du risque éventuel lié à son utilisation est individuelle : demandez conseil à votre pharmacien ou à votre médecin.

### Mode d'emploi et posologie

Tirer la paupière inférieure vers le bas tout en regardant vers le haut et déposer une goutte de collyre entre la paupière et le globe oculaire (*cul-de-sac conjonctival*).

**Posologie usuelle :**
1 goutte, 2 à 4 fois par jour.

**Conseils :** Une détérioration ou un entretien inadéquat des *lentilles de contact* sont souvent à l'origine d'une irritation oculaire : consultez d'urgence votre ophtalmologiste afin qu'il les examine. Si cette consultation n'est pas possible rapidement, retirez vos lentilles.
L'application correcte du produit peut nécessiter une aide, notamment chez l'enfant ou la personne handicapée ou âgée.
Veiller à ne pas mettre en contact l'embout du flacon avec l'œil ou les doigts pour éviter de contaminer le collyre avec les *germes* présents sur les paupières ou la peau.
Ne conservez pas le flacon de 10 ml plus de 15 jours après une première utilisation. Une unidose permet une instillation dans les deux yeux et doit être jetée après usage.

### Effets indésirables possibles

Irritation ou *réaction allergique.*

Laboratoires Alcon

**SOPHTAL solution oculaire**

*Informations détaillées sur www.monvidal.com*

**SOPHTALINE**

*Informations détaillées sur www.monvidal.com*

## SORBITOL DELALANDE

Laxatif osmotique

### Présentation

SORBITOL DELALANDE 5 g : poudre pour solution buvable ; boîte de 20 sachets de 5 g. Non remb.

### Composition

| | p sachet |
|---|---|
| **Sorbitol** | 5 g |

### Dans quel cas ce médicament est-il prescrit ?

Ce médicament est un *laxatif osmotique.* Il attire l'eau dans l'intestin, augmente le volume des selles et facilite la digestion.
Il est utilisé dans le *traitement symptomatique* de la constipation et dans le *traitement d'appoint* des digestions difficiles.

### Contre-indications

Ce médicament ne doit pas être utilisé dans les cas suivants :
- maladie inflammatoire du côlon,
- occlusion intestinale ou risque d'occlusion,
- douleurs abdominales de cause inconnue,
- *intolérance* au fructose.

**Attention :** Il est nécessaire de boire beaucoup d'eau, particulièrement en cas de dilatation du côlon, d'alitement et chez la personne âgée.
En cas de douleurs abdominales répétitives ou prolongées, ce médicament ne doit pas être pris sans avis médical.
Des précautions sont nécessaires en cas d'*insuffisance hépatique* grave et chez les personnes souffrant de calculs susceptibles d'obstruer les *voies biliaires.*
L'usage des laxatifs doit rester exceptionnel chez l'enfant.

### Grossesse et allaitement

Ce médicament ne contient que des substances présumées sans danger pendant la grossesse ou l'allaitement. Néanmoins, ne l'utilisez pas de façon prolongée sans l'avis de votre pharmacien ou de votre médecin.

### Mode d'emploi et posologie

Dissoudre la poudre dans un demi-verre d'eau froide.

Chez les personnes atteintes de *colite*, le médicament doit être pris de préférence après les repas.

**Posologie usuelle :**

- Adulte :
  - constipation : 1 sachet le matin à jeun ;
  - digestions difficiles : 1 à 3 sachets par jour, avant les repas ou au moment des *troubles digestifs*.
- Enfant : ½ sachet le matin.

**Conseils :** Pour les jeunes enfants, la poudre peut être dissoute dans un biberon ou mélangée à un yaourt, une compote, etc.

Le traitement de la constipation chronique repose essentiellement sur des boissons abondantes, une alimentation riche en fibres et une activité physique régulière.

### Effets indésirables possibles

Diarrhée, douleurs abdominales, sensation de ballonnement.

Laboratoires Sanofi-Aventis OTC

## SOREAL

*Informations détaillées sur www.monvidal.com*

## SORIATANE

*Informations détaillées sur www.monvidal.com*

## SOTALEX

Bêtabloquant — sur ordonnance

### Présentation

**SOTALEX 80 :** comprimé sécable (blanc) ; boîte de 30.
Liste I - Remb 65 % - **Prix : 3,17 €.**
**SOTALEX 160 :** comprimé sécable (blanc) ; boîte de 30.
Liste I - Remb 65 % - **Prix : 5,47 €.**

### Composition

| | p cp | p cp |
|---|---|---|
| **Sotalol chlorhydrate** | 80 mg | 160 mg |
| Lactose | + | + |

### Dans quel cas ce médicament est-il prescrit ?

Ce médicament appartient à la famille des *bêtabloquants*. Ceux-ci agissent en bloquant l'action de l'*adrénaline* (et d'autres *hormones* apparentées) sur de nombreux organes, notamment le cœur, les vaisseaux et les bronches. Le sotalol possède par ailleurs des propriétés *antiarythmiques*.

Il est utilisé dans le traitement de certaines *tachycardies*.

### Contre-indications

Ce médicament ne doit pas être utilisé dans les cas suivants :

- *asthme* et *bronchite chronique* ;
- *insuffisance cardiaque* grave non contrôlée par un traitement spécifique ;
- anomalies de l'électrocardiogramme faisant suspecter une prédisposition aux *torsades de pointes* ;
- *bloc auriculoventriculaire* grave ;
- angor de *Prinzmetal* ;
- rythme cardiaque inférieur à 50 battements par minute ;
- hypotension artérielle ;
- *insuffisance rénale* grave ;
- phénomène de *Raynaud*, *artérite* ;
- *phéochromocytome* non traité ;
- en association avec les médicaments contenant de la floctafénine ou pouvant entraîner des *torsades de pointes*.

**Attention :** Des précautions sont nécessaires en cas d'*insuffisance rénale* et chez la personne âgée.

Les situations favorisant les *torsades de pointes* doivent être signalées au médecin.

N'interrompez jamais brutalement le traitement prescrit. Espacez progressivement les prises. Un avis médical est toujours préférable.

Chez les diabétiques, les *bêtabloquants* peuvent masquer certains *symptômes* de l'*hypoglycémie* (*palpitations* et accélération du cœur essentiellement).

Les bêtabloquants peuvent aggraver les *réactions allergiques* et empêcher l'action de l'*adrénaline* utilisée dans le traitement d'urgence du *choc anaphylactique*. Lors d'examens radiologiques nécessitant l'injection de produits de contraste iodés (susceptibles de provoquer des *chocs* allergiques), le traitement doit, si possible, être suspendu avec l'accord de votre médecin.

En cas d'intervention chirurgicale, l'anesthésiste doit être prévenu de la prise de ce médicament. C'est lui qui décidera si le traitement doit être poursuivi ou arrêté avant l'intervention.

Sportif : ce médicament contient une substance susceptible de rendre positifs certains *tests antidopage*.

### Interactions avec d'autres substances

Ce médicament ne doit pas être associé :

- aux médicaments contenant de la floctafénine (IDARAC...) : risque d'augmentation de la gravité d'un éventuel *choc* allergique ;
- aux médicaments susceptibles de provoquer ou de faciliter des *torsades de pointes*.

Il peut interagir avec certains *diurétiques*, les *laxatifs stimulants*, ou tout autre médicament susceptible de provoquer une *hypokaliémie*.

Informez votre médecin si vous prenez des *antidiabétiques*, des *AINS*, des *inhibiteurs calciques*, des *antidépresseurs imipraminiques*, des *neuroleptiques*, ou des médicaments contenant l'une des substances suivantes : propafénone, baclofène, lidocaïne injectable, méfloquine.

### Grossesse et allaitement

Les études scientifiques disponibles n'ont pas mis en évidence de problème particulier lors de l'utilisation de *bêtabloquant* chez la femme enceinte.

L'effet bêtabloquant persiste quelques jours chez le nouveau-né et justifie une surveillance médicale renforcée pendant les premiers jours de la vie.

Ce médicament passe dans le lait maternel ; un choix est donc nécessaire entre l'allaitement et la prise du médicament. Cette décision devra être prise en accord avec votre médecin.

**Mode d'emploi et posologie**

Les comprimés doivent être avalés avec un verre d'eau, de préférence avant les repas.

**Posologie usuelle :**

160 à 320 mg par jour en 2 prises.

**Conseils :** Il est normal que le rythme cardiaque ralentisse sous l'effet du traitement ; néanmoins, en cas de fatigue anormale et de pouls inférieur à 50 battements par minute, consultez votre médecin.

**Effets indésirables possibles**

*Troubles digestifs*, fatigue en début de traitement, *vertiges*, maux de tête, sensation de mains et de pieds froids, crampes, ralentissement important du cœur, insomnie.

Plus rarement : *bloc auriculoventriculaire*, baisse excessive de la tension artérielle, phénomène de *Raynaud*, *insuffisance cardiaque*, *bronchospasme*, *éruption cutanée*, aggravation d'un *psoriasis*.

Laboratoires Bristol-Myers Squibb

## SOTALOL ARROW

Bêtabloquant — sur ordonnance

Ce médicament est un générique de SOTALEX (voir p. 957 et tableau p. 1151).

## SOTALOL BIOGARAN

Bêtabloquant — sur ordonnance

Ce médicament est un générique de SOTALEX (voir p. 957 et tableau p. 1151).

## SOTALOL EG

Bêtabloquant — sur ordonnance

Ce médicament est un générique de SOTALEX (voir p. 957 et tableau p. 1151).

## SOTALOL G GAM

Bêtabloquant — sur ordonnance

Ce médicament est un générique de SOTALEX (voir p. 957 et tableau p. 1151).

## SOTALOL IVAX

Bêtabloquant — sur ordonnance

Ce médicament est un générique de SOTALEX (voir p. 957 et tableau p. 1151).

## SOTALOL MERCK

Bêtabloquant — sur ordonnance

Ce médicament est un générique de SOTALEX (voir p. 957 et tableau p. 1151).

## SOTALOL RATIOPHARM

Bêtabloquant — sur ordonnance

Ce médicament est un générique de SOTALEX (voir p. 957 et tableau p. 1151).

## SOTALOL RPG

Bêtabloquant — sur ordonnance

Ce médicament est un générique de SOTALEX (voir p. 957 et tableau p. 1151).

## SOTALOL SANDOZ

Bêtabloquant — sur ordonnance

Ce médicament est un générique de SOTALEX (voir p. 957 et tableau p. 1151).

## SOTALOL TEVA

Bêtabloquant — sur ordonnance

Ce médicament est un générique de SOTALEX (voir p. 957 et tableau p. 1151).

## SOTALOL WINTHROP

Bêtabloquant — sur ordonnance

Ce médicament est un générique de SOTALEX (voir p. 957 et tableau p. 1151).

**SOUFRANE**

*Informations détaillées sur www.monvidal.com*

## SPAGULAX

Laxatif de lest

**Présentation**

SPAGULAX : poudre effervescente pour suspension buvable (arôme mandarine) ; boîte de 20 sachets-dose. Remb 35 % - **Prix : 3,73 €**.

**Composition**

| | p sachet |
|---|---|
| **Ispaghul, tégument de graine** | 2,143 g |
| Saccharose | 1,4 g |
| Sodium | 120 mg |

**Dans quel cas ce médicament est-il prescrit ?**

Ce médicament est un *laxatif de lest*. Il contient une substance naturelle qui n'est ni digérée ni absorbée. Elle s'imbibe d'eau et rend les selles plus volumineuses et moins fermes.

Il est utilisé dans le *traitement symptomatique* de la constipation.

### Contre-indications

Ce médicament ne doit pas être utilisé dans les cas suivants :
- maladie inflammatoire du côlon,
- occlusion intestinale ou affection prédisposant à une occlusion,
- douleurs abdominales de cause inconnue,
- *fécalome* (bouchon de selles).

**Attention :** Il est nécessaire de boire beaucoup d'eau, particulièrement en cas de dilatation du côlon, d'alitement, et chez la personne âgée.
Les laxatifs ne doivent pas être utilisés de façon prolongée sans avis médical.
L'usage des laxatifs doit rester exceptionnel chez l'enfant.
Ce médicament contient du *sucre* (saccharose) et du *sel* (sodium) en quantité notable.

### Grossesse et allaitement

Ce médicament peut être utilisé pour traiter la constipation de la femme enceinte ou de celle qui allaite.

### Mode d'emploi et posologie

Ce médicament peut être pris indifféremment avant ou après les repas.
Dissoudre le contenu du sachet dans un grand verre d'eau.
L'effet laxatif est généralement obtenu après 1 ou 2 jours.

**Posologie usuelle :**
1 sachet à chacun des principaux repas.

**Conseils :** Un échec du traitement peut être lié à la présence d'un *fécalome*, notamment chez la personne âgée.
Le traitement de la constipation chronique repose essentiellement sur des boissons abondantes, une alimentation riche en fibres et une activité physique régulière.

### Effets indésirables possibles

Sensation de ballonnement.

Laboratoires Almirall SAS

## SPAGULAX citrate de potassium

*Informations détaillées sur www.monvidal.com*

## SPAGULAX mucilage pur

Laxatif de lest

### Présentation

SPAGULAX mucilage pur : granulé (marron clair) ; boîte de 700 g (160 cuillères à café). Remb 35 % - **Prix : 8,55 €.**
SPAGULAX mucilage pur : granulé (marron clair) ; boîte de 20 sachets de 10 g. Remb 35 % - **Prix : 3,73 €.**

### Composition

| | p c à c | p sachet |
|---|---|---|
| **Ispaghul, tégument de graine** | 3 g | 7 g |
| Saccharose | 1,3 g | 3 g |

### Dans quel cas ce médicament est-il prescrit ?

Ce médicament est un *laxatif de lest*. Il contient une substance naturelle qui n'est ni digérée ni absorbée. Elle s'imbibe d'eau et rend les selles plus volumineuses et moins fermes.
Il est utilisé dans le *traitement symptomatique* de la constipation.

### Contre-indications

Ce médicament ne doit pas être utilisé dans les cas suivants :
- maladie inflammatoire du côlon,
- occlusion intestinale ou affection prédisposant à une occlusion,
- douleurs abdominales de cause inconnue,
- *fécalome* (bouchon de selles).

**Attention :** Il est nécessaire de boire beaucoup d'eau, particulièrement en cas de dilatation du côlon, d'alitement, et chez la personne âgée.
Les laxatifs ne doivent pas être utilisés de façon prolongée sans avis médical.
L'usage des laxatifs doit rester exceptionnel chez l'enfant.
Ce médicament contient du *sucre* (saccharose) en quantité notable.

### Grossesse et allaitement

Ce médicament peut être utilisé pour traiter la constipation de la femme enceinte ou de celle qui allaite.

### Mode d'emploi et posologie

Ce médicament peut être pris indifféremment avant ou après les repas.
Avaler les granulés sans les croquer avec un grand verre d'eau ou du potage. Éviter de les absorber en position allongée.
L'effet laxatif est obtenu après 2 ou 3 jours.

**Posologie usuelle :**
3 cuillères à café ou 1 sachet à chacun des principaux repas.

**Conseils :** Un échec du traitement peut être lié à la présence d'un *fécalome*, notamment chez la personne âgée.
Le traitement de la constipation chronique repose essentiellement sur des boissons abondantes, une alimentation riche en fibres et une activité physique régulière.

### Effets indésirables possibles

Sensation de ballonnement.

Laboratoires Almirall SAS

## SPAGULAX sorbitol

Laxatif de lest et laxatif osmotique

### Présentation

SPAGULAX sorbitol : granulé (marron clair) ; boîte de 20 sachets de 10 g. Remb 35 % - **Prix : 3,73 €.**

### Composition

| | p sachet |
|---|---|
| **Ispaghul, tégument de la graine** | 5,6 g |
| **Sorbitol** | 3,8 g |

### Dans quel cas ce médicament est-il prescrit ?

Ce médicament contient un *laxatif de lest* (ispaghul) et un *laxatif osmotique* (sorbitol). L'ispaghul est une substance naturelle qui n'est ni digérée ni absorbée. Elle s'imbibe d'eau et rend les selles plus volumineuses et moins fermes. Le sorbitol attire l'eau dans l'intestin.

Il est utilisé dans le *traitement symptomatique* de la constipation.

### Contre-indications

Ce médicament ne doit pas être utilisé dans les cas suivants :
- maladie inflammatoire du côlon,
- occlusion intestinale ou affection prédisposant à une occlusion,
- douleurs abdominales de cause inconnue,
- *fécalome* (bouchon de selles).

> **Attention :** Il est nécessaire de boire beaucoup d'eau, particulièrement en cas de dilatation du côlon, d'alitement, et chez la personne âgée.
> En raison de la présence de sorbitol, des précautions sont nécessaires chez les personnes souffrant de calculs susceptibles d'obstruer les *voies biliaires*.
> Les laxatifs ne doivent pas être utilisés de façon prolongée sans avis médical.

### Grossesse et allaitement

Ce médicament peut être utilisé pour traiter la constipation de la femme enceinte ou de celle qui allaite.

### Mode d'emploi et posologie

Ce médicament peut être pris avant ou après les repas. Chez les personnes atteintes de *colite*, le médicament est pris de préférence après les repas.

Avaler les granulés sans les croquer avec un grand verre d'eau ou du potage. Éviter de les absorber en position allongée.

L'effet laxatif est obtenu après 2 ou 3 jours.

**Posologie usuelle :**

1 sachet à chacun des principaux repas.

> **Conseils :** Un échec du traitement peut être lié à la présence d'un *fécalome*, notamment chez la personne âgée.
> Le traitement de la constipation chronique repose essentiellement sur des boissons abondantes, une alimentation riche en fibres et une activité physique régulière.

### Effets indésirables possibles

Sensation de ballonnement.

**Laboratoires Almirall SAS**

## SPANOR

Antibiotique : cycline — **sur ordonnance**

Ce médicament est un générique de VIBRAMYCINE (voir p. 1092 et tableau p. 1151).

## SPASFON

Antispasmodique

### Présentation

SPASFON : comprimé (rose) ; boîte de 30. Remb 35 % - **Prix : 2,81 €**.
SPASFON : suppositoire ; boîte de 10. Remb 35 % - **Prix : 2,87 €**.
SPASFON : solution injectable ; boîte de 6 ampoules de 4 ml. Remb 35 % - **Prix : 3,56 €**.

### Composition

| | p cp | p suppos | p amp inj |
|---|---|---|---|
| **Phloroglucinol** | 62,2 mg | 150 mg | 40 mg |
| **Triméthylphloroglucinol** | 80 mg | 150 mg | 40 µg |

### Dans quel cas ce médicament est-il prescrit ?

Ce médicament est un *antispasmodique*. Il lutte contre les contractions anormales et douloureuses de l'intestin, des *voies biliaires*, des *voies* urinaires et de l'utérus.

Il est utilisé dans le traitement des spasmes douloureux d'origines digestive (*colites* spasmodiques), biliaire (coliques hépatiques), urologique (*coliques néphrétiques*) et gynécologique (règles douloureuses et contractions de l'utérus pendant la grossesse).

> **Attention :** La solution injectable ne doit pas être mélangée avec un autre médicament dans la même seringue.

### Grossesse et allaitement

Les données scientifiques actuellement disponibles n'ont pas mis en évidence de problème particulier lors de l'utilisation de ce médicament pendant la grossesse à la dose préconisée. Néanmoins, ne l'utilisez pas sans avis médical.

Les données actuellement disponibles ne permettent pas de savoir si ce médicament passe dans le lait maternel : il est déconseillé pendant l'allaitement sans avis médical.

### Mode d'emploi et posologie

Le mode d'administration diffère selon les cas et l'intensité des troubles : la solution injectable agit en quelques minutes mais son effet est de courte durée ; les comprimés sont destinés à prendre le relais de la solution injectable, leur action dure plus longtemps ; les suppositoires peuvent être utilisés en cas de vomissement.

La solution injectable est administrée par *voie intramusculaire* ou *intraveineuse*.

**Posologie usuelle :**

Comprimé : 6 comprimés par jour.

Solution injectable : 1 à 3 ampoules par jour, en traitement d'attaque.

Suppositoire : 3 suppositoires par jour.

> **Conseils :** En cas de *coliques néphrétiques*, il est généralement conseillé de boire abondamment entre les crises pour lutter contre la formation de calculs. Cependant, lors d'une crise, l'absorption de liquide doit être limitée afin de ne pas accroître la douleur.

En cas de contractions douloureuses de l'utérus au cours de la grossesse, le repos fait partie intégrante du traitement.
La solution injectable doit être conservée à l'abri de la lumière.

### Effets indésirables possibles

Très rarement : *réaction allergique* cutanée.

Laboratoires Cephalon

## SPASFON LYOC

*Informations détaillées sur www.monvidal.com*

## SPASMAG

Élément minéral : magnésium

### Présentation

SPASMAG : comprimé pour suspension buvable (arômes : citron, mirabelle) ; boîte de 42. Remb 35 % - **Prix : 5,32 €**.
SPASMAG : solution buvable (arôme orange) ; boîte de 30 ampoules de 5 ml. Remb 35 % - **Prix : 3,87 €**.
SPASMAG : gélule (bleu clair ; arôme orange) ; boîte de 36. Non remb.
SPASMAG : gélule (bleu clair ; arôme orange) ; boîte de 60. Remb 35 % - **Prix : 3,94 €**.

### Composition

| | par cp | p amp buv | p gél |
|---|---|---|---|
| **Magnésium sulfate** | 1,2 g | 1,2 g | 419 mg |
| **Levure Saccharomyces cerevisae** | 100 mg | 100 mg | 50 mg |
| soit Magnésium | 118 mg | 118 mg | 59 mg |
| Aspartam | | | + |

### Dans quel cas ce médicament est-il prescrit ?

Ce médicament contient du magnésium associé à de la *levure* de bière. Le magnésium est un élément minéral indispensable au *métabolisme*.

Il est utilisé dans le traitement des *carences* en magnésium et en cas de symptômes pouvant évoquer un manque de magnésium : irritabilité, fatigue passagère, troubles mineurs du sommeil, *palpitations*, crampes musculaires, fourmillements.

### Contre-indications

Ce médicament ne doit pas être utilisé dans les cas suivants :
- *insuffisance rénale* grave,
- enfant de moins de 6 ans (gélule),
- *phénylcétonurie* (gélule : présence d'aspartam).

**Attention :** En l'absence d'amélioration après un mois de traitement, consultez votre médecin.

### Interactions avec d'autres substances

Ce médicament peut interagir avec les médicaments contenant de la quinidine ou de l'hydroquinidine.

### Grossesse et allaitement

Ce médicament ne contient que des substances présumées sans danger pendant la grossesse ou l'allaitement. Néanmoins, ne l'utilisez pas de façon prolongée sans l'avis de votre pharmacien ou de votre médecin.

### Mode d'emploi et posologie

Les comprimés doivent être dissous dans un verre d'eau.

Les ampoules buvables doivent être agitées avant l'ouverture et diluées dans un peu d'eau.

Les gélules peuvent être avalées telles quelles avec un verre d'eau, ou être ouvertes et leur contenu mélangé à un liquide.

Les prises de ce médicament sont réparties au cours de la journée, de préférence avant ou au cours des repas.

**Posologie usuelle :**
- Adulte : 3 comprimés, ou 3 ampoules buvables, ou 5 à 7 gélules par jour.
- Enfant de plus de 6 ans : 1 à 3 comprimés, ou 1 à 3 ampoules, ou 1 à 7 gélules par jour, en fonction du poids.

### Effets indésirables possibles

Diarrhée, douleurs abdominales.

Laboratoires Grimberg

## SPASMINE comprimé

Phytothérapie

### Présentation

SPASMINE : comprimé (marron) ; boîte de 30. Non remb.
SPASMINE : comprimé (marron) ; boîte de 60. Non remb.

### Composition

| | p cp |
|---|---|
| **Valériane, extrait de racine** | 120 mg |
| **Aubépine, poudre de sommité fleurie** | 100 mg |
| Lactose | + |

### Dans quel cas ce médicament est-il prescrit ?

Ce médicament contient des extraits de plantes à visée *sédative*.

Il est traditionnellement utilisé dans le *traitement symptomatique* de la nervosité, notamment en cas de troubles légers du sommeil.

### Grossesse et allaitement

Ce médicament contient des plantes présumées sans danger pendant la grossesse ou l'allaitement. Néanmoins, par mesure de prudence, ne l'utilisez pas sans prendre l'avis de votre pharmacien ou de votre médecin.

### Mode d'emploi et posologie

Les comprimés doivent être avalés avec un verre d'eau.

**Posologie usuelle :**

Nervosité :
- Adulte : 1 ou 2 comprimés, 1 à 3 fois par jour.
- Enfant de plus de 6 ans : 1 comprimé, 1 à 3 fois par jour.

Troubles du sommeil :
- Adulte : 2 à 4 comprimés au coucher.
- Enfant de plus de 6 ans : 1 à 2 comprimés le soir au coucher.

**Conseils :** Les médicaments ne sont pas la seule réponse aux troubles du sommeil : une meilleure hygiène de vie, une consommation modérée d'excitants (y compris les boissons alcoolisées...), l'insonorisation de la chambre ou le port de bouchons auriculaires (type boules Quies) permettent aussi d'améliorer la qualité du sommeil.

Laboratoires Jolly-Jatel

**SPASMINE suppositoire enfant**

*Informations détaillées sur www.monvidal.com*

**SPASMOCALM**

*Informations détaillées sur www.monvidal.com*

**SPASMODEX**

*Informations détaillées sur www.monvidal.com*

## SPASMOPRIV

Antispasmodique à visée digestive — sur ordonnance

Ce médicament est un générique de DUSPATALIN (voir p. 347 et tableau p. 1151).

## SPASSIREX

Antispasmodique

Ce médicament est un générique de SPASFON-LYOC (voir p. 960 et tableau p. 1151).

**SPÉCIAFOLDINE 0,4 mg**

*Informations détaillées sur www.monvidal.com*

## SPÉCIAFOLDINE 5 mg

Vitamine du groupe B

### Présentation

**SPÉCIAFOLDINE 5 mg :** comprimé (jaune) ; boîte de 20. Remb 65 % - **Prix : 2,14 €.**

### Composition

| | p cp |
|---|---|
| **Acide folique (vitamine B9)** | 5 mg |

### Dans quel cas ce médicament est-il prescrit ?

Ce médicament contient de l'acide folique (*vitamine* B9), indispensable au *métabolisme*. La carence en acide folique est responsable de certaines formes d'*anémies*. Cette vitamine a également montré un intérêt, lorsqu'elle est prise avant et pendant le début de la grossesse, dans la prévention d'une anomalie grave du développement du système nerveux de l'embryon.

Il est utilisé :
- dans le traitement des *carences* en acide folique,
- avant et au cours de la grossesse pour prévenir une malformation rare de l'enfant à naître chez les femmes prédisposées à ce risque.

### Interactions avec d'autres substances

Prévenez votre médecin si vous suivez un traitement contenant du phénobarbital, de la primidone ou de la phénytoïne.

### Grossesse et allaitement

Ce médicament est destiné à être utilisé pendant la grossesse.

L'utilisation de ce médicament est possible pendant l'allaitement.

### Mode d'emploi et posologie

1 à 3 comprimés par jour.

Future maman : 1 comprimé par jour, à prendre au moins 1 mois avant la conception et pendant les 3 premiers mois de la grossesse.

**Conseils :** Il est très important de débuter le traitement avant la conception. Dans cet objectif, le traitement peut être commencé dès l'arrêt de la contraception ou dès que la décision d'avoir un enfant est prise. Ce médicament peut être pris de façon prolongée sans inconvénient.
Les aliments riches en acide folique sont les légumes verts, le foie et les rognons.

### Effets indésirables possibles

*Troubles digestifs.*

Exceptionnellement : *réaction allergique* cutanée.

Laboratoires Théraplix

## SPÉDIFEN

Anti-inflammatoire non stéroïdien

### Présentation

**SPÉDIFEN 200 mg :** comprimé ; boîte de 20. Non remb.

### Composition

| | p cp |
|---|---|
| **Ibuprofène** | 200 mg |
| Sodium | 41 mg |

### Dans quel cas ce médicament est-il prescrit ?

Ce médicament est un *anti-inflammatoire* non stéroïdien (*AINS*). Il lutte contre la douleur et fait baisser la fièvre. Ses propriétés anti-inflammatoires se manifestent à forte dose.

Il est utilisé dans le traitement de la fièvre et de la douleur (maux de tête, douleurs dentaires, règles douloureuses...).

### Contre-indications

Ce médicament ne doit pas être utilisé dans les cas suivants :
- *antécédent* d'*allergie* ou d'*asthme* provoqué par la prise d'*AINS*, y compris l'aspirine ;
- *ulcère* de l'estomac ou du *duodénum* ;
- *insuffisance hépatique* ou *rénale* grave ;
- *insuffisance cardiaque* grave ;
- *lupus érythémateux* disséminé ;
- **grossesse** (à partir du 6e mois).

**Attention :** Tout traitement prolongé ou *surdosage* d'*AINS* expose à des effets indésirables graves.
Certaines situations doivent conduire à ne poursuivre le traitement qu'après un avis médical :
- brûlures d'estomac importantes ou selles noires et nauséabondes pouvant traduire une irritation ou un saignement du tube digestif ;
- *réaction allergique* cutanée, crise d'*asthme* ;
- fatigue inhabituelle et intense, ou baisse brutale et importante du volume des urines chez une personne souffrant d'*insuffisance cardiaque*, déshydratée ou traitée par *diurétique*.

L'utilisation des AINS est déconseillée dans le traitement de la fièvre chez l'enfant en cas de varicelle : ils augmenteraient le risque rare de complications infectieuses cutanées graves.
Des précautions sont nécessaires en cas d'*antécédent* d'*ulcère* de l'estomac ou du *duodénum* ou de risque hémorragique, notamment digestif (maladie de *Crohn*, *rectocolite hémorragique*).

Certains médecins considèrent que les anti-inflammatoires peuvent diminuer l'efficacité des stérilets et exposer à un risque de grossesse non désirée. Ce risque est actuellement très controversé.

Conducteur : ce médicament peut être responsable, dans de rares cas, de vertiges ou de troubles de la vue.

### Interactions avec d'autres substances

Ce médicament peut interagir avec d'autres médicaments, notamment :
- l'aspirine et les autres *anti-inflammatoires* non stéroïdiens (*AINS*) : risque d'accroissement des effets indésirables ;
- les *anticoagulants* et les *antiagrégants plaquettaires* : augmentation du risque hémorragique ;
- le lithium (TÉRALITHE, NEUROLITHIUM...) : augmentation du taux de lithium dans le sang ;
- le méthotrexate.

Informez par ailleurs votre médecin ou votre pharmacien en cas de traitement par un *diurétique*, un *inhibiteur de l'enzyme de conversion*, un *inhibiteur de l'angiotensine II*, un *bêtabloquant* ou un médicament contenant de la ciclosporine.

### Grossesse et allaitement

Des effets néfastes pour l'enfant à naître ont été mis en évidence lorsque les *AINS* sont utilisés au cours des 4 derniers mois de la grossesse ; le risque existe même avec une seule prise et même si la grossesse est à terme. L'usage de ce médicament est contre-indiqué pendant cette période.

Pendant les 5 premiers mois, l'effet de ce médicament est mal connu : seul votre médecin peut évaluer le risque éventuel de son utilisation dans votre cas.

Ce médicament passe dans le lait maternel : par mesure de prudence, il est déconseillé pendant l'allaitement.

### Mode d'emploi et posologie

Afin de limiter la survenue de *troubles digestifs*, les comprimés sont pris (sans être croqués) au cours des repas avec un verre d'eau. Toutefois, en cas de douleurs aiguës, la prise à jeun assure un effet plus rapide.

**Posologie usuelle :**
- Adulte et enfant de plus de 40 kg (soit environ 12 ans) : 1 ou 2 comprimés, à renouveler si nécessaire toutes les 6 heures. Ne pas dépasser 6 comprimés par jour.

**Conseils :** Ne dépassez pas la *posologie* ni la durée de traitement préconisées par votre médecin ou votre pharmacien, afin de limiter les effets indésirables.

### Effets indésirables possibles

Nausées, vomissements, *gastrite*.

Rarement :
- *ulcère* de l'estomac ou du *duodénum*, *hémorragie* du tube digestif (vomissements sanglants, selles noires, ou le plus souvent pertes de sang imperceptibles, responsables de l'apparition progressive d'une *anémie*) le plus souvent lors d'un traitement de longue durée ou à forte dose ;
- *réaction allergique* : *éruption cutanée*, démangeaisons, *œdème*, crise d'*asthme*, malaise avec chute brutale de la tension artérielle ;
- *vertiges*, maux de tête ;
- troubles de la vision nécessitant un examen ophtalmologique ;
- anomalie de la *numération formule sanguine*, augmentation des *transaminases*.

Laboratoires Zambon France

## SPÉVIN

*Informations détaillées sur www.monvidal.com*

## SPIFEN

Anti-inflammatoire non stéroïdien — sur ordonnance

### Présentation

SPIFEN 400 mg : comprimé ; boîte de 20. Liste II - Remb 65 % - **Prix : 3,13 €**.
SPIFEN 400 mg : granulé pour solution buvable (arômes : menthe, anis) ; boîte de 20 sachets-dose. Liste II - Remb 65 % - **Prix : 3,13 €**.

### Composition

| | p cp | p sachet |
|---|---|---|
| **Ibuprofène** | 400 mg | 400 mg |
| Saccharose | | 1,8 g |
| Sodium | | 55 mg |
| Aspartam | | + |

### Dans quel cas ce médicament est-il prescrit ?

Ce médicament est un *anti-inflammatoire* non stéroïdien (*AINS*). Il lutte contre l'*inflammation* et la douleur, fait baisser la fièvre et fluidifie le sang.

Il est utilisé dans le traitement de la douleur et de la fièvre.

### Contre-indications

Ce médicament ne doit pas être utilisé dans les cas suivants :
- *antécédent* d'*allergie* ou d'*asthme* provoqué par la prise d'*AINS* ou d'aspirine,
- *ulcère* de l'estomac ou du *duodénum*,
- *insuffisance hépatique* ou *rénale* graves,
- *insuffisance cardiaque* grave,
- *lupus érythémateux* disséminé,
- *phénylcétonurie* (granulé pour solution buvable : présence d'aspartam),
- enfant de moins de 15 ans,
- **grossesse** (à partir du 6e mois).

**Attention :** Tout traitement prolongé ou *surdosage* d'*AINS* expose à des effets indésirables graves.

Certaines situations doivent conduire à ne poursuivre le traitement qu'après un avis médical :
- brûlures d'estomac importantes ou selles noires et nauséabondes pouvant traduire une irritation ou un saignement du tube digestif ;
- *réaction allergique* cutanée, crise d'*asthme* ;
- fatigue inhabituelle et intense, ou baisse brutale et importante du volume des urines chez une personne souffrant d'*insuffisance cardiaque*, déshydratée ou traitée par *diurétique*.

Des précautions sont nécessaires chez la personne âgée ou en cas d'*antécédent* d'*ulcère* de l'estomac ou du *duodénum* ou de risque hémorragique, notamment digestif (maladie de *Crohn*, *rectocolite hémorragique*).

Certains médecins considèrent que les anti-inflammatoires peuvent diminuer l'efficacité des stérilets et exposer à un risque de grossesse non désirée. Ce risque est actuellement très controversé.

Conducteur : ce médicament peut être responsable, dans de rares cas, de vertiges ou de troubles de la vue.

**Interactions avec d'autres substances**

Ce médicament peut interagir avec d'autres médicaments, notamment :

- l'aspirine et les autres *anti-inflammatoires* non stéroïdiens (*AINS*) : risque d'accroissement des effets indésirables ;
- les *anticoagulants* et les *antiagrégants plaquettaires* : augmentation du risque hémorragique ;
- le lithium (TÉRALITHE, NEUROLITHIUM...) : augmentation du taux de lithium dans le sang ;
- le méthotrexate.

Informez par ailleurs votre médecin ou votre pharmacien en cas de traitement par un *diurétique*, un *inhibiteur de l'enzyme de conversion*, un *inhibiteur de l'angiotensine II*, un *bêtabloquant* ou un médicament contenant de la ciclosporine.

**Grossesse et allaitement**

Des effets néfastes pour l'enfant à naître ont été mis en évidence lorsque les *AINS* sont utilisés au cours des 4 derniers mois de la grossesse ; le risque existe même avec une seule prise et même si la grossesse est à terme. L'usage de ce médicament est contre-indiqué pendant cette période.

Pendant les 5 premiers mois, l'effet de ce médicament est mal connu : seul votre médecin peut évaluer le risque éventuel de son utilisation dans votre cas.

Ce médicament passe dans le lait maternel : par mesure de prudence, il est déconseillé pendant l'allaitement.

**Mode d'emploi et posologie**

Ce médicament est pris de préférence au milieu des repas afin de limiter les effets digestifs indésirables. Les prises doivent être espacées d'au moins 6 heures.

Le contenu des sachets doit être dissous dans un verre d'eau.

**Posologie usuelle :**

- Adulte : 1 comprimé ou 1 sachet, 1 à 3 fois par jour.

**Conseils :** Ne dépassez pas la *posologie* ni la durée de traitement prescrites par votre médecin.
Ce médicament vous a été prescrit dans une situation précise : ne le conseillez pas à un proche, ne le réutilisez pas sans avis médical.

**Effets indésirables possibles**

Nausées, vomissements, *gastrite*.

Rarement :

- *ulcère* de l'estomac ou du *duodénum*, *hémorragie* du tube digestif (vomissements sanglants, selles noires, ou le plus souvent pertes de sang imperceptibles, responsables de l'apparition progressive d'une *anémie*) le plus souvent lors d'un traitement de longue durée ou à forte dose ;
- *réaction allergique* : *éruption cutanée*, démangeaisons, *œdème*, crise d'*asthme*, malaise avec chute brutale de la tension artérielle ;
- *vertiges*, maux de tête ;
- troubles de la vision nécessitant un examen ophtalmologique ;
- anomalie de la *numération formule sanguine*, augmentation des *transaminases*.

Laboratoires Zambon France

## SPIRAMYCINE MÉTRONIDAZOLE ARROW 0,75 UI/125 mg

Antibiotiques : macrolide + imidazolé

sur ordonnance

Ce médicament est un générique de RODOGYL (voir p. 910 et tableau p. 1151).

## SPIRAMYCINE MÉTRONIDAZOLE ARROW 1,5 M UI/250 mg

Antibiotiques : macrolide + imidazolé

sur ordonnance

Ce médicament est un générique de BIRODOGYL (voir p. 159 et tableau p. 1151).

## SPIRAMYCINE MÉTRONIDAZOLE BIOGARAN 0,75 UI/125 mg

Antibiotiques : macrolide + imidazolé

sur ordonnance

Ce médicament est un générique de RODOGYL (voir p. 910 et tableau p. 1151).

## SPIRAMYCINE MÉTRONIDAZOLE BIOGARAN 1,5 M UI/250 mg

Antibiotiques : macrolide + imidazolé

sur ordonnance

Ce médicament est un générique de BIRODOGYL (voir p. 159 et tableau p. 1151).

## SPIRAMYCINE MÉTRONIDAZOLE EG 0,75 UI/125 mg

Antibiotiques : macrolide + imidazolé

sur ordonnance

Ce médicament est un générique de RODOGYL (voir p. 910 et tableau p. 1151).

## SPIRAMYCINE MÉTRONIDAZOLE EG 1,5 M UI/250 mg

Antibiotiques : macrolide + imidazolé

sur ordonnance

Ce médicament est un générique de BIRODOGYL (voir p. 159 et tableau p. 1151).

## SPIRAMYCINE MÉTRONIDAZOLE MERCK 1,5 M UI/250 mg

Antibiotiques : macrolide + imidazolé

sur ordonnance

Ce médicament est un générique de BIROGYL (voir p. 159 et tableau p. 1151).

## SPIRAMYCINE MÉTRONIDAZOLE QUALIMED 1,5 M UI/250 mg

Antibiotiques : macrolide + imidazolé

sur ordonnance

Ce médicament est un générique de BIRODOGYL (voir p. 159 et tableau p. 1151).

## SPIRAMYCINE MÉTRONIDAZOLE RANBAXY 1,5 M UI/250 mg

Antibiotiques : macrolide + imidazolé

sur ordonnance

Ce médicament est un générique de BIRODOGYL (voir p. 159 et tableau p. 1151).

## SPIRAMYCINE MÉTRONIDAZOLE RATIOPHARM 1,5 M UI/250 mg

Antibiotiques : macrolide + imidazolé

sur ordonnance

Ce médicament est un générique de BIRODOGYL (voir p. 159 et tableau p. 1151).

## SPIRAMYCINE MÉTRONIDAZOLE SANDOZ 1,5 M UI/250 mg

Antibiotiques : macrolide + imidazolé

sur ordonnance

Ce médicament est un générique de BIRODOGYL (voir p. 159 et tableau p. 1151).

## SPIRAMYCINE MÉTRONIDAZOLE TEVA 0,75 UI/125 mg

Antibiotiques : macrolide + imidazolé

sur ordonnance

Ce médicament est un générique de RODOGYL (voir p. 910 et tableau p. 1151).

## SPIRAMYCINE MÉTRONIDAZOLE TEVA 1,5 M UI/250 mg

Antibiotiques : macrolide + imidazolé

sur ordonnance

Ce médicament est un générique de BIRODOGYL (voir p. 159 et tableau p. 1151).

## SPIRIVA

Antiasthmatique

sur ordonnance

### Présentation

SPIRIVA : poudre pour inhalation en gélule ; boîte de 30 gélules avec dispositif pour *inhalation* Handihaler. Liste I - Remb 65 % - **Prix : 46,17 €**.

### Composition

| | p gél |
|---|---|
| **Tiotropium** | 18 µg |

### Dans quel cas ce médicament est-il prescrit ?

Ce médicament est un bronchodilatateur de la famille des anticholinergiques (*atropiniques*). Il agit localement contre la contraction anormale des muscles de la paroi des bronches. Son action est rapide (quelques minutes) et se poursuit plusieurs jours.

Il est utilisé dans le traitement continu de la *bronchite chronique* de type obstructif (*BPCO*), c'est-à-dire associée à un rétrécissement du diamètre des bronches.

**Attention :** Lorsque les doses habituellement efficaces deviennent insuffisantes et que les difficultés respiratoires s'accentuent, un traitement complémentaire (par *corticoïde* ou *antibiotique*) est nécessaire.

Des précautions sont nécessaires chez les personnes souffrant d'un *adénome de la prostate*, de *glaucome* à angle fermé ou d'un rétrécissement du col de la vessie.

Ce médicament, s'il est projeté accidentellement dans l'œil, peut provoquer un *glaucome* aigu chez les personnes prédisposées.

### Grossesse et allaitement

L'effet de ce médicament pendant la grossesse ou l'allaitement est mal connu. Par prudence, son usage est déconseillé chez la femme enceinte ou chez celle qui allaite.

### Mode d'emploi et posologie

Ouvrir le capuchon protecteur et l'embout buccal. Placer une gélule dans la chambre centrale de l'inhalateur. Refermer l'embout buccal. Appuyer sur le bouton perforateur (bouton vert) puis relâcher. La gélule est ouverte et la poudre est prête à être inhalée. Expirer profondément puis placer l'embout buccal à l'entrée de la bouche et inspirer.

L'*inhalation* doit être faite au cours d'une inspiration profonde, précédée d'une expiration forcée. Il est ensuite nécessaire de retenir sa respiration quelques instants.

**Posologie usuelle :**

- Adulte de plus de 18 ans : inhaler le contenu d'une gélule, 1 fois par jour, de préférence à heure fixe.

**Conseils :** Lisez attentivement la notice du médicament avant son emploi.

N'hésitez pas à demander une démonstration du maniement de cet appareil à votre médecin ou votre pharmacien.

Pensez à nettoyer l'appareil d'inhalation avec de l'eau une fois par mois. Le capuchon de protection permet d'éviter l'inhalation accidentelle de poussières ou de corps étrangers qui pourraient se déposer dans l'embout en l'absence de protection ; veillez à le remettre en place après chaque inhalation.

### Effets indésirables possibles

Très fréquent : sécheresse de la bouche.

Fréquents : constipation, *candidose*, *sinusite*, mal de gorge, saignement de nez.

Peu fréquents : *réaction allergique*, *tachycardie*, *palpitations*, troubles urinaires.

Comme pour tout produit inhalé, la prise de ce médicament peut provoquer une aggravation paradoxale des difficultés respiratoires : dans ce cas, ne poursuivez pas le traitement sans avis médical.

**Laboratoires Bœhringer Ingelheim**

## SPIROCTAN

*Informations détaillées sur www.monvidal.com*

## SPIROCTAZINE

Diurétiques associés — **sur ordonnance**

### Présentation

**SPIROCTAZINE :** comprimé (blanc) ; boîte de 30. Liste II - Remb 65 % - **Prix : 5,65 €**.

### Composition

| | p cp |
|---|---|
| **Altizide** | 15 mg |
| **Spironolactone** | 25 mg |
| Lactose | + |

### Dans quel cas ce médicament est-il prescrit ?

Ce médicament est une association de deux *diurétiques* : l'altizide, dont la structure est proche de celle des *sulfamides*, et la spironolactone, qui a pour caractéristique d'empêcher la perte du *potassium* dans les urines, habituelle avec l'altizide.

Il est utilisé dans le traitement :

- de l'*hypertension artérielle*,
- des *œdèmes* liés à une *insuffisance hépatique*, à une *insuffisance cardiaque* ou à un *syndrome néphrotique*.

### Contre-indications

Ce médicament ne doit pas être utilisé dans les cas suivants :

- *allergie* aux médicaments de la famille des *sulfamides*,
- *insuffisance rénale* grave,
- *hyperkaliémie* (excès de *potassium* dans le sang),
- *encéphalopathie hépatique*.

**Attention :** Ce médicament peut être responsable d'une augmentation ou au contraire d'une baisse de la *kaliémie* (taux de *potassium* dans le sang), qui peut être aggravée par l'usage prolongé de *laxatifs stimulants*. Un contrôle par des analyses de sang est souvent prescrit par le médecin.

Chez les personnes atteintes d'une *insuffisance hépatique* grave, l'apparition de troubles de la conscience peut annoncer une complication. Ne poursuivez pas le traitement sans l'avis de votre médecin.

N'utilisez des *sels* de régime, souvent riches en potassium, qu'avec l'accord de votre médecin.

Les *diurétiques* peuvent augmenter le taux d'*acide urique* ou de *sucre* dans le sang.

Sportif : ce médicament contient une substance susceptible de rendre positifs certains *tests antidopage*.

### Interactions avec d'autres substances

Ce médicament ne doit pas être associé aux *diurétiques* élevant le taux de *potassium* dans le sang ou aux médicaments qui en contiennent.

Il peut interagir avec les *inhibiteurs de l'enzyme de conversion*, les *inhibiteurs de l'angiotensine II*, les médicaments susceptibles de provoquer des *torsades de pointes* et ceux contenant du lithium.

Informez par ailleurs votre médecin si vous prenez l'un des médicaments suivants : *AINS*, *digitalique*, médicament susceptible de faire baisser la *kaliémie* (*corticoïde*, *laxatif stimulant*), *neuroleptique*, *antidépresseur imipraminique*, médicament contenant du baclofène ou de la metformine.

### Grossesse et allaitement

Les études scientifiques actuellement disponibles n'ont pas mis en évidence de problème particulier lors de l'utilisation chez la femme enceinte. Néanmoins, les *diurétiques* ne sont pas adaptés au traitement de l'*hypertension artérielle* et des *œdèmes* pendant la grossesse. Seul votre médecin peut apprécier la nécessité du traitement et le risque éventuel de son utilisation dans votre cas.

Ce médicament passe dans le lait maternel : l'allaitement est déconseillé.

### Mode d'emploi et posologie

Ce médicament peut être pris indifféremment au cours ou en dehors des repas.

**Posologie usuelle :**

*Hypertension artérielle* : ½ à 1 comprimé par jour.

*Œdèmes* :

- traitement d'attaque : 3 à 6 comprimés par jour.
- traitement d'entretien : 1 à 2 comprimés par jour.

**Conseils :** Ce médicament augmente le volume des urines, surtout en début de traitement. Évitez une prise le soir, source de gêne nocturne.

Les *diurétiques* exposent au risque de déshydratation : veillez à proposer des boissons abondantes aux personnes âgées, notamment pendant les fortes chaleurs.

### Effets indésirables possibles

Liés à la spironolactone :

Augmentation du volume des seins chez l'homme (gynécomastie).

Rarement : *intolérance digestive*, troubles des règles chez la femme ou de l'érection chez l'homme, *éruption cutanée*, somnolence, crampes.

Liés à l'altizide :

Baisse de la *kaliémie*, associée éventuellement à des crampes.

Déshydratation possible chez la personne âgée.

Augmentation de la *glycémie* ou de l'*uricémie*.

*Hypotension orthostatique*.

Rarement :

- baisse du taux de sodium dans le sang (natrémie) et risque de troubles du comportement ;
- anomalie de la *numération formule sanguine* ;
- nausées, constipation, *vertiges*, fatigue, maux de tête, fourmillement des extrémités.

Exceptionnellement : *pancréatite*, *réaction allergique*.

**Laboratoires Ferlux**

## SPIRONOLACTONE ALTIZIDE ARROW
Diurétiques associés
sur ordonnance

Ce médicament est un générique de ALDACTAZINE (voir p. 64 et tableau p. 1151).

## SPIRONOLACTONE ALTIZIDE BIOGARAN
Diurétiques associés
sur ordonnance

Ce médicament est un générique de ALDACTAZINE (voir p. 64 et tableau p. 1151).

## SPIRONOLACTONE ALTIZIDE EG
Diurétiques associés
sur ordonnance

Ce médicament est un générique de ALDACTAZINE (voir p. 64 et tableau p. 1151).

## SPIRONOLACTONE ALTIZIDE IVAX
Diurétiques associés
sur ordonnance

Ce médicament est un générique de ALDACTAZINE (voir p. 64 et tableau p. 1151).

## SPIRONOLACTONE ALTIZIDE MERCK
Diurétiques associés
sur ordonnance

Ce médicament est un générique de ALDACTAZINE (voir p. 64 et tableau p. 1151).

## SPIRONOLACTONE ALTIZIDE SANDOZ
Diurétiques associés
sur ordonnance

Ce médicament est un générique de ALDACTAZINE (voir p. 64 et tableau p. 1151).

## SPIRONOLACTONE ALTIZIDE TEVA
Diurétiques associés
sur ordonnance

Ce médicament est un générique de ALDACTAZINE (voir p. 64 et tableau p. 1151).

## SPIRONOLACTONE ALTIZIDE WINTHROP
Diurétiques associés
sur ordonnance

Ce médicament est un générique de ALDACTAZINE (voir p. 64 et tableau p. 1151).

## SPIRONOLACTONE ARROW
Diurétique
sur ordonnance

Ce médicament est un générique de ALDACTONE (voir p. 65 et tableau p. 1151).

## SPIRONOLACTONE BIOGARAN
Diurétique
sur ordonnance

Ce médicament est un générique de ALDACTONE (voir p. 65 et tableau p. 1151).

## SPIRONOLACTONE EG
Diurétique
sur ordonnance

Ce médicament est un générique de ALDACTONE (voir p. 65 et tableau p. 1151).

## SPIRONOLACTONE G GAM
Diurétique
sur ordonnance

Ce médicament est un générique de ALDACTONE (voir p. 65 et tableau p. 1151).

## SPIRONOLACTONE IVAX
Diurétique
sur ordonnance

Ce médicament est un générique de ALDACTONE (voir p. 65 et tableau p. 1151).

## SPIRONOLACTONE MERCK
Diurétique
sur ordonnance

Ce médicament est un générique de ALDACTONE (voir p. 65 et tableau p. 1151).

## SPIRONOLACTONE RATIOPHARM
Diurétique
sur ordonnance

Ce médicament est un générique de ALDACTONE (voir p. 65 et tableau p. 1151).

## SPIRONOLACTONE RPG
Diurétique
sur ordonnance

Ce médicament est un générique de ALDACTONE (voir p. 65 et tableau p. 1151).

## SPIRONOLACTONE SANDOZ
Diurétique
sur ordonnance

Ce médicament est un générique de ALDACTONE (voir p. 65 et tableau p. 1151).

## SPIRONOLACTONE TEVA

Diurétique — sur ordonnance

Ce médicament est un générique de ALDACTONE (voir p. 65 et tableau p. 1151).

## SPIRONOLACTONE WINTHROP

Diurétique — sur ordonnance

Ce médicament est un générique de ALDACTONE (voir p. 65 et tableau p. 1151).

## SPIRONONE

Diurétique — sur ordonnance

Ce médicament est un générique de ALDACTONE (voir p. 65 et tableau p. 1151).

**SPLÉNOCARBINE**

*Informations détaillées sur www.monvidal.com*

**SPORANOX**

*Informations détaillées sur www.monvidal.com*

**SPORILINE**

*Informations détaillées sur www.monvidal.com*

## SPORTENINE

Homéopathie

### Présentation

SPORTENINE : comprimé à croquer (arôme citron) ; boîte de 22. Non remb.

### Composition

| | p cp |
|---|---|
| **Arnica montana 9 CH** | 6,67 mg |
| **Sarcolacticum acidum 3 CH** | 6,67 mg |
| **Zincum oxydatum 3 CH** | 6,67 mg |
| Lactose | + |

### Dans quel cas ce médicament est-il prescrit ?

Ce médicament est un *complexe* (association) de composants homéopathiques.

Il est utilisé en cas de crampes, courbatures, fatigue musculaire lors d'efforts sportifs ou de surmenage physique.

### Grossesse et allaitement

Aux *dilutions homéopathiques*, les substances contenues dans ce médicament ne sont pas connues pour être toxiques pendant la grossesse ou l'allaitement.

### Mode d'emploi et posologie

Les comprimés doivent être croqués à distance des repas.

Les comprimés ne sont pas adaptés à l'enfant de moins de 6 ans. En effet, ils risquent d'obstruer les voies respiratoires si l'enfant déglutit mal et que le comprimé passe dans la trachée (fausse route).

**Posologie usuelle :**

Prendre 1 comprimé la veille ou juste avant l'épreuve sportive, puis 1 comprimé toutes les heures pendant l'effort musculaire. Après l'effort, prendre 1 comprimé toutes les heures jusqu'à amélioration.

Ne pas dépasser 10 comprimés par jour.

Laboratoires Boiron

## SPOTOF

Antifibrinolytique — sur ordonnance

Ce médicament est un générique de EXACYL (voir p. 392 et tableau p. 1151).

**SPRAY-PAX**

*Informations détaillées sur www.monvidal.com*

**SPRÉGAL**

*Informations détaillées sur www.monvidal.com*

## SRILANE

Antalgique à usage local

### Présentation

SRILANE : crème ; tube de 60 g. Non remb.

### Composition

| | p 100 g |
|---|---|
| **Idrocilamide** | 5 g |

### Dans quel cas ce médicament est-il prescrit ?

Cette crème contient un myorelaxant (relaxant musculaire).

Elle est utilisée en massage dans le traitement local des contractures musculaires douloureuses (*lombalgie*) et des entorses et contusions.

### Contre-indications

Cette crème ne doit pas être utilisée dans les cas suivants :
- en application sur la peau lésée (*eczéma*, brûlure, plaie...) ;
- enfant de moins de 15 ans.

### Grossesse et allaitement

L'effet de ce médicament pendant la grossesse ou l'allaitement est mal connu. L'évaluation du risque éventuel lié à son utilisation est individuelle : demandez conseil à votre pharmacien ou à votre médecin.

### Mode d'emploi et posologie

Appliquer par un massage doux et prolongé.

**Posologie usuelle :**
- Adulte : 1 à 3 applications par jour.

**Conseils :** Pensez à vous laver les mains après l'application pour éviter tout contact avec les yeux et les *muqueuses*.

### Effets indésirables possibles

*Allergie* cutanée (éruption de boutons, démangeaisons...) imposant l'arrêt du traitement ; à ne pas confondre avec une rougeur au point d'application due au médicament.

Laboratoires Merck Lipha Santé

## STABLON
Antidépresseur

**sur ordonnance**

### Présentation

**STABLON 12,5 mg** : comprimé (blanc) ; boîte de 30. Liste I - Remb 65 % - **Prix : 10,37 €**.

### Composition

| | p cp |
|---|---|
| **Tianeptine sodique** | 12,5 mg |

### Dans quel cas ce médicament est-il prescrit ?

Ce médicament est un *antidépresseur*.

Il est utilisé dans le traitement des *états dépressifs*.

### Contre-indications

Ce médicament ne doit pas être utilisé dans les cas suivants :
- enfant de moins de 15 ans,
- en association avec les *IMAO*.

**Attention :** Des précautions sont nécessaires chez la personne âgée et en cas d'*insuffisance rénale*.

En cas d'excitation anormale ou de confusion des idées survenant sous traitement, une consultation médicale est nécessaire.

Bien qu'aucune interaction nette n'ait été constatée avec l'*alcool*, évitez la prise de boissons alcoolisées, comme avec tout médicament *psychotrope*.

Si vous devez conduire, ou utiliser une machine dangereuse, assurez-vous préalablement que ce médicament n'altère pas votre vigilance.

### Interactions avec d'autres substances

Ce médicament peut interagir avec les *IMAO* non sélectifs.

### Grossesse et allaitement

L'effet de ce médicament pendant la grossesse est mal connu : seul votre médecin peut évaluer le risque éventuel de son utilisation dans votre cas.

Ce médicament passe dans le lait maternel : l'allaitement est déconseillé.

### Mode d'emploi et posologie

Ce médicament est pris au début des repas.

**Posologie usuelle :**
- Adulte : 1 comprimé, 3 fois par jour (matin, midi et soir).

**Conseils :** L'efficacité des *antidépresseurs* n'est généralement pas immédiate. Un délai pouvant atteindre plusieurs semaines est parfois nécessaire pour que les effets bénéfiques se fassent sentir. Les effets indésirables éventuels apparaissant en début de traitement ne doivent pas vous conduire à l'arrêter prématurément.

Chez la personne souffrant de dépression, un état anxieux peut apparaître ou être majoré en début de traitement ; un *anxiolytique* est parfois prescrit par le médecin pour prévenir ou traiter ces manifestations.

Lorsque les *symptômes* de la *dépression* ont disparu, le traitement doit absolument être poursuivi pendant la durée prescrite afin de consolider la guérison. Un arrêt prématuré exposerait à une rechute.

La durée d'un traitement antidépresseur est rarement inférieure à 6 mois.

Contrairement à d'autres médicaments utilisés pour traiter les maladies psychiques, les antidépresseurs ne créent pas de dépendance. Néanmoins, il est préférable d'arrêter le traitement progressivement en diminuant la posologie ou en espaçant les prises pour éviter les effets indésirables transitoires, rarement observés, en cas d'interruption brutale.

### Effets indésirables possibles

Rarement : *troubles digestifs*, sécheresse de la bouche, perte de l'appétit, fatigue, cauchemars, insomnie ou au contraire somnolence, *troubles du rythme cardiaque*, *vertiges*, maux de tête, bouffées de chaleur, tremblements, gêne respiratoire, boule dans la gorge, douleurs musculaires.

Laboratoires Ardix Médical

## STAGID
Antidiabétique oral

**sur ordonnance**

### Présentation

**STAGID :** comprimé sécable (jaune) ; boîte de 30. Liste I - Remb 65 % - **Prix : 4,26 €**.

**STAGID :** comprimé sécable (jaune) ; boîte de 100. Liste I - Remb 65 % - **Prix : 11,47 €**.

### Composition

| | p cp |
|---|---|
| **Metformine embonate** | 700 mg |
| soit Metformine | 280 mg |

### Dans quel cas ce médicament est-il prescrit ?

Cet *antidiabétique* oral appartient à la famille des biguanides. Il permet de diminuer l'excès de *sucre* dans le sang sans pour autant favoriser la sécrétion d'*insuline*, contrairement aux *sulfamides hypoglycémiants*.

Il est utilisé dans le traitement du *diabète* non insulino-dépendant lorsque le régime alimentaire seul est insuffisant et en l'absence d'*acidocétose*.

Il peut également être utilisé en complément des traitements par l'insuline.

### Contre-indications

Ce médicament ne doit pas être utilisé dans les cas suivants :
- *insuffisance rénale*, maladie aiguë pouvant provoquer une insuffisance rénale (voir Attention) ;
- *insuffisance hépatique* grave, état d'ivresse ;
- *insuffisance cardiaque* ou *respiratoire* ;
- *infarctus du myocarde* récent ;
- **allaitement**.

**Attention :** Ce médicament expose à un risque de complication exceptionnelle et grave : l'*acidose lactique*. Celle-ci est favorisée par la présence d'une *insuffisance rénale*, même modérée, ou d'une *insuffisance hépatique* grave. Toute insuffisance rénale préexistante ou apparaissant sous traitement (notamment chez la personne âgée qui se déshydrate) contre-indique l'utilisation ou la poursuite de la prise de ce médicament.

Certaines situations peuvent contribuer à augmenter la *glycémie* : infection, prise de médicaments, stress. En cas d'apparition d'une sensation de malaise général, consultez rapidement votre médecin.

Des analyses de sang régulières sont nécessaires pendant le traitement.
En cas d'examen radiologique nécessitant l'administration de produits de contraste par *voie* intraveineuse ou en cas d'intervention chirurgicale, le traitement doit être interrompu puis repris au minimum 48 heures après.

### Interactions avec d'autres substances

Certains médicaments sont susceptibles de faire varier le taux de sucre dans le sang et de déséquilibrer la *glycémie*. Ainsi, l'association de ce médicament avec les *corticoïdes*, les antiasmathiques bronchodilatateurs, les *diurétiques* ou les *inhibiteurs de l'enzyme de conversion* peut nécessiter un contrôle plus fréquent de la glycémie, voire une modification de la *posologie* de la metformine.

### Grossesse et allaitement

Un *diabète* mal équilibré peut être néfaste pour l'enfant à naître.
Un désir de grossesse nécessite le remplacement de ce médicament par de l'*insuline* et une surveillance médicale renforcée.
Si une grossesse survient alors que vous êtes encore sous traitement *antidiabétique* oral, consultez rapidement votre médecin pour un passage à l'insuline injectable.
Les données disponibles ne permettent pas de savoir si ce médicament passe dans le lait maternel ; un choix est donc nécessaire entre l'allaitement et la prise du médicament. Cette décision devra être prise en accord avec votre médecin.

### Mode d'emploi et posologie

Les prises sont réparties dans la journée, au cours ou à la fin des repas.

**Posologie usuelle :**

- Adulte : 3 comprimés par jour ; la *posologie* est adaptée par votre médecin en fonction des résultats des analyses de sang.

**Conseils :** Ce médicament, utilisé seul, n'expose pas au risque d'*hypoglycémie*.
Le *diabète* peut diminuer la sensibilité des pieds à la douleur et favoriser les infections. Des plaies profondes peuvent se développer : une hygiène rigoureuse et des chaussures confortables limitent ce risque.
Le régime du diabétique ne consiste pas en une simple interdiction des *glucides* (*sucres*, pain, pâtes...) : demandez conseil à votre médecin.
Pesez-vous régulièrement et signalez toute variation rapide de poids à votre médecin.

### Effets indésirables possibles

Fréquemment en début de traitement : nausées, vomissements, diarrhées, douleurs abdominales, perte de l'appétit. Ces troubles disparaissent généralement avec la poursuite du traitement.
Sensation de goût métallique dans la bouche, rougeur cutanée.
Exceptionnellement : *acidose lactique* (voir Attention).

**Laboratoires Merck Lipha Santé**

## STAGO

*Informations détaillées sur www.monvidal.com*

## STALEVO

*Informations détaillées sur www.monvidal.com*

## STAMARIL

*Informations détaillées sur www.monvidal.com*

## STÉDIRIL

Contraceptif oral — sur ordonnance

### Présentation

STÉDIRIL : comprimé (bleu) ; boîte de 1 plaquette de 21. Liste I - Remb 65 % - **Prix : 1,68 €**.
STÉDIRIL : comprimé (bleu) ; boîte de 3 plaquettes de 21. Liste I - Remb 65 % - **Prix : 3,83 €**.

### Composition

| | p cp |
|---|---|
| **Éthinylestradiol** | 0,05 mg |
| **Norgestrel** | 0,5 mg |

### Dans quel cas ce médicament est-il prescrit ?

C'est un *contraceptif* oral (pilule) qui contient un *estrogène* et un *progestatif*. Il est normodosé (0,05 mg d'estrogène) et monophasique (tous les comprimés contiennent la même quantité d'*hormones* et sont donc de la même couleur).

### Contre-indications

Ce médicament ne doit pas être utilisé dans les cas suivants :

- *accident thromboembolique* artériel (*infarctus du myocarde*, *accident vasculaire cérébral*...) ou veineux (*phlébite*, *embolie* pulmonaire...) ancien ou survenant au cours de la contraception ;
- maladie cardiovasculaire (*hypertension artérielle*, *angine de poitrine*, lésion des valves cardiaques, anomalie de la circulation sanguine cérébrale ou rétinienne) ;
- *cancer hormonodépendant* ;
- *diabète* compliqué de lésions vasculaires ;
- saignement génital intermittent (l'origine de ce saignement doit être déterminée par des examens avant la mise en route du traitement) ;
- maladie du foie, grave ou récente.

**Attention :** Un examen médical est nécessaire avant de débuter la contraception. Il est suivi d'une surveillance annuelle pendant la contraception. Cette surveillance est particulièrement importante si vous souffrez de *diabète*, d'obésité, d'excès de cholestérol, de *triglycérides* ou de *prolactine* dans le sang, d'affection bénigne du sein ou de l'utérus, d'ictère (jaunisse) chronique ou survenu lors d'une grossesse, d'*épilepsie*, de *migraine*, d'*otosclérose*, d'*asthme*, de varices, de dépression, de calcul biliaire, d'herpès gestationis, ou si des membres de votre famille ont des *antécédents* de cancer du sein ou d'*accidents thromboemboliques*.
Si vous avez plus de 35 ans, si vous fumez, le risque d'effets indésirables cardiovasculaires liés à la prise d'hormones augmente fortement. Un autre mode de contraception est souvent préconisé.
Arrêtez la prise de ce contraceptif et consultez votre médecin en cas d'apparition de l'un des *symptômes*

suivants : maux de tête violents et inhabituels, troubles de la vision, élévation importante de la tension artérielle, douleur inhabituelle à la jambe.

La survenue d'un léger saignement entre les règles (spotting) est fréquente chez les femmes pendant les premiers mois d'utilisation de la pilule. Vous devez informer votre médecin si les saignements se prolongent ou s'ils apparaissent en cours de contraception.

L'oubli d'un comprimé ou sa mauvaise absorption, du fait de vomissements par exemple, peuvent rendre la contraception inefficace.

En cas d'intervention chirurgicale programmée ou d'alitement prolongé, votre médecin jugera de l'opportunité d'interrompre votre contraception orale.

### Interactions avec d'autres substances

L'efficacité contraceptive de ce médicament peut être diminuée par les *anticonvulsivants*, certains traitements du *sida*, les produits de phytothérapie contenant du millepertuis et les médicaments contenant l'une des substances suivantes : griséofulvine, rifampicine, rifabutine, modafinil.

Informez par ailleurs votre médecin si vous prenez des médicaments contenant de la flunarizine.

### Grossesse et allaitement

Ce médicament n'a pas de raison d'être utilisé pendant la grossesse. Néanmoins, si une grossesse survient malgré le traitement, du fait d'un oubli ou d'un retard de prise, celle-ci pourra être poursuivie normalement si vous le désirez.

Les *hormones* contenues dans ce *contraceptif* passent dans le lait maternel : ne l'utilisez pas pendant l'allaitement sans avis médical.

### Mode d'emploi et posologie

Prendre régulièrement, et sans oubli, 1 comprimé par jour pendant 21 jours consécutifs. Il est recommandé de ne pas trop faire varier l'heure de prise (choisir le petit déjeuner ou le coucher de préférence).

L'interruption du traitement déclenche les règles au bout de 2 ou 3 jours. La nouvelle plaquette est reprise après les 7 jours d'arrêt, que les règles soient terminées ou non.

Pour éviter un retard dans la reprise de la pilule, préjudiciable à l'efficacité de la contraception, il est utile de noter le jour de la prise du premier comprimé : une nouvelle plaquette est toujours commencée le même jour de la semaine. Le respect de ces délais est important : une reprise trop tardive du premier comprimé peut nuire à l'efficacité de la contraception pour le nouveau cycle. En revanche, une reprise un ou deux jours plus tôt ne pose pas de problème et décale d'autant la survenue des règles. Il est également possible d'enchaîner deux plaquettes. Dans ce cas, les règles surviendront à la fin de la deuxième plaquette.

En cas de première contraception orale ou de reprise d'une contraception interrompue temporairement, prendre le premier comprimé le premier jour des règles. La sécurité contraceptive n'est assurée qu'après un délai d'une semaine. Une méthode contraceptive complémentaire (préservatif, etc.) est nécessaire pendant cette période

En cas de changement de contraceptif, prendre le premier comprimé de la plaquette :

- le jour suivant la prise du dernier comprimé actif, si le précédent contraceptif était une autre pilule estroprogestative ;
- sans interruption et à n'importe quel moment du cycle, si le précédent contraceptif était un contraceptif progestatif microdosé ;
- le jour du retrait, si le précédent mode de contraception était un implant contraceptif ;
- le jour prévu pour l'injection, dans le cas du relais d'une contraception par progestatif injectable.

Après un accouchement ou une interruption de grossesse, suivre les indications du médecin.

**Conseils :** Les dernières recommandations en cas d'oubli d'un comprimé pour ce type de pilule sont les suivantes : prendre immédiatement le comprimé oublié et continuer à l'heure habituelle pour les comprimés suivants (ce qui peut correspondre à la prise de 2 comprimés si l'oubli est découvert lors de la prise suivante). Si le retard est supérieur à 12 heures, la sécurité contraceptive n'est plus assurée et une autre méthode complémentaire (spermicide, préservatif, diaphragme) doit être employée pendant les 7 jours suivants. Si cette période de 7 jours s'étend au-delà du dernier comprimé de la plaquette en cours, la plaquette suivante doit être débutée sans interruption entre les deux plaquettes. Dans ce cas, il n'y aura pas de saignement avant la fin de la seconde plaquette. Des saignements de faible importance (spottings) sont cependant possibles.

En cas de vomissements ou de diarrhée sévère survenant dans les 4 heures suivant la prise d'un comprimé, reprendre dès que possible un autre comprimé. Si le délai est de plus de 12 heures ou si les troubles se répètent, la sécurité contraceptive n'est plus assurée et une méthode complémentaire doit être employée jusqu'à la prise de la plaquette suivante.

Il n'y a pas de danger à débuter une grossesse au cours du cycle qui suit l'arrêt volontaire du contraceptif oral.

### Effets indésirables possibles

Effets, plus ou moins fréquents, n'empêchant pas la poursuite de la contraception : troubles digestifs, tension modérée des seins, jambes lourdes, diminution ou disparition des règles, règles douloureuses, prise de poids, *acné*, pousse excessive des poils, irritation oculaire par les lentilles de contact, inflammation ou *candidose* vaginale, modification de l'humeur ou de la libido, irritabilité, maux de tête banals.

Effets rares, mais nécessitant l'arrêt de cette contraception : *accident thromboembolique* (accident cardiaque, *phlébite*, *embolie* pulmonaire, etc.), taches sombres sur le visage, tension douloureuse des seins, *migraine*, troubles de la vision, augmentation importante des lipides dans le sang, *réaction allergique*, exacerbation d'un *lupus érythémateux* disséminé, d'une *porphyrie* ou d'une chorée, pancréatite, tumeur bénigne du foie, jaunisse, calcul de la vésicule biliaire.

**Laboratoires Wyeth Lederlé**

## STER-DEX

Anti-inflammatoire et antibiotique à usage ophtalmique

**sur ordonnance**

### Présentation

STER-DEX : pommade ophtalmique ; boîte de 12 récipients unidoses. Liste I - Remb 35 % - **Prix : 1,92 €.**

### Composition

| | p unidose |
|---|---|
| **Dexaméthasone** | 0,267 mg |
| **Oxytétracycline** | 1,335 mg |

### Dans quel cas ce médicament est-il prescrit ?

Cette pommade ophtalmique contient un *corticoïde* et un *antibiotique* de la famille des *cyclines.*

Elle est utilisée dans le traitement des *conjonctivites* allergiques, des infections et de certaines maladies inflammatoires de l'œil.

### Contre-indications

Ce médicament ne doit pas être utilisé dans les cas suivants :

- *allergie* aux *cyclines*,
- *kératite* virale à son début ou autre infection oculaire non contrôlée par un traitement spécifique,
- en association avec les *rétinoïdes* par *voie* orale,
- **grossesse** (à partir du 4e mois).

**Attention :** L'usage de ce médicament impose un examen ophtalmologique préalable. En effet, certaines infections oculaires peuvent être aggravées par les dérivés de la *cortisone*.

En l'absence d'amélioration après quelques jours de traitement, n'hésitez pas à consulter votre médecin.

Ce médicament contenant un *corticoïde* doit être utilisé avec précaution en cas de *glaucome* à angle ouvert.

Sportif : ce médicament contient une substance susceptible de rendre positifs certains *tests antidopage*.

### Interactions avec d'autres substances

Ce médicament peut interagir avec d'autres collyres : respectez un intervalle de 15 minutes entre deux instillations.

Les substances médicamenteuses contenues dans les collyres ou pommades ophtalmiques sont en parties absorbées et passent dans le sang. Elles pourraient donc, malgré les faibles doses utilisées, donner lieu à des interactions médicamenteuses avec notamment les produits suivants : *rétinoïdes*, *anticoagulants*, médicaments donnant des *torsades de pointes*... Demandez conseil à votre médecin si vous prenez conjointement d'autres médicaments.

### Grossesse et allaitement

Les *cyclines* prises par *voie* orale peuvent provoquer des anomalies dentaires chez l'enfant à naître : l'usage de cette pommade est contre-indiqué pendant les 2 derniers trimestres de la grossesse.

L'utilisation de ce médicament pendant l'allaitement est déconseillée.

### Mode d'emploi et posologie

Tirer la paupière inférieure vers le bas tout en regardant vers le haut et déposer l'équivalent d'un grain de riz de pommade entre la paupière et le globe oculaire (*cul-de-sac conjonctival*).

**Posologie usuelle :**

- Adulte et enfant de plus de 8 ans : 1 à 3 applications par jour.

La durée du traitement est limitée à 7 jours, sauf avis médical.

**Conseils :** Le port de *lentilles de contact* doit être immédiatement interrompu en cas d'infection oculaire et les lentilles ne doivent pas être réutilisées avant guérison complète.

La vision est troublée par l'application de la pommade. Ce trouble disparaît en quelques minutes.

L'application correcte du produit peut nécessiter une aide, notamment chez une personne handicapée ou âgée.

Chaque unidose est destinée à une application unique et doit être jetée après usage.

### Effets indésirables possibles

Irritation ou *réaction allergique* locales.

En cas d'utilisation prolongée : *cataracte*, augmentation de la *tension intraoculaire* (*glaucome*), *kératite* superficielle.

Laboratoires Novartis Pharma

## STERIDOSE

*Informations détaillées sur www.monvidal.com*

## STÉRILÈNE

Antiseptique local

### Présentation

STÉRILÈNE : solution alcoolique pour application locale ; flacon de 35 ml. Non remb.

### Composition

| | p 100 ml |
|---|---|
| **Cétrimide** | 500 mg |
| Titre alcoolique | 63° |

### Dans quel cas ce médicament est-il prescrit ?

Ce médicament est un *antiseptique* local de la famille des *ammoniums quaternaires.*

Il est utilisé pour assurer l'*antisepsie* de la peau et des plaies superficielles.

### Contre-indications

Ce médicament ne doit pas être utilisé dans les cas suivants :

- sur les *muqueuses*, notamment génitales ;
- en application dans les yeux ou dans le conduit auditif (risque de toxicité en cas de perforation du tympan) ;
- pour la désinfection du matériel médicochirurgical (voir Attention).

**Attention :** L'application sur les *muqueuses* génitales peut provoquer des rougeurs, des *ulcérations* ou des *nécroses* locales.

Évitez l'usage prolongé de ce médicament, notamment chez l'enfant, sur des surfaces étendues ou profondément lésées, sans l'avis de votre médecin : risque de passage du médicament dans le sang.

Cet *antiseptique* ne convient pas pour la désinfection des ciseaux, rasoirs et autres objets potentiellement contaminants. De même, il ne doit pas être utilisé pour désinfecter la peau avant une piqûre.

L'absorption accidentelle de ce produit expose à des complications graves : appelez le centre antipoison.

### Interactions avec d'autres substances

L'association à d'autres *antiseptiques* ou aux savons est déconseillée car leurs effets risquent de s'annuler.

### Grossesse et allaitement

Les substances contenues dans ce médicament sont peu absorbées par la peau. Néanmoins, ne l'utilisez pas de façon prolongée pendant la grossesse ou l'allaitement sans l'avis de votre médecin ou de votre pharmacien.

Cet *antiseptique* ne doit pas être appliqué sur le mamelon sans avis médical. Un rinçage soigneux avant la tétée est indispensable.

### Mode d'emploi et posologie

Badigeonner les surfaces à traiter à l'aide d'une compresse imprégnée de solution pure.

**Conseils :** Le simple lavage à l'eau et au savon permet d'éliminer la majorité des *germes* : il doit être suivi d'un rinçage soigneux car le savon peut inactiver certains *antiseptiques*.

Sur une plaie, l'application d'une solution alcoolique est douloureuse : l'emploi d'un autre antiseptique peut être préférable.

Tous les antiseptiques peuvent être contaminés par des germes : une fois ouvert, le flacon ne doit pas être conservé trop longtemps.

### Effets indésirables possibles

*Eczéma* de contact.

Rarement : *ulcère* ou *nécrose* locale en cas d'utilisation sous pansement étanche (occlusif).

Laboratoires Gifrer Barbezat

## STERLANE solution

*Informations détaillées sur www.monvidal.com*

## STÉROGYL 15 H et 15 A

Vitamine D — sur ordonnance

### Présentation

**STÉROGYL 15 « H » :** solution huileuse injectable *IM* (jaune pâle) ; ampoule de 1,5 ml. Liste II - Remb 65 % - **Prix : 1,68 €**.

**STÉROGYL 15 « A » :** solution alcoolique buvable (incolore) ; ampoule de 1,5 ml. Liste II - Remb 65 % - **Prix : 1,60 €**.

### Composition

| | p amp H | p amp A |
|---|---|---|
| **Ergocalciférol (vitamine D2)** | 600 000 UI | 600 000 UI |
| Huile neutralisée | 1,5 ml | |
| Titre alcoolique | | 89,8 ° |

### Dans quel cas ce médicament est-il prescrit ?

Ce médicament contient de la *vitamine* D qui permet la fixation osseuse du calcium et dont la *carence* provoque le *rachitisme*.

Il est utilisé pour prévenir et traiter les carences en vitamine D, chez l'adulte.

### Contre-indications

Ce médicament ne doit pas être utilisé dans les cas suivants :

- excès de calcium dans le sang et dans les urines,
- *antécédent* de calculs rénaux contenant du calcium.

**Attention :** Un *surdosage* en *vitamine* D expose à des effets indésirables graves.

La vitamine D est présente dans de nombreux médicaments disponibles sans ordonnance : prenez l'avis de votre médecin ou de votre pharmacien pour éviter tout risque de surdosage.

### Interactions avec d'autres substances

Compte tenu de la présence d'alcool, la solution alcoolique buvable peut interagir avec les médicaments ayant un effet antabuse (ESPÉRAL, TTD B3B4, etc.).

### Grossesse et allaitement

Compte tenu de sa teneur élevée en *vitamine* D, ce médicament n'est pas adapté à la femme enceinte ou qui allaite.

### Mode d'emploi et posologie

La solution huileuse peut être injectée par *voie intramusculaire*, en utilisant une seringue en verre ou avalée pure.

La solution alcoolique buvable est fortement alcoolisée ; elle ne peut pas être injectée. Elle doit être diluée dans un peu d'eau ou de jus de fruits.

**Posologie usuelle :**

- Adulte : ½ à 1 ampoule, en une seule prise, 1 fois par an.

**Conseils :** Le contenu de l'ampoule doit être pris en une seule fois ; en aucun cas, la prise ne doit être fractionnée.

Les ampoules 15 H et 15 A ne renferment pas la même quantité de *vitamine* D que la solution buvable (gouttes) : n'utilisez pas les unes à la place de l'autre.

Ce médicament doit être conservé à l'abri de la chaleur et de la lumière.

Laboratoires DB Pharma

## STÉROGYL goutte

Vitamine D

### Présentation

**STÉROGYL 2 000 000 UI/100 ml :** solution buvable (incolore) ; flacon compte-gouttes de 20 ml. Remb 65 % - **Prix : 2,06 €**.

### Composition

| | p gte |
|---|---|
| **Ergocalciférol (vitamine D2)** | 400 UI |
| Titre alcoolique | 90 ° |

### Dans quel cas ce médicament est-il prescrit ?

Ce médicament contient de la *vitamine* D, qui permet la fixation osseuse du calcium et dont la *carence* provoque le *rachitisme*.

Il est utilisé pour prévenir et traiter les carences en vitamine D.

### Contre-indications

Ce médicament ne doit pas être utilisé dans les cas suivants :
- excès de calcium dans le sang et dans les urines,
- *antécédent* de calculs rénaux contenant du calcium.

**Attention :** Un *surdosage* en *vitamine* D expose à des effets indésirables graves.
La vitamine D est présente dans de nombreux laits pour bébé et médicaments disponibles sans ordonnance : prenez l'avis de votre médecin ou de votre pharmacien pour éviter tout risque de surdosage.

### Interactions avec d'autres substances

Compte tenu de la présence d'*alcool*, ce médicament peut interagir avec ceux qui ont un *effet antabuse* (ESPÉRAL, TTD B3 B4...).

### Grossesse et allaitement

Ce médicament peut être utilisé chez la femme enceinte ou chez celle qui allaite, mais la *posologie* prescrite par le médecin ne doit pas être dépassée.
Une *hypercalcémie* pendant la grossesse pourrait être néfaste pour l'enfant à naître. Veillez à ne pas absorber plusieurs médicaments contenant de la *vitamine* D pendant la grossesse.

### Mode d'emploi et posologie

La solution est fortement alcoolisée et doit être diluée dans le lait du biberon ou dans du jus de fruits.

**Posologie usuelle :**

Prévention du *rachitisme* :
- Nourrisson recevant un lait enrichi en vitamine D : 1 ou 2 gouttes par jour.
- Nourrisson recevant un lait non enrichi en vitamine D ou nourri au sein et enfant jusqu'à 5 ans : 2 à 5 gouttes par jour.

Dans les autres cas, notamment chez la femme enceinte et la personne âgée, la *posologie* est strictement individuelle.
Traitement des *carences* en *vitamine* D : 5 à 10 gouttes par jour, pendant 3 à 6 mois.

**Conseils :** Les *carences* en *vitamine* D sont particulièrement fréquentes chez les jeunes enfants à peau sombre ou peu exposée au soleil ; en effet, la vitamine D est fabriquée par la peau sous l'influence des rayons *ultraviolets*.
La prévention du *rachitisme* par la vitamine D doit être systématique chez le *nourrisson* et le jeune enfant.
Ce médicament doit être conservé à l'abri de la chaleur et de la lumière.

Laboratoires DB Pharma

## STILLARGOL collyre

*Informations détaillées sur www.monvidal.com*

## STILLARGOL nasal

*Informations détaillées sur www.monvidal.com*

## STILNOX

Hypnotique : apparenté aux benzodiazépines

sur ordonnance

### Présentation

**STILNOX 10 mg :** comprimé sécable (blanc) ; boîte de 7.
Liste I, durée de prescription limitée à 4 semaines - Remb 65 % - **Prix : 2,30 €.**
**STILNOX 10 mg :** comprimé sécable (blanc) ; boîte de 14.
Liste I, durée de prescription limitée à 4 semaines - Remb 65 % - **Prix : 3,41 €.**

### Composition

| | p cp |
|---|---|
| **Zolpidem hémitartrate** | 10 mg |
| Lactose | + |

### Dans quel cas ce médicament est-il prescrit ?

Ce médicament est un *hypnotique* (somnifère) dont les propriétés sont proches de celles des *benzodiazépines*.
Il est utilisé dans le traitement de l'insomnie.

### Contre-indications

Ce médicament ne doit pas être utilisé dans les cas suivants :
- *insuffisance respiratoire* ou *hépatique* grave,
- *syndrome d'apnée du sommeil*,
- *myasthénie*.

**Attention :** Certaines insomnies peuvent traduire une *dépression* masquée et justifier un traitement spécifique.
Une prise prolongée, surtout à doses importantes, de somnifère, peut provoquer une *dépendance*. Ce risque de dépendance est accru chez les personnes ayant déjà présenté une dépendance à d'autres médicaments, substances ou à l'alcool.
L'arrêt brutal de ce médicament expose à un syndrome de sevrage : réapparition de l'insomnie, anxiété, maux de tête, douleurs musculaires. Il faut donc s'entourer de conseils médicaux pour diminuer progressivement les doses et espacer les prises, sur une période d'autant plus longue que le traitement a été prolongé.
Un trouble du sommeil persistant ne doit pas vous conduire à augmenter les doses, mais à consulter votre médecin.
Ce médicament expose à un risque de chute chez la personne âgée ayant l'habitude de se lever la nuit.
Un réveil nocturne après la prise du médicament peut entraîner des troubles de mémoire, parfois angoissants.
Évitez les boissons alcoolisées : augmentation du risque de somnolence.

Ce médicament est un somnifère. Conduire ou utiliser une machine dangereuse dans les heures qui suivent sa prise est bien sûr contre-indiqué.
La durée de l'effet sédatif, ainsi que son intensité, est très variable d'une personne à l'autre. Il vous appartient de vérifier, après les premières prises, que la persistance éventuelle d'une somnolence au réveil est compatible avec la poursuite de vos activités habituelles.

### Interactions avec d'autres substances

Informez votre médecin ou votre pharmacien si vous prenez d'autres *sédatifs* (tranquillisants, somnifères, certains médicaments contre la toux ou contre la douleur contenant des *opiacés*, *antidépresseurs*, *neuroleptiques*...).

### Grossesse et allaitement

Ce médicament ne doit pas être utilisé sans avis médical pendant la grossesse. Les fortes doses au cours des 6 derniers mois sont déconseillées. En fin de grossesse, un traitement par benzodiazépine, même à faible dose, peut être responsable d'effets indésirables chez le *nouveau-né* : une surveillance médicale du nouveau-né est alors nécessaire pendant 1 à 3 semaines selon les cas.

Ce médicament passe dans le lait maternel : l'allaitement est déconseillé.

### Mode d'emploi et posologie

Les comprimés doivent être avalés avec un verre d'eau juste avant le coucher.

**Posologie usuelle :**

- Adulte : 1 comprimé, le soir au coucher.
- Personne de plus de 65 ans, insuffisant hépatique ou respiratoire : ½ comprimé, le soir au coucher.

**Conseils :** Ce médicament vous a été prescrit dans une situation précise. Ne le conseillez pas à une autre personne et ne le réutilisez pas ultérieurement sans avis médical.

La durée de prescription des *hypnotiques* doit être la plus courte possible. Dans certaines situations, le traitement doit toutefois être prolongé. Il appartient alors au médecin de réévaluer périodiquement la nécessité de le poursuivre ou de l'interrompre.

Les somnifères ne sont pas la seule réponse aux troubles du sommeil. Une meilleure hygiène de vie, une consommation modérée d'excitants (y compris les boissons alcoolisées) permettent aussi de lutter efficacement contre les insomnies.

### Effets indésirables possibles

Sensation d'ivresse, maux de tête, troubles de la coordination des mouvements, somnolence pendant la journée, cauchemars, aggravation de l'insomnie, baisse de la libido.

Fatigue, faiblesse musculaire.

*Réaction allergique* cutanée, démangeaisons.

*Troubles digestifs.*

Vision double.

Dans certaines circonstances et chez certaines personnes :

- réactions paradoxales avec augmentation de l'anxiété, agitation, agressivité, confusion des idées, hallucinations ;
- *amnésie antérograde.*

Ces troubles nécessitent l'arrêt du traitement.

Laboratoires Sanofi-Aventis France

## STIMOL

*Informations détaillées sur www.monvidal.com*

## STIMUPLEXE

*Informations détaillées sur www.monvidal.com*

## STIMYCINE

*Informations détaillées sur www.monvidal.com*

## STODAL granules

*Informations détaillées sur www.monvidal.com*

## STODAL sirop

Homéopathie

### Présentation

STODAL : sirop (arôme caramel) ; flacon de 200 ml. Non remb.

### Composition

| | p c à s | p c à c |
|---|---|---|
| **Anemone pulsatilla 6 CH** | 0,19 g | 0,06 g |
| **Rumex crispus 6 CH** | 0,19 g | 0,06 g |
| **Bryonia dioica 3 CH** | 0,19 g | 0,06 g |
| **Ipecacuanha 3 CH** | 0,19 g | 0,06 g |
| **Spongia tosta 3 CH** | 0,19 g | 0,06 g |
| **Sticta pulmonaria 3 CH** | 0,19 g | 0,06 g |
| **Antimonium tartaricum 6 CH** | 0,19 g | 0,06 g |
| **Myocarde 6 CH** | 0,19 g | 0,06 g |
| **Coccus cacti 3 CH** | 0,19 g | 0,06 g |
| **Drosera TM** | 0,19 g | 0,06 g |
| **Sirop de Tolu** | 3,7 g | 1,24 g |
| **Sirop de polygala** | 3,7 g | 1,24 g |
| Saccharose | + | + |

### Dans quel cas ce médicament est-il prescrit ?

Ce médicament contient des extraits de plantes et des remèdes homéopathiques.

Il est utilisé dans le *traitement symptomatique* de la toux.

**Attention :** La toux est un *symptôme* qui peut révéler de nombreuses maladies : consultez votre médecin si elle persiste plus de quelques jours.

### Grossesse et allaitement

Aux *dilutions homéopathiques*, les substances contenues dans ce médicament ne sont pas connues pour être toxiques pendant la grossesse ou l'allaitement.

### Mode d'emploi et posologie

Les prises de sirop doivent être réparties dans la journée.

**Posologie usuelle :**

- Adulte : 1 cuillère à soupe de sirop, 3 à 5 fois par jour.
- Enfant : 1 cuillère à café de sirop, 3 à 5 fois par jour.

**Conseils :** Fumer, ou être exposé à la fumée des autres, nuit à l'efficacité du traitement : la cigarette est irritante pour les bronches et entretient la toux.

Des mesures simples permettent de calmer les toux sèches : boissons chaudes et humidification de l'air ambiant.

Laboratoires Boiron

## STOMÉDINE

Médicament du reflux gastro-oesophagien

### Présentation

STOMÉDINE : comprimé effervescent (arômes : orange, mandarine) ; boîte de 10. Non remb.

### Composition

| | p cp |
|---|---|
| **Ciméditine** | 200 mg |
| Sodium | 476 mg |
| Aspartam | + |

### Dans quel cas ce médicament est-il prescrit ?

Ce médicament appartient à la famille des *antihistaminiques* de type H2 : ceux-ci agissent en bloquant l'action de l'*histamine*, qui stimule la sécrétion acide de l'estomac. Il diminue l'acidité du contenu de l'estomac, source d'aigreurs et de brûlures.

Il est utilisé dans le traitement des aigreurs, brûlures d'estomac et des remontées acides.

### Contre-indications

Ce médicament ne doit pas être utilisé dans les cas suivants :
- *phénylcétonurie* (présence d'aspartam),
- enfant de moins de 15 ans.

**Attention :** Le traitement ne doit pas excéder 5 jours sans avis médical. En cas de persistance des symtômes ou de récidive à l'arrêt du traitement, des examens peuvent être nécessaires.

Il est préférable de consulter un médecin dans les situations suivantes :
- troubles de la digestion apparaissant pour la première fois, ou si les troubles ont changé récemment ;
- troubles associés à une perte de poids ;
- difficulté à avaler ou gêne abdominale persistante.

Ce médicament peut provoquer une confusion des idées ou un ralentissement du rythme cardiaque, particulièrement chez les personnes âgées et chez les *insuffisants rénaux* ou *hépatiques*.

Les personnes souffrant de *reflux gastro-œsophagien* doivent éviter d'utiliser des médicaments contenant de l'aspirine ou des *AINS* qui augmentent l'acidité de l'estomac. Le paracétamol est en revanche sans danger pour traiter les douleurs ou la fièvre.

Ce médicament contient du *sel* (sodium) en quantité notable.

### Interactions avec d'autres substances

A la posologie recommandée, ce médicament ne présente pas d'interactions médicamenteuses.

### Grossesse et allaitement

Aucun effet néfaste pour l'enfant à naître n'a été établi avec ce médicament. Néanmoins, par précaution, son usage pendant la grossesse est réservé aux situations pour lesquelles il n'existe pas d'alternative thérapeutique.

Ce médicament passe dans le lait maternel : il est déconseillé pendant l'allaitement.

### Mode d'emploi et posologie

Les comprimés doivent être dissous dans un verre d'eau. Ils sont pris de préférence une heure avant les repas ou au moment des crises douloureuses.

**Posologie usuelle :**
- Adulte : 1 ou 2 comprimés par jour.

L'efficacité du traitement peut mettre quelques jours à se manifester.

**Conseils :** Le traitement médicamenteux du *reflux gastro-œsophagien* ne se conçoit que lorsque les mesures simples suivantes n'ont pas permis de faire disparaître les *symptômes* :
- ne pas s'allonger dans les deux heures qui suivent un repas ;
- ne pas se pencher en avant (plier les genoux pour ramasser les objets) ;
- ne pas porter de vêtements qui compriment l'abdomen (gaine...) ;
- surélever la tête du lit de 5 à 10 cm en plaçant des cales sous les pieds ou un oreiller épais sous le matelas ;
- éviter les boissons gazeuses, préférer les aliments faciles à digérer.

Ces conseils visent à empêcher le contenu acide de l'estomac de refluer dans l'œsophage pendant la digestion.

Si vous êtes fumeur, la poursuite du tabagisme est un frein important au traitement : la nicotine augmente l'acidité gastrique et réduit l'efficacité du muscle qui ferme la jonction entre l'œsophage et l'estomac.

### Effets indésirables possibles

Diarrhée, douleurs musculaires, étourdissement, *éruption cutanée*, fièvre.

Rarement :
- augmentation du volume des seins, écoulement de lait ;
- confusion des idées (Voir attention) ;
- *troubles du rythme cardiaque* ;
- *hépatite, néphrite, pancréatite* ;
- anomalies de la *numération formule sanguine*.

Laboratoires GlaxoSmithKline Santé Grand Public

## STREPSILS

Préparation orobuccale antibactérienne

### Présentation

**STREPSILS :** pastille (rouge ; arômes : menthe, anis) ; boîte de 24. Non remb.
**STREPSILS miel citron :** pastille (jaune) ; boîte de 8. Non remb.
**STREPSILS miel citron :** pastille (jaune) ; boîte de 24. Non remb.
**STREPSILS vitamine C :** pastille (orange) ; boîte de 24. Non remb.
**STREPSILS orange vitamine C :** pastille (orange) ; boîte de 24. Non remb.

### Composition

| | p past | p past |
|---|---|---|
| **Amylmétacrésol** | 0,6 mg | 0,6 mg |
| **Alcool dichlorobenzylique** | 1,2 mg | 1,2 mg |
| Sucres | 2,6 g | 2,45 g |
| Lévomenthol | + | |
| Menthe, huile essentielle | + | + |

| | p past | p past |
|---|---|---|
| **Amylmétacrésol** | 0,6 mg | 0,6 mg |
| **Alcool dichlorobenzylique** | 1,2 mg | 1,2 mg |
| **Acide ascorbique (vitamine C)** | 100 mg | 100 mg |
| Sucres | 2,4 g | 2,4 g |
| Lévomenthol | + | + |

### Dans quel cas ce médicament est-il prescrit ?

Ce médicament d'usage local contient deux *antiseptiques*.

Il est utilisé dans le traitement des maux de gorge et des petites plaies de la bouche (*aphtes* par exemple)..

### Contre-indications

Ce médicament ne doit pas être utilisé chez l'enfant de moins de 6 ans.

**Attention :** En l'absence d'amélioration au bout de 5 jours, de douleur en avalant ou en cas d'apparition de fièvre, consultez votre médecin. Il pourra faire la

différence entre une *pharyngite* et une angine. En cas d'angine bactérienne, un traitement *antibiotique* est nécessaire afin d'éviter des complications ultérieures, cardiaques ou rénales.
L'usage prolongé des traitements antiseptiques locaux (*gargarisme*, *collutoire*, pastille) n'est pas souhaitable ; il peut modifier l'équilibre microbien naturel de la gorge.
Ce médicament contient du *sucre* (saccharose) en quantité notable.

### Grossesse et allaitement

L'effet de ce médicament pendant la grossesse ou l'allaitement est mal connu. L'évaluation du risque éventuel lié à son utilisation est individuelle : demandez conseil à votre pharmacien ou à votre médecin.

### Mode d'emploi et posologie

Les pastilles doivent être sucées lentement sans être croquées, de préférence à distance des repas.

**Posologie usuelle :**

- Adulte et enfant de plus de 6 ans : 1 pastille, 3 à 6 fois par jour.

### Effets indésirables possibles

*Réaction allergique.*

Laboratoires Reckitt Benckiser Healthcare

## STREPSILS LIDOCAÏNE

Préparation orobuccale antibactérienne et antalgique

### Présentation

**STREPSILS LIDOCAÏNE :** pastille à sucer (verte) ; boîte de 24. Non remb.

### Composition

| | p past |
|---|---|
| **Lidocaïne chlorhydrate** | 2 mg |
| **Amylmétacrésol** | 0,6 mg |
| **Alcool dichlorobenzylique** | 1,2 mg |
| Lévomenthol | + |
| Sucre | 2,5 g |

### Dans quel cas ce médicament est-il prescrit ?

Ces pastilles contiennent un *anesthésique* local (lidocaïne) et des *antiseptiques*.
Elles sont utilisées dans le traitement des maux de gorge et des petites plaies de la bouche (*aphtes* par exemple).

### Contre-indications

Ce médicament ne doit pas être utilisé en cas d'*allergie* aux *anesthésiques* locaux.

**Attention :** En l'absence d'amélioration au bout de 5 jours, de douleur en avalant ou en cas d'apparition de fièvre, consultez votre médecin. Il pourra faire la différence entre une *pharyngite* et une angine. En cas d'angine bactérienne, un traitement *antibiotique* est nécessaire afin d'éviter des complications ultérieures, cardiaques ou rénales.
L'usage prolongé des traitements antiseptiques locaux (*gargarisme*, *collutoire*, pastille) n'est pas souhaitable ; il peut modifier l'équilibre microbien naturel de la gorge.
Une surconsommation pourrait provoquer des troubles nerveux et cardiaques : respectez la *posologie*.
Ces pastilles contiennent du *sucre* en quantité notable.
Sportif : les *anesthésiques* locaux ont été retirés de la liste des substances dopantes publiée dans les arrêtés du 20 avril et du 16 août 2004 par le ministère de la Jeunesse et des Sports.

### Interactions avec d'autres substances

Il est généralement inutile d'associer des *antiseptiques* différents. Ceux-ci peuvent être contenus dans de nombreux produits disponibles en automédication : pastille, *collutoire* et solution nasale ; demandez conseil à votre pharmacien.

### Grossesse et allaitement

L'effet de ce médicament pendant la grossesse est mal connu. L'évaluation du risque éventuel lié à son utilisation est individuelle : demandez conseil à votre pharmacien ou à votre médecin.
L'utilisation de ce médicament est possible pendant l'allaitement.

### Mode d'emploi et posologie

Les pastilles doivent être sucées lentement sans être croquées, à distance des repas.
Les prises doivent être espacées d'au moins 2 heures.

**Posologie usuelle :**

- Adulte : 1 à 8 pastilles par jour.
- Enfant de 6 à 15 ans : 1 à 4 pastilles par jour.

**Conseils :** Chez l'enfant et la personne âgée, évitez l'usage de ce médicament avant les repas : l'*anesthésique* local est susceptible de provoquer des troubles de la déglutition ; ceux-ci pourraient être à l'origine du passage d'aliments dans les *voies* respiratoires.

### Effets indésirables possibles

*Réaction allergique.*
Engourdissement passager de la langue.

Laboratoires Reckitt Benckiser Healthcare

## STREPSILS sans sucre

Préparation orobuccale antibactérienne

### Présentation

**STREPSILS sans sucre :** pastille (crème ; arômes : citron, fleur de sureau) ; boîte de 8. Non remb.
**STREPSILS sans sucre :** pastille (crème ; arômes : citron, fleur de sureau) ; boîte de 24. Non remb.
**STREPSILS CITRON sans sucre :** pastille (jaune ; arôme citron) ; boîte de 24. Non remb.
**STREPSILS FRAISE sans sucre :** pastille (arôme fraise) ; boîte de 24. Non remb.

### Composition

| | p past |
|---|---|
| **Amylmétacrésol** | 0,6 mg |
| **Alcool dichlorobenzylique** | 1,2 mg |
| **Maltitol** | + |

### Dans quel cas ce médicament est-il prescrit ?

Ce médicament d'usage local contient deux *antiseptiques*.

Il est utilisé dans le traitement des maux de gorge et des petites plaies de la bouche (*aphtes* par exemple).

> **Attention :** En l'absence d'amélioration au bout de 5 jours, de douleur en avalant ou en cas d'apparition de fièvre, consultez votre médecin. Il pourra faire la différence entre une *pharyngite* et une angine. En cas d'angine bactérienne, un traitement *antibiotique* est nécessaire afin d'éviter des complications ultérieures, cardiaques ou rénales.
>
> L'usage prolongé des traitements antiseptiques locaux (*gargarisme*, *collutoire*, pastille) n'est pas souhaitable ; il peut modifier l'équilibre microbien naturel de la gorge.

### Grossesse et allaitement

L'effet de ce médicament pendant la grossesse ou l'allaitement est mal connu. L'évaluation du risque éventuel lié à son utilisation est individuelle : demandez conseil à votre pharmacien ou à votre médecin.

### Mode d'emploi et posologie

Les pastilles doivent être sucées lentement sans être croquées, de préférence à distance des repas.

**Posologie usuelle :**

- Adulte et enfant de plus de 6 ans : 1 pastille, 3 à 6 fois par jour.

### Effets indésirables possibles

*Réaction allergique.*

Comme tous les médicaments et confiseries contenant des sucres non absorbables (sorbitol, maltitol...), possibilité de *diarrhée* en cas d'apport important.

Laboratoires Reckitt Benckiser Healthcare

## STREPSILSPRAY LIDOCAÏNE

*Informations détaillées sur www.monvidal.com*

## STRESAM

Anxiolytique — sur ordonnance

### Présentation

STRESAM : gélule (bleu et blanc) ; boîte de 60. Liste I, prescription limitée à 12 semaines - Remb 35 % - **Prix : 6,22 €.**

### Composition

| | p gél |
|---|---|
| **Étifoxine chlorhydrate** | 50 mg |
| Lactose | + |

### Dans quel cas ce médicament est-il prescrit ?

Ce médicament est un *anxiolytique* (tranquillisant). Il n'entraîne pas de *dépendance*.

Il est utilisé dans le traitement des symptômes de l'anxiété, notamment des *palpitations*.

### Contre-indications

Ce médicament ne doit pas être utilisé dans les cas suivants :

- *insuffisance hépatique* ou *rénale* graves,
- *myasthénie*.

> **Attention :** Ce médicament n'est pas adapté au traitement des *états dépressifs*.
>
> Ce médicament peut induire une somnolence, parfois intense chez certaines personnes. Cette somnolence peut être majorée par la prise d'*alcool* ou d'autres médicaments *sédatifs*. La conduite et l'utilisation de machines dangereuses sont déconseillées, surtout dans les heures qui suivent la prise du médicament.

### Interactions avec d'autres substances

Informez votre médecin ou votre pharmacien si vous prenez d'autres *sédatifs* (tranquillisants, somnifères, certains médicaments contre la toux ou contre la douleur contenant des *opiacés*, *antidépresseurs*, *neuroleptiques*...).

### Grossesse et allaitement

L'effet de ce médicament pendant la grossesse ou l'allaitement est mal connu. Par prudence, son usage est déconseillé chez la femme enceinte ou chez celle qui allaite.

### Mode d'emploi et posologie

Les gélules doivent être avalées avec un grand verre d'eau.

**Posologie usuelle :**

3 ou 4 gélules par jour, réparties en 2 ou 3 prises.

> **Conseils :** Ce médicament vous a été prescrit dans une situation précise : ne le réutilisez pas ultérieurement sans avis médical et ne le conseillez pas à une autre personne.
>
> La durée de prescription des *anxiolytiques* doit être la plus courte possible. Dans certaines situations, le traitement doit toutefois être prolongé. Il appartient alors au médecin de réévaluer périodiquement la nécessité de le poursuivre ou de l'interrompre.
>
> Les *tranquillisants* ne sont pas la seule réponse à l'anxiété : une meilleure hygiène de vie, une consommation modérée d'excitants (y compris les boissons alcoolisées) permettent aussi de lutter efficacement contre l'excès de stress. Dans certains cas, une psychothérapie peut aider à lutter durablement contre l'anxiété.

### Effets indésirables possibles

Fréquemment en début de traitement : somnolence.

Rarement : *éruption cutanée, réaction allergique.*

Laboratoires Biocodex

## STROMECTOL

*Informations détaillées sur www.monvidal.com*

## STRONTIUM COMPOSÉ BOIRON

*Informations détaillées sur www.monvidal.com*

## STRONTIUM COMPOSÉ DOLISOS

*Informations détaillées sur www.monvidal.com*

## STROPHANTUS COMPOSÉ BOIRON

*Informations détaillées sur www.monvidal.com*

## STROPHANTUS COMPOSÉ DOLISOS

*Informations détaillées sur www.monvidal.com*

## STRUCTUM
Traitement des affections rhumatismales

### Présentation
**STRUCTUM 500 mg :** gélule (bleu) ; boîte de 60. Remb 35 % - **Prix : 15,68 €.**

### Composition

| | p gél |
|---|---|
| **Sulfate de chondroïtine sodique** .................. | 500 mg |

### Dans quel cas ce médicament est-il prescrit ?
Ce médicament contient un constituant de l'os et du cartilage.

Il est utilisé dans le *traitement d'appoint* des douleurs de l'*arthrose.*

### Contre-indications
Ce médicament ne doit pas être utilisé chez l'enfant de moins de 15 ans.

### Grossesse et allaitement
L'effet de ce médicament pendant la grossesse ou l'allaitement est mal connu. Par prudence, son usage est déconseillé chez la femme enceinte ou chez celle qui allaite.

### Mode d'emploi et posologie
Les gélules doivent être avalées sans être ouvertes, avec un grand verre d'eau.

**Posologie usuelle :**
- Adulte : 1 gélule, 2 fois par jour.

### Effets indésirables possibles
*Éruption cutanée.*

Rarement : nausées, vomissements.

Laboratoires Pierre Fabre Médicament

## SUBOLIGO CUIVRE-OR-ARGENT
*Informations détaillées sur www.monvidal.com*

## SUBOLIGO LITHIUM
*Informations détaillées sur www.monvidal.com*

## SUBOLIGO MAGNÉSIUM
*Informations détaillées sur www.monvidal.com*

## SUBOLIGO MANGANÈSE-CUIVRE
*Informations détaillées sur www.monvidal.com*

## SUBOLIGO NICKEL-COBALT
*Informations détaillées sur www.monvidal.com*

## SUBOLIGO POTASSIUM
*Informations détaillées sur www.monvidal.com*

## SUBOLIGO SÉLÉNIUM
*Informations détaillées sur www.monvidal.com*

## SUBOLIGO ZINC
*Informations détaillées sur www.monvidal.com*

## SUBOLIGO ZINC-NICKEL-COBALT
*Informations détaillées sur www.monvidal.com*

## SUBROXINE
Antibiotique : macrolide — sur ordonnance

Ce médicament est un générique de CLARAMID (informations détaillées sur www.monvidal.com).
Ce médicament est un générique de RULID (voir p. 916 et tableau p. 1151).

## SUBUTEX
Substitution aux opiacés — sur ordonnance

### Présentation
**SUBUTEX 0,4 mg :** comprimé *sublingual* ; boîte de 7. Liste I - Remb 65 % - **Prix : 3,16 €.**
**SUBUTEX 2 mg :** comprimé *sublingual* ; boîte de 7. Liste I - Remb 65 % - **Prix : 7,66 €.**
**SUBUTEX 8 mg :** comprimé *sublingual* ; boîte de 7. Liste I - Remb 65 % - **Prix : 22,24 €.**

### Composition

| | p cp | p cp | p cp |
|---|---|---|---|
| **Buprénorphine** ........... | 0,4 mg | 2 mg | 8 mg |

### Dans quel cas ce médicament est-il prescrit ?
Ce médicament contient une substance proche de la *morphine.* Chez le toxicomane à l'*héroïne* ou aux autres *opiacés*, il permet de supprimer les *symptômes* du manque qui surviennent lors de la privation de drogue, et qui sont en grande partie à l'origine de la *dépendance.*

Il est utilisé chez les toxicomanes comme produit de substitution aux *opiacés.* Sa prescription complète une prise en charge médicale, sociale et psychologique, indispensable pour limiter le risque de rechute.

### Contre-indications
Ce médicament ne doit pas être utilisé dans les cas suivants :
- *insuffisance hépatique* ou *respiratoire* grave,
- pendant un état d'ivresse aiguë ou un *delirium tremens,*
- enfant de moins de 15 ans,
- **allaitement.**

**Attention :** Ce médicament est réservé aux adultes et aux adolescents volontaires : le succès d'un programme de désintoxication est étroitement lié à la motivation personnelle du toxicomane.

Des précautions sont nécessaires en cas d'*insuffisance rénale* ou d'*asthme.*

Un délai minimal de 4 heures doit généralement être respecté entre le début du traitement et la prise d'*opiacé.* En effet, ce traitement, pris trop tôt, bloque l'action des *opiacés* sur le cerveau et peut déclencher des *symptômes* de manque. En revanche, si ces symptômes apparaissent spontanément moins de 4 heures après la prise d'opiacé, le traitement peut être débuté plus tôt.

Évitez la conduite automobile et les activités dangereuses en début de traitement : une baisse de la tension artérielle ou une somnolence notable peuvent apparaître. Ce risque est majoré par la prise conjointe d'*alcool* ou de *sédatifs.*

Sportif : ce médicament contient une substance susceptible de rendre positifs certains *tests antidopage.*

### Interactions avec d'autres substances

Ce médicament peut interagir avec les *sédatifs* (augmentation de la somnolence) ou avec les *antidépresseurs* de la famille des *IMAO*.

L'association à d'autres *opiacés* (*antitussifs*, *antalgiques*) est déconseillée sans avis médical.

Il n'existe pas d'interaction connue avec la cocaïne (fréquemment utilisée par les toxicomanes en mélange avec l'*héroïne*).

### Grossesse et allaitement

**Grossesse et nouveau-né :**

L'utilisation de ce médicament n'est pas recommandée pendant la grossesse ; en cas de prise à forte dose ou prolongée en fin de grossesse, une surveillance médicale du *nouveau-né* serait nécessaire.

Ce médicament passe dans le lait maternel ; outre ses effets sur le *nourrisson*, il peut réduire la sécrétion de lait chez la mère. L'allaitement est contre-indiqué.

### Mode d'emploi et posologie

Ce médicament doit être pris par *voie sublinguale* : placé sous la langue, il fond au contact de la salive et est absorbé par la *muqueuse* buccale ; il doit être conservé sous la langue 5 à 10 minutes, délai habituel pour sa dissolution complète.

**Posologie usuelle :**

La dose quotidienne est prise en une fois ; elle reste active pendant 24 heures.

Initialement, le médecin prescrit entre 0,8 et 4 mg ; il adapte ensuite le dosage en fonction du résultat. La *posologie* maximale est de 16 mg par jour.

Des précautions sont nécessaires lors de la première prise (Voir attention). Lorsque ce médicament est pris en relais d'un traitement par la méthadone, il convient de diminuer préalablement la dose de méthadone à un maximum de 30 mg par jour.

Lorsque l'état du toxicomane est stabilisé, le médecin diminue progressivement la posologie jusqu'à l'arrêt du traitement.

**Conseils :** L'arrêt du traitement de substitution correspond à une période critique pour le toxicomane et à un risque de rechute important. Le succès du sevrage dépend beaucoup du contexte psychologique et social lors de ce moment difficile.

Ce médicament est prescrit sur une ordonnance sécurisée mentionnant le nom de la pharmacie où il pourra être obtenu, pharmacie choisie en accord avec le toxicomane. La durée maximale de chaque prescription est de 28 jours. Le médecin peut préciser que la délivrance du médicament par le pharmacien sera fractionnée : quotidienne en début de traitement, puis hebdomadaire, après la stabilisation, par exemple.

Comme tous les dérivés de la *morphine*, ce médicament est un *antalgique* puissant, susceptible de masquer la douleur en cas de maladie ou de traumatisme grave : appendicite, fracture... Il convient d'en tenir compte dans de telles circonstances.

### Effets indésirables possibles

Constipation, nausées, vomissements, maux de tête, fatigue, somnolence ou insomnie, malaise, *vertiges*, sueurs, *hypotension orthostatique*.

Plus rarement : *dépression respiratoire*, hallucinations, *hépatite*.

Lors de la première prise, des *symptômes* de manque peuvent survenir (Voir attention).

Laboratoires Schering-Plough

## SUCCINIMIDE PHARBIOL

*Informations détaillées sur www.monvidal.com*

## SUCRALFATE RPG

Antiulcéreux

Ce médicament est un générique de ULCAR (informations détaillées sur www.monvidal.com).

## SUCRALFATE TEVA

Antiulcéreux

Ce médicament est un générique de ULCAR (informations détaillées sur www.monvidal.com).

## SUDAFED

Décongestionnant

### Présentation

SUDAFED : comprimé (brun) ; boîte de 15. Remb 35 % - **Prix : 1,61 €**.
SUDAFED : sirop (arôme framboise) ; flacon de 100 ml avec gobelet-doseur gradué à 2,5 ml, 5 ml et 10 ml. Remb 35 % - **Prix : 1,81 €**.

### Composition

| | p cp | p 10 ml |
|---|---|---|
| **Pseudoéphédrine chlorhydrate** | 60 mg | 60 mg |
| Lactose | + | |
| Saccharose | | 7 g |

### Dans quel cas ce médicament est-il prescrit ?

Ce médicament est un *vasoconstricteur*. Il lutte contre la congestion nasale, due à la dilatation des vaisseaux sanguins.

Il est utilisé dans le *traitement symptomatique* des congestions nasales (sensation de nez bouché).

### Contre-indications

Ce médicament ne doit pas être utilisé dans les cas suivants :
- risque de *glaucome* à angle fermé ;
- risque de blocage des urines (*adénome de la prostate*...) ;
- *hypertension artérielle* ou *insuffisance coronarienne* grave ;
- *antécédent* de *convulsions* ;
- antécédent d'*accident vasculaire cérébral* ;
- en association avec un *antidépresseur* de type *IMAO* non sélectif ou pendant au moins 15 jours après la prise de celui-ci ;
- en association avec un autre *vasoconstricteur* décongestionnant ou un médicament contenant l'une des substances suivantes : bromocriptine, pergolide, lisuride, cabergoline, ergotamine ou dihydroergotamine ;
- enfant de moins de 15 ans ;
- **allaitement**.

**Attention :** Ce médicament peut provoquer un *glaucome* aigu chez les personnes prédisposées : œil rouge, dur et douloureux, avec vision floue. Une consultation d'extrême urgence auprès d'un ophtalmologiste est nécessaire.

Comme tous les décongestionnants contenant des *vasoconstricteurs*, ce médicament peut augmenter la fréquence cardiaque (*tachycardie*), et provoquer des *palpitations*. Si ces effets indésirables deviennent trop marqués, le traitement doit être interrompu.

Des précautions particulières s'imposent en cas d'*hyperthyroïdie*, de maladie cardiaque, de *diabète*, de troubles nerveux. Demandez conseil à votre pharmacien ou à votre médecin.

Le sirop contient du *sucre* (saccharose) en quantité notable.

Sportif : ce médicament contient une substance considérée comme stimulante (phényléphrine, pseudoéphédrine ou synéphrine) qui figure dans le programme de surveillance 2004 du ministère de la Jeunesse et des Sports. Elle peut être recherchée dans les urines des sportifs afin de déceler un éventuel mésusage.

### Interactions avec d'autres substances

Ce médicament ne doit pas être associé aux *antidépresseurs* de type *IMAO* non sélectif (MARSILID...), à un autre *vasoconstricteur* décongestionnant ou à un vasoconstricteur contenant l'une des substances suivantes : bromocriptine, pergolide, lisuride, cabergoline, ergotamine ou dihydroergotamine : risque de crise hypertensive.

Informez par ailleurs votre médecin ou votre pharmacien si vous prenez un médicament contenant de la guanéthidine.

### Grossesse et allaitement

L'effet de ce médicament pendant la grossesse est mal connu. Par prudence, son usage est déconseillé chez la femme enceinte.

Ce médicament passe dans le lait maternel. Il est contre-indiqué pendant l'allaitement.

### Mode d'emploi et posologie

Les comprimés doivent être avalés avec un verre d'eau.

Les prises doivent être espacées de 4 heures minimum.

**Posologie usuelle :**

- Adulte : 1 comprimé, 3 fois par jour ou 1 mesure de 10 ml de sirop, 2 ou 3 fois par jour.

Ne pas dépasser 4 comprimés ou 3 mesures de 10 ml de sirop par jour.

**Conseils :** Ce médicament n'a pas d'effet anti-infectieux. Si les troubles persistent plus de 5 jours, consulter votre médecin.

Ce médicament peut provoquer des effets indésirables graves en cas de *surdosage* : ne laissez pas le sirop à la portée des enfants.

### Effets indésirables possibles

Sécheresse de la bouche, insomnie, maux de tête, anxiété, rétention urinaire, sueurs.

Accélération du cœur, *palpitations*, nausées, vomissements.

*Réaction allergique* (sirop : présence de colorant).

Plus rarement : hallucinations, agitation.

Laboratoires GlaxoSmithKline

## SULFARLEM

*Informations détaillées sur www.monvidal.com*

## SULFARLEM S 25

Correcteur des insuffisances salivaires et lacrymales

### Présentation

SULFARLEM S 25 : comprimé (orangé) ; boîte de 60. Remb 35 % - **Prix : 2,70 €.**

### Composition

| | p cp |
|---|---|
| **Anétholtrithione** | 25 mg |

### Dans quel cas ce médicament est-il prescrit ?

Ce médicament augmente la sécrétion de la salive et des larmes.

Il est utilisé dans le traitement de la sécheresse de la bouche et des yeux.

### Contre-indications

Ce médicament ne doit pas être utilisé dans les cas suivants :

- enfant de moins de 6 ans,
- obstruction des *voies biliaires*.

### Grossesse et allaitement

L'effet de ce médicament pendant la grossesse ou l'allaitement est mal connu. L'évaluation du risque éventuel lié à son utilisation est individuelle : demandez conseil à votre pharmacien ou à votre médecin.

### Mode d'emploi et posologie

Les comprimés doivent être avalés avec un peu d'eau au moment des repas.

**Posologie usuelle :**

1 comprimé, 3 fois par jour.

**Conseils :** La coloration plus foncée des urines est normale au cours du traitement.

### Effets indésirables possibles

Diarrhée, ballonnements.

Laboratoires EG Labo

## SULFATE D'ATROPINE

*Informations détaillées sur www.monvidal.com*

## SULFUR COMPLEXE N° 12

*Informations détaillées sur www.monvidal.com*

## SULFURYL inhalant

*Informations détaillées sur www.monvidal.com*

## SULFURYL oral

*Informations détaillées sur www.monvidal.com*

## SULPIRIDE G GAM

Neuroleptique — sur ordonnance

Ce médicament est un générique de DOGMATIL (voir p. 330 et tableau p. 1151).

## SULPIRIDE MERCK
Neuroleptique

sur ordonnance

Ce médicament est un générique de DOGMATIL (voir p. 330 et tableau p. 1151).

## SULPIRIDE SANDOZ
Neuroleptique

sur ordonnance

Ce médicament est un générique de DOGMATIL (voir p. 330 et tableau p. 1151).

## SULPIRIDE TEVA
Neuroleptique

sur ordonnance

Ce médicament est un générique de DOGMATIL (voir p. 330 et tableau p. 1151).

## SUPPOMALINE
Antalgique et antipyrétique contenant un opiacé

### Présentation
**SUPPOMALINE :** suppositoire (vert pâle) ; boîte de 12. Non remb.

### Composition

| | p suppos |
|---|---|
| **Paracétamol** | 400 mg |
| **Codéine** | 10 mg |
| **Caféine** | 50 mg |
| **Belladone, poudre** | 30 mg |

### Dans quel cas ce médicament est-il prescrit ?
Ce médicament, *antalgique* et *antipyrétique*, associe du paracétamol, un *opiacé* (la *codéine*), de la *caféine* et de la *belladone* (*antispasmodique*).

Il est utilisé dans le traitement de la douleur (rhumatismes, douleurs dentaires, *migraine*, règles douloureuses...) et de la fièvre.

### Contre-indications
Ce médicament ne doit pas être utilisé dans les cas suivants :
- maladie grave du foie,
- *insuffisance respiratoire*,
- *glaucome* à angle fermé,
- risque de blocage des urines (*adénome de la prostate*),
- en association avec les médicaments contenant de la nalbuphine, de la buprénorphine ou de la pentazocine,
- enfant de moins de 15 ans,
- **allaitement**.

**Attention :** De nombreux médicaments contiennent du paracétamol ou de la *codéine* : vous devez en tenir compte en cas de prise conjointe (risque de *surdosage*).

Du fait de la présence de codéine :
- n'utilisez pas ce médicament à forte dose et de façon prolongée (risque de *dépendance*) ;
- évitez son emploi en cas d'*hypertension intracrânienne*, qu'il pourrait aggraver.

Ce médicament présente des effets *atropiniques*. Il peut provoquer un *glaucome* aigu chez les personnes prédisposées : œil rouge, dur et douloureux, avec vision floue. Une consultation d'extrême urgence auprès d'un ophtalmologiste est nécessaire.

Ce médicament peut induire une somnolence, parfois intense chez certaines personnes. Cette somnolence peut être majorée par la prise d'*alcool* ou d'autres médicaments *sédatifs*. La conduite et l'utilisation de machines dangereuses sont déconseillées, surtout dans les heures qui suivent la prise du médicament.

Ce médicament contient de la *caféine* qui peut être recherchée dans les urines des sportifs pour déceler un éventuel mésusage. Néanmoins, à la *posologie* préconisée, la quantité de caféine contenue dans ce médicament est insuffisante à elle seule pour que la réponse au test soit positive.

### Interactions avec d'autres substances
Ce médicament ne doit pas être associé à ceux qui contiennent de la nalbuphine, de la buprénorphine ou de la pentazocine : risque de diminution de l'effet *antalgique*.

Informez par ailleurs votre médecin ou votre pharmacien si vous prenez des *sédatifs*.

### Grossesse et allaitement
L'utilisation de la *codéine* et de ses dérivés (codéthyline, pholcodine) ne doit être envisagée chez la femme enceinte qu'en cas de nécessité, en effet :
- une *insuffisance respiratoire* peut survenir chez le nouveau-né d'une mère traitée par des doses élevées, même si le traitement est ponctuel mais précède de peu l'accouchement ;
- un *syndrome de sevrage*, à l'inverse, peut concerner des nouveau-nés si leur mère reçoit un traitement régulier, même à faible dose.

Il est donc important de signaler à l'obstétricien la prise éventuelle de codéine ou d'un de ses dérivés, afin que ces risques puissent être prévenus par une surveillance et un éventuel traitement adapté.

Ce médicament passe dans le lait maternel. Il est contre-indiqué pendant l'allaitement.

### Mode d'emploi et posologie
Respecter un intervalle minimal de 4 heures entre 2 prises.

**Posologie usuelle :**
- Adulte : 1 à 3 suppositoires par jour.

**Conseils :** Cette association contenant un *opiacé* est destinée à être utilisée lorsque la douleur est mal soulagée par les *antalgiques* usuels.

Ce médicament contient de la *caféine*. On considère qu'une tasse de café contient de 60 à 100 mg de cette substance. Ainsi, pour limiter les effets indésirables de la caféine (excitation, tremblements, insomnie, *palpitations*), il est préférable de limiter la consommation de boissons qui en renferment (café, thé...). Il est également recommandé de prendre ce médicament avant 17 heures.

### Effets indésirables possibles

Liés au paracétamol : rare *réaction allergique*.

Liés à la *codéine* :

Constipation, somnolence, nausées, vomissements, sensation de vertige et, plus rarement, *bronchospasme*, *réaction allergique* cutanée, ralentissement de la respiration. Ces effets indésirables sont ceux de la famille des *opiacés* ; ils sont généralement modérés aux doses recommandées.

Liés à la *belladone* : effets *atropiniques* (bouche sèche, troubles de l'*accommodation*, blocage des urines, *palpitations*) à forte dose.

Laboratoires Solvay Pharma

## SUPPOSITOIRES A LA GLYCÉRINE CENTRAPHARM

Laxatif par voie rectale

### Présentation

SUPPOSITOIRES A LA GLYCÉRINE CENTRAPHARM : suppositoire Adulte ; boîte de 10. Non remb.
SUPPOSITOIRES A LA GLYCÉRINE CENTRAPHARM : suppositoire Adulte ; boîte de 10 (en sac). Non remb.
SUPPOSITOIRES A LA GLYCÉRINE CENTRAPHARM : suppositoire Adulte ; boîte de 25 (en sac). Non remb.
SUPPOSITOIRES A LA GLYCÉRINE CENTRAPHARM : suppositoire Adulte ; boîte de 50 (en sac). Non remb.
SUPPOSITOIRES A LA GLYCÉRINE CENTRAPHARM : suppositoire Adulte ; boîte de 100. Non remb.
SUPPOSITOIRES A LA GLYCÉRINE CENTRAPHARM : suppositoire Enfant ; boîte de 10. Non remb.
SUPPOSITOIRES A LA GLYCÉRINE CENTRAPHARM : suppositoire Enfant ; boîte de 25 (en sac). Non remb.
SUPPOSITOIRES A LA GLYCÉRINE CENTRAPHARM : suppositoire Enfant ; boîte de 50 (en sac). Non remb.
SUPPOSITOIRES A LA GLYCÉRINE CENTRAPHARM : suppositoire Nourrisson ; boîte de 10 (en sac). Non remb.
SUPPOSITOIRES A LA GLYCÉRINE CENTRAPHARM : suppositoire Nourrisson ; boîte de 25 (en sac). Non remb.

### Composition

| | p suppos Ad | p suppos Enf | p suppos Nour |
|---|---|---|---|
| **Glycérol** | 2,16 g | 1,152 g | 0,642 g |

### Dans quel cas ce médicament est-il prescrit ?

C'est un laxatif administré par *voie* rectale. Il ramollit les selles et déclenche une contraction du rectum qui permet leur évacuation.

Il est utilisé dans le *traitement symptomatique* de la constipation.

**Attention :** Comme tous les laxatifs, ce médicament ne doit pas être utilisé de façon prolongée sans avis médical.

Des précautions sont nécessaires chez la personne atteinte d'*hémorroïdes*, de *fissure anale* ou de *rectocolite hémorragique*.

Chez le *nourrisson*, son usage doit rester exceptionnel : il risque d'empêcher le réflexe d'expulsion des selles.

### Grossesse et allaitement

Ce médicament peut être utilisé de façon ponctuelle pour traiter la constipation de la femme enceinte ou qui allaite.

### Mode d'emploi et posologie

L'effet laxatif se manifeste après un délai de 5 à 30 minutes.

Les suppositoires peuvent être trempés dans l'eau froide pour faciliter leur administration.

**Posologie usuelle :**

- Adulte : 1 suppositoire Adulte par jour, à renouveler dans l'heure qui suit en cas de constipation rebelle.
- Enfant de 6 à 15 ans : 1 suppositoire Enfant par jour, à renouveler dans l'heure qui suit en cas de constipation rebelle.
- Enfant de 2 à 6 ans : 1 suppositoire Enfant par jour.
- Nourrisson : 1 suppositoire Nourrisson par jour, 2 jours sur 3.

**Conseils :** Le traitement de la constipation chronique repose essentiellement sur des boissons abondantes, une alimentation riche en fibres et une activité physique régulière.

### Effets indésirables possibles

Un usage prolongé peut occasionner des sensations de brûlure anale et, exceptionnellement, des *inflammations* du rectum.

Laboratoires Zambon France

## SUPPOSITOIRES A LA GLYCÉRINE GIFRER

Laxatif par voie rectale

### Présentation

SUPPOSITOIRES A LA GLYCÉRINE GIFRER : suppositoire Adulte ; boîte de 10. Non remb.
SUPPOSITOIRES A LA GLYCÉRINE GIFRER : suppositoire Adulte ; boîte de 25 (en sac). Non remb.
SUPPOSITOIRES A LA GLYCÉRINE GIFRER : suppositoire Adulte ; boîte de 50 (en sac). Non remb.
SUPPOSITOIRES A LA GLYCÉRINE GIFRER : suppositoire Adulte ; boîte de 100 (en sac). Non remb.
SUPPOSITOIRES A LA GLYCÉRINE GIFRER : suppositoire Enfant ; boîte de 10. Non remb.
SUPPOSITOIRES A LA GLYCÉRINE GIFRER : suppositoire Nourrisson ; boîte de 10. Non remb.

### Composition

| | p suppos Ad | p suppos Enf | p suppos Nour |
|---|---|---|---|
| **Glycérol** | 3,3 g | 2,08 g | 1,08 g |

### Dans quel cas ce médicament est-il prescrit ?

C'est un laxatif administré par *voie* rectale. Il ramollit les selles et déclenche une contraction du rectum qui permet leur évacuation.

Il est utilisé dans le *traitement symptomatique* de la constipation.

**Attention :** Comme tous les laxatifs, ce médicament ne doit pas être utilisé de façon prolongée sans avis médical.

Des précautions sont nécessaires chez la personne atteinte d'*hémorroïdes*, de *fissure anale* ou de *rectocolite hémorragique*.

Chez le *nourrisson*, son usage doit rester exceptionnel : il risque d'empêcher le réflexe d'expulsion des selles.

### Grossesse et allaitement

Ce médicament peut être utilisé de façon ponctuelle pour traiter la constipation de la femme enceinte ou qui allaite.

### Mode d'emploi et posologie

L'effet laxatif se manifeste après un délai de 5 à 30 minutes.

**Posologie usuelle :**

- Adulte : 1 suppositoire Adulte par jour, à renouveler dans l'heure qui suit en cas de constipation rebelle.
- Enfant : 1 suppositoire Enfant par jour, à renouveler dans l'heure qui suit en cas de constipation rebelle.
- Nourrisson : 1 suppositoire Nourrisson par jour, 2 jours sur 3.

**Conseils :** Le traitement de la constipation chronique repose essentiellement sur des boissons abondantes, une alimentation riche en fibres et une activité physique régulière.

### Effets indésirables possibles

Un usage prolongé peut occasionner des sensations de brûlure anale et, exceptionnellement, des *inflammations* du rectum.

Laboratoires Gifrer Barbezat

## SUPPOSITOIRES A LA GLYCÉRINE MONOT

Laxatif par voie rectale

### Présentation

**SUPPOSITOIRES A LA GLYCÉRINE MONOT :** suppositoire Adulte ; boîte de 10. Non remb.
**SUPPOSITOIRES A LA GLYCÉRINE MONOT :** suppositoire Adulte ; boîte de 25 (en sac). Non remb.
**SUPPOSITOIRES A LA GLYCÉRINE MONOT :** suppositoire Adulte ; boîte de 50 (en sac). Non remb.
**SUPPOSITOIRES A LA GLYCÉRINE MONOT :** suppositoire Adulte ; boîte de 100 (en sac). Non remb.
**SUPPOSITOIRES A LA GLYCÉRINE MONOT :** suppositoire Enfant ; boîte de 10. Non remb.
**SUPPOSITOIRES A LA GLYCÉRINE MONOT :** suppositoire Nourrisson ; boîte de 10. Non remb.

### Composition

| | p suppos Ad | p suppos Enf | p suppos Nour |
|---|---|---|---|
| **Glycérine** | 1,92 g | 1,2 g | 630 mg |

### Dans quel cas ce médicament est-il prescrit ?

C'est un laxatif administré par *voie* rectale. Il ramollit les selles et déclenche une contraction du rectum qui permet leur évacuation.

Il est utilisé dans le *traitement symptomatique* de la constipation.

**Attention :** Comme tous les laxatifs, ce médicament ne doit pas être utilisé de façon prolongée sans avis médical.
Des précautions sont nécessaires chez la personne atteinte d'*hémorroïdes*, de *fissure anale* ou de *rectocolite hémorragique*.
Chez le *nourrisson*, son usage doit rester exceptionnel ; il risque d'empêcher le réflexe d'expulsion des selles.

### Grossesse et allaitement

Ce médicament peut être utilisé de façon ponctuelle pour traiter la constipation de la femme enceinte ou qui allaite.

### Mode d'emploi et posologie

L'effet laxatif se manifeste après un délai de 5 à 30 minutes.

**Posologie usuelle :**

- Adulte : 1 suppositoire Adulte par jour, à renouveler dans l'heure qui suit en cas de constipation rebelle.
- Enfant de plus de 6 ans : 1 suppositoire Enfant par jour, à renouveler dans l'heure qui suit en cas de constipation rebelle.
- Enfant de 2 à 6 ans : 1 suppositoire Enfant par jour.
- Nourrisson : 1 suppositoire Nourrisson par jour, 1 jour sur 3.

**Conseils :** Le traitement de la constipation chronique repose essentiellement sur des boissons abondantes, une alimentation riche en fibres et une activité physique régulière.

### Effets indésirables possibles

Un usage prolongé peut occasionner des sensations de brûlure anale et, exceptionnellement, des *inflammations* du rectum.

Laboratoires Merck Médication Familiale

## SUPPOSITOIRES A LA GLYCÉRINE SARBACH

*Informations détaillées sur www.monvidal.com*

## SUPRADYNE

Vitamines et éléments minéraux

### Présentation

SUPRADYNE : comprimé effervescent (jaune ; arôme orange) ; boîte de 20. Non remb.

### Composition

| | p cp efferv |
|---|---|
| **Rétinol (vitamine A)** | 3 333 UI |
| **Colécalciférol (vitamine D3)** | 200 UI |
| **Alpha-tocophérol(vitamine E)** | 10 mg |
| **Acide ascorbique (vitamine C)** | 180 mg |
| **Thiamine (vitamine B1)** | 4,5 mg |
| **Riboflavine (vitamine B2)** | 5,1 mg |
| **Pyridoxine (vitamine B6)** | 6 mg |
| **Acide folique (vitamine B9)** | 0,2 mg |
| **Cyanocobalamine (vitamine B12)** | 6 µg |
| **Nicotinamide (vitamine PP)** | 57 mg |
| **Biotine (vitamine H)** | 0,3 mg |
| **Acide pantothénique (vitamine B5)** | 21 mg |
| **Calcium** | 50 mg |
| **Manganèse** | 0,5 mg |
| **Magnésium** | 40 mg |
| **Cuivre** | 0,4 mg |
| **Fer** | 3,6 mg |
| **Zinc** | 3 mg |
| **Phosphore** | 50 mg |
| **Chrome** | 0,01 mg |
| Sodium | 301 mg |
| Aspartam | + |
| Sorbitol | + |

### Dans quel cas ce médicament est-il prescrit ?

Ce médicament contient des *vitamines* et de faibles quantités de sels minéraux.

Il est utilisé dans la prévention ou la correction des troubles dus à une alimentation carencée ou déséquilibrée.

### Contre-indications

Ce médicament ne doit pas être utilisé dans les cas suivants :
- excès de calcium dans le sang ou les urines, avec ou sans *lithiase* ;
- *insuffisance rénale* grave ;
- *phénylcétonurie*.

**Attention :** Ce médicament contient des *vitamines* A et D : leur *surdosage* expose à des effets indésirables graves ; ne dépassez pas les *posologies* préconisées et n'utilisez pas d'autres médicaments contenant ces vitamines sans avis médical.
Le comprimé effervescent contient du *sel* (sodium) en quantité notable.

### Grossesse et allaitement

Chez la femme enceinte ou qui allaite, les apports quotidiens en *vitamine* A sous forme de médicament ne doivent pas dépasser 5 000 *UI* par jour.

### Mode d'emploi et posologie

Ce médicament est pris de préférence le matin.

Les comprimés effervescents doivent être dissous dans un verre d'eau.

**Posologie usuelle :**
- Adulte : 1 comprimé par jour.

La durée du traitement ne doit pas dépasser 20 jours par mois.

**Conseils :** Une alimentation équilibrée et diversifiée apporte habituellement des quantités suffisantes de *vitamines* et de sels minéraux. L'usage prolongé de vitamines ne se justifie pas sans avis médical.
1 000 *UI* de *vitamine* A sont contenues dans 2 kg de myrtilles, 100 g de beurre, 50 g de melon, 20 g de carottes, 10 g d'huile de foie de morue ou 10 g de foie de veau.
La coloration noire des selles est normale au cours du traitement : elle est liée à la présence de fer.
Les comprimés effervescents doivent être conservés à l'abri de l'humidité.

### Effets indésirables possibles

*Troubles digestifs.*

Laboratoires Bayer santé familiale

## SURBRONC injectable

*Informations détaillées sur www.monvidal.com*

## SURBRONC oral

Fluidifiant bronchique

### Présentation

**SURBRONC 30 mg :** comprimé sécable (blanc) ; boîte de 30. Non remb.
**SURBRONC 0,6 % :** solution buvable (arôme abricot) ; flacon de 100 ml. Non remb.
**SURBRONC 60 mg sans sucre :** granulé pour solution buvable (arôme framboise) ; boîte de 20 sachets de 3 g. Non remb.

| Composition | p cp | p c à c | p sach |
|---|---|---|---|
| **Ambroxol chlorhydrate** | 30 mg | 30 mg | 60 mg |
| Sorbitol | | + | + |

### Dans quel cas ce médicament est-il prescrit ?

Ce médicament fluidifie les sécrétions (mucosités) présentes dans les bronches. Il facilite leur évacuation par la toux.

Il est utilisé en cas de toux grasse avec difficulté à cracher, notamment au cours des bronchites aiguës.

**Attention :** Ce médicament ne peut être utilisé en cas de *bronchite chronique* que sur avis médical.
N'utilisez pas d'*antitussif* en plus de ce médicament sans l'avis de votre médecin ou de votre pharmacien.
En cas de fièvre, de sécrétions qui persistent au-delà de quelques jours ou qui se colorent, consultez votre médecin.

### Grossesse et allaitement

L'effet de ce médicament pendant la grossesse ou l'allaitement est mal connu : seul votre médecin peut évaluer le risque éventuel de son utilisation dans votre cas.

### Mode d'emploi et posologie

Ce médicament peut être pris indifféremment au moment ou en dehors des repas. La dose quotidienne est répartie en 2 prises.

**Posologie usuelle :**
- Adulte : 1 ou 2 cuillères à café de solution buvable ou 1 ou 2 comprimés ou 1 sachet, 2 fois par jour.

Le traitement peut être interrompu dès l'amélioration des symptômes. Sa durée ne doit pas dépasser 8 à 10 jours sans avis médical.

**Conseils :** Fumer, ou être exposé à la fumée des autres, est un frein important à l'évacuation des mucosités.
Il est nécessaire de lutter contre la sécheresse de l'air ambiant (humidificateur...) pour éviter le dessèchement des sécrétions. Il est également recommandé de boire beaucoup.
Chez la personne âgée ou le jeune enfant, l'incapacité à évacuer les crachats peut justifier l'aide d'un kinésithérapeute, sur prescription médicale.

### Effets indésirables possibles

Nausées, vomissements, douleurs d'estomac.

Rarement : maux de tête, *vertiges*, *réaction allergique*.

Solutions buvables (flacon et sachet) : possibilité de *diarrhée* en cas d'apport important (présence de sorbitol).

Laboratoires Bœhringer Ingelheim

## SURÉLEN

*Informations détaillées sur www.monvidal.com*

## SURFORTAN

*Informations détaillées sur www.monvidal.com*

## SURGAM

Anti-inflammatoire non stéroïdien — sur ordonnance

### Présentation

SURGAM 100 mg : comprimé sécable (blanc) ; boîte de 30. Liste II - Remb 65 % - **Prix : 3,41 €**.
SURGAM 200 mg : comprimé sécable (blanc) ; boîte de 15. Liste II - Remb 65 % - **Prix : 3,52 €**.

### Composition

| | p cp | p cp |
|---|---|---|
| **Acide tiaprofénique** | 100 mg | 200 mg |

### Dans quel cas ce médicament est-il prescrit ?

Ce médicament est un *anti-inflammatoire* non stéroïdien (*AINS*). Il lutte contre l'*inflammation* et la douleur, fait baisser la fièvre et fluidifie le sang.

Il est utilisé dans :
- le *traitement symptomatique* de longue durée des *rhumatismes inflammatoires*, de certaines *arthroses* douloureuses ;
- le traitement symptomatique de courte durée des poussées d'arthrose, des *lombalgies*, des douleurs faisant suite à un traumatisme de l'appareil locomoteur, des règles douloureuses ;
- le *traitement d'appoint* des manifestations inflammatoires de la bouche, du nez, de la gorge et des oreilles.

### Contre-indications

Ce médicament ne doit pas être utilisé dans les cas suivants :
- *antécédent* d'*allergie* ou d'*asthme* provoqué par la prise d'*AINS*, y compris l'aspirine ;
- *ulcère* de l'estomac ou du *duodénum* ;
- *insuffisance hépatique* ou *rénale* grave ;
- *insuffisance cardiaque* grave ;
- enfant de moins de 15 kg (comprimé à 100 mg) ;
- enfant de moins de 20 kg (comprimé à 200 mg) ;
- **grossesse** (à partir du 6e mois).

**Attention :** Tout traitement prolongé ou *surdosage* d'*AINS* expose à des effets indésirables graves.

Certaines situations doivent conduire à ne poursuivre le traitement qu'après un avis médical :
- brûlures d'estomac importantes ou selles noires et nauséabondes pouvant traduire une irritation ou un saignement du tube digestif ;
- *réaction allergique* cutanée, crise d'*asthme* ;
- fatigue inhabituelle et intense, ou baisse brutale et importante du volume des urines chez une personne souffrant d'*insuffisance cardiaque*, déshydratée ou traitée par *diurétique*.

L'utilisation des AINS est déconseillée dans le traitement de la fièvre chez l'enfant en cas de varicelle : ils augmenteraient le risque rare de complications infectieuses cutanées graves.

Des précautions sont nécessaires chez la personne âgée ou en cas d'*antécédent* d'*ulcère* de l'estomac ou du *duodénum* ou de risque hémorragique, notamment digestif (maladie de *Crohn*, *rectocolite hémorragique*).

Certains médecins considèrent que les anti-inflammatoires peuvent diminuer l'efficacité des stérilets et exposer à un risque de grossesse non désirée. Ce risque est actuellement très controversé.

Conducteur : ce médicament peut être responsable de *vertiges*.

### Interactions avec d'autres substances

Ce médicament peut interagir avec d'autres médicaments, notamment :
- l'aspirine et les autres *anti-inflammatoires* non stéroïdiens (*AINS*) : risque d'accroissement des effets indésirables ;
- les *anticoagulants* et les *antiagrégants plaquettaires* : augmentation du risque hémorragique ;
- le lithium (TÉRALITHE, NEUROLITHIUM...) : augmentation du taux de lithium dans le sang ;
- le méthotrexate.

Informez par ailleurs votre médecin ou votre pharmacien en cas de traitement par un *diurétique*, un *inhibiteur de l'enzyme de conversion*, un *inhibiteur de l'angiotensine II*, un *bêtabloquant* ou un médicament contenant de la ciclosporine.

### Grossesse et allaitement

Des effets néfastes pour l'enfant à naître ont été mis en évidence lorsque les *AINS* sont utilisés au cours des 4 derniers mois de la grossesse ; le risque existe même avec une seule prise et même si la grossesse est à terme. L'usage de ce médicament est contre-indiqué pendant cette période.

Pendant les 5 premiers mois, l'effet de ce médicament est mal connu : seul votre médecin peut évaluer le risque éventuel de son utilisation dans votre cas.

Ce médicament passe dans le lait maternel ; un choix est donc nécessaire entre l'allaitement et la prise du médicament. Cette décision devra être prise en accord avec votre médecin.

### Mode d'emploi et posologie

Les comprimés sont avalés de préférence au milieu des repas afin de limiter les effets digestifs indésirables. Ils peuvent également être dissous dans un verre d'eau sucrée.

**Posologie usuelle :**
- Adulte :
  - *traitement d'attaque* : 2 comprimés à 100 mg ou 1 comprimé à 200 mg, 3 fois par jour ;
  - *traitement d'entretien* : 3 à 4 comprimés à 100 mg ou 1 comprimé ½ à 2 comprimés à 200 mg par jour, répartis en plusieurs prises.
- Enfant de plus de 30 kg (10 à 15 ans) : 1 comprimé à 100 mg ou ½ comprimé à 200 mg, 3 fois par jour.
- Enfant de 20 à 30 kg (soit environ 6 à 10 ans) : 1 comprimé à 100 mg ou ½ comprimé à 200 mg, 2 à 3 fois par jour.
- Enfant de 15 à 20 kg (soit environ 4 à 6 ans) : ½ comprimé à 100 mg, 3 fois par jour à 1 comprimé à 100 mg, 2 fois par jour.

**Conseils :** Les anti-inflammatoires ne sont pas des médicaments anodins. Du fait de la possibilité d'effets indésirables graves, ils ne doivent être utilisés que lorsqu'ils sont nécessaires, ce qui n'est pas le cas pour les affections rhumatismales peu douloureuses et les traumatismes bénins. Ce médicament vous a été prescrit dans une situation

précise : ne le conseillez pas à un proche et ne le réutilisez pas sans avis médical.
Ne dépassez pas la *posologie* ni la durée de traitement prescrites par votre médecin.

### Effets indésirables possibles

*Troubles digestifs*, *gastrite*, voire *ulcère* de l'estomac ou du *duodénum*, le plus souvent lors d'un traitement de longue durée ou à forte dose. Exceptionnellement : *hémorragie* du tube digestif (vomissements sanglants, selles noires ou plus souvent pertes de sang imperceptibles, responsables de l'apparition d'une *anémie*).

*Réaction allergique* nécessitant l'arrêt immédiat du traitement :
- *éruption cutanée*, urticaire... ;
- *asthme* ;
- malaise avec baisse de la tension artérielle.

Troubles urinaires : brûlures, envie fréquente d'uriner.

Vertiges, augmentation des *transaminases*.

Laboratoires Grunenthal

## SURGESTONE

Progestatif — sur ordonnance

### Présentation

**SURGESTONE 0,125 mg :** comprimé (blanc) ; boîte de 10. Liste I - Remb 65 % - **Prix : 3,28 €.**
**SURGESTONE 0,250 mg :** comprimé (blanc) ; boîte de 10. Liste I - Remb 65 % - **Prix : 5,43 €.**
**SURGESTONE 0,500 mg :** comprimé (blanc) ; boîte de 10. Liste I - Remb 65 % - **Prix : 8,46 €.**
**SURGESTONE 0,500 mg :** comprimé (blanc) ; boîte de 12. Liste I - Remb 65 % - **Prix : 10,05 €.**

### Composition

| | p cp | p cp | p cp |
|---|---|---|---|
| **Promégestone** | 0,125 mg | 0,250 mg | 0,500 mg |

### Dans quel cas ce médicament est-il prescrit ?

Ce médicament contient une *hormone* proche de la *progestérone*.

Il est utilisé pour compenser une insuffisance de progestérone dans le traitement :
- des troubles et des douleurs des règles, du *syndrome prémenstruel*, de la tension des seins ;
- de la *ménopause* (en complément des *estrogènes*) ;
- des saignements dus à un *fibrome*.

### Contre-indications

Ce médicament ne doit pas être utilisé en cas d'*insuffisance hépatique* grave.

**Attention :** De récentes études ont montré une augmentation du risque de survenue d'un cancer du sein chez les femmes ayant reçu un traitement prolongé des *symptômes* de la *ménopause*. Le traitement doit par conséquent être prescrit à la dose minimale efficace et pour une durée la plus courte possible. En l'absence de troubles, sa prescription ne doit pas être systématique.

Des précautions sont nécessaires en cas d'*antécédent* d'*infarctus du myocarde* ou d'*accident thromboembolique*, d'*hypertension artérielle* ou de *diabète*.

Lorsque ce médicament a été prescrit pour des saignements génitaux intermittents, l'origine de ces saignements doit être déterminée par des examens appropriés avant la mise en route du traitement. Si ces saignements surviennent pendant le traitement, signalez-les à votre médecin.

Arrêtez la prise de ce médicament et consultez votre médecin en cas d'apparition de l'un des troubles suivants : maux de tête violents et inhabituels, troubles de la vision, phlébite.

### Interactions avec d'autres substances

Ce médicament peut interagir avec les *barbituriques*, les *anticonvulsivants* ou les médicaments contenant l'une des substances suivantes : carbamazépine, griséofulvine, rifampicine, rifabutine.

### Grossesse et allaitement

Ce médicament n'a pas d'indication pendant la grossesse, mais une prise intempestive ne doit pas susciter d'inquiétude particulière.

Ce médicament passe dans le lait maternel : il est déconseillé pendant l'allaitement (sauf avis médical).

### Mode d'emploi et posologie

Ce médicament est pris indifféremment au cours ou en dehors des repas.

**Posologie usuelle :**
- Adulte : 1 comprimé à 0,125 mg à 1 comprimé à 0,500 mg, pendant les 10 à 12 derniers jours du cycle.

### Effets indésirables possibles

Arrêt des règles, saignement génital intermittent (à signaler à votre médecin).

Aggravation d'une insuffisance veineuse, jaunisse, démangeaisons.

Exceptionnellement : prise de poids, *séborrhée*, *troubles digestifs*.

Laboratoires Aventis

## SURMONTIL

Antidépresseur imipraminique — sur ordonnance

### Présentation

**SURMONTIL 25 mg :** comprimé sécable (blanc) ; boîte de 50. Liste I - Remb 65 % - **Prix : 7,99 €.**
**SURMONTIL 100 mg :** comprimé sécable (blanc) ; boîte de 20. Liste I - Remb 65 % - **Prix : 13,09 €.**
**SURMONTIL :** solution buvable à 4 % (arôme caramel) ; flacon compte-gouttes de 30 ml (1 200 gouttes). Liste I - Remb 65 % - **Prix : 8,65 €.**

### Composition

| | p cp | p cp | p gte |
|---|---|---|---|
| **Trimipramine** | 25 mg | 100 mg | 1 mg |
| Amidon de blé (gluten) | + | + | |
| Alcool | | | + |
| Lactose | | + | |
| Saccharose | | | + |

### Dans quel cas ce médicament est-il prescrit ?

Ce médicament est un antidépresseur qui appartient à la famille des *antidépresseurs imipraminiques*. Il possède également des effets *atropiniques*, qui ne participent pas à son activité, mais qui expliquent certaines contre-indications et certains effets indésirables.

Il est utilisé dans le traitement des *états dépressifs*.

### Contre-indications

Ce médicament ne doit pas être utilisé dans les cas suivants :
- risque de *glaucome* à angle fermé,
- risque de rétention des urines (*adénome de la prostate*...),

- *infarctus du myocarde* récent (moins de 3 mois),
- en association avec les *IMAO* non sélectifs ou avec un médicament contenant du sultopride.

**Attention :** Ce médicament présente des effets *atropiniques*. Il peut provoquer un *glaucome* aigu chez les personnes prédisposées : œil rouge, dur et douloureux, avec vision floue. Une consultation d'extrême urgence auprès d'un ophtalmologiste est nécessaire.

Des précautions particulières s'imposent en cas d'*épilepsie*, de maladie cardiaque, chez l'*insuffisant hépatique* ou *rénal* et chez la personne âgée, notamment en cas de constipation chronique, de tendance aux *vertiges* ou aux baisses de tension.

En cas d'excitation anormale ou de confusion des idées survenant sous traitement, une consultation médicale est nécessaire.

Avant une anesthésie locale, notamment chez le dentiste, signalez la prise de ce médicament.

Évitez les boissons alcoolisées : augmentation du risque de somnolence.

Si vous devez conduire, ou utiliser une machine dangereuse, assurez-vous préalablement que ce médicament n'altère pas votre vigilance.

### Interactions avec d'autres substances

Les *antidépresseurs imipraminiques* ne doivent pas, en général, être associés aux *IMAO* non sélectifs.

Ce médicament ne doit pas être associé au sultopride (médicament uniquement disponible à l'hôpital) : risque de *troubles du rythme cardiaque* graves.

Il peut également interagir avec les médicaments contenant l'une des substances suivantes : adrénaline, noradrénaline, clonidine, guanfacine.

Informez par ailleurs votre médecin ou votre pharmacien si vous prenez un antidépresseur *inhibiteur de la recapture de la sérotonine*, un médicament *anticonvulsivant*, *antihypertenseur*, *atropinique*, *sédatif*, ou contenant de la carbamazépine, de la thioridazine ou du baclofène.

### Grossesse et allaitement

Si une grossesse survient pendant le traitement, consultez votre médecin. Il appréciera le risque éventuel lié à l'utilisation de ce médicament dans votre cas.

Si le traitement est poursuivi jusqu'à l'accouchement, une surveillance médicale du *nouveau-né* est nécessaire.

Ce médicament est susceptible de passer faiblement dans le lait maternel : l'allaitement est déconseillé sans avis médical.

### Mode d'emploi et posologie

La dose quotidienne est généralement absorbée en une prise, le plus souvent le soir.

Ce médicament peut être pris indifféremment au cours ou en dehors des repas.

**Posologie usuelle :**
75 mg à 150 mg par jour.

**Conseils :** L'efficacité des *antidépresseurs* n'est généralement pas immédiate. Un délai pouvant atteindre plusieurs semaines est parfois nécessaire pour que les effets bénéfiques se fassent sentir. Les effets indésirables éventuels apparaissant en début de traitement ne doivent pas vous conduire à l'arrêter prématurément.

Chez la personne souffrant de dépression, un état anxieux peut apparaître ou être majoré en début de traitement ; un *anxiolytique* est parfois prescrit par le médecin pour prévenir ou traiter ces manifestations.

Lorsque les *symptômes* de la *dépression* ont disparu, le traitement doit absolument être poursuivi pendant la durée prescrite afin de consolider la guérison. Un arrêt prématuré exposerait à une rechute. La durée d'un traitement antidépresseur est rarement inférieure à 6 mois.

Contrairement à d'autres médicaments utilisés pour traiter les maladies psychiques, les antidépresseurs ne créent pas de dépendance. Néanmoins, il est préférable d'arrêter le traitement progressivement en diminuant la posologie ou en espaçant les prises pour éviter les effets indésirables transitoires, rarement observés, en cas d'interruption brutale.

Une prise de poids peut être observée au cours du traitement. Une alimentation équilibrée, et si nécessaire les conseils d'un nutritionniste, peuvent prévenir et limiter ce phénomène.

### Effets indésirables possibles

Comme tous les *antidépresseurs imipraminiques* :
- sécheresse de la bouche, constipation, troubles de l'*accommodation*, *tachycardie*, sueurs, difficulté à uriner, troubles sexuels, *hypotension orthostatique*, somnolence ;
- plus rarement : tremblements, convulsions chez les personnes prédisposées, confusion des idées, prise de poids, tension anormale des seins, écoulement de lait par le mamelon, bouffées de chaleur, *réaction allergique*, *hépatite*, anomalie de la *numération formule sanguine*, troubles cardiaques, excitation anormale.

Laboratoires Aventis

## SURQUINA

*Informations détaillées sur www.monvidal.com*

## SURVITINE

*Informations détaillées sur www.monvidal.com*

## SUSTIVA

*Informations détaillées sur www.monvidal.com*

## SYMBICORT Turbuhaler

Antiasthmatique — sur ordonnance

### Présentation

SYMBICORT Turbuhaler 100/6 µg : poudre pour *inhalation* ; flacon doseur (120 doses) avec embout buccal. Liste I - Remb 65 % - **Prix : 47,56 €.**

SYMBICORT Turbuhaler 200/6 µg : poudre pour *inhalation* ; flacon doseur (120 doses) avec embout buccal. Liste I - Remb 65 % - **Prix : 56,10 €.**

SYMBICORT Turbuhaler 400/12 µg : poudre pour *inhalation* ; flacon doseur (60 doses) avec embout buccal. Liste I - Remb 65 % - **Prix : 55,05 €.**

### Composition

| | p dose | p dose | p dose |
|---|---|---|---|
| **Budésonide** | 80 µg | 160 µg | 320 µg |
| **Formotérol fumarate** | 4,5 µg | 4,5 µg | 9 µg |
| Lactose | + | + | + |

### Dans quel cas ce médicament est-il prescrit ?

Ce médicament associe :
- un *corticoïde* qui possède une activité *anti-inflammatoire* marquée sur les *muqueuses*, notamment celles des bronches ;
- un bronchodilatateur qui lutte contre la contraction anormale des muscles de la paroi des bronches ; il est apparenté à une substance naturelle, l'*adrénaline*, mais, contrairement à cette substance, il a peu d'effet sur le cœur. Son action persiste au moins 12 heures.

Il est utilisé dans le *traitement de fond* de l'*asthme*.

Il est également utilisé dans le *traitement symptomatique* de la *BPCO* (bronchopneumopathie chronique obstructive).

Le Turbuhaler est adapté aux personnes ayant des difficultés à utiliser les aérosols.

**Attention :** Ce médicament n'est pas destiné au traitement de la crise d'*asthme* : son effet est prolongé mais lent à apparaître. Si une crise survient sous traitement, un médicament d'action rapide et de courte durée d'action doit être utilisé.

Une aggravation de l'asthme peut traduire une infection : consultez votre médecin.

Sportif : ce médicament contient une substance susceptible de rendre positifs certains *tests antidopage*.

### Grossesse et allaitement

Aucun effet néfaste pour l'enfant à naître n'a été établi avec ce médicament. Néanmoins, par précaution, son usage pendant la grossesse est réservé aux situations pour lesquelles il n'existe pas d'alternative thérapeutique.

Les données disponibles ne permettent pas de savoir si ce médicament passe dans le lait maternel : ne l'utilisez pas pendant l'allaitement sans avis médical.

### Mode d'emploi et posologie

Charger le Turbuhaler. Vider complètement les poumons puis placer l'embout de l'appareil entre les lèvres. Aspirer à fond. L'inspiration doit être rapide et profonde. Essayer de garder l'air dans les poumons quelques secondes avant de les vider. Le Turbuhaler n'entraîne aucune sensation particulière bien que le produit soit délivré au niveau du poumon. Il ne faut jamais souffler dans l'appareil ni le mouiller. Replacer le capuchon après usage.

**Posologie usuelle :**

*Asthme* :
- Adulte et enfant de plus de 12 ans : 1 ou 2 inhalations de SYMBICORT à 100/6 µg par dose ou 200/6 µg par dose ou 1 inhalation de SYMBICORT à 400/12 µg par dose, matin et soir.
- Enfant de 6 à 12 ans : 2 inhalations de SYMBICORT à 100/6 µg par dose, matin et soir.

La dose efficace la plus faible possible est toujours recherchée.

*BPCO* :
- Adulte : 1 inhalation de SYMBICORT à 400/12 µg par dose ou 2 inhalations de SYMBICORT à 200/6 µg par dose, 2 fois par jour.

**Conseils :** Lisez attentivement la notice du médicament avant son emploi.

N'hésitez pas à demander une démonstration du maniement de cet appareil à votre médecin ou à votre pharmacien.

Il est conseillé de se rincer la bouche à l'eau après l'inhalation pour limiter le risque de *candidose* ou d'enrouement lié à l'utilisation de ce médicament.

### Effets indésirables possibles

Irritation de la bouche et de la gorge, voix rauque.

*Candidose* de la bouche et de la gorge.

Maux de tête, *palpitations*, tremblements.

Anxiété, agitation, troubles du sommeil, étourdissements, nausées.

*Réactions allergiques*.

Laboratoires AstraZeneca

## SYMPANEUROL

Phytothérapie

### Présentation

SYMPANEUROL : comprimé (marron) ; boîte de 60. Non remb.

### Composition

| | p cp |
|---|---|
| **Aubépine, extrait** | 60 mg |
| **Passiflore, extrait** | 50 mg |
| **Valériane, extrait** | 50 mg |
| Lactose | + |

### Dans quel cas ce médicament est-il prescrit ?

Ce médicament contient des extraits de plantes à visée *sédative*.

Il est traditionnellement utilisé dans le *traitement symptomatique* de la nervosité, notamment en cas de troubles légers du sommeil, et dans le traitement des *palpitations* chez l'adulte.

**Attention :** Les *palpitations* peuvent être le *symptôme* d'une maladie cardiaque : n'utilisez pas ce médicament de façon prolongée sans l'avis de votre médecin.

### Grossesse et allaitement

Ce médicament contient des plantes présumées sans danger pendant la grossesse ou l'allaitement. Néanmoins, par mesure de prudence, ne l'utilisez pas sans prendre l'avis de votre pharmacien ou de votre médecin.

### Mode d'emploi et posologie

Les comprimés doivent être avalés avec un verre d'eau.

**Posologie usuelle :**
- Adulte :
  - *palpitations*, nervosité : 1 comprimé, 1 à 3 fois par jour, avant les repas ;
  - troubles du sommeil : 1 à 3 comprimés au coucher.

**Conseils :** Les médicaments ne sont pas la seule réponse au stress : une meilleure hygiène de vie, une consommation modérée d'excitants (café, thé, boissons alcoolisées...) permettent aussi de lutter contre l'excès de nervosité et ses manifestations (*palpitations*, troubles du sommeil).

Laboratoires Sanofi-Aventis OTC

## SYMPATHYL

Phytothérapie et élément minéral

### Présentation

SYMPATHYL : comprimé (bleu) ; boîte de 40. Non remb.

### Composition

| | p cp |
|---|---|
| **Eschscholtzia, extrait** | 20 mg |
| **Aubépine, extrait de sommité fleurie** | 75 mg |
| **Oxyde de magnésium** | 124,35 mg |

### Dans quel cas ce médicament est-il prescrit ?

Ce médicament contient des extraits de plantes à visée *sédative* et du magnésium.

Il est traditionnellement utilisé dans le *traitement symptomatique* de la nervosité, notamment en cas de troubles légers du sommeil, et dans le traitement des *palpitations* chez l'adulte.

### Contre-indications

Ce médicament ne doit pas être utilisé en cas d'*insuffisance rénale* grave.

**Attention :** Les *palpitations* peuvent être le *symptôme* d'une maladie cardiaque : n'utilisez pas ce médicament de façon prolongée sans l'avis de votre médecin.

### Interactions avec d'autres substances

Ce médicament peut interagir avec les médicaments contenant de la quinidine.

### Grossesse et allaitement

Ce médicament ne contient que des substances présumées sans danger pendant la grossesse ou l'allaitement. Néanmoins, ne l'utilisez pas de façon prolongée sans l'avis de votre pharmacien ou de votre médecin.

### Mode d'emploi et posologie

Les comprimés doivent être avalés avec un peu d'eau, avant les repas.

**Posologie usuelle :**

- Adulte : 2 comprimés, matin et soir.

**Conseils :** Les médicaments ne sont pas la seule réponse au stress : une meilleure hygiène de vie, une consommation modérée d'excitants (café, thé, boissons alcoolisées...) permettent aussi de lutter contre l'excès de nervosité et ses manifestations (*palpitations*, troubles du sommeil).

### Effets indésirables possibles

Rarement : diarrhée, douleurs abdominales.

Laboratoires Innotech International

## SYMPAVAGOL

Phytothérapie

### Présentation

SYMPAVAGOL : comprimé (marron) ; boîte de 40. Non remb.

SYMPAVAGOL : solution buvable ; flacon de 90 ml. Non remb.

### Composition

| | p cp | p c à c |
|---|---|---|
| **Passiflore, extrait sec** | 40 mg | |
| **Aubépine, extrait sec** | 20 mg | |
| **Passiflore, extrait fluide** | | 1,23 g |
| **Aubépine, extrait fluide** | | 0,30 g |
| Saccharose | + | 2,6 g |
| Alcool | | 556 mg |

### Dans quel cas ce médicament est-il prescrit ?

Ce médicament contient des extraits de plantes à visée *sédative*.

Il est traditionnellement utilisé dans le *traitement symptomatique* de la nervosité, notamment en cas de troubles légers du sommeil, et dans le traitement des *palpitations* chez l'adulte.

**Attention :** Les *palpitations* peuvent être le *symptôme* d'une maladie cardiaque : n'utilisez pas ce médicament de façon prolongée sans l'avis de votre médecin.
La solution buvable contient du *sucre* (saccharose) et de l'*alcool* en quantité notable.
Si vous devez conduire, ou utiliser une machine dangereuse, assurez-vous préalablement que ce médicament n'altère pas votre vigilance.

### Grossesse et allaitement

Ce médicament contient des plantes présumées sans danger pendant la grossesse ou l'allaitement. Néanmoins, par mesure de prudence, ne l'utilisez pas sans prendre l'avis de votre pharmacien ou de votre médecin.

Il est préférable de prendre les comprimés qui ne contiennent pas d'*alcool*.

### Mode d'emploi et posologie

La solution buvable doit être diluée dans un peu d'eau, sucrée ou non.

**Posologie usuelle :**

- Adulte : 2 à 6 comprimés ou 1 à 4 cuillères à café de solution buvable par jour.
- Enfant de plus de 30 mois : 1 cuillère à café de solution buvable par jour.

**Conseils :** Les médicaments ne sont pas la seule réponse au stress : une meilleure hygiène de vie, une consommation modérée d'excitants (café, thé, boissons alcoolisées...) permettent aussi de lutter contre l'excès de nervosité et ses manifestations (*palpitations*, troubles du sommeil).

Laboratoires Novartis Santé Familiale

## SYNACTHÈNE

Produit de diagnostic — sur ordonnance

### Présentation

SYNACTHÈNE RETARD 1 mg : suspension injectable *IM* ; boîte de 1 ampoule de 1 ml. Liste I - Remb 65 % - **Prix : 3,56 €**.

SYNACTHÈNE IMMÉDIAT 0,25 mg : solution injectable *IM* ou *IV* ; boîte de 1 ampoule de 1 ml. Liste I - Remb 65 % - **Prix : 2,16 €**.

### Composition

| | p amp inj | p amp inj |
|---|---|---|
| **Tétracosactide** | 1 mg | 0,25 mg |
| **Zinc** | 2,50 mg | |
| Alcool benzylique | + | + |

### Dans quel cas ce médicament est-il prescrit ?

Ce médicament stimule la sécrétion de cortisone par les glandes *surrénales*.

Il est utilisé pour aider au diagnostic lors du dérèglement de ces glandes.

### Contre-indications

Ce médicament ne doit pas être utilisé dans les cas suivants :
- maladie infectieuse ou mycosique non contrôlée, certaines maladies virales ;
- *psychoses*.

**Attention :** Signalez tout *antécédent* allergique (*asthme*, urticaire...) à votre médecin : ce médicament peut causer, notamment chez les personnes prédisposées, des réactions allergiques parfois très graves.
Sportif : ce médicament contient une substance susceptible de rendre positifs certains *tests antidopage*.

### Interactions avec d'autres substances

Ce médicament peut interagir avec les médicaments qui donnent des *torsades de pointe*.
Informez par ailleurs votre médecin si vous prenez :
- un médicament susceptible de faire baisser la *kaliémie* (amphotéricine B, certains *diurétiques*, *laxatifs stimulants*) ;
- un *antihypertenseur* ;
- un *digitalique* ;
- un *antidiabétique*.

En cas de vaccination, l'utilisation d'un *vaccin* vivant est déconseillé.

### Grossesse et allaitement

L'effet de ce médicament pendant la grossesse est mal connu : seul votre médecin peut évaluer le risque éventuel de son utilisation dans votre cas.
Le test au SYNACTHÈNE peut être pratiqué pendant l'allaitement.

### Mode d'emploi et posologie

Test diagnostic :
Le cortisol (cortisone naturelle) est dosé dans le sang avant l'injection intramusculaire d'une ampoule de SYNACTHÈNE RETARD et à plusieurs reprises après l'injection.
Le SYNACTHÈNE IMMÉDIAT peut également être utilisé avec un dosage avant, puis 30 et 60 minutes après l'injection par voie intramusculaire ou intraveineuse.

**Conseils :** Ce médicament doit être conservé entre + 2 °C et + 8 °C (partie haute du réfrigérateur).

### Effets indésirables possibles

Ils sont surtout à craindre lors d'un traitement prolongé et à forte dose :
- rétention d'eau et de sel, *hypertension artérielle* ;
- baisse du taux de *potassium*, à prévenir par un apport systématique ;
- surexcitation, euphorie, troubles du sommeil ;
- *ostéoporose* ;
- *troubles digestifs* : rare *ulcère* de l'estomac ou du *duodénum*.

Laboratoires Novartis Pharma

## SYNALAR

*Informations détaillées sur www.monvidal.com*

## SYNALAR solution

*Informations détaillées sur www.monvidal.com*

## SYNAREL

*Informations détaillées sur www.monvidal.com*

## SYNCORTYL

*Informations détaillées sur www.monvidal.com*

## SYNÉDIL

Neuroleptique — sur ordonnance

Ce médicament est un générique de DOGMATIL (voir p. 330 et tableau p. 1151).

## SYNERGON

*Informations détaillées sur www.monvidal.com*

## SYNTHOL gel

Antalgique d'action locale

### Présentation

SYNTHOL gel : gel pour application cutanée ; tube de 100 g. Non remb.

### Composition

| | p 100 g |
|---|---|
| **Lévomenthol** | 520 mg |
| **Vératrol** | 250 mg |
| **Résorcinol** | 30 mg |
| **Acide salicylique** | 100 mg |
| Alcool à 95° | + |

### Dans quel cas ce médicament est-il prescrit ?

C'est un gel *antalgique* qui contient un *salicylé* et des substances qui ont un effet *révulsif*.
Il est utilisé dans le *traitement d'appoint* des *ecchymoses* (bleus) et des coups.

### Contre-indications

Ce médicament ne doit pas être utilisé dans les cas suivants :
- *allergie* aux *salicylés* ;
- enfant ayant des *antécédents* de *convulsions* ;
- en application sur une plaie, une lésion suintante ou infectée, un *eczéma*.

**Attention :** Ce médicament contient un *terpène* (menthol) :
- ne l'utilisez pas chez l'enfant de moins de 7 ans (sauf avis médical contraire),
- des précautions sont nécessaires en cas d'*épilepsie*,
- respectez la *posologie* préconisée.

### Grossesse et allaitement

Les substances contenues dans ce médicament sont peu absorbées par la peau. Néanmoins, ne l'utilisez pas de façon prolongée pendant la grossesse ou l'allaitement sans l'avis de votre médecin ou de votre pharmacien.

### Mode d'emploi et posologie

Étendre le gel sur la région douloureuse et faire pénétrer par un massage doux et prolongé.

**Posologie usuelle :**
- Adulte et enfant de plus de 7 ans : 2 ou 3 applications par jour.

**Conseils :** Pensez à vous laver les mains après l'application. En cas de contact accidentel avec les yeux, rincez abondamment.

### Effets indésirables possibles
*Réaction allergique* cutanée, imposant l'arrêt du traitement ; à ne pas confondre avec une rougeur normale au point d'application, due au médicament.
Liés à la présence de *terpènes* (menthol), en cas de dépassement de la *posologie* usuelle :
- *convulsions* chez l'enfant,
- agitation, confusion des idées (notamment chez la personne âgée).

La présence d'alcool peut favoriser le dessèchement et l'irritation de la peau, surtout en cas d'applications répétées.

Laboratoires GlaxoSmithKline Santé Grand Public

## SYNTHOL liquide
Antalgique et antiseptique à usage local et buccal

### Présentation
**SYNTHOL spray :** solution pour application cutanée et bain de bouche ; flacon pulvérisateur de 75 ml. Non remb.
**SYNTHOL liquide :** solution pour application cutanée et bain de bouche ; flacon de 75 ml. Non remb.
**SYNTHOL liquide :** solution pour application cutanée et bain de bouche ; flacon de 225 ml. Non remb.
**SYNTHOL liquide :** solution pour application cutanée et bain de bouche ; flacon de 450 ml. Non remb.

### Composition

| | p 100 g |
|---|---|
| **Lévomenthol** | 260 mg |
| **Vératrol** | 260 mg |
| **Résorcinol** | 21 mg |
| **Acide salicylique** | 10,5 mg |
| Titre alcoolique | 34,5 ° |

### Dans quel cas ce médicament est-il prescrit ?
Cette solution d'usage local calme les douleurs, décongestionne et désinfecte.
Elle est utilisée dans le *traitement d'appoint* :
- des piqûres d'insectes ;
- des *ecchymoses* (bleus) et des coups ;
- des affections de la bouche : gingivite, *stomatite*, *aphtes*, douleurs dentaires...

### Contre-indications
Ce médicament ne doit pas être utilisé dans les cas suivants :
- *allergie* aux *salicylés* ;
- enfant ayant des *antécédents* de *convulsions* ;
- en application sur une plaie, une lésion suintante ou infectée, un *eczéma*.

**Attention :** Ce médicament contient un *terpène* (menthol) qui peut, dans de très rares cas, provoquer des accidents graves chez le jeune enfant (*convulsions*...). Il ne doit être employé qu'après avis médical chez les enfants de moins de 7 ans. Le risque est accru en cas d'application sur des surfaces étendues ou en cas d'*épilepsie*.
Dans le traitement des affections buccales, l'usage prolongé de ce médicament n'est pas souhaitable, car il peut modifier l'équilibre microbien naturel de la bouche ; en l'absence d'amélioration au bout de 5 jours ou en cas d'apparition de fièvre, consultez votre médecin ou votre dentiste.

### Grossesse et allaitement
Les substances contenues dans ce médicament sont peu absorbées par la peau. Néanmoins, ne l'utilisez pas de façon prolongée pendant la grossesse ou l'allaitement sans l'avis de votre médecin ou de votre pharmacien.

### Mode d'emploi et posologie
Dans les affections de la bouche, la solution s'utilise en *bain de bouche* : diluer 1 cuillère à soupe dans un verre d'eau.
Dans les autres cas, la solution s'utilise :
- pure, en frictions ;
- diluée, en compresse : imbiber une compresse de solution diluée à 50 % avec de l'eau, puis l'appliquer pendant ½ heure à 1 heure sur la région douloureuse.

**Posologie usuelle :**
- Adulte et enfant de plus de 7 ans : 2 ou 3 bains de bouche ou applications locales par jour.

**Conseils :** Pensez à vous laver les mains après l'application. En cas de contact accidentel avec les yeux, rincez abondamment.
Ce médicament doit être conservé à l'abri de la lumière.

### Effets indésirables possibles
*Réaction allergique* locale.
En cas de dépassement de la *posologie* usuelle, les *terpènes* peuvent provoquer :
- des *convulsions* chez l'enfant,
- agitation, confusion des idées (notamment chez la personne âgée).

La présence d'alcool peut favoriser le dessèchement et l'irritation de la peau, surtout en cas d'applications répétées.

Laboratoires GlaxoSmithKline Santé Grand Public

# T

## TABACUM COMPOSÉ BOIRON

*Informations détaillées sur www.monvidal.com*

## TABACUM COMPOSÉ DOLISOS

*Informations détaillées sur www.monvidal.com*

## TADENAN

Hypertrophie bénigne de la prostate

### Présentation

TADENAN : capsule (blanc et vert) ; boîte de 30. Remb 35 % - **Prix : 15,22 €**.
TADENAN : capsule (blanc et vert) ; boîte de 60. Remb 35 % - **Prix : 29,86 €**.

### Composition

| | p caps |
|---|---|
| **Pygeum africanum (prunier d'Afrique), extrait** | 50 mg |

### Dans quel cas ce médicament est-il prescrit ?

Ce médicament contient un extrait végétal qui a des propriétés décongestionnantes sur la prostate.

Il est utilisé dans le traitement des troubles urinaires liés à un *adénome de la prostate*.

> **Attention :** Si les troubles persistent, consultez votre médecin.
> Ce médicament ne peut guérir un *adénome de la prostate* ; en cas de blocage progressif ou brutal des urines, consultez d'urgence votre médecin.

### Mode d'emploi et posologie

Ce médicament est pris de préférence avant les repas.

**Posologie usuelle :**
1 capsule, matin et soir.

### Effets indésirables possibles

Rarement : *troubles digestifs, réaction allergique.*

Laboratoires Solvay Pharma

## TAGAMET injectable

*Informations détaillées sur www.monvidal.com*

## TAGAMET oral

*Informations détaillées sur www.monvidal.com*

## TAHOR

Hypolipémiant — sur ordonnance

### Présentation

TAHOR 10 mg : comprimé ; boîte de 28. Liste I - Remb 65 % - **Prix : 18,87 €**.
TAHOR 10 mg : comprimé ; boîte de 90. Liste I - Remb 65 % - **Prix : 55,41 €**.
TAHOR 20 mg : comprimé ; boîte de 28. Liste I - Remb 65 % - **Prix : 37,81 €**.
TAHOR 20 mg : comprimé ; boîte de 90. Liste I - Remb 65 % - **Prix : 109,77 €**.
TAHOR 40 mg : comprimé ; boîte de 28. Liste I - Remb 65 % - **Prix : 43,16 €**.
TAHOR 40 mg : comprimé ; boîte de 90. Liste I - Remb 65 % - **Prix : 126,97 €**.
TAHOR 80 mg : comprimé ; boîte de 28. Liste I - Remb 65 % - **Prix : 43,16 €**.
TAHOR 80 mg : comprimé ; boîte de 90. Liste I - Remb 65 % - **Prix : 126,97 €**.

### Composition

| | p cp | p cp |
|---|---|---|
| **Atorvastatine** | 10 mg | 20 mg |
| Lactose | + | + |

| | p cp | p cp |
|---|---|---|
| **Atorvastatine** | 40 mg | 80 mg |
| Lactose | + | + |

### Dans quel cas ce médicament est-il prescrit ?

Ce médicament est un *hypocholestérolémiant* de la famille des statines. Il permet d'abaisser fortement le taux de *cholestérol* circulant dans le sang. Il a également montré son aptitude à prévenir les accidents cardiovasculaires chez certaines personnes à risque.

Il est utilisé dans le traitement des excès de cholestérol en complément d'un régime adapté et assidu et dans la prévention de l'*infarctus du myocarde* chez certains patients hypertendus.

### Contre-indications

Ce médicament ne doit pas être utilisé dans les cas suivants :
- *insuffisance hépatique* ou *transaminases* élevées ;
- en association avec les *antiprotéases* et les médicaments contenant du kétoconazole, de l'itraconazole ou de la télithromycine ;
- **allaitement**.

> **Attention :** Ce médicament peut être toxique pour le foie ou les muscles. Signalez à votre médecin toute fatigue anormale, perte d'appétit, douleur ou faiblesse musculaire. Des analyses de sang régulières peuvent être pratiquées afin de vérifier que le médicament est bien supporté.

### Interactions avec d'autres substances

Ce médicament ne doit pas être associé avec les *antiprotéases* (amprénavir, indinavir, nelfinavir, ritonavir, saquinavir...) et les médicaments contenant du kétoconazole, de l'itraconazole ou de la télithromycine : risque fortement accru de douleurs musculaires.

Le risque d'atteinte musculaire peut aussi être augmenté avec les *hypolipidémiants* de la famille des fibrates.

Les effets toxiques de l'atorvastatine peuvent également être augmentés par le jus de pamplemousse : évitez d'en boire pendant le traitement.

Informez par ailleurs votre médecin si vous prenez des *anticoagulants* oraux ou ou un médicament contenant de la clarithromycine, de l'érythromycine, du vérapamil ou de la ciclosporine.

### Grossesse et allaitement

Ce médicament n'a pas d'indication chez la femme enceinte et il doit être interrompu en cas de désir de grossesse.

Si une grossesse survient sous traitement, consultez votre médecin et arrêtez la prise de ce médicament.

Aucune malformation imputable à ce médicament n'a été observée à ce jour.

Ce médicament passe dans le lait maternel. Il est contre-indiqué pendant l'allaitement.

### Mode d'emploi et posologie

Les comprimés doivent être avalés avec un verre d'eau, indifféremment avant, pendant ou après le repas.

**Posologie usuelle :**

- Adulte : 10 à 20 mg par jour, en 1 prise. La dose maximale est de 80 mg par jour. Elle est réservée aux formes sévères de la maladie.

Le régime reste indispensable pendant toute la durée du traitement.

> **Conseils :** Un régime pauvre en *cholestérol* et en graisses animales n'est pas simple à suivre : les erreurs sont fréquentes. Demandez conseil à votre médecin, à votre pharmacien ou à un professionnel de la nutrition.

### Effets indésirables possibles

Le plus fréquemment (plus de 1 % des utilisateurs) : *troubles digestifs*, fatigue, maux de tête, insomnie.

Rarement : *réaction allergique*, fourmillement des extrémités, sensation de vertiges, *pancréatite*, jaunisse, *éruption cutanée*, chute de cheveux, *impuissance*, atteintes musculaires (voir Attention) et douleurs articulaires. Élévation des *transaminases*.

Laboratoires Pfizer

## TAKADOL

*Informations détaillées sur www.monvidal.com*

## TAKETIAM

Antibiotique : céphalosporine — **sur ordonnance**

### Présentation

TAKETIAM : comprimé (jaune pâle) ; boîte de 10. Liste I - Remb 65 % - **Prix : 11,42 €**.

### Composition

| | p cp |
|---|---|
| **Céfotiam** | 200 mg |

### Dans quel cas ce médicament est-il prescrit ?

Cet *antibiotique* appartient à la famille des *céphalosporines*, antibiotiques proches des *pénicillines*, qui sont actives sur un plus grand nombre de *germes* que la pénicilline simple.

Ce médicament est utilisé dans le traitement de diverses maladies infectieuses, notamment des poumons, des bronches, de la gorge, des oreilles et des *sinus*.

### Contre-indications

Ce médicament ne doit pas être utilisé dans les cas suivants :

- *allergie* aux *céphalosporines*,
- *insuffisance rénale* grave,
- *insuffisance hépatique*.

Votre médecin est seul juge pour prescrire ce médicament en cas d'allergie aux *pénicillines*.

> **Attention :** La survenue de toute *réaction allergique* (boutons, *œdème*, malaise) impose l'arrêt du traitement : consultez rapidement votre médecin. Pensez à toujours signaler vos *antécédents* d'allergie à une *céphalosporine* ou à une *pénicilline*.
>
> De nombreux *antibiotiques* peuvent provoquer des selles liquides ou une *diarrhée*, généralement bénigne. En revanche, une diarrhée importante survenant pendant ou dans les jours qui suivent le traitement antibiotique doit être signalée à votre médecin.
>
> Une diminution de la fièvre ou une disparition des *symptômes* ne sont pas synonymes de guérison : la durée du traitement doit absolument être respectée pour éviter les rechutes ou l'apparition d'une *résistance* du *germe* à l'*antibiotique*.

### Grossesse et allaitement

L'effet de ce médicament pendant la grossesse est mal connu : seul votre médecin peut évaluer le risque éventuel de son utilisation dans votre cas.

Ce médicament passe dans le lait maternel.

### Mode d'emploi et posologie

Les comprimés doivent être avalés avec un grand verre d'eau.

Les repas ne modifient pas l'absorption de ce médicament, qui peut donc être pris à n'importe quel moment de la journée. Néanmoins, la prise des comprimés avant les repas diminue de risque de *troubles digestifs*.

**Posologie usuelle :**

- Adulte : 1 ou 2 comprimés, matin et soir.

> **Conseils :** Le médecin prescrit parfois un prélèvement pour identifier le *germe* responsable de l'infection et tester sa sensibilité aux *antibiotiques*. Le résultat de cet examen peut être faussé en cas d'automédication préalable : ne prenez pas d'antibiotiques sans avis médical.
>
> L'éventuelle impression de fatigue n'est pas due à l'antibiotique, mais à l'infection elle-même.

### Effets indésirables possibles

Nausées, vomissements, digestion difficile, *diarrhée*.

*Réactions allergiques* : *éruption cutanée*, *choc anaphylactique* (exceptionnel).

Anomalie de la *numération formule sanguine*, augmentation des *transaminases*.

Laboratoires Takeda

## TAMARINDUS COMPLEXE N° 95

*Informations détaillées sur www.monvidal.com*

## TAMARINE

*Informations détaillées sur www.monvidal.com*

## TAMIFLU
Antiviral — sur ordonnance

### Présentation
**TAMIFLU 75 mg :** gélule (grise et jaune) ; boîte de 10. Liste I - Remb 35 % - **Prix : 24,91 €**.
**TAMIFLU 12 mg/ml :** poudre pour suspension buvable (arôme Tutti frutti) ; flacon de 30 g avec seringue doseuse et gobelet gradué. Liste I - Remb 35 % - **Prix : 24,91 €**.

### Composition

| | p gél | p ml |
|---|---|---|
| **Oseltamivir** | 75 mg | 12 mg |
| Sorbitol | | + |

### Dans quel cas ce médicament est-il prescrit ?
Ce médicament appartient à la famille des *antiviraux*. Il possède la propriété de bloquer une *enzyme* nécessaire à la propagation dans l'organisme du *virus* de la grippe : sous l'effet du traitement, les virus grippaux ne peuvent quitter les cellules où ils se sont multipliés.
Il est utilisé dans :
- le traitement de la grippe chez l'adulte et l'enfant de plus de 1 an,
- la prévention de la grippe chez l'adulte et l'enfant de plus de 12 ans.

Ce médicament n'est remboursé que lorsqu'il est prescrit à des personnes atteintes par ailleurs de maladie grave ou chronique.

**Attention :** Ce médicament n'est actif que sur la grippe, qui se caractérise par une fièvre élevée, une toux, des courbatures et une fatigue intense. Des maux de tête et des étourdissements sont souvent présents. La survenue de ces *symptômes* en période d'épidémie grippale est très évocatrice de la maladie.
Ce médicament ne remet pas en cause l'intérêt de la vaccination antigrippale, principale mesure préventive contre cette maladie.

### Grossesse et allaitement
L'effet de ce médicament pendant la grossesse ou l'allaitement est mal connu : seul votre médecin peut évaluer le risque éventuel de son utilisation dans votre cas.

### Mode d'emploi et posologie
Ce médicament peut être pris indifféremment au cours ou en dehors des repas.

**Posologie usuelle :**
Traitement de la grippe : il doit être débuté le plus tôt possible dans les 2 jours qui suivent le début des symptômes.
- Adulte et enfant de plus de 40 kg : 75 mg matin et soir pendant 5 jours.
- Enfant de plus de 1 an et de moins de 40 kg : 30 mg matin et soir chez l'enfant de moins de 15 kg, 45 mg matin et soir chez l'enfant de 16 à 23 kg, 60 mg matin et soir chez l'enfant de 24 à 40 kg. La seringue est graduée en conséquence. La durée du traitement est de 5 jours.

Prévention de la grippe après un contact :
- Adulte et enfant de plus de 12 ans : 75 mg une fois par jour pendant 7 jours. Le traitement doit débuter dès que possible dans les 2 jours qui suivent le contact avec le sujet grippé.

Prévention de la grippe en période épidémique :
- Adulte et enfant de plus de 12 ans : 75 mg une fois par jour pendant la durée de l'épidémie et jusqu'à 6 semaines.

En cas d'*insuffisance rénale* importante, la *posologie* doit être divisée par 2.

**Conseils :** Le *traitement symptomatique* de la grippe repose sur le paracétamol, les boissons chaudes, les *antitussifs* en cas de toux sèche et gênante et, enfin, le repos.

### Effets indésirables possibles
*Troubles digestifs*, généralement transitoires.
*Réaction allergique.*

Laboratoires Roche

## TAMIK
Dérivé de l'ergot de seigle — sur ordonnance

Ce médicament est un générique de DIHYDROERGOTAMINE SANDOZ oral (voir p. 318 et tableau p. 1151).

## TAMOXIFÈNE ARROW
Antiestrogène — sur ordonnance

Ce médicament est un générique de NOLVADEX (voir p. 726 et tableau p. 1151).

## TAMOXIFÈNE BIOGARAN
Antiestrogène — sur ordonnance

Ce médicament est un générique de NOLVADEX (voir p. 726 et tableau p. 1151).

## TAMOXIFÈNE EG
Antiestrogène — sur ordonnance

Ce médicament est un générique de NOLVADEX (voir p. 726 et tableau p. 1151).

## TAMOXIFÈNE G GAM
Antiestrogène — sur ordonnance

Ce médicament est un générique de NOLVADEX (voir p. 726 et tableau p. 1151).

## TAMOXIFÈNE GNR
Antiestrogène — sur ordonnance

Ce médicament est un générique de NOLVADEX (voir p. 726 et tableau p. 1151).

## TAMOXIFÈNE MERCK
Antiestrogène — sur ordonnance

Ce médicament est un générique de NOLVADEX (voir p. 726 et tableau p. 1151).

## TAMOXIFÈNE RATIOPHARM
Antiestrogène
sur ordonnance

Ce médicament est un générique de NOLVADEX (voir p. 726 et tableau p. 1151).

## TAMOXIFÈNE RPG
Antiestrogène
sur ordonnance

Ce médicament est un générique de NOLVADEX (voir p. 726 et tableau p. 1151).

## TAMOXIFÈNE TEVA
Antiestrogène
sur ordonnance

Ce médicament est un générique de NOLVADEX (voir p. 726 et tableau p. 1151).

## TAMOXIFÈNE ZYDUS
Antiestrogène
sur ordonnance

Ce médicament est un générique de NOLVADEX (voir p. 726 et tableau p. 1151).

## TAMSULOSINE BIOGARAN
Alphabloquant
sur ordonnance

Ce médicament est un générique de JOSIR (voir p. 534 et tableau p. 1151).
Ce médicament est un générique de OMIX (voir p. 767 et tableau p. 1151).

## TAMSULOSINE EG
Alphabloquant
sur ordonnance

Ce médicament est un générique de JOSIR (voir p. 534 et tableau p. 1151).
Ce médicament est un générique de OMIX (voir p. 767 et tableau p. 1151).

## TAMSULOSINE MERCK
Alphabloquant
sur ordonnance

Ce médicament est un générique de JOSIR (voir p. 534 et tableau p. 1151).
Ce médicament est un générique de OMIX (voir p. 767 et tableau p. 1151).

## TAMSULOSINE QUALIMED
Alphabloquant
sur ordonnance

Ce médicament est un générique de JOSIR (voir p. 534 et tableau p. 1151).
Ce médicament est un générique de OMIX (voir p. 767 et tableau p. 1151).

## TAMSULOSINE RATIOPHARM
Alphabloquant
sur ordonnance

Ce médicament est un générique de JOSIR (voir p. 534 et tableau p. 1151).
Ce médicament est un générique de OMIX (voir p. 767 et tableau p. 1151).

## TAMSULOSINE SANDOZ
Alphabloquant
sur ordonnance

Ce médicament est un générique de JOSIR (voir p. 534 et tableau p. 1151).
Ce médicament est un générique de OMIX (voir p. 767 et tableau p. 1151).

## TAMSULOSINE TEVA
Alphabloquant
sur ordonnance

Ce médicament est un générique de JOSIR (voir p. 534 et tableau p. 1151).
Ce médicament est un générique de OMIX (voir p. 767 et tableau p. 1151).

## TAMSULOSINE WINTHROP
Alphabloquant
sur ordonnance

Ce médicament est un générique de JOSIR (voir p. 534 et tableau p. 1151).
Ce médicament est un générique de OMIX (voir p. 767 et tableau p. 1151).

## TANAKAN
Vasodilatateur et anti-ischémique

### Présentation
TANAKAN : solution buvable (arômes : orange, citron) ; flacon de 30 ml avec mesurette graduée (1 dose = 1 ml). Remb 35 % - **Prix : 5,92 €**.
TANAKAN : solution buvable (arômes : orange, citron) ; flacon de 90 ml avec mesurette graduée (1 dose = 1 ml). Remb 35 % - **Prix : 17,15 €**.
TANAKAN : comprimé (rouge) ; boîte de 30. Remb 35 % - **Prix : 6,00 €**.
TANAKAN : comprimé (rouge) ; boîte de 90. Remb 35 % - **Prix : 17,42 €**.

### Composition

| | p ml | p cp |
|---|---|---|
| **Ginkgo biloba, extrait standardisé** | 40 mg | 40 mg |
| Alcool | 450 mg | |
| Lactose | | + |

### Dans quel cas ce médicament est-il prescrit ?
C'est un médicament qui facilite la circulation sanguine.
Il est utilisé dans le *traitement symptomatique* :
- des troubles du comportement et de la mémoire liés au vieillissement ;
- de l'*artérite* ;
- du phénomène de *Raynaud* ;
- des *vertiges*, bourdonnements d'oreilles, baisse de l'audition ;
- de troubles de la vue d'origine vasculaire.

**Attention :** Chez une personne âgée, des troubles attribués au vieillissement peuvent être dus à une dépression ; ils nécessitent alors un traitement spécifique.
La solution buvable contient de l'*alcool* en quantité notable.

### Interactions avec d'autres substances

Solution buvable :
Compte tenu de la présence d'*alcool*, ce médicament peut interagir avec ceux qui ont un *effet antabuse* (ESPÉRAL, TTD B3 B4...).

### Grossesse et allaitement

L'effet de ce médicament pendant la grossesse ou l'allaitement est mal connu : seul votre médecin peut évaluer le risque éventuel de son utilisation dans votre cas.

### Mode d'emploi et posologie

Ce médicament doit être pris pendant les repas. La solution buvable est alcoolisée et doit être diluée dans un demi-verre d'eau.

**Posologie usuelle :**
1 comprimé ou 1 ml de solution buvable, 3 fois par jour.

**Conseils :** Ce médicament n'est actif que sur les *symptômes* de l'*artérite*. Seuls la pratique de la marche et l'arrêt d'un éventuel tabagisme peuvent retarder l'évolution de la maladie.

### Effets indésirables possibles

Rarement : *troubles digestifs*, maux de tête, éruption cutanée.

Laboratoires Beaufour Ipsen Pharma

## TANATRIL

*Informations détaillées sur www.monvidal.com*

## TANGANIL

Antivertigineux

### Présentation

TANGANIL 500 mg : comprimé sécable (blanc) ; boîte de 30. Remb 35 % - **Prix : 5,57 €**.
TANGANIL 500 mg : solution injectable ; boîte de 5 ampoules de 5 ml. Remb 35 % - **Prix : 3,02 €**.

### Composition

| | p cp | p amp inj |
|---|---|---|
| **Acétylleucine** | 500 mg | 500 mg |

### Dans quel cas ce médicament est-il prescrit ?

Ce médicament est un antivertigineux.

Il est utilisé dans le *traitement symptomatique* de la crise de *vertiges*.

### Grossesse et allaitement

L'effet de ce médicament sur l'enfant à naître est mal connu. Par mesure de prudence, son usage est déconseillé pendant la grossesse.

Les données actuellement disponibles ne permettent pas de savoir si ce médicament passe dans le lait maternel.

### Mode d'emploi et posologie

Les comprimés peuvent être avalés avec un peu d'eau, au moment des repas. La solution injectable est administrée par *voie* intraveineuse lente.

**Posologie usuelle :**

- Adulte : 3 ou 4 comprimés par jour à répartir en 2 prises, ou 2 ampoules par jour.

**Conseils :** Ce médicament est destiné au traitement des *vertiges* et non des troubles de l'équilibre : parlez-en à votre médecin ou à votre pharmacien.
Les comprimés sont inadaptés en cas de *vertiges* graves accompagnés de vomissements ; il sera alors préférable d'utiliser la solution injectable : consultez votre médecin.

Laboratoires Pierre Fabre Médicament

## TARDYFERON

Élément minéral : fer

### Présentation

TARDYFERON 80 mg : comprimé (rose) ; boîte de 30. Remb 65 % - **Prix : 3,48 €**.

### Composition

| | p cp |
|---|---|
| **Sulfate ferreux sesquihydraté** | 256,30 mg |
| soit Fer | 80 mg |
| Huile de ricin | + |
| Saccharose | + |

### Dans quel cas ce médicament est-il prescrit ?

Ce médicament contient du fer, élément minéral essentiel au fonctionnement de l'organisme. Le fer est nécessaire à la formation de l'*hémoglobine*, contenue dans les *globules rouges*, qui assure le transport de l'oxygène dans le sang.

Il est utilisé dans le traitement des *carences* en fer responsables de certaines formes d'*anémies*. Il est également utilisé pour prévenir cette carence chez la femme enceinte lorsque les apports alimentaires sont insuffisants.

### Contre-indications

Ce médicament ne doit pas être utilisé en cas d'excès de fer dans l'organisme.

**Attention :** Un apport en fer sous forme de médicament ne peut être décidé que par votre médecin. La quantité de fer contenue dans une alimentation diversifiée est généralement suffisante.

### Interactions avec d'autres substances

En raison de la présence de fer, ce médicament peut interagir avec les médicaments injectables contenant du fer.

Par ailleurs, respectez un intervalle de 2 heures entre la prise de ce médicament et celle des *cyclines* ou des *pansements digestifs*.

### Grossesse et allaitement

Ce médicament peut être utilisé pendant la grossesse ou l'allaitement uniquement s'il vous a été prescrit par votre médecin.

### Mode d'emploi et posologie

Ce médicament est mieux absorbé s'il est pris avec un verre d'eau avant les repas. En cas de mauvaise tolérance digestive, il est possible de le prendre au cours des repas.

**Posologie usuelle :**

- Femme enceinte : 1 comprimé par jour ou tous les 2 jours, pendant les 6 derniers mois de la grossesse (sur prescription médicale).

- Adulte et enfant de plus de 10 ans : 1 ou 2 comprimés par jour.
- Enfant de 6 à 10 ans : 1 comprimé par jour.

La reconstitution du stock en fer de l'organisme nécessite un traitement de longue durée (plusieurs mois) ; respectez la durée prescrite par votre médecin.

**Conseils :** La coloration noire des selles est habituelle pendant le traitement.
Les aliments les plus riches en fer sont d'origine animale : viande, poisson, volaille, abats.
Une consommation importante de thé peut diminuer l'absorption du fer par l'organisme.

### Effets indésirables possibles

Nausées, constipation, diarrhée.
Rarement : *réaction allergique* cutanée.

**Laboratoires Pierre Fabre Médicament**

## TARDYFERON B9

Élément minéral : fer

### Présentation

TARDYFERON B9 : comprimé (rouge) ; boîte de 30. Remb 65 % - **Prix : 3,66 €**.

### Composition

| | p cp |
|---|---|
| **Sulfate ferreux sesquihydraté** | 160,2 mg |
| soit Fer | 50 mg |
| **Acide folique (vitamine B9)** | 350 µg |
| Amidon de blé (gluten) | + |
| Huile de ricin | + |
| Saccharose | + |

### Dans quel cas ce médicament est-il prescrit ?

Ce médicament contient du fer et de l'acide folique (*vitamine* B9). Le fer est nécessaire à la formation de l'*hémoglobine*, contenue dans les *globules rouges*, qui assure le transport de l'oxygène dans le sang.
Il est utilisé pour prévenir la *carence* en fer et en acide folique chez la femme enceinte lorsque les apports alimentaires sont insuffisants.

### Contre-indications

Ce médicament ne doit pas être utilisé dans les cas suivants :
- excès de fer dans l'organisme,
- *intolérance* au *gluten*.

**Attention :** Un apport en fer sous forme de médicament ne peut être décidé que par votre médecin. La quantité de fer contenue dans une alimentation diversifiée est généralement suffisante.

### Interactions avec d'autres substances

En raison de la présence de fer, ce médicament peut interagir avec les médicaments injectables contenant du fer.
Par ailleurs, respectez un intervalle de 2 heures entre la prise de ce médicament et celle des *cyclines* , des *pansements digestifs* ou des médicaments contenant de la pénicillamine.

### Grossesse et allaitement

Ce médicament peut être utilisé pendant la grossesse ou l'allaitement, uniquement s'il vous a été prescrit par votre médecin.

### Mode d'emploi et posologie

Ce médicament est mieux absorbé s'il est pris avec un verre d'eau avant les repas. En cas de mauvaise tolérance digestive, il est possible de le prendre au cours des repas.

**Posologie usuelle :**
- Femme enceinte : 1 comprimé par jour pendant les 3 derniers mois de la grossesse (sur prescription médicale).

**Conseils :** La coloration noire des selles est habituelle pendant le traitement.
Les aliments les plus riches en fer sont d'origine animale : viande, poisson, volaille, abats.
Une consommation importante de thé peut diminuer l'absorption du fer par l'organisme.

### Effets indésirables possibles

Nausées, constipation, diarrhée.
Rarement : *réaction allergique* cutanée.

**Laboratoires Pierre Fabre Médicament**

## TAREG

Antihypertenseur — sur ordonnance

### Présentation

**TAREG 40 mg :** comprimé sécable ; boîte de 30. Liste I - Remb 65 % - **Prix : 20,37 €**.
**TAREG 40 mg :** comprimé sécable ; boîte de 90. Liste I - Remb 65 % - **Prix : 55,91 €**.
**TAREG 80 mg :** comprimé ; boîte de 28. Liste I - Remb 65 % - **Prix : 22,86 €**.
**TAREG 80 mg :** comprimé ; boîte de 30. Liste I - Remb 65 % - **Prix : 24,47 €**.
**TAREG 80 mg :** comprimé ; boîte de 90. Liste I - Remb 65 % - **Prix : 66,35 €**.
**TAREG 160 mg :** comprimé ; boîte de 28. Liste I - Remb 65 % - **Prix : 28,66 €**.
**TAREG 160 mg :** comprimé ; boîte de 28. Liste I - Remb 65 % - **Prix : 30,66 €**.
**TAREG 160 mg :** comprimé ; boîte de 28. Liste I - Remb 65 % - **Prix : 82,16 €**.

### Composition

| | p cp | p cp | p cp |
|---|---|---|---|
| **Valsartan** | 40 mg | 80 mg | 160 mg |

### Dans quel cas ce médicament est-il prescrit ?

Ce médicament est un *antihypertenseur* qui appartient à la famille des *inhibiteurs de l'angiotensine II*. Il bloque l'action de l'angiotensine II. Cette substance, naturellement présente dans l'organisme, provoque une contraction des artères qui augmente la pression artérielle et fatigue le cœur.
Il est utilisé dans le traitement de l'*hypertension artérielle* et pour prévenir des complications après un *infarctus du myocarde* chez les personnes présentant une *intolérance* aux *inhibiteurs de l'enzyme de conversion*.

### Contre-indications

Ce médicament ne doit pas être utilisé dans les cas suivants :
- *insuffisance hépatique* grave, obstruction des *voies biliaires* ;
- **grossesse** (à partir du 4e mois).

**Attention :** Des précautions sont nécessaires en cas d'*insuffisance cardiaque* grave ou chez les personnes souffrant d'*hypertension artérielle* due à un rétrécissement des artères rénales.

Si vous suivez un traitement par *diurétique* ou un régime sans *sel*, la baisse de la tension artérielle peut être importante lors des premières prises du médicament : risque de malaise ou d'étourdissement pouvant entraîner une chute.

Chez la personne de plus de 70 ans ainsi que chez les personnes souffrant d'*insuffisance rénale* ou de *diabète*, un contrôle régulier de la *créatinine* et du taux de *potassium* dans le sang est nécessaire.

Les sels de régime contiennent souvent du potassium ; ne les utilisez pas sans avis médical pendant le traitement.

Conducteur : ce médicament peut être responsable de *vertiges*.

### Interactions avec d'autres substances

Ce médicament peut interagir avec certains *diurétiques* et les médicaments qui contiennent du potassium ou du lithium.

En outre, l'effet *antihypertenseur* de ce médicament peut être augmenté par certains médicaments tels que les *neuroleptiques*, les *antidépresseurs imipraminiques*, les *alphabloquants* utilisés dans les troubles prostatiques et les médicaments contenant du baclofène ; il peut être diminué par les *corticoïdes* et les *AINS*. Votre médecin doit être informé si vous êtes traité par l'un ou l'autre de ces médicaments.

### Grossesse et allaitement

L'effet de ce médicament sur l'enfant à naître pendant les 3 premiers mois de la grossesse est mal connu. Par prudence, son usage est déconseillé. Au cours des 6 derniers mois de la grossesse, une prise prolongée de ce médicament peut altérer les reins du fœtus. Son utilisation est contre-indiquée à partir du 4e mois de la grossesse.

En conséquence, un désir de grossesse nécessite le remplacement de ce médicament par un autre antihypertenseur. Si une grossesse survient alors que vous prenez ce médicament, consultez rapidement votre médecin pour qu'il modifie votre traitement.

Les données actuellement disponibles ne permettent pas de savoir si ce médicament passe dans le lait maternel : l'allaitement est déconseillé pendant le traitement.

### Mode d'emploi et posologie

Ce médicament doit être avalé avec un verre d'eau.

**Posologie usuelle :**

- Adulte :
  - Hypertension artérielle : 40 mg à 160 mg par jour, en 1 prise le matin ; pour un effet constant, la prise doit être régulière, toujours au même moment par rapport au petit-déjeuner (soit à jeun, soit au cours du repas).
  - Protection du cœur après un infarctus : la dose initiale est de 20 mg, 2 fois par jour. Elle est augmentée progressivement jusqu'à 160 mg, 2 fois par jour.

**Conseils :** Votre tension artérielle doit être contrôlée régulièrement. Les appareils permettant une mesure automatique de la tension à domicile utilisent souvent un procédé de mesure différent de celui qu'emploie votre médecin. Si vous avez un tel appareil, apportez-le en consultation pour vous assurer que la mesure obtenue est bien conforme à celle du tensiomètre de votre médecin.

Le traitement médicamenteux ne dispense pas de mesures simples pouvant faire baisser la tension artérielle : activité physique régulière, modération de la consommation de boissons alcoolisées et de *sel*, lutte contre l'excès de poids.

### Effets indésirables possibles

Maux de tête, *vertiges*.

Augmentation du taux de *créatinine* et de *potassium* dans le sang.

Étourdissements dus à une *hypotension orthostatique*.

*Réaction allergique* (œdème de *Quincke*).

Laboratoires Novartis Pharma

## TARENTULA COMPLEXE N° 71

*Informations détaillées sur www.monvidal.com*

## TARKA LP

Association d'antihypertenseurs — **sur ordonnance**

### Présentation

TARKA LP : comprimé à *libération prolongée* (rose pâle) ; boîte de 28. Liste I - Remb 65 % - **Prix : 21,12 €**.

### Composition

| | p cp |
|---|---|
| **Vérapamil chlorhydrate** | 180 mg |
| **Trandolapril** | 2 mg |
| Lactose | + |

### Dans quel cas ce médicament est-il prescrit ?

Cet *antihypertenseur* contient deux substances :

- le vérapamil, un *vasodilatateur* de la famille des *inhibiteurs calciques* ;
- le trandolapril, un *inhibiteur de l'enzyme de conversion* (IEC). Cette *enzyme* est une substance naturellement présente dans l'organisme ; elle est responsable d'une contraction des artères qui augmente la tension artérielle et fatigue le cœur.

Il est utilisé dans le traitement de l'*hypertension artérielle*.

### Contre-indications

Ce médicament ne doit pas être utilisé dans les cas suivants :

- *allergie* aux médicaments de la famille des *inhibiteurs de l'enzyme de conversion*,
- prédisposition à l'œdème de *Quincke*,
- *insuffisance rénale* grave,
- *bloc auriculoventriculaire* grave et certaines maladies de l'automatisme cardiaque,
- *insuffisance cardiaque* mal équilibrée malgré un traitement spécifique,
- enfant de moins de 15 ans (en l'absence d'étude),
- **grossesse** (à partir du 4e mois).

**Attention :** Des précautions sont nécessaires en cas d'*hyperkaliémie*, de rétrécissement des artères rénales, d'*insuffisance hépatique* et chez la personne âgée.

En cas de gonflement du visage (lèvres, paupières...) ou d'une autre région du corps, consultez votre médecin avant toute nouvelle prise de ce médicament ; il peut s'agir d'une *réaction allergique* : œdème de *Quincke*.

L'usage des *inhibiteurs de l'enzyme de conversion* est déconseillé en période de désensibilisation aux venins d'*hyménoptères* : augmentation du risque de réaction allergique grave.
Si vous suivez un traitement par *diurétique* ou un régime sans *sel*, la baisse de la tension artérielle peut être importante lors des premières prises du médicament : risque de malaise ou d'étourdissement pouvant entraîner une chute.
Les sels de régime contiennent souvent du *potassium* ; ne les utilisez pas sans avis médical pendant le traitement.
Si vous êtes traité par le rein artificiel, prévenez votre centre de *dialyse* de la prise de ce médicament.
Conducteur : les *inhibiteurs de l'enzyme de conversion* peuvent être responsables de malaise ou de *vertiges*, lors des premières prises.

### Interactions avec d'autres substances

Ce médicament peut interagir avec les *antiarythmiques*, les *diurétiques* et les médicaments qui contiennent du *lithium*.
Informez par ailleurs votre médecin si vous prenez un *antidiabétique*, *alphabloquant* (alfuzosine, prazosine), un *bêtabloquant* ou un médicament contenant de la ciclosporine, de la carbamazépine, de la rifampicine ou de la digoxine.
En outre, l'effet *antihypertenseur* de ce médicament peut être augmenté par certains médicaments tels que les *neuroleptiques*, les *antidépresseurs imipraminiques*, les médicaments contenant du baclofène ; il peut être diminué par les *corticoïdes*. Votre médecin doit être informé si vous êtes traité par l'un ou l'autre de ces médicaments.

### Grossesse et allaitement

L'effet de ce médicament pendant les 3 premiers mois de la grossesse est mal connu. Par prudence, son usage est déconseillé.
Au cours des 6 derniers mois de la grossesse, la prise prolongée d'un *inhibiteur de l'enzyme de conversion* peut altérer les reins du fœtus. L'utilisation de ce médicament est contre-indiquée à partir du 4e mois de la grossesse.
En conséquence, un désir de grossesse nécessite le remplacement de ce médicament par un autre antihypertenseur. Si une grossesse survient alors que vous prenez ce médicament, consultez rapidement votre médecin pour qu'il modifie votre traitement. Des *échographies* régulières sont parfois nécessaires pour s'assurer de l'absence d'anomalie.
Les données actuellement disponibles ne permettent pas de savoir si ce médicament passe dans le lait maternel : l'allaitement est déconseillé.

### Mode d'emploi et posologie

Ce médicament est pris le matin.

**Posologie usuelle :**
- Adulte : 1 comprimé par jour.

**Conseils :** Votre tension artérielle doit être contrôlée régulièrement. Les appareils permettant une mesure automatique de la tension à domicile utilisent souvent un procédé de mesure différent de celui qu'emploie votre médecin. Si vous avez un tel appareil, apportez-le en consultation pour vous assurer que la mesure obtenue est bien conforme à celle du tensiomètre de votre médecin.
Le traitement médicamenteux ne dispense pas de mesures simples pouvant faire baisser la tension artérielle : activité physique régulière, modération de la consommation de boissons alcoolisées et de *sel*, lutte contre l'excès de poids.

### Effets indésirables possibles

Constipation.
Ralentissement important du cœur, *bloc auriculoventriculaire, insuffisance cardiaque.*
Comme pour tous les *inhibiteurs de l'enzyme de conversion* :
- Toux sèche.
- Baisse excessive de la tension artérielle (voir Attention) ; *hypotension orthostatique.*
- Maux de tête, fatigue, étourdissement.
- *Troubles digestifs.*
- *Réactions allergiques* : *éruption cutanée*, œdème de *Quincke* (exceptionnel).

Laboratoires Abbott-France

## TASMAR

*Informations détaillées sur www.monvidal.com*

## TAVANIC

Antibiotique : quinolone — **sur ordonnance**

### Présentation

TAVANIC 500 mg : comprimé sécable ; boîte de 5. Liste I - Remb 65 % - **Prix : 25,18 €**.

### Composition

| | p cp |
|---|---|
| Lévofloxacine | 500 mg |

### Dans quel cas ce médicament est-il prescrit ?

C'est un *antibiotique* qui appartient à la famille des *quinolones*.
Il est utilisé dans le traitement de diverses maladies infectieuses, notamment des poumons, des bronches, des *sinus*, de la prostate, de l'appareil urinaires, des voies biliaires et des intestins.

### Contre-indications

Ce médicament ne doit pas être utilisé dans les cas suivants :
- *allergie* aux *antibiotiques* de la famille des *quinolones*,
- *antécédent* de *tendinite* lors de l'utilisation d'une quinolone,
- enfant jusqu'à la fin de la croissance,
- déficit en *G6PD*,
- *épilepsie*,
- **allaitement**.

**Attention :** Les antibiotiques de la famille des *quinolones* peuvent provoquer des lésions des tendons, parfois graves : toute douleur évoquant une *tendinite* doit vous conduire à arrêter immédiatement le traitement et à consulter rapidement votre médecin.
Ce médicament est photosensibilisant : toute exposition aux rayons *ultraviolets* (soleil, lampe à bronzer) doit être évitée pendant le traitement et durant les 2 jours qui suivent son arrêt, en raison du risque de réaction cutanée. N'omettez pas de signaler à votre médecin vos projets de vacances au soleil pendant la durée du traitement.

Des précautions sont nécessaires en cas d'*insuffisance rénale*, de *myasthénie* ou d'*antécédent* de *convulsions*.

Conducteur : ce médicament peut provoquer des troubles nerveux susceptibles d'altérer la vigilance.

### Interactions avec d'autres substances

Il est préférable de respecter un délai de 4 heures entre la prise de ce médicament et celle des pansements digestifs (contenant des sels d'aluminium, de calcium ou de magnésium) et un délai de 2 heures avec les médicaments contenant du fer ou du sucralfate.

### Grossesse et allaitement

L'effet de ce médicament pendant la grossesse est mal connu : seul votre médecin peut évaluer le risque éventuel de son utilisation dans votre cas.

Ce médicament passe dans le lait maternel : l'allaitement est contre-indiqué.

### Mode d'emploi et posologie

Ce médicament est pris indifféremment au cours ou en dehors des repas.

**Posologie usuelle :**

- Adulte : 1 à 2 comprimés par jour, en 1 ou 2 prises.

**Conseils :** Le médecin prescrit parfois un prélèvement pour identifier le *germe* responsable de l'infection et tester sa sensibilité aux *antibiotiques*. Le résultat de cet examen peut être faussé en cas d'automédication préalable : ne prenez pas d'antibiotiques sans avis médical.

### Effets indésirables possibles

Nausées, vomissements, *diarrhée*, douleurs abdominales, ballonnements, manque d'appétit.

*Photosensibilisation* (voir Attention).

*Réaction allergique*.

Douleurs musculaires ou articulaires, *tendinite* (voir Attention).

Maux de tête, étourdissements, insomnie, troubles de la vision, confusion des idées, *convulsions*.

Laboratoires Sanofi Aventis

## TAXOL

*Informations détaillées sur www.monvidal.com*

## TÉALINE

*Informations détaillées sur www.monvidal.com*

## TÉATROIS

*Informations détaillées sur www.monvidal.com*

## TÉDRALAN

*Informations détaillées sur www.monvidal.com*

## TÉGRÉTOL

Antiépileptique, régulateur de l'humeur

sur ordonnance

### Présentation

**TÉGRÉTOL 200 :** comprimé sécable (blanc) ; boîte de 50. Liste II - Remb 65 % - **Prix : 5,07 €**.

**TÉGRÉTOL :** suspension buvable (arôme caramel) ; flacon de 150 ml avec cuillère-mesure de 5 ml. Liste II - Remb 65 % - **Prix : 4,50 €**.

**TÉGRÉTOL LP 200 :** comprimé sécable à *libération prolongée* (beige) ; boîte de 30. Liste II - Remb 65 % - **Prix : 3,40 €**.

**TÉGRÉTOL LP 400 :** comprimé sécable à *libération prolongée* (orange) ; boîte de 30. Liste II - Remb 65 % - **Prix : 5,97 €**.

### Composition

| | p cp | p c mes |
|---|---|---|
| **Carbamazépine** | 200 mg | 100 mg |
| Sorbitol | | 0,875 g |
| | p cp LP | p cp LP |
| **Carbamazépine** | 200 mg | 400 mg |

### Dans quel cas ce médicament est-il prescrit ?

Ce médicament appartient à la famille des *anticonvulsivants* non *barbituriques*. Il possède également des propriétés *sédatives* et agit comme régulateur de l'*humeur* (thymorégulateur).

Il est utilisé dans le traitement :

- de certaines formes d'*épilepsie* ;
- des troubles bipolaires (traitement de fond en cas de contre-indication, de résistance ou d'intolérance au lithium) et traitement des crises maniaques (phases d'excitation) ;
- des *névralgies* rebelles de la face et des *douleurs neuropathiques*.

### Contre-indications

Ce médicament ne doit pas être utilisé dans les cas suivants :

- *bloc auriculoventriculaire*,
- *antécédent* d'*aplasie médullaire* et de *porphyrie* aiguë intermittente,
- en association avec le saquinavir.

**Attention :** En cas d'*éruption cutanée*, de fièvre, d'angine ou de jaunisse, prévenez d'urgence votre médecin.

Des analyses de sang sont nécessaires au début et au cours du traitement.

Des précautions sont nécessaires si vous souffrez de *glaucome*, de blocage des urines (*adénome de la prostate*), d'*insuffisance hépatique*, *cardiaque* ou *rénale*, ainsi que chez les personnes âgées.

Évitez les boissons alcoolisées : augmentation du risque de somnolence.

Ce médicament peut induire une somnolence, parfois intense chez certaines personnes. Cette somnolence peut être majorée par la prise d'*alcool* ou d'autres médicaments *sédatifs*. La conduite et l'utilisation de machines dangereuses sont déconseillées, surtout dans les heures qui suivent la prise du médicament.

### Interactions avec d'autres substances

Ce médicament ne doit pas être associé au saquinavir : risque de diminution de l'effet de ce médicament.

Il peut interagir avec :
- les *contraceptifs* oraux (pilule) : risque de contraception inefficace ;
- les médicaments contenant de la clozapine, du dextropropoxyphène, de l'érythromycine (sauf application locale), de l'isoniazide, du ritonavir, du tramadol, du *lithium* ou du valpromide.

Il peut également donner des interactions mineures avec de très nombreux autres médicaments.

### Grossesse et allaitement

**Grossesse et nouveau-né :**
Si une grossesse survient pendant le traitement, consultez votre médecin. L'arrêt brutal de ce médicament pendant la grossesse expose à la réapparition de crises préjudiciables à la mère et à l'enfant à naître. Votre médecin appréciera le risque éventuel lié à l'utilisation de ce médicament dans votre cas. Des examens particuliers permettent de vérifier l'absence d'anomalie chez l'enfant à naître.

Si le traitement est poursuivi jusqu'à l'accouchement, une surveillance médicale du *nouveau-né* est nécessaire.

Ce médicament passe dans le lait maternel : l'allaitement est déconseillé.

### Mode d'emploi et posologie

Ce médicament est pris avec un peu d'eau, au cours ou à la fin des repas.

Les comprimés peuvent être coupés mais ils ne doivent être ni écrasés ni croqués.

Les comprimés ne sont pas adaptés à l'enfant de moins de 6 ans. En effet, ils risquent d'obstruer les voies respiratoires si l'enfant déglutit mal et que le comprimé passe dans la trachée (fausse route).

Chez l'enfant de moins de 6 ans, la suspension buvable est particulièrement adaptée.

**Posologie usuelle :**
*Épilepsie* :
La posologie est atteinte progressivement puis adaptée par le médecin en fonction de l'efficacité du traitement.
- Adulte : 10 à 15 mg par kg et par jour, répartis en 2 ou 3 prises (2 prises pour les comprimés LP).
- Enfant : 10 à 20 mg par kg et par jour, répartis en 2 ou 3 prises (2 prises pour les comprimés LP).

Troubles de l'humeur (*traitement préventif* des troubles bipolaires et traitement des états maniaques) :
La posologie est individuelle ; elle peut varier entre 400 mg et 1 200 mg par jour.

*Névralgie* de la face et *douleurs neuropathiques* :
La dose initiale est de ½ à 1 comprimé à 200 mg 2 fois par jour ou 2 à 4 cuillères-mesure par jour, réparties en 2 ou 3 prises. Cette dose peut être augmentée par votre médecin.

> **Conseils :** Veillez à ne pas manquer de ce médicament : lors de vos déplacements, munissez-vous d'une réserve ou de votre ordonnance en cours de validité.
> La solution buvable doit être conservée à l'abri de la lumière.

### Effets indésirables possibles

En début de traitement : fatigue, somnolence, maux de tête, confusion des idées et agitation, surtout chez les personnes âgées, *vertiges*, troubles de la coordination des mouvements, sécheresse de la bouche, troubles de l'*accommodation*, vision double, diarrhée ou constipation, nausées, perte de l'appétit. Ces manifestations disparaissent habituellement après 8 à 15 jours de traitement ou après réduction de la *posologie*.

D'autres effets indésirables sont observés :
Très fréquents : *réaction allergique* cutanée, baisse du taux de globules blancs.
Fréquents : *thrombose*, *hyponatrémie*.
Peu fréquents : augmentation des *transaminases*.
Rares : démangeaison, *hépatite*, *troubles du rythme cardiaque*, réaction allergique.

Laboratoires Novartis Pharma

## TEINTURE ARNICA COOPER

*Informations détaillées sur www.monvidal.com*

## TELFAST

Antiallergique — **sur ordonnance**

### Présentation

**TELFAST 120 mg** : comprimé ; boîte de 15. Liste II - Remb 35 % - **Prix : 6,11 €**.
**TELFAST 180 mg** : comprimé ; boîte de 15. Liste II - Remb 35 % - **Prix : 6,11 €**.

### Composition

| | p cp | p cp |
|---|---|---|
| **Fexofénadine chlorhydrate** | 120 mg | 180 mg |

### Dans quel cas ce médicament est-il prescrit ?

Ce médicament est un *antihistaminique* antiallergique ; il n'a pas d'effets *sédatifs* ni *atropiniques* à la posologie recommandée.

Il est utilisé dans le *traitement symptomatique* de l'*allergie* (*rhinite*, *urticaire*...).

### Contre-indications

Ce médicament ne doit pas être utilisé chez l'enfant de moins de 12 ans (en l'absence d'étude).

### Interactions avec d'autres substances

Il est préférable de respecter un délai de 2 heures entre la prise de ce médicament et celle des pansements digestifs contenant des sels d'aluminium ou de magnésium.

Informez par ailleurs votre médecin si vous prenez un médicament contenant de l'érythromycine ou du kétoconazole.

### Grossesse et allaitement

L'effet de ce médicament pendant la grossesse ou l'allaitement est mal connu. Par prudence, son usage est déconseillé chez la femme enceinte ou chez celle qui allaite.

### Mode d'emploi et posologie

Les comprimés doivent être avalés avec un peu d'eau.

**Posologie usuelle :**
- Adulte et enfant de plus de 12 ans :
  - *rhinite* : 1 comprimé à 120 mg par jour ;
  - *urticaire* : 1 comprimé à 180 mg par jour.

> **Conseils :** Ce médicament agit sur les manifestations de l'*allergie* mais n'en supprime pas la cause. Si les *symptômes* persistent ou s'aggravent, n'hésitez pas à consulter votre médecin.

### Effets indésirables possibles

Rarement : *réaction allergique*.

Exceptionnellement : sécheresse de la bouche, somnolence, maux de tête, sensation de *vertiges*, nausée.

**Laboratoires Marion Merrell**

## TEMERIT

Bêtabloquant **sur ordonnance**

### Présentation

**TEMERIT 5 mg :** comprimé sécable (blanc) ; boîte de 28. Liste I - Remb 65 % - **Prix : 13,72 €**.
**TEMERIT 5 mg :** comprimé sécable (blanc) ; boîte de 30. Liste I - Remb 65 % - **Prix : 14,66 €**.
**TEMERIT 5 mg :** comprimé sécable (blanc) ; boîte de 90. Liste I - Remb 65 % - **Prix : 41,34 €**.

### Composition

| | p cp |
|---|---|
| **Nébivolol** | 5 mg |

### Dans quel cas ce médicament est-il prescrit ?

Ce médicament appartient à la famille des *bêtabloquants*. Ceux-ci agissent en bloquant l'action de l'*adrénaline* (et d'autres *hormones* apparentées) sur de nombreux organes, notamment le cœur, les vaisseaux et les bronches.

Il est utilisé dans le traitement de l'*hypertension artérielle*.

### Contre-indications

Ce médicament ne doit pas être utilisé dans les cas suivants :
- *asthme* et *bronchite chronique* ;
- *insuffisance cardiaque* non contrôlée par un traitement spécifique ;
- *bloc auriculoventriculaire* grave ;
- *artérite*, phénomène de *Raynaud* ;
- rythme cardiaque inférieur à 50 battements par minute ;
- *phéochromocytome* non traité ;
- hypotension ;
- *insuffisance hépatique* ;
- **grossesse** ;
- **allaitement**.

**Attention :** Des précautions sont nécessaires en cas d'*insuffisance rénale* et chez la personne âgée.

N'interrompez jamais brutalement le traitement prescrit. Espacez progressivement les prises. Un avis médical est toujours préférable.

Chez les diabétiques, les *bêtabloquants* peuvent masquer certains *symptômes* de l'*hypoglycémie* (*palpitations* et accélération du cœur essentiellement).

Les bêtabloquants peuvent aggraver les *réactions allergiques* et empêcher l'action de l'*adrénaline* utilisée dans le traitement d'urgence du *choc anaphylactique*. Lors d'examens radiologiques nécessitant l'injection de produits de contraste iodés (susceptibles de provoquer des *chocs* allergiques), le traitement doit, si possible, être suspendu avec l'accord de votre médecin.

En cas d'intervention chirurgicale, l'anesthésiste doit être prévenu de la prise de ce médicament. C'est lui qui décidera si le traitement doit être poursuivi ou arrêté avant l'intervention.

Sportif : ce médicament contient une substance susceptible de rendre positifs certains *tests antidopage*.

### Interactions avec d'autres substances

Ce médicament peut interagir avec ceux contenant de l'amiodarone.

Informez par ailleurs votre médecin si vous prenez un *inhibiteur calcique*, un *antiarythmique* de classe I, un *antidépresseur imipraminique*, un *neuroleptique*, un *barbiturique* ou un médicament contenant de la clonidine.

### Grossesse et allaitement

L'effet de ce médicament pendant la grossesse est mal connu. Son utilisation est contre indiquée chez la femme enceinte.

Ce médicament passe dans le lait maternel ; un choix est donc nécessaire entre l'allaitement et la prise du médicament. Cette décision devra être prise en accord avec votre médecin.

### Mode d'emploi et posologie

Ce médicament peut être pris indifféremment au cours ou en dehors des repas, de préférence à heure régulière.

**Posologie usuelle :**
- Adulte : 1 comprimé par jour.

**Conseils :** Veillez à toujours disposer d'une réserve de médicament : une plaquette dans la trousse de toilette, par exemple.

Votre tension artérielle doit être contrôlée régulièrement. Les appareils permettant une mesure automatique de la tension à domicile utilisent souvent un procédé de mesure différent de celui qu'emploie votre médecin. Si vous avez un tel appareil, apportez-le en consultation pour vous assurer que la mesure obtenue est bien conforme à celle du tensiomètre de votre médecin.

Le traitement médicamenteux ne dispense pas de mesures simples pouvant faire baisser la tension artérielle : activité physique régulière, modération de la consommation de boissons alcoolisées et de *sel*, lutte contre l'excès de poids.

Il est normal que le rythme cardiaque ralentisse sous l'effet du traitement ; néanmoins, en cas de fatigue anormale et de pouls inférieur à 50 battements par minute, consultez votre médecin.

### Effets indésirables possibles

Le plus fréquemment : constipation ou diarrhée, nausées, maux de tête, vertiges, fatigue, œdème, essoufflement.

Plus rarement : digestion difficile, vomissements, cauchemars, ralentissement important du cœur, *bloc auriculoventriculaire*, *insuffisance cardiaque*, baisse excessive de la tension artérielle, troubles de l'érection, *éruption cutanée*, phénomène de *Raynaud*, *bronchospasme*, troubles de la vision, état dépressif.

**Laboratoires Menarini France**

## TÉMESTA
Anxiolytique : benzodiazépine — sur ordonnance

### Présentation
**TÉMESTA 1 mg :** comprimé sécable (bâtonnet blanc) ; boîte de 30. Liste I, durée de prescription limitée à 12 semaines - Remb 65 % - **Prix : 1,82 €.**
**TÉMESTA 2,5 mg :** comprimé sécable (bâtonnet jaune) ; boîte de 30. Liste I, durée de prescription limitée à 12 semaines - Remb 65 % - **Prix : 3,28 €.**

### Composition

| | p cp | p cp |
|---|---|---|
| **Lorazépam** | 1 mg | 2,5 mg |
| Lactose | + | + |

### Dans quel cas ce médicament est-il prescrit ?
Ce médicament est un *anxiolytique* (tranquillisant) de la famille des *benzodiazépines*.
Il est utilisé dans le traitement de l'anxiété lorsque celle-ci s'accompagne de troubles gênants (*anxiété généralisée*, crise d'angoisse...) et dans le cadre d'un sevrage alcoolique.

### Contre-indications
Ce médicament ne doit pas être utilisé dans les cas suivants :
- *insuffisance respiratoire* ou *hépatique* grave,
- *syndrome d'apnée du sommeil.*

**Attention :** Des précautions sont nécessaires chez la personne âgée, l'*insuffisant hépatique* ou *rénal* et chez la personne souffrant de *myasthénie.*
Utilisé seul, ce médicament n'est pas adapté au traitement des *états dépressifs.*
Une prise prolongée, surtout à doses importantes, de *tranquillisants* de la famille des *benzodiazépines* peut provoquer une *dépendance.* Ce risque de dépendance est accru chez les personnes ayant déjà présenté une dépendance à d'autres médicaments, substances ou à l'alcool.
L'arrêt brutal de ce médicament expose à un *syndrome de sevrage* : réapparition de l'anxiété, agitation, irritabilité, insomnie, maux de tête, douleurs musculaires, tremblements, hallucinations. Il faut donc s'entourer de conseils médicaux pour diminuer progressivement les doses et espacer les prises, sur une période d'autant plus longue que le traitement a été prolongé.
Ce médicament peut induire une somnolence, parfois intense chez certaines personnes. Cette somnolence peut être majorée par la prise d'*alcool* ou d'autres médicaments *sédatifs.* La conduite et l'utilisation de machines dangereuses sont déconseillées, surtout dans les heures qui suivent la prise du médicament.

### Interactions avec d'autres substances
Informez votre médecin ou votre pharmacien si vous prenez d'autres *sédatifs* (tranquillisants, somnifères, certains médicaments contre la toux ou contre la douleur contenant des *opiacés, antidépresseurs, neuroleptiques...*).

### Grossesse et allaitement
Ce médicament ne doit pas être utilisé sans avis médical pendant la grossesse. Les fortes doses au cours des 6 derniers mois sont déconseillées. En fin de grossesse, un traitement par benzodiazépine, même à faible dose, peut être responsable d'effets indésirables chez le *nouveau-né* : une surveillance médicale du nouveau-né est alors nécessaire pendant 1 à 3 semaines selon les cas.
Ce médicament passe dans le lait maternel : l'allaitement est déconseillé.

### Mode d'emploi et posologie
Les comprimés peuvent être pris pendant ou entre les repas.

**Posologie usuelle :**
- Adulte : 2 à 7,5 mg par jour, répartis en plusieurs prises au cours de la journée. La dose minimale efficace est toujours recherchée.

**Conseils :** Ce médicament est présent dans l'organisme plus de 15 heures après sa prise : son effet peut persister de façon prolongée.
Ce médicament vous a été prescrit dans une situation précise : ne le réutilisez pas ultérieurement sans avis médical et ne le conseillez pas à une autre personne.
La durée de prescription des *anxiolytiques* doit être la plus courte possible. Dans certaines situations, le traitement doit toutefois être prolongé. Il appartient alors au médecin de réévaluer périodiquement la nécessité de le poursuivre ou de l'interrompre.
Les *tranquillisants* ne sont pas la seule réponse à l'anxiété : une meilleure hygiène de vie, une consommation modérée d'excitants (y compris les boissons alcoolisées) permettent aussi de lutter efficacement contre l'excès de stress. Dans certains cas, une psychothérapie peut aider à lutter durablement contre l'anxiété.

### Effets indésirables possibles
Sensation d'ivresse, fatigue, somnolence (en particulier chez la personne âgée), ralentissement des idées, sensation de faiblesse musculaire, baisse de la libido, *éruption cutanée.*
Dans certaines circonstances et chez certaines personnes :
- réactions paradoxales avec augmentation de l'anxiété, agitation, agressivité, confusion des idées, hallucinations ;
- *amnésie antérograde.*

Ces troubles nécessitent l'arrêt du traitement.

**Laboratoires Wyeth Lederlé**

## TEMGÉSIC
*Informations détaillées sur www.monvidal.com*

## TENORDATE
Association d'antihypertenseurs — sur ordonnance

### Présentation
**TENORDATE :** gélule (rose et violet) ; boîte de 30. Liste I - Remb 65 % - **Prix : 16,14 €.**
**TENORDATE :** gélule (rose et violet) ; boîte de 90. Liste I - Remb 65 % - **Prix : 45,09 €.**

### Composition

| | p gél |
|---|---|
| **Aténolol** | 50 mg |
| **Nifédipine LP** | 20 mg |
| Lactose | + |

### Dans quel cas ce médicament est-il prescrit ?

Cet *antihypertenseur* contient deux substances :
- l'aténolol, un *bêtabloquant* qui bloque l'action de l'*adrénaline* (et d'autres *hormones* apparentées) sur de nombreux organes, notamment sur le cœur, les vaisseaux et plus faiblement sur les bronches ;
- la nifédipine, un *vasodilatateur* de la famille des *inhibiteurs calciques*, dont l'action renforce celle de l'aténolol.

Il est utilisé dans le traitement de l'*hypertension artérielle*.

### Contre-indications

Ce médicament ne doit pas être utilisé dans les cas suivants :
- formes graves de certaines affections : *insuffisance cardiaque* non contrôlée par un traitement spécifique, *bloc auriculoventriculaire*, *asthme*, bronchite chronique obstructive, *artérite*, phénomène de *Raynaud* ;
- rythme cardiaque inférieur à 50 battements par minute ;
- *phéochromocytome* non traité ;
- hypotension ;
- *antécédent* de *choc anaphylactique* ;
- *infarctus du myocarde* récent (1 mois) et *angine de poitrine* grave ;
- en association avec les médicaments contenant de la floctafénine ou du sultopride.

**Attention :** N'interrompez jamais brutalement le traitement. Espacez progressivement les prises. Un avis médical est toujours préférable.

Chez les diabétiques, les *bêtabloquants* peuvent masquer certains *symptômes* de l'*hypoglycémie* (*palpitations* et accélération du cœur essentiellement).

Les bêtabloquants peuvent aggraver les *réactions allergiques* et empêcher l'action de l'*adrénaline* utilisée dans le traitement d'urgence du *choc anaphylactique*. Lors d'examens radiologiques nécessitant l'injection de produits de contraste iodés (susceptibles de provoquer des *chocs* allergiques), le traitement doit, si possible, être suspendu avec l'accord de votre médecin.

En cas d'intervention chirurgicale, l'anesthésiste doit être prévenu de la prise de ce médicament. C'est lui qui décidera si le traitement doit être poursuivi ou arrêté avant l'intervention.

Sportif : ce médicament contient une substance susceptible de rendre positifs certains *tests antidopage*.

### Interactions avec d'autres substances

Ce médicament ne doit pas être associé :
- à la floctafénine (IDARAC...) : risque d'augmentation de la gravité d'un éventuel *choc anaphylatique* ;
- au sultopride (BARNETIL...) : risque de ralentissement cardiaque important.

Ce médicament peut interagir avec les médicaments contenant de l'amiodarone ou de la ciclosporine.

Informez par ailleurs votre médecin si vous prenez l'un des médicaments suivants : *antidiabétique*, *alphabloquant*, médicament contenant de la quinidine, de l'hydroquinidine, du disopyramide, de la propafénone, de la méfloquine, de la cimétidine, de la rifampicine, de la phénytoïne, de la lidocaïne injectable.

En outre, l'effet *antihypertenseur* de ce médicament peut être augmenté par certains médicaments tels que les *neuroleptiques*, les *antidépresseurs imipraminiques*, les médicaments contenant du baclofène ; il peut être diminué par les *AINS* et *corticoïdes*. Votre médecin doit être informé si vous êtes traité par l'un ou par l'autre.

### Grossesse et allaitement

Ce médicament est déconseillé chez la femme enceinte ou susceptible de l'être. Si une grossesse survient au cours du traitement, prévenez votre médecin.

Ce médicament passe dans le lait maternel : il est déconseillé pendant l'allaitement.

### Mode d'emploi et posologie

1 gélule par jour.

**Conseils :** Veillez à toujours disposer d'une réserve de médicament : une plaquette dans la trousse de toilette, par exemple.

Il est normal que le rythme cardiaque ralentisse sous l'effet du traitement ; néanmoins, en cas de fatigue anormale et de pouls inférieur à 50 battements par minute, consultez votre médecin.

Le traitement médicamenteux ne dispense pas de mesures simples pouvant faire baisser la tension artérielle : activité physique régulière, modération de la consommation de boissons alcoolisées, lutte contre l'excès de poids.

En cas de constipation sévère préexistante, susceptible d'être aggravée par ce médicament, le médecin pourra éventuellement prescrire un *laxatif lubrifiant*.

Conservez les gélules à l'abri de la lumière.

### Effets indésirables possibles

*Troubles digestifs*, fatigue, sensation de mains et de pieds froids, ralentissement important du cœur, insomnie, sécheresse des yeux.

Maux de tête, rougeur du visage, *œdème* des membres inférieurs.

Plus rarement : *bloc auriculoventriculaire*, baisse excessive de la tension artérielle, phénomène de *Raynaud*, *insuffisance cardiaque*, *bronchospasme*, *éruption cutanée*, aggravation d'un *psoriasis*, gonflement des gencives.

Exceptionnellement : jaunisse.

**Laboratoires AstraZeneca**

## TENORETIC

Association d'antihypertenseurs — **sur ordonnance**

### Présentation

TENORETIC : comprimé ; boîte de 28. Liste I - Remb 65 % - **Prix : 6,43 €**.

### Composition

| | p cp |
|---|---|
| **Aténolol** | 50 mg |
| **Chlortalidone** | 12,5 mg |

### Dans quel cas ce médicament est-il prescrit ?

Ce médicament est un *antihypertenseur* qui contient deux substances :
- l'aténolol, un *bêtabloquant* qui bloque l'action de l'*adrénaline* (et d'autres *hormones* apparentées) sur de nombreux organes et notamment sur le cœur, les vaisseaux et plus faiblement sur les bronches ;

- le chlortalidone, un *diurétique* dont la structure chimique est proche de celle des *sulfamides*. Son action renforce celle de l'aténolol.

Ce médicament est utilisé dans le traitement de l'*hypertension artérielle*.

### Contre-indications

Ce médicament ne doit pas être utilisé dans les cas suivants :

- formes graves de certaines affections : *insuffisance cardiaque* grave non contrôlée par un traitement spécifique, *bloc auriculoventriculaire*, *asthme*, *bronchite chronique*, *artérite*, phénomène de *Raynaud* ;
- rythme cardiaque inférieur à 50 battements par minute ;
- *phéochromocytome* non traité ;
- hypotension ;
- *antécédent* de *choc anaphylactique* ;
- *encéphalopathie hépatique* ;
- *insuffisance rénale* grave ;
- *allergie* connue à l'un des constituants ou à la famille des *sulfamides* ;
- association avec les médicaments contenant de la floctafénine ou du sultopride.

**Attention :** N'interrompez jamais brutalement le traitement. Espacez progressivement les prises. Un avis médical est toujours préférable.

Chez les personnes atteintes d'une *insuffisance hépatique* grave, l'apparition de troubles de la conscience peut annoncer une complication. Ne poursuivez pas le traitement sans l'avis de votre médecin.

Chez les diabétiques, les *bêtabloquants* peuvent masquer certains *symptômes* de l'*hypoglycémie* (*palpitations* et accélération du cœur essentiellement).

Les bêtabloquants peuvent aggraver les *réactions allergiques* et empêcher l'action de l'*adrénaline* utilisée dans le traitement d'urgence du *choc anaphylactique*. Lors d'examens radiologiques nécessitant l'injection de produits de contraste iodés (susceptibles de provoquer des *chocs* allergiques), le traitement doit, si possible, être suspendu avec l'accord de votre médecin.

En cas d'intervention chirurgicale, l'anesthésiste doit être prévenu de la prise de ce médicament. C'est lui qui décidera si le traitement doit être poursuivi ou arrêté avant l'intervention.

Faites pratiquer régulièrement les analyses de sang prescrites par votre médecin ; elles sont notamment destinées à vérifier le bon fonctionnement de vos reins (dosage de la *créatinine*) et les taux de *potassium* et de *sodium* sanguins.

Le diurétique contenu dans ce médicament peut faire baisser la *kaliémie* : évitez d'utiliser des *laxatifs stimulants* dont l'usage régulier contribue à la baisse du taux de potassium dans le sang. Il peut par ailleurs augmenter le taux sanguin d'*acide urique* (possibilité de crise de *goutte*).

Sportif : ce médicament contient une substance susceptible de rendre positifs certains *tests antidopage*.

### Interactions avec d'autres substances

Ce médicament ne doit pas être associé :

- à la floctafénine (IDARAC...) : risque d'augmentation de la gravité d'un éventuel *choc anaphylactique* ;
- au sultopride (BARNETIL...) : risque de ralentissement cardiaque important.

Ce médicament peut interagir avec les médicaments donnant des *torsades de pointes* et avec les médicaments contenant de l'amiodarone ou du lithium.

Informez par ailleurs votre médecin si vous prenez l'un des médicaments suivants : *AINS*, *inhibiteur calcique*, *antidiabétique*, *inhibiteur de l'enzyme de conversion*, médicament qui abaisse la *kaliémie* (*laxatif stimulant*, amphotéricine B...), médicament contenant de la propafénone, de la méfloquine, de la lidocaïne injectable, de la ciclosporine ou un sel de calcium.

En outre, l'effet *antihypertenseur* de ce médicament peut être augmenté par certains médicaments tels que les *neuroleptiques*, les *antidépresseurs imipraminiques*, les médicaments contenant du baclofène ; il peut être diminué par les *corticoïdes*. Votre médecin doit être informé si vous êtes traité par l'un ou par l'autre.

### Grossesse et allaitement

Ce médicament peut dans de rares cas provoquer une baisse du nombre de plaquettes sanguines chez le nouveau-né. Par ailleurs, les *diurétiques* ne sont pas adaptés au traitement de l'*hypertension artérielle* pendant la grossesse.

Ce médicament passe dans le lait maternel : l'allaitement est déconseillé.

### Mode d'emploi et posologie

Ce médicament est pris de préférence le matin.

**Posologie usuelle :**

1 comprimé par jour.

**Conseils :** Veillez à toujours disposer d'une réserve de ce médicament : une plaquette dans la boîte à gants de la voiture et dans la trousse de toilette, par exemple.

Il est normal que le rythme cardiaque ralentisse sous l'effet du traitement ; néanmoins, en cas de fatigue anormale et de pouls inférieur à 50 battements par minute, consultez votre médecin.

Le traitement médicamenteux ne dispense pas de mesures simples pouvant faire baisser la tension artérielle : activité physique régulière, modération de la consommation de boissons alcoolisées, lutte contre le surpoids.

### Effets indésirables possibles

*Troubles digestifs*, fatigue, *vertiges*, maux de tête, fourmillement des extrémités, sensation de mains et de pieds froids.

*Bloc auriculoventriculaire*, ralentissement important du cœur, chute de tension, *insuffisance cardiaque*, phénomène de *Raynaud*, *bronchospasme*, *éruption cutanée*, aggravation d'un *psoriasis*.

Élévation du taux de *sucre*

dans le sang, baisse du taux de potassium dans le sang, associée ou non à des crampes.

Exceptionnellement : *pancréatite*, *réaction allergique*.

**Laboratoires AstraZeneca**

## TÉNORMINE

Bêtabloquant

sur ordonnance

### Présentation

**TÉNORMINE 50 mg :** comprimé sécable (blanc) ; boîte de 30. Liste I - Remb 65 % - **Prix : 4,44 €.**
**TÉNORMINE 100 mg :** comprimé sécable (blanc) ; boîte de 28. Liste I - Remb 65 % - **Prix : 8,24 €.**
**TÉNORMINE 100 mg :** comprimé sécable (blanc) ; boîte de 30. Liste I - Remb 65 % - **Prix : 8,80 €.**

### Composition

| | p cp | p cp |
|---|---|---|
| **Aténolol** | 50 mg | 100 mg |

### Dans quel cas ce médicament est-il prescrit ?

Ce médicament appartient à la famille des *bêtabloquants*. Ceux-ci agissent en bloquant l'action de l'*adrénaline* (et d'autres *hormones* apparentées) sur de nombreux organes, notamment sur le cœur, les vaisseaux et plus faiblement sur les bronches.

Il est utilisé dans le traitement de l'*hypertension artérielle* et de certains *troubles du rythme cardiaque*.

Les comprimés à 100 mg sont également utilisés dans :
- la prévention des crises d'*angine de poitrine*,
- le traitement initial de l'*infarctus du myocarde*.

### Contre-indications

Ce médicament ne doit pas être utilisé dans les cas suivants :
- formes graves de certaines affections : *asthme*, *bronchite chronique*, *artérite*, phénomène de *Raynaud* ;
- *insuffisance cardiaque* non contrôlée par un traitement spécifique ;
- *bloc auriculoventriculaire* grave ;
- rythme cardiaque inférieur à 50 battements par minute ;
- *phéochromocytome* non traité ;
- hypotension ;
- *antécédent* de *choc anaphylactique* ;
- **allaitement** ;
- en association avec les médicaments contenant de la floctafénine ou du sultopride.

**Attention :** Ce médicament n'est pas un *traitement de la crise* d'*angine de poitrine*.

Ce médicament n'est pas adapté au traitement d'une forme particulière d'*angine de poitrine* appelée angor de *Printzmétal* qui relève d'un traitement *vasodilatateur*. Il peut néanmoins être associé à celui-ci lorsqu'une angine de poitrine « classique » coexiste avec un angor de Printzmétal.

Des précautions sont nécessaires en cas d'*insuffisance rénale* et chez la personne âgée.

N'interrompez jamais brutalement le traitement prescrit. Espacez progressivement les prises. Un avis médical est toujours préférable.

Chez les diabétiques, les *bêtabloquants* peuvent masquer certains *symptômes* de l'*hypoglycémie* (*palpitations* et accélération du cœur essentiellement).

Les bêtabloquants peuvent aggraver les *réactions allergiques* et empêcher l'action de l'*adrénaline* utilisée dans le traitement d'urgence du *choc anaphylactique*. Lors d'examens radiologiques nécessitant l'injection de produits de contraste iodés (susceptibles de provoquer des *chocs* allergiques), le traitement doit, si possible, être suspendu avec l'accord de votre médecin.

En cas d'intervention chirurgicale, l'anesthésiste doit être prévenu de la prise de ce médicament. C'est lui qui décidera si le traitement doit être poursuivi ou arrêté avant l'intervention.

Sportif : ce médicament contient une substance susceptible de rendre positifs certains *tests antidopage*.

### Interactions avec d'autres substances

Ce médicament ne doit pas être associé :
- à la floctafénine (IDARAC...) : risque d'augmentation de la gravité d'un éventuel *choc* allergique,
- au sultopride (BARNETIL, médicament disponible uniquement à l'hôpital) : risque de *torsades de pointes*.

Il peut interagir avec les médicaments contenant de l'amiodarone.

Informez par ailleurs votre médecin si vous prenez des *antidiabétiques*, des *AINS*, des *inhibiteurs calciques*, des *antidépresseurs imipraminiques*, des *neuroleptiques*, des *corticoïdes*, ou des médicaments contenant l'une des substances suivantes : quinidine, hydroquinidine, disopyramide, propafénone, baclofène, lidocaïne injectable, méfloquine.

### Grossesse et allaitement

Les études scientifiques disponibles n'ont pas mis en évidence de problème particulier lors de l'utilisation de *bêtabloquant* chez la femme enceinte.

L'effet bêtabloquant persiste quelques jours chez le nouveau-né et justifie une surveillance médicale renforcée pendant les premiers jours de la vie.

Ce médicament passe dans le lait maternel ; un choix est donc nécessaire entre l'allaitement et la prise du médicament. Cette décision devra être prise en accord avec votre médecin.

### Mode d'emploi et posologie

Ce médicament est pris indifféremment au cours ou en dehors des repas.

Dans l'hypertension artérielle, la dose quotidienne est prise de préférence le matin.

**Posologie usuelle :**
50 mg à 200 mg par jour, selon les indications.

**Conseils :** Veillez à toujours disposer d'une réserve de médicament : une plaquette dans la trousse de toilette, par exemple.

Votre tension artérielle doit être contrôlée régulièrement. Les appareils permettant une mesure automatique de la tension à domicile utilisent souvent un procédé de mesure différent de celui qu'emploie votre médecin. Si vous avez un tel appareil, apportez-le en consultation pour vous assurer que la mesure obtenue est bien conforme à celle du tensiomètre de votre médecin.

Le traitement médicamenteux ne dispense pas de mesures simples pouvant faire baisser la tension artérielle : activité physique régulière, modération de la consommation de boissons alcoolisées et de *sel*, lutte contre l'excès de poids.

Il est normal que le rythme cardiaque ralentisse sous l'effet du traitement ; néanmoins, en cas de fatigue anormale et de pouls inférieur à 50 battements par minute, consultez votre médecin.

### Effets indésirables possibles

Le plus fréquemment : douleur d'estomac, nausées, vomissements, fatigue en début de traitement, sensation de mains et de pieds froids, troubles de l'érection, ralentissement important du cœur.

Plus rarement : *bloc auriculoventriculaire*, baisse excessive de la tension artérielle, phénomène de *Raynaud*, *insuffisance cardiaque*, *bronchospasme*, *hypoglycémie*, *éruption cutanée*, aggravation d'un *psoriasis*.

Exceptionnellement : élévation des *transaminases*, jaunisse.

Laboratoires AstraZeneca

## TENSIONORME

*Informations détaillées sur www.monvidal.com*

## TENSTATEN

Antihypertenseur — **sur ordonnance**

### Présentation

**TENSTATEN :** gélule (ivoire et corail) ; boîte de 30. Liste I - Remb 65 % - **Prix : 14,91 €**.

### Composition

| | p gél |
|---|---|
| **Ciclétanine chlorhydrate** | 50 mg |

### Dans quel cas ce médicament est-il prescrit ?

C'est un *antihypertenseur* qui appartient à la famille des *diurétiques*. Il agit directement sur les vaisseaux sanguins.

Il est utilisé exclusivement dans le traitement de l'*hypertension artérielle*.

### Contre-indications

Ce médicament ne doit pas être utilisé dans les cas suivants :

- *insuffisance rénale* grave,
- *encéphalopathie hépatique*.

**Attention :** Ce médicament peut être responsable d'une baisse de la *kaliémie* (taux de *potassium* dans le sang) susceptible d'être aggravée par l'usage immodéré de *laxatifs stimulants*. Un contrôle par des analyses de sang est souvent prescrit par le médecin.

Les *diurétiques* peuvent augmenter le taux d'*acide urique* (uricémie) ou de *sucre* dans le sang (*glycémie*) : des précautions sont nécessaires en cas de *diabète* ou d'*antécédent* de crise de *goutte*.

Sportif : ce médicament contient une substance susceptible de rendre positifs certains *tests antidopage*.

### Interactions avec d'autres substances

Ce médicament peut interagir avec les médicaments susceptibles de provoquer des *torsades de pointes* ou ceux qui contiennent du *lithium*.

Informez par ailleurs votre médecin si vous prenez l'un des médicaments suivants : *AINS*, *digitalique*, médicament susceptible de provoquer des *torsades de pointes* ou de faire baisser la *kaliémie* (amphotéricine B, *corticoïde*, *laxatif stimulant*), médicament contenant du baclofène, du calcium, de la ciclosporine ou de la metformine.

### Grossesse et allaitement

Les *diurétiques* ne sont pas indiqués dans l'*hypertension artérielle* de la femme enceinte. Un autre médicament sera choisi par le médecin si une grossesse survient pendant le traitement.

Les données actuellement disponibles ne permettent pas de savoir si ce médicament passe dans le lait maternel : l'allaitement est déconseillé pendant la durée du traitement.

### Mode d'emploi et posologie

Les gélules doivent être prises avec un verre d'eau.

**Posologie usuelle :**

1 ou 2 gélules le matin.

**Conseils :** Des boissons abondantes sont recommandées en début de traitement.

### Effets indésirables possibles

Fatigue, envie d'uriner fréquente.

Baisse du taux de *potassium* dans le sang.

Laboratoires Beaufour Ipsen Pharma

## TÉRALITHE

régulateur de l'humeur — **sur ordonnance**

### Présentation

**TÉRALITHE 250 mg :** comprimé sécable (blanc) ; boîte de 100. Liste II - Remb 65 % - **Prix : 9,59 €**.

**TÉRALITHE LP 400 mg :** comprimé sécable à *libération prolongée* (blanc) ; boîte de 60. Liste II - Remb 65 % - **Prix : 8,58 €**.

### Composition

| | p cp | p cp LP |
|---|---|---|
| **Carbonate de lithium** | 250 mg | 400 mg |
| soit Lithium | 6,8 mEq | 10,8 mEq |
| Amidon de blé (gluten) | + | |

### Dans quel cas ce médicament est-il prescrit ?

Ce médicament est un régulateur de l'*humeur* (thymorégulateur) dont le principe actif est un sel de *lithium*.

Il est utilisé dans le traitement de fond des *troubles bipolaires* (prévention des rechutes) et dans le traitement des phases maniaques (phases d'excitation). Il est également utilisé en prévention d'autres troubles psychiques.

### Contre-indications

Ce médicament ne doit pas être utilisé en cas d'**allaitement**.

Votre médecin est seul juge pour prescrire ce médicament en cas d'*insuffisance rénale*.

**Attention :** Ce médicament traite des maladies chroniques qu'il stabilise généralement de façon remarquable. La guérison peut n'être qu'apparente et seul le médecin peut décider de l'arrêt du traitement.

Tout traitement par ce médicament impose un bilan préalable comportant un test de grossesse, une prise de sang et éventuellement un électrocardiogramme.

La frontière entre la dose efficace et la dose toxique est étroite : pour éviter les fluctuations du taux de *lithium* dans le sang (lithémie), il est essentiel de prendre régulièrement le médicament et de ne jamais doubler une prise en cas d'oubli de la prise précédente.

Toute cause de perte d'eau et de *sel* (sueurs abondantes, vomissements, diarrhée) expose à un *surdosage*.

Évitez l'absorption de boissons alcoolisées : augmentation du risque de somnolence et de fluctuation du taux de lithium dans le sang.

Compte-tenu de ses effets indésirables potentiels, ce médicament peut, chez certaines personnes, ne pas être compatible avec la conduite automobile ou le maniement de machines dangereuses. Assurez-vous à l'occasion des premières prises que vous supportez bien ce médicament avant de conduire ou d'utiliser une machine.

### Interactions avec d'autres substances

Ce médicament peut interagir avec les médicaments suivants : *AINS*, *diurétiques*, *inhibiteurs de l'enzyme de conversion*, *inhibiteurs de l'angiotensine II*, *neuroleptiques* ou médicament contenant de la carbamazépine.

Informez par ailleurs votre médecin si vous prenez un antidépresseur de la famille des *inhibiteurs de la recapture de la sérotonine* ou un médicament contenant de la méthyldopa ou du vérapamil.

### Grossesse et allaitement

**Grossesse et nouveau-né :**

Par mesure de prudence, ce médicament est contre-indiqué pendant la grossesse, et une contraception est recommandée.

Néanmoins, si une grossesse survient sous traitement, consultez votre médecin. Il appréciera le risque éventuel lié à l'utilisation de ce médicament dans votre cas. Des examens particuliers permettent de vérifier l'absence d'anomalie chez l'enfant à naître.

Si le traitement est poursuivi jusqu'à l'accouchement, une surveillance médicale du *nouveau-né* est nécessaire.

Ce médicament passe dans le lait maternel : l'allaitement est contre-indiqué.

### Mode d'emploi et posologie

Les comprimés à 250 mg sont pris de préférence au cours des repas, en 2 ou 3 prises quotidiennes.

Les comprimés *LP* sont pris le soir au cours du dîner. Ils peuvent être coupés en 2 moitiés mais en aucune façon écrasés ou croqués.

**Posologie usuelle :**

Elle est adaptée individuellement par le médecin en fonction du résultat des dosages sanguins. Ces dosages doivent être effectués une fois par semaine le premier mois du traitement, puis de manière plus espacée. La lithémie (taux de *lithium* dans le sang) idéale est comprise entre 0,5 et 0,8 *mEq/l*.

**Conseils :** Signalez toujours à votre médecin, avant toute autre prescription, que vous prenez ce médicament.

Ne suivez pas de régime sans *sel* pendant le traitement.

### Effets indésirables possibles

Nausées, vomissements, diarrhée.

Somnolence.

Tremblements des mains, *vertiges*.

Prise de poids.

Perturbation du fonctionnement de la glande *thyroïde*, avec ou sans *goitre*.

Faiblesse musculaire.

Manifestations cutanées : *acné*, aggravation ou déclenchement d'un *psoriasis*.

Chute de cheveux (exceptionnelle).

*Troubles du rythme cardiaque*.

Anomalies de la *numération formule sanguine*.

Les signes les plus fréquents d'un *surdosage* (nausées, tremblements, soif, troubles de l'équilibre) doivent être immédiatement signalés à votre médecin.

**Laboratoires Aventis**

## TÉRAZOSINE BIOGARAN

Alphabloquant — sur ordonnance

Ce médicament est un générique de DYSALFA et de HYTRINE (informations détaillées sur www.monvidal.com).

## TÉRAZOSINE MERCK

Alphabloquant — sur ordonnance

Ce médicament est un générique de DYSALFA et de HYTRINE (informations détaillées sur www.monvidal.com).

## TÉRAZOSINE TEVA

Alphabloquant — sur ordonnance

Ce médicament est un générique de DYSALFA et de HYTRINE (informations détaillées sur www.monvidal.com).

## TERCIAN

Neuroleptique — sur ordonnance

### Présentation

**TERCIAN 25 mg :** comprimé sécable (bleu) ; boîte de 30. Liste I - Remb 65 % - **Prix : 7,30 €.**

**TERCIAN 100 mg :** comprimé sécable (bleu) ; boîte de 25. Liste I - Remb 65 % - **Prix : 17,91 €.**

**TERCIAN 40 mg/ml :** solution buvable (arôme orange) ; flacon de 30 ml avec seringue doseuse (1 200 gouttes). Liste I - Remb 65 % - **Prix : 7,95 €.**

**TERCIAN 50 mg/5 ml :** solution injectable *IM* ; boîte de 5 ampoules de 5 ml. Liste I - Remb 65 % - **Prix : 4,65 €.**

### Composition

| | p cp | p cp |
|---|---|---|
| **Cyamémazine** | 25 mg | 100 mg |
| Amidon de blé (gluten) | + | + |
| Lactose | + | + |

| | p gte | p amp inj |
|---|---|---|
| **Cyamémazine** | 1 mg | 50 mg |
| Titre alcoolique | 9° | |

### Dans quel cas ce médicament est-il prescrit ?

C'est un *neuroleptique* qui appartient à la famille chimique des phénothiazines. Il possède également des effets *atropiniques* marqués, qui ne participent pas à son activité, mais qui expliquent certaines contre-indications et certains effets indésirables.

Il est utilisé :

- dans le traitement de certains troubles psychiques (*schizophrénie*, certains types de *psychose*, troubles graves du comportement chez l'enfant...),
- dans le traitement de courte durée de la dépression, en association avec un antidépresseur,
- à faible dose, dans le traitement de l'anxiété importante.

### Contre-indications

Ce médicament ne doit pas être utilisé dans les cas suivants :

- risque de *glaucome* à angle fermé,
- risque de blocage des urines (*adénome de la prostate*),
- *antécédent* d'*agranulocytose*,
- *intolérance* au gluten (comprimé),
- en association avec les médicaments *dopaminergiques* ou avec le sultopride.

**Attention :** Dans le traitement de certains troubles psychiques, les *neuroleptiques* permettent de contrôler efficacement la maladie, mais un arrêt intempestif du traitement expose à une rechute grave.

Ce médicament peut être responsable d'une baisse du nombre des *globules blancs* dans le sang. Des analyses doivent être réalisées rapidement en cas d'angine, d'ulcérations de la bouche ou de fièvre anormale, qui peuvent traduire cette anomalie sanguine.

En cas de survenue d'une fièvre inexpliquée associée à une raideur musculaire (qui pourraient être dues au médicament), ne poursuivez pas le traitement sans avis médical : risque de *syndrome malin des neuroleptiques*.

Ce médicament présente des effets *atropiniques*. Il peut provoquer un *glaucome* aigu chez les personnes prédisposées : œil rouge, dur et douloureux, avec vision floue. Une consultation d'extrême urgence auprès d'un ophtalmologiste est nécessaire.

Sauf cas exceptionnel, ce médicament ne doit pas être utilisé en cas de maladie de *Parkinson*.

Les situations favorisant les *torsades de pointes* doivent être signalées au médecin.

Des précautions particulières s'imposent en cas d'*épilepsie*, de maladie cardiaque, chez l'*insuffisant hépatique* ou *rénal* et chez la personne âgée, notamment en cas de constipation chronique, de tendance aux *vertiges* ou aux baisses de tension.

Évitez les boissons alcoolisées : augmentation du risque de somnolence.

Ce médicament peut induire une somnolence, parfois intense chez certaines personnes. Cette somnolence peut être majorée par la prise d'*alcool* ou d'autres médicaments *sédatifs*. La conduite et l'utilisation de machines dangereuses sont déconseillées, surtout dans les heures qui suivent la prise du médicament.

### Interactions avec d'autres substances

Ce médicament ne doit pas être associé :

- aux médicaments *dopaminergiques* (risque d'annulation de leurs effets) ; cette association peut néanmoins être nécessaire chez certaines personnes atteintes de la maladie de *Parkinson* ;
- au sultopride (médicament uniquement disponible à l'hôpital) : risque de *troubles du rythme cardiaque* graves.

Il peut interagir avec les médicaments susceptibles de provoquer des *torsades de pointes* ou avec les médicaments contenant de la lévodopa.

Informez par ailleurs votre médecin si vous prenez un *anticholinestérasique*, un *digitalique*, un *bêtabloquant*, un *antihypertenseur*, un médicament *atropinique*, un *sédatif* ou certains pansements gastriques.

### Grossesse et allaitement

Si une grossesse survient pendant le traitement, consultez votre médecin. Il appréciera le risque éventuel lié à l'utilisation de ce médicament dans votre cas.

Si le traitement est poursuivi jusqu'à l'accouchement, une surveillance médicale du *nouveau-né* est nécessaire.

Les données actuellement disponibles ne permettent pas de savoir si ce médicament passe dans le lait maternel : l'allaitement est déconseillé.

### Mode d'emploi et posologie

La solution buvable est la plus adaptée à l'enfant.

La dose quotidienne est répartie en 2 ou 3 prises.

La solution injectable est administrée par voie intramusculaire.

**Posologie usuelle :**

La dose minimale efficace est toujours recherchée. Elle est strictement individuelle.

**Conseils :** Une prise de poids peut être observée au cours du traitement. Une alimentation équilibrée, et si nécessaire les conseils d'un nutritionniste, peuvent prévenir et limiter ce phénomène.

Les solutions buvables et injectables doivent être conservées à l'abri de la lumière.

### Effets indésirables possibles

Somnolence, surtout en début de traitement.

Indifférence, réaction anxieuse, variation de l'humeur.

Effets *atropiniques* : sécheresse de la bouche, constipation, troubles de l'*accommodation*, rétention d'urine.

*Hypotension orthostatique*.

Mouvements involontaires ou inadaptés, tics, pouvant survenir lors de la première prise (notamment en cas de *surdosage*) ou, plus tardivement, lors d'un traitement prolongé.

Raideur musculaire et difficultés à coordonner les mouvements.

Augmentation de la sécrétion de *prolactine* pouvant se traduire par : absence des règles, augmentation du volume des seins, écoulement de lait par le mamelon.

Troubles sexuels.

Prise de poids, *hyperglycémie*.

Rarement : *réaction allergique* cutanée, *photosensibilisation*, troubles du rythme cardiaque (*torsades de pointes*), *syndrome malin des neuroleptiques* (voir Attention), *agranulocytose* (exceptionnelle).

Laboratoires Aventis

## TERGYNAN

*Informations détaillées sur www.monvidal.com*

## TERLOMEXIN

*Informations détaillées sur www.monvidal.com*

## TERPINE GONNON

Traitement des affections bronchopulmonaires

### Présentation

**TERPINE GONNON :** solution buvable ; flacon de 200 ml. Non remb.

### Composition

| | p c à s |
|---|---|
| **Terpine** | 75 mg |
| **Sirop de baume de Tolu concentré** | 0,6 g |
| Saccharose | 3 g |
| Alcool | 3,7 g |

### Dans quel cas ce médicament est-il prescrit ?

Ce médicament fluidifie les sécrétions bronchiques et facilite l'expectoration.

Il est utilisé dans le *traitement d'appoint* des affections respiratoires accompagnées de sécrétions importantes.

**Attention :** N'utilisez pas d'*antitussif* en plus de ce médicament sans l'avis de votre médecin ou de votre pharmacien.

Si les sécrétions persistent au-delà de quelques jours, si elles se colorent ou si vous avez de la fièvre, consultez votre médecin.

Ce médicament contient du *sucre* (saccharose) et de l'*alcool* en quantité notable.

Conducteur : en raison de la présence d'*alcool*, ce médicament peut être responsable d'une somnolence ou d'une baisse de la vigilance.

### Interactions avec d'autres substances

Compte tenu de la présence d'*alcool*, ce médicament peut interagir avec ceux qui ont un *effet antabuse* (ESPÉRAL, TTD B3 B4...).

### Grossesse et allaitement

En l'absence de données suffisantes, ce médicament est déconseillé pendant la grossesse ou l'allaitement.

### Mode d'emploi et posologie

Ce médicament peut être pris pur ou dilué dans un peu d'eau ou de tisane.

**Posologie usuelle :**

- Adulte : 1 cuillère à soupe, 4 fois par jour.

**Conseils :** Fumer, ou être exposé à la fumée des autres, est un frein important à l'évacuation des mucosités.

Il est important de lutter contre la sécheresse de l'air ambiant (humidificateur...) pour éviter le dessèchement des sécrétions.

### Effets indésirables possibles

Rarement : nausées, vomissements.

**Laboratoires Merck Médication Familiale**

## TERPONE

Traitement des affections bronchopulmonaires

### Présentation

**TERPONE :** sirop ; flacon de 180 ml. Non remb.
**TERPONE Adulte :** suppositoire ; boîte de 8. Non remb.
**TERPONE Enfant :** suppositoire ; boîte de 8. Non remb.

### Composition

| | p c à s | p suppos Ad | p suppos Enf |
|---|---|---|---|
| **Terpine** | 30 mg | 30 mg | 20 mg |
| **Pin, huile essentielle** | 6,75 mg | 16,7 mg | 8,33 mg |
| **Niaouli, huile essentielle** | 6,75 mg | 16,7 mg | 8,33 mg |
| **Eucalyptus, huile essentielle** | 6,75 mg | 16,7 mg | 8,33 mg |
| Saccharose | 8,5 g | | |
| Alcool à 95° | 0,6 g | | |

### Dans quel cas ce médicament est-il prescrit ?

Ce médicament est une association d'essences végétales et de terpine, qui facilite l'expectoration.

Il est utilisé dans le *traitement d'appoint* des affections respiratoires accompagnées de sécrétions épaisses, difficiles à évacuer.

**Attention :** Ce médicament contient des *terpènes* qui peuvent, en cas de dépassement des *posologies*, avoir des effets indésirables graves : respectez, plus particulièrement chez l'enfant, les doses préconisées.

Des précautions sont nécessaires en cas d'*épilepsie*.

N'utilisez pas d'antitussif en plus de ce médicament sans l'avis de votre médecin ou de votre pharmacien.

Si les sécrétions persistent au-delà de quelques jours, si elles se colorent ou si vous avez de la fièvre, consultez votre médecin.

Le sirop contient du *sucre* (saccharose) et de l'*alcool* en quantité notable.

Sirop :

Conducteur : en raison de la présence d'*alcool*, ce médicament peut être responsable d'une somnolence ou d'une baisse de la vigilance.

### Grossesse et allaitement

L'effet de ce médicament pendant la grossesse est mal connu. L'évaluation du risque éventuel lié à son utilisation est individuelle : demandez conseil à votre pharmacien ou à votre médecin.

Les *terpènes* peuvent donner un goût particulier au lait. Leur absorption par le *nourrisson* n'est pas souhaitable : évitez d'employer ce médicament pendant l'allaitement.

### Mode d'emploi et posologie

Le sirop est réservé à l'adulte.

**Posologie usuelle :**

- Adulte : 1 cuillère à soupe, 4 fois par jour ou 1 suppositoire Adulte, matin et soir.
- Enfant : 1 suppositoire Enfant, matin et soir.

**Conseils :** La poursuite du tabagisme est un frein important à l'évacuation des mucosités.

Il est important de lutter contre la sécheresse de l'air ambiant (humidificateur...) pour éviter le dessèchement des sécrétions.

### Effets indésirables possibles

Nausées, vomissements, douleurs abdominales (sirop).

En cas de dépassement de la *posologie* usuelle, les *terpènes* peuvent provoquer :
- des *convulsions* chez l'enfant,
- agitation, confusion des idées (notamment chez la personne âgée).

Laboratoires Rosa-Phytopharma

## TERPONE Nourrisson

*Informations détaillées sur www.monvidal.com*

## TÉTAGRIP

Vaccins associés

### Présentation

TÉTAGRIP : suspension injectable ; seringue préremplie de 0,5 ml. Remb 65 % - **Prix : 7,98 €.**

### Composition

| | p seringue |
|---|---|
| **Anatoxine tétanique** | ⩾ 40 UI |
| **Vaccin grippal inactivé purifié** | 1 dose |
| Thiomersal | + |

### Dans quel cas ce médicament est-il prescrit ?

C'est une association de *vaccins* composée d'une toxine inactivée ou *anatoxine* (tétanos) et de *virus* tués (grippe). Elle ne contient aucun *germe* vivant.

Elle est utilisée dans la prévention de la grippe et du tétanos. L'immunité contre la grippe apparaît 10 à 15 jours après l'injection et dure environ 1 an.

### Contre-indications

Ce médicament ne doit pas être utilisé en cas d'*allergie* aux protéines de l'œuf.

**Attention :** De la néomycine et du formaldéhyde sont utilisés pour fabriquer ce vaccin. Ces substances persistent en infime quantité dans la solution injectable. Des précautions sont nécessaires chez les personnes qui y sont allergiques.

En cas de fièvre élevée, de maladie aiguë, il est préférable de différer la vaccination.

Le *vaccin* antigrippal ne protège que contre la vraie grippe, maladie grave, potentiellement mortelle chez les personnes fragiles. Il est incapable de prévenir les bronchites banales et autres affections virales saisonnières.

Dans les suites de la vaccination antigrippale, certains tests de dépistage (sida, *hépatite* C...) peuvent exceptionnellement être rendus faussement positifs. Pour éviter toute inquiétude injustifiée, ne pratiquez pas ces tests pendant le mois qui suit la vaccination.

Comme pour tous les *vaccins*, des cas exceptionnels de *réactions allergiques* graves ont été constatés ; ce risque justifie la nécessité de réaliser la vaccination en milieu médical où un traitement d'urgence pourra être entrepris sans délai.

### Grossesse et allaitement

L'effet de ce *vaccin* pendant la grossesse est mal connu : seul votre médecin peut évaluer le risque éventuel de son utilisation dans votre cas.

Cette vaccination peut être pratiquée pendant l'allaitement.

### Mode d'emploi et posologie

Bien agiter la seringue avant l'emploi, la réchauffer à température ambiante si nécessaire. L'injection doit être réalisée par *voie* sous-cutanée ou intramusculaire.

La prévention de la grippe repose sur une injection annuelle : le *vaccin* est différent tous les ans car il est adapté aux caractéristiques du *virus* attendu. L'adjonction du vaccin antitétanique permet de profiter de l'injection du vaccin antigrippal pour commencer une vaccination antitétanique chez une personne non vaccinée, ou de pratiquer les rappels nécessaires. Par exemple, l'absence de rappel antitétanique depuis 30 ans chez un adulte de 50 ans peut être corrigée par 3 injections successives de ce vaccin à 1 an d'intervalle.

**Conseils :** Les réactions fébriles dues aux *vaccins* peuvent être combattues en prenant de l'aspirine ou du paracétamol.

Pour garder son efficacité, ce médicament doit être conservé entre + 2 °C et + 8 °C (partie haute du réfrigérateur). Toutefois, une rupture de la chaîne du froid pendant une durée limitée (quelques heures à température ambiante inférieure à 25 °C) ne devrait pas prêter à conséquence. En pratique, en cas de nécessité, un délai de quelques heures peut séparer l'achat du vaccin en pharmacie de son stockage au réfrigérateur ou de la vaccination.

Ce vaccin ne doit pas être congelé.

### Effets indésirables possibles

Réaction douloureuse, *nodule* au point d'injection.

Fièvre modérée, maux de tête, fatigue, malaise, douleur musculaire ou articulaire.

Exceptionnellement : *réaction allergique*.

Laboratoires Sanofi Pasteur MSD

## TÉTRALYSAL

Antibiotique : cycline

sur ordonnance

### Présentation

TÉTRALYSAL : gélule (rouge et jaune) ; boîte de 16. Liste I - Remb 65 % - **Prix : 3,56 €.**

TÉTRALYSAL : gélule (rouge et jaune) ; boîte de 56. Liste I - Remb 65 % - **Prix : 11,11 €.**

### Composition

| | p gél |
|---|---|
| **Lymécycline** | 150 mg |

### Dans quel cas ce médicament est-il prescrit ?

C'est un *antibiotique* qui appartient à la famille des *cyclines*.

Il est utilisé dans le traitement de diverses maladies infectieuses, notamment respiratoires, urinaires et génitales. Il est également utilisé dans le traitement de l'*acné*.

### Contre-indications

Ce médicament ne doit pas être utilisé dans les cas suivants :
- *allergie* aux *cyclines*,
- enfant de moins de 8 ans (risque de coloration définitive des dents),
- en association avec les *rétinoïdes* par *voie* orale,
- **grossesse** (à partir du 4e mois).

**Attention :** Des précautions sont nécessaires en cas d'*insuffisance rénale* ou *hépatique*.

Ce médicament est photosensibilisant : une exposition aux rayons *ultraviolets* peut provoquer des réactions cutanées. Évitez toute exposition au soleil et n'omettez pas de signaler à votre médecin vos projets de vacances pendant la durée du traitement.

Les tétracyclines utilisées après la *date de péremption* peuvent provoquer des lésions rénales.

Ce médicament peut perturber certaines analyses d'urine, notamment la recherche de glucose.

### Interactions avec d'autres substances

Ce médicament ne doit pas être associé à ceux qui contiennent des *rétinoïdes* à prendre par *voie* orale (ROACCUTANE, SORIATANE...) : risque d'*hypertension intracrânienne* bénigne.

Informez par ailleurs votre médecin si vous prenez un *anticoagulant* oral, un *pansement digestif* ou un médicament contenant du fer.

### Grossesse et allaitement

Ce médicament peut provoquer des anomalies dentaires chez l'enfant à naître : son usage est contre-indiqué pendant les 2 derniers trimestres de la grossesse

Du fait du risque de coloration des dents chez le *nourrisson*, un choix peut être nécessaire entre l'allaitement et la prise du médicament. Consultez votre médecin.

### Mode d'emploi et posologie

Ce médicament est pris au moins une demi-heure avant ou deux heures après un repas.

Les gélules doivent être avalées avec un grand verre d'eau.

**Posologie usuelle :**

- Adulte : 2 gélules matin et soir (soit 4 par jour).

Dans le traitement prolongé de l'*acné*, la *posologie* est très variable et fixée par le médecin.

**Conseils :** Le médecin prescrit parfois un prélèvement pour identifier le *germe* responsable de l'infection et tester sa sensibilité aux *antibiotiques*. Le résultat de cet examen peut être faussé en cas d'automédication préalable : ne prenez pas d'antibiotiques sans avis médical.

Une diminution de la fièvre ou une disparition des *symptômes* ne sont pas synonymes de guérison : la durée du traitement doit absolument être respectée pour éviter les rechutes ou l'apparition d'une *résistance* du germe à l'antibiotique.

### Effets indésirables possibles

Nausées, *diarrhée*, douleurs de l'estomac, *inflammation* de la bouche.

*Réaction allergique.*

Réaction de *photosensibilisation* : rougeurs cutanées dues à une exposition aux rayons *ultraviolets*.

Laboratoires Galderma

## TETRAVAC-ACELLULAIRE

Vaccins associés

### Présentation

TETRAVAC-ACELLULAIRE : suspension injectable *IM* ; seringue préremplie de 0,5 ml. Remb 65 % - **Prix : 15,27 €**.

TETRAVAC-ACELLULAIRE : suspension injectable *IM* ; seringue préremplie de 0,5 ml avec 2 aiguilles. Remb 65 % - **Prix : 15,27 €**.

### Composition

| | p dose |
|---|---|
| **Anatoxine diphtérique** | ⩾ 30 UI |
| **Anatoxine tétanique** | ⩾ 40 UI |
| **Antigènes coquelucheux** | 50 µg |
| **Virus poliomyélitiques inactivés de type 1, 2 et 3** | 80 UD |

### Dans quel cas ce médicament est-il prescrit ?

C'est une association de *vaccins* composée d'*anatoxines* (diphtérie et tétanos), de *virus* tués (polio) et d'*antigènes* immunisants (coqueluche). Ce vaccin ne contenant pas de bacille coquelucheux est dit « acellulaire ». Il ne contient par ailleurs aucun germe vivant.

Elle est utilisée dans la prévention de la diphtérie, du tétanos, de la coqueluche et de la poliomyélite.

### Contre-indications

Ce médicament ne doit pas être utilisé dans les cas suivants :

- certaines maladies graves du cerveau,
- forte réaction lors d'une précédente vaccination anti-coquelucheuse : fièvre élevée, *convulsions*...,
- *réaction allergique* grave apparue immédiatement après une précédente injection du même vaccin.

**Attention :** En cas de fièvre élevée, de maladie aiguë, il est préférable de différer la vaccination. Néanmoins, de banales *rhinopharyngites* ne justifient pas la prise de retard dans le programme de vaccination infantile.

Les enfants ayant souffert de *convulsions* lors d'accès de fièvre non liés à une vaccination peuvent recevoir ce *vaccin*. Il convient néanmoins de leur administrer un traitement *antipyrétique* (aspirine ou paracétamol) pendant 48 heures.

Comme pour tous les *vaccins*, des cas exceptionnels de *réactions allergiques* graves ont été constatés ; ce risque justifie la nécessité de réaliser la vaccination en milieu médical où un traitement d'urgence pourra être entrepris sans délai.

De la néomycine, de la streptomycine et de la polymyxine B sont utilisées pour fabriquer ce vaccin. Ces substances persistent en infime quantité dans la solution injectable. Des précautions sont nécessaires chez les personnes qui y sont allergiques.

### Grossesse et allaitement

Ce *vaccin* est destiné à l'enfant et n'est pas utilisé pendant la grossesse.

### Mode d'emploi et posologie

Bien agiter la seringue avant l'emploi, la réchauffer à température ambiante si nécessaire. L'injection doit être réalisée par *voie* intramusculaire.

**Posologie usuelle :**

Les 3 premières injections sont réalisées à 1 mois d'intervalle, dès l'âge de 2 mois. Un premier rappel est nécessaire 1 an après la troisième injection. Ces 4 injections sont généralement associées avec un vaccin antihaemophilus. Un rappel tardif doit avoir lieu à l'âge de 11-13 ans.

**Conseils :** Les réactions fébriles dues aux *vaccins* peuvent être combattues en prenant de l'aspirine ou du paracétamol.

Pour garder son efficacité, ce médicament doit être conservé entre + 2 °C et + 8 °C (partie haute du réfrigérateur). Toutefois, une rupture de la chaîne du

froid pendant une durée limitée (quelques heures à température ambiante inférieure à 25 °C) ne devrait pas prêter à conséquence. En pratique, en cas de nécessité, un délai de quelques heures peut séparer l'achat du vaccin en pharmacie de son stockage au réfrigérateur ou de la vaccination.
Ce vaccin ne doit pas être congelé.

**Effets indésirables possibles**

Réaction douloureuse, rougeur ou *induration* au point d'injection.
Réaction fébrile (38 à 39 °C) pendant 1 ou 2 jours, somnolence, irritabilité, insomnie, manque d'appétit, vomissements, diarrhée, éruption cutanée.
Rarement : fièvre (supérieure à 40 °C), *réaction allergique*, cris inhabituels et persistants, *convulsions* liées à la présence de l'antigène coquelucheux. Compte tenu de la gravité potentielle de la coqueluche, la crainte de ces réactions rares ne remet pas en cause l'intérêt de cette vaccination.
Exceptionnellement : baisse du tonus musculaire et de la réactivité du nourrisson.

Laboratoires Sanofi Pasteur MSD

## TÉTRAZÉPAM ALMUS
Relaxant musculaire — sur ordonnance

Ce médicament est un générique de MYOLASTAN (voir p. 678 et tableau p. 1151).

## TÉTRAZÉPAM ARROW
Relaxant musculaire — sur ordonnance

Ce médicament est un générique de MYOLASTAN (voir p. 678 et tableau p. 1151).

## TÉTRAZÉPAM BIOGARAN
Relaxant musculaire — sur ordonnance

Ce médicament est un générique de MYOLASTAN (voir p. 678 et tableau p. 1151).

## TÉTRAZÉPAM EG
Relaxant musculaire — sur ordonnance

Ce médicament est un générique de MYOLASTAN (voir p. 678 et tableau p. 1151).

## TÉTRAZÉPAM G GAM
Relaxant musculaire — sur ordonnance

Ce médicament est un générique de MYOLASTAN (voir p. 678 et tableau p. 1151).

## TÉTRAZÉPAM IVAX
Relaxant musculaire — sur ordonnance

Ce médicament est un générique de MYOLASTAN (voir p. 678 et tableau p. 1151).

## TÉTRAZÉPAM MERCK
Relaxant musculaire — sur ordonnance

Ce médicament est un générique de MYOLASTAN (voir p. 678 et tableau p. 1151).

## TÉTRAZÉPAM RATIOPHARM
Relaxant musculaire — sur ordonnance

Ce médicament est un générique de MYOLASTAN (voir p. 678 et tableau p. 1151).

## TÉTRAZÉPAM RPG
Relaxant musculaire — sur ordonnance

Ce médicament est un générique de MYOLASTAN (voir p. 678 et tableau p. 1151).

## TÉTRAZÉPAM SANDOZ
Relaxant musculaire — sur ordonnance

Ce médicament est un générique de MYOLASTAN (voir p. 678 et tableau p. 1151).

## TÉTRAZÉPAM TEVA
Relaxant musculaire — sur ordonnance

Ce médicament est un générique de MYOLASTAN (voir p. 678 et tableau p. 1151).

## TÉTRAZÉPAM WINTHROP
Relaxant musculaire — sur ordonnance

Ce médicament est un générique de MYOLASTAN (voir p. 678 et tableau p. 1151).

## TÉTRAZÉPAM ZYDUS
Relaxant musculaire — sur ordonnance

Ce médicament est un générique de MYOLASTAN (voir p. 678 et tableau p. 1151).

## TEVETEN
Antihypertenseur — sur ordonnance

**Présentation**

**TEVETEN :** comprimé ; boîte de 56. Liste I - Remb 65 % - **Prix : 21,19 €.**

**Composition**

| | p cp |
|---|---|
| **Éprosartan** | 300 mg |

**Dans quel cas ce médicament est-il prescrit ?**

Ce médicament est un *antihypertenseur* qui appartient à la famille des *inhibiteurs de l'angiotensine II*. Il bloque l'action de l'angiotensine II. Cette substance, naturellement présente dans l'organisme, provoque une contraction des artères qui augmente la pression artérielle et fatigue le cœur.

Il est utilisé dans le traitement de l'*hypertension artérielle*.

## Contre-indications

Ce médicament ne doit pas être utilisé dans les cas suivants :

- *insuffisance hépatique*,
- **grossesse** (à partir du 4e mois).

**Attention :** Des précautions sont nécessaires en cas d'*insuffisance cardiaque* grave ou chez les personnes souffrant d'*hypertension artérielle* due à un rétrécissement des artères rénales, de rétrécissement des valves cardiaques ou de *cardiomyopathie* obstructive.

En cas d'*insuffisance rénale*, un contrôle régulier de la *créatinine* et du taux de *potassium* dans le sang est nécessaire.

Si vous suiviez auparavant un traitement par *diurétique* ou un régime sans *sel*, la baisse de la tension artérielle peut être importante lors des premières prises du médicament : risque de malaise ou d'étourdissement pouvant entraîner une chute. Il est donc préférable de commencer le traitement un jour de repos.

Les sels de régime contiennent souvent du *potassium* ; ne les utilisez pas sans avis médical pendant le traitement.

## Interactions avec d'autres substances

Ce médicament peut interagir avec les *diurétiques* et les médicaments qui contiennent du *potassium* ou du *lithium*.

En outre, l'effet *antihypertenseur* de ce médicament peut être diminué par les *AINS*, les *salicylés* et les *corticoïdes* ; il peut être augmenté par les *neuroleptiques* et les *antidépresseurs imipraminiques*. Votre médecin doit être informé si vous êtes traité par l'un ou l'autre de ces médicaments.

## Grossesse et allaitement

L'effet de ce médicament sur l'enfant à naître pendant les 3 premiers mois de la grossesse est mal connu. Par prudence, son usage est déconseillé. Au cours des 6 derniers mois de la grossesse, une prise prolongée de ce médicament peut altérer les reins du fœtus. Son utilisation est contre-indiquée à partir du 4e mois de la grossesse.

En conséquence, un désir de grossesse nécessite le remplacement de ce médicament par un autre antihypertenseur. Si une grossesse survient alors que vous prenez ce médicament, consultez rapidement votre médecin pour qu'il modifie votre traitement.

Les données actuellement disponibles ne permettent pas de savoir si ce médicament passe dans le lait maternel. Il est déconseillé chez la femme qui allaite.

## Mode d'emploi et posologie

Les comprimés doivent être avalés avec un verre d'eau. Ils peuvent être pris indifféremment au cours ou en dehors des repas.

**Posologie usuelle :**

- Adulte : 1 comprimé, 2 fois par jour (matin et soir).

**Conseils :** Votre tension artérielle doit être contrôlée régulièrement. Les appareils permettant une mesure automatique de la tension à domicile utilisent souvent un procédé de mesure différent de celui qu'emploie votre médecin. Si vous avez un tel appareil, apportez-le en consultation pour vous assurer que la mesure obtenue est bien conforme à celle du tensiomètre de votre médecin.

Le traitement médicamenteux ne dispense pas de mesures simples pouvant faire baisser la tension artérielle : activité physique régulière, modération de la consommation de boissons alcoolisées et de *sel*, lutte contre l'excès de poids.

## Effets indésirables possibles

Rarement : maux de tête, fatigue, *vertiges*, toux, éruption cutanée.

Exceptionnellement : *réaction allergique* (œdème de *Quincke*), élévation des *transaminases*.

Laboratoires Solvay Pharma

# TEXODIL

Antibiotique : céphalosporine — **sur ordonnance**

## Présentation

**TEXODIL :** comprimé (jaune pâle) ; boîte de 10. Liste I - Remb 65 % - **Prix : 11,42 €.**

## Composition

| | p cp |
|---|---|
| **Céfotiam** | 200 mg |

## Dans quel cas ce médicament est-il prescrit ?

Cet *antibiotique* appartient à la famille des *céphalosporines*, antibiotiques proches des *pénicillines*, qui sont actives sur un plus grand nombre de *germes* que la pénicilline simple.

Ce médicament est utilisé dans le traitement de diverses maladies infectieuses, notamment des poumons, des bronches, de la gorge, des oreilles et des *sinus*.

## Contre-indications

Ce médicament ne doit pas être utilisé dans les cas suivants :

- *allergie* aux *céphalosporines*,
- *insuffisance rénale* grave,
- *insuffisance hépatique*.

Votre médecin est seul juge pour prescrire ce médicament en cas d'allergie aux *pénicillines*.

**Attention :** La survenue de toute *réaction allergique* (boutons, *œdème*, malaise) impose l'arrêt du traitement : consultez rapidement votre médecin. Pensez à toujours signaler vos *antécédents* d'allergie à une *céphalosporine* ou à une *pénicilline*.

De nombreux *antibiotiques* peuvent provoquer des selles liquides ou une *diarrhée*, généralement bénigne. En revanche, une diarrhée importante survenant pendant ou dans les jours qui suivent le traitement antibiotique doit être signalée à votre médecin.

Une diminution de la fièvre ou une disparition des *symptômes* ne sont pas synonymes de guérison : la durée du traitement doit absolument être respectée pour éviter les rechutes ou l'apparition d'une *résistance* du *germe* à l'*antibiotique*.

### Grossesse et allaitement

Ce médicament peut être prescrit pendant la grossesse en cas de nécessité.

Ce médicament passe faiblement dans le lait maternel : il peut être utilisé pendant l'allaitement.

### Mode d'emploi et posologie

Les comprimés doivent être avalés avec un grand verre d'eau.

Les repas ne modifient pas l'absorption de ce médicament, qui peut donc être pris à n'importe quel moment de la journée. Néanmoins, la prise des comprimés avant les repas diminue le risque de *troubles digestifs*.

**Posologie usuelle :**

- Adulte : 1 ou 2 comprimés, matin et soir.

**Conseils :** Le médecin prescrit parfois un prélèvement pour identifier le *germe* responsable de l'infection et tester sa sensibilité aux *antibiotiques*. Le résultat de cet examen peut être faussé en cas d'automédication préalable : ne prenez pas d'antibiotiques sans avis médical.

L'éventuelle impression de fatigue n'est pas due à l'antibiotique, mais à l'infection elle-même.

### Effets indésirables possibles

Nausées, vomissements, digestion difficile, *diarrhée*.

*Réactions allergiques* : *éruption cutanée*, *choc anaphylactique* (exceptionnel).

Anomalie de la *numération formule sanguine*, augmentation des *transaminases*.

Laboratoires Grunenthal

## THAÏS

*Informations détaillées sur www.monvidal.com*

## THAÏS SEPT

*Informations détaillées sur www.monvidal.com*

## THÉ VERT BOIRON

*Informations détaillées sur www.monvidal.com*

## THÉINOL

*Informations détaillées sur www.monvidal.com*

## THÉOPHYLLINE TEVA

*Informations détaillées sur www.monvidal.com*

## THÉOSTAT

Antiasthmatique

### Présentation

THÉOSTAT LP 100 mg : comprimé sécable à *libération prolongée* (blanc) ; boîte de 30. Remb 35 % - **Prix : 2,09 €**.
THÉOSTAT LP 200 mg : comprimé sécable à *libération prolongée* (blanc) ; boîte de 30. Remb 35 % - **Prix : 2,16 €**.
THÉOSTAT LP 300 mg : comprimé sécable à *libération prolongée* (blanc) ; boîte de 30. Remb 35 % - **Prix : 3,30 €**.

### Composition

| | p cp LP | p cp LP | p cp LP |
|---|---|---|---|
| **Théophylline** .............. | 100 mg | 200 mg | 300 mg |
| Lactose ........................ | + | + | + |

### Dans quel cas ce médicament est-il prescrit ?

Ce médicament est un bronchodilatateur qui contient de la théophylline. Il lutte contre la contraction anormale des muscles de la paroi des bronches et stimule la respiration.

Il est utilisé dans le *traitement symptomatique* de l'*asthme* et de certaines maladies respiratoires.

### Contre-indications

Ce médicament ne doit pas être utilisé dans les cas suivants :

- *porphyrie*,
- en association avec les médicaments contenant de l'énoxacine,
- enfant de moins de 3 ans.

**Attention :** Ce médicament n'est pas adapté en cas de crise d'*asthme*.

Ce médicament contient de la théophylline : ne l'utilisez pas sans l'avis de votre médecin.

Des précautions sont nécessaires en cas d'*insuffisance cardiaque*, *hépatique* ou *coronarienne*, d'*hyperthyroïdie*, d'*antécédent* de *convulsions*, d'obésité, de *reflux gastro-œsophagien*, d'*ulcère* de l'estomac ou du *duodénum*.

En cas de fièvre durant plus de 24 heures, il peut être nécessaire de diminuer la *posologie* pour éviter un *surdosage*. Demandez conseil à votre médecin.

Le tabac interagit avec la théophylline, dont il diminue fortement l'efficacité, mais son arrêt peut conduire à un *surdosage*. Votre médecin adaptera la *posologie* en conséquence.

### Interactions avec d'autres substances

Ce médicament ne doit pas être associé aux médicaments contenant de l'énoxacine (ENOXOR...) : risque de *surdosage* en théophylline.

Il peut interagir avec les médicaments contenant de l'érythromycine (l'utilisation de formes à usage local est possible) ou de la viloxazine.

Informez par ailleurs votre médecin si vous prenez des médicaments contenant de l'allopurinol, de la cimétidine, du fluconazole, de la ciprofloxacine, de la norfloxacine, de la péfloxacine, de la fluvoxamine, de la carbamazépine, du phénobarbital, de la phénytoïne, de la primidone, de la rifampicine, de la clarithromycine, de la josamycine, de la roxithromycine, de la pentoxifylline, de la ticlopidine, du ritonavir ou de la tacrine.

### Grossesse et allaitement

Ce médicament est déconseillé pendant la grossesse sans avis médical.

Lors de son utilisation en fin de grossesse, ce médicament peut provoquer une accélération du cœur et une agitation importante chez le *nouveau-né*.

Ce médicament passe dans le lait maternel ; un choix est donc nécessaire entre l'allaitement et la prise du médicament. Cette décision devra être prise en accord avec votre médecin.

### Mode d'emploi et posologie

Les comprimés doivent être avalés avec un verre d'eau, sans être croqués ni mâchés.

**Posologie usuelle :**

Elle est précise et strictement individuelle. Elle est adaptée progressivement par votre médecin en fonction des analyses de sang indiquant le taux de théophylline et de la tolérance au médicament.

La *posologie* efficace la plus faible possible est toujours recherchée. Suivez-la précisément car un *surdosage* expose à des effets indésirables graves.

**Conseils :** Toute modification de la *posologie* expose à la survenue d'une crise d'*asthme* : veillez à ne jamais manquer de ce médicament.
Fumer, ou être exposé à la fumée des autres, nuit à l'efficacité du traitement.
Les excitants, tels que le thé ou le café, peuvent accroître certains effets indésirables de la théophylline et doivent être consommés avec modération.

### Effets indésirables possibles

Les effets indésirables varient d'une personne à l'autre. Leur intensité peut traduire un *surdosage* et nécessiter une adaptation de la *posologie* : consultez votre médecin.

Le plus fréquemment : maux de tête, agitation, insomnie, accélération du cœur, *troubles digestifs*.

Rarement : *hémorragie* du tube digestif, occlusion intestinale.

**Laboratoires Pierre Fabre Médicament**

## THÉRALÈNE

Antihistaminique H1 — **sur ordonnance**

### Présentation

**THÉRALÈNE :** comprimé sécable (rose) ; boîte de 50. Liste II - Remb 35 % - **Prix : 1,78 €.**
**THÉRALÈNE 40 mg/ml :** solution buvable (arôme framboise) ; flacon de 30 ml avec pipette doseuse (1 200 gouttes). Liste II - Remb 35 % - **Prix : 2,00 €.**

### Composition

| | p cp | p gte |
|---|---|---|
| **Alimémazine** | 5 mg | 1 mg |
| Alcool | | + |
| Menthol | | + |
| Lactose | + | |

### Dans quel cas ce médicament est-il prescrit ?

Ce médicament est un *antihistaminique* de la famille chimique des phénothiazines. Il possède plusieurs propriétés : antiallergique, *antitussive*, *sédative* (*hypnotique*) et *atropinique*.

Il est utilisé dans le traitement :
- des manifestations allergiques diverses : *rhinite* ou *conjonctivite* allergiques, *urticaire* ;
- des toux sèches, notamment celles qui surviennent la nuit ;
- de l'insomnie.

### Contre-indications

Ce médicament ne doit pas être utilisé dans les cas suivants :
- *antécédent* d'*agranulocytose*,
- risque de *glaucome* à angle fermé,
- risque de blocage des urines (*adénome de la prostate*),
- enfant de moins de 6 ans (comprimé).

**Attention :** N'utilisez pas la solution buvable chez l'enfant de moins de 1 an sans avis médical.
Ce médicament présente des effets *atropiniques*. Il peut provoquer un *glaucome* aigu chez les personnes prédisposées : œil rouge, dur et douloureux, avec vision floue. Une consultation d'extrême urgence auprès d'un ophtalmologiste est nécessaire.
Des précautions particulières s'imposent en cas d'*épilepsie*, de maladie cardiaque, chez l'*insuffisant hépatique* ou *rénal* et chez la personne âgée, notamment en cas de constipation chronique, de tendance aux *vertiges* ou aux baisses de tension.
Ce médicament est photosensibilisant : une exposition même minime aux rayons *ultraviolets* pendant le traitement peut provoquer des réactions cutanées (coup de soleil, lésions cutanées).
Ce médicament n'est pas adapté au traitement de la toux grasse, qui est un mécanisme de défense normal de l'organisme permettant l'évacuation des mucosités présentes dans les bronches.
La toux est un *symptôme* qui peut révéler de nombreuses maladies : consultez votre médecin si elle persiste plus de quelques jours.
Évitez les boissons alcoolisées : augmentation du risque de somnolence.
Ce médicament peut induire une somnolence, parfois intense chez certaines personnes. Cette somnolence peut être majorée par la prise d'*alcool* ou d'autres médicaments *sédatifs*. La conduite et l'utilisation de machines dangereuses sont déconseillées, surtout dans les heures qui suivent la prise du médicament.

### Interactions avec d'autres substances

Informez votre médecin ou votre pharmacien si vous prenez un autre médicament ayant des effets *atropiniques* ou *sédatifs* (tranquillisants, somnifères, certains médicaments contre la toux ou contre la douleur contenant des *opiacés*, *antidépresseurs*, *neuroleptiques*...).

### Grossesse et allaitement

L'effet de ce médicament pendant la grossesse est mal connu : seul votre médecin peut évaluer le risque éventuel de son utilisation dans votre cas.

En cas de prise en fin de grossesse, une surveillance du *nouveau-né* peut être nécessaire.

Les données actuellement disponibles ne permettent pas de savoir si ce médicament passe dans le lait maternel : par mesure de prudence, il est déconseillé pendant l'allaitement.

### Mode d'emploi et posologie

Dans le traitement de l'insomnie, les comprimés doivent être avalés 15 à 30 minutes avant le coucher.

Dans le traitement des allergies et de la toux, les prises sont réparties dans la journée. Mais en cas de somnolence gênante, ne prendre le médicament que le soir.

**Posologie usuelle :**
Allergie, toux :
- Adulte : 1 à 2 comprimés ou 5 à 10 gouttes, 1 à 4 fois par jour ;
- Enfant de 6 à 15 ans : 0,125 mg à 0,25 mg par kg et par prise, soit, ½ à 1 comprimés, 1 à 4 fois par jour.
- Enfant de 1 à 6 ans : 0,125 mg à 0,25 mg par kg et par prise, soit 0,1 à 0,2 gouttes par kg, 1 à 4 fois par jour. Par exemple, pour un enfant de 20 kg : 2 à 4 gouttes, 1 à 4 fois par jour.

Insomnie :

- Adulte : 1 à 4 comprimés le soir au moment du coucher. La durée du traitement est limitée à 5 jours, sauf avis médical.
- Enfant de plus de 3 ans : 0,2 à 0,5 gouttes par kg, soit par exemple, pour un enfant de 20 kg : 4 à 10 gouttes le soir.

**Conseils :** Ce médicament agit sur les manifestations de l'*allergie* mais n'en supprime pas la cause. Si les *symptômes* persistent ou s'aggravent, n'hésitez pas à consulter votre médecin.

Des mesures simples permettent de calmer les toux sèches : boissons chaudes et humidification de l'air ambiant.

Les somnifères ne sont pas la seule réponse aux troubles du sommeil. Une meilleure hygiène de vie, une consommation modérée d'excitants (y compris les boissons alcoolisées) permettent aussi de lutter contre les insomnies.

### Effets indésirables possibles

Somnolence.

Effets *atropiniques* : sécheresse de la bouche, troubles de l'*accommodation*, *mydriase*, blocage des urines, constipation, *palpitations*.

*Hypotension orthostatique*, *vertiges*, baisse de la concentration.

Tremblements, mauvaise coordination des mouvements (plus fréquents chez la personne âgée).

Agitation, confusion des idées.

*Réaction allergique*, *photosensibilisation*.

Anomalie de la *numération formule sanguine*.

Rarement chez le nourrisson : agitation, nervosité, insomnie.

Laboratoires UCB Pharma

## THÉRALÈNE sirop

Antihistaminique H1

### Présentation

**THÉRALÈNE :** sirop (arôme framboise) ; flacon de 150 ml avec gobelet doseur gradué à 2,5 ml, 5 ml et 10 ml. Non remb.

### Composition

| | p 5 ml | p 10 ml |
|---|---|---|
| **Alimémazine** | 2,5 mg | 5 mg |
| Saccharose | 3,6 g | 7,1 g |
| Alcool | 190 mg | 380 mg |

### Dans quel cas ce médicament est-il prescrit ?

Ce médicament est un *antihistaminique* de la famille chimique des phénothiazines. Il possède plusieurs propriétés : antiallergique, *antitussive*, *sédative* (*hypnotique*) et *atropinique*.

Il est utilisé dans le traitement :

- des manifestations allergiques diverses : *rhinite* ou *conjonctivite* allergiques, *urticaire* ;
- des toux sèches, notamment celles qui surviennent la nuit ;
- de l'insomnie.

### Contre-indications

Ce médicament ne doit pas être utilisé dans les cas suivants :

- *antécédent* d'*agranulocytose* ;
- risque de *glaucome* à angle fermé,
- risque de blocage des urines (*adénome de la prostate*).

**Attention :** N'utilisez pas ce sirop chez l'enfant de moins de 1 an sans avis médical.

Ce médicament présente des effets *atropiniques*. Il peut provoquer un *glaucome* aigu chez les personnes prédisposées : œil rouge, dur et douloureux, avec vision floue. Une consultation d'extrême urgence auprès d'un ophtalmologiste est nécessaire.

Des précautions particulières s'imposent en cas d'*épilepsie*, de maladie cardiaque, chez l'*insuffisant hépatique* ou *rénal* et chez la personne âgée, notamment en cas de constipation chronique, de tendance aux *vertiges* ou aux baisses de tension.

Ce médicament est photosensibilisant : une exposition même minime aux rayons *ultraviolets* pendant le traitement peut provoquer des réactions cutanées (coup de soleil, lésions cutanées).

Ce médicament n'est pas adapté au traitement de la toux grasse, qui est un mécanisme de défense normal de l'organisme permettant l'évacuation des mucosités présentes dans les bronches.

La toux est un *symptôme* qui peut révéler de nombreuses maladies : consultez votre médecin si elle persiste plus de quelques jours.

Ce médicament contient du *sucre* (saccharose) en quantité notable.

Évitez les boissons alcoolisées : augmentation du risque de somnolence.

Ce médicament peut induire une somnolence, parfois intense chez certaines personnes. Cette somnolence peut être majorée par la prise d'*alcool* ou d'autres médicaments *sédatifs*. La conduite et l'utilisation de machines dangereuses sont déconseillées, surtout dans les heures qui suivent la prise du médicament.

### Interactions avec d'autres substances

Informez votre médecin ou votre pharmacien si vous prenez un autre médicament ayant des effets *atropiniques* ou *sédatifs* (tranquillisants, somnifères, certains médicaments contre la toux ou contre la douleur contenant des *opiacés*, *antidépresseurs*, *neuroleptiques*...).

### Grossesse et allaitement

L'effet de ce médicament pendant la grossesse est mal connu : seul votre médecin peut évaluer le risque éventuel de son utilisation dans votre cas.

En cas de prise en fin de grossesse, une surveillance du *nouveau-né* peut être nécessaire.

Les données actuellement disponibles ne permettent pas de savoir si ce médicament passe dans le lait maternel : par mesure de prudence, il est déconseillé pendant l'allaitement.

### Mode d'emploi et posologie

Dans le traitement de l'insomnie, le sirop doit être avalé 15 à 30 minutes avant le coucher.

Dans le traitement des allergies et de la toux, les prises sont réparties dans la journée. Mais en cas de somnolence gênante, ne prendre le médicament que le soir.

**Posologie usuelle :**

Allergie, toux :

- Adulte : 10 à 20 ml de sirop, 1 à 4 fois par jour ;
- Enfant et nourrisson de plus de 1 an : 0,125 mg à 0,25 mg par kg et par prise, soit 0,25 à 0,5 ml par kg, 1 à 4 fois par jour. Par exemple, pour un enfant de 20 kg : 5 à 10 ml de sirop, 1 à 4 fois par jour.

Insomnie :

- Adulte : 10 à 40 ml de sirop, le soir au moment du coucher. La durée du traitement est limitée à 5 jours, sauf avis médical.
- Enfant de plus de 3 ans : 0,5 à 1 ml de sirop par kg par jour. Soit par exemple, pour un enfant de 20 kg : 10 à 20 ml de sirop, le soir au coucher.

**Conseils :** Ce médicament agit sur les manifestations de l'*allergie* mais n'en supprime pas la cause. Si les *symptômes* persistent ou s'aggravent, n'hésitez pas à appeler votre médecin.

Des mesures simples permettent de calmer les toux sèches : boissons chaudes et humidification de l'air ambiant.

Les somnifères ne sont pas la seule réponse aux troubles du sommeil. Une meilleure hygiène de vie, une consommation modérée d'excitants (y compris les boissons alcoolisées) permettent aussi de lutter contre les insomnies.

**Effets indésirables possibles**

Somnolence.

Effets *atropiniques* : sécheresse de la bouche, troubles de l'*accommodation*, *mydriase*, blocage des urines, constipation, *palpitations*.

*Hypotension orthostatique*, *vertiges*, baisse de la concentration.

Tremblements, mauvaise coordination des mouvements (plus fréquents chez la personne âgée).

Agitation, confusion des idées.

*Réaction allergique*, *photosensibilisation*.

Anomalie de la *numération formule sanguine*.

Rarement chez le nourrisson : agitation, nervosité, insomnie.

Laboratoires UCB Pharma

## THIOCOLCHICOSIDE ARROW

Relaxant musculaire — sur ordonnance

Ce médicament est un générique de COLTRAMYL (voir p. 254 et tableau p. 1151).

## THIOCOLCHICOSIDE BIOGARAN

Relaxant musculaire — sur ordonnance

Ce médicament est un générique de COLTRAMYL (voir p. 254 et tableau p. 1151).

## THIOCOLCHICOSIDE EG

Relaxant musculaire — sur ordonnance

Ce médicament est un générique de COLTRAMYL (voir p. 254 et tableau p. 1151).

## THIOCOLCHICOSIDE G GAM

Relaxant musculaire — sur ordonnance

Ce médicament est un générique de COLTRAMYL (voir p. 254 et tableau p. 1151).

## THIOCOLCHICOSIDE IVAX

Relaxant musculaire — sur ordonnance

Ce médicament est un générique de COLTRAMYL (voir p. 254 et tableau p. 1151).

## THIOCOLCHICOSIDE MERCK

Relaxant musculaire — sur ordonnance

Ce médicament est un générique de COLTRAMYL (voir p. 254 et tableau p. 1151).

## THIOCOLCHICOSIDE QUALIMED

Relaxant musculaire — sur ordonnance

Ce médicament est un générique de COLTRAMYL (voir p. 254 et tableau p. 1151).

## THIOCOLCHICOSIDE RATIOPHARM

Relaxant musculaire — sur ordonnance

Ce médicament est un générique de COLTRAMYL (voir p. 254 et tableau p. 1151).

## THIOCOLCHICOSIDE SANDOZ

Relaxant musculaire — sur ordonnance

Ce médicament est un générique de COLTRAMYL (voir p. 254 et tableau p. 1151).

## THIOCOLCHICOSIDE TEVA

Relaxant musculaire — sur ordonnance

Ce médicament est un générique de COLTRAMYL (voir p. 254 et tableau p. 1151).

## THIOCOLCHICOSIDE WINTHROP

Relaxant musculaire — sur ordonnance

Ce médicament est un générique de COLTRAMYL (voir p. 254 et tableau p. 1151).

**THIOPECTOL**

*Informations détaillées sur www.monvidal.com*

**THIOPHÉNICOL**

*Informations détaillées sur www.monvidal.com*

## THIOVALONE

Préparation orobuccale antibactérienne et anti-inflammatoire

sur ordonnance

### Présentation

THIOVALONE : suspension pour pulvérisation buccale (arôme orange) ; flacon de 12 ml (66 pulvérisations). Liste II - Remb 15 % - **Prix : 2,81 €.**

### Composition

| | p pulv |
|---|---|
| **Chlorhexidine digluconate** | 0,26 mg |
| **Tixocortol pivalate** | 0,6 mg |

### Dans quel cas ce médicament est-il prescrit ?

Ce *collutoire* contient un *antiseptique* et un *anti-inflammatoire* de la famille des *corticoïdes*.

Il est utilisé dans le *traitement d'appoint* des infections de la gorge et dans les suites d'opération (amygdales).

### Contre-indications

Ce médicament ne doit pas être utilisé chez l'enfant de moins de 30 mois.

**Attention :** En l'absence d'amélioration au bout de 5 jours, de douleur en avalant ou en cas d'apparition de fièvre, consultez votre médecin. Il pourra faire la différence entre une *pharyngite* et une angine. En cas d'angine bactérienne, un traitement *antibiotique* est nécessaire afin d'éviter des complications ultérieures, cardiaques ou rénales.

L'usage prolongé des traitements antiseptiques locaux (*gargarisme*, *collutoire*, pastille) n'est pas souhaitable ; il peut modifier l'équilibre microbien naturel de la gorge.

### Interactions avec d'autres substances

Il est généralement inutile d'associer des *antiseptiques* différents. Ceux-ci peuvent être contenus dans de nombreux produits disponibles en automédication : pastille, *collutoire* et solution nasale ; demandez conseil à votre pharmacien.

### Grossesse et allaitement

L'effet de ce médicament pendant la grossesse ou l'allaitement est mal connu. L'évaluation du risque éventuel lié à son utilisation est individuelle : demandez conseil à votre pharmacien ou à votre médecin.

### Mode d'emploi et posologie

Agiter le flacon avant l'emploi.

**Posologie usuelle :**

- Adulte et enfant de plus de 30 mois : 1 ou 2 pulvérisations, 3 ou 4 fois par jour.

La durée du traitement ne dépasse pas habituellement 8 à 15 jours.

**Conseils :** Ce médicament vous a été prescrit dans une situation particulière : ne le réutilisez pas sans avis médical.

Chez le jeune enfant, la pulvérisation peut provoquer un spasme du larynx : n'introduisez pas trop profondément l'embout dans sa bouche.

### Effets indésirables possibles

*Réaction allergique* ou irritation locale.

**Laboratoires Pfizer**

## THLASCOSE

*Informations détaillées sur www.monvidal.com*

## THUYA COMPLEXE N° 37

*Informations détaillées sur www.monvidal.com*

## TIADILON

*Informations détaillées sur www.monvidal.com*

## TIAPRIDAL

Neuroleptique

sur ordonnance

### Présentation

TIAPRIDAL 100 mg : comprimé sécable (blanc) ; boîte de 20. Liste I - Remb 65 % - **Prix : 3,59 €.**

TIAPRIDAL 5 mg/gouttes : solution buvable (arôme agrume) ; flacon compte-gouttes de 30 ml (800 gouttes). Liste I - Remb 65 % - **Prix : 12,55 €.**

TIAPRIDAL 100 mg/2 ml : solution injectable ; boîte de 12 ampoules de 2 ml. Liste I - Remb 65 % - **Prix : 5,29 €.**

### Composition

| | p cp | p gte | p amp inj |
|---|---|---|---|
| **Tiapride** | 100 mg | 5 mg | 100 mg |

### Dans quel cas ce médicament est-il prescrit ?

Ce médicament est un *neuroleptique* qui appartient à la famille des benzamides.

Il est utilisé dans le traitement :

- de certains troubles psychiques,
- des douleurs rebelles,
- de certains mouvements anormaux (tics).

### Contre-indications

Ce médicament ne doit pas être utilisé dans les cas suivants :

- *phéochromocytome*,
- *tumeur* stimulée par la sécrétion de *prolactine* (*tumeur de l'hypophyse*, cancer du sein...),
- en association avec les médicaments *dopaminergiques* ou avec le sultopride.

**Attention :** Dans le traitement de certains troubles psychiques, les *neuroleptiques* permettent de contrôler efficacement la maladie, mais un arrêt intempestif du traitement expose à une rechute grave.

En cas de survenue d'une fièvre inexpliquée associée à une raideur musculaire (qui pourraient être dues au médicament), ne poursuivez pas le traitement sans avis médical : risque de *syndrome malin des neuroleptiques*.

Sauf cas exceptionnel, ce médicament ne doit pas être utilisé en cas de maladie de *Parkinson*.

Les situations favorisant les *torsades de pointes* doivent être signalées au médecin.

Des précautions particulières s'imposent en cas d'*épilepsie*, d'*insuffisance rénale* ou de maladie cardiaque grave et chez la personne âgée, notamment en cas de tendance aux vertiges ou aux baisses de tension.

Évitez les boissons alcoolisées : augmentation du risque de somnolence.

Ce médicament peut induire une somnolence, parfois intense chez certaines personnes. Cette somnolence peut être majorée par la prise d'*alcool* ou d'autres médicaments *sédatifs*. La conduite et l'utilisation de machines dangereuses sont déconseillées, surtout dans les heures qui suivent la prise du médicament.

### Interactions avec d'autres substances

Ce médicament ne doit pas être associé :
- aux médicaments *dopaminergiques* (risque d'annulation de leurs effets) ; cette association peut néanmoins être nécessaire chez certaines personnes atteintes de maladie de *Parkinson* ;
- avec le sultopride : risque de *troubles du rythme cardiaque* graves.

Il peut interagir avec les médicaments susceptibles de provoquer des torsades de pointes et avec les médicaments contenant de la lévodopa.

Informez par ailleurs votre médecin si vous prenez un *antihypertenseur*, un *anticholinestérasique*, un *bêtabloquant* ou un *sédatif*.

### Grossesse et allaitement

Si une grossesse survient pendant le traitement, consultez votre médecin. Il appréciera le risque éventuel lié à l'utilisation de ce médicament dans votre cas.

Si le traitement est poursuivi jusqu'à l'accouchement, une surveillance médicale du *nouveau-né* est nécessaire.

Les données actuellement disponibles ne permettent pas de savoir si ce médicament passe dans le lait maternel. Par mesure de prudence, l'allaitement est déconseillé.

### Mode d'emploi et posologie

La solution buvable est la mieux adaptée à l'enfant.

Ce médicament est pris de préférence avant le repas.

La solution injectable est administrée par *voie* intramusculaire ou intraveineuse.

**Posologie usuelle :**

Elle est strictement individuelle.

**Conseils :** Une prise de poids peut être observée au cours du traitement. Une alimentation équilibrée, et si nécessaire les conseils d'un nutritionniste, peuvent prévenir et limiter ce phénomène.

### Effets indésirables possibles

Somnolence ou au contraire insomnie, vertiges, maux de tête.

Mouvements involontaires ou inadaptés, tics, pouvant survenir lors de la première prise (notamment en cas de *surdosage*) ou, plus tardivement, lors d'un traitement prolongé.

Raideur musculaire et difficultés à coordonner les mouvements.

Augmentation de la sécrétion de *prolactine* pouvant se traduire par : absence des règles, augmentation du volume des seins, écoulement de lait par le mamelon.

Troubles sexuels.

Prise de poids.

*Hypotension orthostatique*.

Rarement : troubles du rythme cardiaque (*torsades de pointes*), *syndrome malin des neuroleptiques* (voir Attention).

Laboratoires Sanofi-Aventis France

## TIAPRIDE MERCK

Neuroleptique — sur ordonnance

Ce médicament est un générique de TIAPRIDAL (voir p. 1020 et tableau p. 1151).

## TIAPRIDE SANDOZ

Neuroleptique — sur ordonnance

Ce médicament est un générique de TIAPRIDAL (voir p. 1020 et tableau p. 1151).

## TIBURON gel

*Informations détaillées sur www.monvidal.com*

## TICLID

Antiagrégant plaquettaire — sur ordonnance

### Présentation

**TICLID 250 mg :** comprimé (blanc) ; boîte de 30. Liste I - Remb 65 % - **Prix : 26,81 €**.

### Composition

| | p cp |
|---|---|
| **Ticlopidine chlorhydrate** | 250 mg |

### Dans quel cas ce médicament est-il prescrit ?

C'est un fluidifiant du sang qui appartient à la famille des *antiagrégants plaquettaires*.

Il est utilisé dans la prévention des accidents *vasculaires* :
- après un *accident vasculaire cérébral* dû à l'*athérosclérose*,
- chez les malades atteints d'*artérite* des membres inférieurs.

Il est également utilisé dans la prévention de l'obstruction des endoprothèses coronaires (*stent*).

### Contre-indications

Ce médicament ne doit pas être utilisé dans les cas suivants :
- *hémorragie* ou prédisposition aux hémorragies,
- *ulcère* de l'estomac ou du *duodénum*,
- *antécédents* de déficit important en *plaquettes* ou en *globules blancs*.

**Attention :** Ce médicament peut être responsable d'une baisse du nombre des *globules blancs* ou des *plaquettes* dans le sang. Des analyses régulières sont nécessaires, notamment pendant les trois premiers mois de traitement ; elles doivent être faites en urgence en cas d'angine, d'*ulcérations* de la bouche ou de fièvre anormale, qui peuvent traduire cette anomalie sanguine.

Des précautions sont nécessaires en cas d'*insuffisance hépatique*.

L'effet du médicament persiste une semaine après son arrêt.

Avant une intervention chirurgicale, il convient de prévenir l'anesthésiste de la prise du médicament au moins une semaine avant l'opération.

### Interactions avec d'autres substances

Informez votre médecin si vous prenez de l'aspirine, un *AINS*, un *anticoagulant*, ou un médicament contenant de la théophylline ou de la phénytoïne.

### Grossesse et allaitement

L'effet de ce médicament pendant la grossesse est mal connu : seul votre médecin peut évaluer le risque éventuel de son utilisation dans votre cas.

Ce médicament passe dans le lait maternel : l'allaitement est déconseillé.

### Mode d'emploi et posologie

Ce médicament est pris de préférence au cours des repas.

**Posologie usuelle :**

• Adulte : 1 comprimé, matin et soir.

### Effets indésirables possibles

*Hémorragie.*

Diarrhée, nausées et autres *troubles digestifs.*

*Éruptions cutanées, réaction allergique.*

*Hépatites* réversibles (rares).

Rares mais graves : anomalies de la *numération formule sanguine* (voir Attention).

Laboratoires Sanofi-Aventis France

## TICLOPIDINE ARROW

Antiagrégant plaquettaire — sur ordonnance

Ce médicament est un générique de TICLID (voir p. 1021 et tableau p. 1151).

## TICLOPIDINE G GAM

Antiagrégant plaquettaire — sur ordonnance

Ce médicament est un générique de TICLID (voir p. 1021 et tableau p. 1151).

## TICLOPIDINE MERCK

Antiagrégant plaquettaire — sur ordonnance

Ce médicament est un générique de TICLID (voir p. 1021 et tableau p. 1151).

## TICLOPIDINE QUALIMED

Antiagrégant plaquettaire — sur ordonnance

Ce médicament est un générique de TICLID (voir p. 1021 et tableau p. 1151).

## TICOVAC

*Informations détaillées sur www.monvidal.com*

## TILAVIST

*Informations détaillées sur www.monvidal.com*

## TILCOTIL

Anti-inflammatoire non stéroïdien — sur ordonnance

### Présentation

TILCOTIL : comprimé sécable (jaune) ; boîte de 15. Liste I - Remb 65 % - **Prix : 8,67 €.**

TILCOTIL : suppositoire ; boîte de 10. Liste I - Remb 35 % - **Prix : 5,92 €.**

### Composition

| | p cp | p suppos |
|---|---|---|
| **Ténoxicam** | 20 mg | 20 mg |
| Lactose | + | |

### Dans quel cas ce médicament est-il prescrit ?

Ce médicament est un *anti-inflammatoire* non stéroïdien (*AINS*). Il lutte contre l'*inflammation* et la douleur, fait baisser la fièvre et fluidifie le sang.

Il est utilisé dans le *traitement symptomatique* :

- des *rhumatismes inflammatoires* ;
- des *arthrites*, des *tendinites* ;
- des douleurs faisant suite à un traumatisme de l'appareil locomoteur ;
- des crises d'*arthrose* ;
- des douleurs lombaires intenses (comprimé).

### Contre-indications

Ce médicament ne doit pas être utilisé dans les cas suivants :

- antécédent d'*allergie* ou d'*asthme* provoqué par la prise d'*AINS*, y compris l'aspirine ;
- *ulcère* de l'estomac ou du *duodénum* ;
- *insuffisance hépatique* ou *rénale* grave ;
- *inflammation* récente du côlon ;
- antécédent d'*inflammation* ou de saignement rectal en cas d'utilisation de suppositoire ;
- enfant de moins de 15 ans (comprimé) ;
- enfant de moins de 16 ans (suppositoire) ;
- **grossesse** (à partir du 6e mois).

**Attention :** Tout traitement prolongé ou *surdosage* d'*AINS* expose à des effets indésirables graves.

Certaines situations doivent conduire à ne poursuivre le traitement qu'après un avis médical :

- brûlures d'estomac importantes ou selles noires et nauséabondes pouvant traduire une irritation ou un saignement du tube digestif ;
- *réaction allergique* cutanée, crise d'*asthme* ;
- fatigue inhabituelle et intense, ou baisse brutale et importante du volume des urines chez une personne souffrant d'*insuffisance cardiaque*, déshydratée ou traitée par *diurétique.*

Des précautions sont nécessaires en cas d'*antécédent* d'*ulcère* de l'estomac ou du *duodénum* ou de risque hémorragique, notamment digestif (maladie de *Crohn*, *rectocolite hémorragique*).

Certains médecins considèrent que les anti-inflammatoires peuvent diminuer l'efficacité des stérilets et exposer à un risque de grossesse non désirée. Ce risque est actuellement très controversé.

Conducteur : ce médicament peut provoquer parfois des étourdissements et des troubles de la vue.

### Interactions avec d'autres substances

Ce médicament peut interagir avec d'autres médicaments, notamment :

- l'aspirine et les autres *anti-inflammatoires* non stéroïdiens (*AINS*) : risque d'accroissement des effets indésirables ;
- les *anticoagulants* et les *antiagrégants plaquettaires* : augmentation du risque hémorragique ;
- le lithium (TÉRALITHE, NEUROLITHIUM...) : augmentation du taux de lithium dans le sang ;
- le méthotrexate.

Informez par ailleurs votre médecin ou votre pharmacien en cas de traitement par un *diurétique*, un *inhibiteur de l'enzyme de conversion*, un *inhibiteur de l'angiotensine II*, un *bêtabloquant* ou un médicament contenant de la ciclosporine.

### Grossesse et allaitement

Des effets néfastes pour l'enfant à naître ont été mis en évidence lorsque les *AINS* sont utilisés au cours des 4 derniers mois de la grossesse ; le risque existe même avec une seule prise et même si la grossesse est à terme. L'usage de ce médicament est contre-indiqué pendant cette période.

Pendant les 5 premiers mois, l'effet de ce médicament est mal connu : seul votre médecin peut évaluer le risque éventuel de son utilisation dans votre cas.

Ce médicament passe dans le lait maternel ; un choix est donc nécessaire entre l'allaitement et la prise du médicament. Cette décision devra être prise en accord avec votre médecin.

### Mode d'emploi et posologie

Les comprimés doivent être avalés avec un verre d'eau, de préférence au cours d'un repas.

**Posologie usuelle :**

- Adulte : 1 comprimé ou 1 suppositoire par jour.

**Conseils :** Les anti-inflammatoires ne sont pas des médicaments anodins. Du fait de la possibilité d'effets indésirables graves, ils ne doivent être utilisés que lorsqu'ils sont nécessaires, ce qui n'est pas le cas pour les affections rhumatismales peu douloureuses et les traumatismes bénins. Ce médicament vous a été prescrit dans une situation précise : ne le conseillez pas à un proche et ne le réutilisez pas sans avis médical.

Ne dépassez pas la *posologie* ni la durée de traitement prescrites par votre médecin, afin de limiter les effets indésirables.

Les effets indésirables de ce médicament sur l'estomac peuvent survenir aussi bien avec les suppositoires qu'avec les comprimés.

### Effets indésirables possibles

*Troubles digestifs*, *gastrite*, voire *ulcère* de l'estomac ou du *duodénum* lors de traitements à fortes doses. Exceptionnellement : *hémorragie* du tube digestif (vomissements sanglants, selles noires, ou plus souvent pertes de sang imperceptibles, responsables de l'apparition progressive d'une *anémie*).

*Réaction allergique* cutanée, *asthme*.

Très rarement : maux de tête et *vertiges*, augmentation des *transaminases*.

Laboratoires Roche

## TILDIEM

Inhibiteur calcique — sur ordonnance

### Présentation

TILDIEM 60 mg : comprimé (blanc) ; boîte de 30. Liste I - Remb 65 % - **Prix : 4,06 €.**

### Composition

| | p cp |
|---|---|
| **Diltiazem chlorhydrate** | 60 mg |
| Lactose | + |

### Dans quel cas ce médicament est-il prescrit ?

Ce médicament est un *vasodilatateur* qui appartient à la famille des *inhibiteurs calciques*.

Il est utilisé dans le *traitement préventif* des crises d'*angine de poitrine*.

### Contre-indications

Ce médicament ne doit pas être utilisé dans les cas suivants :

- *insuffisance cardiaque* grave,
- rythme cardiaque inférieur à 40 battements par minute,
- *bloc auriculoventriculaire* grave et certaines maladies de l'automatisme cardiaque.

**Attention :** Des précautions sont nécessaires en cas d'*insuffisance rénale* ou *hépatique* et chez la personne âgée.

Signalez la prise de ce médicament à l'anesthésiste en cas d'intervention chirurgicale.

### Interactions avec d'autres substances

Ce médicament peut interagir avec les *antiarythmiques*.

Informez par ailleurs votre médecin si vous prenez un *bêtabloquant* ou un médicament contenant de la ciclosporine, de la carbamazépine, de la rifampicine ou de l'amiodarone, un *alphabloquant* ou un autre médicament susceptible de faire baisser la tension artérielle.

### Grossesse et allaitement

Ce médicament est déconseillé chez la femme enceinte ou susceptible de l'être. Si une grossesse survient au cours du traitement, prévenez votre médecin.

Ce médicament passe faiblement dans le lait maternel : l'allaitement est déconseillé sans avis médical.

### Mode d'emploi et posologie

Les comprimés doivent être avalés avec un peu d'eau, sans être croqués, au début des repas.

**Posologie usuelle :**

- Adulte : 1 comprimé, 3 fois par jour.

### Effets indésirables possibles

Ralentissement important du cœur, *bloc auriculoventriculaire*, *réaction allergique* cutanée, gonflement des gencives. Ces effets nécessitent parfois l'arrêt du traitement.

Rarement :

- bouffées de chaleur, maux de tête, jambes lourdes ou enflées, *palpitations* ;
- fatigue, *troubles digestifs*, bouche sèche.

Exceptionnellement : *gynécomastie*, *syndrome extrapyramidal*, augmentation des *transaminases*, *hépatite*.

Laboratoires Sanofi-Aventis France

## TIMABAK

Antiglaucomateux — sur ordonnance

### Présentation

TIMABAK 0,10 % : collyre ; flacon de 5 ml avec stilligoutte. Liste I - Remb 65 % - **Prix : 7,18 €.**
TIMABAK 0,25 % : collyre ; flacon de 5 ml avec stilligoutte. Liste I - Remb 65 % - **Prix : 8,41 €.**
TIMABAK 0,50 % : collyre ; flacon de 5 ml avec stilligoutte. Liste I - Remb 65 % - **Prix : 9,01 €.**

### Composition

| | p 100 ml | p 100 ml | p 100 ml |
|---|---|---|---|
| **Timolol** | 100 mg | 250 mg | 500 mg |

### Dans quel cas ce médicament est-il prescrit ?

Ce collyre *bêtabloquant* a la propriété de diminuer la pression des liquides contenus dans l'œil (*tension intraoculaire*). Il ne contient pas de conservateur : une membrane située dans le flacon retient d'éventuelles bactéries qui pourraient contaminer le collyre.

Il est utilisé dans le traitement des maladies dues à un excès de tension intraoculaire, et notamment du *glaucome* à angle ouvert.

### Contre-indications

Compte tenu de l'absorption du collyre par l'œil et du passage du *bêtabloquant* dans le sang, ce médicament ne doit pas être utilisé dans les cas suivants :
- *asthme* et *bronchite chronique* grave,
- *insuffisance cardiaque* grave (sauf si elle est stabilisée par un traitement spécifique),
- *bloc auriculoventriculaire* grave,
- angor de *Prinzmetal*,
- rythme cardiaque inférieur à 50 battements par minute,
- maladie ou syndrome de *Raynaud*,
- *phéochromocytome* non traité,
- hypotension,
- *antécédent* de *choc anaphylactique*,
- en association avec la floctafénine ou le sultopride.

**Attention :** Le port de *lentilles de contact* est déconseillé pendant le traitement, en raison du risque de sécheresse de l'œil.

Chez les diabétiques, les *bêtabloquants* peuvent masquer certains *symptômes* de l'*hypoglycémie* (*palpitations* et accélération du cœur essentiellement).

Les bêtabloquants aggravent les symptômes des *chocs* allergiques et nuisent à l'efficacité de l'*adrénaline* utilisée pour les traiter en urgence. Signalez à votre médecin tout antécédent de choc allergique, même ancien.

Les personnes souffrant d'*angine de poitrine* ou d'*insuffisance coronarienne* ne doivent pas arrêter brutalement le traitement. Un avis médical est nécessaire.

En cas d'intervention chirurgicale, prévenez l'anesthésiste que vous suivez ce traitement.

Compte-tenu de la possibilité d'effets indésirables visuels, ce collyre peut, chez certaines personnes, constituer un risque pour la conduite automobile ou le maniement de machines dangereuses. Assurez-vous à l'occasion des premières utilisations que vous supportez bien ce collyre avant de reprendre la pratique d'une activité à risque.

Sportif : ce médicament contient une substance susceptible de rendre positifs certains *tests antidopage*.

### Interactions avec d'autres substances

Ce collyre peut interagir avec d'autres collyres, notamment ceux qui contiennent de l'*adrénaline* : respectez un intervalle de 15 minutes entre deux instillations, sauf indication contraire de votre ophtalmologiste.

Par ailleurs, ce médicament ne doit pas être associé :
- à la floctafénine (IDARAC...) : risque de majoration de la gravité d'un éventuel *choc* allergique ;
- au sultopride (BARNÉTIL, médicament uniquement disponible à l'hôpital) : risque de ralentissement cardiaque important.

Il peut également interagir avec l'amiodarone ou avec un *bêtabloquant* pris par voie orale.

Informez votre médecin si vous prenez des *antidiabétiques*, des *AINS*, des *antidépresseurs* tricycliques, des *neuroleptiques*, des *corticoïdes*, des *inhibiteurs calciques*, ou des médicaments contenant l'une des substances suivantes : quinidine, hydroquinidine, disopyramide, propafénone, baclofène, cimétidine, clonidine, lidocaïne injectable, méfloquine.

### Grossesse et allaitement

Les études scientifiques disponibles n'ont pas mis en évidence de problème particulier lors de l'utilisation de *bêtabloquant* chez la femme enceinte.

L'effet bêtabloquant persiste quelques jours chez le nouveau-né et justifie une surveillance médicale renforcée pendant les premiers jours de la vie.

Ce médicament passe dans le lait maternel. L'allaitement est déconseillé pendant le traitement.

### Mode d'emploi et posologie

Tirer la paupière inférieure vers le bas tout en regardant vers le haut et déposer une goutte de collyre entre la paupière et le globe oculaire (*cul-de-sac conjonctival*).

**Posologie usuelle :**
- Adulte : 1 goutte, 2 fois par jour.

La solution est choisie par l'ophtalmologiste en fonction de la *tension intraoculaire*.

**Conseils :** L'application correcte du produit peut nécessiter une aide, notamment chez une personne handicapée ou âgée.

Ne conservez pas ce collyre plus de 4 semaines après une première utilisation.

### Effets indésirables possibles

Irritation locale, sécheresse de l'œil, troubles visuels à signaler à votre ophtalmologiste.

Exceptionnellement, en cas de passage du *bêtabloquant* dans le sang :
- fatigue, sensation de mains et de pieds froids, insomnie, douleurs d'estomac, nausées, vomissements ;
- *bloc auriculoventriculaire*, ralentissement excessif du cœur, chute de tension, *insuffisance cardiaque*, *bronchospasme*, *hypoglycémie*, phénomène de *Raynaud* ;
- *éruption cutanée*, aggravation d'un *psoriasis*.

Laboratoires Théa

## TIMACOR

*Informations détaillées sur www.monvidal.com*

## TIMOCOMOD

*Informations détaillées sur www.monvidal.com*

## TIMOFEROL

Élément minéral : fer

### Présentation

TIMOFEROL : gélule (blanc et vert) ; boîte de 30. Remb 65 % - **Prix : 2,35 €**.

### Composition

| | p gél |
|---|---|
| **Sulfate ferreux** | 172,73 mg |
| soit Fer | 50 mg |
| **Acide ascorbique (vitamine C)** | 30 mg |

### Dans quel cas ce médicament est-il prescrit ?

Ce médicament contient du fer, élément minéral essentiel au fonctionnement de l'organisme. Le fer est nécessaire à la formation de l'*hémoglobine*, contenue dans les *globules rouges*, qui assure le transport de l'oxygène dans le sang.

Il est utilisé dans le traitement des *carences* en fer responsables de certaines formes d'*anémies*. Il est également utilisé pour prévenir cette carence chez la femme enceinte lorsque les apports alimentaires sont insuffisants.

### Contre-indications

Ce médicament ne doit pas être utilisé en cas d'excès de fer dans l'organisme.

**Attention :** Un apport en fer sous forme de médicament ne peut être décidé que par votre médecin. La quantité de fer contenue dans une alimentation diversifiée est généralement suffisante.

### Interactions avec d'autres substances

Ce médicament peut interagir avec les médicaments injectables contenant du fer.

Par ailleurs, respectez un intervalle de 2 heures entre la prise de ce médicament et celle des *cyclines*, des quinolones, des biphosphonates, des *pansements digestifs* ou des médicaments contenant de la pénicillamine ou de la thyroxine.

### Grossesse et allaitement

Ce médicament peut être utilisé pendant la grossesse ou l'allaitement uniquement s'il vous a été prescrit par votre médecin.

### Mode d'emploi et posologie

Ce médicament est mieux absorbé s'il est pris avec un verre d'eau avant le petit déjeuner ou le déjeuner. En cas d'*intolérance*, il est possible de le prendre en plusieurs fois au cours des repas.

**Posologie usuelle :**

- Femme enceinte : 1 gélule par jour, pendant les 6 derniers mois de la grossesse (sur prescription médicale).
- Adulte et enfant de plus de 12 ans : 2 à 4 gélules par jour.

**Conseils :** La coloration noire des selles est habituelle et ne doit pas vous conduire à interrompre le traitement.

Si vous ne supportez pas ce médicament (*troubles digestifs*), prévenez votre médecin : il pourra vous proposer un autre traitement.

La reconstitution du stock en fer de l'organisme nécessite un traitement de longue durée (plusieurs mois) ; respectez la durée prescrite par votre médecin.

Les aliments les plus riches en fer sont d'origine animale : viande, poisson, volaille, abats.

Une consommation importante de thé peut diminuer l'absorption du fer par l'organisme.

### Effets indésirables possibles

Nausées, constipation, diarrhée.

**Laboratoires Elerté**

## TIMOLOL ALCON

Antiglaucomateux — sur ordonnance

Ce médicament est un générique de TIMOPTOL (voir p. 1025 et tableau p. 1151).

## TIMOLOL G GAM

Antiglaucomateux — sur ordonnance

Ce médicament est un générique de TIMOPTOL (voir p. 1025 et tableau p. 1151).

## TIMOLOL TEVA

Antiglaucomateux — sur ordonnance

Ce médicament est un générique de TIMOPTOL (voir p. 1025 et tableau p. 1151).

## TIMOPTOL

Antiglaucomateux — sur ordonnance

### Présentation

TIMOPTOL 0,10 % : collyre ; flacon de 3 ml. Liste I - Remb 65 % - **Prix : 3,91 €.**
TIMOPTOL 0,25 % : collyre ; flacon de 3 ml. Liste I - Remb 65 % - **Prix : 4,52 €.**
TIMOPTOL LP 0,25 % : collyre ; flacon de 2,5 ml. Liste I - Remb 65 % - **Prix : 8,49 €.**
TIMOPTOL 0,50 % : collyre ; flacon de 3 ml. Liste I - Remb 65 % - **Prix : 4,82 €.**
TIMOPTOL LP 0,50 % : collyre ; flacon de 2,5 ml. Liste I - Remb 65 % - **Prix : 9,15 €.**

### Composition

| | p 100 ml | p 100 ml |
|---|---|---|
| **Timolol** | 100 mg | 250 mg |
| Benzalkonium chlorure | + | + |

| | p 100 ml | p 100 ml | p 100 ml |
|---|---|---|---|
| **Timolol** | 250 mg | 500 mg | 500 mg |
| Benzalkonium chlorure | | + | |
| Benzododécinium bromure | + | | + |

### Dans quel cas ce médicament est-il prescrit ?

Ce collyre *bêtabloquant* a la propriété de diminuer la pression des liquides contenus dans l'œil (*tension intraoculaire*).

Il est utilisé dans le traitement des maladies dues à un excès de tension intraoculaire, et notamment du *glaucome* à angle ouvert.

### Contre-indications

Compte tenu de l'absorption du collyre par l'œil et du passage du *bêtabloquant* dans le sang, ce médicament ne doit pas être utilisé dans les cas suivants :
- *asthme* et *bronchite chronique* grave,
- *insuffisance cardiaque* grave (sauf si elle est stabilisée par un traitement spécifique),
- *bloc auriculoventriculaire* grave,
- angor de *Prinzmetal*,
- rythme cardiaque inférieur à 50 battements par minute,
- maladie ou syndrome de *Raynaud*,
- *phéochromocytome* non traité,
- hypotension,
- *antécédent* de *choc anaphylactique*,
- en association avec la floctafénine ou le sultopride.

**Attention :** Ces collyres contiennent des conservateurs (benzalkonium, benzododécinium) qui appartiennent à la famille des *ammoniums quater-*

*naires*. Signalez à votre médecin tout *antécédent* d'*allergie* à ces substances.

Le port de *lentilles de contact* est déconseillé pendant le traitement, en raison du risque de sécheresse de l'œil.

Chez les diabétiques, les *bêtabloquants* peuvent masquer certains *symptômes* de l'*hypoglycémie* (*palpitations* et accélération du cœur essentiellement).

Les bêtabloquants aggravent les symptômes des *chocs* allergiques et nuisent à l'efficacité de l'*adrénaline* utilisée pour les traiter en urgence. Signalez à votre médecin tout antécédent de choc allergique, même ancien.

Les personnes souffrant d'*angine de poitrine* ou d'*insuffisance coronarienne* ne doivent pas arrêter brutalement le traitement. Un avis médical est nécessaire.

En cas d'intervention chirurgicale, prévenez l'anesthésiste que vous suivez ce traitement.

Compte-tenu de la possibilité d'effets indésirables visuels, ce collyre peut, chez certaines personnes, constituer un risque pour la conduite automobile ou le maniement de machines dangereuses. Assurez-vous à l'occasion des premières utilisations que vous supportez bien ce collyre avant de reprendre la pratique d'une activité à risque.

Sportif : ce médicament contient une substance susceptible de rendre positifs certains *tests antidopage*.

## Interactions avec d'autres substances

Ce collyre peut interagir avec d'autres collyres, notamment ceux qui contiennent de l'*adrénaline* : respectez un intervalle de 15 minutes entre deux instillations, sauf indication contraire de votre ophtalmologiste.

Par ailleurs, ce médicament ne doit pas être associé :

- à la floctafénine (IDARAC...) : risque de majoration de la gravité d'un éventuel *choc* allergique ;
- au sultopride (BARNÉTIL, médicament uniquement disponible à l'hôpital) : risque de ralentissement cardiaque important.

Il peut également interagir avec l'amiodarone ou avec un *bêtabloquant* pris par voie orale.

Informez votre médecin si vous prenez des *antidiabétiques*, des *AINS*, des *antidépresseurs* tricycliques, des *neuroleptiques*, des *corticoïdes*, des *inhibiteurs calciques*, ou des médicaments contenant l'une des substances suivantes : quinidine, hydroquinidine, disopyramide, propafénone, baclofène, cimétidine, clonidine, lidocaïne injectable, méfloquine.

## Grossesse et allaitement

Les études scientifiques disponibles n'ont pas mis en évidence de problème particulier lors de l'utilisation de *bêtabloquant* chez la femme enceinte.

L'effet bêtabloquant persiste quelques jours chez le nouveau-né et justifie une surveillance médicale renforcée pendant les premiers jours de la vie.

Ce médicament passe dans le lait maternel. L'allaitement est déconseillé pendant le traitement.

## Mode d'emploi et posologie

Tirer la paupière inférieure vers le bas tout en regardant vers le haut et déposer une goutte de collyre entre la paupière et le globe oculaire (*cul-de-sac conjonctival*).

TIMOPTOL LP : agiter en retournant 1 fois le flacon, afin d'homogénéiser le collyre avant l'instillation.

**Posologie usuelle :**

- Adulte : 1 goutte de TIMOPTOL, 2 fois par jour ou 1 goutte de TIMOPTOL LP, 1 fois par jour.

La solution est choisie par l'ophtalmologiste en fonction de la *tension intraoculaire*.

**Conseils :** L'application correcte du produit peut nécessiter une aide, notamment chez une personne handicapée ou âgée.

Ne conservez pas ce collyre plus de 4 semaines après une première utilisation.

## Effets indésirables possibles

Irritation locale, sécheresse de l'œil, troubles visuels à signaler à votre ophtalmologiste.

Exceptionnellement, en cas de passage du *bêtabloquant* dans le sang :

- fatigue, sensation de mains et de pieds froids, insomnie, douleurs d'estomac, nausées, vomissements ;
- *bloc auriculoventriculaire*, ralentissement excessif du cœur, chute de tension, *insuffisance cardiaque*, *bronchospasme*, *hypoglycémie*, phénomène de *Raynaud* ;
- *éruption cutanée*, aggravation d'un *psoriasis*.

Laboratoires MSD-Chibret

# TINSET

Antiallergique — sur ordonnance

## Présentation

TINSET : comprimé sécable (blanc) ; boîte de 30. Liste II - Remb 35 % - **Prix : 6,13 €**.

TINSET : suspension buvable (arôme caramel) ; flacon de 90 ml avec mesurette graduée en kg. Liste II - Remb 35 % - **Prix : 1,91 €**.

## Composition

| | p cp | p grad kg |
|---|---|---|
| **Oxatomide** | 30 mg | 1 mg |

## Dans quel cas ce médicament est-il prescrit ?

Ce médicament est un *antihistaminique* antiallergique ; il n'a pas d'effets *atropiniques*.

Il est utilisé dans le *traitement symptomatique* des manifestations allergiques cutanées (*dermatite atopique*, *urticaire*...).

## Contre-indications

Ce médicament ne doit pas être utilisé en cas d'*insuffisance hépatique* grave.

**Attention :** En cas d'apparition d'une jaunisse ou de troubles hépatiques, le traitement doit être interrompu ; ne réutilisez pas ce médicament sans consulter votre médecin.

Évitez les boissons alcoolisées : augmentation du risque de somnolence.

Ce médicament peut induire une somnolence, parfois intense chez certaines personnes. Cette somnolence peut être majorée par la prise d'*alcool* ou d'autres médicaments *sédatifs*. La conduite et l'utilisation de machines dangereuses sont déconseillées, surtout dans les heures qui suivent la prise du médicament.

## Interactions avec d'autres substances

Informez votre médecin ou votre pharmacien si vous prenez d'autres *sédatifs* (tranquillisants, somnifères, certains médicaments contre la toux ou contre la douleur contenant des *opiacés*, *antidépresseurs*, *neuroleptiques*...).

### Grossesse et allaitement

L'effet de ce médicament pendant la grossesse ou l'allaitement est mal connu : seul votre médecin peut évaluer le risque éventuel de son utilisation dans votre cas.

### Mode d'emploi et posologie

Pour les enfants de moins de 6 ans, utiliser la suspension buvable avec la mesurette graduée : la dose par prise est indiquée en fonction du poids de l'enfant sur le piston de la mesurette graduée en kg. 2 ou 3 prises par jour sont nécessaires.

**Posologie usuelle :**

- Adulte : 1 comprimé, matin et soir.
- Enfant et nourrisson : 2 à 3 mg par kg et par jour, à répartir en 2 ou 3 prises, soit :
  - enfant de plus de 30 kg : 1 comprimé, 2 fois par jour ;
  - enfant de 20 à 30 kg : ½ comprimé, 3 fois par jour ;
  - enfant de moins de 20 kg : 1 mesurette correspondant au poids de l'enfant, 2 ou 3 fois par jour.

**Conseils :** Ce médicament agit sur les manifestations de l'*allergie* mais n'en supprime pas la cause. Si les *symptômes* persistent ou s'aggravent, n'hésitez pas à consulter votre médecin.

### Effets indésirables possibles

Somnolence, surtout en début de traitement, prise de poids.

Rarement : *réaction allergique*.

Exceptionnellement : troubles hépatiques, convulsions...

Laboratoires Janssen-Cilag

## TIORFAN

Antidiarrhéique — **sur ordonnance**

### Présentation

**TIORFAN Adulte 100 mg :** gélule (ivoire) ; boîte de 20. Liste II - Remb 35 % - **Prix : 9,84 €**.
**TIORFAN Enfant 30 mg :** poudre orale (arôme abricot) ; boîte de 30 sachets. Liste I - Remb 35 % - **Prix : 9,84 €**.
**TIORFAN Nourrisson 10 mg :** poudre orale (arôme abricot) ; boîte de 16 sachets. Liste I - Remb 35 % - **Prix : 9,84 €**.

### Composition

| | p gél | p sach Enf | p sach Nour |
|---|---|---|---|
| **Racécadotril** | 100 mg | 30 mg | 10 mg |
| Saccharose | | 2,9 g | 0,97 g |

### Dans quel cas ce médicament est-il prescrit ?

Ce médicament est un antidiarrhéique qui agit en réduisant les sécrétions intestinales.

Il est utilisé dans le *traitement symptomatique* des diarrhées aiguës, en complément des mesures diététiques.

### Contre-indications

Ce médicament ne doit pas être utilisé dans les cas suivants :
- enfant de moins de 15 ans (gélule),
- **grossesse**,
- **allaitement**.

**Attention :** Des précautions sont nécessaires en cas d'*insuffisance hépatique* et *rénale*.

Ce médicament n'est pas adapté au traitement des diarrhées dues à certains *antibiotiques*.

Une diarrhée qui s'accompagne de torpeur, de soif, de fièvre, ou de sang dans les selles nécessite rapidement un avis médical. De même, chez le *nourrisson*, une diarrhée qui s'accompagne d'une perte de poids de plus de 5 % (signe de déshydratation) peut nécessiter des soins urgents.

Les sachets contiennent du *sucre* (saccharose) en quantité notable.

Si vous devez conduire, ou utiliser une machine dangereuse, assurez-vous préalablement que ce médicament n'altère pas votre vigilance.

### Grossesse et allaitement

L'effet de ce médicament pendant la grossesse ou l'allaitement est mal connu. Par mesure de prudence, son usage est contre-indiqué chez la femme enceinte ou chez celle qui allaite.

### Mode d'emploi et posologie

Si une diète n'est pas conseillée, ce médicament est pris de préférence avant les repas.

La poudre peut être avalée telle quelle, mélangée à l'alimentation ou diluée dans un verre d'eau ou dans un biberon.

**Posologie usuelle :**

- Adulte : 1 gélule d'emblée quel que soit le moment, puis 1 gélule au début des 3 principaux repas.
- Enfant et nourrisson : commencer par 1 prise d'emblée, puis 3 prises à répartir dans la journée (soit 4 prises au total le 1er jour). Les jours suivants : 1 prise, 3 fois par jour.

  Soit, en pratique :
  - Enfant de plus de 9 ans (plus de 27 kg environ) : 2 sachets Enfant par prise.
  - Enfant de 30 mois à 9 ans (de 13 à 27 kg environ) : 1 sachet Enfant par prise.
  - Nourrisson de 9 à 30 mois (de 9 à 13 kg environ) : 2 sachets Nourrisson par prise.
  - Nourrisson de 1 à 9 mois (moins de 9 kg) : 1 sachet Nourrisson par prise.

Ce médicament est poursuivi jusqu'à ce que les selles soient de nouveau formées, sans dépasser toutefois 7 jours de traitement.

**Conseils :** Une diarrhée peut provoquer une déshydratation, notamment chez le jeune enfant ou la personne âgée. Cette perte d'eau par l'organisme doit être compensée par des boissons abondantes (bouillon salé, boissons sucrées) car elle peut être à l'origine d'une fatigue, de malaise ou de confusion des idées.

Chez le *nourrisson*, deux situations se présentent :
- l'enfant est allaité : l'allaitement sera poursuivi pendant toute la période diarrhéique ;
- l'enfant n'est pas allaité : des solutions de réhydratation particulièrement adaptées sont disponibles en pharmacie. Elles doivent être employées pendant les 3 à 4 premières heures qui suivent le début de la diarrhée et être proposées au nourrisson très régulièrement pendant cette période. Après cette phase initiale, l'alimentation habituelle, et notamment le lait, sera reprise même si

la diarrhée persiste. L'exclusion du lait, avec ou sans lactose, ne fait plus partie des recommandations officielles. Au cas improbable où il vous serait impossible d'obtenir une solution de réhydratation du commerce, vous pouvez préparer une solution avec 1 litre d'eau additionné de 4 cuillères à café arasées de sucre et ½ cuillère à café de sel de table.
Les solutions de réhydratation ne doivent pas être utilisées plus d'une demi-journée car elles sont trop pauvres en nutriments.

### Effets indésirables possibles

Exceptionnellement : somnolence.

Laboratoires Bioprojet Pharma

## TISANE AFRA

*Informations détaillées sur www.monvidal.com*

## TISANE BORKOU

*Informations détaillées sur www.monvidal.com*

## TISANE DE SANTÉ

*Informations détaillées sur www.monvidal.com*

## TISANE DES FAMILLES

*Informations détaillées sur www.monvidal.com*

## TISANE FRANKLIN

*Informations détaillées sur www.monvidal.com*

## TISANE GARFIELD

*Informations détaillées sur www.monvidal.com*

## TISANE HÉPATIQUE DE HOERDT

*Informations détaillées sur www.monvidal.com*

## TISANE PHLÉBOSÉDOL

*Informations détaillées sur www.monvidal.com*

## TISANE PROVENÇALE N° 1

*Informations détaillées sur www.monvidal.com*

## TISANE PROVENÇALE N° 2

*Informations détaillées sur www.monvidal.com*

## TISANE PROVENÇALE N° 3

*Informations détaillées sur www.monvidal.com*

## TISANE PROVENÇALE N° 4

*Informations détaillées sur www.monvidal.com*

## TISANE PROVENÇALE N° 5

*Informations détaillées sur www.monvidal.com*

## TISANE PROVENÇALE N° 6

*Informations détaillées sur www.monvidal.com*

## TITANORAL

Vasculoprotecteur et veinotonique

Ce médicament est un générique de DIOVENOR (voir p. 323 et tableau p. 1151).

## TITANORÉÏNE

Antihémorroïdaire

### Présentation

TITANORÉÏNE : crème rectale ; tube de 40 g. Remb 35 % - **Prix : 4,62 €.**
TITANORÉÏNE : suppositoire ; boîte de 12. Remb 35 % - **Prix : 2,92 €.**

### Composition

| | p 100 g | p suppos |
|---|---|---|
| **Carraghénates** | 2,5 g | 300 mg |
| **Oxyde de zinc** | 2 g | 400 mg |
| **Dioxyde de titane** | 2 g | 200 mg |

### Dans quel cas ce médicament est-il prescrit ?

Ce médicament d'usage local contient des substances protectrices et cicatrisantes.
Il est utilisé dans le *traitement symptomatique* des douleurs, des sensations de brûlures et des démangeaisons de l'anus, en particulier dues aux *hémorroïdes*.

**Attention :** Des douleurs, un saignement anal qui persistent malgré le traitement peuvent être dus à une maladie autre que des *hémorroïdes* : consultez votre médecin. De même, tout saignement anal survenant chez une personne de plus de 50 ans doit faire l'objet d'une consultation médicale.

### Grossesse et allaitement

L'effet de ce médicament pendant la grossesse ou l'allaitement est mal connu. L'évaluation du risque éventuel lié à son utilisation est individuelle : demandez conseil à votre pharmacien ou à votre médecin.

### Mode d'emploi et posologie

1 ou 2 suppostoires par jour ou 1 application de crème, matin et soir et après chaque selle (sans dépasser 4 applications par jour).
Le traitement doit être de courte durée (pas plus de quelques jours).

**Conseils :** La constipation chronique et les efforts excessifs de poussée sont les principaux facteurs déclenchants des crises d'hémorroïdes. Un régime riche en fibres alimentaires (fruits, légumes, céréales complètes), des boissons abondantes et un exercice physique régulier en limitent le risque.
En cas de crise, la consommation d'alcool ou de mets épicés peut accentuer les douleurs et la gêne.
Une attention particulière doit être portée au nettoyage de la région anale afin de limiter les phénomènes d'irritation. Il est également conseillé de limiter les positions assises prolongées, qui peuvent avoir un effet aggravant sur la douleur.
Les suppositoires doivent être conservés à l'abri de la chaleur.

Laboratoires Mc Neil

## TITANORÉÏNE lidocaïne

Antihémorroïdaire

### Présentation

TITANORÉÏNE à la lidocaïne 2 % : crème ; tube de 20 g. Non remb.

### Composition

| | p 100 g |
|---|---|
| **Lidocaïne** | 2 g |
| **Carraghénates** | 2,5 g |
| **Oxyde de zinc** | 2 g |
| **Dioxyde de titane** | 2 g |

### Dans quel cas ce médicament est-il prescrit ?

Cette crème contient un *anesthésique* local (lidocaïne) et des substances protectrices et cicatrisantes.

Il est utilisé dans le *traitement symptomatique* des douleurs, des sensations de brûlures et des démangeaisons de l'anus, en particulier dues aux *hémorroïdes*.

### Contre-indications

Ce médicament ne doit pas être utilisé en cas d'*antécédent* d'*allergie* à la lidocaïne.

**Attention :** Des douleurs, un saignement anal qui persistent malgré le traitement peuvent être dus à une maladie autre que des *hémorroïdes* : consultez votre médecin. De même, tout saignement anal survenant chez une personne de plus de 50 ans doit faire l'objet d'une consultation médicale.

Sportif : les *anesthésiques* locaux ont été retirés de la liste des substances dopantes publiée dans les arrêtés du 20 avril et du 16 août 2004 par le ministère de la Jeunesse et des Sports.

### Grossesse et allaitement

L'effet de ce médicament pendant la grossesse ou l'allaitement est mal connu. L'évaluation du risque éventuel lié à son utilisation est individuelle : demandez conseil à votre pharmacien ou à votre médecin.

### Mode d'emploi et posologie

1 ou 2 applications par jour.

Le traitement doit être de courte durée (pas plus de quelques jours).

**Conseils :** La constipation chronique et les efforts excessifs de poussée sont les principaux facteurs déclenchants des crises d'hémorroïdes. Un régime riche en fibres alimentaires (fruits, légumes, céréales complètes), des boissons abondantes et un exercice physique régulier en limitent le risque.

En cas de crise, la consommation d'alcool ou de mets épicés peut accentuer les douleurs et la gêne. Une attention particulière doit être portée au nettoyage de la région anale afin de limiter les phénomènes d'irritation. Il est également conseillé de limiter les positions assises prolongées, qui peuvent avoir un effet aggravant sur la douleur.

Laboratoires Mc Neil

## TIXAIR

*Informations détaillées sur www.monvidal.com*

## TOBI

*Informations détaillées sur www.monvidal.com*

## TOBRADEX

Collyre anti-inflammatoire et antibiotique

sur ordonnance

### Présentation

TOBRADEX : collyre ; flacon compte-gouttes de 5 ml. Liste I - Remb 35 % - **Prix : 3,91 €.**

### Composition

| | p 100 ml |
|---|---|
| **Dexaméthasone** | 100 mg |
| **Tobramycine** | 300 mg |
| Benzalkonium chlorure | + |

### Dans quel cas ce médicament est-il prescrit ?

Ce collyre contient un *anti-inflammatoire* (*corticoïde*) et un *antibiotique* de la famille des *aminosides*. L'anti-inflammatoire est destiné à lutter contre l'*œdème*.

Il est utilisé dans le traitement de certaines infections de l'œil et la prévention des complications de chirurgie oculaire.

### Contre-indications

Ce médicament ne doit pas être utilisé dans les cas suivants :

- *allergie* aux *antibiotiques* de la famille des *aminosides*,
- *kératite* virale à son début ou autre infection oculaire non contrôlée par un traitement spécifique.

**Attention :** Ce collyre contient un conservateur (benzalkonium) qui appartient à la famille des *ammoniums quaternaires*. Signalez à votre médecin tout *antécédent* d'*allergie* à ces substances.

Une irritation oculaire importante peut être due à une infection non contrôlée par le traitement : en cas de doute, n'hésitez pas à consulter votre médecin. N'utilisez pas ce collyre de façon prolongée sans prendre un avis médical.

Ce médicament contenant un *corticoïde* doit être utilisé avec précaution en cas de *glaucome* à angle ouvert.

Le port de lentilles de contact est déconseillé pendant le traitement.

Conducteurs : dans les suites immédiates d'une opération de la *cataracte*, la conduite automobile n'est pas recommandée. En effet, la vision avec un seul œil fonctionnel ne permet pas d'apprécier correctement les distances.

Sportif : ce médicament contient une substance susceptible de rendre positifs certains *tests antidopage*.

### Interactions avec d'autres substances

Ce médicament peut interagir avec d'autres collyres. Respectez un intervalle de 15 minutes entre l'instillation des différents produits.

### Grossesse et allaitement

L'effet de ce médicament pendant la grossesse ou l'allaitement est mal connu : seul votre médecin peut évaluer le risque éventuel de son utilisation dans votre cas.

### Mode d'emploi et posologie

Tirer la paupière inférieure vers le bas tout en regardant vers le haut et déposer une goutte de collyre entre la paupière et le globe oculaire (*cul-de-sac conjonctival*).

**Posologie usuelle :**
- Adulte : 1 goutte toutes les 4 à 6 heures.

**Conseils :** L'application correcte du produit peut nécessiter une aide, notamment chez une personne handicapée ou âgée.
Ne conservez pas ce collyre plus d'un mois après une première utilisation.

### Effets indésirables possibles
Irritation ou réaction allergique locale.

Laboratoires Alcon

## TOBREX
Antibiotique à usage ophtalmique — sur ordonnance

### Présentation
TOBREX : collyre ; flacon compte-gouttes de 5 ml. Liste I - Remb 65 % - **Prix : 3,16 €.**
TOBREX : pommade ophtalmique ; tube de 5 g. Liste I - Remb 65 % - **Prix : 3,16 €.**

### Composition

| | p 100 ml | p 100 g |
|---|---|---|
| **Tobramycine** | 300 mg | 300 mg |
| Benzalkonium chlorure | + | |

### Dans quel cas ce médicament est-il prescrit ?
Ce médicament à usage local contient un *antibiotique* de la famille des *aminosides.*
Il est utilisé sous forme de collyre ou de pommade pour traiter les infections de l'œil.

### Contre-indications
Ce médicament ne doit pas être utilisé en cas d'*allergie* aux *antibiotiques* de la famille des *aminosides* (néomycine notamment).

**Attention :** Une rougeur ou une douleur de l'œil ne correspondent pas toujours à une infection. Des soins urgents peuvent être nécessaires, notamment en cas de vision floue. N'utilisez pas ce médicament sans avis médical.
Le collyre ou la pommade peuvent être contaminés par l'œil infecté : évitez de mettre en contact l'extrémité du flacon ou du tube avec l'œil ; ne conservez pas ces médicaments plus de 15 jours après une première utilisation.

### Grossesse et allaitement
L'effet de ce médicament pendant la grossesse ou l'allaitement est mal connu : seul votre médecin peut évaluer le risque éventuel de son utilisation dans votre cas.

### Mode d'emploi et posologie
Tirer la paupière inférieure vers le bas tout en regardant vers le haut. Déposer les gouttes de collyre ou la pommade entre la paupière et le globe oculaire (*cul-de-sac conjonctival*).
Dans le traitement des infections des paupières, déposer la pommade sur le bord de la paupière, au contact des cils.

**Posologie usuelle :**
Collyre : 1 goutte, 3 à 8 fois par jour.
Pommade ophtalmique : appliquer l'équivalent d'un grain de riz, 2 ou 3 fois par jour.

**Conseils :** La vision est légèrement troublée par l'application de la pommade. Ce trouble disparaît en quelques minutes.
Une application correcte du produit peut nécessiter une aide, notamment chez l'enfant ou la personne handicapée ou âgée.
Les lentilles de contact ne doivent pas être portées en cas d'infection oculaire ni réutilisées avant guérison complète.

### Effets indésirables possibles
Irritation ou *réaction allergique* locale.

Laboratoires Alcon

## TOCLASE TOUX SÈCHE
*Informations détaillées sur www.monvidal.com*

## TOCO 500
Vitamine E

### Présentation
TOCO 500 : capsule molle (vert pâle) ; boîte de 30. Remb 65 % - **Prix : 3,51 €.**

### Composition

| | p caps |
|---|---|
| **Alpha-tocophérol acétate (vitamine E)** | 500 mg |

### Dans quel cas ce médicament est-il prescrit ?
Ce médicament contient de la *vitamine* E, substance protectrice de la membrane des cellules.
Il est utilisé dans le traitement des *carences* en vitamine E.

### Grossesse et allaitement
Ce médicament ne contient aucune substance connue pour être toxique pendant la grossesse ou l'allaitement. Néanmoins, ne l'utilisez pas de façon prolongée sans avis médical.

### Mode d'emploi et posologie
Avaler la capsule telle quelle, avec un verre d'eau.

**Posologie usuelle :**
1 capsule par jour, le matin au petit déjeuner.

**Conseils :** Une alimentation équilibrée et diversifiée apporte habituellement des quantités suffisantes de *vitamine* E, présente essentiellement dans les corps gras.

Laboratoires Pharma 2000

## TOCOLION
*Informations détaillées sur www.monvidal.com*

## TOCOPA
*Informations détaillées sur www.monvidal.com*

## TOCOPHÉROL TEVA
Vitamine E

### Présentation
TOCOPHÉROL TEVA : capsule ; boîte de 30. Remb 65 % - **Prix : 3,51 €.**

### Composition

| | p caps |
|---|---|
| **Alpha-tocophérol acétate (vitamine E)** | 500 mg |

### Dans quel cas ce médicament est-il prescrit ?

Ce médicament contient de la *vitamine* E, substance protectrice de la membrane des cellules.

Il est utilisé dans le traitement des *carences* en vitamine E.

### Grossesse et allaitement

Ce médicament ne contient aucune substance connue pour être toxique pendant la grossesse ou l'allaitement. Néanmoins, ne l'utilisez pas de façon prolongée sans avis médical.

### Mode d'emploi et posologie

1 capsule par jour, le matin au petit déjeuner.

**Conseils :** Une alimentation équilibrée et diversifiée apporte habituellement des quantités suffisantes de *vitamine* E, présente essentiellement dans les corps gras.

Laboratoires Téva Classics

## TOFRANIL

*Informations détaillées sur www.monvidal.com*

## TOLEXINE

Antibiotique : cycline

sur ordonnance

Ce médicament est un générique de VIBRAMYCINE (voir p. 1092 et tableau p. 1151).

## TOMUDEX

*Informations détaillées sur www.monvidal.com*

## TONACTIL

*Informations détaillées sur www.monvidal.com*

## TONICALCIUM

*Informations détaillées sur www.monvidal.com*

## TONIGIN

*Informations détaillées sur www.monvidal.com*

## TONILAX

*Informations détaillées sur www.monvidal.com*

## TONIQUE VÉGÉTAL

*Informations détaillées sur www.monvidal.com*

## TOPAAL

Antireflux, antiacide

### Présentation

TOPAAL : comprimé à croquer (blanc ; arômes : caramel, fraise) ; boîte de 42. Remb 35 % - **Prix : 3,40 €**.
TOPAAL : suspension buvable (arômes : caramel, menthe) ; flacon de 210 ml. Remb 35 % - **Prix : 3,27 €**.

### Composition

| | p cp | p 10 ml |
|---|---|---|
| **Acide alginique** | 200 mg | 400 mg |
| **Hydroxyde d'aluminium colloïdal** | 30 mg | 60 mg |
| **Silice** | 130 mg | 260 mg |
| **Hydrocarbonate de magnésium** | 40 mg | |
| **Carbonate de magnésium** | | 80 mg |
| Saccharose | 0,88 g | |

### Dans quel cas ce médicament est-il prescrit ?

Ce médicament appartient à la famille des *antiacides* d'action locale. Il forme un gel visqueux qui surnage dans l'estomac et protège l'œsophage en cas de reflux du contenu de l'estomac.

Il est utilisé dans le traitement du *reflux gastro-œsophagien.*

**Attention :** Il est préférable de consulter un médecin dans les situations suivantes :
- troubles de la digestion apparaissant pour la première fois, ou si les troubles ont changé récemment ;
- troubles associés à une perte de poids ;
- difficulté à avaler ou gêne abdominale persistante.

Compte tenu de la présence d'aluminium, des précautions sont nécessaires chez les *insuffisants rénaux* et chez les *dialysés.*

Les comprimés contiennent du *sucre* (saccharose) en quantité notable.

### Interactions avec d'autres substances

Ce médicament peut diminuer l'absorption de nombreux médicaments. Un délai d'au moins 2 heures (voire 4 heures avec les *antibiotiques* de la famille des quinolones) doit être respecté entre la prise de ce médicament et celle des autres traitements. Demandez conseil à votre médecin ou à votre pharmacien.

### Grossesse et allaitement

Ce médicament ne contient que des substances présumées sans danger pendant la grossesse ou l'allaitement. Néanmoins, ne l'utilisez pas de façon prolongée sans l'avis de votre pharmacien ou de votre médecin.

### Mode d'emploi et posologie

Ce médicament doit être pris après les repas et la dernière prise aura lieu de préférence le soir au coucher.

Les comprimés doivent être mâchés très soigneusement avant d'être avalés avec un demi-verre d'eau.

Le flacon contenant la suspension buvable doit être agité vigoureusement avant chaque emploi.

**Posologie usuelle :**

2 comprimés ou 2 cuillères à café de suspension buvable, 3 fois par jour.

**Conseils :** Il est bon de fractionner les repas, d'éviter la position penchée, d'éviter de s'allonger après les repas et de porter des vêtements trop serrés. La surélévation de la tête du lit est recommandée.

Si vous êtes fumeur, la poursuite du tabagisme est un frein important au traitement : la nicotine augmente l'acidité gastrique et réduit l'efficacité du muscle qui ferme la jonction entre l'œsophage et l'estomac.

Laboratoires Pierre Fabre Médicament

## TOPALGIC

Antalgique opiacé

sur ordonnance

### Présentation

**TOPALGIC 50 mg :** gélule ; boîte de 30. Liste I - Remb 65 % - **Prix : 5,36 €.**
**TOPALGIC 100 mg/ml :** solution buvable (arôme anis) ; flacon de 10 ml (1 ml = 40 gouttes) avec compte-gouttes. Liste I - Remb 65 % - **Prix : 5,94 €.**

### Composition

| | p gél | p ml |
|---|---|---|
| **Tramadol chlorhydrate** ....... | 50 mg | 100 mg |

### Dans quel cas ce médicament est-il prescrit ?

Ce médicament est un *antalgique* de la famille des *opiacés*. Il combat la douleur en agissant directement sur la perception de la douleur par le cerveau.
Il est utilisé dans le traitement de la douleur.

### Contre-indications

Ce médicament ne doit pas être utilisé dans les cas suivants :
- *antécédent* d'*intolérance* aux *opiacés* ;
- intoxication ou *surdosage* avec des *sédatifs*, ivresse aiguë ;
- *insuffisance respiratoire* ou *hépatique* grave ;
- *épilepsie* (sauf si elle est traitée) ;
- enfant de moins de 3 ans (solution buvable) ;
- enfant de moins de 15 ans (gélule) ;
- en association avec les *IMAO* ou les médicaments contenant de la nalbuphine, de la buprénorphine ou de la pentazocine ;
- **allaitement**.

**Attention :** Ce médicament ne doit être utilisé chez l'enfant que sur prescription : ne le réutilisez pas ou ne l'utilisez pas sans avis médical chez un autre enfant.
Rangez la solution buvable sous clé hors de portée des enfants : une intoxication par surdosage accidentel peut être grave et nécessite de prendre l'avis du centre antipoison (voir Annexes) ou du centre 15.
Des précautions sont nécessaires chez les personnes qui souffrent d'*hypertension intracrânienne*.
Ce médicament contient un *opiacé* : son usage prolongé, à dose élevée, expose à un risque de *dépendance*. Ne dépassez pas la dose ni la durée de traitement recommandées.
Évitez les boissons alcoolisées : augmentation du risque de somnolence.
Conducteur : ce médicament peut être responsable de *vertiges* ou d'une baisse de la vigilance.

### Interactions avec d'autres substances

Ce médicament ne doit pas être associé :
- aux médicaments contenant de la nalbuphine, de la buprénorphine ou de la pentazocine : risque de diminution de l'effet *antalgique* ;
- aux *IMAO* sélectifs ou non : risque d'accident grave. Un délai de 15 jours doit séparer un traitement antérieur par IMAO de la mise en route du traitement *antalgique*.

Il peut interagir avec les médicaments contenant de la carbamazépine.
Signalez à votre médecin la prise éventuelle de *sédatifs* et d'autres antalgiques ou antitussifs *opiacés*.

### Grossesse et allaitement

L'effet de ce médicament pendant la grossesse et l'allaitement est mal connu. Par mesure de prudence, son usage est déconseillé chez la femme enceinte et contre-indiqué chez celle qui allaite.

### Mode d'emploi et posologie

Les gélules doivent être avalées avec un verre d'eau, pendant ou en dehors des repas.
La solution buvable est adaptée à l'enfant. Elle peut être prise avec un peu de liquide ou sur un morceau de sucre.

**Posologie usuelle :**
- Adulte :
  - douleur aiguë : 100 mg (soit 2 gélules) puis 50 à 100 mg (soit 1 ou 2 gélules), à renouveler si nécessaire toutes les 4 à 6 heures ;
  - douleur chronique : 50 à 100 mg, soit 1 ou 2 gélules toutes les 4 à 6 heures.

Dans tous les cas, il ne faut pas dépasser 8 gélules par jour.
Chez la personne âgée ou en cas d'*insuffisance hépatique* ou *rénale*, le médecin peut prévoir un espacement des prises plus important.
- Enfant de plus de 3 ans : 1 à 2 mg par kg, 3 ou 4 fois par jour, soit pour un enfant de 10 kg, 4 à 8 gouttes de solution buvable, 3 ou 4 fois par jour. La dose la plus faible possible est toujours recherchée.

**Conseils :** Comme tous les *antalgiques*, ce médicament est généralement plus efficace pour prévenir la douleur que pour la calmer : dans le traitement des douleurs chroniques, il est préférable de prendre ce médicament à intervalles réguliers sans attendre que la douleur s'installe.
Cet antalgique *opiacé* est destiné à être utilisé en deuxième intention, lorsque l'aspirine, l'ibuprofène ou le paracétamol, utilisés seuls, sont insuffisamment efficaces. Il peut néanmoins être utilisé d'emblée dans le traitement des douleurs fortes.

### Effets indésirables possibles

Nausées et *vertiges* le plus fréquemment.
Occasionnellement (1 à 10 % des utilisateurs) : vomissements, constipation, bouche sèche, sueurs, maux de tête, confusion.
Plus rarement (moins de 1 % des utilisateurs) : douleurs abdominales, *éruption cutanée*, *palpitations*, *hypotension orthostatique*.
Exceptionnellement (moins de 1 cas sur 1000) : faiblesse musculaire, modification de l'appétit, vision floue, difficulté à uriner, euphorie, *réaction allergique*, ralentissement du rythme cardiaque, augmentation de la tension artérielle.

**Laboratoires Théraplix**

## TOPALGIC LP

Antalgique opiacé — sur ordonnance

### Présentation

**TOPALGIC LP 100 mg :** comprimé à *libération prolongée* (blanc) ; boîte de 30. Liste I - Remb 65 % - **Prix : 15,71 €.**
**TOPALGIC LP 150 mg :** comprimé à *libération prolongée* (orange pâle) ; boîte de 30. Liste I - Remb 65 % - **Prix : 22,54 €.**
**TOPALGIC LP 200 mg :** comprimé à *libération prolongée* (brun orangé) ; boîte de 30. Liste I - Remb 65 % - **Prix : 24,81 €.**

### Composition

| | p cp LP | p cp LP | p cp LP |
|---|---|---|---|
| **Tramadol chlorhydrate** ............. | 100 mg | 150 mg | 200 mg |
| Lactose ........................ | + | + | + |

### Dans quel cas ce médicament est-il prescrit ?

Ce médicament est un *antalgique* de la famille des *opiacés*. Il combat la douleur en agissant directement sur la perception de la douleur par le cerveau.
Il est utilisé dans le traitement de la douleur.

### Contre-indications

Ce médicament ne doit pas être utilisé dans les cas suivants :
- intoxication ou *surdosage* avec des *sédatifs*, ivresse aiguë ;
- en association avec les *IMAO* ou les médicaments contenant de la nalbuphine, de la buprénorphine ou de la pentazocine ;
- **allaitement.**

**Attention :** Des précautions sont nécessaires en cas d'*antécédent* d'*intolérance* aux *opiacés* et chez les personnes qui souffrent d'*hypertension intracrânienne*, d'*épilepsie*, d'*insuffisance rénale* ou *hépatique*.
Ce médicament contient un *opiacé* : son usage prolongé, à dose élevée, expose à un risque de *dépendance*. Ne dépassez pas la dose ni la durée de traitement recommandées.
Évitez les boissons alcoolisées : augmentation du risque de somnolence.
Conducteur : ce médicament peut être responsable de *vertiges* ou d'une baisse de la vigilance.

### Interactions avec d'autres substances

Ce médicament ne doit pas être associé :
- aux médicaments contenant de la nalbuphine, de la buprénorphine ou de la pentazocine : risque de diminution de l'effet *antalgique* ;
- aux *IMAO* sélectifs ou non : risque d'accident grave. Un délai de 15 jours doit séparer un traitement antérieur par IMAO de la mise en route du traitement *antalgique*.

Il peut interagir avec les médicaments contenant de la carbamazépine.
Signalez à votre médecin si vous prenez également un *antidépresseur*, des *sédatifs* et d'autres antalgiques ou antitussifs *opiacés*.

### Grossesse et allaitement

L'effet de ce médicament pendant la grossesse et l'allaitement est mal connu. Par mesure de prudence, son usage est déconseillé chez la femme enceinte et contre-indiqué chez celle qui allaite.

### Mode d'emploi et posologie

Les comprimés doivent être avalés sans être croqués, avec un verre d'eau, pendant ou en dehors des repas.

**Posologie usuelle :**
- Adulte et enfant de plus de 12 ans : 100 à 200 mg, matin et soir.

Chez la personne âgée ou en cas d'*insuffisance hépatique* ou *rénale*, le médecin peut prévoir un espacement des prises plus important.

**Conseils :** Comme tous les *antalgiques*, ce médicament est généralement plus efficace pour prévenir la douleur que pour la calmer : dans le traitement des douleurs chroniques, il est préférable de prendre ce médicament à intervalles réguliers sans attendre que la douleur s'installe.
Cet antalgique *opiacé* est destiné à être utilisé en deuxième intention, lorsque l'aspirine, l'ibuprofène ou le paracétamol, utilisés seuls, sont insuffisamment efficaces. Il peut néanmoins être utilisé d'emblée dans le traitement des douleurs fortes.

### Effets indésirables possibles

Nausées et *vertiges* le plus fréquemment.
Occasionnellement (1 à 10 % des utilisateurs) : vomissements, constipation, bouche sèche, sueurs, maux de tête, confusion.
Plus rarement (moins de 1 % des utilisateurs) : douleurs abdominales, *éruption cutanée*, *palpitations*, *hypotension orthostatique*.
Exceptionnellement (moins de 1 cas sur 1000) : faiblesse musculaire, modification de l'appétit, vision floue, difficulté à uriner, euphorie, *réaction allergique*, ralentissement du rythme cardiaque, augmentation de la tension artérielle.

Laboratoires Théraplix

---

**TOPALKAN**

*Informations détaillées sur www.monvidal.com*

---

## TOPFENA gel

Anti-inflammatoire d'action locale — sur ordonnance

Ce médicament est un générique de PROFÉNID gel (voir p. 855 et tableau p. 1151).

---

## TOPFENA oral

Anti-inflammatoire non stéroïdien — sur ordonnance

Ce médicament est un générique de PROFÉNID comprimé, gélule (informations détaillées sur www.monvidal.com).

## TOPLEXIL
Antitussif antihistaminique

### Présentation
TOPLEXIL : sirop (arôme caramel) ; flacon de 150 ml avec gobelet doseur gradué à 5 et 10 ml. Remb 35 % - **Prix : 3,21 €**.

### Composition

| | p 5 ml |
|---|---|
| **Oxomémazine** | 1,65 mg |
| Saccharose | 3,7 g |

### Dans quel cas ce médicament est-il prescrit ?
Ce médicament contient un *antihistaminique antitussif* et *sédatif*.

Il est utilisé dans le *traitement symptomatique* des toux sèches, notamment celles qui surviennent la nuit.

### Contre-indications
Ce médicament ne doit pas être utilisé dans les cas suivants :
- *antécédent* d'*agranulocytose*,
- risque de *glaucome* à angle fermé,
- risque de blocage des urines (*adénome de la prostate*...).

**Attention :** N'utilisez pas ce médicament chez l'enfant de moins de 1 an sans avis médical.

Du fait de la présence d'un *antihistaminique* ayant des propriétés sédatives et atropiniques, des précautions sont nécessaires chez l'*insuffisant hépatique* ou *rénal* et chez la personne âgée, notamment en cas de constipation chronique, d'*adénome de la prostate*, de tendance aux *vertiges* ou aux baisses de tension.

Ce médicament n'est pas adapté au traitement de la toux grasse, qui est un mécanisme de défense normal de l'organisme permettant l'évacuation des mucosités présentes dans les bronches.

La toux est un *symptôme* qui peut révéler de nombreuses maladies (*asthme, reflux gastro-œsophagien* notamment chez l'enfant) : consultez votre médecin si elle persiste plus de quelques jours.

Ce sirop contient du *sucre* (saccharose) en quantité notable.

Évitez les boissons alcoolisées : augmentation du risque de somnolence.

Ce médicament peut induire une somnolence, parfois intense chez certaines personnes. Cette somnolence peut être majorée par la prise d'*alcool* ou d'autres médicaments *sédatifs*. La conduite et l'utilisation de machines dangereuses sont déconseillées, surtout dans les heures qui suivent la prise du médicament.

### Interactions avec d'autres substances
Ce médicament peut interagir avec le sultopride.

Informez votre médecin ou votre pharmacien si vous prenez un autre médicament ayant des effets *atropiniques* ou *sédatifs* (tranquillisants, somnifères, certains médicaments contre la toux ou contre la douleur contenant des *opiacés*, *antidépresseurs*, *neuroleptiques*...).

### Grossesse et allaitement
L'effet de ce médicament pendant la grossesse ou l'allaitement est mal connu. L'évaluation du risque éventuel lié à son utilisation est individuelle : demandez conseil à votre pharmacien ou à votre médecin.

### Mode d'emploi et posologie
Les prises de ce médicament doivent être réparties au cours de la journée et espacées d'au moins 4 heures.

**Posologie usuelle :**
- Adulte et enfant de plus de 40 kg (plus de 12 ans) : 1 gobelet gradué à 10 ml, 4 fois par jour.
- Enfant de 30 à 40 kg (environ 10 à 12 ans) : 1 gobelet gradué à 10 ml, 3 ou 4 fois par jour.
- Enfant de 20 à 30 kg (environ 6 à 10 ans) : 1 gobelet gradué à 10 ml, 2 ou 3 fois par jour.
- Enfant de 10 à 20 kg (environ 1 à 6 ans) : 1 gobelet gradué à 5 ml, 2 ou 3 fois par jour.

**Conseils :** Si vous êtes fumeur, la poursuite du tabagisme nuit à l'efficacité du traitement.

Des mesures simples permettent de calmer les toux sèches : boissons chaudes et humidification de l'air ambiant.

L'effet *sédatif* de ce médicament expose à des risques de chute chez la personne âgée.

### Effets indésirables possibles
Somnolence.

Effets *atropiniques* : sécheresse de la bouche, troubles de l'*accommodation*, blocage des urines, constipation, *palpitations*.

*Hypotension orthostatique, vertiges.*

Tremblements, mauvaise coordination des mouvements.

Agitation, confusion des idées.

*Réaction allergique, photosensibilisation.*

Anomalie de la *numération formule sanguine*.

**Laboratoires Théraplix**

## TOP MAG
*Informations détaillées sur www.monvidal.com*

## TOPREC Adulte
Anti-inflammatoire non stéroïdien

### Présentation
TOPREC : comprimé (blanc) ; boîte de 20. Remb 65 % - **Prix : 3,08 €**.

### Composition

| | p cp |
|---|---|
| **Kétoprofène** | 25 mg |
| Amidon de blé (gluten) | + |
| Lactose | + |

### Dans quel cas ce médicament est-il prescrit ?
Ce médicament est un *anti-inflammatoire* non stéroïdien (*AINS*). Il lutte contre la douleur et fait baisser la fièvre. Ses propriétés anti-inflammatoires se manifestent à forte dose.

Il est utilisé dans le *traitement symptomatique* de la fièvre et de la douleur (maux de tête, douleurs dentaires, rhumatismales, articulaires, règles douloureuses...).

### Contre-indications

Ce médicament ne doit pas être utilisé dans les cas suivants :
- *antécédent* d'*allergie* ou d'*asthme* provoqué par la prise d'*AINS*, y compris l'aspirine ;
- *ulcère* de l'estomac ou du *duodénum* ;
- *insuffisance hépatique* ou *rénale* graves ;
- *insuffisance cardiaque* grave ;
- **grossesse** (à partir du 6e mois).

**Attention :** Tout traitement prolongé ou *surdosage* d'*AINS* expose à des effets indésirables graves.
Certaines situations doivent conduire à ne poursuivre le traitement qu'après un avis médical :
- brûlures d'estomac importantes ou selles noires et nauséabondes pouvant traduire une irritation ou un saignement du tube digestif ;
- *réaction allergique* cutanée, crise d'*asthme* ;
- fatigue inhabituelle et intense, ou baisse brutale et importante du volume des urines chez une personne souffrant d'*insuffisance cardiaque*, déshydratée ou traitée par *diurétique*.

Des précautions sont nécessaires chez la personne âgée ou en cas d'*antécédent* d'*ulcère* de l'estomac ou du *duodénum* ou de risque hémorragique, notamment digestif (maladie de *Crohn*, *rectocolite hémorragique*).
Certains médecins considèrent que les anti-inflammatoires peuvent diminuer l'efficacité des stérilets et exposer à un risque de grossesse non désirée. Ce risque est actuellement très controversé.
Conducteur : ce médicament peut provoquer parfois des étourdissements et des troubles de la vue.

### Interactions avec d'autres substances

Ce médicament peut interagir avec d'autres médicaments, notamment :
- l'aspirine et les autres *anti-inflammatoires* non stéroïdiens (*AINS*) : risque d'accroissement des effets indésirables ;
- les *anticoagulants* et les *antiagrégants plaquettaires* : augmentation du risque hémorragique ;
- le lithium (TÉRALITHE, NEUROLITHIUM...) : augmentation du taux de lithium dans le sang ;
- le méthotrexate.

Informez par ailleurs votre médecin ou votre pharmacien en cas de traitement par un *diurétique*, un *inhibiteur de l'enzyme de conversion*, un *inhibiteur de l'angiotensine II*, un *bêtabloquant* ou un médicament contenant de la ciclosporine.

### Grossesse et allaitement

Des effets néfastes pour l'enfant à naître ont été mis en évidence lorsque les *AINS* sont utilisés au cours des 4 derniers mois de la grossesse ; le risque existe même avec une seule prise et même si la grossesse est à terme. L'usage de ce médicament est contre-indiqué pendant cette période.

Pendant les 5 premiers mois, l'effet de ce médicament est mal connu : seul votre médecin peut évaluer le risque éventuel de son utilisation dans votre cas.

Ce médicament passe dans le lait maternel : par mesure de prudence, il est déconseillé pendant l'allaitement.

### Mode d'emploi et posologie

Les comprimés doivent être avalés tels quels avec un grand verre d'eau.
Afin de limiter la survenue de *troubles digestifs*, ce médicament peut être pris au cours des repas. Toutefois, en cas de douleurs aiguës, la prise à jeun assure un effet plus rapide.
Les prises doivent être espacées de 4 à 6 heures.

**Posologie usuelle :**
- Adulte : 1 comprimé, 1 à 3 fois par jour. Ne pas dépasser 3 comprimés par jour.

**Conseils :** Ne dépassez pas la *posologie* ni la durée de traitement préconisées par votre médecin ou votre pharmacien, afin de limiter les effets indésirables.

### Effets indésirables possibles

*Troubles digestifs* : nausées, vomissements, diarrhées, douleurs abdominales, *gastrite*, *stomatite*, *colite*. Rarement : *ulcère* de l'estomac ou du *duodénum* (le plus souvent lors d'un traitement de longue durée ou à forte dose), *hémorragie* digestive (vomissements de sang, selles noires ou, plus souvent, pertes de sang imperceptibles responsables de l'apparition progressive d'une *anémie*).
*Réaction allergique* : *éruption cutanée*, *asthme*...
Maux de tête, *vertiges*, somnolence.
*Photosensibilisation*.
Vision floue, bourdonnements d'oreille.
Anomalie de la *numération formule sanguine*.
Augmentation des *transaminases*.
Augmentation de la tension artérielle, notamment chez les patients sous traitement antihypertenseur.
*Œdème*.

Laboratoires Grunenthal

## TOPREC Enfant et Nourrisson

*Informations détaillées sur www.monvidal.com*

## TORENTAL comprimé

Vasodilatateur — sur ordonnance

### Présentation

**TORENTAL LP 400 mg :** comprimé à libération prolongée (rose) ; boîte de 20. Liste II - Remb 35 % - **Prix : 3,65 €.**

### Composition

| | p cp LP |
|---|---|
| **Pentoxifylline** | 400 mg |

### Dans quel cas ce médicament est-il prescrit ?

Ce médicament améliore la circulation du sang : il facilite le passage des *globules rouges* dans les petits vaisseaux et lutte contre les spasmes des artères.
Il est utilisé dans le *traitement symptomatique* :
- de l'*artérite*,
- des troubles du comportement et de la mémoire liés au vieillissement.

### Contre-indications

Ce médicament ne doit pas être utilisé en cas d'*hémorragie* ou d'affection prédisposant aux hémorragies (*ulcère* de l'estomac ou du *duodénum* en poussée, intervention chirurgicale, baisse du *taux de prothrombine*).

**Attention :** Des précautions sont nécessaires en cas d'*insuffisance rénale* ou *hépatique*, de baisse de la tension artérielle, de *diabète* ou d'*insuffisance coronarienne* grave.

### Interactions avec d'autres substances

Informez votre médecin ou votre pharmacien si vous prenez un *anticoagulant* oral, un *antiagrégant plaquettaire* ou un médicament contenant de la théophylline, de l'amiophylline.

### Grossesse et allaitement

L'effet de ce médicament pendant la grossesse ou l'allaitement est mal connu : seul votre médecin peut évaluer le risque éventuel de son utilisation dans votre cas.

### Mode d'emploi et posologie

Les comprimés doivent être avalés, sans être croqués, avec un verre d'eau, de préférence au cours des repas.

**Posologie usuelle :**
1 à 3 comprimés par jour.

**Conseils :** Ce médicament n'est actif que sur les *symptômes* de l'*artérite* ; seule la pratique régulière de la marche peut retarder l'évolution de la maladie.
Si vous êtes fumeur, la poursuite du tabagisme nuit à l'efficacité du traitement.
Il est normal de retrouver le comprimé dans les selles : son contenu a été libéré dans l'intestin.

### Effets indésirables possibles

*Troubles digestifs.*
Rarement : bouffées de chaleur, baisse de la tension artérielle, maux de tête, *vertige*, insomnie, diminution du nombre de *plaquettes* dans le sang, augmentation des transaminases, *hémorragie* (en cas de facteur prédisposant).
Exceptionnellement : *réaction allergique.*

Laboratoires Aventis

## TORENTAL injectable

*Informations détaillées sur www.monvidal.com*

## TOTAPEN gélule

*Informations détaillées sur www.monvidal.com*

## TOTAPEN injectable

*Informations détaillées sur www.monvidal.com*

## TOT'HÉMA

*Informations détaillées sur www.monvidal.com*

## TRAMADOL ARROW

Antalgique opiacé — sur ordonnance

Ce médicament est un générique de CONTRAMAL (voir p. 257 et tableau p. 1151).
Ce médicament est un générique de TOPALGIC (voir p. 1032 et tableau p. 1151).

## TRAMADOL BIOGARAN

Antalgique opiacé — sur ordonnance

Ce médicament est un générique de CONTRAMAL (voir p. 257 et tableau p. 1151).
Ce médicament est un générique de TOPALGIC (voir p. 1032 et tableau p. 1151).

## TRAMADOL EG

Antalgique opiacé — sur ordonnance

Ce médicament est un générique de CONTRAMAL (voir p. 257 et tableau p. 1151).
Ce médicament est un générique de TOPALGIC (voir p. 1032 et tableau p. 1151).

## TRAMADOL IREX

Antalgique opiacé — sur ordonnance

Ce médicament est un générique de CONTRAMAL (voir p. 257 et tableau p. 1151).
Ce médicament est un générique de TOPALGIC (voir p. 1032 et tableau p. 1151).

## TRAMADOL IVAX

Antalgique opiacé — sur ordonnance

Ce médicament est un générique de CONTRAMAL (voir p. 257 et tableau p. 1151).
Ce médicament est un générique de TOPALGIC (voir p. 1032 et tableau p. 1151).

## TRAMADOL MERCK

Antalgique opiacé — sur ordonnance

Ce médicament est un générique de CONTRAMAL (voir p. 257 et tableau p. 1151).
Ce médicament est un générique de TOPALGIC (voir p. 1032 et tableau p. 1151).

## TRAMADOL QUALIMED

Antalgique opiacé — sur ordonnance

Ce médicament est un générique de CONTRAMAL (voir p. 257 et tableau p. 1151).
Ce médicament est un générique de TOPALGIC (voir p. 1032 et tableau p. 1151).

## TRAMADOL RATIOPHARM

Antalgique opiacé — sur ordonnance

Ce médicament est un générique de CONTRAMAL (voir p. 257 et tableau p. 1151).
Ce médicament est un générique de TOPALGIC (voir p. 1032 et tableau p. 1151).

## TRAMADOL SANDOZ

Antalgique opiacé — sur ordonnance

Ce médicament est un générique de CONTRAMAL (voir p. 257 et tableau p. 1151).
Ce médicament est un générique de TOPALGIC (voir p. 1032 et tableau p. 1151).

## TRAMADOL TEVA

Antalgique opiacé — sur ordonnance

Ce médicament est un générique de CONTRAMAL (voir p. 257 et tableau p. 1151).
Ce médicament est un générique de TOPALGIC (voir p. 1032 et tableau p. 1151).

## TRAMADOL ZYDUS

Antalgique opiacé — sur ordonnance

Ce médicament est un générique de CONTRAMAL (voir p. 257 et tableau p. 1151).
Ce médicament est un générique de TOPALGIC (voir p. 1032 et tableau p. 1151).

**TRAMISAL**

*Informations détaillées sur www.monvidal.com*

## TRANDATE

Bêtabloquant — sur ordonnance

### Présentation

TRANDATE 200 mg : comprimé sécable (blanc) ; boîte de 30. Liste I - Remb 65 % - **Prix : 6,43 €**.

### Composition

| | p cp |
|---|---|
| **Labétalol chlorhydrate** | 200 mg |

### Dans quel cas ce médicament est-il prescrit ?

Ce médicament appartient à la famille des *bêtabloquants*. Ceux-ci agissent en bloquant l'action de l'*adrénaline* (et d'autres *hormones* apparentées) sur de nombreux organes, notamment le cœur, les vaisseaux et les bronches. Ce médicament est également un *vasodilatateur*.

Il est utilisé dans le traitement de l'*hypertension artérielle*.

### Contre-indications

Ce médicament ne doit pas être utilisé dans les cas suivants :
- *asthme* et *bronchite chronique* ;
- *insuffisance cardiaque* non contrôlée par un traitement spécifique ;
- *bloc auriculoventriculaire* grave ;
- angor de *Printzmétal* ;
- maladie grave du foie ;
- rythme cardiaque inférieur à 50 battements par minute ;
- *phéochromocytome* non traité ;
- hypotension ;
- *antécédent* de *choc anaphylactique* ;
- en association avec les médicaments contenant de la floctafénine ou du sultopride.

**Attention :** Des précautions sont nécessaires en cas d'*insuffisance hépatique* et chez la personne âgée.

N'interrompez jamais brutalement le traitement prescrit. Espacez progressivement les prises. Un avis médical est toujours préférable.

Chez les diabétiques, les *bêtabloquants* peuvent masquer certains *symptômes* de l'*hypoglycémie* (*palpitations* et accélération du cœur essentiellement).

Les bêtabloquants peuvent aggraver les *réactions allergiques* et empêcher l'action de l'*adrénaline* utilisée dans le traitement d'urgence du *choc anaphylactique*. Lors d'examens radiologiques nécessitant l'injection de produits de contraste iodés (susceptibles de provoquer des *chocs* allergiques), le traitement doit, si possible, être suspendu avec l'accord de votre médecin.

En cas d'intervention chirurgicale, l'anesthésiste doit être prévenu de la prise de ce médicament. C'est lui qui décidera si le traitement doit être poursuivi ou arrêté avant l'intervention.

Sportif : ce médicament contient une substance susceptible de rendre positifs certains *tests antidopage*.

### Interactions avec d'autres substances

Ce médicament ne doit pas être associé :
- à la floctafénine (IDARAC...) : risque d'augmentation de la gravité d'un éventuel *choc* allergique,
- au sultopride (BARNETIL) : risque de *torsades de pointes*.

Il peut interagir avec les médicaments contenant de l'amiodarone.

Informez votre médecin si vous prenez des *antidiabétiques*, des *AINS*, des *inhibiteurs calciques*, des *antidépresseurs imipraminiques*, des *neuroleptiques*, des *corticoïdes*, ou des médicaments contenant l'une des substances suivantes : quinidine, hydroquinidine, disopyramide, propafénone, baclofène, cimétidine, lidocaïne injectable, méfloquine.

### Grossesse et allaitement

Les études scientifiques disponibles n'ont pas mis en évidence de problème particulier lors de l'utilisation de *bêtabloquant* chez la femme enceinte.

L'effet bêtabloquant persiste quelques jours chez le nouveau-né et justifie une surveillance médicale renforcée pendant les premiers jours de la vie.

Ce médicament passe dans le lait maternel ; un choix est donc nécessaire entre l'allaitement et la prise du médicament. Cette décision devra être prise en accord avec votre médecin.

### Mode d'emploi et posologie

Les comprimés sont pris de préférence après les repas.

**Posologie usuelle :**

1 comprimé, matin et soir.

**Conseils :** Veillez à toujours disposer d'une réserve de médicament : une plaquette dans la trousse de toilette, par exemple.

Votre tension artérielle doit être contrôlée régulièrement. Les appareils permettant une mesure automatique de la tension à domicile utilisent souvent un procédé de mesure différent de celui qu'emploie votre médecin. Si vous avez un tel appareil, appor-

tez-le en consultation pour vous assurer que la mesure obtenue est bien conforme à celle du tensiomètre de votre médecin.
Le traitement médicamenteux ne dispense pas de mesures simples pouvant faire baisser la tension artérielle : activité physique régulière, modération de la consommation de boissons alcoolisées et de *sel*, lutte contre l'excès de poids.
Il est normal que le rythme cardiaque ralentisse sous l'effet du traitement ; néanmoins, en cas de fatigue anormale et de pouls inférieur à 50 battements par minute, consultez votre médecin.

### Effets indésirables possibles

Le plus fréquemment : douleur d'estomac, nausées, vomissements, fatigue en début de traitement, ralentissement important du cœur, insomnie, sécheresse des yeux.
Plus rarement : *bloc auriculoventriculaire*, baisse excessive de la tension artérielle, *insuffisance cardiaque*, *bronchospasme*, *hypoglycémie*, *éruption cutanée*, aggravation d'un *psoriasis*.
Autres effets indésirables possibles avec le labétalol : *hépatite*, *réaction allergique*, maux de tête, *vertiges*, crampes, tremblements, fièvre.

**Laboratoires GlaxoSmithKline**

## TRANQUILIMAG

*Informations détaillées sur www.monvidal.com*

## TRANQUITAL

Phytothérapie

### Présentation

**TRANQUITAL :** comprimé (blanc) ; boîte de 30. Non remb.
**TRANQUITAL :** comprimé (blanc) ; boîte de 100. Non remb.

### Composition

| | p cp |
|---|---|
| **Valériane, extrait sec** | 34,6 mg |
| **Aubépine, extrait sec** | 37,8 mg |
| Lactose | + |

### Dans quel cas ce médicament est-il prescrit ?

Ce médicament contient des extraits de plantes à visée *sédative*.
Il est traditionnellement utilisé dans le *traitement symptomatique* de la nervosité, notamment en cas de troubles légers du sommeil.

**Attention :** Si vous devez conduire, ou utiliser une machine dangereuse, assurez-vous préalablement que ce médicament n'altère pas votre vigilance.

### Grossesse et allaitement

Ce médicament contient des plantes présumées sans danger pendant la grossesse ou l'allaitement. Néanmoins, par mesure de prudence, ne l'utilisez pas sans prendre l'avis de votre pharmacien ou de votre médecin.

### Mode d'emploi et posologie

Les comprimés doivent être avalés avec un peu d'eau.

**Posologie usuelle :**
- Adulte : 4 à 6 comprimés par jour.

**Conseils :** Les médicaments ne sont pas la seule réponse aux troubles du sommeil : une meilleure hygiène de vie, une consommation modérée d'excitants (y compris les boissons alcoolisées...), l'insonorisation de la chambre ou le port de bouchons auriculaires (type boules Quies) permettent aussi d'améliorer la qualité du sommeil.

**Laboratoires Novartis Santé Familiale**

## TRANSACALM

Modificateur de la motricité digestive

sur ordonnance

Ce médicament est un générique de DÉBRIDAT (voir p. 289 et tableau p. 1151).

## TRANSILANE

Laxatif de lest

### Présentation

**TRANSILANE :** poudre pour suspension buvable (arôme citron) ; boîte de 140 g. Remb 35 % - **Prix : 3,30 €**.
**TRANSILANE :** poudre pour suspension buvable (arôme citron) ; boîte de 20 sachets. Remb 35 % - **Prix : 3,30 €**.

### Composition

| | p c à c | p sachet |
|---|---|---|
| **Psyllium, hémicellulose de graine** | 1,61 g | 2,82 g |
| Potassium | 136 mg | 272 mg |
| Saccharose | 1,11 g | 2,22 g |

### Dans quel cas ce médicament est-il prescrit ?

Ce médicament est un *laxatif de lest*. Il contient une substance naturelle (psyllium) qui n'est ni digérée ni absorbée. Elle s'imbibe d'eau et rend les selles plus volumineuses et moins fermes.
Il est utilisé dans le *traitement symptomatique* de la constipation.

### Contre-indications

Ce médicament ne doit pas être utilisé dans les cas suivants :
- occlusion intestinale ou affection prédisposant à une occlusion,
- douleurs abdominales de cause inconnue,
- *fécalome* (bouchon de selles).

**Attention :** Il est nécessaire de boire beaucoup d'eau, particulièrement en cas de dilatation du côlon, d'alitement, et chez la personne âgée.
Les laxatifs ne doivent pas être utilisés de façon prolongée sans avis médical.
L'usage des laxatifs doit rester exceptionnel chez l'enfant.
Ce médicament contient du *sucre* (saccharose) en quantité notable.

### Grossesse et allaitement

Ce médicament peut être utilisé de façon ponctuelle pour traiter la constipation de la femme enceinte ou qui allaite.

### Mode d'emploi et posologie

Ce médicament est pris de préférence avant les repas.
La poudre doit être diluée dans un grand verre d'eau.
L'effet laxatif est obtenu après 2 ou 3 jours.

**Posologie usuelle :**
2 cuillères à café arasées de poudre ou 1 sachet, matin et soir.

> **Conseils :** Un échec du traitement peut être lié à la présence d'un *fécalome*, notamment chez la personne âgée.
> Le traitement de la constipation chronique repose essentiellement sur des boissons abondantes, une alimentation riche en fibres et une activité physique régulière.

### Effets indésirables possibles

Sensation de ballonnement.

Laboratoires Innotech International

## TRANSILANE sans sucre

Laxatif de lest

### Présentation

**TRANSILANE sans sucre :** poudre pour suspension buvable (arôme prune) ; boîte de 20 sachets. Remb 35 % - **Prix : 3,30 €.**

### Composition

| | p sachet |
|---|---|
| **Ispaghul, hémicellulose de graine** | 3 g |
| Aspartam | + |
| Fructose | + |

### Dans quel cas ce médicament est-il prescrit ?

Ce médicament est un *laxatif de lest*. Il contient une substance naturelle (ispaghul) qui n'est ni digérée ni absorbée. Elle s'imbibe d'eau et rend les selles plus volumineuses et moins fermes.

Il est utilisé dans le *traitement symptomatique* de la constipation.

### Contre-indications

Ce médicament ne doit pas être utilisé dans les cas suivants :
- occlusion intestinale ou affection prédisposant à une occlusion,
- douleurs abdominales de cause inconnue,
- *fécalome* (bouchon de selles),
- *phénylcétonurie* (présence d'aspartam).

> **Attention :** Il est nécessaire de boire beaucoup d'eau, particulièrement en cas de dilatation du côlon, d'alitement, et chez la personne âgée.
> Les laxatifs ne doivent pas être utilisés de façon prolongée sans avis médical.

### Grossesse et allaitement

Ce médicament peut être utilisé de façon ponctuelle pour traiter la constipation de la femme enceinte ou qui allaite.

### Mode d'emploi et posologie

Ce médicament est pris de préférence avant les repas.
La poudre doit être diluée dans un grand verre d'eau.
L'effet laxatif est obtenu après 2 ou 3 jours.

**Posologie usuelle :**
- Adulte : 1 sachet, matin et soir.

> **Conseils :** Un échec du traitement peut être lié à la présence d'un *fécalome*, notamment chez la personne âgée.
> Le traitement de la constipation chronique repose essentiellement sur des boissons abondantes, une alimentation riche en fibres et une activité physique régulière.

### Effets indésirables possibles

Sensation de ballonnement.

Laboratoires Innotech International

## TRANSIPEG

Laxatif osmotique

### Présentation

**TRANSIPEG 2,95 g :** poudre pour solution buvable (arôme pomme) ; boîte de 30 sachets. Remb 35 % - **Prix : 5,74 €.**
**TRANSIPEG 5,9 g :** poudre pour solution buvable (arôme pomme) ; boîte de 20 sachets. Remb 35 % - **Prix : 4,43 €.**

### Composition

| | p sachet | p sachet |
|---|---|---|
| **Macrogol (polyéthylèneglycol) 3350** | 2,95 g | 5,9 g |
| Aspartam | + | + |
| Sodium | 145 mg | 290 mg |

### Dans quel cas ce médicament est-il prescrit ?

Ce médicament contient un *laxatif osmotique*. Il attire l'eau dans l'intestin et augmente le volume des selles.

Il est utilisé dans le *traitement symptomatique* de la constipation chez l'adulte.

### Contre-indications

Ce médicament ne doit pas être utilisé dans les cas suivants :
- maladie inflammatoire du côlon,
- occlusion intestinale ou affection prédisposant à une occlusion,
- douleurs abdominales de cause inconnue,
- *phénylcétonurie* (présence d'aspartam).

> **Attention :** En cas de douleurs abdominales répétitives ou prolongées, ce médicament ne doit pas être pris sans avis médical.

### Grossesse et allaitement

Ce médicament ne contient que des substances présumées sans danger pendant la grossesse ou l'allaitement. Néanmoins, ne l'utilisez pas de façon prolongée sans l'avis de votre pharmacien ou de votre médecin.

### Mode d'emploi et posologie

Le contenu du sachet doit être dilué dans un demi-verre d'eau.

L'effet laxatif se manifeste 24 à 48 heures après la prise du médicament.

**Posologie usuelle :**
- Adulte : 1 à 4 sachets à 2,95 g ou 1 ou 2 sachets à 5,9 g par jour, en 1 prise, le matin.

**Conseils :** Le traitement de la constipation chronique repose essentiellement sur des boissons abondantes, une alimentation riche en fibres et une activité physique régulière.

### Effets indésirables possibles

Douleurs abdominales.
Diarrhée en cas de *surdosage.*
Rarement : *réaction allergique* (*urticaire, œdème*).

**Laboratoires Bayer santé familiale**

## TRANSITOL

*Informations détaillées sur www.monvidal.com*

## TRANSMER

*Informations détaillées sur www.monvidal.com*

## TRANSULOSE

Laxatif lubrifiant et osmotique

### Présentation

TRANSULOSE : gelée orale ; pot de 150 g. Remb 35 % - **Prix : 5,14 €**.

### Composition

| | p c à c |
|---|---|
| **Lactulose (fructose + galactose)** | 1,75 g |
| **Huile de paraffine solidifiée** | 3,2 g |
| soit Vaseline | 1,07 g |
| soit Paraffine liquide | 2,15 g |
| Aspartam | + |

### Dans quel cas ce médicament est-il prescrit ?

Ce médicament contient un *laxatif osmotique* et un *laxatif lubrifiant.* Le laxatif osmotique attire l'eau dans l'intestin et augmente le volume des selles. Le laxatif lubrifiant agit en ramollissant les selles et en facilitant leur progression dans l'intestin.

Il est utilisé dans le *traitement symptomatique* de la constipation.

### Contre-indications

Ce médicament ne doit pas être utilisé dans les cas suivants :
- maladie inflammatoire du côlon,
- occlusion intestinale ou affection prédisposant à une occlusion,
- douleurs abdominales de cause inconnue,
- *phénylcétonurie* (présence d'aspartam).

**Attention :** Ce médicament peut réduire l'absorption de certaines *vitamines* (A, D, E, K) en cas d'utilisation prolongée.
Les *laxatifs lubrifiants* contiennent des huiles qui, en cas de passage accidentel dans les bronches (troubles de la déglutition, vomissements, *reflux gastro-œsophagien*...), exposent à des complications pulmonaires sérieuses. Ce médicament doit donc être pris au moins 2 heures avant le coucher ; il doit être utilisé avec prudence chez la personne âgée ayant des difficultés à avaler et chez le *nourrisson.*

### Grossesse et allaitement

Ce médicament ne contient aucune substance connue pour être toxique pendant la grossesse ou l'allaitement ; néanmoins, il peut réduire l'absorption de certaines *vitamines* : son usage doit être ponctuel.

### Mode d'emploi et posologie

La *posologie* est adaptée selon les résultats obtenus. Si une diarrhée apparaît, il faut réduire les doses.

**Posologie usuelle :**
- Adulte :
  - *traitement d'attaque* : 2 à 3 cuillères à café par jour ;
  - *traitement d'entretien* : 1 à 3 cuillères à café par jour.

**Conseils :** Le traitement de la constipation chronique repose essentiellement sur des boissons abondantes, une alimentation riche en fibres et une activité physique régulière.

### Effets indésirables possibles

Sensation de ballonnement, diarrhée devant inciter à diminuer la *posologie.*
Suintement anal.
Rarement : démangeaisons, douleur anale.

**Laboratoires Axcan Pharma SA**

## TRANSVERCID

*Informations détaillées sur www.monvidal.com*

## TRANXÈNE

Anxiolytique : benzodiazépine — sur ordonnance

### Présentation

TRANXÈNE 5 : gélule (rose et blanc) ; boîte de 30. Liste I, durée de prescription limitée à 12 semaines - Remb 65 % - **Prix : 2,44 €**.
TRANXÈNE 10 : gélule (rose) ; boîte de 30. Liste I, durée de prescription limitée à 12 semaines - Remb 65 % - **Prix : 3,69 €**.
TRANXÈNE 20 : gélule (bleu et blanc) ; boîte de 28. Liste I, durée de prescription limitée à 28 jours - Remb 65 % - **Prix : 5,82 €**.

### Composition

| | p gél | p gél | p gél |
|---|---|---|---|
| **Clorazépate dipotassique** | 5 mg | 10 mg | 20 mg |

### Dans quel cas ce médicament est-il prescrit ?

Ce médicament est un *anxiolytique* (tranquillisant) de la famille des *benzodiazépines.*

Il est utilisé dans le traitement de l'anxiété lorsque celle-ci s'accompagne de troubles gênants (*anxiété généralisée*, crise d'angoisse...) et dans le cadre d'un sevrage alcoolique.

### Contre-indications

Ce médicament ne doit pas être utilisé dans les cas suivants :
- *insuffisance respiratoire* ou *hépatique* grave,
- *syndrome d'apnée du sommeil,*
- *myasthénie.*

**Attention :** Des précautions sont nécessaires chez la personne âgée et chez l'*insuffisant hépatique* ou *rénal.*

Utilisé seul, ce médicament n'est pas adapté au traitement des *états dépressifs*.

Une prise prolongée, surtout à doses importantes, de *tranquillisants* de la famille des *benzodiazépines* peut provoquer une *dépendance*. Ce risque de dépendance est accru chez les personnes ayant déjà présenté une dépendance à d'autres médicaments, substances ou à l'alcool.

L'arrêt brutal de ce médicament expose à un *syndrome de sevrage* : réapparition de l'anxiété, agitation, irritabilité, insomnie, maux de tête, douleurs musculaires, tremblements, hallucinations. Il faut donc s'entourer de conseils médicaux pour diminuer progressivement les doses et espacer les prises, sur une période d'autant plus longue que le traitement a été prolongé.

Ce médicament peut induire une somnolence, parfois intense chez certaines personnes. Cette somnolence peut être majorée par la prise d'*alcool* ou d'autres médicaments *sédatifs*. La conduite et l'utilisation de machines dangereuses sont déconseillées, surtout dans les heures qui suivent la prise du médicament.

### Interactions avec d'autres substances

Informez votre médecin ou votre pharmacien si vous prenez d'autres *sédatifs* (tranquillisants, somnifères, certains médicaments contre la toux ou contre la douleur contenant des *opiacés*, *antidépresseurs*, *neuroleptiques*...).

### Grossesse et allaitement

Ce médicament ne doit pas être utilisé sans avis médical pendant la grossesse. Les fortes doses au cours des 6 derniers mois sont déconseillées. En fin de grossesse, un traitement par benzodiazépine, même à faible dose, peut être responsable d'effets indésirables chez le *nouveau-né* : une surveillance médicale du nouveau-né est alors nécessaire pendant 1 à 3 semaines selon les cas.

Ce médicament passe dans le lait maternel : l'allaitement est déconseillé.

### Mode d'emploi et posologie

Ce médicament peut être pris pendant ou entre les repas.

**Posologie usuelle :**

La *posologie* varie selon les cas, avec si nécessaire une augmentation progressive des doses. La dose minimale efficace est toujours recherchée.

**Conseils :** Ce médicament est présent dans l'organisme plus de 72 heures après sa prise : son effet peut persister de façon prolongée.

Ce médicament vous a été prescrit dans une situation précise : ne le réutilisez pas ultérieurement sans avis médical et ne le conseillez pas à une autre personne.

La durée de prescription des *anxiolytiques* doit être la plus courte possible. Dans certaines situations, le traitement doit toutefois être prolongé. Il appartient alors au médecin de réévaluer périodiquement la nécessité de le poursuivre ou de l'interrompre.

Les *tranquillisants* ne sont pas la seule réponse à l'anxiété : une meilleure hygiène de vie, une consommation modérée d'excitants (y compris les boissons alcoolisées) permettent aussi de lutter efficacement contre l'excès de stress. Dans certains cas, une psychothérapie peut aider à lutter durablement contre l'anxiété.

La prescription des gélules à 20 mg doit être rédigée par le médecin sur une ordonnance « sécurisée » pour une durée maximale de 28 jours. Pendant cette période, aucune autre ordonnance de ce médicament ne peut être établie.

### Effets indésirables possibles

Sensation d'ivresse, maux de tête, fatigue, somnolence (en particulier chez la personne âgée), ralentissement des idées, sensation de faiblesse musculaire, baisse de la libido, vision double, *éruption cutanée* avec ou sans démangeaisons.

Dans certaines circonstances et chez certaines personnes :

- réactions paradoxales avec augmentation de l'anxiété, agitation, agressivité, confusion des idées, hallucinations ;
- *amnésie antérograde*.

Ces troubles nécessitent l'arrêt du traitement.

**Laboratoires Sanofi-Aventis France**

## TRASEDAL

Antalgique opiacé — sur ordonnance

Ce médicament est un générique de CONTRAMAL (voir p. 257 et tableau p. 1151).
Ce médicament est un générique de TOPALGIC (voir p. 1032 et tableau p. 1151).

## TRASICOR

*Informations détaillées sur www.monvidal.com*

## TRASITENSINE

*Informations détaillées sur www.monvidal.com*

## TRAUMALGYL

*Informations détaillées sur www.monvidal.com*

## TRAVATAN

Antiglaucomateux — sur ordonnance

### Présentation

TRAVATAN : collyre ; flacon de 2,5 ml. Liste I - Remb 65 % - **Prix : 20,04 €**.

### Composition

| | p 100 ml |
|---|---|
| **Travoprost** | 4 mg |
| Benzalkonium chlorure | + |

### Dans quel cas ce médicament est-il prescrit ?

Ce collyre a la propriété de diminuer la *tension intraoculaire*. Il appartient à la famille des *prostaglandines*.

Il est utilisé dans le traitement des maladies dues à un excès de tension intraoculaire, notamment du *glaucome* à angle ouvert.

### Contre-indications

Ce médicament ne doit pas être utilisé en cas d'*allergie* aux *antiseptiques* de la famille des *ammoniums quaternaires* (présence de benzalkonium).

**Attention :** Ce collyre peut modifier de façon définitive la couleur des yeux (qui deviennent plus foncés). Cette modification touche essentiellement les personnes dont la couleur des yeux n'est pas uniforme : bleu-marron, gris-marron, vert-marron, jaune-marron. Le préjudice est uniquement esthétique, sans conséquence connue sur la santé de l'œil. Il peut être gênant lorsque la coloration induite par le collyre n'est pas uniforme, ou lorsqu'un seul œil est traité.

Conducteur : l'instillation de ce collyre peut provoquer une gêne visuelle transitoire.

### Interactions avec d'autres substances

Certaines substances contenues dans des collyres différents peuvent donner lieu à des interactions médicamenteuses : dans le doute, et sauf indication contraire de votre médecin, respectez un intervalle minimal de 5 minutes entre deux instillations dans le même œil.

### Grossesse et allaitement

Les *prostaglandines* possèdent des effets potentiellement dangereux pendant la grossesse. Ce collyre ne doit pas être utilisé chez la femme enceinte, sauf s'il n'existe pas d'alternative thérapeutique.

Ce médicament est susceptible de passer faiblement dans le lait maternel : l'allaitement est déconseillé sans avis médical.

### Mode d'emploi et posologie

Tirer la paupière inférieure vers le bas tout en regardant vers le haut et déposer une goutte de collyre entre la paupière et le globe oculaire (*cul-de-sac conjonctival*).

Veiller à ne pas mettre en contact l'embout du flacon avec l'œil ou les doigts pour éviter de contaminer le collyre avec les *germes* présents sur les paupières ou la peau.

**Posologie usuelle :**

- Adulte de plus de 18 ans : 1 goutte par jour, de préférence le soir.

**Conseils :** Il peut être nécessaire de comprimer les voies lacrymales (angle interne de l'œil) après l'instillation, pour éviter un passage excessif du produit dans le sang : demander conseil à votre ophtalmologiste.

Les lentilles de contact souples doivent être ôtées avant l'instillation du collyre. Elles pourront être replacées après un délai de 15 minutes.

Le flacon ne doit être pas être conservé plus de 4 semaines après une première utilisation.

### Effets indésirables possibles

Réactions locales :

Très fréquents (plus de 10 % des utilisateurs) : rougeur des yeux, le plus souvent modérée et transitoire, allongement, épaississement ou coloration foncée des cils.

Fréquents (1 à 10 % des utilisateurs) : modification de la couleur des yeux, démangeaison de l'œil, gêne oculaire, sensation de corps étranger, *kératite*.

Peu fréquents (moins de 1 % des utilisateurs) : larmoiement, vision floue, *conjonctivite*, diminution de l'acuité visuelle, sensation d'œil collé, *œdème* des paupières, coloration brune de la peau des paupières, fatigue oculaire.

Autres troubles observés (sans qu'il n'ait été démontré une responsabilité réelle du collyre dans leur survenue) : maux de tête, diminution de la tension artérielle, ralentissement du rythme cardiaque, asthme.

Laboratoires Alcon

## TRÉDÉMINE

*Informations détaillées sur www.monvidal.com*

## TRENTADIL

Antiasthmatique — sur ordonnance

### Présentation

TRENTADIL : comprimé (blanc) ; boîte de 20. Liste II - Remb 35 % - **Prix : 3,33 €**.

### Composition

| | p cp |
|---|---|
| **Bamifylline chlorhydrate** | 300 mg |

### Dans quel cas ce médicament est-il prescrit ?

Ce médicament est un bronchodilatateur qui contient une substance dérivée de la théophylline. Il lutte contre la contraction anormale des bronches et stimule la respiration.

Il est utilisé dans le *traitement symptomatique* de l'*asthme* et de certaines maladies des bronches.

### Contre-indications

Ce médicament ne doit pas être utilisé dans les cas suivants :

- *porphyrie*,
- enfant de moins de 15 ans.

**Attention :** Ce médicament n'est pas adapté au traitement de la crise d'asthme.

Des précautions sont nécessaires en cas d'*insuffisance cardiaque*, *coronarienne* ou *hépatique*, d'obésité, d'*hyperthyroïdie*, d'*ulcère* de l'estomac ou du *duodénum*, d'*antécédent* de *convulsions*.

En cas de fièvre durant plus de 24 heures, il peut être nécessaire de diminuer la *posologie* pour éviter un *surdosage*. Demandez conseil à votre médecin.

### Grossesse et allaitement

L'effet de ce médicament pendant la grossesse ou l'allaitement est mal connu. Par prudence, son usage est déconseillé chez la femme enceinte ou chez celle qui allaite.

### Mode d'emploi et posologie

Les comprimés doivent être avalés à distance des repas, sans être croqués et avec un verre d'eau.

**Posologie usuelle :**

- Adulte : 1 comprimé, 2 à 3 fois par jour.

**Conseils :** Toute modification de la *posologie* expose à la survenue d'une crise d'*asthme* ou à des effets indésirables : respectez la posologie prescrite par votre médecin et veillez à ne jamais manquer de ce médicament.

Fumer, ou être exposé à la fumée des autres, nuit à l'efficacité du traitement.

### Effets indésirables possibles

Les effets indésirables varient d'une personne à l'autre. Leur intensité peut traduire un *surdosage* et nécessiter

une adaptation de la *posologie* : consultez votre médecin.
Nausées, vomissements, douleurs d'estomac.
Rarement : maux de tête, accélération du cœur.
Exceptionnellement : *réaction allergique*.

**Laboratoires UCB Pharma**

## TRIACÉFAN IM

Antibiotique : céphalosporine — **sur ordonnance**

Ce médicament est un générique de ROCÉPHINE IM (voir p. 908 et tableau p. 1151).

## TRIAFEMI

*Informations détaillées sur www.monvidal.com*

## TRIATEC

Inhibiteur de l'enzyme de conversion — **sur ordonnance**

### Présentation

**TRIATEC 1,25 mg :** gélule (jaune et blanc) ; boîte de 30. Liste I - Remb 65 % - **Prix : 13,98 €.**
**TRIATEC 1,25 mg :** gélule (jaune et blanc) ; boîte de 90. Liste I - Remb 65 % - **Prix : 39,60 €.**
**TRIATEC 2,5 mg :** gélule (orange et blanc) ; boîte de 30. Liste I - Remb 65 % - **Prix : 16,33 €.**
**TRIATEC 2,5 mg :** gélule (orange et blanc) ; boîte de 90. Liste I - Remb 65 % - **Prix : 45,60 €.**
**TRIATEC 5 mg :** gélule (rouge et blanc) ; boîte de 30. Liste I - Remb 65 % - **Prix : 20,43 €.**
**TRIATEC 5 mg :** gélule (rouge et blanc) ; boîte de 90. Liste I - Remb 65 % - **Prix : 56,05 €.**
**TRIATEC 10 mg :** comprimé sécable (blanc) ; boîte de 30. Liste I - Remb 65 % - **Prix : 30,02 €.**
**TRIATEC 10 mg :** comprimé sécable (blanc) ; boîte de 30. Liste I - Remb 65 % - **Prix : 80,53 €.**

### Composition

| | p gél | p gél |
|---|---|---|
| **Ramipril** | 1,25 mg | 2,5 mg |

| | p gél | p cp |
|---|---|---|
| **Ramipril** | 5 mg | 10 mg |

### Dans quel cas ce médicament est-il prescrit ?

Ce médicament appartient à la famille des *inhibiteurs de l'enzyme de conversion* (IEC). L'enzyme de conversion est une substance naturellement présente dans l'organisme ; elle est responsable d'une contraction des artères qui augmente la tension artérielle et fatigue le cœur.

Il est utilisé dans le traitement de l'*hypertension artérielle* ou après un *infarctus du myocarde* (réduction du risque de récidive ou de complication).

Les formes dosées à 2,5 mg, 5 mg et 10 mg ont également montré leur efficacité dans la prévention des complications vasculaires chez les personnes ayant une maladie du cœur ou des artères (*insuffisance coronarienne*, *diabète* évolué, *artérite* des membres inférieurs, *antécédent* d'*accident vasculaire cérébral*).

### Contre-indications

Ce médicament ne doit pas être utilisé dans les cas suivants :

- *allergie* aux médicaments de la famille des *inhibiteurs de l'enzyme de conversion*,
- prédisposition à l'œdème de *Quincke*,
- **grossesse** (à partir du 4e mois).

Dans d'autres situations, le médecin est seul juge pour prescrire ce médicament, notamment en cas d'*hyperkaliémie* ou de rétrécissement des artères rénales.

**Attention :** En cas de gonflement du visage (lèvres, paupières...) ou d'une autre région du corps, consultez votre médecin avant toute nouvelle prise de ce médicament ; il peut s'agir d'une *réaction allergique* : œdème de *Quincke*.

L'usage des *inhibiteurs de l'enzyme de conversion* est déconseillé en période de désensibilisation aux venins d'*hyménoptères* : augmentation du risque de réaction allergique grave.

Des précautions sont nécessaires en cas d'*insuffisance hépatique*.

En cas d'*insuffisance rénale*, un contrôle de la *créatinine* et du taux de *potassium* dans le sang est nécessaire.

Si vous suivez un traitement par *diurétique* ou un régime sans *sel*, la baisse de la tension artérielle peut être importante lors des premières prises du médicament : risque de malaise ou d'étourdissement pouvant entraîner une chute.

Les sels de régime contiennent souvent du *potassium* ; ne les utilisez pas sans avis médical pendant le traitement.

Si vous êtes traité par le rein artificiel, prévenez votre centre de *dialyse* de la prise de ce médicament.

Conducteur : les *inhibiteurs de l'enzyme de conversion* peuvent être responsables de malaise ou de *vertiges*, lors des premières prises.

### Interactions avec d'autres substances

Ce médicament peut interagir avec les *diurétiques* et les médicaments qui contiennent du potassium ou du lithium.

Informez par ailleurs votre médecin ou votre pharmacien si vous prenez un *antidiabétique*, un *AINS* ou de l'aspirine à forte dose (plus de 3 g par jour).

En outre, l'effet *antihypertenseur* de ce médicament peut être augmenté par certains médicaments tels que les *neuroleptiques*, les *antidépresseurs imipraminiques*, les *alphabloquants* utilisés dans certains troubles urinaires, les médicaments contenant du baclofène ; il peut être diminué par les *corticoïdes*. Votre médecin doit être informé si vous êtes traité par l'un ou l'autre de ces médicaments.

### Grossesse et allaitement

L'effet de ce médicament pendant les 3 premiers mois de la grossesse est mal connu. Par prudence, son usage est déconseillé.

Au cours des 6 derniers mois de la grossesse, la prise prolongée d'un *inhibiteur de l'enzyme de conversion* peut altérer les reins du fœtus. L'utilisation de ce médicament est contre-indiquée à partir du 4e mois de la grossesse.

En conséquence, un désir de grossesse nécessite le remplacement de ce médicament par un autre antihypertenseur. Si une grossesse survient alors que vous prenez ce médicament, consultez rapidement votre médecin pour qu'il modifie votre traitement. Des *échographies* régulières sont parfois nécessaires pour s'assurer de l'absence d'anomalie.

Les données disponibles ne permettent pas de savoir si ce médicament passe dans le lait maternel ; un choix est donc nécessaire entre l'allaitement et la prise du médicament. Cette décision devra être prise en accord avec votre médecin.

### Mode d'emploi et posologie

Ce médicament est pris indifféremment au cours ou en dehors des repas.

**Posologie usuelle :**

- Adulte : la *posologie* est variable en fonction des cas :
  - *hypertension artérielle* : 2,5 mg à 5 mg par jour, en 1 prise le matin ;
  - protection du cœur après un infarctus : 2,5 mg à 5 mg, matin et soir ;
  - prévention des maladies du cœur et des artères : 2,5 mg à 10 mg par jour, en 1 prise.

En cas d'*insuffisance rénale*, d'*athérosclérose*, de traitement préalable par des *diurétiques* ou de régime sans *sel*, en particulier chez la personne âgée, la *posologie* initiale est faible ; elle est augmentée progressivement par le médecin en fonction des effets du médicament.

**Conseils :** Votre tension artérielle doit être contrôlée régulièrement. Les appareils permettant une mesure automatique de la tension à domicile utilisent souvent un procédé de mesure différent de celui qu'emploie votre médecin. Si vous avez un tel appareil, apportez-le en consultation pour vous assurer que la mesure obtenue est bien conforme à celle du tensiomètre de votre médecin.

Le traitement médicamenteux ne dispense pas de mesures simples pouvant faire baisser la tension artérielle : activité physique régulière, modération de la consommation de boissons alcoolisées et de *sel*, lutte contre l'excès de poids.

### Effets indésirables possibles

Toux sèche.

Baisse excessive de la tension artérielle (voir Attention), *hypotension orthostatique*.

Maux de tête, fatigue, étourdissement, malaise.

Nausées, vomissements, diarrhée, douleurs digestives, modification du goût.

*Éruption cutanée*, démangeaisons, œdème de *Quincke* (exceptionnel)

Laboratoires Aventis

---

## TRIATECKIT

*Informations détaillées sur www.monvidal.com*

---

## TRICILEST

*Informations détaillées sur www.monvidal.com*

---

## TRICOSTÉRIL CORIPEL

Coricide

### Présentation

TRICOSTÉRIL CORIPEL CORS : emplâtre adhésif ; boîte de 12. Non remb.

TRICOSTÉRIL CORIPEL DURILLONS : emplâtre adhésif ; boîte de 12. Non remb.

### Composition

| | p 100 g |
|---|---|
| **Acide salicylique** | 40 g |
| Lanoline | + |

### Dans quel cas ce médicament est-il prescrit ?

Ce médicament contient une substance destinée à dissoudre la kératine, couche la plus externe de la peau, dont l'épaississement localisé est à l'origine des cors et des durillons.

Il est utilisé dans le traitement local des cors au pied, des durillons et œils-de-perdrix.

### Contre-indications

Ce médicament ne doit pas être utilisé en cas d'*allergie* aux *salicylés*.

**Attention :** Ce médicament ne doit pas être utilisé en cas de cors infectés.

Un avis médical est nécessaire en cas d'*artérite* ou de *diabète* (cicatrisation plus lente).

### Grossesse et allaitement

L'effet de ce médicament pendant la grossesse ou l'allaitement est mal connu. L'évaluation du risque éventuel lié à son utilisation est individuelle : demandez conseil à votre pharmacien ou à votre médecin.

### Mode d'emploi et posologie

Nettoyer au savon et sécher soigneusement le pied. Placer le centre de l'emplâtre sur le cor ou le durillon. Après quelques jours, prendre un bain de pieds chaud et détacher le cor ou le durillon sans les faire saigner.

**Posologie usuelle :**

1 emplâtre par jour.

**Conseils :** Pour éviter toute irritation, ne mettez pas le centre de l'emplâtre en contact avec la peau saine.

Les cors et les durillons sont dus à des traumatismes répétés provoqués par les chaussures. Le recours à un podologue peut être utile pour éviter leur récidive.

Laboratoires Polivé SNC

---

## TRIDÉSONIT

Dermocorticoïde — sur ordonnance

### Présentation

TRIDÉSONIT 0,05 % : crème ; tube de 30 g. Liste I - Remb 65 % - **Prix : 2,35 €**.

### Composition

| | p 100 g |
|---|---|
| **Désonide** | 50 mg |

### Dans quel cas ce médicament est-il prescrit ?

C'est un *dermocorticoïde* d'activité modérée. Comme les autres dérivés de la *cortisone* à usage local, il freine le renouvellement et la multiplication des cellules de la peau et limite le suintement.

Il est utilisé pour traiter les *eczémas* de contact ou *atopiques*, le *psoriasis*, les *dermites séborrhéiques* (sauf celles du visage), et pour soulager les démangeaisons dues aux piqûres d'insectes ou à la présence de parasites sous la peau.

### Contre-indications

Ce médicament ne doit pas être utilisé dans les cas suivants :

- infection et parasitose non traitées de la peau (ce médicament n'a pas d'effet anti-infectieux),

- lésion ulcérée,
- *acné* et *rosacée*,
- en application sur les paupières (risque d'augmentation de la *tension intraoculaire*).

**Attention :** Cette crème ne doit pas être appliquée chez le *nourrisson* sans avis médical.
Comme les autres *dermocorticoïdes*, ce médicament a souvent une action efficace et rapide sur les lésions de la peau ; il peut être tentant de le réutiliser, mais l'automédication expose à des risques importants : aggravation de certaines lésions, installation d'une *dépendance* (amélioration de moins en moins visible des lésions et recrudescence des *symptômes* à chaque arrêt de traitement) et altération durable de la peau.
Suivez attentivement la prescription de votre médecin et n'hésitez pas à lui demander des explications.

### Grossesse et allaitement

Aucun effet néfaste pour l'enfant à naître n'a été établi avec ce médicament. Il peut être prescrit pendant la grossesse.
En raison du risque d'ingestion par le nouveau-né, ce médicament ne doit pas être appliqué sur le mamelon chez la femme qui allaite.

### Mode d'emploi et posologie

Étaler la crème sur les lésions et la faire pénétrer par un léger massage. Pour les grandes surfaces de peau : appliquer en touches espacées, puis étaler jusqu'à complète absorption.

**Posologie usuelle :**

1 ou 2 applications par jour.
Le médecin prescrit fréquemment un arrêt progressif du traitement : espacement des applications ou diminution de la quantité appliquée.

**Conseils :** Ne conseillez pas, ne donnez pas ce médicament à un proche.
Pensez à vous laver les mains après l'application.
En cas d'utilisation sur une grande surface de peau, le port d'un gant en plastique est recommandé.

### Effets indésirables possibles

Sont à craindre en cas d'usage prolongé : *atrophie* cutanée, *télangiectasies* (dilatation des petits vaisseaux), vergetures, *purpura* (microhémorragies de la peau), fragilisation de la peau.
Appliqué sur le visage, ce médicament peut provoquer une *dermite périorale* ou provoquer ou aggraver une *rosacée*.
Sont possibles également : retard de cicatrisation, *acné*, développement anormal des poils, dépigmentation localisée de la peau.
L'utilisation des *dermocorticoïdes* sous un pansement étanche ou dans les plis peut favoriser la prolifération des bactéries ou une allergie cutanée. Consulter votre médecin en cas de rougeur ou de douleur apparue après le début du traitement.

**Laboratoires CS**

## TRIELLA

Contraceptif oral — sur ordonnance

### Présentation

TRIELLA : comprimé (blanc : 7, orange pâle : 7, orange : 7) ; boîte de 1 plaquette de 21. Liste I - Remb 65 % - **Prix : 1,66 €**.
TRIELLA : comprimé (blanc : 7, orange pâle : 7, orange : 7) ; boîte de 3 plaquettes de 21. Liste I - Remb 65 % - **Prix : 3,13 €**.

### Composition

| | p cp blanc | p cp orange pâle | p cp orange |
|---|---|---|---|
| **Éthinylestradiol** | 0,035 mg | 0,035 mg | 0,035 mg |
| **Noréthistérone** | 0,5 mg | 0,75 mg | 1 mg |

### Dans quel cas ce médicament est-il prescrit ?

C'est un *contraceptif* oral (pilule) qui contient un *estrogène* et un *progestatif*. Il est minidosé (moins de 0,04 mg d'estrogène) et triphasique (tous les comprimés ne contiennent pas la même quantité d'*hormones* et sont de trois couleurs différentes).

### Contre-indications

Ce médicament ne doit pas être utilisé dans les cas suivants :
- *accident thromboembolique* (*phlébite*, *embolie* pulmonaire...) ancien ou survenant au cours de la contraception ;
- maladie cardiovasculaire (*hypertension artérielle*, *angine de poitrine*, lésion des valves cardiaques, anomalie de la circulation sanguine cérébrale ou rétinienne) ;
- *cancer hormonodépendant* (même guéri), *tumeur de l'hypophyse* ;
- saignement génital intermittent (l'origine de ce saignement doit être déterminée par des examens avant la mise en route du traitement) ;
- maladie du foie, grave ou récente ;
- certaines maladies rares : *connectivite*, *porphyrie*.

Dans d'autres situations, votre médecin est seul juge pour prescrire ce médicament, notamment en cas de *diabète*, d'obésité, d'*otosclérose*, d'excès de *cholestérol*, de *triglycérides* ou de *prolactine* dans le sang, d'affection bénigne du sein ou de l'utérus, d'ictère (jaunisse) chronique ou survenu lors d'une grossesse, d'*insuffisance rénale*, d'**allaitement**.

**Attention :** Un examen médical est nécessaire avant de débuter la contraception. Il est suivi d'une surveillance annuelle pendant la contraception. Cette surveillance est particulièrement importante si vous souffrez d'*épilepsie*, de *migraine*, d'*asthme*, de *dépression*, ou si des membres de votre famille ont des *antécédents* de cancer du sein ou d'*accidents thromboemboliques*.
Si vous avez plus de 35 ans, si vous fumez, le risque d'effets indésirables cardiovasculaires liés à la prise d'*hormones* augmente fortement. Un autre mode de contraception est souvent préconisé.
Arrêtez la prise du *contraceptif* et consultez votre médecin en cas d'apparition de l'un des *symptômes* suivants : maux de tête violents et inhabituels, troubles de la vision, élévation importante de la tension artérielle, douleur inhabituelle à la jambe.
La survenue d'un léger saignement entre les règles (spotting) est fréquente chez les femmes pendant les premiers mois d'utilisation de la pilule. Vous devez informer votre médecin si les saignements

se prolongent ou s'ils apparaissent en cours de contraception.
L'oubli d'un comprimé ou sa mauvaise absorption, du fait de vomissements par exemple, peuvent rendre la contraception inefficace.
En cas d'intervention chirurgicale programmée ou d'alitement prolongé, votre médecin jugera de l'opportunité d'interrompre votre contraception orale.

### Interactions avec d'autres substances

L'efficacité contraceptive de ce médicament peut être diminuée par les *anticonvulsivants*, certains traitements du *sida*, les produits de phytothérapie contenant du millepertuis et les médicaments contenant l'une des substances suivantes : griséofulvine, rifampicine, rifabutine, modafinil.
Informez par ailleurs votre médecin si vous prenez des médicaments contenant de la flunarizine.

### Grossesse et allaitement

Ce médicament n'a pas de raison d'être utilisé pendant la grossesse. Néanmoins, si une grossesse survient malgré le traitement, du fait d'un oubli ou d'un retard de prise, celle-ci pourra être poursuivie normalement si vous le désirez.
Les *hormones* contenues dans ce *contraceptif* passent dans le lait maternel : ne l'utilisez pas pendant l'allaitement sans avis médical.

### Mode d'emploi et posologie

Prendre régulièrement, et sans oubli, 1 comprimé par jour pendant 21 jours consécutifs, dans l'ordre suivant : 1 comprimé blanc pendant 7 jours, 1 comprimé orange pâle pendant les 7 jours suivants, puis 1 comprimé orange pendant les 7 derniers jours. Il est recommandé de ne pas trop faire varier l'heure de prise (choisir le petit déjeuner ou le coucher de préférence).
L'interruption du traitement déclenche les règles. La nouvelle plaquette est reprise après les 7 jours d'arrêt, que les règles soient terminées ou non. Pour éviter un retard dans la reprise de la pilule, préjudiciable à l'efficacité de la contraception, il est utile de noter le jour de la prise de la première plaquette : une nouvelle plaquette est toujours commencée le même jour de la semaine.
En cas de première contraception orale ou de reprise d'une contraception interrompue temporairement, prendre le premier comprimé le premier jour des règles.
En cas de changement de *contraceptif*, prendre le premier comprimé :
- après un arrêt de 7 jours, si le précédent contraceptif comportait 21 comprimés par plaquette ;
- après un arrêt de 6 jours, si le précédent contraceptif comportait 22 comprimés par plaquette ;
- sans interruption, si le précédent contraceptif comportait 28 comprimés par plaquette.

Après un accouchement ou une interruption de grossesse, suivre les indications du médecin.
Le respect de ces délais est important : une prise trop tardive du premier comprimé peut nuire à l'efficacité de la contraception pour le nouveau cycle.

**Conseils :** Les dernières recommandations en cas d'oubli d'un comprimé pour ce type de pilule sont les suivantes : prendre immédiatement le comprimé oublié et continuer à l'heure habituelle pour les comprimés suivants (ce qui peut correspondre à la prise de 2 comprimés si l'oubli est découvert lors de la prise suivante). Si le retard est supérieur à 12 heures, la sécurité contraceptive n'est plus assurée et une autre méthode complémentaire (spermicide, préservatif, diaphragme) doit être employée pendant les 7 jours suivants. Si cette période de 7 jours s'étend au-delà du dernier comprimé de la plaquette en cours, la plaquette suivante doit être débutée sans interruption entre les deux plaquettes. Dans ce cas, il n'y aura pas de saignement avant la fin de la seconde plaquette. Des saignements de faible importance (spottings) sont cependant possibles.
En cas de vomissements ou de diarrhée sévère survenant dans les 4 heures suivant la prise d'un comprimé, reprendre dès que possible un autre comprimé. Si le délai est de plus de 12 heures ou si les troubles se répètent, la sécurité contraceptive n'est plus assurée et une méthode complémentaire doit être employée jusqu'à la prise de la plaquette suivante.
Il n'y a pas de danger à débuter une grossesse au cours du cycle qui suit l'arrêt volontaire du contraceptif oral.

### Effets indésirables possibles

Peu graves et n'empêchant pas la poursuite du traitement : nausées, maux de tête banals, prise de poids, tension modérée des seins, *acné*, jambes lourdes, irritation oculaire par les *lentilles de contact*, saignement entre les règles, diminution ou disparition des règles, irritabilité, pousse excessive des poils.
Rarement, mais devant faire interrompre le traitement : *hypertension artérielle*, accident cardiaque ou vasculaire, *phlébite*, jaunisse, taches sombres sur le visage, augmentation importante des lipides dans le sang, *diabète*, *nodule* ou tension douloureuse des seins, *migraine*, *vertiges*, troubles de la vision, aggravation d'une *épilepsie*, écoulement de lait par le mamelon, *tumeur* bénigne du foie, calcul de la vésicule biliaire.

**Laboratoires Janssen-Cilag**

## TRIFLUCAN

Antifongique

sur ordonnance

### Présentation

**TRIFLUCAN 50 mg :** gélule (vert et blanc) ; boîte de 7. Liste I - Remb 65 % - **Prix : 27,96 €.**
**TRIFLUCAN 50 mg/5 ml :** poudre pour suspension buvable (arôme orange) ; flacon de 35 ml avec cuillère-mesure de 5 ml. Liste I - Remb 65 % - **Prix : 32,74 €.**
**TRIFLUCAN 100 mg :** gélule (blanc et bleu) ; boîte de 7. Liste I - Remb 65 % - **Prix : 49,63 €.**
**TRIFLUCAN 200 mg :** gélule (blanc) ; boîte de 7. Liste I - Remb 65 % - **Prix : 89,28 €.**
**TRIFLUCAN 200 mg :** gélule (blanc) ; boîte de 30. Liste I - Remb 65 % - **Prix : 334,01 €.**
**TRIFLUCAN 200 mg/5 ml :** poudre pour suspension buvable (arôme orange) ; flacon de 35 ml avec cuillère-mesure de 5 ml. Liste I - Remb 65 % - **Prix : 104,10 €.**

### Composition

| | p gél | p c mes |
|---|---|---|
| **Fluconazole** | 50 mg | 50 mg |
| **Sulfites** | + | |

| | p gél | p gél | p c mes |
|---|---|---|---|
| **Fluconazole** | 100 mg | 200 mg | 200 mg |
| **Sulfites** | + | + | |
| Saccharose | | | + |

### Dans quel cas ce médicament est-il prescrit ?

C'est un *antifongique* apparenté à la famille des *imidazolés*.

Il est utilisé pour traiter certaines *mycoses* graves ou résistantes.

### Contre-indications

Ce médicament ne doit pas être utilisé dans les cas suivants :

- *allergie* aux *imidazolés*,
- en association avec un médicament contenant du cisapride ou du pimozide,
- **grossesse**,
- **allaitement**.

> **Attention :** Des précautions sont nécessaires en cas de maladie du foie ou des reins.
> Certains *symptômes* peuvent faire penser à une *hépatite* médicamenteuse : fièvre ou fatigue anormale, démangeaisons, jaunisse, selles décolorées ou urines très foncées. Cessez le traitement en attendant l'avis de votre médecin. Pour détecter précocément une atteinte du foie, une analyse de sang avec dosage des *transaminases* est souvent prescrite par le médecin avant et pendant le traitement.
> Ce médicament peut exceptionnellement provoquer des *réactions allergiques* cutanées graves. La survenue de cloques impose l'arrêt du traitement et de prévenir d'urgence votre médecin.

### Interactions avec d'autres substances

Ce médicament ne doit pas être associé à un médicament contenant du cisapride (PREPULSID), du pimozide (ORAP) : risque de *torsades de pointes*.

Il peut interagir avec les médicaments contenant de l'halofantrine (HALFAN).

Informez par ailleurs votre médecin ou votre pharmacien si vous prenez un *anticoagulant* oral, un *sulfamide hypoglycémiant*, un médicament contenant de l'alfentanil, de la ciclosporine, de la rifabutine, de la rifampicine, de la phénytoïne, de la théophylline ou du triazolam.

### Grossesse et allaitement

Ce médicament est contre-indiqué pendant la grossesse, sauf si la mycose traitée présente un risque mortel.

Ce médicament passe dans le lait maternel. Il est contre-indiqué pendant l'allaitement.

### Mode d'emploi et posologie

Ce médicament peut être pris indifféremment au cours ou en dehors des repas. Les gélules doivent être avalées telles quelles avec un verre d'eau.

**Posologie usuelle :**

- Adulte : elle est variable selon la nature des indications ; par exemple :
- *candidoses* buccales : 50 mg 1 fois par jour pendant 7 à 14 jours ;
- *cryptococcoses* : 400 mg par jour pendant 6 à 8 semaines, puis 200 mg par jour ;
- autres candidoses graves : de 100 mg à 400 mg par jour, selon la sévérité de l'infection.

> **Conseils :** Les suspensions buvables reconstituées se conservent 14 jours maximum à température ambiante.

### Effets indésirables possibles

Nausées, diarrhée, douleurs abdominales.

Éruption cutanée, *réaction allergique* grave.

Chute de cheveux, maux de tête.

Augmentation des *transaminases*, *hépatite* (exceptionnelle), anomalies de la *numération formule sanguine*.

Laboratoires Pfizer

## TRIGLISTAB

*Informations détaillées sur www.monvidal.com*

## TRIGLYSAL

*Informations détaillées sur www.monvidal.com*

## TRILEPTAL

Antiépileptique

**sur ordonnance**

### Présentation

TRILEPTAL 60 mg/ml : suspension buvable (arômes : prune, citron) ; flacon de 250 ml avec seringue pour administration orale de 10 ml graduée en millilitre. Liste II - Remb 65 % - **Prix : 33,74 €**.

TRILEPTAL 150 mg : comprimé sécable (gris vert) ; boîte de 50. Liste II - Remb 65 % - **Prix : 11,85 €**.

TRILEPTAL 300 mg : comprimé sécable (jaune) ; boîte de 50. Liste II - Remb 65 % - **Prix : 23,14 €**.

TRILEPTAL 600 mg : comprimé sécable (rose) ; boîte de 50. Liste II - Remb 65 % - **Prix : 41,91 €**.

### Composition

| | p ml | p cp |
|---|---|---|
| **Oxcarbazépine** | 60 mg | 150 mg |
| Alcool | + | |
| Sorbitol | + | |

| | p cp | p cp |
|---|---|---|
| **Oxcarbazépine** | 300 mg | 600 mg |

### Dans quel cas ce médicament est-il prescrit ?

Ce médicament appartient à la famille des *anticonvulsivants* non *barbituriques*.

Il est utilisé dans le traitement de certaines formes d'*épilepsie*, seul ou en association avec un autre antiépileptique.

> **Attention :** La survenue de toute *réaction allergique* (boutons, *œdème*, malaise) impose l'arrêt du traitement : prévenez d'urgence votre médecin afin qu'il modifie votre traitement. Les personnes ayant des *antécédents* d'*allergie* à la carbamazépine (TÉGRÉTOL...) sont plus particulièrement exposées.
> Ne modifiez ni n'interrompez jamais votre traitement sans l'accord de votre médecin : risque de réapparition des *convulsions*, même si aucune crise n'est survenue depuis une longue période.
> Des analyses de sang sont nécessaires au début et au cours du traitement, particulièrement si vous souffrez d'*insuffisance cardiaque* ou *rénale*, ainsi que chez les personnes âgées.
> Évitez les boissons alcoolisées : augmentation du risque de somnolence.
>  Ce médicament peut induire une somnolence, parfois intense chez certaines personnes. Cette somnolence peut être majorée par la prise d'*alcool* ou d'autres médicaments *sédatifs*. La conduite et l'utilisation de machines dangereuses sont déconseillées, surtout dans les heures qui suivent la prise du médicament.

### Interactions avec d'autres substances

Ce médicament peut interagir avec les *contraceptifs* oraux (pilule) : risque de contraception inefficace.

Il peut également donner des interactions mineures avec de très nombreux autres médicaments, en augmentant ou, au contraitre, en diminuant leur action.

### Grossesse et allaitement

Si une grossesse survient pendant le traitement, consultez votre médecin. L'arrêt brutal de ce médicament pendant la grossesse expose à la réapparition de crises préjudiciables à la mère et à l'enfant à naître. Votre médecin appréciera le risque éventuel lié à l'utilisation de ce médicament dans votre cas. Des examens particuliers permettent de vérifier l'absence d'anomalie chez l'enfant à naître.

Si le traitement est poursuivi jusqu'à l'accouchement, une surveillance médicale du *nouveau-né* est nécessaire.

Ce médicament passe dans le lait maternel : l'allaitement est déconseillé.

### Mode d'emploi et posologie

Ce médicament est pris indifféremment au cours ou en dehors des repas. La dose quotidienne est répartie en 2 prises.

La suspension buvable peut être avalée telle quelle ou diluée dans un verre d'eau. Le flacon doit être agité avant emploi afin d'homogénéiser la suspension.

Les comprimés peuvent être coupés en deux, afin d'être avalés plus facilement.

**Posologie usuelle :**

- Adulte : 600 mg à 2 400 mg par jour.
- Enfant de plus de 6 ans : la dose est fonction du poids de l'enfant. Elle doit être exprimée en ml pour correspondre aux graduations de la seringue doseuse. Si ce n'est pas le cas, il faut recontacter le médecin.

La *posologie* est atteinte progressivement puis adaptée par le médecin en fonction de l'efficacité du traitement.

**Conseils :** Veillez à ne pas manquer de ce médicament : lors de vos déplacements, munissez-vous d'une réserve ou de votre ordonnance en cours de validité.

Après ouverture, le flacon ne doit pas être conservé plus de 7 semaines.

### Effets indésirables possibles

Très fréquents (plus de 10 % des utilisateurs) : fatigue, *vertiges*, maux de tête, somnolence, nausées, vomissements, troubles de l'*accommodation*.

Fréquents : agitation, confusion des idées, tremblements, constipation ou diarrhées, douleurs abdominales, *hyponatrémie*, *acné*, perte de cheveux.

Peu fréquents : anomalie de la *numération formule sanguine*, élévation des *transaminases*.

Très rares : *réaction allergique*, *troubles du rythme cardiaque*.

Laboratoires Novartis Pharma

## TRILIFAN RETARD

*Informations détaillées sur www.monvidal.com*

## TRIMÉBUTINE ALMUS

Modificateur de la motricité digestive — sur ordonnance

Ce médicament est un générique de DÉBRIDAT (voir p. 289 et tableau p. 1151).

## TRIMÉBUTINE ALTER

Modificateur de la motricité digestive — sur ordonnance

Ce médicament est un générique de DÉBRIDAT (voir p. 289 et tableau p. 1151).

## TRIMÉBUTINE ARROW

Modificateur de la motricité digestive — sur ordonnance

Ce médicament est un générique de DÉBRIDAT (voir p. 289 et tableau p. 1151).

## TRIMÉBUTINE BIOGARAN

Modificateur de la motricité digestive — sur ordonnance

Ce médicament est un générique de DÉBRIDAT (voir p. 289 et tableau p. 1151).

## TRIMÉBUTINE EG

Modificateur de la motricité digestive — sur ordonnance

Ce médicament est un générique de DÉBRIDAT (voir p. 289 et tableau p. 1151).

## TRIMÉBUTINE G GAM

Modificateur de la motricité digestive — sur ordonnance

Ce médicament est un générique de DÉBRIDAT (voir p. 289 et tableau p. 1151).

## TRIMÉBUTINE IVAX

Modificateur de la motricité digestive — sur ordonnance

Ce médicament est un générique de DÉBRIDAT (voir p. 289 et tableau p. 1151).

## TRIMÉBUTINE MERCK

Modificateur de la motricité digestive — sur ordonnance

Ce médicament est un générique de DÉBRIDAT (voir p. 289 et tableau p. 1151).

## TRIMÉBUTINE QUALIMED

Modificateur
de la motricité digestive
sur ordonnance

Ce médicament est un générique de DÉBRIDAT (voir p. 289 et tableau p. 1151).

## TRIMÉBUTINE RATIOPHARM

Modificateur
de la motricité digestive
sur ordonnance

Ce médicament est un générique de DÉBRIDAT (voir p. 289 et tableau p. 1151).

## TRIMÉBUTINE RPG

Modificateur
de la motricité digestive
sur ordonnance

Ce médicament est un générique de DÉBRIDAT (voir p. 289 et tableau p. 1151).

## TRIMÉBUTINE SANDOZ

Modificateur
de la motricité digestive
sur ordonnance

Ce médicament est un générique de DÉBRIDAT (voir p. 289 et tableau p. 1151).

## TRIMÉBUTINE TEVA

Modificateur
de la motricité digestive
sur ordonnance

Ce médicament est un générique de DÉBRIDAT (voir p. 289 et tableau p. 1151).

## TRIMÉBUTINE WINTHROP

Modificateur
de la motricité digestive
sur ordonnance

Ce médicament est un générique de DÉBRIDAT (voir p. 289 et tableau p. 1151).

## TRIMÉTAZIDINE ARROW

Antivertigineux, antiangoreux

Ce médicament est un générique de VASTAREL (voir p. 1079 et tableau p. 1151).

## TRIMÉTAZIDINE BIOGARAN

Antivertigineux, antiangoreux

Ce médicament est un générique de VASTAREL (voir p. 1079 et tableau p. 1151).

## TRIMÉTAZIDINE EG

Antivertigineux, antiangoreux

Ce médicament est un générique de VASTAREL (voir p. 1079 et tableau p. 1151).

## TRIMÉTAZIDINE G GAM

Antivertigineux, antiangoreux

Ce médicament est un générique de VASTAREL (voir p. 1079 et tableau p. 1151).

## TRIMÉTAZIDINE IVAX

Antivertigineux, antiangoreux

Ce médicament est un générique de VASTAREL (voir p. 1079 et tableau p. 1151).

## TRIMÉTAZIDINE MERCK

Antivertigineux, antiangoreux

Ce médicament est un générique de VASTAREL (voir p. 1079 et tableau p. 1151).

## TRIMÉTAZIDINE QUALIMED

Antivertigineux, antiangoreux

Ce médicament est un générique de VASTAREL (voir p. 1079 et tableau p. 1151).

## TRIMÉTAZIDINE RATIOPHARM

Antivertigineux, antiangoreux

Ce médicament est un générique de VASTAREL (voir p. 1079 et tableau p. 1151).

## TRIMÉTAZIDINE RPG

Antivertigineux, antiangoreux

Ce médicament est un générique de VASTAREL (voir p. 1079 et tableau p. 1151).

## TRIMÉTAZIDINE SANDOZ

Antivertigineux, antiangoreux

Ce médicament est un générique de VASTAREL (voir p. 1079 et tableau p. 1151).

## TRIMÉTAZIDINE TEVA

Antivertigineux, antiangoreux

Ce médicament est un générique de VASTAREL (voir p. 1079 et tableau p. 1151).

## TRIMÉTAZIDINE WINTHROP

Antivertigineux, antiangoreux

Ce médicament est un générique de VASTAREL (voir p. 1079 et tableau p. 1151).

## TRI-MINULET

Pilule estroprogestative — sur ordonnance

### Présentation

TRI-MINULET : comprimé (beige : 6, marron : 5, blanc : 10) ; boîte de 1 plaquette de 21. Liste I - Non remb.
TRI-MINULET : comprimé (beige : 6, marron : 5, blanc : 10) ; boîte de 3 plaquettes de 21. Liste I - Non remb.

### Composition

| | p cp beige | p cp marron | p cp blanc |
|---|---|---|---|
| **Éthinylestradiol** | 0,03 mg | 0,04 mg | 0,03 mg |
| **Gestodène** | 0,05 mg | 0,07 mg | 0,1 mg |

### Dans quel cas ce médicament est-il prescrit ?

C'est un *contraceptif* oral (pilule) qui contient un *estrogène* et un *progestatif*. Il est minidosé (moins de 0,04 mg d'estrogène) et triphasique (tous les comprimés ne contiennent pas la même quantité d'*hormones* et sont de trois couleurs différentes).

### Contre-indications

Ce médicament ne doit pas être utilisé dans les cas suivants :

- *accident thromboembolique* artériel (*infarctus du myocarde, accident vasculaire cérébral*...) ou veineux (*phlébite, embolie* pulmonaire...) ancien ou survenant au cours de la contraception ;
- maladie cardiovasculaire (*hypertension artérielle, angine de poitrine*, lésion des valves cardiaques, anomalie de la circulation sanguine cérébrale ou rétinienne) ;
- *cancer hormonodépendant* ;
- *diabète* compliqué de lésions vasculaires ;
- saignement génital intermittent (l'origine de ce saignement doit être déterminée par des examens avant la mise en route du traitement) ;
- maladie du foie, grave ou récente.

**Attention :** Un examen médical est nécessaire avant de débuter la contraception. Il est suivi d'une surveillance annuelle pendant la contraception. Cette surveillance est particulièrement importante si vous souffrez de *diabète*, d'obésité, d'excès de cholestérol, de *triglycérides* ou de *prolactine* dans le sang, d'affection bénigne du sein ou de l'utérus, d'ictère (jaunisse) chronique ou survenu lors d'une grossesse, d'*épilepsie*, de *migraine*, d'*otosclérose*, d'*asthme*, de varices, de dépression, de calcul biliaire, d'herpès gestationis, ou si des membres de votre famille ont des *antécédents* de cancer du sein ou d'*accidents thromboemboliques*.
Si vous avez plus de 35 ans, si vous fumez, le risque d'effets indésirables cardiovasculaires liés à la prise d'hormones augmente fortement. Un autre mode de contraception est souvent préconisé.
Arrêtez la prise de ce contraceptif et consultez votre médecin en cas d'apparition de l'un des *symptômes* suivants : maux de tête violents et inhabituels, troubles de la vision, élévation importante de la tension artérielle, douleur inhabituelle à la jambe.
La survenue d'un léger saignement entre les règles (spotting) est fréquente chez les femmes pendant les premiers mois d'utilisation de la pilule. Vous devez informer votre médecin si les saignements se prolongent ou s'ils apparaissent en cours de contraception.
L'oubli d'un comprimé ou sa mauvaise absorption, du fait de vomissements par exemple, peuvent rendre la contraception inefficace.
En cas d'intervention chirurgicale programmée ou d'alitement prolongé, votre médecin jugera de l'opportunité d'interrompre votre contraception orale.

### Interactions avec d'autres substances

L'efficacité contraceptive de ce médicament peut être diminuée par les *anticonvulsivants*, certains traitements du *sida*, les produits de phytothérapie contenant du millepertuis et les médicaments contenant l'une des substances suivantes : griséofulvine, rifampicine, rifabutine, modafinil.

Informez par ailleurs votre médecin si vous prenez des médicaments contenant de la flunarizine.

### Grossesse et allaitement

Ce médicament n'a pas de raison d'être utilisé pendant la grossesse. Néanmoins, si une grossesse survient malgré le traitement, du fait d'un oubli ou d'un retard de prise, celle-ci pourra être poursuivie normalement si vous le désirez.

Les *hormones* contenues dans ce *contraceptif* passent dans le lait maternel : ne l'utilisez pas pendant l'allaitement sans avis médical.

### Mode d'emploi et posologie

Prendre régulièrement, et sans oubli, 1 comprimé par jour pendant 21 jours consécutifs, dans l'ordre suivant : 1 comprimé beige pendant 6 jours, puis 1 comprimé marron pendant 5 jours, enfin 1 comprimé blanc pendant 10 jours. Il est recommandé de ne pas trop faire varier l'heure de prise (choisir le petit déjeuner ou le coucher de préférence).

L'interruption du traitement déclenche les règles au bout de 2 ou 3 jours. La nouvelle plaquette est reprise après les 7 jours d'arrêt, que les règles soient terminées ou non.

Pour éviter un retard dans la reprise de la pilule, préjudiciable à l'efficacité de la contraception, il est utile de noter le jour de la prise du premier comprimé : une nouvelle plaquette est toujours commencée le même jour de la semaine. Le respect de ces délais est important : une reprise trop tardive du premier comprimé peut nuire à l'efficacité de la contraception pour le nouveau cycle. En revanche, une reprise un ou deux jours plus tôt ne pose pas de problème et décale d'autant la survenue des règles. Il est également possible d'enchaîner deux plaquettes. Dans ce cas, les règles surviendront à la fin de la deuxième plaquette.

En cas de première contraception orale ou de reprise d'une contraception interrompue temporairement, prendre le premier comprimé le premier jour des règles. La sécurité contraceptive n'est assurée qu'après un délai d'une semaine. Une méthode contraceptive complémentaire (préservatif, etc.) est nécessaire pendant cette période

En cas de changement de contraceptif, prendre le premier comprimé de la plaquette :
- le jour suivant la prise du dernier comprimé actif, si le précédent contraceptif était une autre pilule estroprogestative ;
- sans interruption et à n'importe quel moment du cycle, si le précédent contraceptif était un contraceptif progestatif microdosé ;
- le jour du retrait, si le précédent mode de contraception était un implant contraceptif ;
- le jour prévu pour l'injection, dans le cas du relais d'une contraception par progestatif injectable.

Après un accouchement ou une interruption de grossesse, suivre les indications du médecin.

**Conseils :** Les dernières recommandations en cas d'oubli d'un comprimé pour ce type de pilule sont les suivantes : prendre immédiatement le comprimé oublié et continuer à l'heure habituelle pour les comprimés suivants (ce qui peut correspondre à la prise de 2 comprimés si l'oubli est découvert lors de la prise suivante). Si le retard est supérieur à 12 heures, la sécurité contraceptive n'est plus assurée et une autre méthode complémentaire (spermicide, préservatif, diaphragme) doit être employée pendant les 7 jours suivants. Si cette période de 7 jours s'étend au-delà du dernier comprimé de la plaquette en cours, la plaquette suivante doit être débutée sans interruption entre les deux plaquettes. Dans ce cas, il n'y aura pas de saignement avant la fin de la seconde plaquette. Des saignements de faible importance (spottings) sont cependant possibles.

En cas de vomissements ou de diarrhée sévère survenant dans les 4 heures suivant la prise d'un comprimé, reprendre dès que possible un autre comprimé. Si le délai est de plus de 12 heures ou si les troubles se répètent, la sécurité contraceptive n'est plus assurée et une méthode complémentaire doit être employée jusqu'à la prise de la plaquette suivante.

Il n'y a pas de danger à débuter une grossesse au cours du cycle qui suit l'arrêt volontaire du contraceptif oral.

### Effets indésirables possibles

Effets, plus ou moins fréquents, n'empêchant pas la poursuite de la contraception : troubles digestifs, tension modérée des seins, jambes lourdes, diminution ou disparition des règles, règles douloureuses, prise de poids, *acné*, pousse excessive des poils, irritation oculaire par les lentilles de contact, inflammation ou *candidose* vaginale, modification de l'humeur ou de la libido, irritabilité, maux de tête banals.

Effets rares, mais nécessitant l'arrêt de cette contraception : *accident thromboembolique* (accident cardiaque, *phlébite*, *embolie* pulmonaire, etc.), taches sombres sur le visage, tension douloureuse des seins, *migraine*, troubles de la vision, augmentation importante des lipides dans le sang, *réaction allergique*, exacerbation d'un *lupus érythémateux* disséminé, d'une *porphyrie* ou d'une chorée, pancréatite, tumeur bénigne du foie, jaunisse, calcul de la vésicule biliaire.

**Laboratoires Wyeth Lederlé**

## TRINIPATCH

Dérivé nitré — **sur ordonnance**

### Présentation

TRINIPATCH 5 mg/24 h : *dispositif transdermique* de 7 cm² ; boîte de 30. Liste II - Remb 65 % - **Prix : 14,72 €**.
TRINIPATCH 10 mg/24 h : *dispositif transdermique* de 14 cm² ; boîte de 30. Liste II - Remb 65 % - **Prix : 15,97 €**.
TRINIPATCH 15 mg/24 h : *dispositif transdermique* de 21 cm² ; boîte de 30. Liste II - Remb 65 % - **Prix : 17,24 €**.

### Composition

| | p 7 cm² | p 14 cm² | p 21 cm² |
|---|---|---|---|
| **Trinitrine** | 22,4 mg | 44,8 mg | 67,2 mg |
| soit Trinitrine libérée / 24 h | 5 mg | 10 mg | 15 mg |

### Dans quel cas ce médicament est-il prescrit ?

Ce médicament *vasodilatateur* appartient à la famille des dérivés nitrés. Il possède de nombreuses propriétés qui facilitent le travail du cœur : dilatation des veines, dilatation des artères à forte dose, prévention des spasmes des *artères coronaires*. Le *dispositif transdermique* (timbre) contient la substance active qui traverse la peau, gagne le sang, et peut ainsi agir sur le cœur et les vaisseaux.

Il est utilisé dans le *traitement préventif* des crises d'*angine de poitrine*.

### Contre-indications

Ce médicament ne doit pas être utilisé dans les cas suivants :
- hypotension grave,
- en association avec le sildénafil (VIAGRA).

**Attention :** Des précautions particulières s'imposent en cas de *cardiomyopathie* obstructive ou d'*hypertension intracrânienne*.

Ce médicament n'est pas adapté au *traitement de la crise* aiguë d'*angine de poitrine* : son action est trop lente à apparaître. C'est un *traitement préventif* qui lutte contre l'apparition des crises et qui ne doit pas être arrêté sans avis médical.

En cas de malaise apparemment sérieux, retirez le timbre.

Ne laissez pas le timbre neuf ou usagé à la portée des enfants.

Les boissons alcoolisées peuvent augmenter des effets hypotenseurs de ce médicament ; les excès sont déconseillés.

Compte-tenu de ses effets indésirables potentiels, ce médicament peut, chez certaines personnes, ne pas être compatible avec la conduite automobile ou le maniement de machines dangereuses. Assurez-vous à l'occasion des premières prises que vous supportez bien ce médicament avant de conduire ou d'utiliser une machine.

### Interactions avec d'autres substances

Les *vasodilatateurs* de la famille des dérivés de la trinitrine ne doivent pas être associés au VIAGRA : risque de baisse de tension grave.

Informez votre médecin ou votre pharmacien si vous prenez d'autres médicaments susceptibles d'abaisser la tension artérielle.

### Grossesse et allaitement

L'effet de ce médicament pendant la grossesse ou l'allaitement est mal connu : seul votre médecin peut évaluer le risque éventuel de son utilisation dans votre cas.

### Mode d'emploi et posologie

Il existe 3 dosages correspondant à 3 surfaces différentes : la quantité de trinitrine qui passe dans le sang est proportionnelle à la surface du *dispositif transdermique*.

Choisir une région sèche, pauvre en poils, et dépourvue de grains de beauté ou autres lésions cutanées. Libérer la surface adhésive et appliquer soigneusement le timbre en effectuant une pression sur toute sa surface. Changer d'emplacement tous les jours.

**Posologie usuelle :**

- Adulte : 1 dispositif transdermique par jour, à garder pendant le nombre d'heures prescrit par votre médecin.

**Conseils :** Le port de ce dispositif ne contre-indique pas le bain, la douche, les activités sportives. Si le timbre se décolle accidentellement, remplacez-le par un timbre neuf placé à un autre endroit.

### Effets indésirables possibles

Réactions locales : rougeur et démangeaisons au point d'application.

Maux de tête, parfois violents, qui disparaissent habituellement après quelques jours de traitement.

Baisse de la tension artérielle ou *hypotension orthostatique*, plus fréquente chez la personne âgée et pouvant se traduire par des malaises ou des *vertiges*.

Bouffées de chaleur, rougeur cutanée.

Laboratoires Sanofi-Aventis France

## TRINITRINE MERCK

Dérivé nitré

sur ordonnance

### Présentation

TRINITRINE MERCK 5 mg/24 h : *dispositif transdermique* de 9 cm$^2$ ; boîte de 30. Liste II - Remb 65 % - **Prix : 13,30 €.**

TRINITRINE MERCK 10 mg/24 h : *dispositif transdermique* de 18 cm$^2$ ; boîte de 30. Liste II - Remb 65 % - **Prix : 14,43 €.**

### Composition

| | p 9 cm$^2$ | p 18 cm$^2$ |
|---|---|---|
| **Trinitrine** | 18,7 mg | 37,4 mg |
| soit Trinitrine libérée/24 h | 5 mg | 10 mg |

### Dans quel cas ce médicament est-il prescrit ?

Ce médicament *vasodilatateur* appartient à la famille des dérivés nitrés. Il possède de nombreuses propriétés qui facilitent le travail du cœur : dilatation des veines, dilatation des artères à forte dose, prévention des spasmes des *artères coronaires*. Le *dispositif transdermique* (timbre) contient la substance active qui traverse la peau, gagne le sang, et peut ainsi agir sur le cœur et les vaisseaux.

Il est utilisé dans le *traitement préventif* des crises d'*angine de poitrine*.

### Contre-indications

Ce médicament ne doit pas être utilisé dans les cas suivants :
- hypotension grave,
- en association avec le sildénafil (VIAGRA).

**Attention :** Des précautions particulières s'imposent en cas de *cardiomyopathie* obstructive, d'*hypertension intracrânienne*.

Ce médicament n'est pas adapté au *traitement de la crise* aiguë d'*angine de poitrine* : son action est trop lente à apparaître. C'est un *traitement préventif* qui lutte contre l'apparition des crises et qui ne doit pas être arrêté sans avis médical.

En cas de malaise apparemment sérieux, retirez le timbre.

Ne laissez pas le timbre neuf ou usagé à la portée des enfants.

Les boissons alcoolisées peuvent accentuer les effets hypotenseurs de ce médicament ; les excès sont déconseillés.

Compte-tenu de ses effets indésirables potentiels, ce médicament peut, chez certaines personnes, ne pas être compatible avec la conduite automobile ou le maniement de machines dangereuses. Assurez-vous à l'occasion des premières prises que vous supportez bien ce médicament avant de conduire ou d'utiliser une machine.

### Interactions avec d'autres substances

Les *vasodilatateurs* de la famille des dérivés de la trinitrine ne doivent pas être associés au VIAGRA : risque de baisse de tension grave.

Informez votre médecin ou votre pharmacien si vous prenez d'autres médicaments susceptibles d'abaisser la tension artérielle.

### Grossesse et allaitement

L'effet de ce médicament pendant la grossesse ou l'allaitement est mal connu : seul votre médecin peut évaluer le risque éventuel de son utilisation dans votre cas.

### Mode d'emploi et posologie

Il existe 2 dosages correspondant à 2 surfaces différentes : la quantité de trinitrine qui passe dans le sang est proportionnelle à la surface du *dispositif transdermique*. Choisir une région sèche, pauvre en poils, et dépourvue de grains de beauté ou autres lésions cutanées. Libérer la surface adhésive et appliquer soigneusement le timbre en effectuant une pression sur toute sa surface. Changer d'emplacement tous les jours.

**Posologie usuelle :**

- Adulte : 1 dispositif transdermique par jour, à garder pendant le nombre d'heures prescrit par votre médecin.

**Conseils :** Le port de ce dispositif ne contre-indique pas le bain, la douche, les activités sportives. Si le timbre se décolle accidentellement, remplacez-le par un timbre neuf placé à un autre endroit.

### Effets indésirables possibles

Réactions locales : rougeur et démangeaisons au point d'application.

Maux de tête, parfois violents, qui disparaissent habituellement après quelques jours de traitement.

Baisse de la tension artérielle ou *hypotension orthostatique*, plus fréquente chez la personne âgée et pouvant se traduire par des malaises ou des *vertiges*.

Bouffées de chaleur, rougeur cutanée.

Laboratoires Merck génériques

## TRINITRINE SIMPLE LALEUF

Dérivé nitré — **sur ordonnance**

### Présentation

TRINITRINE SIMPLE LALEUF 0,15 mg : pilule (blanc) ; boîte de 60. Liste II - Remb 65 % - **Prix : 2,70 €**.

### Composition

| | p pilule |
|---|---|
| **Trinitrine** | 0,15 mg |
| Lactose | + |
| Saccharose | + |
| Amidon de blé (gluten) | + |

### Dans quel cas ce médicament est-il prescrit ?

Ce médicament *vasodilatateur* appartient à la famille des dérivés nitrés. Il possède de nombreuses propriétés qui facilitent le travail du cœur : dilatation des veines, dilatation des artères à forte dose, prévention des spasmes des *artères coronaires*.

Il est utilisé dans le *traitement préventif* et le *traitement curatif* des crises d'*angine de poitrine*.

### Contre-indications

Ce médicament ne doit pas être utilisé dans les cas suivants :

- hypotension grave,
- *intolérance* au gluten,
- en association avec le sildénafil (VIAGRA).

**Attention :** Des précautions particulières s'imposent en cas de *cardiomyopathie* obstructive ou d'*hypertension intracrânienne*.

Une crise d'*angine de poitrine* qui dure plus d'un quart d'heure malgré la prise de trinitrine peut être un *infarctus du myocarde* débutant qui requiert un traitement urgent. Consultez un service médical d'urgence ou appelez le 15.

L'usage du VIAGRA est contre-indiqué chez les personnes qui prennent ce médicament. Si une crise d'*angine de poitrine* survient pendant un acte sexuel consécutif à la prise de VIAGRA, ce médicament ne doit en aucun cas être utilisé ; si la crise persiste après quelques minutes de repos, il convient d'appeler le 15 pour prendre un avis médical.

Les boissons alcoolisées peuvent augmenter les effets hypotenseurs de ce médicament ; les excès sont déconseillés.

Compte-tenu de ses effets indésirables potentiels, ce médicament peut, chez certaines personnes, ne pas être compatible avec la conduite automobile ou le maniement de machines dangereuses. Assurez-vous à l'occasion des premières prises que vous supportez bien ce médicament avant de conduire ou d'utiliser une machine.

### Interactions avec d'autres substances

Les *vasodilatateurs* de la famille des dérivés de la trinitrine ne doivent pas être associés au VIAGRA : risque de baisse de tension grave.

Informez votre médecin ou votre pharmacien si vous prenez d'autres médicaments susceptibles d'abaisser la tension artérielle.

### Grossesse et allaitement

L'effet de ce médicament pendant la grossesse ou l'allaitement est mal connu : seul votre médecin peut évaluer le risque éventuel de son utilisation dans votre cas.

### Mode d'emploi et posologie

Les pilules doivent être croquées lentement et gardées dans la bouche au moins une minute avant d'être avalées.

**Posologie usuelle :**

- *Traitement curatif* : 1 pilule, à renouveler si nécessaire, sans dépasser 3 pilules par crise d'*angine de poitrine*. Compte tenu du risque d'*hypotension orthostatique* lors du renouvellement de la prise, il est conseillé de prendre la pilule en position assise pour éviter tout risque de chute.
- *Traitement préventif* : 1 pilule, 2 ou 3 minutes avant une circonstance susceptible de déclencher une crise.

**Conseils :** N'abusez pas de ce médicament ; il peut provoquer des maux de tête importants.

### Effets indésirables possibles

Maux de tête, parfois violents, surtout en début de traitement.

Baisse de la tension artérielle ou *hypotension orthostatique*, plus fréquente chez la personne âgée et pouvant se traduire par des malaises ou des *vertiges*.

Bouffées de chaleur, rougeur cutanée.

Nausées, vomissements.

Laboratoires Médix

## TRINORDIOL

Contraceptif oral — **sur ordonnance**

### Présentation

TRINORDIOL : comprimé (brique : 6, blanc : 5, jaune : 10) ; boîte de 1 plaquette de 21. Liste I - Remb 65 % - **Prix : 2,21 €**.

TRINORDIOL : comprimé (brique : 6, blanc : 5, jaune : 10) ; boîte de 3 plaquettes de 21. Liste I - Remb 65 % - **Prix : 5,09 €**.

### Composition

| | p cp brique | p cp blanc | p cp jaune |
|---|---|---|---|
| **Éthinylestradiol** | 0,03 mg | 0,04 mg | 0,03 mg |
| **Lévonorgestrel** | 0,05 mg | 0,075 mg | 0,125 mg |

### Dans quel cas ce médicament est-il prescrit ?

C'est un *contraceptif* oral (pilule) qui contient un *estrogène* et un *progestatif*. Il est minidosé (moins de 0,04 mg d'estrogène) et triphasique (tous les comprimés ne contiennent pas la même quantité d'*hormones* et sont de trois couleurs différentes).

### Contre-indications

Ce médicament ne doit pas être utilisé dans les cas suivants :

- *accident thromboembolique* artériel (*infarctus du myocarde, accident vasculaire cérébral*...) ou veineux (*phlébite, embolie* pulmonaire...) ancien ou survenant au cours de la contraception ;

- maladie cardiovasculaire (*hypertension artérielle*, *angine de poitrine*, lésion des valves cardiaques, anomalie de la circulation sanguine cérébrale ou rétinienne) ;
- *cancer hormonodépendant* ;
- *diabète* compliqué de lésions vasculaires ;
- saignement génital intermittent (l'origine de ce saignement doit être déterminée par des examens avant la mise en route du traitement) ;
- maladie du foie, grave ou récente.

**Attention :** Un examen médical est nécessaire avant de débuter la contraception. Il est suivi d'une surveillance annuelle pendant la contraception. Cette surveillance est particulièrement importante si vous souffrez de *diabète*, d'obésité, d'excès de cholestérol, de *triglycérides* ou de *prolactine* dans le sang, d'affection bénigne du sein ou de l'utérus, d'ictère (jaunisse) chronique ou survenu lors d'une grossesse, d'*épilepsie*, de *migraine*, d'*otosclérose*, d'*asthme*, de varices, de dépression, de calcul biliaire, d'herpès gestationis, ou si des membres de votre famille ont des *antécédents* de cancer du sein ou d'*accidents thromboemboliques*.

Si vous avez plus de 35 ans, si vous fumez, le risque d'effets indésirables cardiovasculaires liés à la prise d'hormones augmente fortement. Un autre mode de contraception est souvent préconisé.

Arrêtez la prise de ce contraceptif et consultez votre médecin en cas d'apparition de l'un des *symptômes* suivants : maux de tête violents et inhabituels, troubles de la vision, élévation importante de la tension artérielle, douleur inhabituelle à la jambe.

La survenue d'un léger saignement entre les règles (spotting) est fréquente chez les femmes pendant les premiers mois d'utilisation de la pilule. Vous devez informer votre médecin si les saignements se prolongent ou s'ils apparaissent en cours de contraception.

L'oubli d'un comprimé ou sa mauvaise absorption, du fait de vomissements par exemple, peuvent rendre la contraception inefficace.

En cas d'intervention chirurgicale programmée ou d'alitement prolongé, votre médecin jugera de l'opportunité d'interrompre votre contraception orale.

## Interactions avec d'autres substances

L'efficacité contraceptive de ce médicament peut être diminuée par les *anticonvulsivants*, certains traitements du *sida*, les produits de phytothérapie contenant du millepertuis et les médicaments contenant l'une des substances suivantes : griséofulvine, rifampicine, rifabutine, modafinil.

Informez par ailleurs votre médecin si vous prenez des médicaments contenant de la flunarizine.

## Grossesse et allaitement

Ce médicament n'a pas de raison d'être utilisé pendant la grossesse. Néanmoins, si une grossesse survient malgré le traitement, du fait d'un oubli ou d'un retard de prise, celle-ci pourra être poursuivie normalement si vous le désirez.

Les *hormones* contenues dans ce *contraceptif* passent dans le lait maternel : ne l'utilisez pas pendant l'allaitement sans avis médical.

## Mode d'emploi et posologie

Prendre régulièrement, et sans oubli, 1 comprimé par jour pendant 21 jours consécutifs, dans l'ordre suivant : 1 comprimé brique pendant 6 jours, puis 1 comprimé blanc pendant 5 jours, enfin 1 comprimé jaune pendant 10 jours. Il est recommandé de ne pas trop faire varier l'heure de prise (choisir le petit déjeuner ou le coucher de préférence).

L'interruption du traitement déclenche les règles au bout de 2 ou 3 jours. La nouvelle plaquette est reprise après les 7 jours d'arrêt, que les règles soient terminées ou non.

Pour éviter un retard dans la reprise de la pilule, préjudiciable à l'efficacité de la contraception, il est utile de noter le jour de la prise du premier comprimé : une nouvelle plaquette est toujours commencée le même jour de la semaine. Le respect de ces délais est important : une reprise trop tardive du premier comprimé peut nuire à l'efficacité de la contraception pour le nouveau cycle. En revanche, une reprise un ou deux jours plus tôt ne pose pas de problème et décale d'autant la survenue des règles. Il est également possible d'enchaîner deux plaquettes. Dans ce cas, les règles surviendront à la fin de la deuxième plaquette.

En cas de première contraception orale ou de reprise d'une contraception interrompue temporairement, prendre le premier comprimé le premier jour des règles. La sécurité contraceptive n'est assurée qu'après un délai d'une semaine. Une méthode contraceptive complémentaire (préservatif, etc.) est nécessaire pendant cette période

En cas de changement de contraceptif, prendre le premier comprimé de la plaquette :
- le jour suivant la prise du dernier comprimé actif, si le précédent contraceptif était une autre pilule estroprogestative ;
- sans interruption et à n'importe quel moment du cycle, si le précédent contraceptif était un contraceptif progestatif microdosé ;
- le jour du retrait, si le précédent mode de contraception était un implant contraceptif ;
- le jour prévu pour l'injection, dans le cas du relais d'une contraception par progestatif injectable.

Après un accouchement ou une interruption de grossesse, suivre les indications du médecin.

**Conseils :** Les dernières recommandations en cas d'oubli d'un comprimé pour ce type de pilule sont les suivantes : prendre immédiatement le comprimé oublié et continuer à l'heure habituelle pour les comprimés suivants (ce qui peut correspondre à la prise de 2 comprimés si l'oubli est découvert lors de la prise suivante). Si le retard est supérieur à 12 heures, la sécurité contraceptive n'est plus assurée et une autre méthode complémentaire (spermicide, préservatif, diaphragme) doit être employée pendant les 7 jours suivants. Si cette période de 7 jours s'étend au-delà du dernier comprimé de la plaquette en cours, la plaquette suivante doit être débutée sans interruption entre les deux plaquettes. Dans ce cas, il n'y aura pas de saignement avant la fin de la seconde plaquette. Des saignements de faible importance (spottings) sont cependant possibles.

En cas de vomissements ou de diarrhée sévère survenant dans les 4 heures suivant la prise d'un comprimé, reprendre dès que possible un autre comprimé. Si le délai est de plus de 12 heures ou si

les troubles se répètent, la sécurité contraceptive n'est plus assurée et une méthode complémentaire doit être employée jusqu'à la prise de la plaquette suivante.
Il n'y a pas de danger à débuter une grossesse au cours du cycle qui suit l'arrêt volontaire du contraceptif oral.

### Effets indésirables possibles

Effets, plus ou moins fréquents, n'empêchant pas la poursuite de la contraception : troubles digestifs, tension modérée des seins, jambes lourdes, diminution ou disparition des règles, règles douloureuses, prise de poids, *acné*, pousse excessive des poils, irritation oculaire par les lentilles de contact, inflammation ou *candidose* vaginale, modification de l'humeur ou de la libido, irritabilité, maux de tête banals.
Effets rares, mais nécessitant l'arrêt de cette contraception : *accident thromboembolique* (accident cardiaque, *phlébite*, *embolie* pulmonaire, etc.), taches sombres sur le visage, tension douloureuse des seins, *migraine*, troubles de la vision, augmentation importante des lipides dans le sang, *réaction allergique*, exacerbation d'un *lupus érythémateux* disséminé, d'une *porphyrie* ou d'une chorée, pancréatite, tumeur bénigne du foie, jaunisse, calcul de la vésicule biliaire.

Laboratoires Wyeth Pharmaceuticals France

## TRIPHOSPHATES BOIRON

*Informations détaillées sur www.monvidal.com*

## TRIPHOSPHATES poudre orale

*Informations détaillées sur www.monvidal.com*

## TRISEQUENS

*Informations détaillées sur www.monvidal.com*

## TRIVASTAL comprimé

Vasodilatateur et anti-ischémique — sur ordonnance

### Présentation

**TRIVASTAL 20 mg :** comprimé (bleu) ; boîte de 30. Liste II - Remb 65 % - **Prix : 2,23 €**.
**TRIVASTAL 50 mg LP :** comprimé à *libération prolongée* (rouge) ; boîte de 30. Liste II - Remb 65 % - **Prix : 10,37 €**.

### Composition

| | p cp | p cp LP |
|---|---|---|
| **Piribédil** | 20 mg | 50 mg |

### Dans quel cas ce médicament est-il prescrit ?

Ce médicament aux nombreuses propriétés appartient à la famille des *dopaminergiques*. Il est destiné à améliorer le fonctionnement du cerveau et à augmenter le débit du sang dans les artères.
Il est utilisé dans le *traitement symptomatique* :
- des troubles du comportement et de la mémoire liés au vieillissement ;
- de l'*artérite* ;
- des troubles de vision d'origine vasculaire ;
- de certaines formes de la maladie de *Parkinson*.

### Contre-indications

Ce médicament ne doit pas être utilisé en cas de malaise cardiaque grave.

### Interactions avec d'autres substances

Ce médicament ne doit pas être associé aux médicaments de la famille des *neuroleptiques* : risque d'annulation de leurs effets.

### Grossesse et allaitement

L'effet de ce médicament pendant la grossesse ou l'allaitement est mal connu : seul votre médecin peut évaluer le risque éventuel de son utilisation dans votre cas.

### Mode d'emploi et posologie

Ce médicament doit être pris avec un peu d'eau à la fin des repas.

**Posologie usuelle :**
4 comprimés à 20 mg par jour, répartis en 2 ou 3 prises, ou 1 comprimé à 50 mg, 1 ou 2 fois par jour.
Dans la maladie de Parkinson, 80 à 250 mg selon les cas.

**Conseils :** Ce médicament n'est actif que sur les *symptômes* de l'*artérite*. Seuls la pratique de la marche et l'arrêt d'un éventuel tabagisme peuvent retarder l'évolution de la maladie.

### Effets indésirables possibles

Nausées, vomissements, ballonnements.
Agitation, confusion.
*Hypotension orthostatique* exceptionnelle.

Laboratoires Euthérapie

## TRIVASTAL injectable

*Informations détaillées sur www.monvidal.com*

## TRIZIVIR

*Informations détaillées sur www.monvidal.com*

## TROBICINE

*Informations détaillées sur www.monvidal.com*

## TROLOVOL

*Informations détaillées sur www.monvidal.com*

## TRONOTHANE

*Informations détaillées sur www.monvidal.com*

## TROPHICRÈME

Estrogène — sur ordonnance

### Présentation

TROPHICRÈME : crème vaginale ; tube de 30 g et applicateur doseur. Liste II - Remb 35 % - **Prix : 5,68 €**.

### Composition

| | p 100 g |
|---|---|
| **Estriol** | 100 mg |

### Dans quel cas ce médicament est-il prescrit ?

Ce médicament permet l'apport local d'une *hormone* de la famille des *estrogènes*.
Il est utilisé pour corriger les *symptômes* vaginaux dus à une *carence* en estrogènes lors de la *ménopause* (*atrophie* vaginale...).

### Contre-indications

Ce médicament ne doit pas être utilisé dans les cas suivants :
- *cancer hormonodépendant* ;
- *accident thromboembolique* (*phlébite*, *embolie* pulmonaire...) ancien ou survenant pendant le traitement ;
- saignement génital intermittent (l'origine de ce saignement doit être déterminée par des examens avant la mise en route du traitement).

### Grossesse et allaitement

Il n'y a aucune raison d'utiliser ce médicament pendant la grossesse ou l'allaitement.

### Mode d'emploi et posologie

La crème doit être introduite profondément dans le vagin grâce à l'applicateur.

**Posologie usuelle :**

1 application par jour, pendant 1 semaine, puis 1 application tous les 2 jours jusqu'à la disparition des *symptômes*. Ce traitement peut être renouvelé.

### Effets indésirables possibles

En début de traitement : irritation, démangeaisons locales, douleur dans les seins.

Laboratoires Grunenthal

## TROPHIGIL

Estrogène et progestérone — sur ordonnance

### Présentation

TROPHIGIL : gélule vaginale (blanc) ; boîte de 14. Liste I - Remb 35 % - **Prix : 4,55 €**.

### Composition

| | p gél |
|---|---|
| **Lactobacillus casei, variété rhamnosus Döderleini (culture lyophilisée)** | 341 mg |
| **Estriol** | 0,2 mg |
| **Progestérone** | 2 mg |

### Dans quel cas ce médicament est-il prescrit ?

Ce médicament permet un apport d'*hormones* (*estrogène* et *progestérone*). La présence de bacilles de Döderlein est destinée à restaurer la *flore vaginale* qui protège le vagin des infections.

Il est utilisé pour corriger les *symptômes* vaginaux dus à une *carence* hormonale (*atrophie* vaginale). Il est également utilisé en chirurgie gynécologique.

### Contre-indications

Ce médicament ne doit pas être utilisé chez les personnes ayant des *antécédents* d'*accident thromboembolique*.

Votre médecin est seul juge pour prescrire ce médicament en cas d'*antécédents* de *cancer hormonodépendant*.

### Interactions avec d'autres substances

L'association à un *contraceptif* local (spermicide) est déconseillée car leurs effets risquent de s'annuler.

### Grossesse et allaitement

Ce médicament ne contient que des substances présumées sans danger pendant la grossesse ou l'allaitement.

### Mode d'emploi et posologie

Humecter la gélule avec un peu d'eau, puis l'introduire profondément dans le vagin.

**Posologie usuelle :**
- Adulte : 1 gélule, matin et soir, pendant 3 semaines, puis 1 gélule par jour.

La durée du traitement est fixée par le médecin.

### Effets indésirables possibles

Rarement : irritation, démangeaisons locales, pertes vaginales, *allergie*.

Exceptionnellement : tension des seins.

Laboratoires Grunenthal

## TROPHIRÈS sirop

*Informations détaillées sur www.monvidal.com*

## TROPHIRÈS suppositoire

Traitement des affections bronchopulmonaires

### Présentation

TROPHIRÈS Adulte : suppositoire ; boîte de 8. Non remb.
TROPHIRÈS Enfant : suppositoire ; boîte de 8. Non remb.
TROPHIRÈS Nourrisson : suppositoire ; boîte de 8. Non remb.

### Composition

| | p suppos Ad | p suppos Enf | p suppos Nour |
|---|---|---|---|
| **Ténoate de sodium** | 285 mg | 190 mg | 95 mg |
| **Eucalyptus, huile essentielle** | 110 mg | 75 mg | 44 mg |

### Dans quel cas ce médicament est-il prescrit ?

Ce médicament contient un *expectorant* (ténoate de sodium) et un *antiseptique* des *voies* respiratoires.

Il est utilisé dans le *traitement d'appoint* des bronchites aiguës bénignes.

### Contre-indications

Ce médicament ne doit pas être utilisé en cas de lésion rectale récente.

> **Attention :** Ce médicament contient des *terpènes* qui peuvent, en cas de dépassement des *posologies*, avoir des effets indésirables graves : respectez, plus particulièrement chez l'enfant, les doses préconisées.
> Des précautions sont nécessaires en cas d'*épilepsie*.
> La toux est un *symptôme* qui peut révéler de nombreuses maladies (*asthme*, *reflux gastro-œsophagien* notamment chez l'enfant) : consultez votre médecin si elle persiste plus de quelques jours.

### Grossesse et allaitement

L'effet de ce médicament pendant la grossesse ou l'allaitement est mal connu. L'évaluation du risque éventuel lié à son utilisation est individuelle : demandez conseil à votre pharmacien ou à votre médecin.

### Mode d'emploi et posologie

- Adulte : 1 suppositoire Adulte, matin et soir.
- Enfant de plus de 12 kg : 1 suppositoire Enfant, matin et soir.
- Nourrisson jusqu'à 12 kg (soit environ 30 mois) : 1 suppositoire Nourrisson, matin et soir.

> **Conseils :** Les suppositoires doivent être conservés au frais et éventuellement passés sous l'eau froide avant utilisation.

**Effets indésirables possibles**

Irritation locale.

En cas de dépassement de la *posologie* usuelle, les *terpènes* peuvent provoquer :
- des *convulsions* chez l'enfant,
- agitation, confusion des idées (notamment chez la personne âgée).

Laboratoires Sanofi-Aventis OTC

## TROPHIRÈS COMPOSÉ

*Informations détaillées sur www.monvidal.com*

## TROPICAMIDE FAURE

*Informations détaillées sur www.monvidal.com*

## TROSYD

*Informations détaillées sur www.monvidal.com*

## TROXÉRUTINE ALMUS

Vasculoprotecteur et veinotonique

Ce médicament est un générique de RHÉOFLUX (voir p. 894 et tableau p. 1151).
Ce médicament est un générique de VEINAMITOL (voir p. 1082 et tableau p. 1151).

## TROXÉRUTINE ARROW

Vasculoprotecteur et veinotonique

Ce médicament est un générique de RHÉOFLUX (voir p. 894 et tableau p. 1151).
Ce médicament est un générique de VEINAMITOL (voir p. 1082 et tableau p. 1151).

## TROXÉRUTINE BIOGARAN

Vasculoprotecteur et veinotonique

Ce médicament est un générique de RHÉOFLUX (voir p. 894 et tableau p. 1151).
Ce médicament est un générique de VEINAMITOL (voir p. 1082 et tableau p. 1151).

## TROXÉRUTINE EG

Vasculoprotecteur et veinotonique

Ce médicament est un générique de RHÉOFLUX (voir p. 894 et tableau p. 1151).
Ce médicament est un générique de VEINAMITOL (voir p. 1082 et tableau p. 1151).

## TROXÉRUTINE GNR

Vasculoprotecteur et veinotonique

Ce médicament est un générique de RHÉOFLUX (voir p. 894 et tableau p. 1151).
Ce médicament est un générique de VEINAMITOL (voir p. 1082 et tableau p. 1151).

## TROXÉRUTINE MAZAL

Vasculoprotecteur et veinotonique

Ce médicament est un générique de RHÉOFLUX (voir p. 894 et tableau p. 1151).
Ce médicament est un générique de VEINAMITOL (voir p. 1082 et tableau p. 1151).

## TROXÉRUTINE MERCK

Vasculoprotecteur et veinotonique

Ce médicament est un générique de RHÉOFLUX (voir p. 894 et tableau p. 1151).
Ce médicament est un générique de VEINAMITOL (voir p. 1082 et tableau p. 1151).

## TROXÉRUTINE QUALIMED

Vasculoprotecteur et veinotonique

Ce médicament est un générique de RHÉOFLUX (voir p. 894 et tableau p. 1151).
Ce médicament est un générique de VEINAMITOL (voir p. 1082 et tableau p. 1151).

## TROXÉRUTINE RPG

Vasculoprotecteur et veinotonique

Ce médicament est un générique de RHÉOFLUX (voir p. 894 et tableau p. 1151).
Ce médicament est un générique de VEINAMITOL (voir p. 1082 et tableau p. 1151).

## TROXÉRUTINE SANDOZ

Vasculoprotecteur et veinotonique

Ce médicament est un générique de RHÉOFLUX (voir p. 894 et tableau p. 1151).
Ce médicament est un générique de VEINAMITOL (voir p. 1082 et tableau p. 1151).

## TROXÉRUTINE TEVA

Vasculoprotecteur et veinotonique

Ce médicament est un générique de RHÉOFLUX (voir p. 894 et tableau p. 1151).
Ce médicament est un générique de VEINAMITOL (voir p. 1082 et tableau p. 1151).

## TRUSOPT

Antiglaucomateux — sur ordonnance

**Présentation**

**TRUSOPT 2 pour cent :** collyre ; flacon de 5 ml. Liste I - Remb 65 % - **Prix : 13,99 €**.

**Composition**

| | p 100 ml |
|---|---|
| **Dorzolamide** | 2 g |
| Benzalkonium chlorure | + |

### Dans quel cas ce médicament est-il prescrit ?

Ce collyre a la propriété de diminuer la *tension intraoculaire*. Il appartient à la famille des inhibiteurs de l'anhydrase carbonique, qui bloquent une *enzyme* active sur la sécrétion des liquides contenus dans l'œil.

Il est utilisé dans le traitement des maladies dues à un excès de tension intraoculaire, notamment du *glaucome* à angle ouvert.

### Contre-indications

Ce médicament ne doit pas être utilisé en cas d'*insuffisance rénale* grave.

**Attention :** Des précautions sont nécessaires en cas d'*insuffisance hépatique*, d'*antécédents* de calculs rénaux, d'*allergie* aux *sulfamides* (auxquels ce médicament est apparenté) ou d'allergie aux *ammoniums quaternaires* (présence de benzalkonium).

En cas de *réaction allergique*, ne poursuivez pas le traitement avant d'avoir pris l'avis de votre médecin.

Compte-tenu de la possibilité d'effets indésirables visuels, ce collyre peut, chez certaines personnes, constituer un risque pour la conduite automobile ou le maniement de machines dangereuses. Assurez-vous à l'occasion des premières utilisations que vous supportez bien ce collyre avant de reprendre la pratique d'une activité à risque.

### Interactions avec d'autres substances

Certaines substances contenues dans des collyres différents peuvent donner lieu à des interactions médicamenteuses : dans le doute, et sauf indications contraires de votre médecin, respectez un intervalle minimal de 10 minutes entre deux instillations dans le même œil.

Ce médicament peut interagir avec d'autres inhibiteurs de l'anhydrase carbonique pris par *voie* orale (acétazolamide) ou avec l'aspirine à forte dose (plus de 3 g par jour).

### Grossesse et allaitement

L'effet de ce médicament pendant la grossesse ou l'allaitement est mal connu. Par prudence, son usage est déconseillé chez la femme enceinte ou chez celle qui allaite.

### Mode d'emploi et posologie

Tirer la paupière inférieure vers le bas tout en regardant vers le haut et déposer une goutte de collyre entre la paupière et le globe oculaire (*cul-de-sac conjonctival*) en appuyant sur le fond du flacon.

Veiller à ne pas mettre en contact l'embout du flacon avec l'œil ou les doigts pour éviter de contaminer le collyre avec les *germes* présents sur les paupières ou la peau.

**Posologie usuelle :**

- Adulte : 1 goutte, 3 fois par jour si ce collyre est utilisé seul ; 1 goutte, 2 fois par jour si le traitement comporte également un collyre *bêtabloquant*.

**Conseils :** Les lentilles de contact souples doivent être ôtées avant l'instillation du collyre. Elles pourront éventuellement être replacées après un délai de 15 minutes : demandez conseil à votre ophtalmologiste.

L'application correcte du produit peut nécessiter une aide, notamment chez une personne handicapée ou âgée.

Ne conservez pas ce collyre plus de 4 semaines après ouverture du flacon et gardez-le dans son emballage d'origine. Évitez de l'exposer à la chaleur.

### Effets indésirables possibles

Irritation locale, conjonctivite, *kératite*, *œdème* de la *cornée*, gonflement des paupières, vision floue, formation de croûtes sur le bord des paupières, larmoiement, goût amer, irritation de la gorge.

Du fait du passage de la substance dans le sang : nausées, fatigue, maux de tête, étourdissements, fourmillements des extrémités, *réaction allergique*, *lithiase* urinaire.

Laboratoires MSD-Chibret

**TTD B3 B4**

*Informations détaillées sur www.monvidal.com*

## TUBERTEST

Test tuberculinique

### Présentation

TUBERTEST : solution injectable ; flacon de 10 doses. Remb 65 % - **Prix : 9,96 €**.

### Composition

| | p dose |
|---|---|
| **Tuberculine purifiée** | 5 UI |

### Dans quel cas ce médicament est-il prescrit ?

Cette solution injectable contient de la tuberculine, liquide préparé à partir de cultures de bacilles tuberculeux. La purification permet d'éliminer tout *germe* vivant.

Ce n'est pas un *vaccin* mais un test ; il permet de mettre en évidence une éventuelle réaction de l'organisme contre la tuberculine (test positif), qui peut signifier :

- chez une personne vaccinée par le BCG : la persistance d'une immunité due au vaccin. En cas d'absence de réaction (test négatif), une nouvelle vaccination peut être indiquée ;
- chez une personne non vaccinée par le BCG : la présence d'une *tuberculose* en cours ou ancienne, souvent passée inaperçue (primo-infection).

### Interactions avec d'autres substances

Certains *vaccins* (ROR VAX, RUDIVAX, ROUVAX...), certaines infections virales peuvent rendre temporairement négative la réaction à la tuberculine. Un délai est donc nécessaire entre ces vaccinations ou infections et la pratique d'une *intradermoréaction* à la tuberculine. Demandez conseil à votre médecin.

### Grossesse et allaitement

Les tests à la tuberculine peuvent être pratiqués pendant la grossesse ou l'allaitement.

### Mode d'emploi et posologie

S'assurer avant l'administration que la solution est claire et limpide.

Une dose de 5 *UI* (0,1 ml) est injectée par *voie* intradermique, sur la face antérieure de l'avant-bras. La lecture du test, effectuée par le médecin, doit être réalisée 2 à 3 jours après l'injection.

La positivité du test se traduit par une réaction cutanée d'intensité variable : bouton palpable de 0,5 à 2 cm, éventuellement entouré d'une rougeur de la peau. Dans de rares cas, de petites cloques peuvent se manifester. Cette réaction apparaît progressivement en 2 à 3 jours. Une réaction immédiate qui disparaît en 24 heures est sans valeur. L'absence de réaction au 3e jour ou une petite rougeur non perceptible au toucher correspondent à une réaction négative.

**Conseils :** Avant de consulter votre médecin, assurez-vous qu'il vous sera possible de le revoir trois jours après pour la lecture du test.

N'oubliez pas d'emporter votre carnet de vaccination ou le carnet de santé de votre enfant.

Évitez de faire pratiquer ce test immédiatement après une infection virale ou une vaccination par un *vaccin* vivant (voir interactions avec d'autres substances).

### Effets indésirables possibles

Une forte réaction cutanée traduit un test très positif et non un effet indésirable. Les lésions cutanées disparaîtront rapidement et sans séquelles.

Laboratoires Sanofi Pasteur MSD

## TUSSIDANE

Antitussif opiacé

### Présentation

**TUSSIDANE** : sirop (arôme orange) ; flacon de 125 ml avec cuillère-mesure de 5 ml. Remb 35 % - **Prix : 2,35 €.**
**TUSSIDANE** : sirop (arôme orange) ; flacon de 250 ml avec cuillère-mesure de 5 ml. Remb 35 % - **Prix : 2,94 €.**
**TUSSIDANE sans sucre 3 mg/ ml :** solution buvable (arôme punch) ; flacon de 150 ml avec cuillère-mesure de 5 ml. Remb 35 % - **Prix : 2,56 €.**

### Composition

| | sirop p 5 ml | sol buv p 5 ml |
|---|---|---|
| **Dextrométhorphane bromhydrate** | 7,5 mg | 15 mg |
| Saccharose | 3,6 g | |
| Sodium | 0,73 mg | |

### Dans quel cas ce médicament est-il prescrit ?

Ce médicament *antitussif* contient du dextrométhorphane, qui agit sur les centres de la toux.

Il est utilisé dans le *traitement symptomatique* des toux sèches ou d'irritation.

### Contre-indications

Ce médicament ne doit pas être utilisé dans les cas suivants :
- *insuffisance respiratoire*,
- *asthme*,
- en association avec un *antidépresseur* de type *IMAO*,
- enfant de moins de 30 mois (sirop),
- enfant de moins de 15 ans (solution buvable sans sucre),
- **allaitement**.

**Attention :** Ce médicament n'est pas adapté au traitement de la toux grasse, qui est un mécanisme de défense normal de l'organisme permettant l'évacuation des mucosités présentes dans les bronches.

La toux est un *symptôme* qui peut révéler de nombreuses maladies : consultez votre médecin si elle persiste plus de quelques jours.

Le sirop contient du *sucre* (saccharose) et du *sel* (*sodium*) en quantité notable.

Ce médicament peut induire une somnolence, parfois intense chez certaines personnes. Cette somnolence peut être majorée par la prise d'*alcool* ou d'autres médicaments *sédatifs*. La conduite et l'utilisation de machines dangereuses sont déconseillées, surtout dans les heures qui suivent la prise du médicament.

### Interactions avec d'autres substances

Ce médicament ne doit pas être associé aux *antidépresseurs* de type *IMAO* non sélectifs (MARSILID...) ou sélectifs A (MOCLAMINE...) : risque d'élévation de la température, d'agitation, de chute brutale de la tension artérielle.

Informez par ailleurs votre médecin ou votre pharmacien si vous prenez un médicament *sédatif* (tranquillisants, somnifères, certains médicaments contre la douleur contenant des *opiacés*, *antidépresseurs*, *neuroleptiques*...).

### Grossesse et allaitement

L'utilisation ponctuelle de ce médicament pendant la grossesse est possible, à condition de respecter la *posologie* recommandée. Néanmoins, son utilisation dans les jours qui ont précédé l'accouchement doit être signalée au médecin ; en effet, une surveillance particulière du *nouveau-né* peut être nécessaire.

Certains antitussifs pris à doses excessives par des mères allaitant leurs enfants ont provoqué chez ces derniers des pauses respiratoires. Ce risque n'a pas été constaté avec le dextrométhorphane aux doses recommandées ; mais ce médicament est néanmoins, par sécurité, contre-indiqué pendant l'allaitement.

### Mode d'emploi et posologie

Ce médicament est pris au moment où survient la toux, indifféremment au cours ou en dehors des repas. Les prises doivent être espacées d'au moins 4 heures.

**Posologie usuelle :**
- Adulte : soit 1 cuillère à soupe de sirop, 1 à 6 fois par jour, soit 1 ou 2 cuillères-mesure de solution buvable par prise, sans dépasser 8 cuillères-mesure par jour.
- Enfant de 12 à 15 ans : 1 cuillère-mesure de sirop, 1 à 6 fois par jour.
- Enfant de 6 à 12 ans : 1 cuillère-mesure de sirop, 1 à 4 fois par jour.
- Enfant de 30 mois à 6 ans : ½ cuillère-mesure de sirop, 1 à 6 fois par jour.

La durée du traitement est limitée à 5 jours sans avis médical.

**Conseils :** Ce médicament n'entraîne pas de risque de *dépendance* ni de *dépression respiratoire*, aux doses usuelles.

Une toux nocturne aggravée par ce médicament peut être une toux allergique : demandez conseil à votre médecin.

Fumer, ou être exposé à la fumée des autres, nuit à l'efficacité du traitement : la cigarette est irritante pour les bronches et entretient la toux.

Des mesures simples permettent de calmer les toux sèches : boissons chaudes et humidification de l'air ambiant.

### Effets indésirables possibles

Constipation, somnolence, état vertigineux, nausées, vomissements, *réaction allergique* cutanée, exceptionnellement *bronchospasme*.

Laboratoires Elerté

## TUSSIDORON

*Informations détaillées sur www.monvidal.com*

## TUSSILÈNE

Fluidifiant bronchique

Ce médicament est un générique de RHINATHIOL (voir p. 896 et tableau p. 1151).

## TUSSIPAX comprimé et sirop

Antitussif opiacé

### Présentation

TUSSIPAX : comprimé (rouge) ; boîte de 15. Remb 35 % - **Prix : 2,38 €.**

TUSSIPAX : sirop (arôme abricot) ; flacon de 200 ml (40 cuillères-mesure de 5 ml). Remb 35 % - **Prix : 3,05 €.**

### Composition

| | p cp | p c mes |
|---|---|---|
| **Codéine** | 10 mg | 3 mg |
| **Éthylmorphine (codéthyline) chlorhydrate** | 10 mg | 3 mg |
| **Concentré d'espèces pectorales** | | 180 mg |
| Saccharose | | 2,6 g |
| Titre alcoolique | | 4,5 ° |

### Dans quel cas ce médicament est-il prescrit ?

Ce médicament *antitussif* contient deux *opiacés*, la *codéine* et la codéthyline, qui ont une action *sédative* sur le *système nerveux central*, notamment sur les centres de la toux.

Il est utilisé dans le *traitement symptomatique* des toux sèches.

### Contre-indications

Ce médicament ne doit pas être utilisé dans les cas suivants :

- *insuffisance respiratoire*,
- *asthme*,
- **allaitement**.

**Attention :** Ce médicament n'est pas adapté au traitement de la toux grasse, qui est un mécanisme de défense normal de l'organisme permettant l'évacuation des mucosités présentes dans les bronches.

La toux est un *symptôme* qui peut révéler de nombreuses maladies : consultez votre médecin si elle persiste plus de quelques jours.

Du fait de la présence de codéine :

- n'utilisez pas ce médicament à forte dose et de façon prolongée (risque de *dépendance*) ;
- évitez son emploi en cas d'*hypertension intracrânienne*, qu'il pourrait aggraver.

Le sirop contient du *sucre* (saccharose) en quantité notable.

Ce médicament peut induire une somnolence, parfois intense chez certaines personnes. Cette somnolence peut être majorée par la prise d'*alcool* ou d'autres médicaments *sédatifs*. La conduite et l'utilisation de machines dangereuses sont déconseillées, surtout dans les heures qui suivent la prise du médicament.

### Interactions avec d'autres substances

Ce médicament ne doit pas être associé à ceux qui contiennent de la nalbuphine, de la buprénorphine ou de la pentazocine : risque de diminution de l'effet *antalgique*.

Informez par ailleurs votre médecin ou votre pharmacien si vous prenez des *sédatifs*.

### Grossesse et allaitement

L'utilisation de la *codéine* et de ses dérivés (codéthyline, pholcodine) ne doit être envisagée chez la femme enceinte qu'en cas de nécessité, en effet :

- une *insuffisance respiratoire* peut survenir chez le nouveau-né d'une mère traitée par des doses élevées, même si le traitement est ponctuel mais précède de peu l'accouchement ;
- un *syndrome de sevrage*, à l'inverse, peut concerner des nouveau-nés si leur mère reçoit un traitement régulier, même à faible dose.

Il est donc important de signaler à l'obstétricien la prise éventuelle de codéine ou d'un de ses dérivés, afin que ces risques puissent être prévenus par une surveillance et un éventuel traitement adapté.

Ce médicament passe dans le lait maternel. Il est contre-indiqué pendant l'allaitement.

### Mode d'emploi et posologie

Les comprimés sont réservés à l'adulte.

Les prises de ce médicament doivent être espacées d'au moins 6 heures et limitées au moment où survient la toux.

**Posologie usuelle :**

- Adulte : 1 comprimé, 3 fois par jour, ou 1 cuillère à soupe de sirop, 1 à 4 fois par jour.
- Personne âgée, *insuffisant hépatique* : la *posologie* initiale est généralement réduite de moitié.
- Enfant de 40 à 50 kg (12 à 15 ans) : 1 cuillère-mesure de sirop, 1 à 4 fois par jour.

**Conseils :** De nombreux médicaments contiennent de la *codéine*, notamment certains *antitussifs* et *antalgiques*. Le *surdosage* expose à une augmentation des effets indésirables, en cas de prise conjointe.

Une toux nocturne aggravée par ce médicament peut être une toux allergique : demandez conseil à votre médecin.

Fumer, ou être exposé à la fumée des autres, nuit à l'efficacité du traitement : la cigarette est irritante pour les bronches et entretient la toux.

Des mesures simples permettent de calmer les toux sèches : boissons chaudes et humidification de l'air ambiant.

### Effets indésirables possibles

Constipation, somnolence, nausées, vomissements, sensation de vertige et, plus rarement, *bronchospasme*, *réaction allergique* cutanée, ralentissement de la respiration. Ces effets indésirables sont ceux de la famille des *opiacés* ; ils sont généralement modérés aux doses recommandées.

Laboratoires Bailleul

### TUSSIPAX goutte

*Informations détaillées sur www.monvidal.com*

## TUSSISÉDAL

Antitussif opiacé

#### Présentation

TUSSISÉDAL : sirop (arôme orange) ; flacon de 125 ml avec cuillère-mesure graduée à 2,5 ml et 5 ml. Non remb.

#### Composition

| | p 5 ml |
|---|---|
| **Noscapine** | 5 mg |
| **Prométhazine** | 2,5 mg |
| Saccharose | 3,6 g |
| Sulfites | + |

#### Dans quel cas ce médicament est-il prescrit ?

Ce sirop contient un *antihistaminique* antiallergique (prométhazine) et un *antitussif* (noscapine) qui a une action *sédative* sur le *système nerveux central* et notamment sur les centres de la toux.

Il est utilisé dans le *traitement symptomatique* des toux sèches, notamment celles qui surviennent la nuit.

#### Contre-indications

Ce médicament ne doit pas être utilisé dans les cas suivants :
- *asthme*,
- *insuffisance respiratoire*,
- *antécédent* d'*agranulocytose*,
- risque de *glaucome* à angle fermé,
- risque de rétention des urines (*adénome de la prostate*...),
- enfant de moins de 30 mois.

**Attention :** Ce médicament n'est pas adapté au traitement de la toux grasse, qui est un mécanisme de défense normal de l'organisme permettant l'évacuation des mucosités présentes dans les bronches.

La toux est un *symptôme* qui peut révéler de nombreuses maladies : consultez votre médecin si elle persiste plus de quelques jours.

Du fait de la présence d'un *antihistaminique* ayant des propriétés sédatives et atropiniques, des précautions sont nécessaires chez l'*insuffisant hépatique* ou *rénal* et chez la personne âgée, notamment en cas de constipation chronique, d'*adénome de la prostate*, de tendance aux *vertiges* ou aux baisses de tension.

Ce médicament peut provoquer un *glaucome* aigu chez les personnes prédisposées : œil rouge, dur et douloureux, avec vision floue. Une consultation d'extrême urgence auprès d'un ophtalmologiste est nécessaire.

Ce médicament contient du *sucre* (saccharose) en quantité notable.

Ce médicament peut induire une somnolence, parfois intense chez certaines personnes. Cette somnolence peut être majorée par la prise d'*alcool* ou d'autres médicaments *sédatifs*. La conduite et l'utilisation de machines dangereuses sont déconseillées, surtout dans les heures qui suivent la prise du médicament.

#### Interactions avec d'autres substances

Ce médicament ne doit pas être associé à ceux qui contiennent de la nalbuphine, de la buprénorphine ou de la pentazocine : risque de diminution de l'effet *antalgique*.

Informez par ailleurs votre médecin ou votre pharmacien si vous prenez des *sédatifs*.

#### Grossesse et allaitement

L'utilisation de la *codéine* et de ses dérivés (codéthyline, pholcodine) ne doit être envisagée chez la femme enceinte qu'en cas de nécessité, en effet :
- une *insuffisance respiratoire* peut survenir chez le nouveau-né d'une mère traitée par des doses élevées, même si le traitement est ponctuel mais précède de peu l'accouchement ;
- un *syndrome de sevrage*, à l'inverse, peut concerner des nouveau-nés si leur mère reçoit un traitement régulier, même à faible dose.

Il est donc important de signaler à l'obstétricien la prise éventuelle de codéine ou d'un de ses dérivés, afin que ces risques puissent être prévenus par une surveillance et un éventuel traitement adapté.

Par mesure de prudence, ce médicament est déconseillé pendant l'allaitement.

#### Mode d'emploi et posologie

Ce medicament est pris au moment où survient la toux. Les prises doivent être espacées d'au moins 6 heures. Agiter le flacon avant l'emploi.

**Posologie usuelle :**
- Adulte : 1 cuillère à soupe de sirop, 1 à 4 fois par jour.

En cas d'*insuffisance hépatique* et chez la personne âgée, la *posologie* initiale est généralement réduite de moitié.
- Enfant de plus de 30 mois : 2,5 ml de sirop par 5 kg de poids et par jour, à répartir en 2 à 4 prises ; soit, par exemple, pour un enfant de 20 kg : 1 cuillère-mesure de 5 ml, 2 fois par jour.

**Conseils :** Fumer, ou être exposé à la fumée des autres, nuit à l'efficacité du traitement : la cigarette est irritante pour les bronches et entretient la toux.

Des mesures simples permettent de calmer les toux sèches : boissons chaudes et humidification de l'air ambiant.

#### Effets indésirables possibles

Liés à la présence de noscapine :

Constipation, somnolence, nausées, vomissements, sensation vertigineuse, *bronchospasme*, *allergie* cutanée.

Liés à la présence de prométhazine :

Somnolence.

Effets *atropiniques* : sécheresse de la bouche, troubles de l'*accommodation*, blocage des urines, constipation, *palpitations*.

*Hypotension orthostatique*, *vertiges*.

Tremblements, mauvaise coordination des mouvements.

Agitation, confusion des idées.

*Réaction allergique*, *photosensibilisation*.

Anomalie de la *numération formule sanguine*.

Laboratoires Elerté

### TUXIUM

*Informations détaillées sur www.monvidal.com*

**TWINRIX**

*Informations détaillées sur www.monvidal.com*

**TYAVAC**

*Informations détaillées sur www.monvidal.com*

## TYPHIM Vi

Vaccin : fièvre typhoïde

### Présentation

TYPHIM Vi : solution injectable *SC* ou *IM* ; seringue préremplie de 0,5 ml. Non remb.

### Composition

| | p seringue |
|---|---|
| **Polyoside capsulaire Vi purifié de Salmonella typhi** | 0,025 mg |

### Dans quel cas ce médicament est-il prescrit ?

C'est un *vaccin* composé de fragments de salmonelles typhoïdiques. Il ne contient aucun *germe* vivant.

Il est utilisé dans la prévention de la fièvre typhoïde. L'immunité apparaît 15 jours à 3 semaines après l'injection et persiste au moins 3 ans.

**Attention :** En cas de fièvre élevée, de maladie aiguë, il est préférable de différer la vaccination.

### Grossesse et allaitement

L'effet de ce vaccin sur l'enfant à naître est mal connu : seul votre médecin peut évaluer le risque éventuel de son utilisation dans votre cas.

### Mode d'emploi et posologie

Bien agiter la seringue avant l'emploi, la réchauffer à température ambiante si nécessaire. L'injection doit être réalisée par *voie* sous-cutanée ou intramusculaire.

**Posologie usuelle :**

- Adulte et enfant de plus de 2 ans : 1 injection unique assure une protection d'au moins 3 ans.

**Conseils :** Les réactions fébriles dues aux *vaccins* peuvent être combattues en prenant de l'aspirine ou du paracétamol.

Pour garder son efficacité, ce médicament doit être conservé entre + 2 °C et + 8 °C (partie haute du réfrigérateur). Toutefois, une rupture de la chaîne du froid pendant une durée limitée (quelques heures à température ambiante inférieure à 25 °C) ne devrait pas prêter à conséquence. En pratique, en cas de nécessité, un délai de quelques heures peut séparer l'achat du vaccin en pharmacie de son stockage au réfrigérateur ou de la vaccination.

Ce vaccin ne doit pas être congelé.

### Effets indésirables possibles

Réactions douloureuses, *nodule* au point d'injection.

Rarement : fièvre pendant 1 ou 2 jours, maux de tête, douleurs des muscles et des articulations, nausées.

Exceptionnellement : *réaction allergique*.

**Laboratoires Sanofi Pasteur MSD**

# U

## ULCAR
*Informations détaillées sur www.monvidal.com*

## ULTRALAN
*Informations détaillées sur www.monvidal.com*

## ULTRA-LEVURE
Antidiarrhéique

### Présentation
**ULTRA-LEVURE 50 mg :** gélule (blanc) ; boîte de 20. Non remb.
**ULTRA-LEVURE 50 mg :** gélule (blanc) ; boîte de 50. Non remb.
**ULTRA-LEVURE 100 mg :** poudre pour suspension buvable (arôme tutti frutti) ; boîte de 20 sachets. Non remb.
**ULTRA-LEVURE 200 mg :** gélule ; boîte de 10. Non remb.

### Composition

| | p gél | p sach | p gél |
|---|---|---|---|
| **Saccharomyces boulardii** | 50 mg | 100 mg | 200 mg |
| Lactose | + | + | + |

### Dans quel cas ce médicament est-il prescrit ?
Ce médicament appartient à la famille des antidiarrhéiques d'origine microbienne. Il contient un champignon microscopique qui favorise la restauration de la flore intestinale.
Il est utilisé dans le *traitement d'appoint* des diarrhées, en complément des mesures diététiques.

**Attention :** En l'absence d'amélioration après 2 jours de traitement, contactez votre médecin.

### Interactions avec d'autres substances
La prise conjointe de médicaments destinés à détruire les champignons (antifongiques) n'est pas recommandée.

### Grossesse et allaitement
Ce médicament ne contient que des substances présumées sans danger pendant la grossesse ou l'allaitement. Néanmoins, ne l'utilisez pas de façon prolongée sans l'avis de votre pharmacien ou de votre médecin.

### Mode d'emploi et posologie
Les gélules ne sont pas adaptées à l'enfant de moins de 6 ans. En effet, elles risquent d'obstruer les voies respiratoires si l'enfant déglutit mal et que la gélule passe dans la trachée (fausse route).

**Posologie usuelle :**
Gélules à 50 mg et à 200 mg :
- Adulte et enfant de plus de 6 ans : 2 gélules à 50 mg, 2 fois par jour ou 1 gélule à 200 mg par jour.

Poudre pour suspension buvable :
- Adulte et enfant de plus de 2 ans : 1 sachet, 2 fois par jour.

**Conseils :** Une diarrhée peut provoquer une déshydratation, notamment chez l'enfant ou la personne âgée. Cette perte d'eau par l'organisme doit être compensée par des boissons abondantes (bouillon salé, boissons sucrées) car elle peut être à l'origine d'une fatigue, de malaise ou de confusion des idées.
Le régime à suivre en cas de *diarrhée* repose sur une alimentation légère, à base de :
- carotte, pomme de terre, en soupe ou en purée ;
- pâtes, riz ou tapioca bien cuits, eau de cuisson du riz ;
- compote de pommes ou de coings, gelée de coings ou de myrtilles ;
- biscuits salés ou sucrés.

Doivent être évités : les jus de fruits et les fruits crus, les légumes riches en fibres, les sources de protéines animales et les boissons glacées.
Ce médicament doit être conservé à l'abri de la chaleur et de l'humidité.

Laboratoires Biocodex

## ULTRAPROCT
*Informations détaillées sur www.monvidal.com*

## UMATROPE
*Informations détaillées sur www.monvidal.com*

## UMULINE NPH 100 UI/ml
Insuline — sur ordonnance

### Présentation
**UMULINE NPH :** suspension injectable *SC* ; boîte de 5 cartouches de 3 ml. Liste II - Remb 65 % - **Prix : 36,26 €**.
**UMULINE NPH Pen :** suspension injectable *SC* ; boîte de 5 cartouches de 3 ml en stylo prérempli jetable. Liste II - Remb 65 % - **Prix : 40,77 €.**

### Composition

| | p ml |
|---|---|
| **Insuline humaine biogénétique combinée à la protamine** | 100 UI |

### Dans quel cas ce médicament est-il prescrit ?
C'est une *insuline* identique à l'insuline humaine, obtenue par *biotechnologie*. Son action est de durée intermédiaire : son effet apparaît vers la 60e minute qui suit l'injection et s'estompe au bout de 18 à 20 heures.
Elle est utilisée dans le traitement du *diabète*.

**Attention :** La mise en route du traitement suppose un apprentissage correct pour injecter l'*insuline*, contrôler la *glycémie* au doigt, rechercher le *sucre* et l'acétone dans les urines et tenir un carnet de surveillance.
L'hypoglycémie est la principale complication des traitements par l'insuline. Il s'agit le plus souvent de malaises hypoglycémiques sans gravité dont les

principaux signes sont : sueurs, tremblements, troubles visuels, vision double, fatigue soudaine, fringale, *vertiges*, difficulté de concentration. En ce cas, le diabétique doit aussitôt absorber 3 à 6 morceaux de sucre ou un sirop sucré.

Beaucoup plus rarement, l'hypoglycémie peut être grave et entraîner des troubles du comportement (comparables notamment à l'ébriété), des *convulsions*, voire une perte de connaissance : 1 ampoule de GLUCAGEN doit être injectée immédiatement par *voie* sous-cutanée ou intramusculaire, même à travers les vêtements en cas d'agitation. Si le diabétique ne reprend pas conscience dans les minutes qui suivent, prévenez un service d'urgence. Dans le doute, il n'y a pas de danger à injecter du GLUCAGEN à un diabétique traité par l'insuline. Dans tous les cas, la prise d'une collation ou d'un repas reste nécessaire.

L'autre complication possible chez le diabétique est la survenue d'une *acidocétose* due à un manque important d'insuline. Elle peut être déclenchée par une infection (qui augmente les besoins en insuline) : grippe, rhume, *cystite*, abcès, etc. Elle se manifeste par une grande fatigue, une soif intense et des *troubles digestifs*. Il faut alors rechercher la présence de sucre et d'acétone dans les urines : la présence des deux en quantité importante confirme le diagnostic. Le traitement par l'insuline ne doit pas être arrêté ; le diabétique doit suivre les consignes de son médecin et, si besoin, le joindre d'urgence.

Évitez la prise de boissons alcoolisées à jeun ou à distance des repas : augmentation du risque d'hypoglycémie.

Conducteur : une *hypoglycémie* peut entraîner un malaise pendant la conduite ou l'utilisation de machines.

## Interactions avec d'autres substances

Certains médicaments peuvent déséquilibrer la *glycémie*. Informez votre médecin ou votre pharmacien si vous prenez un *corticoïde*, un *progestatif* à forte dose, un *bêtabloquant*, un *inhibiteur de l'enzyme de conversion* ou un médicament contenant du danazol, de la chlorpromazine, du salbutamol, de la terbutaline, du lanréotide, de l'octréotide ou de l'aspirine à forte dose.

## Grossesse et allaitement

L'*insuline* est adaptée au *diabète* de la femme enceinte ou aux troubles passagers de la *glycémie* pendant la durée de la grossesse.

Le traitement par l'insuline n'est pas une contre-indication à l'allaitement.

## Mode d'emploi et posologie

Les cartouches sont à utiliser avec les stylos rechargeables BD Pen Ultra uniquement ; Umuline NPH Pen est un stylo prêt à l'emploi qui doit être jeté lorsque la cartouche est vide.

Cette *insuline* doit être uniquement injectée par *voie* sous-cutanée dans les zones recommandées par votre médecin, en essayant de varier les sites d'injection pour éviter l'apparition de lipodystrophies (*nodules* et épaississement de la peau).

Agiter par lents retournements le stylo afin d'homogénéiser la suspension avant injection ; purger ensuite l'air éventuellement contenu dans la cartouche.

L'aiguille doit être changée après chaque injection.

**Posologie usuelle :**

Elle est adaptée en fonction des résultats des analyses réalisées par le diabétique ou son entourage (carnet de surveillance) et des conseils de son médecin.

**Conseils :** Il est prudent de disposer d'une *insuline* équivalente pour seringue afin de faire face à une perte ou à un défaut de fonctionnement du stylo.

Si vous utilisez deux stylos destinés à injecter deux insulines, veillez à pouvoir les distinguer facilement.

Pour le maniement précis du stylo, conformez-vous à la notice fournie par le fabricant et veillez à ne pas l'égarer.

La sécurité d'une injection d'insuline au travers des vêtements, sans désinfection préalable, est maintenant établie avec certitude.

En cas d'activité sportive, il est préférable d'injecter l'insuline à distance des muscles qui travaillent pour éviter une absorption trop rapide de l'insuline. De plus, une adaptation des doses d'insuline est habituellement nécessaire selon les conseils du médecin.

Prenez contact avec les associations pour diabétiques : elles diffusent une information utile sur le traitement et la surveillance du *diabète*.

Votre entourage doit savoir reconnaître les signes d'une *hypoglycémie* et pouvoir vous administrer, en cas de perte de connaissance, une ampoule de GLUCAGEN. Celle-ci est conservée de préférence au réfrigérateur ou, en cas de nécessité, à température ambiante (inférieure à 25 °C) pendant 2 ans.

Veillez à ne pas manquer d'insuline, notamment pendant les week-ends et jours fériés ; lors de vos déplacements, munissez-vous d'une réserve ou de votre ordonnance en cours de validité. Un certificat de traitement par insuline peut être nécessaire pour franchir certaines frontières.

L'insuline se conserve sans problème 4 à 6 semaines à une température inférieure à 25 °C et plusieurs mois à une température proche de 0 °C (mais elle ne doit jamais être congelée). Elle se dégrade d'autant plus vite que la température est élevée.

En pratique :

- conservez les cartouches non entamées dans la partie basse du réfrigérateur. Si c'est impossible, ne les conservez pas plus de 1 ou 2 mois (selon que vous êtes dans une région chaude ou froide) ;
- conservez les cartouches entamées hors du réfrigérateur pendant une durée maximale de 4 semaines, dans un endroit propre et sec de préférence, à l'abri de la lumière et des hausses de température (pas plus de 25 °C) ;
- une exposition accidentelle ou inévitable à une température de l'ordre de 30 °C à 35 °C est possible sans dommage pendant 2 ou 3 jours ;
- jetez toute cartouche suspecte d'avoir été exposée à la congélation ou à une chaleur excessive, et notamment celles qui ne présentent pas un aspect uniformément blanc et opaque après agitation ;
- lors des voyages long-courriers, conservez votre insuline dans vos bagages de cabine pour éviter une exposition au froid excessif dans la soute à bagages.

### Effets indésirables possibles

Hypoglycémie (voir Attention), légers troubles de la vision en début de traitement, *nodules* graisseux sous-cutanés (lipodystrophies).

Rarement : *réaction allergique* essentiellement cutanée.

Laboratoires Lilly France

## UMULINE PROFIL 100 UI/ml cartouche

*Informations détaillées sur www.monvidal.com*

## UMULINE PROFIL 100 UI/ml flacon

*Informations détaillées sur www.monvidal.com*

## UMULINE RAPIDE 100 UI/ml cartouche

*Informations détaillées sur www.monvidal.com*

## UMULINE RAPIDE 100 UI/ml flacon

*Informations détaillées sur www.monvidal.com*

## UNACIM

*Informations détaillées sur www.monvidal.com*

## UN-ALFA

Vitamine D

sur ordonnance

### Présentation

**UN-ALFA 0,1 µg :** solution buvable ; flacon de 10 ml (200 gouttes). Liste I - Remb 65 % - **Prix : 9,41 €**.
**UN-ALFA 0,25 µg :** capsule orale (blanc) ; boîte de 30. Liste I - Remb 65 % - **Prix : 7,07 €**.
**UN-ALFA 0,5 µg :** capsule molle ; boîte de 30. Liste I - Remb 65 % - **Prix : 11,21 €**.
**UN-ALFA 1 µg :** capsule orale (brun) ; boîte de 30. Liste I - Remb 65 % - **Prix : 15,36 €**.

### Composition

| | p gte | p caps |
|---|---|---|
| **Alfacalcidol (vitamine D3 hydroxylée)** | 0,1 µg | 0,25 µg |
| Éthanol | 5 mg | |
| Sorbitol | + | |

| | p caps | p caps |
|---|---|---|
| **Alfacalcidol (vitamine D3 hydroxylée)** | 0,5 µg | 1 µg |
| Éthanol | | |
| Sorbitol | | |

### Dans quel cas ce médicament est-il prescrit ?

Ce médicament contient un dérivé de la *vitamine* D. Il permet la fixation osseuse du calcium.

Il est utilisé dans le traitement :
- des anomalies osseuses rencontrées chez les insuffisants rénaux,
- du *rachitisme* et de l'*ostéomalacie* résistant à la vitamine D naturelle,
- des troubles de la calcification dus à un mauvais fonctionnement des glandes *parathyroïdes*,
- de certaines *hypocalcémies*.

### Contre-indications

Ce médicament ne doit pas être utilisé en cas d'excès de calcium ou de phosphore dans le sang.

**Attention :** Ce traitement nécessite des analyses régulières de sang et d'urine.

### Grossesse et allaitement

L'effet de ce médicament pendant la grossesse ou l'allaitement est mal connu : seul votre médecin peut évaluer le risque éventuel de son utilisation dans votre cas.

### Mode d'emploi et posologie

Les capsules doivent être avalées avec un peu d'eau sans être croquées ni sucées.

Les gouttes doivent être diluées dans un peu d'eau ou de lait.

**Posologie usuelle :**
Elle varie selon les cas et en fonction du résultat des analyses de sang.

**Conseils :** Les capsules doivent être conservées à l'abri de la chaleur, de l'humidité et de la lumière.
La solution buvable doit être conservée dans le bas du réfrigérateur (environ + 4 °C).

### Effets indésirables possibles

Excès de calcium dans le sang et dans les urines.

Chez l'insuffisant rénal : excès de calcium et de phosphore dans le sang entraînant un dépôt de calcium dans le rein, les vaisseaux, la *cornée*, la peau.

Laboratoires Leo Pharma

## UNICORDIUM

Inhibiteur calcique

sur ordonnance

### Présentation

**UNICORDIUM 100 mg :** comprimé (bleu) ; boîte de 28. Liste I - Remb 65 % - **Prix : 13,02 €**.
**UNICORDIUM 200 mg :** comprimé (vert) ; boîte de 28. Liste I - Remb 65 % - **Prix : 18,37 €**.
**UNICORDIUM 300 mg :** comprimé (jaune) ; boîte de 28. Liste I - Remb 65 % - **Prix : 23,83 €**.

### Composition

| | p cp | p cp | p cp |
|---|---|---|---|
| **Bépridil chlorhydrate** | 100 mg | 200 mg | 300 mg |

### Dans quel cas ce médicament est-il prescrit ?

Ce médicament est un *vasodilatateur* qui appartient à la famille des *inhibiteurs calciques*. Il possède également des propriétés *antiarythmiques*.

Il est utilisé dans le *traitement préventif* des crises d'*angine de poitrine*.

### Contre-indications

Ce médicament ne doit pas être utilisé dans les cas suivants :
- fréquence cardiaque inférieure à 50 battements par minute et certaines maladies de l'automatisme ou de la conduction cardiaques,
- *insuffisance cardiaque* grave,
- pression systolique inférieure à 9,
- *hypokaliémie*,
- en association avec d'autres médicaments favorisant les *torsades de pointes*.

**Attention :** Des précautions sont nécessaires en cas d'*insuffisance hépatique* ou *rénale* et chez la personne âgée.
La surveillance régulière du taux de *potassium* dans le sang, de la fréquence cardiaque et de l'électro-

cardiogramme est nécessaire avant et pendant le traitement.
N'utilisez aucun laxatif sans avis médical pendant toute la durée du traitement : risque de *trouble du rythme cardiaque*.

### Interactions avec d'autres substances

Ce médicament ne doit pas être associé aux médicaments susceptibles de provoquer des *torsades de pointes*.
Il peut interagir avec d'autres médicaments, notamment les *alphabloquants*, les *bêtabloquants*, la digoxine, les *laxatifs stimulants*, les *diurétiques* et tout autre médicament susceptible de provoquer une *hypokaliémie* ou d'abaisser la tension artérielle.

### Grossesse et allaitement

L'effet de ce médicament pendant la grossesse ou l'allaitement est mal connu : seul votre médecin peut évaluer le risque éventuel de son utilisation dans votre cas.

### Mode d'emploi et posologie

Les comprimés doivent être avalés avec un peu d'eau au cours d'un repas.

**Posologie usuelle :**

- Adulte de moins de 60 ans : initialement, 1 comprimé à 200 mg par jour. La posologie peut être augmentée à 1 comprimé à 300 mg par jour (dose maximale).
- Chez les personnes âgées de plus de 60 ans et chez les personnes souffrant d'*insuffisance rénale* ou *hépatique*, la posologie initiale est de 1 comprimé à 100 mg par jour. La posologie peut être augmentée à 1 comprimé à 200 mg par jour (dose maximale).

**Conseils :** Les comprimés doivent être conservés à l'abri de la lumière.

### Effets indésirables possibles

*Troubles digestifs* : diarrhée, constipation, nausées, brûlure d'estomac, manque d'appétit.
Nervosité, vertige, tremblements, fatigue, somnolence.
*Réaction allergique* cutanée.
*Torsades de pointes*.

Laboratoires Organon

## UNIFLOX

*Informations détaillées sur www.monvidal.com*

## UNIFLUID

Suppléance lacrymale

### Présentation

**UNIFLUID :** collyre ; boîte de 36 flacons unidoses de 0,4 ml. Remb 65 % - **Prix : 4,44 €**.

### Composition

| | p unidose |
|---|---|
| **Povidone** | 6 mg |

### Dans quel cas ce médicament est-il prescrit ?

C'est une solution de suppléance lacrymale : elle compense une insuffisance de sécrétion naturelle de larmes.
Elle est utilisée dans le traitement de la sécheresse oculaire due à une insuffisance lacrymale (œil sec).

**Attention :** Une irritation oculaire peut être due à une infection : en cas de doute, n'hésitez pas à consulter votre médecin.
N'utilisez pas ce collyre de façon prolongée sans prendre un avis médical.

### Interactions avec d'autres substances

Ce collyre peut interagir avec d'autres collyres : respectez un intervalle de 15 minutes entre deux instillations.

### Grossesse et allaitement

L'utilisation ponctuelle de ce médicament pendant la grossesse ou l'allaitement ne semble pas poser de problème particulier.

### Mode d'emploi et posologie

Utiliser un nouveau flacon unidose lors de chaque instillation.
Tirer la paupière inférieure vers le bas tout en regardant vers le haut et déposer les gouttes entre la paupière et le globe oculaire (*cul-de-sac conjonctival*).

**Posologie usuelle :**
2 gouttes, 4 à 6 fois par jour.

**Conseils :** L'application correcte du produit peut nécessiter une aide, notamment chez une personne handicapée ou âgée.
Les flacons unidoses ne contiennent pas de conservateur ; ne les conservez pas après ouverture.

Laboratoires Théa

## UNILARM

*Informations détaillées sur www.monvidal.com*

## UNIPEXIL

*Informations détaillées sur www.monvidal.com*

## UPFEN

Anti-inflammatoire non stéroïdien

### Présentation

**UPFEN 200 mg :** comprimé (blanc) ; boîte de 20. Non remb.
**UPFEN 200 mg :** comprimé effervescent (arôme citron) ; boîte de 20. Non remb.

### Composition

| | p cp | p cp efferv |
|---|---|---|
| **Ibuprofène** | 200 mg | 200 mg |
| Lactose | | 1,4 g |
| Sodium | | 150 mg |

### Dans quel cas ce médicament est-il prescrit ?

Ce médicament est un *anti-inflammatoire* non stéroïdien (*AINS*). Il lutte contre la douleur et fait baisser la fièvre. Ses propriétés anti-inflammatoires se manifestent à forte dose.
Il est utilisé dans le traitement de la fièvre et de la douleur (maux de tête, douleurs dentaires, règles douloureuses...).

### Contre-indications

Ce médicament ne doit pas être utilisé dans les cas suivants :
- *antécédent* d'*allergie* ou d'*asthme* provoqué par la prise d'*AINS*, y compris l'aspirine ;

- *ulcère* de l'estomac ou du *duodénum* ;
- *insuffisance hépatique* ou *rénale* grave ;
- *insuffisance cardiaque* grave ;
- *lupus érythémateux* disséminé ;
- **grossesse** (à partir du 6e mois).

**Attention :** Tout traitement prolongé ou *surdosage* d'*AINS* expose à des effets indésirables graves.

Certaines situations doivent conduire à ne poursuivre le traitement qu'après un avis médical :
- brûlures d'estomac importantes ou selles noires et nauséabondes pouvant traduire une irritation ou un saignement du tube digestif ;
- *réaction allergique* cutanée, crise d'*asthme* ;
- fatigue inhabituelle et intense, ou baisse brutale et importante du volume des urines chez une personne souffrant d'*insuffisance cardiaque*, déshydratée ou traitée par *diurétique*.

L'utilisation des AINS est déconseillée dans le traitement de la fièvre chez l'enfant en cas de varicelle : ils augmenteraient le risque rare de complications infectieuses cutanées graves.

Des précautions sont nécessaires en cas d'*antécédent* d'*ulcère* de l'estomac ou du *duodénum* ou de risque hémorragique, notamment digestif (maladie de *Crohn*, *rectocolite hémorragique*).

Certains médecins considèrent que les anti-inflammatoires peuvent diminuer l'efficacité des stérilets et exposer à un risque de grossesse non désirée. Ce risque est actuellement très controversé.

Les comprimés effervescents contiennent du *sel* (*sodium*) en quantité notable.

Conducteur : ce médicament peut être responsable, dans de rares cas, de vertiges ou de troubles de la vue.

### Interactions avec d'autres substances

Ce médicament peut interagir avec d'autres médicaments, notamment :
- l'aspirine et les autres *anti-inflammatoires* non stéroïdiens (*AINS*) : risque d'accroissement des effets indésirables ;
- les *anticoagulants* et les *antiagrégants plaquettaires* : augmentation du risque hémorragique ;
- le lithium (TÉRALITHE, NEUROLITHIUM...) : augmentation du taux de lithium dans le sang ;
- le méthotrexate.

Informez par ailleurs votre médecin ou votre pharmacien en cas de traitement par un *diurétique*, un *inhibiteur de l'enzyme de conversion*, un *inhibiteur de l'angiotensine II*, un *bêtabloquant* ou un médicament contenant de la ciclosporine.

### Grossesse et allaitement

Des effets néfastes pour l'enfant à naître ont été mis en évidence lorsque les *AINS* sont utilisés au cours des 4 derniers mois de la grossesse ; le risque existe même avec une seule prise et même si la grossesse est à terme. L'usage de ce médicament est contre-indiqué pendant cette période.

Pendant les 5 premiers mois, l'effet de ce médicament est mal connu : seul votre médecin peut évaluer le risque éventuel de son utilisation dans votre cas.

Ce médicament passe dans le lait maternel : par mesure de prudence, il est déconseillé pendant l'allaitement.

### Mode d'emploi et posologie

Afin de limiter la survenue de *troubles digestifs*, les comprimés peuvent être pris au cours des repas avec un grand verre d'eau. Toutefois, en cas de douleurs aiguës, la prise à jeun assure un effet plus rapide.

Les comprimés effervescents doivent être dissous dans un grand verre d'eau.

**Posologie usuelle :**
- Adulte et enfant de plus de 40 kg (soit environ 12 ans) : 1 ou 2 comprimés, à renouveler si nécessaire toutes les 6 heures. Ne pas dépasser 6 comprimés par jour.

**Conseils :** Ne dépassez pas la *posologie* ni la durée de traitement préconisées par votre médecin ou votre pharmacien, afin de limiter les effets indésirables.

### Effets indésirables possibles

Nausées, vomissements, *gastrite*.

Rarement :
- *ulcère* de l'estomac ou du *duodénum*, *hémorragie* du tube digestif (vomissements sanglants, selles noires, ou le plus souvent pertes de sang imperceptibles, responsables de l'apparition progressive d'une *anémie*) le plus souvent lors d'un traitement de longue durée ou à forte dose ;
- *réaction allergique* : *éruption cutanée*, démangeaisons, *œdème*, crise d'*asthme*, malaise avec chute brutale de la tension artérielle ;
- *vertiges*, maux de tête ;
- troubles de la vision nécessitant un examen ophtalmologique ;
- anomalie de la *numération formule sanguine*, augmentation des *transaminases*.

Laboratoires Upsa Conseil

## UPRIMA

*Informations détaillées sur www.monvidal.com*

## URARTHONE

Homéopathie

### Présentation

URARTHONE : solution buvable ; flacon de 250 ml. Non remb.

### Composition

Colchicum D1 0,5 %, Bryonia TM 0,5 %, Dulcamara TM 0,8 %, Viscum album TM 1,5 %, Kalium iodatum D2 0,5 %, Aurum muriaticum natronatum D8 0,25 %, Aqua silicata D2 5 %, Sulfur D4 2 %, Rubia TM 2 %, Natrum salicylicum D3 5 %, Betula TM 2 %, Mercurius corrosivus D4 0,5 %, Aqua destillata 63,5 %, Spiritus vini 14 %, caramel 2 %.

### Dans quel cas ce médicament est-il prescrit ?

Ce médicament contient des remèdes homéopathiques et des *teintures mères*.

Il est utilisé dans le *traitement d'appoint* de l'*arthrose*, des douleurs articulaires et rhumatismales et de la *goutte*.

### Grossesse et allaitement

L'effet de ce médicament pendant la grossesse ou l'allaitement est mal connu. L'évaluation du risque éventuel lié à son utilisation est individuelle : demandez conseil à votre pharmacien ou à votre médecin.

### Mode d'emploi et posologie

Ce médicament doit être dilué dans une *infusion* et pris de préférence le matin à jeun et le soir au coucher.

**Posologie usuelle :**
1 cuillère à soupe, 2 fois par jour, dans une infusion chaude.

Laboratoires Lehning

## URBANYL

Anxiolytique : benzodiazépine — **sur ordonnance**

### Présentation

URBANYL 5 : gélule (blanc et bleu) ; boîte de 30. Liste I, durée de prescription limitée à 12 semaines - Remb 65 % - **Prix : 1,92 €**.
URBANYL 10 : comprimé sécable (blanc) ; boîte de 30. Liste I, durée de prescription limitée à 12 semaines - Remb 65 % - **Prix : 3,66 €**.
URBANYL 20 : comprimé (blanc) ; boîte de 30. Liste I, durée de prescription limitée à 12 semaines - Remb 65 % - **Prix : 5,19 €**.

### Composition

| | p gél | p cp | p cp |
|---|---|---|---|
| | 5 mg | 10 mg | 20 mg |
| **Clobazam** | 5 mg | 10 mg | 20 mg |
| Lactose | + | + | + |

### Dans quel cas ce médicament est-il prescrit ?

Ce médicament est un *anxiolytique* (tranquillisant) de la famille des *benzodiazépines*. Il a également des propriétés *anticonvulsivantes*.

Il est utilisé dans le traitement de l'anxiété lorsque celle-ci s'accompagne de troubles gênants (*anxiété généralisée*, crise d'angoisse...) et dans le cadre d'un sevrage alcoolique.

Les comprimés à 10 mg sont utilisés dans le traitement de certaines formes *épilepsie*.

### Contre-indications

Ce médicament ne doit pas être utilisé dans les cas suivants :
- *insuffisance respiratoire* ou *hépatique* grave,
- *syndrome d'apnée du sommeil*.

**Attention :** Des précautions sont nécessaires chez la personne âgée, l'*insuffisant hépatique* ou *rénal* et chez la personne souffrant de *myasthénie*.

Utilisé seul, ce médicament n'est pas adapté au traitement des *états dépressifs*.

Une prise prolongée, surtout à doses importantes, de *tranquillisants* de la famille des *benzodiazépines* peut provoquer une *dépendance*. Ce risque de dépendance est accru chez les personnes ayant déjà présenté une dépendance à d'autres médicaments, substances ou à l'alcool.

L'arrêt brutal de ce médicament expose à un *syndrome de sevrage* : réapparition de l'anxiété, agitation, irritabilité, insomnie, maux de tête, douleurs musculaires, tremblements, hallucinations. Il faut donc s'entourer de conseils médicaux pour diminuer progressivement les doses et espacer les prises, sur une période d'autant plus longue que le traitement a été prolongé.

Ce médicament peut induire une somnolence, parfois intense chez certaines personnes. Cette somnolence peut être majorée par la prise d'*alcool* ou d'autres médicaments *sédatifs*. La conduite et l'utilisation de machines dangereuses sont déconseillées, surtout dans les heures qui suivent la prise du médicament.

### Interactions avec d'autres substances

Informez votre médecin ou votre pharmacien si vous prenez d'autres *sédatifs* (tranquillisants, somnifères, certains médicaments contre la toux ou contre la douleur contenant des *opiacés*, *antidépresseurs*, *neuroleptiques*...).

### Grossesse et allaitement

Ce médicament ne doit pas être utilisé sans avis médical pendant la grossesse. Les fortes doses au cours des 6 derniers mois sont déconseillées. En fin de grossesse, un traitement par benzodiazépine, même à faible dose, peut être responsable d'effets indésirables chez le *nouveau-né* : une surveillance médicale du nouveau-né est alors nécessaire pendant 1 à 3 semaines selon les cas.

Ce médicament passe dans le lait maternel : l'allaitement est déconseillé.

### Mode d'emploi et posologie

Ce médicament peut être pris pendant ou entre les repas.

**Posologie usuelle :**
La *posologie* est strictement individuelle.

**Conseils :** Ce médicament est présent dans l'organisme plus de 20 heures après sa prise : son effet peut persister de façon prolongée.

Ce médicament vous a été prescrit dans une situation précise : ne le réutilisez pas ultérieurement sans avis médical et ne le conseillez pas à une autre personne.

La durée de prescription des *anxiolytiques* doit être la plus courte possible. Dans certaines situations, le traitement doit toutefois être prolongé. Il appartient alors au médecin de réévaluer périodiquement la nécessité de le poursuivre ou de l'interrompre.

Les *tranquillisants* ne sont pas la seule réponse à l'anxiété : une meilleure hygiène de vie, une consommation modérée d'excitants (y compris les boissons alcoolisées) permettent aussi de lutter efficacement contre l'excès de stress. Dans certains cas, une psychothérapie peut aider à lutter durablement contre l'anxiété.

### Effets indésirables possibles

Sensation d'ivresse, fatigue, somnolence en particulier chez la personne âgée, ralentissement des idées, sensation de faiblesse musculaire, baisse de la libido, *éruption cutanée*.

Dans certaines circonstances et chez certaines personnes :
- réactions paradoxales avec augmentation de l'anxiété, agitation, agressivité, confusion des idées, hallucinations ;
- *amnésie antérograde*.

Ces troubles nécessitent l'arrêt du traitement.

Laboratoires Sanofi-Aventis France

## UREX

*Informations détaillées sur www.monvidal.com*

## URGOCOR

*Informations détaillées sur www.monvidal.com*

## URIDOZ
Antibiotique urinaire
sur ordonnance

### Présentation
URIDOZ : granulé pour solution buvable (arômes : orange, mandarine) ; boîte de 1 sachet. Liste I - Remb 65 % - **Prix : 12,14 €.**

### Composition

| | p sachet |
|---|---|
| **Fosfomycine** | 3 g |
| Saccharose | 2,21 g |

### Dans quel cas ce médicament est-il prescrit ?
C'est un *antibiotique* qui se concentre dans les urines. Il est utilisé dans le *traitement minute* de certaines *cystites* de la femme.

### Contre-indications
Ce médicament ne doit pas être utilisé en cas d'*insuffisance rénale* grave.

**Attention :** Ce médicament n'est efficace que dans certains cas de *cystites*. Ne le prenez jamais sans avis médical.

### Grossesse et allaitement
Ce médicament n'est pas destiné au traitement des infections urinaires de la femme enceinte.
Ce médicament passe faiblement dans le lait maternel : par mesure de prudence, son usage est déconseillé pendant l'allaitement.

### Mode d'emploi et posologie
Dissoudre le contenu du sachet dans un demi-verre d'eau. Prendre ce médicament à distance des repas (2 ou 3 heures avant).
**Posologie usuelle :**
1 sachet en une dose unique.

**Conseils :** Certaines mesures d'hygiène permettent de prévenir les récidives de *cystites* : demandez conseil à votre médecin.

### Effets indésirables possibles
*Troubles digestifs, éruption cutanée.*

Laboratoires Thérabel Lucien Pharma

## URION
*Informations détaillées sur www.monvidal.com*

## URISPAS
Antispasmodique urinaire

### Présentation
URISPAS : comprimé (blanc) ; boîte de 42. Remb 35 % - **Prix : 6,40 €.**

### Composition

| | p cp |
|---|---|
| **Flavoxate chlorhydrate** | 200 mg |
| Lactose | + |

### Dans quel cas ce médicament est-il prescrit ?
C'est un *antispasmodique* qui lutte contre la contraction anormale de la vessie.
Il est utilisé, chez la femme, dans le traitement des envies impérieuses d'uriner ou des incontinences urinaires dues à une instabilité de la vessie.
Ce médicament n'est pas indiqué dans le traitement des fuites d'urine dues à la toux, au stress ou aux efforts.

### Contre-indications
Ce médicament ne doit pas être utilisé dans les cas suivants :
- obstruction ou *hémorragie* du tube digestif,
- *glaucome* par fermeture de l'angle.

**Attention :** Des précautions sont nécessaires chez l'enfant et la personne âgée.

### Grossesse et allaitement
L'effet de ce médicament pendant la grossesse ou l'allaitement est mal connu. L'évaluation du risque éventuel lié à son utilisation est individuelle : demandez conseil à votre pharmacien ou à votre médecin.

### Mode d'emploi et posologie
Ce médicament peut être pris avant, pendant ou après les repas.
**Posologie usuelle :**
1 comprimé, 3 fois par jour.

### Effets indésirables possibles
Rarement : constipation, sécheresse de la bouche, maux de tête, nausées.

Laboratoires Negma-Lerads

## UROMIL
*Informations détaillées sur www.monvidal.com*

## UROPHYTUM
*Informations détaillées sur www.monvidal.com*

## UROSIPHON
*Informations détaillées sur www.monvidal.com*

## UROTISAN
*Informations détaillées sur www.monvidal.com*

## URSOLVAN
Dissolvant des calculs biliaires
sur ordonnance

### Présentation
URSOLVAN 200 mg : gélule (bleu) ; boîte de 30. Liste I - Remb 65 % - **Prix : 10,05 €.**

### Composition

| | p gél |
|---|---|
| **Acide ursodésoxycholique** | 200 mg |

### Dans quel cas ce médicament est-il prescrit ?
Ce médicament appartient à la famille des dissolvants des calculs de la vésicule biliaire. Il contient une substance qui se trouve normalement en petite quantité dans la bile.
Il est utilisé pour dissoudre les calculs biliaires formés de *cholestérol*, et dans le traitement de certaines maladies chroniques du foie.

**Attention :** L'action de ce médicament est lente ; la taille du calcul peut être surveillée par *échographie.*

### Interactions avec d'autres substances

Ce médicament peut interagir avec un médicament contenant de la colestyramine (QUESTRAN) ; il doit cependant lui être associé dans certaines maladies rares du foie. Dans ce cas, respectez un intervalle de 5 heures entre la prise des 2 médicaments.

### Grossesse et allaitement

En dehors de certaines indications très particulières, ce médicament est contre-indiqué pendant la grossesse.

Les données actuellement disponibles ne permettent pas de savoir si ce médicament passe dans le lait maternel. Ne poursuivez pas l'allaitement sans avis médical.

### Mode d'emploi et posologie

Ce médicament est pris de préférence au moment des repas.

**Posologie usuelle :**

- Calculs biliaires : 5 à 10 mg par kg et par jour ; soit 2 ou 3 gélules par jour en moyenne, à prendre en 1 prise le soir ou en 2 prises matin et soir.

Le traitement dure habituellement 6 mois et peut être poursuivi plus longtemps si le calcul est volumineux.

- Maladie chronique du foie : la *posologie* est individuelle. Suivre strictement la prescription du médecin.

### Effets indésirables possibles

Rarement : diarrhée.

Laboratoires Sanofi-Aventis France

## UT 380

*Informations détaillées sur www.monvidal.com*

## UTEPLEX

Traitement des affections rhumatismales

### Présentation

UTEPLEX : solution buvable ; boîte de 45 ampoules de 2 ml. Non remb.

### Composition

| | p amp buv |
|---|---|
| **Uridine-5'triphosphate trisodique** | 2 mg |

### Dans quel cas ce médicament est-il prescrit ?

Ce médicament contient une substance impliquée dans le *métabolisme* des muscles et des nerfs.

Il est utilisé dans le traitement des douleurs du dos.

### Grossesse et allaitement

L'utilisation ponctuelle de ce médicament pendant la grossesse ou l'allaitement ne semble pas poser de problème particulier.

### Mode d'emploi et posologie

Les ampoules doivent être diluées dans un demi-verre d'eau.

**Posologie usuelle :**

- Adulte : 3 ampoules par jour.

Laboratoires Biodim

## UTROGESTAN

Progestatif

sur ordonnance

### Présentation

UTROGESTAN 100 mg : capsule orale et vaginale (blanc) ; boîte de 30. Liste I - Remb 65 % - **Prix : 7,67 €.**
UTROGESTAN 200 mg : capsule orale et vaginale (blanc) ; boîte de 15. Liste I - Remb 65 % - **Prix : 7,67 €.**

### Composition

| | p caps | p caps |
|---|---|---|
| **Progestérone naturelle micronisée** | 100 mg | 200 mg |

### Dans quel cas ce médicament est-il prescrit ?

Ce médicament contient une *hormone*, la *progestérone*.

Il est utilisé par *voie* orale ou vaginale :

- pour corriger une insuffisance de sécrétion de progestérone dans le traitement du *syndrome prémenstruel*, de certains troubles des règles, de la tension des seins, de certaines stérilités et des menaces de fausse couche ;
- en complément des *estrogènes* dans le traitement de la *ménopause*.

### Contre-indications

Ce médicament ne doit pas être utilisé par *voie* orale en cas de maladie grave du foie.

> **Attention :** De récentes études ont montré une augmentation du risque de survenue d'un cancer du sein chez les femmes ayant reçu un traitement prolongé des *symptômes* de la *ménopause*. Le traitement doit par conséquent être prescrit à la dose minimale efficace et pour une durée la plus courte possible. En l'absence de troubles, sa prescription ne doit pas être systématique.
> N'utilisez en aucun cas ce médicament sans avis médical.
> Conductrice : par *voie* orale, ce médicament peut être responsable de *vertiges* ou d'une baisse de la vigilance.

### Grossesse et allaitement

Ce médicament peut être prescrit, par voie vaginale, pendant le premier trimestre de la grossesse.

### Mode d'emploi et posologie

Voie orale : prendre les capsules à distance des repas, de préférence le soir au coucher.

Voie vaginale : la capsule doit être introduite profondément dans le vagin.

**Posologie usuelle :**

La *posologie* est individuelle et variable selon les cas.

### Effets indésirables possibles

Par *voie* orale seulement, certains signes peuvent faire penser à un *surdosage* : somnolence, *vertiges* 1 à 3 heures après la prise du médicament, léger saignement, règles plus fréquentes. Une adaptation de la *posologie* est nécessaire : consultez votre médecin.

Par voie vaginale, aucun effet indésirable n'est généralement constaté aux doses usuelles.

Laboratoires Besins International

## UVA URSI COMPLEXE N° 9

*Informations détaillées sur www.monvidal.com*

## UVÉDOSE

Vitamine D

sur ordonnance

### Présentation

**UVÉDOSE 100 000 UI :** solution buvable (arôme citron) ; boîte de 1 ampoule de 2 ml. Liste II - Remb 65 % - **Prix : 1,81 €**.

### Composition

| | p amp buv |
|---|---|
| **Colécalciférol (vitamine D3)** | 100 000 UI |

### Dans quel cas ce médicament est-il prescrit ?

Ce médicament contient de la *vitamine* D, qui permet la fixation osseuse du calcium et dont la *carence* provoque le *rachitisme*.

Il est utilisé pour prévenir et traiter les carences en vitamine D.

### Contre-indications

Ce médicament ne doit pas être utilisé dans les cas suivants :

- excès de calcium dans le sang et dans les urines,
- *antécédent* de calculs rénaux contenant du calcium.

**Attention :** Un *surdosage* en *vitamine* D expose à des effets indésirables graves.

La vitamine D est présente dans de nombreux laits pour bébé et médicaments disponibles sans ordonnance : prenez l'avis de votre médecin ou de votre pharmacien pour éviter tout risque de surdosage.

### Grossesse et allaitement

Ce médicament peut être utilisé chez la femme enceinte ou chez celle qui allaite, mais la *posologie* prescrite par le médecin ne doit pas être dépassée.

Une *hypercalcémie* pendant la grossesse pourrait être néfaste pour l'enfant à naître. Veillez à ne pas absorber plusieurs médicaments contenant de la *vitamine* D pendant la grossesse.

### Mode d'emploi et posologie

La solution peut être avalée pure, ou diluée dans le lait du biberon ou dans de l'eau.

**Posologie usuelle :**

Prévention du *rachitisme* :

- Nourrisson et jeune enfant jusqu'à 6 ans : 1 ampoule (100 000 *UI*) tous les 3 mois (2 ampoules chez l'enfant à peau sombre ou peu exposée au soleil).

Dans les autres cas, notamment chez la femme enceinte et la personne âgée, la *posologie* est strictement individuelle.

**Conseils :** Les *carences* en *vitamine* D sont particulièrement fréquentes chez les jeunes enfants à peau sombre ou peu exposée au soleil ; en effet, la vitamine D est fabriquée par la peau sous l'influence des rayons *ultraviolets*.

La prévention du *rachitisme* par la vitamine D doit être systématique chez le *nourrisson* et le jeune enfant.

Ce médicament doit être conservé à l'abri de la chaleur et de la lumière.

**Laboratoires Crinex**

## UVESTÉROL A, D, E, C

Vitamines associées

### Présentation

UVESTÉROL vitaminé A, D, E, C : solution buvable ; flacon de 20 ml avec mesurette graduée (1 ml). Non remb.

### Composition

| | p ml |
|---|---|
| **Ergocalciférol (vitamine D2)** | 1 000 UI |
| **Rétinol (vitamine A)** | 3 000 UI |
| **Tocophérol (vitamine E)** | 5 mg |
| **Acide ascorbique (vitamine C)** | 50 mg |

### Dans quel cas ce médicament est-il prescrit ?

Ce médicament est une association de *vitamines* indispensables au *métabolisme*. La *carence* en vitamine A est responsable de troubles de la vision et d'une sécheresse de la peau et des *muqueuses*. La vitamine D participe à la croissance de l'os ; sa carence provoque le *rachitisme*.

Ce médicament est utilisé, chez le *nourrisson* et le jeune enfant, pour prévenir le rachitisme et les carences en vitamines favorisant la croissance.

### Contre-indications

Ce médicament ne doit pas être utilisé dans les cas suivants :

- excès de calcium dans le sang et dans les urines,
- *antécédent* de calculs rénaux contenant du calcium.

**Attention :** Un *surdosage* en *vitamines* A et D expose à des effets indésirables graves.

Les vitamines A et D sont présentes dans de nombreux laits pour bébé et médicaments disponibles sans ordonnance : prenez l'avis de votre médecin ou de votre pharmacien pour éviter tout risque de surdosage.

### Mode d'emploi et posologie

La solution peut être avalée pure (elle doit alors être introduite lentement dans la bouche) ou diluée dans le lait du biberon, dans de l'eau ou du jus de fruit.

En cas de *reflux gastro-œsophagien*, la dilution dans le lait ou l'eau est préférable.

**Posologie usuelle :**

- Nourrisson : 1 mesurette graduée (1 ml) par jour.

**Conseils :** Les *carences* en *vitamine* D sont particulièrement fréquentes chez les jeunes enfants à peau sombre ou peu exposée au soleil ; en effet, la vitamine D est fabriquée par la peau sous l'influence des rayons *ultraviolets*.

La prévention du *rachitisme* par la vitamine D doit être systématique chez le *nourrisson* et le jeune enfant.

Ce médicament doit être conservé à l'abri de la chaleur et de la lumière.

**Laboratoires Crinex**

## UVESTÉROL D

Vitamine D

### Présentation

UVESTÉROL D 1500 UI/ml : solution buvable (arôme citron) ; flacon de 20 ml avec mesurette graduée. Remb 65 % - **Prix : 1,77 €.**

### Composition

| | p dose L (0,53 ml) | p dose 1 (0,67 ml) | p dose 2 (1 ml) |
|---|---|---|---|
| **Ergocalciférol (vitamine D2)** | 800 UI | 1 000 UI | 1 500 UI |

### Dans quel cas ce médicament est-il prescrit ?

Ce médicament contient de la *vitamine* D, qui permet la fixation osseuse du calcium et dont la *carence* provoque le *rachitisme.*

Il est utilisé pour prévenir et traiter les carences en vitamine D.

### Contre-indications

Ce médicament ne doit pas être utilisé dans les cas suivants :

- excès de calcium dans le sang et dans les urines,
- *antécédent* de calculs rénaux contenant du calcium.

**Attention :** Un *surdosage* en *vitamine* D expose à des effets indésirables graves.
La vitamine D est présente dans de nombreux laits pour bébé et médicaments disponibles sans ordonnance : prenez l'avis de votre médecin ou de votre pharmacien pour éviter tout risque de surdosage.

### Grossesse et allaitement

Ce médicament peut être utilisé chez la femme enceinte ou chez celle qui allaite, mais la *posologie* prescrite par le médecin ne doit pas être dépassée.

Une *hypercalcémie* pendant la grossesse pourrait être néfaste pour l'enfant à naître. Veillez à ne pas absorber plusieurs médicaments contenant de la *vitamine* D pendant la grossesse.

### Mode d'emploi et posologie

La solution peut être avalée pure (elle doit alors être introduite lentement dans la bouche) ou diluée dans le lait du biberon, dans de l'eau ou du jus de fruit.

En cas de *reflux gastro-œsophagien*, la dilution dans le lait ou l'eau est préférable.

**Posologie usuelle :**

Prévention du *rachitisme* :

- Nourrisson et enfant jusqu'à 5 ans : 1 000 à 1 500 *UI* par jour. En cas d'apport de lait enrichi en *vitamine* D, ne pas dépasser 1 000 UI par jour.

Dans les autres cas, notamment chez la femme enceinte et la personne âgée, la *posologie* est strictement individuelle.

**Conseils :** Les *carences* en *vitamine* D sont particulièrement fréquentes chez les jeunes enfants à peau sombre ou peu exposée au soleil ; en effet, la vitamine D est fabriquée par la peau sous l'influence des rayons *ultraviolets.*
La prévention du *rachitisme* par la vitamine D doit être systématique chez le *nourrisson* et le jeune enfant.
Ce médicament doit être conservé à l'abri de la chaleur et de la lumière.

Laboratoires Crinex

## UVICOL

*Informations détaillées sur www.monvidal.com*

## UVIMAG B6

Élément minéral : magnésium

### Présentation

UVIMAG B6 : solution buvable (arôme raisin) ; boîte de 20 ampoules de 10 ml. Remb 35 % - **Prix : 2,81 €.**

### Composition

| | p amp buv |
|---|---|
| **Magnésium glycérophosphate** | 1,895 g |
| soit Magnésium | 125 mg |
| **Pyridoxine (vitamine B6) chlorhydrate** | 40 mg |
| Saccharose | 4,24 g |
| Alcool | 36 mg |

### Dans quel cas ce médicament est-il prescrit ?

Ce médicament est une association de magnésium et de *vitamine* B6, substances indispensables au *métabolisme.*

Il est utilisé dans le traitement des *carences* en magnésium et en cas de symptômes pouvant évoquer un manque de magnésium : irritabilité, fatigue passagère, troubles mineurs du sommeil, *palpitations*, crampes musculaires, fourmillements.

### Contre-indications

Ce médicament ne doit pas être utilisé en cas d'*insuffisance rénale* grave.

**Attention :** En l'absence d'amélioration après un mois de traitement, consultez votre médecin.
Ce médicament contient du *sucre* (saccharose) en quantité notable.

### Interactions avec d'autres substances

Ce médicament peut interagir avec les médicaments contenant de la quinidine ou de l'hydroquinidine.

### Grossesse et allaitement

Ce médicament ne contient que des substances présumées sans danger pendant la grossesse ou l'allaitement.

### Mode d'emploi et posologie

Ce médicament est pris de préférence au moment des repas.

Le contenu de l'ampoule doit être dilué dans un demi-verre d'eau.

**Posologie usuelle :**

- Adulte : 1 ampoule, 2 ou 3 fois par jour.

### Effets indésirables possibles

Diarrhée, douleurs abdominales.

Laboratoires Zambon France

# V

## VACCIN BCG SSI

*Informations détaillées sur www.monvidal.com*

## VACCIN MÉNINGOCOCCIQUE A + C

*Informations détaillées sur www.monvidal.com*

## VACCIN RABIQUE PASTEUR

*Informations détaillées sur www.monvidal.com*

## VACCIN TÉTANIQUE PASTEUR

Vaccin : tétanos

### Présentation

VACCIN TÉTANIQUE PASTEUR : suspension injectable ; seringue préremplie de 0,5 ml. Remb 65 % - **Prix : 2,67 €**.

### Composition

| | p seringue |
|---|---|
| **Anatoxine tétanique** | 1 dose |
| Thiomersal (mercurothiolate sodique) | + |

### Dans quel cas ce médicament est-il prescrit ?

Ce *vaccin* est l'*anatoxine* tétanique, forme inactivée et purifiée de la toxine responsable du tétanos. Il ne contient aucun *germe* vivant.

Il est utilisé dans la prévention du tétanos.

L'immunité apparaît dès la deuxième injection et persiste 10 ans après le premier rappel.

### Contre-indications

Il n'existe aucune contre-indication à ce vaccin.

**Attention :** En cas de fièvre élevée, de maladie aiguë, il est préférable de différer la vaccination.

En cas de blessure minime et peu souillée :
- si le dernier rappel date de moins de 10 ans, aucune prévention antitétanique n'est utile ;
- si le dernier rappel date de plus de 10 ans, 1 rappel de vaccin est nécessaire.

En cas de blessure importante :
- si le dernier rappel date de moins de 5 ans, aucune prévention antitétanique n'est utile ;
- si le dernier rappel date de plus de 5 ans, une injection de vaccin est nécessaire.

Dans certains cas, il peut être également nécessaire de pratiquer conjointement, mais dans un site séparé, une injection de sérum antitétanique.

### Grossesse et allaitement

Ce *vaccin* peut être pratiqué chez la femme enceinte ou qui allaite.

### Mode d'emploi et posologie

Bien agiter la seringue avant l'emploi, la réchauffer à température ambiante si nécessaire. L'injection doit être réalisée par *voie* sous-cutanée ou intramusculaire. Ce *vaccin* peut aussi bien servir à la première vaccination qu'aux rappels ultérieurs, notamment en cas de blessure potentiellement contaminante.

**Posologie usuelle :**
- Adulte : la première vaccination consiste en 2 injections espacées de 1 à 2 mois, suivies d'un rappel 6 à 12 mois après la deuxième injection. Un rappel doit ensuite être pratiqué tous les 10 ans.

**Conseils :** En cas de dépassement des dates de rappel, il est inutile de reprendre toute la vaccination, il faut rattraper le retard ; par exemple, si aucun rappel n'a été effectué depuis 20 ans, 2 injections séparées d'1 mois suffisent à restaurer l'immunité.

Pour garder son efficacité, ce médicament doit être conservé entre + 2 °C et + 8 °C (partie haute du réfrigérateur). Toutefois, une rupture de la chaîne du froid pendant une durée limitée (quelques heures à température ambiante inférieure à 25 °C) ne devrait pas prêter à conséquence. En pratique, en cas de nécessité, un délai de quelques heures peut séparer l'achat du vaccin en pharmacie de son stockage au réfrigérateur ou de la vaccination.

Ce vaccin ne doit pas être congelé.

### Effets indésirables possibles

Réactions douloureuses, *nodule* au point d'injection.

Très rares réactions fébriles.

Laboratoires Sanofi Pasteur MSD

## VACCIN TYPHERIX

*Informations détaillées sur www.monvidal.com*

## VADILEX

Vasodilatateur — sur ordonnance

### Présentation

VADILEX 20 : comprimé (rose) ; boîte de 30. Liste II - Remb 15 % - **Prix : 6,11 €**.

### Composition

| | p cp |
|---|---|
| **Ifenprodil tartrate** | 20 mg |
| Lactose | + |

### Dans quel cas ce médicament est-il prescrit ?

Ce médicament appartient à la famille des *vasodilatateurs*. Il augmente le débit du sang dans les artères.

Il est utilisé dans le *traitement symptomatique* de l'*artérite*.

**Attention :** Des précautions sont nécessaires en cas d'hypotension, notamment chez la personne âgée.

### Grossesse et allaitement

L'effet de ce médicament pendant la grossesse ou l'allaitement est mal connu : seul votre médecin peut évaluer le risque éventuel de son utilisation dans votre cas.

### Mode d'emploi et posologie

Les comprimés doivent être avalés, sans être croqués, avec un grand verre d'eau.

**Posologie usuelle :**
2 ou 3 comprimés par jour.

> **Conseils :** Ce médicament n'est actif que sur les *symptômes* de l'*artérite.* Seuls la pratique de la marche et l'arrêt d'un éventuel tabagisme peuvent retarder l'évolution de la maladie.

### Effets indésirables possibles

Rarement : malaise, bouffées de chaleur.

Laboratoires Sanofi-Aventis France

## VAGOSTABYL
Phytothérapie

### Présentation

VAGOSTABYL : comprimé (orangé) ; boîte de 40. Non remb.

### Composition

| | p cp |
|---|---|
| **Aubépine, extrait** | 50 mg |
| **Mélisse, extrait** | 45 mg |
| **Calcium lactate** | 50 mg |
| **Magnésium thiosulfate** | 10 mg |
| Lactose | + |

### Dans quel cas ce médicament est-il prescrit ?

Ce médicament contient des extraits de plantes à visée *sédative* et des minéraux.

Il est traditionnellement utilisé dans le *traitement symptomatique* de la nervosité, notamment en cas de troubles légers du sommeil, et dans le traitement des *palpitations* chez l'adulte.

> **Attention :** Les *palpitations* peuvent être le *symptôme* d'une maladie cardiaque : n'utilisez pas ce médicament de façon prolongée sans l'avis de votre médecin.

### Grossesse et allaitement

Ce médicament ne contient que des substances présumées sans danger pendant la grossesse ou l'allaitement. Néanmoins, ne l'utilisez pas de façon prolongée sans l'avis de votre pharmacien ou de votre médecin.

### Mode d'emploi et posologie

Les comprimés doivent être avalés avec un peu d'eau.

**Posologie usuelle :**
*Palpitations* :
- Adulte : 2 comprimés, 1 à 3 fois par jour, avant les repas.

Troubles du sommeil :
- Adulte : 2 comprimés au dîner, 2 comprimés au coucher.
- Enfant de plus de 6 ans : 1 comprimé au dîner, 1 comprimé au coucher.

> **Conseils :** Les médicaments ne sont pas la seule réponse au stress : une meilleure hygiène de vie, une consommation modérée d'excitants (café, thé, boissons alcoolisées...) permettent aussi de lutter contre l'excès de nervosité et ses manifestations (*palpitations*, troubles du sommeil).

Laboratoires Leurquin Mediolanum

## VALDA
Préparation orobuccale antibactérienne

### Présentation

VALDA : pâte à sucer (vert ; arôme menthe) ; boîte de 50. Non remb.
VALDA : pâte à sucer (vert ; arôme menthe) ; boîte de 160. Non remb.
VALDA sans sucre : pastille (vert ; arôme menthe) ; boîte de 50. Non remb.
VALDA sans sucre : pastille (vert ; arôme menthe) ; boîte de 160. Non remb.

### Composition

| | p pâte | p past |
|---|---|---|
| **Lévomenthol** | 3,28 mg | 3,28 mg |
| **Cinéole (eucalyptol)** | 0,451 mg | 0,451 mg |
| **Thymol** | 0,016 mg | 0,016 mg |
| **Terpinol liquide** | 0,016 mg | 0,016 mg |
| **Gaïacol** | 0,016 mg | 0,016 mg |
| Sucre | 696 mg | |

### Dans quel cas ce médicament est-il prescrit ?

C'est un médicament d'usage local à visée *antiseptique.*
Il est utilisé pour calmer les irritations de la gorge.

### Contre-indications

Ce médicament ne doit pas être utilisé chez l'enfant de moins de 6 ans.

> **Attention :** En l'absence d'amélioration au bout de 5 jours, de douleur en avalant ou en cas d'apparition de fièvre, consultez votre médecin. Il pourra faire la différence entre une *pharyngite* et une angine. En cas d'angine bactérienne, un traitement *antibiotique* est nécessaire afin d'éviter des complications ultérieures, cardiaques ou rénales.
> L'usage prolongé des traitements antiseptiques locaux (*gargarisme, collutoire*, pastille) n'est pas souhaitable ; il peut modifier l'équilibre microbien naturel de la gorge.
> Ce médicament contient des *terpènes* qui peuvent, en cas de dépassement des *posologies*, avoir des effets indésirables graves : respectez, plus particulièrement chez l'enfant, les doses préconisées.
> Des précautions sont nécessaires en cas d'*épilepsie.*

### Grossesse et allaitement

L'effet de ce médicament pendant la grossesse est mal connu. L'évaluation du risque éventuel lié à son utilisation est individuelle : demandez conseil à votre pharmacien ou à votre médecin.

Les *terpènes* peuvent donner un goût particulier au lait. Leur absorption par le *nourrisson* n'est pas souhaitable : évitez d'employer ce médicament pendant l'allaitement.

### Mode d'emploi et posologie

Les pâtes et les pastilles doivent être sucées sans être croquées.

**Posologie usuelle :**
- Adulte : 10 à 15 pâtes ou pastilles par jour.
- Enfant de 6 à 15 ans : 5 à 10 pâtes ou pastilles par jour, selon l'âge.

### Effets indésirables possibles

En cas de dépassement de la *posologie* usuelle, les *terpènes* peuvent provoquer :
- des *convulsions* chez l'enfant,
- agitation, confusion des idées (notamment chez la personne âgée).

**Laboratoires GlaxoSmithKline Santé Grand Public**

## VALÉRIANE BOIRON

*Informations détaillées sur www.monvidal.com*

## VALIUM ROCHE

Anxiolytique : benzodiazépine — **sur ordonnance**

### Présentation

**VALIUM 2 ROCHE :** comprimé sécable (blanc) ; boîte de 40. Liste I, durée de prescription limitée à 12 semaines - Remb 65 % - **Prix : 1,42 €.**
**VALIUM 5 ROCHE :** comprimé sécable (jaune) ; boîte de 40. Liste I, durée de prescription limitée à 12 semaines - Remb 65 % - **Prix : 1,49 €.**
**VALIUM 10 ROCHE :** comprimé sécable (bleu) ; boîte de 30. Liste I, durée de prescription limitée à 12 semaines - Remb 65 % - **Prix : 1,91 €.**
**VALIUM 1 % ROCHE :** solution buvable ; flacon de 20 ml (1 ml = 30 gouttes). Liste I, durée de prescription limitée à 12 semaines - Remb 65 % - **Prix : 2,92 €.**
**VALIUM 10/2 ml ROCHE :** solution injectable ; boîte de 6 ampoules de 2 ml. Liste I, durée de prescription limitée à 12 semaines - Remb 65 % - **Prix : 3,05 €.**

### Composition

| | p cp | p cp | p cp |
|---|---|---|---|
| **Diazépam** | 2 mg | 5 mg | 10 mg |
| Lactose | + | + | + |

| | p 3 gtes | p amp inj |
|---|---|---|
| **Diazépam** | 1 mg | 10 mg |
| Titre alcoolique | 38,62° | |
| Alcool benzylique | | + |

### Dans quel cas ce médicament est-il prescrit ?

Ce médicament est un *anxiolytique* (tranquillisant) de la famille des *benzodiazépines.* Il possède également des propriétés *anticonvulsivantes.*

Il est utilisé dans :
- le traitement de l'anxiété lorsque celle-ci s'accompagne de troubles gênants (*anxiété généralisée*, crise d'angoisse...) et dans le cadre d'un sevrage alcoolique,
- la prévention des *convulsions* liées à une *hyperthermie* chez l'enfant dans certaines conditions (solution buvable),
- le *traitement curatif* des convulsions chez l'enfant (solution injectable par voie intrarectale).

### Contre-indications

Ce médicament ne doit pas être utilisé dans les cas suivants :
- *insuffisance respiratoire* ou *hépatique* grave,
- *syndrome d'apnée du sommeil.*

**Attention :** Des précautions sont nécessaires chez la personne âgée, l'*insuffisant hépatique* ou *rénal* et chez la personne souffrant de *myasthénie.*

Aux doses préconisées, le *traitement préventif* des *convulsions* fébriles de l'enfant n'est pas anodin ; il ne doit donc être utilisé que lorsqu'il est indispensable : enfant de moins de 5 ans, enfant à haut risque de récidive, enfant qui n'est pas traité en continu par un médicament antiépileptique.

Utilisé seul, ce médicament n'est pas adapté au traitement des *états dépressifs.*

Une prise prolongée, surtout à doses importantes, de *tranquillisants* de la famille des *benzodiazépines* peut provoquer une *dépendance.* Ce risque de dépendance est accru chez les personnes ayant déjà présenté une dépendance à d'autres médicaments, substances ou à l'alcool.

L'arrêt brutal de ce médicament expose à un *syndrome de sevrage* : réapparition de l'anxiété, agitation, irritabilité, insomnie, maux de tête, douleurs musculaires, tremblements, hallucinations. Il faut donc s'entourer de conseils médicaux pour diminuer progressivement les doses et espacer les prises, sur une période d'autant plus longue que le traitement a été prolongé.

Ce médicament peut induire une somnolence, parfois intense chez certaines personnes. Cette somnolence peut être majorée par la prise d'*alcool* ou d'autres médicaments *sédatifs.* La conduite et l'utilisation de machines dangereuses sont déconseillées, surtout dans les heures qui suivent la prise du médicament.

### Interactions avec d'autres substances

Informez votre médecin ou votre pharmacien si vous prenez d'autres *sédatifs* (tranquillisants, somnifères, certains médicaments contre la toux ou contre la douleur contenant des *opiacés*, *antidépresseurs*, *neuroleptiques*...), ou un médicament contenant du cisapride, de la cimétidine, de la buspirone ou de la phénytoïne.

### Grossesse et allaitement

Ce médicament ne doit pas être utilisé sans avis médical pendant la grossesse. Les fortes doses au cours des 6 derniers mois sont déconseillées. En fin de grossesse, un traitement par benzodiazépine, même à faible dose, peut être responsable d'effets indésirables chez le *nouveau-né* : une surveillance médicale du nouveau-né est alors nécessaire pendant 1 à 3 semaines selon les cas.

Ce médicament passe dans le lait maternel : l'allaitement est déconseillé.

### Mode d'emploi et posologie

Les comprimés et les gouttes doivent être pris avec un verre d'eau.

Chez l'enfant, la solution injectable est administrée par *voie* intrarectale à l'aide d'une canule adaptable à une seringue. Cette injection intrarectale n'est pratiquée que par un médecin.

**Posologie usuelle :**
- Adulte : 5 à 15 mg par jour, en 1 prise ou en plusieurs prises réparties au cours de la journée ; jusqu'à 40 mg dans certains cas graves.
- Enfant et Nourrisson :
  - Prévention des *convulsions* lors d'une fièvre élevée, sur indication du médecin : 1 ou 2 gouttes de solution buvable par 2 kg de poids toutes les 8 heures, dès le début de la fièvre et pendant sa durée. Soit, par exemple, pour un enfant de 8 kg : 4 à 8 gouttes toutes les 8 heures.

- Traitement des convulsions par voie intrarectale : 0,1 ml de solution injectable par kg, sans dépasser 1 ampoule. Soit, par exemple, pour un enfant de 10 kg : ½ ampoule.

**Conseils :** Ce médicament est présent dans l'organisme plus de 32 heures après sa prise : son effet peut persister de façon prolongée.
Ce médicament vous a été prescrit dans une situation précise : ne le réutilisez pas ultérieurement sans avis médical et ne le conseillez pas à une autre personne.
La durée de prescription des *anxiolytiques* doit être la plus courte possible. Dans certaines situations, le traitement doit toutefois être prolongé. Il appartient alors au médecin de réévaluer périodiquement la nécessité de le poursuivre ou de l'interrompre.
Les *tranquillisants* ne sont pas la seule réponse à l'anxiété : une meilleure hygiène de vie, une consommation modérée d'excitants (y compris les boissons alcoolisées) permettent aussi de lutter efficacement contre l'excès de stress. Dans certains cas, une psychothérapie peut aider à lutter durablement contre l'anxiété.

**Effets indésirables possibles**

Sensation d'ivresse, fatigue, somnolence, en particulier chez la personne âgée, ralentissement des idées, sensation de faiblesse musculaire, baisse de la libido, *éruption cutanée* avec ou sans démangeaisons.
Dans certaines circonstances et chez certaines personnes :
- réactions paradoxales avec augmentation de l'anxiété, agitation, agressivité, confusion des idées, hallucinations ;
- *amnésie antérograde*.

Ces troubles nécessitent l'arrêt du traitement.

Laboratoires Roche

## VALPROATE DE SODIUM ARROW

Antiépileptique — sur ordonnance

Ce médicament est un générique de DÉPAKINE CHRONO (informations détaillées sur www.monvidal.com).

## VALPROATE DE SODIUM BIOGARAN

Antiépileptique — sur ordonnance

Ce médicament est un générique de DÉPAKINE CHRONO (informations détaillées sur www.monvidal.com).

## VALPROATE DE SODIUM EG

Antiépileptique — sur ordonnance

Ce médicament est un générique de DÉPAKINE CHRONO (informations détaillées sur www.monvidal.com).

## VALPROATE DE SODIUM IREX

Antiépileptique — sur ordonnance

Ce médicament est un générique de DÉPAKINE (voir p. 292 et tableau p. 1151).

## VALPROATE DE SODIUM MERCK

Antiépileptique — sur ordonnance

Ce médicament est un générique de DÉPAKINE CHRONO (informations détaillées sur www.monvidal.com).

## VALPROATE DE SODIUM QUALIMED

Antiépileptique — sur ordonnance

Ce médicament est un générique de DÉPAKINE CHRONO (informations détaillées sur www.monvidal.com).

## VALPROATE DE SODIUM RATIOPHARM

Antiépileptique — sur ordonnance

Ce médicament est un générique de DÉPAKINE CHRONO (informations détaillées sur www.monvidal.com).

## VALPROATE DE SODIUM RPG

Antiépileptique — sur ordonnance

Ce médicament est un générique de DÉPAKINE CHRONO (informations détaillées sur www.monvidal.com).

## VALPROATE DE SODIUM SANDOZ

Antiépileptique — sur ordonnance

Ce médicament est un générique de DÉPAKINE CHRONO (informations détaillées sur www.monvidal.com).

## VALPROATE DE SODIUM TEVA

Antiépileptique — sur ordonnance

Ce médicament est un générique de DÉPAKINE CHRONO (informations détaillées sur www.monvidal.com).

## VALPROATE DE SODIUM WINTHROP

Antiépileptique — sur ordonnance

Ce médicament est un générique de DÉPAKINE (voir p. 292 et tableau p. 1151).

## VALPROATE DE SODIUM WINTHROP LP

Antiépileptique — sur ordonnance

Ce médicament est un générique de DÉPAKINE CHRONO (informations détaillées sur www.monvidal.com).

## VANILONE infantile

*Informations détaillées sur www.monvidal.com*

## VARILRIX

*Informations détaillées sur www.monvidal.com*

## VARIVAX

*Informations détaillées sur www.monvidal.com*

## VARNOLINE

Contraceptif oral — sur ordonnance

### Présentation

VARNOLINE : comprimé (blanc) ; boîte de 1 plaquette de 21. Liste I - Non remb.
VARNOLINE : comprimé (blanc) ; boîte de 3 plaquettes de 21. Liste I - Non remb.

### Composition

| | p cp |
|---|---|
| **Éthinylestradiol** | 0,03 mg |
| **Désogestrel** | 0,15 mg |

### Dans quel cas ce médicament est-il prescrit ?

C'est un *contraceptif* oral (pilule) qui contient un *estrogène* et un *progestatif*. Il est minidosé (moins de 0,04 mg d'estrogène) et monophasique (tous les comprimés contiennent la même quantité d'*hormones* et sont donc de la même couleur).

### Contre-indications

Ce médicament ne doit pas être utilisé dans les cas suivants :

- *accident thromboembolique* (*phlébite*, *embolie* pulmonaire...) ancien ou survenant au cours de la contraception ;
- maladie cardiovasculaire (*hypertension artérielle*, *angine de poitrine*, lésion des valves cardiaques, anomalie de la circulation sanguine cérébrale ou rétinienne) ;
- *cancer hormonodépendant* (même guéri), *tumeur de l'hypophyse* ;
- saignement génital intermittent (l'origine de ce saignement doit être déterminée par des examens avant la mise en route du traitement) ;
- maladie du foie, grave ou récente ;
- certaines maladies rares : *connectivite*, *porphyrie*.

Dans d'autres situations, votre médecin est seul juge pour prescrire ce médicament, notamment en cas de *diabète*, d'obésité, d'*otosclérose*, d'excès de *cholestérol*, de *triglycérides* ou de *prolactine* dans le sang, d'affection bénigne du sein ou de l'utérus, d'ictère (jaunisse) chronique ou survenu lors d'une grossesse, d'*insuffisance rénale*, d'**allaitement**.

**Attention :** Un examen médical est nécessaire avant de débuter la contraception. Il est suivi d'une surveillance annuelle pendant la contraception. Cette surveillance est particulièrement importante si vous souffrez d'*épilepsie*, de *migraine*, d'*asthme*, de *dépression*, ou si des membres de votre famille ont des *antécédents* de cancer du sein ou d'*accidents thromboemboliques*.

Si vous avez plus de 35 ans, si vous fumez, le risque d'effets indésirables cardiovasculaires liés à la prise d'*hormones* augmente fortement. Un autre mode de contraception est souvent préconisé.

Arrêtez la prise du *contraceptif* et consultez votre médecin en cas d'apparition de l'un des *symptômes* suivants : maux de tête violents et inhabituels, troubles de la vision, élévation importante de la tension artérielle, douleur inhabituelle à la jambe.

La survenue d'un léger saignement entre les règles (spotting) est fréquente chez les femmes pendant les premiers mois d'utilisation de la pilule. Vous devez informer votre médecin si les saignements se prolongent ou s'ils apparaissent en cours de contraception.

L'oubli d'un comprimé ou sa mauvaise absorption, du fait de vomissements par exemple, peuvent rendre la contraception inefficace.

En cas d'intervention chirurgicale programmée ou d'alitement prolongé, votre médecin jugera de l'opportunité d'interrompre votre contraception orale.

### Interactions avec d'autres substances

L'efficacité contraceptive de ce médicament peut être diminuée par les *anticonvulsivants*, certains traitements du *sida*, les produits de phytothérapie contenant du millepertuis et les médicaments contenant l'une des substances suivantes : griséofulvine, rifampicine, rifabutine, modafinil.

Informez par ailleurs votre médecin si vous prenez des médicaments contenant de la flunarizine.

### Grossesse et allaitement

Ce médicament n'a pas de raison d'être utilisé pendant la grossesse. Néanmoins, si une grossesse survient malgré le traitement, du fait d'un oubli ou d'un retard de prise, celle-ci pourra être poursuivie normalement si vous le désirez.

Les *hormones* contenues dans ce *contraceptif* passent dans le lait maternel : ne l'utilisez pas pendant l'allaitement sans avis médical.

### Mode d'emploi et posologie

Prendre régulièrement, et sans oubli, 1 comprimé par jour pendant 21 jours consécutifs. Il est recommandé de ne pas trop faire varier l'heure de prise (choisir le petit déjeuner ou le coucher de préférence).

L'interruption du traitement déclenche les règles. La nouvelle plaquette est reprise après les 7 jours d'arrêt, que les règles soient terminées ou non. Pour éviter un retard dans la reprise de la pilule, préjudiciable à l'efficacité de la contraception, il est utile de noter le jour de la prise de la première plaquette : une nouvelle plaquette est toujours commencée le même jour de la semaine.

En cas de première contraception orale ou de reprise d'une contraception interrompue temporairement, prendre le premier comprimé le premier jour des règles.

En cas de changement de *contraceptif*, prendre le premier comprimé :

- après un arrêt de 7 jours, si le précédent contraceptif comportait 21 comprimés par plaquette ;

- après un arrêt de 6 jours, si le précédent contraceptif comportait 22 comprimés par plaquette ;
- sans interruption, si le précédent contraceptif comportait 28 comprimés par plaquette.

Après un accouchement ou une interruption de grossesse, suivre les indications du médecin.

Le respect de ces délais est important : une prise trop tardive du premier comprimé peut nuire à l'efficacité de la contraception pour le nouveau cycle.

**Conseils :** Les dernières recommandations en cas d'oubli d'un comprimé pour ce type de pilule sont les suivantes : prendre immédiatement le comprimé oublié et continuer à l'heure habituelle pour les comprimés suivants (ce qui peut correspondre à la prise de 2 comprimés si l'oubli est découvert lors de la prise suivante). Si le retard est supérieur à 12 heures, la sécurité contraceptive n'est plus assurée et une autre méthode complémentaire (spermicide, préservatif, diaphragme) doit être employée pendant les 7 jours suivants. Si cette période de 7 jours s'étend au-delà du dernier comprimé de la plaquette en cours, la plaquette suivante doit être débutée sans interruption entre les deux plaquettes. Dans ce cas, il n'y aura pas de saignement avant la fin de la seconde plaquette. Des saignements de faible importance (spottings) sont cependant possibles.

En cas de vomissements ou de diarrhée sévère survenant dans les 4 heures suivant la prise d'un comprimé, reprendre dès que possible un autre comprimé. Si le délai est de plus de 12 heures ou si les troubles se répètent, la sécurité contraceptive n'est plus assurée et une méthode complémentaire doit être employée jusqu'à la prise de la plaquette suivante.

Il n'y a pas de danger à débuter une grossesse au cours du cycle qui suit l'arrêt volontaire du contraceptif oral.

### Effets indésirables possibles

Peu graves et n'empêchant pas la poursuite du traitement : nausées, maux de tête banals, prise de poids, tension modérée des seins, *acné*, jambes lourdes, irritation oculaire par les *lentilles de contact*, saignement entre les règles, diminution ou disparition des règles, irritabilité, pousse excessive des poils.

Rarement, mais devant faire interrompre le traitement : *hypertension artérielle*, accident cardiaque ou vasculaire, *phlébite*, jaunisse, taches sombres sur le visage, augmentation importante des lipides dans le sang, *diabète*, *nodule* ou tension douloureuse des seins, *migraine*, *vertiges*, troubles de la vision, aggravation d'une *épilepsie*, écoulement de lait par le mamelon, *tumeur* bénigne du foie, calcul de la vésicule biliaire.

Laboratoires Organon

## VARNOLINE CONTINU

*Informations détaillées sur www.monvidal.com*

## VASCOCITROL

*Informations détaillées sur www.monvidal.com*

## VASELINE À L'OXYDE DE ZINC MONOT

*Informations détaillées sur www.monvidal.com*

## VASELINE AU CALENDULA BOIRON

*Informations détaillées sur www.monvidal.com*

## VASELINE CAMPHRÉE MONOT

*Informations détaillées sur www.monvidal.com*

## VASELINE GOMENOLÉE

*Informations détaillées sur www.monvidal.com*

## VASELINE OFFICINALE COOPER

*Informations détaillées sur www.monvidal.com*

## VASELINE PURE CODEX

*Informations détaillées sur www.monvidal.com*

## VASELINE STÉRILISÉE COOPER

*Informations détaillées sur www.monvidal.com*

## VASOBRAL

Vasodilatateur et anti-ischémique — sur ordonnance

### Présentation

VASOBRAL : comprimé sécable (blanc) ; boîte de 30. Liste II - Remb 35 % - **Prix : 11,77 €.**
VASOBRAL : comprimé sécable (blanc) ; boîte de 60. Liste II - Remb 35 % - **Prix : 21,82 €.**
VASOBRAL : solution buvable ; flacon de 50 ml avec mesurette (2 ml = 40 gouttes). Liste II - Remb 35 % - **Prix : 5,42 €.**

### Composition

| | p cp | p 40 gtes |
|---|---|---|
| **Dihydroergocryptine mésilate** | 4 mg | 2 mg |
| **Caféine** | 40 mg | 20 mg |
| Alcool | | 92 mg |

### Dans quel cas ce médicament est-il prescrit ?

Ce médicament est un *vasodilatateur* qui appartient à la famille des dérivés de l'*ergot de seigle*. Il augmente le débit sanguin, notamment cérébral.

Il est utilisé dans le *traitement d'appoint* :
- des troubles du comportement et de la mémoire liés au vieillissement,
- du phénomène de *Raynaud*.

**Attention :** Chez une personne âgée, des troubles attribués au vieillissement peuvent être dus à une *dépression* ; ils nécessitent alors un traitement spécifique.

Ce médicament contient de la *caféine* qui peut être recherchée dans les urines des sportifs pour déceler un éventuel mésusage. Néanmoins, à la *posologie* préconisée, la quantité de caféine contenue dans ce médicament est insuffisante à elle seule pour que la réponse au test soit positive.

### Interactions avec d'autres substances

Solution buvable :

Compte tenu de la présence d'*alcool*, ce médicament peut interagir avec ceux qui ont un *effet antabuse* (ESPÉRAL, TTD B3 B4...).

### Grossesse et allaitement

L'effet de ce médicament pendant la grossesse ou l'allaitement est mal connu : seul votre médecin peut évaluer le risque éventuel de son utilisation dans votre cas.

### Mode d'emploi et posologie

La solution doit être diluée dans un peu d'eau, sucrée ou non.
Le comprimé doit être pris avec un verre d'eau, sans être croqué.
Ce médicament doit être pris au moment des repas.

**Posologie usuelle :**
½ ou 1 comprimé ou 1 à 2 mesurettes (2 à 4 ml), 2 fois par jour.

> **Conseils :** Ne prenez pas ce médicament à jeun afin d'éviter d'éventuels *troubles digestifs*.
> Ce médicament contient de la *caféine*. On considère qu'une tasse de café contient de 60 à 100 mg de cette substance. Ainsi, pour limiter les effets indésirables de la caféine (excitation, tremblements, insomnie, *palpitations*), il est préférable de limiter la consommation de boissons qui en renferment (café, thé...).

### Effets indésirables possibles

Nausées, en cas de prise à jeun.

Laboratoires Chiesi

## VASTAREL
Antivertigineux, antiangoreux

### Présentation

**VASTAREL 20 mg :** comprimé (rouge) ; boîte de 60. Remb 35 % - **Prix : 8,70 €.**
**VASTAREL 20 mg/ml :** solution buvable ; flacon de 60 ml (1200 gouttes) avec compte-gouttes. Remb 35 % - **Prix : 11,42 €.**
**VASTAREL 35 mg :** comprimé à libération modifié (rose) ; boîte de 60. Remb 35 % - **Prix : 11,07 €.**

### Composition

| | p cp | p ml | p cp |
|---|---|---|---|
| **Trimétazidine dichlorhydrate** ........... | 20 mg | 20 mg | 35 mg |

### Dans quel cas ce médicament est-il prescrit ?

Ce médicament protège les cellules de l'organisme des conséquences d'un défaut d'apport sanguin.
Il est utilisé dans :
- le *traitement préventif* des crises d'*angine de poitrine*,
- le *traitement d'appoint* de certains *vertiges* et bourdonnements d'oreille,
- le *traitement d'appoint* des troubles de la vision d'origine vasculaire.

### Grossesse et allaitement

En l'absence de données disponibles et par mesure de prudence, ce médicament est déconseillé pendant la grossesse et l'allaitement.

### Mode d'emploi et posologie

Ce médicament est pris de préférence pendant les repas.

**Posologie usuelle :**
1 comprimé à 20 mg ou 1 ml (20 gouttes), 3 fois par jour ; ou 1 comprimé à 35 mg matin et soir.

### Effets indésirables possibles

Rarement : nausées, vomissements.

Laboratoires Servier

## VASTEN
Hypolipémiant

**sur ordonnance**

### Présentation

**VASTEN 10 mg :** comprimé sécable (blanc) ; boîte de 28. Liste I - Remb 65 % - **Prix : 11,06 €.**
**VASTEN 20 mg :** comprimé sécable (blanc) ; boîte de 28. Liste I - Remb 65 % - **Prix : 21,57 €.**
**VASTEN 40 mg :** comprimé ; boîte de 28. Liste I - Remb 65 % - **Prix : 40,37 €.**

### Composition

| | p cp | p cp | p cp |
|---|---|---|---|
| **Pravastatine sodique** ..................... | 10 mg | 20 mg | 40 mg |
| Lactose ........................ | + | + | + |

### Dans quel cas ce médicament est-il prescrit ?

Ce médicament est un *hypocholestérolémiant* de la famille des statines. Il permet d'abaisser fortement le taux de *cholestérol* circulant dans le sang. Des études cliniques ont également montré son aptitude à prévenir l'*infarctus du myocarde* ou sa récidive ainsi qu'à réduire le risque d'*accident vasculaire cérébral*.
Il est utilisé dans le traitement des excès de cholestérol en complément d'un régime adapté et dans la prévention des complications des accidents cardiovasculaires (infarctus du myocarde, accident vasculaire cérébral).

### Contre-indications

Ce médicament ne doit pas être utilisé dans les cas suivants :
- *insuffisance hépatique* ou *transaminases* élevées,
- **grossesse**,
- **allaitement**.

> **Attention :** Ce médicament peut être toxique pour le foie ou les muscles. Signalez à votre médecin toute fatigue anormale, perte d'appétit, douleur ou faiblesse musculaire. Des analyses de sang peuvent être pratiquées afin de vérifier que le médicament est bien supporté.
> Une attention particulière s'impose dans certaines situations : personnes de plus de 70 ans, *insuffisance rénale*, *hypothyroïdie* non contrôlée par un traitement, *antécédent* personnel ou familial de maladie musculaire, abus d'alcool.
> Conducteur : ce médicament peut parfois provoquer des étourdissements.

### Interactions avec d'autres substances

Ce médicament peut interagir avec les *hypolipidémiants* de la famille des fibrates.
Informez par ailleurs votre médecin si vous prenez un médicament par voie orale contenant de la clarithromycine, de l'érythromycine ou de la ciclosporine.

### Grossesse et allaitement

Ce médicament n'a pas d'indication chez la femme enceinte et il doit être interrompu en cas de désir de grossesse.
Si une grossesse survient sous traitement, consultez votre médecin et arrêtez la prise de ce médicament.

Aucune malformation imputable à ce médicament n'a été observée à ce jour.

Les données disponibles ne permettent pas de savoir si ce médicament passe dans le lait maternel ; un choix est donc nécessaire entre l'allaitement et la prise du médicament. Cette décision devra être prise en accord avec votre médecin.

### Mode d'emploi et posologie

Les comprimés peuvent être pris au cours ou en dehors du repas.

**Posologie usuelle :**

- Adulte de plus de 18 ans : 10 mg à 40 mg par jour, en une prise unique, de préférence le soir.

Le régime reste indispensable pendant toute la durée du traitement.

> **Conseils :** Un régime pauvre en *cholestérol* et en graisses animales n'est pas simple à suivre : les erreurs sont fréquentes. Demandez conseil à votre médecin, à votre pharmacien, ou à un professionnel de la nutrition.

### Effets indésirables possibles

Peu fréquents (moins de 1 % des utilisateurs) : étourdissements, maux de tête, troubles du sommeil, troubles de la vision (vision double ou trouble), anémie, *troubles digestifs*, *éruption cutanée*, chute de cheveux, troubles sexuels ou urinaires, fatigue, crampes, douleurs musculaires, élévation des *transaminases* (voir Attention).

Très rarement (moins de 0,01 % des utilisateurs ) : fourmillements des extrémités, *pancréatite*, jaunisse, *réaction allergique*, atteinte musculaire (voir Attention), tendinite.

Laboratoires Aventis

---

## VAXIGRIP

Vaccin : grippe

### Présentation

VAXIGRIP : suspension injectable *IM* ou *SC* ; seringue préremplie de 0,5 ml. Remb 65 % - **Prix : 6,26 €**.

### Composition

| | p seringue |
|---|---|
| **Virus grippaux inactivés** | 1 dose |

### Dans quel cas ce médicament est-il prescrit ?

C'est un *vaccin* composé de *virus* grippaux tués. Il ne contient aucun *germe* vivant.

Il est utilisé dans la prévention de la grippe. L'immunité apparaît 10 à 15 jours après l'injection et dure environ 1 an.

### Contre-indications

Ce médicament ne doit pas être utilisé en cas d'*allergie* aux protéines de l'œuf.

> **Attention :** De la néomycine est utilisée pour fabriquer ce vaccin. Cette substance persiste en infime quantité dans la solution injectable. Des précautions sont nécessaires chez les personnes qui y sont allergiques.
>
> En cas de fièvre élevée, de maladie aiguë, il est préférable de différer la vaccination.
>
> Le *vaccin* antigrippal ne protège que contre la vraie grippe, maladie grave, potentiellement mortelle chez les personnes fragiles. Il est incapable de prévenir les bronchites banales et autres affections virales saisonnières.
>
> Dans les suites de la vaccination antigrippale, certains tests de dépistage (sida, *hépatite* C...) peuvent être exceptionnellement rendus faussement positifs. Pour éviter toute inquiétude injustifiée, ne pratiquez pas ces tests pendant le mois qui suit la vaccination.
>
> Comme pour tous les *vaccins*, des cas exceptionnels de *réactions allergiques* graves ont été constatés ; ce risque justifie la nécessité de réaliser la vaccination en milieu médical où un traitement d'urgence pourra être entrepris sans délai.

### Grossesse et allaitement

L'effet de ce *vaccin* pendant la grossesse est mal connu : seul votre médecin peut évaluer le risque éventuel de son utilisation dans votre cas.

Cette vaccination peut être pratiquée pendant l'allaitement.

### Mode d'emploi et posologie

Bien agiter la seringue avant l'emploi, la réchauffer à température ambiante si nécessaire. L'injection doit être réalisée par *voie sous-cutanée* ou *intramusculaire*.

**Posologie usuelle :**

- Adulte et enfant de plus de 36 mois : 1 injection de 0,5 ml.
- Enfant de 6 à 36 mois : 1 injection de 0,25 ml ou de 0,5 ml. Cette injection peut être renouvelée 1 mois après.

La prévention de la grippe repose sur une injection annuelle : le *vaccin* est différent tous les ans car il est adapté aux caractéristiques du *virus* attendu.

> **Conseils :** Les réactions fébriles dues aux *vaccins* peuvent être combattues en prenant de l'aspirine ou du paracétamol.
>
> Pour garder son efficacité, ce médicament doit être conservé entre + 2 °C et + 8 °C (partie haute du réfrigérateur). Toutefois, une rupture de la chaîne du froid pendant une durée limitée (quelques heures à température ambiante inférieure à 25 °C) ne devrait pas prêter à conséquence. En pratique, en cas de nécessité, un délai de quelques heures peut séparer l'achat du vaccin en pharmacie de son stockage au réfrigérateur ou de la vaccination.
>
> Ce vaccin ne doit pas être congelé.

### Effets indésirables possibles

Réaction douloureuse, *nodule* au point d'injection.

Fièvre modérée, maux de tête, fatigue, malaise, douleur musculaire ou articulaire.

Exceptionnellement : *réaction allergique*.

Laboratoires Sanofi Pasteur MSD

---

## VECTARION

*Informations détaillées sur www.monvidal.com*

## VECTRINE
Fluidifiant bronchique

### Présentation
**VECTRINE 300 mg :** gélule (ivoire et blanc) ; boîte de 20. Non remb.
**VECTRINE 300 mg :** poudre pour suspension buvable ; boîte de 20 sachets. Non remb.

### Composition

| | p gél | p sachet |
|---|---|---|
| **Erdostéine** | 300 mg | 300 mg |

### Dans quel cas ce médicament est-il prescrit ?
Ce médicament fluidifie les sécrétions (mucosités) présentes dans les bronches. Il facilite leur évacuation par la toux.

Il est utilisé en cas de toux grasse avec difficulté à cracher, notamment au cours des bronchites aiguës.

### Contre-indications
Ce médicament ne doit pas être utilisé dans les cas suivants :
- *insuffisance rénale* ou *hépatique* grave,
- enfant de moins de 15 ans.

**Attention :** Ce médicament ne peut être utilisé en cas de *bronchite chronique* que sur avis médical.
Des précautions sont nécessaires en cas d'*ulcère* de l'estomac ou du *duodénum*.
N'utilisez pas d'*antitussif* en plus de ce médicament sans l'avis de votre médecin ou de votre pharmacien.
En cas de fièvre, de sécrétions qui persistent au-delà de quelques jours ou qui se colorent, consultez votre médecin.

### Grossesse et allaitement
L'effet de ce médicament pendant la grossesse ou l'allaitement est mal connu. L'évaluation du risque éventuel lié à son utilisation est individuelle : demandez conseil à votre pharmacien ou à votre médecin.

### Mode d'emploi et posologie
Ce médicament peut être pris indifféremment au moment ou en dehors des repas.

Le contenu du sachet doit être dilué dans un verre d'eau.

**Posologie usuelle :**
- Adulte : 1 gélule ou 1 sachet, 2 fois par jour.

Le traitement peut être interrompu dès l'amélioration des symptômes. Sa durée ne doit pas dépasser 8 à 10 jours sans avis médical.

**Conseils :** Fumer, ou être exposé à la fumée des autres, est un frein important à l'évacuation des mucosités.
Il est important de lutter contre la sécheresse de l'air ambiant (humidificateur...) pour éviter le dessèchement des sécrétions. Il est également recommandé de boire beaucoup.
Chez la personne âgée, l'incapacité à évacuer les crachats peut justifier l'aide d'un kinésithérapeute, sur prescription du médecin.

### Effets indésirables possibles
Douleurs d'estomac, nausées, vomissements.

**Laboratoires Pharma 2000**

## VÉGÉTOSÉRUM Adulte
Antitussif opiacé

### Présentation
**VÉGÉTOSÉRUM :** sirop (arôme kirsch) ; flacon de 150 ml. Remb 35 % - **Prix : 2,06 €.**

### Composition

| | p c à s |
|---|---|
| **Éthylmorphine (codéthyline) chlorhydrate** | 10 mg |
| **Grindélia, teinture** | 120 mg |
| Saccharose | 9 g |
| Titre alcoolique | 20° |

### Dans quel cas ce médicament est-il prescrit ?
Ce sirop *antitussif* contient un *opiacé*, la codéthyline, et un extrait de plante. La codéthyline a une action *sédative* sur le *système nerveux central* et notamment sur les centres de la toux.

Il est utilisé dans le *traitement symptomatique* des toux sèches.

### Contre-indications
Ce médicament ne doit pas être utilisé dans les cas suivants :
- *asthme*,
- *insuffisance respiratoire*,
- **allaitement**.

**Attention :** Ce médicament n'est pas adapté au traitement de la toux grasse, qui est un mécanisme de défense normal de l'organisme permettant l'évacuation des mucosités présentes dans les bronches.
La toux est un *symptôme* qui peut révéler de nombreuses maladies : consultez votre médecin si elle persiste plus de quelques jours.
Ce médicament contient un *opiacé* : son usage prolongé, à dose élevée, expose à un risque de *dépendance*. Ne dépassez pas la dose ni la durée de traitement recommandées.
Des précautions sont nécessaires en cas d'*hypertension intracrânienne*.
Ce médicament contient du *sucre* (saccharose) et de l'*alcool* en quantité notable.
Ce médicament peut induire une somnolence, parfois intense chez certaines personnes. Cette somnolence peut être majorée par la prise d'*alcool* ou d'autres médicaments *sédatifs*. La conduite et l'utilisation de machines dangereuses sont déconseillées, surtout dans les heures qui suivent la prise du médicament.
Sportif : ce médicament contient une substance susceptible de rendre positifs certains *tests antidopage*.

### Interactions avec d'autres substances
Compte tenu de la présence d'*alcool*, ce médicament peut interagir avec ceux qui ont un *effet antabuse* (ESPÉRAL, TTD B3 B4...).

Informez votre médecin ou votre pharmacien si vous prenez un autre médicament *sédatif*.

### Grossesse et allaitement
L'utilisation de la *codéine* et de ses dérivés (codéthyline, pholcodine) ne doit être envisagée chez la femme enceinte qu'en cas de nécessité, en effet :
- une *insuffisance respiratoire* peut survenir chez le nouveau-né d'une mère traitée par des doses élevées, même si le traitement est ponctuel mais précède de peu l'accouchement ;

- un *syndrome de sevrage*, à l'inverse, peut concerner des nouveau-nés si leur mère reçoit un traitement régulier, même à faible dose.

Il est donc important de signaler à l'obstétricien la prise éventuelle de codéine ou d'un de ses dérivés, afin que ces risques puissent être prévenus par une surveillance et un éventuel traitement adapté.

Ce médicament passe dans le lait maternel. Il est contre-indiqué pendant l'allaitement.

### Mode d'emploi et posologie

Ce médicament est pris au moment où survient la toux ; les prises doivent être espacées d'au moins 6 heures.

**Posologie usuelle :**

- Adulte : 1 ou 2 cuillères à soupe de sirop, 1 à 4 fois par jour.

En cas d'*insuffisance hépatique* et chez la personne âgée, la *posologie* initiale est généralement réduite de moitié.

**Conseils :** De nombreux médicaments, notamment certains *antitussifs* ou *antalgiques*, contiennent de la codéthyline ou une substance voisine, la *codéine* : un *surdosage* expose à une augmentation des effets indésirables.

Une toux nocturne aggravée par ce médicament peut être une toux allergique : demandez conseil à votre médecin.

Fumer, ou être exposé à la fumée des autres, nuit à l'efficacité du traitement : la cigarette est irritante pour les bronches et entretient la toux.

Des mesures simples permettent de calmer les toux sèches : boissons chaudes et humidification de l'air ambiant.

### Effets indésirables possibles

Constipation, somnolence, nausées, vomissements, sensation de vertige et, plus rarement, *bronchospasme*, *réaction allergique* cutanée, ralentissement de la respiration. Ces effets indésirables sont ceux de la famille des *opiacés* ; ils sont généralement modérés aux doses recommandées.

Laboratoires Aérocid

### VÉGÉTOSÉRUM Enfant

*Informations détaillées sur www.monvidal.com*

## VEINAMITOL

Vasculoprotecteur et veinotonique

### Présentation

VEINAMITOL 3 500 mg : poudre orale (arôme orange) ; boîte de 10 sachets. Remb 15 % - **Prix : 5,16 €**.

VEINAMITOL 3 500 mg/7 ml : solution buvable ; boîte de 10 ampoules de 7 ml. Remb 15 % - **Prix : 5,16 €**.

### Composition

| | p sachet | p amp buv |
|---|---|---|
| **Troxérutine** | 3,5 g | 3,5 g |
| Mannitol | + | |
| Titre alcoolique | | 35,7° |

### Dans quel cas ce médicament est-il prescrit ?

C'est un protecteur *vasculaire* et un *veinotonique*. Il stimule la circulation du sang dans les veines et lutte contre l'altération des *vaisseaux capillaires*. Il facilite également le passage des *globules rouges* dans les petits vaisseaux.

Il est utilisé dans le *traitement symptomatique* :

- des jambes lourdes, *impatiences* et autres troubles en rapport avec une mauvaise circulation veineuse ou *lymphatique*,
- des crises d'*hémorroïdes*.

**Attention :** Ce médicament est insuffisant pour prévenir le risque de *phlébite* chez les malades alités ou plâtrés.

L'*insuffisance veineuse* peut requérir des mesures spécifiques telles que la *contention élastique*.

Des douleurs, un saignement anal qui persistent malgré le traitement peuvent être dus à une maladie autre que des *hémorroïdes* : consultez votre médecin. De même, tout saignement anal survenant chez une personne de plus de 50 ans doit faire l'objet d'une consultation médicale.

Les ampoules buvables contiennent de l'*alcool* en quantité notable.

### Grossesse et allaitement

L'effet de ce médicament pendant la grossesse ou l'allaitement est mal connu. L'évaluation du risque éventuel lié à son utilisation est individuelle : demandez conseil à votre pharmacien ou à votre médecin.

### Mode d'emploi et posologie

Le contenu des sachets et des ampoules doit être dilué dans un verre d'eau.

Ce médicament doit être pris au cours du repas afin d'éviter d'éventuelles nausées.

**Posologie usuelle :**

1 sachet ou 1 ampoule par jour.

**Conseils :** Une activité physique régulière et la surélévation du pied du lit permettent de faciliter la circulation veineuse et *lymphatique*.

La constipation, la consommation de mets épicés et de vins riches en tanins favorisent les *hémorroïdes*.

### Effets indésirables possibles

Rarement : nausées.

Sachets de poudre : comme tous les médicaments et confiseries contenant des sucres non absorbables (sorbitol, mannitol...), possibilité de diarrhées en cas d'apport important.

Laboratoires Negma-Lerads

## VEINEVA

Vasculoprotecteur et veinotonique

Ce médicament est un générique de DIOVENOR (voir p. 323 et tableau p. 1151).

## VEINOBIASE

Phytothérapie à visée vasculoprotectrice

### Présentation

VEINOBIASE : comprimé effervescent (violet) ; boîte de 30. Remb 15 % - **Prix : 3,42 €**.

### Composition

| | p cp |
|---|---|
| **Cassis** | 550 mg |
| **Petit houx, extrait titré en saponosides** | 60 mg |
| **Acide ascorbique (vitamine C)** | 200 mg |
| Bicarbonate de potassium | 1 g |
| soit Potassium | 391 mg |

### Dans quel cas ce médicament est-il prescrit ?

Ce médicament contient des extraits de plantes qui ont un effet protecteur sur les vaisseaux sanguins.

Il est utilisé dans le *traitement symptomatique* :
- des troubles en rapport avec une mauvaise circulation veineuse ou *lymphatique* (jambes lourdes, *impatiences*) ;
- des crises d'*hémorroïdes*.

### Contre-indications

Ce médicament ne doit pas être utilisé en cas de risque d'excès de *potassium* dans le sang (*hyperkaliémie*) :
- maladies entraînant une hyperkaliémie,
- médicaments augmentant le taux de potassium dans le sang,
- *sels* de régime contenant du potassium.

> **Attention :** L'*insuffisance veineuse* peut requérir des mesures spécifiques telles que la *contention élastique*.
> Des douleurs, un saignement anal qui persistent malgré le traitement peuvent être dus à une maladie autre que des *hémorroïdes* : consultez votre médecin. De même, tout saignement anal survenant chez une personne de plus de 50 ans doit faire l'objet d'une consultation médicale.

### Interactions avec d'autres substances

Ce médicament ne doit pas être associé aux *diurétiques* qui augmentent le taux de *potassium* : risque de *trouble du rythme cardiaque* grave en cas d'*hyperkaliémie*.

Il peut, par ailleurs, interagir avec les *inhibiteurs de l'enzyme de conversion*.

### Grossesse et allaitement

L'effet de ce médicament pendant la grossesse ou l'allaitement est mal connu. L'évaluation du risque éventuel lié à son utilisation est individuelle : demandez conseil à votre pharmacien ou à votre médecin.

### Mode d'emploi et posologie

Ce médicament doit être dissous dans un verre d'eau et pris au cours des repas.

**Posologie usuelle :**

2 à 4 comprimés par jour.

Traitement des crises hémorroïdaires aiguës : 6 comprimés par jour.

> **Conseils :** Une activité physique régulière et la surélévation du pied du lit permettent de faciliter la circulation veineuse et *lymphatique*.
> La constipation, la consommation de mets épicés et de vins riches en tanins favorisent les *hémorroïdes*.

### Effets indésirables possibles

*Troubles digestifs, éruption cutanée.*

Laboratoires Solvay Pharma

## VEINODRAINOL

*Informations détaillées sur www.monvidal.com*

## VEINOFIT

*Informations détaillées sur www.monvidal.com*

## VEINOPHYTUM

*Informations détaillées sur www.monvidal.com*

## VEINOSTASE

*Informations détaillées sur www.monvidal.com*

## VEINOTONYL

Vasculoprotecteur et veinotonique

### Présentation

VEINOTONYL : gélule (blanc et rouge) ; boîte de 60. Non remb.

### Composition

| | p gél |
|---|---|
| **Marron d'Inde, extrait** | 75 mg |
| **Perméthol** | 15 mg |

### Dans quel cas ce médicament est-il prescrit ?

C'est un protecteur *vasculaire* et un *veinotonique*. Il stimule la circulation du sang dans les veines et lutte contre l'altération des *vaisseaux capillaires*.

Il est utilisé dans le *traitement symptomatique* des jambes lourdes, douleurs, *impatiences* et autres troubles en rapport avec une mauvaise circulation veineuse ou *lymphatique*.

> **Attention :** Ce médicament est insuffisant pour prévenir le risque de *phlébite* chez les malades alités ou plâtrés.
> L'*insuffisance veineuse* peut requérir des mesures spécifiques telles que la *contention élastique*.

### Grossesse et allaitement

L'effet de ce médicament pendant la grossesse ou l'allaitement est mal connu. L'évaluation du risque éventuel lié à son utilisation est individuelle : demandez conseil à votre pharmacien ou à votre médecin.

### Mode d'emploi et posologie

Ce médicament doit être pris avec un peu d'eau au cours des repas.

**Posologie usuelle :**

1 gélule, 2 fois par jour.

> **Conseils :** Une activité physique régulière et la surélévation du pied du lit permettent de faciliter la circulation veineuse et *lymphatique*.

### Effets indésirables possibles

Rarement : nausées, maux d'estomac.

Laboratoires Merck Lipha Santé

## VÉLITEN

Vasculoprotecteur et veinotonique

### Présentation

VÉLITEN : comprimé (orangé) ; boîte de 30. Remb 15 % - **Prix : 3,74 €**.

### Composition

| | p cp |
|---|---|
| **Acide ascorbique (vitamine C)** | 200 mg |
| **Alpha-tocophérol acétate (vitamine E)** | 50 mg |
| **Rutoside** | 200 mg |

### Dans quel cas ce médicament est-il prescrit ?

C'est un protecteur *vasculaire* et un *veinotonique*. Il stimule la circulation du sang dans les veines et lutte contre l'altération des *vaisseaux capillaires*.

Il est utilisé dans le *traitement symptomatique* :
- des jambes lourdes, *impatiences* et autres troubles en rapport avec une mauvaise circulation veineuse ou *lymphatique* ;
- des petites *hémorragies* sous-cutanées se traduisant par des taches rouges ou violacées ;
- des crises d'*hémorroïdes* ;
- des troubles de la vision d'origine vasculaire.

> **Attention :** Ce médicament est insuffisant pour prévenir le risque de *phlébite* chez les malades alités ou plâtrés.
> L'*insuffisance veineuse* peut requérir des mesures spécifiques telles que la *contention élastique*.
> Des douleurs, un saignement anal qui persistent malgré le traitement peuvent être dus à une maladie autre que des *hémorroïdes* : consultez votre médecin. De même, tout saignement anal survenant chez une personne de plus de 50 ans doit faire l'objet d'une consultation médicale.

### Grossesse et allaitement

L'effet de ce médicament pendant la grossesse ou l'allaitement est mal connu. L'évaluation du risque éventuel lié à son utilisation est individuelle : demandez conseil à votre pharmacien ou à votre médecin.

### Mode d'emploi et posologie

Les comprimés doivent être pris avec un peu d'eau.

**Posologie usuelle :**

3 comprimés par jour.

Traitement des *hémorroïdes* : 6 comprimés par jour.

> **Conseils :** Une activité physique régulière et la surélévation du pied du lit permettent de faciliter la circulation veineuse et *lymphatique*.
> La constipation, la consommation de mets épicés et de vins riches en tanins favorisent les *hémorroïdes*.

### Effets indésirables possibles

Rarement : *éruption cutanée*.

Laboratoires Zambon France

## VELOSULIN

*Informations détaillées sur www.monvidal.com*

## VÉNIRÈNE

Vasculoprotecteur et veinotonique

Ce médicament est un générique de DIOVENOR (voir p. 323 et tableau p. 1151).

## VENTEXXAIR

*Informations détaillées sur www.monvidal.com*

## VENTILASTIN NOVOLIZER

*Informations détaillées sur www.monvidal.com*

## VENTODISKS

Antiasthmatique

**sur ordonnance**

### Présentation

**VENTODISKS 200 µg :** poudre pour *inhalation* buccale ; boîte de 7 disques de 8 doses avec distributeur Diskhaler. Liste I - Remb 65 % - **Prix : 7,69 €**.

**VENTODISKS 200 µg :** poudre pour *inhalation* buccale ; boîte de 7 disques de 8 doses sans distributeur. Liste I - Remb 65 % - **Prix : 5,86 €**.

### Composition

| | p dose |
|---|---|
| **Salbutamol** | 200 µg |

### Dans quel cas ce médicament est-il prescrit ?

Ce médicament est un bronchodilatateur qui lutte contre la contraction anormale des muscles de la paroi des bronches. Il est apparenté à une substance naturelle, l'*adrénaline* ; mais, contrairement à cette substance, il a peu d'effet sur le cœur. Son action est rapide et se prolonge pendant 3 à 5 heures.

Il est utilisé :
- en prises ponctuelles dans le *traitement de la crise* d'*asthme* et dans la prévention de l'asthme d'effort,
- en prises répétées dans les périodes d'aggravation de l'asthme ou de la *bronchite chronique* de type obstructif, c'est-à-dire associée à un rétrécissement du diamètre des bronches.

> **Attention :** Les bronchodilatateurs d'action rapide ne sont pas destinés au *traitement de fond* de l'asthme qui repose sur d'autres médicaments, inhalés ou non. Leur emploi ne se justifie que dans le *traitement de la crise* d'asthme ou lors des périodes d'aggravation de la gêne respiratoire.
> Lorsque les doses habituellement efficaces deviennent insuffisantes et que les difficultés respiratoires s'accentuent, un traitement complémentaire (par *corticoïde* ou *antibiotique*) peut être nécessaire : consultez votre médecin sans tarder.
> En cas de crise grave, n'hésitez pas à appeler le 15 pour un conseil ou une aide médicale urgente.
> Sportif : ce médicament contient une substance susceptible de rendre positifs certains *tests antidopage*.

### Grossesse et allaitement

Ce médicament peut être utilisé pendant la grossesse.

Ce médicament passe dans le lait maternel : consultez votre médecin en cas d'*inhalations* répétées.

### Mode d'emploi et posologie

L'*inhalation* du médicament doit se faire au cours d'une inspiration profonde, précédée si possible d'une expiration forcée. Il est ensuite nécessaire de retenir sa respiration pendant quelques instants.

Diskhaler : charger l'appareil (percer la cupule au moment de l'inhalation). Le tenir horizontalement et expirer complètement. Placer l'embout buccal entre les lèvres. Ne pas recouvrir les arrivées d'air situées de chaque côté de l'embout buccal.

**Posologie usuelle :**
- *Traitement de la crise* : 1 ou 2 bouffées, que l'on peut renouveler après quelques minutes si l'effet est insuffisant.

- Traitement des poussées d'*asthme* ou de *bronchite chronique* :
  - Adulte : 4 à 12 bouffées par jour, régulièrement réparties dans la journée. Ne pas dépasser 15 bouffées par jour.
  - Enfant : 3 à 6 bouffées par jour, régulièrement réparties dans la journée. Ne pas dépasser 10 bouffées par jour.
- *Traitement préventif* de l'asthme d'effort : 1 ou 2 bouffées, 15 à 30 minutes avant l'exercice.

**Conseils :** Lisez attentivement la notice du médicament avant son emploi.

N'hésitez pas à demander une démonstration du maniement de cet appareil à votre médecin ou à votre pharmacien.

Nettoyez régulièrement l'appareil, et en particulier la grille de l'embout buccal, à l'aide de la brosse contenue dans l'appareil.

En cas d'irritation de la gorge, due à la poudre : rincez-vous la bouche après l'inhalation.

### Effets indésirables possibles

Les effets indésirables sont rares et bénins avec les formes inhalées. Leur survenue est favorisée par une augmentation de la *posologie* : tremblements des extrémités, accélération du cœur, crampes musculaires, maux de tête.

L'irritation de la gorge, provoquant toux et enrouement, peut être prévenue en se rinçant la bouche.

Laboratoires GlaxoSmithKline

## VENTOLINE

Antiasthmatique — sur ordonnance

### Présentation

**VENTOLINE :** suspension pour inhalation ; flacon pressurisé avec valve doseuse et embout buccal (200 doses).
Liste I - Remb 65 % - **Prix : 5,09 €**.

### Composition

| | p dose |
|---|---|
| **Salbutamol** | 100 µg |

### Dans quel cas ce médicament est-il prescrit ?

Ce médicament est un bronchodilatateur qui lutte contre la contraction anormale des muscles de la paroi des bronches. Il est apparenté à une substance naturelle, l'*adrénaline*, mais contrairement à cette substance, il a peu d'effet sur le cœur. Son action est rapide et se prolonge pendant 4 à 6 heures.

Il est utilisé :

- en prises ponctuelles dans le *traitement de la crise* d'*asthme* et dans la prévention de l'asthme d'effort,
- en prises répétées dans les périodes d'aggravation de l'asthme ou de la *bronchite chronique* de type obstructif, c'est-à-dire associée à un rétrécissement du diamètre des bronches.

**Attention :** Les bronchodilatateurs d'action rapide ne sont pas destinés au *traitement de fond* de l'asthme qui repose sur d'autres médicaments, inhalés ou non. Leur emploi ne se justifie que dans le *traitement de la crise* d'asthme ou lors des périodes d'aggravation de la gêne respiratoire.

Lorsque les doses habituellement efficaces deviennent insuffisantes et que les difficultés respiratoires s'accentuent, un traitement complémentaire (par *corticoïde* ou *antibiotique*) peut être nécessaire : consultez votre médecin sans tarder.

En cas de crise grave, n'hésitez pas à appeler le 15 pour un conseil ou une aide médicale urgente.

Sportif : ce médicament contient une substance susceptible de rendre positifs certains *tests antidopage*.

### Grossesse et allaitement

Ce médicament peut être utilisé pendant la grossesse.

Ce médicament passe dans le lait maternel : consultez votre médecin en cas d'*inhalations* répétées.

### Mode d'emploi et posologie

Pour que l'action du médicament soit optimale, il faut qu'il pénètre profondément dans les poumons. Ceci nécessite de respecter les conseils suivants : après avoir agité le flacon, tenir le fond de la cartouche dirigé vers le haut et expirer à fond pour vider les poumons ; introduire l'embout buccal entre les lèvres puis appuyer sur la cartouche tout en débutant une inspiration profonde par la bouche ; garder l'air en bloquant votre respiration quelques secondes avant de reprendre une respiration normale.

**Posologie usuelle :**

- *Traitement de la crise* : 1 ou 2 bouffées, que l'on peut renouveler après quelques minutes si l'effet est insuffisant.
- Traitement des poussées d'*asthme* ou de *bronchite chronique* :
  - Adulte : 4 à 12 bouffées par jour, régulièrement réparties dans la journée. Ne pas dépasser 15 bouffées par jour.
  - Enfant : 3 à 6 bouffées par jour, régulièrement réparties dans la journée. Ne pas dépasser 10 bouffées par jour.
- *Traitement préventif* de l'asthme d'effort : 1 ou 2 bouffées, 15 à 30 minutes avant l'exercice.

**Conseils :** Lisez attentivement la notice du médicament avant son emploi.

N'hésitez pas à demander une démonstration du maniement de cet appareil à votre médecin ou à votre pharmacien.

L'utilisation de l'aérosol doseur chez les personnes maîtrisant mal la technique d'*inhalation* peut être facilitée par l'emploi d'un réservoir en matière plastique (chambre d'inhalation) qui s'interpose entre l'aérosol doseur et la bouche.

Rincez régulièrement l'embout à l'eau et séchez-le avant de l'adapter à la cartouche.

Le flacon est sous pression : conservez-le à l'abri de la chaleur.

### Effets indésirables possibles

Les effets indésirables sont rares et bénins avec les formes inhalées. Leur survenue est favorisée par une augmentation de la *posologie* : tremblements des extrémités, accélération du cœur, crampes musculaires, maux de tête.

Exceptionnellement, la prise de ce médicament peut provoquer une aggravation paradoxale des difficultés respiratoires : ne le réutilisez pas sans avoir pris l'avis de votre médecin.

Laboratoires GlaxoSmithKline

## VÉRAPAMIL BIOGARAN
Inhibiteur calcique
sur ordonnance

### Présentation
**VÉRAPAMIL BIOGARAN LP 240 mg :** gélule à *libération prolongée* ; boîte de 30. Liste I - Remb 65 % - **Prix : 7,31 €**.

### Composition
| | p gél LP |
|---|---|
| **Vérapamil chlorhydrate** | 240 mg |

### Dans quel cas ce médicament est-il prescrit ?
Ce médicament est un *vasodilatateur* qui appartient à la famille des *inhibiteurs calciques*.
Il est utilisé dans :
- le traitement de l'*hypertension artérielle* ;
- le traitement de l'*angine de poitrine*.

### Contre-indications
Ce médicament ne doit pas être utilisé dans les cas suivants :
- *bloc auriculoventriculaire* grave et certaines maladies de l'automatisme cardiaque ;
- *insuffisance cardiaque* mal équilibrée malgré un traitement spécifique ;
- hypotension artérielle grave ;
- enfant de moins de 15 ans (en l'absence d'étude).

**Attention :** Des précautions sont nécessaires en cas d'*insuffisance hépatique* et chez la personne âgée.

### Interactions avec d'autres substances
Ce médicament peut interagir avec les *antiarythmiques*. Informez par ailleurs votre médecin si vous prenez un *bêtabloquant* ou un médicament contenant de la ciclosporine, de la carbamazépine, de la rifampicine ou de la digoxine.
En outre, l'effet *antihypertenseur* de ce médicament peut être augmenté par certains médicaments tels que les *neuroleptiques*, les *antidépresseurs imipraminiques*, les médicaments contenant du baclofène ; il peut être diminué par les *corticoïdes*. Votre médecin doit être informé si vous êtes traité par l'un ou l'autre de ces médicaments.

### Grossesse et allaitement
L'effet de ce médicament pendant la grossesse est mal connu : seul votre médecin peut évaluer le risque éventuel de son utilisation dans votre cas.
Ce médicament passe dans le lait maternel en quantité infime. Par prudence, il est préférable de le prendre après la tétée et d'informer le médecin qui suit l'enfant.

### Mode d'emploi et posologie
Les gélules peuvent être prises indifféremment pendant ou en dehors des repas.

**Posologie usuelle :**
- Adulte :
  - *hypertension artérielle* : 1 gélule à 240 mg le matin ;
  - *angine de poitrine* : 1 ou 2 gélules à 240 mg par jour.

**Conseils :** Le traitement médicamenteux ne dispense pas des mesures simples pouvant faire baisser la tension artérielle : activité physique régulière, modération de la consommation de boissons alcoolisées, lutte contre l'excès de poids.
En cas de constipation sévère préexistante, susceptible d'être aggravée par ce médicament, le médecin pourra éventuellement prescrire un *laxatif lubrifiant*.

### Effets indésirables possibles
Constipation.
Baisse de la tension artérielle, ralentissement important du cœur, *bloc auriculoventriculaire*, *insuffisance cardiaque*.
Une *hépatite* peut exceptionnellement survenir pendant le traitement. Certains signes évocateurs doivent vous amener à consulter votre médecin : douleurs abdominales, perte de l'appétit, nausées, douleurs articulaires ou musculaires, fatigue anormale, fièvre inexpliquée, jaunisse.

Laboratoires Biogaran

## VÉRAPAMIL EG
Inhibiteur calcique
sur ordonnance

Ce médicament est un générique de ISOPTINE LP (voir p. 527 et tableau p. 1151).

## VÉRAPAMIL G GAM
Inhibiteur calcique
sur ordonnance

### Présentation
**VÉRAPAMIL G GAM 40 mg :** comprimé ; boîte de 75. Liste I - Remb 65 % - **Prix : 3,01 €**.
**VÉRAPAMIL G GAM 120 mg :** comprimé ; boîte de 28. Liste I - Remb 65 % - **Prix : 4,87 €**.

### Composition
| | p cp | p cp |
|---|---|---|
| **Vérapamil chlorhydrate** | 40 mg | 120 mg |
| Lactose | + | + |

### Dans quel cas ce médicament est-il prescrit ?
Ce médicament appartient à la famille des *inhibiteurs calciques*. C'est un *vasodilatateur* qui lutte contre la contraction des artères, et un *antiarythmique* qui modifie la vitesse de transmission de l'influx nerveux au sein du muscle cardiaque, inhibant ainsi les contractions anarchiques.
Il est utilisé dans :
- le *traitement préventif* et le *traitement curatif* de certains *troubles du rythme cardiaque*,
- le traitement de l'*angine de poitrine*,
- le traitement de l'*hypertension artérielle* (comprimé à 120 mg).

### Contre-indications
Ce médicament ne doit pas être utilisé dans les cas suivants :
- *bloc auriculoventriculaire* grave et certaines maladies de l'automatisme cardiaque,
- *insuffisance cardiaque* mal équilibrée malgré un traitement spécifique,
- hypotension artérielle grave,
- enfant de moins de 15 ans (comprimé à 120 mg).

**Attention :** Des précautions sont nécessaires en cas d'*insuffisance hépatique* et chez la personne âgée.

### Interactions avec d'autres substances

Ce médicament peut interagir avec les *antiarythmiques.*
Informez par ailleurs votre médecin si vous prenez un *bêtabloquant* ou un médicament contenant de la ciclosporine, de la carbamazépine, de la rifampicine ou de la digoxine.
En outre, l'effet *antihypertenseur* de ce médicament peut être augmenté par certains médicaments tels que les *neuroleptiques*, les *antidépresseurs imipraminiques*, les médicaments contenant du baclofène ; il peut être diminué par les *corticoïdes*. Votre médecin doit être informé si vous êtes traité par l'un ou l'autre de ces médicaments.

### Grossesse et allaitement

L'effet de ce médicament pendant la grossesse est mal connu : seul votre médecin peut évaluer le risque éventuel de son utilisation dans votre cas.

Ce médicament passe dans le lait maternel en quantité infime. Par prudence, il est préférable de le prendre après la tétée et d'informer le médecin qui suit l'enfant.

### Mode d'emploi et posologie

Les comprimés sont pris de préférence au cours des repas.

**Posologie usuelle :**
Elle dépend des indications ; elle est habituellement répartie en 3 prises par jour.

**Conseils :** Le traitement médicamenteux ne dispense pas des mesures simples pouvant faire baisser la tension artérielle : activité physique régulière, modération de la consommation de boissons alcoolisées, lutte contre l'excès de poids.
En cas de constipation sévère préexistante, susceptible d'être aggravée par ce médicament, le médecin pourra éventuellement prescrire un *laxatif lubrifiant.*

### Effets indésirables possibles

Constipation.
Baisse de la tension artérielle, ralentissement important du cœur, *bloc auriculoventriculaire, insuffisance cardiaque.*
Une *hépatite* peut exceptionnellement survenir pendant le traitement. Certains signes évocateurs doivent vous amener à consulter votre médecin : douleurs abdominales, perte de l'appétit, nausées, douleurs articulaires ou musculaires, fatigue anormale, fièvre inexpliquée, jaunisse.

Laboratoires G Gam

## VÉRAPAMIL IVAX

Inhibiteur calcique — sur ordonnance

### Présentation

**VÉRAPAMIL IVAX LP 120 mg :** gélule à *libération prolongée* ; boîte de 60. Liste I - Remb 65 % - **Prix : 8,79 €.**
**VÉRAPAMIL IVAX LP 240 mg :** gélule à *libération prolongée* ; boîte de 30. Liste I - Remb 65 % - **Prix : 8,79 €.**

### Composition

| | p gél LP | p gél LP |
|---|---|---|
| **Vérapamil chlorhydrate** ........ | 120 mg | 240 mg |

### Dans quel cas ce médicament est-il prescrit ?

Ce médicament est un *vasodilatateur* qui appartient à la famille des *inhibiteurs calciques.*
Il est utilisé dans le traitement de l'*hypertension artérielle.*

### Contre-indications

Ce médicament ne doit pas être utilisé dans les cas suivants :
- *bloc auriculoventriculaire* grave et certaines maladies de l'automatisme cardiaque,
- *insuffisance cardiaque* mal équilibrée malgré un traitement spécifique,
- enfant de moins de 15 ans (en l'absence d'étude).

**Attention :** Des précautions sont nécessaires en cas d'*insuffisance hépatique* et chez la personne âgée.

### Interactions avec d'autres substances

Ce médicament peut interagir avec les *antiarythmiques.*
Informez par ailleurs votre médecin si vous prenez un *bêtabloquant* ou un médicament contenant de la ciclosporine, de la carbamazépine, de la rifampicine ou de la digoxine.
En outre, l'effet *antihypertenseur* de ce médicament peut être augmenté par certains médicaments tels que les *neuroleptiques*, les *antidépresseurs imipraminiques*, les médicaments contenant du baclofène ; il peut être diminué par les *corticoïdes*. Votre médecin doit être informé si vous êtes traité par l'un ou l'autre de ces médicaments.

### Grossesse et allaitement

L'effet de ce médicament pendant la grossesse est mal connu : seul votre médecin peut évaluer le risque éventuel de son utilisation dans votre cas.

Ce médicament passe dans le lait maternel en quantité infime. Par prudence, il est préférable de le prendre après la tétée et d'informer le médecin qui suit l'enfant.

### Mode d'emploi et posologie

Les gélules peuvent être prises indifféremment pendant ou en dehors des repas.

**Posologie usuelle :**
- Adulte : 2 gélules à 120 mg ou 1 gélule à 240 mg, le matin.

**Conseils :** Le traitement médicamenteux ne dispense pas des mesures simples pouvant faire baisser la tension artérielle : activité physique régulière, modération de la consommation de boissons alcoolisées, lutte contre l'excès de poids.
En cas de constipation sévère préexistante, susceptible d'être aggravée par ce médicament, le médecin pourra éventuellement prescrire un *laxatif lubrifiant.*

### Effets indésirables possibles

Constipation.
Baisse de la tension artérielle, ralentissement important du cœur, *bloc auriculoventriculaire, insuffisance cardiaque.*
Une *hépatite* peut exceptionnellement survenir pendant le traitement. Certains signes évocateurs doivent vous amener à consulter votre médecin : douleurs abdominales, perte de l'appétit, nausées, douleurs articulaires ou musculaires, fatigue anormale, fièvre inexpliquée, jaunisse.

Laboratoires Ivax SAS

## VÉRAPAMIL MERCK

Inhibiteur calcique — sur ordonnance

VERAPAMIL MERCK LP 240 mg est un générique de ISOPTINE LP.

### Présentation

**VÉRAPAMIL MERCK LP 120 mg :** comprimé à *libération prolongée* ; boîte de 60. Liste I - Remb 65 % - **Prix : 8,49 €.**
**VÉRAPAMIL MERCK LP 240 mg :** comprimé sécable à *libération prolongée* ; boîte de 30. Liste I - Remb 65 % - **Prix : 7,31 €.**

### Composition

| | p cp LP | p cp LP |
|---|---|---|
| **Vérapamil chlorhydrate** | 120 mg | 240 mg |
| Lactose | + | + |

### Dans quel cas ce médicament est-il prescrit ?

Ce médicament est un *vasodilatateur* qui appartient à la famille des *inhibiteurs calciques.*

Il est utilisé dans le traitement de l'*hypertension artérielle* et de l'*angine de poitrine.*

### Contre-indications

Ce médicament ne doit pas être utilisé dans les cas suivants :
- *bloc auriculoventriculaire* grave et certaines maladies de l'automatisme cardiaque ;
- *insuffisance cardiaque* mal équilibrée malgré un traitement spécifique ;
- hypotension artérielle grave ;
- enfant de moins de 15 ans (en l'absence d'étude).

**Attention :** Des précautions sont nécessaires en cas d'*insuffisance hépatique* et chez la personne âgée.

### Interactions avec d'autres substances

Ce médicament peut interagir avec les *antiarythmiques.* Informez par ailleurs votre médecin si vous prenez un *bêtabloquant* ou un médicament contenant de la ciclosporine, de la carbamazépine, de la rifampicine ou de la digoxine.
En outre, l'effet *antihypertenseur* de ce médicament peut être augmenté par certains médicaments tels que les *neuroleptiques*, les *antidépresseurs imipraminiques*, les médicaments contenant du baclofène ; il peut être diminué par les *corticoïdes.* Votre médecin doit être informé si vous êtes traité par l'un ou l'autre de ces médicaments.

### Grossesse et allaitement

L'effet de ce médicament pendant la grossesse est mal connu : seul votre médecin peut évaluer le risque éventuel de son utilisation dans votre cas.

Ce médicament passe dans le lait maternel en quantité infime. Par prudence, il est préférable de le prendre après la tétée et d'informer le médecin qui suit l'enfant.

### Mode d'emploi et posologie

Les comprimés peuvent être pris indifféremment pendant ou en dehors des repas.

**Posologie usuelle :**
- Adulte :
  - *hypertension artérielle* : 2 comprimés à 120 mg ou 1 comprimé à 240 mg, le matin ;
  - *angine de poitrine* : 1 ou 2 comprimés à 240 mg par jour.

**Conseils :** Le traitement médicamenteux ne dispense pas des mesures simples pouvant faire baisser la tension artérielle : activité physique régulière, modération de la consommation de boissons alcoolisées et de sel, lutte contre l'excès de poids.
En cas de constipation sévère préexistante, susceptible d'être aggravée par ce médicament, le médecin pourra éventuellement prescrire un *laxatif lubrifiant.*

### Effets indésirables possibles

Constipation.
Baisse de la tension artérielle, ralentissement important du cœur, *bloc auriculoventriculaire*, *insuffisance cardiaque.*
Rarement : gonflement des gencives, nécessitant une hygiène buccale soigneuse.
Une *hépatite* peut exceptionnellement survenir pendant le traitement. Certains signes évocateurs doivent vous amener à consulter votre médecin : douleurs abdominales, perte de l'appétit, nausées, douleurs articulaires ou musculaires, fatigue anormale, fièvre inexpliquée, jaunisse.

Laboratoires Merck génériques

## VÉRAPAMIL RATIOPHARM

Inhibiteur calcique — sur ordonnance

Ce médicament dosé à 120 mg et à 240 mg est un générique de ISOPTINE gélule (voir ce médicament).

## VÉRAPAMIL SANDOZ

Inhibiteur calcique — sur ordonnance

Ce médicament est un générique de ISOPTINE LP (voir p. 527 et tableau p. 1151).

## VÉRAPAMIL TEVA

Inhibiteur calcique — sur ordonnance

### Présentation

**VÉRAPAMIL TEVA LP 120 mg :** gélule à *libération prolongée* ; boîte de 60. Liste I - Remb 65 % - **Prix : 7,31 €.**
**VÉRAPAMIL TEVA LP 240 mg :** gélule à *libération prolongée* ; boîte de 30. Liste I - Remb 65 % - **Prix : 7,31 €.**

### Composition

| | p gél LP | p gél LP |
|---|---|---|
| **Vérapamil chlorhydrate** | 120 mg | 240 mg |
| Saccharose | + | + |

### Dans quel cas ce médicament est-il prescrit ?

Ce médicament est un *vasodilatateur* qui appartient à la famille des *inhibiteurs calciques.*

Il est utilisé dans le traitement de l'*hypertension artérielle.*

### Contre-indications

Ce médicament ne doit pas être utilisé dans les cas suivants :
- *bloc auriculoventriculaire* grave et certaines maladies de l'automatisme cardiaque,

– *insuffisance cardiaque* mal équilibrée malgré un traitement spécifique,
– enfant de moins de 15 ans (en l'absence d'étude).

**Attention :** Des précautions sont nécessaires en cas d'*insuffisance hépatique* et chez la personne âgée.

### Interactions avec d'autres substances

Ce médicament peut interagir avec les *antiarythmiques*.

Informez par ailleurs votre médecin si vous prenez un *bêtabloquant* ou un médicament contenant de la ciclosporine, de la carbamazépine, de la rifampicine ou de la digoxine.

En outre, l'effet *antihypertenseur* de ce médicament peut être augmenté par certains médicaments tels que les *neuroleptiques*, les *antidépresseurs imipraminiques*, les médicaments contenant du baclofène ; il peut être diminué par les *corticoïdes*. Votre médecin doit être informé si vous êtes traité par l'un ou l'autre de ces médicaments.

### Grossesse et allaitement

L'effet de ce médicament pendant la grossesse est mal connu : seul votre médecin peut évaluer le risque éventuel de son utilisation dans votre cas.

Ce médicament passe dans le lait maternel en quantité infime. Par prudence, il est préférable de le prendre après la tétée et d'informer le médecin qui suit l'enfant.

### Mode d'emploi et posologie

Les gélules peuvent être prises indifféremment pendant ou en dehors des repas.

**Posologie usuelle :**

- Adulte : 2 gélules à 120 mg ou 1 gélule à 240 mg, le matin.

**Conseils :** Le traitement médicamenteux ne dispense pas des mesures simples pouvant faire baisser la tension artérielle : activité physique régulière, modération de la consommation de boissons alcoolisées, lutte contre l'excès de poids.

En cas de constipation sévère préexistante, susceptible d'être aggravée par ce médicament, le médecin pourra éventuellement prescrire un *laxatif lubrifiant*.

### Effets indésirables possibles

Constipation.

Baisse de la tension artérielle, ralentissement important du cœur, *bloc auriculoventriculaire*, *insuffisance cardiaque*.

Laboratoires Téva Classics

## VERASKIN

*Informations détaillées sur www.monvidal.com*

## VÉRATRAN

Anxiolytique : benzodiazépine — sur ordonnance

### Présentation

VÉRATRAN 5 mg : comprimé (vert pâle) ; boîte de 30. Liste I, durée de prescription limitée à 12 semaines - Remb 65 % - **Prix : 1,92 €.**

VÉRATRAN 10 mg : comprimé sécable (jaune pâle) ; boîte de 30. Liste I, durée de prescription limitée à 12 semaines - Remb 65 % - **Prix : 2,92 €.**

### Composition

| | p cp | p cp |
|---|---|---|
| **Clotiazépam** | 5 mg | 10 mg |
| Lactose | + | + |

### Dans quel cas ce médicament est-il prescrit ?

Ce médicament est un *anxiolytique* (tranquillisant) de la famille des *benzodiazépines*.

Il est utilisé dans le traitement de l'anxiété lorsque celle-ci s'accompagne de troubles gênants (*anxiété généralisée*, crise d'angoisse...) et dans le cadre d'un sevrage alcoolique.

### Contre-indications

Ce médicament ne doit pas être utilisé dans les cas suivants :
– *insuffisance respiratoire* ou *hépatique* grave,
– *syndrome d'apnée du sommeil*.

**Attention :** Des précautions sont nécessaires chez la personne âgée, l'*insuffisant hépatique* ou *rénal* et chez la personne souffrant de *myasthénie*.

Utilisé seul, ce médicament n'est pas adapté au traitement des *états dépressifs*.

Une prise prolongée, surtout à doses importantes, de *tranquillisants* de la famille des *benzodiazépines* peut provoquer une *dépendance*. Ce risque de dépendance est accru chez les personnes ayant déjà présenté une dépendance à d'autres médicaments, substances ou à l'alcool.

L'arrêt brutal de ce médicament expose à un *syndrome de sevrage* : réapparition de l'anxiété, agitation, irritabilité, insomnie, maux de tête, douleurs musculaires, tremblements, hallucinations. Il faut donc s'entourer de conseils médicaux pour diminuer progressivement les doses et espacer les prises, sur une période d'autant plus longue que le traitement a été prolongé.

Ce médicament peut induire une somnolence, parfois intense chez certaines personnes. Cette somnolence peut être majorée par la prise d'*alcool* ou d'autres médicaments *sédatifs*. La conduite et l'utilisation de machines dangereuses sont déconseillées, surtout dans les heures qui suivent la prise du médicament.

### Interactions avec d'autres substances

Informez votre médecin ou votre pharmacien si vous prenez d'autres *sédatifs* (tranquillisants, somnifères, certains médicaments contre la toux ou contre la douleur contenant des *opiacés*, *antidépresseurs*, *neuroleptiques*...).

### Grossesse et allaitement

Ce médicament ne doit pas être utilisé sans avis médical pendant la grossesse. Les fortes doses au cours des 6 derniers mois sont déconseillées. En fin de grossesse, un traitement par benzodiazépine, même à faible dose, peut être responsable d'effets indésirables chez le *nouveau-né* : une surveillance médicale du nouveau-né

est alors nécessaire pendant 1 à 3 semaines selon les cas.
Ce médicament passe dans le lait maternel : l'allaitement est déconseillé.

### Mode d'emploi et posologie

Les comprimés peuvent être pris pendant ou entre les repas.

**Posologie usuelle :**

- Adulte : 10 à 30 mg par jour. La dose minimale efficace est toujours recherchée.

**Conseils :** Ce médicament vous a été prescrit dans une situation précise : ne le réutilisez pas ultérieurement sans avis médical et ne le conseillez pas à une autre personne.
La durée de prescription des *anxiolytiques* doit être la plus courte possible. Dans certaines situations, le traitement doit toutefois être prolongé. Il appartient alors au médecin de réévaluer périodiquement la nécessité de le poursuivre ou de l'interrompre.
Les *tranquillisants* ne sont pas la seule réponse à l'anxiété : une meilleure hygiène de vie, une consommation modérée d'excitants (y compris les boissons alcoolisées) permettent aussi de lutter efficacement contre l'excès de stress. Dans certains cas, une psychothérapie peut aider à lutter durablement contre l'anxiété.

### Effets indésirables possibles

Sensation d'ivresse, fatigue, somnolence (en particulier chez la personne âgée), ralentissement des idées, sensation de faiblesse musculaire, baisse de la libido, *éruption cutanée* avec ou sans démangeaisons.
Dans certaines circonstances et chez certaines personnes :
- réactions paradoxales avec augmentation de l'anxiété, agitation, agressivité, confusion des idées, hallucinations ;
- *amnésie antérograde*.

Ces troubles nécessitent l'arrêt du traitement.

Laboratoires Shire

## VERMIFUGE SORIN

*Informations détaillées sur www.monvidal.com*

## VERRUFILM

*Informations détaillées sur www.monvidal.com*

## VERRULIA

*Informations détaillées sur www.monvidal.com*

## VERRULYSE-MÉTHIONINE

*Informations détaillées sur www.monvidal.com*

## VERRUPAN

*Informations détaillées sur www.monvidal.com*

## VESICARE

*Informations détaillées sur www.monvidal.com*

## VEXOL

Collyre anti-inflammatoire — **sur ordonnance**

### Présentation

VEXOL : collyre ; flacon compte-gouttes de 5 ml. Liste I - Remb 65 % - **Prix : 6,29 €**.

### Composition

| | p 100 ml |
|---|---|
| **Rimexolone** | 1 g |
| Benzalkonium chlorure | + |

### Dans quel cas ce médicament est-il prescrit ?

C'est un collyre *anti-inflammatoire* qui contient un dérivé de la *cortisone*.
Il est utilisé dans le traitement des *conjonctivites* allergiques et de certaines maladies inflammatoires de l'œil (notamment après une opération de la *cataracte*).

### Contre-indications

Ce médicament ne doit pas être utilisé dans les cas suivants :
- *kératite* virale à son début,
- autre infection oculaire non contrôlée par un traitement spécifique.

**Attention :** L'usage de ce médicament impose un examen ophtalmologique préalable. En effet, certaines infections oculaires peuvent être aggravées par les dérivés de la *cortisone*.
En cas de traitement prolongé, une surveillance ophtalmologique régulière est nécessaire.
Ce médicament contenant un *corticoïde* doit être utilisé avec précaution en cas de *glaucome* à angle ouvert.
Le port de lentilles de contact est déconseillé en cas d'irritation oculaire. Les lentilles souples ne devront être réutilisées qu'après l'arrêt complet du traitement car elles peuvent s'imprégner des substances actives contenues dans le collyre.
Conducteur : l'instillation de ce collyre peut provoquer une gêne visuelle transitoire.

### Interactions avec d'autres substances

Ce collyre peut interagir avec d'autres collyres. Respectez un intervalle de 15 minutes entre deux instillations.

### Grossesse et allaitement

L'effet de ce médicament pendant la grossesse ou l'allaitement est mal connu : seul votre médecin peut évaluer le risque éventuel de son utilisation dans votre cas.

### Mode d'emploi et posologie

Tirer la paupière inférieure vers le bas et déposer une goutte de collyre entre la paupière et le globe oculaire (*cul-de-sac conjonctival*).

**Posologie usuelle :**

- Adulte : 1 ou 2 gouttes, 4 fois par jour.

**Conseils :** Une application correcte du produit peut nécessiter une aide, notamment chez l'enfant ou la personne handicapée ou âgée.
Pour éviter de contaminer le collyre, veillez à ne pas mettre en contact l'extrémité du flacon avec l'œil ou les doigts et ne conservez pas ce médicament plus de 4 semaines après une première utilisation.

### Effets indésirables possibles

Chez plus de 1 % des utilisateurs : vision floue, larmoiement, sensation de gêne ou de corps étranger, douleur oculaire, augmentation de la tension oculaire (*glaucome*).

Plus rarement : irritation, démangeaison locale, sensation d'œil qui colle, coloration de la *cornée*, sensibilité anormale à la lumière, sécheresse de l'œil, *kératite*, formation de croûtes sur le bord des paupières, *œdème* oculaire, ulcération de la cornée.

Laboratoires Alcon

## VIAGRA

Médicament de l'impuissance

sur ordonnance

### Présentation

**VIAGRA 25 mg :** comprimé (bleu) ; boîte de 4. Liste I - Non remb.
**VIAGRA 25 mg :** comprimé (bleu) ; boîte de 8. Liste I - Non remb.
**VIAGRA 50 mg :** comprimé (bleu) ; boîte de 4. Liste I - Non remb.
**VIAGRA 50 mg :** comprimé (bleu) ; boîte de 8. Liste I - Non remb.
**VIAGRA 100 mg :** comprimé (bleu) ; boîte de 4. Liste I - Non remb.
**VIAGRA 100 mg :** comprimé (bleu) ; boîte de 8. Liste I - Non remb.

### Composition

| | p cp | p cp | p cp |
|---|---|---|---|
| **Sildénafil citrate** .......... | 25 mg | 50 mg | 100 mg |

### Dans quel cas ce médicament est-il prescrit ?

Ce médicament est un *vasodilatateur* qui agit spécifiquement sur la verge. Son action sur le reste du système cardiovasculaire est minime et ne prête à conséquence qu'en cas de prise conjointe de médicaments vasodilatateurs nitrés (voir Interactions avec d'autres substances). Il ne peut fonctionner qu'en cas de situation de désir sexuel et ne déclenche généralement pas l'érection à lui seul. Son effet se manifeste au plus tard une heure après la prise et dure 4 à 5 heures. L'érection est améliorée ou restaurée chez 75 % des utilisateurs, toutes causes d'impuissance confondues (sauf radiothérapie locale et certains actes chirurgicaux).

Il est utilisé dans le traitement des troubles de l'érection.

### Contre-indications

Ce médicament ne doit pas être utilisé dans les cas suivants :

- fragilité cardiovasculaire contre-indiquant l'effort que représente l'acte sexuel (*angine de poitrine* grave, insuffisance cardiaque grave...) ;
- situations dans lesquelles l'effet du médicament n'a pas été étudié : *insuffisance hépatique* grave, hypotension grave, *antécédent* récent d'*accident vasculaire cérébral* ou d'*infarctus du myocarde*, maladie grave de la *rétine* (rétinite pigmentaire) ;
- en association avec des *vasodilatateurs* nitrés (voir Interactions avec d'autres substances).

**Attention :** La reprise d'une activité sexuelle chez un homme fragilisé par l'âge ou une maladie chronique peut être à l'origine d'un accident cardiovasculaire. Un bilan médical préalable est nécessaire.

Des précautions sont nécessaires chez les hommes présentant une malformation du pénis ou souffrant d'une maladie les prédisposant au *priapisme* (drépanocytose, myélome multiple, leucémie).

Le traitement médicamenteux des troubles de l'érection ne se conçoit que lorsque les causes curables de l'impuissance ont été recherchées. Les impuissances d'origines psychologiques peuvent être améliorées ou guéries par des thérapies spécifiques.

Compte-tenu de ses effets indésirables potentiels, ce médicament peut, chez certaines personnes, ne pas être compatible avec la conduite automobile ou le maniement de machines dangereuses. Assurez-vous à l'occasion des premières prises que vous supportez bien ce médicament avant de conduire ou d'utiliser une machine.

### Interactions avec d'autres substances

L'association du sildénafil avec des *vasodilatateurs* nitrés peut provoquer des hypotensions graves. Ces vasodilatateurs peuvent être des médicaments pour le cœur : nitroprussiate, nitrite, nitrates, trinitrine, linsidomine, molsidomine, nicorandil. Il peut également s'agir de produits vendus en sex-shops : « poppers », « boosts », « snappers », qui contiennent des nitrites et sont utilisés comme amplificateurs d'orgasme ou pour dilater l'anus.

L'effet du sildénafil peut être augmenté par les médicaments qui contiennent du ritonavir, du saquinavir, de l'itraconazole, du kétoconazole, de la cimétidine ou de l'érythromycine : une diminution de la *posologie* du sildénafil peut être nécessaire.

Le sildénafil peut également interagir avec les *alpha-bloquants*, notamment ceux utilisés dans le traitement des troubles urinaires dus à un *adénome de la prostate*.

### Grossesse et allaitement

Ce médicament n'a pas d'indication chez la femme.

### Mode d'emploi et posologie

Pris à jeun, le médicament agit plus vite, mais moins longtemps. Avec un repas, son effet est retardé, moins intense et plus durable.

**Posologie usuelle :**

- Homme de plus de 18 ans : 1 comprimé à 50 mg, environ 1 heure avant le rapport sexuel. Cette dose peut être adaptée par le médecin. Il est recommandé de ne pas dépasser une prise par jour.

**Conseils :** Ce médicament n'est pas un aphrodisiaque, il ne crée pas le désir sexuel, mais permet de le concrétiser.

### Effets indésirables possibles

Très fréquemment (plus de 10 % des utilisateurs) : maux de tête, rougeur du visage.

Fréquemment : *vertiges*, troubles de la vision (des couleurs essentiellement), *palpitations*, digestion difficile, nez bouché.

Ont également été observés : *réaction allergique*, douleur musculaire, douleur oculaire et yeux rouges, accidents cardiovasculaires.

Le risque de *priapisme* est faible. Si l'érection est anormalement prolongée et douloureuse, le médecin doit être joint en urgence pour qu'un traitement adapté puisse être mis en œuvre.

Laboratoires Pfizer

## VIBRAMYCINE

Antibiotique : cycline

sur ordonnance

### Présentation

VIBRAMYCINE N 100 mg : comprimé sécable (jaune pâle) ; boîte de 5. Liste I - Remb 65 % - **Prix : 2,78 €.**
VIBRAMYCINE N 100 mg : comprimé sécable (jaune pâle) ; boîte de 30. Liste I - Remb 65 % - **Prix : 9,24 €.**

### Composition

| | p cp |
|---|---|
| **Doxycycline** | 100 mg |

### Dans quel cas ce médicament est-il prescrit ?

C'est un *antibiotique* qui appartient à la famille des *cyclines.*

Il est utilisé dans le traitement de diverses maladies infectieuses, notamment respiratoires et génitales. Il est également utilisé dans le traitement de l'*acné.*

### Contre-indications

Ce médicament ne doit pas être utilisé dans les cas suivants :
- *allergie* aux *cyclines,*
- enfant de moins de 8 ans (risque de coloration définitive des dents),
- en association avec les *rétinoïdes* par *voie* orale,
- **grossesse** (à partir du 4e mois).

**Attention :** Les médicaments contenant de la doxycycline exposent à un risque de lésion en cas de contact prolongé avec la *muqueuse* (revêtement interne) de l'œsophage. Ils doivent donc être pris avec une quantité d'eau suffisante (un verre entier) pour descendre jusqu'à l'estomac. Pour la même raison, il est déconseillé de prendre ce médicament en position allongée ou juste avant le coucher.

Ce médicament est photosensibilisant : une exposition aux rayons *ultraviolets* peut provoquer des réactions cutanées. Évitez toute exposition au soleil et n'omettez pas de signaler à votre médecin vos projets de vacances pendant la durée du traitement.

### Interactions avec d'autres substances

Ce médicament ne doit pas être associé à ceux qui contiennent des *rétinoïdes* à prendre par *voie* orale (ROACCUTANE, SORIATANE...) : risque d'*hypertension intracrânienne* bénigne.

Informez par ailleurs votre médecin si vous prenez un *anticoagulant* oral, un *anticonvulsivant inducteur enzymatique*, un pansement digestif ou un médicament contenant du fer.

### Grossesse et allaitement

Ce médicament peut provoquer des anomalies dentaires chez l'enfant à naître : son usage est contre-indiqué pendant les 2 derniers trimestres de la grossesse.

Du fait du risque de coloration des dents chez le nourrisson, un choix peut être nécessaire entre l'allaitement et la prise du médicament. Consultez votre médecin.

### Mode d'emploi et posologie

Pour éviter les *troubles digestifs*, ce médicament doit être pris au milieu d'un repas et au moins 1 heure avant le coucher.

Les comprimés doivent être avalés avec un grand verre d'eau ou délayés dans un demi-verre d'eau. Ils ne doivent pas être absorbés en position allongée.

**Posologie usuelle :**
- Adulte :
  - pour un poids inférieur à 60 kg : 2 comprimés en une prise le 1er jour, puis 1 comprimé par jour ;
  - pour un poids supérieur à 60 kg : 2 comprimés par jour en une prise.

Dans le traitement prolongé de l'*acné* et de certaines infections génitales : *posologie* particulière précisée par le médecin.
- Enfant de plus de 8 ans : 4 mg par kg et par jour ; soit, par exemple, pour un enfant de 37 kg : 1 et ½ comprimé par jour en une prise.

**Conseils :** Le médecin prescrit parfois un prélèvement pour identifier le *germe* responsable de l'infection et tester sa sensibilité aux *antibiotiques.* Le résultat de cet examen peut être faussé en cas d'automédication préalable : ne prenez pas et ne donnez pas d'antibiotiques sans avis médical.

Une diminution de la fièvre ou une disparition des *symptômes* ne sont pas synonymes de guérison : la durée du traitement doit absolument être respectée pour éviter les rechutes ou l'apparition d'une *résistance* du germe à l'antibiotique.

Si vous digérez le lait, la prise de ce médicament avec un verre de lait peut diminuer les *troubles digestifs* éventuels.

### Effets indésirables possibles

Nausées, *diarrhée*, douleurs de l'estomac, manque d'appétit, *inflammation* de la bouche.

*Candidose.*

*Réaction allergique.*

Réaction de *photosensibilisation* : rougeurs cutanées dues à une exposition aux rayons *ultraviolets.*

Laboratoires CS

## VIBTIL

*Informations détaillées sur www.monvidal.com*

## VICKS INHALER

Décongestionnant

### Présentation

VICKS INHALER : tampon imprégné pour *inhalation* ; 1 tube inhalateur. Non remb.

### Composition

| | p 100 ml |
|---|---|
| **Camphre** | 39,7 g |
| **Lévomenthol** | 39,7 g |
| Salicylate de méthyle | + |

### Dans quel cas ce médicament est-il prescrit ?

Ce bâton pour *inhalation* est imprégné de substances qui possèdent une action locale décongestionnante sur les *muqueuses* des *voies* respiratoires.

Il est utilisé pour faciliter la respiration au cours des affections des voies respiratoires (rhinopharyngites).

### Contre-indications

Ce médicament ne doit pas être utilisé chez les enfants ayant des *antécédents* de *convulsions*.

**Attention :** Ce médicament contient des *terpènes* qui peuvent, en cas de dépassement des *posologies*, avoir des effets indésirables graves : respectez, plus particulièrement chez l'enfant, les doses préconisées.

Des précautions sont nécessaires en cas d'*épilepsie*.

Ne laissez pas ce médicament à la portée des enfants.

### Grossesse et allaitement

L'effet de ce médicament pendant la grossesse ou l'allaitement est mal connu. L'évaluation du risque éventuel lié à son utilisation est individuelle : demandez conseil à votre pharmacien ou à votre médecin.

### Mode d'emploi et posologie

Introduire le tube dans la narine et inspirer profondément 2 fois.

**Posologie usuelle :**

- Adulte et enfant de plus de 12 ans : 1 à 3 inhalations par jour.

La durée du traitement ne doit pas dépasser 3 jours.

**Conseils :** Il est important de lutter contre la sécheresse de l'air ambiant (humidificateur, etc.) pour éviter le dessèchement des sécrétions nasales et bronchiques.

### Effets indésirables possibles

Irritation locale, *réaction allergique*.

En cas de dépassement de la *posologie* usuelle, les *terpènes* peuvent provoquer :
- des *convulsions* chez l'enfant,
- agitation, confusion des idées (notamment chez la personne âgée).

Laboratoires Upsa Conseil

## VICKS PASTILLES

Préparation orobuccale antibactérienne

### Présentation

VICKS MENTHOL EUCALYPTUS : pastille ; boîte de 18. Non remb.
VICKS MENTHOL EUCALYPTUS : pastille ; boîte de 30. Non remb.

### Composition

| | p past |
|---|---|
| **Camphre** | 0,28 mg |
| **Lévomenthol** | 8,28 mg |
| **Eucalyptus, essence** | 2,76 mg |
| **Thymol** | 0,28 mg |
| **Baume de Tolu, teinture** | 0,14 mg |
| **Alcool benzylique** | 5,52 mg |
| Sucres | 3,9 g |

### Dans quel cas ce médicament est-il prescrit ?

C'est un médicament d'usage local à visée *antiseptique*.
Il est utilisé pour calmer les irritations de la gorge.

### Contre-indications

Ce médicament ne doit pas être utilisé dans les cas suivants :
- enfant de moins de 6 ans,
- *antécédents* de *convulsions*.

**Attention :** En l'absence d'amélioration au bout de 5 jours, de douleur en avalant ou en cas d'apparition de fièvre, consultez votre médecin. Il pourra faire la différence entre une *pharyngite* et une angine. En cas d'angine bactérienne, un traitement *antibiotique* est nécessaire afin d'éviter des complications ultérieures, cardiaques ou rénales.

Ce médicament contient des *terpènes* qui peuvent, en cas de dépassement des *posologies*, avoir des effets indésirables graves : respectez, plus particulièrement chez l'enfant, les doses préconisées.

Des précautions sont nécessaires en cas d'*épilepsie*.

Ces pastilles contiennent du *sucre* (saccharose, glucose) en quantité notable.

### Grossesse et allaitement

L'effet de ce médicament pendant la grossesse est mal connu. L'évaluation du risque éventuel lié à son utilisation est individuelle : demandez conseil à votre pharmacien ou à votre médecin.

Les *terpènes* peuvent donner un goût particulier au lait. Leur absorption par le *nourrisson* n'est pas souhaitable : évitez d'employer ce médicament pendant l'allaitement.

### Mode d'emploi et posologie

Laisser fondre lentement les pastilles dans la bouche sans les croquer.

**Posologie usuelle :**

- Adulte et enfant de plus de 6 ans : 4 à 6 pastilles par jour.

### Effets indésirables possibles

En cas de dépassement de la *posologie* usuelle, les *terpènes* peuvent provoquer :
- des *convulsions* chez l'enfant,
- agitation, confusion des idées (notamment chez la personne âgée).

Brûlures de l'estomac, écoulement de salive en dehors de la bouche.

Laboratoires Upsa Conseil

## VICKS SIROP EXPECTORANT

*Informations détaillées sur www.monvidal.com*

## VICKS SIROP PECTORAL

Antitussif non opiacé non antihistaminique

### Présentation

VICKS sirop pectoral : sirop ; flacon de 150 ml. Non remb.

### Composition

| | p c à s |
|---|---|
| **Pentoxyvérine citrate** | 22,5 mg |
| Saccharose | 2,4 g |
| Sodium | 180 mg |
| Titre alcoolique | 10° |

Les mots en *italique* dans les textes sont expliqués dans le lexique p. 1323.

### Dans quel cas ce médicament est-il prescrit ?

Ce sirop contient un *antitussif* qui agit sur les centres de la toux.

Il est utilisé dans le *traitement symptomatique* des toux sèches et des toux d'irritation chez l'adulte.

### Contre-indications

Ce médicament ne doit pas être utilisé dans les cas suivants :
- *asthme*,
- *insuffisance respiratoire*,
- risque de *glaucome* à angle fermé,
- risque de blocage des urines (*adénome de la prostate*, etc.).

**Attention :** Ce médicament n'est pas adapté au traitement de la toux grasse, qui est un mécanisme de défense normal de l'organisme permettant l'évacuation des mucosités présentes dans les bronches.

La toux est un *symptôme* qui peut révéler de nombreuses maladies : consultez votre médecin si elle persiste plus de quelques jours.

Ce sirop contient du *sucre* (saccharose) et de l'*alcool* en quantités notables.

Ce médicament peut induire une somnolence, parfois intense chez certaines personnes. Cette somnolence peut être majorée par la prise d'*alcool* ou d'autres médicaments *sédatifs*. La conduite et l'utilisation de machines dangereuses sont déconseillées, surtout dans les heures qui suivent la prise du médicament.

### Grossesse et allaitement

L'effet de ce médicament pendant la grossesse ou l'allaitement est mal connu. L'évaluation du risque éventuel lié à son utilisation est individuelle : demandez conseil à votre pharmacien ou à votre médecin.

### Mode d'emploi et posologie

Ce médicament est pris au moment où survient la toux, indifféremment au cours ou en dehors des repas.

Les prises doivent être espacées d'au moins 6 heures.

**Posologie usuelle :**
- Adulte : 1 cuillère à soupe de sirop, 1 à 4 fois par jour.
- Personne âgée, insuffisant hépatique ou rénal : la posologie est généralement diminuée de moitié.

La durée du traitement ne doit pas dépasser 5 jours sans avis médical.

**Conseils :** Ce médicament n'entraîne pas de *dépression respiratoire* aux doses usuelles.

Fumer, ou être exposé à la fumée des autres, nuit à l'efficacité du traitement : la cigarette est irritante pour les bronches et entretient la toux.

Des mesures simples permettent de calmer les toux sèches : boissons chaudes et humidification de l'air ambiant.

### Effets indésirables possibles

Constipation, bouche sèche.

Plus rarement : somnolence, difficulté pour uriner, troubles de la vue, accélération du cœur, agitation, confusion des idées (chez la personne âgée).

**Laboratoires Upsa Conseil**

## VICKS SIROP TOUX SÈCHE

*Informations détaillées sur www.monvidal.com*

## VICKS VAPORUB

Révulsif

### Présentation

VICKS VAPORUB : pommade ; pot de 50 g. Non remb.
VICKS VAPORUB : pommade ; pot de 100 g. Non remb.

### Composition

| | p 100 g |
|---|---|
| **Lévomenthol** | 2,75 g |
| **Camphre** | 5 g |
| **Térébenthine, huile essentielle** | 5 g |
| **Eucalyptus, huile essentielle** | 1,5 g |
| **Thymol** | 0,25 g |

### Dans quel cas ce médicament est-il prescrit ?

Cette pommade, qui contient des *terpènes*, a un effet *révulsif*.

Elle est utilisée pour faciliter la respiration au cours des affections respiratoires, avec ou sans toux.

### Contre-indications

Ce médicament ne doit pas être utilisé dans les cas suivants :
- *antécédents* de *convulsions*,
- enfant de moins de 6 ans.

**Attention :** Les médicaments contenant des *terpènes* peuvent, dans de très rares cas, provoquer des accidents graves chez le jeune enfant : *convulsions*, troubles de conscience, arrêt respiratoire... Ils sont donc contre-indiqués chez le *nourrisson* et ne devraient être employés qu'après avis médical chez l'enfant de moins de 7 ans.

Le risque d'accident dû aux terpènes est accru :
- chez les enfants ayant des *antécédents* de convulsions ;
- lors d'applications répétées ou étendues ;
- lorsque la peau est lésée (brûlure, plaie, *eczéma*...) ;
- lors d'applications sous pansement.

En l'absence d'amélioration au bout de 3 jours, en cas d'apparition de fièvre, consultez votre médecin.

### Grossesse et allaitement

L'effet de ce médicament pendant la grossesse est mal connu. L'évaluation du risque éventuel lié à son utilisation est individuelle : demandez conseil à votre pharmacien ou à votre médecin.

Les *terpènes* peuvent donner un goût particulier au lait. Leur absorption par le *nourrisson* n'est pas souhaitable : évitez d'employer ce médicament pendant l'allaitement.

### Mode d'emploi et posologie

La pommade peut être utilisée soit en application sur la poitrine ou le cou, soit en inhalation.

**Posologie usuelle :**

En application cutanée :
- Adulte et enfant de plus de 6 ans : appliquer 1 cuillère-doseuse de pommade, 1 ou 2 fois par jour.

En inhalation :
- Adulte et enfant de plus de 12 ans : 1 ou 2 cuillères-doseuses de pommade dans un bol d'eau chaude, 1 à 3 fois par jour.

**Conseils :** Pensez à vous laver les mains après l'application pour éviter tout contact avec les yeux et les *muqueuses*.

### Effets indésirables possibles

Irritation locale, *réaction allergique* devant conduire à arrêter le traitement.

En cas de dépassement de la *posologie* usuelle, les *terpènes* peuvent provoquer :
- des *convulsions* chez l'enfant,
- agitation, confusion des idées (notamment chez la personne âgée).

**Laboratoires Upsa Conseil**

---

## VICTAN

Anxiolytique : benzodiazépine — **sur ordonnance**

### Présentation

**VICTAN 2 mg :** comprimé sécable (saumon) ; boîte de 30. Liste I, durée de prescription limitée à 12 semaines - Remb 65 % - **Prix : 3,33 €.**

### Composition

| | p cp |
|---|---|
| **Loflazépate d'éthyle** | 2 mg |
| Lactose | + |
| Huile de ricin | + |

### Dans quel cas ce médicament est-il prescrit ?

Ce médicament est un *anxiolytique* (tranquillisant) de la famille des *benzodiazépines*.

Il est utilisé dans le traitement de l'anxiété lorsque celle-ci s'accompagne de troubles gênants (*anxiété généralisée*, crise d'angoisse...) et dans le cadre d'un sevrage alcoolique.

### Contre-indications

Ce médicament ne doit pas être utilisé dans les cas suivants :
- *insuffisance respiratoire* ou *hépatique* grave,
- *syndrome d'apnée du sommeil.*

**Attention :** Des précautions sont nécessaires chez la personne âgée, l'*insuffisant hépatique* ou *rénal* et chez la personne souffrant de *myasthénie.*

Utilisé seul, ce médicament n'est pas adapté au traitement des *états dépressifs.*

Une prise prolongée, surtout à doses importantes, de *tranquillisants* de la famille des *benzodiazépines* peut provoquer une *dépendance.* Ce risque de dépendance est accru chez les personnes ayant déjà présenté une dépendance à d'autres médicaments, substances ou à l'alcool.

L'arrêt brutal de ce médicament expose à un *syndrome de sevrage* : réapparition de l'anxiété, agitation, irritabilité, insomnie, maux de tête, douleurs musculaires, tremblements, hallucinations. Il faut donc s'entourer de conseils médicaux pour diminuer progressivement les doses et espacer les prises, sur une période d'autant plus longue que le traitement a été prolongé.

Ce médicament peut induire une somnolence, parfois intense chez certaines personnes. Cette somnolence peut être majorée par la prise d'*alcool* ou d'autres médicaments *sédatifs.* La conduite et l'utilisation de machines dangereuses sont déconseillées, surtout dans les heures qui suivent la prise du médicament.

### Interactions avec d'autres substances

Informez votre médecin ou votre pharmacien si vous prenez d'autres *sédatifs* (tranquillisants, somnifères, certains médicaments contre la toux ou contre la douleur contenant des *opiacés, antidépresseurs, neuroleptiques*...).

### Grossesse et allaitement

Ce médicament ne doit pas être utilisé sans avis médical pendant la grossesse. Les fortes doses au cours des 6 derniers mois sont déconseillées. En fin de grossesse, un traitement par benzodiazépine, même à faible dose, peut être responsable d'effets indésirables chez le *nouveau-né* : une surveillance médicale du nouveau-né est alors nécessaire pendant 1 à 3 semaines selon les cas.

Ce médicament passe dans le lait maternel : l'allaitement est déconseillé.

### Mode d'emploi et posologie

Les comprimés peuvent être pris pendant ou entre les repas.

**Posologie usuelle :**
- Adulte : ½ à 1 comprimé et demi par jour, en 1 ou plusieurs prises au cours de la journée.

**Conseils :** Ce médicament est présent dans l'organisme plus de 72 heures après sa prise : son effet peut persister de façon prolongée.

Ce médicament vous a été prescrit dans une situation précise : ne le réutilisez pas ultérieurement sans avis médical et ne le conseillez pas à une autre personne.

La durée de prescription des *anxiolytiques* doit être la plus courte possible. Dans certaines situations, le traitement doit toutefois être prolongé. Il appartient alors au médecin de réévaluer périodiquement la nécessité de le poursuivre ou de l'interrompre.

Les *tranquillisants* ne sont pas la seule réponse à l'anxiété : une meilleure hygiène de vie, une consommation modérée d'excitants (y compris les boissons alcoolisées) permettent aussi de lutter efficacement contre l'excès de stress. Dans certains cas, une psychothérapie peut aider à lutter durablement contre l'anxiété.

### Effets indésirables possibles

Sensation d'ivresse, fatigue, somnolence (en particulier chez la personne âgée), ralentissement des idées, sensation de faiblesse musculaire, baisse de la libido, *éruption cutanée* avec ou sans démangeaisons.

Dans certaines circonstances et chez certaines personnes :
- réactions paradoxales avec augmentation de l'anxiété, agitation, agressivité, confusion des idées, hallucinations ;
- *amnésie antérograde.*

Ces troubles nécessitent l'arrêt du traitement.

**Laboratoires Sanofi-Aventis France**

---

## VIDEX

*Informations détaillées sur www.monvidal.com*

---

## VIDORA
Antimigraineux — sur ordonnance

### Présentation
VIDORA 25 mg : comprimé (blanc) ; boîte de 30. Liste I - Remb 35 % - **Prix : 5,33 €**.

### Composition

| | p cp |
|---|---|
| **Indoramine** | 25 mg |
| Lactose | + |

### Dans quel cas ce médicament est-il prescrit ?
Ce médicament est un antimigraineux.

Il est utilisé dans le *traitement de fond* de la *migraine*. Il vise à espacer les crises et à diminuer leur intensité.

### Contre-indications
Ce médicament ne doit pas être utilisé dans les cas suivants :
- maladie de *Parkinson* ;
- *insuffisance hépatique*, *insuffisance cardiaque*, *insuffisance rénale* grave ;
- **allaitement**.

**Attention :** Ce médicament n'est pas adapté au *traitement de la crise* de *migraine*.
Des précautions sont nécessaires chez la personne âgée et en cas d'*insuffisance rénale*, d'*antécédent* d'*angine de poitrine* ou d'*infarctus du myocarde*.
Ce médicament peut induire une somnolence, parfois intense chez certaines personnes. Cette somnolence peut être majorée par la prise d'*alcool* ou d'autres médicaments *sédatifs*. La conduite et l'utilisation de machines dangereuses sont déconseillées, surtout dans les heures qui suivent la prise du médicament.

### Interactions avec d'autres substances
Ce médicament peut interagir avec d'autres médicaments, notamment les *antihypertenseurs*, dont il renforce l'action.

### Grossesse et allaitement
L'effet de ce médicament pendant la grossesse est mal connu : seul votre médecin peut évaluer le risque éventuel de son utilisation dans votre cas.

Les données disponibles ne permettent pas de savoir si ce médicament passe dans le lait maternel. Il est contre-indiqué pendant l'allaitement.

### Mode d'emploi et posologie
Les comprimés doivent être avalés avec de l'eau.

**Posologie usuelle :**
- Adulte : 1 comprimé, 2 fois par jour.

**Conseils :** L'efficacité de ce *traitement de fond* dépend d'une prise régulière et prolongée du médicament.
Ce médicament doit être conservé à l'abri de la chaleur et de l'humidité.

### Effets indésirables possibles
Le plus souvent, en début de traitement : somnolence, sécheresse de la bouche, nez bouché, troubles de l'éjaculation.
Rarement : excès de *prolactine* dans le sang.

Laboratoires Ferlux

## VIGNE ROUGE BOIRON
*Informations détaillées sur www.monvidal.com*

## VINCARUTINE
*Informations détaillées sur www.monvidal.com*

## VINICARD
*Informations détaillées sur www.monvidal.com*

## VIRACEPT
*Informations détaillées sur www.monvidal.com*

## VIRAFERON
*Informations détaillées sur www.monvidal.com*

## VIRAFERONPEG
Interféron — sur ordonnance

### Présentation
VIRAFEROPEG 50 µg/0,5 ml : poudre et solvant pour solution injectable *SC* ; stylo à usage unique avec 1 aiguille et 2 tampons nettoyants. Liste I, *médicament à prescription restreinte* - Remb 65 % - **Prix : 95,91 €**.
VIRAFEROPEG 50 µg/0,5 ml : poudre et solvant pour solution injectable *SC* ; boîte de 4 stylos à usage unique avec 4 aiguilles et 8 tampons nettoyants. Liste I, *médicament à prescription restreinte* - Remb 65 % - **Prix : 354,98 €**.
VIRAFEROPEG 80 µg/0,5 ml : poudre et solvant pour solution injectable *SC* ; stylo à usage unique avec 1 aiguille et 2 tampons nettoyants. Liste I, *médicament à prescription restreinte* - Remb 65 % - **Prix : 150,28 €**.
VIRAFEROPEG 80 µg/0,5 ml : poudre et solvant pour solution injectable *SC* ; boîte de 4 stylos à usage unique avec 4 aiguilles et 8 tampons nettoyants. Liste I, *médicament à prescription restreinte* - Remb 65 % - **Prix : 557,43 €**.
VIRAFEROPEG 100 µg/0,5 ml : poudre et solvant pour solution injectable *SC* ; stylo à usage unique avec 1 aiguille et 2 tampons nettoyants. Liste I, *médicament à prescription restreinte* - Remb 65 % - **Prix : 186,27 €**.
VIRAFEROPEG 100 µg/0,5 ml : poudre et solvant pour solution injectable *SC* ; boîte de 4 stylos à usage unique avec 4 aiguilles et 8 tampons nettoyants. Liste I, *médicament à prescription restreinte* - Remb 65 % - **Prix : 692,40 €**.
VIRAFEROPEG 120 µg/0,5 ml : poudre et solvant pour solution injectable *SC* ; stylo à usage unique avec 1 aiguille et 2 tampons nettoyants. Liste I, *médicament à prescription restreinte* - Remb 65 % - **Prix : 220,01 €**.
VIRAFEROPEG 120 µg/0,5 ml : poudre et solvant pour solution injectable *SC* ; boîte de 4 stylos à usage unique avec 4 aiguilles et 8 tampons nettoyants. Liste I, *médicament à prescription restreinte* - Remb 65 % - **Prix : 827,37 €**.
VIRAFEROPEG 150 µg/0,5 ml : poudre et solvant pour solution injectable *SC* ; stylo à usage unique avec

1 aiguille et 2 tampons nettoyants. Liste I, *médicament à prescription restreinte* - Remb 65 % - **Prix : 270,63 €**.
**VIRAFEROPEG 150 µg/0,5 ml :** poudre et solvant pour solution injectable *SC* ; boîte de 4 stylos à usage unique avec 4 aiguilles et 8 tampons nettoyants. Liste I, *médicament à prescription restreinte* - Remb 65 % - **Prix : 1029,82 €**.

## Composition

| | p stylo | p stylo | p stylo |
|---|---|---|---|
| **Peginterféron alfa-2b** ........................ | 50 µg | 80 µg | 100 µg |

| | p stylo | p stylo |
|---|---|---|
| **Peginterféron alfa-2b** .......... | 120 µg | 150 µg |

## Dans quel cas ce médicament est-il prescrit ?

Ce médicament contient une substance proche de l'interféron naturel humain. L'interféron est une protéine qui intervient dans la réponse immunitaire ; il renforce les défenses des cellules de l'organisme contre les infections virales.

Il est utilisé dans le traitement de l'*hépatite* C chronique active, généralement en association avec la ribavirine.

## Contre-indications

Ce médicament ne doit pas être utilisé dans les cas suivants :
- affection cardiaque grave ;
- *insuffisance rénale* ou *hépatique* grave ;
- *cirrhose* du foie ;
- anomalies non corrigées du fonctionnement de la glande *thyroïde* ;
- *antécédent* d'*épilepsie*, de maladie du cerveau ou de la moelle épinière ;
- troubles psychiques graves ;
- antécédent de *maladie auto-immune* ;
- traitement *immunodépresseur* actuel ou récent.

**Attention :** Des précautions sont nécessaires chez les personnes souffrant d'*insuffisance respiratoire*, de *diabète* mal équilibré, d'*hypertriglycéridémie*, de prédisposition aux *hémorragies*, de maladie du cœur, de *psoriasis*, de sarcoïdose.

Des *symptômes* simulant la grippe sont fréquents en début de traitement : fièvre, maux de tête, sueurs, courbatures, douleurs articulaires ; ces troubles peuvent être atténués par la prise de paracétamol et ne justifient pas l'interruption du traitement. En revanche, d'autres effets indésirables (voir cette rubrique) peuvent nécessiter une interruption momentanée ou un arrêt définitif du traitement.

Signalez à votre médecin la survenue éventuelle d'un ou plusieurs des symptômes suivants :
- *réactions allergiques* : *urticaire*, œdème de *Quincke*, *asthme*, malaise survenant après l'injection ;
- *palpitations* ;
- baisse importante de la tension artérielle ;
- essoufflement anormal ;
- *état dépressif*, idées suicidaires ;
- confusion des idées (surtout chez la personne âgée) ;
- perte de connaissance brutale pouvant correspondre à une crise d'*épilepsie* ;
- troubles de la vision.

Pendant la durée du traitement, des examens sanguins réguliers sont indispensables.

Des boissons en quantité suffisante sont nécessaires pour éviter tout risque de déshydratation, notamment en cas de forte chaleur.

Si vous devez conduire, ou utiliser une machine dangereuse, assurez-vous préalablement que ce médicament n'altère pas votre vigilance.

## Interactions avec d'autres substances

Informez votre médecin si vous prenez de l'aspirine, un *corticoïde* ou un *sédatif*.

## Grossesse et allaitement

L'effet de ce médicament pendant la grossesse ou l'allaitement est mal connu. Par mesure de prudence, une contraception efficace est nécessaire pendant toute la durée du traitement et l'allaitement est déconseillé. Néanmoins, la mise en route ou la poursuite du traitement chez la femme enceinte sont possibles en cas de nécessité.

## Mode d'emploi et posologie

Ce médicament est injecté par *voie* sous-cutanée.

**Posologie usuelle :**
1,5 µg/kg par semaine avec des gélules de ribavirine ou 0,5 à 1 µg/kg par semaine seul.

**Conseils :** Ce médicament doit être conservé à une température comprise entre + 2° et + 8 °C (au réfrigérateur). Il ne doit pas être congelé.

Après une première utilisation, il se conserve 27 jours entre + 2° et + 8 °C. Le stylo doit être sorti du réfrigérateur 1/2 heure avant l'injection et être remis au froid immédiatement après. L'aiguille doit être jetée après chaque utilisation. Le stylo peut être conservé à température ambiante (inférieure à 25 °C) pendant 2 jours maximum au cours de la période d'utilisation du produit.

**Conditions particulières de délivrance** :
Ce médicament est un *médicament à prescription restreinte* : la prescription initiale de ce médicament ne peut être faite que par un service hospitalier spécialisé en maladies de l'appareil digestif ou en médecine interne.

## Effets indésirables possibles

*Syndrome* pseudogrippal : fièvre, frissons, perte d'appétit, maux de tête, sueurs, courbatures, douleurs articulaires ; ces troubles sont généralement atténués par la prise de paracétamol et tendent à disparaître progressivement. Cependant, la poursuite du traitement peut entraîner un état de grande lassitude, une sensation de faiblesse persistante.

*Troubles digestifs.*

Rarement :
- troubles neuropsychiatriques : étourdissement, *vertiges*, fourmillement des extrémités, tremblements, trous de mémoire, insomnies, *impuissance*, confusion des idées, *état dépressif*, idées suicidaires ;
- troubles cardiovasculaires : hypo ou *hypertension artérielle*, *œdème*, bleuissement des lèvres, *arythmie*, *palpitations*, douleurs thoraciques, *insuffisance cardiaque*, *infarctus du myocarde* (exceptionnel) ;
- troubles respiratoires : essoufflement anormal, toux, *pharyngite* ;

- troubles de la peau et des *muqueuses* : aggravation d'un *herpès*, démangeaisons, sécheresse de la peau et des muqueuses, *éruption cutanée*, apparition ou aggravation d'un *psoriasis* ;
- écoulement nasal, saignement de nez, perte de cheveux modérée et réversible ;
- troubles divers : douleur ou *nodule* au point d'injection, *insuffisance rénale*, anomalies de la *numération formule sanguine*, troubles de la vision, anomalies du fonctionnement de la glande *thyroïde*, baisse du taux de calcium dans le sang.

Laboratoires Schering-Plough

## VIRAMUNE

*Informations détaillées sur www.monvidal.com*

## VIREAD

*Informations détaillées sur www.monvidal.com*

## VIRGAN

*Informations détaillées sur www.monvidal.com*

## VIRLIX

Antiallergique — sur ordonnance

### Présentation

**VIRLIX :** comprimé sécable (blanc) ; boîte de 15. Liste II - Remb 35 % - **Prix : 6,17 €.**
**VIRLIX :** solution buvable ; flacon compte-goutte de 15 ml. Liste II - Remb 35 % - **Prix : 6,17 €.**

### Composition

| | p cp | p gte |
|---|---|---|
| **Cétirizine dichlorhydrate** | 10 mg | 0,5 mg |
| Lactose | + | |

### Dans quel cas ce médicament est-il prescrit ?

Ce médicament est un *antihistaminique* antiallergique ; il n'a pas d'effets *sédatifs* ni *atropiniques*.

Il est utilisé dans le traitement des manifestations allergiques diverses : *rhinite* ou *conjonctivite* allergiques, *urticaire*.

### Contre-indications

Ce médicament ne doit pas être utilisé dans les cas suivants :
- *insuffisance rénale*,
- enfant de moins de 6 ans (comprimé),
- enfant de moins de 2 ans (solution buvable).

### Grossesse et allaitement

L'effet de ce médicament pendant la grossesse est mal connu : seul votre médecin peut évaluer le risque éventuel de son utilisation dans votre cas.

Ce médicament passe faiblement dans le lait maternel. Il est cependant préférable de ne pas l'utiliser sans avis médical pendant l'allaitement.

### Mode d'emploi et posologie

Les comprimés doivent être avalés avec un verre d'eau.

**Posologie usuelle :**
- Adulte et enfant de plus de 12 ans : 1 comprimé ou 20 gouttes par jour, en une prise.
- Enfant de 6 à 12 ans : 1 comprimé ou 20 gouttes par jour, en 1 ou 2 prises.
- Enfant de 2 à 6 ans : 10 gouttes par jour, en 1 ou 2 prises.

**Conseils :** Ce médicament agit sur les manifestations de l'*allergie* mais n'en supprime pas la cause. Si les *symptômes* persistent ou s'aggravent, n'hésitez pas à consulter votre médecin.

### Effets indésirables possibles

*Troubles digestifs*, bouche sèche, *vertiges*.
Somnolence, chez l'enfant.
Exceptionnellement : *réaction allergique* cutanée, *œdème* de *Quincke*.

Laboratoires Sanofi-Aventis France

## VIROPHTA

*Informations détaillées sur www.monvidal.com*

## VIRUCALM

*Informations détaillées sur www.monvidal.com*

## VISCÉRALGINE

Antispasmodique — sur ordonnance

### Présentation

VISCÉRALGINE 50 mg : comprimé (blanc) ; boîte de 30. Liste II - Remb 35 % - **Prix : 2,44 €.**

### Composition

| | p cp |
|---|---|
| **Tiémonium méthylsulfate** | 50 mg |

### Dans quel cas ce médicament est-il prescrit ?

Ce médicament contient un *antispasmodique* apparenté à la famille des *atropiniques*. Il lutte contre les contractions anormales et douloureuses de l'intestin, des *voies biliaires*, des *voies* urinaires et de l'utérus.

Il est utilisé dans le traitement des spasmes douloureux d'origine digestive (*colites* spasmodiques), biliaire (coliques hépatiques), urologique (*coliques néphrétiques*...) et et gynécologique (règles douloureuses).

### Contre-indications

Ce médicament ne doit pas être utilisé dans les cas suivants :
- risque de blocage des urines (*adénome de la prostate*...),
- risque de *glaucome* à angle fermé.

**Attention :** Ce médicament présente des effets *atropiniques*. Il peut provoquer un *glaucome* aigu chez les personnes prédisposées : œil rouge, dur et douloureux, avec vision floue. Une consultation d'extrême urgence auprès d'un ophtalmologiste est nécessaire.

### Grossesse et allaitement

Les données scientifiques actuellement disponibles n'ont pas mis en évidence de problème particulier lors de l'utilisation de ce médicament pendant la grossesse à la dose préconisée. Néanmoins, ne l'utilisez pas sans avis médical.

Les données actuellement disponibles ne permettent pas de savoir si ce médicament passe dans le lait maternel : il est déconseillé pendant l'allaitement sans avis médical.

### Mode d'emploi et posologie

**Posologie usuelle :**

- Adulte : 2 à 6 comprimés par jour.

**Conseils :** En cas de *coliques néphrétiques*, il est généralement conseillé de boire abondamment entre les crises pour lutter contre la formation de calculs. Cependant, lors d'une crise, l'absorption de liquide doit être limitée afin de ne pas accroître la douleur

### Effets indésirables possibles

En cas de surdosage : effets *atropiniques* (bouche sèche, constipation, palpitations...).

Laboratoires Organon

## VISIODOSE

*Informations détaillées sur www.monvidal.com*

## VISKALDIX

*Informations détaillées sur www.monvidal.com*

## VISKEN

Bêtabloquant

sur ordonnance

### Présentation

**VISKEN 5 mg :** comprimé sécable (blanc) ; boîte de 50. Liste I - Remb 65 % - **Prix : 5,16 €.**
**VISKEN-QUINZE :** comprimé sécable (blanc) ; boîte de 28. Liste I - Remb 65 % - **Prix : 10,43 €.**

### Composition

| | p cp | p cp |
|---|---|---|
| **Pindolol** | 5 mg | 15 mg |

### Dans quel cas ce médicament est-il prescrit ?

Ce médicament appartient à la famille des *bêtabloquants*. Ceux-ci agissent en bloquant l'action de l'*adrénaline* (et d'autres *hormones* apparentées) sur de nombreux organes, notamment le cœur, les vaisseaux et les bronches.

Il est utilisé dans :

- le traitement de l'*hypertension artérielle* ;
- la prévention des crises d'*angine de poitrine*.

Les comprimés à 5 mg sont également utilisés dans le traitement :

- de certains *troubles du rythme cardiaque* ;
- des manifestations cardiovasculaires des excès d'*hormones thyroïdiennes* ;
- des *cardiomyopathies* obstructives.

### Contre-indications

Ce médicament ne doit pas être utilisé dans les cas suivants :

- *asthme* et *bronchite chronique* ;
- *insuffisance cardiaque* non contrôlée par un traitement spécifique ;
- *bloc auriculoventriculaire* grave ;
- *artérite*, phénomène de *Raynaud* ;
- angor de *Printzmétal* ;
- rythme cardiaque inférieur à 50 battements par minute ;
- *phéochromocytome* non traité ;
- hypotension ;
- *antécédent* de *choc anaphylactique* ;
- en association avec les médicaments contenant de la floctafénine ou du sultopride.

**Attention :** Ce médicament n'est pas un *traitement de la crise* d'*angine de poitrine*.

Des précautions sont nécessaires en cas d'*insuffisance rénale* et *hépatique* et chez la personne âgée.

N'interrompez jamais brutalement le traitement prescrit. Espacez progressivement les prises. Un avis médical est toujours préférable.

Chez les diabétiques, les *bêtabloquants* peuvent masquer certains *symptômes* de l'*hypoglycémie* (*palpitations* et accélération du cœur essentiellement).

Les bêtabloquants peuvent aggraver les *réactions allergiques* et empêcher l'action de l'*adrénaline* utilisée dans le traitement d'urgence du *choc anaphylactique*. Lors d'examens radiologiques nécessitant l'injection de produits de contraste iodés (susceptibles de provoquer des *chocs* allergiques), le traitement doit, si possible, être suspendu avec l'accord de votre médecin.

En cas d'intervention chirurgicale, l'anesthésiste doit être prévenu de la prise de ce médicament. C'est lui qui décidera si le traitement doit être poursuivi ou arrêté avant l'intervention.

Sportif : ce médicament contient une substance susceptible de rendre positifs certains *tests antidopage*.

### Interactions avec d'autres substances

Ce médicament ne doit pas être associé :

- à la floctafénine (IDARAC...) : risque d'augmentation de la gravité d'un éventuel *choc* allergique,
- au sultopride (BARNETIL) : risque de *torsades de pointes*.

Il peut interagir avec les médicaments contenant de l'amiodarone.

Informez votre médecin si vous prenez des *antidiabétiques*, des *AINS*, des *inhibiteurs calciques*, des *antidépresseurs imipraminiques*, des *neuroleptiques*, des *corticoïdes*, ou des médicaments contenant l'une des substances suivantes : quinidine, hydroquinidine, disopyramide, propafénone, baclofène, lidocaïne injectable, méfloquine.

### Grossesse et allaitement

Les études scientifiques disponibles n'ont pas mis en évidence de problème particulier lors de l'utilisation de *bêtabloquant* chez la femme enceinte.

L'effet bêtabloquant persiste quelques jours chez le nouveau-né et justifie une surveillance médicale renforcée pendant les premiers jours de la vie.

Ce médicament passe dans le lait maternel ; un choix est donc nécessaire entre l'allaitement et la prise du médicament. Cette décision devra être prise en accord avec votre médecin.

### Mode d'emploi et posologie

Ce médicament peut être pris indifféremment au cours ou en dehors des repas.

**Posologie usuelle :**

5 à 15 mg par jour, en moyenne, en fonction des indications.

**Conseils :** Veillez à toujours disposer d'une réserve de médicament : une plaquette dans la trousse de toilette, par exemple.

Votre tension artérielle doit être contrôlée régulièrement. Les appareils permettant une mesure auto-

matique de la tension à domicile utilisent souvent un procédé de mesure différent de celui qu'emploie votre médecin. Si vous avez un tel appareil, apportez-le en consultation pour vous assurer que la mesure obtenue est bien conforme à celle du tensiomètre de votre médecin.
Le traitement médicamenteux ne dispense pas de mesures simples pouvant faire baisser la tension artérielle : activité physique régulière, modération de la consommation de boissons alcoolisées et de *sel*, lutte contre l'excès de poids.
Il est normal que le rythme cardiaque ralentisse sous l'effet du traitement ; néanmoins, en cas de fatigue anormale et de pouls inférieur à 50 battements par minute, consultez votre médecin.

### Effets indésirables possibles

Le plus fréquemment : douleur d'estomac, nausées, vomissements, fatigue en début de traitement, sensation de mains et de pieds froids, troubles de l'érection, ralentissement important du cœur, insomnie.
Plus rarement : *bloc auriculoventriculaire*, baisse excessive de la tension artérielle, phénomène de *Raynaud*, *insuffisance cardiaque*, *bronchospasme*, *hypoglycémie*, *éruption cutanée*, aggravation d'un *psoriasis*.

Laboratoires Novartis Pharma

---

## VISTABEL

*Informations détaillées sur www.monvidal.com*

---

## VITABACT
Collyre antiseptique

### Présentation

VITABACT : collyre ; flacon de 10 ml. Remb 65 % - **Prix : 1,82 €**.
VITABACT : collyre ; boîte de 10 unidoses de 0,4 ml. Non remb.

### Composition

| | p flacon | p unidose |
|---|---|---|
| **Picloxydine dichlorhydrate** | 5 mg | 0,2 mg |

### Dans quel cas ce médicament est-il prescrit ?

Ce collyre contient un *antiseptique*.
Il est utilisé comme *traitement d'appoint* antiseptique des affections de l'œil.

**Attention :** Une rougeur ou une douleur oculaires ne sont pas obligatoirement les signes d'une infection. Des soins urgents peuvent être nécessaires, notamment en cas de vision floue.
Ce collyre peut être insuffisant pour traiter à lui seul une infection de l'œil : ne l'utilisez pas plus de quelques jours sans avis médical.

### Grossesse et allaitement

L'effet de ce médicament pendant la grossesse ou l'allaitement est mal connu. L'évaluation du risque éventuel lié à son utilisation est individuelle : demandez conseil à votre pharmacien ou à votre médecin.

### Mode d'emploi et posologie

Tirer la paupière inférieure vers le bas tout en regardant vers le haut et déposer une goutte de collyre entre la paupière et le globe oculaire (*cul-de-sac conjonctival*).

**Posologie usuelle :**
1 goutte, 2 à 6 fois par jour.
La durée du traitement ne doit pas dépasser 10 jours, sauf avis médical contraire.

**Conseils :** Les *lentilles de contact* ne doivent pas être portées en cas d'infection oculaire ni réutilisées avant l'arrêt complet du traitement.
Une détérioration ou un entretien inadéquat des *lentilles de contact* sont souvent à l'origine d'une irritation oculaire : consultez d'urgence votre ophtalmologiste afin qu'il les examine. Si cette consultation n'est pas possible rapidement, retirez vos lentilles.
Évitez de mettre l'embout du flacon en contact avec l'œil.
L'application correcte d'un collyre peut nécessiter une aide.
Ne conservez pas le flacon plus de 15 jours après une première utilisation. Les unidoses doivent être jetées après l'instillation.

### Effets indésirables possibles

Irritation ou *réaction allergique*.

Laboratoires Novartis Pharma

---

## VITACIC

*Informations détaillées sur www.monvidal.com*

---

## VITA-DERMACIDE

*Informations détaillées sur www.monvidal.com*

---

## VITAMINE A DULCIS
Cicatrisant oculaire

### Présentation

VITAMINE A DULCIS : pommade ophtalmique ; tube de 10 g. Remb 35 % - **Prix : 1,71 €**.

### Composition

| | p 100 g |
|---|---|
| **Rétinol (vitamine A)** | 25 000 UI |

### Dans quel cas ce médicament est-il prescrit ?

Cette pommade ophtalmique cicatrisante contient de la *vitamine* A.
Elle est utilisée dans le *traitement d'appoint* des troubles de la cicatrisation de la *cornée* et pour traiter la sécheresse oculaire.

**Attention :** Toute plaie oculaire, même minime, peut avoir des conséquences graves. Elle doit faire l'objet d'un examen spécialisé, notamment en cas de rougeur, douleur et/ou vision floue.

### Interactions avec d'autres substances

Cette pommade ophtalmique peut interagir avec d'autres collyres : respectez un intervalle de 15 minutes entre deux instillations.

### Grossesse et allaitement

L'effet de ce médicament pendant la grossesse ou l'allaitement est mal connu. L'évaluation du risque éventuel lié à son utilisation est individuelle : demandez conseil à votre pharmacien ou à votre médecin.

### Mode d'emploi et posologie

Tirer la paupière inférieure vers le bas tout en regardant vers le haut et déposer l'équivalent d'un grain de riz de pommade entre la paupière et le globe oculaire (*cul-de-sac conjonctival*).

**Posologie usuelle :**

2 ou 3 applications par jour.

> **Conseils :** La vision est troublée par l'application de la pommade. Ce trouble disparaît en quelques minutes.
> L'application correcte du produit peut nécessiter une aide, notamment chez une personne handicapée ou âgée.

Laboratoires Allergan France

## VITAMINE A FAURE

Cicatrisant oculaire

### Présentation

VITAMINE A FAURE : collyre ; flacon de 10 ml. Remb 35 % - **Prix : 1,95 €.**

### Composition

| | p 100 ml |
|---|---|
| **Rétinol (vitamine A)** | 150 000 UI |
| Benzalkonium chlorure | + |

### Dans quel cas ce médicament est-il prescrit ?

Ce collyre cicatrisant contient de la *vitamine* A.

Il est utilisé dans le *traitement d'appoint* des troubles de la cicatrisation de la *cornée* et pour traiter la sécheresse oculaire.

> **Attention :** Toute plaie oculaire, même minime, peut avoir des conséquences graves. Elle doit faire l'objet d'un examen spécialisé, notamment en cas de rougeur, douleur et/ou vision floue.

### Interactions avec d'autres substances

Ce collyre peut interagir avec d'autres collyres : respectez un intervalle de 15 minutes entre deux instillations.

### Grossesse et allaitement

L'effet de ce médicament pendant la grossesse ou l'allaitement est mal connu. L'évaluation du risque éventuel lié à son utilisation est individuelle : demandez conseil à votre pharmacien ou à votre médecin.

### Mode d'emploi et posologie

Tirer la paupière inférieure vers le bas tout en regardant vers le haut et déposer une goutte de collyre entre la paupière et le globe oculaire (*cul-de-sac conjonctival*).

**Posologie usuelle :**

1 ou 2 gouttes, 3 à 6 fois par jour.

> **Conseils :** Ce collyre ne doit pas être instillé pendant le port de *lentilles de contact* hydrophiles : il risque de s'y fixer.
> Évitez de mettre l'embout du flacon en contact avec l'œil.
> Ne conservez pas ce collyre plus de 15 jours après une première utilisation.

Laboratoires Europhta

## VITAMINE A NEPALM

*Informations détaillées sur www.monvidal.com*

## VITAMINES B1-B6 BAYER

Antiasthénique

### Présentation

VITAMINES B1 + B6 BAYER : comprimé (blanc) ; boîte de 20. Non remb.
VITAMINES B1 + B6 BAYER : comprimé (blanc) ; boîte de 40. Non remb.

### Composition

| | p cp |
|---|---|
| **Thiamine chlorhydrate (vitamine B1)** | 250 mg |
| **Pyridoxine chlorhydrate (vitamine B6)** | 35 mg |

### Dans quel cas ce médicament est-il prescrit ?

Ce médicament est un *antiasthénique* qui contient des *vitamines* du groupe B, substances indispensables au *métabolisme*.

Il est utilisé dans le *traitement d'appoint* de la fatigue lorsque celle-ci n'est pas due à une maladie (*asthénie fonctionnelle*).

> **Attention :** La prise prolongée de *vitamine* B6 ou un *surdosage* ponctuel expose à des troubles neurologiques : fourmillements, faiblesse musculaire, troubles de la sensibilité cutanée. Respectez la *posologie* recommandée.
> Une fatigue persistante ne doit pas vous conduire à augmenter les prises de ce médicament : consultez votre médecin.

### Grossesse et allaitement

Ce médicament ne contient que des substances présumées sans danger pendant la grossesse ou l'allaitement. Néanmoins, ne l'utilisez pas de façon prolongée sans l'avis de votre pharmacien ou de votre médecin.

### Mode d'emploi et posologie

Les comprimés doivent être avalés avec un verre d'eau, sans être croqués.

**Posologie usuelle :**

- Adulte : 1 à 4 comprimés par jour.

La durée du traitement ne doit pas dépasser 4 semaines sans avis médical.

> **Conseils :** Le traitement de l'*asthénie fonctionnelle* repose sur des mesures simples :
> - un temps de sommeil suffisant ;
> - une consommation modérée d'*alcool*, de café et de thé, l'arrêt du tabagisme ;
> - la pratique d'un sport ;
> - la suppression, lorsque cela est possible, des expositions au stress.
>
> Ce médicament n'est qu'un *traitement d'appoint* qui complète l'action de ces mesures indispensables.

### Effets indésirables possibles

Troubles neurologiques (voir Attention).

Laboratoires Bayer santé familiale

## VITAMINE B6 RICHARD

*Informations détaillées sur www.monvidal.com*

**VITAMINE B12 AGUETTANT**
*Informations détaillées sur www.monvidal.com*

## VITAMINE B12 ALLERGAN
Cicatrisant oculaire

### Présentation
VITAMINE B12 ALLERGAN : collyre ; flacon de 5 ml. Non remb.
VITAMINE B12 ALLERGAN : collyre ; boîte de 20 flacons unidoses de 0,4 ml. Non remb.

### Composition

| | flacon p 100 ml | unidose p 100 ml |
|---|---|---|
| **Cyanocobalamine (vitamine B12)** | 50 mg | 50 mg |
| Benzododécinium bromure | + | |

### Dans quel cas ce médicament est-il prescrit ?
Ce collyre cicatrisant contient de la *vitamine* B12.
Il est utilisé dans le *traitement d'appoint* des troubles de la cicatrisation de la *cornée*.

**Attention :** Toute plaie oculaire, même minime, peut avoir des conséquences graves. Elle doit faire l'objet d'un examen spécialisé, notamment en cas de rougeur, douleur et/ou vision floue.
Ce collyre peut provoquer une coloration irréversible des *lentilles de contact* souples hydrophiles. Celles-ci ne pourront être réutilisées qu'après l'arrêt du traitement.

### Interactions avec d'autres substances
Ce collyre peut interagir avec d'autres collyres : respectez un intervalle de 15 minutes entre deux instillations.

### Grossesse et allaitement
L'utilisation ponctuelle de ce médicament pendant la grossesse ou l'allaitement ne semble pas poser de problème particulier.

### Mode d'emploi et posologie
Tirer la paupière inférieure vers le bas tout en regardant vers le haut et déposer une goutte de collyre entre la paupière et le globe oculaire (*cul-de-sac conjonctival*).
**Posologie usuelle :**
1 ou 2 gouttes, 3 ou 4 fois par jour.

**Conseils :** Évitez de mettre l'embout du flacon en contact avec l'œil.
L'application correcte du produit peut nécessiter une aide, notamment chez une personne handicapée ou âgée.
Ne conservez pas le flacon de 5 ml plus d'un mois après une première utilisation. Les unidoses doivent être utilisées immédiatement après ouverture et ne doivent pas être conservées pour une instillation ultérieure.

### Effets indésirables possibles
Liée à la présence de benzododécinium : *réaction allergique* (flacon de 5 ml).

**Laboratoires Allergan France**

**VITAMINE B12 BAYER**
*Informations détaillées sur www.monvidal.com*

**VITAMINE B12 CHAUVIN**
*Informations détaillées sur www.monvidal.com*

**VITAMINE B12 DELAGRANGE**
*Informations détaillées sur www.monvidal.com*

**VITAMINE B12 GERDA**
*Informations détaillées sur www.monvidal.com*

**VITAMINE B12 LAVOISIER**
*Informations détaillées sur www.monvidal.com*

## VITAMINE B12 THÉA
Cicatrisant oculaire

### Présentation
VITAMINE B12 THÉA : collyre ; boîte de 20 unidoses de 0,4 ml. Non remb.

### Composition

| | p unidose |
|---|---|
| **Cyanocobalamine (vitamine B12)** | 0,2 mg |

### Dans quel cas ce médicament est-il prescrit ?
Ce collyre cicatrisant contient de la *vitamine* B12.
Il est utilisé dans le *traitement d'appoint* des troubles de la cicatrisation de la *cornée*.

**Attention :** Toute plaie oculaire, même minime, peut avoir des conséquences graves. Elle doit faire l'objet d'un examen spécialisé, notamment en cas de rougeur, douleur et/ou vision floue.
Ce collyre peut provoquer une coloration irréversible des *lentilles de contact* souples hydrophiles. Celles-ci ne pourront être réutilisées qu'après l'arrêt du traitement.

### Interactions avec d'autres substances
Ce collyre peut interagir avec d'autres collyres : respectez un intervalle de 15 minutes entre deux instillations.

### Grossesse et allaitement
L'utilisation ponctuelle de ce médicament pendant la grossesse ou l'allaitement ne semble pas poser de problème particulier.

### Mode d'emploi et posologie
Tirer la paupière inférieure vers le bas tout en regardant vers le haut et déposer une goutte de collyre entre la paupière et le globe oculaire (*cul-de-sac conjonctival*).
**Posologie usuelle :**
1 goutte, 3 ou 4 fois par jour.

**Conseils :** L'application correcte du produit peut nécessiter une aide, notamment chez une personne handicapée ou âgée.
Les unidoses doivent être utilisées immédiatement après ouverture et ne doivent pas être conservées pour une instillation ultérieure.

### Effets indésirables possibles

*Réaction allergique.*

Laboratoires Théa

## VITAMINE C ARROW

*Informations détaillées sur www.monvidal.com*

## VITAMINE C UPSA

Vitamine C

### Présentation

**VITAMINE C UPSA 500 mg :** comprimé à croquer (jaune ; arôme orange) ; boîte de 30. Non remb.
**VITAMINE C UPSA 500 mg fruit exotique :** comprimé à croquer (arôme fruit de la Passion) ; boîte de 30. Non remb.
**VITAMINE C UPSA 1 000 mg :** comprimé effervescent (orange ; arôme orange) ; boîte de 20. Non remb.
**VITAMINE C UPSA 1 000 mg :** poudre pour solution buvable (arôme fruit de la Passion) ; boîte de 12 sachets. Non remb.

### Composition

| | p cp | p cp efferv | p sachet |
|---|---|---|---|
| **Acide ascorbique (vitamine C)** | 500 mg | 1 g | 1 g |
| Aspartam | + | | + |
| Saccharose | | 628 mg | |
| Sodium | | 283 mg | |

### Dans quel cas ce médicament est-il prescrit ?

Ce médicament contient de l'acide ascorbique (*vitamine* C), indispensable au *métabolisme*. Sa *carence* était autrefois responsable du scorbut chez les navigateurs.

Il est utilisé :
- dans le traitement de la carence en vitamine C (scorbut exceptionnel en France) ;
- dans le *traitement d'appoint* de l'*asthénie fonctionnelle*.

### Contre-indications

Ce médicament ne doit pas être utilisé dans les cas suivants :
- *antécédent* de calculs des *voies* urinaires (dose supérieure à 1 g par jour),
- *phénylcétonurie* (comprimé à croquer, poudre en sachet : présence d'aspartam).

**Attention :** La *vitamine* C est dégradée dans l'organisme en acide oxalique pouvant favoriser la formation de calculs dans les *voies* urinaires. Ne prenez pas de dose importante de vitamine C pendant une longue durée sans avis médical.
Des précautions sont nécessaires en cas de déficit en *G6PD*.
Le comprimé effervescent contient du *sel* (sodium) en quantité notable.

### Grossesse et allaitement

La *vitamine* C, à faible dose, n'est pas toxique chez la femme enceinte ou qui allaite.

### Mode d'emploi et posologie

Les comprimés à croquer peuvent également être sucés.

Les comprimés effervescents et le contenu des sachets doivent être dissous dans un verre d'eau.

### Posologie usuelle :

- Adulte : 500 mg à 1 g par jour.

**Conseils :** Il est préférable de ne pas prendre ce médicament en fin de journée à cause de son effet légèrement stimulant.
Une prise quotidienne (supérieure à 2 g) de *vitamine* C peut modifier certaines analyses de sang.
La vitamine C est présente dans les légumes, y compris la pomme de terre, et les fruits ; elle est dégradée en partie par la chaleur et la lumière. Elle est largement utilisée comme conservateur dans les produits alimentaires.
Une alimentation équilibrée et diversifiée apporte habituellement des quantités suffisantes de vitamine C. Il est inutile d'augmenter les doses ou la durée du traitement conseillées par votre médecin ou votre pharmacien : un excès d'apport est éliminé par les urines.
Le traitement de l'*asthénie fonctionnelle* repose sur des mesures simples :
- un temps de sommeil suffisant ;
- une consommation modérée d'*alcool*, de café et de thé, l'arrêt du tabagisme ;
- la pratique d'un sport ;
- la suppression, lorsque cela est possible, des expositions au stress.

Ce médicament n'est qu'un *traitement d'appoint* qui complète l'action de ces mesures indispensables.
Les comprimés effervescents doivent être conservés à l'abri de l'humidité.

### Effets indésirables possibles

A forte dose (supérieure à 1 g) : brûlures d'estomac, diarrhée.

Chez les personnes prédisposées : calculs des *voies* urinaires.

Laboratoires Upsa Conseil

## VITAMINE D3 BON

*Informations détaillées sur www.monvidal.com*

## VITAMINE E 125 ARKOVITAL

*Informations détaillées sur www.monvidal.com*

## VITAMINE E MERCK

*Informations détaillées sur www.monvidal.com*

## VITAMINE E SANDOZ

*Informations détaillées sur www.monvidal.com*

## VITAMINE K1 ROCHE

Antihémorragique

### Présentation

**VITAMINE K1 ROCHE à 10 mg/ml :** solution buvable et injectable ; boîte de 3 ampoules de 1 ml avec pipette. Remb 65 % - **Prix : 4,08 €**.
**VITAMINE K1 ROCHE nourrisson à 2 mg/0,2 ml :** solution buvable et injectable ; boîte de 6 ampoules de 0,2 ml avec pipette. Remb 65 % - **Prix : 7,60 €**.

### Composition

| | p amp | p amp |
|---|---|---|
| **Phytoménadione (vitamine K1)** | 10 mg | 2 mg |

### Dans quel cas ce médicament est-il prescrit ?

Ce médicament contient de la *vitamine* K1 naturelle. Cette vitamine intervient dans la formation des caillots sanguins qui permettent à l'organisme de lutter contre les *hémorragies*. Elle est normalement apportée par l'alimentation, et les *carences* ne se rencontrent que dans des situations très particulières : maladie intestinale qui diminue son absorption, prise prolongée de certains *antibiotiques* puissants, prise de médicaments *anticoagulants* oraux.

Ce médicament est utilisé dans la prévention ou le traitement des hémorragies par carence en vitamine K dues à la prise de certains médicaments et dans la prévention des hémorragies chez le *nouveau-né*.

**Attention :** N'utilisez pas ce médicament sans avis médical.

### Grossesse et allaitement

Ce médicament ne contient aucune substance connue pour être toxique pendant la grossesse ou l'allaitement, néanmoins ne l'utilisez pas sans avis médical.

### Mode d'emploi et posologie

Utiliser la pipette jointe à l'ampoule. Afin d'éviter la formation de bulles d'air qui nuirait au bon dosage du produit, introduire la pipette dans l'ampoule et aspirer une petite quantité de solution ; repousser le piston pour vider la pipette dans l'ampoule. Replonger la pipette dans la solution et prélever la dose prescrite. Le contenu de la pipette est vidé directement dans la bouche.

**Posologie usuelle :**

- Adulte :
  - 1 à 5 ampoules à 10 mg par jour, suivant la gravité de la *carence* en *vitamine* K ;
  - chez les mères traitées par *inducteurs enzymatiques*, en prévention des hémorragies du nouveau-né : 1 à 2 ampoules à 10 mg par jour pendant les 15 jours précédant la date attendue de l'accouchement.
- Nouveau-né :
  - sans risque hémorragique connu : 1 ampoule à 2 mg à la naissance, à renouveler une fois entre le 2e et le 7e jour de l'enfant ;
  - à risque ou allaité au sein : poursuivre le traitement initial à la dose de 1 ampoule à 2 mg par semaine jusqu'à la fin de l'allaitement.

**Conseils :** Jeter les ampoules qui ne présentent pas une solution limpide.
Les ampoules doivent être conservées à l'abri de la lumière.

Laboratoires Roche

## VITARUTINE

*Informations détaillées sur www.monvidal.com*

## VITASCORBOL

Vitamine C

### Présentation

**VITASCORBOL sans sucre 500 mg :** comprimé à croquer (orange pâle ; arôme citron) ; boîte de 12. Non remb.
**VITASCORBOL sans sucre 500 mg :** comprimé à croquer (orange pâle ; arôme citron) ; boîte de 2 tubes de 12. Non remb.
**VITASCORBOL 1 000 mg effervescent :** comprimé effervescent (orange ; arôme orange) ; boîte de 2 tubes de 10. Non remb.

### Composition

| | p cp | p cp efferv |
|---|---|---|
| **Acide ascorbique** | 200 mg | 1 g |
| **Ascorbate de sodium** | 337,5 mg | |
| soit Acide ascorbique total (vitamine C) | 500 mg | |
| Aspartam | + | |
| Saccharose | | + |
| Sorbitol | + | |

### Dans quel cas ce médicament est-il prescrit ?

Ce médicament contient de l'acide ascorbique (*vitamine* C), indispensable au *métabolisme*. Sa *carence* était autrefois responsable du scorbut chez les navigateurs.

Il est utilisé dans le traitement de la fatigue (*asthénie fonctionnelle*).

### Contre-indications

Ce médicament ne doit pas être utilisé dans les cas suivants :

- *antécédent* de calculs des *voies* urinaires (à une dose supérieure à 1 g par jour),
- *phénylcétonurie* (comprimé sans sucre : présence d'aspartam).

**Attention :** La *vitamine* C est dégradée dans l'organisme en acide oxalique, pouvant favoriser la formation de calculs dans les *voies* urinaires. Ne prenez pas de dose importante de vitamine C pendant une longue durée sans avis médical.
Des précautions sont nécessaires en cas de déficit en *G6PD*.

### Grossesse et allaitement

La *vitamine* C, à faible dose, n'est pas toxique chez la femme enceinte ou chez celle qui allaite.

### Mode d'emploi et posologie

Les comprimés effervescents doivent être dissous dans un verre d'eau.

**Posologie usuelle :**

- Adulte : 500 mg à 1 g par jour.

La durée du traitement ne doit pas dépasser 10 jours sans avis médical.

**Conseils :** Il est préférable de ne pas prendre ce médicament en fin de journée en raison de son effet légèrement stimulant.
Une prise quotidienne de *vitamine* C supérieure à 2 g peut modifier certaines analyses de sang.
La vitamine C est présente dans les légumes, y compris la pomme de terre, et les fruits ; elle est dégradée en partie par la chaleur et la lumière. Elle

est largement utilisée comme conservateur dans les produits alimentaires.
Une alimentation équilibrée et diversifiée apporte habituellement des quantités suffisantes de vitamine C. Il est inutile d'augmenter les doses ou la durée du traitement conseillées par votre médecin ou votre pharmacien : un excès d'apport est éliminé par les urines.
Le traitement de l'*asthénie fonctionnelle* repose sur des mesures simples :
- un temps de sommeil suffisant ;
- une consommation modérée d'*alcool*, de café et de thé, l'arrêt du tabagisme ;
- la pratique d'un sport ;
- la suppression, lorsque cela est possible, des expositions au stress.

Ce médicament n'est qu'un *traitement d'appoint* qui complète l'action de ces mesures indispensables.
Les comprimés effervescents doivent être conservés à l'abri de l'humidité.

### Effets indésirables possibles

A forte dose (supérieure à 1 g) : brûlures d'estomac, diarrhée.
Chez les personnes prédisposées : calculs des *voies urinaires*.

Laboratoires Cooper

## VITASEPTOL

*Informations détaillées sur www.monvidal.com*

## VITATHION

*Informations détaillées sur www.monvidal.com*

## VIVAMYNE TONIQUE

*Informations détaillées sur www.monvidal.com*

## VIVELLEDOT

*Informations détaillées sur www.monvidal.com*

## VIVÈNE

*Informations détaillées sur www.monvidal.com*

## VOCADYS

Préparation orobuccale antalgique

### Présentation

VOCADYS : pâte à sucer ; boîte de 30. Non remb.

### Composition

| | p pâte |
|---|---|
| **Énoloxone** | 10 mg |
| **Lidocaïne chlorhydrate** | 0,8 mg |
| **Érysimum, extrait sec** | 4 mg |
| Sucres | 2,2 g |
| Menthol | + |

### Dans quel cas ce médicament est-il prescrit ?

Ces pâtes à sucer contiennent un anti-inflammatoire local et un *anesthésique* local.
Elles sont utilisées pour soulager les irritations de la gorge.

### Contre-indications

Ce médicament ne doit pas être utilisé dans les cas suivants :
- *allergie* aux *anesthésiques* locaux,
- enfant de moins de 6 ans.

**Attention :** En l'absence d'amélioration au bout de 5 jours, de douleur en avalant ou en cas d'apparition de fièvre, consultez votre médecin. Il pourra faire la différence entre une *pharyngite* et une angine. En cas d'angine bactérienne, un traitement *antibiotique* est nécessaire afin d'éviter des complications ultérieures, cardiaques ou rénales.
Une surconsommation pourrait provoquer des troubles nerveux ou cardiaques : respectez la *posologie*.
Ce médicament contient du *sucre* (saccharose) en quantité notable.
Sportif : les *anesthésiques* locaux ont été retirés de la liste des substances dopantes publiée dans les arrêtés du 20 avril et du 16 août 2004 par le ministère de la Jeunesse et des Sports.

### Grossesse et allaitement

L'effet de ce médicament pendant la grossesse ou l'allaitement est mal connu. L'évaluation du risque éventuel lié à son utilisation est individuelle : demandez conseil à votre pharmacien ou à votre médecin.

### Mode d'emploi et posologie

Les pâtes doivent être sucées lentement sans être croquées, à distance des repas.

**Posologie usuelle :**
- Adulte : 4 à 8 pâtes par jour, en espaçant les prises d'au moins 1 heure.
- Enfant de 6 à 15 ans : 2 à 4 pâtes par jour, en espaçant les prises d'au moins 2 heures.

**Conseils :** Chez l'enfant ou la personne âgée, évitez l'usage de ce médicament avant les repas : l'*anesthésique* local est susceptible de provoquer des troubles de la déglutition ; ceux-ci pourraient être à l'origine du passage d'aliments dans les voies respiatoires.

### Effets indésirables possibles

Engourdissement passager de la langue, *réaction allergique*.

Laboratoires Cooper

## VOGALÈNE

Antiémétique

sur ordonnance

### Présentation

VOGALÈNE LYOC 7,5 mg : *lyophilisat* oral ; boîte de 16. Liste II - Remb 35 % - **Prix : 3,60 €**.
VOGALÈNE 15 mg : gélule (blanc) ; boîte de 20. Liste II - Remb 35 % - **Prix : 4,79 €**.
VOGALÈNE 0,1 % : solution buvable ; flacon de 150 ml avec seringue -doseuse graduée en kg. Liste II - Remb 35 % - **Prix : 3,30 €**.
VOGALÈNE 0,4 % : solution buvable ; flacon de 30 ml (1 200 gouttes). Liste II - Remb 35 % - **Prix : 2,35 €**.
VOGALÈNE 5 mg : suppositoire sécable ; boîte de 10. Liste II - Remb 35 % - **Prix : 1,93 €**.

**VOGALÈNE 10 mg/ml :** solution injectable ; boîte de 10 ampoules de 1 ml. Liste II - Remb 65 % - **Prix : 4,19 €.**

### Composition

| | p lyoph | p gél |
|---|---|---|
| **Métopimazine** | 7,5 mg | 15 mg |
| Aspartam | + | |

| | p ml | p 10 gtes |
|---|---|---|
| **Métopimazine** | 1 mg | 1 mg |
| Saccharose | 192 mg | 87 mg |
| Alcool | 49 mg | 25 mg |
| Sulfites | + | + |

| | p suppos | p amp inj |
|---|---|---|
| **Métopimazine** | 5 mg | 10 mg |

### Dans quel cas ce médicament est-il prescrit ?

Ce médicament est un *antiémétique* qui appartient à la famille des phénothiazines. Il régularise la contraction des muscles de l'œsophage et de l'estomac.

Il est utilisé pour traiter les nausées et les vomissements.

La forme injectable est également utilisée pour prévenir les vomissements provoqués par les *chimiothérapies anticancéreuses.*

### Contre-indications

Ce médicament ne doit pas être utilisé dans les cas suivants :

- *glaucome* à angle fermé,
- risque de rétention urinaire lié à un *adénome de la prostate.*

**Attention :** Des précautions sont nécessaires en cas d'*insuffisance rénale* ou *hépatique*, et chez la personne âgée.

Les Lyocs contiennent de l'aspartam : évitez de les utiliser en cas de *phénylcétonurie.*

Évitez les boissons alcoolisées : augmentation du risque de somnolence.

Ce médicament peut induire une somnolence, parfois intense chez certaines personnes. Cette somnolence peut être majorée par la prise d'*alcool* ou d'autres médicaments *sédatifs.* La conduite et l'utilisation de machines dangereuses sont déconseillées, surtout dans les heures qui suivent la prise du médicament.

### Interactions avec d'autres substances

Informez votre médecin ou votre pharmacien si vous prenez un *antihypertenseur*, un *sédatif* ou un médicament susceptible de faire baisser la tension artérielle.

### Grossesse et allaitement

En l'absence de données suffisantes, ce médicament est déconseillé chez la femme enceinte. Seul votre médecin peut apprécier la nécessité du traitement et son risque pendant la grossesse.

Les données actuellement disponibles ne permettent pas de savoir si ce médicament passe dans le lait maternel. Ne l'utilisez pas pendant l'allaitement sans l'avis de votre médecin.

### Mode d'emploi et posologie

*Lyophilisat* oral : il peut être dissous dans un demi-verre d'eau ou déposé directement sous la langue. Sa dissolution est quasi immédiate. Ne pas croquer.

Gélules : elles doivent être avalées telles quelles avec un verre d'eau, sans être ouvertes.

Solution buvable à 0,1 % : pour les enfants de moins de 6 ans, la dose par prise est indiquée en fonction du poids de l'enfant sur le piston de la seringue graduée en kg. 3 prises par jour sont nécessaires. La seringue est introduite directement sur le devant de la bouche de l'enfant et le piston est poussé lentement.

Solution injectable : elle peut être administrée par *voie* intramusculaire ou intraveineuse.

**Posologie usuelle :**

- Adulte :
  - 1 lyophilisat, 2 à 4 fois par jour.
  - 1 gélule, 1 ou 2 fois par jour.
  - Solution buvable à 0,1 % : 1 ou 2 cuillères à café, 3 fois par jour.
  - Solution buvable à 0,4 % : 150 à 300 gouttes par jour.
  - 3 à 6 suppositoires par jour, à répartir en 3 prises.
- Enfant de 6 à 12 ans :
  - 1 lyophilisat, 1 ou 2 fois par jour.
  - Solution buvable à 0,1 % : ½ à 1 cuillère à café, 3 fois par jour.
  - Solution buvable à 0,4 % : 75 à 150 gouttes à répartir dans la journée.
  - ½ à 1 suppositoire, 3 fois par jour.
- Enfant de moins de 6 ans :
  - Solution buvable à 0,1 % : 1 seringue remplie jusqu'à la graduation du poids de l'enfant, 3 fois par jour.
  - Solution buvable à 0,4 % : 10 gouttes par kg et par jour ; soit pour un enfant de 9 kg : 30 gouttes, 3 fois par jour.
  - 1 suppositoire par 5 kg de poids et par jour, à répartir en 3 prises. Soit, par exemple, pour un enfant de 8 kg : ½ suppositoire, 3 fois par jour.

**Conseils :** Lors de vomissements répétés, les pertes en eau et en sels minéraux sont importantes. Elles doivent être compensées par des aliments liquides (bouillons salés, sodas...) pris en petites quantités et régulièrement.

Les nausées de la femme enceinte peuvent être combattues par la prise du petit déjeuner au lit.

Les solutions buvables et injectable doivent être conservées à l'abri de la lumière.

Les suppositoires doivent être conservés à l'abri de la chaleur.

### Effets indésirables possibles

Rarement : somnolence, baisse de la tension artérielle, sécheresse de la bouche, *réaction allergique* cutanée.

Exceptionnellement : spasme de la face, mouvements involontaires ou inadaptés, tremblements, raideur anormale, troubles visuels, blocage des urines, constipation, *impuissance*, frigidité, arrêt des règles, augmentation du volume des seins (chez l'homme comme chez la femme).

Laboratoires Schwarz Pharma

## VOGALIB

Antiémétique

### Présentation

**VOGALIB 7,5 mg :** *lyophilisat* oral ; boîte de 8. Non remb.

### Composition

| | p lyoph |
|---|---|
| **Métopimazine** | 7,5 mg |
| Aspartam | + |

### Dans quel cas ce médicament est-il prescrit ?

Ce médicament est un *antiémétique* qui appartient à la famille des phénothiazines. Il régularise la contraction des muscles de l'œsophage et de l'estomac.

Il est utilisé dans le traitement de courte durée des nausées et des vomissements.

### Contre-indications

Ce médicament ne doit pas être utilisé dans les cas suivants :
- risque de *glaucome* à angle fermé,
- risque de rétention urinaire lié à un *adénome de la prostate*,
- *phénylcétonurie* (en raison de la présence d'aspartam).

**Attention :** Ce médicament disponible sans ordonnance est destiné à être utilisé sur les conseils de votre pharmacien : ne l'utilisez pas lorsque de fortes douleurs ou de la fièvre apparaissent simultanément aux vomissements.

Des précautions sont nécessaires en cas d'*insuffisance rénale* ou *hépatique*, et chez la personne âgée.

Évitez les boissons alcoolisées : augmentation du risque de somnolence.

Ce médicament peut induire une somnolence, parfois intense chez certaines personnes. Cette somnolence peut être majorée par la prise d'*alcool* ou d'autres médicaments *sédatifs*. La conduite et l'utilisation de machines dangereuses sont déconseillées, surtout dans les heures qui suivent la prise du médicament.

### Interactions avec d'autres substances

Ce médicament ne doit pas être associé aux médicaments *dopaminergiques*.

Informez votre médecin ou votre pharmacien si vous prenez un *antihypertenseur*, un *sédatif* ou un médicament susceptible de faire baisser la tension artérielle.

### Grossesse et allaitement

En l'absence de données suffisantes, ce médicament est déconseillé chez la femme enceinte. Seul votre médecin peut apprécier la nécessité du traitement et son risque pendant la grossesse.

L'utilisation ponctuelle de ce médicament pendant l'allaitement est possible dans certains cas. Consultez votre médecin.

### Mode d'emploi et posologie

Le *lyophilisat* peut être dissous dans un demi-verre d'eau ou déposé directement sous la langue : sa dissolution est quasi immédiate. Ne pas croquer.

**Posologie usuelle :**
- Adulte : 1 lyophilisat, 2 à 4 fois par jour.
- Enfant de plus de 6 ans : 1 lyophilisat, 1 ou 2 fois par jour.

La durée du traitement est limitée à 2 jours sans avis médical.

**Conseils :** Lors de vomissements répétés, les pertes en eau et en sels minéraux sont importantes. Elles doivent être compensées par des aliments liquides (bouillons salés, sodas...) pris en petites quantités et régulièrement.

Les nausées de la femme enceinte peuvent être combattues par la prise du petit déjeuner au lit.

### Effets indésirables possibles

Rarement : somnolence, *hypotension orthostatique*, sécheresse de la bouche, *impuissance*, frigidité, arrêt des règles, écoulement de lait par le mamelon, augmentation du volume des seins (chez l'homme comme chez la femme), éruption cutanée.

Exceptionnellement : spasme de la face, mouvements involontaires ou inadaptés, tremblements, raideur anormale, troubles de l'accomodation, blocage des urines, constipation.

Laboratoires Schwarz Pharma

## VOLTARENACTIGO

Anti-inflammatoire d'action locale

### Présentation

VOLTARENACTIGO 1 % : gel pour application locale ; tube de 60 g. Non remb.

### Composition

| | p 100 g |
|---|---|
| **Diclofénac sodique** | 1 g |

### Dans quel cas ce médicament est-il prescrit ?

Ce gel contient un *anti-inflammatoire* non stéroïdien (*AINS*). Il lutte localement contre l'*inflammation* et la douleur.

Il est utilisé dans le traitement local des entorses et des contusions.

### Contre-indications

Ce médicament ne doit pas être utilisé dans les cas suivants :
- *allergie* à l'aspirine ou aux *AINS* ;
- en application sur la peau lésée (*eczéma*, brûlure, plaie...) ;
- enfant de moins de 15 ans ;
- **grossesse** (à partir du 6$^{e}$ mois).

### Grossesse et allaitement

Les *AINS* pris par voie orale peuvent être toxiques pour le fœtus ; leur utilisation est contre-indiquée pendant les 4 derniers mois de la grossesse. Les AINS destinés à une application locale peuvent traverser la peau, passer dans le sang et exposer le fœtus au même risque, lorsqu'ils sont appliqués sur une large surface de peau ou sous un pansement occlusif. N'utilisez pas ce médicament pendant la grossesse sans avis médical.

Les données disponibles ne permettent pas de savoir si ce médicament passe dans le lait maternel : ne l'utilisez pas pendant l'allaitement sans avis médical.

### Mode d'emploi et posologie

Le gel doit être appliqué en massage doux et prolongé sur la région douloureuse.

**Posologie usuelle :**
- Adulte : 1 application, 3 fois par jour.

Le traitement doit être de courte durée (pas plus de 4 jours sans avis médical).

**Conseils :** Ce médicament peut être irritant pour les yeux ou les *muqueuses* : lavez-vous les mains après l'application. En cas de contact accidentel avec les yeux, rincez abondamment.

Ce gel ne doit pas être conservé plus de 6 mois après ouverture. Pensez à noter la date de première utilisation sur la boîte.

### Effets indésirables possibles

Imposant l'arrêt du traitement : *réaction allergique* cutanée (rougeur localisée, démangeaisons...).

Laboratoires Novartis Santé Familiale

## VOLTARENDOLO

Anti-inflammatoire non stéroïdien — sur ordonnance

### Présentation

VOLTARENDOLO 12,5 mg : comprimé ; boîte de 30. Liste II - Remb 65 % - **Prix : 2,52 €**.

### Composition

| | p cp |
|---|---|
| **Diclofénac potassique** | 12,5 mg |
| Lactose | + |

### Dans quel cas ce médicament est-il prescrit ?

Ce médicament est un *anti-inflammatoire* non stéroïdien (*AINS*). Il lutte contre l'*inflammation* et la douleur, fait baisser la fièvre et fluidifie le sang.

Il est utilisé dans le traitement de la fièvre et de la douleur.

### Contre-indications

Ce médicament ne doit pas être utilisé dans les cas suivants :

- *antécédent* d'*allergie* ou d'*asthme* provoqué par la prise d'*AINS*, y compris l'aspirine ;
- *ulcère* de l'estomac ou du *duodénum* ;
- *insuffisance hépatique* ou *rénale* graves ;
- **grossesse** (à partir du 6e mois).

**Attention :** Tout traitement prolongé ou *surdosage* d'*AINS* expose à des effets indésirables graves.

Certaines situations doivent conduire à ne poursuivre le traitement qu'après un avis médical :

- brûlures d'estomac importantes ou selles noires et nauséabondes pouvant traduire une irritation ou un saignement du tube digestif ;
- *réaction allergique* cutanée, crise d'*asthme* ;
- fatigue inhabituelle et intense, ou baisse brutale et importante du volume des urines chez une personne souffrant d'*insuffisance cardiaque*, déshydratée ou traitée par *diurétique*.

Des précautions sont nécessaires chez la personne âgée ou en cas d'*antécédent* d'*ulcère* de l'estomac ou du *duodénum* ou de risque hémorragique, notamment digestif (maladie de *Crohn*, *rectocolite hémorragique*).

Certains médecins considèrent que les anti-inflammatoires peuvent diminuer l'efficacité des stérilets et exposer à un risque de grossesse non désirée. Ce risque est actuellement très controversé.

Conducteur : ce médicament peut provoquer parfois des étourdissements et des troubles de la vue.

### Interactions avec d'autres substances

Ce médicament peut interagir avec d'autres médicaments, notamment :

- l'aspirine et les autres *anti-inflammatoires* non stéroïdiens (*AINS*) : risque d'accroissement des effets indésirables ;
- les *anticoagulants* et les *antiagrégants plaquettaires* : augmentation du risque hémorragique ;
- le lithium (TÉRALITHE, NEUROLITHIUM...) : augmentation du taux de lithium dans le sang ;
- le méthotrexate.

Informez par ailleurs votre médecin ou votre pharmacien en cas de traitement par un *diurétique*, un *inhibiteur de l'enzyme de conversion*, un *inhibiteur de l'angiotensine II*, un *bêtabloquant* ou un médicament contenant de la ciclosporine.

### Grossesse et allaitement

Des effets néfastes pour l'enfant à naître ont été mis en évidence lorsque les *AINS* sont utilisés au cours des 4 derniers mois de la grossesse ; le risque existe même avec une seule prise et même si la grossesse est à terme. L'usage de ce médicament est contre-indiqué pendant cette période.

Pendant les 5 premiers mois, l'effet de ce médicament est mal connu : seul votre médecin peut évaluer le risque éventuel de son utilisation dans votre cas.

Ce médicament passe dans le lait maternel ; un choix est donc nécessaire entre l'allaitement et la prise du médicament. Cette décision devra être prise en accord avec votre médecin.

### Mode d'emploi et posologie

Les comprimés sont pris de préférence au milieu des repas afin de limiter les effets digestifs indésirables. Ils doivent être avalés avec un verre d'eau sans être croqués ni écrasés.

**Posologie usuelle :**

- Adulte : 1 ou 2 comprimés, à renouveler si nécessaire toutes les 4 à 6 heures. Ne pas dépasser 6 comprimés par jour

**Conseils :** Ne dépassez pas la *posologie* ni la durée de traitement prescrites par votre médecin.

### Effets indésirables possibles

*Troubles digestifs*, *gastrite*, voire *ulcère* de l'estomac ou du *duodénum*, le plus souvent lors d'un traitement à forte dose. Exceptionnellement, *hémorragie* du tube digestif (vomissements sanglants, selles noires, ou plus souvent pertes de sang imperceptibles, responsables de l'apparition progressive d'une *anémie*).

*Réaction allergique* :

- *éruption cutanée*, urticaire... ;
- *asthme* ;
- malaise avec baisse de la tension artérielle (exceptionnel).

Maux de tête, étourdissements, somnolence ou au contraire insomnie, irritabilité, tremblements.

Exceptionnellement : troubles de la vue, bourdonnement d'oreille, *photosensibilisation*, *œdème*, augmentation des *transaminases*, *hépatite*.

Laboratoires Novartis Santé Familiale

## VOLTARÈNE collyre

Collyre anti-inflammatoire — sur ordonnance

### Présentation

VOLTARÈNE 0,1 % : collyre ; boîte de 20 unidoses de 0,3 ml. Liste II - Non remb.

VOLTARÈNE 0,1 % : collyre ; boîte de 100 unidoses de 0,3 ml. Liste II - Non remb.

### Composition

| | p 100 ml |
|---|---|
| **Diclofénac, sel de sodium** | 100 mg |

### Dans quel cas ce médicament est-il prescrit ?

Ce collyre contient un *anti-inflammatoire* non stéroïdien (*AINS*). Il lutte contre l'*œdème* qui peut survenir après une chirurgie de l'œil.

Il est utilisé dans la prévention et le traitement des complications d'opération du cristallin ou de la cornée.

### Contre-indications

Ce médicament ne doit pas être utilisé dans les cas suivants :

- *antécédent* d'*allergie* ou d'*asthme* provoqué par la prise d'*AINS*, y compris l'aspirine ;
- **grossesse** (à partir du 6e mois).

**Attention :** Une irritation oculaire importante peut être due à une infection : en cas de doute, n'hésitez pas à consulter votre médecin. N'utilisez pas ce collyre de façon prolongée sans prendre un avis médical.

Le port de lentilles de contact est déconseillé pendant toute la durée du traitement.

Conducteurs : dans les suites immédiates d'une opération de la *cataracte*, la conduite automobile n'est pas recommandée. En effet, la vision avec un seul œil fonctionnel ne permet pas d'apprécier correctement les distances.

### Interactions avec d'autres substances

Si plusieurs collyres vous ont été prescrits, respectez un intervalle de 15 minutes entre l'instillation des différents produits.

Les substances médicamenteuses contenues dans les collyres sont en parties absorbées et passent dans le sang. Elles pourraient donc, malgré les faibles doses utilisées, donner lieu à des interactions médicamenteuses avec les produits suivants : *anticoagulants*, *lithium*, méthotrexate, ticlopidine. Demandez conseil à votre médecin si vous prenez conjointement un de ces médicaments.

### Grossesse et allaitement

Des effets néfastes graves pour la mère et l'enfant à naître ont été mis en évidence lorsque les *AINS* sont utilisés au cours des 4 derniers mois de la grossesse : l'usage de ce collyre est formellement contre-indiqué pendant cette période.

Pendant les 5 premiers mois de la grossesse, l'effet de ce médicament est mal connu : seul votre médecin peut évaluer le risque éventuel de son utilisation dans votre cas.

Ce médicament est susceptible de passer faiblement dans le lait maternel : l'allaitement est déconseillé sans avis médical.

### Mode d'emploi et posologie

Tirer la paupière inférieure vers le bas tout en regardant vers le haut et déposer une goutte de collyre entre la paupière et le globe oculaire (*cul-de-sac conjonctival*).

**Posologie usuelle :**

- Adulte :
  - opération du cristallin : 1 goutte dans l'œil à opérer, 5 fois au cours des 3 heures qui précèdent l'opération. Le traitement doit être poursuivi après l'intervention, à raison de 1 goutte, 3 à 5 fois par jour ;
  - opération de la cornée : 2 gouttes dans l'heure qui précède l'opération, puis 6 gouttes dans la journée qui suit.

**Conseils :** Evitez de mettre l'embout de l'unidose en contact avec l'œil.

Les unidoses ne doivent pas être conservées après utilisation.

### Effets indésirables possibles

Irritation locale, troubles de la vision.

*Eczéma* de contact.

Rarement : *allergie* (rougeurs, démangeaisons) devant faire arrêter le traitement.

Laboratoires Novartis Pharma

## VOLTARÈNE injectable

Anti-inflammatoire non stéroïdien — sur ordonnance

### Présentation

VOLTARÈNE 75 mg/3 ml : solution injectable *IM* ; boîte de 2 ampoules de 3 ml. Liste II - Remb 35 % - **Prix : 1,40 €**.

### Composition

| | p amp inj |
|---|---|
| **Diclofénac, sel de sodium** | 75 mg |
| Sulfites | + |

### Dans quel cas ce médicament est-il prescrit ?

Ce médicament est un *anti-inflammatoire* non stéroïdien (*AINS*). Il lutte contre l'*inflammation* et la douleur, fait baisser la fièvre et fluidifie le sang.

Il est utilisé dans le traitement des douleurs inflammatoires aiguës lorsqu'un effet rapide est souhaité : *sciatique*, *lombalgie*, *colique néphrétique*, crise de rhumatisme.

### Contre-indications

Ce médicament ne doit pas être utilisé dans les cas suivants :

- *antécédent* d'*allergie* ou d'*asthme* provoqué par la prise d'*AINS*, y compris l'aspirine ;
- *ulcère* de l'estomac ou du *duodénum* ;
- *insuffisance hépatique* ou *rénale* grave ;
- en association à un traitement *anticoagulant* : risque d'hématome au point d'injection ;
- enfant de moins de 15 ans ;
- **grossesse** (à partir du 6e mois).

**Attention :** Tout traitement prolongé ou *surdosage* d'*AINS* expose à des effets indésirables graves.

Certaines situations doivent conduire à ne poursuivre le traitement qu'après un avis médical :

- brûlures d'estomac importantes ou selles noires et nauséabondes pouvant traduire une irritation ou un saignement du tube digestif ;
- *réaction allergique* cutanée, crise d'*asthme* ;
- fatigue inhabituelle et intense, ou baisse brutale et importante du volume des urines chez une personne souffrant d'*insuffisance cardiaque*, déshydratée ou traitée par *diurétique*.

Des précautions sont nécessaires chez la personne âgée ou en cas d'*antécédent* d'*ulcère* de l'estomac ou du *duodénum* ou de risque hémorragique, notamment digestif (maladie de *Crohn*, *rectocolite hémorragique*).

Certains médecins considèrent que les anti-inflammatoires peuvent diminuer l'efficacité des stérilets et exposer à un risque de grossesse non désirée. Ce risque est actuellement très controversé.

Conducteur : ce médicament peut provoquer parfois des étourdissements et des troubles de la vue.

### Interactions avec d'autres substances

Ce médicament peut interagir avec d'autres médicaments, notamment :
- l'aspirine et les autres *anti-inflammatoires* non stéroïdiens (*AINS*) : risque d'accroissement des effets indésirables ;
- les *anticoagulants* et les *antiagrégants plaquettaires* : augmentation du risque hémorragique ;
- le lithium (TÉRALITHE, NEUROLITHIUM...) : augmentation du taux de lithium dans le sang ;
- le méthotrexate.

Informez par ailleurs votre médecin ou votre pharmacien en cas de traitement par un *diurétique*, un *inhibiteur de l'enzyme de conversion*, un *inhibiteur de l'angiotensine II*, un *bêtabloquant* ou un médicament contenant de la ciclosporine.

### Grossesse et allaitement

Des effets néfastes pour l'enfant à naître ont été mis en évidence lorsque les *AINS* sont utilisés au cours des 4 derniers mois de la grossesse ; le risque existe même avec une seule prise et même si la grossesse est à terme. L'usage de ce médicament est contre-indiqué pendant cette période.

Pendant les 5 premiers mois, l'effet de ce médicament est mal connu : seul votre médecin peut évaluer le risque éventuel de son utilisation dans votre cas.

Ce médicament passe dans le lait maternel ; un choix est donc nécessaire entre l'allaitement et la prise du médicament. Cette décision devra être prise en accord avec votre médecin.

### Mode d'emploi et posologie

Les injections doivent être faites exclusivement par *voie* intramusculaire.

**Posologie usuelle :**
- Adulte : 1 ampoule par jour pendant 2 ou 3 jours. Au-delà, le traitement peut se poursuivre avec les comprimés ou les suppositoires.

**Conseils :** En cas de *coliques néphrétiques*, il est généralement conseillé de boire abondamment entre les crises pour lutter contre la formation de calculs. Cependant, lors d'une crise, l'absorption de liquide doit être limitée afin de ne pas accroître la douleur.

Les effets indésirables de ce médicament sur l'estomac peuvent survenir aussi bien avec la solution injectable et les suppositoires qu'avec les comprimés.

### Effets indésirables possibles

*Troubles digestifs*, *gastrite*, voire *ulcère* de l'estomac ou du *duodénum*, le plus souvent lors d'un traitement de longue durée ou à forte dose. Exceptionnellement : *hémorragie* du tube digestif (vomissements sanglants, selles noires, ou plus souvent pertes de sang imperceptibles responsables de l'apparition progressive d'une *anémie*).

*Réaction allergique* cutanée, *asthme*.

Fatigue, insomnie, irritabilité, sensation de *vertiges*, bourdonnements d'oreille, troubles de la vision, maux de tête.

Laboratoires Novartis Pharma

## VOLTARÈNE oral, rectal

Anti-inflammatoire non stéroïdien — sur ordonnance

### Présentation

VOLTARÈNE 25 mg : comprimé *gastrorésistant* (jaune) ; boîte de 30. Liste II - Remb 65 % - **Prix : 2,13 €**.
VOLTARÈNE 25 mg Enfant : suppositoire ; boîte de 10. Liste II - Remb 65 % - **Prix : 2,00 €**.
VOLTARÈNE 50 mg : comprimé *gastrorésistant* (marron clair) ; boîte de 30. Liste II - Remb 65 % - **Prix : 4,68 €**.
VOLTARÈNE LP 75 mg : comprimé à *libération prolongée* ; boîte de 30. Liste II - Remb 65 % - **Prix : 10,23 €**.
VOLTARÈNE LP 100 mg : comprimé à *libération prolongée* (rose) ; boîte de 15. Liste II - Remb 65 % - **Prix : 6,72 €**.
VOLTARÈNE 100 mg Adulte : suppositoire ; boîte de 10. Liste II - Remb 35 % - **Prix : 3,09 €**.

### Composition

| | | |
|---|---|---|
| | p cp | p suppos Enf |
| **Diclofénac, sel de sodium** .... | 25 mg | 25 mg |
| | p cp | p cp LP |
| **Diclofénac, sel de sodium** .... | 50 mg | 75 mg |
| | p cp LP | p suppos Ad |
| **Diclofénac, sel de sodium** .... | 100 mg | 100 mg |

### Dans quel cas ce médicament est-il prescrit ?

Ce médicament est un *anti-inflammatoire* non stéroïdien (*AINS*). Il lutte contre l'*inflammation* et la douleur, fait baisser la fièvre et fluidifie le sang.

Il est utilisé chez l'adulte dans le *traitement symptomatique* :
- des *rhumatismes inflammatoires* ;
- de l'*arthrose* ;
- des *arthrites* et *tendinites* ;
- des *lombalgies*, *sciatiques* et *cruralgies* ;
- des règles douloureuses (comprimés à 25 et à 50 mg).

Il est utilisé chez l'enfant dans le traitement des rhumatismes inflammatoires (dosages à 25 et 50 mg).

### Contre-indications

Ce médicament ne doit pas être utilisé dans les cas suivants :
- *antécédent* d'*allergie* ou d'*asthme* provoqué par la prise d'*AINS*, y compris l'aspirine ;
- *ulcère* de l'estomac ou du *duodénum* ;
- *insuffisance hépatique* ou *rénale* grave ;
- *inflammation* ou saignement récent du rectum (suppositoire) ;
- enfant de moins de 16 kg (suppositoire à 25 mg) ;
- enfant de moins de 6 ans (comprimé à 25 mg) ;
- enfant de moins de 35 kg (comprimé à 50 mg) ;
- enfant de moins de 15 ans (comprimés LP à 75 et 100 mg, suppositoire Adulte) ;
- **grossesse** (à partir du 6e mois).

**Attention :** Tout traitement prolongé ou *surdosage* d'*AINS* expose à des effets indésirables graves.

Certaines situations doivent conduire à ne poursuivre le traitement qu'après un avis médical :
- brûlures d'estomac importantes ou selles noires et nauséabondes pouvant traduire une irritation ou un saignement du tube digestif ;

– *réaction allergique* cutanée, crise d'*asthme* ;
– fatigue inhabituelle et intense, ou baisse brutale et importante du volume des urines chez une personne souffrant d'*insuffisance cardiaque*, déshydratée ou traitée par *diurétique*.

Des précautions sont nécessaires chez la personne âgée ou en cas d'*antécédent* d'*ulcère* de l'estomac ou du *duodénum* ou de risque hémorragique, notamment digestif (maladie de *Crohn*, *rectocolite hémorragique*).

Certains médecins considèrent que les anti-inflammatoires peuvent diminuer l'efficacité des stérilets et exposer à un risque de grossesse non désirée. Ce risque est actuellement très controversé.

Conducteur : ce médicament peut provoquer parfois des étourdissements et des troubles de la vue.

### Interactions avec d'autres substances

Ce médicament peut interagir avec d'autres médicaments, notamment :
– l'aspirine et les autres *anti-inflammatoires* non stéroïdiens (*AINS*) : risque d'accroissement des effets indésirables ;
– les *anticoagulants* et les *antiagrégants plaquettaires* : augmentation du risque hémorragique ;
– le lithium (TÉRALITHE, NEUROLITHIUM...) : augmentation du taux de lithium dans le sang ;
– le méthotrexate.

Informez par ailleurs votre médecin ou votre pharmacien en cas de traitement par un *diurétique*, un *inhibiteur de l'enzyme de conversion*, un *inhibiteur de l'angiotensine II*, un *bêtabloquant* ou un médicament contenant de la ciclosporine.

### Grossesse et allaitement

Des effets néfastes pour l'enfant à naître ont été mis en évidence lorsque les *AINS* sont utilisés au cours des 4 derniers mois de la grossesse ; le risque existe même avec une seule prise et même si la grossesse est à terme. L'usage de ce médicament est contre-indiqué pendant cette période.

Pendant les 5 premiers mois, l'effet de ce médicament est mal connu : seul votre médecin peut évaluer le risque éventuel de son utilisation dans votre cas.

Ce médicament passe dans le lait maternel ; un choix est donc nécessaire entre l'allaitement et la prise du médicament. Cette décision devra être prise en accord avec votre médecin.

### Mode d'emploi et posologie

Les comprimés ne sont pas adaptés à l'enfant de moins de 6 ans. En effet, ils risquent d'obstruer les voies respiratoires si l'enfant déglutit mal et que le comprimé passe dans la trachée (fausse route).

Les comprimés sont pris de préférence au milieu des repas afin de limiter les effets digestifs indésirables. Ils doivent être avalés avec un verre d'eau sans être croqués ni écrasés.

Les comprimés à *libération prolongée* sont réservés au traitement de longue durée des affections de l'adulte.

**Posologie usuelle :**

- Adulte :
  – *traitement d'attaque* en rhumatologie : 150 mg par jour (soit 2 comprimés à 25 mg ou 1 comprimé à 50 mg, 3 fois par jour) ;
  – *traitement d'entretien* en rhumatologie : 75 à 100 mg par jour (soit 1 comprimé à 25 mg et 1 comprimé à 50 mg par jour, ou 1 comprimé à *libération prolongée*, ou 1 suppositoire à 100 mg par jour) ;
  – douleurs des règles : 100 mg par jour, répartis en 2 prises.
- Enfant de plus de 16 kg : 2 à 3 mg par kg et par jour, répartis en 2 ou 3 prises ; soit, par exemple, pour un enfant de 25 kg : 1 comprimé à 25 mg, 2 ou 3 fois par jour.

**Conseils :** Les anti-inflammatoires ne sont pas des médicaments anodins. Du fait de la possibilité d'effets indésirables graves, ils ne doivent être utilisés que lorsqu'ils sont nécessaires, ce qui n'est pas le cas pour les affections rhumatismales peu douloureuses et les traumatismes bénins. Ce médicament vous a été prescrit dans une situation précise : ne le conseillez pas à un proche et ne le réutilisez pas sans avis médical.

Ne dépassez pas la *posologie* ni la durée de traitement prescrites par votre médecin.

Les effets indésirables de ce médicament sur l'estomac peuvent survenir aussi bien avec les suppositoires qu'avec les comprimés.

### Effets indésirables possibles

*Troubles digestifs*, *gastrite*, voire *ulcère* de l'estomac ou du *duodénum*, le plus souvent lors d'un traitement à forte dose. Exceptionnellement, *hémorragie* du tube digestif (vomissements sanglants, selles noires, ou plus souvent pertes de sang imperceptibles, responsables de l'apparition progressive d'une *anémie*).

*Réaction allergique* :
– *éruption cutanée*, urticaire... ;
– *asthme* ;
– malaise avec baisse de la tension artérielle (exceptionnel).

Maux de tête, étourdissements, somnolence ou au contraire insomnie, irritabilité, tremblements.

Exceptionnellement : troubles de la vue, bourdonnement d'oreille, *photosensibilisation*, *œdème*, augmentation des *transaminases*, *hépatite*.

Pour les suppositoires : douleur rectale.

Laboratoires Novartis Pharma

## VOLTARÈNE EMULGEL flacon

Anti-inflammatoire d'action locale — sur ordonnance

### Présentation

VOLTARÈNE EMULGEL : gel pour application locale ; flacon pressurisé de 100 ml. Liste II - Remb 35 % - **Prix : 4,37 €**.

### Composition

| | p 100 g |
|---|---|
| **Diclofénac sodique** | 1 g |

### Dans quel cas ce médicament est-il prescrit ?

Ce gel contient un *anti-inflammatoire* non stéroïdien (*AINS*). Il lutte localement contre l'*inflammation* et la douleur.

Il est utilisé dans le traitement des *tendinites*, des entorses, des *œdèmes* survenant après une opération chirugicale et des douleurs des petites articulations dues à l'arthrose.

### Contre-indications

Ce médicament ne doit pas être utilisé dans les cas suivants :

- *allergie* à l'aspirine ou aux *AINS* ;
- en application sur la peau lésée (*eczéma*, brûlure, plaie...) ;
- **grossesse** (à partir du 6e mois).

### Grossesse et allaitement

Les *AINS* pris par voie orale peuvent être toxiques pour le fœtus ; leur utilisation est contre-indiquée pendant les 4 derniers mois de la grossesse. Les AINS destinés à une application locale peuvent traverser la peau, passer dans le sang et exposer le fœtus au même risque, lorsqu'ils sont appliqués sur une large surface de peau ou sous un pansement occlusif. N'utilisez pas ce médicament pendant la grossesse sans avis médical.

Les données disponibles ne permettent pas de savoir si ce médicament passe dans le lait maternel : ne l'utilisez pas pendant l'allaitement sans avis médical.

### Mode d'emploi et posologie

Appliquer un ruban de gel (de 6 à 10 cm selon les cas) en massage doux et prolongé sur la région douloureuse.

**Posologie usuelle :**

- Adulte : 2 à 4 applications par jour.

> **Conseils :** Ce gel peut être irritant pour les yeux ou les *muqueuses* : lavez-vous les mains après l'application. En cas de contact accidentel avec les yeux, rincez abondamment.

### Effets indésirables possibles

Imposant l'arrêt du traitement : *réaction allergique* cutanée (rougeur localisée, démangeaisons...).

Laboratoires Novartis Santé Familiale

## VOLTARÈNE EMULGEL tube

Anti-inflammatoire d'action locale

### Présentation

VOLTARÈNE EMULGEL : gel pour application locale ; tube de 50 g. Remb 35 % - **Prix : 3,05 €**.

### Composition

| | p 100 g |
|---|---|
| **Diclofénac sodique** | 1 g |

### Dans quel cas ce médicament est-il prescrit ?

Ce gel contient un *anti-inflammatoire* non stéroïdien (*AINS*). Il lutte localement contre l'*inflammation* et la douleur.

Il est utilisé dans le traitement des *tendinites*, des entorses, des *œdèmes* survenant après une opération chirugicale et des douleurs des petites articulations dues à l'arthrose.

### Contre-indications

Ce médicament ne doit pas être utilisé dans les cas suivants :

- *allergie* à l'aspirine ou aux *AINS* ;
- en application sur la peau lésée (*eczéma*, brûlure, plaie...) ;
- **grossesse** (à partir du 6e mois).

### Grossesse et allaitement

Les *AINS* pris par voie orale peuvent être toxiques pour le fœtus ; leur utilisation est contre-indiquée pendant les 4 derniers mois de la grossesse. Les AINS destinés à une application locale peuvent traverser la peau, passer dans le sang et exposer le fœtus au même risque, lorsqu'ils sont appliqués sur une large surface de peau ou sous un pansement occlusif. N'utilisez pas ce médicament pendant la grossesse sans avis médical.

Les données disponibles ne permettent pas de savoir si ce médicament passe dans le lait maternel : ne l'utilisez pas pendant l'allaitement sans avis médical.

### Mode d'emploi et posologie

Appliquer un ruban de gel (de 6 à 10 cm selon les cas) en massage doux et prolongé sur la région douloureuse.

**Posologie usuelle :**

- Adulte : 2 à 4 applications par jour.

> **Conseils :** Ce gel peut être irritant pour les yeux ou les *muqueuses* : lavez-vous les mains après l'application. En cas de contact accidentel avec les yeux, rincez abondamment.

### Effets indésirables possibles

Imposant l'arrêt du traitement : *réaction allergique* cutanée (rougeur localisée, démangeaisons...).

Laboratoires Novartis Santé Familiale

## VOXPAX

*Informations détaillées sur www.monvidal.com*

## VOXYL

*Informations détaillées sur www.monvidal.com*

## VULCASE

*Informations détaillées sur www.monvidal.com*

# W

## WYTENS

Association d'antihypertenseurs — **sur ordonnance**

### Présentation

**WYTENS 2,5 mg/6,25 mg :** comprimé (jaune) ; boîte de 30. Liste I - Remb 65 % - **Prix : 13,28 €.**
**WYTENS 5 mg/6,25 mg :** comprimé (rose) ; boîte de 30. Liste I - Remb 65 % - **Prix : 13,28 €.**
**WYTENS 10 mg/6,25 mg :** comprimé (blanc) ; boîte de 30. Liste I - Remb 65 % - **Prix : 13,28 €.**

### Composition

| | p cp | p cp | p cp |
|---|---|---|---|
| **Bisoprolol hémifumarate** ............ | 2,5 mg | 5 mg | 10 mg |
| **Hydro-chlorothiazide** ............ | 6,25 mg | 6,25 mg | 6,25 mg |

### Dans quel cas ce médicament est-il prescrit ?

Cet *antihypertenseur* contient deux substances :
- le bisoprolol, un *bêtabloquant* qui bloque l'action de l'*adrénaline* (et d'autres *hormones* apparentées) sur de nombreux organes, notamment sur le cœur, les vaisseaux et les bronches ;
- l'hydrochlorothiazide, un *diurétique* dont la structure chimique est proche de celle des *sulfamides*. Son action renforce celle du bisoprolol.

Ce médicament est utilisé dans le traitement de l'*hypertension artérielle*.

### Contre-indications

Ce médicament ne doit pas être utilisé dans les cas suivants :
- *allergie* connue à l'un des constituants ou à la famille des *sulfamides*,
- formes graves de certaines affections : *bloc auriculoventriculaire*, *asthme*, *bronchite chronique*, *artérite*, phénomène de *Raynaud* ;
- *insuffisance cardiaque* grave non contrôlée par un traitement spécifique,
- *insuffisance rénale* grave,
- rythme cardiaque inférieur à 50 battements par minute,
- angor de *Printzmétal* ;
- *phéochromocytome* non traité,
- hypotension,
- *antécédent* de *choc anaphylactique*,
- en association avec les médicaments contenant de la floctafénine ou du sultopride.

**Attention :** N'interrompez jamais brutalement le traitement. Espacez progressivement les prises. Un avis médical est toujours préférable.

Chez les diabétiques, les *bêtabloquants* peuvent masquer certains *symptômes* de l'*hypoglycémie* (*palpitations* et accélération du cœur essentiellement).

Les bêtabloquants peuvent aggraver les *réactions allergiques* et empêcher l'action de l'*adrénaline* utilisée dans le traitement d'urgence du *choc anaphylactique*. Lors d'examens radiologiques nécessitant l'injection de produits de contraste iodés (susceptibles de provoquer des *chocs* allergiques), le traitement doit, si possible, être suspendu avec l'accord de votre médecin.

En cas d'intervention chirurgicale, l'anesthésiste doit être prévenu de la prise de ce médicament. C'est lui qui décidera si le traitement doit être poursuivi ou arrêté avant l'intervention.

Faites pratiquer régulièrement les analyses de sang prescrites par votre médecin ; elles sont notamment destinées à vérifier le bon fonctionnement de vos reins (dosage de la *créatinine*) et les taux de *potassium* et de *sodium* sanguins.

Le diurétique contenu dans ce médicament peut faire baisser la *kaliémie* : évitez d'utiliser des *laxatifs stimulants* dont l'usage régulier contribue à la baisse du taux de potassium dans le sang. Il peut par ailleurs augmenter le taux sanguin d'*acide urique* (possibilité de crise de *goutte*).

Chez les personnes atteintes d'une *insuffisance hépatique* grave, l'apparition de troubles de la conscience peut annoncer une complication. Ne poursuivez pas le traitement sans l'avis de votre médecin.

Sportif : ce médicament contient une substance susceptible de rendre positifs certains *tests antidopage*.

### Interactions avec d'autres substances

Ce médicament ne doit pas être associé :
- à la floctafénine (IDARAC...) : risque d'augmentation de la gravité d'un éventuel *choc anaphylactique* ;
- au sultopride (BARNETIL...) : risque de ralentissement cardiaque important.

Ce médicament peut interagir avec les médicaments donnant des *torsades de pointes* et avec les médicaments contenant de l'amiodarone ou du lithium.

Informez par ailleurs votre médecin si vous prenez l'un des médicaments suivants : *AINS*, *inhibiteur calcique*, *antidiabétique*, *inhibiteur de l'enzyme de conversion*, médicament qui abaisse la *kaliémie* (*laxatif stimulant*, amphotéricine B...), médicament contenant de la propafénone, de la méfloquine, de la lidocaïne injectable, de la ciclosporine ou un sel de calcium.

En outre, l'effet *antihypertenseur* de ce médicament peut être augmenté par certains médicaments tels que les *neuroleptiques*, les *antidépresseurs imipraminiques*, les médicaments contenant du baclofène ; il peut être diminué par les *corticoïdes*. Votre médecin doit être informé si vous êtes traité par l'un ou par l'autre.

### Grossesse et allaitement

Les études scientifiques actuellement disponibles n'ont pas mis en évidence de problème particulier lors de l'utilisation chez la femme enceinte. Néanmoins, ce médicament contient des *diurétiques* et n'est pas adapté au

traitement de l'*hypertension artérielle* pendant la grossesse.
Ce médicament passe dans le lait maternel : l'allaitement est déconseillé.

## Mode d'emploi et posologie

Ce médicament peut être pris indifféremment au cours ou en dehors des repas.

**Posologie usuelle :**
1 comprimé par jour.

**Conseils :** Veillez à toujours disposer d'une réserve de médicament : une plaquette dans la trousse de toilette, par exemple.

Il est normal que le rythme cardiaque se ralentisse sous l'effet du traitement ; néanmoins, en cas de fatigue anormale et de pouls inférieur à 50 battements par minute, consultez votre médecin.

Les *diurétiques* exposent au risque de déshydratation : veillez à proposer des boissons en quantité suffisante aux personnes âgées, notamment pendant les fortes chaleurs.

Le traitement médicamenteux ne dispense pas de mesures simples pouvant faire baisser la tension artérielle : activité physique régulière, modération de la consommation de boissons alcoolisées, lutte contre le surpoids.

## Effets indésirables possibles

*Troubles digestifs*, fatigue en début de traitement, insomnie, troubles du sommeil, fourmillement des extrémités.
Crise d'*asthme*.
*Bloc auriculoventriculaire*, ralentissement important du cœur, chute de tension, *insuffisance cardiaque*.
Élévation du taux de *sucre* ou d'*acide urique* dans le sang, baisse du taux de potassium dans le sang, crampes.
*Allergie* cutanée.

**Laboratoires Wyeth Lederlé**

# X

## XALACOM

Antiglaucomateux

**sur ordonnance**

### Présentation

XALACOM : collyre ; flacon de 2,5 ml. Liste I - Remb 65 % - **Prix : 23,24 €**.

### Composition

| | p 100 ml |
|---|---|
| **Latanoprost** | 5 mg |
| **Timolol** | 500 mg |
| Benzalkonium chlorure | + |

### Dans quel cas ce médicament est-il prescrit ?

Ce collyre associe du latanoprost de la famille des prostaglandines et un *bêtabloquant*. Il a la propriété de diminuer la *tension intraoculaire*.

Il est utilisé dans le traitement des maladies dues à un excès de tension intraoculaire, notamment du *glaucome* à angle ouvert, en cas d'efficacité insuffisante des collyres bêtabloquants.

### Contre-indications

Compte tenu de l'absorption du collyre par l'œil et du passage du *bêtabloquant* dans le sang, ce médicament ne doit pas être utilisé dans les cas suivants :
- *asthme* et *bronchite chronique* grave,
- *insuffisance cardiaque* grave (sauf si elle est stabilisée par un traitement spécifique),
- *bloc auriculoventriculaire* grave,
- rythme cardiaque inférieur à 50 battements par minute.

**Attention :** Ce collyre contient un conservateur (benzalkonium) qui appartient à la famille des *ammoniums quaternaires*. Signalez à votre médecin tout *antécédent* d'*allergie* à ces substances.

Chez les diabétiques, les *bêtabloquants* peuvent masquer certains *symptômes* de l'*hypoglycémie* (*palpitations* et accélération du cœur essentiellement).

Les bêtabloquants aggravent les symptômes des *chocs* allergiques et nuisent à l'efficacité de l'*adrénaline* utilisée pour les traiter en urgence. Signalez à votre médecin tout antécédent de choc allergique, même ancien.

Ce collyre peut modifier de façon définitive la couleur des yeux (qui deviennent plus foncés). Cette modification touche essentiellement les personnes dont la couleur des yeux n'est pas uniforme : vert marron, jaune marron. Elle est rare chez celles dont les yeux ont une couleur uniforme : bleu, gris, vert ou marron. Le préjudice est uniquement esthétique, sans conséquence connue sur la santé de l'œil. Il peut être gênant lorsque la coloration induite par le collyre n'est pas uniforme, ou lorsqu'un seul œil est traité.

Compte-tenu de la possibilité d'effets indésirables visuels, ce collyre peut, chez certaines personnes, constituer un risque pour la conduite automobile ou le maniement de machines dangereuses. Assurez-vous à l'occasion des premières utilisations que vous supportez bien ce collyre avant de reprendre la pratique d'une activité à risque.

### Interactions avec d'autres substances

Certaines substances contenues dans des collyres différents peuvent donner lieu à des interactions médicamenteuses : dans le doute, et sauf indication contraire de votre médecin, respectez un intervalle minimal de 15 minutes entre deux instillations dans le même œil.

Il peut également interagir avec l'amiodarone ou avec un *bêtabloquant* pris par voie orale.

Informez votre médecin si vous prenez des *antidiabétiques*, des *AINS*, des *antidépresseurs* tricycliques, des *neuroleptiques*, des *corticoïdes*, des *inhibiteurs calciques*, ou des médicaments contenant l'une des substances suivantes : quinidine, hydroquinidine, disopyramide, propafénone, baclofène, cimétidine, clonidine, lidocaïne injectable, méfloquine.

### Grossesse et allaitement

Les *prostaglandines* possèdent des effets potentiellement dangereux pendant la grossesse. Ce collyre ne doit pas être utilisé chez la femme enceinte.

Ce médicament passe dans le lait maternel. Son usage est incompatible avec l'allaitement.

### Mode d'emploi et posologie

Tirer la paupière inférieure vers le bas tout en regardant vers le haut et déposer une goutte de collyre entre la paupière et le globe oculaire (*cul-de-sac conjonctival*).

Veiller à ne pas mettre en contact l'embout du flacon avec l'œil ou les doigts pour éviter de contaminer le collyre avec les *germes* présents sur les paupières ou la peau.

**Posologie usuelle :**
- Adulte : 1 goutte par jour, le soir.

**Conseils :** Les lentilles de contact souples doivent être ôtées avant l'instillation du collyre. Elles pourront éventuellement être replacées après un délai de 15 minutes : demandez conseil à votre ophtalmologiste.

L'application correcte du produit peut nécessiter une aide, notamment chez une personne handicapée ou âgée.

Le flacon doit être conservé au réfrigérateur à une température de + 2 à + 8 °C et à l'abri d'une lumière excessive. Sa durée de conservation est de 4 semaines après une première utilisation.

### Effets indésirables possibles

Liés au latanoprost :

Modification de la couleur des yeux (voir Attention) chez 16 à 20 % des personnes traitées, plus particulièrement en cas de couleur vert marron ou jaune marron.

Allongement, épaississement et coloration foncée des cils.

Sensation de corps étranger, rougeur de la *conjonctive*, *kératite* transitoire, *œdème* de la rétine, coloration plus foncée des paupières.

Liées au timolol :

Irritation locale, sécheresse de l'œil, troubles visuels à signaler à votre ophtalmologiste.

Exceptionnellement, en cas de passage du *bêtabloquant* dans le sang :

- fatigue, sensation de mains et de pieds froids, insomnie, douleurs d'estomac, nausées, vomissements ;
- *bloc auriculoventriculaire*, ralentissement excessif du cœur, chute de tension, *insuffisance cardiaque*, *bronchospasme*, *hypoglycémie*, phénomène de *Raynaud* ;
- *éruption cutanée*, aggravation d'un *psoriasis*.

Laboratoires Pfizer

## XALATAN

Antiglaucomateux — sur ordonnance

### Présentation

XALATAN : collyre ; flacon de 2,5 ml. Liste I - Remb 65 % - **Prix : 17,61 €.**

### Composition

| | p 100 ml |
|---|---|
| **Latanoprost** | 5 mg |
| Benzalkonium chlorure | + |

### Dans quel cas ce médicament est-il prescrit ?

Ce collyre a la propriété de diminuer la *tension intraoculaire*. Il appartient à la famille des *prostaglandines*.

Il est utilisé dans le traitement des maladies dues à un excès de tension intraoculaire, notamment du *glaucome* à angle ouvert.

### Contre-indications

Ce médicament ne doit pas être utilisé dans les cas suivants :

- *allergie* aux *antiseptiques* de la famille des *ammoniums quaternaires* (présence de benzalkonium),
- port de lentilles de contact.

**Attention :** Ce collyre peut modifier de façon définitive la couleur des yeux (qui deviennent plus foncés). Cette modification touche essentiellement les personnes dont la couleur des yeux n'est pas uniforme : vert marron, jaune marron. Elle est rare chez celles dont les yeux ont une couleur uniforme : bleu, gris, vert ou marron. Le préjudice est uniquement esthétique, sans conséquence connue sur la santé de l'œil. Il peut être gênant lorsque la coloration induite par le collyre n'est pas uniforme, ou lorsqu'un seul œil est traité.

Des précautions sont nécessaires en cas d'*asthme* grave.

Conducteur : l'instillation de ce collyre peut provoquer une gêne visuelle transitoire.

### Interactions avec d'autres substances

Certaines substances contenues dans des collyres différents peuvent donner lieu à des interactions médicamenteuses : dans le doute, et sauf indication contraire de votre médecin, respectez un intervalle minimal de 5 minutes entre deux instillations dans le même œil.

### Grossesse et allaitement

Les *prostaglandines* possèdent des effets potentiellement dangereux pendant la grossesse. Ce collyre ne doit pas être utilisé chez la femme enceinte.

Ce médicament passe dans le lait maternel. Son usage est incompatible avec l'allaitement.

### Mode d'emploi et posologie

Tirer la paupière inférieure vers le bas tout en regardant vers le haut et déposer une goutte de collyre entre la paupière et le globe oculaire (*cul-de-sac conjonctival*). Veiller à ne pas mettre en contact l'embout du flacon avec l'œil ou les doigts pour éviter de contaminer le collyre avec les *germes* présents sur les paupières ou la peau.

**Posologie usuelle :**

- Adulte : 1 goutte par jour, de préférence le soir.

**Conseils :** Il peut être nécessaire de comprimer les voies lacrymales (angle interne de l'œil) après l'instillation, pour éviter un passage excessif du produit dans le sang : demander conseil à votre ophtalmologiste.

Le flacon doit être conservé au réfrigérateur à une température de + 2 à + 8 °C et à l'abri d'une lumière excessive. Sa durée de conservation à température ambiante (ne dépassant pas 25 °C) est de 4 semaines après une première utilisation.

### Effets indésirables possibles

Très fréquents (plus de 10 % des utilisateurs) : modification de la couleur des yeux, gène oculaire, sensation de corps étranger, allongement, épaississement ou coloration foncée des cils.

Fréquents (de 1 à 10 % des utilisateurs) : rougeur modérée de la *conjonctive*, *kératite* transitoire.

Peu fréquents (de 0,1 à 1 % des utilisateurs) : *œdème* des paupières.

Rares (moins de 0,1 % des utilisateurs) : *œdème* de la rétine, *éruption cutanée*, *asthme*.

Laboratoires Pfizer

## XANAX

Anxiolytique : benzodiazépine — sur ordonnance

### Présentation

XANAX 0,25 mg : comprimé sécable (blanc) ; boîte de 30. Liste I, durée de prescription limitée à 12 semaines - Remb 65 % - **Prix : 1,99 €.**

XANAX 0,50 mg : comprimé sécable (rose) ; boîte de 30. Liste I, durée de prescription limitée à 12 semaines - Remb 65 % - **Prix : 2,91 €.**

### Composition

| | p cp | p cp |
|---|---|---|
| **Alprazolam** | 0,25 mg | 0,50 mg |
| Lactose | + | + |

### Dans quel cas ce médicament est-il prescrit ?

Ce médicament est un *anxiolytique* (tranquillisant) de la famille des *benzodiazépines*.

Il est utilisé dans le traitement de l'anxiété lorsque celle-ci s'accompagne de troubles gênants (*anxiété généralisée*, crise d'angoisse...) et dans le cadre d'un sevrage alcoolique.

## Contre-indications

Ce médicament ne doit pas être utilisé dans les cas suivants :
- *insuffisance respiratoire* ou *hépatique* grave,
- *syndrome d'apnée du sommeil*,
- *myasthénie*.

**Attention :** Des précautions sont nécessaires chez la personne âgée et chez l'*insuffisant hépatique* ou *rénal*.

Utilisé seul, ce médicament n'est pas adapté au traitement des *états dépressifs*.

Une prise prolongée, surtout à doses importantes, de *tranquillisants* de la famille des *benzodiazépines* peut provoquer une *dépendance*. Ce risque de dépendance est accru chez les personnes ayant déjà présenté une dépendance à d'autres médicaments, substances ou à l'alcool.

L'arrêt brutal de ce médicament expose à un *syndrome de sevrage* : réapparition de l'anxiété, agitation, irritabilité, insomnie, maux de tête, douleurs musculaires, tremblements, hallucinations. Il faut donc s'entourer de conseils médicaux pour diminuer progressivement les doses et espacer les prises, sur une période d'autant plus longue que le traitement a été prolongé.

Ce médicament peut induire une somnolence, parfois intense chez certaines personnes. Cette somnolence peut être majorée par la prise d'*alcool* ou d'autres médicaments *sédatifs*. La conduite et l'utilisation de machines dangereuses sont déconseillées, surtout dans les heures qui suivent la prise du médicament.

## Interactions avec d'autres substances

Informez votre médecin ou votre pharmacien si vous prenez d'autres *sédatifs* (tranquillisants, somnifères, certains médicaments contre la toux ou contre la douleur contenant des *opiacés*, *antidépresseurs*, *neuroleptiques*...).

## Grossesse et allaitement

Ce médicament ne doit pas être utilisé sans avis médical pendant la grossesse. Les fortes doses au cours des 6 derniers mois sont déconseillées. En fin de grossesse, un traitement par benzodiazépine, même à faible dose, peut être responsable d'effets indésirables chez le *nouveau-né* : une surveillance médicale du nouveau-né est alors nécessaire pendant 1 à 3 semaines selon les cas.

Ce médicament passe dans le lait maternel : l'allaitement est déconseillé.

## Mode d'emploi et posologie

Les comprimés peuvent être pris pendant ou entre les repas.

**Posologie usuelle :**

- Adulte : 1 à 2 mg par jour, répartis en plusieurs prises au cours de la journée ; jusqu'à 4 mg par jour dans certains cas graves. La dose minimale efficace est toujours recherchée.

**Conseils :** Ce médicament est présent dans l'organisme plus de 12 heures après sa prise : son effet peut persister de façon prolongée.

Ce tranquillisant vous a été prescrit dans une situation précise : ne le réutilisez pas ultérieurement sans avis médical et ne le conseillez pas à une autre personne.

La durée de prescription des *anxiolytiques* doit être la plus courte possible. Dans certaines situations, le traitement doit toutefois être prolongé. Il appartient alors au médecin de réévaluer périodiquement la nécessité de le poursuivre ou de l'interrompre.

Les *tranquillisants* ne sont pas la seule réponse à l'anxiété : une meilleure hygiène de vie, une consommation modérée d'excitants (y compris les boissons alcoolisées) permettent aussi de lutter efficacement contre l'excès de stress. Dans certains cas, une psychothérapie peut aider à lutter durablement contre l'anxiété.

## Effets indésirables possibles

Sensation d'ivresse, maux de tête, fatigue, somnolence particulièrement chez la personne âgée, ralentissement des idées, faiblesse musculaire, baisse de la libido, *éruption cutanée* avec ou sans démangeaisons, vision double.

Dans certaines circonstances et chez certaines personnes :
- réactions paradoxales avec augmentation de l'anxiété, agitation, agressivité, confusion des idées, hallucinations ;
- *amnésie antérograde*.

Ces troubles nécessitent l'arrêt du traitement.

**Laboratoires Pfizer**

# XANTHIUM

*Informations détaillées sur www.monvidal.com*

# XATRAL

Alphabloquant

**sur ordonnance**

## Présentation

XATRAL 2,5 mg : comprimé (blanc) ; boîte de 30. Liste I - Remb 35 % - **Prix : 10,05 €**.
XATRAL LP 10 mg : comprimé à *libération prolongée* (jaune et blanc) ; boîte de 30. Liste I - Remb 35 % - **Prix : 28,99 €**.

## Composition

| | p cp | p cp LP |
|---|---|---|
| **Alfuzosine chlorhydrate** | 2,5 mg | 10 mg |
| Lactose | + | |
| Huile de ricin | | + |

## Dans quel cas ce médicament est-il prescrit ?

Ce médicament appartient à la famille des *alphabloquants*. Il lutte contre la contraction des *voies* urinaires.

Il est utilisé dans le traitement des troubles urinaires dus à un *adénome de la prostate*.

Il est également utilisé lorsque l'augmentation de volume de la prostate bloque l'évacuation des urines (rétention urinaire) et rend nécessaire la pose d'une sonde urinaire.

## Contre-indications

Ce médicament ne doit pas être utilisé dans les cas suivants :
- *hypotension orthostatique*,
- *insuffisance hépatique*,
- *insuffisance rénale* grave.

**Attention :** Des précautions sont nécessaires en cas d'*insuffisance coronarienne*.

Une *hypotension orthostatique*, due à la dilatation des vaisseaux sanguins, peut survenir dans les heures qui suivent la prise du médicament. Ce malaise, souvent précédé de *vertiges* et de sueurs, est favorisé par un passage trop brutal en position verticale (en se levant d'une chaise ou d'un lit). Les risques sont surtout importants les premiers jours du traitement, pendant lesquels il convient d'éviter les activités dangereuses. Ensuite l'organisme s'adapte au médicament. En cas de sensation d'étourdissement, allongez-vous quelques minutes et relevez-vous progressivement.

Conducteur : ce médicament peut être responsable de *vertiges*.

### Interactions avec d'autres substances

Ce médicament peut interagir avec les *antihypertenseurs*, surtout les autres *alphabloquants*. Votre médecin adaptera la *posologie* pour limiter le risque d'*hypotension orthostatique*, mais il doit être parfaitement informé des médicaments que vous prenez conjointement.

### Grossesse et allaitement

Ce médicament n'a pas d'indication chez la femme.

### Mode d'emploi et posologie

Ce médicament est pris de préférence après un repas. Les comprimés à *libération prolongée* doivent être avalés entiers sans être croqués.

**Posologie usuelle :**

1 comprimé à 2,5 mg, 3 fois par jour, ou 1 comprimé à 10 mg le soir.

**Conseils :** Ce médicament ne permet pas de faire régresser la taille de l'adénome. C'est un *traitement symptomatique* qui facilite l'ouverture du *sphincter* urinaire. Il est utilisé lorsque l'ablation de l'adénome n'est pas justifiée (troubles modérés) ou doit être retardée pour une raison quelconque.

### Effets indésirables possibles

Fréquents : nausées, douleurs abdominales, *hypotension orthostatique*, sensations vertigineuses, malaises, maux de tête, fatigue.

Plus rarement : douleur thoracique, accélération du cœur, *palpitations*, bouche sèche, diarrhée, somnolence, *œdèmes*, rougeur du visage, *éruption cutanée*, démangeaisons.

Laboratoires Sanofi-Aventis France

## XENAZINE

Neuroleptique — sur ordonnance

### Présentation

**XENAZINE :** comprimé sécable (jaune pâle) ; boîte de 112. Liste II - Remb 65 % - **Prix : 193,99 €**.

### Composition

| | p cp |
|---|---|
| **Tétrabénazine** | 25 mg |
| Lactose | |

### Dans quel cas ce médicament est-il prescrit ?

Ce médicament contient une substance proche des *neuroleptiques*. Il diminue le taux de dopamine dans les cellules nerveuses du cerveau.

Il est utilisé dans le traitement de certains mouvements anormaux présents dans certains maladies neurologiques (maladie de Huntington, hémiballisme).

### Contre-indications

Ce médicament ne doit pas être utilisé dans les cas suivants :
- association avec les médicaments de la famille des *IMAO*, des *dopaminergiques* et les médicaments contenant de la lévodopa,
- **grossesse**,
- **allaitement**.

**Attention :** En cas de survenue d'une fièvre inexpliquée associée à une raideur musculaire (qui pourraient être dues au médicament), ne poursuivez pas le traitement sans avis médical : risque de *syndrome malin des neuroleptiques*.

Des précautions sont nécessaires chez la personne âgée et en cas d'*insuffisance rénale* ou *hépatique*.

Une baisse de moral, un état dépressif peuvent être dus au médicament. Signalez toute anomalie à votre médecin.

Évitez les boissons alcoolisées : augmentation du risque de somnolence.

Ce médicament peut induire une somnolence parfois intense chez certaines personnes. Cette somnolence peut être majorée par la prise d'*alcool* ou d'autres médicaments *sédatifs*. La conduite ou l'utilisation de machines dangereuses sont déconseillées.

### Interactions avec d'autres substances

Ce médicament ne doit pas être associé avec :
- aux *IMAO* non sélectifs : risque de poussée d'hypertension artérielle,
- les médicaments *dopaminergiques* : risque d'annulation réciproques de leurs effets.

Informez par ailleurs votre médecin si vous prenez un *antihypertenseur* ou un *sédatif*.

### Grossesse et allaitement

L'effet de ce médicament pendant la grossesse ou l'allaitement est mal connu : son usage est contre-indiqué chez la femme enceinte ou qui allaite.

### Mode d'emploi et posologie

- Adulte : 1 comprimé, 2 ou 3 fois par jour.

**Conseils :** Une ordonnance d'un modèle particulier (*médicament d'exception*) est nécessaire pour se procurer ce médicament.

### Effets indésirables possibles

Somnolence, fatigue, insomnie, *syndrome extrapyramidal*, maux de tête, troubles de la mémoire ou de l'équilibre, raideur musculaire, tremblements.

Nervosité, anxiété, état dépressif.

Troubles digestifs.

*Hypotension orthostatique*.

Laboratoires OPI

## XENICAL

Médicament de l'obésité — sur ordonnance

### Présentation

**XENICAL 120 mg :** gélule (turquoise) ; boîte de 84. Liste I - Non remb.

### Composition

| | p gél |
|---|---|
| **Orlistat** | 120 mg |

### Dans quel cas ce médicament est-il prescrit ?

Ce médicament est un adjuvant au régime hypocalorique. Il a la propriété de bloquer l'action d'une *enzyme* qui permet la digestion des graisses : la lipase intestinale. Ces graisses non digérées restent dans le tube digestif et sont éliminées avec les selles. Ce médicament agit localement dans l'estomac et l'intestin et ne passe pas dans le sang.

Il est utilisé, en complément d'un régime modérément hypocalorique, chez les personnes obèses, ou chez celles qui associent un surpoids important à d'autres facteurs de risque. Ce traitement ne peut être mis en route que si une perte de poids d'au moins 2,5 kg a été obtenue par le régime seul au cours des 4 semaines précédentes.

### Contre-indications

Ce médicament ne doit pas être utilisé dans les cas suivants :
- *syndrome de malabsorption chronique*,
- blocage des *voies biliaires*,
- **allaitement**.

**Attention :** Une surveillance particulière est nécessaire chez les diabétiques.
Ce médicament peut diminuer l'absorption des *vitamines* A, D, E et K. Une alimentation riche en fruits et en légumes est recommandée et votre médecin vous prescrira éventuellement un complément vitaminique, à prendre au moins 2 heures après la prise du XENICAL.
Les conséquences d'un traitement d'une durée supérieure à 2 ans ne sont pas connues.

### Interactions avec d'autres substances

Informez votre médecin en cas de traitement par :
- un *anticoagulant* par voie orale,
- un médicament contenant de l'acarbose (GLUCOR) ou de la ciclosporine (NÉORAL, SANDIMMUN).

### Grossesse et allaitement

Bien que ce médicament ne soit quasiment pas absorbé dans le sang (action locale dans l'intestin), ses effets chez la femme enceinte et son passage éventuel dans le lait maternel ne sont pas connus. Par prudence, il est donc contre-indiqué pendant la grossesse et l'allaitement.

### Mode d'emploi et posologie

Le médicament doit être pris de préférence immédiatement avant ou pendant le repas ; il peut être pris jusqu'à une heure après.

**Posologie usuelle :**
- Adulte : 1 gélule avec chacun des repas contenant des graisses (en l'absence de graisses dans un repas, la prise du médicament est inutile). Dans la mesure où il est recommandé de suivre conjointement un régime équitablement réparti en trois repas comportant 30 % de matières grasses, la *posologie* est de 3 gélules par jours. Le régime doit être riche en fruits et en légumes. Il n'y a aucun intérêt à dépasser la posologie préconisée, l'activité du médicament n'augmentant pas avec des posologies supérieures à 3 prises de 120 mg.

**Conseils :** Le régime reste bien sûr indispensable pendant le traitement, des apports alimentaires excessifs en graisses risque d'augmenter les effets indésirables liés à l'élimination fécale des corps gras non digérés.
En complément du régime et du traitement, un exercice physique régulier est toujours bénéfique.
Une protection locale peut être nécessaire pour éviter les conséquences vestimentaires d'un suintement de graisses par l'anus.

### Effets indésirables possibles

Fréquents : ces effets indésirables sont la conséquence directe du mode d'action de ce médicament : traces de graisses anales, gaz avec suintement gras, envies impérieuses de déféquer, selles grasses et/ou abondantes, émission involontaire de graisses ou de selles par l'anus.

Rares : *réaction allergique*, augmentation des *transaminases*.

Exceptionnels : *hépatite*.

D'autres ont été rarement constatés, mais paraissent plus fréquents que sous *placebo*, sans que l'on ait pu déterminer si le médicament est responsable de leur apparition :
- autres *troubles digestifs*, problèmes gingivaux ou dentaires ;
- bronchite, angine, *sinusite*, grippe, infection urinaire ;
- maux de tête, règles irrégulières ;
- anxiété, fatigue.

Laboratoires Roche

## XENID gel

Anti-inflammatoire d'action locale

### Présentation

**XENID 1 % :** gel pour application locale ; tube de 60 g. Remb 35 % - **Prix : 2,73 €**.

### Composition

| | p 100 g |
|---|---|
| **Diclofénac sel de sodium** | 1 g |

### Dans quel cas ce médicament est-il prescrit ?

Ce gel *antalgique* contient un *anti-inflammatoire* non stéroïdien (*AINS*). Il lutte localement contre l'*inflammation* et la douleur.

Il est utilisé dans le traitement des *tendinites* et des *œdèmes* survenant après un traumatisme ou une intervention chirurgicale.

### Contre-indications

Ce médicament ne doit pas être utilisé dans les cas suivants :
- *allergie* à l'aspirine ou aux *AINS* ;
- en application sur la peau lésée (*eczéma*, brûlure, plaie...) ou sur les *muqueuses* ;
- **grossesse** (à partir du 6e mois).

### Grossesse et allaitement

Les *AINS* pris par voie orale peuvent être toxiques pour le fœtus ; leur utilisation est contre-indiquée pendant les 4 derniers mois de la grossesse. Les AINS destinés à une application locale peuvent traverser la peau, passer dans le sang et exposer le fœtus au même risque, lorsqu'ils sont appliqués sur une large surface de peau ou sous un pansement occlusif. N'utilisez pas ce médicament pendant la grossesse sans avis médical.

Les données disponibles ne permettent pas de savoir si ce médicament passe dans le lait maternel : ne l'utilisez pas pendant l'allaitement sans avis médical.

### Mode d'emploi et posologie

Le gel doit être appliqué en massage doux et prolongé sur la région douloureuse.

**Posologie usuelle :**

- Adulte : 2 à 4 applications par jour.

**Conseils :** Pensez à vous laver les mains après l'application. En cas de contact accidentel avec les yeux, rincez abondamment.

### Effets indésirables possibles

Imposant l'arrêt du traitement : *réaction allergique* cutanée (éruption de boutons, démangeaisons...).

Laboratoires RPG

## XENID oral, rectal

Anti-inflammatoire non stéroïdien — sur ordonnance

Ce médicament est un générique de VOLTARÈNE oral, rectal (voir p. 1110 et tableau p. 1151).

## XOLAAM

Antiacide d'action locale

### Présentation

**XOLAAM :** comprimé à sucer ou à croquer (blanc ; arôme menthe) ; boîte de 40. Remb 35 % - **Prix : 2,46 €**.
**XOLAAM :** suspension buvable (arôme menthe) ; flacon de 250 ml. Remb 35 % - **Prix : 1,84 €**.

### Composition

| | p cp | p c à s |
|---|---|---|
| **Aluminium hydroxyde** | 400 mg | 525 mg |
| **Magnésium hydroxyde** | 400 mg | 600 mg |
| Saccharose | 250 mg | |
| Sorbitol | + | + |

### Dans quel cas ce médicament est-il prescrit ?

Ce médicament contient des *antiacides* d'action locale. Ils agissent en neutralisant les acides sécrétés par l'estomac.

Il est utilisé dans le traitement des aigreurs, brûlures d'estomac et remontées acides.

### Contre-indications

Ce médicament ne doit pas être utilisé en cas d'*insuffisance rénale* grave.

**Attention :** Il est préférable de consulter un médecin dans les situations suivantes :
- troubles de la digestion apparaissant pour la première fois, ou si les troubles ont changé récemment ;
- troubles associés à une perte de poids ;
- difficulté à avaler ou gêne abdominale persistante.

N'utilisez pas ce médicament de façon prolongée sans l'avis de votre médecin : des examens peuvent être nécessaires si les *symptômes* persistent.

Compte tenu de la teneur en aluminium de ce médicament, des précautions sont nécessaires chez les *insuffisants rénaux* traités par *dialyse*.

Les personnes souffrant de douleurs d'estomac doivent éviter d'utiliser des médicaments contenant de l'aspirine ou des *AINS* qui augmentent l'acidité de l'estomac. Le paracétamol est en revanche sans danger pour traiter les douleurs ou la fièvre.

### Interactions avec d'autres substances

Ce médicament peut diminuer l'absorption de nombreux médicaments. Un délai d'au moins 2 heures (voire 4 heures avec les *antibiotiques* de la famille des quinolones) doit être respecté entre la prise de ce médicament et celle des autres traitements. Demandez conseil à votre médecin ou à votre pharmacien.

### Grossesse et allaitement

Les substances contenues dans ce médicament sont peu absorbées. Néanmoins, ne l'utilisez pas de façon prolongée pendant la grossesse ou l'allaitement sans l'avis de votre médecin ou de votre pharmacien.

### Mode d'emploi et posologie

Ce médicament doit être pris au moment des douleurs.

**Posologie usuelle :**

Chez l'adulte :
- 1 ou 2 comprimés à croquer ou à sucer par prise, sans dépasser 6 prises par jour ;
- 1 cuillère à soupe de suspension buvable, 1 à 6 fois par jour.

**Conseils :** Agitez vigoureusement le flacon de suspension buvable avant l'emploi. Il ne doit pas être placé au réfrigérateur.

Une alimentation équilibrée, une mastication lente, la suppression des aliments difficiles à digérer et des boissons alcoolisées permettent souvent d'atténuer les *symptômes* dus à une *inflammation* de l'estomac, du *duodénum* ou de l'œsophage.

Si vous êtes fumeur, la poursuite du tabagisme est un frein important au traitement : la nicotine augmente l'acidité gastrique et réduit l'efficacité du muscle qui ferme la jonction entre l'œsophage et l'estomac.

### Effets indésirables possibles

Constipation ou *diarrhée* : les sels d'aluminium favorisent la constipation alors que le magnésium peut avoir un effet laxatif. Suivant les personnes, l'un ou l'autre de ces effets peut prédominer.

Laboratoires RPG

## X-PREP

*Informations détaillées sur www.monvidal.com*

## XYLOCAÏNE VISQUEUSE

Anesthésique local — sur ordonnance

### Présentation

**XILOCAÏNE VISQUEUSE :** gel oral (arômes : fraise, framboise) ; tube de 100 g. Liste II - Remb 65 % - **Prix : 2,67 €**.

### Composition

| | p 100 g |
|---|---|
| **Lidocaïne chlorhydrate** | 2 g |

### Dans quel cas ce médicament est-il prescrit ?

Ce gel contient un *anesthésique* local. Il est efficace contre la douleur mais n'agit pas sur sa cause.

Il est utilisé pour :
- l'*anesthésie* locale qui précède les examens du tube digestif,

- le traitement des douleurs de la bouche,
- le traitement des douleurs de l'estomac et de l'œsophage.

### Contre-indications

Ce médicament ne doit pas être utilisé dans les cas suivants :
- *allergie* aux *anesthésiques* locaux,
- *épilepsie* (en l'absence d'un traitement efficace),
- *porphyries*.

**Attention :** Ce médicament provoque une *anesthésie* de l'arrière-gorge et peut faciliter les fausses-routes (passage des aliments dans le larynx).
Des précautions sont nécessaires chez les personnes dont le rythme cardiaque est lent.
Ce gel doit être tenu hors de la portée des enfants.
Sportif : les *anesthésiques* locaux ont été retirés de la liste des substances dopantes publiée dans les arrêtés du 20 avril et du 16 août 2004 par le ministère de la Jeunesse et des Sports.

### Grossesse et allaitement

L'effet de ce médicament pendant la grossesse ou l'allaitement est mal connu : seul votre médecin peut évaluer le risque éventuel de son utilisation dans votre cas.

### Mode d'emploi et posologie

Lésions de la bouche : le gel est appliqué sur les lésions ou réparti dans la bouche avec la langue. Éviter de boire ou de manger dans les 2 heures qui suivent l'application.
Douleurs du tube digestif : absorber le gel au moment des douleurs, puis avaler rapidement un demi-verre d'eau pour éviter l'*anesthésie* de l'arrière-gorge (risque de fausse-route).

**Posologie usuelle :**
- Adulte : 1 cuillère à dessert ou à soupe par prise, sans dépasser 3 prises par jour.

Laboratoires AstraZeneca

## XYZALL
Antiallergique — **sur ordonnance**

### Présentation

**XYZALL :** comprimé (ovale ; blanc cassé) ; boîte de 14.
Liste II - Remb 35 % - **Prix : 4,86 €**.
**XYZALL :** comprimé (ovale ; blanc cassé) ; boîte de 28.
Liste II - Remb 35 % - **Prix : 9,19 €**.

### Composition

| | p cp |
|---|---|
| **Lévocétirizine dichlorhydrate** | 5 mg |
| Lactose | + |

### Dans quel cas ce médicament est-il prescrit ?

Ce médicament est un *antihistaminique* antiallergique ; il n'a pas d'effets *sédatifs* ni *atropiniques*.
Il est utilisé dans le traitement des manifestations allergiques diverses : *rhinite* ou *conjonctivite* allergiques, *urticaire*.

### Contre-indications

Ce médicament ne doit pas être utilisé en cas d'*insuffisance rénale* grave.

### Grossesse et allaitement

L'effet de ce médicament pendant la grossesse ou l'allaitement est mal connu : seul votre médecin peut évaluer le risque éventuel de son utilisation dans votre cas.

### Mode d'emploi et posologie

Les comprimés doivent être avalés avec un verre d'eau, indifféremment au cours ou en dehors des repas.

**Posologie usuelle :**
- Adulte et enfant à partir de 6 ans : 1 comprimé par jour, en 1 prise.

En cas d'*insuffisance rénale*, les prises seront espacées tous les 2 ou 3 jours.

**Conseils :** Ce médicament agit sur les manifestations de l'*allergie* mais n'en supprime pas la cause. Si les *symptômes* persistent ou s'aggravent, n'hésitez pas à consulter votre médecin.

### Effets indésirables possibles

Somnolence, fatigue, sécheresse de la bouche.

Laboratoires UCB Pharma

# Y

## YERBALAXA

*Informations détaillées sur www.monvidal.com*

## YERBATONA

*Informations détaillées sur www.monvidal.com*

## YOCORAL

*Informations détaillées sur www.monvidal.com*

## YOHIMBINE HOUDÉ

Stimulant du système cardiovasculaire

### Présentation

YOHIMBINE HOUDÉ : comprimé (bleu) ; boîte de 50. Non remb.

### Composition

| | p cp |
|---|---|
| **Yohimbine chlorhydrate** | 2 mg |
| Lactose | + |
| Saccharose | + |

### Dans quel cas ce médicament est-il prescrit ?

Ce médicament est un *vasodilatateur*. Il favorise la dilatation des vaisseaux sanguins et notamment ceux de la verge.

Il est utilisé dans le *traitement d'appoint* de l'*impuissance* masculine et de l'*hypotension orthostatique*.

### Contre-indications

Ce médicament ne doit pas être utilisé en cas d'*insuffisance hépatique* ou *rénale* grave.

**Attention :** Le traitement médicamenteux des troubles de l'érection ne se conçoit que lorsque les causes curables de l'impuissance ont été recherchées. Les impuissances d'origines psychologiques peuvent être améliorées ou guéries par des thérapies spécifiques.

### Interactions avec d'autres substances

Ce médicament peut interagir avec les médicaments contenant de la clonidine.

### Grossesse et allaitement

L'effet de ce médicament pendant la grossesse ou l'allaitement est mal connu : seul votre médecin peut évaluer le risque éventuel de son utilisation dans votre cas.

### Mode d'emploi et posologie

Les comprimés peuvent être pris avec un peu d'eau, à distance des repas.

**Posologie usuelle :**

*Impuissance* masculine : 8 à 10 comprimés par jour, à répartir en 3 prises.

*Hypotension orthostatique* : 2 comprimés, 3 fois par jour.

### Effets indésirables possibles

Très rarement et surtout en cas de *posologies* élevées :
- nervosité, irritabilité, insomnie, tremblements, *vertiges*, maux de tête ;
- nausées, vomissements, diarrhée ;
- *tachycardie*, érection prolongée et douloureuse.

Laboratoires Aventis

## YSE

*Informations détaillées sur www.monvidal.com*

## YSE GLUTAMIQUE

*Informations détaillées sur www.monvidal.com*

## YSOL 206

*Informations détaillées sur www.monvidal.com*

## YSOMEGA

Hypolipémiant

### Présentation

YSOMEGA 1 g : capsule ; boîte de 30. Non remb.
YSOMEGA 1 g : capsule ; boîte de 90. Non remb.

### Composition

| | p caps |
|---|---|
| **Triglycérides d'acides oméga 3** | 1 g |

### Dans quel cas ce médicament est-il prescrit ?

Ce médicament contient des acides gras essentiels, obtenus à partir d'huile de poisson. Ils ont la propriété de faire baisser le taux de *triglycérides* dans le sang.

Il est utilisé dans le traitement des excès de triglycérides en complément d'un régime adapté et assidu.

### Interactions avec d'autres substances

Informez votre médecin ou votre pharmacien si vous prenez un *anticoagulant* oral.

### Grossesse et allaitement

L'effet de ce médicament pendant la grossesse ou l'allaitement est mal connu : seul votre médecin peut évaluer le risque éventuel de son utilisation dans votre cas.

### Mode d'emploi et posologie

Les capsules doivent être avalées au cours des repas.

**Posologie usuelle :**

- Adulte : 1 capsule, 3 fois par jour.

Le régime reste indispensable pendant toute la durée du traitement.

**Conseils :** Un régime pauvre en graisses animales n'est pas simple à suivre : les erreurs sont fréquentes. Demandez conseil à votre médecin, à votre pharmacien ou à un professionnel de la nutrition.

**Effets indésirables possibles**

Rarement : nausées, renvois.

Laboratoires Pierre Fabre Médicament

## YUCCA COMPLEXE N° 110

*Informations détaillées sur www.monvidal.com*

# Z

## ZACNAN
Antibiotique : cycline — sur ordonnance

Ce médicament est un générique de MYNOCINE (voir p. 677 et tableau p. 1151).

## ZADITEN collyre
*Informations détaillées sur www.monvidal.com*

## ZADITEN oral
Antiasthmatique et antiallergique — sur ordonnance

### Présentation
**ZADITEN 1 mg :** gélule (blanc) ; boîte de 60. Liste II - Remb 35 % - **Prix : 9,86 €**.
**ZADITEN 1 mg/5 ml :** solution buvable (arôme fraise) ; flacon de 150 ml avec mesurette graduée à 2,5 et 5 ml. Liste II - Remb 35 % - **Prix : 6,54 €**.
**ZADITEN LP 2 mg :** comprimé à *libération prolongée* (beige) ; boîte de 30. Liste II - Remb 35 % - **Prix : 12,64 €**.

### Composition

| | p gél | p 5 ml | p cp LP |
|---|---|---|---|
| **Kétotifène** | 1 mg | 1 mg | 2 mg |
| Saccharose | | 1,5 g | |

### Dans quel cas ce médicament est-il prescrit ?
Ce médicament est un *antihistaminique* antiallergique. Il est utilisé dans le *traitement préventif* de la crise d'*asthme* d'origine allergique.

**Attention :** Ce médicament n'est pas destiné à traiter une crise d'*asthme* déclarée.
Évitez les boissons alcoolisées : augmentation du risque de somnolence.
Conducteur : ce médicament peut être responsable d'une baisse de la vigilance, particulièrement en début de traitement.

### Interactions avec d'autres substances
Informez votre médecin si vous prenez un médicament ayant des effets *atropiniques* ou *sédatifs*.

### Grossesse et allaitement
L'effet de ce médicament pendant la grossesse ou l'allaitement est mal connu : seul votre médecin peut évaluer le risque éventuel de son utilisation dans votre cas.

### Mode d'emploi et posologie
Les comprimés et les gélules ne sont pas adaptés à l'enfant de moins de 6 ans. En effet, ils risquent d'obstruer les voies respiratoires si l'enfant déglutit mal et que le comprimé ou la gélule passe dans la trachée (fausse route).

Pour limiter les risques de somnolence en début de traitement, la posologie est instaurée progressivement, en privilégiant uniquement la prise du soir pendant quelques jours.

**Posologie usuelle :**
- Adulte et enfant de plus de 6 ans : 1 gélule ou 1 mesurette (5 ml) matin et soir, ou 1 comprimé au moment du repas du soir.
- Enfant de 3 à 6 ans (plus de 12 kg) : 1 mesurette (5 ml), matin et soir.
- Enfant de 6 mois à 3 ans (moins de 12 kg) : ½ mesurette (2,5 ml), matin et soir.

**Conseils :** L'effet de ce médicament peut ne se manifester qu'après plusieurs semaines ; il s'agit d'un traitement au long cours qui doit être poursuivi plusieurs mois.

### Effets indésirables possibles
Somnolence, bouche sèche, *troubles digestifs*.
Nervosité, excitation, irritabilité, insomnie, en particulier chez l'enfant.
Exceptionnellement : *vertiges*, *réaction allergique* cutanée, *hépatite*, *convulsions* (notamment chez l'enfant).

Laboratoires Novartis Pharma

## ZALDIAR
Association antalgique opiacée — sur ordonnance

### Présentation
ZALDIAR : comprimé (jaune) ; boîte de 20. Liste I - Remb 65 % - **Prix : 6,81 €**.

### Composition

| | p cp |
|---|---|
| **Paracétamol** | 325 mg |
| **Tramadol chlorhydrate** | 37,5 mg |

### Dans quel cas ce médicament est-il prescrit ?
Ce médicament contient deux *antalgiques* dont le mode d'action est complémentaire : un *opiacé*, qui agit directement sur la perception de la douleur par le cerveau, et du paracétamol, qui empêche la transmission de la douleur.
Il est utilisé dans le traitement de la douleur.

### Contre-indications
Ce médicament ne doit pas être utilisé dans les cas suivants :
- *antécédent* d'intolérance aux *opiacés* ;
- intoxication ou *surdosage* avec des *sédatifs*, ivresse aiguë ;
- *insuffisance hépatique* grave ;
- *épilepsie* (sauf si elle est traitée) ;
- en association avec les *IMAO*.

**Attention :** Ce médicament contient un *opiacé* : son usage prolongé, à dose élevée, expose à un risque de *dépendance*. Ne dépassez pas la dose ni la durée de traitement recommandées.

Des précautions sont nécessaires en cas d'*insuffisance rénale* et *respiratoire* graves et chez les personnes à tendance suicidaire ou traitées par un antidépresseur, un *tranquillisant* ou un *sédatif* puissant.

De nombreux médicaments contiennent du paracétamol : vous devez en tenir compte en cas de prise conjointe car le *surdosage* en paracétamol peut être toxique pour le foie.

Évitez les boissons alcoolisées : augmentation du risque de somnolence.

Conducteur : ce médicament peut être responsable de *vertiges* ou d'une baisse de la vigilance.

### Interactions avec d'autres substances

Ce médicament ne doit pas être associé aux *IMAO* sélectifs ou non : risque d'accident grave. Un délai de 15 jours doit séparer un traitement antérieur par IMAO de la mise en route du traitement *antalgique*.

Il peut interagir avec les *inducteurs enzymatiques* et les médicaments contenant de la nalbuphine, de la buprénorphine ou de la pentazocine.

Signalez à votre médecin la prise éventuelle de *sédatifs* et d'autres antalgiques ou antitussifs *opiacés*.

### Grossesse et allaitement

L'effet de ce médicament pendant la grossesse et l'allaitement est mal connu. Par mesure de prudence, son usage est déconseillé chez la femme enceinte et chez celle qui allaite.

### Mode d'emploi et posologie

Les comprimés doivent être avalés tels quels avec un verre d'eau, sans être croqués ni écrasés. Respecter un intervalle minimal de 6 heures entre 2 prises.

**Posologie usuelle :**

- Adulte et enfant de plus de 12 ans : 1 ou 2 comprimés par prise, sans dépasser 8 comprimés par jour.

Chez l'*insuffisant rénal* ou *hépatique*, le médecin peut prévoir un espacement des prises plus important.

**Conseils :** Comme tous les *antalgiques*, ce médicament est généralement plus efficace pour prévenir la douleur que pour la calmer : dans le traitement des douleurs chroniques, il est préférable de prendre ce médicament à intervalles réguliers sans attendre que la douleur s'installe.

Cette association contenant un *opiacé* est destinée à être utilisée lorsque la douleur est mal soulagée par les *antalgiques* usuels.

Ce médicament peut retarder un diagnostic en masquant la douleur ; ne le prenez pas sans l'avis de votre médecin, ne le conseillez pas à un proche.

### Effets indésirables possibles

Fréquemment : *vertiges*, somnolence, maux de tête, tremblements, confusion des idées, modification de l'humeur, troubles du sommeil, nausées, vomissements, constipation, *diarrhée*, toux sèche, douleurs abdominales, digestion difficile, ballonnement, sueurs, démangeaisons.

Plus rarement : *hypertension artérielle*, *palpitations*, fourmillement des extrémités, bourdonnements d'oreille, *dépression*, hallucinations, cauchemars, difficultés respiratoires, élévation des *transaminases*, *éruption cutanée*, frissons, bouffées de chaleur.

Laboratoires Grunenthal

## ZAMUDOL LP

Antalgique opiacé — **sur ordonnance**

### Présentation

**ZAMUDOL LP 50 mg :** gélule à *libération prolongée* ; boîte de 30. Liste I - Remb 65 % - **Prix : 9,47 €**.
**ZAMUDOL LP 100 mg :** gélule à *libération prolongée* ; boîte de 30. Liste I - Remb 65 % - **Prix : 15,71 €**.
**ZAMUDOL LP 150 mg :** gélule à *libération prolongée* ; boîte de 30. Liste I - Remb 65 % - **Prix : 22,54 €**.
**ZAMUDOL LP 200 mg :** gélule à *libération prolongée* ; boîte de 30. Liste I - Remb 65 % - **Prix : 24,81 €**.

### Composition

| | p gél LP | p gél LP |
|---|---|---|
| **Tramadol chlorhydrate** ........ | 50 mg | 100 mg |

| | p gél LP | p gél LP |
|---|---|---|
| **Tramadol chlorhydrate** ........ | 150 mg | 200 mg |

### Dans quel cas ce médicament est-il prescrit ?

Ce médicament est un *antalgique* de la famille des *opiacés*. Il combat la douleur en agissant directement sur la perception de la douleur par le cerveau.

Il est utilisé dans le traitement de la douleur.

### Contre-indications

Ce médicament ne doit pas être utilisé dans les cas suivants :

- intoxication ou *surdosage* avec des *sédatifs*, ivresse aiguë ;
- en association avec les *IMAO* ou les médicaments contenant de la nalbuphine, de la buprénorphine ou de la pentazocine ;
- **allaitement**.

**Attention :** Des précautions sont nécessaires en cas d'*antécédent* d'*intolérance* aux *opiacés* et chez les personnes qui souffrent d'*hypertension intracrânienne*, d'*épilepsie*, d'*insuffisance rénale* ou *hépatique*.

Ce médicament contient un *opiacé* : son usage prolongé, à dose élevée, expose à un risque de *dépendance*. Ne dépassez pas la dose ni la durée de traitement recommandées.

Évitez les boissons alcoolisées : augmentation du risque de somnolence.

Conducteur : ce médicament peut être responsable de *vertiges* ou d'une baisse de la vigilance.

### Interactions avec d'autres substances

Ce médicament ne doit pas être associé :

- aux médicaments contenant de la nalbuphine, de la buprénorphine ou de la pentazocine : risque de diminution de l'effet *antalgique* ;
- aux *IMAO* sélectifs ou non : risque d'accident grave. Un délai de 15 jours doit séparer un traitement antérieur par IMAO de la mise en route du traitement *antalgique*.

Il peut interagir avec les médicaments contenant de la carbamazépine.

Signalez à votre médecin la prise éventuelle de *sédatifs* et d'autres antalgiques ou antitussifs *opiacés*.

### Grossesse et allaitement

L'effet de ce médicament pendant la grossesse et l'allaitement est mal connu. Par mesure de prudence, son usage est déconseillé chez la femme enceinte et contre-indiqué chez celle qui allaite.

### Mode d'emploi et posologie

Les gélules doivent être avalées, avec un verre d'eau, pendant ou en dehors des repas.

Lorsque la déglutition est difficile, il est possible d'ouvrir la gélule et de verser les granules dans une cuillère ; après les avoir avalés, boire un verre d'eau.

**Posologie usuelle :**

- Adulte et enfant de plus de 12 ans : 50 à 200 mg, matin et soir.

Chez la personne âgée ou en cas d'*insuffisance hépatique* ou *rénale*, le médecin peut prévoir un espacement des prises plus important.

> **Conseils :** Comme tous les *antalgiques*, ce médicament est généralement plus efficace pour prévenir la douleur que pour la calmer : dans le traitement des douleurs chroniques, il est préférable de prendre ce médicament à intervalles réguliers sans attendre que la douleur s'installe.
>
> Cet antalgique *opiacé* est destiné à être utilisé en deuxième intention, lorsque l'aspirine, l'ibuprofène ou le paracétamol, utilisés seuls, sont insuffisamment efficaces. Il peut néanmoins être utilisé d'emblée dans le traitement des douleurs fortes.

### Effets indésirables possibles

Nausées et *vertiges* le plus fréquemment.

Occasionnellement (1 à 10 % des utilisateurs) : vomissements, constipation, bouche sèche, sueurs, maux de tête, confusion.

Plus rarement (moins de 1 % des utilisateurs) : douleurs abdominales, *éruption cutanée*, *palpitations*, *hypotension orthostatique*.

Exceptionnellement (moins de 1 cas sur 1000) : faiblesse musculaire, modification de l'appétit, vision floue, difficulté à uriner, euphorie, *réaction allergique*, ralentissement du rythme cardiaque, augmentation de la tension artérielle.

**Laboratoires Meda Pharma SAS**

## ZANIDIP

Inhibiteur calcique

sur ordonnance

### Présentation

**ZANIDIP 10 mg :** comprimé sécable (jaune) ; boîte de 30. Liste I - Remb 65 % - **Prix : 17,92 €.**
**ZANIDIP 10 mg :** comprimé sécable (jaune) ; boîte de 90. Liste I - Remb 65 % - **Prix : 49,67 €.**
**ZANIDIP 20 mg :** comprimé (rose) ; boîte de 30. Liste I - Remb 65 % - **Prix : 17,92 €.**
**ZANIDIP 20 mg :** comprimé (rose) ; boîte de 90. Liste I - Remb 65 % - **Prix : 49,67 €.**

### Composition

| | p cp | p cp |
|---|---|---|
| **Lercanidipine chlorhydrate** | 10 mg | 20 mg |
| Lactose | + | + |

### Dans quel cas ce médicament est-il prescrit ?

Ce médicament est un *vasodilatateur* qui appartient à la famille des *inhibiteurs calciques*.

Il est utilisé dans le traitement de l'*hypertension artérielle*.

### Contre-indications

Ce médicament ne doit pas être utilisé dans les cas suivants :

- *angine de poitrine* grave,
- *infarctus du myocarde* récent (1 mois),
- *insuffisance hépatique* grave,
- *insuffisance rénale* grave.

> **Attention :** En cas de douleur thoracique survenant systématiquement dans la demi-heure qui suit la prise du médicament, consultez votre médecin avant de poursuivre le traitement.
>
> Des précautions sont nécessaires en cas d'*insuffisance cardiaque*.

### Interactions avec d'autres substances

Ce médicament peut interagir avec les médicaments contenant du kétoconazole ou de l'itraconazole.

Informez par ailleurs votre médecin si vous prenez un *alphabloquant*, un *bêtabloquant*, un *anticonvulsivant* (carbamazépine, phénytoïne, phénobarbital, primidone) ou un médicament contenant de la rifampicine ou de la ciclosporine.

En outre, l'effet *antihypertenseur* de ce médicament peut être augmenté par certains médicaments tels que les *neuroleptiques*, les *antidépresseurs imipraminiques*, les médicaments contenant du baclofène ; il peut être diminué par les *corticoïdes*. Votre médecin doit être informé si vous êtes traité par l'un ou l'autre de ces médicaments.

### Grossesse et allaitement

L'effet de ce médicament pendant la grossesse est mal connu : seul votre médecin peut évaluer le risque éventuel de son utilisation dans votre cas.

Les données disponibles ne permettent pas de savoir si ce médicament passe dans le lait maternel ; un choix est donc nécessaire entre l'allaitement et la prise du médicament. Cette décision devra être prise en accord avec votre médecin.

### Mode d'emploi et posologie

Les comprimés doivent être avalés avec un verre d'eau, le matin, avant le petit déjeuner.

Ce médicament ne doit pas être pris avec du jus de pamplemousse.

**Posologie usuelle :**

- Adulte : 5 à 20 mg par jour.

> **Conseils :** Votre tension artérielle doit être contrôlée régulièrement. Les appareils permettant une mesure automatique de la tension à domicile utilisent souvent un procédé de mesure différent de celui qu'emploie votre médecin. Si vous avez un tel appareil, apportez-le en consultation pour vous assurer que la mesure obtenue est bien conforme à celle du tensiomètre de votre médecin.

Le traitement médicamenteux ne dispense pas de mesures simples pouvant faire baisser la tension artérielle : activité physique régulière, modération de la consommation de boissons alcoolisées et de *sel*, lutte contre l'excès de poids.

### Effets indésirables possibles

Les plus fréquents sont la conséquence de la dilatation des vaisseaux sanguins :
- rougeur du visage, bouffées de chaleur, maux de tête ;
- jambes lourdes ou enflées.

Plus rarement : palpitations, baisse excessive de la tension artérielle, étourdissements, fatigue, crampes, diarrhée, éruption cutanée, urines plus abondantes.

Exceptionnellement : augmentation des *transaminases*.

Laboratoires Bouchara-Recordati

## ZARONTIN

*Informations détaillées sur www.monvidal.com*

## ZATUR

Antispasmodique urinaire — sur ordonnance

Ce médicament est un générique de DITROPAN (voir p. 329 et tableau p. 1151).

## ZECLAR

Antibiotique : macrolide — sur ordonnance

### Présentation

**ZECLAR 25 mg/ml :** granulé pour suspension buvable (arôme cocktail de fruits) ; flacon de 100 ml avec pipette graduée de 0 à 25 kg (332 doses-kg). Liste I - Remb 65 % - **Prix : 12,78 €**.
**ZECLAR 50 mg/ml :** granulé pour suspension buvable (arôme cocktail de fruits) ; flacon de 60 ml avec pipette graduée de 0 à 50 kg (400 doses-kg). Liste I - Remb 65 % - **Prix : 14,43 €**.
**ZECLAR 250 mg :** comprimé (jaune) ; boîte de 10. Liste I - Remb 65 % - **Prix : 12,20 €**.
**ZECLAR 500 mg :** comprimé (jaune) ; boîte de 10. Liste I - Remb 65 % - **Prix : 23,02 €**.
**ZECLAR 500 mg :** comprimé (jaune) ; boîte de 14. Liste I - Remb 65 % - **Prix : 32,01 €**.
**ZECLAR 500 mg :** comprimé (jaune) ; boîte de 30. Liste I - Remb 65 % - **Prix : 59,93 €**.

### Composition

| | p grad kg | p grad kg |
|---|---|---|
| **Clarithromycine** | 7,5 mg | 7,5 mg |
| Saccharose | 165 mg | 73 mg |
| Huile de ricin | + | + |
| | p cp | p cp |
| **Clarithromycine** | 250 mg | 500 mg |

### Dans quel cas ce médicament est-il prescrit ?

C'est un *antibiotique* qui appartient à la famille des *macrolides*.

Il est utilisé dans le traitement de diverses maladies infectieuses, notamment celles de la gorge, des sinus, des poumons, des bronches, de la peau, des gencives et des dents.

Il est également utilisé dans le cadre de l'éradication d'*Helicobacter pylori* (responsable d'*ulcères* gastroduodénaux récidivants).

### Contre-indications

Ce médicament ne doit pas être utilisé dans les cas suivants :
- *allergie* aux *macrolides* ;
- en association avec les médicaments contenant du cisapride, de la mizolastine, du pimozide, du bépridil, de l'ergotamine ou de la dihydroergotamine.

**Attention :** Des précautions sont nécessaires en cas d'*insuffisance hépatique* ou *rénale* grave.
Une diminution de la fièvre ou une disparition des *symptômes* ne sont pas synonymes de guérison : la durée du traitement doit absolument être respectée pour éviter les rechutes ou l'apparition d'une *résistance* du *germe* à l'*antibiotique*.
En cas de traitement prolongé de plus de 10 jours, l'apparition de troubles auditifs nécessite une consultation spécialisée.

### Interactions avec d'autres substances

Ce médicament ne doit pas être associé aux médicaments contenant :
- de l'ergotamine ou de la dihydroergotamine : risque d'*ergotisme* ;
- du cisapride, de la mizolastine, du bépridil ou du pimozide : risque de *torsades de pointes*.

Il peut interagir avec les médicaments qui contiennent de l'ébastine, de la toltérodine, de la bromocriptine ou de la cabergoline.

Informez par ailleurs votre médecin si vous prenez un *anticoagulant* oral, un *hypolipidémiant* de la famille des statines ou des médicaments contenant de la carbamazépine, de la digoxine, du triazolam, de la ciclosporine, de la théophylline ou de l'aminophylline.

### Grossesse et allaitement

L'effet de ce médicament pendant la grossesse est mal connu : seul votre médecin peut évaluer le risque éventuel de son utilisation dans votre cas.

Ce médicament est susceptible de passer dans le lait maternel. Son utilisation est possible pendant l'allaitement sauf dans les cas suivants :
- survenue de troubles digestifs chez le nouveau-né,
- nouveau-né traité par un médicament contenant du cisapride (PREPULSID...) : risque d'interaction médicamenteuse.

### Mode d'emploi et posologie

Ce médicament peut être pris indifféremment au cours ou en dehors des repas.

La suspension buvable est reconstituée en ajoutant de l'eau jusqu'au trait. La seringue graduée jointe permet un ajustement précis de la posologie : la dose par prise est indiquée, en fonction du poids de l'enfant, sur la seringue graduée en kg. 2 prises par jour sont nécessaires.

**Posologie usuelle :**
- Adulte : 250 mg à 500 mg, matin et soir.

Cette *posologie* peut être augmentée dans le traitement de certaines infections liées au sida.

Dans le traitement de l'éradication d'*Helicobacter pylori* : 500 mg, matin et soir, en association avec un autre *antibiotique* et un antiulcéreux.
- Enfant : 1 mesurette remplie de façon à obtenir au total le poids de l'enfant, 2 fois par jour. Soit pour un

enfant de 20 kg : 1 mesurette remplie jusqu'à la graduation 20 kg, 2 fois par jour.

La durée du traitement est de 5 à 10 jours.

**Conseils :** Le médecin prescrit parfois un prélèvement pour identifier le *germe* responsable de l'infection et tester sa sensibilité aux *antibiotiques*. Le résultat de cet examen peut être faussé en cas d'automédication préalable : ne prenez pas d'antibiotiques sans avis médical.
L'éventuelle impression de fatigue n'est pas due à l'antibiotique, mais à l'infection elle-même.
La suspension buvable se conserve 14 jours à température ambiante après reconstitution.

### Effets indésirables possibles

Nausées, vomissements, *diarrhée*, douleurs d'estomac, *candidose* buccale, modification du goût (rare).
*Réaction allergique* cutanée.
Augmentation des *transaminases*, *hépatite* (exceptionnelle).
Troubles auditifs réversibles.

Laboratoires Abbott-France

## ZEEFRA

Antibiotique : céphalosporine — sur ordonnance

Ce médicament est un générique de KELSEF (informations détaillées sur www.monvidal.com).

## ZELITREX

Antiviral — sur ordonnance

### Présentation

ZELITREX : comprimé (blanc) ; boîte de 10. Liste I - Remb 65 % - **Prix : 28,20 €**.
ZELITREX : comprimé (blanc) ; boîte de 42. Liste I - Remb 65 % - **Prix : 103,06 €**.
ZELITREX : comprimé (blanc) ; boîte de 112. Liste I - Remb 65 % - **Prix : 273,05 €**.

### Composition

| | p cp |
|---|---|
| **Valaciclovir** | 500 mg |

### Dans quel cas ce médicament est-il prescrit ?

Ce médicament est un *antiviral* puissant, actif sur les virus du groupe de l'*herpès*. Il empêche la reproduction des virus dans les cellules infectées, mais ne peut détruire les virus cachés dans les ganglions nerveux, responsables de l'apparition d'un *zona* plusieurs années après une varicelle (c'est le même virus qui provoque les deux affections).

Il est utilisé dans :
- le *traitement préventif* des douleurs du zona chez les personnes de plus de 50 ans,
- le traitement de l'*herpès* des organes génitaux,
- dans la prévention des infections à cytomégalovirus (CMV) après certaines greffes d'organes.

**Attention :** Des précautions sont nécessaires en cas d'insuffisance rénale.
Ce médicament traite les poussées d'*herpès*, mais n'élimine pas le virus de l'organisme. Il n'empêche donc pas la survenue d'autres crises.

### Grossesse et allaitement

L'effet de ce médicament pendant la grossesse ou l'allaitement est mal connu : seul votre médecin peut évaluer le risque éventuel de son utilisation dans votre cas.

### Mode d'emploi et posologie

Ce médicament peut être pris pendant ou entre les repas.
Pour être efficace, le traitement doit être commencé au plus tard dans les 3 jours qui suivent l'apparition des premières lésions cutanées.

**Posologie usuelle :**
- Adulte :
  - traitement préventif des douleurs du *zona* : 2 comprimés, 3 fois par jour pendant 7 jours,
  - traitement de l'*herpès* génital : 1 comprimé, 2 fois par jour, pendant 10 jours en cas de première manifestation de l'infection, ou 2 comprimés, en 1 ou 2 prises, pendant 5 jours, lors des récidives.

**Conseils :** En complément de ce traitement, des *antalgiques* peuvent permettre d'atténuer la douleur du *zona*. Une désinfection et une protection quotidiennes des lésions sont indispensables.
Une personne atteinte de *zona* est contagieuse : elle peut transmettre la varicelle ; mais il n'existe pas de risque de contracter un zona au contact d'une personne souffrant de cette affection. Le zona fait toujours suite à une varicelle de l'enfance ; celle-ci peut parfois être passée inaperçue (forme très atténuée).
Pendant la période d'éruption du zona, il convient d'éviter les contacts avec les adultes non immunisés contre la varicelle ou ceux souffrant d'une déficience du système immunitaire (sida, *traitement immunodépresseur*).
Lorsque ce médicament vous a été prescrit pour que vous puissiez traiter vous-même une poussée d'*herpès*, n'hésitez pas à commencer le traitement dès les premiers signes : il n'en sera que plus efficace.

### Effets indésirables possibles

*Troubles digestifs* (nausées, vomissements, diarrhée, douleur abdominale), maux de tête.
Rarement : confusion des idées, somnolence, notamment chez la personne âgée.
Éruption cutanée et *réaction allergique*.
Exceptionnellement : augmentation des *transaminases*, *insuffisance rénale*.

Laboratoires GlaxoSmithKline

## ZENALIA

*Informations détaillées sur www.monvidal.com*

## ZENTEL

*Informations détaillées sur www.monvidal.com*

## ZERIT

*Informations détaillées sur www.monvidal.com*

## ZESTORETIC

Association d'antihypertenseurs — sur ordonnance

### Présentation

ZESTORETIC : comprimé sécable (blanc) ; boîte de 30.
Liste I - Remb 65 % - **Prix : 18,07 €**.

### Composition

| | p cp |
|---|---|
| **Lisinopril anhydre** | 20 mg |
| **Hydrochlorothiazide** | 12,5 mg |

### Dans quel cas ce médicament est-il prescrit ?

Cet *antihypertenseur* contient deux substances :
- le lisinopril, un *inhibiteur de l'enzyme de conversion*. Cette *enzyme* est une substance naturellement présente dans l'organisme, responsable d'une contraction des artères qui augmente la tension artérielle et fatigue le cœur ;
- l'hydrochlorothiazide, un *diurétique* dont la structure chimique est proche de celle des *sulfamides*. Son action renforce celle du lisinopril.

Ce médicament est utilisé dans le traitement de l'*hypertension artérielle*.

### Contre-indications

Ce médicament ne doit pas être utilisé dans les cas suivants :
- *allergie* aux médicaments de la famille des *inhibiteurs de l'enzyme de conversion* ou à celle des *sulfamides*,
- prédisposition à l'œdème de *Quincke*,
- *insuffisance rénale* grave,
- *encéphalopathie hépatique*,
- **grossesse** (à partir du 4e mois).

**Attention :** Des précautions s'imposent chez les personnes souffrant d'*hypertension artérielle* due à un rétrécissement des artères rénales.

En cas de gonflement du visage (lèvres, paupières...) ou d'une autre région du corps, consultez votre médecin avant toute nouvelle prise de ce médicament ; il peut s'agir d'une *réaction allergique* : œdème de *Quincke*.

L'usage des *inhibiteurs de l'enzyme de conversion* est déconseillé en période de désensibilisation aux venins d'*hyménoptères* : augmentation du risque de réaction allergique grave.

Chez les personnes atteintes d'une *insuffisance hépatique* grave, l'apparition de troubles de la conscience peut annoncer une complication. Ne poursuivez pas le traitement sans l'avis de votre médecin.

Si vous suivez un traitement par *diurétique* ou un régime sans *sel*, la baisse de la tension artérielle peut être importante lors des premières prises du médicament : risque de malaise ou d'étourdissement pouvant entraîner une chute.

Faites pratiquer régulièrement les analyses de sang prescrites par votre médecin ; elles sont notamment destinées à vérifier le bon fonctionnement de vos reins (dosage de la *créatinine*) et les taux de *potassium* et de *sodium* sanguins.

Le diurétique contenu dans ce médicament peut faire baisser la *kaliémie* : évitez d'utiliser des *laxatifs stimulants* dont l'usage régulier contribue à la baisse du taux de potassium dans le sang. Il peut par ailleurs augmenter le taux sanguin d'*acide urique* (possibilité de crise de *goutte*).

Conducteur : les *inhibiteurs de l'enzyme de conversion* peuvent être responsables de malaise ou de *vertiges*, lors des premières prises.

Sportif : ce médicament contient une substance susceptible de rendre positifs certains *tests antidopage*.

### Interactions avec d'autres substances

Ce médicament peut interagir avec les médicaments susceptibles de provoquer une *hyperkaliémie* (*diurétique*, sel de *potassium*...), avec les médicaments donnant des *torsades de pointes* et avec les médicaments contenant du lithium.

Informez par ailleurs votre médecin si vous prenez un *digitalique*, un *laxatif stimulant*, un *AINS*, ou un médicament contenant de la metformine, de la carbamazépine, de la ciclosporine ou un sel de calcium.

En outre, l'effet *antihypertenseur* de ce médicament peut être augmenté par certains médicaments tels que les *neuroleptiques*, les *antidépresseurs imipraminiques*, les médicaments contenant du baclofène ; il peut être diminué par les *corticoïdes*. Votre médecin doit être informé si vous êtes traité par l'un ou par l'autre.

Chez le diabétique traité par l'*insuline*, une adaptation de la *posologie* de l'insuline peut être nécessaire.

### Grossesse et allaitement

L'effet de ce médicament pendant les 3 premiers mois de la grossesse est mal connu. Par prudence, son usage est déconseillé.

Au cours des 6 derniers mois de la grossesse, la prise prolongée d'un *inhibiteur de l'enzyme de conversion* peut altérer les reins du fœtus. L'utilisation de ce médicament est contre-indiquée à partir du 4e mois de la grossesse.

En conséquence, un désir de grossesse nécessite le remplacement de ce médicament par un autre antihypertenseur. Si une grossesse survient alors que vous prenez ce médicament, consultez rapidement votre médecin pour qu'il modifie votre traitement. Des *échographies* régulières sont parfois nécessaires pour s'assurer de l'absence d'anomalie.

Ce médicament passe dans le lait maternel ; un choix est donc nécessaire entre l'allaitement et la prise du médicament. Cette décision devra être prise en accord avec votre médecin.

### Mode d'emploi et posologie

Ce médicament est pris en 1 prise quotidienne, à heure régulière.

**Posologie usuelle :**
- Adulte : 1 comprimé par jour.

En cas d'*insuffisance rénale*, d'*athérosclérose*, de traitement préalable par des *diurétiques* ou de régime sans *sel*, notamment chez la personne âgée, la *posologie* initiale est faible ; elle est augmentée progressivement par le médecin en fonction des effets du médicament.

**Conseils :** Votre tension artérielle doit être contrôlée régulièrement. Les appareils permettant une mesure automatique de la tension à domicile utilisent souvent un procédé de mesure différent de celui qu'emploie votre médecin. Si vous avez un tel appareil, apportez-le en consultation pour vous assurer que la mesure obtenue est bien conforme à celle du tensiomètre de votre médecin.

Le traitement médicamenteux ne dispense pas de mesures simples pouvant faire baisser la tension artérielle : activité physique régulière, modération de la consommation de boissons alcoolisées et de *sel*, lutte contre l'excès de poids.

### Effets indésirables possibles

Toux sèche.
Baisse excessive de la tension artérielle (voir Attention) ; *hypotension orthostatique*.
Maux de tête, fatigue, étourdissement, fourmillement des extrémités.
*Troubles digestifs*.
*Éruption cutanée*.
Augmentation du taux de *créatinine*, d'*acide urique* ou de glucose dans le sang et exceptionnellement du calcium.
Baisse du taux de *potassium* dans le sang, associée ou non à des crampes.
Rarement : baisse de taux de sodium dans le sang (natrémie) et risque de troubles du comportement, anomalie de la *numération formule sanguine*.
Exceptionnellement : œdème de *Quincke*, *pancréatite*, troubles de la vue.

Laboratoires AstraZeneca

## ZESTRIL

Inhibiteur de l'enzyme de conversion

sur ordonnance

### Présentation

**ZESTRIL 5 mg :** comprimé sécable (rose pâle) ; boîte de 28. Liste I - Remb 65 % - **Prix : 7,03 €**.
**ZESTRIL 20 mg :** comprimé sécable (rose foncé) ; boîte de 28. Liste I - Remb 65 % - **Prix : 19,16 €**.

### Composition

| | p cp | p cp |
|---|---|---|
| **Lisinopril** ............................... | 5 mg | 20 mg |

### Dans quel cas ce médicament est-il prescrit ?

Ce médicament appartient à la famille des *inhibiteurs de l'enzyme de conversion* (IEC). L'enzyme de conversion est une substance naturellement présente dans l'organisme ; elle est responsable d'une contraction des artères qui augmente la tension artérielle et fatigue le cœur.
Il est utilisé dans le traitement de l'*hypertension artérielle* et de l'*insuffisance cardiaque* ou après un *infarctus du myocarde*.

### Contre-indications

Ce médicament ne doit pas être utilisé dans les cas suivants :
- *allergie* aux médicaments de la famille des *inhibiteurs de l'enzyme de conversion*,
- prédisposition à l'œdème de *Quincke*,
- **grossesse** (à partir du 4e mois).

Dans d'autres situations, le médecin est seul juge pour prescrire ce médicament, notamment en cas d'*hyperkaliémie* ou de rétrécissement des artères rénales.

**Attention :** En cas de gonflement du visage (lèvres, paupières...) ou d'une autre région du corps, consultez votre médecin avant toute nouvelle prise de ce médicament ; il peut s'agir d'une *réaction allergique* : œdème de *Quincke*.
L'usage des *inhibiteurs de l'enzyme de conversion* est déconseillé en période de désensibilisation aux venins d'*hyménoptères* : augmentation du risque de réaction allergique grave.
En cas d'*insuffisance rénale*, un contrôle de la *créatinine* et du taux de *potassium* dans le sang est nécessaire.
Si vous suivez un traitement par *diurétique* ou un régime sans *sel*, la baisse de la tension artérielle peut être importante lors des premières prises du médicament : risque de malaise ou d'étourdissement pouvant entraîner une chute.
Les sels de régime contiennent souvent du *potassium* ; ne les utilisez pas sans avis médical pendant le traitement.
Si vous êtes traité par le rein artificiel, prévenez votre centre de *dialyse* de la prise de ce médicament.
Conducteur : les *inhibiteurs de l'enzyme de conversion* peuvent être responsables de malaise ou de *vertiges*, lors des premières prises.

### Interactions avec d'autres substances

Ce médicament peut interagir avec les *diurétiques* et les médicaments qui contiennent du potassium ou du lithium.
Informez par ailleurs votre médecin ou votre pharmacien si vous prenez un *antidiabétique*, un *AINS* ou de l'aspirine à forte dose (plus de 3 g par jour).
En outre, l'effet *antihypertenseur* de ce médicament peut être augmenté par certains médicaments tels que les *neuroleptiques*, les *antidépresseurs imipraminiques*, les *alphabloquants* utilisés dans certains troubles urinaires, les médicaments contenant du baclofène ; il peut être diminué par les *corticoïdes*. Votre médecin doit être informé si vous êtes traité par l'un ou l'autre de ces médicaments.

### Grossesse et allaitement

L'effet de ce médicament pendant les 3 premiers mois de la grossesse est mal connu. Par prudence, son usage est déconseillé.
Au cours des 6 derniers mois de la grossesse, la prise prolongée d'un *inhibiteur de l'enzyme de conversion* peut altérer les reins du fœtus. L'utilisation de ce médicament est contre-indiquée à partir du 4e mois de la grossesse.
En conséquence, un désir de grossesse nécessite le remplacement de ce médicament par un autre antihypertenseur. Si une grossesse survient alors que vous prenez ce médicament, consultez rapidement votre médecin pour qu'il modifie votre traitement. Des *échographies* régulières sont parfois nécessaires pour s'assurer de l'absence d'anomalie.
Les données disponibles ne permettent pas de savoir si ce médicament passe dans le lait maternel ; un choix est donc nécessaire entre l'allaitement et la prise du médicament. Cette décision devra être prise en accord avec votre médecin.

### Mode d'emploi et posologie

Ce médicament peut être pris indifféremment au cours ou en dehors des repas, en 1 prise quotidienne, à heure régulière.

**Posologie usuelle :**
- Adulte : la *posologie* est variable en fonction des cas :
  - *hypertension artérielle* : 20 mg par jour ;
  - *insuffisance cardiaque* : 5 à 20 mg par jour.

En cas d'*insuffisance rénale*, d'*athérosclérose*, de traitement préalable par des *diurétiques* ou de régime sans *sel*, en particulier chez la personne âgée, la posologie initiale est faible ; elle est augmentée progressivement par le médecin en fonction des effets du médicament.

**Conseils :** Votre tension artérielle doit être contrôlée régulièrement. Les appareils permettant une mesure automatique de la tension à domicile utilisent souvent un procédé de mesure différent de celui qu'emploie votre médecin. Si vous avez un tel appareil, apportez-le en consultation pour vous assurer que la mesure obtenue est bien conforme à celle du tensiomètre de votre médecin.
Le traitement médicamenteux ne dispense pas de mesures simples pouvant faire baisser la tension artérielle : activité physique régulière, modération de la consommation de boissons alcoolisées et de *sel*, lutte contre l'excès de poids.

### Effets indésirables possibles

Comme pour tous les *inhibiteurs de l'enzyme de conversion* :
- Toux sèche.
- Baisse excessive de la tension artérielle (voir Attention) ; *hypotension orthostatique*.
- Maux de tête, fatigue, étourdissement.
- *Troubles digestifs*.
- *Réactions allergiques* : *éruption cutanée*, œdème de *Quincke* (exceptionnel).

Laboratoires AstraZeneca

## ZIAGEN

*Informations détaillées sur www.monvidal.com*

## ZINCUM CYANIDUM COMPLEXE N° 101

*Informations détaillées sur www.monvidal.com*

## ZINDACLINE

*Informations détaillées sur www.monvidal.com*

## ZINNAT

Antibiotique : céphalosporine — sur ordonnance

### Présentation

**ZINNAT 125 :** comprimé (blanc) ; boîte de 8. Liste I - Remb 65 % - **Prix : 5,33 €**.
**ZINNAT 125 :** granulé pour suspension buvable (arôme tutti frutti) ; boîte de 8 sachets. Liste I - Remb 65 % - **Prix : 6,49 €**.
**ZINNAT 125 mg/5 ml :** granulé pour suspension buvable (arôme tutti frutti) ; flacon de 40 ml avec seringue doseuse graduée de 0 à 125 mg. Liste I - Remb 65 % - **Prix : 6,49 €**.
**ZINNAT 125 mg/5 ml :** granulé pour suspension buvable (arôme tutti frutti) ; flacon de 80 ml avec seringue doseuse graduée de 0 à 125 mg. Liste I - Remb 65 % - **Prix : 11,24 €**.
**ZINNAT 250 :** comprimé (blanc) ; boîte de 8. Liste I - Remb 65 % - **Prix : 8,81 €**.
**ZINNAT 500 :** comprimé (blanc) ; boîte de 8. Liste I - Remb 65 % - **Prix : 15,79 €**.

### Composition

| | p cp | p sachet | p 5 ml |
|---|---|---|---|
| **Céfuroxime** | 125 mg | 125 mg | 125 mg |
| Saccharose | | 3 g | 3 g |

| | p cp | p cp |
|---|---|---|
| **Céfuroxime** | 250 mg | 500 mg |

### Dans quel cas ce médicament est-il prescrit ?

Cet *antibiotique* appartient à la famille des *céphalosporines*, antibiotiques proches des *pénicillines*, qui sont actives sur un plus grand nombre de *germes* que la pénicilline simple.
Ce médicament est utilisé dans le traitement de diverses maladies infectieuses, notamment des poumons, des bronches, des *sinus*, de la gorge ou des oreilles.

### Contre-indications

Ce médicament ne doit pas être utilisé en cas d'*allergie* aux *céphalosporines*.
Votre médecin est seul juge pour prescrire ce médicament en cas d'allergie aux *pénicillines*.

**Attention :** Des précautions sont nécessaires en cas d'*insuffisance rénale*.
La survenue de toute *réaction allergique* (boutons, *œdème*, malaise) impose l'arrêt du traitement : consultez rapidement votre médecin. Pensez à toujours signaler vos *antécédents* d'allergie à une *céphalosporine* ou à une *pénicilline*.
De nombreux *antibiotiques* peuvent provoquer des selles liquides ou une *diarrhée*, généralement bénigne. En revanche, une diarrhée importante survenant pendant ou dans les jours qui suivent le traitement antibiotique doit être signalée à votre médecin.
Une diminution de la fièvre ou une disparition des *symptômes* ne sont pas synonymes de guérison : la durée du traitement doit absolument être respectée pour éviter les rechutes ou l'apparition d'une *résistance* du *germe* à l'*antibiotique*.
Les granulés pour suspension buvable contiennent du *sucre* (saccharose) en quantité notable.

### Grossesse et allaitement

Aucun effet néfaste pour l'enfant à naître n'a été établi avec ce médicament. Il peut être prescrit pendant la grossesse.
Ce médicament passe dans le lait maternel ; la poursuite de l'allaitement est possible, mais tout *symptôme* survenant chez le nourrisson devra être signalé au médecin : *muguet*, éruption de boutons... pouvant traduire une *intolérance* ou une *allergie*.

### Mode d'emploi et posologie

Les comprimés ne sont pas adaptés à l'enfant de moins de 6 ans. En effet, ils risquent d'obstruer les voies respiratoires si l'enfant déglutit mal et que le comprimé passe dans la trachée (fausse route).
Granulés en sachet : ils doivent être dilués dans un verre d'eau et la suspension reconstituée doit être absorbée immédiatement.
Granulés en flacon : remplir le gobelet doseur fourni avec de l'eau minérale non gazeuse ou de l'eau bouillie refroidie, jusqu'au repère ; verser l'eau dans le flacon. Agiter jusqu'à dissolution complète des granulés et attendre 20 minutes avant la première utilisation.
Agiter le flacon en le retournant plusieurs fois avant chaque utilisation.
Ce médicament est pris de préférence dans la demi-heure qui suit le repas.

Les mots en *italique* dans les textes sont expliqués dans le lexique p. 1323.

**Posologie usuelle :**

- Adulte : 250 mg, matin et soir.
- Enfant et nourrisson : 20 à 30 mg par kg et par jour, répartis en 2 prises, sans dépasser la dose Adulte ; soit, par exemple :
  - pour un enfant de plus de 20 kg (plus de 6 ans) : 1 comprimé à 250 mg, matin et soir ;
  - pour un nourrisson de 10 kg : 1 seringue remplie jusqu'à la graduation 125 mg, matin et soir.

**Conseils :** Le médecin prescrit parfois un prélèvement pour identifier le *germe* responsable de l'infection et tester sa sensibilité aux *antibiotiques*. Le résultat de cet examen peut être faussé en cas d'automédication préalable : ne prenez pas et ne donnez pas d'antibiotiques sans avis médical.

L'éventuelle impression de fatigue n'est pas due à l'antibiotique, mais à l'infection elle-même.

La suspension reconstituée en flacon se conserve 10 jours à température ambiante.

### Effets indésirables possibles

Nausées, vomissements, *diarrhée*.

*Réaction allergique* : *éruption cutanée*, *choc anaphylactique* (exceptionnel)...

Anomalie de la *numération formule sanguine*, élévation des *transaminases*.

Rarement : maux de tête.

**Laboratoires GlaxoSmithKline**

## ZITHROMAX

Antibiotique : macrolide — **sur ordonnance**

### Présentation

**ZITHROMAX 40 mg/ml Enfants :** poudre pour suspension buvable (arômes : cerise, vanille, banane) ; flacon de 29,3 g avec pipette graduée en kg. Liste I - Remb 65 % - **Prix : 16,35 €.**

**ZITHROMAX 40 mg/ml Enfants :** poudre pour suspension buvable (arômes : cerise, vanille, banane) ; flacon de 35,6 g avec pipette graduée en kg. Liste I - Remb 65 % - **Prix : 20,30 €.**

**ZITHROMAX 250 mg :** comprimé (blanc) ; boîte de 6. Liste I - Remb 65 % - **Prix : 19,27 €.**

### Composition

| | p ml | p cp |
|---|---|---|
| **Azithromycine** | 40 mg | 250 mg |
| Lactose | | + |

### Dans quel cas ce médicament est-il prescrit ?

Cet *antibiotique* appartient à la famille des *macrolides*.

Il est utilisé dans le traitement :

- des infections de la gorge, des bronches, des gencives et des dents chez l'adulte ;
- des angines chez l'enfant.

### Contre-indications

Ce médicament ne doit pas être utilisé dans les cas suivants :

- *allergie* aux *macrolides*,
- en association avec des médicaments contenant du cisapride, de l'ergotamine ou de la dihydroergotamine.

**Attention :** Des précautions sont nécessaires en cas d'*insuffisance rénale* ou *hépatique* grave.

Une diminution de la fièvre ou une disparition des *symptômes* ne sont pas synonymes de guérison : la durée du traitement doit absolument être respectée pour éviter les rechutes ou l'apparition d'une *résistance* du *germe* à l'*antibiotique*.

### Interactions avec d'autres substances

Ce médicament ne doit pas être associé aux médicaments contenant :

- de l'ergotamine ou de la dihydroergotamine : risque d'*ergotisme* ;
- du cisapride (PRÉPULSID...) : risque de *torsades de pointes*.

Il peut interagir avec d'autres médicaments qui contiennent de la bromocriptine ou de la cabergoline.

### Grossesse et allaitement

L'effet de ce médicament pendant la grossesse ou l'allaitement est mal connu : seul votre médecin peut évaluer le risque éventuel de son utilisation dans votre cas.

### Mode d'emploi et posologie

Ce médicament peut être pris indifféremment pendant ou entre les repas.

La suspension buvable est reconstituée à l'aide du godet doseur joint au flacon. La seringue graduée permet un ajustement précis de la *posologie* : la dose par prise est indiquée, en fonction du poids de l'enfant, sur la seringue graduée en kg. Bien agiter le flacon avant emploi.

**Posologie usuelle :**

- Adulte : 2 comprimés en 1 prise, pendant 3 jours.

Dans le traitement des bronchites : 2 comprimés en 1 prise, le 1er jour, puis 1 comprimé par jour pendant 4 jours.

- Enfant : 1 dose-kg par jour pendant 3 jours. Soit :
  - enfant de moins de 25 kg : la dose est obtenue en remplissant la seringue jusqu'à la graduation indiquant le poids de l'enfant. Par exemple, pour un enfant de 8 kg : 1 pipette remplie jusqu'à la graduation n° 8 par jour ;
  - enfant de 25 kg et plus : la dose à administrer est identique, quelque soit le poids de l'enfant : 1 pipette remplie jusqu'à la graduation « 25 kg et plus », une fois par jour.

**Conseils :** Le médecin prescrit parfois un prélèvement pour identifier le *germe* responsable de l'infection et tester sa sensibilité aux *antibiotiques*. Le résultat de cet examen peut être faussé en cas d'automédication préalable : ne prenez pas d'antibiotiques sans avis médical.

L'éventuelle impression de fatigue n'est pas due à l'antibiotique, mais à l'infection elle-même.

La suspension buvable se conserve 5 jours à température ambiante après reconstitution.

### Effets indésirables possibles

*Réaction allergique* cutanée.

Nausées, vomissements, *diarrhée*, douleurs abdominales, *candidose*.

*Vertiges*, nervosité, *convulsions* (rare).
Augmentation des *transaminases* ; *hépatite* (exceptionnelle).
Troubles auditifs.

Laboratoires Pfizer

## ZITHROMAX MONODOSE

*Informations détaillées sur www.monvidal.com*

## ZOCOR

Hypolipémiant

sur ordonnance

### Présentation

**ZOCOR 5 mg :** comprimé (beige) ; boîte de 28. Liste I - Non remb.
**ZOCOR 20 mg :** comprimé sécable (rose) ; boîte de 28. Liste I - Remb 65 % - **Prix : 23,41 €**.
**ZOCOR 40 mg :** comprimé ; boîte de 28. Liste I - Remb 65 % - **Prix : 40,25 €**.

### Composition

| | p cp 5 mg | p cp 20 mg | p cp 40 mg |
|---|---|---|---|
| **Simvastatine** | | | |
| Lactose | + | + | + |

### Dans quel cas ce médicament est-il prescrit ?

Ce médicament est un *hypocholestérolémiant* de la famille des statines. Il permet d'abaisser fortement le taux de *cholestérol* circulant dans le sang. Des études cliniques ont également montré son aptitude à diminuer le risque d'accident cardiovasculaire (*infarctus du myocarde, accident vasculaire cérébral*...).

Il est utilisé dans le traitement des excès de cholestérol en complément d'un régime adapté et dans la prévention des complications cardiovasculaires de l'*athérosclérose* ou du *diabète*.

### Contre-indications

Ce médicament ne doit pas être utilisé dans les cas suivants :

- *insuffisance hépatique* ou *transaminases* élevées ;
- en association avec les *antiprotéases* et les médicaments contenant du kétoconazole, de l'itraconazole, de la clarithromycine, de l'érythromycine ou de la télithromycine ;
- **grossesse** ;
- **allaitement**.

**Attention :** Ce médicament peut être toxique pour le foie ou les muscles. Signalez à votre médecin toute fatigue anormale, perte d'appétit, douleur ou faiblesse musculaire. Des analyses de sang peuvent être pratiquées afin de vérifier que le médicament est bien supporté.

Une prudence particulière s'impose dans certaines situations : personnes de plus de 70 ans, *insuffisance rénale*, *hypothyroïdie* non contrôlée par un traitement, *antécédent* personnel ou familial de maladie musculaire, abus d'alcool.

Conducteur : ce médicament peut parfois provoquer des étourdissements.

### Interactions avec d'autres substances

Ce médicament ne doit pas être associé avec les *antiprotéases* (amprénavir, indinavir, nelfinavir, ritonavir, saquinavir...) et les médicaments pris par voie orale contenant du kétoconazole, de l'itraconazole, de la clarithromycine, de l'érythromycine ou de la télithromycine : risque fortement accru de douleurs musculaires.

Le risque d'atteinte musculaire peut aussi être augmenté avec les *hypolipidémiants* de la famille des fibrates ou un médicament contenant de l'amiodarone, du vérapamil, du diltiazem ou de la ciclosporine : une diminution de la *posologie* de la simvastatine peut être nécessaire.

Les effets toxiques de la simvastatine peuvent également être augmentés par le jus de pamplemousse : évitez d'en boire pendant le traitement.

Informez par ailleurs votre médecin si vous prenez des *anticoagulants* oraux.

### Grossesse et allaitement

Ce médicament n'a pas d'indication chez la femme enceinte et il doit être interrompu en cas de désir de grossesse.

Si une grossesse survient sous traitement, consultez votre médecin et arrêtez la prise de ce médicament.

Aucune malformation imputable à ce médicament n'a été observée à ce jour.

Les données disponibles ne permettent pas de savoir si ce médicament passe dans le lait maternel ; un choix est donc nécessaire entre l'allaitement et la prise du médicament. Cette décision devra être prise en accord avec votre médecin.

### Mode d'emploi et posologie

Les comprimés doivent être avalés avec un verre d'eau, au cours ou en dehors des repas.

**Posologie usuelle :**

- Adulte : 20 à 40 mg par jour, en une prise le soir. La dose maximale est de 80 mg par jour. Elle est réservée aux formes sévères de la maladie.

Le régime reste indispensable pendant toute la durée du traitement.

**Conseils :** Un régime pauvre en *cholestérol* et en graisses animales n'est pas simple à suivre : les erreurs sont fréquentes. Demandez conseil à votre médecin, à votre pharmacien ou à un professionnel de la nutrition.

### Effets indésirables possibles

Rarement (moins de 0,1 % des utilisateurs) : anémie, maux de tête, étourdissements, fourmillements des extrémités, *troubles digestifs*, *pancréatite*, jaunisse, *éruption cutanée*, chute de cheveux, fatigue, *réaction allergique*, douleurs musculaires, élévation des *transaminases* (voir Attention).

Laboratoires MSD-Chibret

## ZOFENIL

Inhibiteur de l'enzyme de conversion

sur ordonnance

### Présentation

**ZOFENIL 15 mg :** comprimé (blanc) ; boîte de 28. Liste I - Remb 65 % - **Prix : 17,31 €**.
**ZOFENIL 30 mg :** comprimé (blanc) ; boîte de 28. Liste I - Remb 65 % - **Prix : 17,31 €**.

### Composition

| | p cp 15 mg | p cp 30 mg |
|---|---|---|
| **Zofénopril calcium** | | |

### Dans quel cas ce médicament est-il prescrit ?

Ce médicament appartient à la famille des *inhibiteurs de l'enzyme de conversion* (IEC). L'enzyme de conversion est une substance naturellement présente dans l'organisme ; elle est responsable d'une contraction des artères qui augmente la tension artérielle et fatigue le cœur.

Il est utilisé dans le traitement :
- de l'*hypertension artérielle*,
- de l'*infarctus du myocarde* (traitement initial).

### Contre-indications

Ce médicament ne doit pas être utilisé dans les cas suivants :
- *allergie* aux médicaments de la famille des *inhibiteurs de l'enzyme de conversion* ;
- prédisposition à l'œdème de *Quincke* ;
- *insuffisance hépatique* grave ;
- *hypertension artérielle* due à un rétrécissement des artères rénales ;
- femme en âge de procréer, sans protection contraceptive efficace ;
- **grossesse** ;
- **allaitement**.

**Attention :** En cas de gonflement du visage (lèvres, paupières...) ou d'une autre région du corps, consultez votre médecin avant toute nouvelle prise de ce médicament ; il peut s'agir d'une *réaction allergique* : œdème de *Quincke*.

L'usage des *inhibiteurs de l'enzyme de conversion* est déconseillé en période de désensibilisation aux venins d'*hyménoptères* : augmentation du risque de réaction allergique grave.

En cas d'*insuffisance rénale*, un contrôle de la *créatinine* et du taux de *potassium* dans le sang est nécessaire.

Si vous suivez un traitement par *diurétique* ou un régime sans *sel*, la baisse de la tension artérielle peut être importante lors des premières prises du médicament : risque de malaise ou d'étourdissement pouvant entraîner une chute.

Les sels de régime contiennent souvent du *potassium* ; ne les utilisez pas sans avis médical pendant le traitement.

Si vous êtes traité par le rein artificiel, prévenez votre centre de *dialyse* de la prise de ce médicament.

Conducteur : les *inhibiteurs de l'enzyme de conversion* peuvent être responsables de malaise ou de *vertiges*, lors des premières prises.

### Interactions avec d'autres substances

Ce médicament peut interagir avec les *diurétiques* et les médicaments qui contiennent du potassium ou du lithium.

Informez par ailleurs votre médecin ou votre pharmacien si vous prenez un *antidiabétique*, un *AINS* ou de l'aspirine à forte dose (plus de 3 g par jour).

En outre, l'effet *antihypertenseur* de ce médicament peut être augmenté par certains médicaments tels que les *neuroleptiques*, les *antidépresseurs imipraminiques*, les *alphabloquants* utilisés dans certains troubles urinaires, les médicaments contenant du baclofène ; il peut être diminué par les *corticoïdes*. Votre médecin doit être informé si vous êtes traité par l'un ou l'autre de ces médicaments.

### Grossesse et allaitement

L'effet de ce médicament pendant les 3 premiers mois de la grossesse est mal connu. Par prudence, son usage est déconseillé.

Au cours des 6 derniers mois de la grossesse, la prise prolongée d'un *inhibiteur de l'enzyme de conversion* peut altérer les reins du fœtus. L'utilisation de ce médicament est contre-indiquée à partir du 4e mois de la grossesse.

En conséquence, un désir de grossesse nécessite le remplacement de ce médicament par un autre antihypertenseur. Si une grossesse survient alors que vous prenez ce médicament, consultez rapidement votre médecin pour qu'il modifie votre traitement. Des *échographies* régulières sont parfois nécessaires pour s'assurer de l'absence d'anomalie.

Ce médicament passe dans le lait maternel. Il est contre-indiqué pendant l'allaitement.

### Mode d'emploi et posologie

Ce médicament est pris indifféremment au cours ou en dehors des repas.

**Posologie usuelle :**
- Adulte : la *posologie* est variable en fonction des cas. A titre indicatif :
  - *hypertension artérielle* : 30 mg par jour ,
  - protection du cœur après un infarctus : 15 à 60 mg par jour, répartis en 2 prises.

En cas d'*insuffisance rénale*, d'*insuffisance hépatique*, de traitement préalable par des *diurétiques* ou de régime sans *sel*, en particulier chez la personne âgée, la posologie initiale est faible ; elle est augmentée progressivement par le médecin en fonction des effets du médicament.

**Conseils :** Votre tension artérielle doit être contrôlée régulièrement. Les appareils permettant une mesure automatique de la tension à domicile utilisent souvent un procédé de mesure différent de celui qu'emploie votre médecin. Si vous avez un tel appareil, apportez-le en consultation pour vous assurer que la mesure obtenue est bien conforme à celle du tensiomètre de votre médecin.

Le traitement médicamenteux ne dispense pas de mesures simples pouvant faire baisser la tension artérielle : activité physique régulière, modération de la consommation de boissons alcoolisées et de *sel*, lutte contre l'excès de poids.

### Effets indésirables possibles

Comme pour tous les *inhibiteurs de l'enzyme de conversion* :
- Toux sèche.
- Baisse excessive de la tension artérielle (voir Attention) ; *hypotension orthostatique*.
- Maux de tête, fatigue, étourdissement.
- *Troubles digestifs*.
- *Réactions allergiques* : *éruption cutanée*, œdème de *Quincke* (exceptionnel).

Crampes.

Laboratoires Menarini France

## ZOFENILDUO

*Informations détaillées sur www.monvidal.com*

## ZOFORA

Anti-inflammatoire non stéroïdien — sur ordonnance

Ce médicament est un générique de FELDÈNE injectable (voir p. 397 et tableau p. 1151).

## ZOLADEX

*Informations détaillées sur www.monvidal.com*

## ZOLOFT

Antidépresseur inhibiteur de la recapture de la sérotonine — sur ordonnance

### Présentation

**ZOLOFT 25 mg :** gélule (blanc) ; boîte de 7. Liste I - Remb 65 % - **Prix : 5,40 €.**
**ZOLOFT 50 mg :** gélule (jaune et blanc) ; boîte de 28. Liste I - Remb 65 % - **Prix : 20,00 €.**

### Composition

| | p gél 25 mg | p gél 50 mg |
|---|---|---|
| **Sertraline** | 25 mg | 50 mg |
| Lactose | + | + |

### Dans quel cas ce médicament est-il prescrit ?

Ce médicament est un antidépresseur qui appartient à la famille des *inhibiteurs de la recapture de la sérotonine*.

Il est utilisé dans le traitement des *états dépressifs* et des *troubles obsessionnels compulsifs*.

Il est également utilisé pour prévenir les récidives dépressives chez les personnes ayant présenté au moins trois épisodes dépressifs.

### Contre-indications

Ce médicament ne doit pas être utilisé en association avec les *IMAO* non sélectifs.

**Attention :** L'utilisation de ce médicament est déconseillée avant l'âge de 18 ans. Des études ont en effet montré que l'utilisation d'un antidépresseur augmente le risque de suicide chez les adolescents souffrant de dépression. Chez les adolescents de 15 à 18 ans, ce traitement est par conséquent réservé à certains cas graves et nécessite une surveillance médicale particulière et la vigilance de l'entourage.

Des précautions sont nécessaires chez la personne âgée et en cas d'*épilepsie* (même ancienne), d'*insuffisance hépatique*, de prédisposition aux *hémorragies*.

En cas d'excitation anormale ou de confusion des idées survenant sous traitement, une consultation médicale est nécessaire.

Bien qu'aucune interaction nette n'ait été constatée avec l'*alcool*, évitez la prise de boissons alcoolisées, comme avec tout médicament *psychotrope*.

Si vous devez conduire, ou utiliser une machine dangereuse, assurez-vous préalablement que ce médicament n'altère pas votre vigilance.

### Interactions avec d'autres substances

Ce médicament ne doit pas être associé :
- aux *IMAO* non sélectifs (MARSILID...) : des délais précis doivent être respectés entre la fin d'un traitement par l'IMAO et le début du traitement par ce médicament, et inversement ;
- aux médicaments contenant du pimozide : risque de *torsades de pointes*.

Il peut également interagir avec les médicaments contenant du moclobémide ou du linézolide.

Informez par ailleurs votre médecin si vous prenez un médicament de la famille des *triptans*, un *anticoagulant* oral, un *antidépresseur imipraminique*, un IMAO sélectif B ou un médicament contenant du lithium, de la carbamazépine, du tramadol ou du millepertuis.

### Grossesse et allaitement

L'effet de ce médicament pendant la grossesse est mal connu : seul votre médecin peut évaluer le risque éventuel de son utilisation dans votre cas.

Ce médicament passe dans le lait maternel ; un choix est donc nécessaire entre l'allaitement et la prise du médicament. Cette décision devra être prise en accord avec votre médecin.

### Mode d'emploi et posologie

La dose quotidienne est prise en une seule fois, le matin ou le soir, au cours d'un repas.

Les gélules doivent être avalées avec un grand verre d'eau.

**Posologie usuelle :**
- Adulte de plus de 18 ans :
  - états dépressifs, *troubles obsessionnels compulsifs* : 50 mg à 200 mg par jour ;
  - prévention des rechutes en cas de dépression : 50 mg par jour.
- Enfant de 6 à 17 ans :
  - *troubles obsessionnels compulsifs* : 50 mg à 200 mg par jour, suivant la réponse au traitement. Chez l'enfant de moins de 40 kg, le traitement est débuté à 25 mg par jour.

**Conseils :** L'efficacité des *antidépresseurs* n'est généralement pas immédiate. Un délai pouvant atteindre plusieurs semaines est parfois nécessaire pour que les effets bénéfiques se fassent sentir. Les effets indésirables éventuels apparaissant en début de traitement ne doivent pas vous conduire à l'arrêter prématurément.

Chez la personne souffrant de dépression, un état anxieux peut apparaître ou être majoré en début de traitement ; un *anxiolytique* est parfois prescrit par le médecin pour prévenir ou traiter ces manifestations.

Lorsque les *symptômes* de la *dépression* ont disparu, le traitement doit absolument être poursuivi pendant la durée prescrite afin de consolider la guérison. Un arrêt prématuré exposerait à une rechute. La durée d'un traitement antidépresseur est rarement inférieure à 6 mois.

Contrairement à d'autres médicaments utilisés pour traiter les maladies psychiques, les antidépresseurs ne créent pas de dépendance. Néanmoins, il est préférable d'arrêter le traitement progressivement en diminuant la posologie ou en espaçant les prises pour éviter les effets indésirables transitoires, rarement observés, en cas d'interruption brutale.

Une prise de poids peut être observée au cours du traitement. Une alimentation équilibrée, et si nécessaire les conseils d'un nutritionniste, peuvent prévenir et limiter ce phénomène.

### Effets indésirables possibles

Les effets indésirables surviennent surtout au cours des 2 premières semaines de traitement et s'estompent le plus souvent ensuite.

Nervosité, somnolence ou au contraire insomnie, maux de tête, étourdissements, tremblements, confusion des idées, fourmillements, mouvements involontaires.

Nausées, vomissements, diarrhée, constipation, sécheresse de la bouche.

Éruption cutanée, transpiration excessive, chute de cheveux, bâillements, bourdonnement d'oreille, troubles de la vision, augmentation de l'appétit, perte ou prise de poids, troubles sexuels, difficulté à uriner ou au contraire incontinence urinaire, sueurs.

*Tachycardie.*

Rarement : saignements parfois graves, baisse du taux de *sodium* dans le sang, *convulsions*, élévation des *transaminases*, hypertension, écoulement de lait par le mamelon, *réaction allergique*.

Laboratoires Pfizer

## ZOLPIDEM ARROW

Hypnotique : apparenté aux benzodiazépines

sur ordonnance

Ce médicament est un générique de STILNOX (voir p. 974 et tableau p. 1151).

## ZOLPIDEM BIOGARAN

Hypnotique : apparenté aux benzodiazépines

sur ordonnance

Ce médicament est un générique de STILNOX (voir p. 974 et tableau p. 1151).

## ZOLPIDEM EG

Hypnotique : apparenté aux benzodiazépines

sur ordonnance

Ce médicament est un générique de STILNOX (voir p. 974 et tableau p. 1151).

## ZOLPIDEM G GAM

Hypnotique : apparenté aux benzodiazépines

sur ordonnance

Ce médicament est un générique de STILNOX (voir p. 974 et tableau p. 1151).

## ZOLPIDEM IVAX

Hypnotique : apparenté aux benzodiazépines

sur ordonnance

Ce médicament est un générique de STILNOX (voir p. 974 et tableau p. 1151).

## ZOLPIDEM MERCK

Hypnotique : apparenté aux benzodiazépines

sur ordonnance

Ce médicament est un générique de STILNOX (voir p. 974 et tableau p. 1151).

## ZOLPIDEM QUALIMED

Hypnotique : apparenté aux benzodiazépines

sur ordonnance

Ce médicament est un générique de STILNOX (voir p. 974 et tableau p. 1151).

## ZOLPIDEM RATIOPHARM

Hypnotique : apparenté aux benzodiazépines

sur ordonnance

Ce médicament est un générique de STILNOX (voir p. 974 et tableau p. 1151).

## ZOLPIDEM SANDOZ

Hypnotique : apparenté aux benzodiazépines

sur ordonnance

Ce médicament est un générique de STILNOX (voir p. 974 et tableau p. 1151).

## ZOLPIDEM TEVA

Hypnotique : apparenté aux benzodiazépines

sur ordonnance

Ce médicament est un générique de STILNOX (voir p. 974 et tableau p. 1151).

## ZOLPIDEM WINTHROP

Hypnotique : apparenté aux benzodiazépines

sur ordonnance

Ce médicament est un générique de STILNOX (voir p. 974 et tableau p. 1151).

## ZOLPIDEM ZYDUS

Hypnotique : apparenté aux benzodiazépines

sur ordonnance

Ce médicament est un générique de STILNOX (voir p. 974 et tableau p. 1151).

## ZOLTUM

Antiulcéreux

sur ordonnance

### Présentation

ZOLTUM 10 mg : gélule contenant des microgranules *gastrorésistants* (rose et opaque) ; boîte de 14. Liste II - Remb 65 % - **Prix : 11,56 €**.
ZOLTUM 10 mg : gélule contenant des microgranules *gastrorésistants* (rose et opaque) ; boîte de 28. Liste II - Remb 65 % - **Prix : 22,60 €**.
ZOLTUM 20 mg : gélule contenant des microgranules *gastrorésistants* (rose et marron) ; boîte de 7. Liste II - Remb 65 % - **Prix : 11,29 €**.
ZOLTUM 20 mg : gélule contenant des microgranules *gastrorésistants* (rose et marron) ; boîte de 14. Liste II - Remb 65 % - **Prix : 22,03 €**.

ZOLTUM 20 mg : gélule contenant des microgranules *gastrorésistants* (rose et marron) ; boîte de 28. Liste II - Remb 65 % - **Prix : 41,85 €**.

### Composition

| | p gél | p gél |
|---|---|---|
| **Oméprazole** | 10 mg | 20 mg |
| Lactose | + | + |

### Dans quel cas ce médicament est-il prescrit ?

C'est un antiulcéreux qui agit en diminuant la sécrétion acide de l'estomac, indépendamment de la cause qui peut provoquer cette sécrétion.

Il est utilisé pour :
- traiter les *ulcères* de l'estomac ou du *duodénum*, les *inflammations* de l'œsophage dues aux reflux des acides de l'estomac vers l'œsophage (adulte et enfant de plus de 1 an) et le syndrome de *Zollinger-Ellison* ;
- prévenir les rechutes de l'ulcère du duodénum ;
- traiter et prévenir les gastrites liées aux anti-inflammatoires (*AINS*).

En association avec un traitement *antibiotique* spécifique, ce médicament permet l'éradication d'un *germe* appelé *Helicobacter pylori*, très fréquemment responsable des récidives de l'ulcère.

**Attention :** La disparition des douleurs ne signifie pas que l'*ulcère* est cicatrisé : la durée du traitement doit être respectée.

Des précautions sont nécessaires en cas d'*insuffisance hépatique*.

### Interactions avec d'autres substances

Informez votre médecin ou votre pharmacien si vous prenez des médicaments contenant de l'itraconazole ou du kétoconazole.

### Grossesse et allaitement

Aucun effet néfaste pour l'enfant à naître n'a été établi avec ce médicament. Néanmoins, par précaution, son usage pendant la grossesse est réservé aux situations pour lesquelles il n'existe pas d'alternative thérapeutique.

Les données actuellement disponibles ne permettent pas de savoir si ce médicament passe dans le lait maternel : son usage est déconseillé pendant l'allaitement.

### Mode d'emploi et posologie

Ce médicament peut être pris indifféremment au cours ou en dehors des repas. Il doit être avalé avec un verre d'eau.

Pour les enfants qui ne savent pas avaler les gélules, celles-ci peuvent être ouvertes et leur contenu mélangé à un aliment de type yaourt, compote de pommes ou à un jus de fruits.

**Posologie usuelle :**

- Adulte : 1 gélule à 10 mg ou 20 mg par jour.

La durée du traitement est généralement de plusieurs semaines.

Pour l'éradication d'*Helicobacter pylori* : 1 gélule à 20 mg 2 fois par jour, associée à un traitement *antibiotique* pendant 7 jours ; puis 1 gélule à 20 mg par jour pendant au moins 3 semaines. Le succès du traitement est étroitement lié au strict respect de la *posologie* de l'antiulcéreux et des antibiotiques pendant la première semaine.

- Enfant :

Traitement de l'*inflammation* de l'œsophage : 1 gélule à 10 mg par jour pour les enfants de 10 à 20 kg et 2 gélules à 10 mg ou 1 gélule à 20 mg par jour pour les enfants de plus de 20 kg.

**Conseils :** Ce médicament peut être pris à n'importe quel moment de la journée.

Si vous êtes fumeur, la poursuite du tabagisme est un frein important au traitement : la nicotine augmente l'acidité gastrique et réduit l'efficacité du muscle qui ferme la jonction entre l'œsophage et l'estomac.

La prise de ce médicament ne dispense pas des mesures diététiques que peut vous conseiller votre médecin.

L'aspirine et les *anti-inflammatoires* peuvent être agressifs pour l'estomac : n'en prenez pas sans l'avis de votre médecin.

### Effets indésirables possibles

Diarrhée ou constipation, nausées, vomissements, douleurs abdominales, maux de tête, *vertiges*, *éruption cutanée*.

Rarement : confusion des idées, notamment chez la personne âgée ou chez l'*insuffisant hépatique*, anomalies de la *numération formule sanguine*, augmentation des *transaminases*, voire *hépatite*, *insuffisance rénale* ou *hépatique*, *gynécomastie*.

Exceptionnellement : *hyponatrémie*, notamment chez la personne âgée, *photosensibilisation*.

Laboratoires Aventis

## ZOMACTON

*Informations détaillées sur www.monvidal.com*

## ZOMIG

Antimigraineux

**sur ordonnance**

### Présentation

ZOMIG 2,5 mg : comprimé (jaune) ; boîte de 6. Liste I - Remb 65 % - **Prix : 30,43 €**.
ZOMIG 2,5 mg : comprimé (jaune) ; boîte de 12. Liste I - Remb 65 % - **Prix : 56,14 €**.

### Composition

| | p cp |
|---|---|
| **Zolmitriptan** | 2,5 mg |
| Lactose | + |

### Dans quel cas ce médicament est-il prescrit ?

Ce médicament est un *vasoconstricteur* puissant qui agit essentiellement sur les vaisseaux crâniens. Il appartient à la famille des *triptans*. Son action *antalgique* pourrait également être liée à l'inhibition de la libération de certaines substances (neuropeptides) impliquées dans la crise de migraine.

Il est utilisé dans le *traitement de la crise* de *migraine*.

### Contre-indications

Ce médicament ne doit pas être utilisé dans les cas suivants :
- antécédent d'*infarctus du myocarde* ou d'*accident vasculaire cérébral*, et, plus généralement, toute maladie liée à un spasme ou à un rétrécissement des artères ;
- *hypertension artérielle* (sauf si elle est stabilisée par un traitement spécifique) ;
- certains *troubles du rythme cardiaque* comme le syndrome de Wolf-Parkinson-White ;
- en association avec un autre antimigraineux *vasoconstricteur* ou un *IMAO*.

**Attention :** Ce médicament doit être pris lors de l'apparition du mal de tête, et non comme d'autres antimigraineux dès les premiers symptômes annonciateurs (aura migraineuse). Il ne doit pas être utilisé pour traiter des maux de tête non migraineux. Il ne convient pas non plus au traitement de certaines *migraines* associées à des paralysies musculaires ou oculaires.

Dans de très rares cas, une douleur dans la poitrine peut suivre la prise du médicament. Elle peut être intense et ressembler à une crise d'*angine de poitrine*, mais elle n'est que très rarement due à un spasme des artères coronaires. Si elle dure plus de quelques minutes, prévenez votre médecin et ne prenez pas de nouveau comprimé sans son avis.

Des précautions sont nécessaires en cas d'*insuffisance hépatique* grave, de tabagisme (y compris chez les anciens fumeurs utilisant des médicaments de substitution contenant de la nicotine) ou en présence d'autres facteurs de risque cardiovasculaire.

En cas d'inefficacité du premier comprimé, il est inutile et dangereux de multiplier les prises.

Compte-tenu de ses effets indésirables potentiels, ce médicament peut, chez certaines personnes, ne pas être compatible avec la conduite automobile ou le maniement de machines dangereuses. Assurez-vous à l'occasion des premières prises que vous supportez bien ce médicament avant de conduire ou d'utiliser une machine.

### Interactions avec d'autres substances

Ce médicament ne doit pas être associé aux autres antimigraineux de la famille des *triptans*, aux dérivés de l'*ergot de seigle* ou à un *antidépresseur IMAO* : risque accru d'effets indésirables.

Lorsqu'il est utilisé avant ou après un antimigraineux contenant de l'ergotamine, de la dihydroergotamine, du méthysergide, un délai doit être respecté pour éviter toute interaction : 24 heures entre la prise d'ergotamine puis de zolmitriptan, 6 heures entre la prise de zolmitriptan puis d'ergotamine.

Informez votre médecin si vous suivez un traitement par un *antidépresseur sérotoninergique*.

### Grossesse et allaitement

En l'absence de données suffisantes, ce médicament est déconseillé pendant la grossesse et l'allaitement.

### Mode d'emploi et posologie

Ce médicament peut être pris pendant ou entre les repas.

**Posologie usuelle :**

- Adulte de plus de 18 ans et moins de 65 ans : 1 comprimé lors de l'apparition du mal de tête. L'effet se manifeste dans l'heure qui suit.

Il est déconseillé de reprendre un comprimé le jour même si le premier n'a apporté aucun soulagement. En revanche, un deuxième comprimé peut être pris après un délai minimal de 2 heures si l'effet du premier s'estompe et que la migraine réapparaît. La dose maximale est de 4 comprimés par 24 heures.

La prise du médicament lors des signes annonciateurs de la migraine, avant le mal de tête, est inefficace et déconseillée. Le zolmitriptan n'a pas d'effet préventif.

**Conseils :** La prise de ce médicament ne dispense pas des mesures habituelles permettant d'aider à faire céder la crise de migraine : s'allonger au calme dans une pièce sombre.

### Effets indésirables possibles

Les effets indésirables les plus fréquents sont difficiles à dissocier des symptômes de la migraine : nausées, *vertiges*, fatigue, somnolence, sensation de chaleur, sécheresse de la bouche.

Plus rarement : sensation de lourdeur thoracique ou d'oppression, faiblesse musculaire, fourmillements, augmentation de la tension artérielle, *tachycardie*.

*Réaction allergique*.

Exceptionnellement : spasmes des *artères coronaires* (voir Attention).

Laboratoires AstraZeneca

## ZOMIGORO

Antimigraineux — sur ordonnance

### Présentation

ZOMIGORO 2,5 mg : comprimé *orodispersible* (blanc ; arôme orange) ; boîte de 6. Liste I - Remb 65 % - **Prix : 30,43 €**.

ZOMIGORO 2,5 mg : comprimé *orodispersible* (blanc ; arôme orange) ; boîte de 12. Liste I - Remb 65 % - **Prix : 53,61 €**.

### Composition

| | p cp |
|---|---|
| **Zolmitriptan** | 2,5 mg |
| Aspartam | + |

### Dans quel cas ce médicament est-il prescrit ?

Ce médicament est un *vasoconstricteur* puissant qui agit essentiellement sur les vaisseaux crâniens. Il appartient à la famille des *triptans*. Son action *antalgique* pourrait également être liée à l'inhibition de la libération de certaines substances (neuropeptides) impliquées dans la crise de migraine.

Il est utilisé dans le *traitement de la crise* de *migraine*.

### Contre-indications

Ce médicament ne doit pas être utilisé dans les cas suivants :

- antécédent d'*infarctus du myocarde* ou d'*accident vasculaire cérébral*, et, plus généralement, toute maladie liée à un spasme ou à un rétrécissement des artères ;
- *hypertension artérielle* (sauf si elle est stabilisée par un traitement spécifique) ;
- certains *troubles du rythme cardiaque* comme le syndrome de Wolf-Parkinson-White ;
- *phénylcétonurie* (présence d'aspartam) ;
- en association avec un autre antimigraineux *vasoconstricteur* ou un *IMAO*.

**Attention :** Ce médicament doit être pris lors de l'apparition du mal de tête, et non comme d'autres antimigraineux dès les premiers symptômes annonciateurs (aura migraineuse). Il ne doit pas être utilisé pour traiter des maux de tête non migraineux. Il ne convient pas non plus au traitement de certaines *migraines* associées à des paralysies musculaires ou oculaires.

Dans de très rares cas, une douleur dans la poitrine peut suivre la prise du médicament. Elle peut être intense et ressembler à une crise d'*angine de poitrine*, mais elle n'est que très rarement due à un spasme des artères coronaires. Si elle dure plus de quelques minutes, prévenez votre médecin et ne prenez pas de nouveau comprimé sans son avis.

Des précautions sont nécessaires en cas d'*insuffisance hépatique* grave, de tabagisme (y compris chez les anciens fumeurs utilisant des médicaments de substitution contenant de la nicotine) ou en présence d'autres facteurs de risque cardiovasculaire.

En cas d'inefficacité du premier comprimé, il est inutile et dangereux de multiplier les prises.

Compte-tenu de ses effets indésirables potentiels, ce médicament peut, chez certaines personnes, ne pas être compatible avec la conduite automobile ou le maniement de machines dangereuses. Assurez-vous à l'occasion des premières prises que vous supportez bien ce médicament avant de conduire ou d'utiliser une machine.

### Interactions avec d'autres substances

Ce médicament ne doit pas être associé aux autres antimigraineux de la famille des *triptans*, aux dérivés de l'*ergot de seigle* ou à un *antidépresseur IMAO* : risque accru d'effets indésirables.

Lorsqu'il est utilisé avant ou après un antimigraineux contenant de l'ergotamine, de la dihydroergotamine, du méthysergide, un délai doit être respecté pour éviter toute interaction : 24 heures entre la prise d'ergotamine puis de zolmitriptan, 6 heures entre la prise de zolmitriptan puis d'ergotamine.

Informez votre médecin si vous suivez un traitement par un *antidépresseur sérotoninergique*.

### Grossesse et allaitement

En l'absence de données suffisantes, ce médicament est déconseillé pendant la grossesse et l'allaitement.

### Mode d'emploi et posologie

Les comprimés peuvent être pris indifféremment pendant ou entre les repas.

Laisser le comprimé se dissoudre dans la bouche.

Lors du retrait du comprimé de son étui, prenez garde à ne pas presser sur l'aluminium mais soulevez délicatement la pellicule protectrice afin de ne pas écraser le comprimé.

**Posologie usuelle :**

- Adulte de plus de 18 ans et moins de 65 ans : 1 comprimé lors de l'apparition du mal de tête. L'effet se manifeste dans l'heure qui suit.

Il est déconseillé de reprendre un comprimé le jour même, si le premier n'a apporté aucun soulagement. En revanche, un deuxième comprimé peut être pris après un délai minimal de 2 heures si l'effet du premier s'estompe et que la migraine réapparaît. La dose maximale est de 4 comprimés par 24 heures.

La prise du médicament lors des signes annonciateurs de la migraine, avant le mal de tête, est inefficace et déconseillée. Le zolmitriptan n'a pas d'effet préventif.

**Conseils :** La prise de ce médicament ne dispense pas des mesures habituelles permettant d'aider à faire céder la crise de migraine : s'allonger au calme dans une pièce sombre.

### Effets indésirables possibles

Les effets indésirables les plus fréquents sont difficiles à dissocier des symptômes de la migraine : nausées, *vertiges*, fatigue, somnolence, sensation de chaleur, sécheresse de la bouche.

Plus rarement : sensation de lourdeur thoracique ou d'oppression, faiblesse musculaire, fourmillements, augmentation de la tension artérielle, *tachycardie*.

*Réaction allergique*.

Exceptionnellement : spasmes des *artères coronaires* (voir Attention).

**Laboratoires AstraZeneca**

## ZONDAR

Antiarthrosique — **sur ordonnance**

### Présentation

**ZONDAR 50 :** gélule (ivoire) ; boîte de 30. Liste I - Remb 35 % - **Prix : 19,65 €**.

### Composition

| | p gél |
|---|---|
| **Diacerhéine** | 50 mg |
| Lactose | + |

### Dans quel cas ce médicament est-il prescrit ?

Ce médicament a un effet *anti-inflammatoire* modéré.

Il est utilisé dans le *traitement symptomatique* de l'*arthrose* : il atténue les douleurs et améliore la mobilité.

### Contre-indications

Ce médicament ne doit pas être utilisé dans les cas suivants :

- maladie inflammatoire du côlon,
- occlusion intestinale ou risque d'occlusion,
- douleurs intestinales de cause inconnue,
- *insuffisance hépatique* grave.

**Attention :** L'effet *antalgique* de ce médicament est lent à apparaître : son délai d'action est de 30 à 45 jours. Pendant cette période, d'autres médicaments antalgiques ou *anti-inflammatoires* peuvent être utiles.

Des précautions sont nécessaires en cas d'*insuffisance rénale* grave.

### Interactions avec d'autres substances

Les *pansements digestifs* peuvent diminuer l'absorption de ce médicament. Un délai d'au moins deux heures doit être respecté entre la prise de ce médicament et celle du pansement digestif.

### Grossesse et allaitement

L'effet de ce médicament pendant la grossesse ou l'allaitement est mal connu. Par prudence, son usage est déconseillé chez la femme enceinte ou chez celle qui allaite.

### Mode d'emploi et posologie

Les gélules sont avalées avec un verre d'eau, sans être ouvertes, de préférence au milieu des repas.

**Posologie usuelle :**

- Adulte : 1 gélule, matin et soir.

**Conseils :** Une coloration des urines en orange, rouge ou marron peut apparaître, elle ne prête pas à conséquence.

### Effets indésirables possibles

*Diarrhée* et douleurs abdominales.
Démangeaisons, *éruption cutanée*.

**Laboratoires Niverpharm**

## ZOPHREN

Antiémétique — **sur ordonnance**

### Présentation

**ZOPHREN 2 mg/ml :** solution injectable *IV* ; 1 ampoule de 2 ml. Liste I, *médicament d'exception* - Remb 65 % - **Prix : 10,41 €**.
**ZOPHREN 2 mg/ml :** solution injectable *IV* ; 1 ampoule de 4 ml. Liste I, *médicament d'exception* - Remb 65 % - **Prix : 19,73 €**.
**ZOPHREN 4 mg/5 ml :** sirop (arôme fraise) ; flacon de 50 ml avec cuillère-mesure de 5 ml. Liste I, *médicament d'exception* - Remb 65 % - **Prix : 43,59 €**.
**ZOPHREN 4 mg :** comprimé (jaune) ; boîte de 2. Liste I, *médicament d'exception* - Remb 65 % - **Prix : 10,82 €**.
**ZOPHREN 4 mg :** comprimé (jaune) ; boîte de 4. Liste I, *médicament d'exception* - Remb 65 % - **Prix : 21,08 €**.
**ZOPHREN 4 mg :** *lyophilisat* oral ; boîte de 2. Liste I, *médicament d'exception* - Remb 65 % - **Prix : 10,82 €**.
**ZOPHREN 4 mg :** *lyophilisat* oral ; boîte de 4. Liste I, *médicament d'exception* - Remb 65 % - **Prix : 21,08 €**.
**ZOPHREN 8 mg :** comprimé (jaune) ; boîte de 2. Liste I, *médicament d'exception* - Remb 65 % - **Prix : 19,49 €**.
**ZOPHREN 8 mg :** comprimé (jaune) ; boîte de 4. Liste I, *médicament d'exception* - Remb 65 % - **Prix : 37,55 €**.
**ZOPHREN 8 mg :** *lyophilisat* oral ; boîte de 2. Liste I, *médicament d'exception* - Remb 65 % - **Prix : 19,49 €**.
**ZOPHREN 8 mg :** *lyophilisat* oral ; boîte de 4. Liste I, *médicament d'exception* - Remb 65 % - **Prix : 37,55 €**.
**ZOPHREN 16 mg :** suppositoire ; boîte de 2. Liste I, *médicament d'exception* - Remb 65 % - **Prix : 37,55 €**.

### Composition

| | p amp | p amp |
|---|---|---|
| **Ondansétron** | 4 mg | 8 mg |

| | p c mes | p cp | p lyoph |
|---|---|---|---|
| **Ondansétron** | 4 mg | 4 mg | 4 mg |
| Sorbitol | + | | |
| Lactose | | + | |
| Aspartam | | | + |

| | p cp | p lyoph | p suppos |
|---|---|---|---|
| **Ondansétron** | 8 mg | 8 mg | 16 mg |
| Aspartam | | + | |

### Dans quel cas ce médicament est-il prescrit ?

Ce médicament est un antinauséeux puissant.

Il est utilisé pour prévenir et traiter les nausées ou les vomissements provoqués par les *chimiothérapies anticancéreuses* ou par la *radiothérapie*.

### Contre-indications

Ce médicament ne doit pas être utilisé dans les cas suivants :
- *phénylcétonurie* (*lyophilisat* oral : présence d'aspartam),
- *insuffisance hépatique* (suppositoires).

**Attention :** Des précautions sont nécessaires en cas d'*insuffisance hépatique* grave ou de risque de constipation (prise conjointe de médicaments qui ralentissent le transit, chirurgie digestive récente).
Des cas de *troubles du rythme cardiaque* ont été observés avec ce médicament ; signalez à votre médecin la survenue éventuelle de douleurs thoraciques ou de syncopes.

### Grossesse et allaitement

L'effet de ce médicament pendant la grossesse ou l'allaitement est mal connu : seul votre médecin peut évaluer le risque éventuel de son utilisation dans votre cas.

### Mode d'emploi et posologie

Le sirop et les lyophilisats sont mieux adaptés aux enfants de moins de 6 ans.
La solution injectable est administrée en intraveineuse lente (perfusion) de plus de 15 minutes, dans une solution compatible.

**Posologie usuelle :**
Prévention des vomissements précoces :
- Adulte :
  - *voie* orale : 8 mg, 2 heures avant la chimiothérapie ou la radiothérapie ;
  - voie rectale : 1 suppositoire, 1 à 2 heures avant la chimiothérapie ;
  - voie injectable : 8 mg, 30 minutes avant la chimiothérapie ou la radiothérapie. Dans certains cas, la dose peut être plus élevée, jusqu'à 32 mg en 1 à 3 injections.

Prévention des vomissements retardés :
- Adulte :
  - voie orale : 8 mg toutes les 12 heures, pendant 2 à 5 jours ;
  - voie rectale : 1 suppositoire par jour, pendant 2 à 5 jours.
- Enfant de plus de 25 kg : 8 mg toutes les 12 heures, pendant 5 jours maximum.
- Enfant de plus de 2 ans et de 10 à 25 kg : 4 mg toutes les 12 heures, pendant 5 jours maximum.

**Conseils :** Les traitements destinés à combattre les vomissements induits par les chimiothérapies anticancéreuses sont surtout efficaces préventivement. Leur effet est beaucoup moins marqué s'ils sont utilisés après l'apparition des vomissements.
La chimiothérapie entraîne deux types de vomissements :
- les vomissements précoces, survenant dans les heures qui suivent son administration ;
- les vomissements retardés, qui apparaissent plusieurs jours après la séance de chimiothérapie. C'est surtout dans ce dernier cas qu'il existe un risque d'oublier le traitement préventif ; il devient alors difficile de combattre ces vomissements après leur apparition.

**Conditions particulières de délivrance :**
Une ordonnance d'un modèle particulier (*médicament d'exception*) est nécessaire pour se procurer ce médicament.
Le flacon de sirop doit être conservé en position verticale, entre 10 ° et 30 °C.
Les comprimés doivent être rangés à l'abri de la lumière, dans leur emballage d'origine.

### Effets indésirables possibles

Maux de tête, bouffées de chaleur, hoquet.
*Réactions allergiques*.
Constipation.
Baisse de la tension artérielle, douleurs thoraciques, *troubles du rythme cardiaque*, ralentissement du pouls.
Mouvements involontaires anormaux, *convulsions*.
Rarement : augmentation des *transaminases*.
Pour les suppositoires : sensation de brûlure rectale.

**Laboratoires GlaxoSmithKline**

## ZOPICLONE ARROW
Hypnotique : apparenté aux benzodiazépines
sur ordonnance

Ce médicament est un générique de IMOVANE (voir p. 509 et tableau p. 1151).

## ZOPICLONE BIOGARAN
Hypnotique : apparenté aux benzodiazépines
sur ordonnance

Ce médicament est un générique de IMOVANE (voir p. 509 et tableau p. 1151).

## ZOPICLONE EG
Hypnotique : apparenté aux benzodiazépines
sur ordonnance

Ce médicament est un générique de IMOVANE (voir p. 509 et tableau p. 1151).

## ZOPICLONE G GAM
Hypnotique : apparenté aux benzodiazépines
sur ordonnance

Ce médicament est un générique de IMOVANE (voir p. 509 et tableau p. 1151).

## ZOPICLONE IVAX
Hypnotique : apparenté aux benzodiazépines
sur ordonnance

Ce médicament est un générique de IMOVANE (voir p. 509 et tableau p. 1151).

## ZOPICLONE MERCK
Hypnotique : apparenté aux benzodiazépines
sur ordonnance

Ce médicament est un générique de IMOVANE (voir p. 509 et tableau p. 1151).

## ZOPICLONE QUALIMED
Hypnotique : apparenté aux benzodiazépines
sur ordonnance

Ce médicament est un générique de IMOVANE (voir p. 509 et tableau p. 1151).

## ZOPICLONE RATIOPHARM
Hypnotique : apparenté aux benzodiazépines
sur ordonnance

Ce médicament est un générique de IMOVANE (voir p. 509 et tableau p. 1151).

## ZOPICLONE RPG
Hypnotique : apparenté aux benzodiazépines
sur ordonnance

Ce médicament est un générique de IMOVANE (voir p. 509 et tableau p. 1151).

## ZOPICLONE SANDOZ
Hypnotique : apparenté aux benzodiazépines
sur ordonnance

Ce médicament est un générique de IMOVANE (voir p. 509 et tableau p. 1151).

## ZOPICLONE TEVA
Hypnotique : apparenté aux benzodiazépines
sur ordonnance

Ce médicament est un générique de IMOVANE (voir p. 509 et tableau p. 1151).

## ZOPICLONE WINTHROP
Hypnotique : apparenté aux benzodiazépines
sur ordonnance

Ce médicament est un générique de IMOVANE (voir p. 509 et tableau p. 1151).

## ZOPICLONE ZYDUS
Hypnotique : apparenté aux benzodiazépines
sur ordonnance

Ce médicament est un générique de IMOVANE (voir p. 509 et tableau p. 1151).

**ZORAC**

*Informations détaillées sur www.monvidal.com*

## ZOVIRAX 200
Antiviral
sur ordonnance

### Présentation
**ZOVIRAX :** comprimé (blanc) ; boîte de 25. Liste I - Remb 65 % - **Prix : 20,62 €.**
**ZOVIRAX :** suspension buvable (arôme banane) ; flacon de 125 ml avec bouchon doseur gradué à 5 et 10 ml. Liste I - Remb 65 % - **Prix : 27,32 €.**

### Composition

| | p cp | p 5 ml |
|---|---|---|
| **Aciclovir** | 200 mg | 200 mg |
| Lactose | + | |
| Sorbitol | | + |

### Dans quel cas ce médicament est-il prescrit ?
Ce médicament est un *antiviral* puissant, actif sur les *virus* du groupe de l'*herpès*. Il empêche la reproduction des virus dans les cellules infectées, mais ne peut détruire les virus cachés dans les ganglions nerveux, responsables des récurrences (récidives), que ce médicament ne peut éviter.

Il est utilisé dans le traitement des poussées d'herpès graves et dans la prévention des récidives.

**Attention :** Des précautions sont nécessaires en cas d'*insuffisance rénale.*

### Grossesse et allaitement

Ce médicament contient une substance présumée sans danger pendant la grossesse ou l'allaitement ; il est néanmoins préférable de ne l'utiliser que sur avis médical chez la femme enceinte ou qui allaite.

### Mode d'emploi et posologie

Ce médicament doit être pris avec un verre d'eau.

**Posologie usuelle :**

Comprimé :

- Adulte et enfant de plus de 6 ans :
  - traitement des infections herpétiques graves (sauf oculaire) : 5 comprimés par jour, à répartir dans la journée, pendant 5 à 10 jours ;
  - traitement des récidives : 2 comprimés, 2 fois par jour, en traitement continu ;
  - traitement des infections herpétiques oculaires : 2 comprimés, 5 fois par jour.

Suspension buvable :

- Adulte et enfant de plus de 2 ans :
  - traitement des infections herpétiques graves (sauf oculaire) : 5 doses de 5 ml par jour, pendant 5 à 10 jours ;
  - traitement des récidives : 1 dose de 10 ml, 2 fois par jour, en traitement continu ;
  - traitement des infections herpétiques oculaires : 1 dose de 10 ml, 5 fois par jour.

**Conseils :** Lorsque ce médicament vous a été prescrit pour que vous puissiez traiter vous-même une poussée d'*herpès*, n'hésitez pas à commencer le traitement dès les premiers signes : il n'en sera que plus efficace.

### Effets indésirables possibles

*Troubles digestifs.*

Rarement : *éruption cutanée*, maux de tête, fatigue.

Suspension buvable :

Comme tous les médicaments et confiseries contenant des sucres non absorbables (sorbitol, maltitol...), possibilité de *diarrhée* en cas d'apport important.

Laboratoires GlaxoSmithKline

## ZOVIRAX 800

Antiviral — sur ordonnance

### Présentation

**ZOVIRAX :** comprimé (bleu) ; boîte de 35. Liste I - Remb 65 % - **Prix : 68,27 €.**

**ZOVIRAX :** suspension buvable (arôme orange) ; flacon de 180 ml avec bouchon doseur gradué de 10 ml. Liste I - Remb 65 % - **Prix : 50,29 €.**

### Composition

| | p cp | p 10 ml |
|---|---|---|
| **Aciclovir** | 800 mg | 800 mg |
| Sorbitol | | + |

### Dans quel cas ce médicament est-il prescrit ?

C'est un antiviral puissant, actif sur les *virus* du groupe de l'*herpès*. Il empêche la reproduction des virus dans les cellules infectées, mais ne peut détruire les virus cachés dans les ganglions nerveux, responsables de la réapparition d'un *zona* plusieurs années après une varicelle (c'est le même virus qui provoque les deux affections).

Il est utilisé dans le *traitement préventif* des complications du *zona* ophtalmique.

**Attention :** Des précautions sont nécessaires en cas d'*insuffisance rénale.*

### Grossesse et allaitement

Ce médicament contient une substance présumée sans danger pendant la grossesse ou l'allaitement ; il est néanmoins préférable de ne l'utiliser que sur avis médical chez la femme enceinte ou qui allaite.

### Mode d'emploi et posologie

Ce médicament doit être pris dans les 48 heures qui suivent l'apparition des *symptômes.* Les prises sont réparties au cours de la journée.

Les comprimés ne sont pas adaptés à l'enfant de moins de 6 ans. En effet, ils risquent d'obstruer les voies respiratoires si l'enfant déglutit mal et que le comprimé passe dans la trachée (fausse route).

**Posologie usuelle :**

5 comprimés ou 5 doses de 10 ml par jour, pendant 7 jours.

### Effets indésirables possibles

*Troubles digestifs.*

Rarement : *éruption cutanée*, maux de tête, fatigue.

Suspension buvable :

Comme tous les médicaments et confiseries contenant des sucres non absorbables (sorbitol, maltitol...), possibilité de *diarrhée* en cas d'apport important.

Laboratoires GlaxoSmithKline

## ZOVIRAX crème tube de 2 g

Antiherpétique local

### Présentation

ZOVIRAX : crème ; tube de 2 g. Non remb.

### Composition

| | p 100 g |
|---|---|
| **Aciclovir** | 5 g |

### Dans quel cas ce médicament est-il prescrit ?

Ce médicament est un *antiviral* puissant. Il bloque la multiplication du *virus* herpétique au sein des cellules infectées.

Il est utilisé dans le traitement de l'*herpès* labial (également appelé bouton de fièvre) ou génital.

### Contre-indications

Cette crème ne doit pas être utilisée pour traiter un *herpès* sur l'œil ou à l'intérieur de la bouche ou du vagin.

**Attention :** Ce médicament disponible sans ordonnance est destiné à être utilisé sur les conseils de votre pharmacien ; signalez-lui tout *antécédent* de *réaction allergique* à un médicament contenant de l'aciclovir ou du valaciclovir.

Ce médicament traite les poussées d'*herpès* mais n'élimine pas le *virus* de l'organisme. Il n'empêche donc pas la survenue d'autres crises.

Les ultraviolets favorisent les poussées d'herpès labial. Évitez l'exposition au soleil fort ou aux UV, ou appliquez un écran total en quantité suffisante et renouvelée.

### Grossesse et allaitement

Cette crème peut être utilisée pendant la grossesse ou l'allaitement. Néanmoins l'existence d'un *herpès* du mamelon contre-indique l'allaitement.

### Mode d'emploi et posologie

Le traitement doit être commencé dès les premiers *symptômes* annonçant une poussée d'*herpès*.

**Posologie usuelle :**

5 applications par jour.

La durée du traitement varie de 5 à 10 jours.

**Conseils :** L'herpès est une maladie contagieuse. Lavez-vous soigneusement les mains après l'application de la crème ou en cas de contact avec les lésions ; notamment, évitez absolument de toucher vos yeux avec des doigts contaminés. Le maximum de la contagiosité correspond à l'apparition des vésicules.

Abstenez-vous de rapports sexuels jusqu'à la cicatrisation des lésions.

La crème ne doit pas être conservée au réfrigérateur.

### Effets indésirables possibles

Picotements, sensation de brûlure locale, rougeur, sécheresse de la peau.

Laboratoires GlaxoSmithKline

## ZOVIRAX crème tube de 10 g

Antiherpétique local — sur ordonnance

### Présentation

ZOVIRAX 5 % : crème ; tube de 10 g. Liste I - Remb 35 % - **Prix : 14,87 €**.

### Composition

| | p 100 g |
|---|---|
| **Aciclovir** | 5 g |
| Propylèneglycol | + |

### Dans quel cas ce médicament est-il prescrit ?

Ce médicament est un *antiviral* puissant. Il bloque la multiplication du *virus* herpétique au sein des cellules infectées.

Il est utilisé dans le traitement de l'*herpès* des organes génitaux.

### Contre-indications

Cette crème ne doit pas être appliquée sur l'œil ou à l'intérieur de la bouche ou du vagin.

**Attention :** Ce médicament traite les poussées d'*herpès* mais n'élimine pas le *virus* de l'organisme. Il n'empêche donc pas la survenue d'autres crises.

### Grossesse et allaitement

Cette crème peut être utilisée pendant la grossesse ou l'allaitement sur avis médical.

### Mode d'emploi et posologie

Le traitement doit être commencé dès les premiers *symptômes* annonçant une poussée d'*herpès*.

**Posologie usuelle :**

5 applications par jour.

La durée du traitement varie de 5 à 10 jours.

**Conseils :** L'herpès est une maladie contagieuse. Lavez-vous soigneusement les mains après l'application de la crème ou en cas de contact avec les lésions ; notamment, évitez absolument de toucher vos yeux avec des doigts contaminés. Le maximum de la contagiosité correspond à l'apparition des vésicules.

Abstenez-vous de rapports sexuels jusqu'à la cicatrisation des lésions.

La crème ne doit pas être conservée au réfrigérateur.

### Effets indésirables possibles

Picotements, sensation de brûlure locale, rougeur, sécheresse de la peau.

Laboratoires GlaxoSmithKline

## ZOVIRAX pommade ophtalmique

*Informations détaillées sur www.monvidal.com*

## ZOXAN

Alphabloquant — sur ordonnance

### Présentation

ZOXAN LP 4 mg : comprimé à *libération prolongée* (blanc) ; boîte de 28. Liste I - Remb 35 % - **Prix : 24,72 €**.

ZOXAN LP 8 mg : comprimé à *libération prolongée* (blanc) ; boîte de 28. Liste I - Remb 35 % - **Prix : 24,72 €**.

### Composition

| | p cp | p cp |
|---|---|---|
| **Doxazosine** | 4 mg | 8 mg |

### Dans quel cas ce médicament est-il prescrit ?

Ce médicament appartient à la famille des *alphabloquants*. Il lutte contre la contraction des *voies* urinaires.

Il est utilisé dans le traitement des troubles urinaires dus à un *adénome de la prostate*.

### Contre-indications

Ce médicament ne doit pas être utilisé dans les cas suivants :

- *antécédent* d'*hypotension orthostatique*,
- antécédent d'occlusion de l'œsophage ou de l'intestin.

**Attention :** Des précautions sont nécessaires en cas d'*insuffisance hépatique* ou d'*insuffisance cardiaque*.

Une *hypotension orthostatique*, due à la dilatation des vaisseaux sanguins, peut survenir dans les heures qui suivent la prise du médicament. Ce malaise, souvent précédé de *vertiges* et de sueurs, est favorisé par un passage trop brutal en position verticale (en se levant d'une chaise ou d'un lit). Les risques sont surtout importants les premiers jours du traitement pendant lesquels il convient d'éviter les activités dangereuses. Ensuite, l'organisme s'adapte au médicament. En cas de sensation d'étourdissement, allongez-vous quelques minutes et relevez-vous progressivement.

Conducteur : ce médicament peut être responsable de *vertiges*.

### Interactions avec d'autres substances

Ce médicament peut interagir avec les *antihypertenseurs*, surtout les autres *alphabloquants*. Votre médecin adaptera la *posologie* pour limiter le risque d'*hypotension orthostatique*, mais il doit être parfaitement informé des médicaments que vous prenez conjointement.

En cas d'intervention chirurgicale, informez l'anesthésiste de la prise de ce médicament.

### Grossesse et allaitement

Ce médicament n'a pas d'indication chez la femme.

### Mode d'emploi et posologie

Ce médicament peut être pris indifféremment au cours ou en dehors des repas. Les comprimés sont à avaler entiers, sans être croqués ou divisés, avec un grand verre d'eau.

**Posologie usuelle :**

1 comprimé à 4 mg par jour. Ne pas dépasser 8 mg par jour.

**Conseils :** Ce médicament ne permet pas de faire régresser la taille de l'adénome. C'est un *traitement symptomatique* qui facilite l'ouverture du *sphincter* urinaire. Il est utilisé lorsque l'ablation de l'adénome n'est pas justifiée (troubles modérés) ou doit être retardée pour une raison quelconque.

Il est normal de retrouver le comprimé dans les selles : son contenu a été libéré dans l'intestin.

### Effets indésirables possibles

*Hypotension orthostatique*, sensations vertigineuses, malaises.

Maux de tête, fatigue, somnolence, *œdèmes*.

*Troubles digestifs.*

Bouche sèche, *rhinite*.

*Réaction allergique.*

Laboratoires Pfizer

## ZUMALGIC

*Informations détaillées sur www.monvidal.com*

## ZYBAN

*Informations détaillées sur www.monvidal.com*

## ZYLORIC

Antigoutteux

sur ordonnance

### Présentation

ZYLORIC 100 : comprimé (blanc) ; boîte de 28. Liste I - Remb 65 % - **Prix : 1,91 €.**
ZYLORIC 200 : comprimé (blanc) ; boîte de 28. Liste I - Remb 65 % - **Prix : 2,70 €.**
ZYLORIC 300 : comprimé (blanc) ; boîte de 28. Liste I - Remb 65 % - **Prix : 3,30 €.**

### Composition

| | p cp | p cp | p cp |
|---|---|---|---|
| **Allopurinol** | 100 mg | 200 mg | 300 mg |
| Lactose | + | + | + |

### Dans quel cas ce médicament est-il prescrit ?

C'est un hypo-uricémiant : il diminue la production d'*acide urique*, abaisse son taux dans le sang et donc dans les urines.

Il est utilisé dans le traitement de l'excès d'*acide urique* et de ses conséquences : *goutte* et *lithiases* urinaires.

### Contre-indications

Ce médicament ne doit pas être utilisé dans les cas suivants :

- *allergie* à l'allopurinol,
- enfant de moins de 6 ans,
- **allaitement**.

**Attention :** Ce médicament peut exceptionnellement provoquer des *réactions allergiques* cutanées graves. La survenue d'une réaction allergique sérieuse impose l'arrêt du traitement et contre-indique sa réutilisation.

Ce médicament n'est pas un *traitement de la crise* de *goutte*. Paradoxalement, il peut provoquer des crises de goutte en début de traitement. Le médecin lui associe généralement de la colchicine pendant les premiers mois de traitement.

Certains *antécédents* doivent être portés à la connaissance de votre médecin : maladie de *Lesch-Nyhan*, certaines maladies du sang, *insuffisance rénale*.

Des analyses de sang et d'urine sont nécessaires pour juger de l'efficacité du traitement.

Conducteur : ce médicament peut être responsable de *vertiges*.

### Interactions avec d'autres substances

Ce médicament peut interagir avec les médicaments contenant de la mercaptopurine ou de l'azathioprine.

Informez par ailleurs votre médecin si vous prenez un *anticoagulant* oral, une *pénicilline* à spectre élargi ou un médicament contenant de la théophylline ou de l'aminophylline.

### Grossesse et allaitement

L'effet de ce médicament pendant la grossesse est mal connu. Par mesure de prudence, son usage est déconseillé.

Ce médicament passe dans le lait maternel. Il est contre-indiqué pendant l'allaitement.

### Mode d'emploi et posologie

Les comprimés sont avalés de préférence après les repas pour améliorer la tolérance digestive.

**Posologie usuelle :**

Elle est fonction du taux d'*acide urique*.

**Conseils :** Une crise de *goutte* peut être provoquée par un excès alimentaire mais aussi par un jeûne prolongé, une fatigue excessive, un stress, un traumatisme.

Le traitement reste justifié même si le taux d'*acide urique* est normal pendant la crise de goutte.

### Effets indésirables possibles

En début de traitement : crise de *goutte* prévenue généralement par l'association de colchicine.

Rarement : *troubles digestifs*, maux de tête, *vertiges*, *neuropathie périphérique*, *gynécomastie*, *hépatite*, *réaction allergique* (voir Attention).
Exceptionnellement : fièvre, inflammation de la bouche, chute des cheveux.

**Laboratoires GlaxoSmithKline**

La prévention du *rachitisme* par la vitamine D doit être systématique chez les *nourrissons* et les jeunes enfants.
Ce médicament doit être conservé à l'abri de la lumière.

**Laboratoires Novartis Santé Familiale**

## ZYMAD 80 000 et 200 000 UI

Vitamine D — sur ordonnance

### Présentation

**ZYMAD 80 000 UI :** solution buvable (arôme orange) ; ampoule de 2 ml. Liste II - Remb 65 % - **Prix : 1,82 €.**
**ZYMAD 200 000 UI :** solution buvable (arôme orange) ; ampoule de 2 ml. Liste II - Remb 65 % - **Prix : 1,82 €.**

### Composition

| | p amp | p amp |
|---|---|---|
| **Colécalciférol (vitamine D3)** | 80 000 UI | 200 000 UI |

### Dans quel cas ce médicament est-il prescrit ?

Ce médicament contient de la *vitamine* D, qui permet la fixation osseuse du calcium et dont la *carence* provoque le *rachitisme*.
Il est utilisé pour prévenir et traiter les carences en vitamine D.

### Contre-indications

Ce médicament ne doit pas être utilisé en cas d'excès de calcium dans le sang et dans les urines, avec ou sans *lithiase*.

**Attention :** Un *surdosage* en *vitamine* D expose à des effets indésirables graves.
La vitamine D est présente dans de nombreux laits pour bébé et médicaments disponibles sans ordonnance : prenez l'avis de votre médecin ou de votre pharmacien pour éviter tout risque de *surdosage*.

### Grossesse et allaitement

Ce médicament peut être utilisé chez la femme enceinte ou chez celle qui allaite, mais la *posologie* prescrite par le médecin ne doit pas être dépassée.
Une *hypercalcémie* pendant la grossesse pourrait être néfaste pour l'enfant à naître. Veillez à ne pas absorber plusieurs médicaments contenant de la *vitamine* D pendant la grossesse.

### Mode d'emploi et posologie

Les solutions peuvent être prises pures ou diluées dans un liquide (le lait du biberon ou du jus de fruits) ou dans un aliment semi-liquide. Ne pas les mettre dans un liquide trop chaud ni les faire chauffer.

**Posologie usuelle :**
La *posologie* est strictement individuelle. Elle dépend de l'âge, de la prise de lait enrichi ou non en vitamine D, de la présence d'une maladie de l'appareil digestif...

**Conseils :** Les *carences* en *vitamine* D sont particulièrement fréquentes chez les jeunes enfants à peau sombre ou peu exposée au soleil ; en effet, la vitamine D est fabriquée par la peau sous l'influence des rayons *ultraviolets*.

## ZYMAD 10 000 UI/ml

Vitamine D

### Présentation

**ZYMAD 10 000 UI/ml :** solution buvable (arôme orange) ; flacon compte-gouttes de 10 ml (333 gouttes). Remb 65 % - **Prix : 2,73 €.**

### Composition

| | p gte |
|---|---|
| **Colécalciférol (vitamine D3)** | 300 UI |

### Dans quel cas ce médicament est-il prescrit ?

Ce médicament contient de la *vitamine* D, qui permet la fixation osseuse du calcium et dont la *carence* provoque le *rachitisme*.
Il est utilisé pour prévenir et traiter les carences en vitamine D.

### Contre-indications

Ce médicament ne doit pas être utilisé en cas d'excès de calcium dans le sang et dans les urines, avec ou sans *lithiase*.

**Attention :** Un *surdosage* en *vitamine* D expose à des effets indésirables graves.
La vitamine D est présente dans de nombreux laits pour bébé et médicaments disponibles sans ordonnance : prenez l'avis de votre médecin ou de votre pharmacien pour éviter tout risque de *surdosage*.

### Grossesse et allaitement

Ce médicament peut être utilisé chez la femme enceinte ou chez celle qui allaite, mais la *posologie* prescrite par le médecin ne doit pas être dépassée.
Une *hypercalcémie* pendant la grossesse pourrait être néfaste pour l'enfant à naître. Veillez à ne pas absorber plusieurs médicaments contenant de la *vitamine* D pendant la grossesse.

### Mode d'emploi et posologie

Les gouttes de solution peuvent être prises pures ou diluées dans le lait du biberon ou du jus de fruits. Ne pas les mettre dans un liquide trop chaud ni les faire chauffer.

**Posologie usuelle :**
La *posologie* est strictement individuelle. Elle dépend de l'âge, de la prise de lait enrichi ou non en vitamine D, de la présence d'une maladie de l'appareil digestif...

**Conseils :** Les *carences* en *vitamine* D sont particulièrement fréquentes chez les jeunes enfants à peau sombre ou peu exposée au soleil ; en effet, la vitamine D est fabriquée par la peau sous l'influence des rayons *ultraviolets*.
La prévention du *rachitisme* par la vitamine D doit être systématique chez les *nourrissons* et les jeunes enfants.

Ne conservez pas le flacon plus de 3 mois après ouverture.
Ce médicament doit être conservé à l'abri de la lumière.

**Laboratoires Novartis Santé Familiale**

## ZYMADUO

Vitamine D avec fluor

### Présentation

ZYMADUO 150 UI : solution buvable (arôme orange-caramel) ; flacon de 12 ml avec compte-gouttes. Remb 35 % - **Prix : 3,47 €**.
ZYMADUO 300 UI : solution buvable (arôme orange-caramel) ; flacon de 12 ml avec compte-gouttes. Remb 35 % - **Prix : 3,47 €**.

### Composition

| | p 4 gtes | p 4 gtes |
|---|---|---|
| **Colécalciférol (vitamine D3)** | 600 UI | 1200 UI |
| **Fluorure de sodium** | 0,552 mg | 0,552 mg |
| soit Fluor | 0,25 mg | 0,25 mg |

### Dans quel cas ce médicament est-il prescrit ?

Ce médicament associe deux substances :
- du *fluor*, qui s'incorpore à l'émail des dents et augmente leur résistance aux caries ;
- de la *vitamine* D, qui permet la fixation osseuse du calcium et dont la *carence* provoque le *rachitisme*.

Cette association est utilisée chez le *nourrisson* en *traitement préventif* de la carie dentaire et des carences en vitamine D.

### Contre-indications

Ce médicament ne doit pas être utilisé dans les cas suivants :
- excès de calcium dans le sang et dans les urines,
- calculs des *voies* urinaires contenant du calcium,
- si l'eau de boisson de votre région est fortement fluorée (voir Attention).

**Attention :** Ce médicament ne doit pas être utilisé sans avis médical préalable, notamment en raison d'un risque de *surdosage* en *vitamine* D ou en *fluor* qui expose à des effets indésirables graves.
La vitamine D est présente dans de nombreux laits pour bébé et médicaments disponibles sans ordonnance.
L'apport total en fluor ne doit pas dépasser 1 mg par jour : risque de coloration de l'émail dentaire. Certaines eaux ou certains sels de table sont riches en fluor : prenez l'avis de votre médecin sur l'utilité de ce médicament dans votre cas.
Les dosages de ce médicament sont adaptés au *traitement préventif* de la carie dentaire ; ne le confondez pas avec d'autres médicaments plus fortement dosés en fluor (25 à 100 fois plus), destinés à traiter l'*ostéoporose* chez l'adulte.

### Mode d'emploi et posologie

La solution peut être prise pure ou diluée dans un peu d'eau ou de jus de fruits.
En cas d'ingestion d'une boisson ou d'un aliment lactés, prendre ce médicament soit une demi-heure avant, soit deux heures après.

**Posologie usuelle :**
- Nourrisson de 0 à 18 mois : 4 gouttes par jour, en une prise.

Le dosage fort est réservé aux nourrissons qui ne bénéficient pas d'autres apports de *vitamine* D (lait non enrichi) ou qui ont la peau sombre.

**Conseils :** Les *carences* en *vitamine* D sont particulièrement fréquentes chez les jeunes enfants à peau sombre ou peu exposée au soleil ; en effet, la vitamine D est fabriquée par la peau sous l'influence des rayons *ultraviolets*. La prévention du *rachitisme* par la vitamine D doit être systématique chez les *nourrissons* et les jeunes enfants.
Un apport médicamenteux de fluor ne dispense pas d'une bonne hygiène buccodentaire et alimentaire : limitation de la consommation de sucres entre les repas, tout particulièrement sous forme de biscuits, de bonbons et de boissons sucrées (sodas...), éducation précoce au brossage des dents après les repas avec un dentifrice fluoré adapté à l'âge, consultation annuelle chez le dentiste.

**Laboratoires Novartis Santé Familiale**

## ZYMAFLUOR

Prévention des caries dentaires

### Présentation

ZYMAFLUOR 0,25 mg : comprimé (blanc) ; boîte de 200. Remb 35 % - **Prix : 1,77 €**.
ZYMAFLUOR 0,50 mg : comprimé (orange) ; boîte de 100. Remb 35 % - **Prix : 1,77 €**.
ZYMAFLUOR 0,75 mg : comprimé (rose) ; boîte de 100. Remb 35 % - **Prix : 2,38 €**.
ZYMAFLUOR 1 mg : comprimé (jaune) ; boîte de 100. Remb 35 % - **Prix : 2,52 €**.
ZYMAFLUOR 0,114 % : solution buvable ; flacon compte-gouttes de 20 ml (360 gouttes). Remb 35 % - **Prix : 1,50 €**.

### Composition

| | p cp | p cp | p cp |
|---|---|---|---|
| **Fluorure de sodium** | 0,553 mg | 1,105 mg | 1,658 mg |
| soit Fluor | 0,25 mg | 0,50 mg | 0,75 mg |
| Sorbitol | + | + | + |

| | p cp | p 4 gtes |
|---|---|---|
| **Fluorure de sodium** | 2,211 mg | 0,553 mg |
| soit Fluor | 1 mg | 0,25 mg |
| Sorbitol | + | + |

### Dans quel cas ce médicament est-il prescrit ?

Ce médicament contient du fluor, qui s'incorpore à l'émail des dents et augmente leur résistance aux caries. Il est utilisé dans le *traitement préventif* de la carie dentaire, chez le nourrisson et l'enfant jusqu'à 12 ans.

### Contre-indications

Ce médicament ne doit pas être utilisé si l'eau de boisson de votre région est fortement fluorée (voir Attention).

**Attention :** L'apport total en *fluor* ne doit pas dépasser 1 mg par jour : risque de coloration de l'émail dentaire. Certaines eaux ou certains sels de table sont riches en fluor : prenez l'avis de votre médecin sur l'utilité de ce médicament dans votre cas.
Les dosages de ce médicament sont adaptés au *traitement préventif* de la carie dentaire ; ne le

confondez pas avec d'autres médicaments plus fortement dosés en fluor (25 à 100 fois plus), destinés à traiter l'*ostéoporose*.

### Grossesse et allaitement

Ce médicament n'a pas d'indication pendant la grossesse ou l'allaitement.

### Mode d'emploi et posologie

Laisser fondre les comprimés dans la bouche après le brossage des dents.

Les comprimés peuvent également être avalés, croqués ou dissous dans un verre ou un biberon d'eau ou de jus de fruits.

La solution buvable peut être prise pure ou diluée dans un verre ou un biberon d'eau ou de jus de fruits.

En cas d'ingestion d'une boisson ou d'un aliment lactés, prendre ce médicament soit une demi-heure avant, soit deux heures après.

**Posologie usuelle :**

- Enfant de 3 à 9 kg (environ jusqu'à 18 mois) : 1 comprimé à 0,25 mg, ou 4 gouttes par jour.
- Enfant de 10 à 15 kg (environ de 18 mois à 4 ans) : 1 comprimé à 0,50 mg, ou 8 gouttes par jour.
- Enfant de 16 à 20 kg (environ de 4 à 6 ans) : 1 comprimé à 0,75 mg, ou 12 gouttes par jour.
- Enfant de 20 kg et plus : 1 comprimé à 1 mg, ou 16 gouttes par jour.

**Conseils :** La solution buvable est plus adaptée à l'enfant de moins de 2 ans.

Un apport médicamenteux de fluor ne dispense pas d'une bonne hygiène buccodentaire et alimentaire : limitation de la consommation de sucres entre les repas, tout particulièrement sous forme de biscuits, de bonbons et de boissons sucrées (sodas...), éducation précoce au brossage des dents après les repas avec un dentifrice fluoré adapté à l'âge, consultation annuelle chez le dentiste.

Laboratoires Novartis Santé Familiale

## ZYMIZINC

*Informations détaillées sur www.monvidal.com*

## ZYMOPLEX

*Informations détaillées sur www.monvidal.com*

## ZYPREXA

Neuroleptique atypique — sur ordonnance

### Présentation

**ZYPREXA 5 mg :** comprimé (blanc) ; boîte de 28. Liste I - Remb 65 % - **Prix : 61,12 €**.
**ZYPREXA 7,5 mg :** comprimé (blanc) ; boîte de 28. Liste I - Remb 65 % - **Prix : 61,12 €**.
**ZYPREXA 7,5 mg :** comprimé (blanc) ; boîte de 56. Liste I - Remb 65 % - **Prix : 116,94 €**.
**ZYPREXA 10 mg :** comprimé (blanc) ; boîte de 28. Liste I - Remb 65 % - **Prix : 116,94 €**.

### Composition

| | p cp 5 mg | p cp 7,5 mg | p cp 10 mg |
|---|---|---|---|
| **Olanzapine** | 5 mg | 7,5 mg | 10 mg |
| Lactose | + | + | + |

### Dans quel cas ce médicament est-il prescrit ?

Ce médicament est un *neuroleptique* dit « atypique ». Certains de ses effets indésirables sont moins marqués que ceux des neuroleptiques « classiques ». Il a des propriétés antipsychotiques et agit également comme régulateur de l'*humeur* (thymorégulateur).

Il est utilisé dans le traitement de certains troubles psychiques, notamment *schizophrénie*, *troubles bipolaires*, *états maniaques*.

### Contre-indications

Ce médicament ne doit pas être utilisé chez les personnes prédisposées au *glaucome* à angle fermé.

**Attention :** Dans le traitement de certains troubles psychiques, les *neuroleptiques* permettent de contrôler efficacement la maladie, mais un arrêt intempestif du traitement expose à une rechute grave.

En cas de survenue d'une fièvre inexpliquée associée à une raideur musculaire (qui pourraient être dues au médicament), ne poursuivez pas le traitement sans avis médical : risque de *syndrome malin des neuroleptiques*.

Des précautions sont nécessaire en cas d'*antécédent* d'*épilepsie*, de *diabète*, de maladie de *Parkinson*, de maladie du foie ou de prédisposition à l'*hypotension orthostatique*.

Les troubles urinaires en rapport avec un *adénome de la prostate*, une constipation rebelle, ou d'autres symptômes susceptibles d'être accentués par les effets *atropiniques* (modérés) de ce médicament doivent être signalés au médecin.

Évitez les boissons alcoolisées : augmentation du risque de somnolence.

Ce médicament peut induire une somnolence, parfois intense chez certaines personnes. Cette somnolence peut être majorée par la prise d'*alcool* ou d'autres médicaments *sédatifs*. La conduite et l'utilisation de machines dangereuses sont déconseillées, surtout dans les heures qui suivent la prise du médicament.

### Interactions avec d'autres substances

Ce médicament peut interagir avec les médicaments *dopaminergiques* et les médicaments contenant de la fluvoxamine ou de la ciprofloxacine.

Un délai d'au moins 2 heures doit être respecté entre la prise de ce médicament et de ceux contenant du charbon.

### Grossesse et allaitement

L'effet de ce médicament pendant la grossesse est mal connu : seul votre médecin peut évaluer le risque éventuel de son utilisation dans votre cas.

Ce médicament passe faiblement dans le lait maternel : l'allaitement est déconseillé sans avis médical.

### Mode d'emploi et posologie

La dose quotidienne est généralement prise en une fois ; les comprimés peuvent être pris pendant ou entre les repas.

**Posologie usuelle :**

- Adulte : 5 à 20 mg par jour.

**Conseils :** Une prise de poids peut être observée au cours du traitement. Une alimentation équilibrée, et si nécessaire les conseils d'un nutritionniste, peuvent prévenir et limiter ce phénomène.
Ce médicament doit être conservé à l'abri de la lumière, de préférence dans son emballage d'origine.

### Effets indésirables possibles

Fréquents (plus de 10 % des utilisateurs) : somnolence, prise de poids (surtout chez les sujets initialement minces et aux posologies supérieures ou égales à 15 mg par jour).
Occasionnels : vertiges, fatigue, augmentation de l'appétit, *œdèmes*, *hypotension orthostatique*, constipation, bouche sèche, mouvements ou grimaces involontaires, tremblement, raideur anormale, augmentation transitoire des *transaminases*.
Rares (moins de 1 % des utilisateurs) : *photosensibilisation*, ralentissement du cœur, développement ou tension des seins, écoulement mammaire, augmentation du taux de sucre dans le sang.
Exceptionnels (moins de 0,1 % des utilisateurs) : anomalie de la *numération formule sanguine*, *convulsions*, éruption cutanée, *pancréatite*, *hépatite*, *priapisme*, difficulté pour uriner.

Laboratoires Lilly France

## ZYPREXA VELOTAB

Neuroleptique atypique — sur ordonnance

### Présentation

ZYPREXA VELOTAB 5 mg : comprimé *orodispersible* (jaune) ; boîte de 28. Liste I - Remb 65 % - **Prix : 61,12 €.**
ZYPREXA VELOTAB 10 mg : comprimé *orodispersible* (jaune) ; boîte de 28. Liste I - Remb 65 % - **Prix : 116,94 €.**

### Composition

| | p cp | p cp |
|---|---|---|
| **Olanzapine** | 5 mg | 10 mg |
| Aspartam | + | + |

### Dans quel cas ce médicament est-il prescrit ?

Ce médicament est un *neuroleptique* dit « atypique ». Certains de ses effets indésirables sont moins marqués que ceux des neuroleptiques classiques. Il a des propriétés antipsychotiques et agit également comme régulateur de l'*humeur* (thymorégulateur).
Il est utilisé dans le traitement de certains troubles psychiques, notamment *schizophrénie*, *troubles bipolaires*, *états maniaques*.

### Contre-indications

Ce médicament ne doit pas être utilisé dans les cas suivants :
- personnes prédisposées au *glaucome* à angle fermé ;
- *phénylcétonurie* (présence d'aspartam).

**Attention :** Dans le traitement de certains troubles psychiques, les *neuroleptiques* permettent de contrôler efficacement la maladie, mais un arrêt intempestif du traitement expose à une rechute grave.
En cas de survenue d'une fièvre inexpliquée associée à une raideur musculaire (qui pourraient être dues au médicament), ne poursuivez pas le traitement sans avis médical : risque de *syndrome malin des neuroleptiques*.
Des précautions sont nécessaire en cas d'*antécédent* d'*épilepsie*, de *diabète*, de maladie de *Parkinson*, de maladie du foie ou de prédisposition à l'*hypotension orthostatique*.
Les troubles urinaires en rapport avec un *adénome de la prostate*, une constipation rebelle, ou d'autres symptômes susceptibles d'être accentués par les effets *atropiniques* (modérés) de ce médicament doivent être signalés au médecin.
Évitez les boissons alcoolisées : augmentation du risque de somnolence.
Ce médicament peut induire une somnolence, parfois intense chez certaines personnes. Cette somnolence peut être majorée par la prise d'*alcool* ou d'autres médicaments *sédatifs*. La conduite et l'utilisation de machines dangereuses sont déconseillées, surtout dans les heures qui suivent la prise du médicament.

### Interactions avec d'autres substances

Ce médicament peut interagir avec les médicaments *dopaminergiques* et les médicaments contenant de la fluvoxamine ou de la ciprofloxacine.
Un délai d'au moins 2 heures doit être respecté entre la prise de ce médicament et de ceux contenant du charbon.

### Grossesse et allaitement

L'effet de ce médicament pendant la grossesse est mal connu : seul votre médecin peut évaluer le risque éventuel de son utilisation dans votre cas.
Ce médicament passe faiblement dans le lait maternel : l'allaitement est déconseillé sans avis médical.

### Mode d'emploi et posologie

Ce médicament peut être pris indiféremment pendant ou en dehors des repas.
Les comprimés orodispersibles peuvent être mis directement dans la bouche ou bien dissous préalablement dans un verre d'eau ou une autre boisson.

**Posologie usuelle :**
- Adulte : 5 à 20 mg par jour.

**Conseils :** Une prise de poids peut être observée au cours du traitement. Une alimentation équilibrée, et si nécessaire les conseils d'un nutritionniste, peuvent prévenir et limiter ce phénomène.
Ce médicament doit être conservé à l'abri de la lumière, dans son emballage d'origine.

### Effets indésirables possibles

Fréquents (plus de 10 % des utilisateurs) : somnolence, prise de poids (surtout chez les sujets initialement minces et aux posologies supérieures ou égales à 15 mg par jour).
Occasionnels : vertiges, fatigue, augmentation de l'appétit, *œdèmes*, *hypotension orthostatique*, constipation, bouche sèche, mouvements ou grimaces involontaires, tremblement, raideur anormale, augmentation transitoire des *transaminases*.
Rares (moins de 1 % des utilisateurs) : *photosensibilisation*, ralentissement du cœur, développement ou tension des seins, écoulement mammaire, augmentation du taux de sucre dans le sang.
Exceptionnels (moins de 0,1 % des utilisateurs) : anomalie de la *numération formule sanguine*, *convulsions*, éruption cutanée, *pancréatite*, *hépatite*, *priapisme*, difficulté pour uriner.

Laboratoires Lilly France

## ZYRTEC

Antiallergique

**sur ordonnance**

### Présentation

ZYRTEC : solution buvable ; flacon compte-gouttes de 15 ml. Liste II - Remb 35 % - **Prix : 6,17 €**.

### Composition

| | p gte |
|---|---|
| **Cétirizine dichlorhydrate** | 0,5 mg |

### Dans quel cas ce médicament est-il prescrit ?

Ce médicament est un *antihistaminique* antiallergique ; il n'a pas d'effets *sédatifs* ni *atropiniques*.

Il est utilisé dans le traitement des manifestations allergiques diverses : *rhinite* ou *conjonctivite* allergiques, *urticaire*.

### Contre-indications

Ce médicament ne doit pas être utilisé dans les cas suivants :
- *insuffisance rénale*,
- enfant de moins de 2 ans.

### Grossesse et allaitement

L'effet de ce médicament pendant la grossesse est mal connu : seul votre médecin peut évaluer le risque éventuel de son utilisation dans votre cas.

Ce médicament passe faiblement dans le lait maternel. Il est cependant préférable de ne pas l'utiliser sans avis médical pendant l'allaitement.

### Mode d'emploi et posologie

**Posologie usuelle :**
- Adulte et enfant de plus de 12 ans : 20 gouttes par jour, en 1 prise.
- Enfant de 6 à 12 ans : 20 gouttes par jour, en 1 ou 2 prises.
- Enfant de 2 à 6 ans : 10 gouttes par jour, en 1 ou 2 prises.

**Conseils :** Ce médicament agit sur les manifestations de l'*allergie* mais n'en supprime pas la cause. Si les *symptômes* persistent ou s'aggravent, n'hésitez pas à consulter votre médecin.

### Effets indésirables possibles

*Troubles digestifs*, sécheresse de la bouche, *vertiges*.

Somnolence chez l'enfant.

Exceptionnellement : *réaction allergique* cutanée, œdème de *Quincke*.

Laboratoires UCB Pharma

## ZYRTECSET

Antiallergique

### Présentation

ZYRTECSET : comprimé sécable ; boîte de 7. Non remb.

### Composition

| | p cp |
|---|---|
| **Cétirizine dichlorhydrate** | 10 mg |
| Lactose | + |

### Dans quel cas ce médicament est-il prescrit ?

Ce médicament est un *antihistaminique* antiallergique. Contrairement aux antihistaminiques plus anciens, il n'a pas d'effets *atropiniques* ni, dans la majorité des cas, d'effet *sédatif*.

Il est utilisé dans le traitement des manifestations allergiques diverses : *rhinite* ou *conjonctivite* allergiques, *urticaire*.

### Contre-indications

Ce médicament ne doit pas être utilisé dans les cas suivants :
- *insuffisance rénale*,
- enfant de moins de 6 ans.

**Attention :** Ce médicament est en vente libre. En l'absence d'avis médical, il ne doit toutefois être utilisé qu'en cas de réapparition de symptômes déjà diagnostiqués par un médecin et traités auparavant par un médicament contenant la même substance (cétirizine).
Chez les enfants de moins de 12 ans, un avis médical est nécessaire.

Ce médicament peut, dans de rares cas, entraîner une baisse de la vigilance. Assurez-vous à l'occasion des premières prises que vous le supportez bien, avant de conduire ou d'utiliser une machine dangereuse.

### Grossesse et allaitement

L'effet de ce médicament pendant la grossesse est mal connu : seul votre médecin peut évaluer le risque éventuel de son utilisation dans votre cas.

Ce médicament passe faiblement dans le lait maternel. Il est cependant préférable de ne pas l'utiliser sans avis médical pendant l'allaitement.

### Mode d'emploi et posologie

Les comprimés doivent être avalés avec un verre d'eau.

**Posologie usuelle :**
- Adulte et enfant de plus de 12 ans : 1 comprimé par jour.

La durée de traitement, sans avis médical, est limitée à 7 jours en cas de *rhinite* ou de *conjonctivite* et à 3 jours en cas d'*urticaire*.

**Conseils :** Ce médicament agit sur les manifestations de l'*allergie* mais n'en supprime pas la cause. Si les *symptômes* persistent ou s'aggravent, consultez votre médecin.

### Effets indésirables possibles

*Troubles digestifs*, sécheresse de la bouche, *vertiges*.

Rarement : somnolence.

Exceptionnellement : *réaction allergique* cutanée, œdème de *Quincke*.

Laboratoires UCB Healthcare

# Les médicaments génériques

# Tableau des médicaments génériques

Cette liste est issue du répertoire de l'Agence française de sécurité sanitaire des produits de santé (Afssaps) intégrant les dernières mises à jour publiées dans le *Journal officiel* jusqu'au 21 novembre 2006. Seuls les médicaments effectivement commercialisés sont cités dans ce tableau.

## Qu'est-ce qu'un médicament générique ?

Certains médicaments sont génériques de médicaments dont les droits sont tombés dans le domaine public (leur brevet a expiré). Ils contiennent les mêmes principes actifs que leur modèle (appelé aussi princeps) et sont absorbés de la même manière par l'organisme. Leur efficacité est identique à celle de l'original. Leur fabrication est aussi contrôlée et rigoureuse que celle du princeps, mais ils sont moins chers car le laboratoire fabricant n'a pas eu à supporter de frais de recherche et de développement. Ils constituent ainsi une alternative plus économique pour l'Assurance maladie.

## Comment reconnaît-on un médicament générique ?

Les génériques sont reconnaissables à leur dénomination. En général, ils portent le nom de la (ou des) substance(s) active(s), appelée aussi DCI (dénomination commune internationale), suivi de celui du laboratoire fabricant (par exemple : Ibuprofène GNR, ou Dextropropoxyphène Paracétamol Arrow). D'autres génériques sont parfois exploités sous un nom commercial (un nom de marque différent de celui du princeps) suivi de « Gé » permettant de l'identifier en tant que générique, mais ceci tend à devenir l'exception.

## Les génériques sont-ils vraiment identiques au médicament original ?

Un médicament est composé de substances actives et d'excipients (l'excipient est une substance sans activité thérapeutique, utilisée dans la fabrication). Les génériques contiennent les mêmes substances actives que l'original et possèdent la même efficacité. Cependant, la composition en excipients peut varier entre l'original et ses génériques. La liste des pages suivantes indique les excipients dits à effet notoire. Ils peuvent entraîner des réactions allergiques ou d'intolérance chez certains patients (l'huile d'arachide ou certains colorants, par exemple).

## Comment encourage-t-on l'usage des génériques ?

Afin de diminuer les dépenses de santé, les autorités de santé publique cherchent à favoriser l'usage des génériques en mobilisant tous les acteurs impliqués. Le patient est invité par des campagnes d'information à demander à son médecin de lui prescrire des génériques. En outre, en 2002, les médecins généralistes se sont engagés à prescrire plus de génériques en échange d'une revalorisation du prix de leur consultation. Enfin, les pharmaciens jouent également un rôle puisqu'ils sont autorisés depuis 1999 à substituer des génériques aux médicaments de marque inscrits sur l'ordonnance, après en avoir informé le patient et dans la mesure où le médecin ne s'y est pas expressément opposé.

## Qu'est-ce que le TFR ?

En règle générale, si le médicament princeps est remboursé, ses génériques le seront aussi au même taux. Pour promouvoir la vente des génériques à l'intérieur de certains groupes, toutes les spécialités de ce groupe sont remboursées par la Sécurité sociale sur la base du tarif forfaitaire de responsabilité (TFR). Ce TFR est un montant calculé sur la base du prix des génériques correspondants. Si le patient désire vraiment acheter le médicament de référence, il doit payer de sa poche la différence entre son prix de vente et le TFR. En réalité, dans la très grande majorité des cas, les fabricants des médicaments de marque concernés ont préféré aligner le prix de leurs médicaments sur le TFR, comme l'ont fait les fabricants des génériques correspondants. Les médicaments soumis au TFR sont indiqués dans le tableau des pages suivantes.

## Comment utiliser ce tableau ?

Dans les pages suivantes, les médicaments génériques sont classés selon leur substance active (DCI), par ordre alphabétique et par dosage et par forme pharmaceutique. Sous chaque DCI, les médicaments (génériques et princeps) sont classés par ordre alphabétique, le princeps (ou modèle) apparaissant en **gras**. Pour chaque médicament, vous trouverez l'existence éventuelle d'un TFR (voir ci-dessus), les excipients à effet notoire, le taux de remboursement, le prix public et le nom du laboratoire.

Dans certains cas, aucun médicament générique n'ayant été encore commercialisé, le princeps apparaît seul dans la liste. À l'inverse, le princeps n'étant parfois plus commercialisé, seuls les génériques peuvent apparaître sous certaines DCI.

| DCI / Intitulé du produit | Remb SS | Prix | Excipients à effet notoire | Laboratoire |
|---|---|---|---|---|
| **ACEBUTOLOL CHLORHYDRATE 200 mg cp** | | | | |
| ACEBUTOLOL ALTER 200 mg cp bte de 30 | 65 | 5,18 | lactose | ALTER |
| ACEBUTOLOL ARROW 200 mg cp bte de 30 | 65 | 5,18 | lactose | ARROW GÉNÉRIQUES |
| ACEBUTOLOL BIOGARAN 200 mg cp bte de 30 | 65 | 5,18 | lactose | BIOGARAN |
| ACEBUTOLOL EG 200 mg cp bte de 30 | 65 | 5,18 | lactose | EG LABO |
| ACEBUTOLOL G GAM 200 mg cp bte de 30 | 65 | 5,18 | lactose | G GAM |
| ACEBUTOLOL IVAX 200 mg cp bte de 30 | 65 | 5,18 | lactose | IVAX SAS |
| ACEBUTOLOL MERCK 200 mg cp bte de 30 | 65 | 5,18 | lactose | MERCK GÉNÉRIQUES |
| ACEBUTOLOL QUALIMED 200 mg cp bte de 30 | 65 | 5,18 | lactose | QUALIMED |
| ACEBUTOLOL RATIOPHARM 200 mg cp bte de 30 | 65 | 5,18 | | RATIOPHARM |
| ACEBUTOLOL RPG 200 mg cp bte de 30 | 65 | 5,18 | amidon de blé, lactose | RPG |
| ACEBUTOLOL SANDOZ 200 mg cp bte de 30 | 65 | 5,18 | | SANDOZ |
| ACEBUTOLOL TEVA 200 mg cp bte de 30 | 65 | 5,18 | lactose | TÉVA CLASSICS |
| ACEBUTOLOL WINTHROP 200 mg cp bte de 30 | 65 | 5,18 | lactose | WINTHROP MÉDICAMENTS |
| **SECTRAL 200 mg cp bte de 30** | 65 | 6,14 | amidon de blé, lactose | AVENTIS |
| **ACEBUTOLOL CHLORHYDRATE 400 mg cp** | | | | |
| ACEBUTOLOL ALTER 400 mg cp bte de 30 | 65 | 9,65 | lactose | ALTER |
| ACEBUTOLOL ARROW 400 mg cp séc bte de 30 | 65 | 9,65 | lactose | ARROW GÉNÉRIQUES |
| ACEBUTOLOL BIOGARAN 400 mg cp bte de 30 | 65 | 9,65 | lactose | BIOGARAN |
| ACEBUTOLOL EG 400 mg cp bte de 30 | 65 | 9,65 | lactose | EG LABO |
| ACEBUTOLOL G GAM 400 mg cp séc bte de 30 | 65 | 9,65 | lactose | G GAM |
| ACEBUTOLOL IVAX 400 mg cp bte de 30 | 65 | 9,65 | lactose | IVAX SAS |
| ACEBUTOLOL MERCK 400 mg cp bte de 30 | 65 | 9,65 | lactose | MERCK GÉNÉRIQUES |
| ACEBUTOLOL QUALIMED 400 mg cp bte de 30 | 65 | 9,65 | lactose | QUALIMED |
| ACEBUTOLOL RATIOPHARM 400 mg cp bte de 30 | 65 | 9,65 | | RATIOPHARM |
| ACEBUTOLOL RPG 400 mg cp bte de 30 | 65 | 9,65 | amidon de blé, lactose | RPG |
| ACEBUTOLOL SANDOZ 400 mg cp bte de 30 | 65 | 9,65 | | SANDOZ |
| ACEBUTOLOL TEVA 400 mg cp séc bte de 30 | 65 | 9,65 | lactose | TÉVA CLASSICS |
| ACEBUTOLOL WINTHROP 400 mg cp séc bte de 30 | 65 | 9,65 | lactose | WINTHROP MÉDICAMENTS |
| **SECTRAL 400 mg cp bte de 30** | 65 | 11,50 | amidon de blé, lactose | AVENTIS |

| DCI / Intitulé du produit | Remb SS | Prix | Excipients à effet notoire | Laboratoire |
|---|---|---|---|---|
| ACECLOFENAC 100 mg cp | | | | |
| **CARTREX 100 mg cp bte de 30** | 65 | 7,35 | | ALMIRALL SAS |
| ACICLOVIR 200 mg cp | | | | |
| ACICLOVIR ALMUS 200 mg cp bte de 25 | 65 | 17,63 | | BIOGARAN |
| ACICLOVIR ARROW 200 mg cp bte de 25 | 65 | 17,63 | | ARROW GÉNÉRIQUES |
| ACICLOVIR BIOGARAN 200 mg cp bte de 25 | 65 | 17,63 | lactose | BIOGARAN |
| ACICLOVIR EG 200 mg cp bte de 25 | 65 | 17,63 | | EG LABO |
| ACICLOVIR G GAM 200 mg cp bte de 25 | 65 | 17,63 | | G GAM |
| ACICLOVIR MERCK 200 mg cp bte de 25 | 65 | 17,63 | lactose | MERCK GÉNÉRIQUES |
| ACICLOVIR QUALIMED 200 mg cp bte de 25 | 65 | 17,63 | | QUALIMED |
| ACICLOVIR RATIOPHARM 200 mg cp bte de 25 | 65 | 17,63 | | RATIOPHARM |
| ACICLOVIR RPG 200 mg cp bte de 25 | 65 | 17,63 | lactose | RPG |
| ACICLOVIR SANDOZ 200 mg cp bte de 25 | 65 | 17,63 | lactose | SANDOZ |
| ACICLOVIR TEVA 200 mg cp bte de 25 | 65 | 17,63 | | TÉVA CLASSICS |
| **ZOVIRAX 200 mg cp bte de 25** | 65 | 20,62 | lactose | GLAXOSMITHKLINE |
| ACICLOVIR 250 mg pdre sol inj | | | | |
| **ZOVIRAX 250 mg pdre sol perf IV fl + set** | 65 | 16,26 | sodium | GLAXOSMITHKLINE |
| ACICLOVIR 3 % pom ophtalmique | | | | |
| **ZOVIRAX pom ophtalmique tube de 4,5 g** | 65 | 8,84 | | GLAXOSMITHKLINE |
| ACICLOVIR 5 % crème | | | | |
| ACICLOVIR ARROW 5 % crème tube de 10 g | 35 | 12,47 | propylèneglycol | ARROW GÉNÉRIQUES |
| ACICLOVIR BIOGARAN 5 % crème tube de 10 g | 35 | 12,47 | propylèneglycol | BIOGARAN |
| ACICLOVIR EG 5 % crème tube de 10 g | 35 | 12,47 | propylèneglycol | EG LABO |
| ACICLOVIR G GAM 5 % crème tube de 10 g | 35 | 12,47 | propylèneglycol | G GAM |
| ACICLOVIR IREX 5 % crème tube de 10 g | NR | 12,47 | propylèneglycol | WINTHROP MÉDICAMENTS |
| ACICLOVIR IVAX 5 % crème tube de 10 g | 35 | 12,47 | propylèneglycol | IVAX SAS |
| ACICLOVIR MERCK 5 % crème tube de 10 g | 35 | 12,47 | propylèneglycol | MERCK GÉNÉRIQUES |
| ACICLOVIR QUALIMED 5 % crème tube de 10 g | 35 | 12,47 | propylèneglycol | QUALIMED |
| ACICLOVIR RATIOPHARM 5 % crème tube de 10 g | 35 | 12,47 | propylèneglycol | RATIOPHARM |
| ACICLOVIR RPG 5 % crème tube de 10 g | 35 | 12,47 | propylèneglycol | RPG |
| ACICLOVIR SANDOZ 5 % crème tube de 10 g | 35 | 12,47 | propylèneglycol | SANDOZ |

Voir p. 1154 : Comment utiliser ce tableau ?

| | | | | |
|---|---|---|---|---|
| ACICLOVIR TEVA 5 % crème tube de 10 g | 35 | 12,47 | propylèneglycol | TÉVA CLASSICS |
| ACICLOVIR WINTHROP 5 % crème tube de 10 g | 35 | 12,47 | propylèneglycol | WINTHROP MÉDICAMENTS |
| ACICLOVIR ZYDUS 5 % crème tube de 10 g | 35 | 12,47 | propylèneglycol | ZYDUS FRANCE |
| **ZOVIRAX 5 % crème tube de 10 g** | 35 | 14,87 | propylèneglycol | GLAXOSMITHKLINE |
| ACICLOVIR 500 mg pdre sol inj | | | | |
| **ZOVIRAX 500 mg pdre sol perf IV fl + set** | 65 | 30,86 | sodium | GLAXOSMITHKLINE |
| ACICLOVIR 800 mg cp (TFR) | | | | |
| ACICLOVIR ARROW 800 mg cp bte de 35 | 65 | 58,83 | | ARROW GÉNÉRIQUES |
| ACICLOVIR BIOGARAN 800 mg cp bte de 35 | 65 | 58,83 | | BIOGARAN |
| ACICLOVIR EG 800 mg cp bte de 35 | 65 | 58,83 | | EG LABO |
| ACICLOVIR MERCK 800 mg cp bte de 35 | 65 | 58,83 | | MERCK GÉNÉRIQUES |
| ACICLOVIR QUALIMED 800 mg cp bte de 35 | 65 | 58,83 | | QUALIMED |
| ACICLOVIR RATIOPHARM 800 mg cp bte de 35 | 65 | 58,83 | | RATIOPHARM |
| ACICLOVIR RPG 800 mg cp bte de 35 | 65 | 58,83 | | RPG |
| ACICLOVIR SANDOZ 800 mg cp bte de 35 | 65 | 68,27 | | SANDOZ |
| ACICLOVIR TEVA 800 mg cp bte de 35 | 65 | 58,83 | | TÉVA CLASSICS |
| **ZOVIRAX 800 mg cp bte de 35** | 65 | 68,27 | | GLAXOSMITHKLINE |
| ACIDE ALENDRONIQUE 10 mg cp | | | | |
| ACIDE ALENDRONIQUE ARROW 10 mg cp bte de 28 | 65 | 22,23 | lactose | ARROW GÉNÉRIQUES |
| ACIDE ALENDRONIQUE EG 10 mg cp bte de 28 | 65 | 22,23 | lactose | EG LABO |
| ALENDRONATE TEVA 10 mg cp bte de 28 | 65 | 22,23 | | TÉVA CLASSICS |
| **FOSAMAX 10 mg cp bte de 28** | 65 | 32,60 | lactose | MERCK SHARP ET DOHME-CHIBRET |
| ACIDE ALENDRONIQUE 70 mg cp | | | | |
| ACIDE ALENDRONIQUE ARROW 70 mg cp bte de 4 | 65 | 20,51 | lactose | ARROW GÉNÉRIQUES |
| ACIDE ALENDRONIQUE BIOGARAN 70 mg cp bte de 4 | 65 | 20,51 | lactose | BIOGARAN |
| ACIDE ALENDRONIQUE EG 70 mg cp bte de 4 | 65 | 20,51 | lactose | EG LABO |
| ACIDE ALENDRONIQUE MERCK 70 mg cp bte de 12 | 65 | 52,32 | lactose | MERCK GÉNÉRIQUES |
| ACIDE ALENDRONIQUE MERCK 70 mg cp bte de 4 | 65 | 20,51 | lactose | MERCK GÉNÉRIQUES |
| ACIDE ALENDRONIQUE QUALIMED 70 mg cp bte de 12 | 65 | 52,32 | lactose | MERCK GÉNÉRIQUES |
| ACIDE ALENDRONIQUE QUALIMED 70 mg cp bte de 4 | 65 | 20,51 | lactose | MERCK GÉNÉRIQUES |
| ACIDE ALENDRONIQUE RATIOPHARM 70 mg cp bte de 4 | 65 | 20,51 | lactose | RATIOPHARM |
| **FOSAMAX 70 mg cp bte de 12** | 65 | 91,86 | lactose | MERCK SHARP ET DOHME-CHIBRET |
| **FOSAMAX 70 mg cp bte de 4** | 65 | 34,16 | lactose | MERCK SHARP ET DOHME-CHIBRET |

| DCI / Intitulé du produit | Remb SS | Prix | Excipients à effet notoire | Laboratoire |
|---|---|---|---|---|
| **ACIDE FOLIQUE 5 mg cp** | | | | |
| ACIDE FOLIQUE CCD 5 mg cp bte de 20 | 65 | 1,86 | | CCD |
| **SPECIAFOLDINE 5 mg cp tube de 20** | 65 | 2,14 | | THERAPLIX |
| **ACIDE TIAPROFENIQUE 100 mg cp (TFR)** | | | | |
| ACIDE TIAPROFENIQUE EG 100 mg cp séc bte de 30 | 65 | 3,41 | lactose | EG LABO |
| ACIDE TIAPROFENIQUE IREX 100 mg cp séc bte de 30 | NR | 3,41 | lactose | WINTHROP MÉDICAMENTS |
| ACIDE TIAPROFENIQUE IVAX 100 mg cp séc bte de 30 | 65 | 3,41 | lactose | IVAX SAS |
| ACIDE TIAPROFENIQUE TEVA 100 mg cp séc bte de 30 | 65 | 3,41 | lactose | TÉVA CLASSICS |
| ACIDE TIAPROFENIQUE WINTHROP 100 mg cp séc bte de 30 | 65 | 3,41 | lactose | IREX |
| FLANID Gé 100 mg cp séc bte de 30 | 65 | 3,41 | | PIERRE FABRE ORAL CARE |
| **SURGAM 100 mg cp séc bte de 30** | 65 | 3,41 | | GRÜNENTHAL |
| **ACIDE TIAPROFENIQUE 200 mg cp séc (TFR)** | | | | |
| FLANID Gé 200 mg cp séc bte de 15 | 65 | 3,52 | | PIERRE FABRE ORAL CARE |
| **SURGAM 200 mg cp séc bte de 15** | 65 | 3,52 | | GRÜNENTHAL |
| **ACIDE TRANEXAMIQUE 1 g sol buv (TFR)** | | | | |
| **EXACYL 1 g/10 ml sol buv 5 amp/10 ml** | 35 | 2,80 | | SANOFI-AVENTIS FRANCE |
| SPOTOF Gé 100 mg/ml sol buv 5 amp/10 ml | 35 | 2,80 | | CCD |
| **ACIDE TRANEXAMIQUE 500 mg cp (TFR)** | | | | |
| **EXACYL 500 mg cp bte de 20** | 35 | 3,63 | amidon de blé, saccharose | SANOFI-AVENTIS FRANCE |
| SPOTOF Gé 500 mg cp bte de 20 | 35 | 3,63 | amidon de blé, saccharose | CCD |
| **ALFUZOSINE CHLORHYDRATE 2,5 mg cp** | | | | |
| ALFUZOSINE WINTHROP 2,5 mg cp bte de 30 | 35 | 7,21 | lactose | WINTHROP MÉDICAMENTS |
| **XATRAL 2,5 mg cp bte de 30** | 35 | 10,05 | lactose | SANOFI-AVENTIS FRANCE |
| **ALFUZOSINE CHLORHYDRATE LP 10 mg cp** | | | | |
| ALFUZOSINE BIOGARAN 10 mg cp LP bte de 30 | 35 | 19,52 | | BIOGARAN |
| ALFUZOSINE EG 10 mg cp LP bte de 30 | 35 | 19,52 | lactose | EG LABO |
| ALFUZOSINE MERCK 10 mg cp LP bte de 30 | 35 | 19,52 | lactose | MERCK GÉNÉRIQUES |
| ALFUZOSINE QUALIMED 10 mg cp LP bte de 30 | 35 | 19,52 | lactose | QUALIMED |
| ALFUZOSINE RANBAXY 10 mg cp LP bte de 30 | 35 | 19,52 | lactose | RPG |
| ALFUZOSINE RATIOPHARM 10 mg cp LP bte de 30 | 35 | 19,52 | lactose | RATIOPHARM |
| ALFUZOSINE SANDOZ 10 mg cp LP bte de 30 | 35 | 19,52 | lactose | SANDOZ |

Voir p. 1154 : Comment utiliser ce tableau ?

| | | | | |
|---|---|---|---|---|
| ALFUZOSINE TEVA 10 mg cp LP bte de 30 | 35 | 19,52 | lactose | TÉVA CLASSICS |
| ALFUZOSINE WINTHROP 10 mg cp LP bte de 30 | 35 | 19,52 | huile de ricin hydrogénée | WINTHROP MÉDICAMENTS |
| **XATRAL LP 10 mg cp bte de 30** | 35 | 28,99 | huile de ricin hydrogénée | SANOFI-AVENTIS FRANCE |
| ALGINATE DE SODIUM HV 1,1 g, ALGINATE DE SODIUM HVS20 1,4 g + AGAR-AGAR 0,3 g granulé sol buv | | | | |
| **PSEUDOPHAGE granulé s buv 20 sach/10 g** | NR | 17,52 | aspartam, jaune orange S (E 110), lactose, maltitol | SERVIER |
| ALLOPURINOL 100 mg cp | | | | |
| ALLOPURINOL ALMUS 100 mg cp bte de 28 | 65 | 1,66 | | ALMUS FRANCE |
| ALLOPURINOL ARROW 100 mg cp bte de 28 | 65 | 1,66 | amidon de blé, lactose | ARROW GÉNÉRIQUES |
| ALLOPURINOL BIOGARAN 100 mg cp bte de 28 | 65 | 1,66 | lactose | BIOGARAN |
| ALLOPURINOL EG 100 mg cp bte de 28 | 65 | 1,66 | amidon de blé, lactose | EG LABO |
| ALLOPURINOL IVAX 100 mg caps bte de 28 | 65 | 1,66 | huile d'arachide, huile de soja, lécithine de soja, sorbitol | IVAX SAS |
| ALLOPURINOL MERCK 100 mg cp bte de 28 | 65 | 1,66 | lactose | MERCK GÉNÉRIQUES |
| ALLOPURINOL RATIOPHARM 100 mg caps bte de 28 | 65 | 1,66 | huile d'arachide, huile de soja, lécithine de soja, sorbitol | RATIOPHARM |
| ALLOPURINOL RPG 100 mg cp bte de 28 | 65 | 1,66 | lactose | RPG |
| ALLOPURINOL SANDOZ 100 mg cp bte de 28 | 65 | 1,66 | amidon de blé, lactose | SANDOZ |
| ALLOPURINOL TEVA 100 mg caps bte de 28 | 65 | 1,66 | huile d'arachide, huile de soja, lécithine de soja, sorbitol | TÉVA CLASSICS |
| ALLOPURINOL ZYDUS 100 mg cp bte de 28 | 65 | 1,66 | amidon de blé, lactose | ZYDUS FRANCE |
| **ZYLORIC 100 mg cp bte de 28** | 65 | 1,91 | lactose | GLAXOSMITHKLINE |
| ALLOPURINOL 200 mg cp | | | | |
| ALLOPURINOL ALMUS 200 mg cp bte de 28 | 65 | 2,31 | | ALMUS FRANCE |
| ALLOPURINOL ARROW 200 mg cp bte de 28 | 65 | 2,31 | amidon de blé, lactose | ARROW GÉNÉRIQUES |
| ALLOPURINOL BIOGARAN 200 mg cp bte de 28 | 65 | 2,31 | lactose | BIOGARAN |
| ALLOPURINOL EG 200 mg cp bte de 28 | 65 | 2,31 | amidon de blé, lactose | EG LABO |
| ALLOPURINOL IVAX 200 mg caps bte de 28 | 65 | 2,31 | huile d'arachide, huile de soja, lécithine de soja, sorbitol | IVAX SAS |
| ALLOPURINOL MERCK 200 mg cp bte de 28 | 65 | 2,31 | lactose | MERCK GÉNÉRIQUES |
| ALLOPURINOL RATIOPHARM 200 mg caps bte de 28 | 65 | 2,31 | huile d'arachide, huile de soja, lécithine de soja, sorbitol | RATIOPHARM |
| ALLOPURINOL RPG 200 mg cp bte de 28 | 65 | 2,31 | lactose | RPG |
| ALLOPURINOL SANDOZ 200 mg cp bte de 28 | 65 | 2,31 | amidon de blé, lactose | SANDOZ |

| DCI / Intitulé du produit | Remb SS | Prix | Excipients à effet notoire | Laboratoire |
|---|---|---|---|---|
| ALLOPURINOL TEVA 200 mg caps bte de 28 | 65 | 2,31 | huile d'arachide, huile de soja, lécithine de soja, sorbitol | TÉVA CLASSICS |
| ALLOPURINOL ZYDUS 200 mg cp bte de 28 | 65 | 2,31 | amidon de blé, lactose | ZYDUS FRANCE |
| **ZYLORIC 200 mg cp bte de 28** | 65 | 2,70 | lactose | GLAXOSMITHKLINE |
| **ALLOPURINOL 300 mg caps** | | | | |
| ALLOPURINOL ALMUS 300 mg cp bte de 28 | 65 | 2,79 | | ALMUS FRANCE |
| ALLOPURINOL ARROW 300 mg cp bte de 28 | 65 | 2,79 | amidon de blé, lactose | ARROW GÉNÉRIQUES |
| ALLOPURINOL BIOGARAN 300 mg cp bte de 28 | 65 | 2,79 | lactose | BIOGARAN |
| ALLOPURINOL EG 300 mg cp bte de 28 | 65 | 2,79 | amidon de blé, lactose | EG LABO |
| ALLOPURINOL IVAX 300 mg caps bte de 28 | 65 | 2,79 | huile d'arachide, huile de soja, lécithine de soja, sorbitol | IVAX SAS |
| ALLOPURINOL MERCK 300 mg cp bte de 28 | 65 | 2,79 | lactose | MERCK GÉNÉRIQUES |
| ALLOPURINOL RATIOPHARM 300 mg caps bte de 28 | 65 | 2,79 | huile d'arachide, huile de soja, lécithine de soja, sorbitol | RATIOPHARM |
| ALLOPURINOL RPG 300 mg cp bte de 28 | 65 | 2,79 | lactose | RPG |
| ALLOPURINOL SANDOZ 300 mg cp bte de 28 | 65 | 2,79 | amidon de blé, lactose | SANDOZ |
| ALLOPURINOL TEVA 300 mg caps bte de 28 | 65 | 2,79 | huile d'arachide, huile de soja, lécithine de soja, sorbitol | TÉVA CLASSICS |
| ALLOPURINOL ZYDUS 300 mg cp bte de 28 | 65 | 2,79 | amidon de blé, lactose | ZYDUS FRANCE |
| **ZYLORIC 300 mg cp bte de 28** | 65 | 3,30 | lactose | GLAXOSMITHKLINE |
| **ALPRAZOLAM 0,25 mg cp séc** | | | | |
| ALPRAZOLAM ALTER 0,25 mg cp séc bte de 30 | 65 | 1,74 | lactose | ALTER |
| ALPRAZOLAM ARROW 0,25 mg cp séc bte de 30 | 65 | 1,74 | lactose | ARROW GÉNÉRIQUES |
| ALPRAZOLAM BIOGARAN 0,25 mg cp séc bte de 30 | 65 | 1,74 | lactose | BIOGARAN |
| ALPRAZOLAM EG 0,25 mg cp séc bte de 30 | 65 | 1,74 | lactose | EG LABO |
| ALPRAZOLAM G GAM 0,25 mg cp séc bte de 30 | 65 | 1,74 | lactose | G GAM |
| ALPRAZOLAM MERCK 0,25 mg cp séc bte de 30 | 65 | 1,74 | lactose | MERCK GÉNÉRIQUES |
| ALPRAZOLAM RATIOPHARM 0,25 mg cp séc bte de 30 | 65 | 1,74 | lactose | RATIOPHARM |
| ALPRAZOLAM RPG 0,25 mg cp séc bte de 30 | 65 | 1,74 | lactose, sodium | RPG |
| ALPRAZOLAM SANDOZ 0,25 mg cp séc bte de 30 | 65 | 1,74 | lactose | SANDOZ |
| ALPRAZOLAM TEVA 0,25 mg cp séc bte de 30 | 65 | 1,74 | lactose, sodium | TÉVA CLASSICS |
| ALPRAZOLAM WINTHROP 0,25 mg cp séc bte de 30 | 65 | 1,74 | lactose | WINTHROP MÉDICAMENTS |

Voir p. 1154 : Comment utiliser ce tableau ?

| | | | | |
|---|---|---|---|---|
| ALPRAZOLAM ZYDUS 0,25 mg cp séc bte de 30 | 65 | 1,74 | lactose | ZYDUS FRANCE |
| **XANAX 0,25 mg cp séc bte de 30** | 65 | 1,99 | lactose | PFIZER |
| **ALPRAZOLAM 0,5 mg cp séc** | | | | |
| ALPRAZOLAM ALTER 0,5 mg cp séc bte de 30 | 65 | 2,49 | lactose | ALTER |
| ALPRAZOLAM ARROW 0,5 mg cp séc bte de 30 | 65 | 2,49 | lactose | ARROW GÉNÉRIQUES |
| ALPRAZOLAM BIOGARAN 0,5 mg cp séc bte de 30 | 65 | 2,49 | lactose | BIOGARAN |
| ALPRAZOLAM EG 0,5 mg cp séc bte de 30 | 65 | 2,49 | lactose | EG LABO |
| ALPRAZOLAM G GAM 0,5 mg cp séc bte de 30 | 65 | 2,49 | lactose | G GAM |
| ALPRAZOLAM MERCK 0,5 mg cp séc bte de 30 | 65 | 2,49 | lactose | MERCK GÉNÉRIQUES |
| ALPRAZOLAM RATIOPHARM 0,5 mg cp séc bte de 30 | 65 | 2,49 | lactose | RATIOPHARM |
| ALPRAZOLAM RPG 0,5 mg cp séc bte de 30 | 65 | 2,49 | lactose, sodium | RPG |
| ALPRAZOLAM SANDOZ 0,5 mg cp séc bte de 30 | 65 | 2,49 | lactose | SANDOZ |
| ALPRAZOLAM TEVA 0,5 mg cp séc bte de 30 | 65 | 2,49 | jaune orangé S (E 110), lactose, sodium | TÉVA CLASSICS |
| ALPRAZOLAM WINTHROP 0,5 mg cp séc bte de 30 | 65 | 2,49 | lactose | WINTHROP MÉDICAMENTS |
| ALPRAZOLAM ZYDUS 0,5 mg cp séc bte de 30 | 65 | 2,49 | lactose | ZYDUS FRANCE |
| **XANAX 0,5 mg cp séc bte de 30** | 65 | 2,91 | lactose | PFIZER |
| **AMBROXOL CHLORHYDRATE 0,6 % sol buv** | | | | |
| AMBROXOL ARROW 0,6 % sol buv fl de 150 ml + godet doseur | NR | 5,00 | glycérol, sorbitol | ARROW GÉNÉRIQUES |
| AMBROXOL BIOGARAN sans sucre 0,6 % sol buv édulcoré au sorbitol fl de 150 ml | NR | 4,98 | glycérol, sorbitol | BIOGARAN |
| AMBROXOL EG 0,6 % sol buv fl de 150 ml + cuillère-mesure | NR | 3,05 | glycérol, sorbitol | EG LABO |
| AMBROXOL IVAX 0,6 % sol buv fl de 150 ml + cuillère-mesure | NR | 3,57 | glycérol, sorbitol | IVAX SAS |
| AMBROXOL MERCK 0,6 % sol buv fl de 150 ml + godet doseur | NR | 3,30 | glycérol, sorbitol | MERCK GÉNÉRIQUES |
| AMBROXOL SANDOZ sans sucre 0,6 % sol buv fl de 150 ml | NR | 3,60 | glycérol, sorbitol | SANDOZ |
| AMBROXOL TEVA 0,6 % sol buv fl de 150 ml | NR | 4,88 | glycérol, sorbitol | TÉVA CLASSICS |
| AMBROXOL WINTHROP 0,6 % sol buv fl de 150 ml + godet doseur | NR | 3,30 | glycérol, sorbitol | WINTHROP MÉDICAMENTS |
| AMBROXOL ZYDUS 0,6 % sol buv fl de 150 ml | NR | 4,86 | sorbitol | ZYDUS FRANCE |
| **SURBRONC sol buv fl de 100 ml** | NR | 4,99 | glycérol, sorbitol | BOEHRINGER INGELHEIM FRANCE |
| **AMBROXOL CHLORHYDRATE 30 mg cp** | | | | |
| AMBROXOL ARROW 30 mg cp bte de 30 | NR | 4,17 | lactose | ARROW GÉNÉRIQUES |
| AMBROXOL BIOGARAN 30 mg cp séc bte de 30 | NR | 3,52 | lactose | BIOGARAN |
| AMBROXOL EG 30 mg cp séc bte de 30 | NR | 3,44 | lactose | EG LABO |

| DCI / Intitulé du produit | Remb SS | Prix | Excipients à effet notoire | Laboratoire |
|---|---|---|---|---|
| AMBROXOL G GAM 30 mg cp bte de 30 | NR | 4,98 | lactose | G GAM |
| AMBROXOL MERCK 30 mg cp bte de 30 | NR | 3,45 | lactose | MERCK GÉNÉRIQUES |
| AMBROXOL MERCK 30 mg cp bte de 20 | NR | 2,08 | lactose | MERCK GÉNÉRIQUES |
| AMBROXOL SANDOZ 30 mg cp bte de 30 | NR | 4,98 | lactose | SANDOZ |
| AMBROXOL TEVA 30 mg cp bte de 30 | NR | 3,57 | lactose | TÉVA CLASSICS |
| AMBROXOL ZYDUS 30 mg cp bte de 30 | NR | 4,86 | lactose | ZYDUS FRANCE |
| MUXOL Gé 30 mg cp bte de 30 | NR | 4,68 | lactose | LEURQUIN MEDIOLANUM |
| **SURBRONC 30 mg cp séc bte de 30** | NR | 5,49 | lactose | BOEHRINGER INGELHEIM FRANCE |
| **AMILORIDE CHLORHYDRATE 5 mg + HYDROCHLOROTHIAZIDE 50 mg cp (TFR)** | | | | |
| AMILORIDE HYDROCHLOROTHIAZIDE TEVA 5 mg/50 mg cp bte de 30 | 65 | 3,93 | jaune orangé S (E 110), lactose | TÉVA CLASSICS |
| CHLORHYDRATE D'AMILORIDE/HYDROCHLOROTHIAZIDE RPG 5 mg/50 mg cp bte de 30 | 65 | 3,93 | jaune orangé S (E 110), lactose | RPG |
| **MODURETIC 5 mg/50 mg cp séc bte de 90** | 65 | 10,69 | jaune orangé S (E 110), lactose | BRISTOL-MYERS SQUIBB |
| **MODURETIC cp séc bte de 30** | 65 | 3,93 | jaune orangé S (E 110), lactose | BRISTOL-MYERS SQUIBB |
| **AMIODARONE CHLORHYDRATE 200 mg cp** | | | | |
| AMIODARONE ALTER 200 mg cp séc bte de 30 | 65 | 9,86 | lactose | ALTER |
| AMIODARONE ARROW 200 mg cp séc bte de 30 | 65 | 9,86 | lactose | ARROW GÉNÉRIQUES |
| AMIODARONE BIOGARAN 200 mg cp séc bte de 30 | 65 | 9,86 | lactose | BIOGARAN |
| AMIODARONE EG 200 mg cp séc bte de 30 | 65 | 9,86 | lactose | EG LABO |
| AMIODARONE G GAM 200 mg cp séc bte de 30 | 65 | 9,86 | lactose | G GAM |
| AMIODARONE IVAX 200 mg cp séc bte de 30 | 65 | 9,86 | lactose | IVAX SAS |
| AMIODARONE MERCK 200 mg cp séc bte de 30 | 65 | 9,86 | lactose | MERCK GÉNÉRIQUES |
| AMIODARONE QUALIMED 200 mg cp séc bte de 30 | 65 | 9,86 | lactose | QUALIMED |
| AMIODARONE RATIOPHARM 200 mg cp séc bte de 30 | 65 | 9,86 | lactose | RATIOPHARM |
| AMIODARONE RPG 200 mg cp séc bte de 30 | 65 | 9,86 | lactose | RPG |
| AMIODARONE SANDOZ 200 mg cp séc bte de 30 | 65 | 9,86 | lactose | SANDOZ |
| AMIODARONE TEVA 200 mg cp séc bte de 30 | 65 | 9,86 | lactose | TÉVA CLASSICS |
| AMIODARONE WINTHROP 200 mg cp séc bte de 30 | 65 | 9,86 | lactose | WINTHROP MÉDICAMENTS |
| CORBIONAX Gé 200 mg cp séc bte de 30 | 65 | 9,86 | lactose | WINTHROP MÉDICAMENTS |
| **CORDARONE 200 mg cp séc bte de 30** | 65 | 12,98 | lactose | SANOFI-AVENTIS FRANCE |

Voir p. 1154 : Comment utiliser ce tableau ?

| | | | | |
|---|---|---|---|---|
| **AMISULPRIDE 100 mg cp** | | | | |
| AMISULPRIDE BIOGARAN 100 mg cp séc bte de 30 | 65 | 15,37 | lactose | BIOGARAN |
| AMISULPRIDE EG 100 mg cp séc bte de 30 | 65 | 15,37 | lactose | EG LABO |
| AMISULPRIDE G GAM 100 mg cp séc bte de 30 | 65 | 15,37 | lactose | G GAM |
| AMISULPRIDE IVAX 100 mg cp séc bte de 30 | 65 | 15,37 | lactose | IVAX SAS |
| AMISULPRIDE MERCK 100 mg cp séc bte de 30 | 65 | 15,37 | lactose | MERCK GÉNÉRIQUES |
| AMISULPRIDE QUALIMED 100 mg cp séc bte de 30 | 65 | 15,37 | lactose | QUALIMED |
| AMISULPRIDE RATIOPHARM 100 mg cp séc bte de 30 | 65 | 15,37 | lactose | RATIOPHARM |
| AMISULPRIDE RPG 100 mg cp séc bte de 30 | 65 | 15,37 | lactose | RPG |
| AMISULPRIDE SANDOZ 100 mg cp séc bte de 30 | 65 | 15,37 | lactose | SANDOZ |
| AMISULPRIDE TEVA 100 mg cp séc bte de 30 | 65 | 15,37 | lactose | TÉVA CLASSICS |
| AMISULPRIDE WINTHROP 100 mg cp séc bte de 30 | 65 | 15,37 | lactose | WINTHROP MÉDICAMENTS |
| **SOLIAN 100 mg cp séc bte de 30** | 65 | 22,46 | lactose | SANOFI-AVENTIS FRANCE |
| **AMISULPRIDE 200 mg cp (TFR)** | | | | |
| AMISULPRIDE BIOGARAN 200 mg cp séc bte de 60 | 65 | 50,71 | lactose | BIOGARAN |
| AMISULPRIDE EG 200 mg cp séc bte de 60 | 65 | 50,71 | lactose | EG LABO |
| AMISULPRIDE IVAX 200 mg cp séc bte de 60 | 65 | 50,71 | lactose | IVAX SAS |
| AMISULPRIDE MERCK 200 mg cp séc bte de 60 | 65 | 50,71 | lactose | MERCK GÉNÉRIQUES |
| AMISULPRIDE QUALIMED 200 mg cp séc bte de 60 | 65 | 50,71 | lactose | QUALIMED |
| AMISULPRIDE RATIOPHARM 200 mg cp séc bte de 60 | 65 | 50,71 | lactose | RATIOPHARM |
| AMISULPRIDE RPG 200 mg cp séc bte de 60 | 65 | 50,71 | lactose | RPG |
| AMISULPRIDE SANDOZ 200 mg cp séc bte de 60 | 65 | 50,71 | lactose | SANDOZ |
| AMISULPRIDE TEVA 200 mg cp séc bte de 60 | 65 | 50,71 | lactose | TÉVA CLASSICS |
| AMISULPRIDE WINTHROP 200 mg cp séc bte de 60 | 65 | 50,71 | lactose | WINTHROP MÉDICAMENTS |
| AMISULPRIDE ZYDUS 200 mg cp séc bte de 60 | 65 | 50,71 | lactose | ZYDUS FRANCE |
| **SOLIAN 200 mg cp bte de 60** | 65 | 50,71 | lactose | SANOFI-AVENTIS FRANCE |
| **AMISULPRIDE 400 mg cp séc** | | | | |
| AMISULPRIDE ARROW 400 mg cp séc bte de 30 | 65 | 52,66 | lactose | ARROW GÉNÉRIQUES |
| AMISULPRIDE BIOGARAN 400 mg cp séc bte de 30 | 65 | 52,66 | lactose | BIOGARAN |
| AMISULPRIDE EG 400 mg cp séc bte de 30 | 65 | 52,66 | lactose | EG LABO |
| AMISULPRIDE G GAM 400 mg cp séc bte de 30 | 65 | 52,66 | lactose | G GAM |
| AMISULPRIDE IVAX 400 mg cp séc bte de 30 | 65 | 52,66 | lactose | IVAX SAS |

| DCI / Intitulé du produit | Remb SS | Prix | Excipients à effet notoire | Laboratoire |
|---|---|---|---|---|
| AMISULPRIDE MERCK 400 mg cp séc bte de 30 | 65 | 52,66 | lactose | MERCK GÉNÉRIQUES |
| AMISULPRIDE QUALIMED 400 mg cp séc bte de 30 | 65 | 52,66 | lactose | QUALIMED |
| AMISULPRIDE RATIOPHARM 400 mg cp séc bte de 30 | 65 | 52,66 | lactose | RATIOPHARM |
| AMISULPRIDE TEVA 400 mg cp séc bte de 30 | 65 | 52,66 | lactose | TÉVA CLASSICS |
| AMISULPRIDE WINTHROP 400 mg cp séc bte de 30 | 65 | 52,66 | lactose | WINTHROP MÉDICAMENTS |
| AMISULPRIDE ZYDUS 400 mg cp séc bte de 30 | 65 | 52,66 | lactose | ZYDUS FRANCE |
| **SOLIAN 400 mg cp séc bte de 30** | 65 | 73,40 | lactose | SANOFI-AVENTIS FRANCE |
| **AMLODIPINE BESILATE 10 mg gél** | | | | |
| **AMLOR 10 mg gél bte de 30** | 65 | 18,51 | | PFIZER |
| **AMLOR 10 mg gél bte de 90** | 65 | 51,15 | | PFIZER |
| **AMLODIPINE BESILATE 5 mg gél** | | | | |
| **AMLOR 5 mg gél bte de 30** | 65 | 18,51 | | PFIZER |
| **AMLOR 5 mg gél bte de 90** | 65 | 51,15 | | PFIZER |
| **AMOXICILLINE 125 mg/5 ml pdre p susp buv (Groupe CLAMOXYL)** | | | | |
| AGRAM Gé sans sucre 125 mg pdre p susp buv fl de 12 doses | 65 | 1,60 | aspartam, sodium | PIERRE FABRE MÉDICAMENT |
| AMOXICILLINE ARROW 125 mg/5 ml pdre p susp buv fl de 36 g | 65 | 1,60 | saccharose, sodium | ARROW GÉNÉRIQUES |
| AMOXICILLINE EG 125 mg/5 ml pdre p susp buv fl de 60 ml | 65 | 1,60 | glucose, saccharose, sodium, sorbitol | EG LABO |
| AMOXICILLINE IVAX 125 mg/5 ml pdre p susp buv fl de 36 g | 65 | 1,60 | saccharose, sodium | IVAX SAS |
| AMOXICILLINE MERCK 125 mg/5 ml pdre p susp buv fl de 60 ml | 65 | 1,60 | glucose, saccharose, sodium, sorbitol | MERCK GÉNÉRIQUES |
| AMOXICILLINE QUALIMED 125 mg/5 ml pdre p susp buv fl de 36 g | 65 | 1,60 | saccharose, sodium | QUALIMED |
| AMOXICILLINE RATIO 125 mg/5 ml pdre p susp buv fl de 36 g | 65 | 1,60 | saccharose, sodium | RATIOPHARM |
| AMOXICILLINE SANDOZ 125 mg/5 ml pdre p susp buv fl de 36 g | 65 | 1,66 | saccharose, sodium | SANDOZ |
| AMOXICILLINE TEVA 125 mg/5 ml pdre p susp buv fl de 60 ml | 65 | 1,60 | glucose, saccharose, sodium, sorbitol | TÉVA CLASSICS |
| AMOXICILLINE ZYDUS 125 mg/5 ml pdre p susp buv fl de 36 g | 65 | 1,60 | saccharose, sodium | ZYDUS FRANCE |
| **CLAMOXYL 125 mg/5 ml pdre p susp buv fl de 60 ml** | 65 | 1,60 | aspartam, sodium | GLAXOSMITHKLINE |
| **AMOXICILLINE 125 mg/5 ml pdre p susp buv (Groupe HICONCIL)** | | | | |
| BRISTAMOX Gé 125 mg/5 ml pdre p sirop fl de 60 ml | 65 | 1,60 | saccharose, sodium | UPSA GÉNÉRIQUES |
| **HICONCIL 125 mg/5 ml pdre p sirop fl de 30 g/60 ml** | 65 | 1,60 | saccharose, sodium | BRISTOL-MYERS SQUIBB |

Voir p. 1154 : Comment utiliser ce tableau ?

| | | | | |
|---|---|---|---|---|
| **AMOXICILLINE 1 g cp dispersible (Groupe CLAMOXYL)** | | | | |
| AGRAM 1 g cp dispersible bte de 14 | 65 | 5,29 | aspartam | PIERRE FABRE MÉDICAMENT |
| AGRAM 1 g cp dispersible bte de 6 | 65 | 2,63 | aspartam | PIERRE FABRE MÉDICAMENT |
| AMODEX Gé 1 g cp dispersible bte de 14 | 65 | 5,29 | aspartam | BOUCHARA-RECORDATI |
| AMODEX Gé 1 g cp dispersible bte de 3 | 65 | 1,75 | aspartam | BOUCHARA-RECORDATI |
| AMODEX Gé 1 g cp dispersible bte de 6 | 65 | 2,63 | aspartam | BOUCHARA-RECORDATI |
| AMOXICILLINE ARROW 1 g cp dispersible bte de 14 | 65 | 5,29 | aspartam, sorbitol | ARROW GÉNÉRIQUES |
| AMOXICILLINE ARROW 1 g cp dispersible bte de 6 | 65 | 2,63 | aspartam, sorbitol | ARROW GÉNÉRIQUES |
| AMOXICILLINE BIOGARAN 1 g cp dispersible bte de 14 | 65 | 5,29 | aspartam | BIOGARAN |
| AMOXICILLINE BIOGARAN 1 g cp bte de 14 | 65 | 5,29 | aspartam, sorbitol | BIOGARAN |
| AMOXICILLINE BIOGARAN 1 g cp bte de 6 | 65 | 2,63 | aspartam, sorbitol | BIOGARAN |
| AMOXICILLINE EG 1 g cp dispersible bte de 14 | 65 | 5,29 | aspartam | EG LABO |
| AMOXICILLINE EG 1 g cp dispersible bte de 6 | 65 | 2,63 | aspartam | EG LABO |
| AMOXICILLINE HEXAL 1 g cp dispersible bte de 14 | 65 | 5,29 | lactose | G GAM |
| AMOXICILLINE HEXAL 1 g cp dispersible bte de 6 | 65 | 2,63 | lactose | G GAM |
| AMOXICILLINE MERCK 1 g cp dispersible bte de 14 | 65 | 5,29 | | MERCK GÉNÉRIQUES |
| AMOXICILLINE MERCK 1 g cp dispersible bte de 6 | 65 | 2,63 | | MERCK GÉNÉRIQUES |
| AMOXICILLINE QUALIMED 1 g cp dispersible bte de 14 | 65 | 5,29 | | QUALIMED |
| AMOXICILLINE QUALIMED 1 g cp dispersible bte de 6 | 65 | 2,63 | | QUALIMED |
| AMOXICILLINE RATIOPHARM 1 g cp dispersible bte de 14 | 65 | 5,29 | lactose | RATIOPHARM |
| AMOXICILLINE RATIOPHARM 1 g cp dispersible bte de 6 | 65 | 2,63 | lactose | RATIOPHARM |
| AMOXICILLINE RPG 1 g cp dispersible bte de 14 | 65 | 5,29 | aspartam | RPG |
| AMOXICILLINE RPG 1 g cp dispersible bte de 6 | 65 | 2,63 | aspartam | RPG |
| AMOXICILLINE SANDOZ 1 g cp dispersible bte de 14 | 65 | 5,29 | aspartam | SANDOZ |
| AMOXICILLINE SANDOZ 1 g cp dispersible bte de 6 | 65 | 2,63 | aspartam | SANDOZ |
| AMOXICILLINE TEVA 1 g cp dispersible bte de 14 | 65 | 5,29 | | TÉVA CLASSICS |
| AMOXICILLINE TEVA 1 g cp dispersible bte de 6 | 65 | 2,63 | | TÉVA CLASSICS |
| AMOXICILLINE WINTHROP 1 g cp dispersible bte de 14 | 65 | 5,29 | aspartam, glucose, sorbitol | WINTHROP MÉDICAMENTS |
| AMOXICILLINE WINTHROP 1 g cp dispersible bte de 6 | 65 | 2,63 | aspartam, glucose, sorbitol | WINTHROP MÉDICAMENTS |
| AMOXICILLINE ZYDUS 1 g cp dispersible bte de 14 | 65 | 5,29 | | ZYDUS FRANCE |
| AMOXICILLINE ZYDUS 1 g cp dispersible bte de 6 | 65 | 2,63 | | ZYDUS FRANCE |

| DCI / Intitulé du produit | Remb SS | Prix | Excipients à effet notoire | Laboratoire |
|---|---|---|---|---|
| **CLAMOXYL 1 g cp dispersible bte de 14** | 65 | 5,29 | aspartam | GLAXOSMITHKLINE |
| **CLAMOXYL 1 g cp dispersible bte de 3** | 65 | 1,75 | aspartam | GLAXOSMITHKLINE |
| **CLAMOXYL 1 g cp dispersible bte de 6** | 65 | 2,63 | aspartam | GLAXOSMITHKLINE |
| **AMOXICILLINE 1 g pdre p susp buv** | | | | |
| AMOXICILLINE BIOGARAN 1 g pdre p susp buv 14 sach | 65 | 5,26 | saccharose | BIOGARAN |
| AMOXICILLINE BIOGARAN 1 g pdre p susp buv 6 sach | 65 | 2,69 | saccharose | BIOGARAN |
| AMOXICILLINE EG 1 g pdre p susp buv 6 sach | 65 | 2,69 | saccharose | EG LABO |
| AMOXICILLINE TEVA 1000 mg pdre p susp buv 14 sach | 65 | 5,26 | saccharose | TÉVA CLASSICS |
| AMOXICILLINE TEVA 1000 mg pdre p susp buv 6 sach | 65 | 2,69 | saccharose | TÉVA CLASSICS |
| AMOXICILLINE WINTHROP 1 g pdre p susp buv 6 sach | 65 | 2,69 | saccharose | WINTHROP MÉDICAMENTS |
| **CLAMOXYL 1 g pdre p susp buv 6 sach** | 65 | 2,69 | aspartam | GLAXOSMITHKLINE |
| **AMOXICILLINE 250 mg/5 ml pdre p susp buv (Groupe CLAMOXYL)** | | | | |
| AGRAM Gé sans sucre 250 mg pdre p susp buv fl de 12 doses | 65 | 2,00 | aspartam, sodium | PIERRE FABRE MÉDICAMENT |
| AMODEX Gé 250 mg pdre p sirop fl de 30 g | 65 | 2,00 | saccharose, sodium | BOUCHARA-RECORDATI |
| AMOXICILLINE ALMUS 250 mg/5 ml pdre p susp buv fl de 60 ml | 65 | 2,00 | saccharose, sodium, sorbitol | ALMUS FRANCE |
| AMOXICILLINE ARROW 250 mg/5 ml pdre p susp buv fl de 36 g | 65 | 2,00 | saccharose, sodium | ARROW GÉNÉRIQUES |
| AMOXICILLINE EG 250 mg/5 ml pdre p susp buv fl de 60 ml | 65 | 2,00 | glucose, saccharose, sodium, sorbitol | EG LABO |
| AMOXICILLINE HEXAL 250 mg/5 ml pdre p susp buv fl de 60 ml | 65 | 2,00 | glucose, saccharose, sodium, sorbitol | G GAM |
| AMOXICILLINE IVAX 250 mg/5 ml pdre p susp buv fl de 36 g | 65 | 2,00 | saccharose, sodium | IVAX SAS |
| AMOXICILLINE MERCK 250 mg/5 ml pdre p susp buv fl de 60 ml | 65 | 2,00 | glucose, saccharose, sodium, sorbitol | MERCK GÉNÉRIQUES |
| AMOXICILLINE QUALIMED 250 mg/5 ml pdre p susp buv fl de 36 g | 65 | 2,00 | saccharose, sodium | QUALIMED |
| AMOXICILLINE RATIO 250 mg/5 ml pdre p susp buv fl de 36 g | 65 | 2,00 | saccharose, sodium | RATIOPHARM |
| AMOXICILLINE RPG 250 mg/5 ml pdre p susp buv fl de 60 ml | 65 | 2,00 | aspartam, sodium | RPG |
| AMOXICILLINE SANDOZ 250 mg/5 ml pdre p susp buv fl de 36 g | 65 | 2,00 | saccharose, sodium | SANDOZ |
| AMOXICILLINE TEVA 250 mg/5 ml pdre p susp buv fl de 60 ml | 65 | 2,00 | glucose, saccharose, sodium, sorbitol | TÉVA CLASSICS |
| AMOXICILLINE WINTHROP 250 mg/5 ml pdre p susp buv fl de 30 g | 65 | 2,00 | saccharose, sodium | WINTHROP MÉDICAMENTS |
| AMOXICILLINE ZYDUS 250 mg/5 ml pdre p susp buv fl de 36 g | 65 | 2,00 | saccharose, sodium | ZYDUS FRANCE |
| **CLAMOXYL 250 mg/5 ml pdre p susp buv fl de 60 ml** | 65 | 2,00 | aspartam, sodium | GLAXOSMITHKLINE |

Voir p. 1154 : Comment utiliser ce tableau ?

| | | | | |
|---|---|---|---|---|
| **AMOXICILLINE 250 mg/5 ml pdre p susp buv (Groupe HICONCIL)** | | | | |
| BRISTAMOX Gé 250 mg/5 ml pdre p sirop fl de 60 ml | 65 | 2,00 | saccharose, sodium | UPSA GÉNÉRIQUES |
| **HICONCIL 250 mg/5 ml pdre p sirop fl de 30 g/60 ml** | 65 | 2,00 | saccharose, sodium | BRISTOL-MYERS SQUIBB |
| **AMOXICILLINE 500 mg gél (Groupe CLAMOXYL)** | | | | |
| AGRAM Gé 500 mg gél bte de 12 | 65 | 2,06 | jaune orangé S (E 110) | PIERRE FABRE MÉDICAMENT |
| AMODEX Gé 500 mg gél bte de 12 | 65 | 2,06 | | BOUCHARA-RECORDATI |
| AMOXICILLINE ARROW 500 mg gél bte de 12 | 65 | 2,06 | | ARROW GÉNÉRIQUES |
| AMOXICILLINE EG 500 mg gél bte de 12 | 65 | 2,06 | | EG LABO |
| AMOXICILLINE HEXAL 500 mg gél bte de 12 | 65 | 2,06 | | G GAM |
| AMOXICILLINE IVAX 500 mg gél bte de 12 | 65 | 2,06 | | IVAX SAS |
| AMOXICILLINE MERCK 500 mg gél bte de 12 | 65 | 2,06 | | MERCK GÉNÉRIQUES |
| AMOXICILLINE QUALIMED 500 mg gél bte de 12 | 65 | 2,06 | | QUALIMED |
| AMOXICILLINE RATIOPHARM 500 mg gél bte de 12 | 65 | 2,06 | | RATIOPHARM |
| AMOXICILLINE RPG 500 mg gél bte de 12 | 65 | 2,06 | | RPG |
| AMOXICILLINE SANDOZ 500 mg gél bte de 12 | 65 | 2,06 | | SANDOZ |
| AMOXICILLINE TEVA 500 mg gél bte de 12 | 65 | 2,06 | | TÉVA CLASSICS |
| AMOXICILLINE VIAREF 500 mg gél bte de 12 | 65 | 2,17 | | G GAM |
| AMOXICILLINE WINTHROP 500 mg gél bte de 12 | 65 | 2,06 | | IREX |
| AMOXICILLINE ZYDUS 500 mg gél bte de 12 | 65 | 2,06 | | ZYDUS FRANCE |
| **CLAMOXYL 500 mg gél bte de 12** | 65 | 2,06 | | GLAXOSMITHKLINE |
| **AMOXICILLINE 500 mg gél (Groupe HICONCIL)** | | | | |
| BRISTAMOX Gé 500 mg gél bte de 12 | 65 | 2,06 | lactose | UPSA GÉNÉRIQUES |
| **HICONCIL 500 mg gél bte de 12** | 65 | 2,06 | lactose | BRISTOL-MYERS SQUIBB |
| **AMOXICILLINE 500 mg/5 ml pdre p susp buv (Groupe CLAMOXYL)** | | | | |
| AGRAM Gé sans sucre 500 mg pdre p susp buv fl de 12 doses | 65 | 2,48 | aspartam, sodium | PIERRE FABRE MÉDICAMENT |
| AMODEX Gé 500 mg pdre p sirop fl de 30 g | 65 | 2,48 | saccharose, sodium | BOUCHARA-RECORDATI |
| AMOXICILLINE ARROW 500 mg/5 ml pdre p susp buv fl de 36 g | 65 | 2,48 | saccharose, sodium | ARROW GÉNÉRIQUES |
| AMOXICILLINE EG 500 mg/5 ml pdre p susp buv fl de 60 ml | 65 | 2,48 | glucose, saccharose, sodium, sorbitol | EG LABO |
| AMOXICILLINE HEXAL 500 mg/5 ml pdre p susp buv fl de 60 ml | 65 | 2,48 | glucose, saccharose, sodium, sorbitol | G GAM |
| AMOXICILLINE IVAX 500 mg/5 ml pdre p susp buv fl de 36 g | 65 | 2,48 | saccharose, sodium | IVAX SAS |

| DCI / Intitulé du produit | Remb SS | Prix | Excipients à effet notoire | Laboratoire |
|---|---|---|---|---|
| AMOXICILLINE MERCK 500 mg/5 ml pdre p susp buv fl de 60 ml | 65 | 2,48 | glucose, saccharose, sodium, sorbitol | MERCK GÉNÉRIQUES |
| AMOXICILLINE QUALIMED 500 mg/5 ml pdre p susp buv fl de 36 g | 65 | 2,48 | saccharose, sodium | QUALIMED |
| AMOXICILLINE RATIOPHARM 500 mg/5 ml pdre p susp buv fl de 36 g | 65 | 2,48 | saccharose, sodium | RATIOPHARM |
| AMOXICILLINE RPG 500 mg/5 ml pdre p susp buv fl de 60 ml | 65 | 2,48 | aspartam, sodium | RPG |
| AMOXICILLINE SANDOZ 500 mg/5 ml pdre p susp buv fl de 36 g | 65 | 2,48 | saccharose, sodium | SANDOZ |
| AMOXICILLINE TEVA 500 mg/5 ml pdre p susp buv fl de 60 ml | 65 | 2,48 | glucose, saccharose, sodium, sorbitol | TÉVA CLASSICS |
| AMOXICILLINE WINTHROP 500 mg/5 ml pdre p susp buv fl de 30 g | 65 | 2,48 | saccharose, sodium | WINTHROP MÉDICAMENTS |
| AMOXICILLINE ZYDUS 500 mg/5 ml pdre p susp buv fl de 36 g | 65 | 2,48 | saccharose, sodium | ZYDUS FRANCE |
| **CLAMOXYL 500 mg/5 ml pdre p susp buv fl de 60 ml** | 65 | 2,48 | aspartam, sodium | GLAXOSMITHKLINE |
| **AMOXICILLINE 500 mg/5 ml pdre p susp buv (Groupe HICONCIL)** | | | | |
| BRISTAMOX Gé 500 mg/5 ml pdre p sirop fl de 60 ml | 65 | 2,48 | saccharose, sorbitol | UPSA GÉNÉRIQUES |
| **HICONCIL 500 mg/5 ml pdre p sirop fl de 30 g/60 ml** | 65 | 2,48 | saccharose, sorbitol | BRISTOL-MYERS SQUIBB |
| **AMOXICILLINE SODIQUE 1 g sol inj IM** | | | | |
| **CLAMOXYL 1 g pdre et solvant p inj 1 fl + solvant** | 65 | 1,59 | alcool benzylique | GLAXOSMITHKLINE |
| **AMOXICILLINE/ACIDE CLAVULANIQUE 100 mg/12,5 mg pdre p susp buv Enf** | | | | |
| AMOXICILLINE/ACIDE CLAVULANIQUE ARROW 100 mg/12,5 mg pdre p susp buv Enf fl de 10,5 g + seringue doseuse | 65 | 5,82 | aspartam | ARROW GÉNÉRIQUES |
| AMOXICILLINE/ACIDE CLAVULANIQUE BIOGARAN 100 mg/12,5 mg pdre p susp buv Enf fl de 60 ml | 65 | 5,82 | aspartam, sodium | BIOGARAN |
| AMOXICILLINE/ACIDE CLAVULANIQUE EG 100 mg/12,5 mg pdre p susp buv Enf fl de 14 g + seringue doseuse | 65 | 5,82 | potassium, sodium | EG LABO |
| AMOXICILLINE/ACIDE CLAVULANIQUE G GAM 100 mg/12,5 mg pdre p susp buv Enf fl de 10,5 g + seringue doseuse | 65 | 5,82 | aspartam | G GAM |
| AMOXICILLINE/ACIDE CLAVULANIQUE IVAX 100 mg/12,5 mg pdre p susp buv fl de 60 ml | 65 | 5,82 | maltodextrine, potassium, sodium | IVAX SAS |
| AMOXICILLINE/ACIDE CLAVULANIQUE MERCK 100 mg/12,5 mg pdre p susp buv Enf fl de 60 ml + pipette doseuse | 65 | 5,82 | aspartam, maltodextrine | MERCK GÉNÉRIQUES |
| AMOXICILLINE/ACIDE CLAVULANIQUE QUALIMED 100 mg/12,5 mg pdre p susp buv Enf fl de 10,5 g | 65 | 5,82 | aspartam, maltodextrine | QUALIMED |
| AMOXICILLINE/ACIDE CLAVULANIQUE RATIOPHARM 100 mg/12,5 mg pdre p susp buv Enf fl de 14 g + seringue doseuse | 65 | 5,82 | potassium, sodium | RATIOPHARM |

Voir p. 1154 : Comment utiliser ce tableau ?

| | | | | |
|---|---|---|---|---|
| AMOXICILLINE/ACIDE CLAVULANIQUE RPG 100 mg/12,5 mg pdre p susp buv Enf fl de 60 ml | 65 | 5,82 | aspartam, sodium | RPG |
| AMOXICILLINE/ACIDE CLAVULANIQUE SANDOZ 100 mg/12,5 mg pdre p susp buv Enf fl de 60 ml | 65 | 5,82 | aspartam, sodium | SANDOZ |
| AMOXICILLINE/ACIDE CLAVULANIQUE TEVA 100 mg/12,5 mg pdre p susp buv Enf fl de 14 g + seringue doseuse | 65 | 5,82 | potassium, sodium | TÉVA CLASSICS |
| **AUGMENTIN 100 mg/12,5 mg pdre p susp buv Enf fl de 60 ml** | 65 | 6,60 | aspartam, sodium | GLAXOSMITHKLINE |
| **CIBLOR 100 mg pdre p susp buv Enf fl de 60 ml** | 65 | 6,60 | aspartam, sodium | PIERRE FABRE MÉDICAMENT |
| **AMOXICILLINE/ACIDE CLAVULANIQUE 100 mg/12,5 mg pdre p susp buv Nour** | | | | |
| AMOXICILLINE/ACIDE CLAVULANIQUE ARROW 100 mg/12,5 mg pdre p susp buv Nour fl de 5,25 g + seringue doseuse | 65 | 3,42 | aspartam | ARROW GÉNÉRIQUES |
| AMOXICILLINE/ACIDE CLAVULANIQUE BIOGARAN 100 mg/12,5 mg pdre p susp buv Nour fl de 30 ml | 65 | 3,42 | aspartam, sodium | BIOGARAN |
| AMOXICILLINE/ACIDE CLAVULANIQUE EG 100 mg/12,5 mg pdre p susp buv Nour fl de 7 g + seringue doseuse | 65 | 3,42 | potassium, sodium | EG LABO |
| AMOXICILLINE/ACIDE CLAVULANIQUE G GAM 100 mg/12,5 mg pdre p susp buv Nour fl de 5,25 g + seringue doseuse | 65 | 3,42 | aspartam | G GAM |
| AMOXICILLINE/ACIDE CLAVULANIQUE IVAX 100 mg/12,5 mg pdre p susp buv fl de 30 ml | 65 | 3,42 | maltodextrine, potassium, sodium | IVAX SAS |
| AMOXICILLINE/ACIDE CLAVULANIQUE MERCK 100 mg/12,5 mg pdre p susp buv Nour fl de 30 ml + pipette doseuse | 65 | 3,42 | aspartam, maltodextrine | MERCK GÉNÉRIQUES |
| AMOXICILLINE/ACIDE CLAVULANIQUE QUALIMED 100 mg/12,5 mg pdre p susp buv Nour fl de 5,25 g + seringue doseuse | 65 | 3,42 | aspartam, maltodextrine | QUALIMED |
| AMOXICILLINE/ACIDE CLAVULANIQUE RATIOPHARM 100 mg/12,5 mg pdre p susp buv Nour fl de 7 g + seringue doseuse | 65 | 3,42 | potassium, sodium | RATIOPHARM |
| AMOXICILLINE/ACIDE CLAVULANIQUE RPG 100 mg/12,5 mg pdre p susp buv Nour fl de 30 ml | 65 | 3,42 | aspartam, sodium | RPG |
| AMOXICILLINE/ACIDE CLAVULANIQUE SANDOZ 100 mg/12,5 mg pdre p susp buv Nour fl de 30 ml | 65 | 3,42 | aspartam, sodium | SANDOZ |
| AMOXICILLINE/ACIDE CLAVULANIQUE TEVA 100 mg/12,5 mg pdre p susp buv Nour fl de 7 g + seringue doseuse | 65 | 3,42 | potassium, sodium | TÉVA CLASSICS |
| **AUGMENTIN 100 mg/12,5 mg pdre p susp buv Nour fl de 30 ml** | 65 | 3,86 | aspartam, sodium | GLAXOSMITHKLINE |
| **CIBLOR 100 mg pdre p susp buv Nour fl de 30 ml** | 65 | 3,86 | aspartam, sodium | PIERRE FABRE MÉDICAMENT |
| **AMOXICILLINE/ACIDE CLAVULANIQUE 1 g/125 mg pdre p susp buv Ad** | | | | |
| AMOXICILLINE ACIDE CLAVULANIQUE QUALIMED 1 g/125 mg pdre p susp buv 12 sach | 65 | 7,80 | aspartam (E 951), maltodextrine | QUALIMED |

| DCI / Intitulé du produit | Remb SS | Prix | Excipients à effet notoire | Laboratoire |
|---|---|---|---|---|
| AMOXICILLINE ACIDE CLAVULANIQUE QUALIMED 1 g/125 mg pdre p susp buv 8 sach | 65 | 6,31 | aspartam (E 951), maltodextrine | QUALIMED |
| AMOXICILLINE/ACIDE CLAVULANIQUE ARROW 1 g/125 mg pdre p susp buv 12 sach | 65 | 7,80 | aspartam, glucose | ARROW GÉNÉRIQUES |
| AMOXICILLINE/ACIDE CLAVULANIQUE ARROW 1 g/125 mg pdre p susp buv 8 sach | 65 | 6,31 | aspartam, glucose | ARROW GÉNÉRIQUES |
| AMOXICILLINE/ACIDE CLAVULANIQUE BIOGARAN 1 g/125 mg pdre p susp buv Ad 12 sach | 65 | 7,80 | aspartam | BIOGARAN |
| AMOXICILLINE/ACIDE CLAVULANIQUE BIOGARAN 1 g/125 mg pdre p susp buv Ad 8 sach | 65 | 6,31 | aspartam | BIOGARAN |
| AMOXICILLINE/ACIDE CLAVULANIQUE EG 1 g/125 mg pdre p susp buv Ad 12 sach | 65 | 7,80 | saccharose | EG LABO |
| AMOXICILLINE/ACIDE CLAVULANIQUE EG 1 g/125 mg pdre p susp buv Ad 8 sach | 65 | 6,31 | saccharose | EG LABO |
| AMOXICILLINE/ACIDE CLAVULANIQUE MERCK 1 g/125 mg pdre p susp buv Ad 12 sach | 65 | 7,80 | aspartam, glucose | MERCK GÉNÉRIQUES |
| AMOXICILLINE/ACIDE CLAVULANIQUE MERCK 1 g/125 mg pdre p susp buv Ad 8 sach | 65 | 6,31 | aspartam, glucose | MERCK GÉNÉRIQUES |
| AMOXICILLINE/ACIDE CLAVULANIQUE RATIOPHARM 1 g/125 mg pdre p susp buv Ad 12 sach | 65 | 7,80 | saccharose | RATIOPHARM |
| AMOXICILLINE/ACIDE CLAVULANIQUE RATIOPHARM 1 g/125 mg pdre p susp buv Ad 8 sach | 65 | 6,31 | saccharose | RATIOPHARM |
| AMOXICILLINE/ACIDE CLAVULANIQUE RPG 1 g/125 mg pdre p susp buv Ad 12 sach | 65 | 7,80 | aspartam | RPG |
| AMOXICILLINE/ACIDE CLAVULANIQUE RPG 1 g/125 mg pdre p susp buv Ad 8 sach | 65 | 6,31 | aspartam | RPG |
| AMOXICILLINE/ACIDE CLAVULANIQUE SANDOZ 1 g/125 mg pdre p susp buv Ad 12 sach | 65 | 7,80 | aspartam, glucose | SANDOZ |
| AMOXICILLINE/ACIDE CLAVULANIQUE SANDOZ 1 g/125 mg pdre p susp buv Ad 8 sach | 65 | 6,31 | aspartam, glucose | SANDOZ |
| AMOXICILLINE/ACIDE CLAVULANIQUE TEVA 1 g/125 mg pdre p susp buv Ad 12 sach | 65 | 7,80 | saccharose | TÉVA CLASSICS |
| AMOXICILLINE/ACIDE CLAVULANIQUE TEVA 1 g/125 mg pdre p susp buv Ad 8 sach | 65 | 6,31 | saccharose | TÉVA CLASSICS |
| **AUGMENTIN 1 g/125 mg pdre p susp buv 12 sach** | 65 | 9,26 | aspartam | GLAXOSMITHKLINE |

Voir p. 1154 : Comment utiliser ce tableau ?

| | | | | |
|---|---|---|---|---|
| **AUGMENTIN 1 g/125 mg pdre p susp buv 8 sach** | 65 | 7,46 | aspartam | GLAXOSMITHKLINE |
| **CIBLOR 1 g/125 mg pdre p susp buv Ad 12 sach** | 65 | 9,26 | aspartam | PIERRE FABRE MÉDICAMENT |
| **CIBLOR 1 g/125 mg pdre p susp buv Ad 8 sach** | 65 | 7,46 | aspartam | PIERRE FABRE MÉDICAMENT |
| **AMOXICILLINE/ACIDE CLAVULANIQUE 500 mg/62,5 mg cp Ad** | | | | |
| AMOXICILLINE/ACIDE CLAVULANIQUE ARROW 500 mg/62,5 mg cp bte de 16 | 65 | 6,31 | | ARROW GÉNÉRIQUES |
| AMOXICILLINE/ACIDE CLAVULANIQUE ARROW 500 mg/62,5 mg cp bte de 24 | 65 | 7,80 | | ARROW GÉNÉRIQUES |
| AMOXICILLINE/ACIDE CLAVULANIQUE BIOGARAN 500 mg/62,5 mg cp Ad bte de 16 | 65 | 6,31 | | BIOGARAN |
| AMOXICILLINE/ACIDE CLAVULANIQUE BIOGARAN 500 mg/62,5 mg cp Ad bte de 24 | 65 | 7,80 | | BIOGARAN |
| AMOXICILLINE/ACIDE CLAVULANIQUE EG 500 mg/62,5 mg cp bte de 16 | 65 | 6,31 | | EG LABO |
| AMOXICILLINE/ACIDE CLAVULANIQUE EG 500 mg/62,5 mg cp bte de 24 | 65 | 7,80 | | EG LABO |
| AMOXICILLINE/ACIDE CLAVULANIQUE G GAM 500 mg/62,5 mg cp Ad bte de 16 | 65 | 6,31 | | G GAM |
| AMOXICILLINE/ACIDE CLAVULANIQUE G GAM 500 mg/62,5 mg cp Ad bte de 24 | 65 | 7,80 | | G GAM |
| AMOXICILLINE/ACIDE CLAVULANIQUE IVAX 500 mg/62,5 mg cp Ad bte de 16 | 65 | 6,31 | | IVAX SAS |
| AMOXICILLINE/ACIDE CLAVULANIQUE IVAX 500 mg/62,5 mg cp Ad bte de 24 | 65 | 7,80 | | IVAX SAS |
| AMOXICILLINE/ACIDE CLAVULANIQUE MERCK 500 mg/62,5 mg cp Ad bte de 16 | 65 | 6,31 | | MERCK GÉNÉRIQUES |
| AMOXICILLINE/ACIDE CLAVULANIQUE MERCK 500 mg/62,5 mg cp Ad bte de 24 | 65 | 7,80 | | MERCK GÉNÉRIQUES |
| AMOXICILLINE/ACIDE CLAVULANIQUE QUALIMED 500 mg/62,5 mg cp bte de 16 | 65 | 6,31 | | QUALIMED |
| AMOXICILLINE/ACIDE CLAVULANIQUE QUALIMED 500 mg/62,5 mg cp bte de 24 | 65 | 7,80 | | QUALIMED |
| AMOXICILLINE/ACIDE CLAVULANIQUE RATIOPHARM 500 mg/62,5 mg cp Ad bte de 16 | 65 | 6,31 | | RATIOPHARM |
| AMOXICILLINE/ACIDE CLAVULANIQUE RATIOPHARM 500 mg/62,5 mg cp Ad bte de 24 | 65 | 7,80 | | RATIOPHARM |
| AMOXICILLINE/ACIDE CLAVULANIQUE RPG 500 mg/62,5 mg cp Ad bte de 16 | 65 | 6,31 | | RPG |
| AMOXICILLINE/ACIDE CLAVULANIQUE RPG 500 mg/62,5 mg cp Ad bte de 24 | 65 | 7,80 | | RPG |
| AMOXICILLINE/ACIDE CLAVULANIQUE SANDOZ 500 mg/62,5 mg cp Ad bte de 16 | 65 | 6,31 | | SANDOZ |

| DCI / Intitulé du produit | Remb SS | Prix | Excipients à effet notoire | Laboratoire |
|---|---|---|---|---|
| AMOXICILLINE/ACIDE CLAVULANIQUE SANDOZ 500 mg/62,5 mg cp Ad bte de 24 | 65 | 7,80 | | SANDOZ |
| AMOXICILLINE/ACIDE CLAVULANIQUE TEVA 500 mg/62,5 mg cp bte de 16 | 65 | 6,31 | | TÉVA CLASSICS |
| AMOXICILLINE/ACIDE CLAVULANIQUE TEVA 500 mg/62,5 mg cp bte de 24 | 65 | 7,80 | | TÉVA CLASSICS |
| AMOXICILLINE/ACIDE CLAVULANIQUE WINTHROP 500 mg/62,5 mg cp bte de 16 | 65 | 6,31 | | WINTHROP MÉDICAMENTS |
| AMOXICILLINE/ACIDE CLAVULANIQUE WINTHROP 500 mg/62,5 mg cp bte de 24 | 65 | 7,80 | | WINTHROP MÉDICAMENTS |
| **AUGMENTIN 500 mg/62,5 mg cp bte de 16** | 65 | 7,46 | | GLAXOSMITHKLINE |
| **AUGMENTIN 500 mg/62,5 mg cp bte de 24** | 65 | 9,26 | | GLAXOSMITHKLINE |
| **CIBLOR 500 mg/62,5 mg cp Ad bte de 16** | 65 | 7,46 | | PIERRE FABRE MÉDICAMENT |
| **CIBLOR 500 mg/62,5 mg cp Ad bte de 24** | 65 | 9,26 | | PIERRE FABRE MÉDICAMENT |
| **ATENOLOL 100 mg cp** | | | | |
| ATENOLOL BIOGARAN 100 mg cp séc bte de 28 | 65 | 6,06 | | BIOGARAN |
| ATENOLOL EG 100 mg cp séc bte de 28 | 65 | 6,06 | lactose | EG LABO |
| ATENOLOL G GAM 100 mg cp séc bte de 28 | 65 | 6,06 | | G GAM |
| ATENOLOL IVAX 100 mg cp séc bte de 28 | 65 | 6,06 | | IVAX SAS |
| ATENOLOL MERCK 100 mg cp séc bte de 28 | 65 | 6,06 | | MERCK GÉNÉRIQUES |
| ATENOLOL QUALIMED 100 mg cp séc bte de 28 | 65 | 6,06 | | QUALIMED |
| ATENOLOL RATIOPHARM 100 mg cp séc bte de 28 | 65 | 6,06 | | RATIOPHARM |
| ATENOLOL RPG 100 mg cp séc bte de 28 | 65 | 6,06 | | RPG |
| ATENOLOL SANDOZ 100 mg cp séc bte de 28 | 65 | 6,06 | lactose | SANDOZ |
| ATENOLOL TEVA 100 mg cp séc bte de 28 | 65 | 6,06 | lactose | TÉVA CLASSICS |
| ATENOLOL WINTHROP 100 mg cp séc bte de 28 | 65 | 6,06 | | WINTHROP MÉDICAMENTS |
| ATENOLOL ZYDUS 100 mg cp séc bte de 28 | 65 | 6,06 | lactose | ZYDUS FRANCE |
| BETATOP Gé 100 mg cp séc bte de 28 | 65 | 6,06 | | IPRAD |
| **TENORMINE 100 mg cp séc bte de 28** | 65 | 8,24 | | ASTRAZENECA |
| **TENORMINE 100 mg cp séc bte de 30** | 65 | 8,80 | | ASTRAZENECA |
| **ATENOLOL 50 mg + NIFEDIPINE 20 mg gél** | | | | |
| **TENORDATE gél bte de 28** | 65 | 15,09 | | ASTRAZENECA |

Voir p. 1154 : Comment utiliser ce tableau ?

| | | | | |
|---|---|---|---|---|
| **ATENOLOL 50 mg cp** | | | | |
| ATENOLOL ARROW 50 mg cp séc bte de 28 | 65 | 3,56 | lactose | ARROW GÉNÉRIQUES |
| ATENOLOL BIOGARAN 50 mg cp séc bte de 28 | 65 | 3,56 | | BIOGARAN |
| ATENOLOL EG 50 mg cp séc bte de 28 | 65 | 3,56 | lactose | EG LABO |
| ATENOLOL IREX 50 mg cp séc bte de 28 | NR | 3,56 | | IREX |
| ATENOLOL MERCK 50 mg cp séc bte de 28 | 65 | 3,56 | | MERCK GÉNÉRIQUES |
| ATENOLOL QUALIMED 50 mg cp séc bte de 28 | 65 | 3,56 | | QUALIMED |
| ATENOLOL RATIOPHARM 50 mg cp séc bte de 28 | 65 | 3,56 | | RATIOPHARM |
| ATENOLOL RPG 50 mg cp séc bte de 28 | 65 | 3,56 | | RPG |
| ATENOLOL SANDOZ 50 mg cp séc bte de 28 | 65 | 3,56 | lactose | SANDOZ |
| ATENOLOL TEVA 50 mg cp séc bte de 28 | 65 | 3,56 | lactose | TÉVA CLASSICS |
| ATENOLOL WINTHROP 50 mg cp séc bte de 28 | 65 | 3,56 | | WINTHROP MÉDICAMENTS |
| ATENOLOL ZYDUS 50 mg cp séc bte de 28 | 65 | 3,56 | lactose | ZYDUS FRANCE |
| BETATOP Gé 50 mg cp séc bte de 28 | 65 | 3,56 | | IPRAD |
| **TENORMINE 50 mg cp séc bte de 30** | 65 | 4,44 | | ASTRAZENECA |
| **AZATHIOPRINE 25 mg cp** | | | | |
| **IMUREL 25 mg cp bte de 50** | 100 | 10,57 | lactose | GLAXOSMITHKLINE |
| **AZATHIOPRINE 50 mg cp** | | | | |
| AZATHIOPRINE MERCK 50 mg cp bte de 100 | 100 | 25,59 | | MERCK GÉNÉRIQUES |
| **IMUREL 50 mg cp bte de 100** | 100 | 30,61 | lactose | GLAXOSMITHKLINE |
| **BACLOFENE 10 mg cp (TFR)** | | | | |
| BACLOFENE WINTHROP 10 mg cp bte de 30 | 35 | 3,24 | lactose | WINTHROP MÉDICAMENTS |
| **LIORESAL 10 mg cp séc bte de 50** | 35 | 6,97 | amidon de blé | NOVARTIS PHARMA SAS |
| **BETAHISTINE DICHLORHYDRATE 8 mg cp** | | | | |
| BETAHISTINE ARROW 8 mg cp bte de 30 | 35 | 2,78 | lactose | ARROW GÉNÉRIQUES |
| BETAHISTINE ARROW 8 mg cp bte de 90 | 35 | 7,15 | lactose | ARROW GÉNÉRIQUES |
| BETAHISTINE BIOGARAN 8 mg cp bte de 30 | 35 | 2,78 | lactose | BIOGARAN |
| BETAHISTINE BIOGARAN 8 mg cp bte de 90 | 35 | 7,15 | lactose | BIOGARAN |
| BETAHISTINE BIPHAR 8 mg cp bte de 90 | 35 | 7,15 | | SOLVAY PHARMA |
| BETAHISTINE EG 8 mg cp bte de 30 | 35 | 2,78 | lactose | EG LABO |
| BETAHISTINE EG 8 mg cp bte de 90 | 35 | 7,15 | lactose | EG LABO |
| BETAHISTINE G GAM 8 mg cp bte de 30 | 35 | 2,78 | lactose | G GAM |

| DCI / Intitulé du produit | Remb SS | Prix | Excipients à effet notoire | Laboratoire |
|---|---|---|---|---|
| BETAHISTINE G GAM 8 mg cp bte de 90 | 35 | 7,15 | lactose | G GAM |
| BETAHISTINE IVAX 8 mg cp bte de 30 | 35 | 2,78 | lactose | IVAX SAS |
| BETAHISTINE IVAX 8 mg cp bte de 90 | 35 | 7,15 | lactose | IVAX SAS |
| BETAHISTINE MERCK 8 mg cp bte de 90 | 35 | 7,15 | | MERCK GÉNÉRIQUES |
| BETAHISTINE QUALIMED 8 mg cp bte de 90 | 35 | 7,15 | | QUALIMED |
| BETAHISTINE RATIOPHARM 8 mg cp bte de 30 | 35 | 2,78 | lactose | RATIOPHARM |
| BETAHISTINE RATIOPHARM 8 mg cp bte de 90 | 35 | 7,15 | lactose | RATIOPHARM |
| BETAHISTINE RPG 8 mg cp bte de 30 | 35 | 2,78 | | RPG |
| BETAHISTINE RPG 8 mg cp bte de 90 | 35 | 7,15 | | RPG |
| BETAHISTINE SANDOZ 8 mg cp bte de 30 | 35 | 2,78 | lactose | SANDOZ |
| BETAHISTINE SANDOZ 8 mg cp bte de 90 | 35 | 7,15 | lactose | SANDOZ |
| BETAHISTINE TEVA 8 mg cp bte de 30 | 35 | 2,78 | | TÉVA CLASSICS |
| BETAHISTINE TEVA 8 mg cp bte de 90 | 35 | 7,15 | | TÉVA CLASSICS |
| BETAHISTINE WINTHROP 8 mg cp bte de 90 | 35 | 7,15 | lactose | WINTHROP MÉDICAMENTS |
| BETAHISTINE ZYDUS 8 mg cp bte de 90 | 35 | 7,15 | lactose | ZYDUS FRANCE |
| LECTIL Gé 8 mg cp bte de 30 | 35 | 2,78 | lactose | BOUCHARA-RECORDATI |
| LECTIL Gé 8 mg cp bte de 90 | 35 | 7,15 | lactose | BOUCHARA-RECORDATI |
| **SERC 8 mg cp bte de 90** | 35 | 8,49 | | SOLVAY PHARMA |
| **BICALUTAMIDE 50 mg cp** | | | | |
| **CASODEX 50 mg cp bte de 30** | 100 | 140,74 | lactose | ASTRAZENECA |
| **BISOPROLOL HEMIFUMARATE 1,25 mg cp (Groupe CARDENSIEL)** | | | | |
| **CARDENSIEL 1,25 mg cp bte de 30** | 65 | 25,48 | | MERCK LIPHA SANTÉ SAS |
| **BISOPROLOL HEMIFUMARATE 10 mg cp (TFR)** | | | | |
| BISOPROLOL ARROW 10 mg cp séc bte de 28 | 65 | 6,10 | | ARROW GÉNÉRIQUES |
| BISOPROLOL BIOGARAN 10 mg cp séc bte de 28 | 65 | 6,10 | lactose | BIOGARAN |
| BISOPROLOL EG 10 mg cp séc bte de 28 | 65 | 6,10 | | EG LABO |
| BISOPROLOL G GAM 10 mg cp séc bte de 28 | 65 | 6,10 | lactose | G GAM |
| BISOPROLOL GNR 10 mg cp bte de 28* | 65 | 6,10 | | SANDOZ |
| BISOPROLOL GNR 5 mg cp bte de 28* | 65 | 3,31 | | SANDOZ |
| BISOPROLOL MERCK 10 mg cp séc bte de 28 | 65 | 6,10 | | MERCK GÉNÉRIQUES |
| BISOPROLOL MERCK 10 mg cp séc bte de 30 | 65 | 6,50 | | MERCK GÉNÉRIQUES |

Voir p. 1154 : Comment utiliser ce tableau ?

| | | | | |
|---|---|---|---|---|
| BISOPROLOL MERCK 10 mg cp séc bte de 90 | 65 | 18,42 | | MERCK GÉNÉRIQUES |
| BISOPROLOL QUALIMED 10 mg cp séc bte de 28 | 65 | 6,10 | | QUALIMED |
| BISOPROLOL QUALIMED 10 mg cp séc bte de 30 | 65 | 6,50 | | QUALIMED |
| BISOPROLOL QUALIMED 10 mg cp séc bte de 90 | 65 | 18,42 | | QUALIMED |
| BISOPROLOL RATIOPHARM 10 mg cp séc bte de 28 | 65 | 6,10 | lactose | RATIOPHARM |
| BISOPROLOL RPG 10 mg cp bte de 28* | 65 | 6,10 | | RPG |
| BISOPROLOL RPG 5 mg cp bte de 28* | 65 | 3,31 | | RPG |
| BISOPROLOL SANDOZ 10 mg cp bte de 28* | 65 | 6,10 | lactose | SANDOZ |
| BISOPROLOL SANDOZ 5 mg cp bte de 28* | 65 | 3,31 | | SANDOZ |
| BISOPROLOL TEVA 10 mg cp bte de 28* | 65 | 7,07 | | TÉVA CLASSICS |
| BISOPROLOL TEVA 5 mg cp bte de 28* | 65 | 3,31 | | TÉVA CLASSICS |
| BISOPROLOL WINTHROP 10 mg cp séc bte de 28 | 65 | 6,10 | | WINTHROP MÉDICAMENTS |
| BISOPROLOL ZYDUS 10 mg cp séc bte de 28 | 65 | 6,10 | | ZYDUS FRANCE |
| **DETENSIEL 10 mg cp séc bte de 28** | 65 | 6,10 | | MERCK LIPHA SANTÉ SAS |
| **DETENSIEL 10 mg cp séc bte de 30** | 65 | 6,50 | | MERCK LIPHA SANTÉ SAS |
| **DETENSIEL 10 mg cp séc bte de 90** | 65 | 18,42 | | MERCK LIPHA SANTÉ SAS |

* AVERTISSEMENT : les comprimés de BISOPROLOL GNR 10 mg, BISOPROLOL RPG 10 mg, BISOPROLOL SANDOZ 10 mg et BISOPROLOL TEVA 10 mg n'étant pas sécables, les comprimés à 5 mg peuvent être nécessaires pour obtenir la posologie prescrite.

| | | | | |
|---|---|---|---|---|
| **BISOPROLOL HEMIFUMARATE 10 mg cp séc (Groupe CARDENSIEL)** | | | | |
| **CARDENSIEL 10 mg cp séc bte de 30** | 65 | 25,48 | | MERCK LIPHA SANTÉ SAS |
| **BISOPROLOL HEMIFUMARATE 2,5 mg cp séc (Groupe CARDENSIEL)** | | | | |
| **CARDENSIEL 2,5 mg cp séc bte de 30** | 65 | 25,48 | | MERCK LIPHA SANTÉ SAS |
| **BISOPROLOL HEMIFUMARATE 3,75 mg cp séc (Groupe CARDENSIEL)** | | | | |
| **CARDENSIEL 3,75 mg cp séc bte de 30** | 65 | 25,48 | | MERCK LIPHA SANTÉ SAS |
| **BISOPROLOL HEMIFUMARATE 5 mg cp séc (Groupe CARDENSIEL)** | | | | |
| **CARDENSIEL 5 mg cp séc bte de 30** | 65 | 25,48 | | MERCK LIPHA SANTÉ SAS |
| **BISOPROLOL HEMIFUMARATE 7,5 mg cp séc (Groupe CARDENSIEL)** | | | | |
| **CARDENSIEL 7,5 mg cp séc bte de 30** | 65 | 25,48 | | MERCK LIPHA SANTÉ SAS |
| **BROMAZEPAM 6 mg cp séc (TFR)** | | | | |
| ANXYREX Gé 6 mg cp quadriséc bte de 30 | 65 | 2,66 | lactose | WINTHROP MÉDICAMENTS |
| BROMAZEPAM ARROW 6 mg cp quadriséc bte de 30 | 65 | 2,66 | lactose | ARROW GÉNÉRIQUES |
| BROMAZEPAM BIOGARAN 6 mg cp quadriséc bte de 30 | 65 | 2,66 | lactose | BIOGARAN |

| DCI / Intitulé du produit | Remb SS | Prix | Excipients à effet notoire | Laboratoire |
|---|---|---|---|---|
| BROMAZEPAM EG 6 mg cp quadriséc bte de 30 | 65 | 2,66 | lactose | EG LABO |
| BROMAZEPAM G GAM 6 mg cp quadriséc bte de 30 | 65 | 2,66 | lactose | G GAM |
| BROMAZEPAM IVAX 6 mg cp quadriséc bte de 30 | 65 | 2,66 | lactose | IVAX SAS |
| BROMAZEPAM MERCK 6 mg cp quadriséc bte de 30 | 65 | 2,66 | lactose | MERCK GÉNÉRIQUES |
| BROMAZEPAM QUALIMED 6 mg cp quadriséc bte de 30 | 65 | 2,66 | lactose | QUALIMED |
| BROMAZEPAM RATIOPHARM 6 mg cp quadriséc bte de 30 | 65 | 2,66 | | RATIOPHARM |
| BROMAZEPAM RPG 6 mg cp séc bte de 30 | 65 | 2,66 | lactose | RPG |
| BROMAZEPAM SANDOZ 6 mg cp quadriséc bte de 30 | 65 | 2,66 | lactose | SANDOZ |
| BROMAZEPAM TEVA 6 mg cp quadriséc bte de 30 | 65 | 2,66 | lactose | TÉVA CLASSICS |
| BROMAZEPAM WINTHROP 6 mg cp quadriséc bte de 30 | 65 | 2,66 | lactose | WINTHROP MÉDICAMENTS |
| BROMAZEPAM ZYDUS 6 mg cp quadriséc bte de 30 | 65 | 2,66 | lactose | ZYDUS FRANCE |
| **LEXOMIL 6 mg cp quadriséc bte de 30** | 65 | 2,66 | lactose | ROCHE |
| QUIETILINE Gé 6 mg cp quadriséc bte de 30 | 65 | 2,66 | lactose | SCIENCEX |
| **BROMOCRIPTINE MESILATE 10 mg gél (TFR)** | | | | |
| BROMO KIN Gé 10 mg gél bte de 30 | 65 | 16,37 | lactose | WINTHROP MÉDICAMENTS |
| **PARLODEL 10 mg gél fl de 30 (DOM-TOM)** | 65 | 16,37 | lactose | MEDA PHARMA SAS |
| **PARLODEL 10 mg gél bte de 30** | 65 | 16,37 | lactose | MEDA PHARMA SAS |
| **BROMOCRIPTINE MESILATE 2,5 mg cp (TFR)** | | | | |
| BROMO KIN Gé 2,5 mg cp séc bte de 30 | 65 | 6,00 | lactose | WINTHROP MÉDICAMENTS |
| **PARLODEL 2,5 mg cp séc bte de 30** | 65 | 6,00 | lactose | MEDA PHARMA SAS |
| **BROMOCRIPTINE MESILATE 2,5 mg cp inhibition de la lactation (TFR)** | | | | |
| BROMO KIN Gé 2,5 mg cp séc inhibition de la lactation bte de 20 | 65 | 4,18 | lactose | WINTHROP MÉDICAMENTS |
| **PARLODEL 2,5 mg cp séc inhibition de la lactation bte de 20** | 65 | 4,18 | lactose | MEDA PHARMA SAS |
| **BROMOCRIPTINE MESILATE 5 mg gél (TFR)** | | | | |
| BROMO KIN Gé 5 mg gél bte de 30 | 65 | 9,26 | lactose | WINTHROP MÉDICAMENTS |
| **PARLODEL 5 mg gél fl de 30 (DOM-TOM)** | 65 | 9,26 | lactose | NOVARTIS PHARMA SAS |
| **PARLODEL 5 mg gél bte de 30** | 65 | 9,26 | lactose | MEDA PHARMA SAS |
| **BUDESONIDE 0,50 mg/2 ml susp p inhal buccale en unidose** | | | | |
| BUDESONIDE ARROW 0,5 mg/2 ml susp p inhal et nébulisation 20 unidoses | 65 | 29,11 | | ARROW GÉNÉRIQUES |
| BUDESONIDE BIOGARAN 0,5 mg/2 ml susp p inhal et nébulisation 20 unidoses | 65 | 29,11 | | BIOGARAN |

Voir p. 1154 : Comment utiliser ce tableau ?

| | | | | |
|---|---|---|---|---|
| BUDESONIDE SANDOZ 0,5 mg/2 ml susp p inhal et nébulisation 20 unidoses | 65 | 29,11 | | SANDOZ |
| BUDESONIDE TEVA 0,5 mg/2 ml susp p inhal et nébulisation 20 unidoses | 65 | 29,11 | | TÉVA CLASSICS |
| **PULMICORT 0,5 mg/2 ml susp p inhal et nébulisation 20 unidoses** | 65 | 38,30 | | ASTRAZENECA |
| **BUDESONIDE 1 mg/2 ml susp p inhal buccale en unidose** | | | | |
| BUDESONIDE ARROW 1 mg/2 ml susp p inhal et nébulisation 20 unidoses | 65 | 39,28 | | ARROW GÉNÉRIQUES |
| BUDESONIDE BIOGARAN 1 mg/2 ml susp p inhal et nébulisation 20 unidoses | 65 | 39,28 | | BIOGARAN |
| BUDESONIDE SANDOZ 1 mg/2 ml susp p inhal et nébulisation 20 unidoses | 65 | 39,28 | | SANDOZ |
| BUDESONIDE TEVA 1 mg/2 ml susp p inhal et nébulisation 20 unidoses | 65 | 39,28 | | TÉVA CLASSICS |
| **PULMICORT 1 mg/2 ml susp p inhal et nébulisation 20 unidoses** | 65 | 52,12 | | ASTRAZENECA |
| **BUFLOMEDIL CHLORHYDRATE 150 mg cp** | | | | |
| BUFLOMEDIL ARROW 150 mg cp bte de 20 | 35 | 3,20 | amidon de blé | ARROW GÉNÉRIQUES |
| BUFLOMEDIL BIOGARAN 150 mg cp bte de 20 | 35 | 3,23 | lactose | BIOGARAN |
| BUFLOMEDIL G GAM 150 mg cp bte de 20 | 35 | 3,23 | lactose | G GAM |
| BUFLOMEDIL MERCK 150 mg cp bte de 20 | 35 | 3,23 | lactose | MERCK GÉNÉRIQUES |
| BUFLOMEDIL QUALIMED 150 mg cp bte de 20 | 35 | 3,20 | lactose | QUALIMED |
| BUFLOMEDIL RPG 150 mg cp bte de 20 | 35 | 3,23 | amidon de blé | RPG |
| BUFLOMEDIL SANDOZ 150 mg cp bte de 20 | 35 | 3,23 | amidon de blé | SANDOZ |
| BUFLOMEDIL TEVA 150 mg cp bte de 20 | 35 | 3,20 | amidon de blé | TÉVA CLASSICS |
| BUFLOMEDIL ZYDUS 150 mg cp bte de 20 | 35 | 3,23 | amidon de blé | ZYDUS FRANCE |
| **FONZYLANE 150 mg cp bte de 20** | 35 | 3,59 | saccharose | CEPHALON |
| **BUPRENORPHINE CHLORHYDRATE 0,4 mg cp sublingual** | | | | |
| BUPRENORPHINE ARROW 0,4 mg cp sublingual bte de 7 | 65 | 2,73 | lactose | ARROW GÉNÉRIQUES |
| **SUBUTEX 0,4 mg cp sublingual bte de 7** | 65 | 3,16 | lactose | SCHERING-PLOUGH |
| **BUPRENORPHINE CHLORHYDRATE 2 mg cp sublingual** | | | | |
| BUPRENORPHINE ARROW 2 mg cp sublingual bte de 7 | 65 | 6,51 | lactose | ARROW GÉNÉRIQUES |
| **SUBUTEX 2 mg cp sublingual bte de 7** | 65 | 7,66 | lactose | SCHERING-PLOUGH |
| **BUPRENORPHINE CHLORHYDRATE 8 mg cp sublingual** | | | | |
| BUPRENORPHINE ARROW 8 mg cp sublingual bte de 7 | 65 | 18,73 | lactose | ARROW GÉNÉRIQUES |
| **SUBUTEX 8 mg cp sublingual bte de 7** | 65 | 22,24 | lactose | SCHERING-PLOUGH |
| **BUSPIRONE CHLORHYDRATE 10 mg cp séc (TFR)** | | | | |
| **BUSPAR 10 mg cp séc bte de 20** | 65 | 6,50 | lactose | BRISTOL-MYERS SQUIBB |
| BUSPIRONE IVAX 10 mg cp séc bte de 20 | 65 | 6,50 | lactose | IVAX SAS |

| DCI / Intitulé du produit | Remb SS | Prix | Excipients à effet notoire | Laboratoire |
|---|---|---|---|---|
| BUSPIRONE MERCK 10 mg cp séc bte de 20 | 65 | 6,50 | lactose | MERCK GÉNÉRIQUES |
| BUSPIRONE SANDOZ 10 mg cp séc bte de 20 | 65 | 6,50 | lactose | SANDOZ |
| BUSPIRONE SANDOZ 10 mg cp séc bte de 20 | 65 | 6,50 | lactose | SANDOZ |
| **CALCITONINE 50 UI sol inj (TFR)** | | | | |
| CALCITONINE PHARMY II 50 UI sol inj 5 amp de 1 ml | 35 | 11,69 | | PHARMY II |
| CALCITONINE SANDOZ 50 UI sol inj 5 amp de 1 ml | 35 | 11,69 | | SANDOZ |
| **MIACALCIC 50 UI sol inj 5 amp de 1 ml** | 35 | 13,97 | | NOVARTIS PHARMA SAS |
| **CAPTOPRIL 25 mg cp** | | | | |
| **CAPTOLANE 25 mg cp séc bte de 30** | 65 | 8,06 | lactose | AVENTIS |
| CAPTOPRIL ARROW 25 mg cp quadriséc bte de 30 | 65 | 5,72 | lactose | ARROW GÉNÉRIQUES |
| CAPTOPRIL BIOGARAN 25 mg cp quadriséc bte de 30 | 65 | 5,72 | huile de ricin, lactose | BIOGARAN |
| CAPTOPRIL EG 25 mg cp séc bte de 30 | 65 | 5,72 | lactose | EG LABO |
| CAPTOPRIL IREX 12,5 mg cp séc bte de 30 | NR | 3,13 | lactose | WINTHROP MÉDICAMENTS |
| CAPTOPRIL IVAX 25 mg cp séc bte de 30 | 65 | 5,72 | | IVAX SAS |
| CAPTOPRIL MERCK 25 mg cp quadriséc bte de 30 | 65 | 5,72 | lactose | MERCK GÉNÉRIQUES |
| CAPTOPRIL QUALIMED 25 mg cp quadriséc bte de 30 | 65 | 5,72 | lactose | QUALIMED |
| CAPTOPRIL RATIOPHARM 25 mg cp quadriséc bte de 30 | 65 | 5,72 | lactose | RATIOPHARM |
| CAPTOPRIL SANDOZ 25 mg cp quadriséc bte de 30 | 65 | 5,72 | lactose | SANDOZ |
| CAPTOPRIL TEVA 25 mg cp quadriséc bte de 30 | 65 | 5,72 | | TÉVA CLASSICS |
| CAPTOPRIL WINTHROP 12,5 mg cp séc bte de 30* | 65 | 3,78 | lactose | WINTHROP MÉDICAMENTS |
| CAPTOPRIL WINTHROP 25 mg cp séc bte de 30* | 65 | 5,72 | lactose | WINTHROP MÉDICAMENTS |
| CAPTOPRIL ZYDUS 25 mg cp quadriséc bte de 30 | 65 | 5,72 | lactose | ZYDUS FRANCE |
| **LOPRIL 25 mg cp séc bte de 90** | 65 | 23,10 | lactose | BRISTOL-MYERS SQUIBB |
| **LOPRIL 25 mg cp séc bte de 30** | 65 | 8,06 | lactose | BRISTOL-MYERS SQUIBB |

* AVERTISSEMENT : les comprimés de CAPTOPRIL WINTHROP 25 mg n'étant pas quadrisécables, la spécialité CAPTOPRIL WINTHROP 12,5 mg peut être nécessaire pour obtenir la posologie prescrite.

| | | | | |
|---|---|---|---|---|
| **CAPTOPRIL 50 mg cp** | | | | |
| **CAPTOLANE 50 mg cp séc bte de 90** | 65 | 39,49 | lactose | AVENTIS |
| **CAPTOLANE 50 mg cp séc bte de 30** | 65 | 13,94 | lactose | AVENTIS |
| CAPTOPRIL ARROW 50 mg cp séc bte de 30 | 65 | 9,94 | lactose | ARROW GÉNÉRIQUES |
| CAPTOPRIL BIOGARAN 50 mg cp séc bte de 30 | 65 | 9,94 | huile de ricin, lactose | BIOGARAN |

Voir p. 1154 : Comment utiliser ce tableau ?

| | | | | |
|---|---|---|---|---|
| CAPTOPRIL EG 50 mg cp séc bte de 30 | 65 | 9,94 | lactose | EG LABO |
| CAPTOPRIL IREX 50 mg cp séc bte de 30 | NR | 9,94 | lactose | IREX |
| CAPTOPRIL IVAX 50 mg cp séc bte de 30 | 65 | 9,94 | | IVAX SAS |
| CAPTOPRIL MERCK 50 mg cp séc bte de 30 | 65 | 9,94 | lactose | MERCK GÉNÉRIQUES |
| CAPTOPRIL QUALIMED 50 mg cp séc bte de 30 | 65 | 9,94 | lactose | QUALIMED |
| CAPTOPRIL RATIOPHARM 50 mg cp séc bte de 30 | 65 | 9,94 | lactose | RATIOPHARM |
| CAPTOPRIL SANDOZ 50 mg cp séc bte de 30 | 65 | 9,94 | lactose | SANDOZ |
| CAPTOPRIL TEVA 50 mg cp séc bte de 30 | 65 | 9,94 | | TÉVA CLASSICS |
| CAPTOPRIL WINTHROP 50 mg cp séc bte de 30 | 65 | 9,94 | lactose | WINTHROP MÉDICAMENTS |
| CAPTOPRIL ZYDUS 50 mg cp séc bte de 30 | 65 | 9,94 | lactose | ZYDUS FRANCE |
| **LOPRIL 50 mg cp séc bte de 90** | 65 | 39,49 | lactose | BRISTOL-MYERS SQUIBB |
| **LOPRIL 50 mg cp séc bte de 30** | 65 | 13,94 | lactose | BRISTOL-MYERS SQUIBB |
| **CAPTOPRIL/HYDROCHLOROTHIAZIDE 50 mg/25 mg cp séc (TFR)** | | | | |
| **CAPTEA cp séc bte de 28** | 65 | 10,36 | jaune orangé S (E 110) | SANOFI-AVENTIS FRANCE |
| **CAPTEA cp séc bte de 84** | 65 | 29,99 | jaune orangé S (E 110) | SANOFI-AVENTIS FRANCE |
| CAPTOPRIL/HYDROCHLOROTHIAZIDE ARROW 50 mg/25 mg cp séc bte de 28 | 65 | 10,36 | lactose | ARROW GÉNÉRIQUES |
| CAPTOPRIL/HYDROCHLOROTHIAZIDE BIOGARAN 50 mg/25 mg cp séc bte de 28 | 65 | 10,36 | lactose | BIOGARAN |
| CAPTOPRIL/HYDROCHLOROTHIAZIDE MERCK 50 mg/25 mg cp séc bte de 28 | 65 | 10,36 | lactose | MERCK GÉNÉRIQUES |
| CAPTOPRIL/HYDROCHLOROTHIAZIDE QUALIMED 50 mg/25 mg cp séc bte de 28 | 65 | 10,36 | lactose | QUALIMED |
| CAPTOPRIL/HYDROCHLOROTHIAZIDE RATIOPHARM 50 mg/25 mg cp séc bte de 28 | 65 | 10,36 | lactose | RATIOPHARM |
| CAPTOPRIL/HYDROCHLOROTHIAZIDE SANDOZ 50 mg/25 mg cp bte de 28 | 65 | 10,36 | lactose | SANDOZ |
| **ECAZIDE cp séc bte de 28** | 65 | 10,36 | jaune orangé S (E 110), lactose | BRISTOL-MYERS SQUIBB |
| **ECAZIDE cp séc bte de 84** | 65 | 29,99 | jaune orangé S (E 110), lactose | BRISTOL-MYERS SQUIBB |
| **CARBAMAZEPINE 200 mg cp (TFR)** | | | | |
| CARBAMAZEPINE TEVA 200 mg cp séc bte de 50 | 65 | 5,07 | lactose | TÉVA CLASSICS |
| **TEGRETOL 200 mg cp séc bte de 50** | 65 | 5,07 | | NOVARTIS PHARMA SAS |
| **CARBAMAZEPINE LP 200 mg cp séc (TFR)** | | | | |
| CARBAMAZEPINE G GAM LP 200 mg cp séc bte de 30 | 65 | 3,40 | sodium | G GAM |
| CARBAMAZEPINE MERCK LP 200 mg cp séc bte de 30 | 65 | 3,40 | | MERCK GÉNÉRIQUES |
| **TEGRETOL LP 200 mg cp séc bte de 30** | 65 | 3,40 | huile de ricin | NOVARTIS PHARMA SAS |

| DCI / Intitulé du produit | Remb SS | Prix | Excipients à effet notoire | Laboratoire |
|---|---|---|---|---|
| **CARBAMAZEPINE LP 400 mg cp (TFR)** | | | | |
| CARBAMAZEPINE G GAM LP 400 mg cp séc bte de 30 | 65 | 5,97 | sodium | G GAM |
| CARBAMAZEPINE MERCK LP 400 mg cp séc bte de 30 | 65 | 5,97 | | MERCK GÉNÉRIQUES |
| **TEGRETOL LP 400 mg cp séc bte de 30** | 65 | 5,97 | huile de ricin | NOVARTIS PHARMA SAS |
| **CARBOCISTEINE 2 % sirop Enf** | | | | |
| BRONCHOKOD Gé 2 % sirop Enf Nour fl de 125 ml | NR | 1,76 | saccharose, sodium | SANOFI-AVENTIS OTC |
| CARBOCISTEINE EG 2 % sirop Enf fl de 125 ml | NR | 1,71 | saccharose, sodium | EG LABO |
| CARBOCISTEINE MERCK 2 % sirop Enf fl de 125 ml | NR | 3,14 | saccharose, sodium | MERCK GÉNÉRIQUES |
| CARBOCISTEINE RATIOPHARM 2 % sirop Enf Nour fl de 125 ml | NR | 2,99 | saccharose, sodium | RATIOPHARM |
| CARBOCISTEINE RPG 2 % sirop Enf fl de 125 ml | NR | 3,42 | saccharose, sodium | RPG |
| CARBOCISTEINE TEVA 2 % sirop Enf Nour fl de 125 ml | NR | 4,88 | saccharose, sodium | TÉVA CLASSICS |
| FLUDITEC 2 % sirop Enf Nour fl de 125 ml (DOM-TOM) | NR | 2,03 | jaune orangé S (E 110), saccharose, sodium | INNOTECH INTERNATIONAL |
| **RHINATHIOL 2 % sirop expectorant Enf Nour fl de 125 ml** | NR | 4,10 | rouge cochenille A (E 124), saccharose, sodium | SANOFI-AVENTIS OTC |
| TUSSILENE Gé 2 % sirop Enf fl de 125 ml | NR | 3,80 | saccharose, sodium | ZYDUS FRANCE |
| **CARBOCISTEINE 5 % sirop Ad** | | | | |
| BRONCHOKOD Gé 5 % sirop Ad fl de 300 ml | NR | 3,52 | saccharose, sodium | SANOFI-AVENTIS OTC |
| CARBOCISTEINE EG 5 % sirop Ad fl de 300 ml | NR | 2,62 | saccharose, sodium | EG LABO |
| CARBOCISTEINE MERCK 5 % sirop Ad fl de 200 ml | NR | 3,64 | saccharose, sodium | MERCK GÉNÉRIQUES |
| CARBOCISTEINE RATIOPHARM 5 % sirop Ad fl de 300 ml | NR | 4,70 | saccharose, sodium | RATIOPHARM |
| CARBOCISTEINE RPG 5 % sirop Ad fl de 300 ml | NR | 4,47 | saccharose, sodium | RPG |
| CARBOCISTEINE TEVA 5 % sirop Ad fl de 300 ml | NR | 4,88 | saccharose, sodium | TÉVA CLASSICS |
| **RHINATHIOL 5 % sirop expectorant Ad fl de 125 ml** | NR | 4,29 | éthanol, fructose, glucose, saccharose, sodium, sucre inverti | SANOFI-AVENTIS OTC |
| **RHINATHIOL 5 % sirop expectorant Ad fl de 200 ml** | NR | 5,54 | éthanol, fructose, glucose, saccharose, sodium, sucre inverti | SANOFI-AVENTIS OTC |
| **RHINATHIOL 5 % sirop expectorant Ad fl de 300 ml** | NR | 6,01 | éthanol, fructose, glucose, saccharose, sodium, sucre inverti | SANOFI-AVENTIS OTC |
| TUSSILENE Gé 5 % sirop Ad fl de 300 ml | NR | 5,06 | saccharose, sodium | ZYDUS FRANCE |

Voir p. 1154 : Comment utiliser ce tableau ?

| | | | | |
|---|---|---|---|---|
| **CARBOCISTEINE sans sucre 2 % sirop Enf** | | | | |
| BRONCHOKOD Gé sans sucre 2 % sol buv Enf fl de 125 ml | NR | 1,89 | sodium | SANOFI-AVENTIS OTC |
| BRONKIREX Gé sans sucre 2 % sirop Enf fl de 125 ml | NR | 1,76 | maltitol, rouge cochenille A (E 124), sodium | WINTHROP MÉDICAMENTS |
| CARBOCISTEINE BIOGARAN sans sucre 2 % sol buv Enf Nour fl de 125 ml + cuillère mesure | NR | 4,30 | hydroxyde de sodium, parahydroxybenzoate de méthyle sodique, saccharine sodique | BIOGARAN |
| CARBOCISTEINE IVAX sans sucre 2 % sol buv Enf Nour fl de 125 ml | NR | 3,24 | glucose, fructose, saccharose, sodium | IVAX SAS |
| CARBOCISTEINE MERCK sans sucre 2 % sol buv Enf Nour fl de 125 ml | NR | 3,14 | maltitol liquide, parahydroxybenzoate de méthyle, rouge cochenille A (E 124), sodium, sorbitol | MERCK GÉNÉRIQUES |
| CARBOCISTEINE RPG sans sucre 2 % sol buv Enf fl de 125 ml | NR | 3,42 | sodium | RPG |
| CARBOCISTEINE SANDOZ sans sucre 2 % sol buv Enf Nour fl de 125 ml | NR | 3,07 | hydroxyde de sodium, jaune tartrazine (E 102), noir brillant (E 151), rouge cochenille (E 124), saccharine sodique | SANDOZ |
| CARBOCISTEINE WINTHROP sans sucre 2 % sirop Enf Nour fl de 125 ml | NR | 1,64 | maltitol liquide, rouge cochenille A (E 124), sodium | WINTHROP MÉDICAMENTS |
| **RHINATHIOL sans sucre 2 % sirop Enf Nour fl de 125 ml** | NR | 4,27 | maltitol, rouge cochenille A (E 124), sodium | SANOFI-AVENTIS OTC |
| **CARBOCISTEINE sans sucre 5 % sirop Ad** | | | | |
| BRONCHOKOD Gé sans sucre 5 % sol buv Ad fl de 300 ml | NR | 3,52 | sodium | SANOFI-AVENTIS OTC |
| BRONKIREX Gé sans sucre 5 % sirop Ad fl de 300 ml | NR | 2,59 | glucose, sodium | WINTHROP MÉDICAMENTS |
| CARBOCISTEINE ARROW sans sucre 5 % sol buv Ad fl de 300 ml | NR | 5,49 | sodium | ARROW GÉNÉRIQUES |
| CARBOCISTEINE BIOGARAN sans sucre 5 % sol buv fl de 125 ml | NR | 2,41 | parahydroxybenzoate de méthyle sodique | BIOGARAN |
| CARBOCISTEINE BIOGARAN sans sucre 5 % sol buv fl de 300 ml | NR | 5,06 | parahydroxybenzoate de méthyle sodique | BIOGARAN |
| CARBOCISTEINE EG sans sucre 5 % sol buv fl de 300 ml | NR | 2,62 | sodium | EG LABO |
| CARBOCISTEINE G GAM sans sucre 5 % sol buv Ad fl de 300 ml | NR | 3,95 | sodium | G GAM |
| CARBOCISTEINE IVAX ADULTES SANS SUCRE 5 % sol buv fl de 300 ml | NR | 4,15 | sodium | IVAX SAS |

| DCI / Intitulé du produit | Remb SS | Prix | Excipients à effet notoire | Laboratoire |
|---|---|---|---|---|
| CARBOCISTEINE MERCK sans sucre 5 % sol buv Ad fl de 200 ml | NR | 3,65 | maltitol liquide, parahydroxybenzoate de méthyle, rouge cochenille A (E 124), sodium, sorbitol | MERCK GÉNÉRIQUES |
| CARBOCISTEINE RATIOPHARM sans sucre 5 % sol buv Ad fl de 200 ml | NR | 4,13 | sodium | RATIOPHARM |
| CARBOCISTEINE RATIOPHARM sans sucre 5 % sol buv Ad fl de 300 ml | NR | 4,50 | sodium | RATIOPHARM |
| CARBOCISTEINE RPG sans sucre 5 % sol buv Ad fl de 300 ml | NR | 4,47 | sodium | RPG |
| CARBOCISTEINE SANDOZ sans sucre 5 % sol buv Ad fl de 200 ml | NR | 3,40 | jaune tartrazine (E 102), noir brillant (E 151), rouge cochenille A (E 124), sodium | SANDOZ |
| CARBOCISTEINE SANDOZ sans sucre 5 % sol buv Ad fl de 300 ml | NR | 3,95 | jaune tartrazine (E 102), noir brillant (E 151), rouge cochenille A (E 124), sodium | SANDOZ |
| CARBOCISTEINE TEVA sans sucre 5 % sol buv Ad fl de 300 ml | NR | 4,88 | sodium | TÉVA CLASSICS |
| CARBOCISTEINE WINTHROP sans sucre 5 % sirop Ad fl de 300 ml | NR | 2,59 | glucose, sodium | WINTHROP MÉDICAMENTS |
| EXOTOUX S buv fl de 200 ml | NR | 3,98 | parahydroxybenzoate de méthyle (E 218), sodium | BOUCHARA-RECORDATI |
| **RHINATHIOL sans sucre 5 % sirop expectorant Ad fl de 200 ml** | NR | 5,76 | éthanol, fructose, glucose, saccharose, sodium, sucre inverti | SANOFI-AVENTIS OTC |
| TUSSILENE Gé sans sucre 5 % sol buv Ad fl de 300 ml | NR | 5,06 | sodium | ZYDUS FRANCE |
| **CARVEDILOL 12,5 mg cp séc** | | | | |
| **KREDEX 12,5 mg cp séc bte de 28** | 65 | 13,60 | lactose, saccharose | ROCHE |
| **CARVEDILOL 25 mg cp séc** | | | | |
| **KREDEX 25 mg cp séc bte de 28** | 65 | 13,60 | lactose, saccharose | ROCHE |
| **CARVEDILOL 6,25 mg cp séc** | | | | |
| **KREDEX 6,25 mg cp séc bte de 14** | 65 | 7,07 | lactose, saccharose | ROCHE |
| **KREDEX 6,25 mg cp séc bte de 28** | 65 | 13,60 | lactose, saccharose | ROCHE |
| **CEFACLOR 125 mg/5 ml pdre p susp buv (TFR)** | | | | |
| **ALFATIL 125 mg pdre p susp buv fl de 60 ml** | 65 | 3,76 | saccharose, sodium | TONIPHARM |
| CEFACLOR MERCK 125 mg/5 ml pdre p susp buv fl de 60 ml | 65 | 3,76 | mannitol, sodium, sorbitol | MERCK GÉNÉRIQUES |
| CEFACLOR RPG 125 mg/5 ml pdre p susp buv fl de 60 ml | 65 | 3,76 | saccharose | RPG |

Voir p. 1154 : Comment utiliser ce tableau ?

| | | | | |
|---|---|---|---|---|
| **CEFACLOR 250 mg gél** | | | | |
| **ALFATIL 250 mg gél bte de 12** | 65 | 8,73 | | TONIPHARM |
| CEFACLOR G GAM 250 mg cp bte de 12 | 65 | 6,74 | sodium | G GAM |
| **CEFACLOR 250 mg/5 ml pdre p susp buv (TFR)** | | | | |
| **ALFATIL 250 mg pdre p susp buv fl de 60 ml** | 65 | 5,65 | saccharose, sodium | TONIPHARM |
| CEFACLOR MERCK 250 mg/5 ml pdre p susp buv fl de 60 ml | 65 | 5,65 | mannitol, sodium, sorbitol | MERCK GÉNÉRIQUES |
| CEFACLOR RPG 250 mg/5 ml pdre p susp buv fl de 60 ml | 65 | 5,65 | saccharose, sodium | RPG |
| **CEFADROXIL 125 mg/5 ml pdre p susp buv (TFR)** | | | | |
| CEFADROXIL BIOGARAN 125 mg/5 ml pdre p susp buv fl de 60 ml | 65 | 2,24 | saccharose, sorbitol | BIOGARAN |
| CEFADROXIL MERCK 125 mg/5 ml pdre p susp buv fl de 60 ml | 65 | 2,24 | saccharose, sorbitol | MERCK GÉNÉRIQUES |
| **ORACEFAL 125 mg/5 ml pdre p susp buv fl de 60 ml** | 65 | 2,24 | glucose, laque nouvelle rouge coccine, saccharose, sodium | BRISTOL-MYERS SQUIBB |
| **CEFADROXIL 1 g cp dispersible (TFR)** | | | | |
| CEFADROXIL G GAM 1 g pdre p susp buv 6 sach | 65 | 5,30 | aspartam, lactose | G GAM |
| CEFADROXIL MERCK 1 g cp bte de 6 | 65 | 5,30 | | MERCK GÉNÉRIQUES |
| CEFADROXIL TEVA 1 g pdre p susp buv 6 sach | 65 | 5,30 | aspartam, lactose | TÉVA CLASSICS |
| **ORACEFAL 1 g cp dispersible bte de 6** | 65 | 5,30 | sorbitol | BRISTOL-MYERS SQUIBB |
| **CEFADROXIL 250 mg/5 ml pdre p susp buv (TFR)** | | | | |
| CEFADROXIL BIOGARAN 250 mg/5 ml pdre p susp buv fl de 60 ml | 65 | 3,56 | saccharose, sorbitol | BIOGARAN |
| CEFADROXIL G GAM 250 mg pdre p susp buv 12 sach | 65 | 3,56 | aspartam, lactose | G GAM |
| CEFADROXIL MERCK 250 mg/5 ml pdre p susp buv fl de 60 ml | 65 | 3,56 | saccharose, sorbitol | MERCK GÉNÉRIQUES |
| CEFADROXIL TEVA 250 mg pdre p susp buv 12 sach | 65 | 3,56 | aspartam, lactose | TÉVA CLASSICS |
| **ORACEFAL 250 mg/5 ml pdre p susp buv fl de 60 ml** | 65 | 3,56 | glucose, saccharose, sodium | BRISTOL-MYERS SQUIBB |
| **CEFADROXIL 500 mg gél (TFR)** | | | | |
| CEFADROXIL BIOGARAN 500 mg gél bte de 12 | 65 | 5,83 | | BIOGARAN |
| CEFADROXIL EG 500 mg gél bte de 12 | 65 | 5,83 | lactose | EG LABO |
| CEFADROXIL G GAM 500 mg gél bte de 12 | 65 | 5,83 | lactose | G GAM |
| CEFADROXIL IVAX 500 mg gél bte de 12 | 65 | 5,83 | lactose | IVAX SAS |
| CEFADROXIL MERCK 500 mg gél bte de 12 | 65 | 5,83 | | MERCK GÉNÉRIQUES |
| CEFADROXIL RATIOPHARM 500 mg gél bte de 12 | 65 | 5,83 | lactose | RATIOPHARM |
| CEFADROXIL SANDOZ 500 mg gél bte de 12 | 65 | 5,83 | | SANDOZ |
| CEFADROXIL TEVA 500 mg gél bte de 12 | 65 | 5,83 | lactose | TÉVA CLASSICS |
| **ORACEFAL 500 mg gél bte de 12** | 65 | 5,83 | lactose | BRISTOL-MYERS SQUIBB |

| DCI / Intitulé du produit | Remb SS | Prix | Excipients à effet notoire | Laboratoire |
|---|---|---|---|---|
| **CEFADROXIL 500 mg/5 ml pdre p susp buv (TFR)** | | | | |
| CEFADROXIL BIOGARAN 500 mg/5 ml pdre p susp buv fl de 60 ml | 65 | 5,74 | saccharose, sorbitol | BIOGARAN |
| CEFADROXIL G GAM 500 mg pdre p susp buv 12 sach | 65 | 5,74 | aspartam, lactose | G GAM |
| CEFADROXIL MERCK 500 mg/5 ml pdre p susp buv fl de 60 ml | 65 | 5,74 | saccharose, sorbitol | MERCK GÉNÉRIQUES |
| CEFADROXIL TEVA 500 mg pdre p susp buv 12 sach | 65 | 5,74 | aspartam, lactose | TÉVA CLASSICS |
| **ORACEFAL 500 mg/5 ml pdre p susp buv fl de 60 ml** | 65 | 5,74 | glucose, saccharose, sodium, sorbitol | BRISTOL-MYERS SQUIBB |
| **CEFALEXINE 1 g cp** | | | | |
| CEFACET Gé 1 g cp séc bte de 6 | 65 | 4,72 | | NORGINE PHARMA |
| **KEFORAL 1 g cp bte de 6** | 65 | 5,90 | | SCIENCEX |
| **CEFALEXINE 500 mg cp** | | | | |
| CEFACET Gé 500 mg cp séc bte de 10 | 65 | 4,61 | | NORGINE PHARMA |
| **KEFORAL 500 mg cp bte de 10** | 65 | 4,86 | | SCIENCEX |
| **CEFATRIZINE PROPYLENEGLYCOL 500 mg gél (TFR)** | | | | |
| **CEFAPEROS 500 mg gél bte de 8** | 65 | 5,75 | lactose | BRISTOL-MYERS SQUIBB |
| CEFATRIZINE ARROW 500 mg gél bte de 8 | 65 | 5,75 | lactose | ARROW GÉNÉRIQUES |
| CEFATRIZINE BIOGARAN 500 mg gél bte de 8 | 65 | 5,75 | lactose | BIOGARAN |
| CEFATRIZINE EG 500 mg gél bte de 8 | 65 | 5,75 | lactose | EG LABO |
| CEFATRIZINE IVAX 500 mg gél bte de 8 | 65 | 5,75 | lactose | IVAX SAS |
| CEFATRIZINE MERCK 500 mg gél bte de 8 | 65 | 5,75 | lactose | MERCK GÉNÉRIQUES |
| CEFATRIZINE QUALIMED 500 mg gél bte de 8 | 65 | 5,75 | lactose | QUALIMED |
| CEFATRIZINE TEVA 500 mg gél bte de 8 | 65 | 5,75 | lactose | TÉVA CLASSICS |
| **CEFRADINE 500 mg gél** | | | | |
| **KELSEF 500 mg gél bte de 12** | 65 | 6,04 | lactose | ZYDUS FRANCE |
| ZEEFRA Gé 500 mg gél bte de 12 | 65 | 5,13 | lactose | BOUCHARA-RECORDATI |
| **CEFTRIAXONE SODIQUE 1 g/10 ml sol inj IV (TFR)** | | | | |
| CEFTRIAXONE AGUETTANT 1 g/10 ml pdre et solvant p inj IV fl + amp | 65 | 9,58 | | AGUETTANT |
| CEFTRIAXONE ARROW 1 g/10 ml pdre et solvant p inj IV fl + amp | 65 | 7,80 | | ARROW GÉNÉRIQUES |
| CEFTRIAXONE BIOGARAN 1 g/10 ml pdre et solvant p inj IV fl + amp | 65 | 7,80 | | BIOGARAN |
| CEFTRIAXONE EG 1 g/10 ml pdre et solvant p inj IV fl + amp | 65 | 7,80 | | EG LABO |
| CEFTRIAXONE IVAX 1 g/10 ml pdre et solvant p inj IV fl + amp | 65 | 7,80 | | IVAX SAS |

Voir p. 1154 : Comment utiliser ce tableau ?

| | | | | |
|---|---|---|---|---|
| CEFTRIAXONE MERCK 1 g/10 ml pdre et solvant p inj IV fl + amp | 65 | 7,80 | | MERCK GÉNÉRIQUES |
| CEFTRIAXONE QUALIMED 1 g/10 ml pdre et solvant p inj IV fl + amp/10 ml | 65 | 7,80 | | QUALIMED |
| CEFTRIAXONE RATIOPHARM 1 g/10 ml pdre et solvant p inj IV fl + amp | 65 | 7,80 | | RATIOPHARM |
| CEFTRIAXONE RPG 1 g/10 ml pdre et solvant p inj IV fl + amp | 65 | 7,80 | | RPG |
| CEFTRIAXONE TEVA 1 g/10 ml pdre et solvant p inj IV fl + amp | 65 | 7,80 | | TÉVA CLASSICS |
| **ROCEPHINE 1 g/10 ml pdre et solvant p inj IV fl + amp** | 65 | 7,80 | | ROCHE |
| **CEFTRIAXONE SODIQUE 1 g/3,5 ml sol inj IM** | | | | |
| CEFTRIAXONE AGUETTANT 1 g/3,5 ml pdre et solvant p inj IM fl + amp | 65 | 7,88 | sodium | AGUETTANT |
| CEFTRIAXONE ARROW 1 g/3,5 ml pdre et solvant p inj IM fl + amp | 65 | 7,88 | | ARROW GÉNÉRIQUES |
| CEFTRIAXONE BIOGARAN 1 g/3,5 ml pdre et solvant p inj IM fl + amp | 65 | 7,88 | | BIOGARAN |
| CEFTRIAXONE EG 1 g/3,5 ml pdre et solvant p inj IM fl + amp | 65 | 7,88 | | EG LABO |
| CEFTRIAXONE G GAM 1 g/3,5 ml pdre et solvant p inj IM fl + amp | 65 | 7,88 | | G GAM |
| CEFTRIAXONE IREX 1 g/3,5 ml pdre et solvant p inj IM fl + amp | NR | 7,88 | | WINTHROP MÉDICAMENTS |
| CEFTRIAXONE IVAX 1 g/3,5 ml pdre et solvant p inj IM fl + amp | 65 | 7,88 | | IVAX SAS |
| CEFTRIAXONE MERCK 1 g/3,5 ml pdre et solvant p inj IM fl + amp | 65 | 7,88 | | MERCK GÉNÉRIQUES |
| CEFTRIAXONE QUALIMED 1 g/3,5 ml pdre et solvant p inj IM fl + amp | 65 | 7,88 | | QUALIMED |
| CEFTRIAXONE RATIOPHARM 1 g/3,5 ml pdre et solvant p inj IM fl + amp | 65 | 7,88 | sodium | RATIOPHARM |
| CEFTRIAXONE RPG 1 g/3,5 ml pdre et solvant p inj IM/SC fl + amp | 65 | 7,88 | | RPG |
| CEFTRIAXONE SANDOZ 1 g/3,5 ml pdre et solvant p inj IM fl + amp | 65 | 7,88 | | SANDOZ |
| CEFTRIAXONE TEVA 1 g/3,5 ml pdre et solvant p inj IM fl + amp | 65 | 7,88 | | TÉVA CLASSICS |
| CEFTRIAXONE WINTHROP 1 g/3,5 ml pdre et solvant p inj IM fl + amp | 65 | 7,88 | | WINTHROP MÉDICAMENTS |
| **ROCEPHINE 1 g/3,5 ml pdre et solvant p inj IM fl + amp** | 65 | 9,51 | | ROCHE |
| TRIACEFAN Gé 1 g/3,5 ml pdre et solvant p inj IM fl + amp | 65 | 7,88 | | SUBSTIPHARM |
| **CEFTRIAXONE SODIQUE 500 mg/2 ml sol inj IM (TFR)** | | | | |
| CEFTRIAXONE AGUETTANT 500 mg/2 ml pdre et solvant p inj IM fl + amp | 65 | 5,44 | | AGUETTANT |
| CEFTRIAXONE ARROW 500 mg/2 ml pdre et solvant p inj IM fl + amp | 65 | 4,52 | | ARROW GÉNÉRIQUES |
| CEFTRIAXONE IVAX 500 mg/2 ml pdre et solvant p inj IM fl + amp | 65 | 4,52 | | IVAX SAS |
| CEFTRIAXONE MERCK 500 mg/2 ml pdre et solvant p inj IM fl + amp | 65 | 4,52 | | MERCK GÉNÉRIQUES |
| CEFTRIAXONE QUALIMED 500 mg/2 ml pdre et solvant p inj IM fl + amp | 65 | 4,52 | | QUALIMED |
| CEFTRIAXONE SANDOZ 500 mg/2 ml pdre et solvant p inj IM fl + amp | 65 | 4,52 | | SANDOZ |
| CEFTRIAXONE TEVA 500 mg/2 ml pdre et solvant p inj IM fl + amp | 65 | 4,52 | | TÉVA CLASSICS |
| CEFTRIAXONE WINTHROP 500 mg/2 ml pdre et solvant p inj IM fl + amp | 65 | 4,52 | | WINTHROP MÉDICAMENTS |
| **ROCEPHINE 500 mg/2 ml pdre et solvant p inj IM fl + amp** | 65 | 4,52 | | ROCHE |

| DCI / Intitulé du produit | Remb SS | Prix | Excipients à effet notoire | Laboratoire |
|---|---|---|---|---|
| **CEFTRIAXONE SODIQUE 500 mg/5 ml sol inj IV (TFR)** | | | | |
| CEFTRIAXONE AGUETTANT 500 mg/5 ml pdre et solvant p inj IV fl + amp | 65 | 5,44 | | AGUETTANT |
| CEFTRIAXONE ARROW 500 mg/5 ml pdre et solvant p inj IV fl + amp | 65 | 4,51 | | ARROW GÉNÉRIQUES |
| CEFTRIAXONE MERCK 500 mg/5 ml pdre et solvant p inj IV fl + amp | 65 | 4,51 | | MERCK GÉNÉRIQUES |
| CEFTRIAXONE QUALIMED 500 mg/5 ml pdre et solvant p inj IV fl + amp | 65 | 4,51 | | QUALIMED |
| **ROCEPHINE 500 mg/5 ml pdre et solvant p inj IV fl + amp** | 65 | 4,51 | | ROCHE |
| **CEFUROXIME AXETIL 125 mg cp** | | | | |
| CEFUROXIME BIOGARAN 125 mg cp bte de 8 | 65 | 3,79 | sodium | BIOGARAN |
| CEFUROXIME MERCK 125 mg cp bte de 8 | 65 | 3,79 | aspartam, sodium | MERCK GÉNÉRIQUES |
| CEFUROXIME QUALIMED 125 mg cp bte de 8 | 65 | 3,79 | aspartam, sodium | QUALIMED |
| CEFUROXIME SANDOZ 125 mg cp bte de 8 | 65 | 3,79 | aspartam, sodium | SANDOZ |
| **ZINNAT 125 mg cp bte de 8** | 65 | 5,33 | sodium | GLAXOSMITHKLINE |
| **CEFUROXIME AXETIL 125 mg granulé susp buv en fl** | | | | |
| **ZINNAT 125 mg/5 ml granulé susp buv fl de 40 ml** | 65 | 6,49 | aspartam, saccharose | GLAXOSMITHKLINE |
| **ZINNAT 125 mg/5 ml granulé susp buv fl de 80 ml** | 65 | 11,24 | aspartam, saccharose | GLAXOSMITHKLINE |
| **CEFUROXIME AXETIL 125 mg granulé susp buv en sachet-dose** | | | | |
| **ZINNAT 125 mg granulé susp buv 8 sach** | 65 | 6,49 | aspartam, saccharose | GLAXOSMITHKLINE |
| **CEFUROXIME AXETIL 250 mg cp** | | | | |
| CEFUROXIME BIOGARAN 250 mg cp bte de 8 | 65 | 6,13 | sodium | BIOGARAN |
| CEFUROXIME MERCK 250 mg cp bte de 8 | 65 | 6,13 | aspartam, sodium | MERCK GÉNÉRIQUES |
| CEFUROXIME QUALIMED 250 mg cp bte de 8 | 65 | 6,13 | aspartam, sodium | QUALIMED |
| CEFUROXIME SANDOZ 250 mg cp bte de 8 | 65 | 6,13 | aspartam, sodium | SANDOZ |
| **ZINNAT 250 mg cp bte de 8** | 65 | 8,81 | sodium | GLAXOSMITHKLINE |
| **CEFUROXIME AXETIL 500 mg cp** | | | | |
| CEFUROXIME BIOGARAN 500 mg cp bte de 8 | 65 | 10,86 | sodium | BIOGARAN |
| CEFUROXIME MERCK 500 mg cp bte de 8 | 65 | 10,86 | aspartam, sodium | MERCK GÉNÉRIQUES |
| CEFUROXIME QUALIMED 500 mg cp bte de 8 | 65 | 10,86 | aspartam, sodium | QUALIMED |
| CEFUROXIME SANDOZ 500 mg cp bte de 8 | 65 | 10,86 | aspartam, sodium | SANDOZ |
| **ZINNAT 500 mg cp bte de 8** | 65 | 15,79 | sodium | GLAXOSMITHKLINE |
| **CELIPROLOL CHLORHYDRATE 200 mg cp** | | | | |
| **CELECTOL 200 mg cp bte de 28** | 65 | 10,33 | | AVENTIS |

Voir p. 1154 : Comment utiliser ce tableau ?

| | | | | |
|---|---|---|---|---|
| CELIPROLOL ARROW 200 mg cp séc bte de 28 | 65 | 8,69 | lactose | ARROW GÉNÉRIQUES |
| CELIPROLOL BIOGARAN 200 mg cp séc bte de 28 | 65 | 8,69 | lactose | BIOGARAN |
| CELIPROLOL EG 200 mg cp séc bte de 28 | 65 | 8,69 | | EG LABO |
| CELIPROLOL IVAX 200 mg cp séc bte de 28 | 65 | 8,69 | | IVAX SAS |
| CELIPROLOL MERCK 200 mg cp séc bte de 28 | 65 | 8,69 | lactose | MERCK GÉNÉRIQUES |
| CELIPROLOL QUALIMED 200 mg cp bte de 28 | 65 | 8,69 | lactose | QUALIMED |
| CELIPROLOL RATIOPHARM 200 mg cp séc bte de 28 | 65 | 8,69 | | RATIOPHARM |
| CELIPROLOL RPG 200 mg cp bte de 28 | 65 | 8,69 | | RPG |
| CELIPROLOL SANDOZ 200 mg cp séc bte de 28 | 65 | 8,69 | lactose | SANDOZ |
| CELIPROLOL TEVA 200 mg cp bte de 28 | 65 | 8,69 | lactose | TÉVA CLASSICS |
| CELIPROLOL WINTHROP 200 mg cp séc bte de 28 | 65 | 8,69 | | WINTHROP MÉDICAMENTS |
| CELIPROLOL ZYDUS 200 mg cp séc bte de 28 | 65 | 8,69 | | ZYDUS FRANCE |
| **CETIRIZINE DICHLORHYDRATE 10 mg cp séc** | | | | |
| CETIRIZINE ARROW 10 mg cp séc bte de 15 | 35 | 4,34 | lactose | ARROW GÉNÉRIQUES |
| CETIRIZINE BGR 10 mg cp séc bte de 7 | NR | 5,00 | lactose | BIOGARAN |
| CETIRIZINE BIOGARAN 10 mg cp séc bte de 15 | 35 | 4,34 | lactose | BIOGARAN |
| CETIRIZINE EG 10 mg cp séc bte de 15 | 35 | 4,34 | lactose | EG LABO |
| CETIRIZINE G GAM 10 mg cp séc bte de 15 | 35 | 4,34 | lactose | G GAM |
| CETIRIZINE HEXAL SANTE 10 mg cp séc bte de 7 | NR | 4,23 | lactose | G GAM |
| CETIRIZINE IVAX 10 mg cp séc bte de 7 | NR | 4,60 | lactose | IVAX SAS |
| CETIRIZINE MERCK 10 mg cp séc bte de 15 | 35 | 4,34 | lactose | MERCK GÉNÉRIQUES |
| CETIRIZINE MERCK GENERIQUES 10 mg cp séc bte de 7 | NR | 4,98 | lactose | MERCK GÉNÉRIQUES |
| CETIRIZINE QUALIMED 10 mg cp séc bte de 15 | 35 | 4,34 | lactose | QUALIMED |
| CETIRIZINE RATIOPHARM 10 mg cp séc bte de 15 | 35 | 4,34 | lactose | RATIOPHARM |
| CETIRIZINE RPG 10 mg cp séc bte de 15 | 35 | 4,34 | lactose | RPG |
| CETIRIZINE SANDOZ 10 mg cp séc bte de 15 | 35 | 4,34 | lactose | SANDOZ |
| CETIRIZINE TEVA 10 mg cp séc bte de 15 | 35 | 4,34 | lactose, glucose | TÉVA CLASSICS |
| CETIRIZINE WINTHROP 10 mg cp séc bte de 15 | 35 | 4,34 | lactose | WINTHROP MÉDICAMENTS |
| HUMEX ALLERGIE CETIRIZINE cp séc bte de 7 | NR | 6,14 | lactose | URGO |
| **REACTINE 10 mg cp séc bte de 7** | NR | 6,14 | lactose | PFIZER SANTÉ GRAND PUBLIC |
| **VIRLIX 10 mg cp séc bte de 15** | 35 | 6,17 | lactose | SANOFI-AVENTIS FRANCE |
| **ZYRTECSET 10 mg cp séc bte de 7** | NR | 6,14 | lactose | UCB HEALTHCARE |

| DCI / Intitulé du produit | Remb SS | Prix | Excipients à effet notoire | Laboratoire |
|---|---|---|---|---|
| **CETIRIZINE DICHLORHYDRATE 10 mg/ml sol buv (gouttes)** | | | | |
| CETIRIZINE BIOGARAN 10 mg/ml sol buv fl de 15 ml | 35 | 4,40 | sodium | BIOGARAN |
| CETIRIZINE EG 10 mg/ml sol buv fl de 15 ml | 35 | 4,40 | sodium | EG LABO |
| **VIRLIX 10 mg/ml sol buv fl de 15 ml** | 35 | 6,17 | sodium | SANOFI-AVENTIS FRANCE |
| **ZYRTEC 10 mg/ml sol buv fl de 15 ml** | 35 | 6,17 | sodium | UCB PHARMA |
| **CHLORMADINONE ACETATE 2 mg cp** | | | | |
| CHLORMADINONE TEVA 2 mg cp bte de 10 | 65 | 1,14 | lactose, saccharose | TÉVA CLASSICS |
| **LUTERAN 2 mg cp bte de 10** | 65 | 1,33 | lactose, saccharose | AVENTIS |
| **CHLORMADINONE ACETATE 5 mg cp (TFR)** | | | | |
| CHLORMADINONE MERCK 5 mg cp bte de 10 | 65 | 2,25 | lactose, saccharose | MERCK GÉNÉRIQUES |
| CHLORMADINONE SANDOZ 5 mg cp bte de 10 | 65 | 2,25 | lactose, saccharose | SANDOZ |
| CHLORMADINONE TEVA 5 mg cp bte de 10 | 65 | 2,25 | lactose, saccharose | TÉVA CLASSICS |
| **LUTERAN 5 mg cp bte de 10** | 65 | 2,25 | lactose, saccharose | AVENTIS |
| **CHLORMADINONE ACETATE 10 mg cp (TFR)** | | | | |
| CHLORMADINONE MERCK 10 mg cp bte de 12 | 65 | 3,96 | lactose, saccharose | MERCK GÉNÉRIQUES |
| CHLORMADINONE QUALIMED 10 mg cp bte de 12 | 65 | 3,96 | lactose, saccharose | QUALIMED |
| CHLORMADINONE SANDOZ 10 mg cp bte de 12 | 65 | 3,96 | lactose, saccharose | SANDOZ |
| CHLORMADINONE TEVA 10 mg cp bte de 12 | 65 | 3,96 | lactose, saccharose | TÉVA CLASSICS |
| **LUTERAN 10 mg cp bte de 12** | 65 | 5,07 | lactose, saccharose | SANOFI-AVENTIS FRANCE |
| **CIMETIDINE 200 mg cp (TFR)** | | | | |
| CIMETIDINE G GAM 200 mg cp bte de 30 | 35 | 5,94 | | G GAM |
| CIMETIDINE MERCK 200 mg cp bte de 30 | 35 | 5,94 | | MERCK GÉNÉRIQUES |
| CIMETIDINE TEVA 200 mg cp bte de 30 | 35 | 5,94 | | TÉVA CLASSICS |
| **TAGAMET 200 mg cp bte de 30** | 35 | 9,97 | | AXCAN PHARMA SA |
| **CIMETIDINE 200 mg cp efferv (TFR)** | | | | |
| CIMETIDINE ARROW 200 mg cp efferv bte de 60 | 35 | 11,86 | sodium, sorbitol | ARROW GÉNÉRIQUES |
| CIMETIDINE MERCK 200 mg cp efferv bte de 60 | 35 | 11,86 | sodium, sorbitol | MERCK GÉNÉRIQUES |
| CIMETIDINE TEVA 200 mg cp efferv bte de 60 | 35 | 11,86 | aspartam, lactose, sodium | TÉVA CLASSICS |
| **TAGAMET 200 mg cp efferv bte de 60** | 35 | 19,59 | aspartam, sodium | AXCAN PHARMA SA |
| **CIMETIDINE 200 mg/2 ml sol inj IM/IV** | | | | |
| **TAGAMET 200 mg sol inj IV/IM 10 amp/2 ml** | 35 | 5,97 | | AXCAN PHARMA SA |

Voir p. 1154 : Comment utiliser ce tableau ?

| | | | | |
|---|---|---|---|---|
| **CIMETIDINE 400 mg cp (TFR)** | | | | |
| CIMETIDINE G GAM 400 mg cp bte de 30 | 35 | 12,57 | | G GAM |
| CIMETIDINE MERCK 400 mg cp bte de 30 | 35 | 12,57 | | MERCK GÉNÉRIQUES |
| CIMETIDINE TEVA 400 mg cp bte de 30 | 35 | 12,57 | | TÉVA CLASSICS |
| **TAGAMET 400 mg cp bte de 30** | 35 | 20,80 | | AXCAN PHARMA SA |
| **CIMETIDINE 800 mg cp (TFR)** | | | | |
| CIMETIDINE G GAM 800 mg cp bte de 15 | 35 | 12,57 | | G GAM |
| CIMETIDINE MERCK 800 mg cp bte de 15 | 35 | 12,57 | | MERCK GÉNÉRIQUES |
| **TAGAMET 800 mg cp séc bte de 15** | 35 | 20,75 | | AXCAN PHARMA SA |
| **CIMETIDINE 800 mg cp efferv (TFR)** | | | | |
| CIMETIDINE TEVA 800 mg cp efferv bte de 15 | 35 | 14,23 | aspartam, lactose, sodium | TÉVA CLASSICS |
| **TAGAMET 800 mg cp efferv bte de 15** | 35 | 23,56 | aspartam, sodium | AXCAN PHARMA SA |
| **CIPROFIBRATE 100 mg gél (TFR)** | | | | |
| CIPROFIBRATE BIOGARAN 100 mg gél bte de 30 | 65 | 5,96 | lactose | BIOGARAN |
| CIPROFIBRATE MERCK 100 mg gél bte de 30 | 65 | 5,96 | lactose | MERCK GÉNÉRIQUES |
| CIPROFIBRATE QUALIMED 100 mg gél bte de 30 | 65 | 5,96 | lactose | QUALIMED |
| CIPROFIBRATE RATIOPHARM 100 mg gél bte de 30 | 65 | 5,96 | lactose | RATIOPHARM |
| CIPROFIBRATE RPG 100 mg gél bte de 30 | 65 | 5,96 | lactose | RPG |
| CIPROFIBRATE SANDOZ 100 mg gél bte de 30 | 65 | 5,96 | lactose | SANDOZ |
| CIPROFIBRATE TEVA 100 mg gél bte de 30 | 65 | 5,96 | lactose | TÉVA CLASSICS |
| CIPROFIBRATE WINTHROP 100 mg gél bte de 30 | 65 | 5,96 | lactose | WINTHROP MÉDICAMENTS |
| **LIPANOR 100 mg gél bte de 30** | 65 | 7,04 | lactose | SANOFI-AVENTIS FRANCE |
| **CIPROFLOXACINE CHLORHYDRATE 250 mg cp** | | | | |
| **CIFLOX 250 mg cp bte de 12** | 65 | 13,52 | | BAYER PHARMA |
| CIPROFLOXACINE BIOGARAN 250 mg cp bte de 12 | 65 | 9,32 | | BIOGARAN |
| CIPROFLOXACINE EG 250 mg cp bte de 12 | 65 | 9,32 | | EG LABO |
| CIPROFLOXACINE G GAM 250 mg cp séc bte de 12 | 65 | 9,32 | sodium | G GAM |
| CIPROFLOXACINE IVAX 250 mg cp bte de 12 | 65 | 9,32 | sodium | IVAX SAS |
| CIPROFLOXACINE MERCK 250 mg cp bte de 12 | 65 | 9,32 | polydextrose | MERCK GÉNÉRIQUES |
| CIPROFLOXACINE QUALIMED 250 mg cp bte de 12 | 65 | 9,32 | polydextrose | QUALIMED |
| CIPROFLOXACINE RATIOPHARM 250 mg cp bte de 12 | 65 | 9,32 | | RATIOPHARM |
| CIPROFLOXACINE RPG 250 mg cp bte de 12 | 65 | 9,32 | | RPG |

| DCI / Intitulé du produit | Remb SS | Prix | Excipients à effet notoire | Laboratoire |
|---|---|---|---|---|
| CIPROFLOXACINE SANDOZ 250 mg cp bte de 12 | 65 | 9,32 | | SANDOZ |
| CIPROFLOXACINE TEVA 250 mg cp séc bte de 12 | 65 | 9,32 | | TÉVA CLASSICS |
| CIPROFLOXACINE WINTHROP 250 mg cp bte de 12 | 65 | 9,32 | | WINTHROP MÉDICAMENTS |
| CIPROFLOXACINE ZYDUS 250 mg cp bte de 12 | 65 | 9,32 | | ZYDUS FRANCE |
| **CIPROFLOXACINE CHLORHYDRATE 500 mg cp séc** | | | | |
| **CIFLOX 500 mg cp séc bte de 12** | 65 | 23,99 | | BAYER PHARMA |
| CIPROFLOXACINE ALTER 250 mg cp bte de 12* | 65 | 9,32 | | ALTER |
| CIPROFLOXACINE ALTER 500 mg cp bte de 12* | 65 | 16,41 | | ALTER |
| CIPROFLOXACINE ARROW 250 mg cp bte de 12* | 65 | 9,32 | | ARROW GÉNÉRIQUES |
| CIPROFLOXACINE ARROW 500 mg cp bte de 12* | 65 | 16,41 | | ARROW GÉNÉRIQUES |
| CIPROFLOXACINE BIOGARAN 500 mg cp séc bte de 12 | 65 | 16,41 | | BIOGARAN |
| CIPROFLOXACINE EG 500 mg cp bte de 12 | 65 | 16,41 | | EG LABO |
| CIPROFLOXACINE G GAM 500 mg cp séc bte de 12 | 65 | 16,41 | sodium | G GAM |
| CIPROFLOXACINE IVAX 500 mg cp séc bte de 12 | 65 | 16,41 | sodium | IVAX SAS |
| CIPROFLOXACINE MERCK 500 mg cp séc bte de 12 | 65 | 16,41 | polydextrose | MERCK GÉNÉRIQUES |
| CIPROFLOXACINE QUALIMED 500 mg cp séc bte de 12 | 65 | 16,41 | polydextrose | QUALIMED |
| CIPROFLOXACINE RATIOPHARM 500 mg cp séc bte de 12 | 65 | 16,41 | | RATIOPHARM |
| CIPROFLOXACINE RPG 500 mg cp séc bte de 12 | 65 | 16,41 | | RPG |
| CIPROFLOXACINE SANDOZ 500 mg cp séc bte de 12 | 65 | 16,41 | | SANDOZ |
| CIPROFLOXACINE TEVA 500 mg cp séc bte de 12 | 65 | 16,41 | | TÉVA CLASSICS |
| CIPROFLOXACINE WINTHROP 500 mg cp séc bte de 12 | 65 | 16,41 | | WINTHROP MÉDICAMENTS |
| CIPROFLOXACINE ZYDUS 500 mg cp séc bte de 12 | 65 | 16,41 | | ZYDUS FRANCE |

* AVERTISSEMENT : les comprimés de CIPROFLOXACINE ALTER 500 mg et de CIPROFLOXACINE ARROW 500 mg n'étant pas sécables, les comprimés à 250 mg peuvent être nécessaires pour obtenir la posologie prescrite.

| | | | | |
|---|---|---|---|---|
| **CITALOPRAM BROMHYDRATE 20 mg cp séc** | | | | |
| CITALOPRAM ARROW 20 mg cp séc bte de 28 | 65 | 14,56 | | ARROW GÉNÉRIQUES |
| CITALOPRAM BIOGARAN 20 mg cp séc bte de 28 | 65 | 14,56 | lactose | BIOGARAN |
| CITALOPRAM EG 20 mg cp séc bte de 28 | 65 | 14,56 | | EG LABO |
| CITALOPRAM G GAM 20 mg cp séc bte de 28 | 65 | 14,56 | lactose | G GAM |
| CITALOPRAM IVAX 20 mg cp séc bte de 28 | 65 | 14,56 | lactose | IVAX SAS |
| CITALOPRAM MERCK 20 mg cp séc bte de 28 | 65 | 14,56 | lactose | MERCK GÉNÉRIQUES |

Voir p. 1154 : Comment utiliser ce tableau ?

| | | | | |
|---|---|---|---|---|
| CITALOPRAM QUALIMED 20 mg cp séc bte de 28 | 65 | 14,56 | lactose | QUALIMED |
| CITALOPRAM RATIOPHARM 20 mg cp séc bte de 28 | 65 | 14,56 | | RATIOPHARM |
| CITALOPRAM RPG 20 mg cp séc bte de 28 | 65 | 14,56 | lactose | RPG |
| CITALOPRAM SANDOZ 20 mg cp séc bte de 28 | 65 | 14,56 | lactose | SANDOZ |
| CITALOPRAM TEVA 20 mg cp séc bte de 28 | 65 | 14,56 | lactose | TÉVA CLASSICS |
| CITALOPRAM WINTHROP 20 mg cp séc bte de 28 | 65 | 14,56 | | WINTHROP MÉDICAMENTS |
| **SEROPRAM 20 mg cp séc bte de 28** | 65 | 21,26 | lactose | LUNDBECK SA |
| **CLARITHROMYCINE 250 mg cp** | | | | |
| **NAXY 250 mg cp bte de 10** | 65 | 12,20 | | CEPHALON |
| **ZECLAR 250 mg cp bte de 10** | 65 | 12,20 | | ABBOTT FRANCE |
| **CLARITHROMYCINE 500 mg cp** | | | | |
| **NAXY 500 mg cp bte de 10** | 65 | 23,02 | | CEPHALON |
| **NAXY 500 mg cp bte de 14** | 65 | 32,01 | | CEPHALON |
| **ZECLAR 500 mg cp bte de 10** | 65 | 23,02 | | ABBOTT FRANCE |
| **ZECLAR 500 mg cp bte de 14** | 65 | 32,01 | | ABBOTT FRANCE |
| **ZECLAR 500 mg cp bte de 30** | 65 | 59,93 | | ABBOTT FRANCE |
| **CLOMIPRAMINE CHLORHYDRATE 10 mg cp** | | | | |
| **ANAFRANIL 10 mg cp bte de 60** | 65 | 4,06 | lactose, saccharose | LYNAPHARM |
| CLOMIPRAMINE SANDOZ 10 mg cp bte de 60 | 65 | 3,22 | lactose | SANDOZ |
| CLOMIPRAMINE TEVA 10 mg gél bte de 60 | 65 | 3,22 | lactose | TÉVA CLASSICS |
| **CLOMIPRAMINE CHLORHYDRATE 25 mg cp** | | | | |
| **ANAFRANIL 25 mg cp bte de 50** | 65 | 7,53 | lactose, sucre cristallisé | LYNAPHARM |
| CLOMIPRAMINE MERCK 25 mg cp bte de 50 | 65 | 5,83 | lactose | MERCK GÉNÉRIQUES |
| CLOMIPRAMINE RPG 25 mg gél bte de 50 | 65 | 5,83 | lactose | RPG |
| CLOMIPRAMINE SANDOZ 25 mg cp bte de 50 | 65 | 5,83 | lactose | SANDOZ |
| CLOMIPRAMINE TEVA 25 mg gél bte de 60 | 65 | 6,63 | lactose | TÉVA CLASSICS |
| **CLOMIPRAMINE CHLORHYDRATE 75 mg cp séc** | | | | |
| **ANAFRANIL 75 mg cp séc bte de 20** | 65 | 8,92 | huile de ricin hydrogénée polyoxyéthylénée | LYNAPHARM |
| CLOMIPRAMINE MERCK 75 mg cp séc bte de 20 | 65 | 6,89 | huile de ricin hydrogénée polyoxyéthylénée | MERCK GÉNÉRIQUES |
| CLOMIPRAMINE SANDOZ 75 mg cp séc bte de 20 | 65 | 6,89 | huile de ricin | SANDOZ |

| DCI / Intitulé du produit | Remb SS | Prix | Excipients à effet notoire | Laboratoire |
|---|---|---|---|---|
| **CLOZAPINE 100 mg cp** | | | | |
| CLOZAPINE MERCK 100 mg cp séc bte de 14 | 65 | 9,02 | lactose | MERCK GÉNÉRIQUES |
| CLOZAPINE MERCK 100 mg cp séc bte de 28 | 65 | 17,35 | lactose | MERCK GÉNÉRIQUES |
| CLOZAPINE PANPHARMA 100 mg cp séc bte de 14 | 65 | 9,02 | lactose | PANPHARMA |
| CLOZAPINE PANPHARMA 100 mg cp séc bte de 28 | 65 | 17,35 | lactose | PANPHARMA |
| **LEPONEX 100 mg cp séc bte de 14** | 65 | 10,64 | lactose | NOVARTIS PHARMA SAS |
| **LEPONEX 100 mg cp séc bte de 28** | 65 | 20,75 | lactose | NOVARTIS PHARMA SAS |
| **CLOZAPINE 25 mg cp** | | | | |
| CLOZAPINE MERCK 25 mg cp séc bte de 14 | 65 | 2,59 | lactose | MERCK GÉNÉRIQUES |
| CLOZAPINE MERCK 25 mg cp séc bte de 28 | 65 | 4,67 | lactose | MERCK GÉNÉRIQUES |
| CLOZAPINE MERCK 25 mg cp séc bte de 7 | 65 | 1,58 | lactose | MERCK GÉNÉRIQUES |
| CLOZAPINE PANPHARMA 25 mg cp séc bte de 14 | 65 | 2,59 | lactose | PANPHARMA |
| CLOZAPINE PANPHARMA 25 mg cp séc bte de 28 | 65 | 4,67 | lactose | PANPHARMA |
| CLOZAPINE PANPHARMA 25 mg cp séc bte de 7 | 65 | 1,58 | lactose | PANPHARMA |
| **LEPONEX 25 mg cp séc bte de 14** | 65 | 3,01 | lactose | NOVARTIS PHARMA SAS |
| **LEPONEX 25 mg cp séc bte de 28** | 65 | 5,50 | lactose | NOVARTIS PHARMA SAS |
| **LEPONEX 25 mg cp séc bte de 7** | 65 | 1,78 | lactose | NOVARTIS PHARMA SAS |
| **CROMOGLICATE DE SODIUM 100 mg/5 ml sol buv (TFR)** | | | | |
| INTERCRON Gé 18,3 mg/ml sol buv 30 amp | 35 | 10,82 | | ZAMBON FRANCE |
| **NALCRON 100 mg/5 ml sol buv 30 amp** | 35 | 15,23 | | AVENTIS |
| **CROMOGLICATE DE SODIUM 2g/100 ml collyre** | | | | |
| **OPTICRON 2 % collyre fl de 5 ml** | 35 | 4,05 | chlorure de benzalkonium | COOPÉRATION PHARMACEUTIQUE FRANÇAISE |
| **CROMOGLYCATE DE SODIUM 2 % collyre unidose** | | | | |
| **OPTICRON 2 % collyre 10 unidoses/3,5 ml** | NR | 6,27 | | COOPÉRATION PHARMACEUTIQUE FRANÇAISE |
| **OPTICRON 2 % collyre 20 unidoses/3,5 ml** | 35 | 3,10 | | COOPÉRATION PHARMACEUTIQUE FRANÇAISE |
| **CYPROTERONE ACETATE 100 mg cp séc** | | | | |
| ACETATE DE CYPROTERONE EG 100 mg cp séc bte de 60 | 100 | 83,16 | lactose | EG LABO |
| **ANDROCUR 100 mg cp séc bte de 60** | 100 | 96,47 | lactose | SCHERING SAS |

Voir p. 1154 : Comment utiliser ce tableau ?

| | | | | |
|---|---|---|---|---|
| **CYPROTERONE ACETATE 50 mg cp (TFR)** | | | | |
| ACETATE DE CYPROTERONE EG 50 mg cp séc bte de 20 | 65 | 13,73 | lactose | EG LABO |
| ACETATE DE CYPROTERONE G GAM 50 mg cp séc bte de 20 | 65 | 13,73 | lactose | G GAM |
| **ANDROCUR 50 mg cp séc bte de 20** | 65 | 13,73 | lactose | SCHERING SAS |
| CYPROTERONE BIOGARAN 50 mg cp séc bte de 20 | 65 | 13,73 | lactose | BIOGARAN |
| CYPROTERONE MERCK 50 mg cp bte de 20 | 65 | 13,73 | lactose | MERCK GÉNÉRIQUES |
| KALIALE Gé 50 mg cp séc bte de 20 | 65 | 13,73 | lactose | EFFIK |
| **CYPROTERONE ACETATE 2 mg + ETHINYLESTRADIOL 0,035 mg cp** | | | | |
| CYPROTERONE ETHINYLESTRADIOL RATIOPHARM 2 mg/0,035 mg cp bte de 3 plaquettes de 21 | NR | 18,59 | lactose, saccharose | RATIOPHARM |
| CYPROTERONE ETHINYLESTRADIOL RATIOPHARM 2 mg/0,035 mg cp bte de 1 plaquette de 21 | NR | 6,32 | lactose, saccharose | RATIOPHARM |
| CYPROTERONE/ETHINYLESTRADIOL EG 2 mg/0,035 mg cp bte de 3 plaquettes de 21 | NR | 16,79 | lactose, saccharose | EG LABO |
| CYPROTERONE/ETHINYLESTRADIOL EG 2 mg/0,035 mg cp bte de 1 plaquette de 21 | NR | 5,60 | lactose, saccharose | EG LABO |
| CYPROTERONE/ETHINYLESTRADIOL SANDOZ 2 mg/0,035 mg cp bte de 1 plaquette de 21 | NR | 6,82 | lactose, saccharose | SANDOZ |
| **DIANE 35 cp bte de 3 plaquettes de 21** | NR | 32,10 | lactose, saccharose | SCHERING SAS |
| **DIANE 35 cp bte de 1 plaquette de 21** | NR | 10,68 | lactose, saccharose | SCHERING SAS |
| EVEPAR 2 mg/0,035 mg cp bte de 3 plaquettes de 21 | NR | 16,99 | lactose, saccharose | MERCK GÉNÉRIQUES |
| EVEPAR 2 mg/0,035 mg cp bte de 1 plaquette de 21 | NR | 5,66 | lactose, saccharose | MERCK GÉNÉRIQUES |
| HOLGYEME 2 mg/0,035 mg cp bte de 1 plaquette de 21 | NR | 5,50 | lactose, saccharose | EFFIK |
| HOLGYEME 2 mg/0,035 mg cp bte de 3 plaquettes de 21 | NR | 16,55 | lactose, saccharose | EFFIK |
| LUMALIA cp bte de 3 plaquettes de 21 | NR | 16,23 | lactose, saccharose | PIERRE FABRE MÉDICAMENT |
| LUMALIA cp bte de 1 plaquette de 21 | NR | 5,48 | lactose, saccharose | PIERRE FABRE MÉDICAMENT |
| MINERVA 35 µg cp bte de 3 plaquettes de 21 | NR | 24,46 | lactose, saccharose | BIOGARAN |
| MINERVA 35 µg cp bte de 1 plaquette de 21 | NR | 8,16 | lactose, saccharose | BIOGARAN |
| **DEFEROXAMINE MESILATE 100 mg/ml pdre et solv p sol inj** | | | | |
| **DESFERAL 100 mg/ml pdre et solvant p sol inj fl 2 g + amp** | 100 | 25,55 | | NOVARTIS PHARMA SAS |
| **DESFERAL 100 mg/ml pdre et solvant p sol inj fl 500 mg + amp** | 100 | 6,79 | | NOVARTIS PHARMA SAS |
| **DESOGESTREL/ETHINYLESTRADIOL 150 µg/20 µg cp** | | | | |
| CYCLEANE 20 cp bte de 3 plaquettes de 21 | NR | 29,53 | lactose | ORGANON SA |
| CYCLEANE 20 cp bte de 1 plaquette de 21 | NR | 10,43 | lactose | ORGANON SA |

| DCI / Intitulé du produit | Remb SS | Prix | Excipients à effet notoire | Laboratoire |
|---|---|---|---|---|
| DESOGESTREL/ETHINYLESTRADIOL BIOGARAN 150 µg/20 µg cp bte de 3 plaquettes de 21 | NR | 23,26 | lactose | BIOGARAN |
| DESOGESTREL/ETHINYLESTRADIOL BIOGARAN 150 µg/20 µg cp bte de 1 plaquette de 21 | NR | 7,92 | lactose | BIOGARAN |
| **MERCILON cp bte de 3 plaquettes de 21** | NR | 29,53 | lactose | ORGANON SA |
| **MERCILON cp bte de 1 plaquette de 21** | NR | 10,43 | lactose | ORGANON SA |
| **DESOGESTREL/ETHINYLESTRADIOL 150 µg/30 µg cp** | | | | |
| CYCLEANE 30 cp bte de 3 plaquettes de 21 | NR | 29,53 | lactose | ORGANON SA |
| CYCLEANE 30 cp bte de 1 plaquette de 21 | NR | 10,43 | lactose | ORGANON SA |
| DESOGESTREL/ETHINYLESTRADIOL BIOGARAN 150 µg/30 µg cp bte de 3 plaquettes de 21 | NR | 23,26 | lactose | BIOGARAN |
| DESOGESTREL/ETHINYLESTRADIOL BIOGARAN 150 µg/30 µg cp bte de 1 plaquette de 21 | NR | 7,92 | lactose | BIOGARAN |
| **VARNOLINE cp bte de 3 plaquettes de 21** | NR | 29,53 | lactose | ORGANON SA |
| **VARNOLINE cp bte de 1 plaquette de 21** | NR | 10,43 | lactose | ORGANON SA |
| **DEXTROPROPOXYPHENE CHLORHYDRATE 27 mg + PARACETAMOL 400 mg + CAFEINE 30 mg cp** | | | | |
| DEXTROPROPOXYPHENE/PARACETAMOL/CAFEINE ARROW 27 mg/400 mg/30 mg cp bte de 20 | 65 | 2,05 | | ARROW GÉNÉRIQUES |
| DEXTROPROPOXYPHENE/PARACETAMOL/CAFEINE BIOGARAN 27 mg/400 mg/30 mg cp bte de 20 | 65 | 2,05 | | BIOGARAN |
| DEXTROPROPOXYPHENE/PARACETAMOL/CAFEINE EG 27 mg/400 mg/30 mg cp bte de 20 | 65 | 2,05 | | EG LABO |
| DEXTROPROPOXYPHENE/PARACETAMOL/CAFEINE G GAM 27 mg/400 mg/30 mg cp bte de 20 | 65 | 2,05 | | G GAM |
| DEXTROPROPOXYPHENE/PARACETAMOL/CAFEINE QUALIMED 27 mg/400 mg/30 mg cp bte de 20 | 65 | 2,05 | | QUALIMED |
| DEXTROPROPOXYPHENE/PARACETAMOL/CAFEINE RATIOPHARM 27 mg/400 mg/30 mg cp bte de 20 | 65 | 2,05 | | RATIOPHARM |
| DEXTROPROPOXYPHENE/PARACETAMOL/CAFEINE RPG 27 mg/400 mg/30 mg cp bte de 20 | 65 | 2,05 | | RPG |
| DEXTROPROPOXYPHENE/PARACETAMOL/CAFEINE SANDOZ 27 mg/400 mg/30 mg cp bte de 20 | 65 | 2,05 | | SANDOZ |
| DEXTROPROPOXYPHENE/PARACETAMOL/CAFEINE TEVA 27 mg/400 mg/30 mg cp bte de 20 | 65 | 2,05 | | TÉVA CLASSICS |

Voir p. 1154 : Comment utiliser ce tableau ?

| | | | | |
|---|---|---|---|---|
| DEXTROPROPOXYPHENE/PARACETAMOL/CAFEINE WINTHROP 27 mg/400 mg/30 mg cp bte de 20 | 65 | 2,05 | | WINTHROP MÉDICAMENTS |
| **PROPOFAN cp bte de 20** | 65 | 2,55 | | SANOFI-AVENTIS OTC |
| **DEXTROPROPOXYPHENE CHLORHYDRATE 30 mg + PARACETAMOL 400 mg gél** | | | | |
| DEXTROPROPOXYPHENE/PARACETAMOL ALMUS 30 mg/400 mg gél bte de 20 | 65 | 2,06 | | ALMUS FRANCE |
| DEXTROPROPOXYPHENE/PARACETAMOL ALTER 30 mg/400 mg gél bte de 20 | 65 | 2,06 | | ALTER |
| DEXTROPROPOXYPHENE/PARACETAMOL ARROW 30 mg/400 mg gél bte de 20 | 65 | 2,06 | | ARROW GÉNÉRIQUES |
| DEXTROPROPOXYPHENE/PARACETAMOL BIOGARAN 30 mg/400 mg gél bte de 20 | 65 | 2,06 | | BIOGARAN |
| DEXTROPROPOXYPHENE/PARACETAMOL EG 30 mg/400 mg gél bte de 20 | 65 | 2,06 | | EG LABO |
| DEXTROPROPOXYPHENE/PARACETAMOL G GAM 30 mg/400 mg gél bte de 20 | 65 | 2,06 | | G GAM |
| DEXTROPROPOXYPHENE/PARACETAMOL ISOMED 30 mg/400 mg gél bte de 20 | 65 | 2,06 | | LABO CONCEPT PHARM |
| DEXTROPROPOXYPHENE/PARACETAMOL IVAX 30 mg/400 mg gél bte de 20 | 65 | 2,06 | | IVAX SAS |
| DEXTROPROPOXYPHENE/PARACETAMOL MERCK 30 mg/400 mg gél bte de 20 | 65 | 2,06 | | MERCK GÉNÉRIQUES |
| DEXTROPROPOXYPHENE/PARACETAMOL QUALIMED 30 mg/400 mg gél bte de 20 | 65 | 2,06 | | QUALIMED |
| DEXTROPROPOXYPHENE/PARACETAMOL RATIOPHARM 30 mg/400 mg gél bte de 20 | 65 | 2,06 | | RATIOPHARM |
| DEXTROPROPOXYPHENE/PARACETAMOL RPG 30 mg/400 mg gél bte de 20 | 65 | 2,06 | | RPG |
| DEXTROPROPOXYPHENE/PARACETAMOL SANDOZ 30 mg/400 mg gél bte de 20 | 65 | 2,06 | | SANDOZ |
| DEXTROPROPOXYPHENE/PARACETAMOL TEVA 30 mg/400 mg gél bte de 20 | 65 | 2,06 | | TÉVA CLASSICS |
| DEXTROPROPOXYPHENE/PARACETAMOL ZYDUS 30 mg/400 mg gél bte de 20 | 65 | 2,06 | | ZYDUS FRANCE |
| DI ALGIREX Gé gél bte de 20 | 65 | 2,06 | | WINTHROP MÉDICAMENTS |
| **DI ANTALVIC 30 mg/400 mg gél Ad bte de 20** | 65 | 2,37 | | AVENTIS |
| DI DOLKO Gé 30 mg/400 mg gél bte de 20 | 65 | 2,06 | | THÉRABEL LUCIEN PHARMA |
| DIOALGO Gé gél bte de 20 | 65 | 2,06 | | BOUCHARA-RECORDATI |
| **DIAZEPAM 10 mg cp** | | | | |
| DIAZEPAM RATIOPHARM 10 mg cp bte de 30 | 65 | 1,67 | lactose | RATIOPHARM |
| **VALIUM ROCHE 10 mg cp séc bte de 30** | 65 | 1,91 | lactose | ROCHE |

| DCI / Intitulé du produit | Remb SS | Prix | Excipients à effet notoire | Laboratoire |
|---|---|---|---|---|
| **DIAZEPAM 2 mg cp** | | | | |
| DIAZEPAM RATIOPHARM 2 mg cp bte de 40 | 65 | 1,27 | lactose | RATIOPHARM |
| **VALIUM ROCHE 2 mg cp séc bte de 40** | 65 | 1,42 | lactose | ROCHE |
| **DIAZEPAM 5 mg cp** | | | | |
| DIAZEPAM RATIOPHARM 5 mg cp bte de 40 | 65 | 1,33 | lactose | RATIOPHARM |
| **VALIUM ROCHE 5 mg cp séc bte de 40** | 65 | 1,49 | lactose | ROCHE |
| **DICLOFENAC SODIQUE 100 mg suppos Ad** | | | | |
| **VOLTARENE 100 mg suppos Ad bte de 10** | 35 | 3,09 | | NOVARTIS PHARMA SAS |
| **DICLOFENAC SODIQUE 25 mg cp gastro-résistant (TFR)** | | | | |
| DICLOFENAC MERCK 25 mg cp gastro-résistant bte de 30 | 65 | 2,13 | lactose | MERCK GÉNÉRIQUES |
| DICLOFENAC TEVA 25 mg cp gastro-résistant bte de 30 | 65 | 2,13 | jaune orangé S (E 110), lactose | TÉVA CLASSICS |
| **VOLTARENE 25 mg cp gastro-résistant bte de 30** | 65 | 2,13 | huile de ricin polyoxyéthylénée, lactose | NOVARTIS PHARMA SAS |
| **DICLOFENAC SODIQUE 25 mg suppos Enf** | | | | |
| **VOLTARENE 25 mg suppos Enf bte de 10** | 65 | 2,00 | | NOVARTIS PHARMA SAS |
| **DICLOFENAC SODIQUE 50 mg cp gastro-résistant** | | | | |
| DICLOFENAC ARROW 50 mg cp gastro-résistant bte de 30 | 65 | 3,88 | lactose | ARROW GÉNÉRIQUES |
| DICLOFENAC EG 50 mg cp bte de 30 | 65 | 3,88 | lactose | EG LABO |
| DICLOFENAC IVAX 50 mg cp gastro-résistant bte de 30 | 65 | 3,88 | lactose | IVAX SAS |
| DICLOFENAC MERCK 50 mg cp gastro-résistant bte de 30 | 65 | 3,88 | lactose | MERCK GÉNÉRIQUES |
| DICLOFENAC SANDOZ 50 mg cp gastro-résistant bte de 30 | 65 | 3,88 | lactose | SANDOZ |
| DICLOFENAC SODIQUE RPG 50 mg cp gastro-résistant bte de 30 | 65 | 3,88 | lactose | RPG |
| DICLOFENAC TEVA 50 mg cp gastro-résistant bte de 30 | 65 | 3,88 | jaune orangé S (E 110), lactose | TÉVA CLASSICS |
| **VOLTARENE 50 mg cp gastro-résistant bte de 30** | 65 | 4,68 | huile de ricin polyoxyéthylénée, lactose | NOVARTIS PHARMA SAS |
| XENID Gé 50 mg cp gastro-résistant bte de 30 | 65 | 3,88 | lactose | RPG |
| **DICLOFENAC SODIQUE 75 mg/3 ml sol inj IM (TFR)** | | | | |
| DICLOFENAC G GAM 75 mg/3 ml sol inj 2 amp | 35 | 1,40 | alcool benzylique, propylèneglycol | G GAM |
| **VOLTARENE 75 mg sol inj 2 amp** | 35 | 1,40 | alcool benzylique, disulfite de sodium | NOVARTIS PHARMA SAS |

Voir p. 1154 : Comment utiliser ce tableau ?

| | | | | |
|---|---|---|---|---|
| **DICLOFENAC SODIQUE LP 100 mg cp** | | | | |
| **VOLTARENE LP 100 mg cp bte de 15** | 65 | 6,72 | saccharose | NOVARTIS PHARMA SAS |
| **DIHYDROERGOTAMINE MESILATE 2 mg/ml sol buv** | | | | |
| IKARAN Gé sol buv fl de 50 ml | 35 | 3,20 | éthanol | PIERRE FABRE MÉDICAMENT |
| SEGLOR Gé 2 mg/ml sol buv fl compte gouttes de 75 ml | 35 | 4,40 | éthanol | SCHWARZ PHARMA |
| **DIHYDROERGOTAMINE MESILATE 3 mg cp** | | | | |
| TAMIK Gé 3 mg caps bte de 60 | 35 | 5,69 | | IPRAD |
| **DILTIAZEM CHLORHYDRATE 60 mg cp (TFR)** | | | | |
| DILTIAZEM BIOGARAN 60 mg cp bte de 30 | 65 | 4,06 | huile de ricin hydrogénée, lactose | BIOGARAN |
| DILTIAZEM IVAX 60 mg cp bte de 30 | 65 | 4,06 | huile de ricin hydrogénée, lactose | IVAX SAS |
| DILTIAZEM MERCK 60 mg cp bte de 30 | 65 | 4,06 | lactose | MERCK GÉNÉRIQUES |
| DILTIAZEM RATIOPHARM 60 mg cp bte de 30 | 65 | 4,06 | lactose | RATIOPHARM |
| DILTIAZEM RPG 60 mg cp bte de 30 | 65 | 4,06 | huile de ricin hydrogénée, lactose | RPG |
| DILTIAZEM TEVA 60 mg cp bte de 30 | 65 | 4,06 | huile de ricin hydrogénée, lactose | TÉVA CLASSICS |
| **TILDIEM 60 mg cp bte de 30** | 65 | 4,06 | huile de ricin hydrogénée, lactose | SANOFI-AVENTIS FRANCE |
| **DILTIAZEM CHLORHYDRATE LP 120 mg gél** | | | | |
| **DIACOR LP 120 mg gél bte de 56** | 65 | 16,82 | saccharose | DEXO |
| DILRENE Gé LP 120 mg gél bte de 28 | 65 | 7,24 | saccharose | WINTHROP MÉDICAMENTS |
| DILTIAZEM BIOGARAN LP 120 mg gél bte de 28 | 65 | 7,24 | saccharose | BIOGARAN |
| DILTIAZEM IVAX LP 120 mg gél bte de 28 | 65 | 7,24 | saccharose | IVAX SAS |
| DILTIAZEM MERCK LP 120 mg gél bte de 30 | 65 | 7,35 | saccharose | MERCK GÉNÉRIQUES |
| DILTIAZEM RATIOPHARM LP 120 mg gél bte de 28 | 65 | 7,24 | saccharose | RATIOPHARM |
| DILTIAZEM RPG LP 120 mg gél bte de 28 | 65 | 7,24 | saccharose | RPG |
| DILTIAZEM SANDOZ LP 120 mg gél bte de 28 | 65 | 7,24 | saccharose | SANDOZ |
| DILTIAZEM TEVA LP 120 mg gél bte de 28 | 65 | 7,24 | saccharose | TÉVA CLASSICS |
| **DILTIAZEM CHLORHYDRATE LP 300 mg gél** | | | | |
| DELTAZEN Gé LP 300 mg gél bte de 28 | 65 | 12,13 | huile de ricin, saccharose | WINTHROP MÉDICAMENTS |
| **DILRENE LP 300 mg gél bte de 28** | 65 | 13,63 | huile de ricin, jaune orangé S (E 110), saccharose | WINTHROP MÉDICAMENTS |

| DCI / Intitulé du produit | Remb SS | Prix | Excipients à effet notoire | Laboratoire |
|---|---|---|---|---|
| DILTIAZEM BIOGARAN LP 300 mg gél bte de 30 | 65 | 12,95 | huile de ricin, saccharose | BIOGARAN |
| DILTIAZEM EG LP 300 mg gél bte de 30 | 65 | 12,95 | huile de ricin, saccharose | EG LABO |
| DILTIAZEM G GAM LP 300 mg gél bte de 30 | 65 | 12,95 | huile de ricin, saccharose | G GAM |
| DILTIAZEM IVAX LP 300 mg gél bte de 28 | 65 | 12,13 | huile de ricin, saccharose | IVAX SAS |
| DILTIAZEM MERCK LP 300 mg gél bte de 30 | 65 | 12,95 | huile de ricin, saccharose | MERCK GÉNÉRIQUES |
| DILTIAZEM RPG LP 300 mg gél bte de 30 | 65 | 12,95 | huile de ricin, saccharose | RPG |
| DILTIAZEM SANDOZ LP 300 mg gél bte de 30 | 65 | 12,95 | huile de ricin, saccharose | SANDOZ |
| DILTIAZEM TEVA LP 300 mg gél bte de 28 | 65 | 12,13 | huile de ricin, saccharose | TÉVA CLASSICS |
| **DILTIAZEM CHLORHYDRATE LP 90 mg gél** | | | | |
| **DIACOR LP 90 mg gél bte de 56** | 65 | 13,01 | saccharose | DEXO |
| DILRENE Gé LP 90 mg gél bte de 28 | 65 | 5,76 | saccharose | WINTHROP MÉDICAMENTS |
| DILTIAZEM BIOGARAN LP 90 mg gél bte de 28 | 65 | 5,76 | saccharose | BIOGARAN |
| DILTIAZEM IVAX LP 90 mg gél bte de 28 | 65 | 5,76 | saccharose | IVAX SAS |
| DILTIAZEM MERCK LP 90 mg gél bte de 30 | 65 | 5,85 | saccharose | MERCK GÉNÉRIQUES |
| DILTIAZEM RATIOPHARM LP 90 mg gél bte de 28 | 65 | 5,76 | saccharose | RATIOPHARM |
| DILTIAZEM RPG LP 90 mg gél bte de 28 | 65 | 5,76 | saccharose | RPG |
| DILTIAZEM SANDOZ LP 90 mg gél bte de 28 | 65 | 5,76 | saccharose | SANDOZ |
| DILTIAZEM TEVA LP 90 mg gél bte de 28 | 65 | 5,76 | saccharose | TÉVA CLASSICS |
| **DIOSMINE 300 mg cp** | | | | |
| DIO Gé 300 mg cp bte de 30 | 15 | 4,33 | | SCIENCEX |
| DIO Gé 300 mg cp bte de 60 | 15 | 7,49 | | SCIENCEX |
| DIOSMIL Gé 300 mg cp bte de 30 | 15 | 4,71 | lactose | COOPÉRATION PHARMACEUTIQUE FRANÇAISE |
| DIOSMINE ARROW 300 mg cp bte de 30 | 15 | 3,93 | lactose | ARROW GÉNÉRIQUES |
| DIOSMINE ARROW 300 mg cp bte de 60 | 15 | 6,49 | lactose | ARROW GÉNÉRIQUES |
| DIOSMINE BIOGARAN 300 mg cp bte de 30 | 15 | 4,04 | lactose | BIOGARAN |
| DIOSMINE EG 300 mg cp bte de 30 | 15 | 3,87 | lactose | EG LABO |
| DIOSMINE MERCK 300 mg cp bte de 30 | 15 | 3,93 | lactose | MERCK GÉNÉRIQUES |
| DIOSMINE MERCK 300 mg cp bte de 60 | 15 | 7,02 | lactose | MERCK GÉNÉRIQUES |
| DIOSMINE MERCK GENERIQUES 300 mg cp bte de 30 | NR | 5,81 | lactose | MERCK GÉNÉRIQUES |
| DIOSMINE RPG 300 mg cp bte de 30 | 15 | 4,31 | lactose | RPG |

Voir p. 1154 : Comment utiliser ce tableau ?

| | | | | |
|---|---|---|---|---|
| DIOSMINE SANDOZ 300 mg cp bte de 30 | 15 | 4,39 | lactose | SANDOZ |
| DIOSMINE TEVA 300 mg cp bte de 30 | 15 | 5,08 | lactose | TÉVA CLASSICS |
| DIOSMINE TEVA 300 mg cp bte de 60 | 15 | 8,69 | lactose | TÉVA CLASSICS |
| **DIOVENOR 300 mg cp bte de 30** | 15 | 5,64 | | INNOTHÉRA |
| ENDIUM Gé 300 mg pdre p sol buv 30 sach | 15 | 4,99 | aspartam, fructose, jaune orangé S (E 110) | DEXO |
| MEDIVEINE Gé 300 mg cp bte de 30 | 15 | 3,61 | lactose | ELERTÉ |
| MEDIVEINE Gé 300 mg cp bte de 60 | 15 | 6,29 | lactose | ELERTÉ |
| VENIRENE Gé 300 mg cp bte de 30 | 15 | 4,04 | lactose, rouge cochenille A (E 124) | WINTHROP MÉDICAMENTS |
| VENIRENE Gé 300 mg cp bte de 60 | 15 | 7,02 | lactose, rouge cochenille A (E 124) | WINTHROP MÉDICAMENTS |
| **DIOSMINE 600 mg cp** | | | | |
| DIO Gé 600 mg cp dispersible bte de 30 | 15 | 7,43 | | SCIENCEX |
| DIOSMINE ARROW 600 mg cp bte de 30 | 15 | 8,30 | lactose, rouge cochenille A (E 124) | ARROW GÉNÉRIQUES |
| DIOSMINE BIOGARAN 600 mg cp bte de 30 | 15 | 9,05 | lactose, rouge cochenille A (E 124) | BIOGARAN |
| DIOSMINE EG 600 mg cp bte de 30 | 15 | 8,54 | lactose, rouge cochenille A (E 124) | EG LABO |
| DIOSMINE G GAM 600 mg cp bte de 30 | 15 | 9,05 | lactose, rouge cochenille A (E 124) | G GAM |
| DIOSMINE HEXAL SANTE 600 mg cp bte de 30 | NR | 6,81 | lactose, rouge cochenille A (E 124) | G GAM |
| DIOSMINE IVAX 600 mg cp bte de 30 | NR | 8,86 | lactose, rouge cochenille A (E 124) | IVAX SAS |
| DIOSMINE MERCK 600 mg cp bte de 30 | 15 | 9,05 | | MERCK GÉNÉRIQUES |
| DIOSMINE QUALIMED 600 mg cp bte de 30 | 15 | 8,30 | lactose, rouge cochenille A (E 124) | QUALIMED |
| DIOSMINE RATIOPHARM 600 mg cp bte de 30 | 15 | 7,49 | lactose, rouge cochenille A (E 124) | RATIOPHARM |
| DIOSMINE RPG 600 mg cp bte de 30 | 15 | 8,63 | lactose, rouge cochenille A (E 124) | RPG |
| DIOSMINE SANDOZ 600 mg cp bte de 30 | 15 | 9,05 | lactose, rouge cochenille A (E 124) | SANDOZ |
| DIOSMINE TEVA 600 mg cp bte de 30 | 15 | 9,05 | lactose | TÉVA CLASSICS |

| DCI / Intitulé du produit | Remb SS | Prix | Excipients à effet notoire | Laboratoire |
|---|---|---|---|---|
| DIOSMINE ZYDUS 600 mg cp bte de 30 | 15 | 9,05 | lactose, rouge cochenille A (E 124) | ZYDUS FRANCE |
| **DIOVENOR 600 mg cp bte de 30** | 15 | 10,05 | rouge cochenille A (E 124) | INNOTHÉRA |
| ENDIUM Gé 600 mg cp bte de 30 | 15 | 8,81 | lactose, rouge cochenille A (E 124) | DEXO |
| FLEBOSMIL Gé 600 mg cp bte de 30 | 15 | 8,81 | azorubine (E 122), rouge cochenille A (E 124) | SOCOPHARM |
| MEDIVEINE Gé 600 mg cp séc bte de 30 | 15 | 7,43 | lactose | ELERTÉ |
| **TITANORAL 600 mg cp bte de 30** | NR | 9,96 | lactose, rouge cochenille A (E 124) | MC NEIL |
| VEINEVA Gé 600 mg cp bte de 30 | 15 | 9,05 | lactose | CCD |
| VENIRENE Gé 600 mg cp bte de 30 | 15 | 9,05 | rouge cochenille A (E 124) | WINTHROP MÉDICAMENTS |
| **DIOSMINE 600 mg pdre p susp buv** | | | | |
| DIOSMINE EG 600 mg pdre p susp buv 30 sach | 15 | 7,70 | | EG LABO |
| DIOSMINE MERCK 600 mg pdre p susp buv 30 sach | NR | 7,47 | glucose | MERCK GÉNÉRIQUES |
| **DIOVENOR 600 mg pdre p susp buv 30 sach** | 15 | 11,18 | | INNOTHÉRA |
| MEDIVEINE Gé 600 mg pdre p susp buv 30 sach | 15 | 7,70 | glucose | ELERTÉ |
| **DIPIVEFRINE CHLORHYDRATE 0,1 % collyre** | | | | |
| **PROPINE 0,1 % collyre fl de 5 ml** | 65 | 4,33 | chlorure de benzalkonium | ALLERGAN FRANCE |
| **DIPYRIDAMOLE 75 mg cp** | | | | |
| **PERSANTINE 75 mg cp bte de 100** | 15 | 5,32 | jaune orangé S (E 110), lactose, saccharose | BOEHRINGER INGELHEIM FRANCE |
| **PERSANTINE 75 mg cp bte de 30** | 15 | 2,16 | jaune orangé S (E 110), lactose, saccharose | BOEHRINGER INGELHEIM FRANCE |
| **DISOPYRAMIDE 100 mg gél** | | | | |
| ISORYTHM Gé 100 mg gél bte de 40 | 65 | 4,09 | | MERCK LIPHA SANTÉ SAS |
| **RYTHMODAN 100 mg gél bte de 40** | 35 | 4,80 | lactose | AVENTIS |
| **DOMPERIDONE 10 mg cp** | | | | |
| DOMPERIDONE ALMUS 10 mg cp bte de 40 | 35 | 3,04 | lactose | BIOGARAN |
| DOMPERIDONE ARROW 10 mg cp bte de 40 | 35 | 3,04 | lactose | ARROW GÉNÉRIQUES |
| DOMPERIDONE BIOGARAN 10 mg cp bte de 40 | 35 | 3,04 | lactose | BIOGARAN |
| DOMPERIDONE EG 10 mg cp bte de 40 | 35 | 3,04 | huile de ricin, lactose | EG LABO |

Voir p. 1154 : Comment utiliser ce tableau ?

| | | | | |
|---|---|---|---|---|
| DOMPERIDONE G GAM 10 mg cp bte de 40 | 35 | 3,04 | lactose | G GAM |
| DOMPERIDONE IREX 10 mg cp bte de 40 | NR | 3,04 | lactose | IREX |
| DOMPERIDONE IVAX 10 mg cp bte de 40 | 35 | 3,04 | lactose | IVAX SAS |
| DOMPERIDONE MERCK 10 mg cp bte de 40 | 35 | 3,04 | lactose | MERCK GÉNÉRIQUES |
| DOMPERIDONE QUALIMED 10 mg cp bte de 40 | 35 | 3,04 | lactose | QUALIMED |
| DOMPERIDONE RATIOPHARM 10 mg cp bte de 40 | 35 | 3,04 | lactose | RATIOPHARM |
| DOMPERIDONE RPG 10 mg cp bte de 40 | 35 | 3,04 | lactose | RPG |
| DOMPERIDONE SANDOZ 10 mg cp bte de 40 | 35 | 3,04 | huile de ricin, lactose | SANDOZ |
| DOMPERIDONE TEVA 10 mg cp bte de 40 | 35 | 3,04 | lactose | TÉVA CLASSICS |
| DOMPERIDONE WINTHROP 10 mg cp bte de 40 | 35 | 3,04 | lactose | WINTHROP MÉDICAMENTS |
| DOMPERIDONE ZYDUS 10 mg cp bte de 40 | 35 | 3,04 | lactose | ZYDUS FRANCE |
| **MOTILIUM 10 mg cp bte de 40** | 35 | 3,91 | lactose | JANSSEN-CILAG |
| **PERIDYS 10 mg cp bte de 40** | 35 | 5,19 | huile de ricin, lactose | PIERRE FABRE MÉDICAMENT |
| **DOMPERIDONE 1 mg susp buv** | | | | |
| DOMPERIDONE ARROW 1 mg/ml susp buv fl de 200 ml | 35 | 2,10 | saccharose, sodium | ARROW GÉNÉRIQUES |
| **MOTILIUM 1 mg/ml susp buv fl de 200 ml** | 35 | 2,84 | sodium, sorbitol | JANSSEN-CILAG |
| **PERIDYS 1 mg/ml susp buv fl de 200 ml + seringue doseuse** | 35 | 3,24 | sodium, sorbitol | PIERRE FABRE MÉDICAMENT |
| **DOXYCYCLINE 100 mg cp séc** | | | | |
| DOXYCYCLINE G GAM 100 mg cp séc bte de 15 | 65 | 4,23 | huile de ricin hydrogénée, sodium | G GAM |
| DOXYCYCLINE MERCK 100 mg cp séc bte de 15 | 65 | 4,23 | huile de ricin hydrogénée, sodium | MERCK GÉNÉRIQUES |
| DOXYCYCLINE MERCK 100 mg cp séc bte de 30 | 65 | 7,79 | huile de ricin hydrogénée, sodium | MERCK GÉNÉRIQUES |
| DOXYCYCLINE MERCK 100 mg cp séc bte de 5 | 65 | 2,39 | huile de ricin hydrogénée, sodium | MERCK GÉNÉRIQUES |
| DOXYCYCLINE RATIOPHARM 100 mg cp séc bte de 15 | 65 | 4,23 | huile de ricin hydrogénée, sodium | RATIOPHARM |
| DOXYCYCLINE RATIOPHARM 100 mg cp séc bte de 30 | 65 | 7,79 | huile de ricin hydrogénée, sodium | RATIOPHARM |
| DOXYCYCLINE RATIOPHARM 100 mg cp séc bte de 5 | 65 | 2,39 | huile de ricin hydrogénée, sodium | RATIOPHARM |
| DOXYLIS Gé 100 mg cp séc bte de 30 | 65 | 7,79 | huile de ricin hydrogénée, sodium | EXPANSCIENCE |

| DCI / Intitulé du produit | Remb SS | Prix | Excipients à effet notoire | Laboratoire |
|---|---|---|---|---|
| GRANUDOXY Gé 100 mg cp séc bte de 15 | 65 | 4,23 | lactose, sodium | PIERRE FABRE DERMATOLOGIE |
| GRANUDOXY Gé 100 mg cp séc bte de 28 | 65 | 7,56 | lactose, sodium | PIERRE FABRE DERMATOLOGIE |
| GRANUDOXY Gé 100 mg cp séc bte de 5 | 65 | 2,39 | lactose, sodium | PIERRE FABRE DERMATOLOGIE |
| TOLEXINE Gé 100 mg cp microgranules bte de 15* | 65 | 4,23 | | BIORGA |
| TOLEXINE Gé 100 mg cp microgranules bte de 28* | 65 | 7,56 | | BIORGA |
| TOLEXINE Gé 50 mg cp microgranules bte de 14* | 65 | 2,27 | | BIORGA |
| TOLEXINE Gé 50 mg cp microgranules bte de 28* | 65 | 4,06 | | BIORGA |
| **VIBRAMYCINE N 100 mg cp séc bte de 30** | 65 | 9,24 | | CS DERMATOLOGIE |
| **VIBRAMYCINE N 100 mg cp séc bte de 5** | 65 | 2,78 | | CS DERMATOLOGIE |

* AVERTISSEMENT : les comprimés de TOLEXINE Gé 100 mg n'étant pas sécables, les comprimés à 50 mg sont nécessaires pour assurer toutes les posologies recommandées.

| DOXYCYCLINE HYCLATE 100 mg gél | | | | |
|---|---|---|---|---|
| DOXY Gé 100 mg cp bte de 15* | 65 | 4,23 | | ELERTÉ |
| DOXY Gé 100 mg cp bte de 30* | 65 | 7,78 | | ELERTÉ |
| DOXY Gé 100 mg cp bte de 5* | 65 | 2,39 | | ELERTÉ |
| DOXY Gé 50 mg cp bte de 14* | 65 | 3,09 | | ELERTÉ |
| DOXY Gé 50 mg cp bte de 28* | 65 | 4,83 | | ELERTÉ |
| DOXYCYCLINE BIOGARAN 100 mg cp séc bte de 15 | 65 | 4,23 | jaune orangé S (E 110) | BIOGARAN |
| DOXYCYCLINE BIOGARAN 100 mg cp séc bte de 5 | 65 | 2,39 | jaune orangé S (E 110) | BIOGARAN |
| SPANOR Gé 100 mg cp séc bte de 15 | 65 | 4,23 | | BAILLEUL |
| SPANOR Gé 100 mg cp séc bte de 30 | 65 | 7,78 | | BAILLEUL |
| SPANOR Gé 100 mg cp séc bte de 5 | 65 | 2,39 | | BAILLEUL |

* AVERTISSEMENT : les comprimés de DOXY Gé 100 mg n'étant pas sécables, les comprimés à 50 mg sont nécessaires pour assurer toutes les posologies recommandées.

| EBASTINE 10 mg cp | | | | |
|---|---|---|---|---|
| EBASTINE ALTER 10 mg cp bte de 15 | 35 | 4,03 | lactose | ALTER |
| EBASTINE ALTER 10 mg cp bte de 30 | 35 | 7,50 | lactose | ALTER |
| **KESTIN 10 mg cp bte de 15** | 35 | 6,46 | lactose | ALMIRALL SAS |
| **KESTIN 10 mg cp bte de 30** | 35 | 12,36 | lactose | ALMIRALL SAS |

Voir p. 1154 : Comment utiliser ce tableau ?

| | | | | |
|---|---|---|---|---|
| **ECONAZOLE NITRATE 1 % crème (TFR)** | | | | |
| DERMAZOL Gé 1 % crème tube de 30 g | 35 | 2,84 | acide benzoïque, butylhydroxyanisole, butylhydroxytoluène, dipropylèneglycol | BAILLEUL |
| ECONAZOLE EG 1 % crème tube de 30 g | 35 | 2,49 | acide benzoïque, butylhydroxyanisole, butylhydroxytoluène, dipropylèneglycol | EG LABO |
| ECONAZOLE G GAM 1 % crème tube de 30 g | 35 | 2,49 | acide benzoïque, butylhydroxyanisole, butylhydroxytoluène, dipropylèneglycol | G GAM |
| ECONAZOLE IVAX 1 % crème tube de 30 g | 35 | 2,49 | acide benzoïque, butylhydroxyanisole, butylhydroxytoluène | IVAX SAS |
| ECONAZOLE RATIOPHARM 1 % crème tube de 30 g | 35 | 2,49 | acide benzoïque, butylhydroxyanisole, butylhydroxytoluène, dipropylèneglycol | RATIOPHARM |
| ECONAZOLE RPG 1 % crème tube de 30 g | 35 | 2,49 | acide benzoïque, butylhydroxyanisole, butylhydroxytoluène, dipropylèneglycol | RPG |
| ECONAZOLE SANDOZ 1 % crème tube de 30 g | 35 | 2,49 | acide benzoïque, butylhydroxyanisole, butylhydroxytoluène, dipropylèneglycol | SANDOZ |
| ECONAZOLE TEVA 1 % crème tube de 30 g | 35 | 2,49 | acide benzoïque, butylhydroxyanisole, butylhydroxytoluène, dipropylèneglycol | TÉVA CLASSICS |
| **PEVARYL 1 % crème tube de 30 g** | 35 | 4,79 | acide benzoïque, butylhydroxyanisole | MC NEIL |
| **ECONAZOLE NITRATE 1 % émuls p appl cutanée (TFR)** | | | | |
| DERMAZOL Gé 1 % émuls p appl cutanée fl de 30 g | 35 | 3,12 | acide benzoïque, butylhydroxyanisole, butylhydroxytoluène, dipropylèneglycol | BAILLEUL |

| DCI / Intitulé du produit | Remb SS | Prix | Excipients à effet notoire | Laboratoire |
|---|---|---|---|---|
| ECONAZOLE EG 1 % émuls p appl cutanée fl de 30 g | 35 | 2,73 | acide benzoïque, butylhydroxyanisole, butylhydroxytoluène, dipropylèneglycol | EG LABO |
| ECONAZOLE G GAM 1 % émuls p appl cutanée fl de 30 g | 35 | 2,73 | acide benzoïque, butylhydroxyanisole, butylhydroxytoluène, dipropylèneglycol | G GAM |
| ECONAZOLE IVAX 1 % émuls p appl cutanée fl de 30 g | 35 | 2,73 | acide benzoïque, butylhydroxyanisole, butylhydroxytoluène | IVAX SAS |
| ECONAZOLE RATIOPHARM 1 % émuls p appl cutanée fl de 30 g | 35 | 2,73 | acide benzoïque, butylhydroxyanisole, butylhydroxytoluène, dipropylèneglycol | RATIOPHARM |
| ECONAZOLE RPG 1 % émuls p appl cutanée fl de 30 g | 35 | 2,73 | acide benzoïque, butylhydroxyanisole, butylhydroxytoluène, dipropylèneglycol | RPG |
| ECONAZOLE SANDOZ 1 % émuls p appl cutanée fl de 30 g | 35 | 2,73 | acide benzoïque, butylhydroxyanisole, butylhydroxytoluène, dipropylèneglycol | SANDOZ |
| ECONAZOLE TEVA 1 % émuls p appl cutanée fl de 30 g | 35 | 2,73 | acide benzoïque, butylhydroxyanisole, butylhydroxytoluène, dipropylèneglycol | TÉVA CLASSICS |
| **PEVARYL 1 % émuls p appl cutanée fl de 30 ml** | 35 | 4,98 | acide benzoïque, butylhydroxyanisole | MC NEIL |
| **ECONAZOLE NITRATE 1 % pdre p appl cutanée (TFR)** | | | | |
| DERMAZOL Gé 1 % pdre p appl cutanée fl de 30 g | 35 | 4,66 | | BAILLEUL |
| ECONAZOLE EG 1 % pdre p appl cutanée fl de 30 g | 35 | 4,05 | | EG LABO |
| ECONAZOLE G GAM 1 % pdre p appl cutanée fl de 30 g | 35 | 4,05 | | G GAM |
| ECONAZOLE IVAX 1 % pdre p appl cutanée fl de 30 g | 35 | 4,05 | | IVAX SAS |
| ECONAZOLE RATIOPHARM 1 % pdre p appl cutanée fl de 30 g | 35 | 4,05 | | RATIOPHARM |
| ECONAZOLE RPG 1 % pdre p appl cutanée fl poudreur de 30 g | 35 | 4,05 | | RPG |

| | | | | |
|---|---|---|---|---|
| ECONAZOLE SANDOZ 1 % pdre p appl cutanée fl poudreur de 30 g | 35 | 4,05 | | SANDOZ |
| ECONAZOLE TEVA 1 % pdre p appl cutanée fl poudreur de 30 g | 35 | 4,05 | | TÉVA CLASSICS |
| **PEVARYL 1 % pdre p appl cutanée fl poudreur de 30 g** | 35 | 6,68 | | MC NEIL |
| **ECONAZOLE NITRATE 1 % sol p appl cutanée (TFR)** | | | | |
| DERMAZOL Gé 1 % sol p appl cutanée fl pulv de 30 g | 35 | 3,63 | butylhydroxytoluène, dipropylèneglycol, éthanol, propylèneglycol | BAILLEUL |
| ECONAZOLE EG 1 % sol p appl cutanée fl pulv de 30 g | 35 | 3,17 | butylhydroxytoluène, dipropylèneglycol, éthanol, propylèneglycol | EG LABO |
| ECONAZOLE G GAM 1 % sol p appl cutanée fl pulv de 30 g | 35 | 3,17 | butylhydroxytoluène, dipropylèneglycol, éthanol, propylèneglycol | G GAM |
| ECONAZOLE IVAX 1 % sol p appl cutanée fl de 30 g | 35 | 3,17 | butylhydroxytoluène, éthanol, propylèneglycol | IVAX SAS |
| ECONAZOLE RATIOPHARM 1 % sol p appl cutanée fl pulv de 30 g | 35 | 3,17 | butylhydroxytoluène, dipropylèneglycol, éthanol, propylèneglycol | RATIOPHARM |
| ECONAZOLE RPG 1 % sol p appl cutanée fl pulv de 30 g | 35 | 3,17 | butylhydroxytoluène, dipropylèneglycol, éthanol, propylèneglycol | RPG |
| ECONAZOLE SANDOZ 1 % sol p appl cutanée fl pulv de 30 g | 35 | 3,17 | butylhydroxytoluène, dipropylèneglycol, éthanol, propylèneglycol | SANDOZ |
| ECONAZOLE TEVA 1 % sol p appl cutanée fl pulv de 30 g | 35 | 3,17 | butylhydroxytoluène, dipropylèneglycol, éthanol, propylèneglycol | TÉVA CLASSICS |
| **PEVARYL 1 % sol p appl cutanée fl pulv de 30 g** | 35 | 5,58 | éthanol, propylèneglycol | MC NEIL |
| **ECONAZOLE NITRATE 150 mg ovule LP (TFR)** | | | | |
| ECONAZOLE ARROW LP 150 mg ovule bte de 1 | 35 | 3,57 | | ARROW GÉNÉRIQUES |
| ECONAZOLE EG LP 150 mg ovule bte de 1 | 35 | 3,57 | | EG LABO |
| ECONAZOLE MERCK LP 150 mg ovule bte de 1 | 35 | 3,57 | | MERCK GÉNÉRIQUES |
| ECONAZOLE QUALIMED 150 mg ovule bte de 1 | 35 | 3,57 | | QUALIMED |
| ECONAZOLE RATIOPHARM 150 mg ovule bte de 1 | 35 | 3,57 | | RATIOPHARM |
| ECONAZOLE SANDOZ 150 mg ovule bte de 1 | 35 | 3,57 | | SANDOZ |
| ECONAZOLE TEVA LP 150 mg ovule bte de 1 | 35 | 3,57 | | TÉVA CLASSICS |
| **GYNOPEVARYL LP 150 mg ovule bte de 1** | 35 | 4,54 | | JANSSEN-CILAG |

| DCI / Intitulé du produit | Remb SS | Prix | Excipients à effet notoire | Laboratoire |
|---|---|---|---|---|
| **ENALAPRIL MALEATE 20 mg cp (TFR)** | | | | |
| ENALAPRIL ARROW 20 mg cp séc bte de 28 | 65 | 13,30 | lactose | ARROW GÉNÉRIQUES |
| ENALAPRIL BIOGARAN 20 mg cp séc bte de 28 | 65 | 13,30 | lactose | BIOGARAN |
| ENALAPRIL EG 20 mg cp séc bte de 28 | 65 | 13,30 | lactose | EG LABO |
| ENALAPRIL G GAM 20 mg cp séc bte de 28 | 65 | 13,30 | lactose | G GAM |
| ENALAPRIL IVAX 20 mg cp séc bte de 28 | 65 | 13,30 | lactose | IVAX SAS |
| ENALAPRIL MERCK 20 mg cp séc bte de 28 | 65 | 13,30 | lactose | MERCK GÉNÉRIQUES |
| ENALAPRIL QUALIMED 20 mg cp séc bte de 28 | 65 | 13,30 | lactose | QUALIMED |
| ENALAPRIL RATIO 20 mg cp séc bte de 28 | 65 | 13,30 | lactose | RATIOPHARM |
| ENALAPRIL RPG 20 mg cp séc bte de 28 | 65 | 13,30 | lactose | RPG |
| ENALAPRIL SANDOZ 20 mg cp séc bte de 28 | 65 | 13,30 | lactose | SANDOZ |
| ENALAPRIL TEVA 20 mg cp séc bte de 28 | 65 | 13,30 | lactose | TÉVA CLASSICS |
| ENALAPRIL WINTHROP 20 mg cp séc bte de 28 | 65 | 13,30 | lactose | WINTHROP MÉDICAMENTS |
| ENALAPRIL ZYDUS 20 mg cp séc bte de 28 | 65 | 13,30 | lactose | ZYDUS FRANCE |
| **RENITEC 20 mg cp séc bte de 28** | 65 | 13,30 | lactose | MERCK SHARP ET DOHME-CHIBRET |
| **ENALAPRIL MALEATE 5 mg cp (TFR)** | | | | |
| ENALAPRIL ARROW 5 mg cp séc bte de 28 | 65 | 5,00 | lactose | ARROW GÉNÉRIQUES |
| ENALAPRIL BIOGARAN 5 mg cp séc bte de 28 | 65 | 5,00 | lactose | BIOGARAN |
| ENALAPRIL EG 5 mg cp séc bte de 28 | 65 | 5,00 | lactose | EG LABO |
| ENALAPRIL G GAM 5 mg cp séc bte de 28 | 65 | 5,00 | lactose | G GAM |
| ENALAPRIL IVAX 5 mg cp séc bte de 28 | 65 | 5,00 | lactose | IVAX SAS |
| ENALAPRIL MERCK 5 mg cp séc bte de 28 | 65 | 5,00 | lactose | MERCK GÉNÉRIQUES |
| ENALAPRIL QUALIMED 5 mg cp séc bte de 28 | 65 | 5,00 | lactose | QUALIMED |
| ENALAPRIL RATIO 5 mg cp séc bte de 28 | 65 | 5,00 | lactose | RATIOPHARM |
| ENALAPRIL RPG 5 mg cp séc bte de 28 | 65 | 5,00 | lactose | RPG |
| ENALAPRIL SANDOZ 5 mg cp séc bte de 28 | 65 | 5,00 | lactose | SANDOZ |
| ENALAPRIL TEVA 5 mg cp séc bte de 28 | 65 | 5,00 | lactose | TÉVA CLASSICS |
| ENALAPRIL WINTHROP 5 mg cp séc bte de 28 | 65 | 5,00 | lactose | WINTHROP MÉDICAMENTS |
| **RENITEC 5 mg cp séc bte de 28** | 65 | 5,00 | lactose | MERCK SHARP ET DOHME-CHIBRET |
| **ENALAPRIL/HYDROCHLOROTHIAZIDE 20 mg/12,5 mg cp séc** | | | | |
| **CO-RENITEC cp séc bte de 28** | 65 | 15,41 | lactose | MERCK SHARP ET DOHME-CHIBRET |

Voir p. 1154 : Comment utiliser ce tableau ?

| | | | | |
|---|---|---|---|---|
| **CO-RENITEC cp séc bte de 90** | 65 | 45,97 | lactose | MERCK SHARP ET DOHME-CHIBRET |
| ENALAPRIL/HYDROCHLOROTHIAZIDE ARROW 20 mg/12,5 mg cp séc bte de 28 | 65 | 12,62 | lactose | ARROW GÉNÉRIQUES |
| ENALAPRIL/HYDROCHLOROTHIAZIDE BIOGARAN 20 mg/12,5 mg cp séc bte de 28 | 65 | 12,62 | lactose | BIOGARAN |
| ENALAPRIL/HYDROCHLOROTHIAZIDE EG 20 mg/12,5 mg cp séc bte de 28 | 65 | 12,62 | lactose | EG LABO |
| ENALAPRIL/HYDROCHLOROTHIAZIDE MERCK 20 mg/12,5 mg cp séc bte de 28 | 65 | 12,62 | lactose | MERCK GÉNÉRIQUES |
| ENALAPRIL/HYDROCHLOROTHIAZIDE QUALIMED 20 mg/12,5 mg cp séc bte de 28 | 65 | 12,62 | lactose | QUALIMED |
| ENALAPRIL/HYDROCHLOROTHIAZIDE RATIOPHARM 20 mg/12,5 mg cp séc bte de 28 | 65 | 12,62 | lactose | RATIOPHARM |
| ENALAPRIL/HYDROCHLOROTHIAZIDE RPG 20 mg/12,5 mg cp séc bte de 28 | 65 | 12,62 | lactose | RPG |
| ENALAPRIL/HYDROCHLOROTHIAZIDE SANDOZ 20 mg/12,5 mg cp séc bte de 28 | 65 | 12,62 | lactose | SANDOZ |
| ENALAPRIL/HYDROCHLOROTHIAZIDE TEVA 20 mg/12,5 mg cp séc bte de 28 | 65 | 12,62 | lactose | TÉVA CLASSICS |
| ENALAPRIL/HYDROCHLOROTHIAZIDE WINTHROP 20 mg/12,5 mg cp séc bte de 28 | 65 | 12,62 | lactose | WINTHROP MÉDICAMENTS |
| **ERYTHROMYCINE ETHYLSUCCINATE 1000 mg granulé** | | | | |
| **ERYTHROCINE 1 g granulé 10 sach** | 65 | 7,91 | jaune orangé S (E 110), saccharose, sodium | CENTRE SPÉCIALITÉS PHARMACEUTIQUES |
| **ERYTHROMYCINE ETHYLSUCCINATE 250 mg granulé** | | | | |
| ERY Gé 250 mg granulé Enf 24 sach | 65 | 2,92 | saccharose, sodium | BOUCHARA-RECORDATI |
| **ERYTHROMYCINE ETHYLSUCCINATE 500 mg granulé** | | | | |
| **ERYTHROCINE 500 mg granulé 12 sach** | 65 | 3,83 | jaune orangé S (E 110), saccharose, sodium | CENTRE SPÉCIALITÉS PHARMACEUTIQUES |
| **ERYTHROMYCINE PROPIONATE 500 mg cp** | | | | |
| ERY Gé 500 mg cp bte de 20 | 65 | 4,04 | | BOUCHARA-RECORDATI |
| **ESTRADIOL HEMIHYDRATE 1 mg cp** | | | | |
| **ESTROFEM 1 mg cp bte de 28** | NR | 11,63 | lactose | NOVO NORDISK PHARMACEUTIQUE SAS |
| **ESTRADIOL HEMIHYDRATE 2 mg cp** | | | | |
| **ESTROFEM 2 mg cp bte de 28** | NR | 14,38 | lactose | NOVO NORDISK PHARMACEUTIQUE SAS |

| DCI / Intitulé du produit | Remb SS | Prix | Excipients à effet notoire | Laboratoire |
|---|---|---|---|---|
| **ETIDRONATE DE SODIUM 200 mg cp (TFR)** | | | | |
| **DIDRONEL 200 mg cp bte de 60** | 35 | 44,87 | | PROCTER ET GAMBLE PHARMACEUTICALS FRANCE |
| ETIDRONATE MERCK 200 mg cp bte de 60 | 35 | 28,21 | | MERCK GÉNÉRIQUES |
| **ETIDRONATE DE SODIUM 400 mg cp (TFR)** | | | | |
| **DIDRONEL 400 mg cp bte de 14** | 65 | 22,29 | | PROCTER ET GAMBLE PHARMACEUTICALS FRANCE |
| ETIDRONATE MERCK 400 mg cp bte de 14 | 65 | 13,48 | | MERCK GÉNÉRIQUES |
| ETIDRONATE SANDOZ 400 mg cp bte de 14 | 65 | 13,48 | | SANDOZ |
| **FAMOTIDINE 10 mg cp** | | | | |
| **PEPCIDAC 10 mg cp bte de 12** | NR | 5,48 | | MC NEIL |
| **FAMOTIDINE 20 mg cp (TFR)** | | | | |
| FAMOTIDINE EG 20 mg cp bte de 30 | 65 | 9,83 | | EG LABO |
| FAMOTIDINE MERCK 20 mg cp bte de 30 | 65 | 9,83 | lactose | MERCK GÉNÉRIQUES |
| **PEPDINE 20 mg cp bte de 30** | 65 | 18,77 | | MERCK SHARP ET DOHME-CHIBRET |
| **FAMOTIDINE 40 mg cp (TFR)** | | | | |
| FAMOTIDINE EG 40 mg cp bte de 15 | 65 | 9,83 | | EG LABO |
| FAMOTIDINE G GAM 40 mg cp séc bte de 15 | 65 | 9,83 | lactose | G GAM |
| FAMOTIDINE MERCK 40 mg cp bte de 15 | 65 | 9,83 | lactose | MERCK GÉNÉRIQUES |
| **PEPDINE 40 mg cp bte de 15** | 65 | 18,77 | | MERCK SHARP ET DOHME-CHIBRET |
| **FENOFIBRATE 100 mg gél** | | | | |
| FENOFIBRATE BIOGARAN 100 mg gél bte de 30 | 65 | 2,07 | lactose | BIOGARAN |
| FENOFIBRATE FOURNIER 100 mg gél bte de 30 | 65 | 2,07 | lactose | SOLVAY PHARMA |
| FENOFIBRATE IVAX 100 mg gél bte de 30 | 65 | 2,07 | lactose | IVAX SAS |
| FENOFIBRATE MERCK 100 mg gél bte de 30 | 65 | 2,07 | lactose | MERCK GÉNÉRIQUES |
| FENOFIBRATE RPG 100 mg gél bte de 30 | 65 | 2,07 | lactose | RPG |
| FENOFIBRATE SANDOZ 100 mg gél bte de 30 | 65 | 2,07 | lactose | SANDOZ |
| FENOFIBRATE TEVA 100 mg gél bte de 30 | 65 | 2,07 | lactose | TÉVA CLASSICS |
| SECALIP Gé 100 mg gél bte de 48 | 65 | 2,99 | lactose | SOLVAY PHARMA |

Voir p. 1154 : Comment utiliser ce tableau ?

| | | | | |
|---|---|---|---|---|
| **FENOFIBRATE 160 mg cp à libération modifiée** | | | | |
| FENOFIBRATE ALTER 160 mg cp bte de 30 | 65 | 8,89 | lactose | ALTER |
| FENOFIBRATE ARROW 160 mg cp bte de 30 | 65 | 8,89 | lactose | ARROW GÉNÉRIQUES |
| FENOFIBRATE BIOGARAN 160 mg cp bte de 30 | 65 | 8,89 | lactose | BIOGARAN |
| FENOFIBRATE MERCK 160 mg cp bte de 30 | 65 | 8,89 | lactose | MERCK GÉNÉRIQUES |
| FENOFIBRATE QUALIMED 160 mg cp bte de 30 | 65 | 8,89 | lactose | QUALIMED |
| FENOFIBRATE RANBAXY 160 mg cp bte de 30 | 65 | 8,89 | lactose | RPG |
| FENOFIBRATE RATIOPHARM 160 mg cp bte de 30 | 65 | 8,53 | lactose | RATIOPHARM |
| FENOFIBRATE SANDOZ 160 mg cp bte de 30 | 65 | 8,89 | lactose | SANDOZ |
| FENOFIBRATE TEVA 160 mg cp bte de 30 | 65 | 8,89 | lactose | TÉVA CLASSICS |
| **LIPANTHYL 160 mg cp bte de 30** | 65 | 11,19 | lactose, lécithine de soja | SOLVAY PHARMA |
| **FENOFIBRATE 200 mg gél** | | | | |
| FEGENOR Gé 200 mg gél bte de 30 | 65 | 8,29 | lactose | LEURQUIN MEDIOLANUM |
| FENOFIBRATE ALMUS 200 mg gél bte de 30 | 65 | 8,29 | saccharose | ALMUS FRANCE |
| FENOFIBRATE ARROW 200 mg gél bte de 30 | 65 | 8,29 | saccharose | ARROW GÉNÉRIQUES |
| FENOFIBRATE BIOGARAN 200 mg gél bte de 30 | 65 | 8,29 | lactose | BIOGARAN |
| FENOFIBRATE EG 200 mg gél bte de 30 | 65 | 8,29 | lactose | EG LABO |
| FENOFIBRATE FOURNIER MICRONISE 200 mg gél bte de 30 | 65 | 8,29 | lactose | SOLVAY PHARMA |
| FENOFIBRATE G GAM 200 mg gél bte de 30 | 65 | 8,29 | saccharose | G GAM |
| FENOFIBRATE IVAX 200 mg gél bte de 30 | 65 | 8,29 | lactose | IVAX SAS |
| FENOFIBRATE MERCK 200 mg gél bte de 30 | 65 | 8,29 | lactose | MERCK GÉNÉRIQUES |
| FENOFIBRATE QUALIMED 200 mg gél bte de 30 | 65 | 8,29 | lactose | QUALIMED |
| FENOFIBRATE RATIOPHARM 200 mg gél bte de 30 | 65 | 8,29 | lactose | RATIOPHARM |
| FENOFIBRATE RPG 200 mg gél bte de 30 | 65 | 8,29 | lactose | RPG |
| FENOFIBRATE SANDOZ 200 mg gél bte de 30 | 65 | 8,29 | saccharose | SANDOZ |
| FENOFIBRATE TEVA 200 mg gél bte de 30 | 65 | 8,29 | saccharose | TÉVA CLASSICS |
| FENOFIBRATE WINTHROP 200 mg gél bte de 30 | 65 | 8,29 | | WINTHROP MÉDICAMENTS |
| FENOFIBRATE ZYDUS 200 mg gél bte de 30 | 65 | 8,29 | lactose, rouge cochenille A (E 124) | ZYDUS FRANCE |
| **LIPANTHYL 200 mg gél bte de 30** | 65 | 9,94 | lactose | FOURNIER |
| LIPIREX Gé 200 mg gél bte de 30 | 65 | 8,29 | | WINTHROP MÉDICAMENTS |

| DCI / Intitulé du produit | Remb SS | Prix | Excipients à effet notoire | Laboratoire |
|---|---|---|---|---|
| **FENOFIBRATE 300 mg gél** | | | | |
| FENOFIBRATE ALTER 300 mg gél bte de 30 | 65 | 4,93 | lactose | ALTER |
| FENOFIBRATE BIOGARAN 300 mg gél bte de 30 | 65 | 4,93 | lactose | BIOGARAN |
| FENOFIBRATE FOURNIER 300 mg gél bte de 30 | 65 | 4,93 | lactose | SOLVAY PHARMA |
| FENOFIBRATE IVAX 300 mg gél bte de 30 | 65 | 4,93 | lactose | IVAX SAS |
| FENOFIBRATE MERCK 300 mg gél bte de 30 | 65 | 4,93 | lactose | MERCK GÉNÉRIQUES |
| FENOFIBRATE RATIOPHARM 300 mg gél bte de 30 | 65 | 4,93 | lactose | RATIOPHARM |
| FENOFIBRATE RPG 300 mg gél bte de 30 | 65 | 4,93 | lactose | RPG |
| FENOFIBRATE SANDOZ 300 mg gél bte de 30 | 65 | 4,93 | lactose | SANDOZ |
| FENOFIBRATE TEVA 300 mg gél bte de 30 | 65 | 4,93 | lactose | TÉVA CLASSICS |
| SECALIP Gé 300 mg gél bte de 30 | 65 | 4,93 | lactose | SOLVAY PHARMA |
| **FENOFIBRATE 67 mg gél (TFR)** | | | | |
| FEGENOR Gé 67 mg gél bte de 60 | 65 | 7,49 | lactose | LEURQUIN MEDIOLANUM |
| FENOFIBRATE ALMUS 67 mg gél bte de 60 | 65 | 6,18 | saccharose | ALMUS FRANCE |
| FENOFIBRATE ARROW 67 mg gél bte de 60 | 65 | 6,18 | saccharose | ARROW GÉNÉRIQUES |
| FENOFIBRATE BIOGARAN 67 mg gél bte de 60 | 65 | 6,18 | lactose | BIOGARAN |
| FENOFIBRATE EG 67 mg gél bte de 60 | 65 | 6,18 | lactose | EG LABO |
| FENOFIBRATE FOURNIER MICRONISE 67 mg gél bte de 60 | 65 | 6,18 | lactose | SOLVAY PHARMA |
| FENOFIBRATE G GAM 67 mg gél bte de 60 | 65 | 6,18 | saccharose | G GAM |
| FENOFIBRATE IVAX 67 mg gél bte de 60 | 65 | 6,18 | lactose | IVAX SAS |
| FENOFIBRATE MERCK 67 mg gél bte de 60 | 65 | 6,18 | lactose | MERCK GÉNÉRIQUES |
| FENOFIBRATE QUALIMED 67 mg gél bte de 60 | 65 | 6,18 | lactose | QUALIMED |
| FENOFIBRATE RATIOPHARM 67 mg gél bte de 60 | 65 | 6,18 | lactose | RATIOPHARM |
| FENOFIBRATE RPG 67 mg gél bte de 60 | 65 | 6,18 | lactose | RPG |
| FENOFIBRATE SANDOZ 67 mg gél bte de 60 | 65 | 6,18 | saccharose | SANDOZ |
| FENOFIBRATE TEVA 67 mg gél bte de 60 | 65 | 6,18 | saccharose | TÉVA CLASSICS |
| FENOFIBRATE WINTHROP 67 mg gél bte de 60 | 65 | 6,18 | | WINTHROP MÉDICAMENTS |
| FENOFIBRATE ZYDUS 67 mg gél bte de 60 | 65 | 6,18 | jaune orangé S (E 110), lactose, sodium | ZYDUS FRANCE |
| **LIPANTHYL 67 gél bte de 60** | 65 | 6,18 | lactose | SOLVAY PHARMA |
| LIPIREX Gé 67 mg gél bte de 60 | 65 | 6,18 | | WINTHROP MÉDICAMENTS |

Voir p. 1154 : Comment utiliser ce tableau ?

| | | | | |
|---|---|---|---|---|
| **FLECAINIDE ACETATE 100 mg cp séc** | | | | |
| **FLECAINE 100 mg cp séc bte de 30** | 65 | 14,08 | | 3M SANTÉ |
| FLECAINIDE QUALIMED 100 mg cp séc bte de 30 | 65 | 10,05 | | QUALIMED |
| FLECAINIDE RPG 100 mg cp séc bte de 30 | 65 | 10,05 | | RPG |
| **FLUCONAZOLE 100 mg gél** | | | | |
| **TRIFLUCAN 100 mg gél bte de 7** | 65 | 49,63 | lactose | PFIZER |
| **FLUCONAZOLE 150 mg gél** | | | | |
| **BEAGYNE 150 mg gél bte de 1** | NR | 12,82 | lactose | EFFIK |
| **FLUCONAZOLE 200 mg gél** | | | | |
| **TRIFLUCAN 200 mg gél bte de 30** | 65 | 334,01 | lactose | PFIZER |
| **TRIFLUCAN 200 mg gél bte de 7** | 65 | 89,28 | lactose | PFIZER |
| **FLUCONAZOLE 50 mg gél** | | | | |
| **TRIFLUCAN 50 mg gél bte de 7** | 65 | 27,96 | lactose | PFIZER |
| **FLUOROURACILE 50 mg/ml sol inj** | | | | |
| **FLUORO URACILE ICN 250 mg/5 ml sol inj 10 fl de 5 ml** | 100 | 18,58 | | CENTRE SPÉCIALITÉS PHARMACEUTIQUES |
| **FLUOXETINE CHLORHYDRATE 20 mg cp dispersible séc** | | | | |
| FLUOXETINE MERCK 20 mg cp dispersible séc bte de 28 | 65 | 11,78 | | MERCK GÉNÉRIQUES |
| FLUOXETINE QUALIMED 20 mg cp dispersible séc bte de 28 | 65 | 11,78 | | QUALIMED |
| FLUOXETINE RATIOPHARM 20 mg cp dispersible séc bte de 28 | 65 | 11,78 | | RATIOPHARM |
| **PROZAC 20 mg cp dispersible séc bte de 28** | 65 | 17,16 | | LILLY FRANCE |
| **FLUOXETINE CHLORHYDRATE 20 mg gél** | | | | |
| FLUOXETINE ALMUS 20 mg gél bte de 14 | 65 | 6,47 | lactose | BIOGARAN |
| FLUOXETINE ARROW 20 mg gél bte de 14 | 65 | 6,47 | lactose | ARROW GÉNÉRIQUES |
| FLUOXETINE BIOGARAN 20 mg gél bte de 14 | 65 | 6,47 | lactose | BIOGARAN |
| FLUOXETINE BOUCHARA RECORDATI 20 mg gél bte de 14 | 65 | 6,47 | | BOUCHARA-RECORDATI |
| FLUOXETINE EG 20 mg gél bte de 14 | 65 | 6,47 | | EG LABO |
| FLUOXETINE G GAM 20 mg gél bte de 14 | 65 | 6,47 | | G GAM |
| FLUOXETINE IVAX 20 mg gél bte de 14 | 65 | 6,47 | | IVAX SAS |
| FLUOXETINE MERCK 20 mg gél bte de 14 | 65 | 6,47 | lactose | MERCK GÉNÉRIQUES |
| FLUOXETINE QUALIMED 20 mg gél bte de 14 | 65 | 6,47 | lactose | QUALIMED |
| FLUOXETINE RATIOPHARM 20 mg gél bte de 14 | 65 | 6,47 | lactose | RATIOPHARM |

| DCI / Intitulé du produit | Remb SS | Prix | Excipients à effet notoire | Laboratoire |
|---|---|---|---|---|
| FLUOXETINE RPG 20 mg gél bte de 14 | 65 | 6,47 | | RPG |
| FLUOXETINE SANDOZ 20 mg gél bte de 14 | 65 | 6,47 | lactose | SANDOZ |
| FLUOXETINE TEVA 20 mg gél bte de 14 | 65 | 6,47 | | TÉVA CLASSICS |
| FLUOXETINE WINTHROP 20 mg gél bte de 14 | 65 | 6,47 | | WINTHROP MÉDICAMENTS |
| FLUOXETINE ZYDUS 20 mg gél bte de 14 | 65 | 6,47 | | ZYDUS FRANCE |
| **PROZAC 20 mg gél bte de 14** | 65 | 9,97 | | LILLY FRANCE |
| **FLUOXETINE CHLORHYDRATE 20 mg/5 ml sol buv (TFR)** | | | | |
| FLUOXETINE ARROW 20 mg/5 ml sol buv fl de 70 ml | 65 | 6,15 | | ARROW GÉNÉRIQUES |
| FLUOXETINE BIOGARAN SANS SUCRE 20 mg/5 ml sol buv fl de 70 ml | 65 | 6,15 | | BIOGARAN |
| FLUOXETINE G GAM 20 mg/5 ml sol buv fl de 70 ml | 65 | 6,15 | maltitol | G GAM |
| FLUOXETINE RATIOPHARM 20 mg/5 ml sol buv fl de 70 ml + seringue doseuse | 65 | 6,15 | | RATIOPHARM |
| FLUOXETINE TEVA 20 mg/5 ml sol buv fl de 70 ml + pipette doseuse | 65 | 6,15 | saccharose | TÉVA CLASSICS |
| **PROZAC 20 mg/5 ml sol buv fl de 70 ml** | 65 | 6,15 | | LILLY FRANCE |
| **FLUTAMIDE 250 mg cp (TFR)** | | | | |
| **EULEXINE 250 mg cp bte de 30** | 100 | 29,09 | lactose | SCHERING-PLOUGH |
| FLUTAMIDE ARROW 250 mg cp bte de 30 | 100 | 29,09 | lactose | ARROW GÉNÉRIQUES |
| FLUTAMIDE BIOGARAN 250 mg cp bte de 30 | 100 | 29,09 | lactose | BIOGARAN |
| FLUTAMIDE EG 250 mg cp bte de 30 | 100 | 29,09 | lactose | EG LABO |
| FLUTAMIDE G GAM 250 mg cp bte de 30 | 100 | 29,09 | lactose | G GAM |
| FLUTAMIDE IVAX 250 mg cp bte de 30 | 100 | 29,09 | lactose | IVAX SAS |
| FLUTAMIDE MERCK 250 mg cp bte de 30 | 100 | 29,09 | lactose | MERCK GÉNÉRIQUES |
| FLUTAMIDE TEVA 250 mg cp bte de 30 | 100 | 29,09 | lactose | TÉVA CLASSICS |
| PROSTADIREX Gé 250 mg cp bte de 30 | 100 | 29,09 | lactose | WINTHROP MÉDICAMENTS |
| **FLUVOXAMINE MALEATE 100 mg cp (TFR)** | | | | |
| **FLOXYFRAL 100 mg cp séc bte de 15** | 65 | 9,47 | | SOLVAY PHARMA |
| FLUVOXAMINE EG 100 mg cp séc bte de 15 | 65 | 5,90 | | EG LABO |
| FLUVOXAMINE G GAM 100 mg cp séc bte de 15 | 65 | 5,09 | lactose | G GAM |
| FLUVOXAMINE MERCK 100 mg cp séc bte de 15 | 65 | 5,09 | | MERCK GÉNÉRIQUES |
| FLUVOXAMINE TEVA 100 mg cp séc bte de 15 | 65 | 5,09 | sodium | TÉVA CLASSICS |
| **FLUVOXAMINE MALEATE 50 mg cp (TFR)** | | | | |
| **FLOXYFRAL 50 mg cp séc bte de 30** | 65 | 10,47 | | SOLVAY PHARMA |

Voir p. 1154 : Comment utiliser ce tableau ?

| | | | | |
|---|---|---|---|---|
| FLUVOXAMINE EG 50 mg cp séc bte de 30 | 65 | 5,61 | | EG LABO |
| FLUVOXAMINE G GAM 50 mg cp séc bte de 30 | 65 | 5,61 | lactose | G GAM |
| FLUVOXAMINE MERCK 50 mg cp séc bte de 30 | 65 | 5,61 | | MERCK GÉNÉRIQUES |
| FLUVOXAMINE TEVA 50 mg cp séc bte de 30 | 65 | 5,61 | sodium | TÉVA CLASSICS |
| **FOSINOPRIL 10 mg cp séc** | | | | |
| **FOZITEC 10 mg cp séc bte de 28** | 65 | 16,95 | | MERCK LIPHA SANTÉ SAS |
| **FOZITEC 10 mg cp séc bte de 30** | 65 | 18,12 | | MERCK LIPHA SANTÉ SAS |
| **FOZITEC 10 mg cp séc bte de 90** | 65 | 50,15 | | MERCK LIPHA SANTÉ SAS |
| **FOSINOPRIL 20 mg cp** | | | | |
| **FOZITEC 20 mg cp bte de 28** | 65 | 21,32 | lactose | MERCK LIPHA SANTÉ SAS |
| **FOZITEC 20 mg cp bte de 30** | 65 | 22,81 | lactose | MERCK LIPHA SANTÉ SAS |
| **FOZITEC 20 mg cp bte de 90** | 65 | 62,11 | lactose | MERCK LIPHA SANTÉ SAS |
| **FUROSEMIDE 20 mg cp** | | | | |
| FUROSEMIDE ARROW 20 mg cp séc bte de 30 | 65 | 1,83 | lactose | ARROW GÉNÉRIQUES |
| FUROSEMIDE BIOGARAN 20 mg cp bte de 30 | 65 | 1,83 | lactose | BIOGARAN |
| FUROSEMIDE EG 20 mg cp séc bte de 30 | 65 | 1,83 | lactose | EG LABO |
| FUROSEMIDE MERCK 20 mg cp séc bte de 30 | 65 | 1,83 | lactose | MERCK GÉNÉRIQUES |
| FUROSEMIDE RPG 20 mg cp séc bte de 30 | 65 | 1,83 | lactose | RPG |
| FUROSEMIDE SANDOZ 20 mg cp séc bte de 30 | 65 | 1,83 | lactose | SANDOZ |
| FUROSEMIDE WINTHROP 20 mg cp séc bte de 30 | 65 | 1,83 | lactose | WINTHROP MÉDICAMENTS |
| **LASILIX FAIBLE 20 mg cp bte de 30** | 65 | 2,31 | lactose | AVENTIS |
| **FUROSEMIDE 40 mg cp séc** | | | | |
| FUROSEMIDE ARROW 40 mg cp séc bte de 30 | 65 | 2,60 | lactose | ARROW GÉNÉRIQUES |
| FUROSEMIDE BIOGARAN 40 mg cp séc bte de 30 | 65 | 2,60 | lactose | BIOGARAN |
| FUROSEMIDE EG 40 mg cp séc bte de 30 | 65 | 2,60 | lactose | EG LABO |
| FUROSEMIDE MERCK 40 mg cp séc bte de 30 | 65 | 2,60 | lactose | MERCK GÉNÉRIQUES |
| FUROSEMIDE RATIOPHARM 40 mg cp séc bte de 30 | 65 | 2,60 | | RATIOPHARM |
| FUROSEMIDE RPG 40 mg cp séc bte de 30 | 65 | 2,60 | lactose | RPG |
| FUROSEMIDE SANDOZ 40 mg cp séc bte de 30 | 65 | 2,60 | lactose | SANDOZ |
| FUROSEMIDE TEVA 40 mg cp séc bte de 30 | 65 | 2,60 | lactose | TÉVA CLASSICS |
| FUROSEMIDE WINTHROP 40 mg cp séc bte de 30 | 65 | 2,60 | lactose | WINTHROP MÉDICAMENTS |
| **LASILIX 40 mg cp séc bte de 30** | 65 | 3,31 | lactose | AVENTIS |

| DCI / Intitulé du produit | Remb SS | Prix | Excipients à effet notoire | Laboratoire |
|---|---|---|---|---|
| **GABAPENTINE 100 mg gél** | | | | |
| GABAPENTINE BIOGARAN 100 mg gél bte de 90 | 65 | 12,48 | lactose | BIOGARAN |
| GABAPENTINE RPG 100 mg gél bte de 90 | 65 | 12,48 | | RPG |
| GABAPENTINE TEVA 100 mg gél bte de 90 | 65 | 12,48 | | TÉVA CLASSICS |
| GABAPENTINE WINTHROP 100 mg gél bte de 90 | 65 | 12,48 | lactose | WINTHROP MÉDICAMENTS |
| **NEURONTIN 100 mg gél bte de 90** | 65 | 18,19 | lactose | PFIZER |
| **GABAPENTINE 300 mg gél** | | | | |
| GABAPENTINE BIOGARAN 300 mg gél bte de 90 | 65 | 33,95 | lactose | BIOGARAN |
| GABAPENTINE RATIOPHARM 300 mg gél bte de 90 | 65 | 33,95 | lactose | RATIOPHARM |
| GABAPENTINE RPG 300 mg gél bte de 90 | 65 | 33,95 | jaune orangé S (E 110) | RPG |
| GABAPENTINE TEVA 300 mg gél bte de 90 | 65 | 33,95 | jaune orangé S (E 110) | TÉVA CLASSICS |
| GABAPENTINE WINTHROP 300 mg gél bte de 90 | 65 | 33,95 | lactose | WINTHROP MÉDICAMENTS |
| **NEURONTIN 300 mg gél bte de 90** | 65 | 50,45 | lactose | PFIZER |
| **GABAPENTINE 400 mg gél** | | | | |
| GABAPENTINE G GAM 400 mg gél bte de 90 | 65 | 39,66 | lactose | G GAM |
| GABAPENTINE MERCK 400 mg gél bte de 90 | 65 | 39,66 | lactose | MERCK GÉNÉRIQUES |
| GABAPENTINE QUALIMED 400 mg gél bte de 90 | 65 | 39,66 | lactose | QUALIMED |
| GABAPENTINE RATIOPHARM 400 mg gél bte de 90 | 65 | 39,66 | lactose | RATIOPHARM |
| GABAPENTINE RPG 400 mg gél bte de 90 | 65 | 39,66 | | RPG |
| GABAPENTINE TEVA 400 mg gél bte de 90 | 65 | 39,66 | | TÉVA CLASSICS |
| GABAPENTINE WINTHROP 400 mg gél bte de 90 | 65 | 39,66 | lactose | WINTHROP MÉDICAMENTS |
| GABAPENTINE ZYDUS 400 mg gél bte de 90 | 65 | 39,66 | lactose | ZYDUS FRANCE |
| **NEURONTIN 400 mg gél bte de 90** | 65 | 59,45 | lactose | PFIZER |
| **GABAPENTINE 600 mg cp** | | | | |
| GABAPENTINE G GAM 600 mg cp bte de 90 | 65 | 53,97 | glucose, huile de ricin | G GAM |
| GABAPENTINE RATIOPHARM 600 mg cp bte de 90 | 65 | 53,97 | glucose, huile de ricin | RATIOPHARM |
| GABAPENTINE RPG 600 mg cp bte de 90 | 65 | 53,97 | | RPG |
| GABAPENTINE TEVA 600 mg cp bte de 90 | 65 | 53,97 | | TÉVA CLASSICS |
| **NEURONTIN 600 mg cp bte de 90** | 65 | 82,01 | | PFIZER |
| **GABAPENTINE 800 mg cp** | | | | |
| GABAPENTINE G GAM 800 mg cp bte de 90 | 65 | 66,38 | glucose, huile de ricin | G GAM |

Voir p. 1154 : Comment utiliser ce tableau ?

| | | | | |
|---|---|---|---|---|
| GABAPENTINE RATIOPHARM 800 mg cp bte de 90 | 65 | 66,38 | glucose, huile de ricin | RATIOPHARM |
| GABAPENTINE TEVA 800 mg cp bte de 90 | 65 | 66,38 | | TÉVA CLASSICS |
| **NEURONTIN 800 mg cp bte de 90** | 65 | 101,56 | | PFIZER |
| **GESTODENE 0,05 mg + ETHINYLESTRADIOL 0,03 mg cp** | | | | |
| PERLEANE cp bte de 3 plaquettes de 21 | NR | 23,62 | lactose, saccharose | BIOGARAN |
| PERLEANE cp bte de 21 | NR | 8,34 | lactose, saccharose | BIOGARAN |
| **TRIMINULET cp bte de 3 plaquettes de 21** | NR | 27,83 | lactose, saccharose | WYETH-LEDERLÉ |
| **TRIMINULET cp bte de 21** | NR | 9,64 | lactose, saccharose | WYETH-LEDERLÉ |
| **GESTODENE 0,075 mg + ETHINYLESTRADIOL 0,02 mg cp** | | | | |
| CARLIN 75 µg/20 µg cp bte de 3 plaquettes de 21 | NR | 15,36 | lactose, saccharose | EFFIK |
| CARLIN 75 µg/20 µg cp bte de 21 | NR | 5,12 | lactose, saccharose | EFFIK |
| EFEZIAL 75 µg/20 µg cp bte de 3 plaquettes de 21 | NR | 21,97 | lactose, saccharose | MERCK GÉNÉRIQUES |
| EFEZIAL 75 µg/20 µg cp bte de 21 | NR | 7,98 | lactose, saccharose | MERCK GÉNÉRIQUES |
| GESTODENE/ETHINYLESTRADIOL BIOGARAN 75 µg/20 µg cp bte de 3 plaquettes de 21 | NR | 23,62 | lactose, saccharose | BIOGARAN |
| GESTODENE/ETHINYLESTRADIOL BIOGARAN 75 µg/20 µg cp bte de 21 | NR | 8,34 | lactose, saccharose | BIOGARAN |
| **MELIANE cp bte de 3 plaquettes de 21** | NR | 34,84 | | SCHERING SAS |
| **MELIANE cp bte de 21** | NR | 11,62 | | SCHERING SAS |
| **GESTODENE 0,075 mg + ETHINYLESTRADIOL 0,03 mg cp** | | | | |
| CARLIN 75 µg/30 µg cp bte de 3 plaquettes de 21 | NR | 15,36 | lactose, saccharose | EFFIK |
| CARLIN 75 µg/30 µg cp bte de 21 | NR | 5,36 | lactose, saccharose | EFFIK |
| EFEZIAL 75 µg/30 µg cp bte de 3 plaquettes de 21 | NR | 21,97 | lactose, saccharose | MERCK GÉNÉRIQUES |
| EFEZIAL 75 µg/30 µg cp bte de 21 | NR | 7,98 | lactose, saccharose | MERCK GÉNÉRIQUES |
| GESTODENE/ETHINYLESTRADIOL BIOGARAN 75 µg/30 µg cp bte de 3 plaquettes de 21 | NR | 23,62 | lactose, saccharose | BIOGARAN |
| GESTODENE/ETHINYLESTRADIOL BIOGARAN 75 µg/30 µg cp bte de 21 | NR | 8,34 | lactose, saccharose | BIOGARAN |
| **MINULET cp bte de 3 plaquettes de 21** | NR | 25,91 | lactose, saccharose | WYETH-LEDERLÉ |
| **MINULET cp bte de 21** | NR | 8,70 | lactose, saccharose | WYETH-LEDERLÉ |
| **GLIBENCLAMIDE 2,5 mg cp séc** | | | | |
| GLIBENCLAMIDE BIOGARAN 2,5 mg cp séc bte de 60 | 65 | 3,68 | lactose | BIOGARAN |
| GLIBENCLAMIDE TEVA 2,5 mg cp séc bte de 60 | 65 | 3,68 | lactose | TÉVA CLASSICS |
| **HEMI-DAONIL 2,5 mg cp séc bte de 60** | 65 | 3,95 | lactose | SANOFI-AVENTIS FRANCE |
| **HEMI-DAONIL 2,5 mg cp séc bte de 180** | 65 | 10,78 | lactose | SANOFI-AVENTIS FRANCE |

| DCI / Intitulé du produit | Remb SS | Prix | Excipients à effet notoire | Laboratoire |
|---|---|---|---|---|
| **GLIBENCLAMIDE 5 mg cp séc** | | | | |
| **DAONIL 5 mg cp séc bte de 100** | 65 | 9,02 | lactose | SANOFI-AVENTIS FRANCE |
| **DAONIL 5 mg cp séc bte de 180** | 65 | 15,80 | lactose | SANOFI-AVENTIS FRANCE |
| **DAONIL 5 mg cp séc bte de 20** | 65 | 2,48 | lactose | SANOFI-AVENTIS FRANCE |
| GLIBENCLAMIDE BIOGARAN 5 mg cp séc bte de 20 | 65 | 2,32 | lactose | BIOGARAN |
| GLIBENCLAMIDE BIOGARAN 5 mg cp séc bte de 90 | 65 | 7,25 | lactose | BIOGARAN |
| GLIBENCLAMIDE TEVA 5 mg cp séc bte de 20 | 65 | 2,32 | lactose | TÉVA CLASSICS |
| GLIBENCLAMIDE TEVA 5 mg cp séc bte de 90 | 65 | 7,25 | lactose | TÉVA CLASSICS |
| **GLICLAZIDE 80 mg cp séc** | | | | |
| **DIAMICRON 80 mg cp séc bte de 20** | 65 | 5,14 | lactose | SERVIER |
| **DIAMICRON 80 mg cp séc bte de 60** | 65 | 13,62 | lactose | SERVIER |
| **DIAMICRON 80 mg cp séc bte de 180** | 65 | 38,67 | lactose | SERVIER |
| GLICLAZIDE ALMUS 80 mg cp séc bte de 20 | 65 | 4,42 | lactose | ALMUS FRANCE |
| GLICLAZIDE ALMUS 80 mg cp séc bte de 60 | 65 | 11,59 | lactose | ALMUS FRANCE |
| GLICLAZIDE ARROW 80 mg cp séc bte de 20 | 65 | 4,42 | lactose | ARROW GÉNÉRIQUES |
| GLICLAZIDE ARROW 80 mg cp séc bte de 60 | 65 | 11,59 | lactose | ARROW GÉNÉRIQUES |
| GLICLAZIDE BIOGARAN 80 mg cp séc bte de 20 | 65 | 4,42 | lactose | BIOGARAN |
| GLICLAZIDE BIOGARAN 80 mg cp séc bte de 60 | 65 | 11,59 | lactose | BIOGARAN |
| GLICLAZIDE EG 80 mg cp séc bte de 20 | 65 | 4,42 | lactose | EG LABO |
| GLICLAZIDE EG 80 mg cp séc bte de 60 | 65 | 11,59 | lactose | EG LABO |
| GLICLAZIDE G GAM 80 mg cp séc bte de 20 | 65 | 4,42 | lactose | G GAM |
| GLICLAZIDE G GAM 80 mg cp séc bte de 60 | 65 | 11,59 | lactose | G GAM |
| GLICLAZIDE IVAX 80 mg cp séc bte de 20 | 65 | 4,42 | lactose | IVAX SAS |
| GLICLAZIDE IVAX 80 mg cp séc bte de 60 | 65 | 11,59 | lactose | IVAX SAS |
| GLICLAZIDE MERCK 80 mg cp séc bte de 20 | 65 | 4,42 | lactose | MERCK GÉNÉRIQUES |
| GLICLAZIDE MERCK 80 mg cp séc bte de 60 | 65 | 11,59 | lactose | MERCK GÉNÉRIQUES |
| GLICLAZIDE QUALIMED 80 mg cp séc bte de 20 | 65 | 4,42 | lactose | QUALIMED |
| GLICLAZIDE QUALIMED 80 mg cp séc bte de 60 | 65 | 11,59 | lactose | QUALIMED |
| GLICLAZIDE RATIOPHARM 80 mg cp séc bte de 20 | 65 | 4,42 | lactose | RATIOPHARM |
| GLICLAZIDE RATIOPHARM 80 mg cp séc bte de 60 | 65 | 11,59 | lactose | RATIOPHARM |
| GLICLAZIDE RPG 80 mg cp séc bte de 20 | 65 | 4,42 | lactose | RPG |

Voir p. 1154 : Comment utiliser ce tableau ?

| | | | | |
|---|---|---|---|---|
| GLICLAZIDE RPG 80 mg cp séc bte de 60 | 65 | 11,59 | lactose | RPG |
| GLICLAZIDE SANDOZ 80 mg cp séc bte de 20 | 65 | 4,42 | lactose | SANDOZ |
| GLICLAZIDE SANDOZ 80 mg cp séc bte de 60 | 65 | 11,59 | lactose | SANDOZ |
| GLICLAZIDE TEVA 80 mg cp séc bte de 20 | 65 | 3,83 | lactose | TÉVA CLASSICS |
| GLICLAZIDE TEVA 80 mg cp séc bte de 60 | 65 | 11,59 | lactose | TÉVA CLASSICS |
| GLICLAZIDE WINTHROP 80 mg cp séc bte de 20 | 65 | 4,42 | lactose | WINTHROP MÉDICAMENTS |
| GLICLAZIDE WINTHROP 80 mg cp séc bte de 60 | 65 | 11,59 | lactose | WINTHROP MÉDICAMENTS |
| GLICLAZIDE ZYDUS 80 mg cp séc bte de 20 | 65 | 4,42 | lactose | ZYDUS FRANCE |
| GLICLAZIDE ZYDUS 80 mg cp séc bte de 60 | 65 | 11,59 | lactose | ZYDUS FRANCE |
| **GLIMEPIRIDE 1 mg cp** | | | | |
| **AMAREL 1 mg cp bte de 30** | 65 | 6,61 | lactose | SANOFI-AVENTIS FRANCE |
| **AMAREL 1 mg cp bte de 90** | 65 | 18,76 | lactose | SANOFI-AVENTIS FRANCE |
| GLIMEPIRIDE BGR 1 mg cp bte de 30 | 65 | 4,60 | lactose | BIOGARAN |
| GLIMEPIRIDE EG 1 mg cp bte de 30 | 65 | 4,60 | lactose | EG LABO |
| GLIMEPIRIDE MERCK 1 mg cp bte de 30 | 65 | 4,60 | lactose | MERCK GÉNÉRIQUES |
| GLIMEPIRIDE QUALIMED 1 mg cp bte de 30 | 65 | 4,60 | lactose | QUALIMED |
| GLIMEPIRIDE RANBAXY 1 mg cp bte de 30 | 65 | 4,60 | lactose | RPG |
| GLIMEPIRIDE RATIOPHARM 1 mg cp bte de 30 | 65 | 4,60 | lactose | RATIOPHARM |
| GLIMEPIRIDE SANDOZ 1 mg cp bte de 30 | 65 | 4,60 | lactose | SANDOZ |
| GLIMEPIRIDE TEVA 1 mg cp bte de 30 | 65 | 4,60 | lactose | TÉVA CLASSICS |
| GLIMEPIRIDE WINTHROP 1 mg cp bte de 30 | 65 | 4,60 | lactose | WINTHROP MÉDICAMENTS |
| **GLIMEPIRIDE 2 mg cp** | | | | |
| **AMAREL 2 mg cp bte de 30** | 65 | 10,53 | lactose | SANOFI-AVENTIS FRANCE |
| **AMAREL 2 mg cp bte de 90** | 65 | 30,50 | lactose | SANOFI-AVENTIS FRANCE |
| GLIMEPIRIDE BGR 2 mg cp bte de 30 | 65 | 7,20 | lactose | BIOGARAN |
| GLIMEPIRIDE EG 2 mg cp bte de 30 | 65 | 7,20 | jaune orange S (E 110), lactose, tartrazine | EG LABO |
| GLIMEPIRIDE MERCK 2 mg cp bte de 30 | 65 | 7,20 | lactose | MERCK GÉNÉRIQUES |
| GLIMEPIRIDE QUALIMED 2 mg cp bte de 30 | 65 | 7,20 | lactose | QUALIMED |
| GLIMEPIRIDE RANBAXY 2 mg cp bte de 30 | 65 | 7,20 | jaune orange S (E 110), lactose, tartrazine | RPG |
| GLIMEPIRIDE RATIOPHARM 2 mg cp bte de 30 | 65 | 7,20 | lactose | RATIOPHARM |
| GLIMEPIRIDE SANDOZ 2 mg cp bte de 30 | 65 | 7,20 | lactose | SANDOZ |

| DCI / Intitulé du produit | Remb SS | Prix | Excipients à effet notoire | Laboratoire |
|---|---|---|---|---|
| GLIMEPIRIDE TEVA 2 mg cp bte de 30 | 65 | 7,20 | lactose | TÉVA CLASSICS |
| GLIMEPIRIDE WINTHROP 2 mg cp bte de 30 | 65 | 7,20 | lactose | WINTHROP MÉDICAMENTS |
| **GLIMEPIRIDE 3 mg cp** | | | | |
| **AMAREL 3 mg cp bte de 30** | 65 | 13,60 | lactose | SANOFI-AVENTIS FRANCE |
| **AMAREL 3 mg cp bte de 90** | 65 | 38,64 | lactose | SANOFI-AVENTIS FRANCE |
| GLIMEPIRIDE BGR 3 mg cp bte de 30 | 65 | 9,26 | lactose | BIOGARAN |
| GLIMEPIRIDE EG 3 mg cp bte de 30 | 65 | 9,26 | lactose | EG LABO |
| GLIMEPIRIDE MERCK 3 mg cp bte de 30 | 65 | 9,26 | lactose | MERCK GÉNÉRIQUES |
| GLIMEPIRIDE QUALIMED 3 mg cp bte de 30 | 65 | 9,26 | lactose | QUALIMED |
| GLIMEPIRIDE RANBAXY 3 mg cp bte de 30 | 65 | 9,26 | lactose | RPG |
| GLIMEPIRIDE RATIOPHARM 3 mg cp bte de 30 | 65 | 9,26 | lactose | RATIOPHARM |
| GLIMEPIRIDE SANDOZ 3 mg cp bte de 30 | 65 | 9,26 | lactose | SANDOZ |
| GLIMEPIRIDE TEVA 3 mg cp bte de 30 | 65 | 9,26 | lactose | TÉVA CLASSICS |
| GLIMEPIRIDE WINTHROP 3 mg cp bte de 30 | 65 | 9,26 | lactose | WINTHROP MÉDICAMENTS |
| **GLIMEPIRIDE 4 mg cp** | | | | |
| **AMAREL 4 mg cp bte de 30** | 65 | 15,62 | lactose | SANOFI-AVENTIS FRANCE |
| **AMAREL 4 mg cp bte de 90** | 65 | 43,79 | lactose | SANOFI-AVENTIS FRANCE |
| GLIMEPIRIDE BGR 4 mg cp bte de 30 | 65 | 10,60 | lactose | BIOGARAN |
| GLIMEPIRIDE EG 4 mg cp bte de 30 | 65 | 10,60 | lactose | EG LABO |
| GLIMEPIRIDE MERCK 4 mg cp bte de 30 | 65 | 10,60 | lactose | MERCK GÉNÉRIQUES |
| GLIMEPIRIDE QUALIMED 4 mg cp bte de 30 | 65 | 10,60 | lactose | QUALIMED |
| GLIMEPIRIDE RANBAXY 4 mg cp bte de 30 | 65 | 10,60 | lactose | RPG |
| GLIMEPIRIDE RATIOPHARM 4 mg cp bte de 30 | 65 | 10,60 | lactose | RATIOPHARM |
| GLIMEPIRIDE SANDOZ 4 mg cp bte de 30 | 65 | 10,60 | lactose | SANDOZ |
| GLIMEPIRIDE TEVA 4 mg cp bte de 30 | 65 | 10,60 | lactose | TÉVA CLASSICS |
| GLIMEPIRIDE WINTHROP 4 mg cp bte de 30 | 65 | 10,60 | lactose | WINTHROP MÉDICAMENTS |
| **GLIPIZIDE 5 mg cp séc (TFR)** | | | | |
| **GLIBENESE 5 mg cp séc bte de 100** | 65 | 10,01 | lactose | PFIZER |
| **GLIBENESE 5 mg cp séc bte de 20** | 65 | 2,91 | lactose | PFIZER |
| GLIPIZIDE MERCK 5 mg cp séc bte de 30 | 65 | 4,09 | lactose | MERCK GÉNÉRIQUES |
| **MINIDIAB 5 mg cp séc bte de 100** | 65 | 10,01 | lactose | PFIZER |
| **MINIDIAB 5 mg cp séc bte de 20** | 65 | 2,91 | lactose | PFIZER |

Voir p. 1154 : Comment utiliser ce tableau ?

| | | | | |
|---|---|---|---|---|
| **HYDROXYCARBAMIDE 500 mg gél** | | | | |
| **HYDREA 500 mg gél bte de 20** | 100 | 6,18 | lactose | BRISTOL-MYERS SQUIBB |
| **IBUPROFENE 200 mg caps** | | | | |
| **NUROFEN 200 mg caps bte de 16** | NR | 3,98 | maltitol, rouge cochenille A (E 124), sorbitol | RECKITT BENCKISER HEALTHCARE FRANCE |
| **IBUPROFENE 200 mg cp (Groupe NUREFLEX)** | | | | |
| ANTARENE Gé 200 mg cp bte de 30 | 65 | 1,91 | | ELERTÉ |
| DOLTAQUE 200 mg cp bte de 20 | NR | 3,09 | lactose | EG LABO |
| EXPANFEN 200 mg cp bte de 20 | NR | 2,45 | saccharose | EXPANPHARM INTERNATIONAL |
| EXPANFEN Gé 200 mg cp bte de 30 | 65 | 1,91 | saccharose | EXPANPHARM INTERNATIONAL |
| IBUPROFENE ARROW 200 mg cp bte de 30 | 65 | 1,91 | saccharose | ARROW GÉNÉRIQUES |
| IBUPROFENE ARROW 200 mg cp bte de 20 | NR | 2,61 | saccharose | ARROW GÉNÉRIQUES |
| IBUPROFENE BIOGARAN 200 mg cp bte de 30 | 65 | 1,91 | | BIOGARAN |
| IBUPROFENE EG 200 mg cp bte de 30 | 65 | 1,91 | lactose | EG LABO |
| IBUPROFENE G GAM 200 mg cp bte de 30 | 65 | 1,91 | saccharose | G GAM |
| IBUPROFENE HEXAL SANTE 200 mg cp bte de 20 | NR | 2,44 | saccharose | G GAM |
| IBUPROFENE IVAX 200 mg cp bte de 30 | 65 | 1,91 | saccharose | IVAX SAS |
| IBUPROFENE MERCK 200 mg cp bte de 30 | 65 | 1,91 | saccharose | MERCK GÉNÉRIQUES |
| IBUPROFENE MERCK 200 mg cp bte de 20 | NR | 2,46 | saccharose | MERCK GÉNÉRIQUES |
| IBUPROFENE QUALIMED 200 mg cp bte de 30 | 65 | 1,91 | saccharose | QUALIMED |
| IBUPROFENE RATIOPHARM 200 mg cp bte de 30 | 65 | 1,91 | saccharose | RATIOPHARM |
| IBUPROFENE RATIOPHARM 200 mg cp bte de 20 | NR | 2,49 | saccharose | RATIOPHARM |
| IBUPROFENE RPG 200 mg cp bte de 30 | 65 | 1,91 | | RPG |
| IBUPROFENE SANDOZ 200 mg cp bte de 20 | NR | 2,44 | saccharose | SANDOZ |
| IBUPROFENE SANDOZ 200 mg cp bte de 30 | 65 | 1,91 | saccharose | SANDOZ |
| IBUPROFENE TEVA 200 mg cp bte de 30 | 65 | 1,91 | saccharose | TÉVA CLASSICS |
| IBUPROFENE ZYDUS 200 mg cp bte de 30 | 65 | 1,91 | saccharose | ZYDUS FRANCE |
| **NUREFLEX 200 mg cp bte de 30** | 65 | 2,28 | lécithine de soja, saccharose | RECKITT BENCKISER HEALTHCARE FRANCE |
| SOLUFEN Gé 200 mg gél bte de 30 | 65 | 1,91 | | WINTHROP MÉDICAMENTS |
| **IBUPROFENE 200 mg cp (Groupe ADVIL)** | | | | |
| **ADVIL 200 mg cp bte de 20** | 65 | 1,88 | lécithine de soja, saccharose | WYETH SANTÉ FAMILIALE |
| **ADVIL 200 mg cp bte de 30** | 65 | 2,52 | lécithine de soja, saccharose | WYETH SANTÉ FAMILIALE |

| DCI / Intitulé du produit | Remb SS | Prix | Excipients à effet notoire | Laboratoire |
|---|---|---|---|---|
| **IBUPROFENE 20 mg/ml susp buv Enf Nour** | | | | |
| ANTARENE Gé 20 mg/ml susp buv Enf Nour fl de 150 ml + seringue doseuse | 65 | 2,11 | rouge cochenille A (E 124), sodium, sorbitol | ELERTÉ |
| **IBUPROFENE 400 mg cp (Groupe BRUFEN)** | | | | |
| ANTARENE Gé 400 mg cp bte de 30 | 65 | 2,68 | lactose | ELERTÉ |
| IBUPROFENE EG 400 mg cp bte de 30 | 65 | 2,68 | | EG LABO |
| IBUPROFENE RPG 400 mg cp bte de 30 | 65 | 2,68 | | RPG |
| IBUPROFENE SANDOZ 400 mg cp bte de 30 | 65 | 2,68 | saccharose | SANDOZ |
| **IBUPROFENE 400 mg cp (Groupe ADVIL)** | | | | |
| **ADVIL 400 mg cp bte de 20** | 65 | 2,70 | | WYETH SANTÉ FAMILIALE |
| IBUPROFENE ARROW 400 mg cp bte de 20 | 65 | 2,17 | | ARROW GÉNÉRIQUES |
| IBUPROFENE BIOGARAN 400 mg cp bte de 20 | 65 | 2,17 | | BIOGARAN |
| IBUPROFENE SANDOZ 400 mg cp bte de 20 | 65 | 2,17 | | SANDOZ |
| **IBUPROFENE 5 % gel (Groupe ADVIL)** | | | | |
| **ADVIL 5 % gel tube de 100 g** | 35 | 4,18 | | WYETH SANTÉ FAMILIALE |
| **ADVIL 5 % gel tube de 60 g** | 35 | 2,84 | | WYETH SANTÉ FAMILIALE |
| **INDAPAMIDE 2,5 mg cp (TFR)** | | | | |
| **FLUDEX 2,5 mg cp bte de 30** | 65 | 12,60 | lactose | SERVIER |
| INDAPAMIDE BIOGARAN 2,5 mg cp bte de 30 | 65 | 7,71 | lactose | BIOGARAN |
| INDAPAMIDE MERCK 2,5 mg cp bte de 30 | 65 | 7,71 | lactose | MERCK GÉNÉRIQUES |
| **INDOMETACINE 100 mg suppos** | | | | |
| **INDOCID 100 mg suppos bte de 10** | 35 | 3,15 | | MERCK SHARP ET DOHME-CHIBRET |
| **INDOMETACINE 50 mg suppos** | | | | |
| **INDOCID 50 mg suppos bte de 10** | 35 | 2,41 | | MERCK SHARP ET DOHME-CHIBRET |
| **IOHEXOL 350 mg d'I/ml sol inj** | | | | |
| **OMNIPAQUE 350 mg/ml sol inj coffret de 50 ml** | 65 | 28,39 | | GE HEALTHCARE SA |
| **OMNIPAQUE 350 mg/ml sol inj fl de 100 ml** | 65 | 50,21 | | GE HEALTHCARE SA |
| **OMNIPAQUE 350 mg/ml sol inj fl de 150 ml** | 65 | 65,63 | | GE HEALTHCARE SA |
| **OMNIPAQUE 350 mg/ml sol inj fl de 200 ml** | 65 | 78,36 | | GE HEALTHCARE SA |
| **OMNIPAQUE 350 mg/ml sol inj fl de 20 ml** | 65 | 11,10 | | GE HEALTHCARE SA |
| **OMNIPAQUE 350 mg/ml sol inj fl de 50 ml** | 65 | 26,92 | | GE HEALTHCARE SA |

Voir p. 1154 : Comment utiliser ce tableau ?

| | | | | |
|---|---|---|---|---|
| **IPRATROPIUM BROMURE 0,25 mg/1 ml sol p inhal/nébulisation** | | | | |
| **ATROVENT 0,25 mg/ml sol p inhal/nébulisation Enf 30 unidoses** | 65 | 15,16 | | BOEHRINGER INGELHEIM FRANCE |
| IPRATROPIUM AGUETTANT 0,25 mg/ml sol p inhal/nébulisation Enf 10 unidoses | 65 | 4,23 | | AGUETTANT |
| IPRATROPIUM ARROW 0,25 mg/ml sol p inhal/nébulisation 30 unidoses | 65 | 11,62 | | ARROW GÉNÉRIQUES |
| IPRATROPIUM MERCK 0,25 mg/ml sol p inhal/nébulisation Enf 10 unidoses | 65 | 4,23 | | MERCK GÉNÉRIQUES |
| **IPRATROPIUM BROMURE 0,50 mg/2 ml sol p inhal** | | | | |
| **ATROVENT 0,5 mg/2 ml sol p inhal Ad 10 unidoses** | 65 | 7,50 | | BOEHRINGER INGELHEIM FRANCE |
| IPRATROPIUM AGUETTANT 0,5 mg/2 ml sol p inhal Ad 10 unidoses | 65 | 5,82 | | AGUETTANT |
| IPRATROPIUM ARROW 0,5 mg/2 ml sol p inhal Ad 10 unidoses | 65 | 5,82 | | ARROW GÉNÉRIQUES |
| IPRATROPIUM MERCK 0,5 mg/2 ml sol p inhal/nébulisation Ad 10 unidoses | 65 | 5,82 | | MERCK GÉNÉRIQUES |
| **ISOSORBIDE DINITRATE LP 20 mg gél** | | | | |
| DINITRATE ISOSORBIDE MERCK LP 20 mg gél bte de 60 | 65 | 2,73 | lactose, saccharose | MERCK GÉNÉRIQUES |
| ISOSORBIDE TEVA LP 20 mg gél bte de 60 | 65 | 2,73 | lactose, saccharose | TÉVA CLASSICS |
| **LANGORAN LP 20 mg gél bte de 60** | 65 | 3,44 | lactose, saccharose | AVENTIS |
| **ISOSORBIDE DINITRATE LP 40 mg gél** | | | | |
| DINITRATE ISOSORBIDE MERCK LP 40 mg gél bte de 60 | 65 | 4,16 | lactose, saccharose | MERCK GÉNÉRIQUES |
| ISOSORBIDE TEVA LP 40 mg gél bte de 60 | 65 | 4,16 | lactose, saccharose | TÉVA CLASSICS |
| **LANGORAN LP 40 mg gél bte de 60** | 65 | 5,67 | azorubine (E 122), lactose, saccharose | AVENTIS |
| **ISOSORBIDE DINITRATE LP 80 mg gél** | | | | |
| ISOSORBIDE TEVA LP 80 mg gél bte de 30 | 65 | 4,52 | lactose, saccharose | TÉVA CLASSICS |
| **LANGORAN LP 80 mg gél bte de 30** | 65 | 5,79 | lactose, saccharose | AVENTIS |
| **ISOTRETINOINE 10 mg caps** | | | | |
| CONTRACNE Gé 10 mg caps bte de 30 | 65 | 15,73 | huile de soja, rouge cochenille A (E 124), sorbitol | BIORGA |
| CURACNE Gé 10 mg caps bte de 30 | 65 | 15,73 | huile de soja, huile de soja partiellement hydrogénée | PIERRE FABRE DERMATOLOGIE |
| PROCUTA Gé 10 mg caps bte de 30 | 65 | 15,73 | huile de soja, huile de soja partiellement hydrogénée | EXPANSCIENCE |
| **ROACCUTANE 10 mg caps bte de 30** | 65 | 17,41 | huile de soja, huile de soja hydrogénée, sorbitol | ROCHE |

| DCI / Intitulé du produit | Remb SS | Prix | Excipients à effet notoire | Laboratoire |
|---|---|---|---|---|
| **ISOTRETINOINE 20 mg caps** | | | | |
| CONTRACNE Gé 20 mg caps bte de 30 | 65 | 26,87 | huile de soja, rouge cochenille A (E 124), sorbitol | BIORGA |
| CURACNE Gé 20 mg caps bte de 30 | 65 | 26,87 | huile de soja, huile de soja partiellement hydrogénée | PIERRE FABRE DERMATOLOGIE |
| PROCUTA Gé 20 mg caps bte de 30 | 65 | 26,87 | huile de soja, huile de soja partiellement hydrogénée | EXPANSCIENCE |
| **ROACCUTANE 20 mg caps bte de 30** | 65 | 29,77 | huile de soja, huile de soja partiellement hydrogénée, sorbitol | ROCHE |
| **ISOTRETINOINE 5 mg caps** | | | | |
| CURACNE Gé 5 mg caps bte de 30 | 65 | 9,52 | huile de soja, huile de soja partiellement hydrogénée | PIERRE FABRE DERMATOLOGIE |
| PROCUTA Gé 5 mg caps bte de 30 | 65 | 9,52 | huile de soja, huile de soja partiellement hydrogénée | EXPANSCIENCE |
| **ROACCUTANE 5 mg caps bte de 30** | 65 | 10,51 | huile de soja, huile de soja hydrogénée, sorbitol | ROCHE |
| **KETOPROFENE 100 mg cp (TFR)** | | | | |
| KETOPROFENE RPG 100 mg cp bte de 30 | 65 | 4,44 | lactose | RPG |
| KETUM Gé 100 mg cp bte de 30 | 65 | 4,44 | lactose | MENARINI FRANCE |
| **PROFENID 100 mg cp bte de 30** | 65 | 7,10 | lactose | AVENTIS |
| **KETOPROFENE 100 mg/2 ml sol inj IM** | | | | |
| **PROFENID 100 mg sol inj IM 2 amp** | 35 | 2,63 | alcool benzylique | SANOFI-AVENTIS FRANCE |
| **PROFENID 100 mg sol inj IM 6 amp** | 35 | 6,79 | alcool benzylique | SANOFI-AVENTIS FRANCE |
| **KETOPROFENE 2,5 % gel application locale (Groupe KETUM) (TFR)** | | | | |
| KETOPROFENE EG 2,5 % gel tube de 120 g | 35 | 3,72 | éthanol | EG LABO |
| KETOPROFENE EG 2,5 % gel tube de 60 g | 35 | 2,30 | éthanol | EG LABO |
| KETOPROFENE SANDOZ 2,5 % gel tube de 60 g | 35 | 2,30 | éthanol | SANDOZ |
| KETOPROFENE SANDOZ 2,5 % gel tube doseur de 120 g | 35 | 3,72 | éthanol | SANDOZ |
| **KETUM 2,5 % gel p application locale tube doseur de 120 g** | 35 | 3,72 | éthanol | MENARINI FRANCE |
| **KETUM 2,5 % gel application locale tube de 60 g** | 35 | 2,30 | éthanol | MENARINI FRANCE |
| **KETOPROFENE 2,5 % gel application locale (Groupe PROFENID) (TFR)** | | | | |
| KETOPROFENE BIOGARAN 2,5 % gel tube de 60 g | 35 | 2,30 | éthanol | BIOGARAN |

Voir p. 1154 : Comment utiliser ce tableau ?

| | | | | |
|---|---|---|---|---|
| KETOPROFENE IVAX 2,5 % gel tube de 60 g | 35 | 2,30 | éthanol | IVAX SAS |
| KETOPROFENE MERCK 2,5 % gel p application locale tube de 60 g | 35 | 2,30 | éthanol | MERCK GÉNÉRIQUES |
| KETOPROFENE RATIOPHARM 2,5 % gel tube de 60 g | 35 | 2,30 | éthanol | RATIOPHARM |
| KETOPROFENE TEVA 2,5 % gel tube de 60 g | 35 | 2,30 | éthanol | TÉVA CLASSICS |
| KETOPROFENE WINTHROP 2,5 % gel tube de 60 g | 35 | 2,30 | alcool | WINTHROP MÉDICAMENTS |
| **PROFENID 2,5 % gel p application locale tube de 60 g** | 35 | 2,30 | éthanol | SANOFI-AVENTIS FRANCE |
| TOPFENA Gé 2,5 % gel p application locale tube de 60 g | 35 | 2,30 | éthanol | ZYDUS FRANCE |
| **KETOPROFENE 50 mg gél (TFR)** | | | | |
| KETOPROFENE RPG 50 mg gél bte de 24 | 65 | 2,18 | lactose | RPG |
| **PROFENID 50 mg gél bte de 24** | 65 | 3,30 | lactose | AVENTIS |
| **KETOPROFENE LP 200 mg cp (TFR)** | | | | |
| KETOPROFENE RPG 200 mg cp LP bte de 14 | 65 | 5,25 | | RPG |
| **PROFENID LP 200 mg cp bte de 14** | 65 | 8,26 | | AVENTIS |
| **KETOPROFENE LP 200 mg gél (TFR)** | | | | |
| KETOPROFENE ARROW LP 200 mg gél bte de 14 | 65 | 5,25 | saccharose | ARROW GÉNÉRIQUES |
| KETOPROFENE IVAX LP 200 mg gél bte de 14 | 65 | 5,25 | saccharose | IVAX SAS |
| KETOPROFENE MERCK LP 200 mg gél bte de 14 | 65 | 5,25 | saccharose | MERCK GÉNÉRIQUES |
| KETOPROFENE RPG LP 200 mg gél bte de 14 | 65 | 3,93 | saccharose | RPG |
| KETOPROFENE TEVA LP 200 mg gél bte de 14 | 65 | 5,25 | saccharose | TÉVA CLASSICS |
| KETUM Gé LP 200 mg gél bte de 14 | 65 | 5,25 | saccharose | MENARINI FRANCE |
| **PROFENID LP 200 mg gél bte de 14** | 65 | 8,67 | saccharose | AVENTIS |
| TOPFENA Gé LP 200 mg gél bte de 14 | 65 | 5,25 | saccharose, sulfites | ZYDUS FRANCE |
| **KETOTIFENE FUMARATE 1 mg gél** | | | | |
| **ZADITEN 1 mg gél bte de 60** | 35 | 9,86 | | NOVARTIS PHARMA SAS |
| **LACTULOSE 10 g/15 ml sol buv** | | | | |
| **DUPHALAC 10 g/15 ml sol buv 20 sach** | 35 | 3,49 | | SOLVAY PHARMA |
| LACTULOSE ALMUS 10 g/15 ml sol buv 20 sach | 35 | 3,28 | potassium | ALMUS FRANCE |
| LACTULOSE BIOGARAN 10 g/15 ml sol buv 20 sach | 35 | 3,28 | | BIOGARAN |
| LACTULOSE BIPHAR 10 g/15 ml sol buv 20 sach | 35 | 3,28 | | SOLVAY PHARMA |
| LACTULOSE EG 10 g/15 ml sol buv 20 sach | 35 | 3,28 | potassium | EG LABO |
| LACTULOSE G GAM 10 g/15 ml sol buv 20 sach | 35 | 3,28 | potassium | G GAM |
| LACTULOSE IREX 10 g/15 ml sol buv 20 sach | NR | 2,95 | sorbate de potassium (E 202) | WINTHROP MÉDICAMENTS |

| DCI / Intitulé du produit | Remb SS | Prix | Excipients à effet notoire | Laboratoire |
|---|---|---|---|---|
| LACTULOSE MERCK 10 g/15 ml sol buv 20 sach | 35 | 3,28 | | MERCK GÉNÉRIQUES |
| LACTULOSE MERCK GENERIQUES 10 g/15 ml sol buv 20 sach | 35 | 3,28 | huile de soja | MERCK GÉNÉRIQUES |
| LACTULOSE MERCK GENERIQUES 10 g/15 ml sol buv 12 sach | NR | 4,70 | huile de soja | MERCK GÉNÉRIQUES |
| LACTULOSE QUALIMED 10 g/15 ml sol buv 20 sach | 35 | 3,28 | | QUALIMED |
| LACTULOSE RATIOPHARM 10 g/15 ml sol buv 20 sach | 35 | 3,28 | | RATIOPHARM |
| LACTULOSE RPG 10 g/15 ml sol buv 20 sach | 35 | 3,28 | | RPG |
| LACTULOSE SANDOZ 10 g/15 ml sol buv 20 sach | 35 | 3,28 | potassium | SANDOZ |
| LACTULOSE TEVA 10 g/15 ml sol buv 20 sach | 35 | 2,95 | | TÉVA CLASSICS |
| LACTULOSE WINTHROP 10 g/15 ml sol buv 20 sach | 35 | 3,28 | sorbate de potassium (E 202) | WINTHROP MÉDICAMENTS |
| LACTULOSE ZYDUS 10 g/15 ml sol buv 20 sach | 35 | 3,28 | potassium | ZYDUS FRANCE |
| **LACTULOSE 66,5 % sol buv** | | | | |
| **DUPHALAC 66,5 % sol buv fl de 200 ml** | 35 | 2,77 | | SOLVAY PHARMA |
| LACTULOSE BIOGARAN 50 % sol buv fl de 200 ml | 35 | 2,45 | | BIOGARAN |
| LACTULOSE EG 66 % sol buv fl de 200 ml | 35 | 2,45 | potassium | EG LABO |
| LACTULOSE G GAM 66,5 % sol buv fl de 200 ml | 35 | 2,45 | éthanol, potassium | G GAM |
| LACTULOSE IVAX 66,5 % sol buv fl de 200 ml | 35 | 2,45 | éthanol, potassium | IVAX SAS |
| LACTULOSE QUALIMED 66 % sol buv fl de 200 ml | 35 | 2,45 | | QUALIMED |
| LACTULOSE RPG 66,5 % sol buv fl de 200 ml | 35 | 2,45 | | RPG |
| LACTULOSE WINTHROP 66,5 % sol buv fl de 200 ml | 35 | 2,45 | éthanol, potassium | WINTHROP MÉDICAMENTS |
| **LAMOTRIGINE 100 mg cp dispersible à croquer** | | | | |
| **LAMICTAL 100 mg cp dispersible bte de 30** | 65 | 34,73 | glucose | GLAXOSMITHKLINE |
| LAMOTRIGINE BIOGARAN 100 mg cp dispersible bte de 30 | 65 | 23,30 | glucose, sorbitol | BIOGARAN |
| LAMOTRIGINE SANDOZ 100 mg cp dispersible bte de 30 | 65 | 23,30 | glucose | SANDOZ |
| **LAMOTRIGINE 200 mg cp dispersible à croquer** | | | | |
| **LAMICTAL 200 mg cp dispersible bte de 30** | 65 | 60,64 | glucose | GLAXOSMITHKLINE |
| LAMOTRIGINE BIOGARAN 200 mg cp dispersible bte de 30 | 65 | 39,83 | glucose, sorbitol | BIOGARAN |
| LAMOTRIGINE SANDOZ 200 mg cp dispersible bte de 30 | 65 | 39,83 | glucose | SANDOZ |
| **LAMOTRIGINE 25 mg cp (premier mois de traitement)** | | | | |
| **LAMICSTART 25 mg cp bte de 21** | 65 | 10,21 | lactose | GLAXOSMITHKLINE |
| **LAMOTRIGINE 25 mg cp dispersible à croquer** | | | | |
| **LAMICTAL 25 mg cp dispersible bte de 30** | 65 | 12,27 | glucose | GLAXOSMITHKLINE |

Voir p. 1154 : Comment utiliser ce tableau ?

| | | | | |
|---|---|---|---|---|
| LAMOTRIGINE BIOGARAN 25 mg cp dispersible bte de 30 | 65 | 8,37 | glucose, sorbitol | BIOGARAN |
| LAMOTRIGINE SANDOZ 25 mg cp dispersible bte de 30 | 65 | 8,37 | glucose | SANDOZ |
| LAMOTRIGINE 2 mg cp dispersible | | | | |
| **LAMICTAL 2 mg cp dispersible bte de 30** | 65 | 6,11 | glucose | GLAXOSMITHKLINE |
| LAMOTRIGINE 50 mg cp (premier mois de traitement) | | | | |
| **LAMICSTART 50 mg cp bte de 42** | 65 | 32,42 | lactose | GLAXOSMITHKLINE |
| LAMOTRIGINE 50 mg cp dispersible à croquer | | | | |
| **LAMICTAL 50 mg cp dispersible bte de 30** | 65 | 19,91 | glucose | GLAXOSMITHKLINE |
| LAMOTRIGINE BIOGARAN 50 mg cp dispersible bte de 30 | 65 | 13,46 | glucose, sorbitol | BIOGARAN |
| LAMOTRIGINE SANDOZ 50 mg cp dispersible bte de 30 | 65 | 13,46 | glucose | SANDOZ |
| LAMOTRIGINE 5 mg cp dispersible à croquer | | | | |
| **LAMICTAL 5 mg cp dispersible bte de 30** | 65 | 7,16 | glucose | GLAXOSMITHKLINE |
| LEVOCETIRIZINE CHRLORHYDRATE 5 mg cp | | | | |
| **XYZALL 5 mg cp bte de 14** | 35 | 4,86 | lactose | UCB PHARMA |
| **XYZALL 5 mg cp bte de 28** | 35 | 9,19 | lactose | UCB PHARMA |
| LEVONORGESTREL/ETHINYLESTRADIOL 0,05 mg/0,03 mg, 0,075 mg/0,04 mg, 0,125 mg/0,03 mg cp (TFR) | | | | |
| DAILY Gé cp bte de 21 | 65 | 2,21 | lactose, saccharose | PIERRE FABRE MÉDICAMENT |
| DAILY Gé cp bte de 3 plaquettes de 21 | 65 | 5,09 | lactose, saccharose | PIERRE FABRE MÉDICAMENT |
| **TRINORDIOL cp bte de 3 plaquettes de 21** | 65 | 5,09 | lactose, saccharose | WYETH PHARMACEUTICALS FRANCE |
| **TRINORDIOL cp bte de 21** | 65 | 2,21 | lactose, saccharose | WYETH PHARMACEUTICALS FRANCE |
| LEVONORGESTREL/ETHINYLESTRADIOL 0,15 mg/0,03 mg cp (TFR) | | | | |
| LUDEAL Gé 0,15 mg/0,03 mg cp bte de 3 plaquettes de 21 | 65 | 5,09 | lactose, saccharose | PIERRE FABRE MÉDICAMENT |
| LUDEAL Gé 0,15 mg/0,03 mg cp bte de 21 | 65 | 2,21 | lactose, saccharose | PIERRE FABRE MÉDICAMENT |
| **MINIDRIL cp bte de 3 plaquettes de 21** | 65 | 5,09 | lactose, saccharose | WYETH PHARMACEUTICALS FRANCE |
| **MINIDRIL cp bte de 21** | 65 | 2,21 | lactose, saccharose | WYETH PHARMACEUTICALS FRANCE |
| LIDOCAINE/PRILOCAINE 2,5 % crème | | | | |
| ANESDERM Gé 5 % crème tube de 5 g | 65 | 5,36 | huile de ricin | PIERRE FABRE DERMATOLOGIE |
| **EMLA 5 % crème tube de 5 g avec 2 pansements adhésifs** | 65 | 5,60 | huile de ricin | ASTRAZENECA |
| PRELIC Gé 5 % crème tube de 5 g | 65 | 4,37 | huile de ricin | TONIPHARM |
| LISINOPRIL 20 mg cp séc | | | | |
| LISINOPRIL ARROW 20 mg cp séc bte de 28 | 65 | 13,14 | | ARROW GÉNÉRIQUES |
| LISINOPRIL BIOGARAN 20 mg cp séc bte de 28 | 65 | 13,14 | | BIOGARAN |

| DCI / Intitulé du produit | Remb SS | Prix | Excipients à effet notoire | Laboratoire |
|---|---|---|---|---|
| LISINOPRIL EG 20 mg cp séc bte de 28 | 65 | 13,14 | | EG LABO |
| LISINOPRIL G GAM 20 mg cp bte de 28 | 65 | 13,14 | | G GAM |
| LISINOPRIL MERCK 20 mg cp séc bte de 28 | 65 | 13,14 | | MERCK GÉNÉRIQUES |
| LISINOPRIL QUALIMED 20 mg cp séc bte de 28 | 65 | 13,14 | | QUALIMED |
| LISINOPRIL RATIOPHARM 20 mg cp séc bte de 28 | 65 | 13,14 | | RATIOPHARM |
| LISINOPRIL RPG 20 mg cp séc bte de 28 | 65 | 13,14 | | RPG |
| LISINOPRIL SANDOZ 20 mg cp séc bte de 28 | 65 | 13,14 | | SANDOZ |
| LISINOPRIL TEVA 20 mg cp séc bte de 28 | 65 | 13,14 | | TÉVA CLASSICS |
| **PRINIVIL 20 mg cp séc bte de 28** | 65 | 19,16 | | BRISTOL-MYERS SQUIBB |
| **PRINIVIL 20 mg cp séc bte de 84** | 65 | 52,82 | | BRISTOL-MYERS SQUIBB |
| **ZESTRIL 20 mg cp séc bte de 28** | 65 | 19,16 | | ASTRAZENECA |
| **LISINOPRIL 5 mg cp séc** | | | | |
| LISINOPRIL BIOGARAN 5 mg cp séc bte de 28 | 65 | 4,94 | | BIOGARAN |
| LISINOPRIL EG 5 mg cp séc bte de 28 | 65 | 4,94 | | EG LABO |
| LISINOPRIL MERCK 5 mg cp séc bte de 28 | 65 | 4,94 | | MERCK GÉNÉRIQUES |
| LISINOPRIL RATIOPHARM 5 mg cp séc bte de 28 | 65 | 4,94 | | RATIOPHARM |
| LISINOPRIL RPG 5 mg cp séc bte de 28 | 65 | 4,94 | | RPG |
| LISINOPRIL SANDOZ 5 mg cp séc bte de 28 | 65 | 4,94 | | SANDOZ |
| LISINOPRIL TEVA 5 mg cp séc bte de 28 | 65 | 4,94 | | TÉVA CLASSICS |
| **PRINIVIL 5 mg cp séc bte de 28** | 65 | 7,03 | | BRISTOL-MYERS SQUIBB |
| **PRINIVIL 5 mg cp séc bte de 84** | 65 | 20,01 | | BRISTOL-MYERS SQUIBB |
| **ZESTRIL 5 mg cp séc bte de 28** | 65 | 7,03 | | ASTRAZENECA |
| **LISINOPRIL DIHYDRATE 20 mg + DIHYDROCHLOROTHIAZIDE 12,5 mg cp séc** | | | | |
| LISINOPRIL/HYDROCHLOROTHIAZIDE ARROW 20 mg/12,5 mg cp bte de 28 | 65 | 11,61 | | ARROW GÉNÉRIQUES |
| LISINOPRIL/HYDROCHLOROTHIAZIDE BIOGARAN 20 mg/12,5 mg cp séc bte de 28 | 65 | 11,61 | | BIOGARAN |
| LISINOPRIL/HYDROCHLOROTHIAZIDE EG 20 mg/12,5 mg cp séc bte de 28 | 65 | 11,61 | | EG LABO |
| LISINOPRIL/HYDROCHLOROTHIAZIDE MERCK 20 mg/12,5 mg cp séc bte de 28 | 65 | 11,61 | | MERCK GÉNÉRIQUES |
| LISINOPRIL/HYDROCHLOROTHIAZIDE QUALIMED 20 mg/12,5 mg cp séc bte de 28 | 65 | 11,61 | | QUALIMED |

Voir p. 1154 : Comment utiliser ce tableau ?

| | | | | |
|---|---|---|---|---|
| LISINOPRIL/HYDROCHLOROTHIAZIDE RANBAXY 20 mg/12,5 mg cp séc bte de 28 | 65 | 11,61 | | RPG |
| LISINOPRIL/HYDROCHLOROTHIAZIDE RATIOPHARM 20 mg/12,5 mg cp séc bte de 28 | 65 | 11,61 | | RATIOPHARM |
| LISINOPRIL/HYDROCHLOROTHIAZIDE SANDOZ 20 mg/12,5 mg cp séc bte de 28 | 65 | 11,61 | | SANDOZ |
| LISINOPRIL/HYDROCHLOROTHIAZIDE TEVA 20 mg/12,5 mg cp séc bte de 28 | 65 | 11,61 | | TÉVA CLASSICS |
| **PRINZIDE cp séc bte de 28** | 65 | 16,90 | | BRISTOL-MYERS SQUIBB |
| **PRINZIDE cp séc bte de 84** | 65 | 47,06 | | BRISTOL-MYERS SQUIBB |
| **ZESTORETIC cp séc bte de 28** | 65 | 16,90 | | ASTRAZENECA |
| **ZESTORETIC cp séc bte de 30** | 65 | 18,07 | | ASTRAZENECA |
| **LOPERAMIDE CHLORHYDRATE 2 mg gél** | | | | |
| ALTOCEL Gé 2 mg gél bte de 20 | 35 | 2,82 | lactose | WINTHROP MÉDICAMENTS |
| **IMODIUM 2 mg gél bte de 20** | 35 | 3,27 | lactose | JANSSEN-CILAG |
| LOPERAMIDE ARROW 2 mg gél bte de 20 | 35 | 2,82 | lactose | ARROW GÉNÉRIQUES |
| LOPERAMIDE BIOGARAN 2 mg gél bte de 20 | 35 | 2,82 | lactose | BIOGARAN |
| LOPERAMIDE EG 2 mg gél bte de 20 | 35 | 2,82 | lactose | EG LABO |
| LOPERAMIDE G GAM 2 mg gél bte de 20 | 35 | 2,82 | jaune orangé S (E 110), lactose | G GAM |
| LOPERAMIDE IVAX 2 mg gél bte de 20 | 35 | 2,82 | lactose | IVAX SAS |
| LOPERAMIDE MERCK 2 mg gél bte de 20 | 35 | 2,82 | lactose | MERCK GÉNÉRIQUES |
| LOPERAMIDE QUALIMED 2 mg gél bte de 20 | 35 | 2,82 | lactose | QUALIMED |
| LOPERAMIDE RATIOPHARM 2 mg cp bte de 20 | 35 | 2,82 | lactose | RATIOPHARM |
| LOPERAMIDE RPG 2 mg gél bte de 20 | 35 | 2,82 | lactose | RPG |
| LOPERAMIDE TEVA 2 mg gél bte de 20 | 35 | 2,82 | lactose | TÉVA CLASSICS |
| LOPERAMIDE VIAREF 2 mg gél bte de 20 | 35 | 2,82 | lactose | G GAM |
| LOPERAMIDE ZYDUS 2 mg gél bte de 20 | 35 | 2,82 | lactose | ZYDUS FRANCE |
| **LORATADINE 10 mg cp** | | | | |
| **CLARITYNE 10 mg cp bte de 15** | 35 | 6,45 | lactose | SCHERING-PLOUGH |
| **LORATADINE 1 mg/ml sirop** | | | | |
| **CLARITYNE 0,1 g/100 ml sirop fl de 120 ml** | 35 | 4,47 | saccharose, sodium | SCHERING-PLOUGH |
| **CLARITYNE 0,1 g/100 ml sirop fl de 60 ml** | 35 | 2,69 | saccharose, sodium | SCHERING-PLOUGH |
| **LORAZEPAM 1 mg cp séc** | | | | |
| LORAZEPAM MERCK 1 mg cp séc bte de 30 | 65 | 1,51 | lactose | MERCK GÉNÉRIQUES |
| **TEMESTA 1 mg cp séc bte de 30** | 65 | 1,82 | lactose | BIODIM |

| DCI / Intitulé du produit | Remb SS | Prix | Excipients à effet notoire | Laboratoire |
|---|---|---|---|---|
| **LORAZEPAM 2,5 mg cp** | | | | |
| LORAZEPAM MERCK 2,5 mg cp séc bte de 30 | 65 | 2,25 | lactose | MERCK GÉNÉRIQUES |
| **TEMESTA 2,5 mg cp séc bte de 30** | 65 | 3,28 | lactose | BIODIM |
| **MEBEVERINE CHLORHYDRATE 100 mg cp (TFR)** | | | | |
| COLOPRIV Gé 100 mg caps bte de 30 | 35 | 2,48 | huile d'arachide, huile de soja hydrogénée, lécithine de soja | EXPANSCIENCE |
| **DUSPATALIN 100 mg cp bte de 30** | 35 | 2,48 | lactose, saccharose | SOLVAY PHARMA |
| MEBEVERINE BIOGARAN 100 mg caps bte de 30 | 35 | 2,48 | huile d'arachide, huile de soja hydrogénée, lécithine de soja | BIOGARAN |
| MEBEVERINE TEVA 100 mg caps bte de 30 | 35 | 2,48 | huile d'arachide, huile de soja hydrogénée, lécithine de soja | TÉVA CLASSICS |
| SPASMOPRIV Gé 100 mg gél bte de 30 | 35 | 2,48 | lactose | WINTHROP MÉDICAMENTS |
| **MEBEVERINE CHLORHYDRATE 200 mg gél (TFR)** | | | | |
| COLOPRIV Gé 200 mg gél bte de 30 | 35 | 4,43 | huile d'arachide, huile de soja hydrogénée, lécithine de soja | EXPANSCIENCE |
| **DUSPATALIN 200 mg gél bte de 30** | 35 | 4,43 | | SOLVAY PHARMA |
| MEBEVERINE BIOGARAN 200 mg gél bte de 30 | 35 | 4,43 | huile d'arachide, huile de soja hydrogénée, lécithine de soja | BIOGARAN |
| MEBEVERINE BIOGARAN 200 mg gél bte de 60 | 35 | 7,53 | huile d'arachide, huile de soja hydrogénée, lécithine de soja | BIOGARAN |
| MEBEVERINE EG 200 mg gél bte de 30 | 35 | 4,43 | huile d'arachide, huile de soja hydrogénée, lécithine de soja | EG LABO |
| MEBEVERINE MERCK 200 mg gél bte de 30 | 35 | 4,43 | huile d'arachide, huile de soja hydrogénée, lécithine de soja | MERCK GÉNÉRIQUES |
| MEBEVERINE QUALIMED 200 mg gél bte de 30 | 35 | 4,43 | huile d'arachide, huile de soja hydrogénée, lécithine de soja | QUALIMED |
| MEBEVERINE TEVA 200 mg gél bte de 30 | 35 | 4,43 | huile d'arachide, huile de soja hydrogénée, lécithine de soja | TÉVA CLASSICS |
| MEBEVERINE TEVA 200 mg gél bte de 60 | 35 | 7,53 | huile d'arachide, huile de soja hydrogénée, lécithine de soja | TÉVA CLASSICS |
| **MELOXICAM 15 mg cp séc** | | | | |
| MELOXICAM TEVA 15 mg cp séc bte de 14 | 65 | 7,55 | lactose | TÉVA CLASSICS |
| MELOXICAM WINTHROP 15 mg cp séc bte de 14 | 65 | 7,55 | lactose | WINTHROP MÉDICAMENTS |
| **MOBIC 15 mg cp séc bte de 14** | 65 | 11,04 | lactose | BOEHRINGER INGELHEIM FRANCE |

Voir p. 1154 : Comment utiliser ce tableau ?

| | | | | |
|---|---|---|---|---|
| **MELOXICAM 7,5 mg cp** | | | | |
| MELOXICAM TEVA 7,5 mg cp bte de 14 | 65 | 4,05 | lactose | TÉVA CLASSICS |
| **MOBIC 7,5 mg cp bte de 14** | 65 | 5,79 | lactose | BOEHRINGER INGELHEIM FRANCE |
| **METFORMINE CHLORHYDRATE 1000 mg cp** | | | | |
| **GLUCOPHAGE 1000 mg cp bte de 30** | 65 | 5,37 | | MERCK LIPHA SANTÉ SAS |
| **GLUCOPHAGE 1000 mg cp bte de 90** | 65 | 15,04 | | MERCK LIPHA SANTÉ SAS |
| METFORMINE ARROW 1000 mg cp séc bte de 30 | 65 | 4,20 | | ARROW GÉNÉRIQUES |
| METFORMINE BIOGARAN 1000 mg cp bte de 30 | 65 | 4,20 | | BIOGARAN |
| METFORMINE EG 1000 mg cp séc bte de 30 | 65 | 4,20 | | EG LABO |
| METFORMINE G GAM 1000 mg cp séc bte de 30 | 65 | 4,20 | lactose | G GAM |
| METFORMINE MERCK 1000 mg cp bte de 30 | 65 | 4,20 | | MERCK GÉNÉRIQUES |
| METFORMINE MERCK 1000 mg cp bte de 90 | 65 | 11,53 | | MERCK GÉNÉRIQUES |
| METFORMINE QUALIMED 1000 mg cp bte de 30 | 65 | 4,20 | | QUALIMED |
| METFORMINE QUALIMED 1000 mg cp bte de 90 | 65 | 11,53 | | QUALIMED |
| METFORMINE RATIOPHARM 1000 mg cp séc bte de 30 | 65 | 4,20 | | RATIOPHARM |
| METFORMINE RPG 1000 mg cp séc bte de 30 | 65 | 4,20 | | RPG |
| METFORMINE SANDOZ 1000 mg cp séc bte de 30 | 65 | 4,20 | | SANDOZ |
| METFORMINE TEVA 1000 mg cp bte de 30 | 65 | 4,20 | | TÉVA CLASSICS |
| METFORMINE WINTHROP 1000 mg cp bte de 30 | 65 | 4,20 | | WINTHROP MÉDICAMENTS |
| METFORMINE ZYDUS 1000 mg cp séc bte de 30 | 65 | 4,20 | | ZYDUS FRANCE |
| **METFORMINE CHLORHYDRATE 500 mg cp** | | | | |
| **GLUCOPHAGE 500 mg cp bte de 30** | 65 | 2,80 | | MERCK LIPHA SANTÉ SAS |
| **GLUCOPHAGE 500 mg cp bte de 90** | 65 | 7,31 | | MERCK LIPHA SANTÉ SAS |
| METFORMINE ARROW 500 mg cp bte de 30 | 65 | 2,40 | | ARROW GÉNÉRIQUES |
| METFORMINE BIOGARAN 500 mg cp bte de 30 | 65 | 2,40 | | BIOGARAN |
| METFORMINE EG 500 mg cp bte de 30 | 65 | 2,40 | | EG LABO |
| METFORMINE IVAX 500 mg cp bte de 30 | 65 | 2,40 | | IVAX SAS |
| METFORMINE MERCK 500 mg cp bte de 30 | 65 | 2,40 | | MERCK GÉNÉRIQUES |
| METFORMINE MERCK 500 mg cp bte de 90 | 65 | 6,13 | | MERCK GÉNÉRIQUES |
| METFORMINE QUALIMED 500 mg cp bte de 30 | 65 | 2,40 | | QUALIMED |
| METFORMINE RANBAXY 500 mg cp bte de 30 | 65 | 2,40 | | RPG |
| METFORMINE RATIOPHARM 500 mg cp bte de 30 | 65 | 2,40 | | RATIOPHARM |

| DCI / Intitulé du produit | Remb SS | Prix | Excipients à effet notoire | Laboratoire |
|---|---|---|---|---|
| METFORMINE RPG 500 mg cp bte de 30 | 65 | 2,40 | | RPG |
| METFORMINE SANDOZ 500 mg cp bte de 30 | 65 | 2,40 | | SANDOZ |
| METFORMINE TEVA 500 mg cp bte de 30 | 65 | 2,40 | | TÉVA CLASSICS |
| **METFORMINE CHLORHYDRATE 850 mg cp** | | | | |
| DIABAMYL Gé 850 mg cp bte de 30 | 65 | 3,83 | | EXPANPHARM INTERNATIONAL |
| **GLUCOPHAGE 850 mg cp bte de 30** | 65 | 4,61 | | MERCK LIPHA SANTÉ SAS |
| **GLUCOPHAGE 850 mg cp bte de 90** | 65 | 12,74 | | MERCK LIPHA SANTÉ SAS |
| METFORMINE ARROW 850 mg cp bte de 30 | 65 | 3,83 | | ARROW GÉNÉRIQUES |
| METFORMINE BIOGARAN 850 mg cp bte de 30 | 65 | 3,83 | | BIOGARAN |
| METFORMINE EG 850 mg cp bte de 30 | 65 | 3,83 | | EG LABO |
| METFORMINE G GAM 850 mg cp bte de 30 | 65 | 3,83 | lactose | G GAM |
| METFORMINE IVAX 850 mg cp bte de 30 | 65 | 3,83 | | IVAX SAS |
| METFORMINE MERCK 850 mg cp bte de 30 | 65 | 3,83 | | MERCK GÉNÉRIQUES |
| METFORMINE MERCK 850 mg cp bte de 90 | 65 | 10,41 | | MERCK GÉNÉRIQUES |
| METFORMINE QUALIMED 850 mg cp bte de 30 | 65 | 3,83 | | QUALIMED |
| METFORMINE QUALIMED 850 mg cp bte de 90 | 65 | 10,41 | | QUALIMED |
| METFORMINE RANBAXY 850 mg cp bte de 30 | 65 | 3,83 | | RPG |
| METFORMINE RATIOPHARM 850 mg cp bte de 30 | 65 | 3,83 | | RATIOPHARM |
| METFORMINE RPG 850 mg cp bte de 30 | 65 | 3,83 | | RPG |
| METFORMINE SANDOZ 850 mg cp bte de 30 | 65 | 3,83 | | SANDOZ |
| METFORMINE TEVA 850 mg cp bte de 30 | 65 | 3,83 | | TÉVA CLASSICS |
| METFORMINE WINTHROP 850 mg cp bte de 30 | 65 | 3,83 | | WINTHROP MÉDICAMENTS |
| METFORMINE ZYDUS 850 mg cp bte de 30 | 65 | 3,83 | | ZYDUS FRANCE |
| **METHOTREXATE 2,5 mg cp** | | | | |
| **NOVATREX 2,5 mg cp fl de 12** | 65 | 4,05 | | WYETH PHARMACEUTICALS FRANCE |
| **METHOTREXATE 2,5 mg/ml sol inj** | | | | |
| **LEDERTREXATE 5 mg sol inj 1 amp de 2 ml** | 100 | 2,20 | sodium | BIODIM |
| **METOCLOPRAMIDE CHLORHYDRATE 10 mg cp séc (TFR)** | | | | |
| METOCLOPRAMIDE MERCK 10 mg cp séc bte de 40 | 35 | 3,81 | lactose | MERCK GÉNÉRIQUES |
| METOCLOPRAMIDE SANDOZ 10 mg cp séc bte de 40 | 35 | 3,81 | lactose | SANDOZ |
| **PRIMPERAN 10 mg cp séc bte de 40** | 35 | 3,81 | lactose | SANOFI-AVENTIS FRANCE |

Voir p. 1154 : Comment utiliser ce tableau ?

| | | | | |
|---|---|---|---|---|
| **METOCLOPRAMIDE CHLORHYDRATE ANHYDRE 0,1 % sol buv** | | | | |
| **PRIMPERAN ADULTES 0,1 % sol buv édulcoré fl de 200 ml** | 35 | 2,55 | parahydroxybenzoate de méthyle (E 218), parahydroxybenzoate de propyle sodique (E 217) | SANOFI-AVENTIS FRANCE |
| **METOPROLOL TARTRATE 100 mg cp (TFR)** | | | | |
| **LOPRESSOR 100 mg cp séc bte de 30** | 65 | 2,95 | huile de ricin polyoxyéthylénée | DAIICHI SANKYO FRANCE SAS |
| **LOPRESSOR 100 mg cp séc bte de 90** | 65 | 7,77 | huile de ricin polyoxyéthylénée | DAIICHI SANKYO FRANCE SAS |
| METOPROLOL G GAM 100 mg cp bte de 30 | 65 | 2,95 | lactose | G GAM |
| METOPROLOL RPG 100 mg cp séc bte de 30 | 65 | 2,95 | lactose | RPG |
| METOPROLOL SANDOZ 50 mg cp bte de 30 | 65 | 1,85 | | SANDOZ |
| **SELOKEN 100 mg cp séc bte de 28** | 65 | 4,12 | lactose | ASTRAZENECA |
| **MIANSERINE CHLORHYDRATE 10 mg cp (TFR)** | | | | |
| **ATHYMIL 10 mg cp bte de 30** | 65 | 3,58 | amidon de blé | ORGANON SA |
| MIANSERINE ARROW 10 mg cp bte de 30 | 65 | 3,58 | | ARROW GÉNÉRIQUES |
| MIANSERINE BIOGARAN 10 mg cp bte de 30 | 65 | 3,58 | | BIOGARAN |
| MIANSERINE EG 10 mg cp bte de 30 | 65 | 3,58 | | EG LABO |
| MIANSERINE IVAX 10 mg cp bte de 30 | 65 | 3,58 | | IVAX SAS |
| MIANSERINE MERCK 10 mg cp bte de 30 | 65 | 3,58 | | MERCK GÉNÉRIQUES |
| MIANSERINE QUALIMED 10 mg cp bte de 30 | 65 | 3,58 | | QUALIMED |
| MIANSERINE RATIOPHARM 10 mg cp bte de 30 | 65 | 3,58 | | RATIOPHARM |
| MIANSERINE RPG 10 mg cp bte de 30 | 65 | 3,58 | | RPG |
| MIANSERINE SANDOZ 10 mg cp bte de 30 | 65 | 3,58 | | SANDOZ |
| MIANSERINE TEVA 10 mg cp bte de 30 | 65 | 3,58 | | TÉVA CLASSICS |
| MIANSERINE WINTHROP 10 mg cp bte de 30 | 65 | 3,58 | | WINTHROP MÉDICAMENTS |
| **MIANSERINE CHLORHYDRATE 30 mg cp (TFR)** | | | | |
| **ATHYMIL 30 mg cp bte de 30** | 65 | 7,14 | amidon de blé | ORGANON SA |
| MIANSERINE ARROW 30 mg cp séc bte de 30 | 65 | 7,14 | | ARROW GÉNÉRIQUES |
| MIANSERINE BIOGARAN 30 mg cp séc bte de 30 | 65 | 7,14 | | BIOGARAN |
| MIANSERINE EG 30 mg cp séc bte de 30 | 65 | 7,14 | | EG LABO |
| MIANSERINE G GAM 30 mg cp séc bte de 30 | 65 | 7,14 | | G GAM |
| MIANSERINE IVAX 30 mg cp bte de 30 | 65 | 7,14 | | IVAX SAS |
| MIANSERINE MERCK 30 mg cp bte de 30 | 65 | 7,14 | | MERCK GÉNÉRIQUES |

| DCI / Intitulé du produit | Remb SS | Prix | Excipients à effet notoire | Laboratoire |
|---|---|---|---|---|
| MIANSERINE QUALIMED 30 mg cp séc bte de 30 | 65 | 7,14 | | QUALIMED |
| MIANSERINE RATIOPHARM 30 mg cp séc bte de 30 | 65 | 7,14 | | RATIOPHARM |
| MIANSERINE RPG 30 mg cp séc bte de 30 | 65 | 7,14 | | RPG |
| MIANSERINE SANDOZ 30 mg cp séc bte de 30 | 65 | 7,14 | | SANDOZ |
| MIANSERINE TEVA 30 mg cp séc bte de 30 | 65 | 7,14 | | TÉVA CLASSICS |
| MIANSERINE WINTHROP 30 mg cp séc bte de 30 | 65 | 7,14 | | WINTHROP MÉDICAMENTS |
| **MIANSERINE CHLORHYDRATE 60 mg cp (TFR)** | | | | |
| **ATHYMIL 60 mg cp séc bte de 14** | 65 | 6,45 | amidon de blé | ORGANON SA |
| MIANSERINE ARROW 60 mg cp séc bte de 14 | 65 | 6,45 | | ARROW GÉNÉRIQUES |
| MIANSERINE BIOGARAN 60 mg cp séc bte de 14 | 65 | 6,45 | | BIOGARAN |
| MIANSERINE EG 60 mg cp séc bte de 14 | 65 | 6,45 | | EG LABO |
| MIANSERINE G GAM 60 mg cp séc bte de 14 | 65 | 6,45 | | G GAM |
| MIANSERINE IVAX 60 mg cp bte de 14 | 65 | 6,45 | | IVAX SAS |
| MIANSERINE MERCK 60 mg cp séc bte de 14 | 65 | 6,45 | | MERCK GÉNÉRIQUES |
| MIANSERINE QUALIMED 60 mg cp séc bte de 14 | 65 | 6,45 | | QUALIMED |
| MIANSERINE RATIOPHARM 60 mg cp séc bte de 14 | 65 | 6,45 | | RATIOPHARM |
| MIANSERINE RPG 60 mg cp séc bte de 14 | 65 | 6,45 | | RPG |
| MIANSERINE SANDOZ 60 mg cp séc bte de 14 | 65 | 6,45 | | SANDOZ |
| MIANSERINE TEVA 60 mg cp séc bte de 14 | 65 | 6,45 | | TÉVA CLASSICS |
| MIANSERINE WINTHROP 60 mg cp séc bte de 14 | 65 | 6,45 | | WINTHROP MÉDICAMENTS |
| **MINOCYCLINE CHLORHYDRATE 100 mg cp** | | | | |
| **MESTACINE 100 mg cp séc bte de 15** | 65 | 9,22 | jaune orangé S (E 110), sorbitol | TONIPHARM |
| **MESTACINE 100 mg cp séc bte de 6** | 65 | 4,83 | jaune orangé S (E 110), sorbitol | TONIPHARM |
| MINOCYCLINE BIOGARAN 100 mg cp séc bte de 14 | 65 | 7,30 | jaune orangé S (E 110), lactose | BIOGARAN |
| MINOCYCLINE BIOGARAN 100 mg cp séc bte de 6 | 65 | 4,11 | jaune orangé S (E 110), lactose | BIOGARAN |
| **MINOCYCLINE CHLORHYDRATE 100 mg gél** | | | | |
| MINOCYCLINE EG 100 mg gél bte de 15 | 65 | 7,73 | jaune orangé S (E 110) | EG LABO |
| MINOCYCLINE IREX 100 mg gél bte de 6 | NR | 3,85 | | WINTHROP MÉDICAMENTS |
| MINOCYCLINE MERCK 100 mg gél bte de 14 | 65 | 6,64 | | MERCK GÉNÉRIQUES |
| MINOCYCLINE MERCK 100 mg gél bte de 6 | 65 | 3,85 | | MERCK GÉNÉRIQUES |
| MINOCYCLINE SANDOZ 100 mg gél bte de 15 | 65 | 7,73 | saccharose | SANDOZ |

Voir p. 1154 : Comment utiliser ce tableau ?

| | | | | |
|---|---|---|---|---|
| MINOCYCLINE TEVA 100 mg gél bte de 15 | 65 | 7,73 | saccharose | TÉVA CLASSICS |
| MINOCYCLINE TEVA 100 mg gél bte de 6 | 65 | 3,85 | saccharose | TÉVA CLASSICS |
| MINOCYCLINE WINTHROP 100 mg gél bte de 6 | 65 | 3,85 | | WINTHROP MÉDICAMENTS |
| MINOLIS Gé 100 mg gél bte de 15 | 65 | 7,73 | | EXPANSCIENCE |
| **MYNOCINE 100 mg gél (microgranules) bte de 15** | 65 | 9,22 | | TONIPHARM |
| **MYNOCINE 100 mg gél (microgranules) bte de 6** | 65 | 4,83 | | TONIPHARM |
| ZACNAN Gé 100 mg gél bte de 14 | 65 | 6,64 | | MERCK LIPHA SANTÉ SAS |
| ZACNAN Gé 100 mg gél bte de 6 | 65 | 3,85 | | MERCK LIPHA SANTÉ SAS |
| **MINOCYCLINE CHLORHYDRATE 50 mg gél** | | | | |
| MINOCYCLINE MERCK 50 mg gél bte de 28 | 65 | 6,62 | | MERCK GÉNÉRIQUES |
| MINOCYCLINE SANDOZ 50 mg gél bte de 28 | 65 | 6,62 | saccharose | SANDOZ |
| MINOCYCLINE TEVA 50 mg gél bte de 28 | 65 | 6,62 | saccharose | TÉVA CLASSICS |
| MINOCYCLINE WINTHROP 50 mg gél bte de 28 | 65 | 6,62 | | WINTHROP MÉDICAMENTS |
| MINOLIS Gé 50 mg gél bte de 28 | 65 | 6,62 | | EXPANSCIENCE |
| **MYNOCINE 50 mg gél (microgranules) bte de 28** | 65 | 8,24 | | TONIPHARM |
| ZACNAN Gé 50 mg gél bte de 28 | 65 | 6,62 | | MERCK LIPHA SANTÉ SAS |
| **MINOXIDIL 5 % sol p application cutanée** | | | | |
| ALOPEXY 5 % sol p application cutanée 3 fl de 60 ml | NR | 64,64 | alcool, propylèneglycol | PIERRE FABRE DERMATOLOGIE |
| ALOPEXY 5 % sol p application cutanée fl de 60 ml | NR | 34,39 | alcool, propylèneglycol | PIERRE FABRE DERMATOLOGIE |
| **ALOSTIL 5 % sol p application cutanée fl de 60 ml** | NR | 39,64 | alcool, propylèneglycol | PFIZER SANTÉ GRAND PUBLIC |
| **ALOSTIL 5 % sol p application cutanée 3 fl de 60 ml + applicateur** | NR | 75,04 | alcool, propylèneglycol | PFIZER SANTÉ GRAND PUBLIC |
| MINOXIDIL BAILLEUL 5 % sol p application cutanée 3 fl | NR | 65,00 | alcool, propylèneglycol | BAILLEUL |
| MINOXIDIL SANDOZ 5 % sol p application cutanée 3 fl | NR | 68,16 | alcool, propylèneglycol | SANDOZ |
| **MIRTAZAPINE 15 mg cp** | | | | |
| MIRTAZAPINE TEVA 15 mg cp bte de 30 | 65 | 10,22 | lactose | TÉVA CLASSICS |
| **NORSET 15 mg cp bte de 30** | 65 | 14,84 | lactose | ORGANON SA |
| **MOCLOBEMIDE 150 mg cp séc** | | | | |
| **MOCLAMINE 150 mg cp séc bte de 30** | 65 | 7,77 | lactose | BIOCODEX |
| **MOLSIDOMINE 2 mg cp séc (TFR)** | | | | |
| **CORVASAL 2 mg cp séc bte de 30** | 65 | 4,82 | lactose | AVENTIS |
| **CORVASAL 2 mg cp séc bte de 90** | 65 | 12,38 | lactose | AVENTIS |
| MOLSIDOMINE ALTER 2 mg cp séc bte de 30 | 65 | 3,08 | lactose | GALEPHAR |

| DCI / Intitulé du produit | Remb SS | Prix | Excipients à effet notoire | Laboratoire |
|---|---|---|---|---|
| MOLSIDOMINE ALTER 2 mg cp séc bte de 90 | 65 | 7,59 | lactose | GALEPHAR |
| MOLSIDOMINE ARROW 2 mg cp séc bte de 30 | 65 | 3,08 | jaune orangé S (E 110), lactose, rouge cochenille A (E 124) | ARROW GÉNÉRIQUES |
| MOLSIDOMINE ARROW 2 mg cp séc bte de 90 | 65 | 7,59 | jaune orangé S (E 110), lactose, rouge cochenille A (E 124) | ARROW GÉNÉRIQUES |
| MOLSIDOMINE BIOGARAN 2 mg cp séc bte de 30 | 65 | 3,08 | lactose | BIOGARAN |
| MOLSIDOMINE BIOGARAN 2 mg cp séc bte de 90 | 65 | 7,59 | lactose | BIOGARAN |
| MOLSIDOMINE EG 2 mg cp séc bte de 30 | 65 | 3,08 | lactose | EG LABO |
| MOLSIDOMINE EG 2 mg cp séc bte de 90 | 65 | 7,59 | lactose | EG LABO |
| MOLSIDOMINE G GAM 2 mg cp séc bte de 30 | 65 | 3,08 | lactose | G GAM |
| MOLSIDOMINE G GAM 2 mg cp séc bte de 90 | 65 | 7,59 | lactose | G GAM |
| MOLSIDOMINE IVAX 2 mg cp séc bte de 30 | 65 | 3,08 | lactose | IVAX SAS |
| MOLSIDOMINE IVAX 2 mg cp séc bte de 90 | 65 | 7,59 | lactose | IVAX SAS |
| MOLSIDOMINE MERCK 2 mg cp séc bte de 30 | 65 | 3,08 | jaune orangé S (E 110), lactose, rouge cochenille A (E 124) | MERCK GÉNÉRIQUES |
| MOLSIDOMINE MERCK 2 mg cp séc bte de 90 | 65 | 7,59 | jaune orangé S (E 110), lactose, rouge cochenille A (E 124) | MERCK GÉNÉRIQUES |
| MOLSIDOMINE QUALIMED 2 mg cp séc bte de 30 | 65 | 3,08 | jaune orangé S (E 110), lactose, rouge cochenille A (E 124) | QUALIMED |
| MOLSIDOMINE QUALIMED 2 mg cp séc bte de 90 | 65 | 7,59 | jaune orangé S (E 110), lactose, rouge cochenille A (E 124) | QUALIMED |
| MOLSIDOMINE RATIOPHARM 2 mg cp séc bte de 30 | 65 | 3,08 | lactose | RATIOPHARM |
| MOLSIDOMINE RATIOPHARM 2 mg cp séc bte de 90 | 65 | 7,59 | lactose | RATIOPHARM |
| MOLSIDOMINE RPG 2 mg cp séc bte de 30 | 65 | 3,08 | lactose | RPG |
| MOLSIDOMINE RPG 2 mg cp séc bte de 90 | 65 | 7,59 | lactose | RPG |
| MOLSIDOMINE SANDOZ 2 mg cp séc bte de 30 | 65 | 3,08 | lactose | SANDOZ |
| MOLSIDOMINE SANDOZ 2 mg cp séc bte de 90 | 65 | 7,59 | lactose | SANDOZ |
| MOLSIDOMINE TEVA 2 mg cp séc bte de 30 | 65 | 3,08 | lactose | TÉVA CLASSICS |
| MOLSIDOMINE TEVA 2 mg cp séc bte de 90 | 65 | 7,59 | lactose | TÉVA CLASSICS |
| MOLSIDOMINE WINTHROP 2 mg cp séc bte de 30 | 65 | 3,08 | lactose | WINTHROP MÉDICAMENTS |
| MOLSIDOMINE WINTHROP 2 mg cp séc bte de 90 | 65 | 7,59 | lactose | WINTHROP MÉDICAMENTS |
| MOLSIDOMINE ZYDUS 2 mg cp séc bte de 30 | 65 | 3,08 | lactose | ZYDUS FRANCE |
| MOLSIDOMINE ZYDUS 2 mg cp séc bte de 90 | 65 | 7,59 | lactose | ZYDUS FRANCE |

Voir p. 1154 : Comment utiliser ce tableau ?

| | | | | |
|---|---|---|---|---|
| **MOLSIDOMINE 4 mg cp séc (TFR)** | | | | |
| **CORVASAL 4 mg cp bte de 30** | 65 | 7,66 | lactose | AVENTIS |
| MOLSIDOMINE ALTER 4 mg cp séc bte de 30 | 65 | 4,77 | lactose | ALTER |
| MOLSIDOMINE ARROW 4 mg cp séc bte de 30 | 65 | 4,77 | lactose | ARROW GÉNÉRIQUES |
| MOLSIDOMINE ARROW 4 mg cp séc bte de 90 | 65 | 12,98 | lactose | ARROW GÉNÉRIQUES |
| MOLSIDOMINE BIOGARAN 4 mg cp bte de 30 | 65 | 4,77 | lactose | BIOGARAN |
| MOLSIDOMINE EG 4 mg cp bte de 30 | 65 | 4,77 | lactose | EG LABO |
| MOLSIDOMINE G GAM 4 mg cp séc bte de 30 | 65 | 4,77 | lactose | G GAM |
| MOLSIDOMINE G GAM 4 mg cp séc bte de 90 | 65 | 12,98 | lactose | G GAM |
| MOLSIDOMINE IVAX 4 mg cp séc bte de 30 | 65 | 4,77 | lactose | IVAX SAS |
| MOLSIDOMINE MERCK 4 mg cp séc bte de 30 | 65 | 4,77 | lactose | MERCK GÉNÉRIQUES |
| MOLSIDOMINE QUALIMED 4 mg cp séc bte de 30 | 65 | 4,77 | lactose | QUALIMED |
| MOLSIDOMINE RATIOPHARM 4 mg cp séc bte de 30 | 65 | 4,77 | lactose | RATIOPHARM |
| MOLSIDOMINE RPG 4 mg cp bte de 90 | 65 | 12,98 | lactose | RPG |
| MOLSIDOMINE SANDOZ 4 mg cp séc bte de 30 | 65 | 4,77 | lactose | SANDOZ |
| MOLSIDOMINE TEVA 4 mg cp séc bte de 30 | 65 | 4,77 | lactose | TÉVA CLASSICS |
| MOLSIDOMINE WINTHROP 4 mg cp séc bte de 30 | 65 | 4,77 | lactose | WINTHROP MÉDICAMENTS |
| MOLSIDOMINE ZYDUS 4 mg cp séc bte de 30 | 65 | 4,77 | lactose | ZYDUS FRANCE |
| **MOXONIDINE 0,2 mg cp** | | | | |
| MOXONIDINE EG 0,2 mg cp bte de 28 | 65 | 6,66 | lactose | EG LABO |
| MOXONIDINE MERCK 0,2 mg cp bte de 28 | 65 | 6,66 | lactose | MERCK GÉNÉRIQUES |
| MOXONIDINE RATIOPHARM 0,2 mg cp bte de 28 | 65 | 6,36 | lactose | RATIOPHARM |
| **PHYSIOTENS 0,2 mg cp bte de 28** | 65 | 9,26 | lactose | SOLVAY PHARMA |
| **PHYSIOTENS 0,2 mg cp bte de 30** | 65 | 9,89 | lactose | SOLVAY PHARMA |
| **PHYSIOTENS 0,2 mg cp bte de 90** | 65 | 28,59 | lactose | SOLVAY PHARMA |
| **MOXONIDINE 0,4 mg cp** | | | | |
| MOXONIDINE EG 0,4 mg cp bte de 28 | 65 | 11,57 | lactose | EG LABO |
| MOXONIDINE MERCK 0,4 mg cp bte de 28 | 65 | 11,57 | lactose | MERCK GÉNÉRIQUES |
| MOXONIDINE RATIOPHARM 0,4 mg cp bte de 28 | 65 | 11,04 | lactose | RATIOPHARM |
| **PHYSIOTENS 0,4 mg cp bte de 28** | 65 | 16,28 | lactose | SOLVAY PHARMA |
| **PHYSIOTENS 0,4 mg cp bte de 30** | 65 | 17,39 | lactose | SOLVAY PHARMA |
| **PHYSIOTENS 0,4 mg cp bte de 90** | 65 | 48,31 | lactose | SOLVAY PHARMA |

| DCI / Intitulé du produit | Remb SS | Prix | Excipients à effet notoire | Laboratoire |
|---|---|---|---|---|
| **NAFTIDROFURYL OXALATE ACIDE 100 mg gél** | | | | |
| NAFTIDROFURYL MERCK 100 mg gél bte de 20 | 35 | 2,69 | | MERCK GÉNÉRIQUES |
| NAFTIDROFURYL QUALIMED 100 mg gél bte de 20 | 35 | 2,69 | | QUALIMED |
| **PRAXILENE 100 mg gél bte de 20** | 35 | 2,99 | | MERCK LIPHA SANTÉ SAS |
| **NAFTIDROFURYL OXALATE ACIDE 200 mg cp** | | | | |
| DI ACTANE Gé 200 mg gél bte de 20 | 35 | 3,99 | huile de ricin, saccharose | MENARINI FRANCE |
| DIACTANE 200 mg cp bte de 20 | 35 | 3,99 | lactose | MENARINI FRANCE |
| NAFTIDROFURYL BIOGARAN 200 mg cp bte de 20 | 35 | 3,99 | lactose | BIOGARAN |
| NAFTIDROFURYL BIOGARAN 200 mg cp bte de 90 | 35 | 16,19 | lactose | BIOGARAN |
| NAFTIDROFURYL MERCK 200 mg cp bte de 20 | 35 | 3,99 | lactose | MERCK GÉNÉRIQUES |
| NAFTIDROFURYL MERCK 200 mg cp bte de 90 | 35 | 16,19 | lactose | MERCK GÉNÉRIQUES |
| NAFTIDROFURYL QUALIMED 200 mg cp bte de 20 | 35 | 3,99 | lactose | QUALIMED |
| NAFTIDROFURYL QUALIMED 200 mg cp bte de 90 | 35 | 16,19 | lactose | QUALIMED |
| **PRAXILENE 200 mg cp bte de 20** | 35 | 4,44 | lactose | MERCK LIPHA SANTÉ SAS |
| **PRAXILENE 200 mg cp bte de 90** | 35 | 17,99 | lactose | MERCK LIPHA SANTÉ SAS |
| **NALOXONE CHLORHYDRATE 0,4 mg/1 ml sol inj en amp** | | | | |
| **NARCAN 0,4 mg/1 ml sol inj 10 amp de 1 ml** | NR | 54,18 | sodium | SERB |
| **NALTREXONE CHLORHYDRATE 50 mg cp séc** | | | | |
| **NALOREX 50 mg cp séc bte de 28** | 65 | 42,46 | lactose | SCHERING-PLOUGH |
| **NAPROXENE 250 mg cp** | | | | |
| **NAPROSYNE 250 mg cp bte de 12** | 65 | 1,98 | | GRÜNENTHAL |
| NAPROXENE TEVA 250 mg cp bte de 12 | 65 | 1,62 | | TÉVA CLASSICS |
| **NAPROXENE 500 mg cp** | | | | |
| **NAPROSYNE 500 mg cp bte de 15** | 65 | 5,00 | | GRÜNENTHAL |
| NAPROXENE TEVA 500 mg cp bte de 15 | 65 | 3,92 | | TÉVA CLASSICS |
| **NAPROXENE SODIQUE 275 mg cp** | | | | |
| **APRANAX 275 mg cp bte de 10** | 65 | 1,86 | | ROCHE |
| **APRANAX 275 mg cp bte de 30** | 65 | 4,36 | | ROCHE |
| NAPROXENE SODIQUE TEVA 275 mg cp bte de 10 | 65 | 1,65 | | TÉVA CLASSICS |
| NAPROXENE SODIQUE TEVA 275 mg cp bte de 30 | 65 | 3,73 | | TÉVA CLASSICS |

Voir p. 1154 : Comment utiliser ce tableau ?

| | | | | |
|---|---|---|---|---|
| **NAPROXENE SODIQUE 550 mg cp séc (TFR)** | | | | |
| **APRANAX 550 mg cp séc bte de 16** | 65 | 3,56 | jaune orangé S (E 110) | ROCHE |
| NAPROXENE SODIQUE TEVA 550 mg cp bte de 16 | 65 | 3,56 | | TÉVA CLASSICS |
| **NICERGOLINE 10 mg gél** | | | | |
| NICERGOLINE BIOGARAN 10 mg gél bte de 30 | 35 | 5,92 | lactose | BIOGARAN |
| NICERGOLINE BIOGARAN 10 mg gél bte de 90 | 35 | 12,36 | lactose | BIOGARAN |
| NICERGOLINE EG 10 mg gél bte de 30 | 35 | 5,92 | lactose | EG LABO |
| NICERGOLINE EG 10 mg gél bte de 90 | 35 | 12,36 | lactose | EG LABO |
| NICERGOLINE MERCK 10 mg gél bte de 30 | 35 | 5,92 | lactose | MERCK GÉNÉRIQUES |
| NICERGOLINE MERCK 10 mg gél bte de 90 | 35 | 12,36 | lactose | MERCK GÉNÉRIQUES |
| NICERGOLINE QUALIMED 10 mg gél bte de 30 | 35 | 5,92 | lactose | QUALIMED |
| NICERGOLINE QUALIMED 10 mg gél bte de 90 | 35 | 12,36 | lactose | QUALIMED |
| NICERGOLINE RPG 10 mg gél bte de 30 | 35 | 5,92 | lactose | RPG |
| NICERGOLINE RPG 10 mg gél bte de 90 | 35 | 12,36 | lactose | RPG |
| **SERMION 10 mg gél bte de 30** | 35 | 6,59 | lactose | AVENTIS |
| **SERMION 10 mg gél bte de 90** | 35 | 13,74 | lactose | AVENTIS |
| **NICERGOLINE 5 mg gél** | | | | |
| NICERGOLINE BIOGARAN 5 mg gél bte de 30 | 35 | 3,70 | lactose | BIOGARAN |
| NICERGOLINE EG 5 mg gél bte de 30 | 35 | 3,70 | lactose | EG LABO |
| NICERGOLINE MERCK 5 mg gél bte de 30 | 35 | 3,70 | lactose | MERCK GÉNÉRIQUES |
| NICERGOLINE QUALIMED 5 mg gél bte de 30 | 35 | 3,70 | lactose | QUALIMED |
| NICERGOLINE RPG 5 mg gél bte de 30 | 35 | 3,70 | lactose | RPG |
| **SERMION 5 mg gél bte de 30** | 35 | 4,12 | lactose | AVENTIS |
| **NICORANDIL 10 mg cp séc** | | | | |
| **ADANCOR 10 mg cp séc bte de 30** | 65 | 8,17 | | MERCK LIPHA SANTÉ SAS |
| **IKOREL 10 mg cp séc bte de 30** | 65 | 8,17 | | AVENTIS |
| **NICORANDIL 20 mg cp** | | | | |
| **ADANCOR 20 mg cp bte de 30** | 65 | 15,07 | | MERCK LIPHA SANTÉ SAS |
| **IKOREL 20 mg cp bte de 30** | 65 | 15,07 | | AVENTIS |
| **NIFEDIPINE 10 mg caps (TFR)** | | | | |
| **ADALATE 10 mg caps bte de 30** | 65 | 2,80 | jaune orangé S (E 110) | BAYER PHARMA |
| **ADALATE 10 mg caps bte de 90** | 65 | 6,56 | jaune orangé S (E 110) | BAYER PHARMA |

| DCI / Intitulé du produit | Remb SS | Prix | Excipients à effet notoire | Laboratoire |
|---|---|---|---|---|
| NIFEDIPINE G GAM 10 mg caps bte de 30 | 65 | 2,80 | | G GAM |
| NIFEDIPINE G GAM 10 mg caps bte de 90 | 65 | 6,56 | | G GAM |
| **NIFEDIPINE 30 mg cp osmotique LP** | | | | |
| **CHRONADALATE LP 30 mg cp osmotique bte de 90** | 65 | 44,86 | sodium | BAYER PHARMA |
| **CHRONADALATE LP 30 mg cp osmotique bte de 30** | 65 | 16,04 | sodium | BAYER PHARMA |
| NIFEDIPINE ARROW LP 30 mg cp bte de 30 | 65 | 12,28 | lactose | ARROW GÉNÉRIQUES |
| NIFEDIPINE MERCK LP 30 mg cp bte de 30 | 65 | 12,28 | lactose | MERCK GÉNÉRIQUES |
| **NIFEDIPINE LP 20 mg cp (TFR)** | | | | |
| **ADALATE LP 20 mg cp bte de 30** | 65 | 4,76 | lactose | BAYER PHARMA |
| **ADALATE LP 20 mg cp bte de 180** | 65 | 25,86 | lactose | BAYER PHARMA |
| **ADALATE LP 20 mg cp bte de 60** | 65 | 8,99 | lactose | BAYER PHARMA |
| NIFEDIPINE MERCK LP 20 mg cp bte de 30 | 65 | 4,76 | | MERCK GÉNÉRIQUES |
| NIFEDIPINE RATIOPHARM LP 20 mg cp bte de 30 | 65 | 4,76 | | RATIOPHARM |
| NIFEDIPINE RATIOPHARM LP 20 mg cp bte de 60 | 65 | 8,99 | | RATIOPHARM |
| NIFEDIPINE RPG LP 20 mg cp bte de 30 | 65 | 4,76 | | RPG |
| NIFEDIPINE RPG LP 20 mg cp bte de 60 | 65 | 8,99 | | RPG |
| NIFEDIPINE TEVA LP 20 mg cp bte de 30 | 65 | 4,76 | lactose | TÉVA CLASSICS |
| **NIFUROXAZIDE 200 mg gél** | | | | |
| **ERCEFURYL 200 mg gél bte de 28** | 15 | 3,76 | saccharose | SANOFI-AVENTIS OTC |
| LUMIFUREX Gé 200 mg gél bte de 28 | 15 | 3,38 | saccharose | WINTHROP MÉDICAMENTS |
| NIFUROXAZIDE ARROW 200 mg gél bte de 28 | 15 | 3,38 | saccharose | ARROW GÉNÉRIQUES |
| NIFUROXAZIDE BIOGARAN 200 mg gél bte de 28 | 15 | 3,38 | saccharose | BIOGARAN |
| NIFUROXAZIDE EG 200 mg gél bte de 28 | 15 | 3,38 | lactose | EG LABO |
| NIFUROXAZIDE G GAM 200 mg gél bte de 28 | 15 | 3,38 | saccharose | G GAM |
| NIFUROXAZIDE IVAX 200 mg gél bte de 28 | 15 | 3,30 | lactose | IVAX SAS |
| NIFUROXAZIDE MERCK 200 mg gél bte de 28 | 15 | 3,38 | saccharose | MERCK GÉNÉRIQUES |
| NIFUROXAZIDE QUALIMED 200 mg gél bte de 28 | 15 | 3,38 | saccharose | QUALIMED |
| NIFUROXAZIDE RATIOPHARM 200 mg gél bte de 28 | 15 | 3,38 | saccharose | RATIOPHARM |
| NIFUROXAZIDE RPG 200 mg gél bte de 28 | 15 | 3,38 | saccharose | RPG |
| NIFUROXAZIDE SANDOZ 200 mg gél bte de 28 | 15 | 3,38 | saccharose | SANDOZ |

Voir p. 1154 : Comment utiliser ce tableau ?

| | | | | |
|---|---|---|---|---|
| NIFUROXAZIDE TEVA 200 mg gél bte de 28 | 15 | 3,38 | saccharose | TÉVA CLASSICS |
| NIFUROXAZIDE WINTHROP 200 mg gél bte de 28 | 15 | 3,38 | saccharose | WINTHROP MÉDICAMENTS |
| NIFUROXAZIDE ZYDUS 200 mg gél bte de 28 | 15 | 3,38 | saccharose | ZYDUS FRANCE |
| PANFUREX Gé 200 mg gél bte de 28 | 15 | 3,38 | lactose | BOUCHARA-RECORDATI |
| **NIFUROXAZIDE 4 % susp buv** | | | | |
| NIFUROXAZIDE ARROW 4 % susp buv fl de 90 ml avec cuillère-mesure | 15 | 2,83 | éthanol, saccharose, sodium | ARROW GÉNÉRIQUES |
| NIFUROXAZIDE EG 4 % susp buv fl de 90 ml | 15 | 2,83 | éthanol, saccharose, sodium | EG LABO |
| NIFUROXAZIDE G GAM 4 % susp buv fl de 90 ml | 15 | 2,83 | éthanol, saccharose, sodium | G GAM |
| NIFUROXAZIDE MERCK 4 % susp buv fl de 90 ml avec cuillère-mesure | 15 | 2,83 | éthanol, saccharose, sodium | MERCK GÉNÉRIQUES |
| NIFUROXAZIDE QUALIMED 4 % susp buv fl de 90 ml | 15 | 2,83 | éthanol, saccharose, sodium | QUALIMED |
| NIFUROXAZIDE RATIOPHARM 4 % susp buv fl de 90 ml | 15 | 2,83 | éthanol, saccharose, sodium | RATIOPHARM |
| NIFUROXAZIDE RPG 4 % susp buv fl de 90 ml | 15 | 2,83 | éthanol, saccharose, sodium | RPG |
| NIFUROXAZIDE TEVA 4 % susp buv fl de 90 ml | 15 | 2,83 | éthanol, saccharose, sodium | TÉVA CLASSICS |
| NIFUROXAZIDE ZYDUS 4 % susp buv fl de 90 ml | 15 | 2,83 | éthanol, saccharose, sodium | ZYDUS FRANCE |
| PANFUREX Gé 4 % susp buv fl de 90 ml | 15 | 2,83 | sodium | BOUCHARA-RECORDATI |
| **NITRENDIPINE 10 mg cp** | | | | |
| **BAYPRESS 10 mg cp bte de 28** | 65 | 9,51 | lactose | BAYER PHARMA |
| **BAYPRESS 10 mg cp bte de 30** | 65 | 10,15 | lactose | BAYER PHARMA |
| **BAYPRESS 10 mg cp bte de 90** | 65 | 29,37 | lactose | BAYER PHARMA |
| **NIDREL 10 mg cp bte de 28** | 65 | 9,51 | lactose | SCHWARZ PHARMA |
| NITRENDIPINE MERCK 10 mg cp bte de 28 | 65 | 8,01 | lactose | MERCK GÉNÉRIQUES |
| NITRENDIPINE TEVA 10 mg cp bte de 28 | 65 | 8,01 | lactose | TÉVA CLASSICS |
| **NITRENDIPINE 20 mg cp** | | | | |
| **BAYPRESS 20 mg cp bte de 28** | 65 | 16,24 | | BAYER PHARMA |
| **BAYPRESS 20 mg cp bte de 30** | 65 | 17,36 | | BAYER PHARMA |
| **BAYPRESS 20 mg cp bte de 90** | 65 | 48,23 | | BAYER PHARMA |
| **NIDREL 20 mg cp bte de 28** | 65 | 16,24 | | SCHWARZ PHARMA |
| NITRENDIPINE MERCK 20 mg cp séc bte de 28 | 65 | 13,61 | lactose | MERCK GÉNÉRIQUES |
| NITRENDIPINE TEVA 20 mg cp bte de 28 | 65 | 13,61 | | TÉVA CLASSICS |
| **NOMEGESTROL ACETATE 5 mg cp séc** | | | | |
| **LUTENYL 5 mg cp séc bte de 10** | 65 | 5,90 | lactose | THÉRAMEX |

| DCI / Intitulé du produit | Remb SS | Prix | Excipients à effet notoire | Laboratoire |
|---|---|---|---|---|
| **NORFLOXACINE 400 mg cp** | | | | |
| NORFLOXACINE ARROW 400 mg cp bte de 10 | 65 | 4,81 | jaune orangé S (E 110) | ARROW GÉNÉRIQUES |
| NORFLOXACINE BIOGARAN 400 mg cp bte de 10 | 65 | 4,81 | | BIOGARAN |
| NORFLOXACINE EG 400 mg cp bte de 10 | 65 | 4,81 | jaune orangé S (E 110) | EG LABO |
| NORFLOXACINE IVAX 400 mg cp bte de 10 | 65 | 4,81 | jaune orangé S (E 110) | IVAX SAS |
| NORFLOXACINE MERCK 400 mg cp bte de 10 | 65 | 4,81 | jaune orangé S (E 110) | MERCK GÉNÉRIQUES |
| NORFLOXACINE QUALIMED 400 mg cp bte de 10 | 65 | 4,81 | jaune orangé S (E 110) | QUALIMED |
| NORFLOXACINE RATIOPHARM 400 mg cp bte de 10 | 65 | 4,81 | | RATIOPHARM |
| NORFLOXACINE TEVA 400 mg cp bte de 10 | 65 | 4,81 | jaune orangé S (E 110) | TÉVA CLASSICS |
| NORFLOXACINE WINTHROP 400 mg cp bte de 10 | 65 | 4,81 | jaune orangé S (E 110) | WINTHROP MÉDICAMENTS |
| **NOROXINE 400 mg cp bte de 10** | 65 | 6,31 | | MERCK SHARP ET DOHME-CHIBRET |
| **OFLOXACINE 200 mg cp (TFR)** | | | | |
| **OFLOCET 200 mg cp séc bte de 10** | 65 | 11,79 | lactose | SANOFI-AVENTIS FRANCE |
| OFLOXACINE ARROW 200 mg cp séc bte de 10 | 65 | 11,79 | lactose, sodium | ARROW GÉNÉRIQUES |
| OFLOXACINE BIOGARAN 200 mg cp séc bte de 10 | 65 | 11,79 | lactose | BIOGARAN |
| OFLOXACINE EG 200 mg cp séc bte de 10 | 65 | 11,79 | lactose, sodium | EG LABO |
| OFLOXACINE G GAM 200 mg cp séc bte de 10 | 65 | 11,79 | lactose | G GAM |
| OFLOXACINE IVAX 200 mg cp séc bte de 10 | 65 | 13,77 | lactose, sodium | IVAX SAS |
| OFLOXACINE MERCK 200 mg cp séc bte de 10 | 65 | 11,79 | lactose, sodium | MERCK GÉNÉRIQUES |
| OFLOXACINE QUALIMED 200 mg cp séc bte de 10 | 65 | 11,79 | lactose, sodium | QUALIMED |
| OFLOXACINE RANBAXY 200 mg cp séc bte de 10 | 65 | 11,79 | lactose | RPG |
| OFLOXACINE RATIOPHARM 200 mg cp séc bte de 10 | 65 | 11,79 | lactose, sodium | RATIOPHARM |
| OFLOXACINE RPG 200 mg cp séc bte de 10 | 65 | 11,79 | lactose, sodium | RPG |
| OFLOXACINE SANDOZ 200 mg cp séc bte de 10 | 65 | 11,79 | lactose, sodium | SANDOZ |
| OFLOXACINE TEVA 200 mg cp séc bte de 10 | 65 | 11,79 | lactose, sodium | TÉVA CLASSICS |
| OFLOXACINE WINTHROP 200 mg cp séc bte de 10 | 65 | 11,79 | lactose | WINTHROP MÉDICAMENTS |
| **MONOFLOCET 200 mg cp bte de 2** | 65 | 10,21 | lactose | AVENTIS |
| **OMEPRAZOLE 10 mg gél gastro-résistante** | | | | |
| **MOPRAL 10 mg gél gastro-résistante bte de 14** | 65 | 11,56 | lactose | ASTRAZENECA |
| **MOPRAL 10 mg gél gastro-résistante bte de 28** | 65 | 22,60 | lactose | ASTRAZENECA |
| OMEPRAZOLE ALMUS 10 mg gél gastro-résistante bte de 14 | 65 | 8,00 | saccharose | ALMUS FRANCE |

Voir p. 1154 : Comment utiliser ce tableau ?

| | | | | |
|---|---|---|---|---|
| OMEPRAZOLE ALMUS 10 mg gél gastro-résistante bte de 28 | 65 | 15,46 | saccharose | ALMUS FRANCE |
| OMEPRAZOLE ALTER 10 mg gél gastro-résistante fl de 14 | 65 | 8,00 | saccharose | ALTER |
| OMEPRAZOLE ALTER 10 mg gél gastro-résistante fl de 28 | 65 | 15,46 | saccharose | ALTER |
| OMEPRAZOLE ARROW GENERIQUES 10 mg gél gastro-résistante bte de 14 | 65 | 8,00 | saccharose | ARROW GÉNÉRIQUES |
| OMEPRAZOLE ARROW GENERIQUES 10 mg gél gastro-résistante bte de 28 | 65 | 15,46 | saccharose | ARROW GÉNÉRIQUES |
| OMEPRAZOLE BIOGARAN 10 mg gél gastro-résistante bte de 14 | 65 | 8,00 | saccharose | BIOGARAN |
| OMEPRAZOLE BIOGARAN 10 mg gél gastro-résistante bte de 28 | 65 | 15,46 | saccharose | BIOGARAN |
| OMEPRAZOLE BOUCHARA RECORDATI 10 mg gél gastro-résistante fl de 14 | 65 | 8,00 | saccharose | BOUCHARA-RECORDATI |
| OMEPRAZOLE BOUCHARA RECORDATI 10 mg gél gastro-résistante fl de 28 | 65 | 15,46 | saccharose | BOUCHARA-RECORDATI |
| OMEPRAZOLE EG 10 mg gél gastro-résistante bte de 14 | 65 | 8,00 | saccharose | EG LABO |
| OMEPRAZOLE EG 10 mg gél gastro-résistante bte de 28 | 65 | 15,46 | saccharose | EG LABO |
| OMEPRAZOLE G GAM 10 mg gél gastro-résistante fl de 28 | 65 | 15,46 | saccharose | G GAM |
| OMEPRAZOLE IVAX 10 mg gél gastro-résistante fl de 14 | 65 | 8,00 | saccharose | IVAX SAS |
| OMEPRAZOLE IVAX 10 mg gél gastro-résistante fl de 28 | 65 | 15,46 | saccharose | IVAX SAS |
| OMEPRAZOLE MERCK 10 mg gél gastro-résistante fl de 14 | 65 | 8,00 | saccharose | MERCK GÉNÉRIQUES |
| OMEPRAZOLE MERCK 10 mg gél gastro-résistante fl de 28 | 65 | 15,46 | saccharose | MERCK GÉNÉRIQUES |
| OMEPRAZOLE QUALIMED 10 mg gél gastro-résistante fl de 14 | 65 | 8,00 | saccharose | QUALIMED |
| OMEPRAZOLE QUALIMED 10 mg gél gastro-résistante fl de 28 | 65 | 15,46 | saccharose | QUALIMED |
| OMEPRAZOLE RATIOPHARM 10 mg gél gastro-résistante fl de 14 | 65 | 8,00 | saccharose | RATIOPHARM |
| OMEPRAZOLE RATIOPHARM 10 mg gél gastro-résistante fl de 28 | 65 | 15,46 | saccharose | RATIOPHARM |
| OMEPRAZOLE RPG 10 mg gél gastro-résistante fl de 14 | 65 | 8,00 | saccharose | RPG |
| OMEPRAZOLE RPG 10 mg gél gastro-résistante fl de 28 | 65 | 15,46 | saccharose | RPG |
| OMEPRAZOLE SANDOZ 10 mg gél gastro-résistante fl de 14 | 65 | 8,00 | saccharose | SANDOZ |
| OMEPRAZOLE SANDOZ 10 mg gél gastro-résistante fl de 28 | 65 | 15,46 | saccharose | SANDOZ |
| OMEPRAZOLE TEVA 10 mg gél gastro-résistante bte de 14 | 65 | 8,00 | saccharose | TÉVA CLASSICS |
| OMEPRAZOLE TEVA 10 mg gél gastro-résistante bte de 28 | 65 | 15,46 | saccharose | TÉVA CLASSICS |
| OMEPRAZOLE WINTHROP 10 mg gél gastro-résistante bte de 14 | 65 | 8,00 | saccharose | WINTHROP MÉDICAMENTS |
| OMEPRAZOLE WINTHROP 10 mg gél gastro-résistante bte de 28 | 65 | 15,46 | saccharose | WINTHROP MÉDICAMENTS |
| OMEPRAZOLE ZYDUS 10 mg gél gastro-résistante fl de 14 | 65 | 8,00 | saccharose | ZYDUS FRANCE |
| OMEPRAZOLE ZYDUS 10 mg gél gastro-résistante fl de 28 | 65 | 15,46 | saccharose | ZYDUS FRANCE |
| **ZOLTUM 10 mg gél gastro-résistante bte de 14** | 65 | 11,56 | lactose | ASTRAZENECA |
| **ZOLTUM 10 mg gél gastro-résistante bte de 28** | 65 | 22,60 | lactose | ASTRAZENECA |

| DCI / Intitulé du produit | Remb SS | Prix | Excipients à effet notoire | Laboratoire |
|---|---|---|---|---|
| **OMEPRAZOLE 20 mg gél gastro-résistante** | | | | |
| **MOPRAL 20 mg gél gastro-résistante bte de 14** | 65 | 22,03 | lactose | ASTRAZENECA |
| **MOPRAL 20 mg gél gastro-résistante bte de 28** | 65 | 41,85 | lactose | ASTRAZENECA |
| **MOPRAL 20 mg gél gastro-résistante bte de 7** | 65 | 11,29 | lactose | ASTRAZENECA |
| OMEPRAZOLE ALMUS 20 mg gél gastro-résistante bte de 14 | 65 | 13,17 | saccharose | ALMUS FRANCE |
| OMEPRAZOLE ALMUS 20 mg gél gastro-résistante bte de 28 | 65 | 24,47 | saccharose | ALMUS FRANCE |
| OMEPRAZOLE ALMUS 20 mg gél gastro-résistante bte de 7 | 65 | 6,85 | saccharose | ALMUS FRANCE |
| OMEPRAZOLE ALTER 20 mg gél gastro-résistante fl de 14 | 65 | 13,17 | saccharose | ALTER |
| OMEPRAZOLE ALTER 20 mg gél gastro-résistante fl de 28 | 65 | 24,47 | saccharose | ALTER |
| OMEPRAZOLE ALTER 20 mg gél gastro-résistante fl de 7 | 65 | 6,85 | saccharose | ALTER |
| OMEPRAZOLE ARROW GENERIQUES 20 mg gél gastro-résistante bte de 14 | 65 | 13,17 | saccharose | ARROW GÉNÉRIQUES |
| OMEPRAZOLE ARROW GENERIQUES 20 mg gél gastro-résistante bte de 28 | 65 | 24,47 | saccharose | ARROW GÉNÉRIQUES |
| OMEPRAZOLE ARROW GENERIQUES 20 mg gél gastro-résistante bte de 7 | 65 | 6,85 | saccharose | ARROW GÉNÉRIQUES |
| OMEPRAZOLE BIOGARAN 20 mg gél gastro-résistante bte de 14 | 65 | 13,17 | saccharose | BIOGARAN |
| OMEPRAZOLE BIOGARAN 20 mg gél gastro-résistante bte de 28 | 65 | 24,47 | saccharose | BIOGARAN |
| OMEPRAZOLE BIOGARAN 20 mg gél gastro-résistante bte de 7 | 65 | 6,85 | saccharose | BIOGARAN |
| OMEPRAZOLE BOUCHARA-RECORDATI 20 mg gél gastro-résistante bte de 14 | 65 | 13,17 | saccharose | BOUCHARA-RECORDATI |
| OMEPRAZOLE BOUCHARA-RECORDATI 20 mg gél gastro-résistante bte de 28 | 65 | 24,47 | saccharose | BOUCHARA-RECORDATI |
| OMEPRAZOLE BOUCHARA-RECORDATI 20 mg gél gastro-résistante bte de 7 | 65 | 6,85 | saccharose | BOUCHARA-RECORDATI |
| OMEPRAZOLE EG 20 mg gél gastro-résistante bte de 14 | 65 | 13,17 | saccharose | EG LABO |
| OMEPRAZOLE EG 20 mg gél gastro-résistante bte de 28 | 65 | 24,47 | saccharose | EG LABO |
| OMEPRAZOLE EG 20 mg gél gastro-résistante bte de 7 | 65 | 6,85 | saccharose | EG LABO |
| OMEPRAZOLE G GAM 20 mg gél gastro-résistante B 28 | 65 | 24,47 | saccharose | G GAM |
| OMEPRAZOLE IREX 20 mg gél gastro-résistante bte de 7 | NR | 6,85 | saccharose | IREX |
| OMEPRAZOLE IVAX 20 mg gél gastro-résistante bte de 14 | 65 | 13,17 | saccharose | IVAX SAS |
| OMEPRAZOLE IVAX 20 mg gél gastro-résistante bte de 28 | 65 | 24,47 | saccharose | IVAX SAS |
| OMEPRAZOLE IVAX 20 mg gél gastro-résistante bte de 7 | 65 | 6,85 | saccharose | IVAX SAS |
| OMEPRAZOLE MERCK 20 mg gél gastro-résistante bte de 14 | 65 | 13,17 | saccharose | MERCK GÉNÉRIQUES |
| OMEPRAZOLE MERCK 20 mg gél gastro-résistante bte de 28 | 65 | 24,47 | saccharose | MERCK GÉNÉRIQUES |
| OMEPRAZOLE MERCK 20 mg gél gastro-résistante bte de 7 | 65 | 6,85 | saccharose | MERCK GÉNÉRIQUES |
| OMEPRAZOLE QUALIMED 20 mg gél gastro-résistante bte de 14 | 65 | 13,17 | saccharose | QUALIMED |

Voir p. 1154 : Comment utiliser ce tableau ?

| | | | | |
|---|---|---|---|---|
| OMEPRAZOLE QUALIMED 20 mg gél gastro-résistante bte de 28 | 65 | 24,47 | saccharose | QUALIMED |
| OMEPRAZOLE QUALIMED 20 mg gél gastro-résistante bte de 7 | 65 | 6,85 | saccharose | QUALIMED |
| OMEPRAZOLE RATIO 20 mg gél gastro-résistante bte de 14 | 65 | 13,17 | saccharose | RATIOPHARM |
| OMEPRAZOLE RATIO 20 mg gél gastro-résistante bte de 28 | 65 | 24,47 | saccharose | RATIOPHARM |
| OMEPRAZOLE RATIO 20 mg gél gastro-résistante bte de 7 | 65 | 6,85 | saccharose | RATIOPHARM |
| OMEPRAZOLE RPG 20 mg gél gastro-résistante bte de 14 | 65 | 13,17 | saccharose | RPG |
| OMEPRAZOLE RPG 20 mg gél gastro-résistante bte de 28 | 65 | 24,47 | saccharose | RPG |
| OMEPRAZOLE RPG 20 mg gél gastro-résistante bte de 7 | 65 | 6,85 | saccharose | RPG |
| OMEPRAZOLE SANDOZ 20 mg gél gastro-résistante bte de 14 | 65 | 13,17 | saccharose | SANDOZ |
| OMEPRAZOLE SANDOZ 20 mg gél gastro-résistante bte de 28 | 65 | 24,47 | saccharose | SANDOZ |
| OMEPRAZOLE SANDOZ 20 mg gél gastro-résistante bte de 7 | 65 | 6,85 | saccharose | SANDOZ |
| OMEPRAZOLE TEVA 20 mg gél gastro-résistante bte de 14 | 65 | 13,17 | saccharose | TÉVA CLASSICS |
| OMEPRAZOLE TEVA 20 mg gél gastro-résistante bte de 28 | 65 | 24,47 | saccharose | TÉVA CLASSICS |
| OMEPRAZOLE TEVA 20 mg gél gastro-résistante bte de 7 | 65 | 6,85 | saccharose | TÉVA CLASSICS |
| OMEPRAZOLE WINTHROP 20 mg gél gastro-résistante bte de 14 | 65 | 13,17 | saccharose | WINTHROP MÉDICAMENTS |
| OMEPRAZOLE WINTHROP 20 mg gél gastro-résistante bte de 28 | 65 | 24,47 | saccharose | WINTHROP MÉDICAMENTS |
| OMEPRAZOLE WINTHROP 20 mg gél gastro-résistante bte de 7 | 65 | 6,85 | saccharose | WINTHROP MÉDICAMENTS |
| OMEPRAZOLE ZYDUS 20 mg gél gastro-résistante bte de 14 | 65 | 13,17 | saccharose | ZYDUS FRANCE |
| OMEPRAZOLE ZYDUS 20 mg gél gastro-résistante bte de 28 | 65 | 24,47 | saccharose | ZYDUS FRANCE |
| OMEPRAZOLE ZYDUS 20 mg gél gastro-résistante bte de 7 | 65 | 6,85 | saccharose | ZYDUS FRANCE |
| **ZOLTUM 20 mg gél gastro-résistante bte de 14** | 65 | 22,03 | lactose | ASTRAZENECA |
| **ZOLTUM 20 mg gél gastro-résistante bte de 28** | 65 | 41,85 | lactose | ASTRAZENECA |
| **ZOLTUM 20 mg gél gastro-résistante bte de 7** | 65 | 11,29 | lactose | ASTRAZENECA |
| **ONDANSETRON CHLORHYDRATE DIHYDRATE 2 mg/ml amp inj** | | | | |
| **ZOPHREN 2 mg/ml sol inj IV 1 amp de 2 ml** | 65 | 10,41 | sodium | GLAXOSMITHKLINE |
| **ZOPHREN 2 mg/ml sol inj IV 1 amp de 4ml** | 65 | 19,73 | sodium | GLAXOSMITHKLINE |
| **ONDANSETRON CHLORHYDRATE DIHYDRATE 4 mg cp** | | | | |
| **ZOPHREN 4 mg cp bte de 2** | 65 | 10,82 | lactose | GLAXOSMITHKLINE |
| **ZOPHREN 4 mg cp bte de 4** | 65 | 21,08 | lactose | GLAXOSMITHKLINE |
| **ONDANSETRON CHLORHYDRATE DIHYDRATE 8 mg cp** | | | | |
| **ZOPHREN 8 mg cp bte de 2** | 65 | 19,49 | lactose | GLAXOSMITHKLINE |
| **ZOPHREN 8 mg cp bte de 4** | 65 | 37,55 | lactose | GLAXOSMITHKLINE |

| DCI / Intitulé du produit | Remb SS | Prix | Excipients à effet notoire | Laboratoire |
|---|---|---|---|---|
| **OXYBUTYNINE CHLORHYDRATE 5 mg cp (TFR)** | | | | |
| **DITROPAN 5 mg cp séc bte de 60** | 35 | 4,93 | lactose | SANOFI-AVENTIS FRANCE |
| DRIPTANE Gé 5 mg cp séc bte de 60 | 35 | 4,93 | lactose | SOLVAY PHARMA |
| OXYBUTYNINE BIOGARAN 5 mg cp séc bte de 60 | 35 | 4,93 | lactose | BIOGARAN |
| OXYBUTYNINE EG 5 mg cp séc bte de 60 | 35 | 4,93 | lactose | EG LABO |
| OXYBUTYNINE G GAM 5 mg cp séc bte de 60 | 35 | 4,93 | lactose | SANDOZ |
| OXYBUTYNINE MERCK 5 mg cp séc bte de 60 | 35 | 4,93 | lactose | MERCK GÉNÉRIQUES |
| OXYBUTYNINE RATIOPHARM 5 mg cp séc bte de 60 | 35 | 4,93 | lactose | RATIOPHARM |
| ZATUR Gé 5 mg cp séc bte de 60 | 35 | 4,93 | lactose | CCD |
| **PAROXETINE CHLORHYDRATE 20 mg cp séc** | | | | |
| **DEROXAT 20 mg cp séc bte de 14** | 65 | 10,92 | | GLAXOSMITHKLINE |
| PAROXETINE ARROW 20 mg cp séc bte de 14 | 65 | 7,56 | lécithine de soja | ARROW GÉNÉRIQUES |
| PAROXETINE BIOGARAN 20 mg cp séc bte de 14 | 65 | 7,56 | | BIOGARAN |
| PAROXETINE EG 20 mg cp séc bte de 14 | 65 | 7,56 | | EG LABO |
| PAROXETINE IVAX 20 mg cp séc bte de 14 | 65 | 7,56 | lécithine de soja | IVAX SAS |
| PAROXETINE MERCK 20 mg cp séc bte de 14 | 65 | 7,56 | | MERCK GÉNÉRIQUES |
| PAROXETINE QUALIMED 20 mg cp séc bte de 14 | 65 | 7,56 | | QUALIMED |
| PAROXETINE QUALIMED 20 mg cp séc bte de 14 | 65 | 7,56 | | QUALIMED |
| PAROXETINE RATIOPHARM 20 mg cp séc bte de 14 | 65 | 7,56 | | RATIOPHARM |
| PAROXETINE RPG 20 mg cp séc bte de 14 | 65 | 7,56 | | RPG |
| PAROXETINE TEVA 20 mg cp séc bte de 14 | 65 | 7,56 | | TÉVA CLASSICS |
| PAROXETINE WINTHROP 20 mg cp séc bte de 14 | 65 | 7,56 | lécithine de soja | WINTHROP MÉDICAMENTS |
| **PENTOXIFYLLINE LP 400 mg cp** | | | | |
| PENTOFLUX Gé LP 400 mg cp bte de 30 | 35 | 4,92 | saccharose | BOUCHARA-RECORDATI |
| PENTOXIFYLLINE BIOGARAN LP 400 mg cp bte de 30 | 35 | 4,92 | | BIOGARAN |
| PENTOXIFYLLINE EG LP 400 mg cp bte de 30 | 35 | 4,92 | | EG LABO |
| PENTOXIFYLLINE MERCK LP 400 mg cp bte de 30 | 35 | 4,92 | | MERCK GÉNÉRIQUES |
| PENTOXIFYLLINE QUALIMED LP 400 mg cp bte de 30 | 35 | 4,92 | | QUALIMED |
| PENTOXIFYLLINE RATIOPHARM LP 400 mg cp bte de 30 | 35 | 4,92 | | RATIOPHARM |
| PENTOXIFYLLINE RPG LP 400 mg cp bte de 30 | 35 | 4,92 | saccharose | RPG |
| PENTOXIFYLLINE SANDOZ 400 mg cp LP bte de 30 | 35 | 4,92 | | SANDOZ |

Voir p. 1154 : Comment utiliser ce tableau ?

| | | | | |
|---|---|---|---|---|
| PENTOXIFYLLINE TEVA LP 400 mg cp bte de 30 | 35 | 4,92 | | TÉVA CLASSICS |
| **TORENTAL LP 400 mg cp bte de 20** | 35 | 3,65 | saccharose | AVENTIS |
| **PERGOLIDE MESILATE 0,05 mg cp séc** | | | | |
| **CELANCE 0,05 mg cp séc bte de 30** | 35 | 10,54 | lactose | LILLY FRANCE |
| **PERGOLIDE MESILATE 0,25 mg cp séc** | | | | |
| **CELANCE 0,25 mg cp séc bte de 30** | 35 | 16,56 | lactose | LILLY FRANCE |
| **PERINDOPRIL TERT-BUTYLAMINE 2 mg cp** | | | | |
| **COVERSYL 2 mg cp séc bte de 30** | 65 | 19,44 | lactose | SERVIER |
| **COVERSYL 2 mg cp séc bte de 90** | 65 | 53,53 | lactose | SERVIER |
| **PERINDOPRIL TERT-BUTYLAMINE 4 mg cp séc** | | | | |
| **COVERSYL 4 mg cp séc bte de 30** | 65 | 27,45 | lactose | SERVIER |
| **COVERSYL 4 mg cp séc bte de 90** | 65 | 73,96 | lactose | SERVIER |
| **PEROXYDE DE BENZOYLE HYDRATE 2,5 % gel** | | | | |
| **CUTACNYL 2.5 % gel p application locale tube de 40 g** | 35 | 2,73 | | GALDERMA INTERNATIONAL |
| **PEROXYDE DE BENZOYLE HYDRATE 5 % gel** | | | | |
| **CUTACNYL 5 % gel p application locale tube de 40 g** | 35 | 2,81 | | GALDERMA INTERNATIONAL |
| **PHLOROGLUCINOL 80 mg lyoph orodispersible (TFR)** | | | | |
| PHLOROGLUCINOL BIOGARAN 80 mg cp bte de 10 | 35 | 2,13 | aspartam | BIOGARAN |
| PHLOROGLUCINOL EG 80 mg cp orodispersible bte de 10 | 35 | 2,13 | aspartam, lactose | EG LABO |
| PHLOROGLUCINOL G GAM 80 mg cp orodispersible bte de 10 | 35 | 2,13 | aspartam, lactose | G GAM |
| PHLOROGLUCINOL MERCK 80 mg cp orodispersible bte de 10 | 35 | 2,13 | aspartam, lactose | MERCK GÉNÉRIQUES |
| PHLOROGLUCINOL MERCK 80 mg cp orodispersible bte de 20 | NR | 4,48 | aspartam, lactose | MERCK GÉNÉRIQUES |
| PHLOROGLUCINOL QUALIMED 80 mg cp orodispersible bte de 10 | 35 | 2,13 | aspartam, lactose | QUALIMED |
| PHLOROGLUCINOL RATIOPHARM 80 mg cp orodispersible bte de 10 | 35 | 2,13 | aspartam, lactose | RATIOPHARM |
| PHLOROGLUCINOL RPG 80 mg cp orodispersible bte de 10 | 35 | 2,13 | aspartam, lactose | RPG |
| PHLOROGLUCINOL SANDOZ 80 mg cp orodispersible bte de 10 | 35 | 2,13 | aspartam, lactose | SANDOZ |
| PHLOROGLUCINOL SANDOZ CONSEIL 80 mg cp orodispersible bte de 20 | NR | 5,26 | aspartam, lactose | SANDOZ |
| PHLOROGLUCINOL TEVA 80 mg cp orodispersible bte de 10 | 35 | 2,41 | aspartam, lactose | TÉVA CLASSICS |
| **SPASFON LYOC 80 mg lyoph oral bte de 10** | 35 | 2,13 | mannitol | CEPHALON |
| SPASMOCALM 80 mg cp orodispersible bte de 20 | NR | 4,66 | aspartam, lactose | COOPÉRATION PHARMACEUTIQUE FRANÇAISE |
| SPASSIREX Gé 80 mg cp bte de 10 | 35 | 2,13 | aspartam | WINTHROP MÉDICAMENTS |

| DCI / Intitulé du produit | Remb SS | Prix | Excipients à effet notoire | Laboratoire |
|---|---|---|---|---|
| **PINAVERIUM BROMURE 100 mg cp** | | | | |
| **DICETEL 100 mg cp bte de 30** | 35 | 9,12 | jaune orangé S (E 110), lactose | SOLVAY PHARMA |
| PINAVERIUM ARROW 100 mg cp bte de 30 | 35 | 6,27 | | ARROW GÉNÉRIQUES |
| PINAVERIUM BIOGARAN 100 mg cp bte de 30 | 35 | 6,27 | | BIOGARAN |
| PINAVERIUM EG 100 mg cp bte de 30 | 35 | 6,27 | | EG LABO |
| PINAVERIUM MERCK 100 mg cp bte de 30 | 35 | 6,27 | | MERCK GÉNÉRIQUES |
| PINAVERIUM QUALIMED 100 mg cp bte de 30 | 35 | 6,27 | | QUALIMED |
| PINAVERIUM RANBAXY 100 mg cp bte de 30 | 35 | 6,27 | | RPG |
| PINAVERIUM RATIOPHARM 100 mg cp bte de 30 | 35 | 6,27 | | RATIOPHARM |
| PINAVERIUM SANDOZ 100 mg cp bte de 30 | 35 | 6,27 | | SANDOZ |
| **PINAVERIUM BROMURE 50 mg cp** | | | | |
| **DICETEL 50 mg cp bte de 20** | 35 | 4,29 | jaune orangé S (E 110), lactose | SOLVAY PHARMA |
| **PIRACETAM 20 % sol buv** | | | | |
| **NOOTROPYL 20 % sol buv fl de 125 ml** | 35 | 4,09 | sorbitol | UCB PHARMA |
| PIRACETAM ARROW 20 % sol buv fl de 125 ml avec seringue | 35 | 3,68 | glucose, glycérol, sodium, sorbitol | ARROW GÉNÉRIQUES |
| PIRACETAM IVAX 20 % sol buv fl de 125 ml + pipette doseuse | 35 | 3,68 | alcool, glucose, glycérol, sodium, sorbitol | IVAX SAS |
| PIRACETAM MERCK 20 % sol buv fl de 125 ml avec seringue | 35 | 3,68 | glucose, glycérol, sodium, sorbitol | MERCK GÉNÉRIQUES |
| PIRACETAM QUALIMED 20 % sol buv fl de 125 ml avec seringue | 35 | 3,68 | glucose, glycérol, sodium, sorbitol | QUALIMED |
| PIRACETAM SANDOZ 20 % sol buv fl de 125 ml | 35 | 3,68 | glucose, glycérol, sodium, sorbitol | SANDOZ |
| **PIRACETAM 400 mg gél** | | | | |
| PIRACETAM BIOGARAN 400 mg cp bte de 90 | 35 | 5,16 | | BIOGARAN |
| PIRACETAM MERCK 400 mg cp bte de 60 | 35 | 3,62 | | MERCK GÉNÉRIQUES |
| PIRACETAM QUALIMED 400 mg cp bte de 60 | 35 | 3,62 | | QUALIMED |
| **PIRACETAM 800 mg cp** | | | | |
| **NOOTROPYL 800 mg cp bte de 45** | 35 | 7,37 | | UCB PHARMA |
| PIRACETAM ARROW 800 mg cp bte de 45 | 35 | 6,62 | | ARROW GÉNÉRIQUES |
| PIRACETAM BIOGARAN 800 mg cp séc bte de 45 | 35 | 6,62 | | BIOGARAN |

Voir p. 1154 : Comment utiliser ce tableau ?

| | | | | |
|---|---|---|---|---|
| PIRACETAM EG 800 mg cp bte de 45 | 35 | 6,62 | | EG LABO |
| PIRACETAM G GAM 800 mg cp séc bte de 45 | 35 | 6,62 | | G GAM |
| PIRACETAM GNR 800 mg cp bte de 45 | 35 | 6,62 | | SANDOZ |
| PIRACETAM IVAX 800 mg cp bte de 45 | 35 | 6,62 | | IVAX SAS |
| PIRACETAM MERCK 800 mg cp bte de 45 | 35 | 6,62 | | MERCK GÉNÉRIQUES |
| PIRACETAM QUALIMED 800 mg cp bte de 45 | 35 | 6,62 | | QUALIMED |
| PIRACETAM RATIOPHARM 800 mg cp séc bte de 45 | 35 | 6,62 | | RATIOPHARM |
| PIRACETAM RPG 800 mg cp séc bte de 45 | 35 | 6,62 | | RPG |
| PIRACETAM SANDOZ 800 mg cp bte de 45 | 35 | 6,62 | | SANDOZ |
| PIRACETAM TEVA 800 mg cp séc bte de 45 | 35 | 6,62 | | TÉVA CLASSICS |
| PIRACETAM ZYDUS 800 mg cp séc bte de 45 | 35 | 6,62 | | ZYDUS FRANCE |
| **PIROXICAM 10 mg gél (TFR)** | | | | |
| **FELDENE 10 mg gél bte de 30** | 65 | 3,67 | lactose, métabisulfite de sodium | PFIZER |
| PIROXICAM BIOGARAN 10 mg gél bte de 30 | 65 | 3,67 | lactose | BIOGARAN |
| PIROXICAM G GAM 10 mg cp bte de 30 | 65 | 3,67 | lactose | G GAM |
| PIROXICAM IREX 10 mg gél bte de 30 | NR | 3,67 | | WINTHROP MÉDICAMENTS |
| PIROXICAM IVAX 10 mg gél bte de 30 | 65 | 3,67 | lactose | IVAX SAS |
| PIROXICAM MERCK 10 mg gél bte de 30 | 65 | 3,67 | | MERCK GÉNÉRIQUES |
| PIROXICAM RPG 10 mg gél bte de 30 | 65 | 3,67 | lactose | RPG |
| PIROXICAM TEVA 10 mg gél bte de 30 | 65 | 3,67 | lactose | TÉVA CLASSICS |
| PIROXICAM WINTHROP 10 mg gél fl de 30 | 65 | 3,67 | | WINTHROP MÉDICAMENTS |
| **PIROXICAM 20 mg cp dispersible (TFR)** | | | | |
| **FELDENE DISPERSIBLE 20 mg cp dispersible séc bte de 15** | 65 | 3,98 | lactose | PFIZER |
| PIROXICAM MERCK 20 mg cp dispersible séc bte de 15 | 65 | 3,98 | lactose | MERCK GÉNÉRIQUES |
| **PIROXICAM 20 mg gél (TFR)** | | | | |
| **FELDENE 20 mg gél bte de 15** | 65 | 3,98 | lactose, métabisulfite de sodium | PFIZER |
| PIROXICAM BIOGARAN 20 mg gél bte de 15 | 65 | 3,98 | lactose | BIOGARAN |
| PIROXICAM EG 20 mg gél bte de 15 | 65 | 3,98 | lactose | EG LABO |
| PIROXICAM G GAM 20 mg cp séc bte de 15 | 65 | 3,98 | lactose | G GAM |
| PIROXICAM IVAX 20 mg gél bte de 15 | 65 | 3,98 | lactose | IVAX SAS |
| PIROXICAM MERCK 20 mg gél bte de 15 | 65 | 3,98 | | MERCK GÉNÉRIQUES |

| DCI / Intitulé du produit | Remb SS | Prix | Excipients à effet notoire | Laboratoire |
|---|---|---|---|---|
| PIROXICAM RATIOPHARM 20 mg gél bte de 15 | 65 | 3,98 | lactose | RATIOPHARM |
| PIROXICAM RPG 20 mg gél bte de 15 | 65 | 3,98 | lactose | RPG |
| PIROXICAM SANDOZ 20 mg gél bte de 15 | 65 | 3,98 | lactose | SANDOZ |
| PIROXICAM TEVA 20 mg gél bte de 15 | 65 | 3,98 | lactose | TÉVA CLASSICS |
| PIROXICAM WINTHROP 20 mg gél fl de 15 | 65 | 3,98 | | WINTHROP MÉDICAMENTS |
| PIROXICAM ZYDUS 20 mg gél bte de 15 | 65 | 3,98 | lactose | ZYDUS FRANCE |
| **PIROXICAM 20 mg sol inj IM (TFR)** | | | | |
| **FELDENE 20 mg sol inj IM 1 amp de 1 ml** | 35 | 1,59 | alcool benzylique, éthanol, propylèneglycol | PFIZER |
| **FELDENE 20 mg sol inj IM 2 amp de 1 ml** | 35 | 2,62 | alcool benzylique, éthanol, propylèneglycol | PFIZER |
| PIROXICAM TEVA 20 mg/ml sol inj 2 amp de 1 ml | 35 | 1,77 | alcool benzylique, éthanol, propylèneglycol | TÉVA CLASSICS |
| ZOFORA Gé 20 mg/ml sol inj 2 amp de 1 ml | 35 | 2,11 | alcool benzylique, éthanol, propylèneglycol | PHARMY II |
| **PIROXICAM 20 mg suppos** | | | | |
| **FELDENE 20 mg suppos bte de 15** | 35 | 6,98 | | PFIZER |
| PIROXICAM MERCK 20 mg suppos bte de 15 | 35 | 5,89 | | MERCK GÉNÉRIQUES |
| **POVIDONE IODEE 10 % sol p application locale** | | | | |
| **BETADINE DERMIQUE 10 % sol p application locale fl de 125 ml** | 35 | 2,44 | | MEDA PHARMA SAS |
| BETASEPTIC DERMIQUE 10 % sol p application cutanée fl de 125 ml | 35 | 2,00 | | MEDA PHARMA SAS |
| POLIODINE 10 % sol p application locale fl de 45 ml | NR | 4,15 | | GIFRER BARBEZAT |
| **PRAVASTATINE SODIQUE 10 mg cp séc** | | | | |
| **ELISOR 10 mg cp séc bte de 28** | 65 | 11,06 | lactose | BRISTOL-MYERS SQUIBB |
| PRAVASTATINE EG 10 mg cp bte de 28 | 65 | 7,55 | lactose | EG LABO |
| PRAVASTATINE MERCK 10 mg cp séc bte de 28 | 65 | 7,55 | lactose | MERCK GÉNÉRIQUES |
| PRAVASTATINE QUALIMED 10 mg cp séc bte de 28 | 65 | 7,55 | lactose | QUALIMED |
| PRAVASTATINE TEVA 10 mg cp bte de 28 | 65 | 7,55 | lactose | TÉVA CLASSICS |
| PRAVASTATINE WINTHROP 10 mg cp séc bte de 28 | 65 | 7,55 | lactose | UPSA GÉNÉRIQUES |
| **VASTEN 10 mg cp séc bte de 28** | 65 | 11,06 | lactose | AVENTIS |
| **PRAVASTATINE SODIQUE 20 mg cp séc** | | | | |
| **ELISOR 20 mg cp séc bte de 28** | 65 | 21,57 | lactose | BRISTOL-MYERS SQUIBB |

Voir p. 1154 : Comment utiliser ce tableau ?

| | | | | |
|---|---|---|---|---|
| **ELISOR 20 mg cp séc bte de 84** | 65 | 58,96 | lactose | BRISTOL-MYERS SQUIBB |
| PRAVASTATINE ALTER 20 mg cp bte de 28 | 65 | 14,57 | lactose | ALTER |
| PRAVASTATINE ARROW GENERIQUES 20 mg cp séc bte de 28 | 65 | 14,57 | lactose | ARROW GÉNÉRIQUES |
| PRAVASTATINE BIOGARAN 20 mg cp séc bte de 28 | 65 | 14,57 | lactose | BIOGARAN |
| PRAVASTATINE BOUCHARA RECORDATI 20 mg cp séc bte de 28 | 65 | 14,57 | lactose | LABORATOIRES BOUCHARA-RECORDATI |
| PRAVASTATINE EG 20 mg cp bte de 28 | 65 | 14,57 | lactose | EG LABO |
| PRAVASTATINE MERCK 20 mg cp séc bte de 28 | 65 | 14,57 | lactose | MERCK GÉNÉRIQUES |
| PRAVASTATINE MERCK 20 mg cp séc bte de 84 | 65 | 38,77 | lactose | MERCK GÉNÉRIQUES |
| PRAVASTATINE QUALIMED 20 mg cp séc bte de 28 | 65 | 14,57 | lactose | QUALIMED |
| PRAVASTATINE QUALIMED 20 mg cp séc bte de 84 | 65 | 38,77 | lactose | QUALIMED |
| PRAVASTATINE RANBAXY 20 mg cp séc bte de 28 | 65 | 14,57 | lactose | RPG |
| PRAVASTATINE RATIOPHARM 20 mg cp séc bte de 28 | 65 | 14,57 | lactose | RATIOPHARM |
| PRAVASTATINE RATIOPHARM 20 mg cp séc bte de 90 | 65 | 41,14 | lactose | RATIOPHARM |
| PRAVASTATINE SANDOZ 20 mg cp séc bte de 28 | 65 | 14,57 | lactose | SANDOZ |
| PRAVASTATINE TEVA 20 mg cp bte de 28 | 65 | 14,57 | lactose | TÉVA CLASSICS |
| PRAVASTATINE WINTHROP 20 mg cp séc bte de 28 | 65 | 14,57 | lactose | WINTHROP MÉDICAMENTS |
| **VASTEN 20 mg cp séc bte de 28** | 65 | 21,57 | lactose | SANOFI-AVENTIS FRANCE |
| **VASTEN 20 mg cp séc bte de 84** | 65 | 58,96 | lactose | SANOFI-AVENTIS FRANCE |
| **PRAVASTATINE SODIQUE 40 mg cp** | | | | |
| **ELISOR 40 mg cp bte de 28** | 65 | 40,37 | lactose | BRISTOL-MYERS SQUIBB |
| **ELISOR 40 mg cp bte de 84** | 65 | 110,48 | lactose | BRISTOL-MYERS SQUIBB |
| PRAVASTATINE ALTER 40 mg cp bte de 28 | 65 | 26,93 | lactose | ALTER |
| PRAVASTATINE ARROW GENERIQUES 40 mg cp bte de 28 | 65 | 26,93 | lactose | ARROW GÉNÉRIQUES |
| PRAVASTATINE BIOGARAN 40 MG 40 mg cp bte de 28 | 65 | 26,93 | lactose | BIOGARAN |
| PRAVASTATINE BOUCHARA RECORDATI 40 mg cp bte de 28 | 65 | 26,93 | lactose | BOUCHARA-RECORDATI |
| PRAVASTATINE EG 40 mg cp bte de 28 | 65 | 26,93 | lactose | EG LABO |
| PRAVASTATINE MERCK 40 mg cp bte de 28 | 65 | 26,93 | lactose | MERCK GÉNÉRIQUES |
| PRAVASTATINE MERCK 40 mg cp bte de 84 | 65 | 70,90 | lactose | MERCK GÉNÉRIQUES |
| PRAVASTATINE QUALIMED 40 mg cp bte de 28 | 65 | 26,93 | lactose | QUALIMED |
| PRAVASTATINE QUALIMED 40 mg cp bte de 84 | 65 | 70,90 | lactose | QUALIMED |
| PRAVASTATINE RANBAXY 40 mg cp bte de 28 | 65 | 26,93 | lactose | RPG |

| DCI / Intitulé du produit | Remb SS | Prix | Excipients à effet notoire | Laboratoire |
|---|---|---|---|---|
| PRAVASTATINE RATIOPHARM 40 mg cp bte de 28 | 65 | 26,93 | lactose | RATIOPHARM |
| PRAVASTATINE RATIOPHARM 40 mg cp bte de 90 | 65 | 75,58 | lactose | RATIOPHARM |
| PRAVASTATINE SANDOZ 40 mg cp bte de 28 | 65 | 26,93 | lactose | SANDOZ |
| PRAVASTATINE TEVA 40 mg cp bte de 28 | 65 | 26,93 | lactose | TÉVA CLASSICS |
| PRAVASTATINE WINTHROP 40 mg cp bte de 28 | 65 | 26,93 | lactose | WINTHROP MÉDICAMENTS |
| **VASTEN 40 mg cp bte de 28** | 65 | 40,37 | lactose | SANOFI-AVENTIS FRANCE |
| **VASTEN 40 mg cp bte de 84** | 65 | 110,48 | lactose | SANOFI-AVENTIS FRANCE |
| **PREDNISOLONE METASULFOBENZOATE SODIQUE 20 mg cp efferv** | | | | |
| PREDNISOLONE ARROW 20 mg cp efferv séc bte de 20 | 65 | 4,17 | glucose, lactose, sodium, sorbitol | ARROW GÉNÉRIQUES |
| PREDNISOLONE BIOGARAN 20 mg cp efferv séc bte de 20 | 65 | 4,17 | lactose, sodium, sorbitol | BIOGARAN |
| PREDNISOLONE EG 20 mg cp efferv séc bte de 20 | 65 | 4,17 | lactose, sodium, sorbitol | EG LABO |
| PREDNISOLONE IVAX 20 mg cp efferv séc bte de 20 | 65 | 4,17 | lactose, sodium, sorbitol | IVAX SAS |
| PREDNISOLONE MERCK 20 mg cp efferv séc bte de 20 | 65 | 4,17 | lactose, sodium, sorbitol | MERCK GÉNÉRIQUES |
| PREDNISOLONE QUALIMED 20 mg cp efferv séc bte de 20 | 65 | 4,17 | lactose, sodium, sorbitol | QUALIMED |
| PREDNISOLONE RATIOPHARM 20 mg cp efferv séc bte de 20 | 65 | 4,17 | lactose, sodium, sorbitol | RATIOPHARM |
| PREDNISOLONE RPG 20 mg cp efferv séc bte de 20 | 65 | 4,17 | glucose, lactose, sodium, sorbitol | RPG |
| PREDNISOLONE SANDOZ 20 mg cp efferv séc bte de 20 | 65 | 4,17 | lactose, sodium, sorbitol | SANDOZ |
| PREDNISOLONE TEVA 20 mg cp efferv séc bte de 20 | 65 | 4,17 | benzoate de sodium, bicarbonate de sodium, citrate de sodium, glucose, lactose, saccharine sodique, sorbitol | TÉVA CLASSICS |
| PREDNISOLONE WINTHROP 20 mg cp efferv séc bte de 20 | 65 | 4,17 | lactose, sodium, sorbitol | WINTHROP MÉDICAMENTS |
| **SOLUPRED 20 mg cp efferv fl de 20** | 65 | 4,90 | sodium | AVENTIS |
| **PREDNISOLONE METASULFOBENZOATE SODIQUE 5 mg cp efferv** | | | | |
| PREDNISOLONE TEVA 5 mg cp efferv fl de 30 | 65 | 2,48 | glucose, lactose, sodium, sorbitol | TÉVA CLASSICS |
| **SOLUPRED 5 mg cp efferv fl de 30** | 65 | 3,10 | saccharose, sodium | AVENTIS |
| **PREDNISONE 1 mg cp** | | | | |
| **CORTANCYL 1 mg cp bte de 30** | 65 | 2,13 | lactose | AVENTIS |
| PREDNISONE WINTHROP 1 mg cp bte de 30 | 65 | 1,75 | lactose | WINTHROP MÉDICAMENTS |

Voir p. 1154 : Comment utiliser ce tableau ?

| | | | | |
|---|---|---|---|---|
| **PREDNISONE 20 mg cp séc** | | | | |
| **CORTANCYL 20 mg cp séc bte de 20** | 65 | 5,37 | lactose | AVENTIS |
| PREDNISONE ARROW 20 mg cp séc bte de 20 | 65 | 4,20 | | ARROW GÉNÉRIQUES |
| PREDNISONE BIOGARAN 20 mg cp séc bte de 20 | 65 | 4,20 | | BIOGARAN |
| PREDNISONE EG 20 mg cp séc bte de 20 | 65 | 4,20 | | EG LABO |
| PREDNISONE G GAM 20 mg cp séc bte de 20 | 65 | 4,20 | | G GAM |
| PREDNISONE IVAX 20 mg cp séc bte de 20 | 65 | 4,20 | | IVAX SAS |
| PREDNISONE MERCK 20 mg cp séc bte de 20 | 65 | 4,20 | | MERCK GÉNÉRIQUES |
| PREDNISONE QUALIMED 20 mg cp séc bte de 20 | 65 | 4,20 | | QUALIMED |
| PREDNISONE RATIOPHARM 20 mg cp séc bte de 20 | 65 | 4,20 | | RATIOPHARM |
| PREDNISONE SANDOZ 20 mg cp séc bte de 20 | 65 | 4,20 | | SANDOZ |
| PREDNISONE TEVA 20 mg cp séc bte de 20 | 65 | 4,20 | | TÉVA CLASSICS |
| PREDNISONE WINTHROP 20 mg cp séc bte de 20 | 65 | 4,20 | lactose | WINTHROP MÉDICAMENTS |
| **PREDNISONE 5 mg cp** | | | | |
| **CORTANCYL 5 mg cp bte de 30** | 65 | 3,27 | lactose | AVENTIS |
| PREDNISONE ARROW 5 mg cp séc bte de 30 | 65 | 2,61 | lactose | ARROW GÉNÉRIQUES |
| PREDNISONE BIOGARAN 5 mg cp séc bte de 30 | 65 | 2,61 | lactose | BIOGARAN |
| PREDNISONE EG 5 mg cp séc bte de 30 | 65 | 2,61 | lactose | EG LABO |
| PREDNISONE G GAM 5 mg cp séc bte de 30 | 65 | 2,61 | lactose | G GAM |
| PREDNISONE IVAX 5 mg cp séc bte de 30 | 65 | 2,61 | lactose | IVAX SAS |
| PREDNISONE MERCK 5 mg cp séc bte de 30 | 65 | 2,61 | lactose | MERCK GÉNÉRIQUES |
| PREDNISONE QUALIMED 5 mg cp séc bte de 30 | 65 | 2,61 | lactose | QUALIMED |
| PREDNISONE RATIOPHARM 5 mg cp séc bte de 30 | 65 | 2,61 | lactose | RATIOPHARM |
| PREDNISONE SANDOZ 5 mg cp séc bte de 30 | 65 | 2,61 | lactose | SANDOZ |
| PREDNISONE TEVA 5 mg cp séc bte de 30 | 65 | 2,61 | lactose | TÉVA CLASSICS |
| PREDNISONE WINTHROP 5 mg cp séc bte de 30 | 65 | 2,61 | lactose | WINTHROP MÉDICAMENTS |
| **PROGESTERONE 100 mg caps** | | | | |
| ESTIMA Gé 100 mg caps orale et vaginale bte de 30 | 65 | 5,44 | huile d'arachide, lécithine de soja | EFFIK |
| EVAPAUSE Gé 100 mg caps orale et vaginale bte de 30 | 65 | 5,57 | huile d'arachide, lécithine de soja | ZAMBON FRANCE |
| PROGESTERONE BIOGARAN 100 mg caps orale et vaginale bte de 30 | 65 | 5,57 | huile d'arachide, lécithine de soja | BIOGARAN |

| DCI / Intitulé du produit | Remb SS | Prix | Excipients à effet notoire | Laboratoire |
|---|---|---|---|---|
| PROGESTERONE MERCK 100 mg caps orale et vaginale bte de 30 | 65 | 5,57 | huile d'arachide, lécithine de soja | MERCK GÉNÉRIQUES |
| PROGESTERONE RATIOPHARM 100 mg caps orale et vaginale bte de 30 | 65 | 5,57 | huile d'arachide, lécithine de soja | RATIOPHARM |
| PROGESTERONE SANDOZ 100 mg caps orale et vaginale bte de 30 | 65 | 5,57 | huile d'arachide, lécithine de soja | SANDOZ |
| PROGESTERONE TEVA 100 mg caps orale et vaginale bte de 30 | 65 | 5,57 | huile d'arachide, lécithine de soja | TÉVA CLASSICS |
| **UTROGESTAN 100 mg caps orale et vaginale bte de 30** | 65 | 7,67 | huile d'arachide, lécithine de soja | BESINS INTERNATIONAL |
| **PROGESTERONE 200 mg caps** | | | | |
| ESTIMA Gé 200 mg caps orale et vaginale bte de 15 | 65 | 5,44 | huile d'arachide, lécithine de soja | EFFIK |
| PROGESTERONE BIOGARAN 200 mg caps orale et vaginale bte de 15 | 65 | 5,57 | huile d'arachide, lécithine de soja | BIOGARAN |
| PROGESTERONE RATIOPHARM 200 mg caps orale et vaginale bte de 15 | 65 | 5,57 | huile d'arachide, lécithine de soja | RATIOPHARM |
| **UTROGESTAN 200 mg caps orale et vaginale bte de 15** | 65 | 7,67 | huile d'arachide, lécithine de soja | BESINS INTERNATIONAL |
| **PROPRANOLOL CHLORHYDRATE 40 mg cp (TFR)** | | | | |
| **AVLOCARDYL 40 mg cp séc bte de 50** | 65 | 3,48 | | ASTRAZENECA |
| PROPRANOLOL EG 40 mg cp bte de 50 | 65 | 2,30 | | EG LABO |
| PROPRANOLOL RATIOPHARM 40 mg cp séc bte de 50 | 65 | 2,30 | | RATIOPHARM |
| **PYRANTEL EMBONATE 125 mg cp** | | | | |
| **COMBANTRIN 125 mg cp bte de 6** | 65 | 2,07 | jaune orangé S (E 110) | TÉOFARMA SRL |
| HELMINTOX Gé 125 mg cp séc bte de 6 (DOM-TOM) | 65 | 1,80 | jaune orangé S (E 110) | INNOTECH INTERNATIONAL |
| **PYRANTEL EMBONATE 125 mg/2,5 ml susp buv** | | | | |
| **COMBANTRIN 125 mg/2,5 ml susp buv fl de 15 ml** | 65 | 2,31 | lécithine de soja, sorbitol | TÉOFARMA SRL |
| HELMINTOX Gé 125 mg/2,5 ml susp buv fl de 15 ml (DOM-TOM) | 65 | 2,01 | lécithine de soja, sorbitol | INNOTECH INTERNATIONAL |
| **QUINAPRIL CHLORHYDRATE 20 mg + HYDROCHLOROTHIAZIDE 12,5 mg cp sec** | | | | |
| **ACUILIX 20 mg/12,5 mg cp séc bte de 28** | 65 | 18,62 | lactose | PFIZER |
| **ACUILIX 20 mg/12,5 mg cp séc bte de 90** | 65 | 54,73 | lactose | PFIZER |

Voir p. 1154 : Comment utiliser ce tableau ?

| | | | | |
|---|---|---|---|---|
| **QUINAPRIL CHLORHYDRATE 20 mg cp** | | | | |
| **ACUITEL 20 mg cp séc bte de 28** | 65 | 16,78 | lactose | PFIZER |
| **ACUITEL 20 mg cp séc bte de 90** | 65 | 49,69 | lactose | PFIZER |
| **KOREC 20 mg cp séc bte de 28** | 65 | 16,78 | lactose | SANOFI-AVENTIS FRANCE |
| QUINAPRIL MERCK 20 mg cp séc bte de 28 | 65 | 11,92 | lactose | MERCK GÉNÉRIQUES |
| QUINAPRIL TEVA 20 mg cp bte de 28 | 65 | 11,37 | | TÉVA CLASSICS |
| **QUINAPRIL CHLORHYDRATE 5 mg cp** | | | | |
| **ACUITEL 5 mg cp séc bte de 28** | 65 | 6,24 | lactose | PFIZER |
| **ACUITEL 5 mg cp séc bte de 90** | 65 | 18,83 | lactose | PFIZER |
| **KOREC 5 mg cp séc bte de 28** | 65 | 6,24 | lactose | SANOFI-AVENTIS FRANCE |
| QUINAPRIL TEVA 5 mg cp séc bte de 28 | 65 | 4,35 | | TÉVA CLASSICS |
| **RAMIPRIL 1,25 mg cp** | | | | |
| RAMIPRIL ARROW 1,25 mg cp bte de 30 | 65 | 9,63 | lactose | ARROW GÉNÉRIQUES |
| RAMIPRIL ARROW 1,25 mg cp bte de 30 | 65 | 9,63 | lactose | ARROW GÉNÉRIQUES |
| RAMIPRIL BIOGARAN 1,25 mg cp bte de 30 | 65 | 9,63 | lactose | BIOGARAN |
| RAMIPRIL BIOGARAN 1,25 mg cp bte de 30 | 65 | 9,63 | lactose | BIOGARAN |
| RAMIPRIL MERCK 1,25 mg cp bte de 30 | 65 | 9,63 | | MERCK GÉNÉRIQUES |
| RAMIPRIL RANBAXY 1,25 mg cp bte de 30 | 65 | 9,63 | | RPG |
| RAMIPRIL RATIOPHARM 1,25 mg cp bte de 30 | 65 | 9,63 | lactose | RATIOPHARM |
| RAMIPRIL RATIOPHARM 1,25 mg cp bte de 30 | 65 | 9,63 | lactose | RATIOPHARM |
| RAMIPRIL SANDOZ 1,25 mg cp bte de 30 | 65 | 9,63 | | SANDOZ |
| RAMIPRIL TEVA 1,25 mg cp bte de 30 | 65 | 9,63 | lactose | TÉVA CLASSICS |
| RAMIPRIL TEVA 1,25 mg cp bte de 30 | 65 | 9,63 | lactose | TÉVA CLASSICS |
| RAMIPRIL WINTHROP 1,25 mg cp bte de 30 | 65 | 9,63 | | WINTHROP MÉDICAMENTS |
| **TRIATEC 1,25 mg cp bte de 30** | 65 | 13,98 | | AVENTIS |
| **TRIATEC 1,25 mg cp bte de 90** | 65 | 39,60 | | AVENTIS |
| **RAMIPRIL 1,25 mg gél** | | | | |
| RAMIPRIL BIOGARAN 1,25 mg gél bte de 30 | 65 | 9,63 | | BIOGARAN |
| RAMIPRIL BOUCHARA RECORDATI 1,25 mg gél bte de 30 | 65 | 9,63 | | BOUCHARA-RECORDATI |
| RAMIPRIL EG 1,25 mg gél bte de 30 | 65 | 9,63 | | EG LABO |
| RAMIPRIL QUALIMED 1,25 mg gél bte de 30 | 65 | 9,63 | | QUALIMED |
| RAMIPRIL RATIOPHARM 1,25 mg gél bte de 30 | 65 | 9,63 | | RATIOPHARM |
| RAMIPRIL TEVA 1,25 mg gél bte de 30 | 65 | 9,63 | | TÉVA CLASSICS |

| DCI / Intitulé du produit | Remb SS | Prix | Excipients à effet notoire | Laboratoire |
|---|---|---|---|---|
| **RAMIPRIL 10 mg cp séc** | | | | |
| RAMIPRIL ALTER 10 mg cp bte de 30* | 65 | 20,48 | lactose | ALTER |
| RAMIPRIL ALTER 5 mg cp bte de 30* | 65 | 14,00 | lactose | ALTER |
| RAMIPRIL ARROW 10 mg cp bte de 30* | 65 | 20,48 | lactose | ARROW GÉNÉRIQUES |
| RAMIPRIL ARROW 5 mg cp bte de 30* | 65 | 14,00 | lactose | ARROW GÉNÉRIQUES |
| RAMIPRIL BIOGARAN 10 mg cp bte de 30 | 65 | 20,48 | lactose | BIOGARAN |
| RAMIPRIL BIOGARAN 5 mg cp bte de 30 | 65 | 14,00 | lactose | BIOGARAN |
| RAMIPRIL BOUCHARA RECORDATI 10 mg cp bte de 30* | 65 | 20,48 | lactose | BOUCHARA-RECORDATI |
| RAMIPRIL BOUCHARA RECORDATI 5 mg cp bte de 30* | 65 | 14,00 | lactose | BOUCHARA-RECORDATI |
| RAMIPRIL EG 10 mg cp séc bte de 30 | 65 | 20,48 | lactose | EG LABO |
| RAMIPRIL EG 5 mg cp séc bte de 30 | 65 | 14,00 | lactose | EG LABO |
| RAMIPRIL MERCK 10 mg cp séc bte de 30 | 65 | 20,48 | | MERCK GÉNÉRIQUES |
| RAMIPRIL QUALIMED 10 mg cp bte de 30 | 65 | 20,48 | lactose | QUALIMED |
| RAMIPRIL QUALIMED 5 mg cp bte de 30 | 65 | 14,00 | lactose | QUALIMED |
| RAMIPRIL RANBAXY 10 mg cp séc bte de 30 | 65 | 20,48 | | RPG |
| RAMIPRIL RATIOPHARM 10 mg cp bte de 30* | 65 | 20,48 | lactose | RATIOPHARM |
| RAMIPRIL RATIOPHARM 5 mg cp bte de 30* | 65 | 14,00 | lactose | RATIOPHARM |
| RAMIPRIL SANDOZ 10 mg cp séc bte de 30 | 65 | 20,48 | | SANDOZ |
| RAMIPRIL TEVA 10 mg cp bte de 30* | 65 | 20,48 | lactose | TÉVA CLASSICS |
| RAMIPRIL TEVA 5 mg cp bte de 30* | 65 | 14,00 | lactose | TÉVA CLASSICS |
| RAMIPRIL WINTHROP 10 mg cp séc bte de 30 | 65 | 20,48 | | WINTHROP MÉDICAMENTS |
| RAMIPRIL ZYDUS 10 mg cp bte de 30* | 65 | 20,48 | lactose | ZYDUS FRANCE |
| RAMIPRIL ZYDUS 5 mg cp bte de 30* | 65 | 14,00 | lactose | ZYDUS FRANCE |
| **TRIATEC 10 mg cp séc bte de 30** | 65 | 30,02 | | AVENTIS |
| **TRIATEC 10 mg cp séc bte de 90** | 65 | 80,53 | | AVENTIS |

* AVERTISSEMENT : les comprimés de RAMIPRIL ALTER 10 mg, RAMIPRIL ARROW 10 mg, RAMIPRIL BOUCHARA RECORDATI 10 mg, RAMIPRIL RATIOPHARM 10 mg, RAMIPRIL TEVA 10 mg et RAMIPRIL ZYDUS 10 mg n'étant pas sécables, les comprimés à 5 mg peuvent être nécessaires pour obtenir la posologie prescrite.

| | | | | |
|---|---|---|---|---|
| **RAMIPRIL 2,5 mg gél** | | | | |
| RAMIPRIL BIOGARAN 2,5 mg gél bte de 30 | 65 | 11,22 | | BIOGARAN |
| RAMIPRIL QUALIMED 2,5 mg gél bte de 30 | 65 | 11,22 | | QUALIMED |
| RAMIPRIL RATIOPHARM 2,5 mg gél bte de 30 | 65 | 11,22 | | RATIOPHARM |
| RAMIPRIL TEVA 2,5 mg gél bte de 30 | 65 | 11,22 | | TÉVA CLASSICS |

Voir p. 1154 : Comment utiliser ce tableau ?

| RAMIPRIL 2,5 mg cp séc | | | | |
|---|---|---|---|---|
| RAMIPRIL ALTER 2,5 mg cp bte de 30 | 65 | 11,22 | lactose | ALTER |
| RAMIPRIL ARROW 2,5 mg cp séc bte de 30* | 65 | 11,22 | lactose | ARROW GÉNÉRIQUES |
| RAMIPRIL BIOGARAN 1,25 mg cp bte de 30* | 65 | 9,63 | lactose | BIOGARAN |
| RAMIPRIL BIOGARAN 2,5 mg cp bte de 30* | 65 | 11,22 | lactose | BIOGARAN |
| RAMIPRIL BOUCHARA RECORDATI 1,25 mg cp bte de 30* | 65 | 9,63 | lactose | BOUCHARA-RECORDATI |
| RAMIPRIL BOUCHARA RECORDATI 2,5 mg cp bte de 30* | 65 | 11,22 | lactose | BOUCHARA-RECORDATI |
| RAMIPRIL EG 2,5 mg cp séc bte de 30 | 65 | 11,22 | lactose | EG LABO |
| RAMIPRIL MERCK 2,5 mg cp séc bte de 30 | 65 | 11,22 | | MERCK GÉNÉRIQUES |
| RAMIPRIL QUALIMED 2,5 mg cp bte de 30 | 65 | 11,22 | lactose | QUALIMED |
| RAMIPRIL RANBAXY 2,5 mg cp séc bte de 30 | 65 | 11,22 | | RPG |
| RAMIPRIL RATIOPHARM 1,25 mg cp bte de 30* | 65 | 9,63 | lactose | RATIOPHARM |
| RAMIPRIL RATIOPHARM 2,5 mg cp bte de 30* | 65 | 11,22 | lactose | RATIOPHARM |
| RAMIPRIL SANDOZ 2,5 mg cp séc bte de 30 | 65 | 11,22 | | SANDOZ |
| RAMIPRIL TEVA 1,25 mg cp bte de 30* | 65 | 9,63 | lactose | TÉVA CLASSICS |
| RAMIPRIL TEVA 2,5 mg cp bte de 30* | 65 | 11,22 | lactose | TÉVA CLASSICS |
| RAMIPRIL WINTHROP 2,5 mg cp séc bte de 30 | 65 | 11,22 | | WINTHROP MÉDICAMENTS |
| RAMIPRIL ZYDUS 2,5 mg cp bte de 30 | 65 | 11,22 | lactose | ZYDUS FRANCE |
| **TRIATEC 2,5 mg cp séc bte de 30** | 65 | 16,33 | | AVENTIS |
| **TRIATEC 2,5 mg cp séc bte de 90** | 65 | 45,60 | | AVENTIS |

* AVERTISSEMENT : les comprimés de RAMIPRIL BIOGARAN 2,5 mg, RAMIPRIL BOUCHARA RECORDATI 2,5 mg, RAMIPRIL RATIOPHARM 2,5 mg, et RAMIPRIL TEVA 2,5 mg n'étant pas sécables, les comprimés à 1,25 mg peuvent être nécessaires pour obtenir la posologie prescrite.

| RAMIPRIL 5 mg cp séc | | | | |
|---|---|---|---|---|
| RAMIPRIL ALTER 2,5 mg cp bte de 30* | 65 | 11,22 | lactose | ALTER |
| RAMIPRIL ALTER 5 mg cp bte de 30* | 65 | 14,00 | lactose | ALTER |
| RAMIPRIL ARROW 2,5 mg cp séc bte de 30* | 65 | 11,22 | lactose | ARROW GÉNÉRIQUES |
| RAMIPRIL ARROW 5 mg cp bte de 30* | 65 | 14,00 | lactose | ARROW GÉNÉRIQUES |
| RAMIPRIL BIOGARAN 5 mg cp séc bte de 30 | 65 | 14,00 | lactose | BIOGARAN |
| RAMIPRIL BOUCHARA RECORDATI 2,5 mg cp bte de 30* | 65 | 11,22 | lactose | BOUCHARA-RECORDATI |
| RAMIPRIL BOUCHARA RECORDATI 5 mg cp bte de 30* | 65 | 14,00 | lactose | BOUCHARA-RECORDATI |
| RAMIPRIL EG 5 mg cp séc bte de 30 | 65 | 14,00 | lactose | EG LABO |
| RAMIPRIL MERCK 5 mg cp séc bte de 30 | 65 | 14,00 | | MERCK GÉNÉRIQUES |

| DCI / Intitulé du produit | Remb SS | Prix | Excipients à effet notoire | Laboratoire |
|---|---|---|---|---|
| RAMIPRIL QUALIMED 2,5 mg cp bte de 30* | 65 | 11,22 | lactose | QUALIMED |
| RAMIPRIL QUALIMED 5 mg cp bte de 30* | 65 | 14,00 | lactose | QUALIMED |
| RAMIPRIL RANBAXY 5 mg cp séc bte de 30 | 65 | 14,00 | | RPG |
| RAMIPRIL RATIOPHARM 2,5 mg cp bte de 30* | 65 | 11,22 | lactose | RATIOPHARM |
| RAMIPRIL RATIOPHARM 5 mg cp bte de 30* | 65 | 14,00 | lactose | RATIOPHARM |
| RAMIPRIL SANDOZ 5 mg cp séc bte de 30 | 65 | 14,00 | | SANDOZ |
| RAMIPRIL TEVA 2,5 mg cp bte de 30* | 65 | 11,22 | lactose | TÉVA CLASSICS |
| RAMIPRIL TEVA 5 mg cp bte de 30* | 65 | 14,00 | lactose | TÉVA CLASSICS |
| RAMIPRIL WINTHROP 5 mg cp séc bte de 30 | 65 | 14,00 | | WINTHROP MÉDICAMENTS |
| RAMIPRIL ZYDUS 2,5 mg cp bte de 30* | 65 | 11,22 | lactose | ZYDUS FRANCE |
| RAMIPRIL ZYDUS 5 mg cp bte de 30* | 65 | 14,00 | lactose | ZYDUS FRANCE |
| **TRIATEC 5 mg cp séc bte de 30** | 65 | 20,43 | | AVENTIS |
| **TRIATEC 5 mg cp séc bte de 90** | 65 | 56,05 | | AVENTIS |

* AVERTISSEMENT : les comprimés de RAMIPRIL ALTER 5 mg, RAMIPRIL ARROW 5 mg, RAMIPRIL BOUCHARA RECORDATI 5 mg, RAMIPRIL QUALIMED 5 mg, RAMIPRIL RATIOPHARM 5 mg, RAMIPRIL TEVA 5 mg et RAMIPRIL ZYDUS 5 mg n'étant pas sécables, les comprimés à 2,5 mg peuvent être nécessaires pour obtenir la posologie prescrite.

| | | | | |
|---|---|---|---|---|
| **RAMIPRIL 5 mg gél** | | | | |
| RAMIPRIL BIOGARAN 5 mg gél bte de 30 | 65 | 14,00 | | BIOGARAN |
| RAMIPRIL QUALIMED 5 mg gél bte de 30 | 65 | 14,00 | | QUALIMED |
| RAMIPRIL TEVA 5 mg gél bte de 30 | 65 | 14,00 | | TÉVA CLASSICS |
| **RANITIDINE CHLORHYDRATE 150 mg cp (TFR)** | | | | |
| **AZANTAC 150 mg cp bte de 30** | 65 | 14,61 | | GLAXOSMITHKLINE |
| **RANIPLEX 150 mg cp bte de 30** | 65 | 12,50 | | SOLVAY PHARMA |
| RANITIDINE BIOGARAN 150 mg cp bte de 30 | 65 | 12,50 | | BIOGARAN |
| RANITIDINE EG 150 mg cp séc bte de 30 | 65 | 12,50 | polydextrose (glucose+sorbitol) | EG LABO |
| RANITIDINE IREX 150 mg cp bte de 30 | NR | 12,50 | polydextrose (glucose+sorbitol) | WINTHROP MÉDICAMENTS |
| RANITIDINE IVAX 150 mg cp bte de 30 | 65 | 12,50 | | IVAX SAS |
| RANITIDINE MERCK 150 mg cp bte de 30 | 65 | 12,50 | | MERCK GÉNÉRIQUES |
| RANITIDINE RPG 150 mg cp bte de 30 | 65 | 12,50 | | RPG |
| RANITIDINE SANDOZ 150 mg cp bte de 30 | 65 | 12,50 | | SANDOZ |
| RANITIDINE TEVA 150 mg cp bte de 30 | 65 | 12,50 | | TÉVA CLASSICS |
| RANITIDINE WINTHROP 150 mg cp bte de 30 | 65 | 12,50 | polydextrose (glucose+sorbitol) | WINTHROP MÉDICAMENTS |

Voir p. 1154 : Comment utiliser ce tableau ?

| | | | | |
|---|---|---|---|---|
| **RANITIDINE CHLORHYDRATE 150 mg cp efferv (TFR)** | | | | |
| **AZANTAC 150 mg cp efferv bte de 30** | 65 | 13,88 | aspartam, sodium | GLAXOSMITHKLINE |
| **RANIPLEX 150 mg cp efferv bte de 30** | 65 | 11,88 | aspartam, sodium | SOLVAY PHARMA |
| RANITIDINE ARROW 150 mg cp efferv bte de 30 | 65 | 11,88 | aspartam, jaune orangé S (E 110), lactose, sodium, sorbitol | ARROW GÉNÉRIQUES |
| RANITIDINE BIOGARAN 150 mg cp efferv bte de 30 | 65 | 11,88 | aspartam, sodium | BIOGARAN |
| RANITIDINE G GAM 150 mg cp efferv bte de 30 | 65 | 11,88 | lactose, sodium | G GAM |
| RANITIDINE IVAX 150 mg cp efferv bte de 30 | 65 | 11,88 | lactose, sodium | IVAX SAS |
| RANITIDINE MERCK 150 mg cp efferv bte de 30 | 65 | 11,88 | lactose, sodium | MERCK GÉNÉRIQUES |
| RANITIDINE QUALIMED 150 mg cp efferv bte de 30 | 65 | 11,88 | aspartam, jaune orangé S (E 110), lactose, sodium, sorbitol | QUALIMED |
| RANITIDINE RATIOPHARM 150 mg cp efferv bte de 30 | 65 | 11,88 | lactose, sodium | RATIOPHARM |
| RANITIDINE RPG 150 mg cp efferv bte de 30 | 65 | 11,88 | aspartam, sodium | RPG |
| RANITIDINE TEVA 150 mg cp efferv bte de 30 | 65 | 11,88 | lactose, sodium | TÉVA CLASSICS |
| **RANITIDINE CHLORHYDRATE 300 mg cp (TFR)** | | | | |
| **AZANTAC 300 mg cp bte de 14** | 65 | 13,42 | | GLAXOSMITHKLINE |
| **RANIPLEX 300 mg cp bte de 14** | 65 | 11,49 | | FOURNIER |
| RANITIDINE BIOGARAN 300 mg cp bte de 14 | 65 | 11,49 | | BIOGARAN |
| RANITIDINE EG 300 mg cp bte de 14 | 65 | 11,49 | polydextrose (glucose+sorbitol) | EG LABO |
| RANITIDINE IVAX 300 mg cp bte de 14 | 65 | 11,49 | | IVAX SAS |
| RANITIDINE MERCK 300 mg cp bte de 14 | 65 | 11,49 | | MERCK GÉNÉRIQUES |
| RANITIDINE RPG 300 mg cp bte de 14 | 65 | 11,49 | | RPG |
| RANITIDINE SANDOZ 300 mg cp bte de 14 | 65 | 11,49 | | SANDOZ |
| RANITIDINE TEVA 300 mg cp bte de 14 | 65 | 11,49 | | TÉVA CLASSICS |
| RANITIDINE WINTHROP 300 mg cp bte de 14 | 65 | 11,49 | polydextrose (glucose+sorbitol) | WINTHROP MÉDICAMENTS |
| **RANITIDINE CHLORHYDRATE 300 mg cp efferv (TFR)** | | | | |
| **AZANTAC 300 mg cp efferv bte de 14** | 65 | 12,80 | aspartam, sodium | GLAXOSMITHKLINE |
| **RANIPLEX 300 mg cp efferv bte de 14** | 65 | 10,96 | aspartam, sodium | FOURNIER |
| RANITIDINE ARROW 300 mg cp efferv bte de 14 | 65 | 10,96 | aspartam, jaune orangé S (E 110), lactose, sodium, sorbitol | ARROW GÉNÉRIQUES |
| RANITIDINE BIOGARAN 300 mg cp efferv tube de 14 | 65 | 10,96 | aspartam, sodium | BIOGARAN |

| DCI / Intitulé du produit | Remb SS | Prix | Excipients à effet notoire | Laboratoire |
|---|---|---|---|---|
| RANITIDINE G GAM 300 mg cp efferv bte de 14 | 65 | 10,96 | lactose, sodium | G GAM |
| RANITIDINE IVAX 300 mg cp efferv bte de 14 | 65 | 10,96 | lactose, sodium | IVAX SAS |
| RANITIDINE MERCK 300 mg cp efferv bte de 14 | 65 | 10,96 | lactose, sodium | MERCK GÉNÉRIQUES |
| RANITIDINE QUALIMED 300 mg cp efferv bte de 14 | 65 | 10,96 | aspartam, glucose, jaune orangé S (E 110), lactose, saccharose, sodium, sorbitol | QUALIMED |
| RANITIDINE RATIOPHARM 300 mg cp efferv bte de 14 | 65 | 10,96 | lactose, sodium | RATIOPHARM |
| RANITIDINE RPG 300 mg cp efferv bte de 14 | 65 | 10,96 | aspartam, sodium | RPG |
| RANITIDINE TEVA 300 mg cp efferv bte de 14 | 65 | 10,96 | lactose, sodium | TÉVA CLASSICS |
| **RANITIDINE CHLORHYDRATE 75 mg cp efferv (TFR)** | | | | |
| **AZANTAC 75 mg cp efferv bte de 14** | 65 | 3,66 | aspartam, sodium | GLAXOSMITHKLINE |
| **AZANTAC 75 mg cp efferv bte de 28** | 65 | 6,78 | aspartam, sodium | GLAXOSMITHKLINE |
| **RANIPLEX 75 mg cp efferv bte de 14** | 65 | 4,20 | aspartam, sodium | SOLVAY PHARMA |
| **RANIPLEX 75 mg cp efferv bte de 28** | 65 | 7,88 | aspartam, sodium | SOLVAY PHARMA |
| RANITIDINE ARROW 75 mg cp efferv tube de 28 | 65 | 4,26 | aspartam, jaune orangé S (E 110), lactose, sodium, sorbitol | ARROW GÉNÉRIQUES |
| RANITIDINE MERCK 75 mg cp efferv bte de 14 | 65 | 2,39 | lactose, sodium | MERCK GÉNÉRIQUES |
| RANITIDINE MERCK 75 mg cp efferv bte de 28 | 65 | 4,26 | lactose, sodium | MERCK GÉNÉRIQUES |
| RANITIDINE TEVA 75 mg cp efferv bte de 14 | 65 | 2,39 | lactose, sodium | TÉVA CLASSICS |
| RANITIDINE TEVA 75 mg cp efferv bte de 28 | 65 | 4,26 | lactose, sodium | TÉVA CLASSICS |
| **RILMENIDINE DIHYDROGENOPHOSPHATE 1 mg cp** | | | | |
| **HYPERIUM 1 mg cp bte de 30** | 65 | 11,74 | lactose | SERVIER |
| **HYPERIUM 1 mg cp bte de 90** | 65 | 33,88 | lactose | SERVIER |
| RILMENIDINE BIOGARAN 1 mg cp bte de 30 | 65 | 9,20 | lactose | BIOGARAN |
| RILMENIDINE MERCK 1 mg cp bte de 30 | 65 | 9,20 | | MERCK GÉNÉRIQUES |
| RILMENIDINE QUALIMED 1 mg cp bte de 30 | 65 | 9,20 | | QUALIMED |
| RILMENIDINE RATIOPHARM 1 mg cp bte de 30 | 65 | 9,20 | | RATIOPHARM |
| **RISPERIDONE 0,5 mg cp orodispersible** | | | | |
| **RISPERDALORO 0,5 mg cp orodispersible bte de 28** | 65 | 23,94 | aspartam | JANSSEN-CILAG |
| **RISPERIDONE 1 mg cp orodispersible** | | | | |
| **RISPERDALORO 1 mg cp orodispersible bte de 28** | 65 | 29,40 | aspartam | JANSSEN-CILAG |

Voir p. 1154 : Comment utiliser ce tableau ?

| | | | | |
|---|---|---|---|---|
| **RISPERIDONE 1 mg cp séc** | | | | |
| **RISPERDAL 1 mg cp séc bte de 60** | 65 | 50,45 | lactose | JANSSEN-CILAG |
| **RISPERIDONE 2 mg cp orodispersible** | | | | |
| **RISPERDALORO 2 mg cp orodispersible bte de 28** | 65 | 47,43 | aspartam | JANSSEN-CILAG |
| **RISPERIDONE 2 mg cp séc** | | | | |
| **RISPERDAL 2 mg cp séc bte de 60** | 65 | 95,58 | lactose | JANSSEN-CILAG |
| **RISPERIDONE 4 mg cp séc** | | | | |
| **RISPERDAL 4 mg cp séc bte de 30** | 65 | 95,58 | lactose | JANSSEN-CILAG |
| **ROXITHROMYCINE 100 mg cp (TFR)** | | | | |
| **CLARAMID 100 mg cp Enf bte de 10** | 65 | 10,00 | glucose | PFIZER |
| ROXITHROMYCINE IVAX 100 mg cp bte de 10 | 65 | 5,36 | glucose | IVAX SAS |
| ROXITHROMYCINE IVAX 100 mg cp bte de 16 | 65 | 8,24 | glucose | IVAX SAS |
| ROXITHROMYCINE MERCK 100 mg cp bte de 10 | 65 | 5,36 | glucose | MERCK GÉNÉRIQUES |
| ROXITHROMYCINE MERCK 100 mg cp bte de 16 | 65 | 8,24 | glucose | MERCK GÉNÉRIQUES |
| ROXITHROMYCINE TEVA 100 mg cp bte de 10 | 65 | 5,36 | glucose | TÉVA CLASSICS |
| ROXITHROMYCINE TEVA 100 mg cp bte de 16 | 65 | 8,24 | glucose | TÉVA CLASSICS |
| **RULID 100 mg cp bte de 10** | 65 | 5,36 | glucose | AVENTIS |
| **RULID 100 mg cp bte de 16** | 65 | 8,24 | glucose | AVENTIS |
| **ROXITHROMYCINE 150 mg cp** | | | | |
| **CLARAMID 150 mg cp bte de 10** | 65 | 10,68 | glucose | PFIZER |
| **CLARAMID 150 mg cp bte de 16** | 65 | 16,74 | glucose | PFIZER |
| ROXITHROMYCINE ARROW 150 mg cp bte de 10 | 65 | 7,79 | glucose | ARROW GÉNÉRIQUES |
| ROXITHROMYCINE ARROW 150 mg cp bte de 16 | 65 | 12,11 | glucose | ARROW GÉNÉRIQUES |
| ROXITHROMYCINE BIOGARAN 150 mg cp bte de 10 | 65 | 7,79 | glucose | BIOGARAN |
| ROXITHROMYCINE BIOGARAN 150 mg cp bte de 16 | 65 | 12,11 | glucose | BIOGARAN |
| ROXITHROMYCINE EG 150 mg cp bte de 10 | 65 | 7,79 | glucose | EG LABO |
| ROXITHROMYCINE EG 150 mg cp bte de 16 | 65 | 12,11 | glucose | EG LABO |
| ROXITHROMYCINE G GAM 150 mg cp séc bte de 10 | 65 | 7,79 | lactose | G GAM |
| ROXITHROMYCINE G GAM 150 mg cp séc bte de 16 | 65 | 12,11 | lactose | G GAM |
| ROXITHROMYCINE IREX 150 mg cp bte de 10 | NR | 7,79 | glucose | WINTHROP MÉDICAMENTS |
| ROXITHROMYCINE IVAX 150 mg cp bte de 10 | 65 | 7,79 | glucose | IVAX SAS |
| ROXITHROMYCINE IVAX 150 mg cp bte de 16 | 65 | 12,11 | glucose | IVAX SAS |

| DCI / Intitulé du produit | Remb SS | Prix | Excipients à effet notoire | Laboratoire |
|---|---|---|---|---|
| ROXITHROMYCINE MERCK 150 mg cp bte de 10 | 65 | 7,79 | glucose | MERCK GÉNÉRIQUES |
| ROXITHROMYCINE MERCK 150 mg cp bte de 16 | 65 | 12,11 | glucose | MERCK GÉNÉRIQUES |
| ROXITHROMYCINE QUALIMED 150 mg cp bte de 10 | 65 | 7,79 | glucose | QUALIMED |
| ROXITHROMYCINE QUALIMED 150 mg cp bte de 16 | 65 | 12,11 | glucose | QUALIMED |
| ROXITHROMYCINE RATIOPHARM 150 mg cp bte de 10 | 65 | 7,79 | glucose | RATIOPHARM |
| ROXITHROMYCINE RATIOPHARM 150 mg cp bte de 16 | 65 | 12,11 | glucose | RATIOPHARM |
| ROXITHROMYCINE RPG 150 mg cp bte de 10 | 65 | 7,79 | glucose | RPG |
| ROXITHROMYCINE RPG 150 mg cp bte de 16 | 65 | 12,11 | glucose | RPG |
| ROXITHROMYCINE SANDOZ 150 mg cp bte de 10 | 65 | 7,79 | glucose | SANDOZ |
| ROXITHROMYCINE SANDOZ 150 mg cp bte de 16 | 65 | 12,11 | glucose | SANDOZ |
| ROXITHROMYCINE TEVA 150 mg cp bte de 10 | 65 | 7,79 | glucose | TÉVA CLASSICS |
| ROXITHROMYCINE TEVA 150 mg cp bte de 16 | 65 | 12,11 | glucose | TÉVA CLASSICS |
| ROXITHROMYCINE WINTHROP 150 mg cp bte de 10 | 65 | 7,79 | glucose | WINTHROP MÉDICAMENTS |
| ROXITHROMYCINE WINTHROP 150 mg cp bte de 16 | 65 | 12,11 | glucose | WINTHROP MÉDICAMENTS |
| ROXITHROMYCINE ZYDUS 150 mg cp bte de 10 | 65 | 7,79 | glucose | ZYDUS FRANCE |
| ROXITHROMYCINE ZYDUS 150 mg cp bte de 16 | 65 | 12,11 | glucose | ZYDUS FRANCE |
| **RULID 150 mg cp bte de 10** | 65 | 10,68 | glucose | AVENTIS |
| **RULID 150 mg cp bte de 16** | 65 | 16,74 | glucose | AVENTIS |
| SUBROXINE Gé 150 mg cp bte de 10 | 65 | 7,79 | glucose | SUBSTIPHARM |
| SUBROXINE Gé 150 mg cp bte de 16 | 65 | 12,11 | glucose | SUBSTIPHARM |
| **SALBUTAMOL SULFATE 2,5 mg sol p inhal/nébulisation en unidose** | | | | |
| SALBUTAMOL ARROW 2,5 mg/2,5 ml sol p inhal/nébulisation 60 unidoses | 65 | 14,46 | | ARROW GÉNÉRIQUES |
| **VENTOLINE 2,5 mg/2,5 ml sol p inhal/nébulisation 60 unidoses** | 65 | 18,92 | | GLAXOSMITHKLINE |
| **SALBUTAMOL SULFATE 5 mg sol p inhal/nébulisation en unidose** | | | | |
| SALBUTAMOL ARROW 5 mg/2,5 ml sol p inhal/nébulisation 60 unidoses | 65 | 21,29 | | ARROW GÉNÉRIQUES |
| **VENTOLINE 5 mg/2,5 ml sol p inhal/nébulisation 60 unidoses** | 65 | 27,95 | | GLAXOSMITHKLINE |
| **SELEGILINE CHLORHYDRATE 5 mg cp (TFR)** | | | | |
| **DEPRENYL 5 mg cp séc bte de 30** | 65 | 19,90 | | HRA PHARMA |
| SELEGILINE BIOGARAN 5 mg cp bte de 30 | 65 | 12,04 | lactose | BIOGARAN |
| SELEGILINE MERCK 5 mg cp bte de 30 | 65 | 12,04 | lactose | MERCK GÉNÉRIQUES |

Voir p. 1154 : Comment utiliser ce tableau ?

| | | | | |
|---|---|---|---|---|
| **SERTRALINE CHLORHYDRATE 25 mg gél** | | | | |
| SERTRALINE BIOGARAN 25 mg gél bte de 7 | 65 | 3,79 | lactose | BIOGARAN |
| SERTRALINE EG 25 mg gél bte de 7 | 65 | 3,79 | lactose | EG LABO |
| SERTRALINE MERCK 25 mg gél bte de 7 | 65 | 3,79 | lactose | MERCK GÉNÉRIQUES |
| SERTRALINE RANBAXY 25 mg gél bte de 7 | 65 | 3,79 | lactose | RPG |
| SERTRALINE SANDOZ 25 mg gél bte de 7 | 65 | 3,79 | lactose | SANDOZ |
| SERTRALINE TEVA 25 mg gél bte de 7 | 65 | 3,79 | lactose | TÉVA CLASSICS |
| SERTRALINE WINTHROP 25 mg gél bte de 7 | 65 | 3,79 | lactose | WINTHROP MÉDICAMENTS |
| SERTRALINE ZYDUS FRANCE 25 mg gél bte de 7 | 65 | 3,79 | lactose | ZYDUS FRANCE |
| **ZOLOFT 25 mg gél bte de 7** | 65 | 5,40 | lactose | PFIZER |
| **SERTRALINE CHLORHYDRATE 50 mg gél** | | | | |
| SERTRALINE ALTER 50 mg gél bte de 28 | 65 | 13,70 | jaune orangé S (E 110), lactose | ALTER |
| SERTRALINE ARROW 50 mg gél bte de 28 | 65 | 13,70 | jaune orangé S (E 110), lactose | ARROW GÉNÉRIQUES |
| SERTRALINE BIOGARAN 50 mg gél bte de 28 | 65 | 13,70 | lactose | BIOGARAN |
| SERTRALINE EG 50 mg gél bte de 28 | 65 | 13,70 | jaune orangé S (E 110), lactose | EG LABO |
| SERTRALINE G GAM 50 mg gél bte de 28 | 65 | 13,70 | jaune orangé S (E 110), lactose | G GAM |
| SERTRALINE MERCK 50 mg gél bte de 28 | 65 | 13,70 | lactose, lécithine de soja | MERCK GÉNÉRIQUES |
| SERTRALINE QUALIMED 50 mg cp séc bte de 28 | 65 | 13,70 | glucose, sorbitol | QUALIMED |
| SERTRALINE RANBAXY 50 mg gél bte de 28 | 65 | 13,70 | jaune orangé S (E 110), lactose | RPG |
| SERTRALINE RATIOPHARM 50 mg cp séc bte de 28 | 65 | 13,70 | lactose | RATIOPHARM |
| SERTRALINE SANDOZ 50 mg gél bte de 28 | 65 | 13,70 | jaune orangé S (E 110), lactose | SANDOZ |
| SERTRALINE TEVA 50 mg gél bte de 28 | 65 | 13,70 | lactose | TÉVA CLASSICS |
| SERTRALINE WINTHROP 50 mg gél bte de 28 | 65 | 13,70 | lactose | WINTHROP MÉDICAMENTS |
| SERTRALINE ZYDUS 50 mg gél bte de 28 | 65 | 13,70 | jaune orangé S (E 110), lactose | ZYDUS FRANCE |
| **ZOLOFT 50 mg gél bte de 28** | 65 | 20,00 | jaune orangé S (E 110), lactose | PFIZER |
| **SIMVASTATINE 20 mg cp séc** | | | | |
| **LODALES 20 mg cp bte de 28** | 65 | 23,44 | lactose | SANOFI-AVENTIS FRANCE |
| SIMVASTATINE ARROW 20 mg cp séc bte de 28 | 65 | 16,03 | glucose, jaune orangé S (E 110), lactose, sorbitol | ARROW GÉNÉRIQUES |
| SIMVASTATINE BIOGARAN 20 mg cp séc bte de 28 | 65 | 16,03 | lactose | BIOGARAN |
| SIMVASTATINE BOUCHARA RECORDATI 20 mg cp séc bte de 28 | 65 | 16,03 | lactose | BOUCHARA-RECORDATI |
| SIMVASTATINE EG 20 mg cp séc bte de 28 | 65 | 16,03 | lactose | EG LABO |

| DCI / Intitulé du produit | Remb SS | Prix | Excipients à effet notoire | Laboratoire |
|---|---|---|---|---|
| SIMVASTATINE HEXAL 20 mg cp séc 2bte de 14 | 65 | 16,03 | lactose | G GAM |
| SIMVASTATINE MERCK 20 mg cp séc bte de 28 | 65 | 16,03 | lactose | MERCK GÉNÉRIQUES |
| SIMVASTATINE QUALIMED 20 mg cp séc bte de 28 | 65 | 16,03 | lactose | QUALIMED |
| SIMVASTATINE RANBAXY 20 mg cp séc bte de 28 | 65 | 16,03 | lactose | RPG |
| SIMVASTATINE RATIOPHARM 20 mg cp séc bte de 28 | 65 | 16,03 | lactose | RATIOPHARM |
| SIMVASTATINE SANDOZ 20 mg cp séc bte de 28 | 65 | 16,03 | lactose | SANDOZ |
| SIMVASTATINE TEVA 10 mg cp bte de 28* | 65 | 8,28 | lactose | TÉVA CLASSICS |
| SIMVASTATINE TEVA 20 mg cp bte de 28* | 65 | 16,03 | lactose | TÉVA CLASSICS |
| SIMVASTATINE WINTHROP 20 mg cp séc bte de 28 | 65 | 16,03 | lactose | WINTHROP MÉDICAMENTS |
| SIMVASTATINE ZYDUS 20 mg cp séc bte de 28 | 65 | 16,03 | lactose | ZYDUS FRANCE |
| **ZOCOR 20 mg cp séc bte de 28** | 65 | 23,44 | lactose | MERCK SHARP ET DOHME-CHIBRET |

* AVERTISSEMENT : les comprimés de SIMVASTATINE TEVA 20 mg étant non sécables, les comprimés à 10 mg peuvent être nécessaires pour obtenir la posologie prescrite.

| | | | | |
|---|---|---|---|---|
| **SIMVASTATINE 40 mg cp** | | | | |
| **LODALES 40 mg cp bte de 28** | 65 | 40,25 | lactose | SANOFI-AVENTIS FRANCE |
| SIMVASTATINE ARROW 40 mg cp bte de 28 | 65 | 27,25 | lactose | ARROW GÉNÉRIQUES |
| SIMVASTATINE BIOGARAN 40 mg cp bte de 28 | 65 | 27,25 | lactose | BIOGARAN |
| SIMVASTATINE BOUCHARA RECORDATI 40 mg cp bte de 28 | 65 | 27,25 | lactose | BOUCHARA-RECORDATI |
| SIMVASTATINE EG 40 mg cp bte de 28 | 65 | 27,25 | lactose | EG LABO |
| SIMVASTATINE IVAX 40 mg cp bte de 28 | 65 | 27,25 | lactose | IVAX SAS |
| SIMVASTATINE MERCK 40 mg cp bte de 28 | 65 | 27,25 | glucose, lactose, sorbitol | MERCK GÉNÉRIQUES |
| SIMVASTATINE QUALIMED 40 mg cp bte de 28 | 65 | 27,25 | glucose, lactose, sorbitol | QUALIMED |
| SIMVASTATINE RANBAXY 40 mg cp bte de 28 | 65 | 27,25 | lactose | RPG |
| SIMVASTATINE RATIOPHARM 40 mg cp séc bte de 28 | 65 | 27,25 | lactose | RATIOPHARM |
| SIMVASTATINE SANDOZ 40 mg cp bte de 28 | 65 | 27,25 | glucose, lactose, sorbitol | SANDOZ |
| SIMVASTATINE TEVA 40 mg cp bte de 28 | 65 | 27,25 | lactose | TÉVA CLASSICS |
| SIMVASTATINE WINTHROP 40 mg cp séc bte de 28 | 65 | 27,25 | lactose | WINTHROP MÉDICAMENTS |
| SIMVASTATINE ZYDUS 40 mg cp bte de 28 | 65 | 27,25 | lactose | ZYDUS FRANCE |
| **ZOCOR 40 mg cp bte de 28** | 65 | 40,25 | lactose | MERCK SHARP ET DOHME-CHIBRET |
| **SIMVASTATINE 5 mg cp** | | | | |
| **LODALES 5 mg cp bte de 28** | NR | 24,93 | lactose | SANOFI-AVENTIS FRANCE |
| **ZOCOR 5 mg cp bte de 28** | NR | 24,93 | lactose | MERCK SHARP ET DOHME-CHIBRET |

Voir p. 1154 : Comment utiliser ce tableau ?

| | | | | |
|---|---|---|---|---|
| **SODIUM ALGINATE/SODIUM BICARBONATE 50 mg/26,70 mg/ml susp buv** | | | | |
| ALGINATE DE SODIUM/BICARBONATE DE SODIUM EG 250 mg/133,5 mg/5 ml susp buv fl de 250 ml | 35 | 2,37 | éthanol, sodium | EG LABO |
| ALGINATE DE SODIUM/BICARBONATE DE SODIUM SANDOZ 250 mg/133,5 mg/5 ml susp buv fl de 250 ml | 35 | 2,37 | éthanol, sodium | SANDOZ |
| ALGINATE DE SODIUM/BICARBONATE DE SODIUM TEVA 250 mg/133,5 mg/5 ml susp buv fl de 250 ml | 35 | 2,37 | éthanol, sodium | TÉVA CLASSICS |
| ALGINATE/BICARBONATE DE SODIUM BIOGARAN 250 mg/133,5 mg/5 ml susp buv fl de 250 ml | 35 | 2,37 | sodium, éthanol | BIOGARAN |
| **GAVISCON susp buv fl de 250 ml** | 35 | 2,67 | sodium | RECKITT BENCKISER HEALTHCARE |
| **SOTALOL CHLORHYDRATE 160 mg cp (TFR)** | | | | |
| **SOTALEX 160 mg cp séc bte de 30** | 65 | 5,47 | lactose | BRISTOL-MYERS SQUIBB |
| SOTALOL ARROW 160 mg cp séc bte de 30 | 65 | 5,47 | lactose | ARROW GÉNÉRIQUES |
| SOTALOL BIOGARAN 160 mg cp séc bte de 30 | 65 | 5,47 | lactose | BIOGARAN |
| SOTALOL EG 160 mg cp séc bte de 30 | 65 | 5,47 | lactose | EG LABO |
| SOTALOL G GAM 160 mg cp séc bte de 30 | 65 | 5,47 | lactose | G GAM |
| SOTALOL IVAX 160 mg cp séc bte de 30 | 65 | 5,47 | lactose | IVAX SAS |
| SOTALOL MERCK 160 mg cp séc bte de 30 | 65 | 5,47 | | MERCK GÉNÉRIQUES |
| SOTALOL RATIOPHARM 160 mg cp séc bte de 30 | 65 | 5,47 | lactose | RATIOPHARM |
| SOTALOL RPG 160 mg cp séc bte de 30 | 65 | 5,47 | lactose | RPG |
| SOTALOL SANDOZ 160 mg cp séc bte de 30 | 65 | 5,47 | lactose | SANDOZ |
| SOTALOL TEVA 160 mg cp séc bte de 30 | 65 | 5,47 | lactose | TÉVA CLASSICS |
| SOTALOL WINTHROP 160 mg cp séc bte de 30 | 65 | 5,47 | lactose | WINTHROP MÉDICAMENTS |
| **SOTALOL CHLORHYDRATE 80 mg cp (TFR)** | | | | |
| **SOTALEX 80 mg cp séc fl de 30** | 65 | 3,17 | lactose | BRISTOL-MYERS SQUIBB |
| SOTALOL ARROW 80 mg cp séc bte de 30 | 65 | 3,17 | lactose | ARROW GÉNÉRIQUES |
| SOTALOL BIOGARAN 80 mg cp séc bte de 30 | 65 | 3,17 | lactose | BIOGARAN |
| SOTALOL EG 80 mg cp séc bte de 30 | 65 | 3,17 | lactose | EG LABO |
| SOTALOL G GAM 80 mg cp séc bte de 30 | 65 | 3,17 | lactose | G GAM |
| SOTALOL IVAX 80 mg cp séc bte de 30 | 65 | 3,17 | lactose | IVAX SAS |
| SOTALOL MERCK 80 mg cp séc bte de 30 | 65 | 3,17 | | MERCK GÉNÉRIQUES |
| SOTALOL RATIOPHARM 80 mg cp séc bte de 30 | 65 | 3,17 | lactose | RATIOPHARM |
| SOTALOL RPG 80 mg cp séc bte de 30 | 65 | 3,17 | lactose | RPG |

| DCI / Intitulé du produit | Remb SS | Prix | Excipients à effet notoire | Laboratoire |
|---|---|---|---|---|
| SOTALOL SANDOZ 80 mg cp séc bte de 30 | 65 | 3,17 | lactose | SANDOZ |
| SOTALOL TEVA 80 mg cp séc bte de 30 | 65 | 3,17 | lactose | TÉVA CLASSICS |
| SOTALOL WINTHROP 80 mg cp séc bte de 30 | 65 | 3,17 | lactose | WINTHROP MÉDICAMENTS |
| **SPIRAMYCINE 0,75 MUI + METRONIDAZOLE 125 mg cp** | | | | |
| MISSILOR Gé 750000 UI/125 mg cp bte de 20 | 65 | 7,26 | lactose, sodium | PIERRE FABRE ORAL CARE |
| **RODOGYL cp bte de 20** | 65 | 9,43 | sorbitol | AVENTIS |
| SPIRAMYCINE METRONIDAZOLE ARROW 750000 UI/125 mg cp bte de 20 | 65 | 7,26 | | ARROW GÉNÉRIQUES |
| SPIRAMYCINE METRONIDAZOLE BIOGARAN 750000 UI/125 mg cp bte de 20 | 65 | 7,26 | | BIOGARAN |
| SPIRAMYCINE METRONIDAZOLE EG 750000 UI/125 mg cp bte de 20 | 65 | 7,26 | | EG LABO |
| SPIRAMYCINE METRONIDAZOLE TEVA 750000 UI/125 mg cp bte de 20 | 65 | 7,26 | | TÉVA CLASSICS |
| **SPIRAMYCINE 1,5 MUI + METRONIDAZOLE 250 mg cp** | | | | |
| BI MISSILLOR GÉ 1,5 MUI/250 mg cp bte de 10 | 65 | 6,92 | | PIERRE FABRE ORAL CARE |
| **BIRODOGYL cp bte de 10** | 65 | 8,97 | sorbitol | AVENTIS |
| SPIRAMYCINE METRONIDAZOLE ARROW 1,5 MUI/250 mg cp bte de 10 | 65 | 6,92 | | ARROW GÉNÉRIQUES |
| SPIRAMYCINE METRONIDAZOLE BIOGARAN 1,5 MUI/250 mg cp bte de 10 | 65 | 6,92 | | BIOGARAN |
| SPIRAMYCINE METRONIDAZOLE EG 1,5 MUI/250 mg cp bte de 10 | 65 | 6,92 | | EG LABO |
| SPIRAMYCINE METRONIDAZOLE MERCK 1,5 MUI/250 mg cp bte de 10 | 65 | 6,92 | | MERCK GÉNÉRIQUES |
| SPIRAMYCINE METRONIDAZOLE QUALIMED 1,5 MUI/250 mg cp bte de 10 | 65 | 6,92 | | QUALIMED |
| SPIRAMYCINE METRONIDAZOLE RANBAXY 1,5 MUI/250 mg cp bte de 10 | 65 | 6,92 | | RPG |
| SPIRAMYCINE METRONIDAZOLE RATIOPHARM 1,5 MUI/250 mg cp bte de 10 | 65 | 6,92 | | RATIOPHARM |
| SPIRAMYCINE METRONIDAZOLE SANDOZ 1,5 MUI/250 mg cp bte de 10 | 65 | 6,92 | | SANDOZ |
| SPIRAMYCINE METRONIDAZOLE TEVA 1,5 MUI/250 mg cp bte de 10 | 65 | 6,92 | | TÉVA CLASSICS |
| **SPIRAMYCINE 3 MUI cp** | | | | |
| **ROVAMYCINE 3 MUI cp bte de 10** | 65 | 13,59 | | GRÜNENTHAL |
| **ROVAMYCINE 3 MUI cp bte de 16** | 65 | 21,43 | | GRÜNENTHAL |
| **SPIRONOLACTONE 50 mg cp séc (TFR)** | | | | |
| **ALDACTONE 50 mg cp séc bte de 30** | 65 | 8,90 | lactose, potassium | PFIZER |
| **ALDACTONE 50 mg cp séc bte de 90** | 65 | 14,41 | lactose, potassium | PFIZER |
| PRACTON Gé 50 mg cp séc bte de 30 | 65 | 5,16 | lactose, potassium | PFIZER |
| PRACTON Gé 50 mg cp séc bte de 90 | 65 | 14,41 | lactose, potassium | PFIZER |
| SPIRONOLACTONE BIOGARAN 50 mg cp séc bte de 30 | 65 | 5,16 | lactose, potassium | BIOGARAN |

Voir p. 1154 : Comment utiliser ce tableau ?

| | | | | |
|---|---|---|---|---|
| SPIRONOLACTONE EG 50 mg cp séc bte de 30 | 65 | 5,16 | lactose | EG LABO |
| SPIRONOLACTONE IVAX 50 mg cp séc bte de 30 | 65 | 5,16 | lactose | IVAX SAS |
| SPIRONOLACTONE RPG 50 mg cp séc bte de 30 | 65 | 5,16 | lactose, potassium | RPG |
| SPIRONOLACTONE TEVA 50 mg cp séc bte de 30 | 65 | 5,16 | lactose, potassium | TÉVA CLASSICS |
| SPIRONOLACTONE WINTHROP 50 mg cp séc bte de 30 | 65 | 5,16 | lactose, potassium | WINTHROP MÉDICAMENTS |
| **SPIRONOLACTONE 75 mg cp séc (TFR)** | | | | |
| **ALDACTONE 75 mg cp séc bte de 30** | 65 | 12,84 | lactose, potassium | PFIZER |
| **ALDACTONE 75 mg cp séc bte de 90** | 65 | 19,72 | lactose, potassium | PFIZER |
| PRACTON Gé 75 mg cp séc bte de 30 | 65 | 6,93 | lactose, potassium | PFIZER |
| PRACTON Gé 75 mg cp séc bte de 90 | 65 | 19,72 | lactose, potassium | PFIZER |
| SPIRONOLACTONE ARROW 75 mg cp séc bte de 30 | 65 | 6,93 | lactose, potassium | ARROW GÉNÉRIQUES |
| SPIRONOLACTONE BIOGARAN 75 mg cp séc bte de 30 | 65 | 6,93 | lactose, potassium | BIOGARAN |
| SPIRONOLACTONE EG 75 mg cp séc bte de 30 | 65 | 6,93 | lactose, potassium | EG LABO |
| SPIRONOLACTONE G GAM 75 mg cp séc bte de 30 | 65 | 6,93 | lactose, potassium | G GAM |
| SPIRONOLACTONE IVAX 75 mg cp séc bte de 30 | 65 | 6,93 | lactose | IVAX SAS |
| SPIRONOLACTONE MERCK 75 mg cp bte de 30 | 65 | 6,93 | lactose, potassium | MERCK GÉNÉRIQUES |
| SPIRONOLACTONE RATIOPHARM 75 mg cp séc bte de 30 | 65 | 6,93 | lactose, potassium | RATIOPHARM |
| SPIRONOLACTONE RPG 75 mg cp séc bte de 30 | 65 | 6,93 | lactose, potassium | RPG |
| SPIRONOLACTONE SANDOZ 75 mg cp séc bte de 30 | 65 | 6,93 | lactose, potassium | SANDOZ |
| SPIRONOLACTONE TEVA 75 mg cp séc bte de 30 | 65 | 6,93 | lactose, potassium | TÉVA CLASSICS |
| SPIRONOLACTONE WINTHROP 75 mg cp séc bte de 30 | 65 | 6,93 | lactose, potassium | WINTHROP MÉDICAMENTS |
| SPIRONONE Gé 75 mg cp séc bte de 30 | 65 | 6,93 | lactose, potassium | DEXO |
| **SPIRONOLACTONE/ALTIZIDE 25 mg/15 mg cp séc** | | | | |
| **ALDACTAZINE cp séc bte de 30** | 65 | 6,00 | lactose, potassium | PFIZER |
| **ALDACTAZINE cp séc bte de 90** | 65 | 16,92 | lactose, potassium | PFIZER |
| ALTIZIDE SPIRONOLACTONE RPG 15 mg/25 mg cp séc bte de 30 | 65 | 4,18 | lactose, potassium | RPG |
| PRACTAZIN Gé cp séc bte de 90 | 65 | 11,45 | lactose, potassium | PFIZER |
| PRACTAZIN Gé cp séc bte de 15 | 65 | 2,37 | lactose, potassium | PFIZER |
| PRACTAZIN Gé cp séc bte de 30 | 65 | 4,18 | lactose, potassium | PFIZER |
| SPIRONOLACTONE ALTIZIDE ARROW 25 mg/15 mg cp séc bte de 30 | 65 | 4,18 | lactose, potassium | ARROW GÉNÉRIQUES |
| SPIRONOLACTONE ALTIZIDE BIOGARAN 25/15 mg cp séc bte de 30 | 65 | 4,18 | lactose, potassium | BIOGARAN |
| SPIRONOLACTONE ALTIZIDE EG 25 mg/15 mg cp bte de 30 | 65 | 4,18 | lactose | EG LABO |

| DCI / Intitulé du produit | Remb SS | Prix | Excipients à effet notoire | Laboratoire |
|---|---|---|---|---|
| SPIRONOLACTONE ALTIZIDE IVAX 25 mg/15 mg cp séc bte de 30 | 65 | 4,18 | lactose | IVAX SAS |
| SPIRONOLACTONE ALTIZIDE MERCK 25 mg/15 mg cp séc bte de 30 | 65 | 4,18 | lactose | MERCK GÉNÉRIQUES |
| SPIRONOLACTONE ALTIZIDE TEVA 25 mg/15 mg cp séc bte de 30 | 65 | 4,18 | lactose, potassium | TÉVA CLASSICS |
| SPIRONOLACTONE ALTIZIDE WINTHROP 25 mg/15 mg cp séc bte de 30 | 65 | 4,18 | lactose, potassium | IREX |
| SPIRONOLACTONE/ALTIZIDE SANDOZ 25 mg/15 mg cp séc bte de 30 | 65 | 4,18 | lactose, potassium | SANDOZ |
| **SUCRALFATE 1 g cp** | | | | |
| KEAL Gé 1 g cp séc bte de 30 | 35 | 5,22 | | EG LABO |
| SUCRALFATE RPG 1 g cp séc bte de 30 | 35 | 5,22 | | RPG |
| **ULCAR 1 g cp bte de 30** | NR | 8,99 | | AVENTIS |
| **SUCRALFATE 1 g susp buv** | | | | |
| KEAL Gé 1 g susp buv 30 sach | 35 | 5,22 | sorbitol | EG LABO |
| SUCRALFATE RPG 1 g susp buv 30 sach/5 ml | 35 | 5,22 | sorbitol | RPG |
| SUCRALFATE TEVA 1 g susp buv 30 sach/5 ml | 35 | 5,22 | sorbitol | TÉVA CLASSICS |
| **ULCAR 1 g susp buv 30 sach** | NR | 8,99 | glycérol | AVENTIS |
| **SULFAMETHOXAZOLE/TRIMETHOPRIME 800 mg/160 mg cp** | | | | |
| **BACTRIM FORTE 800 mg/160 mg cp bte de 10** | 65 | 2,62 | | ROCHE |
| COTRIMOXAZOLE RATIOPHARM 800 mg/160 mg cp bte de 10 | 65 | 2,27 | | RATIOPHARM |
| **SULPIRIDE 0,5 g/100 ml sol buv (TFR)** | | | | |
| **DOGMATIL 0,5 g/100 ml sol buv fl de 200 ml** | 65 | 2,35 | sodium | SANOFI-AVENTIS FRANCE |
| SYNEDIL Gé 5 mg/ml sol buv fl de 200 ml | 65 | 2,67 | | EREMPHARMA |
| SYNEDIL Gé 5 mg/ml sol buv fl de 200 ml | 65 | 2,67 | | EREMPHARMA |
| **SULPIRIDE 100 mg/2 ml sol inj IM (TFR)** | | | | |
| **DOGMATIL 100 mg/2 ml sol inj 6 amp** | 65 | 1,96 | | SANOFI-AVENTIS FRANCE |
| **SULPIRIDE 200 mg cp (TFR)** | | | | |
| **DOGMATIL 200 mg cp séc bte de 12** | 65 | 5,23 | lactose | SANOFI-AVENTIS FRANCE |
| SULPIRIDE G GAM 200 mg cp séc bte de 12 | 65 | 5,23 | lactose | G GAM |
| SULPIRIDE MERCK 200 mg cp séc bte de 12 | 65 | 5,23 | | MERCK GÉNÉRIQUES |
| SULPIRIDE TEVA 200 mg cp séc bte de 12 | 65 | 5,23 | lactose | TÉVA CLASSICS |
| SYNEDIL Gé FORT 200 mg cp bte de 12 | 65 | 6,07 | lactose | EREMPHARMA |

Voir p. 1154 : Comment utiliser ce tableau ?

| | | | | |
|---|---|---|---|---|
| **SULPIRIDE 50 mg gél (TFR)** | | | | |
| **DOGMATIL 50 mg gél fl de 30** | 65 | 3,86 | lactose | SANOFI-AVENTIS FRANCE |
| SULPIRIDE G GAM 50 mg gél bte de 30 | 65 | 3,86 | lactose | G GAM |
| SULPIRIDE MERCK 50 mg gél bte de 30 | 65 | 3,86 | | MERCK GÉNÉRIQUES |
| SULPIRIDE SANDOZ 50 mg gél bte de 30 | 65 | 3,86 | lactose | SANDOZ |
| SULPIRIDE TEVA 50 mg gél bte de 30 | 65 | 3,86 | lactose | TÉVA CLASSICS |
| SYNEDIL Gé 50 mg gél bte de 30 | 65 | 4,44 | lactose | EREMPHARMA |
| **SUMATRIPTAN SUCCINATE 6 mg/0,5 ml sol inj SC** | | | | |
| **IMIGRANE 6 mg sol inj 2 seringues** | NR | 80,78 | chlorure de sodium | GLAXOSMITHKLINE |
| **IMIGRANE 6 mg sol inj 2 seringues + autoinj** | NR | 85,04 | chlorure de sodium | GLAXOSMITHKLINE |
| **TAMOXIFENE CITRATE 10 mg cp** | | | | |
| KESSAR Gé 10 mg cp bte de 30 | 100 | 7,02 | lactose | PFIZER |
| **NOLVADEX 10 mg cp bte de 30** | 100 | 8,62 | lactose | ASTRAZENECA |
| ONCOTAM Gé 10 mg cp bte de 30 | 100 | 7,02 | lactose | MAYOLY-SPINDLER |
| TAMOXIFENE ARROW 10 mg cp bte de 30 | 100 | 7,02 | lactose | ARROW GÉNÉRIQUES |
| TAMOXIFENE BIOGARAN 10 mg cp bte de 30 | 100 | 7,02 | lactose | BIOGARAN |
| TAMOXIFENE EG 10 mg cp bte de 30 | 100 | 7,02 | lactose | EG LABO |
| TAMOXIFENE G GAM 10 mg cp bte de 30 | 100 | 7,02 | lactose | G GAM |
| TAMOXIFENE MERCK 10 mg cp bte de 30 | 100 | 7,02 | | MERCK GÉNÉRIQUES |
| TAMOXIFENE RATIOPHARM 10 mg cp bte de 30 | 100 | 7,02 | | RATIOPHARM |
| TAMOXIFENE RPG 10 mg cp bte de 30 | 100 | 7,02 | lactose | RPG |
| TAMOXIFENE TEVA 10 mg cp bte de 30 | 100 | 7,02 | lactose | TÉVA CLASSICS |
| TAMOXIFENE ZYDUS 10 mg cp bte de 30 | 100 | 7,02 | lactose | ZYDUS FRANCE |
| **TAMOXIFENE CITRATE 20 mg cp** | | | | |
| **NOLVADEX 20 mg cp bte de 30** | 100 | 17,74 | lactose | ASTRAZENECA |
| ONCOTAM Gé 20 mg cp bte de 30 | 100 | 14,06 | lactose | MAYOLY-SPINDLER |
| TAMOXIFENE ARROW 20 mg cp bte de 30 | 100 | 14,06 | lactose | ARROW GÉNÉRIQUES |
| TAMOXIFENE BIOGARAN 20 mg cp bte de 30 | 100 | 14,06 | lactose | BIOGARAN |
| TAMOXIFENE EG 20 mg cp bte de 30 | 100 | 14,06 | lactose | EG LABO |
| TAMOXIFENE G GAM 20 mg cp séc bte de 30 | 100 | 14,06 | lactose | G GAM |
| TAMOXIFENE MERCK 20 mg cp bte de 30 | 100 | 14,06 | | MERCK GÉNÉRIQUES |
| TAMOXIFENE RATIOPHARM 20 mg cp bte de 30 | 100 | 14,06 | | RATIOPHARM |

| DCI / Intitulé du produit | Remb SS | Prix | Excipients à effet notoire | Laboratoire |
|---|---|---|---|---|
| TAMOXIFENE RPG 20 mg cp bte de 30 | 100 | 14,06 | lactose | RPG |
| TAMOXIFENE SANDOZ 20 mg cp séc bte de 30 | 100 | 14,06 | lactose | SANDOZ |
| TAMOXIFENE TEVA 20 mg cp bte de 30 | 100 | 14,06 | lactose | TÉVA CLASSICS |
| TAMOXIFENE ZYDUS 20 mg cp bte de 30 | 100 | 14,06 | lactose | ZYDUS FRANCE |
| **TAMSULOSINE CHLORHYDRATE LP 0,4 mg microgranules gél** | | | | |
| **JOSIR LP 0,4 mg gél bte de 30** | 35 | 24,97 | | BOEHRINGER INGELHEIM FRANCE |
| **OMIX LP 0,4 mg gél bte de 30** | 35 | 24,97 | | ASTELLAS PHARMA |
| TAMSULOSINE BIOGARAN 0,4 mg gél LP bte de 30 | 35 | 16,84 | lécithine de soja | BIOGARAN |
| TAMSULOSINE EG 0,4 mg gél LP bte de 30 | 35 | 16,84 | lécithine de soja | EG LABO |
| TAMSULOSINE MERCK 0,4 mg gél LP bte de 30 | 35 | 16,84 | lécithine de soja | MERCK GÉNÉRIQUES |
| TAMSULOSINE QUALIMED 0,4 mg gél LP bte de 30 | 35 | 16,84 | lécithine de soja | QUALIMED |
| TAMSULOSINE RATIOPHARM 0,4 mg gél LP bte de 30 | 35 | 16,84 | | RATIOPHARM |
| TAMSULOSINE SANDOZ 0,4 mg gél LP bte de 30 | 35 | 16,84 | | SANDOZ |
| TAMSULOSINE TEVA 0,4 mg gél LP bte de 30 | 35 | 17,66 | lécithine de soja | TÉVA CLASSICS |
| **TERAZOSINE CHLORHYDRATE 5 mg cp (TFR)** | | | | |
| **DYSALFA 5 mg cp bte de 28** | 35 | 16,51 | lactose | SOLVAY PHARMA |
| **HYTRINE 5 mg cp bte de 28** | 35 | 19,33 | lactose | CENTRE SPÉCIALITÉS PHARMACEUTIQUES |
| TERAZOSINE BIOGARAN 5 mg cp bte de 28 | 35 | 16,51 | jaune orangé S (E 110), lactose | BIOGARAN |
| TERAZOSINE MERCK 5 mg cp bte de 28 | 35 | 16,51 | lactose | MERCK GÉNÉRIQUES |
| TERAZOSINE TEVA 5 mg cp bte de 28 | 35 | 16,51 | lactose | TÉVA CLASSICS |
| **TERBINAFINE CHLORHYDRATE 250 mg cp séc** | | | | |
| **LAMISIL 250 mg cp séc bte de 14** | 65 | 32,01 | | NOVARTIS PHARMA SAS |
| **LAMISIL 250 mg cp séc bte de 28** | 65 | 58,82 | | NOVARTIS PHARMA SAS |
| **TERBUTALINE SULFATE 5 mg/2 ml sol p inhal/nébulisation en unidose** | | | | |
| **BRICANYL 5 mg/2 ml sol p inhal/nébulisation 50 unidoses** | 65 | 23,38 | | ASTRAZENECA |
| **TETRAZEPAM 50 mg cp** | | | | |
| MEGAVIX Gé 50 mg cp séc bte de 20 | 35 | 4,55 | | WINTHROP MÉDICAMENTS |
| **MYOLASTAN 50 mg cp séc bte de 20** | 35 | 5,36 | lactose | SANOFI-AVENTIS FRANCE |
| PANOS Gé 50 mg cp séc bte de 20 | 35 | 4,55 | lactose | DAIICHI SANKYO FRANCE SAS |
| TETRAZEPAM ALMUS 50 mg cp séc bte de 20 | 35 | 4,55 | lactose | ALMUS FRANCE |

Voir p. 1154 : Comment utiliser ce tableau ?

| | | | | |
|---|---|---|---|---|
| TETRAZEPAM ARROW 50 mg cp séc bte de 20 | 35 | 4,55 | lactose | ARROW GÉNÉRIQUES |
| TETRAZEPAM BIOGARAN 50 mg cp séc bte de 20 | 35 | 4,55 | lactose | BIOGARAN |
| TETRAZEPAM EG 50 mg cp séc bte de 20 | 35 | 4,55 | lactose | EG LABO |
| TETRAZEPAM G GAM 50 mg cp séc bte de 20 | 35 | 4,55 | lactose | G GAM |
| TETRAZEPAM IVAX 50 mg cp séc bte de 20 | 35 | 4,55 | lactose | IVAX SAS |
| TETRAZEPAM MERCK 50 mg cp séc bte de 20 | 35 | 4,55 | | MERCK GÉNÉRIQUES |
| TETRAZEPAM RATIOPHARM 50 mg cp séc bte de 20 | 35 | 4,55 | lactose | RATIOPHARM |
| TETRAZEPAM RPG 50 mg cp séc bte de 20 | 35 | 4,55 | lactose | RPG |
| TETRAZEPAM SANDOZ 50 mg cp séc bte de 20 | 35 | 4,55 | lactose | SANDOZ |
| TETRAZEPAM TEVA 50 mg cp séc bte de 20 | 35 | 4,55 | lactose | TÉVA CLASSICS |
| TETRAZEPAM WINTHROP 50 mg cp séc bte de 20 | 35 | 4,55 | | WINTHROP MÉDICAMENTS |
| TETRAZEPAM ZYDUS 50 mg cp séc bte de 20 | 35 | 4,55 | lactose | ZYDUS FRANCE |
| **THIOCOLCHICOSIDE 4 mg cp** | | | | |
| **COLTRAMYL 4 mg cp bte de 12** | 35 | 4,04 | lactose, saccharose | AVENTIS |
| MIOREL Gé 4mg gél bte de 12 | 35 | 3,44 | lactose | DAIICHI SANKYO FRANCE SAS |
| MIOREL Gé 4mg gél bte de 24 | 35 | 6,12 | lactose | DAIICHI SANKYO FRANCE SAS |
| MYOPLEGE Gé 4mg gél bte de 12 | 35 | 3,44 | lactose | GENÉVRIER SA |
| THIOCOLCHICOSIDE ARROW 4 mg cp bte de 12 | 35 | 3,44 | lactose | ARROW GÉNÉRIQUES |
| THIOCOLCHICOSIDE ARROW 4 mg cp bte de 24 | 35 | 6,12 | lactose | ARROW GÉNÉRIQUES |
| THIOCOLCHICOSIDE BIOGARAN 4 mg cp bte de 12 | 35 | 3,44 | lactose | BIOGARAN |
| THIOCOLCHICOSIDE BIOGARAN 4 mg cp bte de 24 | 35 | 6,12 | lactose | BIOGARAN |
| THIOCOLCHICOSIDE EG 4 mg cp séc bte de 12 | 35 | 3,44 | lactose | EG LABO |
| THIOCOLCHICOSIDE EG 4 mg cp séc bte de 24 | 35 | 6,12 | lactose | EG LABO |
| THIOCOLCHICOSIDE G GAM 4 mg cp bte de 24 | 35 | 6,12 | lactose | G GAM |
| THIOCOLCHICOSIDE G GAM 4 mg cp séc bte de 12 | 35 | 3,44 | lactose | G GAM |
| THIOCOLCHICOSIDE IVAX 4 mg cp bte de 12 | 35 | 3,44 | lactose | IVAX SAS |
| THIOCOLCHICOSIDE IVAX 4 mg cp bte de 24 | 35 | 6,12 | lactose | IVAX SAS |
| THIOCOLCHICOSIDE MERCK 4 mg cp bte de 12 | 35 | 3,44 | lactose | MERCK GÉNÉRIQUES |
| THIOCOLCHICOSIDE MERCK 4 mg cp bte de 24 | 35 | 6,12 | lactose | MERCK GÉNÉRIQUES |
| THIOCOLCHICOSIDE QUALIMED 4 mg cp bte de 12 | 35 | 3,44 | lactose | QUALIMED |
| THIOCOLCHICOSIDE QUALIMED 4 mg cp bte de 24 | 35 | 6,12 | lactose | QUALIMED |
| THIOCOLCHICOSIDE RATIOPHARM 4 mg cp séc bte de 12 | 35 | 3,44 | lactose | RATIOPHARM |

| DCI / Intitulé du produit | Remb SS | Prix | Excipients à effet notoire | Laboratoire |
|---|---|---|---|---|
| THIOCOLCHICOSIDE RATIOPHARM 4 mg cp séc bte de 24 | 35 | 6,12 | lactose | RATIOPHARM |
| THIOCOLCHICOSIDE SANDOZ 4 mg cp bte de 12 | 35 | 3,44 | lactose | SANDOZ |
| THIOCOLCHICOSIDE SANDOZ 4 mg cp bte de 24 | 35 | 6,12 | lactose | SANDOZ |
| THIOCOLCHICOSIDE TEVA 4 mg cp bte de 12 | 35 | 3,44 | lactose | TÉVA CLASSICS |
| THIOCOLCHICOSIDE TEVA 4 mg cp bte de 24 | 35 | 6,12 | lactose | TÉVA CLASSICS |
| THIOCOLCHICOSIDE WINTHROP 4 mg cp bte de 12 | 35 | 3,44 | lactose, saccharose | WINTHROP MÉDICAMENTS |
| THIOCOLCHICOSIDE WINTHROP 4 mg cp bte de 24 | 35 | 6,12 | lactose, saccharose | WINTHROP MÉDICAMENTS |
| **THIOCOLCHICOSIDE 4 mg/2 ml sol inj** | | | | |
| MIOREL Gé 4 mg/2 ml sol inj 5 amp | NR | 4,85 | | DAIICHI SANKYO FRANCE SAS |
| **TIAPRIDE CHLORHYDRATE 100 mg cp séc (TFR)** | | | | |
| **TIAPRIDAL 100 mg cp séc bte de 20** | 65 | 3,59 | | SANOFI-AVENTIS FRANCE |
| TIAPRIDE MERCK 100 mg cp séc bte de 20 | 65 | 3,59 | | MERCK GÉNÉRIQUES |
| TIAPRIDE SANDOZ 100 mg cp séc bte de 20 | 65 | 3,59 | | SANDOZ |
| **TICLOPIDINE CHLORHYDRATE 250 mg cp (TFR)** | | | | |
| **TICLID 250 mg cp bte de 30 (DOM-TOM)** | 65 | 26,81 | | SANOFI-AVENTIS FRANCE |
| **TICLID 250 mg cp bte de 30** | 65 | 26,81 | | SANOFI-AVENTIS FRANCE |
| TICLOPIDINE ARROW 250 mg cp bte de 30 | 65 | 16,18 | lactose | ARROW GÉNÉRIQUES |
| TICLOPIDINE G GAM 250 mg cp bte de 30 | 65 | 16,18 | lactose | G GAM |
| TICLOPIDINE MERCK 250 mg cp bte de 30 | 65 | 16,18 | lactose | MERCK GÉNÉRIQUES |
| TICLOPIDINE QUALIMED 250 mg cp bte de 30 | 65 | 16,18 | lactose | QUALIMED |
| **TIMOLOL MALEATE 0,10 % collyre (TFR)** | | | | |
| TIMOLOL G GAM 0,10 % collyre fl de 3 ml | 65 | 2,55 | chlorure de benzalkonium | G GAM |
| **TIMOPTOL 0,1 % collyre fl de 3 ml** | 65 | 3,91 | chlorure de benzalkonium | MERCK SHARP ET DOHME-CHIBRET |
| **TIMOLOL MALEATE 0,25 % collyre (TFR)** | | | | |
| DIGAOL Gé 0,25 % collyre fl de 3 ml | 65 | 3,06 | chlorure de benzalkonium | IOLTECH |
| GAOPTOL Gé 0,25 % collyre fl de 3 ml | 65 | 2,69 | chlorure de benzalkonium | EUROPHTA |
| NYOLOL Gé 0,25 % collyre fl de 3 ml | 65 | 2,69 | chlorure de benzalkonium | EUROPHTA |
| TIMOLOL ALCON 0,25 % collyre fl de 5 ml | 65 | 5,16 | chlorure de benzalkonium | ALCON |
| TIMOLOL SANDOZ 0,25 % collyre fl de 3 ml | 65 | 2,69 | chlorure de benzalkonium | SANDOZ |
| TIMOLOL TEVA 0,25 % collyre fl compte-gouttes de 5 ml | 65 | 4,12 | chlorure de benzalkonium | TÉVA CLASSICS |
| **TIMOPTOL 0,25 % collyre fl de 3 ml** | 65 | 4,52 | chlorure de benzalkonium | MERCK SHARP ET DOHME-CHIBRET |

Voir p. 1154 : Comment utiliser ce tableau ?

| | | | | |
|---|---|---|---|---|
| **TIMOLOL MALEATE 0,50 % collyre (TFR)** | | | | |
| DIGAOL Gé 0,5 % collyre fl de 3 ml | 65 | 3,23 | chlorure de benzalkonium | IOLTECH |
| GAOPTOL Gé 0,5 % collyre fl de 3 ml | 65 | 2,82 | chlorure de benzalkonium | EUROPHTA |
| NYOLOL Gé 0,5 % collyre fl de 3 ml | 65 | 2,82 | chlorure de benzalkonium | EUROPHTA |
| TIMOLOL ALCON 0,5 % collyre fl de 5 ml | 65 | 5,53 | chlorure de benzalkonium | ALCON |
| TIMOLOL G GAM 0,50 % collyre fl de 3 ml | 65 | 2,82 | chlorure de benzalkonium | G GAM |
| TIMOLOL TEVA 0,5 % collyre fl compte-gouttes de 5 ml | 65 | 4,36 | chlorure de benzalkonium | TÉVA CLASSICS |
| **TIMOPTOL 0,5 % collyre fl de 3 ml** | 65 | 4,82 | chlorure de benzalkonium | MERCK SHARP ET DOHME-CHIBRET |
| **TOPIRAMATE 100 mg cp** | | | | |
| **EPITOMAX 100 mg cp bte de 28** | 65 | 36,10 | lactose | JANSSEN-CILAG |
| **TOPIRAMATE 200 mg cp** | | | | |
| **EPITOMAX 200 mg cp bte de 28** | 65 | 66,92 | lactose | JANSSEN-CILAG |
| **TOPIRAMATE 50 mg cp** | | | | |
| **EPITOMAX 50 mg cp bte de 28** | 65 | 18,66 | lactose | JANSSEN-CILAG |
| **TRAMADOL CHLORHYDRATE 50 mg gél (TFR)** | | | | |
| BIODALGIC Gé 50 mg cp efferv bte de 30 | 65 | 5,36 | aspartam, lactose, sodium | BIOCODEX |
| **CONTRAMAL 50 mg gél bte de 30** | 65 | 5,36 | | GRÜNENTHAL |
| OROZAMUDOL Gé 50 mg cp orodispersible bte de 30 | 65 | 5,36 | aspartam, maltodextrine | MEDA PHARMA SAS |
| **TOPALGIC 50 mg gél bte de 30** | 65 | 5,36 | | SANOFI-AVENTIS FRANCE |
| TRAMADOL ARROW 50 mg cp bte de 30 | 65 | 5,36 | | ARROW GÉNÉRIQUES |
| TRAMADOL BIOGARAN 50 mg gél bte de 30 | 65 | 5,36 | lactose | BIOGARAN |
| TRAMADOL EG 50 mg cp bte de 30 | 65 | 5,36 | | EG LABO |
| TRAMADOL IREX 50 mg cp efferv bte de 30 | NR | 5,36 | aspartam, lactose, sodium | WINTHROP MÉDICAMENTS |
| TRAMADOL IVAX 50 mg gél bte de 30 | 65 | 5,36 | | IVAX SAS |
| TRAMADOL MERCK 50 mg cp efferv bte de 30 | 65 | 5,36 | aspartam, butylhydroxyanisole, lactose, sodium | MERCK GÉNÉRIQUES |
| TRAMADOL MERCK 50 mg gél bte de 30 | 65 | 5,36 | lactose | MERCK GÉNÉRIQUES |
| TRAMADOL QUALIMED 50 mg cp bte de 30 | 65 | 5,36 | | QUALIMED |
| TRAMADOL RATIOPHARM 50 mg cp bte de 30 | 65 | 5,36 | | RATIOPHARM |
| TRAMADOL SANDOZ 50 mg cp bte de 30 | 65 | 5,36 | | SANDOZ |
| TRAMADOL TEVA 50 mg cp efferv bte de 30 | 65 | 5,36 | aspartam, lactose, sodium | TÉVA CLASSICS |
| TRAMADOL TEVA 50 mg gél bte de 30 | 65 | 5,36 | lactose | TÉVA CLASSICS |

| DCI / Intitulé du produit | Remb SS | Prix | Excipients à effet notoire | Laboratoire |
|---|---|---|---|---|
| TRAMADOL ZYDUS 50 mg gél bte de 30 | 65 | 5,36 | lécithine de soja | ZYDUS FRANCE |
| TRASEDAL Gé 50 mg cp bte de 30 | 65 | 6,21 | | ELERTÉ |
| TRASEDAL Gé 50 mg cp efferv bte de 30 | 65 | 6,21 | aspartam, lactose, sodium | ELERTÉ |
| ZUMALGIC Gé 50 mg cp efferv bte de 30 | 65 | 6,21 | aspartam, lactose, sodium | EREMPHARMA |
| **TRIMEBUTINE 0,787 g/100g granulé susp buv** | | | | |
| **DEBRIDAT granulé susp buv fl de 250ml** | 35 | 3,97 | jaune orangé S (E 110), saccharose | PFIZER |
| **TRIMEBUTINE MALEATE 100 mg cp** | | | | |
| **DEBRIDAT 100 mg cp bte de 30** | 35 | 4,59 | lactose | PFIZER |
| MODULON Gé 100 mg cp bte de 30 | 35 | 4,22 | lactose | PFIZER |
| TRANSACALM Gé 100 mg cp bte de 30 | 35 | 4,22 | lactose | NORGINE PHARMA |
| TRIMEBUTINE ALMUS 100 mg cp bte de 30 | 35 | 4,22 | lactose | ALMUS FRANCE |
| TRIMEBUTINE ALTER 100 mg cp bte de 30 | 35 | 4,22 | lactose | ALTER |
| TRIMEBUTINE EG 100 mg cp bte de 30 | 35 | 4,22 | lactose | EG LABO |
| TRIMEBUTINE G GAM 100 mg cp bte de 30 | 35 | 4,22 | lactose | G GAM |
| TRIMEBUTINE IVAX 100 mg cp bte de 30 | 35 | 4,22 | lactose | IVAX SAS |
| TRIMEBUTINE MERCK 100 mg cp bte de 30 | 35 | 4,22 | amidon de blé, lactose, saccharose | MERCK GÉNÉRIQUES |
| TRIMEBUTINE QUALIMED 100 mg cp bte de 30 | 35 | 4,22 | amidon de blé, lactose, saccharose | QUALIMED |
| TRIMEBUTINE RATIOPHARM 100 mg cp bte de 30 | 35 | 4,22 | lactose | RATIOPHARM |
| TRIMEBUTINE RPG 100 mg cp bte de 30 | 35 | 4,22 | lactose | RPG |
| TRIMEBUTINE SANDOZ 100 mg cp bte de 30 | 35 | 4,22 | lactose | SANDOZ |
| TRIMEBUTINE TEVA 100 mg cp bte de 30 | 35 | 4,22 | lactose | TÉVA CLASSICS |
| TRIMEBUTINE WINTHROP 100 mg cp bte de 30 | 35 | 4,22 | lactose | WINTHROP MÉDICAMENTS |
| **TRIMEBUTINE MALEATE 200 mg cp** | | | | |
| **DEBRIDAT 200 mg cp bte de 30** | 35 | 8,46 | lactose | PFIZER |
| TRIMEBUTINE BIOGARAN 200 mg cp bte de 30 | 35 | 6,96 | | BIOGARAN |
| TRIMEBUTINE EG 200 mg cp bte de 30 | 35 | 6,96 | lactose | EG LABO |

Voir p. 1154 : Comment utiliser ce tableau ?

| | | | | |
|---|---|---|---|---|
| **TRIMETAZIDINE DICHLORHYDRATE 20 mg cp** | | | | |
| CENTROPHENE Gé 20 mg cp bte de 60 | 35 | 6,17 | lactose | ZYDUS FRANCE |
| TRIMETAZIDINE ARROW 20 mg cp bte de 60 | 35 | 6,17 | rouge cochenille A (E 124) | ARROW GÉNÉRIQUES |
| TRIMETAZIDINE BIOGARAN 20 mg cp bte de 60 | 35 | 6,17 | jaune orangé S (E 110), rouge cochenille A (E 124) | BIOGARAN |
| TRIMETAZIDINE EG 20 mg cp bte de 60 | 35 | 6,17 | | EG LABO |
| TRIMETAZIDINE G GAM 20 mg cp bte de 60 | 35 | 6,17 | jaune orangé S (E 110), rouge cochenille A (E 124) | G GAM |
| TRIMETAZIDINE IVAX 20 mg cp bte de 60 | 35 | 6,17 | rouge cochenille A (E 124) | IVAX SAS |
| TRIMETAZIDINE MERCK 20 mg cp bte de 60 | 35 | 6,17 | jaune orangé S (E 110), rouge cochenille A (E 124) | MERCK GÉNÉRIQUES |
| TRIMETAZIDINE QUALIMED 20 mg cp bte de 60 | 35 | 6,17 | jaune orangé S (E 110), rouge cochenille A (E 124) | QUALIMED |
| TRIMETAZIDINE RATIOPHARM 20 mg cp bte de 60 | 35 | 6,17 | | RATIOPHARM |
| TRIMETAZIDINE RPG 20 mg cp bte de 60 | 35 | 6,17 | lactose | RPG |
| TRIMETAZIDINE SANDOZ 20 mg cp bte de 60 | 35 | 6,17 | lactose | SANDOZ |
| TRIMETAZIDINE TEVA 20 mg cp bte de 60 | 35 | 6,17 | jaune orangé S (E 110), rouge cochenille A (E 124) | TÉVA CLASSICS |
| TRIMETAZIDINE WINTHROP 20 mg cp bte de 60 | 35 | 6,17 | | WINTHROP MÉDICAMENTS |
| **VASTAREL 20 mg cp bte de 60** | 35 | 8,70 | jaune orangé S (E 110), rouge cochenille A (E 124) | SERVIER |
| **TRIMETAZIDINE DICHLORHYDRATE 20 mg/ml sol buv (TFR)** | | | | |
| CENTROPHENE Gé sol buv fl de 60 ml | 35 | 6,47 | | ZYDUS FRANCE |
| TRIMETAZIDINE ARROW 20 mg/ml sol buv fl de 60 ml | 35 | 6,47 | | ARROW GÉNÉRIQUES |
| TRIMETAZIDINE BIOGARAN 20 mg/ml sol buv fl de 60 ml avec compte-gouttes | 35 | 6,47 | | BIOGARAN |
| TRIMETAZIDINE EG 20 mg/ml sol buv fl de 60 ml | 35 | 6,47 | | EG LABO |
| TRIMETAZIDINE G GAM 20 mg/ml sol buv fl de 60 ml + seringue doseuse | 35 | 6,47 | | G GAM |
| TRIMETAZIDINE IREX 20 mg/ml sol buv fl de 60 ml + seringue doseuse | NR | 6,47 | | WINTHROP MÉDICAMENTS |
| TRIMETAZIDINE MERCK 20 mg/ml sol buv fl de 60 ml | 35 | 6,47 | | MERCK GÉNÉRIQUES |
| TRIMETAZIDINE QUALIMED 20 mg/ml sol buv fl de 60 ml | 35 | 6,47 | | QUALIMED |
| TRIMETAZIDINE RATIOPHARM 20 mg/ml sol buv fl de 60 ml | 35 | 6,47 | | RATIOPHARM |

| DCI / Intitulé du produit | Remb SS | Prix | Excipients à effet notoire | Laboratoire |
|---|---|---|---|---|
| TRIMETAZIDINE SANDOZ 20 mg/ml sol buv fl de 60 ml | 35 | 6,47 | | SANDOZ |
| TRIMETAZIDINE TEVA 20 mg/ml sol buv fl de 60 ml + seringue doseuse | 35 | 6,47 | | TÉVA CLASSICS |
| TRIMETAZIDINE WINTHROP 20 mg/ml sol buv fl de 60 ml | 35 | 6,47 | | WINTHROP MÉDICAMENTS |
| **VASTAREL 20 mg/ml sol buv fl de 60 ml** | 35 | 11,42 | | SERVIER |
| **TROXERUTINE 3500 mg pdre p sol buv** | | | | |
| **RHEOFLUX 3500 mg pdre p 10 sach** | 15 | 5,16 | mannitol | NIVERPHARM |
| TROXERUTINE ALMUS 3,5 g pdre p sol buv | 15 | 5,00 | | ALMUS FRANCE |
| TROXERUTINE ARROW 3,5 g pdre p sol buv 10 sach | 15 | 5,00 | mannitol | ARROW GÉNÉRIQUES |
| TROXERUTINE BIOGARAN 3,5 g pdre p sol buv 10 sach | 15 | 5,00 | mannitol | BIOGARAN |
| TROXERUTINE EG 3,5 g pdre p sol buv 10 sach | 15 | 5,00 | mannitol | EG LABO |
| TROXERUTINE MAZAL 3500 mg pdre p sol buv 10 sach | 15 | 5,00 | mannitol | BIOGARAN |
| TROXERUTINE MERCK 3,5 g pdre p sol buv 10 sach | 15 | 5,00 | mannitol | MERCK GÉNÉRIQUES |
| TROXERUTINE QUALIMED 3,5 g pdre p sol buv 10 sach | 15 | 5,00 | mannitol | QUALIMED |
| TROXERUTINE RPG 3,5 g pdre p sol buv 10 sach | 15 | 5,00 | mannitol | RPG |
| TROXERUTINE SANDOZ 3,5 g pdre p sol buv 10 sach | 15 | 5,00 | mannitol | SANDOZ |
| TROXERUTINE TEVA 3,5 g pdre p sol buv 10 sach de 7,272 g | 15 | 5,00 | glucose, mannitol | TÉVA CLASSICS |
| **VEINAMITOL 3500 mg pdre p sol buv 10 sach** | 15 | 5,16 | mannitol | NEGMA-LERADS |
| **TROXERUTINE 3500 mg/7 ml sol buv** | | | | |
| **RHEOFLUX 3500 mg sol buv 10 amp** | 15 | 5,16 | éthanol | NIVERPHARM |
| TROXERUTINE MAZAL 3500 mg/7 ml sol buv 10 amp | 15 | 5,00 | éthanol | BIOGARAN |
| **VEINAMITOL 3500 mg/7 ml sol buv 10 amp** | 15 | 5,16 | éthanol | NEGMA-LERADS |
| **VALPROATE DE SODIUM 200 mg cp gastro-résistant** | | | | |
| **DEPAKINE 200 mg cp gastro-résistant bte de 40** | 65 | 4,25 | | SANOFI-AVENTIS FRANCE |
| VALPROATE DE SODIUM IREX 200 mg cp gastro-résistant tube de 40 | NR | 3,36 | | IREX |
| VALPROATE DE SODIUM WINTHROP 200 mg cp gastro-résistant tube de 40 | 65 | 3,36 | | WINTHROP MÉDICAMENTS |
| **VALPROATE DE SODIUM 200 mg/ml sol buv** | | | | |
| **DEPAKINE 200 mg/ml sol buv fl de 40 ml** | 65 | 6,86 | sodium | SANOFI-AVENTIS FRANCE |
| VALPROATE DE SODIUM WINTHROP 20 % sol buv fl de 40 ml | 65 | 5,33 | sodium | WINTHROP MÉDICAMENTS |

Voir p. 1154 : Comment utiliser ce tableau ?

| | | | | |
|---|---|---|---|---|
| **VALPROATE DE SODIUM 500 mg cp gastro-résistant** | | | | |
| **DEPAKINE 500 mg cp gastro-résistant bte de 40** | 65 | 9,79 | | SANOFI-AVENTIS FRANCE |
| VALPROATE DE SODIUM IREX 500 mg cp gastro-résistant tube de 40 | NR | 7,55 | | IREX |
| VALPROATE DE SODIUM WINTHROP 500 mg cp gastro-résistant tube de 40 | 65 | 7,55 | | WINTHROP MÉDICAMENTS |
| **VALPROATE DE SODIUM 500 mg cp séc LP** | | | | |
| **DEPAKINE CHRONO LP 500 mg cp séc bte de 30** | 65 | 14,56 | sodium | SANOFI-AVENTIS FRANCE |
| VALPROATE DE SODIUM ARROW LP 500 mg cp séc bte de 30 | 65 | 10,03 | sodium | ARROW GÉNÉRIQUES |
| VALPROATE DE SODIUM BIOGARAN LP 500 mg cp séc bte de 30 | 65 | 10,03 | sodium | BIOGARAN |
| VALPROATE DE SODIUM EG LP 500 mg cp séc bte de 30 | 65 | 10,03 | sodium | EG LABO |
| VALPROATE DE SODIUM MERCK LP 500 mg cp séc bte de 30 | 65 | 10,03 | sodium | MERCK GÉNÉRIQUES |
| VALPROATE DE SODIUM QUALIMED LP 500 mg cp séc bte de 30 | 65 | 10,03 | sodium | QUALIMED |
| VALPROATE DE SODIUM RATIOPHARM LP 500 mg cp séc bte de 30 | 65 | 10,03 | sodium | RATIOPHARM |
| VALPROATE DE SODIUM RPG LP 500 mg cp séc bte de 30 | 65 | 10,03 | sodium | RPG |
| VALPROATE DE SODIUM SANDOZ LP 500 mg cp séc bte de 30 | 65 | 10,03 | sodium | SANDOZ |
| VALPROATE DE SODIUM TEVA LP 500 mg cp séc bte de 30 | 65 | 12,03 | sodium | TÉVA CLASSICS |
| VALPROATE DE SODIUM WINTHROP 500 mg cp séc bte de 30 | 65 | 10,03 | sodium | WINTHROP MÉDICAMENTS |
| **VERAPAMIL CHLORHYDRATE 120 mg gél (TFR)** | | | | |
| **ISOPTINE 120 mg gél bte de 30** | 65 | 4,40 | bisulfite de sodium, lactose | ABBOTT FRANCE |
| **ISOPTINE 120 mg gél bte de 90** | 65 | 12,11 | bisulfite de sodium, lactose | ABBOTT FRANCE |
| VERAPAMIL RATIOPHARM 120 mg cp bte de 30 | 65 | 4,40 | | RATIOPHARM |
| **VERAPAMIL CHLORHYDRATE LP 240 mg cp séc (TFR)** | | | | |
| **ISOPTINE LP 240 mg cp séc bte de 30** | 65 | 7,31 | | ABBOTT FRANCE |
| **ISOPTINE LP 240 mg cp séc bte de 90** | 65 | 20,85 | | ABBOTT FRANCE |
| VERAPAMIL EG LP 240 mg cp séc bte de 30 | 65 | 7,31 | | EG LABO |
| VERAPAMIL MERCK 240 mg cp séc LP bte de 90 | 65 | 20,85 | lactose | MERCK GÉNÉRIQUES |
| VERAPAMIL MERCK LP 240 mg cp séc bte de 30 | 65 | 7,31 | lactose | MERCK GÉNÉRIQUES |
| VERAPAMIL RATIOPHARM LP 240 mg cp séc bte de 30 | 65 | 7,31 | | RATIOPHARM |
| VERAPAMIL SANDOZ LP 240 mg cp séc LP bte de 30 | 65 | 7,31 | | SANDOZ |

| DCI / Intitulé du produit | Remb SS | Prix | Excipients à effet notoire | Laboratoire |
|---|---|---|---|---|
| **VINCRISTINE (SULFATE DE) 1 mg/ml solution injectable** | | | | |
| **ONCOVIN (R) 1 mg sol inj IV fl de 14 ml** | 100 | 13,33 | | EG LABO |
| **ZOLPIDEM TARTRATE 10 mg cp séc** | | | | |
| **STILNOX 10 mg cp séc bte de 14** | 65 | 3,41 | lactose | SANOFI-AVENTIS FRANCE |
| **STILNOX 10 mg cp séc bte de 7** | 65 | 2,30 | lactose | SANOFI-AVENTIS FRANCE |
| ZOLPIDEM ARROW 10 mg cp séc bte de 14 | 65 | 2,47 | lactose | ARROW GÉNÉRIQUES |
| ZOLPIDEM BIOGARAN 10 mg cp séc bte de 14 | 65 | 2,47 | lactose | BIOGARAN |
| ZOLPIDEM EG 10 mg cp séc bte de 14 | 65 | 2,47 | lactose | EG LABO |
| ZOLPIDEM EG 10 mg cp séc bte de 7 | 65 | 1,73 | lactose | EG LABO |
| ZOLPIDEM G GAM 10 mg cp séc bte de 14 | 65 | 2,47 | lactose | G GAM |
| ZOLPIDEM IVAX 10 mg cp séc bte de 14 | 65 | 2,47 | lactose | IVAX SAS |
| ZOLPIDEM IVAX 10 mg cp séc bte de 7 | 65 | 1,73 | lactose | IVAX SAS |
| ZOLPIDEM MERCK 10 mg cp séc bte de 14 | 65 | 2,47 | lactose | MERCK GÉNÉRIQUES |
| ZOLPIDEM MERCK 10 mg cp séc bte de 7 | 65 | 1,73 | lactose | MERCK GÉNÉRIQUES |
| ZOLPIDEM QUALIMED 10 mg cp séc bte de 14 | 65 | 2,47 | lactose | QUALIMED |
| ZOLPIDEM QUALIMED 10 mg cp séc bte de 7 | 65 | 1,73 | lactose | QUALIMED |
| ZOLPIDEM RATIOPHARM 10 mg cp séc bte de 14 | 65 | 2,47 | lactose | RATIOPHARM |
| ZOLPIDEM SANDOZ 10 mg cp séc bte de 14 | 65 | 2,47 | lactose | SANDOZ |
| ZOLPIDEM TEVA 10 mg cp séc bte de 14 | 65 | 2,47 | lactose | TÉVA CLASSICS |
| ZOLPIDEM TEVA 10 mg cp séc bte de 7 | 65 | 1,73 | lactose | TÉVA CLASSICS |
| ZOLPIDEM WINTHROP 10 mg cp séc bte de 14 | 65 | 2,47 | lactose | WINTHROP MÉDICAMENTS |
| ZOLPIDEM WINTHROP 10 mg cp séc bte de 7 | 65 | 1,73 | lactose | WINTHROP MÉDICAMENTS |
| ZOLPIDEM ZYDUS 10 mg cp séc bte de 14 | 65 | 2,47 | lactose | ZYDUS FRANCE |
| **ZOPICLONE 3,75 mg cp** | | | | |
| **IMOVANE 3,75 mg cp bte de 14** | 65 | 2,91 | amidon de blé, lactose | AVENTIS |
| **IMOVANE 3,75 mg cp bte de 5** | 65 | 1,57 | amidon de blé, lactose | AVENTIS |
| **ZOPICLONE 7,5 mg cp séc** | | | | |
| **IMOVANE 7,5 mg cp séc bte de 14** | 65 | 3,08 | amidon de blé, lactose | AVENTIS |
| **IMOVANE 7,5 mg cp séc bte de 5** | 65 | 1,78 | amidon de blé, lactose | AVENTIS |
| ZOPICLONE ARROW 7,5 mg cp séc bte de 14 | 65 | 2,62 | lactose | ARROW GÉNÉRIQUES |
| ZOPICLONE BIOGARAN 7,5 mg cp séc bte de 14 | 65 | 2,62 | lactose | BIOGARAN |

Voir p. 1154 : Comment utiliser ce tableau ?

| | | | | |
|---|---|---|---|---|
| ZOPICLONE BIOGARAN 7,5 mg cp séc bte de 5 | 65 | 1,49 | lactose | BIOGARAN |
| ZOPICLONE EG 7,5 mg cp séc bte de 14 | 65 | 2,62 | lactose | EG LABO |
| ZOPICLONE G GAM 7,5 mg cp séc bte de 14 | 65 | 2,62 | lactose | G GAM |
| ZOPICLONE IVAX 7,5 mg cp séc bte de 14 | 65 | 2,62 | lactose | IVAX SAS |
| ZOPICLONE IVAX 7,5 mg cp séc bte de 5 | 65 | 1,49 | lactose | IVAX SAS |
| ZOPICLONE MERCK 7,5 mg cp séc bte de 14 | 65 | 2,62 | lactose | MERCK GÉNÉRIQUES |
| ZOPICLONE MERCK 7,5 mg cp séc bte de 5 | 65 | 1,49 | lactose | MERCK GÉNÉRIQUES |
| ZOPICLONE QUALIMED 7,5 mg cp séc bte de 14 | 65 | 2,62 | lactose | QUALIMED |
| ZOPICLONE RATIOPHARM 7,5 mg cp séc bte de 14 | 65 | 2,62 | lactose | RATIOPHARM |
| ZOPICLONE RPG 7,5 mg cp séc bte de 14 | 65 | 2,62 | amidon de blé, lactose | RPG |
| ZOPICLONE RPG 7,5 mg cp séc bte de 5 | 65 | 1,49 | amidon de blé, lactose | RPG |
| ZOPICLONE SANDOZ 7,5 mg cp séc bte de 14 | 65 | 2,62 | lactose | SANDOZ |
| ZOPICLONE TEVA 7,5 mg cp séc bte de 14 | 65 | 2,62 | lactose | TÉVA CLASSICS |
| ZOPICLONE TEVA 7,5 mg cp séc bte de 5 | 65 | 1,49 | lactose | TÉVA CLASSICS |
| ZOPICLONE WINTHROP 7,5 mg cp séc bte de 14 | 65 | 2,62 | lactose | WINTHROP MÉDICAMENTS |
| ZOPICLONE WINTHROP 7,5 mg cp séc bte de 5 | 65 | 1,49 | lactose | WINTHROP MÉDICAMENTS |
| ZOPICLONE ZYDUS 7,5 mg cp séc bte de 14 | 65 | 2,62 | lactose | ZYDUS FRANCE |

# Classement des médicaments par substance active

# Classement des médicaments par substance active

Cette liste des subtances médicamenteuses constitue **un autre mode de consultation du dictionnaire** des médicaments : outre la recherche alphabétique sur les noms de marque, qui constitue le dictionnaire lui-même, vous pouvez, à l'aide de la liste des substances (ou DCI), rechercher des médicaments **à partir de leur composition**.
Le nom de la substance cherchée figure en **couleur**. En dessous, vous trouverez la liste des médicaments qui contiennent cette substance.
Connaissant le nom du médicament, il vous sera alors facile de retrouver sa fiche dans le dictionnaire.

## Abacavir
TRIZIVIR
ZIAGEN

## Acamprosate
AOTAL

## Acarbose
GLUCOR

## Acébutolol
ACÉBUTOLOL ALTER
ACÉBUTOLOL ARROW
ACÉBUTOLOL BIOGARAN
ACÉBUTOLOL EG
ACÉBUTOLOL G GAM
ACÉBUTOLOL IVAX
ACÉBUTOLOL MERCK
ACÉBUTOLOL QUALIMED
ACÉBUTOLOL RATIOPHARM
ACÉBUTOLOL RPG
ACÉBUTOLOL SANDOZ
ACÉBUTOLOL TEVA
ACÉBUTOLOL WINTHROP
SECTRAL

## Acéclofénac
CARTREX

## Acédobène
ISOPRINOSINE

## Acénocoumarol
MINI-SINTROM
SINTROM

## Acépromazine
NOCTRAN

## Acéprométazine
MÉPRONIZINE
NOCTRAN

## Acétazolamide
DÉFILTRAN
DIAMOX

## Acétorphan
Voir : racécadotril

## Acétylcystéine
ACÉTYLCYSTÉINE ARROW
ACÉTYLCYSTÉINE BIOGARAN
ACÉTYLCYSTÉINE EG
ACÉTYLCYSTÉINE G GAM
ACÉTYLCYSTÉINE HEXAL SANTÉ
ACÉTYLCYSTÉINE MERCK
ACÉTYLCYSTÉINE RATIOPHARM
ACÉTYLCYSTÉINE SANDOZ
ACÉTYLCYSTÉINE TEVA
BRONCOCLAR granulé
EURONAC
EXOMUC
FLUIMUCIL
GÉNAC
MUCOLATOR
MUCOMYST
MUCOSPIRE
MUCOTHIOL
RHINOFLUIMUCIL
SOLMUCOL
TIXAIR

## Acétylleucine
TANGANIL

## Aciclovir
ACICLOVIR ALMUS
ACICLOVIR ARROW
ACICLOVIR ARROW CONSEIL
ACICLOVIR ARROW crème
ACICLOVIR BIOGARAN
ACICLOVIR BIOGARAN crème
ACICLOVIR EG comprimé
ACICLOVIR EG crème
ACICLOVIR G GAM
ACICLOVIR G GAM crème
ACICLOVIR HEXAL SANTÉ crème
ACICLOVIR IREX crème
ACICLOVIR IVAX crème
ACICLOVIR MERCK
ACICLOVIR MERCK crème
ACICLOVIR MERCK GENERIQUES
ACICLOVIR QUALIMED
ACICLOVIR QUALIMED crème
ACICLOVIR RATIOPHARM
ACICLOVIR RATIOPHARM CONSEIL
ACICLOVIR RATIOPHARM crème
ACICLOVIR RPG
ACICLOVIR RPG crème
ACICLOVIR SANDOZ
ACICLOVIR SANDOZ crème
ACICLOVIR TEVA
ACICLOVIR TEVA crème
ACICLOVIR ZYDUS crème
ACICLOVIVAX
ACTIVIR
KENDIX
VIRUCALM
ZOVIRAX 200
ZOVIRAX 800
ZOVIRAX crème tube de 10 g
ZOVIRAX crème tube de 2 g
ZOVIRAX pommade ophtalmique

## Acide acétylsalicylique
Voir : aspirine

## Acide acéxamique
PLASTÉNAN

## Acide alendronique

ACIDE ALENDRONIQUE ARROW
ACIDE ALENDRONIQUE BIOGARAN
ACIDE ALENDRONIQUE EG
ACIDE ALENDRONIQUE MERCK
ACIDE ALENDRONIQUE QUALIMED
ACIDE ALENDRONIQUE RATIOPHARM
ALENDRONATE TEVA
FOSAMAX
FOSAVANCE

## Acide alginique

ALGINATE DE SODIUM/ BICARBONATE DE SODIUM BIOGARAN
ALGINATE DE SODIUM/ BICARBONATE DE SODIUM EG
ALGINATE DE SODIUM/ BICARBONATE DE SODIUM SANDOZ
ALGINATE DE SODIUM/ BICARBONATE DE SODIUM TEVA
GAVISCON
GAVISCONELL
PSEUDOPHAGE
TOPAAL
TOPALKAN

## Acide aminocaproïque

HEXALENSE

## Acide ascorbique

Voir : vitamine C

## Acide aspartique

ACTIVAROL
CATARSTAT
FASTENYL
MÉGAMAG
NARBALEK
POLYTONYL
REVITALOSE
SARGENOR
SARGENOR à la vitamine C
SURÉLEN
SURFORTAN

## Acide azélaïque

FINACEA
SKINOREN

## Acide borique

BOROCLARINE
BOROSTYROL solution
DACRYOSÉRUM
DACRYUM
DACUDOSES
GASTRODRAINOL
GLYCO-THYMOLINE
HOMÉOPLASMINE
OPTREX
PAPS
STERIDOSE

## Acide canrénoïque

SOLUDACTONE

## Acide chondroïtine sulfurique

CHONDROSULF
LACRYPOS
STRUCTUM

## Acide clavulanique

AMOXICILLINE ACIDE CLAVULANIQUE ARROW
AMOXICILLINE ACIDE CLAVULANIQUE BIOGARAN
AMOXICILLINE ACIDE CLAVULANIQUE EG
AMOXICILLINE ACIDE CLAVULANIQUE G GAM
AMOXICILLINE ACIDE CLAVULANIQUE IVAX
AMOXICILLINE ACIDE CLAVULANIQUE MERCK
AMOXICILLINE ACIDE CLAVULANIQUE QUALIMED
AMOXICILLINE ACIDE CLAVULANIQUE RATIOPHARM
AMOXICILLINE ACIDE CLAVULANIQUE RPG
AMOXICILLINE ACIDE CLAVULANIQUE SANDOZ
AMOXICILLINE ACIDE CLAVULANIQUE TEVA
AMOXICILLINE ACIDE CLAVULANIQUE WINTHROP
AUGMENTIN injectable
AUGMENTIN oral
CIBLOR

## Acide clodronique

CLASTOBAN
LYTOS

## Acide cromoglicique

ALLERGOCOMOD
ALLOPTREX
CROMABAK
CROMADOSES
CROMEDIL
CROMOPTIC
CROMOSOFT
INTERCRON
LOMUDAL
LOMUSOL
MULTICROM
NALCRON
OPHTACALM
OPTICRON

## Acide désoxyribonucléique

ADENA C 500 mg

## Acide dimécrotique

HÉPADIAL

## Acide étidronique

DIDRONEL 200 mg
DIDRONEL 400 mg
ÉTIDRONATE MERCK 200 mg
ÉTIDRONATE MERCK 400 mg
ÉTIDRONATE SANDOZ 400 mg

## Acide flavodique

INTERCYTON

## Acide folinique

FOLINORAL
LEDERFOLINE
OSFOLATE

## Acide folique

ACIDE FOLIQUE CCD 0,4 mg
ACIDE FOLIQUE CCD 5 mg
BEROCCA
CARENCYL
ÉLÉVIT VITAMINE B9
PROTOVIT
QUOTIVIT O.E.
SPÉCIAFOLDINE 0,4 mg
SPÉCIAFOLDINE 5 mg
SUPRADYNE
TARDYFERON B9
VIVAMYNE TONIQUE

## Acide fusidique

FUCIDINE oral
FUCIDINE pommade et crème
FUCITHALMIC

## Acide fytique

PHYTAT DB

## Acide glutamique

CATARSTAT
CLÉRÉGIL
DYNAMISAN
ENERGITUM
PÉGA
PHAKAN
SURFORTAN
VITA-DERMACIDE
YSE GLUTAMIQUE

## Acide méfénamique

PONSTYL

## Acide N-acétylaspartyl-glutamique

NAABAK
NAAXIA
NAAXIAFREE
RHINAAXIA

## Acide nicotinique

ALGIPAN
DÉCONTRACTYL pommade
LUMBALGINE
NIASPAN LP
SÉDARTRYL

## Acide niflumique

NIFLUGEL
NIFLURIL gélule, suppositoire
NIFLURIL pommade

## Acide pamidronique

ARÉDIA
OSTEPAM
PAMINJECT

## Acide pantothénique
B CHABRE
BÉCOZYME
BEROCCA
ÉLÉVIT VITAMINE B9
MODANE
NARBALEK
PROTOVIT
QUOTIVIT O.E.
RENUTRYL
SUPRADYNE
SURVITINE
VIVAMYNE TONIQUE

## Acide para-aminobenzoïque
ACTI 5
PABASUN
PARAMINAN 500

## Acide para-aminosalicylique
QUADRASA

## Acide pipémidique
PIPRAM FORT

## Acide risédronique
ACTONEL 30 mg
ACTONEL 5 mg et 35 mg

## Acide salicylique
ALGÉSAL BAUME
ALGÉSAL SURACTIVÉ
ALGIPAN
ANAXÉRYL
ANTALYRE
ANTICOR
BAUME ARÔMA
BAUME BENGUÉ
BAUME SAINT-BERNARD
BETNESALIC
BRULEX
CIELLA
CORICIDE LE DIABLE
CORTISAL
CUROMAL BAUME
DERMACIDE
DIPROSALIC
DOLAL
DULCIPHAK
DUOFILM
EMPLÂTRE FEUILLE DE SAULE
FEUILLE DE SAULE CORICIDE VERRUCIDE LIQUIDE
FEUILLE DE SAULE emplâtre
GÉNÉSÉRINE
GIVALEX bain de bouche
GIVALEX collutoire
GLYCO-THYMOLINE
HUMEX FOURNIER inhalateur
INONGAN
KENALCOL
KÉRAFILM
LACCODERME
LOCALONE
LOCASALÈNE
LUMBALGINE
NÉRISALIC
NITROL
OPTREX
PANSORAL
PAPS
PERCUTALGINE
POMMADE COCHON
PSOCORTÈNE
PYRALVEX
RÉPARIL
SANITOS
SÉDARTRYL
SEPTISOL
SOPHTAL collyre
SOPHTAL solution oculaire
SYNTHOL gel
SYNTHOL liquide
TRANSVERCID
TRAUMALGYL
TRICOSTÉRIL CORIPEL
URGOCOR
VERRUFILM
VERRUPAN

## Acide ténoïque
GLOSSITHIASE
RHINOTROPHYL
SOUFRANE
TROPHIRÈS COMPOSÉ
TROPHIRÈS sirop
TROPHIRÈS suppositoire

## Acide tiaprofénique
ACIDE TIAPROFÉNIQUE EG
ACIDE TIAPROFÉNIQUE IREX
ACIDE TIAPROFÉNIQUE IVAX
ACIDE TIAPROFÉNIQUE TEVA
ACIDE TIAPROFÉNIQUE WINTHROP
FLANID
SURGAM

## Acide tiludronique
SKELID

## Acide tranexamique
EXACYL
SPOTOF

## Acide undécylénique
MYCODÉCYL
PAPS

## Acide ursodésoxycholique
DELURSAN
URSOLVAN

## Acides gras oméga 3
OMACOR
TRIGLISTAB
YSOMEGA

## Acitrétine
SORIATANE

## Acriflavine
CHROMARGON

## Actinoquinol
UVICOL

## Adalimumab
HUMIRA

## Adapalène
DIFFERINE

## Adéfovir
HEPSERA

## Adénosine
ADÉNYL
AMPECYCLAL
SURÉLEN
VITACIC

## Adrafinil
OLMIFON

## Adrénaline
ANAHELP
ANAPEN

## Aescine
ARKOGÉLULES MARRONNIER D'INDE
ARTÉRASE
CLIMAXOL
ÉLUSANES MARRONNIER D'INDE
ESCINOGEL
FLOGENCYL
FLUON
HÉMORROGEL
HISTO-FLUINE P
INTRAIT DE MARRON D'INDE
MARRON D'INDE BOIRON
OPO-VEINOGÈNE
PHLÉBOGEL
PHYTOMÉLIS
RÉPARIL
TISANE PHLÉBOSÉDOL
VEINOPHYTUM
VEINOSTASE
VEINOTONYL
VIVÈNE

## Albendazole
ZENTEL

## Alfacalcidol
ALFACALCIDOL TEVA
UN-ALFA

## Alfuzosine
ALFUZOSINE BIOGARAN
ALFUZOSINE EG
ALFUZOSINE MERCK
ALFUZOSINE QUALIMED
ALFUZOSINE RANBAXY
ALFUZOSINE RATIOPHARM
ALFUZOSINE SANDOZ
ALFUZOSINE TEVA
ALFUZOSINE WINTHROP
URION
XATRAL

## Alimémazine
SIROP TEYSSEDRE
THÉRALÈNE
THÉRALÈNE sirop

## Alizapride
PLITICAN

## Allopurinol
ALLOPURINOL ALMUS
ALLOPURINOL ARROW
ALLOPURINOL BIOGARAN
ALLOPURINOL EG
ALLOPURINOL IVAX
ALLOPURINOL MERCK
ALLOPURINOL RATIOPHARM
ALLOPURINOL RPG
ALLOPURINOL SANDOZ
ALLOPURINOL TEVA
ALLOPURINOL ZYDUS
ZYLORIC

## Alminoprofène
MINALFÈNE

## Almitrine
VECTARION

## Almotriptan
ALMOGRAN

## Aloès
CONTRE-COUPS DE L'ABBÉ PERDRIGEON
ÉLUSANES ALGUES BRUNES ALOÈS
IDÉOLAXYL
LAXILO
OPOBYL
PETITES PILULES CARTERS
TONILAX
VERASKIN
VULCASE

## Alpha-tocophérol
BÉTASÉLEN
BIO-SÉLÉNIUM
CARENCYL
CICATRYL
CIRKAN suppositoire
DERMORELLE
DIFRAREL E
ÉLÉVIT VITAMINE B9
HYDROSOL POLYVITAMINÉ BAYER
OMACOR
PROTOVIT
QUOTIVIT O.E.
SUPRADYNE
SURVITINE
TOCO 500
TOCOLION
TOCOPA
TOCOPHÉROL TEVA
UVESTÉROL A, D, E, C
VÉLITEN
VITAMINE E 125 ARKOVITAL
VITAMINE E MERCK
VITAMINE E SANDOZ
VIVAMYNE TONIQUE

## Alprazolam
ALPRAZOLAM ALTER
ALPRAZOLAM ARROW
ALPRAZOLAM BIOGARAN
ALPRAZOLAM EG
ALPRAZOLAM G GAM
ALPRAZOLAM MERCK
ALPRAZOLAM RATIOPHARM
ALPRAZOLAM RPG
ALPRAZOLAM SANDOZ
ALPRAZOLAM TEVA
ALPRAZOLAM WINTHROP
ALPRAZOLAM ZYDUS
XANAX

## Alprostadil
CAVERJECT
CAVERJECTDUAL
EDEX
MUSE

## Altizide
ALDACTAZINE
ALTIZIDE SPIRONOLACTONE RPG
PRACTAZIN
SPIROCTAZINE
SPIRONOLACTONE ALTIZIDE ARROW
SPIRONOLACTONE ALTIZIDE BIOGARAN
SPIRONOLACTONE ALTIZIDE EG
SPIRONOLACTONE ALTIZIDE IVAX
SPIRONOLACTONE ALTIZIDE MERCK
SPIRONOLACTONE ALTIZIDE SANDOZ
SPIRONOLACTONE ALTIZIDE TEVA
SPIRONOLACTONE ALTIZIDE WINTHROP

## Aluminium
ACIDRINE
ACTAPULGITE
BEDELIX
CATAPLASME D'ALUMINE DEFRESNE
DIGESTIF MARGA
GASTROPAX
GASTROPULGITE
GEL A L'ACÉTOTARTRATE D'ALUMINE
GELOX
HYDROXYDE ALUMINIUM MAGNÉSIUM HEXAL SANTÉ
ISUDRINE
JÉCOPEPTOL
LITHIAGEL
MAALOX BALLONNEMENTS
MAALOX MAUX D'ESTOMAC
MOXYDAR
MUCIPULGITE
MULKINE
MUPAX
MUTÉSA
OLIGOSOL ALUMINIUM
OLIGOSTIM ALUMINIUM
PHOSPHALUGEL
POLYSILANE DELALANDE
RIOPAN
ROCGEL
SEROXYDAR
SMECTA
SULFURYL inhalant
SULFURYL oral
TOPAAL
TOPALKAN
TRIGLYSAL
XOLAAM

## Alvérine
HEPATOUM
MÉTÉOSPASMYL
SCHOUM

## Amantadine
MANTADIX

## Ambénonium chlorure
MYTELASE

## Ambroxol
AMBROXOL ARROW
AMBROXOL BIOGARAN comprimé
AMBROXOL BIOGARAN solution buvable
AMBROXOL EG comprimé
AMBROXOL EG solution buvable
AMBROXOL G GAM
AMBROXOL IVAX solution buvable
AMBROXOL MERCK comprimé
AMBROXOL MERCK solution buvable
AMBROXOL SANDOZ
AMBROXOL TEVA comprimé
AMBROXOL TEVA solution buvable
AMBROXOL WINTHROP
AMBROXOL ZYDUS
MUXOL solution buvable
MUXOL comprimé
SURBRONC injectable
SURBRONC oral

## Amcinonide
PENTICORT

## Amiloride
AMILORIDE HYDROCHLOROTHIAZIDE RPG
AMILORIDE HYDROCHLOROTHIAZIDE TEVA
LOGIRÈNE
MODAMIDE
MODUCREN
MODURÉTIC

## Amiodarone
AMIODARONE ALTER
AMIODARONE ARROW
AMIODARONE BIOGARAN
AMIODARONE EG
AMIODARONE G GAM

AMIODARONE IVAX
AMIODARONE MERCK
AMIODARONE QUALIMED
AMIODARONE RATIOPHARM
AMIODARONE RPG
AMIODARONE SANDOZ
AMIODARONE TEVA
AMIODARONE WINTHROP
CORBIONAX
CORDARONE

## Amisulpride

AMISULPRIDE ARROW
AMISULPRIDE BIOGARAN
AMISULPRIDE EG
AMISULPRIDE G GAM
AMISULPRIDE IVAX
AMISULPRIDE MERCK
AMISULPRIDE QUALIMED
AMISULPRIDE RATIOPHARM
AMISULPRIDE RPG
AMISULPRIDE SANDOZ
AMISULPRIDE TEVA
AMISULPRIDE WINTHROP
AMISULPRIDE ZYDUS
SOLIAN

## Amitriptyline

ÉLAVIL
LAROXYL

## Amlodipine

AMLOR

## Amodiaquine

FLAVOQUINE

## Amorolfine

LOCÉRYL

## Amoxapine

DÉFANYL

## Amoxicilline

A-GRAM
AMODEX
AMOXICILLINE ACIDE CLAVULANIQUE ARROW
AMOXICILLINE ACIDE CLAVULANIQUE BIOGARAN
AMOXICILLINE ACIDE CLAVULANIQUE EG
AMOXICILLINE ACIDE CLAVULANIQUE G GAM
AMOXICILLINE ACIDE CLAVULANIQUE IVAX
AMOXICILLINE ACIDE CLAVULANIQUE MERCK
AMOXICILLINE ACIDE CLAVULANIQUE QUALIMED
AMOXICILLINE ACIDE CLAVULANIQUE RATIOPHARM
AMOXICILLINE ACIDE CLAVULANIQUE RPG
AMOXICILLINE ACIDE CLAVULANIQUE SANDOZ
AMOXICILLINE ACIDE CLAVULANIQUE TEVA
AMOXICILLINE ACIDE CLAVULANIQUE WINTHROP
AMOXICILLINE ARROW
AMOXICILLINE BIOGARAN
AMOXICILLINE EG
AMOXICILLINE HEXAL
AMOXICILLINE IVAX
AMOXICILLINE MERCK
AMOXICILLINE QUALIMED
AMOXICILLINE RATIO
AMOXICILLINE RATIOPHARM
AMOXICILLINE RPG
AMOXICILLINE SANDOZ
AMOXICILLINE TEVA
AMOXICILLINE WINTHROP
AMOXICILLINE ZYDUS
AUGMENTIN injectable
AUGMENTIN oral
BRISTAMOX
CIBLOR
CLAMOXYL injectable
CLAMOXYL oral
HICONCIL

## Amphotéricine B

AMPHOCYCLINE
FUNGIZONE lotion
FUNGIZONE oral

## Ampicilline

TOTAPEN gélule
TOTAPEN injectable
UNACIM

## Amprénavir

AGÉNÉRASE

## Amyléine

AVENOC pommade
BRONCHODERMINE suppositoire
DENTOBAUME
DOLODENT
ÉLÉNOL
PARKIPAN
PULMOLL
SÉDAPLAIE

## Amylmétacrésol

STREPSILS
STREPSILS LIDOCAÏNE
STREPSILS sans sucre
STREPSILSPRAY LIDOCAÏNE

## Anastrozole

ARIMIDEX

## Androstanolone

ANDRACTIM

## Anétholtrithione

SULFARLEM
SULFARLEM S 25

## Antimoniate de méglumine

GLUCANTIME

## Apomorphine

APOKINON
UPRIMA

## Apraclonidine

IOPIDINE

## Argent

FLAMMAZINE
GRANIONS D'ARGENT
OLIGOGRANUL CUIVRE-OR-ARGENT
OLIGOSOL CUIVRE-OR-ARGENT
OLIGOSTIM CUIVRE-OR-ARGENT
SICAZINE
STILLARGOL collyre
STILLARGOL nasal
SUBOLIGO CUIVRE-OR-ARGENT
UVA URSI COMPLEXE N° 9

## Arginine

ACTIVAROL
ARGININE VEYRON
ARGINOTRI-B
CARENCYL
CITRARGININE
DYNAMISAN
ENERGITUM
EUCOL
FASTENYL
HÉPAGRUME
HÉPARGITOL
PÉGA
SARGENOR
SARGENOR à la vitamine C
TIADILON

## Arnica

ABBÉ CHAUPITRE N° 8
ABBÉ CHAUPITRE N° 10
ABBÉ CHAUPITRE N° 13
ABBÉ CHAUPITRE N° 15
ABBÉ CHAUPITRE N° 25
ABBÉ CHAUPITRE N° 30
ACIDUM PHOSPHORICUM COMPOSÉ BOIRON
ACONITUM COMPOSÉ BOIRON
ARNICA BOIRON
ARNICA COMPLEXE N° 1
ARNICAGEL
ARNICAN
ARNIGEL
ARTHRODRAINOL
BROMUM COMPLEXE N° 119
CALENDULA COMPLEXE N° 89
CARDIOCYNÉSINE
CRATAEGUS COMPLEXE N° 15
DOLISÉDAL
DROSERA COMPOSÉ BOIRON
DROSETUX
ECHINACEA COMPLEXE N° 40
GELSEMIUM COMPLEXE N° 70
HOMÉOFORTIL
HOMÉOGÈNE 41
HOMÉOGÈNE 9
HYPERICUM COMPLEXE N° 26
L 52
LELONG CONTUSIONS
OENANTHE CROCATA COMPLEXE N° 78

PARAGRIPPE
PHARMADOSE ARNICA
POCONÉOL N° 61
RHEUMADORON
SEPIA COMPOSÉ BOIRON
SEPIA COMPOSÉ DOLISOS
SOLUDOR
SPORTENINE
TABACUM COMPOSÉ BOIRON
TABACUM COMPOSÉ DOLISOS
TEINTURE ARNICA COOPER
VEINODRAINOL
ZINCUM CYANIDUM COMPLEXE N° 101

## Artichaut

ACTIBIL
ARKOGÉLULES ARTICHAUT
ARTICHAUT BOIRON
CANOL
CHOPHYTOL
ÉLIXIR SPARK
ÉLUSANES ARTICHAUT
HÉPACLEM
HÉPANÉPHROL
HÉPATOFLORINE
PHYTELIA digestion

## Aspergillus orizae

FLAVIASTASE

## Aspirine

ACTRON
AFEBRYL
ALKA-SELTZER
ANTIGRIPPINE
ASASANTINE LP
ASPÉGIC
ASPÉGIC CODÉINE
ASPIRINE DU RHÔNE
ASPIRINE MERCK MÉDICATION FAMILIALE
ASPIRINE pH8
ASPIRINE PROTECT
ASPIRINE RATIOPHARM
ASPIRINE UPSA 325 mg
ASPIRINE UPSA 500 et 1000 mg
ASPIRINE UPSA vitaminée C
ASPIRINE vitamine C OBERLIN
ASPIRINE vitaminée B1 C DEROL
ASPIRISUCRE
ASPRO
ASPRO 500 vitamine C
ASPROACCEL
CARDIOSOLUPSAN
CATALGINE
CÉPHYL
CLARAGINE
KARDÉGIC
MÉTASPIRINE
MIGPRIV
NOVACÉTOL
POLYPIRINE
PRAVADUAL
SALIPRAN
SÉDASPIR
SOLUCETYL

## Aténolol

ATÉNOLOL ARROW
ATÉNOLOL BIOGARAN
ATÉNOLOL EG
ATÉNOLOL G GAM
ATÉNOLOL IREX
ATÉNOLOL IVAX
ATÉNOLOL MERCK
ATÉNOLOL QUALIMED
ATÉNOLOL RATIOPHARM
ATÉNOLOL RPG
ATÉNOLOL SANDOZ
ATÉNOLOL TEVA
ATÉNOLOL WINTHROP
ATÉNOLOL ZYDUS
BÊTA-ADALATE
BETATOP
TENORDATE
TENORETIC
TÉNORMINE

## Atorvastatine

TAHOR

## Atovaquone

MALARONE

## Atropine

ATROPINE ALCON
ATROPINE FAURE
DIARSED
SULFATE D'ATROPINE

## Aubépine

ARKOGÉLULES AUBÉLINE
AUBÉPINE BOIRON
BIOCARDE
CALMIFLORINE
CARDIOCALM
ÉLUSANES AUBÉPINE
ÉLUSANES NATUDOR
EUPHYTOSE
GÉLULE PROVENÇALE N° 4
LENICALM
MÉDIFLOR calmante, troubles du sommeil N° 14
NEUROFLORINE
NEUROPAX
NICOPRIVE
NOCVALÈNE
PASSIFLORINE
PASSINÉVRYL
PHYTELIA Sommeil
QUINISÉDINE
SANTANE H 7
SANTANE N 9
SÉDALOZIA
SÉDATIF TIBER
SÉDOPAL
SPASMINE comprimé
SPASMINE suppositoire enfant
SYMPANEUROL
SYMPATHYL
SYMPAVAGOL
TISANE PROVENÇALE N° 4
TRANQUITAL
VAGOSTABYL

## Aurothiopropanolsulfonate

ALLOCHRYSINE

## Azathioprine

AZATHIOPRINE MERCK
IMUREL

## Azélastine

ALERDUAL
ALLERGODIL collyre
ALLERGODIL solution nasale

## Azithromycine

AZADOSE
ZITHROMAX
ZITHROMAX MONODOSE

## AZT

Voir : zidovudine

## Bacitracine

BACICOLINE

## Baclofène

BACLOFÈNE WINTHROP
LIORÉSAL

## Bambutérol

OXÉOL

## Baméthan

ESCINOGEL

## Bamifylline

TRENTADIL

## Baume du Pérou

AGATHOL baume
ANAXÉRYL
BALSOFUMINE
BAUME DES PYRÉNÉES
BRULEX
LELONG
MUCORHINE
OXYPÉROL
PÉRUBORE

## Béclométasone

ASMABEC
BÉCLOJET
BÉCLOMÉTASONE MERCK
BÉCLOMÉTASONE TEVA
BÉCLONE
BÉCLO-RHINO
BÉCONASE
BÉCOTIDE
BEMEDREX EASYHALER
HUMEX RHUME DES FOINS
MIFLASONE
NEXXAIR
PROLAIR
QVAR

## Béfunolol

BENTOS

## Belladone
SUPPOMALINE

## Bénazépril
BRIAZIDE
BRIEM
CIBACÈNE
CIBADREX

## Bendrofluméthiazide
PRÉCYCLAN
TENSIONORME

## Bénéthamine benzylpénicilline
BICLINOCILLINE

## Benfluorex
MEDIATOR

## Bénorilate (acide acétylsalicylique - paracétamol)
SALIPRAN

## Bensérazide
MODOPAR

## Benzalkonium bromure
EUVANOL

## Benzalkonium chlorure
BISEPTINE
DERMASPRAID ANTISEPTIQUE
DERMOBACTER
HUMEX FOURNIER collutoire
HUMEX RHUME solution nasale
HUMOXAL
KENALCOL
MERCRYL
MERCRYL solution moussante
MERCRYLSPRAY
PHARMATEX
RHINOFLUIMUCIL

## Benzathine benzylpénicilline
EXTENCILLINE

## Benzoate de benzyle
ASCABIOL

## Benzocaïne
NESTOSYL pommade
NESTOSYL soluté huileux
PHLÉBOCRÈME
PHLEBOSUP
SÉDORRHOÏDE

## Benzododécinium
BENZODODÉCINIUM CHIBRET
PRORHINEL
RHINÉDRINE
SÉDACOLLYRE

## Benzydamine
OPALGYNE

## Benzylpénicilline
BICLINOCILLINE
EXTENCILLINE

## Benzylthiouracile
BASDÈNE

## Bépridil
UNICORDIUM

## Bêta-alanine
ABUFÈNE

## Bêta-carotène
BÉTASÉLEN
DIFRAREL 100

## Bétahistine
BÉTAHISTINE ARROW
BÉTAHISTINE BIOGARAN
BÉTAHISTINE BIPHAR
BÉTAHISTINE EG
BÉTAHISTINE G GAM
BÉTAHISTINE IVAX
BÉTAHISTINE MERCK
BÉTAHISTINE QUALIMED
BÉTAHISTINE RATIOPHARM
BÉTAHISTINE RPG
BÉTAHISTINE SANDOZ
BÉTAHISTINE TEVA
BÉTAHISTINE WINTHROP
BÉTAHISTINE ZYDUS
BETASERC
EXTOVYL
LECTIL
SERC

## Bétaïne
ACTIGESS
CITRARGININE
CITRATE DE BÉTAÏNE DEXO
CITRATE DE BÉTAÏNE IVAX
CITRATE DE BÉTAÏNE UPSA
HÉPAGRUME
NIVABÉTOL
ORNITAÏNE

## Bétaméthasone
BETNESALIC
BETNESOL comprimé
BETNESOL injectable
BETNESOL solution rectale
BETNEVAL
BUCCOBET
CÉLESTAMINE
CÉLESTÈNE CHRONODOSE
CÉLESTÈNE injectable 4 mg/1 ml
CÉLESTÈNE injectable 8 mg/2 ml
CÉLESTÈNE oral
CÉLESTODERM RELAIS
DAIVOBET
DIPROLÈNE
DIPROSALIC
DIPROSONE
DIPROSTÈNE

## Bétaxolol
BETOPTIC
KERLONE

## Bézafibrate
BÉFIZAL

## Bicalutamide
CASODEX

## Bicarbonate de sodium
ALGINATE DE SODIUM/ BICARBONATE DE SODIUM BIOGARAN
ALGINATE DE SODIUM/ BICARBONATE DE SODIUM EG
ALGINATE DE SODIUM/ BICARBONATE DE SODIUM SANDOZ
ALGINATE DE SODIUM/ BICARBONATE DE SODIUM TEVA
ALKA-SELTZER
BICARBONATE DE SODIUM GIFRER
CATALGINE
COLOPEG
DOPS
ÉDUCTYL
FORTRANS
GASTROPAX
GAVISCON
GAVISCONELL
HEPATOUM brûlures d'estomac
JÉCOPEPTOL
KLEAN-PREP
MAB MAUX D'ESTOMAC
MAGNÉSIE COMPOSÉE
MOVICOL

## Biclotymol
HEXALYSE
HEXAPNEUMINE comprimé
HEXAPNEUMINE sirop Adulte, Enfant
HEXAPNEUMINE sirop Nourrisson
HEXAPNEUMINE suppositoire Adulte, Enfant
HEXAPNEUMINE suppositoire Nourrisson
HEXASPRAY
HUMEX MAL DE GORGE
SAGADREPS
SAGASPRAY
SOLUTRICINE MAUX DE GORGE BICLOTYMOL

## Bifonazole
AMYCOR
AMYCOR ONYCHOSET

## Bimatoprost
GANFORT
LUMIGAN

## Biotine
BEROCCA
BIOTINE BAYER
ÉLÉVIT VITAMINE B9
PROTOVIT
SUPRADYNE
SURVITINE

## Bipéridène
AKINETON LP

## Bisacodyl
CONTALAX
DULCOLAX comprimé
DULCOLAX suppositoire
PREPACOL

## Bismuth
ANUSOL
BIQUINOL
CUTIPHILE
GRANIONS DE BISMUTH
OLIGOSOL BISMUTH
PAPS
PHOLCONES BISMUTH

## Bisoprolol
BISOPROLOL ARROW
BISOPROLOL BIOGARAN
BISOPROLOL EG
BISOPROLOL G GAM
BISOPROLOL GNR
BISOPROLOL MERCK
BISOPROLOL QUALIMED
BISOPROLOL RATIOPHARM
BISOPROLOL RPG
BISOPROLOL SANDOZ
BISOPROLOL TEVA
BISOPROLOL WINTHROP
BISOPROLOL ZYDUS
CARDENSIEL
CARDIOCOR
DETENSIEL
LODOZ
WYTENS

## Bléomycine
BLÉOMYCINE BELLON

## Boldine
BOLDOFLORINE comprimé
MAALOX DIGESTION DIFFICILE
OXYBOLDINE
PETITES PILULES CARTERS

## Boldo
AESCULUS COMPLEXE N° 103
ARKOGÉLULES BOLDO
AZÉMA TISANE
BOLCITOL
BOLDOFLORINE comprimé
BOLDOFLORINE tisane
BORIBEL N° 7 biliaire
DRAINACTIL
ÉLIXIR SPARK
ÉLUSANES BOLDO
GASTROTISANE
GRAINS DE VALS
HÉPACLEM
HÉPASANE
HÉPATOFLORINE
JÉCOPEPTOL
MAALOX DIGESTION DIFFICILE
MÉDIFLOR hépatique n° 5
MUCINUM
OPOBYL
OXYBOLDINE
PETITES PILULES CARTERS
PHYTELIA digestion
SANTANE F 10
STAGO
TISANE AFRA
TISANE GARFIELD
TISANE HÉPATIQUE DE HOERDT

## Bourdaine
ARKOGÉLULES BOURDAINE
BOLDOFLORINE tisane
BORIBEL N° 13 purgative
BOURDAINE BOIRON
DRAGÉES FUCA
DRAGÉES VÉGÉTALES REX
TISANE BORKOU
TONILAX
YERBALAXA

## Brimonidine
ALPHAGAN
COMBIGAN

## Brinzolamide
AZOPT

## Bromazépam
ANXYREX
BROMAZÉPAM ARROW
BROMAZÉPAM BIOGARAN
BROMAZÉPAM EG
BROMAZÉPAM G GAM
BROMAZÉPAM IVAX
BROMAZÉPAM MERCK
BROMAZÉPAM QUALIMED
BROMAZÉPAM RATIOPHARM
BROMAZÉPAM RPG
BROMAZÉPAM SANDOZ
BROMAZÉPAM TEVA
BROMAZÉPAM WINTHROP
BROMAZÉPAM ZYDUS
LEXOMIL
QUIÉTILINE

## Brome
ATROVENT inhalation
ATROVENT nasal
ATROVENT solution pour nébulisation
BACTYL
BENZODODÉCINIUM CHIBRET
BIOCIDAN collyre
BIOCIDAN solution nasale
BRONCHODUAL
CALCIBRONAT
COMBIVENT
DERMÉOL
DICETEL
EUVANOL
FLUOSELGINE
GALIRÈNE
IPRATROPIUM AGUETTANT
IPRATROPIUM ARROW
IPRATROPIUM MERCK
LEVURE OR GRIMBERG
LIBRAX
MESTINON
MICROSOL LITHIUM
MONOSEPT
NOSTRIL
PHLÉBOCRÈME
PHLEBOSUP
PINAVÉRIUM ARROW
PINAVÉRIUM BIOGARAN
PINAVÉRIUM EG
PINAVÉRIUM MERCK
PINAVÉRIUM QUALIMED
PINAVÉRIUM RANBAXY
PINAVÉRIUM RATIOPHARM
PINAVÉRIUM SANDOZ
PRORHINEL
RELPAX
RHINÉDRINE
SÉDACOLLYRE
SÉDAPLAIE
SÉDATIF TIBER
SÉDORRHOÏDE
SPIRIVA

## Broméläines
EXTRANASE

## Bromhexine
BISOLVON

## Bromocriptine
BROMO-KIN
BROMO-KIN INHIBITION DE LA LACTATION
PARLODEL
PARLODEL INHIBITION DE LA LACTATION

## Bromogalactogluconate de calcium
CALCIBRONAT

## Bromphéniramine
DIMÉGAN oral

## Bromure
Voir : brome

## Bromure de calcium
GALIRÈNE

## Bromure de potassium
SÉDATIF TIBER

## Bromure de sodium
SÉDATIF TIBER

## Buclizine
APHILAN

## Budésonide
BUDÉSONIDE ARROW
BUDÉSONIDE BIOGARAN
BUDÉSONIDE SANDOZ
BUDÉSONIDE TEVA
ENTOCORT 3 mg
MIFLONIL
NOVOPULMON NOVOLIZER
PULMICORT aérosol
PULMICORT nébulisation
PULMICORT Turbuhaler
RHINOCORT
SYMBICORT Turbuhaler

GLUCONATE DE CALCIUM LAVOISIER
HEPATOUM brûlures d'estomac
IDÉOS
JÉCOPEPTOL
KAOBROL
LEDERFOLINE
MAB MAUX D'ESTOMAC
METOCALCIUM
MODANE
MYCODÉCYL
NALGÉSIC
NARBALEK
NEUTROSES
OROCAL
OROCAL D3
OROCAL VITAMINE D3
OSFOLATE
OSSEANS D3
OSSOPAN
OSTEOCAL
OSTEOCAL D3
OSTRAM
OSTRAM VITAMINE D3
PEPCIDDUO
PÉRICAL
PHOSPHONEUROS
POLYTONYL
PROTOVIT
PURSENNIDE
QUOTIVIT O.E.
RENNIE
RENNIE DÉFLATINE
RENUTRYL
SELS CALCAIRES NUTRITIFS
SUPRADYNE
TAHOR
TONICALCIUM
VAGOSTABYL
VERRULYSE-MÉTHIONINE
VITATHION
VIVAMYNE TONIQUE
ZOFENIL
ZOFENILDUO

## Camphre

ACTIVOX pommade
BAUME SAINT-BERNARD
BIQUINOL
CAMPHRICE DU CANADA
CRÈME DE DALIBOUR COOPER
CRÈME IBIS
ÉPHYDROL
EUCALYPTINE
EUVANOL
FLUBILAR
HUMEX FOURNIER inhalateur
INONGAN
LUMBALGINE
NÉO-CODION comprimé
NÉO-CODION sirop
PAPS
PARÉGORIQUE LAFRAN
PHARMADOSE ALCOOL
VASELINE CAMPHRÉE MONOT
VICKS INHALER
VICKS PASTILLES
VICKS VAPORUB
YSOL 206

## Candésartan

ATACAND
COKENZEN
HYTACAND
KENZEN

## Canrénoate de potassium

SOLUDACTONE

## Captodiame

COVATINE

## Captopril

CAPTEA
CAPTOLANE
CAPTOPRIL ARROW
CAPTOPRIL BIOGARAN
CAPTOPRIL EG
CAPTOPRIL IREX
CAPTOPRIL IVAX
CAPTOPRIL MERCK
CAPTOPRIL QUALIMED
CAPTOPRIL RATIOPHARM
CAPTOPRIL SANDOZ
CAPTOPRIL TEVA
CAPTOPRIL WINTHROP
CAPTOPRIL ZYDUS
CAPTOPRIL/HYDROCHLOROTHIAZIDE ARROW
CAPTOPRIL/HYDROCHLOROTHIAZIDE BIOGARAN
CAPTOPRIL/HYDROCHLOROTHIAZIDE MERCK
CAPTOPRIL/HYDROCHLOROTHIAZIDE QUALIMED
CAPTOPRIL/HYDROCHLOROTHIAZIDE RATIOPHARM
CAPTOPRIL/HYDROCHLOROTHIAZIDE SANDOZ
ECAZIDE
LOPRIL

## Carbamazépine

CARBAMAZÉPINE G GAM
CARBAMAZÉPINE MERCK
CARBAMAZÉPINE TEVA
TÉGRÉTOL

## Carbidopa

CARBIDOPA LÉVODOPA TEVA
SINEMET
STALEVO

## Carbimazole

NÉO-MERCAZOLE

## Carbinoxamine

ALLERGEFON

## Carbocistéine

ACTIVOX EXPECTORANT
BRONCATHIOL
BRONCHOKOD
BRONCOCLAR sirop
BRONKIREX
CARBOCISTÉINE ARROW
CARBOCISTÉINE BIOGARAN
CARBOCISTÉINE EG
CARBOCISTÉINE G GAM
CARBOCISTÉINE GNR
CARBOCISTÉINE HEXAL SANTÉ
CARBOCISTÉINE IVAX
CARBOCISTÉINE MERCK
CARBOCISTÉINE RATIOPHARM
CARBOCISTÉINE RPG
CARBOCISTÉINE SANDOZ CONSEIL
CARBOCISTÉINE TEVA
CARBOCISTÉINE WINTHROP
CODOTUSSYL EXPECTORANT
DIMOTAPP expectorant
DRILL expectorant
ERGIX expectorant
EXOTOUX
FLUDITEC
FLUVIC
HUMEX EXPECTORANT
MÉDIBRONC
MUCICLAR
PECTOSAN EXPECTORANT
PHARMAKOD EXPECTORANT
RHINATHIOL
RHINATHIOL PROMÉTHAZINE
TUSSILÈNE

## Carbomère

CIVIGEL
GEL-LARMES
LACRIFLUID
LACRIGEL
LACRINORM
LACRYVISC
LIPOSIC
SICCAFLUID

## Carboplatine

CARBOPLATINE AGUETTANT
CARBOPLATINE DAKOTA PHARM
CARBOPLATINE FAULDING
CARBOPLATINE MERCK
CARBOPLATINE TEVA
PARAPLATINE

## Carbutamide

GLUCIDORAL

## Carmellose

CELLUVISC

## Carnitine

LÉVOCARNITINE TURBODIET

## Carpipramine

PRAZINIL

## Carraghénates

TITANORÉÏNE
TITANORÉÏNE lidocaïne

## Cartéolol
CARPILO
CARTEABAK
CARTÉOL
MIKELAN

## Carvédilol
KREDEX

## Cascara
DRAGÉES FUCA
DRAGÉES VÉGÉTALES REX
GRAINS DE VALS
IMEGUL
MUCINUM
PÉRISTALTINE
SPÉVIN

## Céfaclor
ALFATIL
CÉFACLOR G GAM
CÉFACLOR MERCK
CÉFACLOR RPG
HAXIFAL

## Céfadroxil
CÉFADROXIL BIOGARAN
CÉFADROXIL EG
CÉFADROXIL G GAM
CÉFADROXIL GNR
CÉFADROXIL IVAX
CÉFADROXIL MERCK
CÉFADROXIL RATIOPHARM
CÉFADROXIL TEVA
ORACÉFAL

## Céfalexine
CÉFACET
CÉPOREXINE
KEFORAL

## Céfapirine
CÉFALOJECT

## Céfatrizine
CÉFAPEROS
CÉFATRIZINE ARROW
CÉFATRIZINE BIOGARAN
CÉFATRIZINE EG
CÉFATRIZINE IVAX
CÉFATRIZINE MÉDIFA K24
CÉFATRIZINE MERCK
CÉFATRIZINE QUALIMED
CÉFATRIZINE TEVA

## Céfixime
OROKEN

## Céfotiam
TAKETIAM
TEXODIL

## Cefpodoxime
ORELOX

## Céfradine
DEXEF
KELSEF
ZEEFRA

## Ceftriaxone
CEFTRIAXONE AGUETTANT IM
CEFTRIAXONE AGUETTANT IV
CEFTRIAXONE ARROW IM
CEFTRIAXONE ARROW IV
CEFTRIAXONE BIOGARAN IM
CEFTRIAXONE BIOGARAN IV
CEFTRIAXONE EG IM
CEFTRIAXONE EG IV
CEFTRIAXONE G GAM IM
CEFTRIAXONE IREX IM
CEFTRIAXONE IREX IV
CEFTRIAXONE IVAX IM
CEFTRIAXONE IVAX IV
CEFTRIAXONE MEDIFA-K24 IM
CEFTRIAXONE MEDIFA-K24 IV
CEFTRIAXONE MERCK IM
CEFTRIAXONE MERCK IV
CEFTRIAXONE QUALIMED IM
CEFTRIAXONE QUALIMED IV
CEFTRIAXONE RATIOPHARM IM
CEFTRIAXONE RATIOPHARM IV
CEFTRIAXONE RPG IV
CEFTRIAXONE SANDOZ
CEFTRIAXONE TEVA IM
CEFTRIAXONE TEVA IV
CEFTRIAXONE WINTHROP IM
ROCÉPHINE IM
ROCÉPHINE IV
TRIACÉFAN IM

## Céfuroxime
CÉFUROXIME BIOGARAN
CÉFUROXIME MERCK
CÉFUROXIME QUALIMED
CÉFUROXIME SANDOZ
CÉPAZINE
ZINNAT

## Célécoxib
CELEBREX

## Céliprolol
CÉLECTOL
CÉLIPROLOL ARROW
CÉLIPROLOL BIOGARAN
CÉLIPROLOL EG
CÉLIPROLOL IVAX
CÉLIPROLOL MERCK
CÉLIPROLOL QUALIMED
CÉLIPROLOL RATIOPHARM
CÉLIPROLOL RPG
CÉLIPROLOL SANDOZ
CÉLIPROLOL TEVA
CÉLIPROLOL WINTHROP
CÉLIPROLOL ZYDUS

## Cétalkonium chlorure
PANSORAL

## Céthexonium
BACTYL
BIOCIDAN collyre
BIOCIDAN solution nasale
MONOSEPT

## Cétirizine
ALAIRGIX
CÉTIRIZINE ARROW
CÉTIRIZINE BGR
CÉTIRIZINE BIOGARAN
CÉTIRIZINE EG
CÉTIRIZINE G GAM
CÉTIRIZINE HEXAL SANTÉ
CÉTIRIZINE IVAX
CÉTIRIZINE MERCK
CÉTIRIZINE MERCK GÉNÉRIQUES
CÉTIRIZINE QUALIMED
CÉTIRIZINE RATIOPHARM
CÉTIRIZINE RPG
CÉTIRIZINE SANDOZ
CÉTIRIZINE TEVA
CÉTIRIZINE WINTHROP
HUMEX ALLERGIE CÉTIRIZINE
RÉACTINE
VIRLIX
ZYRTEC
ZYRTECSET

## Cétrimide
CETAVLON ALCOOLIQUE
CETAVLON CONCENTRÉ
CETAVLON PLAIES SUPERFICIELLES
LYSOCALMSPRAY
RECTOQUOTANE
STÉRILÈNE

## Cétrimonium bromure
NOSTRIL

## Cétylpyridinium chlorure
ALODONT
CODOTUSSYL MAUX DE GORGE
LYSOPAÏNE
NOVOPTINE

## Charbon
ACTICARBINE
ARKOGÉLULES CHARBON VÉGÉTAL
CARBACTIVE
CARBOLEVURE
CARBOPHOS
CARBOSYLANE
CARBOSYMAG
CHARBON DE BELLOC
CHARBON VÉGÉTAL BOIRON
COLOCARB
ÉLUSANES CHARBON VÉGÉTAL
FORMOCARBINE
NOTGAZ
SPLÉNOCARBINE

## Chlorambucil
CHLORAMINOPHÈNE

## Chloramphénicol
CÉBÉDEXACOL
CÉBÉNICOL

## Chlordiazépoxide
LIBRAX

## Chlorhexidine
APHTORAL
BIORGASEPT
BISEPTINE
CANTALÈNE
CETAVLON ANTISEPTIE
CHLORHEXIDINE ALCOOLIQUE GILBERT
CHLORHEXIDINE AQUEUSE GILBERT
CHLORHEXIDINE IVAX
COLLU-BLACHE
COLLUNOVAR
CORSODYL
CYTÉAL solution
DACRYNE
DERMASPRAID ANTISEPTIQUE
DERMOBACTER
DIASEPTYL
DOSISEPTINE
DRILL maux de gorge
DRILL pastille
ELGYDIUM
ELUDRIL collutoire
ELUDRIL solution
EXOSEPTOPLIX
HIBIDIL
HIBISCRUB
HIBITANE 5 %
ISODRIL
MERCRYL
MERCRYL solution moussante
MERCRYLSPRAY
MERFÈNE
NOSTRIL
PAROEX
PLUREXID
PREXIDINE
SEPTÉAL
SEPTIAPAISYL
SEPTIVON 1,5 %
SOPHTALINE
THIOVALONE
VISIODOSE

## Chlormadinone
BELARA
CHLORMADINONE MERCK
CHLORMADINONE QUALIMED
CHLORMADINONE SANDOZ
CHLORMADINONE TEVA
LUTÉRAN

## Chlorméthine
CARYOLYSINE

## Chlorobutanol
ALODONT
ANGI-SPRAY
BALSAMORHINOL
ELUDRIL solution
GIVALEX bain de bouche
GIVALEX collutoire
OPTREX

## Chlorocrésol
CICATRYL
CYTÉAL solution

## Chloroquine
NIVAQUINE
SAVARINE

## Chlorphénamine
BRONCALÈNE Adulte, Enfant
BRONCALÈNE Nourrisson
HEXAPNEUMINE comprimé
HEXAPNEUMINE sirop Adulte, Enfant
HEXAPNEUMINE sirop Nourrisson
HUMEX RHUME comprimé et gélule
PNEUMOPAN
RHINOFÉBRAL

## Chlorproéthazine
NEURIPLÈGE

## Chlorpromazine
LARGACTIL

## Chlorquinaldol
COLPOSEPTINE
NÉRISONE C

## Chlortalidone
LOGROTON
TENORETIC
TRASITENSINE

## Chlortétracycline
ATÈDE
AURÉOMYCINE COOPER
AURÉOMYCINE EVANS dermique
AURÉOMYCINE EVANS ophtalmique
AURÉOMYCINE MONOT

## Choline
CITROCHOLINE
CYSTICHOL
DÉSINTEX-CHOLINE
GIVALEX bain de bouche
GIVALEX collutoire
HÉPAGRUME
PANSORAL

## Choriogonadotropine alfa
OVITRELLE

## Chromocarbe
CAMPEL

## Chymotrypsine
RIBATRAN

## Cibenzoline
CIPRALAN
EXACOR

## Ciclétanine
TENSTATEN

## Ciclopirox
MYCOSTER 8 %

## Ciclopirox olamine
MYCOSTER
SEBIPROX

## Ciclosporine
NÉORAL
SANDIMMUN

## Cilazapril
JUSTOR

## Cimétidine
CIMÉTIDINE ARROW
CIMÉTIDINE G GAM oral
CIMÉTIDINE MERCK
CIMÉTIDINE TEVA
STOMÉDINE
TAGAMET injectable
TAGAMET oral

## Cinchocaïne
DÉLIPROCT
ULTRAPROCT

## Cinéole
Voir : eucalyptol

## Ciprofibrate
CIPROFIBRATE BIOGARAN
CIPROFIBRATE MERCK
CIPROFIBRATE QUALIMED
CIPROFIBRATE RATIOPHARM
CIPROFIBRATE RPG
CIPROFIBRATE SANDOZ
CIPROFIBRATE TEVA
CIPROFIBRATE WINTHROP
LIPANOR

## Ciprofloxacine
CIFLOX
CILOXAN collyre
CILOXAN pommade ophtalmique
CIPROFLOXACINE ALTER
CIPROFLOXACINE ARROW
CIPROFLOXACINE BIOGARAN
CIPROFLOXACINE EG
CIPROFLOXACINE G GAM
CIPROFLOXACINE IVAX
CIPROFLOXACINE MERCK
CIPROFLOXACINE QUALIMED
CIPROFLOXACINE RATIOPHARM
CIPROFLOXACINE RPG
CIPROFLOXACINE SANDOZ
CIPROFLOXACINE TEVA
CIPROFLOXACINE WINTHROP
CIPROFLOXACINE ZYDUS
UNIFLOX

## Cisapride
PREPULSID

## Cisplatine
CISPLATINE DAKOTA PHARM
CISPLATINE MERCK
CISPLATINE QUALIMED
CISPLATINE TEVA
CISPLATYL

## Citalopram
CITALOPRAM ARROW
CITALOPRAM BIOGARAN
CITALOPRAM EG
CITALOPRAM G GAM
CITALOPRAM IVAX
CITALOPRAM MERCK
CITALOPRAM QUALIMED
CITALOPRAM RATIOPHARM
CITALOPRAM RPG
CITALOPRAM SANDOZ
CITALOPRAM TEVA
CITALOPRAM WINTHROP
SEROPRAM

## Citroflavonoïdes
CÉMAFLAVONE
VASCOCITROL

## Citrulline
STIMOL

## Clarithromycine
MONONAXY
MONOZECLAR
NAXY
ZECLAR

## Clidinium bromure
LIBRAX

## Clindamycine
DALACINE
DALACINE T TOPIC
ZINDACLINE

## Clioquinol
LOCACORTÈNE VIOFORME

## Clobazam
URBANYL

## Clobétasol
DERMOVAL crème
DERMOVAL gel

## Clobutinol
SILOMAT

## Clomifène
CLOMID
PERGOTIME

## Clomipramine
ANAFRANIL
CLOMIPRAMINE MERCK
CLOMIPRAMINE RPG
CLOMIPRAMINE SANDOZ
CLOMIPRAMINE TEVA

## Clonazépam
RIVOTRIL

## Clonidine
CATAPRESSAN

## Clopamide
VISKALDIX

## Clopidogrel
PLAVIX

## Clorazépate dipotassique
NOCTRAN
TRANXÈNE

## Clotiazépam
VÉRATRAN

## Cloxacilline
ORBÉNINE

## Clozapine
CLOZAPINE MERCK
CLOZAPINE PANPHARMA
LEPONEX

## Cobalt
OLIGOGRANUL COBALT
OLIGOGRANUL MANGANÈSE-COBALT
OLIGOGRANUL MANGANÈSE-CUIVRE-COBALT
OLIGOGRANUL NICKEL-COBALT
OLIGOGRANUL ZINC-NICKEL-COBALT
OLIGOSOL COBALT
OLIGOSOL MANGANÈSE-COBALT
OLIGOSOL MANGANÈSE-CUIVRE-COBALT
OLIGOSOL NICKEL-COBALT
OLIGOSOL ZINC-NICKEL-COBALT
OLIGOSTIM COBALT
OLIGOSTIM MANGANÈSE-COBALT
OLIGOSTIM MANGANÈSE-CUIVRE-COBALT
OLIGOSTIM ZINC-NICKEL-COBALT
QUOTIVIT O.E.
STIMUPLEXE
SUBOLIGO NICKEL-COBALT
SUBOLIGO ZINC-NICKEL-COBALT
SURVITINE

## Cobamamide
COBANZYME

## Codéine
ALGICALM
ALGISEDAL
ASPÉGIC CODÉINE
CAMPHODIONYL
CLARADOL CODÉINE
CODEDRILL
CODENFAN
CODOLIPRANE Adulte
CODOLIPRANE Enfant
COMPRALGYL
DAFALGAN CODÉINE
DICODIN
DINACODE sirops Adulte et Enfant
EFFERALGAN CODÉINE
EUCALYPTINE LE BRUN sirop
EUPHON sirop, gélule
GAOSÉDAL CODÉINE
KLIPAL CODÉINE 300 mg/25 mg
KLIPAL CODÉINE 600 mg/50 mg
LINDILANE
MIGRALGINE
NÉO-CODION comprimé
NÉO-CODION sirop
NOVACÉTOL
PADÉRYL
PARACÉTAMOL CODÉINE ARROW 400 mg/20 mg
PARACÉTAMOL CODÉINE ARROW 500 mg/30 mg
PARACÉTAMOL CODÉINE BIOGARAN 500 mg/30 mg
PARACÉTAMOL CODÉINE EG 500 mg/30 mg
PARACÉTAMOL CODÉINE G GAM 500 mg/30 mg
PARACÉTAMOL CODÉINE IVAX 500 mg/30 mg
PARACÉTAMOL CODÉINE MERCK 500 mg/30 mg
PARACÉTAMOL CODÉINE SANDOZ 500 mg/30 mg
PARACÉTAMOL CODÉINE TEVA 500 mg/30 mg
PNEUMOPAN
POLERY
PRONTALGINE
PULMOBAILLY
PULMOSÉRUM
RHINATUX
SÉDARÈNE gélule
SÉDASPIR
SUPPOMALINE
THIOPECTOL
TUSSIPAX comprimé et sirop
TUSSIPAX goutte

## Codéthyline
ÉPHYDION comprimé, sirop
ÉPHYDION goutte
SIROP PETER'S
TUSSIPAX comprimé et sirop
TUSSIPAX goutte
VÉGÉTOSÉRUM Adulte
VÉGÉTOSÉRUM Enfant

## Colchicine
COLCHICINE OPOCALCIUM
COLCHIMAX

## Colécalciférol
ALFACALCIDOL TEVA
CACIT VITAMINE D3
CALCIDOSE VITAMINE D
CALCIFORTE VITAMINE D3
CALCIPRAT D3
CALCIUM-VITAMINE D3 BIOGARAN
CALCIUM-VITAMINE D3 EG
CALCIUM-VITAMINE D3 GNR
CALCIUM-VITAMINE D3 IVAX
CALCIUM-VITAMINE D3 MERCK
CALCIUM-VITAMINE D3 RATIOPHARM
CALCIUM-VITAMINE D3 SANDOZ
CALCIUM-VITAMINE D3 TEVA
CALCOS VITAMINE D3
CALPEROS D3
CALTRATE VITAMINE D3
CARENCYL

DÉDROGYL
DENSICAL D3
ÉLÉVIT VITAMINE B9
EPTAVIT
FIXICAL VITAMINE D3
FLUOSTÉROL
FORCICAL VITAMINE D3
FOSAVANCE
IDÉOS
METOCALCIUM
OROCAL D3
OROCAL VITAMINE D3
OSSEANS D3
OSTEOCAL D3
OSTRAM VITAMINE D3
PROTOVIT
QUOTIVIT O.E.
ROCALTROL
SILKIS
SUPRADYNE
SURVITINE
UN-ALFA
UVÉDOSE
VITAMINE D3 BON
ZYMAD 10 000 UI/ml
ZYMAD 80 000 et 200 000 UI
ZYMADUO

## Colestyramine
QUESTRAN

## Colistiméthate sodique
BACICOLINE
COLIMYCINE injectable

## Colistine
BACICOLINE
COLIMYCINE injectable
COLIMYCINE oral

## Collagène
OSSOPAN

## Cortisone
CORTISONE ROUSSEL

## Cortivazol
ALTIM

## Cotrimoxazole (sulfaméthoxazole - triméthoprime)
BACTRIM
COTRIMOXAZOLE RATIOPHARM

## Crataegus
Voir : aubépine

## Crotamiton
EURAX

## Cuivre
BIO-CUIVRE MANGANÈSE
CRÈME DE DALIBOUR COOPER
DERMOCUIVRE
DERMO-SULFURYL
ÉLÉVIT VITAMINE B9
FEMIPLEXE
GRANIONS DE CUIVRE
MÉTACUPROL
MICROSOL CUIVRE
MICROSOL MANGANÈSE-CUIVRE
OLIGOCURE
OLIGODERM
OLIGO-ESSENTIELS CUIVRE
OLIGOGRANUL CUIVRE
OLIGOGRANUL CUIVRE-OR-ARGENT
OLIGOGRANUL MANGANÈSE-CUIVRE
OLIGOGRANUL MANGANÈSE-CUIVRE-COBALT
OLIGOGRANUL ZINC-CUIVRE
OLIGOSOL CUIVRE
OLIGOSOL CUIVRE-OR-ARGENT
OLIGOSOL MANGANÈSE-CUIVRE
OLIGOSOL MANGANÈSE-CUIVRE
OLIGOSOL MANGANÈSE-CUIVRE-COBALT
OLIGOSOL ZINC-CUIVRE
OLIGOSTIM CUIVRE
OLIGOSTIM CUIVRE-OR-ARGENT
OLIGOSTIM MANGANÈSE-CUIVRE
OLIGOSTIM MANGANÈSE-CUIVRE-COBALT
OLIGOSTIM ZINC-CUIVRE
PROTOVIT
QUOTIVIT O.E.
RAMET DALIBOUR ACIDE
STIMUPLEXE
SUBOLIGO CUIVRE-OR-ARGENT
SUBOLIGO MANGANÈSE-CUIVRE
SUPRADYNE
SURVITINE
TOT'HEMA

## Cyamémazine
TERCIAN

## Cyanocobalamine
BEROCCA
CARENCYL
CYANOCOBALAMINE RENAUDIN
DODÉCAVIT
ECOVITAMINE B12
ÉLÉVIT VITAMINE B9
ÉPITHÉA
MONO VITAMINE B12
PROTOVIT
SUPRADYNE
SURVITINE
VITAMINE B12 AGUETTANT
VITAMINE B12 ALLERGAN
VITAMINE B12 BAYER
VITAMINE B12 CHAUVIN
VITAMINE B12 DELAGRANGE
VITAMINE B12 GERDA
VITAMINE B12 LAVOISIER
VITAMINE B12 THÉA

## Cyclopentolate
SKIACOL

## Cyclophosphamide
ENDOXAN

## Cyclovalone
VANILONE infantile

## Cyproheptadine
PÉRIACTINE

## Cyprotérone
ACÉTATE DE CYPROTÉRONE EG
ACÉTATE DE CYPROTÉRONE G GAM
ANDROCUR
CLIMÈNE
CYPROTÉRONE BIOGARAN
CYPROTÉRONE ÉTHINYLESTRADIOL EG
CYPROTÉRONE ÉTHINYLESTRADIOL GNR
CYPROTÉRONE ÉTHINYL-ESTRADIOL RATIOPHARM
CYPROTÉRONE MERCK
DIANE 35
EVEPAR
HOLGYEME
KALIALE
LUMALIA
MINERVA

## Cystine
CYSTICHOL
CYSTINE B6 BAILLEUL
GÉLUCYSTINE
NOTRINO
SOLACY

## Cytarabine
ARACYTINE

## Daltéparine sodique
FRAGMINE

## Danazol
DANATROL

## Dantrolène
DANTRIUM

## Dapabutan
STERLANE solution

## Dapsone
DISULONE

## DDI
Voir : didanosine

## Déanol
ACTI 5
CLÉRÉGIL
DÉBRUMYL

## Déféroxamine
DESFERAL

## Dépalléthrine
PARA SPÉCIAL POUX

## Desloratadine
AERIUS

## Desmopressine
MINIRIN comprimé
MINIRIN solution endonasale
MINIRINMELT
OCTIM

## Désogestrel
CÉRAZETTE
CYCLÉANE
DÉSOGESTREL ÉTHINYL-ESTRADIOL BIOGARAN
MERCILON
VARNOLINE
VARNOLINE CONTINU

## Désonide
CIRKAN suppositoire
LOCAPRED
LOCATOP
TRIDÉSONIT

## Désoxycortone
SYNCORTYL

## Désoxyribonucléase
ÉLASE

## Dexaméthasone
AURICULARUM
CÉBÉDEXACOL
CHIBRO-CADRON
CORTICÉTINE
DECTANCYL comprimé
DÉSOCORT
DEXAGRANE
DEXAMÉTHASONE CHAUVIN
FRAKIDEX
FRAMYXONE solution auriculaire
MAXIDEX
MAXIDROL
PERCUTALGINE
POLYDEXA
STER-DEX
TOBRADEX

## Dexchlorphéniramine
CÉLESTAMINE
POLARAMINE injectable
POLARAMINE oral
RHINATUX

## Dexpanthénol
BÉCOZYME
BEPANTHEN crème
BEPANTHEN pommade
BÉPANTHÈNE
HYDROSOL POLYVITAMINÉ BAYER

## Dextran
DEXTRARINE PHÉNYLBUTAZONE

## Dextrométhorphane
ACTIVOX TOUX SÈCHE
ATUXANE
CAPSYL
DEXIR
DEXTROCIDINE
DEXTROMÉTHORPHANE ARROW
DRILL toux sèche
ERGIX Toux sèche
FLUDITEC TOUX SÈCHE
HUMEX TOUX SÈCHE DEXTROMÉTORPHANE
NODEX
NORTUSSINE
PULMODEXANE
TUSSIDANE
TUXIUM
VICKS SIROP TOUX SÈCHE

## Dextropropoxyphène
DEXTROPROPOXYPHÈNE PARACÉTAMOL ALMUS
DEXTROPROPOXYPHÈNE PARACÉTAMOL ALTER
DEXTROPROPOXYPHÈNE PARACÉTAMOL ARROW
DEXTROPROPOXYPHÈNE PARACÉTAMOL BIOGARAN
DEXTROPROPOXYPHÈNE PARACÉTAMOL EG
DEXTROPROPOXYPHÈNE PARACÉTAMOL G GAM
DEXTROPROPOXYPHÈNE PARACÉTAMOL ISOMED
DEXTROPROPOXYPHÈNE PARACÉTAMOL IVAX
DEXTROPROPOXYPHÈNE PARACÉTAMOL MERCK
DEXTROPROPOXYPHÈNE PARACÉTAMOL QUALIMED
DEXTROPROPOXYPHÈNE PARACÉTAMOL RATIOPHARM
DEXTROPROPOXYPHÈNE PARACÉTAMOL RPG
DEXTROPROPOXYPHÈNE PARACÉTAMOL SANDOZ
DEXTROPROPOXYPHÈNE PARACÉTAMOL TEVA
DEXTROPROPOXYPHÈNE PARACÉTAMOL ZYDUS
DEXTROPROPOXYPHÈNE PARACÉTAMOL CAFÉINE ARROW
DEXTROPROPOXYPHÈNE PARACÉTAMOL CAFÉINE BIOGARAN
DEXTROPROPOXYPHÈNE PARACÉTAMOL CAFÉINE EG
DEXTROPROPOXYPHÈNE PARACÉTAMOL CAFÉINE G GAM
DEXTROPROPOXYPHÈNE PARACÉTAMOL CAFÉINE QUALIMED
DEXTROPROPOXYPHÈNE PARACÉTAMOL CAFÉINE RATIOPHARM
DEXTROPROPOXYPHÈNE PARACÉTAMOL CAFÉINE RPG
DEXTROPROPOXYPHÈNE PARACÉTAMOL CAFÉINE SANDOZ
DEXTROPROPOXYPHÈNE PARACÉTAMOL CAFÉINE TEVA
DEXTROPROPOXYPHÈNE PARACÉTAMOL CAFÉINE WINTHROP
DEXTROREF
DI DOLKO
DIALGIREX
DI-ANTALVIC
DIOALGO
PROPOFAN

## Diacéréine
ART 50
ZONDAR

## Diacétylcystéine
MUCOTHIOL

## Di-alpha-cétoglutarate de calcium
CÉTOGLUTARAN

## Diazépam
DIAZÉPAM RATIOPHARM
NOVAZAM
VALIUM ROCHE

## Dibencozide
Voir : cobamamide

## Diclofénac
ARTOTEC
DICLOFÉNAC ARROW
DICLOFÉNAC EG
DICLOFÉNAC G GAM
DICLOFÉNAC IVAX
DICLOFÉNAC MERCK
DICLOFÉNAC RENAUDIN injectable
DICLOFÉNAC RPG
DICLOFÉNAC SANDOZ
DICLOFÉNAC TEVA
FLECTOR gel
FLECTOR oral
FLECTOR TISSUGEL
SOLARAZE
VOLTARENACTIGO
VOLTARENDOLO
VOLTARÈNE collyre
VOLTARÈNE EMULGEL flacon
VOLTARÈNE EMULGEL tube
VOLTARÈNE injectable
VOLTARÈNE oral, rectal
XENID gel
XENID oral, rectal

## Didanosine
VIDEX

## Diénogest
CLIMODIÈNE

## Diéthylstilbestrol
DISTILBÈNE

## Diflucortolone
NÉRISALIC
NÉRISONE
NÉRISONE C

## Difluprednate
EPITOPIC 0,02
EPITOPIC 0,05

## Digoxine
DIGOXINE NATIVELLE
HEMIDIGOXINE NATIVELLE

## Dihexyvérine
SPASMODEX

## Dihydrocodéine
DICODIN

## Dihydroergocristine
ISKÉDYL injectable
ISKÉDYL oral

## Dihydroergocryptine
VASOBRAL

## Dihydroergotamine
DIERGO-SPRAY
DIHYDROERGOTAMINE NOVARTIS PHARMA injectable
DIHYDROERGOTAMINE NOVARTIS PHARMA oral
IKARAN
SÉGLOR
TAMIK

## Dihydroergotoxine
CAPERGYL
HYDERGINE

## Diltiazem
BI-TILDIEM
DELTAZEN
DIACOR 300 mg
DIACOR 90 et 120 mg
DILRÈNE 300 mg
DILRÈNE 90 et 120 mg
DILTIAZEM BIOGARAN 300 mg
DILTIAZEM BIOGARAN 60 mg
DILTIAZEM BIOGARAN 90 et 120 mg
DILTIAZEM EG 300 mg
DILTIAZEM G GAM 300 mg
DILTIAZEM IVAX 300 mg
DILTIAZEM IVAX 60 mg
DILTIAZEM IVAX 90 et 120 mg
DILTIAZEM MERCK 300 mg
DILTIAZEM MERCK 60 mg
DILTIAZEM MERCK 90 et 120 mg
DILTIAZEM RATIOPHARM 60 mg
DILTIAZEM RATIOPHARM 90 et 120 mg
DILTIAZEM RPG 300 mg
DILTIAZEM RPG 60 mg
DILTIAZEM RPG 90 et 120 mg
DILTIAZEM SANDOZ 120 mg
DILTIAZEM SANDOZ 300 mg
DILTIAZEM TEVA 300 mg
DILTIAZEM TEVA 60 mg
DILTIAZEM TEVA 90 et 120 mg
MONO-TILDIEM
TILDIEM

## Diménhydrinate
DRAMAMINE
MERCALM
NAUSICALM

## Dimépranol
ISOPRINOSINE

## Diméticone
CARBOSYLANE
OPHTASILOXANE
PEPSANE
POLYSILANE UPSA
ZYMOPLEX

## Diosmectite
SMECTA

## Diosmine
DAFLON
DIO
DIOSMIL
DIOSMINE ARROW
DIOSMINE BIOGARAN
DIOSMINE EG
DIOSMINE G GAM 600 mg
DIOSMINE GNR
DIOSMINE HEXAL SANTÉ
DIOSMINE IVAX
DIOSMINE MERCK
DIOSMINE MERCK GÉNÉRIQUES
DIOSMINE QUALIMED
DIOSMINE RATIOPHARM
DIOSMINE RPG
DIOSMINE SANDOZ
DIOSMINE TEVA
DIOSMINE ZYDUS
DIOVENOR
ENDIUM
FLÉBOSMIL
MÉDIVEINE
PRÉPARATION H VEINOTONIC
TITANORAL
VEINEVA
VÉNIRÈNE

## Diphénhydramine
ACTIFED JOUR ET NUIT
BUTIX
NAUTAMINE

## Diphénoxylate
DIARSED

## Dipivéfrine
PROPINE

## Diprophylline
OZOTHINE à la diprophylline

## Dipyridamole
ASASANTINE LP
CLÉRIDIUM
PERSANTINE

## Dirithromycine
DYNABAC

## Disopyramide
ISORYTHM
RYTHMODAN

## Disulfirame
ESPÉRAL
TTD B3 B4

## Dithranol
ANAXÉRYL

## Dobésilate de calcium
DOXIUM

## Docusate sodique
JAMYLÈNE
NORGALAX

## Dodéclonium bromure
DERMÉOL
PHLÉBOCRÈME
PHLEBOSUP
SÉDAPLAIE
SÉDORRHOÏDE

## Dolasétron
ANZEMET

## Domiphène bromure
FLUOSELGINE

## Dompéridone
BIPÉRIDYS
DOMPÉRIDONE ALMUS
DOMPÉRIDONE ARROW
DOMPÉRIDONE BIOGARAN
DOMPÉRIDONE EG
DOMPÉRIDONE G GAM
DOMPÉRIDONE IREX
DOMPÉRIDONE IVAX
DOMPÉRIDONE MERCK
DOMPÉRIDONE QUALIMED
DOMPÉRIDONE RATIOPHARM
DOMPÉRIDONE RPG
DOMPÉRIDONE SANDOZ
DOMPÉRIDONE TEVA
DOMPÉRIDONE WINTHROP
DOMPÉRIDONE ZYDUS
MOTILIUM
MOTILYO
PÉRIDYS

## Donépézil
ARICEPT

## Dorzolamide
COSOPT
TRUSOPT

## Dosulépine
PROTHIADEN

## Doxazosine
ZOXAN

## Doxépine
QUITAXON

## Doxorubicine
ADRIBLASTINE

## Doxycycline
DOXY
DOXYCYCLINE ARROW
DOXYCYCLINE BIOGARAN
DOXYCYCLINE G GAM
DOXYCYCLINE GNR
DOXYCYCLINE MERCK

DOXYCYCLINE RATIOPHARM
DOXYCYCLINE SANDOZ
DOXYLIS
DOXYPALU
GRANUDOXY
SPANOR
TOLEXINE
VIBRAMYCINE

## Doxylamine

DOLIRHUMEPRO
DONORMYL
LIDÈNE
NOCTYL

## Drospirénone

ANGELIQ
JASMINE
JASMINELLE

## Dutastéride

AVODART

## Dydrogestérone

CLIMASTON
DUPHASTON

## Ébastine

ÉBASTINE ALTER
KESTIN
KESTINLYO

## Éconazole

DERMAZOL
ÉCONAZOLE ARROW ovule
ÉCONAZOLE EG
ÉCONAZOLE EG ovule
ÉCONAZOLE G GAM
ÉCONAZOLE IVAX
ÉCONAZOLE MERCK ovule
ÉCONAZOLE QUALIMED ovule
ÉCONAZOLE RATIOPHARM
ÉCONAZOLE RATIOPHARM ovule
ÉCONAZOLE RPG
ÉCONAZOLE SANDOZ
ÉCONAZOLE SANDOZ ovule
ÉCONAZOLE TEVA
ÉCONAZOLE TEVA ovule
FONGÉRYL
FONGILÉINE
GYNO-PEVARYL
MYCOAPAISYL
PEVARYL
PEVISONE

## Efavirenz

SUSTIVA

## Élétriptan

RELPAX

## Émédastine

ÉMADINE

## Énalapril

CO-RENITEC
ÉNALAPRIL ARROW
ÉNALAPRIL BIOGARAN
ÉNALAPRIL EG
ÉNALAPRIL G GAM
ÉNALAPRIL IVAX
ÉNALAPRIL MERCK
ÉNALAPRIL QUALIMED
ÉNALAPRIL RATIO
ÉNALAPRIL RPG
ÉNALAPRIL SANDOZ
ÉNALAPRIL TEVA
ÉNALAPRIL WINTHROP
ÉNALAPRIL ZYDUS
ÉNALAPRIL/HYDROCHLOROTHIAZIDE ARROW
ÉNALAPRIL/HYDROCHLOROTHIAZIDE BIOGARAN
ÉNALAPRIL/HYDROCHLOROTHIAZIDE EG
ÉNALAPRIL/HYDROCHLOROTHIAZIDE MERCK
ÉNALAPRIL/HYDROCHLOROTHIAZIDE QUALIMED
ÉNALAPRIL/HYDROCHLOROTHIAZIDE RATIOPHARM
ÉNALAPRIL/HYDROCHLOROTHIAZIDE RPG
ÉNALAPRIL/HYDROCHLOROTHIAZIDE SANDOZ
ÉNALAPRIL/HYDROCHLOROTHIAZIDE TEVA
ÉNALAPRIL/HYDROCHLOROTHIAZIDE WINTHROP
RENITEC

## Enfuvirtide

FUZEON

## Énoxacine

ENOXOR

## Énoxaparine sodique

LOVENOX

## Énoxolone

ARTHRODONT
DERMÉOL
HEXALYSE
PHLÉBOCRÈME
PHLEBOSUP
PO 12
PYRÉFLOR
SÉDORRHOÏDE
VOCADYS

## Entacapone

COMTAN
STALEVO

## Éosine

ÉOSINE AQUEUSE GIFRER
ÉOSINE AQUEUSE GILBERT
ÉOSINE COOPER

## Éphédrine

OSMOTOL
OTYLOL
RHINAMIDE
RHINO-SULFURYL
TRANSMER

## Épinastine

PURIVIST

## Épinéphrine

Voir : adrénaline

## Éprazinone

MUCITUX

## Éprosartan

TEVETEN

## Éprozinol

EUPNÉRON

## Erdostéine

VECTRINE

## Ergocalciférol

FRUBIOSE VITAMINE D
HYDROSOL POLYVITAMINE BAYER
STÉROGYL 15 H et 15 A
STÉROGYL gouttes
UVESTÉROL A, D, E, C
UVESTÉROL D

## Ergotamine

GYNERGÈNE CAFÉINÉ

## Erysimum

ACTIVOX collutoire
ACTIVOX pastille
CANTADRILL
CLARIX sirop
EUPHON pastille
EUPHON sirop, gélule
PECTOFLORINE
PHOLCODYL
POLERY
VOCADYS
VOXYL

## Érythromycine

ABBOTICINE
ANTIBIOTREX
ÉGÉRY
ÉRY
ERYACNÉ
ERYFLUID
ÉRYLIK
ÉRYTHROCINE
ERYTHROGEL
ÉRYTHROMYCINE BAILLEUL
PÉDIAZOLE
STIMYCINE

## Escine

Voir : aescine

## Escitalopram

SEROPLEX

## Esculoside

APHLOÏNE P
HISTO-FLUINE P
INTRAIT DE MARRON D'INDE
OPO-VEINOGÈNE
PHLÉBOCRÈME
PHLEBOSUP
PRÉPARATION H suppositoire
SÉDORRHOÏDE

## Esdépalléthrine
SPRÉGAL

## Éséridine
GÉNÉSÉRINE

## Ésoméprazole
INEXIUM

## Estazolam
NUCTALON

## Estradiol
ACTIVELLE
AERODIOL
ANGELIQ
AVADÈNE
CLIMARA
CLIMASTON
CLIMÈNE
CLIMODIÈNE
DÉLIDOSE
DERMESTRIL
DERMESTRIL SEPTEM
DIVINA
DIVISEQ
DUOVA
ESTRADERM TTS
ESTRADIOL G GAM
ESTRAPATCH
ESTRÉVA comprimé
ESTRÉVA gel
ESTROFEM
FEMSEPT
FEMSEPT COMBI
FEMSEPTEVO
KLIOGEST
MENOREST
NAEMIS
NOVOFEMME
OESCLIM
OESTRODOSE
OESTROGEL
OROMONE
PROGYNOVA
PROVAMES
THAÏS
THAÏS SEPT
TRISEQUENS
VIVELLEDOT

## Estriol
FLORGYNAL
GYDRELLE
PHYSIOGINE comprimé
PHYSIOGINE ovule et crème
TROPHICRÈME
TROPHIGIL

## Estrone
SYNERGON

## Étamsylate
DICYNONE

## Étanercept
ENBREL

## Éthacridine
PYOREX

## Éthambutol
DEXAMBUTOL
DEXAMBUTOL I-N-H
MYAMBUTOL

## Éthinylestradiol
ADEPAL
BELARA
CARLIN
CILEST
CYCLÉANE
CYPROTÉRONE ÉTHINYLESTRADIOL EG
CYPROTÉRONE ÉTHINYLESTRADIOL GNR
CYPROTÉRONE ÉTHINYLESTRADIOL RATIOPHARM
DAILY
DÉSOGESTREL ÉTHINYLESTRADIOL BIOGARAN
DIANE 35
EFEZIAL
EFFIPREV
ÉTHINYL-OESTRADIOL EFFIK
EVEPAR
EVRA
GESTODÈNE ÉTHINYLESTRADIOL BIOGARAN
HARMONET
HOLGYEME
JASMINE
JASMINELLE
LUDEAL
LUMALIA
MELIANE
MELODIA
MERCILON
MINERVA
MINESSE
MINIDRIL
MINIPHASE
MINULET
MONEVA
NUVARING
ORTHO-NOVUM
PERLÉANE
PHAEVA
STÉDIRIL
TRIAFEMI
TRICILEST
TRIELLA
TRI-MINULET
TRINORDIOL
VARNOLINE
VARNOLINE CONTINU

## Éthosuximide
ZARONTIN

## Éthylmorphine
Voir : codéthyline

## Étifoxine
STRESAM

## Étiléfrine
EFFORTIL

## Étodolac
LODINE

## Étonogestrel
IMPLANON
NUVARING

## Étoposide
CELLTOP

## Eucalyptol
BIQUINOL
BRONCHODERMINE pommade
BRONCHODERMINE suppositoire
CALYPTOL inhalant
DINACODE crème
ESSENCE ALGÉRIENNE
EUCALYPTINE
EUCALYPTINE LE BRUN sirop
EUCALYPTINE LE BRUN suppositoire
GLYCO-THYMOLINE
HEXAPNEUMINE suppositoire Adulte, Enfant
HEXAPNEUMINE suppositoire Nourrisson
PECTODERME
PHOLCONES BISMUTH
PULMOFLUIDE SIMPLE
VALDA

## Exémestane
AROMASINE

## Ézétimibe
EZETROL
INEGY

## Famciclovir
ORAVIR

## Famotidine
FAMOTIDINE EG
FAMOTIDINE G GAM
FAMOTIDINE MERCK
PEPCIDAC
PEPCIDDUO
PEPDINE

## Félodipine
FLODIL
LOGIMAX

## Fénofibrate
FEGENOR
FÉNOFIBRATE ALMUS
FÉNOFIBRATE ALTER 160 mg
FÉNOFIBRATE ALTER 300 mg
FÉNOFIBRATE ARROW
FÉNOFIBRATE ARROW 160 mg
FÉNOFIBRATE BIOGARAN 67 et 200 mg
FÉNOFIBRATE BIOGARAN 100 mg et 300 mg
FÉNOFIBRATE BIOGARAN 160 mg
FÉNOFIBRATE EG 67 et 200 mg

## Fluphénazine
MODÉCATE
MODITEN

## Flurbiprofène
ANTADYS
CEBUTID
OCUFEN

## Flutamide
EULEXINE
FLUTAMIDE ARROW
FLUTAMIDE BIOGARAN
FLUTAMIDE EG
FLUTAMIDE G GAM
FLUTAMIDE IVAX
FLUTAMIDE MERCK
FLUTAMIDE TEVA
PROSTADIREX

## Fluticasone
FLIXONASE
FLIXOTIDE
FLIXOVATE
SERETIDE

## Fluvastatine
FRACTAL
LESCOL

## Fluvoxamine
FLOXYFRAL
FLUVOXAMINE EG
FLUVOXAMINE G GAM
FLUVOXAMINE MERCK
FLUVOXAMINE TEVA

## Foie de poisson huile
ARKOGÉLULES HUILE DE FOIE DE MORUE
FLETAGEX
HUILE DE FOIE DE MORUE COOPER
MITOSYL IRRITATIONS
PRÉPARATION H crème
PRÉPARATION H suppositoire

## Follitropine alfa
GONAL-F

## Follitropine bêta
PUREGON

## Fondaparinux sodique
ARIXTRA

## Formotérol
FORADIL
SYMBICORT Turbuhaler

## Fosfomycine
MONURIL
URIDOZ

## Fosinopril
FOZIRETIC
FOZITEC

## Framycétine
CORTICÉTINE
FRAKIDEX
FRAMYXONE
POLYFRA collyre
POLYFRA pommade ophtalmique

## Fucus
AFFINEX MINCEUR comprimé
ALGUES (FUCUS) BOIRON
ARKOGÉLULES FUCUS
BORIBEL N° 9 minceur
DELLOVA
DRAGÉES FUCA
ÉLUSANES ALGUES BRUNES ALOÈS
ÉLUSANES FUCUS
FUCUS COMPLEXE N° 111
GÉLULE PROVENÇALE N° 2
MÉDIFLOR N° 1 diététique
OBÉFLORINE
TISANE PROVENÇALE N° 2

## Furosémide
ALDALIX
FUROSÉMIDE ARROW
FUROSÉMIDE BIOGARAN
FUROSÉMIDE EG
FUROSÉMIDE GNR
FUROSÉMIDE MERCK
FUROSÉMIDE RATIOPHARM
FUROSÉMIDE RPG
FUROSÉMIDE SANDOZ
FUROSÉMIDE TEVA
FUROSÉMIDE WINTHROP
LASILIX
LOGIRÈNE

## Gabapentine
GABAPENTINE BIOGARAN
GABAPENTINE G GAM
GABAPENTINE MERCK
GABAPENTINE QUALIMED
GABAPENTINE RATIOPHARM
GABAPENTINE RPG
GABAPENTINE TEVA
GABAPENTINE WINTHROP
GABAPENTINE ZYDUS
NEURONTIN

## Gaïazulène
AZULÈNE
CICATRYL
PEPSANE

## Galantamine
REMINYL

## Ganciclovir
VIRGAN

## Gemcitabine
GEMZAR

## Gemfibrozil
LIPUR

## Gentamicine
GENTALLINE
GENTAMICINE CHAUVIN
INDOBIOTIC

## Gestodène
AVADÈNE
CARLIN
EFEZIAL
GESTODÈNE ÉTHINYLESTRADIOL BIOGARAN
HARMONET
MELIANE
MELODIA
MINESSE
MINULET
MONEVA
PERLÉANE
PHAEVA
TRI-MINULET

## Ginkgo biloba
GINKOGINK
GINKOR
GINKOR gel
TANAKAN
TRAMISAL

## Ginseng
ARKOGÉLULES GINSENG
ÉLUSANES GINSENG
ÉLUSANES STARPHYT
GINSENG ALPHA
GINSENG BOIRON
SELENIUM COMPLEXE N° 99
TONACTIL
TONIGIN

## Glibenclamide
DAONIL
EUGLUCAN
GLIBENCLAMIDE BIOGARAN 2,5 mg
GLIBENCLAMIDE BIOGARAN 5 mg
GLIBENCLAMIDE TEVA 2,5 mg
GLIBENCLAMIDE TEVA 5 mg
GLUCOVANCE
HÉMI-DAONIL
MIGLUCAN

## Glibornuride
GLUTRIL

## Gliclazide
DIAMICRON 30
DIAMICRON 80
GLICLAZIDE G GAM
GLICLAZIDE ALMUS
GLICLAZIDE ARROW
GLICLAZIDE BIOGARAN
GLICLAZIDE EG
GLICLAZIDE GNR
GLICLAZIDE IVAX
GLICLAZIDE MERCK
GLICLAZIDE QUALIMED
GLICLAZIDE RATIOPHARM
GLICLAZIDE RPG
GLICLAZIDE SANDOZ
GLICLAZIDE TEVA
GLICLAZIDE WINTHROP
GLICLAZIDE ZYDUS

## Glimépiride
AMAREL
GLIMÉPIRIDE BGR
GLIMÉPIRIDE EG
GLIMÉPIRIDE MERCK
GLIMÉPIRIDE QUALIMED
GLIMÉPIRIDE RANBAXY
GLIMÉPIRIDE RATIOPHARM
GLIMÉPIRIDE SANDOZ
GLIMÉPIRIDE TEVA
GLIMÉPIRIDE WINTHROP

## Glipizide
GLIBÉNÈSE
GLIPIZIDE MERCK
MINIDIAB
OZIDIA

## Glucagon
GLUCAGEN

## Glucuronamide
GURONSAN
SARVIT

## Glycérol
ALOPLASTINE
BÉBÉGEL
CRISTAL
DEXERYL
GEL RECTOPANBILINE
RECTOPANBILINE
SUPPOSITOIRES A LA GLYCÉRINE CENTRAPHARM
SUPPOSITOIRES A LA GLYCÉRINE GIFRER
SUPPOSITOIRES A LA GLYCÉRINE MONOT
SUPPOSITOIRES A LA GLYCÉRINE SARBACH

## Glycine
ACIDRINE
ACTIVAROL
CATARSTAT
GYN HYDRALIN
MAGNÉSIUM GLYCOCOLLE LAFARGE
PHAKAN
TRIGLYSAL

## Goménol
GOMENOL
GOMENOLÉO ampoule
GOMENOLÉO flacon
HUILE GOMENOLÉE
VASELINE GOMENOLÉE

## Gonadotrophine chorionique
GONADOTROPHINE CHORIONIQUE ENDO

## Goséréline
ZOLADEX

## Goudron
PSOCORTÈNE

## Granisétron
KYTRIL

## Griséofulvine
GRISÉFULINE

## Guaïétoline
GUÉTHURAL 300

## Guaïfénésine
EUCALYPTINE
NORTUSSINE
PHOLCONES BISMUTH
PULMOFLUIDE SIMPLE
VICKS SIROP EXPECTORANT

## Guanfacine
ESTULIC

## Guimauve
APILAXE
BORIBEL N° 2 pectorale
BORIBEL N° 6 digestive
BORIBEL N° 13 purgative
COLITISANE
COLLUVOXYL
PECTOFLORINE
PRIMADRILL
TISANE PROVENÇALE N° 1

## Halofantrine
HALFAN

## Halopéridol
HALDOL DECANOAS
HALDOL injectable
HALDOL oral

## Hélicidine
HÉLICIDINE

## Hématoporphyrine
HÉMÉDONINE

## Héparine
CALCIPARINE sous-cutanée
CIRKAN suppositoire
ESBERIVEN crème
HÉPARINE CHOAY

## Heptaminol
AMPECYCLAL
DÉBRUMYL
GINKOR
HEPT-A-MYL

## Hespéridine méthyl chalcone
CIRKAN
CYCLO FORT 3
GEL A L'ACETOTARTRATE D'ALUMINE

## Hexamidine
AURIGOUTTE
COLLUDOL
CYTÉAL solution
DÉSOMÉDINE collyre
DÉSOMÉDINE solution nasale
ERGIX mal de gorge collutoire
HEXAMIDINE GILBERT
HEXASEPTINE
HEXOMÉDINE gel
HEXOMÉDINE solution
HEXOMÉDINE transcutanée
OROMÉDINE MAUX DE GORGE
OTOMIDE
SOLUTRICINE MAUX DE GORGE

## Hexétidine
ANGI-SPRAY
COLLU-HEXTRIL
GIVALEX bain de bouche
GIVALEX collutoire
HEXTRIL bain de bouche
HEXTRIL gel gingival
HEXTRIL pâte dentifrice

## Homatropine
ISOPTO-HOMATROPINE

## Hydrastis
ADÉNOCYNÉSINE
AESCULUS COMPOSÉ BOIRON
AESCULUS COMPOSÉ BOIRON pommade et suppositoire
ALLIUM CEPA COMPOSÉ BOIRON
BROMUM COMPLEXE N° 119
CHELIDONIUM COMPOSÉ BOIRON
CIMICIFUGA COMPLEXE N° 21
CLIMAXOL
CONIUM COMPLEXE N° 36
ENDHOMETROL
HÉPATODRAINOL
HÉPATOPAN
HOMÉOGÈNE 22
HYDRASTIS COMPOSÉ BOIRON
HYDRASTIS COMPOSÉ DOLISOS
L 25
L 28
PHLÉBOGÉNINE
PULVIPLASMINE
RICINUS COMPOSÉ BOIRON
RICINUS COMPOSÉ DOLISOS
SINUSPAX
THLASCOSE

## Hydrochlorothiazide
ACUILIX
ALTEISDUO
AMILORIDE/HYDROCHLOROTHIAZIDE TEVA
AMILORIDE/HYDROCHLOROTHIAZIDE RPG
BRIAZIDE
CAPTEA
CAPTOPRIL/HYDROCHLOROTHIAZIDE ARROW
CAPTOPRIL/HYDROCHLOROTHIAZIDE BIOGARAN
CAPTOPRIL/HYDROCHLOROTHIAZIDE MERCK
CAPTOPRIL/HYDROCHLOROTHIAZIDE QUALIMED
CAPTOPRIL/HYDROCHLOROTHIAZIDE RATIOPHARM
CAPTOPRIL/HYDROCHLOROTHIAZIDE SANDOZ

CIBADREX
COAPROVEL
COKENZEN
COOLMETEC
CO-RENITEC
COTAREG
COTRIATEC
ECAZIDE
ÉNALAPRIL/HYDROCHLOROTHIAZIDE ARROW
ÉNALAPRIL/HYDROCHLOROTHIAZIDE BIOGARAN
ÉNALAPRIL/HYDROCHLOROTHIAZIDE EG
ÉNALAPRIL/HYDROCHLOROTHIAZIDE MERCK
ÉNALAPRIL/HYDROCHLOROTHIAZIDE QUALIMED
ÉNALAPRIL/HYDROCHLOROTHIAZIDE RATIOPHARM
ÉNALAPRIL/HYDROCHLOROTHIAZIDE RPG
ÉNALAPRIL/HYDROCHLOROTHIAZIDE SANDOZ
ÉNALAPRIL/HYDROCHLOROTHIAZIDE TEVA
ÉNALAPRIL/HYDROCHLOROTHIAZIDE WINTHROP
ESIDREX
FORTZAAR
FOZIRETIC
HYTACAND
HYZAAR
KORETIC
LISINOPRIL/HYDROCHLOROTHIAZIDE ARROW
LISINOPRIL/HYDROCHLOROTHIAZIDE BIOGARAN
LISINOPRIL/HYDROCHLOROTHIAZIDE EG
LISINOPRIL/HYDROCHLOROTHIAZIDE MERCK
LISINOPRIL/HYDROCHLOROTHIAZIDE QUALIMED
LISINOPRIL/HYDROCHLOROTHIAZIDE RANBAXY
LISINOPRIL/HYDROCHLOROTHIAZIDE RATIOPHARM
LISINOPRIL/HYDROCHLOROTHIAZIDE SANDOZ
LISINOPRIL/HYDROCHLOROTHIAZIDE TEVA
LODOZ
MICARDISPLUS
MODUCREN
MODURÉTIC
NISISCO
PRESTOLE
PRINZIDE
PRITORPLUS
WYTENS
ZESTORETIC
ZOFENILDUO

## Hydrocortisone

APHILAN démangeaisons
BACICOLINE
CALMICORT
COLOFOAM
CORTAPAISYL
CORTISÉDERMYL
DERMASPRAID démangeaison
DERMOFENAC démangeaisons
EFFICORT
HYDRACORT
HYDROCORTISONE KERAPHARM
HYDROCORTISONE ROUSSEL
LOCOÏD
MADÉCASSOL néomycine hydrocortisone
MITOCORTYL démangeaisons
ONCTOSE HYDROCORTISONE

## Hydromorphone

SOPHIDONE

## Hydroquinidine

SÉRÉCOR

## Hydroxycarbamide

HYDRÉA

## Hydroxychloroquine

PLAQUENIL

## Hydroxyzine

ATARAX
HYDROXYZINE RENAUDIN

## Hymécromone

CANTABILINE

## Hypochlorite de sodium

AMUKINE
DAKIN COOPER STABILISÉ

## Hyprolose

LACRISERT

## Hypromellose

ARTELAC

## Ibacitabine

CUTERPÈS

## Ibuprofène

ADVIL 200 mg
ADVIL 400 mg
ADVIL Enfant et Nourrisson
ADVIL gel
ANADVIL
ANADVIL RHUME
ANTARÈNE 200 mg
ANTARÈNE Adulte 400 mg
ANTARÈNE Enfant et Nourrisson
ANTARÈNE gel
BRUFEN
CLIPTOL
DOLGIT
DOLTAQUE
ERGIX douleur et fièvre
EXPANFEN
GÉLUFÈNE
HÉMAGÈNE TAILLEUR
IBUPROFÈNE ARROW 200 mg
IBUPROFÈNE ARROW 400 mg
IBUPROFÈNE BIOGARAN
IBUPROFÈNE BIOGARAN 400 mg
IBUPROFÈNE EG 200 mg
IBUPROFÈNE EG 400 mg
IBUPROFÈNE G GAM
IBUPROFÈNE GIBAUD comprimé
IBUPROFÈNE GIBAUD solution
IBUPROFÈNE HEXAL SANTÉ 200 mg
IBUPROFÈNE IVAX
IBUPROFÈNE MERCK
IBUPROFÈNE MERCK solution
IBUPROFÈNE QUALIMED
IBUPROFÈNE RATIOPHARM
IBUPROFÈNE RPG 200 mg
IBUPROFÈNE RPG 400 mg
IBUPROFÈNE SANDOZ 200 mg
IBUPROFÈNE SANDOZ 400 mg
IBUPROFÈNE TEVA
IBUPROFÈNE ZYDUS
IBUTOP
INTRALGIS comprimé
INTRALGIS gel
NUREFLEX 200 mg
NUREFLEX 300 mg
NUREFLEX 400 mg
NUREFLEX Enfant, Nourrisson
NUROFEN
NUROFEN gel
NUROFEN RHUME
NUROFENTABS
NUROFLASH
RHINADVIL
RHINUREFLEX
SOLUFEN
SPÉDIFEN
SPIFEN
TIBURON gel
UPFEN

## Ichthyolammonium

ANAXÉRYL
INOTYOL
OXYTHYOL

## Idrocilamide

SRILANE

## Ifenprodil

VADILEX

## Ifosfamide

HOLOXAN

## Imidapril

TANATRIL

## Imipramine

TOFRANIL

## Imiquimod

ALDARA

## Indapamide

BIPRETERAX
FLUDEX
INDAPAMIDE BIOGARAN
INDAPAMIDE MERCK
PRETERAX

## Indinavir
CRIXIVAN

## Indométacine
CHRONO-INDOCID
INDOBIOTIC
INDOCID
INDOCOLLYRE

## Indoramine
VIDORA

## Inosine
CATACOL
CORRECTOL
ISOPRINOSINE

## Inosine acédobène dimépranol
ISOPRINOSINE

## Inositocalcium
VITATHION

## Insuline
ACTRAPID 100 UI/ml cartouche et stylo prérempli
ACTRAPID 100 UI/ml flacon
INSULATARD 100 UI/ml cartouche et stylo prérempli
INSULATARD 100 UI/ml flacon
INSUMAN BASAL 100 UI/ml cartouche
INSUMAN BASAL 100 UI/ml flacon
INSUMAN COMB 100 UI/ml cartouche
INSUMAN COMB 100 UI/ml flacon
INSUMAN RAPID 100 UI/ml cartouche
INSUMAN RAPID 100 UI/ml flacon
MIXTARD 30 100 UI/ml flacon
MIXTARD 100 UI/ml cartouche et stylo prérempli
UMULINE NPH 100 UI/ml
UMULINE PROFIL 100 UI/ml cartouche
UMULINE PROFIL 100 UI/ml flacon
UMULINE RAPIDE 100 UI/ml cartouche
UMULINE RAPIDE 100 UI/ml flacon
VELOSULIN

## Insuline asparte
NOVOMIX 100 UI/ml
NOVORAPID 100 UI/ml cartouche
NOVORAPID 100 UI/ml flacon

## Insuline détémir
LEVEMIR

## Insuline glargine
INSULINE LANTUS 100 UI/ml cartouche
INSULINE LANTUS 100 UI/ml flacon

## Insuline glulisine
INSULINE APIDRA cartouche
INSULINE APIDRA flacon

## Insuline lispro
HUMALOG 100 UI/ml cartouche
HUMALOG 100 UI/ml flacon
HUMALOG MIX 100 UI/ml

## Interféron alfa
PEGASYS
VIRAFERON
VIRAFERONPEG

## Interféron bêta
AVONEX
BETAFERON
REBIF

## Iode
AFFINEX MINCEUR comprimé
ALGUES (FUCUS) BOIRON
AMIODARONE ALTER
AMIODARONE ARROW
AMIODARONE BIOGARAN
AMIODARONE EG
AMIODARONE G GAM
AMIODARONE IVAX
AMIODARONE MERCK
AMIODARONE QUALIMED
AMIODARONE RATIOPHARM
AMIODARONE RPG
AMIODARONE SANDOZ
AMIODARONE TEVA
AMIODARONE WINTHROP
ARKOGÉLULES FUCUS
BÉTADINE bain de bouche
BÉTADINE DERMIQUE solution et compresse imprégnée
BÉTADINE gel et pansement médicamenteux
BÉTADINE gynécologique
BÉTADINE SCRUB
BETASEPTIC dermique
BORIBEL N° 9 minceur
CORBIONAX
CORDARONE
CYNOMEL
DELLOVA
DRAGÉES FUCA
ÉLUSANES ALGUES BRUNES ALOÈS
ÉLUSANES FUCUS
EUTHYRAL
FUCUS COMPLEXE N° 111
GÉLULE PROVENÇALE N° 2
IODURE DE POTASSIUM
LÉVOTHYROX
LOCACORTÈNE VIOFORME
L-THYROXINE
MÉDIFLOR N° 1 diététique
NITROL
OBÉFLORINE
POLIODINE
POVIDONE IODÉE MERCK moussante
TISANE PROVENÇALE N° 2

## Iodure
Voir : iode

## Iodure de potassium
IODURE DE POTASSIUM

## Ipéca
BAUDRY PÂTE PECTORALE
CETRARIA COMPLEXE N° 61
DROSERA COMPLEXE N° 64
DROSERA COMPOSÉ BOIRON
HOMÉOGÈNE 14
IPECA COMPLEXE N° 65
IPECA COMPOSÉ BOIRON
IPECA COMPOSÉ DOLISOS
L 107
NUX VOMICA COMPLEXE N° 49
TABACUM COMPOSÉ BOIRON
TABACUM COMPOSÉ DOLISOS

## Ipratropium bromure
ATROVENT inhalation
ATROVENT nasal
ATROVENT solution pour nébulisation
BRONCHODUAL
COMBIVENT
IPRATROPIUM AGUETTANT
IPRATROPIUM ARROW
IPRATROPIUM MERCK

## Iproniazide
MARSILID

## Irbésartan
APROVEL
COAPROVEL

## Irinotécan
CAMPTO

## Isoconazole
FAZOL
FAZOL G

## Isoniazide
DEXAMBUTOL I-N-H
RIFATER
RIFINAH
RIMIFON

## Isosorbide dinitrate
DINITRATE D'ISOSORBIDE MERCK
ISOCARD
ISOSORBIDE TEVA
LANGORAN
RISORDAN

## Isosorbide mononitrate
MONICOR

## Isothipendyl
APAISYL comprimé
APAISYL gel
ISTAMYL gel
SÉDERMYL

## Isotrétinoïne
ANTIBIOTREX
CONTRACNÉ
CURACNÉ

PROCUTA
ROACCUTANE
ROACCUTANE gel

## Ispaghul
AGIOLAX
ÉLUSANES PHYTOFIBRE
IMEGUL
MUCIVITAL
PARAPSYLLIUM
SPAGULAX
SPAGULAX citrate de potassium
SPAGULAX mucilage pur
SPAGULAX sorbitol
TRANSILANE sans sucre

## Isradipine
ICAZ

## Itraconazole
SPORANOX

## Ivermectine
STROMECTOL

## Josamycine
JOSACINE

## Jusquiame
LACCODERME

## Kaolin
CALENDULA OFFICINALIS BOIRON
ÉLUSANES CALMODIGER
GASTROPAX
KAOBROL
KAOLOGEAIS
KAOMUTH
KARAYAL
NEUTROSES

## Kétoconazole
KÉTODERM crème
KÉTODERM sachet
KÉTODERM tube unidose
NIZORAL

## Kétoprofène
BI-PROFÉNID
KÉTOPROFÈNE ARROW
KÉTOPROFÈNE BIOGARAN gel
KÉTOPROFÈNE EG gel
KÉTOPROFÈNE G GAM
KÉTOPROFÈNE GNR gel
KÉTOPROFÈNE IVAX
KÉTOPROFÈNE IVAX gel
KÉTOPROFÈNE MERCK
KÉTOPROFÈNE MERCK gel
KÉTOPROFÈNE RATIOPHARM gel
KÉTOPROFÈNE RPG
KÉTOPROFÈNE SANDOZ gel
KÉTOPROFÈNE TEVA
KÉTOPROFÈNE TEVA gel
KÉTOPROFÈNE WINTHROP gel
KÉTUM gel
KÉTUM oral
PROFÉNID gel
PROFÉNID injectable
PROFÉNID oral, rectal
TOPFENA gel
TOPFENA oral
TOPREC Adulte
TOPREC Enfant et Nourrisson

## Kétorolac
ACULAR

## Kétotifène
ZADITEN collyre
ZADITEN oral

## Kola
ARKOGÉLULES KOLA
BIOTONE
ÉLUSANES STARPHYT
KOLA BOIRON
QUINTONINE
SELENIUM COMPLEXE N° 99
TONACTIL
YSE

## Labétalol
TRANDATE

## Lacidipine
CALDINE

## Lactitol
IMPORTAL

## Lactulose
DUPHALAC
LACTULOSE ALMUS
LACTULOSE BIOGARAN
LACTULOSE BIPHAR
LACTULOSE EG
LACTULOSE G GAM
LACTULOSE IREX
LACTULOSE IVAX
LACTULOSE MERCK
LACTULOSE QUALIMED
LACTULOSE RATIOPHARM
LACTULOSE RPG
LACTULOSE SANDOZ
LACTULOSE TEVA
LACTULOSE WINTHROP
LACTULOSE ZYDUS
LAXARON
MELAXOSE
TRANSULOSE

## Lamivudine
COMBIVIR
EPIVIR
TRIZIVIR

## Lamotrigine
LAMICSTART
LAMICTAL
LAMOTRIGINE BIOGARAN
LAMOTRIGINE SANDOZ

## Lansoprazole
LANZOR
OGAST
OGASTORO

## Latanoprost
XALACOM
XALATAN

## Léflunomide
ARAVA

## Lercanidipine
LERCAN
ZANIDIP

## Létrozole
FÉMARA

## Leucocianidol
FLAVAN

## Leuproréline
ENANTONE

## Lévétiracétam
KEPPRA

## Lévobunolol
BÉTAGAN

## Lévocabastine
LÉVOPHTA

## Lévocarnitine
LÉVOCARNITINE TURBODIET

## Lévocétirizine
XYZALL

## Lévodopa
CARBIDOPA LÉVODOPA TEVA
MODOPAR
SINEMET
STALEVO

## Lévofloxacine
TAVANIC

## Lévomenthol
Voir : menthol

## Lévomépromazine
NOZINAN

## Lévonorgestrel
ADEPAL
DAILY
FEMSEPT COMBI
FEMSEPTEVO
LUDEAL
MICROVAL
MINIDRIL
MIRENA
NORLEVO
TRINORDIOL

## Lévothyroxine sodique
EUTHYRAL
LÉVOTHYROX
L-THYROXINE

## Lidocaïne
AFTAGEL
ANESDERM
AURIGOUTTE
CIRKAN suppositoire

CODOTUSSYL MAUX DE GORGE
COLLUDOL
CRÈME IBIS
DYNEXAN
EMLA
EMLAPATCH
HUMEX FOURNIER collutoire
LYSOCALMSPRAY
ONCTOSE
ONCTOSE HYDROCORTISONE
OSMOGEL
OTIPAX
OTOMIDE
OTORALGYL A LA PHÉNYLÉPHRINE
PANOTILE
STREPSILS LIDOCAÏNE
STREPSILSPRAY LIDOCAÏNE
TITANORÉÏNE lidocaïne
TRAUMALGYL
VOCADYS
XYLOCAÏNE VISQUEUSE

## Lincomycine
LINCOCINE

## Lindane
ÉLÉNOL

## Liothyronine
CYNOMEL
EUTHYRAL

## Lisinopril
LISINOPRIL ARROW
LISINOPRIL BIOGARAN
LISINOPRIL EG
LISINOPRIL G GAM
LISINOPRIL MERCK
LISINOPRIL QUALIMED
LISINOPRIL RATIOPHARM
LISINOPRIL RPG
LISINOPRIL SANDOZ
LISINOPRIL TEVA
LISINOPRIL/HYDROCHLOROTHIAZIDE ARROW
LISINOPRIL/HYDROCHLOROTHIAZIDE BIOGARAN
LISINOPRIL/HYDROCHLOROTHIAZIDE EG
LISINOPRIL/HYDROCHLOROTHIAZIDE MERCK
LISINOPRIL/HYDROCHLOROTHIAZIDE QUALIMED
LISINOPRIL/HYDROCHLOROTHIAZIDE RANBAXY
LISINOPRIL/HYDROCHLOROTHIAZIDE RATIOPHARM
LISINOPRIL/HYDROCHLOROTHIAZIDE SANDOZ
LISINOPRIL/HYDROCHLOROTHIAZIDE TEVA
PRINIVIL
PRINZIDE
ZESTORETIC
ZESTRIL

## Lisuride
AROLAC
DOPERGINE

## Lithium
GRANIONS DE LITHIUM
LITHIODERM
MICROSOL LITHIUM
NEUROLITHIUM
OLIGO-ESSENTIELS LITHIUM
OLIGOGRANUL LITHIUM
OLIGOSOL LITHIUM
OLIGOSTIM LITHIUM
SUBOLIGO LITHIUM
TÉRALITHE

## Lodoxamide
ALMIDE
LODOXAL

## Loflazépate d'éthyle
VICTAN

## Loméfloxacine
DÉCALOGIFLOX
LOGIFLOX

## Lopéramide
ALTOCEL
ARESTAL
DIARÉTYL
DYSPAGON
ERCESTOP
IMODIUM
IMODIUMLINGUAL
IMOSSEL
IMOSSELDUO
IMOSSELLINGUAL
INDIARAL
LOPÉRAMIDE ARROW
LOPÉRAMIDE ARROW CONSEIL
LOPÉRAMIDE BIOGARAN
LOPÉRAMIDE EG
LOPÉRAMIDE G GAM
LOPÉRAMIDE HEXAL SANTÉ
LOPÉRAMIDE IVAX
LOPÉRAMIDE LYOC
LOPÉRAMIDE MERCK
LOPÉRAMIDE QUALIMED
LOPÉRAMIDE RATIOPHARM
LOPÉRAMIDE RPG
LOPÉRAMIDE TEVA
LOPÉRAMIDE VIAREF
LOPÉRAMIDE ZYDUS
NABUTIL
PÉRACEL

## Lopinavir
KALETRA

## Lopobutan
STERLANE solution

## Loprazolam
HAVLANE

## Loratadine
CLARINASE REPETABS
CLARITYNE

## Lorazépam
LORAZÉPAM MERCK
TÉMESTA

## Lormétazépam
NOCTAMIDE

## Losartan
COZAAR
FORTZAAR
HYZAAR

## Loxapine
LOXAPAC

## Lymécycline
TÉTRALYSAL

## Lynestrénol
ORGAMÉTRIL

## Lysine
ASPÉGIC
ASPÉGIC CODÉINE
CARDIOSOLUPSAN
CURASTEN
ÉLASE
KARDÉGIC
MIGPRIV
REVITALOSE
SARVIT
STIMUPLEXE
SURFORTAN
TONICALCIUM

## Lysozyme
CANTALÈNE
GLOSSITHIASE
HEXALYSE
LYSO-6
LYSOPAINE

## Macrogol
BIOPEG
COLOPEG
FORLAX
FORTRANS
KLEAN-PREP
MOVICOL
TRANSIPEG

## Magaldrate
RIOPAN

## Magnésium
ACTAPULGITE
ACTI 5
ACTIGESS
ARPHOS
ARTISIAL
BEROCCA
CARBOSYMAG
CATARSTAT
CÉMAFLAVONE
CHLOROMAGNÉSION
CHLORUMAGÈNE
CITROCHOLINE
DÉSINTEX
DÉSINTEX INFANTILE

DÉSINTEX-CHOLINE
DIGESTIF MARGA
DOPS
EFIMAG
ÉLÉVIT VITAMINE B9
GASTROPAX
GASTROPULGITE
GELOX
GRANIONS DE MAGNÉSIUM
HÉPADIAL
HEPATOUM brûlures d'estomac
HYDROXYDE ALUMINIUM MAGNÉSIUM HEXAL SANTÉ
INEXIUM
ISUDRINE
JÉCOPEPTOL
KAOBROL
KAOLOGEAIS
KAOMUTH
KARAYAL
LUBENTYL à la magnésie
MAALOX BALLONNEMENTS
MAALOX MAUX D'ESTOMAC
MAB MAUX D'ESTOMAC
MAG 2
MAGNÉ B6
MAGNÉSIE COMPOSÉE
MAGNESIE SAN PELLEGRINO
MAGNÉSIUM ARROW
MAGNÉSIUM GLYCOCOLLE LAFARGE
MAGNÉSPASMYL
MAGNOGÈNE
MÉGAMAG
MICROSOL MAGNÉSIUM
MOXYDAR
MUCIPULGITE
MUPAX
MUTÉSA
NARBALEK
NÉCYRANE
NEUTROSES
OLIGO-ESSENTIELS MAGNÉSIUM
OLIGOSOL MAGNÉSIUM
OLIGOSTIM MAGNÉSIUM
ORNITAÏNE
OROMAG
OSMOGEL
PEPCIDDUO
PHOSPHONEUROS
PHYTÉMAG
POLYTONYL
PROTOVIT
QUOTIVIT O.E.
RENNIE
RENNIE DÉFLATINE
RENUTRYL
REVITALOSE
RHINAAXIA
RIOPAN
SARGEMAG
SEROXYDAR
SMECTA
SPASMAG
SUBOLIGO MAGNÉSIUM
SUPRADYNE
SYMPATHYL
TOP MAG
TOPAAL
TOPALKAN
TRANQUILIMAG
TRIGLYSAL
UVIMAG B6
VAGOSTABYL
VASCOCITROL
VERRULYSE-MÉTHIONINE
XOLAAM

## Malathion

PARA PLUS
PRIODERM

## Manganèse

BIO-CUIVRE MANGANÈSE
BIOTONE
CARENCYL
ÉLÉVIT VITAMINE B9
GRANIONS DE MANGANÈSE
MICROSOL MANGANÈSE-CUIVRE
OLIGOCURE
OLIGODERM
OLIGOGRANUL MANGANÈSE
OLIGOGRANUL MANGANÈSE-COBALT
OLIGOGRANUL MANGANÈSE-CUIVRE
OLIGOGRANUL MANGANÈSE-CUIVRE-COBALT
OLIGOSOL MANGANÈSE
OLIGOSOL MANGANÈSE-COBALT
OLIGOSOL MANGANÈSE-CUIVRE
OLIGOSOL MANGANÈSE-CUIVRE-COBALT
OLIGOSTIM MANGANÈSE
OLIGOSTIM MANGANÈSE-COBALT
OLIGOSTIM MANGANÈSE-CUIVRE
OLIGOSTIM MANGANÈSE-CUIVRE-COBALT
PHOSPHORE ALKO
PROTOVIT
QUOTIVIT O.E.
RENUTRYL
STIMUPLEXE
SUBOLIGO MANGANÈSE-CUIVRE
SUPRADYNE
SURVITINE
TOT'HÉMA
VERRULYSE-MÉTHIONINE

## Manidipine

IPERTEN

## Maprotiline

LUDIOMIL

## Marron d'Inde

ARKOGÉLULES MARRONNIER D'INDE
ARTÉRASE
CLIMAXOL
ÉLUSANES MARRONNIER D'INDE
FLUON
HÉMORROGEL
HISTO-FLUINE P
INTRAIT DE MARRON D'INDE
MARRON D'INDE BOIRON
OPO-VEINOGÈNE
PHYTOMÉLIS
TISANE PHLÉBOSÉDOL
VEINOPHYTUM
VEINOSTASE
VEINOTONYL

## Mébévérine

COLOPRIV
DUSPATALIN
MÉBÉVÉRINE BIOGARAN
MÉBÉVÉRINE EG
MÉBÉVÉRINE MERCK
MÉBÉVÉRINE QUALIMED
MÉBÉVÉRINE TEVA
MÉBÉVÉRINE ZYDUS
SPASMOPRIV

## Méclozine

AGYRAX

## Médrogestone

COLPRONE

## Médroxyprogestérone

DÉPO-PRODASONE
DÉPO-PROVERA
DIVINA
DIVISEQ
DUOVA
PRÉCYCLAN

## Méfénidramium méthylsulfate

ONCTOSE
ONCTOSE HYDROCORTISONE

## Méfloquine

LARIAM

## Mélilot

ANTHYLLINE
ANTINERVEUX LESOURD
ARKOGÉLULES MÉLILOT
BORIBEL N° 12 jambes lourdes
CYCLO 3
ÉLUSANES MÉLILOT
ESBERIVEN
ESBERIVEN crème
MÉDIFLOR circulation du sang n° 12
SANTANE V 3
SÉDOPAL
VEINOFIT

## Méloxicam

MÉLOXICAM TEVA
MÉLOXICAM WINTHROP
MOBIC

## Melphalan

ALKÉRAN

## Mémantine

EBIXA

## Ménotropine

MENOPUR

## Menthol
ACTIVOX pommade
AROMASOL
AZÉMA TISANE
BAIN DE BOUCHE LIPHA
BALSAMORHINOL
BALSOFUMINE
BALSOLÈNE
BAUME BENGUÉ
BAUME SAINT-BERNARD
BLACKOÏDS du Dr MEUR
BOLDOFLORINE tisane
BOROSTYROL solution
CLIPTOL
DENTOBAUME
DIATISAN
ÉPHYDROL
ESSENCE ALGÉRIENNE
GASTROTISANE
GLYCO-THYMOLINE
GOUTTES AUX ESSENCES
HÉPATOFLORINE
HERBESAN
HUMEX FOURNIER inhalateur
LOCABIOTAL
LUMBALGINE
MÉDIFLOR digestive n° 3
MÉDIFLOR rhume n°16
NISACALM
PAPS
PÂTE SUISSE
PIPIOL
PULMOLL
PULMOLL MENTHOL EUCALYPTUS
SANTANE D 5
SANTANE F 10
SANTANE O 1
SANTANE O 1 minceur
SANTANE R 8
SÉDARTRYL
SYNTHOL gel
SYNTHOL liquide
TISANE DE SANTÉ
TISANE PROVENÇALE N° 4
VALDA
VICKS INHALER
VICKS PASTILLES
VICKS VAPORUB

## Méphénésine
ALGIPAN
DÉCONTRACTYL comprimé
DÉCONTRACTYL pommade
TRAUMALGYL

## Méprobamate
ÉQUANIL
KAOLOGEAIS
MÉPROBAMATE RICHARD
MÉPRONIZINE
PRÉCYCLAN

## Mépyramine
NORTUSSINE

## Méquinol
ANY
CLAIRODERMYL
CRÈME DES 3 FLEURS D'ORIENT
LEUCODININE B

## Méquitazine
PRIMALAN
QUITADRILL

## Merbromine
MERCURESCÉINE GIFRER
SOLUCHROM

## Mercaptopurine
PURINÉTHOL

## Mercurothiolate
VITASEPTOL

## Mésalazine
FIVASA
PENTASA oral
PENTASA rectal
ROWASA

## Metformine
AVANDAMET
DIABAMYL
GLUCOPHAGE
GLUCOVANCE
METFORMINE ARROW
METFORMINE BIOGARAN
METFORMINE EG
METFORMINE G GAM
METFORMINE IVAX
METFORMINE MERCK
METFORMINE QUALIMED
METFORMINE RANBAXY
METFORMINE RATIOPHARM
METFORMINE RPG
METFORMINE SANDOZ
METFORMINE TEVA
METFORMINE WINTHROP
METFORMINE ZYDUS
STAGID

## Méthadone
MÉTHADONE CHLORHYDRATE

## Méthesculétol
FLUON
INTRAIT DE MARRON D'INDE
VEINOTONYL

## Méthionine
LOBAMINE-CYSTÉINE
NIVABÉTOL
VERRULYSE-MÉTHIONINE

## Méthocarbamol
LUMIRELAX comprimé
LUMIRELAX crème

## Méthoprène
ALTOPOU

## Méthotrexate
LEDERTREXATE
MÉTHOTREXATE BELLON
MÉTHOTREXATE MERCK
MÉTHOTREXATE TEVA
NOVATREX

## Méthoxypsoralène
MÉLADININE

## Méthyclothiazide
ISOBAR

## Méthyldopa
ALDOMET

## Méthylènecycline
LYSOCLINE
PHYSIOMYCINE

## Méthylergométrine
MÉTHERGIN

## Méthylphénidate
CONCERTA LP
RITALINE

## Méthylprednisolone
DÉPO-MÉDROL
MÉDROL
SOLU-MÉDROL

## Méthylthioninium
COLLYRE BLEU LAITER
PASTILLES MONLÉON

## Méthysergide
DÉSERNIL

## Métipranolol
BÉTANOL

## Métoclopramide
ANAUSIN
MÉTOCLOPRAMIDE MERCK
MÉTOCLOPRAMIDE SANDOZ
MIGPRIV
PRIMPÉRAN
PROKINYL LP

## Métopimazine
VOGALÈNE
VOGALIB

## Métoprolol
LOGIMAX
LOGROTON
LOPRESSOR
MÉTOPROLOL G GAM
MÉTOPROLOL RPG
SELOKEN
SELOZOK LP

## Métronidazole
BI MISSILOR
BIRODOGYL
FLAGYL oral
FLAGYL ovule
MISSILOR 750 000 UI/125 mg
RODOGYL
ROSICED
ROZACRÈME
ROZAGEL
ROZEX

SPIRAMYCINE MÉTRONIDAZOLE ARROW 0,75 UI/125 mg
SPIRAMYCINE MÉTRONIDAZOLE ARROW 1,5 M UI/250 mg
SPIRAMYCINE MÉTRONIDAZOLE BIOGARAN 0,75 UI/125 mg
SPIRAMYCINE MÉTRONIDAZOLE BIOGARAN 1,5 M UI/250 mg
SPIRAMYCINE MÉTRONIDAZOLE EG 0,75 UI/125 mg
SPIRAMYCINE MÉTRONIDAZOLE EG 1,5 M UI/250 mg
SPIRAMYCINE MÉTRONIDAZOLE MERCK 1,5 M UI/250 mg
SPIRAMYCINE MÉTRONIDAZOLE QUALIMED 1,5 M UI/250 mg
SPIRAMYCINE MÉTRONIDAZOLE RANBAXY 1,5 M UI/250 mg
SPIRAMYCINE MÉTRONIDAZOLE RATIOPHARM 1,5 M UI/250 mg
SPIRAMYCINE MÉTRONIDAZOLE SANDOZ 1,5 M UI/250 mg
SPIRAMYCINE MÉTRONIDAZOLE TEVA 0,75 UI/125 mg
SPIRAMYCINE MÉTRONIDAZOLE TEVA 1,5 M UI/250 mg
TERGYNAN

## Mexilétine
MEXITIL

## Miansérine
ATHYMIL
MIANSÉRINE ARROW
MIANSÉRINE BIOGARAN
MIANSÉRINE EG
MIANSÉRINE G GAM
MIANSÉRINE IVAX
MIANSÉRINE MERCK
MIANSÉRINE QUALIMED
MIANSÉRINE RATIOPHARM
MIANSÉRINE RPG
MIANSÉRINE SANDOZ
MIANSÉRINE TEVA
MIANSÉRINE WINTHROP

## Miconazole
DAKTARIN application locale
DAKTARIN gel buccal
GYNO-DAKTARIN 400 mg

## Micronomicine
MICROPHTA

## Midécamycine
MOSIL

## Miglitol
DIASTABOL

## Millepertuis
ARKOGÉLULES MILLEPERTUIS
ÉLUSANES MILLEPERTUIS
MILDAC
PROCALMIL

## Milnacipran
IXEL

## Minocycline
MESTACINE
MINOCYCLINE BIOGARAN
MINOCYCLINE EG
MINOCYCLINE IREX
MINOCYCLINE MERCK
MINOCYCLINE SANDOZ
MINOCYCLINE TEVA
MINOCYCLINE WINTHROP
MINOLIS
MYNOCINE
ZACNAN

## Minoxidil
ALOPEXY 2 %
ALOPEXY 5 %
ALOSTIL 2 %
ALOSTIL 5 %
LONOTEN
MINOXIDIL BAILLEUL 2 %
MINOXIDIL BAILLEUL 5 %
MINOXIDIL COOPER
MINOXIDIL GERBIOL
MINOXIDIL SANDOZ 5 %
MINOXIDIL SANDOZ 2 %
MINOXIDIL THERA FRANCE
MINOXIDIL ZYDUS
REGAINE
UNIPEXIL

## Miristalkonium chlorure
ALPAGELLE
STERLANE solution

## Mirtazapine
MIRTAZAPINE TEVA
NORSET

## Misoprostol
ARTOTEC
CYTOTEC

## Mitomycine
AMÉTYCINE

## Mizolastine
MIZOLLEN

## Moclobémide
MOCLAMINE

## Modafinil
MODIODAL

## Moexipril
MOEX

## Molsidomine
CORVASAL
MOLSIDOMINE ALTER
MOLSIDOMINE ARROW
MOLSIDOMINE BIOGARAN
MOLSIDOMINE EG
MOLSIDOMINE G GAM
MOLSIDOMINE GNR
MOLSIDOMINE IVAX
MOLSIDOMINE MERCK
MOLSIDOMINE QUALIMED
MOLSIDOMINE RATIOPHARM
MOLSIDOMINE RPG
MOLSIDOMINE SANDOZ
MOLSIDOMINE TEVA
MOLSIDOMINE WINTHROP
MOLSIDOMINE ZYDUS

## Mométasone
NASONEX

## Monométhyltrisilanol
DULCIPHAK

## Montélukast
SINGULAIR

## Morniflumate
NIFLURIL gélule, suppositoire

## Morphine
ACTISKENAN
KAPANOL
MORPHINE AGUETTANT
MORPHINE COOPER
MORPHINE LAVOISIER
MOSCONTIN
ORAMORPH
SEVREDOL
SKENAN

## Morpholine
PYRADOL

## Moutarde
AUTOPLASME VAILLANT
SINAPISME RIGOLLOT

## Moxifloxacine
IZILOX

## Moxisylyte
CARLYTÈNE

## Moxonidine
MOXONIDINE EG
MOXONIDINE MERCK
MOXONIDINE RATIOPHARM
MOXONIDINE TEVA
PHYSIOTENS

## Mupirocine
MUPIDERM

## Myrtécaïne
ACIDRINE
ALGÉSAL SURACTIVÉ

## Nabumétone
NABUCOX

## Nadolol
CORGARD

## Nadroparine calcique
FRAXIPARINE
FRAXODI

## Nafaréline
SYNAREL

## Naftazone
ETIOVEN

## Naftidrofuryl
DI-ACTANE
GÉVATRAN
NAFTIDROFURYL BIOGARAN
NAFTIDROFURYL MERCK
NAFTIDROFURYL QUALIMED
NAFTILUX
PRAXILÈNE

## Nalbuphine
NALBUPHINE SERB

## Naltrexone
NALOREX
REVIA

## Nandrolone
KÉRATYL

## Naphazoline
COLLYRE BLEU LAITER
DÉRINOX

## Naproxène
ALÈVE
APRANAX
NAPROSYNE
NAPROXÈNE SODIQUE TEVA
NAPROXÈNE TEVA

## Naratriptan
NARAMIG

## Nébivolol
NEBILOX
TEMERIT

## Nédocromil
TILAVIST

## Néfopam
ACUPAN

## Nelfinavir
VIRACEPT

## Néomycine
ANTIBIO SYNALAR
ANTIBIOTULLE LUMIÈRE
ATÉBÉMYXINE
CÉBÉMYXINE
CHIBRO-CADRON
CIDERMEX pommade dermique
CIDERMEX pommade ophtalmique
CORTICOTULLE LUMIÈRE
DEXAGRANE
LOCACORTÈNE
MADÉCASSOL néomycine hydrocortisone
MAXIDROL
MYCOLOG
NÉOMYCINE DIAMANT collyre
PANOTILE
POLYDEXA
POLYGYNAX
TERGYNAN

## Néostigmine
PROSTIGMINE

## Nétilmicine
NÉTROMICINE

## Névirapine
VIRAMUNE

## Niaprazine
NOPRON

## Nicardipine
LOXEN

## Nicergoline
NICERGOLINE BIOGARAN
NICERGOLINE EG
NICERGOLINE MERCK
NICERGOLINE QUALIMED
NICERGOLINE RPG
SERMION oral

## Nicéthamide
CORAMINE GLUCOSE

## Nickel
OLIGOGRANUL NICKEL-COBALT
OLIGOGRANUL ZINC-NICKEL-COBALT
OLIGOSOL NICKEL-COBALT
OLIGOSOL ZINC-NICKEL-COBALT
OLIGOSTIM ZINC-NICKEL-COBALT
SUBOLIGO NICKEL-COBALT
SUBOLIGO ZINC-NICKEL-COBALT

## Niclosamide
TRÉDÉMINE

## Nicorandil
ADANCOR
IKOREL

## Nicotinamide
B CHABRE
BÉCOZYME
BEROCCA
CARENCYL
ÉLÉVIT VITAMINE B9
HYDROSOL POLYVITAMINÉ BAYER
NARBALEK
NICOBION
NICOPRIVE
POLYTONYL
PROTOVIT
QUOTIVIT O.E.
RENUTRYL
SUPRADYNE
SURÉLEN
SURVITINE
TTD B3 B4
VITA-DERMACIDE
VITARUTINE
VIVAMYNE TONIQUE

## Nicotinate
Voir : acide nicotinique

## Nicotine
NICOGUM
NICOPASS
NICOPATCH
NICORETTE dispositif transdermique
NICORETTE gomme
NICORETTE inhaleur
NICORETTE Microtab
NICOTINELL comprimé
NICOTINELL dispositif transdermique
NICOTINELL gomme
NICOTINELLCLASSIC
NIQUITIN comprimé
NIQUITIN gomme à mâcher
NIQUITINCLEAR

## Nifédipine
ADALATE 10 mg
ADALATE LP 20 mg
BÊTA-ADALATE
CHRONADALATE
NIFÉDIPINE ARROW LP 30 mg
NIFÉDIPINE G GAM 10 mg
NIFÉDIPINE G GAM LP 20 mg
NIFÉDIPINE MERCK
NIFÉDIPINE MERCK LP 30 mg
NIFÉDIPINE RATIOPHARM
NIFÉDIPINE RPG
NIFÉDIPINE TEVA
TENORDATE

## Nifuroxazide
BACTÉRIX
BIFIX
DIAFURYL
EDISTON
ERCÉFURYL
ERCÉRYL
LUMIFUREX
NIFUROXAZIDE ARROW
NIFUROXAZIDE BIOGARAN
NIFUROXAZIDE EG
NIFUROXAZIDE G GAM
NIFUROXAZIDE IVAX
NIFUROXAZIDE MERCK
NIFUROXAZIDE QUALIMED
NIFUROXAZIDE RATIOPHARM
NIFUROXAZIDE RPG
NIFUROXAZIDE SANDOZ
NIFUROXAZIDE TEVA
NIFUROXAZIDE WINTHROP
NIFUROXAZIDE ZYDUS
PANFUREX
SEPTIDIARYL

## Nilutamide
ANANDRON

## Nimésulide
NEXEN

## Nitrazépam
MOGADON

## Nitrendipine
BAYPRESS
NIDREL
NITRENDIPINE MERCK
NITRENDIPINE TEVA

## Nitrofurantoïne
FURADANTINE
FURADOÏNE
MICRODOÏNE

## Nitroxoline
NIBIOL

## Nizatidine
NIZAXID

## Nomégestrol
LUTÉNYL
NAEMIS

## Nordazépam
NORDAZ

## Norelgestromine
EVRA

## Noréthistérone
ACTIVELLE
KLIOGEST
MILLIGYNON
MINIPHASE
NORISTÉRAT
NOVOFEMME
ORTHO-NOVUM
PRIMOLUT-NOR
TRIELLA
TRISEQUENS

## Norfloxacine
CHIBROXINE
NORFLOXACINE ARROW
NORFLOXACINE BIOGARAN
NORFLOXACINE EG
NORFLOXACINE GNR
NORFLOXACINE IVAX
NORFLOXACINE MERCK
NORFLOXACINE QUALIMED
NORFLOXACINE RATIOPHARM
NORFLOXACINE TEVA
NORFLOXACINE WINTHROP
NOROXINE 400

## Norgestimate
CILEST
EFFIPREV
TRIAFEMI
TRICILEST

## Norgestrel
ADEPAL
DAILY
FEMSEPT COMBI
FEMSEPTEVO
LUDEAL
MICROVAL
MINIDRIL
MIRENA
NORLEVO
STÉDIRIL
TRINORDIOL

## Norgestriénone
OGYLINE

## Noscapine
TUSSISÉDAL

## Nystatine
AURICULARUM
MYCOLOG
MYCOSTATINE
POLYGYNAX
TERGYNAN

## Ofloxacine
EXOCINE
MONOFLOCET
OFLOCET comprimé
OFLOCET solution auriculaire
OFLOXACINE ARROW
OFLOXACINE BIOGARAN
OFLOXACINE EG
OFLOXACINE G GAM
OFLOXACINE IVAX
OFLOXACINE MERCK
OFLOXACINE QUALIMED
OFLOXACINE RATIOPHARM
OFLOXACINE RPG
OFLOXACINE SANDOZ
OFLOXACINE TEVA
OFLOXACINE WINTHROP

## Olanzapine
ZYPREXA
ZYPREXAVELOTAB

## Olmésartan médoxomil
ALTEIS
ALTEISDUO
COOLMETEC
OLMETEC

## Olivier
ARKOGÉLULES OLIVIER
B.O.P.

## Olopatadine
OPATANOL

## Olsalazine
DIPENTUM

## Oméga 3
Voir : acides gras oméga 3

## Oméprazole
MOPRAL
OMÉPRAZOLE ALMUS
OMÉPRAZOLE ALTER
OMÉPRAZOLE ARROW
OMÉPRAZOLE BIOGARAN
OMÉPRAZOLE BOUCHARA RECORDATI
OMÉPRAZOLE EG
OMÉPRAZOLE G GAM
OMÉPRAZOLE IREX
OMÉPRAZOLE IVAX
OMÉPRAZOLE MERCK
OMÉPRAZOLE QUALIMED
OMÉPRAZOLE RATIOPHARM et RATIO
OMÉPRAZOLE RPG
OMÉPRAZOLE SANDOZ
OMÉPRAZOLE TEVA
OMÉPRAZOLE WINTHROP
OMÉPRAZOLE ZYDUS
ZOLTUM

## Omoconazole
FONGAMIL
FONGAREX

## Ondansétron
ZOPHREN

## Opium
COLCHIMAX
ÉLIXIR PARÉGORIQUE LIPHA
LAMALINE
PARÉGORIQUE LAFRAN

## Or
ABBÉ CHAUPITRE N° 1
ABBÉ CHAUPITRE N° 10
ALLOCHRYSINE
AURUM COMPLEXE N° 38
CIMICIFUGA COMPLEXE N° 21
GRANIONS D'OR
HOMÉODOSE 8
LEVURE OR GRIMBERG
MERCUR SOL COMPLEXE N° 39
OLIGOCURE
OLIGOGRANUL CUIVRE-OR-ARGENT
OLIGOSOL CUIVRE-OR-ARGENT
OLIGOSTIM CUIVRE-OR-ARGENT
RIDAURAN
SATIVOL
SCLERODRAINOL
SELENIUM COMPLEXE N° 99
SOLUDOR
STROPHANTUS COMPOSÉ BOIRON
STROPHANTUS COMPOSÉ DOLISOS
SUBOLIGO CUIVRE-OR-ARGENT
URARTHONE
VINICARD

## Orlistat
XENICAL

## Ornithine
ACTIGESS
CÉTORNAN
ORNITAÏNE

## Orthosiphon
AFFINEX MINCEUR
ARKOGÉLULES ORTHOSIPHON
DELLOVA
ELUSANES ORTHOSIPHON
MINCIFIT tisane
ORTHOSIPHON BOIRON
SANTANE 01
TÉALINE
UROSIPHON
YERBATONA

## Oséltamivir
TAMIFLU

## Oxacéprol
JONCTUM crème
JONCTUM gélule

## Oxacilline
BRISTOPEN injectable
BRISTOPEN oral

## Oxaliplatine
ELOXATINE

## Oxatomide
TINSET

## Oxazépam
SÉRESTA

## Oxcarbazépine
TRILEPTAL

## Oxéladine
PAXÉLADINE

## Oxétacaïne
MUTÉSA

## Oxétorone
NOCERTONE

## Oxiconazole
FONX

## Oxitriptan
LÉVOTONINE

## Oxomémazine
TOPLEXIL

## Oxprénolol
TRASICOR
TRASITENSINE

## Oxybuprocaïne
COLLU-BLACHE

## Oxybutynine
DITROPAN
DRIPTANE
OXYBUTYNINE G GAM
OXYBUTYNINE BIOGARAN
OXYBUTYNINE EG
OXYBUTYNINE MERCK
OXYBUTYNINE RATIOPHARM
ZATUR

## Oxycodone
OXYCONTIN LP
OXYNORM

## Oxyde mercurique
OPHTERGINE
OXYDE DE MERCURE CHAUVIN
POMMADE MAURICE

## Oxymétazoline
ATURGYL
DÉTURGYLONE
PERNAZENE

## Oxyquinol
CHROMARGON
DERMACIDE
NESTOSYL pommade
NESTOSYL soluté huileux

## Oxytétracycline
AURICULARUM
POSICYCLINE
PRIMYXINE
STER-DEX

## Paclitaxel
TAXOL

## Panthénol
BÉCOZYME
BEPANTHEN crème
BEPANTHEN pommade
BÉPANTHÈNE
HYDROSOL POLYVITAMINÉ BAYER
SURVITINE

## Pantoprazole
EUPANTOL
INIPOMP

## Pantothénate de calcium
B CHABRE
BÉCOZYME
BEROCCA
ÉLÉVIT VITAMINE B9
MODANE
NARBALEK
PROTOVIT
QUOTIVIT O.E.
RENUTRYL
SUPRADYNE
VIVAMYNE TONIQUE

## Papavérine
ACTICARBINE

## Paracétamol
ACTIFED JOUR ET NUIT
ACTIFED RHUME
ACTRON
AFEBRYL
ALGICALM
ALGISEDAL
ALGOTROPYL
CÉFALINE HAUTH
CÉQUINYL
CLARADOL
CLARADOL CAFÉINE
CLARADOL CODÉINE
CODOLIPRANE Adulte
CODOLIPRANE Enfant
COMPRALGYL
COQUELUSÉDAL PARACÉTAMOL
DAFALGAN
DAFALGAN CODÉINE
DEXTROPROPOXYPHÈNE PARACÉTAMOL ALMUS
DEXTROPROPOXYPHÈNE PARACÉTAMOL ALTER
DEXTROPROPOXYPHÈNE PARACÉTAMOL ARROW
DEXTROPROPOXYPHÈNE PARACÉTAMOL BIOGARAN
DEXTROPROPOXYPHÈNE PARACÉTAMOL EG
DEXTROPROPOXYPHÈNE PARACÉTAMOL G GAM
DEXTROPROPOXYPHÈNE PARACÉTAMOL ISOMED
DEXTROPROPOXYPHÈNE PARACÉTAMOL IVAX
DEXTROPROPOXYPHÈNE PARACÉTAMOL MERCK
DEXTROPROPOXYPHÈNE PARACÉTAMOL QUALIMED
DEXTROPROPOXYPHÈNE PARACÉTAMOL RATIOPHARM
DEXTROPROPOXYPHÈNE PARACÉTAMOL RPG
DEXTROPROPOXYPHÈNE PARACÉTAMOL SANDOZ
DEXTROPROPOXYPHÈNE PARACÉTAMOL TEVA
DEXTROPROPOXYPHÈNE PARACÉTAMOL ZYDUS
DEXTROPROPOXYPHÈNE PARACÉTAMOL CAFÉINE ARROW
DEXTROPROPOXYPHÈNE PARACÉTAMOL CAFÉINE BIOGARAN
DEXTROPROPOXYPHÈNE PARACÉTAMOL CAFÉINE EG
DEXTROPROPOXYPHÈNE PARACÉTAMOL CAFÉINE G GAM
DEXTROPROPOXYPHÈNE PARACÉTAMOL CAFÉINE QUALIMED
DEXTROPROPOXYPHÈNE PARACÉTAMOL CAFÉINE RATIOPHARM
DEXTROPROPOXYPHÈNE PARACÉTAMOL CAFÉINE RPG
DEXTROPROPOXYPHÈNE PARACÉTAMOL CAFÉINE SANDOZ
DEXTROPROPOXYPHÈNE PARACÉTAMOL CAFÉINE TEVA
DEXTROPROPOXYPHÈNE PARACÉTAMOL CAFÉINE WINTHROP
DEXTROREF
DI DOLKO
DIALGIREX
DI-ANTALVIC
DIOALGO
DOLI Rhume
DOLIACTIC
DOLIDON
DOLIPRANE
DOLIRHUMEPRO
DOLITABS
DOLKO
DOLOTEC
EFFERALGAN
EFFERALGAN CODÉINE
EFFERALGAN VITAMINE C
EFFERALGANODIS
EXIDOL
EXPANDOX
FÉBRECTOL suppositoire
FERVEX
GAOSÉDAL CODÉINE

GÉLUPRANE
HUMEX RHUME comprimé et gélule
IXPRIM
KLIPAL CODÉINE 300 mg/25 mg
KLIPAL CODÉINE 600 mg/50 mg
LAMALINE
LINDILANE
MIGRALGINE
NOVACÉTOL
PANADOL
PARACÉTAMOL ALMUS
PARACÉTAMOL ARROW
PARACÉTAMOL BIOGARAN
PARACÉTAMOL EG
PARACÉTAMOL G GAM
PARACÉTAMOL HEXAL SANTÉ
PARACÉTAMOL IREX
PARACÉTAMOL IVAX
PARACÉTAMOL MERCK
PARACÉTAMOL QUALIMED
PARACÉTAMOL RANBAXY
PARACÉTAMOL RATIOPHARM
PARACÉTAMOL RPG
PARACÉTAMOL SANDOZ
PARACÉTAMOL TEVA
PARACÉTAMOL WINTHROP
PARACÉTAMOL ZYDUS
PARACÉTAMOL CODÉINE ARROW 400 mg/20 mg
PARACÉTAMOL CODÉINE ARROW 500 mg/30 mg
PARACÉTAMOL CODÉINE BIOGARAN 500 mg/30 mg
PARACÉTAMOL CODÉINE EG 500 mg/30 mg
PARACÉTAMOL CODÉINE G GAM 500 mg/30 mg
PARACÉTAMOL CODÉINE IVAX 500 mg/30 mg
PARACÉTAMOL CODÉINE MERCK 500 mg/30 mg
PARACÉTAMOL CODÉINE SANDOZ 500 mg/30 mg
PARACÉTAMOL CODÉINE TEVA 500 mg/30 mg
PARALYOC
PRONTALGINE
PROPOFAN
RHINOFÉBRAL
RHUMAGRIP
SALIPRAN
SÉDARÈNE gélule
SÉDARÈNE suppositoire
SUPPOMALINE
THÉINOL
TROPHIRÈS COMPOSÉ
ZALDIAR

## Paraffine
DEXERYL
HUILE DE PARAFFINE COOPER
HUILE DE PARAFFINE GIFRER
HUILE DE PARAFFINE GILBERT
LANSOÿL
LANSOÿL sans sucre
LUBENTYL
LUBENTYL à la magnésie
MELAXOSE
PARAPSYLLIUM
PARLAX
RESTRICAL
TRANSITOL
TRANSULOSE

## Para-hydroxybenzoate
NISAPULVOL
NISASEPTOL
NISASOL

## Paroxétine
DEROXAT
DIVARIUS
PAROXÉTINE ARROW
PAROXÉTINE BIOGARAN
PAROXÉTINE EG
PAROXÉTINE G GAM
PAROXÉTINE IVAX
PAROXÉTINE MERCK
PAROXÉTINE QUALIMED
PAROXÉTINE RATIOPHARM
PAROXÉTINE RPG
PAROXÉTINE SANDOZ
PAROXÉTINE TEVA
PAROXÉTINE WINTHROP

## Passiflore
ARKOGÉLULES PASSIFLORE
BIOCARDE
BORIBEL N° 8 sédative
CALMIFLORINE tisane
CALMOTISAN
ÉLUSANES NATUDOR
ÉLUSANES PASSIFLORE
EUPHYTOSE
EXTRAIT AQUEUX DE PASSIFLORE
GÉLULE PROVENÇALE N° 4
MÉDIFLOR calmante, troubles du sommeil N° 14
NEUROFLORINE
NEUROPAX
NOCVALÈNE
PANXEOL
PASSIFLORE BOIRON
PASSIFLORINE
PASSINÉVRYL
PLENESIA
SANTANE H 7
SANTANE N 9
SÉDATIF TIBER
SYMPANEUROL
SYMPAVAGOL
TISANE PROVENÇALE N° 4

## Péfloxacine
PÉFLACINE
PÉFLACINE MONODOSE

## Peginterféron alfa
PEGASYS
VIRAFERONPEG

## Penfluridol
SEMAP

## Pénicillamine
TROLOVOL

## Pentaérythritol
AUXITRANS

## Pentosane polysulfate
HÉMOCLAR

## Pentoxifylline
PENTOFLUX
PENTOXIFYLLINE BIOGARAN
PENTOXIFYLLINE EG
PENTOXIFYLLINE GNR
PENTOXIFYLLINE MERCK
PENTOXIFYLLINE QUALIMED
PENTOXIFYLLINE RATIOPHARM
PENTOXIFYLLINE RPG
PENTOXIFYLLINE TEVA
TORENTAL comprimé
TORENTAL injectable

## Pentoxyvérine
PECTOSAN TOUX SÈCHE
TOCLASE TOUX SÈCHE
VICKS SIROP PECTORAL

## Pergolide
CÉLANCE

## Périndopril
BIPRETERAX
COVERSYL
PRETERAX

## Perméthrine
ALTOPOU
CHARLIEU ANTI-POUX
NIX
PARA PLUS
PYRÉFLOR

## Peroxyde de benzoyle
BREVOXYL
CUTACNYL
ECLARAN
EFFACNÉ
PANNOGEL
PANOXYL

## Peroxyde d'hydrogène
DENTEX
DOSOXYGÉNÉE
EAU OXYGÉNÉE COOPER
EAU OXYGÉNÉE GIFRER
EAU OXYGÉNÉE GILBERT

## Perphénazine
TRILIFAN RETARD

## Phénazone
BRULEX
H.E.C. dermique et nasale
H.E.C. rectale
OTIPAX

## Phéniramine
FERVEX

## Phénobarbital
ALEPSAL
APAROXAL
GARDÉNAL
KANEURON

## Phénothrine
HÉGOR ANTI-POUX
ITAX
ITEM ANTIPOUX
PARASIDOSE

## Phénoxyméthylpénicilline
ORACILLINE

## Phénylalanine
REVITALOSE

## Phénylbutazone
BUTAZOLIDINE
DEXTRARINE PHÉNYLBUTAZONE

## Phényléphrine
BOROCLARINE
HEXAPNEUMINE comprimé
HUMOXAL
ISODRIL
OTORALGYL A LA PHÉNYLÉPHRINE
VISIODOSE

## Phényltoloxamine
BIOCIDAN solution nasale

## Phénytoïne
DI-HYDAN

## Phloroglucinol
MÉTÉOXANE
PHLOROGLUCINOL G GAM
PHLOROGLUCINOL BIOGARAN
PHLOROGLUCINOL EG
PHLOROGLUCINOL MERCK
PHLOROGLUCINOL QUALIMED
PHLOROGLUCINOL RATIOPHARM
PHLOROGLUCINOL RPG
PHLOROGLUCINOL SANDOZ
PHLOROGLUCINOL TEVA
SPASFON
SPASFON LYOC
SPASMOCALM
SPASSIREX

## Pholcodine
ATOUXX
BIOCALYPTOL
BRONCALÈNE Adulte, Enfant
CLARIX sirop
CODOTUSSYL TOUX SÈCHE sirop
DIMÉTANE
HEXAPNEUMINE sirop Adulte, Enfant
HEXAPNEUMINE suppositoire Adulte, Enfant
HUMEX TOUX SÈCHE Pholcodine
PHARMAKOD TOUX SÈCHE
PHOLCODINE IREX
PHOLCODINE WINTHROP
PHOLCODYL
POLERY
PULMOSODYL
RESPILÈNE
RHINATHIOL TOUX SÈCHE sirop
SIROP DES VOSGES TOUX SÈCHE
TROPHIRÈS sirop

## Phytoménadione
VITAMINE K1 ROCHE

## Picloxydine
VITABACT

## Picosulfate de sodium
FRUCTINES au picosulfate de sodium

## Pilocarpine
CARPILO
ISOPTO-PILOCARPINE
PILO
PILOCARPINE FAURE

## Piméthixène
CALMIXÈNE

## Pimozide
ORAP

## Pinavérium bromure
DICETEL
PINAVÉRIUM ARROW
PINAVÉRIUM BIOGARAN
PINAVÉRIUM EG
PINAVÉRIUM MERCK
PINAVÉRIUM QUALIMED
PINAVÉRIUM RANBAXY
PINAVÉRIUM RATIOPHARM
PINAVÉRIUM SANDOZ

## Pindolol
VISKALDIX
VISKEN

## Pioglitazone
ACTOS

## Pipampérone
DIPIPÉRON

## Pipérazine
VERMIFUGE SORIN

## Pipéronyl butoxyde
ALTOPOU
CHARLIEU ANTI-POUX
PARA PLUS
PARA SPÉCIAL POUX
PYRÉFLOR
SPRAY-PAX
SPRÉGAL

## Pipotiazine
PIPORTIL

## Piracétam
GABACET
NOOTROPYL
PIRACÉTAM ARROW
PIRACÉTAM BIOGARAN
PIRACÉTAM EG
PIRACÉTAM G GAM
PIRACÉTAM GNR
PIRACÉTAM IVAX
PIRACÉTAM MERCK
PIRACÉTAM QUALIMED
PIRACÉTAM RATIOPHARM
PIRACÉTAM RPG
PIRACÉTAM SANDOZ
PIRACÉTAM TEVA
PIRACÉTAM ZYDUS

## Pirbutérol
MAXAIR

## Pirétanide
EURELIX

## Piribédil
TRIVASTAL comprimé
TRIVASTAL injectable

## Piroxicam
BREXIN
CYCLADOL
FELDÈNE injectable
FELDÈNE oral, rectal
GELDÈNE
INFLACED
PIROXICAM BIOGARAN
PIROXICAM EG
PIROXICAM G GAM
PIROXICAM IREX
PIROXICAM IVAX
PIROXICAM MERCK
PIROXICAM RATIOPHARM
PIROXICAM RPG
PIROXICAM SANDOZ
PIROXICAM TEVA
PIROXICAM WINTHROP
PIROXICAM ZYDUS
PROXALYOC
ZOFORA

## Pivampicilline
PROAMPI

## Pivmecillinam
SELEXID

## Pizotifène
SANMIGRAN

## Podophyllotoxine
CONDYLINE

## Polymyxine B
ANTIBIO SYNALAR
ANTIBIOTULLE LUMIÈRE
ATÉBÉMYXINE
AURICULARUM
CÉBÉMYXINE
CORTICOTULLE LUMIÈRE
FRAMYXONE solution auriculaire
MAXIDROL
PANOTILE
POLYDEXA
POLYFRA collyre

POLYFRA pommade ophtalmique
POLYGYNAX
PRIMYXINE

## Polysorbate
CÉRUMÉNOL
FLUISÉDAL
FLUISÉDAL SANS PROMÉTHAZINE
PRORHINEL

## Polystyrène sulfonate de sodium
KAYEXALATE

## Polystyrol sulfonate de calcium
CALCIUM-SORBISTERIT

## Polyvinylpolypyrrolidone
POLY-KARAYA

## Potassium
ALCAPHOR
AMOXICILLINE ACIDE CLAVULANIQUE ARROW
AMOXICILLINE ACIDE CLAVULANIQUE BIOGARAN
AMOXICILLINE ACIDE CLAVULANIQUE EG
AMOXICILLINE ACIDE CLAVULANIQUE G GAM
AMOXICILLINE ACIDE CLAVULANIQUE IVAX
AMOXICILLINE ACIDE CLAVULANIQUE MERCK
AMOXICILLINE ACIDE CLAVULANIQUE QUALIMED
AMOXICILLINE ACIDE CLAVULANIQUE RATIOPHARM
AMOXICILLINE ACIDE CLAVULANIQUE RPG
AMOXICILLINE ACIDE CLAVULANIQUE SANDOZ
AMOXICILLINE ACIDE CLAVULANIQUE TEVA
AMOXICILLINE ACIDE CLAVULANIQUE WINTHROP
ARTISIAL
AUGMENTIN injectable
AUGMENTIN oral
CATARSTAT
CIBLOR
COLOPEG
COZAAR
DIFFU-K
ÉDUCTYL
FONCITRIL
FORTRANS
FORTZAAR
GLUCONATE DE POTASSIUM H3 SANTÉ
HYZAAR
IODURE DE POTASSIUM
KALEORID
KLEAN-PREP
LEVURE OR GRIMBERG
MOVICOL
NATI-K
NOCTRAN
OLIGOGRANUL POTASSIUM
OLIGOSOL POTASSIUM
OLIGOSTIM POTASSIUM
PÉGA
PERMANGANATE DE POTASSIUM LAFRAN
PHOSPHORE ALKO
POLYTONYL
RENUTRYL
ROMARÈNE
SÉDATIF TIBER
SIROP DE POTASSIUM RICHARD
SOLUDACTONE
SPAGULAX citrate de potassium
SUBOLIGO POTASSIUM
SURÉLEN
SURFORTAN
TRANXÈNE
VOLTARENDOLO

## Povidone
BOLINAN
DULCILARMES
FLUIDABAK
NUTRIVISC
REFRESH
UNIFLUID

## Povidone iodée
BÉTADINE bain de bouche
BÉTADINE DERMIQUE solution et compresse imprégnée
BÉTADINE gel et pansement médicamenteux
BÉTADINE gynécologique
BÉTADINE SCRUB
BETASEPTIC dermique
POLIODINE
POVIDONE IODÉE MERCK moussante

## Pralidoxime
CONTRATHION

## Pramipexole
SIFROL

## Pramocaïne
TRONOTHANE

## Pravastatine
ELISOR
PRAVADUAL
PRAVASTATINE ARROW GÉNÉRIQUES
PRAVASTATINE BIOGARAN
PRAVASTATINE BOUCHARA RECORDATI
PRAVASTATINE EG
PRAVASTATINE MERCK
PRAVASTATINE QUALIMED
PRAVASTATINE RANBAXY
PRAVASTATINE RATIOPHARM
PRAVASTATINE SANDOZ
PRAVASTATINE TEVA
PRAVASTATINE WINTHROP
VASTEN

## Prazépam
LYSANXIA

## Prazosine
ALPRESS
MINIPRESS

## Prednisolone
CORTISAL
DÉLIPROCT
DÉRINOX
DÉTURGYLONE
HYDROCORTANCYL comprimé
HYDROCORTANCYL injectable
PREDNISOLONE ARROW
PREDNISOLONE BIOGARAN
PREDNISOLONE EG
PREDNISOLONE IVAX
PREDNISOLONE MERCK
PREDNISOLONE QUALIMED
PREDNISOLONE RATIOPHARM
PREDNISOLONE RPG
PREDNISOLONE SANDOZ
PREDNISOLONE TEVA
PREDNISOLONE WINTHROP
SOLUPRED

## Prednisone
CORTANCYL
PREDNISONE ARROW
PREDNISONE BIOGARAN
PREDNISONE EG
PREDNISONE G GAM
PREDNISONE IVAX
PREDNISONE MERCK
PREDNISONE QUALIMED
PREDNISONE RATIOPHARM
PREDNISONE SANDOZ
PREDNISONE TEVA
PREDNISONE WINTHROP

## Prégabaline
LYRICA

## Prilocaïne
ANESDERM
EMLA
EMLAPATCH

## Primidone
MYSOLINE

## Pristinamycine
PYOSTACINE

## Probénécide
BÉNÉMIDE

## Procaïne
OTYLOL
PROCAÏNE BIOSTABILEX

## Progestérone
ESTIMA
EVAPAUSE
FLORGYNAL
MENAELLE
PROGESTÉRONE BIOGARAN
PROGESTÉRONE MERCK

PROGESTÉRONE RATIOPHARM
PROGESTÉRONE SANDOZ
PROGESTÉRONE TEVA
PROGESTOGEL
SYNERGON
TROPHIGIL
UTROGESTAN

## Proguanil
MALARONE
PALUDRINE
SAVARINE

## Promégestone
SURGESTONE

## Promestriène
COLPOSEPTINE
COLPOTROPHINE

## Prométhazine
ALGOTROPYL
FLUISÉDAL
PHÉNERGAN crème
PHÉNERGAN injectable
PHÉNERGAN oral
RHINATHIOL PROMÉTHAZINE
TRANSMER
TUSSISÉDAL

## Propafénone
RYTHMOL

## Propériciazine
NEULEPTIL

## Propionate de sodium
DERMACIDE
OTORALGYL A LA PHÉNYLÉPHRINE

## Propranolol
AVLOCARDYL
HÉMIPRALON LP
PROPRANOLOL EG
PROPRANOLOL RATIOPHARM

## Protamine sulfate
PROTAMINE CHOAY

## Prunier d'Afrique
TADENAN

## Pseudoéphédrine
ACTIFED JOUR ET NUIT
ACTIFED RHUME
ANADVIL RHUME
CÉQUINYL
CLARINASE REPETABS
DOLI Rhume
DOLIRHUMEPRO
EFRYL RHUME
HUMEX RHUME comprimé et gélule
NUROFEN RHUME
RHINADVIL
RHINUREFLEX
RHUMAGRIP
SUDAFED

## Psyllium
PSYLIA
PSYLLIUM LANGLEBERT
TRANSILANE

## Pyrantel
COMBANTRIN
HELMINTOX

## Pyrazinamide
PIRILÈNE
RIFATER

## Pyrèthre
SPRAY-PAX

## Pyridostigmine bromure
MESTINON

## Pyridoxine
ARGINOTRI-B
B CHABRE
BÉCILAN
BÉCOZYME
BEROCCA
CARENCYL
CATARSTAT
CYSTINE B6 BAILLEUL
DERMO 6
ÉLÉVIT VITAMINE B9
HYDROSOL POLYVITAMINÉ BAYER
LYSO-6
MAGNÉ B6
NARBALEK
NICOPRIVE
PHAKAN
POLYTONYL
PRINCI-B
PROTOVIT
QUOTIVIT O.E.
RENUTRYL
SUPRADYNE
SURÉLEN
SURFORTAN
SURVITINE
UVIMAG B6
VITAMINE B6 RICHARD
VITAMINES B1-B6 BAYER
VIVAMYNE TONIQUE

## Pyriméthamine
FANSIDAR
MALOCIDE

## Pyrvinium
POVANYL

## Quinagolide
NORPROLAC

## Quinapril
ACUILIX
ACUITEL
KOREC
KORETIC
QUINAPRIL MERCK
QUINAPRIL TEVA

## Quinidine
QUINIMAX comprimé
QUINIMAX injectable

## Quinine
DINACODE crème
HEXAQUINE
QUINIMAX comprimé
QUINIMAX injectable
QUININE LAFRAN
QUININE VITAMINE C GRAND
QUINISÉDINE
SURQUINA

## Quinisocaïne
QUOTANE
RECTOQUOTANE

## Rabéprazole
PARIET

## Racécadotril
TIORFAN

## Raloxifène
EVISTA
OPTRUMA

## Raltitrexed
TOMUDEX

## Ramipril
COTRIATEC
RAMIPRIL ALTER
RAMIPRIL ARROW
RAMIPRIL BIOGARAN comprimé
RAMIPRIL BIOGARAN gélule
RAMIPRIL BOUCHARA RECORDATI
RAMIPRIL EG
RAMIPRIL MERCK
RAMIPRIL QUALIMED
RAMIPRIL RANBAXY
RAMIPRIL RATIOPHARM comprimé
RAMIPRIL RATIOPHARM gélule
RAMIPRIL SANDOZ
RAMIPRIL TEVA comprimé
RAMIPRIL TEVA gélule
RAMIPRIL WINTHROP
RAMIPRIL ZYDUS
TRIATEC
TRIATECKIT

## Ranitidine
AZANTAC injectable
AZANTAC oral
RANIPLEX injectable
RANIPLEX oral
RANITIDINE ARROW
RANITIDINE BIOGARAN
RANITIDINE EG
RANITIDINE G GAM
RANITIDINE IREX
RANITIDINE IVAX
RANITIDINE MERCK
RANITIDINE QUALIMED
RANITIDINE RATIOPHARM
RANITIDINE RPG

RANITIDINE SANDOZ
RANITIDINE TEVA
RANITIDINE WINTHROP
RANITIDINE ZYDUS

## Raubasine
ISKÉDYL injectable
ISKÉDYL oral

## Réglisse
BLACKOÏDS du Dr MEUR
BOLDOFLORINE tisane
CALMIFLORINE tisane
PÂTES PECTORALES BOIRON
RÉGLISSE SAMBUCUS BOIRON

## Répaglinide
NOVONORM

## Réserpine
TENSIONORME

## Résorcine
ANAXÉRYL
BAIN DE BOUCHE LIPHA
NESTOSYL pommade
OSMOTOL
SYNTHOL gel
SYNTHOL liquide

## Rétinol
A 313 capsule
A 313 pommade
ARKOGÉLULES HUILE DE FOIE DE MORUE
AVIBON capsule
AVIBON pommade
CARENCYL
CIRKAN suppositoire
ÉLÉVIT VITAMINE B9
FLETAGEX
HUILE DE FOIE DE MORUE COOPER
HYDROSOL POLYVITAMINÉ BAYER
LELONG
MITOSYL IRRITATIONS
NOTRINO
PRÉPARATION H crème
PRÉPARATION H suppositoire
PROTOVIT
QUOTIVIT O.E.
RENUTRYL
SOLACY
SUPRADYNE
SURVITINE
UVESTÉROL A, D, E, C
VITAMINE A DULCIS
VITAMINE A FAURE
VITAMINE A NEPALM

## Réviparine sodique
CLIVARINE

## Rhubarbe
DEPURATUM
PYRALVEX

## Riboflavine
B CHABRE
BÉCOZYME
BÉFLAVINE
BEROCCA
CARENCYL
ÉLÉVIT VITAMINE B9
HYDROSOL POLYVITAMINÉ BAYER
NARBALEK
PROTOVIT
QUOTIVIT O.E.
RENUTRYL
SUPRADYNE
SURVITINE
VIVAMYNE TONIQUE

## Rifabutine
ANSATIPINE

## Rifampicine
RIFADINE
RIFATER
RIFINAH
RIMACTAN

## Rifamycine
OTOFA
RIFAMYCINE CHIBRET

## Rilménidine
HYPERIUM
RILMENIDINE BIOGARAN
RILMENIDINE MERCK
RILMÉNIDINE QUALIMED
RILMENIDINE RATIOPHARM

## Riluzole
RILUTEK

## Rimexolone
VEXOL

## Rispéridone
RISPERDAL
RISPERDALCONSTAT
RISPERDALORO

## Ritiométan
NÉCYRANE

## Ritonavir
KALETRA
NORVIR

## Rivastigmine
EXELON

## Ropinirole
ADARTREL
REQUIP

## Rosiglitazone
AVANDAMET
AVANDIA

## Rosuvastatine
CRESTOR

## Roxithromycine
CLARAMID
ROXITHROMYCINE ARROW
ROXITHROMYCINE BIOGARAN
ROXITHROMYCINE EG
ROXITHROMYCINE G GAM
ROXITHROMYCINE IVAX
ROXITHROMYCINE MERCK
ROXITHROMYCINE QUALIMED
ROXITHROMYCINE RATIOPHARM
ROXITHROMYCINE RPG
ROXITHROMYCINE SANDOZ
ROXITHROMYCINE TEVA
ROXITHROMYCINE WINTHROP
ROXITHROMYCINE ZYDUS
RULID
SUBROXINE

## Rutoside
ESBERIVEN
RELVÈNE
RELVÈNE crème
VÉLITEN
VINCARUTINE
VITARUTINE

## Salbutamol
AIROMIR
ASMASAL
BUVENTOL EASYHALER
COMBIVENT
SALBUMOL
VENTEXXAIR
VENTILASTIN NOVOLIZER
VENTODISKS
VENTOLINE

## Salicylamide
PERCUTALGINE

## Salicylate
Voir : acide salicylique

## Salmétérol
SERETIDE
SEREVENT

## Salol
BOROSTYROL solution
NISACALM

## Saquinavir
FORTOVASE
INVIRASE

## Saule
ARKOGÉLULES SAULE
ARKOPHYTUM
ARTHRITISANE
ARTHROFLORINE
ÉLUSANES SAULE
FITOFÉBRIL
SANTANE A 4

## Scopolamine
SCOPODERM

## Secnidazole
SECNOL

## Sélégiline
DÉPRÉNYL
OTRASEL
SÉLÉGILINE BIOGARAN
SÉLÉGILINE MERCK

## Sélénium
BÉTASÉLEN
BIO-SÉLÉNIUM
GRANIONS DE SÉLÉNIUM
MICROSOL SÉLÉNIUM
OLIGOGRANUL SÉLÉNIUM
OLIGOSOL SÉLÉNIUM
OLIGOSTIM SÉLÉNIUM
SÉLÉNION
SUBOLIGO SÉLÉNIUM

## Séné
AGIOLAX
ARKOGÉLULES SÉNÉ
BOLDOFLORINE comprimé
BOLDOFLORINE tisane
BORIBEL N° 13 purgative
GRAINS DE VALS
HERBESAN
IDÉOLAXYL
LAXILO
MÉDIFLOR constipation passagère n° 7
MODANE
MUCINUM
OLIVALAX
SANTANE C 6
SÉNOKOT
TAMARINE
TISANE AFRA
TISANE DES FAMILLES
TISANE FRANKLIN
TISANE GARFIELD
TISANE PROVENÇALE N° 1
X-PREP
YERBALAXA

## Serenoa repens
PERMIXON

## Serrapeptase
DAZEN

## Sertaconazole
MONAZOL
MONAZOL crème

## Sertraline
SERTRALINE ALTER
SERTRALINE ARROW
SERTRALINE BIOGARAN
SERTRALINE EG
SERTRALINE G GAM
SERTRALINE MERCK
SERTRALINE QUALIMED
SERTRALINE RANBAXY
SERTRALINE RATIOPHARM
SERTRALINE SANDOZ
SERTRALINE TEVA
SERTRALINE WINTHROP
SERTRALINE ZYDUS
ZOLOFT

## Sibutramine
SIBUTRAL

## Sildénafil
VIAGRA

## Silymarine
LEGALON

## Siméticone
CARBOSYLANE
CARBOSYMAG
IMONOGAS
IMOSSELDUO
MAALOX BALLONNEMENTS
MÉTÉOSPASMYL
MÉTÉOXANE
NOTGAZ
POLYSILANE DELALANDE
RENNIE DÉFLATINE
SILIGAZ

## Simvastatine
INEGY
LODALÈS
SIMVASTATINE ARROW
SIMVASTATINE BIOGARAN
SIMVASTATINE BOUCHARA RECORDATI
SIMVASTATINE EG
SIMVASTATINE HEXAL
SIMVASTATINE IVAX
SIMVASTATINE MERCK
SIMVASTATINE QUALIMED
SIMVASTATINE RANBAXY
SIMVASTATINE RATIOPHARM
SIMVASTATINE SANDOZ
SIMVASTATINE TEVA
SIMVASTATINE WINTHROP
SIMVASTATINE ZYDUS
ZOCOR

## Somatropine
GÉNOTONORM
MAXOMAT
NORDITROPINE
NUTROPINAQ
SAIZEN
UMATROPE
ZOMACTON

## Sorbitol
ACTIGESS
APILAXE
BRONCALÈNE Nourrisson
HÉPAGRUME
HÉPARGITOL
MICROLAX
NIVABÉTOL
ORNITAÏNE
SCHOUM
SORBITOL DELALANDE
SPAGULAX sorbitol

## Sotalol
SOTALEX
SOTALOL ARROW
SOTALOL BIOGARAN
SOTALOL EG
SOTALOL G GAM
SOTALOL IVAX
SOTALOL MERCK
SOTALOL RATIOPHARM
SOTALOL RPG
SOTALOL SANDOZ
SOTALOL TEVA
SOTALOL WINTHROP

## Soufre
ACTISOUFRE
DERMO-SULFURYL
DÉSINTEX
DÉSINTEX INFANTILE
DÉSINTEX-CHOLINE
GRANIONS DE SOUFRE
NOTRINO
OLIGOGRANUL SOUFRE
OLIGOSOL SOUFRE
OLIGOSTIM SOUFRE
PAPS
RHINO-SULFURYL
SOLACY
SULFURYL inhalant
SULFURYL oral
VAGOSTABYL

## Spectinomycine
TROBICINE

## Spiramycine
BI MISSILOR
BIRODOGYL
MISSILOR 750 000 UI/125 mg
RODOGYL
ROVAMYCINE
SPIRAMYCINE MÉTRONIDAZOLE ARROW 0,75 UI/125 mg
SPIRAMYCINE MÉTRONIDAZOLE ARROW 1,5 M UI/250 mg
SPIRAMYCINE MÉTRONIDAZOLE BIOGARAN 0,75 UI/125 mg
SPIRAMYCINE MÉTRONIDAZOLE BIOGARAN 1,5 M UI/250 mg
SPIRAMYCINE MÉTRONIDAZOLE EG 0,75 UI/125 mg
SPIRAMYCINE MÉTRONIDAZOLE EG 1,5 M UI/250 mg
SPIRAMYCINE MÉTRONIDAZOLE MERCK 1,5 M UI/250 mg
SPIRAMYCINE MÉTRONIDAZOLE QUALIMED 1,5 M UI/250 mg
SPIRAMYCINE MÉTRONIDAZOLE RANBAXY 1,5 M UI/250 mg
SPIRAMYCINE MÉTRONIDAZOLE RATIOPHARM 1,5 M UI/250 mg
SPIRAMYCINE MÉTRONIDAZOLE SANDOZ 1,5 M UI/250 mg
SPIRAMYCINE MÉTRONIDAZOLE TEVA 0,75 UI/125 mg
SPIRAMYCINE MÉTRONIDAZOLE TEVA 1,5 M UI/250 mg

## Spironolactone
ALDACTAZINE
ALDACTONE
ALDALIX
ALTIZIDE SPIRONOLACTONE RPG
FLUMACH
PRACTAZIN
PRACTON
SPIROCTAN
SPIROCTAZINE
SPIRONOLACTONE ALTIZIDE ARROW
SPIRONOLACTONE ALTIZIDE BIOGARAN
SPIRONOLACTONE ALTIZIDE EG
SPIRONOLACTONE ALTIZIDE IVAX
SPIRONOLACTONE ALTIZIDE MERCK
SPIRONOLACTONE ALTIZIDE SANDOZ
SPIRONOLACTONE ALTIZIDE TEVA
SPIRONOLACTONE ALTIZIDE WINTHROP
SPIRONOLACTONE ARROW
SPIRONOLACTONE BIOGARAN
SPIRONOLACTONE EG
SPIRONOLACTONE G GAM
SPIRONOLACTONE IVAX
SPIRONOLACTONE MERCK
SPIRONOLACTONE RATIOPHARM
SPIRONOLACTONE RPG
SPIRONOLACTONE SANDOZ
SPIRONOLACTONE TEVA
SPIRONOLACTONE WINTHROP
SPIRONONE

## Stavudine
ZERIT

## Sterculia gomme
ARKOGÉLULES KARAYA
KAOLOGEAIS
KARAYAL
LAXILO
NORMACOL
POLY-KARAYA

## Strontium
PROTELOS
SEPIA COMPLEXE N° 20
STRONTIUM COMPOSÉ BOIRON
STRONTIUM COMPOSÉ DOLISOS

## Succinimide
SUCCINIMIDE PHARBIOL

## Sucralfate
KÉAL
SUCRALFATE RPG
SUCRALFATE TEVA
ULCAR

## Sulbactam
UNACIM

## Sulbutiamine
ARCALION

## Sulconazole
MYK 1 %

## Sulfacétamide
ANTÉBOR

## Sulfadiazine
ADIAZINE
FLAMMAZINE
SICAZINE

## Sulfadoxine
FANSIDAR

## Sulfafurazol
PÉDIAZOLE

## Sulfaguanidine
ENTÉROPATHYL

## Sulfaméthizol
RUFOL

## Sulfaméthoxazole
BACTRIM
COTRIMOXAZOLE RATIOPHARM

## Sulfasalazine
SALAZOPYRINE

## Sulfiram
ASCABIOL

## Sulfogaïacol
CAMPHODIONYL
ÉPHYDION comprimé, sirop
EUCALYPTINE LE BRUN suppositoire
NÉO-CODION comprimé
PASSÉDYL
PNEUMASEPTIC

## Sulforutoside
VITARUTINE

## Sulindac
ARTHROCINE

## Sulpiride
DOGMATIL
SULPIRIDE G GAM
SULPIRIDE MERCK
SULPIRIDE SANDOZ
SULPIRIDE TEVA
SYNÉDIL

## Sumatriptan
IMIGRANE comprimé et solution nasale
IMIGRANE injectable
IMIJECT

## Synéphrine
DACRYNE
DACRYOBORALINE
POLYFRA collyre
SÉDACOLLYRE
SOPHTALINE
UVICOL

## Tacalcitol
APSOR

## Tacrolimus
PROTOPIC

## Tadalafil
CIALIS

## Tamarin
DELABARRE
TAMARINE

## Tamoxifène
KESSAR
NOLVADEX
ONCOTAM
TAMOXIFÈNE ARROW
TAMOXIFÈNE BIOGARAN
TAMOXIFÈNE EG
TAMOXIFÈNE G GAM
TAMOXIFÈNE GNR
TAMOXIFÈNE MERCK
TAMOXIFÈNE RATIOPHARM
TAMOXIFÈNE RPG
TAMOXIFÈNE TEVA
TAMOXIFÈNE ZYDUS

## Tamsulosine
JOSIR
MECIR
OMEXEL
OMIX
TAMSULOSINE BIOGARAN
TAMSULOSINE EG
TAMSULOSINE MERCK
TAMSULOSINE QUALIMED
TAMSULOSINE RATIOPHARM
TAMSULOSINE SANDOZ
TAMSULOSINE TEVA
TAMSULOSINE WINTHROP

## Tazarotène
ZORAC

## Télithromycine
KETEK

## Telmisartan
MICARDIS
MICARDISPLUS
PRITOR
PRITORPLUS

## Témazépam
NORMISON

## Ténofovir
VIREAD

## Ténonitrozole
ATRICAN

## Ténoxicam
TILCOTIL

## Térazosine
DYSALFA
HYTRINE
TÉRAZOSINE BIOGARAN
TÉRAZOSINE MERCK
TÉRAZOSINE TEVA

## Terbinafine
LAMISIL comprimé
LAMISIL crème et solution
LAMISILATE
LAMISILDERMGEL

## Terbutaline
BRICANYL comprimé
BRICANYL Turbuhaler

## Terpine
ALMA
PÂTES PECTORALES OBERLIN
PULMOFLUIDE SIMPLE
PULMOLL
TERPINE GONNON
TERPONE
THIOPECTOL

## Terpinéol
CALYPTOL inhalant
NAZINETTE du Dr GILBERT pommade
NAZINETTE du Dr GILBERT solution
PECTODERME

## Terpinol
BRONCHORECTINE AU CITRAL
VALDA

## Tertatolol
ARTEX

## Testostérone
ANDROGEL
ANDROTARDYL
NEBIDO
PANTESTONE

## Tétrabénazine
XENAZINE

## Tétracaïne
APHTORAL
CANTALÈNE
DRILL maux de gorge
DRILL pastille
ELUDRIL collutoire
ERGIX mal de gorge collutoire
OROMÉDINE MAUX DE GORGE
OTYLOL
SOLUTRICINE MAUX DE GORGE
SOLUTRICINE MAUX DE GORGE TÉTRACAÏNE

## Tétracosactide
SYNACTHÈNE

## Tétracycline
AMPHOCYCLINE

## Tétrazépam
MÉGAVIX
MYOLASTAN
PANOS
TÉTRAZÉPAM ALMUS
TÉTRAZÉPAM ARROW
TÉTRAZÉPAM BIOGARAN
TÉTRAZÉPAM EG
TÉTRAZÉPAM G GAM
TÉTRAZÉPAM IVAX
TÉTRAZÉPAM MERCK
TÉTRAZÉPAM RATIOPHARM
TÉTRAZÉPAM RPG
TÉTRAZÉPAM SANDOZ
TÉTRAZÉPAM TEVA
TÉTRAZÉPAM WINTHROP
TÉTRAZÉPAM ZYDUS

## Théodrénaline
PRAXINOR

## Théophylline
DILATRANE
EUPHYLLINE
PNEUMOGÉINE
TÉDRALAN
THÉOPHYLLINE TEVA
THÉOSTAT
XANTHIUM

## Thiamine
ARGINOTRI-B
ASPIRINE vitaminée B1 C DEROL
B CHABRE
BÉCOZYME
BÉNERVA
BEROCCA
BÉVITINE
CARENCYL
ÉLÉVIT VITAMINE B9
HEXAQUINE
HYDROSOL POLYVITAMINÉ BAYER
NICOPRIVE
PRINCI-B
PROTOVIT
QUOTIVIT O.E.
RENUTRYL
SUPRADYNE
SURVITINE
VITAMINES B1-B6 BAYER
VITATHION
VIVAMYNE TONIQUE

## Thiamphénicol
THIOPHÉNICOL

## Thiocolchicoside
COLTRAMYL
MIOREL
MYOPLÈGE
THIOCOLCHICOSIDE ARROW
THIOCOLCHICOSIDE BIOGARAN
THIOCOLCHICOSIDE EG
THIOCOLCHICOSIDE G GAM
THIOCOLCHICOSIDE IVAX
THIOCOLCHICOSIDE MERCK
THIOCOLCHICOSIDE QUALIMED
THIOCOLCHICOSIDE RATIOPHARM
THIOCOLCHICOSIDE SANDOZ
THIOCOLCHICOSIDE TEVA
THIOCOLCHICOSIDE WINTHROP

## Thiomersal
Voir : mercurothiolate

## Thiophène
Voir : soufre

## Thiosulfate
Voir : soufre

## Tiadénol
FONLIPOL

## Tiagabine
GABITRIL

## Tianeptine
STABLON

## Tiapride
TIAPRIDAL
TIAPRIDE MERCK
TIAPRIDE SANDOZ

## Tibolone
LIVIAL

## Ticlopidine
TICLID
TICLOPIDINE ARROW
TICLOPIDINE G GAM
TICLOPIDINE MERCK
TICLOPIDINE QUALIMED

## Tidiacic
TIADILON

## Tiémonium
COLCHIMAX
VISCÉRALGINE

## Tilbroquinol
INTÉTRIX

## Tiliquinol
INTÉTRIX

## Tilleul
AZÉMA TISANE
BORIBEL N° 8 sédative
GÉLULE PROVENÇALE N° 4
LENICALM
MÉDIFLOR calmante, troubles du sommeil N° 14
PHYTELIA Sommeil
SANTANE N 9
TISANE PROVENÇALE N° 4
VIBTIL

## Timolol
COMBIGAN
COSOPT
DIGAOL
GANFORT
GAOPTOL
MODUCREN
NYOGEL
NYOLOL
OPHTIM
TIMABAK
TIMACOR
TIMOCOMOD
TIMOLOL ALCON
TIMOLOL G GAM

TIMOLOL TEVA
TIMOPTOL
XALACOM

## Tinidazole
FASIGYNE

## Tinzaparine sodique
INNOHEP

## Tioconazole
GYNO-TROSYD
TROSYD

## Tioguanine
LANVIS

## Tiopronine
ACADIONE

## Tiratricol
TÉATROIS

## Tixocortol
PIVALONE
THIOVALONE

## Tobramycine
NEBCINE
TOBI
TOBRADEX
TOBREX

## Tolcapone
TASMAR

## Tolnaftate
SPORILINE

## Toltérodine
DÉTRUSITOL

## Topiramate
EPITOMAX

## Torémifène
FARESTON

## Tosylchloramide sodique
CLONAZONE
HYDROCLONAZONE

## Toxine botulique
VISTABEL

## Tramadol
BIODALGIC
CONTRAMAL
CONTRAMAL LP
IXPRIM
MONOALGIC
MONOCRIXO
MONOTRAMAL
OROZAMUDOL
TAKADOL
TOPALGIC
TOPALGIC LP
TRAMADOL ARROW
TRAMADOL BIOGARAN
TRAMADOL EG
TRAMADOL IREX
TRAMADOL IVAX
TRAMADOL MERCK
TRAMADOL QUALIMED
TRAMADOL RATIOPHARM
TRAMADOL SANDOZ
TRAMADOL TEVA
TRAMADOL ZYDUS
TRASEDAL
ZALDIAR
ZAMUDOL LP
ZUMALGIC

## Trandolapril
ODRIK
TARKA LP

## Travoprost
TRAVATAN

## Trétinoïne
ANTIBIOTREX
CONTRACNÉ
CURACNÉ
EFFEDERM
ÉRYLIK
KÉTREL
LOCACID
PROCUTA
RETACNYL
RETIN A
ROACCUTANE
ROACCUTANE gel

## Triamcinolone
CIDERMEX pommade dermique
CIDERMEX pommade ophtalmique
CORTICOTULLE LUMIÈRE
HEXATRIONE
KENACORT RETARD
KENALCOL
LOCALONE
MYCOLOG
NASACORT
PEVISONE

## Triamtérène
ISOBAR
PRESTOLE

## Triazolam
HALCION

## Triclabendazole
EGATEN

## Triclocarban
CUTISAN
SOLUBACTER

## Trifluridine
VIROPHTA

## Trihexyphénidyle
ARTANE
PARKINANE LP

## Trimébutine
DÉBRIDAT
MODULON
PROCTOLOG
TRANSACALM
TRIMÉBUTINE ALMUS
TRIMÉBUTINE ALTER
TRIMÉBUTINE ARROW
TRIMÉBUTINE BIOGARAN
TRIMÉBUTINE EG
TRIMÉBUTINE G GAM
TRIMÉBUTINE IVAX
TRIMÉBUTINE MERCK
TRIMÉBUTINE QUALIMED
TRIMÉBUTINE RATIOPHARM
TRIMÉBUTINE RPG
TRIMÉBUTINE SANDOZ
TRIMÉBUTINE TEVA
TRIMÉBUTINE WINTHROP

## Trimétazidine
CENTROPHÈNE
TRIMÉTAZIDINE ARROW
TRIMÉTAZIDINE BIOGARAN
TRIMÉTAZIDINE EG
TRIMÉTAZIDINE G GAM
TRIMÉTAZIDINE IVAX
TRIMÉTAZIDINE MERCK
TRIMÉTAZIDINE QUALIMED
TRIMÉTAZIDINE RATIOPHARM
TRIMÉTAZIDINE RPG
TRIMÉTAZIDINE SANDOZ
TRIMÉTAZIDINE TEVA
TRIMÉTAZIDINE WINTHROP
VASTAREL

## Triméthoprime
BACTRIM
COTRIMOXAZOLE RATIOPHARM

## Trimipramine
SURMONTIL

## Trinitrine
CORDIPATCH
DIAFUSOR
DISCOTRINE
EPINITRIL
NATISPRAY
NITRIDERM TTS
TRINIPATCH
TRINITRINE MERCK
TRINITRINE SIMPLE LALEUF

## Triphosadénine
ATÉPADÈNE

## Triprolidine
ACTIFED RHUME

## Triptoréline
DÉCAPEPTYL

## Tritoqualine
HYPOSTAMINE

## Trolamine
BIAFINE
LAMIDERM

## Trométamol
ACULAR
ALCAPHOR
ALMIDE

LODOXAL
MONURIL
URIDOZ

## Tropatépine

LEPTICUR

## Tropicamide

MYDRIATICUM
TROPICAMIDE FAURE

## Tropisétron

NAVOBAN

## Trospium chlorure

CÉRIS

## Troxérutine

GINKOR
GINKOR gel
RHÉOBRAL
RHÉOFLUX
RUTOVINCINE
TROXÉRUTINE ALMUS
TROXÉRUTINE ARROW
TROXÉRUTINE BIOGARAN
TROXÉRUTINE EG
TROXÉRUTINE GNR
TROXÉRUTINE MAZAL
TROXÉRUTINE MERCK
TROXÉRUTINE QUALIMED
TROXÉRUTINE RPG
TROXÉRUTINE SANDOZ
TROXÉRUTINE TEVA
VEINAMITOL
VIVÈNE

## Tuaminoheptane

RHINOFLUIMUCIL

## Uranium

GRANIONS D'URANIUM

## Urapidil

EUPRESSYL
MÉDIATENSYL

## Urée

AMYCOR ONYCHOSET
HYDRÉA

## Uridine

UTEPLEX
VITACIC

## Urofollitropine

FOSTIMON

## Valaciclovir

ZELITREX

## Valériane

ARKOGÉLULES VALÉRIANE
BIOCARDE
BORIBEL N° 8 sédative
CALMIFLORINE tisane
CALMOTISAN
ÉLUSANES VALÉRIANE
EUPHYTOSE
MÉDIFLOR calmante, troubles du sommeil N° 14
NEUROFLORINE
PASSINÉVRYL
PHYTELIA Sommeil
SÉDALOZIA
SPASMINE comprimé
SPASMINE suppositoire enfant
SYMPANEUROL
TRANQUITAL
VALÉRIANE BOIRON

## Valine

REVITALOSE

## Valproate de sodium

DÉPAKINE
DÉPAKINE CHRONO
DEPAKOTE
MICROPAKINE LP
VALPROATE DE SODIUM ARROW
VALPROATE DE SODIUM BIOGARAN
VALPROATE DE SODIUM EG
VALPROATE DE SODIUM IREX
VALPROATE DE SODIUM MERCK
VALPROATE DE SODIUM QUALIMED
VALPROATE DE SODIUM RATIOPHARM
VALPROATE DE SODIUM RPG
VALPROATE DE SODIUM SANDOZ
VALPROATE DE SODIUM TEVA
VALPROATE DE SODIUM WINTHROP
VALPROATE DE SODIUM WINTHROP LP

## Valpromide

DÉPAMIDE

## Valsartan

COTAREG
NISIS
NISISCO
TAREG

## Vardénafil

LEVITRA

## Varénicline

CHAMPIX

## Venlafaxine

EFFEXOR

## Véralipride

AGRÉAL

## Vérapamil

ISOPTINE
ISOPTINE LP
TARKA LP
VÉRAPAMIL BIOGARAN
VÉRAPAMIL EG
VÉRAPAMIL G GAM
VÉRAPAMIL IVAX
VÉRAPAMIL MERCK
VÉRAPAMIL RATIOPHARM
VÉRAPAMIL SANDOZ
VÉRAPAMIL TEVA

## Vératrol

BAIN DE BOUCHE LIPHA
SYNTHOL

## Vigabatrine

SABRIL

## Vinburnine

CERVOXAN

## Vincamine

RHÉOBRAL
RUTOVINCINE
VINCARUTINE

## Vincristine

ONCOVIN

## Vitamine A

Voir : Rétinol

## Vitamine B1

Voir : Thiamine

## Vitamine B12

Voir : Cyanocobalamine

## Vitamine B2

Voir : Riboflavine

## Vitamine B5

Voir : Acide pantothénique

## Vitamine B6

Voir : Pyridoxine

## Vitamine B9

Voir : Acide folique

## Vitamine C

ACTI 5
ADENA C 500 mg
AFEBRYL
ANTIGRIPPINE
APHTORAL
ARKOVITAL C
ASCOFER
ASCORBATE DE CALCIUM RICHARD
ASPIRINE UPSA vitaminée C
ASPIRINE vitamine C OBERLIN
ASPIRINE vitaminée B1 C DEROL
ASPRO 500 vitamine C
BEROCCA
BÉTASÉLEN
CARENCYL
CÉMAFLAVONE
CÉQUINYL
CIRKAN comprimé
CODOTUSSYL MAUX DE GORGE
CYCLO 3 FORT
DOLIACTIC
EFFERALGAN VITAMINE C
ÉLÉVIT VITAMINE B9
FASTENYL
FERO-GRAD
FERVEX
GURONSAN
HYDROSOL POLYVITAMINÉ BAYER

LAROSCORBINE comprimé
LAROSCORBINE injectable
NARBALEK
NICOPRIVE
PHAKAN
POLYTONYL
PROTOVIT
QUININE VITAMINE C GRAND
QUOTIVIT O.E.
RENUTRYL
REVITALOSE
RHINOFÉBRAL
RUTOVINCINE
SARGENOR à la vitamine C
SARVIT
SOLUCETYL
STREPSILS
SUPRADYNE
SURÉLEN
SURVITINE
TIMOFEROL
TONICALCIUM
UVESTÉROL A, D, E, C
VASCOCITROL
VEINOBIASE
VEINOSTASE
VÉLITEN
VITAMINE C ARROW
VITAMINE C UPSA
VITASCORBOL
VITATHION
VIVAMYNE TONIQUE

## Vitamine D2
Voir : Ergocalciférol

## Vitamine D3
Voir : Colécalciférol

## Vitamine E
Voir : Alpha-tocophérol

## Vitamine PP
Voir : Nicotinamide

## Warfarine
COUMADINE

## Xylène
CÉRULYSE

## Yohimbine
YOCORAL
YOHIMBINE HOUDÉ

## Zalcitabine
HIVID

## Zanamivir
RELENZA

## Zidovudine
COMBIVIR
RETROVIR
TRIZIVIR

## Zinc
AFTAGEL
AGATHOL baume
ALOPLASTINE
ANUSOL
BEROCCA
BÉTASÉLEN
BIOXYOL
BRULEX
CARENCYL
CRÈME DE DALIBOUR COOPER
CUTIPHILE
DÉFLAMOL
DERMOCUIVRE
DERMO-SULFURYL
EFFIZINC
ÉLÉVIT VITAMINE B9
FEMIPLEXE
GEL DE CALAMINE THERICA
GRANIONS DE ZINC
INOTYOL
MITOSYL IRRITATIONS
MYCODÉCYL
NESTOSYL pommade
OLIGOGRANUL ZINC
OLIGOGRANUL ZINC-CUIVRE
OLIGOGRANUL ZINC-NICKEL-COBALT
OLIGOSOL ZINC
OLIGOSOL ZINC-CUIVRE
OLIGOSOL ZINC-NICKEL-COBALT
OLIGOSTIM ZINC
OLIGOSTIM ZINC-CUIVRE
OLIGOSTIM ZINC-NICKEL-COBALT
OXYPÉROL
OXYPLASTINE
OXYTHYOL
PAPS
PROTOVIT
QUOTIVIT O.E.
RAMET DALIBOUR
RUBOZINC
SÉNOPHILE
STIMUPLEXE
SUBOLIGO ZINC
SUBOLIGO ZINC-NICKEL-COBALT
SUPRADYNE
SURVITINE
SYNACTHÈNE
TITANORÉÏNE
TITANORÉÏNE lidocaïne
VASELINE À L'OXYDE DE ZINC MONOT
YSE
YSE GLUTAMIQUE
ZYMIZINC

## Zofénopril
ZOFENIL
ZOFENILDUO

## Zolmitriptan
ZOMIG
ZOMIGORO

## Zolpidem
STILNOX
ZOLPIDEM ARROW
ZOLPIDEM BIOGARAN
ZOLPIDEM EG
ZOLPIDEM G GAM
ZOLPIDEM IVAX
ZOLPIDEM MERCK
ZOLPIDEM QUALIMED
ZOLPIDEM RATIOPHARM
ZOLPIDEM SANDOZ
ZOLPIDEM TEVA
ZOLPIDEM WINTHROP
ZOLPIDEM ZYDUS

## Zopiclone
IMOVANE
ZOPICLONE ARROW
ZOPICLONE BIOGARAN
ZOPICLONE EG
ZOPICLONE G GAM
ZOPICLONE IVAX
ZOPICLONE MERCK
ZOPICLONE QUALIMED
ZOPICLONE RATIOPHARM
ZOPICLONE RPG
ZOPICLONE SANDOZ
ZOPICLONE TEVA
ZOPICLONE WINTHROP
ZOPICLONE ZYDUS

## Zuclopenthixol
CLOPIXOL

# Lexique

# Lexique

Ce lexique est destiné à expliquer certains mots médicaux ou d'usage peu courant présents (en *italique*) dans le texte des fiches médicaments. Sa vocation n'est pas d'apporter une définition exhaustive, mais de donner suffisamment d'informations pour que le mot puisse être compris dans le contexte de ce dictionnaire. Certaines maladies sont décrites, en particulier celles qui figurent dans les contre-indications de certains médicaments et qui doivent donc pouvoir être identifiées facilement.

## abcès

Amas de pus formant une poche.

## accident thromboembolique

Accident qui résulte de l'obstruction (embolie) d'un vaisseau sanguin par un caillot (thrombus).
Le vaisseau peut être une artère : il s'agit alors d'une embolie artérielle, qui provoque une ischémie (privation de sang oxygéné) dans la région que cette artère irriguait. Une ischémie grave aboutit à la mort des tissus privés d'oxygène : l'infarctus. Heureusement, dans de nombreux cas, une artère voisine permet d'éviter l'infarctus en apportant du sang oxygéné dans la région victime de l'ischémie.
Le cœur est irrigué par les artères coronaires qui ont la propriété d'être peu reliées entre elles, ce qui explique la gravité d'un accident thromboembolique coronarien : une partie du muscle cardiaque, le myocarde, est détruite (infarctus du myocarde).
L'obstruction d'une veine est moins grave, car les veines assurent le retour du sang chargé de gaz carbonique vers le cœur. L'obstruction d'une veine est généralement appelée thrombophlébite. La gravité d'une thrombophlébite, ou phlébite, tient à la possibilité pour un caillot de se détacher de la veine et d'être emporté par le sang veineux jusqu'au cœur. Après avoir traversé l'oreillette droite et le ventricule droit, ce caillot va pénétrer dans une artère pulmonaire et obstruer un vaisseau sanguin, provoquant une embolie pulmonaire et un infarctus pulmonaire.

## accident vasculaire cérébral

Lésion du cerveau due à une hémorragie ou à l'obstruction brutale d'une artère. En fonction de l'importance de la lésion, les conséquences sont plus ou moins graves : malaise passager, paralysie, coma.
Abréviation : AVC.

## accommodation

« Mise au point » de l'œil, permettant la vision nette de près. La presbytie est le trouble de l'accommodation le plus courant ; certains médicaments tels que l'atropine peuvent provoquer des troubles de l'accommodation passagers.

## accoutumance

Diminution progressive de l'effet d'un médicament malgré l'augmentation des doses prises. Ce phénomène peut conduire à augmenter les doses pour maintenir une efficacité constante du traitement. L'accoutumance ne doit pas être confondue avec la dépendance, définie comme un besoin physique et/ou psychique de prendre un médicament.

## acétylcholine

Substance naturelle libérée lors de la transmission de l'influx nerveux d'un neurone à l'autre, ou qui assure la stimulation de récepteurs spécifiques (cholinergiques) situés dans les organes.
L'acétylcholine est impliquée dans la commande des muscles par les nerfs (un défaut de transmission peut être à l'origine d'une myasthénie). Elle assure en outre la stimulation du

système nerveux parasympathique qui se traduit par les effets suivants : ralentissement cardiaque, accélération du transit intestinal, difficultés à respirer, myosis, stimulation de la vessie, etc.

## acide aminé

Les acides aminés sont les constituants élémentaires des protéines. Certains acides aminés, dits essentiels, ne peuvent pas être fabriqués par l'organisme et doivent donc être apportés par l'alimentation.

## acide folique

Nom chimique de la vitamine B9, normalement présente dans l'alimentation et dans l'organisme sous forme de folate. L'acide folique joue un rôle important dans le renouvellement des cellules et dans la fabrication des globules rouges. Un apport insuffisant d'acide folique peut avoir des conséquences graves, notamment dans l'enfance et l'adolescence (anémie) ou au cours de la grossesse (malformations du fœtus).

## acide lactique

Substance produite dans les muscles lors de l'utilisation du glucose (sucre) comme source d'énergie, en l'absence d'oxygène (au début d'un exercice physique, par exemple). Son accumulation dans les muscles est à l'origine de moins bonnes performances, voire de crampes. Il est éliminé pendant la période de récupération active (période d'exercice physique d'intensité légère qui doit suivre un entraînement ou une épreuve).

## acide urique

Déchet du métabolisme, normalement éliminé par les reins. Son accumulation peut provoquer une crise de goutte. L'acide urique peut également former des calculs dans les voies urinaires.

## acides gras

Unités de base des lipides (graisses). Dans le corps, les acides gras forment une réserve d'énergie utilisable lorsque celles de sucre (glycogène) sont épuisées. Ils entrent dans la composition de la membrane des cellules et sont indispensables à la synthèse de certaines hormones. Les acides gras sont classés en plusieurs familles : acides gras saturés, acides gras mono-insaturés, acides gras polyinsaturés, acides gras essentiels, etc.

## acides gras essentiels

Certains acides gras polyinsaturés sont qualifiés d'acides gras essentiels car notre corps est incapable de les fabriquer et ils sont obligatoirement apportés par l'alimentation. Ils entrent dans la constitution des cellules et dans la fabrication de certaines hormones. On les trouve dans les poissons gras et les huiles végétales (tournesol, maïs, colza, noix, pépins de raisin et soja).

## acides gras mono-insaturés

Famille d'acides gras. La grande majorité des acides gras mono-insaturés contribue à nous protéger des maladies cardiovasculaires (contrairement aux acides gras saturés). On les trouve en grande quantité dans certaines matières grasses d'origine végétale (huiles de colza, d'olive, de noix, de soja et d'arachide).

## acides gras oméga-3 et oméga-6

L'acide linoléique (oméga-6) et l'acide linolénique (oméga-3) sont les principaux acides gras essentiels. Ils se trouvent dans les poissons gras et les huiles végétales (tournesol et maïs pour le premier ; colza, noix, pépins de raisin et soja pour le second). Ces acides gras essentiels sont indispensables au bon fonctionnement du corps. Néanmoins, pris en excès, ces acides gras peuvent provoquer une baisse de l'immunité, une fragilisation des membranes des cellules et des troubles de la coagulation sanguine.

## acides gras polyinsaturés

Famille d'acides gras. Ils contribuent à protéger des maladies cardiovasculaires. Ils sont essentiellement présents dans les produits végétaux et les poissons gras (sardines, harengs, thon, saumon, etc.). Ce sont les acides gras qui devraient constituer l'essentiel de l'apport quotidien en lipides.

## acides gras saturés

Famille d'acides gras qui ont tendance à favoriser les dépôts de cholestérol dans les artères et donc à augmenter les risques de maladies cardiovasculaires. Ils se trouvent surtout dans les graisses d'origine animale (beurre, crème fraîche, fromages), excepté celles issues des poissons, dans certaines huiles tropicales (huile de palme par exemple) et dans les produits fabriqués à partir de ces sources de gras (pâtisseries industrielles, charcuteries, produits laitiers gras, etc.). Leur apport dans l'alimentation doit être limité.

## acidocétose

Accumulation dans le sang de substances acides, qui peut s'observer après un jeûne chez l'enfant (haleine sentant l'acétone) ou en cas de complication du diabète sucré. La présence de ces substances toxiques (corps cétoniques) est détectée dans les urines.

## acidose lactique

Complication exceptionnelle, mais grave, souvent liée à l'emploi des antidiabétiques appartenant à la famille des biguanides ou de médicaments contre l'infection par le VIH (virus du sida). Elle consiste en l'accumulation d'acide lactique, responsable de crampes musculaires, de troubles digestifs, de fatigue, de respiration difficile, etc. Ces symptômes ne doivent pas être confondus avec les crampes banales observées après un effort ou après la prise de certains diurétiques. L'acidose lactique est favorisée par une insuffisance rénale, par une insuffisance hépatique grave, par un surdosage de médicaments, par les boissons alcoolisées ou par un jeûne prolongé.

## acné

Affection de la peau liée à une rétention de sébum formant des comédons (points noirs et microkystes). Ceux-ci sont le siège d'une prolifération de bactéries et se transforment en pustules.

## acouphène

Sensation auditive ne provenant pas d'un son extérieur.
Synonyme : bourdonnement d'oreille.

## addiction

Dépendance d'une personne à un médicament ou à une drogue. Par extension, la dépendance peut concerner une activité dont on ne peut plus se passer : jeux d'argent, jeux vidéo, Internet, etc.

## Addison (maladie d')

Maladie rare due à un défaut de fonctionnement des glandes surrénales qui sécrètent notamment la cortisone. Son traitement repose sur l'apport de cortisone et d'un minéralocorticoïde.

## adénome

Tumeur bénigne se développant à partir d'une glande. Il peut s'agir d'une glande à sécrétion externe (comme le sein, la prostate ou le tube digestif, dont les sécrétions sont véhiculées vers l'extérieur), ou interne (comme la thyroïde ou l'hypophyse, dont les hormones sont transportées par la circulation sanguine). Certains adénomes peuvent se transformer en cancers.

## adénome de la prostate

Augmentation du volume de la prostate, glande située sous la vessie de l'homme. Cette augmentation de volume est bénigne, n'a aucun rapport avec un cancer, mais peut gêner le passage des urines dans le canal (urètre) qui traverse la glande.
Les symptômes qui font évoquer la présence d'un adénome de la prostate sont :
- une difficulté à uriner (lenteur, faiblesse du jet) ;
- le besoin de se lever plusieurs fois la nuit pour uriner ;
- des envies d'uriner impérieuses et difficiles à contrôler.

Certains médicaments, les atropiniques notamment, peuvent avoir pour effet indésirable d'aggraver la gêne et peuvent conduire à un blocage total de l'évacuation de la vessie. Ils sont donc contre-indiqués ou doivent être utilisés prudemment chez les hommes présentant les symptômes décrits ci-dessus.

## adénosine triphosphate

Carburant du corps, en particulier au niveau des muscles. L'adénosine triphosphate, ou ATP, consommé est régénéré à partir de sources d'énergie stockée comme la phosphocréatine, le glucose (sucre), les acides gras (graisses) ou les acides aminés (protéines).

## ADN

Abréviation d'acide désoxyribo-nucléique. Longue molécule présente dans tous les organismes vivants, capable de se répliquer et participant à la production des protéines. L'ADN est l'un des supports de l'hérédité.

## adrénaline

Hormone sécrétée par les glandes surrénales ; elle a des propriétés multiples : accélération du cœur, augmentation de la force des battements, contraction des vaisseaux (à l'exception des artères coronaires qu'elle dilate), relâchement des fibres musculaires des bronches et de l'intestin, dilatation de la pupille, etc.
Synonyme : épinéphrine.

### adrénergique

Qui reproduit les effets de l'adrénaline.

### aérateur transtympanique

Dispositif destiné à traiter les otites séreuses. Il s'agit d'un court tuyau creux placé par l'ORL dans un orifice du tympan. Il est appelé aérateur car il permet l'écoulement du liquide visqueux présent lors d'otites séreuses dans l'oreille moyenne, qui ne contient normalement que de l'air. L'aérateur transtympanique est fréquemment appelé « yoyo », par analogie avec sa forme (il présente un rétrécissement en son milieu qui lui permet de rester en place plusieurs mois).

### aérosol

Brouillard de fines particules liquides ou solides, destinées à être inhalées pour agir dans les voies respiratoires. Les aérosols sont obtenus à l'aide de flacons pressurisés ou d'appareils électriques spécialement destinés à cet usage et prescrits par le médecin.

### agranulocytose

Disparition des globules blancs du sang. Cette affection grave empêche l'organisme de réagir contre les infections. Elle est due le plus souvent à la toxicité d'un médicament sur la moelle osseuse, où sont fabriqués les globules du sang.

### AINS

Abréviation d'anti-inflammatoire non stéroïdien. Famille de médicaments anti-inflammatoires qui ne sont pas dérivés de la cortisone (stéroïdes), et dont le plus connu est l'aspirine.

### albumine

Protéine servant au transport de nombreuses substances dans le sang. Son dosage permet notamment d'estimer l'importance d'une déshydratation ou d'une dénutrition.

### albuminurie

Présence anormale d'albumine dans les urines. Elle est le signe d'un mauvais fonctionnement des reins. La recherche d'albumine dans les urines s'effectue habituellement à l'aide de bandelettes réactives. Néanmoins, ces bandelettes ne sont pas suffisamment sensibles pour détecter de très faibles quantités d'albumine dans les urines (une microalbuminurie). Dans le suivi de certaines maladies, par exemple le diabète, des techniques plus précises sont utilisées pour dépister une microalbuminurie.

### alcalin

Se dit d'une substance dont le pH est supérieur à 7. Synonyme : basique.
Voir aussi : pH.

### alcool

Nom général désignant une famille de substances qui ont la propriété de pouvoir être mélangées à l'eau et aux corps gras. L'alcool le plus courant est l'alcool éthylique (éthanol), mais il existe de nombreux autres alcools : méthanol, butanol, etc. Le degré d'une solution alcoolique correspond au volume d'alcool pur présent dans 100 ml de solution, en sachant que 1 verre ballon de vin ou 1 demi de bière (25 cl) contiennent environ 8 g d'alcool.
Lorsque l'alcool est utilisé comme antiseptique, un dénaturant d'odeur désagréable lui est souvent ajouté pour éviter qu'il soit bu. Contrairement à une croyance répandue, l'alcool à 70° (ou même à 60°) est un meilleur antiseptique que l'alcool à 90°.

### algie vasculaire de la face

Douleur apparentée à la migraine, mais beaucoup plus vive et brève. Elle est souvent associée à un larmoiement et à une congestion nasale.

### algodystrophie

Maladie caractérisée par une douleur et un œdème persistants, qui suivent généralement un traumatisme.

### alkylant

Variété de chimiothérapie anticancéreuse qui agit en provoquant des mutations de l'ADN des cellules en division.

### allergène

Substance étrangère à l'organisme, pouvant déclencher une allergie : pollen, poils de chat, etc.

### allergie

Réaction cutanée (démangeaisons, boutons, gonflement) ou malaise général apparaissant après un contact avec une substance particulière, l'utilisation d'un médicament ou l'ingestion d'un aliment. Les principales formes d'allergie sont l'eczéma, l'urticaire, l'asthme, l'œdème de Quincke et le choc allergique (choc anaphylactique). L'allergie alimentaire peut également se traduire par des troubles digestifs.

### alopécie

Chute générale ou partielle des poils ou des cheveux.

### alphabloquant

Les récepteurs alpha, présents notamment sur les vaisseaux sanguins et l'appareil urinaire, sont responsables de leur contraction. Un alphabloquant est une substance qui bloque ces récepteurs et provoque ainsi une vasodilatation (par relâchement des fibres musculaires présentes dans la paroi des vaisseaux) ou l'ouverture du sphincter de l'urètre.

### altération

Modification en mal par rapport à un état normal, détérioration.

### Alzheimer (maladie d')

Maladie dégénérative du cerveau caractérisée par des troubles de la mémoire, des troubles du jugement, une désorientation dans le temps et dans l'espace. D'autres maladies peuvent présenter des symptômes proches (dépression, hypothyroïdie, etc.) et le diagnostic de maladie d'Alzheimer ne doit pas être porté à tort devant de banals troubles de la mémoire.

### ambulatoire (traitement)

Sans hospitalisation.

### aménorrhée

Absence de règles. On distingue l'aménorrhée primaire (la femme n'a jamais eu de règles) de l'aménorrhée secondaire (les règles se sont arrêtées ou n'ont pas repris).

### amibe

Parasite touchant habituellement l'intestin, transmis par l'eau et les aliments souillés. Les troubles digestifs provoqués par les amibes (amibiase) sont plus importants lorsque le germe provient d'un pays chaud.

### amibiase

Infection due aux amibes.

### amibiase hépatique

Forme grave de l'infection par les amibes provoquant une sorte d'abcès du foie.

### aminoside

Famille d'antibiotiques particulièrement actifs sur les staphylocoques. Les aminosides injectables, surtout en cas de surdosage, peuvent être toxiques pour le rein et pour l'oreille interne.

### ammonium quaternaire

Famille d'antiseptiques présents dans de nombreux médicaments d'usage local. Généralement bien supportés, ils peuvent cependant donner lieu à de rares allergies.

### amnésie antérograde

Effet indésirable commun aux médicaments de la famille des benzodiazépines. Il s'agit d'une absence de mémorisation de tous les événements survenus pendant une durée qui peut atteindre plusieurs heures (amnésie). Elle peut survenir avec toutes les benzodiazépines, surtout lorsque le médicament est pris au coucher et que la personne est réveillée précocement par un événement extérieur. Celle-ci ne garde aucun souvenir de ses actes pendant la période qui suit son réveil.

### amphétamine

Substance excitante qui accroît artificiellement les capacités physiques et psychiques. Son emploi prolongé entraîne des effets indésirables parfois graves, une accoutumance et une dépendance.

### anabolisant

Substance qui stimule artificiellement la croissance des tissus vivants, notamment celle des muscles.

### analgésique

Qui agit contre la douleur.
Synonyme : antalgique. Voir ce terme.

### anamnèse

Ensemble des renseignements recueillis sur l'histoire d'une maladie auprès du patient ou de son entourage.

### anatoxine

Forme neutralisée de certaines toxines sécrétées par des bactéries pathogènes (diphtérie, tétanos). Les anatoxines, inoffensives, sont utilisées dans les vaccins, car elles permettent à l'organisme de s'immuniser contre la véritable toxine, responsable de la maladie.

## androgénique

Qui reproduit l'effet des hormones androgènes (hormones mâles).

## anémie

Baisse du taux d'hémoglobine dans le sang, qui se traduit le plus souvent par une baisse du nombre des globules rouges. Le fer est indispensable à la synthèse de l'hémoglobine. Une carence en fer lors d'une grossesse, d'un régime végétarien, d'hémorragies abondantes ou répétées (règles) est une cause fréquente d'anémie. D'autres causes, plus rares, sont liées à des carences en vitamines du groupe B.

## anémie falciforme

Variété d'anémie chronique fréquente en Afrique due à une anomalie congénitale de l'hémoglobine, protéine contenue dans les globules rouges.
Voir aussi : drépanocytose.

## anémie hémolytique

Anémie particulière due à une destruction des globules rouges.

## anémie mégaloblastique

Anémie particulière, due à une carence en acide folique (vitamine B9), qui se traduit par une baisse du nombre des globules rouges et par une augmentation de leur taille. Elle est différente des anémies par carence en fer, plus fréquentes, qui se traduisent par une diminution de la taille des globules rouges.

## anesthésie

Suppression de la sensibilité.
L'anesthésie peut être :
- générale, le malade est endormi ;
- régionale, une région du corps est insensibilisée mais le malade est conscient (péridurale, etc.) ;
- locale, seule une petite partie du corps est insensibilisée.

## anesthésique

Médicament qui entraîne une anesthésie. Outre les anesthésiques généraux qui permettent d'endormir les malades avant une opération, il existe des anesthésiques locaux, qui peuvent être injectés au contact d'un nerf pour insensibiliser une région du corps. Les anesthésiques locaux sont également appelés anesthésiques de contact.

## anesthésique de contact

Médicament diminuant ou supprimant par simple contact la sensibilité des muqueuses ou de la peau. Il est utilisé localement pour atténuer la douleur ou pour faciliter les explorations des cavités de l'organisme (bouche, œsophage, estomac, larynx, etc.).

## anévrisme

Poche formée par la paroi dilatée d'une artère.

## angine

Infection douloureuse du pharynx (gorge) et des amygdales provoquant de la fièvre. La majorité des angines est due à des virus. Dans 20 % des cas chez les enfants (10 % des cas chez les adultes), l'angine est due à une bactérie, un streptocoque du groupe A. Les angines à streptocoques du groupe A justifient un traitement antibiotique pour prévenir de possibles complications : infection généralisée (septicémie), rhumatisme articulaire aigu, problèmes cardiaques, etc.

## angine de poitrine

Douleur oppressante due à une obstruction partielle des artères coronaires qui irriguent le muscle cardiaque. Elle peut se manifester dans la poitrine, les bras ou la mâchoire.
Synonyme : angor.

## angiographie

Radiographie des vaisseaux sanguins réalisée après injection intraveineuse d'un produit opaque aux rayons X. Cet examen sert à détecter un rétrécissement (sténose) ou une dilatation (anévrisme) des vaisseaux. L'angiographie des vaisseaux de la rétine (angiographie rétinienne) n'utilise pas les rayons X mais une lumière particulière. Dans ce cas, une substance fluorescente, la fluorescéine, remplace le produit opaque. Elle colore les urines et les muqueuses pendant 24 heures. La vue du patient est brouillée dans les heures qui suivent l'examen.

## angor

Angine de poitrine. Voir ce terme.

## anguillule

Parasite digestif. L'homme est contaminé par les larves contenues dans la boue, qui pénètrent à travers la peau.

## ankylostome

Parasite digestif proche de l'anguillule, dont les larves pénètrent à travers la peau.

## ankylostomiase

Infection due aux ankylostomes. Elle est responsable d'une anémie.
Synonyme : ankylostomose.

## anorexie

Absence ou perte d'appétit pouvant conduire à une dénutrition grave. L'anorexie mentale est d'origine psychologique : elle se caractérise par un refus de manger ou des vomissements provoqués volontairement et se manifeste particulièrement chez l'adolescent. Chez la jeune fille, elle s'accompagne d'une absence de règles.

## anorexigène

Substance qui réduit la sensation de faim, souvent apparentée aux amphétamines.

## antagoniste

Se dit d'une substance qui bloque un récepteur et empêche sa stimulation par d'autres substances. Beaucoup de substances médicamenteuses ou naturelles ont un effet sur l'organisme par l'intermédiaire d'un récepteur, qui reconnaît la substance et déclenche une action biologique à son contact. Ainsi, l'adrénaline stimule les récepteurs bêta du cœur et provoque son accélération, l'opium stimule les récepteurs du plaisir dans le cerveau. Des substances antagonistes comme les bêtabloquants ou la naltrexone empêchent respectivement l'action de l'adrénaline et celle des opiacés : elles se fixent sur le récepteur et le bloquent, de la même façon qu'une allumette insérée dans une serrure ne permet plus à la clé de l'ouvrir.

## antalgique

Médicament qui agit contre la douleur. Les antalgiques agissent soit directement sur les centres de la douleur situés dans le cerveau, soit en bloquant la transmission de la douleur au cerveau.
Synonyme : analgésique.

## antécédent

Affection guérie ou toujours en évolution. L'antécédent peut être personnel ou familial. Les antécédents constituent l'histoire de la santé d'une personne.

## antiacide

Médicament qui neutralise l'acidité des sécrétions gastriques ou qui bloque les glandes responsables de la sécrétion d'acide.

## antiagrégant plaquettaire

Médicament qui empêche les plaquettes de s'agglutiner et donc les caillots de se former. L'antiagrégant plaquettaire le plus ancien est l'aspirine prise à petite dose.
Les antiagrégants ne doivent pas être confondus avec les anticoagulants dont le mécanisme d'action est différent.

## antiangoreux

Médicament destiné à combattre l'angine de poitrine (également appelée angor).

## antiarythmique

Médicament indiqué dans les troubles du rythme cardiaque. La famille des antiarythmiques est divisée en classes I, II, III, IV en fonction du mode d'action de ces médicaments.

## antiasthénique

Médicament qui lutte contre la fatigue (asthénie).

## antibiotique

Substance capable de bloquer la multiplication ou de tuer certaines bactéries. Le spectre d'un antibiotique est l'ensemble des bactéries sur lesquelles ce produit est habituellement actif. Contrairement aux bactéries, les virus ne sont pas sensibles aux antibiotiques. Les premiers antibiotiques furent extraits de cultures de champignons : penicillium (pénicilline), streptomyces (streptomycine). Ils sont actuellement fabriqués par synthèse chimique. Les antibiotiques sont divisés en familles : pénicillines, céphalosporines, macrolides, tétracyclines (cyclines), sulfamides, aminosides, lincosanides, phénicolés, polymyxines, quinolones, imidazolés, etc.
Un usage inapproprié des antibiotiques peut favoriser l'apparition de résistances : n'utilisez un antibiotique que sur prescription médicale, respectez sa posologie et sa durée, ne donnez pas et ne conseillez pas à une autre personne un antibiotique que l'on vous a prescrit.
Voir aussi : résistance aux antibiotiques.

## anticholinestérasique

Substance qui s'oppose à la destruction de l'acétylcholine par une enzyme, la cholinestérase. En augmentant le taux d'acétylcholine, un anticholinestérasique (à faibles doses) a des

effets comparables à ceux de l'acétylcholine, mais plus durables.
Des médicaments anticholinestérasiques sont utilisés dans le traitement de la myasthénie ou en cas d'atonie intestinale grave. L'emploi d'anticholinestérasiques dans la maladie d'Alzheimer est récent et repose sur l'hypothèse d'un déficit en acétylcholine dans le cerveau.

## anticoagulant

Médicament qui empêche le sang de coaguler et qui prévient donc la formation de caillots dans les vaisseaux sanguins.
Les anticoagulants sont utilisés pour traiter ou prévenir les phlébites, les embolies pulmonaires, certains infarctus. Ils permettent aussi d'empêcher la formation de caillots dans le cœur lors de troubles du rythme comme la fibrillation auriculaire ou en cas de valve cardiaque artificielle.
Il existe deux grand types d'anticoagulants :
- les anticoagulants oraux, qui bloquent l'action de la vitamine K (antivitamine K, ou AVK) et dont l'efficacité est contrôlée par un dosage sanguin : l'INR (anciennement TP) ;
- les anticoagulants injectables, dérivés de l'héparine, dont l'efficacité peut être contrôlée par le dosage sanguin de l'activité anti-Xa, le Temps de Howell (TH) ou le Temps de Cephalin Kaolin (TCK) suivant les produits utilisés. Un dosage régulier des plaquettes sanguines est nécessaire pendant toute la durée d'utilisation d'un dérivé de l'héparine.

Voir aussi : antivitamine K, INR.

## anticonvulsivant

Médicament utilisé pour traiter les convulsions et les différentes formes d'épilepsie. Les anticonvulsivants sont classés en barbituriques (phénobarbital) et non barbituriques, qui sont les plus utilisés actuellement.

## anticorps

Protéine sécrétée par certains globules blancs, destinée à neutraliser spécifiquement une substance étrangère ou un agent infectieux. Certains anticorps d'origine animale (sérum) ou humaine (gammaglobuline) sont utilisés en injection pour lutter contre des agents toxiques ou infectieux.

## antidépresseur

Médicament qui agit contre la dépression. Certains antidépresseurs sont également utilisés pour combattre les troubles obsessionnels compulsifs, l'anxiété généralisée, certaines douleurs rebelles, l'énurésie, etc.
En fonction de leur mode d'action et de leurs effets indésirables, les antidépresseurs sont divisés en différentes familles : les imipraminiques, les inhibiteurs de la recapture de la sérotonine, les IMAO (sélectifs ou non sélectifs). Enfin, d'autres antidépresseurs n'appartiennent à aucune de ces familles, car ils possèdent des propriétés originales.
Le mode d'action des antidépresseurs comporte deux aspects principaux : le soulagement de la souffrance morale et la lutte contre l'inhibition qui enlève toute volonté d'action au déprimé. Il arrive qu'un décalage survienne entre ces deux effets : la souffrance morale peut persister alors que la capacité d'action réapparaît. Pendant cette courte période, le risque suicidaire présent chez certains déprimés peut être accru. Le médecin en tient compte dans sa prescription (association éventuelle à un tranquillisant) et celle-ci doit être impérativement respectée.

## antidépresseur imipraminique

Famille d'antidépresseurs parmi les premiers découverts, apparentés à l'imipramine (Tofranil), et qui restent souvent les plus efficaces dans le traitement de la dépression. Leurs effets indésirables (sécheresse de la bouche, baisse de tension, constipation, sueurs, etc.) limitent malheureusement leur emploi.

## antidépresseur sérotoninergique

Famille d'antidépresseurs agissant sur la sérotonine, neurotransmetteur présent dans le cerveau. On distingue, parmi ces antidépresseurs, les inhibiteurs de la recapture de la sérotonine (IRS), qui n'agissent que sur cette substance, et les inhibiteurs de la recapture de la sérotonine et de la noradrénaline (IRSNA), dont l'action est plus large.

## antidiabétique

Médicament destiné à lutter contre le diabète. Il en existe deux catégories : les antidiabétiques oraux (sulfamides hypoglycémiants et biguanides, essentiellement) et l'insuline, qui ne s'utilise qu'en injection.

## antiémétique

Médicament qui lutte contre les vomissements.

## antifongique

Médicament qui détruit les champignons et levures microscopiques. Ceux-ci peuvent être présents sur la peau ou les muqueuses (tube digestif ou organes génitaux). La levure la plus courante est le Candida albicans.

## antigène

Substance étrangère à l'organisme, identifiée comme telle par le système immunitaire qui produit des anticorps dirigés spécifiquement contre elle. Les antigènes sont généralement des protéines contenues dans des cellules ou des corps étrangers (globules rouges transfusés, organes greffés, bactéries, virus, etc.), ou présentes dans l'environnement (pollen, déjections d'acariens, poils de chat, etc.).
La réaction antigène-anticorps est la base de l'immunité ; elle assure notre protection contre les infections et l'efficacité des vaccins. Mais cette réaction peut également être nocive lorsqu'elle est disproportionnée ou inappropriée : c'est la réaction allergique.

## antihelminthique

Médicament destiné à traiter les maladies dues à des vers.
Synonyme : vermifuge.

## antihistaminique

Médicament qui s'oppose aux différents effets de l'histamine. Deux types principaux existent : les antihistaminiques de type H1 (antiallergiques) et les antihistaminiques de type H2 (antiulcéreux gastriques). Certains antihistaminiques de type H1 sont sédatifs, d'autres n'altèrent pas la vigilance.

## antihypertenseur

Médicament qui lutte contre l'excès de tension artérielle. Les principaux sont les bêtabloquants, les diurétiques, les inhibiteurs calciques, les inhibiteurs de l'enzyme de conversion, les inhibiteurs de l'angiotensine II et les vasodilatateurs.

## antihypertenseur d'action centrale

Médicament qui fait baisser la tension artérielle en agissant sur les centres de régulation situés dans le cerveau.

## anti-inflammatoire

Médicament qui lutte contre l'inflammation. Il peut être soit dérivé de la cortisone (anti-inflammatoire stéroïdien), soit non dérivé de la cortisone (anti-inflammatoire non stéroïdien ou AINS).

## antimétabolite

Variété de chimiothérapie anticancéreuse qui agit en empêchant la synthèse de l'ADN des cellules en division.

## anti-œdémateux

Médicament qui s'oppose à la formation d'œdèmes (gonflements).

## antioxydants

Au cours des réactions chimiques qui se produisent dans notre corps, se forment des substances appelées « radicaux libres » qui peuvent endommager les cellules. Certains sels minéraux (le sélénium ou le zinc, par exemple) et certaines vitamines (C, E et bêta-carotènes) sont connus pour contribuer à neutraliser les radicaux libres : ce sont des antioxydants. Ils participeraient également au renforcement des défenses immunitaires. Ils sont apportés en quantité suffisante par une alimentation équilibrée et riche en fruits, légumes, poissons, huiles de colza ou d'olive, etc.

## antiparkinsonien

Médicament destiné à lutter contre les symptômes de la maladie de Parkinson. Les plus utilisés des antiparkinsoniens stimulent ou remplacent l'action de la dopamine sur des centres spécifiques du cerveau (dopaminergiques) ; d'autres bloquent l'action de l'acétylcholine (anticholinergiques) et sont surtout efficaces sur le tremblement et la rigidité musculaire. Ces derniers sont également utilisés pour corriger le syndrome parkinsonien induit par les neuroleptiques.

## antiprotéase

Médicament antirétroviral qui agit en bloquant une enzyme (la protéase) nécessaire à la maturation du virus du sida (VIH) dans les cellules infectées. Ce type de médicament bloque l'une des étapes de la reproduction du virus, sans toutefois permettre son éradication. Il est le plus souvent utilisé en association avec d'autres antirétroviraux.

## antipyrétique

Médicament utilisé pour abaisser la température du corps lors des accès de fièvre.

## antirétroviral

Médicament inhibant la reproduction des rétrovirus, dont le virus du sida (VIH).

## antisécrétoire

Médicament qui diminue les sécrétions digestives. Les antisécrétoires gastriques type anti-H2 sont utilisés pour le traitement des ulcères et des gastrites, et les antisécrétoires intestinaux pour celui de certaines formes de diarrhée.

## antisepsie

Action consistant à détruire les bactéries, les champignons microscopiques ou les virus présents notamment sur la peau, les muqueuses et les plaies.
L'action d'un antiseptique n'est pas toujours immédiate : un délai de quelques minutes est parfois nécessaire avant que les germes soient inactivés.

## antiseptique

Substance qui détruit localement les bactéries, réduisant leur nombre et empêchant leur prolifération. Certains antiseptiques sont également actifs sur les champignons microscopiques et les virus.

## antispasmodique

Médicament qui lutte contre les spasmes. Les antispasmodiques agissent généralement en empêchant la contraction de fibres musculaires présentes dans la paroi de l'intestin ou des voies urinaires.

## antispastique

Médicament qui lutte contre l'hypertonie (raideur) musculaire qui s'observe dans certaines maladies neurologiques.

## antithyroïdien

Médicament qui s'oppose à la formation des hormones thyroïdiennes ou à leur action.

## antitussif

Médicament qui lutte contre la toux. Les antitussifs les plus puissants contiennent de la codéine ou de la codéthyline.

## antiviral

Médicament capable de lutter contre les virus.

## antivitamine K ou AVK

Famille d'anticoagulants oraux qui agissent en bloquant l'action de la vitamine K, nécessaire à la formation des caillots. Ces médicaments fluidifient le sang en abaissant le taux de prothrombine.
Voir aussi : anticoagulant, INR.

## anurie

Arrêt de production de l'urine par les reins, lié à une cause infectieuse, toxique ou médicamenteuse.

## anxiété généralisée

L'anxiété est un trouble émotionnel se manifestant par un sentiment d'inquiétude, de malaise, voire d'agitation face à un péril mal identifié. L'anxiété est différente de la peur, qui répond à une menace réelle. On parle d'anxiété généralisée lorsque celle-ci devient persistante, irrationnelle, et qu'elle envahit toutes les activités de la vie quotidienne. Lorsque l'anxiété se fixe sur une ou plusieurs situations très précises, on parle de troubles phobiques.

## anxiolytique

Substance luttant contre le stress, l'angoisse, l'anxiété.
Synonyme : tranquillisant.

## aorte

Artère principale sortant du cœur.

## aphte

Lésion très douloureuse de la bouche, ayant l'aspect d'une tache jaunâtre ou grise, légèrement creusée. La guérison est généralement spontanée après quelques jours.
Le stress, la fatigue et certains aliments (noix, noisettes, gruyère, agrumes, etc.) peuvent provoquer une poussée d'aphtes. Dans de très rares cas, les aphtes peuvent être dus à une maladie ou à un traitement médicamenteux.

## aplasie médullaire

Atteinte de la moelle osseuse, qui ne peut plus produire les cellules du sang : globules rouges, globules blancs, plaquettes. L'aplasie peut être due à un cancer (leucémie) ou être la conséquence, transitoire, d'une chimiothérapie anticancéreuse.
Voir aussi : insuffisance médullaire.

## apoplexie

Attaque cérébrale, le plus souvent causée par une hémorragie, une embolie ou une thrombose dans le cerveau.
Synonyme : accident vasculaire cérébral.

## artère

Vaisseau sanguin partant du cœur.

## artère coronaire

Artère irriguant le muscle du cœur (myocarde). Les artères coronaires forment une couronne autour du cœur, d'où leur nom. Le rétrécissement d'une artère coronaire ou de l'une de ses branches peut provoquer des crises d'angine de poitrine pendant l'effort. Une obstruction complète est responsable d'un infarctus du myocarde.

## artérite

Maladie des artères, due le plus souvent à l'athérosclérose, qui provoque un épaississement de leurs parois, gênant ainsi la circulation du sang.

## arthrite

Inflammation aiguë d'une articulation pouvant aboutir à sa destruction. Les principales causes d'arthrite, en dehors des infections, sont les dépôts de cristaux d'acide urique (goutte) ou de sels de calcium (chondrocalcinose).

## arthrose

Usure du cartilage, responsable de douleurs articulaires et d'une limitation des mouvements.

## arythmie

Irrégularité du fonctionnement du cœur.
Voir aussi : trouble du rythme cardiaque.

## ascite

Liquide, parfois abondant, présent dans la cavité abdominale au cours de certaines maladies.

## asepsie

Ensemble de mesures prises pour empêcher la contamination d'une personne, d'objets ou de lieux par des microbes.

## asthénie fonctionnelle

Fatigue générale sans maladie d'organes décelable. Elle peut survenir pendant la convalescence d'une maladie ou à l'occasion de certains stress.

## asthme

Maladie caractérisée par une difficulté à respirer, se traduisant souvent par des sifflements. L'asthme, permanent ou survenant par crise, est dû à un rétrécissement et à une inflammation des bronches.

## astigmatisme

Trouble de la vision dû à des irrégularités de la courbure de la cornée. Les objets vus sont déformés selon un axe, comme dans un miroir déformant. Il peut être nécessaire de porter des lunettes ou des lentilles de contact pour corriger ce défaut.

## athérome

Plaque jaunâtre, essentiellement constituée de cholestérol, déposée sur les parois d'une artère. Des plaques d'athérome peuvent se calcifier (athérosclérose) ou se détacher et venir obstruer une petite artère (embolie).

## athérosclérose

Vieillissement et rétrécissement des artères, dus à des dépôts de cholestérol et de calcium.

## atonie intestinale

Diminution des contractions de l'intestin, responsable d'un ralentissement du transit, voire d'une constipation.

## atopie

Prédisposition congénitale, et souvent familiale, à diverses manifestations allergiques : asthme, rhinite et conjonctivite allergiques, eczéma. Le terme « terrain atopique » est souvent employé à propos d'une personne souffrant d'allergie.

## atopique

- Relatif à l'atopie.
- Personne souffrant d'atopie.

## ATP

Abréviation de adénosine triphosphate. Voir ce terme.

## atrophie

Diminution du volume d'un organe ou d'un membre, due au vieillissement, à une maladie ou à un défaut d'irrigation sanguine.

## atrophique

Qui présente les caractères de l'atrophie.

## atropine

Substance contenue dans une plante, la belladone. Elle a donné l'adjectif atropinique, qui décrit ses effets et ceux des substances qui lui sont chimiquement apparentées.

## atropinique

Médicament dont les effets sont proches de ceux de l'atropine. Les atropiniques luttent contre les spasmes et la diarrhée. Les effets indésirables des atropiniques sont les suivants : épaississement des sécrétions bronchiques, sécheresse de la bouche et des muqueuses, constipation, risque de blocage des urines et de crise de glaucome aigu chez les personnes prédisposées, troubles de l'accommodation, sensibilité anormale à la lumière par dilatation de la pupille. La prise de plusieurs médicaments atropiniques augmente le risque d'effets indésirables. En cas de surdosage ou d'ingestion accidentelle, peuvent apparaître également les signes suivants : peau rouge et chaude, fièvre, accélération de la respiration, baisse ou, au contraire, élévation de la tension artérielle, agitation, hallucinations, mauvaise coordination des mouvements. Prévenez d'urgence votre médecin ou, à défaut, appelez le 15 ou un service médical d'urgence.
Outre l'atropine et ses dérivés, d'autres médicaments présentent des effets atropiniques : les antidépresseurs imipraminiques, certains antihistaminiques, antispasmodiques, antiparkinsoniens et neuroleptiques.

## attaque de panique

Crise d'anxiété intense, associée à un sentiment de panique lié à l'impression de gravité que provoque cet accès, parfois vécu comme un sentiment de mort imminente. Les symptômes consistent en un sentiment de malaise, de faiblesse intense, d'évanouissement inéluctable. Les troubles associés peuvent être des palpitations, des difficultés respiratoires, des sensations de fourmillements des extrémités. L'angoisse provoquée par cette crise est responsable d'une auto-aggravation, qui peut conduire à un malaise avec perte de connaissance.

## autocontrôle

Sous le terme d'autocontrôle, on regroupe différentes techniques de gestion du stress et de réduction de l'anxiété (avant un examen ou une épreuve sportive, par exemple) : respiration diaphragmatique (profonde), relaxation progressive, training autogène de Schultz, thérapies cognitivo-comportementales, etc.

## automédication

Consommation d'un médicament dont la prescription par un médecin n'est pas obligatoire.

## AVK

Abréviation de antivitamine K. Voir ce terme.

## azoospermie

Absence de spermatozoïdes dans le sperme.

## bactérie

Organisme microscopique qui peut provoquer des infections. Contrairement aux virus, les bactéries sont généralement sensibles aux antibiotiques.

## bain de bouche

Mode de traitement local qui consiste à laisser au contact de lésions de la bouche ou des gencives un médicament pur ou dilué dans de l'eau froide ou tiède.

## ballonnement

Accumulation d'air ou de gaz dans l'intestin.

## balsamique

Qui a la propriété d'un baume, substance odoriférante d'origine végétale. Les baumes sont utilisés dans de nombreux médicaments (sirops, pommades, etc.) pour leurs propriétés légèrement antiseptiques, calmantes ou, au contraire, stimulantes, cicatrisantes, etc.

## barbiturique

Famille de puissants sédatifs apparentés au phénobarbital. Actuellement, les barbituriques sont surtout utilisés comme anticonvulsivants, ou, à faible dose, comme tranquillisants.

## Basedow (maladie de)

Maladie de la glande thyroïde, caractérisée par une augmentation de son volume (goitre), des yeux globuleux et des signes d'hyperthyroïdie.

## belladone

Plante (Atropa belladonna) riche en substances atropiniques.

## benzodiazépine

Famille de médicaments aux effets tranquillisants, sédatifs et anticonvulsivants. Ils favorisent la relaxation musculaire et l'endormissement. Pris à forte dose ou pendant une durée trop longue, ils entraînent une dépendance. Leur arrêt brutal expose à un syndrome de sevrage.

### bêta-2 agoniste

Substance qui stimule certains récepteurs (dits bêta-2) sur la membrane de cellules situées dans la paroi des bronches et provoque une augmentation de leur diamètre.
Voir aussi : bronchodilatateur.

### bêtabloquant

Famille de médicaments utilisés essentiellement en cardiologie. Ils bloquent l'action de l'adrénaline (et d'autres hormones apparentées) sur le cœur, les vaisseaux et les bronches.

### bêtalactamine

Famille d'antibiotiques qui comprend les dérivés de la pénicilline et les céphalosporines.

### biguanides

Famille de médicaments antidiabétiques augmentant la sensibilité des cellules de l'organisme à l'insuline et favorisant son stockage, notamment au niveau des muscles.

### bilharziose

Parasite intestinal ou urinaire que l'homme contracte au contact de l'eau douce dans les pays chauds : les larves pénètrent à travers la peau avant de migrer dans l'organisme.

### bilirubine

Pigment jaune synthétisé dans le foie ou dans le sang lors de la dégradation de l'hémoglobine. Son taux dans le sang augmente fortement lors des hépatites (provoquant la « jaunisse ») et de certaines anémies par destruction des globules rouges.

### biodisponibilité

Manière dont un médicament est absorbé, diffusé et éliminé par le corps.

### biopsie

Prélèvement d'un fragment d'organe en vue d'un examen au microscope.

### biotechnologie

Science des techniques appliquées au domaine biologique, grâce à laquelle des protéines (hormones) ou des vaccins sont fabriqués par des cultures de bactéries ou de levures, puis purifiés. Elle est amenée à remplacer les anciennes techniques d'extraction qui faisaient appel à des produits d'origine animale ou humaine.

### blennorragie

Maladie sexuellement transmissible due au gonocoque.
Synonyme : gonococcie.

### blépharite

Inflammation ou infection du bord des paupières.

### bloc auriculoventriculaire

Ralentissement ou blocage de la transmission de l'influx nerveux entre les oreillettes et les ventricules du cœur. Un bloc complet peut provoquer un ralentissement excessif du cœur et une perte de connaissance.
Les blocs auriculoventriculaires graves nécessitent la mise en place d'un pacemaker.

### bouffée délirante

Survenue brutale et temporaire d'un trouble du comportement chez une personne jusque-là sans problème. La bouffée délirante se manifeste le plus souvent par des propos délirants, que la personne tient sans être en mesure de les critiquer ni d'en percevoir l'étrangeté. Ce délire peut prendre la forme d'hallucinations (auditives, visuelles, olfactives, etc.), mais aussi d'une interprétation déformée du réel. Le danger potentiel de tels accès (pour la personne atteinte et pour son entourage) nécessite une hospitalisation en urgence.

### boulimie

Comportement alimentaire entraînant des épisodes répétés de faim incontrôlable conduisant à l'absorption de grandes quantités de nourriture. L'assouvissement de cette pulsion est souvent suivi d'une sensation de dégoût et de vomissements volontaires. La boulimie touche le plus souvent des femmes jeunes, et alterne dans certains cas avec des épisodes d'anorexie.

### BPCO

Abréviation de bronchopneumopathie chronique obstructive. Maladie respiratoire se traduisant par une obstruction chronique et en général irréversible des bronches. Sa cause la plus fréquente est le tabac.

## bradycardie

Ralentissement de la fréquence des battements du cœur à moins de 60 par minute.

## bronchiolite

Forme de bronchite, potentiellement grave, qui touche surtout les nourrissons. Elle est due à un virus qui provoque une inflammation des petites bronches (bronchioles).

## bronchite chronique

Maladie des bronches se traduisant par une toux, des difficultés respiratoires et des mucosités de plus en plus difficiles à évacuer. Ces troubles, le plus souvent dus au tabac, deviennent définitifs après une certaine période d'évolution.

## bronchodilatateur

Médicament destiné à dilater les bronches pour faciliter le passage de l'air dans et hors des poumons, par exemple chez les personnes souffrant d'asthme. De nombreux bronchodilatateurs font partie de la famille des bêta-2 agonistes (ou bêta-2 mimétiques).

## bronchospasme

Contraction anormale des bronches entraînant une respiration difficile et souvent sifflante. Le bronchospasme est l'un des facteurs responsables de l'asthme.

## brucellose

Maladie infectieuse transmise par le lait de vache, de chèvre, de brebis ou par des contacts répétés avec des animaux infectés. Elle se traduit par une fièvre élevée et des douleurs.
Synonyme : mélitococcie.

## bursite

Inflammation d'une bourse séreuse, membrane qui enveloppe notamment les tendons.

## caféine

Substance stimulante présente dans certaines boissons et certains médicaments.
Une tasse de café en contient environ 100 mg ; une tasse de thé, environ 50 mg ; une boisson à base de cola, 20 à 30 mg. La durée d'action de la caféine est variable selon les personnes ; elle est plus courte chez les fumeurs et plus longue chez les femmes prenant la pilule ou chez les femmes enceintes.

## calcul

Concrétion (pierre) qui se forme dans les voies excrétrices de certains organes : voies urinaires, biliaires, salivaires.
Synonyme : lithiase.

## calcul biliaire

Corps solide que forme le cholestérol dans la vésicule ou les voies biliaires.

## calcul rénal

Particule solide formée dans le rein par précipitation de substances normalement dissoutes dans l'urine.

## cancer

Maladie due au développement anarchique et incontrôlable de certaines cellules de l'organisme. Ces cellules anormales, capables de se multiplier indéfiniment, peuvent envahir des organes ou des vaisseaux sanguins et lymphatiques, formant à distance de nouvelles tumeurs, appelées métastases. On classe les cancers en tumeurs solides (qui se développent à partir d'un organe visible) et en tumeurs liquidiennes, qui proviennent des cellules de la moelle osseuse (leucémies notamment).

## cancer hormonodépendant

Cancer dont le développement est susceptible d'être stimulé par certaines hormones : cancer de la prostate, cancer du sein, cancer du corps de l'utérus. En revanche, le cancer du col de l'utérus n'est pas hormonodépendant et n'interdit pas l'usage des médicaments contenant des hormones.

## candidose

Multiplication anormale d'une levure microscopique, Candida albicans le plus souvent. Il s'agit d'une complication fréquente et bénigne des traitements antibiotiques. Les principaux symptômes sont des troubles digestifs, une coloration marron ou noire de la langue, des taches blanches sur le palais ou la langue (muguet), des démangeaisons ou des brûlures de la vulve ou du gland.

## capacité respiratoire

La capacité respiratoire est le volume d'air inspiré et expiré lors d'une respiration profonde. Elle est mesurée au cours d'examens dits d'exploration fonctionnelle respiratoire (EFR) qui consistent à souffler le plus vite et le plus fort possible à travers un embout buccal pour vider les poumons après avoir inspiré au maximum. L'embout est relié à un appareil, le spiromètre.

## capillaire

Vaisseau sanguin de très faible diamètre.

## cardiomyopathie

Maladie du muscle cardiaque. Dans la cardiomyopathie obstructive, l'épaississement du muscle cardiaque gêne l'écoulement du sang.
Synonyme : myocardiopathie.

## carence

Déficit concernant habituellement des nutriments, des vitamines, des sels minéraux, etc. Une alimentation diversifiée est la meilleure prévention des carences.

## carotides

Artères principales du cou qui irriguent le cou, le visage et le cerveau.

## cataplasme

Traitement local consistant en l'application d'une pâte sur la peau, recouverte ou non d'un pansement. Lorsque le cataplasme renferme de la farine de moutarde, il est appelé sinapisme.

## cataracte

Opacification progressive du cristallin. Elle peut être due au vieillissement, à une maladie ou à l'usage prolongé de certains médicaments comme les corticoïdes.

## catarrhe tubaire

Affection responsable d'une sensation d'oreille bouchée par obstruction de la trompe d'Eustache, fin canal qui fait communiquer l'oreille moyenne avec les fosses nasales.

## cathéter

Fin tuyau souple destiné à administrer un médicament. Il peut être placé dans une veine, une artère ou dans le nez.

## cécité

Perte complète de la vue. Elle peut être congénitale (survenant dans les premiers mois de la vie) ou acquise (secondaire à une maladie comme le glaucome, la dégénérescence maculaire humide, l'hémorragie rétinienne, etc.).

## céphalée

Mal de tête.

## céphalosporine

Famille d'antibiotiques apparentés à la pénicilline. Les personnes allergiques à la pénicilline peuvent l'être également aux céphalosporines.

## CH

Abréviation de centésimale hahnemannienne. Cette unité correspond à la dilution au centième d'une substance homéopathique. 6 CH signifie que la substance (teinture mère) a été diluée au centième, six fois de suite.

## Chagas (maladie de)

Maladie parasitaire, également appelée trypanosomose américaine, transmise par des punaises, en Amérique centrale et en Amérique du Sud.

## chambre implantable

Petit boîtier implanté sous la peau et relié à un cathéter lui même implanté dans une grosse veine : posé sous anesthésie locale, ce système permet d'administrer des traitements par voie intraveineuse (perfusions) sans solliciter les veines du bras, qui peuvent alors être réservées aux prises de sang. Il est notamment utilisé pour les chimiothérapies anticancéreuses.

## charge virale

Appréciation du nombre de virus dans un milieu biologique donné (le plus souvent le sang). Utilisée notamment dans la surveillance des infections par le VIH, la mesure de la charge virale permet d'estimer l'efficacité du traitement antiviral, dont l'objectif est de la rendre indétectable.

## chélateur

Substance qui se lie à une autre substance présente dans une solution et la rend insoluble.

## chéloïde

Cicatrice volumineuse et inesthétique survenant de façon imprévisible après une incision chirurgicale ou une plaie.
Voir aussi : cicatrice hypertrophique.

## chimioprophylaxie

Utilisation de médicaments dans le but de prévenir une maladie. Ce terme est souvent employé dans le cas du paludisme, associé à la lutte contre les moustiques.

### chimiothérapie anticancéreuse

Traitement médicamenteux destiné à soigner les cancers. Le mécanisme d'action des différentes chimiothérapies est très proche : il consiste à détruire les cellules cancéreuses, qui se divisent rapidement, en altérant leur ADN, leur métabolisme ou les mécanismes moléculaires qui leur permettent de se diviser. Suivant leur mode d'action, les chimiothérapies anticancéreuses sont classées en plusieurs grandes familles : les alkylants, les antimétabolites, les poisons du fuseau et les inhibiteurs de la topo-isomérase. D'autres ont un mode d'action complexe, qui ne permet pas de les classer facilement.
La toxicité des chimiothérapies n'est malheureusement pas dirigée exclusivement contre les cellules cancéreuses. D'autres cellules à développement rapide, comme celles du sang, des cheveux ou du tube digestif, sont également touchées, entraînant de nombreux effets indésirables. Mais contrairement aux cellules tumorales, les cellules saines ont des capacités de réparation plus ou moins complètes, ce qui explique par exemple que les cheveux repoussent après une chimiothérapie qui a provoqué leur chute.

### chlamydiose

Maladie due à une bactérie. Il existe plusieurs types de chlamydioses, dont le plus fréquent est une maladie sexuellement transmissible.

### choc

Malaise brutal et grave avec chute de la pression artérielle. Les principales causes de choc sont les allergies (choc allergique ou anaphylactique), les troubles cardiovasculaires graves (choc cardiovasculaire) et les septicémies (choc septique).

### choc anaphylactique

Choc d'origine allergique se manifestant par une baisse brutale de la tension artérielle, due à une dilatation extrême des vaisseaux sanguins. Il survient après un contact avec une substance allergisante (aliment, piqûre d'insecte, injection ou absorption de médicament).

### cholagogue

Médicament qui facilite l'évacuation de la bile, de la vésicule biliaire vers l'intestin.

### choléra

Maladie bactérienne transmise par l'eau et l'alimentation. Elle est peut être grave en raison du risque majeur de déshydratation.

### cholérétique

Médicament qui stimule la production de la bile par le foie.

### cholestérol

Principale graisse circulant dans le sang. Elle est utilisée dans l'organisme comme matière première, notamment pour l'enveloppe des cellules et pour la synthèse des hormones stéroïdes. En excès, le cholestérol est éliminé dans la bile, mais il peut également s'accumuler dans les artères et former des plaques d'athérome.

### chondrocalcinose

Maladie des articulations ressemblant à la goutte, mais due à des dépôts de cristaux de phosphate de calcium (et non pas d'acide urique) dans le cartilage.

### chorée

Maladie neurologique se manifestant par des contractions et des mouvements musculaires anormaux.

### cicatrice hypertrophique

Cicatrice anormale dépassant la surface de la peau. Lors d'une incision ou d'une plaie, les cellules de la peau produisent du collagène qui vient combler la perte de substance. Lorsque la plaie est comblée ou que les bords de l'incision ou de la coupure sont « recollés », le processus de cicatrisation doit normalement s'arrêter. Dans certains cas, il continue de façon anarchique et la production excessive de collagène forme un bourrelet qui dépasse la surface de la peau, formant une cicatrice hypertrophique (chéloïde).

### ciguatera

Intoxication par certains poissons des mers coralliennes.

### cirrhose

Destruction progressive du foie consécutive à l'alcoolisme, mais également à certaines hépatites virales ou à des maladies rares.

## coagulation intravasculaire disséminée

Contrairement à ce qu'indique son nom, c'est une hémorragie qui succède à la formation de caillots multiples dans l'ensemble des vaisseaux de l'organisme, survenant notamment lors d'une opération, d'une infection ou de certaines maladies du sang.

## codéine

Substance extraite du pavot (opium), utilisée pour ses propriétés sédatives sur le système nerveux central, notamment :

- sur les centres nerveux de la toux (action antitussive),
- sur les centres nerveux de la douleur (action antalgique).

Cette action sédative globale est malheureusement à l'origine d'une somnolence gênante, quand la codéine est prise à forte dose.
Par ailleurs, la parenté chimique avec la morphine expose à un risque de dépendance en cas de traitement prolongé à forte dose. La codéine reste néanmoins l'antitussif le plus efficace et un antalgique puissant, notamment en association avec le paracétamol.

## colibacille

Bactérie normalement présente dans le tube digestif. Son nom scientifique est Escherichia coli. Elle peut être responsable d'infection urinaire ou intestinale.

## colique néphrétique

Douleur aiguë du ventre ou du dos provoquée par un calcul qui obstrue les voies urinaires. Il s'agit généralement de calculs d'acide urique ou de sels de calcium.

## colite

Inflammation d'une partie ou de la totalité du côlon. Elle peut être causée par une infection bactérienne ou parasitaire, une maladie inflammatoire (maladie de Crohn) ou un dérèglement de l'intestin (colite spasmodique).

## collagène

Protéine fibreuse qui assure la cohésion des tissus vivants, notamment de la peau.

## collapsus

Affaissement des parois d'un vaisseau sanguin lorsque la pression artérielle baisse brutalement. Par extension, chute rapide de la tension artérielle.

## collapsus cardiovasculaire

Maladie grave avec chute brutale de la tension artérielle.

## collodion

Solution de nitrocellulose dans un mélange d'alcool et d'éther. Appliquée sur une plaie, elle s'évapore et laisse une fine pellicule étanche et adhérente destinée à protéger la plaie.

## collutoire

Médicament qui agit par contact sur l'arrière-gorge et les parois internes de la bouche. Il est administré par pulvérisation ou en badigeon.

## collyre

Médicament servant au traitement local d'affections des yeux.

## coloscopie

Visualisation de l'intérieur du gros intestin (côlon) à l'aide d'un câble souple (endoscope) contenant des fibres optiques et relié à une caméra, qu'on introduit par l'anus. Réalisé sous anesthésie générale, cet examen permet également de retirer, à l'aide de petites pinces reliées à l'endoscope, d'éventuelles lésions de la paroi interne du colon.

## colposcopie

Examen du col de l'utérus à l'aide d'un instrument optique grossissant. Le col est badigeonné d'acide acétique et d'iode pour mettre en évidence des lésions susceptibles d'évoluer en cancer. Si nécessaire, des fragments de tissus sont ensuite prélevés pour analyse. Cet examen est désagréable, mais indolore.

## coma

Trouble de la conscience, allant de la simple torpeur à la perte de connaissance complète (coma profond).

## complexe

Nom donné à une association de plusieurs remèdes homéopathiques. En général, les dilutions employées sont basses : de 3 DH (décimale hahnemannienne) à 6 CH (centésimale hahnemannienne).

## conduit auditif externe

Partie de l'oreille qui se situe entre le pavillon (la partie visible de l'oreille) et le tympan (la membrane qui permet de capter les sons). Il est couvert d'un épiderme fragile qui sécrète une substance protectrice, le cérumen.

## condylome

Verrue de l'anus et des organes génitaux, due à un virus. La transmission du virus se fait par voie sexuelle et est favorisée par une irritation locale.

## confusion

Une personne atteinte de confusion souffre de désorientation, d'anxiété et de troubles de la mémoire. La confusion peut être due à un trouble neurologique, à une infection ou à une intoxication (par exemple par un médicament).

## congénital

Qui existe à la naissance.

## conjonctive

Muqueuse transparente qui recouvre la paroi interne des paupières et la partie antérieure de l'œil.

## conjonctivite

Inflammation de la conjonctive, due à un corps étranger, à une allergie, à une infection ou à un produit irritant.

## connectivite

Ensemble de maladies rares appelées également collagénoses : lupus érythémateux disséminé, périartérite noueuse, sclérodermie, dermatomyosite, etc.

## constipation

Ralentissement du transit intestinal se traduisant par la raréfaction des selles.

## contention élastique

Traitement de l'insuffisance veineuse ou lymphatique : un bas élastique ou une bande maintient la jambe ou le bras pour empêcher le relâchement exagéré des vaisseaux et la formation d'œdèmes. En fonction de la gravité de l'œdème, le médecin prescrit une contention faible, moyenne ou forte.

## contraceptif

Qui s'oppose à la conception : contraceptif oral (pilule), local (stérilet, spermicide, diaphragme et préservatif).

## convulsions

Contractions involontaires limitées à quelques muscles ou généralisées à tout le corps. Elles sont dues à une souffrance ou à une stimulation excessive du cerveau : fièvre, intoxication, manque d'oxygène, lésion du cerveau. Les convulsions peuvent être dues à une crise d'épilepsie ou à une fièvre élevée chez le jeune enfant.

## cornée

Partie centrale transparente de l'œil, qui recouvre la pupille et l'iris.

## corticoïde

Substance proche de la cortisone. Les corticoïdes naturels, nécessaires au fonctionnement de l'organisme, sont fabriqués par les glandes surrénales. Les corticoïdes de synthèse, dérivés chimiques de la cortisone, sont utilisés comme anti-inflammatoires puissants.

## corticothérapie

Traitement par la cortisone ou par un de ses dérivés.

## cortisone

Hormone sécrétée par les glandes surrénales. Elle participe à la régulation des sucres, des graisses et des protéines de l'organisme mais aussi à la réaction du corps lors d'un stress. Ses puissantes propriétés anti-inflammatoires sont utilisées en thérapeutique. La cortisone naturelle porte le nom de cortisol (dosable par des analyses de sang). L'hydrocortisone est la forme médicamenteuse la plus proche de la cortisone naturelle, elle est surtout utilisée dans le traitement substitutif des maladies dues à un déficit en cortisone. D'autres dérivés chimiques plus puissants sont employés lorsque l'on recherche un effet anti-inflammatoire : prednisone, prednisolone, bétaméthasone, dexaméthasone, etc.

## créatinine

Substance dosable dans le sang, dont l'élévation anormale traduit une insuffisance rénale.

## crevasse

Fissures de la peau et des muqueuses qui persistent sans guérir. Elles sont très douloureuses. Elles sont souvent provoquées par une exposition répétée au froid et à l'humidité. Synonyme : gerçures.

### cristallin

Partie de l'œil agissant comme une loupe, située en arrière de l'iris et de la pupille, et qui fait converger la lumière vers la rétine.

### Crohn (maladie de)

Inflammation de l'intestin, qui peut causer des ulcères et des rétrécissements. Elle devient souvent chronique et peut s'accompagner de diarrhées tenaces et de dénutrition.

### cruralgie

Douleur de la cuisse, due à l'irritation des racines du nerf crural. Contrairement à la sciatique, la douleur crurale se situe sur le devant de la cuisse et ne descend pas en dessous du genou.

### cryothérapie

Utilisation du froid à des fins thérapeutiques. Par exemple, applications de compresses froides contre la douleur des entorses et des contusions, mais aussi utilisation de neige carbonique pour brûler des verrues.

### cryptococcose

Infection grave due à certains champignons (Torulopsis, Cryptococcus, etc.), rencontrée essentiellement chez les personnes souffrant d'un déficit immunitaire.

### cul-de-sac conjonctival

Espace formé lorsqu'on tire vers le bas la paupière inférieure, qui se décolle de l'œil et forme une cavité. C'est dans celle-ci que doivent être déposées les gouttes de collyre et les pommades ophtalmiques. Le médicament se répartit naturellement sur la totalité de l'œil. Il sera éliminé, comme les larmes, par le canal lacrymal, qui évacue les larmes vers le nez.

### Cushing (syndrome ou maladie de)

Le syndrome de Cushing est dû à un excès de cortisone dans le sang. Il se manifeste essentiellement par une obésité du tronc et un épaississement de la face. L'excès de cortisone peut être dû à un traitement prolongé par un corticoïde ou à une maladie de la glande surrénale (maladie de Cushing).

### cushingoïde

Qualifie l'aspect d'une personne qui semble atteinte de la maladie de Cushing.

### cyclines

Famille d'antibiotiques utilisés notamment dans le traitement de l'acné et de certaines infections génitales.

### cyphose

Accentuation anormale de la courbure de la colonne vertébrale au niveau du thorax (dos anormalement voûté). Elle peut être congénitale ou provoquée par des anomalies de la croissance, un affaissement des vertèbres, etc.

### cystine

Acide aminé riche en soufre. Il occupe une place importante dans le métabolisme de la peau, des cheveux et des ongles. Dans de très rares cas, la cystine peut être à l'origine de calculs urinaires.

### cystite

Infection de la vessie se traduisant par des brûlures, des urines troubles et parfois sanglantes, et une envie fréquente d'uriner.

### cytochromes

Les cytochromes sont des enzymes du foie impliquées dans la transformation et l'élimination des médicaments. Beaucoup d'interactions médicamenteuses sont dues au fait que les médicaments en cause sont métabolisés par le même cytochrome ou que l'action de ce cytochrome est modifiée par un autre médicament.

### date de péremption

La stabilité des substances contenues dans un médicament n'est garantie par un laboratoire que pendant une période limitée après la fabrication. Une date de péremption figure sur l'emballage ; au-delà de cette date, le médicament périmé risque de perdre son efficacité et son usage est déconseillé. Dans certains cas, la dégradation des substances actives peut aboutir à la formation de composés toxiques (c'est le cas notamment pour les tétracyclines) et le médicament ne doit en aucun cas être utilisé. Il faut prendre l'habitude de rapporter à votre pharmacien les médicaments dont vous n'avez plus l'usage.

## DCI

Abréviation de dénomination commune internationale.
Nom scientifique de la substance thérapeutique contenue dans un médicament. À la différence du nom de marque, la DCI est utilisée dans tous les pays.

## débit cardiaque

Quantité de sang pompé par le cœur par minute. Il varie en fonction de la taille du cœur, de la puissance des contractions et de la fréquence cardiaque.

## décoction

Mode de préparation de certaines tisanes ; ce procédé permet d'extraire les substances contenues dans les plantes, en les mélangeant avec de l'eau. Ce mélange est ensuite porté à ébullition de façon prolongée. Cette technique est différente de l'infusion ou de la macération.

## décollement placentaire

En fin de grossesse, le placenta (organe chargé de régler les échanges entre la mère et l'embryon) peut se décoller partiellement de l'utérus, ce qui entraîne des saignements. Le sang s'accumule et forme un hématome entre le placenta et l'utérus. Le décollement placentaire peut provoquer un accouchement prématuré ou la mort du fœtus. Dans la plupart des cas, le repos suffit à prévenir ces complications.

## décongestionnant

Médicament destiné à diminuer l'afflux de sang dans un organe souffrant d'inflammation.
Voir aussi : vasoconstricteur.

## décontamination

Dans le cadre de l'entretien des lentilles de contact, la décontamination a pour but d'éliminer la majorité des microbes, amibes, champignons microscopiques, virus présents à la surface des lentilles ou dans leur étui. La décontamination chimique (à froid) est pratiquée par une immersion prolongée dans une solution appropriée. La décontamination à chaud est possible pour certaines lentilles souples hydrophiles ; elle est pratiquée en plaçant les lentilles dans l'étui contenant du sérum physiologique et en immergeant cet étui dans une eau maintenue à une température de l'ordre de 90 °C pendant 15 minutes.

## déficit immunitaire

Incapacité des systèmes de défense de l'organisme à accomplir leurs fonctions ; elle est due à la baisse des globules blancs ou des anticorps (immunoglobulines). Les causes les plus fréquentes de déficit immunitaire sont les anomalies génétiques, les traitements des cancers (chimiothérapie ou radiothérapie) et le sida.

## delirium tremens

État grave associant un délire, des hallucinations, des tremblements généralisés, une angoisse extrême. Il survient chez l'alcoolique chronique lors d'une privation d'alcool ou, au contraire, d'une ivresse aiguë, d'une infection, d'un traumatisme. Il est dû à des lésions toxiques du cerveau.

## dengue

Maladie virale tropicale transmise par le moustique Aedes.

## dentifrice

Pâte, poudre, gel ou liquide destiné à nettoyer les dents. Les dentifrices traitants, ou thérapeutiques, contiennent des substances qui renforcent l'action du brossage, protègent l'émail ou les gencives, dissolvent le tartre, etc.

## dénutrition

Carence en éléments nutritifs par insuffisance d'apport alimentaire.

## dépendance

Besoin psychique ou physique entraîné par la prise de certaines substances naturelles ou médicamenteuses. Cet état peut s'accompagner, à l'arrêt des prises, de symptômes variés, regroupés sous le terme de syndrome de sevrage.

## dépression

Maladie associant le plus souvent un sentiment de fatigue, d'inutilité, de culpabilité, d'incapacité à accomplir les tâches quotidiennes. Une perte d'appétit et des troubles du sommeil sont fréquents. Les pulsions suicidaires sont l'un des signes de gravité de la dépression.

## dépression respiratoire

Diminution, voire arrêt de la respiration, par inhibition des centres nerveux qui commandent les mouvements d'inspiration et d'expiration.

### dermatite atopique

Maladie de la peau allergique et congénitale se traduisant essentiellement par des poussées d'eczéma chez le jeune enfant.

### dermatite herpétiforme

Maladie rare de la peau ressemblant à l'herpès.

### dermatophyte

Champignon microscopique responsable d'infections cutanées : teigne, pied d'athlète, onyxis (lésion des ongles), etc.

### dermatophytie

Infection de la peau ou des ongles par un champignon microscopique (dermatophyte).

### dermatose

Nom général donné aux maladies de la peau.

### dermatose bulleuse

Maladie de la peau se traduisant par l'apparition de bulles remplies de liquide, semblables aux cloques qui se forment après une brûlure.

### derme

Couche de la peau située sous l'épiderme. Le derme est riche en fins vaisseaux sanguins, appelés capillaires.

### dermite

Inflammation de la peau, sans présumer de sa cause.
Synonyme : dermatite.

### dermite cortico-induite

Maladie de la peau consécutive à l'usage abusif de pommades ou de crèmes contenant des corticoïdes.

### dermite périorale

Affection de la peau se traduisant par un anneau rouge, accompagné éventuellement de pustules, qui apparaît autour de la bouche. C'est une complication fréquente de l'application intempestive et prolongée de dermocorticoïdes sur le visage.

### dermite séborrhéique

Maladie de la peau se traduisant par une rougeur et une desquamation touchant les régions pileuses et les ailes du nez.

### dermocorticoïde

Préparation de corticoïdes pour usage local, destinée à soigner certaines maladies de la peau.

### désensibilisation

Méthode de traitement préventif de certaines allergies.

### déshydratation

Déficit de l'organisme en eau, dû à des pertes anormales de liquides (diarrhée, vomissements, transpiration abondante).

### désinhibition

Baisse du contrôle des pulsions due à la consommation de certaines substances désinhibitrices comme l'alcool, le cannabis et d'autres drogues, ou de certains médicaments, comme les benzodiazépines. La désinhibition, présente aussi dans les états maniaques, peut conduire à un état d'euphorie, de familiarité excessive, voire d'agitation et d'agressivité. La désinhibition désigne également la propriété qu'ont certains neuroleptiques de lutter contre l'apathie et la démotivation liées à des psychoses.

### desquamation

Élimination de couches cornées superficielles de l'épiderme (squames).

### DH

Abréviation de décimale hahnemannienne. Elle correspond à la dilution au dixième d'une substance homéopathique (soit 1 volume de substance pour 9 volumes d'eau). 6 DH signifie que la substance (teinture mère) a subi 6 dilutions successives au dixième.

### diabète

Terme général désignant les maladies se traduisant par l'émission d'urines abondantes et par une soif intense. Employé seul, le mot diabète concerne généralement le diabète sucré, qui correspond à une perturbation de la régulation des sucres de l'organisme par l'insuline. Il se traduit par l'augmentation du sucre (glucose) dans le sang et par sa présence éventuelle dans les urines. Il existe deux sortes de diabète sucré : le diabète de type 1, ou insulinodépendant, qui nécessite un traitement par l'insuline en injection, et le diabète de type 2, ou non insulinodépendant, qui peut, dans un premier temps, être traité par les antidiabétiques oraux.

## diabète insipide

Type de diabète dû à un déficit en hormone antidiurétique, la vasopressine, qui maintient constante la quantité d'eau contenue dans le corps. Cette hormone est sécrétée par l'hypophyse. Ce déficit peut être dû à un traumatisme crânien, à une infection, à une tumeur ou à une maladie héréditaire exceptionnelle touchant le rein.

## diagnostic

Action d'identifier une maladie avec précision.

## dialyse

Procédé d'épuration du sang en cas d'insuffisance rénale grave, assurée essentiellement par l'emploi d'un rein artificiel.

## diaphragme

Muscle en forme de coupole qui sépare le thorax de l'abdomen. Sa contraction (à l'inspiration) appuie sur les organes de l'abdomen et crée un vide dans la cage thoracique, produisant ainsi un appel d'air dans les poumons. Le diaphragme est percé de trois orifices, permettant le passage de l'œsophage, de la veine cave et de l'aorte. Lorsque des organes de l'abdomen pénètrent dans le thorax par l'un de ces orifices, on parle d'hernie diaphragmatique.

## diarrhée

Le sens médical strict de diarrhée est « émission de selles trop fréquentes et trop abondantes ». En fait, le sens commun assimile la diarrhée à la notion de selles liquides et fréquentes. Normalement, les selles sont pâteuses, mais l'émission de selles liquides ou à peine formées, sans douleur ou trouble particulier associé, n'est pas pathologique. On peut parler de diarrhée lorsque les émissions de selles liquides se répètent dans la journée, et que les besoins sont impérieux ou douloureux.

Beaucoup de médicaments peuvent accélérer le transit intestinal et rendre les selles plus liquides, sans que cet effet indésirable soit réellement préoccupant.

Les antibiotiques peuvent altérer la flore digestive, indispensable à la digestion, et provoquer des diarrhées plus ou moins gênantes mais bénignes. L'effet apparaît immédiatement ou après quelques jours de traitement. Une forme de diarrhée grave et exceptionnelle, la colite pseudomembraneuse, peut être observée après un traitement antibiotique ; cette affection se traduit par l'émission de glaires et de fausses membranes (ressemblant à des lambeaux de peau) associées à des douleurs abdominales ; une constipation peut remplacer la diarrhée initiale. La colite pseudomembraneuse peut survenir plusieurs jours après l'arrêt du traitement antibiotique et nécessite un avis médical urgent.

## diarrhée du voyageur

Aussi appelée turista, cette diarrhée, généralement bénigne, est due à des bactéries et peut être contractée lors d'un voyage à l'étranger, avant que l'organisme se soit habitué aux germes présents dans l'environnement local.

## digitalique

Famille de médicaments apparentés à la digitaline, substance issue de la digitale pourpre (plante commune). Les digitaliques, utilisés en cardiologie, ralentissent le cœur et renforcent ses contractions.

## dilution homéopathique

Dilution d'une substance active obéissant aux règles homéopathiques. La solution obtenue après plusieurs dilutions successives ne contient qu'une quantité infime de la substance active initialement présente. Les propriétés d'un remède homéopathique sont étroitement liées à leur dynamisation (agitation de la solution entre chaque dilution). Les unités qui expriment les dilutions homéopathiques sont : DH, CH et K (korsakovienne).

## diphtérie

Maladie infectieuse due à une bactérie, le bacille diphtérique. Elle se manifeste par une angine d'aspect particulier. Sans traitement, elle peut se compliquer : paralysie du voile du palais, difficultés respiratoires, inflammation du muscle cardiaque, mauvais fonctionnement des reins, voire paralysies des membres. La vaccination a quasiment fait disparaître la diphtérie en Europe, mais quelques cas ont été récemment signalés en Russie. Elle persiste également dans les pays en voie de développement.

## dispersible

Qualifie un comprimé qui se désagrège dans l'eau et permet d'obtenir une solution buvable. Contrairement au comprimé effervescent, il ne dégage aucun gaz.

## dispositif transdermique

Système, parfois appelé timbre ou patch, permettant l'absorption d'un médicament au travers de la peau : il assure la diffusion de la substance active vers les vaisseaux sanguins du derme. La substance circule ensuite dans le sang et peut agir comme si elle avait été avalée ou injectée. Ce dispositif permet d'éviter l'effet de premier passage hépatique.

## diurétique

Médicament permettant une élimination accrue d'eau par les reins. Le plus souvent, cette perte d'eau fait suite à la perte de sels provoquée par le médicament (salidiurétique). Les diurétiques sont surtout utilisés dans le traitement de l'hypertension artérielle, alors que leur mécanisme d'action dans cette maladie est mal connu. Ils sont également prescrits dans l'insuffisance cardiaque aiguë ou chronique, les œdèmes et d'autres affections plus rares.
Ces médicaments provoquent une perte de sodium et de potassium (sauf pour certains d'entre eux appelés « épargneurs de potassium »). Leur prise prolongée nécessite donc un contrôle régulier du potassium sanguin, pour éviter les troubles cardiaques qui pourraient résulter d'une hypokaliémie (manque de potassium dans le sang). Le manque de sodium est une autre conséquence possible, mais plus rare aux posologies habituelles, de l'usage prolongé des diurétiques ; il se détecte également par une prise de sang.

## diurétique de l'anse

Diurétique puissant qui agit sur un élément fonctionnel du rein, appelé anse de Henlé.

## diverticule

Petite cavité en cul-de-sac développée aux dépens d'un organe (le tube digestif, le plus souvent). Un diverticule peut donner lieu à une inflammation.

## diverticulose

Accumulation de diverticules.

## dopamine

Substance impliquée dans le métabolisme du cerveau. Un déficit en dopamine dans une région particulière du cerveau provoque la maladie de Parkinson. Certains médicaments apportent de la dopamine au cerveau (lévodopa) et sont utilisés pour traiter cette maladie ; d'autres stimulent les récepteurs à la dopamine : ils ont des effets sur la lactation et le fonctionnement du cerveau.

## dopaminergique

Médicament qui reproduit les effets de la dopamine.
Les principaux médicaments dopaminergiques sont utilisés dans la maladie de Parkinson ou dans les troubles de l'érection. Ils ne doivent pas être associés aux neuroleptiques, qui risquent d'annuler leur effet.

## dorsalgie

Douleur du dos.

## douleur neuropathique

Douleur due à une neuropathie, c'est-à-dire à une lésion du système nerveux. En pratique, la douleur résulte le plus souvent d'une atteinte des nerfs (névrite) : mononévrite (un seul nerf), polynévrite (atteinte diffuse de plusieurs nerfs), etc.
Les principales causes de névrite sont les virus (zona), les compressions des racines nerveuses (radiculonévrite) comme la sciatique, les troubles métaboliques comme le diabète, l'alcoolisme ou certains médicaments.
Si la polynévrite du diabète est rarement douloureuse, les autres causes peuvent être à l'origine de douleurs intenses et difficiles à traiter. Si les antalgiques usuels sont peu efficaces, d'autres produits comme les antidépresseurs donnent parfois de meilleurs résultats par une action antalgique spécifique et indépendante de l'effet antidépresseur ; certains anti-épileptiques sont également utilisés.

## draineur

Substance capable de stimuler ou de faciliter l'élimination des déchets produits par le métabolisme de l'organisme. Un draineur peut agir sur les reins, le foie ou le tube digestif.

## drépanocytose

Maladie héréditaire de l'hémoglobine, touchant surtout les personnes à peau noire d'origine africaine. Les globules rouges, déformés en faucilles, sont rigides et obstruent les petits vaisseaux sanguins. La drépanocytose provoque notamment des crises douloureuses, des accès de fièvre et une anémie. Les voyages en avion sont contre-indiqués dans les formes graves.

### duodénum

Partie de l'intestin dans laquelle pénètrent les aliments issus de l'estomac.

### Dupuytren (maladie de)

Maladie d'origine inconnue, se caractérisant par un épaississement et des nodosités de la paume des mains et parfois de la face antérieure des doigts. Elle aboutit à l'impossibilité d'étendre les doigts et se traite chirurgicalement.

### durillon

Épaississement de la peau qui se forme sur les mains et les pieds là où elle est soumise à une pression forte et prolongée (par des chaussures, par exemple). Les durillons sont habituellement indolores.

### dyshidrose

Maladie apparentée à l'eczéma, touchant essentiellement la paume des mains et la plante des pieds.

### dyskinésie

Trouble de la coordination des mouvements.

### dyslexie

Difficulté dans l'apprentissage de la lecture, fréquemment rencontrée chez l'enfant.

### dysménorrhée

Règles douloureuses.

### dysthymie

Maladie chronique caractérisée par l'alternance de périodes de dépression et de périodes d'hyperactivité désordonnée. Cette maladie est également appelée psychose maniacodépressive. Le traitement de référence de la dysthymie est le lithium (à l'exclusion des oligo-éléments, insuffisamment dosés).

### ecchymose

Infiltration de sang dans la peau et les muqueuses pouvant survenir spontanément ou, le plus souvent, après un traumatisme. Les ecchymoses sont communément appelées bleus.

### ECG

Électrocardiogramme, enregistrement de la fonction cardiaque.

### échocardiographie

Méthode d'exploration des éléments du cœur (oreillettes, ventricules, artères et veines, valvules, etc.) à l'aide d'ultrasons. Une sonde placée sur la poitrine émet des ultrasons dont l'écho est analysé. L'échocardiographie permet de voir le cœur fonctionner en temps réel. C'est un examen indolore.

### écho-doppler (ou doppler)

Examen proche de l'échographie permettant d'étudier les flux sanguins dans le cœur et les vaisseaux. À l'aide d'ultrasons, le doppler enregistre la vitesse et la direction du sang. On l'utilise pour rechercher des anomalies du flux sanguin : par exemple des plaques d'athérome dans les carotides ou dans les artères des jambes, un défaut des valvules du cœur, etc. Cet examen est indolore.

### échographie

Technique d'examen indolore utilisant les ultrasons et permettant d'obtenir une image des organes internes en deux ou trois dimensions.

### éclampsie

Complication survenant en fin de grossesse, se traduisant par des œdèmes, la présence de protéines dans les urines et une hypertension artérielle.

### eczéma

Maladie de la peau se manifestant par des boutons et de vives démangeaisons. L'eczéma peut être dû au contact avec une substance allergisante (eczéma de contact) ou être lié à une prédisposition génétique (eczéma atopique).

### EEG

Électro-encéphalogramme, enregistrement de l'activité du cerveau.

### effet antabuse

Ensemble de symptômes désagréables provoqués par certains médicaments lorsqu'ils sont associés à la prise de boissons alcoolisées : bouffées de chaleur, rougeur du visage, maux de tête, nausées, vomissements.

### effet de premier passage hépatique

Un médicament pris par voie orale passe dans l'estomac puis dans l'intestin où il va être absorbé pour passer dans les veines intestinales. Ces veines convergent vers le foie, usine chimique de l'organisme, où les aliments et les médicaments provenant de l'absorption intestinale subissent un traitement avant d'être diffusés dans le reste de la circulation sanguine. Beaucoup de médicaments subissent dans le foie des transformations importantes, appelées « effet de premier passage hépatique ». Il peut s'agir d'une transformation en d'autres produits actifs, mais aussi d'une inactivation quasi totale du médicament. Dans ce cas, pour garantir l'action du médicament, il ne doit pas être avalé (voie orale classique) mais administré par voie injectable ou transcutanée. Une alternative est la voie sublinguale : certains médicaments sont prévus pour être placés sous la langue où ils vont être absorbés par les veines de la bouche, veines qui ont l'avantage de ne pas converger vers le foie comme les veines intestinales, évitant ainsi le premier passage hépatique.

## effets indésirables

La tendance actuelle dans les textes officiels est de rapporter la totalité des symptômes gênants observés, même exceptionnellement, chez les personnes ayant utilisé le médicament lors des études scientifiques.
Certains de ces troubles sont réellement dus au médicament et constituent ses effets indésirables ; lorsqu'il existe un risque grave ou important, un message spécifique figure généralement dans la rubrique Attention.
D'autres troubles peuvent avoir été constatés sans que le médicament ne possède de responsabilité réelle dans leur survenue.
Dans un souci d'exhaustivité, nous avons choisi de reproduire l'intégralité des troubles énumérés dans les textes officiels, bien que nous ayons conscience du risque de créer une inquiétude injustifiée. L'information précise du public reste néanmoins notre principale priorité. Il faut donc avoir conscience, en lisant la rubrique Effets indésirables possibles des nouveaux médicaments, que les troubles cités ne sont pas forcément imputables à la molécule utilisée.

## éjaculation rétrograde

Anomalie fréquemment observée après une intervention chirurgicale prostatique ; elle consiste en l'émission de sperme dans la vessie lors de l'orgasme masculin. Cette anomalie est sans gravité et la qualité de l'orgasme n'est pas affectée, mais le sperme n'est pas émis par la verge puisque les glandes séminales se vident directement dans la vessie.

## électrostimulation

Technique utilisée pour rééduquer les muscles du périnée après un accouchement ou lors d'incontinence urinaire. De petits courants électriques inoffensifs sont utilisés pour stimuler le muscle en forme d'anneau qui ferme la vessie. Les séances d'électrostimulation augmentent le tonus de ce muscle et améliorent la capacité de la patiente à retenir ses urines.

## électrothérapie

Utilisation du courant électrique pour soigner certaines douleurs ou maladies.

## éléphantiasis

Augmentation considérable du volume d'un membre ou d'une partie du corps due à l'obstruction des vaisseaux lymphatiques. En régions intertropicales, la cause majeure d'éléphantiasis est la filariose lymphatique, transmise par les moustiques.

## embolie

Obstruction d'une artère par un caillot ou une plaque d'athérome apportés par le courant sanguin. L'embolie pulmonaire est généralement due à un caillot formé dans une veine qui remonte vers le cœur et vient obstruer une artère pulmonaire.

## émétisant

Qui provoque des vomissements.

## emphysème

Maladie des poumons se traduisant par une dilatation de la cage thoracique et par des difficultés respiratoires. Elle peut être due au tabagisme, à une maladie génétique ou à l'inhalation prolongée de substances toxiques.

## emplâtre

Médicament à usage externe qui se présente sous la forme d'une pâte. Chauffée, elle se ramollit et adhère à la peau sur laquelle elle est appliquée.

## encéphalite

Inflammation d'une partie plus ou moins étendue du cerveau pouvant se manifester de manière diverse : fièvre, fatigue, maux de tête, troubles de la vision, troubles de la conscience, modification du comportement, convulsions, paralysies. L'encéphalite est le plus souvent d'origine infectieuse, mais elle peut aussi être provoquée par une tumeur cérébrale, un accident vasculaire cérébral, une sclérose en plaque, une intoxication au plomb, etc.

## encéphalite à tiques

Maladie virale transmise par la morsure de tiques en Europe, au printemps et en été.

## encéphalite japonaise

Maladie virale présente en Asie, transmise par un moustique du genre Culex, qui, bien que préférant les animaux, peut aussi s'attaquer à l'homme. La gravité de la maladie justifie une vaccination en cas de voyage dans certaines régions en saison humide. En milieu rural, les épidémies sont favorisées par les travaux d'irrigation et les élevages de porc (risque réduit dans les pays à prédominance musulmane).

## encéphalopathie hépatique

Coma ou troubles de la conscience dus à une insuffisance hépatique grave.

## endocardite bactérienne

Infection des structures internes du cœur, notamment des valves, pouvant aboutir à une insuffisance cardiaque grave.
L'endocardite est favorisée par la coexistence d'une anomalie valvulaire et du passage de bactéries dans le sang (passage qui peut survenir lors de soins dentaires, notamment). Les personnes souffrant d'une anomalie valvulaire, même minime, doivent suivre un bref traitement antibiotique avant et après une intervention dentaire.

## endomètre

Revêtement interne de l'utérus dont la couche superficielle est renouvelée lors de chaque cycle menstruel. Les règles sont constituées du sang et des cellules éliminées lors de ce renouvellement.

## endométriose

Prolifération anormale du revêtement interne de l'utérus (endomètre) en dehors de cet organe.

## endorphines

Substances sécrétées par le cerveau et dotées de propriétés antalgiques et euphorisantes proches de celles de la morphine.

## endoscopie

Exploration visuelle de l'intérieur d'un organe ou d'une cavité au moyen d'un tube optique (endoscope).

## endurance (sport)

L'endurance est la possibilité de maintenir un certain niveau d'intensité lors d'un effort de très longue durée. Lors d'une activité d'endurance, les muscles utilisent l'oxygène pour tirer plus d'énergie du glucose (sucre) et des acides gras (graisses). Cette forme d'utilisation de l'énergie peut être maintenue sur de longues périodes (plusieurs heures). La course à pied (jogging), le vélo (en randonnée) et le ski de fond sont des sports d'endurance.

## engelure

Lésion de la peau due au froid et à l'humidité, siégeant le plus souvent aux doigts.

## entente préalable

Un certain nombre de prescriptions ne seront remboursées que si la Sécurité sociale a donné son accord « préalable », avant l'achat du produit. Pour obtenir cet accord, votre médecin remplit un formulaire que vous adressez à votre caisse avant de solliciter le remboursement. C'est le cas, par exemple, pour les prescriptions de perruques lors de certaines chimiothérapies.

## entérite

Inflammation de l'intestin grêle.

## entorse

Lésion des ligaments d'une articulation due à un traumatisme.

## énurésie

Forme particulière d'incontinence qui se manifeste chez l'enfant par l'incapacité à retenir ses urines la nuit (énurésie nocturne) ou, plus rarement, le jour et la nuit. Ces pertes d'urines sont anormales chez les enfants âgés de plus de 5 ans, âge auquel le contrôle des sphincters devrait être acquis.

## enzyme

Substance capable d'activer une réaction chimique spécifique.

## enzyme pancréatique

Substance sécrétée par le pancréas. Les enzymes pancréatiques facilitent et accélèrent la digestion.

## enzyme protéolytique

Substance pouvant activer la dégradation des protéines. Les enzymes protéolytiques entrant dans la composition des médicaments sont la trypsine, la chymotrypsine, la pancréatine, les bromélaïnes, etc.

## épiderme

Couche externe de la peau (au-dessus du derme). Elle assure le renouvellement de la couche cornée (la plus superficielle), constituée de cellules mortes riches en kératine.

## épiglottite

Infection grave de la gorge, qui survient chez l'enfant et peut provoquer un étouffement. Elle est due à un germe particulier : Haemophilus influenzae, type b. Elle est différente de la simple laryngite, qui peut également provoquer des difficultés respiratoires.

## épilepsie

Maladie chronique survenant par crise, liée à une anomalie de l'activité électrique d'un groupe de cellules cérébrales. Ses manifestations, d'intensité variable, vont de la chute brutale de l'attention (absences, ou petit mal) à la perte de conscience accompagnée de mouvements musculaires anormaux (convulsions, ou grand mal). L'épilepsie partielle, comme son nom l'indique, ne concerne pas la totalité du corps : les mouvements saccadés ne touchent qu'un ou plusieurs groupes musculaires.

## épistaxis

Saignement de nez sans cause évidente.

## épreuve d'effort

Examen qui consiste à pédaler sur un vélo stationnaire tout en enregistrant un électrocardiogramme et en mesurant la pression artérielle. La résistance opposée au pédalage augmente progressivement et le patient doit augmenter son effort. Cette épreuve permet de voir si l'effort risque d'entraîner des troubles du rythme cardiaque, un état de préinfarctus ou une hypertension artérielle.

## ergot de seigle

Champignon parasite du seigle, dont la consommation accidentelle provoque une maladie appelée ergotisme. Les substances dérivées de celles contenues dans ce champignon sont utilisées pour leurs propriétés vasoconstrictrices (contraction des vaisseaux), vasodilatatrices (dilatation des vaisseaux) ou utérotoniques (contraction de l'utérus).

## ergothérapie

Méthode de rééducation aux gestes de la vie quotidienne visant à aider les personnes atteintes de maladies physiques et/ou psychiques.

## ergotisme

Ensemble des manifestations neurologiques et vasculaires liées à une intoxication par des dérivés de l'ergot de seigle : convulsions, douleur, pâleur et refroidissement inhabituels des extrémités des membres.

## éruption cutanée

Apparition de boutons ou de plaques sur la peau. Ces lésions peuvent être dues à un aliment, à un médicament, et traduire une allergie ou un effet toxique. De nombreux virus peuvent également provoquer des éruptions de boutons : celles de la rubéole, de la roséole et de la rougeole sont les plus connues.

## érythrocyte

Globule rouge. Voir ce terme.

## escarre

Plaie de la peau et des muscles sous-jacents, qui peut apparaître chez les malades alités ou les paraplégiques. Elle fait suite à un appui prolongé sur une même région cutanée, qui provoque un défaut d'irrigation sanguine et la mort des tissus. Une croûte noire initiale tend à s'éliminer pour laisser place à une plaie profonde, difficile à soigner. Les escarres peuvent être prévenues par des changements fréquents de position chez les malades alités et par l'utilisation de supports (matelas ou coussins spéciaux) adaptés.

## estrogène

Famille d'hormones stimulant les organes sexuels féminins (utérus et glandes mammaires essentiellement). On écrit aussi œstrogène.

## état de mal

État caractérisant certaines maladies qui surviennent habituellement par crises (migraine, épilepsie, asthme, etc.). Il s'agit d'une succession de crises entre lesquelles le malade ne retrouve pas son état normal, ou d'une crise d'une durée inhabituelle qui ne cède pas aux traitements usuels.

## état dépressif

État de souffrance morale associant une démotivation, une fatigue, un sentiment d'inutilité, d'autodépréciation. En l'absence de traitement, l'état dépressif risque d'évoluer vers une dépression grave avec sensation d'incurabilité, de culpabilité, et un risque suicidaire.

## état maniaque

État d'euphorie et d'exaltation inappropriées, se traduisant souvent par une hyperactivité, une désinhibition et des comportements inconséquents (dépenses inconsidérées, agressivité, etc.). L'alternance d'états maniaques et de phases de dépression constitue un trouble bipolaire (voir ce terme).

## exanthème

Éruption cutanée qui accompagne les maladies infectieuses et contagieuses.

## exanthème subit

Voir sixième maladie.

## excipient

Substance sans activité thérapeutique entrant dans la composition du médicament ou utilisée pour sa fabrication. L'excipient a pour fonction d'améliorer l'aspect ou le goût, d'assurer la conservation, de faciliter la mise en forme et l'administration du médicament. Il sert aussi à acheminer la substance active vers son site d'action et à contrôler son absorption par l'organisme.
L'excipient devrait avoir une innocuité parfaite (être bien toléré) ; néanmoins certains peuvent entraîner des réactions allergiques ou des intolérances individuelles : il s'agit des excipients à effet notoire.

## expectorant

Médicament qui facilite l'élimination des mucosités (glaires) contenues dans les voies respiratoires.

## extrasystole

Contraction du cœur survenant juste avant ou après une contraction normale, souvent perçue comme un choc dans la poitrine.

## fasciolase

Également appelée distomatose hépatique, la fasciolase est une maladie parasitaire due à des vers plats, les grandes douves du foie (Fasciola hepatica et Fasciola gigantica) qui colonisent les voies biliaires. La contamination se fait par ingestion de légumes crus, en particulier ceux cultivés en milieu humide comme le cresson. Cette maladie est particulièrement fréquente en Amérique latine, à Cuba, dans le delta du Nil et en Iran.

## fécalome

Bouchon de selles dans le rectum ou dans le côlon. Il est à redouter chez les personnes âgées ou constipées, ou celles qui restent longtemps alitées. Il expose à un risque d'obstruction du tube digestif.

## fibrome

Tumeur bénigne de l'utérus pouvant être responsable de saignements en dehors des règles.

## fièvre bilieuse hémoglobinurique

Crise de paludisme particulièrement grave se manifestant par une fièvre élevée, des vomissements, une jaunisse, une insuffisance rénale et le blocage des urines.

## fièvre des Rocheuses

Maladie infectieuse transmise par une tique et observée principalement dans les montagnes Rocheuses et en Inde. Le traitement repose sur des antibiotiques.

## fièvre jaune

Maladie virale tropicale (Afrique, Amérique), mortelle, transmise par un moustique piquant le jour (Aedes). Une vaccination permet de s'en protéger.

## filarioses

Maladies parasitaires des pays tropicaux généralement transmises par des insectes : filariose lymphatique, loase, onchocercose.

## fissure anale

Petite crevasse du pourtour de l'anus, souvent peu ou pas visible, provoquant des douleurs vives pendant et après la selle.

### flore digestive

Ensemble des bactéries normalement présentes dans le tube digestif, qui participent à la digestion.

### flore vaginale

Ensemble des bactéries normalement présentes dans le vagin (flore de Döderlein). Elles ne provoquent aucun trouble et font obstacle aux champignons microscopiques ou aux autres germes qui pourraient être à l'origine d'une infection.

### fluor

Substance minérale qui possède la propriété de se fixer sur les os et sur les dents, et qui augmente leur dureté.

### fonctionnel

Se dit d'un symptôme lorsqu'il est dû à une perturbation du fonctionnement d'un organe, sans que cette perturbation puisse être rattachée à une lésion de cet organe.

### fracture de fatigue

Fracture d'un os trop longtemps soumis à des chocs répétitifs, comme lors d'une marche prolongée par exemple.

### furoncle

Inflammation purulente d'un follicule pileux.

### G-6-PD (déficit en)

Abréviation de glucose-6-phosphate-déshydrogénase, enzyme normalement présente dans le globule rouge. Son absence congénitale (déficit) est responsable d'une maladie nommée favisme ; elle interdit l'emploi de certains médicaments.

### galactorrhée

Écoulement anormal de lait par le mamelon, trop abondant chez une femme qui allaite ou survenant chez une femme en dehors de l'allaitement, voire chez un homme.

### galactosémie

Maladie héréditaire rare du nouveau-né, entraînant la présence anormale dans le sang de galactose, sucre du lait.

### gale

Maladie parasitaire de la peau, très contagieuse.

### gamma GT

Abréviation de gammaglutamyl-transférase. Le taux de cette enzyme augmente dans le sang en cas de consommation excessive de boissons alcoolisées ou de maladie du foie liée ou non à l'alcool, mais aussi lors de la prise de certains médicaments.

### ganglions

Terme généralement utilisé pour désigner les ganglions lymphatiques : ces organes filtrent la lymphe (le liquide qui baigne les cellules du corps). Lors d'infection, les ganglions piègent les germes et réagissent en devenant volumineux et douloureux. Les ganglions sont répartis dans l'ensemble du corps, et regroupés par endroits (au niveau du cou, des aisselles et de l'aine, par exemple).

### gargarisme

Mode de traitement local qui vise à laisser au contact de l'arrière-gorge un médicament pur ou dilué dans de l'eau froide ou tiède. Il se pratique la tête penchée en arrière, une expiration continue empêchant le liquide de descendre dans les poumons. La solution utilisée ne doit pas être avalée.

### gastrite

Inflammation de l'estomac favorisée par le stress, le tabac, l'alcool et certains médicaments tels que l'aspirine ou les anti-inflammatoires.

### gastrorésistant

Qualifie certains comprimés ou gélules dans lesquels la substance active est protégée de l'acidité de l'estomac.

### gelure

C'est une brûlure par le froid. Les gelures peuvent être superficielles ou profondes. Elles atteignent parfois les muscles et les os. Les gelures n'apparaissent pas seulement lors de très grand froid : il suffit que les conditions météorologiques associent le froid (même modéré), l'humidité et surtout le vent, pour que le risque de gelure existe. Si le vent souffle, des gelures peuvent se produire à une température légèrement inférieure à zéro.

### gène

Élément d'ADN (chromosomes) responsable d'une caractéristique héréditaire. Le gène est la plus petite unité d'information génétique. On distingue les gènes de structure (responsables de la formation de protéines qui constituent le corps ou contrôlent son fonctionnement) des gènes régulateurs qui modulent l'activité des gènes de structure.

## générique

Médicament dont le brevet du principe actif est tombé dans le domaine public, permettant ainsi la commercialisation de copies du médicament original. Il présente la même composition qualitative et quantitative en principe(s) actif(s), la même forme pharmaceutique et la même biodisponibilité que le médicament original.

## gerçure

Voir crevasse.

## germe

Terme général qui désigne tous les organismes microscopiques susceptibles de provoquer une infection : bactéries, virus, parasites, champignons.

## glaire cervicale

Liquide incolore ou blanchâtre, filant comme du blanc d'œuf, sécrété par le col de l'utérus au moment de l'ovulation. Elle facilite le passage des spermatozoïdes vers l'utérus. La modification de la glaire cervicale est un des modes d'action des contraceptifs oraux.

## glaucome

Maladie caractérisée par l'augmentation de la pression des liquides contenus dans l'œil (hypertension intraoculaire). Ce terme général recouvre deux affections totalement différentes :

- Le glaucome à angle ouvert ou glaucome chronique est le plus fréquent ; il est généralement sans symptômes, dépisté par la mesure de la tension intraoculaire chez l'ophtalmologiste. Il ne provoque pas de crise aiguë, et le traitement repose essentiellement sur des collyres bêtabloquants. Les personnes atteintes d'un glaucome à angle ouvert ne doivent pas utiliser de dérivés de la cortisone sans avis ophtalmologique préalable.
- Le glaucome à angle fermé ou glaucome aigu est plus rare. Entre les crises, la tension intraoculaire est normale. Mais l'usage intempestif de médicaments atropiniques (notamment en collyre) provoque une crise aiguë d'hypertension intraoculaire qui peut abîmer définitivement la rétine en quelques heures. C'est une urgence ophtalmologique qui se reconnaît à un œil brutalement rouge, horriblement douloureux, dur comme une bille de verre, et dont la vision devient floue.

L'angle dont il est question dans ces deux affections est l'angle irido-cornéen. C'est en effet entre l'iris et la cornée que se situe le système d'évacuation des liquides de l'œil. Un angle peu ouvert (fermé) expose à une obstruction totale du système d'évacuation. Cette obstruction peut survenir lorsque l'iris est ouvert au maximum (mydriase) sous l'effet d'un médicament atropinique : l'iris vient alors s'accoler à la cornée.
Les contre-indications des médicaments atropiniques ne concernent que les personnes ayant déjà fait des crises de glaucome à angle fermé, ou chez qui un ophtalmologiste a détecté ce risque. Celles qui souffrent d'un glaucome chronique à angle ouvert ne sont pas concernées par ces contre-indications.

## globule blanc

Cellule présente dans le sang. Il en existe différents types : les polynucléaires neutrophiles, qui augmentent lors des infections ; les polynucléaires éosinophiles, dont le nombre est élevé chez les personnes allergiques ou en cas de parasitose ; les polynucléaires basophiles ; les lymphocytes et monocytes, dont le nombre s'élève en cas d'infection virale ou d'atteinte de la moelle osseuse.

## globule rouge

Cellule présente dans le sang (5 millions par $mm^3$), qui contient l'hémoglobine.
Synonyme : hématie.

## glucides

Famille de substances énergétiques contenant notamment les sucres. On distingue les glucides simples, ou rapides, des glucides complexes, ou lents, en fonction de la durée de leur digestion. Ils sont parfois appelés hydrates de carbone.

## gluten

Constituant de certaines céréales (blé, avoine, orge, seigle) et de la farine, qui peut donner lieu chez de très rares personnes prédisposées à une intolérance digestive grave.
Le maïs et le riz ne contiennent pas de gluten.

### glycémie

Quantité de sucre présente dans un litre de sang. Elle varie habituellement entre 0,6 et 1,1 g/l (3,3 mmol/l à 6 mmol/l) chez la personne à jeun. Le diagnostic de diabète doit être envisagé lorsque la glycémie dépasse 1,2 g/l (6,6 mmol/l).

### glycogène

Substance composée de longues chaînes de glucose (sucre) disposées comme les branches d'un arbre. Le glycogène s'accumule dans le foie et dans les muscles, et constitue les réserves de glucose de l'organisme.

### glycosurie

Présence anormale de sucre dans les urines, rencontrée chez les diabétiques.

### goitre

Augmentation du volume de la glande thyroïde.

### gonococcie

Maladie sexuellement transmissible due au gonocoque.
Synonyme : blennorragie.

### gonocoque

Bactérie responsable de la blennorragie, transmise par voie sexuelle.

### goutte

Maladie se manifestant par une rougeur et une douleur vive touchant une articulation (celle du gros orteil le plus souvent), due à une accumulation de cristaux d'acide urique.

### granulome annulaire

Variété d'eczéma se traduisant par des boutons roses groupés en anneau.

### grossesse extra-utérine

Grossesse se développant en dehors de l'utérus : lors d'une grossesse normale, l'ovule est fécondé dans la trompe de Fallope par un spermatozoïde ; il doit normalement progresser jusqu'à l'utérus où il se fixe sur l'endomètre. Dans certains cas, cette progression est stoppée et l'œuf se développe dans la trompe qui risque de se rompre. Il s'agit d'une grossesse extra-utérine dont le diagnostic est réalisé par l'échographie et qui nécessite une intervention chirurgicale. Les signes évocateurs d'une grossesse extra-utérine sont une douleur du bas-ventre et des saignements intermittents chez une femme qui présente un test de grossesse positif.

### gynécomastie

Augmentation du volume des seins chez l'homme, congénitale ou due à une maladie, à une tumeur ou à la prise de certains médicaments.

### Helicobacter pylori

Bactérie impliquée dans la survenue des ulcères de l'estomac ou du duodénum. Elle empêche la guérison et favorise les récidives à l'arrêt du traitement. Son élimination permet des guérisons définitives. Le traitement associant un antiulcéreux à des antibiotiques constitue un progrès important pour les malades souffrant d'ulcère chronique de l'estomac ou du duodénum.

### hématologique

Qui se rapporte au sang.

### hématome

Accumulation anormale de sang à l'intérieur du corps.

### hémochromatose

Maladie due à une surcharge en fer, qui se détecte par le dosage de la ferritine dans le sang. Elle peut être héréditaire ou acquise, liée notamment à l'alcoolisme.

### hémoglobine

Principal constituant des globules rouges, l'hémoglobine est une substance riche en fer qui assure la fixation de l'oxygène de l'air au niveau des poumons et sa redistribution dans les différents organes.
Voir aussi : anémie.

### hémophilie

Maladie héréditaire de la coagulation transmise par les femmes, mais touchant uniquement les individus de sexe masculin. Le risque principal de l'hémophilie est la survenue d'hémorragies. Elle nécessite des transfusions sanguines régulières.

### hémorragie

Perte de sang à partir d'une artère ou d'une veine. Une hémorragie peut être externe mais également interne, et passer inaperçue.

## hémorragie méningée

Brusque saignement des enveloppes externes du cerveau (les méninges). L'hémorragie méningée peut être due à la rupture d'un vaisseau sanguin anormal (anévrisme) ou à un traumatisme. Elle se traduit par de violents maux de tête et un état de malaise généralisé, et nécessite une hospitalisation en extrême urgence.

## hémorroïde

Dilatation anormale d'une veine de l'anus ou du rectum se développant soit à l'extérieur, soit à l'intérieur. Elle peut être à l'origine d'un saignement.

## hémostatique

Médicament d'usage local qui arrête les saignements.

## hépatite

Inflammation du foie. Elle peut être due à un médicament, à un virus, à l'alcool ou à une autre cause.
Les hépatites virales guérissent généralement sans traitement. Contrairement aux hépatites A et E presque toujours bénignes, les hépatites B et C peuvent devenir chroniques : le virus persiste dans l'organisme du malade qui reste contagieux mais ne souffre pas obligatoirement de troubles hépatiques. L'hépatite chronique est dite active lorsque le virus continue à détruire les cellules du foie, destruction traduite par l'augmentation des transaminases dans le sang.

## hérédité

Transmission de caractères d'un être vivant à ses descendants.

## hernie hiatale

Glissement anormal d'une partie de l'estomac au-dessus du diaphragme. Cette anomalie anatomique rend possible le reflux du contenu acide de l'estomac vers l'œsophage. Elle provoque une sensation de brûlure.
Voir aussi : reflux gastro-œsophagien.

## héroïne

Drogue dérivée de la morphine (famille des opiacés) utilisée par les toxicomanes en injection ou en inhalation nasale. Elle est mortelle en cas de surdosage (overdose) et provoque une dépendance intense dès les premières prises.

## herpès

- Maladie virale due essentiellement aux virus Herpes simplex 1 et 2. Elle se manifeste, lors des poussées, par une éruption douloureuse de fines vésicules. Entre les poussées, le virus reste présent dans les ganglions nerveux. Le virus de type 1 donne plutôt des lésions situées autour de la bouche, alors que le virus de type 2 atteint de préférence les organes génitaux.
- Famille de virus (Herpèsvirus) qui comprend notamment l'Herpes simplex virus (HSV 1 et 2), le virus varicelle-zona (VZV), le Cytomégalovirus (CMV) et le virus d'Epstein-Barr (EBV) de la mononucléose infectieuse.

## hirsutisme

Apparition anormale d'une pilosité de type masculin chez la femme. À ne pas confondre avec l'hypertrichose féminine, qui correspond à une accentuation de la pilosité normale.

## histamine

Substance chimique naturellement fabriquée par l'organisme et douée de nombreuses propriétés : relâchement des petites artères, contraction des muscles de l'intestin et des bronches, sécrétion du suc gastrique, accélération du cœur et relâchement des contractions de l'utérus. L'histamine est au cœur de l'inflammation, notamment dans les allergies.
Voir aussi : antihistaminique.

## homéopathie

Mode de traitement fondé sur deux principes : l'usage de substances douées d'effets semblables aux symptômes de la maladie qu'elles sont destinées à combattre, et la dilution infinitésimale de ces substances.

## hôpital de jour

Séjour à la clinique ou à l'hôpital qui ne dure que quelques heures : vous arrivez le matin pour des examens ou un traitement et vous repartez le soir même, dès que ceux-ci sont terminés.

## hormone

Substance produite par le corps et transportée par le sang, destinée à réguler l'activité de certaines glandes ou de certains organes.

## hormone androgène

Famille d'hormones produites essentiellement par les testicules. Elles permettent le développement des caractères sexuels masculins.

## hormone stéroïde

Hormone synthétisée par l'organisme à partir du cholestérol. La cortisone, les hormones sexuelles telles que les estrogènes ou la testostérone sont des hormones stéroïdes.
Les hormones stéroïdes utilisées comme médicament sont obtenues par synthèse chimique.

## hormone thyroïdienne

Famille d'hormones accélératrices du métabolisme, sécrétées par la glande thyroïde. Elles sont dosables dans le sang et sont appelées T3 et T4.

## humeur

Dans son sens médical, l'humeur est plutôt synonyme de moral. Un trouble de l'humeur peut revêtir la forme d'une dépression ou d'une excitation euphorique, par exemple.

## Huntington (chorée de)

Maladie rare, héréditaire, touchant certaines zones du cerveau. Elle se manifeste par des mouvements musculaires involontaires et des troubles du caractère.

## hydatidose

Maladie parasitaire due à un ver de la famille des tænias. Elle se contracte au contact de l'eau souillée ou de chiens errants. Elle se traduit par le présence de kystes pouvant se localiser dans tous les organes, le plus souvent dans le foie.

## hyménoptères

Groupe d'insectes ailés comprenant notamment la guêpe, l'abeille et le frelon, dont le venin est susceptible de provoquer des allergies graves chez les personnes prédisposées.

## hypercalcémie

Excès de calcium dans le sang, consécutif à une maladie ou à l'usage de certains médicaments (excès de vitamine D).

## hypercalciurie

Augmentation anormale du calcium dans les urines.

## hypercholestérolémie

Élévation anormale du taux de cholestérol dans le sang. Le cholestérol sanguin se compose de HDL-cholestérol et de LDL-cholestérol. L'excès de LDL-cholestérol (« mauvais cholestérol ») dans le sang favorise la formation de plaques de graisse sur la paroi intérieure des artères, ce qui entraîne une augmentation du risque de maladies cardiovasculaires.

## hyperglycémie

Élévation anormale de la glycémie (taux de sucre dans le sang).

## hyperkaliémie

Élévation anormale de la kaliémie (taux de potassium dans le sang) pouvant provoquer des troubles cardiaques.

## hyperkératinisation

Épaississement anormal de la couche cornée de la peau (couche la plus externe de l'épiderme).

## hypermétropie

Trouble de la vision qui projette l'image d'un objet en arrière de la rétine. L'image formée sur la rétine est floue comme si l'œil était trop court : la personne a du mal à voir les objets de près. Le port de lunettes ou de lentilles de contact est nécessaire lorsque l'accommodation du cristallin ne parvient plus à compenser ce défaut.

## hyperparathyroïdie

Excès de fonctionnement des glandes parathyroïdes, qui provoque des anomalies osseuses.

## hyperplasie

Développement exagéré d'un tissu ou d'un organe.

## hypertension artérielle

Excès de pression (tension) du sang dans les artères. Cette pression est assurée par le cœur et est exprimée par deux chiffres. Elle est maximale lors de la contraction du cœur, ou systole (premier chiffre), et minimale lors du repos cardiaque, ou diastole (deuxième chiffre). Une hypertension artérielle se caractérise par une pression maximale (systolique) supérieure ou égale à 16, ou une pression minimale (diastolique) supérieure ou égale à 9,5. Un traitement est instauré lorsque ces chiffres sont dépassés ou pour des tensions plus faibles chez certaines personnes présentant des facteurs de risque cardiovasculaire : hérédité, tabagisme, diabète, excès de cholestérol. Un traitement antihypertenseur permanent permet de limiter les dommages du cœur et des vaisseaux sanguins dus à l'hypertension artérielle.

## hypertension artérielle pulmonaire

Excès de pression sanguine dans les artères des poumons. Cette hypertension très particulière touche les vaisseaux qui proviennent de la moitié droite du cœur et conduisent le sang dans les poumons, d'où il rejoindra la moitié gauche du cœur, puis la circulation générale. L'hypertension artérielle pulmonaire est due à un obstacle à l'écoulement du sang, comme par exemple un rétrécissement de la valve mitrale qui sépare l'oreillette et le ventricule gauches du cœur.

## hypertension intracrânienne

Excès de pression à l'intérieur de la boîte crânienne, dû à un hématome, un œdème, ou une tumeur du cerveau. Cette affection rare est diagnostiquée par un examen ophtalmologique du fond de l'œil. La douleur de l'hypertension intracrânienne, intense, permanente et durable, ne doit pas être confondue avec un banal mal de tête ou une migraine, qui cèdent généralement en quelques heures ou jours.

## hyperthermie

Élévation anormale de la température corporelle pouvant être due à une maladie (fièvre), à un effort prolongé ou à certains médicaments.

## hyperthyroïdie

Excès d'hormones thyroïdiennes se traduisant notamment par une accélération du cœur, une mauvaise tolérance à la chaleur, un amaigrissement et une fatigue chronique.

## hypertonie

Tension excessive d'un muscle ou d'un groupe musculaire.

## hypertrichose

Développement excessif des poils. À la différence de l'hirsutisme, l'hypertrichose correspond à une accentuation de la pilosité normale.

## hypertriglycéridémie

Élévation du taux de triglycérides dans le sang du fait d'une anomalie héréditaire ou d'une consommation excessive d'alcool ou d'aliments sucrés.

## hypertrophie

Augmentation anormale du volume d'un organe.

## hyperuricémie

Excès d'acide urique dans le sang.

## hypnotique

Médicament provoquant le sommeil.
Synonyme : somnifère.

## hypocalcémie

Baisse du taux de calcium dans le sang, consécutive à une maladie ou à l'usage de certains médicaments.

## hypocholestérolémiant

Médicament qui fait baisser le taux de cholestérol dans le sang.

## hypoglycémiant

Médicament qui fait baisser la glycémie (taux de sucre dans le sang).

## hypoglycémie

Baisse de la glycémie (taux de sucre dans le sang) pouvant provoquer des malaises.

## hypokaliémie

Baisse de la kaliémie (taux de potassium dans le sang) pouvant provoquer des troubles du rythme cardiaque. La prise régulière de laxatifs stimulants ou de certains diurétiques est fréquemment responsable d'hypokaliémie.

## hypolipidémiant

Médicament qui fait baisser le taux des graisses dans le sang : cholestérol et triglycérides, essentiellement.
Synonyme : hypolipémiant.

## hypomanie

État d'excitation euphorique et désordonnée, d'exaltation, survenant le plus souvent dans le cadre de certains troubles psychiatriques.

## hyponatrémie

Diminution du taux de sodium (sel) dans le sang.

## hypophyse

Petite glande située à la base du cerveau. Elle sécrète des hormones qui stimulent diverses glandes de l'organisme.

## hypotension

Diminution de la pression artérielle (tension) qui peut provoquer fatigue, refroidissement des pieds et des mains, vertiges et malaises. L'hypotension peut être due à des médicaments, une hémorragie, une douleur très forte, mais aussi à un passage brutal de la position couchée à la position debout (hypotension orthostatique).

## hypotension orthostatique

Baisse de la tension artérielle survenant lors du passage de la position allongée à la position debout. Due le plus souvent à des médicaments, l'hypotension orthostatique se traduit par des étourdissements avec risque de chute, notamment chez les personnes âgées. On peut prévenir ces troubles en évitant les changements de position brutaux : rester assis quelques instants au bord du lit avant de se mettre debout, se lever lentement d'un siège en gardant un appui avant de se déplacer.
Le port de bas de contention, qui empêche le sang de refluer vers les jambes en position debout, est également utilisé pour traiter l'hypotension orthostatique.

## hypothalamus

Partie du cerveau assurant de multiples fonctions. Il sécrète des hormones destinées à agir sur d'autres glandes (notamment l'hypophyse) qui à leur tour sécréteront d'autres hormones qui agiront sur certains organes (ovaires, thyroïde, etc.).

## hypothermie

Baisse anormale de la température du corps. L'hypothermie (ou cryoplexie) survient lorsque l'organisme perd plus de chaleur qu'il n'en produit : la température corporelle chute, et il faut redouter un arrêt cardiorespiratoire ou des troubles cardiaques si des mesures appropriées ne sont pas prises rapidement. Tout traumatisé peut souffrir d'hypothermie, quelle que soit la saison ; c'est pourquoi il faut toujours couvrir les victimes d'accidents.

## hypothyroïdie

Insuffisance de sécrétion des hormones thyroïdiennes. Elle se traduit notamment par une diminution du pouls, un ralentissement des idées, une constipation, une fatigue chronique, une crainte du froid, etc.

## hystérectomie

Intervention chirurgicale destinée à enlever l'utérus. Elle se réalise sous anesthésie à travers la paroi de l'abdomen ou celle du vagin. Elle est pratiquée en cas de saignements utérins non contrôlés par un traitement médicamenteux, si un fibrome volumineux a été identifié ou à la suite d'un cancer de l'utérus ou de son col. Elle peut s'accompagner d'une ablation des ovaires (ovariectomie).

## iatrogène

Se dit d'une affection provoquée par l'action d'un médicament ou par un geste médical : effet indésirable, infection après une injection ou une intervention, accident lors de la pratique d'un examen complémentaire, etc.

## ID

Abréviation d'intradermique. Voir ce terme.

## IM

Abréviation d'intramusculaire. Voir ce terme.

## IMAO

Abréviation d'inhibiteur de la mono-amine-oxydase. Famille de médicaments utilisés en psychiatrie et en neurologie (dépression, maladie de Parkinson). Ces médicaments sont divisés en deux types : les IMAO non sélectifs, qui sont incompatibles avec de nombreux médicaments et même certains aliments, et les IMAO sélectifs (A ou B), pour lesquels ces inconvénients sont absents ou limités.

## imidazolé

Famille de médicaments qui regroupe des antifongiques, des antibiotiques et des antiparasitaires.

## immunité

Résistance du corps à certains agents infectieux.
Voir aussi : déficit immunitaire.

## immunodépresseur

Voir traitement immunodépresseur.

## immunoglobuline

Anticorps sécrété par certains globules blancs, destiné à neutraliser spécifiquement une substance étrangère ou un agent infectieux. Les immunoglobulines d'origine humaine sont utilisées comme médicament ; elles sont alors purifiées et stérilisées.
Synonyme : gammaglobulines.

## impatiences

Sensations pénibles localisées dans les jambes. Elles se manifestent, généralement lors du coucher, par un sentiment d'inconfort, un besoin irrépressible de bouger les jambes.

## impédancemétrie

Méthode d'exploration du corps à l'aide de très faibles courants électriques. Selon la fréquence des courants utilisés, l'impédancemétrie permet de mesurer le pourcentage de graisses, de muscles ou d'eau dans le corps. Des techniques d'impédancemétrie sont également utilisées pour explorer les organes de l'audition.

## impétigo

Infection de la peau due à un streptocoque ou à un staphylocoque. Elle se manifeste par des plaques rouges, puis des vésicules et des croûtes.

## impuissance

Érection impossible ou insuffisante pour la pénétration.

## incontinence

Émission involontaire d'urine ou de selles.

## incubation

Délai entre la contamination par un germe et l'apparition des symptômes d'une maladie infectieuse.

## indice de masse corporelle (IMC)

Formule permettant d'évaluer la proportion de graisse chez une personne : Poids ÷ (Taille x Taille). Par exemple, pour une personne pesant 82 kg et mesurant 1,60 m, l'indice de masse corporelle est égal à 82 ÷ (1,60 x 1,60) = 32.
L'obésité est définie par un indice supérieur à 30.

## inducteur enzymatique

Le foie, véritable usine chimique de l'organisme, assure l'élimination ou la destruction de nombreux médicaments.
Certaines substances stimulent les enzymes hépatiques qui assurent cette fonction d'élimination. Ces substances sont des inducteurs enzymatiques, et leur consommation peut diminuer la concentration sanguine des médicaments sensibles à leur action, diminuant, voire annulant, leur effet. Une augmentation de la posologie du médicament permet souvent de compenser l'effet de la prise conjointe d'un inducteur enzymatique, mais le risque d'inefficacité conduit parfois à déconseiller leur association. C'est le cas pour les contraceptifs oraux (« pilules »), qui peuvent perdre leur efficacité s'ils sont associés à la prise régulière d'un inducteur enzymatique.
Le risque est mentionné dans la rubrique Interactions médicamenteuses lorsqu'un médicament est susceptible de voir son action significativement modifiée par la prise d'un inducteur enzymatique.
Les principaux inducteurs enzymatiques sont généralement eux-mêmes des médicaments :
- anti-épileptiques (anticonvulsivants) : carbamazépine, phénobarbital, phénytoïne, primidone ;
- antituberculeux : rifabutine, rifampicine ;
- antifongique : griséofulvine.

D'autres substances peuvent avoir un effet inducteur enzymatique :
- le millepertuis, plante contenue dans certaines préparations ;
- le tabac et l'alcool.

## induration

Léger gonflement et perte de l'élasticité de la peau qui devient localement ferme et peu mobile. Une induration peut se produire après l'injection d'un médicament, une piqûre d'insecte, une infection ou une réaction allergique.

## infarctus du myocarde

Destruction d'une partie du muscle cardiaque (myocarde), privé de sang par obstruction de ses artères.

## infections opportunistes

Infections secondaires à un déficit immunitaire, dues notamment à une infection par le VIH (virus du sida). Les germes responsables (virus, bactéries ou levures) profitent de la baisse des défenses de l'organisme pour provoquer une infection. La plupart de ces germes n'entraînent pas d'infection lorsqu'il n'y a pas de déficit immunitaire.

### infiltration

Injection d'une substance médicamenteuse à proximité d'une région douloureuse ou inflammatoire. Les solutions injectables utilisées contiennent généralement des anesthésiques locaux ou des corticoïdes.

### inflammation

Réaction naturelle de l'organisme contre un élément reconnu comme étranger. Elle se manifeste localement par une rougeur, une chaleur, une douleur ou un gonflement.

### infusion

Mode de préparation de la plupart des tisanes ; ce procédé permet d'extraire les substances contenues dans les plantes en versant de l'eau bouillante sur celles-ci. Cette technique est différente de la macération et de la décoction.

### inhalation

- Terme général désignant l'absorption par la bouche et le nez de substances gazeuses ou de particules en suspension qui diffusent dans les voies respiratoires après une inspiration profonde.
- Mode d'administration de substances volatiles, en solution dans de l'eau chaude. Ces substances sont destinées à agir sur les voies respiratoires. Contrairement à l'aérosol, qui nécessite un appareillage électrique, l'inhalation se pratique d'une manière simple : en respirant les vapeurs d'une solution contenue dans un bol, la tête recouverte d'une serviette. Il existe en pharmacie des bols inhalateurs, peu onéreux, qui comportent un embout recouvrant la bouche et le nez.

### inhibiteur calcique

Médicament capable d'inhiber la contraction des vaisseaux sanguins en bloquant l'entrée du calcium dans leurs parois. Il est utilisé principalement dans le traitement de l'hypertension artérielle et de l'angine de poitrine. Ce médicament n'a aucune influence sur la fixation osseuse du calcium.

### inhibiteur de fusion

Famille de médicaments antirétroviraux actifs sur le principal virus de l'immunodéficience humaine (VIH-1). À la différence des autres traitements antirétroviraux, qui agissent sur le virus après sa pénétration dans les cellules, l'inhibiteur de fusion s'oppose à son entrée en se fixant à une protéine de l'enveloppe virale. Il est utilisé en association avec d'autres médicaments antirétroviraux.

### inhibiteur de la recapture de la sérotonine (IRS)

Antidépresseur augmentant la quantité de sérotonine présente dans le cerveau, en limitant sa recapture. Certains IRS sont également utilisés pour le traitement des troubles obsessionnels compulsifs (TOC) et de l'anxiété.
Voir aussi : antidépresseur sérotoninergique.

### inhibiteur de la recapture de la sérotonine et de la noradrénaline (IRSNA)

Antidépresseur augmentant la quantité de sérotonine et de noradrénaline présente dans le cerveau, en limitant leur recapture.
Voir aussi : antidépresseur sérotoninergique.

### inhibiteur de la topoisomérase

Variété de chimiothérapie anticancéreuse bloquant la division des cellules en inhibant une enzyme (la topoisomérase) qui permet à l'ADN de se diviser.

### inhibiteur de l'angiotensine II

Ces médicaments sont parfois appelés sartans, car les noms des molécules appartenant à cette famille se terminent par sartan (losartan, candésartan, etc.).
Cette famille de médicaments bloque l'action de l'angiotensine II, substance qui augmente la tension artérielle et fatigue le cœur.
Les inhibiteurs de l'angiotensine II sont utilisés pour traiter l'hypertension artérielle.

### inhibiteur de l'enzyme de conversion (IEC)

Cette famille de médicaments bloque l'action d'une enzyme, qui convertit l'angiotensine I (substance naturelle inactive) en angiotensine II. Cette dernière substance augmente la tension artérielle et fatigue le cœur.
Les IEC sont utilisés pour traiter l'hypertension artérielle, l'insuffisance cardiaque ou les suites d'infarctus du myocarde.

### inhibiteur enzymatique

Substance ou médicament qui diminue l'efficacité d'une enzyme. En pharmacologie, un inhibiteur enzymatique est un médicament qui

diminue la dégradation d'autres médicaments en diminuant l'efficacité des enzymes hépatiques responsables de leur dégradation.
Un inhibiteur enzymatique (contrairement à un inducteur enzymatique) a donc pour effet d'augmenter le taux sanguin des médicaments sensibles à son action.

## inhibiteurs de la transcriptase inverse

Médicaments antirétroviraux qui agissent en bloquant une enzyme (la transcriptase inverse) nécessaire à la reproduction du virus du sida (VIH) dans les cellules infectées. Ce type de médicament bloque l'une des étapes essentielles du cycle de reproduction du virus, sans toutefois permettre son élimination complète.
Les inhibiteurs de la transcriptase inverse, dont il existe deux types (« nucléosidiques » et « non nucléosidiques »), sont généralement associés à d'autres médicaments antirétroviraux.

## INR

Abréviation d'International Normalised Ratio. Expression normalisée du taux de prothrombine, l'INR permet de limiter les variations de résultats d'un laboratoire d'analyses à l'autre. Il est utilisé pour contrôler l'efficacité d'un traitement anticoagulant oral par antivitamine K. Il varie de 1 (absence d'effet anticoagulant) à 5 et plus (effet anticoagulant maximal et apparition d'un risque d'hémorragie).
Dans la majorité des cas, l'objectif recherché est un INR compris entre 2 et 3.
Lorsque l'INR est inférieur à 2, le traitement est insuffisant et justifie une augmentation de la posologie.
Lorsque l'INR est supérieur à 3, le traitement est excessif et augmente le risque d'hémorragie ; la posologie doit être diminuée.
Dans certaines situations à haut risque d'accident thromboembolique comme le port de prothèses cardiaques, un INR supérieur à 3 peut être nécessaire pour apporter une protection suffisante.
Les modifications de posologies doivent être minimes et leur effet ne se fera sentir sur l'INR qu'après plusieurs jours (délai variable suivant les médicaments) ; elles sont généralement décidées par le médecin. En cas d'INR supérieur à 3,5 le médecin doit être joint avant la prise suivante pour dicter la conduite à tenir. En cas d'INR supérieur à 5, le risque hémorragique est important et peut nécessiter une correction urgente par un traitement spécifique : joindre rapidement un médecin ou à défaut un service d'aide médicale urgente.
Du fait de fréquentes interactions médicamenteuses, un INR de contrôle devrait être pratiqué 3 à 4 jours après la prescription de tout nouveau médicament pris de façon régulière par une personne en traitement anticoagulant.
L'INR n'est pas adapté à la surveillance des traitements anticoagulants injectables.

## insuffisance cardiaque

Incapacité du cœur à remplir sa fonction de pompe. Les principaux symptômes de l'insuffisance cardiaque sont une fatigue et un essoufflement lors d'un effort.

## insuffisance coronarienne

Incapacité partielle des artères du cœur (artères coronaires) à irriguer le muscle cardiaque. Des crises d'angine de poitrine peuvent survenir, le plus souvent lors d'un effort.

## insuffisance hépatique

Incapacité du foie à remplir sa fonction, qui est essentiellement l'élimination de certains déchets, mais également la synthèse de nombreuses substances biologiques indispensables à l'organisme : albumine, cholestérol et facteurs de la coagulation (vitamine K, etc.).

## insuffisance médullaire

Atteinte de la moelle osseuse, qui devient incapable de produire les cellules du sang (globules rouges, globules blancs, plaquettes).
Voir aussi : aplasie médullaire.

## insuffisance pancréatique exocrine

Incapacité du pancréas à sécréter les enzymes nécessaires à la digestion. Exocrine signifie « vers l'extérieur », car les enzymes vont dans le tube digestif. Ce terme s'oppose à endocrine qui signifie « à l'intérieur » et désigne la sécrétion par le pancréas d'insuline dans le sang.

## insuffisance rénale

Incapacité des reins à éliminer les déchets ou les substances médicamenteuses. Une insuffisance rénale avancée ne se traduit pas forcément par une diminution de la quantité d'urine éliminée. Seuls une prise de sang et le dosage de la créatinine peuvent révéler cette maladie.

## insuffisance respiratoire

Incapacité des poumons à oxygéner correctement le sang et à éliminer le gaz carbonique en excès.

## insuffisance surrénale

Défaut de fonctionnement des glandes surrénales, qui sécrètent essentiellement la cortisone.

## insuffisance veineuse

Incapacité des veines des jambes à faire remonter le sang vers le cœur.

## insuline

Hormone sécrétée par le pancréas après consommation de sucres. Elle diminue le taux de sucre dans le sang et permet son utilisation par les organes. L'insuline sert au traitement de certains types de diabète. La seule insuline actuellement utilisée est obtenue par biotechnologie ; les insulines d'origine animale ne sont plus commercialisées.
Les différentes insulines disponibles diffèrent par leur délai et leur durée d'action.

## intolérance

Effet indésirable, le plus souvent digestif, lors de la prise d'un médicament. L'irritation de l'estomac due à l'aspirine est une intolérance et non une allergie.

## intradermique (voie ou injection)

Injection d'un médicament, d'un réactif ou d'un vaccin entre l'épiderme et le derme.
Abréviation : ID.

## intradermoréaction

Injection intradermique (entre l'épiderme et le derme) d'une substance d'origine microbienne, contre laquelle l'organisme réagit en formant un bouton. Cette réaction signifie que l'organisme reconnaît cette substance et a déjà été en contact avec le microbe.
L'intradermoréaction la plus connue est une injection de tuberculine, issue d'une culture de bacilles tuberculeux tués. La formation d'un bouton sur la peau dans les jours qui suivent l'intradermoréaction indique que l'organisme a été en contact avec le bacille tuberculeux (tuberculose ancienne ou en cours), ou que la vaccination par le BCG a été efficace et que l'organisme est donc immunisé contre la tuberculose. La positivité de l'intradermoréaction à la tuberculine peut par conséquent avoir deux significations :
- chez une personne non vaccinée par le BCG, il s'agit d'un signe de tuberculose (ancienne ou en cours) ;
- chez une personne vaccinée par le BCG, il s'agit d'un signe de bonne protection contre la tuberculose.

## intramusculaire (voie ou injection)

Injection d'un médicament dans un muscle, généralement au niveau de la fesse. L'effet du médicament, qui ne passe que progressivement dans le sang, est retardé mais prolongé. Une bonne désinfection préalable de la peau est nécessaire car cette injection profonde expose à un risque d'abcès. La douleur due à la piqûre dépend surtout de la nature du produit utilisé. Cette voie d'administration est contre-indiquée chez les hémophiles et chez les personnes qui suivent un traitement anticoagulant, car elle expose alors à un risque d'hématome de la fesse.
Abréviation : IM.

## intraveineuse (voie ou injection)

Injection d'un médicament dans une veine, généralement au pli du coude, après désinfection de la peau. Lorsqu'il s'agit d'une injection intraveineuse directe à l'aide d'une seringue, l'effet du médicament est immédiat, mais bref. À l'inverse, la perfusion permet une administration continue et contrôlée de la substance active, diluée dans un flacon de sérum.
Abréviation : IV.

## iris

Membrane colorée située en arrière de la cornée, l'iris est couvert de pigments qui déterminent la couleur des yeux. Il est percé d'une ouverture circulaire, la pupille, par laquelle la lumière pénètre dans l'œil.

## IRM

Imagerie par résonance magnétique ; méthode de visualisation analogue au scanner, mais sans utilisation de rayons X.

## irrigation nasale

Technique d'utilisation de certains médicaments qui permet un contact étroit et prolongé avec les fosses nasales : renverser la tête en arrière et faire couler lentement la solution dans une narine. Dans le même temps, prononcer de façon répétée et rapide la syllabe « ké » pour empêcher la solution de couler dans la bouche. Laisser pendant quelques instants le médicament en contact avec les sécrétions, puis l'évacuer en penchant la tête en avant.

## irrigation vaginale

Mode d'administration d'un médicament dans le vagin. La solution, pure ou diluée, est introduite à l'aide d'une canule reliée à une poire ou à la tubulure d'un récipient placé en hauteur.

## IRS

Abréviation d'inhibiteur de la recapture de la sérotonine. Voir ce terme.

## IRSNA

Abréviation d'inhibiteur de la recapture de la sérotonine et de la noradrénaline. Voir ce terme.

## IST

Infection sexuellement transmissible. Synonyme de MST. Voir ce terme.

## IV

Abréviation d'intraveineuse. Voir ce terme.

## kaliémie

Taux de potassium dans le sang. La baisse anormale de la kaliémie, surtout en dessous de 3 mEq/l, expose à des complications cardiaques.
Voir aussi : hypokaliémie, hyperkaliémie.

## katal

Unité utilisée pour mesurer l'activité catalytique.
Les quantités d'enzymes sont parfois exprimées en katals.

## kératite

Inflammation de la cornée de l'œil. Elle peut être due à une maladie, à une infection ou à une irritation par un corps étranger ou une substance toxique.

## kyste

Tumeur bénigne formée d'une cavité fermée et remplie d'une substance liquide, molle ou plus rarement solide.

## lambliase

Infection par un parasite intestinal, fréquente chez l'enfant, qui se manifeste par des troubles digestifs.
Synonyme : giardiase.

## lampe à fente

Également appelée biomicroscope, la lampe à fente permet d'explorer les éléments de l'œil en détail en les éclairant par une fente de lumière dont les dimensions et l'angle varient. Les structures éclairées sont examinées à travers un microscope.

## laser

Faisceau de lumière concentrée utilisé en médecine pour coaguler, découper ou vaporiser. Il existe plusieurs types de laser selon la source lumineuse du faisceau. Ils sont utilisés dans le traitement de nombreuses maladies : troubles de la rétine, glaucome, verrues, hémorroïdes, polypes, etc.

## laxatif de lest

Laxatif qui a la propriété de gonfler au contact de l'eau : il augmente le volume des selles et les rend moins dures. Il est dénué de toxicité.

## laxatif lubrifiant

C'est un corps gras, non absorbé par l'intestin, qui facilite le transit et l'élimination des selles. Il est dénué de toxicité, mais son usage prolongé diminue l'absorption de certaines vitamines essentielles (A, D, E, K).

## laxatif osmotique

Laxatif permettant de rendre les selles plus liquides en retenant l'eau dans le contenu de l'intestin. Il est dénué de toxicité.

## laxatif stimulant

Laxatif puissant mais irritant pour le tube digestif, responsable d'une perte de sels minéraux (potassium, etc.) par l'organisme. Son usage prolongé provoque une dépendance : il n'est plus possible d'aller à la selle sans médicament. À long terme, des lésions définitives de la paroi interne de l'intestin peuvent apparaître (maladie des laxatifs).

## LDH

Abréviation de lactate déshydrogénase. Cette enzyme augmente dans le sang dans de nombreuses maladies, sans être spécifique d'une affection en particulier.

### leishmaniose

Maladie parasitaire des pays chauds transmise par les moustiques phlébotomes.

### lentille de contact

Dispositif optique souple ou rigide placé sur la cornée, destiné à corriger un défaut de la vision.
Les lentilles utilisées actuellement sont toutes en matière plastique. Il en existe deux types :
- Les lentilles rigides, plus ou moins perméables à l'oxygène. Leur faible diamètre (elles ne couvrent pas la totalité de la cornée) facilite l'oxygénation de la cornée : l'oxygène contenu dans les larmes peut diffuser sous et autour de la lentille.
- Les lentilles souples, plus ou moins hydrophiles. Elles sont plus faciles à supporter au début, mais leur grand diamètre et leur perméabilité à l'oxygène limitée ne facilitent pas l'oxygénation de la cornée. Elles peuvent poser des problèmes de tolérance à long terme.

### leptospirose

Maladie infectieuse due à une bactérie qui sévit dans les eaux chaudes et chez les rongeurs. Elle se transmet au contact de boues ou d'eaux douces souillées. Il existe un vaccin destiné aux personnes particulièrement exposées (égouttier, etc.).

### Lesch-Nyhan (maladie de)

Maladie métabolique liée à un déficit enzymatique qui entraîne une accumulation d'acide urique dans l'organisme, notamment dans le cerveau. Elle se traduit par des troubles graves du comportement.

### leucémie

Cancer développé à partir de cellules de la moelle osseuse. Il en existe plusieurs variétés en fonction du type de cellules atteintes et du caractère aigu ou chronique de la maladie.

### levure

Champignon microscopique.

### libération prolongée

Procédé de fabrication d'un médicament, qui permet une libération lente et progressive des substances actives dans l'organisme.
Abréviation : LP.

### lichénification

Épaississement de la peau généralement bien délimité, accompagné ou non de démangeaisons.

### liniment

Préparation liquide, plus ou moins épaisse, utilisée pour frictionner la peau.

### lipodystrophie

Anomalie du métabolisme et de la répartition des graisses dans le corps. C'est un effet indésirable observé notamment dans le traitement de l'infection par le VIH (virus du sida).

### liquide amniotique

Liquide dans lequel baigne le fœtus pendant la grossesse.

### liquide céphalorachidien

Liquide contenu par les méninges, dans lequel «baignent» le cerveau et la moëlle épinière. En cas de suspicion de méningites ou d'autres maladies touchant le système nerveux central, une petite quatité de LCR peut être prélévée par ponction lombaire et analysée.

### lithiase

Concrétion (pierre) qui se forme dans les voies excrétrices de certains organes : voies urinaires, biliaires, salivaires.
Synonyme : calcul.

### lithium

Élément minéral proche du sodium, utilisé soit sous forme de traces (oligo-éléments) pour traiter les troubles légers du sommeil et la nervosité, soit à forte dose pour traiter les troubles graves de l'humeur. À dose élevée, il interfère avec de nombreux autres médicaments.

### loase

Filariose africaine transmise par un taon, le chrysops.

### lombalgie

Douleur de la partie basse du dos.

### LP

Abréviation de libération prolongée. Voir ce terme.

## lucite

Réaction de la peau à une exposition au soleil, due à une prédisposition ou à l'absorption de certains médicaments.
Synonyme : allergie solaire, photosensibilisation.

## lumbago

Douleur de dos dans la région lombaire.

## lupus érythémateux

Maladie de peau provoquant une rougeur de la partie centrale du visage. Il en existe deux formes principales : lupus discoïde (uniquement cutané) et lupus disséminé (associé à des lésions des organes profonds).

## Lyme (maladie de)

Maladie infectieuse transmise par les morsures de tiques. Elle se traduit généralement par l'apparition d'une tache rouge de taille croissante autour du site de la morsure, et peut entraîner des lésions neurologiques.

## lymphatique

Qui concerne la lymphe, liquide incolore circulant dans des vaisseaux spécifiques et dont l'accumulation provoque des œdèmes.

## lymphe

Liquide incolore riche en protéines. Il circule dans les vaisseaux lymphatiques.

## lymphome

Cancer développé à partir des cellules des ganglions lymphatiques ou de la rate ; on distingue deux entités différentes : la maladie de Hodgkin et les lymphomes dits « non hodgkiniens ».

## lyophilisat

Poudre résultant du dessèchement rapide (à basse température et sous vide) d'une substance dissoute dans de l'eau (par exemple café soluble). Comme médicaments, les lyophilisats peuvent être dissous dans un solvant pour préparer une solution (injectable, auriculaire, nasale, etc.) ou être présentés sous forme d'un comprimé à dissoudre dans un verre d'eau, à sucer ou à laisser fondre sous la langue.

## macération

Mode de préparation de certaines tisanes ; ce procédé permet d'extraire les substances contenues dans les plantes en les faisant tremper de façon prolongée dans de l'eau froide. Cette technique diffère de l'infusion ou de la décoction.

## macrolide

Famille d'antibiotiques, largement utilisés, actifs sur de nombreux germes. Les macrolides peuvent donner lieu à des interactions médicamenteuses avec les dérivés de l'ergot de seigle.

## mal des montagnes ou mal de l'altitude

Ensemble de symptômes survenant lorsque l'altitude augmente brutalement (randonnée en haute montagne, arrivée en avion dans une ville de montagne).

## maladie auto-immune

Maladie due, au moins en partie, à une action anormale du système immunitaire : les cellules (lymphocytes) ou les substances de défense (anticorps) s'attaquent sans raison à certains organes comme s'il s'agissait de corps étrangers.

## maladie cœliaque

Maladie du nourrisson et du jeune enfant liée à une intolérance au gluten contenu notamment dans la farine (pain, pâtes, etc.). Elle débute par une diarrhée aiguë avec des selles graisseuses. En l'absence de régime, elle risque d'évoluer vers une anémie, un retard de croissance et un retard mental. La guérison est fréquente à 6 ou 7 ans. Elle nécessite d'exclure le gluten du régime alimentaire.

## maladie coronarienne

Voir insuffisance coronarienne.

## maladie de l'oreillette

Atteinte d'une partie du cœur appelée oreillette où sont localisés les centres de l'automatisme cardiaque. L'altération de ces centres peut être responsable de troubles du rythme cardiaque.

## maladie des ovaires polykystiques

Maladie complexe associant des kystes multiples des ovaires, une absence d'ovulation et des troubles métaboliques.

## maladie du sommeil

Maladie parasitaire mortelle, également appelée trypanosomose africaine, transmise par les mouches tsé tsé (glossines) dans certaines régions d'Afrique.

## mammographie

Radiographie des seins effectuée avec un appareil spécifique, le sénographe. Le sein est comprimé entre deux plaques pour obtenir une épaisseur régulière. Cet examen permet le dépistage précoce du cancer du sein. En cas de doute, il peut être complété par une échographie et un prélèvement sous anesthésie locale.

## maniaco-dépression

Synonyme de troubles bipolaires. Voir ce terme.

## masque de grossesse

Coloration ocre ou brune du visage, en taches plus ou moins étendues (surtout pommettes, lèvre supérieure, front) qui survient après qu'une femme enceinte a été exposée au soleil. Il est dû aux modifications hormonales de la grossesse.
Il peut réapparaître pendant des années, indépendamment de toute grossesse.
La prévention repose sur l'utilisation d'un écran total sur le visage pendant toute la grossesse et l'abstention de toute exposition au soleil.

## masse grasse

Pourcentage de graisse dans le poids total du corps. Cette graisse est essentiellement située sous la peau et autour des organes de l'abdomen (tissu adipeux).

## masse musculaire

Pourcentage de muscle dans le poids total du corps.

## mastopathie

Terme désignant les anomalies et maladies de la glande mammaire.

## médicament à prescription restreinte

Terme regroupant certains médicaments susceptibles de poser des problèmes en matière de santé publique et dont la prescription obéit à des règles précises :

- Médicament réservé à l'usage hospitalier : il ne peut être ni prescrit ni délivré en dehors de l'hôpital.
- Médicament à prescription initiale hospitalière : il doit être obligatoirement prescrit initialement à l'hôpital, mais la délivrance du médicament et les ordonnances de renouvellement peuvent être réalisées en dehors de l'hôpital.
- Médicament à surveillance particulière : pendant toute la durée du traitement, les malades traités par un médicament appartenant à cette catégorie doivent faire l'objet de soins particuliers (prises de sang, examens complémentaires, consultations plus fréquentes). Le renouvellement de l'ordonnance est subordonné au respect des règles de surveillance.

D'autres médicaments obéissent à des règles de délivrance particulière : les médicaments d'exception et les stupéfiants (voir ces termes).

## médicament d'exception

Médicament particulièrement coûteux utilisé dans des cas très précis. Le médecin rédige sa prescription sur une ordonnance spéciale comportant 4 volets : 1 pour le patient, 2 pour la Sécurité sociale, 1 pour le pharmacien.
Le respect de cette procédure conditionne le remboursement par la Sécurité sociale.
D'autres médicaments obéissent à des règles de délivrance particulière : les stupéfiants et les médicaments à prescription restreinte (voir ces termes).

## mégacôlon

Dilatation d'une partie du gros intestin où s'accumulent gaz et matières fécales. Il s'accompagne fréquemment de constipation.

## mélanine

Substance foncée qui assure la pigmentation de la peau, abondante chez les personnes à peau noire et plus rare chez les roux et les blonds. Sa sécrétion, stimulée par les rayons ultraviolets (bronzage), forme un écran qui arrête ces rayons nocifs et les empêche de pénétrer dans les couches profondes de la peau.

## mélanome malin

Cancer de la peau dû au rayonnement solaire.

## méningite

Inflammation due le plus souvent à une infection des enveloppes externes du cerveau appelées méninges. Les méningites peuvent être dues à un virus ; leur évolution est le plus souvent favorable. Certaines bactéries, telles que le méningocoque, l'haemophilus, etc., peuvent être responsables de méningites graves susceptibles de laisser des séquelles. Il faut penser à une méningite en cas de mal de tête permanent avec des nausées, une forte fièvre et un état de prostration inhabituel chez un enfant : un examen médical urgent est alors nécessaire. Heureusement, dans la majorité des cas, il s'agit d'une grippe banale !

## méningocoque

Bactérie responsable de méningites graves qui peuvent être prévenues par une vaccination.

## méningo-encéphalite à tiques

Voir encéphalite à tiques.

## ménopause

Arrêt progressif des cycles menstruels, qui survient chez la femme vers l'âge de 50 ans. La ménopause est due à une forte diminution de la sécrétion d'hormones par les ovaires. Elle peut également être la conséquence de l'ablation chirurgicale des ovaires ou d'un traitement médicamenteux.

## mEq

Abréviation de milliéquivalent. Unité de mesure des éléments minéraux, notamment dans le sang.

## mésothérapie

Méthode de traitement qui consiste en des injections multiples et superficielles de substances médicamenteuses.

## métabolisme

Ensemble des actions de transformation qu'effectue l'organisme, aboutissant à la création d'énergie ou à l'élaboration de substances diverses. On distingue l'anabolisme (métabolisme de fabrication) du catabolisme (métabolisme de dégradation).

## métabolite

Nom donné aux produits de la dégradation d'un médicament par le foie ou plus rarement par un autre organe. Parfois le ou les métabolites d'un médicament conservent une action thérapeutique, voire ont une action supérieure à celle du médicament dont ils sont issus. Mais dans la majorité des cas, ces métabolites sont dénués d'activité et sont éliminés dans les urines ou dans les selles.

## métastase

Présence dans une partie du corps ou dans un organe de cellules tumorales provenant d'un cancer ayant débuté dans un autre organe. Synonyme : localisation secondaire.

## méthémoglobinémie

Présence dans le sang d'une forme anormale de l'hémoglobine : la méthémoglobine. Celle-ci, si elle est en quantité importante dans le sang, provoque une coloration bleutée de la peau.
La méthémoglobinémie peut être congénitale, ou résulter d'une intoxication : monoxyde de carbone, benzène, etc.

## microalbuminurie

Voir albuminurie.

## microbe

Terme général qui désigne tous les organismes microscopiques susceptibles de provoquer une infection : bactéries, virus, parasites, champignons.

## miction

Action d'uriner.

## migraine

Mal de tête particulier touchant généralement la moitié droite ou gauche de la tête, souvent associé à une crainte de la lumière et du bruit.

## minéralocorticoïde

Substance proche de la cortisone, mais dont l'effet se manifeste surtout par la rétention du sel (sodium) et de l'eau dans le corps.

## modificateur de terrain

Substance qui n'est pas directement destinée à combattre une maladie, mais à aider l'organisme à lutter contre elle.

## moelle épinière

Organe cylindrique situé au cœur de la colonne vertébrale, où cheminent les fibres nerveuses qui vont du cerveau aux organes. Entre chaque vertèbre, certaines de ces fibres sortent de la colonne vertébrale et forment des nerfs qui se ramifient jusqu'à leur organe cible.

### moelle osseuse

Substance qui se trouve à l'intérieur de certains os. La moelle osseuse est responsable de la production des cellules du sang et de celles de l'immunité : globules rouges, globules blancs et plaquettes sanguines.

### mononucléose infectieuse

Maladie virale transmise par la salive (« maladie du baiser ») provoquant une angine blanche, des ganglions et une fatigue prolongée.

### morphine

Substance extraite du pavot (opium). La morphine a des propriétés sédatives et antalgiques puissantes. Son usage expose à un risque de dépendance.

### morphinique

Substance apparentée à la morphine.

### MST

Abréviation de maladie sexuellement transmissible.
Aujourd'hui également appelée IST (infection sexuellement transmissible) pour englober les infections sans symptômes, au moins au début (VIH, par exemple).

### mucilage

Substance végétale formant une gelée au contact de l'eau. Elle est essentiellement utilisée dans le traitement de la constipation, mais également pour épaissir le contenu de l'estomac chez le nourrisson et en complément du régime dans le traitement des excès de poids.

### mucoviscidose

Maladie héréditaire qui se manifeste essentiellement par un épaississement des sécrétions du pancréas et des bronches. Elle est diagnostiquée dès la naissance ou plus tardivement. Des progrès considérables ont été faits dans la gestion de cette maladie, dont la gravité est variable selon les individus.

### muguet

Semis de taches blanches visibles dans la bouche, notamment à l'arrière du palais. Ces taches sont dues au développement d'une levure microscopique et apparaissent généralement à la suite d'un traitement antibiotique.

### muqueuse

Tissu (membrane) qui tapisse les cavités et les conduits du corps communiquant avec l'extérieur (tube digestif, appareil respiratoire, voies urinaires, etc.).

### myase sous-cutanée

Lésion, sous la peau, due à la pénétration d'une larve de mouche en Afrique.

### myasthénie

Maladie des muscles se traduisant par une fatigabilité anormale pendant l'effort. Il existe des formes de myasthénie plus ou moins graves.

### mycose

Affection due à des champignons microscopiques, favorisée par la prise d'antibiotiques.

### mycosis fongoïde

Maladie de peau rare et grave, caractérisée par des lésions proches de l'eczéma.

### mydriase

Augmentation anormale du diamètre de la pupille de l'œil qui ne réagit plus à la lumière et reste dilatée. Cet état provient d'une anomalie de l'œil ou de la prise de certains médicaments (atropiniques, etc.).

### myocardiopathie

Maladie du muscle cardiaque qui grossit anormalement. Elle est dite obstructive lorsqu'elle entrave la vidange du cœur.
Synonyme : cardiomyopathie.

### myopathie

Maladie des muscles, souvent génétique, dont il existe différentes formes de gravité variable.

### myopie

Trouble de la vision qui projette l'image d'un objet en avant de la rétine. L'image formée sur la rétine est floue comme si l'œil était trop profond : la personne a du mal à voir les objets situés au loin. Le port de lunettes ou de lentilles de contact est nécessaire lorsque l'accommodation du cristallin ne parvient pas à compenser ce défaut.

### myorelaxants

Médicaments utilisés, en général sur de courtes périodes, dans le traitement d'appoint des contractures musculaires douloureuses, par exemple après une blessure. En détendant

le muscle, ils contribuent à lutter contre la douleur.
Synonymes : décontracturants musculaires, relaxants musculaires.

## myosis

Rétrécissement anormal du diamètre de la pupille de l'œil qui ne se dilate plus dans la pénombre. Cet état provient d'une anomalie de fonctionnement des nerfs de l'œil ou de la prise de certains médicaments (morphiniques).

## narcolepsie

Maladie neurologique entraînant des envies de sommeil incontrôlables, survenant par accès de courte durée dans la journée. Elle est soit isolée (maladie de Gélineau), soit en rapport avec une autre maladie (traumatisme crânien, tumeur cérébrale, épilepsie, obésité, etc).

## nécrose

Terme qui désigne la mort d'un tissu de l'organisme. L'infarctus ou l'escarre sont des nécroses dites ischémiques (dues à une asphyxie localisée par privation de sang) ; d'autres nécroses peuvent survenir au point d'injection de certains médicaments irritants.

## néphrite

Maladie inflammatoire du rein.

## neuroleptique

Famille de médicaments utilisés dans le traitement de certains troubles nerveux ou de symptômes divers : troubles digestifs, troubles de la ménopause, etc.

## neurone

Cellule du système nerveux capable d'émettre et de recevoir des informations sous forme de signaux électriques, permettant ainsi aux différentes parties de l'organisme de communiquer entre elles.

## neuropathie

Nom générique donné aux maladies des nerfs.

## neuropathie périphérique

Lésion des nerfs périphériques (par opposition aux lésions du système nerveux central) qui peut être due à diverses causes : diabète, alcoolisme, virus, médicaments, etc. Elle se traduit par des sensations de fourmillements, de brûlures, de pincements, et des troubles de la sensibilité cutanée.

## neurotransmetteur

Substance chimique libérée à l'extrémité d'un neurone et permettant un transfert d'informations, sous forme de signaux électriques, au neurone voisin.

## neurovégétatif

Qui concerne le système nerveux du même nom, responsable du bon fonctionnement des organes. Ce réseau complexe n'est pas contrôlé par la volonté et son dérèglement est la cause fréquente d'affections pénibles, mais généralement bénignes (colite spasmodique, tétanie, palpitations, etc.).

## névralgie

Douleur due à un traumatisme, à une inflammation ou à une lésion nerveuse.

## névralgie cervicobrachiale

Douleur due à la compression d'un nerf résultant d'une arthrose cervicale.

## névrite

Lésion d'un nerf pouvant être due à des maladies ou à des causes diverses : diabète, alcoolisme, intoxication, médicaments. Lorsque plusieurs nerfs sont atteints, le terme polynévrite est employé. Certains médicaments peuvent léser le nerf optique (névrite optique) et provoquer des troubles de la vision.

## nocebo

Du latin « je nuis », l'effet nocebo est l'inverse de l'effet placebo : la prise d'un médicament factice, dépourvu de substance active, induit des troubles liés à la croyance en la possibilité d'effets indésirables.
Les effets nocebo les plus souvent retrouvés sont les maux de tête et les troubles digestifs. Dans ces conditions, il est souvent difficile, face à un symptôme survenant sous traitement, de faire la part entre l'effet nocebo et un effet indésirable propre au médicament.

## nodule

Terme général désignant une petite boule anormalement présente dans l'organisme. Ce terme est purement descriptif et ne présume pas de l'origine de cette petite boule : kyste, ganglion, tumeur bénigne ou maligne.

## nœud sinusal

Groupe de cellules nerveuses situé dans la paroi du cœur droit et dont l'activité électrique autonome provoque les battements du cœur (par la stimulation régulière du muscle cardiaque). Également appelé nœud de Keith et Flack, ce groupe de cellules fonctionne comme une horloge qui enverrait une impulsion électrique à intervalle régulier. Lors d'un exercice physique, le nœud sinusal reçoit des informations provenant du cerveau et du sang (adrénaline par exemple) : il accélère alors le rythme de ses impulsions.

## noradrénaline

Substance proche de l'adrénaline.

## nourrisson

Enfant de un à 30 mois. Un enfant de moins de un mois est un nouveau-né.

## nouveau-né

Enfant de moins de un mois.

## numération formule sanguine

La numération mesure le nombre de globules rouges (hématies), de globules blancs (leucocytes) et de plaquettes dans le sang. La formule sanguine précise le pourcentage des différents globules blancs : neutrophiles, éosinophiles, basophiles, lymphocytes, monocytes.
Abréviation : NFS.

## nystagmus

Mouvements saccadés et involontaires des yeux.

## obésité

Excès de poids par augmentation des graisses stockées dans le corps. Elle peut provenir de facteurs héréditaires, d'une alimentation mal équilibrée et trop importante, ou de problèmes hormonaux. L'obésité favorise les maladies cardiovasculaires, le diabète, les problèmes articulaires (dos, hanche, genou, cheville) et certains cancers.

## obstétrique

Partie de la médecine qui traite de la grossesse et des accouchements.

## œdème

Accumulation d'eau ou de lymphe provoquant un gonflement localisé.

## œdème aigu du poumon

Infiltration de lymphe dans le poumon, due à un excès de pression sanguine dans les veines pulmonaires. Les poumons ne fonctionnent plus correctement et un essoufflement majeur apparaît. L'œdème aigu du poumon traduit une défaillance du cœur gauche qui reçoit le sang oxygéné en provenance des poumons et le pompe vers l'aorte.

## œil-de-perdrix

Cors situés face à face sur les côtés de deux orteils voisins. L'œil-de-perdrix résulte de la compression excessive de ces orteils l'un contre l'autre. Il est très douloureux.

## œsophage

Tube qui relie le pharynx (la gorge) à l'estomac.

## œsophagite

Inflammation de l'œsophage, due à un reflux de l'acidité de l'estomac. Une œsophagite peut également être provoquée par l'absorption de certains médicaments pris avec une quantité d'eau insuffisante.

## oligo-élément

Élément minéral (cuivre, cobalt, manganèse, or, argent, etc.), apporté par une alimentation diversifiée et présent dans l'organisme en très petite quantité. Les oligo-éléments sont utilisés comme modificateurs de terrain.
Synonyme : élément minéral trace.

## OMS (Organisation mondiale de la santé)

En anglais WHO (World Health Organisation). Elle dirige et coordonne la promotion et la protection sanitaire de tous les pays. Ses principales actions sont la surveillance des maladies et l'aide aux différents gouvernements pour la lutte contre les maladies transmissibles, la formation des personnels de santé, l'organisation des services de santé publique. Elle peut également intervenir dans les cas d'urgence (épidémie de choléra, par exemple).

## onchocercose

Filariose transmise par une petite mouche : la simulie. Elle est responsable de perte de la vision.

## ophtalmoscope

Instrument permettant d'examiner certaines structures de l'œil : rétine, fond d'œil et vaisseaux rétiniens.

### opiacé

Famille chimique qui englobe l'opium et ses dérivés. Outre les drogues telles que l'opium ou l'héroïne, la famille des opiacés comporte la morphine (antalgique puissant), la codéine (antitussif et antalgique) et de nombreuses autres substances.

### oreille interne

Partie de l'oreille qui comprend les organes de l'audition et de l'équilibre. Elle transmet les sons au cerveau et est sensible aux changements de position.

### oreillettes

Cavités du cœur qui reçoivent le sang arrivant des veines. L'oreillette droite reçoit le sang des veines pulmonaires, et l'oreillette gauche celui des veines provenant des autres régions du corps. Elles se contractent pour expulser le sang vers les ventricules.

### ORL

Abrévation d'oto-rhino-laryngologie. Cette spécialité médicale concerne les maladies de l'oreille, du nez et de la gorge.

### orodispersible

Qualifie un comprimé qui se désagrège dans la bouche au contact de la salive. Il peut également être dispersé dans un verre d'eau avant ingestion.

### orthèse

Appareillage utilisé pour corriger une déficience (tendinite, arthrose, entorse, etc.) d'un membre ou de la colonne vertébrale. Les orthèses sont le plus souvent en plastique rigide rembourré de mousse.

### orthophonie

Rééducation du langage, sous sa forme orale et écrite. L'orthophonie prend notamment en charge les défauts de prononciation (bégaiement, zézaiement, etc), les difficultés d'écriture (dyslexie, dysorthographie) et certains troubles du langage (aphasie) ou de la mémoire consécutifs à des affections neurologiques telles que des accidents vasculaires cérébraux.

### ostéoclaste

Cellule qui participe au renouvellement de l'os. Ce renouvellement est assuré par deux types de cellules : les ostéoclastes, qui détruisent en permanence l'os ancien, et les ostéoblastes, qui construisent de l'os neuf.

### ostéodensitométrie

Mesure de la densité des os au niveau de la colonne vertébrale et des hanches. Cette méthode indolore (similaire à un scanner) permet de dépister des signes de décalcification et d'ostéoporose, et de suivre l'efficacité du traitement contre ces problèmes de santé.

### ostéomalacie

Déminéralisation du squelette par insuffisance de fixation du calcium et du phosphore sur l'os.

### ostéoporose

Fragilisation des os, qui deviennent poreux et cassants.

### otite

Inflammation ou infection de l'oreille. L'otite externe ne concerne que le conduit auditif. L'otite moyenne aiguë et l'otite séreuse chronique touchent la partie de l'oreille située derrière le tympan (oreille moyenne).

### otite barotraumatique

Lésion du tympan due à une pression trop importante (avion, plongée sous-marine).

### otosclérose

Variété d'otite chronique grave.

### otospongiose

Variété d'otite chronique héréditaire grave.

### Paget (maladie de)

Maladie caractérisée par un développement anormal et une déformation de certains os du squelette.

### palpitations

Perception anormale de battements cardiaques irréguliers.

### paludisme

Maladie tropicale due à un parasite (Plasmodium) transmis par un moustique (anophèle femelle). Elle se traduit par une fièvre revenant

à intervalles réguliers, des frissons et d'autres symptômes très divers. Toute fièvre élevée survenant dans le mois qui suit le retour d'un voyage en pays tropical doit faire suspecter un paludisme.
Synonyme : malaria.

## pancréatite

Inflammation ou infection du pancréas. Cette glande située derrière l'estomac sécrète des enzymes digestives ainsi que l'insuline, indispensable au métabolisme des sucres.
Une pancréatite aiguë se traduit par des douleurs abdominales ou dorsales extrêmement violentes. Elle est confirmée par une prise de sang spécifique.

## pansement digestif

Médicament qui protège le tube digestif en tapissant la muqueuse d'un film protecteur et en diminuant l'acidité de l'estomac. Ce type de médicament peut gêner l'absorption d'autres médicaments.

## paraphilies

Formes de sexualité tournées de façon intense et répétitive vers des objets inanimés (fétichisme), vers des enfants (pédophilie), vers des personnes non consentantes (exhibitionnisme, voyeurisme, viol), ou faisant intervenir une souffrance et/ou une humiliation de soi-même ou de son partenaire (sado-masochisme). Les paraphilies impliquant un partenaire non consentant ou un enfant sont punies par la loi.

## parasite

Bactérie, organisme végétal ou animal qui vit aux dépens d'un individu d'une autre espèce. Il existe de très nombreux parasites de l'homme, internes (vers intestinaux, paludisme, gale, etc.) ou externes (poux, mycoses, etc.). L'un des plus présents dans le monde est le Plasmodium, agent du paludisme. Il est transmis par un autre parasite de l'homme, un moustique, l'anophèle.

## parathyroïdes

Petites glandes groupées par paire en arrière de la glande thyroïde. Elles participent à la régulation du calcium et du phosphore de l'organisme grâce à une hormone qu'elles sécrètent, la parathormone. Une diminution de parathormone entraîne une hypoparathyroïdie, et un excès, une hyperparathyroïdie.

## parentéral

Qui ne passe pas par le tube digestif. Se dit d'un mode d'administration médicamenteuse par injection.

## paresthésie

Sensation anormale de fourmillements.

## Parkinson (maladie de)

Affection chronique du système nerveux liée à l'altération de certaines cellules du cerveau et se traduisant par des troubles de la mobilité et parfois des tremblements.

## parkinsonien

- Qui se rapporte à la maladie de Parkinson.
- Syndrome parkinsonien : ensemble de symptômes identiques à ceux de la maladie de Parkinson, qui peuvent être notamment observés chez des personnes traitées par des neuroleptiques. Ce syndrome est réversible à l'arrêt du traitement et peut être corrigé par un traitement spécifique.

## pellagre

Maladie de la peau due à une carence en vitamines du groupe B, plus particulièrement en vitamine PP. La pellagre est exceptionnelle en Europe.

## pénicilline

L'un des premiers antibiotiques découverts, puissant et généralement bien supporté ; il reste très utilisé malgré la possibilité d'allergies.

## perfusion

Administration très lente d'une substance par voie intraveineuse. Le flacon est relié à la veine par un tuyau souple et transparent permettant de contrôler le débit.
Synonyme : goutte-à-goutte.

## péridurale (voie ou injection)

Injection d'un médicament (anesthésique local, morphine, etc.) dans l'espace péridural de la colonne vertébrale.
L'espace péridural entoure la dure-mère, solide membrane qui protège la moelle épinière.
On pratique cette injection en introduisant une aiguille entre deux vertèbres.

## péril fécal

Risque infectieux lié à la contamination des aliments ou des boissons par des bactéries, virus ou parasites d'origine fécale.

## périnée

Ensemble de muscles situé entre le pubis et l'anus. Il soutient les organes placés dans la région du bassin et contribue à la continence, c'est-à-dire la capacité à retenir les urines et les selles.

## périoste

Membrane fibreuse qui enveloppe les os et contribue à les nourrir. Le périoste est très innervé (il reçoit de nombreuses terminaisons nerveuses). Pour cette raison, les coups sur les os sont très douloureux.

## péritoine

Mince membrane qui recouvre la paroi interne de l'abdomen et les viscères.

## peste

Maladie bactérienne transmise à l'homme par les puces de rongeurs.
La maladie humaine est devenue très rare, mais des foyers de peste animale chez les rongeurs sauvages existent en Afrique, en Asie, en Amérique du Sud ; dans certaines régions, les contacts entre rongeurs sauvages et rats domestiques sont à l'origine de cas isolés ou d'épidémies limitées chez l'homme.
La forme la plus fréquente est la peste bubonique (une sorte de furoncle apparaît à l'endroit de la piqûre de puce) ; elle peut évoluer vers une forme septicémique ou une forme pulmonaire, transmissible d'homme à homme.

## pH

Mesure de l'acidité ou de l'alcalinité d'une substance. Elle varie de 1, pour un acide fort, à 14 pour une base (alcali) forte. L'eau pure est neutre ; son pH est de 7.

## phanère

Terme désignant les ongles, les cheveux et les poils. Ils ont un constituant commun, la kératine.

## pharmacologie

Étude des médicaments.

## pharyngite

Inflammation ou infection du pharynx.

## pharynx

Partie postérieure de la cavité buccale, située derrière les amygdales.

## phénylcétonurie

Maladie héréditaire qui se caractérise par l'absence d'une enzyme et qui conduit à l'accumulation dans le sang d'un produit toxique. Son dépistage est systématique à la naissance. Le traitement repose sur un régime alimentaire spécifique pendant la petite enfance.

## phéochromocytome

Tumeur très rare des glandes surrénales, se manifestant principalement par des crises d'hypertension artérielle.

## phlébite

Inflammation d'une veine profonde avec formation d'un caillot sanguin, touchant généralement les jambes. La gravité des phlébites est liée à la possibilité d'un déplacement du caillot qui peut migrer jusqu'au cœur et venir ensuite obstruer une artère des poumons (embolie pulmonaire). Une paraphlébite, ou phlébite superficielle, est l'inflammation d'une veine superficielle ; elle est beaucoup moins préoccupante.

## phlyctène

Nom médical des ampoules, ces cloques qui se forment sur la peau lors de frottements répétés, de brûlures, d'infections ou d'allergies.

## phobie

Peur survenant toujours dans les mêmes conditions, de façon irraisonnée et particulièrement angoissante.

## phosphocréatine

Substance qui constitue l'une des sources d'énergie des muscles. Elle est consommée pendant les premières 90 secondes d'un effort, sans intervention de l'oxygène.

## photosensibilisation

Sensibilité anormale de la peau à la lumière ou aux rayons ultraviolets, due à un médicament ou à une substance naturelle ou chimique.

## phytothérapie

Méthode de traitement fondée sur l'utilisation des plantes.

## pied d'athlète

Mycose du pied favorisée par la présence permanente d'humidité (sueur), dans les chaussures de sport, par exemple.

## pityriasis versicolor

Infection de la peau due à un champignon microscopique. Elle se manifeste par des taches qui paraissent brunes sur une peau blanche et blanches sur une peau bronzée. Après traitement, seule une exposition au soleil permet de faire disparaître les taches.

## placebo

Placebo signifie en latin « je plairai ». Ce terme désigne un médicament factice ne contenant aucune substance active. Le placebo est utilisé pour l'étude scientifique des médicaments : un groupe de malades prend un médicament présumé actif, tandis qu'un autre groupe prend un placebo d'aspect identique. L'attribution du vrai médicament ou du placebo se fait par tirage au sort et en aveugle (ni le médecin ni le malade ne savent initialement quel médicament a été pris). La comparaison de l'amélioration observée dans les deux groupes permet de déterminer la part de l'amélioration qui revient à l'activité propre du médicament de celle qui est due à l'effet placebo. Cet effet placebo est très important : près de la moitié des douleurs, par exemple, quelle qu'en soit la cause, sont soulagées par la prise d'un placebo. Cet aspect complexe de la thérapeutique illustre l'importance du psychisme dans l'expression ou au contraire la guérison des symptômes et des maladies. Le placebo est également utilisé pour apprécier l'effet nocebo (« je nuis », en latin) : la prise d'un médicament factice induit un pourcentage non négligeable d'effets indésirables (maux de tête, vertiges, troubles digestifs, etc.). La comparaison entre les effets indésirables observés sous médicament et sous placebo permet de faire la part entre les effets indésirables spécifiques du médicament et ceux dus à l'effet nocebo. Il faut signaler que l'effet nocebo est considérablement renforcé par la lecture préalable des effets indésirables potentiels du médicament, etc.

## plaque dentaire

Dépôt adhérent dans la bouche, élaboré par des bactéries qui sécrètent des acides et des enzymes toxiques pour les dents et les gencives.

## plaquettes

Petites cellules présentes dans le sang : elles participent à la formation des caillots.

## plasma

Liquide dans lequel baignent les cellules du sang. Il contient de l'eau, des sels minéraux, des sucres, des graisses, des protéines.

## plèvre

Double membrane qui isole les poumons de la paroi interne du thorax. Ces deux membranes, dont l'une adhère à la paroi thoracique et l'autre au poumon, peuvent glisser librement l'une contre l'autre et facilitent les mouvements du poumon lors de la respiration.

## pneumocystose

Infection pulmonaire rare, due à un germe nommé Pneumocystis carinii. Elle est fréquente chez les malades du sida.

## pneumothorax

Présence d'air entre les deux membranes de la plèvre (l'enveloppe qui entoure les poumons). Si une brèche se produit dans une des membranes de la plèvre, de l'air y pénètre et comprime le poumon. C'est le pneumothorax. Un pneumothorax peut être dû à une plaie du thorax, ou survenir spontanément lors d'un exercice physique intense (plutôt chez l'homme jeune). Douleur et essoufflement brutal sont les signes habituels du pneumothorax spontané.

## poison du fuseau

Variété de chimiothérapie anticancéreuse agissant sur le fuseau cellulaire, qui permet aux cellules de se diviser. Cette division peut être perturbée de deux manières : par des produits bloquant la synthèse des protéines du fuseau (ce sont les poisons du fuseau, comme la vincristine), ou par des produits qui stabilisent de manière irréversible le fuseau, empêchant ainsi sa division (ce sont les dérivés des taxanes, comme le taxol ou le taxotère).

## poliomyélite

Maladie infectieuse due à un virus. Elle se traduit par des paralysies des muscles des membres (plus rarement de ceux de la respiration). Depuis la mise en place de la vaccination systématique des enfants, cette maladie a disparu des pays occidentaux. Un rappel vaccinal contre la poliomyélite doit être fait tous les dix ans.

## polyarthrite rhumatoïde

Rhumatisme inflammatoire responsable de lésions articulaires, touchant notamment les mains.

## polychondrite atrophiante

Maladie rare du cartilage, touchant surtout le nez et les oreilles.

## polynévrite

Affection d'origine toxique ou infectieuse touchant plusieurs nerfs. L'alcoolisme est la principale cause de polynévrite.

## polype

Excroissance sur une muqueuse.

## polypose nasale

Développement d'excroissances de la muqueuse nasale, d'origine allergique. La polypose, qui peut également toucher les sinus de la face, est une des principales causes d'obstruction nasale chronique.

## polyurie

Émission d'urines abondantes.

## ponction lombaire

Le cerveau et la moelle épinière baignent dans un liquide. On peut prélever un peu de ce liquide par une ponction au niveau du dos : le but est soit d'analyser le liquide, par exemple pour rechercher des cellules anormales ou des germes, soit d'injecter des médicaments pour traiter par exemple une extension de certains cancers.

## porphyrie

Maladie héréditaire rare due à un trouble du métabolisme d'une substance appelée porphyrine.

## posologie

Quantité et répartition de la dose d'un médicament en fonction de l'âge, du poids et de l'état général du malade.

## post-traumatique

Qui survient après un choc, un accident.

## potassium

Élément minéral présent en grande quantité dans l'organisme.
Voir aussi : kaliémie.

## potomanie

Trouble psychologique des personnes qui éprouvent le besoin irrésistible de boire (le plus souvent de l'eau). Ce trouble s'accompagne d'une augmentation de la fréquence et du volume des urines. Il ne doit pas être confondu avec le diabète insipide.

## pou

Parasite de l'homme vivant dans les cheveux, dans les poils pubiens ou dans les vêtements.

## pouchite

Chez les personnes souffrant de maladies inflammatoires chroniques de l'intestin (rectocolite hémorragique et maladie de Crohn), il arrive qu'il soit nécessaire de supprimer chirurgicalement le gros intestin. L'intestin grêle est alors rattaché directement au rectum ou à l'anus par le biais d'un réservoir créé par le chirurgien à partir de l'extrémité de l'intestin grêle. Près de la moitié des personnes ayant subi cette opération développent une pouchite (ou pochite), une inflammation du réservoir peut-être due à la présence de micro-organismes anormaux. La pouchite se traduit par de la diarrhée, des saignements, de l'incontinence fécale, des maux de ventre, etc. Elle est traitée avec des antibiotiques.

## préménopause

Courte période qui précède la ménopause et se traduit par des cycles irréguliers et une baisse modérée de la sécrétion d'hormones par les ovaires.

## presbyacousie

Diminution progressive de l'audition liée au vieillissement, en particulier pour les fréquences aiguës. Elle se traduit par une plus grande difficulté à suivre les conversations dans un environnement bruyant. La presbyacousie peut nécessiter le port de prothèses auditives.

## pression artérielle

Pression du sang dans les artères, mesurée à l'aide d'un brassard. Elle est exprimée par deux chiffres : le plus élevé correspond à la pression artérielle systolique, mesurée lors la contraction du cœur, tandis que le second, moins élevé, est le témoin de la pression artérielle diastolique, mesurée lors du relâchement du muscle cardiaque. En France, le terme tension artérielle est couramment employé pour désigner la pression artérielle. Voir aussi : hypertension artérielle et hypotension orthostatique.

## pression diastolique

Voir pression artérielle.

## pression systolique

Voir pression artérielle.

## priapisme

Érection anormalement prolongée et douloureuse.

## principe actif

Composant d'un médicament qui est à l'origine de ses propriétés thérapeutiques. Un médicament est habituellement constitué d'un ou plusieurs principes actifs et d'excipients qui les accompagnent.
Voir aussi : excipient.

## Prinzmetal (angor de)

Forme particulière d'angine de poitrine due à un spasme des artères coronaires.

## progestatif

Substance dont l'action est proche de celle de la progestérone.

## progestérone

Hormone sécrétée par l'ovaire pendant la seconde phase du cycle et pendant la grossesse. Elle favorise la fixation et le développement dans l'utérus de l'œuf fécondé. Certains dérivés de la progestérone sont également utilisés comme contraceptif.

## prolactine

Hormone sécrétée par l'hypophyse, qui provoque la montée de lait après l'accouchement. Sa sécrétion anormale en dehors de cette période peut entraîner chez la femme des troubles des règles, un écoulement pathologique de lait par le mamelon, ou une stérilité. Chez l'homme, un excès de prolactine provoque une augmentation du volume des seins ou une impuissance.

## prophylaxie

Traitement ayant pour but de prévenir une maladie.

## prostaglandines

Hormones produites par les cellules de nombreux organes (appareil génital, artères, bronches, reins, etc.). Elles agissent localement et ne passent pas dans le sang. Leur action est puissante et rapide. Elles sont impliquées dans de nombreux phénomènes inflammatoires.

## prostate

Organe génital masculin dont la sécrétion contribue à la formation du sperme.
Voir aussi : adénome de la prostate.

## prostatite

Infection de la prostate.

## prurigo

Nom générique donné à des maladies de la peau se traduisant par des boutons et des démangeaisons.

## psoriasis

Maladie de la peau touchant surtout les coudes et les genoux, mais aussi les ongles et le cuir chevelu. Le psoriasis se manifeste par des plaques épaisses, rouges, et recouvertes d'une pellicule blanche adhérente. Le psoriasis peut être plus ou moins inflammatoire. Il se présente parfois sous forme de petits boutons disséminés (psoriasis en gouttes). Le psoriasis peut avoir l'aspect de pustules.

## psychisme

Siège de l'esprit, de la pensée et de la conscience. L'activité psychique regroupe différents processus de traitement de l'information, parmi lesquels l'attention, la mémoire, la réflexion, le raisonnement et le langage.

## psychose

Maladie mentale que le malade n'est pas capable de reconnaître en tant que telle. Le psychotique n'est pas conscient de sa maladie, contrairement à la personne atteinte de névrose, qui a la capacité de se rendre compte de l'existence d'un trouble.

## psychose maniaco-dépressive (PMD)

Synonyme : troubles bipolaires. Voir ce terme.

## psychostimulant

Médicament qui stimule l'attention et la vigilance.

## psychotrope

Terme générique qui désigne les substances ayant une action sur le psychisme. Les principaux médicaments psychotropes sont les neuroleptiques, les tranquillisants (anxiolytiques), les antidépresseurs, les somnifères (hypnotiques). Le terme psychotrope recouvre également les drogues et les produits hallucinogènes.

## pupille

Ouverture circulaire située au centre de l'iris, par laquelle la lumière pénètre dans l'œil. Son diamètre s'adapte à la lumière ambiante pour permettre une vision claire sans être ébloui.

## purpura

Taches cutanées rouges ou violacées dues à de petites hémorragies sous-cutanées. Le purpura thrombopénique est provoqué par une baisse importante du nombre de plaquettes dans le sang.

## puvathérapie

Mode de traitement de certaines maladies de la peau (psoriasis, etc.) utilisant à la fois le rayonnement ultraviolet (UV A) et un médicament (psoralène) qui renforce son action.

## Quincke (œdème de)

Réaction allergique touchant généralement le visage. L'œdème de Quincke se traduit par un gonflement parfois spectaculaire. Les paupières sont souvent les premières touchées. Dans les rares cas où l'œdème touche la gorge, des troubles respiratoires peuvent survenir et un traitement urgent est nécessaire.

## Quinolones

Famille d'antibiotiques utilisés dans le traitement des infections urinaires, génitales, gastro-intestinales, respiratoires, etc. Elle contient, entre autres, la péfloxacine, la ciprofloxacine, l'ofloxacine et la sparfloxacine. Également appelés fluoroquinolones, ces antibiotiques sont efficaces sur un grand nombre de germes. Leur usage est contre-indiqué chez les femmes enceintes, chez celles qui allaitent et chez les enfants du fait de leur possible toxicité sur la croissance des cartilages.

## rachitisme

Maladie de la croissance due à un déficit en vitamine D. Elle se traduit par une déformation des os et des cartilages, et des troubles de l'état général. La vitamine D est fabriquée dans la peau à condition que celle-ci soit suffisamment exposée au soleil ; elle favorise l'absorption et la fixation du calcium et du phosphore, principaux constituants de l'os.

## radiculalgie

Douleur liée à l'irritation d'une racine nerveuse. La sciatique et la cruralgie sont les radiculalgies les plus courantes.

## radiothérapie

Utilisation de la radioactivité pour soigner certaines maladies, notamment des cancers.

## rage

Maladie virale mortelle transmise par morsure d'animaux contaminés, domestiques ou sauvages.

## rash cutané

Éruption de boutons ou de plaques rouges sur la peau.

## Raynaud (syndrome, phénomène ou maladie de)

Troubles de la circulation sanguine des extrémités se traduisant par des fourmillements, un engourdissement et un changement de couleur transitoire des doigts ou des orteils.

## réaction allergique

Réaction due à l'hypersensibilité de l'organisme à un médicament. Les réactions allergiques peuvent prendre des aspects très variés : urticaire, œdème de Quincke, eczéma, éruption de boutons rappelant la rougeole, etc. Le choc anaphylactique est une réaction allergique généralisée qui provoque un malaise par chute brutale de la tension artérielle.

## récepteur

Structure située dans la paroi des cellules, sorte de « serrure » activée par une substance (clé) spécifique. L'adrénaline, par exemple, se fixe sur les récepteurs bêta du cœur et augmente le rythme cardiaque. Certains médicaments agissent en bloquant les récepteurs, par exemple : les bêtabloquants.

## rectocolite hémorragique

Maladie inflammatoire du rectum et du côlon, qui évolue par poussées. Chaque poussée s'accompagne de fièvre, de selles glaireuses et sanglantes.

## rectoscopie

Technique d'examen visuel de l'intérieur du rectum au moyen d'un tube optique (rectoscope).

## reflux gastro-œsophagien

Remontée du suc gastrique dans l'œsophage et dans l'arrière-gorge, favorisée par la position allongée après les repas, par le fait de se pencher en avant, par le port de vêtements qui compriment l'abdomen. Ce reflux est parfois dû à une hernie hiatale.

## régime restrictif

Régime ou règles diététiques visant à réduire ou à supprimer l'apport de certains aliments.

## relaxants musculaires

Synonyme : myorelaxants. Voir ce terme.

## répulsif

Produit destiné à repousser les insectes.

## résistance (aux antibiotiques)

L'utilisation de plus en plus large des antibiotiques favorise des phénomènes de résistance des bactéries. Les espèces vivantes sont caractérisées par leur capacité d'adaptation et les bactéries sont particulièrement aptes à muter pour résister aux produits destinés à les détruire. Lors de l'utilisation d'un antibiotique à une dose insuffisante, pendant une durée trop courte ou de façon trop répétée, les bactéries mutantes les plus résistantes à cet antibiotique sont sélectionnées puisqu'elles sont les seules à survivre. Ces bactéries peuvent persister dans l'organisme ou contaminer une autre personne. Pire, elles peuvent transmettre à d'autres bactéries leur capacité de résistance à un antibiotique.

Contrairement à une idée répandue, quelqu'un ne devient pas « résistant » à un antibiotique. Ce sont les bactéries qui l'entourent ou qui sont présentes dans son organisme qui le deviennent.

## résistance (sport)

Aptitude à fournir un effort d'intensité élevée le plus longtemps possible. Dans le cadre d'activités sportives, on parle de résistance musculaire, cardiovasculaire ou générale selon si cette aptitude concerne les muscles, le cœur et les vaisseaux sanguins ou l'individu dans sa totalité.

## rétine

Tissu nerveux qui tapisse le fond de l'œil et joue le rôle de capteur d'images.

## rétinoïdes

Famille de médicaments apparentés à la vitamine A, utilisés en dermatologie. Ces médicaments sont formellement interdits aux femmes enceintes ou cherchant à le devenir.

## révulsif

Substance ou technique destinée à provoquer un afflux de sang dans la peau à proximité d'un organe malade afin de le soulager (ventouses, cataplasme à la moutarde). Actuellement, ces procédés sont moins employés et le terme révulsif concerne essentiellement des médicaments d'usage local qui provoquent une dilatation des vaisseaux sanguins de la peau.

## Reye (syndrome de)

Syndrome qui se traduit par des vomissements et des troubles de la conscience de gravité variable. Il touche les enfants, le plus souvent après une infection virale aiguë (varicelle, grippe, etc.). L'utilisation d'aspirine au cours de ces maladies a été mise en cause, notamment aux États-Unis et en Angleterre.

## rhabdomyolyse

Atteinte aiguë et grave des muscles, due à une infection sévère ou à une intoxication (notamment médicamenteuse).

Une rhabdomyolyse peut également être localisée à un membre, faisant suite à un traumatisme grave.

## rhinite

Inflammation ou infection du nez et des fosses nasales.

## rhinopharyngite

Inflammation de la partie haute du pharynx, située en arrière du nez et au-dessus du voile du palais. Son origine peut être virale ou bactérienne.

## rhumatisme articulaire aigu

Complication des infections dues à un germe (streptocoque). Elle se traduit par des lésions cardiaques et articulaires.

## rhumatisme inflammatoire

Contrairement à l'arthrose, le rhumatisme inflammatoire provoque une destruction rapide des articulations. Les principaux rhumatismes inflammatoires sont la polyarthrite rhumatoïde, la pelvispondylite rhumatismale (spondylarthrite ankylosante) et le rhumatisme psoriasique.

### rosacée

Maladie de peau provoquant une rougeur du visage. Elle est parfois appelée acné rosacée, mais n'a rien a voir avec l'acné vulgaire. Elle interdit l'emploi local de dermocorticoïdes.

### roséole

Voir sixième maladie.

### salicylés

Famille de médicaments dont le plus connu est l'acide acétylsalicylique (aspirine).

### sarcoïdose

Maladie de cause inconnue, qui touche surtout l'adulte jeune et qui se manifeste le plus souvent par une simple fatigue.
Elle provoque une augmentation de la taille des ganglions et une inflammation des poumons ou d'autres organes.

### satiété

État de satisfaction ressenti après avoir suffisamment mangé et qui entraîne l'arrêt de l'alimentation. Cette sensation résulterait de l'action combinée d'une hormone sécrétée par l'intestin, des concentrations de nutriments dans le sang et de signaux envoyés par l'estomac lorsqu'il atteint un certain volume.

### SC

Abréviation de sous-cutanée. Voir ce terme.

### scanner

Dispositif de radiographie couplé à un ordinateur qui permet d'obtenir une image nette d'un organe profond.

### schizophrénie

Maladie psychique se manifestant par des épisodes d'hallucinations, de délire, de troubles de la pensée et du langage, voire d'agitation psychomotrice. Elle entraîne un repli sur soi et des difficultés relationnelles d'intensité variable, qui nécessitent le plus souvent un traitement neuroleptique.

### sciatique

Névralgie du nerf sciatique. Elle est souvent due à une hernie discale.

### scintigraphie

Méthode d'évaluation du fonctionnement d'un organe qui repose sur l'administration d'une substance très faiblement radioactive. Le devenir de la substance dans l'organe étudié est suivi par des compteurs spéciaux. Cette méthode est utilisée pour l'examen du fonctionnement de la thyroïde, des os, du foie, etc.

### sclérodermie

Maladie rare du collagène entraînant un épaississement de la peau, des muscles et de certains organes profonds.

### sclérose en plaques

Maladie grave du système nerveux évoluant par poussées.

### scoliose

Courbure anormale de la colonne vertébrale qui prend l'aspect d'un S ou d'un C lorsque le patient est vu de dos. Un enfant qui se tient penché sur le côté peut avoir une attitude dite scoliotique, en général sans conséquence. Elle se distingue de la véritable scoliose qui se caractérise par une déformation congénitale de la colonne vertébrale. La gravité de la maladie se mesure en degré d'inclinaison par rapport à la position normale de la colonne.

### séborrhée

Augmentation de la sécrétion de sébum, graisse naturelle sécrétée par certaines glandes de la peau (glandes sébacées), qui a pour effet de donner un aspect gras à la peau ou au cuir chevelu.

### sécable

Qui peut être coupé, divisé.

### sédatif

- Qui apaise, qui calme.
- Médicament appartenant à différentes familles : anxiolytiques, hypnotiques, antalgiques, antitussifs, antiépileptiques, neuroleptiques, etc. mais aussi antidépresseurs, antihistaminiques H1, antihypertenseurs. Un sédatif peut être responsable de somnolence et augmenter les effets de l'alcool.

### sel

Substance chimique dont la plus connue est le chlorure de sodium ou sel de table. Le sel de régime ne contient pas de sodium ; celui-ci est remplacé généralement par du potassium.

### septicémie

Infection générale grave due à l'invasion de germes dans le sang. Les premiers signes sont souvent une fièvre élevée accompagnée de frissons.

### sérotonine

Neurotransmetteur intervenant notamment dans la régulation du sommeil, de l'appétit et de l'humeur. À ce titre, la sérotonine est impliquée dans de nombreux troubles psychiques, comme la dépression, l'anxiété ou les troubles obsessionnels compulsifs. Certains médicaments, comme les inhibiteurs de la recapture de la sérotonine (IRS), traitent ces troubles en augmentant la quantité de sérotonine présente dans le cerveau.

### sérum physiologique

Eau salée (chlorure de sodium) à 9 g par litre, dont l'appellation actuelle est soluté physiologique. Cette concentration, qui se rapproche de celle du sang et de la lymphe, est parfaitement compatible avec les tissus biologiques. Le sérum physiologique est utilisé pour les lavages, les irrigations et les injections (dans ce dernier cas, il doit être stérile).

### sida

Abréviation de syndrome d'immunodéficience acquise (en anglais AIDS).
Forme la plus évoluée et la plus grave de l'infection par le VIH.

### sinus

Cavités osseuses de la face communiquant avec les fosses nasales.

### sinusite

Inflammation ou infection des sinus.

### sixième maladie

Également appelée roséole ou exanthème subit. Maladie bénigne des nourrissons qui débute par une fièvre élevée pendant 3 jours ; quand la fièvre disparaît, l'éruption apparaît (petites lésions arrondies, roses, non surélevées). Elle n'est pas accompagnée de démangeaisons et dure 48 heures. Elle est due à un virus et son traitement se résume à celui de la fièvre.

### sodium

Substance minérale qui peut former des sels, notamment avec le chlore (chlorure de sodium ou sel de table).

### somnifère

Synonyme d'hypnotique. Voir ce terme.

### sophrologie

Méthode thérapeutique qui utilise la détente physique et psychique dans un but préventif ou calmant. La sophrologie a été mise au point au milieu du XX^e^ siècle par le docteur Alfonso Caycedo, un neuropsychiatre colombien. Le but initial de la sophrologie est une détente ciblée, aidant le patient à se concentrer sur ses processus intérieurs et sur ses souvenirs. Elle est obtenue par une relaxation musculaire et une respiration calme.

### souche

Famille de microbes obtenus à partir d'un seul germe, produit en grande quantité sur des milieux de culture.

### sous-cutanée (voie ou injection)

Injection pratiquée sous la peau désinfectée, pincée entre le pouce et l'index de la main qui ne tient pas la seringue. Il est préférable de ne pas piquer dans le pli formé par le pincement de la peau, mais juste sous celui-ci, en introduisant l'aiguille latéralement selon un angle de 45°. Cette technique d'injection, simple, peut être apprise par le malade (diabétique, personne sous anticoagulant, etc.) auprès de son médecin. Elle permet une diffusion lente et progressive de la substance active dans le sang. Abréviation : SC.

### spasmolytique

Médicament qui soulage les crampes.

### spasmophilie

Terme fréquemment employé pour qualifier un état associant diverses manifestations d'un dérèglement nerveux diffus.

### spermogramme

Examen du sperme réalisé en laboratoire permettant d'évaluer la fertilité de l'homme.

### sphincter

Muscle qui permet la fermeture des orifices naturels de l'organisme.

### spondylarthrite ankylosante

Rhumatisme inflammatoire responsable de lésions articulaires atteignant surtout la colonne vertébrale et le bassin.

## squame

Lamelle de cellules cornées se détachant de la surface de l'épiderme (desquamation).

## SRAS

Abréviation de syndrome respiratoire aigu sévère. Infection respiratoire virale grave, due à un germe de la famille des coronavirus, dont les premiers cas ont été observés au printemps 2003 en Asie. Elle serait transmise par des animaux sauvages (civette).

## staphylocoque

Germe impliqué dans de nombreuses infections, notamment cutanées. Il n'est sensible qu'à certains antibiotiques.

## stase

Arrêt ou ralentissement de circulation ou d'écoulement, notamment du sang.

## sténose

Rétrécissement, par exemple d'une artère.

## stent

Mot anglais désignant une prothèse en forme de ressort, placée à l'intérieur d'une artère que l'on vient de dilater, pour éviter que l'artère ne revienne à son diamètre initial. La traduction en français est endoprothèse vasculaire.

## sternum

Os plat qui forme la partie avant de la cage thoracique. Il est relié aux côtes et aux clavicules.

## stéroïde androgène

Hormone mâle fabriquée par les testicules et les glandes surrénales. Elle permet le développement des organes sexuels et de la pilosité de type masculin.

## stomatite

Inflammation de la bouche et des gencives qui peut être due à une infection, mais aussi à certains médicaments qui se concentrent dans la salive.

## strabisme

Défaut de convergence des yeux vers l'objet regardé.

## stupéfiant

Médicament particulièrement susceptible d'être détourné de son usage par un toxicomane. Il ne peut être prescrit que sur une ordonnance sécurisée.
Cette ordonnance a une validité de 7 jours (parfois 14 ou 28 jours).
D'autres médicaments obéissent à des règles de délivrance particulière : les médicaments d'exception et les médicaments à prescription restreinte (voir ces termes).

## sublingual

Voie d'administration d'une substance médicamenteuse qui permet une absorption rapide par les veines situées sous la langue. Le médicament doit être maintenu sous la langue suffisamment longtemps pour passer dans le sang (quelques minutes en général).

## sucre

Terme général désignant différentes substances dont la plus répandue est le saccharose ; d'autres sucres peuvent être contenus dans les médicaments : glucose, fructose, lactose, etc. Le glucose est le sucre utilisé par l'organisme ; il est le seul à circuler en quantité notable dans le sang.
Les édulcorants (faux sucre) sont autorisés chez les diabétiques ou les personnes suivant un régime, et sont très peu caloriques.

## sulfamide hypoglycémiant

Médicament de la famille des sulfamides, qui abaisse le taux de glucose dans le sang (glycémie) en augmentant la sécrétion d'insuline par le pancréas.

## sulfamides

Famille chimique représentée dans plusieurs classes de médicaments : antibiotiques, antidiabétiques, diurétiques, etc. Les sulfamides peuvent être à l'origine d'allergies.

## sulfites

Substances contenant du soufre, utilisées comme conservateurs dans certains médicaments. Les sulfites peuvent provoquer des réactions allergiques chez les personnes prédisposées.

## surdosage

La prise en quantité excessive d'un médicament expose à une augmentation de l'intensité des effets indésirables, voire à l'apparition d'effets indésirables particuliers.

Ce surdosage peut résulter d'une intoxication accidentelle, ou volontaire dans un but de suicide : il convient alors de consulter le centre antipoison de votre région (liste en annexe de l'ouvrage). Mais le plus souvent, le surdosage est la conséquence d'une erreur dans la compréhension de l'ordonnance, ou de la recherche d'une augmentation de l'efficacité par un dépassement de la posologie préconisée. Enfin, une automédication intempestive peut conduire à l'absorption en quantité excessive d'une même substance contenue dans des médicaments différents. Certains médicaments exposent plus particulièrement à ce risque, car ils sont considérés (à tort) comme anodins : vitamines A et D, aspirine, etc. L'arrêt ou la diminution des prises médicamenteuses permettent de faire disparaître les troubles liés à un surdosage.

## surface corporelle

Les produits anticancéreux sont généralement injectés par voie intraveineuse : ils se dispersent alors dans la circulation générale ; la concentration de produit qui arrivera au niveau des tissus, et de la tumeur en particulier, est donc fonction de la quantité injectée et du débit du sang ; celui-ci est corrélé à la surface du corps calculée à partir du poids et de la taille : la dose des médicaments qui sont administrés est donc fonction de cette donnée appelée surface corporelle.

## surfactant

Mot anglais équivalent de tensioactif. Désigne une substance qui augmente la mouillabilité des surfaces solides et facilite l'élimination des souillures par l'eau.

## surrénale

Petite glande située au-dessus du rein, qui sécrète de nombreuses hormones, dont la cortisone et l'adrénaline.

## symptôme

Trouble ressenti par une personne atteinte d'une maladie. Un même symptôme peut traduire des maladies différentes et une même maladie ne donne pas forcément les mêmes symptômes chez tous les malades.

## syncope

Perte de connaissance brève et complète.

## syndrome

Ensemble de symptômes fréquemment associés ; un syndrome grippal, par exemple, associe une fièvre élevée, des courbatures et un mal de tête. Un même syndrome peut être présent dans des maladies de causes différentes.

## syndrome coronarien aigu

Occlusion partielle d'une artère coronaire irriguant le cœur, qui se traduit par une douleur oppressante dans la poitrine, accompagnée ou non de douleurs au cou, aux mâchoires et/ou aux épaules. Le syndrome coronarien aigu nécessite, au même titre que l'infarctus du myocarde, une prise en charge médicale urgente.
Synonyme : angor instable.

## syndrome d'apnée du sommeil

Terme général qui désigne certains troubles de la respiration survenant pendant le sommeil. Ces troubles peuvent être dus à une lésion des centres nerveux qui commandent la respiration, mais le plus souvent, ils sont d'origine obstructive : la base de la langue chute en arrière pendant le sommeil et vient obstruer le pharynx provoquant une apnée et une asphyxie qui réveillent le malade, lui permettant de reprendre sa respiration. La multiplication des apnées au cours de la nuit perturbe le sommeil et est à l'origine d'une somnolence pendant la journée. Ces apnées obstructives sont souvent associées au ronflement.

## syndrome de malabsorption chronique

Maladie caractérisée par un défaut de l'absorption digestive de certains nutriments, due généralement à une maladie ou à l'ablation chirurgicale d'une partie de l'intestin grêle ou de l'estomac.

## syndrome de sevrage

Réaction due à la privation brutale d'une substance (médicament, toxique, alcool, etc.) à laquelle l'organisme a été habitué. Certains médicaments pris pendant la grossesse peuvent provoquer cette réaction chez le nouveau-né. Une forme particulière de syndrome de sevrage est le manque ressenti par les toxicomanes lorsqu'ils sont privés de drogue.

## syndrôme des jambes sans repos

Affection chronique se traduisant par un besoin irrésistible de bouger les jambes, le plus souvent la nuit. Les crises, qui associent à des degrés divers des sensations de fourmillements, de picotements, de démangeaisons, voire de brûlures, sont favorisées par l'immobilité et en partie soulagées par le mouvement. Elles sont souvent responsables d'une insomnie. Cette pathologie serait due à des troubles du système nerveux central et/ou à un dysfonctionnement des nerfs périphériques.

## syndrome du canal carpien

Affection neurologique fréquente liée à une compression du nerf médian au niveau du poignet. Elle se traduit initialement par des fourmillements dans les doigts, puis par des douleurs nocturnes.

## syndrome extrapyramidal

Ensemble de troubles neurologiques se traduisant par des mouvements involontaires et une augmentation du tonus musculaire.

## syndrome malin des neuroleptiques

Affection rarissime qui se traduit, chez un malade sous traitement neuroleptique, par les symptômes suivants : pâleur, sueurs, fièvre élevée, troubles de conscience, salivation excessive, etc. Ces symptômes doivent conduire à arrêter toute prise de neuroleptiques et à contacter un service d'urgence (15). Contrairement à une banale grippe, il n'existe pas de toux, et les troubles de la conscience sont importants.

## syndrome néphrotique

Ensemble de signes liés à une altération des reins, qui se traduit par des œdèmes et par la présence d'albumine dans les urines.

## syndrome prémenstruel

Syndrome survenant avant les règles pendant une période variant de 1 à 15 jours et comportant un ou plusieurs des troubles suivants : ballonnement abdominal, tension des seins, douleurs du bas-ventre, prise de poids, irritabilité, fatigue, tendance dépressive.

## syndrome subjectif des traumatismes crâniens

Ensemble de symptômes qui apparaissent à la suite d'un traumatisme du crâne en l'absence de lésions du cerveau. Il s'agit essentiellement de maux de tête, de difficultés de concentration, de trous de mémoire. Ces troubles guérissent généralement spontanément en quelques semaines ou quelques mois.

## synergistines

Famille d'antibiotiques particulièrement efficaces contre les staphylocoques.

## synovie

Liquide visqueux présent en petites quantités dans les articulations, dont il assure la lubrification.

## syphilis

Maladie sexuellement transmissible due à un germe appelé tréponème.

## système nerveux central

Ensemble formé par le cerveau et la moelle épinière.

## système nerveux parasympathique

Partie du système nerveux responsable, avec le système nerveux sympathique, de la régulation des fonctions vitales de l'organisme (circulation sanguine, respiration, digestion, régulation de la température, etc.). On appelle système nerveux végétatif, ou autonome, la réunion des systèmes nerveux sympathique et parasympathique. Ils sont indépendants de la conscience et de la volonté.

## tachycardie

Accélération du rythme des battements du cœur. Elle peut être due à une fièvre, à une hyperthyroïdie, à une maladie cardiaque, à l'action de certains médicaments, etc.

## tænias

Vers plats formés de plusieurs segments qui parasitent l'homme soit à l'état de vers adultes dans l'intestin (vers solitaires désagréables, mais pas dangereux), soit à l'état larvaire dans d'autres organes (cerveau, foie) dont l'atteinte est beaucoup plus grave.
La prévention repose sur la cuisson suffisante de la viande et du poisson, sur le lavage soigneux des aliments et des mains.

### tartrazine

Colorant rouge pouvant provoquer des allergies.

### taux de prothrombine

Dosage sanguin permettant de mesurer l'efficacité du traitement anticoagulant. Le taux de prothrombine est normalement proche de 100 % ; lorsqu'il baisse, le risque de formation d'un caillot diminue mais le risque d'hémorragie augmente. Le TP tend à être supplanté par l'INR, technique de mesure internationale standardisée.
Abréviation : TP.

### teinture

Solution résultant de l'extraction par un solvant (l'alcool, le plus souvent) des principes actifs d'une plante.

### teinture mère

Solution résultant de la macération dans l'alcool d'une plante déshydratée, d'un animal (abeille, etc.) ou d'un extrait animal (venin de serpent, etc.). La teinture mère est la substance à partir de laquelle sont effectuées les opérations homéopathiques de dilution et de dynamisation.

### télangiectasies

Petits vaisseaux dilatés apparaissant en transparence sous la peau.

### tendinite

Inflammation des tendons, qui provoque une douleur lors de certains mouvements. Les tendinites les plus courantes affectent les tendons du coude (tennis-elbow) et le tendon d'Achille.

### tension artérielle

Voir pression artérielle.

### tension intraoculaire

Tension (pression) des liquides contenus dans l'œil. Elle peut augmenter dans certaines maladies comme le glaucome.

### terpènes

Terme général désignant des substances aromatiques d'origine végétale. Celles-ci sont traditionnellement utilisées pour leurs propriétés respiratoires (stimulante, expectorante, antiseptique) et leur pouvoir révulsif en cas d'application sur la peau. Les plus utilisées sont le camphre, le menthol, l'eucalyptol, les huiles essentielles de menthe, de térébenthine, de niaouli, de pin, d'anis, etc. Certains terpènes, et surtout le camphre, ont été responsables de convulsions, de pauses respiratoires chez le nourrisson, en cas de surdosage. Ils peuvent également provoquer des troubles du comportement chez la personne âgée. Ces produits doivent être utilisés avec prudence aux âges extrêmes de la vie.

### test antidopage

Les sportifs peuvent être soumis à des tests destinés à détecter la présence dans leurs urines de substances dopantes ou de leurs dérivés. Le Comité international olympique et le ministère de la Jeunesse, des Sports et de la Vie associative tiennent à jour une liste des substances considérées comme dopantes. Ces substances sont très variées : hormones anabolisantes qui développent les muscles, excitants qui augmentent la vigilance, bêtabloquants qui ralentissent le cœur et, par exemple, permettent aux tireurs à l'arc de décocher leur flèche entre deux battements cardiaques, etc. Certains médicaments tels que les crèmes, les gouttes auriculaires, contiennent des substances considérées comme dopantes, mais la probabilité pour que ces substances passent dans le sang et soient retrouvées dans les urines est très faible. Dans le doute, l'éventualité d'une réaction positive est mentionnée pour chaque médicament lorsqu'une substance dopante est présente dans sa composition. Il appartient au sportif de décider avec son médecin s'il peut utiliser ou non un tel médicament.

### testostérone

Hormone sexuelle mâle. Elle est indispensable au développement des organes sexuels chez l'enfant, et à leur fonctionnement chez l'adulte.

### tétanie

Par analogie avec les symptômes du tétanos : crispation musculaire accompagnée de tremblements, survenant par crises. Ces crises peuvent être dues à un stress ou, plus rarement, à un manque de calcium.

### tétanos

Maladie infectieuse due à un germe capable de survivre dans la terre pendant plusieurs années. Dans une plaie, le bacille tétanique sécrète une substance toxique (toxine) capable de provoquer des contractions douloureuses et une paralysie des muscles qui s'étend à l'ensemble du corps. Le tétanos est une maladie extrêmement grave qui peut entraîner la mort par paralysie des muscles de la respiration. La vaccination est obligatoire et doit être renouvelée tous les dix ans.

### tétracyclines

Voir cyclines.

### TFR

Abréviation de tarif forfaitaire de responsabilité.
Taux de remboursement d'un médicament calculé sur la base du prix des génériques correspondants.

### thrombocytémie essentielle

Maladie rare caractérisée par une multiplication anormale du nombre de plaquettes dans le sang.

### thrombose

Formation d'un caillot dans une veine, une artère ou dans l'une des cavités du cœur.

### thyroïde

Glande située à la base du cou, qui sécrète des hormones riches en iode.

### tissu adipeux

Accumulation de graisse sous forme de cellules gorgées d'acides gras, essentiellement sous la peau et autour des organes de l'abdomen.

### tissu conjonctif

Trame de protéines plus ou moins dense qui soutient et lie entre elles les cellules de nombreux organes (os, peau, dents, ongles, etc.). Il est surtout composé de collagène et de cellules appelées fibroblastes. Il constitue l'essentiel des tendons, des gaines des muscles et des cartilages.

### TOC

Abréviation de troubles obsessionnels compulsifs. Voir ce terme.

### tonus musculaire

Au repos, les muscles sont dans un état de tension légère involontaire dont nous n'avons pas conscience : c'est le tonus (ou tonicité) musculaire. L'exercice physique régulier augmente le tonus des muscles.

### topiques

Nom général donné aux médicaments destinés à être utilisés localement et non ingérés ou injectés.

### torsades de pointes

Trouble du rythme cardiaque grave, favorisé par :

- une hypokaliémie ou des situations la favorisant : diarrhées importantes et prolongées, usage répété de laxatif stimulant, etc.,
- un cœur trop lent,
- une prédisposition visible sur l'électrocardiogramme,
- la prise de certains médicaments.

Les médicaments susceptibles de provoquer des torsades de pointes sont les suivants : quinidine, hydroquinidine, disopyramide, amiodarone, sotalol, ibutilide, certains neuroleptiques, bépridil, cisapride, diphémanil, halofantrine, mizolastine, pentamidine, moxifloxacine, érythromycine (voie IV).

### toxoplasmose

Maladie infectieuse due à un germe appelé Toxoplasma gondii, transmis par l'alimentation ou la manipulation de chatons et de selles de chats adultes. C'est une maladie généralement bénigne, inapparente ou révélée par l'apparition de ganglions. C'est en revanche une maladie redoutable lorsqu'elle survient pendant la grossesse car elle entraîne un risque de malformation chez le fœtus. Il n'existe pas de vaccin.

### TP

Abréviation de taux de prothrombine. Voir ce terme.

### trachome

Maladie de l'œil particulière, fréquente dans les pays tropicaux, due à un germe (Chlamydia trachomatis).

### traitement curatif

Traitement destiné à soigner une maladie déclarée, et qui vise la guérison. Dans la majorité des cas, le traitement curatif s'attaque à la cause de la maladie.

### traitement d'appoint

Traitement qui complète l'action d'un traitement spécifique, mais ne permet généralement pas d'obtenir la guérison à lui seul.

### traitement d'attaque

Traitement destiné à obtenir un effet rapide grâce à des doses élevées.

### traitement de fond

Synonyme de traitement préventif, dans le cas des maladies évoluant par crises ou par poussées (asthme, migraine, rhumatismes, psoriasis, etc.). Des crises peuvent néanmoins survenir, qui ne doivent pas conduire à arrêter le traitement sans avis médical.

### traitement de la crise

Par opposition au traitement de fond, traitement bref et épisodique dans le cadre des maladies évoluant par crises ou par poussées.

### traitement d'entretien

Traitement destiné à conserver le bénéfice d'un traitement d'attaque. La dose la plus faible permettant de maintenir l'efficacité est recherchée pour limiter les effets indésirables.

### Traitement homéopathique

Traitement basé sur l'administration de substances fortement diluées d'origine végétale, animale ou minérale. Les grands principes de l'homéopathie sont la similitude (utilisation de substances produisant des effets semblables aux symptôme de la maladie), la dilution infinitésimale (les substances utilisées font l'objet de multiples dilutions) et la globalité (la cible du traitement n'est pas un organe en particulier, mais l'individu dans son ensemble).

### traitement hormonal de la ménopause

Traitement destiné à corriger les conséquences des déséquilibres hormonaux survenant à la ménopause (voir ce terme) : fragilisation osseuse (ostéoporose), bouffées de chaleur, troubles psychiques, sécheresse vaginale, etc. Basé sur un apport d'estrogènes et/ou de progestérone, ce traitement est contre-indiqué en cas d'antécédent de cancer du sein, des ovaires ou de maladie cardiovasculaire. Synonyme : traitement hormonal substitutif (THS).

### traitement immunodépresseur

Traitement qui diminue les réactions immunitaires (réactions de défense de l'organisme contre les corps étrangers). La baisse de l'immunité est généralement l'objectif du traitement : prévention des rejets de greffe d'organe, traitement des maladies auto-immunes. Cependant, dans certains cas, l'effet immunodépresseur est une conséquence non souhaitée d'un traitement : la chimiothérapie anticancéreuse, destinée à détruire les cellules cancéreuses, affecte également les cellules normales du sang et fragilise les malades face aux infections. Cette fragilité justifie une surveillance médicale renforcée : prise de sang régulière, nécessité de signaler l'apparition de toute fièvre.
Synonyme : traitement immunosuppresseur.

### traitement minute

Médicament utilisé en une seule prise, le plus souvent à forte dose, pour une action brève et immédiate permettant la guérison. Tous les traitements en prise unique ne sont pas des traitements minute : certains médicaments pris en une seule fois sont éliminés très lentement par l'organisme et restent actifs pendant plusieurs jours, voire plusieurs semaines.

### traitement palliatif

Traitement qui tente d'atténuer les symptômes d'une maladie incurable.

### traitement présomptif

Traitement destiné à soigner une maladie dont le diagnostic est probable mais qui doit être confirmé par des examens.

### traitement préventif

Traitement destiné à prévenir une maladie (synonyme : prophylaxie), ou à limiter la fréquence des crises ou des poussées dans une maladie chronique.
Synonyme : traitement de fond.

### traitement substitutif

Traitement qui apporte à l'organisme une substance qu'il ne peut plus produire en quantité suffisante.

### traitement symptomatique

Traitement qui supprime ou atténue les symptômes d'une maladie sans s'attaquer à sa cause.

### tranquillisant

Médicament luttant contre l'anxiété et le stress. La majorité des tranquillisants appartiennent à la famille des benzodiazépines.
Synonyme : anxiolytique.

### transaminases

Enzymes dosées dans le sang, dont le taux s'élève lors de certaines hépatites. Elles figurent dans les analyses de sang sous le nom de SGOT et SGPT ou ASAT et ALAT.

### transit intestinal

Parcours des aliments depuis l'estomac jusqu'à leur élimination sous forme de selles.

### transmission materno-fœtale

Transmission d'un germe d'une mère infectée à son enfant pendant la grossesse, par le passage du germe à travers le placenta (échanges sanguins entre la mère et le fœtus), ou lors de l'accouchement.

### trichinose

Maladie parasitaire grave due à de petits vers infestant les muscles de nombreux mammifères omnivores ou carnivores : porc surtout, mais aussi phacochère, sanglier, ours, phoque, chacal, renard, blaireau, etc.
L'homme se contamine en mangeant de la viande insuffisamment cuite (ou parfois de la charcuterie) ; les contaminations massives sont mortelles.

### trichomonas

Parasite microscopique responsable d'infections génitales chez l'homme comme chez la femme.

### triglycérides

Graisses circulant dans le sang. Elles proviennent essentiellement de l'assimilation des corps gras, des sucres et de l'alcool.

### triptans

Nom d'une famille chimique de vasoconstricteurs utilisés dans le traitement de la migraine. Par rapport aux vasoconstricteurs dérivés de l'ergot de seigle, les triptans ont l'avantage d'agir plus spécifiquement sur les artères du cerveau.

### trompe d'Eustache

Conduit qui fait communiquer l'arrière des fosses nasales à l'oreille moyenne, cavité située derrière le tympan. Ce conduit permet une bonne ventilation de cette cavité, et son obstruction peut gêner l'audition ou favoriser les otites.

### trouble du rythme cardiaque

Anomalie grave ou bénigne de la fréquence des contractions du cœur. L'extrasystole est une contraction survenant juste avant ou après une contraction normale, souvent perçue comme un léger choc dans la poitrine. La fibrillation est une contraction irrégulière et désordonnée. D'autres troubles existent : torsades de pointes, syndrome de Wolf-Parkinson-White, maladie de Bouveret, tachysystolie, flutter et bloc auriculoventriculaire, etc.

### trouble lipidique

Anomalie, parfois héréditaire, de la synthèse ou de la répartition des graisses dans l'organisme et notamment dans le sang.

### troubles bipolaires

Maladie psychique caractérisée par l'alternance et la répétition de phases de dépression et d'états maniaques.
Synonymes : maniaco-dépression, psychose maniaco-dépressive.

### troubles digestifs

Ensemble de symptômes traduisant une irritation ou un mauvais fonctionnement du tube digestif. Un ou plusieurs troubles peuvent être présents : nausées, vomissements, aérophagie, douleurs abdominales, brûlures d'estomac, ballonnements, flatulences, diarrhée ou constipation, etc. Les antibiotiques peuvent favoriser les candidoses, souvent responsables de troubles digestifs.

### troubles fonctionnels

Les troubles fonctionnels ne sont pas dus à des lésions des organes, mais à une perturbation de leur fonctionnement.

### troubles neurologiques

Ensemble d'anomalies traduisant une atteinte du système nerveux central (le cerveau et la moelle épinière) ou périphérique (les nerfs). Ces anomalies peuvent prendre des formes très diverses : troubles du langage (aphasie), du comportement (agitation), de la conscience (somnolence), de la motricité (paralysie), etc.

### troubles obsessionnels compulsifs (TOC)

Troubles caractérisés par des idées (obsessions) et des comportements (compulsions) répétitifs et gênants. Le sujet a conscience du caractère anormal de ses troubles (névrose) mais ne peut pas les contrôler.

## troubles paniques

Maladie psychique caractérisée par la survenue de bouffées d'anxiété répétées et incontrôlables. De survenue brutale et de courte durée, ces épisodes anxieux s'accompagnent souvent de symptômes évoquant, pour la personne atteinte, une maladie grave (crise cardiaque, étouffement), voire une mort imminente.
Synonyme : crise de panique.

## trypanosomose africaine

Voir maladie du sommeil.

## trypanosomose américaine

Voir maladie de Chagas.

## tuberculose

Maladie infectieuse due au bacille de Koch. Elle peut toucher tous les organes, notamment le poumon, l'os (mal de Pott), l'appareil urinaire ou génital, l'œil, etc.

## tumeur

Développement anormal de cellules de l'organisme. Les tumeurs bénignes repoussent les tissus voisins sans les altérer : verrues, grains de beauté, adénomes, etc. ; leur développement reste localisé. Les tumeurs malignes envahissent les tissus avoisinants et peuvent essaimer à distance (métastases).

## tumeur de l'hypophyse

Tumeur le plus souvent bénigne qui se développe dans l'hypophyse, glande située sous le cerveau. Cette tumeur peut perturber la sécrétion d'hormones par cette glande.

## turista

Voir diarrhée du voyageur.

## tympan

Fine membrane située au fond du conduit de l'oreille. Le tympan transmet les vibrations sonores aux organes responsables de l'audition. La pression des deux côtés du tympan doit être équilibrée pour un bon fonctionnement de celui-ci. Un excès de pression d'un seul côté peut entraîner une rupture du tympan responsable d'une surdité partielle.

## typhoïde

Maladie bactérienne digestive transmise par l'eau et l'alimentation. La vaccination est recommandée pour certaines destinations lorsque le voyage sera long ou les conditions d'hygiène sur place précaires.

## typhus

Maladie infectieuse transmise par les poux du corps.

## UI

Abréviation d'unité internationale. Unité de mesure normalisée qui indique l'activité d'une substance.

## ulcération

Petit ulcère.

## ulcère

Lésion en creux de la peau, des muqueuses ou de la cornée.

- Ulcère de jambe : plaie chronique due à une mauvaise circulation du sang.
- Ulcère gastroduodénal : plaie localisée de la muqueuse de l'estomac ou du duodénum, due à un excès d'acidité et très souvent à la présence d'une bactérie (Helicobacter pylori). L'ulcère est favorisé par le stress, l'alcool, le tabagisme et la prise de certains médicaments (aspirine, AINS, etc.).

## ultrasons

Vibration sonore de haute fréquence, inaudible, pouvant pénétrer sans dommage dans le corps (et permettant l'échographie).

## ultraviolet

Les rayons ultraviolets sont des radiations émises naturellement par le soleil ou artificiellement par certaines lampes. On distingue les UV A et les UV B. Les UV B, de courte longueur d'onde, sont arrêtés dans les couches les plus externes de la peau. Ils sont responsables de brûlures (coups de soleil). Les UV A, de longueur d'onde plus importante, pénètrent profondément et atteignent le derme. Ils induisent la pigmentation (bronzage). L'exposition intense et répétée aux UV cause un vieillissement prématuré de la peau et augmente le risque de cancer cutané.
Abréviation : UV.

## urée

Substance produite par le corps lors de l'utilisation des acides aminés (issus des protéines). Elle doit être éliminée dans l'urine par les reins. Son accumulation (lors d'insuffisance rénale ou de déshydratation) provoque des nausées, des vomissements, des maux de tête, des vertiges, des convulsions, voire un coma.

## urétrite

Inflammation de l'urètre (conduit qui permet l'émission d'urines à partir de la vessie). Cette inflammation est généralement due à une infection.

## uricémie

Taux d'acide urique dans le sang.

## urticaire

Éruption de boutons sur la peau, dont l'origine est le plus souvent allergique. Les boutons ressemblent à des piqûres d'orties et leur couleur varie du rose pâle au rouge.

## UV

Abréviation d'ultraviolet. Voir ce terme.

## uvéite

Inflammation interne de l'œil qui concerne l'iris et les structures voisines.

## vaccin

Solution injectable destinée à immuniser l'organisme contre un virus ou une bactérie.
Il existe plusieurs sortes de vaccins :

- Les vaccins vivants atténués : le germe contenu dans le vaccin est vivant mais incapable de provoquer la maladie (BCG, rougeole, rubéole, oreillons, etc.).
- Les vaccins préparés à partir de fragments de germes tués : les parties les plus immunisantes du virus ou de la bactérie sont utilisées pour préparer le vaccin (vaccins polio, contre les hépatites, etc.).
- Les vaccins contenant des toxines neutralisées (inactivées) : dans le cas du tétanos, c'est une toxine sécrétée par le germe qui est responsable de la gravité de la maladie ; le vaccin permet l'immunisation contre cette toxine.

## vaccin recombinant

Vaccin obtenu par génie génétique. Au lieu de préparer des vaccins à partir de cultures de germes, les substances immunisantes (antigènes) sont obtenues en cultivant des cellules dont le patrimoine génétique a été modifié : elles sont « programmées » pour fabriquer des protéines identiques à celles qui sont présentes dans le virus ou la bactérie responsables de l'infection. Cette technique est de plus en plus employée. Elle permet d'obtenir des vaccins contenant une forte concentration de protéines immunisantes (antigènes) hautement purifiées. Un autre avantage réside dans la sécurité apportée par ce mode de préparation : aucun germe infectant n'étant utilisé pour la préparation du vaccin, le risque théorique d'une contamination par un vaccin mal stérilisé est nul.

## vaisseaux capillaires

Vaisseaux sanguins plus fins que des cheveux (d'où leur nom) qui irriguent les cellules.

## valve mitrale

Une valve cardiaque est une sorte de clapet qui ne permet le passage du sang que dans un seul sens. La valve mitrale sépare l'oreillette du ventricule gauche. Lorsque le ventricule gauche se contracte pour chasser vers l'aorte le sang qui provient de l'oreillette, la valve mitrale se ferme et empêche tout reflux sanguin vers l'oreillette gauche.

## varice

Dilatations anormales des veines visibles sous la peau. Elles sont dues à la perte d'élasticité de la paroi des veines ou à des lésions des valvules veineuses. Elles se situent essentiellement au niveau des jambes. Elles peuvent se compliquer avec la formation d'ulcères dits variqueux.

## vasculaire

Qui concerne les vaisseaux sanguins : artères et veines.

## vascularite systémique

Terme général désignant des maladies rares responsables d'une atteinte inflammatoire de la paroi des artères : périartérite noueuse, granulomatose allergique de Churg Strauss, angéites d'hypersensibilité rencontrées dans la maladie sérique et les connectivites, granulomatose de Wegener, granulomatose lymphomatoïde de Liebow, maladie de Horton, maladie de Takayashu, maladie de Buerger, syndrome de Behcet, syndrome de Mac Duffie, syndrome de Cogan, etc.

## vasoconstricteur

Médicament qui provoque une contraction des vaisseaux sanguins, par opposition à vasodilatateur.

### vasodilatateur

Médicament capable de dilater les vaisseaux sanguins (artère, veine), par opposition à vasoconstricteur.

### vecteur

Tout organisme qui permet la transmission d'un agent infectieux : l'anophèle est le vecteur du paludisme, la puce celui de la peste.

### veine

Vaisseau sanguin conduisant au cœur.

### veinotonique

Désigne un médicament qui a la propriété d'augmenter le tonus de la paroi.

### vélocité

La vélocité d'un mouvement est une combinaison de rapidité et d'agilité. La rapidité est fonction de la capacité des muscles à réagir à une impulsion nerveuse en se contractant. L'agilité est liée à une bonne technique gestuelle et à la maîtrise de la position du corps dans l'espace. En cyclisme, la vélocité correspond à la fréquence de pédalage.

### vergetures

Stries cutanées dues à une distension exagérée de la peau, notamment lors d'une grossesse.

### vermifuge

Médicament destiné à traiter les infestations dues à des vers.
Synonyme : antihelminthique.

### vertige

Symptôme qui peut désigner une impression de perte d'équilibre (sens commun) ou, plus strictement, une sensation de rotation sur soi-même ou de l'environnement (sens médical).

### vigilance

État d'éveil de la conscience. La vigilance peut être diminuée après l'ingestion de certains médicaments dont l'emballage comporte un pictogramme représentant une automobile noire dans un triangle rouge.

### VIH

Abréviation du virus de l'immunodéficience humaine (en anglais HIV), responsable d'une infection pouvant évoluer vers le sida. On distingue le VIH-1 (responsable de l'épidémie mondiale) et le VIH-2 (beaucoup moins répandu que le VIH-1, surtout présent en Afrique de l'Ouest).

### vincamine

Substance vasodilatatrice extraite de la pervenche. Dans certains cas, elle peut être à l'origine d'un trouble du rythme cardiaque grave : torsades de pointes.

### virilisation

Apparition de caractères sexuels masculins chez une femme : pilosité de type masculin, voix grave, etc.

### virose cérébrale

Maladie du cerveau due à un virus.

### virus

Organisme microscopique qui pénètre dans les cellules de l'hôte, où il se reproduit. Beaucoup plus petits que les bactéries, les virus sont insensibles aux antibiotiques. Ils peuvent parfois être détruits par des substances antivirales.

### vitamine

Substance indispensable à la croissance et au bon fonctionnement de l'organisme. Les besoins en vitamine sont normalement couverts par une alimentation variée. Dans les pays développés, seule la carence en vitamine D, chez le jeune enfant ou le vieillard peu exposés au soleil, justifie une supplémentation systématique. Un apport supérieur aux besoins, par des médicaments notamment, peut être à l'origine d'un surdosage et de troubles divers (vitamines A et D essentiellement).

### vitesse de sédimentation

Examen biologique sanguin mesurant le temps mis par les globules blancs, les globules rouges et les plaquettes pour tomber au fond d'un tube en présence d'un anticoagulant. La vitesse de sédimentation augmente notamment avec l'âge, les infections bactériennes et parasitaires, les rhumatismes, certaines maladies du sang et du foie, certains cancers. Son augmentation ne peut donc pas être interprétée isolément et nécessite toujours d'autres examens complémentaires.

## vitiligo

Maladie de la peau se traduisant par des taches décolorées à contour net, à ne pas confondre avec le pityriasis versicolor.

## voie

- Chemin (voie d'administration) utilisé pour administrer les médicaments : voie orale, sublinguale, sous-cutanée, intramusculaire, intraveineuse, intradermique, transdermique.
- Ensemble d'organes creux permettant le passage de l'air (voies respiratoires), des aliments (voies digestives), des urines (voies urinaires), de la bile (voies biliaires), etc.

## voies biliaires

Voies excrétrices conduisant la bile du foie au duodénum. Elles comprennent le canal cholédoque et la vésicule biliaire, réservoir qui stocke la bile en excès entre les repas.

## volume pulmonaire mobilisable

Également appelé capacité vitale, le volume pulmonaire mobilisable correspond au volume d'air expulsé lors d'une expiration forcée (après une inspiration maximale). L'air qui reste dans les poumons après cette expiration forcée est appelé volume résiduel. La somme du volume mobilisable et du volume résiduel constitue la capacité pulmonaire totale.

## Willebrand (maladie de)

Maladie héréditaire du sang apparentée à l'hémophilie. Elle se manifeste dès l'enfance par une tendance à saigner facilement au moindre choc et par des hémorragies pouvant survenir spontanément.

## Wilson (maladie de)

Maladie héréditaire due à une anomalie du métabolisme du cuivre, qui se traduit par des troubles neurologiques et des lésions du foie pouvant évoluer vers une cirrhose.

## Zollinger-Ellison (syndrome de)

Maladie rare due à une sécrétion anormale de gastrine, hormone qui stimule l'acidité de l'estomac. Les malades souffrent d'ulcères digestifs graves et récidivants.

## zona

Éruption douloureuse de boutons due à une réactivation du virus de la varicelle, resté dans un ganglion nerveux après cette maladie infantile.

# Adresses utiles

# Numéros d'urgence

## Les services d'urgence

**Samu :** 15
**Pompiers :** 18
**Appel d'urgence européen :** 112

## Numéros verts

**Accueil sans abri**
0 800 306 306 ou 115

**Allo enfance maltraitée**
119
www.allo119.org

**La Croix-Rouge Écoute**
Service d'aide et d'écoute psychologique
0 800 858 858

**Drogues Info Service**
0 800 23 13 13
Appel gratuit depuis un poste fixe. Depuis un portable, appeler le 01 70 23 13 13 au prix d'une communication ordinaire.

**Fil santé jeunes**
0 800 235 236 (anonyme et gratuit)
Tous les jours de 8 h à minuit

**Écoute Santé**
0 800 150 160

**Sida Info Service**
0 800 840 800
www.sida-info-service.org

**Viols femmes informations**
0 800 05 95 95 (anonyme et gratuit)

**Écoute Handicap Moteur**
0 800 500 597 (anonyme et gratuit)
www.apf.asso.fr

## Autres numéros et associations

**Tabac Info Service**
0 825 309 310 (0,15 €/mn)
Lundi au samedi de 8 h à 20 h

**Association nationale de prévention en alcoologie et addictologie**
01 42 33 51 04

**Violences conjugales - Femmes infos-service**
39 19 ou 01 40 33 80 60

**Suicide écoute**
01 45 39 40 00

**Aide aux victimes (INAVEM)**
08VICTIMES ou 08 842 846 37
(prix d'un appel local)

**Info-nosocomiale Écoute**
0 810 455 455 (prix d'un appel local)

**Maltraitance personnes âgées ALMA**
0 892 680 118
www.alma-france.org

**Fin de vie - Soins palliatifs**
0 811 020 300 (prix d'un appel local)

*Source : ministère de la Santé et des Solidarités*
*www.sante.gouv.fr*

En cas de difficultés au cours de la grossesse, ou pour un jeune enfant, vous pouvez vous adresser à votre centre de **Protection maternelle et infantile (PMI)**, dont l'adresse peut vous être communiquée par votre mairie.
Pour des informations sur la contraception ou sur l'interruption volontaire de grossesse, vous pouvez vous adresser à votre centre de **Planning familial** (l'adresse peut vous être communiquée en appelant le 01 48 07 29 10).

# Centres antipoison et centres de toxicovigilance

*Mise à jour : octobre 2006*
Site web : www.centres-antipoison.net

## • ANGERS

**Centre antipoison et de toxicovigilance**
**Régions Centre et Pays de Loire**
M. le Dr Patrick Harry
CHRU d'Angers
4, rue Larrey
49933 Angers Cedex 09
Tél. : 02 41 48 21 21
Fax : 02 41 35 55 07
E-mail : centre-antipoison@chu-angers.fr

## • BORDEAUX

**Centre antipoison et de toxicovigilance**
CHU Pellegrin-Tripode
Place Amélie-Raba-Léon
33076 Bordeaux Cedex
Tél. : 05 56 96 40 80
Fax : 05 56 79 60 96
E-mail : centre-antipoison@chu-bordeaux.fr

## • GRENOBLE

**Toxicovigilance et toxicologie clinique, département de veille sanitaire**
M. le Pr Vincent Danet
CHU
BP 217
38043 Grenoble Cedex 9
Tél. : 04 76 76 59 46
Fax : 04 76 76 56 70
E-mail : toxicovigilance@chu-grenoble.fr

## • LILLE

**Centre antipoison et de toxicovigilance**
Mme le Dr Monique Mathieu-Nolf
CHRU
5, avenue Oscar-Lambret
59037 Lille Cedex
Tél. : 0 825 812 822
Fax : 03 20 44 56 28
E-mail : cap@chru-lille.fr
Site web : http://www.chru-lille.fr/cap/lille.htm

## • LYON

**Centre antipoison**
M. le Pr Jacques Descotes
Bât. A, 162, avenue Lacassagne
69424 Lyon Cedex 03
Tél. : 04 72 11 69 11
Fax : 04 72 11 69 85
E-mail : jacques-georges.descotes@chu-lyon.fr

## • MARSEILLE

**Hôpital Salvator**
249, boulevard Sainte-Marguerite
13274 Marseille Cedex 9

**Centre antipoison - Réponse téléphonique urgente**
M. le Pr Bernard Bruguerolle
Mme le Dr Maryvonne Hayek-Lanthois
Tél. urgences 24 h/24 : 04 91 75 25 25
secrétariat : 04 91 74 51 80
Fax : 04 91 74 41 68
E-mail : maryvonne.hayek@ap-hm.fr

**Centre de toxicovigilance**
M. le Pr Bernard Bruguerolle
Mme le Dr Jocelyne Arditti-Djiane
Tél. : 04 91 75 25 25
secrétariat : 04 91 74 50 19
Fax : 04 91 74 50 54
E-mail : jocelyne.arditti@ap-hm.fr

● **NANCY**

**Centre antipoison et de toxicologie**
M. le Dr Jacques Manel
CHU de Nancy. Hôpital central
29, avenue du Maréchal-de-Lattre-de-Tassigny
CO n° 60034
54035 Nancy Cedex
Tél. : urgences : 03 83 32 36 36
secrétariat : 03 83 85 21 92
Fax : 03 83 85 26 15
E-mail : cap@chu-nancy.fr ou
toxicovigilance@chu-nancy.fr

● **PARIS**

**Centre antipoison**
**et centre de toxicovigilance**
M. le Dr Robert Garnier
Hôpital Fernand-Widal
200, rue du Faubourg-Saint-Denis
75475 Paris Cedex 10
Tél. : 01 40 05 48 48
Fax : 01 40 05 48 88
E-mail : cap.paris@lrb.aphp.fr

● **REIMS**

**Centre de toxicovigilance**
M. le Dr Francis Grossenbacher
CHU - Hôpital Maison Blanche
45, rue Cognac-Jay
51092 REIMS Cedex
Tél. : 03 26 78 48 21 (heures et jours ouvrables)
Fax : 03 26 78 41 36
E-mail : toxicologie-clinique-reims@chu-reims.fr

● **RENNES**

**Centre antipoison**
**et centre de toxicologie**
M. le Pr Christian Verger
CHU - Hôpital Pontchaillou
2, rue Henri-Le-Guilloux
35033 Rennes Cedex 09
Tél. : 02 99 59 22 22
Fax : 02 99 28 42 30
E-mail : centre.antipoison@chu-rennes.fr

● **ROUEN**

**Centre de toxicovigilance**
M. le Dr Jean-Philippe Leroy
Hôpital Charles-Nicolle
1, rue de Germont
76031 Rouen Cedex
Tél. : 02 35 88 44 00 (heures et jours ouvrables)
Fax : 02 32 88 81 28
Tél secrétariat (heures et jours ouvrables) :
02 32 88 80 50
E-mail : jean-philippe.leroy@chu-rouen.fr

● **STRASBOURG**

**Centre antipoison**
Hôpitaux universitaires
1, place de l'Hôpital, BP 426
67091 Strasbourg
Tél. : 03 88 37 37 37
Fax : 03 88 11 54 75
E-mail : flesch.francoise@chru-strasbourg.fr

● **TOULOUSE**

**Centre antipoison et de toxicovigilance**
Mme le Dr Claudine Cabot
TSA 40031
Place du Docteur-Baylac
Hôpital Purpan
31059 Toulouse Cedex 9
Tél. : 05 61 77 74 47
secrétariat : 05 61 77 24 87
Fax : 05 61 77 25 72
E-mail : cabot.c@chu-toulouse.fr
ou : cap.reg@chu-toulouse.fr

# Centres de traitement et de prévention de l'alcoolisme, du tabagisme et des toxicomanies

*Mise à jour le 9 mars 2007*

## • Association nationale de prévention en alcoologie et addictologie (ANPAA)

20, rue Saint-Fiacre
75002 Paris
01 42 33 51 04
www.anpaa.asso.fr

## • ASSOCIATIONS DE LUTTE CONTRE L'ALCOOLISME

**Écoute Alcool**
0 811 91 30 30
(prix d'une communication locale)

**Groupes familiaux des alcooliques anonymes (AL-ANON), Groupes d'adolescents des alcooliques anonymes (ALATEEN)**
4, rue Fléchier
75009 Paris
01 42 81 97 05
www.assoc.orange.fr/al-anon.alateen.france

**Alcooliques anonymes**
0820 ECOUTE ou
0 820 32 68 83
24 h/24 et 7 j/7
www.alcooliques-anonymes.fr

**Société française de la Croix Bleue**
189, rue Belliard
75018 Paris
01 42 28 37 37
www.croixbleue.fr

## • PRÉVENTION TABAGIQUE

**Comité national contre le tabagisme (CNCT)**
31, avenue du Général-Michel-Bizot
75012 Paris
01 55 78 85 10
www.cnct.org

**Office français de prévention du tabagisme (OFPT)**
66, boulevard Saint-Michel
75006 Paris
01 43 25 19 65
www.oft.asso.fr ou http://oft.spim.jussieu.fr

**Tabac Info Service**
0 825 309 310 (0,15 €/min)
www.tabac-info-service.fr

**Club Pataclope**
Site destiné aux jeunes à partir de 10 ans
www.pataclope.com

## • PRÉVENTION ET LUTTE CONTRE LES DROGUES

**Drogues Info Service**
0 800 23 13 13
Appel gratuit depuis un poste fixe.
Depuis un portable, appeler le 01 70 23 13 13 au prix d'une communication ordinaire.

**Écoute cannabis**
0 811 91 20 20 (prix d'un appel local)

**MILDT**
Mission interministérielle de lutte contre la drogue et la toxicomanie
www.drogues.gouv.fr

# Associations de patients

Depuis quelques années, de très nombreuses associations de patients se sont constituées en France. Ces associations à but non lucratif proposent des informations et un soutien aux personnes atteintes de maladies chroniques et à leur famille.

## Quelles sont ces associations ?

À l'origine, ces associations ont souvent été créées par des médecins spécialistes qui cherchaient à aider leurs patients en encourageant la recherche scientifique autour d'une maladie. Aujourd'hui, la plupart d'entre elles sont créées par les patients eux-mêmes ou leurs proches. Si la recherche médicale est toujours au cœur de leurs préoccupations, d'autres priorités sont mises en avant : la diffusion de l'information sur la maladie, l'amélioration de la prise en charge globale des personnes touchées et le soutien psychologique ou logistique.

## Que peut-on attendre de ces associations ?

Lorsqu'une personne apprend qu'elle est atteinte d'une maladie chronique, elle est souvent désorientée. Si personne dans son entourage ne souffre de la même maladie, elle peut se sentir isolée et perdue. Les bénévoles et les salariés des associations de patients sont alors d'excellentes ressources en termes d'information, d'écoute et de soutien. Ils connaissent bien les contraintes qu'impose la maladie et les moyens disponibles pour faciliter le quotidien. Ils sont également bien informés sur la prise en charge médicale et les nouveaux traitements disponibles. De nombreux patients, une fois leur prise en charge médicale stabilisée, décident de s'investir dans ces associations comme bénévoles. Participer à la vie de l'association leur permet de rencontrer des personnes qui vivent la même expérience, d'échanger des conseils, de se soutenir mutuellement.

## Le cas des maladies rares

Une maladie est dite rare lorsqu'elle touche moins de 30 000 personnes en France. Il existe plusieurs milliers de maladies rares. Parfois, une maladie rare ne touche que quelques dizaines de personnes. Les familles touchées sont extrêmement isolées et l'existence d'une association de patients est souvent une bouée de sauvetage pour elles. Il existe plusieurs centaines d'associations de patients liées à des maladies rares, trop pour être mentionnées dans la liste ci-dessous. Pour identifier une association de patients en lien avec une maladie rare, vous pouvez consulter les sites Internet de l'Alliance Maladies Rares (http://www.alliance-maladies-rares.org) ou d'Orphanet (http://orphanet.infobiogen.fr) ou appeler Maladies Rares Info Services au 0 810 63 19 20 (prix d'un appel local). De plus, un site Internet indépendant (http://www.lachainette.com), en lien avec l'Alliance Maladies Rares, permet aux patients dont la maladie n'est pas représentée par une association de se retrouver et de s'entraider.

*Mise à jour le octobre 2006*
*Le groupe de réflexion « associations de malades-syndicats de médecins et de pharmaciens-industrie pharmaceutique » a établi une liste d'associations de malades représentatives selon les critères suivants : représentant des pathologies rares ou chroniques, regroupant des patients ou des familles de patients, reconnues d'utilité publique et opérant à l'échelle nationale et/ou participant à ce groupe de réflexion.*

## • CANCÉROLOGIE

**Association des parents et des amis des enfants traités à l'Institut Gustave-Roussy (ISIS)**
39, rue Camille-Desmoulins
94805 Villejuif Cedex
Tél : 01 42 11 52 20. Fax : 01 42 11 54 52
E-mail : isis@igr.fr
Site web : http://www.isi-asso.com

**Europa Donna - Forum France**
Coalition européenne contre le cancer du sein
14, rue Corvisart
75013 Paris
Tél : 01 44 30 07 66
E-mail : infos@europadonna.fr
Site web : http://www.europadonna.fr

**Ligue nationale contre le cancer (LNCC)**
14, rue Corvisart
75013 Paris
Tél : 01 53 55 24 00. Fax : 01 43 36 91 10
Site web : http://www.ligue-cancer.net

## • CARDIOLOGIE

**Association des porteurs de valves artificielles cardiaques**
46, rue de Ménilmontant
75020 Paris
Tél : 01 46 36 41 89

## • DERMATOLOGIE

**Association de lutte contre le psoriasis (APLCP)**
Parc du Bondon
23, rue Madame-de-Ségur
56000 Vannes
Tél : 02 97 46 48 56
E-mail : michele.corvest@wanadoo.fr
Site web : http://www.aplcp.org

## • ENDOCRINOLOGIE

### CROISSANCE (HORMONE DE)

**Association Grandir**
84, avenue Pasteur
10000 Troyes
Tél/Fax : 03 25 70 05 08
E-mail : grandir@wanadoo.fr
Site web : http://www.grandir.asso.fr

### DIABÈTE

**Aide aux jeunes diabétiques (AJD)**
9, avenue Pierre-de-Coubertin
75013 Paris
Tél : 01 44 16 89 89. Fax : 01 45 81 40 38
E-mail : ajd.vias@wanadoo.fr
Site web : http://www.ajd-educ.org

**Association française des diabétiques (AFD)**
88, rue de la Roquette
75011 Paris
Tél : 01 40 09 24 25. Fax : 01 40 09 20 30
E-mail : afd@afd.asso.fr
Site web : http://www.afd.asso.fr

**Ligue des diabétiques de France (LDF)**
1, rue de Ségur
64000 Pau
Tél : 05 59 32 36 01. Fax : 05 59 72 97 75
E-mail : pau.liguediabetiquesfrance@worldonline.fr
Site web : http://www.diabetenet.com

**Union des maisons du diabète et de la nutrition - Maison du diabète et du risque cardiovasculaire**
124, rue Raymond-Derain
59700 Marcq-en-Barœul
Tél : 03 20 72 32 82. Fax : 03 20 65 25 22
E-mail : mddrc@maison-diabete.com
Site web : http://www.maison-diabete.com

## • GASTRO-ENTÉROLOGIE

### MALADIE DE CROHN

**Association François-Aupetit (AFA)**
Hôpital Saint-Antoine
Bât Jacques Caroli, 9e étage
184, rue du Faubourg-Saint-Antoine
75571 Paris Cedex 12
Tél : 08 26 62 52 20
(MICI infos du lundi au vendredi de 9 h à 18 h)
E-mail : info-accueil@afa.asso.fr
Site web : http://www.afa.asso.fr

## • HÉMATOLOGIE

**Association française des hémophiles**
6, rue Alexandre-Cabanel
75739 Paris Cedex 15
Tél : 01 45 67 77 67. Fax : 01 45 67 85 44
E-mail : info@afh.asso.fr
Site web : http://www.afh.asso.fr

**Association Hémochromatose France (AHF)**
BP 87777
30912 Nîmes Cedex 2
Tél : 04 66 64 52 22 ou 04 66 64 52 22
Fax : 04 66 62 93 87
E-mail : contact@hemochromatose.fr
Site web :
http://www.perso.orange.fr/hemochromatose/

## • MALADIES INFECTIEUSES

### LÈPRE

**Fondation Raoul-Follereau**
31, rue Dantzig
75015 Paris
Tél : 01 53 68 98 98. Fax : 01 48 56 22 22
E-mail : follereau@raoul-follereau.org
Site web : http://www.raoul-follereau.org

### MALADIES NOSOCOMIALES

**Lutte, information, études des infections nosocomiales, sécurité sanitaire (LIEN)**
BP 236
91943 Courtabœuf Cedex
Tél : 01 69 07 26 26. Fax : 01 64 46 62 57
E-mail : contact@association-lien.org
Site web : http://www.association-lien.org

### SIDA

**TRT-5 (groupe interassociatif « traitement et recherche thérapeutique »)**
Tour Essor - 14, rue Scandicci
93508 Pantin Cedex
Tél : 01 41 83 46 11. Fax : 01 41 83 46 19

**AIDES**
Tour Essor
14, rue Scandicci
93508 Pantin Cedex
Tél : 01 41 83 46 46. Fax : 01 41 83 46 19
E-mail : aides@aides.org
Site web : http://www.aides.org

**Solidarité enfants sida (Sol En Si)**
9 bis, rue Léon-Giraud
75019 Paris
Tél : 01 44 52 78 78. Fax : 01 42 38 91 63
E-mail : solidarite-enfants-sida@wanadoo.fr
Site web : http://www.solensi.asso.fr

**Actions Traitements**
190, boulevard de Charonne
75020 Paris
Tél : 01 43 67 66 00. Fax : 01 43 67 37 00
Site web : http://www.actions-traitements.org

**ARCAT**
94-102, rue de Buzenval
75020 Paris
Tél : 01 44 93 29 29. Fax : 01 44 93 29 30
Site web : http://www.arcat-sante.org

**Dessine-moi un mouton**
35, rue de la Lune
75002 Paris
Tél : 01 40 28 01 01. Fax : 01 40 28 01 10
Site web : http://www.dessinemoiunmouton.org

**Sida Info Service**
190, boulevard de Charonne
75020 Paris
Tél : 08 00 84 08 00. Fax : 01 44 93 16 00
Site web : http://www.sida-info-service.org

## • MALADIES RARES

**Alliance Maladies rares**
Plateforme Maladies rares
102, rue Didot
75014 Paris
Tél : 01 56 53 53 40. Fax : 01 56 53 53 44
E-mail : alliance@maladiesrares.org
Site web : http://www.alliance-maladies-rares.org

**Amalyste (Lyell et Stevens-Johnson)**
4, rue Yves-Toudic
75010 Paris
Tél : 08 71 71 51 02
E-mail : contact@amalyste.fr
Site web : http://amalyste.free.fr

**Association Entraide aux Malades de Myofasciite à Macrophages**
(Asso E 3M)
25, rue de Verdun
21350 Vitteaux
Fax : 03 80 33 93 00
Site web : http://asso.e3m.free.fr

**Association européenne contre les leucodystrophies (ELA)**
53, cours Léopold, BP 20267
54005 Nancy Cedex
Tél : 03 83 30 93 34. Fax : 03 83 30 00 68
E-mail : ela@ela-asso.com
Site web : http://www.ela-asso.com

**Association française du Gougerot Sjögren et des syndromes secs**
Lieu-dit Les Peyrières
81660 Pont-de-l'Arn
Tél/Fax : 05 63 61 04 70
E-mail : afgs@wanadoo.fr
Site web : http://www.afgs-syndromes-secs.org

**Association française contre les myopathies (AFM)**
1, rue de l'Internationale, BP 59
91002 Évry
Tél : 01 69 47 28 28. Fax : 01 60 77 12 16
E-mail : afm@afm.genethon.fr
Site web : http://www.afm-france.org

**Association Française du Syndrome de Marfan**
6, rue de la République
78600 Maisons-Lafitte
Tél : 01 64 62 03 75
E-mail : afsm@vivremarfan.org
Site web : http://www.vivremarfan.org

**Association française du syndrome de fatigue chronique et de fibromyalgie**
51, rue Maurice-Molhant
59830 Bourghelles
Tél : 03 20 84 13 52
E-mail : fatiguechronique.fibromyalgie@hotmail.fr
Site web : http://asso.nordnet.fr/cfs-spid

**Association de malades atteints de dystonie (AMADYS)**
8, rue de la Goutte-Villemin
88530 Le Tholy
Tél : 03 29 61 81 11
E-mail: francis.gehin@wanadoo.fr
Site web : http://www.amadys.net

**Cutix Laxa Internationale**
35, route des Chaîgnes
17740 Sainte-Marie-de-Ré
Site web : http://www.orpha.net/nestasso/cutislax

**Eurordis (fédération d'associations pour maladies rares)**
Hôpital Broussais
Plateforme Maladies rares. Bât Gaudart-d'Allaines
102, rue Didot
75014 Paris
Tél : 01 56 53 52 10. Fax : 01 56 53 52 15
E-mail : eurordis@eurordis.org
Site web : http://www.eurordis.org

**Fédération des maladies orphelines**
5, rue Casimir-Delavigne
75006 Paris
Tél : 01 43 25 98 00. Fax : 01 43 54 32 56
Site web : http://www.maladies-orphelines.fr

**Ligue française contre la neurofibromatose**
2, chemin des Mésanges
17540 Anais
Tél/Fax : 05 46 68 23 70
E-mail :
ligue-contre.neurofibromatoses@wanadoo.fr
Site web : http://www.chez.com/neurofibromatose

**Maladies rares Info Services**
Plateforme Maladies rares. Hôpital Broussais
102, rue Didot
75014 Paris
Tél (n° Azur) : 08 10 63 19 20
E-mail : info-services@maladiesrares.org

**Médicaments orphelins**
**Orphanet**
Plateforme Maladies rares
102, rue Didot
75014 Paris
Tél : 01 56 53 81 37. Fax : 01 56 53 81 38
E-mail : orphanet@orpha.net
Site web : http://www.orphanet.fr

## • NÉPHROLOGIE

**Fédération nationale d'aide aux insuffisants rénaux (FNAIR)**
31, rue des Frères-Lion
31000 Toulouse
Tél : 05 61 62 54 62. Fax : 05 61 62 06 91
E-mail : fnair@fnair.asso.fr
Site web : http://www.fnair.asso.fr

## • NEUROLOGIE

### ALZHEIMER

**France Alzheimer et maladies apparentées**
Union nationale des associations Alzheimer
21, boulevard Montmartre
75002 Paris
Tél : 01 42 97 52 41. Fax : 01 42 96 04 70
E-mail : contact@francealzheimer.org
Site web : http://www.francealzheimer.org

### ÉPILEPSIE

**Épilepsie Euro-services**
115 rue de l'Abbé-Groult
75015 Paris
Tél/Fax : 01 56 80 10 60
E-mail : epieuros@club-internet.fr

**Fondation française pour la recherche sur l'épilepsie**
9, avenue Percier
75008 Paris
Tél : 01 47 83 65 36. Fax : 01 40 61 01 44
E-mail : FFRE@fondation.epilepsie.fr
Site web : http://www.fondation-epilepsie.fr

### PARKINSON

**Association France Parkinson**
37 bis, rue La Fontaine
75016 Paris
Tél : 01 45 20 22 20. Fax : 01 40 50 16 44
E-mail : france-parkinson@wanadoo.fr ou info@franceparkinson.fr
Site web : http://www.franceparkinson.fr

**Fédération française des groupements des parkinsoniens (FFGP)**
34, route de Carrières
78400 Chatou
Tél/fax : 01 30 53 20 29
E-mail : ffgp.asso@free.fr
Site web : http://www.parkinsoniens.org

### SCLÉROSE LATÉRALE AMYOTROPHIQUE et AUTRES MALADIES DU MOTONEURONE

**Association pour la recherche sur la sclérose latérale amyotrophique et autres maladies du motoneurone (ARS)**
75, avenue de la République
75011 Paris
Tél : 01 43 38 99 89. Fax : 01 43 38 31 59
E-mail : ars@wanadoo.fr
Site web : http://www.ars.asso.fr

### SCLÉROSE EN PLAQUES

**Association des paralysés de France (APF)**
APF Écoute infos SEP
17, boulevard Auguste-Blanqui
75013 Paris
Tél : 01 40 78 27 23. Fax : 01 40 78 69 03
E-mail : sylvaine.ponroy@apf.asso.fr
Site web : http://www.sclerose-en-plaques.apf.asso.fr et http://www.apf.asso.fr

**Ligue française contre la sclérose en plaques**
40, rue Duranton
75015 Paris
Tél : 01 53 98 98 80. N° Azur : 08 10 80 89 53.
Fax : 01 53 98 98 88
E-mail : info@lfsep.asso.fr
Site web : http://www.lfsep.com

**Nouvelle association française des sclérosés en plaques (NAFSEP)**
7, avenue Albert-Durand
31700 Blagnac
Tél : 05 34 55 77 00. Fax : 05 61 30 49 73
E-mail : nafsep@nafsep.org
Site web : http://www.nafsep.org
Jeunes :
E-mail : site.jeunes@nafsep.org
Site web : http://www.nafsep-jeunes.org

## • OPHTALMOLOGIE

**Retina France**
2, chemin du Cabirol. BP 62
31771 Colomiers Cedex
Tél : 08 10 30 20 50. Fax : 05 61 78 91 00
E-mail : info@retina-france.asso.fr
Site web : http://www.retina-france.asso.fr

## • PNEUMOLOGIE

**Comité national contre les maladies respiratoires (CNMR)**
66, boulevard Saint-Michel
75006 Paris
Tél : 01 46 34 58 80. Fax : 01 43 29 06 58
E-mail : contact@lesouffle.org
Site web : http://www.lesouffle.org

**SOS Mucoviscidose**
BP 51. 77860 Quincy-Voisins
Tél : 01 64 63 15 04
E-mail : sosmuco@wanadoo.fr
Site web : http://www.sosmucoviscidose.asso.fr

**Vaincre la mucoviscidose**
181, rue de Tolbiac
75013 Paris
Tél : 01 40 78 91 91. Fax : 01 45 80 86 44
E-mail : info@vaincrelamuco.org
Site web : http://www.vaincrelamuco.org

## • PSYCHIATRIE

**Association française des personnes souffrant de troubles obsessionnels compulsifs (AFTOC)**
Christophe Demonfaucon
12, route de Versailles
78117 Chateaufort
Tél : 01 39 56 67 22
E-mail : eode@club-internet.fr ou aftoc@club-internet.fr
Site web :
http://perso.club-internet.fr/aftoc/accueil.htm

**Autisme France**
Siège social :
1209, chemin des Campelières, BP 1109
06254 Mougins Cedex
Bureaux :
Lotissement 110/111. Voie K
460, avenue de la Quiéra
06370 Mouans-Sartoux
Tél : 08 10 17 91 79 (n° Azur) ou 04 93 46 01 77
Fax : 04 93 46 01 14
E-mail : autisme.france@wanadoo.fr
Site web : http://www.autismefrance.org

**Fédération nationale des Associations d'(ex) patients psy (Fnap Psy)**
12, villa Compoint
75017 Paris
Tél : 01 53 06 30 43 et
service « écoute-famille » : 01 42 63 03 03
Fax : 01 42 63 44 00
E-mail : infos@unafam.org
Site web : http://www.unafam.org

**Union nationale des amis et familles de malades psychiques (UNAFAM)**
12, villa Compoint
75017 Paris
Tél : 01 53 06 30 43 et
service « écoute-famille » : 01 42 63 03 03
Fax : 01 42 63 44 00
E-mail : infos@unafam.org
Site web : http://www.unafam.org

## • RHUMATOLOGIE

**Association française de lutte anti-rhumatismale (AFLAR)**
2, rue Bourgon
75013 Paris
Tél : 01 45 80 30 00. Fax : 01 45 83 30 31
E-mail : aflar@wanadoo.fr
Site web : http://www.aflar.org

**Association française des polyarthritiques (AFP)**
53, rue de Compans
75019 Paris
Tél : 01 40 03 02 00. Fax : 01 40 03 02 09
E-mail : afp@nerim.net
Site web : http://www.polyarthrite.org

**Association française des spondylarthritiques (AFS)**
CHU Rennes Hôpital Sud
Service de rhumatologie
16, boulevard de Bulgarie, BP 90347
35203 Rennes Cedex 2
Tél : 02 99 64 73 84. Fax : 02 99 64 78 36
E-mail : pres-afs@ujf-grenoble.fr et : martine.roch@wanadoo.fr
Site web : www.afs.fr.st
et : www.spondylarthrite.org

**Association nationale de défense contre l'arthrite rhumatoïde (ANDAR)**
8, rue Gustave-Eiffel
34570 Pignan
Tél/Fax : 04 67 47 61 76
E-mail : polyarthrite-andar@wanadoo.fr
Site web : http://www.polyarthrite-andar.com

**European Ligue contre l'arthrite, les rhumatismes et leur handicap (ELARH)**
2, rue Malbec
31000 Toulouse
Tél : 05 61 21 61 27. Fax : 05 61 49 07 97
E-mail : contact@elarh.org
Site web : http://www.elarh.org

## • DIVERS

**Association pour le droit de mourir dans la dignité (ADMD)**
50, rue de Chabrol
75010 Paris
Tél : 01 48 00 04 92/16. Fax : 01 48 00 05 72
E-mail : infos@admd.net
Site web : http://www.admd.net

**Association des paralysés de France (APF)**
17, boulevard Auguste-Blanqui
75013 Paris
Tél : 01 40 78 69 00. Fax : 01 45 89 40 57
Tél n° vert : 0 800 500 597 (tout handicap moteur)
Tél n° vert : 0 800 854 976 (sclérose en plaques)
Sites web :
http://www.apf.asso.fr (site associatif)
http://www.moteurline.apf.asso.fr (information sur les handicaps)
http://www.sclerose-en-plaques.apf.asso.fr (site spécifique SEP)
http://www.paratetra.apf.asso.fr (site spécifique lésions médullaires)

**Association d'aide aux victimes des accidents des médicaments (AAAVAM)**
10, rue de la Paix
75002 Paris
Tél : 01 41 10 87 00
Site web : http://www.aaavam.com

**Association d'aide aux victimes d'accidents médicaux et à leur famille (AVIAM)**
15, avenue Émile-Savigner
49240 Avrille
Tél/Fax : 02 41 45 18 45
E-mail : aviamfrance@fraternet.org
Site web : http://www.aviamfrance.org

**Association régionale des infirmes moteurs cérébraux d'Ile-de-France (ARIMC- IDF)**
41, rue Duris
75020 Paris
Tél : 01 43 49 22 33/11. Fax : 01 43 49 42 23
E-mail : siegesocial@arimc-idf.asso.fr

**Association de recherche thérapeutique (ART)**
Centre hospitalier Lyon-Sud
Pavillon Giraud-1K
Chemin du Grand-Revoyet
69495 Pierre-Bénite Cedex
Info recrutement : Tél : 04 78 86 65 26.
Fax : 04 78 50 99 50
E-mail : art_lyonsud@yahoo.fr

**Collectif Interassociatif Autour de la NaissancE (CIANE)**
Route de Chaleins
01480 Villeneuve
Tél : 06 85 33 92 49 (Pascal Ledimna)
E-mail : collectif-naissance@wanadoo.fr
Site web : http://ciane.info

**Fédération nationale des accidentés du travail et handicapés (FNATH)**
47, rue des Alliés
42030 Saint-Étienne
Tél : 04 77 49 42 42/48
Site web : http://www.fnath.org

**Femmes pour toujours**
Association française pour la santé et le bien-être de la femme et du couple
Direction et administration :
17, rue des Nanettes
75011 Paris
Tél : 01 47 00 00 02. Fax : 01 47 00 00 06
Consommatrices : Tél n° Azur : 08 26 62 31 95
E-mail : info@femsante.com

**Union nationale des associations familiales**
28, place Saint-Georges
75009 Paris
Tél : 01 49 95 36 00. Fax : 01 40 16 12 76

**Union nationale des associations pour le développement des soins palliatifs (UNASP)**
37-39, avenue de Clichy
75017 Paris
Tél : 01 53 42 31 39. Fax : 01 53 42 31 38

Achevé d'imprimer Avril 2007
sur les presses de LEGOPRINT s.p.A.
38015 LAVIS (TN) - ITALIE
Imprimé en Italie